U0954293

［日］岡西爲人 著
郭秀梅 整理
岡田研吉 致之 審定

宋以前醫籍考（上）

そう い ぜん い せき こう

附・紀念岡西爲人

學苑出版社

圖書在版編目（CIP）數據

宋以前醫籍考／〔日〕岡西爲人著；郭秀梅整理．—北京：學苑出版社，2010

ISBN 978-7-5077-3516-1

Ⅰ．①宋…　Ⅱ．①岡…②郭…　Ⅲ．①中國醫藥學-古籍-專題目錄-中國　Ⅳ．①Z88；R2

中國版本圖書館CIP數據覈字（2010）第038686號

責任編輯：馬紅治
出版發行：學苑出版社
社　　址：北京市豐臺區南方莊2號院1號樓
郵政編碼：100079
網　　址：www. book001. com
電子信箱：xueyuan@ public. bta. net. cn
銷售電話：010-67675512、67678944、67601101（郵購）
經　　銷：新華書店
印 刷 廠：河北三河靈山紅旗印刷廠
開本尺寸：787×1092　1/16
印　　張：92.75
字　　數：1717千字
版　　次：2010年4月第1版
印　　次：2012年2月第2次印刷
定　　價：260.00圓

▶圖 1　明治三十一年（1898）家族寫真，岡西爲人時年一歲。

▲圖 2　岡西爲人幼年。

▼圖 3　岡西爲人小學時代。

▲圖 4　岡西爲人中學時代。

▲圖 5　岡西爲人南滿醫學堂求學時代。

▲圖 6　岡西爲人南滿醫學堂求學時代。

▲圖 7　岡西爲人醫生時代。

▲ 圖 8　岡西爲人醫生時代。

▲ 圖 9　1921 年，岡西爲人大連、上海等地所照。

▲ 圖 10　1921 年，岡西爲人大連、上海等地所照。

◀ 圖 11　大谷光瑞的上海住居“無憂園”。

▶ 圖 12　大谷光瑞的上海住居“無憂園”。

◀ 圖 13　1925 年，岡西爲人赴蒙古調查時所照。

▲ 圖 14　1926 年，岡西爲人 28 歲時受任南滿醫學堂助教。

▲ 圖 15　1927 年，岡西爲人與壺阪光結婚照，時年 29 歲。

▲ 圖 16　1927 年，岡西爲人結婚照。

▲ 圖 17　1931 年 6 月，《和漢藥標本目錄》出版。

◀圖 18　岡西爲人在中醫學研究室。

▶圖 19　1931 年 8 月，《中國醫學書目》正式刊行。

◀圖 20　岡西爲人在藥理學實驗室。

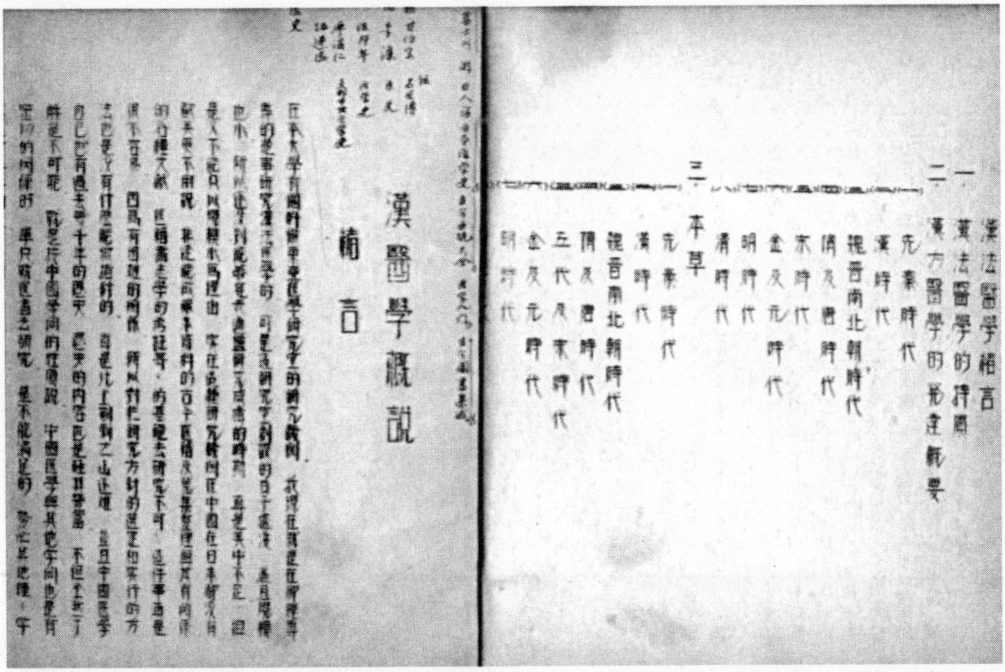
漢醫學概說

緒言

一 漢法醫學緒言

二 漢方醫學的發達概要

先秦時代

漢時代

魏晉南北朝時代

隋及唐時代

宋時代

金及元時代

明時代

清時代

三 本草

先秦時代

漢時代

魏晉南北朝時代

隋及唐時代

五代及宋時代

金及元時代

明時代

▲ 圖 21　1933 年，岡西爲人著述《漢醫學概說》。

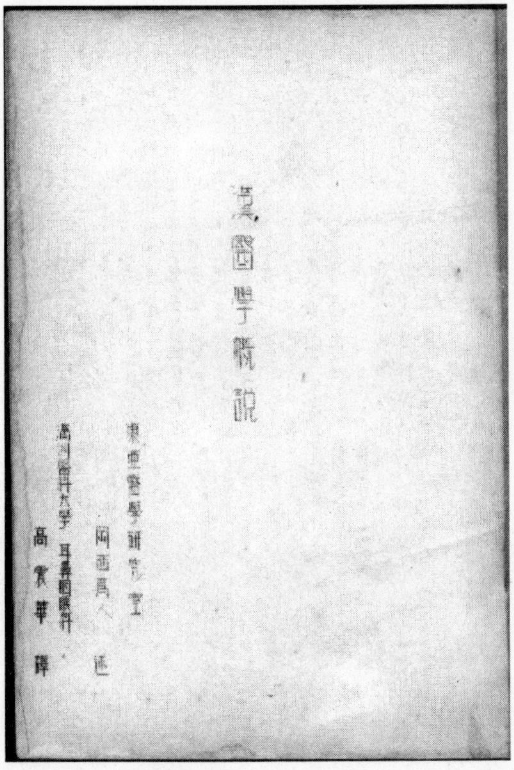
漢醫學概說

東亞醫學研究室　岡西爲人　述

滿洲醫科大學　耳鼻咽喉科　高賓華　譯

▲ 圖 22　《漢醫學概說》書影。

劇烈の秘藥

"自殺草"の研究發表

醫大九回目の博士號

岡西爲人氏に授與さる

漢法學の權威に喜び

▲ 圖 23　1934 年，岡西爲人 36 歲時獲得醫學博士學位。

▲ 圖 24　久保田晴光寫真。

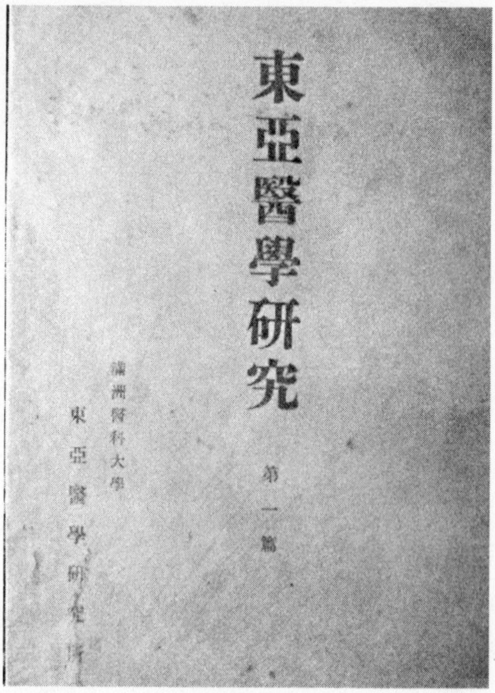

▲ 圖 25　論文“滿洲に於ける漢方醫の實情”揭載於《東亞醫學研究》雜誌第一號

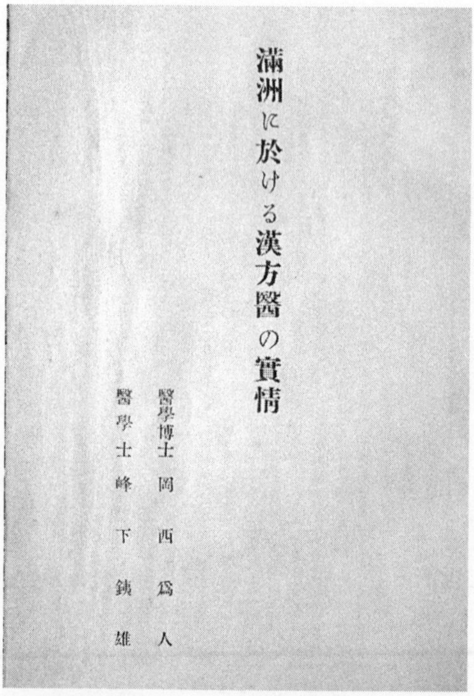

▲ 圖 26　論文“滿洲に於ける漢方醫の實情”揭載於《東亞醫學研究》雜誌第一號。

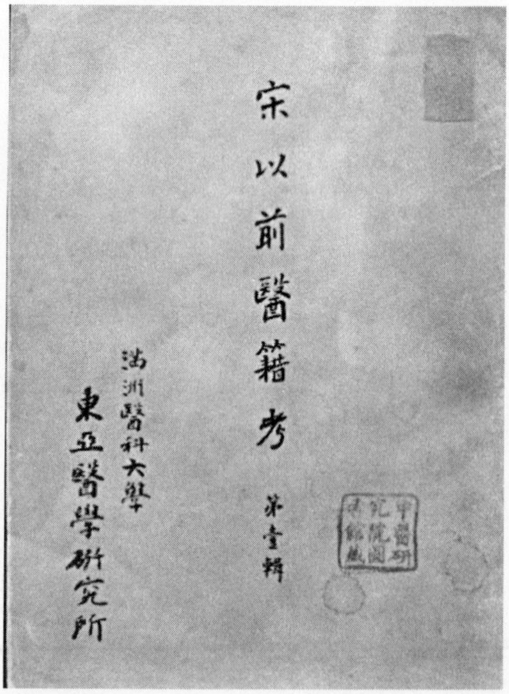

▲ 圖 27　1936 年，《宋以前醫籍考》第一輯刊行。

▶ 圖 28　1936 年次男誕生後的全家照。

▲ 圖 29　岡西爲人任滿洲醫科大學陳列館主任時所照。

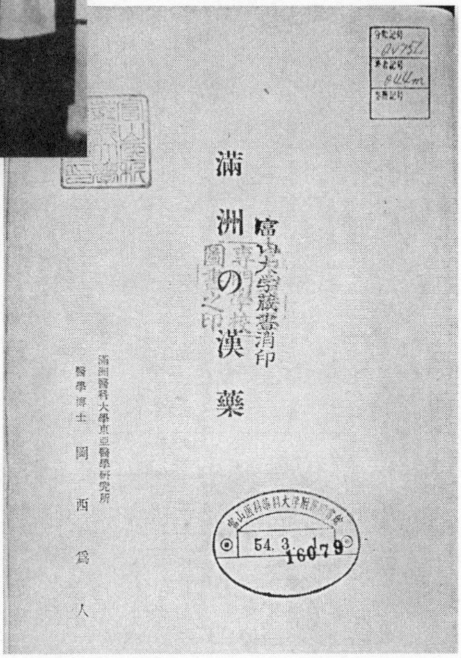

▶ 圖 30　1937 年，《滿洲の漢藥》出版。

▲ 圖 31　岡西爲人的學生魏如恕博士，《宋以前醫籍考》書稿的保存者。

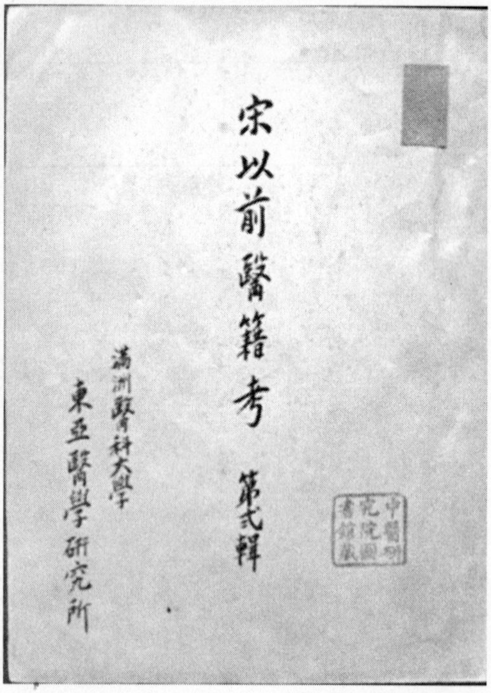

▲ 圖 32　1939 年 4 月，《宋以前醫籍考》第二輯刊行。

▲ 圖 33　1939 年 4 月，岡西爲人帶領學生到華東修學旅行，訪問上海、蘇州、南京、嘉興、杭州等地野戰病院。

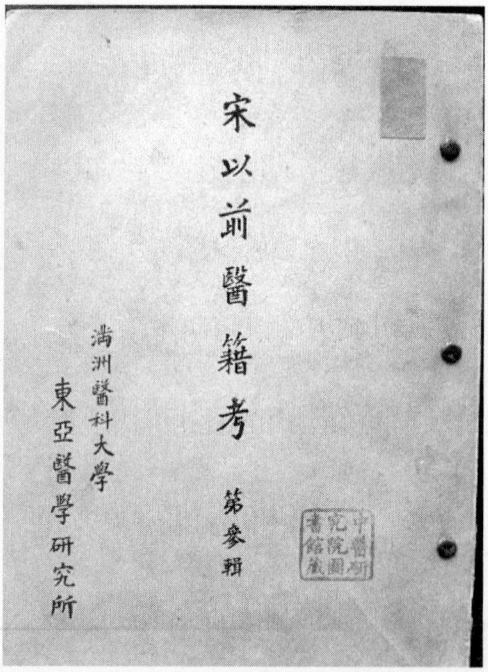

▲ 圖 34　1940 年 4 月，《宋以前醫籍考》第三輯刊行。

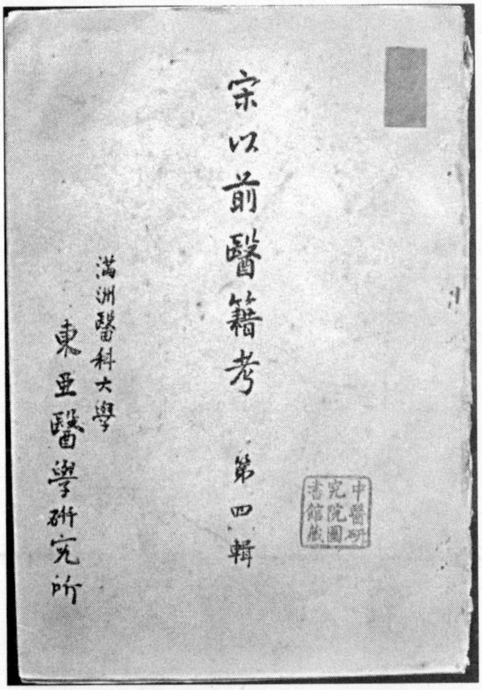

▲ 圖 35　1944 年，《宋以前醫籍考》第四輯刊行。

▲ 圖 36　1945 年，診療中感染斑疹傷寒而逝去的摯友龜山醫生。

▲ 圖 37　1947 年，《普濟方》一書抄寫完畢。

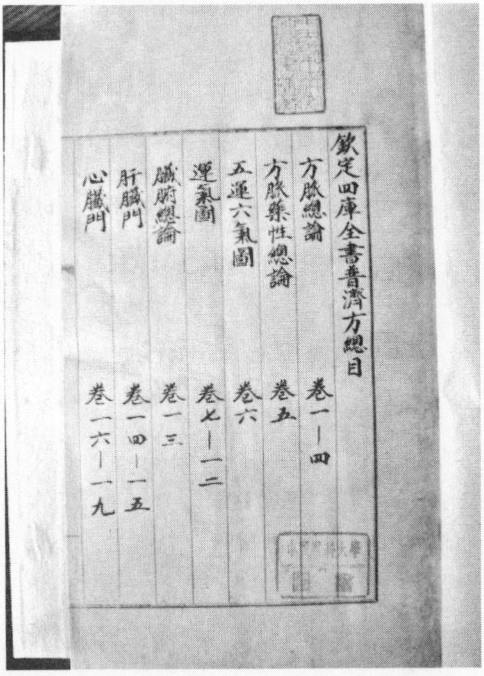

▲ 圖 38　《普濟方》書影。

▲ 圖 39　1966 年 5 月，出席於京都召開的第十七屆日本東洋醫學總會，時年 68 歲。

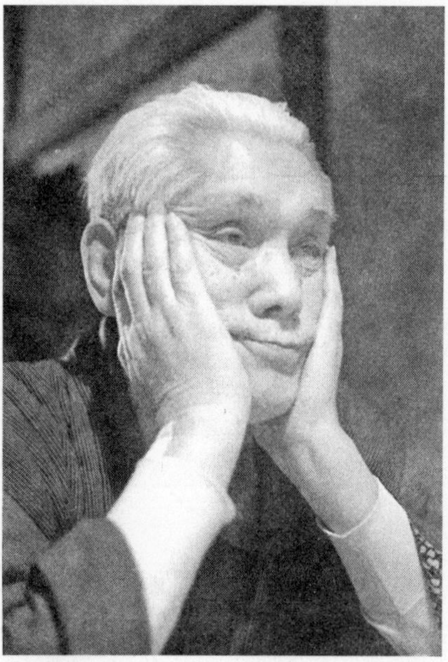

▲ 圖 40　1969 年，岡西爲人 71 歲時寫真。

► 圖 41　1969 年，與夫人在一起。

▶ 圖 42　1971 年，與妻、長子一彌及摯友佐野輝夫，訪次男宅“伏見山莊”，此時已發病。

▲ 圖 43　伏見山莊。

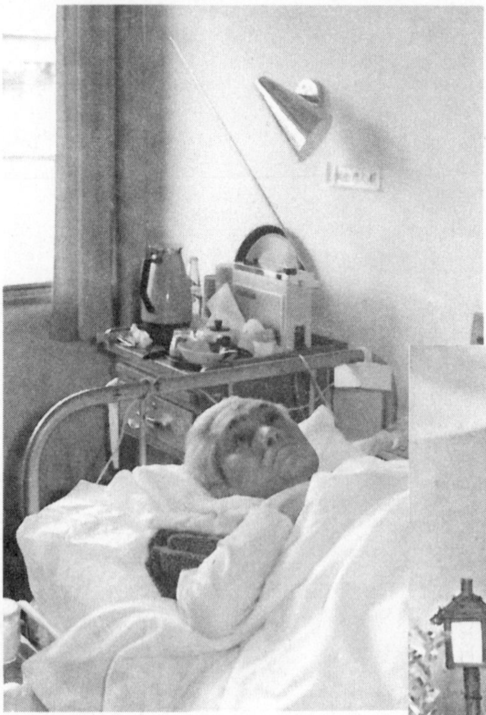

◀圖 44　1973 年 2 月，因病住進京都大學結核研究所醫院。

▲圖 45　1973 年 5 月 5 日卒，享年 74 歲。岡西爲人靈堂。

◀圖 46　岡西爲人墓碑。

►圖 47　整理者郭秀梅博士與岡西爲人次男克明夫婦，攝於伏見山莊。

◄圖 48　郭秀梅博士與岡西爲人在中國醫科大學的共事者、漢學家多久弘一氏，攝於多久氏宅。

►圖 49　郭秀梅博士與臺灣出版《宋以前醫籍考》的參預者魏德文氏，攝於臺北南天書局。

總　目

整理說明

一、本書由原滿州醫科大學中國醫學研究室（成立於1931年，1933改稱“東亞醫學研究室”，1937年更名爲“東亞醫學研究所”）黑田源次教授領銜，岡西爲人研究員及滿州醫科大學預科日名靜一漢學講師參預，蒐集資料、迻錄編撰，自1931年至1948年初，分十五輯完成全書。編纂後期，日名靜一於1942年因病辭職，黑田源次於1945年返日，岡西爲人在華留用至1948年5月後歸國。岡西爲人於留用期間，將全稿謄清。

本書現存版本如下：

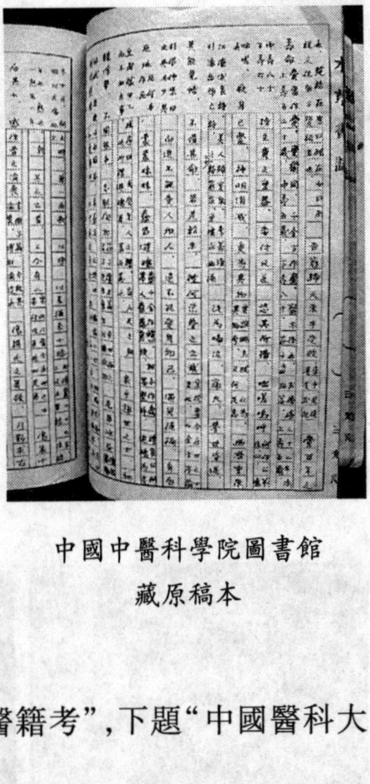

中國中醫科學院圖書館藏原稿本

1. 稿本

中國中醫科學院圖書館藏原稿本（第五輯至第十五輯），十六册，分裝兩函。稿紙版心上題“本草書誌”，下題“三光庵”。

2. 抄本

中國醫科大學圖書館藏抄本，十五册。

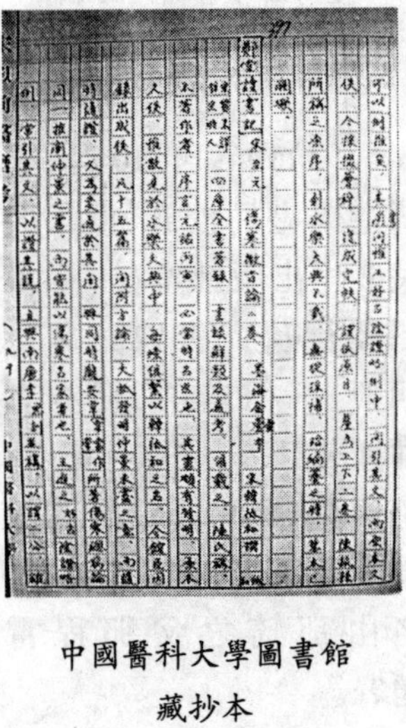

中國醫科大學圖書館藏抄本

第一至四册爲“國立瀋陽醫學院”合訂鉛印本，第五册至第十五册爲抄本。抄本稿紙版心上題“宋以前醫籍考”，下題“中國醫科大學”。

按，1911年成立南滿醫學堂，1922年改制爲滿洲醫科大學，1946年8月更名國立瀋陽醫學院。1948年，延安中國醫科大學遷至瀋陽，與國立瀋陽醫學院合併爲中國醫科大學。1957年後，一度又改稱瀋陽醫學院。此抄本應完成於1948年至1957年間。

3. 鉛印本

（1）滿洲醫科大學鉛印本：1936年8月第一輯（內經、運氣），1939年4月第二輯（難經、脈經），1940年4月第三輯（五藏、鍼灸），1944年12月第四輯（女科）。以上四輯，每輯印刷三百部。曾簡訂一百部，單冊頒行。其餘二百部，1948年合訂爲一冊本，附岡西爲人序。

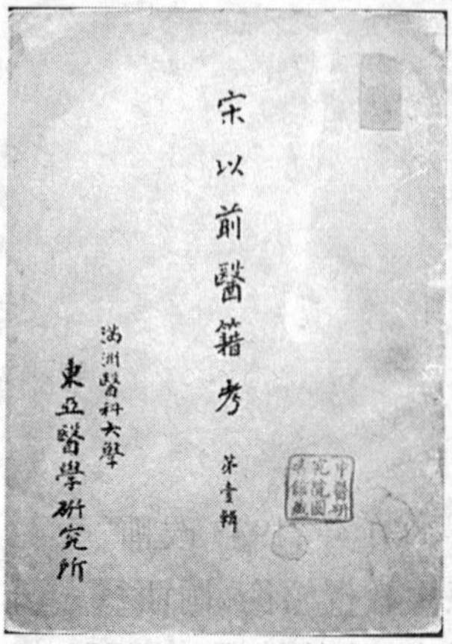

滿洲醫科大學鉛印本

北京人民衛生出版鉛印本

（2）1958年北京人民衛生出版鉛印本（長春印刷廠印刷），一冊。有內容簡介，無序跋。

臺灣進學書局4冊本①

臺灣進學書局4冊本②

（3）1969年10月，臺灣進學書局校訂、重印人民衛生出版社本（古亭書屋發行），此書曾分訂爲四冊、一冊本（四冊本有兩種裝訂，一冊本有紅、藍色兩種封面）。前附岡西爲人自序，後附那琦跋，書名由那琦之父那程霄題署。

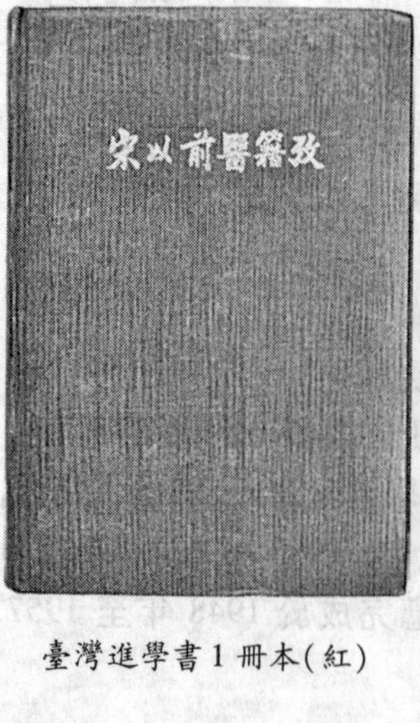

臺灣進學書1冊本（紅）

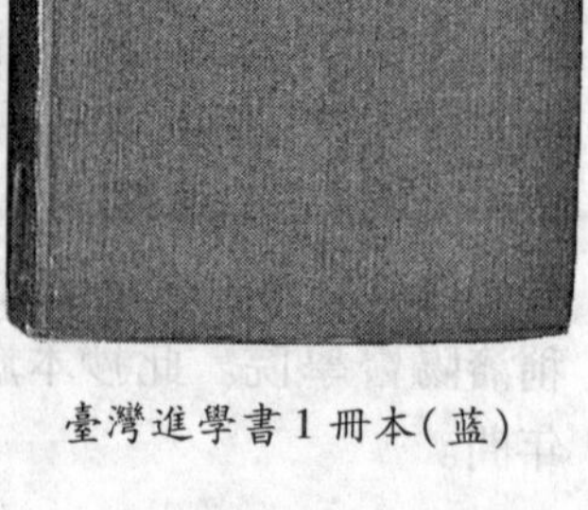

臺灣進學書1冊本（藍）

此次整理，承蒙岡西爲人次子岡西克明（現住日本京都）協助，以（3）爲底本，參校稿本、抄本及其他鉛印本。

一、本書原稿，（1）分爲内經、運氣、難經、脈經、五藏、鍼灸、女科、幼科、外科、眼科、方書、病總、本草、食經、仲景經方、養生、醫史、法醫、獸醫、祝由二十類、十五輯。（2）分爲二十三類。（3）分爲四部、三十一類。

一、本書著録古今醫書1635種，附録238種，共計1873種。著録體例，一般分爲"出典"、"考證"、"序跋"、"刊本及抄本"四項，編者按語，隨文附載。此次整理，悉遵底本次第，保留岡西爲人自序。臺灣進學書局本那琦跋文，因與岡西爲人《半生記》内容多有重複，故移入《半生記・附録》中。

一、此次整理，文字基本遵從底本，如非明顯錯誤，不作修訂。全書加以新式標點，以繁體字横排版。底本迻録各家序跋時所用異體字、俗體字、日本漢字等，如"粳"改"釐"、"苐"改"第"等，酌予統改。

一、本書係抄録醫書序跋及史籍而成，誤倒衍脱，所在頗夥，或出原本舛訛，或出鈔胥手誤。玆區分性質，僅據目驗之書，或不改，或逕改、或校改、或删補。

（1）底本與原書文字相異而無礙文義者，仍依底本，不加校改。如：

"上下數千百載，罔敢失墜。"（"載"一作"年"）

（2）底本與原書文字相異而顯屬鈔誤者，逕改其字，如：

"精研（衣）［醫］道。"（原作"精研衣道"）

（3）底本與原書文字相異而文義不通者，覈對原書，加以校改、補删文字。如：

"而元戴［良］《九靈山房集》亦稱自後漢張機著《傷寒論》。"（原作"而元載《九靈山房集》亦稱自後漢張機著《傷寒論》"）

"元吳澄作《活人書辨序》云。"（原作"元吳澄人作《活人書辨序》云"）

一、底本中"＊"符號，爲作者迻録時認爲有誤而未作訂正之處。此次整理，删除"＊"符號，并對原文酌加校覈。如"華陀＊"，删除"＊"，保留"華陀"；如"叔和，西晉喬＊平人"，改爲"叔和，西晉（喬）［高］平人"。

一、底本迻録各家序跋，因所見之本序跋闕如者，玆訪得原本，特爲補録。如《黄帝内經明堂序》（鈔自前田育德會尊經閣文庫藏古鈔卷子本）、《備急總效方自序》（鈔自武田科學振興財團杏雨書屋藏宋刊本）等。

一、稿本第七輯"仲景方論上"中"附録異本傷寒論"部分，底本未載。此次整理，據中國中醫科學院圖書館藏稿本補入。

一、底本著録各書，時附多紀元胤、岡西爲人按語，按語中涉及日本人名、書名、年號等，現經查考日本文獻，酌添注釋（所注凡七十九條，以“［郭注］”標列，分置於多紀、岡西按語之後）。

一、1963年4月至8月，日本鹽野義製藥研究所專務取締役武田健一，曾據岡西爲人口述，編成《竹孫先生半生記》，其後連載於《漢方の臨牀》第二十卷九號（1973）至二十一卷十號（1974）。1995年2月，岡西爲人長子岡西一彌重新編印《竹孫先生半生記》，書後增録師友悼念文章。爲紀念岡西爲人之學行，此次整理《宋以前醫籍考》同時，將《竹孫先生半生記》等譯成中文，並簡編《岡西爲人年譜》、《岡西爲人著作目録》，岡西爲人論文十篇，及岡西爲人照片等，合爲附録。

一、《竹孫先生半生記》中，爲尊重歷史原貌，作者所使用的一些日本習稱歷史名詞，如印支、雅爾達會議等，均未作改動，請讀者酌斟。

一、爲便於檢索，玆重校原書目録，并新編書名及人名（筆劃、拼音）索引。

謝　辭

家父岡西爲人逝去整整三十五年後之二〇〇八年一月，茨城大學真柳誠教授來電，告知郭秀梅博士、岡田研吉醫師正盡力於在中國再版先父著作《宋以前醫籍考》，并願介紹於我。

此後，郭先生與真柳教授同道來京都敝舍訪問，令我們深感意外且欣喜。

非常遺憾，父親逝世後，岡西家無人繼承其遺業，而且對其研究之意義亦無法理解。光陰荏苒，撥雲見日，此書再版，實稱邀天之幸。

回想家父生前，常常自嘆此書在日本讀者甚鮮。如今仰仗郭先生之努力，校勘、翻譯，致使中國同仁得以參閱此書，不勝感懷。此書今日出版還鄉，亦可慰藉九泉下之先人。

一九四八年，因瀋陽醫學院解除留用，家父開始歸國準備，并預定搭乘運輸機飛往北京，故行李重量有嚴格限制。爲了盡多攜帶書籍及大量書稿，又須減輕重量，每日傍晚，家父埋頭整理書稿，先將稿紙空白處剪掉，然後再將文字部分黏接起來，那情景至今仍記憶猶新。

與郭先生相識成爲契機，家父剪貼過之書稿，以及遺留之部分文獻資料，飽含著先人之遺願，現已一併寄付於京都大學人文科學研究所，得以保存流傳，實爲望外之喜。

日前郭先生再度造訪京都，爲編制岡西爲人年譜而尋求資料。交談之中，我們親屬皆不知之往事，郭氏細細道來，聞之爲之驚異。如此深切理解並整理家父遺著之舉，先人有知，不難想像其喜悅。

家父生前，曾用"三光庵"之筆名，發表其所撰非研究性文章。關於"三光"之由來，尚略有記憶。家父一生，感戴三人之恩惠：西本願寺大谷光瑞猊下、滿州醫科大學恩師久保田晴光先生，另一位即愛妻光子（舊姓壺坂光）。"三光"即取自三人名氏中之"光"字也。

舊時男人，對妻室感激之情難以言表，偶於酒席間吐真言，透露出取"三光"爲號之本意。此亦對於並非優裕之學者生涯中，曾經忍耐諸多勞苦之追憶。此書出版，當奉告於三位先人之靈前，以饗辛勞、緬懷功績。

再次對郭秀梅諸先生之努力，深表謝忱及敬意。

岡西克明

二〇〇八年六月於京都

自序

《宋以前醫籍考》，爲前滿洲醫科大學東亞醫學研究所研究業績之一部分。先是，民國十五六年間，生理學教授黑田源次先生兼該所主任時，主張研究中國醫學，必先剖析醫籍之淵源，考察其傳承變易，以究明其書籍之真價，否則未足以爲信據也。因囑預科漢學講師日名静一先生，蒐集資料。日名先生乃竭力搜尋，凡耳目之所及者，自歷代史志而下，以至明清民國，兼及日本諸家書錄，凡三百數十家，於二三年間，所獲資料累積如山。及民國十九年，余自藥理學教室轉來研究所，至是該所始有專任研究員。因承兩先生之委囑，將日名先生所集資料整理分類、略爲條目，作成目錄，顔曰《宋代醫書目內容一覽》，付之油印，以公諸世之同好者。嗣後余與兩先生隨時會合，三人鼎坐，就資料之取捨、疑義之釋明，互相論議，反復推敲。如斯者歷數載。至二十五年八月，先取其"內經"及"運氣"二門，彙爲第一輯，始付諸鉛印。二十八年四月，刊"難經"及"脈經"二門，爲第二輯。二十九年四月，刊"五藏"及"鍼灸"二門，爲第三輯。三十三年十二月，刊"女科"一門，爲第四輯。共印三百部，其中二百部未加裝訂，擬俟全本完成後，合裝一冊而行世。其餘一百部，每於印成即行裝訂，蓋欲即時頒布於同好也。然除第一輯而外，其傳布未宏，故世罕有知此書者。

是書之類本，曩多紀氏有《醫籍考》八十卷，其蒐羅該博，考覈精緻，前後無與倫比，誠不朽之名著也。然因其卷帙浩瀚，久無刊本，逮乎二十三年，始見刊行，蓋書成之後，歷一百餘載，而世始知有其書也。時余等從事斯業已有數年，始知余等之所欲爲者，先人夙已爲之矣，驚喜何似！然余等斯業，亦已稍有所得，以其中或有多紀氏偶脫之資料，亦有近一百年來所得之新知見。至如版本之種類與其傳存之考察一項，余等爲之，而《醫籍考》則全付闕如。因以爲此書完成，可與《醫籍考》併行於世，亦非無意義者，於是乎繼續其業，以期其完篇也。

本書第四輯刊行之後，余等繼續研究，未及一稔，而"幼科"、"外科"、"眼科"、"方書"，"病總"諸門，均已畢事。然因當時印刷資材已告枯竭，此書之續刊，亦趨絕望，而余等之工作，幾至於停頓矣。逮至三十一年，日名先生因年事已高，辭職歸國。"八·一五"後，黑田先生繼復東歸，而此書之纂輯，遂遭逢一大危機矣。然此一事業，余等已傾注半生之心血矣，倘不克完成，不僅余等之辛苦歸諸泡影，亦學術界之一大損失。幸國立瀋陽醫學院成立以來，院長徐軾遊（誦明）博士深明其理，俾余繼續研究如故。余曷能無所感概乎哉，遂誓竭微力，以齊有終之美。日夜沈潛，幾忘寢食，如斯者一年有半。如"本草"、"食經"、"仲景醫方"、"養生"、"醫史"、"法醫"，"獸醫"、"祝由"諸門，悉予考覈而淨寫之。他如"幼科"等已經與兩先生校對完畢之諸門，復加訂補，間亦以己意改編。終至今年正月，將所餘之十一輯，全部編纂竟事，併既刊之四輯，前後共計十五輯，均告完成。溯自余等計劃斯業而來，迄今垂二十餘載，幸於今日竣事，其欣快何如哉。竊以是書之成，固是兩先生之遺功，而徐先生之鼎力支持，亦與有力焉。至於譌脱疏漏之罪，皆余黯陋寡識之所致，則期於他日，請兩先生以就正之也。余以不日即將辭職東歸，爰謹書緣起之概略於簡端，以代序云。峕中華民國三十七年二月十三日，國立瀋陽醫學院教授、醫學博士、日本廣島岡西爲人識於瀋陽三光庵。

目　　錄

一　医经

第四類　鍼灸經……175

二　经方

第十四類　小兒方論……860

第十六類　外科方論…………………………………………… 948

第十七類　目科方論…… 972

第十八類　口齒方論…… 981

三 本草

第二十一類　食經 …………………………………… 1122

四 杂纂

一 醫經

第一類　内經

一、黄帝内經

(一)出典

【漢書藝文志】醫經　《黄帝内經》十八卷

【甲乙經】皇甫謐自序　按《七略》、《藝文志》"《黄帝内經》十八卷"。今有《鍼經》九卷,《素問》九卷,二九十八卷,即《内經》也。亦有所忘失。其論遐遠,然稱述多而切事少,有不編次。

【素問】王冰序　班固《漢書藝文志》曰"《黄帝内經》十八卷"。《素問》即其經之九卷也,兼《靈樞》九卷,迺其數焉。

王冰序《新校正》　詳王氏此説,蓋本皇甫士安《甲乙經》之序。彼云《七略》、《藝文志》"《黄帝内經》十八卷",今有《鍼經》九卷,《素問》九卷,共十八卷,即《内經》也。故王氏遵而用之。又《素問》外九卷,漢張仲景及西晉王叔和《脈經》只謂之九卷。皇甫士安名爲《鍼經》,亦專名"九卷"。楊玄操云"《黄帝内經》二帙,帙各九卷"。按《隋書經籍志》謂之"九靈",王冰名爲"靈樞"。

【甲乙經】林億等序　或曰:《素問》、《鍼經》、《明堂》三部之書,非黄帝之書,似出於戰國。曰人生天地之間,八尺之軀,藏之堅脆,府之大小,穀之多少,脈之長短,血之清濁,十二經之血氣大數,皮膚包絡其外,可剖而視之乎,非大聖上智,孰能知之,戰國之人何與焉。大哉。《黄帝内經》十八卷,《鍼經》三卷,最出遠古。

【遂初堂書目】醫書類　《黄帝内經》

【玉海】卷六十二藝文　《黄帝内經》卷六十三藝文,《黄帝内經》卷六十三藝文,天聖校定《内經素問》。政和八年四月二十四日,詔刊正《内經》。

注:《黄帝内經》之考證,詳於丹波櫟窓著《素問識》(《素問解題》及《素問彙攷》),並丹波柳沜編《醫籍考》第一卷。又本書《素問》及《靈樞》條下有考證。武進惲鐵樵著《羣經見智錄》,詳論《内經》,所發明不尠。

(二)刊本

1.熊本

【中國醫學書目】内經　《黄帝内經》二十一卷,《素問》第十、第十一、第十二之三卷缺,存九卷。《靈樞》十二卷,帶《素問遺篇》、《運氣論奥》、《運氣圖括定局立成》。十八冊。十三行二十三字,欄高二十釐,幅十二·三釐。熊宗立點校。鼇峯種德堂重刻。

2. 趙府本

【結一廬書目】觀古堂本舊版　《内經素問》十二卷。《靈樞經》十二卷。明居敬堂刊。十二册。

【觀海堂書目】臨字號　《素問》、《靈樞》十本，二十四卷。趙府居敬堂本。

【中國醫學書目】内經　《黄帝内經素問靈樞經》二十四卷，二十一册。八行十七字，欄高二十釐，幅十四釐。趙府居敬堂。明板。

3. 吴悌本

【中國醫學書目】内經　《黄帝内經素問》十二卷，六册。十行二十字，欄高二十釐，幅十四釐。吴悌校。明板。《黄帝内經靈樞》十二卷，六册。明板。

4. 周曰本

【廉石居藏書紀】内編卷上醫律　《黄帝内經》及《靈樞經》，二十四卷，七册。繡谷書林周曰校刊。

【觀海堂書目】《黄帝内經素問》、《靈樞》各二十四卷，六册。明周曰校刊本。

【中國醫學書目】内經　《黄帝内經》四十八卷，十册。十一行二十三字，欄高二十一·四釐，幅十四·四釐。周氏對峰刊行，繡谷書林周曰校刊。明萬曆甲申夏月。

5. 醫統本

【中國醫學書目續編】内經　《黄帝素問靈樞》合集十册。十行二十字，欄高二十·八釐，幅十五·四釐。王肯堂訂正，步月樓梓行。映旭齋藏板。《古今醫統正脈全書》明板之内。

6. 潘本

【楝亭書目】醫部　《黄帝内經》明天都潘之恒序定二十四卷一函八册。

注：按潘本不帶《靈樞》，此云《黄帝内經》，疑《素問》也。

7. 明刊未詳本

【善本書室藏書志】卷十六子部五醫家類　京本校正注釋音文《黄帝内經素問靈樞集註》十五卷。明刊本。閩潭城趙植吾編，正福書林詹林所重梓。前有唐寶應元年歲次壬寅序、目錄。第一卷至十二卷爲《素問》八十一論篇，第十三卷爲《素問亡篇》，第十四、十五兩卷爲《靈樞》八十一章。編次與他本不同，殆福建書肆刻本。有井家藏印，殆曾至東瀛，復歸中土者歟。

【故宫博物院書目】醫家　《黄帝内經素問靈樞》二十四卷十册。明刊本。

8. 錢本

【叢書舉要】卷五十四金山錢氏家刻書總目　《素問靈樞》，錢熙祚輯。

【叢書書目彙編】八畫金山錢氏家刻書　《素問靈樞》，錢熙祚輯。

【行素堂目睹書目】乙編金山錢氏家刻總目　《素問靈樞》，前人（錢熙祚）。

9. 浙江書局本

【中國醫學書目】内經　《黄帝内經》三十七卷，十册。九行二十一字，欄高十八·三釐，幅十三·三釐。黄以周、余肇鈞總校。馮一梅、孫瑛分校。浙江書局刻。

清光緒三年刊。

宋本《内經》三十八卷,十冊。十行二十一字,欄高二十一釐,幅十五釐。黄以周總校,馮一梅、孫瑛分校。文成堂(金陵宋仁甫刊)光緒十年刊。

10. 六譯館叢書本

【六譯館叢書】醫類　《黄帝内經》

11. 未詳本

以下所列之書,皆載"黄帝内經"之目,而不記校刊之姓氏及刊行之年月,故悉不載其文而惟列其書目,以下諸書皆倣之。

【脈望館書目】明　【天一閣藏書目錄】清　【竹垞行笈書目】清　【楝亭書目】清　【稽瑞樓書目】清　【振綺堂書目】清　【叢書書目彙編】清　【培林堂書目】清

二、黄帝素問

(一)出典

【甲乙經】皇甫謐自序　按《七略》、《藝文志》"《黄帝内經》十八卷"。今有《鍼經》九卷,《素問》九卷,二九十八卷,即《内經》也。亦有所亡失。

【隋書經籍志】子部醫方　《黄帝素問》九卷。梁八卷。

【素問】王冰序新校正　按漢張仲景《傷寒論》序云:撰用《素問》九卷、《八十一難經》、《陰陽大論》。

注:《褚氏遺書·辨書》云:《素問》之書成於黄岐,運氣之宗起於《素問》,將古聖哲妄耶。曰:尼父刪經,三墳猶廢。扁鵲盧醫,晚出遂多。尚有黄岐之經籍乎,後書之託名於聖喆也。曰:然則諸書不足信邪。曰:由漢而上,有説無方。由漢而下,有方無説。説不乖理,方不違議。雖出後學,亦是良醫。

全元起注本

【隋書經籍志】子部醫方　《黄帝素問》八卷,全元越注。

【舊唐書經籍志】子錄經脈類　《黄帝素問》八卷

【唐書藝文志】子錄明堂經脈類　《全元起注黄帝素問》九卷

【通志藝文略】醫方類　《黄帝素問》九卷,全元起注。

【宋史藝文志】子類醫書類　《素問》八卷,隋全元起注。

【崇文總目輯釋】卷三醫書類　《黄帝素問》八卷。原釋:全元起。

【日本國見在書目錄】三十七醫方家　《黄帝素問》十六。全元起注。

注:《素問識》附錄全元起本卷目云"金元起注本猶傳於宋代,今據《新校正》所載,考其卷目次第,以備錄於左,庶幾足窺訓解之厓略耶"云云。參看本篇考證、編次之條下。

注:全元起傳。《古今醫統大全》卷之一《歷世聖賢名醫姓氏·隋》云:以醫鳴晉,其實不在巢、楊之下。一[時]縉紳慕之如神,患者仰之,得則生,捨則死。其醫悉祖《内經》,所著《内經訓解》行世。(《圖書集成》亦引之)

《醫籍考》卷三云:《南史·王僧孺傳》曰:侍郎金元起欲注《素問》,訪以砭石。僧孺答曰:古人當以石爲鍼,必不用鐵。《說文》有此"砭"字。許慎云"以石刺病也"。《東山經》"高氏之山多鍼石",郭璞云"可以爲砭鍼"。《春秋》"美疢不如惡石",服子慎云"石,砭石也"。季世無復佳石,故以鐵代之爾。林億等曰:隋楊上善爲《太素》,時則有全元起者,始爲之訓解,闕第七[一]通。按,《隋志》作"全元越",《南史》作"金元起",並訛,今改。考史,王僧孺死在天監二年,則元起當爲齊梁間人。林億等謂與楊上善同時,誤矣。《古今醫統》曰"全元起以醫鳴晉",妄甚。

王冰注本

【唐書藝文志】子錄明堂經脈類 《王冰注黄帝素問》二十四卷、《釋文》一卷。冰,號啟元子。

【通志藝文略】醫方類 《黄帝素問》二十四卷,晉王冰撰。

【宋史藝文志】子類醫書類 《黄帝内經素問》二十四卷,唐王冰注。

【崇文總目輯釋】卷三醫書類 《素問》二十四卷,王冰注。

【中興館閣書目輯考】卷四醫家 《黄帝内經素問》十四卷。原釋:王冰注。

注:王冰傳,《古今醫統大全》卷之一《名醫姓氏·唐》云:寶應中爲太僕令,號啟玄子,篤好醫方。得先師所藏《太素》及全元起者,大爲次註《素問》,合八十一編、二十四卷。又著《玄珠》十卷、《昭明隱旨》三卷。(《圖書集成》亦引之。)

《醫學入門》卷首《醫學姓氏·明醫》云:王冰,號啟玄子。唐寶應中爲太僕令,註《素問》,作《玄珠密語》。其大要皆論五運六氣。《皇極經世》註亦載其語。

王冰注林億等校正本

【通志藝文略】醫方類 《補注素問》二十四卷,林億補注。

【天禄琳琅書目後編】卷五宋版子部 《重廣補註黄帝内經素問》一函十册。每版心有"紹定重刊"四字,林億等於仁宗嘉祐中奉敕校正。據表云"每念旬歲",是神宗時方告成鋟梓。之則南宋理宗時重雕,版式、字數、尺寸仍照原帙。松江朱氏藏本。

《重廣補註黄帝内經素問》二函十二册。同上。係一版摹印,太倉王氏藏本。

《重廣補註黄帝内經素問》一函十四册。同上。係一版摹印,陳氏舊藏本。

《重廣補註黄帝内經素問》二函十一册。長洲顧氏藏本。

注:《醫籍考》卷三云:《天禄琳瑯書目》曰"《重修廣補註黄帝内經素問》一函,十册,二十四卷。唐王冰註,宋林億、孫奇、高保衡校正,孫兆改誤"。按《宋史藝文志》及晁、陳諸家著錄,皆第稱《黄帝内經素問》二十四卷,而無"重廣補注"之名。且《書錄解題》但稱林億、高保衡承詔校定,並無孫奇之名,亦不言有孫兆改誤之事。今本增入孫奇、孫兆二人,則"重廣補註"之名,當即爲此二人所加矣。

按,孫奇之名,實與林、高同署,《解題》偶脱耳。且兆唯改誤,則"重廣補註"之稱,亦出於億等(然未可確也)。

注:高保衡傳。《古今醫統大全》卷之一《名醫姓氏·宋》云:熙寧間爲國子博士,校正醫書,深明方藥病機。神宗詔修《内經》有功,賜緋魚加上騎都尉。(《圖書

集成》亦引之)

注:林億傳。《古今醫統大全》卷之一《名醫姓氏·宋》云:熙寧間爲光祿卿直秘閣,同高保衡校正《内經》,醫名大著。

注:孫奇、孫兆傳。《邵氏見聞錄》云:孫用和二子,奇、兆皆登進士第,爲朝官,亦善醫。

《醫學入門》卷首《醫學姓氏·明醫》云:孫兆,宋時官殿中丞尚藥,奉御太醫令用和之子,父子皆以醫知名。治平中,間有顯官坐堂忽耳鳴,公診曰:心脈大盛,腎脈不能歸耳。以藥涼心,則腎脈復歸。耳鳴立愈。

《古今醫統大全》卷之一《名醫姓氏·宋》云:孫用和不知何郡人,性識明敏,通經學,精醫方理,得黄岐之秘,治平間爲奉御太醫令。

(二)考證

1.作者及年代

【甲乙經】序　《素問》、《鍼經》、《明堂》三部之書,非黄帝書,似出於戰國。曰:人生天地之間,八尺之軀,藏之堅脆,府之大小,穀之多少,脈之長短,血之清濁,十二經之血氣大數,皮膚包絡其外,可剖而視之乎。非大聖上智,孰能知之,戰國之人何與焉。

【二程全書】　觀《素問》文字氣象,只是戰國時人作,謂之三墳書則非也。道理總是,想當時亦須有來歷。

【朱子文集】古史餘論　《黄帝紀》云,其師岐伯明於方,世之言醫者宗焉。然黄帝之書,戰國之間猶存,其言與老子出入。予謂此言尤害於理。竊意黄帝聰明神聖,得之於天,其於天下之理無所不知、天下之事無所不能。上而天地陰陽,造化發育之原,下而保神練氣,愈疾引年之術,以至其間庶物萬事之理,巨細精粗,莫不洞然於胸次,是以其言有及之者,而世之言此者,因自託焉以信其説於後世。至於戰國之時,方術之士遂筆之書,以相傳授。如《列子》之所引,與夫《素問》、《握奇》之屬,蓋必有粗得其遺言彷彿者,如許行所道神農之言耳。《周官》外史所掌"三皇五帝之書",恐不但若是而已也。

【遜志齋集】　世之僞書衆矣,如《内經》稱黄帝,《汲冢書》稱周,皆出於戰國秦漢之人,故其書雖僞,而其文近古,有可取者。

【古今僞書考】子類　《黄帝素問》,《漢志》有《黄帝内經》十八卷,《隋志》始有《黄帝素問》九卷,唐王砯爲之註。砯以《漢志》有《内經》十八卷,以《素問》九卷、《靈樞》九卷,當《内經》十八卷,實附會也,故後人於《素問》係以《内經》者,非是。或後人得《内經》,而衍其説爲《素問》,亦未可知。《素問》之名,人難卒曉。予案《漢志》陰陽家有《黄帝泰素》,此必取此"素"字,又以與岐伯問,故曰《素問》也。其書後世宗之,以爲醫家之祖。然其言實多穿鑿,至以爲黄帝與岐伯對問,益屬荒誕。無論《隋志》之《素問》,即《漢志》所載黄帝《内》、《外經》,並依託也。他如神農、軒轅、風后、力牧之屬盡然,豈真有其書乎。或謂此書有"失侯"、"失王"之語,秦滅六國,漢諸侯王國除,始有失侯、王者。予案其中言“黔首”,又《藏氣法時》曰“夜半”、曰“平旦”、曰“日出”、曰“日中”、曰“日昳”、曰“下晡”,不言十二支古不以地支名時,當是秦人作。又有言“歲甲子”古不以甲子紀年,言“寅時”,則又漢後人所作。故其中所言,有古近之分,未可一概論也。

【郎瑛七修類稿】《素問》之文非上古,人得知之。以爲全元起所著,猶非隋唐文也。惟馬遷、劉向近之,又無此等義語。宋聶吉甫云,既非三代以前文,又非東都以後語。斷然以爲淮南王之作。予意《鴻列解》中“内篇”文義,實似之矣。但淮南好名之士,即欲藉岐黄以成名,特不可曰“述”也乎。或醫卜未焚,當時必有岐黄問答之書,安得文之以成耳。不然,陰陽五行之理,學思固得;人身百骸之微,非聖不知。何其致疾之由、死生之故,明然纖悉。此《淮南》解性命道理處,必竊《素問》,而詭異奇瓌處,乃蘇飛等爲之也。故宋濳溪以《淮南》出入儒、墨不純,正此是也。且《淮南》“七十二候”與《素問》註,皆多“芍蘗榮”五物。改“麥秋”爲“小暑至”,較《呂氏春秋》不同。則王砅當時亦知《素問》出《淮南》也。岐黄之文,至於首篇曰“上古”、“中古”,而曰“今世”,則黄帝時果末世邪。又曰“以酒爲漿,以妄爲常”,則儀狄是生其前,而彼時人已皆僞耶。《精微論》中“羅裹雄黄”,《禁服篇》中“歃血而受”,則羅與歃血,豈當時事耶。予故以爲岐黄問答,而《淮南》文成之者耳。

【劉駟内經類編】序　夫《内經》十八卷,《素問》外九卷不經見,且無論。姑以《素問》言,則程、邵兩夫子,皆以爲戰國出矣。然自《甲乙》以來,則又非戰國之舊。自朱、墨以來,則又非《甲乙》之舊矣。而今之所傳,則又非朱、墨之舊。

【古今醫統大全】卷三　《内經素問》,世稱黄帝、岐伯問答之書。及觀其旨意,殆非一時之言。其所撰述,亦非一人之手。劉向指爲韓諸公子所著,程子謂出於戰國之末,而其大略正如《禮記》之萃於漢儒,而與孔子、子思之言並傳也。蓋《靈蘭秘典》、《五常七政》、《六元正紀》等篇,無非闡明陰陽五行生制之理,配象合德,實功於人身。其諸色脈病名,鍼則治要,皆推是理以廣之。皇甫謐之《甲乙》,楊上善之《太素》,亦皆本之於此。按西漢《藝文志》有“内經十八卷”之目,至《隋經籍志》始有《素問》之名,而不指爲《内經》。唐王冰乃以《靈樞》九卷,率合《漢志》之數,而爲之註釋,後以《陰陽大論》托其爲師張公所藏,以補其亡逸,其用心亦勤矣。惜乎朱墨混淆,玉石相亂,訓詁失之於迂疎,引援或至於未切。至宋林億、高若訥等,正其誤文而精其缺義,頗於冰爲有功。《醫史》

2. 名義

【素問識】素問解題　素問,林億等以爲“問太素之義”,是也。《史記·殷本紀》伊尹“從湯言素王及九主之事”,《索隱》曰“素王者,太素上皇,其道質素,故稱素王”。《列子》、《乾鑿度》並云“太素者,質之始也”。《管子·水地篇》云:素也者,五色之質也。淡也者,五味之中也。《漢藝文志》“《黄帝泰素》二十篇”,劉向《别錄》云“言陰陽五行,以爲黄帝之道,故曰太素”。“素問”乃爲太素之問答,義可以證焉,而其不言“問素”,而名“素問”者,猶屈原《天問》之類也,倒其語焉爾。全元起云“素,本也。

原見揚雄《方言》。問者，黄帝問岐伯也。方陳性情之原、五行之本，故曰素問"，義未太明。吴崑、馬蒔、張介賓、王九達，皆以爲"平素講求問答"之義。趙希弁《讀書後志》云"昔人謂素問，以素書黄帝之問，猶言素書也"。顏師古云：素謂絹之精白者。俱臆度之見而已。至《雲笈七籤·真仙通鑑》云"天降素女以治人疾。帝問之，作素問"，則荒誕極矣。

【醫籍考】卷一　林億等曰：按王氏不解所以名"素問"之義，及"素問"之名起於何代。按《隋書經籍志》始有《素問》之名。《甲乙經》序，晉皇甫謐之文，已云《素問》論病精辨。王叔和西晉人，撰《脈經》，云出《素問》、《鍼經》。漢張仲景撰《傷寒卒病論集》，云撰用《素問》。是則《素問》之名著於《隋志》，上見於漢代也。自仲景以前，無文可見，莫得而知。據今世所存之書，則《素問》之名起漢世也。所以名"素問"之義，全元起有説曰：素者，本也。問者，黄帝問岐伯也。方陳性情之源、五行之本，故曰"素問"。元起雖有此解，義未甚明。按《乾鑿度》云"夫有形者，生於無形。故有太易，有太初，有太始，有太素。太易者，未見氣也。太初者，氣之始也。太始者，形之始也。太素者，質之始也"。氣形質具，而痾瘵由是萌生，故黄帝問此太素質之始也。"素問"之名義或由此。《素問新校正補註》。

3. 編次

【素問識】素問解題　按《内經》十八卷，昉見於《漢藝文志》，而"素問"之名，出張仲景《傷寒論序》，曰"《素問》、《九卷》"。《北齊書·馬嗣明傳》：博綜經方《甲乙》、《素問》。《北史》：崔彧以《素問》、《甲乙》，遂善醫術。其於史傳始見此。《九卷》，即今之《靈樞》，詳見《靈樞綜概》。以《素問》、《靈樞》之二書爲《内經》者，出皇甫謐《甲乙經序》，曰：按《七略》、《藝文志》"《黄帝内經》十八卷"。今有《鍼經》九卷，《素問》九卷，二九十八卷，即《内經》也。自此以往，歷代諸家，無復異論焉。而胡應麟獨謂：《素問》今又稱《内經》，然《隋志》止名《素問》。蓋《黄帝内外經》五十五卷，六朝亡逸，故後人綴緝，易其名耳。《經籍會通》。此最有理。然晉去漢未遠，皇甫氏之所序，或是古來相傳之説，亦不可廢也。第七卷已亡於晉，皇甫謐《甲乙經序》曰"亦有亡失"。《隋經籍志》云"《黄帝素問》九卷。梁八卷"。又云"《黄帝素問》八卷，全元越注"。"越"蓋"起"譌。據林億等説，全元起所註本乃無第七一通。上至晉皇甫謐甘露中，已六百年，而王冰爲舊藏之卷，以補七篇。按王氏所補，與《素問》餘篇文夐然不同，其論運氣，與《六節藏象論》七百十八字自"岐伯曰昭乎哉問也"止"可得聞乎"，《新校正》曰，全元起注本及《太素》並無，疑王氏所補也。全然别是一家言。明繆希雍既已辨白。見後"彙考"。林億等以爲《陰陽大論》之文，王冰取以補所亡。今考王叔和《傷寒例》所引《陰陽大論》之文，曾無所見，宋臣之説，乃難從焉。

隋以上不知其篇數幾也，據宋《校正》之説，全氏註八卷六十八篇，而至王冰補七篇。又分於《宣明五氣篇》作《血氣形志篇》，取乎《刺齊論》作《刺要論》，分於《皮部論》作《經絡論》，拔於《病類論》作《著至教論》，併此四篇及所亡《刺法》、《本病》二篇，改易篇目敘次，共二十四卷，以爲八十一篇，蓋倣《道德經》、《難經》也。今所傳《遺編》二篇，此乃王冰已後人所托而作，經註一律，出於一人之手，辭理鄙陋,無足取者。林億等既辨之,而馬蒔則云"不知始自何代",將此二篇竄出私傳,不入官本。斯人者其無後乎,亦何不思之甚也。《明藝文志》"趙簡王補刊《素問遺篇》一卷。世傳《素問》王冰注本,中有缺篇,簡王得全本補之"。按今所傳趙府本,載《刺法》、《本病》二篇即是也。《宋史藝文志》"《黄帝素問遺篇》四卷",卷數不同,可疑。注趙簡王補刊《素問遺篇》一卷者,即《宋志》所載劉溫舒《内經素問論奥》四卷之一也,參看本書《素問遺编》趙府本條下。

【素問識】附全元起本卷目　按全元起註本,猶傳於宋代,今據《新校正》所載,考其卷目次第,以備錄於左,庶幾足窺訓解之厓略耶。

卷第一　凡七篇　平人氣象論　決死生篇今三部九候論　藏氣法時論　宣明五氣篇　經合論今離合真邪論　調經論　四時刺逆從論連六卷,從春氣在經脈,分在第一卷。

卷第二　凡十一篇　移精變氣論　玉版論要篇　診要經絡論　八正神明論　真邪論重出　標本病傳論　皮部論篇末有經絡論　骨空論自灸寒熱之法已下,在六卷刺齊篇末。　氣穴論　氣府論　繆刺論

卷第三　凡六篇　陰陽離合論　十二藏相使篇　六節藏象論　陽明脈解篇　長刺節論　五藏舉痛今舉痛論

卷第四　凡八篇　生氣通天論　金匱真言論　陰陽别論　經脈别論　通評虚實論　太陰陽明論　逆調論　痿論

卷第五　凡十篇　五藏别論　湯液醪醴論　熱論　刺熱論　評熱病論　瘧論　腹中論　厥論病能論　奇病論

卷第六　凡十篇　脈要精微論　玉機真藏論　寶命全形論　刺瘧論　刺腰痛論　刺劑論今刺要論,出於此篇。刺禁論　刺志篇　鍼解篇　四時刺逆從論春氣在經脈至篇末,在第一卷。

卷第七闕

卷第八　凡八篇　痺論　水熱穴論　從容别白黑今示從容論　論過失今疏五過論　方論得失明著徵四失論　陰陽類論方論解今方盛衰論

卷第九　凡九篇　上古天真論　四氣調神大論　陰陽應象大論　五藏生成篇　異法方宜論　欬論　風論　大奇論　脈解篇

凡八卷六十八篇

4. 餘論

【四庫全書簡明目錄】卷十醫家類黄帝素問　其書云出上古,固未必然,然亦必周秦間人傳述舊聞,著之竹帛,故通貫三才,包括萬變。雖張、李、劉、朱諸人,終身鑽仰,竟無能罄其蘊奥焉。

【朱子語類】《素問》語言深,《靈樞》淺較易。

【宋濂文集】《黄帝内經》,雖疑先秦之士依倣而託,其言深,其旨邃以弘,其考辨信而有徵,是當爲醫家之宗。

【何夢瑶醫碥】昔人謂《内經》非岐黄書,乃後人之假託。要未必出一手,故有醇有疵,分别觀之可耳。

附　王冰《次註素問》及全元起注本卷目

顧本		古林書堂本	道藏本	全元起注本
二十四卷 影宋嘉祐本		十二卷	五十卷 涵芬樓影印本	九卷
卷第一	上古天真論篇第一	在於卷第一	在於卷之一	在第九卷
	四氣調神大論篇第二	在於卷第一	在於卷之二	在第九卷
	生氣通天論篇第三	在於卷第一	在於卷之三	在第四卷
	金匱真言論篇第四	在於卷第一	在於卷之四	在第四卷
卷第二	陰陽應象大論篇第五	在於卷第一	在於卷之五	在第九卷
	陰陽離合論篇第六	在於卷第一	在於卷之六(七同卷)	在第三卷
	陰陽別論篇第七	在於卷第一	在於卷之七	在第四卷
卷第三	靈蘭秘典論篇第八	在於卷第二	在於卷之八(九同卷)	名十二藏相使,在第三卷
	六節藏象論篇第九	在於卷第二	在於卷之九	在第三卷
	五藏生成篇第十	在於卷第二	在於卷之十	在第九卷
	五藏別論篇第十一	在於卷第二	在於卷之十一	在第五卷
卷第四	異法方宜論篇第十二	在於卷第二	在於卷之十一	在第九卷
	移精變氣論篇第十三	在於卷第二	在於卷之十一	在第二卷
	湯液醪醴論篇第十四	在於卷第二	在於卷之十二	在第五卷
	玉版論要篇第十五	在於卷第二	在於卷之十二	在第二卷
	診要經絡論篇第十六	在於卷第二	在於卷之十二(絡作終)	在第二卷
卷第五	脈要精微論篇第十七	在於卷第三	在於卷之十三	在第六卷
	平人氣象論篇第十八	在於卷第三	在於卷之十四	在第一卷
卷第六	玉機真藏論篇第十九	在於卷第三	在於卷之十五	在第六卷
	三部九候論篇第二十	在於卷第三	在於卷之十六	在第一卷,篇名決死生
卷第七	經脈別論篇第二十一	在於卷第四	在於卷之十七	在第四卷
	藏氣法時論篇第二十二	在於卷第四	在於卷之十七	在第一卷,又於第六卷脈要篇末重出
	宣明五氣篇第二十三	在於卷第四	在於卷之十八	在第一卷
	血氣形志篇第二十四	在於卷第四	在於卷之十八	此篇併在前篇,王氏分出爲別篇

續表

顧本		古林書堂本	道藏本	全元起注本
卷第八	寶命全形論篇第二十五	在於卷第四	在於卷之十八	在第六卷,名刺禁
	八正神明論篇第二十六	在於卷第四	在於卷之十九	在第二卷,又與太素知官能篇大意同,文勢小異
	離合真邪論篇第二十七	在於卷第四	在於卷之十九	在第一卷,名經合,第二卷重出,名真邪論
	通評虛實論篇第二十八	在於卷第四	在於卷之二十	在第四卷
	太陰陽明論篇第二十九	在於卷第四	在於卷之二十	在第四卷
	陽明脈解篇第三十	在於卷第四	在於卷之二十	在第三卷
卷第九	熱論篇第三十一	在於卷第五	在於卷之二十一	在第五卷
	刺熱篇第三十二	在於卷第五	在於卷之二十一	在第五卷
	評熱病論篇第三十三	在於卷第五	在於卷之二十二	在第五卷
	逆調論篇第三十四	在於卷第五	在於卷之二十二	在第四卷
卷第十	瘧論篇第三十五	在於卷第五	在於卷之二十二	在第五卷
	刺瘧論篇第三十六	在於卷第五	在於卷之二十三	在第六卷
	氣厥論篇第三十七	在於卷第五	在於卷之二十三	在第九卷,與厥論相併
	欬論篇第三十八	在於卷第五	在於卷之二十三	在第九卷
卷第十一	舉痛論篇第三十九	在於卷第六	在於卷之二十四	在第三卷,名五藏舉痛
	腹中論篇第四十	在於卷第六	在於卷之二十四	在第五卷
	刺腰痛論第四十一	在於卷第六	在於卷之二十五	在第六卷
卷第十二	風論篇第四十二	在於卷第六	在於卷之二十五	在第九卷
	痺論篇第四十三	在於卷第六	在於卷之二十六	在第八卷
	痿論篇第四十四	在於卷第六	在於卷之二十六	在第四卷
	厥論篇第四十五	在於卷第六	在於卷之二十七	在第五卷
卷第十三	病能論篇第四十六	在於卷第七	在於卷之二十八	在第五卷
	奇病論篇第四十七	在於卷第七	在於卷之二十八	在第五卷
	大奇論篇第四十八	在於卷第七	在於卷之二十九	在第九卷
	脈解篇第四十九	在於卷第七	在於卷之二十九	在第九卷
卷第十四	刺要論篇第五十	在於卷第七	在於卷之二十九	在第六卷,刺齊篇中
	刺齊論篇第五十一	在於卷第七	在於卷之三十	在第六卷
	刺禁論篇第五十二	在於卷第七	在於卷之三十	在第六卷
	刺志論篇第五十三	在於卷第七	在於卷之三十一	在第六卷
	鍼解篇第五十四	在於卷第七	在於卷之三十一	在第六卷
	長刺節論篇第五十五	在於卷第七	在於卷之三十一	在第三卷

續表

顧本		古林書堂本	道藏本	全元起注本
卷第十五	皮部論篇第五十六	在於卷第八	在於卷之三十二	在第二卷
	經絡論篇第五十七	在於卷第八	在於卷之三十二	在皮部論末,王氏分
	氣穴論篇第五十八	在於卷第八	在於卷之三十二	在第二卷
	氣府論篇第五十九	在於卷第八	在於卷之三十三	在第二卷
卷第十六	骨空論篇第六十	在於卷第八	在於卷之三十四	第二卷,自灸寒熱之法已下在第六卷刺齊篇末
	水熱穴論篇第六十一	在於卷第八	在於卷之三十五	在第八卷
卷第十七	調經論篇第六十二	在於卷第九	在於卷之三十六	在第一卷
卷第十八	繆刺論篇第六十三	在於卷第九	在於卷之三十七	在第二卷
	四時刺逆從論篇第六十四	在於卷第九	在於卷之三十七(無篇字)	“厥陰有餘”至“筋急目痛”在第六卷。“春氣在經脈”至篇末在第一卷
	標本病傳論篇第六十五	在於卷第九	在於卷之三十七	在第二卷,皮部論篇前
卷第十九	天元紀大論篇第六十六	在於卷第十	在於卷之三十八	《新校正》注缺
	五運行大論篇第六十七	在於卷第十	在於卷之三十九	《新校正》注缺
	六微旨大論篇第六十八	在於卷第十	在於卷之四十	《新校正》注缺
卷第二十	氣交變大論篇第六十九	在於卷第十	在於卷之四十一	《新校正》注不及全本
	五常政大論篇第七十	在於卷第十	在於卷之(四十二、四十三)	《新校正》注不及全本
卷第二十一	六元正紀大論篇第七十一	在於卷第十一	在於卷之(四十四、四十五、四十六)	《新校正》注缺
	刺法論篇第七十二(亡)	在於卷第十二(亡)	在於卷之四十七(亡)	《新校正》注缺
	本病論篇第七十三(亡)	在於卷第十二(亡)	在於卷之四十七(亡)	新校正注缺
卷第二十二	至真要大論篇第七十四	在於卷第十二	在於卷之(四十七、四十八)	《新校正》注缺
卷第二十三	著至教論篇第七十五	在於卷第十二	在於卷之四十九	在《四時病類論》篇末
	示從容論篇第七十六	在於卷第十二	在於卷之四十九	在第八卷,名從容别白黑
	疎五過論篇第七十七	在於卷第十二	在於卷之四十九	在第八卷,名論過失
	徵四失論篇第七十八	在於卷第十二	在於卷之五十	在第八卷,名方論得失明著
卷第二十四	陰陽類論篇第七十九	在於卷第十二	在於卷之五十	在第八卷
	方盛衰論篇第八十	在於卷第十二	在於卷之五十	在第八卷
	解精微論篇第八十一	在於卷第十二	在於卷之五十	在第八卷,名方論解

【褚澄遺書】《素問》之書,成於黄岐。運氣之宗,起於《素問》。將古聖喆妄邪。曰,尼父刪經,三墳猶廢;扁鵲盧出,盧醫遂多。尚有黄岐之醫籍乎,後書之託名於聖喆也。曰,然則諸書不足信邪。曰,由漢而上,有説無方。由漢而下,有方無説。説不乖理,方不違義,雖出後學,亦是良師。

【張倬傷寒兼證析義】 諺曰“不讀五運六氣,檢遍方書何濟”。所以稍涉醫理者,動以司運爲務,曷知《天元紀》等篇本非《素問》原文,王氏取《陰陽大論》補入經中。後世以爲古聖格言,孰敢非之,其實無關於醫道也。况論中明言“時有常位而氣無必然”,猶諄諄詳論者,不過窮究其理而已。縱使勝復有常,而政分南北,四方有高下之殊,四序有非時之化,百步之内,晴雨不同,千里之外,寒暄各異,豈可以一定之法而測非常之變耶。

【詩紀匡繆】 馮舒曰:《素問》一書,通篇有韻。

(三)序跋

1. 重廣補註黄帝内經素問序啟玄子王冰撰

夫釋縛脱艱,全真導氣,拯黎元於仁壽,濟羸劣以獲安者,非三聖道,則不能致之矣。孔安國序《尚書》曰“伏羲、神農、黄帝之書,謂之三墳,言大道也”。班固《漢書藝文志》曰“《黄帝内經》十八卷”,《素問》即其經之九卷也,兼《靈樞》九卷,迺其數焉。雖復年移代革,而授學猶存,懼非其人,而時有所隱。故第七一卷,師氏藏之。今之奉行,惟八卷爾。然而其文簡,其意博,其理奥,其趣深。天地之象分,陰陽之候列,變化之由表,死生之兆彰,不謀而遐邇自同,勿約而幽明斯契,稽其言有徵,驗之事不忒,誠可謂至道之宗、奉生之始矣。假若天機迅發,妙識玄通,蕆謀雖屬乎生知,標格亦資於詁訓,未嘗有行不由逕、出不由户者也。然刻意研精,探微索隱,或識契真要,則目牛無全,故動則有成,猶鬼神幽贊。而命世奇傑,時時間出焉,則周有秦公,漢有淳于公,魏有張公、華公,皆得斯妙道者也。咸日新其用,大濟蒸人,華葉遞榮,聲實相副,蓋教之著矣,亦天之假也。冰弱齡慕道,夙好養生,幸遇真經,式爲龜鏡。而世本紕繆,篇目重疊,前後不倫,文義懸隔,施行不易,披會亦難,歲月既淹,襲以成弊。或一篇重出而别立二名,或兩論併吞而都爲一目,或問答未已别樹篇題,或脱簡不書而云世闕。重《經合》而冠《鍼服》,併《方宜》而爲《欬篇》;隔《虚實》而爲《逆從》,合《經絡》而爲《論要》;節《皮部》爲《經絡》,退《至教》以先《鍼》。諸如此流,不可勝數。且將升岱嶽,非逕奚爲;欲詣扶桑,無舟莫適。乃精勤博訪,而并有其人,歷十二年,方臻理要,詢謀得失,深遂夙心。時於先生郭子齋堂,受得先師張公秘本,文字昭晰,義理環周,一以參詳,羣疑冰釋。恐散於末學,絶彼師資,因而撰註,用傳不朽。兼舊藏之卷,合八十一篇、二十四卷,勒成一部。冀乎究尾明首,尋註會經,開發童蒙,宣揚至理而已。其中簡脱文斷,義不相接者,搜求經論所有,遷移以補其處;篇目墜缺,指事不明者,量其意趣,加字以昭其義;篇論吞并,義不相涉,闕漏名目者,區分事類,别目以冠篇首;君臣請問,禮儀乖失者,考校尊卑,增益以光其意;錯簡碎文,前後重疊者,詳其旨趣,削去繁雜,以存其要；辭理秘密，難粗論述者，別撰《玄珠》，以陳其道。凡所加字，皆朱書其文，使今古必分，字不雜糅。庶厥昭彰聖旨，敷暢玄言，有如列宿高懸，奎張不亂，深泉淨瀅，鱗介咸分。君臣無夭枉之期，夷夏有延齡之望。俾工徒勿誤，學者惟明，至道流行，徽音累屬，千載之後，方知大聖之慈惠無窮。時大唐寶應元年歲次壬寅序。

2. 重廣補注黄帝内經素問序

臣聞安不忘危、存不忘亡者，往聖之先務。求民之瘼、恤民之隱者，上主之深仁。在昔黄帝之御極也，以理身緒餘治天下，坐於明堂之上，臨觀八極，考建五常。以謂人之生也，負陰而抱陽，食味而被色，外有寒暑之相盪，内有喜怒之交侵，夭昏札瘥，國家代有。將欲斂時五福，以敷錫厥庶民，乃與岐伯上窮天紀，下極地理，遠取諸物，近取諸身，更相問難，垂法以福萬世。於是雷公之倫，授業傳之，而《内經》作矣。歷代寶之，未有失墜。蒼周之興，秦和述六氣之論，具明於左史。厥後越人得其一二，演而述《難經》。西漢倉公傳其舊學，東漢仲景撰其遺論，晉皇甫謐刺而爲《甲乙》，及隋楊上全纂而爲《太素》。時則有全元起者，始爲之訓解，闕第七一通。迄唐寶應中，太僕王冰篤好之，得先師所藏之卷，大爲次註，猶是三皇遺文，爛然可觀。惜乎唐令列之醫學，付之藝技之流，而薦紳先生罕言之。去聖已遠，其術晻昧，是以文注紛錯，義理混淆。殊不知三墳之餘，帝王之高致，聖賢之能事，唐堯之授四時，虞舜之齊七政，神禹修六府以興帝功，文王推六子以敘卦氣，伊尹調五味以致君，箕子陳五行以佐世，其致一也。奈何以至精至微之道，傳之以至下至淺之人，其不廢絕，爲已幸矣。頃在嘉祐中，仁宗念聖祖之遺事，將墜於地，迺詔通知其學者，俾之是正。臣等承乏典校，伏念旬歲，遂乃搜訪中外，裒集衆本，寖尋其義，正其訛舛，十得其三四，餘不能具。竊謂未足以稱明詔，副聖意，而又採漢唐書錄古醫經之存於世者，得數十家，敘而考正焉。貫穿錯綜，磅礴會通，或端本以尋支，或泝流而討源，定其可知，次以舊目，正繆誤者六千餘字，增注義者二千餘條。一言去取，必有稽考，舛文疑義，於是詳明。以之治身，可以消患於未兆，施於有政，可以廣生於無窮。恭惟皇帝撫大同之運，擁無疆之休，述先志以奉成，興微學而永正，則和氣可召，災害不生，陶一世之民，同躋於壽域矣。國子博士臣高（保衡）、光祿卿直秘閣臣林億等謹上。

3. 顧從德跋文 適園、抱經樓、皕宋樓等《藏書志》皆作“跋文”，諸暨圖書館目錄作“序文”，日本安政覆刻顧從德本載卷首。

家大人未供奉内藥院時，見從德少喜醫方術，爲語曰：世無長桑君指授，不得飲上池水，盡見人五藏。必從黄帝之脈書，五色診候，始知逆順陰陽，按奇絡活人。不然者，雖聖儒無所從精也。今世所傳《内經素問》，即黄帝之脈書，廣衍於秦越人、陽慶、淳于意諸長老，其文遂佀漢人語，而旨意所從來遠矣。客歲以試事北上，問視之暇，遂以宋刻善本見授曰：廣其傳非細事也，汝圖之。從德竊惟吳儒者王光菴賓，嘗學《内經素問》於戴原禮，可一年所即治病輒驗。晚歲以其學授盛啟東、韓叔陽。後被薦文皇帝，召對稱旨，俱留御藥院供御。一日人見便殿上，語次偶及白溝之勝，爲識長蛇陣耳。啟東以天命對。是不但慷慨敢言，抑學術之正見於天人之際亦微矣。秦太醫令所謂"上醫醫國",殆如此耶。故吳中多上醫,寔出原禮,爲上古自來之正派,以從授是書也。家大人仰副今上仁壽天下之意甚切,亟欲廣其佳本,公暇校讐,至忘寢食。予小子,敢遂翻刻以見承訓之私云。嘉靖庚戌秋八月既望武陵顧從德謹識。印文曰"史修□",印文曰"彭仙"。(以上三序據於安政刊占恒室本)

4. 黄海本序文

宋本《新校正》云:按王氏不解所以名"素問"之義,及"素問"之名起於何代。按《隋書經籍志》始有《素問》之名。《甲乙經序》,晉皇甫謐之文,已云"《素問》論病精辨"。王叔和西晉人,撰《脈經》云"出《素問》、《鍼經》"。漢張仲景撰《傷寒卒病論集》,云"撰用《素問》"。是則《素問》之名著於《隋志》,上見於漢代也。自仲景已前,無文可見,莫得而知。據今世所存之書,則《素問》之名起漢世也。所以名"素問"之義,全元起有說云"素者,本也。問者,黄帝問岐伯也。方陳性情之源,五行之本,故曰素問"。元起雖有此解,義未甚明。按《乾鑿度》云"夫有形者,生於無形。故有太易、有太初、有太始、有太素。太易者,未見氣也。太初者,氣之始也。太始者,形之始也。太素者,質之始也。氣形質具,而痾瘵由是萌生,故黄帝問此太素質之始也"。"素問"之名義或由此。山史云:此宋本《素問》刻之卷首者,在武林校錄,偶遺之,今補於序後一葉。以示遵舊,非有刪改,但經文誤處,悉從改正,註中錯謬,或隨意節略。即啟玄復生,不目我爲妄矣。萬曆庚申秋日訂。

5. 同本黄海素問題語

新安之有黄山,猶其有潘景升也。得景升而黄山遂有《黄海》。世傳黄帝爲僊家鼻祖,其與容成領略此山者,惝怳乎靡所跡覓,而《黄海》一書乃不勝跡也,非景升亦不能跡。噫,山之爲海,如蓬萊方丈嵯峨,大海中其最標著者而隸於僊,則黄山以僊,黄海以僊乎。景升才情學韞,今無人,古且無人。又胸中眉宇,不帶毫塵坌,擬其品翛然仙流,而又生於黄山下,丹鼎火候,純湛遵舉,不須拔龍髯者。故黄可以山遇,亦可以海遇。其書自"紀初"至"紀異",且無不紀山靈海若,左拍右挹,殆不似人間語,抑不侶人間事,景升固仙以印僊乎。耳食者知黄爲帝,而不知黄爲僊。如帝逾仙,祖龍弱水,苦於無翼。即此以論,則景升《黄海》非筆研毫楮,窺其傳真,余得比於海月,以備掛席之招也。幸甚。(雞肋居士李若訥題)

潘景升先生編《黄海》五紀數百卷,所收黄帝事蹟、文章略盡。內《素問》二十四卷,又得舊家宋本,讐校繕寫,咸極工雅,將謀諸同志先成之。文字家鼻祖於黄帝。《素問》一書,關切性命,其章句奇奧淵曲,人皆習而不知。今計梨棗費,卷纔三四鍰,不過有貲者雁鶩餘糧耳。使作雅事觀,則莫先於博古;作俗事觀,則莫親於爲身。輟一人雁鶩之餘粮,而可以博古,可以爲身,可以宿名,其法最饒而捷,諸君試自圖之,不必爲景升起見也。(新野漚庵居士馬之駿題)

景升先生編《黄海》,海軒轅逸蹟,又編入《素問》。《黄海》浩而博,《素問》簡而奧。孟子曰"觀於海者難爲水"。余亦曰:游於《素問》者難爲言。剞氏之役,故應先之人,苟有味乎《素問》之旨,即不然而觀其文章色韻,俱非三代而下物,俗傖慳情,不知從何而盡,況有心博古者。(鶴林居士林枝橋題)

不黄以山而黄以海，惟黄山爲山之海，惟黄帝爲黄山之海，惟《素問》爲黄帝之海。亘史之言曰：吾編《黄海》，性命赴焉。爲書五百卷，不成刻，無問《素問》矣。新野之言曰：吾讀《素問》，性命存焉。爲書二十四卷，不先刻，無問《黄海》矣。漁山子曰：今且有筭，於此可以不論。登黄山而有《黄海》，猶之登黄山可以不論；篋《黄海》而有《素問》，猶之篋《黄海》可以不論；全鐫《素問》而第慨助幾鐶，猶之全鐫《素問》。此即所謂生知之箴謀，而竇應、嘉祐諸臣功無此鉅。是語可動，請以補岐黄慳疾一種醫藥。（漁山子曹履吉題）

"黄海"之義何昉。説者化帝而仙，匯山爲海，琳琳瑯瑯，非不參錯如繡，而隸海於黄，則余心實未了了。景升曰：山巔一區，空闊類海，舊有"海子"稱，故景升取以冠黄帝全書，而"黄海"名始著。寓内探奇躡嶮，及風想臥遊者，遂若知有海，不知有山。然則黄其人身之骨幹，海其血脈，而《素問》之於黄海，尤其切近而精實者，不獨與岐伯質證之文已。《黄海》約五紀，《素問》爲紀藏獨賒，凡二十有四卷。景升往來金陵、姑宣間幾八月，輒一一付諸殺青，且成繕本矣。舉其難而易，可知景升實一片有心，非斤斤博物君子也。余幸與慮始，今聿觀其成，不覺爲景升志喜，謾綴數語於諸子後。（介園居士祝可仕題）

6. 占恒室覆刻仿宋本序

聖經不宜有譌誤，是以漢唐有石經之設，所以示學者爲楷範焉。在吾醫經，一字之差，動關生命，則最不宜有譌誤。倘使轉輾舛錯，失真彌甚，則其誣往哲、陷來學，貽害黎庶者，果爲何如也。醫官久志本子寶[1]，篤行好學君子也，平生感奕世寵禄之渥，常施良藥，以拯窮氓。又慨醫經絶少善本，以爲《素問》之於吾道，猶典謨訓誥焉。幸有明代覆刻宋槧在，殊係林億等校正之真，而其本凡數通，時或有轉譌，今宜擇原刊最佳者，翻雕以便學者，庶足以報渥恩之涓埃。遂命精工，附之櫻版。功既竣，屬元堅以序。蓋醫道之陵夷也尚矣，寬政初，官始建庠校，教導子弟，自時厥後，人才裔興，駸駸乎無愧於古，但醫經往往行俗刻，罕有佳本，學者歉焉。今子寶乃有此盛舉，其所以示學者爲楷範，將與漢唐石經比軌。況於醫經之關生命，而爲濟衆之鴻益，則子寶今日之功，其豈在鄭覃周墀輩下也耶。於是乎書。安政二年歲在施蒙單閼涂月甲辰，江戸侍醫尚藥兼醫學教諭法印丹波元堅[2]謹撰。

［郭注］

(1)久志本子寶，即久志本常珍。久志本氏本姓度會，平安時代晚期常任之後裔，世代相承爲伊勢神宫醫，沿襲官職直至幕末，係名門望族。常珍官位伊勢外宫正五位上。

(2)丹波元堅，即多紀元堅(1795～1857)，字亦柔，號茝庭，三松。幼名鋼之進，後稱安叔。多紀元簡之第五子(或云爲元簡庶子)。元簡逝世，兄元胤承襲家督。元堅雖另立門户，但扶掖醫學館之功亦勝其兄。天保七年(1836)爲奥醫師、法眼。十一年爲法印。弘化二年(1845)爲將軍家慶之御匙(侍醫)。繼承其父考證學風，致力善本醫籍之收集、校訂、刊刻事業，并培育澀江抽齋、森立之、小島寶素等考證學派優秀醫學家。有《傷寒論述義》、《金匱要略述義》、《素問紹識》、《藥治通義》、《雜病廣要》、《時還讀我書》等著作傳世。

7. 同本跋

《素問次注》二十四卷，明代翻雕宋本，存於世者不一。醫庠藏有明初所鍥者，文字端正可喜。澀江道純[1]所弆顧從德本，令覆刻之，而吳勉學則從顧本重鐫者也。余嘗病坊間俗刻訛舛相仍，殆致不可讀，因今請道純本，更校以醫庠本，纖毫無差，乃命工鋟梓，以廣其傳。庶乎不失宋本之舊，而嘉祐之真釐然可以覩矣。而校讎之任，道純及森立夫[2]俱有力焉。道純，名全善，弘前醫員；立夫，名立之，福山醫員，並爲醫庠講授云。安政丙辰季春，度會常珍誌。

［郭注］

(1) 澀江道純，即澀江抽齋(1805～1858)，名全善，字道純、子良。曾師事狩谷棭齋、市野迷庵修儒學，並從伊澤蘭軒、池田京水習醫學，曾任弘前藩醫。其才能爲多紀元堅所賞識，聘爲江戶醫學館講師，并從事古典醫籍研究。弘化元年(1844)講授《黃帝內經靈樞》，其後，不斷對講義內容增補改訂，撰成《靈樞講義》一書，二十五卷。曾參預《經籍訪古志》之編纂。

(2) 森立夫，即森立之(1807～1885)，字立夫，通稱養真，後稱養竹，號枳園。十五歲時繼承家督，任福山阿部侯醫員，天保年(1837)失去俸祿，攜家眷落魄流浪於相模地區達十二年之久。弘化五年(1848)復歸江戶，以醫學館爲活動基地，開始從事古典醫書之校勘及研究、寫作事業。明治維新後，繼承發揚先輩及同仁業績，成爲醫學考證派第一人。森立之幼時從宮崎耕海學長雄流書法，隨古佃玉函治經史學，入伊澤蘭軒門下研醫方學，拜田村元雄、佐藤中陵師習物產學，得狩谷棭齋、多紀元堅、澀江抽齋等名師啟迪攻訓詁考據學。私淑中國清代阮元、錢大昕、孫星衍、段玉裁、王引之等學者。生平著述近百種，著名之作《傷寒論考注》、《金匱要略考注》、《素問考注》、《本草經考注》、《枳園叢考》、《經籍訪古志》等傳世。

(四) 刊本及抄本

1. 宋代未詳本

【太平御覽】引書目　《黃帝素問》。經史圖書綱目《黃帝素問》。

【冊府元龜】卷七百二十一方術部引據帝王世紀《素問》。黃帝臣岐伯。

【傳是樓宋元本書目】字字下格　宋本《(皇)［黃］帝內經素問》二十四卷，十本。又僞本十二本二套。

2. 古林書堂本

【平津館鑒藏書籍記】卷一元版　《新刊補註釋文黃帝內經素問》十二卷。題"啟元子次注，林億、孫奇、高保衡等奉敕校正，孫兆重改誤"。前有啟元子王冰《黃帝內經素問序》，後題"將仕郎守殿中丞孫兆重改誤"。《明史藝文志》：孫兆《素問注釋考誤》十二卷。誤以孫兆爲明人。"總目"一卷後題云：元本二十四卷，今併爲一十二卷刊行。"總目"前有"本堂今求到元豐孫校正家藏善本，重加訂正，分爲一十二卷"云云木長印。"總目"後亦有木長印，字已滅去。卷十二後有"至元己卯菖節古林書堂新刊”十二字木長印。洪頤煊曰：晁氏《讀書志》，陳氏《書録解題》，此書二十四卷。《四庫全書》本亦二十四卷，皆與此本異。末附《素問入式運氣論奥》三卷，前有元符已卯朝散郎太醫學司業劉溫舒序。《黄帝内經素問遺篇》一卷，黑口版，每葉二十三行，行二十三字。

【廉石居藏書紀】内篇卷上醫律　《補注釋文黄帝内經素問》十二卷。右元本《内經素問》十二卷，前有唐寶應元年王冰序，末題“將仕郎守殿中丞孫兆重改誤”。次爲“總目”，有木刻印記稱“本堂今求到元豐孫校正家藏善本，重加訂正，分爲十二卷，以便檢閲”云云。後又題“元本二十四卷，今併爲一十二卷刊行”，是坊本已，故古時篇題，十三行，行二十三字，紙墨色甚舊，惜不及校，必有勝於今本者。卷末有木刻印記，題云“至元已卯菖節古林書堂新刊”，蓋元時重刊本。

【鐵琴銅劍樓藏書目録】卷第十四子部醫家類　《新刊補註釋文黄帝内經素問》十二卷。元刊本。

【孫氏書目】内編卷二醫律第六醫學　《黄帝素問》十二卷。元古林書堂刻本。

【郘亭知見傳本書目】卷八子部五醫家類　《黄帝素問》。《天祿後目》有《黄帝内經合素問靈樞》四十八卷，元至元已卯菖節古林書堂刊本，併爲十二卷，末附《素問入式運氣論奥》三卷、《遺篇》一卷。黑口。每頁二十三行，行二十三字。平津館有藏本。

【適園藏書志】卷第六子部醫家類　《新刊補注釋文黄帝内經素問》，元刊本。“啟元子次注”云云。每半葉十三行，行二十三字。高六寸三分，廣四寸。黑口，雙邊。口上標“素問幾目”。前有木記曰“是書乃醫家至切至要之文，惜乎舊本訛舛漏落，有誤學者。本堂今求元豐孫校正家藏善本，重加訂正，分爲一十二卷，以便檢閲，衛生君子幸垂藻鑑”。又“目録”後有木蓋子題曰“元本二十四卷，今併爲一十二卷刊行”。陰面書有木記題曰“至元已卯菖節古林書堂新刊”兩行，今爲書賈撕破，想充宋槧，亦賈人之陋見也。有“江南昭文張燮子”和“小琅嬛福地藏書記”朱文大長方印，“蓉鏡珍玩”朱文方印，“虞山張氏”朱文方印。天啟甲子八月因姪焯兒病，細閲一過。其圈校者尚是元人手筆，因識。時晚桂初放，覺案閒同此古香也。琴水寒儒。

【嘉業堂善本書影】卷四子部　《新刊補註釋文黄帝内經素問》十二卷，元至元已卯古林書屋刊本。《内經素問》十二卷，元人改并之本。此爲至元已卯菖節古林書屋新刊，卷尾應有木記，此則與前序并已佚去。《平津館藏書記》、《鐵琴銅劍樓書目》皆詳載之。此乃日本(朮)[求]古樓所藏。湯島爲東邦近世藏書巨子，不知何時流出而復歸中土也。微聞持售者爲日人，信有由來矣。王文敏公哲嗣漢甫爲予獲於天津。乙卯冬，寒雲。

【經籍訪古志】卷七醫家類　《新刊補註釋文黄帝内經素問》十二卷。元至元已卯菖節古林書堂刊本，聿修堂藏。

【圖書寮漢籍善本書目】卷三子部醫家類　《新刊補註釋文黄帝内經素問》十二卷、《補遺》一卷，四冊，元刊本。首有林億、啟玄子王冰舊序云云。坿載《黄帝内經素問遺編》一卷。每半葉十三行，行二十三或二十四字不等。每冊首有“公忠鄭氏書府”、“盛方院”、“多紀氏藏書印”、“江戸醫學藏書之記”印。又第四冊首有“妙覺寺常住日典"印記。《經籍訪古志》所載本。

3. 元刊本刊者未詳

【脈望館書目】餘字號不全宋元板者子類　《内經素問》一本,存二十卷。元二十四卷。

【帶經堂書目】卷三醫家類　《黄帝素問》二十四卷,元刊本,唐王冰註。

【觀海堂書目】力字號　《素問》六本,十二卷。元本。

【皕宋樓藏書志】卷四十三子部醫家類一　《新刊補註釋文黄帝內經素問》二十四卷。元刊本。

【季滄葦書目】宋元雜板醫書　《素問》二十八卷。元板。《内經素問》二十四卷。

【帝室和漢圖書目錄】醫學和漢古方　新刊補註釋文黄帝　《内經素問》,唐王冰註,宋林億校。至元五。十二卷,《遺編》一卷,四册。

4. 古鈔本元歟

【經籍訪古志】卷七醫家類　《重雕補註釋文黄帝内經素問》二十四卷。古鈔本。躋壽館藏。"釋音"移在每注下。每半葉高六寸八分,幅四寸八分強。八行,行二十字,注文雙行。不記鈔寫年月及名氏。卷十八末題"假承務郎權醫學錄臣趙叔度校正,軍器庫副使兼翰林醫官臣盧德誠校正"。

按,此本有皇國古時博士家朱點,檢其紙質字様,當是四五百年外物。經注文字,間有異同,往往與元槧合。要雖不及宋本之善,然亦卓有可以訂諸本之謬者。如《天真論》"年半百而動作皆衰","半"上有"至"字,與《太素》及《千金》合。《陰陽應象論》"化五氣","化"下"爲"字。《平人氣象論》"脈小實而堅者病在内","病"上有"曰"字,與例合。《痺論》"或燥或濕",無"或燥"二字,與岐伯答合。《大奇論》"脈至如火薪然","薪"作"新",與注合。《氣府論》"俠背以下至尻尾","背"作"脊"。《水熱穴論》"關門不利","門"作"閉",與注合之類是也。蓋今行宋本,以北宋本爲原,而此則就南宋本謄鈔者歟。此係肥後村井椿壽(1)所藏。天保癸卯,其子玄濟獻之,醫學者小島春沂(2),近獲舊抄零本一卷,稍同此本。

[郭注]

(1)村井椿壽(1733～1815),名杶,字椳、大年,號琴山,通稱椿壽。熊本醫家村井見朴之子,曾協父興建熊本醫學館(再春館)。三十餘歲上京學於吉益東洞,繼承"古方派"學統,被譽爲西日本最優秀之東洞門人,後回歸鄉里行醫并致力於東洞醫方之傳播。五十歲後任肥後藩醫、細川侯侍醫。著有《醫道二千年眼目篇》、《和方一萬方》、《續藥徵》、《藥量考》、《方極刪定》、《類聚方議》、《扁鵲傳考》、《琴山劑記》、《診餘漫錄》等。

(2)小島春沂(1829～1857),名尚真,字抱沖,通稱春沂,號棣蔭。小島寶素之子,多紀元堅之門人。繼承父之學業,精通醫籍書誌學,任醫學館助教,不幸早逝。曾参預編纂《經籍訪古志·醫部》、復原《本草經集注》等。

5. 熊本

【善本書室藏書志】卷十六子部五醫家類　《新刊補注釋文黄帝内經素問》十二卷。明熊氏頿峯刊本。啟元子次注云云。"總目"後有木記云"是書乃醫家至切至要之文,舊本昏蒙譌舛漏落,本堂將家藏善本三復訂正,增入《運氣入室奥論》,重新繡梓,鼇峰熊氏種德堂識"。以《平津舘鑒藏記》證之,乃依元至元己卯莒節古林書堂據元豐孫校正善本翻刊者。題稱"元本二十四卷,今併爲一十二卷刊行"。每半葉十三行,行二十三字,均與至元本合。鼇峰熊宗立,乃明成化正統間坊賈也。

【郘亭知見傳本書目】卷八子部五醫家類　《黄帝素問》。明成化熊宗立刻本。亦有《素問入式論奥》。

【江蘇第一圖書館覆校善本書目】子部醫家類　《補注釋文黄帝内經素問》十二卷,唐王冰注,宋林億等奉敕校正,孫兆重改誤。明熊氏鼇峰刊本。有闕葉。六冊。

【内閣文庫圖書第二部漢書目錄】第三門子第六類醫家經論　《補註釋文黄帝内經素問》十二卷,《黄帝素問靈樞集註》十二卷,《素問入式運氣論奥》三卷,明熊宗立校。明板。五冊。

(特)《補註釋文黄帝内經素問》同上。《素問遺編》一卷,《素問運氣圖括定局立成》一卷,《素問靈樞運氣音釋補遺》一卷,明熊宗立校。明板。六冊。

【中國醫學書目】内經　《新刊補註釋文黄帝内經素問》九卷,九冊。十三行二十三字,欄高二十釐,幅十二·三釐。熊宗立點校,鼇峰種德堂重刻。明初黑口本。

6. 顧本

【脈望舘書目】辰字號子類二　松江板《素問》三本

【善本書室藏書志】卷十六子部五醫家類　《重廣補注黄帝内經素問》二十四卷。明嘉靖刊本。嚴印持藏書。啟元子次注,林億、孫奇、高保衡等奉敕校正,孫兆重改正。前有國子博士臣高保衡、光禄卿直秘閣臣林億等謹上表文。啟元子王冰自撰序文,題"大唐寶應元年"。後列孫兆、高保衡、孫奇、林億銜名。四行後有嘉靖庚戌武陵顧從德識云:家大人以宋刻善本見授,遂翻刻以承訓之。私按《宋史藝文志》及晁、陳諸家著錄,皆僅稱《黄帝内經素問》二十四卷,而無"重廣補注"之名。陳氏《書錄解題》亦無孫奇與孫兆改誤之事,大約皆明時所加耳。有"嚴印持印"、"調御"兩印。印持,餘杭人,善書工詩,明末與聞子將結社湖上,與弟武順敕齊稱"餘杭三嚴"焉。此書嚴氏舊藏,不知何年流售東瀛,裝潢題面,皆彼土所爲。又不知何年仍歸杭州,楚弓楚得,洵可寶也。

【郘亭知見傳本書目】卷八子部五醫家類　《黄帝素問》。明嘉靖庚戌武陵顧從德翻彫宋本。王注。二十四卷。最善。十行,行二十字。雙行,行三十字。

【顧鶴逸藏書目錄】明板書籍　顧刻《内經》六本

【八千卷樓書目】卷十子部醫家類　《黄帝素問》二十四卷。明顧從德翻宋本。

【適園藏書志】卷第六子部醫家類　《重廣補注黄帝内經素問》二十四卷。明刻本。明繙宋本。有顧從德跋。收藏有"查氏珍賞之印"朱文、"夏重讀過"白文兩方印。次引顧序全文,云此跋罕見,皆爲俗賈撤去耳,故錄之。

【抱經樓藏書志】卷三十五子部醫家類　《重廣補注黄帝内經素問》二十四卷。明覆宋本。唐啟元子王冰次注。顧從德跋。嘉靖庚戌。

【持静齋書目】卷三子部五醫家類　《黄帝素問》二十四卷。嘉靖庚戌武陵顧從德翻刊宋本。唐王冰注。

【皕宋樓藏書志】卷四十三子部醫家類 《重廣補注黄帝内經素問》二十四卷。明覆宋本。顧從德跋。嘉靖庚戌。

【叢書舉要】卷九浙江書局二十二子全書 《黄帝内經》十本。明顧氏影宋嘉祐本。

第三百五十八至三百六十二册 《黄帝内經》二十四卷。《素問》據顧從德本,《靈樞》據趙府本。

子部醫家類 《重校補注黄帝内經素問》二十四卷。明嘉靖刊本。嚴印持藏書,有"印持嚴印"、"調御"二印。十册。

九理學醫學 重廣補注 《黄帝内經素問》二十四卷,唐王冰注,宋林億等校,明顧從德重校。明嘉靖刊(覆宋)。六册。

【中國醫學書目】内經 《補註黄帝内經素問》二十四卷,八册,十二行,二十字,欄高二十·八釐,幅十五·八釐。明板。

注:《四庫·目略子部·醫家類》云:明嘉靖庚戌顧從德翻彫宋本。王注,二十四卷,最善。《經籍訪古志》亦言之。

注:顧從德刊仿宋二十四卷本,散見於"明刊不明本"條下。

7. 趙府本

【脈望館書目】辰字號子類 趙府校《素問》五本。缺十、十一卷。

【問經堂書目】醫律第六 《黄帝素問》二十四卷,唐王冰注,宋林億校。一明趙府刊本,一《古今醫統》本。

【善本書室藏書志】卷十六子部五醫家類 《補注釋文黄帝内經素問》十二卷,《遺篇》一卷。明趙府刊本。明趙府居敬堂刻本。每葉十六行,行十七字。注夾行,行亦十七字。

【皕宋樓藏書志】卷四十三子部醫家類 《補注釋文黄帝内經素問》二十四卷。明趙府居敬堂本。陸耳山舊藏。

【孫氏書目】内編卷二醫律第六醫學 《黄帝素問》十二卷。明趙王府刊本。

【郘亭知見傳本書目】卷八子部五醫家類 《黄帝素問》。明趙簡王居敬堂刊本,十二卷。

【八千卷樓書目】卷十子部五醫家類 《黄帝素問》。明趙藩刊本。

【江蘇第一圖書館覆校善本書目】子部醫家類 《補注釋文黄帝内經素問》十二卷,《遺編》一卷。同上。明趙府刊本。有闕葉。十八册。

【静嘉堂文庫國書分類目録】九理學醫學補註釋文 《黄帝内經素問》十二卷,《遺篇》一卷,唐王冰注,宋林億等校。明刊(趙府居敬堂覆宋)。陸耳山舊藏。十萬卷樓本。七册。

【中國醫學書目】内經 《補註釋文黄帝内經素問》十二卷,十五册,《遺編》一册。八行十七字,欄高二十釐,幅十四釐。趙府居敬堂。明板。

8. 黄海本

【郘亭知見傳本書目】卷八子部五醫家類 《黄帝素問》二十四卷。明潘氏黄海本。

【内閣文庫圖書第二部漢書目録】第三門子第六類醫家　《黄海》紀藏《黄帝内經素問》二十四卷。第二十二卷以下缺。明潘之恒等校。明版。八册。

【中國醫學書目續篇】内經　《黄帝内經素問》二十四卷，十册。十行二十字，欄高二十・二釐，幅十四・八釐。明潘之恒定。《黄海》本。王冰序，高保衡等序，自序。萬曆庚申。《黄海素問》題語，李若訥等。《黄帝内經目録》首題"《黄海》藏本"。"目録"後有木記云"亘史云:《素問》八十一篇，原分九篇爲一卷，稱《素問》九卷，合《靈樞》九卷，而爲《内經》十八卷。至啟玄子次註，始分二十四卷，後又併爲十二卷。今標王氏次註，宜從其分卷，而玄臺子《靈樞註證》仍"九卷"之目，亦有分二十四卷及併爲十二卷者。見成化甲午年熊氏種德堂所刊小本。萬曆庚申秋日識"。

注:《楝亭書目》云:《黄帝内經》，明天都潘之恒序，定二十四卷，一函八册。疑《素問》歟。

9. 吴悌本

【郘亭知見傳本書目】卷八子部五醫家類　《黄帝素問》。明吴悌刊本。十卷。

【中國醫學書目】内經　《黄帝内經素問》十二卷，六册。十行二十字，欄高二十釐，幅十四釐。吴悌校。

10. 周曰本

【孫氏書目】内編卷二醫律第六醫學　《黄帝素問》二十四卷。明周曰校刊本。

【郘亭知見傳本書目】卷八子部醫家類　《黄帝素問》二十四卷。明周曰校刊本。

【内閣文庫圖書第二部漢書目録】第三門子第六類醫家　《黄帝内經素問》二十四卷，唐王冰註，宋林億等校。萬曆十二年刊。五册。

【中國醫學書目】内經　《重廣補註黄帝内經素問》二十四卷，七册。十一行二十三字，欄高二十一・四釐，幅十四・四釐。周氏對峰刊行。繡谷書林周曰校刊。明萬曆甲申夏月。

11. 醫統本

【問經堂書目】醫律第六　《黄帝素問》二十四卷，唐王冰注，宋林億校。

【孫氏書目】内編卷二醫律第六醫家　《黄帝素問》二十四卷。明《古今醫統》本。

【郘亭知見傳本書目】卷八子部醫家類　《黄帝素問》二十四卷。吴勉學《古今醫統》本。

【諸暨圖書館目録】卷五子部五醫家類　《黄帝内經素問》二十四卷，唐王冰注，宋林億等校正。明武陵顧從德影刊宋嘉祐本。每半葉十行，行二十字，注三十字。首列顧序，次目次，次林序，次王序。序末有"明新安吴勉學重校梓"一行，字式與全書迥別，恐是坊賈續加。

【叢書舉要】卷十二古今醫統正脈全書　《黄帝内經素問》二十四卷，唐王冰注。

【叢書書目彙編】十八畫醫統正脈全書　《黄帝内經素問》二十四卷。

【揚州吴氏測海樓藏書目録】卷四子部醫家類　《黄帝内經素問》二十四卷，唐王砯注。《古今醫統正脈全書》明王肯堂輯，萬曆年刊，竹紙，四十八本内。

【中國醫學書目續編】內經 《重廣補註黄帝内經素問》二十四卷,七冊,明新安吴勉學重校梓。《古今醫統正脈全書》明版之內。

注:明印《古今醫統正脈全書》所收《內經素問》,據明武陵顧從德影宋嘉祐本,只卷首宋臣之序,"序"字作"表",又板心文字頗屬削卻。清光緒京師醫局重印《醫統正脈全書》本,題"金壇王肯堂輯、江陰朱文震校刊",而爲據顧氏影宋本。蓋此本所據即是光緒三季所刻浙江書局本,字體頗不同與顧氏、吴氏影宋本。

12. 詹林本

【江蘇第一圖書館覆校善本書目】子部醫家類 《京本校正注釋音義黄帝內經素問靈樞集注》十五卷。隋全元起訓釋,唐王冰次註,宋林億奉敕校正,孫兆改誤。閩潭城趙植吾編,明詹林重刊本。有鈔配。有"井家藏書"一印。

13. 明刊未詳本

【經籍訪古志】卷第七醫家類 《重廣補註黄帝內經素問》二十四卷。明代摸刻宋本。聿修堂藏。每半版高七寸强,幅五寸二分。十行,行二十字,注文雙行三十字。每卷末附"釋音",板心記刻手名氏,不記刊行年月。每葉捺"東井文庫"朱文、"静然之印"朱白相錯二印。柳沜(1)先生跋曰:右本與顧氏所刻同,從北宋板重彫者。若殷、匡、炅、恒、玄、徵、鏡字並缺筆,其楮墨鋟摹,並臻精妙,遠過顧刻。卷首鈐"東井文庫"印,蓋係慶元間名醫一溪先生舊物。或曰,此本檢其體式,恐非北宋舊刊。據標目"重廣"字、卷首署諸臣銜名,俱似非當時之式。南宋刊經傳往往附"釋音",此本亦然。按《素問》以此爲最正,而明代覆刻者凡有三種。其一嘉靖庚戌顧定芳所重彫,其行欵體式與此同。首有顧從德序。《松江府志》及《秦漢印統》舉顧氏世系履歷,宜考。後註:顧從德本,岡西氏藏之。清川氏亦藏,而缺卷一、卷二。其卷一、卷二在上國福井,不得成儷完而嬰災亡,則清川氏缺本亦可珍也。澀江氏顧本者,久志本氏滅之成和刻本,實可惜矣。其一爲無名氏所刊,板式亦同,不記梓行歲月,文字或有譌,蓋係坊間重彫存誠藥室藏。其一爲吴勉學重彫顧氏本,收在《醫統正脈》中,卷首宋臣序,"序"字作"表",板心文字頗屬削卻。後註:無名氏所刊一本,問津館亦藏一部,係狩谷望之(2)舊物。後又得一本全。此本而初摺鮮明,紙質亦佳,因以狩谷本粥於山田業廣(3),實明治丙子夏日也。又有萬曆甲申周曰校刊本,卷數與此同。今細勘之,實以無名氏仿宋本,爲原皇國二百年前活字配印本容安書院藏,及寬文三年刊本,並據此本。寬文本序後稱"吴勉學重校梓",每卷宋臣名銜,次稱"熊宗立句讀"。蓋坊間求售伎倆,不復周氏之舊。又潘之恒《黄海》所收本,亦依無名氏仿宋本。昌平黌藏。

[郭注]

(1)柳沜,即多紀元胤(1789～1827),字奕禧、紹翁,號柳沜,通稱安良,後稱安元。多紀元簡三子養子,師事大田錦城治儒學,從父元簡習醫學。文化三年(1806)爲醫學館督事,文政五年(1827)晉昇法眼,同年逝世,享年三十九歲。著有《醫籍考》、《難經疏證》、《金匱要略方論二劉合注》、《藥雅》等書。

(2)狩谷望之,(1755～1835),字棭齋,名望之,別號求古樓,家號實事求是書屋等。江戸後期考證學者。本姓高橋,生於江戸書肆青裳堂店主家,後爲其親戚富商津輕屋三右衛門之養子。曾從屋代弘賢學和漢之學,從市野迷庵習漢學。自少研究律令,涉獵漢唐書籍。著述甚豐,有《和名類聚抄箋蔫》、《日本靈異記考證》、《古京遺文》、《扶桑略記校譌》、《本朝度量權衡考》、《皇国泉貨通考》、《諸国採輯風土記》、《説文檢字篇》、《上宫聖德法王帝説證蔫》等。又收藏唐鈔宋刊等善本及金石古錢甚富。

(3)山田業廣(1808～1881),字子勤,通稱昌榮,號椿庭。高崎藩醫。少年時代師事朝川善庵治儒學,十三歲即被舉爲世子侍讀。醫學啟蒙於家父,十九歲入福山藩醫官伊澤蘭軒之門深造醫學,蘭軒逝後,師從多紀元堅、池田京水等名醫。曾任江户醫學館講師,高崎醫學校督學、教授。晚年創建溫知社,爲傳統醫學在日本的合法地位而抗爭。生平著書八十餘部,著名之作《九折堂讀書記》、《傷寒雜病論類纂》、《金匱要略集注》、《素問次注集疏》、《經方弁》等。

【鄭堂讀書記】子部五之一醫家類 《黄帝素問》二十四卷。明翻宋刊本。此本即從宋本重刻,《醫統正脈》亦收入之。

【觀海堂書目】誰字號 《素問内經》四本,二十四卷。仿宋本。

【抱經樓藏書志】卷三十五子部醫家類 《重廣補註黄帝内經素問》二十四卷。明覆宋本。

【藝風藏書記】卷二醫家 《重廣補註黄帝内經素問》二十四卷,明翻宋本。題"啟玄子次注,林億、孫奇、高保衡等奉敕校正,孫兆重改誤",字畫極精,每半葉十行,每行大字二十,小字三十。收藏有"檢亭藏書"朱文方印、"退思居記"白文方印、"時於此中得少佳趣"朱文長方印。

【故宫博物院書目】醫家 《黄帝内經素問》二十四卷,八册。明刊本。

【圖書寮漢籍善本書目】卷三子部醫家類 《重廣補註黄帝内經素問》二十四卷,十二册,明倣宋刊本。題"啟元子次注,林億、孫奇、高保衡等奉敕校正,孫兆重改誤",每半葉十行,行二十字,注文雙行三十字。版心記刻工姓名,每册首有"集賢院御書記"、"武林高氏喆南莊書畫記"、"江東陸氏書畫珍藏"、"香雪齋"、"藩氏女一"、"子淵"、"克庵"、"豫園主人"諸印記。又表紙有"金栗山藏經紙"印記。《御書籍來歷志》所載本。

【帝室和漢圖書目錄】醫學古方 《重廣補註内經素問》,唐王冰次註,宋林億校。明版(覆宋)。二十四卷,十二册。

【静嘉堂文庫國書分類目錄】九理學醫學二醫學 《重廣補註黄帝内經素問》二十四卷。明刊(覆宋)。十萬卷樓本。六册。

《黄帝内經素問》荻生徂徠(1)手校本,十二卷。唐王冰注,宋林億等校。明刊。養安院(2)舊藏,竹添井井(3)舊藏本。

《黄帝内經素問》,《醫學叢書》之内十二卷。十萬卷樓本。

[郭注]

(1)荻生徂徠(1666～1728),名雙松,字茂卿,通稱惣右衛門,號徂徠。本姓物部。將軍德川綱吉侍醫荻生方庵之次子,日本江户時期著名大儒。徂徠少年時代矢志於儒學，將長年研究結果著成《弁道》一書。後潛心朱子之學，撰有《學則》、《弁名》、《論語徵》等經學著作。并著有軍事書《鈐録》及醫學著作《徂徠先生素問評》、《素難評》、《鑑定傷寒論》等傳世。

(2)養安院，永禄八年至慶長十六年(1565～1611)。安土桃山·江戶初期醫學者。名又五郎，字養安，通稱正琳，號玉翁，院號養安院。因診治正親町上皇疾病，晉升法印。獻藥於後陽成天皇，奏功治癒，賜號"養安院"。後爲德川家康侍醫。

(3)竹添井井(1842～1917)，名光鴻，字漸卿，通稱進一郎，號獨抱樓。肥後天草上村人。幼時從父讀《四書》，人稱神童。十五歲至熊本，師事儒醫值賀槐南習《左傳》、《国語》。明治九年(1876)曾隨外交官出遊中國各地，五月自北京出發，經河南至陝西，入四川，過蜀棧道，游成都、重慶，下三峽，八月二十一自上海歸國。其間造訪心儀日久之俞曲園、沈曾植、王先謙等中國碩儒，爲中日兩國文化交流盡心盡力。後投身政界，任駐天津日本領事、代理朝鮮公使等。因朝鮮"甲申政變"之連坐下野，從事著述。有《毛詩會箋》、《論語會箋》等。

【觀海堂書目】當字號　《黃帝内經素問》四本，二十四卷。明刊本。則字號《素問正本》五本，二十四卷。明刊本。

【内閣文庫圖書第二部漢書目錄】第三門子第六類醫家　《補注釋文黃帝内經素問》十二卷。第九卷以下缺。《素問遺編》一卷。《黃帝素問靈樞經》十二卷。第一至四卷缺。明版。《黃帝内經素問》同上。明版。八冊。

【天禄琳瑯書目】卷九明版子部　《重校補註黃帝内經素問》二函十四冊。篇目同前，撫印在前部之後，墨色少差而實爲一版也。

注：右"明刊不明本"中，仿宋二十四卷本頗多，疑是嘉靖顧氏刻本歟。

14. 蔣本

【國學用書類述】醫學類　《素問王冰注》二十四卷。清道光蔣氏翻宋本。

15. 錢本

【四庫書目邵注】卷十子部醫家類"黃帝素問"之條。上欄孫詒讓註云。錢熙祚刻《素問》、《靈樞》，顧尚之爲《札記》，甚精。

【書目答問】子部醫家第六　《素問王冰注》二十四卷，錢熙祚校。咸豐三年，守山閣單行本。

16. 浙江書局本

【經籍要略】子部醫家類　《素問》二十四卷，唐王冰注。浙江局本。

【古越藏書樓書目】卷五學部生理學第十一　《素問》二十四卷，唐王冰注，宋林億等新校正。浙江書局重刻明武陵顧氏本。

【諸暨圖書館目錄】卷五子部五醫家類　《素問王冰注》二十四卷，《素問遺篇》一卷，宋劉溫舒。清光緒三年浙江局重刻顧本。首無顧從德原序，行欵字數亦改。

【八千卷樓書目】卷十子部醫家類　《黃帝素問》二十四卷。浙局本。

【清華學校圖書舘中文書籍目錄】第七類應用藝術醫學　《黃帝内經素問》二十四

卷,釘二冊。唐孫兆改誤。光緒二年浙江書局據明武陵顧氏影宋嘉祐刊本。

【叢書書目彙編】二畫二十二字浙江書局本　《黄帝内經素問》二十四卷,《遺篇》一卷。

【故宫博物院書目】醫家　《黄帝内經素問》二十四卷,四冊。光緒年仿宋刊本。

【揚州吴氏測海樓藏書目錄】卷四子部醫家類　《黄帝内經素問》二十四卷,唐王冰注。光緒三年浙江書局據明武陵顧氏影宋本刊。白紙。

【浙江公立圖書舘通常類圖書目錄】第三冊子部醫家類　《補注黄帝内經素問》二十四卷,唐王冰注,宋林億等校正。清光緒二年浙江書局據顧刻重刊本。十本。

【静嘉堂文庫國書分類目錄】九理學醫學　《黄帝内經素問》。《浙江書局彙刻書》第五十一五十六冊,二十四卷。

【中國醫學書目】内經　《補註黄帝内經素問》二十四卷,《遺篇》一卷,八冊。九行二十一字,欄高十八·三釐,幅十三·三釐。黄以周、余肇鈞總校,馮一梅、孫瑛分校。清光緒三年浙江書局刻據明武陵顧氏影宋嘉祐本刻。

17.重刻醫統本

【中國醫學書目】内經　《補註黄帝内經素問》二十四卷,七冊。九行二十一字,欄高十八釐,幅十三釐。《醫統正脈全書》之内。光緒壬辰浙江書局據武陵顧氏影宋嘉祐本刻。民國十二年八月北平鏡古堂、文華堂。

18.文成堂本

【中國醫學書目】内經　《重廣補註黄帝内經素問》二十四卷,六冊。十行十二字,欄高二十一釐,幅十五釐。光緒十年金陵文成堂,宋仁甫刊。

19.鎮江本

【四庫簡明目錄標注】卷十子部五醫家類"黄帝素問"之條下　近日鎮江新刊仿宋本,二十四卷。

【四庫目略】子部醫家類"黄帝素問"之條下　近日鎮江仿宋刻新刊本,二十四卷。

注:右鎮江本,刊年、刊者並不審,又不見於引用書志中。

20.四部叢刊本

【四部叢刊書錄】子部　《黄帝内經》二十四卷,五冊,唐王冰注。明覆北宋刊本。

【清華學校圖書舘中文書籍目錄】第七類應用藝術醫學　《黄帝内經》二十四卷,王冰唐注。見《四部叢刊》。

注:《四部叢刊》本《素問》,據顧從德本。

21.惲氏覆刻顧本

【中國醫學書目續篇】内經　《重廣補注黄帝内經素問》二十四卷,八冊。附《羣經見智錄》二冊。十行二十字,欄高二十一·八釐,幅十五·四釐。影明顧從德本。第二十四卷末有方朱印記,文曰"惲鐵樵醫書版權所有不準翻印"。

22.日本元和本

【圖書寮漢籍善本書目】卷三子部醫家類　《重廣補註黄帝内經素問》零本十冊。

元和活字印本，現存卷五至二十四，計十九卷耳。首題“啟玄子次注，林億、孫奇、高保衡等奉敕校正，孫兆重改誤”。次行有“繡谷書林周曰校重刊行”一行。每冊首有“躋壽殿書籍記”、“醫學圖書記”兩印記。

【帝室和漢圖書目錄】醫學 《重校補注内經素問》，唐王冰次注，宋林億校刊（古活版）。二十四卷，四卷缺。十冊。

【内閣文庫圖書第二部漢書目錄】第三門子第六類醫家 《黄帝内經素問》十二卷，第一至四卷缺。《靈樞》十二卷，宋史崧校。日本活版。四冊。

23. 寛文本

【内閣文庫圖書第二部漢書目錄】第三門子第六類醫家 《黄帝内經素問》。同上。第一、二卷缺。青本澄校，寛文三年刊。十冊。

【静嘉堂文庫國書分類目錄】九理學醫學二醫學 重校補註 《黄帝内經素問》二十四卷，唐王冰注，宋林億等校。寛文三刊，十二冊。田中賴甫舊藏本。

【故宫博物院書目】醫家 《黄帝内經素問》二十四卷，四冊。日翻萬曆刊本。

注：本書首卷有“新刊官板補註黄帝内經素問，萬曆甲申夏月周氏對峯刊本”之文字，卷尾有寛文三禩十月撰吉弘氏玄仍子跋文。二十四卷，十二冊。據久保田晴光氏藏本。

24. 安政本

【内閣文庫圖書第二部漢書目錄】第三門子第六類醫家 《黄帝内經素問》二十四卷，《校譌》一卷，澀江全善等校。安政二年刊。《黄帝内經素問》。日本版。九冊。

【静嘉堂文庫國書分類目錄】九理學醫學二醫學 《重校補註黄帝内經素問》二十四卷，《校譌》一卷，唐王冰注，宋林億等校，澀江全善等重校。安政四刊（影宋）。竹添井井舊藏本。九冊。

【楂蓍書屋圖書目錄】增補志 《重校補註黄帝内經素問》美濃判二十四卷。刊九本。王冰。年代未詳。覆刻宋板宋本《素問》。占恒室藏版。

【中國醫學書目】内經 宋本《素問》二十四卷，九冊。十行二十字，欄高二十釐，幅十五・五釐。占恒室藏板。序，丹波元堅安政二年。序，顧從德嘉靖庚戌秋八月。目錄。《重校補註黄帝内經素問》序，高保衡、林億等。《重校補註黄帝内經素問》序，啟玄子王冰。《釋音》。跋，度會常珍，安政丙辰。仿宋槧本。《素問校譌》。

【觀海堂書目】逼字號 《素問内經》九本，二十四卷。日本仿宋本。

【故宫博物院書目】醫家 《黄帝内經素問》二十四卷，九冊。日仿宋刊本。

25. 朝鮮本

【朝鮮醫籍考】《新刊補註釋文黄帝内經素問》十二卷，十五冊。萬曆四十三年二月内醫院奉教刊行。監校官通訓大夫内醫院直長臣李希憲、通訓大夫内醫院直長臣尹知微。縱三十四釐，横二十二釐。每半葉劃間界長二十釐，幅十七釐半。十行十八字。總紙數八百八枚。

【静嘉堂文庫國書分類目錄】九理學醫學二醫學 新刊補註釋文《黄帝内經素問》

二十四卷,唐王冰注,宋林億等校。朝鮮刊。六冊。

注:右靜嘉堂藏本缺刊行年記,每冊首有"藤原朝臣"、"篠島氏家藏"等印記。《朝鮮醫籍考》著者,以爲本書比萬曆四十三年刊本而更舊板歟。

26. 未詳本

【菉竹堂書目】明 【萬卷堂書目】明 【世善堂藏書目錄】明 【醫藏書目】明 【脈望館書目】明 【近古堂書目】清 【古今書刻】清 【天一閣藏書目錄】清 【傳是樓書目】清 【楝亭書目】清 【李蒲汀書目】清 【潛采堂書目】清 【南學書目劄記】清 【汲古閣毛氏藏書目錄】清 【四庫館進呈書籍底簿】清 【觀海堂書目】清 【涵芬樓舊書分類總目】民國 【擷壤集】日本 【帝室和漢圖書目錄】日本

三、靈樞經

(一)出典

【素問】王冰序 班固《漢書藝文志》曰"《黄帝内經》十八卷",《素問》即其經之九卷也,兼《靈樞》九卷,迺其數焉。王冰序《新校正》 《素問》外九卷,漢張仲景及西晉王叔和《脈經》,只爲之九卷,皇甫士安名爲《鍼經》,亦專名"九卷"。楊玄操云:《黄帝内經》二帙,帙各九卷。按《隋書經籍志》謂之"九靈",王冰名爲"靈樞"。

【甲乙經】林億等序 國家詔儒臣校正醫書,令取《素問》、《九墟》、《靈樞》、《太素經》、《千金方》及《翼》、《外臺秘要》諸家善書,校對玉成繕寫。

【脈經】林億等序 今則考以《素問》、《九墟》、《靈樞》、《太素》、《難經》、《甲乙》、仲景之書,并《千金方》及《翼》説脈之篇以校之。

【郡齋讀書後志】卷二醫家類 《靈樞經》九卷。右王砅謂此書即《漢志》"《黄帝内經》十八卷"之九也。或謂,好事者於皇甫謐所集《内經倉公論》中抄出之,名爲古書也。未知孰是。

【通志藝文畧】醫方類上脈經 《内經靈樞經》九卷

【玉海】卷六十三藝文藝術 《黄帝靈樞經》九卷,黄帝、岐伯、雷公、少俞、伯高答問之語。隋楊上善序。凡八十一篇。《鍼經》九卷,大抵同,亦八十一篇。《鍼經》以"九鍼十二原"爲首,《靈樞》以"精氣"爲首,又間有詳略。王冰以《鍼經》爲《靈樞》,故席延賞云,《靈樞》之名,時最後出。

【文獻通考】經籍考子醫家 《靈樞經》九卷

【宋史藝文志】子類醫術類 《黄帝靈樞經》九卷

【中興館閣書目輯考】卷四醫家 《黄帝靈樞經》九卷。黄帝、岐伯、雷公、(與)[少]俞、(白)[伯]高答問之語。隋楊上善序。凡八十一篇。《玉海》六十三

(二)考證

【四庫全書簡明目錄】卷十醫家類 《靈樞經》十二卷。是書論鍼灸之道,與《素問》通號《内經》。然至南宋史崧始傳於世,最爲晚出。或以爲王冰所依託。然所

言俞穴脈絡之曲折，醫者亦終莫能外，蓋其書雖僞，其法則古所傳也。

【四庫全書總目】卷一百三子部十三醫家類　《靈樞經》十二卷。案晁公武《讀書志》曰：王冰謂《靈樞》即《漢志》"《黄帝内經》十八卷"之九。或謂，好事者於皇甫謐所集《内經倉公論》中鈔出之，名爲古書。未知孰是。又李濂《醫史》載元呂復《羣經古方論》曰：《内經》、《靈樞》，《漢》、《隋》、《唐志》皆不録。《隋》有《鍼經》九卷，《唐》有靈寶《註黄帝九靈經》十二卷而已。或謂，王冰以《九靈》更名爲《靈樞》。又謂，《九靈》尤詳於鍼，故皇甫謐名之爲《鍼經》。苟一經而二名，不應《唐志》别出《鍼經》十二卷。是《靈樞》不及《素問》之古，宋元人已言之矣。近時杭世駿《道古堂集》亦有《靈樞經跋》曰"《七略》、《漢藝文志》：《黄帝内經》十八篇。皇甫謐以《鍼經》九卷、《素問》九卷合十八篇當之。《隋書經籍志》：《鍼經》九卷，《黄帝九靈》十二卷。是《九靈》自《九靈》，《鍼經》自《鍼經》，不可合而爲一也。王冰以《九靈》名《靈樞》，不知其何所本。余觀其文義淺短，與《素問》之言不類，又似竊取《素問》而鋪張之，其爲王冰所僞託可知。後人莫有傳其書者。至宋紹興中，錦官史崧乃云家藏舊本《靈樞》九卷，除已具狀經所屬申明外，准使府指揮依條申轉運司，選官詳定，具書送秘書省國子監。是此書至宋中世而始出，未經高保衡、林億等校定也。其中《十二經水》一篇，黄帝時無此名，冰特據身所見而妄臆度之"云云，其考證尤爲明晰。然李杲精究醫理，而使羅天益作《類經》，兼採《素問》、《靈樞》。呂復亦稱"善學者當與《素問》並觀，其旨義互相發明"。蓋其書雖僞，而其言則綴合古經，具有源本。譬之梅賾古文，雜採逸書，聯成篇目，雖牴牾罅漏，贋託顯然，而先王遺訓，多賴其蒐輯以有傳，不可廢也。此本前有紹興乙亥史崧序，稱"舊本九卷八十一篇，增修《音釋》附於卷末"。又目録首題"鼇峰熊宗立點校重刊"，末題"原二十四卷今併爲十二卷"。是此本爲熊氏重刊所併。呂復稱"史崧併是書爲十二卷以復其舊"，殆誤以熊本爲史本歟。

【通隂堂本黄帝内經太素】黄以周舊鈔太素經校本敘　余得是書，以校《内經》，知史崧所傳之《靈樞》，雖歧誤錯出，實漢魏舊物，不得疑爲晚出書。

【儀顧堂題跋】卷七靈樞經跋　愚案，《靈樞》即《鍼經》，見於《漢藝文志》、皇甫謐《甲乙經序》，並非後出。靈寶《注》以鍼有九名，改爲《九靈》，又以十二經絡分爲十二卷。王砅又因"九靈"之名而改爲《靈樞》。其名益雅，其去古益遠，實一書也。請列五證以明之。皇甫謐《甲乙經序》曰：《七略》、《藝文志》"《黄帝内經》十八篇"，今有《鍼經》九卷、《素問》九卷，二九十八卷，即《内經》也。又有《明堂孔穴鍼灸治要》，皆黄帝、岐伯選事也。三部同歸，文多重複。乃撰集三部，使事類相從，爲十二卷。今檢《甲乙經》，稱"素問"者，即今之《素問》。稱"黄帝"者，驗其文即今《靈樞》，别無所謂《鍼經》者，則《鍼經》即《靈樞》可知。其證一也。《靈樞》卷一《九鍼十二原篇》已云"先立鍼經"，是"鍼經"之名見於本書。其證二也。王砅云：《靈樞》即《黄帝内經》十八卷之九。與皇甫謐同，當是漢以來相傳之舊説。其證三也。楊尚善，隋初人也。所著《黄帝内經太素》、《黄帝内經明堂類成》，中土久佚，今由日本傳來，其書採録《靈樞經》，文與《素問》不分軒輊，與《甲乙經》同。是漢唐人所稱《内經》,合《素問》、《鍼經》而言,非專指《素問》明矣。其證四也。《靈樞》義精詞奥,《經筋》等篇,非聖人不能作。與砅《素問》注相較,精粗深淺,相去懸殊,斷非砅所能僞託。其證五也。《甲乙經》林億等序曰:國家詔儒臣校正醫書,令取《素問》、《九虚》、《靈樞》、《太素經》、《千金方》及《翼》、《外臺秘要》諸家善書,校對玉成,將備親覽。《蘇魏公集・本草後序》曰:嘉祐三年,差掌禹錫、林億、張洞、蘇頌,同共校正《神農本草》、《靈樞》、《太素》、《甲乙經》、《素問》及《廣濟》、《千金》、《外臺》等方。是《靈樞》爲宋仁宗時奉詔校正醫書八種之一,非林億所未校,特未通行耳。唐自中葉以後,醫學漸不如古,鍼灸孔穴之法,或幾乎息。粗工藉術餬口,既不知鍼,何論腧穴,《鍼經》遂在若存若亡之間。狡獪者改易其名,託爲秘笈;不學者逞其臆説,誣爲僞書。幾使秦漢以來相傳之古籍,與華陀《中藏》、叔和《脈訣》等量齊觀,亦秦火以後之厄運哉。是書宋以前本無異論,至元吕復始謂《九靈》、《鍼經》。苟一經二名,《唐志》不應《九靈》之外别出《鍼經》。愚謂《隋》、《唐志》中,一書而數見者甚夥,不但《九靈》、《鍼經》而已。吕復淺人,原無足責。堇圃杭氏在近時號稱淹博,亦襲復之瞽説,詆爲淺短,誣爲僞託,指爲林億、高保衡所未校,豈目未睹《甲乙經序》及《蘇魏公集》乎,可怪也。

【鄭堂讀書記】子部醫家類一　按是書《四庫全書》著録。唐王冰序《素問》,稱是經即《漢志》"《内經》十八卷"之九也。《隋志》有《黄帝鍼經》九卷。《新》、《舊唐志》俱作十卷,又俱别有《九靈經》十二卷,然皆無《靈樞》之名。《讀書志》始載《靈樞經》九卷。《通考》同。晁氏云:或謂好事者於皇甫謐所集《甲乙經倉公論》中鈔出之,名爲古書。未知孰是。以上爲宋晁氏説。考《新唐志》、《崇文目》,俱無《靈樞》之書。王厚齋《漢志攷證》引《中興館閣書目》云"《黄帝鍼經》九卷八十一篇",與《靈樞經》同。《鍼經》以《九鍼十二原》爲首,《靈樞》以"精氣"爲首,間有詳略,是南宋時《鍼經》尚存。以上爲王厚齋説。據其所言,必屬北宋人從《鍼經》鈔出而增改之,别名《靈樞》,故南宋史崧已稱"家藏舊本"。晁氏所引"或説",不足憑也。至《九靈經》,自《崇文目》、《讀書志》、《通考》、《宋志》俱不載,則其亡已久。王冰以《九靈》名《靈樞》,杭堇浦《道古堂集》中有是書跋,亦不以爲然矣。今本篇數與南宋所傳本同,而卷數十二,則同於《九靈》之卷數,恐出於明人之分析,非欲求合於古書也。總之,其書雖僞,其法則古所傳,所以李東垣、張景岳俱與《素問》並重,而各有《類經》之作也。

【九靈山房集】滄洲翁傳　吕復曰:《内經靈樞》,《漢》、《隋》、《唐藝文志》皆不録。《隋》有《鍼經》九卷。《唐》有靈寶註及《黄帝九靈經》十二卷。而或謂王冰以《九靈》更名爲《靈樞》。又謂《九靈》尤詳於鍼,故皇甫謐名之爲《鍼經》,即《隋志》"《鍼經》九卷"。苟一書而二名,不應《唐志》别出《鍼經》十二卷也。所謂"靈寶註"者,乃扁鵲太玄君所箋,世所罕傳。宋季有《靈樞畧》一卷,今亦湮沒。紹興初,史崧併是書爲十二卷而復其舊,較之他本頗善,學者當與《素問》並觀,蓋其旨意互相發明也。據於《醫籍考》。

【道古堂集】杭世駿著　《七畧》、《藝文志》"《黄帝内經》十八篇"。皇甫謐以

《鍼經》九卷、《素問》九卷,合十八卷當之。唐啟玄子王冰遵而用之。《素問》之名,見漢張仲景《傷寒卒病論》。《鍼經》則謐所命名也。《隋經籍志》"《鍼經》九卷、《黄帝九靈經》十二卷"。元滄洲翁呂復云:苟一書而二名,不應《唐志》别出《鍼經》十二卷。據復所疑,《九靈》是《九靈》,《鍼經》是《鍼經》,不可合而爲一也。王冰以《九靈》名《靈樞》,《靈樞》之名,不知其何所本,即用之以(法)[注]《素問》。余觀其文義淺短,與《素問》岐伯之言不類,又似竊取《素問》之言而鋪張之,其爲王砯所僞託可知。自砯改《靈樞》後,後人莫有傳其書者。唐寶應至宋紹興,錦官史崧乃云"家藏舊本《靈樞》九卷"。是書至宋中世而始出,未經高保衡、林億等校定也,孰能辨其真僞哉。其中《十二經水》一篇,無論黄帝時此名,而天下之水何止十二,衹以十二經脈而以十二水配,任意錯舉,水之大小不詳計也。堯時作《禹貢》,九州之水始有名,湖水不見於《禹貢》。唐時荆湘文物最盛,洞庭一湖,屢詠歌於詩篇,徵引於雜記,砯特據身所見而妄臆度之耳。挂漏不待辨而自明矣。

【醫籍考】卷五　按,先子曰:《靈樞》單稱"九卷"者,對《素問》八卷而言之。蓋東漢以降,《素問》既亡第七一卷,不然則《素問》亦當稱"九卷"爾。而《靈樞》之稱,昉於唐中葉,王冰註《素問》,或曰《靈樞》,或曰《鍼經》,林億因謂王冰名爲《靈樞》,不可定然。今考《道藏》中,有《玉樞》、《神樞》、《靈轄》等之經,而又收入是經,題曰"集註",而其實原文爾。則"靈樞"之稱,意出於羽流者歟。是經亦成於衆手,猶《素問》也。然《素問》各篇,文字多深奥,《靈樞》則不過數篇。馬仲化謂功當先於《素問》,其説未可信焉。《玉海》曰:《靈樞》以"精氣"爲首,今本以《九鍼十二原》爲首,而《甲乙經》以"精氣"爲首。不知當時所見,與今本同體異名者歟。林億等校正《素問》,在仁宗嘉祐中,後哲宗元祐八年,高麗始獻是經,其相距四十餘年,則億等不及寓目完書,故註中有云《靈樞》文不全。按,《調經論》王冰註引《鍼經》曰:經脈爲裡,支而横者爲絡,絡之别者爲孫絡。《新校正》曰:《三部九候論》注引之曰《靈樞》,而此云《鍼經》。則王氏之意,指《靈樞》爲《鍼經》也。考今《素問》註,引《鍼經》者多《靈樞》之文,但以《靈樞》今不全,故未得盡知也。又億等校《素問》、《甲乙經》等,所引《九虚》文,今並見《靈樞》中,則《九虚》亦是經之别本,非全帙者。要之,曰《靈樞》、曰《九虚》、曰《九靈》,並是黄冠所稱,而《九卷》、《鍼經》,其爲舊名也。夫名《靈樞》者,王冰以前不有載之者,故億等以爲冰所命,而杭世駿直爲冰之贋鼎者,更爲疏妄。《甲乙》之書,撰集《素問》、《鍼經》、《明堂孔穴鍼灸治要》三部。《素問》、《明堂》之外,乃《鍼經》文,悉具於《靈樞》,則實是爲古之《鍼經》無疑矣。其文有少異者,傳寫之差誤耳。如《十二經水》,《甲乙》亦有之。若據杭言,《甲乙》亦爲唐人之僞託乎。蓋《素問》、《靈樞》,並秦漢人所撰,如"宦者"、"湖水"之類,無害其爲書矣,杭言不足取也。史崧之刻是經,勒爲二十四卷。呂復不考之崧序,而云崧併是書爲十二卷,蓋當時别有爲十二卷者,故誤爲此説者。《四庫全書提要》謂呂以明熊宗立本爲史本,然呂元人,豈有此理耶。

又按,馬仲化曰:大抵《素問》所引經言,多出《靈樞》者,是《靈樞》爲先,《素問》爲後。此説不足信焉。蓋《靈樞》之文淺薄易解,而所載有《素問》中不言及者。《素問·金匱真言論》曰"天有八風,經有五風"。又《八正神明論》曰"凡刺之法,必候日月星辰,四時八正之氣”。所謂“八風”、“八正”者,唯言八方之風、八節之正氣者,非“八節風氣朝於太乙”之義,故《真言論》下文僅舉四方風稱之。至於《靈樞·九宫八風篇》、《歲露篇》論“太一巡行”及“八風”之目,是《素問》所無,始見於《易·乾鑿度》。又《五變篇》有“先立其年,以知其時”之文,《官鍼篇》稱“用鍼者不知年之所加,氣之盛衰,虛實之所起,不可以爲工也”。是雖固與運氣之説不同,遂開彼勝復加臨之源。且夫《素問》之書,其文雅古,其旨深奥,決非《靈樞》之所及,則其爲晚出,可以徵焉。在昔名醫若秦和、盧扁之徒,必有書記其言者。後世撰《素問》、《靈樞》等者,採節其書,各立之説,故其文互有混同,非復相襲套使然者。謂之彼經所引原於此經,而此經所載先於彼經,則不可也。仲化之説,不足信者,可以知矣。戊寅冬月,得至元己卯古林胡氏書堂所刊《靈樞》,目錄首行題曰“元作二十四卷,今併爲十二卷,計八十一篇”,此則呂復所見,而爲熊氏種德堂所刻藍本,乃可以確先子所謂“當時别有爲十二卷者”之説也。

【諸病源候論劄記】卷上解題　如《靈樞》則後人掇合古經作之,最爲晚出。本書所引,決非今之《靈樞》,或是《甲乙經》也。案,《靈樞》之文,盡出《甲乙經》,而本書所引,多與《甲乙經》所載相合,詳見於《疏證》中。(原註)

(三)序跋

靈樞經敘

昔黄帝作《内經》十八卷,《靈樞》九卷、《素問》九卷,迺其數焉。世所奉行唯《素問》耳。越人得其一二而述《難經》,皇甫謐次而爲《甲乙》。諸家之説,悉自此始。其間或有得失,未可爲後世法則。謂如《南陽活人書》稱“欬逆者,噦也”。謹按《靈樞經》曰“新穀氣入於胃,與故寒氣相爭,故曰噦”,舉而並之,則理可斷矣。又如《難經》第六十五篇,是越人標指《靈樞·本輸》之大略,世或以爲流注。謹按《靈樞經》曰“所言節者,神氣之所遊行出入也,非皮肉筋骨也”。又曰“神氣者,正氣也。神氣之所遊行出入者,流注也。井滎輸經合者,本輸也”。舉而並之,則知相去不啻天壤之異。但恨《靈樞》不傳久矣,世莫能究。夫爲醫者,在讀醫書耳。讀而不能爲醫者有矣,未有不讀而能爲醫者也。不讀醫書,又非世業,殺人尤毒於梃刃。是故古人有言曰“爲人子而不讀醫書,由爲不孝也”。僕本傭昧,自髫迄壯,潛心斯道,頗涉其理,輒不自揣,參對諸書,再行校正家藏舊(一作書)本《靈樞》九卷,共八十一篇,增修“音釋”,附於卷末,勒爲二十四卷。庶使好生之人,開卷易明,了無差别。除已具狀經所屬申明外,准使府指揮依條申轉運司,選官詳定,具書送秘書省國子監。今崧專訪請名醫,更乞參詳,免誤將來,利益無窮,功實有自。時宋紹興乙亥仲夏望日錦官史崧題。熊宗立本

(四)刊本及抄本

1. 元刊本

【愛日精廬藏書志】卷二十二子部醫家類　《靈樞經》十二卷。元至元刊本。唐王冰

僞托《黄帝内經》十八卷之九也。目録後有"至元己卯古林胡氏新刊"一條,卷一後又有"至元庚辰菖節古林書堂印行"兩行。

【皕宋樓藏書志】卷四十三子部醫家類　《新刊黄帝内經靈樞》十二卷。元刊本。

【鐵琴銅劍樓藏書志】卷第十四子部醫家類　《新刊黄帝靈樞經》十二卷。元刊本,不著撰人。晁氏《讀書志》曰:王冰撰。謂即《漢志》"《黄帝内經》十八卷"之九,世謂王冰僞託。又謂即《唐志》"《黄帝九靈經》十二卷",王冰更其名曰《靈樞經》。此與《素問》同時刻本,目録後有"至元己卯古林胡氏新刊"一行,卷一後有墨圖記二行云"至元庚辰菖節古林書堂印行"。

【鐵琴銅劍樓藏宋元本書目】子部　《新刊黄帝靈樞》十二卷。元刊本。目録後墨圖記與《素問》同。

【郘亭知見傳本書目】卷八子部醫家類　《靈樞經》十二卷。昭文張氏有至元己卯庚辰刊本。目録後有"至元己卯古林胡氏新刊"一條,卷一後又有"至元庚辰菖節古林書堂"。

【帶經堂書目】卷三醫家類　《靈樞經》十二卷。元至元刊本。前有紹興乙亥錦官史崧序。

【經籍訪古志】卷七醫家類　《新刊補註釋文黄帝内經素問》十二卷,《素問遺篇》一卷,《運氣論奥》三卷,《黄帝内經靈樞》十二卷。元至元己卯古林書堂刊本。聿修堂藏。《靈樞》首載史崧序,目録後題"元作二十四卷,今併爲十二卷,計八十一篇",墨(筐)[匡]題"至元己卯古林胡氏新刊",第一卷末題"至元庚辰菖節古林書堂印行",目録及卷二題云"黄帝素問靈樞集註",注末附"音釋",有"公忠鄭氏書府"、"妙覺寺常住日典"及"盛方院"印。

【帝室和漢圖書目録】醫學和漢古方　《新刊黄帝内經靈樞集註》,宋史崧。至元六。十二卷,二册。

【圖書寮漢籍善本書目】卷三子部醫家類　《新刊黄帝内經靈樞集註》十二卷,二册。元刊本。前有紹興乙亥史崧序。次目録,録後有"至元己卯古林胡氏新刊"木記。又卷一尾有木記云"至元庚辰菖節古林書堂印行"。每半葉十四行,行二十三、四字不等,兩册首有"盛方院"、"多紀氏藏書印"、"江户醫學藏書之記"諸印記。

2. 熊本

【四庫全書總目】卷一百零三子部十三醫家類　《靈樞經》十二卷。大理寺卿陸錫熊家藏本。

【郘亭知見傳本書目】卷八子部醫家類　《靈樞經》十二卷。明成化刊本。

【經籍訪古志】卷七醫家類　《黄帝内經靈樞》十二卷。明熊宗立本。此依元槧重彫,更有《音釋補遺》一卷,《運氣圖括定局立成》一卷,末記"成化甲午年熊氏種德堂"、"酌源堂"藏。

【中國醫學書目】内經　《新刊黄帝内經靈樞》十二卷,六册。内題《黄帝素問靈樞集註》,十三行二十三字,欄高二十釐,幅十二·三釐。熊宗立點校。鼇峰種德堂重刻。明初黑口本。

3. 趙府本

【問經堂書目】醫律第六 《黄帝靈樞經》,宋林億校。明趙王府刊本。即《隋經籍志》"《黄帝鍼灸經》"。

【結一廬書目】舊板 《靈樞經》十二卷。明居敬堂刊。十二冊。

【善本書室藏書志】卷十六子部五醫家類 《黄帝素問靈樞經》十二卷。明趙府刊本。惟按古黄周宏祖《古今書刻》,趙府凡刻書八種而無此目,豈遺漏耶,抑刻在成書以後耶。

注:此書稱《素問靈樞》而卷數十二,趙府本《素問》、《靈樞》各十二卷,而其《靈樞》每卷首題曰"黄帝素問靈樞經",即知此書則不帶《素問》者也。

【廉石居藏書紀】内編卷上醫律 《黄帝靈樞經》十二卷。明趙府刊本。

【孫氏書目】内編卷二醫律第六醫學 《黄帝靈樞經》十二卷,宋林億校。明趙王府刊本。

【八千卷樓書目】卷十子部醫家類 《靈樞經》十二卷。明趙藩刊本。

【郘亭知見傳本書目】卷八子部醫家類 《靈樞經》十二卷。南宋史崧始傳於世。明趙府居敬堂本。

【四部叢刊書錄】子部 《靈樞經》十二卷,四冊,不著撰人。明趙府居敬堂刊。

【經籍訪古志】卷七醫家類 《黄帝内經靈樞》十二卷。趙府居敬堂本。附《素問遺編》,不記刊行年月,紙板極精,似嘉靖間物。考《明史》,趙簡王高燧永樂二年封,子孫承襲至萬曆中。聿修堂藏。

【中國醫學書目】内經 《黄帝内經素問靈樞經》十二卷,六冊。趙府居敬堂。明板。八行十七字,欄高二十釐,幅十四釐。黄帝内經素問靈樞經敘,錦官史崧紹興乙亥仲夏。目錄。元二十四卷,今併爲十二卷,計八十一篇。

4. 吳悌本

【經籍訪古志】卷七醫家類 《黄帝内經靈樞》十二卷。吳悌本。係白文。蓋嘉靖間本。聿修堂藏,懷仙閣亦藏。此本卷中有藍筆評點,物徂徠真蹟也。

【中國醫學書目】内經 《黄帝内經靈樞》十二卷,六冊。明板。吳悌校。十一行二十一字,欄高二十釐,幅十四釐。

5. 周曰本

【孫氏書目】内編卷二醫律第六醫學 《黄帝靈樞經》十二卷,宋林億校。明周曰校刊本。

【廉石居藏書紀】内編卷上醫律 《黄帝内經》及《靈樞經》二十四卷,七冊,唐王冰次注,宋林億奉敕校正。繡谷書林周曰校刊。

【郘亭知見傳本書目】卷八子部醫家類 《靈樞經》二十二卷,周曰校刊。

【中國醫學書目】内經 《新刊黄帝内經靈樞》二十四卷,三冊。周氏對峰刊行,繡谷書林周曰校刊。明萬曆甲申夏月。十一行二十三字,欄高二十一・四釐,幅十四・四釐。

6. 醫統本

【楝亭書目】醫書　《黄帝素問靈樞經》,明新安吳勉學校。十二卷,二冊。

【鄭堂讀書記】子部五之一醫家類　《靈樞經》十二卷。《醫統正脈》本。

【郘亭知見傳本書目】卷八子部醫家類　《靈樞經》十二卷。《醫統》本。

【書目答問】子部醫家類第六　《靈樞經》十二卷。晉人。《醫統》本。

【叢書舉要】卷十二古今醫統全書　《黄帝靈樞經》十二卷。宋史崧表進。

【八千卷樓書目】卷十子部醫家類　《靈樞經》十二卷。《醫統》本。

【叢書書目彙編】十八畫醫統正脈全書　《黄帝靈樞經》十二卷

【揚州吳氏測海樓藏書目錄】卷四子部醫家類　《黄帝靈樞經》十二卷,明王肯堂輯。萬曆年刊。竹紙四十八本之内。

【經籍訪古志】卷七醫家類　《靈樞》。吳勉學本,《醫統正脈》所收。

【中國醫學書目續篇】内經　《黄帝素問靈樞經》十二卷,三冊。明新安吳勉學師古校,應天徐鎔春沂閲。《古今醫統正脈全書》明板之内。

7. 明刊未詳本

【郘亭知見傳本書目】卷八子部醫家類　《靈樞經》。明仿宋刻本。二十四卷。

【觀海堂書目】當字號　《黄帝内經靈樞》二本,二十四卷。明刊本。

【善本書室藏書志】卷十六子部五醫家類　《黄帝素問靈樞》十二卷。明刊本。前有紹興乙亥錦官史崧序,云"家藏舊本《靈樞》九卷,共八十一篇,送秘書省國子監",此書至南宋始出。此明刊本,書法圓潤,或前遺《素問》十二卷歟。

【八千卷樓書目】卷十子部醫家類　《靈樞》十二卷。明刊本。

【經籍訪古志】卷七醫家類　《新刊黄帝内經靈樞》二十四卷。明代無名氏仿宋本。存誠藥室藏。每卷末附"釋音",不記刊行年月。每半板高六寸九分,幅五寸強。十行,行二十字。按,此原與《素問》合刊,檢其板式,亦覆刻宋本者,然諱字無缺筆,殆南渡以後物乎。今行《靈樞》,唯此爲最善。伊澤氏酌源堂[1]藏亦有之。周曰校本卷數亦與此同,即與《素問》合刻者。皇國重刊本文字多譌,亦非周氏之舊。

[郭注]

(1)伊澤氏酌源堂,即伊澤蘭軒(1777～1829),名信恬,字憺甫、澹父,通稱辭安,號蘭軒、蓌齋、莭齋、都梁、笑僊、藐姑射山人、酌源堂、三養堂、芳櫻軒(芳櫻書院)等,法號芳櫻軒自安信恬居士。福山藩醫伊澤長安(信階)之子,生於江戶本鄉。初師事目黑道琢及太田澄元,後繼承父業爲藩醫。與頼山陽、菅茶山、大田南畝、龜田鵬齋、狩谷棭齋等文人交往密切,培養澀江抽齋、森立之、岡西玄亭、清川玄道、山田業廣等優秀人才。森鷗外著《伊澤蘭軒》中有詳傳。生有二子,長子榛軒(信厚),次子柏軒(信重、信道)。所著有《蘭軒遺稿》、《蘭軒醫談》、《蓌齋詩集》等。

【内閣文庫圖書第二部漢書目錄】第三門子第六類醫家　《黄帝内經靈樞》二十四卷,宋史崧校。明板。四冊。

【静嘉堂文庫國書分類目録】九理學醫學二醫學 《黄帝内經靈樞》十二卷。撰者未詳。明刊。養安院舊藏,竹添井井舊藏本。四冊。

8. 錢本

【書目答問】子部醫家類 《靈樞經》十二卷,錢熙祚校。咸豐三年守山閣本。合《素問》,單行本。

9. 浙江書局本

【經籍要略】子部醫家類 《靈樞經》十二卷。浙江局本。是書與《素問》通號《内經》。

【諸暨圖書館目録】卷五子部五醫家類總義 《黄帝内經靈樞》十二卷,南宋史崧所傳,或云晉人撰,或以爲王冰依託。杭局附《素問》刻本。

【八千卷樓書目】卷十子部醫家類 《靈樞經》十二卷。浙局本。

【清華學校圖書館中文書籍目録】第七類應用藝術醫學 《黄帝内經靈樞》十二卷。浙江書局刊本。

【叢書書目彙編】二畫二十二子浙江書局本 《黄帝内經靈樞》十二卷

【揚州吴氏測海樓藏書目録】卷四子部醫家類 《靈樞》十二卷。光緒三年浙江局據明武陵顧氏影宋本刊。白紙。

【浙江公立圖書館通常類圖書目録】第三冊子部醫家類 《靈樞》十二卷。南宋史崧始傳世。清光緒二年浙江書局據顧刻重刊本。十本。

【静嘉堂文庫國書分類目録】九理學醫學二醫學 《黄帝内經靈樞》十二卷,《遺編》一卷。《浙江書局彙刻書》第五七十五。九冊。

【中國醫學書目】内經 《黄帝内經靈樞》十二卷,二冊。浙江書局刻。光緒三年。九行二十一字,欄高十八·三釐,幅十三·三釐。

10. 重刻醫統正脈本

【古越藏書樓書目】卷五學部生理學第十一醫學總義 《靈樞》十二卷。浙江書局重刻明吴勉學《醫統正脈》本。

【中國醫學書目】内經 《黄帝内經靈樞》十二卷,三冊。九行二十一字,欄高十八釐,幅十三釐。民國十二年鏡古堂、文華堂刊《醫統正脈全書》之内。

11. 文成堂本

【中國醫學書目】内經 《黄帝内經靈樞》十二卷,三冊。黄以周總校,馮一梅、孫瑛分校。文成堂金陵宋仁甫刊。光緒十年刊。十行二十字,欄高二十一釐,幅十五釐。

12. 四部叢刊本

【清華學校圖書館中文書籍目録】第七類應用藝術醫學 《靈樞經》十二卷。見《四部叢刊》。

【静嘉堂文庫國書分類目録】九理學醫學二醫學 《靈樞經》《四部叢刊》第三百六十三~三百六十六冊。十二卷。

【國學用書類述】醫學類 《靈樞經》十二卷。《四部叢刊》本。

注:《四部叢刊》本《靈樞》據趙府本。

13. 日本刊本

【故宫博物院書目】醫家　《黄帝内經靈樞》二十四卷,六冊。日本刊本。

【觀海堂書目】命字號　《内經靈樞》六本,二十四卷。日本刊本。

【内閣文庫圖書第二部漢書目錄】第三門子第六類醫家　《黄帝内經靈樞》二十四卷。宋史崧校。日本版。《黄帝内經靈樞》九卷,六冊。日本版。

14. 日本古鈔本

【内閣文庫圖書第二部漢書目錄】第三門子第六類醫家　《黄帝内經靈樞經》十二卷,宋史崧校。日本寫本。三冊。《黄帝内經靈樞》二十四卷,宋史崧校。日本寫本。二冊。《黄帝素問靈樞集註》二十三卷,宋史崧校。日本寫本。四冊。

15. 朝鮮刊本

【帝室和漢圖書目錄】醫學和漢古方　新刊黄帝《内經靈樞集註》,宋史崧,田經校。朝鮮版。十二卷,三冊。

【圖書寮漢籍善本書目】卷三子部醫家類　《新刊黄帝内經靈樞集註》十二卷。朝鮮活字印本。前有紹興乙亥史崧序,首有"東井文庫"印,又每冊首有"多紀氏藏書印"、"躋壽殿書籍記"、"醫學圖書"諸印記。

【朝鮮醫籍考】中外醫事新報第一千二百十一號　《新刊黄帝内經靈樞集註》十二卷,三冊。田經校正。圖書寮尊藏刊行年代不詳。活字印本(活字之形《實錄》字様,而較衛夫人之字少堅且拙也)原裝。縱三十三糎,横二十・五糎。每半葉匡郭縱二十三・五糎,横十七糎。十行,行十八字。紙數序二,目四,本文百九十八枚。第一冊首有"東井文庫"印,第三冊首有不明朱印,並其印内有"典醫鑑上"之墨筆記。每冊首有"多紀氏藏書印"、"醫學圖書"、"躋壽殿書籍記"、"帝國圖書之章"諸印記。序,宋紹興乙亥仲夏望日錦官史崧題。本文冒頭有"歷城縣儒學教諭田經校正"之記。

16. 未詳本

【萬卷堂書目】明　【本草綱目引據古今醫家書目】明　【世善堂藏書目錄】明　【醫藏書目】明　【汲古閣毛氏藏書目錄】明　【近古堂書目】清　【壬子文瀾閣所存書目】清　【廉石居藏書記】清　【天一閣見存書目】清　【海源閣藏書目】清　【四庫書目略】清　【武林藏書錄】清　【振綺堂書目】清　【觀海堂書目】清　【絳雲樓書目】清　【抱經樓藏書志】清　【南洋中學藏書目】民國　【重編寧波范氏天一閣圖書目錄】民國　【浙江公立圖書館通常類圖書目錄】民國　【帝國和漢圖書目錄】日本　【静嘉堂文庫國書分類目錄】日本

四、黄帝内經太素

(一)出典

【舊唐書經籍志】丙部子錄經脈類　《黄帝内經太素》三十卷,楊上善撰。

【唐書藝文志】丙部子錄經脈類　《黄帝内經太素》三十卷,楊上善。

【素問】林億等序　及隋楊上善纂而爲《太素》。

【甲乙經】林億等序　國家詔儒臣校正醫書，令取《素問》、《九墟》、《靈樞》、《太素經》云云。

【通志藝文略】醫方類上脈經　《黄帝内經太素》三十卷，楊上善注。

【宋史藝文志】卷六醫書類　《黄帝太素經》三卷，楊上善注。

【日本國見在書目録】醫方家　《内經太素》三十，楊上善撰。

注：楊上善傳，《古今醫統大全》《歷世名醫姓氏·隋》云：不知何郡人，大業中爲太醫侍御，名著當代，稱神，診療出奇，能起沈痾篤疾，不拘局方，述《内經》爲《太素》，知休咎。今世之云太素脈，皆宗之，鮮有得其妙者。

（二）考證

【儀顧堂題跋】卷七　《黄帝内經太素》三十卷。題曰"通直郎守太子文學臣楊尚善奉敕撰注"。缺卷一、卷四、卷七、卷十六、卷十八、卷二十一，共六卷。《志》作"卷二十"，亦缺。卷二缺末，卷三缺首，卷六缺尾，卷八缺首，卷十缺首，卷十二缺首，卷十四缺首，卷十七祇存尾三頁，卷二十二首尾皆缺，卷二十九缺首，卷三十缺首。其完全無缺者僅卷五、卷九、卷十一、卷十三、卷十五、卷十九、卷二十三、卷二十四、二十五、二十六、二十七、二十八，共十二卷耳。按，尚善貫里無考，僅據結銜，知爲通直郎太子文學而已。《新唐書藝文志》著於録。治平中林億等奉詔校正醫書，《太素》亦在其列，見林億等《甲乙經序》，《蘇魏公集·本草後序》、《素問新校正》及《甲乙經校正》引其説甚多。是此書在北宋必亦刊行，至南宋而始佚，故晁、陳《書目》遂無其名也。每卷後[有]"仁平元年"、"仁安二年書寫點校"等字。按，日本近衛仁平元年，爲宋紹興二十一年，六條仁安二年爲宋乾道三年，是從八百年前抄本傳録者。其書以《素問》、《靈樞》分類編次而音釋之，與《甲乙經》相類，與今本多不同，與《素問新校正》多合。

【滂喜齋藏書記】卷二　日本鈔《黄帝内經太素》殘本，三十三卷，二十二册。題"通直郎守太子文學臣楊上善奉敕撰注"。《黄帝内經》世所傳者，惟唐王冰注。此書自宋以來不聞著録。此日本寫本。考《唐書藝文志》，楊上善注《黄帝内經明堂類成》十三卷。又《黄帝内經太素》三十卷。此本共存卷二之三、卷五之六、卷八之十五、卷十七、卷十九之二十、卷二十三之三十，凡二十三卷，缺七卷。所存卷中亦有闕文脱簡。前有長方朱印曰"函碕文庫"。每卷末有題字云"仁安某年某月某日以同本書之"、"以同本移點較合了。丹波賴基"。又一行云"仁平某年某月某日以家本移點比較了。憲基"。或云相傳本校合不一律。。仁平，或作久壽、保元。考仁平、久壽、保元，皆日本近衛王紀年，在宋紹興時。仁安，六條王紀年，在宋乾道時。當是憲基從丹波寫本傳録，故仁平、久壽、保元之上，皆旁注"本云"二字。"本云"者，舊本有此一行也。此本紙色尚新，當出近人手鈔。每半葉七行，字兼行草，長短不齊，中無板心，原書疑爲卷子本。是唐以來沉埋千載醫林古笈，海舶重來，未可以殘帙近鈔而忽視之。

【日本訪書志】卷九　楊上善《黄帝内經太素》二十三卷,又零殘一卷。影古鈔卷子改摺本。按,李濂《醫史》、徐春甫《醫統》並云:楊上善,隋大業中爲太醫侍御,述《内經》爲《太素》。顧《隋志》無其書,《新》、《舊唐志》始著"楊上善《黄帝内經太素》三十卷。《黄帝内經明堂類成》十卷"。《崇文總目》、《郡齋讀書志》、《書錄解題》皆不著錄,知其書宋代已佚,故高保衡、林億等不及見。《宋志》"楊上善注《黄帝太素經》三卷",未足據也。日本藤原佐世[1]《見在書目》有此書,蓋唐代所傳本。文政間醫官小島尚質[2],聞尾張藩士淺井正翼[3]就仁和寺書庫鈔得二十餘卷,亟使書手杉本望雲就錄之以歸,自後乃有傳鈔本。此本每卷有小島尚質印,楣上又據諸書校訂,亦學古親筆,蓋初影本也。是書合《靈樞》、《素問》纂爲一書,故其篇目次第,與二書皆不合,而上足以證皇甫謐,下足以訂王冰,詢醫家鴻寶也。但楊上善爵里時代,古書無徵據,其每卷首題"通直郎守太子文學臣楊上善奉敕撰注"。按《唐六典》,魏置太子文學,自晉之後不置。至後周建德三年,置太子文學十人,後廢。皇朝顯慶中始置。是隋代並無太子文學之官,則上善爲唐顯慶以後人。又按,此書殘卷中"丙主左手之陽明",注云"景丁屬陽明者,景爲五月"云云。唐人避太祖諱"丙"爲"景",則上善爲唐人審矣。《醫史》、《醫統》之說未足據也。今本《漢書·地理志》"蜀郡,湔氐道",注"江水過郡七,行二千六百六十里",識者知其誤。趙一清得見宋本,云是"過郡九,行七千六百六十里"。《說文繫傳》引《漢志》亦與宋本合。而又雜引近代人之說,以後世計里強合漢代,謂宋本亦未合。今按此書第五卷"手陽明外合於江水,内屬於大腸",注"江水出蜀岷山郡升遷縣,東南流入海,過郡九,行七千六百六十里也",亦與宋本《漢志》合,是宋本是而今本非,無可疑者。附記於此。又按宋高保衡、林億等《重廣補注黄帝内經序》云"隋楊上善纂而爲《太素》,時則有全元起者,始爲之訓解"。是《醫史》、《醫統》致誤,亦由高保衡等。又按《南史·王僧孺傳》有"侍郎全元起欲注《素問》,訪以砭石"語,汲古本誤"全"爲"金"。則全元起亦非隋人,坿訂於此。余又得影鈔本十部,仍裝爲卷子,有錦小路印。按,錦小路爲日本舊諸侯,藏書最富,在小島學古之前,是此書影鈔,不自學古始。

［郭注］

(1)藤原佐世(?～897),生平不詳。據零星記載,知其活動於876～886年間,曾爲皇家文學侍從,兼任大學寮大學頭。貞觀末至元慶初(876～884)編纂《本朝見在書目錄》,又稱《日本國見在書目錄》,簡稱《現在書目》,爲日本現存最古之漢籍目錄,凡著錄漢籍一千五百六十部、一萬七千二百零九卷。

(2)小島尚質(1797～1848),名尚質,字學古,通稱春庵,號寶素、佞宋道人、考古齋、觀棊生、棄疏閑人等。職法眼。寶素家世代任幕府醫官,醫學館教諭。精通校勘考證及書誌之學,致力於校書事業,曾校勘《素問》、《靈樞》、《脈經》、《諸病源候論》、《千金方》、《外臺秘要方》等歷代古醫典籍。天保十三年(1842)奔赴京都,於當地醫家、名家、古寺院查訪書籍,記錄撰述《河清寓記》,此書後成爲編纂《經籍訪古志》之重要資料。藏書豐富,《寶素堂藏醫籍目錄》所著錄書籍,大多由楊守敬購回中國,現藏於臺北故宫博物院圖書館。

(3)淺井正翼(1797～1860),名翼、正翼,字亮甫、幼名桃太郎,後稱董太郎,號紫山、希聖齋。尾張藩醫淺井家第五代傳人。學醫於江户昌平黌,文政十年(1827)爲寄合醫。文政十二年父貞庵逝後,承襲父業受俸祿二百石,任番醫。天保二年(1831)加俸二百石。同年將家塾静觀堂講舍,改稱醫學館。翌年,爲奥詰醫師,繼爲藥園奉行。嘉永元年(1848)晉升奥醫師。每年春、秋兩回,舉行藩醫官考試,醫師開業亦需獲得淺井家的許可。每年六月十日,於醫學館舉辦藥品展覽會,公開展示動、植、鑛物稀有藥品及外國産物。

【適園藏書志】卷第六子部醫家類　《黄帝内經太素》三十卷。傳抄本。隋楊上善撰。缺七卷,存二十三卷。傳錄東瀛本。《醫史》、《醫統》云:楊上善,隋大業中爲太醫侍御。是卷題"通直郎守太子文學",與《醫史》、《醫統》所云不同。按《唐六典》,後周建德三年置太子文學十人,後廢。隋代無此官。楊惺吾遂以上善爲唐人。不知周隋相接,上善撰此書尚在周時,故置舊官,至隋大業中爲太醫侍御,兩不相妨礙。"丙"避爲"景",則唐人改唐諱,宋人改宋諱,尤舊書之通例,至林億據《内經》所引遺文尤多,惺吾以爲宋代已佚,林億等未見,則尤爲鶻突也。

【静嘉堂秘籍志】卷二十四子部醫家類　按,是書《四庫》未收,首卷末有"文政庚寅八月二十九日得之尾張淺井正翼,校讀一過,謹藏於寶素堂。小島質誌","天保十己亥年二月二十六日夜丑上剋,鈔於昇仙欒堂燈前畢,循皋坂立節春璋,六十五歲。同年三月五日校了"識語。每卷末有坂氏鈔寫年月,則知爲坂氏鈔本。

(三)刊本及抄本

1. 日本抄本

【經籍訪古志】卷七醫家類　《黄帝内經太素》三十卷。缺第一、第四、第七、第十六、第十八、第二十、第二十一,凡七卷。傳寫仁和三年舊鈔本。唐通直郎守太子文學楊上善奉敕撰注。每卷末記仁平、久壽、保元、仁安等年月。有云"以家本移點校合了。憲基",有云"移點了。丹波賴基"。舊爲卷軸,界行高七寸五分強弱,每行字數不同,十四、五字至十六、七字。界行高廣與"延喜圖書式"所言合,當時之制僅存於是書,可貴。是書久無傳本,曩歲平安福井棣亭[1]得第二十七卷,模刊以傳。既而小島學古聞尾藩淺井正翼就仁和寺書庫鈔得二十餘卷,亟使書手杉本望雲就而謄錄以歸,即是本也。學古之功偉矣。棣亭所得蓋亦同種云。

[郭注]

(1)福井棣亭(1782～1849),名晉,字貞吉,號棣園。京都人。禁裡御醫福井丹波守榕亭之長子。繼承父業,任御醫,晉從四位上。篤學,精詩文,擅書法。

【滂喜齋藏書記】卷二　日本鈔《黄帝内經太素》殘本三十三卷,二十二冊,楊上善奉敕注。宋紹興間日本寫本復寫。

【皕宋樓藏書續志】卷三醫書類　《黄帝内經太素》三十卷。抄本,缺本。隋楊上善奉敕撰注。

【留真譜新編】卷七醫部　《黄帝内經太素》,通直郎守太子文學臣楊上善奉敕撰注。

【覩海堂書目】止字號　《黄帝内經太素》一本一卷。鈔本。從字號《黄帝内經太素》一本一卷。鈔本。以字號　《内經太素》二十四本二十四卷。古鈔本。殘本。晝字號　《黄帝内經太素》二十五本,三十卷。日本鈔本。

【八千卷樓書目】卷十子部醫家類　《黄帝内經太素註》二十四卷,隋楊上善撰。日本抄本。《四庫》未收。

【静嘉堂文庫國書分類目録】九理學醫學二醫學　《黄帝内經太素》三十卷,内有缺。隋楊上善奉敕撰注。天保九寫。十萬卷樓本。六冊。

【静嘉堂秘籍志】卷二十四陸氏十萬卷樓舊藏子部醫家類　《黄帝内經太素》,隋楊尚善奉敕撰注。日本抄,六本。日本仁平元年、仁安二年書寫校。宋代

2. 通隱堂本

【叢書書目彙編】十四畫漸西村舍叢刻桐廬袁氏刊乙集　《黄帝内經太素》三十卷,隋楊上善。

【續彙刻書目】已漸西村舍叢刻桐廬袁氏刊乙集　《黄帝内經太素》三十卷,隋楊上善。

【國學用書類述】醫學類　《内經太素》三十卷,隋楊上善。(漸西村舍本)

【浙江公立圖書館通常類圖書目録】第三冊子部醫家類　《黄帝内經太素》三十卷,隋楊上善奉敕撰注。清光緒(三)[二]十三年,通隱堂刊本,六本。桐廬袁仲默君捐。

【浙江藏書樓甲編書目】子部醫家　《黄帝内經太素》三十卷,隋楊上善注。通隱堂本。

【中國醫學書目】内經　《黄帝内經太素》三十卷及附録,六冊。九行二十一字,欄高十八釐,幅十二·五釐。楊上善注。光緒二十三年秋九月,通隱堂刊。(漸西村舍)

3. 蘭陵堂本

【清華學校圖書館中文書籍目録】第七類應用藝術醫學　《黄帝内經太素》三十卷,六冊,楊上善(唐),蕭延平(民國)校正。民國十三年蘭陵堂蕭氏刻本。

五、黄帝素問釋文

【唐書藝文志】卷三丙部子録明堂經脈類　《王冰注黄帝素問》二十四卷,《釋文》一卷。冰,號啟元子。

六、素問音訓並音義

【日本國見在書目録】醫方家　《素問音訓並音義》五

注:《醫籍考》有考證,參看《素問改錯》之條。

七、素問改錯

【日本國見在書目錄】醫方家　《素問改錯》二

【醫籍考】卷三　按右二書,唐宋諸《志》並係失載,然又非本朝人所撰,藤原佐世編《現在書目》在寬平中,時當唐季,則是書殆出於隋唐間人者歟。仍以著錄矣。

注:按"右二書"者,《素問音訓並音義》及《素問改錯》也。

八、素問醫療訣

【崇文總目輯釋】卷三醫書類　《問醫療訣》一卷。原釋:闕。見天一閣鈔本。

【通志藝文略】醫方類下《病源》　《素問醫療訣》一卷

【宋史藝文志】子類醫書類　《素問醫療訣》一卷

九、素問六氣玄珠密語

(一)出典

【素問】王冰序　辭理秘密,難粗論述者,别撰《玄珠》以陳其道。王冰序《新校正》詳王氏《玄珠》,世無傳者。今有《玄珠》十卷,《昭明隱旨》三卷,蓋後人附託之文也。雖非王氏之書,亦於《素問》第十九卷至二十二四卷頗有發明。其《隱旨》三卷,與今世所謂《天元玉册》者正相表裡,而與王冰之義多不同。

【通志藝文略】醫方類上脈經　《元珠密語》十卷

【秘書省續編到四庫闕書目】卷二子類醫書　《玄珠密語》十卷。輝按,《道藏》目大玄部云:十七卷,王冰撰。

【宋史藝文志】子類醫書類　王冰《素問》六。《脈玄珠密語》一卷

(二)考證

【古今醫統大全】卷一採摭諸書　《玄珠密語》十卷,啟玄子王冰撰。自序謂"得玄珠子而師事之,與我啟蒙,故號啟玄子。目曰《玄珠密語》,乃玄珠子密而口授之言也"。啟玄《素問序》云"辭理秘密,難粗論述者,别撰《玄珠》以陳其道"。二敘自相背戾,則師事玄珠而號啟玄者,妄也。宋高保衡等校正《内經》,詳考王氏《玄珠》,世無傳者。今之《玄珠》乃後人附托之文,而實非啟玄之書也。其於《素問》十九卷[至]二十二四卷,頗有發明。原其所從,蓋捃摭《内經六微旨》及《至真要》等五篇、《天元玉册》要語而附會雜說。其紀運休祥,未果徵驗,觀者審之。

【讀書敏求記校證】卷三之下醫家　《玄珠密語》十六卷。刊本作十七卷。案簡莊徵君云:予所藏乃滬城成乎氏從雲間陳氏宋刻本影鈔,止十六卷。○題詞本有。○《述古目》注"鈔"字,作十七卷。○鈺案,《宋志》有王冰《素問玄珠密語》一卷。唐啟玄子王砯。刊本、阮本作"冰",下皆同。簡莊徵君云:"冰"當作"砯"音,例從水、從石。杜子美有"送重表姪王砯詩",即其人也。又云:砯雖實應間人,然

《唐人物志》不言其爲王珪元孫，當再考。〇鈺案，以上簡莊諸説，皆本晁氏《讀書志》。述其師密授之口語也。硃云能究其言，見之天生，可以延生；見之天殺，可以逃殺。百年間不逢志求補：胡校本作"求志"。之士，遂書五本，藏五岳深洞中，遇者可補：胡校本"可"作"宜"。寶愛之。硃之言如此。予讀其書，浩瀚詰刊本作"委"。補：題詞本、阮本均作"詰"，胡校本作"佶"。曲，莫得其津涯，大概直申《素問》六氣之隱奥耳。補：黄丕烈云，乙亥秋得明人舊鈔，出於《道藏》本，此書本名《素問六氣玄珠密語》。〇鈺案，《廉石居藏書記》有鈔本十卷，題唐王冰撰，前有麟德元年自序。是十七卷本外又有一本，與鄭樵《通志略》卷數相符。其自序云"此十卷書，可見天之令、運之化，地産之物，將來災害，可以預見"云云。與遵王此記所引序文口吻相同，其爲一書可知。惟麟德元年甲子至寶應元年壬寅，相距至九十九年，寶應間人，必不能於麟德年作序，非僅廉石居本作"冰"，晁《志》屢引作"硃"之可疑也，記以待考。

【四庫全書總目】卷一百十子部二十術數類存目　《元珠密語》十七卷，浙江巡撫採進本。舊本題唐王冰撰。冰有《黄帝素問註》，已著録。《素問序》稱"詞理秘密，難粗論述者，别撰《元珠》以明其道"，則冰實有《元珠》一書。然考冰爲寶應時人，官至太僕令，而此書序中有"因則天理位，而乃退志休儒"之語，時代事蹟，皆不相合。其書本《素問》"五運六氣"之説而敷衍之，始言醫術，浸淫及於測望占候。前有自序，稱爲其師元珠子所授，故曰《元珠密語》。又自謂以啟問於元珠，故號啟元。然考冰所註《素問》，義藴宏深，文詞典雅，不似此書之迂怪。且序末稱"傳之非人，殃墮九祖"，乃粗野道流之言。序中又謂"余於百年間，不逢志求之士，亦不敢隱没聖人之言。遂書五本，藏之五岳深洞中"，是直言藏此書時，其年已在百歲之外，居然自號神仙矣，尤怪妄不可信也。宋高保衡等校正《内經》，云"詳王氏《元珠》，世無傳者，今之《元珠》，乃後人附託之文耳。雖非王氏之書，亦於《素問》十九卷[至]二十二四卷，頗有發明"，則宋時已知其僞。明洪武間，吕復作《羣經古方論》云"《密語》所述，乃六氣之説，與高氏所指諸卷全不侔"，則吕復所見者，併非高保衡所見，又僞本中之重儓。且鄭樵《通志・略》稱《元珠密語》十卷，吕復亦稱十卷，而此本乃十七卷，則後人更有所附益，又非明初之本矣。術數家假託古人，往往如是，不足詰也。其書舊(例)[列]於醫家，今以其多涉機祥，故存其目於術數家焉。

【拜經樓藏書題跋記】卷四　《元珠密語》，唐王硃著。影宋寫本。每葉十六行，行十六字。前有自序。後滬城成孚氏跋云"《元密》一書，除宋版外更無二刻。又其書微渺難測，世醫亦不欲深究其理，是以所傳不甚廣，迄今日已成絶無而僅有矣。余購之二十年，即鈔本未獲一遇。歲乙亥，偶於茸城張氏得見宋刻本，一時驚喜，如睹至寶。詢之，云以重價購得。余懇借再四，始獲攜歸，即命諸子弟力疾鈔之。近聞張氏本已充進御物矣，余獲借鈔，不勝幸甚，爰識其始末如此。後人其世守之勿替。滬城成孚氏識"。下有"潤埏之印"、"莘畊"二圖記。先君子書云"《元珠密語》十六卷，不見於《新》、《舊唐書藝文志》及《文獻通考》，惟晁氏《讀書志》有《天元玉册》三十卷。云啟元子撰。啟元子，即唐王硃也。書推五運六氣之變。今此只十六卷，未知與《天元玉册》相同否。夾漈《通志》：《元珠密語》十卷，不著撰人。焦氏《經籍志》同。《讀書敏求記》：《元珠密語》十七卷。七或六之譌。盱江張三錫《運氣略》，以爲託名《元珠密語》。予按其序云：余於百年間不逢志求之士，遂書五本，藏之五嶽深洞中，遇者可以珍重之，寶愛之，勿妄傳之。見之天生，可以延年；見之天殺，可以逃殺。傳之非人，殃墮九祖。其言多詭誕不經。盱江之言當非謬也。嘉慶甲子四月兔牀志”。簡莊徵君得吴中袁氏鈔本，復爲互勘一過，書云“唐啟元子《元珠密語》。按，啟元子即王砯也。砯註《内經》序云：辭理秘密，難粗論述者，别譔《元珠》以陳其道。宋高保衡等《新校正》云：詳王氏《元珠》，世無傳者。今有《元珠》十卷，《昭明隱旨》三卷，蓋後人附託之文，雖非王氏之書，亦於《素問》第十九卷至二十二四卷頗有發明。其《隱旨》三卷，與今所謂《天元玉冊》者正相表裡，而與王砯之義多不同。是唐時實有《元珠》一書，而宋時所傳者疑爲附託，但自宋以來流傳甚少耳。余得吴中袁氏鈔本十七卷，與《讀書敏求記》合，此本爲吴氏“拜經樓”舊藏，後有成孚氏跋，知從宋版傳鈔，惟止十六卷。今以余所得本校之，則十一、十二兩卷並而爲一，又“五行類應紀篇”脱落數番，彼此互勘，庶得完善矣。嘉慶十五年除夕，渤海陳鱣記。暘按，此書自序云：今則直言編紀一十六卷，目錄亦十六卷，恐分併有所竄易耳。

【廉石居藏書紀】内篇卷上醫律　《元珠密語》十卷，唐王冰撰。前有麟德元年自序。考《宋藝文志》有王冰《素問六脈元珠密語》一卷，即此書，未審卷帙何以相懸。《四庫書》未載，異時當彙以進御。

【蕘圃藏書題識】卷四子類　《玄珠密語》十七卷。舊鈔本。案目云“歸安姚氏”。乙亥秋，余養病蚼杜門，時郡中有託余轉購古書者，故書友之蹤跡日盈我門矣。託購者惟是宋元舊刻，一切舊鈔名校，故余亦得（籍）［藉］是收錄一二焉。七月小盡日，有書友告余曰：某收有舊鈔《玄珠密語》，曾送閱乎。余曰：未也。遂爲余言其詳，余即往購之。明晨，物主果以此書來，索番餅八枚，並爲余言，某坊曾還直若干，某坊者，經義齋主人，胡姓，鶴名，立羣其字也。在書估中爲能識古書之一人，惜知觀書而所見未廣，聞見尚不能擴耳。安得在余齋坐臥十日，盡發所藏，以增長識力乎。又曾以新鈔本參閱，知彼爲十卷，而此爲十七卷，其較全。又末缺失處僅少一葉零。書估之（傅）［博］識如是，而於此書之何本，鈔手之何時，藏弆之何人，皆未有以知之，但知其舊鈔而已矣，舊鈔之必爭高價而已矣。及一入余手，而本則定其爲《道藏》也，驗諸卷一、卷二同卷而已矣；時則定爲成弘也，驗諸欄格之闊黑口而已矣；人則定其爲名家也，驗諸書中之藏書圖記而已矣。及出《讀書敏求記》證之，知十七卷爲全。又驗諸《道藏》本目錄，知卷一之十七，共十三卷。蓋一、二同卷，五、六同卷，十一、十二同卷，十四、十五同卷，故又云十三卷也。惟是坊間新鈔，改爲十卷，不知其由。文義亦微不同，姑用他紙錄此缺失者，本書仍以空格存其舊云。至於每篇敘次，此《五行類應紀篇》以下三篇，《道藏·目錄》在《地合運勝紀篇》後，似又歧異矣。復翁記：初書友持此書來，云係杭州人家藏，向以十金得之。余頗信其言，因書中有古杭高氏藏書印也。及議成而私謂所親曰，實從閶門外上塘街以青蚨五十六文得之。持示同行，胡立羣許以三餅金，故知其佳，必爭高直也。《道藏·目錄》卷四基字號，計十三卷。高瑞南，明中葉人，大藏書家，凡宋版舊鈔書上有藏書印，余家所藏多有之。嘉慶乙亥仲秋前八日，命工錢瑞正子伊人重裝。前跋所云私謂所親者，即伊人也，於是書亦有購訪之勞焉。裝成次日，適錢塘何君夢華至，出示此書，並詢以古杭高瑞南君，必知其詳。夢華云：此人家多藏書，並於醫家書尤喜藏弆，其有宋刊《朱氏集驗方》，即其書也。今夢華已將真本歸阮氏雲臺，而影寫本歸五硯樓，今鈔本又由五硯歸余，故附載其始末如此。至余舊藏宋本《外臺秘要》，亦有其圖記。而宋本《咸淳臨安志》，本爲古杭志書，宜瑞南之珍藏也，今皆在士禮居中。得此《玄珠密語》，可謂三絕矣。中秋前七日，芷醒人記。越歲丙子夏日，書友以明刻《外科秘方》示余，方悉高瑞南爲明神廟時人，《外科秘方》即其刻也。渠序云"余少志博習，得古今書爲最多，更喜集醫家書"，又爲此書得一確證矣。丙子中秋校《道藏》本，其通體序次與此正同，更無移易也。人身一小天地，《素問六氣》真探源星宿也。近時醫不讀書，欲求明理，其可得乎。吳中一老醫，王其姓，丙其名，繩孫其字，樸莊其號，余猶及見之，治病亦曾邀之，而未經領略其妙。頃與王惕甫談，知其治惕甫之尊人病，預決其死生遲速，以壬癸日爲難過，並云須歷幾箇壬癸日始卒，後果如所言。證以此書，樸莊殆得力於此者乎。蕘翁附記。樸莊曾屬惕甫作一文字序其遺書，其卒時惕甫不在家，歸後其長子又卒，無從得其遺事，故文缺焉。

【持靜齋藏書紀要】卷下鈔本子部醫家　《素問六氣元珠密語》十卷，唐王冰撰。舊鈔本。按，是書《道藏》本十七卷，《四庫》存目於術數家。晁公武《志》錄此書十卷，與此本合，蓋猶宋人舊編。其十七卷本，特以全書三十論，多增卷帙耳。其書推演五運六氣，蓋以專明《素問》氣運爲治病之要之說，後來劉溫舒《素問入式論奧》，亦發明斯旨。

【適園藏書志】卷第六子部醫家類　《玄珠密語》十六卷。舊鈔本。唐王砅撰。砅，一作冰。見《唐書・宰相世系表》，稱爲京兆府參軍。林億又謂爲太僕，今醫家皆稱"王太僕"是也。冰深於醫學，《靈樞》、《素問》，一手所注。此書前人論其語多怪誕，並有議其僞託者，實則五行至理，生化所由，《明堂》陰陽，《洪範》類占，皆古人之精蘊，何獨疑於此書。此舊鈔本十六卷，與《敏求記》十七卷不同，實則十一、十二並兩爲一也。

【宋元舊本書經眼錄】卷第三　《素問六氣玄珠密語》十六卷。舊鈔本。書中自題曰"啟玄子述"，即唐時注《素問》之王冰也。《宋史藝文志》載"王冰《素問六脈玄珠密語》一卷"，當即此書，而"氣"譌"脈"耳，"一卷"亦有誤。《道藏・目錄》及焦竑《經籍志》載此書，竝云十七卷，此鈔當闕一卷也。其書專論五運六氣，因六十甲子直歲，反復言之，蓋以天時運轉明醫法。

【武林藏書錄】卷末吳山火德廟道藏　南華第一函石室收藏，並石渠乞將秘笈付鈔胥。《元珠密語》、《金丹注》，俱是人間未見書。

（三）序跋

啟元子自序

余少精吾道，苦志文儒。三冬不倦於寒窗，九夏豈辭於炎暑。後因則天理位，而迺退志休儒，繼日優游，棲心至道。每思大數，憂短景以無依；欲究真筌，慮流年而不久。故乃專心問道,執志求賢,得遇元珠子,迺師事之爾。即數年間,未敢詢其大元至妙之門,以漸窮淵源,方言妙旨,授余曰:百年間可授一人也。不得其志求者,勿妄泄矣。余既遇元珠子,與我啟萌,故自號"啟元子"也,謂啟問於元珠子也。今則直書五本,每本一十六卷也,頭尾篇類義同。其目曰"元珠密語",乃元珠子密而口授之言也。余於百年間,不逢志求之士,亦不敢隱沒聖人之言,遂書五本,藏於五嶽深洞中,先饗山神,後乃藏之。恐後人志求者,可以遇之。如得遇者,可以珍重之,寶愛之,勿妄傳之。不得奇人,不可輕授爾。此元珠子授余之深誡也。此十卷書,可見天之令、運之化,地產之物,將來之災害,可以預見之。《素問》中隱奧之言,可以直而申之,可以修養五內,資益羣生,有罰強補弱之門,有祛邪全生之法。故聖人云"天生天殺,道之理也"。能究其元珠之義,見之天生,可以延生;見之天殺,可以逃殺。《陰符經》云"觀天之道,執天之行盡矣"。此言人能順天之五行六氣者,可盡天年一百二十歲矣。其有夭亡,蓋五行六氣遞相罰天,故祖師言六氣之道,本天之機,其來可見,其往可追。可以注之玉版,藏之金匱。傳之非人,殃墮九祖爾。《皕宋樓藏書續志》。《醫籍考》亦引,文字少異。

(四)刊本及抄本

1.影宋寫本

【拜經樓藏書題跋記】卷四　《元珠密語》,唐王冰著。影宋寫本。每葉十六行,行十六字。

【讀書敏求記校證】卷三之下醫家　《玄珠密語》十六卷,唐啟玄子王砅述。陳氏宋刻本影鈔。止十六卷。

【宋元本行格表】附錄八行引拜經樓記　景宋寫本《元珠密語》十六卷

2.舊鈔十卷本

【平津館鑒藏書籍記】卷三舊影寫本　《素問六氣元珠密語》十卷,唐啟元子王冰述。

【四庫書目邵注】卷十子部五醫家類靈樞經　《素問六氣元珠密語》十卷。舊題唐王冰撰,實宋人僞託也。陽湖孫氏有舊抄本,《存目》斥之。按《存目》十七卷,入術數類。

【持靜齋書目】卷三子部五醫家類　《素問六氣元珠密語》十卷。舊鈔本。唐王冰撰。此書《道藏》本十七卷,《四庫》入術數。《存目》中此本十卷,與晁《志》合,卷異篇則同也。

【郘亭知見傳本書目】卷八子部醫家類　《素問玄珠密語》十卷。舊題唐王冰撰,實宋人僞托也。陽湖孫氏有舊鈔本。陳鱣仲魚校過,謂後數卷脫遺若干頁,當以《道藏》本抄補足之。今吳本歸郘亭。檢《道藏·目錄》,《道藏》本實十七卷,當缺一卷,而仲魚以爲不缺。丁卯冬在丁禹生許見十卷本,舊抄。校吳本多四篇,合三十篇。蓋即晁公武《志》所志之本,與《道藏》本卷數不合,而書較完,即諸缺頁亦可校補。雖公武斥其僞,而發明五運六氣,亦醫所不可廢也。

3.舊鈔十六卷本

【宋元舊本書經眼錄】卷第三　《素問六氣玄珠密語》十六卷。舊鈔本。啟玄子王冰述。

【適園藏書志】卷第六　《玄珠密語》十六卷。舊鈔本。此舊鈔本十六卷，與《敏求記》十七卷不同，實則十一、十二並兩爲一也。

4. 舊鈔十七卷本

【蕘圃藏書題識】卷四子類　《玄珠密語》十七卷。舊鈔本。《道藏》本

【皕宋樓藏書續志】卷三醫書類　《素問六氣玄珠密語》十七卷。舊鈔本。唐啟元子述自序。

【靜嘉堂秘籍志】卷二十四子部醫家類　《素問六氣元珠密語》，唐王冰撰。舊抄，四本。

【靜嘉堂秘籍續志】　《素問六氣元珠密語》十七卷。舊鈔本。唐啟玄子述自序。案，是書《四庫》未收。

【靜嘉堂文庫國書分類目錄】九理學醫學二醫學　《素問六氣元珠密語》十七卷，唐王冰撰。古寫，十萬卷樓本。四冊。

【內閣文庫圖書第二部漢書目錄】第三門子第六類醫家　《玄珠密語》十七卷，唐王冰。日本寫本。七冊。

5. 未詳本

【文淵閣書目】明　【菉竹堂書目】明　【萬卷堂書目】明　【本草綱目】明　【醫藏書目】明　【脈望館書目】明　【近古堂書目】清　【竹崦庵傳鈔書目】清　【也是園藏書目】清　【述古堂藏書目】清　【四庫館進呈書籍底簿】清　【各省進呈書目】清　【問經堂書目】清　【孫氏書目內編】清　【叢書舉要】清　【絳雲樓書目】清　【叢書書目彙編】清

十、黃帝內經素問遺編

（一）出典

【素問】刺法論本病論新校正　詳此二篇亡在王注之前，按《病能論篇》末，王冰注云"世本既闕第七二篇"，謂此二篇也。而今世有《素問亡篇》及《昭明隱旨論》，以謂此三篇，仍託名王冰爲注，辭理鄙陋，無足取者。

【通志藝文略】醫方類　劉溫舒《素問論奥》四卷

【宋史藝文志】子類醫書類　劉溫舒《內經素問論奥》四卷

注：《素問論奥》四卷者，《黃帝內經素問遺編》一卷，與《素問入式運氣論奥》三卷合而言之。

（二）考證

【四庫全書總目】卷一百三子類醫家類　《素問入式運氣論奥》三卷，附《黃帝內經素問遺編》一卷、《刺法論》一卷，題曰《黃帝內經素問遺篇》。案《刺法論》之亡，在王冰作註之前，溫舒生北宋末，何從得此。其註亦不知出自何人，殆不免有所依託，

未可盡信。

【黄帝内經素問註證發微】補刺法論第七十二註　按此與後《本病》二篇正本所遺，別有《素問遺篇》共此。其《本病論》，正所以發明此篇之義。內有"折其鬱氣，資其化源"等語，大義見《六元正紀大論》中，但彼則引而不發，至此二篇，始得有下手處。惟升之不前，降之不入，故成五鬱。惟不退位，故不遷正。司天不得遷正則剛失守，而後三年成五疫；司地不得遷正則柔失守，而後三年成五癘。後世不知司天在泉，天之右旋、地之左旋，及治五鬱者，以其不知此二篇"升降"之義也。不能治疫癘者，以其不知二篇退位遷正、剛柔失守之義也。但不知始自何代，將此二篇竊出私傳，不入官本，斯人者，其無後乎。昔梁昭明太子用千金募《天祿閣外史》，愚意後之太醫，其募此當不啻千金也，惜乎寥寥無聞。凡所刺穴，即折其鬱氣，資其化源之法，須知所補所瀉在何經，則用藥亦猶是矣。舊本有用"鍼誦咒藥方"者，欲人誦咒則心專耳。《移精變氣論》、《靈樞·賊風論》有"祝由"之說，《腹中論》有雞肫醴、烏賊骨等藥，《靈樞·壽夭剛柔篇》總有醇酒、蜀椒等藥，則誦咒用藥，非惑世誣民可知也。此篇以須窮刺法爲問，故名篇。

【醫籍考】卷二黄帝素問遺篇　按先子曰：今所傳《遺篇》一卷，此乃王冰已後人所托而作。經注一律，出於一人之手，辭理淺薄不取，而馬氏稱之，亦何不思之甚也。

（三）刊本

1. 宋刊本

【四庫目略】子部醫家類·運氣論奧附　《黄帝内經素問遺篇》一卷，宋劉溫舒撰。路小洲有宋刊本。

【四庫書目略】卷十子部醫家類·運氣論奧附　《黄帝内經素問遺篇》一卷，宋劉溫舒撰。路有宋刊本。

【郘亭知見傳本書目】卷八子部醫家類·運氣論奧附　《黄帝内經素問遺篇》一卷，宋劉溫舒撰。路小洲有宋刊本。

2. 古林書堂本

【平津館鑒藏書籍記】卷一元版·新刊補注釋文黄帝素問附　《黄帝内經素問遺篇》一卷

【廉石居藏書紀】内篇卷上醫律·運氣論奧附　《黄帝内經素問遺篇》一卷。元時重刻宋。劉溫舒撰。

【皕宋樓藏書志】卷四十五子部醫家類·新刊運氣論奧附　《黄帝素問遺篇》一卷。元刊本。宋劉溫舒撰。

【適園藏書志】卷第六子部醫家類　《黄帝内經素問遺篇》一卷。元刊本。《内經素問》八十一篇内《刺法篇第七十二》、《本病論篇第七十三》亡在王注之前。此元刻本每半葉十四行，行二十二字，高六寸四分，廣四寸。黑口單邊。口上署"素問亡篇"四字，與趙府刊本、八行本不同，面葉署"元刻舊本"。虞山蔣氏珍藏善本，味經書屋張氏得之郡城。有黄氏士禮居珍藏秘冊，勿輕視之。"張子和珍藏書畫圖書"、"小娜嬛福地張氏攷藏"兩朱文方印,"曾藏張蓉鏡家"朱文小方印、"味經"白文小方印。

【八千卷樓書目】卷十子部醫家類·運氣論奥附 《黄帝内經素問遺篇》一卷,宋劉溫舒撰。元刊抄配本。

【四庫書目邵注】卷十子部五醫家類·運氣論奥附 《黄帝内經素問遺篇》一卷,宋劉溫舒。陽湖孫氏有元刊本。附《素問》十二卷後。姚若有元刊本。

【四庫目略】子部醫家類·運氣論奥附 《黄帝内經素問遺篇》一卷,宋劉溫舒撰。陽湖孫氏有元刊本。附《素問》十二卷後。姚若有元刊本。

【張氏書目内編】卷二醫律第六·運氣論奥附 《素問遺編》一卷,宋劉溫舒撰。元刊本。

【經籍訪古志】卷七醫家類·黄帝内經素問附 《素問遺編》一卷。元至元己卯古林書堂刊本。聿修堂藏。

3. 熊本

【善本書室藏書志】卷十六子部五醫家類 《黄帝内經素問遺篇》一卷。熊宗立重刊。

【中國醫學書目】内經 《黄帝内經素問遺編》一卷,熊宗立點校。鼇峯種德堂重刻。

4. 趙府本

【千頃堂書目】卷十四子部醫家類 《趙簡王補刊素問遺篇》一卷。世傳《素問》王冰注本,本缺七十二篇《刺法論》、七十三篇《本病論》注,簡王得全本補行之。

【静嘉堂文庫國書分類目錄】九理學醫學二醫學·補注釋文黄帝内經素問附 《遺篇》一卷。十二卷七冊之内。明刊,趙府居敬堂覆宋。十萬卷樓本。陸耳山舊藏本。

【中國醫學書目】内經 《黄帝内經素問遺篇》一卷。明板趙府居敬堂。

注:《明史藝文志》云"《趙簡王補刊素問遺編》一卷"(世傳《素問》王砅注本中有缺篇,簡王得全本補之)。《素問識》云:今所傳趙府本,載《刺法》、《本病》二篇即是也。《宋史藝文志》"《黄帝素問遺篇》四卷",卷數不同,可疑。《醫籍考》云:《黄帝素問遺篇》,《宋史》四卷,佚。《趙簡王補刊素問遺篇》,《明史》一卷,存。今按,《宋志》無"素問遺篇"之目,獨有劉溫舒《素問論奥》四卷。蓋四卷者,《運氣論奥》三卷、《素問遺編》一卷,合而言之也。元古林書堂所刻《内經》始附刊之,種德堂、趙王府並倣之,即知《趙府補刊遺編》,惟襲劉溫舒本者,非有別本也。

5. 明代未詳本

【八千卷樓書目】卷十醫家類(運氣論奥附) 《黄帝内經素問遺篇》,宋劉溫舒撰。明刊本。

6. 浙江書局本

【古越藏書樓書目】卷五學部生理學第十一 《素問遺篇》一卷,唐王冰注。浙江書局重刻宋劉溫舒本,附《素問》後。

【揚州吳氏測海樓藏書目錄】卷四子部醫家類(黄帝内經素問附) 《素問遺篇》,宋劉溫舒。光緒三年浙江局據明武陵顧本。

【浙江公立圖書舘通常類圖書目錄】第三冊子部醫家類　《素問遺篇》一卷，宋劉溫舒原本。清光緒二年浙江書局據顧刻重刊本。

【中國醫學書目】內經　《黄帝内經素問遺篇》一卷，宋朝散郎太醫學司業劉溫舒原本。浙江書局本。《黄帝内經素問遺篇》一卷。

7. 文成堂本

【中國醫學書目】內經　《素問遺篇》一卷，一冊。光緒甲申秋月重鐫。

8. 道藏本

【叢書舉要】卷六十道藏目錄大玄部取字號至婦字號　《黄帝内經素問遺篇》五卷

【叢書書目彙編】十三畫道藏大玄部　《黄帝内經素問遺篇》五卷。十三畫《道藏舉要·第八類攝生》。《黄帝内經素問遺篇》五卷，不著撰人。

9. 日本刊本

【八千卷樓書目】卷十子部醫家類（運氣論奧附）　《黄帝内經素問遺篇》一卷，宋劉溫舒撰。日本刊本。

10. 未詳本

【萬卷堂書目】明　【楝亭書目】清　【傳是樓書目】清　【四庫全書簡明目錄】清　【四庫書目邵注】清　【叢書舉要】清　【壬子文瀾閣所存書目】清　【續彙刻書目】清　【南洋中學藏書目】民國　【叢書書目彙編】民國

十一、素問入式運氣論奥

（一）出典

【郡齋讀書後志】卷二醫家類　《運氣論奥》三卷，右皇朝劉溫舒撰。溫舒以《素問》氣運最爲治病之要，而答問紛揉，文辭古奥，讀者難知，因爲三十論、七十二圖上於朝。

【文獻通考】經籍考子醫家　《運氣論奥》三卷

【通志藝文略】醫方類　劉溫舒《素問論奥》四卷

【宋史藝文志】子類醫書類　劉溫舒《素問論奥》四卷

注："劉溫舒傳"《中國醫學大辭典》下冊十五畫云：劉溫舒，宋時人，著有《素問入式運氣論奥》三卷。據溫舒自序，按溫舒北宋元符時人，官爲朝散郎、太醫學司業。

（二）考證

【古今醫統大全】卷一採摭諸書　以《素問》運氣，撮爲治病之要，有三十論、二十七圖。

【四庫全書總目】卷一百三子部十三醫家類　《素問入式運氣論奥》三卷，《素問遺篇》一卷，兩江總督採進本。宋劉溫舒撰。溫舒里居未詳，前有元符己卯自序，題"朝散郎太醫學司業”,蓋以醫通籍者也。晁公武《讀書志》云:溫舒以《素問》氣運爲治病之要,而答問紛糅,文辭古奧,讀者難知,因爲三十論、二十七圖上於朝。今詳考其圖,實二十九,蓋“十干起運”、“十二支司天”二圖,原本別題曰“訣”,故公武不以入數,僅曰二十有七。其論實爲三十一篇,末《五行勝復論》一篇,原本別註“附”字,故公武亦不以入數,僅曰三十也。

【四庫全書簡明目錄】卷十醫家類　《素問入式運氣論奧》三卷,宋劉溫舒撰。發明《素問》運氣之理,凡三十一論、二十九圖。五運六氣,不可執爲定法,而不可謂無其理,故有時不驗,亦有時而驗,存之亦備醫家之一義。所附《刺法論》一篇,其亡在王冰作註之前,溫舒何自得之,存而不論可矣。

(三)序跋

素問入式運氣論奧序朝散郎太醫學司業劉溫舒撰

夫醫書者,乃三墳之經。伏羲觀天文,造甲曆。神農嘗百藥,制本草。黃帝論疾苦,成《素問》。因知其道奧妙,不易窮研,自非留心刻意,豈達玄機。且以其間氣運最爲補瀉之要,雖備見黃帝與岐伯、鬼臾區問對,分糅篇章,卒無入法,稍難施用。余性識偏陋,竊慕真風,棲心聖典,積有歲月。雖吏役塵勞之暇,亦未嘗暫捨。筆萃斯文,久以盈軸,莫不究源,附說解惑分圖。括上古運氣之秘文,撮斯書陰陽之精論,若網之在綱,珠之在貫,粲然明白。箋明奧義,咸有指歸。詎飾文辭,庶易曉晤。使覽者經目,頓知妙道,幾過半矣。詎敢沽譽,且畏醫藥之差誤,遺人夭殃,絕人長命爾。元符己卯歲丁丑月望日序。(熊宗立本)

(四)刊本

1. 宋本

【楝亭書目】醫部　《素問運氣論奧》,附《素問遺篇》一卷。宋本。三冊一函。

【郘亭知見傳本書目】卷八子部醫家類　《素問入式運氣論奧》三卷,附《黃帝內經素問遺篇》一卷,宋劉溫舒撰。路小洲有宋刊本。

【四庫書目邵注】卷十子部五醫家類　《素問入式運氣論奧》三卷,附《黃帝內經素問遺篇》一卷,宋劉溫舒撰,路有宋刊本。

【四庫目略】子部醫家類　《素問入式運氣論奧》三卷,附《黃帝內經素問遺篇》一卷,著者宋劉溫舒。路小洲有宋刊本。

2. 古林書堂本

【孫氏書目】內編卷二醫律第六醫學　《素問入式運氣論奧》三卷,《素問遺篇》一卷,宋劉溫舒撰。元刊本。

【平津館鑒藏書籍記】卷一元版·新刊補注釋文黃帝內經素問附《素問入式運氣論奧》三卷。至元己卯菖節古林書堂新刊此年二月宋亡。

【四庫書目邵注】卷十子部五醫家類　《素問入式運氣論奧》三卷,附《黃帝內經素問遺篇》一卷。宋劉溫舒撰。陽湖孫氏有元刊本。附《素問》十二卷後,姚若有元刊本。

【郘亭知見傳本書目】卷八子部醫家類　《素問入式運氣論奥》三卷，附《黄帝内經素問遺篇》一卷。宋劉溫舒撰。陽湖孫氏有元刊本。姚若有元刊本。

【皕宋樓藏書志】卷四十五子部醫家類　《新刊素問入式運氣論奥》三卷，附《黄帝素問遺编》一卷。元刊本。宋劉溫舒撰。

【振綺堂書目】卷一第四廚宋元板經史第一格　《素問入式運氣論奥》一冊，三卷，宋劉溫舒撰。元刊本。

【八千卷樓書目】卷八子部醫家類　《素問入式運氣論奥》三卷，附《黄帝内經素問遺篇》一卷。宋劉溫舒撰。元刊抄配本。

【四庫目略】子部醫家類　《素問入式運氣論奥》三卷，附《黄帝内經素問遺篇》一卷。宋劉溫舒撰。陽湖孫氏有元刊本，附《素問》十二卷後。姚若有元刊本。

【經籍訪古志】卷七醫家類醫經・新刊補注釋文黄帝内經素問附　《運氣論奥》三卷。元至元己卯古林書堂刊本。聿修堂藏。

【帝室和漢圖書目錄】醫學和漢古方　《素問入式運氣論奥》，宋劉溫舒。元板。三卷，一冊。

【圖書寮漢籍善本書目】卷三子部醫家類　《素問入式運氣論奥》三卷，一冊。元刊本。前有元符己卯劉溫舒序，序後有“書堂重刊”一行。每半葉十四行，行二十三、四字不等。首有“多紀氏藏書印”、“江戸醫學藏書之記”兩印記。

【嘉業堂善本書影】卷四子部　《素問入式運氣論奥》三卷。元刊本。元符己卯歲丁丑月望日序本。

3. 熊本

【廉石居藏書紀】内篇卷上醫律　《素問入式運氣論奥》三卷，附《黄帝内經素問遺篇》一卷。右宋朝散郎太醫學司業劉溫舒撰。前有溫舒敘，作於元符己卯。三卷。《五運六氣諸圖附論》二卷，《刺法論第七十二》、《本病論篇第七十三》。溫舒爲太醫學官，所得《内經》亡篇，必非無本。此本序後有“書堂重刻”印，蓋與《内經》同時所刻。

【善本書室藏書志】卷十六子部五醫家類　《素問入式運氣論奥》三卷，《黄帝内經素問遺篇》一卷。明成化刊本。朝散郎太醫學司業劉溫舒撰。前有元符己卯溫舒自敘。凡繪“五運六氣樞要”、“六十年紀運”、“十干起運”、“十二支司天”、“五行生死順逆論圖”，綴以論說。《素問遺篇》，一爲第七十二《刺法論》，一爲第七十三《本病論》。孫淵如觀察謂，溫舒太醫學官，所得《内經》亡篇，必非無本者。明成化間亦爲鼇峯種德書堂熊宗立重刊。

【中國醫學書目】内經　《素問入式運氣論奥》三卷，一冊。《素問入式運氣論奥序》，劉溫舒。鼇峯種德堂重刊。明初黑口本。

4. 明代未詳本

【八千卷樓書目】卷十子部醫家類　《素問入式運氣論奥》三卷，附《黄帝内經素問遺篇》一卷。宋劉溫舒撰。明刊本。

5. 日本慶長本

【圖書寮漢籍善本書目】卷三子部醫家類　《素問入式運氣論奥》三卷，一冊。慶長活字印本。尾有"慶長十六辛亥初冬吉辰梅壽堂刊行"一行，舊藏昌平黌。首有"江雪渭樹"、"林氏藏書"印，又尾有"羅山"、"昌平坂學問所"印記。

【帝室和漢圖書目錄】醫學和漢古方　《素問入式運氣論奥》，宋劉溫舒。慶長十六（活版）。三卷，一冊。

6. 寛永本

【中國醫學書目】内經　《素問入式運氣論奥》三卷，一冊。十行十八字，欄高二十八釐，幅十九·五釐。寛永二年。

7. 慶安本

【内閣文庫圖書第二部漢書目錄】第三門子第六類醫家　《素問入式運氣論奥》三卷，一冊，宋劉溫舒。慶安二年刊。

8. 日本不明本

【八千卷樓書目】卷十子部醫家類　《素問入式運氣論奥》三卷，附《黄帝内經素問遺篇》一卷。宋劉溫舒撰。日本刊本。日本單刊《運氣論奥》本。

9. 朝鮮本

【圖書寮漢籍善本書目】卷三子部醫家類　《素問入式運氣論奥》三卷，一冊。朝鮮銅活字印本。此本據元刊本而擺版者。

【帝室和漢圖書目錄】醫學和漢古方　《素問入式運氣論奥》，宋劉溫舒。朝鮮版。三卷，一冊。

【朝鮮醫籍考】中外醫事新報第一二一一號　《素問入式運氣論奥》三卷，一冊，宋劉溫舒撰。刊行年代不詳。圖書寮尊藏。據元刊本擺印活字本。縱二十九·五釐，横十九釐，每半葉匡郭縱二十三·五釐，横十七釐。十行，行十八字。紙數：序目三，圖二，本文六十七枚。原序次有"書堂重印"記。

10. 不明本

【文淵閣書目】明　【菉竹堂書目】明　【萬卷堂書目】明　【世善堂書目】明　【汲古閣毛氏藏書目錄】清　【四庫館進呈書籍底簿】清　【各省進呈書目】清　【壬子文瀾閣所存書目】清　【叢書舉要】清　【叢書書目彙編】清　【續彙刻書目】清

十二、素問入式鈐

【通志藝文略】醫方類上内經　《素問入式鈐》一卷，藍先生撰。

【秘書省續編到四庫闕書目】《素問入式鈐》二卷

十三、素問音釋

【通志藝文略】醫方類上脈經　《素問音釋》一卷

十四、素問釋音

【宋史藝文志】子類醫書類　楊玄操《素問釋音》("音"一作"言")一卷

【素問】王冰序新校正　楊玄操云:《素問》二帙,帙各九卷。

十五、黄帝内經靈樞略

【通志藝文略】醫方類上内經　《内經靈樞略》一卷

【宋史藝文志】卷四道家類附神仙　《黄帝内經靈樞略》一卷

【萬卷堂書目】卷三醫家　《黄帝内經靈樞略》一卷

【叢書舉要】卷六十道藏目錄大玄部取字號至婦字號　《黄帝内經靈樞略》一卷

【叢書書目彙編】十三畫道藏大玄部取字號至婦字號　《黄帝内經靈樞略》一卷。十三畫道藏舉要第八類攝生《黄帝内經靈樞略》,不著撰人。

【經籍訪古志】卷七醫家類醫經　《黄帝内經靈樞略》一卷。抄出於《道藏》太玄部業字號中。小島學古曰:鄭氏《通志藝文略》"《靈樞略》一卷",殆是書也。

十六、寶應靈樞

【通志藝文略】醫方類上脈經　《寶應靈樞》九卷

【觀古堂本秘書省續編到四庫闕書目】卷二子類醫書　《寶應靈樞》九卷

十七、内經指微

【通志藝文略】醫方類上内經　《冲真子内經指微》十卷

【秘書省續編到四庫闕書目】卷二子類醫書　《冲真子内經指微》十卷。闕。

十八、天寶靈樞内經

【秘書省續編到四庫闕書目】卷二子類醫書　《天寶靈樞内經》九卷。闕。輝案,《宋志》作"《太上天寶金鏡靈樞神景内編》九卷"。

【宋史藝文志】子類醫術類　《太上天寶金鏡靈樞神景内編》九卷

十九、黄帝素問入試秘寶

【宋史藝文志】子類醫書類　馬昌運《黄帝素問入試秘寶》七卷

二十、素問誤文闕義

【宋史藝文志】子類醫書類　高若訥《素問誤文闕義》一卷

注:高若訥傳,《宋史》卷二百八十八列傳第四十七云:高若訥,字敏之。本并州榆次人,徙家衛州。進士及第,補彰德軍節度推官。改秘書省著作佐郎,再遷太常博士、知商河縣。縣有職分田,而牛與種皆假於民,若訥獨廢不耕。御史知雜楊偕薦爲監察御史裡行,遷尚書主客員外郎、殿中侍御史裡行。改左司諫、同管勾國子監,遷起居舍人、知諫院。時范中淹坐言事奪職知睦州,余靖、尹洙論救仲淹,相繼貶斥。歐陽修乃移書責若訥曰:“仲淹剛正,通古今,班行中無比。以非辜逐,君爲諫官不能辨,猶以面目見士大夫,出入朝廷,是不復知人間有羞恥事耶。今而後,決知足下非君子。”若訥忿,以其書奏,貶修夷陵令。未幾,加直史館,以刑部員外郎兼侍御史知雜事。(三)王蒙正知蔡州,若訥言:“蒙正起裨販,因緣戚里得官。向徙郴州,物論猶不平,今予之大州,可乎。”詔寢其命。大慶殿設祈福道場,若訥奏曰:“大慶殿非行禮不御,非法服不坐,國之路寢也,豈可聚老釋爲瀆慢。”閻文應爲入内都知,若訥言其肆横不法,請出之。遂出文應爲相州兵馬鈐轄。又奏三公坐而論道,今二府對纔數刻,何以盡萬幾,宜賜坐從容,如唐延英故事。擢天章閣待制、知永興軍,留判吏部流内銓,出爲河東路都轉運使。召還,兼侍讀、權判尚書刑部。丁母憂,始許行服,給實奉終喪,服除,加龍圖閣直學士、史館修撰,以右諫議大夫權御史中丞。時宰相賈昌朝與參知政事吴育,數爭事上前。明年春大旱,帝問所以然者,若訥曰:“陰陽不和,責在宰相。《洪範》:大臣不肅,則雨不時若。”於是昌朝及育皆罷,若訥遂代育爲樞密副使。王則據貝州,討之,踰月未下。或議招降,若訥言:“河朔重兵所積,今釋不討,後且啟亂階。”及破城,知州張得一送御史臺劾治,有臣賊狀,朝廷議貸死。若訥謂:“守臣不死,自當誅,況爲賊屈。”得一遂棄市。以工部侍郎、參知政事爲樞密使。凡内降恩,若訥多覆奏不行。入内都知王守忠欲得節度使,固執爲不可。若訥畏愓少過,而前騶毆路人輒至死,御史奏彈之。皇祐五年,罷爲觀文殿學士兼翰林侍讀學士、尚書左丞、同羣牧制置使、判尚書都省,止命舍人草詞。卒,贈右僕射,謚文莊。若訥彊學善記,自秦漢以來諸傳記無不該通,尤喜申、韓、管子之書,頗明歷學。因母病,遂兼通醫書,雖國醫皆屈伏。張仲景《傷寒論訣》、孫思邈方書及《外臺秘要》久不傳,悉考校訛謬行之,世始知有是書。名醫多出衛州,皆本高氏學焉。皇祐中,詔累黍定尺以制鐘律,爭論連年不決。若訥以漢貨泉度一寸,依《隋書》定尺十五種,上之。并損益祠祭服器,悉施用。有集二十卷。

二十一、素問要旨論

(一)考證

【四庫未收書目提要】卷四 《圖解素問要旨論》八卷,金劉守真撰,馬重素宗編。按,守真,名完素。事蹟見《金史·方技傳》。所著《素問元機原病式》一卷、《宣明論方》十五卷、《傷寒直格方》三卷、《傷寒標本心法類萃》二卷等書,皆爲《四庫全書》所載。此從金板影寫。錢大昕《元史藝文志補》載《素問要旨》八卷,即此書也。其自序以爲《内經》元機奥妙，旨趣幽深，習者苦無所悟，乃撮其樞要，集成斯文，以分三卷，叙爲九篇，繪圖釋音，以彰明之。其從馬宗素又爲之序，重爲編定，分作八卷云。

【皕宋樓藏書志】卷四十七子部醫家類五　《新刊圖解素問要旨論》八卷。元刊元印本。金劉守真撰，馬宗素重編。案此元刊元印本。每半葉十五行，每行二十四字。小黑口。凡九篇，曰彰釋元機第一，五行司化第二，六化變用第三，抑沸鬱發第四，玄相勝後第五，六步氣候第六，通明形氣第七，法明標本第八，守正防危第九。各家書目，罕見著錄，《四庫》亦未收，醫書中祕笈也。有"王唯顒氏"、"楊賢元季印記"等印。

【静嘉堂秘籍志】卷七(陸氏皕宋樓舊藏)子部醫家類　《新刊圖解素問要旨論》八卷。元刊元印本。按，此元刊元印本，每半葉十五行，每行二十四字(頭注云:"二十四"當作"二十八")。小黑口。凡九篇。(中略)各家書目罕見著錄，《四庫》亦未收，醫書中祕笈也。有"王唯顒氏"、"楊賢元季印記"等印(頭注云:"楊"當作"湯"。"賢"當作"質"。"季"當作"素")。按《儀顧堂續跋》曰:《新刊圖解素問要旨論》八卷，題曰"劉守真編，馬宗素重編"。前有劉守真序、馬宗素序，序後接總目。守真序後有書坊板木記四行，(中略)守真原本三卷，宗素編爲八卷，故曰"重編"。凡《内經素問》所有者注曰"舊經"，凡守真所撰者注"新添"，皆黑質白章別之。每葉三十行，每行二十八字。阮文達以爲金刊者也。《四庫》未收，阮文達始進呈。按，守真，名完素。《提要》云:河間人。《金史·方技》有傳。馬宗素，平陽洪洞人。每冊有"王唯顒氏"白文方印，"扆臣氏"白文方印，"爲袞"朱方印，"湯質元素印記"朱文方印，汪士鐘名號兩印。

注:劉完素傳，《金史》本傳云:劉完素，字守真，河間人。嘗遇異人陳先生，以酒飲守真，大醉。及寤，洞達醫術，若有授之者，乃撰《運氣要旨論》、《精要宣明論》。慮庸醫或出妄說，又有《素問玄機原病式》，特舉二百八十八字，註二萬餘言。然好用凉劑，以降心火、益腎水爲主。自號通玄處士云。

(二)序跋

1.劉守真自序

天地之道，生一氣而判清濁，而輕者上升爲天，濁者重而下降爲地。天爲陽，地爲陰，乃爲二儀。陰陽之氣各分三品，多寡不同，故有三陰三陽之六氣。然天非純陽而亦有三陰，地非純陰而亦有三陽，故天地各有三陰三陽，總之以十二矣。然天之陰陽者，寒暑燥濕風火也。地之陰陽者，木火土金水也。金火不同其運，是故五行彰矣。然天地氣運升降，不以陰陽相感化生萬物矣。其在天則氣結成象，以爲日月星辰也。在地則氣化爲形，以生人爲萬物也。然人爲萬物之靈也，非天垂象而莫能測矣。其我機理歸自然也，其非聖意而宣悟玄元之理。故有祖聖伏羲，占天望氣，及視龍馬靈龜，察其形象，而密解元機，無不符其天理。乃以始爲文字畫卦，造六甲歷紀，命曰《太始天元冊文》，垂示之於後人也。以謂神農昭明其道，乃始令人食穀，以嘗百藥而制《本草》矣。然後黄帝命其岐伯及鬼臾區，以發明太古靈文，宣陳造化之理，論其疾苦，以著《内經》焉。凡此三皇三經，命曰三墳，通爲教之本，始爲萬法宗源，誠爲天之候也。若論愈病疾濟苦保全防危，非斯聖典，則安得致之矣。然經之所論，元機奥妙，旨趣幽深，習者卒無所悟，而悟得其意者鮮矣。宗素愚禺，輒考聖經，撮其樞要，積而歲久，集就斯文，以分三卷，叙爲九篇，勒成一部，乃號《内經運氣要旨論》。爾乃以設圖彰奥綺，貫紀倜襲句註，辭而敷其言，意或可類推者，以例傍通，例成而陳精粹之文，詁訓難明者。詁訓者難明，兼義釋字音，以附之於後。雖言詞鄙陋，所乘從俗，而庶覽者曷爲悟古聖之妙道矣。河間劉守真謹序。（案此序訛奪，元本如此，無別本可校）。

今求到河間劉守真先生親傳的本，仍請明醫之士精加校定，中間並無訛舛。重加編類，鼎新綉木，以廣其傳。好生君子，書眼如月，必有賞音。謹咨。《皕宋樓藏書志》

2. 馬宗素序

夫三皇設教，上帝垂慈。愍羣生有困篤之疾，救黎庶有夭殤之厄。遂談運氣，說太始之冊文；開榮醫鑑，彰太素之妙門。先聖既遺軌範，《素問》、《靈樞》二經，共爲一十八卷，其理奥妙，披畜難明。今有劉守真先生者，曾遇陳先生，服仙酒醉，覺得悟《素問》玄機，如越人遇長桑君，飲上泉水，隔腹觀病之說也。然先生談《元病式》一卷、《宣明論》五卷、《要旨論》三卷。其《原病式》者，明病機本，說六氣病源。《宣明論》者，精要醫方，五運六氣用藥，古往及今，淵奥妙旨，莫越於此也。《要旨論》者，《素問》隱微，天地大紀，人身通應，變化殊途，其理簡易，其趣深幽，惟此經釋爲龜鏡者也。然九篇三卷者，猶後之學者尚難明矣。宗素自幼習醫術，酷好《素問》、《内經》，玉冊靈文，以師事先生門下，粗得其意趣。釋《要旨論》九篇，分作九卷，入式運氣，載設圖輪，開明五運六氣，主客勝復，太過不及，淫邪反正。重釋《天元玉冊》，金櫃靈文，《素問》、《靈樞》，撮其隱奥運氣之旨也。主藥當其歲，味當其氣，性用燥淨，力化淺深。四時主用，制勝扶弱，客主須安，一氣失所，餘遁更作。藏府淫并，危敗消亡，君臣佐使，明病標本，安危盛衰。若不知年之所加，氣之盛衰，不可以爲攻矣。若不推其《素問》，曉達元機，天地有運氣之升沈，人身有氣血之流轉，周天度數，榮衛循環，通應人身，晝夜不息。《素問》者，五太之名也。太者，大之極也；素者，形質潔白，非華綺之問也。《素問》者，問答形質之始也，形質具而痾瘵由是萌生。然啟玄子詮註，朱書其文間，其理隱奥，習之者濫觴其說，遺而不解者，實其多矣。今將太古靈文，迺《素問》之關鑰也，究其源流，發明解惑耳。後之學者，識天地之大紀，變化之殊邈。妙哉太素，視如深淵，如迎浮雲，莫窮其涯際。玄通隱奥，不可測量。若非劉氏，孰可發明。用釋元機，敬資昭告。平陽洪洞馬宗素謹序。《皕宋樓藏書志》

（三）刊本及抄本

1. 金本

【藝芸精舍宋元本書目】子部醫家宋本　金板《新刊圖解素問要旨論》八卷

2. 元本

【皕宋樓藏書志】卷四十七子部醫家類　《新刊圖解素問要旨論》八卷。元刊元印本。金劉守真撰，馬宗素重編。河間劉守真序，馬宗素序。案，此元刊元印本。每半葉十五行，每行二十四字。小黑口。

【宋元本行格表】卷下十五行子之屬　元刊本《新刊圖解素問要旨論》，行二十四字，八卷。小黑口。《皕宋樓藏書志》、《簡明目錄》批注本同。元槧《圖解素問要旨》，行二十八字，八卷。序後有書坊刻板木記四行。《儀顧堂續跋》。

【靜嘉堂文庫國書分類目錄】九理學醫學二醫學　《新刊圖解素問要旨論》八卷，金劉守真撰，馬宗素重編。元刊。皕宋樓舊藏本。

【靜嘉堂秘籍志】卷七陸氏皕宋樓舊藏子部醫家類　《素問要旨論》，金劉守真撰，馬宗素重編。元刊元印，八本。

3. 影金元抄本

【述古堂藏書目】卷四醫書　《素問要旨》八卷，一本。宋本影抄。

【郘亭知見傳本書目】卷八子部醫家類　《圖解素問要旨論》八卷，金劉完素守真撰，馬宗素重編。阮氏從金板影寫以進呈。

【鐵琴銅劍樓藏書目錄】卷第十四子部醫家類　《新彫圖解素問要旨論》八卷。影鈔元本。題劉守真撰，馬宗素重編。有自序、宗素序。後有刊書人題記云"今求到河間劉守真先生親傳的本，仍請明醫之士，精加校定"云云。宗素，洪洞人，亦習醫術，守真弟子也。

4. 不明本

【萬卷堂書目】明　【國史經籍志】明　【脈望館書目】明　【千頃堂書目】明　【近古堂書目】清　【也是園藏書目】清　【絳雲樓書目】清　【寶書閣著錄】清

附　《運氣要旨論》

【世善堂藏書目錄】卷下醫家　《運氣要旨》一卷。劉守真。

【國史經籍志】子類　劉完素《內經運氣要旨論》八卷

【補三史藝文志】子部醫家類金　劉完素《運氣要旨論》

注：此書蓋謂《素問要旨》歟。參看《素問要旨論》之條下。

二十二、素問病機氣宜保命集

（一）考證

【本草綱目】序例潔古珍珠囊　又著《病機氣宜保命集》四卷，一名《活法機要》。後人誤作河間劉完素所著，僞譔序文詞調於卷首以附會之。其他潔古諸書，多是後人依托，故駁雜不倫。

【千頃堂書目】卷十四子部醫家類補金　《病機氣宜保命集》四卷，一名《治法機要》。後人誤以爲劉完素作。潔古諸書多附託，惟二書爲元素所著，餘削不錄。

【四庫全書簡明目錄】卷十醫家類　《素問病機氣宜保命集》三卷，金張元素撰。

舊題劉完素者，誤也。其書分三十二門，於脈證多所闡明。李濂《醫史》稱，劉完素病傷寒，不能自醫，得元素醫之乃愈，則其術在完素上矣。

【四庫全書總目】卷一百四子部醫家類　《病機氣宜保命集》三卷。兩淮鹽政採進本。金張元素撰。元素，字潔古，易州人。八歲應童子舉，二十七試進士，以犯廟諱下第。乃去而學醫，精通其術，因抒所心得，述爲此書。凡分三十二門。首原道、原脈、攝生、陰陽諸論，次及處方用藥，次第加減君臣佐使之法。於醫理精蘊，闡發極爲深至。其書初罕傳播，金末楊威始得其本刊行，而題爲河間劉完素所著。明初寧王權重刊，亦沿其誤，并僞撰完素序文詞調於卷首以附會之。至李時珍作《本草綱目》始糾其謬，而定爲出於元素之手，於序例中辨之甚明。考李濂《醫史》，稱完素嘗病傷寒八日，頭痛脈緊，嘔逆不食。元素往候，令服某藥，完素大服，如其言遂愈。元素自此顯名。是其造詣深邃，足以自成一家，原不必託完素以爲重。今特爲改正，其僞託之序亦從刪削焉。

【天祿琳琅書目】卷十後編元版子部　《素問病機氣宜保命集》一函八冊，元劉完素撰。完素，字守真，號通元，河間人。章宗承安年徵，不起，賜號高尚先生。事具《金史・方技傳》。書三卷，凡三十二篇。前有大定丙午守真自序。其辛亥楊威序，則鏤版時作。竝《玉連環》一篇，因爲完素自序行止之作，故竝揭之。辛亥，元憲宗元年也。按李時珍《本草綱目・序例》，辨此書爲張元素撰，云後人誤作劉完素所著，僞譔序文詞調於卷首以附會之。然此書刻於元代，時珍據明周藩重刻爲言，不如仍從當時人之言爲審。元素，字潔古，易州人。

【鄭堂讀書記】子部五之二醫家類　《素問病機氣宜保命集》三卷。《醫統正脈》本。金張元素撰。元素，字潔古，易州人。舊題金劉完素撰者，誤也。《四庫全書》著錄，無"素問"二字。倪氏《補遼金元志》，錢氏《補元志》，所載俱無之。一名《治法機要》。其書上卷爲總論九篇，中下二卷爲諸證論二十三篇，各附以方，皆抒心得，於脈證多所闡明，足以自成一家。李川父濂《醫史》，稱完素嘗病傷寒，元素令服某藥，遂愈，則其術在守真伯仲間矣。而金末楊威刊其書，嫁名守真所著，竝僞撰大定丙午自序以實之。從此刊本，俱沿其誤。至李東璧始爲訂正，詳見《本草綱目・序例》中。是本從吳肖愚所編《河間六書》本刊入，故尚題守真所述云。

【補遼金元藝文志】子部醫方類　《素問元機氣宜保命集》三卷，劉完素。《病機氣宜保命集》四卷，張元素。一名《活法機要》。後人誤以爲劉完素作。潔古諸書多附託，惟二書爲元素所著。

註：此云"二書"者，《潔古注叔和脈訣》十卷及《病機氣宜保命集》三卷也。

【醫籍考】卷五十方論二十八　按，線溪野老劉守真《三消論跋》云：麻徵君寓汴梁日，訪先生後裔，就其家得《三消論》、《氣宜病機》之書。又杜思敬《濟生拔萃》，稱東垣《活法機要》與潔古《家珍》，及劉守真《保命》，大同小異。考徵君則麻九疇，爲張子和友，乃在當時，其言若此。與楊序所謂"先生卒，書不世傳"，"屏翳於茆茨荆棘中"者符。杜思敬編書在於元延祐二年，時八十一歲。其生距守真之時未爲遼闊，則是書之出自守真，斷可知矣。且其所述方論，與《宣明論》、《原病式》相出入。李時珍有何所證，以爲張元素之書。夫元素所著雖佚不可見，東垣李明之嘗從受其法，則讀明之諸書以溯源委，其理趣判然與是書不同。元素子璧，著有《保命集論類要》，時珍豈非以此相混者耶。《提要》未察此義，隨襲其謬，併以序文詞稱寧王僞撰。郢書燕説，莫甚此焉。《活法機要》爲李明之所著，時珍又爲是書一名，實爲岐誤。

注：按《病機氣宜保命集》，一名《活法機要》之目，出於《本草綱目》。《千頃堂書目》襲之，"活"作"治"。《醫籍考》以《活法機要》爲李明之著，且別有《活法機要》之目，云《醫藏書目》一卷，存。今不知其何據，暫存疑。現《活法機要》之書，收在《丹溪心法附餘》及《醫統正脈》中，世稱朱震亨所著，未知孰是。

（二）序跋

1. 守真先生自序

夫醫道者，以濟世爲良，以愈疾爲善。蓋濟世者憑乎術，愈疾者仗乎法，故法之與術，悉出《内經》之玄機。此經固不可力而求、智而得也。軒岐問答，理非造次，奥藏金丹，寶典深隱，生化玄文，爲脩行之徑路，作達道之天梯。得其理者，用如神聖；失其理者，似隔水山。其法玄妙，其功深固，非小智所能窺測也。若不訪求師範，而自生穿鑿者，徒勞皓首耳。余二十有五，志在《内經》，日夜不輟。殆至六旬，得遇天人，授飲美酒，若橡斗許，面赤若醉，一醒之後，目至心靈，大有開悟，衍其功療，左右逢原，百發百中。今見世醫多賴祖名，倚約舊方，恥問不學，特無更新之法，縱聞善説，反怒爲非。嗚呼，患者遇此之徒，十悮八九，豈念人命死而不復者哉。仁者鑒之，可不痛歟。以此觀之，是未知陰陽變化之道，況木極似金，金極似火，火極似土，土極似木。故經曰"亢則害，承迺制"，謂已亢極，反似勝己之化。俗流未知，故認似作是，以陽爲陰，失其本意。經所謂"誅罰無過，命曰大惑"，醫徒執迷，反肆傍譏，縱用獲傚，終無了然之語，其道難與語哉。僕見如斯，首述玄機，刊行於世者，已有《宣明》等三書。革庸醫之鄙陋，正俗論之舛訛，宣揚古聖之法則，普救後人之生命。今將余三十年間，信如心手，親用若神，遠取諸物，近取諸身，比物立象，直明真理，治法方論，裁成三卷、三十二論，目之曰《素問病機氣宜保命集》。此集非崖略之説，蓋得軒岐要妙之旨，故用之可以濟人命，捨之無以活人生。得乎心髓，秘之篋笥，不敢輕以示人，非絶仁人之心，蓋聖人之法，不遇當人，未易授爾。後之明者，當自傳焉。時大定丙午閏七月中元日，河間劉完素守真述。（明版《河間三書》本）

2. 楊威素問病機氣宜保命集序

天興末，予北渡，寓東原之長清。一日過前太醫王慶先家，於几案間得一書，曰《素問病機氣宜保命集》也。試閲之，迺劉高尚守真先生之遺書藁者。其文則出自《内經》中，摭其要而述之者。朱塗墨注，凡三卷，分三十二門，門有資次，合理契經。如原道則本性命之源，論脈則盡死生之説，攝生則語存神存氣之理，陰陽則講抱元守一之妙，病機則終始有條有例，治病之法盡於此矣。本草則驅用有佐有使，處方之法盡於此矣。至於解《傷寒論》"氣宜"説，曲盡前聖意，讀之使人廓然有醒悟,恍然有所發明,使六脈十二經、五臟六府、三焦四肢,目前可得而推見之也。後二十三論,隨論出證,隨證出方,先後加減,用藥次第,悉皆蘊奥,精妙入神。嘗試用之,十十皆中,真良醫也,雖古人不是過也。雖軒岐復生,不廢此書也。然先生有序,序已行藏,言幼年已有《直格》、《宣明》、《原病式》三書,雖義精愨,猶有不盡聖理處。今是書也復出,與前三書相爲表裡,非曰後之醫者龜鏡歟。至如平昔不治醫書者得之,隨例驗證,度已處藥,則思亦過半矣。予謂是書,雖在農夫工販,緇衣黄冠儒宗,人人家置一本可也。若已有病,尋閲病源,不至亂投湯劑,況醫家者流者哉。惜哉,先生卒,書不世傳,使先生之道,竊入小人口,以爲已書者有之。予憫先生道屏翳於茀茨荆棘中,故存心精較,今數年矣,命工鏤版,擬廣世傳。使先生之道出於茀茨荆棘中,亦起世膏肓之一端也。歲辛亥正月望日,太鹵楊威序。(明版《河間三書》本)

3. 重刻保命集序

粤自軒岐而下數千載間,雖有跗緩盧扁之於前,其道不行於其後,後之學者如盲執炬,夜行窮谷,其道愈失矣。然醫道淫沒已久,天固生守真劉通玄於河間,素有奇遇,得天人之旨,而能盡其術,乃撰《宣明》等三書,一十七萬餘言,開導後學。年幾六十,再遇異人,授以玄醞一橡斗許,一醉乃醒,豁然有悟,復撰是書。自謂窮理盡性,精微至要,莫出乎是也。蓋醫之所以爲醫者,必先知其人之所以爲人之道。人與天地一,故體天之道以察四時,因地之利以審百病,其神聖功巧、格物致知之理,不在乎藥而在乎醫之何如耳。嘗聞鶡冠子曰:昔伊尹醫殷,吕望醫周,奚生醫秦,申麃醫郢,原季醫晉,陶朱醫越,夷吾醫齊,故魏文侯有曰:管子用政行醫術,以扁鵲之道,桓公其霸乎。其説有自矣。今是書也,其攝生之法,與曰夫修齊之道,理無二岐,道同一軌,大有益於醫道也。後之學者,誠能推究其理,審乎病源,體乎天道,順乎地理,以治其疾,將有囿於壽域者也。緣是書者,金世宗太定二十六年丙午守真所撰之書也。時在宋孝宗淳熙十三年焉。始守真靳惜無傳,至胡元憲宗元年辛亥,乃宋理宗淳祐十一年也,相去六十五年矣。太鹵楊政亨謂,天下之寶,當與天下共之,不可私也,乃鋟諸梓。惜乎古板,於兵燹不存久矣,世無其傳。今命工重刊既完,必用序以紀其實,姑書於篇端云。或曰,不書中國之正朔,而用金虜之正者何。曰,當宋季也,河間爲金虜所有,而自用之故也。歲在宣德辛亥三月初二日丙寅,臞仙書。(同前)

注:朱權傳,《中國人名大辭典》云:朱權,明太祖第十六子,封寧王,國大寧,永樂初改封南昌。恃靖難功,頗驕恣。晚年託志沖舉,自號臞仙,涵虛子、丹丘先生,均其别號也云云。

4. 黄明善成化本序

存仁齋、梅濡楷、陳經、毛廷真、蔣鑑、楊縉,修合妙劑,以施遠邇疲癃殘疾者,罔不獲效,其濟生全活,賴有多矣。今年春,予僚憲副嶺南陳公騏,自江右攜得是書,遂奉於錢公。檢閲之餘,深有契乎運氣之旨,驗乎方藥之效,慨然重錄,命工鋟梓,以廣其傳,屬予序諸卷端。惟昔聖賢運氣脈訣之旨,名醫療病藥之方,非有書檢閲而診驗之,是猶漁獵之無筌蹄,將奚從而得哉。今錢公重刊是書,以惠於人,其用心不亦仁且厚哉。觀是書者,尚體公之用心,察其脈而拯其病,按其方而用其藥,以求其無亡,庶幾同壽斯民之命於安養之天,同錫斯民之福於平康之域。其惠利於人,豈小補哉。時成化十有四年龍集戊戌秋八月朔旦,奉政大夫雲南等處提刑按察司僉事奉敕提督雲南貴州學校前國子監丞眉山黄明善序。(明版《河間三書》本)

(三)刊本

1. 元本

【天祿琳琅書目】卷十後篇元版子部 《素問病機氣宜保命集》一函八冊。劉完素。明開國鄧愈追封寧河王,其後裔所藏。"舜之子孫"白文,卷首。"游心藝苑"朱白文,卷首。"寧河王世家鄧氏珍藏"白文,卷首。"謙牧堂藏書記"白文,每卷首。"謙牧堂藏畫記"朱文,每冊末。

2. 明寧王權刊本

【四庫書目邵注】卷十子部醫家類 《病機氣宜保命集》三卷。金張元素撰。舊題劉元素者,誤也。明初寧王權刊本。

【郘亭知見傳本書目】卷八子部醫家類 《病機氣宜保命集》三卷。金劉完素。明初寧王權刊本。

【鐵琴銅劍樓藏書目錄】卷第十四子部醫家類 《病機氣宜保命集》三卷。明刊本。題劉守真撰。李時珍辨爲金張元素之書,見《本草綱目·序例》中。凡分三十二門,論議精要,次及處方用藥之法。金末楊威初刊行之。此明初寧藩刻本,原序已闕。

3. 成化本

【經籍訪古志】卷八醫家類 《保命集》三卷。成化戊戌刊本。躋壽館藏。

【内閣文庫圖書第二部漢書目録】第三門子第六類醫家 《素問病機氣宜保命集》,金劉完素。明板。三冊。

4. 醫統本

【鄭堂讀書記】子部五之二 《素問病機氣宜保命集》三卷。《醫統正脈》本。

【郘亭知見傳本書目】卷八子部醫家類 《病機氣宜保命集》三卷。金張元素撰。《醫統》本。

【叢書舉要】卷十二古今醫統正脈全書 《素問病機保命集》上中下分卷。金劉完素。

【國學用書類述】醫學類 《素問病機》三卷。《醫統正脈》本。金劉完素。

【八千卷樓書目】卷十子部醫家類 《病機氣宜保命集》三卷。金張元素撰。《醫統》本。文淵閣著錄。

【叢書書目彙編】十八畫醫統正脈全書 《素問病機保命集》三卷,上中下分卷。劉完素。

【四庫目略】子部醫家類 《素問病機氣宜保命集》三卷。金張元素。《古今醫統》本。是書分三十二門,於脈證多所闡明。

【揚州吳氏測海樓藏書目錄】卷四子部醫家類　《素問病機保命集》三卷。金劉完素。《古今醫統正脈全書》明王肯堂輯,萬曆年刊,竹紙四十八本內。

【內閣文庫圖書第二部漢書目錄】第三門子第六類醫家(特)《素問病機氣宜保命集》。金劉完素。明吳勉學校。明版。三冊。

【中國醫學書目續編】內經　《素問病機氣宜保命集》三卷,二冊半。十行二十字,欄高十九·六釐,幅十三·六釐。劉完素述,吳勉學、鮑士奇校。《古今醫統正脈全書》明板、《河間醫學六書》之內。

5. 河間六書本

【千頃堂書目】卷十四子部醫家類補金　《素問病機氣宜保命集》三卷。《河間六書》之內,劉完素。

【郘亭知見傳本書目】卷八子部醫家類　《病機氣宜保命集》三卷。金張元素撰。《河間六書》本。

【四庫書目邵注】卷十子部五醫家類　《病機氣宜保命集》三卷。金張元素撰。舊題劉完素者,誤也。明吳勉學刊《河間六書》本,合二十七卷。

【叢書舉要】卷十二河間醫學六書《素問病機氣宜保命集》三卷

【叢書書目彙編】八畫河間醫學六書　《素問病機氣宜保命集》三卷

【揚州吳氏測海樓藏書目錄】卷四子部醫家類　《素問病機》三卷,劉河間《傷寒六書》。金劉完素。竹紙八本內。

注:《河間六書》本者,原屬《古今醫統正脈全書》之一部,而後改名單行於世者歟。暫存疑。

6. 傷寒三書本

【叢書舉要】卷十二河間傷寒三書《素問病機氣宜保命集》三卷

【叢書書目彙編】八畫河間傷寒三書　《素問病機氣宜保命集》三卷

【中國醫學書目】內經劉河間傷寒三書明板　《素問病機氣宜保命集》三卷,二冊。《重刻保命集序》,臞仙。《素問病機氣宜保命集序》,楊威。守真先生自序,劉完素序,黃明善序。

7. 濟生拔萃本

【郘亭知見傳本書目】卷八子部醫家類　《病機氣宜保命集》三卷。金張元素撰。《濟生拔萃》本。

【四庫目略】子部醫家類　《素問病機氣宜保命集》三卷。金張元素撰。《濟生拔萃》本。

8. 不明本

【文淵閣書目】明　【菉竹堂書目】明　【古今醫統大全】明　【脈望館書目】明　【千頃堂書目】明　【近古堂書目】清　【楝亭書目】清　【傳是樓書目】清　【也是園書目】清　【四庫館進呈書籍底簿兩淮鹽政李呈送書目】清　【各省進呈書目】清　【絳雲樓書目】清　【壬子文瀾閣所存書目】清　【問經堂書目】清　【孫氏書目】清

【天一閣藏書目録】清　【持静齋書目】清　【四庫書目略】清　【觀聚方要補採摭書目】日本

附　活法機要治法機要

【本草綱目】序例潔古珍珠囊　《病機氣宜保命集》四卷。一名《活法機要》云云。

【千頃堂書目】卷十四子部醫家類補金　《病機氣宜保命集》四卷。一名《治法機要》。張元素潔古注。

【補遼金元藝文志】醫方類　《病機氣宜保命集》四卷。一名《治法機要》，後人誤以爲劉完素作云云。

【内閣文庫圖書第二部漢書目録】第三門子第六類醫家(特)　《活法機要》。金張元素。明版。一冊。

注：按《活法機要》，即《病氣機宜保命集》之别名也。詳見其條下。

二十三、素問玄機原病式

(一)考證

【四庫全書總目】卷一百四子部十四醫家類二　《素問元機原病式》一卷。通行本。金劉完素撰。完素，字守真，河間人。事蹟具《金史·方技傳》。是書因《素問·至真要論》詳言五運六氣盛衰勝復之理，而以病機一十九條附於篇末，乃於十九條中採一百七十六字，演爲二百七十七字，以爲綱領，而反復辨論以申之，凡二萬餘言。大旨多主於火，故張介賓作《景岳全書》攻之最力。然完素生於北地，其人秉賦多强，兼以飲食醇醲，久而藴熱，與南方風土原殊。又完素生於金時，人情淳樸，習於勤苦，大抵充實剛勁，亦異乎南方之脆弱，故其持論，多以寒涼之劑攻其有餘，皆能應手奏功。其作是書，亦因地因時，各明一義，補前人所未及耳。醫者拘泥成法，不察虚實，概以攻伐戕生氣，譬諸檢譜角觝，宜其致敗，其過實不在譜也。介賓憤疾力排，盡歸其罪於完素。然則參桂誤用亦可殺人，又將以是而廢介賓書哉。張機《傷寒論》有曰"桂枝下咽，陽盛乃斃。承氣入胃，陰盛以亡"，明藥務審證，不執一也。故今仍録完素之書，竝著偏主之弊，以持其平焉。

【鄭堂讀書記】子部醫家類　《素問元機原病式》一卷。《醫統正脈》本。金劉完素撰。完素，字守真，河間人。《四庫全書》著録。倪氏《補遼金元志》、錢氏〈補元志〉俱作"二卷"，蓋别據一本，故錢氏止作《原病式》，又注云"一作一卷"也。守真謂，醫者唯以别陰陽虚實，最爲樞要，識病之法，以其病氣歸於五運六氣之化，明可見矣。因以《素問·至真要論》所例病機十九條，採取二百餘字，兼以語辭二百七十七言，統歸五運六氣。首爲五運主病，次别六氣爲病，分風熱濕火燥寒六類，詳論天地運氣造化自然之理，二萬餘言。仍以改證世俗謬説，雖不備舉其誤，其意足以明矣。雖未備論諸病，以此推之，則識病六氣陰陽虚實，幾於備矣。蓋求運氣言象之意，而得其自然神妙之情理。大旨多主於火，故喜用寒涼之劑，亦緣其時其地施之，自無不可。張景岳《傳忠録》極詆之，殊不自知喜用溫補，亦仍不免偏主之弊耳。彼我易觀,得無還相笑乎。前有自序例言,其序最爲冗長,蓋兼所著《素問要旨》、《宣明論方》二書言之,欲令習者求其備也。

【適園藏書志】卷第六子部醫家類　《素問元機原病式》二卷。明刊本。他書目均作一卷,此本從"溫病"分作下卷。

(二)序跋

1.新刊注釋素問玄機原病式序河間處士劉完素守真撰。守真此書最精密,平生造詣之深盡在乎此,所以先掩前人而後來無繼也。人謂大醇之中不免小疵,然終不敢以微瑕而累白璧之至德也。

夫醫教者,源自伏犧,流於神農,注於黄帝,行於萬世,合於無窮,本乎大道,法乎自然之理。孔安國序《書》曰:伏羲、神農、黄帝之書,謂之三墳,言大道也。少昊、顓頊、高辛、唐虞之書,謂之五典,言常道也。蓋五典者,三墳之末也,非無大道,但專明治世之道。三墳者,五典之本也,非無常道,但以大道爲體,常道爲用,天下之能事畢矣(三墳書亡而不傳久矣,今世間有所謂"三墳"書者,乃後人附托僞爲之文,不足取信。況五典中亦止存唐、虞二典,餘三典亦不存。常考諸儒論三皇五帝者,紛紜不一。《易繫辭》,孔子作也,雖不明三皇之名,然伏羲、神農、黄帝以次繼言,故説者遂憑之。至於五帝,《繫辭》但舉堯舜而不及少昊等,不知安國何所據而言之耶。以《易》爲伏羲之書歟,則伏羲止畫卦而已,未嘗有言也。以《本草》爲神農之書歟,則《帝王世記》謂黄帝使岐伯嘗草木,定《本草經》,非神農自作也。以《内經》爲黄帝之書歟,則程、邵二子謂《素問》出於七國時,非古經也。要之,《本草》、《内經》縱使直出於神農、黄帝,亦止聖人之一事耳。不可以爲大道,而與《易》同列也。雖然,《本草》、《内經》亦何必直欲其真爲神農、黄帝之書,但足可憑用,而爲天下後世之法則大幸也)。然而玄機奥妙,聖意幽微,浩浩乎不可測。使之習者,雖賢智明哲之士,亦非輕易可得而悟矣。洎乎周代,老氏以精大道,專爲道教。孔子以精常道,專爲儒教。由是儒道二門之教著矣。([守]真謂老氏精大道,孔子精常道者,蓋以老氏無爲,孔子[有]爲也。然觀老子《道德》五千言,亦未嘗純乎無爲。其謂老子無爲,以清虚立教者,老氏之末流耳)。歸其祖,則三墳之教一焉。儒道二教之書,比之三墳之經,則言象義理,昭然可據,而各得其一意也。故諸子百家,多爲著述所宗之者,庶博知焉。嗚乎,余之醫家,自黄帝之後,二千五百有餘年。漢末之魏,有南陽太守張機仲景,恤於生民多被傷寒之疾,損害横夭,因而輒考古經,以述《傷寒卒病方論》一十六卷,使後之學者有可依據。然雖所論未備諸病,仍爲道要,若能以意推之,則思過半矣(宋高保衡等序《金匱方論》曰:張仲景《傷寒卒病論》合十六卷,今世但傳《傷寒論》十卷,雜病未見其書。王冰在舘閣蠹簡中,得仲景《金匱玉函要略方》三卷。愚觀《金匱方論》所載,俱是雜病,而卒病止數條耳,不可便以此爲高保衡等所言卒病也。若以傷寒爲卒病而同爲一名,則不當曰合十六卷。況傷寒之傳經、再經、過經亦未必卒也。意其必别有《卒病論》六卷,而今不之見歟)。且所述者衆,所習者多,故自仲景至今甫僅千歲,凡著述醫書過往古者八九倍矣。夫三墳之書者,大聖人之教也,法象天地,理合自然,本乎大道。仲景者，亞聖也。雖仲景之書未備聖人之教，亦幾於聖人。文亦玄奥，以致今之學者尚爲難焉（仲景之書甚平易明白，本無深僻，但王叔和雜以己説，遂使客反勝主，而仲景所以創法本意淪晦不明耳。非仲景之文隱奥難讀也。余嘗潛考其書，欲以《傷寒例》居前而"六經病"次之，"差後諸病"又次之，"類傷寒病"又次之，其餘論説與傷寒有所關者又次之。至若雜病、雜脈、雜論與傷寒無預者，皆略去。如此則仲景創法本意亦庶乎可觀也。但三陰脈篇、諸寒病症方治，固自有所必然者，能知其所必然，則迎刃而解矣）。故今人所習，皆近代方論而已，但究其末，而不求其本。況仲景之書，復經晉太醫王叔和撰次遺方，唐開寶中節度使高繼沖編集進上。雖二公操心用智，自出心意，廣其法術，雜於舊説，亦有可取。其間或失仲景本意，未符古聖之經，愈令後人學之難也。況仲景之世，四升乃唐宋之一升，四兩爲之一兩，向者人能勝毒，及多㕮咀，湯劑有異今時之法，故今人未知其然，而妄謂時世之異，以爲無用而多不習焉。唯近世朱奉議多得其意，遂以本仲景之論，而兼諸書之説，編集作《活人書》二十卷（《活人書》固多有失仲景之意者，至其得仲景之意處，卻反出近代諸子之右。取其所長，舍其所短，則公義著矣）。其門多，其方衆，其言直，其類辨，使後學者易爲尋檢施行，故今之用者多矣。然而其間亦有未合聖人之意者，往往但相肖而已，由未知陰陽變化之道，所謂木極似金，金極似火，火極似水，水極似土，土極似木者也。故經曰"亢則害，承迺制"。謂已亢過極，則反似勝已之化也。俗未之知，認似作是，以陽爲陰，失其意也（守真達造化之妙，正在此。自《素問》以來，鮮乎其人。其能超出羣流，高睨千古，得聖心於遺經者，果有與守真並驅爭先者乎）。嗟夫，醫之妙用，尚在三墳，觀夫後所著述者，必欲利於後人，非但矜衒而已，皆仁人之心也。非不肖者所敢當，其間互有得失者，由乎言本求其象，象本求其意，意必合其道，故非聖人而道未全者，或盡其善也鮮矣，豈欲自涉非道而亂聖經以惑人志哉。自古如祖聖伏羲畫卦，非聖人孰能明其意，二萬餘言，至周文王方始立象演卦，而周公述爻。後五百餘年，孔子以作《十翼》，而《易》書方完。然後易爲推究，所習者衆，而注説者多。其間或所見不同，而互有得失者，未及於聖，竊窺道教故也。《易》教體乎五行八卦，儒教存乎三綱五常，醫家要乎五運六氣（五運是木火土金水，六氣是風熱火濕燥寒，此必有之理，但不可謂運氣之統歲，氣之加臨而必爲某變某病之應耳。守真於序中雖每言五運六氣不可廢，及論主病則止舉五藏六府之屬五行，論爲病則亦但舉五藏六府之應六氣，與統歲加臨全無相干。是知守真亦以統歲加臨之變與病，有難憑據者矣。但欠分明説破，所以致後人混亂無别，遂妄生枝節，愈推愈謬也）。其門三，其道一，故相須以用而無相失，蓋本教一而已矣。若忘其根本而求其華實之茂者，未之有也。故經曰：夫五運陰陽者，天地之道也。萬物之綱紀，變化之父母，生殺之本始，神明之府也。可不通乎。仙經曰：大道不可以籌筭，道不在數故也。可以籌筭者，天地之數也。若得天地之數，則大道在其中矣。經曰：天地之至數，始於一而終於九。數之可十，推之可百。數之可千，推之可萬。萬之不可勝數，然其要一也。又云：知其要者，一言而終。不知其要，流散無窮。又云：至數之機，迫迮（音窄，迫也）而微，其來可見，其往可追。敬之者昌，慢之者亡。無道行私，必得天殃。又云：治不法天之紀、地之理，則災害至矣。又云：不知年之所加，氣之興衰，虚實之所起，不可以爲工矣。由是觀之，則不知運氣而求醫，無失者鮮矣。今詳《内經素問》，雖已校正、改誤、音釋，往往尚有失古聖之意者。愚俗聞之，未必不曰：爾何人也，敢言古昔聖賢之非（聖人心息邪說，距跛行，放淫辭，此孟子之所以克承道統也。當仁見義，君子何辭）。嗟夫，聖人之所爲，自然合於規矩，無不中其理者也。雖有賢哲，而不得自然之理，亦豈能盡善而無失乎。況經秦火之殘文，世本稀少，故自仲景之後，有缺第七一卷（第七一卷亡逸久矣，王冰自謂師氏所藏，妄也。今中間運氣諸篇，本別是一書，非《素問》之文，王冰取以雜乎其中，而紿後人爲全書耳，巨眼者觀之則見矣。雖然，其《甲乙經》、《太素》及全氏本皆不盛行，惟王冰註本獨盛行者，蓋由精微要語多出於運氣諸篇故也），天下至今無復得其本。然雖存者布行於世，後之傳寫鏤板，重重差誤，不可勝舉。以其玄奥，而俗莫能明，故雖舛訛，而孰知之。故近代敕勒孫奇、高保衡、林億等校正，孫兆改誤，其序有言曰：正謬誤者六千餘字，增註義者二千餘條。若專執舊本，以謂往古聖賢之書而不可改易者，信則信矣，終未免泥於一隅。及夫唐王冰次註序云：世本紕（紕音披）繆，篇目重疊，前後不備，文義懸隔，施行不易，披會亦難，歲月既淹，習以成弊。或一篇重出，而別立一名；或兩論併合，而都爲一目；或問答未已，而別樹篇題；或脱簡不書，而云世缺。重《合經》而冠《鍼服》，併《方宜》而爲《欬篇》，隔《虚實》而爲《逆從》，合《經絡》而爲《要論》，節《皮部》而爲《經絡》，退《至道》以先《鍼》。如此之流，不可勝數。又曰：其中簡脱文義斷不相接者，搜求經論，有所遷移，以補其處。篇目墜缺，指事不明者，詳其意趣，加字以昭其義。篇論吞併，義不相涉，缺漏名目者，區分事類，別目以冠篇首。君臣請問，義理乖失者，考校尊卑，增益以光其意。錯簡碎文，前後重疊者，詳其旨趣，删去繁雜，以存其要。辭理秘密，難粗論述者，別撰《玄珠》，以陳其道。凡所加字，皆朱書其文，使今古必分，字不雜揉。然則豈但僕之言哉。設若後人或恕王冰、林億之輩言，舊有訛謬者，弗去其註，而惟攻其經，則未必易知而過其意也。然而王冰之註善則善矣，以其仁人之心而未備聖賢之意，故其註或有失者也。由是校正改誤者，往往證當王冰之所失。其間不見其失，而不以改證者，不爲少矣。雖稱校正改誤，而或自失者亦多矣（王冰之註，惟説運氣處最爲詳盡，其他則未免晦戾經旨者，得非運氣乃其所偏好而獨留心歟。校正之說，亦只是挑抉皮膜而已）。嗚呼，不惟註未盡善，而王冰遷移加減之經，亦有臆說而不合古聖之意者也。雖言凡所加字皆朱書，其文既傳於後，即世文皆爲墨字也。凡所改易之間，或不中其理者，使智哲以理推之，終莫得其真意，豈知未達真理，而不識其僞所致也。近世所傳之書，若此說者多矣，然而非其正理，而求其真意者未之有也，但略相肖而已。雖今之經與註皆有舛訛，比之舊者，則亦易爲學矣。若非全元起本及王冰次註，則林億之輩未必知若是焉（此至公無私之論）。後之知者，多因之也。今非先賢之說者，僕且無能知之。蓋因諸舊說而方入其門，躭翫既久而粗見得失。然諸舊失而今有得者，非謂僕之明也。因諸舊說之所得者，以意類推而得其真理，自見其僞。亦皆古先聖賢之道也，僕豈生而知之者哉。

夫別醫之得失者，但以類推運氣造化之理，而明可知矣。觀夫世傳，運氣之書多矣。蓋舉大綱，乃學之門戶，皆歌頌鈐圖而已，終未備其體用，及互有得失，而惑人志者也。況非其人，百未得於經之一二，而妄撰運氣之書傳於世者，是以矜己惑人而莫能彰驗，致使學人不知其美，俾聖經妙典，日遠日疏，而習之者鮮矣。悲夫，世俗或以謂運氣無徵，而爲惑人之妄說者；或但言運氣爲大道玄機，若非生而知之，則莫能學之者。由是學者寡而知者鮮，設有攻其本經，而後有註說雕寫之誤也。況乎造化玄奥之理，未有比物立象以詳說者也。僕雖不敏，以其志，慕兹道，而究之以久，略得其意。惜乎天下尚有未若僕之知者，據乎所見，而輒伸短識。本乎三墳之聖經，兼以衆賢之妙論，編集運氣要妙之說，十萬餘言，九篇三部，勒成一部，命曰《內經運氣要旨論》，備見聖賢經之用矣。然妙則妙矣，以其妙道，乃爲對病臨時處方之法，猶恐後學未精貫者，或難施用。復宗仲景之書，率參聖賢之說，推夫運氣造化自然之理，以集傷寒雜病脈證方論之文，一部三卷，十萬餘言，目曰《醫方精要》、《宣明論》。凡有世說之誤者，詳以此證明之，庶令學者真僞自分，而易爲得用。且運氣者得於道同，蓋明大道之一也。觀夫醫者，唯以別陰陽虛實，最爲樞要。識病之法，以其病氣，歸於五運六氣之化，明可見矣。謹率經之所言二百餘字，兼以語辭二百七十七言，緒歸五運六氣而已。大凡明病，陰陽虛實，無越此法。雖已並載前之二帙，復慮世俗多出妄說，有違古聖之意，今特舉二百七十七字，獨爲二本，名曰《素問玄機原病式》（守真平生精力所寓，皆在《原病式》一書中，其他諸書遠不可及，意其亦猶朱子〈四書集註〉，改至屬纊而後已歟）。遂以比物立象，詳論天地運氣造化自然之理，註二萬餘言，仍以改證世俗謬說。雖不備舉其誤，其意足可明矣。雖未備論諸疾，以此推之則識病，六氣陰陽虛實幾於備矣。蓋求運氣言象之意，而得其自然神妙之情理。《易》曰"書不盡言，言不盡意。然則聖人之意其不可見乎。子曰：聖人立象以盡意，設卦以盡情僞。《繫辭》焉以盡其言，變而通之以盡利，鼓之舞之以盡神"。老子曰"不出戶知天下，不窺牖見天道，其出彌遠，其知彌少"，蓋由規矩而取方員也。夫運氣之道者，猶諸此也。嗟夫，僕勉述其文者，非但欲以美於已而非於人，矜於名而苟於利也，但貴學者易爲曉悟而行無枉錯耳。如通舉《內經運氣要旨論》及《醫方精要宣明論》者，欲令習者求其備也。其間或未臻其理者，幸冀將來君子以改正焉，但欲同以宣揚古聖之妙道，而普救後人之生命爾。（明版《河間三書》本）

2. 新刊素問玄機原病式序

夫梓人之巧，不能逃繩墨之式；冶者之工，不能出規模之制。故繩墨規模者，天下之通用，古今之不易，本聖人之所制作者也。且醫道幽微，玄之又玄，典人性命，非聖人孰能與於此。原自伏羲得河圖之象，始畫八卦，引而伸之，觸類而長之，天下之能事畢矣。因而重之爲六十四卦，則天地三才之道、萬物之象備焉。故軒轅得之，謂人壽命本道統天地陰陽造化而生，其壽夭脩短，莫不有數，能持而守之者，得盡終其數。不能持守，恣情縱慾，憂患所傷，以致夭亡者，不爲少矣。故與天師岐伯，參酌天地三陰三陽、六氣行運，一歲十二月之間，分布在人，爲手足三陰三陽十二經左右之要會,作八十一篇,垂爲世範,名曰《内經素問》。至今用之,而爲醫家繩墨規模者也。故知其要者,一言而終,不知其要者,流散無窮,蓋知要之人鮮矣。粤自守真先生者,本河間人也。姓劉,名完素,字守真。夙有聰慧,自幼年躭嗜醫書,千經百論,往往過目無所取,皆謂非至道造化之書。因披翫《素問》一經,朝勤夕思,手不釋卷,三五年間,廢寢忘食,參詳其理,至於意義深遠,研精覃思,期於必通。一日於静室中,澄神宴坐,沉然畢慮,探索難解之義。神識杳冥,似寤寐間有二道士者自門而入,授先生美酒一小盞,若橡椀許,咽而復有,如此三二十次,咽不能盡。二道者笑曰:如厭飫,反吐於盞中。復授道者,倒於小葫中,道者出。恍然一醒覺,面赤酒香,杳無所據,急於内外追之不見,而後因至心靈大有開悟。此説幾乎誕妄,默而不言,以僕爲知言,先生故以誠告。與夫《史》稱"扁鵲遇長桑君,飲藥。以此視病,盡見五臟癥結,特以診脈爲名",亦何異焉。因著醫書《内經運氣要旨論》、《醫方精要宣明論》二部,總一十七萬餘言,精微浩汗,造化詳悉。而又述《習醫要用直格並藥方》,已板行於世。外又作《素問玄機原病式》并注二萬餘言,特採摭《至真要大論》一篇,病機氣宜之説,撮其樞要,自成一家。精貫古今,無非神授,蓋天之未喪斯文也,復生其人,發明醫道。乃今時五宗教之師,以致於此,莫不效驗。直明五運六氣之至要,傷寒雜病之指歸,其言簡,其理明,易爲披究,足以察陰陽二證之隱顯,醫家前後之得失。如《式》中所説"木極似金,火極似水"之類,謂"亢則害,承迺制","鬱極迺發",變化之理,大爲要妙,非智者焉能及此。可謂旨意昭昭,萬舉萬全,神聖工巧,能事畢矣。真知要之書也。但見今之醫人,竊用先生諸藥,得效者衆多,以今十數年,猶紿其名。恥言涼藥,謂去熱藥爲非,不稱其人,反成毁謗,其道難行也如此。哀哉哀哉。是知中人以下不可以語上,信矣。僕自幼年氣弱多病,醫書脈證粗明,所以天德四年在中都監修大内,正患腰腳疼痛之疾,殆時二年,服食湯藥,皆薑附硫黄,種種燥熱之藥,中脘臍下艾炷十數,終無一效。愈覺膝寒胃冷,少力多睡,飲食日少,精神日衰。詢諸名醫,衆口一辭,僉曰腎部虚寒,非熱藥不能療。及自體究,亦覺惡寒喜暖,但知此議爲是。因諮後醫董系者,彼云:腎經積熱,氣血不通故也。洎與談論,惟舉五行旨略,黔斷語言,用藥治病,止五七方而已,其餘醫書脈訣,一無所有。僕意寡學不通之人,不能信之。及試用通經涼藥,但藏府滑利,伏困愈甚,以至捨而不問。後相識數月,見治諸人傷寒雜病,止用寒涼疏通,平醫十醫十愈,其應如神。貧者酬勞,辭而不受,及有周急之者。以此漸漸信之,日加敬重,似有所得。再論腳疾,彼陳五行造化勝負伏造真理,始似唤醒,灑然不疑,方肯聽信。再用辛甘寒藥,瀉十二經之積熱,日三四服,通利十餘行。數十日後,覺痛減,飲食有味,精力爽健,非舊日之比。心神喜悦,服藥不輟,迤邐覺熱,熱勢滋甚。自後飲食服餌,皆用寒涼。數年之間,疾去熱除,神清體健,以此知平昔將攝失宜,醫藥差錯之過也。舉世醫工,亦未嘗語此。自爾處病用藥,治身治家,及其他親識外人,但來求醫,不避巇危,意無圖報,專一治療,無不痊愈。大率計之,三十有餘年間,所療傷寒,三二日至五七日間,使之和解痊安者,可四五千人;汗前汗後,諸般惡證,危篤至死,衆醫不救者,活及二百餘人。百發百中,千不失一,率因董醫始以傳授,次得《玄機原病式》,大明終始,開發良多。在後親見守真先生,詳加請益,參推要妙,愈究愈精,始知董氏之學,始得先生《原病式》簡要之書施用故也。兼傳澤承賦者,迺先生門下高弟子,真良醫也。並已過世,同爲一家,與世醫可謂冰炭。自天德五年以後,董氏醫名大著,傳聞遠近,病者生,危者安,士夫之家極爲推重。十數年間,所獲數萬,其舉薦稱揚,僕有力焉。僕自是應歷任所,不惜此書教授諸醫,復與開說《素問》要妙至理,使之解悟,改革前非,以救生靈之疾病。至於士人有求問學醫者,僕皆一一直與傳授,使知要妙治法及方,伊等雖不能通明造化,但能用藥治病,得驗者亦不下百數。大定二十一年,予自京兆運使移邢臺,下車視事之餘,擢醫者數人,與說《素問》,兼授以知要之法。衆中有孫執中者,尤爲好事,一日請求《原病式》,欲爲之開板廣傳於世,庶幾普救生民夭横之厄,兼證醫家從來所傳相習之非。予憫其仁者之用心,欣而授之,非唯得截要治法歷行於世,兼以揄揚先生特達奇才,獨得要妙造化之理,著成方書,流行於世,豈非規模繩墨者歟,又非《活人書》之較焉。嗚呼,自秦越人、張仲景之後,迨今千有餘年,此道湮淪,苟非斯人,真僞混殽,似是而非,觸目而已。有孫子復告子願爲之後序,故不揆狂斐而作是語,聊以旌表先生事業之萬一云。旹大定二十二年九月日,安國軍節度使開國侯程道濟序。明版《河間三書》本

(三)刊本

1.醫統本

【鄭堂讀書記】子部五之二醫家類　《素問元機原病式》一卷。《醫統正脈》本。

【郘亭知見傳本書目】卷八子部醫家類　《素問元機原病式》一卷。金劉完素撰。明刊《醫統》本。

【叢書舉要】卷十二古今醫統正脈全書　《素問元機原病式》一卷。金劉完素。

【八千卷樓書目】卷十子部醫家類　《素問元機原病式》一卷。金劉元素撰。《醫統》本。文淵閣著錄。

【叢書書目彙編】十八畫醫統正脈全書　《素問元機原病式》一卷。劉完素。

【四庫目略】子部醫家類書名　《素問元機原病式》,著者金劉完素撰。卷數一,版本《古今醫統》本。書旨(略)

【揚州吳氏測海樓藏書目錄】卷四子部醫家類　《素問玄機原病式》一卷,金劉完素。《古今醫統正脈全書》,明王肯堂輯,萬曆年刊。竹紙四十八本之内。

【江南圖書館閲覽室檢查書目】子部第十五號醫家　《素問元機》等六種,金劉完素、張子和。《醫統》本五本。

【中國醫學書目續篇】内經　《素問玄機原病式》一卷,一冊。十行二十字,欄高十九・六釐,幅十三・六釐。劉完素述,吳勉學校。《古今醫統正脈全書》明板《河間醫學六書》之内。

2.河間六書本

【四庫書目邵注】卷十子部五醫家類　《素問元機原病式》一卷,金劉完素撰。明吳

勉學刊。《河間六書》本,合二十七卷。

【郘亭知見傳本書目】卷八子部醫家類　《素問元機原病式》一卷,金劉完素撰。明吳勉學。《河間六書》本,合二十七卷。

【叢書舉要】卷十二河間醫學六書　《素問元機原病式》一卷

【叢書書目彙編】八畫河間醫學六書　《素問元機原病式》一卷

【四庫目略】子部醫家類書名　《素問元機原病式》,著者金劉完素撰,卷數一,版本明吳勉學刊。《河間六書》本,合二十七。書旨(略)

【揚州吳氏測海樓藏書目錄】卷四子部醫家類　《素問元機》一卷。劉河間《傷寒六書》,金劉完素,竹紙八本內。

注:《河間六書》本者,原屬《古今醫統正脈全書》之一部,而後改名單行於世者歟,暫存疑。

3. 傷寒三書本

【叢書舉要】卷十二河間傷寒三書　《素問元機原病式》二卷

【叢書書目彙編】八畫河間傷寒三書　《素問元機原病式》二卷

【中國醫學書目】內卷　《新刊註釋素問玄機原病式》二卷,一冊。明版《傷寒三書》之內。《新刊素問玄機原病式序》(程道濟),大定二十二年。《新刊注釋素問玄機原病式序》(河間處士劉完素)。目錄。

4. 其他明刊本

【適園藏書志】卷第六子部醫家類　《素問元機原病式》二卷。明刊本。前序年月亦割去,似明嘉靖後刻耳。僞印纍纍頗爲書累,俗賈可恨至此。

【經籍訪古志】卷八醫家類　《原病式》一卷。嘉靖戊子刊本。躋壽館藏。按劉河間、張易水、李東垣諸家書收在《東垣十書》、《醫統正脈》,而未有別本,茲不具列。

【內閣文庫圖書第二部漢書目錄】第三門子第六類醫家　《素問玄機原病式》二卷,金劉完素。明版。《素問玄機原病式》,同上。明版。明薛時平。

5. 重刻醫統本

【中國醫學書目】內經　《素問玄機原病式》一卷。九行二十一字,欄高十八釐,幅十三釐。劉完素著。江陰朱氏校刊《醫統正脈全書》之內。民國十二年鏡古堂、文華堂刊。

6. 杭州府所刻本

【武林藏書錄】卷上杭州官刻書　周宏祖輯《古今書刻》載杭州府所刻者《原病式》。

7. 日本刊本

【八千卷樓書目】卷十子部醫家類　《素問元機原病式》一卷,金劉完素撰。日本刊本。

【江南圖書館閱覽室檢查書目】子部第十五號醫家　《原病式》,金劉河間。日本刊本。四本。

【中國醫學書目續篇】內經　《素問玄機原病式》內題會通館翻印《素問玄機原病式》一卷,一冊。十一行二十字,欄高二十·四釐,幅十六釐。金劉完素撰,周紘濟廣校正。梅壽重刊,寬永七年板。素問玄機原病式序,河間劉完素守真。《素問玄機原病式例》。

8. 未詳本

【文淵閣書目】明　【菉竹堂書目】明　【古今醫統大全】明　【萬卷堂書目】明　【本草綱目】明　【世善堂藏書目錄】明　【醫藏書目】明　【國史經籍志】明　【脈望舘書目】明　【千頃堂書目】明　【天一閣藏書目錄】清　【近古堂書目】清　【楝亭書目】清　【補遼金元藝文志】清　【也是園書目】清　【述古堂藏書目】清　【補三史藝文志】清　【問經堂書目】清　【孫氏書目】清　【行素堂目睹書錄】清　【四庫書目略】清　【汲古閣珍藏秘本書目】清　【天一閣見存書目】清　【絳雲樓書目】清　【李蒲汀書目】清　【壬子文瀾閣所存書目】清

二十四、黄帝素問宣明論方

(一) 考證

【四庫全書總目】卷一百四子部醫家類二　《宣明論方》十五卷。通行本。金劉完素撰。是書皆對病處方之法,首諸證門,自煎厥、薄厥、飧洩、瞋脹以及諸痺、心疝,凡六十一證,皆採用《內經》諸篇,每證各有主治之方,一宗仲景。次諸風,次熱,次傷寒,次積聚,次水濕,次痰飲,次勞,次燥,次洩痢,次婦人,次補養,次諸痛,次痔瘻,次眼目,次小兒,次雜病,共十七門。每門各有總論,亦發明運氣之理,兼及諸家方論,於軒岐奥旨實多闡發。而多用涼劑,偏主其說者,不無流弊,在善用者消息之耳。考《原病式》自序,云"作《醫方精要宣明論》一部三卷十萬餘言"。今刊入《河間六書》者,乃有十五卷。其二卷之"菊葉法"、"薄荷白檀湯",四卷之"妙功藏用丸",十二卷之"蓽澄茄丸"、"補中丸"、"楮實子丸",皆註"新增"字。而七卷之"信香十方"、"青金膏",不註"新增"字者,據其方下小序,稱"灌頂法王子所傳",併有偈咒。金時安有灌頂法王,顯爲元明以後之方,則竄入而不註者不知其幾矣。卷增於舊,殆以是歟。

【四庫全書簡明目錄】卷十醫家類　《宣明論方》十五卷,金劉完素撰。其大旨本《素問》及《金匱要略》,而用藥多主寒涼,蓋因北方地氣而施,泥之者非,廢之者亦非也。自序稱三卷,此本乃十五卷。其方下小序有稱"灌頂王子所傳"者,金時安有是名,知傳刻有所竄入也。

【拜經樓藏書題跋記】卷四　《宣明論方》七卷。每葉二十八行,行二十五字。有大定十二年守真自序,大定乙亥古唐馬□□序。紙墨古雅,當是明以前刻本。首列分門科類,總一十八門,次列諸藥炮爁炙煿例。先君子書《河間三書》前云"河間《宣明論方》原刻七卷,後人翻刻,妄分爲十五卷,而行欵亦多改換。余家舊本有大定乙亥古唐馬□□序"。睗按,《四庫目錄》亦十五卷。以下引《簡明目錄》之全文,今略之。

其作十五卷，蓋亦據近時刻本。且按守真自序云"僕今詳《内經》編集運氣要妙之說，七萬餘言，九篇分爲三卷，謹成一部，目之曰《内經運氣要旨論》，備聖經之用也。對病論證，處方之法，本草性味，猶恐後學難爲驅用，復宗長沙太守仲景之書，迺爲一帙，計十萬餘言，目曰《素問藥證》、《精要》、《宣明論方》"云云。是三卷者，乃《内經運氣要旨論》，非此書也。此本前題《校正素問精要宣明論方》，蓋亦經後人點勘矣。

【鄭堂讀書記】子部五之二醫家類　《黄帝素問宣明論方》十五卷，金劉完素撰。《四庫全書》著録無上四字。倪氏《補遼金元志》，錢氏〈補元志〉所載俱無之。考《原病式》自序，稱爲《醫方精要宣明論》三卷，十萬餘言。未免卷頁太繁，故後人分之也。守真既撰《素問要旨》八卷，見倪、錢二《志》。備見《内經》之用矣。然妙則妙矣，以其妙道乃爲對病臨時處方之法，猶恐後學未精貫者，或難施用。因宗《金匱要略》，上參《素問》之説，推夫運氣造化自然之理，以集傷寒雜病脈證方論之文，分爲十八門，首爲諸證一門。又分六十一子目，每門各有總論以闡發之，目曰《宣明論方》。凡有世説之誤者，悉以此證明之，庶令學者真僞自分而易爲得用。其大旨雖本《素問》、《金匱》，而用藥多主寒涼，蓋因北方地氣而施，泥之者非，廢之者亦非也。惟第七卷載有"信香十方"、"青金膏"，稱爲"灌頂法王子所傳"，并録其偈言咒語，則涉於符禁之科，殊不足取。

(二)序跋

重刻劉守真先生宣明論序

按本傳，劉完素，字守真，河間人。嘗遇異人陳先生，以酒飲守真，大醉。及寤，洞達醫術，若有授之者，乃撰《運氣要旨論》、《精要宣明論》。慮庸醫或出妄説，又著《素問玄機原病式》，特舉二百八十八字，註二萬餘言。然好用涼劑，以降心火、益腎水爲主。自號通玄處士，金承安間章宗徵，不就，賜號高尚先生。本郡志稱，所論著皆發前古所未發，與潔古齊名，世號"劉張法"，蓋古君子而託醫以避亂世者。又按列傳，張元素，字潔古，易州人。夜夢有人用大斧長鑿，鑿心開竅，納書於中，自是洞徹醫術。完素病傷寒，八日不食，不知所爲。元素往候，完素面壁不顧。元素曰：何見待之卑如此哉。既爲診視。謂之曰：服某藥乎。曰：然。元素曰：子誤矣。某味性寒，下降走太陰，陽亡汗不能出，今脈如此，當服某藥奏效矣。完素大服，如其言遂愈。元素自此顯名。余因是知是術之不可與尋常人語也。嘗疑馬遷氏稱扁鵲遇長桑君之事，頗涉謬想，迺即近史飲酒、鑿心之説證之，豈盡無徵不信者哉。殆以醫道通玄，非神授不得其秘，而世之習旁門、執方書、守意見，以戕伐生靈者，由其無所從悟也。守真本《内經》，著《要旨》、《宣明》二論，總一十七萬餘言。又述《習醫要用直格》，晚年著《保命集》三卷。自謂軒岐微妙之旨，得之心髓，不敢輕以示人。蓋自秦越人、張仲景之後千有餘年而先生出，上以承正派之學，下以啟丹溪之傳，通於南北，以永仁術，不其偉與。説者曰不由程子，不知異端之害深；不由守真，不知偏門之罪。大甚哉，邪之亂正也。先生之術既行，世醫竊試其法，得效者多，猶給其名，恥言涼藥，謂去熱藥爲非。今觀劉、張二傳，好用涼藥，性寒下降之言，則史氏猶爲不祛世俗之見。其稱元素之言曰“運氣不齊，古今異軌，古方新病，不相能也”，又似以陰詆五運六氣之辯者。余嘗論之，《内經》運氣之旨，千載不毁之道。至守真而大闡之，極深研幾之學也，何可議也。其捄偏補弊之功，發明治溫暑之法，而力懲辛熱香燥之毒，所以補前賢之未備，而捄末流之爲害也。然實則無所不該、無所不治，而近世傍求醫論，以謂熱病用河間，其亦就所重立言邪，可謂獨識其全矣。汎觀河間諸書，烏附等藥亦多用之，是又何邪。噫，後之庸工，以寒涼之劑誤人，而莫之知悟者，又河間之罪人也。是時賈大夫，以民部來守郡，朞歲中，出俸金開局施藥，活人不可勝計。偶得此書於正科馬志坤氏，因命校讎再三。又捐俸而刻之，且欲購全集而彙次焉，與《東垣十書》並傳也。大夫爲政一以愛人爲本，刻斯集也，亦以寓仁惠之心而溥之也。□嘗迎養二親於郡邸，適太夫人有恙，志坤一藥而愈，因奇其功而褒美之，叩其術，則能留心於“劉張法”者，故有是刻。是大夫之孝，由此達之人人也。先生有言，事親者不可不知醫，信然哉。隆慶三年黄鐘月既望保定府通判北海馮惟敏序。萬曆乙酉歲夏月穀旦金陵三山街左川吴諫重刊。明版《河間三書》本

注：《拜經樓藏書題跋記》云，有大定十二年守真自序、大定乙亥古唐□□馬序。今本研究室所藏之《傷寒三書》本、明版《古今醫統》本、《重刻醫統》本並缺之，而無可參看者。

（三）刊本

1. 元本

【拜經樓藏書題跋記】卷四　《宣明論方》七卷。每葉二十八行，行二十五字。有大定十二年守真自序，大定乙亥古唐馬□□序。紙墨古雅，當是明以前刻本。

【宋元本行格表】卷下十三行子之屬　元本《宣明方論》。行二十五字。七卷。《拜經樓記》。

【經籍訪古志】卷八醫家類原病式　按，劉河間、張易水、李東垣諸家書，收在《東垣十書》、《醫統正脈》，而未有別本，茲不具列。唯《宣明論》一書，浪華木孔恭蒹葭堂藏有元板，柴田元篤嘗借校之，可以正譌脱矣。

【四庫書目邵注】卷十五子部五醫家類　《宣明論方》十五卷，金劉完素撰。拜經樓吴氏有刊本七卷，云後人妄分爲十五卷。十四行，行二十五字。

2. 醫統本

【鄭堂讀書記】子部五之二醫家類　《黄帝素問宣明論方》十五卷。《醫統正脈》本。

【郘亭知見傳本書目】卷八子部醫家類　《宣明論方》十五卷，金劉完素撰。明刊《醫統》本。

【叢書舉要】卷十二古今醫統正脈全書　《宣明論方》十五卷，金劉完素。

【八千卷樓書目】卷十子部醫家類　《宣明方論》十五卷，金劉完素撰。文淵閣著錄。《醫統》本。

【國學用書類述】醫學類方書之屬醫統正脈本　《宣明論方》十五卷

【叢書書目彙編】十八畫醫統正脈全書　《宣明論方》十五卷，劉完素。

【四庫目略】子部醫家類　《宣明論方》十五卷，金劉完素。《古今醫統》本。

【揚州吳氏測海樓藏書目錄】卷四子部醫家類　《宣明方論》十五卷，金劉完素。《古今醫統正脈全書》，明王肯堂輯，萬歷年刊，竹紙四十八本內。

【中國醫學書目續篇】內經　《黄帝素問宣明論方》十五卷，三冊。十行二十字，欄高十九·六釐，十三·六幅。劉守真撰集，吳勉學校。《古今醫統正脈全書》明板《河間醫學六書》之內。

3. 河間六書本

【補遼金元藝文志】子部醫方類　金劉完素《宣明論方》十五卷。《河間六書》之內。

【郘亭知見傳本書目】卷八子部醫家類　《宣明方論》十五卷，金劉完素。《河間六書》本。

【叢書舉要】卷十二河間醫學六書　《宣明論方》十五卷

【叢書書目彙編】八畫河間醫學六書　《宣明論方》十五卷

【四庫目略】子部醫家類　《宣明論方》十五卷，金劉完素撰。《河間六書》本。

【揚州吳氏測海樓藏書目錄】卷四子部醫家類　《宣明論方》十五卷，劉河間。《傷寒六書》，金劉完素，竹紙八本內。

注：《河間六書》本者，原屬《古今醫統正脈全書》之一部，後改名單行於世者歟，暫存疑。

4. 傷寒三書本

【叢書舉要】卷十二河間傷寒三書　《黄帝素問宣明論方》十五卷

【叢書書目彙編】八畫河間傷寒三書　《黄帝素問宣明論方》十五卷

【中國醫學書目】內經劉河間傷寒三書　《黄帝素問宣明論方》十五卷，二冊。《重刻劉守真先生宣明論序》，馮惟敏，隆慶三年。吳諫重刊，萬曆十三年。步月樓發兌，映旭齋藏板。明板。

5. 明刊不明本

【帶經堂書目】卷三醫家類　《宣明論方》十五卷。明刊本，金劉完素撰。

6. 重刻醫統本

【中國醫學書目】內經　《黄帝素問宣明論方》十五卷，三冊。九行二十一字，欄高十八釐，幅十三釐。劉完素著。江陰朱氏校刊《醫統正脈全書》之內。民國十二年鏡古堂、文華堂刊。

7. 日本刊本

【內閣文庫圖書第二部漢書目錄】第三門子第六類醫家　《黄帝素問宣明論方》十五卷，金劉完素。日本版。五冊。

8. 不明本

【文淵閣書目】明　【菉竹堂書目】明　【古今醫統大全】明　【本草綱目】明

【世善堂藏書目録】明　【醫藏書目】明　【國史經籍志】明　【千頃堂書目】明　【近古堂書目】清　【楝亭書目】清　【也是園藏書目】清　【述古堂藏書目】清　【絳雲樓書目】清　【補三史藝文志】清　【問經堂書目】清　【孫氏書目】清　【壬子文瀾閣所存書目】清　【國學用書類述】清　【觀聚方要補採摭書目】日本

二十五、素問藥註

【醫籍考】卷三醫經三　熊均曰:劉氏名完素,字守真,大金河間人也,因號河間居士。作《傷寒直格》、《素問玄機原病式》及《醫方精要》、《素問藥註》、《宣明論》等。《醫學源流論》。

注:按此書名,他書無見,《拜經樓藏書題跋記》所引《宣明論》劉完素自序云"復宗長沙太守仲景之書,迺爲一帙,計十餘萬言,目曰《醫方精要》、《素問藥證》、《宣明論》"云云。疑"證"訛作"註",非有别書也。

二十六、素問注釋考誤

【明史藝文志】卷三藝術類醫術　孫兆《素問注釋考誤》十二卷

【醫籍考】三卷　孫氏兆《素問註釋考誤》,《明志》十二卷,佚。按先子曰:是書豈《玉海》所載者歟。然《明志》著録,限以其一代之書,則疑是趙府居敬堂本,開卷題"孫兆改誤"四字,故致誤者歟。以其未可决定,今附載之。按《明志》著録止於一代之書,而混入兆書者,何也。

二十七、内經拾遺

【八千卷樓書目】卷十子部醫家類　《内經拾遺》四卷,宋駱龍吉撰。刊本。《四庫》未收。

【國學用書類述】醫家類方書之屬三朝名醫方論　《内經拾遺方論》,宋駱龍吉。

【江南圖書館閲覽室檢查書目】子部第十五號醫家　《内經拾遺》,宋駱龍吉。刊本。三本。

第二類　難經

一、黄帝八十一難經舊題周秦越人撰

(一)出典

【帝王世紀】黄帝有熊氏,命雷公、岐伯論經脈傍通,問難八十一爲《難經》,教制九鍼,著《内外術經》十八卷。《太平御覽》卷七百二十一

【隋書經籍志】子部醫方　《黄帝八十一難》二卷

【文苑英華】卷七百三十五王勃序　《黄帝八十一難》是醫經之祕録也。

【集註難經】楊玄操序　《黄帝八十一難》者,斯乃勃海秦越人所作也。

【舊唐書經籍志】丙部子類經脈類　《黄帝八十一難經》一卷,秦越人撰。

【唐書藝文志】丙部子録明堂經脈類　《秦越人黄帝八十一難經》二卷

【崇文總目輯釋】卷三醫書類一　《黄帝八十一難經》二卷。原釋:秦越人撰。

【通志藝文略】醫方類上脈經　《黄帝八十一難經》。《唐志》注秦越人。

【郡齋讀書後志】卷二醫家類　《黄帝八十一難經》一卷。右秦越人撰,吴吕廣注,唐楊玄操演。越人授桑君秘術,洞明醫道,采《黄帝内經》精要之説,凡八十一章,編次爲十三類,其理趣深遠非易了,故名《難經》。

【玉海】卷六十三藝文藝術　《八十一難經》

【宋史藝文志】子類醫書類　《扁鵲注黄帝八十一難經》二卷,秦越人撰。

注:《傷寒論》張仲景序云"撰用《素問》、《九卷》、《八十一難》、《陰陽大論》、《胎臚藥錄》,并平脈辨證,爲《傷寒雜病論》,合十六卷"云云。按《八十一難》、《陰陽大論》與《八十一難經》有關係乎否,遽不可審定。

注:"扁鵲内經九卷外經十二卷"之目,見於《漢書藝文志》,與是書有關係乎否,亦不可詳。

注:扁鵲傳,《史記》卷一百五《扁鵲倉公列傳》第四十五云:扁鵲者,勃海郡鄭人也。姓秦氏,名越人。少時爲人舍長,舍客長桑君過,扁鵲獨奇之,常謹遇之。長桑君亦知扁鵲非常人也。出入十餘年,乃呼扁鵲私坐,間與語曰:我有禁方,年老,欲傳與公,公毋泄。扁鵲曰:敬諾。乃出其懷中藥予扁鵲:飲是以上池之水,三十日當知物矣。乃悉取其禁方書,盡與扁鵲,忽然不見,殆非人也。扁鵲以其言,飲藥三十日,視見垣一方人,以此視病,盡見五藏癥結,特以診脈爲名耳。爲醫或在齊,或在趙,在趙者名扁鵲。當晉昭公時,諸大夫彊而公族弱,趙簡子爲大夫,專國事。簡

子疾,五日不知人,大夫皆懼,於是召扁鵲。扁鵲入視病出,董安于問扁鵲。扁鵲曰:血脈治也,而何怪?昔秦穆公嘗如此,七日而寤。寤之日,告公孫支與子輿曰:我之帝所,甚樂。吾所以久者,適有所學也。帝告我,晉國且大亂,五世不安,其後將霸,未老而死,霸者之子,且令而國男女無別。公孫支書而藏之。秦策於是出。夫獻公之亂,文公之霸,而襄公敗秦師於殽,而歸縱淫。此子之所聞。今主君之病,與之同,不出三日必間,間必有言也。居二日半,簡子寤,語諸大夫曰:我之帝所,甚樂,與百神遊於鈞天,廣樂九奏萬舞,不類三代之樂,其聲動心。有一熊欲援我,帝命我射之,中熊,熊死。有羆來,我又射之,中羆,羆死。帝甚喜,賜我二笥,皆有副。吾見兒有帝側。帝屬我一翟犬曰:及而子之壯也,以賜之。帝告我,晉國且世衰,七世而亡,嬴姓將大敗周人於范魁之西,而亦不能有也。董安于受言,書而藏之。以扁鵲言告簡子,簡子賜扁鵲田四萬畝。其後扁鵲過虢,虢太子死,扁鵲至虢宮門下,問中庶子喜方者曰:太子何病,國中治穰過於衆事。中庶子曰:太子病血氣不時,交錯而不得泄,暴發於外,則爲中害。精神不能止邪氣,邪氣畜積而不得泄,是以陽緩而陰急,故暴蹷而死。扁鵲曰:其死何如時?曰:雞鳴至今。曰:收乎。曰:未也,其死未能半日也。言臣齊勃海秦越人也,家在於鄭,未嘗得望精光,侍謁於前也,聞太子不幸而死,臣能生之。中庶子曰:先生得無誕之乎,何以言太子可生也。臣聞上古之時,醫有俞跗,治病不以湯液醴灑,鑱石撟引,案杬毒熨,一撥見病之應。因五藏之輸,乃割皮解肌,訣脈結筋,搦髓腦,揲荒爪幕,湔浣腸胃,漱滌五藏,練精易形。先生之方能若是,則太子可生也,不能若是而欲生之,曾不可以告咳嬰之兒終日。扁鵲仰天歎曰:夫子之爲方也,若以管窺天,以郄視文。越人之爲方也,不待切脈望色,聽聲寫形,言病之所在。聞病之陽,論得其陰。聞病之陰,論得其陽。病應見於大表,不出千里,決者至衆,不可曲止也。子以吾言爲不誠,試入診太子,嘗聞其耳鳴而鼻張。循其兩股,以至於陰,當尚溫也。中庶子聞扁鵲言,目眩然而不瞚,舌撟然而不下,乃以扁鵲言,入報虢君。虢君聞之大驚,出見扁鵲於中闕曰:竊聞高義之日久矣,然未嘗得拜謁於前也。先生過小國,幸而舉之,偏國寡臣幸甚,有先生則活,無先生則棄捐填溝壑,長終而不得反。言未卒,因噓唏服臆,魂精泄横,流涕長潸,忽忽承睫,悲不能自止,容貌變更。扁鵲曰:若太子病,所謂尸蹷者也。夫以陽入陰中,動胃繵緣,中經維絡别下於三焦膀胱。是以陽脈下遂,陰脈上爭,會氣閉而不通。陰上而陽內行,下內鼓而不起上,外絕而不爲使,上有絕陽之絡,下有破陰之紐。破陰絕陽之色,已廢脈亂,故形靜如死狀,太子未死也。夫以陽入陰支蘭藏者生,以陰入陽支蘭藏者死。凡此數事,皆五藏蹷中之時暴作也。良工取之,拙者疑殆。扁鵲乃使弟子子陽厲鍼砥石,以取外三陽五會。有間,太子蘇。乃使子豹爲五分之熨,以八減之齊和煮之,以更熨兩脅下,太子起坐。更適陰陽,但服湯二旬而復故。故天下盡以扁鵲爲能生死人。扁鵲曰:越人非能生死人也,此自當生者,越人能使之起耳。扁鵲過齊,齊桓侯客之,入朝見。曰:君有疾在腠理,不治將深。桓侯曰:寡人無疾。扁鵲出。桓侯謂左右曰:醫之好利也,欲以不疾者爲功。後五日,扁鵲復見,曰:君有疾在血脈,不治恐深。桓侯曰:寡人無疾。扁鵲出,桓侯不悅。後五日,扁鵲復見,曰:君有疾在腸胃間,不治將深。桓侯不應。扁鵲出,桓侯不悦。後五日,扁鵲復見,望見桓侯而退走。桓侯使人問其故。扁鵲曰:病之在腠理也,湯熨之所及也。在血脈,鍼石之所及也。其在腸胃,酒醪之所及也。其在骨髓,雖司命無奈之何。今在骨髓,臣是以無請也。後五日,桓侯體病,使人召扁鵲,扁鵲已逃去,桓侯遂死。使聖人預知微,能使良醫得蚤從事,則疾可已,身可活也。人之所病病疾多,而醫之所病病道少。故病有六不治,驕恣不論於理,一不治也;輕身重財,二不治也;衣食不能適,三不治也;陰陽并藏氣不定,四不治也;形羸不能服藥,五不治也;信巫不信醫,六不治也。有此一者,則重難治也。扁鵲名聞天下,過邯鄲,聞貴婦人,即爲帶下醫。過洛陽,聞周人愛老人,即爲耳目痺醫。來入咸陽,聞秦人愛小兒,即爲小兒醫。隨俗爲變。秦太醫令李醯,自知技不如扁鵲也,使人刺殺之。至今天下言脈者,由扁鵲也。(嘉永己酉影宋本)

注:《扁鵲傳》註解書,滕惟寅[(1)]《扁鵲倉公列傳割解》、丹波元簡[(2)]《扁鵲倉公傳彙攷》、中莖謙[(3)]《扁鵲傳正解》、石坂宗哲[(4)]《扁鵲傳解》、村井琴山[(5)]《扁鵲傳解考》、張驥《史記扁鵲倉公傳補註》。

[郭注]

(1)滕惟寅,即淺井圖南(1706～1782)。一説,其遠祖姓藤原,仿效中國單姓而稱滕(滕、藤同)。京都名醫淺井周伯之孫,名政直,字惟寅(又稱維寅),通稱頼母。雖出身京都,後爲承父淺井東軒(名正仲)醫業,任尾張藩醫。本草學師事松岡玄達。擅長詩文書畫,喜描畫墨竹("平安四竹"之一)。本書爲日本最早研究《扁鵲倉公列傳》著述,内容充實,爲後世研究打下基礎。

(2)丹波元簡,即多紀元簡(1754～1810),通稱安清,後稱安長,字廉夫,號桂山、櫟窻等,又稱劉桂山。江户時代著名醫學家、幕府醫官,日本醫學史上重要人物之一。曾從井上金峨治儒學,隨父多紀元德習醫學。頗受松平定信賞識,寛政二年(1790)晉昇爲奥醫師、法眼。翌年(1791),躋壽館歸幕府直轄,更名醫學館,元簡任醫學館助教,教授幕府醫官子弟。後承襲父業,主持并擔任江户醫學館教學工作。十一年(1799)任御匙(將軍侍醫),享和元年(1801)左遷寄合醫師,文化七年(1810)復職奥醫師,同年歿。元簡生平熱心醫學教育,弟子盈門,著述甚豐,有《櫟窻類抄》、《素問識》、《靈樞識》、《傷寒論輯義》、《金匱要略輯義》、《扁鵲倉公傳彙考》等書傳世。

(3)中莖謙(1776～1866),又稱中莖暘谷。名謙,字恭卿,通稱元悦。結城儒醫,古方派醫家。著書有《傷寒論正解》、《方極釋義》、《證法格略譜》、《扁鵲傳正解》等。

(4)石坂宗哲(1770～1841),名永教,號竿齋,甲府人。江户後期著名鍼灸家。寛政中任幕府奥醫師,晉升法眼。寛政九年(1799)創立甲府醫學所。宗哲不僅重視中國古典醫學,對荷蘭醫學亦頗關注,曾鑽研解剖學。又通過與 N. Tullingh 和 Philipp Franz von Siebold 等人交流,將日本鍼灸傳入歐洲。著有《醫源》、《鍼灸知要一言》、《鍼灸茗話》、《骨經》、《竿齋先生問答》、《鍼灸説約》、《扁鵲傳解》等書。

(5)村井琴山(1733～1815),名杶,字大年,號琴山,通稱椿壽、原診館、六清真人、清福道人。熊本醫家村井見朴之子,世代爲肥後醫,琴山曾協父興建熊本醫學館(再春館)。後上京師事吉益東洞,繼承"古方派"學統,堪稱東洞門下第一人。回歸鄉里行醫,五十歲後任肥後藩醫、細川侯侍醫。所著有《醫道二千年眼目篇》、《和方一萬方》、《續藥徵》、《藥量考》、《扁鵲傳考》等。

(二)考證

【帝王世紀】黄帝命雷公岐伯,論經脈傍通,問難八十一爲《難經》。教制九鍼,著《内外術經》十八卷。《太平御覽》卷七百二十一。

【文苑英華】卷七百三十五·序三七·雜序一·黄帝八十一難 《黄帝八十一難經》是醫經之秘錄也。昔者岐伯以授黄帝,黄帝歷九師以授伊尹。伊尹以授湯,湯歷六師以授太公。太公授文王,文王歷九師以授醫和。醫和歷六師以授秦越人,秦越人始定立章句,歷九師以授華佗。華佗歷六師以授黄公,黄公以授曹夫子。夫子諱元,字真道,自云京兆人也。蓋授黄公之術,洞明醫道,至能遙望氣色,徹視藏府,洗腸刳胸之術,往往行焉。浮沈人間,莫有知者云云。

【難經集註】楊玄操集註難經序 《黄帝八十一難經》者,斯乃勃海秦越人所作也。越人受桑君之秘術,遂洞明醫道,至能徹視藏府,刳腸剔心。以其與軒轅時扁鵲相類,乃號之爲扁鵲。又家於盧國,因命之曰盧醫。世或以盧、扁爲二人者,斯實謬矣。按黄帝有《内經》二帙,帙各九卷,而其義幽賾,殆難窮覽。越人乃採摘英華,抄撮精要,二部經内,凡八十一章,勒成卷軸。伸演其首,探微索隱,傳示後昆,名爲"八十一難",以其理趣深遠,非卒易了故也。既弘暢聖言,故首稱"黄帝"。斯乃醫經之心髓,救疾之樞機,所謂脱牙角於象犀,收羽毛於翡翠者矣。

【郡齋讀書後志】卷二子類醫家類 《黄帝八十一難經》一卷,右秦越人撰,吳呂廣注,唐楊玄操演。越人授桑君秘術,洞明醫道,采《黄帝内經》精要之説,凡八十一章,編次爲十三類。其理趣深遠非易了,故名《難經》。

【書錄解題】卷十三醫書類 《難經》二卷,案,《文獻通考》作"五卷"。渤海秦越人撰,濟陽丁德用補注。《漢志》亦但有《扁鵲内外經》而已,《隋志》始有《難經》,《唐志》遂題云"秦越人",皆不可考。德用者,乃嘉祐中人也。《序》言太醫令呂廣重編此經,而楊元操復爲之注,覽者難明,故爲補之,且問爲之圖。十一難分爲十三篇,而首篇爲診候最詳,凡二十四難,蓋脈學自扁鵲始也。難,作去聲讀。

【漢書藝文志考證】卷十醫經 《扁鵲内經》九卷。《隋志》:《黄帝八十一難經》二卷。《崇文總目》:秦越人撰。秦越人采《黄帝内經》精要之説,凡八十一章,編次爲十三類,理趣深遠非易了,故名《難經》。《館閣書目》:《脈經》一卷。題扁鵲撰。凡十六篇。《史記》:王勃《八十一難經序》曰:岐伯以授黄帝,黄帝歷九師以授伊尹。伊尹以授湯,湯歷倉公師公乘陽慶,傳黄帝扁鵲之脈書。太史公曰:扁鵲言,醫爲方者宗。六師以授太公。太公以授文王,文王歷九師以授醫和,醫和歷六師以授秦越人。秦越人始定立章句,歷九師以授華佗。華佗歷六師以授黄公,黄公以授曾元。

【難經本義】凡例　《八十一難經》，隋唐書《經籍》、《藝文志》俱云二卷。後人或釐而爲三，或分而爲五，今仍爲二卷，以復《書志》之舊。楊玄操復爲十三類以統之，今亦不從，說見後《彙攷》中。

《難經彙攷》　《史記》越人傳，載趙簡子、虢太子、齊桓侯三疾之治，而無著《難經》之說，《隋書經籍志》、《唐書藝文志》俱有"秦越人黃帝八十一難經二卷"之目。又唐諸王侍讀張守節作《史記正義》，於《扁鵲倉公傳》則全引《難經》文以釋其義，傳後全載《四十二難》與第《一難》、《三十七難》全文，由此則知古傳以爲秦越人所作者不誣也。詳其設問之辭，稱"經言"者，出於《素問》、《靈樞》二經之文，在《靈樞》者尤多。亦有二經無所見者，豈越人別有摭於古經，或自設爲問答也耶。

邵菴虞先生嘗曰：《史記》不載越人著《難經》，而隋唐書《經籍》、《藝文志》定著越人《難經》之目。作《史記正義》者，直載《難經》數章。愚意以爲，古人因經設難，或與門人弟子答問，偶得此八十一章耳。未必經之當難者，止此八十一條，難由經發，不特立言，且古人不求托名於書，故傳之者，唯專門名家而已。其後流傳寖廣，官府得以錄而著其目，註家得以引而成文耳。

圭齋歐陽公曰：切脈於手之寸口，其法自秦越人始，蓋爲醫者之祖也。《難經》先秦古文，漢以來"答客難"等作，皆出其後，又文字相質難之祖也。

紀天錫云：秦越人，將《黃帝素問》疑難之義八十一篇，重而明之，故曰《八十一難經》。

宋治平間，京兆黎泰辰序虞庶《難經注》云：世傳《黃帝八十一難經》，謂之難者，得非以人之五臟六腑隱於內，爲邪所干，不可測知，唯以脈理究其彷彿邪。若脈有重十二菽者，又有如按車蓋而若循雞羽者，復考內外之瘴以參校之，不其難乎。丁德用《補註》題云：《難經》歷代傳之一人，至魏華佗，乃燼其文於獄下。於晉宋之間，雖有仲景、叔和之書，然各示其文，而濫觴其說。及吳太醫令呂廣重編此經，而尚文義差迭。按此則《難經》爲燼餘之文，其編次復重經呂廣之手，固不能無缺失也。

東坡先生《楞伽經跋》云：如醫之有《難經》，句句皆理，字字皆法。後世達者，神而明之，如槃走珠，如珠走槃，無不可者。若出新意而棄舊學，以爲無用，非愚無知，則狂而已。譬如俚俗醫師，不由經論，直授藥方，以之療病，非不或中。至於遇病輒應，懸斷死生，則與知經學古者，不可同日語矣。世人徒見其有一至之功，或捷於古人，因謂《難經》不學而可，豈不誤哉。

諸家經解，馮氏、丁氏傷於鑿，虞氏傷於巧，李氏、周氏傷於任，王、呂晦而舛，楊氏、紀氏大醇而小疵。唯近世謝氏說，殊有理致源委。及袁氏者，古益人，著《難經》本旨，佳處甚多。然其因襲處，未免踵前人之非，且失之冗爾。

【古今醫統大全】卷一採摭諸書　《難經》六卷八十一篇，盧國扁鵲撰。姓秦，名越人。述《內經》，設爲問答，撰《難經》八十一篇，爲十卷，所引經言，多非《靈》、《素》本文，蓋後人之托辭也。或古有其書，而今亡之矣。《漢志》但有《扁鵲內外經》，而《隋志》始有《難經》，《唐志》又屬之越人，皆不可考。《通考》有吳太醫呂廣註，唐楊玄操演,《醫史》有隋呂博望註本,不傳。宋王惟一集五家之説,而醇疵相亂。惟虞氏粗爲可觀。紀齊卿註稍密,乃辯呂、楊、王三子之非。周仲立頗加訂易,而考證未明。李子野爲之句解,而無所啟發。嘉祐中丁德用繪圖釋義,頗爲精詳。近代張潔古註後附藥,殊非經意,今皆未之見也。惟正統間,熊宗立《俗解》,相傳愈失其義,如"五十九難"云"顛狂之脈陰陽俱盛",《俗解》分陰分陽,與本文畔。諸如此類甚多,寖使後學晦盲,是故國朝醫政壞於《難經》、《脈訣》二書之僞也。

按,《古今醫統大全》卷三《翼醫通考》上有《難經》,大義同之,今省略。

【難經經解】徐大椿　《難經》非經也,以《靈》、《素》之微言奥旨,引端未發者,設爲問答之語,俾暢厥義也。古人書篇名義,非可苟稱。"難"者,辯論之謂,天下豈有以"難"名爲經者,故知《難經》非經也。自古言醫者,皆祖《内經》,而《内經》之學至漢而分。倉公氏以診勝,仲景氏以方勝,華佗氏以鍼灸雜法勝,雖皆不離乎《内經》,而師承各別。逮晉唐以後,則支流愈分,徒講乎醫之術,而不講乎醫之道,則去聖遠矣。惟《難經》則悉本《内經》之語而敷暢其義,聖學之傳,惟此爲得其宗。然竊有疑焉。其説有即以經文爲釋者,有悖經文而爲釋者,有顛倒經文以爲釋者,夫苟如他書之別有師承,則人自立説,源流莫考,即使與古聖之説大悖,亦無從而證其是非。若即本《内經》之文以釋《内經》,則《内經》具在也,以經證經,而是非顯然矣。然此書之垂已二千餘年,註者不下數十家,皆不敢有異議,其間有大可疑者,且多曲爲解釋,并他書之是者反疑之,則豈前人皆無識乎。殆非也。蓋經學之不講久矣,惟知溯流以尋源,源不得則中道而止,未嘗從源以及流也。故以《難經》視《難經》,則《難經》自無可議。以《内經》之義疏視《難經》,則《難經》正多疵也。余始也蓋嘗崇信而佩習之,習之久而漸疑其或非,更習之久而信己之必是。非信己也,信夫《難經》之必不可違乎《内經》也。於是本其發難之情,先爲申述《内經》本意,索其條理,隨文詮釋。既乃別其異同,辨是否。其間有殊法異義,其説不本於《内經》,而與《内經》相發明者,此則別有師承,又不得執《内經》而議其可否。惟夫遵《内經》之訓而詮解未洽者,則摘而證之於經,非以《難經》爲可訾也,正所以彰《難經》於天下後世,使知《難經》之爲《内經》羽翼,其淵源如是也。因名之爲"經釋"。《難經》所以釋經,今復以經釋"難"。以難釋經而經明,以經釋難而難明,此則所謂醫之道也,而非術也。其曰秦越人著者,始見於《新唐書藝文志》,蓋不可定然,實兩漢以前書云。雍正五年三月既望松陵徐大椿敘。

【四庫全書總目】卷一百三子部醫家類·難經本義　《難經》八十一篇,《漢藝文志》不載,《隋》、《唐志》始載《難經》二卷,秦越人著。太醫令呂廣嘗註之,則其文當出三國前。廣書今不傳,未審即此本否。然唐張守節註《史記·扁鵲列傳》,所引《難經》悉與今合,則今書猶古本矣。其曰"難經"者,謂經文有疑,各設問難以明之。其中有此稱"經云",而《素問》、《靈樞》無之者,則今本《内經》傳寫脱簡也。其文辨析精微,詞致簡遠,讀者不能遽曉,故歷代醫家,多有註釋。壽所採摭,凡十一家,今惟壽書傳於世。

【古今僞書考】子類　秦越人《難經》,晁子止曰:《漢志》亦但有《扁鵲内外經》,

《隋志》始有《難經》,《唐志》遂屬之越人,皆不可考。恒案,《傷寒論序》云“撰用《素問》、《九卷》、《八十一難》”,《八十一難》者,即指《素問》、《九卷》而言也。六朝人又爲此,絕可笑。

【難經疏證】黄帝八十一難經解題　《八十一難》之名,昉見於漢張仲景《傷寒論》自序,而梁阮孝緒《七錄》有“黄帝衆難經”之目,蓋“衆”乃“八十一”之謂。《集註》題曰《黄帝八十一難經》,《本義》無“黄帝八十一”字,非其舊也。其以“黄帝”冠者,正與《内經》同。《素問·離合真邪論》曰:九九八十一篇,以起黄鐘數焉,古書多以此爲數,《素》、《靈》、《老子》皆然也。難,是“問難”之義。《帝王世紀》云:黄帝命雷公、岐伯,論經脈旁通,問難八十一,爲《難經》。《事物紀原》隋蕭吉《五行大義》、唐李善《文選·七發》註,並引此經文曰“《黄帝八十一問》云”,可以證焉。《唐藝文志》有《耆婆八十四問》、《許詠六十四問》,蓋本此。或讀爲平聲,非也。此經不詳何人作,隋以上則附之於黄帝,唐而降則屬之於秦越人。《隋經籍志》云《黄帝八十一難》二卷,蓋原於《帝王世紀》之説也。楊玄操爲秦越人之所作也。王勃云“秦越人始定章句”。蓋勃序見《文苑英華》,其言迂怪可疑。《舊唐經籍志》云《黄帝八十一難經》一卷,秦越人撰。按,開元中張守節作《史記正義》,於《扁鵲傳》首引楊玄操《難經序》,則玄操開元以前人,而其屬諸越人者,豈創於玄操歟。司馬遷云“天下至今言脈者由扁鵲”,蓋論脈莫精於《難經》,則其説之所以起也。然謂之扁鵲所作,唐而上無説,實爲可疑矣。《八十一難》之目,已見於仲景自序,而叔和《脈經》,士晏《甲乙》,往往引其文,則漢人所撰。要之不失爲古醫經,亦何必論其作者。胡應麟曰:《班志》“扁鵲有《内經》九卷,《外經》十二卷”,或即今《難經》也。此説難憑。此經所論,一本《内經》之精要,以發其藴奥,而較諸《素問》、《靈樞》之義往往有相詭者,是果何也。《素》、《靈》舊稱古之《内經》,而取兩書較之,亦往往有其義相乖者。《内經》中已如此。又取《素》、《靈》而篇篇較之,其言有前後相畔者,一書中亦復如此。況《難經》雖原《内經》,而其實别是一家言。《春秋》三傳,各異其辭,古之説經立言,率皆爲然,亦何遽取彼舉此,而致軒輊耶。吴文正公曰:昔之神醫秦越人,撰《八十一難》,後人分其八十一爲十三篇。予嘗慊其分篇之未當,釐而正之。其篇凡六,一至二十二論脈,二十三至二十九論經絡,三十至四十七論藏府,四十八至六十一論病,六十二至六十八論穴衛,六十九至八十一論鍼法。夫秦氏之書,與《内經素》、《靈》相表裡,而論脈、論經絡居初,豈非醫之道所當先明此者歟。予喜讀醫書,以其書之比他書最古也。《贈醫士章伯明序》按吴氏六篇,視之於楊氏十三類,條理區别,甚爲的當,元以後註《難經》者,未有表章者也。

【石坂宗哲扁鵲傳解】第三葉裡　若傳末曰“至今言脈者由扁鵲”一句,全後人所加,非子長之舊。楊玄操信傳末之一句,以《難經》爲越人之所著者謬矣。第十五葉裡“至今天下言脈者由扁鵲也”注。此乃後人所補添,蓋以《難經》爲越人之作者,加此語欲以取證於後來。夫《難經》之脈法,非古之脈法,且嚮者曰“越人之爲方也,不待切脈望色”云云,何其語之相反也,可疑之甚。

【守山閣本脈經】錢熙祚跋　又引“扁鵲脈法”,並不見《難》、《脈經》,而書中引

《難經》之文,不稱"扁鵲曰",可見《難經》不知何人所作。《新唐書》屬之秦越人者,妄也。

【醫籍考】卷七一百八十五頁　李駧曰:《黄帝八十一難經》,盧國秦越人所撰。《史記》列傳曰:扁鵲者,姓秦氏,名越人。揚雄所謂"扁鵲盧人"是也。假設問答,以釋疑難之義,凡八十一篇,故謂之《八十一難經》。醫經之興,始於黄帝,故繫之"黄帝"者,以明其義皆有所受之,而非私智曲說也。

吕復曰:《難經》十三卷,乃秦越人祖述《黄帝内經》,設爲問答之辭,以示學者。所引經言,多非《靈》、《素》本文,蓋古有其書,而今亡之耳。

胡應麟曰:醫方等錄,雖亦稱述黄岐,然文字古奥,語致玄妙。蓋周秦之際,上士哲人之作,其徒欲以驚世,竊附岐黄耳。考《班志》,扁鵲有《内經》九卷,《外經》十二卷,或即今《難經》也。

王文潔曰:扁鵲者,軒轅時扁鵲也。隱居巖嶽,不登於七人之列,而自作《八十一難經》。以後秦越人註之,今書稱扁鵲秦越人。

按,先子曰:《八十一難》之目,昉見於張仲景《傷寒論序》。"難"是"問難"之謂。隋蕭吉《五行大義》、唐李善《文選·七發》註、《太平御覽》引此經,作"八十一問",則其義可證焉。其冠以"黄帝"二字者,正與《内經》同,蓋出假託也。此經未詳成乎何人。考楊玄操序,云秦越人之所作也。司馬遷云:天下至今言脈者由扁鵲,蓋論脈莫精於《難經》。則其說之所以起也。自仲景以來,叔和《脈經》,士晏《甲乙》,往往引其文,則漢人所撰,要之不失爲古醫經,亦何必論其作者。而其爲說,一本《素》、《靈》之精要,以發其藴奥,而較之經義往往有相詭,是果何也。《素問》、《靈樞》,舊稱古之《内經》,而取兩書較之,亦往往有其義相乖者,二經中已如此。又取《素問》、《靈樞》而篇篇較之,其言有前後相畔者,一書中亦復如此。況《難經》雖原二經,而其實別是一家言。《春秋》三傳,各異其辭,古之説教立言,率皆爲然,亦何遽取彼舉此,而致軒輊耶。姚際恒《僞書考》謂六朝人所爲,疏謬亦甚。

又按,《八十一難經》較之於《素問》、《靈樞》,其語氣稍弱,似出於東都以後之人,而其所記又有與當時之語相類者。若"元氣"之稱,始見於董仲舒《春秋繁露》、揚雄《解嘲》,而至後漢比比稱之。"男生於寅,女生於申",《說文》"包"字註、高誘《淮南子》註、《離騒章句》俱載其說。"木所以沈,金所以浮",出於《白虎通》。"金生於巳,水生於申","瀉南方火,補北方水"之類,並是五行緯說家之言,而《素》、《靈》中未有道及者,特見於此經。且此經診脈之法,分以三部,其事約易明,自張仲景、王叔和輩,執而用之,迺在醫家實爲不磨之矜式。然徵之《素》、《靈》,業已不同,稽之倉公診籍,復又不合,則想其古法隱奥,以不遽易辨識,故至後漢或罕傳其術者,於是時師據《素問》有"三部九候"之稱,仿而演之,以作一家言者歟。其決非西京之文者,可以覩矣。

又按,《千金翼方》診脈大意,引"一難"、"五難"文。《外臺》載《刪繁方》"六極論",引"二十四難"文,並稱"扁鵲曰"。其文雖稍異,而並似原於是經。考《隋志》載《刪繁方》十三卷，謝士泰撰。是士泰係於隋以上人，則是經屬之於越人者，不特創於楊玄操。余嘗觀宋板《史紀·扁鵲傳》僧幻雲[1]“附標”，所引《難經》，似是玄操原本，載其卷首名銜，曰“盧國秦越人撰，吳太醫令呂廣註，前歙州歙縣尉楊玄操演”，據此，呂廣註本似署“越人”名，然則士泰所稱，殆循其舊者歟。

［郭注］

(1)幻雲(1460～1533)，名月舟壽桂，號幻雲、中孚道人。京都人。室町時代五山學問僧。十七歲出家，學識淵博，擅長醫學。曾取南化本宋版《史記·扁鵲倉公列傳》重注，稱“附標”，爲研究《史記》及室町時代醫學之重要參考資料。

（三）刊本及抄本

1. 宋元本

【太平御覽】經史圖書綱目　《黄帝八十一問》。引書目《黄帝八十一問》。

【遂初堂書目】醫書類　《八十一難經》

【玉海】卷六十三藝文藝術　天聖校定《難經》，晁宗愨、王舉正奉敕撰。國子監摹印本。

【讀書敏求記校證】卷三之下醫家　《難經》三卷。案，《直齋》作二卷，《通考》作五卷，《述古目》作一卷，注“鈔”字。鈺案，始見《隋志》，作二卷。陸孟鳧先生云：《難經》從未見宋槧本，予留心搜訪，僅購得此舊鈔，補、繆本，“鈔”下有“本”字。字法俱橅松雪翁。疑是元人所書，不識賞鑒家以爲然否。

【季滄葦藏書目】宋元雜板書醫書　《難經》。共六本之內。

2. 明刊本

【叢書舉要】卷十二醫種子明盧復編泰昌元年刊　《難經》

【叢書書目彙編】十八畫醫種子，明盧復編泰昌元年刊　《難經》

【中國醫學書目】叢書十六醫要集覽　《難經》一冊三十四葉，十行二十字。無註。明板。

3. 道藏本

【叢書舉要】卷六十道藏目錄大玄部　《黄帝八十一難經》七卷

【叢書書目彙編】十三畫道藏大玄部　《黄帝八十一難經》七卷

4. 日本本

【實素堂藏書目錄】內編醫經　《難經》一卷，一冊。萬治三年活字單（經）［行］本。

【觀海堂書目】絡字號　《難經》二本，六卷。日本古鈔本。

5. 朝鮮刊本

【朝鮮醫籍考】一百四十九頁　《高麗史》卷八云：文宗戊戌十二年九月己巳朔，忠州牧進《新雕黄帝八十一難經》。《川玉集》：《傷寒論》、《本草括要》、《小兒巢氏病源》、《小兒藥證一十八論》、《張仲（卿）［景］五臟論》九十九板，詔置秘閣。

6. 未詳本

【文淵閣書目】明 【菉竹堂書目】明 【觀古堂本古今書刻】明 【萬卷堂書目】明 【本草綱目引據古今醫家書目】明 【脈望館書目】明 【醫藏書目】明 【世善堂藏書目錄】明 【重編寧波范氏天一閣圖書目錄】清 【近古堂書目】清 【也是園藏書目】清 【述古堂藏書目】清 【絳雲樓書目】清 【撮壤集】日本 【仙臺蕃醫學校藏書目錄】日本 【東醫寶鑑】朝鮮 【醫方類聚】朝鮮

二、黄帝衆難經吴吕廣注

(一)出典

【隋書經籍志】卷三子部醫方 《黄帝八十一難經》二卷。梁有《黄帝衆難經》一卷,吕博望注。亡。

【冊府元龜】卷七百二十四方術部五醫五 《八十一難經注》,吕博。

【通志藝文略】醫方類上脈經 《黄帝衆難經》二卷,吕博望注。

注:吕廣傳,《太平御覽》卷七百二十四云:《玉匱鍼經序》曰,吕博少以醫術知名,善診脈論疾,多所著述。吴赤烏二年爲太醫令,撰《玉匱鍼經》及注《八十一難經》,大行於代。

《難經本義》"本義引用諸家姓名"云:吕氏廣,吴太醫令。《難經》註解。

《醫學源流》"吴"云:吕廣,吴人,爲太醫令,重編《難經》。按,丁德用補注《難經》,歷代傳之一人,至魏華佗,乃燼其文於獄下。於晉宋之間,雖有仲景、叔和之書,然各示其文,而濫觴其說,雖吴吕廣重編此經,而尚文義差迭。按,此則《難經》爲燼餘之文,其編次復重經吕廣之手,固不能無缺失也。按《名醫圖》有吕博,無吕廣,予疑博即廣也。

(二)考證

【補三國藝文志】卷三子之類醫家 《吕博衆難經注》一卷。《太平御覽》七百二十四《玉匱鍼經序》曰云云。《隋書經籍志》曰:梁有《黄帝衆難經》一卷,吕博望注。亡。按《隋志》"《玉匱鍼經》"之下又有"《赤烏神鍼經》一卷",不著撰人。兩《唐志》並云"張子存撰"。子存,不知何代人。吕博,《七錄》稱吕博望,或其字歟。

【古今醫統大全】卷二採摭諸書 《通考》有吴太醫吕廣註,唐楊玄操演。《醫史》有隋吕博望註本,不傳。宋王惟一集五家説,而醇疵相亂。

【難經疏證】黄帝八十一難經解題 "八十一難"之名,昉見於漢張仲景《傷寒論》自序,而梁阮孝緒《七錄》有"黄帝衆難經"之目,蓋"衆"乃"八十一"之謂。《集註》題曰"黄帝八十一難經",《本義》無"黄帝八十一"字,非其舊也。其以"黄帝"冠者,正與《内經》同。

【醫籍考】卷一一百九十七頁 熊均曰:按《名醫圖》有吕博,無吕廣,予疑博即廣也。按,僧幻雲《史記·扁倉傳》"附標"曰:《黄帝八十一難經》,吴太醫令吕廣注,一本作呂博。按呂氏本名廣,隋代避國諱,遂轉爲博。先子曰:呂博望,即呂廣也。魏張楫《廣雅》,隋曹憲爲之音解,避煬帝諱,更名《博雅》。據此,呂名作博者,係於隋人所易,豈甘氏《名醫圖》偶不改之乎。蓋醫經之有註,莫先於此書。其說輯在於王翰林《集註》,幾乎所謂名亡而實不亡者,亦幸哉。

三、集註難經唐楊玄操集注

(一)出典

【日本國見在書目錄】醫方家　《黄帝八十一難經》九,楊玄操撰。

【郡齋讀書後志】卷二醫家類　《黄帝八十一難經》一卷。右秦越人撰,吳呂廣注,唐楊玄操演。越人授桑君秘術,洞明醫道,采《黄帝内經》精要之說,凡八十一章,編次爲十三類,其理趣深遠非易了,故名《難經》。元操編次爲十三類。

【文獻通考】經籍考子醫家　呂楊注《八十一難經》五卷。陳氏曰:《漢志》亦但有《扁鵲内外經》而已,《隋志》始有《難經》,《唐志》遂屬之越人,皆不可考。難,作去聲讀。

注:楊玄操傳,《難經本義》"引用諸家姓名"云:楊氏玄操,吳歙縣尉。《難經》注解。《醫學源流》"唐"云:楊玄操,大唐人,明方脈,好直言,嘗註解《八十一難經》。

(二)考證

【難經疏證】黄帝八十一難經解題　夫《八十一難經》,古今之爲箋釋者,亡慮數十家,若呂廣、楊玄操、虞庶、丁德用,其書雖亡,而王翰林《集註》存其全說。

【難經本義】難經彙攷　諸家經解,(中略)王、呂晦而舛,楊氏、紀氏太醇而小疵云云。

【醫籍考】卷一二百頁　按,楊玄操,不詳何朝人。考開元中張守節作《史記正義》,於《倉公傳》採錄楊序及說,則知爲初唐人。其演註全在於王翰林《集註》中,所謂亦是名亡而實不亡者,然似與楊康侯註相錯。弟堅嘗鈔出呂、楊舊註,更據晉唐以來諸書所引,校訂以爲一編,併附"攷異"。序曰:寬平中藤原佐世《現在書目》:《黄帝八十一難經》九,楊玄操註。《八十一難音義》一,同撰。趙希弁《讀書志》曰:《黄帝八十一難經》一卷,秦越人撰,吳呂廣註,唐楊玄操演。馬端臨《文獻通考》作五卷。又詳《讀書後志》有丁德用、虞庶註,書並五卷,而今《集註》又作五卷。九、五字形相似易譌,疑玄操原書五卷,諸註仍之者歟。某侯舊藏宋本《史記·扁鵲倉公列傳》,有大永間僧幻雲"附標",不啻板心牘尾皆滿,添以別紙,援證諸家,所引《難經》爲楊氏原本,而載其卷首署名,正與《讀書後志》合。有曰"所見楊玄操注寫本也,字多謬誤"。又曰"《難經》,楊氏云:難,音乃丹反"。然則當時併"音義"而行於世。大永迄今未三百年,而軼亡不傳,深爲可惜。然其所引不下數十節,文字端雅,足窺古本真面。又《集註》每卷署"楊康侯"名,是似玄操之外,更有註解,然註文稱"楊曰",殊無分別。嚮爲二家相溷,仍欲證明之,考索有日。嘗檢黄魯直《豫章集》,有楊子建《通神論序》,稱子建名康侯,審定元符間人。因知如熙豐以上,《太平聖惠方》、《通真子註脈訣》、《神功萬全方》,竝皇國《醫心方》[1]、《弘決外典鈔》[2]等所引,及丁、虞所駁,皆非康侯註矣。仍於諸書所引,一一表出,殆似無出康侯者云。

［郭注］

(1)《醫心方》,日本現存最古之醫學全書,丹波康賴(912～995)編撰。康賴傳爲中國漢靈帝後裔,歸化日本,爲阿智王第八代孫,曾任鍼博士、醫博士。後承丹波宿禰賜姓,成爲宫廷醫丹波氏之祖。所撰《醫心方》三十卷,彙錄六朝至隋唐時代中國及朝鮮醫藥書籍,其內容除醫學各科外,還包括本草、養生、房中等門類。引用書籍達百十餘種,保存大量中國唐以前醫藥文獻。江户幕府以前,此書秘藏宫廷,世罕知之。今傳半井家鈔本及仁和寺鈔本,已被指定爲日本國國寶。安政年間(1854～1860),江户醫學館摹刻半井本,萬延元年(1860)印行。半井家鈔本之影印本,江户醫學館摹刻本及其翻刻本,現均有流傳。

(2)《弘決外典鈔》,具平親王(964～1009、村上天皇第七皇子)所撰。全四卷。正曆二年(991)成書。本書係注釋妙樂湛然《止觀輔行傳弘決》中引用外典(佛典外典籍)文之作,非醫書,但引自《太素》、《明堂》、《難經》、《諸病源候論》、《脈經要訣》、《養生要集》等中國古醫書內容頗多,具有濃厚醫學生理學色彩,對古醫書輯佚、校勘有參考價值。此書金澤稱名寺所藏弘安十一年圓種手校弘安本、成簣堂所藏寶永對校本,均已影印出版。

(三)序跋

集註難經序

《黄帝八十一難經》者,斯乃勃海秦越人所作也。越人受桑君之秘術,遂洞明醫道,至能徹視藏府,刳腸剔心,以其與軒轅時扁鵲相類,乃號之爲扁鵲。又家於盧國,因命之曰盧醫。世或以"盧扁"爲二人者,斯實謬矣。按黄帝有《內經》二帙,帙各九卷,而其義幽賾,殆難窮覽。越人乃採摘英華,抄撮精要,二部經內,凡八十一章,勒成卷軸,伸演其首,探微索隱,傳示後昆。名爲《八十一難》,以其理趣深遠,非卒易了故也。既弘暢聖言,故首稱"黄帝",斯乃醫經之心髓,救疾之樞機,所謂脫牙角於象犀,收羽毛於翡翠者矣。逮於吳太醫令呂廣爲之註解,亦會合玄宗,足可垂訓,而所釋未半,餘皆見闕。余性好醫方,問道無斁,斯經章句,特承師授。既而耽研無斁,十載於兹。雖未達其本源,蓋亦舉其綱目。此教所興,多歷年代,非唯文句舛錯,抑亦事緒參差,後人傳覽,良難領會。今輒條貫編次,使類例相從,凡爲一十三篇,仍舊八十一首。呂氏未解,今並註釋。呂氏注不盡,因亦伸之。並別爲音義,以彰厥旨。昔皇甫玄晏,總三部爲《甲乙》之科。近世華陽陶貞白,廣《肘後》爲《百一》之製。皆所以留情極慮,濟育群生者矣。余今所演,蓋亦遠慕高仁,邇遵盛德,但恨庸識有量,聖旨無涯,綆短汲深,玄致難盡。前歙州歙縣尉楊玄操序。文化元年刊濯纓堂本

註:本序首尾,見於《留真譜》卷七醫部。

(四)抄本

【汲古閣毛氏藏書目録】醫家　《吕(陽)[廣]注八十一難經》五卷,秦越人撰,吴吕廣注,唐玄操演。

【稽瑞樓書目】小櫥叢書　《黄帝八十一難經》一卷,吴吕廣注,唐楊元操演。抄本。一冊。

【寶素堂藏書目録】内編醫經　《黄帝八十一難經》五卷,一冊。多紀元堅校定,吕楊之家注本。

四、八十一難音義唐楊玄操撰

【日本國見在書目録】醫方家　《八十一難音義》一,楊玄操撰。

註:按楊玄操《集註難經序》云"别爲《音義》,以彰厥旨"。

五、補注難經宋丁德用注

(一)出典

【郡齋讀書後志】卷二醫家類　《丁德用注難經》五卷,右皇朝丁德用注,以楊玄操所演甚失大義,因改正之。經文隱奥者,繪爲圖。德用,濟陽人。嘉祐末其書始成。

【通志藝文略】醫方類上脈經　《丁德(甫)[用]補注難經》二卷

【直齋書録解題】卷十三醫書類　《難經》二卷,渤海秦越人撰,濟陽丁德用補注。《漢志》亦但有《扁鵲内外經》而已,《隋志》始有《難經》,《唐志》遂題云"秦越人",皆不可考。德用者,乃嘉祐中人也。《序》言太醫令吕廣重編此經,而楊元操復爲之注,覽者難明,故爲補之,且間爲之圖。《八十一難》分爲十三篇,而首篇爲診候最詳,凡二十四難,蓋脈學自扁鵲始也。難,作去聲讀。

【文獻通考】經籍考子醫家　《丁德用註難經》五卷

註:《難經本義》"彙考"云:丁德用補註題云"《難經》歷代傳之"云云。其全文見於《黄帝八十一難經》"考證"條下。

註:丁德用傳,《難經本義》"本義引用諸家姓名"云:德用,宋嘉祐間濟陽人。《難經補註》。

(二)考證

【難經疏證】黄帝八十一難經解題　夫《八十一難經》,古今之爲箋釋者,亡慮數十家,若吕廣、楊玄操、虞庶、丁德用,其書雖亡,而王翰林《集註》存其全説。

【古今醫統大全】卷二採摭諸書　嘉祐中丁德用繪圖釋義，頗爲精詳云云。

【難經本義】難經彙考　諸家經解，馮氏、丁氏傷於鑿，虞氏傷於巧云云。

【醫籍考】卷一二百零四頁　按，嘗見皇國前輩《本義》"標記"有云：《補註》五卷。嘉祐七年壬寅戊申日，洛陽丁德用序。未知何所本。

(三)抄本

【秘書省續編到四庫闕書目】卷二子類醫書　《丁德用補註難經》二卷。輝按，《陳録》同，《晁志》五卷。

【世善堂藏書目録】卷下醫家傷寒科　《難經註》五卷，丁德用注。

六、虞庶注難經宋虞庶注

(一)出典

【郡齋讀書後志】卷二醫家類　《虞庶注難經》五卷，右皇朝虞庶注。庶，仁壽人，寓居漢嘉，少爲儒，已而棄其業，習醫術。爲此書以補吕、楊所未盡。黎泰辰治平間爲之序。

【文獻通考】經籍考子醫家　《虞庶注難經》五卷

注：虞庶傳，《難經本義》"引用諸家姓名"云：虞氏庶，宋治平間陵陽人。《難經註》。《郡齋讀書後志》卷二醫家類云：庶，仁壽人，寓居漢嘉，少爲儒，已而棄其業，習醫術。

(二)考證

【難經疏證】黄帝八十一難經解題　夫《八十一難經》，古今之爲箋釋者，亡慮數十家，若吕廣、楊玄操、虞庶、丁德用，其書雖亡，而王翰林《集註》存其全説。

【古今醫統大全】卷二採摭諸書　宋王惟一集五家説，而醇疵相亂，惟虞氏粗爲可觀。

【難經本義】難經彙攷　諸家經解，馮氏、丁氏傷於鑿，虞氏傷於巧云云。

【醫籍考】卷一二百零四頁　按《本義》"標記"又云：承議郎守尚書屯田員外郎前知三泉縣兼管勾兵馬橋道勸農事騎都尉賜緋魚袋黎泰辰撰。治平四年端午序。亦不詳所本。

(三)序跋

《難經本義》(《難經彙攷》)云：宋治平間，京兆黎泰辰序虞庶《難經註》云：世傳《黄帝八十一難經》，謂之難者，得非以人之五臟六腑隱於内，爲邪所干，不可測知，唯以脈理究其彷彿邪。若脈有重十二菽者，又有如按車蓋而若循雞羽者，復考内外之證以參校之，不其難乎。

七、註解難經宋楊康侯註

【王翰林集註黄帝八十一難經】 盧國秦越人撰，呂廣、丁德用、楊玄操、虞庶、楊康侯註解。

【王翰林集註難經】丹波元簡序 特至楊康侯，未有所考，而註中稱"楊曰"，而辨駁丁氏之説者兩條，明是康侯註矣。餘皆與玄操混，今不可辨也。

【醫籍考】卷一二百零七頁 又按楊康侯所著《通神論》，元符中黄魯直爲序云云。

注：楊康侯傳，《讀書後志》卷二云：《楊子護命方》五卷，《通神論》十四卷。右皇朝楊退修撰。

楊康侯《通神論》黄庭堅序云：今年以事至青神，有楊康侯子建者，以其所論著醫，惠然見投，悉讀之云云。（《豫章别集》，《醫籍考》一千七百三十三頁。）

《醫籍考》一千七百三十四頁《通神論》云：按是書趙希弁稱楊退修所著。據黄魯直序，楊名康侯，字子建，乃著《十產論》者。然則"退修"當是康侯别字，或其所自號也。二千八百八十一頁云：楊子建，名康侯，號退修，元符間人，著有《護命方》、《通神論》。

八、集註八十一難經宋王惟一集注

（一）出典

【古今醫統大全】卷二採摭諸書 《通考》有吳太醫呂廣注，唐楊玄操演。《醫史》有隋呂博望註本，不傳。宋王惟一集五家説，而醇疵相亂。

【醫籍考】卷一二百零五頁 呂復曰：《難經》十三卷，宋王惟一集五家之説，而醇疵或相雜，惟虞氏粗爲可觀。

注：王惟一傳，《新刊補註銅人腧穴鍼灸圖經》夏竦序云：殿中省尚藥奉御王惟一素授禁方，尤工厲石，竭心奉詔，精意參神，定偃側於人形，正分寸於腧募，增古今之救驗，刊日相之破漏，總會諸説，勒成三篇云云。

（二）考證

【難經疏證】黄帝八十一難經解題 夫《八十一難經》，古今之爲箋釋者，亡慮數十家，若呂廣、楊玄操、虞庶、丁德用，其書雖亡，而王翰林《集註》存其全説。

【經籍訪古志】卷七醫家類醫經 《王翰林集註黄帝八十一難經》五卷。慶安五年刊本。此本雖未見原本，蓋依明板翻刻者。其板往罹祝融，今世希，有林天瀑祭酒活字擺印，收入《佚存叢書》中，而阮元《四庫未收書提要》舉有其本。寬政中醫官千田子敬[1]亦有重刊，其功不可没矣。

後註元治甲子小春，於淺草書肆得《難經集注》鈔本，體式與慶安板本不同，如左（下）：每半面高六寸八分，幅五寸五分。九行，行廿字，注文雙行。用紙百十九葉。卷首無"集註難經序"五字，序末"聖旨"云云提頭書，目錄前有註家姓氏如左：

《王翰林集註黄帝八十一難經綱目》。(靈)[盧]國秦越人撰。東京道人石友諒音釋。呂廣丁德用楊玄操虞庶楊康侯註解。翰林醫官殿中省尚藥奉御王惟一校正。《王翰林集諸家補註黄帝八十一難經》卷一,經脈診候第一。二十四首。一難曰:十二經皆有動脈。呂曰:是手足經十二脈也。丁曰:十二經皆有動脈。

[郭注]

(1)千田子敬(1757～?),名恭、恭副、玄慶,字子敬,號崇山。幕府醫官,曾參與《醫心方》之抄寫。

【醫籍考】卷一二百零五頁　《王翰林集註黄帝八十一難經》五卷,存。按,是書文化初,内醫千田子敬恭重刊。時先子序曰:《王翰林集註黄帝八十一難經》五卷。《宋志》及晁、陳二氏,並滑氏《彙考》之類,俱不著録。惟明葉盛《菉竹堂書目》,又有《難經集註》一卷,未知王氏所集否。金紀天錫亦撰《難經集註》五卷,卷數不合,可疑也。今是書每卷首題曰"呂廣、丁德用、楊玄操、虞庶、楊康侯註解","王九思、王鼎象、石友諒、王惟一校正",附"音釋"。所謂王翰林者,未詳何人。宋仁宗天聖四年,王惟一爲翰林醫官朝散大夫殿中省尚藥奉御騎都尉,奉敕編修《銅人腧穴鍼灸圖經》,王翰林即惟一已。考趙希弁《志》,丁德用註成於嘉祐末,虞庶註,黎泰辰治平間爲之序,並在天聖之後。由此觀之,惟一歷仕仁宗、英宗兩朝,修《銅人經》之後,經數十年而校正是書也。呂廣、楊玄操、丁德用、虞庶註,簿録載其目,諸家亦多援引。特至楊康侯,未有所考,註中稱楊氏而辨駁丁氏之説者兩條,明是康侯説矣。餘皆與玄操説混,不可辨也。王九思、王鼎象、石友諒,雖他書無所見,其與惟一同爲北宋人無疑矣。舊刻慶安板雖未見祖本,題曰"王翰林",則非惟一之舊也。是書視之於滑氏之融會衆説以折衷之,則醇疵殽混,似不全美。然吳呂廣以下之説,得藉以傳之。要之醫經之有註,當以此爲最古也。

又按,楊康侯所著《通神論》,元符中黄魯直爲序,與天聖四年相距七十餘年。王惟一決不得與康侯眉睫相接,則不知何由集入其説也。辛巳仲冬十八日,西城侍醫野間君成式[1]令嗣仁夫成已[2],得皇國亡名氏《難經俗解鈔》,持來見示。卷首稱《難經》有十家補註,所謂十家,併越人而言之,曰"盧秦越人撰,吳太醫令呂廣註,濟陽丁德用補註,前歙州歙縣尉楊玄操演,巨宋陵陽草萊虞庶再演,青神楊康侯續演,琴臺王九思校正,通仙王鼎象再校正,東京道人石友諒音釋,翰林醫官朝散大夫殿中省尚藥奉御騎都尉賜紫金魚袋王惟一重校正,建安李元立鋟木於家塾"。據此,諸家校註本固各單行,李氏鳩集其説,編十家補註,而若署名似不以朝代爲次序。後人以惟一名在最後,謂係其所集,仍别爲一書,題以"王翰林集註"字。先子所謂其非王氏之舊者,可見也。祭酒林天瀑先生衡《佚存叢書》嘗刻是書,曰"明王九思所編",蓋未深加考究也。

[郭注]

(1)野間君(成式),即玄琢成式。名成式,字任夫。曲直瀨玄朔之弟子。寛政四年(1792)九月二十五日拜謁將軍家齊,六年閏十一月十七日繼承家業,官至寄合。文化六年(1809)十二月二十一日任西丸奥醫師,二十三日昇任法眼,不久左遷奥醫師。文政十三年(1830)正月昇任法印,號廣春院。所著有《產科集成》五卷、《金匱方綜》一卷、《粥品考》一卷、《麻疹摘要》一卷、《河豚志》一卷等。

(2)仁夫(成已),名成紀,通稱玄琢,字仁夫,號壽昌院。玄琢成式之子。幕府醫官,任職法印,曾參與父成式刊行《千金翼方》等事業。

【四庫未收書目提要】卷三　《難經集註》五卷,周秦越人撰。越人即扁鵲,事跡具《史記》本傳。明王九思等集注。九思,字敬夫,鄠縣人。(宏)[弘]治十才子之一,丙辰進士,由庶吉士授檢討,調吏部主事,陞郎中。坐劉瑾黨,降壽州同知,尋勒致仕。事跡附《明史·李夢陽傳》,餘則未詳。《難經》雖不見於《漢藝文志》,而《隋》、《唐志》已著錄,凡八十一章,編次爲十三類,理趣深遠,非易了然。九思因集吳呂廣、唐楊元操、宋丁德用、虞庶、楊康侯各家之說,彙爲一書,以便觀者。案宋晁公武《讀書志》云:德用以楊元操所演甚失大義,因改正之。經文隱奥者,繪爲圖以明之。然則書中圖說,殆德用所爲,是編日本人用活字板擺印。呂楊各注,今皆未見傳本,亦藉此以存矣。

【四部叢刊書錄】子部　《難經集註》五卷,二冊,日本活字本。周秦越人撰,明王九思集註。卷首題"王翰林集註黃帝八十一難經",蓋明弘治中王九思等集吳呂廣、唐楊玄操、宋丁德用、虞庶、楊康侯五家之注而成此書,王惟一"釋音"附每卷之後。今諸家注解多不傳,賴此以存。王氏此書,《四庫》及各家書目皆不載,蓋中土之佚久矣。

(三)序跋

1.重刊難經集註序

蓋我醫之爲學,李、朱出而古義晦,猶儒家宋說興而漢學廢矣。乃如《難經》一書,及滑氏註行而諸家說皆廢焉。況慶安中所刻王翰林《集註》,已毀於火,世罕傳之。醫官崇山千田君子敬嘅舊籍之日逸,更爲校訂,捐俸付梓,問序於簡。簡嘉其存古之盛心,不量蕪陋,略疏其源委而序焉。按《王翰林集註黃帝八十一難經》五卷,《宋藝文志》、晁公武《讀書志》、趙希弁《後志》、陳振孫《書錄解題》及葛氏《彙考》之類,並不著錄。惟明葉盛《菉竹堂書目》載《難經集註》一卷,未知王氏所集否。金紀天錫亦撰《難經集註》五卷,見《續文獻經籍考》,俱卷數不合,可疑也。今此書每卷首題曰"呂廣、丁德用、楊玄操、虞庶、楊康侯註解","王九思、王鼎象、石友諒、王惟一校正",附"音釋"。所謂王翰林者,未詳何人。宋仁宗時,王惟一爲翰林醫官朝散大夫殿中省尚藥奉御騎都尉,天聖五年,奉敕編修《銅人腧穴鍼灸圖經》,王翰林即是惟一已。而考趙希弁《志》,丁德用註成於嘉祐末,虞庶註,黎泰辰治平間爲之序,並在天聖之後。由此觀之,惟一歷仕仁宗、英宗兩朝,修銅人之後,經三十餘年,而校正此書也。又呂廣、楊玄操、丁德用、虞庶註,簿錄載其目,諸家亦多援引者,特至楊康侯,未有所考。而註中稱楊曰而辨駁丁氏之說者兩條,明是康侯註矣。餘皆與玄操混,今不可辨也。王九思、王鼎象、石友諒,雖他書無所見,其與惟一同爲北宋人無疑焉。舊刻慶安板,雖未見祖本,題曰王翰林,則非惟一之舊也。然審其樣式,髣髴存宋槧之遺,不出元明人手者,亦無復疑焉。皇侃《論語義疏》載晉蔡謨論《論語》云:物有大而不普、小而兼通者,譬如巨鏡百尋,所照必偏。明珠一寸,鑒包六合。而東坡《跋楞伽經》則云:如醫之有《難經》,句句皆理,字字皆法。後世達者,神而明之,如槃走珠,如珠走槃,無不可者。是皆喻其該圓通機活之妙理也。然則《八十一難》,猶儒家有《論語》歟。是書視之於滑氏之融會數説以折衷之,則雖醇疵殽混,似不全美。然吳呂廣以下五家説,得籍以傳者,猶皇氏《義疏》,視之朱子之論辨精核,旨義貫通,則雖循文敷衍,稍爲冗贅,然十三家之遺説,託而不泯於今歟。要之,醫經之有註,當以此爲最古,豈其可廢乎。而《宋志》以降,不見其目。如近代乾隆《四庫全書》,稱闡幽舉墜,盡如甄錄,而獨採滑氏《本義》而不及是書,乃恐或彼土佚已久矣。而我邦經數百年,而全然存焉者,誠醫家之大幸也。因思《論語》皇疏,彼土失傳,天明中,吳商汪鵬,寓於崎嶴,偶得而還。乾隆戊申,歙鮑氏再刻,以收其叢書中。今子敬之有此舉,異日儻依海舶之便,而傳彼土,則雖謂之有功於國華亦可也。文化紀元中秋日,東都醫官督醫學事丹波元簡廉夫譔。

2. 重刊難經集註序

秦越人《難經》二卷,原《靈樞》、《素問》而弘暢其義,經脈診候,至用鍼補瀉,答問條目,凡八十一首,皆摭拾精粹,發揮幽賾,洵爲百世醫流之寶典矣。雖然,其言微,其旨深,後世學者,或難領其義。吳太醫令呂廣,肇作之註解,大義雖頗通,未能無掛漏焉。至唐楊玄操,新建類例,分爲十三篇,又補呂註闕,詳暢其義。其有功於斯經,不可勝言。及至趙宋,有丁德用、虞庶、楊康侯,又各據所見,以爲之説,其言皆爲一家之準的矣。雖然,凡作釋義者,互立異同,遞正謬誤,掊擊前輩,務演己説,是以意見各出,不嫌矛盾。如寸關尺之位,長短部分之度,彼此牴牾,難爲依據,徒多後世之惑,而學者苦於取標準焉。翰林醫官王(維)[惟]一,博索旁引,考求源委,與奪呂廣以下丁、虞、二楊之是非,辨別真僞,爲之集註。於是其旨闡,其義邕,而判然惑解,的然可據,實可謂醫學之津梁矣。然及滑氏《本義》出,家習戶誦,以爲金科玉條,是以王氏《集註》遂隱而不著,至其甚則并其名而不知也。我丹波君廉夫恒深憂之,余亦每慨古書之湮沒。頃得王氏《集註》而研究之,啟發蓄疑者,殊爲弗尠,乃知斯書之裨益後學,不淺淺也。因謀諸廉夫而襄之梓。方今國家體涵煦之仁,敷覆幬之政,愍斯民之疾苦,憂夫醫之鹵莽,大建醫學,以教育醫門之子弟,蓋欲使秀士英才出乎其間,而躋含靈於壽域也。仁政嘉惠之洽於民生者,其亦至矣。余以辱厠於教諭之末,不揣固陋,親考訂以授剞氏,庶幾斯書之長傳而不再滅也,蓋亦贊仁政萬一於下之寸悃而已矣。文化紀元甲子仲秋日,內醫藥材所辨驗藥材兼醫學教諭崇山千田恭撰。

(四)刊本

【留真譜新編】第七醫部　《王翰林集諸家補註黃帝八十一難經》。抄本。《王翰林集諸家補註黃帝八十一難經》。刊本。

【聿修堂藏書目録】經解　《王翰林集註黄帝八十一難經》五卷，慶安中翻刻，宋王惟一著。《難經集註》五卷，五冊。文化甲子重刊本。

【寶素堂藏書目録】内編醫經第二　《王翰林集註黄帝八十一難經》五卷，宋王惟一。五冊。慶安五年刊行本。

《王翰林集註黄帝八十一難經》五卷，宋王惟一。二冊。清川愷附標，慶安五年刊本。

《王翰林集註黄帝八十一難經》五卷，宋王惟一。五冊。文化元年千田恭校刊慶安本。

【元治增補御書籍目録】子部醫家類經論之屬　《難經集註》五卷。文化板。五冊。宋王(維)[惟]一撰。

【内閣文庫圖書第二部漢書目録】第三門子第六類醫家經論　《黄帝難經集註》。宋王惟一。慶安五年刊。五冊。(特)《難經集註》，同上文化元年刊。五冊。

【杏雨書屋圖書假目録】三百七十二頁　《難經集註》五卷，附音釋。宋王惟一。日本刊。五冊。一〇八號。

【中國醫學書目續編】《難經》　《王翰林集註黄帝八十一難經》五卷，四冊。十行二十一字，欄高十四・八糎，幅十九・五糎。吕廣、丁德用、楊玄操、虞庶、楊康侯註解，王九思、王鼎象、石友諒、王惟一校正，附音釋。千田恭(子敬)校訂。日本濯纓堂藏版。文化元年刊。

【四部備要】上海中華書局聚珍倣宋版印子部醫家　《難經集註》

【學海書院圖書館書目】子部醫家類　《難經》。秦越人著。楊玄操、楊康侯、王九思等。五冊。商務《佚存叢書》本。

【四部叢刊書録】子部　《集註難經》五卷，二冊。上海涵芬樓藏。日本活字本。

九、難經疏宋侯自然疏

【崇文總目輯釋】卷三醫書類一　《難經疏》十三卷，侯自然撰。侗按，《宋志》上標"秦越人"三字。

【通志藝文略】醫方類上脈經　《難經》十三卷，侯自然撰。

【秘書省續編到四庫闕書目】卷二子類醫書　侯自然撰《難經疏》三十卷

【遂初堂書目】醫書類　《難經疏》

【宋史藝文志】子類醫書類　《秦越人難經疏》十三卷

十、難經疏

【寶素堂藏書目録】内編醫經第二　《難經疏》一卷。前書(《扁鵲八十一難經辨正條例》一卷)合裝，家大人手書新輯本。宋亡名氏。

十一、難經解義宋龐安時解義

【宋史藝文志】子類醫書類　龐安時《難經解義》一卷。龐(時安)[安時]《難經解》一卷。

注:右兩書同出於《宋志》,蓋同一書也乎。

【難經本義】難經彙攷　蘄水龐安常有《難經解》數萬言,惜乎無傳。《彙攷》引用諸家姓名:龐氏安時,字安常,宋紹興間蘄州蘄水人,著《補傷寒書》。

注:龐安時傳,《宋史》卷四百六十二本傳云:龐安時,字安常,蘄州蘄水人。兒時能讀書,過目輒記。父世醫也,授以《脈訣》。安時曰"是不足爲也",獨取黃帝、扁鵲之脈書治之。未久,已能通其說,時出新意,辨詰不可屈,父大驚,時年猶未冠。已而病聵,乃益讀《靈樞》、《太素》、《甲乙》諸秘書,凡經傳百家之涉其道者,靡不通貫。嘗曰:"世所謂醫書,予皆見之,惟扁鵲之言深矣。蓋所謂《難經》者,扁鵲寓術於其書,而言之不詳,意者使後人自求之歟。予之術蓋出於此。以之視淺深,決死生,若合符節。且察脈之要,莫急於人迎、寸口。是二脈陰陽相應,如兩引繩,陰陽均,則繩之大小等。故定陰陽於喉、手,配覆溢於尺、寸,寓九候於浮沈,分四溫於傷寒。此皆扁鵲略開其端,而予參以《內經》諸書,考究而得其說。審而用之,順而治之,病不得逃矣"。又欲以術告後世,故著《難經辨》數萬言。觀草木之性與五藏之宜,秩其職任,官其寒熱,班其奇偶,以療百疾,著《主對集》一卷。古今異宜,方術脫遺,備陰陽之變,補仲景論。藥有後出,古所未知,今不能辨,嘗試有功,不可遺也,作《本草補遺》。爲人治病,率十愈八九。踵門求診者,爲辟邸舍居之,親視饘粥藥物,必愈而後遣。其不可爲者,必實告之,不復爲治。活人無數。病家持金帛來謝,不盡取也。嘗詣舒之桐城,有民家婦孕將產,七日而子不下,百術無所效。安時之弟子李百全適在傍舍,邀安時往視之。纔見,即連呼不死,令其家人以湯溫其腰腹,自爲上下拊摩,孕者覺腸胃微痛,呻吟間生一男子。其家驚喜,而不知所以然。安時曰:"兒已出胞,而一手誤執母腸不復能脫,故非符藥所能爲。吾隔腹捫兒手所在,鍼其虎口,既痛即縮手,所以遽生,無他術也"。取兒視之,右手虎口鍼痕存焉。其妙如此。有問以華佗之事者,曰"術若是,非人所能爲也,其史之妄乎"。年五十八而疾作,門人請自視脈,笑曰"吾察之審矣,且出入息亦脈也,今胃氣已絕,死矣"。遂屏卻藥餌,後數日,與客坐語而卒。

今案,傳中桐城民家婦孕說,亦見洪邁《夷堅甲志》卷十"龐安常鍼之"條,意大同而文字小異矣。

《古今醫統大全》卷一《歷代聖賢名醫姓氏》云:龐安常,蘄水人。性敏穎,好學,精於醫,讀《素問》、《靈樞》、《甲乙》,深達奧妙,著書立言,發前人之未發。表述人迎、氣口之脈,在手在喉,上下齊等,引繩曰平,過勝即病。而有三陰、三陽之分,甚是詳切。

十二、黄帝八十一難經注釋宋宋庭臣注

【宋史藝文志】子類醫書類　宋庭臣《黄帝八十一難經注釋》一卷

十三、劉氏難經解

【醫籍考】卷一二百十一頁　劉氏闕名《難經解》，佚。王洙曰：昔東郡有一醫者，姓劉，其術甚異。通《黄帝八十一難經》，病註者失其旨，乃自爲解，獻於闕下，仍爲人講説，自號曰"劉難經"。其治病察脈，無隱不知。肘後有二藥奩，止藥末數品而已，每視人病，旋取諸末和合加減，分爲劑料，日不盡其數。病未瘉，他日再至，曰，此藥服不如數耳，所餘當有幾。人不能欺。後以老終。《談録》

十四、難經辨正釋疑宋周與權撰

【難經本義】凡例　《難經》正文，周仲立、李子埜輩擅加筆削，今並不從。《彙攷》引用諸家姓名周氏與權，字仲立，宋臨川人。《難經辨正釋疑》。

【醫籍考】卷一二百十二頁　周氏與權《難經辨正釋疑》，佚。吕復曰：《難經》周仲立頗加訂易，而考證未明。《九靈山房集滄洲翁傳》

十五、扁鵲八十一難經辨正條例宋周與權撰

【留真譜新編】第七醫部　《扁鵲八十一難經辨正條例》，醫門後學臨川周(與)[輿]權辨正。

【聿修堂藏書目録】經解　《扁鵲八十一難經辨正條例》一卷，一冊。鈔本。宋周輿權著。

【經籍訪古志】卷七醫家類醫經　《扁鵲八十一難經辨正條例》一卷。櫟窻先生手鈔本。聿修堂藏。宋。醫門後學臨川周輿權辨正。櫟窻先生跋，略曰：櫻寧生著《難經本義》，其凡例首條，譏周氏之擅。予嘗謂，韓愈之於魯論，郭京之於《周易》，皆有所釐正，雖不知竹簡漆書果如其言也否，視之於拘泥舊文之差誤，左傅右會以爲説者，非無所闡發。蓋此《辨正釋疑之條例》也。頃者，白雲後人野間玄琢攜此書以見貸，因手鈔一本，以備他日之研揣云。

【實素堂藏書目録】内編醫經第二　《扁鵲八十一難經辨正條例》一卷，宋周(輿)[輿]權。一冊。家大人手書校定本。

《扁鵲八十一難經辨正條例》一卷，一冊。鈔劉(柱)[桂]山手書校定本。

【故宫博物院書目】醫家　《八十一難經辨正條例》，周(輿)[輿]權辨正。一冊。日考古齋鈔本。《扁鵲八十一難經辨正條例》，周(輿)[輿]權辨正。一卷，一冊。日本鈔本。

注:按是書《經籍訪古志》以爲《辨正釋疑之條例》,今暫列於此。

十六、難經疏義宋王宗正疏義

【宋史藝文志】子類醫書類　王宗正《難經疏義》二卷

【難經本義】彙攷引用諸家姓名　王氏宗正,字誠叔,宋紹興人。將仕郎,試將作監,《難經註義》。《難經彙考》謝氏謂,《難經》王宗正註義圖解,大概以胗脈之法,心肺俱浮,腎肝俱沈,脾在中州。

十七、難經疏宋高承德疏

【醫籍考】卷一二百十三頁　高氏承德《難經疏》,佚。按右見於僧幻雲《史記扁鵲倉公傳》"附標",而紀天錫《集註》又駁其義,乃知承德爲宋人。

十八、難經句解(圖註難經　難經圖解)宋李駉撰

(一)出典

【難經本義】凡例　《難經》正文,周仲立、李子埜輩,擅加筆削,今並不從。

【補遼金元藝文志】子部醫方類　宋李晞范《難經注解》四卷。崇仁人。

【元史藝文志】卷三子類醫書類　李晞范《注難經》四卷。《脈髓》一卷。崇仁人。

【醫籍考】二百一十六頁　呂復曰:李子野爲《難經句解》,而無所啟發。《九靈山房集滄洲翁傳》。

注:李駉傳,《醫學源流·宋》云:李駉,字子野,號晞范子,宋咸淳間臨川人。集註叔和《脈訣》,又有《難經句解》,並行世。

(二)序跋

1.李駉自敘

可以生人,可以殺人,莫若兵與刑。然兵刑乃顯然之生殺,人皆可得而見。醫乃隱然之生殺,人不可得而見。年來妄一男子,耳不聞(《醫籍考》作"聽")《難》、《素》之語,口不誦(《醫籍考》作"論")《難》、《素》之文,濫稱醫人,妄用藥餌。誤之於尺寸之脈,何啻乎尺寸之兵;差之於輕重之劑,有甚於輕重之刑。予業儒未效,惟(《醫籍考》作"唯")祖醫是習。不揆所學,嘗集解王叔和《脈訣》矣,嘗句解《幼幼歌》矣。如《八十一難經》(《醫籍考》無"經"字),乃越人受桑君之(《醫籍考》無"之"字)秘術,尤非膚淺者所能測其秘。隨句箋解,義不容辭(《醫籍考》作"舛"),敬以十先生補註爲宗祖,言言有訓,字字有釋,必欲學醫(《醫籍考》無"學醫"二字)君子口誦心惟,以我之生,觀彼之生,自必能回生起死矣。何至(《醫籍考》作"更")有實實虛虛,醫殺之譏。吁,醫之有生人之功如此,豈不賢于(《醫籍考》作"於")兵刑之生殺哉。時大宋咸淳五年歲次己巳孟春,臨川晞范子李駉子埜自序。

《愛日精廬藏書志》卷二十二

2. 註義圖序論

《黄帝八十一難經》,盧國秦越人所撰。《史記》列傳曰,扁鵲者,姓秦氏,名越人。揚雄所謂"扁鵲盧人"是也。假設問答,以釋疑難之義,凡八十一篇,故謂之《八十一難經》。醫經之興,始於黄帝,故繫之"黄帝"焉。以明其義皆有所受之,而非私智曲説也。今世所傳,雖有吕廣、楊玄操註釋,皆淺陋闊略,而又汨(《醫籍考》作"用")之以異端之説。近代爲之註者,率多蕪雜,無足觀焉。是故《難經》奥旨,闇而不彰,醫者莫能資其説以施世也。余讀其書輒(此五字《醫籍考》作"今余")妄意古人言,爲之義解,又于(《醫籍考》作"於")終編撮其大法,合以《素問》,論而圖之。而("而"字《醫籍考》欠)楊玄操之註有害義理者,指摘而詳辯(《醫籍考》作"辨")焉。然後切脈之綱要粲然可觀,醫者考之,可以審是非而闢邪説矣。《愛日精廬藏書志》卷二十二。按,此一文首,《醫籍考》冠"又註義圖序論曰"七字。

(三)刊本

1. 元本

【皕宋樓藏書志】卷四十三子部醫家類　《新刊晞范句解八十一難經》。宋麻沙本。周盧國秦越人撰,宋翰林王惟一校正,臨川晞范子李駉子埜句解。次引李駉自序,今略之。

【静嘉堂文庫國書分類目録】九理學醫學二醫學一醫書　《新刊晞范句解八十一難經》八卷,圖一卷。周秦越人撰,宋李駉句解。元刊二冊。皕宋樓舊藏本。

【儀顧堂集】卷十七　元板《難經》八卷。每葉廿行,行廿字。題曰"新刊晞范句解八十一難經","盧國秦越人撰,翰林王惟一校正,臨川晞范子李駉子埜句解"。前有咸淳己未晞范子自序,首有圖十九葉,末有"釋音"兩葉。其書逐句解釋,頗爲淺近易曉。李駉仕履無考,是書著録家所罕見。張氏《藏書志》始著於録,但從《道藏》本傳録,書祇七卷,此本八卷,乃完帙也。

2. 道藏本

【道藏】大玄部　《黄帝八十一難經纂圖句解》,周秦越人,宋李駉注。

【愛日精廬藏書志】卷二十二子部醫家類　《黄帝八十一難經纂圖句解》七卷。抄本。從《道藏》本傳録。周盧國秦越人撰,宋臨川晞范子李駉子埜句解。隨句箋釋,故云"句解"。次引李駉自序,今略之。

【四庫書目邵注】卷十子部五醫家類難經本義　《黄帝八十一難經纂圖句解》七卷,宋李駉句解。出《道藏》本。昭文張氏有此書。姚若有抄本。又《朱竹垞集》有《書李駉脈訣集解十二卷後》。

【經籍訪古志】卷七醫家類醫經　《黄帝八十一難經纂圖句解》七卷。《道藏》本影鈔。宋臨川晞范子李駉子埜句解,序稱"大宋咸淳五年歲次己巳"。考《國史經籍志》四卷,此本七卷,亦《道藏》所析也。

【郘亭知見傳本書目】卷八子部醫家類　《難經纂圖句解》七卷,宋臨川李駉子埜句解，出《道藏》本。昭文張氏有此。李駉《脈訣集解》十二卷後。

【內閣文庫圖書第二部漢書目録】第三門子第六類醫家　《黄帝難經纂圖句解》《道藏》經籍字號七卷，序論一卷。南宋李駉。日本寫本。

3. 日本抄本

【寶素堂藏書目録】内編醫經　《難經句解》一卷，宋李駉。一冊。家大人手書新輯本。

4. 民國刊本

【杏雨書屋圖書假目録】一百五十頁　《黄帝八十一難經纂圖句解》，南宋李駉撰。民國刊。三冊。

5. 不明本

【萬卷堂書目】卷二醫家　《難經註解》四卷，李晞范。

【千頃堂書目】子部醫家類補元　李晞范《難經註解》四卷，又《脈髓》一卷。崇仁人。

【抱經樓藏書志】卷三十五子部醫家類　《新刊晞范句解八十一難經》。鈔本。周盧國秦越人撰，宋翰林王惟一校正，臨川晞范子李駉子埜句解。次引李駉自序，今略之。

【天一閣藏書目録】呂字號廚　《難經句解》二本

【多紀元堅獻納醫學館醫書目録】　《難經句解》七卷，寫本，七冊。

【絳雲樓書目】卷三醫書類　《圖註難經》四卷，李晞范注。

【季滄葦書目】宋元雜板醫書　《圖註難經》十二卷

【帝室和漢圖書目録】醫學和漢古方　《難經注解》，寫，一卷，一冊。

十九、難經注宋謝復古注

【醫學源流】宋　謝復古，宋人，有《難經註》。

注：謝復古傳，《古今醫統大全》卷一"姓氏"云：謝復古，爲宋翰林學士，(籍)［藉］醫藥，尤工於《傷寒》，發仲景之奧旨。

二十、難經註宋馮玠注

【難經本義】難經彙攷　《難經》諸家註解，馮氏、丁氏傷於鑿。

【醫籍考】卷一二百十六頁　馮氏玠《難經註》，佚。鄭所南曰：雙腎之間，爲下丹田，出《神景內經》。馮玠註《難經》，"八難"下註引之甚詳。《文集·答吴山人問遠遊觀地理書》自註

二十一、集註難經金紀天錫集注

(一)出典及考證

【難經本義】彙攷引用諸家姓名　紀氏天錫，字齊卿，金大定間，岱麓人。《難經註》

凡例紀齊卿於經中“盛”字多改作“甚”字，豈國諱或家諱有所避邪，蓋昧於臨文不諱之義也。今不從。

【補遼金元藝文志】子部醫方類　金紀天錫《集注難經》五卷　泰安人。

【補三史藝文志】子部醫家類金　紀天錫《注難經》五卷

【二十五史補編】補元史藝文志卷三子類醫書類　紀天錫《集注難經》五卷。一作三卷。字齊卿，泰安人，醫學博士。

【醫籍考】卷一二百十六頁　呂復曰：紀齊卿註《難經》稍密，乃附辨楊玄操、呂廣、王宗正三子之非。《九靈山房集·滄洲翁傳》。按，是書久佚，僧幻雲《史記附標》載“進難經表”及註說數十則，辨論頗爲精確。

注：紀天錫傳，《金史》卷一百三十一云：紀天錫，字齊卿，泰安人。早棄進士業，學醫，精於其技，遂以醫名世。《集註難經》五卷，大定十五年，上其書，授醫學博士。

（二）序跋

紀天錫進難經表

（臣天錫）聞濟生之道，莫大於醫，識病之源，在於經典。今有《八十一難經》，爲醫之祖，是秦越人將《黄帝素問》疑難之義八十一篇，重而明之，故曰《八十一難經》。然其文義閫奥，後學難知，雖近代以來，有呂廣、楊玄操、高承德、丁德用、王宗正之徒，或作註解，或爲疏義，奈何文理差迭，違經背義，濫觴其說，遺而不解者，實其多矣。臣天錫念此爲醫之患，遂乃精加訪求，首尾十餘年間，方始識其理趣云。《醫籍考》

（三）刊本

【萬卷堂書目】卷三醫家　《難經註解》三卷，紀天錫。

【千頃堂書目】子部醫家類　紀天錫《集注難經》五卷。泰安人，爲醫學博士。大定七年表上於朝。

【故宫博物院書目】醫家　《難經集註》，金紀天原無“錫”字。一冊。日考古齋鈔本。

【實素堂藏書目録】内編醫經第二　《難經集注》一卷，金紀天錫。一冊。家大人手書新輯本。

【内閣藏書目録】卷之六技藝部　《黄帝八十一難經》一冊全，紀天錫注。

二十二、藥註難經金張元素注

【難經本義】引用諸家姓名　張氏元素，金明昌大定間易水人，號潔古。《藥註難經》。《難經彙攷》潔古氏《藥注》，疑其草稿，姑立章指義例，未及成書也。今所見者，往往言論於經不相涉，且無文理。潔古平日著述極醇正，此絕不相似，不知何自，遂乃板行，反爲先生之累，豈好事者爲之，而托先生之名邪。要之，後來東垣、海藏、羅謙甫輩皆不及見，若見必當與足成其說，不然亦回護之，不使輕易流傳也。

【脈望館書目】辰字號子類二脈訣　張潔古《註難經》一本

【近古堂書目】卷下醫家類　張潔古《註解難經》

【絳雲樓書目】卷三醫書類　張潔古《注難經》

注:張元素傳,《金史》卷一百三十一:張元素,字潔古,易州人。八歲試童子舉,三十七試經義進士,犯廟諱下第。乃去學醫,無所知名。夜夢有人用大斧長鑿,鑿心開竅,納書數卷於其中,自是洞徹其術。河間劉完素,病傷寒八日,頭痛脈緊,嘔逆不食,不知所爲。元素往候,完素面壁不顧。完素曰:何見待之卑如此哉。既爲診脈,謂之曰:脈病云云。曰:然。初服某藥用某味乎。曰:然。元素曰:子誤矣。其味性寒,下降走太陰,陽亡,汗不能出。今脈如此,當服某藥則效矣。完素大服,如其言,遂愈。元素自此顯名。元素治病,不用古方,其說曰:運氣不齊,古今異軌,古方新病,不相能也。自爲家法云。

《古今醫統大全》卷一《歷世聖賢名醫姓氏·金》云:張元素,字潔古,易州人,今稱易老。八歲善屬文,舉進士,好醫方。夜夢神人鑿開胸腹納書於中,自是洞轍病源,活潑施藥。

第三類　脈經

一、脈經晉王叔和撰

(一)出典

【脈經】王叔和自序　今撰集岐伯以來，逮於華陀，經論要訣，合爲十卷。百病根源，各以類例相從，聲色證候，靡不該備。其王、阮、傅、戴、吳、葛、呂、張，所傳異同，咸悉載錄。

【隋書經籍志】子部醫方　《脈經》十卷，王叔和撰。

【日本國見在書目】醫方家　《黄帝脈經決》十二，王叔和新撰。

【唐書藝文志】丙部子錄明堂經脈類　《脈經》十卷

【脈經】林億等進呈劄子　臣等承詔典校古醫經方書，所校讎中《脈經》一部，乃王叔和之所撰集也。

【崇文總目輯釋】卷三醫書類　《脈經》十卷。原釋：不著姓氏。闕。

【通志藝文略】醫方類上脈經　《脈經》十卷，晉王叔和撰。

【郡齋讀書後志】卷二醫家類　《脈經》十卷。右晉王叔和撰，纂岐伯、華佗等論脈要訣。

【文獻通考】卷二百二十二子醫家　王叔和《脈經》十卷。鼂氏曰：晉王叔和撰。按唐甘伯宗《名醫傳》曰：叔和，西晉高平人，性度沉靖，博通經方，精意診處，尤好著述。其書纂岐伯、華陀等論脈要訣所成。敘陰陽表裡，辯三部九候，分人迎、氣口、神門。條十二經、二十四氣，奇經八脈，五臟六腑，三焦四時之痾，纖悉備具，咸可按用，凡九十七篇。皇朝林億等校正。

【宋史藝文志】子類醫書類　王叔和《脈經》十卷

注：王叔和傳，《甲乙經》皇甫謐自序云：仲景論廣伊尹《湯液》爲數十卷，用之多驗。近代太醫令王叔和，撰次仲景選論甚精，指事施用。

張杲《醫說》卷一《三皇歷代名醫》云：王叔和，高平人也。博好經方，尤精診處，洞識攝養之道，深曉療病之源。採摭群論，撰成《脈經》十卷。篇次《張仲景方論》爲三十六卷，大行於世。（出張堪《養生方》。《古今醫統大全》、《古今圖書集成》並引之。）

《醫學入門》卷首《歷代醫學姓氏・明醫》云：王叔和，西晉高平人，爲太醫令。性度沉靜，博通經史，精研（衣）［醫］道，洞識修養，纂岐伯、華陀等書爲《脈經》、

《脈訣》,次仲景《傷寒方論》,遂使其本書不行於世,後人不免有遺議焉。

《古今圖書集成·醫部全錄》卷五百零五《醫術名流列傳》二云:按甘伯宗《名醫傳》,晉王叔和,高平人。爲太醫令,性度沉靜,通經史,窮研方脈,精意診切,洞識修養之道。撰《脈經》十卷,《脈訣》四卷,《脈賦》一卷。仲景作《傷寒論》錯簡,迨叔和撰次成序,得全書。

《醫籍考》五百九十一頁:按丹州公《醫心方》引《養生要集》,有"高平王熙叔和曰"語。據此,叔和名熙,以字行者也。先友山本萊園允[1]亦嘗謂之。孫鼎宜《脈經鈔》"叔和事略"云:後魏高湛《養生論》云,王叔和,高平人也。博好經方,洞識攝生之道。嘗謂人曰:食不欲雜,雜則或有所犯(《千金》三十六載"高平王熙稱食不欲雜",與此正同。然則熙迺王叔和之名,今世通稱其字,其名則鮮有知者)。當時或無災患,積久爲人作疾,尋常飲食,每令得所,多飡令人彭亨短氣,或致暴疾。夏至秋分,少食肥膩餅臛之屬,此物與酒食瓜果相妨,當時不必即病。入秋節變,陽消陰長,寒氣總至,多至暴卒,良由涉夏取冷太過、飲食不節故也。而不達者,皆以病至之日,便謂是受病之始,而不知其所由來者漸矣。豈不惑哉。(《御覽》七百二十"養生")又曰:王叔和,性沈靜,好著述,考覈遺文,採摭群論,撰成《脈經》十卷。編次《張仲景方論》爲三十六卷(有誤),大行於世。(《御覽》七百二十二"醫二":按宋熙寧林億等《校定脈經》進呈劄子云:叔和,西晉高平人,性度沈靜,尤好著述,博通經方,精意診處,洞識修養之道,其行事具唐甘伯宗《名醫傳》中。高湛此論,猶較在前也。孫星衍《續古文苑》前條採入,後條失收,蓋偶粗略。又按甫謐《甲乙序》稱"近代太醫令王叔和撰次仲景遺論甚精,甘露中吾病風,百日方治,迺撰集三部",是叔和著書在甘露前。但甘露即太始元年,士安不書典午年號,豈稱"近代"謂吳之太醫邪。而世通以叔和爲晉人,蓋習讀億書故也。高湛論亦未明著時代也。)

《醫賸》卷上"王叔和"云:程郊倩《後條辨》詆王叔和,書其字。而鄭漁仲《氏族略》:王叔,姬姓,周襄王之子王叔虎之後也。然則王叔子,和其名,亦不可知也。清儲大文《存研樓集》云:今王叔和墓在峴山下。未知地志有載此者否。

[郭注]

(1)山本萊園允,又稱山本惟允、山本恭庭。宋張季明之後裔,流寓日本,更姓山本。祖居京都,自玄通宗孝始徙居江户。世代以醫爲業,任職醫官。山本恭庭仕履不明。或云,山本氏三代惟直,幼名金之助,後改稱宗安,又稱宗英。寶曆十三年(1763)拜謁家治將軍。安永七年(1778)十二月任番醫。寛政三年(1791)四月繼承家業,十月朔日任寄合。四年八月昇任奥詰,十二月三日敘進奥醫師,十六日任法眼。文化元年(1804)十二月十六日昇任法印,稱永春院,後改稱啟春院、啟俊院。天保六年(1835)卒,年八十八。所著《諸病源候論解題》,對研究《諸病源候論》頗有參考價值。

(二)考證

【太平御覽】卷七百二十二方術部三醫二　高湛《養生論》:王叔和,性沈靜,好著述,

考覈遺文，採摭群論，撰成《脈經》十卷。編次《張仲景方論》爲三十六卷，大行於世。《册府元龜》同

【脈經】林億等進呈劄子　臣等各殫所學，博求衆本，據經爲斷，去取非私。大抵世之傳授不一，其別有三。有以隋巢元方時行《病源》爲第十卷者，考其時而謬自破。有以第五分上、下卷，而撮諸篇之文，別增篇目者，推其本文而義無取。稽是二者，均之未見厥真，各秘其所藏爾。今則考以《素問》、《九墟》、《靈樞》、《太素》、《難經》、《甲乙》、仲景之書，并《千金方》及《翼》說脈之篇以校之，除去重復，補其脫漏，其篇第亦頗爲改易，使以類相從，仍舊爲一十卷，總九十七篇。

【明刊脈經】袁表序　其末篇有"手檢圖二十一部"，今觀其文，則皆覆論十二經脈，與奇經八脈，三部二十四種，形證所屬，無圖可見。豈叔和所著故有圖，久不復傳耶。乃宋臣林億劄中則稱世之傳授，其別有三。有以隋巢元方時行《病源》爲第十篇，有以五篇分上、下，而撮全經之文別增篇目者。億曾據《素問》、《九墟》、《靈樞》、《太素》、《難經》、《甲乙》、仲景諸書，校其脫漏，仍爲十篇以傳，則知末篇傳疑已久，億但補正其文。而所謂"手檢圖二十一部"云者，直存舊目，無從考證耳。

夫醫亦多術，而切脈稱巧，乃自古記之矣。神聖不代生，即粗工庸術，亦難語巧，脈書可廢哉。今讀岐黄《内景》、仲景、《太素》、《難經》，諸書尚矣。其於脈，間出緒論，未覩成書。叔和生千載之後，櫽括古今，洞察玄微，旁喻曲證，爰著是書，爲切家指南，其褎然稱經宜爾。其後三百餘年，唐甘伯宗作《名醫傳》，亟稱叔和，蓋是經行於世，自晉迄唐未始廢也。五代高陽生始爲《脈訣歌》，而經因掩不行。彼歌固援經勦說，以便粗工者，今其所立七表、八裡、九道之目，即内外陰陽已大戾厥旨，他無論已。世醫習之，殺人何算哉。宋熙寧中，是經復出秘閣，歷元世已三授刻，世終鮮用，書亦不傳。夫醫一技耳，復古之難，尚爾可嘆也。

【古今醫統大全】卷一採摭諸書　王氏《脈經》十卷，晉王叔和撰。述《内經》三部九候、五藏六府、十二經脈，然則左心、小腸，右肺、大腸乃其失也。卷一歷世聖賢名醫姓氏。惜乎《脈經》誤以小、大腸配心、肺之候，致有高陽生《脈訣》，僞書竊名，誤天下之蒼生者，此其由也。

【徐大椿醫學源流論】脈經論　王叔和著《脈經》，分門別類，條分縷晰，其原亦本《内經》，而漢以後之說，一無所遺。其中旨趣，亦不能畫一，使人有所執持。然其匯集群言，使後世有所考見，亦不可少之作也。

【醫籍考】卷二五百八十六頁　呂復曰：《脈經》十卷，西晉太醫令王叔和本諸《内經素問》、《九靈》及扁鵲、仲景、元化之說，裒次而成，實醫門之龜鑑，診切之指的，自與近代俶託鈐訣者不同。歷歲既深，傳授不一，各秘所藏，互有得失。至宋秘閣林億等，始考證謬妄，頗加改易。意其《新譔四時經》之類，皆林氏所增入，陳孔碩、何大任、毛升、王宗卿輩，皆嘗審訂刊傳。今不多見，近人謝堅白以其所藏舊本刻於豫章，傳者始廣。五百九十一頁。按丹州公《醫心方》引《養生要集》，有"高平王熙叔和曰"語，據此，叔和名熙，以字行者也。先友山本萊園允亦嘗謂之。

又按，此書第三卷稱"新撰"者，叔和以《素問》諸經之文，有雜而難了，乃新抄

事要者。《四時經》蓋《隋志》所載《三部四時五藏辨診色決事脈》一卷是也。呂復以此二件爲宋臣所攙，誤矣。先子曰：《脈經》第十卷，首標曰"手檢圖三十部"。明袁表校本及沈際飛本，作"二十一部"。今閲之，以氣口一脈，分爲九道，以論三陰三陽奇經之脈，其義未太明，且不及手三陽、任、督、衝之六脈。知是不止其圖，其文亦殘闕，不可復尋繹焉。吳山甫云："手檢圖"脈法，惟通融之士，能知能行。亦未知圖與經文，既亡且缺也。

【補晉書藝文志】卷三子錄醫方類　《脈經》十卷，王叔和。見《隋志》。叔和，西晉時高平人，官太醫令。事略具唐甘伯宗名醫傳　《日本現在書目·醫方類》有《黄帝脈經訣》十二卷，云"王叔和新撰"。疑合下《脈訣》一卷計之，實即此書。

【影宋本脈經】楊守敬序　顧《脈經》，雖一刊於熙寧，再刊於紹聖，三刊於廣西漕司，四刊於濠梁何氏，元泰定間又刊於龍興儒學，而傳習者終稀。據諸家敘錄可見。良以經旨淵奥，非貫穿《素》、《靈》、扁、佗者，未易領承。明代畢玉、袁表、沈際飛諸本，皆從泰定出，而奪誤尤甚。唯吳勉學《醫統正脈》所收，取源於何氏，至今有存者，而《四庫提要》乃未收此書，殊不可解。嘉慶間，阮文達公始得新鈔何氏本，著於《未收書目》中，惜未翻雕傳世。金山錢氏《指海》，又從袁刻錄入，亦未爲善本。坊間所行，更無論矣。余從日本得宋刻何氏原本，又兼得元明以來諸本，迺盡發在醫經書，與之互相比勘。凡有關經旨者，悉標於簡端，非唯可據諸經證此書，亦可據此書訂諸經。

【郘園讀書志】卷六子部　考唐甘伯宗《名醫傳》，云叔和《脈經》凡九十七篇。今刻本篇數正同，可知宋本又出於唐，來歷分明，非《脈訣》僞書之比。

【尚論篇】駁叔和之失　嘗觀王叔和彙集扁鵲、仲景、華元化先哲脈法爲一書，名曰《脈經》。其於仲景《傷寒論》尤加探討，宜乎顯微畢貫，曲暢創法製方之本旨，以啟後人之信從可也。乃於彙脈之中間一彙證，不該不貫，猶曰彙書之常也。

【脈經鈔】孫鼎宜序　序曰：著《脈經》者不一，王叔和之所撰集者，則祇一書，無副本也。自五代高陽生《脈訣》出，而世以爲叔和，而《脈經》遂隱。余讀而厭之，遂亟思《脈經》不置，及求得其書讀之，則彙脈之中間彙一證，不該不貫，誠有如喻昌所譏者，求如林億所謂"若網在綱"者安在哉。豈人情貴耳賤目與然，抑百聞不如一見也。徐大椿曰：脈之爲道，不過驗其血氣之盛衰，寒熱及邪氣之所在，若以爲某病當見某脈，某脈當得某病，拘泥一定，反令人旁皇無所適從。一若古今脈書皆可廢者，余又以爲大謬也。嗟夫，自西晉迄於今，古書日就湮沒者，蓋什不存一，而今世言脈之書，又皆《脈訣》類。叔和淺陋，不猶愈於高陽乎。其專主氣口，蓋自扁鵲已然，非叔和首創也。去古未遠，可校證者甚多，余故以《内經》、《難經》、扁鵲、華佗、張仲景之書，各據《脈經》補正之。又以岐伯之言，別爲一集，抄入《黄帝外經》中。以九道之說，與《内經》殊也。今復以不注所出者彙爲此書，其注所出而僅見者，若《醫律》、《脈法讚》附焉。又有云"新撰"及"四時經"者，則實非書名。因題上事，遂有此目，故並錄焉。或曰，叔和書十卷，豈無自撰雜廁其間哉。余應之曰：叔和之文，其體格與《脈經》不類，且自序明言曰：今撰集岐伯，逮於華佗。林億等亦曰：其書一本《黄帝内經》，又補以扁鵲、元化、仲景之法。余可斷言之曰無也，惜哉不能盡明其所自出也。書成凡二卷，都二十五篇，又以《病源》、《千金》所載互校之，名曰《脈經鈔》，仍《隋志》許建吴之名也。

（三）序跋

1. 脈經序 晉太醫令王叔和撰

脈理精微，其體難辨。弦緊浮芤，展轉相類。在心易了，指下難明。謂沈爲伏，則方治永乖；以緩爲遲，則危殆立至。況有數候俱見，異病同脈者乎。夫醫藥爲用，性命所繫。和鵲至妙，猶或加思；仲景明審，亦候形證。一毫有疑，則考校以求驗。故《傷寒》有承氣之戒，嘔噦發下焦之問。而遺文遠旨，代寡能用，舊經秘述，奥而不售。遂令末學，昧於源本，互滋偏見，各逞己能。致微痾成膏肓之變，滯固絶振起之望，良有以也。今撰集岐伯以來，逮於華佗，經論要決，合爲十卷。百病根源，各以類例相從。聲色證候，靡不該備。其王、阮、傅、戴、吴、葛、吕、張，所傳異同，咸悉載録。誠能留心研窮，究其微賾，則可以比蹤古賢，代無夭横矣。楊氏仿宋本

2. 校定脈經序 宋林億等

臣等承詔典校古醫經方書。所校讎中，《脈經》一部，乃王叔和之所撰集也。叔和，西晉高平人，性度沈靖，尤好著述，博通經方，精意診處，洞識脩養之道。其行事具唐甘伯宗《名醫傳》中。臣等觀其書，敘陰陽表裡，辨三部九候，分人迎、氣口、神門，條十二經、二十四氣、奇經八脈，以舉五藏六腑、三焦、四時之痾。若網在綱，有條而不紊，使人占外以知内，視死而别生，爲至詳悉，咸可按用。其文約、其事詳者，獨何哉。蓋其爲書，一本《黄帝内經》，間有疏略未盡處，而又輔以扁鵲、仲景、元化之法，自餘奇怪異端不經之説，一切不取。不如是何以歷數千百年而傳用，無毫髪之失乎。又其大較，以謂脈理精微，其體難辨，兼有數候俱見，異病同脈之惑，專之指下，不可以盡隱伏，而乃廣述形證虚實，詳明聲色王相，以此參伍，決死生之分，故得十全，無一失之繆，爲果不疑。然而自晉室東渡，南北限隔，天下多事，於養生之書實未皇暇，雖好事之家僅有傳者，而承疑習非，將喪道真，非夫聖人，曷爲釐正。恭惟主上體大舜好生之德，玩神禹敘極之文，推錫福之良心，鑒慎疾之深意，出是古書，俾從新定。臣等各殫所學，博求衆本，據經爲斷，去取非私。大抵世之傳授不一，其别有三：有以隋巢元方時行《病源》爲第十卷者，考其時而繆自破。有以第五分上、下卷，而撮諸篇之文别增篇目者，推其本文而義無取稽。是二者，均之未覩厥真，各秘其所藏爾。今則考以《素問》、《九墟》、《靈樞》、《太素》、《難經》、《甲乙》、仲景之書，并《千金方》及《翼》説脈之篇以校之，除去重複，補其脱漏，其篇第亦頗爲改易，使以類相從，仍舊爲一十卷，總九十七篇。施之於人，俾披卷者足以占外以知内，視死而别生，無待飲上池之水矣。國子博士臣高保衡，尚書屯田郎中臣孫奇，光禄卿直秘閣臣林億等謹上。楊氏仿宋本

熙寧元年七月十六日進呈奉聖旨鏤版施行

朝奉郎守國子博士同校正醫書上騎都尉賜緋魚袋臣　高保衡

朝奉郎守尚書屯田郎中同校正醫書騎都尉賜緋魚袋臣　孫奇

朝散大夫守光祿卿直秘閣判登聞檢院上護軍臣　林億

熙寧二年七月十四日

朝散大夫右諫議大夫參知政事護軍長安郡開國侯食邑一千一百戶賜紫金魚袋臣　王安石

推忠佐理功臣正奉大夫行右諫議大夫參知政事上柱國南陽郡開國侯食邑一千戶賜紫金魚袋臣　趙抃

推忠協謀同德守正亮節佐理翊戴功臣開府儀同三司行尚書左僕射兼門下侍郎同中書門下平章事集賢殿大學士上柱國魯國公食邑一万一千一百戶食實封參阡捌佰戶臣　曾公亮

推忠協謀同德守正亮節佐理功臣開府儀同三司行尚書左僕射兼門下侍郎同中書門下平章事昭文館大學士監脩國史兼譯經潤文使上柱國鄭國公食邑一万一千戶食實封肆阡貳佰戶臣　富弼楊氏仿宋本

3. 宋刻脈經牒文

國子監准監關,准尚書禮部符,准紹聖元年六月二十五日敕。中書省、尚書省送到禮部狀。據國子監狀,據翰林醫學本監三學看治任仲言狀,伏覩本監先准朝旨,開雕小字《聖惠方》等共五部出賣,并每節鎮各十部、餘州各五部,本處出賣。今有《千金翼方》、《金匱要略方》、王氏《脈經》、《補註本草》、《圖經本草》等五件醫書,日用而不可闕。本監雖見印賣,皆是大字,醫人往往無錢請買,兼外州軍尤不可得。欲乞開作小字,重行校對出賣,及降外州軍施行。本部看詳,欲依國子監申請事理施行,伏候指揮。六月二十三日奉聖旨,依奉敕如右。牒到奉行都省前批,六月二十六日未時付禮部施行,仍關合屬去處主者,一依敕命指揮施行。

紹聖三年六月　日雕

集慶軍節度推官監國子監書庫　向宗恕

承務郎監國子監書庫　曾繰

延安府臨真縣令監國子監書庫　鄧平

潁州萬壽縣令監國子監書庫　郭直卿

宣義郎國子監主簿　王仲蕤

通直郎國子監丞武騎尉　檀宗益

朝散郎守國子監司業上輕車都尉賜緋魚袋　趙挺之

朝奉郎守國子監司業兼侍講雲騎尉　龔原楊氏仿宋本

4. 宋廣西漕司重刻脈經序

碩少時,母多病,課醫率不效,因自誓學爲方。求古今醫書而窮其原,得所謂王叔和《脈訣》者,怪其詞俚而指淺。更訪老醫,得《脈經》十卷。蓋祖黃帝、岐伯、扁鵲經,以及於張氏《傷寒論》,條貫甚明,真王氏書也。驗之乃建本,自是求之建陽書坊,絕無鬻者,板亦不存。嘉定己巳歲,京城疫,朝旨命孔碩董諸醫,治方藥以拯民病。因從醫學求得《脈經》,復借各本校之,與予前後所見者同一建本也。乃知

《脈訣》出而《脈經》隱，醫者不讀，鬻者不售，板遂亦不存。今之俗醫，問以王氏書，則皆誦《脈訣》以對。蜀人史堪以儒生名能依（嘉慶本"依"作"醫"），其所著方書，"脾胃"條引《脈訣》中語而議之曰：此叔和知之而未盡也。予每歎曰，冤哉叔和，如史載之之工，尚引《訣》而罪《經》，餘又何怪焉。因思今世俗醫，知有朱氏《傷寒百問》而不知有《傷寒論》，俗儒知誦時文而不知誦經史，其過一律也。因取所錄建本《脈經》，略改誤文，寫以大字，刊之廣西漕司，庶幾學者知有本原云。然恨無他本可校，以俟後之仁者。侯官陳孔碩序。日本慶安刊本

5. 王氏脈經後序何大任

醫之學以七經爲本，猶儒家之六藝也。然七經中，其論脈理精微，莫詳於王氏《脈經》，綱舉目分，言近旨遠，是以自西晉至於今日，與黃帝、盧扁之書並傳，學者咸宗師之。南渡以來，此經罕得善本，凡所刊行，類多訛舛，大任每切病之。有家藏紹聖小字監本，歷歲既深，陳故漫滅，字畫不能無謬，然昔賢參考，必不失真。久欲校正傳之未暇。茲再承乏醫學，偶一時教官，如毛君升、李君邦彥、王君邦佐、高君宗卿，皆洽聞者，知大任有志於斯，乃同博驗群書，孜孜凡累月，正其誤千有餘字，遂鳩工創刊於本局，與衆共之。其中舊有闕文，意涉疑似者，亦不敢妄加補注，尚賴後之賢者。嘉定丁丑仲夏望日，濠梁何大任後序。楊氏仿宋本

6. 元刻脈經移文

皇帝聖旨裡，江西湖東道肅政廉訪司來申，備龍興路醫學申、教授謝縉翁關。切惟儒學以仁義立教，扶植綱常，使天下不犯刑憲；醫學以仁心立教，拯救疾病，使生民不致夭瘥。故醫之《素問》、《難經》，與儒之六經相爲表裡，皆古聖人以利天下後世爲心者也。醫經之中，王叔和《脈經》十卷，誠爲醫門不易之法。如蒙將《脈經》刻布流傳，誠可裨國朝好生之一端也。緣醫別無錢糧，如將上項《脈經》於儒學之內，支用有餘錢糧，刻布傳遠，幸甚。保結關請照驗，准此申乞，照詳得參。詳醫學申請刊彫《脈經》，若於合屬學院有餘錢糧去處，約量撥支工價，顧匠刊雕成書，從本司收貯印行，似爲便益。未敢懸便，申乞照詳施行，得此准申憲司，合下仰照驗，不妨本職，從省計料，合用工匠物價鈔，估體見數，就行龍興路學羨餘子粒錢內，支撥刊雕，申司施行，須至指揮。右下江西等處儒學提舉柳文林，准此。泰定四年六月初四日中奉大夫江西湖東道肅政廉訪使朶列禿。日本慶安刊本

7. 元刻脈經序柳贇

太醫令王叔和撰類《脈經》十卷，其言原本《黃帝內經靈樞》、《素問》，而翼之以扁鵲、倉公、華佗、張仲景、皇甫士安之論，稱其爲醫家之一經矣。今《脈訣》熟在人口，直謂叔和作，而不知叔和所輯者《脈經》耳。當叔和時，蓋未有歌括之比。疑宋之中世，始次爲韻語，須（嘉慶本"須"作"取"）便講習，摭其條肄（嘉慶本"肄"作"肆"）而忘其根節者也。熙寧中有旨，出內府所藏古醫經方書，命光祿卿林億等典領校讎，鏤板行世，而《脈經》與焉。朱文公於慶元初跋郭長陽《醫書》謂"俗間所傳《脈訣》，詞最鄙淺，非叔和本書。世之高醫，明其爲贋，遂委棄之，而獨有取於直指高骨爲關，分前郤爲寸尺，以定陰陽之位，爲合於《難經》"，則《脈經》之傳已隱，雖

文公亦似未知其正出《脈經》也。嘉定始元上遡熙寧一百四十年，閩中陳孔碩，借得醫局建本是書，用閣本參訂互考，刻之廣西漕司。兵燹以來，板復不存，知者亦寡，況望其傳哉。予至江右之明年，與醫學教授謝君縉翁，論古書之廢，慨然欲以《脈經》刊置學宮，使人知古昔聖賢開示醫道之源委，未嘗遺外於理者如此。間請於廉訪使師公，公曰，醫之有經，取以利人，利焉而傳，是焉可泯，子盍謀諸。會承命稽覆學食錢，得其羡贏，以屬宗濂書院山長董天衢，聚工訃（嘉慶本"訃"作"計"）庸，付之剞劂，既月告成。其卷帙篇第，一用陳氏廣西之舊，而不敢輒加增損，志存古也。噫，古書廢缺，世未經見，奚獨此哉。惜予之心力，不能以徧及之，而姑識其端，以俟世之君子有發焉耳。元泰定四年秋九月二十五日東陽柳贇述。日本慶安刊本

8. 元刻脈經序謝縉翁

醫家以切脈爲難事，自《素問》、《難經》及仲景書皆論其要，至西晉王叔和始彙集諸書，作《脈經》十卷。唐孫思邈著《千金方》及《翼方》，取其書爲持脈法。今稱《王叔和脈訣》者，不知起於何時。惟陳無擇《三因方》序脈云，六朝時有高陽生者，剽竊作歌訣，劉元賓從而和之。其說似深知《脈經》者，而於篇後，又自著七表、八裡、九道之名，則無擇蓋亦未嘗詳讀《脈經》者也。按《脈經》論脈形狀，秘訣二十四種，初無表裡九道之目。其言芤脈，云"中央空，兩邊實"。又云"減則爲寒，芤則爲虛。寒虛相搏，婦人則半產漏下，男子則亡血失精"。又云"脈浮而芤，浮則爲陽，芤則爲陰"，《脈訣》乃以芤爲七表之陽脈。仲景《辨脈法》云"脈浮大數動滑，陽也。脈沉濇弱弦微，陰也"，而《脈訣》九道以動爲陰，七表以弦爲陽。似此之誤頗多。《脈經》則與仲景合，而經中第十卷，分上、下、中央爲九道者，的然非《歌訣》"九道"之謂也。宋熙寧初，林億校正《脈經》，序中於《脈訣》未嘗見稱。陳孔碩序始云"《脈訣》出而《脈經》隱"。愚疑《脈訣》或熙寧以後人所作，是不可得知也。縉翁先世藏《脈經》官本及廣西本，竊嘗誦而習之，後又得鄉人黃南牖家本，校讎無誤。朅來豫章，幸受知憲使師公及儒學提舉柳先生，間請刻之儒學，以惠久遠，三（嘉慶本"三"作"二"）公不鄙其言，慨然成之。自今而後，學者得見是經而用其心，則《歌訣》之舛者，不待辨而自見矣。經中頗有疑字，不敢輒改，辨而正之，姑俟後賢。泰定四年歲次丁卯閏九月既望，龍興路醫學教授謝縉翁敬書。日本慶安本

9. 元天曆本葉日增刊記

天地以生物爲心，故古之聖賢著書立論，教人以醫而濟人之生也。得其書而自秘者，豈天地聖賢之心乎。夫治病莫重於明脈，脈法無出於王氏《脈經》之爲精密。本堂所藏，不願自秘。先以《鍼灸資生經》梓行矣，今復刻《脈經》，與衆共之。庶以傳當世濟人之道，且無負古人著書之意云。旹天歷庚午仲夏，建安葉日增誌於廣勤書堂。《四部叢刊》本

10. 明福建承宣布政使司右參政徐付校脈經手札

此王氏《脈經》真本也，後依（嘉慶本"依"作"醫"）韻而成歌，不免牽綴。一字失真，百身莫返，心竊痛之。頃從馬鍾翁老先生家得此本，不啻萬金，便欲梓播寰中。但經文句解，參錯不分，字既纖細，中多模糊，萬一傳訛，所繫匪細。惟足下兼

體好奇，博通群藝，敬勞校正，大書登梓，是爲軒岐增一羽翼也。足下陰功，豈微也哉。建初已達鄙意，想蒙亮督。友生徐中行頓首拜殿撰景從袁先生足下。萬曆三年二月十日。日本慶安刊本

11. 書脈經後袁表

西晉太醫令王叔和作《脈經》十篇，凡十萬千千餘言。其首篇論著人脈有三部，曰寸、曰關、曰尺。持脈之法，大都二十有四種，曰浮、曰芤、曰洪、曰滑、曰數、曰促、曰弦、曰緊、曰沈、曰伏、曰革、曰實、曰微、曰濇、曰細、曰軟、曰弱、曰虛、曰散、曰緩、曰遲、曰結、曰代、曰動。次本其所主五藏六府、陰陽榮衛、虛實順逆、輕重從横、伏匿遲疾、短長射人，疾病所起，與其將差難已之候。其第二、第三、第六篇，著人脈本五藏六府、十二經絡。五藏曰肝爲厥陰，心爲手少陰，脾爲足太陰，肺爲手太陰，腎爲足少陰。六腑曰膽爲足少陽，小腸爲手太陽，胃爲足陽明，大腸爲手陽明，膀胱爲足太陽，三膲爲手少陽。十二經之外又有奇經八脈，曰陽維、曰陰維、曰陽蹻、曰陰蹻、曰衝、曰督、曰任、曰帶，因以各舉其陰陽之虛實、形證之同異，用爲施治補瀉之方。其第七篇，論著治病之法，大都有八，曰汗、曰吐、曰下、曰溫、曰灸、曰刺、曰火、曰水。察人陰陽交并虛實生死損至，以合治法可否之宜。第四、第五篇，決四時百病生死之分，本仲景、扁鵲、華佗所以察聲色消息死生之理。第八篇，著雜病醫宜。第九篇，平婦人童子。其末篇有"手檢圖二十一部"。今觀其文，則皆覆論十二經脈與奇經八脈，三部二十四種，形證所屬，無圖可見。豈叔和所著故有圖，久不復傳耶。乃宋臣林億劄中，則稱世之傳授，其別有三，有以隋巢元方時行《病源》爲第十篇，有以第五篇分上、下，而撮全經之文別增篇目者。億曾據《素問》、《九墟》、《靈樞》、《太素》、《難經》、《甲乙》、仲景諸書，校其脱漏，仍爲十篇以傳，則知末篇傳疑已久，億但補正其文。而所謂"手檢圖二十一部"云者，直存舊目，無從考證耳。

夫醫亦多術，而切脈稱巧，乃自古記之矣。神聖不代生，即粗工庸術，亦難語巧，脈書可廢哉。今讀岐黄《内經》、仲景、《太素》、《難經》，諸書尚矣。其於脈間出緒論，未覩成書。叔和生千載之後，隱括古今，洞察玄微，旁喻曲證，爰著是書，爲切家指南，其褎然稱經宜爾。其後三百餘年，唐甘伯宗作《名醫傳》，亟稱叔和。蓋是經行於世，自晉迄唐未始廢也。五代高陽生始爲《脈訣歌》，而經因掩不行。彼歌固援經勦説，以便粗工者，今其所立七表、八裡、九道之目，即内外陰陽已大戾厥旨，他無論已。世醫習之，殺人何算哉。宋熙寧中，是經復出秘閣，歷元世已三授刻，世終鮮用，書亦不傳。夫醫一技耳，復古之難尚爾，可嘆也。

表自總丱，母老多病，已稍稍習方脈。嘗取俗所傳《脈訣》讀之，心弗善也。及舉偕計北上，偶得是經，顧古本漫漶，了不可讀。又其經文訓解，往往參錯不分。久之稍爲釐正，試諸方脈輒驗，間舉以語醫，醫都不省也。會參伯龍灣徐公出是本命校，蓋與表所藏同本，受之黎然有當於心，不揣敬詳讀之。訂繁亂，芟重複，正脱訛，以所舊聞，間爲補註。踰月編成，公命餘俸，刻布寰中。嗟夫，是編爲世覆瓿，復二百餘年於茲矣。闡幽舉廢，誠待其人也乎哉。雖然，表竊有聞焉。夫射與御，小技

也。飛衛、泰豆以其術鳴當時，而聲稱後世，誠得其理也。彼其視弓矢轡銜若衣與食，然而其審固乎百步之内，迴旋進退於六馬之間者，猶饑之於食、寒之於衣也。其於弓之勁輭、矢之鋑鈍、馬之駑駿，以至乎簫弣淵弭、鏑括箙韃之需，鑣羈韁鞚、輪轅輈轄之具，其爲良惡端衺、堅脆工苦，皆可以目逆而神解也。夫然後得之於侯，應之於矢；得之於馬，應之於轡；得之於手，應之於心。不以弦振，不以策驅，神閑體正，百中不虚，而二十四蹄，投之所適，都無餘地。此無他，精之也。是故學射者，弧簳未操，必先以懸虱之視，學御者策綏未即，必試以容足之木。何者，其操術誠精，則粗者不足辨也。是經所稱，方脈形候，千狀百態，亦弓矢與銜轡之類也。雖然，貫虱之視，不容瞬也。容足之塗，不可失也。亦精之而已矣。昔蒲且之弋也，弱弓纖繳，乘風振之，落雙鶬於雲表，詹何悟其術放而學釣。夫射與御之法，固醫者之法也。吾又安得乎悟弋而釣者，與之言是經哉。萬曆三年暮春晉安袁表撰。福建布政司督糧道刊行。嘉慶本

12. **脈經序**沈際飛

大地有土脈，有泉脈，有山脈。而人有脈，其象法地，血之府也，心之合也，皮之部也。資始於腎，資生於胃，陽中之陰，隨氣而至。虢庶子暴故而曰可活，濟北才人顔色不變而在死法中，脈誠然也。或謂，脈爲四診之末，特其巧爾。迺自古良醫治疾，未有不事診脈者。羲皇開其傳，和、緩、士安濬其流，扁鵲、倉公、華佗揚其波，而叔和匯其宗，於爍哉。叔和之《脈經》也，爲卷凡十，爲篇凡九十有七。敘陰陽虚實，部位氣候，如弦緊浮芤之不同，沈伏遲緩之互異，與數候俱見，異病同脈，種爲臚陳，千古用之，當十全無一失。其文詞遒質沉雋，居然兩晉風流。迨六朝高陽生援經剽竊，讀者便其叶音嗡然易向，經遂以忽忽不行，而醫理嗣是日益淺隱。削天下之生機，促倮虫之永算。賴起而駁之者，代不乏人，若朱晦菴、戴同甫、陳無擇、滑伯仁、吳草廬、朱丹溪諸先正。或鄙其辭，或斥其人，或揭其七表、八裡、九道之非，或折其以動爲陰、以弦爲陽之誤，或排其左心小腸肝膽腎、右肺大腸脾胃命之倒置，而《脈訣》稍負。此經校於熙寧，廣於紹聖，再布於嘉定漕司，再鏤於元泰定，而叔和之真始明。嗟乎，堪輿内尊紫而遺朱，市碔砆而刖璞，贋者售，真者晦。而贋竟晦，真終售也，獨一《脈經》乎哉。後世又有《太素》脈書，占及窮通，測及禍福，術似逾於先喆，而不知墮於旁門。竊以業《太素》者，不須師《太素》，師風鑑巫家，而《太素》神已。余從事舉子業，雄心自擬，仰蘄壽國。丙寅先子疾革，延醫診療，尚唯唯云無恙，而溘焉長逝矣。號傷欲絕，恨弗攻醫。及讀《禮》至“醫不三世，不服其藥”，謂古之醫師，必通於三世之書，即三墳也。三墳不可得，偶得是經，怳乎見死生之故，微茫荒忽，莫可循而確有可也。世醫虜隸高陽之不暇，而能入叔和之室，決死生呼吸，如燭照數計耶。雖然，經跡而神明，則人勿論收視返聽。飛蚊之聲，不挫乎其精；塵馬之形，不採乎其定。索象於罔象之表，儼有耳爲提者。彼秦醫診晉侯之脈，而知其良臣將亡，夫良臣之命，乃見於晉侯之脈，疑聖疑神。叔和之所不容殫悉者，是經惡可少之而果可泥之也哉。古鹿城沈際飛天羽父題於鏡中行。日本慶安本

13. 重刻脈經序沈禮意

昔在黄帝，通天地之至數，合人形氣血，分以三部，察以九候，别以七診，必先知經脈。經脈者，十二經自然之脈也。十二經皆有動脈，而獨取寸口，自秦越人。然考《素問·玉版論》云"行奇恒之法，以太陰始"，蓋"氣口成寸，以決死生"，當於此而求之。其法蓋出於黄帝以前，非秦越人所創也。古診法不傳，漢張仲景《傷寒論》篇，猶詳辨趺陽少陰之脈。論者謂危急之病，脈不見寸口者，可以古法通之，而在平時則不如以關脈爲趺陽、尺脈爲少陰之爲愈，則越人所定，固千古不易之大數矣。《素》、《難》諸書，文義古奥，讀者難之，越人脈經，久不行世。晉王叔和出，纂述岐伯、華佗等論脈要訣，敘陰陽表裡，辨三部九候，分人迎、氣口、神門，條十二經、二十四氣，奇經八脈，五藏六府，三焦四時之痾，凡九十七篇，成《脈經》十卷。醫家宗之，尊爲一經。宋熙寧初，命林億等校正刊行。迨其後，高陽生撰造《脈訣》，嫁名叔和，鄙俚膚陋，俗工便焉。其間如七表、八裡、九道之非，動陰弦陽之誤，二十四種脈，增長、短而去數、散之舛，滑伯仁諸公皆嘗辨之。而贋編既顯，真本轉微，奉者方珍爲秘書，攻者併因而集矢，流傳輾轉，愈晦愈蝕。元明以來，此書之存，不絕如綫矣。夫醫之治病，猶人之治水也。水周流於天地，脈傳注於人身，而要必有其會歸之處。江漢旁出爲沱潛，沱潛旁導於他水，而其匯流也，以江漢爲歸經。脈從中焦注手太陰、陽明，陽明注足陽明、太陰，以達於足少陽、厥陰。而其還注也，以手太陰爲歸。不察其流，無以辨也。不會其原，無以統也。軒岐之書如《禹貢》，王氏之書如桑、酈之《水經》。讀《水經》知《禹貢》水道之端委，讀《脈經》知《内經》脈法之精微。世醫因訛襲謬，習《歌括》數十條，詡詡然自以爲知脈。而其矯爲高論者，則執"上工望而知之，中工問而知之，下工脈而知之"之説，於是四診之法，遂置切脈爲末務而不復究心。嗚乎，豈非王氏之書不明以至此哉。余於醫經諸家之旨，夙所參稽，訪求此書，維有年所。適前萬安令朱君，以家藏舊本呈於郡伯張古餘先生。先生因余知醫，出以示余。余按是書有前明趙邸居敬堂刻本十卷，此本爲萬曆中三山袁君校刊，其板均佚。國朝乾隆年間詔開《四庫》，歷代舊籍，蒐採大備，獨此書未經進呈。夫以叔和之博通經方，潛心著述，講習討論，勒爲成書，而千百年來湮沉銷歿，不獲與所編《傷寒論》同登天府，此非採輯之疏，而實秘笈之難購也。爰爲捐廉付梓，俾已墜之緒幸而復續，已逸之簡僅而得傳，運際休明，人無夭札，物無疵厲，遺編之顯，適當其時，其斯民仁壽之徵歟。是書復出，明醫家之一燈，正脈法之大軌，讀者得由是而窺古經之秘，袪《脈訣》之訛，濟人利物，端有賴焉。是固郡伯之盛心，而亦余之素志也。刻既成，爰書其顛末。嘉慶壬申歲仲冬月，會稽沈禮意序。嘉慶本

14. 重刻脈經序

王叔和《脈經》十卷，《隋書》、《新》《舊唐書》、《宋史》各《經籍志》皆有之。此本爲明萬曆三年福建布政司督糧道刊本，有袁表後序。其卷首列宋熙寧元年國子監博士高保衡等請鏤板劄子，並校正及進呈各銜名。次列廣西漕司重刻陳孔碩序，次列元泰定四年江西龍興路重刻移文，并柳贇、謝晉翁序，蓋此書前後凡四刻矣。各序皆斥五代高陽生《脈訣歌》援勦經説，粗工便之，致此書傳習不廣，此醫學所以

曰陵夷也。袁表後序,言第十卷錄載“手檢圖二十一部”,而卷中止復論十二經脈,奇經八脈,三部二十四脈,無“手檢圖”。高保衡“劄子”,言俗本有二,其一分第五卷爲上、下卷,其一入隋巢元方時行《病原》一卷爲第十卷。意者本經第十卷“手檢圖”已亡,後世據所見,或分第五卷,或入元方書,以足十卷之數歟。若是則今之第十卷亦高保衡所改訂,非本經原文也。菽原朱君,世藏此書,沈南昌重刻行世,移卷首“徐中行書”附之“後序”之左,以從時世。并於十卷錄下刪夾注十二行,以註意見,後序中不應復列也。若夫是書之精微博大,足以發軒岐之奧窔,通天地之門戶,則四刻各家具言之,學者可得其要領矣。陽湖惲敬子居撰。《姜氏醫學叢書》本

15. 重刻脈經序 撰者不明

天下聚訟之事,惟聖人決之,然聖人亦有不能決者,則道也,次則醫。夫道有三千八百之數,不相爲謀,然同歸於是,不必決也。若以醫論,則有藥有脈。藥異其產,方異其製,聖人未達,則不敢嘗,然同歸於治,亦不必決也。然則天下聚訟,而聖人不能決者,其在脈乎。間嘗取《脈經》所引,而條陳之吁,是皆出於醫聖、醫賢者也。彼既以六臟分陰陽矣,此復以六藏爲陰,六府爲陽,果孰是乎。彼既以一手三分九候、分九藏矣,此復以兩手表裡分十二經,果孰是乎。彼既以人迎、氣口爲在喉矣,此復以人迎、氣口在腕骨,果孰是乎。彼既以十一藏取決於膽,而膽爲大藏矣,此復以膽爲府,果孰是乎。彼既以腎肝脈沉同在尺矣,此復以肝膽同在左關,果孰是乎。彼既以左腎右命門爲尺矣,此復分左右腎,中爲命門,果孰是乎。彼既以肺胸中、心膻中爲兩寸,而腎腹爲尺矣,此復以天、人、地三界分藏府頭面,果孰是乎。彼既以三焦如霧、如漚、如瀆爲有形之府矣,此復以上焦肺、中焦胃、下焦膀胱爲三部,果孰是乎。彼既以三焦脈應腎矣,此復以子戶脈比膀胱居右尺,果孰是乎。彼既以必候通身動脈,可分太素矣,此復以專主兩手,可識平脈,果孰是乎。彼既以肺與大腸相表裡矣,此復以大腸屬下焦,果孰是乎。彼既以膻中爲心包絡,列於藏矣,此復無之,專以肝分手足爲厥陰,果孰是乎。彼既以膻中爲心主,厥陰在膈上矣,此復以膻中爲上焦,果孰是乎。彼既以心爲君主之官,統一身矣,此復以七節之間有小心,曰命門,爲主,果孰是乎。凡若此者,要皆各執一辭,持之有故,言之成理,如盤如湯,鬼神不識。黄岐不聞決於前,孔老不聞辨於後,《脈經》皆彙而有之,可謂博矣。至於一浮沉也,或指内外,或指寸尺。一長短也,或指息候,或指部位。滑濇緊緩之殊解,弦芤代伏之異說,或爲二十四脈,或爲二十七脈,則又難更僕數者矣。高陽生按《脈經》而爲《脈訣》,初亦不敢異經,其後魯魚亥豕,遂至陰陽顛倒,訛誤不少,若非取本經起而正之,其遺害豈有窮乎。若夫脈家之說,亦有過者:分浮中沉足矣,乃更分爲五分;尺關寸足矣,乃言及尺關。關寸之界,每人各異其脈,乃分爲春弦夏洪;每藏各異其脈,乃分爲日中平旦。此皆過求精細而反泥者也。痰涎之症,當識其地。火毒之症,當辨其路。傷寒者,傳尸陰陽易之蠱症,《詩》所謂“蘊隆蟲蟲”者也,乃僅稱熱病。痘疹者,流蛀天蠱之蠱症,《詩》所謂“蟊賊蟊疾”者也,乃僅稱瘡疥。人非藏裂腸斷,無不可醫,乃列不治之症太多。此皆過求穿鑿而反疏者也。然自神農以來,醫聖醫仙之脈論,叔和悉集而爲書。又自加體驗,察萬人之脈,

覘其同異得失，久則習伏衆神，遂臻神悟，投其所向，鮮有過差，可謂集脈家之成者矣。雖時異世變，總不能出其範圍。秋奕僚丸，稽琴阮嘯，一藝通神，皆足千古，況脈其大者哉。是書首宗黄岐，附以諸賢，參以己意，稱之曰經，不爲僭矣。孔子曰：人而無恒，不可以作巫醫。後世稱巫爲佛，稱醫爲仙，至與儒宗禮樂，鼎足而稱三教。祠廟赫奕，積久彌尊，世之擇術者，可以知所處矣。嘉慶本

16. 序

《脈經》一書，藏余家有年。余固不知醫，以先世舊籍，罔敢失墜。歲壬申，陽城張古愚先生見之，屬會稽沈君心齋重刻於南昌，俾真本得以行世，而陽湖惲君子居亦序其歷刻之由，載所著《大雲山房文藁》中。無何，沈君謝世，其板不知庋置何所，仍不復行，蓋此書之傳，若斯之難也。當重刻時，余得有印本數帙，旋爲人取去，惟原本僅存。攜以入蜀，漢州張君庸舟，聞而好之，屬友人金堂陳君卯生抄本以去。張君精於醫，迺取《靈》、《素》、《難經》、《傷寒論》、《千金方》諸書，正其闕誤。陳君復加參校，持以示余，請再刻，以廣其傳。余惟醫之爲道，證治百端，而脈學莫專於是書，亦莫精於是書。顧爲僞《訣》所淆，南宋時坊間已無鬻本，元明厪有官刻，而流播不廣，承學之士有不得見者蓋數百年。此本之存，斷而復續，然後知古人覃心撰述，其學洞陰陽，其功在人世，其精神足以自永於天地之間而不至終晦，斯不特醫宗得所指歸、而藝林固當珍爲秘笈也。張、陳二君，迭爲考校，誠有功於是書，而在吾家留傳。至余得以兩付刊刻，亦不可謂非厚幸。他時倘沈本復出，與余刻相輔以行，則此書之大顯於世，其必有日也已。是爲序。道光十有三年歲次癸巳秋八月，侯官朱錫穀撰於四川瀘州官署。《姜氏醫學叢書》本

17. 重刻脈經序

昔在黄帝，通天地之至數，合人形氣血，分以三部，察以九候，别以七診，必先知經脈。經脈者，十二經自然之脈也。十二經皆有動脈，而獨取寸口，自秦越人。然考《素問·玉版論》云"行奇恒之法，以太陰始"，蓋"氣口成寸，以決死生"，當於此而求之。其法蓋出於黄帝以前，非秦越人所創也。古診法不傳，漢張仲景《傷寒論》篇，猶詳辨趺陽少陰之脈。論者謂危急之病，脈不見寸口者，可以古法通之，而在平時則不如以關脈爲趺陽、尺脈爲少陰之爲愈，則越人所定，固千古不易之大數矣。《素》、《難》諸書，文義古奥，讀者難之，越人脈經，久不行世。西晉王叔和出，纂述岐伯、華佗等論脈要訣，敘陰陽表裡，辨三部九候，分人迎、氣口、神門，條十二經、二十四氣，奇經八脈，五藏六府，三焦四時之痾，凡九十七篇，成《脈經》十卷。醫家宗之，尊爲一經。宋熙寧中，命林億等校正刊行。迨其後，高陽生撰造《脈訣》，嫁名叔和，鄙俚膚陋，俗工便焉。其間如七表、八裡、九道之非，動陰弦陽之誤，二十四種脈，增長、短而去數、散之舛，滑伯仁諸公皆嘗辨之。而贋編既顯，真本轉微，奉者方珍爲秘書，攻者併因而集矢，流傳輾轉，愈晦愈蝕。元明以來，此書之存，不絕如綫矣。夫醫之治病，猶人之治水也。水周流於天地，脈傳注於人身，而要必有其會歸之處。江漢旁出爲沱潛，沱潛旁導於他水，而其匯流也，以江漢爲歸經。脈從中焦注手太陰、陽明，陽明注足陽明、太陰，以達於足少陽、厥陰。而其還注也，

以手太陰爲歸。不察其流,無以辨也。不會其原,無以統也。軒岐之書如《禹貢》,王氏之書如桑、酈之《水經》。讀《水經》知《禹貢》水道之端委,讀《脈經》知《内經》脈法之精微。世醫因訛襲謬,習《歌括》數十條,詡詡然自以爲知脈。而其矯爲高論者,則執"上工望而知之,中工問而知之,下工脈而知之"之說,於是四診之法,遂置切脈爲末務,而不復究心。嗚乎,豈非王氏之書不明以至此哉,余於醫經諸家之旨,夙所參稽,訪求此書,維有年所。適前萬安令朱君,以家藏舊本呈於郡伯張古愚先生。先生以示余,屬爲付梓。按是書前有明趙邸居敬堂刻本十卷,此本爲萬曆中三山袁君本。然先生每於公餘之暇,遂輒復親爲考訂,然後付梓,抑何慎也。後之學者誠能於是研求,則庶乎知所依歸矣。津承刊讐之役,莫能有所贊襄,僅於文字通俗之間,原刻有未當者,稍爲釐定,以便初學而已。剞劂既竣,因書其顛末。時道光癸巳中秋日,金堂陳一津識於江山平遠樓。《姜氏醫學叢書》本。按,是序剽竊沈序而作耳。

18. 張柏識語

右《手檢圖》一冊,篇目下小註云"凡五十六條",未見所謂"手檢圖二十一部"者,疑此卷傳疑已久。《手檢圖》已不傳,而僅存舊目。袁表後序亦云。今按李瀕湖《脈學》,論氣口九道,直冠曰"手檢圖"云,而所引則上篇之首段,因知此即《手檢圖》也。自"岐伯曰"以下,論五部九道之法,詳明如繪,則名圖之意瞭然。李氏所引無陽絡、陰絡及五藏、脈二十四種。其無陰、陽絡二段,當是脱誤。其無五藏及二十四種脈,蓋已采其義於二十七脈中,故不重引耳。細玩此篇,先論五部九道之部位,次詳五藏之平病,後詳二十四脈之主病,示人診法,層次井井,而謂聊以傳疑,僅存舊目者非矣。但鈔錄既久,訛謬頗多,今以李氏所引證之,衍其重複,訂其錯誤,其中文義可通者兩存其說。又補所脱漏督脈、任脈、衝脈三條,並採李氏所撰之圖附焉,庶閱者無遺憾矣。後學張柏謹識。《姜氏醫學叢書》本

19. 校定脈經書後

醫之爲道,審脈爲難。《内經》所載診法不一,扁鵲、仲景所益滋多,故晉王叔和裒萃諸家,著《脈經》十卷,可謂皇然大備矣。雖參錯而錄,不無小疵,然所采之言,今不半存,古法之不亡,伊誰之力歟。有唐以前,咸重其書,故《千金方》所錄獨多。自宋《脈訣》出,托名叔和,而此書以晦。元明學者多未得見,雖心知《脈訣》七表、八裡之謬,各自爲說,大抵不過取《千金方》中二十四脈象射病之法而已。其三部四經、藏氣經絡、趺陽少陰諸法,識者蓋寡焉,豈非由是書不行之故耶。柏自有識以來,即留心醫術,求是書二十餘年,不可得見。今年春仲,友人陳卯生自巴州抄寄朱萩原刺史所藏本。伏而讀之,見古人之法燦然畢具,夙昔之疑,一朝冰釋,幸何如也。但是書數經傳寫,別風淮雨,錯誤實多。苦無善本讐校,爰以《内經》、《難經》及《千金方》等詳訂之,其意義稍異則注之於下。有識之士,自別是非。若文義難通而無證者,仍從闕如,以俟君子。時道光十二年壬辰歲仲夏丁未朔之望後一日,漢州後學張柏識於成都之敦彝堂。《姜氏醫學叢書》本

20. 校刊脈經書後陳一津

萩原先生家藏《脈經》真本,已歷數世,累欲刊行而未果。自服官後,珍之行

篋,弗輕示也。前在江右,曾假刻於南昌令會稽沈君心齋。今茲莅瀘,又自刻此本,以廣其傳。蓋先生存古之心與壽民之念,均有肫肫不能自已者。津少從先輩游,即聞叔和之《脈經》與坊行之《脈訣》異,而遍訪不可得。友人張君庸舟尤嗜古方書,訊之亦深以不見爲撼,意其亡佚已久。然讀前賢著錄,往往稱引及之,則又疑此書之尚有弆而存之者,三十年來未釋然也。前年春,從侍先生於巴渠,始得請而讀之。見其義精辭雋,明軒岐之奥指,著萬病之根由,有條不紊,唐宋以後諸名家之榘矱咸在,益信僞者之不足以亂真。彼其稱名曰"訣",原爲便於庸流而設,讀者見識卑隘,目不睹叔和之作,遂相習嫁名而不覺耳。夫以三十年求之不得,一旦見之,快也何如。爰錄一編,留之巾笥,將與好古之士同加賞鑒。乃庸舟尤喜得之,更徵諸古籍,爲之補正其闕誤,視林注有加。持示先生,深以爲善。茲刻蓋即仍其校。《姜氏醫學叢書本》

21. 錢熙祚跋文

西晉王叔和取《素》、《難》以下諸家論脈之文,分類編次,爲《脈經》十卷。宋林億稱其"若網在綱,有條不紊,使人占外以知内,視死而别生",可謂推崇之至矣。而西昌喻氏則謂"於彙脈之中,間一彙證,不該不貫",抑知形有盛衰,邪有微甚。一證恒兼數脈,一脈恒兼數證,故論證不論脈不備,論脈不論證不明。王氏彙而編之,深得古人微旨。又西晉時去古未遠,所據醫書,皆與今本不同。如第七卷云"傷寒一二日至四五日,厥者必發熱,前厥者後必熱",今《傷寒論》誤作"前熱者後必厥"。按厥陰之病,乃陽陷入陰,而非有陰無陽。今雖鬱極而厥,然陽邪外達,將必復爲發熱也。故下文即云"厥深者熱亦深,厥微者熱亦微","厥"、"熱"二字,誤爲顛倒,則非其義矣。第七卷又云"脈浮而緊,浮則爲風,緊則爲寒。風則傷衛,寒則傷營。營衛俱病,骨節煩疼。可發其汗,宜麻黄湯",今《傷寒論》脱"宜麻黄湯"四字,致後人誤解爲大青龍證。按大青龍湯用麻黄以解表,石膏以清裡,本爲外傷風寒而内伏暍熱者設。此條但言風寒,而無煩燥之内熱,其非大青龍證明矣。第八卷云"寸口脈遲而緩,遲則爲寒,緩則爲虚。營緩則爲亡血,衛遲則爲中風",今《金匱要略》"衛遲"誤作"衛緩"。按"緩"與"遲"相類而實不同,"遲"以至數言,"緩"以脈形言,故《傷寒論》又云"陰脈浮大而濡,陽脈浮大而濡。陰脈與陽脈同等者,名曰緩也"。"營緩則爲亡血",申明緩則爲虚。"衛遲則爲中風",申明遲則爲寒。古書雖一字不容擅易如此。第八卷又云"趺陽脈當伏,今反數,本自有熱。消渴,小便數,今反不利,此欲作水",今《金匱要略》"消渴"誤作"消穀"。按,消渴而小便不利,則所飲之水無從下泄,勢必外走於皮膚分肉之間而爲水證。若云"消穀",何以決其爲水耶。他如第二卷云"聖人圖設溝渠,通利水道,以備不虞",今《難經》"不虞"誤作"不然"。第六卷云"足陽明之脈,下循鼻外,入上齒中",今《靈樞》"入"、"上"二字誤倒。又云"其支者下膝三寸而别",今《靈樞》"膝"誤作"廉"。又云"足少陽之脈,循足跗上,出小指次指之端",今《靈樞》誤作"入小指次指之間"。第七卷云"汗出而熱留者,壽可立而傾也",今《素問》誤作"病而留者",《甲乙經》又誤作"熱而留者"。推尋文義,當以《脈經》爲正。第五卷引張仲景論脈二條,在《傷寒論·平脈篇》中,可證此篇爲仲景原文。又引扁鵲脈法,並不見於《難經》,而書中引《難經》之文,又不稱"扁鵲曰",可見《難經》不知何人所作。《新唐書》屬之"秦越人"者,妄也。醫家不知考古,往往舍本逐末。此本由叔和裒集而成,今去叔和又千餘載,古書日漸散佚,賴是以略存梗概,洵爲醫林中不可多得之書。明有吴勉學校本,刊入《醫統正脈》,多脱誤不可讀。惟袁景從校本,稍爲完善,然或以意删改,彌失本真。此書不著錄於《四庫》,恐其久而遂亡,故彙集諸書,重爲校正付梓,以廣其傳。其無古書可證者,雖有謬誤,因而不革,不敢以一知半解窺測古人也。道光辛丑重五金山錢熙祚識。《周氏醫學叢書》本

22. 黄鋐跋

太醫令王叔和著《脈經》十卷,考《隋書經籍志》及《唐志》所載並同。宋高陽生譔《脈訣》,僞託叔和書,世之業醫者,便於習誦,《脈經》遂無有究心者。鋐家舊藏鈔寫一冊,(玄)[亥]豕難讀,不知何人手校。戊戌歲,借閲毛君生甫家元泰定本,卷帙不全,字句亦多舛錯。從弟次歐曾購得明刻本二:一袁氏表校本,卷末識"童文舉復校重梓",與鋐所藏寫本互有不同;一趙府居敬堂刊本,脱僞尤多。就中顯誤者易之,其有異同處存疑,加案語一二。按是書宋熙寧初林億等奉敕校正刊行,嘉定間陳孔碩又校刊之。元泰定四年柳贇、謝縉翁校刊於宗濂書院,略加辨正,註中有"一作某字"及"疑有闕誤"等,似不盡林億原文,而無可區別。袁氏《書後》云"以所舊聞,間爲補註",亦未有標識。今據泰定、居敬本所無者,爲袁氏補註,而别以袁校"袁氏"云云,不沒前哲苦心,而古書真面目亦不至失而愈遠矣。王君荆門、秦子易甫,諸子奉之,悉心校勘,并考證《内經》、《難經》、《傷寒》、《金匱》諸書以訂其譌,不可謂非叔和功臣矣。至《脈訣》鄙淺紕繆,自宋朱考亭先生論定後,屢爲諸家攻駁。元戴啟宗作《刊誤》二卷,明李瀕湖復出《脈學》一書,自是以來,《脈訣》遂廢,醫學廓清。獨《脈經》刻本,世少流傳。鋐學識淺陋,不能測其淵微,乃既賴諸君考覈之勤,不敢秘諸篋笥,爰付剞劂氏。後之好學深思之士,或得古人妙用,不爽毫釐,則是刻不爲無補爾。道光二十三年癸卯五月,嘉定後學黄鋐子仁氏謹跋。《周氏醫學叢書》本

23. 序

《脈經》古矣,賢如孫思邈輩皆宗之。自宋以來,此書遂微,雖國朝名醫輩出,宗風丕振,而脈要精微,猶從闕如,亦此書不明之故也。所以然者,《本經》、《靈》、《素》、《金匱》、《傷寒》,半晦於註疏家之解,遂疑叔和分配臟腑與《内經》剌繆,陋矣。余苦索聖經,詳求脈學,參之此書,每忘寢食。偶冬夜不寢,月在戶牖,冥想之餘,恍然有得,走筆作《靈素古脈考》,而後知得軒岐、仲師之脈者,叔和一人而已。夫世醫剛愎自愚,余本不欲出是書,而無如斯人之夭札可憫,因商諸紫東閣書林主人,梓以公世,惟同道者勿忽。同治壬戌年桂月重鐫,尹人姜國伊序。《姜氏醫學叢書》本

24. 重刻脈經真本序

光緒庚寅春,姻丈何君敷五函致姜孝廉,售所刊《脈經》真本。遍覓書肆,僅存

二部，蓋壬戌鐫板燬矣。嗟乎，醫雖小道，動關民命，自聖人道湮，俗學日熾，凡所以保身俟命者，概置不講，深可懼也。何君體其先大夫陞亭之志，復鏤板西充，凡四閲月工竣。粤王叔和著書晉代，宋始梓行，元明繼之，逮乎國朝，吾蜀三梓是書。蓋正學之一綫不絕者，如是其危，而世人畏難苟安，致古聖人之大經大法日就澌(減)[滅]，不徒醫藥一事爲然也。苟世有同志，闡而明之，俾聖賢精心制作光於天下，未始非蒼生之幸也。雲書弱冠失怙，每念先君子嬰疾無醫，抱痛靡涯，留心醫學。三十年中，爲帖括所愚、俗本所誤，嘗咎心焉。辛巳夏，友人函寄是書，讀之見古聖賢體用精密，非後賢所易及也。雲書是歲主講城北鳴琴書院，何君屬序於予，不敢固辭。秋七月癸未望，西充縣詳五甫李雲書序。《姜氏醫學叢書》本

25. 重刻脈經書後周學海

右《脈經》十卷，舊本得之京肆，爲道光間嘉定黄氏刻本，頗加校正，凡註中"案"字以下所云並是。獨怪其雕工紙色甚惡劣，字句多脱誤，或已爲坊間翻本，非黄氏原刻矣。然亟求原刻，絕不可得。夫自叔和撰爲此經，歷千數百年，迭更表章，而不能大顯於世。至於今日，寰中幾無存書。嘗歷江淮，走燕趙，徧詢書肆，都無所得。金山錢氏刻入《守山閣叢書》，而全書卷帙浩繁，印行未廣，兵燹以來，存者益寡。則夫博雅好古君子，猶不盡能見之，市醫之瞢瞢，固無可譏焉。學海累年苦病，頻危於醫，大懼古籍之淪亡，而脈學之傳將失其真，生民夭折之禍將靡所底也。久欲考訂刊行，而汩於舉業，未克及此。去年秋後，僑寓維揚，入冬多暇，於是取《内經》、《難經》、《中藏經》、仲景《傷寒論》、《金匱方論》、《甲乙經》，凡叔和之所引據者，以及後來各家之引據《脈經》者，條列其文，更相校讎。嗣復得西法石印守山閣本，雖與黄本互有異同，已多所取證，其顯係寫刻錯誤者，悉爲釐正。至於字句多寡，諸本各有增減，其無關理要者，及字義可疑、無從考校者，一切仍舊，不敢妄爲更改，轉失本來面目，亦存古之意也。二三同志，集貲付梓，將廣爲印行，播之人間，庶幾古籍長傳，而生靈永賴矣乎。夫數十百年之後，此書之若存若滅，固不得而知之矣。然而古人竭一生之精力，撰輯成帙，但有裨於民生日用者，必有鬼物之呵護，不使終泯也。雖星相卜筮，猶且如此，況《脈經》之關於黎元甚大，其屢晦而復顯，豈偶然也哉。卷首備載歷刻《脈經》序跋，庶讀者有所考，且以見一書之顯晦，亦若有數焉存乎其間也。光緒十七年歲次辛卯暮春，皖南建德周學海澂初謹書。

26. 楊守敬覆刻宋本序

王叔和《脈經》十卷，《隋志》已著録，《新唐志》同，而《舊唐志》僅有二卷之本，此宋林億等所謂"好事之家，僅有存者"，故五代高陽生《脈訣》得而託之。然自熙寧頒布以後，《脈訣》仍自盛行，直至元戴啟宗爲《刊誤》，始昭然知《脈訣》非叔和書。顧《脈經》雖一刊於熙寧，再刊於紹聖，三刊於廣西漕司，四刊於濠梁何氏，元泰定間又刊於龍興儒學，而傳習者終稀(據諸家敘録可見)，良以經旨淵奧，非貫穿《素》、《靈》、扁、佗者，未易領承。明代畢玉、袁表、沈際飛諸本皆從泰定出，而奪誤尤甚。唯吴勉學《醫統正脈》所收，取源於何氏，至今尚有存者，而《四庫提要》乃未收此書，殊不可解。嘉慶間阮文達公始得新鈔何氏本，著於《未收書目》中，惜未翻

雕傳世。金山錢氏《指海》,又從袁刻錄人,亦未爲善本。坊間所行,更無論矣。余從日本得宋刻何氏原本,又兼得元明以來諸本,迺盡發古醫經書,與之互相比勘。凡有關經旨者,悉標於簡端,非唯可據諸經證此書,亦可據此書訂諸經。吾宗葆初大令,存心濟世,若不遑及見,而亟墨諸版。嗟乎,人命至重,二十四脈,判於豪髮,俗醫沈伏遲緩之不分,妄逞臆見,率爾下藥殺人,不須白刃,夭折付之天命,而蒼生之禍極矣。此書出,吾願天下之業斯術者,未能洞徹此旨,慎勿漫操刀圭。光緒十有九年夏四月,宜都楊守敬記於鄰蘇園。

27. 脈經提要 曹炳章

唐甘伯宗《名醫傳》曰:叔和,西晉(喬)[高]平人。博通經方,精意診處,尤好著述。其書纂岐伯、華佗等論脈要訣所成,敘陰陽表裡,辨三部九候,分人迎、氣口、神門,條十二經、二十四氣,奇經八脈,五臟六腑,三焦四時之疴,凡九十七篇。考晁公武《讀書志》曰:《脈經》十卷,晉王叔和撰。趙邸居敬堂有林億校刊本,知公武之言不誤。其自序云"脈理精微,其體難辨。絃緊浮芤,展轉相類。在心易了,指下難明。謂沈爲伏,則方治永乖;以緩爲遲,則危殆立至。況有數候俱見,異病同脈者乎。夫醫藥爲用,性命所繫。和鵲至妙,猶或加思。仲景明審,亦候形證。一毫有疑,則考核以求驗。而遺文遠旨,代寡能用,舊經秘述,奧而不售。遂令末學,昧於源本,互滋偏見,各逞己能。致微疴成膏肓之變,滯固絕振起之望,良有以也。今撰述岐伯以來,逮於華佗,經論要訣,合爲十卷。百病根源,各以類例相從。聲色證候,靡不賅備。誠能留心研窮,究其微賾,則可以比蹤古賢,代無夭橫矣"云。是書爲林億校本,始刊於宋熙寧元年,再刻小字本於宋紹聖三年。宋陳孔碩用圖本參訂互考,重刻於廣西漕司。兵燹以來,板已不存,知者亦寡。元泰定四年,東陽柳贇至江右,與醫學教授謝君縉翁論古書之廢,慨然欲以《脈經》刊置學宮,乃屬宗濂書院山長董天衢聚工計傭,付之剞劂,期月告成。其卷帙次第,一仍陳氏廣西刻本之舊而不加增損,意在存古也。商務印書館前以元本影印於《四部叢刊》中,或即此本。炳章藏有明天啟四年江左繆希雍校正寫刻本,後附王叔和著《人元脈影歸指圖說》二卷,分七表、八裡、九道脈之說,與《脈訣》體制相類。是否叔和原著,不可考。明有吳勉學校本,刊入《醫統正脈》,字多脫誤,不能卒讀。惟元袁景從校本較爲完全,然亦間有以意删改者,似失其真矣。今彙集諸書,重爲校正。凡古書無可證者,雖有謬誤,不敢遽革。如互相考訂有異同處,則標註於眉上,以待積學之士之考正。按,此文後半一用錢序之文耳。

注:《經籍訪古志》云"舊鈔明成化重彫元泰定刊本,首有成化十年錢溥序。次泰定四年柳贇、謝縉翁、劉伯真、陳孔碩序等,卷末有成化十年畢玉跋"云云。東亞醫學研究所不架藏此本,錢溥、劉伯真、畢玉等序跋並不可得見,暫記而俟後搜。

(四)刊本

1. 宋熙寧刊本

注:林億等校定《脈經》序,見於"序跋"條下。

2. 宋紹聖刊本

【宋刻脈經】何大任序　家藏紹聖小字監本,歷歲既深陳,故漫滅字畫,不能無謬。

注:龔用等《刻脈經牒文》,見於"序跋"條下。

3. 宋廣西漕司本

注:陳孔碩《重刻脈經序》,見於"序跋"條下。

4. 宋何大任本

【日本訪書志】卷九　《脈經》十卷。宋嘉定何氏本。王叔和《脈經》十卷,《隋志》已著錄,《新唐志》同,而《舊唐志》僅有二卷之本,此宋林億等所謂"好事之家,僅有存者",故五代高陽生《脈訣》得而託之。以下全文與楊守敬《覆刻宋本序》略同,參看"序跋"條下。

注:何大任所撰王氏《脈經後序》,見於"序跋"條下。

5. 不明宋本

【季滄葦書目】宋元雜板醫書　《脈經》七卷。宋板。

【聿修堂藏書目錄】脈書　《脈經》十卷。北宋原本。晉王叔和撰。

注:按宋刊《脈經》,今可考者,有熙寧、紹聖、廣西漕司、何大任之四種而已。然陳孔碩既稱"余訪老醫,得《脈經》十卷,驗之乃建本也。自是求之建陽書坊,因取所錄建本《脈經》,略改誤文,寫以大字,刊之廣西漕司"云云。又何大任曰"南渡以來,此經罕得善本,凡所刊行類多訛舛,大任每切病之"云云,可知宋時尚有別本,惜乎年月既久,無可考證。

6. 元泰定刊本

【難經本義】難經彙攷　廬陵謝堅白曰:泰定四年丁卯,愚教授龍興,建言憲司,請刻叔和《脈經》本書十卷。時儒學提舉東陽柳公道傳序云云。

【觀海堂書目】暎字號　《脈經》二本,十卷。元(春)[泰]定本。

【郘亭知見傳本書目】卷八子部醫家類　《脈經》十卷,晉王叔和撰,宋林億等校定。元有泰定四年本。

注:泰定刊《脈經》謝縉翁序,柳贇序,朶列禿移文,並見於"序跋"條下。

7. 元天曆刊本

【郘亭知見傳本書目】卷八子部醫家類　《新刊王氏脈經》,晉王叔和撰,宋林億等類次。目錄後有"大曆庚午歲廣勤堂葉氏刊"木記。

【四部叢刊書錄】子部　《脈經》十卷,二冊。上海涵芬樓藏元刊本。晉王叔和撰。晉太醫令王叔和,集岐伯以來,逮於華佗,經論要訣,合爲是書。《四庫》未錄。此元天歷庚午建安葉日增廣勤書堂刊本。序後有敁七行。總目及每卷首行,皆跨行大字題"新刊王氏脈經",次行小字題"朝散大夫守光祿卿直秘閣判登聞檢院上護軍臣林億等類次"。每葉二十四行,二十四字。有"士禮居"印記。

注:《四部叢刊》本載"葉日增刊記",見於"序跋"條下。

8. 不明元本

【傳是樓宋元本書目】宇字下格　元本王氏《脈經》十卷,四本。新入。

【四庫書目邵注】卷十子部五醫家類　《脈經》十卷，晉王叔和撰。瞿氏有元刊本。

9. 明成化刊本

【郘亭知見傳本書目】卷八子部醫家類　《脈經》十卷，晉王叔和撰，宋林億等校定。明成化重刊泰定本，據宋廣西漕司刊本。

【經籍訪古志】卷七醫家類　《脈經》十卷。明代模雕宋本，聿修堂藏。（中略）又舊鈔明成化重雕元泰定刊本，懷仙閣藏。首有成化十年錢溥序，次泰定四年柳贇、謝縉翁、劉伯貞、陳孔碩序等，卷末有成化十年畢玉跋。此本無界欄，高七寸六分，幅六寸二分。每半面十四行，行廿字。《四庫全書提要》：《圖註脈訣》四卷，《附方》一卷。下曰：今《脈經》十卷，尚有明趙府居敬堂所刊林億校本。按，此本係謄鈔，元泰定四年據宋廣西漕司刊本所彫，而明成化十年重彫其本者。考大永間僧幻雲《宋槧史記扁倉傳標記》云：王叔和《脈經》，唯竹田定祐法印(1)投予覽焉。前後十卷，細字無註。首有錢溥序，柳贇序，林億序，謝縉翁序，陳孔碩序，又有叔和自序。蓋即成化本耳。

［郭注］

(1) 竹田定祐法印，竹田定祐（1450～1528），號秀慶、月海、光照。爲赴中國明朝醫家竹田昌慶之曾孫，竹田昭慶之子，室町時代著名醫家之一。世代承襲法印之職，長期居住江戶。定祐將平日所記隨筆編輯成冊，名《月海雜錄》，書中記述當時醫療狀況及醫事世情，爲極其珍貴之醫學史料。

【郘園讀書志】卷六子部　《王氏脈經》十卷。明成化十年仿元泰定四年刊本。《脈經》十卷，晉王叔和撰。宋晁公武《郡齋讀書志》載之。《志》又載《脈訣》一卷，題“晉王叔和撰”云，皆歌訣鄙淺之言，後人依託者，然最行於世。據此則《脈經》、《脈訣》，在宋時固已盛行。今《四庫全書總目提要》皆不著錄，惟《存目》有明張世賢《圖注脈訣》四卷、《附方》一卷。《提要》云，《脈訣》出於僞撰，今《脈經》十卷，尚有明趙邸居敬堂本。然則館臣並非不見原本《脈經》，何以《四庫》並未收入，是可怪也。其後嘉慶間，阮文達影寫宋本進呈，見《揅經室外集》即《四庫未收書目》。阮云從宋嘉定何大任刻本影寫，有宋國子博士高保衡、尚書屯田郎孫奇、光祿卿直祕閣林億等校上序，卷末有熙寧二年進書銜名，又紹聖三年六月國子監開雕扎子及各銜名。此爲明成化十年重刻元泰定四年龍興路醫學本，前熙寧二年進書各官銜、及紹聖三年雕版扎子猶存，蓋元本即依據宋本重刻者。何大任本，明有嘉靖中袁表仿刻，及今光緒癸巳宜都楊氏仿刻，白口版大字，此則黑口小字。考唐甘伯宗《名醫傳》，云叔和《脈經》凡九十七篇，今刻本篇數正同，可知宋本又出於唐，來歷分明，非《脈訣》僞書之比。世間通行，爲《借月山房》、《守山閣》兩叢書本，今已少見，何況明刻乎。夫明刻之可貴者，貴其出於宋元也。不獨文字校勘，如泰定本謝翁識語所云，其中疑處並係元本，不敢輒改，爲其矜慎也。即以版式論，行字疏朗，能使讀者爽心豁目。無論白口大字本之出於宋、黑口小字本之出於元，要皆一時瑜亮，不可得也。吾向有明袁表本、趙府居敬堂本及楊氏仿何本。今又獲此小字本，明刻、近刻善本，皆萃於吾架中，日日檢校摩挲，可以延年卻病，何必更讀《養生論》耶。

丙辰仲冬月之既望，南陽葉德輝識。

10. 明趙府本

【天一閣見存書目】卷三醫家類　《王氏脈經》十卷，全，晉王叔和撰。又一部六卷，全。居敬堂本。

【鄭堂讀書記】子部五之一　《脈經》十卷。明趙邸居敬堂影刊宋本。晉王叔和撰，宋林億等類次。

【經籍訪古志】卷七醫家類　《脈經》十卷。明代摸彫宋本，聿修堂藏。（中略）又有明趙府居敬堂刊本。楓山秘府藏。紙刻蠲潔，體式與趙府刊《內經》相同。

【郘園讀書志】卷六子部　《王氏脈經》十卷。（中略）吾向有袁表本、趙府居敬堂本。

11. 袁表本

【廉石居藏書紀】內篇卷上醫律　王叔和《脈經》十卷，晉王叔和撰。明袁表刊本。前有宋校定脈經進呈劄子及富弼等署銜。次有宋刻脈經牒文，次有宋廣西漕司重刻脈經序，次有元刻脈經移文、元刻脈經序。次有明福建布政使右參政徐中行付校脈經手札，云"此王氏《脈經》真本，後醫依韻而成歌，不免牽綴。一字失真，百身莫返。頃從馬鍾翁家得此本，不啻萬金，便欲梓播寰中"云云，蓋明萬曆時刊本。其宋廣西漕司重刻脈經序，陳孔碩撰，稱"少時得《王叔和脈訣》，怪其詞俚而指淺，更訪老醫，得《脈經》十卷，驗之乃建本。求之建陽書坊，絕無鬻者。嘉定己巳，因從醫學求得《脈經》，借各本校之，與前後所見者同一建本也。乃知《脈訣》出而《脈經》隱"。又稱"取建本《脈經》略改誤文，寫以大字，刊之廣西漕司"，是宋時已行《脈訣》，幾不知有《脈經》，賴孔碩校刊存古書耳。元刻脈經序，泰定中謝縉撰。《王叔和脈訣》者，不知起於何時，惟陳無擇《三因方》序脈云"六朝時有高陽生者，剽竊作歌訣，劉元賓從而和之"云云，則無擇亦未嘗讀《脈經》也。又稱"朱文公謂《脈訣》詞最鄙淺，非叔和本書，雖文公亦未知其正出《脈經》"云云。今世所傳惟《脈訣》，即六朝高陽生、劉元賓所撰，此書確是王叔和原本，自宋陳孔碩得之。當開《四庫》館時，搜羅未得，未以入錄。予得此，將彙以呈御。

【經籍訪古志】卷七醫家類　《脈經》十卷。萬曆三年袁表校刊本。懷仙閣藏。首有泰定諸序及萬曆三年徐中行手扎，題云"明晉安袁表景從甫類校"，末有表跋及"書林童文舉謹識"木記。按此本依元板重雕者，文字脫誤不少，但卷一"持脈輕重法"第六"與皮毛相得者肺部也"，注文"炤甝作"三字，宋槧及諸本並同，不可讀。沈際飛本作"浮之在"，屬妄改。特此本作"呂氏作大豆"五字，足以正宋本之譌矣。《讀書敏求記》云：范成大《吳郡志》五十卷，宋槧本。書籍注中有注者，惟此及高誘《戰國策》，他則未之見也。所謂"注中有注"者，如此五字即是也。又宋槧《外臺秘要》第三十九卷中有此例，錢氏博未及醫籍，仍附記之。

【日本訪書志】卷九　《脈經》十卷。明刊本。明袁表重刊《脈經》，蓋以泰定四年本爲原而間有校改，並有印行後竄改者。據徐中行札，知所據本中多糢糊，屬袁氏校正，故不免臆補之處。自袁氏以前，此書唯有成化中淮陽刊本，及趙府居敬堂本，皆流傳不多。自袁氏本出，此後重刊皆據其本，不可謂之無功。此書余得之小島，朱藍墨筆校記，其硃筆者嘉定何大任本，藍筆者明淮陽刊本，墨筆者則據《素》、《靈》、《難經》、《傷寒》、《甲乙》等書，可稱精詳。每卷後有學古校讀年月，并記與其友人同諸姓名，蓋不啻三四覆校。然叔和所引書今不盡見，其源多載《千金方》，小島未以《千金》校之，且至六卷以後，亦第以宋本互校，未及旁引他書，甚爲漏略。故余復以硃筆勘之，凡見於諸醫經者，異同悉著之，不嫌其煩瑣也。

【郘亭知見傳本書目】卷八子部醫家類　《脈經》十卷。明袁表刊本。

【觀海堂書目】辭字號　袁刻《脈經》七本，十卷。校定本。

【四庫書目邵注】子部五醫家類附後備急方　《脈經》十卷，晉王叔和撰。明袁表仿宋刊本。

【孫氏書目内編】卷二醫律第六醫學　《脈經》十卷，晉王叔和撰。明袁表刊本。

【郎園讀書志】卷六子部　《王氏脈經》十卷。（中略）吾向有明袁表本云云。

【元治增補御書籍目錄】子部醫家類脈法之屬　《脈經》十卷，附《脈影圖說》二卷，三冊，晉王叔和撰，明袁表類次。

【聿修堂藏書目錄】脈書　《脈經》十卷，四冊，袁表校本。

【寶素堂藏書目錄】内編醫經第三藏象脈候　《脈經》七冊，袁表校刊本。

注：按《杏雨書屋圖書假目錄》載有袁表本之目，然詳看其書，即是沈際飛本，非袁表校本也。

12. 明代仿宋何大任本

【皕宋樓藏書志】卷四十三子部醫家類一　《脈經》十卷。明仿宋本。晉太醫令王叔和撰，宋朝散大夫守光祿卿直秘閣判登聞檢院上護軍臣林億等類次。

注：次載高保衡、孫奇、林億上表，王叔和自序，熙寧元年林億等銜名，熙寧二年富弼等銜名，紹聖三年重刻脈經牒文，何大任後序，《孳經室外集》等全文，今並略之。

【楹書隅錄】卷三子部　宋本《脈經》十卷，八冊二函。余性愛蓄書，於述古佞宋之癖，尤竊慕之。往歲隨侍先大夫宦遊南北，所收宋元槧本頗多。自丙辰奉諱里[居]，於茲七載，從未覯一舊籍，恒用是悒悒。今秋送家弟紹程赴布政司試，偶於書肆獲宋刻《晉書詳節》。迨發榜中式，攜其至濟，復得此本，頗爲之一樂也。伏讀《四庫全書總目》，是書未經著錄，僅於《脈訣》註中有"王叔和《脈經》十卷，見於《隋書》、《唐志》"云云。《延陵書目》有宋版《脈經》，然止七卷，當非完帙。張氏《藏書志》有鈔本，乃從元天歷本錄出。近時嘉定黃氏及錢氏守山閣新刊本，所據校者亦祗元刻。可見是書之宋槧，固不多覯矣。此本卷首載林億等《校定脈經序》，並王叔和原敘。卷末載熙寧元年、二年進呈鏤板銜名，紹聖元年、三年國子監牒文銜名，及嘉定丁丑濠梁何大任後序，稱"家藏紹聖小字本，歲陳漫滅，博驗群書，正其誤千有餘字，鳩工創刻"，蓋是書初刊於熙寧，至紹聖間由大字本開作小字本，而此本又從小字本重雕者也。首尾完具，箋刻精良，亦醫書中之秘笈也。珍之珍之。同治紀元重陽，東郡楊紹和識於濟南濼源書院。在卷首《守山閣叢書》本錢君熙祚跋中稱“與今本不同”,諸條核之,此本俱合。按守山閣本從元嘉泰四年江西儒學槧本覆出,而元槧所據,乃宋嘉定間侯官陳孔碩刻於廣西漕司之本,與此正同時鋟梓。顧陳本錄自建陽坊刊,此則以紹聖監本重雕也。元槧前載江西儒學提舉柳贇、龍興路醫學教授謝縉翁兩序。柳序云,朱文公於慶元初跋郭長陽《醫書》,謂俗間所傳《脈訣》,詞最鄙淺,非叔和本書。世之高醫,明其爲贋,遂委棄之,而獨有取於直指高骨爲關,分前郤爲寸尺,以定陰陽之位,爲合於《難經》,則《脈經》之傳已隱,雖文公亦似未知其正出《脈經》也。孔碩序亦有“《脈訣》出而《脈經》隱,醫者不讀,鬻者不售,板遂不存”云云。可知在宋時已極罕秘,故自明以來數百年絕少流傳。明趙邸居敬堂及吳勉學本,多脱誤不可讀。袁表[景]從校本稍善,而以意刪改,彌非真面。惟著於《犟經室外集》者,即由此本影鈔,尚不失舊觀耳。癸亥仲夏,彥合又記。每半葉十二行,行二十字。卷首末有“(滎)[滎]陽鄭生之印”、“鄭之謨印”、“無念氏學圃鑒賞圖章”、“容庵”各印。

注:《郘亭知見傳本書目》云:明覆宋何大任本,即阮進本所從出也。無覆刊年月人名,絕精,故世以爲宋槧,《楹書隅錄》亦然云云。今從此說。

【寒瘦山房鬻存善本書目】卷三嘉靖刻本 《脈經》十卷,六册,晉王叔和撰。明仿宋何大任刻本。前有林億等校定序,又叔和自序,後有嘉定丁丑何大任序,又紹聖三年國子監牒及銜名八行。次引《經籍訪古志》之文,今略之。此書雖不載繙刻年月、姓氏,然審其劂工,實在嘉靖時。其後序亦頗似文徵明所書,即非衡山真蹟,亦在萬曆諸名人手筆之前。一時有一時風尚,可一望而知也。他家著錄,誠不必細辨。吾欲置之百靖齋中,不得不著此說爲後人定論云。己巳五月,正闇得書後記。前一則初僧太守所摘錄,因並存之。

【宋元本行格表】卷下十二行子之屬 宋本《脈經》,行二十字,十卷。卷首載林億等《校定脈經序》,并王叔和原敘。卷末載熙寧元年、二年進呈鏤版銜名,紹聖元年、三年國子監牒文銜名,及嘉定丁丑濠梁何大任後序。《楹書隅錄》

【海源閣藏書目】子部宋本 《脈經》十卷,八册二函。《楹書隅錄初編》編入

【經籍訪古志】卷七醫家類脈書 《脈經》十卷。明代摸彫宋本。聿修堂藏。每半版高六寸七分,幅四寸九分強。十二行,行廿字。按此本紙刻精朗,文字端正,殊爲可喜。然詳其楮墨,蓋明代據宋本摸彫者。懷仙閣亦藏此本,有嘉定丁丑濠梁何大任後序,曰有家藏紹聖小字監本,歷歲既陳,故漫滅字畫,不能無謬。大任有志於斯,乃同博驗群書,孜孜凡異本“凡”作“九”累月,正其誤千有餘字,遂鳩工創刊於本局。其中舊有缺文、意涉疑似者,亦不敢妄加補注,當賴後之賢者。據此則是本爲覆刻何本亦可知也。補注,約之按,“據此則”以下十四字當刪。書中“匡”、“慎”、“敦”、“徵”缺筆,然“丸”字一用“圓”字,則其爲南渡以後物,益可徵焉。“丸”字避欽宗諱,見《百一選方》。《四庫未收書目》載是書,曰是編從宋嘉定何大任刻本影鈔。懷仙閣本有“剡上”圓印及“戴覲胤字子辰”方印,乃爲曼公獨立禪師舊藏。

【靜嘉堂秘籍志】卷二十四(陸氏十萬卷樓舊藏)子部醫家類 《脈經》十卷。明仿宋刊六本。晉太醫令王叔和撰,宋朝散大夫守光祿卿直秘閣判登聞檢院上護軍臣林億

等類次。林億等上表,自序,熙寧元年鏤版施行林億等銜名,熙寧二年富弼等銜名,紹聖三年龔原等狀,何大任後序嘉定丁丑仲夏。

13. 醫統本

【郘亭知見傳本書目】卷八子部醫家類　《脈經》十卷,晉王叔和撰,宋林億等校定。《醫統》本。

【四庫書目邵注】卷十子部五　《脈經》十卷,晉王叔和撰。《古今醫統》本。

【八千卷樓書目】卷十子部醫家類　《脈經》十卷,《圖說》二卷,晉王叔和撰。《醫統》本。

【揚州吴氏測海樓藏書目録】卷四子部醫家類　《王氏脈經》十卷,晉王叔和。《古今醫統正脈全書》,明王肯堂輯,萬曆年刊。竹紙四十八本內。

【江蘇省立國學圖書館圖書總目】子部方技類經脈之屬　《脈經》十卷,二册,晉高平王叔和。明吴勉學翻宋本。丁書。《脈經》十卷。《醫統正脈全書》第十六至十七册,明新安吴勉學校刊本。

【江南圖書館閱覽室檢查書目】子部第十三號醫家　《脈經》,晉王叔和。《醫統》本。二本。

【中東鐵路圖書館圖書目録】補編第七類應用藝術醫學　《脈經》十卷。見《醫統正脈全書》。

【叢書舉要】卷十二古今醫統正脈全書　《王氏脈經》十卷,晉王叔和。

【叢書書目彙編】十八畫醫統正脈全書　《王氏脈經》十卷,王叔和。

【經籍訪古志】卷七醫家類　《脈經》十卷。明代摸彫宋本。聿修堂藏。(中略)《醫統正脈》中所收,卷末記明新安吴勉學翻刻宋版,而全祖此本。然文字間有誤。

【聿修堂藏書目録】脈書　《脈經》十卷,三册。收在《醫統正脈》中。

【寶素堂藏書目録】內編醫經第三藏象脈候　《脈經》十卷,四册。别行《醫統正脈》中本,家大人從明代重刊嘉定何大任板本審校。《脈經》十卷,四册。《醫統正脈》中。晉王(照)[熙]。

【杏雨書屋圖書假目録】一百五十八頁古今醫統正脈全書明刊　《王氏脈經》十卷,晉王叔和撰。

【中國醫學書目】經脈　《王氏脈經》十卷,四册。十二行二十字。欄高二十釐,幅十五釐。王叔和撰,林億等編次。吴勉學翻刻宋板。五車樓藏板,明板。《校定脈經序》,高保衡、林億等。《脈經序》(有缺丁),王叔和。目次。

【中國醫學書目續編】經脈六十　《脈經》表題"王氏脈經"十卷,三册。十二行,二十字。欄高二十・五釐,幅十五・二釐。映旭齋藏板。明板《古今醫統正脈全書》之內。《校定脈經序》,高保衡、孫奇、林億等謹上。目録。每卷首、卷末有木記曰"明新安吴勉學翻刻宋板"。

14. 明末坊刻本

【經籍訪古志】卷七醫家類　《脈經》十卷。明代摸彫宋本。(中略)又有明末刊本,附《人元脈影歸指圖說》二卷,皇刻本亦附此二卷,蓋依明末刊本附入者。汪若源《痘書》一卷者。聿修堂藏。天啟甲子繆希雍序。亦是俗刻。

【中國醫學大成】脈經曹炳章提要　炳章藏有明天啟四年繆希雍校正寫刻本，後附王叔和著《人元脈影歸指圖說》二卷，分七表、八裡、九道脈之說，與《脈訣》體制相類。是否叔和原著，不可考。

15. 沈際飛刊本

【抱經樓藏書志】卷三十五子部醫家類一　《脈經》十卷，附《脈影圖說》二卷。明仿元本刊。晉太醫令王叔和撰，宋朝散大夫守光祿卿直秘閣判登聞檢院上護軍臣林億等類次，進呈劄子，牒文紹聖元年，王叔和序，進呈奉旨鏤版施行熙寧元年，陳孔碩序（引全文），朶列禿移文（引全文），柳贇序（引全文），謝縉翁序（引全文），徐中行序萬曆三年，沈際飛序，《竁經室外集》（引全文）。

【郘亭知見傳本書目】卷八子部醫家類　《脈經》十卷，晉王叔和撰，宋林億等校定。天啟丙寅沈氏刊本。

【經籍訪古志】卷七醫家類　《脈經》十卷。萬曆三年袁表校刊本。懷仙閣藏。按此本依元本重彫者，文字脫誤不少，但卷一《持脈輕重法》第六"與皮毛相得者肺部也"，注文"炤甿作"三字，宋槧及諸本並同，不可讀。沈際飛本作"浮之在"，屬妄改。特此本作"呂氏作大豆"五字，足以正宋本之譌矣。又有沈際飛刊本，寶素堂藏。亦祖此本。序稱"丙寅先子疾革"。丙寅，蓋天啟六年也。皇國坊刻係際飛本。

【寶素堂藏書目錄】內編醫經第三藏象脈候　《脈經》十卷，五冊。沈際飛校刊本。每卷首有"讀耕齋之家藏師記"及"扗華藏書"印記。

注：按是書雖稱仿元本刊，書中載徐中行序，疑據於袁表本而刊者也。《經籍訪古志》亦謂之。

16. 不詳明板

【韓氏讀有用書齋書目】子部　《王氏脈經》十卷，明繙元泰定本。士禮居舊藏。

【內閣文庫圖書第二部漢書目錄】第三門子第六類醫家三診法　（特）《脈經》十卷，晋王叔和，宋林億等編。四冊。明版。《脈經》，同上。明版。六冊。

17. 沈禮意本

【中國醫學書目】經脈　《脈經》十卷，八冊。九行，十八字。欄高十九釐，幅十三·八釐。王叔和著，袁表（景從）類校。宋校定脈經進呈劄子，趙叔度，熙寧元年。宋刻脈經牒文，向中恕等，紹聖三年。宋廣西漕司重刻脈經序，陳孔碩。元刻脈經移文，朶列禿，泰定四年。元刻脈經序二首，柳贇、謝縉翁，同年。付校脈經手札，徐中行。萬曆三年重刻脈經序（尾闕），沈禮意重刻脈經序，目錄。

注：按此本錯簡多，目錄前有《重刻脈經序》二首，又第七卷中錯入"嘉慶壬申歲仲冬月會稽沈禮意序"，稱"余於醫經諸家之旨，夙所參稽。訪求此書，維有年所。適前萬安令朱君以家藏舊本，呈於郡伯張古餘先生，先生因余知醫，出以示余。余按是書有前明趙邸居敬堂刻本十卷，此本爲萬曆中三山袁君校刊，其板均佚。國朝乾隆年間詔開《四庫》，歷代舊籍，蒐集大備，獨此書未經進呈。夫以叔和之博通經方，潛心著述，講習討論，勒爲成書，而千百年來湮沉銷歿，不獲與所編《傷寒論》

同登天府。此非採輯之疏，而實秘笈之難購也。爰爲捐廉付梓，俾已墜之緒幸而復續，已逸之簡僅而得傳。運際休明，人無夭札，物無疵厲，遺編之顯，適當其時，其斯民仁壽之徵歟”。乃知此本則嘉慶十七年沈禮意所刻本也，但其底本，沈序稱袁本。雖然《經籍訪古志》既云：卷一“持脈輕重法”第六“與皮毛相得者肺部也”，注文“熖眡作”三字，宋本及諸本並同，不可讀。沈際飛本作“浮之在”，屬妄改。今此本亦從沈改，疑沈禮意以沈際飛本誤爲袁表本也乎。

注：沈禮意序、惲敬序、撰者不詳重刻脈經序，並見於“序跋”條下。

18. 張柏本

【張柏校訂脈經】陳一津序　前萬安令朱君以家藏舊本，呈於郡伯張古愚先生。先生以眎余，屬爲付梓。津承刊讐之役，莫能有所贊襄，僅於文字通俗之間，原刻有未當者，稍爲釐定，以便初學而已。

注：朱錫穀序，陳一津序，張柏識語，張柏《校訂脈經書後》，陳一津《校刊脈經書後》等，俱見於“序跋”條下。

19. 守山閣本

【郘亭知見傳本書目】卷八子部醫家類　《脈經》十卷，晉王叔和撰，宋林億等校定。守山閣本。《醫統》不全，袁本多誤，惟守山較善。

【四庫書目邵注】卷十子部五醫家類　《脈經》十卷，晉王叔和撰。又守山閣刊本。

【八千卷樓書目】卷十子部醫家類　《脈經》十卷。守山閣本。

【行素堂目睹書錄】乙編・守山閣叢書子部　《脈經》十卷，晉王叔和。

【書目答問】子部醫家第六　《脈經》十卷，晉王叔和。守山閣本。

【諸暨圖書館目錄】卷五子部五醫家類　《脈經》十卷，舊題晉王叔和。守山閣本。

【叢書書目彙編】六畫・守山閣叢書　《脈經》十卷，晉王叔和撰。

【江蘇省立國學圖書館圖書總目】脈經　《脈經》十卷。又一部，十卷。《守山閣叢書》已集第四至五冊。道光刊本。

【清華學校圖書館中文書籍目錄】第七類應用藝術醫學　《脈經》十卷，王叔和（晉）。見《守山閣叢書》。

【中東鐵路圖書館圖書目錄】補編第七類應用藝術醫學　《脈經》十卷，晉王叔和。見《守山閣叢書》。

注：周學海《叢書》本載錢熙祚跋文，見於“序跋”條下。

20. 黃鋐本

【故宮普通書目】卷三子部醫家類　《王氏脈經》十卷，晉王叔和撰。道光二十三年刊本。

【楹書隅錄】卷三子部宋本脈經　近時嘉定黃氏及錢氏守山閣新刊本，所據校者，亦祇元刻。

注：周學海《叢書》本載黃鋐跋文，見於“序跋”條下。

21. 借月山房本

【書目答問】子部醫家　《脈經》十卷，晉王叔和。借月山房本。

【郎園讀書志】王氏脈經　《王氏脈經》十卷。世間通行爲《借月山房》、《守山閣》兩叢書本,今已少見。

【郘亭知見傳本書目】卷八子部醫家類　《脈經》十卷,晉王叔和撰,宋林億等校定。張氏《志》影元刊本。

注:《四庫書目》邵注云:《脈經》十卷。昭文張氏有影抄元天曆庚午廣勤葉氏本。按此本則張氏據影鈔天曆本而刊者也。

22. 石印守山閣本

【古越書樓書目】卷五學部生理學第十一醫學總義　《脈經》十卷,晉王叔和。石印守山閣本。

【叢書舉要】卷三十守山閣叢書·光緒己丑鴻文書局石印本　《脈經》十卷,晉王叔和。

23. 姜國伊本

【同治元年重刻脈經】姜國伊自序　得軒岐仲師之脈者,叔和一人而已。夫世醫剛愎自恩,余本不欲出是書,而無如斯人之夭扎可憫,因商諸紫東閣書林主人,梓以公世。

注:姜國伊自序,見於"序跋"條下。

24. 何敷五本·姜氏醫學叢書本

【何氏重刻叔和脈經真本】李雲書序　光緒庚寅春,姻丈何君敷五函致姜孝廉,售所刻《脈經真本》,遍覓書肆,僅存二部,蓋壬戌鎸板燬矣。何君體其先大夫陛亭之志,復鏤板西充,凡四閲月工竣。

注:李雲書序,見於"序跋"條下。

【中國醫學書目續編】經脈　《叔和脈經真本》十卷,四册。九行,二十字。欄高十九·八釐,幅十三·五釐。王叔和撰,張柏校正,朱錫穀重刊,陳一津參訂。四川成都學道街黄氏茹古書局印行《姜氏醫學叢書》之内。重刻脈經真本序,李雲書。序,姜國伊,同治壬戌。叔和脈經原序。重刻脈經序,陳一津,道光癸巳。重刻脈經序,惲敬。序,朱錫穀,道光十三年。宋校定脈經進呈劄子,宋刻脈經牒文,宋廣西漕司重刻脈經序,元刻脈經移文,元刻脈經序二首,明福建承宣布政使司右參政徐付校脈經手札。書脈經後,袁表,萬曆三年。張柏識語。校訂脈經書後,張柏,道光十二年。校刊脈經書後。

25. 周學海本

【八千卷樓書目】卷十子部醫家　《脈經》十卷。光緒辛卯周氏刊本。

【揚州測海樓藏書目錄】卷四子部醫家類　《脈經》十卷,晉王叔和。《周氏醫學叢書》,周學海輯,光緒辛卯自刊。竹紙本。

【續彙刻書目】丙·周氏醫學叢書初集　《脈經》十卷

【國學用書類述】醫學類經脈之屬　《脈經》十卷,晉王叔和。周學海校刻。

【叢書舉要】卷十二周氏彙刻醫學叢書　《王叔和脈經》十卷。依嘉定黄氏校本。

【叢書目彙編】八畫·周氏醫學叢書　《脈經》十卷

【中國醫學書目】經脈五　《王叔和脈經》十卷,四册。十一行二十一字,欄高十五·五釐,幅十二·一釐。王叔和著。《周氏醫學叢書》之内,周氏校刊,光緒辛卯。脈經序,王叔和。宋校定脈經進呈劄子,林億等,熙寧元年。宋刻脈經牒文。紹聖三年宋廣西漕司重刻脈經序,陳孔碩。元刻脈經移文,朶列禿,泰定四年。元刻脈經序,柳贇、謝縉翁,泰定四年。明福建承宣布政使司右參政徐付校脈經手札,徐中行,萬曆三年。袁校脈經書後,袁表,萬曆三年。跋,錢熙祚,道光辛丑。跋,黄鉉,道光二十三年。脈經目録,重刻脈經書後,周學海。

注:周學海書後,見於"序跋"條下。

26. 覆刻周氏本

【杏雨書屋圖書假目録】四百八十八頁 《脈經》十卷,晉王叔和撰。光緒十七年(一八九一)刊。四册。

注:按詳見此書,則民國以後與《脈訣刊誤集解》合刻者,非周氏原本也。

27. 張氏本

【江蘇省立國學圖書館圖書總目】子部方技類經脈之屬 《脈經》一部,十卷,附《脈訣刊誤》二卷,王叔和。附元上元戴啟宗。光緒汀州張氏刊本。七册。

28. 楊氏影宋何大任本

【諸暨圖書館目録】卷五子部醫家類 《影宋本脈經》十卷,晉王叔和。清光緒癸巳宜都楊氏鄰蘇園精校刊初印本。

【梁氏飲冰室藏書目録】子部醫家類 《脈經》十卷,晉王叔和撰。清光緒十九年鄰蘇園影宋刻本。四册。

【杏雨書屋圖書假目録】四百八十八頁 《景宋印影本脈經》十卷,晉王叔和撰。光緒十九年(一八九三)刊。四册。

【中國醫學書目】經脈 《景宋本脈經》十卷,四册。十二行,二十字。欄高二十·八釐,幅十五·二釐。王叔和著。鄰蘇園刊,光緒十九年。序,楊守敬,光緒十九年。脈經序,王叔和。校定脈經序,林億等。目録。熙寧元年鏤版施行林億等銜名。熙寧二年富弼等銜名。紹聖三年牒文,龔原等銜名。王氏脈經後序,何大任,嘉定丁丑。

29. 四部叢刊本

【江蘇省立國學圖書館圖書總目】子部方技類經脈之屬 《脈經》十卷,二册。涵芬樓影印元廣勤堂刊本。善乙八五。又《脈經》十卷。《四部叢刊》第三百七十四至三百七十五册涵芬樓影印元廣勤堂刊本,另廚。

【清華學校圖書館中文書籍目録】第七類 《脈經》十卷,王叔和(晉)。見《四部叢刊》。

【中東鐵路圖書館圖書目録】第七類應用藝術 《脈經》十卷,晉王叔和。見《四部叢刊》。

【静嘉堂文庫國書分類目録】九理學醫學 《脈經》(《四部叢刊》第三百七十五、三百七十六册)十卷。

【東京文理科大學附屬圖書館和漢書分類目録】下卷二十類醫學七和漢醫學 《脈

經》,晉王叔和。(《四部叢刊》第三百七十四、三百七十五)

30. 不明影宋本

【觀海堂書目】幸字號　《脈經》二部,四本,十卷。影宋本。

【竹崦庵傳鈔書目】子部醫家類　《脈經》十卷。影宋本。二百頁。

31. 醫學大成本

【中國醫學書目續編】經脈　《脈經》十卷,四冊。十四,行三十一字。洋紙裝,四六版。西晉王叔和著。上海大東書局印行。《中國醫學大成》第三集·診斷類之內。中華民國二十六年刊。脈經提要。原序,王叔和。劄子,熙寧元年,林億等。牒文,紹聖三年。移文,泰定四年,朶列禿。陳序,陳孔碩。柳序,泰定四年,柳贇。謝序,泰定四年,謝縉翁。手札,萬曆三年,徐中行。脈經目錄。書後,光緒十七年,周學海。書後,萬曆三年,袁表。錢跋,道光辛丑,錢熙祚。黃跋,道光二十三年,黃鋐。

注:《脈經》提要,見於"序跋"條下。

32. 日本慶安本

【聿修堂藏書目錄】脈書　《校正脈經》十卷,三冊。慶安庚寅刊行。

【中國醫學書目】經脈四　《王叔和脈經》十卷,七冊附一冊。九行,十八字。欄高十九·八釐,幅一四釐。王叔和編,袁表類校,沈際飛重訂,龔居中鑑定。和刻。脈經序,沈際飛。脈經序,王叔和。宋校定脈經進呈劄子,趙叔度校正,富弼等銜名。宋刻脈經牒文,龔用等銜名。宋廣西漕司重刻脈經序,陳孔碩。元刻脈經移文,朶列禿。元刻脈經序二首,柳贇、謝縉翁。付校脈經手札,徐中行,萬曆三年。脈經目錄,附《人元脈影歸指圖說》,王叔和編,沈際飛訂,二卷,一冊。第十卷末有刊木記,曰"慶安庚寅稔重陽吉旦二條通玉屋町村上平樂寺開板"。

33. 日本活字本

【善本書室藏書志】卷十六子部五醫家類　《脈經》十卷,東洋活字本。晉太醫令王叔和撰,宋朝散大夫守光祿卿直祕閣判登聞檢院上護軍臣林億等類次。卷首列校定進呈脈經劄子,熙寧元年七月十六日進呈,奉聖旨鏤版施行,下列高保衡、孫奇、林億、王安石、趙抃、曾公亮、富弼諸臣銜名。又有紹聖三年六月牒文,後列國子監書庫向中恕、曾繰、鄧平、郭直卿、王仲嶷、檀宗益、趙挺之、龔用諸臣銜名。阮文達嘗從宋嘉定何大任刻本影鈔,進呈內府,提要著於《揅經室外集》。此則日本活字印行者也。

【江蘇第一圖書館覆校善本書目】子部醫家類　《脈經》十卷,五冊。晉王叔和。日本活字本,有鈔配。卷端有"天門觀藏書"、"北山藏書"等印。

【江蘇省立國學圖書館圖書總目】子部方技類經脈　《脈經》十卷,五冊。日本活字本。有"天門觀藏書"、"北山藏書"二印。丁書,善甲五一。

【寶素堂藏書目錄】內編醫經第三藏象脈候　《脈經》十卷。晉王熙。五冊。皇國活字。袁表校本。

【經籍訪古志】卷七醫家類　《脈經》十卷。萬曆三年袁表校刊本。(中略)又有皇朝活字版，據此本。

【内閣文庫圖書第二部漢書目録】第三門子第六類醫家　《脈經》十卷，晉王叔和，宋林億等編。日本古活版。五册。

34. 日本元禄本

【杏雨書屋圖書假目録】四百八十九頁。王叔和　《脈經》十，晉王叔和撰，明袁表校。元禄十三年(一七〇〇)刊。五册。

35. 不明日本刊本

【江南圖書館閲覽室檢查書目】子部第十三號醫家　《脈經》一部。日本刊本。六本。

【八千卷樓書目】卷十子部醫家類　《脈經》十卷，《圖説》二卷，晉王叔和撰。日本刊本。

(五)鈔本

1. 影宋鈔本

【讀有用書齋書目】子部　《脈經》十卷。景宋鈔本。士禮居舊藏。

【秦漢十印齋書目】卷三子部醫家類　《脈經》十卷，景宋鈔本。晉王叔和撰。

2. 影鈔元泰定本

【日本訪書志】卷九　《脈經》十卷。影鈔元刊本。元泰定四年龍興路醫學教授謝縉翁刊本，前有東陽柳贇序，又有謝縉翁自序，並載移文一首。據縉翁後序稱，以官本及廣西漕司本，又得鄉人黄南牖家本合校。柳贇序云"其卷帙篇第，一用陳氏廣西之舊"，故陳孔碩一序，亦賴之以存。今以校何大任本，互有異同，而不如何本之勝，唯劃條提行，此本又較勝之。後來袁表、沈際飛等，皆從此本出也。又有成化十年畢玉重刊此本，則訛謬尤多云。此本爲日本醫學提舉多紀氏所藏，即著聿修堂各醫書之家也。柳贇序，謝縉翁序，宋校定脈經序，熙寧元年劄子，紹聖三年劄子，泰定四年劄子，以上袁表本皆載之，今不録。唯此劄子後有謝縉翁重識一段，袁表本不載，今附於左(下)：泰定四年六月初四日，中奉大夫江西湖東道肅政廉訪使朶列秃，書吏劉伯貞。《脈經》皆依宋監本及廣西校定刻布，其中疑處，並係元本，不可輒改，序中已言之矣。今再取二本，元刻本末及今憲司准申指揮并刻之，庶讀者知其原云。盧陵謝縉翁重識。

3. 影鈔元天曆本

【愛日精廬藏書志】卷二十二子部醫家類　《新刊王氏脈經》十卷，影寫元刊本。晉王叔和撰，宋朝散大夫守光禄卿直秘閣判登聞檢院上護軍臣林億等類次。目録後有"天曆庚午歲廣勤葉氏刊"木記。以下引林億等校定脈經序、王叔和自序、葉日增刊記，《郡齋讀書志》等文，今並略之。但葉氏刊記，引其全文於"序跋"條下，參看其條。

【四庫書目邵注】卷十子部五醫家類　《脈經》十卷，晉王叔和撰。昭文張氏有影抄元天曆庚午廣勤葉氏本。

【鐵琴銅劍樓藏書目】卷十四子部醫家類　《新刊王氏脈經》十卷。舊鈔本。晉王叔和撰並序，又何大任後序。案，叔和，高平人，官太醫令。世傳《叔和脈訣》一卷，與此不同，乃僞作也。是編亦宋林億等校定，前有億進書序，末列高保衡、孫奇、林億銜名。宋紹聖、嘉定俱有刻本。此本目錄後有"天曆庚午歲廣勤葉氏"一行，蓋從元刻本鈔出。

【楹書隅錄】卷三子部　《宋本脈經》十卷。（中略）張氏《藏書志》有鈔本，乃從元天曆本錄出。

4. 阮元進呈本

【四庫未收書目提要】卷三　《脈經》十卷，西晉王叔和撰，宋林億等校定。叔和，高平人，官太醫令。甘伯宗《名醫傳》稱"叔和博通經方，精義診處，尤好著述"。是編從宋嘉定何大任刻本影鈔，前有宋國子博士高保衡、尚書屯田郎中孫奇、光祿卿直秘閣林億等校上序。卷末載熙寧元年及二年進書銜名，又紹聖三年六月國子監雕版扎子及銜名。案，林億序云"臣等博求衆本，據經爲斷，去取非私"，又云"今考以《素問》、《靈樞》、《太素》、《難經》、《甲乙》、仲景之書，并《千金方》及《翼》說脈之篇以校之，除去重複，補其脫漏"云云，用力可（爲）謂（勒）勤摯。世傳《叔和脈訣》二卷，乃後人依托爲之，與此絕不相同也。

【郘亭知見傳本書目】卷八子部醫家類　《脈經》十卷，晉王叔和撰，宋林億等校定。叔和，高平人，官太醫令。是編依宋嘉定何大任本影抄，與世傳僞本絕不同，阮氏以進呈。明覆宋何大任本，即阮進本所從出也。無覆刊年月人名，絕精，故世以爲宋槧，《楹書隅錄》亦然。

5. 其他抄本

【帶經堂書目】卷三子部醫家類　《王氏脈經》六卷。鈔本。葉子吉讀書齋藏書。王叔和撰。

【稽瑞樓書目】小槲叢書　《脈經》十卷。舊鈔。四冊。

【内閣文庫圖書第二部漢書目錄】第三門子第六類醫家　（特）《脈經》十卷，晉王叔和，宋林億等編。四冊。日本寫本。

6. 未詳本

【文淵閣書目】明　【菉竹堂書目】明　【萬卷堂書目】明　【本草綱目引據書目】明　【世善堂藏書目錄】明　【醫藏書目】明　【汲古閣毛氏藏書目錄】明　【天一閣藏書目錄】清　【重編寧波范氏天一閣圖書目錄】清　【楝亭書目】清　【傳是樓書目】清　【廉石居藏書紀】清　【問經堂書目】清　【古今書刻】清　【山東圖書館書目】民　【南洋中學藏書目】民　【雜病廣要採摭書目】日　【元治增補御書籍目錄】日　【杏雨書屋圖書假目錄】日　【東醫寶鑑】朝　【醫方類從引用書】朝

二、涪翁診脈法漢涪翁撰

【後漢書】卷一百一十二下郭玉傳　郭玉者，廣漢雒人也。初，有老父不知何出，常漁釣於涪水，因號涪翁。乞食人間，見有疾者，時下鍼石，輒應時而效。乃著《鍼經》、《診脈法》傳於世。弟子程高尋求積年，翁乃授之。高亦隱跡不仕。玉少師事高，學方診六徵之技，陰陽不測之術。

【玉海】六十三藝文藝術天聖鍼經引銅人腧穴鍼灸經夏竦序原注　涪翁著《鍼經》、《脈法》。

【後漢書藝文志】醫家類涪翁鍼經　涪翁《診脈法》

【補後漢書藝文志】卷三子部醫家類　涪翁《診脈法》

【補續漢書藝文志】子部　涪翁《診脈法》

三、脈經

【隋書經籍志】子部醫方脈經二卷注　梁有《脈經》十四卷

注：按《隋志》原注云：梁有《脈經》十四卷。又《脈生死要訣》二卷。又《脈經》六卷，黄公興撰。

四、脈生死要訣

【隋書經籍志】子部醫方脈經二卷注　梁有《脈生死要訣》二卷。

注：按《醫籍考》"訣"作"說"。

五、脈經

【隋書經籍志】卷三子部醫方脈經二卷注　梁有《脈經》六卷，黄公興撰。

六、脈經劉宋秦承祖撰

【隋書經籍志】卷三子部醫方脈經二卷注　梁有《脈經》六卷，秦承祖撰。

【通志藝文略】醫方類上脈經　秦承祖《脈經》六卷

注：秦承祖傳，《醫說》卷一《三皇歷代名醫》云，秦承祖，不知何郡人也。性耿介，有決斷，當時名人，咸所歸伏，而專好藝術，精於方藥，不問貴賤，皆治療之。當時稱之爲上手。《宋書》。(《古今醫統大全》、《圖書集成》並略同)

七、脈經康普思撰

【隋書經籍志】卷三子部醫方脈經二卷注　梁有《脈經》十卷，康普思撰。亡。

【通志藝文略】醫方類上脈經　康普思《脈經》十卷

八、脈經

【隋書經籍志】子部醫方　《脈經》二卷

【舊唐書經籍志】丙部子類經脈類 《脈經》二卷

【唐書藝文志】丙部子錄明堂經脈類 《脈經》十卷。又二卷。

【通志藝文略】醫方類上脈經 《脈經》二卷

九、黄帝流注脈經

【隋書經籍志】子部醫方 《黄帝流注脈經》一卷

【唐書藝文志】丙部子錄明堂經脈類 《黄帝流注脈經》一卷

【通志藝文略】醫方類上脈經 《黄帝流注脈經》一卷

十、黄帝脈經

【通志藝文略】醫方類上脈經 《黄帝脈經》一卷

【郡齋讀書後志】卷二醫家類 《脈經》三卷。右題云"黄帝撰論診脈之要",凡二十一篇。

【文獻通考經籍考】子醫家 《脈經》三卷。鼂氏曰"題云黄帝撰"。

【宋史藝文志】子類醫書類 《黄帝脈經》一卷

【汲古閣毛氏藏書目錄】醫家 《脈經》三卷。黄帝。

十一、黄帝脈訣

【崇文總目輯釋】卷三醫書類一 《黄帝脈訣》一卷

【通志藝文略】醫方類上脈經 《黄帝脈訣》一卷

【宋史藝文志】子類醫書類 《黄帝脈經》一卷。又《脈訣》一卷。

十二、華佗觀形察色並三部脈經

【隋書經籍志】子部醫方 《華佗觀形察色并三部脈經》一卷

【通志藝文略】醫方類上脈經 《華佗觀形察色并三部脈經》一卷

【補續漢書藝文志】子部 《華佗觀形察色并三部脈經》一卷

【補後漢書藝文志】卷三子部醫家類 《華陀觀形察色并三部脈經》一卷

【補後漢書藝文志】醫術經方類 《華佗觀形察色并三部衇經》一卷

【補後漢書藝文志考】方技醫經華佗枕中灸刺經 《華佗觀形察色并三部脈經》,《隋志》一卷。

【補後漢書藝文志并考】醫經 《華佗觀形察色并三部脈經》一卷

【後漢藝文志】醫家類華佗方 《華佗觀形察色并三部經脈經》一卷

【醫籍考】五百七十六頁 《華氏佗觀形察色并三部脈經》。《隋志》一卷。佚。按《脈經》引有《華佗察聲色要訣》,或此書之遺也。

注：華佗傳，《後漢書》一百十二下列傳云：華佗，字元化（佗，音徒何反），沛國譙人也，一名旉（音孚）。遊學徐土，兼通數經，曉養性之術，年且百歲而猶有壯容，時人以爲仙。沛相陳珪舉孝廉，太尉黄琬辟，皆不就。精於方藥，處齊不過數種（齊，音才計反），心識分銖，不假稱量。鍼灸不過數處，裁七八九。若疾發結於內，鍼藥所不能及者，乃令先以酒服麻沸散，既醉無所覺，因刳破腹背，抽割積聚。若在腸胃，則斷截湔洗，除去疾穢，既而縫合，傅以神膏，四五日創愈，一月之間皆平復。佗嘗行道，見有病咽塞者（咽，喉也），因語之曰：向來道隅有賣餅人，蓱齏甚酸，可取三升飲之，病自當去。即如佗言，立吐一蛇，乃懸於車而候佗。時佗小兒戲於門中，逆見，自相謂曰：客車邊有物，必是逢我翁也。及客進顧視，壁北懸蛇以十數，乃知其奇。又有一郡守，篤病久，佗以爲盛怒則差，乃多受其貨而不加功，無何棄去，又留書罵之。太守果大怒，令人追殺佗，不及，因瞋恚吐黑血數升而愈。又有疾者，詣佗求療。佗曰：君病根深，應當剖破腹。然君壽亦不過十年，病不能相殺也。病者不堪其苦，必欲除之。佗遂下療，應時愈，十年竟死。廣陵太守陳登，忽患胸中煩懣，面赤不食。佗脈之曰：府君胃中有蟲，欲成內疽，腥物所爲也。即作湯二升，再服，須臾吐出三升許蟲，頭赤而動，半身猶是生魚膾，所苦便愈。佗曰：此病後三朞當發，遇良醫可救。登至期疾動，時佗不在，遂死。曹操聞而召佗常在左右，操積苦頭風眩，佗鍼隨手而差。有李將軍者，妻病，呼佗視脈。佗曰：傷身而胎不去。將軍言：間實傷身，胎已去矣。佗曰：案脈，胎未去也。將軍以爲不然。妻稍差，百餘日復動，更呼佗，佗曰：脈理如前，是兩胎，先生者去血多，故後兒不得出也。胎既已死，血脈不復歸，必燥著母脊。乃爲下鍼，并令進湯，婦因欲產而不通。佗曰：死胎枯燥，勢不自生。使人探之，果得死胎，人形可識，但其色已黑。佗之絕技，皆此類也。爲人性惡，難得意，且恥以醫見業，又去家思歸，乃就操求還取方，因託妻疾，數期不反。操累書呼之，又敕郡縣發遣。佗恃能厭事，猶不敢至。操大怒，使人廉之，知妻詐疾，乃收付獄訊，考驗首服。荀彧請曰：佗方術實工，人命所懸，宜加全宥。操不從，竟殺之。佗臨死，出一卷書與獄吏曰：此可以活人。吏畏法不敢受，佗亦不強，索火燒之。初，軍吏李成苦欬，晝夜不寐，佗以爲腸癰，與散兩錢，服之即吐二升膿血，於此漸愈。乃戒之曰：後十八歲疾當發動，若不得此藥，不可差也。復分散與之，後五六歲，有里人如成先病，請藥甚急，成愍而與之。乃故往譙，更從佗求，適值見收，意不忍言。後十八年，成病發，無藥而死。廣陵吳普、彭城樊阿皆從佗學。普依準佗療，多所全濟。佗語普曰：人體欲得勞動，但不當使極耳。動搖則穀氣得銷，血脈流通，病不得生，譬如戶樞，終不朽也。是以古之仙者爲導引之事，熊經鴟顧，引挽要體，動諸關節，以求難老。吾有一術，名五禽之戲：一曰虎，二曰鹿，三曰熊，四曰猨，五曰鳥。亦以除疾，兼利蹏足，以當導引。體有不快，起作一禽之戲，怡而汗出，因以著粉，身體輕便而欲食。普施行之，年九十餘，耳目聰明，齒牙完堅，阿善鍼術。凡醫咸言背及胸藏之間不可妄鍼，鍼之不可過四分，而阿鍼背入一二寸，巨闕胸藏乃五六寸，而病皆瘳。阿從佗求方可服食益於人者，佗授以漆葉青黏散。漆葉屑一斗，青黏十四兩，以是爲率。言久服去三虫，利五藏，輕體，使人頭不白。阿

從其言，壽百餘歲。漆葉處所而有，青黏生於豐、沛、彭城及朝歌間。漢世異術之士甚衆，雖云不經，而亦有不可誣，故簡其美者，列於傳末。

冷壽光、唐虞、魯女生，三人者，皆與華佗同時。壽光年可百五、六十歲，行容成公御婦人法，常屈頸鷮息，鬚髮盡白而色理如三、四十時，死於江陵。唐虞道赤眉、張步家居里落，若與相及，死於鄉里不其縣。魯女生數説顯宗時事，甚明了，議者疑其時人也。董卓亂後，莫知所在。

注：按《魏志》卷二十九亦有“華佗傳”，文旨與後《漢書》大同，今略之。

《補後漢藝文志》華佗方云：《魏志》本傳，佗死後，太祖頭風未除。太祖曰：佗能愈此，小人養吾病，欲以自重。然吾不殺此子，亦終當不爲我斷此根源耳。及後愛子倉舒病困，太祖歎曰：吾悔殺華佗，令此兒僵死也。按《魏志·武文世王公傳》，鄧哀王沖，字倉舒，年十三，建安十三年病亡。則佗之被殺，在是年之先。

十三、華佗脈訣

【難經集註】卷一尺寸終始楊注　《華佗脈訣》云“寸尺之位各八分”云云。

十四、華佗脈經

【瀕湖脈學】考證諸書目　《華佗脈經》

【醫籍考】五百七十七　《脈經》。未見。按，右見於《瀕湖脈學》。

十五、徐氏脈經

【隋書經籍志】子部醫方　《徐氏脈經》二卷

【宋史藝文志】子類醫書類　《徐氏脈經》三卷

十六、徐氏新脈經訣徐裔撰

【隋書經籍志】子部醫方　《徐氏新脈經(決)訣》二卷

【舊唐書經籍志】丙部子類經脈類　《徐氏脈經訣》三卷

【唐書藝文志】丙部子錄明堂經脈類　《徐氏脈經訣》三卷

【通志藝文略】醫方類上脈經　《徐氏脈經訣》三卷，徐裔撰。

【瀕湖脈學】考證諸書目　《徐氏脈經訣》，文伯。

注：按，《醫籍考》作《新撰脈經訣》。

十七、脈訣

【崇文總目輯釋】卷三醫書類一　《脈訣》二卷。原釋：徐裔撰。闕。見天一閣鈔本。侗按，舊本“徐裔”作“徐裔”，傳寫之譌，今校改。

【宋史藝文志】子類醫書類　《徐裔脈訣》二卷

十八、徐氏指訣徐裔撰

【崇文總目輯釋】卷三醫書類一　《徐氏指訣》一卷，徐裔撰。原釋：闕。見天一閣鈔本。侗按，《通志略》作《徐氏指下訣》。

【通志藝文略】醫方類上脈經　《徐氏指下訣》一卷，徐裔撰。

【宋史藝文志】子部醫書類　《徐氏黄帝脈經指下秘訣》

十九、脈經鈔許建吳撰

【隋書經籍志】子部醫方　《許建吳脈經鈔》二卷

【通志藝文略】醫方類上脈經　《脈經鈔》二卷，許建吳撰。

二十、脈經略

【隋書經籍志】子部醫方　《脈經略》一卷

二十一、三部四時五藏辨候診色决事脈

【隋書經籍志】子部醫方　《三部四時五藏辨診色决事脈》一卷（原無“候”字）

【舊唐書經籍志】丙部子類經脈類　《三部四時五藏辨候診色脈經》一卷

【唐書藝文志】丙部子錄明堂經脈類　《三部四時五臟辨候診色脈經》一卷

【通志藝文略】醫方類上脈經　《三部四時五藏辨候診色决事脈經》一卷

【醫籍考】五百九十一頁“王叔和脈經”之條　按，此書第三卷稱“新撰”者，叔和以《素問》諸經之文，有雜而難了，乃新抄事要者。《四時經》蓋《隋志》所載《三部四時五藏辨診色决事脈》一卷是也。吕復以此二件爲宋臣所攙，誤矣。

二十二、脈經

【燉煌石室醫方書類纂】脈經臟論及灸經　《脈經》。殘闕。《巴里目錄》三四八一。高二十七釐，長二十六·五釐。紙質黑黄又薄硬，書體寫經生風甚佳。背面史書殘簡，書體良。

Collection de Pelliot, 3481, Fragment de deux manuscritstrés endommagés, réunis pour écrire ou dans un texte bouddhique, l'un des manuscripts contenait un ouvrage historique; la portion restante commence des mots: 秀謚爲繆醜帝木從策，謚日孝太康未

子邵自表改謚爲元曾 L'autre manuscript était un ouvragemédical dont un paragraphe commence par(脈)脈急其爲癲疾微,急爲肺寒。

二十三、脈經

【燉煌石室醫方書類纂】脈經臟論及灸經　《脈經》。殘闕。《巴里目錄》三二八七。高二十八·五釐,長二米三六。紙質白,書體稍良。

P3287,Fragment de bon manuscript médical、

二十四、玄感脈經

【燉煌石室醫方書類纂】脈經臟論及灸經　《玄感脈經》。殘闕。《巴里目錄》三千四百七十七。高二十七釐,長九十釐。紙白厚,書體拙。P3477、《玄感脈經》。ou 1 chapitre、

二十五、三部脈全

【燉煌石室醫方書類纂】脈經臟論及灸經　P3655《三部脈全》

二十六、青烏子脈訣

【燉煌石室醫方書類纂】脈經臟論及灸經　P3655《青烏子脈决》

二十七、脈經

【崇文總目輯釋】卷三醫書類　《脈經》一卷。原釋:《無名氏脈論脈訣》。

【宋史藝文志】卷六子類醫書類　《脈經》一卷

注:按遂初堂、文淵閣、菉竹堂、脈望館等諸書目,各有唯稱《脈經》者,而不記撰者姓氏及卷數,其爲何本不可考,暫記於此。

二十八、素女脈訣

二十九、夫子脈訣

【禮記正義】曲禮下·醫不三世不服其藥注　擇其父子相承三世也,是慎物調齊也。又說云,三世者,一曰《黄帝鍼灸》、二曰《神農本草》、三曰《素女脈訣》,又云《夫子脈訣》。若不習此三世之書,不得服食其藥。然鄭玄云"慎物齊也",則非謂《本草》、《鍼經》、《脈訣》,於理不當,其義非也。

三十、耆婆脈決釋羅什注

【日本國見在書目錄】醫方家　《耆婆脈決》十二,釋羅什注。

注:按《醫心方》引《耆婆脈決經》之一條。

三十一、耆婆脈經

【秘書省續編到四庫闕書目】卷二子類醫書　《耆(波)婆脈經》一卷

【通志藝文略】醫方類上脈經　《耆婆脈經》一卷

【宋史藝文志】子類醫書類　《耆婆脈經》三卷

三十二、脈訣晉皇甫謐撰

【難經集註】卷一尺寸終始楊注　按,皇甫士安《脈訣》,以掌後三指爲三部。云云。

注:皇甫謐傳,出於《甲乙經》之條下。

三十三、黄帝扁鵲脈書五色診病

【冊府元龜】卷七百二十一方術部一醫一引史記楊慶云《黄帝扁鵲脈書五色診病》。又引《史記》太倉公云:《黄帝扁鵲(朕)[脈]書五色診病》。

三十四、脈經唐甄權撰

【舊唐書】卷一百九十一甄權傳　撰《脈經》、《鍼方明堂人形圖》各一卷。

【唐書藝文志】丙部子錄明堂經脈類　《甄權脈經》一卷

【冊府元龜】卷七百二十三方術部四醫書三引隋許知藏　《脈經》一卷,甄權撰。

【通志藝文略】醫方類上脈經　《甄權脈經》二卷

【四庫書目邵注】卷十子部五醫家類鼮鼲經　《脈經》一卷,唐甄權撰。路有抄本。

【叢書舉要】卷五十一說郛卷一百九　《脈經》,甄權。

【叢書書目彙編】十四畫說郛正續合刊正卷一百九　《脈經》,(漢)[唐]甄權撰。

【郘亭知見傳本書目】卷八子部醫家類　《脈經》一卷,唐歐(郭注:歐,疑衍)甄權撰。路小洲有抄刊。

【江蘇省立國學圖書館圖書總目】子部方伎類經脈之屬　《脈經》。《說郛》第六十三冊。(晉)[唐]甄權。明刊本,叢三十九。

注:甄權傳,《舊唐書》卷一百九十一列傳云,甄權,許州扶溝人也。嘗以母病,與弟立言專醫方,得其旨趣。隋開皇初爲秘書省正字,後稱疾免。隋魯州刺史庫狄嶔,苦風患,手不得引弓,諸醫莫能療。權謂曰:但將弓箭向垛,一鍼可以射矣。鍼

其肩隅一穴,應時即射。權之療疾多此類也。貞觀十七年,權年一百三歲,太宗幸其家,視其飲食,訪以藥性,因授朝散大夫,賜几杖衣服。其年卒。撰《脈經》、《鍼方明堂人形圖》各一卷。

《唐書》卷二百四列傳云,甄權,許州扶溝人。以母病,與弟立言究習方書,遂爲高醫。仕隋爲秘書省正字,稱疾免。魯州刺史庫狄嶔,風痺不得挽弓。權使彀矢鄕堋,立鍼其肩隅一進曰:可以射矣。果如言。貞觀中,權已百歲,太宗幸其舍,視飲食,訪逮其術,擢朝散大夫,賜几杖衣服。尋卒,年一百三歲。所撰《脈經》、《鍼方明堂》等圖,傳於時。

三十五、脈訣賦唐甄權撰

【通志藝文略】醫方類上脈經　《脈訣賦》一卷,甄權撰。

三十六、脈經王子顒撰

【唐書藝文志】丙部子錄明堂經脈類　《王子顒脈經》二卷

【通志藝文略】醫方類上脈經　《王子顒脈經》二卷

三十七、醫門金寶鑑唐衛嵩撰

【唐書藝文志】丙部子錄醫術類　《衛嵩醫門金寶鑑》三卷

【崇文總目輯釋】卷三醫書類　《醫門金寶鑑》三卷,衛嵩撰。

【通志藝文略】醫方病源　《醫門金鑑》三卷,衛嵩撰。

【郡齋讀書後志】卷二醫家類　《金寶鑑》三卷。右(魏)[衛]嵩撰。嵩仕至翰林博士。《崇文總目》云,不詳何代人,述脈候徵驗要妙之理。

【文獻通考】《經籍考》子醫家　《金寶鑑》三卷

【宋史藝文志】子類醫書類　《衛嵩金寶鑑》三卷

【汲古閣毛氏藏書目錄】醫家　《金寶鑑》三卷,衛嵩。

三十八、金寶鑑唐衛嵩撰

【崇文總目輯釋】卷三醫書類　《金寶鑑》一卷。原釋:不詳何代人,述脈候徵驗要妙之理。

【通志藝文略】醫方脈經　《金寶鑑》一卷,唐衛嵩撰。

三十九、金鑑集歌

【崇文總目輯釋】卷三醫書類　《金鑑集歌》一卷

【通志藝文略】醫方類上脈經　《金鑑集歌》一卷
【宋史藝文志】子類醫書類　《金鑑集歌》一卷

四十、醫鑑

【崇文總目輯釋】卷三醫書類　《醫鑑》一卷
【通志藝文略】醫方類上脈經　《醫鑑》一卷
【國史經籍志】卷四下子類醫家經論　《醫鑑》一卷

注:《宋志》有《代榮醫鑑》一卷,不知與是書同否,暫別條記之。又龔信、唐守元、李文來等明清諸家,亦有同名之書。

四十一、代榮醫鑑

【宋史藝文志】子類醫書類《代榮醫鑑》一卷

四十二、醫鑑後傳陳开撰

【通志藝文略】醫方類下病源　《醫鑑後傳》一卷
【宋史藝文志】子類醫書類　《陳开醫鑑後傳》一卷

四十三、脈經唐李勣撰

【崇文總目輯釋】卷三醫書類　《李勣脈經》一卷
【通志藝文略】醫方類上脈經　《李勣脈經》一卷
【宋史藝文志】子類醫書類　《李勣脈經》一卷

注:李勣傳,《唐書》卷九三列傳云,李勣,字懋功,曹州離狐人。本姓徐氏,客衛南。家富多僮僕,積粟常數千鍾,與其父蓋皆喜施貸,所周給無親疏之間。隋大業末,韋城翟讓爲盜,勣年十七,往從之。……太宗即位,拜并州都督,賜實封九百戶。貞觀三年爲通漠道行軍總管,出雲中,與突厥戰,走之。……後帝自將征高麗,以勣爲遼東道行軍大總管,破蓋牟遼東白崖等城。……勣本二名,至高宗時,避太宗偏諱,故但名勣(以下略)。

《古今醫統大全》卷一《名醫姓氏・唐》云,李世勣,以醫名唐,註《本草藥性》爲有效。(《圖書集成》同)

《史姓韻編》卷四十一云,李勣,《唐書》卷九十三,本徐氏,賜姓李。初名世勣,避太宗偏諱,但名勣。封英國公。

四十四、百會要訣脈經

【崇文總目輯釋】卷三醫書類一　《百會要訣脈經》一卷。《通志略》、《宋志》並不著撰人。原釋:闕。見天一閣鈔本。

【通志藝文略】醫方類上脈經　《百會要訣脈經》一卷

【宋史藝文志】子類醫書類　《百會要訣脈經》一卷

四十五、鳳髓脈經機要

【崇文總目輯釋】卷三醫書類一　《鳳髓脈經機要》五卷。《通志略》不著撰人。

【通志藝文略】醫方類上脈經　《鳳髓脈經機要》五卷

四十六、孩子脈訣論

【崇文總目輯釋】卷三醫書類五　《孩子脈訣論》一卷。原釋:闕。見天一閣鈔本。侗按,《宋志》無"訣"字,不著撰人。

【通志藝文略】醫方類上脈經　《(孫)[孩]子脈訣論》一卷

【宋史藝文志】子類醫書類　《孩子脈論》一卷

四十七、孫子脈論

【秘書省續編到四庫闕書目】卷二子類醫書　《(孫)[孩]子脈論》一卷。闕。

【通志藝文略】醫方類上脈經　《(孫)[孩]子脈論》一卷

四十八、相色金妙訣

【崇文總目輯釋】卷三醫書類五　《相色金妙訣》一卷,華氏撰。原釋:闕。見天一閣鈔本。

【通志藝文略】醫方類上脈經　《相色經訣》一卷,華子顒撰。

【宋史藝文志】子類醫書類　《相色經妙訣》一卷,華子顒。

四十九、元門脈訣

【崇文總目輯釋】卷三醫書類一　《元門脈訣》一卷。原釋:闕。見天一閣鈔本。侗按,舊本"元"譌作"亢",今校改。《通志略》、《宋志》並不著撰人。

【通志藝文略】醫方類上脈經　《元門脈訣》一卷

【宋史藝文志】子類醫書類　《元門脈訣》一卷

【觀海堂書目】與字號　《玄門脈訣內照圖》一本,一卷。日本古鈔本。

五十、碎金脈訣

【崇文總目輯釋】卷三醫書類一　《碎金脈訣》一卷。《通志略》不著撰人。原釋:

闕。見天一閣鈔本。

【通志藝文略】醫方類上脈經　《碎金脈訣》一卷

【宋史藝文志】子類醫書類　《碎金脈訣》一卷

【瀕湖脈學】考證諸書目　《碎金脈訣》

五十一、黄氏脈訣

【崇文總目輯釋】卷三醫書類一　《黄氏脈訣》一卷。原釋：闕。見天一閣鈔本。

五十二、脈經訣録

【崇文總目輯釋】卷三醫書類一　《脈經訣録》一卷。原釋：闕。見天一閣鈔本。侗按，《通志略》有《脈經秘録》一卷，不著撰人，疑即此書。

五十三、脈經秘録

【通志藝文略】醫方類脈經　《脈經秘録》一卷

五十四、脈經手訣張及撰

【崇文總目輯釋】卷三醫書類一　《脈經手訣》一卷，張及撰。原釋：闕。見天一閣鈔本。侗按，《宋志》張及撰，王善注。

【通志藝文略】醫方類上脈經　《脈經手訣》一卷，張及撰。

【宋史藝文志】子類醫書類　《張及脈經手訣》，王善（主）［注］。

【瀕湖脈學】考證諸書目　《脈經手訣》，張及。

五十五、太醫秘訣診脈候生死

【崇文總目輯釋】卷三醫書類一　《太醫秘訣診脈（侯）［候］生死》一卷。原釋：闕。見天一閣鈔本。侗按，《通志略》"侯"作"候"，不著撰人。

【通志藝文略】醫方類上脈經　《太醫秘訣診候生死部》一卷

【宋史藝文志】子類醫書類　《（大）［太］醫秘訣診候生死部》一卷

五十六、倉公訣生死秘要

【崇文總目輯釋】卷三醫書類一　《倉公訣生死秘要》一卷。原釋：闕。見天一閣鈔本。

【通志藝文略】醫方類上脈經　《倉公訣生死秘要》一卷

【宋史藝文志】子類醫書類　《倉公(决)[訣](死生)[死生]秘要》一卷。

五十七、新集脈色要訣譚延鎬撰

【崇文總目輯釋】卷三醫書類一　《新集脈色要訣》一卷,(覃)[譚]延鎬撰。原釋:闕。見天一閣鈔本。

【通志藝文略】醫方類上脈經　《新集脈色要訣》一卷,醫博士譚延鎬撰。

【宋史藝文志】子類醫書類　《譚延鎬脈色要訣》一卷

五十八、延靈至寶診脈定生死三部要訣

【崇文總目輯釋】卷三醫書類一《延靈至寶診脈定生死三部要訣》一卷。原釋:闕。見天一閣鈔本。侗按,《通志略》"延靈"作"延齡",不著撰人。舊本"至"譌作"室",今校改。

【通志藝文略】醫方類上脈經　《延齡至寶診脈定生死三部要訣》一卷

五十九、經要集

【崇文總目輯釋】卷三醫書類一　《經要集》一卷。原釋:闕。見天一閣鈔本。侗按,《通志略》"經"上有"自"字,不著撰人。

【通志藝文略】醫方脈經　《自經要集》一卷

【宋史藝文志】子類醫書類　《(身)[自]經要集》一卷

六十、扁鵲脈訣

【秘書省續編到四庫闕書目】卷二子類醫書　《扁鵲脈訣》二卷。輝按,《宋志》一卷,"訣"作"經"。

【中興館閣書目輯考】卷四醫家　《脈經》一卷。原釋:題扁鵲撰,凡十六篇。《漢藝文志攷證》十。按,《秘書省闕目》作《扁鵲脈訣》二卷。

【通志藝文略】醫方類上脈經　《扁鵲脈訣》一卷

【宋史藝文志】子類醫書類　《扁鵲脈經》一卷

【醫籍考】五百七十四頁　《扁鵲脈經》,《宋志》:一卷。佚。按,王氏《脈經》引扁鵲脈法數條。

六十一、扁鵲脈髓

【菉竹堂書目】卷五醫書　《扁鵲脈髓》一冊

六十二、張仲景脈經

【秘書省續編到四庫闕書目】卷二子類醫書　《張仲景脈經》一卷

【通志藝文略】醫方類上脈經　《張仲景脈經》一卷

【宋史藝文志】子類醫書類　《張仲景脈經》一卷

【後漢藝文志】醫家類張仲景五藏論　《張仲景脈經》一卷

【補後漢書藝文志】卷三子類醫家類　《張仲景脈經》一卷

【補續漢書藝文志】醫術經方類　《張仲景脈經》一卷

六十三、清溪子脈訣

【秘書省續編到四庫闕書目】卷二子類醫書　《清溪子脈訣》一卷。輝按，後重見。卷二子類醫書。《清溪子脈訣》一卷。輝按，見前，此重出。

【通志藝文略】醫方類上脈經　《清溪子脈訣》一卷

六十四、診脈要訣唐強明撰

【秘書省續編到四庫闕書目】卷二子類醫書　《唐強(名)[明]診脈要訣》一卷。闕。

【通志藝文略】醫方類上脈經　《診脈要訣》一卷，唐強明撰。

六十五、診脈會要

【秘書省續編到四庫闕書目】卷二子類醫書　《診脈會要》一卷。闕。

【通志藝文略】醫方類上脈經　《診脈會要》一卷

六十六、髓鏡三命血脈論

【秘書省續編到四庫闕書目】卷二子類五行卜筮　《白雲先生髓鏡三命血脈論》三卷。闕。

六十七、脈訣

【秘書省續編到四庫闕書目】卷二子類醫書　《脈訣》五卷。闕。

六十八、黄帝太素脈經

【秘書省續編到四庫闕書目】卷二子類醫書　《黄帝太素脈經》三卷。闕。輝按，

《宋志》、《晁志》“經”上無“脈”字。云“楊上善注”。

【脈望館書目】辰字號子類二脈訣　《太素脈經》一本

注:《通志藝文略》、《宋史藝文志》、《中興館閣書目輯考》皆有“黄帝太素經三卷”之目,而《宋志》云“楊上善注”。參看《内經太素》之條。

六十九、黄帝傳太素脈訣

【通志藝文略】醫方類上脈經　《黄帝傳太素脈訣》一卷

【國史經籍志】卷四下子醫家經論　《黄帝傳太素脈訣》一卷

注:按《國史經籍志》别有“太素脈訣一卷(楊文德)”之目,《萬卷堂書目》亦載之,與此書同名異本歟。又《脈望館書目》、《近古堂書目》、《李蒲汀書目》、《醫學萃錄》、《内閣文庫書檔舊目》等,皆載“太素脈訣”之目,然俱闕撰者名氏,其爲何本不可考。

七十、董宗傳太素脈訣

【秘書省續編到四庫闕書目】卷二子類醫書　《董宗傳太素脈訣》一卷

注:按《辭源》云:太素脈,以診脈決人吉凶壽命之術也。有《太素脈法》一卷。序言本唐隱者董威輩以授張太素,太素始行其術,故名。見《雞肋篇》。今按《説郛》所收之《雞肋篇》中,無見此事。

七十一、脈賦

【秘書省續編到四庫闕書目】卷二子類醫書　王叔和《脈賦》一卷。輝按,《晁志》、《宋志》作《脈訣》。《宋志》注云:“脈”一作“經”。

注:按《張世賢圖註脈訣辨真》卷之一《脈賦》,題云“西晉王叔和譔”。明刊《醫林集要》中亦有之。

七十二、王叔和脈訣舊題高陽生撰

(一)出典

【難經集註】卷一尺寸終始楊注　《王叔和脈訣》云“三部之位輙相去一寸”云云。

【郡齋讀書後志】卷二醫家類　《脈訣》一卷。右題曰王叔和。皆歌訣鄙淺之言,後人依託者,然最行於世。

【遂初堂書目】醫書類　《王叔和脈訣》

【文獻通考】經籍考子醫家　《脈訣》一卷。以下引《後志》之文,今略。

【宋史藝文志】子類醫書類　《王叔和脈訣》一卷

【補晉書藝文志刊誤】丙部 《王叔和脈訣》一卷。譌書,當入附錄。

(二)考證

【三因方】卷一脈經序　聖人示教有精微氣象之論,後賢述作爲《太素》、《難經》之文。仲景類集於前,叔和詮次於後,非不昭著。六朝有高陽生者,剽竊作歌訣,劉元賓從而解之,遂使雪曲應稀,巴歌和衆。經文溺於覆沒,正道翳於詖辭,可嘆息。

【脈經】陳孔碩序　得所謂《王叔和脈訣》者,怪其詞俚而指淺,(中略)乃知《脈訣》出而《脈經》隱,醫者不讀,鬻者不售,板遂亦不存。今之俗醫,問以王氏書,則皆誦《脈訣》以對。蜀人史堪,以儒生名,能依(嘉慶本作"醫"),其所著方書"脾胃條"引《脈訣》中語,而議之曰"此叔和知之而未盡也"。予每歎曰,冤哉叔和,如史載之之工,尚引《訣》而罪《經》,餘又何怪焉。

【湯液本草】王好古序　陳無擇云《王叔和脈訣》即高陽生剽竊,是亦後人增益者雜之也。何以知其然?予觀劉元賓註本"雜病生死歌",後比之他本即少八句。觀此八句,不甚滑溜,與上文書意重疊,後人安得不疑,與《本草》硃書雜亂、《素問》之補亡混殽,何以異哉。

【元刻脈經】柳贇序　今《脈訣》熟在人口,直謂叔和作,而不知叔和所輯者《脈經》耳。當叔和時,蓋未有歌括之比。疑宋之中世,始次爲韻語,須便講習,摭其條(肆)肄,而忘其根節者也。朱文公於慶元初跋郭長陽《醫書》,謂俗間所傳《脈訣》,詞最鄙淺,非叔和本書。世之高醫,明其爲贋,遂委棄之,而獨有取於直指高骨爲關,分前卻爲寸尺,以定陰陽之位,爲合於《難經》。則《脈經》之傳已隱,雖文公亦似未知其正出《脈經》也。

【元刻脈經】謝縉翁序　今稱《王叔和脈訣》者,不知起於何時,惟陳無擇《三因方》"序脈"云,六朝時有高陽生者,剽竊作歌訣,劉元賓從而和之。其說似深知《脈經》者,而於篇後又自著七表、八裡、九道之名,則無擇蓋亦未嘗詳讀《脈經》者也。(中略)愚疑《脈訣》或熙寧以後人所作,是不可得知也。

【瀕湖脈學】脈訣考證　河東王世相曰,診候之法,不易精也。軒岐微蘊,越人、叔和撰《難經》、《脈經》,猶未盡泄其奧。五代高陽生著《脈訣》,假叔和之名,語多牴牾,辭語鄙俚。又被俗學妄註,世醫家傳戶誦,茫然無所下手,不過藉此求食而已,於診視何益哉。

雲間錢溥曰,晉太醫令王叔和著《脈經》,其言可守而不可變,及托《叔和脈訣》行,而醫經之理遂微,蓋叔和爲世所信重,故假其名而得行耳。然醫道之日淺,未必不由此而誤之也。

【醫籍考】五百九十六頁　吕復曰,《脈訣》一卷,乃六朝高陽生所撰。託以叔和之名,謬立七表、八裡、九道之目,以惑學者。通真子劉元賓爲之註,且作"歌括"附其後,辭既鄙俚,意亦滋晦。今代王光國刪其舊辭,而益以新語,既不出其畦逕,安能得乎本原。《醫史·滄洲翁傳》五百九十七頁。按,高陽生,不審何代人,劉元賓熙寧、元祐間註此書,則知爲宋以前人。而此書《隋》、《唐志》並不著於錄,且其辭理鄙俗,決非成於六朝時者。其稱五代高陽生近是,然亦未見何據。楊玄操《八十一難經》載《王叔和脈訣》云"三部之位,輒相去一寸,合爲三寸",今本無此語,則其所引別自一書。趙繼宗《儒醫精要》論診脈,專主《叔和脈訣》,分各藏與左右手"歌括"之誤,其言亦有理。

【古今僞書考】子類　《脈訣》,稱晉王叔和撰。晁子止曰,皆歌訣鄙淺之言,後人依託者,然最行於世。吳崑《脈語》序曰"五代高陽生僞撰"。

(三)刊本及鈔本

1.明板

【中國醫學書目】經脈七明板醫要集覽　《王叔和脈訣》一冊三十葉,十行二十字。無註。

【江蘇省立國學圖書館圖書總目】子部方技類　《脈訣》,晉高平王叔和。明刊本《醫書六種》第一冊。

2.未詳本

【文淵閣書目】明　【菉竹堂書目】明　【世善堂書目】清　【雜病廣要採摭書目】日　【聿修堂藏書目錄】日　【杏雨書屋圖書假目錄】日　【元治增補御書籍目錄】日　【醫方類聚引用書目】朝

七十三、通真子補註王叔和脈訣宋劉元賓注

【醫藏書目】理窟函　《通真子脈訣》,劉元賓。

【東醫寶鑑】卷一歷代醫方　《脈訣》,宋劉元賓所著,號通真子。

【補晉書藝文志】卷三子錄醫方類　《脈訣》一卷,王叔和。見《文獻通考》。陳、晁兩家書目有《脈訣機要》三卷,云"王叔和撰,通真子注",即此書。有注,故增多二卷。

【補五代史藝文志】技術類　《脈訣》二冊。題高陽生撰,劉元賓和歌。見《孫氏書目》。

【醫籍考】六百零一頁　《補註王叔和脈訣》三卷。存。按僧幻雲《史記附標》曰:通真子《脈訣補註》多異本,或題曰"新刊通真子補註王叔和脈訣",或曰"增修註王叔和脈訣機要",俱各一冊。《脈要秘括》以"五藏色脈"爲第一,《補註脈訣》并《脈訣機要》以"診候入式歌"爲第一,但《脈訣機要訣》無"診候入式歌"之題。據此,《宋志》所載似與此書不異。

注:按通真子補註之文,散見於朝鮮所刊《纂圖方論脈訣集成》之內。

注:劉元賓傳,《幼幼新書》卷四十"近世方書"云:《萬全方》,劉元賓譔。元賓,字子儀,號通真。主邵州邵陽縣簿。

《醫學源流·宋》云:劉元賓,自號通真子。宋神宗熙寧間人,精通方脈,嘗補註《王叔和脈訣》,作《診脈須知》、《傷寒總括》、《脈要秘訣》等書,刊行於世。

《醫籍考》五百九十九頁云，王珪曰：蜀人通真子註叔和《脈經》，已行於世，而其道未行，遂歷湖漢江浙，亦未有目之者。及至淮之邵伯鎮，旅於僧舍，亦然無聞於人，又將顧而之他。主僧聞之曰：子若不設肆，人誰之知？市有寺屋，吾給子器具，請試爲之。既而醫道大行，妻子具而家產豊。一日主僧將化，召其來前，密語曰：子前生在此鋪街甃井，今享此報，更宜積德，他生後世，又非今日之比也。言訖而化。（《泰定養生論》）

《安福縣志》曰：劉元賓，連魁鄉舉，歷任潭州司理，通陰陽醫藥術數。真宗試之，賜名通真子。所著有《集正曆横天卦圖》、《神功萬全方》、《註解叔和脈訣》、《傷寒論》、《洞天鍼灸經》。（《圖書集成》亦引之）

又按，弟堅曰：劉元賓里貫，或爲安福人，或爲蜀人，然《脈要秘括序》題云"廬陵通真子"，則二說俱非。或以其嘗寓安福，而修《縣志》者誤爲土人也。其仕履，劉方明曰"主邵州邵陽縣簿"，又《神巧萬全方》"諸痢門"云"熙寧四年，予親老在邵陽"，蓋子儀初爲邵陽主簿，而後任潭州司理矣。王中陽曰"至淮之邵伯鎮，旅於僧舍"，淮無邵伯鎮，殊可疑爾。真宗試之賜名，是史書所未歷見。《醫學源流》稱自稱"通真子"，似得其實。而子儀實非真宗時人，則《縣志》所言亦不免差誤也。

（一）序跋

通真子自序

夫醫之道，元自於黃帝，流於盧人扁鵲、太倉、華佗之徒，而派於皇甫士安、張仲景、王叔和之輩，爲末也。習末而不求其源，使之療疾，未見其生，惟見其死。經曰"實實虛虛，損不足益有餘。如此死者，醫殺之"，若然妄爲之醫，是不可也。予昔因母氏多病，積有年矣，學古之外，元慕此術，凡百家方書，罔不究覽。晚得《王叔和脈訣》，觀其詞語，亦甚鄙俗。今之醫者，多所誦習，然問之旨趣，則十有十，百有百，未有以知之元者。孰不知叔和之意，皆出於黃帝之書矣。小子不敏，輒因暇日，爲之註解，大約多本《八十一難經》及《素問》爲詞焉。故注或稱"經"者，即《難經》爾。或曰某論、某篇者，即《素問》之篇目爾。二經之中，或無所證，則引他書以釋其義，若巢氏《病源》之類是也。其叔和之語有不甚穩者，亦略加改正。蓋欲淺於醫者識究其源，而無虛虛實實之所，使人人用心醫而無差爾。維時宋元祐五年七月望日，通真子謹序。《醫籍考》

（二）刊本及鈔本

1. 明成化刊本

【經籍訪古志】卷七醫家類脈書　《新刊通真子補注王叔和脈訣》三卷。《新刊補注通真子脈要秘括》二卷。明成化己丑刊本。聿修堂藏。目錄末有"成化己丑孟夏翠巖精舍新刊"木記，紙刻殊粗。

【內閣文庫圖書第二部漢書目錄】第三門子第六類醫家　《王叔和脈訣》五卷。《通真子脈要秘括》二卷，宋劉元賓補註。成化五年刊。二冊。

2. 朝鮮刊本

【朝鮮醫籍考】補遺三第二頁　《新刊通真子補註王叔和脈訣》,蓬左文庫藏三卷一冊。刊行年代不明,嘉靖萬曆間所刊歟。改爲和裝,縱三十釐,横二十・五釐,每半葉匡郭縱二十三釐,横十七・五釐。單邊有界。十行,行十八字。紙數:目四,卷一三十四,卷二二十五,卷三三十,附錄一枚。卷首有"張府内庫圖書"、"張藩圖書"等印記。

3. 鈔本

【聿修堂藏書目錄】脈書　《補註王叔和脈訣》三卷,一冊。鈔本。宋劉元賓著。

【經籍訪古志】卷七醫家類脈書　《新刊注王叔和脈訣》三卷,舊鈔本。酌源堂藏。首載王叔和序,次元祐五年盧陵通真子劉元賓序,次目錄,次通真子補注脈要秘括目錄,次《左右手脈圖》成化本脱此圖。此本無界欄,高六寸一分,幅四寸八分。每半頁九行,行廿字。按此本比之成化本,文字頗佳,恐據宋本而謄寫者。唯《脈要祕括》有目而無書,殊可惜也。

【内閣文庫圖書第二部漢書目錄】第三門子第六類醫家　《王叔和脈訣》三卷,宋劉元賓補註。日本寫本。

【觀海堂書目】藉字號　《通真子脈訣》三卷。鈔本。《脈要秘括》共一本。

4. 未詳本

【孫氏書目内編】清　【古今書刻】清

七十四、脈訣機要宋劉元賓撰

【通志藝文略】醫方類上脈經　《脈訣機要》一卷,晉王叔和撰。

【直齋書錄解題】卷十三醫書類　《脈訣機要》三卷,晉太醫令高平王叔和撰。通真子注並序,不著名氏,熙寧以後人也。

【文獻通考】經籍考子醫家　《脈訣機要》三卷。陳氏曰:通真子撰,不著名氏,熙寧以後人也。以《叔和脈訣》有鵕哤鄙俗處,疑非叔和作,以其不類故也。乃作歌百篇,按經爲注。又自言"常爲《傷寒括要》六十篇",其書未之見。

【宋史藝文志】子類醫書類　《脈訣機要》三卷

【古今醫統大全】卷一採摭諸書　《脈訣機要》三卷,通真子。不著名氏。

【鄭堂讀書記】子部醫家類　《書錄解題》載《脈訣機要》三卷,云:王叔和撰,通真子注,熙寧以後人也。晁氏又别出《脈訣》一卷,云王叔和撰,皆歌訣鄙淺之言,後人依託者,然最行於世。據此知通真子所注之本,當爲僞本《脈訣》,而非真《脈經》也。

【醫籍考】五百九十七頁　劉氏元賓《脈訣機要》,《宋志》"三卷"。未見。自序曰:余竊窺百氏,濫肩九流,乃至醫家,尤甚(厲)[屬]意。嘗讀《黄帝難經》,粗究玄理。《八十一難》之内,診候者二十四首,詳夫聖人用意,豈徒然哉。蓋後之學者,淺識難量,罔得精粹,今輒於前代名流《脈訣》中,揀擇當用者,乃成《機要》一部，雖言辭鄙陋，所貴從俗，使學人先曉徑路，然後探《難經》之妙旨，是不難矣。按劉元賓自序，舊附於《補註脈訣》卷首，署曰"西晉王叔和序"，蓋後人所妄改也。六百零三頁。按僧幻雲《史記附標》曰：通真子《脈訣補註》多異本，或題曰"新刊通真子補註王叔和脈訣"，或曰"增修註王叔和脈訣機要"，俱各一冊。《脈要秘括》以"五藏色脈"爲第一，《補註脈訣》并《脈訣機要》以"診候入式歌"爲第一，但《脈訣機要訣》無"診候入式歌"之題。據此，《宋志》所載似與此書不異。

注：按《醫籍考》稱是書未見，而載自序文。且云：按劉元賓自序，舊附於《補註脈訣》卷首，署曰"西晉王叔和序"，蓋後人所妄改也。又同書六百零一頁引劉元賓自序於《補註脈訣》之條下，兩序不同。今《脈訣機要》、《補註脈訣》並不可得見，不知《醫籍考》何以此序爲劉元賓所作《脈訣機要》自序哉。

七十五、脈要新括（脈要秘括）宋劉元賓撰

【直齋書錄解題】卷十三醫書類　《脈要新括》一卷，通真子撰。以《叔和脈訣》有謬戾鄙俗處，疑非叔和作，以其不類故也。乃作歌百篇，案經爲注。又自言"嘗爲《傷寒括要》六十篇"，其書未之見。

【文獻通考】經籍考子醫家　《脈要新括》一卷。以下引《書錄解題》之文

【宋史藝文志】子類醫書類　《通真子續注脈賦》一卷。《脈要新括》二卷。

【宋史藝文志補】子部醫方類　《劉元賓脈要秘括》二卷。

【萬卷堂書目】卷三醫家　《脈要秘括》二卷，劉元賓。

【國史經籍志】卷四下子類醫家經論　《脈要秘括》二卷，劉元賓。

【瀕湖脈學】考証諸書目　《脈要新括》，通真子。

【千頃堂書目】子部醫家類　《劉元賓脈要秘括》二卷

【觀海堂書目】藉字號　《脈要秘括》，《通真子注脈訣》，共一本二卷。鈔本。

【經籍訪古志】卷七醫家類脈書　《新刊通真子補註王叔和脈訣》三卷。《新刊補注通真子脈要秘括》二卷。明成化己丑刊本，聿修堂藏。目錄末有"成化己丑孟夏翠巖精舍新刊"木記。紙刻殊粗。

【內閣文庫圖書第二部漢書目錄】第三門子第六類醫家　《王叔和脈訣》五卷。《通真子脈要秘括》二卷。宋劉元賓補註。成化五年刊。

序跋

劉元賓自序

余嘗註《王叔和脈訣》，如其間"五藏歌"後，又"歌曰"等編，及入式語數處，詞語鄙俗，文理不通，疑非叔和之作，而後人增之。嘗欲削其不類者，補以己之所爲，庶有以合乎岐黃《內經》、越人《難經》之本旨，因循未果就。或者謂余曰：君爲《傷寒括要》六十篇傳於世，頗開醫者之耳目，蓋更取醫書切要者纂而述之，顧不美歟。余聞其言而有契於心，因閒暇喻成百篇，下爲之注腳。辭語雖俚，理則該博，使學者

讀之,如手舉大綱,衆目從而張矣,所謂兩得之也。名之曰《補註脈要秘括》,覽者或不我誚。試取叔和脈法合而觀之,則壎箎迭和,互相發明,其於醫學,豈小補哉。宋熙寧九年,廬陵通真子自序。《醫籍考》

七十六、通真子續注脈賦宋劉元賓注

【宋史藝文志】子類醫書類　《通真子續注脈賦》一卷

七十七、診脈須知

【瀕湖脈學】考證諸書目　《診脈須知》,劉元賓。

七十八、王叔和小兒脈訣

【醫籍考】六百十七頁　《王氏叔和小兒脈訣》。佚。曾世榮曰:宣和御醫戴克臣侍翰林日,得《叔和小兒脈訣》印本二集,一本曰"呼吸須將六至看",一本云"呼吸須時八至看",遂與內臺高識參詳字義,審察至數。就診五歲兒,常脈一息六至者是,八至者非。蓋始因鏤板之際,誤去"六"字上一點一畫,下與"八"字相類,致此訛傳,迨與"卒以學易"作"五十以學易"之誤是也。嘗考默菴《張氏脈訣》,亦云小兒常脈,一息只多大人二至爲平,即六至也。然一呼一吸之間,六至明矣,不然,姑俟來者考之。《活幼心書》

七十九、王叔和脈訣發蒙

【通志藝文略】醫方類上脈經　《王叔和脈訣發蒙》三卷

八十、脈粹(診脈要捷)宋蕭世基撰

【郡齋讀書後志】卷二醫家類　《脈粹》一卷,右皇朝蕭世基撰。世基嘗閱《素問》及歷代醫經,患其難知,因綴緝成一編。治平中姚誼序之。

【文獻通考】經籍考子醫家　《脈粹》一卷　以下引《後志》之文,今略之。

【瀕湖脈學】考證諸書目　蕭世基《脈粹》

【經籍訪古志】卷七醫家類脈書　《診脈要捷》一卷。影永正鈔本。寶素堂藏。首有治平三年姚誼《脈粹序》,嘉定癸未李撰序。卷末題"永正十五年戊寅三月七日申刻寫之畢"。每半葉九行,字數不同。按是書原係蕭世基《脈粹》,而李撰序中云"崇川王君進甫,迄獲善本,重加校正,刻梓與天下共就。以叔和《脈賦》附於卷右,總之曰《診脈要捷》"。蓋此本傳鈔宋本者,亦珍籍也。

【日本訪書志】卷九　蕭世基《脈粹》一卷。永正五年鈔本。此書晁氏《讀書後志》著於錄,言治平中姚誼序之。《書錄解題》、《宋志》不皆載。此日本永正五年鈔本,首有治平三年姚誼序。與晁氏説合。次有嘉定癸未李撰跋,蓋又南渡後崇川王進甫重刻,並附王叔和《脈賦》此僞書。今只存《脈粹》一書,係小島學古舊藏,森立之《訪古志》亦不載。據姚、李二序,知世基,字處厚,吉州龍泉人。

【寶素堂藏書目錄】内編醫經第三藏象脈候　《脈粹》一卷,宋蕭世基。一冊。一名《診脈要捷》。重鈔永正十五年古鈔本。

【故宫博物院書目】醫家　《診脈要捷》,宋蕭世基,一卷,一冊。日本鈔本。蕭世基《脈粹》一冊。日本鈔本。

【觀海堂書目】與字號　蕭世基《脈粹》一本,一卷。日本古鈔本。

【内閣文庫圖書第二部漢書目錄】第三門子第六類醫家三診法　《診脈要鈔》,原名《脈粹》一卷,宋蕭世(臺)[基]。日本寫本。

序跋

1. 姚誼序

世爲神農學者,大要以察脈論病爲急。然醫經方書,祖述浩博,罕際其會,非性識穎鋭、通貫文藝者,曷究其藴。河南蕭君處厚(世基)簪紱名家,少業儒術,屢應鄉薦,士大夫賢而愛之。處厚嘗因伯父及母氏,數不妄節,醫家者流,率多庸淺,(固)[因]留意於醫,輒諳淵奥。鄉曲閒有少(疪)[疵]癘,必就之取愈。處厚不以貧富,待之如一,賢不肖以此尤重之。嘗閲《内經》及歷代書訣,患其隱昧難曉,撮取衆善,類成一編,名曰《脈粹》。雖根本聖賢,而指括徑捷,視醫道如指掌,誠書訣之喉衾也。不忍管擢其善,且欲傳之於人,庶札瘥者無鄙犬之患,稚子耋翁胥格仁壽,實大君子用心矣。與夫得一要義,重囊深櫝,惟恐人見聞者,萬萬相遠。予承乏邑事,既熟處厚之爲人,復嘉其存意,故舉其大略冠於篇。治平三年五月既望,大常博士知吉州龍泉縣事姚誼序。《日本訪書志》

2. 李撰序

是書乃吉州龍泉上劦隱君子(世基)處厚作也。應名《脈粹》。大常博士姚公(誼)出宰龍泉時序云詳矣。處厚伯氏吏部銀青公世京崇寧間嘗以授大丞相韓公忠彦,韓公授董大丞汲。大丞得之,獻試輒效,活人甚衆,名振京師,寶愛不啻珠玉,一時業醫者俯伏其門,顓求恐後。中更南渡,往往散失不全。崇川王君進甫迄獲善本,重加校正刻梓,與天下共就。以叔和《脈賦》附於卷右,總之曰《診脈要捷》。濟人利物之量,可謂廣矣。獨惜其未詳是書流傳之本末。蕭君儀甫,又能錄而遺之,尤可嘉尚。儀甫名來儀,好古博雅,乃處厚孫姪云。嘉定癸未上巳日,修職郎連州錄事參軍李撰謹書。《日本訪書志》

八十一、脈法要略宋莊綽撰

【幼幼新書】卷四十近世方書　《脈法要略》,筠州莊公手集,得之其子監潭州都作院念祖泉伯。

【醫籍考】六百三十六頁　莊氏綽《脈法要略》。佚。按，右見於《幼幼新書》。

注：莊綽傳，《醫學源流·宋》云：莊綽，字季裕，清源縣人。宋高宗建炎中，官至朝奉郎前江南道都總管同斡[辦]公事。以醫顯於時，熟砭焫之微，乃取膏肓腧穴灸法，著書作圖，刊行於世，今附《鍼灸四書》中是也。

《中國人名大辭典》一千零二十四頁云：莊季裕，宋清源人，名綽，以字行。嘗官於順昌、澧州等處。學有淵源，多識軼聞舊事，所著《雞肋編》，後人推爲與《齊東野語》相埒。又有《杜集援證》、《灸膏肓法》、《筮法新儀》等書。

按，《醫籍考》七百八十七頁有"莊氏(綽)膏肓腧穴灸法一卷"之目，引自跋全文，其末尾記曰"建炎二年二月十二日朝奉郎前(當有"江"字)南道都總管同斡辦公事賜緋魚袋莊綽記"，即知莊綽爲北宋末、南宋初人，而距劉昉不遠也。

八十二、柴先生脈訣

【通史藝文略】醫方類上脈經　《柴先生脈訣》一卷，李上交撰。

八十三、韓氏脈訣

【通志藝文略】醫方類上脈經　《韓氏脈訣》一卷

【宋史藝文志】子類醫書類　《韓氏脈訣》一卷

八十四、脈證口訣

【通志藝文略】醫方類上脈經　《脈證口訣》一卷

八十五、指難圖

【通志藝文略】卷十九醫方類上脈經　《指難圖》一卷

八十六、仲景三十六種脈法圖宋許叔微撰

【許叔微傷寒百證歌】第一證傷寒脈證總論注　予嘗撰《仲景三十六種脈法》。

【許叔微傷寒發微論】論弦動陰陽二脈不同　予嘗撰《仲景三十六種脈法圖》，故知治傷寒，當以仲景脈法爲本。

【直齋書錄解題】卷十三醫書類傷寒歌　《仲景脈法三十六圖》，許叔微撰。

注：按《叢書舉要》所引《醫種子》(明盧復編，泰昌元年刊)中有"仲景脈法"之目，不記撰者名氏及卷數。《叢書書目彙編》亦同，不知與此書同否。

注：許叔微傳，《醫學源流·宋》云：許叔微，字知可，白沙人。宋翰林學士。年

少未遇時,嘗以登科爲禱。一夕夢神告曰:汝欲登科,須憑陰德。叔微自思家貧無力,惟醫乃可。於是精意方書,久乃通妙,人無高下,皆急赴之,既而所活愈多,聲名益著。復夢神,授以一詩曰:藥有陰功,陳樓間處。堂上呼盧,喝六作五。是年登第六名進士第,上一名陳祖言,下一名樓材,及注闕用升甲恩,如第五名,授職官以歸,與詩中之言無差,此則濟人之病急者也。後爲學士,著《傷寒百證歌》,集《本事方》等書,並行世。

《古今醫統大全》卷一《歷世聖賢名醫姓氏·宋》云,許叔微,字知可,白沙人。舉紹興壬子鄉試,篤好醫方,遂造其妙。有患奇恠疾者能療。取平生治效,集成一書,名《本事方》。又撰《傷寒歌》、《仲景脈法圖》行世。

《醫學入門》卷首《歷代醫學姓氏儒醫》云,許叔微,字知可,宋白沙人。嘗獲鄉薦,省闈於[不]利而歸。舟次吳江平望,夜夢白衣人曰:汝無陰德,所以不第,何不學醫,吾助汝智慧。歸踐其言,果得扁鵲之妙。人無高下,皆急赴之。後紹興登科第五。著《本事方》,撰《傷寒辨疑》。

《圖書集成·醫部全錄》卷五百零八《醫術名流列傳·宋》二云,按《武進縣志》,許叔微,字知可,毘陵人。嘗舉鄉薦,省闈不第歸。舟次吳江平望,夜夢白衣人曰:汝無陰德,所以不第。叔微曰:某家貧無資,何以與人。白衣曰:何不學醫,吾助汝智慧。叔微歸踐其言,果得盧扁之妙。凡有病者,無問貴賤,診候與藥,不受其直,所活不可勝計。赴春官,艤舟平望,復夢白衣人相見,以詩贈之曰:施藥功大,陳樓間處。殿上呼臚,喚六作五。叔微不悟其意。紹興壬子,叔微以第六人登科,因第二名不錄,遂陞第五,其上則陳祖言,其下則樓材,方省前夢也。晚歲取平生已效之方,併記其事實,以爲《本事方》。又撰《傷寒歌》三卷,凡百篇,皆本仲景法。又有《治法八十一篇》及《仲景脈法三十六圖》、《翼傷寒論》二卷,《辨類》五卷。

八十七、了證歌舊題唐杜光庭撰

【也是園藏書目】卷五子部醫家經論　杜光庭《了證歌》一卷

【讀書敏求記】卷三子醫家　杜光庭《了證歌》一卷。光庭謹傍《難經》,各推"了證歌"爲之,以訣生死。宋高氏爲之注,東越伍捷又爲之補注,其於脈理可謂研奧義於精微者矣。

【欽定四庫全書總目】卷一百五五子部醫家類存目　杜天師《了證歌》一卷。浙江巡撫採進本。舊本題"唐杜光庭撰"。光庭,字聖賓,晚自號東瀛子,括蒼人。應百篇舉不第,入天台山爲道士。僖宗幸蜀,召見,贈紫衣,充麟德殿文章應制。王建據蜀,賜號廣成先生,除諫議大夫,進戶部侍郎,後歸老於青城山。此書題曰"天師",據陶岳《五代史補》,亦王建時所稱也。考光庭所著,多神怪之談,不聞以醫顯。此書殆出僞託,其詞亦不類唐末五代人。錢曾《讀書敏求記》以爲真出光庭,殊失鑒別,其註稱宋人高氏、伍氏所作,而不題其名。後附《持脈備要論》三十篇,亦不知誰作,多引《王叔和脈訣》,而不知叔和有《脈經》,則北宋以後人矣。

【讀書敏求記校證】卷三下醫家　杜光庭《了證歌》一卷。見《也是園目》。勞權云,《恬裕目》:廣成先生《玉函經》一卷。宋刊本。半葉十一行,行二十一字。題“傳真天師特進檢校太傅太子賓客主管大學士戶部侍郎徽國廣成杜光庭撰。盱江水月黎民壽注”。前有自序,後有黃丕烈跋,云《敏求記》有杜光庭《了證歌》一卷,云“光庭謹傍”至“補注”云云。此書自序則云“謹傍《內經》,略依決證,乃成‘生死歌訣’一門”,實是一書,惟注本不同,故更其名耳。黎注中引王德膚《易簡方》,謂宋人王碩也。知民壽亦宋人矣。鈺案,王碩《易簡方》一卷,見《宋志》,惟“碩”誤作“磧”。

【台州經籍志】卷十九子醫家類　杜天師《了證歌》一卷,唐天台道士杜光庭撰。黃丕烈謂與《玉函經》同是一書,誤也。

注:杜光庭傳,《醫學源流·宋》云,杜光庭,號廣成先生。特進檢校太傅太子賓客主管大學士戶部侍郎徽國公。選《玉函經》上下卷。

《四庫提要》醫家類存目“杜天師《了證歌》”云:光庭,字聖賓,晚自號東瀛子,括蒼人。應百篇舉不第,入天台山爲道士。僖宗幸蜀,召見,賜紫衣,充麟德殿文章應制。王建據蜀,賜號廣成先生,除諫議大夫,進戶部侍郎。後歸老於青城山。

八十八、玉函經舊題唐杜光庭撰

黎民壽注本

【平津館鑒藏書籍記】卷三舊影寫本　廣成先生《玉函經》並序一卷。題“傳真天師特進檢校太傅太子賓客主管大學士戶部侍郎徽國公廣成先生杜光庭”。盱江水月黎民壽分“生死歌訣”上中下三篇,前有小序。案杜光庭《玉函經》,《唐》、《宋史志》俱不載,唯錢氏《讀書敏求記》有杜光庭《了證歌》一卷,云“謹傍《難經》,各推《了證歌》爲之,以決生死”。此本序云“謹傍《難經》,略依決證,迺成‘生死歌訣’一門”,疑即此書。黎民壽校注,亦未詳何時人。

【蕘圃藏書題識】卷四子類　廣成先生《玉函經》一卷。宋刊本。錢氏《敏求記》有杜光庭《了證歌》一卷,云“光庭謹傍《難經》,各推《了證歌》爲之,以決生死”。宋高氏爲之注,東越伍捷又爲之補注。此書自序則云“謹傍《難經》,略依決證,迺成‘生死歌訣’一門”,實是一書,惟注本不同,故更其名耳。黎注中引王德膚《易簡方》,謂宋人王碩也,則知民壽亦爲宋人矣。

【四庫未收書目提要】卷四　《玉函經》一卷,唐杜光庭撰。光庭,字聖賓,括蒼人。王建據蜀,除諫議大夫,進戶部侍郎,歸老青城山。此書銜稱“特進檢校太傅太子賓客主管徽國公”,殆建時加授也。書中辭簡義深,黎民壽注亦多發明。是書藏書家皆未著錄,錢曾《讀書敏求記》載有光庭《了證歌》一卷,又與此異。惟明人殷仲春《醫藏目錄》曾載是冊,列之無上函中,此從宋刻影寫。

【鐵琴銅劍樓藏書目】卷第十四子部醫家類　廣成先生《玉函經》一卷。宋刊本。前有自序,每半葉十一行,行廿一字。板刻不工,殆宋末麻沙本,後有黃氏丕烈跋。

【郘亭知見傳本書目】卷八子部醫家類 《玉函經》一卷,唐杜光庭撰。阮氏依宋刊影鈔進呈。

【台州經籍志】卷十九子部醫家類 《玉函經》一卷,唐天台道士杜光庭撰。

【孫氏書目內編】卷二醫律第六醫學 廣成先生《玉函經》一卷,唐杜光庭撰。影宋寫本。宋黎民壽注。

【經籍訪古志】卷七醫家類脈書 《新刊廣成先生玉函經解》二卷。初明翻彫元板。懷仙閣藏。杜光庭撰,黎民壽註。每半板高六寸,幅三寸八分。十二行,行廿三字。按,又有順治中程林較刊,崔嘉彥注本。然係全襲民壽注,託名嘉彥者。又《孫氏祠堂書目影寫宋本》一卷,當是黎氏原本。

【寶素堂藏書目錄】內編醫經第三藏象脈候 杜光庭《玉函經》二卷,宋黎民壽注。明和刊本,一冊。又鈔明和刊本。

【聿修堂藏書目錄】脈書 廣成先生《玉函經解》一卷,一冊。鈔本。宋黎民壽著。

【內閣文庫圖書第二部漢書目錄】第三門子醫家傷寒 廣成《玉函經解》,宋黎民壽。日本寫本。一冊。

【杏雨書屋圖書假目錄】一百零八頁 廣成先生《玉函經》三卷,唐杜光庭著,宋黎民壽撰。清刊。一冊。

【中國醫學書目續編】經脈 《玉函經》二卷,據舊鈔《醫苑》本新鈔,一冊。八行二十字,無欄界,橫十七・八釐,縱二十七釐。廣成先生杜光庭著撰,盱江月(冰)[水]黎民壽訂訛。卷上首題"新刊廣成先生玉函經并序"。卷上尾、卷下首尾皆題云"新刊訂訛大字廣成先生玉函經",卷末有鈔木記,曰"嘉靖己未歲季秋月書林余氏興文堂刊"。

杜光庭自序:醫門廣博,脈理玄微。凡稱胗脈之流,多昧死生之理。儻精心於指下,必馳譽於寰中。可療者圓□宜投,難起者資財慎取,免沉聲跡,圖顯功能。余幼□明師,偏尋奇士,粗研精於奧義,敢緘秘於卑懷。謹傍《難經》,略依決證,迺成"生死歌決"一門。非敢矜於實學,欲請示於後昆者焉。

崔嘉彥注本

【皕宋樓藏書志】卷四十四子部醫家類 《玉函經》一卷。舊鈔本。唐廣成先生杜光庭撰,紫虛真人崔嘉言註。自序。以下引《四庫未收書目提要》之文

【抱經樓藏書志】卷三十六子部醫家類 《玉函經》一卷。舊鈔本。張秋水舊藏。唐廣成先生杜光庭撰,紫虛真人崔嘉彥註。自序。以下引《四庫未收書目提要》之文

【寶素堂藏書目錄】內編醫經 杜光庭《玉函經注》三卷,一冊。鈔清程雲來校刊本。

【聿修堂藏書目錄】脈書 杜光庭《(五)[玉]函經》二卷,一冊。程林校本。

【靜嘉堂文庫國書分類目錄】九理學醫學 《玉函經》三卷,唐杜光庭撰,崔嘉彥注寫。十萬卷樓舊藏本。一冊。

【內閣文庫圖書第二部漢書目錄】第三門子醫家傷寒 《崔真人註廣成玉函經》三

卷。清版。一冊。唐杜光庭。清程林校。

【杏雨書屋圖書假目錄】一百零八頁　《玉函經》,唐杜光庭著,宋崔嘉彦注。清刊。清程林校。一冊。

注者不明本

1. 宋本

【藝芸精舍宋元本書目】子部醫家宋本　杜光庭《玉函經》不分卷。

【鐵琴銅劍樓宋元本書影識語】卷三宋子部　廣成先生《玉函經》一卷。宋刊本。前有杜光庭自序。視板刻當爲宋末麻沙本。卷末有"沈辨之氏"朱記。

【鐵琴銅劍樓藏宋元本書目】子部　廣成先生《玉函經》一卷。宋刊本。每半葉十一行,行二十一字。板刻不工,卷末有"沈辨之氏"朱記。

【宋元本行格表】卷下十一行子之屬引瞿氏書目　宋本廣成先生《玉函經》一卷

【叢書書目彙編】十六畫隨庵徐氏叢書續編　《玉函經》。宋本。

【清華學校圖書館中文書籍目錄】第七類應用藝術醫學　廣成先生《玉函經》一卷,杜光庭(唐)。宋刻本。見《隨盦叢書續編》。

2. 元本

【故宫博物院書目】醫家　廣成先生《玉函經》二卷,一冊。元刊本。

3. 影鈔本

【清吟閣書目】卷四影宋元鈔本　廣成先生《玉函經》一本

4. 未詳本

【文淵閣書目】明　【菉竹堂書目】明　【古今書刻】明　【醫藏書目】明　【瀕湖脈學】明　【近古堂書目】清　【帶經堂書目】清

注:《玉函經》一卷,四明張尹著。出於《古今醫統大全》卷一"採摭諸書"之條下。此書未他見,不知張氏爲何代人,暫附記焉。

八十九、決脈精要宋黎民壽撰

【醫方類聚】引用書　黎居士《決脈精要》

【寶素堂藏書目錄】内編醫經第三藏象脈候　《決脈精要》一卷,一冊。鈔本。宋黎民壽。

【經籍訪古志】卷七醫家類脈書　《決脈精要》,鈔王月軒手書本。聿修堂藏。卷首題"新刊黎居士簡易方論卷之十二",次行題"決脈精要",卷末云"旹龍飛天正二年甲戌春三月十日,時寓治下,"治"恐"洛"訛。大明國王月軒筆"。按,今行《簡易方》止十一卷,不載此書。然則月軒所鈔,別是一種本也。

【聿修堂藏書目錄】脈書　《決脈精要》一卷,一冊,係《簡易方》第十二卷。宋黎民壽著。

【圖書寮漢籍善本書目】卷三子部醫家類　《決脈精要》零本一卷,一冊。鈔本。首題"新刊黎居士簡易方論卷之十二",次行題"決脈精要原道歌",則知爲從《簡易方論》鈔出者。卷尾署"時龍飛天正二年甲戌春三月十日書,時寓洛下,大明國王月軒筆"。首有"秘閣圖書之章"印記。《經籍訪古志·御書籍來歷志》所載本

【帝室和漢圖書目錄】醫學和漢古方　《決脈精要》,《簡易方論》卷十二宋黎民壽寫。一卷,一冊。

【內閣文庫圖書第二部漢書目錄】第三門子醫家診法　《(訣)[決]脈精要》《簡易方論》第十二卷,宋黎民壽。日本寫本。一冊。

【觀海堂書目】與字號　《訣脈精要》一本一卷。日本古鈔本。

注:黎民壽傳,《醫學源流·宋》云,民壽,字景仁。宋景定中,參釋氏,號黎居士。初註《玉函經》,後作《簡易方》、《斷病提綱》,《決脈精要》,俗謂之"醫家四書"。

九十、崔紫虛脈決秘旨宋崔嘉彥撰

【寶素堂藏書目錄】內編醫經第三藏象脈候　《紫虛崔真人脈訣秘旨》一卷,一冊。傳鈔明人鈔本《幼幼新書》中本。

【經籍訪古志】卷七醫家類脈書　《紫虛真人脈訣秘旨》、《玄白子西原正派脈訣》、《玄白子相類脈訣》、《玄白子腧脈八段錦》、《脈法微旨》、《嚴三點脈法》合一卷。鈔本。聿修堂藏。舊附在明人鈔本《幼幼新書》後,今別鈔爲冊。《正派脈訣》有序,稱"大德辛丑,既從鍊師得崔劉四脈玄,又乃擴其意,爲之圖並脈訣"。《醫籍考》"脈訣"作"歌括"。又有天曆三年淮南張道中識語。

【內閣文庫圖書第二部漢書目錄】第三門子醫家　《脈訣秘旨》一卷,宋崔嘉彥。《西派脈訣》一卷,《相類脈》一卷,《診脈八段錦》一卷,《脈法微旨》一卷,《脈法撮要》一卷。元農三點。日本寫本。

【醫籍考】六百三十七頁　《崔氏嘉彥脈訣》,《國史經籍志》一卷。存。按此書《東垣十書》、《醫統正脈》中所收,其"歌括"耳,若全文世從不知之。秘府所藏明鈔《幼幼新書》,附錄"脈書五種",首編則崔氏原書,題曰"紫虛真人脈訣秘旨",今記題詞於此,以訂正焉。

崔嘉彥曰:夫脈者,天真要和之氣也。昔王叔和以浮、芤、滑、實、弦、緊、洪爲七表,微、沈、緩、濇、遲、伏、濡、弱爲八裡,以定人之陰陽,以決人之死生。然文理甚繁,後學未能解。大抵持脈之道,非言可傳,非圖可狀,其樞要但以浮沈遲數爲宗,風氣冷熱主病。且如浮而有力者爲風,浮而無力者爲虛,沈而有力者爲積,沈而無力者爲氣,遲而有力者爲痛,遲而無力者爲冷,數而有力者爲熱,數而無力者爲瘡。更看三部,在何部得之。且如寸部屬上焦,頭面胸膈之疾。關部屬中焦,腹肚腸胃之疾。尺部屬下焦,小腹腰足之疾。更看五藏,何藏得之,六府亦然。學者當以意會而精別之,庶無按寸推尺之誚。

注:按右崔嘉彥題詞,與劉開自序文義全同,參看《劉三點脈訣》之條下。

注:崔嘉彥傳,《醫籍考》六百五十頁,張道中《玄白子西原正派脈訣》云,自序

曰:宋淳熙間,朱文公守南康間。隱居崔紫虛名嘉彥者,結菴西原山,乃别築卧龍菴,繪象孔明其中,崔君及己列左右。時往還,叩養生濟世術。蓋崔以策干時貴趙唯相,不用而肥遯者,養生濟世,固其餘事。公亦欲但知此,而口傳心授,意爲復真劉先生開發而行之。今兩山南北名醫之流,悉自劉氏。

九十一、崔紫虛真人脈訣宋崔嘉彥撰

【百川書志】卷十子醫家 《紫虛崔真人脈訣》一卷

【國史經籍志】卷四下子類醫家經論 《崔真人脈訣》一卷

【瀕湖脈學】考證諸書目 《崔紫虛脈訣》

【欽定四庫全書總目】卷一百五醫家類存目 《崔真人脈訣》一卷。江蘇巡撫採進本。舊本題"紫虛真人撰,東垣老人李杲校評"。考紫虛真人爲宋道士崔嘉彥。陶宗儀《輟耕錄》稱,宋淳熙中,南康崔紫虛隱君嘉彥,以《難經·六難》專言浮沈,《九難》專言遲數,故用爲宗,以統七表、八裡而總萬病。即此書也。宋以來諸家書目不著錄,焦竑《國史經籍志》始載之。《東垣十書》取以冠者,李時珍已附入《瀕湖脈學》中。至其旁註之評語,真出李杲與否,則無可徵信矣。

【鄭堂讀書記】子部醫家類宋至元 《崔真人脈訣》一卷。《醫統正脈》本。宋道士崔嘉彥撰。嘉彥,字希範,號紫虛,南康人,淳熙間道士。《四庫全書存目》、《書錄解題》、《通考》、《宋志》暨《宋志補》俱不載,焦氏《經籍志》始載之。然陶南村《輟耕錄》已稱"宋淳熙中南康崔紫虛隱君嘉彥,以《難經·六難》專言浮沈,《九難》專言遲數,故用爲宗,以統七表、八裡而總萬病"云云,即指此書,則其來已久。宋人偶爾失載,倪氏又失於補入也。其書皆四言。李東壁《瀕湖脈學》全載之,知此篇非苟作者。明人編《東垣十書》取以冠首,且題李杲校評云。

注:《東垣十書》所收之《紫虛脈訣》,一句四言,六百八十二句。《醫統正脈》與之全同。但《瀕湖脈學》所收之《四言舉要》,雖題"崔嘉彥著",計六百六十句,較之於《東垣十書》少二十二句,文亦少異,是蓋係李言聞所刪補者,而非紫虛之舊也。

刊本

1. 東垣十書本

【醫藏書目】正法函目東垣十書 《紫虛脈訣》一卷,崔紫(陽)[虛]。

注:《醫藏書目》所載古本《東垣十書》闕此目。

【八千卷樓書目】卷十子部醫家類 《崔真人脈訣》一卷。舊本題"紫虛真人撰"。《東垣十書》本。

【測海樓藏書目錄】卷四子部醫家類 《脈訣》一卷。《東垣十書》,宋李杲,文圭堂刊竹紙十六本内。

【國學用書類述】醫學類方書之屬東垣十書 《脈訣》一卷,宋崔真人。

【寶素堂藏書目錄】內編醫經藏象脈候　《脈訣》一卷,宋崔嘉彥。一冊。收在《東垣十書》中。

【聿修堂藏書目錄】明書　《脈訣》一卷,一冊。收在《東垣十書》中。宋崔嘉彥著。

【杏雨書屋圖書假目錄】三百五十二·四百八十九頁東垣十書　《脈訣》一卷,宋崔嘉彥撰。番號一七〇〇·A六二九·一七五四·一八七九。

【中國醫學書目】經脈　《脈訣》一卷,十行二十字。欄高二十·三釐,幅十三·七釐。崔真人撰,吳勉學校。敦化堂版《東垣十書》之內。《脈訣》一卷,一冊,十行十七字。欄高十九·六釐,幅十五·五釐。崔真人撰。日本覆刻嘉靖本《東垣十書》之內。《脈訣》一卷,十六行四十字,欄高十六·七釐,幅十一·六釐。崔真人撰。文盛局石印《東垣十書》之內。

2. 醫統正脈本

【鄭堂讀書記】子部五之二醫家類二宋至元　《崔真人脈訣》一卷。《醫統正脈》本。宋道士崔嘉彥撰。嘉彥,字希範,號紫虛,南康人,淳熙間道士。

【寶素堂藏書目錄】內編醫經　《脈訣》一卷,一冊。收在《醫統正脈》中。

【聿修堂藏書目錄】脈書　《脈訣》一卷,一冊。收《醫統正脈》中。宋崔嘉彥撰。

【經籍訪古志】卷七醫家類脈書　《脈訣》一卷,嘉靖八年刊本。收在《東垣十書》中,聿修堂藏。宋紫虛崔真人撰。又有吳勉學校本。收在《醫統正脈》中,據此本刊者。

【江蘇省立國學圖書館圖書總目】子部方伎類經脈之屬　《脈訣歌》,《醫統正脈全書》第三十九冊。宋南康崔嘉彥。明新安吳勉學校刊本。又一部一卷,《東垣十書》第一冊,同上,嘉靖八年刊本。又一部一卷,《東垣十書》第一冊,同上,通行本。

【測海樓藏書目錄】卷四子部醫家類　《脈訣歌》一卷,宋崔真人。《古今醫統正脈全書》,明王肯堂輯,萬曆年刊,竹紙四十八本內。

【杏雨書屋圖書假目錄】一百六十頁,明刊古今醫統正脈全書　《脈訣》一卷,宋崔嘉彥著,明吳勉學校。

【中國醫學書目】經脈　《脈訣》一卷,九行二十一字。欄高十八釐,幅十三釐。劉完素著。《醫統正脈全書》之內。

【中國醫學書目續編】經脈　《脈訣》一卷,十行二十字。欄高二十釐,幅十三·七釐。紫虛崔真人撰,吳勉學校。明板《古今醫統正脈全書》內,《東垣十書》之內。

注:按民國十二年朱文震《校刊醫統正脈全書》所收《脈訣》,題云"金河間劉完素著",而其《脈訣》與明板《醫統正脈》之《脈訣》全相同,唯明板題云"紫虛崔真人撰,新安吳勉學校",即知朱氏刊本雖稱《重刻醫統正脈》,徒羅列書名而充其數而已。其以《脈訣》爲劉河間所著,亦屬朱氏之妄改也。

3. 百名家書本

【叢書舉要】卷四十八明錢塘胡文煥刊百名家書　《脈訣》一卷,崔紫(霞)[虛]真人。

【叢書書目彙編】六畫明錢塘胡文煥刊百名家書　《脈訣》一卷，崔紫(霞)[虛]真人。

4. 醫經萃錄本

【叢書舉要】卷十二醫經萃錄　《紫虛脈訣》一卷

【叢書書目彙編】十八畫醫(學)[經]萃錄　《紫虛脈訣》一卷

5. 未詳本

【國史經籍志】明　【百川書志】明　【楝亭書目】清　【也是園藏書目】清　【述古堂藏書目】清　【四庫全書存目錄】清　【四庫著錄江西先哲遺書鈔目】清　【四庫書目略】清　【重訂浙江公立圖書館保存類目錄】民　【杏雨書屋圖書假目錄】日

九十二、脈經宋蔡元定撰

【醫籍考】六百四十一頁　蔡氏元定《脈經》一卷。存。跋曰：元定放逐春陵，地近西廣，倏寒忽熱，日備四時，素疾多病，遂爾日增。因取《內經》、《難經》、張仲景、王叔和及孫真人諸家脈書讀之，(若)苦其亂雜無倫，因爲之部分次第，則爲一書，以便觀覽。近世所傳叔和《脈訣》，昔年見其乖謬鄙俗，疑非叔和所作。近見《三因方》具言乃高陽生所作，頗自信以爲知言。今之醫者，自《脈訣》之外無所聞見，欲以意見決死生，亦何怪其悖謬也。同書於此，使學者知《脈訣》之僞。

注：《瀕湖脈學》"考證諸書目"，有"蔡西山脈經"之目，即是書也。

注：蔡元定傳，《宋史》卷四百三十四《儒學傳》云，蔡元定，字季通，建州建陽人。生而穎悟，八歲能詩，日記數千言。父發，博覽群書，號牧堂老人，以程氏《語錄》，邵氏《經世》，張氏《正蒙》授元定，曰：此孔、孟正脈也。元定深涵其義。既長，辨析益精。登西山絕頂，忍饑啖薺讀書。聞朱熹名，往師之。熹扣其學，大驚曰：此吾老友也，不當在弟子列。遂與對榻講論諸經奧義，每至夜分。四方來學者，熹必俾先從元定質正焉。太常少卿尤袤、祕書少監楊萬里，聯疏薦於朝，召之，堅以疾辭。築室西山，將爲終焉之計。時韓侂胄擅政，設僞學之禁，以空善類。臺諫承風，專肆排擊，然猶未敢誦言攻朱熹。至沈繼祖、劉三傑爲言，官始連疏詆熹，併及元定。元定簡學者劉礪曰：化性起僞，烏得無罪。未幾，果謫道州。州縣捕元定甚急，元定聞命，不辭家即就道。熹與從游者數百人餞別蕭寺中，坐客興嘆，有泣下者，熹微視元定，不異平時，因喟然曰：友朋相愛之情，季通不挫之志，可謂兩得矣。元定賦詩曰"執手笑相別，無爲兒女悲"。衆謂：宜緩行。元定曰：獲罪於天，天可逃乎。杖屨同其子沉，行三千里，脚爲流血，無幾微見言面。至春陵，遠近來學者日衆，州士子莫不趨席下以聽講說。有名士挾才簡傲、非笑前修者，亦心服謁拜，執弟子禮甚恭。人爲之語曰：初不敬，今納命。愛元定者謂宜謝生徒，元定曰：彼以學來，何忍拒之。若有禍患，亦非閉門塞竇所能避也。貽書訓諸子曰：獨行不愧影，獨寢不愧衾，勿以吾得罪，故遂懈。一日，謂沉曰：可謝客，吾欲安靜，以還造化舊物。閱三日卒。侂胄既誅，贈迪功郎，謚文節。元定於書無所不讀，於事無所不究，義理洞見大原，下至圖書、禮樂、制度，無不精妙。古書奇辭奥義，人所不能曉者，一過目輒

解。熹嘗曰:人讀易書難,季通讀難書易。熹疏釋《四書》及爲《易》、《詩傳》、《通鑑綱目》,皆與元定往復參訂。《啟蒙》一書則屬元定起稿。嘗曰:造化微妙,惟深於理者能識之,吾與季通言而不厭也。及葬,以文誄之曰"精詣之識,卓絕之才,不可屈之志,不可窮之辯,不復可得而見矣"。學者尊之曰西山先生。其平生問學,多寓於熹書集中。所著書有《大衍詳說》、《律呂新書》、《燕樂》、《原辯》、《皇極經世》、《太玄潛虛指要》、《洪範解》、《八陣圖說》,熹爲之序。子淵、沉,皆躬耕不仕。淵有《周易訓解》。沉,字仲默,少從朱熹游。熹晚欲著《書傳》,未及爲,遂以屬沉。《洪範》之數,學者久失其傳,元定獨心得之,然未及論著,曰"成吾書者沉也"。沉受父師之託,沈潛反復者數十年,然後成書,發明先儒之所未及。其於《洪範》數,謂體天地之撰者《易》之象,紀天地之撰者《範》之數。數始於一奇,象成於二偶。奇者數之所以立,偶者數之所以行。故二四而八,八卦之象也。三三而九,九疇之數也。由是八八而又八八之,爲四千九十六而象備矣。九九而又九九之,爲六千五百六十一而數周矣。《易》更四聖而象已著,《範》錫神禹而數不傳。後之作者,昧象數之原,窒變通之妙,或即象而爲數,或反數而擬象,牽合傅會,自然之數益晦焉。始,從元定謫道州,跋涉數千里,道楚粵窮僻處,父子相對,常以理義自怡悅。元定沒,徒步護喪以還。有遺之金而義不可受者,輒謝卻之曰:吾不忍累先人也。年僅三十,屏去舉子業,一以聖賢爲師。隱居九峯,當世名卿物色將薦用之,沉不屑就。次子抗,別有傳。

九十三、劉三點脈訣宋劉開撰

【文淵閣書目】卷十五醫書　《劉三點脈訣》一部一冊。闕。

【菉竹堂書目】卷五醫書　《劉三點脈訣》一冊

【百川書志】卷十子醫家　《復真劉三點脈訣》一卷,宋太醫令劉開復真撰。

【萬卷堂書目】卷三醫家　《劉三點脈訣》一卷,劉開。

【國史經籍志】卷四下子類醫家經論　《劉開脈訣》一卷

【千頃堂書目】卷十四子部醫家補宋　《劉三點脈訣》一卷,劉開復真。

【宋史藝文志補】醫方類　劉開《復真劉三點脈訣》一卷

【江蘇省立國學圖書館圖書總目】子部方技類經脈　《復真劉三點脈訣》,宋劉開述。《醫書六種》第一冊,明刊本。善甲五二。

【中國醫學書目】經脈八　《復真劉三點先生脈訣》,十行二十字。欄高二十四·八釐,幅十七釐。明板《醫要集覽》之內。序,劉開,嘉熙五年。

序跋

劉開自序

夫脈者,天真委和之氣也。晉王叔和以七表、八裡定人之生死陰陽,文理浩繁,後學難曉。大抵持脈之道,非言可(傅)傳,非圖可狀,在乎心會而已。今將紫虛先生面會陰陽,撮其樞要,但以浮沈遲數爲宗,風氣冷熱爲主,有力無力,以定虛實。且如浮而有力爲風,浮而無力爲虛,沈而有力爲積,沈而無力爲氣,遲而有力爲痛,遲而無力爲冷,數而有力爲熱,數而無力爲瘡。更看三部,何部得之。且如寸部屬上焦,頭面心胸之病。關部屬中焦,腹肚之病。尺部屬下焦,腰足之病。更察五臟之中,何臟得之,六腑亦然。學者以意而加精別,庶不至按尺握之誚。嘉熙五年上已日後學劉開(迷)[述]。

注:按右劉開自序,與崔嘉彥題詞文義全同,參看崔嘉彥《脈訣秘旨》之條下。

注:劉開傳,《醫籍考》六百三十九頁云,《南康府志》曰:劉開,字立之。習釋老學,常遊廬山,遇異人,授以《太素脈》行世。元帝召赴闕,賜號復真先生。卒葬於西古山。著有《方脈舉要》。按劉開南宋人,不知《府志》何以爲元人。而赴闕賜號之說,亦未見所據。

六百五十頁,張道中《玄白子西原正派脈訣》云,自序曰:宋淳熙間,朱文公守南康間,隱居崔紫虛名嘉彥者,結菴西原山,乃別築臥龍菴,繪象孔明其中,崔君及己列左右。時往還,叩養生濟世術。蓋崔以策干時貴趙唯相,不用而肥遯者,養生濟世,固其餘事。公亦欲但知此,而口傳心授,竟爲復真劉先生開發而行之。今兩山南北名醫之流,悉自劉氏。

嚴用和《濟生方》自序云:用和幼自八歲喜讀書,年十二,受學於復真劉先生之門。先生名開,立之其字也。

九十四、脈訣理玄秘要宋劉開撰

【萬卷堂書目】卷三醫家　《脈訣理玄秘要》一卷,劉開。

【國史經籍志】卷四下子類醫家經論　《脈訣理玄秘要》一卷,劉開。

【醫藏書目】理窟函　《脈訣理玄》一卷,劉開。

【瀕湖脈學】考證諸書目　《脈理玄秘》

【脈望館書目】辰字號子類脈訣　《理玄秘要》一本

【千頃堂書目】卷十四子醫家補宋　《脈訣理玄秘要》一卷,劉開復真。

【述古堂藏書目】卷四醫書　《脈訣理元秘要》一卷。抄。

【也是園藏書目】卷五子醫家經論　《脈訣玄秘要》一卷。原闕"理"字。

【宋史藝文志補】醫方類　劉開《脈訣理元秘要》一卷

【經籍訪古志】卷七醫家脈書　《脈訣理玄秘要》一卷。《東垣珍珠囊》一卷。朝鮮國刊本。聿修堂藏。前太醫劉開復真撰,前制幹門人嚴子禮用和圖說,後學王和鼎編集,奉訓大夫平江路府判黃儀校正。首有嘉靖七年司馬泰序,末有嘉熙五年劉開跋,嘉靖丁未宋之翰跋。八分書

【寶素堂藏書目錄】内編醫經　《脈訣理玄秘要》,宋劉開。《珍珠囊》合裝鈔本。

【聿修堂藏目錄】脈書　《脈訣理玄秘要》一卷,一册。司馬泰梓行。宋劉開撰。

【躋壽館醫籍備考】朝鮮刊本　《脈訣理玄秘要》一卷,一册。鈔本。此書係《珍

［珠］囊》合裝，朝鮮國刊本。《處方用藥指掌珍珠囊》。《脈訣理玄脈經》十卷，二冊。影模朝鮮國抄成化甲午本。

【内閣文庫圖書第二部漢書目録】第三門子第六類醫家　《脈訣理玄秘要》，宋劉開。朝鮮版。一冊。

序跋

1. 劉開自跋

開，廬山野人，跧伏山林，無用於世。淺識寡聞，言辭鄙拙，豈堪人師。因承師訓，剖露肺肝，以爲脈訣，誘諸門人弟子爲入道之蹊徑。若夫深造淵源，博究妙旨，則先生長者，不無望焉。嘉熙五年上巳日，後學劉開識。《醫籍考》

2. 宋之翰跋

《東垣珍珠》、《劉氏脈訣》貳書皆出於近代，而實醫家之秘寶也。肯掌苑鄭礦士潔氏，頃歲偶得於燕京以歸。此在中國大府罕有，吾東方蓋始見者也，多愛重之，倩李惟一傳寫，全爲一部，來刊於住所，以助壽民厚生妙用云。嘉靖丁未旹洪州收使宋之翰誌。《朝鮮醫籍考》

九十五、太素脈訣宋劉開撰

【世善堂藏書目録】卷下醫家脈訣　《太素脈訣》二卷，劉開。

九十六、方脈舉要宋劉開撰

【瀕湖脈學】考證諸書目《方脈舉要》，劉三點。

【天一閣藏書目録】呂字號廚　《方脈舉要》二本

【醫籍考】六百三十九頁　《南康府志》曰：劉開，字立之，著有《方脈舉要》。一千八百八十五頁劉氏開《方脈舉要》，佚。按右見於《南康府志》。

九十七、察病指南宋施發撰

【經籍訪古志】卷七醫家類脈書　《察病指南》三卷。舊刊仿宋本。寶素堂藏。首有淳祐丙午趙崇賀序，淳祐乙巳趙與謐序，淳祐改元施發自序及目録，序後記兼發賣《續易簡方論》，卷末有識語，引王叔和〈脈訣〉論滑實弦緊四脈，當施氏所記。每半版十行，行十九字。界長七寸五分，幅五寸六分。考板式當足利氏時依宋本重刊者。福井氏崇蘭館又藏古刊本，略與此本同。又有活字刊本，享保四年木村元琨校刊本，誤謬遞多。

【内閣文庫圖書第二部漢書目録】第三門子第六類醫家三診法　《察病指南》三卷，宋施發。日本古活版。一冊。《察病指南》，同上。寬永二十年刊。一冊。《察病指南》,同上。木村元珉校,享保四年刊。一冊。

【國學用書類述】醫學類方書之屬　《察病指南》一卷,宋施發。日本刊本。

序跋

1. 施發自序

醫之爲學,自神聖工巧之外無餘說,今人往往遺其三而主其一。一者何?切而知之謂之巧也。然亦曷嘗真見其所謂巧者,特竊是名以欺世耳。間有以活人自任者,又弊於醫者之委靡,惑於議論之紛紜,無所折衷,每得其粗而不得其精。余自弱冠有志於此,常即此與舉業並攻。迨夫年將知命,謝絕場屋,盡屏科目之累,專心醫道,取《靈樞》、《素問》、《太素》、《甲乙》、《難經》及諸家方書脈書,參考互觀,求其言之明白易曉。余嘗用之而驗者,分門纂類,裒爲一集,名曰《察病指南》。其間如定四季、六藏平脈,與夫七表、八裡之主病,分見於兩手三部者,亦本於聖賢之遺論,特推而廣之,觸類而補之。其他言之未甚昭著者,附以己意發明之,蓋將以貽諸子孫,非敢求人之知也。年來疫癘盛行,病者不幸而招醫,多見以陽病服丹附者,悉殞於非命。豈惟不知脈,併於證而不知。吁,何慘哉。或者不察,乃曰吾取醫之運耳,奚暇問其學之精否。殊不知恃運以言醫,雖幸而或中,而所喪亦多,求其萬舉萬全者難矣。此余所以不敢自私,欲鋟梓以廣其傳,庶幾與同志者共云。淳祐改元九月立冬後四日,永嘉施發政卿序。《醫籍考》

2. 趙崇賀序

能醫人多矣,能使人皆能醫人不多也。蓋以醫醫人有限,以醫教人無窮。施桂堂察病證有書曰《指南》,考《本草》有書曰《辨異》,而續《易簡》又有方有論。桂堂之心,使人人知有此書、此方、此論也。不特自能醫人,且欲人莫不能醫人,示彔彔輩曰"秘方",曰"家藏方",小智自私,靳不示人,心之廣狹蓋可見。淳祐丙午正月中澣,澹齋趙崇賀書。《醫籍考》

九十八、醫學真經宋楊士瀛撰

【經籍訪古志】卷八衆疾方論　《仁齋直指方論》二十六卷,《小兒方論》五卷,《傷寒類書活人總括》七卷,《醫學真經》一卷。宋槧本。聿修堂藏。(補註,約之按,"聿修堂"當作"躋壽館")第一、第二小兒方論,第三、四、五缺。以崇蘭館藏本補鈔。宋三山名醫仁齋楊士瀛登父編撰,建安儒醫翠峰詹宏中洪道校定。首有景定甲子自序,目錄首有"環溪書院刊行"六字。《小兒方論》有景定庚申自序,《真經》有景定壬戌自序。每半板高六寸三分,幅四寸四分。十四行,行二十四字。每卷首捺"武田文庫"印朱文。按,此本紙刻精良,當是景定原刻。據仁齋自序,初撰《活人總括》、《嬰兒指要》,而《直指方》則最後所成云。又懷仙閣、酌源堂並藏有朝鮮國活字刊本,體式一與此本同。又有明朱崇正"附遺"本,亦以宋槧爲祖。此本乃澀江全善所獲以獻於醫學者。

【儀顧堂集】卷十七醫學真經跋　《醫學真經》二卷，宋楊士瀛撰，明朱崇正附遺。案，士瀛，字登父，號仁齋，福州人。著有《仁齋直指》二十四卷，《傷寒活人總括》七卷，《四庫全書·醫家類》著於録。此本爲明嘉靖時刊，著録家所罕見也。前有景定壬戌七月既望登父自序。首爲"察脈總論"，次"脈訣"，次"論七表脈"，次"論八裡脈"，次"論九道脈"，其"雜證脈狀"及"藥象"，則朱崇正所附也。是書雖以僞本《王叔和脈訣》爲經，而能參以百家之言，去其謬而擷其精。自序所謂"發先哲未盡之言而揆之理，約諸子異同之説而歸之正"，非誇也。其《三部九候論》、《臟腑部位論》、《診候論》、《脈病消息論》諸篇，簡要易明，多前人所未發，以視《瀕湖脈學》，無不及也。

【觀海堂書目】無字號　《醫學真經》一本，一卷。宋本。

【國學用書類述】醫學類方書之屬　《醫學真經》二卷，宋楊士瀛。明刊本。

注：楊士瀛傳，《古今醫統大全》卷一云，楊士瀛，名登父，號仁齋，世業醫學，至父尤精，每以活人爲心。集有《直指方論》二十八卷行世。《醫學入門》略同

《醫籍考》六百四十五丁《楊氏脈訣》云，《閩書》曰：楊士瀛，字登父，懷安故縣人。精醫學，著《活人總括》、《醫學真經》、《直指方論》，行於世。《圖書集成》引《福建通志》意與此大同而文簡

《四庫提要》卷一百三《仁齋直指》云，士瀛，字登父，仁齋其號也，福州人。始末無考。前有自序題"景定甲子"，甲子爲景定五年，次年即度宗咸淳元年，則宋末人矣。

附　醫脈真經宋楊士瀛撰

【瀕湖脈學】考證諸書名　《楊仁齋醫脈真經》。

【藝芸書舍宋板書目】子部仁齋直指　《仁齋醫脈真經》一卷。

【皕宋樓藏書志】卷四十六子部醫家類　《新刊仁齋直指方論醫脈真經》二卷。明刊本。

【江蘇第一圖書館覆校善本書目】子部醫家仁齋直指二十冊之內　《醫脈真經》三卷，宋三山楊士瀛編撰，新安朱崇正附遺。明刊小字本。

【寶素堂藏書目録】內編醫經　《醫脈真經》一卷，宋楊士瀛。

【內閣文庫圖書第二部漢書目録】第三門子醫家　《醫脈真經》一卷，宋楊士瀛。《遺直指方》一卷，明朱崇正。明板。

注：按《經籍訪古志》有宋槧《醫學真經》一卷。又《皕宋樓藏書志》有明刊《醫脈真經》二卷，並題楊士瀛著。而其附刊卷數亦略相似，或異名同本者歟。楊士瀛別有《醫學真詮》二十卷。

九十九、醫學真詮宋楊士瀛撰

【千頃堂書目】卷十四子部醫家類補宋　楊士瀛《醫學真詮》二十卷。又《活人總括》十卷。又《仁齋直指附遺方》二十六卷。字登父，景定間三山人。

【宋史藝文志補】子部醫方　楊士瀛《醫學真詮》二十卷。字登父,景定間三山人。

【醫籍考】第五卷一千九百零九頁　楊氏士瀛《醫學真(經)[詮]》二十卷。佚。按右見於《福州府志》。第二卷六百四十五頁　楊氏士瀛《脈訣》一卷,未見。《閩書》曰:楊士瀛,字登父,懷安故縣人,精醫學,著《活人總括》、《醫學真經》、《直指方論》,行於世。按右見於《也是園書目》。

一百、脈訣宋楊士瀛撰

【也是園藏書目】卷五子部醫家經論　《楊士瀛脈訣》一卷

【醫籍考】六百四十五頁　《楊士瀛脈訣》一卷。未見。《閩書》曰:楊士瀛,字登父,懷安故縣人,精醫學,著《活人總括》、《醫學真經》、《直指方論》,行於世。

一百零一、仁齋直指方脈論宋楊士瀛撰

【文淵閣書目】卷十五醫書　《仁齋直指方脈論》一部一冊。闕。

注:《醫方類聚》引用書中有《仁齋直指方》、《直指小兒方》、《直指脈訣》、《傷寒類書》之目。按,《直指脈訣》即是楊士瀛之著述乎。

一百零二、察脈總括宋楊士瀛撰

【醫籍考】六百四十五～六百四十六頁　《察脈總括》一卷。存。

注:按此書《醫籍考》中出於《楊氏(士瀛)脈訣》之次,似柳沜以爲楊士瀛之作。

一百零三、脈訣宋李駉撰

【醫方類聚】引用書　《李晞范脈訣》

【絳雲樓書目】卷三醫書類　《李晞范脈訣》。《王叔和脈訣》,醫家指南也。李在其後。

【天一閣藏書目錄】呂字號　《晞范脈訣》一本。

【近古堂書目】卷下醫家類　《李晞范脈訣》

注:右諸書並不記卷數,疑與《脈訣集解》同一書歟。又李駉有《難經句解》之著,傳見於其條下。

一百零四、脈髓宋李駉撰

【千頃堂書目】卷十四子部醫家補元　李晞范崇仁人《難經注解》四卷。又《脈髓》

一卷。

【瀕湖脈學】考證諸書目　李晞范《脈髓》

【補遼金元藝文志】子部醫方類　宋李晞范《脈髓》一卷崇仁人

【元史藝文志】卷三子醫書類　李晞范《注難經》四卷。《脈髓》一卷。崇仁人

一百零五、脈訣集解宋李駉撰

【萬卷堂書目】卷三醫家　《脈訣集解》十二卷，李駉。

【國史經籍志】卷四醫家　《集解脈訣》十二卷，李駉。

【脈望館書目】辰字號子類二　《脈訣集解》四本。

【傳是樓書目】子部醫家　宋李駉《脈訣集解》四卷。抄一本。

序跋

書宋本晞范子脈訣集解後

咸淳二年，臨川李駉子野撰《脈訣集解》一十二卷，邑人何桂發序之，謂得於誦詩讀書之餘，蓋儒者也。竊謂人之賦形修短、強弱、肥瘠之不同，則脈亦異焉。今之醫者，止憑切脈，而王叔和之《訣》蓋有不甚解者。庸醫一歲之殺人，皆法司之決囚，數且倍之矣。駉自號晞范子，其書引證周洽，當時板行，必多傳習者，而《宋藝文志》不載，何歟。《曝書亭集》卷五十五跋十四

注：按《千頃堂書目》卷十四"醫家類"有"李調集解脈訣十二卷"之目，書名與是書頗相類。註云，李調，字孟言，錢塘人，號樗散生。從楊維楨學，賣藥於金陵市，賢而隱於醫。又《圖書集成·醫部全錄》卷五百九《名流列傳·元》有李詷傳，曰按《錢塘縣志》，李詷字孟言，號樗散生。負氣節，善詩。賣藥金陵，病者無不與，與者無不瘳。蓋賢而隱者也。

一百零六、脈法撮要宋嚴三點撰

【醫籍考】六百四十九頁　嚴氏三點《脈法撮要》一卷。存。

注：嚴三點傳，《圖書集成·醫部全錄》卷五百八《醫術名流列傳五·宋二》云，嚴三點，按《齊東野語》，近世江西有善醫號嚴三點者，以三點指間知六脈之受病，世以爲奇，以此得名。余按，診脈之法，必均調自己之息，而後可以候他人之息。凡四十五動爲一息，或過或不及皆爲病脈，故有二敗、三遲、四平、六數、七極、八脫、九死之法。然則察脈固不可以倉卒得之，而況三點指之間哉。此余未敢以爲然者也。或謂其別有觀形察色之術，姑假此以神，其術初不在脈也。

一百零七、脈六十四卦歌訣

【宋史藝文志】子類五行類　《脈六十四卦歌訣》一卷

一百零八、脈經指南

【脈望館書目】成字號舊板書　《脈經指南》二本。

【絳雲樓書目】卷三醫書類　宋板《脈經指南》

【近古堂書目】卷下醫家類　宋版《脈經指南》

一百零九、方脈書遼耶律庶成撰

【二十五史補編】遼史藝文志補證　耶律庶成《方脈書》。按本傳,初,契丹醫人鮮知切脈審藥,上命庶成譯《方脈書》行之,自是人皆通習,雖諸部族,亦知醫事。《補遼史藝文志》耶律庶成《方脈書》,譯。耶律庶成傳曰。以下與《補證》之文同,略之。

注:耶律庶成傳,《遼史》卷八十九云:耶律庶成,字喜隱,小字陳六,季父房之後,父吴九檢校太師。庶成幼好學,書過目不忘,善遼漢文字,於詩尤工。重熙初,補牌印郎君,累遷樞密直學士,與韓家奴各進《四時逸樂賦》,帝嗟賞。初,契丹人鮮知切脈審藥,上命庶成譯《方脈書》行之,自是人皆通習,雖諸部族,亦知醫事。時入禁中,參決疑議,偕林牙蕭、韓家奴等撰實錄及禮書,與樞密副使耶律德脩定法令。上詔庶成曰:方今法令輕重不倫,法令者爲政所先,人命所繫,不可不慎,卿其審度輕重,從宜修定。庶成參酌古今,刊正訛謬,成書以進。帝覽而善之。庶成方進用,爲妻胡篤所誣,以罪奪官,絀爲庶耶律。律使吐蕃,凡十二年。清寧間始歸,帝知其誣,詔復本族,仍還所奪官,卒。庶成嘗謂,林牙夢善卜者,胡呂古卜曰官止,林牙因妻得罪,及置於理法,當離婚。胡篤適有娠,至期不產而死,剖視之,其子以手抱心。識者謂誣夫之報。有詩文,行於世。弟庶箴。

一百十、潔古註叔和脈訣金張元素撰

【萬卷堂書目】卷三醫家　《潔古考註王叔和脈訣》一卷,張元素。

【瀕湖脈學】考證諸書目　《諸家注解高陽生脈訣》。通真子、張潔古、沈氏、李希范、池氏、勿吮子。

【國史經籍志】卷四下子類醫家　《潔古注叔和脈訣》十卷,張元素。

【脈望館書目】辰字號子類脈訣　《潔古脈訣》二本。又一本。不全

【千頃堂書目】卷十四醫家補金　《叔和脈訣》十卷,張元素潔古注。

【近古堂書目】卷下醫家類　《潔古註脈訣》

【也是園書目】卷五子醫家經論　《張潔古脈訣》一卷

【述古堂藏書目】卷四醫書　《張潔古注脈訣》一卷

【絳雲樓書目】卷三醫書類　《潔古注脈訣》,張元素撰。載《金史·方伎傳》,金末人。

【補遼金元藝文志】子部醫家類　金張元素《潔古注叔和脈訣》十卷。後人誤以

爲劉完素作,潔古諸書多附託,唯二書爲元素所著。

【元史藝文志】卷三子類醫書類　《張元素注王叔和脈訣》十卷

【二十五史補編】補元史藝文志　《張元素注叔和脈訣》十卷

【宋元本行格表】卷下十二行子之屬　元至元本《新編潔古老人注王叔和脈訣》,行二十一字,十卷。《訪古志》

【經籍訪古志】卷七醫家類脈書　《新編潔古老人註王叔和脈訣》。元至元壬午刊本。聿修堂藏。金潔古老人張元素注,雲岐子張璧述。首有至元壬午吳駿聲父序行書,蒼嵓山人題記及地支圖。每半版十二行,行二十一字。

【圖書寮漢籍善本書目】卷三子部醫家類　《新編潔古老人註王叔和脈訣》十卷,三冊。元刊本。題"金潔古老人元素註,雲岐子張璧述"。前有補鈔,至元壬午吳駿序。每半葉十二行,行二十字。每冊首有"松竹齋"、"躋壽殿書籍記"、"醫學圖書"諸印記。《經籍訪古志》所載本

【帝室和漢圖書目錄】醫學和漢古方　《王叔和脈訣》,金張元素註。元版。十卷,三冊。

注:張元素傳,見於《金史》一百三十一卷。本書《難經》中《張潔古註難經》之條下引其全文,參看其條。

序跋

蒼嵓山人序

《脈訣》之書,其醫家之入門也。潔古父子世傳醫學,熟究方書,洞察脈理,隨脈辨證,隨證註藥,兼集諸家之善,以釋後學之疑,其用心亦良矣。江南醫士冉未覩,今虞成夫喜得茲本,不欲私藏,亟刻諸梓,推廣活人之惠,其志尤可嘉。以此見潔古之有功於叔和,而虞又有功於潔古也,豈小補哉。《醫籍考》

一百十一、脈談金張璧撰

【古今醫統大全】卷一歷世聖賢名醫姓氏　張璧,元素之子,得父業,號雲岐子,名著當時。有《脈談》行世。

一百十二、雲岐子脈法金張璧撰

【皕宋樓藏書志】卷四十七　《濟生拔粹方》十九卷。元刊元印本。元杜思敬輯。按此元刊元印本,每葉二十四行,每行二十四字。卷一《鍼經節要》,卷二《潔古雲岐鍼法》,卷三《鍼經摘英》,卷四《雲岐子脈法》,卷五《潔古珍珠囊》,卷六《醫學發明》,卷七《脾胃論》,卷八《潔古家珍》,卷九《此事難知》,卷十《醫壘元戎》,卷十一《陰證略例》,卷十二《直傷寒保命集類要》,卷十四《瘢論萃英》,卷十五《保嬰集》,卷十六《蘭室秘藏節》,卷十七《活法圓機》,卷十八《衛生寶鑑》,卷十九《雜方》。

《四庫》所未收也。

【中國醫學書目續編】脈經　《雲岐子七表八裡九道脈論並治法》(柱題"雲岐子脈訣")一卷,十二行二十四字。欄高十六·九釐,幅十一·二釐。元張璧撰。景元刻本《濟生拔粹》,《元明善本叢書》本之內,上海涵芬樓景印。

一百十三、脈訣指掌病式圖說金李杲撰

【醫籍考】診法二　一卷。存。按此書收在於《醫統正脈》中,題曰"丹溪先生朱震亨彥修父著"。然其《六氣全圖說》稱"予目擊壬辰首亂已來,民中燥熱者,多發熱痰結欬嗽,重以醫者不識時變,復投半夏、南星以益其燥熱,遂至嗽血,痰涎逆湧,咯吐不已,肌肉枯乾而死者多矣。平人則兩寸脈不見,而兩尺脈長至半臂,予於《內外傷辨》言之備矣"。余因疑此書似非震亨所著,輒閱李明之《傷辨序》,稱"其書已成,陵谷變遷,忽成老境,束之高閣,十六年矣。後爲崑崙范尊師所獎,更就成之,時丁未也"。考丁未即元定宗三年,以長曆溯之,十六年當金哀宗天興元年,歲次壬辰,則其所言與書中"壬辰首亂以來"之語相符。又《內外傷辨》曰"壬辰改元,京師戒嚴,迨三月下旬,受敵者凡半月,解圍之後,都人之不受病者萬無一二,既病而死者繼踵而不絕"云云,則其言鑿鑿可證,乃知此書實出於明之之手。其移甲付乙,蓋明時書估之所致,抑何失檢之甚矣。書中《陰陽關格圖說》載丹溪先生曰"陰乘陽則惡寒,陽乘陰則發熱",是亦係妄人之所攙,當抹殺之。

【續中國醫學書目】一百零一　《新刻校定脈訣指掌病式圖說》一卷,一冊。十二行二十四字。框橫十三·九,縱十九·九釐。金李杲著。(原作"朱震亨著"),明吳勉學校。《醫統正脈全書》之內,萬曆二十九年刊。題"丹溪重脩脈訣,龍丘(葉英),戊申"。

第四類　鍼灸經

一、黄帝鍼灸經

【隋書經籍志】卷三子部醫方黄帝鍼經九卷注　梁有《黄帝鍼灸經》十二卷。

【舊唐書經籍志】丙部子類經脈類　《黄帝鍼灸經》十二卷

【唐書藝文志】丙部子録明堂經脈類　《黄帝鍼灸經》十二卷

【通志藝文略】醫方類上明堂鍼灸　《黄帝鍼灸經》十二卷

【太平御覽】引書目　《黄帝鍼灸經》

注:《太平御覽》所引之書,不著卷數,暫列記於此。《日本國見在書目録·醫方家》又有"黄帝鍼灸經一"之目,雖卷數不合,併記於此。

二、黄帝鍼經

【隋書經籍志】卷三子部醫方　《黄帝鍼經》九卷

【日本國見在書目録】醫方家　《黄帝鍼經》九

【中興館閣書目輯考】卷四醫家　《黄帝鍼經》九卷。原釋:八十一篇,與《靈樞》同。《玉海》引作"大氏同,亦八十一篇"。《鍼經》以"九鍼十二原"爲首,《靈樞》以"精氣"爲首,又間有詳略。又《漢書藝文志考證》十引至此。王冰以《鍼經》爲《靈樞》,故席延賞云:《靈樞》之名,時最後出。《玉海》六十三。

【通志藝文略】醫方類上明堂鍼灸　《黄帝鍼經》九卷

【玉海】六十三藝文藝術黄帝靈樞經引書目　《黄帝鍼經》九卷　王冰以《鍼經》爲《靈樞》。仝《天聖鍼經》。元祐八年高麗所獻書,有《黄帝鍼經》。正月庚子秘書監王欽臣宣布,俾學者誦習,仝《黄帝靈樞經》九卷,黄帝、岐伯、雷公、少俞、伯高答問之語。隋楊上善序,凡八十一篇,《鍼經》九卷,大氏同,亦八十一篇。《鍼經》以"九鍼十二原"爲首,《靈樞》以"精氣"爲首,又間有詳略。王冰以《鍼經》爲《靈樞》,故席延賞云:《靈樞》之名,時最後出。

【宋史藝文志】子類醫書類　《黄帝鍼經》九卷

注:案《黄帝三部鍼灸甲乙經》晉皇甫謐序引"今有《鍼經》九卷"之文,此蓋後世所傳《黄帝鍼經》九卷本也耶。

三、鍼經

【甲乙經】新校正序　大哉,《黄帝内經》十八卷,《鍼經》三卷,最出遠古。

四、黄帝鍼經

【舊唐書經籍志】丙部子類經脈類　《黄帝鍼經》十卷
【唐書藝文志】丙部子錄明堂經脈類　《黄帝鍼經》十卷

五、黄帝鍼經

【崇文總目輯釋】卷三醫書類五　《黄帝鍼經》一卷
【通志藝文略】醫方類上明堂鍼灸　《黄帝鍼經》一卷

六、偃側雜鍼灸經劉宋秦承祖撰

【隋書經籍志】卷三子部醫方黄帝鍼灸九卷注　梁有秦承祖《偃側雜鍼灸經》三卷。亡。

注:秦承祖,劉宋時人。傳見於《秦承祖脈經》之條下。

七、鍼經

【隋書經籍志】卷三子部醫方黄帝鍼經九卷注　梁有程天祚《鍼經》六卷。
【通志藝文略】醫方類上明堂鍼灸　程天祚《鍼經》六卷

八、黄帝雜注鍼經

【舊唐書經籍志】丙部子類經脈類　《黄帝雜注鍼經》一卷
【唐書藝文志】丙部子錄明堂經脈類　《黄帝雜注鍼經》一卷
【通志藝文略】醫方類上明堂鍼灸　《黄帝雜注鍼經》一卷

九、鍼經音唐楊玄操撰

【日本國見在書目錄】醫方家　《鍼經音》一,楊玄操撰。

十、黄帝三部灸經音義

【日本國見在書目錄】醫方家　《黄帝三部灸經音義》

十一、涪翁鍼經漢涪翁撰

【後漢書】卷一百十二下郭玉傳　郭玉者，廣漢雒人也。初，有老父不知何出，常漁釣於涪水，因號涪翁。乞食人間，見有疾者，時下鍼石，輒應時而效，乃著《鍼經》、《診脈法》傳於世。

【冊府元龜】卷七百二十一方術部三醫二涪翁著　《鍼經診脈法》

【玉海】卷六十三藝文藝術天聖鍼經　《鍼經》，涪翁。

【補續漢書藝文志】醫術經方類　《涪翁鍼經𧖴法》

【補後漢書藝文志】卷三子部醫家類　《涪翁鍼經》

【補後漢書藝文志考】方伎醫經　《涪翁鍼經診脈法》，卷數佚。

十二、玉匱鍼經吳呂廣撰

【隋書經籍志】子部醫方　《玉匱鍼經》一卷

【舊唐書經籍志】丙部子類經脈類　《玉匱鍼經》十二卷

【唐書藝文志】丙部子録明堂經脈類　《玉匱鍼經》十二卷

【日本國見在書目録】醫方家　《玉匱鍼經》一卷，甄立言撰。

【太平御覽】引書目　《玉匱鍼經》。經史圖書綱目　《玉匱鍼經》。卷七百二十四方術部五醫四　《玉匱鍼經序》曰：吕博少以醫術知名，善診脈論疾，多所著述。吳赤烏二年，爲太醫令，撰《玉匱鍼經》及《注八十一難經》，大行於代。

【冊府元龜】卷七百二十四方術部五醫五　《玉匱鍼經》，吕博著。

【通志藝文略】醫方類上明堂鍼灸　《玉匱鍼經》十二卷

【補三國藝文志】卷三子之類醫家　吕博《玉匱鍼經》一卷。《隋書經籍志》：《玉匱鍼經》一卷。失著撰人。《崇文總目》：《金縢玉匱鍼經》三卷，吕博撰。按《隋志》，《玉匱鍼經》之下，又有《赤烏神鍼經》一卷，不著撰人。兩《唐志》並云"張子存撰"。子存，不知何代人。吕博，《七録》稱吕博望，或其字歟。

【醫籍考】七百三十五頁　吕氏廣《玉匱鍼經》。舊不著吕氏名，今據《太平御覽》"玉匱鍼經序"録之。《崇文總目》作《金縢玉匱鍼經》，吕博撰。

附　金縢玉匱鍼經吳吕博撰

【崇文總目輯釋】卷三醫書類五　《金縢玉匱鍼經》三卷，吕博撰。原釋：闕。見天一閣抄本。

【宋史藝文志】子類醫書類　吕博《金縢玉匱鍼經》三卷

附　金韜玉鏡

【秘書省續編到四庫闕書目】卷二子類醫書　《金韜玉鏡》三卷。闕。輝按，《宋志》作吕廣《金韜玉鑑經》二卷。《崇文目》作吕廣《金縢玉匱鍼經》。

【宋史藝文志】子類醫書類　吕廣《金韜玉鑑經》二卷

十三、雜鍼經

【隋書經籍志】卷三子部醫方黄帝鍼經九卷注　梁有《雜鍼經》四卷。

十四、鍼灸要鈔劉宋徐叔嚮撰

【隋書經籍志】子部醫方　徐叔嚮《鍼灸要鈔》一卷

【唐書藝文志】丙部子録明堂經脈類　徐叔嚮《鍼灸要鈔》一卷

【通志藝文略】醫方類上明堂鍼灸　徐叔嚮《鍼灸要鈔》一卷

注：徐叔嚮傳，《南史》卷三十二《張邵傳》云，融與東海徐文伯兄弟厚。文伯，字德秀，濮陽太守熙曾孫也。熙好黄老，隱於秦望山……生子秋夫，彌工其術。……秋夫生道度、叔嚮，皆能精其業。……道度生文伯，叔嚮生嗣伯。

《古今醫統大全》卷一"姓氏·宋"云，徐叔嚮，秋夫次子，志性溫恭，敏而好學，究心醫術，官至太山太守。

十五、釋僧匡鍼灸經

【隋書經籍志】子部醫方　釋僧匡《鍼灸經》一卷

【通志藝文略】醫方類上明堂鍼灸　釋僧康《鍼灸經》一卷

【和名抄引用漢籍】三十七醫方家　《鍼灸經》一卷，釋僧匡撰。(《隋書》)引用七回。

十六、鍼灸經

【隋書經籍志】子部醫方　《鍼灸經》一卷

【通志藝文略】醫方類上明堂鍼灸　《鍼灸經》一卷

十七、華佗枕中灸刺經

【隋書經籍志】子部醫方　《華佗枕中灸刺經》一卷

【通志藝文略】醫方類上明堂鍼灸　《華佗枕中灸刺經》一卷

【廿五史補篇】後漢藝文志醫家　《華佗枕中灸刺經》

【補後漢書藝文志】卷三子部醫家類　《隋書經籍志》曰：《華佗枕中灸刺經》一卷。

【補續漢書藝文志】子部　《華佗枕中灸刺經》一卷　佗，字元化，譙郡人。

十八、謝氏鍼經

【隋書經籍志】子部醫方　《謝氏鍼經》一卷

【通志藝文略】醫方類明堂鍼灸　《謝氏鍼經》一卷

十九、殷元鍼經

【隋書經籍志】子部醫方　《殷元鍼經》一卷

二十、赤烏神鍼經張子存撰

【隋書經籍志】子部醫方　《赤烏神鍼經》一卷

【舊唐書經籍志】丙部子類明堂經脈　《赤烏神鍼經》一卷,張子存撰。

【唐書藝文志】丙部子錄明堂經脈類　張子存《赤烏神鍼經》一卷

【通志藝文略】醫方類上明堂鍼灸　《赤烏神鍼經》一卷,張子存撰。

二十一、九部鍼經

【隋書經籍志】子部醫方　《九部鍼經》一卷

【通志藝文略】醫方類上明堂鍼灸　《九部鍼經》一卷

二十二、流注鍼經

【隋書經籍志】子部醫方　《流注鍼經》一卷

【通志藝文略】醫方類上明堂鍼灸　《流注鍼經》一卷

二十三、三奇六儀鍼要經

【隋書經籍志】子部醫方　《三奇六儀鍼要經》一卷

【通志藝文略】醫方類上明堂鍼灸　《三奇六儀鍼要經》一卷

二十四、鍼經鈔唐甄權撰

【唐書藝文志】卷三明堂經脈類　《甄權脈經》一卷。《鍼經鈔》三卷。

【崇文總目輯釋】卷三醫書類　《鍼經鈔》三卷,甄權撰。原釋:闕。見天一閣抄本。侗按,《宋志》作"甄擁",誤。

【通志藝文略】醫方類上明堂鍼灸　《鍼經鈔》三卷,甄權撰。注,按此書《藝文略》重出。

【宋史藝文志】卷六子類醫書類　《甄擁鍼經抄》三卷

注:甄權,隋唐人。傳見於"甄權脈經"之條下。

二十五、鍼方唐甄權撰

【唐書藝文志】卷三明堂經脈類　《甄權脈經》一卷。《鍼經鈔》三卷。《鍼方》一卷。

【冊府元龜】卷七百二十三方術醫書隋許知藏　《鍼方》一卷，甄權撰。

【通志藝文略】醫方類上明堂鍼灸　《鍼方》一卷

二十六、孫思邈鍼經唐孫思邈撰

【秘書省續編到四庫闕書目】卷二子類醫書　孫思邈《鍼經》一卷。闕。

【通志藝文略】醫方類上明堂鍼灸　孫思邈《鍼經》一卷

【宋史藝文志】子類醫書類　孫思邈《五藏旁通明鑑圖》一卷。又《鍼經》一卷。

注：孫思邈傳，見於"千金方"之條下。

二十七、扁鵲鍼傳

【崇文總目輯釋】卷三醫書類五　《扁鵲鍼傳》一卷。原釋：闕。見天一閣抄本。侗按，《隋志》有《扁鵲偃灸圖》三卷，此書疑即從中析出者。又按，《通志校讎略》云，《唐志》别出《明堂經脈》一條，而《崇文總目》合爲醫書。據明堂一類，亦有數家以爲一條，已自疏矣，況合於醫書，而其類又不相附，可乎。

【秘書省續編到四庫闕書目】卷二子類醫書　《扁鵲鍼經》一卷。輝按，《宋志》、《崇文目》、《玉海》引《國史志》作《鍼傳》。

【通志藝文略】醫方類上明堂鍼灸　《扁鵲鍼傳》一卷

【玉海】六十三藝文藝術天聖校定内經素問　《國史志》：《扁鵲鍼傳》一卷。許希請興扁鵲廟，築於城西隅，因立太醫局其旁。希著《神應鍼經要訣》。

【宋史藝文志】子類醫書類　《扁鵲鍼傳》一卷

【宋國史藝文志輯本】卷下醫家　《扁鵲鍼傳》一卷。《玉海》六十三。按原注云，許希請興扁鵲廟於城西隅，因立太醫局其旁。希著《神應鍼經要訣》，《玉海》六十三。《宋志》同，此書應屬經脈。

二十八、黄帝甲乙經《黄帝三部鍼經》、《黄帝三部鍼灸經》，晉皇甫謐撰。

（一）出典

【甲乙經】皇甫謐自序　按《七略》、《藝文志》：《黄帝内經》十八卷。今有《鍼經》九卷、《素問》九卷，二九十八卷，即《内經》也。亦有所亡失。其論遐遠，然稱述多而切事少，有不編次。比按《倉公傳》，其學皆出於《素問》，論病精微。《九卷》是原本經脈，其義深奥，不易覽也。又有《明堂孔穴鍼灸治要》，皆黄帝、岐伯選事也。

三部同歸，文多重複，錯互非一。甘露中，吾病風加苦聾，百日方治，要皆淺近。乃撰集三部，使事類相從。刪其浮辭，除其重複，論其精要，至爲十二卷。其本論，其文有理，雖不切於近事，不甚刪也。若必精要，俟其閒暇，當撰覈以爲教經云爾。

【隋書經籍志】卷三子部醫方　《黄帝甲乙經》十卷。音一卷。梁，十二卷。

【外臺秘要方】第三十九卷明堂序　皇甫士安，晉朝高秀，洞明醫術，撰次《甲乙》，並取三部爲定。如此則《明堂》、《甲乙》是醫人之秘寶，後之學者宜遵用之，不可苟從異說，致乖正理。

【唐書藝文志】卷三子錄明堂經脈類　《黄帝甲乙經》十二卷

【通志藝文略】醫方類上脈經　《黄帝甲乙經》十二卷

【舊唐書經籍志】丙部子錄明堂經脈　《黄帝三部鍼經》十三卷，皇甫謐撰。

【唐書藝文志】卷三子錄明堂經脈類　皇甫謐《黄帝三部鍼經》十二卷

【通志藝文略】醫方類上明堂鍼灸　皇甫謐《黄帝三部鍼灸經》十二卷

【宋史藝文志】卷六子類醫書類　皇甫謐《黄帝三部鍼灸經》十二卷。即《甲乙經》。同。林億《黄帝三部鍼灸經》。

注：皇甫謐傳，《晉書》卷五十一列傳第二十一云：皇甫謐，字士安，幼名靜，安定朝那人，漢太尉嵩之曾孫也。出後叔父，徙居新安。年二十，不好學，游蕩無度，或以爲癡。嘗得瓜果，輒進所後叔母任氏。任氏曰：《孝經》云"三牲之養，猶爲不孝"。汝今年餘二十，目不存教，心不入道，無以慰我。因歎曰：昔孟母三徙以成仁，曾父烹豕以存教，豈我居不擇鄰，教有所闕，何爾魯鈍之甚也。修身篤學，自汝得之，於我何有。因對之流涕。謐乃感激，就鄉人席坦受書，勤力不怠。居貧窮，自稼穡，帶經而農，遂博綜典籍百家之言。沈靜寡欲，始有高尚之志，以著述爲務，自號玄晏先生。著禮樂、聖真之論。後得風痺，猶手不輟卷。（中略）竟不仕。太康三年卒，時年六十云云。

（二）考證

【甲乙經】新校正序　晉皇甫謐博綜典籍百家之言，沉靜寡欲，有高尚之志。得風痺，因而學醫，習覽經方，遂臻至妙。取黄帝《素問》、《鍼經》、《明堂》三部之書，撰爲《鍼灸經》十二卷，歷古儒者之不能及也。或曰《素問》、《鍼經》、《明堂》三部之書，非黄帝書，似出於戰國。曰：人生天地之間，八尺之軀，藏之堅脆，府之大小，穀之多少，脈之長短，血之清濁，十二經之血氣大數，皮膚包絡其外，可剖而視之乎。非大聖上智，孰能知之，戰國之人何與焉。大哉，《黄帝内經》十八卷，《鍼經》三卷，最出遠古，皇甫士安能撰而集之。惜簡編脱落者已多，是使文字錯亂，義理顛倒，世失其傳，學之者鮮矣。唐甄權但修《明堂圖》，孫思邈從而和之，其餘篇第亦不能盡言之。國家詔儒臣校正醫書，令取《素問》、《九墟》、《靈樞》、《太素經》、《千金方》及《翼》、《外臺秘要》諸家善書校對，玉成繕寫，將備親覽。

【四庫全書總目】卷一百零三子部十三醫書類一　《甲乙經》八卷。兩淮鹽政採進本。晉皇甫謐撰。謐有《高士傳》，已著錄。是編皆論鍼灸之道。《隋書經籍志》稱《黄帝甲乙經》十卷,註曰:《音》一卷,梁十二卷。不著撰人姓名。考此書首有謐自序,稱《七略》、《藝文志》,《黄帝内經》十八卷。今有《鍼經》九卷,《素問》九卷,二九十八卷,即《内經》也。又有《明堂孔穴鍼灸治要》,皆黄帝、岐伯選事也。三部同歸,文多重複,錯互非一。甘露中,吾病風,加苦聾,百日方治,案,此四字文義未明,疑有脱誤。今仍舊本錄之,謹附識於此。要皆淺近。乃撰集三部,使事類相從。删其浮詞,除其重複,至爲十二卷案"至"字文義未明,亦疑有誤。云云。是此書乃裒合舊文而成,故《隋志》冠以"黄帝",然删除謐名,似乎黄帝所自作,則於文爲謬。《舊唐書經籍志》稱《黄帝三部鍼經》十三卷,始著謐名,然較梁本多一卷,其併音一卷計之歟。《新唐書藝文志》既有《黄帝甲乙經》十二卷,又有《皇甫謐黄帝三部鍼經》十三卷。兼襲二《志》之文,則更舛誤矣。書凡一百一十八篇,内《十二經脈絡脈支别篇》、《疾形脈診篇》、《鍼灸禁忌篇》、《五臟傳病發寒熱篇》、《陰受病發痺篇》、《陽受病發痺篇》各分上下,《經脈篇》、《六經受病發傷寒熱病篇》各分上中下。實一百二十八篇。句中夾註,多引楊上(達)[善]《太素經》、孫思邈《千金方》、王冰《素問註》、王惟德《銅人圖》,參考異同。其書皆在謐後,蓋宋高保衡、孫奇、林億等校正所加,非謐之舊也。考《隋志》有《明堂孔穴》五卷、《明堂孔穴圖》三卷,又《明堂孔穴圖》三卷。《唐志》有《黄帝内經明堂》十三卷,《黄帝十二經脈明堂五臟圖》一卷,《黄帝十二經明堂偃側人圖》十二卷,《黄帝明堂》三卷。又楊上善《黄帝内經明堂類成》十三卷,楊元孫《黄帝明堂》三卷。今竝亡佚,惟賴是書存其精要,且節解章分,具有條理,亦尋省較易。至今與《内經》竝行,不可偏廢,蓋有由矣。

【四庫全書簡明目錄】卷十醫家類　《甲乙經》八卷,晉皇甫謐撰。其自序,蓋合《鍼經》、《素問》、《明堂孔穴鍼灸治要》,撮其精要,以成是經。言鍼灸之法最悉。或曰,王冰所撰《靈樞經》,即割裂此書之文,僞爲古書也。

【鄭堂讀書記】子部五之一醫家類　《甲乙經》十二卷。《醫統正脈》本。晉皇甫謐撰。謐里貫見"傳記類"。《四庫全書》著錄。《隋志》載《黄帝甲乙經》十卷、《音》一卷,梁有十二卷。《新唐志》作十二卷,皆無謐撰之文。惟《唐志》又載皇甫謐《黄帝三部鍼經》十三卷,《宋志》作"十二卷",注云"即《甲乙經》"。據其自序,蓋合《鍼經》、《素問》、《明堂孔穴鍼灸治要》三書,撮其精要,以成是經,非即謐所自撰,故《隋志》、《新唐志》皆不題其名氏也。但《新唐志》别載《三部鍼經》十二卷,明著其名氏。而《崇文目》、《讀書志》、《書錄解題》則併兩書皆不載,俱不可解。是書凡一百十八篇,言鍼灸之法最悉。諸言"主之"者,可灸可刺;其言"刺之"者,不可灸;言"灸之"者,不可刺。此其例也。其稱《甲乙經》,則莫得而詳其義矣。或謂"王冰所撰《靈樞經》,即割裂此書之文,僞爲古書"。然元晏實引古經以成書,非若所著《帝王世紀》之僞造故事。所以《靈樞》一經,亦具有源本,故可與《素問》並行也。其書至宋時,文字錯亂,義理顛倒,世失其傳,學之者鮮。高保衡等奉詔校正,因取《素問》、《靈樞》諸書善本校對繕刻,故前有《新校正序》。

【補晉書藝文志】卷三子錄醫方類　《黄帝三部鍼經》十三卷,皇甫謐。見兩《唐志》,即《七錄》十二卷之《黄帝甲乙經》也。本有《音》一卷,《唐志》并計之,故云十三卷。此書彙集舊文而成,首有謐自序。《新志》既入録,而又出《黄帝甲乙經》十二卷,複誤顯然。

【醫籍考】七百四十四頁　按,弟堅曰:此書命以"甲乙",未有詳解。按楊玄操《難經序》:昔皇甫士安總三部,爲甲乙之科。《外臺秘要》引此書,其"瘧病"中云"出庚卷第七"。"水腫"中云"出第八辛卷"。又《明堂》及"腳氣"中,並引"丙卷"。然則玄晏原書以十干列,故以"甲乙"命名。《隋志》"《黄帝甲乙經》十卷",可以證焉。今傳本並玄晏自序作十二卷,蓋非其真也。《魏都賦》"次舍甲乙,西南其戶",李善註:甲乙,次舍之處,以甲乙紀之也。《景福殿賦》"辛壬癸甲,爲之名秩",呂延濟註:言以甲乙爲名次也。此其義一爾。

(三)序跋

1.黄帝三部鍼灸甲乙經序晉玄晏先生皇甫謐

夫醫道所興,其來久矣。上古神農,始嘗草木而知百藥。黄帝咨訪岐伯、伯高、少俞之徒,内考五藏六府,外綜經絡血氣色候,參之天地,驗之人物,本性命,窮神極變,而鍼道生焉。其論至妙,雷公受業,傳之於後。伊尹以亞聖之才,撰用《神農本草》,以爲《湯液》。中古名醫有俞跗、醫緩、扁鵲,秦有醫和,漢有倉公,其論皆經理識本,非徒胗病而已。漢有華佗、張仲景。其他奇方異治,施世者多,亦不能盡記其本末。若知直祭酒劉季琰,病發於畏惡,治之而瘥。云:後九年,季琰病應發,發當有感,仍本於畏惡,病動必死。終如其言。仲景見侍中王仲宣,時年二十餘,謂曰:君有病,四十當眉落,眉落半年而死。令服五石湯可免。仲宣嫌其言忤,受湯勿服。居三日,見仲宣,謂曰:服湯否?仲宣曰:已服。仲景曰:色候固非服湯之胗,君何輕命也。仲宣猶不言。後二十年果眉落,後一百八十七日而死,終如其言。此二事雖扁鵲、倉公無以加也。華佗性惡矜技,終以戮死。仲景論廣伊尹《湯液》爲數十卷,用之多驗。近代太醫令王叔和撰次仲景選論甚精,指事施用。

按《七略》、《藝文志》:《黄帝内經》十八卷。今有《鍼經》九卷、《素問》九卷,二九十八卷,即《内經》也。亦有所亡失。其論遐遠,然稱述多而切事少,有不編次。比按《倉公傳》,其學皆出於《素問》,論病精微。《九卷》是原本經脈,其義深奥,不易覽也。又有《明堂孔穴鍼灸治要》,皆黄帝岐伯選事也。三部同歸,文多重複,錯互非一。甘露中,吾病風加苦聾,百日方治,要皆淺近。乃撰集三部,使事類相從。删其浮辭,除其重複,論其精要,至爲十二卷。《易》曰"觀其所聚,而天地之情事見矣",況物理乎。事類相從,聚之義也。夫受先人之體,有八尺之軀,而不知醫事,此所謂遊魂耳。若不精通於醫道,雖有忠孝之心、仁慈之性,君父之危困、赤子塗地,無以濟之。此固聖賢所以精思極論盡其理也。由此言之,焉可忽乎。其本論,其文有理,雖不切於近事,不甚删也。若必精要,俟其閒暇,當撰覈以爲教經云爾。

吳勉學本

2.新校正黄帝鍼灸甲乙經序

臣聞通天地人曰儒,通天地不通人曰技。斯醫者,雖曰方技,其實儒者之事乎。

班固序《藝文志》，稱儒者"助人君，順陰陽，明教化"，此亦通天地人之理也。又云"方技者，論病以及國，原診以知政"，非能通三才之奥，安能及國之政哉。晉皇甫謐博綜典籍百家之言，沈静寡欲，有高尚之志，得風痺，因而學醫，習覽經方，遂臻至妙。取《黄帝素問》、《鍼經》、《明堂》三部之書，撰爲《鍼灸經》十二卷，歷古儒者之不能及也。或曰《素問》、《鍼經》、《明堂》三部之書，非黄帝書，似出於戰國。曰：人生天地之間，八尺之軀，藏之堅脆，府之大小，穀之多少，脈之長短，血之清濁，十二經之血氣大數，皮膚包絡其外，可剖而視之乎。非大聖上知孰能知之，戰國之人何與焉。大哉，《黄帝内經》十八卷、《鍼經》三卷，最出遠古，皇甫士安能撰而集之。惜簡編脱落者已多，是使文字錯亂，義理顛倒，世失其傳，學之者鮮矣。唐甄權但脩《明堂圖》，孫思邈從而和之，其餘篇第亦不能盡言之。國家詔儒臣校正醫書，令取《素問》、《九墟》、《靈樞》、《太素經》、《千金方》及《翼》、《外臺秘要》諸家善書校對，玉成繕寫，將備親覽。恭惟主上聖哲文明，光輝上下，孝慈仁德，蒙被衆庶，大頒岐黄，遠及方外，使皇化兆於無窮，和氣浹而充塞。茲亦助人君順陰陽、明教化之一端云。國子博士（臣）高保衡、尚書屯田郎中（臣）孫奇、光禄卿直秘閣（臣）林億等上。吳勉學本

3. 序例

諸問，黄帝及雷公皆曰"問"。其對也，黄帝曰"答"，岐伯之徒皆曰"對"。上章問及對已有名字者，則下章但言"問"、言"對"，亦不更説名字也，若人異則重複更名字。此則其例也。諸言"主之"者，可灸可刺；其言"刺之"者，不可灸；言"灸之"者，不可刺。亦其例也。

晉玄晏先生皇甫謐士安集

朝散大夫守光禄卿直秘閣判登聞檢院上護軍臣　林億

朝奉郎守尚書屯田郎中同校正醫書上騎都尉賜緋魚袋臣　孫奇

朝奉郎守國子博士同校正醫書上騎都尉賜緋魚袋臣　高保衡（吳勉學本）

熙寧二年四月二十三日進呈，奉聖旨鏤板施行。

朝奉郎守國子博士校正醫書上騎都尉賜緋魚袋臣　高保衡

朝奉郎尚書屯田郎中同校正醫書騎都尉賜緋魚袋臣　孫奇

朝散大夫守光禄卿直祕閣判登聞檢院上護軍臣　林億

熙寧二年五月二日

朝散大夫右諫議大夫參知政事上護軍長安郡開國侯食邑一千一百戶賜紫金魚袋臣　王安石

推忠佐理功臣正奉大夫行左諫議大夫參知政事上柱國南陽郡開國侯食邑一千一百戶賜紫金魚袋臣　曾公亮

推忠協謀同德守正亮節佐理翊戴功臣開府儀同三司行尚書右僕射兼門下侍郎同中書門下平章事集賢大學士上柱國晉國公食邑一千一百戶實封三百戶臣　趙抃

推忠協謀同德佐理守正亮節功臣開府儀同三司行尚書左僕射兼門下侍郎同中書門下平章事昭文館大學士監修國史兼繹經潤文使上柱國鄭國公食邑一萬一千戶

實封四千戶臣　富弼《皕宋樓藏書志》

(四)刊本

1.唐宋見本

【日本國見在書目錄】醫方家　《黃帝甲乙經》十二,玄晏先生撰。

【遂初堂書目】醫書類　《甲乙經》

【玉海】卷六十三藝文藝術　《皇甫謐甲乙經》

2.正統本

【經籍訪古志】卷七醫家類明堂經脈　《鍼灸甲乙經》十二卷。吳勉學校本。收在《醫統正脈》中。又零本,存卷一、卷二、卷三。鈔明正統丁巳重刊本。寄所寄樓藏。半葉九行,行二十四字。序例後有"正統丁巳重刊"筐子。此本校之吳氏刊本文字大佳,與《千金》、《外臺》所引相合,惜乎所存僅止於此。張金吾《藏書志》亦載正統本,不知與此同種否。

【日本訪書志】卷九《鍼灸甲乙經》十二卷。序例後有正統丁巳重刊本記。每半葉九行,行廿四字。按近世所行《甲乙經》,唯《醫統正脈》刊本,而脫誤宏多。更有以林億等校注作正文者,如第一卷"心怵惕"條下引楊上善之說。上善,隋唐間人,士安何得引之。此本不載楊上善說,凡林億等校語俱不載,亦無林億等序,知所原在未校正之前。其他亦多與《千金》、《外臺》所引合,遠勝《醫統》本,惜有殘缺。據張金吾《藏書志》,有明初鈔本,後有熙寧二年鏤板牒,後列富弼、趙抃等銜名。又陸氏《藏書志》亦有正統刊本,則此書善本尚未絕於中土,敬告留心醫籍者,當急爲刻之。

3.吳勉學本

【鄭堂讀書記】子部五之一醫家類　《甲乙經》十二卷。《醫統正脈》本。

【書目答問】子部醫家第六　《甲乙經》十二卷,晉皇甫謐。《醫統》本。

【八千卷樓書目】卷十子部醫家類　《甲乙經》八卷,晉皇甫謐編。日本刊本,步月樓刊本。

【四庫目略】子部醫家類　《甲乙經》八卷,晉皇甫謐撰。《古今醫統》十二卷本。

【叢書舉要】卷十二古今醫統正脈全書　《黃帝鍼灸甲乙經》十二卷,晉皇甫謐。

【叢書書目彙編】十八畫醫統正脈全書　《黃帝鍼灸甲乙經》十二卷,皇甫謐。

【揚州吳氏測海樓藏書目錄】卷四子部醫家類　《黃帝鍼灸甲乙經》十二卷,晉皇甫謐集。《古今醫統正脈全書》,明正肯堂輯,萬曆年刊,竹紙四十八本內。

【國學用書類述】醫學類內經之屬　《甲乙經》十二卷,晉皇甫謐。明刻本。《醫統》本。通行本。

【江南圖書館閱覽室檢查書目】子部第十三號醫家　《甲乙經》,晉皇甫謐。步月樓刊本,四本。

【江蘇省立國學圖書館圖書總目】子部方伎類鍼灸之屬　《黃帝鍼灸甲乙經》十二卷。《醫統正脈全書》第十至十三冊。晉朝那(郭注:那,疑衍。)皇甫謐。明新安吳勉學校刊本。

【聿修堂藏書目錄】鍼灸　《鍼灸甲乙經》十二卷,四冊,收在《醫統正脈》中。晉皇甫謐撰。

【實素堂藏書目錄】内編醫經第四明堂孔穴　《鍼灸甲乙經》十二卷,晉皇甫謐。二冊。《醫統正脈》中本。

【經籍訪古志】卷七醫家類明堂經脈　《鍼灸甲乙經》十二卷。吳勉學校本。收在《醫統正脈》中。

【杏雨書屋圖書假目錄】一百五十九頁古今醫統正脈全書　《黄帝鍼灸甲乙經》十二卷,《中藏經》十二卷,魏華佗撰。明吳勉學校。

【中國醫學書目】鍼灸一　《黄帝鍼灸甲乙經》。《醫學六經》第八帙十二卷七冊。欄高二十釐,幅十五釐。明板。吳勉學校。新校正黄帝鍼灸甲乙經序,高保衡、孫奇、林億等。黄帝三部鍼灸甲乙經序,皇甫謐。序例,目錄。

【中國醫學書目續編】鍼灸二十六　《鍼灸甲乙經》十二卷,四冊。十二行二十字。欄高十九・八釐,幅十五・一釐。晉玄晏先生皇甫謐編。步月樓梓行,映旭齋藏板。《古今醫統正脈全書》明板之中。新校正黄帝鍼灸甲乙經序,高保衡、孫奇、林億等。黄帝三部鍼灸甲乙經序,皇甫謐。序例。末記曰:晉玄晏先生皇甫謐士安集,宋臣林億、孫奇、高保衡等銜名,明新安吳勉學校,目錄每卷首。

4. 四庫全書本

【四庫全書總目】卷一百零三子部醫家類　《甲乙經》八卷。兩淮鹽政採進本。晉皇甫謐撰。

注:按《文溯閣四庫全書要略》云"《鍼灸甲乙經》十二卷",則知《四庫全書》本亦十二卷也。不知《提要》何以作八卷耶。

5. 道光乙酉本

【揚州吳氏測海樓藏書目錄】卷四子部醫家類　《甲乙經》十二卷,晉皇甫謐訂。道光乙酉刊。竹紙四本一函。

6. 四明刊本

【涵芬樓舊書分類總目】子部醫家類　《甲乙經》,晉皇甫謐撰,宋林億等校正。光緒乙酉四明刊本。五冊。

【故宫博物院書目】醫家　《鍼灸甲乙經》十二卷,四冊。光緒年刊本。

【中國醫學書目】鍼灸二　《黄帝甲乙經》十二卷,四冊。十二行二十字。欄高十六・六釐,幅十三・三釐。四明存存軒刊,光緒十一年。新校正黄帝鍼灸甲乙經序,高保衡、孫奇、林億等。黄帝三部鍼灸甲乙經序,皇甫謐。序例。目錄。

7. 槐廬叢書本

【遼寧省立圖書館館刊】第一卷叢書舉要槐廬叢書　《甲乙經》十二卷,皇甫謐。

8. 民國刊醫統本

【中國醫學書目】鍼灸三　《黄帝鍼灸甲乙經》十二卷,四冊。九行二十一字。欄高十八釐,幅十三釐。《醫統正脈全書》之内。新校正黄帝鍼灸甲乙經序,林億等。黄帝三部鍼灸甲乙經序，玄晏先生。序例。目録。

【中東鐵路圖書館圖書目録】補編第七類應用藝術醫學　《黄帝鍼灸甲乙經》十二卷。見《醫統正脈全書》。

9. 日本刊本

【八千卷樓書目】卷十子部醫家類　《甲乙經》八卷，晉皇甫謐編。日本刊本。

【内閣文庫圖書第二部漢書目録】第三門子第六類醫家五鍼灸　《鍼灸甲乙經》十二卷，晉皇甫謐。日本版。五册。

【重訂浙江公立圖書館保存類目録】子部醫家類　《鍼灸甲乙經》十二卷，晉皇甫謐撰。日本刊本。清定海黄以周朱筆校。五本。案《四庫書目》作"甲乙經八卷"，此十二卷，與皇甫謐自序合。

【杏雨書屋圖書假目録】二百零九頁　《鍼灸甲乙經》十二卷，晉皇甫謐撰，明吳勉學校。日本刊。

10. 抄本

【汲古閣珍藏秘本書目】子部醫家　《甲乙經》六本。從宋板影抄。

【愛日精廬藏書志】卷二十二子部醫家類　《黄帝三部鍼灸甲乙經》十二卷。明初抄本。晉元晏先生皇甫謐集。後有"熙寧二年四月二十三日進呈奉聖旨鏤板施行"一條，後列富弼、趙抃等銜名，末有題識云"正統六年琴川永惠堂俞氏家藏"。《郘亭知見傳本書目》亦引之

【皕宋樓藏書志】卷四十三子部醫家類　《黄帝三部鍼灸甲乙經》十二卷。明抄本。晉玄晏先生皇甫謐集。自序，林億序，後有王安石等銜名，末有"正統六年十月五日琴川俞氏永惠家藏"一行。

【藝風藏書記】卷二醫家　《黄帝三部鍼灸甲乙經》十二卷。明影寫宋本。紙墨極舊，後有王安石等銜名，末有"正統六年十月五日琴川俞氏永惠堂家藏"一行，收藏有"汪士鐘字春霆號眼園書畫印"朱文長方印。

【皕宋樓藏書志】卷四十三子部醫家類一　《黄帝三部鍼灸甲乙經》十二卷。明藍格抄本。晉玄晏先生皇甫謐集。自序引全文，《新校正序》引全文。"熙寧二年四月二十三日進呈奉聖旨鏤板施行"。高保衡、孫奇、林億銜名。熙寧二年五月二日王安石、曾公亮、趙抃、富弼銜名。

戴氏手跋曰：書内尚有當正之處，因無善本《靈樞》，姑俟異日乃定。乾隆辛卯，休寧戴霖校。

朱氏手跋曰：辛卯亥月六日，休寧戴漁卿爲詳校一過訖見還，云此本訛字雖多，然其不訛處視今本大勝，真古鈔本也。暇當更求善本校之。是日蜀河朱筠記。

【静嘉堂秘籍志】卷二十四子部醫家類　《甲乙經》，晉皇甫謐撰。明抄八本。《志》：《黄帝三部鍼灸甲乙經》十二卷。明藍格抄本。晉玄晏先生皇甫謐集。自序，林億等表，王安石等銜名，戴氏手跋，朱氏手跋。

【抱經樓藏書志】卷三十五子部醫家類一　《黄帝三部鍼灸甲乙經》十二卷。鈔本。晉玄晏先生皇甫謐集。新校正序，自序。"熙寧二年四月二十三日進呈奉聖旨鏤

板施行”。林億等銜名,熙寧二年五月二日富弼等銜名。

【觀海堂書目】仕字號　《鍼灸甲乙經》一本,二卷。鈔本。

【故宫博物院書目】醫家　《鍼灸甲乙經》一冊。日影明抄本。

【浙江公立圖書館通常類圖書目録】第三冊子部醫家類　《鍼灸甲乙經》十二卷,晉皇甫謐撰。舊抄本,三本。

【内閣文庫圖書第二部漢書目録】第三門子第六類醫家五鍼灸　《鍼灸甲乙經》,現存第一至三卷。日本寫本。三冊。

11. 未詳本

【古今醫統大全】明　【萬卷堂書目】明　【本草綱目】明　【醫藏書目】明　【脈望館書目】明　【培林堂書目】清　【楝亭書目】清　【傳是樓書目】清　【四庫館進呈書籍底簿】清　【各省進呈書目】清　【問經堂書目】清　【孫氏書目内編】清　【稽瑞樓書目】清　【四庫書目略】清　【觀海堂書目】清　【秦漢十印齋書目】清　【壬子文瀾閣所存目書】民　【南洋中學藏書目】民　【中東鐵路圖書館圖書目録】民　【倭版書籍考】日　【寶素堂藏書目録】日　【雜病廣要採摭書目】日　【東醫寶鑑】朝　【朝鮮總督府古圖書目録】朝

二十九、甲乙注

【日本國見在書目録】醫方家　《甲乙注》四

三十、甲乙義宗

【日本國見在書目録】醫方家　《甲乙義宗》十

三十一、甲乙經私記

【日本國見在書目録】醫方家　《甲乙經私記》二

三十二、黄帝九靈經

【舊唐書經籍志】丙部子類明堂經脈　《黄帝九靈經》十二卷,靈寶注。

【唐書藝文志】丙部子録明堂經脈類　《靈寶注黄帝九靈經》十二卷

【通志藝文略】醫方類上脈經　《靈寶注黄帝九靈經》十二卷

三十三、黄帝九虛内經

【黄帝鍼灸甲乙經】高保衡序　國家詔儒臣校正醫書,令取《素問》、《九墟》、《靈樞》、《太素經》云云。

【宋史藝文志】子類醫書類　《黄帝九虚内經》五卷

三十四、黄帝九經

【玉海】六十三藝文藝術　《黄帝九經》

三十五、明堂孔穴鍼灸治要

【甲乙經】皇甫謐自敘　今有《鍼經》九卷,《素問》九卷,二九十八卷,即《内經》也。又有《明堂孔穴鍼灸治要》,皆黄帝岐伯選事也。三部同歸,文多重複,錯互非一。

三十六、岐伯鍼經

【宋史藝文志】子類醫書類　《岐伯鍼經》一卷

三十七、黄帝岐伯論鍼灸要訣

【崇文總目輯釋】卷三醫書類五　《黄帝岐伯論鍼灸要訣》一卷。原釋:闕。見天一閣鈔本。

【通志藝文略】醫方類上明堂鍼灸　《黄帝岐伯論鍼灸要訣》一卷

【秘書省續編到四庫闕書目】卷二子類醫書　《岐伯論鍼灸要訣》一卷。闕。

【宋史藝文志】子類醫書類　《岐伯論鍼灸要訣》一卷

三十八、黄帝岐伯鍼論

【通志藝文略】醫方類上明堂鍼灸　《黄帝岐伯鍼論》二卷

【秘書省續編到四庫闕書目】卷二子類醫書　《黄帝岐伯鍼論》一卷。闕。輝按,後有《岐伯論鍼灸要訣》一卷。《崇文目》作《黄帝岐伯論鍼灸要訣》一卷,疑即一書分卷。

三十九、山眺鍼灸經

【崇文總目輯釋】卷三醫書　《山眺鍼灸經》一卷。原釋:闕。見天一閣鈔本。

【通志藝文略】醫方類上明堂鍼灸　《山兆鍼灸經》一卷

【宋史藝文志】子類醫書類　《山眺一作兆鍼灸經》一卷

四十、公孫克鍼灸經

【崇文總目輯釋】卷三醫書類　《公孫克鍼灸經》一卷

【通志藝文略】醫方類上明堂鍼灸　《公孫克鍼灸經》一卷

【宋史藝文志】子類醫書類　《公孫克鍼灸經》一卷

四十一、銅人灸經

【遂初堂書目】醫書類　《銅人灸經》

四十二、龍銜素鍼并孔穴蝦蟇圖

【隋書經籍志】卷三子部醫方黄帝鍼經九卷注　梁有徐悦《龍銜素鍼并孔穴蝦蟇圖》三卷。

【舊唐書經籍志】丙部子類經脈類　《龍銜素鍼經并孔穴蝦蟇圖》三卷

【唐書藝文志】丙部子録明堂經脈類　《龍銜素鍼經并孔穴蝦蟇圖》三卷

【通志藝文略】醫方類上明堂鍼灸　徐悦《龍銜素鍼并孔穴蝦蟇圖》三卷

四十三、黄帝鍼灸蝦蟇忌

(一)出典

【隋書經籍志】子部醫方　《黄帝鍼灸蝦蟇忌》一卷

【通志藝文略】醫方類上明堂鍼灸　《黄帝鍼灸蝦蟇忌》一卷

(二)考證

【醫籍考】七百二十九頁　《黄帝鍼灸蝦蟇忌》,《隋志》"一卷。存"。按,太醫和氣氏奕世所傳,有《黄帝蝦蟇經》軸子一卷,蓋此書也。首舉"蝦免圖",隨月生毁日月蝕避灸刺法,書中"蝕"、"刺"字,俱訛作飩、刾。次載灸刺避忌法八門。其事雖似渺茫,非後人可爲假託者也。考日中有烏,月中有蝦兔,其説來尚矣。《史·龜策傳》曰"日爲德,而君於天下,辱於三足之烏。月爲刑而相佐,見食於蝦蟇"。《淮南子·精神訓》曰"日中有踆烏,而月中有蟾蜍"。又《説林訓》曰"月照天下,蝕於詹諸。烏力勝日,而服於鵻禮"。《論衡·順鼓篇》曰"月中之獸,兔蟾蜍也。其類在地,螺與蚄也"。《參同契》曰"蟾蜍與兔魄,日月氣雙明。蟾蜍視卦節,兔魄吐生光"。李善《文選·謝莊月賦》註曰:張衡《靈憲》云"月者陰精之宗,積成爲獸,象兔形"。《春秋元命苞》云"月之爲言闕也"。兩説蟾蠩與兔者,陰陽雙居,明陽之制陰、陰之倚陽。《太平御覽》引《抱朴子》曰"《黄帝醫經》有《蝦蟇圖》,言月生始二日,蝦蟇始生,人亦不可鍼灸其處"。據此,則此書當漢人所撰。

（三）序跋

1. 跋

右《黄帝蝦蟇圖》一卷，和氣氏奕世所傳。丙辰秋轉借自白川侍從，鈔而得之。按《隋經籍志》"《黄帝蝦蟇忌》一卷"，正斯書也。渺茫不經，置而無論，千載遺編，倏發幽光，宜珍惜也。寬政紀元九年龍集丁巳仲春，丹波元簡廉夫識。

2. 跋

《黄帝蝦蟇經》軸子一卷，先子借錄之列相白河侯。其書雖全然出於假託，而《太平御覽》引《抱朴子》曰"《黄帝經》有《蝦蟇圖》，言月生始二日，蝦蟇始生，人亦不可鍼灸其處"。《隋志》又有《明堂蝦蟇圖》一卷，徐悅《孔穴蝦蟇圖》三卷。則知晉宋間，已行於世。考日中有烏，月中有蝦兔，其說來亦尚矣。《史·龜策傳》曰"日爲德而君於天下，辱於三足之烏。月爲刑而相佐，見食於蝦蟇"。《淮南子·精神訓》曰"日中有踆烏，而月中有蟾蜍"。又《說林訓》曰"月昭天下，蝕於詹諸，烏力勝日，而服於鵻禮"。《參同契》曰"蟾蜍與兔魄，日月氣雙明。蟾蜍視卦節，兔魄吐生光"。李善《文選·謝莊月賦》註曰：張衡《靈憲》云"月者陰精之宗，積成爲獸，象兔形"。《春秋元命苞》云"月之爲言闕也"。兩說蟾蠩與兔者，陰陽雙居，明陽之制陰、陰之倚陽也。據此，則其書似出於漢人者矣。舊鈔頗多譌舛，然世久失傳，無他本可校。今雖明辨其爲誤寫，不敢妄改，唯換軸爲冊，付諸開雕，覽者益足以知非輓近假託之書也。文政辛巳季春初五日，東都丹波元胤識。

（四）刊本及鈔本

1. 古鈔卷子本

【醫籍考】卷二十一明堂經脈一　太醫和氣氏奕世所傳有《黄帝蝦蟇經》軸子一卷

【經籍訪古志】卷七醫家類明堂經脈　《黄帝蝦蟇經》一卷。卷子本。影寫舊鈔本。聿修堂藏。是書和氣氏奕世所傳，櫟窓先生借之閣老白川侍從，鈔而藏之，以爲《隋經籍志》載《黄帝蝦蟇忌》一卷即斯書。

按，是書與《醫心方》所引合，然據校之，所逸殆數十條，因考此係後人節略本，恐非全帙也。

2. 傳鈔本

【聿修堂藏書目錄】鍼灸　《黄帝蝦蟇圖》一卷。横披卷軸，抄和氣氏古本。

【寶素堂藏書目錄】内編醫經第四明堂孔穴　《黄帝蝦蟇圖》一卷。一軸，傳鈔和氣氏古鈔本。

【觀海堂書目】溫字號　《蝦蟇經》一本，一卷。日本鈔本。

3. 文政刊本

【經籍訪古志】卷七醫家類明堂經脈　《黄帝蝦蟇經》一卷。是書和氣氏奕世所傳。中略文正中，柳沜先生生收入《衛生彙編》中刊行。

【八千卷樓書目】卷十子部醫家類　《黄帝蝦蟇經》一卷。日本刊本。舊本題"神農黄帝撰"。《四庫》未收。

【叢書書目彙編】十六畫衛生彙編第一集　《黄帝蝦蟆經》一卷

【續彙刻書目】丙衛生彙編第一集　《黄帝蝦蟆經》一卷

【江蘇省立國學圖書館圖書總目】子部方伎類鍼灸之屬　《黄帝蝦蟆經》一卷,一冊。日本《衛生彙編》本。

【故宫博物院書目】醫家　《黄帝蝦蟇經》,日本丹波元胤紹翁集書,一卷,一冊。日本刊本。

【寶素堂藏書目錄】内編醫經第四明堂孔穴　《黄帝蝦蟇圖》一卷,一冊。文政癸未《衛生彙編》彙刻本。

【中國醫學書目續編】鍼灸二十七　《黄帝蝦蟇經》一卷,一冊。十行二十一字。欄高十八·二釐,幅十三·五釐。敬業樂群樓新鐫《衛生彙編》第一集之内。衛生彙編序,杉本良,文政六年。衛生彙編序,千田恭,文政六年。跋,丹波元簡,寬政九年。跋,丹波元胤,文政辛巳。

四十四、明堂蝦蟇圖

【隋書經籍志】子部醫方　《明堂蝦蟇圖》一卷

【通志藝文略】醫方類上明堂鍼灸　《明堂蝦蟇圖》一卷

四十五、鍼灸服藥禁忌

【唐書藝文志】卷三醫術類　《鍼灸服藥禁忌》五卷

四十六、灸經

【隋書經籍志】卷三子部醫方黄帝鍼經九卷注　梁有《灸經》五卷。

【通志藝文略】醫方類上明堂鍼灸　《灸經》五卷。見《隋志》。

注:按《隋志》原文云:程天祚《鍼經》六卷,《灸經》五卷。疑俱程天祚所作者歟。

四十七、灸經

【舊唐書經籍志】丙部子類明堂經脈　《灸經》一卷

四十八、曹氏灸方

【隋書經籍志】卷三子部醫方黄帝鍼經九卷注　梁有《曹氏灸方》七卷。

【通志藝文略】醫方類上明堂鍼灸　《曹氏灸方》七卷

四十九、曹氏灸經

【隋書經籍志】子部醫方　《曹氏灸經》一卷

【通志藝文略】醫方類上明堂鍼灸　《曹氏灸經》一卷

五十、雷氏灸經

【唐書藝文志】卷三明堂經脈類　《雷氏灸經》一卷

【通志藝文略】醫方類上明堂鍼灸　《雷氏灸經》一卷

五十一、岐伯灸經

【唐書藝文志】丙部子錄上明堂經脈類　《岐伯灸經》一卷

【通志藝文略】醫方類上明堂鍼灸　《岐伯灸經》一卷

注:按《隋志》有"岐伯經十卷"之目,《古今書目》作《岐伯灸經》十卷。今別立一條,參看"《內經》附錄"之條下。

附　黃帝問岐伯灸經

【宋史藝文志】子類醫書類　《黃帝問岐伯灸經》一卷

五十二、骨蒸病灸方(灸勞法)唐崔知悌撰

(一)出典

【舊唐書經籍志】卷下雜經方　《骨蒸病灸方》一卷,崔知悌撰。

【唐書藝文志】卷三醫術類　崔知悌《骨蒸病灸方》一卷

【外臺秘要】卷十三灸骨蒸方圖四首　《崔氏別錄灸骨蒸方》圖并序,中書侍郎崔知(拂)[悌]撰。

【秘書省續編到四庫闕書目】卷二子類醫書　崔知悌撰《灸勞法》一卷

【通志藝文略】醫方類上明堂鍼灸　崔知悌《灸勞法》一卷

【宋史藝文志】卷六子類醫書類　崔知悌《灸勞法》一卷

注:按《本草綱目·引據古今醫家書目》有《崔知悌勞瘵方》者,或謂此書歟。

注:崔知悌傳,《舊唐書》一百八十五卷上《崔知溫傳》云,兄知悌,高宗時,官至戶部尚書。

《唐書》一百零六卷《崔知溫傳》云,兄知悌,亦至中書侍郎。與戴至德、郝處俊、李敬玄等同賜飛白書贊,而知悌、敬玄以忠勤見表,遷尚書左丞。裴行儉之破突厥,斬泥孰匐殘落,保狼山,詔知悌馳往定襄慰將士,佐行儉平夷寇有功,終戶部尚書。

(二)考證

【蘇沈良方】卷一灸二十二種骨蒸法　《崔丞相灸勞法》,《外臺秘要》,《崔相家傳方》及《王寶臣經驗方》悉編載,然皆差誤。毘陵郡有石刻最詳。余取諸本參校,成此一書,比古方極爲委曲。依此治人,未嘗不驗,往往一灸而愈。余在宜城,久病虚羸,用此而愈。

【醫籍考】七百六十一頁　《崔氏知悌骨蒸病灸方》。《宋志》作《勞灸法》。《外臺》作《崔氏別錄灸骨蒸方圖》,中書侍郎崔知悌撰。《新唐志》一卷。《外臺》載"灸骨蒸法圖"四首。云"出第七卷中"。據此,王氏所錄似在《纂要方》中者。佚。

(三)序跋

崔知悌自序

夫含靈受氣,稟之於五常(《蘇沈》"常"作"行"),攝生乖理,降之以六疾。至若岐黄廣記(《蘇沈》無"至"字),抑有舊經(《蘇沈》"抑"作"蔚");攻灸單行(《蘇沈》"單"作"兼"),罕取今術(此一句《蘇沈》作"顯著斯術")。骨蒸病者,亦名傳屍,亦謂殗殜,亦稱伏連(《蘇沈》"伏"作"復"),亦曰無辜。丈夫以癖氣爲根,婦人以血氣爲本,無問長少,多染此疾(《蘇沈》"疾"作"病")。嬰孺之流,傳注更苦。其爲狀也,髮乾而聳,或聚或分,或腹中有塊,或腦後近下兩邊有小結(《蘇沈》無"近下"二字),多者乃至五六。或夜臥盜汗,夢與鬼交通(《蘇沈》無"通"字)。雖目視分明,而四肢無力。或上氣食少(《蘇沈》"或"作"且"),漸就沈羸,縱延時日(《蘇沈》"時日"作"日時"),終於溘盡(《蘇沈》"溘"作"殣")。余昔忝洛州司馬,常三十日(《蘇沈》"常"作"嘗"),灸活一十三人,前後差者(《蘇沈》"差"作"瘥"),數過二百(《蘇沈》"過"作"逾"),至如狸頭獺肝(《蘇沈》"如"作"於","頭"作"骨"),徒聞曩說。金牙銅鼻,罕見其能。未若此方,扶危拯急,非止單攻骨蒸,又別療氣療風。或瘴或勞,或邪或癖,患狀既廣(《蘇沈》"患"上有"或"字),救命亦多,不可具錄(此一句《蘇沈》作"灸活者不可具述"之七字)。略陳梗概,又恐傳授謬訛(《蘇沈》"謬訛"作"訛謬"),以誤將來。今故具圖形狀,庶令覽者易悉。使所在流布,頗用家藏,未暇外請名醫,傍求上藥,還魂返魄,何難之有。遇斯疾者(《蘇沈》無"者"字),可不務乎。(《外臺秘要》卷四、《蘇沈良方》卷一。)

五十三、灸經

【崇文總目輯釋】卷三醫書類　《灸經》十卷。原釋:闕。見天一閣鈔本。侗按,《宋志》有《顏齊□灸經》十卷,當即此書。

【通志藝文略】醫方類明堂鍼灸　《楊齊顏灸經》十卷

【宋史藝文志】子類醫書類　《顏齊□灸經》十卷

五十四、新集明堂灸法

【崇文總目輯釋】卷三醫書類五　《新集明堂灸法》三卷

【通志藝文略】醫方類上明堂鍼灸　《新集明堂灸法》三卷

【宋史藝文志】子類醫書類　《明堂灸法》三卷

五十五、新集備急灸經

【燉煌石室醫方書類纂】一脈經臟論及灸經　《新集備急灸經》。殘闕。《巴里目錄》二六七五。

2675、Manuscrits formé en collant l'un sur l'autre deuxmanuscrits, qui on été Chacun écrits sur les deux faces; ily a donc 4 couches d'écritures、Ai seulement un fragment trés endommagé、sur un des Ms d'un côté, d'ébut du《新集備急灸經》en 1 ch、Avec-celle subscription:京中李家於東市印, serait donc peut étre copié sur un exemplaire imprimé、Dêbuto par les copie sur un exemplaire mots:《灸經》云,四大成身……;e'est un petit traité d'acupuncture、Sur verso de ce Ms、texte de medicine astrologique, copiela 3e année 咸通(862); naturellement n'apparait que par partie, puisque il est collé sur l'autre Ms、Sur l'autre Ms, interieurement piece officielle émanant de 曹議全; exterieurement, textededivination astrologiquê,高二十八釐,長五十・五釐。紙質厚,白稍黃,文字拙。背面七星人命屬法。

五十六、點烙三十六黃經

【通志藝文略】醫方雜病　《烙三十六黃法並明堂》一卷

【郡齋讀書後志】卷二醫家類　《點烙三十六黃經》一卷。右不著撰人,唐世書也。《國史補》云:自茗飲行於世,世人不復病黃瘴。

【文獻通考】經籍考　《點烙三十六黃經》一卷以下引《讀書後志》之文

【汲古閣毛氏藏書目錄】醫家　《點烙三十六黃經》一卷。不著撰人,唐世書也。

【醫籍考】七百六十五頁　《點烙三十六黃經》,《讀書後志》:一卷。佚。按《聖惠方》第五十五卷,載"治三十六種黃證候點烙論并方"、"三十六種黃點烙應用俞穴處",蓋採是書全文而編入者也。

五十七、新撰鍼灸穴

【隋書經籍志】卷三子部醫方明堂孔穴五卷注　梁有《新撰鍼灸穴》一卷。亡。

五十八、神農明堂圖

【隋書經籍志】卷三子部醫方神農本草八卷注　梁有《神農明堂圖》一卷。

【通志藝文略】醫方類上明堂鍼灸　《神農明堂圖》一卷

注:《聿修堂藏書目錄·鍼灸》有"《神農皇帝真傳鍼灸圖經》一卷(一冊,抄本)"之目。《醫籍考》亦載之,曰:《神農皇帝真傳鍼灸圖》一卷。存。其註云:按是書每圖隨病候而設焉,附以人神及尻神逐歲所在,雷火鍼法、藥方數道,蓋其依托,成於明人之手者也。

五十九、明堂流注

【隋書經籍志】卷三子部醫方黃帝流注脈經注　梁有《明堂流注》六卷。亡。

六十、明堂孔穴

【隋書經籍志】卷三子部醫方明堂孔穴五卷注　梁有《明堂孔穴》二卷。

六十一、明堂孔穴

【隋書經籍志】子部醫方　《明堂孔穴》五卷

【唐書藝文志】丙部子錄明堂經脈類　《明堂孔穴》五卷

【通志藝文略】醫方類上明堂鍼灸　《明堂孔穴》五卷

六十二、明堂孔穴圖

【隋書經籍志】子部醫方　《明堂孔穴圖》三卷

【通志藝文略】醫方類上明堂鍼灸　《明堂孔穴圖》三卷

注:按《隋志》此書重出,書名卷數全相同。

六十三、要用孔穴

【隋書經籍志】子部醫方　《要用孔穴》一卷

【通志藝文略】醫方類上明堂鍼灸　《要用孔穴》一卷

六十四、十二人圖

【隋書經籍志】子部醫方　《十二人圖》一卷

【通志藝文略】醫方類上明堂鍼灸　《十二人圖》一卷

六十五、黃帝十二經脈明堂五藏人圖

【隋書經籍志】子部醫方　《黃帝十二經脈明堂五藏人圖》一卷

【舊唐書經籍志】丙部子類明堂經脈　《黄帝十二經脈明堂五藏圖》一卷
【唐書藝文志】丙部子錄明堂經脈類　《黄帝十二經脈明堂五臟圖》一卷
【通志藝文略】醫方類上明堂鍼灸　《黄帝十二經脈明堂五臟圖》一卷

六十六、偃側圖八卷

【隋書經籍志】卷三子部明堂孔穴圖三卷注　梁有《偃側圖》八卷。
【通志藝文略】醫方類上明堂鍼灸　《明堂偃側圖》八卷

六十七、偃側圖二卷

【隋書經籍志】卷三子部醫方明堂孔穴圖三卷注　梁有《偃側圖》二卷。

六十八、黄帝明堂偃人圖

【隋書經籍志】子部醫方　《黄帝明堂偃人圖》十二卷
【舊唐書經籍志】丙部子類明堂經脈　《黄帝十二經明堂偃側人圖》十二卷
【唐書藝文志】丙部子錄明堂經脈類　曹氏《黄帝十二經明堂偃側人圖》十二卷
【通志藝文略】醫方類上明堂鍼灸　曹氏《黄帝十二經明堂偃側人圖》十二卷

六十九、扁鵲偃側鍼灸圖

【隋書經籍志】子部醫方　《扁鵲偃側鍼灸圖》三卷
【通志藝文略】醫方類上明堂鍼灸　《扁鵲偃側鍼灸圖》三卷

七十、偃側人經劉宋秦承祖撰

【隋書經籍志】子部醫方　《偃側人經》二卷，秦承祖撰。
【通志藝文略】醫方類上明堂鍼灸　《偃側人經》二卷，秦承祖撰。

七十一、明堂圖劉宋秦承祖撰

【舊唐書經籍志】丙部子類明堂經脈　《明堂圖》三卷，秦承祖撰。
【唐書藝文志】丙部子錄明堂經脈類　秦承祖《明堂圖》三卷
【通志藝文略】醫方類上明堂鍼灸　秦承祖《明堂圖》三卷

七十二、鍼灸圖經

【隋書經籍志】子部醫方　《鍼灸圖經》十一卷。本十八卷。

【通志藝文略】醫方類《明堂鍼灸》　《鍼灸圖經》十一卷

七十三、鍼灸圖要決

【隋書經籍志】子部醫方　《鍼灸圖要決》一卷

七十四、明堂人形圖唐甄權撰

【唐書藝文志】丙部子錄明堂經脈類　《明堂人形圖》一卷

【冊府元龜】卷七二三方術四醫書三隋許知藏　《明堂人形圖》一卷，甄權撰。

【通志藝文略】醫方類上明堂鍼灸　《明堂人形圖》一卷

【東醫寶鑑】內景篇卷一歷代醫方　《明堂圖》，唐甄權所著。

注：《千金翼方》卷二十六有"徵士甄權以《新撰明堂》示余"之語，《新撰明堂》即是《明堂人形圖》歟。

七十五、鍼灸孔穴唐孫思邈撰

【千金翼方】卷第二十六鍼灸上取孔穴法第一　論曰，安康公李襲興稱，武德中出鎮潞州，屬隨徵士甄權，以《新撰明堂》示余。余既暗昧，未之奇也。時有深州刺史成君綽，忽患頸腫如數升，喉中閉塞，水粒不下，已三日矣。以狀告余，余屈權救之。鍼其右手次指之端，如食頃氣息即通，明日飲噉如故。爾後縉紳之士，多寫權圖，略遍華裔。正觀中，入爲少府，奉敇修《明堂》，與承務郎司馬德逸、太醫令謝季卿、太常丞甄立言等校定《經圖》。於後以所作呈示甄權曰：人有七尺之軀，藏腑包其內，皮膚絡其外，非有聖智，孰能辨之者乎。吾十有八而志學於醫，今日過百歲，研綜經方，推究孔穴，所疑更多矣。竊聞尋古人，伊尹《湯液》，依用炎農《本草》；扁鵲鍼灸，一準黃帝、雷公。問難慇懃，對揚周密。去聖久遠，愚人無知，道聽塗說，多有穿鑿，起自胸臆。至如王遺烏銜之法，單行淺近，雖得其效，偶然即謂神妙。且事不師古，遠涉必泥。夫欲行鍼者必準軒轅正經，用藥者須依《神農本草》。自餘名醫別錄，益多誤耳。余退以《甲乙》校秦承祖圖，有旁庭藏會等一十九穴。按六百四十九穴，有目無名。其角孫景風一十七穴，三部鍼經具存焉。然其圖闕漏，仍有四十九穴。上下倒錯，前後易處，不合本經。所謂失之毫釐，差之千里也。至如石門、關元二穴，在帶脈下相去一寸之間，鍼關元主婦人無子，鍼石門則終身絕嗣。神庭一穴在於額上，刺之主發狂，灸之則愈癲疾。其道幽隱，豈可輕侮之哉。人誠知惜命，還通經方，抄寫方書，專委下吏，承誤即錄，紕繆轉多。近智之徒，不見正本，逢爲經鈔，以此而言，可爲深誡。今所述《鍼灸孔穴》，一依甄公《明堂圖》爲定，學者可細詳之。且夫當今醫者各承一業方，未能綜練衆方，所以救疾多不全濟。何哉，或有偏功鍼刺，或有偏解灸方，或有惟行藥餌，或有專於禁咒，故以網羅諸疾有愈，於是慨其如此。聊以養疾之暇，撰錄《灸經》，以貽後嗣，其於條例具之。醫者，意也。善於用意，即爲良醫，良醫之道，必先診脈處方，次即鍼灸，内外相扶，病必當愈。何則，湯藥攻其内，鍼灸攻其外，不能如此，雖時愈疾，兹爲偶差，非醫差也。又以孔穴難諳，非圖莫可，雖復經本具述，自非碩學之士，造次未可卒知，所以先述取穴方法云爾。

七十六、黄帝中誥圖經

【素問】刺瘧篇刺郄中出血之王注　《黄帝中誥圖經》云"委中主之"云云。《刺瘧篇》"溫瘧汗不出，爲五十九刺"之王注：自胃瘧下至此，尋《黄帝中誥圖經》所主，或有不與此文同，應古之別法也。

七十七、黄帝内經明堂

【舊唐書經籍志】丙部子類明堂經脈　《黄帝内經明堂》十三卷

【唐書藝文志】丙部子錄明堂經脈類　《黄帝内經明堂》十三卷

【通志藝文略】醫方類上明堂鍼灸　《黄帝内經明堂》十三卷

七十八、黄帝明堂經

【舊唐書經籍志】丙部子類明堂經脈　《黄帝明堂經》三卷

【唐書藝文志】丙部子錄明堂經脈類　《黄帝明堂經》三卷

【通志藝文略】醫方類上明堂鍼灸　《黄帝明堂經》三卷

附　黄帝灸經明堂

【宋史藝文志】子類醫書類　《黄帝灸經明堂》三卷

七十九、黄帝明堂

【舊唐書經籍志】丙部子類明堂經脈　《黄帝明堂》三卷

【唐書藝文志】丙部子錄明堂經脈類　《黄帝明堂》三卷

八十、黄帝明堂經唐楊玄操撰

【舊唐書經籍志】丙部子類明堂經脈　《黄帝明堂經》三卷，楊玄孫撰注。

【唐書藝文志】丙部子錄明堂經脈類　《楊玄注黄帝明堂經》三卷

【通志藝文略】醫方類上明堂鍼灸　《黄帝明堂經》三卷，楊元注。

八十一、黄帝内經明堂類成附楊上善撰

(一)出典

【舊唐書經籍志】丙部子類明堂經脈　《黄帝内經明堂類成》十三卷,楊上善撰。

【唐書藝文志】丙部子録明堂經脈類　楊上善注《黄帝内經明堂類成》十三卷。

【日本國見在書目録】醫方家　《黄帝内經明堂》,楊上善撰。

【通志藝文略】醫方類上脈經　《黄帝内經明堂類成》十三卷,楊上善注。

注:楊上善傳,見於"内經太素"之條下。

(二)考證

【儀顧堂題跋】卷七　殘本《黄帝内經明堂》一卷。題曰"通直郎太子文學臣楊尚善奉敕撰注",有自序。案《唐書藝文志》有"楊尚善《黄帝内經明堂類成》十三卷"。尚善自序云,十二經脈各爲一卷,奇經八脈復爲一卷,合爲十三卷。與《唐志》所稱十三卷合,當即此書也。其書取《素問》、《靈樞》腧穴鍼灸論治,分十二經編類,而音釋之。其釋腧穴諸名曰:中府,一名膺中。輸膺胷也,輸委輸也。胷氣歸此,故謂之輸。天府者,肺。爲上蓋,爲府藏之天。肺氣歸於此穴,故謂之天府。俠白者,白,肺也。此穴在臂,俠肺兩廂,故名俠白。尺澤者,一尺之中脈注此處,流動而下,與水義同,故名尺澤。孔最者,孔者,空也。手太陰脈諸脈中,勝此之空穴,居此脈之左,故曰孔最也。列缺者,列,行列也。列之缺住之上,故曰列缺也。經渠者,水出流注,入渠徐行,血氣□出流注至此,徐引而行。經謂十二經脈,血氣流於此穴,故曰經渠。太淵者,少商初出爲刃,可謂小泉。魚際停□,此中湧注,故曰太泉。水出井流,而動脈出指流而上行,大指本節後象魚形,故以魚名之。赤白内呼,故曰魚際。少商者,手太陰脈歸於肺,肺之算於秋,脈之所起地之方商也。其言如漢人解經,疏通證明,訓詁精確,爲自來注醫書者所未有。惜祇存"肺經"一卷,不得見十二經腧穴命名之義也。尚善所著,見於《新唐書藝文志》者,有《老子道德經注》二卷、《莊子注》十卷、《老子指略論》二卷、《道德經三略論》三卷,今皆不傳。《藝文志》作《明堂類成》,此本無"類成"二字,未知何故。卷末有"寛元年以相傳本書寫畢"一行。案寛元爲日本八十六代四條年號,其元年當宋紹定六年,蓋從七百年前抄本傳録者。

(三)序跋

1. 楊上善自序

臣聞星漢照迴,□□分其瀾□;□巫淆水,□□□□□□。□□所以□□□□化,通乾坤之氣象。人之秀異,得□□□。雖四體百節,必有攸繫;而五藏六府,咸存厥司。在於十二經脈,□□綱領。是猶(王)玉繩分晷而□者不□,金□總轡而晦明是□。至於□□□財,□□□□。□□乃細而運之者廣,言命則微而攝之者

大。血氣爲其宗本，經絡導其源流，呼吸運其陰陽，營衛通其表裡。始終相襲，上下分□。亦□□滎輸，□□□□，□□相傾，躁靜相競，而晝夜不息，循環無窮。聖人參天地之功，測形神之理，貫穿秘奥，弘長事業。秋毫不遺，一言罕謬。教興絕□，仁被群有。舊製此經，分爲三卷。□候交雜，窺察難明。支體□經，復興八脈。亦如沮漳沅澧，□波於□漢；□滈□滈，分態於河宗。是以十二經脈各爲一卷，奇經八脈復爲一卷，合爲十三卷焉。欲使九野區分，望□□□□□；五音疏□，變混□而歸□。且也□□□□，□□累氣；殊流合濟，無乖勝範。□稟皇明，以宣後學。有巢在昔而大壯，成□棟宇；網罟猶秘以明離，照其佃漁。今乃成之聖曰，取諸不遠；然□□□□□，□□□□。《大素》陳其宗旨，《明堂》表其□見。是猶天一地二，亦漸通其妙物焉。(《醫籍考》)(存古書局本與此少異。)

[郭注]

增補《黄帝内經明堂序》(前田育德會尊經閣文庫所藏古鈔卷子本)

臣聞星漢照迴，五潢分其瀾澳；荆巫滀水，九派洩其淪波。亦所以發神明之靈化，通乾坤之氣象。人之秀異，得自中和。雖四體百節，必有攸繫；而五藏六府，咸存厥司。在於十二經脈，身之綱領。是猶玉繩分晷而寒暑不僭，金樞總轡而晦明是隔。至於神化所財，陶鈞之廟。於形乃細而運之者廣，言命則微而攝之者大。血氣爲其宗本，經脉導其源流，呼吸運其陰陽，營衛通其表裏。始終相襲，上下分馳。亦谿谷滎輸，井原經合，虚實相傾，躁靜交競，而晝夜不息，循環無窮。聖人參天地之功，測形神之理，貫穿祕奥，弘長事業。秋毫不遺，一言罕繆。教興絕□，仁被群有。舊製此經，分爲三卷。診候交雜，窺察難明。支體□經，復興八脈。亦如沮漳沅澧，沔波於江漢；豐滈澇潏，分態於河宗。是以十二經脈各爲一卷，奇經八脈復爲一卷，合爲十三卷焉。欲使九野區分，望修門而入郢；五音疏越，變混吹而歸齊。且也是古非今，或成累氣；殊流合濟，無乖勝範。伏稟皇明，以宣後學。有巢在昔而大壯，成□棟宇；絡罟猶祕以明離，照其佃漁。今乃成之聖日，取諸不遠；然而軒丘所訪，抑亦多門。《太素》陳其宗旨，《明堂》表其形見。是猶天一地二，亦漸通其妙物焉。

2. 黄帝内經明堂黄以周

《内經素問》及《九卷》，爲周季醫士所集，名曰"黄帝"，神其術也。《明堂》亦稱黄帝授，皇甫謐作《甲乙經》，謂之"黄帝三部"。王冰注《素問》，不注《九卷》，信《中誥孔穴圖經》，不信《明堂》，其識實出士安之下。隋楊上善有《黄帝内經明堂注》，其書與《太素》竝行。《太素》合《素問》及《九卷》爲之，盛行於宋，林億有《校本明堂注》，先《太素》而亡。余購《太素》於日本，書賈以所售本非足卷，乃以《楊注明堂》一卷混廁其中。余得之喜甚，觀其自序云"以十二經脈各爲一卷，奇經八脈復爲一卷，合爲十三卷焉"。今茲所得者，"手太陰"一經，乃其十三分之一耳。又何喜乎。顧《黄帝明堂》之文，多經後人竄改，而不見其舊。自皇甫謐剌取《甲乙》，而後秦承祖增其穴(楊注引其説，《千金方》亦引之)，甄權脩其圖，孫思邈之《千金》，王燾之《秘要》，又各據後代之言，損益其間。今之所行《銅人經》，非王惟德所著三卷之文。今之所傳《黄帝明堂灸經》，尤非楊上善所見三卷之舊。古之

《明堂》三卷，其文具存於《甲乙》，惜《甲乙》删其文之重，見《素問》及《九卷》，而其餘以類分編，不仍元文之次。楊注《明堂》十三卷，《舊唐書》已著錄，曰《明堂類成》，蓋亦如《太素》之編《内經》，以其枘文附入本章云爾。其書以十二經脈爲綱領，各經孔穴，隸於其下，與《甲乙》三卷所次體例不同。其記穴之先後，從藏逆推。脈之所出，與《甲乙》亦異。其記穴之主病，不見《甲乙》，而《甲乙》自七卷至末，詳發病之源，而曰某穴主之者，其文悉與楊注〈明堂》合。蓋皇甫、楊氏，皆直取《明堂》元文，無所增益其間也。今依楊氏所編"手太陰"之例，而以《甲乙》之文補輯其闕，仍分爲十三卷。經曰：手之三陰從藏走手，手之三陽從手至頭，足之三陽從頭走足，足之三陰從足走腹。夫人頭背胸腹之孔穴，無非十二經脈所貫注。以十二經脈總領孔穴，若網在綱，有條不紊。較諸皇甫氏之《甲乙》，本末原委，更爲明悉矣。近之作鍼灸書者，苦斯人經絡之難尋、孔穴之難檢，而以頭面肩背胸腹手足爲目，并去其某經所發、某經所會之文。如其法以治病，病即已，終不知病原所在，而況天下有此無本之治法乎。孟子言興庶民，拒邪慝，道在正經。余謂醫家言之，龐雜其法，或諭或不諭，亦必先正其經。而後人之是非，及定經外之言，未必無其諭者，然不諭者居多也。以其不諭之言，汩亂聖經，法愈多治病愈失，殺人亦愈烈，曷若信而好古之爲得哉。存古書局本

(四)抄本及刊本

1. 抄本

【寶素堂藏書目錄】内編醫經第四明堂孔穴　《黄帝内經明堂》卷第一，一卷，唐楊上善。一軸，鉤摹永仁四年卷子古本。

【醫籍考】七百五十四頁　楊氏上善《黄帝内經明堂類成》，《舊唐志》：十三卷。闕。

【經籍訪古志】卷七醫家類明堂經脈　《黄帝内經明堂》十三卷。存第一卷，卷子本。影寫舊鈔本。寶素堂藏。唐通直郎守太子文學臣楊上善奉敕撰注。界行高四寸二分弱。是書僅存第一卷，卷末有"永仁中丹波長高"(1)題識五條。其一云"永仁第六年仲夏，以所讀之秘說，授嫡男長高，員外醫儒丹波朝臣"。考系譜，名篤直。其一云"受嚴說了，權侍醫長高"。

按，序云"是以十二經脈各爲一卷，奇經八脈復爲一卷，合爲十三卷"，則《舊唐志》所載"《楊上善黄帝内經明堂類成》十三卷"者是也。但此本無"類成"字，可疑。惜所存僅一卷，從無照對。然今檢其體，手太陰一經，自肺藏形象，以至經行腧穴，纖悉具載，更有注文，解腧穴名義及主治病證，極爲精審，實係《千金》、《外臺》等所不有。況唐代醫書，傳世甚稀，則斷璧殘璣，亦不失爲至寶也。

[郭注]

(1)丹波長高，即丹波長道，名篤直，丹波篤基之嫡男。員外醫儒丹波朝臣，施藥院使。丹波賴季於建曆三年(1213)書寫楊上善注《黄帝内經明堂》，其子光基於寬元二年(1244)再次書寫，光基之子篤基於文永七年(1270)第三次書寫，篤基之

子長道(長高)於永仁四年(1296)第四次書寫,即流傳至今之仁和寺永仁本《黄帝內經明堂》。

【日本訪書志】卷九　《黄帝明堂》一卷。卷子本。首題"通直郎守太子文學臣楊上善奉敕撰注"。前有自序,云"是以十二經脈各爲一卷,奇經八脈復爲一卷,合爲十三卷"。今僅存第一卷耳。按《舊唐志》有《楊上善黄帝內經明堂類成》十三卷,此無"類成"二字,然必一書也。森立之《訪古志》云:此書寶素堂藏,余所得即小島學古本,用油素雙鉤,字體精整,想見原本猶是唐人手筆。卷末有"永仁中丹波長高"題識五條,亦與《訪古志》合。森氏稱其體,手太陰一卷,自肺藏形象以至經行腧穴,纖悉具載,更有注文,解腧穴名義及主治病症,極爲精審,實係《千金》、《外臺》所不有。森氏精醫術,博極群書,所言當不誣。原本篇幅過高,不便爲摺本,乃仿宋刻字體版以餉世。其中訛字,悉仍其舊,精斯術者,自能辨別。至楊上善,相傳爲隋人。余考《唐六典》,魏置太子文學,晉廢。後周復置,又廢。唐顯慶中始置。然則上善本唐人,故《隋志》不著錄。詳見余《內經太素跋文》。

【皕宋樓藏書續志】卷三醫家類　《黄帝內經明堂類成》十三卷。抄本。隋通直郎守太子文學臣楊上善奉敕撰注。存第一卷。

【儀顧堂題跋】卷七　殘本《黄帝內經明堂》一卷。題曰"通直郎太子文學臣楊尚善奉敕撰注",有自序。此本無"類成"二字,未知何故。卷末有"寬元年以相傳本書寫"一行。案寬元爲日本八十六代四條年號,其元年當宋紹定六年,蓋從七百年前抄本傳錄者。

【善本書室藏書志】卷十六子部五醫家　《黄帝內經明堂》殘本一卷。日本寫本。此日本人從相傳舊本影寫,蟲文穿穴,悉依描摹。末題寬元年號,當在宋淳祐間。鈔本流傳,不得不謂之古矣。

【寶素堂藏書目錄】內編醫經明堂孔穴　《黄帝內經明堂》卷第一,一卷一冊。影抄本永(行)[仁]本。

【多紀元堅獻納醫學館醫書目錄】　《黄帝內經明堂》一卷。寫本,一冊。

【八千卷樓書目】卷十子部醫家類　《黄帝內經明堂》一卷,陳楊上善撰。日本抄本。《四庫》未收。

【北京人文科學研究所藏書目錄】子部醫家類醫經　《黄帝內經太素》三十卷。《黄帝內經明堂》一卷,《內經太素》缺卷一、十六、十八、二十、二十一、二十七。隋楊上善奉敕撰。影寫日本永仁鈔本。

2. 漸西村舍刊本

【國學用書類述】醫學類內經之屬內經太素　《內經明堂》一卷,隋楊上善。漸西村舍本。

【中國醫學書目】內經十六黄帝內經太素　《黄帝內經明堂》一卷,楊上善奉敕註。《黄帝內經明堂序》。光緒二十三年秋九月通隱堂刊(漸西村舍)。

3. 六譯館叢書本

【叢書書目彙編】四畫六譯館叢書　《黄帝內經明堂》

【江蘇省立國學圖書館圖書總目】子部方伎類經脈　《黄帝内經明堂》一卷。《六譯館叢書》第七十二册。隋楊上善注。民國四川存古書局刊本。

【中東鐵路圖書館圖書目録】第七類應用藝術醫學　《黄帝内經明堂論》一卷，隋楊上善注。附録八篇。見《六譯館叢書》。

【中國醫學書目續編】内經七十四　隋本《内經明堂論》一册。行字數不定。欄高十九釐，幅十三·六釐。《六譯館叢書》之内第七函。《黄帝内經明堂》卷第一九葉。十一行二十一字。隋楊上善奉敕撰注。黄帝内經明堂序。附黄以周"黄帝内經明堂敘"。

八十二、黄帝明堂灸經

(一)考證

【醫籍考】七百七十頁　《明堂灸經》一卷。存。按，右收在於《聖惠方》第一百卷，是亦王懷隱等編書時所採入者，其實唐以前書也。《隋》、《唐志》載《明堂》書數部，若此二書註，所謂"二書"者，則亡名氏《鍼經》與《明堂灸經》之二者也。不記撰人名氏，是以不可決定其何是，乃著於斯。至大辛亥春月燕山活濟堂刊本，分正背側人圖及小兒灸方爲三卷。

【經籍訪古志】卷七醫家類明堂經脈　《黄帝明堂灸經》一卷。北宋槧本。躋壽館藏。每半板高七寸四分，幅三寸。十三行，行廿二三字。卷首捺"長門光永寺"墨印。按此書并序，舊係《聖惠方》第一百卷，其實唐以前書，王懷隱等編書時所採入。首行空五字位，蓋是刪去"太平聖惠方"字以單行者耳。至大辛亥燕山活濟堂所刊《鍼灸四書》中亦載有此書，分正背側人圖及小兒灸方爲三卷，大失古色。酌源堂亦藏此本，紙墨頗精，捺"吉氏家藏"印。

【倭版書籍考】卷五醫書　《黄帝明堂灸經》上中下三卷。下卷即"小兒明堂"，蓋元竇桂芳所附者也。云宋太宗《太平聖惠方》百卷中附載《明堂灸經》，是書即從《聖惠方》中拔出者，編者不明。桂芳則竇傑字漢卿之子，並精於外科、鍼灸。是書有倭字諺解。元日文

(二)序跋

1. 新刊黄帝明堂灸經序

夫玄黄始判，上下爰分。中和之氣爲人，萬物之間最貴。莫不稟陰陽氣度，作天地英靈。頭象圓穹，足模厚載。五藏法之五嶽，九竅以應九州，四肢體彼四時，六腑配乎六律，瞻(親)[視]同於日月，呼吸猶若風雲，氣血以類江河，毛髮比之草木。雖繼體於父母，悉取象於乾坤。貴且若斯，命豈輕也。是以立身之道，濟物居先。保壽之宜，治病爲要。草木有蠲痾之力，鍼灸有劫病之功。卻滌邪由，信茲益矣。夫明堂者，聖人之遺教，黄帝之正經。紀血脈循環，明陰陽俞募，窮流注之玄妙，辨穴道之根元，爲臟腑權衡，作經絡津要。今則採其精粹，去彼煩蕪，皆目覩有憑，手

經奇效。書病源以知主療，圖人形貴免參差。并集《小兒明堂》，編錄於次，庶幾命是長幼，盡涉安衢，欲俾華夷同歸壽域云爾。至大辛亥春月燕山活濟堂刊。

2. 卷下小兒明堂序

夫治小兒之患，診察幽玄，默而抱疾，自不能言也。或即胎中受病，或是生後傷風，動發無時，寒溫各異。且據諸家方論，醫藥多門，藥既無痊，全憑灸法。況小兒灸法，散在諸經，文繁至甚，互（一本作"牙"）說不同，既穴默以差訛，則治病全然紕繆。按諸家《明堂》之內，精選到小兒應驗七十餘穴，並是曾經使用，累驗神功，今具編錄於後。燕山活濟堂刊，建安竇桂芳校正時刊。

（三）刊本

1. 宋本

【經籍訪古志】卷七醫家類明堂經脈　《黃帝明堂灸經》一卷。北宋槧本。躋壽館藏。詳見於"考證"條下。

【宋元本行格表】卷下十三行子之屬　北宋本《黃帝明堂灸經》，行二十二、三字，一卷。《訪古志》。

【寶素堂藏書目錄】內編醫經明堂孔穴　《黃帝明堂灸經》一卷，一冊。宋槧本。

2. 元竇桂芳校本

【楝亭書目】醫部　《黃帝明堂灸經》，明常山閻明廣序，二卷。附清源莊季裕《灸膏肓腧穴法》一卷，一冊。

注：按閻明廣非明人，《愛日精廬藏書志》詳論之，參看"鍼灸四書"之條下。

【經籍訪古志】補遺鍼灸四書　《新刊黃帝明堂灸經》三卷。序云"至大辛亥春月燕山活濟堂刊"。

【觀海堂書目】非字號　《明堂灸經》一本，三卷。元本。

注：按本書收在竇桂芳編《鍼灸四書》中，其刊本種類今略之，參看"鍼灸四書"之條下。

3. 日本覆刻本

【聿修堂藏書目錄】鍼灸　《黃帝明堂灸經》二卷，一冊。國朝翻刊至大辛卯（"卯"當作"亥"）刊本。

【杏雨書屋圖書假目錄】一百五十頁　《黃帝明堂灸經》三卷。元竇桂芳校。日本活字刊本。一冊。《黃帝明堂灸經》三卷。元竇桂芳校。日本刊。一冊。《黃帝明堂灸經》三卷。慶安二年刊。一冊。

【中國醫學書目續編】鍼灸三十五　《新刊黃帝明堂灸經》三卷，一冊。十一行二十字。欄高二十・八釐，幅十七・七釐。元竇桂芳集。寬永板。"新刊黃帝明堂灸經序"，竇桂芳，至大辛亥。卷下序，竇桂芳。卷下則《小兒明堂》。鍼灸三十六　《新刊黃帝明堂灸經》三卷，一冊。十二行二十八字。欄高十七・四釐，幅二十一・九釐。元竇桂芳集。延寶三年刊。新刊黃帝明堂灸經序，竇桂芳，至大辛亥。卷下序，竇桂芳。卷下則《小兒明堂》

4. 鈔本

【傳是樓書目】子部醫家　《黄帝明堂經》。抄,一本。

【寶素堂藏書目錄】内編醫經第四明堂孔穴　《新刊黄帝明堂灸經》三卷,一冊。天正十八年鈔本。

【故宫博物院書目】醫家　《黄帝明堂灸經》二卷,一冊。日本鈔本。

【觀海堂書目】溫字號　《(皇)[黄]帝明堂灸經》一本,三卷。日本鈔本。

注:按《文淵閣書目》、《李蒲汀書目》、《醫方類聚》引用書目等,皆有《明堂灸經》之目,然皆不記撰者名氏及其卷數,不知與是書同否。

八十三、明堂論唐朱遂撰

【唐書藝文志】丙部子錄明堂經脈類　(米)[朱]遂《明堂論》一卷。

【崇文總目輯釋】卷三醫書類　《明堂論》一卷,朱遂撰。原釋:闕。見天一閣鈔本。

【通志藝文略】醫方類上明堂鍼灸　《明堂論》一卷,唐朱遂撰。《唐志》"朱"作"米"。

【宋史藝文志】子類醫書類　朱遂《明堂論》一卷

八十四、明堂音義唐楊玄操撰

【日本國見在書目錄】醫方家　《明堂音義》二,楊玄操撰。

八十五、明堂玄真經訣

【秘書省續編到四庫闕書目】卷二子類醫書　《明堂玄真經訣》一卷。闕。

【通志藝文略】醫方類明堂鍼灸　《明堂元真經訣》一卷

【宋史藝文志】子類醫書類　《明堂玄真經訣》一卷

八十六、路氏明堂經

【秘書省續編到四庫闕書目】卷二子類醫書　《路氏撰明堂經》一卷。闕。

【通史藝文略】醫方類上明堂鍼灸　《路氏明堂經》一卷

八十七、明堂鍼灸圖

【郡齋讀書後志】卷二醫家　《明堂鍼灸圖》三卷。右題曰"黄帝論人身俞穴及灼灸禁忌"。

【文獻通考】經籍考醫家　《明堂鍼灸圖》三卷　以下引《讀書後志》之文

【鍼灸聚英】集用書目　《明堂鍼灸圖》三卷。題曰"黄帝論人身俞穴及灼灸禁忌"。曰"明堂"者,謂雷公問道,黄帝授之。亦後人所依托者。

【古今醫統大全】卷一採摭諸書　《明堂鍼灸圖》三卷。雷公問道,黄帝授之,故名明堂。

【汲古閣毛氏藏書目錄】醫家　《明堂鍼灸圖》三卷　皇帝論人身俞穴及灼灸禁忌

【世善堂藏書目錄】卷下醫家　《明堂鍼灸圖》三卷,宋陽介。

八十八、明堂經

【撮壤集】下醫書　《明堂經》

八十九、募腧經吳呂廣撰

【甲乙經】卷三"腹自鳩尾循任脈下行至會陰凡十五穴。第十九,中脘,一名太倉,胃募也"之注呂廣撰《募腧經》云"太倉在臍上三寸",非也。

注:呂廣,三國吳人也。傳見於"黄帝衆難經"之條下。

九十、銅人俞穴鍼灸圖經宋王惟一撰

(一)出典

【崇文總目輯釋】卷三醫書類五　《銅人俞穴鍼灸圖經》三卷。侗案,《讀書後志》無"經"字。王惟德撰。《通志略》作"王惟一"。

【秘書省續編到四庫闕書目】卷二子類醫書　王惟一《鍼灸圖》三卷。輝按,《宋志》云"王維一《新鑄銅人腧穴鍼灸圖經》三卷",即此書。《崇文目》無撰人,《晁志》作"王惟德《銅人鍼灸圖》"。

【通志藝文略】醫方類上明堂鍼灸　《銅人俞穴鍼灸圖經》三卷,宋朝翰林醫官王惟一編修。天聖中,詔以鍼灸之法鑄爲銅人式。

【郡齋讀書志】卷三下醫家類　《銅人腧穴鍼灸圖》三卷。右皇朝王惟德撰。仁宗嘗詔惟德,考次鍼灸之法,鑄銅人爲式,分腑臟十二經,旁注俞穴所會,刻題其名,并爲圖法,并主療之術,刻板傳於世。夏竦爲序。明堂者,謂雷公問道,黄帝授之,故名云。

【玉海】卷六十三藝文藝術　《天聖鍼經》,五年十月壬辰,醫官院上所鑄腧穴銅人式二,詔一置醫官院,一置大相國寺仁濟殿。先是,上以鍼砭之法,傳述不同,命尚藥奉御王惟一,考《明堂》氣穴經絡之會,鑄銅人式。又纂集舊聞,訂正訛繆,爲《銅人腧穴鍼灸圖經》一卷,至是上之。摹印頒行。翰林學士夏竦序曰。以下引夏序,其文係於刪略。且夏序全文載在"序跋"條下,故今略之。七年閏二月乙未賜諸州。

【文獻通考】經籍考子醫家　《銅人鍼灸圖》三卷

【宋史藝文志】子類醫書類　王維一《新鑄銅人腧穴鍼灸圖經》三卷

注:《撮壤集》:《醫方類聚》所引書,俱有《銅人經》之目,殆是書歟。又按《讀書敏求記》、《四庫提要》等,俱載"《銅人鍼灸經》七卷"者,而《提要》以爲天聖之舊本。然今所傳,有《新刊補註銅人腧穴鍼灸圖經》五卷,《銅人鍼灸經》七卷,其體式全相不類,兩者自別,無可疑者。蓋《提要》不知五卷本,以意附會爲一書者也。

注:王惟一傳,見於"難經集註"之條下。

(二)考證

【銅人俞穴鍼灸圖經】夏竦序　殿中省尚藥奉御王惟一,素授禁方,尤工厲石,竭心奉詔,精意參神。定偃側於人形,正分寸於腧募,增古今之救驗,刊日相之破漏。總會諸說,勒成三篇。上又以古經訓詁至精,學者封執多失。傳心豈如會目,著辭不若案形。復令創鑄銅人爲式,内分腑臟,旁注谿谷,井滎所會,孔穴所安,竅而達中,刻題於側,使觀者爛然而有第,疑者涣然而冰釋。在昔未臻,惟帝時憲。乃命侍臣爲之序引,名曰《新鑄銅人腧穴鍼經圖經》,肇頒四方。

【丘濬明堂經絡圖序】　考史,宋仁宗天聖中,命尚藥奉御王惟一,考《明堂》氣穴經絡之會,鑄銅人式。惟一又訂正訛謬,爲《銅人腧穴鍼灸圖經》上之,詔摹印頒行。其後又有石藏用者,按其狀繪爲正背二圖,十二經絡,各以其色别之。意者京口所刻,即其圖之遺歟。出《瓊臺會藁》《醫賸》

【毛奇齡新刻銅圖石經序】　《銅圖石經》者,宋天聖中禁方書也。範銅象人,分布腧穴於其身,而畫之竅之。且製經三卷,播之石。案圖考經,其諸視夫藏絡也,亦猶視夫肌髮也。暨其後而石已泐,銅漫矣。明正統中,復命礱其石,範其銅,官醫守之,且加詳焉。今則銅再燬,石再裂,醫院所守,已蔑略無有。友有刻舊本《圖經》三卷授予敘者,喜而嘆曰,此得非長桑所遺者乎。雖然,銅圖石經者,勒石者也,銅則猶未也。今天下莫不好生,而湯液多方,至鍼燎常不得其法,我勒之以傳世,豈無範銅而起者乎。《西河合集》

【朱彝尊腧穴圖拓本跋】　京師太醫院三皇廟《腧穴圖》,傳是宋天聖年鑄。舊有石刻《鍼灸經》,仁宗御書其額。靖康之亂,自汴輦入金城,謂安撫使王檝使宋,以進於元者,世祖命阿尼哥新之。至元二年,銅人象成,周身腧穴脈絡悉具,注以水,關竅畢達。明裕陵命工重修,製序載《實錄》。萬曆初,先少保官太醫院使,復時加洗濯焉。言《明堂鍼灸》自黄帝始,其後膏肓孔穴側偃流注三部五藏十二經,失之毫釐,悔且無及。學醫者試搨是圖掛於壁,晨夕省視之,亦仁術之一端也。出《曝書亭集》。《醫賸》

【醫賸】　案,萬曆中,巡按山西監察御史趙文炳含章《重刊銅人圖》四大幅,(今)[令]搨而插入於靳賢《鍼灸大成》帙中以傳。趙大成序云:令能匠於太醫院肖刻銅人,著其穴,並刻畫圖,令學者便覽而易知焉。然則朱氏所跋,蓋趙所刻原本,而非銅人經也。又案《一統志》云:元至元間,自汴移置此。《日下舊聞》引《燕都遊覽志》亦云爾。而朱氏爲靖康之亂輦入金者,恐誤。且考《元史》,按撫使王檝使宋而進於元者，乃銅像，非碑石也。蓋此跋湊合《元史》及《一統志》，一時偶然所作，故有此等差舛，不足深咎也。

【姜希轍重刊銅人鍼灸經序】《鍼灸圖經》者，宋天聖中禁方書也。範銅象人，分布腧穴於其身，而畫之竅之，且製經三卷，播之石。案圖考經，其諸視夫藏絡也。如視肌髮，甚盛事也。暨其後而石已泐，銅已漫矣。明正統中，復命礱其石，範其銅，官醫守之，且加詳焉。今則銅燬石裂，蔑略罔存。偶從敝篋中，忽檢得舊本《圖經》三卷。《醫賸》

【醫賸】案，姜字公望，康熙甲戌序此書，雍正甲寅開鐫，即與徐三友本無異同，蓋翻雕徐本者。其得舊本云者，不過欺人耳。而其序全襲毛西河，但少改西河之聱牙而爲平坦矣。意者姜偶見此序於毛集中，因冠徐本之首，題以己名以眩於世。此可鄙也。

注：《醫籍考》七百八十頁云：鍼科醫官山崎子政(1)先生（善）曰：明滑壽著《十四經發揮》，一據《金蘭循經》云。然其所引《循經》文，與此書毫無差異，乃知《循經》全取諸《銅人》，而滑壽未嘗見《銅人圖經》也。蓋元明之際，隱晦罕傳，英宗之重修，抑繇此乎。

［郭注］

(1)山崎子政(1761～1834)，名次善，字子政，稱宗運，號鳳來，室號寄所寄樓。山崎家世代任江户幕府醫官，從事鍼灸臨床及理論研究。次善爲山崎五代，幼年精修家學，繼承父職，侍奉幕府。寬政元年(1789)四月七日由寄合醫師昇任奥醫師，四年任醫學館鍼科講師，七年晉昇法眼，數年後致仕。所著有《銅人彙考》十卷、《鍼灸類纂》三卷、《涉園漫錄》六卷等。曾奉幕府之命，於文化七年(1810)鑄成鍼灸銅人，獻於江户醫學館，現藏於東京博物館。

(三)序跋

1. 新刊補註銅人腧穴鍼灸圖經序 夏竦序。翰林學士兼侍讀學士景靈宮判官起復朝奉大夫尚書左司郎中知制誥判集賢院權尚書都省柱國泗水縣開國男食邑三百户賜紫金魚袋臣夏竦奉聖旨撰。

臣聞聖人之有天下也，論病以及國，原診以知政。王澤不流則姦生於下，故辨淑慝以制治；真氣不榮則疹動於體，故謹醫砭以救民。昔我聖祖之問岐伯也，以爲善言天者必有驗於人。天之數十有二，人經絡以應之。周天之度三百六十有五，人氣穴以應之。上下有紀，左右有象，督任有會，腧合（《醫籍考》"合"作"穴"）有數，窮妙於血脈，參變乎陰陽。始命盡書其言，藏於金蘭之室。洎雷公請問其道，迺坐明堂以授之，後世之言"明堂"者以此。由是鬬灸鍼刺之術備焉，神聖工巧之藝生焉。若越人起死，華陀愈躄，王纂驅邪，秋夫療鬼，非有神哉，皆此法也。去聖寖遠，其學難精，雖列在經訣，繪之圖素，而粉墨易糅，豕亥多譌。丸艾而壞肝，投鍼而失胃，平民受弊而莫贖，庸醫承誤而不思。非夫聖人，孰救兹患。洪惟我后，勤哀兆庶。迪帝軒之遺烈，祇文母之慈訓。命百工以脩政令，敕大醫以謹方技。深惟鍼艾之法，舊列王官之守，人命所繫，日用尤急，思革其謬，永濟於民。殿中省尚藥奉御王惟一，素授禁方，尤工厲石，竭心奉詔，精意參神。定偃側於人形，正分寸於腧募，增古今之救驗，刊日相之破漏。總會諸說，勒成三篇。上又以古經訓詁至精，學者封執多失，傳心豈如會目，著辭不若案形。復令創鑄銅人爲式，內分腑臟，旁注谿谷，井滎所會，孔穴所安，竅而達中，刻題於側，使觀者爛然而有第，疑者涣然而冰釋。在昔未臻，惟帝時憲，乃命侍臣爲之序引，名曰《新鑄銅人腧穴鍼灸圖經》。肇頒四方，景式萬代，將使多瘠咸詔，巨刺靡差。案說蠲痾，若對談於涪水；披圖洞視，如舊飲於上池。保我黎烝，介乎壽考。昔夏后敘六極以辨疾，帝炎問百藥以惠人，固當讓德今辰，歸功聖域者矣。時天聖四年歲次析木秋八月丙申，謹上。劉氏影金本

2. 明英宗御製序

人之生，稟陰陽五行而成，故人之身皆應乎天。人身經脈十二，實應天之節氣，周身氣穴三百六十，亦應周天之度數，其理微矣。而醫家砭焫之功，尤神且速，欲後之造其突奥，識其微妙，厥亦難哉。宋天聖中，創作《銅人腧穴鍼灸圖經》三卷，刻諸石，復範銅肖人，分布腧穴於周身，畫焉竅焉，脈絡條貫，纖悉明備。考經案圖，甚便來學。其亦心前聖之心，以仁夫生民者矣。於今四百餘年，石刻漫滅而不完，銅象昏暗而難辨。朕重民命之所資，念良製之當繼，乃命礱石範銅，倣前重作，加精緻焉。建諸醫官，式廣教詔。嗚呼，保民者君人之事，醫雖其道之一端，然民命所繫，故聖人肇之，歷代尚之。夫使斯民皆獲保終其天年者，宜必資於此，斯朕所爲惓惓體前聖之仁以貽無窮也，來者尚敬之哉。故引諸其端。大明正統八年三月二十一日。《醫籍考》

(四)刊本

1. 宋刊本

【抱經樓藏書志】卷三十六子部醫家類二　《銅人腧穴鍼灸圖經》三卷。宋刊本。不著撰人名氏。

注：蘇頌《圖經本草序》曰：屢敕近臣，讎校岐黃《內經》，重定鍼灸俞穴，或範金揭石，或鏤板聯編。

2. 元刊石經本

【觀古堂本古今書刻】下編北直隸順天府　《鍼灸經》石刻。元人刻《鍼經》於石，在府治南三皇廟。

注：《明一統志》曰：三皇廟，在順天府治南明照坊，元元貞初建，內有三皇并歷代名醫像。東有神機堂，內置銅人鍼灸圖二十有四，凡五藏旁注爲谿谷所會，各爲小竅，以導其源委。又刻《鍼灸經》於石，其碑之題篆，則宋仁宗御書。元至元間，自汴移置此。洪武初，銅人取入內府，《圖經》猶存。

吳長元《宸垣識略》曰：三皇廟內有《鍼灸經》石刻，元元貞初製，其碑之題篆，則宋仁宗御書。至元間自汴移至此者，今所存乃明時重摹上石。

3. 明正統本

【孫氏書目】內編卷二醫律第六醫家　《銅人俞穴鍼灸圖經》三卷，宋王維德撰。明

正統中重刊天聖石本。

【寶素堂藏書目錄】内編醫經第四明堂孔穴　《銅人腧穴鍼灸圖》三卷。都數一卷，三冊。重刊正統本。宋王惟一。

【聿修堂藏書目錄】鍼灸　石本《銅人腧穴鍼灸圖經》三卷。都數一卷，四帖。正統八年重鎸。

【經籍訪古志】卷七醫家類明堂經脈　《銅人腧穴鍼灸圖經》三卷，《穴腧都數》一卷。明正統石本。聿修堂藏。櫟窓先生跋曰：拓本《銅人圖經》三卷，係於明正統八年所重刊。首有英宗御製序及伏仰側三圖，十六字爲一行，百六十行爲一段，五段爲一卷，每段之首，各標而分之。别有都數一卷，又爲五段，四邊皆有花草欄格。今依此而考其制，蓋石二板，廣二丈餘，高六尺許。碑面每十餘字，斷爲一行，百六十行。横爲一層，凡五層以爲五段，表裡刻之，即爲四卷。意者石經之設，資便於覽誦(撫)[橅]拓，必不如尋常碑文，就石面上下，書丹爲行，觀唐開成石經而可見也。今以此校重刊諸本，剝裂泐闕，雖間在焉，訂訛正謬頗多，不啻一紙當瑤琨，抑醫家之鴻寶也。

按英宗御製序稱“於今四百餘年，石刻漫滅而不完，銅像昏暗而難辨。朕重民命之所資，念良製之當繼，及命礱石範銅，倣前重作，加精微焉”。今此本三卷，與夏竦序及《崇文書目》等合。竦序稱“定偃側於人形，正分寸於腧幕”。今此本有仰人、伏人尺寸之圖，周身寸法圖，正人、伏人臟圖，皆爲宋石刻之舊可知也。然卷首不載夏竦序及王惟一署名，而都數一卷，實出新添，蓋亦不能無改訂也。又後人重刊此本，有無名氏本，寄所寄樓藏，不列刊行年月，似萬曆中物，全據石刻特善。又有萬曆中徐三友本，鄭繼華本，但粗楮。又有雍正甲寅本，亦祖徐本而最俗。

又按蘇頌《圖經本草序》及《玉海》，並稱是書鏤板頒行，則天聖之時既有板本，而後世無傳，殊可惜也。櫟窻先生《醫賸》中有《銅人鍼灸圖經考》，其説甚詳，宜考。

【内閣文庫圖書第二部漢書目錄】第三門子第六類醫家五鍼灸　《銅人腧穴鍼灸圖經》三卷，宋王惟一。正統八年刊。二冊。

【北京人文科學研究所藏書目錄】《銅人腧穴鍼灸圖經》三卷。明拓本。

4. 徐三友本

【平津館鑒藏書籍記】卷二明板　《鼎雕銅人腧穴鍼灸圖經》三卷。題“錦城紹錦徐三友校正，書林宗文堂繡梓”。前有正統八年御製序，晁氏《讀書志》有此書，云皇朝王維德撰。據序文，宋天聖刻諸石，復範銅肖人，於今四百餘年，石刻漫滅，銅像昏暗，乃命重作。此又坊間梓而行之，尚是未改變原本，勝於今世所行七卷本多矣。每葉廿行，廿五字。

【聿修堂藏書目錄】鍼灸　《鼎雕銅人腧穴鍼灸圖經》四卷，四冊。萬曆壬寅重刻徐三友校本。

5. 鄭繼華本

【經籍訪古志】補遺銅人腧穴鍼灸圖經三卷　又有萬曆中徐三友本、鄭繼華本，俱粗楮。

6. 雍正甲寅刊本

【醫賸】附錄銅人鍼灸圖經考　姜希轍《重刊銅人鍼灸經序》曰“偶從敝篋中,忽檢得舊本《圖經》三卷”。按,姜字公望,康熙甲戌序此書,雍正甲寅開鐫,即與徐三友本無異同,蓋翻雕徐本者。其得舊本云者,不過欺人耳。

【經籍訪古志】補遺銅人腧穴鍼灸圖經三卷　又有雍正甲寅本,亦祖徐本而最俗。

7. 三多齋刊本

【北京人文科學研究所藏書目錄】子部醫家類《御製銅人鍼灸圖經》三卷,宋王惟一奉敕撰。清三多齋刊本。一函六冊。

8. 日本承應刊本

【内閣文庫圖書第二部漢書目錄】第三門子第六類醫家　《銅人腧穴鍼灸圖經》,承應三年刊。四冊。

9. 古鈔本

【鐵琴銅劍樓藏書目】卷第十四子部醫家類　《銅人腧穴鍼灸圖經》三卷。舊鈔本。不著撰人名氏。晁氏《讀書志》謂皇朝王惟德撰,《玉海》謂王惟一,未詳孰是。此明人鈔本,猶存三卷之舊。後有析爲七卷者,失天聖舊本之第矣。有正統御製序。

10. 未詳本

【文淵閣書目】明　【菉竹堂書目】明　【古今醫統大全】明　【古今書刻】明　【世善堂藏書目錄】明　【醫藏書目】明　【脈望館書目】明　【汲古閣毛氏藏書目錄】清　【觀海堂書目】清　【英國博物院圖書館中國書籍繪畫目錄】英

九十一、明堂經宋王惟一撰

【宋史藝文志】子部醫書類　王惟一《明堂經》三卷

九十二、新刊補註銅人腧穴鍼灸圖經

(一)考證

【新刊補註銅人腧穴鍼灸圖經】劉世珩跋　右金大定本《新刊補注銅人腧穴鍼灸圖經》五卷,宋翰林醫官朝散大夫殿中省尚藥奉御騎都尉賜紫金魚袋醫臣王惟一奉聖旨編修。首有天聖四年夏竦序。卷三之首,王惟一自序。又有《鍼灸避忌太一之圖序》,序後有“旹大定丙午歲上元日平水閑邪聵叟述,書軒陳氏刊行”,是宋時官書,金時刻本。考《宋史藝文志》卷六“王惟一《新鑄銅人腧穴鍼灸圖經》三卷”即此書,止三卷,與《崇文總目》、《讀書後志》合。明正統石本亦三卷。是宋代原書止三卷,至金大定丙午加《補注》拓之爲五卷耳。《讀書後志》無“經”字。作“王惟德”。《通志略》作“王惟一”。惟德《宋史》有傳,惟一無之,或者其爲兄弟行耶。《補注》亦不知成於何人,且又非三卷之舊矣。《經籍訪古志》云:聵叟序中稱,僕誠非沽名者，以年齒衰朽，恐身歿之後，聖人之法湮沒於世，因編此圖，發明厥旨，命工鐫石，傳其不朽。知是聵叟刻此圖於石，而陳氏取坿是書，并以板行也。平陽經籍所刻書最鮮傳本，金刊世尤難覯，《天祿琳瑯》載金本僅有二種，寶貴更可想矣。曩景元貞平陽府梁宅刊《論語注疏》，復又獲此金平水原本，今并刻之，皆傳北方之板本，爲藝林所罕見者也。宣統紀元己酉新秋，貴池劉世珩記於天津。

【醫籍考】七百八十一頁　《亡名氏補註銅人腧穴鍼灸圖經》五卷。存。按，此書不知出於何人。第三卷載大定丙午歲上元日平水閑邪聵叟《鍼灸避忌太一圖序》，序後有"書軒陳氏印行"木記。考丙午，金世宗大定十六年，即宋孝宗淳熙十三年也。涉園山崎子政先生嘗得此刻，將重彫行於世，使余序之。先子稱雖非天聖之舊，尤可貴重焉。

(二)序跋

鍼灸避忌太一之圖序金大定丙午

經曰，太一日遊，以冬至之日始，居於叶蟄之宮。從其宮數所在，日徙一處，至九日復反於一。常如是無已，周而復始，此迺大一日遊之法也。其旨甚明，别無所隱，奈行鍼之士無有知者。縱有知者，秘而不傳，致使聖人之法，罕行於世，良可歎哉。僕雖非醫流，平昔嘗留心於醫書之言，備知其詳，知而不述，豈仁乎。輒以短見，遂將逐節太一所直之日，編次成圖。其圖始自八節得主之日，從其宮至所在之處。首一終九，日徙一宮，至九日復反於一，周而復始。如是次而行之，計每宮各得五日，九之則一節之日悉備。今一一條次，備細開具於逐宮之内，使觀者臨圖即見，逐節太一所直之日在何宮内，迺知人之身體所忌之處。庶得行鍼之士知避之，俾人無忤犯太一之凶，此僕之本意也。僕誠非沽名者，以年齒衰朽，恐身歿之後，聖人之法湮沒於世，因編此圖，發明厥旨，命工鐫石，傳其不朽。貴得吉法，與時偕行焉。覽者勿以自眩見誚。時大定丙午歲上元日，平水閑邪聵叟述，書軒陳氏印行。劉氏景金本

注：又宣統元年所刊本，有劉世珩跋，其全文既載於"考證"條下。

(三)刊本

1. 金刊本陳氏印行本

【新刊補注銅人腧穴鍼灸圖經】劉世珩跋　右金大定本《新刊補注銅人腧穴鍼灸圖經》五卷。中略是宋時官書，金時刻本。中略金刊世尤難覯，《天祿琳瑯》載金本僅有二種，寶貴更可想矣。

【醫賸】附錄銅人鍼灸圖經考　山崎子政藏金大定中所刻本，凡五卷，雖非天聖之舊，尤可貴重焉。特以未見宋板爲憾耳。又案，前所引諸書，並云三卷，蓋宋本之舊爲然，而至金分爲五卷。又明重定時，仍宋本而附都數一卷，以爲四卷。今熊氏所見，乃係於金本。予以金本及正統原刻板本、徐三友本參對之，文字互有異同，而不如石本及金本之端正也。

【經籍訪古志】七卷二十三頁　平水閑邪聵叟述序中稱，僕誠非沽名者，以年齒衰朽，恐身歿之後，聖人之法湮沒於世，因編此圖，發明厥旨，命工鎸石，傳其不朽。知是聵叟本刻之於石，而陳氏取附是書，以併板行也。

注：按聵叟序，聵叟刻石者，唯是《避忌太一之圖》而已，非《鍼灸圖經》全本，陳氏取附是書，以併板行者也。《訪古志》之文易招誤讀，因附言於此。

2. 元刊本

【經籍訪古志】卷七醫家類明堂經脈　《新刊補註銅人腧穴鍼灸圖經》五卷。元板。不記刊行年月。寄所寄樓藏。每半板十行，行二十字。此本首有夏竦序及王惟一署名。然所謂"補注"者，不云成於何人。無仰伏等圖。第三卷"避忌人神圖"後有"鍼灸避忌太一之圖序"，云"旹大定丙午歲，平水閑邪聵叟述"。序後有"書軒陳氏印行"六字。序半板六行，十二字，行書。序中稱，僕誠非沽名者，以年齒衰朽，恐身歿之後，聖人之法湮沒於世，因編此圖，發明厥旨，命工鎸石，傳其不朽。知是聵叟本刻之於石，而陳氏取附是書，以併板行也。今檢其板式，似元初物，然中間或有補刻，且譌謬甚多，非校以他本則不能讀焉。

【宋元本行格表】卷上十行子之屬　元本《新刊補注銅人腧穴鍼灸圖經》。行二十字。五卷。《訪古志》

【留真譜新編】第七醫部　《新刊補註銅人腧穴鍼灸圖經》

3. 元余志安刊本

【經籍訪古志】卷七醫家類明堂經脈　《新刊銅人腧穴鍼灸圖經》五卷。元板。不記刊行年月。又按，朝鮮國刊此本凡二通，其一整板，其一活字本，體裁俱與此本同。目錄末並記"崇化余志安刊於勤有書堂"，蓋余氏重刊此本，余氏亦元人，《和劑局方》亦有其刻。而朝鮮本均以余氏爲祖也。

4. 朝鮮整板本

【經籍訪古志】卷七。參看"活字本"條下。

5. 朝鮮活字本

【寶素堂藏書目錄】内編醫經明堂孔穴　《新刊補注銅人腧穴鍼灸圖經》五卷，五冊。朝鮮國刊本。

【躋壽館醫籍備考】朝鮮刊本　《新刊補註銅人腧穴鍼灸圖經》五卷，二冊。鈔朝鮮國活字板。淺田惟常[1]曰：釁所藏朝鮮國彫本《銅人經》二卷，每卷鈐"宣賜之記"四字，書筴尾云"萬曆六年九月□日，内賜内醫院僉正許浚銅人經一件，命除謝恩，右承旨臣金"，花押。《新刊補註銅人腧穴鍼灸圖經》五卷，三冊，朝鮮國刊本。闕第四、第五二卷。

［郭注］

(1) 淺田惟常(1815～1894)，初名直民，後稱惟常，字識此，通称宗伯，號栗園。信濃人。最初，於高遠藩師從中村中宗學醫。十八歲至京都，入中西鷹山之門求學，并與吉益南涯、川越衡山之門生研究《傷寒論》。又師從賴山陽治史學、猪飼敬所讀經書。二十二歲於江戶開業行醫。四十一歲任御目見得醫師。四十七歲拜謁將軍家茂，稟受拔擢，入徵士之列。一八六六年晋升法眼。并積極參加政治活動，善論時事。明治維新發佈醫事制度，漢方醫學行將廢止。爲抗争取締漢醫之醫制，宗伯加入山田業廣等創辦之温知社，後擔任第二代社首，爲漢方醫學之存續竭盡全力。維新後，宗伯之醫術深受皇室篤信，并出入皇宫從事診療。晚年精力不衰，一日診察病人多達三百餘。生平善於著述，有《勿誤藥室方函》、《勿誤藥室方函口訣》、《傷寒論識》、《雜病論識》、《脈法私言》、《橘窻書書影》、《皇國名醫傳》、《先哲醫話》等諸書傳世。

【觀海堂書目】流字號　《銅人鍼灸圖經》五本，五卷。朝鮮活字本。

【經籍訪古志】卷七醫家類明堂經脈　《新刊補註銅人腧穴鍼灸圖經》五卷。元板。不記刊行年月。又按，朝鮮國刊此本凡二通，其一整板。樣式一與此本同。其一活字本，俱藏在寄所寄樓。活字則收藏家間有之，體裁俱與此本同。目錄末並記"崇化余志安刊於勤有書堂"，元書軒陳斯印行字。蓋余氏重刊此本，余氏亦元人，《和劑局方》亦有其刻。而朝鮮本均以余氏爲祖也。整板僅存三卷。活字既完存，而文字端正，蓋是爲最佳之本云。活字本卷五"傍通孔穴圖"後云"嘉靖三十二年癸丑孟秋改誤重刊。前行惠民署教授張末石監校"。

【朝鮮醫籍考】三十四頁　《銅人經》《新刊補註銅人經腧穴鍼灸圖經》五卷，二冊，宋王惟一編。順治十一年甲午六月下澣內醫院重刊。順治十一年，即孝宗五年，西紀一六五四年也。內閣木板，縱三十六釐半，横二十三釐，每半葉劃間界長二十一釐，幅十八釐半。十二行，十九字詰，總紙數百四十枚。一百十八頁。《新刊補註銅人腧穴鍼灸圖經》五卷，二冊，宋王惟一編。圖書寮尊藏缺刊記。第一冊表紙背面有墨記云"萬曆六年九月□日，內賜內醫院僉正許浚銅人經一件，命除謝恩，右承旨臣金"，花押。由此看之，此本則萬曆六年（以前）所刊者歟。銅活字印本，活字小細而美。存原表紙，上下右緣並截斷，每半葉匡郭縱二一釐，横一五・五釐。十二行，行十九字。有圖。紙數：序二，目六，本文百二十九枚。第一冊卷首有"宣賜之記"一大朱印，每冊首有"醫學圖書"、"躋壽殿書籍記"、"帝國博物館圖書第"諸印記。目錄次有原本刊記云"崇化余志安刊於勤有書堂"。

6. 玉海堂景金刊本

【叢書舉要】卷五十四貴池劉氏所刻書　大定本《銅人鍼灸圖經》

【江蘇省立國學圖書館圖書總目】子部方伎類鍼灸之屬　《補註銅人鍼灸圖經》五卷，二冊，宋王惟一。貴池劉氏景印金刊本。

【國立北京大學文科圖書館藏書目】卷上諸子部醫家　宋王惟一撰《銅人腧穴鍼灸圖經》五卷，二本。貴池劉氏刊本。

【梁氏飲冰室藏書目錄】子部醫家類　《新刊補註銅人腧穴鍼灸圖經》五卷，宋王惟一奉旨編。清宣統元年貴池劉氏玉海堂影宋刻本。

【中國醫學書目】鍼灸五　《新刊補註銅人腧穴鍼灸圖經》五卷，二冊，十行二十字。欄高十八・四釐，幅十二釐。王惟一奉敕編修。貴池劉氏《玉海堂景宋叢書》之五。光緒丁未嘉平付黄岡陶子麟刊，宣統紀元秋八月竣工。《鍼灸避忌太一之圖序》,閑邪聵叟,大定丙午。目錄。《新刊補註銅人腧穴鍼灸圖經序》,夏竦,天聖四年。跋,劉世珩,宣統元年。

7. 抄本

【觀海堂書目】綠字號 《銅人腧穴鍼灸經》五本,五卷。日本古抄本。

【聿修堂藏書目錄】鍼灸 《新刊補註銅人腧穴鍼灸圖經》五卷,二冊。影抄金大定本。

【内閣文庫圖書第二部漢書目錄】第三門子醫家鍼灸 《銅人腧穴鍼灸圖經》,現存第一、四卷。一冊。《銅人腧穴鍼灸圖經》五卷。日本寫本。二冊。《銅人腧穴鍼灸圖經》,同上。日本寫本。二冊。

8. 未詳本

【聿修堂藏書目錄】日 【朝鮮總督府古圖書目錄】日

注:按《醫籍考》"金大定本"條下云"涉園山(本)[崎]子政先生嘗得此刻,將重彫行世,使余序之"云云。今諸家著錄一無其目,不知是書之和刻本有耶否。

九十三、銅人鍼灸經

(一)考證

【讀書敏求記】卷三子鍼灸 《銅人鍼灸經》七卷。《銅人鍼灸經》傳來已久,而《竇氏秘傳》内有"金津玉液"、"大小骨空"、"八風八邪","髃骨八法",此書與《明堂經》俱不載,何耶。

【讀書敏求記校證】卷三下醫家鍼灸 《銅人鍼灸經》七卷。入《述古目》。《銅人鍼灸經》傳來已久,而《竇氏秘傳》鈺案,疑即竇默《銅人鍼經密語》,見錢《補元志》。内,有"金津玉液"、"大小骨空"、《補》、胡校本"空"作"穴""八風八邪"、"髃骨八法",此書與《明堂灸經》俱不載,何耶。《補》、《黄錄採遺》云,此書七卷,不著撰人,專言鍼灸部穴、禁忌,周身穴道分某某處,詳論之,并著各圖。又云,與《西方子明堂灸經》八卷,皆明平陽府刊本,於辛未夏得之西山書肆。鈺案,此書《四庫》著錄。《提要》云,與晁公武《讀書志》、王應麟《玉海》所言《銅人腧穴鍼灸圖》相合,疑爲天聖舊本,(折)[析]三卷爲七卷。今三卷本瞿《目》有舊鈔,前有正統御製序。又案,《鍼灸經》宋有石刻本,仁宗御書額,與《銅人腧穴圖》同在京師太醫院三皇廟,即《提要》所謂"天聖舊本"也。見《曝書亭集》。又案宋李𡌴《十朝綱要》:元祐六年,高麗遣使黄宗慤來獻《黄帝鍼經》。是高麗又有别本。

【四庫全書總目】卷一百三醫書類 《銅人鍼灸經》七卷。浙江范懋柱家天一閣藏本。不著撰人名氏。案晁公武《讀書後志》曰:《銅人腧穴鍼灸圖》三卷,皇朝王惟德撰。仁宗嘗詔惟德考次鍼灸之法,鑄銅人爲式,分臟腑十二經,傍註穴腧所會,題其名,併爲圖法及主療之術,刻版傳於世。王應麟《玉海》曰:天聖五年,十月壬辰,醫官院上所鑄腧穴銅人式二,詔一置醫官院,一置大相國寺仁濟殿。先是,上以鍼砭之法傳述不同,命尚藥奉御王惟一,考明堂氣穴經絡之會,鑄銅人式。又纂集舊聞,訂正譌謬,爲《銅人腧穴鍼灸圖經》三卷。至是上之,摹印頒行。翰林學士夏竦序所言,與晁氏略同,惟"王惟德"作"惟一",人名小異耳。此本卷數不符,而大致與二家所言合,疑或天聖之舊本,而後人析爲七卷歟。周密《齊東野語》曰:嘗聞舅氏章叔恭云,昔倅襄州日,嘗獲試鍼銅人全像,以精銅爲之,臟腑無一不具。其外腧穴,則錯金書穴名於傍。凡背面二器相合,則渾然全身。蓋舊都用之以試醫者,其法外塗黄蠟,中實以水,俾醫工以分折,案穴試鍼,中穴則鍼入而水出,稍差則鍼不可入矣。亦奇巧之器也。後趙南仲歸之内府,叔恭嘗寫二圖,刻梓以傳矣。今宋銅人及章氏圖皆不傳,惟此書存其梗概爾。

【四庫全書簡明目錄】卷十醫家類　《銅人鍼灸經》七卷。不著撰人名氏。疑即宋王維德《銅人腧穴鍼灸圖經》也。"維德"一作"惟一"。其書乃天聖中奉敕所撰,晁公武《讀書志》、王應麟《玉海》並載作書始末甚詳,所言一一與此本合,但卷數小異耳。

【醫籍考】七百六十六頁　《亡名氏鍼經》《讀書敏求記》、《四庫全書提要》作《銅人鍼灸經》。一卷。《讀書敏求記》、《四庫全書提要》作"七卷"。存。序曰:夫鍼術玄奥,難究妙門,歷代名工,恒多祖述。蓋指歸有異,機要無陳,或隱秘難明,或言理罔盡,或義博而詞簡,或文贍而意疏。背軒后之聖文,失岐伯之高論,致俾學者莫曉宗源。今則採摭前經,研覈至理,指先哲之未晤,達古聖之微言。總覽精英,著經一卷。斯經也,窮理盡性,通幽明玄,陳穴道而該通,指病源而咸既。用昭未晤,以導迷津,傳示將來,庶期攸遠者爾。

按,此書收在《聖惠方》第九十九卷,今味其序語,非出於唐以後之人者,原本當自單行,王懷隱等編書採入其全文者也。熊氏衛生堂所刊劃爲七卷,改名《銅人鍼灸經》。《敏求記》并《提要》所著則是也。彼未見《聖惠方》、《銅人圖經》等書,故其説特致傅會矣。

注:按此書世人多與王惟一所編《銅人腧穴鍼灸圖經》混同,《四庫提要》亦然,今據《醫籍考》及《經籍訪古志》,此書收在《聖惠方》第九十九卷,蓋原本係唐人所編,而當自單行。王懷隱等編方書,採入其全文,後人更自《聖惠方》中抄出單行者,斷非王惟一之圖經也。但其單行年次及其姓名皆不詳。《經籍訪古志》以衛生堂刊本爲翻刻元板,然其典據亦未詳悉也。要約言之,右所列之考證,除《醫籍考》之他,皆混同兩者,不可從焉。

(二)刊本

1.熊氏衛生堂本

【留真譜新編】第七醫部　《新刊銅人鍼灸經》。熊氏衛生堂刊。

【經籍訪古志】卷七醫家類明堂經脈　《新刊銅人鍼灸經》七卷。明熊氏衛生堂重彫。聿修堂藏。卷首捺"吉氏家藏"印。"又東都鍼醫官山崎氏藏本"。注,以上十一字異本有。"每半葉十三行,行二十一二字不等"以上十四字異本有。按此本翻刻元板者,舊係《聖惠方》第九十九卷,蓋古《鍼經》之遺文,王懷隱等編入者,後人分爲七卷,漫名曰《鍼灸經》。異本"鍼灸經"上有"銅人"二字。《敏求記》并《提要》所載即是也。

2. 嘉靖十三年刊本

【四庫書目邵注】卷十子部醫家類 《銅人鍼灸經》七卷。不著撰人名氏。明嘉靖十三年刊本。

【四庫書目略】子部醫家類 《銅人鍼灸經》七卷。不著撰人。明嘉靖十三年刊本。

注:《四庫書目》邵注:原文云《銅人鍼灸經》七卷。明山西平陽府刊本。明嘉靖十三年刊本。正統八年書林宗文堂刊本三卷,佳。平津館有此書,云勝於今世所行七卷本。按,此與王惟一之《圖經》混同而謂也,《四庫目略》、《郘亭知見傳本書目》並從焉。所謂正統八年本,即王惟一《鍼灸圖經》,而平津館所藏本是徐三友刻本,非正統本,蓋皆邵氏之訛也。至於明嘉靖十三年刊本,諸家之目皆不記,今不知何本,暫列於此,俟後考矣。

3. 明山西平陽府刊本

【各省進呈書目】兩淮鹽政李呈送書目 《銅人鍼灸經》七卷。明平陽本。一本。浙江省第五次范懋柱家呈送書目。《銅人鍼灸經》七卷,一本。注:《四庫》所採入者即此書也。

【四庫書目邵注】卷十子部醫家 《銅人鍼灸經》七卷。不著撰人名氏。明山西平陽府刊本。

【四庫目略】子部醫家類 《銅人鍼灸經》七卷。不著撰人。明山西平陽府刊本。

【郘亭知見傳本書目】卷八子部醫家 《銅人鍼灸經》七卷。不著撰人。明山西平陽府刻本。

【皕宋樓藏書志】卷四十四子部醫家 《新刊銅人鍼灸經》七卷。明山西刊本。不著撰人名氏。

【善本書室藏書志】卷十六子部醫家 《銅人鍼灸經》七卷。明刊本。山西平陽府刊。

【抱經樓藏書志】卷三十六子部醫家 《新刊銅人鍼灸經》七卷。明山西刊本,不著撰人姓氏。

【藝風藏書記】卷二醫家 《新刊銅人鍼灸經》七卷。明山西平陽府刊本。

【群碧樓善本書錄】卷三 《新刊銅人鍼灸經》七卷。不著撰人。明刻本,署"山西平陽府刊"。

【八千卷樓書目】卷十子部醫家 《銅人鍼灸經》七卷。不著撰人名氏。平陽府刊本。

【故宮普通書目】卷三子部醫家 《銅人鍼灸經》八卷。不著撰人名氏。山西平陽府刊本。二冊。

【靜嘉堂秘籍志】卷二十四陸氏十萬卷樓舊藏 《新刊銅人鍼灸經》七卷。明山西平陽府刊本,不著撰人名氏。

【北京人文科學研究所藏書目錄】子部醫家類 《銅人鍼灸經》七卷。不著撰人名氏。明平陽府刊本。

【中國醫學書目】鍼灸七　《新編西方子明堂灸經》四冊。十行二十一字。欄高十三釐,幅十八·五釐。山西平陽府刊。明板。《新編西方子明堂灸經》八卷,二冊。目錄。《新刊銅人鍼灸經》七卷,二冊。目錄。目錄前有書肆識語曰"夫療病簡易之法,必須鍼灸。欲明鍼灸之法者,必須注意於是經。是經也,得之秘傳,治病則有受病之源,指穴則有定穴之法,效驗神速,鍥注,熊本作"今"繡梓與衆共之,衛生君子,請之勒熊本作"玉"。石諸可"諸可"二字熊本作"幸"一字。鑒。注,文中錯誤,今據《留真譜》所載熊氏本訂之。

注:《八千卷樓書目》云:《銅人鍼灸經》七卷。不著撰人名氏,覆平陽府本。今按諸家著錄,當歸草堂本之外無覆平陽府本之目,暫記而存疑。

4. 明刊未詳本

【江蘇省立國學圖書館圖書總目】子部　《銅人鍼灸經》七卷,二冊。闕名。明刊本。

【江蘇第一圖書館覆校善本書目】子部醫家　《銅人鍼灸經》七卷。失名。明刊本。二冊。

【内閣文庫圖書第二部漢書目錄】第三門子　《銅人鍼灸經》七卷。明版。一冊。

5. 四庫全書本

【四庫全書總目】卷一百零三　《銅人鍼灸經》七卷。浙江范懋柱家天一閣藏本。《明堂灸經》八卷。題曰"西方子撰",與《銅人鍼灸經》俱刊於山西平陽府。

【壬子文瀾閣所存書目】卷三子部醫家類　《銅人鍼灸經》七卷,二冊。補鈔。

【四庫書目略】卷十　《銅人鍼灸經》七卷。不著撰人名氏。

6. 當歸草堂本

【八千卷樓書目】卷十子部醫家　《銅人鍼灸經》七卷。不著撰人名氏。當歸草堂本。

【浙江藏書樓甲編書目】丁氏刻當歸草堂醫學十二種　《銅人灸經》七卷

【浙江公立圖書館通常類圖書目錄】第三冊　《銅人鍼灸經》七卷。不著撰人名氏。附《校勘記》一卷。但《當歸草堂醫學叢書初編》五十七卷,清丁丙編,光緒十年增刊本,十二本之内。

【中國醫學書目續編】鍼灸　《銅人鍼灸經》七卷,一冊。十行二十一字。欄高十六·一釐,幅十二·二釐。不著撰人名氏。光緒九年錢塘丁氏據山西平陽府本重板栞。《當歸草堂醫學叢書》(叢三七)之内。《欽定四庫全書》"銅人鍼灸提要","銅人鍼灸經目錄"。跋,馮一梅,光緒九年。"銅人鍼灸經校勘記",馮一梅,光緒九年。

7. 清刊未詳本

【静嘉堂文庫圖書分類目錄】九理學醫學醫書　《銅人鍼灸經》七卷。《明堂灸經》八卷。撰者未詳。清刊。守先閣舊藏本。一冊。

8. 抄本

【帶經堂書目】卷三　《銅人鍼灸經》七卷。抄本。不著撰人名氏。前有明正統御製序,後有許紳跋。

【江南圖書館閲覽室檢查書目】子部第十四號醫家　《銅人鍼灸經》。不著撰人名氏。抄本。一本。

【江蘇省立國學圖書館圖書總目】子部方伎類　《銅人鍼灸經》七卷,一冊。闕名。抄本。

9. 未詳本

【文淵閣書目】明　【菉竹堂書目】明　【古今書刻】明　【國史經籍志】明　【也是園書目】清　【述古堂藏書目】清　【天一閣藏書目錄】清　【天一閣見存書目】清　【觀海堂書目】清

九十四、鍼灸脈訣書遼直魯古撰

【世善堂藏書目錄】卷下醫家鍼灸　《鍼灸脈訣書》一卷,遼直魯古。

【補三史藝文志】子部醫家類遼　直魯古《脈訣鍼灸書》

【遼藝文志】醫書類　《鍼灸脈訣書》一卷,直魯古撰。出《世善堂書目》。

【遼史藝文志補證】子部醫家類　直魯古《脈經》。錢金繆有。按,即珠勤呼。《方技傳》:吐谷渾人,世善醫,專事鍼灸。太宗時以太醫給侍,嘗撰《脈經諸鍼灸書》行於世。直魯古《鍼灸書》一卷。錢金繆有。見《世善堂書目》。

【補遼史藝文志】子部醫家類　直魯古《脈訣鍼灸書》一卷　竹恒案,《世善堂書目》下著錄一卷,然則明時尚存。

【元史藝文志】卷三子醫書類　《直魯古脈訣鍼灸書》。遼。

【補元史藝文志】卷三醫書類金　《直魯古脈訣鍼灸書》。遼。

注:直魯古傳,《遼史》卷一百八列傳"方技"云:直魯古,吐谷渾人。初,太祖破吐谷渾,一騎士棄橐,反射不中而去。乃追兵開橐視之,中得一嬰兒,即直魯古也。因所俘者問其故,乃知謝橐者嬰之父也。世善醫,雖馬上視疾,亦知標本。意不欲子爲人所得,欲殺之耳。由是進於太祖,淳欽皇后收養之。長亦能醫,專事鍼灸。太宗時以太醫給侍,嘗撰《脈訣鍼灸書》行於世。年九十卒。

九十五、小兒明堂鍼灸經宋吴復珪撰

【宋史藝文志】子類醫書類　吴復珪《小兒明堂鍼灸經》一卷

九十六、刺法

【宋史藝文志】子類醫書類　《刺法》一卷

九十七、玄秘會要鍼經宋王處明撰

【宋史藝文志】子類醫書類　王處明《玄秘會要鍼經》五卷

九十八、黃帝鍼經音義宋席延賞撰

【宋史藝文志】子類醫書類　席延賞《黃帝鍼經音義》一卷

九十九、洞天鍼灸經宋劉元賓撰

【醫籍考】七百八十五頁　《劉氏元賓洞天鍼灸經》。佚。按,右見於《安福縣志》。

一百、元悟四神鍼法

【崇文總目輯釋】卷三醫書類　《元悟四神鍼法》一卷。原釋:闕。見天一閣鈔本。諸家書目並不著撰人。侗按,舊本"元悟"譌作"元悮",今校改。《通志略》"法"作"經"。

【通志藝文略】醫方類《明堂鍼灸》　《元悟四神鍼經》一卷

【宋志藝文志】卷六醫書類　《玄悟四神鍼經》一卷

一百零一、鍼經要訣宋許希撰

【秘書省續編到四庫闕書目】卷二子類醫書　許希《鍼經要訣》一卷

【通志藝文略】醫方類上明堂鍼灸　許希《鍼經要訣》一卷

【玉海】卷六十三天聖校定内經素問引國史志扁鵲鍼傳注　《神應鍼經要訣》,許希著。

【宋史藝文志】子類醫書類　《神應鍼經要訣》一卷

【古今醫統大全】卷一採摭諸書　《神應鍼經要訣》二卷,宋許希撰。

【東醫寶鑑】卷一歷代醫方　《神應鍼經》,宋許希所著。

【宋國史藝文志輯本】卷下引玉海　《神應鍼經要訣》,許希。

注:許希傳,《宋史》卷四百六十二列傳第二百二十一"方技"下云:許希,開封人,以醫爲業,補翰林醫學。景祐元年,仁宗不豫,侍醫數進藥不效,人心憂恐。冀國大長公主薦希。希診曰:鍼心下包絡之間,可亟愈。左右爭以爲不可。諸黄門祈以身試,試之無所害。遂以鍼進,而帝疾愈。命爲翰林醫官,賜緋衣銀魚及器幣。希拜謝已,又西嚮拜。帝問其故。對曰:扁鵲,臣師也。今者非臣之功,殆臣師賜,安敢忘師乎。乃請以所得金興扁鵲廟,帝爲築廟於城西隅,封靈應侯。其後廟益完,學醫者歸趨之,因立太醫局於其旁。希至殿中省尚藥奉御卒。著《神應鍼經要訣》行於世。錄其子宗道,至内殿崇班。

一百零二、商元鍼經

【通志藝文略】醫方類上明堂鍼灸　《商元鍼經》一卷

一百零三、瓊瑤真人鍼經

【脈望館書目】辰字號子類二鍼灸　《瓊瑤真人鍼經》二本

【近古堂書目】卷下醫家類　《瓊瑤真人鍼經》

【也是園書目】卷五子部鍼灸　《瓊瑤真人鍼經》三卷

【讀書敏求記】卷三子部鍼灸　《瓊瑤真人鍼經》三卷。題云“賜太師劉真人集”。莫詳何時人。神農煮鍼法,他書俱失載,獨備於此,亦可寶也。

【述古堂藏書目】卷四醫書　《瓊瑤真人鍼經》三卷,二本。抄。

【絳雲樓書目】卷三醫書類　《瓊瑤真人鍼經》

【讀書敏求記校證】卷三下鍼灸　《瓊瑤真人鍼經》三卷。《求古目》注“鈔”字。鈺案,《萬卷堂目》有《瓊瑤發明神書》一目。《浙江採集遺書》著錄云“二卷”。宋贈太師劉真人,不著名,專論鍼灸之書,載經絡腧穴并醫治諸法,前有崇寧間序,似即此書。惟《萬卷堂目》下注“劉黨”二字。疑“黨”即劉真人名也。《補》,黃丕烈云:乙亥冬得明翻宋本。

一百零四、瓊瑤真人八法神鍼紫芝春谷全書碧峰道人八法神鍼

【也是園藏書目】卷第五子部鍼灸　《碧峰道人八法神鍼》一卷

【述古堂藏書目】卷四醫書　《瓊瑤真人八法神鍼》一卷

【讀書敏求記】卷三子鍼灸　《瓊瑤真人八法神鍼紫芝春谷全書》二卷。峨眉山黃士直序而傳之,錄於至正乙未中秋。

【讀書敏求記校證】卷三下　《瓊瑤真人八法神鍼紫芝春谷全書》二卷。入《述古目》,無“紫芝春谷全書”六字。鈺案,《也是園目》有《碧峰道人八法神鍼》一卷,疑“瓊瑤真”三字係涉上條誤寫。錢《補元志》作“璚瑤道人”,當即據此記入錄。“真”字作“道”,微異。“紫芝”六字,各目均無可證。

【錢大昕補元史藝文志】醫書類　《璚瑤道人八法神鍼》二卷。黃士真序。

一百零五、瓊瑤發明神書宋劉黨撰

【萬卷堂書目】卷三醫家　《瓊瑤發明神書》,劉黨。

【浙江採進遺書總錄】庚集醫家類　《瓊瑤發明神書》二卷。二老閣藏刊本。右宋賜太師劉真人集,不著名,專論鍼灸之書,載經絡腧穴并醫治諸法,前有崇寧間序。按序有云,許昌滑君伯仁父,觀其圖,彰訓釋,綱舉目張,足以爲學者出入向方,實醫門之司南也。書既成,徵予序之。則是書似伯仁注解。伯仁係明初人,而見於崇寧間序,恐悞。

【四庫全書總目】卷一百五醫家類存目　《大本瓊瑤發明神書》二卷。浙江鄭大節家藏本。舊本題“賜太師劉真人撰”,不著其名。前有崇寧元年序,則當爲宋徽宗

時人。然序稱"許昌滑伯仁嘗看經絡專專案,"專專"二字疑誤,姑仍原本錄之。手足三陰三陽及任督也。觀其圖,彰訓釋,案,"圖彰"二字未詳,今亦姑仍舊本。綱舉目張"云云。伯仁,滑壽字也,元人入明,《明史》載之《方技傳》。崇寧中人,何自見之,其僞可知矣。書中所言皆鍼灸之法及方藥,蓋庸妄者所託名也。

【天一閣藏書目錄】呂字號廚　《瓊瑤神書》二本

一百零六、子午經

【郡齋讀書後志】卷二　《子午經》一卷。右題云扁鵲撰。論鍼砭之要,成歌詠,後人依託者。

【文獻通考】經籍考　《子午經》一卷

【鍼灸聚灸】集用書目　《子午經》一卷。論鍼之要,撰成歌訣,後人依托扁鵲者。

【世善堂藏書目錄】卷下醫家鍼灸　《子午經》一卷。扁鵲論鍼砭。

【汲古閣毛氏藏書目錄】醫家　《子午經》,扁鵲。

【叢書舉要】卷五一說郛卷一百九　《子午經》,扁鵲。

【叢書書目彙編】十四畫說郛卷一百九　《子午經》,周扁鵲撰。

【江蘇省立國學圖書館圖書總目】子部方伎雜錄　《子午經》。《說郛》第六十三冊。明刊本。周鄭人秦越人。

一百零七、膏肓灸法《膏肓腧穴灸法》、《灸膏肓腧穴法》,宋莊綽撰

(一)出典

【幼幼新書】卷四十近世方書　《膏肓灸法》,筠州莊公手集,得之其子監潭州都作院念祖泉伯。

【遂初堂書目】　《膏肓俞穴灸法》《海山仙館叢書》本作《膏肓腧穴灸法》。

【直齋書錄解題】卷十三醫書類　《膏肓灸法》二卷,清源莊綽季祐集。

【文獻通考經籍考】子醫家　《膏肓灸法》二卷　以下引《書錄解題》之文

【宋史藝文志】子類醫書類　《莊綽膏肓腧穴灸法》一卷

注:莊綽傳,見於"脈法要略"之條下。

(二)序跋

跋

余自許昌遭笄狄之難,憂勞艱危,衝冒寒暑,避地東下。丁未八月,抵泗濱,感痎瘧。既至琴川,爲醫妄治,榮衛衰耗。明年春來,尚苦胕腫腹脹,氣促不能食,而大便利,身足重痿,杖而後起。得陳了翁家,專爲灸膏肓腧。自丁亥至癸巳,積三百壯灸之,次日即胸中氣平,腫脹俱損,利止而食進。甲午,已能肩輿出謁。後再報

之，仍得百壯。自是疾證浸減，以至康寧。特新舊聞見此殊切，灸者數人，宿痾皆除。孫真人謂“若能用心方便，求得其穴而灸之，無疾不愈”，信不虛也。因考醫經同異，參以諸家之說，及所親試，自“量寸”以至“補養”之法，分爲十篇。一繪身指屈伸坐立之像，圖於逐篇之後，令覽之者易解，而無徒冤之失。亦使真人求穴濟衆之仁，益廣於天下也。建炎二年二月十二日，朝奉郎江南道都總管同幹辦公事賜緋魚袋莊綽記。《愛日精廬藏書志》、《醫籍考》

（三）刊本

【文淵閣書目】卷十五醫書　《膏肓腧穴灸法》一部一冊。闕。

【菉竹堂書目】卷五醫書　《膏肓腧穴灸法》一冊

【楝亭書目】醫部　《黃帝明堂灸經》，附清源莊季裕《灸膏肓腧穴法》一卷，一冊。

【寶素堂藏書目錄】內編醫經第四明堂孔穴　《新刊膏肓腧穴法》一卷。宋莊綽。一冊。鈔本。

【聿修堂藏書目錄】鍼灸　《新刊膏肓腧穴法》一卷，一冊。抄明王氏月軒書本。宋莊綽撰。

【經籍訪古志】補遺鍼灸　《鍼灸四書》。成化刊本。寶素堂藏。

《新刊子午流注鍼經》三卷。南唐何若愚撰，常山閻明廣註。

《新刊黃帝明堂灸經》三卷。序云，至大辛亥春月燕山活濟堂刊。

《新刊竇漢卿編集鍼經指南》一卷。古肥竇漢卿撰次。附《鍼灸雜說》一卷。建安後學竇桂芳類次。

《新刊莊季裕編灸膏肓腧穴法》一卷。清源莊綽季祐編。跋云，建炎二年。“子午流註目錄”後有“成化癸己羅氏竹坪書堂新刊”木記。按聿修堂亦有一本，與此本不同。“鍼灸雜說”後有“成化壬辰仲秋竹坪書堂新刊”木記，比此本頗覺古色，惜有脫頁。

【圖書寮漢籍善本書目】卷三子部醫家類　《新刊子午流注鍼經井榮歌訣》二卷，附錄三卷，一冊。明刊本。附《新刊竇漢卿編集鍼經指南》一卷、《鍼灸雜說》一卷、《新刊莊季祐編灸膏肓腧穴法》一卷。今綴爲一冊，皆爲明刊本。《鍼灸雜說》尾有“成化壬辰仲秋竹坪書堂新刊”木記。“灸膏肓腧穴法”尾有墨書，題“文化十二年八月十九日插架藥草書室”。首有“劉元昕印”、“江戶醫學藏書之記”、“多紀氏藏書印”、“與住草屋”諸印記。

【內閣文庫圖書第二部漢書目錄】醫家五鍼灸　《灸膏肓腧穴法》，宋莊綽編。日本寫本。一冊。

【觀海堂書目】君字號　《莊季祐編灸膏肓腧穴法》一本，一卷。日本古鈔本。

注：右諸家所錄之書名、卷數雖並不一，恐出於同本也。

注：按本書收在竇桂芳編《鍼灸四書》之內，今不錄其刊本，參看“鍼灸四書”之條下。

一百零八、鍼灸資生經宋王執中撰

(一)出典

【郡齋讀書志】卷五上附志醫家　《鍼灸資生經》七卷。右王執中所編也。執中,東嘉人,嘗爲從政郎澧州教授云。

注:王執中傳。徐正卿序云,今東嘉王叔權。又取三百六十穴,背面巔末,行分類別,以穴對病。凡百氏之說切於理,自己之見得於心者,悉疏於下。鍼灸之書,至是始略備,古聖賢活人之意,至是始無遺憾。

趙綸序云,有《灸經》焉,乃前郡博士王執中之所編者也。求其板,則亡之矣。憶篋中有淮東庾使徐正卿所刊《鍼灸資生經》,其序引歷述東嘉王叔權發明編類之功。所謂"叔權"者,王君之字歟。

《溫州府志》卷十九"選舉·進士·宋乾道己丑":王執中,瑞安人,將作丞。

(二)考證

【鍼灸聚英】集用書目　《資生經》,東嘉王執中叔權。取三百六十穴,背面巔末,行分類別,以穴屬病,蓋合《銅人》、《千金》、《明堂》、《外臺》而一之者也。

【四庫全書總目】卷一百零三子部十三醫書類一　《鍼灸資生經》七卷。兩淮鹽政採進本。舊本題"葉氏廣勤堂新刊",蓋麻沙本也。不著撰人名氏。前有嘉定庚辰徐正卿初刊序,稱東嘉王叔權作。又有紹定四年趙綸重刊序,稱澧陽郡博士王執中作,而疑"叔權"爲執中字,以字義推之,其說是也。其書第一卷總載諸穴,二卷至末分論諸證。經緯相資,各有條理,頗爲明白易曉。舊本冠以徽宗崇寧中陳承、裴宗元、陳師文等校奏醫書一表,與序與書皆不相應。考裴宗元、陳師文等,即校正《太平惠民和劑局方》之人,殆書賈移他書進表置之卷端,欲以官書取重歟。然宋代官書,自有王惟德《銅人鍼灸經》,曷可誣也。

【儀顧堂題跋】卷七　《鍼灸資生經》七卷。影寫明正統間廣勤書堂刊本,題曰"太監王公編"。每頁二十四行,每行二十二字,前有嘉定庚辰奉議郎提舉淮南東路常平茶鹽公事徐正卿序,目後有"正統十二年孟夏三峯景達詳咨"木記,卷末有"三峯廣勤葉景達重刊"一行,蓋明時麻沙刻本也。今觀書中所引,如《靈蘭秘典》、《難經疏》、《陸氏續集驗方》、《耆域方》,今皆不傳。自敘治效所得頗深,蓋士人而精於醫者。閣本有紹定四年趙綸序,此本缺。執中所著,尚有《既效方》,見書中,今不傳。

【鐵琴銅劍樓藏書目錄】卷十四醫家類　《鍼灸資生經》七卷。元刊本。不著撰人。案嘉定庚辰徐正卿序,謂東嘉王叔權作,則宋時人也。目錄前有"廣勤堂刊"一行。其第一卷專論人身諸穴,第二卷以下列鍼灸諸法。其銅人圖式,非獨正背,兼具側形。考《唐志》有《黄帝十二經偃側人圖》十二卷,此或其遺法歟。卷首有"范文安藏書"、"張履和印"二朱記。

（三）序跋

1. 徐正卿序

《銅人》、《明堂》，黄帝、岐伯、鬼臾區留以活天下後世。自隔垣透膚之妙無傳，乃謂是能絕筋脈，傷血肉，至望而畏之。有疾則甘心於庸醫，百藥之俱試。不知病在巔者，必灸風池、風府，非桂枝輩所能攻；病在膺者，必灸刺魂門，雖枳實輩不能下。遂至於束手無策，豈不哀哉。近世朱肱、龐安常俱爲鍼法，許知可亦謂病當以刺愈。三衢鄒握虎以治法爲歌詩該括行，古聖賢活人之意賴以復傳。今東嘉王叔權又取三百六十穴，背面巔末，行分類别，以穴對病。凡百氏之說切於理，自己之見得於心者，悉疏於下。鍼灸之書至是始略備，古聖賢活人之意，至是始無遺憾。傳謂"爲人子者，不可不學醫"。予親年八十，精力強健，非賴此書耶。因俾醫衛世傑訂證，不傳見者十有八條，鋟木庾司，以補惠民之闕。時嘉定庚辰孟夏朔，承議郎提舉淮南東路常平茶鹽公事徐正卿序。據於《醫籍考》。《皕宋樓藏書志》、《溫州經籍志》亦載是序，然俱有誤脱，似乎不如《醫籍考》之佳。

2. 趙綸後序

予得倅澧陽，吏以圖經來迓。暇日閱之，見文籍之目，有《灸經》焉，意其非《明堂》，即《銅人》也。祗役以來，親故惠書，及士夫之經從者，多以印置此書爲託。扣其所以，乃前郡博士王君執中之所編著也。求其版則亡之矣，豈好事者攜之以去，或守藏者不謹而散逸之邪。然是經流僞既久，豈無存者，冥加搜訪，竟未得之。憶篋中有淮東庾使徐君正卿所刊《鍼灸資生經》，取而視之，其序引歷述東嘉王叔權發明編類之功，且謂"鍼灸之書至是始略備，古聖賢活人之意至是始無遺憾"，則知王君之用心亦仁且至矣。所謂叔權者，其王君之字歟。一日，出示醫諭劉澐。劉一見驚且喜曰：王君所刊正此書也，今之刻畫精緻，視昔有加。究所由來，蓋徐君嘗主民曹，於是邦得此書，歸而刊之耳。吁，是經也，王君首刊澧陽，今不復存。徐君繼刻之海陵，其存與否，又未可知。版之不存，則二君之志將遂湮微，豈不惜哉。予負丞於此，適攜以偕，殆非偶然者。亟命工鋟梓以廣其傳，使是書得不泯絕，其於衛生，豈曰小補。紹定四年四月望，朝散郎澧陽郡丞趙綸後序。據於《醫籍考》

3. 進表

昔神農嘗百草之味，以救萬民之疾；周官設疾醫之政，以掌萬民之病。著在簡編，爲萬世法。我宋勃興，神聖相授，咸以至仁厚德，涵養生類，且謂札瘥薦臻，四時代有，救恤之術，莫先方書。故自開寶以來，蚤敕近臣讎校《本草》，厥後纂次《神醫普救》，刊行《太平聖惠》，重訂《鍼艾俞穴》，校正《千金》、《外臺》，又作《慶曆善救》、《簡要衆濟》等方，以惠天下。或範金揭石，或鏤板聯編，是雖神農之用心，或成周之致治，無以過也。天錫神考睿聖，承統其好生之德，不特見於方論而已。又設"太醫局熟[藥]所"於京師，其恤民瘼，可謂勤矣。主上天縱深仁，孝述前列，爰自崇寧增置柒局，揭以"和劑"、"惠民"之名，俾夫修製給賣，各有攸司。又設"收買藥材所"，以革僞濫之弊。比詔會府，咸置藥局，所以推廣祖考之德澤，可謂曲盡。然自創局以來，所有之方，或取於鬻藥之家，或得於陳獻之士，未經參訂，不無舛訛，雖嘗鏤板頒行,未免傳疑承誤。故有藥味脱漏,銖兩過差,製作多不依經,祖襲間有僞妄,至於貼牓,謬戾尤多,殆不可以一二舉也。頃因條具,上達朝廷,繼而被命,遴選通醫,俾之刊正。於是請書監之秘文,採名賢之別錄,公私衆本,搜獵靡遺,事闕所從,無不研核。或端本以正末,或泝流以尋源,訂其訛謬,析其淆亂。遺佚者補之,重複者削之,未閲歲而書成,繕寫甫畢,謹獻於朝。將見合和者得十全之效,飲餌者無夰之疑。頒此成書,惠及區宇,遂使熙豐惠民之美意,崇觀述事之洪規,本末巨細,無不畢陳。納斯民於壽康,召和氣於穹壤,億萬斯年,傳之無極,豈不韙哉。將仕郎措置藥局檢閲方書陳承、奉議郎守太醫令兼措置藥局檢閲方書裴宗元、朝奉郎守尚書庫部郎中提轄措置藥局陳師文謹上。《皕宋樓藏書志》

注:按《四庫提要》云"舊本冠以徽宗崇寧中陳承、裴宗元、陳師文等校奏醫書一表,與序、與書,皆不相應"云云。今按此文,與《醫籍考》(一千七百五十頁)所載"大觀校正和劑局方進表"全相合,而其所述與是書之內容不相涉之一事者,已如《提要》之言。

4.廣勤堂刊記

古語云"有方不傳,謂之不孝"。西銘云"民吾同胞",痒疴疾痛,舉切諸身,服膺斯言,欲廣是心,卒莫能遂。昨家藏宋南渡後《新刊鍼灸四書》及《鍼灸資生經》,實上古聖賢活人之指南也。凡診視脈息,鍼灸俞穴,具在此中。然當世缺本,是用梓行,以每其傳,民胞之仁。三峯廣勤葉景達重刊。《皕宋樓藏書志》

(四)刊本

1.宋本

【攟壤集】下醫書 《資生經》

【四庫目略】子部醫家類 《鍼灸資生經》。宋嘉定庚辰徐正卿刊本。紹定四年趙綸重刊。

【郘亭知見傳本書目】醫家 《鍼灸資生經》。宋嘉定庚辰徐正卿刊本。紹定四年趙綸重刊。

2.元廣勤書堂本

【天曆本脈經】葉日增刊記 先以《鍼灸資生經》梓行矣。今復刻《脈經》,與衆共之。旹天曆庚午仲夏,建安葉日增誌於廣勤書堂。

【四庫書目邵注】卷十醫家類 《鍼灸資生經》七卷,宋王執中撰。《四庫》著錄係麻沙廣勤堂刻本,上欄外云"廣勤堂本"。近歸杭州丁氏,余從借得,景寫一本。孫詒讓記。

【鐵琴銅劍樓宋元本書影識語】卷三元子部 《鍼灸資生經》七卷。元刊本。嘉定庚辰徐正卿序,謂東嘉王叔權作,叔權當爲宋人。目錄前有"廣勤書堂刊"一行。元時建安書肆本也。卷首有"范文安藏書"、"張履和印"二朱記。

【結一廬書目】元板 《鍼灸資生經》七卷,宋王執中撰。元刊。八册。

【四庫目略】子部醫家 《鍼灸資生經》七卷。路小洲有元刊本。《四庫》著錄係麻沙廣勤堂刊本。

【郘亭知見傳本書目】卷八子部醫家　《鍼灸資生經》七卷。宋王執中撰。路小洲有元刊本。

【武林藏書錄】卷下朱氏結一廬　麻沙刻《鍼灸資生經》

【重訂浙江公立圖書館保存類目錄】子部醫家類　《鍼灸資生經》七卷。宋王執中撰。廣勤堂新刊本。書首有“道光丙午十一月初十日吳興姚衡”墨筆記,書中有朱墨筆評點,及“雪逸鑑賞”、“雪逸”二印。八本。

注:按《經籍訪古志》,日本寬文九年所刊《鍼灸資生經》,全據明正統本,而有大德丁未蒲登辰序,云是書之刻,當在大德間歟。明正統刊本亦題廣勤堂所刊,蓋葉景達是葉日增之後歟。

3. 明正統刊本

【儀顧堂題跋】卷七　《鍼灸資生經》七卷。影寫明正統間廣勤書堂刊本,題曰“大監王公編”。每頁二十四行,每行二十二字。前有嘉定庚辰奉議郎提舉淮南東路常平茶鹽公事徐正卿序,目後有“正統十二年孟夏三峯景達詳咨”木記,卷末有“三峯廣勤葉景達重刊”一行,蓋明時麻沙刻本也。

【皕宋樓藏書續志】卷四　《鍼灸資生經》七卷。影寫元刊本。元大鑑王公執中編。

(次引徐正卿序、陳師文等進表、刊記等全文,並“三峯廣勤葉景達重刊”一行,今諸序之文載於序跋之條下。)

【經籍訪古志】補遺　《鍼灸資生經》七卷。明正統丁卯刊本,缺六、七、二卷。聿修堂藏。首載嘉定庚辰徐正卿序,目錄後題“廣勤書堂新刊”,又有“正統十二年孟夏三峯葉景達謹咨”木記,卷首有“大監王公編”五字。

按,張金吾《藏書志》載元板《脈經跋》云“先以《鍼灸資生經》梓行矣,今復刻《脈經》。時天曆庚午仲夏,建安葉日增誌於廣勤堂”。據此則此本蓋取原於元刊本已。

又按,寶素堂藏有舊抄善本,宜就而補此本之缺。又寬文九年所刊,全據此本。有大德丁未蒲登辰序,序後記“治狂猘所傷一則”六行。又有弘治甲子劉氏安正堂刊本,寄所寄樓藏,亦據此本。又有朝鮮國刊本,懷仙閣藏。

【善本書室藏書志】卷十六子部五醫家類　《鍼灸資生經》七卷。影寫元刊本。大監王公執中編。前有嘉定庚辰孟夏朔徐正卿序。又醫官陳承、裴宗元、陳師文進書表。上卷目錄後題曰“古語云,有方不傳,謂之不孝”云云。卷末題“三峯廣勤葉景達重刊”。

【江蘇第一圖書館覆校善本書目】子部醫家類　《鍼灸資生經》七卷,宋太監王執中。影鈔元刊本。有闕葉。二冊。

【江蘇省立國學圖書館圖書總目】子部方伎類　《鍼灸資生經》七卷,二冊。宋東嘉王執中,影鈔元刊本。

4. 明弘治刊本

【經籍訪古志】補遺明正統刊《鍼灸資生經》　又有弘治甲子劉氏安正堂刊本,寄所寄樓藏,亦據此本。

5. 寬文九年刊本

【實素堂藏書目錄】內編醫經第四明堂孔穴　《鍼灸資生經》七卷,三冊。東井文庫舊藏,寬文九年刊本。此本寬文十三年葵所閑人校語。

【聿修堂藏書目錄】鍼灸　《鍼灸資生經》七卷,七冊。寬文九年刊本。

【經籍訪古志】補遺正統丁卯刊本鍼灸資生經　又寬文九年所刊,全據此本。有大德丁未蒲登辰序,序後記"治狂猘所傷一則"六行。又實素堂藏寬文本,有葵所閑人手校本。末補紹定四年四月望朝散郎澧陽郡丞趙綸後序,云"寬文十三年癸丑重九日葵所閑人書"。閑人,名親俊,爲橘一溪先生五世孫。趙跋諸本不載,或是據紹定刊本校正者,則亦得據以窺宋本之一斑,其爲宜貴重,不特名家手蹟所存已。

【觀海堂書目】篤字號　《鍼灸資生經》三本,七卷。日本古刻校本。

【內閣文庫圖書第二部漢書目錄】第三門子第六類醫家五鍼灸　《鍼灸資生經》七卷,目一卷。七冊。寬文九年刊。《鍼灸資生經》,同上。寬文九年刊。

6. 朝鮮刊本

【經籍訪古志】補遺正統丁卯刊鍼灸資生經　又有朝鮮國刊本,懷仙閣藏。

7. 四庫全書本

【四庫提要】卷一百零三子部十三醫家類一　《鍼灸資生經》七卷。兩淮鹽政採進本。舊本題"葉氏廣勤堂新刊",蓋麻沙本也。不著撰人名氏。前有嘉定庚辰徐正卿初刊序,又有紹定四年趙綸重刊序。舊本冠以徽宗崇寧中陳承、裴宗元、陳師文等校奏醫書一表。

【各省進呈書目】兩淮鹽政李呈送書目　《鍼灸資生經》七卷,宋王質中。六本。

【四庫館進呈書籍底簿】兩淮鹽政李呈送書目　宋王質中《鍼灸資生經》七卷,六本。

【壬子文瀾閣所存書目】卷三子部醫家類　《鍼灸資生經》七卷,四冊。計補鈔者三冊。舊鈔。存卷二、三。

8. 抄本

【八千卷樓書目】卷十子部醫家類　《鍼灸資生經》七卷,宋王執中撰文淵閣著錄。抄本。

【實素堂藏書目錄】內編明堂孔穴　《鍼灸資生經》七卷,宋王執中。一冊。古鈔《正統》刊本。《資生經》。古鈔(靈)[零]本一冊。

【聿修堂藏書目錄】鍼灸　《鍼灸資生經》七卷,七冊。影抄北條時賴金澤文庫本。宋王執中撰。

【經籍訪古志】補遺　《鍼灸資生經》七卷。舊抄本。寄所寄樓藏。每半板十行,行廿字。目錄分上下,不載序跋。按,此本第二卷、第三卷題名下影模"金澤文庫"印,蓋就文庫舊藏而影鈔者,原本殆即宋槧原刊乎。文字端正,尤可貴重。又按,實素堂藏有舊鈔善本,宜就而補此本之缺。謂此本則明正統刊本也。

【觀海堂書目】終字號　《資生經》四本,七卷。日本鈔本。《資生經》一本,一卷。日本鈔本。似字號　《鍼灸資生經》一本,二卷。日本古鈔本。

【故宫博物院書目】醫家　《鍼灸資生經》,王公,七卷四冊。日抄本。《鍼灸資生經》,王公,三卷一冊。日抄本。

【東京帝室博物館】漢書目錄　《鍼灸資生經》,宋王執中。有"金澤文庫"印。寫。二冊。和本。

【内閣文庫圖書第二部漢書目錄】第三門子第六類醫家鍼灸　《鍼灸資生經》七卷。第一、二卷缺。日本寫本。宋王執中編。六冊。

【静嘉堂文庫國書分類目錄】醫書　《鍼灸資生經》七卷,宋王執中編。寫。十萬卷樓舊藏本,二冊。

【中國醫學書目續編】鍼灸　《鍼灸資生經》七卷,七冊。八行,二十一字。欄高二十二釐,幅十五釐。宋王執中撰。影鈔文溯閣本。《提要》。

9.未詳本

【文淵閣書目】明　【菉竹堂書目】明　【古今醫統大全】明　【本草綱目】明　【醫藏書目】明　【脈望館書目】明　【近古堂書目】清　【也是園藏書目】清　【述古堂藏書目錄】清　【絳雲樓書目】清　【觀海堂書目】清　【浙江藏書樓甲編書目】清　【顧鶴逸藏書目錄】清　【觀聚方要補採摭書目】日　【醫方類聚】朝

一百零九、備急灸法宋聞人耆年撰

【實素堂藏書目錄】内編醫經明堂孔穴　《備急灸法》一卷,宋聞人耆年。一冊。影鈔淳祐乙巳刊本。

【經籍訪古志】卷七醫家類明堂經脈　《備急灸法》一卷。宋槧本。寄所寄樓藏。寶慶丙戌正月望杜一鍼、堉檇李聞人耆年述。首載淳祐乙巳正月朔孤學鄉貢進士孫炬卿序。行書。每半板十行,行二十四、五、六字。

【宋元本行格表】卷上十行子之屬　《宋本備急灸法》。行二十四、五、六字。《訪古志》。

【觀海堂書目】與字號　《備急灸法》一本,一卷。明本。淵字號　《備急灸法》一本,一卷。森氏開萬本。

【故宫博物院書目】醫家　《備灸急法》一卷,一冊。明本。《備急灸法》一卷,一冊。抄本。

【梁氏飲冰室藏書目錄】子部醫家類　《備急灸法》不分卷,宋張公焕撰。清光緒十六年十瓣同心蘭室影宋刻本,與《鍼灸擇日編集》合刻。二冊。又一部。

【國學用書類述】醫學類外科　《備急灸方》,附《鍼灸擇日編集》,宋聞人耆年。江寧藩署影宋本。日本影宋本。

【北京人文科學研究所藏書目錄】子部醫家類　《景宋本備急灸方》一卷。不著撰人名氏。光緒十七年上杭羅氏刊本。一函二冊。

【中國醫學書目】鍼灸四　《影宋本備急灸法》《增刻鍼灸擇日編集》合刻。一卷,一冊。十行,二十五字。欄高二十釐,幅十四釐。宋聞人耆年述,寶慶丙戌正月。光緒十六年刊。十瓣同心蘭室藏板。序,孫炬卿,淳祐乙巳。序,羅嘉杰,光緒十六年。於日本。附《騎竹馬灸法》孫炬卿附。附《竹閣經驗備急藥方》孫炬卿附。

序跋

1.題詞寶慶丙戌正月望　杜一鍼防禦壻檇李聞人　耆年述

古人云"凡爲人子而不讀醫書,是謂不孝",則夫有方論而不傳諸人者,寧不謂之不仁乎。然方書浩博,無慮萬數,自非夙昔究心,未易尋檢。本朝名醫團練使張渙著《雞峯普濟方》,外又立《備急》一卷,其方皆單行獨味、緩急有賴者。張公之用心,其可謂切於濟人者矣。僕自幼業醫,凡古人一方一技,悉講求其要。居鄉幾四五十載,雖以此養生,亦以此利人。僕今齒髮衰矣,每念施藥惠人,力不能逮,其間惠而不費者,莫如鍼艾之術。然而鍼不易傳,凡倉卒救人者,惟灼艾爲第一。今將已試之方編述成集,鋟木以廣其傳,施之無疑,用之有效,返死迴生,妙奪造化。其有稍涉疑難之穴,見諸圖畫,使抱疾遇患者,按策可愈,庶幾少補云。

2.序

余十有三歲而失所怙,母氏以教爲愛。踰四十無所成,自謂膝下之樂,有足以盡此身者。急抱終天之恨,淚涸而痛不定,試爲陳之:母氏素患頭風,歲十數作,作必嘔痰,加以昏眩。因得默齋撫幹叔父烏辛茶方,於是作少疏,雖作亦易愈。近時烏附不易得,每聞入京有便,必以買川烏爲先,或它出亦預合數服以進。前數年或鼻塞不通,或脾弱無味,隨證審方,儲材合劑,或丸或散,朝搆暮成,未嘗敢求諸市肆。然頭風則年餘不作矣,矧又飲食頓佽,但覺腳力微怯。歲旦家常茹素飯,則盡椀羹亦稱美。炬卿私謂,吾母今年七十而胃府如此,眉壽何疑者。越八日,忽有小紅粟粒發右耳旁,次日右頰右目頗腫,命醫視之,用藥敷貼,膿毒漸出。謂可徐徐抽減,謹重太過,專守頭面,不可妄施鍼砭之說,有令灸三里穴下抽者,醫持不可。未幾其腫愈堅,似瘡而根則大,名癤而反無膿,外不熱而內不疼,旬日後始寖甚矣。吾母坐謂炬卿曰:汝抄方嗜藥,胡爲不曉此證。倉忙中罔知所措,更醫亦云無策。母氏神識了然,以至不救。日月不居,俄至卒哭,客有攜示《蜀本灸經》與《竹馬灸法》者,備述剋驗。內有鬢疽丁瘡,乃知咸有灸法,而竹馬一法,則諸證無不治。痛哉痛哉。何嗟及矣。炬卿平時每慮風在頭目,猶謂老人脫有隱疾,可以延壽。幸而頭風已痊,又孰知危證之竊發,喜未幾而痛罔極哉。此所以仰天搥心而嘔血也。世有此方,吾不蚤得而見之,吾母不存而其方則存,其方存而後之人有蚤得而見之者,庶幾乎吾母雖無及,而猶及人也。遂與"烏辛茶方"併刊以傳焉。吾母山陰博古石氏也。淳祐乙巳五月朔,孤學鄉貢進士孫炬卿序。

3.序

韓昌黎曰"善醫者不視人之瘠肥,察其脈之病否而已矣。脈不病雖瘠不害,脈病而肥者死矣"。然世有癰疽發背之疾,其起也漸,其發也烈,人往往忽於微芒,而昧於不自覺,一旦發暴盛腫,猝不及治,若再誤於庸醫,靡有不戕其生者。至如窮鄉委巷，醫藥何求，奇疾乍嬰，徒嗟束手。余愧不知醫，每念及此，未嘗不怒焉傷之。貴陽陳衡山鹾尹，嗜古篤學，尤喜搜石渠金匱之書。曾於扶桑都市得南宋孫炬卿舊刻團練使張公渙所著《備急灸法》一卷，以畀余曰，此灸法中國不甚攬見，蓋以世失其傳，耳食者習焉不察，每易忽之，苟得此編，按圖點穴，如法炷灸，則消患未然，化艱爲易。其方藥味無多，見功綦速，誠爲濟世救人之寶筏。余嘗考鍼灸科居十三科之一，宋熙寧、元豐間特置提舉判官，設科以教之，當時已信行如斯，其應效有可想見者。細繹此卷，覺男女老少童穉，內外雜症，無不可療。其中騎竹馬灸法之良，更他人所未及論。《抱朴子》云"百家之言，與經一揆。譬操水者，器雖小而救火同焉。猶施灸者，術雖殊而救疾均焉"。況返死回生，孰如灸法之神且速耶。良友鍼砭之投，何敢自秘，爰將原本，並余所得《鍼灸擇日編》一併付梓，俾廣流傳，亦以副衡山濟世深心。此二書流落東瀛垂數百歲，幾無知者，今復歸之中國，徧起沈痾，庶知廣陵散猶在人間也。光緒十六年歲次庚寅仲夏，上杭羅嘉杰少畊氏識於日本橫濱理廨。

注：按羅序以《備急灸法》爲團練使張公渙所著，梁氏《飲冰室目》亦從之，並非是。此事據耆年題詞而自明也。

一百十、騎竹馬灸法

【影宋本備急灸法】孫炬卿序　客有攜示《蜀本灸經》與《竹馬灸法》者，備述剋驗。內有癰疽丁瘡，乃知咸有灸法，而竹馬一法，則諸證無不治。遂與"烏辛茶方"併刊以傳焉。

注：按光緒十六年，十瓣同心蘭室所刊《影宋本備急灸法》中，附刻是書及《竹閣經驗備急藥方》者，蓋係孫炬卿所附。參看《備急灸法》之條下。

一百十一、外科灸法論粹新書宋徐夢符撰

【宋史藝文志】卷六醫家類　徐夢符《外科灸法論粹新書》一卷

一百十二、灸經背面相

【宋史藝文志】子類醫書類　《灸經背面相》二卷

一百十三、流注指微論金何若愚撰

一百十四、流注指微賦金何若愚撰

【流注指微賦】閻明廣序　近有南唐何公，務法上古，撰《指微論》。探經絡之賾，

原鍼刺之理，明營衛之清濁，別孔穴之部分。然未廣傳於世。又近於貞元癸酉間，收何公所作《指微鍼賦》一通，敘其首云，皆按《指微論》中之妙理，先賢秘隱之樞機。復增多事一百餘門，悉便於討閱者也。《愛日精廬藏書志》

【四庫全書提要】卷一百零五醫家類存目　《流注指微賦》一卷。《永樂大典》本。元何若愚撰。若愚爵里未詳。原註有云，《指微論》三卷，亦是何公所作。探經絡之賾，原鍼刺之理，明榮衛之清濁，別孔穴之部分。然未廣傳於世。於內自取義，以成此賦。則若愚先著《指微論》，又自約其義爲此賦，便記誦也。今《指微論》不傳，惟此賦載《永樂大典》中。

【醫籍考】八百零七頁　何氏若愚《流注指微賦》一卷。存。按，此賦載在於《子午流注鍼經》卷首，題云"南唐何若愚撰，常山閻明廣註"。考賦中有"范九思療咽於江夏，聞見言希"之語，蓋范宋嘉祐中人，然則此非南唐人所撰者。《提要》以爲元人，當又有所據。

【愛日精廬藏書志】卷二十二鍼灸四書　《流注指微賦》，金南唐何若愚撰集，常山閻明廣注。若愚、明廣，仕履俱未詳。案序云"近有南唐何公撰《指微論》"。又云"近於貞元癸酉收何公所作《指微賦》"。貞元癸酉，金海陵王貞元元年也。則若愚、明廣俱金人可知，賦後即附明廣《子午流注鍼經》，合三卷。

注：按《鍼灸聚英》卷四載《流注指微賦》，其後云"右《流注指微賦》，竇桂芳撰次"。《四庫提要》、《醫籍考》並云何若愚所撰。據閻序而考，後說爲是。意高武從《鍼灸四書》中輯錄此賦，以《四書》之編者誤賦之撰者而已。

又按，《四庫提要》以若愚爲元人，《醫籍考》亦贊之。然閻序既云"近有南唐何公，務法上古，撰《指微論》"。又云"又近於貞元癸酉間，收何公所作《指微鍼賦》一通"。蓋若愚是金中世人。賦中所云"范九思療咽"之一節，亦其證耳。《愛日志》稱"金南唐何若愚撰集"，當是定論也。

序跋

閻明廣流注指微賦序

竊以幼習醫業，好讀《難》、《素》，辭理精微，妙門奧旨，古今所難而不易也。是以鍼刺之理，尤爲難解。是以博而寡要，勞而少功，窮而通之，積有萬端之廣。近世指病(真)[鍼]刺，不務法者多矣。近有南唐何公，務法上古，撰《指微論》，探經絡之原，賾鍼刺之理，明營衛之清濁，別孔穴之部分。然未廣傳於世。又近於貞元癸酉間，收何公所作《指微鍼賦》一通，敘其首云，皆按《指微論》中之妙理，先賢秘隱之樞機。復增多事一百餘門，悉便於討閱者也。非得《難》、《素》不傳之妙，孰能至此哉。廣不度荒拙，隨其意韻，輒伸短說，採群經爲之注解。廣今復採《難》、《素》遺文，賈氏井滎六十種法，布經絡往還，附鍼刺孔穴部分，鈐括圖形，集成一義，目之曰《流注經絡井滎圖歌訣》，續於賦後。非顯不肖之狂述，故明何氏之用心致念於人也。自慮未備其善，更俟明智，仍懇續焉。常山閻明廣序。《愛日精廬藏書志》

一百十五、子午流注鍼經流注經絡井滎圖歌訣

【流注指微賦】閻明廣序　近於貞元癸酉間，收何公所作《指微鍼賦》一通，敘其首云，皆按《指微論》中之妙理，先賢秘隱之樞機。復增多事一百餘門，悉便於討閱者也。非得《難》、《素》不傳之妙，孰能至此哉。廣不度荒拙，隨其意韻輒伸短説，採群經爲之注解。廣今復採《難》、《素》遺文，賈氏井滎六十種法，布經絡往還，附鍼刺孔穴部分，鈐括圖形，集成一義，目之曰《流注經絡井滎圖歌訣》。

注：閻序全文，見於《流注指微賦》之條下。按，所謂《子午流注鍼經》者，何若愚《指微鍼賦》、閻明廣《流注經絡井滎圖歌訣》，併二書而名也。其詳見於《鍼灸四書》，並《流注指微賦》之條下。

【鍼灸四書】竇桂芳序　至元丙子以來，余挾父術遊江淮，得遇至人，授以鍼法，且以《子午流注鍼經》、竇漢卿《鍼經指南》三書見遺。拜而受之，珍藏玩味，大有進益。（中略）已驗《指南》之書，牛提舉所刊竇漢卿《鍼經》，二本參究，訂誤補遺。與《子午流注鍼經》及家世所藏《黄帝明堂灸經》、莊季裕所集《灸膏肓穴法》，四者之書，三復校正，一新板行，目是書曰《鍼灸四書》。

【愛日精盧藏書志】卷二十二影寫元刻本鍼灸四書　《流注指微賦》，賦後即附明廣《子午流注鍼經》，合三卷。

【經籍訪古志】補遺鍼灸四書　《新刊子午流注鍼經》三卷，南唐何若愚撰，常山閻明廣注。《子午流注》目錄後有"成化癸巳羅氏竹坪書堂新刊"木記。

【圖書寮漢籍善本書目】卷三子部醫家類　《新刊子午流注鍼經井滎諞訣》二卷，附錄三卷。一册。明刊本。

一百十六、鍼經金李慶嗣撰

【世善堂藏書目錄】卷下醫家鍼灸　《鍼經》一卷。李慶嗣。

【千頃堂書目】卷十四醫家補金　《鍼經》一卷。李慶嗣。

【補遼金元藝文志】子部醫方類　金李慶嗣《鍼經》一卷。洛州人。

【補三史藝文志】子部醫家類　《鍼經》一卷，李慶嗣。

【補元史藝文志】卷三　《李慶嗣鍼經》一卷

注：李慶嗣傳，《金史》卷一百三十一列傳第六十九《方伎》云：李慶嗣，洛人，少舉進士，不第，棄而學醫。讀《素問》諸書，洞曉其義。天德間歲大疫，廣平尤甚，貧者往往闔門臥病。慶嗣攜藥與米遺之，全治者衆。慶嗣年八十餘，無疾而終。所著《傷寒纂類》四卷，《改證活人書》三卷，《傷寒論》三卷，《鍼經》一卷，傳於世。

今按，《醫籍考》引此文，少有錯誤，"天德"作"大德"，"改證"作"攷證"，"三卷"作"二卷"，而注文亦有衍矣。

一百十七、潔古雲岐鍼法金張元素撰

【鍼灸聚英】集用書目　《濟生拔萃》十九卷，一卷。□。《鍼經節要》二卷。□。《潔古雲岐鍼法》、《竇氏流注》三卷。《鍼灸摘要》，□。鍼法以倣古制也。

【叢書舉要】卷十二濟生拔萃　《潔古雲岐鍼法》，張元素。

【中國醫學書目續編】鍼灸　《潔古雲岐鍼法》內題"雲岐子論經絡迎隨補寫法"。一卷。十二行二十四字。欄高十六·八釐，幅十一·二釐。不著撰者名氏。景元刻本《濟生拔萃》之內。

一百十八、鍼經指南(竇太師鍼灸、八穴真經)金竇傑撰

【鍼經指南】朱良能序　余先人心友竇先生，以鍼法活人甚多，嘗著《八穴真經》。余於壬辰冬被旨來南，遍歷閩中諸郡，求其所謂《鍼法》者，皆不獲。舊篋中得先生之遺書，敬用鋟梓，以廣其傳。先生名傑，字漢卿，古肥鄉人。

【鍼灸聚英】集用書目　《鍼經指南》，古肥竇漢卿所撰。首《標幽賦》，次《定八穴指法》及《叶蟄宫圖》，頗於《素問》有不合者。

【文淵閣書目】卷十五醫書　《鍼經指南》一部一冊。闕。

【菉竹堂書目】卷五醫書　《鍼經指南》一冊。

【古今醫統大全】卷一採摭諸書　《竇太師鍼灸》。一名《鍼灸指南》。名傑，字漢卿，爲金太師。

【醫藏書目】妙竅函目　《竇太師鍼法》。名傑，字漢卿。

【讀書敏求記】卷三子鍼灸　《太師鍼灸》一卷。《竇太師鍼灸》。傳於婺縣王鏡澤，共計一百二十八法。鈔錄於成化辛丑夏五月。藏書家未見有此本也。

【也是園藏書目】卷五子部鍼灸　《太師鍼灸》二卷

【述古堂藏書目】卷四醫書　《太師鍼灸》一卷。抄。

【愛日精廬藏書志】卷二十二鍼灸四書　《鍼經指南》，金竇傑撰。傑，字漢卿，肥鄉人。宋金時有兩竇漢卿，同時同名同字，而且同以醫顯。金之漢卿仕至太師，即撰《鍼經指南》者。宋之漢卿隱居不仕，即竇桂芳之父也。

【讀書敏求記校證】卷三之下　《太師鍼灸》一卷。《述古目》注"鈔"字。《竇太師鍼灸》傳於婺縣鈺案，今金華縣，元代爲婺州。此"縣"字爲"州"字之誤。王鏡澤，鈺案，"澤"當爲"潭"之誤。鏡潭，見上"竇太師注標幽賦"條。別有《增注醫鏡密語》一卷，見錢《補元志》。共計一百二十八法。鈔。刊本無"鈔"字。《補》、阮本、胡校本均有。錄於成化辛丑夏五月。藏書家未見有此本也。

【聿修堂藏書目錄】鍼灸　《鍼經指南》一卷，一冊。抄成化壬辰梓本。附明竇桂芳《鍼灸雜記》一卷。宋竇漢卿撰。

【元治增補御書籍目錄】醫家類鍼灸　《鍼經指南》一卷。附《灸膏肓腧穴法》一卷。明王月軒書。宋竇漢卿撰。

【經籍訪古志】補遺鍼灸四書·成化刊本寶素堂藏　《新刊竇漢卿編集鍼經指南》一卷,古肥竇漢卿撰次。附《鍼灸雜說》一卷,建安後學竇桂芳類次。

【醫籍考】七百九十八頁　竇氏傑《鍼經指南》一卷。存。熊均曰:竇傑,字漢卿,古肥人,官至太師。以醫家顯於世,得鍼灸法,遂著《鍼經指南》。

【圖書寮漢籍善本書目】卷三子部醫家類　《新刊竇漢卿編集鍼經指南》一卷,附錄二卷。一冊,鈔本。有附《鍼灸雜說》一卷、《新刊莊季祐編灸膏肓腧穴法》一卷。《鍼灸雜說》尾有"寫成化壬辰仲秋竹坪書堂新刊"木記。《灸膏肓腧穴法》尾署"天正二年甲戌春三月日書,大明國王氏月軒書"。前有"秘閣圖書之章"印記。《御書籍來歷志》所載本。《新刊子午流注鍼經井滎謌訣》二卷,附錄三卷。一冊。明刊本。附《新刊竇漢卿鍼經指南》一卷、《鍼灸雜說》一卷、《新刊莊季裕編灸膏肓腧穴法》一卷,合綴爲一冊,皆爲明刊本。《鍼灸雜說》尾有"成化壬辰仲秋竹坪書堂新刊"木記。

【帝室和漢圖書目錄】醫學和漢古方　《鍼經指南》,附《鍼灸雜記》、《灸膏肓腧穴法》。宋竇傑等。寫。一冊。

【內閣文庫圖書第二部漢書目錄】第三門子醫家鍼灸　《鍼經指南》,宋竇傑。日本寫本。一冊。

注:竇默傳,《元史》卷一百五十八列傳云:竇默,字子聲。初名傑,字漢卿,廣平肥鄉人。幼知讀書,毅然有立志。族祖旺,爲郡功曹,令習吏事,不肯就。會國兵伐金,默爲所俘。同時被俘者三十人,皆見殺,惟默得脫歸其鄉。家破,母獨存。驚怖之餘,母子俱得疾,母竟亡,扶病藁葬。而大兵復至,遂南走渡河,依母黨吳氏。醫者王翁妻以女,使業醫。轉客蔡州,遇名醫李浩,授以銅人鍼法。金主遷蔡,默恐兵且至,又走德安。孝感令謝憲子以伊洛性理之書授之,默自以爲昔未嘗學,而學自此始。適中書楊惟中奉旨招集儒、道、釋之士,默乃北歸,隱於大名,與姚樞、許衡朝暮講習,至忘寢食。繼還肥鄉,以經術教授,由是知名。世祖在潛邸,遣召之,默變姓名以自晦。使者俾其友人往見,而微服踵其後。默不得已,乃拜命。既至,問以治道。(中略)至元十二年,默年八十,公卿皆往賀。帝聞之,拱手曰:此輩賢者,安得請於上帝,減去數年,留朕左右,共治天下,惜今老矣。悵然者久之。默既老,不視事,帝數遣中使以珍玩及諸器物往存問焉。十七年,加昭文館大學士。卒年八十五。訃聞,帝深爲嗟悼,厚加贈賜。皇太子亦賻以鈔二千貫,命有司護送歸葬肥鄉。默爲人樂易平居,未嘗評品人物,與人居溫然儒者也。至論國家大計,面折廷諍,人謂汲黯無以過之。帝嘗謂侍臣曰:朕求賢三十年,惟得竇漢卿及李俊民二人。又曰:如竇漢卿之心,姚公茂之才,合而爲一,斯可謂全人矣。後累贈太師,封魏國公,諡文正。子履,集賢大學士。

序跋

1.朱良能鍼經指南序

人受陰陽以生,足一歲之日有三百六十,肢節亦分三百六十有五穴,象周天之度也。若稽古神聖,成天之功,立民之命,爰作鍼法。鍼某穴,療某病,手得之,心應之,非天下之至神,孰能與於此。盧扁尚無,此法罕傳。余先人心友竇先生,以鍼法活人甚多,嘗著《八穴真經》。演之爲論爲贊,鉤深索隱,披洩元蘊。後學之士,得此一卷□而熟讀之者,思過半矣。余於壬辰冬被旨來南,遍歷閩中諸郡,求其所謂《鍼法》者,皆不獲。舊篋中得先生之遺書,敬用鋟梓,以廣其傳。先生名傑,字漢卿,古肥鄉人,官至太師,以醫學傳於世。云時貞元註,貞元無乙未,疑元貞之訛元年歲次乙未良月,成和郎福建等處官醫提舉燕山朱良能致之序。《愛日精廬藏書志》

2. 無名氏鍼經指南序

夫醫者,以愈疾爲良。其愈疾之理,著妙乎鍼,故知鍼者,有决病之功、立效之能。且夫學鍼之士,宜審而刺之,莫縱巨膽,妄爲施設,非徒無益而又害之。要在定孔穴以精於心,是以取神功而應於手。信知除痾見於目下,决病在於手中。是以軒岐開端,越人知要。《素問》隱其奥,《難經》彰其妙。况爲鍼者,豈曰小補之哉。謹題。《愛日精廬藏書志》

一百十九、流注指要賦(通玄指要賦、竇太師流注)金竇傑撰

【衛生寶鑑】卷二十鍼法門　癸丑歲,與竇子聲先生隨駕在瓜忽都田地裡住。冬與先生講論,因視見《流注指要賦》及補瀉法,用之多效,今録於此,使先生之道不眠云云。

【鍼灸聚英】卷四通玄指要賦　右《流注指要賦》,羅謙甫謂竇子聲裁就,今自《衛生寶鑑》表録於此。所可疑者,舊註:牙齒痛,吕細堪治云。吕細,膀胱經,一名大谿。今按《資生經》、《千金》、《銅人》,俱無"太谿"爲"吕細"别名,而太谿爲足少陰腎經,非膀胱經也。《集用書目》。《濟生拔萃》十九卷,一卷□。《鍼經節要》二卷。□。《潔古雲岐鍼法》,《竇氏流注》三卷,《鍼經摘要》□,鍼法以倣古制也。延祐間杜思敬所撰者。

【述古堂藏書目】卷四醫書　《竇太師流注通元指要賦》一卷。抄。

【續彙刻書目】丙濟生拔萃方　《竇太師流注指要賦》

【叢書舉要】卷十二濟生拔萃　《竇太師流注賦》

【叢書書目彙編】十七畫濟生拔萃　《竇太師指要賦》

【季滄葦藏書目】宋元雜板書醫書　《竇太師通玄賦》

【中國醫學書目續編】鍼灸　《竇太師流注指要賦》一卷。十二行二十四字。欄高十六·六釐,幅十一·二釐。景元刻本《濟生拔萃》之内。

注:《醫籍考》七百九十八頁云,《李氏(源)[流]注指要》,佚。按右見於《醫學源流》。今按,《醫學源流》不云李源有此著,且據題辭而考,此賦爲竇傑所作明矣。

序跋

流注指要賦題辭《愛日精廬藏書志》作"竇傑流注指要賦後序"。《醫籍考》作"流注指要賦後序"。

望聞問切，惟明得病之源"惟"字《愛日志》、《醫籍考》並作"推"，"源"字《愛日志》作"原"；補瀉迎隨，揭示用鍼之要。予於是學，始迄於今《愛日志》、《醫籍考》並作"自古迄今"。雖常覆思以研精《愛日志》、《醫籍考》"覆"字並作"覃"，竟未鈎玄而賾隱"玄"字《愛日志》作"元"，"賾"字《愛日志》、《醫籍考》並作"索"。俄經傳之暇日，承外舅之訓言。竟未云及世紛《愛日志》、《醫籍考》並作"亡了世紛"，孰非兵擾其人也《愛日志》作"續罹兵擾"，《醫籍考》作"續推兵擾"。《醫籍考》注云：二句難解。《衛生寶鑑》作"云及世紛，孰非兵擾"，又似不爲義。神無依而心無定，或病之精必奪而氣必衰，兼方國因亂而隔殊"因"字《愛日志》、《醫籍考》並作"以"，醫物絕商而那得"醫"字《愛日志》、《醫籍考》並作"藥"。設方有效《愛日志》、《醫籍考》並闕此一句，歷市無求《愛日志》、《醫籍考》並作"訪歷市而求方"。不若砭功《愛日志》、《醫籍考》並作"效不若砭"，立排疾勢《愛日志》、《醫籍考》並作"力排疾勢"，乃以受教《愛日志》、《醫籍考》並作"既已受教"，遂敏求師。前後謹十七年"謹"字《愛日志》、《醫籍考》並作"僅"，曉會無一二輩《愛日志》、《醫籍考》並作"無一二真箇輩"。後避屯於蔡邑，方獲訣於李君"李君"下《愛日志》注云：名源，巨川。《醫籍考》注云：舊註名源，巨明。斯人以鍼道救疾也，除疼痛於目前，愈瘵疾於指下。信所謂伏如橫弩"橫"字《愛日志》、《醫籍考》並作"彍"，應若發機，萬舉萬全，百發百中者也。加以好生之念，素無竊利之心。嘗謂予曰，天寶不泄於非人《愛日志》、《醫籍考》並作"天寶不付於非仁"，聖道須傳於賢者。僕不自揆《愛日志》作"僕不揆"。《醫籍考》作"僕素不求揆"，遂伸有求之懇，獲垂無吝之誠《醫籍考》注云：三句舊多脫文，今據《衛生寶鑑》訂補。授穴之秘者四十有三《愛日志》、《醫籍考》"秘"字上並有"所"字，"三"字《醫籍考》作"二"，瘵疾而弗瘳者"瘵"字下《醫籍考》有注云：舊"瘵"訛作"聖"，今據《衛生寶鑑》改訂，萬千無一。遂銘諸心而著之髓，務極其困而扶其危"極"字《愛日志》作"拯"，《醫籍考》作"整"。而後除疼痛《愛日志》、《醫籍考》並無"痛"字迅若手拈"迅"字下《愛日志》、《醫籍考》並有"速"字，破結聚渙如冰釋《愛日志》無"聚"字，又"渙"作"奐"。夫鍼也者《愛日志》、《醫籍考》並作"夫鍼者也"，果神矣哉《愛日志》無"神"字。然念茲穴俞而或忘"而"字《愛日志》、《醫籍考》並作"以"，借其聲律則易記。輒裁八韻，賦就一篇。詎敢匿於已務"務"字《愛日志》、《醫籍考》並作"私"，庶共傳於同志。壬辰重九前二日謹題《濟生拔萃》本、《愛日志》、《醫籍考》並無"謹"字。《衛生寶鑑》

一百二十、標幽賦金竇傑撰

【鍼灸聚英】集用書目　《鍼經指南》，古肥竇漢卿所撰。首《標幽賦》，次《定八穴指法》及《叶蟄圖》，頗於《素問》有不合者。

【季滄葦藏書目】宋元雜板書醫書　《標幽賦》一本。抄。

【述古堂藏書目】卷四醫書　《竇太師注標幽賦》一卷。抄。

【也是園藏書目】卷五子部醫書　《竇太師注標幽賦》一卷

【近古堂書目】卷下醫家類　《標幽賦》

【絳雲樓書目】卷三醫書類　《標幽賦》，金太師竇漢卿著。

注：按高武《鍼灸聚英》卷四引"標幽賦"之全文，凡一千四百二十六言。其末附記曰"右《標幽賦》，竇漢卿所撰。今自《鍼經指南》表錄於此"云云。蓋《標幽

賦》原是《鍼經指南》之一部，而非獨行者也。

一百二十一、六十六穴流注秘訣金竇傑撰

【醫藏書目】鈔竅函　《六十六穴流注秘訣》一卷，竇文貞公。

注：《鍼灸聚英》卷四引“六十六穴陰陽二經相合相生養子流注歌”者，其註云“右六十六穴歌，竇桂芳原有七言叶句，今錄五言者，便於記誦也，其治證相同耳”。今按，《醫藏書目》所載者或此歟，唯作者與《聚英》所言不合，暫從《醫藏書目》所言而揭之。

一百二十二、竇默銅人鍼經密語金竇傑撰

【千頃堂書目】子部醫家類補元　《竇默銅人鍼經密語》一卷，又《標幽賦》，王鏡澤注。又《指迷賦》，又《瘡瘍經驗全書》十二卷。

【補遼金元藝文志】子部醫方類　《宋竇默銅人鍼經密語》一卷

【醫籍考】八百零三頁　《注銅人鍼經密語》一卷。佚。

一百二十三、指迷賦金竇傑撰

【千頃堂書目】卷十四醫家補元竇默銅人鍼經密語　又《指迷賦》

【補遼金元藝文志】子部醫方類　《宋竇默指迷賦》

一百二十四、標幽賦金王開撰

【千頃堂書目】卷十四子部醫家類補元竇默銅人鍼經密語　《標幽賦》，王鏡澤注。

【補遼金元藝文志】子部醫家類　《元竇默銅人標幽賦》，王鏡澤注。

【讀書敏求記】卷三　《竇太師注標幽賦》一卷，蘭江鏡潭王仁整集。鈔寫楪陋，墨敝紙渝，惜無善本是正之爲憾耳。

【讀書敏求記校證】卷三下　《竇太師注標幽賦》二《補》、《阮本》“二”作“一”。卷，《述古目》注“鈔”字。蘭江鏡潭王仁整集。鈔寫楪陋，墨渝紙敝。刊本、《阮本》作“墨敝紙渝”。惜無善本是正之爲憾耳。鈺案，竇默，字漢卿，肥鄉人。金末以醫自給。入元，官至昭文館大學士，卒賜太師，謚文正。見《元史》。錢《補元志》因著錄是書。《絳雲》自作“金太師”，殊誤。又案，《四庫存目》有《瘡瘍經驗全書》十三卷。《提要》云，舊本題宋竇漢卿撰。卷首署燕山。而申時行序乃稱爲合肥人。以瘍醫行於宋慶歷、祥符間，曾治太子疾愈，封爲太師。《提要》糾之而未舉《元史》爲證，且言《宋志》有《竇太師子午流注》一卷。今檢《宋志》，並無此書，館臣以誤滋誤，至爲可異。又《愛日志》有影寫元刊本《鍼灸四書》內《鍼經指南》一卷，題金竇傑，字漢卿，有

其子桂芳。至大辛亥序云，南北有漢卿，姓同字同，爲醫亦同。北之漢卿，官至太師。南之漢卿，隱居濟世云云。一竇漢卿，爲宋爲金爲元，離奇至此，洵屬異聞，似當以見《元史》者爲有據。

【醫籍考】八百零二頁　王氏開《重註標幽賦》。佚。《金華府志》曰，王鏡澤，名開，字啟元，蘭谿人。家貧好讀書，不遇於時，遂肆力醫道。遊大都竇太師漢卿之門二十餘年，悉傳其術以歸，竇公囑之曰：傳吾術以濟人，使人無病，即君之報我也。遇人有疾，輒施鍼砭，無不立愈。至元初，領楊州教授，以母老辭。所著有《重註標幽賦》，傳於世。子國瑞，孫廷玉，曾孫宗澤，皆克世其業云。

一百二十五、增注鍼經密語金王開撰

【醫籍考】八百零四頁　《王氏開增注鍼經密語》一卷。佚。貝瓊序略曰：皇元時，竇文貞公得丘長生之傳，大顯於中朝，而四方咸宗之，且推其所得，述《標幽》二賦行於世。後注《銅人鍼經密語》一卷，未成而沒。其徒有蘭谿王鏡潭及其子瑞菴者，增注而成之。則三百六十五穴之分，不可有一過不及之差，淵乎微哉。一日，瑞菴挾之訪予殳山，求序以冠其端。予讀之累日，爲之嘆曰：嗟乎，鍼灸爲醫之一耳，而書之浩繁，有不可勝窮者，皆非所以爲密也。夫觀室而不覩其密，則未造乎室；適道而不求其密，則未造乎道。補注《密語》，其用鍼之密奧乎。然其書闕而未廣也，鏡潭父子因文貞公之注，復詳之於後，則所謂"密語"者，既顯而不得闕矣。學者獲從而考之，則知其所慎，而見於治人者，是以冀夫十全之效，而無悞也已，故不辭而書其說。《清江文集》

一百二十六、王鏡潭鍼灸全書金王開撰

【醫藏書目】妙竅函　《王鏡潭鍼灸全書》一卷

一百二十七、鍼灸雜說宋竇桂芳撰

【鍼灸聚英】集用書目　《鍼灸雜說》，建安竇桂芳類次。取《千金》禁忌人□，一字不明，《醫籍考》作"神"。及《離合真邪論》，未能曲盡鍼灸之少。"少"字《醫籍考》作"妙"。

【經籍訪古志】補遺鍼灸四書·成化刊本竇素堂藏　《新刊竇漢卿編集鍼經指南》一卷，古肥竇漢卿撰次。附《鍼灸雜說》一卷，建安後學竇桂芳類次。按，聿修堂亦有一本，與此本不同，《鍼灸雜說》後有"成化壬辰仲秋竹坪書堂新刊"木記，比此本頗覺古色，惜有脫頁。

【圖書寮漢籍善本書目】卷三子部醫家類　《新刊子午流注鍼經井滎諝訣》二卷，附錄三卷。一冊。明刊本。附《新刊竇漢卿編集鍼經指南》一卷、《鍼灸雜說》一卷、《新刊莊季裕編灸膏肓腧穴法》一卷，合綴爲一冊，皆爲明刊本。《鍼灸雜說》尾

有“成化壬辰仲秋竹坪書堂新刊”木記。

【帝室和漢圖書目錄】醫學和漢古方鍼經指南　《鍼灸雜說》,宋竇傑等。寫,一冊之内。

一百二十八、鍼灸四書宋竇桂芳編

【愛日精廬藏書志】卷二十二子部醫家類　《鍼灸四書》八卷。影寫元刊本。元建安竇桂芳編。《文淵閣書目》著録,凡四種,一曰《流注指微鍼賦》,金南唐何若愚撰集,常山閻明廣注。若愚、明廣,仕履俱未詳。案序云“近有南唐何公撰《指微論》”,又云“近於貞元癸酉收何公所作《指微鍼賦》”。貞元癸酉,金海陵王貞元元年也,則若愚、明廣俱金人可知。賦後即附明廣《子午流注鍼經》,合三卷。一曰《鍼經指南》,金竇傑撰。傑,字漢卿,肥鄉人。宋金時有兩竇漢卿,同時同名同字,而且同以醫顯。金之漢卿仕至太師,即撰《鍼經指南》者。宋之漢卿隱居不仕,即竇桂芳之父也。一曰《黄帝明堂灸經》,凡三卷。一曰《灸膏肓腧穴法》一卷,宋清源莊綽季裕撰。《宋史藝文志》著録。合四種爲《鍼灸四書》,凡八卷。桂芳序後有“皇慶壬子中元燕山活濟堂刊”木記。

竇桂芳《鍼灸四書序》,閻明廣《流注指微賦序》,無名氏《鍼經指南序》,朱良能《鍼經指南序》,竇傑《流注指要賦後序》,無名氏《明堂灸經序》,莊綽《灸膏肓腧穴法序》。以上諸序,《愛日志》載其全文,今皆收各書之條下,而不重録於此焉。

【經籍訪古志】補遺　《鍼灸四書》。成化刊本。寶素堂藏。《新刊子午流注鍼經》三卷,南唐何若愚撰,常山閻明廣注。《新刊黄帝明堂灸經》三卷。序云“至大辛亥春月燕山活濟堂刊”。《新刊竇漢卿編集鍼經指南》一卷,古肥竇漢卿撰次。附《鍼灸雜說》一卷,建安後學竇桂芳類次;《新刊莊季裕編灸膏肓腧穴法》一卷,清源莊綽季裕編。跋云“建炎二年”。《子午流注》目録後有“成化癸巳羅氏竹坪書堂新刊”木記。按,聿修堂亦有一本,與此不同,《鍼灸雜說》後有“成化壬辰仲秋竹坪書堂新刊”木記,比此本頗覺古色,惜有脱頁。

【圖書寮漢籍善本書目】卷三子部醫家類　《新刊竇漢卿編集鍼經指南》一卷,附録二卷。一冊。鈔本。有附《鍼灸雜說》一卷、《新刊莊季裕編灸膏肓腧穴法》一卷。《鍼灸雜說》尾有“寫成化壬辰仲秋竹坪書堂新刊”木記。“灸膏肓腧穴法”尾署“時天正二年甲戌春三月書,大明國王氏月軒書”,首有“秘閣圖書之章”印記。《御書籍來歷志》所載本。《新刊子午流注鍼經井滎謌訣》二卷,附録三卷。一冊。明刊本。附《新刊竇漢卿編集鍼經指南》一卷、《鍼灸雜說》一卷、《新刊莊季裕編灸膏肓腧穴法》一卷,合綴爲一冊。皆爲明刊本。《鍼灸雜說》尾有“成化壬辰仲秋竹坪書堂新刊”木記。“灸膏肓腧穴法”尾墨書題“文化十二年八月十九日插架櫱草書室”。首有“劉元昕印”、“江戶醫學藏書之記”、“多紀氏藏書印”、“與住草屋”諸印記。

序跋

鍼灸四書序

鍼灸有劫病之功，其言信矣。鍼必明其孔穴，灸必定其尺寸。孔穴明，尺寸定，則膏之上，肓之下，何患乎厥疾之弗瘳歟。在昔孫公真人有曰“爲醫知藥而不知鍼，知鍼而不知灸，不足以爲上醫”。必也藥與鍼、灸三者俱通，始可與言醫已矣。余先君漢卿公，以藥與艾，見重於士大夫，如雨嵓吳憲與以借補憲司官醫助教之職，達齋游憲親爲書其藥室曰活濟堂。至元丙子以來，余挾父術遊江淮，得遇至人，授以鍼法，且以《子午流注鍼經》、竇漢卿《鍼經指南》三書見遺。拜而受之，珍藏玩味，大有進益。且喜其姓字、醫術與老君同也，因是作而言曰，南北有二漢卿，姓同字同而爲醫亦同也。北之漢卿，得時行道，鍼法精於八穴，以愈疾名顯於世，官至太師。南之漢卿，隱居求志，惟以藥與艾推，而積活人濟世之陰功。由是觀之則信矣。南北氣質之不同，而達則爲相，不達則爲醫，亦其志之出處異矣。今將面授鍼法，已驗《指南》之書，牛（注，《鍼經指南》有朱良能序，“牛”當作“朱”）提舉所刊《鍼灸四書》，樂與四方。竇漢卿《鍼經》二本，參究訂誤補遺，與《子午流注鍼經》及家世所藏《黃帝明堂灸經》、莊季裕所集《灸膏肓穴法》，四者之書，三復校正，一新板行。目是書曰，醫士共寶之，凡我同志，留心是書，則藥與鍼灸三者並通，庶可進而爲上醫之士，亦可無負於孫真人之垂訓歟。謹書以紀此書之本末云。至大辛亥，建安後學靜齋竇桂芳序。《愛日精廬藏書志》

附錄　鍼經鍼灸經

下記各書，所錄太簡，不記何代之著作，或是宋以前之書，依而暫一括揭焉。

【脈望館書目】辰字號子類二鍼灸　《鍼經》二本

【近古堂書目】卷下　《鍼經》

【絳雲樓書目】卷三醫書類　《鍼經》十卷

【天一閣藏書目錄】呂字號廚　《鍼灸經》一本

【傳是樓書目】子部醫家　《鍼灸經》一本

【振綺堂書目】卷一第十廚林抄本子類第一格　《鍼灸經》一册，不分卷。不著撰人。舊抄本。

【醫方類聚】引用書　《鍼灸經》。《鍼經》。

第五類　諸家醫經

一、黄帝外經

【漢書藝文志】方技醫經　《黄帝内經》十八卷。《外經》三十七卷。

二、扁鵲内經

三、扁鵲外經

【漢書藝文志】方技醫經　《扁鵲内經》九卷。《外經》十二卷。

【漢書藝文志條理】扁鵲内經　王氏考證,《史記》倉公師公乘陽慶,傳黄帝、扁鵲之脈書。王敎《八十一難經》曰,岐伯以授黄帝,黄帝歷九師以授伊尹。伊尹以授湯,湯歷六師以授太公。太公以授文王,文王歷九師以授醫和。醫和歷六師以授秦越人,秦越人始定立章句。

按,王子安氏言"秦越人始立章句",當有所受。若是則《扁鵲内外經》,即本《黄帝内外經》而引申發明之。今可考見者,唯《難經》及《鍼灸圖》二書。

四、白氏内經

五、白氏外經

六、旁篇

【漢書藝文志】方技醫經　《白氏内經》三十八卷。《外經》三十六卷。《旁篇》二十五卷。右醫經七家二百一十六卷。

【漢書藝文志條理】白氏内經外經旁篇　按,白氏不詳何人,自來醫家罕見著錄。其書大抵亦本黄帝、扁鵲《内外經》而申說之,故其《内經》卷數倍多於前。《旁篇》者,旁通問難之屬也。或統於白氏,或別爲一家。

又按,本志雜家:《伯象先生》一篇。《風俗通·姓氏篇》作"白象先生"。張澍輯注曰,伯,與白同。又《集韻》:白,音博陌切,與伯同。疑此"白氏"即岐伯,而稱伯氏者。此類醫經,皆黄帝、扁鵲、岐伯之所傳,而後如秦越人、倉公,亦皆引申發明之。

又按,是篇《黄帝内外經》爲一段,《扁鵲内外經》爲一段,《白氏内外經》及《旁篇》爲一段。凡三章段。

按,此云"七家"者,或以《外篇》及《旁篇》所作非一人,故别爲一家。今仍其舊。篇數則溢出四十一卷,今校定當爲七家一百七十五卷。

七、岐伯經

【隋書經籍志】子部醫方　《岐伯經》十卷

注:按《唐志》、《宋志》有《岐伯鍼經》、《灸經》各一卷之目,不知與是書有何關係耶否。

八、黄帝岐伯經

【太平御覽】引書目　《黄帝岐伯經》

第六類　五藏

一、五藏論

【隋書經籍志】子部醫方　《五藏論》五卷

【通志藝文略】醫方類下五藏　《五藏論》五卷　見《隋志》

二、五藏論

【舊唐書經籍志】丙部子類經脈類　《五藏論》一卷

【唐書藝文志】子錄明堂經脈類　《五藏論》一卷

【宋史藝文志】子類醫書類　《五藏論》一卷

【日本國見在書目錄】醫方家　《五藏論》一

【醫方類聚】引用書　《五藏論》

【襍病廣要採摭書目】　《五藏論》唐缺名

【觀海堂書目】蘭字號　《五藏論》一本，一卷。日本本。《五藏論》、《龍樹眼論》共一本卷。日本抄本。

注：右所引《醫方類聚》、《雜病廣要》，並不記卷數，暫列於此。

三、五藏決

【隋書經籍志】子部醫方　《五藏決》一卷

【舊唐書經籍志】子類經脈類　《五藏訣》一卷

【唐書藝文志】子錄明堂經脈類　《五藏訣》一卷

【通志藝文略】醫方類下五藏　《五藏訣》一卷

四、府藏要

【隋書經籍志】卷三子部醫方　《醫方論》七卷　梁有《府藏要》三卷。亡。

五、五藏論應象唐吳兢撰

【唐書藝文志】丙部子錄醫術類　吳兢《五藏論應象》一卷

【崇文總目輯釋】卷三醫書類　《五藏論應象》一卷，吳兢撰。
【通志藝文略】醫方類下五藏　《五藏論應象》一卷，唐吳兢撰。
【宋史藝文志】子類醫書類　吳兢《五藏論應家象》一卷

注：吳兢傳，《舊唐書》卷一百二列傳云：吳兢，汴州浚儀人也。勵志勤學，博通經史。宋州人魏元忠、亳州人朱敬則，深器重之。及居相輔，薦兢有史才，堪居近侍，因令直史館，修國史。累月，拜右拾遺內供奉。神龍中，遷右補闕。與韋承慶、崔融、劉子玄撰《則天實錄》成，轉起居郎。俄遷水部郎中，丁憂還鄉里。開元三年服闋，抗疏言曰：臣修史已成數十卷，自停職還家，匪忘紙札，乞終餘功。乃拜諫議大夫，依前修史。俄兼修文館學士，歷衛尉少卿、右庶子，居職殆三十年。敘事簡要，人用稱之。末年傷於太簡，國史未成。十七年，出爲荆州司馬，制許以史稿自隨。中書令蕭嵩監修國史，奏取兢所撰國史，得六十五卷。累遷台、洪、饒、蘄四州刺史，加銀青光祿大夫，遷相州長[史，封襄]垣縣子。天寶初改官名，爲鄴郡太守，入爲恒王傅。兢嘗以梁、陳、齊、周、隋五代史繁雜，乃別撰《梁》、《齊》、《周史》各十卷，《陳史》五卷、《隋史》二十卷，又傷疏略。兢雖衰耗，猶希史職，而行步傴僂，李林甫以其年老不用。天寶八年，卒於家，時年八十餘。兢卒後，其子進兢所撰《唐史》八十餘卷，事多紕繆，不逮於壯年。兢家聚書頗多，嘗目錄其卷第，號《吳氏西齋書目》。《唐書》卷一百三十二吳兢傳，今不錄。

六、五藏論

【通志藝文略】醫方類下五藏　吳兢《五藏論》五卷

七、五藏論唐裴璡撰

【唐書藝文志】丙部子錄醫術類　裴璡《五藏論》一卷
【崇文總目輯釋】卷三醫書類　《五臟論》一卷，原釋：裴進撰。
【通志藝文略】醫方類下五藏　裴璡《五藏論》七卷，唐裴璡撰。

八、五藏類合賦唐劉清海撰

【唐書藝文志】丙部子錄醫術類　劉清海《五藏類合賦》五卷
【崇文總目輯釋】卷三醫書類三　《五藏類合賦》五卷，劉清海撰。
【通志藝文略】醫方類五藏　《五藏類合賦》五卷，唐劉清海撰。
【宋史藝文志】子類醫書類　劉清海《五藏類合賦》一卷

九、五色傍通五藏圖唐裴王廷撰

【唐書藝文志】丙部子錄醫術類　裴王廷《五色傍通五藏圖》一卷

【崇文總目輯釋】卷三醫書類三　《五色旁通五藏圖》一卷，裴王廷撰。

【通志藝文略】醫方類下五藏　《五色傍通五藏圖》一卷，唐裴(光庭)[王廷]撰。

【宋史藝文志】子類醫書類　裴王廷《五色(旁)[傍]通五藏圖》一卷

十、藏府通元賦唐張文懿撰

【唐書藝文志】丙部子錄醫術類　張文懿《藏府通元賦》一卷

【崇文總目輯釋】卷三醫書類　《臟府通元賦》一卷，張文懿撰。

【通志藝文略】醫方類下五藏　《藏府通元賦》一卷，唐張文懿撰。

【宋史藝文志】子類醫書類　張文懿《藏府通玄賦》一卷

十一、五藏鏡源唐段元亮撰

【唐書藝文志】丙部子錄醫術類　段元亮《五藏鏡源》四卷

【崇文總目輯釋】卷三醫書類　《五臟鑑元》四卷，段元亮撰。侗按，《唐志》"鑑"作"鏡"，此避嫌諱說，見前。《宋志》注云："鑑元"一作"鑑原"，"元亮"一作"允亮"。

【通志藝文略】醫方類下五藏　《五藏鑑元》四卷，唐段元亮撰。

【宋史藝文志】子類醫書類　段元(一作允)亮《五藏鑑元(一作原)》四卷。

十二、明堂五藏論

【燉煌石室醫方書類纂】脈經臟論及灸經　《明堂五藏論》。附《七表八裡》、《三部脈全》、《青烏子脈法》。《巴里目錄》三六七五。高二十八·八釐。長五十六·八釐。紙質厚白，表裡二面，胡蝶裝。中半以下文字不精整。

十三、五藏論

【燉煌石室醫方書類纂】脈經臟論及灸經　《五臟論》。殘闕。《巴里目錄》二三七八。高二十六·六釐，長一百三十六釐。紙黃。書體疏拙，結尾有餘白，背面有道教問答書，其書典佳。

2478、Au recto, texte taoiste、Au verso, notes médicales faisant partie du《五臟論》

注：本書雖題而謂之《五臟論》，内容屬於醫方，而絕無涉於内景臟腑之說。

十四、神農五藏論

【崇文總目輯釋】卷三醫書類　《神農五藏論》一卷

【通志藝文略】醫方類下五藏　《神農五藏論》一卷

【宋史藝文志】子類醫書類　《神農五藏論》一卷

十五、黄帝五藏論

【崇文總目輯釋】卷三醫書類　《黄帝五臟論》一卷

【通志藝文略】醫方類下五藏　《黄帝五藏論》一卷

【宋史藝文志】子類醫書類　《黄帝五藏論》一卷

十六、岐伯精藏論

【通志藝文略】醫方類下五藏　《岐伯精藏論》一卷

注:《文淵》、《菉竹》二書目,有《岐伯五藏論》,未知與本書有關否。

十七、元女五藏論

【通志藝文略】醫方類下五藏　《元女五藏論》一卷

十八、張仲景五藏論

【崇文總目輯釋】卷三醫書類　《五臟論》一卷。原釋:張仲景撰。見天一閣鈔本。

【通志藝文略】醫方類下五藏　《張仲景五藏論》一卷

【補後漢書藝文志】卷三子類醫書類　《張仲景五藏論》一卷。《崇文總目》:《五藏論》一卷,張仲景撰。

十九、五藏榮衛論

【崇文總目輯釋】卷三醫書類　《五臟榮衛論》一卷

【通志藝文略】醫方類下五藏　《五藏榮衛論》一卷

【宋史藝文志】子類醫書類　《張仲景脈經》一卷。又《五藏榮衛論》一卷。

二十、耆婆五藏論

(一)出典

【崇文總目輯釋】卷三醫書類　《耆婁五臟論》一卷

【通志藝文略】醫方類下五藏　《耆婆五藏論》一卷

【宋史藝文志】子類醫書類　《耆婆五藏論》一卷

【普魯西學士院所藏中央亞細亞出土文書目錄】　《焉婆五臟論》。殘缺。

注：黑田源次著《普魯西學士院所藏中央亞細亞出土醫書四種》《支那學》第七卷第四號參照。

(二)考證

【婦人良方】卷十胎教門　《五臟論》有稱耆婆者，論一月如珠露，二月如桃花，三月男女分，四月形象具，五月筋骨成，六月毛髮生，七月遊其魂，兒能動左手。八月遊其魄，兒能動右手。九月三轉身，十月受氣足。中略今推究數說之理，如《五臟論》者，類皆淺鄙不經，往往妄託其名。至於三藏佛書，且語涉恠誕，漫不可考。《四庫》本

【醫籍考】五百四十九頁　《耆婆五藏論》，《崇文總目》一卷。存。按，《醫方類聚》所載《五藏論》，篇首"生育說"，與陳氏《婦人良方》所引同。其藥名之部，及五常之體，其文理殆類《雷公炮炙論序》，體製古樸，似非唐以後之書也。且有"黃帝爲醫王耆婆童子，妙述千端，又稟四大五常，假合成身"等語，則所謂託名於《耆婆三藏》者，而《崇文總目》所載是也。弟茝庭從《類聚》中錄出，別爲一卷。

(三)刊本

【躋壽館醫籍備考】　《耆婆五藏論》一卷，一冊，唐佚名氏撰。《醫方類聚》採輯本。

【寶素堂藏書目錄】內編醫經第三藏象脈候　《五藏論》一卷，唐闕名。《醫方類聚》輯本一冊。又。同上。喜教諭(1)校刊活字本。

［郭注］

(1)喜教諭，即喜多村直寬(1804～1876)，名直寬，字士栗，通稱安齋，後襲父稱安正，號栲窻，堂號學訓堂。江户時代考證派學人。十八歲入江户醫學館習醫，三十八歲擔任醫學教諭。任侍醫，敘法印。重視古典書籍之傳播，并出資親自創製簡易木活字版(聚珍版)印刷法，於家塾"學訓堂"從事出版事業。曾翻刻《醫方類聚》及《太平御覽》等大著，世稱"學訓堂聚珍版"。自著《傷寒論疏義》、《金匱玉函要略方論疏義》、《晉唐名醫方選》等傳世。

【觀海堂書目】止字號　《耆婆五臟經》一本，一卷。鈔本。

二十一、諸家五藏論

【秘書省續編到四庫闕書目】卷二子類醫書　《諸家五藏論》五卷。闕。輝按，《宋志》有《黃帝五藏論》、《神農五藏論》。張向容《大五藏論》、《小五藏論》，趙業《黃庭五藏論》諸家，此其總編也。

【通志藝文略】醫方類下五藏　《諸家五藏論》五卷

二十二、大五藏論張尚容撰

【崇文總目輯釋】卷三醫書類　《大五臟論》一卷，張尚(客)[容]撰。
【通志藝文略】醫方類下五藏　《大五藏論》一卷，張尚(客)[容]撰。
【宋史藝文志】子類醫書類　張向容《大五藏論》一卷

二十三、小五藏論張尚容撰

【崇文總目輯釋】卷三醫書類　《小五臟論》一卷，張尚(客)[容]撰。
【通志藝文略】醫方類下五藏　《小五藏論》一卷，張尚(客)[容]撰。
【宋史藝文志】子類醫書類　張向容《大五藏論》一卷，又《小五藏論》一卷。

二十四、連方五藏論

【崇文總目輯釋】卷三醫書類　《連方五藏論》一卷
【通志藝文略】醫方類下五藏　《連方五藏論》一卷
【宋史藝文志】子類醫書類　《連方五藏論》一卷

二十五、五藏要訣

【崇文總目輯釋】卷三醫書類　《五臟要訣》一卷
【通志藝文略】醫方類下五藏　《五藏要訣》一卷
【宋史藝文志】子類醫書類　《五藏要訣》一卷

二十六、五藏含鑑論

【崇文總目輯釋】卷三醫書類　《五臟含鑑論》一卷。諸家書目，並不著撰人。
【通志藝文略】醫方類下五藏　《五藏含鑑論》一卷
【宋史藝文志】子類醫書類　《五藏金鑑論》一卷

二七、五藏旁通明鑑圖唐裴元靈撰

【崇文總目輯釋】卷三醫書類　《五臟旁通明鑑圖》一卷
【通志藝文略】醫方類下五藏　《五藏傍通明鑑圖》一卷，唐道士裴元靈撰。

二十八、五藏旁通導養圖唐孫思邈撰

【秘書省續編到四庫闕書目】卷二醫書　孫思邈《五藏旁通導養圖》一卷。闕。

輝按,《宋志》作《五藏旁通圖》。《崇文目》同,作《五藏旁通鑒圖》。

【通志藝文略】醫方類下五藏　《五藏傍通導養圖》一卷,孫思邈撰。

【宋史藝文志】子類醫書類　孫思邈《五藏旁通明鑑圖》一卷

二十九、醫門玉髓

【秘書省續編到四庫闕書目】卷二子類醫書　《玉髓經》一卷

【直齋書錄解題】卷十三醫書類　《醫門玉髓》一卷。不知作者,皆爲歌訣,論五藏六府相傳之理。

【文獻通考】經籍考醫家　《醫門玉髓》一卷。以下引陳氏之文,今略。

【宋史藝文志】子類五行類　《王齊醫門玉髓課》一卷

【古今醫統大全】卷一採摭諸書　《醫門玉髓》十卷。不知何人所作述。皆爲歌括,論五藏六府相愽恐"傳"之訛之理。

三十、五藏攝養明鏡圖

【秘書省續編到四庫闕書目】卷二醫書《五藏攝養明鏡圖》一卷。闕。

【通志藝文略】醫方類下五藏　《五藏攝養明鑑圖》一卷

【宋史藝文志】子類醫書類　《五藏攝養明鑑圖》一卷

三十一、五藏類纂

【秘書省續編到四庫闕書目】卷二醫書《五藏類纂》十二卷。闕。

【通志藝文略】醫方類下五藏《五藏類纂》十二卷

三十二、五藏賦

【秘書省續編到四庫闕書目】卷二子類醫書　《五藏賦》一卷。輝按,《新唐志》、《崇文目》有劉清海《五藏類合賦》五卷。《宋志》一卷,"類"作"須"。

三十三、歐希範五藏圖宋靈簡編

【郡齋讀書後志】卷二醫家類　《存真圖》一卷,右皇朝楊介編,比《歐希範五藏圖》過之遠矣。

【賓退錄】二百三十四頁　慶曆間,廣西戮歐希範及其黨,凡二日剖五十有六腹,宜州推官靈簡皆詳視之,爲圖以傳於世。王莽誅翟義之黨,使太醫尚方與巧屠共刳剝之,量度五藏,以竹(筳)[筳]導其脈,知所終始,云可以治病。然其說今不傳。

《說郛》卷十四

【劇談録】三十二—三十三　世傳《歐希範五臟圖》。此慶曆間杜杞待制治廣南賊歐希範所作也。希範本書生，桀黠有知數，通曉文法。嘗爲攝"攝"當作"推"官。乘元昊叛，西方有兵時，度王師必不能及，乃與黨蒙幹嘯聚數千人，聲搖湖南。朝庭遣楊畋討之，不得，乃以杞代。杞入境，即僞爲招降之説，與之通好。希範猖獗久，亦幸免，遂從之，與幹挾其酋領數十人皆至。杞大爲燕犒，醉之以酒，已乃執於坐上，翌日盡磔市，且使皆剖腹，刳其腎腸。因使醫與畫人，一一探索，繪以爲圖。用是遷侍當作"待"制，帥慶州。未幾，若有所覩。一夕登圊，勿臥於圊中，家人急出之，口鼻皆流血，微言"歐希範以拳擊我"。後三日竟卒。杞有幹略，亦知書，號能吏。歐陽永叔爲誌其墓。《學津討源》第十六集

【醫籍考】五百五十七頁　《吳氏簡歐希範五藏圖》，佚。楊介曰：宜賊歐希範被刑時，州吏吳簡令畫工就圖之以記，詳得其證。吳簡云：凡二日剖歐希範等五十有六腹，皆詳視之。喉中有竅三，一食，一水，一氣。互令人吹之，各不相戾。肺之下則有心肝膽脾，胃之下有小腸，小腸下有大腸。小腸皆瑩潔無物，大腸則爲滓穢，大腸之傍有膀胱。若心有大者，小者，方者，長者，斜者，直者，有竅者，無竅者，了無相類。唯希範之心，則紅而硾，如所繪焉。肝則有獨片者，有二片者，有三片者。腎則有一在肝之右微下，一在脾之左微上，脾則有在心之左。至若蒙幹多病嗽，則肺且膽黑。歐詮少得目疾，肝有白點。此又別内外之應。其中黃漫者，脂也。曾幻雲《史記標註》引《存真圖》

三十四、存真環中圖宋楊介編

【郡齋讀書後志】卷二醫家類　《存真圖》一卷，右皇朝楊介編。崇寧間，泗州刑賊於市，郡守李夷行遣醫并畫工往親，決膜摘膏（盲）［肓］，曲折圖之，盡得纖悉。介校以古書，無少異者，比《歐希範五藏圖》過之遠矣，實有益醫家也。王莽時，捕得翟義黨王孫慶，使太醫尚方與巧屠共刳剝之，量度五藏，以竹（筵）［筳］導其脈，知所終始，云可以治病。亦是此意。

【文獻通考】經籍考·醫家　《存真圖》一卷　以下引《讀書後志》，今略。

【鍼灸聚英】集用書目　《存真圖》一卷。晁氏謂楊介編。以下引《讀書後志》，今略。

【文淵閣書目】卷十五醫書　《存真圖》一部一冊。闕。

【菉竹堂書目】卷五醫書　《存真圖》一冊

【汲古閣毛氏藏書目録】醫家　《存真圖》一卷，宋楊介。

【醫籍考】五百五十九頁　楊氏介《存真圖》，《讀書後志》一卷，佚。楊介曰：黄帝時醫有俞附，一撥見病因，能割皮解肌，湔浣腸胃，以祛百病云。宜賊歐希範被刑時，州史吳簡令畫工就圖之記，詳得其狀，或以書考之則未完。崇寧中，泗［刑］賊於市，郡守李夷行遣醫并畫工往觀，決膜摘膏，曲折圖之，得盡纖悉。介取以校之，其自喉咽而下，心肺肝脾膽胃之系屬，小腸大腸腰腎膀胱之營壘，其中經絡聯附，水

穀泌别,精血運輸,源委流達,悉如古書,無少異者。僧幻雲《史記標註》引。

政和三年,洛陽賈偉節《存真環中圖序》曰:楊君介吉老以所見五藏之真,繪而爲圖,取煙蘿子所畫,條折而釐正之。又益之十二經,以存真、環中名之。同上。幻雲曰:存真,"五藏六府圖"也。環中,"十二經圖"也。王明清曰:楊介吉老者,泗州人,以醫術聞四方。《揮麈餘話》

三十五、内外二景圖宋朱肱撰

【遂初堂書目】醫書類　《内外景圖》

【宋史藝文志】子類醫書類　朱肱《内外二景圖》三卷

【脈望館書目】辰字號　《内外二景圖》

【近古堂書目】卷下醫家類　《内外二景圖》

【讀書敏求記校證】卷三下醫家　《内外二景圖》一卷。《述古目》注"抄"字。鈺案,《宋志》著錄作"二卷"。朱肱,吳興人,登進士科,鈺案,肱自號無求子,徽宗朝授醫學博士。深於醫。以上十二字刊本缺。阮本、胡校本均有。政和八年,刊本"年"下有"朱肱"二字。取嘉祐中丁德用畫左右手足、井滎刊本、阮本誤作"并滎"。俞鈺案,"俞"當作"腧"。經合原,鈺案,《經絡孔穴圖》云:所出爲井,所流爲滎,所注爲腧,所行爲經,所入爲合,所過爲原。見《銅人鍼灸腧穴經》。及石刊本"石"誤"右"。藏用畫任督二脈、十二經流刊本"流"誤"疏"。《補》、阮本、胡校本不誤。注,楊介畫心肺肝膽脾胃之系屬、大小腸膀胱之營壘,校其訛舛,補以鍼法,名曰《内外二景圖》。此係舊鈔,復以朱介刊本、阮本作"界"。其穴而標之,未知有刊本行世否。

【述古堂藏書目】卷四醫書　朱肱《内外二景圖》一卷。抄。

【也是園藏書目】卷五醫書　朱肱《内外二景圖》一卷

三十六、華佗玄門脈訣内照圖

【補後漢書藝文志】醫術經方類　《華佗玄門脈訣内照圖》一冊

【醫籍考】五百四十七頁　《華氏佗玄門脈訣内照圖》,《崇文總目》:一卷。存。按是書胡文煥所刻,題曰《華佗内照圖》,文字譌脱,殆不可讀。友人奈須玄盅恒德(1)所借一本,題曰《玄門脈訣内照圖》,卷末云"紹聖二年三月日秘閣秘書省正字臣沈銖校書"。據此,《崇文總目》所載即此書也。首篇有"欲知五藏之病,先須識脈訣"語,是所以名"脈訣"歟。卷後更有《新添長葛禹講師益之晉陽郭教授之才經驗》、《婦人産育小兒方》、《運氣節要》,是則後人所附也。《内照圖》所說理趣膚淺,其爲假托,不待辨而顯然矣。

[郭注]

(1)奈須玄盅(1774～1841),名恆德,號柳村。幕府醫官田澤玄丈次子,又爲幕府醫官奈須家之養子。初就學於江户醫學館,因意見分歧而退學,獨自鑽研,通曉日本古醫書及醫學史。治學獨闢蹊徑,喜持己見。編述醫史隨筆集《本朝醫談》

及《豹斑錄》等著作，并校訂出版《捧心方》等書。

刊本

1. 明代不明本

【文淵閣書目】卷十五醫書　《元門内照》一部一册。闕。

【古今醫統大全】卷一採摭諸書　《華佗内照》。圖五藏六府之形象。

【醫藏書目】無上函　《内照經》一卷，華佗。

【菉竹堂書目】卷五醫書　《元門内照》一册

【脈望館書目】辰字號子類二素問　《玄門内照圖》一本

【東醫寶鑑】内景篇卷一歷代醫方　《内照圖》，後漢華佗所著，字元化。

2. 明刊本

【鐵琴銅劍樓藏書目】卷十四子部醫家類　《新刊華佗元門脈訣内照圖》二卷。明刊本。題華佗編。集後有序云：圖左之註，宋人楊介撰。成化初，閣老彭文憲於秘籍中抄得，出以見授。蘭家世以醫行淮南，先伯子院判德明府君與蘭獲列官於朝，供奉御局者三十餘年，獲益於是書不少。因命二子本棐，重加校定梓之。是作序者名蘭，因序末一葉已失，其姓不可知矣。

3. 百名家書本

【叢書舉要】卷四十八百名家書　《華佗内照圖》一卷

【叢書書目彙編】六畫百名家書（明錢塘胡（交）[文]澳校刊）　《華佗内照圖》一卷

【聿修堂藏書目録】證治　《新刻華佗内照圖》一卷，一册。收在《百家名書》中。

4. 格致叢書本

【叢書舉要】卷四十九格致叢書　《華佗内照經》一卷

【叢書書目彙編】十畫格致叢書　《華佗内照經》一卷

5. 周氏醫學叢書本

【續彙刻書目】丙周氏醫學叢書初集　《内照法》一卷

【叢書舉要】卷十二周氏彙刻醫學叢書　《華元化内照法》

【叢書書目彙編】八畫周氏醫學叢書　《内照法》一卷

【國學用書類述】醫學類内經之屬中藏經　《内照法》一卷，魏華佗。清周學海校刻平津館本。

【揚州測海樓藏書目録】卷四子部醫家類　《内照法》一卷，漢華佗。《周氏醫學叢書》。

【杏雨書屋圖書假目録】華氏中藏經　《内照法》一卷，魏華佗（元化）著。光緒十七年（一八九一）刊。二册。

【中國醫學書目】病總Ⅱ四　《内照法》一卷，十一行二十一字。框高十五・五釐，幅十二・一釐。華佗。《周氏醫學叢書》之内。跋，周學海。

注：周學海跋云：按此卷原刻訛脱，不可讀。今檢《内經》諸書，略爲釐正如右，

而差錯仍多,無書可據,未敢輒改。錢塘胡氏《百名家書》、《格致叢書》兩書中有《華佗内照圖》、《内照經》各一卷,愧未得見也。學海又記。

6. 日本刊本

【寶素堂藏書目錄】内編醫經第三藏象脈候　《華佗内照圖》一卷,魏華佗。一冊。寬文八年重刊胡文煥校本。

【聿修堂藏書目錄】《新刻内照圖》二冊。寬永辛卯刻。

【内閣文庫圖書第二部漢書目錄】第三門子醫家方論　《華佗内照圖》二冊。寬永八年刊。《華佗内照圖》,青柳安真等校。寬永八年刊。二冊。

【杏雨書屋圖書假目錄】《新刻華佗内照圖》二卷,魏華佗(元化)著。明胡文煥校,寬永八年(一七一一)刊。二冊。

注:按右諸書目所載寬永、寬文之年號,恰寶永之衍歟。

7. 抄本

【寶素堂藏書目錄】内編醫經第三藏象脈候　《玄門脈訣内照圖》一卷,魏華佗。一冊。重鈔毛佐野醫人服部甫菴[1]家舊鈔本,體式與坊刻迥别。

[郭注]

(1)服部甫菴(1803～1892),奈須恒德之門人。輯《三喜備考》,著《造釀藥修治》。

【故宫博物院書目】醫家　《玄門脈訣内照圖》,漢華佗。二卷,一冊。日本鈔本。

【内閣文庫圖書第二部漢書目錄】第三門子醫家方論　《玄門脈訣内照圖》三卷。日本寫本。一冊。

8. 未詳本

【元治增補御書籍目錄】子部醫家類方論　《内照圖》無卷數,一冊,漢華佗撰。

注:《元門脈訣》一卷,出於《崇文總目》醫書類一。《宋以前醫籍考》脈經四十九參照。

三十七、黄庭内景經唐白履忠注

【唐書藝文志】子錄道家類神仙　白履忠注《黄庭内景經》卷亡

【太平御覽】引書目　《黄庭内景經》　《經史圖書綱目》同。

【崇文總目輯釋】卷四道書類　《太上黄庭内景玉經》一卷。(錫)[錫]鬯按,《東觀餘論·校正崇文總目》云:《黄庭經》,此特梁丘子注爾。

【通志藝文略】道家一　《黄庭内景經》一卷,唐白履忠注。

【宋史藝文志】卷四道家類　梁丘子注《黄庭内景玉經》一卷

【醫藏書目】玄通函目　《黄庭内景經》

【平津館鑒藏書籍記】卷二明板　《太上黄庭内景玉經》一卷。自"上清"至"沐浴"三十六章。《太上黄庭外景經》一卷,分上中下三篇,俱題"梁邱子注"。附《黄庭內景五藏六腑圖說》一卷，題“唐胡愔撰”。前有梁丘子“內景玉經序”。洪頤煊曰，《宋史藝文志》：梁邱子注《黄庭內景玉經》一卷，《黄庭外景經》一卷。《唐書·隱逸傳》：白履忠，汴州浚儀人，號梁邺子。萬曆癸未，喬懋敬刻。《黄庭內外景經注解序》，末有萬曆癸未程應魁、王圻跋。每葉十六行，行二十字。硃砂搨本，板心下有“黄鶴樓彫”四字。

【廉石居藏書記】內篇卷上諸子　《黄庭內景玉經》及《外景玉經》各一卷，《五藏六腑圖說》一卷。右題“太上黄庭內景玉經”、“太上黄庭外景玉經”各一卷，梁邱子注。前有梁邱子敘。《五藏六腑圖說》一卷。注云“按此《圖說》係唐胡愔撰，附梓以備參考”。後有明萬曆間王圻跋。朱印本。程應魁書，甚精好。按《舊唐書經籍志》始載《老子黄庭經》一卷。《文選注》亦引《老子黄庭經》。今《外景經》有“老子閒居，作七言解說，身形及諸神”，在“上有黄庭下關元”之前。證之《法帖》所傳王羲之書，文字互有異同。既據《舊唐志》、《文選注》稱“老子則起”二語，非後人妄加矣。《新唐志》有“白履忠注《黄庭內景經》”，注云“卷亡”。又有“女子胡愔《黄庭內景圖》一卷”。《隱逸傳》云：白履忠，汴州浚儀人，號梁邱子。景雲中爲校書郎，棄官去。《崇文總目》有《太上黄庭內景玉經》一卷、《黄庭外景玉經訣》一卷。又有《黄庭內景圖》一卷、《外景圖》一卷，胡愔撰。“醫書類”又有《黄庭內景五臟六腑圖》一卷，女子胡愔撰。即此是也。但白履［忠］注，不見於《崇文目》，而鄭樵《通志藝文略》兩載《黄庭內景經》，一爲梁邱子注，一爲白履忠注。又載《黄庭內景五臟六腑圖說》，作胡愔撰。不知白履忠即號梁邱子，可知鄭氏著書大率抄錄《書目》家文，不見原書，不加考核，其疏甚矣。吳淑《事類賦注》引《黄庭經》曰“鬱儀結鄰善相保”，注云：鬱儀、結鄰，日月之神也。又與梁邱子注文不同，似又有一人注此書者。此書爲晉人所書，《舊唐志》所載白履忠、胡愔皆是唐人。其書已古，甚可寶也。《四庫》館未及搜錄，俟他日彙呈乙覽云。

【天一閣書目】暑字號廚　《黄庭內景玉經訣》二本。破。

【道藏目錄】洞真部玉訣類　《黄庭內景玉經注》，梁丘子。

【享保以後大阪出版書籍目錄】　《黄帝內景經》一冊，作者晉王羲之。板元。本屋清左衛門。（唐物町四丁目）出願。安永六年六月許可。安永六年八月五日。

注：白履忠傳，《唐書》卷一百九十六《隱逸傳》一百二十一云：白履忠，汴州浚儀人。貫知文史。居古大梁城時，號梁丘子。景雲中，召爲校書郎，棄官去。開元十年，刑部尚書王志愔薦履忠博學守操，可代褚無量、馬懷索入閤侍讀，國子祭酒楊瑒又表其賢，召赴京師。辭病老，不任職。詔拜朝散大夫。乞還，手詔許游京師，徐返里閭。履忠留數月乃去。吳兢，其里人也，謂曰：子素貧，不霑斗米疋帛，雖得五品亦何益。履忠曰：往契丹入寇，家取排門夫，吾以讀書，縣爲免。今終身高臥，寬傜役，豈易得哉。

三十八、黄庭秘言內景經

【通志藝文略】道家一黄庭　《黄庭秘言內景經》一卷，尹真人注。

三十九、務成子注太上黄庭内景經

【通志藝文略】道家一黄庭　《太上黄庭内經》一卷,務成子注。

【宋史藝文志】卷四子部道家類附神仙　《務成子注太上黄庭内景經》一卷

四十、黄庭内景保生延壽訣

【通志藝文略】道家一黄庭　《黄庭内景保生延壽訣》一卷,務成子注。

四十一、太上黄庭内景玉經

【通志藝文略】道家一黄庭　《太上黄庭内景玉經》一卷,梁邱子注。

四十二、太上黄庭内景玉經

【通志藝文略】道家一黄庭　《太上黄庭内景玉經》六卷,五家注。

四十三、黄庭内景圖唐胡愔撰

【唐書藝文志】子録神仙　女子胡愔《黄庭内景圖》一卷

【崇文總目輯釋】卷四道書類　《黄庭内景圖》一卷　(錫)[錫]鬯按。《唐志》、《通志略》并作胡愔撰。考"醫書類三"有《黄庭内景五臟六腑圖》一卷,亦胡愔所著,或是一書。

【通志藝文略】道家一黄庭　《黄庭五藏内景圖》一卷　唐女子胡愔撰。

【宋史藝文志】卷四道家類　胡愔《黄庭内景圖》一卷

四十四、黄庭内景五臟六腑圖唐胡愔撰

【崇文總目輯釋】卷三醫書類　《黄帝内景五臟六腑圖》一卷,女子胡愔撰。侗按,舊本"内景"譌作"内府",今校改。陳詩庭云,《通志略》作"胡悟撰",誤。

【秘書省續編到四庫闕書目】卷二子類道書　胡愔撰《黄庭内景藏府圖》一卷。闕。

【通志藝文略】道家一黄庭　《黄庭内景五藏六府圖》一卷,胡悟撰。《黄帝内經五藏六腑補瀉圖》一卷。

【宋史藝文志】子類道家類神仙　《黄庭内景五藏六府圖》一卷,大白山見素女子胡愔撰。

【百川書志】卷十一神仙　《黄庭内景五藏六府圖》一卷,大白山見素女子胡愔撰。

【季滄葦書目】宋元雜板書　《黄庭内景五藏六府説》一本。抄。

【述古堂藏書目】卷四醫書　《黄庭内景五藏六府説》一卷。抄。

【孫氏書目】内篇卷二道家　《黄庭内景五臟六腑圖説》一卷,唐胡愔撰。明黄鶴樓硃砂搨本。

【平津館鑒藏書籍記】卷二明板　《太上黄庭内景玉經》一卷,《太上黄庭外景經》一卷,俱題"梁邱子注"。附《黄庭内景五藏六腑圖説》一卷,題"唐胡愔撰"。萬曆癸未喬懋敬刻。每葉十六行,行廿字。硃砂搨本。板心下有"黄鶴樓彫"四字。

【廉石居藏書記】内篇卷上諸子　《黄庭内景玉經》及《外景玉經》各一卷,《五藏六腑圖説》一卷。注云:按,此圖説係唐胡愔撰,附梓以備參考。後有明萬曆間王圻跋。朱印本。

【道藏】靈圖類國字號　《黄庭内景五臟六腑補瀉圖》一卷,胡愔述。

【叢書舉要】卷四九《格致叢書》　《内景五臟六腑説》一卷。卷六十《道書全集》,《黄庭經五臟六腑圖説》一卷。

【叢書書目彙編】十畫《格致叢書》　《内景五臟六腑説》一卷。十三畫《道書全集》,《黄庭經五臟六腑圖説》一卷。

【實素堂藏書目録】内編醫經第三藏象脈候　《黄庭五藏六府圖》一卷,唐胡(悦)[愔]。多紀元堅校定本。

【崇蘭館醫書目】針灸　《黄庭内景五臟六腑説》一卷,不著撰人名氏。一冊。收在《百家名書》中。

【醫方類聚】引用書　《五藏六府圖》

注:《崇文總目輯釋》卷四道書類《黄庭内景圖》一卷。注云:(錫)[鍚]鬯按,《唐志》、《通志略》並作胡愔撰。考"醫書類三"有《黄庭内景五臟六腑圖》一卷,亦胡愔所著,或是一書。

四十五、黄庭内景真形籙

【通志藝文略】道家一黄庭　《黄庭内景真形籙》一卷

四十六、黄庭五藏圖

【崇文總目輯釋】卷四道書類　《黄庭五臟圖》一卷

【通志藝文略】道家一黄庭　《黄庭五藏圖》一卷

【宋史藝文志】子類醫書類　《黄庭五藏六府圖》一卷

四十七、黄庭五藏道引圖

【崇文總目輯釋】卷四道書類　《黄庭五臟道引圖》一卷

【通志藝文略】道家一黄庭　《黄庭五藏道引圖》一卷

四十八、黃庭五藏論趙業撰

【崇文總目輯釋】卷三醫書類　《黃庭五臟論》七卷，趙業撰。

【通志藝文略】道家一黃庭　《黃庭五藏論》七卷，趙業撰。

【宋史藝文志】子類醫書類　趙業《黃庭五藏論》七卷

四十九、黃庭五藏經

【秘書省續編到四庫闕書目】卷二子類道書　《黃庭五藏經》一卷。闕。(重出)

【通志藝文略】道家一黃庭　《黃庭五藏經》一卷

【宋史藝文志】子類醫書類　《黃庭五藏經》一卷

五十、黃庭五藏論圖

【宋史藝文志】卷四道家類　《黃庭五藏論圖》一卷

五十一、大道存神五臟論

【崇文總目輯釋】卷四道家類四　《大道存神五臟論》一卷。《通志略》不著撰人。

注:《通志略》中無此目,《輯釋》之文有訛誤歟。

五十二、老子黃庭內視圖

【崇文總目】卷四道書類　《老子黃庭內視圖》一卷

【通志藝文略】道家一黃庭　《老子黃庭內視圖》一卷

【宋史藝文志】卷四道家類　《老子黃庭內視圖》一卷

五十三、上清黃庭五臟六腑真人玉軸經

【通志藝文略】道家黃庭　《黃庭五臟(道引)[真人]玉軸經》一卷

【道藏】正乙科　《上清黃庭五臟六腑真人玉軸經》

附一、黃庭外景經

【崇文總目輯釋】卷四道書類　《黃庭外景經》一卷。原釋:記天皇氏至帝嚳受道得仙事。(見《文獻通考》)

【宋史藝文志】子類道家類　《黃庭外景經》一卷

【平津館鑒藏書籍記】卷二明板　《太上黃庭內景玉經》一卷,《太上黃庭外景經》一卷,分上中下三篇,俱題"梁邱子注"。附《黃庭內景五藏六府圖說》一卷,題

"唐胡愔撰",前有梁邱子"内景玉經序"。萬曆癸未喬懋敬刻。"黄庭内外景經注解序",末有萬曆癸未程應魁、王圻跋。每葉十六行,行二十字。硃砂搨本,板心下有"黄鶴樓彫"四字。

【廉石居藏書記】内篇卷上諸子　《黄庭内景玉經》及《外景玉經》各一卷,《五藏六腑圖説》一卷。後有明萬曆間王圻跋。朱印本。

附二、太上黄庭外景經

【通志藝文略】道家—黄庭　《太上黄庭外景經》三卷,李子乘注。

附三、黄庭外景圖

【崇文總目輯釋】卷四道家類　《黄庭外景圖》一卷,胡愔撰。

【通志藝文略】道家—黄庭　《黄庭外景圖》一卷

【宋史藝文志】子類道家類　《黄庭外景圖》一卷

附四、黄庭外景玉經訣

【崇文總目輯釋】卷四道家類　《黄庭外景玉經訣》一卷

【通志藝文略】道家—黄庭　《黄庭外景玉經注訣》一卷

【宋史藝文志】子類道家類　《黄庭外景玉經注訣》一卷

附五、尹喜黄庭外景經注

【通志藝文略】道家—黄庭　《黄庭秘書外景經》一卷,尹真人注。

【宋史藝文志】子類道家類神仙　《尹喜黄庭外景經注》一卷

附六、黄庭内外玉景經

【通志藝文略】道家—黄庭　《黄庭内外玉景經》十卷,蔣慎修撰。

附七、太上黄庭内外景經

【通志藝文略】道家—黄庭　《太上黄庭内外景經》二卷

附八、黄庭玉景内篇

【通志藝文略】道家—黄庭　《黄庭玉景内篇》四卷,超遙子注。

附九、黄庭玉景篇

【通志藝文略】道家—黄庭　《黄庭玉景篇》二卷

附十、黄庭二景三皇内譜

【通志藝文略】道家—黄庭　《黄庭二景三皇内譜》一卷

附十一、黄庭中景經注

【通志藝文略】道家—黄庭　《黄庭中景經》一卷

【宋史藝文志】子類道家類神仙　《李千乘黄庭中景經注》一卷

附十二、黄庭圖證訣

【通志藝文略】道家—黄庭　《黄庭圖證訣》一卷,青鸞子撰。

附十三、黄庭集訣

【通志藝文略】道家—黄庭　《黄庭集訣》一卷,陶真人撰。

附十四、黄庭經訣誦

【通志藝文略】道家—黄庭　《黄庭經訣誦》一卷

二　經方

第七類　仲景方論(上)

一、張仲景評病要方

【隋書經籍志】子部醫方論七卷注　梁有《張仲景評病要方》一卷

【通志藝文略】病源　《張仲景評病要方》一卷

二、張仲景方

【隋書經籍志】子部醫方　《張仲景方》十五卷。仲景,後漢人。梁有《黄素藥方》十五卷。亡。

【舊唐書經籍志】子類醫術　《王叔和張仲景藥方》十五卷

【唐書藝文志】子錄醫術類　《王叔和張仲景藥方》十五卷

【太平御覽】引書目　《張仲景方序》

【證類本草所出經史方書】　《張仲景方》

【通治藝文略】醫方類　《張仲景方》十五卷

【日本國見在書目錄】醫方家　《張仲景方》九

考證

【後漢書藝文志考】方技經方　《張機方》,《隋志》"十五卷"。《唐志》同。《張機辨傷寒》,《七錄》"十卷"。《唐志》作《傷寒卒病論》,卷同。《宋志》卷亦同。《張機標病要方》,《隋志》"一卷"。《張機療婦人方》,《隋志》"二卷"。

按,仲景諸書,晉王叔和爲之論集,亂其原本,自後分并次序,一任醫家之顛倒,名目衆多,至不可詰難。然循流溯源,叔和去漢猶近,欲尋仲景之跡,舍叔和其何能明,欲叔和所論集,則自以《隋志》爲得實。考《隋志》載仲景書,曰《張仲景方》十五卷,《唐志》同,云王叔和集。曰《辨傷寒論》十卷,曰《評病要方》一卷,此書承《叔和論病》六卷之下,疑叔和撮仲景要方爲之。曰《療婦人方》二卷。據此,仲景書共四種二十八卷耳。而《宋志》所載,其目倍於《宋志》,曰《脈經》,曰《五藏榮衛論》,曰《傷寒論》,曰《金匱要略方》,曰《療黄經》,曰《口齒論》,曰《金匱玉函》,計之得七種。而《隋志》《療婦人方》,《評病要方》尚不及也,則仲景書已有九種矣。初不解其故,因取今所存《金匱要略》反覆觀之,恍然曰,《宋志》所載之六書,即《隋志》所載之《仲景方》，實一書。觀其所載《脈經》一卷、《五藏榮衛論》一卷、《金匱要略方》三卷、《療黄經》一卷、《口齒論》一卷、《金匱玉函》八卷，合之適符十五卷之數可證也。今其書則雜糅於《金匱要略》中。據徐彬二十四卷本。其云《脈經》，即《要略》"藏腑經絡先後病脈"一篇；云《療黄經》，即《要略》"黄癉病證"一篇；云《五藏榮衛論》，即《要略》"五藏風寒積聚病脈證治"一篇；《要略》末載"療婦人"三篇，即并《隋志》"《療婦人方》"人之。此可證《要略》諸書雜糅。試以《宋志》十五卷，合以《傷寒論》十卷、《評病要方》一卷，而析出《要略》中婦人方二卷，非仍二十八卷之舊乎。

三、傷寒卒病論

（一）出典

【隋書經籍志】子部醫方醫方論七卷注　梁有《張仲景辨傷寒》十卷。亡。

【唐書藝文志】子錄醫術類　王叔和《張仲景藥方》十五卷。又《傷寒卒病論》十卷。

【崇文總目輯釋】卷三　《傷寒論》十卷，張仲景撰，王叔和編。原釋：闕。見天一閣鈔本。

【通志藝文略】傷寒　《張仲景傷寒論》十卷，晉王叔和編次。

【郡齋讀書後志】卷二　《仲景傷寒論》十卷，右漢張仲景述，晉王叔和撰次。按《名醫錄》云：仲景，南陽人，名機，仲景其字也。舉孝廉，官至長沙太守。以宗族二百餘口，建安紀年以來，未及十稔，死者三之二，而傷寒居其七，乃著論二十二篇，證外合三百九十七法、一百一十二方。善醫者或云，仲景著《傷寒論》誠不刊之典，然有大人之病，而無嬰孺之患。有北方之藥，而無南方之治。此其所闕者。蓋陳蔡以南，不可用柴胡、白虎二湯治傷寒。其言極有理。

【直齋書錄解題】卷十三　《傷寒論》十卷，漢長沙太守南陽張機撰。其文辭簡古奥雅，又名《傷寒卒病論》，凡一百一十二方。古今治傷寒者，未有能出其外也。

【遂初堂書目】醫書類　《仲景傷寒論》

【文獻通考】經籍考　《仲景傷寒論》十卷。下引趙、陳二氏，今省之。

【宋史藝文志】醫書類　《張仲景傷寒論》十卷

【文淵閣書目】卷十五　《傷寒論》一部二冊。闕。《張仲景傷寒論》一部一冊。闕。

【菉竹堂書目】卷五　《傷寒論》二冊

【古今書刻】上編福州府　《傷寒論》

【萬卷堂書目】卷三　《考證傷寒論》十卷，張機。

【世善堂藏書目錄】卷下　《傷寒論》十卷，仲景作，王叔和述。

【醫藏書目】無上函目　《仲景傷寒論》十卷，張仲景。

【脈望館書目】辰字號　《傷寒論》二本

【醫方類聚引用書】《傷寒論》

【東醫寶鑑】歷代醫方　《傷寒論》,後漢張機所著。字仲景,官至長沙太守。

【汲古閣毛氏藏書目錄】《仲景傷寒論》十卷,漢張仲景述,晉王叔和論。

注:張仲景傳,《何顒別傳》云:同郡張仲景總角造顒,謂曰:君用思精而韻不高,後將爲良醫。卒如其言。顒先識獨覺,言無虛發。王仲宣年十七,嘗遇仲景。仲景曰:君有病,宜服五石湯,不治且成《醫籍考》"成"作"成門",後年三十,當眉落。仲宣以其貰原注云:音賒。《醫籍考》作"貫"長也遠,不治也。後至三十,疾果成,竟眉落。其精如此。仲景之方術,今傳於世。《太平御覽》卷七百二十二。鮑本"顒"作"永"。

《甲乙經》皇甫謐序:漢有華佗、張仲景。仲景見侍中王仲宣,時年二十餘,謂曰:君有病,四十當眉落,眉落半年而死,今服五石湯可免。仲宣嫌其言忤,受湯勿服。居三日,見仲景。謂曰:服湯否。仲宣曰:已服。仲景曰:色候固非服湯之胗,君何輕命也。仲宣猶不言。後二十年果眉落,後一百八十七日而死,終如其言。此事雖扁鵲、倉公,無以加也。

虞汝明《古琴疏》云:張機,字仲景,南陽人。受業於張伯祖,精於治療。一日入桐栢山,覓藥草,遇一病人求診。仲景曰:子之腕有獸脈,何也。其人以實具對,乃嶧山穴中老猿。仲景出囊中丸藥遺之,一服輒愈。明日,其人肩一巨木至,曰:此萬年桐也,聊以相報。仲景斲爲二琴,一曰古猿,一曰萬年。

《傷寒論》宋臣序云:張仲景,《漢書》無傳,見《名醫錄》。云南陽人,名機,仲景乃其字也。舉孝廉,官至長沙太守。始受術於同郡張伯祖,時人言,識用精微過其師。所著論,其言精而奥,其法簡而詳,非淺聞寡見者所能及。

《醫學源流·東漢》云:張機字仲景,南陽人也,爲長沙太守。深於醫道,稱爲亞聖。錄草本藥性,作《神農本經》三卷。又廣《湯液》爲《傷寒卒病論》,合十六卷,垂萬世不易之法,然後醫乃大備。先聖後聖,若合符節。至晉王叔和,以仲景之書,撰次成敘,得成全帙,遂爲衆方之祖。今世傳《傷寒論》十卷,"雜病"未見其書,或於諸家方中,載其一二矣。如《金匱方要》,亦有遺意焉。

《名醫圖贊》曰:漢張仲景,傷寒論證,表裡虛實,載名亞聖。

《仲景全書·醫林列傳》:張機,字仲景,南陽人也。受業於同郡張伯祖,善於治療,尤精經方。舉孝廉,官至長沙太守,後在京師爲名醫,於當時爲上手。以宗族二百餘口,建安紀年以來,未及十稔,死者三之二,而傷寒居其七。乃著論二十二篇,證外合三百九十七法,一百一十二方。其文辭簡古奥雅,古今治傷寒者,未有能出其外者也。其書爲諸方之祖,時人以爲扁鵲、倉公無以加之,故後世稱爲醫聖。

《傷寒條辨》云:張松北見曹操,以其川中醫有仲景爲誇。以建安言之,則松亦仲景時人。

李濂《醫史》卷六《張仲景補傳》:張機字仲景,南陽人也。學醫術於同郡張伯祖,盡得其傳,工於治療,尤精經方,遂大有時譽。漢靈帝時舉孝廉,官至長沙太守。少時與同郡何顒客游洛陽,顒探知其學,謂人曰:仲景之術,精於伯祖,起病之驗,雖鬼神莫能知之,真一世之神醫也。嘗見侍中王仲宣,仲景曰:君年至四十,當有疾,鬚眉脫落,脫落後半年必死。宜豫服五石湯,庶幾可免。仲宣時年二十餘,聞其言惡之,雖受方而不飲。居數日後見仲景,乃佯曰五石湯已飲之矣。仲景曰:觀君氣色,非飲藥之胗,何輕命欺人如此邪。仲宣益深惡之。後二十年果有病,鬚眉皆脫落,越一百八十七日卒。時人以爲扁鵲、倉公無以加之也。仲景宗族二百餘口,自建安以來,未及十稔,死者三之二,維時大疫流行,而傷寒死者居其七,乃著《傷寒卒病論》十卷行於世。蓋推本《素問·熱論》之旨,兼演伊尹《湯液》而爲之,探賾鉤玄,功侔造化。華佗讀而善之曰,此真活人書也。仲景又著《金匱玉函要略方》三卷,上卷論傷寒,中卷論雜病,下卷載其方,并療婦人,實爲千古醫方之祖。自漢魏迄於今,海內學者,家肄戶習,誦讀不暇,如士子之於《六經》然。論者推爲醫中亞聖,而范曄《後漢書》乃不爲仲景立傳,是故君子有遺憾焉。

嵩渚子曰:皇甫士安有言,伊尹以元聖之才,本神農之經爲《湯液論》。仲景本(皇)[黄]帝之書,述伊尹之法,廣《湯液論》,爲書十數卷。後醫咸遵用之,弗敢變。宋翰林學士王洙在館閣日,偶於蠹簡中得仲景所著《金匱要略》三卷,乃錄而傳之。秘閣校理林億等,又校定爲二十五篇,删芟重復,合二百六十二方,誠爲百世不刊之書。或謂有大人之病而無嬰兒之患,有北方之藥而無南方之療。此則長沙之所闕者,善學者觸類而長之可也。余又聞仲景有《脈經》、《五藏論》、《評病要方》諸編,《藝文志》咸載其目,余未之見,其真贋不可知云。

《襄陽府志》云:張機字仲景,南陽棘陽人,學醫於同郡張伯祖,盡得其傳。靈帝時舉孝廉,官至長沙太守。少時與同郡何顒客遊洛陽,顒謂人曰,仲景之術精於伯祖。仲景宗族二百餘口,自建安以來,未及十稔,死者三之二,而傷寒居其七,乃著《傷寒論》十卷行於世。華佗讀而喜曰,此真活人書也。又著《金匱玉函要略》三卷。漢魏迄今,家肄戶習,論者推爲醫中亞聖,而范蔚宗《後漢書》不爲仲景立傳,君子有遺憾焉。《圖書集成·醫部全錄·名流列傳》。按《後漢書藝文志》載《湖廣舊志·方技傳》其文亦略與此同。

章太炎《張仲景事狀考》云:林億《傷寒論序》引甘伯宗《名醫錄》:張仲景,名機,南陽人。舉孝廉,官至長沙太守。始受術於同郡張伯祖,時人言識用精微過其師。《太平御覽》七百二十二引《何顒別傳》:同郡張仲景總角造顒,顒謂曰:君用思精而韻不高,後將爲良醫。卒如其言。顒先識獨覺,言無虛發。王仲宣年十七,常遇仲景。仲景曰:君有病,宜服五石湯,不治且成,後年三十當眉落。仲宣以其貰長也遠,不治也。後至三十,病果成,竟眉落。其精如此。仲景之方術,今傳於世。

皇甫謐《甲乙經序》:仲景見侍中王仲宣,時年二十餘。謂曰:君有病,四十當眉落,眉落半年而死。令服五石湯可免。仲宣嫌其言忤,受湯勿服。居三日,見仲宣,謂曰:服湯否。仲宣曰:已服。仲景曰:色候固非服湯之診,君何輕命也。仲宣猶不言。後二十年,果眉落,後一百八十七日而死,終如其言。此事雖扁鵲、倉公,無以加也。仲景論廣伊尹《湯液》爲數十卷,用之多驗。

《抱朴子·至理篇》:仲景穿胸,以納赤餅。

按,何顒在《後漢書·黨錮傳》,《別傳》言"同郡張仲景",則《名醫錄》稱仲景南陽人,信矣。顒於郭泰、賈彪爲後進,而能先識曹操、荀彧。仲景與操、彧殆行輩相若者也。《顒别傳》載王仲宣年,與《甲乙經序》不同。尋《魏志·王粲傳》:建安二十一年,從征吴。二十二年,道病卒,時年四十一。然則《甲乙經序》稱年四十眉落,後一百八十七日而死,視《何顒别傳》爲得實。仲宣終於建安二十二年,前二十年遇仲景,時建安二年也。《魏志》:粲年十七,以西京擾亂,乃之荆州依劉表。仲景生南陽,仕爲長沙太守。南陽、長沙,皆荆州部,故得與仲宣相遇。然據《劉表傳》及《英雄記》,長沙太守南陽張羡叛表,表圍之,連年不下。羡病死,長沙復立其子懌,表遂攻并懌。《桓階傳》:太祖與袁紹相拒於官渡,表舉州以應紹。長沙太守張羡舉長沙及旁三郡拒表,則建安四五年間事也。羡父子相繼據長沙,仲景不得爲其太守。意者先在荆州與仲宣遇,表既并懌,仲景始以表命官其地,則宜在建安七年後矣。南陽張氏自廷尉釋之以來,世爲甲族,故《廣韻》列張氏"十四望"。南陽次於清河。仲景自序,亦稱宗族素多,其與羡、懌或爲一宗,表亦無所忌。觀桓階説羡拒表,城陷自匿,表尚辟爲從事祭酒,則於張氏同族,愈無嫌恨可知也。何顒嘗與王允謀誅董卓,未遂而卒,計卒時未篤老。仲景則爲其所奬進者,《自序》稱"建安紀年以來,猶未十稔",是在建安七八年中,《傷寒論》於是始作。上與何顒相校,其時不過中身也。《抱朴子》稱"仲景穿胸,以納赤餅",其絶技與元化相類而法不傳。魏晉間人,多以元化、仲景并稱,其術之工相似也。計元化長於仲景蓋數十歲,何以明之?《魏志·華佗傳》:時人以爲年且百歲,而貌有壯容。爲太祖所收,荀彧請舍宥之,太祖曰:不憂天下當無此鼠輩邪。遂考竟佗。或以建安十七年死,元化死復在其前,而年且近百歲,其視仲景蓋三四十年以長。然兩人始終無會聚事,穿胸之術,亦不自元化得之。《抱朴·至理篇》"淳于能解顱以理腦,元化能刳腹以滌胃",此則倉公已有刳治之術,仲景、元化蓋并得其傳者也。元化臨死出一卷書與獄吏曰:此可以活人。孫奇以爲即《金匱要略》,亦無據。尋《抱朴·雜應篇》"余見戴霸、華佗所集《金匱録囊》,崔中書《黄素方》及百家雜方,五百許卷",明元化書亦稱《金匱》,奇乃誤以仲景相傳耳。仲景處荆州,元化譙人,蹤跡多在彭城、廣陵間,故兩人終身不相遇。且《甲乙經序》稱華佗性惡矜技,焉肯謂他人書能活人也。仲景在《後漢書》、《三國志》皆無傳,《史通·人物篇》曰"當三國異朝,兩晉殊宅。若元化、仲景,時才重於許洛。何楨、許詢,文雅高於揚豫。而陳壽《國志》,王隱《晉書》,廣列諸傳,遺亦此編"。今謂仲景事何顒,依劉表,交王粲,所與游皆名士,疑其言行可稱者衆,不徒以醫術著也。《國醫文獻》創刊號

黄謙《醫聖張仲景傳》云:張機,字仲景,南陽人也。學醫於同郡張伯祖,盡得其傳。工於治療,尤精經方,遂大有時譽。漢靈帝時舉孝廉,官至長沙太守。與同郡何顒客遊洛陽,顒探知其學,謂人曰:仲景之術精於伯祖,起病之驗,雖鬼神莫能知之,真一世之神醫也。李濂《醫史》。林億等《校正序》曰:張仲景,《漢書》無傳,見《名醫録》。云南陽人,名機,仲景乃其字也。舉孝廉,官至長沙太守,始受術同郡張伯祖。時人言,識用精微過其師。《醫説·張仲景方序論》云:張伯祖,南陽人,性志沈簡,篤好方術,診處精審,療皆十全,爲當時所重。同郡張仲景,異而師之,因有大譽。《太平御覽·何永别傳》云,同郡張仲景總角造永,謂曰:君用思精

而頷不高,後將爲良醫。卒如其言。永先識獨覺,言無虚發。《古今醫統》作"何顒"。《襄陽府志》:張機字仲景,南陽棘陽人。《河南通志》:張機,涅陽人。案《後漢書·郡國志》,荆州刺史部郡七:南陽、南郡、江夏、零陵、桂陽、武陵、長沙。其棘陽、涅陽,皆南陽郡所屬城。棘陽,今湖北省棗陽縣。涅陽,今河南省南陽縣。何顒字伯求,《後漢書·黨錮列傳》。後在京師爲名醫,於當時爲上手。以上《醫説》引仲景《方論序》。仲景見侍中王仲宣,時年二十餘,謂曰:君有病,四十當眉落,眉落半年而死,令服五石湯可免。仲宣嫌其言忤,受湯勿服。居三日,見仲宣,謂曰:服藥否。仲宣曰:已服。仲景曰:色候固非服湯之診,君何輕命也。仲宣猶不信。後二十年果眉落,後一百八十七日而死,終如其言。此事雖扁鵲倉公無以加也(以上皇甫謐《甲乙經序》。《太平御覽》卷七百三十九《何永别傳》:張仲景遇山陽王仲宣,謂曰:君體有病,後年三十當眉落。仲宣時年十七,以其言實遠,不治。後至三十疾,果落眉。又卷七百二十二《何永别傳》:王仲宣年十七,嘗遇仲景。仲景曰:君有病,宜服五石湯,不治且成。後年三十,當眉落。仲宣以其貰長也遠,不治也。後至三十,病果成,竟眉落。其精如此。仲景之方術,今傳於世。案孫思邈《千金翼方序》云"仲景候色而驗眉",蓋本諸此。又《抱朴子·内篇》卷第五云"仲景穿胸,以納赤餅"。陸九芝曰,此不類仲景所爲,或以華元化有滌藏縫腸之事,而仲景與之齊名,遂附會其説歟)。仲景垂妙於定方(見《晉書·皇甫謐傳》),宗族二百餘口,自建安以來,未及十稔,死者三之二,而傷寒居其七(見《襄陽府志》。《後漢書·袁術傳》:初平三年,術居南陽。建安二年,僭號自稱仲家。時天旱歲荒,士民凍餒,江淮間相食殆盡)。感往昔之淪喪,傷横夭之莫救,乃勤求古訓,博采衆方(見本書論集)。曰:凡欲和湯合藥鍼灸之法,宜應精思。必通十二經脈,辨三百六十孔穴,榮衛氣行,知病所在,宜治之法,不可不通。古者上醫相色,色脈與形,不得相失,黑乘赤者死,赤乘青者生。中醫聽聲,聲合五音,火聞水聲,煩悶干驚,木聞金聲,恐畏相刑。脾者土也,生育萬物,迴助四傍,善者不見,死則歸之。太過則四肢不舉,不及則九竅不通,六識閉塞,猶如醉人。四季運轉,終而復始。下醫診脈,知病源由,流轉移動,四時逆順,相害相生,審知藏腑之微,此及爲妙也(以上見《千金方》。案,此段之文,與《金匱》首篇多相發明,惟"六識"乃出六朝後之佛書,仲景何嘗有此語,其爲孫氏所增無疑。觀引論集二段文自見)。又曰,欲療諸病,當先以湯蕩滌五藏六府,開通經脈,理導陰陽,破散邪氣,潤澤枯槁,悦人皮膚,益人氣血。水能淨萬物,故用湯也。若四肢病久風冷發動,次當用散,散能逐邪風濕痺(《千金》作"風氣濕痺"),表裡移走,居無常處者,散當平之。次當用丸,丸能逐風冷、破積聚,消諸堅癥(《千金》作"堅癖"),進飲食,調榮衛。能參合而行之者,可謂上工,故曰醫者意也。又曰,不須汗而強與汗之者,奪其津液,令人枯竭而死。須汗而不與汗之者,使諸毛孔閉塞,令人悶絶而死。不須下而強與下之者,令人開腸洞泄,便溺不禁而死。須下而不與下之者,令人心内懊憹,脹滿煩亂,浮腫而死。不須灸而強與灸之者,令人火邪入腹,干錯五藏,重加其煩而死。須灸而不與灸之者,令人冷結重凝,久而彌固,氣上衝心,無地消散,病篤而死(以上見《金匱玉函經》、《千金方》)。案,此篇二百五十八字,將一部《傷寒雜病論》湯液散丸之功用,汗下溫灸之原理,闡發無餘蘊,學者所當深玩也。又案《序例》成氏注云"《金匱玉函》曰",則《千金方》引此題曰張仲景信矣。華氏《中藏經》亦載此篇,其文少異,蓋後人僞纂也。瀕湖未審,《本草綱目·序例》作"華佗曰",誤矣。又《序例》"土地溫涼高下不同"一節,《外臺》、《總病論》皆作"王叔和曰"云云,而《本草綱目·序例》題"張仲景曰",其以仲景之言爲華佗,以王叔和之言爲仲景,失於審辨也殊甚。今特考明,附論於此)。又須珍貴之藥,非貧家野居所能立辨,由是怨嗟,以爲藥石無驗者,此弗之思也(以上見《金匱玉函經》。此段敘經方所以不取珍貴藥品之意,仁人之言,其利溥哉)。又曰,人體平和,惟須好將養,勿妄服藥。藥勢偏,有所助,令人藏氣不平,易受外患。夫含氣之類,未有不資食以存生,而不知食之有成敗,百姓日用而不知,水火至近而難識。余慨其如此,聊因筆墨之暇,撰五味損益、食治篇以啟童稚,庶勤而行之,有如影響耳(以上見《千金方》。此段文蓋序"附禽獸魚蟲果實菜穀"、"禁忌"二篇於"雜病論"後之意,魏、尤二氏,以"雜療方"等三篇斷爲後人僞託而竟刪之,過矣)。撰用《素問》、《九卷》、《八十一難》、《陰陽大論》、《胎臚藥錄》,并平脈辨證,爲《傷寒雜病論》,合十六卷(見本書《論集》。案,《梁七錄》:《張仲景辨傷寒》十卷。《隋書經籍志》:《張仲景方》十五卷,《辨寒傷寒》十卷,《評病要方》一卷,《療婦人方》三卷。《唐書藝文志》:《王叔和張仲景藥論方》十五卷,《傷寒雜病論》十卷。《宋史藝文志》:《脈經》一卷。《五藏榮衛論》一卷,《傷寒論》十卷,《金匱要略方》三卷,《療黃經》一卷,《口齒論》一卷,《金匱玉函經》八卷。林億等《校正序》曰,張仲景爲《傷寒雜病論》,合十六卷,今世但傳《傷寒論》十卷,"雜病"未見其書,或於諸家方中載其一二矣。翰林學士王洙在館閣日,於蠹簡中得仲景《金匱玉函要略方》三卷。上則辨傷寒,中則論雜病,下則載其方并療婦人。乃錄而傳之士流,才數家耳。今先校定張仲景《傷寒論》十卷,總二十二篇,證外合三百九十七法,除複重,訂有一百一十二方。次校定《金匱玉函經》。今又校成此書,仍以逐方次於證候之下,使倉卒之際便於檢用也。又採散在諸家之方,附於逐篇之末,以廣其法。以其傷寒文多節略,故所至雜病以下,終於飲食禁忌,凡二十五篇,除重複,合二百六十二方,勒成上中下三卷,依舊名曰《金匱方論》。此仲景書自漢建安十年至宋治平二年,上下八百五十六年,分合隱顯之大概也。《太平御覽》引高湛《養生論》云,王叔和編次《張仲景方論》爲三十六卷,大行於世,《千金方》"傷寒門"云"江南諸師,秘仲景要方不傳"。今考《千金方》所載《金匱方論》十之八九,亦載《傷寒論》,惟甚簡略,疑即王洙用館閣所獲之本。孫氏晚年始獲《傷寒論》,收載之於《翼方》。後天寶中,王燾撰《外臺秘要》中載仲景《傷寒論方》,合今《金匱》計一十八卷,與史志所載卷數皆不合。蓋鋟板印刷之術,始於五代馮道,其先書籍皆由抄寫,故分卷各不同也。孫兆《外臺秘要疏》云,張仲景《集驗》、《小品》最爲名家,今多亡逸。是知仲景尚著有《集驗》、《小品》二種,其書久佚。今惟於《外臺秘要》中得窺其厓略)。其文辭簡古奧雅,古今治傷寒者,未有能出其外者(以上見《文獻通考》引陳振孫《書目題(辭)[解]》)。最爲衆方之祖,又悉依《本草》,但其善診脈、明氣候,以意消息之耳(以上見陶宏景《名醫别錄序》。《陰證略例》:文璐公云,仲景爲羣方之祖。《唐書·于志甯傳》:《本草》所載郡縣多在漢時,疑張仲景、華佗竄記其語别錄者)。華佗讀而喜曰:此真活人書也(《襄陽府志》。案孫奇校《金匱方論序》云,臣奇嘗讀魏《華佗傳》云,出書一卷,曰此書可以活人。每觀華佗凡所療病,多尚奇怪,不合聖人之經。臣奇謂活人者,必仲景之書也。朱肱《活人書》張蕆序云:華佗指張長沙《傷寒論》爲活人書,昔人又以《金匱玉函》名之,其重於世如此。然其言雅奥,非精於經絡,不可曉會。《府志》之言,蓋有所本。《巢氏病源》云,華佗之爲治,或刳斷腸胃,滌洗五藏,不純任方也。仲景雖精不及於佗,至於審方物之候,論草石之宜,亦妙絶衆醫)。論者推爲醫中亞聖,而范蔚宗《後漢書》不爲仲景立傳,君子有遺憾焉(以上見《襄陽府志》。案,時賢丁仲(祜)[祐]《歷代名醫列傳》附論,謂考《後漢書》、《三國志》,自孫堅爲長沙太守後,靈獻之間,無仲景守長沙之日云云。今考《靈帝紀》,孫堅爲長沙太守在中平四年,上距建寧紀元一十八年。蓋仲景爲長沙太守,在建寧年間,值黨錮事(記)[起],旋即致仕,故其佚事見於《何顒别傳》也。又方中行《傷寒條辨》,載張松北見曹操,以其川中醫有仲景爲誇。陸九芝云:仲景入川,事無可據,則是稗官家言。考《後漢書·袁術傳》,術畏卓之禍,出奔南陽。會長沙太守孫堅殺南陽太守張咨,引兵從術,表上術爲南陽太守。《獻帝紀》,事在初平元年。初術在南陽,户口尚數十百萬,而不修法度,以鈔掠爲資,奢恣無厭,百姓患之。《劉焉傳》:初南陽三輔民數萬流入益州,焉悉收以爲衆,名東川兵,事在興平元年。建安十三年操自將征荆州,璋乃遣使致敬,操加璋振威將軍,璋因遣别駕從事張松詣操。然則仲景入川,蓋在初平年間,袁術據南陽時,其後劉備襲川,旋即歸隱,故其事蹟無所表見。《易》稱潛龍之德,仲景有焉。陸氏所謂稗官家言,蓋指《三國演義》。然所載張松云云,決非撰杜,但書闕有間,無所質證爾。故附辨於此。《南陽人物志》:張(璣)[機]又得陽勵公之傳,精於治療。一日,入桐柏山覓藥草,遇一病人求診。仲景曰:子之腕有獸脈,何也。其人以實具對,曰乃嶧山老猿也。仲景囊中丸藥畀之,一服輒愈。明日,肩一巨木至,曰此萬年桐也,聊以相報。仲景斲爲二琴,一曰"古猿",一曰"萬年"。見《古琴記》。元嘉冬,桓帝感寒疾,召(璣)[機]調治。病經十七日,(璣)[機]診視曰:正傷寒也。擬投一劑,品味則以兩計,密覆得汗如雨,及旦身凉。留(璣)[機]爲侍中。(璣)[機]見朝政日非,嘆曰:君疾可愈,國病難醫。遂挂冠遁去,隱少室山,及卒,葬宛城東二里許。後人尊爲醫聖。案《志》云仲景事蹟怪誕,且名時不符,有類齊諧,無足辨也)。清順治初,葉縣訓導馮應鰲,得仲景墓於南陽縣東郭門外仁濟橋西,乃爲祠祀焉(以上見《南陽縣志》。徐忠可《金匱要略論註》:《張仲景靈異記》云,蘭陽諸生馮應鰲,崇禎戊辰初夏,病寒熱幾殆,夜夢神人金冠黄衣,以手撫其體,百節通鬯。問之,曰我漢長沙太守南陽張仲景也,今活子,我有憾事,盍爲我釋之。南陽城東四里有祠,祠後七十七步有墓,歲久湮没,將穿井於其上,封之惟子。覺而病良愈。是秋應鰲即千里走南陽城東,訪先生祠墓於仁濟橋西,謁三皇廟,旁列古名醫,内有衣冠鬚眉,宛如夢中見者,拭塵視壁間,果仲景也。因步廟後求先生墓,已爲明經祝丞蔬圃。語之故,駭愕不聽。詢之父老,云廟後有古塚,碑記爲指揮郭雲督修唐府燒灰焚毀。應鰲遂記石廟中而去。後四年,園丁掘井圃中,丈餘得石碣,果先生墓,與應鰲所記不爽尺寸。下有石幽洞窈,聞風雷聲,懼而封之,應鰲以寇盜充斥,不能行。又十年餘,應鰲訓葉,葉隸南陽,入都謁先生墓,墓雖封,猶在洫流畦壤間也。問其主,易祝而包而楊,楊又復歸包。包孝廉慨然捐其地,郡丞漢陽張三異聞其事而奇之,爲募疏請之監司僚屬,輸金助工,立專祠,重門殿廡,冠以高亭,題曰"漢長沙太守醫聖張仲景祠墓"。耆老陳誠又云,祠後高阜,相傳爲先生故宅,迄今以張名巷。巷之西有張真人祠,名額存焉,祀張仙,或傳之久而誤也。祠墓成於順治丙申年,距戊辰已三十稔云。節錄桑芸《張仲景祠墓記》及馮應鰲《醫聖張仲景靈應記》。按仲景墓在今南陽縣東郭北隅醫聖祠內,墓高八尺,東距郭垣僅五步。考南陽環城郭砦,建築於清同治五年。三皇廟在祠南七十步,其中神像於民國十七年爲駐軍所毀,仁濟橋在廟東郭砦外。而馮應鰲明崇禎元年所刊之記事碑,湮沒者三百餘年,余於癸酉孟冬獲見,舁豎殿左,并撰製楹聯,文曰"道纘農黄,德侔孔孟",懸諸殿前,藉表景仰之誠云)。杜度,仲景弟子,識見宏敏,器宇沖深,淡於矯矜,尚於救濟,事仲景,多獲禁方,遂爲名醫(以上見《醫說》引仲景方序)。衛汎好醫術,少師仲景,有才識,撰《心逆三部厥經》,及《婦人胎藏經》、《小兒顱顖方》三卷,皆行於世(以上見《太平御覽》引《張仲景方序》。《千金方》卷二十六"食治"序論,河東衛汎記曰:扁鵲云,人之所依者形也,亂於和氣者病也,理於煩毒者藥也,濟命扶危者醫也。安身之本必資於食,救急之速必憑於藥。不知食宜者,不足以存身也。不明藥忌者,不能以除病也。是故食能排邪而安藏府,悅神爽志以資血氣。若能用食平痾,釋情遣疾者,可謂良工。長年餌老之奇法,極養生之術也。夫爲醫者當須先洞曉病源,知其所犯,以食治之,食療不愈,然後命藥。藥性剛烈,猶若御兵,兵之猛暴,豈容妄發。發用乖宜,損傷處衆。藥之投疾,殃濫亦然。又《千金翼方》衛汜稱扁鵲云:安身之本,必須於食。救疾之道,惟在於藥。不知食宜者不足以全生,不明藥性者不能以除病,故食能排邪而安藏府,藥能恬神養性以資四氣,故爲人子者,不可不知此二事。是故君父有疾,期先命食以療之,食療不愈,然後命藥,故孝子須深知食藥二性。其方在《千金方》第二十六卷中)。王叔和,高平人也。博好經方,尤精診處,洞識攝養之道,深曉療病之源,採摭羣論,撰成《脈經》十卷。篇次《張仲景方論》爲三十六卷,大行於世(以上見東晉張湛《養生方》。皇甫謐《甲乙經序》:近代太醫令王叔和,撰次仲景選論甚精,指事施用。唐甘伯宗《名醫傳》:仲景作《傷寒論》錯簡,迨高平人王叔和撰次成序,得成全書。《太平御覽》引高湛《養生論》云:王叔和性沉靜,好著述,考覈遺文,採摭羣論,撰成《脈經》十卷。編次《張仲景方論》爲三十六卷,大行於世。高保衡等校定《傷寒論》序云:自仲景於今八百餘年,惟王叔和能學之。成無已曰:仲景之書,逮今千年而顯用於世者,王叔和之力也。案,王叔和於仲景書,雖無所發明,而傳經之功,自不可沒。仲景舊論,賴之以存,附入各篇,皆題辭敘明,後人不察,竟以增入各篇爲王叔和之僞託,甚至疑其變亂仲景原文,過矣。今附諸仲景傳後,以彰其功。又案,

《傷寒論》註以成無已爲最先，無己，聊攝人，生於宋嘉祐治平間。後聊攝地入金，遂爲金人。徐鎔曰，聊攝七十八歲撰成《明理論》，八十歲時註完《傷寒論》，未暇註《金匱論》，所以俗醫分爲二門，致今時衆口一辭，誚仲景能治傷寒而不能療雜證，冤哉。陸九芝曰：仲景《傷寒論》見《隋書經籍志》，隋時必有定本，惜無可考。今案成無己於原文"堅"字皆作"(鞕)[鞕]"，疑皆避隋文帝諱。《脈經》作"堅"，《千金翼》仍作"堅"，可見聊攝所據尚是《隋書》原本，是可貴矣。《金匱》註以趙以德爲最先。陸九芝曰：趙氏名良仁，元末長州人，從丹溪學，淵源有自，皆必讀之書。又曰：註《傷寒》者，明時已有五十餘家，今則百餘家矣。其篇次各不同，欲得《傷寒論》原次，必要讀《千金翼》。《國醫文獻》創刊號

郭象升《張仲景姓名事蹟考》云：醫聖張仲景，世傳其名曰機，南陽人。建安中，官至長沙太守，而《後漢書》無傳，生平事蹟無所考，論者憾焉。元和陸懋修博採羣書，爲之補傳，余閒取觀之，亦未諦也。按范氏《後漢書》、陳氏《三國志》：靈帝中平四年，孫堅始爲長沙太守。獻帝初平三年，爲袁術攻劉表戰死，袁術以蘇代領長沙。蘇代守長沙，事無可考，蓋術敗與之俱去矣。《范書·劉表傳》：建安三年，長沙太守張羨率零陵、桂陽二郡畔表。《陳志·劉表傳》云：表攻之，連年不下，羨病死。長沙復立其子懌，表遂攻并懌。史不言其在何年也。建安十三年，表卒，子琮降曹操。操辟劉巴爲掾，使招納長沙、零陵、桂陽三郡(《蜀漢·劉巴傳》)。曹操兵敗北歸，先(生)[主]征江南四郡，長沙太守韓玄降(《蜀志·先(生)[主]傳》)，則不知玄爲曹操新任歟，抑劉表舊屬也。《蜀志·黄忠傳》：忠爲劉表中郎將，與表從子磐共守長沙攸縣。及曹公克荆丹，假行裨將軍，仍就故任，統屬長沙太守韓玄。然則玄與忠，正劉巴之所招納者也，其爲表之舊屬明矣。表克張懌，當以玄繼守長沙歟。《廖立傳》：先(生)[主]領荆州牧，擢立爲長沙太守。此則繼玄者也，時在建安十四年。及建安二十年，吕蒙奄襲南三郡，立脱身走。自此之後，凡六年而漢亡。然六年中，長沙太守皆吴所委任，不復關漢也。由此觀之，仲景之守長沙，必在建安十三年劉表未死以前，而考之於史，孫堅、蘇代之後，張羨父子稱兵歷年，仲景作守，竟在何時耶。以余論之，則張羨者實則仲景也。《范書·劉表傳》李注、《陳志·劉表傳》裴注，皆引《英雄記》曰：張羨，南陽人，先作零陵桂陽長，甚得江湘間心。然性倔彊不順，表薄其爲人，不甚禮也。羨由是懷恨，遂叛表。籍則南陽，官則長沙太守，年則建安，其爲仲景何疑。仲景名機，而史以爲羨者，羨非仲景本名，則必别名也。漢末人士，有别名者多矣。裴松之注《三國志》，援證歷歷，余嘗悉心鉤稽，計得三十餘人。如曹操一名吉利，荀爽一名諝，韓遂一名約，邊章一名元(《後漢書》以爲本名允)，王朗本名嚴，伍孚一名瓊(見《董卓傳》注，裴注疑爲一人)，潘勗一名芝，李恢一名義(見《杜畿傳》注，裴注以爲一人)，華佗一名旉，鄧艾本名[範]，孫晧一名彭祖，陸遜一名議，李嚴一名平，徐庶本名福，文欽一名俶，郤正一名纂，程昱本名立，賈逵一名衢，邯鄲淳一名竺，郭記一名多，焉忠本名篤，(滕)[滕]密本名牧，丁固本名密，孟行一名宗，顧裕一名穆，闇行一名豔，令狐愚一名浚，曹幹一名良(曹操諸王)，劉粱一名恭(禎之父)，劉闡一名緯(璋之子)，孫朗一

名仁(堅之庶子),劉輿一名方(繇之父),而何定之爲何布,爲孫皓所改,韋曜之爲韋昭,爲史官所改者,尚不數也(凡屬小字皆不數,如曹操之阿瞞、劉禪之阿斗等是也。《臧霸傳》,霸本名奴寇,其同黨孫觀名嬰子,吴敦名黯奴,尹禮名盧兒。又《魏志》十八卷引楊阿若改名豐,疑皆爲小字。又《蜀志·諸葛亮傳》注引李興一名安,以其爲晉人,亦不數之)。

仲景有羨、機二名,又何足疑。華佗與仲景并爲漢末名醫,佗固别名旉矣。夫"羨"之爲言"慕"也(《文選·思玄賦》"羨上都之郝戲兮",舊注:羨,慕也),而"景"亦訓"慕"(《後漢書·劉愷傳》"景化前修,有伯夷之節",注:景猶羨也)。字仲景而名羨,於義允協,"機"則與"景"義不相切附。抑南陽張氏之顯者,在漢之東,莫如河間相衡,機、衡同物(《後漢書·李固傳》注云:機,衡也。或以機比跡於衡,寓高山仰止之意,因是不廢仲景之辭歟)。仲景自敘《傷寒論》云"余宗族素多,向餘二百,建安紀元以來,猶未十稔,其死亡者三分有二"。據此知《傷寒論》之作在建安十年之内,《范書》稱張羨以建安三年叛表,《陳志》稱表攻羨,連年不下,羨病死長沙,復立其子懌。所謂"連年不下"者,約略建安三年至十年内外也(《范書》稱"劉表遣兵攻圍,破羨,平之",無"連年不下"及"長沙復立其子懌"等語,不研其終。《陳志》詳矣,又不載以何年叛表,則又不研其始也)。使仲景非羨,則其官長沙太守,當在建安三年以前,而《傷寒論》一書,既係銜"長沙太守",又敘中自言"建安紀元,猶未十稔",明其爲將近十年之語,而非建安三年以前可知。謂《陳志》"連年不下"一語爲期固長,然不能斷定羨、懌父子之亡確爲何年。安知張懌之後、韓玄之前,不别有張機其人耶。此則余更説矣。按《魏志·桓階傳》,張羨叛表,階實勸之,所以應曹操也。《階傳》中稱"太祖與袁氏連戰,軍未得南,而表急攻陷羨,羨病死。城陷,階遂自匿"(此傳不言長沙人復立羨子懌,史文固時有詳略耳)。袁紹以建安七年死,其子譚、尚等與曹氏連戰。又二年建安九年,操始破鄴。又後二年,始斬譚、尚。以《階傳》所載揣度之,羨之死正在此數年中。《傷寒論》敘所云"建安紀元,猶未十稔",確然爲張羨之語(羨即機,機即羨),不克建安十年之前,别有一張機者作長沙太守也。劉表雖外貌儒雅,而心多疑忌(語見《陳志》),新去一南陽人之張羨,又用一南陽人之張機,有是理哉。羨之所以叛者,以其初本表所著置也。建安紀元之初,羨當在荆州幕府。何以知之?陸氏所補《張仲景傳》稱"仲景少時,見知於何顒,既至京師,爲名醫,於當時稱上手。見侍中王仲宣,時年二十餘,曰:君有病,四十當眉落,半年而死。令服五石湯可免。仲宣不用其言,後三十年果眉落,一百八十七日而死"。"王仲宣"者,粲也,其官侍中在建安二十一年,曹魏建國之初,次年從征吴,道病卒。仲景見仲宣於漢京乎,則年不爲侍中;見仲宣於魏京師乎,則其年非二十餘,且去其死期亦無二十年。皆紀事之不審也。考《陳志·粲傳》,粲年十七,司徒府辟,不就,乃之荆州依劉表。建安二十二年卒,年四十一。就建安二十二年倒除去二十年,建安二年仲宣年二十一,正居荆州依劉表時也。仲景相見,當在此時。使仲景不作劉表之客,固無由與二十一歲之王仲宣相見。使張羨而非仲景,則與劉表本無宿昔,謂之叛何歟。抑張羨之爲南陽人也,官長沙太守也，當建安時也。古今讀史之人，誰不知之，而卒無一人疑其即是仲景者，豈非病羨之叛亂，謂仲景不至此耶。以余論之，羨之叛，特叛表耳，非叛漢也。豈惟不叛漢，又且以叛表者忠於漢。《桓階傳》曰：太祖與袁紹相拒於官渡，表舉州以應紹。階說其太守張羨曰：夫舉事而不本於義，未有不敗者也。故齊桓率諸侯以尊周，晉文逐叔帶以納王。今劵氏反此，而劉表應之，明府必欲立功明義，全福遠禍，不宜與之同也。羨曰：然則何向而可。階曰：曹公雖弱，仗義而起，救朝廷之危，奉王命而討有罪，孰敢不服。今若舉四郡，保三江，以待其來，而爲之內應，不亦可乎。羨曰：善。乃舉長沙及旁三郡（升按，他傳但言零陵、桂陽，而此三郡者，疑有武陵）以拒表，遣使詣太祖，太祖大悅。夫曹操雖爲漢賊，而建安初年未有逆跡，叛劉應曹，未爲非也。仲景有道之士，何必不出此乎。晉之殷仲文，唐之許敬宗，宋之高若訥，皆奸邪小人，而醫術皆精絕，人品與技能，從來固不相掩矣。假使仲景倔彊不順，懷恨不叛，如《英雄記》之所言，亦不足爲其醫學之累，況乎乃心王室，大義昭然哉。晉代名醫王叔和，有字無名，千載昧昧。今儒餘杭章太炎始從他書展轉考求，知其名熙（見《葑漢微言》）。余撰此篇，其亦醫林千載未發之覆也夫。《國醫文獻》創刊號

洪貫之《張仲景郡望生卒之推測》云：嘗考南陽先生張仲景之事跡，范、陳二史，俱無專傳。又并不散見於郭玉、華佗等傳中。惟皇甫謐（士安）云"仲景垂妙於定方"（《晉書》本傳）。葛洪《抱朴子》有云"仲景穿胸，以納赤餅"。《隋書經籍志》註曰"仲景後漢人"。又《名醫錄》云"南陽人，名機，仲景乃其字也。舉孝廉，官至長沙太守"（林億等《校定序》）。王叔和《張仲景方論序》（存《太平御覽》中），亦言其名機，則仲景名機，當可無疑。然此等記載，於考證其郡望生卒，均屬無補，故必須由其交接之人之傳記中求之。而今所知者，僅何顒與王粲（仲宣）二人而已。清代元和陸九芝先生嘗撰《仲景傳》，引用諸書，雖有今本《傷寒論·序例》（王叔和撰），《甲乙經》自序（晉皇甫謐），梁陶宏景《別錄》自序，隋巢元方《巢氏病源候論》，唐孫思邈《千金方》，王燾《外臺秘要》，甘伯宗《名醫錄》，宋林億《新校進千金方疏》，林億等《外臺秘要》註，唐慎微《證類本草》，李濂《醫史》，《太平御覽》，王氏《玉海》，鄭樵《通志》，馬端臨《文獻通考》，陳振孫《書錄解題》，清《四庫全書目錄》等，凡十八種，但其於生卒郡望諸問題，并未加以注意。於其學說一層，又復將後世傳說一併採入，混其本真。然此爲曩昔國人治學之通病，未可以責陸先生也。今既欲考仲景之郡望生卒，自當先考定其爲何郡人，然後始從事於生卒之推測。考《襄陽府志》，稱其爲南陽棗陽人，李濂《醫史》則但云南陽人，陸九芝《仲景傳》則書南陽涅陽人（從《河南通志》），各異其詞。今考歷史上"南陽"凡四，分列於後。

（一）地名。甲，春秋晉地，即今河南沁陽縣。乙，戰國齊地，本春秋魯平陽邑。漢置南平陽縣，即今山東鄒縣治。

（二）郡名。秦置，河南舊南陽府，湖北襄陽府之地。

（三）府名。元置。明清皆屬河南，今廢，今南陽縣舊治也。

（四）今縣名。周申國，春秋楚宛邑。秦置宛縣，爲南陽郡治。隋改南陽縣。

明清皆爲河南南陽府治。

以上除第一條地名之(乙)爲山東鄒縣治,與本文無關。綜核其餘各條,則南陽郡蓋爲今河南、湖北兩省交界之地,餘者亦均屬今河南省。再考《何顒别傳》稱"同郡張仲景",范氏《後漢書》亦有"張氏爲南陽族姓"之語,則仲景之爲南陽郡人,殆無疑義。今湖北《襄陽府志》、《河南通志》均載有仲景事略,而《襄陽府志》稱其爲南陽棗陽人。考棗陽縣係隋置,清屬湖北襄陽府,是仲景之時尚無"棗陽"之名,此或爲後世傳誤,未可知耳。至《河南通志》所載"南郡"亦秦置,非南陽郡,凡湖北舊荆州、安陸、漢陽、武昌、黄州、德安、施南諸府,及襄陽府之南境皆其地。治郢,故楚都也。隋亦置南郡於此。而涅陽縣,河南鎮平縣西北,漢時屬南陽郡,非南郡。故通所言,"南郡"恐爲"南陽郡"之誤耳。惟仲景是否南陽郡涅陽縣之人,則迄今尚未發現確實文獻可資證明也。至於仲景之生卒年代問題,亦殊不易研究。蓋其生平所交接之人,今所知者,僅何顒與王粲耳。嘗考王粲字仲宣,生漢熹平六年丁巳,卒建安二十二年丁酉,卒年四十一。各書均同。《何顒别傳》及《甲乙經序》,均載有仲景診王仲宣事,雖述其技術,似覺過於神秘,但當時大抵確有其事,兹節錄原文於後。

"……嘗見侍中王仲宣,曰:君年至四十,當有疾(引文中略)。越一百八十七日而死。終如其言……。"

今觀《傷寒論序》有云"建安紀年以來,猶未十稔",而王仲宣以建安十八年冬十一月始任魏侍中,建安元年時正二十歲。若其診仲宣確屬事實,序文亦真,則見仲宣時,去著書(《傷寒雜病論》)時當必甚近,或同時亦未可知。蓋原書(《傷寒雜病論》)似非一二年所能完成,乃應當時時醫之誤治,以自已之臨床研究加以訂正,隨手編錄,乃至完成時,已在建安十年之前矣。但就另一方面觀之,則殊不然,因與序文語氣不能符合也。故建安之"安"字,應據《醫史》作"寧"字誤,"建寧"爲靈帝年號。序文有云"……余宗族素多,向餘二百,建寧紀年以來,猶未十稔,其死亡者三分有二,傷寒十居其七。感往昔之淪喪,傷横夭之莫救,乃勤求古訓,博採衆方……"。以此觀之,蓋謂自靈帝紀年未及十年,而死亡者三分有二,傷寒十居其七。更觀"感往昔之淪喪"一語,尤可知其習醫之時,上距族人夭亡,已有若干年,故"建寧"云云爲追述往事。再證以史志,則靖帝時確係時有大疫,兹錄於後,以資考證:建安四年三月,大疫。熹平二年春正月,大疫。光和二年春,大疫。又五年二月,大疫。中平二年春正月,大疫。

至於獻帝之時,史傳并無大疫記載,雖或不免遺漏,但其時即使有之,必不若靈帝時流行之烈可知矣。再考何顒之卒,在初平元年三月,即董卓遷都之後,惜其生年,未能得考。今假定其生於桓帝初年(或更早於此亦未可知),卒年當在四十左右。就此推之,則仲景當亦生於桓帝時,而後於何顒。後世傳其靈帝時舉孝廉,倘此說果確,其後仲景大抵必在二十左右,猶未嘗習醫也。(正大疫流行最烈時)乃始發憤研究醫學,及至著述完成之日,大約疫勢已衰。診王仲宣事,當在此時,或其後數年。然則若假其少何顒十歲,此時已將四十餘歲矣。又考《脈經》序有云

"……今撰集岐伯以來,逮於華佗,經論要決,合爲十卷",經中採有《仲景要論》。以此而觀,仲景似先華佗而卒。華佗見收時,荀彧曾謂曹操曰"佗方術實工,人命所懸,宜含宥之"。操不從,竟殺之(見《後漢書·方術傳》及《三國志》本傳)。荀彧以建安十七年夏六月自殺,則佗被殺當在彧死之前。若仲景之卒果在佗前,蓋不得見仲宣之卒矣。今推定其卒年,大約在診仲宣之後,至建安十七年此數年中。如果不誤,則其卒年實未嘗滿六十也。惟生年之推定,似覺過晚,惟有俟將來另有新證發見,再行訂正而已。至其守長沙事,史傳無考,僅查得建安三年有長沙太守張羡率零陵、桂陽二郡,畔劉表(《後漢書·劉表傳》)。羡卒,子懌嗣爲長沙太守,劉表并之(《三國志·劉表傳》),餘無所得。豈"羡"者即爲仲景之别名耶,抑後人因"羡"、"機"音聲近似而傳誤,遂以"漢長沙守"云云補署於序文之末耶。況今《傷寒論序》文究竟是否仲景所撰,尚屬疑問,迄今猶無確證,姑存其疑。《國醫文獻》創刊號。原注云:轉載《中西醫藥雜誌》

《傷寒論輯義》原序後云,林億等《校定序》曰:張仲景《漢書》無傳,見《名醫録》,云"識用精微過其師"(《太平御覽》引"仲景方序論文"同)。按皇甫謐《甲乙經序》云,漢有華佗、張仲景,雖扁鵲、倉公無以加也(《太平御覽》引《何顒别傳》文同)。又《晉書·皇甫謐傳》"仲景垂妙於定方",《抱朴子》"仲景開胸納赤餅"(出《初學記》及《素問》王冰註。今《抱朴子》無所考),晉去漢未遠,其見稱於當時如此,仲景雖於《漢書》無傳,其爲漢末人無疑矣。(《後漢書·劉表傳》:建安三年長沙太守張羡,率零陵、桂陽三郡畔表。表遣兵攻圍,破羡,平之。注,《英雄記》曰:張羡,南陽人,蓋仲景羡之族。豈表破羡之後,使仲景代之乎。)

《醫籍考》九百四十七頁云,按《南陽府志》載清張三翼《募建張醫聖祠序》、桑芸《張仲景先生祠墓記》,稱南陽郡東高阜處,父老相傳,爲先生墓與故宅存在。洪武初,有指揮郭雲仆其碑,墓遂沒。越二百六十餘年爲崇禎戊辰,有蘭陽諸生馮應鰲者,感寒疾殆危,恍惚中有神人撫體,百節通快。問之,曰漢長沙太守南陽張仲景也,城東四里許有祠,祠後七十七步有墓,今將鑿井其上,封之惟子。後病愈,千里走南陽,訪之不可得,因謁三皇廟,有仲景像,即紀石廟中而去。後數年,園丁掘井得石碣,題曰"漢長沙太守醫聖張仲景墓"云。其言荒唐不足信矣。三異序中,仲景名作"璣"字。考"機"古與"璣"通。《書·舜典》"旋璣玉衡",《釋文》云:璣,本作機。《晉書》陸機,字士衡。可以證矣。

注:按張杲《醫説》卷一"歷代名醫"、《古今醫統大全》卷一"姓氏"、《醫學入門》卷首"姓氏儒醫",俱載仲景傳,然其文并不過纂録前説而成之,今省焉。

又按,日本平田篤胤[(1)]有《醫宗仲景考》,伊東祐慶有《仲景氏事跡考》[(2)]。《慶長以來諸家著述目録》云,篤胤,號氣吹迺,字元端。稱大學,出羽秋田人,住江戶。天保十三年歿,年六十八。祐慶號鹿里,字忠岱,稱大助,信濃人。

[郭注]

(1)平田篤胤(1776～1843),幼名正吉,後稱胤行、篤胤,號氣吹舍。生於秋田藩士家，後脱藩爲備中國松山藩士平田家之養子。江戸時代後期國學者、神道家。曾入本居春庭門下專習國學，修煉神道，以復古、國粹主義思想著書立說。後恢復秋田藩籍。一度從事醫業。著有研究《傷寒論》之作《金匱玉函經解》及《醫宗仲景考》。

(2)伊東祐慶，疑爲"伊藤鹿里"之譌。伊東祐慶(1589～1636)，通稱熊太郎。伊東祐兵之嫡子，飫肥藩二代藩主。戰國大名伊東義祐之曾孫。

伊藤鹿里(1778～1838)，名祐義，通稱大助，字忠岱，信濃人。曾師從大田錦城習儒學、吉益南涯修古方學、三輪東朔治刺絡術。鹿里兼通醫學及儒學，著有《刺絡聞見錄》、《傷寒論張義定本》、《仲景氏事蹟考》、《孝經國字解》、《大學國字解》、《中庸莛撞》等書。

又按，清張志聰自謂仲景之後，即《傷寒論宗印》自序曰：聰家世南陽，値漢室之亂，隱居江右。十一世祖游宦錢塘，卜築湖上。自仲祖及今，四十三葉矣，其間以醫名者，什有二三。

(二)考證

1.作者及年代

【甲乙經】皇甫謐序　漢有華佗、張仲景。仲景論伊尹《湯液》爲數十卷，用之多驗。近代太醫令王叔和撰次仲景選論甚精，指事施用。

【高湛養生論】　王叔和編次《張仲景方論》，編爲三十六卷，大行於世。《太平御覽》卷七百二十二。

【傷寒論】宋醫序　夫《傷寒論》，蓋祖述大聖人之意，諸家莫其倫擬。故晉皇甫謐序《甲乙鍼經》云：伊尹以元聖之才，撰用《神農本草》以爲《湯液》。漢張仲景論廣《湯液》爲十數卷，用之多驗。近世太醫令王叔和撰次仲景遺論甚精，皆可施用。是仲景本伊尹之法，伊尹本神農之經，得不謂祖述大聖人之意乎。

【南陽活人書】張蕆序　奉議公乃稱，古人治傷寒有法，其論傷寒活法者，長沙太守一人而已。華佗指張長沙《傷寒論》爲活人書，昔人又以《金匱玉函》名之，其重於世如此。然其言雅奥，非精於經絡，不可曉會。

【傷寒明理論】成無己藥方論序　《張仲景方》一部，最爲衆方之祖。是以仲景本伊尹之法，伊尹本神農之經，醫帙之中，特爲樞要，參今法古，不越毫末，實乃大聖之所作也。

【註解傷寒論】嚴器之序　醫之道源自炎黄，以至神之妙，始興經方。繼而伊尹以元聖之才，撰成《湯液》，俾黎庶之疾疢，咸遂蠲除，使萬代之生靈，普蒙拯濟。後漢張仲景又廣《湯液》爲《傷寒卒病論》十數卷，然後醫方大備。兹先聖後聖，若合符節。至晉太醫令王叔和，以仲景之書，撰次成敘，得爲完帙。昔人以仲景方一部爲衆方之祖，蓋能繼述先聖之所作，迄今千有餘年，不墜於地者，又得王氏闡明之力也。《傷寒論》十卷，其言精而奥，其法約而詳，非寡聞淺見所能賾究。

【傷寒明理論】嚴器之序　漢張長沙感往昔之淪喪，傷横夭之莫救，撰爲《傷寒論》一十卷，三百九十七法、一百十三方，爲醫門之規繩，治病之宗本。然自漢逮今千有餘年,唯王叔和得其旨趣,後人皆不得其門而入,是以其間少於註釋,闕於講義。

【戴啟宗活人書辯】吴澄序　漢末張仲景著《傷寒論》,予嘗嘆東漢之文氣無復能如西都,獨醫家此書,淵奥典雅,(㬊)[焕]然三代之文,心一怪之。及觀仲景於序,卑弱殊甚,然後知序仍仲景所自作,而《傷寒論》即古《湯液論》,蓋上世遺書,仲景特編纂云爾,非其自撰之言也。晉王叔和重加編次,而傳錄者誤以叔和之語參錯其間,莫之别白。

【張志聰傷寒論集註】　註解本論,必明仲祖撰論之原,方爲有本。其序有"撰用《素問》、《九卷》、《八十一難》、《陰陽大論》、《胎臚藥錄》"之説。"素問、九卷"者,《素問》八十一篇[内有遺闕,故舉其卷。《靈樞》君臣問難八十一篇],毫無遺闕,故舉其篇。《陰陽大論》者,《素問》中大論七篇,皆論五運六氣,司天在泉,陰陽上下,寒熱勝復之理。《胎臚藥錄》者,如《神農本經》、長桑、陽慶禁方之類。其序又云"經絡府俞,陰陽會通。元冥幽微,變化難極。自非才高識妙,豈能探其理致哉"。由是而才識之士,須知仲景論本《靈》、《素》而補其未盡,必於《傷寒》原序玩索有得。胎臚,羅列之謂。

【古今僞書考】有真書雜以僞者　《傷寒論》,漢張仲景撰,晉王叔和集。此書本爲醫家經方之祖,然駁雜不倫,往往難辨,讀者苦不得其旨要。予友桐鄉錢曉城煌謂,此書爲王叔和參以己説,故真僞間雜,致使千載蒙晦。著有《醫學辨謬》一書,分别仲景書之真僞,兼論醫家源流,雖議論不無過高,使世俗驚駭,然理至不可易,誠爲醫家獨開生面者也。今其書藏於家。予謂《王叔和脈訣》,前人多稱其僞,此或併非叔和,乃後人依託其名者。

【傷寒論輯義】綜概　晉皇甫謐序《甲乙經》云"伊尹以元聖之才,撰用《神農本草》以爲《湯液》。漢張仲景論廣《湯液》爲十數卷,用之多驗。近世太醫令王叔和撰次仲景遺論甚精,皆可施用"。案,伊尹作《湯液》,所未經見,唯《漢書藝文志》載《湯液經法》四十卷,《活人書》、《本事方》、《衛生寶鑑》等,間引伊尹《湯液》,此後人依士安言所僞托,史志等未見著錄者。此豈伊尹所與。然仲景自序特云"博採衆方",未言及《湯液》。士安去仲景時不遠,豈親覩所謂《湯液》者而爲此説歟。自序又云"撰用《素問》、《九卷》、《八十一難》、《陰陽大論》、《胎臚藥錄》,并平脈辨證,作《傷寒雜病論》,合十六卷"。蓋三陰三陽,乃原於《素問》、《九卷》。傷寒、中風、溫病等之目,本於《八十一難》。其他如《陰陽大論》,雖未知何等書,然要之纂舊典之文而編著者,非悉仲景之創論立方也。元吴澄作《活人書辨序》云"漢末張仲景著《傷寒論》,予嘗嘆東漢之文氣,無復能如西都,獨醫家此書,淵奥典雅,焕然三代之文,心一怪之。及觀仲景於序,卑弱殊甚,然後知序乃仲景自序,而《傷寒論》即古《湯液論》,蓋上世遺書,仲景特編纂云爾"。吴氏此説,原於士安,其論未可定然。但至論文章之更變,則雖非我醫家所能及,而宜以資考鏡也。

2. 名義

【傷寒論條辨】　夫扁鵲、倉公,神醫也。神尚矣,人以爲無以加於仲景,而稱仲景曰聖。豈非以仲景之見諸事業、載諸簡編者,皆表章天人,股肱《素》、《難》,達之天下,通之古今,易簡而易知易難,非神奇怪異,人之所不可知、不可能者,所可同年而語哉,是故稱聖焉。賈太傅曰“吾聞古之聖人,不居朝廷,必在卜醫之中”,語不虚矣。然醫聖也,書曰“論”何也。論也者,仲景自道也,蓋謂憤傷寒之不明,戚宗族之非命,論病以辨明傷寒,非謂論傷寒之一病也。其文經也,其事則論,其心則以爲始事於戚,乃不欲忘其初,其多則惠我後人,其意則又不欲以經自居。《易》曰“謙謙君子”,此之謂也。吾故曰:名雖曰論,實則經也。雖然,若曰“傷寒經”,殊乖矣。必曰“醫經”,稱情哉。

《金匱要略》云:《傷寒卒病論》,卒,讀“倉卒”之卒。誠書之初名,此其有據也。但不知“卒病”二字,漏落於何時,俗尚苟簡,承襲久遠,無從可稽矣。君子於此,不能無憾焉。

【傷寒闡要編】《傷寒論》之稱諸證也,證雖紛然,稱有定例。其中微旨,非易窺測。至於編列次序,豈不難乎。凡稱某經病者,以病在此經也。六經傷寒固如此,雜病亦有此者,如太陽濕證、暍證之類,蓋辨似傷寒之雜病,稱其經者也。有以“傷寒”二字冠之者,如“傷寒一日,太陽受之,脈若靜者爲不傳”之類,蓋兼中風而言者也。以傷寒爲病,多從風寒得之,故或中風,或傷寒,總以傷寒稱也。其中專稱傷寒、不兼中風者,如“傷寒脈浮,不發汗因致衄者,麻黄湯主之”之類是也。有中風、傷寒之外,如溫病風濕之類,亦在論中者,以明不可混稱傷寒也。有但稱病人,但稱病,稱厥,稱嘔,稱下利等症,不明言傷寒中風雜病者,大概論之也。論中稱有定例如此。叔和編述,以惠後世,乃立一見,而先列辨脈、平脈二篇,蓋謂論病當先明脈也。“傷寒例”,爲六經諸篇要領,故以統論者,列於脈法之後。痓濕暍三種,有似傷寒,故辨又次之,脈既明矣,要領舉矣。相似之證別論,而不得淆矣。斯可細論六經,繼以霍亂諸篇乎。

傷寒有例,猶律法有例。罪有明證,從例治之,病有明證,從例治之,是皆所謂法也。證可定罪之名,證可定病之名,正名所當先也。“傷寒例”先證傷寒所由名,遂及溫暑、時行、冬溫、寒疫所由名。各正其名者,欲發明傷寒與諸病相異,故論傷寒而略言諸病耳。此“傷寒例”所由名也。彰之以六經脈證,曰可汗,曰可下,是明例在可治者也。兩感於寒者死,不兩感於寒,不傳經、不加異氣者,得自癒。十三日不差者危,感異氣變爲他病者,當依壞證治之,是明例各不同者也。又叮嚀“病須早治,治勿妄施”,仁愛之意,深且切矣。須知此篇乃論中綱領,僅道傷寒之常,而未盡其變,諸變不可勝數,故後有六經諸病,發明此例,前後一貫,豈容偏廢哉。方氏作《條辨》,辨“傷寒例”非仲景之言,出後之僞,遂削去之。吾不敢謂此例皆仲景言也,中有“搜採仲景舊論,錄其證候”等語,豈仲景言乎。不敢謂此例皆非仲景言也,中有微詞奥義,有《素問·熱論》所未發者,後人豈能僞乎。謂叔和附以己意則可,謂全非仲景之言則不可。且無論僞與非僞,當觀可法與否,以決應存應削。例中發明太陰脈尺寸俱沉細,方氏注“太陰病脈浮者可發汗”,竊“沉細”一句證之。例中發明厥陰脈微緩,方氏注“厥陰中風脈微浮爲欲愈”,竊“微緩”二字證之。既竊夫例取之，而以爲可法矣，又胡爲削之哉。嗚呼，傷寒之不明於天下，由不得其要領而昧失此例者衆也。反謂仲景之道晦而不明，厄於此例，以至謂成無已不能暴白僞例之非，固爲阿順，妄以春秋趙盾律之，可乎。

【傷寒補亡論】卷一名例十問　問曰：傷寒何以謂之"卒病"。雍曰：因於字畫多，省偏旁書字，今書"卒病"。今存《傷寒論》十卷，《雜病論》亡矣。

【傷寒論輯義】綜概　其命書以"傷寒"者，仲景自序稱其"宗族餘二百，建安紀年以來，猶未十稔，其死亡者三分有二，傷寒十居其七。感往昔之淪喪，傷橫夭之莫救，遂作此書"。考論中傷寒乃外感中之一證，"太陽病，或已發熱，或未發熱，必惡寒體痛，嘔逆，脈陰陽俱緊者，名爲傷寒"，此即麻黄湯之所出。其十分之七，豈盡以麻黄湯一證而死乎。蓋傷寒者，外感之總稱也。《素問》黄帝問"熱病者，傷寒之類也"，而岐伯答以"傷寒一日太陽"云云。《難經》"傷寒有幾"，曰"有中風，有傷寒，有濕溫，有熱病，有溫病"。《千金方》引《小品》云"傷寒，雅士之辭。云天行溫疫，是田舍間號耳"。不説病之異同也。考之衆經，其實殊異矣。《肘後方》云"貴勝雅言，總呼傷寒，世俗因號爲時行"。《外臺秘要》許仁則論天行病云"此病方家呼爲傷寒"。而所以爲外感總稱者，蓋寒爲天地殺厲之氣，亙於四時而善傷人，非溫之行於春，暑之行於夏，各王於一時之比，是以凡外邪之傷人，盡呼爲傷寒。仲景所以命書者，祗取乎此而已。如麻黄湯證，則對中風而立名者，即傷寒中之一證，其義迥別矣。後漢崔寔《政論》"夫熊經鳥伸，雖延歷之術，非傷寒之理；呼吸吐納，雖度紀之道，非續骨之膏"。案，所謂傷寒，乃指天行病，蓋用雅士之辭也。張子和《儒門事親》云：春之溫病，夏之暑病，秋之瘧及痢，冬之寒氣及欬嗽，皆四時不正之氣也。總名之曰"傷寒"。孫應奎《醫家類述》云：凡風寒暑濕熱燥，天之六氣，自外而中，人五藏六府，十二經絡者，四時之中，皆得謂之傷寒。程氏《後條辨》云：傷寒有五之"寒"字，則只當得一"邪"字看。而係之以"論"者，程氏《後條辨》曰：論，即論定後官之論。案，《禮·王制》"司馬辨論官材，論定然後官之"是也。論之爲言，有法有戒，有案有例。在仲景儼然以筆削自任，作一部醫門斷定之書，故"論"字斷不可以曰篇、曰書、曰集等字代之。方氏《條辨》亦曰：書曰論，何也。論也者，仲景自道也。蓋謂憤傷寒之不明，戚宗族之非命，論病以辨明傷寒，非謂論傷寒之一病也。其文經也，其事則論，其意則又不欲以經自居。《易》曰"謙謙君子"，此之謂也。吾故曰：名雖曰論，實則經也。雖然，若曰傷寒經，殊乖矣。必曰醫經，稱情哉。案，論，是"論難"之論。《内經》諸篇有岐黄問答之語者，必係以"論"字，無之者則否。《金匱要略》各篇標題下有論幾首、證幾條、方幾首。考之於原文，其云"論"者，乃問答之語也。丹溪朱氏《格致餘論》序云"假説問答，仲景之書也"，則其爲"論難"之論，蓋較然矣。後人尊崇之至，遂以論之論釋焉，恐非命書者之本旨也。

仲景自序首題曰《傷寒卒病論》，"卒"乃"雜"之訛。序中云"作《傷寒雜病論》，合十六卷"，其爲傳寫之謬可知矣。

3. 傳承

【千金方】卷九　江南諸師，秘仲景要方不傳。

【千金翼方】卷九傷寒上　傷寒熱病，自古有之，名賢濬哲，多所防禦。至於仲景，特有神功，尋思旨趣，莫測其致，所以醫人未能鑽仰。嘗見太醫療傷寒，惟大青、知母等諸冷物投之，極與仲景本意相反。

【傷寒論】宋臣序　自仲景於今八百餘年，惟王叔和能學之。其間如葛洪，陶景，胡洽，徐之才、孫思邈輩，非不才也，但各自名家，而不能脩明之。開寶中，節度使高繼沖曾編録進上，其文理乖錯，未嘗考正。歷代雖藏之書府，亦闕於讐校，是使治病之流，舉天下無或知者。國家詔儒臣校正醫書，臣奇續被其選。以爲百病之急，無急於傷寒，今先校定張仲景《傷寒論》十卷，總二十二篇，證外合三百九十七法，除複重，定有一百一十二方。今請頒行。

【原病式】劉完素自序　漢末之魏，有南陽太守張機仲景，恤於生民多被傷寒之疾，損害横夭，因而輒考古經，以述《傷寒卒病方論》一十六卷，使後之學者，有可依據。然雖所論未備諸病，仍爲道要，若能以意推之，則思過半矣。且所述者衆，所習者多，故自仲景至今，甫僅千歲，凡著述醫書，過往古者八九倍矣。夫三墳之書者，大聖人之教也。法象天地，理合自然，本乎大道。仲景者，亞聖也。雖仲景之書未備聖人之教，亦幾於聖人，文亦玄奥，以致今之學者尚爲難矣。故今人所習，皆近代方論而已，但究其末而未求其本，况仲景之書，復經太醫王叔和撰次遺方，唐開寶中節度使高繼沖編集進上。雖二公操心用智，自出心意，廣其法術，雜於舊説，亦有可取。其間或失仲景本意，未符古聖之經，愈令後人學之難也。

【吕復】《傷寒論》十卷，乃漢張機仲景用《素問·熱論》之説，廣伊尹《湯液》而爲之。至晉王叔和始因舊説，重爲譔次，而宋成無己復爲以註釋，其後龐安常、朱肱、許叔微、韓祇和、王寔之流，固亦互有開發，而大綱大要，無越乎汗吐下溫四法而已。蓋一證一藥，萬選萬中，千載之下，如合符節。前脩指爲羣方之祖，信矣。所可憾者，審脈時汩王氏之言，三陰率多斷簡，况張經王傳，亦往往反覆後先，自非字字句句，熟玩而精思之，未有能造其閫奥者，陳無擇嘗補三陰證藥於《三因論》，其意蓋可見矣。近人徐止善作《傷寒補亡》，恐與先哲之意不合。余因竊舉大要，以補成氏之未備。知醫君子，或有所取也。李濂《醫史·滄洲翁傳》

【溯洄集】張仲景傷寒立方考　或者乃謂三陰寒證，本是雜病，爲王叔和增入其中，又或謂其證之寒，蓋由寒藥誤治而致，若此者皆非也。夫叔和之增入者，辨脈、平脈，與可汗、可下等諸篇而已，其六經病篇必非叔和所能贊辭也。但厥陰經中下利嘔噦諸條，卻是叔和因其有厥逆而附，遂并無厥逆而同類者，亦附之耳。至若以藥誤治而成變證，則惟太陽爲多，縱使三陰證，亦或有寒藥誤治而變寒者，然豈應如是之衆乎。夫惟後人以仲景書，通爲傷寒溫暑設，遂致諸溫劑皆疑焉而不敢用。王叔和搜採仲景舊論之散落者以成書，功莫大矣。但惜其既以自己之説，混於仲景所言之中，又以雜脈雜病紛紜并載於卷首，故使玉石不分，主客相亂。若先備仲景之言，而次附己説，明書其名，則不致惑於後人而累仲景矣。昔漢儒收拾殘篇斷簡於秦火之餘，加以傳註，後之議者，謂其功過相等，叔和其亦未免於後人之議歟。余嘗欲編類其書，以傷寒例居前，而六經病次之，相類病又次之，差後病又次之，診察治法、治禁治誤、病解未解等又次之，其雜脈雜病，與傷寒有所關者采以附焉，其與傷寒無相闕者皆刪去。如此庶幾法度純一,而玉石有分,主客不亂矣。然有志未暇,姑敘此以俟他日。

【傷寒類證辨惑】 仲景之書,六經至勞復而已,其間具三百九十七法、一百一十三方,纖悉畢備,有條而不紊也。《辨脈法》,《平脈法》,《傷寒例》三篇,叔和采摭羣書,附以己意,雖間有仲景說,實三百九十七法之外者也。又痓濕暍三種一篇,出《金匱要略》,叔和慮其證與《傷寒》相似,恐後人誤投湯劑,故編入六經之右,致有宜應論別之語,是爲雜病,非傷寒之候也。又有不可汗、宜汗,不可吐、宜吐,不可下、宜下,并汗吐下後證,叔和重集於篇末,比六經中,倉卒尋檢易見也。《醫籍考》

注:按黄仲理《傷寒類證》十卷,《醫籍考》記云"未見",而載洪武癸酉仲理自序,然其序中無見右一文,不知《醫籍考》據何引之耶。

【傷寒瑣言】卷一辯傷寒論 仲景固知傷寒,乃冬時殺厲之氣所成,非比他病可緩,故其爲言,特詳於此書,而略於雜病也。倘能因名以求其實,則思過半矣。不幸此書傳世久遠,遺佚頗多。晉太醫令王叔和得於散亡之餘,詮次流傳,其功博矣。惜乎以己論混經,未免穿鑿附會。成無己氏因之順文註釋,并無缺疑正誤之言,以致將冬時傷寒之方通解溫暑,遺禍至今而未已也。溫暑必別有方,今皆失而無徵也。我朝宋景濂學士嘗嘆《傷寒論》非全書,得其旨哉。

【陳桷】 "辨脈法",非仲景本文,乃叔和所採摭者,故多乖忤,學者宜審別之。《醫籍考》

注:按右陳桷一文,亦不記所出。桷爲汪機門人,嘉靖十六年,爲《外科理例》作序。

【傷寒論條辨】 醫道之方法具備,自仲景始,故世稱仲景方法之祖,《傷寒論》乃其書也。考求其方法,義例明甚。何謂例,如中風一也,傷寒二也,兼風寒俱有而中傷,三也。三病不同,以皆同在太陽,故皆發汗。發汗云者,非例言乎。何謂義,如發中風之汗,汗之以桂枝湯。發傷寒之汗,汗之以麻黄湯。發兼風寒俱有而中傷之汗,發之以大青龍湯。一例發汗,而三湯則不同,非以其各有所宜之義乎。然則方法者,道之用也。例者,所以行其方法也。義則其行而宜之之謂是已。是皆相須而不相離,一致之謂道也,啻此爲然哉。其餘各屬,悉皆類此,條目具在也。夫何無己之註解,不省義原屬方法中,法外又獨有傷寒之例。獨例傷寒而置諸各屬,舍義而獨曰例,豈仲景之言,其後人之僞,明亦甚矣。僞例者誰,或曰叔和。謂叔和者,以其編述也。編述論而出始,則叔和之於論,誠功之首也。乃若以僞此例,則後之醫傷寒者,不知通求各屬,但務專擬於傷寒,倣例而行。仲景之道反愈晦,而至今愈不明,究其叛亂,不由尼於此例,以至如此乎。以此言之,則叔和者亦一罪之魁耳。賢如叔和,愚意其智不乃爾也。或曰無己,謂無己者,以其注解也。此則近似,何也。己任注解,則當精辨論之條目,詳悉各屬本義,以迪諸後。不當復強苟且,一概狥己,朦朧訓爲傷寒,比之於例,儼然一家口語,以此擬己,夫復何疑。且例苟任,非己前亦當暴白其非,不令得以迷誤,繼述是也。奈何懵此不爲,乃固尾之以阿順,可乎。

辨痙溫暍病證篇，相傳謂叔和述仲景《金匱》之文，雖遠不可考，觀其揭首之辭，信有之也。然既曰以爲與《傷寒》相似而致辨焉，則亦述所當述者，是故後人稱之，爲仲景之徒云。“辨脈法”，叔和述仲景之言，附已意以爲贊經之辭，譬則翼鳥傳類也。篇目舊名“平脈”，次第二，而僭經右。夫傳不可以先經，論脈亦無先各脈，而後平脈之理。且平脈不過前數條，冒事必如此耳。後亦各脈，安得直以“平脈”名篇。皆非叔和之舊，其爲後人之紛更明甚。凡痙濕暍，辨脈上下篇，可汗、不可汗，可吐、不可吐，可下、不可下，發汗吐下後脈證，皆叔和分經及述經外之餘言，附已意以撰次之。合經亦十一篇，共目二十二，以爲全成仲景氏未章之遺書者也。而第十七、十八、二十二三篇，則又皆抱空名而擁虛位，無冊條之可檢，實則一十九篇之條冊耳，皆叔和所紀之舊額如此。世固有少此，以爲非仲景之全書而起其說者。嗚呼，是書也，仲景之作於建安，漢年號也。出自叔和之撰述，晉太醫令也。相去雖不甚遠，蓋已兩朝相隔矣。是仲景之全書，非仲景之全書，誠不可曉也。

【傷寒尚論篇】尚論張仲景傷寒論大意　後漢張仲景著《卒病傷寒論》十六卷，當世兆民，賴以生全，傳之後世，如日月之光華，旦而復旦，萬古常明可也。斯民不幸，至晉代不過兩朝相隔，其《卒病論》六卷已不可復覩。即《傷寒論》十卷，相亦劫火之餘，僅得之讀者之口授，故其篇目先後差錯，賴有三百九十七法、一百一十三方之名目，可爲校正。太醫令王叔和附以己意，編集成書，共二十二篇，後人德之，稱爲仲景之徒。究竟述者之明，不及作者之聖。袛令學者，童而習之，白首不得其解。雖有英賢輩出，卒莫能舍叔和疆畛，追溯仲景淵源。於是偶窺一斑者，各鳴一得，如龐安常、朱肱、許叔微、韓袛和、王實之流，非不互有闡發，然不過爲叔和之功臣止耳，未見爲仲景之功臣也。今世傳仲景《傷寒論》，乃宋秘閣臣林億所校正、宋人成無己所詮註之書也。林億不辨朱紫菽粟，謂自仲景於今八百餘年，惟王叔和能學之，其間如葛洪、弘景、胡洽、徐之才、孫思邈輩皆不及也。又傳稱成無己註《傷寒論》十卷，深得長沙公之秘旨。殊不知林、成二家，過於尊信叔和，往往先傳後經，將叔和緯翼仲景之辭，且混編爲仲景之書，況其他乎。如一卷之《平脈法》，二卷之《序例》，其文原不雅馴，反首列之，以錯亂聖言，則其所爲校正、所爲詮註者，乃仲景之不幸、斯道之大厄也。元泰定間，程德齋作《傷寒鈐法》，尤多不經。國朝王履并三百九十七法、一百一十三方亦竊疑之，謂仲景書甚平易明白，本無深僻，但王叔和雜以己意，遂使客反勝主，而仲景所以創法之意淪晦不明。今欲以“傷寒例”居前，六經病次之，類傷寒病又次之，至若雜病雜脈雜論，與傷寒無預者皆略去，計得二百八十三條，并以“治”字易“法”字，而曰二百八十三治。雖有深心，漫無卓識，亦何足取。萬曆間方有執著《傷寒條辨》，始先即削去叔和《序例》，大得尊經之旨。然未免失之過激，不若愛禮存羊，取而駁正之。是非既定，功罪自明也。其於太陽三篇，改叔和之舊，以風寒之傷營衛者分屬，卓識超越前人，此外不達立言之旨者尚多。大率千有餘年，若明若昧之書，欲取而尚論之，如日月之光昭宇宙，必先振舉其大綱，然後詳明其節目，始爲至當不易之規。誠以冬春夏秋，時之四序也。冬傷於寒，春傷於溫，夏秋傷於暑熱者，四時中主病之大綱也。舉三百九十七法，分隸於大綱之下，然後仲景之書始爲全書。其"冬傷於寒"一門，仲景立法獨詳於春夏秋三時者，蓋以春夏秋時令雖有不同，其受外感則一，自可取治傷寒之法錯綜用之耳。仲景自序云：學者若能尋余所集，思過半矣。可見引伸觸類，治百病有餘能，況同一外感乎。是春夏秋之傷溫傷熱，明以冬月傷寒爲大綱矣。至傷寒六經中，又以太陽一經爲大綱，而太陽經中，又以風傷衛、寒傷營、風寒兩傷營衛爲大綱。向也大綱混於節目之中，無可尋繹，衹覺其書之殘缺難讀。今大綱既定，然後詳求其節目，始知仲景書中，矩則森森，毋論法之中更有法，即方之中亦更有法，通身手眼，始得一一點出，讀之而心開識朗，不復爲從前之師說所熗浸。假由其道而升堂入室，仲景彌光，而吾生大慰矣。知我罪我，亦何計哉。

辨叔和編次之失　嘗觀王叔和彙集扁鵲、仲景、元化先哲脈法爲一書，名曰《脈經》。其於仲景《傷寒論》尤加探討，宜乎顯微畢貫，曲暢創法製方之本旨，以啟後人之信從可也。乃於彙脈之中，間一彙證，不該不貫，猶曰彙書之常也。至於編述傷寒全書，苟簡粗率，仍非作者本意，則吾不知之矣。如始先《序例》一篇，蔓引贅辭，其後"可與不可"諸篇，獨遺精髓。《平脈》一篇，妄入已見。總之碎剪美錦，綴以敗絮，盲瞽後世，無由復覩黼黻之華，況於編述大意，私淑原委，自首至尾，不敘一語。明是賈人居奇之術，致令黄岐一脈斷絕無遺，悠悠忽忽，沿習至今。所謂千古疑城，莫此難破。兹欲直溯仲景全神，不得不先勘破叔和。如太陽經中，證緒分頭，後學已難入手，乃更插入溫病、合病、併病、少陽病、過經不解病，坐令讀者茫然。譬諸五穀，雖爲食寶，設不各爲區別，一概混種混收，鮮不貽耕者、食者之困矣。如陽明經中，漫次仲景偶舉問答一端，隸於篇首，綱領倒置，先後差錯，且無扼要。至於春溫夏熱之證，當另立大綱，顯自名篇者，迺憒然不識。此等大關一差，則冬傷於寒，春傷於溫，夏秋傷於暑熱之旨盡晦，致後人誤以冬月之方施於春夏，而歸咎古方之不可以治今病者，誰之過歟。至於"霍亂病"、"陰陽易差後勞復"等證，不過條目中事耳，迺另立篇名，與六經并峙，又何輕所重而重所輕耶。仲景之道，人但知得叔和而明，孰知其因叔和而墜也哉。

辨林億、成無已校註之失　王叔和於仲景書，不察大意，妄行編次補綴，尚存闕疑一線。觀其篇首之辭謂"痓濕暍"，雖同爲太陽經病，以爲宜應別論者，其一徵也。觀其篇中，謂疾病至急，倉卒尋按，要旨難得，故重集"可與不可方治"者，其一徵也。觀其篇末，補綴"脈法"，分爲二篇，上篇仍仲景之舊，下篇託仲景以傳，猶未至於顛倒大亂者，其一徵也。第其不露補綴之痕，反以"平脈"本名，易爲"辨脈"，而陰行一字顛倒，此吾所爲譏其僭竊耳。若夫林億之校正、成無已之詮註，則以"脈法"爲第一卷矣。按仲景自敘云"平脈辨證，爲《傷寒卒病論》，合十六卷"，則"脈法"洵當隸於篇首。但晉承漢統，仲景遺書未湮，叔和補綴之言，不敢混入，姑附於後，不爲無見。二家不察，竟移編篇首，此後羚羊掛角，無跡可求，詎能辨其孰爲仲景、孰爲叔和乎，然猶隱而難識也。其《序例》一篇，明係叔和所撰，何迺列於第二卷，豈以仲景書非《序例》不能明耶。即使言之無弊，亦無先傳後經之理，況其蔓引贅辭，横插異氣，寸瑜尺瑕，何所見而崇信若是。致令後學畫蛇添足，買櫝還珠，煌煌聖言，千古無色，是二家羽翼叔和以成名，比以長君、逢君，無所逃矣。至其註釋之差，十居六七，夫先已視神髓爲糟粕矣，更安望闡發精理乎。

【傷寒辨註】凡例　王叔和撰次仲景方論，書凡十卷，其中如傷寒例，六經辨脈證治法，及陰陽易差後諸病，此實係仲景原文，悉爲編入。所削者，如第一卷“脈法”及第七卷以後“汗吐下”諸篇，以其爲叔和所增入也。至於第二卷中如“痓濕暍”三證，第七卷前如“霍亂”一證，亦係仲景原文而不編入者，以其爲雜病也。仲景《論》爲方書之祖，以《內經》有論而無方也。叔和起而撰次之，知尊仲景矣。但其於仲景《論》中插入己意，使學者不知孰爲仲景、孰爲叔和，以故後人誹議之。云叔和變亂仲景《傷寒論》，故其《脈經》亦受高陽生所竊取，此其報也。然仲景書當三國時，兵火之後，殘缺失次，若非叔和撰集，不能延至於後，復有成無己爲之註解也。今醫無但責叔和之過，而忘叔和之功。《傷寒論》自成註以後，在昔明醫如李東垣，不過以治法略舉其要，朱丹溪亦僅以疑處摘問其目，未聞有以仲景原論全解者。至明季有歙人方中行，著《傷寒條辨》八卷，乃成氏之後一人而已。我朝初有喻嘉言者，推廣方氏未發之旨，著《尚論篇》五卷，是亦仲景之功臣也。復有程子郊倩，既倣二書之意著《後條辨》六集，其中亦有可採之處。所可嫌者，三家之書，皆倒亂仲景“六經”篇原文，彼雖各有其理，要之六經原次，或當日叔和未盡改易，其間仲景妙義，焉知不反由此新編而盡失邪。況方書治病，不過欲每條解明，不致醫藥有誤而已，非若文公章句，必欲承上起下也。孔子云“愛禮存羊”。凡六經原次，余不敢亂叔和之舊。

【傷寒溯源集】《傷寒論》一書，按長沙公自序，原云“《傷寒卒病論》合十六卷”。至西晉王叔和編次之後，其《卒病論》六卷，早已云亡，後人不得復見，相傳謂叔和又次爲三十六卷。至宋成無己因王氏之遺書，又註爲《傷寒論》十卷，非唯仲景之舊不得復視，即叔和之書亦杳不可見矣。第閲叔和所作《傷寒序例》一篇，其妄用經文，創立謬說，亦殊不足觀，不若遺亡之爲愈也。其成氏註本原云十卷，今行於世者究僅七卷，以《辨脈》、《平脈》爲第一卷，其言原係仲景原文，亦不爲過。但第二卷《傷寒例》一篇，乃王叔和所作，非仲景原文，因何亦列於七卷之中，而反居仲景六經之前，非唯文理背謬，且冠履倒置，棼亂錯雜矣。其第七卷雖有霍亂、陰陽易及瘥後諸復症，允爲仲景原文，而後之諸可與不可，又非長沙之筆矣。何以知之？其卷首云“夫以疾病至急，倉卒難尋，故重集諸可與不可方治，比之三陰三陽，爲易見也”，如此語氣，確爲叔和所集。況“大法春宜汗”及“春宜吐”、“秋宜下”之說，於理未通，均屬可刪。

【傷寒論本義】《傷寒例》，叔和氏修輯醫聖之書，發其凡例也。列於論首，名之曰“例”。標題原未有“序”字，後人以其文近於序，故更名之曰“序例”。成氏註之，方氏刪之，喻氏駁之，程氏嘻笑且怒罵之，以爲僭濫，以爲悖謬。愚平心靜氣論之，其意亦未大舛，特欲推廣傷寒於傷寒外耳，不知《傷寒論》原非耑論傷寒內也。例之大概，謂四時皆有外感之氣，惟冬月乃正傷寒之名，欲推廣而反成拘執矣。更爲引伸春溫、夏暑、瘧病、熱病、疫病，原思於傷寒外多所論列，因醫聖自序中言，傷寒疑似之間，誤人階厲，故欲辨其是非，以附益原書之義也。但於諸證，不爲條分縷晰，一如凡例之製，乃參雜反覆，籠統鋪敘以成文。既無太史公《伯夷列傳》手筆，必見方鑿圓柄，否則重樓疊嶂矣。例不成例，序不成序，是其才力之不逮、體認之未真。以尊崇闡發之心，竟成儒者自分兩岐，迄難合一，何也。以醫聖原兼萬病而論其一，叔和之例欲分萬病爲萬也。至於詳明時令氣化，以別疾病感受，仍是分晰異同之見，何其冗亂無紀乎。因而及於藥治之遲早，風土之涼燠，以爲明切，實皆郛廓，不能得《傷寒》之精深。雖欲有言，不能不流爲冒語也。復敘六經傷寒及兩感之脈證，與各有愈期不治之故，在《傷寒論》中已明，此非贅疣耶。最是初感風寒二邪，大關巨節，然無分剖，又何疏乎。卻將壞證牽入溫瘧等症，既明溫暑瘧熱疫證不同傷寒，分時異感，各成一病。又忽有四變之說，殊覺自相秦越。更及遲治、誤治諸條，曰若、曰凡，縱再增益千百，亦苦於挂少漏多。發凡起例，不言全書持綱攜領之處，而以己意泛濫舉之，曰此書之例。書自書而例自例，何以使人讀例而得書之簡潔精微乎。將徒畫蛇之足、續鳧之脛而已。末雖明生愈死亡之機，終亦不可勝言。總因不能合全書以爲體會，撮其易簡之善，著爲知從之法。乃以爲既緝是書，不可不以推廣爲發明，本欲附驥名彰，立言不朽，抑知後人不少假借，細加指摘也耶。余故原其初念，本在遵循，非蒙違戾，而智淺才薄，不能心得全書精義，乃欲以多求勝，備其闕略。豈知醫聖之文，言近而指遠，辭簡而意該乎。然醫聖數千年正學，賴此不墜，其功亦不［在］衛敬仲序《詩》之下。《詩序》雖經朱子刪駁，而古遠所傳，於今不泯，則叔和之例，可以比照杜氏以《例》例《春秋》矣。至可例與否，例之當否，其例具在，叔和不能自達其意者，後之讀《例》君子可以代明。何必削之不許天下共見聞，而求其公是耶。方氏謂以傳先經非體，愚謂例也，非傳也，傳必附經，例則仍可首列也。倘叔和當日，能將所謂溫暑瘧熱疫諸證，各就專門，分撰附經，詳其脈論，精言治法，以述寓作，如朱子之補《大學》，豈非醫聖之高弟、醫門之功臣乎。不能爲此，而於例中叢脞言之，吾知其於此數證原委亦未大明，約略敷衍，不意乃成罪案，因此沒其緝書原志，則亦大可惜矣。

《辨脈》一篇，的是醫聖原文，其辭簡括，其義深長，與《傷寒雜病論》心思筆致，皆足令人紬繹不盡，推曁無方矣。蓋辨脈爲論證之先務，所以叔和敘次爲第一，不可謂以傳僭經也。既非叔和所能擬議，原爲醫聖高文巨典，不妨置之諸論之首，以重診視之事矣。於《平脈》分篇是醫聖本意，或叔和效《虞書》中分二典之智乎。但忽首爲韻語，似反覺膚廓淺近，不類一手，豈少陵不能作散文，而醫聖不能作韻語耶。真贋已無可考，孰得而屏之，屏之反爲僭矣。

《辨脈》、《平脈》二篇，亦非後人妄分爲二也。蓋於辨、平二字之義，未能深悉也。辨者，分別之也。平者，較量之也。平如平章之平，非平人之脈。如謂篇中專言平人之脈，試觀之，何其言平人之脈十之一二，言疾病之脈十反八九乎。然則辨者，始條理也。分爲二，推至於無窮也。平者，終條理也。衡如一，究歸於不二也。氣有陰陽，邪亦有陰陽，病必分陰陽，脈必辨陰陽，故必須分爲二以辨之。氣之陰陽，有有餘不足。邪之陰陽，亦有衰盛，病因而有輕重，脈必平陰陽，權衡如一以平之。細玩二篇，洵是此義，不可悉舉，略觀大意可知矣。至於其文古穆簡潔，其義精微廣大，惟醫聖獨擅其能，非王氏所可贊之辭，合《傷寒例》觀之亦自明。編次於六經論之首，先脈後證，先辨、平乎脈以審證，後條列乎證以處治，序次亦未紊也。

【醫學源流論】 仲景《傷寒論》編次者不下數十家，因致聚訟紛紜，此皆不知仲景作書之旨故也。觀傷寒敘所述，乃爲庸醫誤治而設，所以正治之法，一經不過三四條，餘皆救誤之法，故其文亦變動不居。讀《傷寒論》者，皆設想懸擬之書，則無往不得其義矣。今人必改叔和之次序，或以此條在前，或以此條在後，或以此證因彼證而生，或以此經因彼經而變，互相詬厲。孰知病變萬端，傳經無定，古人因病以施方，無編方以待病，其原本次序既已散亡，庶幾叔和所定爲可信。何則？叔和《序例》云"今搜採仲景舊論，錄其證候診脈聲色對病真方，有神驗者，擬防世急"，則此書乃叔和所搜集。而世人輒加辨駁，以爲原本不如此。抑思苟無叔和，安有此書，且諸人所編，果能合仲景原文否耶。夫六經現證，有異有同，後人見陽經一證雜於陰經之中，以爲宜改入陽經之內，不知陰經亦有此證也。人各是其私，反致古人圓機活法，泯沒不可問矣。凡讀書能得書中之精義要訣，歷歷分明，則任其顛倒錯亂，而我心自能融會貫通，否則徒以古書紛更互異，愈改愈晦矣。

【吳醫彙講】 仲景傷寒書爲叔和編次，已失其真，即林億校本亦已難得，今世所傳惟成無己註釋之本而已。至三百九十七法，莫不津津樂道，而究鮮確指。汪苓友亦云，前人所未明言。其引張孝培《傷寒類疏》桂枝湯服後，至以助藥力爲一法，溫覆至如水流漓又一法，稱與諸家不同。顧吾不知其何本而有此，考前明有吾虞趙開美翻刻宋板《傷寒論》全文，其三百九十七法，於每篇之首註其幾，先則節錄原文，開明第一、第二，次於原文之下，後列一二三之數，總計全書，治法瞭然也。但不知出自叔和，出自林億，今之傳本亡之者，殆爲無己所刪乎。後人未見宋刻，茫然不曉，如王安道亦未之見也。國朝王晉三雖於每方之下，註以各法，亦不過繼張孝培、汪苓友之志，而愛禮存羊，究有未能悉洽者。故愚以爲註書不應改移，此宜就文辨論。如朱子之賢，闕文錯簡，皆仍其舊。無己何人，而乃擅削，以致迄今盈庭聚訟也。

【傷寒論輯義】綜概 《傷寒論》，後漢張仲景著，晉王叔和撰次。經六朝隋唐，而未見表章者。至宋治平中，始命儒臣校定之。高保衡、孫奇、林億等序載，開寶中，節度使高繼沖曾編錄進上。其文理舛錯，未嘗考正。案，開寶，宋太祖時號。劉完素《原病式》云"唐開寶中"，誤。歷代雖藏之書府，亦闕於讐校。國家詔儒臣校正醫書，先校定張仲景《傷寒論》十卷，總二十二篇，合三百九十七法，除複重，有一百一十二方。案，原一百十三方，闕"禹餘糧丸"一方，故云爾。仲景自序，首題曰《傷寒卒病論》，"卒"乃"雜"之訛。序中云"作《傷寒雜病論》，合十六卷"，其爲傳寫之謬可知矣。《隋經籍志》有《張仲景方》十五卷，而無《傷寒論》之目，蓋得非當時以湮晦而不見之故耶。《舊唐經籍志》亦同《隋志》，而不收其目。至《新唐藝文志》，則云王叔和《張仲景方》十五卷，《傷寒卒病論》十卷。"雜"之訛"卒"，其來舊矣。雜病乃對傷寒，而中風歷節血痺虛勞等之類。雜病論，即今《金匱要略》。喻氏云，《卒病論》已不可復覩。錢氏云,《卒病論》早云亡。程氏云,本論具有治雜病之方法,故云《傷寒雜病論》。柯氏云,凡條中不貫"傷寒"者,皆是雜病,故曰《傷寒雜病論》。此數語皆不可從也。

又《隋經籍志》注載"梁《七録》張仲景《辨傷寒》十卷。亡"。今《傷寒論》每篇盡冠"辨"字即此,指今《傷寒論》。而其云"亡"者,蓋《千金方》稱"江南諸師,秘仲景傷寒方法不傳"。然則《隋志》云亡者,其實非亡也。《七録》、《藝文志》并云十卷,考諸仲景自序,乃缺六卷。蓋《傷寒論》十卷,《雜病論》六卷,各別行於世者。而王燾《外臺秘要》載《金匱要略》諸方,而曰出張仲景《傷寒論》某卷中,則唐時其全帙十六卷,不易舊目者才存臺閣中。王氏知弘文館圖籍方書等時,特得探其秘要而載之其著書。今所傳十卷,雖重複頗多,似強足十卷之數者。然逐一對勘,大抵與《外臺》所引符,則今《傷寒論》不可斷爲非《七録》及《唐志》之舊也。高保衡等《校定序》稱"自仲景於今八百餘年,惟王叔和能學之"。成無己亦云"仲景之書,逮今千年,而顯用於世者,王叔和之力也"。蓋仲景書當三國兵燹之餘,殘缺失次,若非叔和撰集,不能延至於今,功莫大矣。而明洪武中,薌溪黄氏作《傷寒類證辨惑》曰,仲景之書,六經至勞復而已,其間具三百九十七法、一百一十三方,纖悉具備,有條而不紊也。《辨脈法》、《平脈法》、《傷寒例》三篇,叔和採摭羣書,附以己意,雖間有仲景說,實三百九十七法之外者也。又《痓濕暍》三種一篇,出《金匱要略》,叔和慮其證與傷寒相似,故編入六經之右。又有汗吐下、可不可并汗吐下後證,叔和重集於篇末,比六經中倉卒尋檢易見也。今一以仲景書爲正,其非仲景之書者悉去之,庶使真僞必分,至理不繁,易於學者也。案,此說淵源於王履《溯洄集》,但履以《傷寒例》爲仲景原文。從此而降,方有執、喻昌、柯琴輩從而宗其說,或駁或貶,以加詆諆。如《序例》則云"搜採仲景舊論",《外臺》乃載其文,揭以"王叔和曰",則此一篇叔和所撰,非敢僞託而作也。至辨脈、平脈、汗吐下、可不可等編,叔和既於《脈經》中引其文,以爲仲景語。又高湛《養生論》云"王叔和性沈靜,好著述,考覈遺文,採摭羣言,撰《脈經》十卷"。叔和《脈經》序亦云"今撰集岐伯以來,逮於華佗,經論要決,合爲十卷,其王阮傅戴吳呂張,所傳異同,咸悉載録"。《傷寒例》固多不合仲景之繩墨,而言屬荒謬者。然叔和亦一名士也,豈有以我所立論,嫁名於前賢,而採摭於己著書中,如毒手狡獪之伎倆乎。陰陽五行,漢儒好談之,五藏六府,經絡流注,《史記·扁鵲傳》間及於此,《漢書藝文志》亦多載其書目。仲景生於漢末,何獨屏去之。今依臨川吳氏之言而考之,如六經至勞復,文辭典雅簡奥者,係於所撰用古經之文。其他言涉迂拘,而文氣卑弱,世人以爲叔和所羼入者,豈知非卻是仲景之筆乎。(用)[因]意《傷寒例》及原文中或云"疑非仲景方",或云"無大黄恐不爲大柴胡湯",或"本云"云云之類,皆叔和所録,其語氣爲明顯,此餘盡是仲景舊文。而前後義相矛盾、文理晻曖難曉者,古書往往有之,又何疑焉。方、喻諸家,逐條更定,刪改字句,以爲復仲景之舊,殊不知益乖本來,惑亂後人,莫此爲甚。視諸叔和,其功罪之輕重,果奈何也。案,程氏、志聰、錫駒等,以《序例》爲叔和所撰,其他爲仲景原文,是固然矣。錢氏以《序例》及發汗吐下、可不可等篇爲叔和所增,殆無明據焉。又案,張遂辰本及《全書》卷首載《醫林列傳》云“王叔和次《張仲景方論》爲三十六卷,大行於世”,此原出《太平御覽》引高湛《養生論》。然《隋志》等不載“三十六卷”之目。汪氏云“仲景爲《傷寒雜病論》,合十六卷,叔和編次,何至遽增二十卷書耶”,則云“三十六卷”誤矣。要之,《傷寒論》一部,全是性命之書,其所關係大矣。故讀此書,滌盡胸中成見,宜於陰陽表裏、虛實寒熱之分,發汗吐下、攻補和溫之别,而痛著工夫,欲方臨證處療,身親試驗之際,而無疑殆也。其中或有條理牴牾,字句鉤棘,不易曉者,勿敢妄爲穿鑿。大抵施之於行事,深切著明者,經義了然,無太難解者。“太陽病,頭痛發熱,汗出惡風者,桂枝湯主之”之類,豈不至平至易乎。學者就其至平至易處而細勘研審,辨定真假疑似之區别,而得性命之神理,是爲之得矣。其所難解釋、諸家費曲説者,縱令鑽究其旨,不免隔靴抓癢。如以其不的確明備者,施之於方術,則害於性命,亦不可測。然則其所難解釋者,置諸闕如之例而可也。諺云“開卷了然,臨證茫然”,是醫家之通患,學者宜致思於此,亦何苦以詆詰古人爲事乎。

寬政辛酉正月之望

4. 編次

【溯洄集】傷寒三百九十七法辨　余自童時,習聞此言,以爲傷寒治法,如是之詳且備也。及考之成無已註本,則所謂三百九十七法者,茫然不知所在。於是詢諸醫流,亦不過熟誦此句而已,欲其條分縷析,以實其數,則未遇其人。遂乃反覆而推求之,以有論有方諸條數之,則不及其數。以有論有方、有論無方諸條通數之,則過其數。除《辨脈法》、《平脈法》并《傷寒例》,及可汗不可汗、可吐不可吐、可下不可下諸篇外,止以六經病篇中,有論有方、有論無方諸條數之,則亦不及其數。以六經病篇及痓濕暍、霍亂、陰陽易差後勞復病篇中,有論有方、有論無方諸條數之,則亦過其數。至以六經病、痓濕暍、霍亂、陰陽易差後勞復篇,有論有方諸條數之,則又太少矣。竟不能決,欲以此句視爲後人無據之言而不從,則疑其或有所據,而或出仲景、叔和而弗敢廢。欲尊信而必從之,則又多方求合而莫之遂。宋林億等校正《傷寒論》,其序曰:今校定張仲景《傷寒論》十卷,總二十篇“二十”當“二十二”,證外合三百九十七法。余於是就其十卷二十二篇而求之,其六經篇、霍亂篇、陰陽易差後勞復篇中,有方治諸條,以數爲計,又重載於各篇之前,又謂疾病至急,倉卒難尋,復重集諸可與不可方治,分爲八篇,亦以數爲計,繼於《陰陽易差後勞復篇》之後。其《太陽上篇》註曰一十六法,《太陽中篇》註曰六十六法,《太陽下篇》註曰三十九法,《陽明篇》註曰四十四法,《少陽篇》不言法,《太陰篇》註曰三法,《少陰篇》註曰二十三法,《厥陰篇》註曰六法,《不可發汗篇》註曰一法,《可發汗篇》註曰四十一法,《發汗後篇》註曰二十五法,《可吐篇》註曰二法,《不可下篇》註曰四法,《可下篇》註曰四十四法,《汗吐下後篇》註曰四十八法,以其所註之數通計之,得三百八十七法。然《少陽篇》有小柴胡湯一法,其不言者,恐脱之也。又《可吐篇》卻有五法,其止言二法者,恐誤也。併此脱誤四法,於三百九十七法之中,亦僅得三百九十一法耳。較之序文之説,猶欠六法,乃參之《脈經》其可汗、可吐等篇外,比《傷寒論》又多可溫,可灸,可刺,可水,可火,不可刺,不可灸,不可水,不可火諸篇,欲以此補其所欠,則又甚多而不可用。元泰定間,程德齋又作《傷寒鈐法》,其自序曰:

若能精究是編，則知六經轉變，三百九十七法在於手掌矣。又曰：六經二百一十一法，霍亂六法，陰陽易差後勞復六法，痓濕暍九法，不可汗二十六法，宜汗四十一法，不可吐五法，不可下五法，可汗五法，可吐五法。餘亦以其說通計之，卻止得三百一十八法，於三百九十七法中尚欠七十八法。觀其序文，乃如彼考，其所計乃如此，則知其猶未能灼然以得其實數而無疑也。故下文細數中，止重敘六經、霍亂、痓濕暍、陰陽易差後勞復諸法而已，彼可汗不可汗等諸法，再不重敘也。近批點《傷寒論》者，何不考其非，乃一宗其所鈐字號而不敢少易乎。余由是屏去其說，但即論之本文，寢食與俱，以紬繹之，一旦豁然，始悟其所計之數，於理不通，而非仲景叔和之說矣。夫《傷寒論》，仲景之所作也，至叔和時已多散落，雖叔和搜采成書，終不能復其舊。然則今之所傳者，非全書也明矣。後之昧者乃不察此，必欲以全書視之，爲鈐爲括，斷之曰某經幾證，以謂傷寒治法，略無餘蘊矣，殊不知其間有論無方者甚多。至若前篇引《內經》所敘六經病證，除太陽、少陰證爲後篇所有外，其《陽明篇》無"目疼"，《少陽篇》言胸脅滿而不言痛，《太陰篇》無"嗌乾"，《厥陰篇》無"囊縮"，若此者非皆本無也，必有之而脫之耳。雖然爲鈐括者，膠柱調瑟，但知叔和之重載，而莫知所以重載之意也。夫叔和既撰次於搜采之餘，復重載各篇方法，并諸可與不可方治者，非他，不過慮人惑於紛亂，故示之以簡便而已。林億乃弗解其意，遂不問重與不重，一概通數之，以立總目。何不觀重載八篇之中其方治者，止有一十五條爲《六經篇》之所無，其餘一百五十三條皆《六經篇》已數過者，安有一法而當兩數之理乎。雖程德齋去取與林億頗異，然亦五十步笑百步耳。其不重數發汗後并吐汗下後諸法，固爲是矣。至於宜汗四十一法，卻又俱是一法當兩數者，與林億所計，何以異哉。推原其意，似亦不見林億所計細數，止聞三百九十七法之目，遂自就論中尋而數之，欲以實其總數，然而卒不能實，故爲此含糊之說以欺後人，反又不逮林億所言也。竊嘗思之，縱使三百九十七法之言，不出於林億等，而出於億之前，亦不足用。此言既出，則後之聞者，必當覈其是非，以歸於正，而乃遵守聽從，以爲千載不易之定論。悲夫。余今於三百九十七法內，除去重複者與無方治者，止以有方治而不重複者計之，得二百三十八條，并以"治"字易"法"字，而曰二百三十八治，如此則庶或可通也。

【傷寒闡要編】 世於仲景《傷寒論》每曰三百九十七法、一百一十三方。方固止於此，法則論中可垂訓者，言言皆法，難以數拘焉。今按汪石山《傷寒選錄》所述，出自類證者，據其所云，則以六經至勞復八篇，爲仲景《傷寒論》之正，餘皆叔和採述仲景之他書，又附以已意者，爲三百九十七法之外矣。由是，方中行作《條辨》，以六經至勞復爲法，而以有論有方、及有論無方者均數之。其間以承上文立論，如小柴胡論方後證治，同上文作一法。如云"若其人大便鞕小便自利者，去桂枝加白朮湯主之"，同上文作一法。又如"問曰證象陽旦"一條，同上文作一法。如此數之，蓋求合於三百九十七之數耳。其《太陽上篇》六十六法，《中篇》五十七法，《下篇》三十八法，《陽明篇》七十七法，《少陽篇》九法，《太陰篇》九法，《少陰篇》四十六法，《厥陰篇》五十四法，《雜病篇》二十法，《霍亂篇》九法，《陰陽易差後勞復篇》七法，總三百九十二法。又據將舊本《太陽中篇》不可汗六法，移在《條辨》第十五篇中，則是三百九十八矣。此乃小差，而所係重輕，全不在此，亦不必論。但當論六經至勞復八篇之外，是法非法，云三百九十七法也。夫方則盡於八篇一百一十三而已，法則八篇固爲法，其餘亦皆法也。所以有三百九十七法之說者，蓋檢八篇，而計其方之數，遂併計八篇中法之數耳，可謂此外非法哉。其中即有叔和附已意者，不可斥曰非法，應思叔和何如人也，非悉出叔和者耶。故曰論中可垂訓者，言言皆法，難以數拘也。學者勿執三百九十七法之說，而忽其餘焉。

【傷寒準繩】　王叔和編次張仲景《傷寒論》，立三陽、三陰篇。其三陽篇之例，凡仲景曰太陽病者，入《太陽篇》。曰陽明病者，入《陽明篇》。曰少陽病者，入《少陽篇》。其三陰篇，亦依三陽之例，各如太陰、少陰、厥陰之名入其篇也。其或仲景不稱三陽、三陰之名，但曰傷寒某病，用某方主之，而難分其篇者，則病屬陽證。發熱、結胸、痞氣、畜血、衄血之類，皆混入《太陽篇》；病屬陰證，厥逆、下痢、嘔吐之類，皆混入《厥陰篇》也。惟燥屎及屎鞕、不大便、大便難等證，雖不稱名，獨入《陽明篇》者，由此證類屬陽明胃實，非太陽、厥陰可入，故獨入陽明也。所以然者，由太陽爲三陽之首，凡陽明、少陽之病，皆自太陽傳來，故諸陽證不稱名者皆入其篇；厥陰爲三陰之尾，凡太陰、少陰之病，皆至厥陰傳極，故諸陰證不稱名者皆入其篇。後人不悟是理，遂皆謂太陽病諸證不稱名者亦屬太陽，而亂太陽病之真；厥陰篇諸證不稱名者亦屬厥陰，而亂厥陰病之真。爲大失仲景之法也。仲景立法，凡云太陽病者，皆謂脈浮頭項強痛惡寒也。凡云陽明病者，皆謂胃家實也。凡云少陽病者，皆謂口舌咽乾目眩也。凡云太陰病者，皆謂腹滿時痛吐利也。凡曰少陰病者，皆謂脈微細但欲寐也。凡云厥陰病者，皆謂氣上撞心痛，吐蚘也。候如少陰病，不一一逐條曰脈微細但欲寐，而總用"少陽病"三字括之者，省文也。故各條或曰，少陰病及發熱脈沈，用麻黄附子細辛湯者，謂脈沈細但欲寐而又反發熱者，用其方也。或曰，少陰病得之二三日以上，心煩不臥，用黄連阿膠湯者，謂脈微細但欲寐，二三日後變心煩不臥者，用其方也。後人不悟是理，遂皆不察"少陰病"三字所括"脈微細但欲寐"之證，但見發熱脈沈，便用麻黄附子細辛湯，見心煩不臥，便用黄連阿膠湯，尤爲失仲景之法也。

【傷寒辯註】採輯古今傷寒書目傷寒論　琥按，王叔和編次《仲景方論》三十六卷，當是十六卷。據論(據)[集]中云"仲景爲《傷寒雜病論》，合十六卷"，叔和編次，何至遽增二十卷書耶。況仲景當日止著《論》二十二篇，尚未分爲幾卷，至叔和始託名仲景撰成，并《辨脈》、《平脈法》，爲《傷寒雜病論》，合十六卷，則是《醫林列傳》云"三十六卷"誤矣。相傳仲景論有一百一十三方，今考其書十卷內，計方止一百一十二道。

【柯琴傷寒論註】　按張仲景自序言"作傷寒雜病論合十六卷"，則傷寒、雜病未嘗分爲兩書也。凡條中不貫傷寒者，即與雜病同義。如太陽之頭項強痛，陽明之胃實，少陽之口苦咽乾目眩，太陰之腹滿吐利，少陰之欲寐，厥陰之消渴、氣上沖心等證，是六經之爲病，不是六經之傷寒，乃六經分司諸病之提綱，非專爲傷寒一證立法也。觀六經提綱，皆指内證，惟太陽提綱爲寒邪傷表立，因太陽主表，其提綱爲外感立法。故叔和將仲景之合論全屬傷寒，不知仲景已自明其書不獨爲傷寒設，所以《太陽篇》中先將諸病線索逐條提清，比他經更詳也。其曰“太陽病或已發熱，未發熱，必惡寒體痛，嘔逆，脈陰陽俱緊者，名曰傷寒”，是傷寒別有提綱矣。此不特爲太陽傷寒之提綱，即六經總綱。觀仲景獨於《太陽篇》別其名曰傷寒，曰中風，曰中暑，曰溫病，曰濕痺，而他經不復分者，則一隅之中，可以尋其一貫之理也。其他結胸藏結，陽結陰結，瘀熱發黄，熱入血室，譫語如狂等證，或因傷寒，或非傷寒，紛紜雜沓之中，正可思傷寒、雜病合論之旨矣。蓋傷寒之外皆雜病，病不脫六經，故立六經而分司之。傷寒之中，最多雜病，内外夾雜，虚實互呈，故將傷寒、雜病而合參之，此扼要法也。叔和不知此旨，謂痙濕暍三種宜應別論，則中風、溫病，何得與之合論耶。以三證爲傷寒所致，與傷寒相似，故此見之，則中風非傷寒所致，溫病與傷寒不相似者，何不爲之別立耶。霍亂屬肝木爲患，陰陽易差後勞復，皆傷筋動骨所致，咸當屬於厥陰，何得別立篇目。叔和分太陽三證於前，分厥陰諸證於後，豈知仲景約法能合，而病兼該於六經，而不能逃六經之外，只在六經上求根本，不在諸證名目上求枝葉。叔和以私意紊亂仲景之原集，於勞復後重集可發汗、不可發汗諸篇。如弱反在關，濡反在巔，微反在下，不知如何名“反”，豈濡微弱濇等脈有定位乎。其云“大法春夏宜發汗”，“春宜吐”，“秋宜下”，設未值其時，當汗不汗，當下不下，必得其時耶。而且利水清火、溫補和解等法，概不言及。所以今人稱仲景只有汗吐下三法，實由於是。夫四時各家，人所同受病者，因人而異。汗吐下者，因病而施也。立法所以治病，非以治時，自有此大法之謬，後人因有隨時用藥之道。論麻黄、桂枝湯者，謂宜於冬月嚴寒，而三時禁用。論白虎湯者，謂宜於夏，而大禁於秋分後與立夏之前。夫寒熱溫涼之逆用，必先歲氣，獨不曰有假者反之，有是證因方是方，仲景因證立方，豈隨時定劑哉。當知仲景治法，悉本《内經》。仲景言“平脈辨證，爲《傷寒雜病論》”，是脈與證未嘗兩分也。夫因病而平脈，則平脈即在辨症中。脈有陰陽，發熱惡寒發於陽，無熱惡寒發於陰，是病之陰陽也。當列前論之首。浮大動數名陽，沈濇弱弦微名陰，是脈之陰陽也。此條當爲之繼。叔和既採仲景舊論，錄其症候診脈，是知叔和別立脈法，從此搜採耳。試觀《太陽篇》云，脈浮者病在表，脈浮緊者法當身疼痛，脈浮數者法當汗出愈。諸條脈法，不入《辨脈》、《平脈》篇，是叔和搜採未盡，猶遺仲景舊格也。由此推之，知寸口脈浮爲在表，及寸口脈浮而緊、脈浮而數諸條，皆從此等處採出。脈有陰結、陽結條，未始不在陽明中風中寒之間。洒淅惡寒而復發熱者，未始不在少陽寒熱往來之部。脈陰陽俱緊者，未必非少陰之文。陰陽相搏條，未必不在傷寒脈結代之際。設仲景別集脈法，或有上下之分，決無辨、平之別矣。名平名辨，皆叔和搜採諸說，仲景所云“各承家伎”者是也。叔和既改抶仲景原文，獨爲傷寒立論，十六卷中不知遺棄幾何。而今六經之文，夾雜者亦不少，豈獨然仲景舊集哉。世以《金匱要略》爲仲景雜病，共經魔魅之後乎。

【傷寒論輯義】綜概　案《外臺》引《傷寒論》，考其卷目，桂枝湯云出第二卷中，知《太陽上篇》在第二卷。葛根湯、麻黄湯、小柴胡湯、小建中湯，云出第三卷中，知

《太陽中篇》在第三卷。柴胡桂枝乾薑湯、大陷胸丸、大小陷胸湯，大柴胡湯，半夏瀉心湯，文蛤散，白散，云出第四卷中，知《太陽下篇》在第四卷。大承氣湯、茵蔯蒿湯、豬苓湯，云出第五卷中，知《陽明篇》在第五卷。半夏散及湯、真武湯、乾薑黃連黃芩人參湯，云出第六卷中，知少陰、厥陰二篇在第六卷。其第一，第七，第九，雖無所考，而葛根黃芩黃連湯，云出第七卷中。其餘不引藥方，則當第一卷《辨脈》等篇。第七以下，乃汗吐下、可不可等篇。"太陽病三日"云云，屬調胃承氣湯條，今本載第五卷《陽明篇》，而云出第十卷。傷寒，汗出惡寒身熱，大渴不止，欲飲水一二斗者，白虎加人參湯主之。此條今本不載，蓋係於脫漏，而亦云出第十卷中，知辨發汗吐下後篇在第十卷。由是觀之，《傷寒論》大抵與今本無大異同。如雜病，則痓濕暍在第十一卷，黃疸第十四卷，瘧病胸痺心痛寒疝在第十五卷，嘔吐噦在第十六卷，而百合病論并方，霍亂，理中湯、附子粳米湯、四逆湯、通脈四逆湯，并云出第十七卷中。肺脹，小青龍加石膏湯，越婢加半夏湯。肺癰，桔梗白散，并云出第十八卷中。是王氏所見本，不止第十卷，乃知雜病分門次第，與《金匱要略》大不同，此可以窺唐舊本之厓略也。故備錄於此。

5. 餘論

【晉書】卷五十一皇甫謐傳　仲景垂妙於定方。

【抱朴子】　仲景開胸納赤餅。出《初學記》，今本無所考。

【溯洄集】　讀仲景之書，當求其所以立法之意。苟得其所以立方之意，則知其書足以爲萬世法，而後人莫能加、莫能外矣。苟不得其所以立法之意，則疑信相雜，未免通此而礙彼也。嗚呼，自仲景以來，發明其書者不可以數計，然其所以立法之意，竟未聞有表章而示人者，豈求之而不得之歟，將相習循而不求歟，抑有之而余未之見歟。余雖不敏，僭請陳之。夫傷於寒，有即病者焉，有不即病者焉。即病者，發於所感之時。不即病者，過時而發於春夏也。即病謂之傷寒，不即病謂之溫與暑。夫傷寒溫暑，其類雖殊，其所受之原則不殊也。由其原之不殊，故一以"傷寒"而爲稱；由其類之殊，故施治不得以相混。以所稱而混其治，宜乎貽禍後人，以歸咎於仲景之法，而委廢其大半也。吁，使仲景之法，果貽禍於後人，《傷寒論》不作可也。使仲景之法，果不貽禍於後人，《傷寒論》其可一日缺乎。後人乃不歸咎於己見之未至，而歸咎於立法之大賢，可謂溺井怨伯益，失火怨燧人矣。夫仲景法之祖也，後人雖移易無窮，終莫能越其矩度，由莫能越而觀之，則其法其方，果可委廢太半哉。嗚呼，法之方也，仲景專爲即病之傷寒設，不兼爲不即病之溫暑設也。後人能知仲景之書，本爲即病者設，不爲不即病者設，則尚恨其法散落，所存不多，而莫能禦夫粗工妄治之萬變，果可憚煩而或廢之乎。是知委廢太半而不覺其非者，由乎不能得其所以立法之意故也。今人雖以治傷寒法治溫暑，亦不過借用耳。夫仲景立法，天下後世之權衡也，故可借焉以爲他病用。雖然，豈特可借以治溫暑而已，凡雜病之治莫不可借也。今人因傷寒治法可借以治溫暑，遂謂其法通爲傷寒溫暑設。吁，此非識流而昧原者歟。苟不余信，請以證之。夫仲景之書，三陰經寒證，居熱證什之七八，彼不即病之溫暑，但一於熱耳，何由而爲寒哉。就三陰寒證而詳味之，然後知余言之不妄。

【傷寒類證】黄仲理自序　愚謂，業醫而不由仲景之門，猶儒家之不宗孔子而好尚諸子百家者也。

【傷寒尚論篇】　張仲景《傷寒論》一書，天苞地符，衆方之宗，羣方之祖，雜以後人知見，爲反爲塵飯土羹。

（三）序跋

1. 張機原序 多紀元簡注

《傷寒卒病論集》（柯本"卒"作"雜"，宜從。詳見於《綜概》。方氏以降諸本并無"集"字）論曰（程本刪"論曰"二字，錫、志、柯同）：余每覽越人入虢之診，望齊侯之色（二事見《史記·扁鵲傳》），未嘗不慨然嘆其才秀也（慨、嘅通。《說文》：嘅，嘆也。《詩·王風》"嘅其嘆"，又《曹風》"愾我寤嘆"，愾即慨字。"而良史書之以巧宦之目，未嘗不慨然廢書而歎"，文法略同，并原於《史·孟軻列傳》）。怪當今居世之士，曾不留神醫藥，精究方術（《史·秦始皇紀》：召文學方術之士。《漢·平帝紀》：方術本草），上以療君親之疾，下以救貧賤之厄，中以保長身全，以養其性。但競逐榮勢，企踵權豪（《漢·蕭望之傳》：天下之士，延頸企踵，爭願自效），孜孜汲汲（《博雅》：孜孜汲汲，劇也），惟名利是務。崇飾其末，忽棄其本，華其外而悴其內。皮之不存，毛將安附焉（《左傳·僖十四年》）。卒然遭邪風之氣，嬰非常之疾（嬰疾，又見《後漢·李膺傳》），患及禍至，而方震慄，降志屈節（《論語·微子》：不降其志，不辱其身。《家語》：宰予進於孔子曰：夫子之於司寇也，日少而屈節數矣，不可以已乎），欽望巫祝（《爾雅》：欽，敬也。《楚語》：在男爲覡，在女曰巫。《說文》：祝，祭主贊詞者也），告窮歸天，束手受敗（束手，見《後漢·光武紀》）。賫百年之壽命（賫當作賷。賷、齎同。《千金方》作齎。齎亦持也。《左傳》僖三十二年注：上壽百二十歲，中壽百歲，下壽八十。《莊子·盜跖篇》：上壽百歲，中壽八十，下壽六十），持至貴之重器，委付凡醫，恣其所措。咄嗟嗚呼（何休《公羊》注曰：噫咄嗟也）。厥身已斃，神明消滅，變爲異物（賈誼《鵩鳥賦》：化爲異物兮又何足患），幽潛重泉（江淹《述哀詩》：美人歸重泉。李善注引潘岳《悼亡詩》"之子歸窮泉，重壤永幽隔"），徒爲啼泣。痛夫舉世昏迷，莫能覺悟，不惜其命，若是輕生，彼何榮勢之云哉（案，從"當今居世之士"至此，《千金方·序論》引"張仲景曰"文與此少異）。而進不能愛人知人，退不能愛身知己，遇災值禍，身居厄地（厄，何本作死），蒙蒙昧昧，惷若遊魂（惷，《千金方》作戇。柯本作蠢。《禮》哀公問：寡人惷愚冥煩。《易·繫辭》：遊魂爲變。皇甫謐《甲乙經序》曰：夫受先人之體，有八尺之軀，而不知醫事，此所謂遊魂耳。蓋此義也）。哀乎趨世之士，馳競浮華，不固根本，忘軀徇物（《莊子·讓王篇》：今世俗之君子，危身棄生以徇物），危若冰谷（潘岳《寡婦賦》：若履冰而臨谷。李善注：《毛詩》曰'惴惴小心，如臨於谷'。又曰'戰戰兢兢，如履薄冰'。《北史·周武帝紀》詔曰：每一念及，若臨冰谷），至於是也。余宗族素多，向餘二百，建安紀年（案，紀年，紀元之年也。《漢書·武帝紀》：元狩元年冬十月,祠五畤,獲一角獸,以燎始,以天瑞紀年)以來,猶未十稔(《左傳·襄二十七年》'不及五稔'注:稔,年也,熟也。一熟爲一年),其死亡者,三分有二(案,此乃"當今居世之士"、"委付凡醫",故如是爾),傷寒十居其七。感往昔之淪喪(《書·微子篇》:今殷其淪喪。《博雅》:淪,沒也),傷橫夭之莫救,乃勤求古訓(《書·畢命》:不由古訓,於何其訓),博采衆方,撰用《素問》、《九卷》、《八十一難》(志云:《素問》九卷者,《素問》八十一篇,内有遺闕,故舉其篇。案,《九卷》即《靈樞》,《八十一難》,即《難經》也。志聰注大謬妄)、《陰陽大論》(案,林億等以《素問》運氣七篇爲《陰陽大論》,然無明據焉)、《胎臚藥錄》(志云:《胎臚藥錄》者,如《神農本經》,長桑、陽慶禁方之類。胎臚者,羅列之謂。案,此說未有所據),并平脈辨證(柯云:仲景言"平脈辨證,爲《傷寒雜病論》",是脈與證未嘗兩分也。案,"平脈辨證"亦似書名,然史志未著錄,今無所考),爲《傷寒雜病論》,合十六卷。雖未能盡愈諸病,庶可以見病知源。若能尋余所集,思過半矣(《易·下繫辭》:知者觀其彖辭,則思過半矣。王弼云:過半之益,不亦宜乎。孔穎達云:聰明知達之士,觀彖辭則能思慮有益,以過半矣)。夫天布五行,以運萬類。人稟五常,以有五藏(《白虎通》曰:五常者何,謂仁義禮智信也。五藏,肝仁、肺義、心禮、腎智、脾信也),經絡府俞(氣府俞穴),陰陽會通(《易·上繫辭》:觀其會通,以行其典禮),玄冥幽微,變化難極。自非才高識妙,豈能探其理致哉(案,才高,與首段"才秀"應)。上古有神農、黄帝、岐伯、伯高、雷公、少俞、少師、仲文(案,仲文,史書醫傳等無考),中世有長桑、扁鵲,漢有公乘陽慶及倉公。下此以往,未之聞也。觀今之醫(即前段所謂凡醫),不念思求經旨,以演其所知。各承家技,終始順舊。省疾問病,務在口給(《論語》'禦人以口給'何晏注:佞人口辭捷給),相對斯須(斯須,猶須臾。《禮樂記》:禮樂不可斯須去身),便處湯藥。按寸不及尺(寸謂寸口,尺謂尺膚),握手不及足。人迎趺陽,三部不參(《十便良方》引王貺《脈訣》云:說脈之法,其要有三。一曰人迎,在結喉兩旁,法天。二曰三部,謂寸關尺,在於腕上側,法人。三曰趺陽,在足面繫鞋之所,法地。三者皆氣之出入要會,所以能決吉凶死生。凡三處大小遲速,相應齊等,則爲無病之人。故曰人迎趺陽,三部不參。動數發息,不滿五十,未知生死。所以三者決死生之要也),動數發息,不滿五十(《靈樞·根結篇》曰:脈不滿五十動而一止者,一藏無氣,故須候五十動)。短期未知(陸機《嘆逝賦》:嗟人生之短期。李善注:《素問》雷公曰:請問短期),決診九候(見《素問·三部九候論》),曾無髣髴(《說文》曰:仿,相似也。佛,見不審也),明堂闕庭,盡不見察(《靈樞·五色篇》曰:明堂,鼻也。闕者,眉間也。庭者,顏也),所謂窺管而已(《莊子》曰:魏牟謂公孫龍曰,乃規規而求之以察,索之以辨,是直用管視天,用錐指地,不亦少乎)。夫欲視死別生,實爲難矣(案,齊侯猶生而視其死,虢太子已死而別其生。首以越人之"才秀"起,故結以此二句。"夫天"以下至"難矣",《千金方》載"治病略例"首文與此少異)。孔子云:生而知之者上,學則亞之。多聞博識,知之次也(《論語·季氏篇》曰:孔子曰,生而知之者上也,學而知之者次也,困而學之又其次也。文異義近)。余宿尚方術,請事斯語(《論語·顏淵篇》:雍雖不敏,請事斯語。案,生而知之者，乃前段所謂“其才之秀”者也。學與多聞博識，乃前段所謂“勤求古訓，博采衆方”之類是也。蓋生而知之者，天之所賦，不可企而及。學與博聞多識，人之所能，皆可勤而至矣。當今居世之士，不留神醫藥，精究方術，獨仲景宿尚之。然無越人之才之秀，唯欲多聞博識，以精究之，故誦孔子語，以服膺之而已。此蓋仲景之謙辭）。漢長沙太守南陽張機著。《傷寒論輯義》

2. 傷寒論序宋臣

夫《傷寒論》，蓋祖述大聖人之意，諸家莫其倫擬。故晉皇甫謐序《甲乙鍼經》云：伊尹以元聖之才，撰用《神農本草》以爲《湯液》，漢張仲景論廣《湯液》爲十數卷，用之多驗。近世太醫令王叔和，撰次仲景遺論甚精，皆可施用。是仲景本伊尹之法，伊尹本神農之經，得不謂祖述大聖人之意乎。張仲景《漢書》無傳，見《名醫錄》，云：南陽人，名機，仲景乃其字也。舉孝廉，官至長沙太守，始受術於同郡張伯祖，時人言，識用精微過其師。所著論，其言精而奥，其法簡而詳，非淺聞寡見者所能及。自仲景於今八百餘年，惟王叔和能學之。其間如葛洪、陶景、胡洽、徐之才、孫思邈輩，非不才也，但各自名家，而不能脩明之。開寶中，節度使高繼沖曾編錄進上，其文理舛錯，未嘗考正。歷代雖藏之書府，亦闕於讐校，是使治病之流，舉天下無或知者。國家詔儒臣校正醫書，臣奇續被其選。以爲百病之急，無急於傷寒，今先校定張仲景《傷寒論》十卷，總二十二篇，證外合三百九十七法，除複重，定有一百一十二方。今請頒行。太子右贊善大夫臣高保衡、屯田員外郎臣孫奇，尚書司封郎中秘閣校理臣林億等謹上。

國子監准尚書禮部元祐三年八月八日符：元祐三年八月七日酉時准都省送下，當月六日勑中書省勘會，下項醫書，冊數重大，紙墨價高，民間難以買置。八月一日奉聖旨，令國子監別作小字雕印。內有浙路小字本書，令所屬官司校對別無差錯，即摹印雕版，并候了日，廣行印造，只收官紙工墨本價，許民間請買，仍送諸路出賣。

奉勑如右，牒到奉行。前批八月七日未時，付禮部施行。續准禮部符，元祐三年九月二十日准都省送下，當月十七日勑中書省尚書省送到國子監狀，准朝旨雕印小字《傷寒論》等醫書出賣，契勘工錢，約支用五千餘貫，未委於何官錢支給，應副使用。本監比欲依雕《四子》等體例，於書庫賣書錢內借支。又緣所降朝旨，候雕造了日，令只收官紙工墨本價，即別不收息，慮後日難以撥還，欲乞朝廷特賜應副上件錢數支使，候指揮尚書省勘當。欲用本監見在賣書錢，候將來成書出賣，每部只收息壹分，餘依元降指揮。奉聖旨，依國子監主者，一依勑命指揮施行。治平二年二月四日進呈，奉聖旨鏤板施行。

朝奉郎守太子右贊善大夫同校正醫書飛騎尉賜緋魚袋（臣）高保衡

宣德郎守尚書都官員外郎同校正醫書騎都尉（臣）孫奇

朝奉郎守尚書司封郎中充秘閣校理判登聞檢院護軍賜緋魚袋（臣）林億

翰林學士朝散大夫給事中知制誥充史館修撰宗正寺脩玉牒官兼判太常寺兼禮儀事兼判秘閣秘書省同提舉集禧觀公事兼提舉校正醫書所輕車都尉汝南郡開國侯食邑一千三百戶賜紫金魚袋（臣）范鎮

推忠協謀佐理功臣金紫光禄大夫行尚書吏部侍郎參知政事柱國天水郡開國公食邑三千戶食實封八百戶(臣)趙概

推忠協謀佐理功臣金紫光禄大夫行尚書吏部侍郎參知政事柱國樂安郡開國公食邑二千八百戶食實封八百戶(臣)歐陽脩

推忠協謀同德佐理功臣特進行中書侍郎兼戶部尚書同中書門下平章事集賢殿大學士上柱國廬陵郡開國公食邑七千一百戶食實封二千二百戶(臣)曾公亮

推忠協謀同德守正佐理功臣開府儀同三司行尚書右僕射兼門下侍郎同中書門下平章事昭文館大學士監脩國史兼譯經潤文使上柱國衛國公食邑一萬七百戶食實封三千八百戶(臣)韓琦

知兗州録事參軍監國子監書庫(臣)郭直卿

奉議郎國子監主簿雲騎尉(臣)孫準

朝奉郎行國子監丞上騎都尉賜緋魚袋(臣)何宗元

朝奉郎守國子司業輕車都尉賜緋魚袋(臣)豐稷

朝奉郎守國子司業上輕車都尉賜緋魚袋(臣)盛僑

朝請大夫試國子祭酒直集賢院兼徐王府翊善護軍(臣)鄭穆

中大夫守尚書右丞上輕車都尉保定縣開國男食邑三百戶賜紫金魚袋(臣)胡宗愈

中大夫守尚書左丞上護軍太原郡開國侯食邑一千八百戶食實封二百戶賜紫金魚袋(臣)王存

中大夫守中書侍郎護軍彭城郡開國侯食邑一千一百戶食實封二百戶賜紫金魚袋(臣)劉摯

正議大夫守門下侍郎上柱國樂安郡開國公食邑四千戶食實封九百戶(臣)孫固

太中大夫守尚書右僕射兼中書侍郎上柱國高平郡開國侯食邑一千六百戶食實封五百戶(臣)范純仁

太中大夫守尚書左僕射兼門下侍郎上柱國汲郡開國公食邑二千九百戶食實封六百戶(臣)吕大防

3.傷寒論後序不著作者名氏

夫治傷寒之法,歷觀諸家方書,得仲景之多者惟孫思邈,猶曰見大醫療傷寒,惟大青、知母等冷物投之,極與仲景本意相反。又曰尋方之大意,不過三種,一則桂枝,二則麻黄,三則青龍,凡療傷寒不出之也。嗚呼。是未知法之深者也。奈何。仲景之意,治病發於陽者,以桂枝、生薑、大棗之類;發於陰者,以乾薑、甘草、附子之類。非謂全用溫熱藥,蓋取《素問》辛甘發散之說。且風與寒,非辛甘不能發散之也。而又中風自汗用桂枝,傷寒無汗用麻黄,中風見寒脈、傷寒見風脈用青龍,若不知此,欲治傷寒者,是未得其門矣。然則此之三方,春冬所宜用之,若夏秋之時,病多中暍,當行白虎也。故《陰陽大論》云,脈盛身寒,得之傷寒。脈虛身熱,得之傷暑。又云,五月六月,陽氣已盛,爲寒所折,病熱則重。《别論》云,太陽中熱,暍是也。其人汗出惡寒，身熱而渴，白虎主之。若誤服桂枝、麻黄輩，未有不黄發斑出，脱血而得生者。此古人所未至，故附於卷之末云。明板《仲景全書》第六冊首，載在於嚴器之"注解傷寒論序"之前。

4. 新校宋板傷寒論序

《傷寒論》袖珍本，久行於世，人喜其便，然所據非古，且私意改削，學者憾焉。今所刊一以趙開美翻雕宋板爲原，其譌脱者必考對諸書，補訂其下。庶幾童蒙課誦，老手涵泳，俱以此爲最善歟。弟子筑藩稻葉元熙[1]，實任其役，而愚爲之參閲云。天保閼逢執徐之歲陽月乙未，江户丹波元堅序。

［郭注］

(1)稻葉元熙，生卒年不詳，字用晦，筑前醫生，多紀元堅之門人。遵從元堅指示校刻《新校宋板傷寒論》。

(四)鈔本及刊本

1. 影金鈔本

【稽瑞樓書目】小榭叢書貯西樓後室　《傷寒論》十卷。影金鈔。三冊。

2. 日本古鈔本

【日本訪書志】卷九　《傷寒論》十卷。影北宋本。《傷寒論》一書，後人多所更亂，而所據者大抵以成無己註本爲集矢，不知成氏本亦非叔和所編真面目。蓋叔和於每證治法相同者，不嫌複載，成氏則俱載其初見者，以後則云見某證中以省煩。然醫道至密，古人不憚反覆叮嚀，意自有在，今省去之，反開學苟簡之弊。然自成氏註解後，林億校進本遂微，著録家亦皆以成氏本爲叔和原書。寃矣。余在日本，初得其國寬文刊本，見其與成氏註解本不同，而刻手草率，誤字甚多。厥後得其翻刻明趙清常《仲景全書》本，而後知成氏本果非叔和原書。然開篇題名下即著"明趙開美校刻，沈琳仝校"，字樣已非宋本舊式。最後於書肆得此影寫本，每半葉十行，行十九字。首題"傷寒論卷第一"，次行題"漢張仲景述，晉王叔和撰次"，再下行低三格"辨脈法第一、平脈法第二"，又下行，低二格"辨脈第一"，再下頂格"問曰"云云。乃知趙氏本根源於宋刻，但爲題校刊姓名，遂移其行第。清常收藏名家，亦爲流俗所染。此本影寫精緻，儼然北宋舊刻，唯第五一卷，第六上半卷，第八、九、十三卷摹寫稍弱，紙質亦新，當又是後來補寫也。竊怪日本著録家，皆以趙開美本爲最古，而此本尚存其國，未見甄異。余乃無意得之，歸後屢勸人重刻，竟無應者。念此書爲醫家本經，日本翻刻趙本，其板已毁，恐他日仍歸湮滅，故特録其經進官階於左，以審世之存心濟生者。下略，詳見"序跋"下。

【觀海堂書目】蘭字號　《補正傷寒論》一本，二卷。日本古鈔本。

【故宫博物院書目】醫家　《補正輯光傷寒論》，日藤田大信等補正。二卷，一冊。日本抄本。《傷寒卒病論》一冊。日本鈔本。

【適園藏書志】卷六　《傷寒論》十卷。傳鈔本。漢張機撰，宋高保衡等校上。日本寫本。楊惺吾推爲北宋本，無確證也。

【杏雨書屋圖書假目録】《永源寺古寫本傷寒論》。寫本。一册。

3. 明趙開美刊本

【經籍訪古志】卷七 《傷寒論》十卷。明趙開美校刻本。楓山秘府藏。此本爲《仲景全書》中所收,曰翻刻宋版。每卷首題"漢張仲景述,晉王叔和撰次,宋林億校正,明趙開美校刻,沈琳同校",其字畫端正,頗存宋版體貌,蓋《傷寒論》莫善於此本。然流傳絶少,僅見秘府所貯。而人間特有寬文重刊本,今取校之。如《辨脈法》"脈陰者,如轉索無常也",寬文本"陰"字改作"緊"。《傷寒例》"不當與也",寬文本"不"字在"與"字下。《太陽上篇》"桂枝加葛根湯",林億注"今證云汗出惡風,而方中有麻黄,恐非本意也。第三卷有葛根湯,證云無寒惡風",寬文本"也第三卷[有]葛根湯"八字,誤在"今證云汗出"下,殊不可讀。《太陽中篇》大青龍湯"溫粉粉之",寬文本"粉之"作"撲之";"得病六七日脈遲浮弱"條"小便難",寬文本"難"誤作"黄"。《厥陰篇》"脈弱者今自愈",寬文本"今"譌"令"。《辨不可下篇》第三條"欲得水自灌",寬文本"灌"誤作"活"。皆宜從此本是正者矣,蓋趙刻每條提書,而寬文本則隔以圈子,其行款字數亦皆不同,知寬文本之爲改寫付梓明矣。寬文本既非佳刻,然在今日,蓋僅足觀宋板之髣髴者。而近日流傳漸稀,又別有重刊本,則愈失其真。至於併三百九十七法之目而不可知,殊可憾也。近日堀川濟(1)翻雕楓山本以行於世。此本有《仲景全書》目録,首云,翻刻宋板《傷寒論》全文,次成無己《注解傷寒論》,次《傷寒類證》,次《金匱要略方論》。蓋以此四種合刻,而名《仲景全書》者,開美父某所命,序中詳言之。世更有除此經全文及成氏《注解》,换以張卿子《集注傷寒論》,而仍冒以《仲景全書》者,非趙氏之舊也。

[郭注]

(1)堀川濟(?～1857),名濟,字未濟,通稱舟庵,號在澗、觀理藥室、味經堂等。上總久留里藩醫。學醫於多紀元堅,參加醫學館校書、刻書事業,并任醫學館講師。校勘、刊刻明趙開美《傷寒論》、《周官醫職》等書而留名於世。

【新校宋本傷寒論】凡例 《傷寒論》諸本,莫善於明趙開美覆刻宋板,故櫟窻先生撰輯義一書,實據其本。

【續中國醫學書目】《傷寒論》十卷,五册,十行十九字,框横十三·二釐,縱十八·四釐。漢張仲景述,晉王叔和撰次,宋林億等校正,明沈琳同校。明刊《仲景全書》之内,萬曆二十七年趙開美校刻。

《刻仲景全書序》,趙開美,萬曆己亥(二十七年)。《傷寒論序》,高保衡、孫奇、林億進表,高保衡等銜名。《傷寒卒病論集》、《醫林列傳》、《仲景全書》目録、翻刻宋板《傷寒論》全文、傷寒論後序。存於《仲景全書》第六册卷首。

4. 明刊未詳本

【觀海堂書目】資字號 《傷寒論》三本,十卷。明本。竭字號 《傷寒論》四本,十卷。明本。夙字號 《傷寒論》四本,十卷。明本。

5. 民國元年刊武昌醫館本

【梁氏飲冰室藏書目録】《傷寒論》十卷,漢張機撰,晉王叔和編。民國元年武昌醫館刻本。二冊。

6. 民國十二年影印傷寒論

【中國醫學書目】《影印傷寒論》十卷，六冊。十行十九字，框横十一·四釐，縱十六釐。漢張仲景述，晉王叔和撰次，宋林億校，明趙開美校刻，沈琳同校。民國十二年商務印書館影印。《傷寒論序》，高保衡等。《傷寒卒病論集》奏文，高保衡等。翻刻宋板《傷寒論》目錄。

7. 四部備要本

【叢書書目彙編】四部備要 《傷寒論》。上海中華書局聚珍倣宋版。

8. 日本寛文年刊本

【經籍訪古志】卷七傷寒論 寛文本既非佳刻，然在今日，蓋僅足觀宋板之髣髴者。而近日流傳漸稀，又別有重刊本，則愈失其真。至於併三百九十七法之目而不可知，殊可憾也。

【聿修堂藏書目錄】《傷寒論》十卷，二冊。寛文戊申重刊趙開美校刻宋板。漢張機述。

【叢書舉要】卷十二仲景全書 翻刻宋板《傷寒論》十卷。日本刊本。《叢書書目彙編》同。

【江蘇省立國學圖書館圖書總目】《傷寒論》。日本寛文刊本。有"邨田藥室"一印。

【北京人文科學研究所藏書目錄】《傷寒論》十卷，漢張機撰，晉王叔和編。日本覆明趙開美刊本。一函一冊。

【杏雨書屋圖書假目錄】《傷寒論》十卷，漢張仲景述，晉王叔和撰。寛文八年刊。一冊。《傷寒論》，漢張仲景述，晉王叔和撰。寛文十二年刊。一冊。

注：按右寛文本，據於趙開美本翻刻，岡島玄提[(1)]加點之，稱爲宋板《傷寒論》。

［郭注］

(1) 岡島玄提（玄亭、玄堤），生末年不詳。饗庭東庵（立伯，1621～1673）之門人。遵師立伯先生之命，寛文八年(1668)翻刻《宋版傷寒論》，玄提加添返點，賦跋。

9. 寛政九年刊本

【浙江公立圖書館通常類圖書目錄】《校正傷寒論》十卷，漢張機撰，宋林億校正。日本寛政九年淺野徽[(1)]重校刊本。三本。

［郭注］

(1) 淺野徽(1728～?)，名徽，字元甫，號養老山人，尾張人。齋宮静齋之門人。編著《傷寒論國字辨》。於寛政三年(1791)編刊《傷寒論特解》，寛政九年(1797)七十歲時刊行《校正傷寒論》。

【浙江藏書樓甲編書目】《校正傷寒論》十卷，宋林億。東洋刻本。

【杏雨書屋圖書假目錄】《校正宋板傷寒論》，晉王叔和撰，淺野徽校。寛政九年刊。一冊。同，三冊。同，十卷，三冊。

注：按《享保以後大阪出版書籍目錄》云：《校正宋板傷寒論》三冊，再發行申

出。板元伊丹屋善兵衛。申出年月日:嘉永七年九月二十日云云。疑即再刊是書。

10. 文化十三年刊本

【靜嘉堂文庫國書分類目錄】《傷寒論》片假名付一卷,漢張機撰,晉王叔和編。文化十三刊。一冊。

11. 文政刊本

【內閣文庫圖書第二部漢書目錄】《傷寒論》。文政六年刊。一冊。

【靜嘉堂文庫國書分類目錄】《傷寒論》十卷。文政十刊,色川三中舊藏本。二冊。《傷寒論》。和氣氏古本。四卷,四冊。漢張機撰,晉王叔和編。刊。色川三中舊藏本。

【江蘇省立國學圖書館圖書總目】《傷寒論》十卷,二冊。日本文政刊本。

12. 天保十五年刊本

【寶素堂藏書目錄】《傷寒論》十卷,二冊。存誠草堂校刊本。

【靜嘉堂文庫國書分類目錄】《新校傷寒論》十卷,漢張機撰,晉王叔和編。天保十五刊。一冊。

【杏雨書屋圖書假目錄】《宋板傷寒論》十卷,漢張仲景述,晉王叔和撰。日本刊。二冊。

【中國醫學書目】《新校宋板傷寒論》十卷,二冊。九行二十二字,框橫十·二釐,縱十四釐。張仲景述,王叔和撰,林億校正,丹波元堅參閱,稻葉元熙校刊。天保甲辰(十五年)冬鐫,存誠藥室藏板。序,丹波元堅。"新校傷寒凡例",稻葉元熙。目錄,《傷寒論序》,高保衡、孫奇、林億。《傷寒卒病論集》,張機著。

注:按右新校本"凡例"云,《傷寒論》諸本,莫善於明趙開美覆刻宋板,然趙本卷頁頗多,人病於挾帶。今縮寫入刻,一便學者繙閱。宋人舊注亦皆錄存,新校則以圈別之。

13. 安政三年刊本

【靜嘉堂文庫國書分類目錄】《影宋傷寒論》十卷,漢張機仲景撰,晉王叔和編。安政三刊,守先閣本。四冊。

【江蘇省立國學圖書館圖書總目】《傷寒論》十卷,四冊,漢南陽張機,晉高平王叔和編。日本安政三年仿宋本。

14. 日本活字本

【聿修堂藏書目錄】《傷寒論》十卷,二冊。皇朝配印刷宋本。

【內閣文庫圖書第二部漢書目錄】《傷寒論》十卷,漢張機,晉王叔和編。二冊。日本活版。

15. 日本刊未詳本

【觀海堂書目】蘭字號《傷寒論》一本,一卷。日本刻本。惠字號《傷寒論》四本,十卷。日本刻本。

【故宮博物院書目】《傷寒論》,漢張仲景,十卷,四冊。日本刊本。

【內閣文庫圖書第二部漢書目錄】《傷寒論》。日本版。一冊。

【杏雨書屋圖書假目錄】《傷寒論》,漢張仲景述,晉王叔和撰。日本刊。一卷。

16. 未詳本

【近古堂書目】【好古堂書目】以上清　【南洋中學藏書目】民　【寶素堂藏書目錄】【仙臺藩醫學校藏書目錄】【杏雨書屋圖書假目錄】以上日　【英國博物院圖書館中文書籍繪畫目錄】英

附錄　異本傷寒論

(一)康平傷寒論

【續中國醫學書目】《康平傷寒論》,不分卷。一冊。鉛印。八行,十五字。框横八·二釐米,縱十三·八釐米。漢張機著。晉王叔和撰次。大塚敬節校注。昭和十二年刊,日本漢方醫學會發行。序,權藤成卿。例言,大塚敬節,昭和丁丑(十二年)。傷寒卒病論(張機序,不署機名氏)。康平傷寒論目錄。跋,美不二廼舍照胤,昭和十二年。

卷末有識語云:凡療治之方,有奇恒之理奥,毒藥之化機。又經旨之所秘,多傳方文字傳法□□□□□□□□□□□□□□□□□□□□□□□□□□□□□□□□□□□□□中之學,先講家傳之論説,而後可令遞四部之教習□也。康平三年二月十七日,侍醫丹波雅忠。貞和二年十二月十五日,以家秘説授典藥權助畢。和氣朝臣嗣成。(南山隱士山秋五徂謹書)

序跋

序

大塚敬節(1)君將刻《康平傷寒論》,來需予序,予以不解醫事辭之。君不聽曰:僕豈以搗藥之小技擬於翁者乎。嚮者僕獲是書,頗喜其古純,仍探究之出處,知爲利根川氏故物,就復討尋副本,而蒐輯古今之注疏,合考對覩,辨其異同,試諸診按,驗諸調藥。傷寒一千餘年之疑義,不復迎刃而解。僕刻是書,固非有他,只在明其本而已。予曰:韙矣。君之慎詳精刻,一至於此乎。雲霧四散,洞中道通,乃可以往也。予聞之,張氏漢代醫宗,剖(拆)[析]諸山九十六流之玄秘,集成醫方藥術之大則。就中仲景神識周炤,名聲大顯。其子弟普胡江,然時尚重巫覡,真傳漸涸。於是晉王叔和選次遺方,是稱《傷寒論》。爾來世運荐變,心法能事,與其書傳,舛錯散逸,道統汔絕。而近世明趙開美刊本,獨奪衆目,莫復怪之。然補刻僭妄,知高保衡等序文,強辨誇詑,不具恒例,何以保無非譌選乎。先世延陵有謂曰,張氏之道,蠹屑没真,師授何存,心傳何在。嘵嘵百家之論,不足救饑病。吾曹宜修一方,開一訣,由道之所可踐,自通而及遠也。嗚呼,延陵歿而一百餘年,君刻是書,掃清百疑之源,莞然爲予立醫案,膏斯枯骨,仍攄謝紀,以爲序。旭丘權藤成卿(2)并書。

[郭注]

(1)大塚敬節(1900～1980),高知県高知市追手筋出身。一九二三年畢業於熊本醫專,承父醫業。後受湯本求真《皇漢醫學》之啓發,一九三〇年上京入求真之門。翌年，於牛込船河原町開設漢方醫院。一九三四年，創立日本漢方醫學會。一九三六年，於偕行學園及拓殖大學設立漢方講座。一九四三年，成立同愛記念病院東方治療研究所。一九五〇年，主導創建日本東洋醫學會、日本漢方醫學研究所等。一九七三年，與武見太郎共同，於北里研究所創設東洋醫學總合研究所，就任第一屆所長。於現代醫學發展時代，爲推進東洋醫學普及與研究貢獻畢生精力，一九七八年獲得日本醫師會最高功勞獎。著書《漢方醫學》、《臨床應用傷寒論解説》等多數。

(2)權藤成卿(1868～1936)，日本思想家、制度學者。名善太郎，號成卿，久留米人。久留米鄉士、國學者權藤松門(權藤直)之長男。一八七四年隨父至大阪學商科，後入二松學舍習漢學。十四歲時通讀家中所藏漢文書籍，時人譽爲神童。成年後，精研家傳國學，歷訪學者，涉獵阿蘇神社所傳古文書，收獲甚豐。二十四歲成婚。受故鄉友人武田範之參預朝鮮問題之影響，渡朝開展漁產事業，失敗。返回日本，仍接受武田範之金錢援助。隨後，與內田良平相識，參預結成黑龍會。二十五歲，立志於亞洲問題研究。十七年間，歷訪朝鮮、中國、俄羅斯等國。時遇中國上海勃發革命運動，與日本人同志共同，作爲革命指導者一員投身其中。一九〇〇年上京，與同志共同組織"皇民一性會"及"成章學苑"，研究日本制度、典禮之學。

例言

一、本書題曰"康平傷寒論"，又別有稱"和氣氏古本傷寒論"者，共是同文異題。蓋康平中丹波雅忠跋卷尾，厥後參百餘年，貞和中和氣嗣成跋其次，所以有是題名。

一、在昔方技家之有道也。會乎意，傳乎神，存術其人。故雖有書傳，非得心授，則不能通曉其用。傳云，漢時張仲景，集成醫方藥術。及至魏晉之代，其子弟散居湖江之間，岐徑支分，漸喪真傳。於是晉大醫令王叔和選次之，以傳於世。選次者，謂選敘以承續其次也。從是之後，六朝之頹亂，佛巫糝方技百家，而過李唐，迄趙宋，殘藉混溷，殆無存真本，故諸家之纂輯校注，邈邈爾，殆如探夢，捕捉甚難。予賴獲本書，竊參校之，其有竄入，有僞托，有闕文，有僭補，有轉倒，有剗削者，截然而分。嗚呼，張氏之傳，其存於此耶否耶。

一、晉宋之史，已記我通聘之事。及李唐興，經史百家之學術，多入於我。而醫方藥術，漸致其盛矣。按延曆、弘仁之際，和氣清麿以一國之耆宿，好學重醫，以其采邑，供大學之資，建文庫，蒐集經史百家書。子孫承及，延喜之後，顯於醫者甚多，與國醫丹波氏，兩兩相倚，大開其道云。本書存於我者，豈爲無因，由於此乎。

一、晚唐五季之間，方技百家，多喪其傳，雖有書傳，謬妄僞託，不足實信。迨趙宋之時，古書之纂修補訂大起。乃開寶中，高繼沖編錄《傷寒論》。後英宗命儒臣纂修醫籍，高保衡、孫奇、林億等校定《傷寒論》。其書今不傳，後世以明趙開美所梓行者，稱諸宋本，固非有信據也。又別有金人成無己之注解本，稱成本《傷寒論》。蓋開美刻本，則錄加減之方各條下，無己注本，集之附卷尾，其章句文字，雖有異同，亦是鈍騾雌雄之辨而已。

一、國朝慶元之後，明人舶載醫藥百家書者漸多，然醫家皆難讀解。及明鄭一元來長崎，講習診方藥術，《金匱》、《千金》、《脈經》、《外臺》之諸書大行於世，從是讀誦講論競起。然《金匱玉函經》雖謂前唐之遺典，對較諸《千金翼方》，則或同其引例，幾不留一超見。而《金匱要略》、《脈經》、《外臺秘要》諸書，亦皆據宋後之《傷寒論》爲其説，混溷古義者，比比皆然。而醫家各立門戶之見，相競注疏論補，《傷寒論》至雜然以百般。其稱古方派，稱近方派，稱韓方，稱和方，釣名漁利之術，不猾其真者幾罕。予仍參較考覈，辨異同於欄外。

一、本書之傳來，在大寶以前耶，將在天平以後耶，固不可考之。然襲藏傳寫，以及康平之時，依然存其古態式。一丁十六行，行十五字，間有十四字及十三字。嵌注旁書極分明，闕字以□示之，自足窺晉代之遺型。予今參較之宋後之諸本，其旁書嵌注，多混入本文，闕處有濫補，有剗削，傷意滅義者不爲尠。又有分一章爲二三章者，有合二三章爲一章者，有轉倒次序者。後世人古書改竄之罪，信不爲輕也。

一、辨脈法、平脈法及辨不可發汗病脈證並治以下諸篇，注家多是爲王叔和所增益。然本書不揭此諸篇，乃可知增益之者，非叔和而爲後世人也。又諸本皆“大陽病”作“太陽病”，“回逆湯”作“四逆湯”，“玄武湯”作“真武湯”之類頗多。且章句或有增損，或剩或缺，一一辨之欄外。

一、本書係川越利根川濟氏遺藏，予獲之參較他家藏本一部，及和氣氏古本《傷寒論》二部，皆是傳寫之舊本。子午亥豕之訛，修訂難盡，博雅君子幸諒之。聞利根川濟氏，幕末之人，有《國玉醫則》、《神遺方發輝》之著，以和方爲一家云。昭和丁丑立春，大塚敬節拜識。

（二）古文傷寒論

【中國醫學書目】《古文傷寒論》一冊。十行，二十字。框橫十四釐米，縱十八·三釐米。漢張仲景著，晉王叔和撰次，日本吉公言取捨，桃井安貞子忠述，男義允元恭校，福田道節安卿訂。寬政五年刊。古文傷寒論序，吉益南涯，寬政五年。古文傷寒論序，福田道節，寬政壬子冬。古文傷寒論凡例，桃井安貞，寬政壬子秋。

序跋

古文傷寒論序

先考東洞翁之讀《傷寒論》，病名不拘，義理不鑿，唯審方證而索治法也。乃嘗語弟子曰：孔子有言“道不遠人”，人之爲道而遠人，不可以爲道也。蓋醫亦然矣，雖其説玄妙，盡百病之理，若離人事而難施子術，則不可以爲醫道也。吾讀《傷寒論》，取捨在玆而已。桃子忠聽此講，而慨然嘆曰：噫，先生讀《傷寒論》，寔循古訓，不可不尊信也。乃先考所刪正《傷寒論》，子忠名此曰《古文傷寒論》。今請將上梓，以公於世。先考素莫意於刊行，然其請之切，其志之篤，遂許以爲此序。寬政五年冬十月，平安吉益猷脩夫[1]撰。

［郭注］

(1)吉益猷脩夫（1750～1813），名猷，字脩夫，幼名大助，通稱周助，號南涯、謙齋,京都人,吉益東洞之長子。安永二年(1773)繼承父業,光大醫學,倡導"氣血水"學說(氣、血、水異常之病理學說)。天明八年(1788)因遭遇火災移居大阪,數年後,復歸於京都三條東洞院舊居。

古文傷寒論序

曩桃井[1]先生問古醫之本於東洞先生。蓋扁鵲、仲景之道,周漢以降二千載,雖良醫上工滿於天下,未聞行秦張之醫事者。雖《千金》、《外臺》以下之方書,多於後世,無通《金匱》、《傷寒》者。至於今,先生始通其書,以古之方與今之病者,萬病全癒矣。先生何以知之哉。答曰:吾自幼稚讀聖經,以知聖道則人事也。而讀《素》、《難》,知《素》、《難》非聖經矣。問曰:何以知《素》、《難》非聖經哉。答曰:《素》、《難》陰陽之空論,臟腑之臆說,萬病之虛名,皆是難行於人事,故知《素》、《難》非聖經,而無吾所賴矣。抑《金匱》、《傷寒論》雖非聖代,聖代之遺法長存,幸傳古而直者也。雖然,有後世之攙入,王叔和之撰次也。問曰:先生何以知其攙入、撰次哉。答曰:讀《金匱》、《傷寒論》,以陰陽論臟腑說萬病名,皆是難行人事,故舍焉。身痛無汗而喘,心下痞鞭(鞕),胸脇苦滿,上衝拘攣,惡寒煩渴,脹滿之類,當行人事者取焉。如斯取捨而後方證明,方證明則萬病必痊矣,故曰聖道則人事也。節雖不敏,請事斯語矣。果如師所傳,試之不違,符合於祖父術,應由影響,無病弗瘳矣。自感兩師之答問,千里往還不遠,遠遊於江都,錄師所述,終此篇成,欲使之傳於天下,解千載之惑云爾。寬政壬子冬,奥州盛岡福田道節識。

[郭注]

(1)桃井安貞(生沒年不詳),名行,字子忠,號東奥隱醫、南浮海庵等。奥州須賀川人,一度移居江戶日本橋。寬政中,行醫於上野國利根郡新治村東峰須川。著有《醫事答問》、《古文傷寒論翼》、《痘疹醫事》、《桃井醫談》等。

古文傷寒論凡例

予讀《傷寒論》,苦其難通曉,切磋既四十年矣,而今似少有得也。曰桂枝湯治上衝者,則桂枝之主治也。曰葛根湯治項背強急者,則葛根之主治也。曰麻黃湯治無汗而喘者,則麻黃之主治也。曰半夏瀉心治腹鳴嘔吐者,則半夏之主治也。乃謂其所名之主治,未謂餘藥之主治者。蓋仲景之書法,《傷寒論》之秘事,豈能可得而知哉,因爾二千歲無知之者。吾師始知之,予亦向七十,似少有得焉。

予曰,何事於仁。七書曰:聖人所貴人事而已。亦曰:黃帝人事而已矣。實然,忠孝曰能事君父竭其力也,仁義禮智信、溫良恭儉讓,各無非人事矣。醫道亦然。《周禮》以爲醫事,故秦張治見表者。乃心下痞鞭(鞕)者,人參治之。胸脇苦滿者,柴胡治之。渴而欲飲水者,石膏治之。腹脹滿者,厚朴治之。當行人事者是也。然則夏殷周之醫事,傳之仲景,仲景著其書,而後叔和加之撰次,以擾其本,終爲後學之惑矣。乃陰陽論、臟腑說、萬病名,屢論之。屢論之者,師皆刪去,而後方證明,後方證明則醫事不違,醫事不違則無病不痊矣。

陰陽之空論,不可學而得也。臟腑之臆說,不可習而知也。萬病之虛名,不可一而定也。如斯迷無定之論,未知有疾病之形狀也。夫疾病之形狀,有堅塊則硝石治之,有肉瞤則茯苓治之,有煩躁則黄連治之,有嘔吐則生薑治之,有惡寒則附子治之,猶射者向正的,莫必失明法矣。

天地不皆無陰陽之理者,況復於疾病哉。雖然,吾醫事不用之,而治法全足矣。譬病者頭痛發熱,無汗而喘渴欲飲水,譫語者,大青龍、調胃之類主之。是不謂陽症,陽症在其中矣。手足厥冷,脈遲欲絕,惡寒甚者,四逆之輩主之。是不謂陰症,陰症在其中矣。故吾醫事,不用陰陽之理而萬病之治法全足矣。

白字及有域者,以爲後代之攙入,叔和之撰次也。黑字,以爲仲景之古文也。字傍有圈者,疾病之形狀,乃指病毒之所在,當行人事其徵也。抑叔和撰次於《金匱》、《傷寒論》,猶雲霧蔽日月,不可望而見焉。先師始去其蔽者,而後得其明矣。

師曰:醫之學也,方焉耳。講義亦然,故講有方章,不講無方章矣。愚按,著述亦然,舍無方章,取有方章矣。雖間有古章,皆删而去。諸師舍寒熱表裏,愚按未能至之,故暫稽焉。寬政壬子秋,東奥隱醫桃井安貞識於東都浮海庵。

(三)金匱玉函傷寒論定本

【中國醫學書目】《金匱玉函傷寒論定本》二卷。一冊。九行,二十字。框横十二·八釐米,縱十七·六釐米。日本高谷德彰校。鈔本。二部。金匱玉函傷寒論定本序,男奎,天明六年二月。凡例,門人岸熙。序,高谷德彰,天明乙巳十二月。金匱玉函傷寒論定本後序,小野祥,天明六年丙午。

序跋

序

傷寒者,雜病之總名也。寒者,邪之名也。邪,正之反。蓋風寒暑濕之氣,正則不病人,變則能病人,謂之外邪也。人精氣正則不生病,變則亦能生病。謂之内邪也。故雜病百出,雖乃有内外之分乎,莫往而非邪。古指邪而謂寒,通謂之傷寒也,古之義也。以何言之?其曰寒去欲解,其曰寒實,其曰被寒,其曰胸有寒,其曰寒格,此其自外焉者,指風寒暑濕而言。其曰寒飲,其曰久寒,其曰胃上有寒,其曰寒下,其曰裹寒,其曰藏有寒,其曰寒多,此其自内焉者,指痰飲若吐利而言。由是推之,百病之傷人,雖乃有内外之分乎,通謂之傷寒者,彰彰乎明哉。雖然,病之自内焉者,不若自外焉者之暴而有規則也。因首而論其自外焉者,而及於内,乃總括以名此書。論者,論定之義。蓋和緩、俞腑、文摯、扁倉,古之克修方技者也,然無方法之傳於後。當漢之時,則長沙太守張仲景者,稽古之方法,論而定之,故曰《傷寒論》也。晉之時,叔和王氏雜以私言,以紊其真也。而逮於李唐、趙宋,諸雄輩出,樹旌幟杏壇者,莫不置喙於此書也。而其説之也愈精而愈支,愈支而愈鑿,乃攙言錯簡,蓋亦不少,竟使咫尺蔗境,在五里霧中,茫乎不知其所嚮也。嗚呼,亦厄矣。德彰雖不敏,亦有所豹窺。"我心匪席,不可卷也",於是乎折衷諸家,改補删移,竊以示子弟,庶幾蔗境瞭然,咫尺可觀云,名以《定本》。日本天明乙巳冬十二月,播磨高谷德彰主善識。

金匱玉函傷寒論定本序

古醫之道，不修則已，修則當讀仲景氏書。東漢之時，張機字仲景者，身爲長沙太守，好拾和緩、俞跗、文摯、扁倉之遺，以傳諸後世。誠曠古無上之醫經，百病之一大權衡也。家君仰止此書，有踰鬼神，頃會衆說，芟餘補缺，稍遷移數節，以爲定本，欲其斥後世之旨，而直明乎仲景氏之真面目也。蓋謂古者邈矣，無醫籍之可以徵，其徵焉者，僅仲景氏之書已。《素》、《靈》及《八十一難》之爲僞撰也，固矣。倉公所目書，病狀二十五條，載在司馬氏之書，今審其文，殊不似上古之辭也，亦爲可疑矣。則後之欲修古之道者，捨此焉適。夫傷寒者，雜病之統名也。如夫凡百疾病，皆莫不係於一傷寒，譬如綱之與目，非唯傷寒之名爲然。至乎外之爲陽，内之爲陰，脈則以寸口而爲所候，則亦皆莫非所以傳和緩、俞跗、文摯、扁倉之遺也。言其趺陽少陰若寸關尺者，蓋晉大醫令叔和王氏之家言已。嗚呼，仲景氏既徂，言岐旨隱，乃收燕石，以加圭璧，雖有明者，靡能辨之。家君所以有定本也。柔兆敦牂之春，弟子校焉，梓人鏤焉，奎謹序以傳焉，同志其諒之。天明六年二月壬寅，男奎謹撰。

凡例

一、古今言傷寒論者，無慮數百家。本邦頃年所刊行，蓋亦數十云。然皆薰蕕雜存，而使初學迷茫。繇是我龍洋先生，奮然以薙其蕕而存其薰，以爲定本。門生等受以圖不朽。先生曰：吁，此編未足盡仲景氏之旨也。雖然，奈也蒲柳之質，病懶日加，恐後訂無期，且秘而置帳中，以飽蠹魚之腹，亦非余之意也，汝等其董梓事。因相俱校之，以鏤於版。凡例如左。

一、此編出入諸家，改補各有所據，不敢以其臆，且收文理之錯亂，除後人之蕪穢，具眼者或知焉。所引據之諸家之書既行於海内，諸家之聲既布於海内。明珠白璧，雖暗夜然，人皆知之，故皆不具例焉，讀者勿怪。

一、以字白者，嵌於本文，乃上下連讀之，則其義自分曉。亦不別用注釋，要欲簡易而便搜考也。若夫字義之難明、文意之不通，皆各注其下，亦爲其易解已。門人伊豫、岸熙謹識。

金匱玉函傷寒論定本後序

古不云乎，人與天地同體。蓋天地之間，無不有水旱之災，則人亦無不有疾病之憂矣。故君子之生於斯世也，不爲良相，則爲良醫，而濟人於春臺，其克佐天地之所不及也。曰者稽上古，莫醫方之傳於書者。漢季有張仲景者，好拾往昔之遺，以爲《傷寒論》，乃萬世活人之機，皆以此而爲準則，則其功豈讓上古人乎哉。當晉之時，叔和氏者，收斯論之散軼，而撰以爲則。安知間亦附其所見於旁以試其技，歲月既更，後學謬寫而混入本文也。而唐而宋，攙入固多，斯論之隱晦，職是之由。近世諸家，頗有所發明，然初學晚近，尚或迷茫。於是乎龍洋先生刪其攙入，正其舛錯，騎説前人，指南後學，以爲定本，所謂披雲霧而覩白日，不亦愉快乎。先生名德彰，字主善，龍洋其號也，世播磨魚崎人，以其廬在里南，顔曰南陽廬云。居常乎斯論，而與二三子相講習。余也慵懶日加，世情日馳，雖乃不得與聞其説之詳，然所以佐天地之所不及者，亦豈少乎哉。天明六年丙午二月，小野祥謹題。

（四）古本傷寒雜病論

【續中國醫學書目】《古本傷寒雜病論》十六卷。四冊。六行，十六字。框橫十三·一釐米，縱二十·一釐米。漢張機述。民國二十一年刊。古本傷寒雜病論序，何鍵，民國二十一年。古本傷寒雜病論序，劉瑞瀜。古本傷寒雜病論序，劉無禎，民國二十一年。古本傷寒雜病論序，曹伯聞。傷寒雜病論序，張機。凡例，劉瑞瀜。目錄。

序跋

古本傷寒雜病論序

嘗聞故族兄月秋言，《傷寒論》，濟世之書也，宜讀之。余以志不在醫，雖留意，未之鑽研。辛未春，共匪既平，流亡將復，而雨暘失序，寒燠不時。懼荒亂之後，疾疫之賊吾民也，感求預防之策，得《古本傷寒雜病論》，蓋劉崑湘先生之所藏也。先生得之異人，授於劉仲邁君，秘之枕中久矣。乃請於仲邁出之，則全書十六卷，加於常本三之二。展而讀之，亦得其解，如聘醫顧問焉。然後嘆爲古今壽世奇書，轉惜其出之之晚，且徵故族兄月秋之言爲足取耳。軍政餘暇，輒寫數頁，積久既竣，將付印，乃爲之言。曰《傷寒論》之爲經，歷二千年，注者甚衆，從無所謂古本者，突出而信之，非偶然也。其文古而雋，其義精而約，其法周而密，其用藥立方，純一而不雜，信非後人所能增減矣。且孔門心法，今有傳人，道家秘籙，今得正解，大將啟萬古之秘鑰，以仁壽斯民也。是書之出，不亦宜乎。民國二十一年壬申春月，醴陵何鍵芸樵序。

古本傷寒雜病論序

《古本傷寒雜病論》者，蓋今之壁經，而長沙之舊文也。同邑宗人崑湘先生，初受書於隱君子張老，以轉授余。其後十餘年，一日崑湘示張老寄余書，云且來約以時相見。因偕崑湘如期造謁，遂得受教於逆旅中。自是數年，時往來於洞庭湘水之間，請益折疑，章梳句櫛，尋波討源，結轖盡解。一日，忽將別去，涕泣請留不得，殷勤付囑，命詮次師傳。匯崑湘昔所尊聞者，成義疏以演論旨，曰此真長沙舊文也。道之將廢，塵封至今，人能宏道，匪道宏人。復爲贈言之歌曰"千歲以胥，我傳子疏。聖作明述，吾友吾徒"。遂不復見。嗚呼，其乘願之大士乎，其長沙之後身乎。斯道之不亡，亦云幸矣。崑湘年已垂老，每督余成書，以傳強學。余懼夫勤焉而力不至，且欲待既竭吾才，乃誦所聞以公諸世。今者醴陵何公，有意乎斯道之傳，發願創長沙國醫學院，以成中興絕學之復，以政暇手寫論文，印行流布，囑爲導言釋論例，以供海內明達研討之助。余惟古聖立言，例隨文見。論文十六卷，首脈法，以示診要；次序例，明運氣方宜，立傷寒傳經正治之法；次則暑濕燥熱、溫痓霍亂，各有專篇；次乃演六經本病、壞病，以究病變，喻活法一貫之旨；終之以可與不可用，示醫律。其書統百病之綱，詳奇經之治，以平脈辨症、見病知源爲宗。通其旨者，無不可舉一法以概諸凡，散萬殊而約於一，成國醫診斷之學，以詔萬世。尤以脈學最爲詳審，發軒岐不傳之奧，將欲稍釋論例，以暢厥旨，非萬言不足約其綱要。以汗青之速也，爰爲略述緣起，以紀壁經授受之由。世或以《法言》之象《論語》，《太玄》之擬

《周易》爲類。盍究夫醫之爲道，真理實效，即事可驗，豈同談天雕龍、堅白異同之説，可以意騁其辭哉。真僞之辨，好學深思之士，當自得之。太歲在玄默涒灘猛陬之月，瀏陽瑞瀜仲邁序於天潛閣。

古本傷寒雜病論序

余自少體弱多病，爲父母所偏憐，讀書從其意所好，不設程限。性喜泛覽，不以疲困自體。既弱冠，得岐黄扁張之書，尤篤好之，每苦其奇奥，難通解。於人有誦及四聖之言者，無不就而問也。於書有涉及四聖之言者，無不求而觀也。先母之喪，以求葬地，漫遊江西。於山谷中遇一人，曰張老，皓髯而丹顔，逌然類有道者，即與傾談，遂及醫術，質以平生疑滯，應口疏通。余大駭服，張老亦深喜余精審善問，且曰：吾樂山林，不與人接久矣。家有《古本傷寒雜病論》，與世所傳異，長沙舊文也。目前無可授者，今以授君，與君邂逅，亦前緣也。余謹受而讀之，乃知今本訛脱錯亂，注者紛紛數十家，而其理愈晦，亦何怪其然哉。余得此書，鑽研益勤，其於病也，猶執規矩以御方圓，不眩於心矣。而未嘗輒以示人，人亦囿於所習，自不省也。惟吾友劉君仲邁，才高而學博，獨具卓識如此，於是吾兩人者，朝讀而暮思，欲遂窮其底藴，往往窒極而遂通，若有鬼神者爲之助焉。積十餘年，所發揮益多。余嘗欲整次其語，以爲此書之注，而年老不任伏案，乃以屬仲邁，而仲邁尚未遑也。今省政府主席何公芸樵、民政廳長曹公伯聞，閔民命之夭札、醫學之不振，注之不以時成，乃先出此書印行焉。且以宋槧林億校本校之，標明其同異，庶覽者一見而知古本之勝也。民國二十一年壬申春月，瀏陽劉世禎崑湘甫序於六石山房。

古本傷寒雜病論序

余夙多病，經中西醫治療，逾數年無一驗，且益困。後遇瀏陽劉崑湘先生，治之病逆已。凡余親友間，得先生治療者，靡不如是，余於是信先生益深。先生平日服膺南陽張氏，而聞其議論，曲暢旁通，似有得於文字之外者，余疑其有異聞久矣。戊辰之夏，相與避暑乎廬山，時余病初癒，心曠神怡。先生示余《古本傷寒雜病論》，且歷述此書所由得。余受而讀之，信今之學者所未嘗聞也，亟思取以付印。先生不可，曰"後世注《傷寒論》者，莫先於成無己，吾方取而校之未竟。吾與邑人劉君仲邁，於古本皆有詮釋。屬仲邁次第其語爲注，亦未成也，且待之"。今年國中多故，湖南爲甚，人民流徙，疫癘并作，省政府主席何公芸樵閔焉，謂此書之行不可復待，遂取而印之。此書既出，斯民其有瘳乎。余又思之，張氏守長沙，值大疫之流行，拯民命於垂絶，故我人世祀之以寄其謳思。人之思之也深，則神之依之也久，所著之書歷二千年，訛缺蓋亦數百年，而僅存真本，卒歸於此邦之人。又遇何公恤民之心，與古賢守契合，而民適疾疫，此書因得以廣其傳焉，類神者爲之，非偶然也。然則讀此書者，何異親炙醫聖於一堂，端拜而請益也。不亦幸乎。長沙曹伯聞序。

注，按民國二十五年，上海中國醫學院院刊《國醫文獻》第一卷第一期，題云"張仲景特輯"。輯録中日古今諸家論説四十餘篇，中有關於《古本傷寒雜病論》言及者，其論或讚或誹，雖所歸非一，今取其二三，即録於左。

曹炳章曰：近出《古本傷寒雜病論》十六卷，與仲景自序謂"撰用《素問》、《九卷》、《八十一難》，平脈辨證，爲《傷寒雜病論》合十六卷”，頗相吻合。夫傷寒原本，在晉王叔和時，已經删改散佚。林億校本，亦非仲景原文。或以《傷寒》、《金匱》爲一書，自林億校刊，遂分爲二。後賢注家，割裂經文，或以證類方，或以方類病，逞其私智，顛倒竄易，而傷寒真義，日益趨於支離滅裂。得此古本完書，可知彼注家妄意指摘，皆武斷語也。千歲疑竇，一朝大白。且是書湖南劉崑湘得之於江西張隱君，再由其宗人劉仲邁取世傳最古之宋林億本校讎之，而湘主席何芸樵公手寫付印者。使長沙遺文仍歸之長沙而發皇之，豈亦有先定也。近鄞縣周岐隱君，已得有是書，爰亟錄其佚文一百六十五條，訂誤七十九條，佚方八十八首，别爲一集，名曰《傷寒汲古》，計分三卷已付印公之於世。俾吾儕同志，並得先覩爲快焉。《中國歷代傷寒書沿革略史》

易萬育曰：所謂《古本傷寒雜病論》者，長沙名醫劉君仲邁所出之枕中秘藏，由湖南省政府何公芸樵親寫印行者也。前年秋間，何公慨捐資萬金，發願提唱國醫，招劉計劃其事。劉氏之書，是否即於彼時呈獻，雖不可知。而何公固震於劉氏之名，信劉之書爲真古本矣，意在提唱。曾以軍政緒餘，親爲寫錄，其精神至足佩畏。書去年春印成，曾遍贈各機關官吏，及來湘觀光之各地要人名流，書肆亦有售本。近且聞鄞縣周君岐隱，亦摘印其與通行本互異之處，命名《傷寒汲古》發售，可見影響之大。予治醫，於《傷寒論》用力殊苦，初亦以劉爲名醫，或有善本，可供考覈之助，從友人處輾轉借得。書十六卷，以校宋林億等所校本，增入并改易之文數百條，增方亦近百，蓋劉氏“凡例”所謂“首尾完具，仍復舊觀”者。竊意疑之，讀竟其書，復獲僞證及繆誤之處甚多，良以《傷寒論》實用之書，治療圭臬，不容淺人任意變易。且以名實未當，深懼初學之士，爲之迷惑，從之施治，僨事害人。爰爲述其大要，以正真僞之辨，意在使此混淆棋局，分出黑白而已。

（書十六卷不能爲古本之證）此本以十六卷爲合於仲景自序，遂以之爲古本證據。殊不知仲景《傷寒雜病論》十六卷，當三國兵燹之餘，殘缺散佚。西晉王叔和蒐集撰次之，其原本已不可得見矣。《隋經籍志》有《張仲景方》十五卷，而無《傷寒論》之目。《舊唐經籍志》亦因《隋志》，至《新唐藝文志》則云“王叔和《張仲景方》十五卷，《傷寒雜病論》十卷”。而《外臺秘要》所引“百合病論并方”，“霍亂，理中湯、附子粳米湯、四逆湯、通脈四逆湯”，并云“出張仲景《傷寒論》十七卷中”。“肺脹，小青龍加石膏湯、越婢加半夏湯”。“肺癰，桔梗白散”，并云出“張仲景《傷寒論》十八卷中”。是王燾日常所見本不止十六卷，而《隋經籍志》、《唐藝文志》所載，并不足十六卷。夫在隋唐之世，去古猶未遠，而書之存者已無一定卷數可據，今去唐又歷千年，豈能即以十六卷爲古本證據。況所謂古本十六卷者，一檢其目，如卷一、卷二平脈法，卷三傷寒例，卷四、卷五辨溫病、暑病、熱病、濕病、燥病脈證并治，卷六至卷十一辨六經病脈證并治，卷十二辨霍亂及痙陰陽易差脈證并治，卷十三至十六辨汗吐下、可不可、及汗吐下後病脈證并治。仍不過依林億等所校定之十卷本，删去“辨脈篇”之“辨”字，變其節次，合之“平脈篇”中。復增入意造之溫燥等病，變易痙濕暍篇目，牽強湊合，以成其十六卷之數，更不能爲古本證據，適以表現其作僞者也。

(《傷寒雜病論》命名考徵) 古人於名實二者,講求最嚴。今請進而考徵仲景當日所以自名其書爲《傷寒雜病論》之旨。仲景自序,明言撰用《素問》、《九卷》、《八十一難》。是二書者,當是仲景所守。《素問》云"熱病皆傷寒之類",《難經·五十八難》且言"傷寒有五",是則仲景書所名"傷寒",是指一切熱病、雜病者,乃對傷寒而謂中風、歷節、血痺、虚勞等病之類也。仲景之書,經宋林億等所校定,今行於世者,有《傷寒論》十卷,《金匱方論》(即《雜病論》)三卷,實爲一書,書雖不全,要仍仲景《傷寒雜病論》舊本。此考之於《外臺秘要》所引仲景方概稱《傷寒論》,《證類本草》引之概稱《金匱玉函方》可見也,所云《金匱玉函》者,後人所改題,亦珍貴之意,殆非仲景原名。此本不言中風、歷節、血痺、虚勞諸病,僅就《傷寒論》中,增入溫熱等病篇目,意即所謂雜病以別於傷寒者,實不知《傷寒論》中已包括溫熱等病在内,悖於仲景當日撰用《素問》原意遠甚,且無以解於王燾、唐慎微所引用者也。今仲景自序具在,《素問》、《難經》、《外臺秘要》、《證類本草》均非僻書,學醫者苟能從《素問》、《難經》,考徵仲景《傷寒雜病論》命名之旨,更取《外臺秘要》、《證類本草》互證之,可知此本命名之不當,而其作僞當得不辨自辨也。

(謬誤之處方) 醫藥之對象爲疾患,是故研究此本之真僞問題,尤在考覈此本之論病,是否合於仲景之規矩權衡、處方之例,是非可以爲治療之法則。予謂《傷寒論》是實用之書,是因《傷寒論》之所以示人者,在憑一定之證候,投一定之方藥,此皆信而有徵,不尚空譚也。夫疾患之原因衆多,病變至驟,倉卒之間,殊難獲得原因,此雖物質進化之今日,猶感如此。惟病理機轉所表現之證候,則顯見易知,此《傷寒論》之所以詳言證候,而略於空洞之病名,更未嘗鑿分某邪於侮某藏,六經太少明厥之分,亦不過指病變進行階段,與人體對於疾患所起之反應現象盛衰之程度而言,是言證非言病也。此本於所增入之溫病、暑病、熱病、燥病等篇中,鑿分邪於心乘肺移腎之辭(卷四、卷五)。於《太陽下篇》增入五藏各具之藏結病(卷八,一至六頁)。於《太陰篇》增入五藏咳。但憑簡單脈象,鑿分風寒熱燥濕五種之邪。此皆不見於漢唐以上醫書,且事屬模糊,無可徵驗,豈是仲景舊論耶。其增入之文,每每不詳證候,即主治方,直教人以藥試病,不合仲景審證用藥之旨。更有顯明之謬誤處方,但欲一一徵引,非此短文所能,略舉數例如下,以見一班:

若兩感於寒者,一日太陽受之,即與少陰俱病,則頭痛口乾,煩滿而渴,脈時浮時沈,時數時細,大青龍湯加附子主之。(卷三第十頁)

風溫,因其人素有熱,更傷於風,風性急而化躁,脈浮弦而數,頭不痛,桂枝湯加黄芩丹皮主之。(卷四第十頁)

病溫,治之不得法,留久移於三焦,其在上焦,則舌蹇神昏,宜梔子湯。其在中焦,則腹痛而利,利後腹痛,唇口乾燥,宜白虎加乾地黄湯。(卷四第十三頁。梔子湯方爲梔子、黄芩、半夏、甘草四味)

傷暑,心下有水氣,暑熱與水氣相蒸,發爲暑濕含肺,汗出咳嗽,渴欲飲水,飲水則嘔,脈弱而滑,瓜蔞茯苓貝母枳實湯主之。(卷五第三頁。方爲瓜蔞實、茯苓、貝

母、枳實四味)

發汗後,身疼痛,脈沈遲者,桂枝去芍藥加生薑一兩、人參三兩,新加湯主之方二十五。(卷七第十三頁)

脈浮而緊,而復下之,緊反入裏,則作痞,按之自濡,但氣痞耳,小青龍湯主之。(卷八第十九頁)

四逆湯,即四逆散中四味爲散。(卷十一第十三頁)

以上七例,第一例"煩滿而渴"以上,本《素問·熱論》文字,《傷寒例》引之,此則更增入脈象與方,在理依頭痛口乾、煩滿而渴證候,審其有發熱而心力未衰弱者(即無少陰證),原可與大青龍湯,加附子則大非所宜也。大青龍湯爲具降輯性之發汗退熱劑,是《傷寒論》中第一等方藥,須心力亢盛時(即陽證)方可通用,而附子之用,原所以救心,適用於機能衰減(即陰證)之時。是兩者功用乃相對立,病理、藥理,均無同時并用之可能。昔人謂太陽之底面即是少陰,固有心力虛脱,由於發熱初期,治不得法而轉變者。事實上則係粗工診斷錯誤所致,假若審證明確,斷無此項流弊。如懼害及心藏,今加附子預爲之防,則審盡一部《傷寒論》,不見有此"欲抑故揚"辦法。又脈動原因血行,時變其象,在心藏受害未深時,臨牀上無此事實。若如所云"時浮時沈,時數時細",是血行已凌亂無次,心藏將陷入麻痺狀態,此時應專事救逆,更無可用大青龍湯之理。

第二例,僅言脈浮弦數,不詳證候,臆斷病情。且桂枝湯爲治氣上衝頭痛之證,此言頭不痛,與桂枝湯,亂法悖理。第三例,舌蹇神昏是腦病,并未詳梔子、黄芩、半夏之主治證候。其腹痛而利,脣口乾燥,似可與大柴胡湯,白虎湯不治腹痛與利也。第四例,分明竹葉石膏湯證,仲景之用瓜蔞實、枳實、貝母、茯苓,須有胸痺結痛,濁唾心下悸,小便不利證候,此所不詳。第五例,本《太陽篇》舊文,原作桂枝加芍藥、生薑各一兩,人參三兩,新加湯主之。《千金翼》、《脈經》并同。此本改爲去芍藥。此原以發汗失當,侵害心藏,故脈沈遲,末梢神經受刺激,故身疼痛,用桂枝湯以調節血行,加重芍藥平撫神經而緩疼痛(昔人謂芍藥平肝,肝指神經),加生薑、人參以健胃增液也。今去芍藥,病安從瘳。第六例,亦《太陽篇》文字,原未主方,此本加入"小青龍湯主之"六字。其病源是誤下傷胃,胃擴張而爲痞滿,理宜治胃,瀉心輩之所主,知仲景方法者類能得之。若如主以肺病之小青龍湯,真是肺胃不分者矣。第七例,亦大悖仲景處方用藥之旨。仲景處方,有湯丸散之分。湯者,蕩也,乃取其速入於血。丸者,緩也,取其緩緩揮發。散者,散也,取其不緩不速。四逆湯方藥,附子、乾薑、甘草三味。其作用爲救心,適用於機能衰減之時,應作湯以速其入血甚明,豈可爲散以緩其時效耶。總之,作此本者,本於《傷寒論》學未能領會,故謬誤如此。擬爲舊本,是厚誣古人也。

(造作粗疏自露馬腳)　此節原非重要,不過略爲提出,以爲僞作旁證,亦以見作僞者從事粗疏也。宋校本《六經篇》,及《諸可不可篇》中,用方諸條下有數目字,每篇自爲起迄。此林億等所沾,即林序所謂"證外合三百九十七法,除複重定有一百一十二方"者也。此本《六經》篇中數字一仍其舊,新增入之條並無之。此已明明示人某者爲宋校本舊文，某者爲增入之僞作矣。此其一。仲景之處方也，曰主之，曰宜，曰與，爲義各别，絶不混淆。此本新增之用方條，多作"宜某湯主之"，此不合例也。此其二。又仲景於原方加減一二味藥，首方名，次加減藥，次湯或丸。此所增入，則此"大青龍湯加附子主之"、"桂枝湯加黄芩丹皮主之"等，皆不合此例。此其三。仲景方服用之法，悉詳於各方之後，此本改《少陰篇》四逆散原方，爲柴胡芍藥枳實甘草湯，移之《少陽篇》中，而服法與加減法一仍散劑之舊。更謂四逆散中四味爲散，服法不詳。四逆湯止三味，此言湯中四味，粗率已極。此其四也。存心作僞，而自露馬脚若此，雖由作賊者之心虚，然亦古書之幸也。

（結論） 此本有序文四，其二爲省府主席何公與民廳（當作政）廳長曹公伯聞所作，他則爲長沙名醫劉君崑湘（此君現不應診），與劉君仲邁所撰也。劉君崑湘序言所記，由爲太夫人求葬地遊江西，遇隱君子張老於山谷間，以致由傾談至授書一事；與劉君仲邁序言，由劉君崑湘轉致張老寄書，進而至偕同造謁，請益析疑，與時往來洞庭湘水之間，以至忽請别去，涕泣請留不得，終因命詮次師傳，贈歌别去不復見。皆文采神情，躍然紙上，是二君皆有奇遇，此本非所能作者矣。昔王太僕亦言，得《素問》第七卷於張君，學者疑之，以《天元紀大論》等篇，與《素問》之義相牴牾也。此本悖仲景法則，義理淺薄，概如上證，何劉氏信之不疑。一則曰"此長沙舊文"，再則曰"首尾完具，仍復舊觀"。仲景去今歷二千年，古本何由秘藏，以及何時刊本，皆未敘記。僅見其與世傳者異，即以古本擬之，復以涵渾之辭爲之張目，此非學者態度也。況且今日中醫地位，以論理未盡合於實際，受人非難，賴有經驗之名方良藥，施之治療而能愈病，纔得社會信仰。《傷寒論》者，示人使用以經驗方藥之書，今言提倡，亟應以科學原理，證明此方藥所以有效之故，以獲得學術界之同情。對此已成事實之經驗方藥，更得普遍之使用，造福人類，亦所以發揚國光也。假依此本并此治療法，則而亂之，是欲速其滅亡，豈提倡之謂耶。予見劉氏治學鹵莽，受人之愚而不自知，轉欲自炫，以之愚人也。復恐人亦眩爲官書，爲其所愚。爲文正之，良非獲已，知我罪我，所不敢問。《湖南新發現之〈古本傷寒雜病論〉批判》

張春江曰：鄙人去年供職中央國醫館，隨於圖書室中獲讀《傷寒汲古》一書，係浙東四明周岐隱氏於《古本傷寒雜病論》（該書係湘省劉崑湘氏得之江西異人張隱君，一十六卷，首尾完好，其宗人劉仲邁取世傳最古之宋林億本校讎之，湘省府主席何芸樵氏手抄付印）中錄出佚文、佚方及訂誤諸條，另彙一集之單行本。其時鄙人喜出望外，以爲已佚古袟，尚得完美復顯於今日。繼思民國十九年得滬上時賢丁仲祜氏函覆（鄙人閱丁氏《醫書目錄》中，載有《張仲景方》十五卷、《評病藥方》一卷。函請指示各書之藏儲處及價目。旋據丁氏覆稱，各書第並未寓目，不過由他書目錄入之），原未可據爲仲景餘稿，末由復見之機緣。但今春長安黄竹齋先生，以四明天一閣中儲有《仲景療婦人方》二卷、《五臟營衛論》一卷，特下決心，往爲抄閱。卒亦徒抱虚願，大爲懊喪。鄙人以爲前欲購置丁氏書目中所載仲景各書，均見於《隋書藝文志》。今黄竹齋先生欲抄閱天一閣中仲景各書，一見於《隋書藝文志》，一見於《宋史藝文志》。其已載諸史志者，尚無縱購置，不得抄閲。況其爲事屬離奇，跡等圯上受書之故智。有異人張隱君之傳授仲景秘本之《傷寒》,際此本館整理國醫藥學術之時,自應慎思明辨,以爲取舍之標準。爰於鄉友王君精勤處,特借《古本傷寒》(此書本館圖書室中未有存儲),重加細檢,覺其文辭並不簡古奥雅,且呈露種種波紋,顯予人以可疑之處甚多。今特爲撮其大要如下,願與海内外醫學大家一商榷之。

王燾著《外臺秘要》,敘古論傷寒者八家,首載《傷寒例》。尚德[(1)]謂"此文王叔和《傷寒例》首引之,蓋是一書,未詳誰何氏所作"。但《外臺秘要》於該例中"傷寒之病,逐日淺深"之上,加"王叔和曰"四字,可知《傷寒例》此後原文,是叔和所作明矣。今古本中亦列入《傷寒例》,並於此"王叔和曰"節下小注注明"今搜採仲景舊論,錄其證候,診脈聲色,對病真方,有神驗者,擬防世急也"二十八字,謂爲叔和所增,竟遭删削。又該例中"土地溫涼高下不同"一節,《外臺》與《總病論》皆作"王叔和曰"云云,今古本亦以叔和之言爲仲景。此《古本傷寒》之可疑者一。

[郭注]

(1)尚德,即山脇東洋(1705～62),名尚德,字玄飛、子樹,通稱道作,號東洋。生父清水立安爲山脇玄修門人。玄修欣賞東洋之才能,享保十一年(1726)命其嗣爲山脇家養子。養祖父山脇玄心曾任禁宮侍醫、法印,院號養壽院。東洋繼承養壽院事業,後進昇法眼。曾就學於後藤艮山,重視古醫方,所著有《養壽院醫則》及弟子編集之《東洋洛語》、《東洋先生方函》、《養壽院醫談》等。寶曆四年(1754)閏二月七日獲官方許可,東洋於京都六角獄舍解剖處刑屍體,并由門人淺沼佐盈繪制觀臟圖。屍體有軀幹和四肢,無頭部。屍體解剖記錄則以《藏志》公開。以現代解剖學考察本書解剖記錄,雖然錯誤不少,亦堪稱日本解剖圖譜之嚆矢,頗具歷史意義。

四十二歲時,感嘆《外臺秘要》流傳甚鮮,故欲刊行。偶然聞知望月鹿門(三英)藏有明刊善本,乃介友人呂元丈求之。鹿門善其志,遂上言,奉旨以秘府宋本校對後,延享二年(一七四五)七月遺贈東洋。翌年東上朝見,繕裝新刻,獻進兩宮(吉宗、家重),奉溫命賜金帛。三月西歸,遂以公布。其後七月十八日,由元丈提議,政府奉旨准請,且下長崎鎮臺施行,送至清國。

仲景《傷寒論自序》中,原有"撰用《素問》、《九卷》、《八十一難》"等之文,但仲師所作《傷寒》,神與古合,純取古人精髓,不取古人原文,故並未引用成語一句,撰用之所以入神也。今《古本》序例中引用經語,連篇累牘,不一而足。此《古本傷寒》之可疑者二。

傷寒書祇説六經傳變,而不及司天在泉。蓋以某某干支主歲,謂某種疾病爲多,張飛疇、陳修園尚知力爲辯駁,豈有仲景肯爲附和此種支離誕妄之説,以啟後學之疑。今《古本》序例中,首以四時八節、二十四氣、七十二候爲決病法。並以每月各按干支指配之,如"驚蟄二月節指甲","雨水正月中指寅",一若本年某某月配以某某干支,確爲決病之不二法門者。此《古本傷寒》之可疑者三。

仲景傷寒,固非不言陰陽盛衰,但罕言五行生剋。今《古本傷寒》"平脈法"内,第二十七節至三十一節,詳言五行勝負,生剋制化。"平脈"本有謂王叔和所作之語，今觀乎此，則知其所言者似非向壁虛造。此《古本傷寒》之可疑者四。

中國醫術，萌芽於神權時代，及後演進，乃由神秘而理想，而實驗則進於單方治病之時期，故宜聖恒以巫、醫並稱，蓋祝由亦其治療之一種也。迨仲聖著作本論，已趨重實與大自然界之氣化。換言之，即考察生理之形態，以測推病氣傳變之順逆，肯定其治法公例，絕不言神話，并決不求禱於鬼神也。今《古本傷寒》“平脈法”内第五十八節，有“師曰：人脈皆無病，暴發重病，不省人事者爲厲氣。治之以祝由，能言者可治，不言者死”，竟以人病目爲厲鬼作祟，並託其治療法於祝由。此《古本傷寒》之可疑者五。

《可與不可》諸篇，前後章節多與《脈經》同，前人已有謂王叔和手筆，或疑宋人所增入。今桂林左盛德，爲仲景四十六世孫學正家藏仲景十二次《傷寒》稿本作序（盛德謂，清道光時，余隨父宦遊嶺南，同僚有張公學正，字紹祖，爲仲景四十六世孫。言仲師之書，當日原有稿本十三，王叔和所傳者第七次稿，伊家藏有第十二次稿，歷代珍藏，未嘗輕以示人。故遂爲之序云）。又謂“讀至《傷寒例》一卷，見其於可汗不可汗、可吐不可吐、可下不可下等法，盡在其中”。是則仲景之有無十二次稿本存留，可不必深論，惟各節各法，則已在可有可無之間，似無疑義。此《古本傷寒》之可疑者六。

案，成無已於《傷寒》原文中，“堅”字皆作“（鞕）”［鞕］，是必避隋文帝楊堅諱。不然，《脈經》作“堅”，《千金》仍作“堅”，可見隋時必有定本，成無已所據，尚是隋時原本可知，惜無可考也。陸九芝氏之説如此。今《古本》仍根據成無已所改者而作（鞕）［鞕］，是《古本傷寒》或尚在宋校以後翻刻，未可知也。此《古本傷寒》之可疑者七。

“太陽病發熱惡寒，熱多寒少。若脈微弱者，此無陽也，不可發汗，宜桂枝二越婢一湯”節，陳修園以“無陽”二字，言陽氣陷於陰中，既無表陽之證，不可發其表汗。然知此證之發熱惡寒，非桂枝不解。知此證之熱多寒少，非石膏不清。知此證之脈弱無陽，是陽氣内陷於脾，欲從脾中以發越於外，更非桂枝二、越婢一，二湯相須相濟不爲功。今《古本》以桂枝二、越婢一湯，謂在“熱多寒少”句下，而“無陽不可發汗”則宜當歸四逆湯也。夫當歸四逆，爲厥陰證之專方，今乃移入太陽證中，核與六經表裏淺深之程序，果爲符合與否。此《古本傷寒》錯誤之一之可疑也。“汗家重發汗，必恍惚心亂，小便已陰疼，與禹餘糧丸”，此節大旨，意必過汗傷心，遂致恍惚心亂，牽動及腎，又致便已陰疼，是宜亟補心脾，以爲納穀生精之預備，庶幾近似。禹餘糧丸方未見，王日補方加入生梓皮、赤小豆利水之品，固未細審此節意旨。今《古本傷寒》之補方（禹餘糧、人參、附子、五味子、茯苓、乾薑），究休合仲師之心法與否，亦不無研討之餘地。此《古本傷寒》補方之一之可疑也。

今人張山雷氏謂，仲師著作本論之時，官至長沙太守，適被劉表圍攻，連年不下之際，編纂於戎馬倉皇之中，未幾抱病以歿。其子不久即被景升攻并，身家存亡，均在不可知之數。所作之書當已有殘缺淩亂之事，抑或軍事倥偬，仲聖尚未盡整理就序，是以叔和得之，需重爲編次。建安舊本，世固無復並存者。鄙人以爲，張氏此説最堪徵信，原文引證，甚爲詳覈。今《古本傷寒》謂爲一十六卷，首尾完好。此《古本傷寒》之又不能無疑也。

總之《古本傷寒》之可疑者，不遑枚舉，並非意存攻擊，特以是書關於國醫學術甚鉅。且二十世紀之醫學，已有形成國際化之趨勢，東西列邦，近知取我國之所長，以補彼國之所短，亦以是書最有研究之價值，相率於各大公私立學校中，先後設立漢醫講座。假使不爲之抉擇是非，嚴格去取，一恐貽誤本國之後學，二恐取笑世界之列邦，此鄙人所以敢冒大不韙，特草此篇，以願與海内外醫學大家一商榷之微意也。乙亥二月，張春江述於中央國醫館。《〈古本傷寒雜病論〉是否仲景秘本之商榷書》

鄧曰仁曰：前讀湘省何主席手書《傷寒雜病論》，名曰"古本"，不覺敬疑交併。敬者，敬夫何主席之存古，公餘之暇，親寫是書，以廣流傳也。當此中醫衰微之際，得有力者爲之提倡，上有好者，下必有甚，是誠復興中醫之良機。何又疑乎，疑夫神仙之流，出現於今日也。試觀劉君仲邁之序曰"遂不復見。嗚呼，其乘願之大士乎，其長沙之後身乎"，一若張老真是神仙也者。時至今日，猶有類似神話之言，出諸學者之口，是以疑焉。疑之所在，真僞問題亦隨之而發生矣。

今閲八十二期本雜誌，讀張春江君之《商榷書》，甚佩其高見。按《古本》内容，加於常本三二，其中見到處固然甚多，而可疑點亦復不少。若名爲"增訂傷寒論"，則著者學識超邁，頗足欽佩，且無疑之必要。今張老曰"此真長沙舊文也"，則真僞之分，烏可不辨。爰就愚見所及，略舉三項於後，尚希高明政之。

一、考仲聖原序"《傷寒雜病論》合十六卷"。何刊《古本》之"凡例"曰"今所刊行，爲張傳秘本十六卷，首尾完具，仍復舊觀"。若依此説，是謂"傷寒"與"雜病"，俱復仲聖觀也。然則《金匱要略》"雜病"諸篇，殆爲後人所僞託耶。再考宋以後醫家，咸認《金匱要略》爲仲聖"雜病"原文，兹節錄清徐氏靈胎之言曰"《金匱要略》及《傷寒論》兩書，當宋以前本合爲一，自林億等校刊，遂分爲兩焉"。若依此説，則何刊本"雜病"諸篇，亡佚不全。此二説不並立，試一對勘，便知孰是。

二、考《傷寒論》現今流傳者有二：其一爲成無己注解本，最爲普通；其二爲宋林億等校刊者，即何刊本所謂"通行本"，但不多見。鄙人曾閲明虞開美翻刻宋校本，以之與成注本相校，除注解不計外，雖間有微少相差之處，大致完全相同。惟宋校本每有校刊小注，如"小便清一云大便青"，"擗一作僻"，"眴一作瞬"之類，成注本俱刪去。由此推知，林億等當時所見者，已非一本，因其字句微有不同，故附注之，此蓋校者慎重之意也。今閲何刊古本，凡林億等所注者，亦附注之，因此發生疑問：(1)仲聖著書時，是否先有數本，待其校刊作注耶；(2)以仲聖之學識，猶無定見，故附注之，以示慎重耶。

三、何本增訂雖多，而其違背仲聖原意處亦不少。兹舉一例：仲聖原文"脈浮而緊，而復下之，緊反入裏，則作痞，按之自濡，但氣痞耳"之下，增加"小青龍湯主之"六字，並照錄小青龍湯原方於後。以爲此條治法亡佚，故增補之，以復仲聖舊觀也。鄙人嘗謂，此條仲聖所以未出方者，當以先敘氣痞之因與證，復出氣痞之脈與治也。未知當否，請以大黄黄連瀉心湯條證之："心下痞，按之濡，其脈關上浮者，大黄黄連瀉心湯主之"，"心下痞，按之濡"，非氣痞而何？大黄黄連瀉心湯，非治痞方而何？再考小青龍湯，在《傷寒》主治表不解，心下有水氣，在《金匱》則治當汗出而不汗出之溢飲。今移作治氣痞，未知果能收效否。

綜合以上之研究，可得下列之結論：(1)如認《金匱要略》即是仲聖雜病原文，則何刊本之"雜病"，未復仲景舊觀。(2)如認校刊小注爲林億等所作，則何刊本當爲江西張老所僞託。(3)如小青龍湯果能治氣痞，則何刊增訂處，必係遺佚之原文。真僞之辨，當爲此判焉。《論何刊〈古本傷寒雜病論〉之真僞》

(五)羅哲初本《古本傷寒雜病論》

注，按所謂羅哲初本，余雖未見其本，《國醫文獻》"張仲景特輯"號所載報文中，間有論及之者，亦讚否非一。今摘錄其二三，以俟後考焉。

黄謙曰：余於去冬詣南陽，恭謁醫聖張仲景祠墓，心有所感逆，發願搜羅仲師遺著，欲輯成全書，貢獻醫林。今春偶於南京書肆，購得《浙江流通圖書館國醫圖書專號》一冊，載有《張仲景療婦人方》二卷，《五藏榮衛論》一卷，均注"存天一閣鈔本"字樣。考此二書，其目見於梁《七錄》及《宋史藝文志》，而《明志》及清《四庫全書總目》皆未著錄，知其遺佚已久。余心焉識之，遂懷往鄞閱鈔之念，數月以來，耿耿於中，本月一日，始克啟程，由京過滬。四夕乘輪，翌晨抵寧波。即往天一閣，適值修葺，尚未竣工。詢諸守者，得悉該閣係明嘉靖時，侍郎范欽字東明者所創建，舊日庋藏宋元明木版書籍數萬卷。近年以來，范氏式微，將書賣去十之七八，現時所存無幾。本縣士紳以該閣爲全國所知名，關係文獻綦重，不忍任其散失，乃組織文獻保存委員會，與范氏子孫之賢者，共同負責保管，笥藏重鎖，非會同兩方，不能啟視。余聞之悵然，廼往訪鄞邑醫界碩望周岐隱先生，因周君著有《傷寒汲古》、《精神病廣義》，久已膾炙人口，爲醫林所重。余既讀其書，想見其爲人。覿面若舊識，導余參觀怡怡書屋。乃介弟采泉君之私塾，學生二十餘，經史外授以科學常識，課本皆周君編印。其昆仲友恭行誼，殊堪矜式。留余午餐，同席者桂林羅哲初先生，通經術，能文章，精究醫理，兼擅鍼灸，身逢世亂，以醫自隱，寓鄞十餘年，現爲本縣廣濟施醫局主任。與余談頗歡洽，云其家有《古本傷寒雜病論》鈔本，較瀏陽劉崑湘所得者多三分之一。邀余明日午餐，可臨伊廬一觀，並介紹本地名宿數人與余會面。情意慇慇，余既感且喜。飯後周君邀余遊公園，至圖書館，乃檢查《天一閣藏書目錄》，並無《五藏榮衛論》、《療婦人方》之目。不知《浙江流通圖書目錄》何所據而云然，殊令人失望。然到此於無意中邂逅羅先生，得見《古本傷寒雜病論》，其書之隱顯，殆有數存焉。抑仲師之靈，冥冥中有以感召耶。翌日午後，同周君至羅(弟)[第]，晤陳君詒先生，以所著《古本難經闡注校正》贈余一部。羅先生云，伊所藏《古本傷寒雜病論》，全書十六卷，共計四冊，此間只有首一冊，餘存桂林。余披閱一過，其卷端序一篇，清光緒二十年甲午春三月桂林左盛德撰。敘是書傳授淵源頗詳，云清道光時，左公隨父宦遊嶺南，同僚有張公學正字紹祖者，仲景四十六世孫也。言仲景之書，當日稿本原有十三，王叔和所傳者爲七次稿，伊家藏有第十二稿，歷代珍藏，未嘗輕以示人。左公之父，亟令左公師事之，乃克鈔寫一部，由是誦研，遂精於醫。後旋桂林，羅先生從之學，因得手鈔其書。四十年來，亦從未出以示人，雖與周先生交誼最摯，亦未曾寓目，今乃感余之誠，遠來不易，特公開一覽。按瀏陽劉崑湘，民國初年以母喪求葬地於江西山谷中，遇異人張隱君，得《古本傷寒雜病論》十六卷，後以授其宗人劉仲邁。壬申春，湘省主席何公芸樵，爲之手寫付印，始公於世。去秋周岐隱先生，取古本與通行本比類互參，錄其佚文、佚方，訂誤各條，編成《傷寒汲古》三卷。今觀羅先生之古本首冊，較劉仲邁之古本，“傷寒例”後多“雜病例”一篇（即《金匱·藏府經絡先後篇》全文，及“夫病者手足寒上氣腳縮”一條，《五藏風寒積聚篇》“師曰熱在上焦者”以下三條）。傷燥脈證并治後，有“傷風寒病”二章。其餘文字，亦有小異。羅先生言，後三冊《六經篇》後，“無可與不可與”各條，而有《金匱》諸篇，則此本是較劉本爲勝，蓋舉“雜病”名書，則《金匱》諸篇實不可闕也。又左公序中云，仲師後裔，自晉以後，遷徙不一，張紹祖之高祖復初公，自嶺南復遷居光州云。余因此書關係國醫學術，甚爲重要，慫恿其亟公於世，並囑周君促成其事，俾仲師佚文，不致湮沒，則余此行爲不虛矣。中華民國二十三年甲戌十二月八日，長安黃竹齋記於普陀佛頂山。《寧波訪求仲景書記》

張拱端曰：劉崑湘君《古本傷寒》已版，羅哲初君之《古本傷寒》又現。余對於劉崑湘君之古本，觀後擬有感言一篇，業已附入拙著之（《傷寒會參》）內，以便同人，辨別紫朱。對於羅哲初君之古本，前已函陳周岐隱君，聊談真僞。茲又見報紙中同人等殷殷慕古，欲再發羅秘之珠玉，以定紛紜之波瀾。余見及此，爰將得見羅氏古本之來由，與寄周岐隱君之一函，敘之於下，以釋同人渴望。時在去冬，承周岐隱君，命門徒抄寫羅君之《古本傷寒論》，見示其書，雖未完抄，而原書中左盛德之序文，並全書目錄，以及“風病證治”、“寒病證治”兩篇，全行抄出，囑余審查。周岐隱君之徵求古訓，虛懷下就，足見提倡國學、濟世活人之深心也。余雖不敏，誼不敢辭，於是取左盛德光緒二十年之序文觀之，其書原係張紹祖傳之左盛德，由左盛德傳之羅哲初，由羅哲初始行發洩秘藏之聖書。張紹祖，諱學正，自謂爲仲景四十六世孫，言伊家《傷寒》一書，相傳有十三稿，茲所存者爲十二稿，叔和所得者爲第七次稿，餘爲族人所注云云。觀其目錄，比劉氏《古本》多“六氣主客”一篇、“雜病例”一篇、“風病證治”、“寒病證治”各一篇。然“六氣主客”、“雜病例”之正文，雖未目覩，而“風病”、“寒病”二篇，分條指定“五藏受邪”理，想文法與劉本“暑濕”等篇無異。觀閱之下，伏思吾輩庸人，或有著作，欲審精詳，其稿不過三易而止。仲景以天資敏捷、學問精稔之聖人，豈有增加補綴至十三稿而後成之理。如或真正易至十三稿，前稿當爲廢紙，何至稿稿俱爲其後人分秘耶。此余之所不能無疑也。查人類之發育，大率百年可衍五代，遲亦可衍四代。自仲景至今一千七百餘年，豈有四十六世孫尚能存在於光緒年間，況明清以前，各族皆無譜牒可徵，紹祖何以知其爲四十六世孫。此又余之所不能無疑也。序文之辭，已形矛盾。乃覆周君岐隱書，談及羅本之內容曰：接閱羅本一書，其序文雖堂堂皇皇，說出書之來歷。觀其目錄，雖較劉本爲完備，然揆諸內容，較之劉本更爲妄作，益亂舊觀，何也。事可僞，言可創，而理則本夫自然,不能僞創矣。今只書來羅本風病、寒病兩篇,試就此兩篇不應加入之理言之。夫仲聖《傷寒》一書,原取風寒以統百病,不曰"百病論",而曰"傷寒論"者,蓋取天氣始於子,子月主寒令,由是而風,而火,而濕,而燥,相繼而至。六氣之循環定位,始於寒也。況寒久則化熱,熱極則生風,風與火化則生燥,熱觸於寒則化濕,六氣皆可由寒而化,故傷寒可以統百病。仲聖取"傷寒"名書,不無理致。然書雖名爲《傷寒》,而《太陽篇》之首,不先論傷寒,而先論中風,蓋又有義焉。何也?風者,空氣流動之謂也。寒熱濕火燥之氣,皆雜於空氣中,故先論中風,又以風總統六氣也。世人但知"風爲百病之長"一語,不知風中括有百病之原料,致病之所以然也。又據《太陽篇》之首,提出"汗出惡風脈緩者名中風,惡寒脈緊者名傷寒",指明風寒之本證、本脈。然麻黄湯,本治傷寒也,而後文對於麻黄湯證,不曰惡寒,而曰惡風。對於中風之大青龍湯,不曰惡風脈緩,而曰惡寒脈緊。下節大青龍湯,又云傷寒脈浮緩。風寒之脈證,每每錯綜相題,蓋又以寒從風生,風帶寒來着意。查全書俱以風寒爲來邪,三陰三陽爲受邪者,千變萬化之病,皆在其中,此一貫之旨也。今羅本於六經之外,另補《風病證治》、《寒病證治》二篇,實爲無知妄作,大膽誣聖,宜乎鄒翁趾痕,謾罵開始造僞之人也。即劉本已將錦緞遍體,附着敗絮,豈由羅本又行,益加破綻。今謬承先生囑以評論,不顧庸陋,勉附管窺,語非過激,欲以存真。況中醫當此危急存亡之秋,《傷寒》一書爲中醫無上之根本書,完璧一碎,經旨自亡,何忍緘默不言,使天下古本,滔滔皆是。但一人知識有限,是否尚祈教正之。羅哲初之《〈古本傷寒雜病論〉評議》

四、注解傷寒論

(一)出典

【宋史藝文志】醫書　《成無己傷寒論》一卷

【文淵閣書目】卷十五　《成無己傷寒論》一部二冊。闕。

【菉竹堂書目】卷五　《成無己傷寒論》二冊

【萬卷堂書目】卷三　《圖解傷寒論》十卷,成無己。

【本草綱目】引據書目　《張仲景傷寒論》,成無己注。

【國史經籍志】卷四下　《圖解傷寒論》十卷,成無己。

【醫方類聚引用書】　《傷寒論註解》

注:成無己傳,《仲景全書·傷寒論·醫林列傳》云:成無己,聊攝人。家世儒醫,性識明敏,記問該博。譔述傷寒義,皆前人未經道者。指在定體,分形析證,若同而異者明之,似是而非者辨之。古今言傷寒者,祖張仲景,但因其證而用之,初未有發明其意義。成無己博極研精,深造自得,本《難》、《素》、《靈樞》諸書以發明其奧,因仲景方論以辨析其理。極表裏虚實、陰陽死生之說,究藥病輕重、去取加減之意,真得長沙公之旨趣。所著《傷寒論》十卷,《明理論》三卷,《論方》一卷,大行於世。

《古今醫統大全》卷一"姓氏":金成無己,世習儒醫。無己尤該博羣書,有敏質,祖述仲景《傷寒》,辨析表裏虛實,其旨趣。著有《傷寒明理論》凡數十卷,行世。《圖書集成》亦全引之

《醫學源流·金》:成無己,金國人。嘗注解仲景《傷寒論》。

(二)考證

【溯洄集】張仲景傷寒立法考　成無己作《傷寒論註》,又作《明理論》,其表章名義,纖悉不遺,可謂羽翼仲景者。然即入陰經之寒證,又不及朱奉議能識,況即病立法之旨乎,宜其莫能知也。惟其莫知,故於三陰諸寒證,止隨文解義而已,未嘗明其何由不爲熱而爲寒也。

【傷寒瑣言】辨張仲景傷寒論　成無己氏因之順文註釋,並無缺疑正誤之言,以致將冬時傷寒之方通解溫暑,遺禍至今而未已也。

【傷寒準繩】凡例　解釋仲景書者,惟成無己最爲詳明,雖隨文順釋,自相矛盾者時或有之,亦白璧微瑕,固無損於連城也。

【傷寒辨註】凡例　成無己《註解傷寒論》,猶王太僕之註《内經》,所難者惟創始耳。後之人於其註之可疑者,雖多所發明,大半由其註而啟悟,至有忘其起予之功,反責其解釋之謬者。所以王宇泰云,成氏解釋最爲詳細,雖其中時或自相予盾,亦白璧微瑕,固無損於連城也。或曰,成氏註《傷寒論》,不過隨文順釋,但嫌其不辨叔和語,不分仲景書。正不知古人虛心著書,不敢輕易指責,所以品愈高,名愈著。如吾輩者,亦自厭其饒舌耳。

【四庫全書總目】卷一百零三　《傷寒論註》十卷,附《傷寒明理論》三卷、《論方》一卷。内府藏本。《傷寒論》十卷,漢張機撰,晉王叔和編,金成無己註。《明理論》三卷、《論方》一卷,則無己所自撰,以發明機說者也。叔和,高平人,官太醫令。無己,聊攝人,生於宋嘉祐、治平間。後聊攝地入於金,遂爲金人。至海陵王正隆丙子,年九十餘尚存,見開禧元年歷陽張孝忠跋中。明吳勉學刻此書,題曰宋人,誤也。《傷寒論》前有宋高保衡、孫奇、林億等《校正序》,稱開寶中節度使高繼沖曾編錄進上,其文理舛錯,未能考正。國家詔儒臣校正醫書,今先校定仲景《傷寒論》十卷,總二十二篇,合三百九十七法,除重複,定有一百一十三方,案,"一十三"原本誤作"一十二",今改正。今請頒行。又稱自仲景於今八百餘年,惟王叔和能學之云云。而明方有執作《傷寒論條辨》,則詆叔和所編與無己所註,多所改易竄亂,併以《序例》一篇爲叔和僞託而删之。清朝喻昌作《尚論篇》,於叔和編次之舛、《序例》之謬、及無己所註、林億等所校之失,攻擊尤詳,皆重爲考定,自謂復長沙之舊本。其書盛行於世,而王氏、成氏之書遂微。然叔和爲一代名醫,又去古未遠,其學當有所受。無己於斯一帙研究終身,亦必深有所得。似未可概從屏斥,盡以爲非。夫朱子改《大學》爲一經十傳,分《中庸》爲三十三章,於學者不爲無裨,必以謂孔門之舊本如是,則終無確證可憑也。今《大學》、《中庸》列朱子之本於學官,亦列鄭元之本於學官,原不偏廢。又烏以後人重定此書,遂廢王氏、成氏之本乎。無己所作《明理論》凡

五十篇，又《論方》二十篇，於君臣佐使之義，闡發尤明。嚴器之序稱“無己撰述傷寒義，皆前人未經道者，指在定體，分形析證，若同而異者明之，似是而非者辨之。釋戰慄内外之診，論煩燥有陰陽之别。讝語鄭聲，令虚實之灼知；四逆與厥，使淺深之類明”云云，其推挹甚至。張孝忠跋亦稱無已此二集，自北而南，先以紹興庚戌得《傷寒論註》十卷於醫士王光廷家，後守荆門，又於襄陽訪得《明理論》四卷，因爲刊版於郴山。則在當時固已深重其書矣。

【鄭堂讀書記】《注解傷寒論》十卷。《醫統正脈》本。漢張機撰，晉王叔和編，金成無已注。機，字仲景，南陽人。嘗舉孝廉，建安中官長沙太守。成無已，聊攝人，生於宋嘉祐治平間，後聊攝地入金，遂爲金人。至海陵王正隆丙子，年九十餘尚存。《四庫全書》著録作《傷寒論註》，《隋志》載“梁有《仲景辨傷寒》十卷”，《新唐志》載“《王叔和張仲景傷寒卒病論》十卷”，蓋其書爲叔和所編次，故即屬之叔和也。《讀書志》、《書録解題》、《通考》、《宋志》俱作“《仲景傷寒論》十卷”。錢氏《補元志》載《無已注傷寒論》亦作十卷，無“解”字，疑脱去耳。晁氏稱仲景“以宗族二百餘口，建安紀年以來，未及十稔，死者三之二，而傷寒居其七，乃著論二十二篇，證外合三百九十七法、一百一十二方。善醫者或云，仲景著《傷寒論》，誠不刊之典。然有大人之病，而無嬰孺之患；有北方之藥，而無南方之治。此其所闕者。蓋陳蔡以南，不可用柴胡、白虎二湯治傷寒。其言極有理”。而陳氏則云“其文辭簡古奥雅，又名《傷寒卒病論》。古今治傷寒者，未有能出其外者”，其推挹甚至。晁氏所稱，或説拘泥鮮通，尚未知神而明之耳。然原書自明以來，爲諸家竄改殆盡，惟無已所注猶爲古本，蓋二程改定《大學》之風，尚未漸染於北方也。注則本《靈》、《素》、《難經》諸書以發其奥，可謂仲景之忠臣、醫家之圭臬矣。前載宋高保衡校正舊序，又有同時嚴器之序，又載《醫林别傳》，并論圖及運氣圖解，後附無已所撰《傷寒明理論》三卷、《論方》一卷。錢氏《補元志》亦載之。論凡五十篇，論方凡二十首，統爲四卷。蓋因仲景方論以辨析其理，極表裏虚實、陰陽死生之説，究藥病輕重、去取加減之意，毫髮可無遺憾，足與所注相須而備云。《論》前亦有嚴器之序，《論方》前有自序，其書自北而南，故有宋開禧元年歷陽張孝忠總序。

【國學用書類述】《傷寒論註》十卷，附《傷寒明理論》三卷、《論方》一卷。《醫統》本。《傷寒論》，漢張機撰。古本有二，一爲《千金翼》本，書中凡“堅”字皆作“硬”[鞕]，相傳隋高祖諱，蓋隋本也。一爲金成無已註本，即王叔和所訂。叔和雖晉人，然明謂改訂，必非原本。或孫真人所得真爲原本，亦未可知。但成註本傳習已久，後人幾不知有《千金翼》本矣。自明方有執、程郊倩、喻嘉言等各逞私見，更易次第，而改本《傷寒論》日以增多，學者無所適從，未始非傷寒一大厄也。《明理論》及《論方》，皆無已所撰，發明機意。

【傷寒論義疏】凡例　成本原文校之趙開美覆宋本，往往多謬誤，蓋今行成本，非聊攝之舊。何以言之？《太陽上篇》“太陽病先下之而不愈”條，經文“得裏和然後復下之”，而注云“裏未和者，然後復下之”；大柴胡湯方後有一方，用“大黄二兩”云，故注亦不釋大黄，而方中卻有大黄二兩。“太陽病二日反燥”條，經文“大熱入胃”，此宋板亦誤作“大”。而注云“火熱入胃”；又經文“小便不數及多也”，而注云“小便不數及不多也”。“太陽病以火熏之”條，經文“到不解”，而注云“再到太陽經”。《太陽下篇》經文作“柴胡加桂枝湯”，而註云“柴胡桂枝湯”。“五苓散”條，經文脫“一方忍之一日乃愈”八字，而註釋其義。“太陽少陽併病”條，經文脫“肝俞”二字，而注云“肝俞以寫少陽之邪”。以上諸註，多與宋板合，而經文則卻誤脫。蓋成氏原本不誤，淺人乃以誤本附之成注者也。諸可不可篇以下，削去重複，甚非古人質樸之意，成意必不然。第十卷備列加減方，而葛根加半夏湯，既載《太陽中篇》；黄芩加半夏生薑湯，本篇中既載加減法，并屬重出，分量亦不同。玆知各篇不舉其方而附於後者，亦後人簡便苟且之所爲，必非聊攝之面目也。

（三）序跋

1. 注解傷寒論序嚴器之

夫前聖有作，後必有繼述之者，則其教乃得著於世矣。醫之道源自炎黄，以至神之妙，始興經方。繼而伊尹以元聖之才，撰成《湯液》，俾黎庶之疾疚，咸遂蠲除。使萬代之生靈，普蒙拯濟。後漢張仲景又廣《湯液》爲《傷寒卒病論》十數卷，然後方大備。玆先聖後聖，若合符節。至晉太醫令王叔和，以仲景之書，撰次成序，得爲完帙。昔人以仲景方一部爲衆方之祖，蓋能繼述先聖之所作，迄今千有餘年不墜於地者，又得王氏闡明之力也。《傷寒論》十卷，其言精而奥，其法簡而詳，非寡聞淺見所能賾究。後雖有學者，又各自鳴家，未見發明。僕忝醫業，自幼徂老，耽味仲景之書五十餘年矣，雖粗得其門，而近升乎堂，然未入於室，常爲之慊然。昨者邂逅聊攝成公，議論該博，術業精通，而有家學，註成《傷寒論》十卷，出以示僕。其三百九十七法之内，分析異同，彰明隱奥，調陳脈理，區别陰陽，使表裏以昭然，俾汗下而灼見。百一十二方之後，通明名號之由，彰顯藥性之主；十劑輕重之攸分，七精制用之斯見；别氣味之所宜，明補瀉之所適。又皆引《内經》，旁牽衆説，方法之辨，莫不允當，實前賢所未言，後學所未識，是得仲景之深意者也。昔所謂慊然者，今悉達於奥矣。親覩其書，誠難默默，不揆荒蕪，聊序其略。時甲子中秋日，洛陽嚴器之序。明板《仲景全書》本

2. 魏公衡序

張仲景所著《傷寒論》，聊攝成無己爲之註解，言意簡詣，援引有據，直本仲景之旨，多所發明，非醫家餘書傳釋比，未及刊行而成君不幸去世。此書間關流離，積有歲年，竟自致於退翁先生，若成君之靈，宛轉授手。然退翁既愛重其書，且憤舊註之淺陋蕪駁也，遽欲大傳於世，顧其力有所不贍，又不忍付非其人，苟以利爲也，每用鬱悒。事與願違，俯仰逾紀，近因感念，慨然謂所知曰：吾年逾從心，後期難必，誠恐一旦不諱，因循失墜，使成公之志湮没不伸，吾亦抱恨泉壤矣。遂斷意力爲之，經營購募，有所不避，歲律迄周公始克究。噫，是書之成也，成君得所付託，退翁私願獲畢，相與不朽矣。此其所以屬予爲序歟。不然，則退翁清節素著，其筆耕餘地，足樂終身，豈以遲暮之年，遑遑然爲庶人計哉。退翁，道號也。姓王，名鼎，字大來。

詩筆之妙，莫不推仰，至於內行過人，世未必盡知也。大定壬辰重陽日，承議郎行澠池令魏公衡序。《愛日精廬志》

3. 王緯序

古有言曰，百病之急，無急於傷寒。《傷寒》之書，莫出於仲景。蓋仲景之書，意深理奥，非夫明經絡，曉運氣，達藥性於運氣之用者，則莫得而擬議也。如晉之王叔和，止鈐次而已；唐之孫思邈，亦間或引用。而必欲尋其發明之意，皆不可得矣。又如宋謝復古之注，則疑信未明；朱奉議之集，則簡略不備。今者聊攝成無己先生注解，內則明人之經絡，外則合天之運氣，中間說藥之性味，深造運氣之用，錯而綜之，以釋其經。由是仲景之意，較然大著。噫，先生早生於世，豈特使之注集者閣筆，抑亦使病者不致横夭，百數年間，可勝計哉。今此書既已鏤板，好事君子，宜探其命工刊行之本意焉，無忽爲幸。大定壬辰九月望日，武安布衣王緯序。同上

4. 王鼎後序

此書乃前宋國醫成無己注解，四十餘年方成，所謂萬全之書也。後爲權貴挈居臨潢，時已九十餘歲矣。僕曩緣訪尋舍弟，親到臨潢，寄迹鮑子顒大夫書房百有餘日，目擊公治病，百無一失。僕嘗求此書。公云：未經進，不可傳。既歸又十七年，一鄉人自臨潢遇恩放還，首遺此書，不覺驚歎。復自念平日守一小學，於世無毫髮補，欲力自刊行，竟不能就。今則年逾從心，晚景無多，兼公別有《明理論》一篇，十五年前已爲邢臺好事者鏤板，流傳於世。獨此書沉墮未出。僕是以日夜如負芒刺，食息不遑，遂於辛卯冬，出謁故人，以千所費一出而就，何其幸也。或曰，非子之幸，世之幸也。醫者得以爲矜式，好事君子得之，亦可與醫家商略，使病人不伏枕而愈，乃此書駕說《難》、《素》之功也，於世豈小補哉。大定壬辰下元日，冥飛退翁王鼎後序。同上

（四）刊本及鈔本

1. 影寫金刊本

【愛日精廬藏書志】卷二十二　《傷寒論註解》十卷。影寫金刊本。漢張仲景述，晉王叔和譔次，金成無己注解。皇統甲子歲中秋日洛陽嚴器之序，大定壬辰重陽日承議郎行澠池令魏公衡序，大定壬辰九月望日武安布衣王緯序，大定壬辰下元日冥飛退翁王鼎後序。以上四序并引其全文，今省之。

2. 元刊本

【平津館鑒藏書籍記】元版　《傷寒論註解》十卷，題仲景述，王叔和撰次，成無己註解。前有甲子洛陽嚴器之序，目錄一卷，圖解運氣圖說一卷。後有“孝□”木方印、“東山”鼎式木印、“大德甲辰歲孝永堂重刊”木長印。每卷後俱有釋音，卷七、卷八本合爲一卷。錢少詹《日記鈔》所見毛氏影金刻鈔本，小字密行，前有皇統甲子洛陽嚴器之、大定壬辰澠池令魏公衡、武安王緯三人序，後有冥飛退翁王鼎序，又別是一本。黑口板，每葉二十四行，行二十四字，收藏有“古婁龔生”白文方印。

【孫氏書目內編】卷二　《傷寒論》十卷，漢張機撰，晉王叔和編，金成無己注。

元大德甲辰刊本。

【秦漢十印齋書目】卷三 《傷寒論註解》十卷。元刊本。漢張機撰,晉王叔和編,金成無己注。

【藝芸精舍宋元本書目】元本 《傷寒論注》十卷

【帶經堂書目】卷三 《傷寒論註》十卷。元刊本。漢張機撰,晉王叔和編,金成無己注。【聿修堂藏書目錄】《註解傷寒論》十卷,三冊。元校,不記梓行歲。金成無己著。

【經籍訪古志】卷七 《注解傷寒論》十卷。元刊本。聿修堂藏。此本不記刊行年月。《愛日精廬藏書志》載影寫金刊本,而嚴器之序題"皇統甲子歲仲秋日",此本無"皇統"二字,想器之以宋遺民,不紀年號。《明理論·序》亦同。殆似聊攝舊本,元代覆刻者。立之按,詳考紙墨、字體非元板,明代翻刻元刊者也。此本在館摸刻而行於世,蓋化政間事也。《藏書志》更有大定壬辰魏公衡及王緯序、王鼎後序。又朝鮮國《醫方類聚》所引,文字頗同。如明王濟川本、嘉靖中刊。實素堂藏。吳勉學本、收在《醫統正脈》中。趙開美本,《仲景全書》所收。取源於此,而誤謬殊多。如熊氏明德堂刊本,聿修堂藏。據汪刻而重刻者。

【靜嘉堂秘籍志】卷二十四陸氏十萬卷樓舊藏 《傷寒論注》,漢張機撰,晉王叔和編,金成無己注。元刊一本。卷一至三缺。《藏書志》不載。

3.明正德四年熊氏種德堂刊本

【聿修堂藏書目錄】《註解傷寒論》十卷,三冊。熊氏種德堂刊行。

【帝室和漢圖書目錄】《注解傷寒論》,金成無己。正德四。十卷,三卷缺。一冊。

【圖書寮漢籍善本書目】卷三 《注解傷寒論》十卷,二冊。金成無己撰。明刊本。尾有"正德己巳仲春月熊氏種德堂刊"(本)[木]記,闕卷一、二,又間有補鈔之葉。文政中,毛利出雲守高翰所獻幕府。首有"佐伯侯毛利高標字培松藏書畫之印"印,兩冊首有"大學校圖書文章"、"大學藏書"印,又尾有"昌平坂學問所"印記。

注:按《經籍訪古志》云,如熊氏明德堂刊本,據汪刻而重刻者。所謂明德堂,種德堂之訛明矣。然而《訪古志》以汪本爲嘉靖中所刊,正德中所刊之種德堂本,何有據嘉靖本之理哉。《訪古志》所記,當有一誤矣。

4.明汪濟川刊本

【實素堂藏書目錄】《注解傷寒論》十卷,八冊。嘉靖二十四年汪濟川本。一冊缺,七冊存。

【故宮博物院書目】《傷寒論》,宋成無己注。十卷,四冊。明汪濟川刊本。

【經籍訪古志】卷七 《注解傷寒論》十卷。元代刊本。如明汪濟川本,嘉靖中刊、實素堂藏,取源於此而誤謬殊多。

【杏雨書屋圖書假目錄】《注解傷寒論》十卷,晉王叔和撰,明汪濟川校。明刊。三冊。

5. 明趙開美刊本

【經籍訪古志】卷七 《注解傷寒論》十卷。元代刊本。趙開美本取源於此而謬誤殊多。

【續中國醫學書目】《註解傷寒論》十卷，四冊。十行十九字，框橫十三·二釐，縱十八·四釐。金成無己註解，萬曆二十七年趙開美校刻，《仲景全書》之內。註解傷寒論序，嚴器之，甲子。論圖。

6. 醫統正脈本

【孫氏書目内編】卷二 《傷寒論》十卷。明吳勉學刊本。

【四庫書目邵注】卷十 《傷寒論注》十卷，附《傷寒明理論》三卷、《論方》一卷。明吳勉學刊本。

【八千卷樓書目】卷十 《傷寒論註》十卷，《傷寒明理論》三卷，《論方》一卷。《醫統》本。

【鄭堂讀書記】《注解傷寒論》十卷。《醫統》本。

【叢書舉要】卷十二古今醫統正脈全書 《傷寒論》十卷，漢張機。

【揚州吳氏測海樓藏書目錄】卷四 《傷寒論》十卷，宋成無已注解。《古今醫統正脈全書》，萬曆年刊，竹紙，四十八本內。

【故宮博物院書目】《注解傷寒論》，成無已注解。十卷，四冊。明步月樓刊本。

【書目答問】《傷寒論》十卷。明吳勉學刻《古今醫統》本。

【江蘇省立國學圖書館圖書總目】《傷寒論》十卷。《醫統正脈全書》第二十至二十一冊。明新安吳勉學校刊本。

【中東鐵路圖書館目錄】《傷寒論》十卷，張仲景。見《醫統正脈全書》。

【國學用書類述】《傷寒論》十卷。《醫統》本。

【聿修堂藏書目錄】《注解傷寒論》十卷，三冊。收在《醫統正脈》中。

【寶素堂藏書目錄】《注解傷寒論》十卷，□冊。收在《醫統正脈》中。

【圖書寮漢籍善本書目】卷三 《注解傷寒論》十卷，一冊。明吳勉學刊本。卷中有"翁紫芝"、"翁紫芝氏"、"儒理明醫憑照萬全"、"復元堂主人通真號太松居士"、"鹽官復元堂印"、"恆德活人"、"調元保御"、"述祖炎伊道師帝伯"、"炎伊良相帝伯元勳"、"神御先代友尚古人敬承玄儀欣賞奇文"、"萬卷侯"、"四又生藏書記"、"儒家讀書子"、"翁氏四又生之印"諸印記。

【杏雨書屋圖書假目錄】古今醫統正脈全書 《注解傷寒論》十卷，金成無已，明徐鎔校。

【續中國醫學書目】《注解傷寒論》十卷，三冊。十行二十字，框橫十三·七釐，縱二十釐。漢張仲景述，晉王叔和撰次，金成無已注解，明吳勉學閱，徐鎔校。萬曆二十九年刊。《醫統正脈全書》之內。註解傷寒論序，嚴器之，甲子。傷寒卒病論集，張仲景。論圖，運氣圖解。十三枚。《傷寒論》十卷目錄。傷寒論藥方目錄。

7.明刊未詳本

【故宮博物院書目】《註解傷寒論》,宋成無已。十卷,三冊。明刊本。

【帝室和漢圖書目錄】《注解傷寒論》,金成無已。明板。十卷,一冊。

【内閣文庫圖書第二部漢書目錄】《註解傷寒論》十卷,金成無已。明板。三冊。

注:按多紀元簡《傷寒論輯義·凡例》云,案成本今收《醫統正脈》中。又有汪濟川、王執中、張道辰等校本云云。所謂王張二家校本,諸家均未著錄,今不可考之。

8.四庫全書本

【四庫全書總目】卷一百零三 《傷寒論註》十卷,附《傷寒明理論》三卷,《論方》一卷。内府藏本。

【壬子文瀾閣所存書目】卷三 《傷寒論注》十卷,附《明理論》三卷,《論方》一卷。六冊。補鈔。

【文溯閣四庫全書要略及索引】《傷寒論註釋》十卷附四卷,六冊,三百零九葉。

9.同治刊本

【故宮普通書目】卷三 《注解傷寒論》十卷,漢張機撰,金成無已注解。同治年刊本。

10.光緒六年刊本

【故宮普通書目】卷三 《注解傷寒論》十卷。光緒六年刊本。四冊。二部。

11.光緒十三年掃葉山房刊本

【揚州吳氏測海樓藏書目錄】卷四 《注解傷寒論》十卷,宋成無已。光緒庚辰掃葉山房刊竹紙六本一函。洋二元五角。

【山東圖書館書目】《傷寒論》十卷,漢張機述,晉王叔和撰,金成無已注。附成著《傷寒明理論》四卷。掃葉山房本。

12.光緒二十七年刊仲景全書本

【中國醫學書目】《傷寒論集註》十卷,五冊,十一行二十二字,框横十三釐,縱十八釐。張仲景著,成無已注解。《仲景全書》,光緒二十七年成都崇文齋鄧氏刊藏依日本覆刻明板本之内。註解傷寒論序,嚴器之。傷寒論後序。傷寒卒病論集,張機。傷寒論序,高保衡、孫奇、林億等。醫林列傳。傷寒論凡例。諸家評註姓氏。傷寒論音釋。仲景全書傷寒論目錄。

13.文翰樓刊本

【揚州吳氏測海樓藏書目錄】卷四 《成注傷寒論》七卷,宋成無已。文翰樓刊。竹紙,四本一函。洋五元。

14.民國元年石印本

【中國醫學書目】《傷寒論註》附《明理論》,十卷,三冊,十六行三十七字,框横十二釐,縱十七釐。張仲景著,王叔和撰,成無已注解。民國元年江東書局石印。

註解傷寒論序,嚴器之,甲子。傷寒卒病論集。傷寒論十卷總目錄。傷寒論藥方目錄。論圖。

15. 四部叢刊本

【叢書書目彙編】四部叢刊　《注解傷寒論》十卷,四冊,漢張機撰,晉王叔和編,金成無已注。明嘉靖刊本。

【江蘇省立國學圖書館圖書總目】《注解傷寒論》十卷。《四部叢刊》第三百七十至三百七十三冊,涵芬樓影印嘉靖汪濟(明)[川]刊本。

【清華學校圖書館中文書籍目錄】《注解傷寒論》十卷。見《四部叢刊》。

【中東鐵路圖書館圖書目錄】《注解傷寒論》十卷。《見四部叢刊》。

【靜嘉堂文庫國書分類目錄】《注解傷寒論》。《四部叢刊》第三百七十一至三百七十二冊。十卷。

【東京文理科大學附屬圖書館和漢書分類目錄】《注解傷寒論》。《四部叢刊》第三百七十至三百七十三冊。宋成無已注。

16. 民國刊醫統本

【中國醫學書目】《傷寒論》十卷,二冊,九行二十一字,框橫十三釐,縱十八釐。張仲景述,王叔和撰,成無已注。民國刊《醫統正脈全書》之內。注解傷寒序,嚴器之,甲子。傷寒卒病論集目錄。

17. 日本正德五年刊本

注:按右正德本,乃香川修德[(1)]所覆刻,所謂"小刻《傷寒論》"是也。亦有重刻者,并大行於世。其發凡略云:《傷寒雜病論》乃仲景手著,成於東漢,其本亡矣。今所傳即晉王叔和所撰次,而宋林億等校定宋板是也。其後成無已始爲之注,是爲成本,明徐鎔校刊之。王執中《傷寒綱目》、吳勉學《醫統正脈》即是此本,汪處敬亦有校本。其稱《仲景全書》者,創乎趙開美,沈琳[仝],而張遂辰重爲參定。至如方有執《條辨》、喻昌《尚論篇》、程應旄《後條辨》、張志聰《集註》,沿革增損,鼎鍥非一。今依舊貫,復興成本,私擬溫故云。

[郭注]

(1)香川修德(1683～1755),名修德,字太仲,號修庵,堂號一本堂。播磨國姬路人。18歲上京入伊藤仁齋門下修儒學五年,初露頭角。後師事後藤艮山學醫學三年,涉獵醫籍。認爲《素問》、《靈樞》、《難經》學説難以理解,故反復熟讀《傷寒雜病論》十二年之久,并努力運用於臨床,自詡徹悟仲景精髓,"由我作古"。修庵尊崇孔孟之道,提倡"儒醫一本"論,"一本堂"之號即緣於此義。著有《一本堂藥選》、《一本堂藥選續編》、《一本堂行餘醫言》、《一本堂醫事説約》,著書見解獨到,內容充實,具有臨牀實用價值,至今仍受醫界重視。

18. 日本天保六年覆刻元刊本

【抱經樓藏書志】卷三十五　《集註傷寒論》十卷。東洋覆元刊本。漢長沙守張仲景著,晉太醫令王叔和撰次,宋成無已注解,宋祠部郎中林億校正。進呈表治平三年。張仲景序。無名氏序。嚴器之序。鄧珍序,至元庚辰。

【實素堂藏書目錄】《注解傷寒論》十卷,二冊。重彫元板。金成無己。

【經籍訪古志】卷七 《注解傷寒論》十卷。元代刊本。聿修堂。

立之按,詳考紙墨字體,非元板,明代翻彫元刊者也。此本在館摸刻而行於世,蓋化政間事也。

【内閣文庫圖書第二部漢書目錄】《註解傷寒論》十卷。天保六年刊。三冊。

【静嘉堂文庫國書分類目錄】《註解傷寒論》十卷。天保六刊。守先閣本。三冊。《傷寒論》十卷。天保六刊影元,竹添井井舊藏本。

【北京人文科學研究所藏書目錄】《注解傷寒論》,金成無己注解。日本天保六年躋壽館仿元刊本。一函三冊。

19. 天保十年刊本

【中國醫學書目】《和訓傷寒論》一冊。十行二十字,框橫十二釐,縱十七釐。漢張仲景著,王叔和撰次。文林堂,文昌堂。和訓傷寒論序,種杏道人,天保已亥十年。目錄。方目錄。

注:種杏道人序曰《和訓傷寒論序》:醫者仁術也,豈夫容易哉。明醫術者,求諸技人,無幾矣。療病救民,亦猶治國利物。至鍼石灸火所施,百藥劑和得宜,自非研精焦思,兀兀(叢)[窮]年者,誰能與於此耶。漢末張仲景著《傷寒論》,其書一出於世,復無可比之書,實醫家之至寶也。古人嘗言,治病委之庸醫,比之不慈不孝。雖非醫人,所不可不知也。故云"上以療君親之疾,下以救貧賤之厄"。吁,療疾救危之齊,可謂仁矣。今也採《傷寒論》,一據成本,旁附和訓,以便童蒙,豈謂不刊物之一端乎。天保已亥春日,種杏道人題於回春庵東軒。

20. 天保十一年刊本

21. 弘化四年刊本

22. 嘉永元年刊本

【静嘉堂文庫國書分類目錄】《訂字標注傷寒論》一卷,漢張機撰,小原良直訂,弘化四年刊。一冊。

【中國醫學書目】《訂字標注傷寒論》一冊。八行十八字,框橫十釐,縱十二釐。張仲景著,王叔和撰次,小原蘭峽訂正。嘉永戊申元年再鐫。紀藩羣芳軒藏板。訂字標注傷寒論小引,小原良直,天保十一年。方目。次訂字標注引徵書目。傷寒雜病論集,張機。

注:《訂字標注傷寒論小引》:嚮者有一生徒來,譚及小刻《傷寒論》。余乃謂之曰:此刻也,香川氏既據成本,復對宋板,正則正矣,雖然,文字仍多異同,讀者惑焉。譬之猶夜行蹉於片石者,必照燈而免也。今夷考各篇各條,奚止一片石,此爲可憾爾。生徒乃前膝曰:《詩》不云乎"他人有心,予忖度之",子之及是言也。請幸加改訂,以公於世,便是轉暗爲明之術,可與爝火同日而論哉。余辭曰:直不敏,何以膺之。且夫先賢若山氏圖南[1],紀氏櫟蔭[2],各有所著,已經是正,《集成》、《輯義》是也。生盍就而自究之。生徒憮然答曰:奈二書卷頁頗多,不便繙閲,請子勉容吾言。余知其乞之非自私也,不獲固辭焉。迺公私之暇,專本二書,旁及諸家註本,凡其所

得者，隨註之於各條之上，名曰《訂字標注》，因以示嚮生徒。生徒一見。喜且嘆曰：白日已中於天，千尺之外，塵沙可辨，於片石乎何有，泉壤而有知耶，是舉爲噴氣者，匪香川氏而其誰歟。余曰：否。吾唯塞生之責而已。溢美之言，請舍旃。是爲題言云。天保十一年歲次庚子秋八月，小原良直(3)識。

（附記）曩者《訂字標註傷寒論》刻既成，藏諸家久矣。而歲月之久，磨礱之多，斷章缺字，有不可讀者。今茲嘉永紀元冬十月，應書肆之需，謀再鐫，俾人易誦讀云。

［郭注］

(1)山氏圖南，即山田圖南（1749～1787），名正珍，字宗俊，生於江戶醫官之家。幕府醫官麟嶼正朝之孫，宗圓正熙之子。與儒者山本北山、龜田鵬齋、大田錦城等有交往，後爲儒醫。熱衷於《傷寒論》研究，曾擔任醫學館講師。著有《傷寒論集成》、《傷寒考》、《金匱要略集成》、《天命辨》、《權量撥亂》、《新論》、《桑韓筆語》等書。

(2)紀氏櫟蔭，即多紀元簡（1754～1810），通稱安清，後稱安長，字廉夫，號桂山、櫟窻等。又稱丹波元簡、劉桂山。江戶時代著名醫學家，幕府醫官，醫學考證學派重鎮，日本醫學史上重要人物之一。曾從井上金峨治儒學，隨父多紀元德習醫學。深受松平定信賞識，寬政二年（1790）晉昇爲奧醫師、法眼。翌年（1791），躋壽館歸幕府直轄，更名醫學館。元簡承襲父業，主持、擔任江戶醫學館教學工作，教授幕府醫官子弟。十一年（1799）任御匙（將軍侍醫），享和元年左遷寄合醫師，文化七年（1810）復職奧醫師，同年歿。生平著述甚豐，有《櫟窻類抄》、《素問識》、《靈樞識》、《傷寒論輯義》、《金匱要略輯義》、《醫賸》、《脈學輯要》、《觀聚方要補》等優秀著作傳世。

(3)小原良直（1797～1854），名良直，號蘭峽。本草家小原桃洞之孫，曾與祖父同任和歌山藩醫。師事祖父，精通本草學，撰有多部關於本草物産之著作。

23. 日本刊仲景全書本

【叢書舉要】卷十二日本刊仲景全書　《注解傷寒論》十卷。《叢書書目彙編》同。

【杏雨書屋圖書假目錄】　《（集注）［注解］傷寒論》，金成無己注，明趙開美校。日本刊。

注：按光緒二十七年成都鄧氏刊本所據，疑即此本矣。

24. 日本刊未詳本

【八千卷樓書目】卷十　《傷寒論註》十卷。日本刊本。日本校正本。

【觀海堂書目】惠字號　《注解傷寒論》三本十卷。日本刻本。

【故宮博物院書目】　《註解傷寒論》，宋成無已。十卷，三冊。日本刊本。

【內閣文庫圖書第二部漢書目錄】　《傷寒論集註》十卷。第一至三卷缺。

25. 未詳本

【問經堂書目】【棟亭書目】【觀海堂書目】以上清　【涵芬樓舊書分類總目】民國

五、金匱玉函經

(一)出典

【金匱玉函經】宋臣疏 《金匱玉函經》與《傷寒論》同體而别名,欲人互相檢閲而爲表裏,以防後世之亡逸。其濟人之心,不已深乎。細考前後,乃王叔和撰次之書,緣仲景有《金匱録》,故以"金匱玉函"名,取寶而藏之之義也。國家詔儒臣校正醫書,臣等先校定《傷寒論》,次校成此經。其文理或有與《傷寒論》不同者,然其意義皆通。聖賢之法,不敢臆斷,故并兩存之。凡八卷,依次舊目,總二十九篇,一百一十五方。

【通志藝文略】病源 《金匱玉函》八卷。

【秘書省續編到四庫闕書目】卷二 《金匱玉函》八卷。

【郡齋讀書後志】卷二 《金匱玉函經》八卷,右漢張仲景撰,晉王叔和集。設答問,雜病形證脈理,參以療治之方。仁宗朝,王洙得於館中。用之甚效,合二百六十二方。

【文獻通考】《經籍考》 《金匱玉函經》八卷。鼂氏曰下引《讀書後志》,今省。

陳氏曰:林億等校正。此書王洙於館閣蠹簡中得之,曰《金匱玉函要略方》,上卷論傷寒,中論雜病,下載其方并療婦人,乃録而傳之。今書以逐方次於證候之下,以便檢用。其所論傷寒文多(飾)[節]略,故但取"雜病"以下,止"服食禁忌",二十五篇,二百六十二方,而仍其舊名。

注:按右《讀書後志》之文。雖標云"《金匱玉函經》八卷",實乃就《金匱要略》三卷而言者。陳直齋乃題爲"《金匱要略》三卷",而馬氏《通考》引陳氏之文於《玉函經》之下。豈《玉函經》一書,夙於南宋時已屬稀覯乎。

【宋史藝文志】子類醫書類 《王叔和集金匱玉函》八卷。

【國史經籍志】卷四下 《金匱玉函經》八卷,張仲景。

【本草綱目】引據書目 《張仲景金匱玉函方》

【東醫寶鑑】歷代醫方 《金匱玉函經》,後漢張機所著。

(二)考證

【醫壘元戎】 《金匱玉函》,即仲景之書稱也。《金匱要略》亦出《玉函》。

【古今僞書考】真書雜以僞者 《金匱玉函經》又名《金匱要略》,稱漢張仲景撰,晉王叔和集。案,此非仲景撰,乃後人僞託者。其稱王叔和集,説見上。見上者,謂《傷寒論》條。

【補後漢書藝文志】卷三 《張仲景金匱玉函經》八卷。鼂氏《讀書志》曰:《金匱玉函經》八卷,漢張仲景撰,晉王叔和集。設答問,雜病形證脈理,參以療治之方。仁宗朝,王洙得於館中,用之甚效,合二百六十二方。

按,此乃"王洙於館閣蠹簡中得之"之原本,洙録爲三卷,上卷論傷寒,中論雜病,下載其方併療婦人,名曰《金匱玉函要略》,見陳氏《書録解題》。而陳録又言今書"仍其舊名"云云，則又非王洙所錄之舊。此八卷本，康熙時有重刊本，日本《經籍訪古志》載之。

【傷寒論輯義】凡例　《傷寒》有二本，一爲宋本，係宋治平中高保衡校定。一爲金成無已注解本。而《金匱玉函經》亦是《傷寒論》之別本，同體而異名者。蓋從唐以前傳之，大抵與《千金翼》所援同。《外臺》柴胡加芒消湯方後引《玉函經》方，與今本符。《脈經》、《外臺秘要》所引，互有少異同。方有執以降，諸家注本盡原成本。

【金匱要略輯義】金匱玉函要略綜概　案，張仲景自序曰"作《傷寒雜病論》，合十六卷"，而梁《七錄》"張仲景辨傷寒十卷"。《新唐藝文志》"《傷寒卒病論》十卷"，此乃今所傳《傷寒論》，所謂十六卷中之十卷。其六卷則《雜病論》，即今《金匱要略》其遺佚者。元鄧珍序中亦嘗論之。考《千金方》"江南諸師，秘仲景要方不傳"，隋巢元方作《病源論》，其"傷寒門"中有《傷寒論》文，而不著仲景之名，蓋據《小品》所引而收載乎。然於其"婦人三十六疾"，則云"仲景義最玄深，非愚淺能解"，巢氏豈特寓目於《雜病論》，而未及《傷寒論》耶。孫思邈晚年獲仲景原本，收《翼方》第九卷、第十卷中，而他門并無引仲景者，孫氏豈特研《傷寒論》而未及見《雜病論》耶。後天寶中，至王燾撰《外臺秘要》，載此書方藥，而云出張仲景《傷寒論》，乃其不易舊目者，原書或僅存於臺閣中，而王氏特得窺之耶。詳見"傷寒綜概"中。意者仲景之書，晉經隋唐，或顯或晦，或離或合，其傳不一如此。蓋唐時有合《傷寒雜病論》，改名《金匱玉函》以傳之者。今《玉函經》亦是係乎唐末人所號，即是《傷寒論》之異本，如其總例，則於晉及六朝經方中而湊合所撰，疑出於道家者流也。後人因刪略其要，約爲三卷，更名曰《金匱玉函要略》歟。不爾，則其所以名"要略"之義，竟不可曉焉。況林億序云"《傷寒》文多節略"，傷寒乃有《傷寒》全本，故知其多節略。至《雜病》則雖無他本可考，以《傷寒》例之，則其節略舊文，可復知也。林序又云"依舊名曰《金匱方論》"，徐鎔因謂王洙館中所得，名曰《金匱玉函要略方論》，係五代時改名耳。然《周禮·疾醫》職賈公彥疏，張仲景《金匱》云"神農嘗百草，則炎帝者也"。今《要略》無此文，豈係其所刪略耶。以此知唐時已有《金匱》之目，必非五代時改名也。而《隋》及《舊》、《新唐志》中，無仲景《金匱玉函》，究其目之所由，《晉書·葛洪傳》云"洪著《金匱要方》百卷"。據《肘後方》及《抱朴子》自云"所撰百卷，名曰《玉函方》"，則二者必是一書。葛洪又著《玉函煎方》五卷，見《隋志》。由是觀之，《金匱玉函》原是葛洪所命書，即唐人尊宗仲景者，遂取而爲之標題，以珍秘不出之故，著錄失其目歟。林億《金匱玉函經》疏云：緣仲景有《金匱錄》，故以《金匱玉函》名，取寶而藏之義也。案仲景《金匱》，他書目其目，唯宋本及俞橋本、趙開美本林序後有一小序，云"仲景《金匱錄》"云云，僅出於此。予每疑之，然宋本已載之，則此必唐末作《要略》者所撰，其文原於《肘後方》序及《抱朴子》。味其旨趣，汎濫不經，亦是道流之筆耳。《漢志》有《堪輿金匱》十四卷。《高紀》如淳云：金匱，猶金縢也。師古曰：以金爲匱，保慎之義。王子年《拾遺記》：周靈王時，浮提之國獻神通、善書二人，佐老子撰《道德經》，寫以玉牒，編以金繩，貯以玉函。《神仙傳》：衛叔卿入太華山，謂其子度世曰：汝歸，當取吾齋室西北隅大柱下玉函，函中有神素書，取而按方合服之，一年可能乘雲而行。《淮南·要略訓》高誘註曰"《鴻列》二十篇，略數其要，明其所指，序其微妙,論其大體也",命名之義,豈其出於此耶。皇甫謐云"仲景垂妙於定方",《晉書》本傳。陶弘景云"惟仲景一部,最爲衆方之祖,又悉依《本草》,但其善診脈明氣候,以意消息之爾",出《本草序例》。二氏距仲景未遠,其言如此。然而《要略》中方論,儘有不合繩墨者,故今人或云某論非仲景之舊,或云某方非仲景之真,肆意刪改,以爲復古,程、林輩亦已論之。此誤也。《巢氏病源》引《小品》云:華佗之精微,方類單審,而仲景經有侯氏黑散、紫石英方,皆數種相出入節度。陳延之以晉初人,其言亦如是。此他至篇末宋人附方,《千金》、《外臺》中引仲景者頗多,豈知今之致疑者,盡非仲景之本論原方乎。此宜存而不議焉。近代清姚際恆著《古今僞書考》云:《金匱玉函經》又名《金匱要略》,稱漢張仲景撰,晉王叔和集。案此非仲景撰,乃後人僞記者。蓋概論也。歷覽史志,《傷寒論》、《玉函經》及《要略》之外,仲景書目,猶載數部:《黃素方》二十五卷,《傷寒身驗方》一卷,《評病要方》二卷,以上出《七錄》。《療婦人方》二卷,出《隋志》。陳自明《婦人良方》云:男子、婦人傷寒,仲景治法,別無異議。比見民間有《婦人傷寒方書》,稱仲景所撰,而叔和爲之序。以法考之,間有可取,疑非古方,特假聖人之名,以信其說於天下也。《張仲景方》十五卷。《太平御覽》引《張仲景方》序論,載仲景及張伯祖衛沈事。見《隋志》及《舊》、《新唐志》。《脈經》、《五藏榮衛論》、《五藏論》、《療黃經》、《口齒論》各一卷,出《宋志》。凡十部、五十卷。今無一存,實可惜矣。寬政甲寅正月晦。

(三)序跋

1. 校正金匱玉函經疏

《金匱玉函經》與《傷寒論》,同體而別名,欲人互相檢閱,而爲表裏,以防後世之亡逸。其濟人之心,不亦深乎。細考前後,乃王叔和撰次之書。緣仲景有《金匱錄》,故以"金匱玉函"名,取寶而藏之之義也。王叔和,西晉人,爲太醫令,雖博好經方,其學專於仲景,是以獨出於諸家之右。仲景之書,及今八百餘年不墜於地者,皆其力也。但此經自晉以來,傳之既久,方證訛謬,辨論不倫,歷代名醫雖學之,皆不得彷彿。惟孫思邈粗曉其旨,亦不能修正之,況其下者乎。國家詔儒臣校正醫書,臣等先校定《傷寒論》,次校成此經。其文理或有與《傷寒論》不同者,然其意義皆通。聖賢之法,不敢臆斷,故並兩存之。凡八卷,依次舊目,總二十九篇,一百一十五方。恭惟主上大明撫運,視民如傷,廣頒其書,爲天下生生之具,直欲躋斯民於壽域者矣。治平三年正月十八日,太子右贊善大夫(臣)高保衡,尚書員外郎(臣)孫奇,尚書司封郎中秘閣校理(臣)林億等謹上。

2. 重刻張仲景金匱玉函經序

《金匱玉函經》八卷,漢張仲景著,晉王叔和所撰次也。其標題蓋亦後人所加,取珍秘之意。仲景當漢季年,篤好方術,以拯夭橫,其用心仁矣。故自《素》、《難》、《本草》、《湯液》諸書,咸抉根得髓。其爲《傷寒雜病論》,實爲萬世羣方之祖。自叔和尊尚以後,年歲久遠,錯亂放失者屢矣。宋治平初,命諸臣校定,其目有三,曰《傷寒論》、《金匱方論》(一名《金匱玉函要略》)以及此經是也。雖未必盡復仲景本書之舊,然一家之學初完。余幼讀二論,精微簡要,務令上口,以通思索。遍求是經,獨不可得。後檢鄱陽馬氏《經籍考》,雖列其目,而所引晁序,則實《金匱玉函要略》也,則此經蓋自元時而不行於世矣。歲壬辰,義門何内翰以予粗習張書句讀,手抄宋本籍見授。拜受卒業,喜忘寢食。惜其訛脱者多,甚或不能以句,既無他本可校。乃博考衆籍,以相證佐,補亡滅誤,十得八九,稿凡數易而始可讀,則掩卷而歎曰:是可報命於内翰矣。内翰嘗以古名醫多以醫案示人,見愛過實,囑刻其平生醫藥病狀之驗者,予瞿然不敢當。語云"三折肱爲良醫",予雖老是,然處方設劑,吾斯未信。因念是經世久未見,而内翰既得禁方,不自密匿,雖古人尤難之。開以傳後,其弘濟豈但一師之說哉。夫岐黄之書,經也。仲景之經,律也。臨證療疾,引經案律,十不失一,二論所述略具矣。是書則兼綜兩者,而整齊形證,附類方藥,各有門部次第,不可淆亂,則知經又論之自出,尤醫門之金科玉條也。八卷之中,上順天和,以療人患,非通三才之道而得往聖之心者不能。觀者苟能潛心玩索而知其所以,則因病發藥,應如桴鼓,順之則能起死,畔之則立殺人。先儒以孫思邈尚爲粗曉其旨,得其書者,未可謂不過與《傷寒論》及《要略》相出入,而鹵莽治之也。不揆淺陋,願與同志者熟讀而精思之。旹康熙丙申陽月,上海陳世傑書。

3. 重刻金匱玉函經序

吾宗懷三先生,自幼學儒,以多病廢,遂篤嗜方書。壯年由上海流寓吴門,坐臥一閣近十年所,手不釋卷帙,精通諸禁方,然未嘗以醫自夸,所治輒效,益務實不近名,名久大震。性高亮疏豁,無軟熟態。兩遊京師,貴人爭迎之,皆翩然謝歸。出入里中,乘壞肩輿,有謁必往。切脈診病,其可藥與否,常直言以對,不爲挾要欺倖。富貴人或爲藥所誤,垂死乃相招,或投藥有起勢,遽以庸醫間之。先生益厭苦,嘗謾語來者曰:吾不能醫富貴人也。儒門單戶,有急相告,即毒熱嚴凍,隨早晚必赴,愈不計其所酬薄厚。其學長於仲景,嘗謂綱要精微,實軒岐之繼别,而自晉唐以還,名家撰論,悉行其緒,故讀《傷寒論》及《要略》,不但誦數,悉能心知其意,惟恨未見《金匱玉函經》。市中見杜光庭所撰、所標題恰同,喜極購歸,既啟乃知非是。於是求之益亟。義門何先生知先生最深,得宋抄本,送之。窮日夜校閲,即有脱誤,以他書是正,歷三四寒溫而後可句。尋考本序,爲宋館閣秘本,元明以來,相沿以《要略》爲此經。雖丹溪之精通,安道之淹貫,蓋皆未見。先生於是刻而傳之,間嘗語余:黄岐之道,義深以遠;仲景之書,理切而要。不深其書而求以通經,如討源未有楫也。然年久散失,晦蝕於諸家之說多矣,故吾讀是書,自成無已外,注凡七十有二家,皆皮而不觀,懼文多而益昧其經爾。今吾刻是,幸其久未見,不爲注所龐。學者潛心刻意,庶幾得之。雖然,其間條緒,同於《傷寒論》者幾什之七,懼或者之又略而弗觀,不知發凡起例,仲景别有精義存焉。讀《論》與《略》者,不可闕也。余曰,經籍之顯晦,存乎其人。仲景憫宗人之彫喪,拯後世之夭横,其利溥矣。是經不絶如線,而今章之,其用心既與古密契,來者難誣,其寶而傳之決也,則仲景一家之書,自此大昭矣。丙申長至後,長洲弟汝楫書。

4. 跋

《漢書藝文志》載,成帝之世,詔李柱國校方技。劉氏《七略》,有醫經七家二百一十六卷,經方十一家二百七十四卷。其存於今,獨《黄帝内經》而已。《素問》、《難經》、《本草》之屬,皆見於鄭、荀經簿,王、阮志錄。要之最爲古書,比於《六經》繼出者。東漢張仲景《傷寒論》,西晉王叔和撰次《玉函經》,二書實相表裏,評病處方,具有條理,各詣其極,乃方技中之《論語》、《孟子》書,不得其門者,末由語於生生也。《隋書經籍志》與《唐書藝文志》卷目時有不同,然行於世者,猶出宋治平間二館校定,可以據信。吾友陳先生懷三,研精覃思於張、王二書有年所矣。遇疾危急,羣疑共卻,必予全濟。於是同術驚詫,目爲神奇,不知惟能熟復古賢方劑,視證所宜,不肯妄行胸臆,以人之寄命爲戲劇爾。以書考之,一一可覆也。先生深閔其道之晻昧,務思援古正今。謂《傷寒論》世多有,而《金匱玉函經》幾無傳,乃從藏書家訪求善本,與篋中本再三勘校,重開以通流之,蓋仁人之用心也博,與愛其禁而戒勿洩者殊絕矣。昔東垣李明之著《傷寒會要》書,遺山元裕之爲之作序。余無遺山之文辭,而此書爲醫學之《論語》、《孟子》,其已試之效,亦不假予言而始張,特重先生之用心,可與進於孔孟之道也,輒書其後,蓋先生本儒者云。康熙丁酉正月,義門何焯。

5. 翻刻金匱玉函經引

仲景氏之遺書,蓋《傷寒論》而已矣。晉王叔和特以其痓濕暍、傷寒、霍亂、陰陽易等諸篇爲《傷寒論》,分雜病論爲《金匱要略》。又據其《傷寒論》,條論於前,會方於後,勒成一家之書,命以爲《金匱玉函經》。於是乎仲景氏之書,泒而爲三。今也雖難遽復一書之舊,而合三觀之,仲景全旨,斯在其中矣。且此經與《傷寒論》大同而小異,其異者適足以相發,蓋并行而不相悖者也。如總則、炮製等篇,則叔和所作,固自言之矣。雖正文之中,亦叔和之言數見焉。學者能潭思三書,而達於仲景之旨,則何憂乎莠之亂苗。《詩》云"涇以渭濁,湜湜其沚",其斯之謂與。方今《傷寒論》、《要略》二書已行於本邦,而此經則未也。雖間有謄本,而亥豕轉甚,予竊以爲憾焉。會得清康熙印本,文字端儼,足爲善本,遂刊而流世,庶幾乎仲景微言罔攸伏云爾。旹延享三年丙寅冬十月,平安清水敬長[1]書於成美堂。

[郭注]

(1)清水敬長(生卒年不詳),通稱源吾。京都人,山脇東洋之弟。東洋之才能深得山脇玄修賞識,享保十一年(1726)嗣續爲山脇家養子。東洋、敬長兄弟皆爲江户時代中期醫師,以學識淵博著稱。

(四)刊本及鈔本

1. 清康熙五十五年陳世傑刊本

【故宫博物院書目】《金匱玉函經》,漢張機著。四卷,二册。康熙年重刊本。

【聿修堂藏書目錄】《金匱玉函經》八卷,八册。康熙丙申陳世傑重校刻。漢張機著。

【寶素堂藏書目錄】《金匱玉函經》。陳世傑刊本。四册。

【經籍訪古志】卷七 《金匱玉函經》八卷。康熙丙申陳世傑刊本。聿修堂藏。

【内閣文庫圖書第二部漢書目録】(特) 《金匱玉函經》八卷,漢張機,清陳世傑等重校。清版。四冊。《金匱玉函經》。同上。清版。八冊。

【北京人文科學研究所藏書目録】 《金匱要略》,"要略"疑即"玉函經"之訛。漢張機撰,晉王叔和編。康熙間刊本。一函四冊。

【杏雨書屋書圖書假目録】 《金匱玉函經》八卷,漢張機著,清陳世傑等重校。清刊。四冊。

2. 日本延享三年翻刻本

【八千卷樓書目】卷十 《金匱玉函經》八卷,漢張機撰,晉王叔和編。日本刊本。

【觀海堂書目】説字號 《金匱玉函經》四本八卷。日本刻本。

【故宫博物院書目】《金匱玉函經》,漢張機著。八卷,四冊。日本刊本。

【江蘇省立國學圖書館圖書總目】 《金匱玉函經》八卷,四冊。漢南陽張機撰,晉高平王叔和編。日本成美堂刊本。有"乾乾堂"一印。

【内閣文庫圖書第二部漢書目録】 《金匱玉函經》八卷。延享三年。四冊。

【續中國醫學書目】 《金匱玉函經》八卷,四冊。八行十八字。漢張仲景著,清陳世傑懷三重校。日本成美堂藏板。翻刻金匱玉函經引,清水敬長,延享三年。重刻張仲景金匱玉函經序,陳世傑,康熙五十五年。重刻金匱玉函經序,汝楫,丙申。跋,何焯,康熙丁酉(五十六年)。校正金匱玉函經疏,林億等,治平三年。目録。

3. 鈔本

【各省進呈書目】兩江第二次書目 《金匱玉函經》,漢張仲景著。抄本,四本。

【寶素堂藏書目録】 《金匱玉函經》八卷,四冊。鈔。康熙陳世傑校刊本。

4. 未詳本

【世善堂藏書目録】卷下 《金匱玉函經》八卷,漢張仲景作。

【汲古閣毛氏藏書目録】 《金匱玉函經》八卷,漢張仲景。

【絳雲樓書目】卷三 《玉函經》八卷,漢張仲景撰。仲景名機。

【觀海堂書目】止字號 《金匱玉函經》二本,四卷。

【寶素堂藏書目録】 《金匱玉函經》八卷。御板,四冊。

【元治增補御書籍目録】 《金匱玉函經》八卷,四冊,漢張機撰,晉王叔和補。

六、金匱要略

(一)出典

【崇文總目輯釋】卷三 《金匱玉函要略》三卷,張仲景撰。原釋:闕。見天一閣鈔本。

【證類本草所出經史方書】 《金匱玉函方》

【幼幼新書】卷四十前代方書 《金匱要略》,後漢張機作。機字仲景。前此書未出，至國朝，翰林學士王洙在館閣時，於蠹簡中得之。

【通志藝文略】病源 《金匱玉函要略》三卷

【秘書省續編到四庫闕書目】卷二 《張仲玉函略》四卷。闕。輝按，此有脱誤。《崇文目》有《張仲景金匱玉函要略》三卷。

【直齋書錄解題】卷十三 《金匱要略》三卷。按，《文獻通考》作"《金匱玉函經》八卷"。張仲景撰，王叔和集，林億等校正。此書王洙於館閣蠹簡中得之，曰《金匱玉函要略方》，上卷論傷寒，中論雜病，下載其方并療婦人，乃錄而傳之。今書以逐方次於證候之下，以便檢用，所論傷寒文多節略，故但取"雜病"以下，止"服食禁忌"，二十五篇，二百六十二方，而仍其舊名。

【遂初堂書目】《金匱要略》

【玉海】卷六十三皇祐簡要濟衆方 嘉祐間命掌禹錫等校正醫書，置局編輯院，後徙太學十餘年，補注《本草》，修《圖經》，而《外臺秘要》，《千金方翼》，《金匱要略》悉從摹印，天下皆知學古方書。

【宋史藝文志】子類醫書類 張仲景撰，王叔和集《金匱要略方》三卷。

【文淵閣書目】卷十五 《金匱方論》一部一冊。闕。

【菉竹堂書目】卷五 《金匱方論》一冊。

【古今書刻】上編福建布政司 《金匱要略》

【萬卷堂書目】卷三 《金匱要略》二卷。張機。

【本草綱目】引據書目 《張仲景金匱要略》

【醫藏書目】無上函目 《金匱要略》三卷，張仲景。

【醫方類聚引用書】《金匱方》

（二）考證

【金匱要略】宋臣序 張仲景爲《傷寒雜病論》，合十六卷。今世但傳《傷寒論》十卷，"雜病"未見其書，或於諸家方中載其一二矣。翰林學士王洙在館閣日，於蠹簡中得《金匱玉函要略方》三卷。上則辨傷寒，中則論雜病，下則載其方并療婦人。乃錄而傳之士流，才數家耳。嘗以對方證對者，施之於人，其效如神，然而或有證而無方，或有方而無證，救疾治病，其有未備。國家詔儒臣校正醫書，臣奇先校正《傷寒論》，次校定《金匱玉函經》，今又校成此書，仍以逐方次於證候之下，使倉卒之際便於檢用也。又採散在諸家之方，附於逐篇之末，以廣其法。以其《傷寒》文多節略，故斷自"雜病"以下，終於"飲食禁忌"，凡二十五篇，除重複，合二百六十二方，勒成上中下三卷，依舊名曰《金匱方論》。

鄧珍序 長沙太守張仲景，以穎特之資，徑造閫奧，於是採摭羣書，作《傷寒卒病論方》，合十六卷，以淑後學。遵而用之，困甦廢起，莫不應效若神。迹其功在天下，猶水火穀粟然，是其書可有而不可無者也。惜乎後之傳者止得十卷，而六卷則亡之。宋翰林學士王洙偶得雜病方三卷於蠹簡中，名曰《金匱方論》，即其書也。豐城之劍，不終埋沒，何其幸耶。林億等奉旨校正，并板行於世。今之傳者，復失三卷。豈非世無和氏,而至寶妄淪於荆石歟。

徐鎔序　謹按《文獻通考》二百二十二卷中“《金匱玉函經》八卷”條下,晁氏曰:漢張仲景撰,晉王叔和集。設問答雜病形證脈理,參以療治之方。仁宗朝,王洙得於館中,用之甚效,合二百六十二方。據此并前林序云“依舊名曰《金匱方論》”,則王洙館中所得,名曰《金匱玉函要略方》,係五代時改名耳,所以《通考》只云《金匱玉函經》也。是《金匱玉函經》,元時已無矣。夫《金匱玉函經》八卷,東漢張仲景祖書名也。《金匱方論》三卷、《傷寒論》十卷,似西晉王叔和選集撰次後俗傳書名也。若《金匱玉函要略方》,五代及宋相沿書名也。今單名《金匱要略》而去其“玉函”二字,愈遠而愈失其真矣。又據晉皇甫謐《甲乙》云“仲景論廣伊尹《湯液》,用之多驗;王叔和撰次仲景,(撰)[選]論甚精,指事施用”,即今俗所分《傷寒論》、《金匱要略》是也。

【醫學源流論】《金匱要略》,乃仲景治雜病之書也。其中缺略處頗多,而上古聖人以湯液治病之法,惟賴此書之存,乃方書之祖也。其論病皆本於《内經》而神明變化之,其用藥悉本於《神農本草》而融會貫通之,其方則皆上古聖人歷代相傳之經方,仲景間有隨證加減之法。其脈法亦皆《内經》及歷代相傳之真訣,其治病無不精切周到,無一毫遊移參錯之處。實能洞見本源,審察毫末,故所投必效,如桴鼓之相應,真乃醫方之經也。惜其所載諸病,未能全備,未知有殘缺與否。然諸大證之綱領亦已粗備,後之學者,以此爲經而參考推廣之,已思過半矣。自此以後之書,皆非古聖相傳之真訣,僅自成一家,不可與《金匱》并列也。

【金匱要略心典】徐大椿序　今之稱醫宗者,則曰四大家,首仲景,次河間,次東垣,次丹溪。且曰仲景專於傷寒,自有明以來,莫有易其言者也。然竊嘗考神農著《本草》以後,神聖輩出,立君臣佐使之制,分大小奇偶之宜,於是不稱藥而稱方。如《内經》中所載半夏、秫米等數方是已。迨商而有伊尹湯液之説,大抵湯劑之法至商而盛,非自伊尹始也。若扁、倉諸公,皆長於禁方,而其書又不克傳,惟仲景則獨祖經方而集其大成,遠接軒皇,近兼及衆氏。當時著書垂教,必非一種,其存者有《金匱要略》及《傷寒論》兩書。當宋以前,本合爲一,自林億等校刊,遂分爲兩焉。夫傷寒乃諸病之一病耳,仲景獨著一書者,因傷寒變證多端,誤治者衆,故尤加意,其自序可見矣。且《傷寒論》中一百十三方,皆自雜病中檢入,而傷寒之方,又無不可以治雜病。仲景書具在,燎如也。若三家之書,雖各有發明,其去仲景相懸不可以道里計。四家并稱,已屬不倫,況云仲景專於傷寒乎。嗚呼,是尚得爲讀仲景之書者乎。《金匱要略》正仲景治雜病之方書也,其方亦不必盡出仲景,乃歷聖相傳之經方也,仲景則匯集成書,而以己意出入焉耳。何以明之。如首卷括樓桂枝湯,乃桂枝湯加括樓也。然不曰桂枝加括樓湯,而曰括樓桂枝湯,則知古方本有此名也。六卷桂枝加龍骨牡蠣湯,即桂枝湯加龍骨、牡蠣也。乃不别名何湯,而曰桂枝加龍骨牡蠣湯,則知桂枝湯爲古方,而龍骨、牡蠣,則仲景所加也。如此類者,不可勝舉。因知古聖治病方法,其可考者惟此兩書,真所謂經方之祖,可與《靈》、《素》并垂者。苟有心於斯道,可舍此不講乎。

【四庫全書總目】卷一百零四　《金匱要略論註》二十四卷，漢張機撰，國朝徐彬註。是書亦名《金匱玉函經》，乃晉高平王叔和所編次。據陳振孫《書錄解題》，則此書叔和所編，本爲三卷，王洙鈔存其後二卷，後又以方一卷散附於二十五篇，蓋已非叔和之舊。然自宋以來，醫家奉爲典刑，與《素問》、《難經》并重。得其一知半解，皆可以起死回生，則亦岐、黄之正傳，和、扁之嫡嗣矣。機所作《傷寒卒病論》，自金成無己之後，註家各自爭名，互相竄改，如宋儒之談錯簡，原書端緒，久已瞀亂難尋。獨此編僅僅散附諸方，尚未失其初旨，尤可寶也。

【補晉書藝文志】卷三　《金匱要略方》三卷，張仲景撰，王叔和集。見《直齋書錄解題》。謹案，馬氏《通考》無此書，而有《金匱玉函經》八卷。《宋志》無"經"字，疑有奪字。據陳氏《解題》言，是書得於館閣蠹簡中，本名《金匱玉函要略方》，是知《通考》所載八卷之經即此書，特稍變其名耳。陳氏又云：上卷論傷寒，中論雜病，下載其方并婦人，則書本三卷。作八卷者，疑出後人附益。或即"三"之譌耳。《宋志》既列此書，又列"《金匱玉函》八卷"，複誤顯然。

【金匱要略輯義】綜概　案，張仲景自序曰"作《傷寒雜病論》，合十六卷"，而梁《七錄》"張仲景辨傷寒十卷"。《新唐藝文志》"《傷寒卒病論》十卷"。此乃今所傳《傷寒論》，所謂十六卷中之十卷，其六卷則《雜病論》，即今《金匱要略》其遺佚者。考《千金方》"江南諸師，秘仲景要方不傳"。隋巢元方作《病源論》，其"傷寒門"中有《傷寒論》文，而不著仲景之名，蓋據《小品》所引而收載乎。然於其"婦人三十六疾"，則云"仲景義最玄深，非愚淺能解"，巢氏豈特寓目於《雜病論》而未及《傷寒論》耶。孫思邈晚年獲仲景原本，收《翼方》第九卷、第十卷中，而他門並無引仲景者，孫氏豈特研《傷寒論》而未及見《雜病論》耶。後天寶中，至王燾撰《外臺秘要》，載此書方藥，而云出張仲景《傷寒論》，乃其不易舊目者，原書或僅存於臺閣中，而王氏特得窺之耶。意者仲景之書，自晉經隋唐，或顯或晦，或離或合，其傳不一如此，蓋唐時有合《傷寒雜病論》，改名《金匱玉函》以傳之者。後人因删略其要，約爲三卷，更名曰《金匱玉函要略》歟。不爾，則其所以名《要略》之義，竟不可曉焉。下略，詳見"金匱玉函經"下。

（三）序跋

1. 金匱要略方論序

張仲景爲《傷寒卒病論》，合十六卷。今世但傳《傷寒論》十卷，"雜病"未見其書，或於諸家方中載其一二矣。翰林學王洙在館閣日，於蠹簡中得仲景《金匱玉函要略方》三卷。上則辨傷寒，中則論雜病，下則載其方并療婦人。乃錄而傳之士流，才數家耳。嘗以對方證對者，施之於人，其效若神。然而或有證而無方，或有方而無證，救疾治病，其有未備。國家詔儒臣校正醫書，臣奇先校定《傷寒論》，次校定《金匱玉函經》，今又校成此書，仍以逐方次於證候之下，使倉卒之際便於檢用也。又採散在諸家之方，附於逐篇之末，以廣其法。以其《傷寒》文多節略，故斷自"雜病"以下，終於"飲食禁忌"，凡二十五篇，除重複，合二百六十二方，勒成上中下三卷，依舊名曰《金匱方論》。臣奇嘗讀《魏志·華佗傳》，云"出書一卷，曰此書可以活人"。每觀華佗凡所療病，多尚奇恠，不合聖人之經。臣奇謂"活人"者，必仲景之書也。大哉炎農聖法，屬我盛旦。恭惟主上丕承大統，撫育元元，頒行方書，拯濟疾苦，使和氣盈溢，而萬物莫不盡龢矣。太子右贊善大夫臣高保衡、尚書都官員外郎臣孫奇、尚書司封郎中充秘閣校理臣林億等謹上。

仲景《金匱錄》，岐黄《素》、《難》之方近將千卷，患其混雜煩重，有求難得，故周流華裔九州之內，收合奇異，捃拾遺逸，揀選諸經筋髓，以爲方論一篇。其諸救療暴病，使知其次第。凡此藥石者，是諸僊之所造，服之將來固無夭横。或治療不早，或被師誤，幸其詳焉。明版《仲景全書》

2. 金匱要略序

聖人設醫道以濟夭枉，俾天下萬世人盡天年，博施濟衆，仁不可加矣。其後繼聖開學，造極精妙，著於時、名於後者，和緩扁倉之外，亦不多見，信斯道之難明也與。漢長沙太守張仲景以穎特之資，徑造閫奧，於是採摭羣書，作《傷寒卒病論方》，合十六卷，以淑後學。遵而用之，困甦廢起，莫不應效若神。迹其功在天下，猶水火穀粟然，是其書可有而不可無者也。惜乎後之傳者止得十卷，而六卷則亡之。宋翰林學士王洙偶得雜病方三卷於蠹簡中，名曰《金匱方論》，即其書也。豐城之劍，不終埋沒，何其幸耶。林億等奉旨校正，并板行於世。今之傳者，復失三卷，豈非世無和氏，而至寶妄淪於荆石歟。僕幼嗜醫書，旁索羣隱，乃獲於盱之丘氏，遂得與前十卷表裏相資，學之者動免掣肘。嗚呼，張茂先嘗言，神物終當有合。是書也，安知不有所待而合顯於今也，故不敢秘，特勒諸梓，與四方共之。由是張氏之學不遺，軒岐之道昭著，林林總總，壽域同躋，豈曰小補之哉。後至元庚辰，樵川玉佩鄧珍敬序。明板《仲景全書》

3. 序徐鎔

大明應天徐鎔曰：謹案，《文獻通考》二百二十二卷中"《金匱玉函經》八卷"條下，晁氏曰：漢張仲景撰，晉王叔和集。設答問，雜病形證脈理，參以療治之方。仁宗朝，王洙得於館中，用之甚效，合二百六十二方。據此并前林序云"依舊名曰《金匱方論》"，則王洙館中所得，曰《金匱玉函要略方》，係五代時改名耳。所以《通考》只云《金匱玉函經》也，是《金匱玉函經》元時已無矣。夫《金匱玉函經》八卷，東漢張仲景祖書名也。《金匱方論》三卷，《傷寒論》十卷，似西晉王叔和選集撰次後俗傳書名也。若《金匱玉函要略方》，五代及宋相沿書名也，今單名《金匱要略》而去其"玉函"二字，愈遠而愈失其真矣。又據晉皇甫謐《甲乙》云"仲景論廣伊尹《湯液》，用之多驗；王叔和撰次仲景，選論甚精。指事施用"，即今俗所分《傷寒論》、《金匱要略》是也。孫真人《千金》云"江南諸師，秘仲景傷寒方法不傳"，是叔和選論，思邈亦未曾研也。惟文潞公《藥準》云：仲景爲羣方之祖。朱奉議《活人書》云：古人治傷寒有法，治雜病有方。葛稚川作《肘後》，孫真人作《千金》，陶隱居作《集驗》，玄晏先生作《甲乙》。其論傷寒治法者，長沙太沙一人而已。華佗指張長沙《傷寒論》爲活人書，昔人又以《金匱玉函》名之，其重於是如此。然其言雅，非精於經絡，不能曉會。若孫思邈則未能詳仲景之用心者，是宋時纔分《傷寒論》、《金匱要略》爲二書也。成聊攝《明理論》云：自古諸方，歷歲浸遠，難可考評。惟仲景之方，最爲衆方之祖。是以仲景本伊尹之法，伊尹本神農之經，醫帙之內，特爲樞要，參今法古，不越毫末，乃大聖之所作也。劉河間《原病式》云：自黄帝之後二千五百有餘年，有仲景方論一十六卷，使後之學者，有可依據。文亦玄奥，以致今之學者尚爲難焉。故今人所習，皆近代方論而已，但究其末而不求其本。唯近世朱奉議多得其意，遂以本仲景之論，而兼諸書之説，作《活人書》，其言直，其類辨，使後學者易爲尋檢施行，故今用者多矣。據河間"十六卷"之言，此時仲景書尚未分傷寒、雜病爲二門也。或《金匱玉函經》八卷，坊間分作十六卷，亦未可知。故東垣《内外傷辨惑論》曰：易水張先生云，仲景藥爲萬世法，號羣方之祖，治雜病如神。後之醫者，宗《内經》法，學仲景心，可以爲師矣。王海藏《此事難知》云：余讀醫書幾十載矣，所仰慕者，仲景一書爲尤，然讀之未易洞達其趣，欲得一師指之，遍國中無有能知者，故於《醫壘元戎》云，折中湯液，萬世不易之法，當以仲景爲祖。又云，《金匱玉函要略》、《傷寒論》，皆張仲景祖神農，法伊尹，體箕子而作也。唐宋以來，如孫思邈、葛稚川、朱奉議、王朝奉輩，其餘名醫雖多，皆不出仲景書。又《湯液本草》於孫、葛、朱、王外，添王叔和、范汪、胡洽、錢仲陽、成無己、陳無擇，云：其議論方定，增減變易，千狀萬態，無有一毫不出於仲景者。潔古張元素，其子張璧，東垣李明之，皆祖仲景《湯液》，惜乎世莫有能知者。

又云：仲景廣《湯液》爲大法，晉宋以來，號名醫者皆出於此。又按丹谿《局方發揮》，或問曰：仲景治傷寒一百一十三方，治雜病《金匱要略》二十有三門，何也。答曰：仲景諸方，實萬世醫門之規矩準繩也。後之欲爲方圓平直者，必於是而取則焉。曰：《要略》之方，果足用乎。曰：天地氣化無窮，人身之病亦變化無窮。仲景之書，載道者也，醫之良者引例推類，可謂無窮之應用，借令略有加減修合，終難踰越矩度。又曰：圓機活法，《内經》具舉，與經意合者，仲景書也。仲景因病以制方，局方製藥以俟病。據數家説，是元末及我國朝初，醫家方分傷寒、雜病爲二家也。只因聊攝七十八歲撰成《明理論》，八十歲時注完《傷寒論》，未暇注《金匱論》，所以俗醫分爲二門，致今時衆口一辭，誚仲景能治傷寒而不能療雜證也。冤哉。余素慨《金匱方論》與《傷寒論》睽離孤處，及注[解《傷寒論》，又《明理論》，乖散失羣，已近五百年。因]謀新安師古吴君，校壽一梓，成濟睽而得會遇。庶業醫者弗致得此失彼，各自專門爲粗陋。又冀華劍復合，昌鏡再圓，天作之合云爾。萬曆戊戌孟夏吉日，匿迹市隱逸人謹識。明板《醫統正脈全書》載在宋臣序之後。

又，大明應天徐鎔按：林億序云"二十五篇，除重複，合二百六十二方"，於是就古本、新本篇下所註之數通計之，止得二百四十六。然果實菜穀篇下，古本、新本俱闕注數，恐校正時序數如此，篇注如彼，忽略脱誤也。併此脱落一十二首，亦僅得二百五十八耳，較之猶欠四首。及數目録，亦二百五十八，其中重出者一十六方，脱落者一十九方。若"腹滿證"大承氣湯，"宿食證"卻云"見前痙病中"；《水氣篇》防己黄耆湯，附方後卻云"見風溼中"。乃卷内之重也，因去之。"溼證"中白朮附子湯，

《中風篇》朮附湯、八味圓，《婦人雜病篇》腎氣圓，品味分兩雖同，方名則異，因存之。其厚朴三物湯、厚朴大黄湯、小承氣湯，方名雖異，藥味并同，分兩參差，神妙莫測，非叔和不能集、仲景不能述，又非今世醫者所能驟而窺也，因贊之。若連粉梨蘆甘草湯、附子湯、陽旦湯、膠薑湯，卷注云"雖未見，則照杏子湯目錄而補之"。苦參湯，卷中未著未見，恐校正時誤脱也。因取龐安時及《千金》等而補附遺。若麻黄杏人薏苡甘草等湯一十三方，則據卷中所有而添目錄。以實除重複，合二百六十二方之數也。其寒疝附方，烏頭湯注云"見上方"，上係烏頭煎烏頭桂枝湯，若烏頭湯載在《中風篇》，因未覩《外臺》，只得存其疑也(《痰飲篇》及《婦人雜病篇》小青龍湯，并云"見肺癰中"，乃是小青龍加石膏湯也。其小青龍湯方，則見"咳嗽"中)。若五勞、齘齒等證，形狀病源，間採《巢氏病源》，另爲一篇附於卷末，以便初學私淑集注之意也。或曰，林億等校勘，脱誤重複，焉能爲有。余曰，《活人書》，朱奉議之手筆也，方尚重複，況此論校者非一人、正者非一手。仲景没而微言絕，雖有《病源》、《千金》，辭愈煩而理愈晦，正醫道如縷之秋也。奈校方論時，醫學纔開，胸中無主。又且術業素異，居養不同，或執己私，失於商校，焉知不無差謬哉。余今臆度於千載之後，聊附鄙語，以俟明哲，更爲正之。若篇注論幾首，脈證幾條，臺頭高下，有圈無圈，則仍舊本所書云。時萬曆乙酉夏至日識。

(四)刊本及鈔本

1.宋刊本

【問經堂書目】醫律第六　《金匱要略》方三卷，後漢張仲景撰，晉王叔和集，宋王洙錄館本。後附《活人書》二十二卷，宋朱肱校刊。

2.明無名氏仿宋本

【經籍訪古志】卷七　《新編金匱要略方論》三卷。明代仿宋本。聿修堂藏。每半版高六寸一分，幅四寸四分，十行，二十字。櫟窗先生跋曰：是書未知何朝代所刊，閱宋臣序中"國家"、"主"、"上"字皆擡頭書，開卷首"金匱要略"上冠"新編"二字。考林億等言，其有"新編"字，當是宋板之舊。且詮次諸臣名銜署於前，而叔和、仲景名氏卻在後，此古人修書經進之體式。流傳諸本，未見如此者。俞子本與此略同，俞本中卷缺排膿湯以下四方，而此書從排膿湯以下至中卷末而全缺焉，且訛字頗多。余所藏王氏《脈經》多諱字，而《和劑局方》、《魏氏家藏》之類則無之。蓋《脈經》乃北宋頒布本，其餘則係南宋坊本。此書亦無諱字。宋本多訛字，胡元瑞嘗論之。知是南宋書帕所刻，然猶不失館閣之舊也。兒胤閱淺草之市購得此，安可不寶愛乎。文化七年庚午歲冬十二月朔重裝識。補注，約之(1)曰：文化七庚午十二月二日櫟窗先生忽然而殁，此跋其前一日所記。噫。

［郭注］

(1)約之，即森約之(1835～1871)，幼名伊織、竹字，字春雄，號養真、棲庭、桂堂、黍西學人。森立之之子。自幼受父之學問薰陶，十四、五歲始助父抄寫，常與父切磋醫學，考校醫籍。三十四歲與父至福山藩，任誠之館教諭。明治四年，急病猝死於福山。約之業績多收錄於立之著作中。著有《傷寒例沙汰》。

3. 明俞子本刊本

【經籍訪古志】卷七　《新編金匱要略方論》三卷。明代仿宋本。櫟窗先生跋曰,俞子木本與此略同,俞本中卷缺排膿湯以下四方云云。俞子木本,唯有皇國舊刊。宋臣序後記曰,宋學士王洙得是書於蠹簡。林億等雖校理重刻,元金以來,世寡經見,諸家或載《金匱》方治,多於他書中得之耳。不然,何未有一人能語其顛末者。嗟予小子,幸獲伏讀,敢不寶惜。山南真逸俞橋識。

4. 明萬曆趙開美刊本

【聿修堂藏書目錄】　《金匱要略方論》三卷,一冊。係於《仲景全書》中。

【經籍訪古志】卷七明代仿宋本新編金匱要略方論　又明萬曆己亥趙開美校刻,收在《仲景全書》中。前載後至元庚辰樵川玉佩鄧珍序。皇國萬治己亥、寶曆丙子並有覆刻本,亦間失趙氏之舊。如《臟腑經絡先後病篇》首條"心火氣盛"下,更有"心火氣盛"四字;"肝氣盛"下,有"故實脾"三字。《痙濕暍篇》注"一云其脈浛浛",字譌"滄滄"二字;防已黃芪湯方後"腰下如冰","冰"字譌"水";"歷節身體魁羸","魁"字改作"尫"之類是也。

【續中國醫學書目】　《金匱要略方論》三卷,二冊。十行十九字,框横十三・二釐,縱十八・四釐。漢張仲景述,晉王叔和集。明刊《仲景全書》之内。萬曆二十七年趙開美校刻。金匱要略方論序,高保衡、孫奇、林億。金匱要略序,鄧珍,至元庚辰六年。

5. 明刊醫統正脈本

【叢書舉要】卷十二古今醫統正脈全書　《金匱要略》三卷。上中下卷。漢張機。《叢書書目彙編》同。

【書目答問】子部　《金匱要略》三卷,漢張機。《醫統》本。

【八千卷樓書目】卷十　《金匱要略方論》三卷。吳勉學刊本。

【揚州吳氏測海樓藏書目錄】卷四　《金匱要略》三卷,漢張機。《古今醫統正脈全書》,明王肯堂輯,萬曆年刊。竹紙,四十八本内。

【江蘇省立國學圖書館圖書總目】　《金匱要略》三卷,一冊,漢南陽張機,晉高平王叔和編。明新安吳校刊本。又一部,三卷,《醫統正脈全書》,第二十三至二十四冊。明新安吳勉學校刊本。善乙九十一。

【聿修堂藏書目錄】　《金匱要略方論》三卷,二冊。收在《醫統正脈》中。漢張機撰。

【寶素堂藏書目錄】醫統正脈　《金匱玉函要略方論》三卷。又《金匱要略方論》三卷,二冊。淺草文庫藏。《醫統正脈》中。

【經籍訪古志】卷七明代仿宋本新編金匱要略方論　又吳勉學刊本,收在《醫統正脈》中。此本卷首題"應天徐鎔校",譌字甚多,蓋遜趙刻一等。有萬曆乙酉鎔附案一卷,附遺方升合分兩。

【杏雨書屋圖書假目錄】古今醫統正脈全書　《新編金匱玉函要略方論》三卷,晉王叔和撰，明徐鎔校。

【續中國醫學書目】《新編金匱要略方論》三卷，二冊。十行二十字，框橫十三・七釐，縱二十釐。晉王叔和集，宋林億等詮次，明吳勉學閱，徐鎔校。《醫統正脈全書》之內。萬曆二十九年刊。“金匱玉函要略方論序”，高保衡、林億、孫奇等上。附考大明應天徐鎔謹按《文獻通考》云云。萬曆戊戌孟夏吉日匿迹市隱逸人謹識。金匱玉函要略方論目錄。附考大明應天徐鎔按林億序云云。萬曆乙酉夏日，附遺。

6. 四部叢刊本

【叢書書目彙編】四部叢刊　《金匱玉函要略》三卷，二冊，漢張機撰，晉王叔和集。明萬曆刊本，上海商務印書館影印。

【清華學校圖書館中文書籍目錄】《金匱玉函要略》三卷，張機（漢），王叔和集。見《四部叢刊》。

【江蘇省立國學圖書館圖書總目】《金匱要略》三卷。《四部叢刊》第三百六十八至三百六十九冊。涵芬樓影印明刊本。

【中東鐵路圖書館圖書目錄】《金匱玉函要略》三卷，漢張機撰，晉王叔和集。見《四部叢刊》。

【靜嘉堂文庫國書分類目錄】《金匱玉函要略》《四部叢刊》第三百六十九至三百七十冊三卷。

【東京文理科大學附屬圖書館和漢書分類目錄】《金匱要略》，漢張機。《四部叢刊》第三百六十八、三百六十九。

7. 四部備要本

【叢書書目彙編】四部備要　《金匱要略》。上海中華書局聚珍仿宋版印。

8. 光緒崇文齋刊本

【中國醫學書目】《金匱要略方論》三卷，二冊。十一行二十二字，框橫十三釐，縱十八釐。張仲景著，王叔和撰次，林億等校正。光緒二十七年成都崇文齋鄧氏刊藏。依日本覆刻明板本。金匱要略方論序，高保衡、孫奇、林億等謹上。總目。

9. 民國刊醫統正脈本

【中國醫學書目】《金匱玉函經》三卷，二冊。九行二十一字，框橫十三釐，縱十八釐。張仲景述，王叔和集，林億等撰。民國刊《醫統正脈全書》之內。金匱玉函要略方論序，林億等。序，匿迹市隱，萬曆戊戌。目錄。

【中東鐵路圖書館圖書目錄】補編　《金匱玉函經》三卷，漢張仲景。見《醫統正脈全書》。

10. 日本萬治二年刊本

【經籍訪古志】卷七　《新編金匱要略方論》三卷。明代仿宋本。又明萬曆已亥趙開美校刻，收在《仲景全書》中。皇國萬治己亥、寶曆丙子並有覆刻本，亦間失趙氏之舊。下略，詳見“明刊仲景全書”下。

11. 日本寛文刊本

【江蘇省立國學圖書館圖書總目】《金匱要略》三卷。《集注傷寒論》第五冊。日本寛文刊本。

12. 寛保三年刊本

【靜嘉堂文庫國書分類目錄】《金匱要略》三卷,漢張機撰,晉王叔和編。寛保三刊。一冊。

13. 寶曆六年刊本

【經籍訪古志】卷二 《新編金匱要略方論》三卷。明代仿宋本。又萬曆己亥趙開美校刻,收在《仲景全書》中。皇國萬治己亥、寶曆丙子並有覆刻本,亦間失趙氏之舊。

【寶素堂藏書目錄】仲景全書 《金匱要略方》三卷,二冊。寶曆丙子刊本。

【叢書舉要】仲景全書 《金匱要略方論》三卷。日本刊本。《叢書書目彙編》同。

【抱經樓藏書志】卷三五 《金匱要略》三卷,東洋覆元刊本。漢長沙守張仲景述,晉太醫令王叔和集,宋尚書司封郎中充秘閣校理臣林億詮次。林億等傳上。鄧珍序,至元庚辰。

14. 享和元年刊本

【聿修堂藏書目錄】《金匱要略方論》三卷,二冊。享和辛酉翻刻。

【内閣文庫圖書第二部漢書目錄】《金匱要略方》三卷,晉王叔和編。享和元年刊。二冊。

【杏雨書屋圖書假目錄】《新編金匱要略方論》三卷,漢張機著,晉王叔和編。享和元年刊。二冊。

注:按《經籍訪古志》云:俞子木本,唯有皇國舊刊。又《寶素堂書目》有皇國翻彫明俞橋校本,三卷,三冊。所謂日本翻刻俞子木本,疑即此本矣。

15. 文化三年刊本

【中國醫學書目】《金匱要略方論》三卷,一冊。八行十八字,框横十釐,縱十二·五釐。漢張仲景著,晉王叔和撰次。寛保三年原刻,文化三年新刻。京都諸仙堂板。金匱要略方論序,高保衡、孫奇、林億等。方目次。

16. 嘉永六年刊本

【靜嘉堂文庫國書分類目錄】《新編金匱要略》三卷,漢張機撰,晉王叔和編,嘉永六刊。一冊。

17. 日本刊未詳本

【八千卷樓書目】卷十 《金匱要略》三卷,漢張機撰。日本刊本。《金匱要略方論》三卷,晉王叔和撰,宋林億編。日本刊本。

【故宮博物院書目】新編 《金匱要略方論》,宋億等詮次。三卷,三冊。日本刊本。

【杏雨書屋圖書假目錄】《金匱要略方論》三卷,漢張機著,晉王叔和編。日本刊。一冊。

18. 鈔本

【結一廬書目】鈔本 《金匱要略》三卷。明洪武初蘇州吳遷照北京版鈔。二冊。

【觀海堂書目】澂字號 《金匱要略》三本,三卷。日本鈔本。殘。

【故宮博物院書目】《金匱要略》,漢張機。二卷,二冊。日本鈔本。《金匱要略方論》,漢張機。一卷,一冊。日本鈔本。

19. 未詳本

【天一閣藏書目錄】【楝亭書目】【孫氏書目】【稽瑞樓書目】【觀海堂書目】以上清 【仙台藩醫學校藏書目錄】日 【英國博物院圖書館中國書籍繪畫目錄】英

注:按明季泰昌元年,盧復所集刊《醫種子》。其"醫論種子"中有《芷園醫種·金匱要略論》,"醫方種子"中有《方種·金匱要略方》,並不分卷。又按《醫宗金鑑》中有《訂正仲景全書·金匱要略註》八卷,俱非宋校之舊,今並不錄焉。又《中東鐵路圖書館目錄》載有成記書局出版《金匱要略》六冊者,疑出俗手,而未知其所據,今亦不錄焉。

第八類　仲景方論（下）

一、療傷寒身驗方

【隋書經籍志】子部醫方醫方論七卷注　梁有《療傷寒身驗方》、《徐方伯辨傷寒》各三卷。

【通志藝文略】傷寒　《療傷寒身驗方》一卷

【醫籍考】一千一百二十三頁　《王氏珉傷寒身驗方》,《七錄》"一卷。佚"。按《隋志》舊缺撰人名氏。《證類本草》"樺木"注引陳藏器《本草拾遺》曰:晉中書令王珉《傷寒身驗方》作"樰"字。濃煮汁冷飲,主傷寒熱毒瘡,特良。今據以訂補。

注:按《中國醫學大辭典》(補)云:《療傷寒身驗方》一卷,見《梁書》,即《傷寒雜病論》之一部份,雖不知其所據,以書名考之,恐未爲當矣。

注:王珉傳,《晉書》卷六十五《王導傳》云:導子洽,洽子珉。珉字季琰,少有才藝,善行書,名出珣右。時人爲之語曰"法護非不佳,僧彌難爲兄"。僧彌,珉小字也。時有外國沙門,名提婆,妙解法理,爲珣兄弟講《毗曇經》。珉時尚幼,講未半,便云已解,即於别室與沙門法綱等數人自講。法綱歎曰:大義皆是,但小不精耳。辟州主簿,舉秀才,不行。後歷著作、散騎郎、國子博士、黄門侍郎,代王獻之爲長兼中書令。二人素齊名,世謂獻之爲大令,珉爲小令。太元十三年卒,時年二十八,追贈太常。二子,朗、練。義熙中,并歷侍中。

二、徐方伯辨傷寒

【隋書經籍志】醫方論七卷注　梁有《徐方伯辨傷寒》三卷。

【通志藝文略】傷寒　《徐文伯辨傷寒》一卷

【國史經籍志】卷四下　《徐文伯辨傷寒》一卷

注:按《隋志》作"徐方伯"。《醫籍考》注云"方伯"當作"文伯"。

三、傷寒總要

【隋書經籍志】醫方論七卷注　梁有《傷寒總要》二卷。

【通志藝文略】醫方類下傷寒　《傷寒總要》二卷

附　外臺傷寒方論

【傷寒辨註】卷首採輯古今諸家傷寒書目　《外臺傷寒方論》，唐開國伯王燾撰《外臺秘要》四十卷，摭集上古及當時方論，以傷寒冠其首，所集傷寒書止二卷，分三十三門。諸論傷寒凡八家，曰仲景，曰叔和，曰華佗，曰陳廪丘，曰范汪，曰《小品》，曰《千金》，曰《經心錄》，合共論一十六首。又論傷寒日數，則以《內經》熱病及巢氏《病源》敘之於前，復以《肘後》等方列之於後。又論傷寒、中風、結胸、嘔噦至百合、狐惑等二十一證爲主，能廣採諸家方論，合而成書，實爲明備。所以先哲有云，不觀《外臺》方，不讀《千金》論，則醫人所見不廣，用藥不神。至哉言也。

注：按所謂"外臺傷寒方論"，固非單行者，然於唐代傷寒專書甚稀，而《辨註》所記，亦有足以窺見其間之消息，所以採其文以附於此也。

四、正理傷寒論

【醫籍考】一千一百二十五頁　《正理傷寒論》，佚。按是書諸家簿錄失載，唯王冰《素問次註》、成無已《傷寒論註解》引之。

五、張果傷寒論

【崇文總目輯釋】卷三　《張果先生傷寒論》一卷。原釋：闕。見天一閣鈔本。

【通志藝文略】傷寒　《張果先生傷寒論》一卷

【宋史藝文志】醫書類　《張果傷寒論》一卷

六、傷寒手鑑

【崇文總目輯釋】卷三　《傷寒手鑑》二卷，田誼卿撰。原釋：闕。見天一閣鈔本。

【通志藝文略】傷寒　《傷寒手鑑》二卷，田誼卿撰。

【宋史藝文志】醫書類　《田誼卿傷寒手鑑》三卷

七、傷寒證辨集

【崇文總目輯釋】卷三　《傷寒證辨集》一卷。原譯：闕。天一閣鈔本。

【通志藝文略】傷寒　《傷寒證辨集》一卷

【宋史藝文志】醫書類　《傷寒證辨集》一卷

注：按《醫籍考》"證辨"作"辨證"。

八、百中傷寒論

【崇文總目輯釋】卷三　《百中傷寒論》三卷，陳昌允撰。原釋：百中者，取其必愈。見《通志校讐略》,闕。天一閣鈔本。

【通志藝文略】傷寒　《百中傷寒論》三卷,太常主簿陳昌允撰。《校讐略》。《崇文總目》:間有見名知義者,亦彊爲之釋。如陳昌允《百中傷寒論》,其名亦可見,何必曰"百中者取其必愈"乎。

九、傷寒類要

【宋史藝文志】醫書類　高若訥《素問誤文闕義》一卷,《傷寒類要》四卷。

注:按《醫籍考》云:《活人書》序作《傷寒類纂》。

注:按高若訥,皇祐時人,傳見於"素問誤文闕義"下。

十、傷寒類要方

【通志藝文略】傷寒　《傷寒類要方》十卷

十一、傷寒滋濟集

【通志藝文略】傷寒　《傷寒滋濟集》三卷

【宋史藝文志】醫書　丁德用《醫傷寒滋濟集》三卷

注:按丁德用,嘉祐間濟陽人。別有《補注難經》,已著於"難經"下。

十二、傷寒方

【通志藝文略】傷寒　孫兆《傷寒方》二卷

注:按孫兆,仁宗時人,傳見於"黃帝素問"條下。

附　傷寒脈訣

【醫學源流】宋　孫兆,宋仁宗朝將仕郎守殿中丞,習通醫經。《内經素問》重加改正刊誤,又有《傷寒脈訣》。

十三、陰毒形證訣

【通志藝文略】傷寒　《陰毒形證訣》一卷,宋迪撰。

【傷寒解惑論】　熙寧中,邠守宋迪,由其猶子病傷寒,不能辨其證,醫見其煩渴而汗多,以涼藥解治之,至於再三,遂成陰毒,六日而死。迪痛悼之,遂著《陰毒形證訣》三篇。《醫籍考》

十四、通真子傷寒訣

【羣齋讀書後志】卷二　《通真子傷寒訣》一卷。右題曰通真子,而不著名氏。

用張長沙《傷寒論》爲歌詩,以便覽者,《脈訣》之類也。《文獻通考》同

【世善堂藏書目錄】卷下　《通真子傷寒訣》一卷

注:按通真子,即宋劉元賓自號。元賓,熙寧間人,傳見於"補注王叔和脈訣"條下,此書疑與下揭之《傷寒括要》同一書。

十五、傷寒括要

【通志藝文略】傷寒　《傷寒括要詩》一卷,通真子撰。

【直齋書錄解題】卷十三脈要新括　通真子自言"嘗爲《傷寒括要》六十篇",其書未之見。

【藝芸精舍宋元本書目】元本　《傷寒括要》百二十篇

【醫方類聚引用書】　《通真子傷寒括要》

【醫籍考】一千一百三十頁　《傷寒括要》二卷。存。按,劉元賓,自號通真子。是書以仲景舊論,裁爲詩括。又以剩義爲註,註中有所發明。朱氏《活人書》多襲其語。詩凡一百一十二篇,每篇七言四句,末附藥方三十九道,收在於朝鮮國人所編《醫方類聚》中,較之其所自言數實倍之。先子曰:意子儀始作六十篇,後又補之者。鄭漁仲唯見其初集,故稱一卷。弟堅從《類聚》中錄出,釐爲二卷。今仍著錄於此。《讀書後志》所著,似是一書。

【躋壽館醫籍備考】　《傷寒括要詩》三卷,一冊,宋劉元賓撰。《醫方類聚》採輯本。

十六、傷寒指微論

【古今醫統大全】卷一採摭諸書　《傷寒指微論》五卷,宋錢乙撰。

《宋史》記神宗元豐中,長公主女有疾,石之(郭注:"石"疑"召","之"衍)乙治有功。皇子儀國公病瘈瘲,國醫未能治,召乙治,進黃土湯而瘉。所著《傷寒指微論》五卷,《嬰孺論》百篇。《文獻通考》云:不著作者之名。序言"元佑"佑"當作"祐"丙寅",必當時名醫。蓋亦未知詳考耳。元豐爲神宗年號,元佑爲哲宗初年號,不越五七年間,正錢乙所撰明矣。

名醫姓氏宋　錢乙,字仲陽,上世錢塘人。曾祖徙北,家於鄆。幼業醫。神宗時元豐中,醫公主有功,授翰林醫官,遷太醫丞,賜紫衣緋魚。治療有奇效,所著《傷寒指微》、《嬰孩論》若干卷。

注:按《書錄解題》云,《傷寒微指論》二卷,不著作者。序言"元祐丙寅",必當時名醫也。馬端臨《文獻通考》全襲其文,而徐春甫引《通考》,以《微指論》爲與此同書。然《微指論》之爲韓祇和所著,幾無可疑者(詳見下條)。但《指微論》五卷,他書所未見,而不可詳考耳。

附　傷寒指迷論

【東醫寶鑑】内景篇卷一歷代醫方　《傷寒指迷論》，宋錢乙所著，字仲陽。

十七、傷寒微旨論

(一)出典

【直齋書錄解題】卷十三　《傷寒微旨論》二卷，不著作者。序言"元祐丙寅"，必當時名醫也。其書頗有發明。《文獻通考》用。

【世善堂藏書目錄】卷下　《傷寒微旨》二卷

【國史經籍志】卷四下　《傷寒微旨論》二卷

【本草綱目】引據書目　《韓祇和傷寒書》

(二)考證

【溯洄集】張仲景傷寒立法考　夫惟後人以仲景書，通爲傷寒溫暑設，遂致諸溫劑，皆疑焉而不敢用。韓祇和雖覺桂枝湯之難用，但謂今昔之世不同，然未悟仲景書本爲即病之傷寒設也。且其著《微旨》一書，又純以溫暑作傷寒立論，而即病之傷寒反不言及此，已是舍本徇末，全不能窺仲景藩籬。又以夏至前胸膈滿悶，嘔逆氣塞，腸鳴腹痛，身體拘急，手足逆冷等證，視爲溫暑，謂與仲景三陰寒證，脈理同而證不同，遂別立溫中法以治。夫仲景所述三陰寒證，乃是冬時即病之傷寒，故有此證。今欲以仲景所述三陰寒證，求對於春夏溫暑之病，不亦惛乎。雖然祇和未悟仲景立法本旨，而又適當溫暑病者之際，其爲惑也固宜。以余觀之，其胸膈滿悶、嘔逆氣塞等證，若非内傷冷物，則不正暴寒所中，或過服寒藥所變，或内外俱傷於寒之病也。且祇和但曰"寒而當溫"，然未嘗求其所以爲寒之故。能求其故，則知溫暑本無寒證矣。日本刊《東垣十書》本。

【四庫全書總目】卷一百零三　《傷寒微旨》二卷，《永樂大典》本。宋韓祇和撰。是書《宋史藝文志》不載，陳振孫《書錄解題》載有其名，亦不著作者名氏。但據序題"元祐丙寅"，知其爲哲宗時人而已。今檢《永樂大典》，各卷内此書散見頗多，各條悉標韓祇和之名。而元戴良《九靈山房集》亦稱自後漢張機著《傷寒論》，晉王叔和，宋成無已、案，無已乃金人，説見前"傷寒論"條下。龐安常、朱肱、許叔微、韓祇和、王實之流，皆互相闡發。其間祇和姓名與《永樂大典》相合，是祇和實北宋名醫，以傷寒爲專門者，特《宋史·方技傳》不載，其履貫遂不可考耳。書凡十五篇，間附方論，大抵皆推闡張機之旨，而能變通於其間。其《可下》篇不立湯液，惟以早下爲大戒。蓋爲氣質羸弱者言，然當以脈證相參，知其邪入陽明與否，以分汗下，不宜矯匡過直，竟廢古方。至如《辨脈篇》，據《傷寒例》"桂枝下咽，陽盛乃斃。承氣入胃，陰盛乃亡"之義，以攻楊氏之謬誤；《可汗篇》分陰盛陽虛、陽盛陰虛、陰陽俱盛三門，則俱能師張氏而神明其意矣。又如汗下溫三法，分案時候辰刻，而參之脈理病情，乃因張機正傷寒之法，而通之於春夏傷寒，更通之於冬月傷寒，亦頗能察微知著。又如以陽黄歸之汗溢大過，陰黄歸之過下亡津，則於《金匱》發陽發陰之論，研析精微，不特傷寒之黄切中窾要，即雜病之黄亦可以例推矣。其書向惟王好古《陰證略例》中間引其文，而原本久佚，今採掇薈萃，復成完帙，謹依原目，釐爲上下二卷。陳振孫所稱之原序，則《永樂大典》不載，無從採補，殆編纂之時，舊本已闕歟。

【鄭堂讀書記】宋至元 《傷寒微旨論》二卷，《墨海金壺》本。宋韓祇和撰。祇和里貫未詳，哲宗時人。《四庫全書》著録。《書録解題》及《通考》俱載之。陳氏稱"不著作者，序言元祐丙寅，必當時名醫也。其書頗有發明"。原本久佚，惟散見於《永樂大典》中。每條俱繫以韓祇和之名，今館臣因録出成帙，凡十五篇，間附方論，大抵發明仲景未盡之意，而隨時隨證，又爲變通於其間，與當時龐安韋"韋"當作"常"所著《傷寒總病論》同一推闡仲景之書，而皆能以傷寒名家者也。王進之好古《陰證略例》常引其文，以證其説，且與南唐李思訓并稱，以謂二公雖不足爲漢之仲景，亦足以爲今之仲景也。其引重也至矣。據直齋所稱，尚有原序，而《永樂大典》不載，故無從録。張若雲即從文瀾閣本寫以附刻，故冠以《提要》一篇。

(三)刊本及鈔本

1. 永樂大典本

【清史稿藝文志】 宋韓祇和《傷寒微旨》二卷。乾隆時敕輯。

【叢書舉要】卷五十四永樂大典採輯書 《傷寒微旨》二卷，宋韓祇和。

【叢書書目彙編】永樂大典採輯書 《傷寒微旨》二卷，宋韓祇和。《永樂大典》採輯書注云：乾隆三十八年户部尚書王際華等奉敕撰。據仁和朱氏所藏鈔本編録，凡武英殿聚珍版印行者不載。

2. 四庫全書本

【四庫全書總目】卷一百零三 《傷寒微旨》二卷。《永樂大典》本。宋韓祇和撰。

【壬子文瀾閣所存書目】卷三 《傷寒微旨》二卷，一冊。舊鈔。

【文溯閣四庫全書要略及索引】 《傷寒微旨》二卷，宋韓祇和。一冊六十四葉。

3. 四庫閣傳鈔本

【續中國醫學書目】 《傷寒微旨論》二卷，一冊。八行二十一字，框横十五釐，縱二十釐。宋韓祇和撰。鈔本。據於文溯本鈔。傷寒微旨論目録。提要。

4. 墨海金壺本

【四庫書目邵注】卷十《傷寒微旨》二卷，宋韓祇和撰。《墨海金壺》本。《郘亭知見傳本書目》，《四庫目略》並同。

【鄭堂讀書記】 《傷寒微旨論》二卷。《墨海金壺》本。

【叢書舉要】卷三十墨海金壺 《傷寒微旨》二卷，宋韓祇和。《墨海金壺》注云：昭文張海鵬刊此書，刊竣未久即遭火毁，流傳甚少。

【叢書書目彙編】墨海金壺 《傷寒微旨》二卷，宋韓祇和撰。

【遼寧省立圖書館館刊】館藏叢書舉要 《傷寒微旨》二卷，宋韓祇和。《墨海金壺》。嘉慶間昭文張氏舊刊,辛酉歲上海博古齋影印本。一百六十冊中。

【二續中國醫學書目】《傷寒微旨》內題"傷寒微旨論"二卷。與《旅舍備要方》合一冊。十一行二十三字,框横十·七釐,縱十五·一釐。宋韓祇和撰,嘉慶十三年刊。《墨海金壺》之內"傷寒微旨提要"。

5.珠叢別錄本

【四庫書目邵注】卷十 《傷寒微旨》二卷。《珠叢別錄》本。《郘亭知見傳本書目》、《四庫目略》並同。

【八千卷樓書目】卷十 《傷寒微旨》二卷,宋韓祇和撰。守山閣本。

【叢書舉要】卷三十珠叢別錄 《傷寒微旨》二卷。金山錢氏刊。

【叢書書目彙編】珠叢別錄 《傷寒微旨》二卷。金山錢熙祚刊。

6.長恩書室本

【四庫書目邵注】卷十 《傷寒微旨》二卷。《長恩書室叢書》本。

【郘亭知見傳本書目】卷八 《傷寒微旨》二卷。長恩書室本。《四庫目錄》同。

【持靜齋書目】卷三 《傷寒微旨》二卷,宋韓祇和撰。長恩書室刊本。

【八千卷樓書目】卷十 《傷寒微旨》二卷。《曾氏叢書》本。

【江蘇省立國學圖書館圖書總目】《傷寒微旨》二卷,《長恩書(屋)[室]叢書》第七冊。宋韓祇和。咸豐刊本。

【清華學校圖書館中文書籍目錄】《傷寒微旨》二卷。見《長恩書室叢書》。韓祇和宋。

【涵芬樓舊書分類總目】《傷寒微旨》,宋韓祇和撰。長恩書室本。一冊。

【叢書舉要】卷十一長恩書(屋)[室]叢書 《傷寒微旨》二卷,宋韓祇和。《長恩書(屋)[室]叢書》注云:新昌莊肇麟木生輯,南昌刊甲集。《叢書書目彙編》同。

【行素堂目睹書錄】長恩書(屋)[室]叢書甲集 《傷寒微旨》二卷,宋韓祇和。國朝新昌莊肇麟木生輯,湘鄉曾相國國藩刊。

7.半畝園本

【八千卷樓書目】卷十 《傷寒微旨》二卷。半畝園本。

【江蘇省立國學圖書館圖書總目】《傷寒微旨》二卷。《半畝園藏書》第七冊,宋韓祇和。同治刊本。

8.鈔本

【竹崦庵傳鈔書目】《傷寒微旨》二卷,宋韓祇和撰。六十二。

【四庫書目邵注】卷十 《傷寒微旨》二卷。天一閣有抄本。《郘亭知見傳本書目》、《四庫目略》並同。

【北京人文科學研究所藏書目錄】《傷寒微旨》,宋韓祇和撰。鈔本。一函一冊。沈括《別次傷寒》,胡勉《傷寒類例》。

【南陽活人書】張蒧序 昔樞密使高若訥作《傷寒纂類》,翰林學士沈括作《別次傷寒》,直秘閣胡勉作《傷寒類例》,殿中丞孫兆作《傷寒脈訣》,蘄水道人龐安常作《傷寒卒病論》,雖互相發明,難於檢閱。大觀五年正月日敘。

十八、傷寒總病論

(一)出典

【通志藝文略】傷寒　《傷寒總病論》七卷,龐安時撰。

【遂初堂書目】醫書　《龐安常傷寒論》

注:按《文獻通考》載《龐氏家藏秘寶方》五卷,前引陳直齋,次引黄庭堅後序,次引宛丘張耒跋。然其黄、張二跋,實爲此書而作者,是知馬端臨以《龐氏秘寶方》與此書同爲一書也。今因其書名卷數并異,即以《秘寶方》别録於宋代經方中。

注:龐安時傳,見於"難經解義"下。

(二)考證

【傷寒辨註】採輯書目　《傷寒總病論》,宋蘄水龐安時撰。書凡六卷,其第一卷乃敘論及六經等篇。第二卷則論汗吐下、可不可,及用水用火、和表溫裏之法。第三卷則論結胸、痞氣、陰陽毒、狐惑、百合、痓濕暍及雜病勞復等證。第四卷則論暑病、時行、寒疫、斑痘等證。第五卷則論天行溫病及變噦、變黄,敗壞等證,復附以小兒傷寒證。第六卷則載冬夏傷寒發汗雜方。又妊娠傷寒方,傷寒暑病通用刺法,傷寒溫熱病死生證及附以差後禁忌,仲景脈說,華佗内外實辨。琥按,龐氏論中雖間有發明仲景之處,然其用藥亦寒熱錯雜,經絡不分,即知蘇子瞻所傳聖散子方,一例載入,殊爲駭觀。

【四庫全書總目】卷一百零三　《傷寒總病論》六卷,附《音訓》一卷,《修治藥法》一卷,大學士于敏中家藏本。宋龐安時撰。安時,字安常,蘄水人。案,袁文《甕牖閒評》載蘇軾稱蜀人龐安常,未詳孰是。安時本士人,習與蘇軾、黄庭堅遊。第六卷末附《與蘇軾書》一篇,論是編之義甚悉。卷首載軾《答安時》一帖,猶從手蹟鉤摹,形模略具。又以黄庭堅後序一篇冠之於前。序末稱"前序海上人諾爲之,故虚其右以待",署元符三年三月作。時軾方謫儋州,至五月始移廉州,七月始渡海至廉。故是年三月猶稱"海上人"也。然軾以是年八月北歸,至次年七月,即卒於常州。前序竟未及作,故即移後序作弁也。序中剗去庭堅名,帖中亦剗去軾名。考卷末附載《音訓》一卷、《修治藥法》一卷,題"政和癸巳門人董炳編"字,知正當禁絕蘇、黄等文字之日,諱而闕之。此本猶從宋本鈔出,故仍其舊耳。《宋史藝文志》但載安時《難經解》,前後兩見,而不載此書。《文獻通考》載《龐氏家藏秘寶方》五卷,引陳振孫之言,謂"安時以醫名世者,惟《傷寒》而已,此書南城吴炎晦叔録以見遺",似乎别爲一書,而下列庭堅之序,與此本同。疑當時已無刻本,故傳寫互異歟。又載張耒一跋云:張仲景傷寒病方,纖悉必具。又爲之增損進退之法,以預告人。嗟夫,仁人之用心哉。自非通神造妙不能爲也。安常又竊憂其有病證而無方者,續著爲《論》數卷。淮南人謂安常能與傷寒說話,豈不信哉。此本未載此跋,殆傳寫偶佚歟。又耒作《明道雜志》,記安時治驗,極其推挹。而葉夢得《避暑録話》乃頗不滿於安時。蓋耒,蘇軾客;夢得,蔡京客。其門户異也。然曾敏行《獨醒雜志》亦記其治泗州守王公弼中丹石毒甚奇，又記其治公弼之女尤神異。敏行於元祐、紹聖兩局均無恩怨，則所記當爲公論矣。

【蕘圃刻書題識】重雕宋刻傷寒總病論札記識語　此書摘取張長沙之大要，辯論精妙。其有證而無方者，上溯《内經》，旁及他書，參以己見，爲增損進退之法，實能發仲景未盡之意，而補其未備之方。是爲龐氏之撰著，非僅述而不作也，故所引原文，每有刪削。觀諸家鈔本，多有異同。或未見宋刻，傳寫互異，或依據張書增補失真。故今將宋刻龐論翻雕，未敢輒改原文，即有鈔本義長者，亦第摘取備考，別疏爲札記附於後。丕烈又識。

（三）序跋

1. 上蘇子瞻端明辨傷寒論書

安時所撰《傷寒解》，實用心三十餘年。廣尋諸家，反覆參合，決其可行者，始敢編次。從來評脈辨症，處對湯液，頗知實效，不敢輕易謬妄，誤人性命。四種溫病敗壞之候，自王叔和後，鮮有明然詳辨者，故醫家一例作傷寒行汗下。傷寒有金木水火四種，有可汗可下之理，感異氣復變四種溫病。溫病若作傷寒，行汗下必死。傷寒汗下，尚或差謬，又況昧於溫病乎。天下枉死者過半，信不虛矣。國家考正醫書，無不詳備，雖此異氣敗壞之證，未暇廣其治法。安時所以區區略意，欲使家家戶戶，閱方易爲行用，日一本作“自”可隨證療治，脈息自然詳明，不假“假”一本作“使”謁庸粗，甘就横夭者也。設有問孫真人云：今時日月短促，藥力輕虛，人多巧作，感病厚重，用藥即多。又云：加意重復用藥乃有力。自孫真人至今，相去逾遠，藥反太輕者，何也。安時妄意，唐遭安史之亂，藩鎮跋扈，迨至五代，四方藥石，鮮有交通，故醫家少用湯液，多行煮散。又近世之人，嗜欲益深，天行災多，用藥極費，日月愈促，產藥至少。何以知之？安時常於民家，見其遠祖所錄方冊上，記昔事蹟，其間有廣順年巴豆每兩千二足上注云：“足”當作“豆”，故以知藥石不交通也。且瘟疫之病，周官不載；斑瘡豌豆，始自魏晉；腳氣肇於晉末。故以知年代近季，天災愈多，用藥極貧也。礜石曾青之類，古人治衆病痼瘕，大要之藥，今王公大人家尚或闕用，民間可知矣。人葠當皇祐年，每兩千四五。白朮自來每兩千數文，今增至四五百。所出州土，不絕如帶，民家苗種，以獲厚利，足以知地脈愈薄、產藥至少矣。湯液之劑，遭值天下禍亂之久、地脈薄產之時、天災衆多之世，安得不吝惜而爲煮散乎。故今世上工治病，比之古人及中工者幸矣。設有問今之升秤，與古不同，其要以古之三升準今之一升，古之三兩準今之一兩。雖然如此，民間未嘗依此法而用古方者，不能自解裁減。又加附子一枚準半兩，是用一錢三字爲一枚，使人疑混，如何得從俗乎。安時言，唐大和年徐氏撰《濟要方》，其引云：秤量與前代不同，升合與當時稍異，近者重新纂集，約舊刪修，不惟加減得中矣，亦分兩不廣。又云：今所刪定六十六篇、六百六者頭注云：“者”一作“首”，勒成六卷，於所在郡邑，標定牌碑，明錄諸方，以備衆要。只云時逢聖曆，年屬大和，便以“大和濟要方”爲名，備錄如左，已具奏過，准敕頒行。此方已遭兵火煙滅，安時家收得唐人以來頭注云：“來”一作“朱”墨書者，紙籍腐爛，首尾不完，難辨徐氏官與名，不知本朝崇文諸庫，有此本否頭注云：案鄭樵《藝文略》：《大和濟要方》五卷，宣成公撰。安時謂裁減古方，宜合徐氏，以合今之升秤，庶通俗用，但其藥之枚粒耳。是以仲景諸古方次第，復許減半，芍藥湯中載之詳矣。陶隱居云：古今人體大小或異，藏府血氣亦有差焉，請以意酌量藥品分兩。古引以明取所服多少配之，或一分爲兩，或二銖爲兩，以盞當升可也。若二分星較合，如古方承氣湯，水少藥多，何以裁之。所以《聖惠方》煮散，盡是古湯液，豈一一計較多少。治病皆有據，驗在調習，多者乃敢自斟酌耳。設有問暑熱重於溫病者，宜行重複方，卻多行煮散者何。安時謂：夏月多自汗，腠理不閟。經云：天暑地熱，經水沸溢，故用煮散。或有病勢重者，即於湯證之下註云：不可作煮散也。如此之類者頗多，聊引梗概。俗云：耕當問奴，織當訪婢。士大夫雖好此道，未必深造。宮妬朝嫉者衆，吹毛求瑕，安不爍金。更望省察枉瞽之言，干浼台聽，悚息無地。某再拜。清川氏鈔本卷六末

2. 蘇軾答安時帖

軾啟。久不爲問，思企日深。過辱存記，遠枉書教。具聞起居佳勝，感慰兼集。惠示《傷寒論》，真得古聖賢救人之意，豈獨爲傳世不朽之資，蓋已義貫幽明矣。謹當爲作題一篇寄去，方苦多事，故未能便付去人，然亦不久著也。老倦甚矣，秋初決當求去，未知何日會見。臨書惘惘，惟萬萬以時自愛。不宣。再拜。安常處士閣下。五月廿八日。

人生浮脆，何者爲可恃。如君能著書傳後有幾。念此便當爲數百字，仍欲送杭州開板也。知之。又白。《皕宋樓藏書志》按清川氏鈔本卷六末亦載之，而錯亂非常，不可讀。

3. 傷寒總病論序黄山谷豫章文集作龐安常傷寒論後序

龐安常自少時善醫方，爲人治病，處其死生多驗，名傾淮南諸醫"淮"《文集》作"江淮"。然爲氣俠"俠"《文集》、《文獻通考》俱作"任俠"，鬪雞走狗，蹴鞠擊毬，少年豪縱事，無所不爲。博奕音技，一二所難"二"《文集》作"工"而兼能之。家富多後房，不出戶而所欲得。人之以醫聘之也，皆多陳其所好，以順適其意。其來也，病家如市。（甚）[其]疾已也，君脫然不受謝而去《文集》、《通考》并"去"下有"之"字。中年乃屏絕戲弄，閉門讀書，自神[農]黄帝經方，扁鵲《八十一難經》《文集》無"經"字，皇甫謐《甲乙》《文集》及《通考》"皇甫謐"作"靈樞"，"甲乙"下有"葛洪所綜緝百家之言"九字，無不貫穿。其簡策紛錯，黄素朽蠹，先師或失其意《文集》及《通考》"意"作"讀"，學術淺薄《文集》及《通考》"薄"作"陋"，私智穿鑿，曲士或竄其文，安常悉能辨論發揮。每用以治病《文集》及《通考》"治"作"視"，"病"下有"如是而生，如是而不治"九字，幾乎十全矣。然人疾諸門頭注云：劉桂山曰，案"諸"當是"詣"。《文集》"疾諸門"作"以病造之"。《通考》"造之"作"往之"，不問貧富"不問"《文集》及《通考》作"不擇貴賤"，爲便房曲齋《文集》及《通考》"房"作"齋"，"齋"作"房"，調護寒暑所宜《文集》及《通考》"護"下有"以"字，"所"作"之"，珍膳美蔬《文集》及《通考》"蔬"作"饘"，時節其飢飽之度。愛老而慈幼《文集》及《通考》"老"、"幼"上各有"其"字，不以人之疾嘗試其方《文集》及《通考》并無此九字，如疾痛在己也《文集》及《通考》并無"疾"字，而"也"下有"未嘗輕用人之疾，常試其所不知之方"十五字。蓋其輕財如糞土《文集》及《通考》"射"作"財"，《皕宋樓志》同。《文集》及

《通考》"土"下有"而樂義"三字，耐事如慈母而有常。似秦漢間任俠而不害人，如戰國四公子而不爭利，所以能動而得害意"害"《文集》、《通考》、《皕宋志》俱無)，起人之疾不可爲數(《文集》、《通考》"爲"作"縷"，他日過之，未嘗有德已也"已"《文集》、《通考》、《皕宋志》俱作"色"。其色惣輯《傷寒》，皆其日用書也《皕宋志》"色惣"作"所總"，"寒"下有"論"字。《文集》及《通考》"色"已下十字無，而有"所著論傷寒論多得古人不言之意，其所師用，而得意於病家之陰陽虚實。今世所謂良醫，十不得其五也。余始"四十三字，欲掇其大要，論其精妙"妙"《文集》作"微"，使士大夫稍知之《文集》及《通考》"之"下有"適有心腹之疾，未能卒業"十字。然未嘗遊其庭者，雖得吾說而不解"說"《通考》作"言"。若有意於斯者，讀其書自足以攬其精微《文獻通考》、《皕宋志》"攬"作"攪"。《文集》"若有"以下十六字無，有"誠加意讀其書，書則過半"十字，故不著著其行事《文集》、《通考》"不著"作"特"，以爲後序云。前序海上諸爲之《文集》、《通考》"前"上有"其"字，"海上"下有"道人"，無"爲"字。《皕宋志》"上"下有"人"字，虚其右以待矣"其"、"矣"二字，《文集》無。元符三年三月朔日。豫章黄庭堅識。《皕宋志》"庭堅識"三字無。清川氏鈔本

注：按清川氏鈔本，卷首載黄庭堅後序，序之前葉有墨書五行云：山谷作龐安常《傷寒論》後序，云"前序海上道人諾爲之，故虚名以待"。道人指東坡也。今又書《聖散子傳》，若安常所謂"得二公而名彰者"耶。淳熙庚子正月十四日。右周必大《跋山谷書東坡聖散子傳》。又黄序之次葉有朱書五行云：桂山多紀先生曰：案海上道人，蓋指東坡，此時坡謫在儋耳，故稱海上道人。坡答龐書，亦有"當爲作題首一篇寄去，方苦多事"之語。山谷作此序明年建中靖國，元年坡[卒]於常州，故不序及之乎。殊可惜矣。

4. 張耒跋

張仲景《傷寒論》，論病處方，纖悉必具。又爲之增損進退之法，以預告人。嗟夫，仁人之用心哉。且非通神造妙，不能爲也。安常又竊憂其有病證而無方者，續著爲《論》數卷。用心爲述，追儷古人。淮南謂安常能爲傷寒說話，豈不信哉。《文獻通考》

5. 題宋刻龐安常傷寒總病論後

郡中藏書家所謂朱奂文游者，余猶及見其人家多書。以老故大半散去，最後一單中有龐安常《傷寒總病論》，亦第與羣籍并出，主人不以爲宋刻，估人之買者亦未知爲宋刻也。雜置坊間，有識者過而識之，以青蚨五星易歸。自是我輩之好言收藏者，皆爭先購矣。是書先至小讀書堆顧抱沖家，既而五硯樓袁壽階知之，余亦知之。因壽階先與議易，故歸之。抱沖先見是書，遂先錄其副。抱沖所錄，余未之見，見其友人施君少谷手錄本。少谷時在抱沖家，教其子弟習書法，故見而借鈔，鈔畢原書歸壽階。余從之，倩工影鈔一本。統而計之，宋刻一，影宋刻者，抱沖、少谷與余有三矣。厥後余與壽階以影鈔易宋刻，是書遂爲百宋一廛中物。年來力絀，舉而贈諸藝芸書舍。不意壽階之影鈔者，亦於其身後展轉歸藝芸，於是刻與鈔盡爲他人所有，余則一無所有矣。刻《洪氏集驗方》之冬，余忽得一夢，有人謂余，何不再刻龐《傷寒》。醒而異之，遂商諸藝芸，思借鈔人刻。奈藝芸不允讓影鈔付梓，而允借宋刻備校。適少谷哲嗣稻香欣然輟贈其先人手揮，付諸剞劂，於是復以宋刻較影鈔，

而知少谷之影鈔，爲功不小也。三卷三十三葉，唯少谷影鈔本有之，餘本都缺。想少谷鈔後，抱沖始鈔，鈔時偶失之，自是宋刻缺此葉。非少谷之影鈔，不知宋刻之原本缺此葉也。書之經人拆散傳錄，其弊有如此者，不可不警也。其中五卷十五葉，宋本缺，惟薛性天家鈔本有之，字跡行款，與原本殊，未知何據。後見抱沖所鈔者，中亦有此葉，謂是王宇泰活字本補入。今余覆刻，據薛本補，據觀本校，存其異同可耳。宋刻不無誤處，余復借張蒔塘家藏鈔本、薛性天家藏鈔本、顧容安家藏鈔本，雖未知其同出一源與否，而字有異同，悉爲標出。可從者，或改正文以就之；未敢信者，或存校語以參之。余友張君訒菴，素諳醫理，共相參定，以定校勘數十條。其任檢閱而草創者，余長孫美鏐之力也。是書自王宇泰活字印行之後，未見重梓。即王本相傳止有二百部，故存世絕少。余姪曾有之，爲友人借去被焚，故不及一校爲憾，朋好中皆想望是書，渴欲一見，故命工梓行。至於是書之深奥，昔安常友人蘇、黄兩公已詳言之，不復丐當代名流之儒醫兼通者贅一言矣。道光癸未仲春，黄丕烈識。《蕘圃刻書題識》

6. **魏炳識語**修治藥法後

已上除不可作煮散方外，凡湯劑言㕮咀者，如㕮咀菱藕之滓狀，今之粗末是也。凡粗末，每服四錢，水一盞半，煮八分，濾去滓，得七分爲準。内有半夏、附子爲毒藥之類，每四錢，水二盞，入生薑三片，煎七分。内有或用朴硝，或用阿膠，或用飴糖，或用焰硝，或用雞子清，皆煎成湯後，去滓下之。内或用竹瀝煎者，每四錢，水一盞二分，煎至七分。下竹瀝三分，煎至七分。内或用大黄者，慮人入大黄同煎之。如難得通利人，每服四錢，水一盞半，煎至一盞，別入大黄半錢，同煎至七分。又難得通利者，以湯浸濃大黄汁三二分，同煎之，以取利爲度。政和歲次癸巳，門人布衣魏炳編。《皕宋樓志》。按清川氏鈔本亦有此文，間有脱落數行，幾不可讀。

(四)刊本及鈔本

1. 宋刊本

【求古居宋本書目】《傷寒總病論》六卷，三冊。

【藝芸精舍宋元本書目】龐安時《傷寒總論》六卷

【皕宋樓藏書志】卷四十四　《傷寒總病論》六卷，附《音訓》一卷、《修治藥法》一卷，宋刊本宋蘄水龐安時撰。次引蘇軾答帖，魏炳識語，黄庭堅後序，某氏手跋，今并略之。

案，此書政和癸巳刊本，每葉二十行，每行二十字，卷中有"袁氏尚之"朱文方印，"玉韻齋圖書印"朱文長印，"有竹居"白文方印，"黄丕烈印"、"蕘圃"朱文二方印，"士禮居"朱文方印。尚之，袁褧字也。明嘉靖時人。有竹居，沈石田齋名。

【儀顧堂續跋】《傷寒總病論》六卷，《修治藥法》一卷，題"蘄水龐安時撰"。前有元符三年黄山谷序、蘇東坡答安常札。卷六後有"政和歲次癸巳門人布衣魏炳編"十三字。每卷有目，連續篇目，每葉二十行，每行二十字。宋諱皆爲字不成，"丸"不改"圓"。蓋政和中刊本，即士禮居刊本所祖也。黄序、蘇札，其名皆空，蓋徽宗崇寧時黨禁甚嚴，蘇、黄文字皆毁版，故刻其文而隱其名。蘇札後有"咸淳時名伯宗題字"兩行。冊中有"士禮居"朱文方印，"黄丕烈印"朱文方印，"蕘圃"朱文方印，"袁氏尚之"朱文方印，"玉韻齋圖書印"朱文方印，"有竹居"朱文方印，汪士鐘名號、珍藏印尤多。《提要》云：安時，字安常，蘄水人案，袁文《甕牖閒評》載蘇軾稱蜀人龐安常，未詳孰是。安時本士人，習與蘇軾、黄庭堅游。

【静嘉堂秘籍志】卷七陸氏皕宋樓舊藏 《傷寒總病論》，宋龐安時撰。一匣。北宋刊。四本。下引《皕宋樓志》及《儀顧堂續跋》

【宋元本行格表】卷上十行 宋槧《傷寒總病論》六卷。《儀顧堂集》卷下，十一行。《宋本傷寒總病論》《簡明目録》批注本

【郘亭知見傳本書目】卷八 《傷寒總病論》九卷，附《音訓》一卷、《修治藥法》一卷。吴門汪氏有宋刻小字本。《四庫目略》同

2. 明王肯堂活字本

注：按黄丕烈《題宋刻傷寒總病論後》云：是書自王宇泰活字印行之後，未見重梓，即王本相傳止有二百部，故行世絶少。余姪曾有之，爲友人借去被焚，故不及一校爲憾。其本今諸家書目均未著録，未知其現存者。

3. 四庫全書本

【四庫全書總目】卷一百零三 《傷寒總病論》六卷，附《音訓》一卷、《修治藥法》一卷。大學士于敏中家藏本。

【壬子文瀾閣所存書目】卷三 《傷寒總病論》六卷，附《音訓》一卷、《修治藥法》一卷。四冊。舊鈔。

【文溯閣四庫全書要略及索引】《傷寒總病論》六卷附二卷，宋龐安時。四冊一百七十八葉。

4. 四庫閣傳鈔本

【續中國醫學書目】 《傷寒總病論》附《音訓》、《修治藥法》。六卷附二卷。四冊。八行二十一字，框横十五釐，縱二十釐。宋龐安時（安常）撰。鈔本據於文溯閣本影鈔。《提要》，紀昀，乾隆四十七年。《傷寒總病論原序》，黄庭堅，元符三年。

附：《傷寒論音訓》一卷，龐安時撰。《修治藥法》一卷，龐安時撰。

5. 士禮居刊本

【四庫書目邵注】卷十 《傷寒總病論》九卷，附《音訓》一卷、《修治藥法》一卷，宋龐安時撰。《音訓》及《修治藥法》，門人董灼編。道光癸未黄丕烈士禮居仿宋刊本。《郘亭知見目》、《四庫目略》並同。

【叢書舉要】卷二十八士禮居叢書 《龐安常傷寒總病論》六卷。宋本。有札記。

【叢書書目彙編】士禮居黄氏叢書 《傷寒總病論》六卷，龐安常著。宋本。《札記》一卷，黄丕烈著。

【帶經堂書目】卷三 《傷寒總病論》十一卷。黄蕘圃士禮居倣宋刊本。宋龐安時撰。

【八千卷樓書目】卷十 《傷寒總病論》六卷，附《音訓》一卷、《修治藥法》一卷，

宋龐安時撰。《音訓》及《修治藥法》,則其門人董灼編。士禮居覆宋刊本。

【洗心精舍寄存書目】卷三　《傷寒總病論》六卷,附《音訓》一卷、《藥法》一卷、《札記》一卷,宋龐安時撰。清黄丕烈撰札記。《士禮居叢書》本。

【涵芬樓舊書分類總目】《傷寒總病論》,龐安時撰。士禮居本。二冊。

【清華學校圖書館中文書籍目錄】《傷寒總病論》六卷,附《札記》一卷,宋龐安常。見《士禮居黄氏叢書》

【静嘉堂文庫國書分類目錄】《傷寒總病論》六卷,《札記》一卷,宋龐安時撰。清道光三刊。(影宋)十萬卷樓舊藏本。二冊。《秘籍志》同

【東京文理科大學附屬圖書館和漢書分類目錄】《傷寒總病論》,附《札記》六卷,宋龐安時。《黄氏叢書》第二十一至二十二。

6. 蜚英館石印士禮居叢書本

【叢書舉要】士禮居叢書　《龐安常傷寒總病論》六卷。宋本。有《札記》。叢書後記云:蕘圃多藏古本,又與顧澗蘋商榷,故所刻各書,校訂精審,摹刻亦絕倫。惜當時印行不多,近日上海蜚英館有石印本,然豐采已失。惺吾識。

【八千卷樓書目】卷十　《傷寒總病論》六卷。石印本。

【江蘇省立國學圖書館圖書總目】《傷寒總病論》六卷,《札記》一卷,宋蘄水龐安時。清吳縣黄丕烈札記。蜚英石印本。

【二續中國醫學書目】《傷寒總病論》六卷,二冊。十行二十字,框横十一釐,縱十六釐。宋龐安時撰。光緒十三年刊《士禮居黄氏叢書》之內。序,目錄。缺卷一、卷二、卷三前半。《龐先生傷寒論序》,黄,元符三年。《重雕宋刻傷寒總病論札記》,《題宋刻龐安常傷寒總病論後》,黄丕烈,道光癸未。附《修治藥法》。

7. 博古齋影印士禮居叢書本

【遼寧省立圖書館館藏叢書舉要】士禮居黄氏叢書　《傷寒總病論》六卷,宋龐安常。嘉(靖)[慶]間吳縣黄丕烈蕘圃校刊,壬戌上海博古齋景印本四十冊中。

注:按《四庫湖北先正遺著提要目錄》云:《傷寒總病論》六卷。武昌柯氏重刊本。所謂柯氏刊本,他書所未見,姑附記其目於此云。

8. 鈔本

【蕘圃刻書題識】題宋刻傷寒總病論後　影宋刻者,抱沖、少谷與余有三矣。其中五卷十五葉,宋本缺,惟薛性天家藏本有之,字跡行款與原本殊,未知何據。余復借張蒔塘家藏鈔本、薛性天家藏鈔本、顧容安家藏鈔本,雖未知其同出一源與否,而字有異同,悉爲標出。詳見"序跋"下。

【抱經樓藏書志】卷三十六　《傷寒總病論》六卷,附《音訓》一卷、《修治藥法》一卷。抄本。宋蘄水龐安時撰。下引蘇軾答狀、魏炳識語、元符三年三月豫章黄序。今并略之。

【八千卷樓書目】卷十　《傷寒總病論》六卷,抄本。

【經籍訪古志】卷七　《傷寒總病論》,清人抄本,京師高階經由(1)藏。首有元符三年黄庭堅序及目錄,每卷首題"蘄水龐安時撰"。卷末附《音訓》及《修治藥法》一卷。又有"政和歲次癸巳門人布衣魏炳編"一行,每半面九行,行十九字,文字精

善,楮墨完好,蓋清人從宋槧傳錄者。小島學古曾假讀校勘,訂今行抄本之譌甚多,考《四庫提要》云,卷首載蘇軾《答安時帖》,猶從手蹟鈎摹,而今此本直以楷文寫之,則稍有不同。《提要》又云,序中剷庭堅名,帖中剷軾名,而此并否,疑經後人補訂。然今行本以蘇帖載在篋尾,則與《提要》之言既不相符。且卷中百合病證,百合知母湯方後"半煮"已下云云十六字;中暍證,"瓜蒂湯主之"五字;發汗吐下後雜病,"赤石脂禹餘糧湯"七字;青筋牽證,"石膏竹葉湯"五字;溫病噦方論,"溫病胃冷"云云十一字;及卷末《修治藥法》,"竹瀝"已下細注數則。今行本共係脫漏,而此本巍然具存,則在今日當以此稱最善也。夫宋代醫流,王實、朱肱、韓祇和、許叔微之輩,皆莫非推廣仲景者,而常器之、龐安時、郭雍三家,最稱精覈。今常書無傳,然《補亡論》略存其說。郭書近時吳舶載來,既流傳於世。而至是書,則善本絕少。今得此本,三家書略備,不亦愉快哉。

又按,清徐錦序郭書云,龐氏刻本已尠,家藏抄本,亦多缺誤。原本藏江村袁氏,後歸顧抱沖。抱沖歿,歸員嶠黃氏,近將梓而壽世也。乃知在西土,是書善本流傳亦不多耳。

[郭注]

(1)高階經由(1773～1843),名經宣,字子順。官職典藥大允、安藝守、正四位下。京都名醫,因善於臨牀而著名。後隱居京都北鷹峰醫聖書院。所著有記錄自家治療經驗之《求古館方譜》及《求古館醫譜》、《傳家歷驗方》等。

【聿修堂藏書目錄】《傷寒總病論》六冊,抄本。宋龐安時撰。

【元治增補御書籍目錄】《傷寒總病論》六卷,一冊,宋龐安時撰。

【寶素堂藏書目錄】《傷寒總病論》六卷,三冊,鈔本。宋龐安時。

【觀海堂書目】誰字號　《傷寒總[病]論》三本六卷。日本古鈔本。

【故宮博物院書目】《傷寒總病論》,宋龐安時撰。六卷三冊。日本鈔本。《重雕宋刻傷寒總病論札(論)[記]》一冊。日本鈔本。

【內閣文庫圖書第二部漢書目錄】(特)《傷寒總病論》六卷,宋龐安時。日本寫本。一冊。《傷寒總病論》,日本寫本。六冊。

【中國醫學書目】《傷寒總病論》,抄本存第五、第六兩卷。九行二十一字,框橫十四·七釐,縱二二十·三釐。龐安時撰。

注:按右舊鈔本,卷末有識語云:右《總病論》,予師瀏江君之所寫持也。一日示予曰:是奇書也。予仍而手寫之,藏於書庫云。寬政六甲寅年二月盡,原貞幹[(1)]書。注下題"清閑堂"三字。

[郭注]

(1)原貞幹(1732～1797),本姓藤原,字子冬,通稱叔藏,號無佛齋、好古。生於京都僧家,十八歲還俗。精通儒學、國學,爲江户中後期考證學者。曾親身調查、研究各地所存金石文、古文書,編著《衡口發》、《古氏譜》。

【二續中國醫學書目】《傷寒總病論》六卷,三冊,十行二十一字,無框,美濃判紙。宋龐安時撰。鈔本日本清川氏,羅振玉氏舊藏本。周必大《跋山谷書東坡聖散子傳》,淳熙甲子。傷寒總病論序,黄庭堅,元符三年。識語朱書。桂山多紀先生曰云云。傷寒總病論目録。蘇軾答龐安常帖。

附《傷寒總病論音訓》

附《修治藥法》魏炳識。跋,人見秀龍。宛丘張氏跋。

注:按右人見秀龍跋云:醫之術固難矣,然傷寒最爲至也。嘗有蘄州蘄水縣龐安常者,著《傷寒總病論》,可謂實杏林之隋珠矣。爲斯道者,能用力於此一書,則取連城之功,豈亦難哉。寬延歲次辛未春二月,丹州路乘田縣伯淵人見秀龍題。

9. 未詳本

【萬卷堂書目】卷三　《傷寒論》六卷,龐安時。

【本草綱目】引據書目　龐安時《傷寒總病論》

【醫藏書目】正法函目　《傷寒論》六卷,龐安時。

【天一閣藏書目録】吕字號　《傷寒總病論》一本。

十九、傷寒證治

【幼幼新書】卷四十近世方書　《傷寒證治》,信陽太守王實編。

【郡齋讀書後志】卷二　《傷寒證治》三卷,右皇朝王實編。實謂百病之急,無踰傷寒,故略舉病名法,及世醫之言,爲十三篇,總方百四十六首。或云穎川人,官至外郎,龐安常之高弟也。《文獻通考》同

【宋史藝文志】醫書類　《王實傷寒證治》三卷

【古今醫統大全】採摭諸書　《傷寒證治》三卷,宋王實編。龐安常高弟也。

【世善堂藏書目録】卷下　《傷寒證治》三卷,宋王實。

【汲古閣毛氏藏書目録】醫家　《傷寒證治》三卷,宋王實。

二十、局方續添傷寒證治

【宋史藝文志】醫書類　《局方續添傷寒證治》一卷

二十一、四時傷寒總病論

【宋史藝文志】醫書類　楊介存《四時傷寒總病論》

注:按右《宋志》所云"楊介存","存"字疑衍。楊介,崇寧中編《存真圖》,已著於"五藏"下。

注:楊介傳,《古今醫統大全》卷一"姓氏"云:楊介號吉老,泗州人,世醫,名聞四方。有郡守病喉癰,成流注,久不愈。召介治。知其嗜食所致,惟與生薑一味啖之。食致一斤,始知辛辣,而癰愈。守異而問之,答曰:公好食鷓鴣,鷓鴣好食半夏。

遺毒於喉間，非薑無以釋半夏之毒，用之遂愈。按，《圖書集成》亦引之，而續文更云：宋徽宗嘗苦脾疾，諸醫用理中湯不效，介以冰煎服而愈。著《傷寒論脈訣》。未知其所據。

《古今圖書集成・醫部全錄》卷五百零八云：按《春渚紀聞》，有名士爲泗倅者，臥病既久，其子不慧。郡有太醫生（楊）介，名醫也，適自都下還，衆令其子謁之，且約介就居第診視。介謙退，謂之曰：聞尊君服藥，且更數醫矣。豈小人能盡其藝耶。其子曰：大人疾勢雖淹久，幸左右一顧，且作死馬醫也。聞者無不絕倒。

附 《傷寒論脈訣》

【世善堂藏書目錄】卷下 《傷寒論脈訣》一卷，楊介。

注：按《圖書集成・楊介傳》引《古今醫統》云：介著《傷寒論脈訣》。然查明板《古今醫統》無見其文。

二十二、傷寒百問

（一）出典

【郡齋讀書後志】卷二 《傷寒百問》三卷。右題曰無求子。大觀初所著書。《文獻通考》同

【古今醫統大全】採摭諸書 《傷寒百問》三卷，無求子，大觀初所著。

【世善堂藏書目錄】卷下《傷寒百問》三卷，無求子。

【國史經籍志】卷四下 《傷寒百問》三卷，無求子。

【汲古閣毛氏藏書目錄】醫家 《傷寒百問》三卷

【絳雲樓書目】卷三 《傷寒百問》三卷。題曰“無求子”，即朱肱。大觀初著。

注：朱肱傳，“李保北山酒經題詞序”云：大隱先生朱翼中，壯年勇退，著書釀酒，僑居西湖上而老焉。屬朝庭大興醫學，求深於道術者爲之官師，乃起公爲博士，與余爲同僚。明年，翼中坐書東坡詩，貶達州。又明年，以宮祠還。《醫籍考》

方勺《泊宅編》：朱肱，吳興人，進士登科，善論醫，尤深於傷寒。在南陽時，太守盛次仲疾作，召肱視之。曰，小柴胡湯證也。請併進三服。至晚乃覺滿。又視之，問所服藥安在，取以視之，乃小柴胡散也。肱曰：古人製㕮咀，謂剉如麻豆大，煮清汁飲之，名曰湯，所以入經絡，攻病取快。今乃爲散，滯在膈上，所以胃滿而疾自如也。因法旋製自煮以進二服，是夕遂安。因論經絡之要，盛君力贊成書。蓋潛心二十年，而《活人書》成，道君朝詣闕投進，得醫學博士。肱之爲此書，固精贍矣。嘗過洪州，聞名醫宋道方在焉，因攜以就見。宋留肱款語，坐中指駁數十條，皆有考據。肱惘然自失，即日解舟去。由是觀之，人之所學固異邪。將朱氏之書亦有所未盡邪。後之用此書者，能審而慎擇之，則善矣。《醫籍考》

《齊東野語》：朱承逸，居霅之城東門，爲本州孔目官，樂善好施。嘗五皷趨郡，過駱駝橋，聞橋下哭聲甚哀，使僕視之。有男子攜妻及小兒在焉。扣所以，云負勢家錢三百千，計息以數倍，督索無以償，將併命於此。朱惻然，遣僕護其歸，且往其

家，正見債家悍僕，羣坐於門。朱因以好言諭之曰，汝主以三百千，故將使四人死於水，於汝安乎。幸吾見之耳。汝亟歸告若主，彼今既無所償，逼之何益。當爲代還本錢，可亟以元券來。債家聞之，慚懼聽命，既如數取付之。其人感泣，願終身爲奴婢。不聽，復以二百千資給之而去。是歲，生孫名服，熙寧間中榜第二人，仕至中書舍人。次孫肱，亦登第，著名節，即著《南陽活人書》者。服子或即著《萍州可談》者，遂爲吾鄉名族焉。天之報善，昭昭也如此。《徵說》

《醫學源流》三十二頁云：朱肱，宋政和中人。以奉議郎致仕，號無求子。著《傷寒百問》。武夷張蕆序其書曰：張長沙，南陽人也，著《傷寒論》。其言雖詳，其法難知。奉議公《傷寒百問》，蓋祖述其說，神而明之，以遺惠天下後世。余因揚其名，爲《南陽活人書》。

《古今醫統大全·姓氏》云：朱肱，號無求子，吳興人。善醫，尤邃於傷寒，潛心數十年，窮經義之要而成《活人書》。奏進道君，朝授奉議郎醫學博士。

《醫學入門·姓氏名醫》云：朱肱，號無求子，宋吳興人。深於傷寒，著《活人書》。道君朝詣闕投進，授奉議郎、醫學博士。在南陽時，太守疾作，用小柴胡爲散，連進三服胸滿。公曰：小柴胡湯，煎清汁服之，能入經絡，攻病取快。今乃爲散，滯在膈上，宜乎作滿。因煮二劑與之，頓安。

（二）序跋

朱肱自序

傷寒諸家方論不一，獨伊尹、仲景之書猶六經也。其餘諸子百家，時有一得，要之不可爲法。又况邪說妄意，世業名家，規利雖厚，因果歷然。特以伊尹湯液，仲景經絡，人難曉，士大夫又以藝成而下，恥而不讀，往往倉卒之際，束手待盡，卒歸之於命而已。世人知讀此書者亦鮮，縱欲讀之，又不曉其義。况又好用涼藥者，如附子、硫黃則笑而不喜用，雖隆冬使人飲冷、服三黃圓之類。有好用熱藥者，如大黃、芒消則畏而不敢使，雖盛暑勸人灸焫、服金液丹之類。非不知罪福，偏見曲說，所趣者然也。陽根於陰，陰本於陽，無陰則陽無以生，無陽則陰無以化。是故春時氣溫，當將理以涼；夏月盛熱，當食以寒，君子扶陰氣以養陽之時也。世人以爲陰氣在内，反抑以熱藥，而成瘧痢脱血者多矣。秋時氣涼，當將息以溫；冬時嚴寒，當食以熱。君子扶陽氣以養陰之時也。世人以陽氣在内，乃抑以涼藥，而成吐痢腹痛者多矣。伐本逆根，豈知天地之剛柔、陰陽之逆順，求其不夭横也難矣。偶有病家，曾留意方書，稍别陰陽，知其熱證，則召某人，以某人善醫陽病。知其冷證，則召某人，以其人善醫陰病，往往隨手全活。若病家素不曉者，道聽泛講，委而聽之。近世士人，如高若訥、林億、孫奇、龐安常，皆惓惓於此，未必章句之徒不誚且駭也。僕因閑居，作爲此書，雖未能盡窺伊尹之萬一，庶使天下之大，人無夭伐，老不哭幼，士大夫易曉而喜讀，漸浸積習，人人尊生，豈曰小補之哉。仲尼曰“吾少也賤，故多能鄙事”，學者不以爲鄙，然後知余用意在此而不在彼。大觀元年正月日，前進士朱肱序。

(三)刊本

日本刊本

【藝風藏書記】卷二 《傷寒百問》六卷。日本稱觥堂刻本。

【享保以後大阪出版書籍目錄】 《傷寒百問》二冊。作者宋朱肱。板元柏原屋清右衛門。順慶町五丁目。出願。寶曆元年十二月。

【寶素堂藏書目錄】 《傷寒百問》六卷,宋朱肱。二冊。寶曆三年刊本。

【聿修堂藏書目錄】 《傷寒百問》六卷,二冊。寶曆癸酉鍥板。宋朱肱著。

【經籍訪古志】卷七 《傷寒百問》六卷。寶曆三年刊本。

【内閣文庫圖書第二部漢書目錄】 《傷寒百問》六卷,宋朱肱。寶曆三年刊。二冊。

【杏雨書屋圖書假目錄】 《傷寒百問》六卷,宋朱肱。寶曆三年刊。二冊。又一部,同上。

【中國醫學書目】 《傷寒百問》六卷,二冊。十行二十字,框橫十四·八釐,縱十九·八釐。朱肱著。寶曆三年澀川清右門板。序,朱肱,大觀元年。目錄。

二十三、傷寒百問經絡圖

(一)出典

【通志藝文略】傷寒 《傷寒百問經絡圖》一卷

【秘書省續編到四庫闕書目】卷二 《傷寒百問經絡圖》三卷。輝按,晁《志》:《傷寒百問》三卷。云無求子撰。

(二)考證

【醫籍考】一千一百七十一頁 《傷寒百問經絡圖》,《藝文略》"一卷。佚"。按是書與《傷寒百問》原自别行。元竇漢卿燕山活濟堂刊本,併以二書,分爲九卷。卷首有嘉定六年張松序。今考其文,則是松所著《究原方》序也。熊均《醫學源流》曰:張松著《究原方》及《傷寒百問經絡圖方》。意從此本轉訛者歟。

(三)刊本

元刊本

【聿修堂藏書目錄】 《傷寒百問經絡圖》九卷,四冊。元板。不書梓行年月。宋張松著。

【經籍訪古志】卷七 《傷寒百問經絡圖》九卷。元槧本。聿修堂藏。每半版十一行,行二十字,界長五寸五分,幅三寸九分。此本不記刊行年月。然紙刻精朗,實元代鋟本之佳者。柳沜先生跋曰:朱氏《傷寒百問》,《讀書後志》作"三卷"。若其《經絡圖》一卷,見於《通志藝文略》,此本則合以二書,更析爲九卷,非朱氏之舊也。

卷首頁面上層有"燕山活濟堂刊"六字。據竇桂芳《鍼灸四書序》,活濟堂,其父漢卿藥室也。此本以板式紙質定之,當屬元刊。卷首又有嘉定六年張松之序,是弁於其所編《究原方》者,不知何以移在於此。張書世失其傳,今籍得見其輯方之意,抑亦奇也。

【宋元本行格表】卷下十一行　宋本《傷寒百問經絡圖》,行二十字。九卷。《訪古志》

二十四、南陽活人書

(一)出典

【幼幼新書】卷四十近世方書　《活人書》,奉議郎朱肱字翼中譔。

【遂初堂書目】　《朱肱活人書》

【郡齋讀書後志】卷二　《南陽活人書》二十卷。右皇朝朱肱撰。序謂張長沙《傷寒論》,其言雅奥,非精於經絡不能會。頃因投閑,設爲對問,補苴綴緝,僅成卷軸。作於己巳,成於戊子,計九萬一千三百六十八字。

【直齋書錄解題】卷十三　《南陽活人書》十八卷。按,《文獻通考》作"二十卷"。朝奉郎直秘閣吳興朱肱翼中撰。以張仲景《傷寒》方論,各以類聚,爲之問答。本號《無求子傷寒百問方》,有武夷張蒧作序,易此名。仲景,南陽人,而"活人"者,本華佗語也。肱,秘丞臨之子,中書舍人服之弟,亦登進士科。

【醫經正本書】論醫書第六　吳人朱肱作治傷寒《活人書》,武夷張蒧先得《百問》於三茅山。後與肱遇於杭,盡得其書。序之曰,作於元祐己巳,成於大觀戊子,釐爲二十卷。肱嘗自序其書後。四年,肱以奉議郎致仕,遣男遺直詣闕獻焉。又八年,肱校正善本,命工刊於杭州大隱坊,且曰,肱乙未秋以罪去國,明年過方城,見同年范內翰,令合證與方爲一。至睢見王先生,言成都、湖南、福建、兩浙皆刊其書,惜乎錯誤頗多,至是改百餘處。或曰,起肱休致仕於朝,以讜直忤宰相引去。所謂王先生者,不著其名。范,蓋致虛也。今建州、饒州民間,各刊舊本,池州公庫刊校正本,然二本互有得失。

【文獻通考】　《南陽活人書》二十卷　下引《讀書後志》及《書錄解題》,其文與前所引有小異,今略之。

【宋史藝文志】醫書類　《南陽活人書》二十卷

【文淵閣書目】卷十五　《無求子活人書》一部一冊。闕。

【菉竹堂書目】卷五　《無求子活人書》二冊

【本草綱目】引據書目　朱肱《南陽活人書》

【世善堂藏書目錄】卷下　《南陽活人書》二十卷,宋朱肱。

【汲古閣毛氏藏書目錄】　《南陽活人書》二十卷,宋朱肱。

注:按《醫方類聚》引用書有《南陽活人書》、《無求子活人書》、《傷寒活人書》之三名,疑則皆爲異名同書。

（二）考證

【陳造江湖長翁集】活人書跋　予爲舉子時，得朱肱《傷寒活人書》，愛而讀之。《百問》十一卷，略能上口。或曰，治傷寒祖仲景，是何爲者。予惑之，後問友人侯元英：是書多稱仲景，能無遺説乎。曰，是不惟於仲景無遺説，曲通傍暢，凡傷寒書幾盡矣。元英良醫，人所服、予所敬者，然後知説者之妄，愈益愛其書。得是善本，表裏六經，課誦之，并識之以詒子孫。《醫籍考》

【素問玄機原病式】序　仲景方論一十六卷，使後之學者，有可依據。文亦玄奥，以致今之學者尚爲難焉，故今人所習皆近代方論而已，但究其末而不求其本。惟近世朱奉議多得其意，遂以本仲景之論，而兼諸書之説，編集作《活人書》二十卷。其門多，其方衆，其言直，其類辨，使後學者易爲尋檢施行，故今之用者多矣。然而其間亦有未合聖人之意者，其方往往但相肖而已。

【醫經溯洄集】　朱奉議作《活人書》累數萬言，於仲景《傷寒論》多有發明。其傷寒即入陰經爲寒證者，諸家不識，而奉議識之。但惜其亦不知仲景專爲即病者立法，故其書中每以傷寒溫暑，混雜議論，竟無所別。况又視《傷寒論》爲全書，遂將次傳陰經熱證，與即入陰經寒證，牽合爲一立説。且謂大抵傷寒陽明證宜下，少陰證宜溫，而於所識即入陰經之見，又未免自相悖矣。夫陽明證之宜下者，固爲邪熱入胃，其少陰證，果是傷寒傳經邪熱，亦可溫乎。况溫病、暑病之少陰，尤不可溫也。自奉議此説行，而天下後世蒙害者不無矣。

【傷寒發明】　朱奉議之學始崇仲景，爲不能深造其理，未免有疑，故以己見自成一家之説。比之他書，尤爲近理，但中間失枝脱節處歷歷可數，由是不容緘默，遂爲之辨悉是非。蓋傷寒一百一十三方，苟知其妙用之有不能盡者，朱肱以爲不足，復廣其方，然亦皆仲景之意也。雖小有增廣不同，其大體不出乎規矩準繩之外。故讐較其弊，以救其失，使後知其過而不蹈其非，庶幾免乎差謬之患矣。徐鎔《徵説》

【傷寒明理續論】序　昔朱奉議著《傷寒百問》，書成經進，授醫博士，其書付監刊行。道遇豫章名醫宋道方，因就質之。宋爲指駁數十條，肱罔然自失，由是書監不刊。吾鄉先輩例以爲活人之書。按"活人"之名所由始，仲景《傷寒論》是也。朱公雖知有仲景之書，不能臻其閫奥，未足以克"活人"之名。

【南陽活人書】徵説　大明萬曆春沂徐鎔曰：據劉河間云，奉議多得其意，使後學者易爲尋檢施行。張柯山云，奉議始崇仲景，然亦皆出仲景之意。則知王叔和譔次方法之後，歷晉沿唐及宋，千餘年間，惟奉議一人始創類聚，得仲景之旨也。若無《活人書》，豈得有成聊攝之《注解》。譬如《四書》《五經》，夫子沒而微言絕，若無周程張邵發明於前，安得有朱子《集注》於後。《活人書》雖微有失枝脱節處，即如《通書》、《易傳》、《正蒙》、《觀物》，微有不合於經書者，儒家豈肯以朱子之辨正，而遂廢周程張邵之書哉。若張兼善《傷寒發明》，趙嗣真《活人釋疑》，已將《活人書》一一辨明矣。夫何陶華無知而妄誕，輒以己見，而不欲後人讀其書，欲讀己穿鑿之書。於《瑣言》中始言"仲景書殘缺頗多，其中不可曉處十有四五"，《續論》序終言

"肱罔然自失,由是書監不刊",不知何所見而云。然此正遊魂行屍,酒甕飯囊,多見其不知量也。《活人書》因此遂隱,至今百五十年,醫家不復見其全書,以誤天下蒼生者,非華而誰?余業傳五代,學究卅年,遇術尋訪覩板,四樣湊之,止得刻本十一卷,餘九卷係四様抄本。其正方四卷,有仲景方法,讎校庶無差譌。若雜方及婦人小兒瘡疹五卷,間有三同者,因附的字於其下。至歲甲辰西入秦中,三原來星海陽伯甫宅,因覩正德十四年寧夏刻本九卷一冊,因去了的字。若五卷,抄本及刻本魚魯亥豕,無從對閱,則仍其舊云。因此不合序言"九萬一千三百六十八字"也。始於辛卯季春,完於壬辰孟夏,春沂徐鎔謹識。明刊徐鎔本

【傷寒辨註】採輯書目 《南陽活人書》,宋奉議郎朱肱著。書凡二十卷,其第一卷至十一卷,設爲一百一問,以暢發仲景奧義。第十二卷至十五卷,纂桂枝湯等一百一十二方。第十六卷至十八卷,自升麻湯起至麥門冬湯止,共一百二十六方。此係《外臺》、《千金》、《聖惠》等方,以補仲景之未備。末後第十九、二十卷,則論婦人傷寒,復繼以小兒痘疹,斯誠仲景之大功臣也。但其中三十六問,治兩感證,謂宜發表攻裹,此是朱奉議一片救人之苦心也。及其用藥,則誤引"下利身疼痛,虛實救裏"之例,而以四逆湯竟施之於"煩渴腹滿"、"譫語囊縮"實熱之證。以至後世如陶華之無知,而亦輕詆其書之失也。李知先《活人書括序》云"無求子真一世之雄,長沙公乃百川之宗",此爲真知二公之書者矣。

【醫學源流論】卷下活人書論 宋人之書能發明《傷寒論》,使人有所執持而易曉,大有功於仲景者,《活人書》爲第一。蓋《傷寒論》不過隨舉六經所現之證以施治,有一證而六經皆現者,并有一證而治法迥别者,則讀者茫然把握矣。此書以經絡病因、傳變疑似,條分縷晰,而後附以諸方治法,使人一覽了然,豈非後學之津梁乎。其書獨出機抒,又能全本經文,無一字混入已意,豈非好學深思、述而不作,足以繼往開來者乎。後世之述《傷寒論》者,唐宋以來,已有將經文刪改移易,不明不貫。至近代前《條辨》、《尚論篇》等書,又復顛倒錯亂,各逞意見,互相辨駁,總由分證不清,欲其強合,所以日就支離。若能參究此書,則任病情之錯綜反覆,而治法仍歸一定,何必聚訟紛紜,致古人之書愈講而愈晦也。

【開有益齋讀書志】卷四南陽活人書 《增註類證活人書》,《前集》十卷,《後集》五卷。《活人外書》三卷。政和元年奉議郎致仕朱肱撰。首有進表云"遣男遺直,賫臣所撰書一函八策,共二十卷"。張蒧序云,華佗指張長沙《傷寒論》爲活人書。長沙南陽人也,肱祖述其說,余因揭其名爲《南陽活人書》云。大觀五年正月序。儒臣免解進士祝三省,擇善書重校證,後集析爲《百問》,有建寧通守錢聞禮目次,湯尹才序,外書十三篇,一百四十五方,信陽軍管幹王實編示。張蒧序云,得《百問》於三茅山,後與肱遇於杭,盡得其書序之。凡二十卷,九萬一千三百六十八字。今合前、後、外集凡十九卷,蓋以經絡、脈穴二圖爲首卷也。程沙隨引肱自書後云:獻書後八年,刊於杭州大隱坊。乙未明年過方城,見同年范內翰,令合證與方爲一。至睢陽見王先生,言成都、湖南、福建、兩浙皆刊其書。建州、饒州民間各刊舊本,池州公庫刊校正本。此本分前、後、外集,亦無肱書後,乃未合證與方爲一之本。《文

獻通考》作二十卷,《直齋書録解題》作十八卷,《愛日精廬》著録亦十八卷。沙隨辨其以湯爲煮散,又謂姑孰李檉《傷寒治法撮要》發明《活人書》,所取者舊本,未嘗見校正本,愈以知肱書卷數多寡不一也。直齋題"朝奉郎直秘閣吴興朱肱翼中撰",此本題"奉議郎致仕",乃其獻書時官階。直齋謂肱爲秘丞臨之子、中書舍人服之弟,亦登進士科。按《齊東野語》,肱,烏程人,登第著名節,有《南陽活人書》。兄服,登進士,中書令舍人。兄子彧,有《萍州可談》。肱自號無求子。云治傷寒先須論經絡,不識經絡,觸途冥行。又謂胗脈須兼胗手足,尤今醫所未講也。此本乃宋刻之極精者,葉有天啟甲子八十翁孫雲翼録周密語於進表、謝啟、後。

樓鑰《攻媿集》"增釋南陽活人書序"云,無求子朱公肱,士大夫中通儒也,著《南陽活人書》。吾鄉王君作肅,自號誠庵野人,又博取前輩諸書凡數十家,參入各條之下,名曰《增釋南陽活人書》。

【儀顧堂題跋】卷七宋板南陽活人書跋　《重校證活人書》十八卷,宋朱肱撰,宋刊本。前有肱自序、進書表、青詞、謝啟,後有肱後序。每葉二十行,每行十九字,每卷各有小序。卷一論經絡;卷二論切脈;卷三論表裏;卷四論陰陽;卷五論治法;卷六論傷寒、傷風、熱病、中暑、溫病、溫瘧、風溫、風疫、中濕、風濕、濕溫、痓病、溫毒之名;卷七論痰證、食積,虚煩,脚氣,與《傷寒》相似;卷八論發熱;卷九論惡寒;卷十論結胸與痞;卷十一論欬逆;卷十二、十三論藥證;卷十四、十五雜方;卷十六婦人傷寒;卷十七論小兒傷寒;卷十八論小兒瘡疹。《直齋書録解題》、《文獻通考》、《宋史藝文志》皆著於録。

《四庫》未收,阮文達亦未進呈。吴勉學《醫統正脈》所刊分二十二卷,首題"增注無求子傷寒類證南陽活人書",與此不同,非原書也。案,肱字翼中,自號無求子,歸安人。父臨,胡安定弟子,精於《春秋》。兄服,《宋史》有傳。肱,元祐三年進士,著有《酒經》,《四庫全書》著於録。建中靖國元年,官雄州防禦推官,知鄧州録事參軍,因日蝕地震上書,攻輔弼之失,并遺曾布書隨奏進呈。詔付三省,知不爲布所容,遂致仕歸。尋起爲醫學博士。政和元年,坐書東坡詩,謫達州。明年,提舉洞霄宫,寓居杭州之西湖,官至朝奉郎直秘閣。肱善論醫,尤深於《傷寒》。在鄧州時,太守盛次仲疾,召肱視之,曰小柴胡湯證也。自煮以進,二服遂安。見《通鑑長編》、《紀事本末》、《泊宅編》、《談鑰》、《吴興志》、《酒經序》、《直齋書録解題》。據肱自序,京師、湖南、福建、兩浙先有印本,錯誤頗多,政和八年重爲參詳,鏤板杭州大隱坊,故曰"重校證"云。《直齋》當據杭州刊本著録,故亦分十八卷。《郡齋讀書志》"二十卷",當據别本著録。《宋志》、《通考》又以《郡齋》爲藍本耳。原名《無求子傷寒百問方》,大觀中武夷張蒧爲易今名。南陽,仲景里貫。"活人"者取華佗語也。肱爲安定再傳弟子,以抗直忤時相,恬於仕進。《湖州府志》列之"藝術",淺之乎視肱矣。

【醫賸】卷上　《活人書》,宋樓鑰攻媿序《增釋活人書》王作肅著云"嘗聞之老醫京師李仁仲之子云:前朝醫官,雖職在藥局方書,而階官與文臣(問)[同]。《活人書》既獻於朝,蔡師垣當軸,大加稱賞,即令頒行,而國醫皆有異論。蔡公怒,始盡改醫官之稱，不復與文臣齒"。樓之言如此，宜乎世之言傷寒者，至知有《活人書》，而不知有長沙之書也。及明陶節菴《六集書》出焉，又至并《活人書》而無知者。今如斯邦，天下莫不知有長沙之書而讀焉，然而其微言大義殆熄矣。

注：按朱肱《活人書》進表，張蕆序，《讀書後志》，《文獻通考》，《宋志》俱云"二十卷"，獨陳氏《解題》云"十八卷"。今考其傳存本，《百宋一廛賦》所載宋刊殘卷，止存十至十二，合三卷，每葉二十行，行十九字，不知其原卷幾。《愛日精廬志》及《鐵琴銅劍樓志》所載影宋重校證本，則十八卷，每半葉八行，行十五字。皕宋樓舊藏宋刊"重校證"本亦十八卷，其行款，《藏書志》云"每頁十二行，行十九字"，《題跋》云"每葉二十行"，未知孰是。明刊徐鎔本則二十卷。《開有益齋志》載宋刊《增注類證活人書》云：今合前、後、外集凡十九卷，明吳勉學所刊增注本，則二十二卷矣。按政和八年朱肱"重校自序"云"《活人書》，京師、成都、湖南、福建、兩浙，凡五所印行。惜其不曾校勘，錯誤頗多。遂取善本，重爲參詳，命工於杭州太隱坊鏤板，作中字印行"云云，則知此書政和中已有數刊。逮於淳熙，程迥亦云"今建州、饒州民間各刊舊本，池州公庫刊校正本，然二本互有得失"。其後南宋中所刻，雖不知共有幾，當亦不尠也。其間亦有併析卷帙者，推而可知而已。要而言之，朱肱原本則爲二十卷，其十八卷本蓋係後人所併。而據《解題》所言，考其併爲十八卷，當在端平以前矣。至於吳氏《醫統》本，《訪古志》已云：此本二十卷論小兒傷寒，二十一卷論小兒瘡疹。然俱卷頁寥寥，與他卷不同，或是後來所分。第二十二卷載李氏"十勸"、與卷首"釋音"以下三篇，俱後人所附云云。此說爲是，但未知作肅之原本爲幾卷也。今取諸本，較其卷目異同，一括錄於下，以備易覽云。

卷	徐鎔本	醫統本	傷寒辨註	儀顧堂宋本	備考
一	經絡圖問一至六	同上	設爲一百一問	論經絡	
二	脈穴圖問七至十二	同上		論切脈	
三	表證等問十三至十七	同上		論表裏	
四	陰證等問十八至三十	同上		論陰陽	
五	冬傷寒等問三十一至三十七	同上		論治法	
六	脈浮等問三十八至五十一	同上三十八至五十		論傷寒、傷風、熱病、中暑、溫病、溫瘧、風溫、風疫、中濕、風溫、濕溫、痓病、溫毒之名。	徐鎔本"五十一問，初春病人發斑"云云。《醫統》本作"又五十"，不作"五十一"，故徐鎔本較《醫統》本增一問，合爲一百零一問也。
七	憎寒等問五十二至五十五	同上五十一至五十四		論痰證、食積、虚煩、腳氣與傷寒相似。	

續表

卷	徐鎔本	醫統本	傷寒辨註	儀顧堂宋本	備考
八	發熱等問五十六至六十三	同上五十五至六十二		論發熱	
九	惡寒等問六十四至七十五	同上六十三至七十四		論惡寒	
十	心下緊滿等問七十六至八十七	同上七十五至八十六		論結胸與痞	
十一	咳逆等問八十八至一一百零一	同上八十七至一百		論欬逆	
十二	正方一至二十九	同上	纂桂枝湯等一百一十二方	論藥證	
十三	正方三十至四十七	同上			
十四	正方四十八至七十九	同上四十八至八十		雜方	《醫統》本六十九"桂枝附子湯",徐本缺之,故減一方。按徐本目錄,卷十二下題云"以下一百十三方係正方",而所載正方實止一百十二方,即似《醫統》本爲是。
十五	正方八十至一百一十二	同上八十一至一百一十三			
十六	雜方一至二十四	同上	自升麻湯起,至麥門冬湯止,共一百二十六方,此採《外臺》、《千金》、《聖惠》等方以補仲景之未備。	婦人傷寒	
十七	雜方二十五至六十三	同上		論小兒傷寒	
十八	雜方六十四至一百二十六	同上		論小兒瘡疹	
十九	婦人傷寒一至四十	同上 一 至 四十一	論婦人傷寒,復繼以小兒痘疹。		《醫統》本二十六"伏龍肝散",徐本缺之,亦減一方。按徐本目錄,卷十九下題云"以下計四十一方係正方",而所載正方止有四十方,亦似《醫統》本爲是。
二十	小兒傷寒一至十五瘡疹十六至三十三	小兒傷寒一至十五			
二十一		小兒瘡疹十六至三十三			
二十二		傷寒十勸			

據此觀之,汪琥《辨註》所據,亦與徐本同。而儀顧堂宋本,不啻卷帙狹少,其五、六、七、十二、十三諸卷,似與他本不同,惜乎余未見其本,而不能斷其是非也。幸哉,其本現藏於東京靜嘉堂,因余欲更期他日,訪閱其本,以釋此疑云。

又按,《開有益齋志》所載宋刊《增注類證活人書》,即謂"《前集》十卷,《後集》五卷,《活人外書》三卷",其非朱氏之舊,不待言而知之矣。且云"《後集》析爲《百問》,有建寧通守錢聞禮目次,湯尹才序,外書十三篇,一百四十五方,信陽軍管幹王實編示"云云,蓋知後人妄輯諸家之說,揭以肱書之名者,要出俗手而已。

又按,民國十二年北京中醫學社所刊《醫統正脈全書》,其所收《類證活人書》,亦分爲二十二卷。然其分門,自卷一"中風"起,至卷二十二"遺滑"止,凡六十二問,其間一無言及傷寒者,即與明本全異,而不知其所從來。目錄首題"閩間無求子林慕莪山人著述",每卷首但署"無求子著"四字。前有紹興元年甲戌仲秋朱元祐序。所謂林慕莪、朱元祐,並無可考。按其書中有濕、燥、火、氣、血諸門,其爲明以後人所僞撰,殆無疑矣。且考南宋紹興元年即爲辛亥,庚戌即其前年也,疑即僞作朱序者偶誤之歟。要之,此本雖襲《醫統正脈全書》之名,實似未見吴勉學原刊,而漫採雜書以充其數而已。不啻無益於學海,其毒世害人,貽誤於後世,當有不可測知者。噫,惡書之害毒,豈可不歎乎哉。

(三)序跋

1. 活人書序武夷張蒧

余頃在三茅,見無求子《傷寒百問》,披而讀之,不知無求子何人也。愛其書,想其人,非居幽而志廣、形愁而思遠者,不能作也。惠民愛國,不見施設,游戲藝文,以閱歲月者之所作乎。逃世匿跡,抗心絕慮,灌園荒丘,賣藥都市之所作乎。顛倒五行,推移八卦,積功累行,以就丹竈者之所作乎。不然,則窮理博物,觸類多能,東方朔者耶。浩歌散髮,採摭方技,皇甫謐者耶。周流人間,衛生救物,封君達者耶。前非古人,後無作者,則所謂無求子者,余不得而知也。三茅三年,挾冊抵掌,未嘗停手,所藉以全活者,不知其幾人也。惜其論證多而說脈少,治男子詳而婦人略。銖兩訛舛,升匊不明,標目混淆,語言不通俗,往往閭閻有不能曉者,此余之所以夙多歉然者也。今秋遊武林,邂逅致政朱奉議,泛家入境,相遇於西湖之叢林,因論方士。奉議公乃稱賈誼云,古之人不在朝庭之上,必居醫卜之中。故嚴君平隱於卜,韓伯休隱於醫。然卜占吉凶,醫有因果,不精於醫,寧隱於卜。班固所謂"有病不治得中醫",蓋慎之也。古人治傷寒有法,治雜病有方。葛稚川作《肘後》,孫真人作《千金》,陶隱居作《集驗》,玄晏先生作《甲乙》,率諸方書。其論傷寒活法者,長沙太守一人而已。華佗指張長沙《傷寒論》爲"活人書",昔人又以"金匱玉函"名之,其重於世如此。然其言雅奥,非精於經絡,不可曉會。頃因投閒,設爲對問,補苴綴緝,僅成卷軸,因出以相示。然後知昔之所見《百問》,乃奉議公所作也。因乞其繕本,校其詳略,而《傷寒百問》十得五六,前日之所謂歉然者,悉完且備。書作於己巳,成於戊子,增爲二十卷,釐爲七冊,計九萬一千三百六十八字。得此書者雖在崎嶇僻陋之邦、道途倉卒之際,據病可以識證,因證可以得方,如執左契,易如反掌,遂使天下傷寒無横夭之人,其爲饒益,不可思議。昔樞密使高若訥作《傷寒纂類》,翰林學士沈括作《别次傷寒》,直秘閣胡勉作《傷寒類例》,殿中丞孫兆作《傷寒脈訣》,蘄水道人龐安常作《傷寒卒病論》,雖互相發明,難於檢閲,比之此書,天地遼落。張長沙南陽人也,其言雖詳,其法難知。奉議公祖述其説,神而明之,以遺惠天下後世,余因揭其名爲《南陽活人書》云。大觀五年正月日敘。

2. 青詞

竊以神農嘗藥,伊尹論方。證順陰陽,雖克求於民瘼;時無疫癘,蓋有賴於神明《醫統》本"明"作"休"。瞻彼旻穹《醫統》本"旻"作"旻",哀此黎庶。伏念(臣)浪遊東土,空閲流光。(箧)[蔑]聞經國之謀,端議濟人之術。冥冥長夜,憐横死之無辜;斷斷窮年,矧餘生之多病。自朝及夕,考古驗今。首尾幾二十一年,前後僅九萬餘字。焦心皓首,絶筆青編《醫統》本"絶"作"編",原其微功,實自潛祐。屬或書之將上《醫統》本"或"作"成",爰奏牘以先天。恭即蘭場,肆陳醮席。冀九清之降鑒,祈萬寓於康寧《醫統》本"寓"作"宇"。仰獲證明,庶傳永久。(臣)無任懇禱之至。

3. 進表

(臣)聞鍾山非矯,幽人躡屩《醫籍考》"屩"作"屩"於深林;衡岳雖遙,志士獻書於北闕。蓋行藏之有數,非狂狷所能知。中謝伏念。(臣)出自蔀屋之微,嘗奉大廷之對。昔爲冗吏,今作閑人《醫統》本"閑"作"閒"。乃因三餘,著成《百問》。上稽伊尹《湯液》之論,下述長沙經絡之文。詮次無差,搜羅殆盡。從微至著,蓋不可加。亘古及今,實未曾有,載在簡冊,圖之丹青。思欲膠口而不傳,大懼利己而無益。恐先朝露,虚棄寸陰。學古入官,既無裨於國論;博施濟衆,庶或廣於仁風。伏惟皇帝陛下,經緯之文,出自天縱;紀綱之治,成於日躋。疆宇開拓於版圖,弦歌洋溢乎天下。棲神内景,屬意生民。收拾人材,凡片善寸長,皆有所用;勤卹民隱,雖沉痾垂老,各安其居。玉燭亘天以流離,朱草填廷而委積。湛恩滂沱《醫統》本"沱"作"沛",溫詔下寧。致茲丘園一介之愚,亦效涓埃萬分之助。蒇明大道,敷奏彌文。楊雄所懷以既章,蔡澤没齒而無憾。重惟道途修阻,巾笈護持,未免客嘲,焉令鬼泣。顧因果之有在,茲俯仰而不憖。儻合宸衷,自讋輿議《醫統》本"輿"作"與"。特羈縻於丹竈《醫統》本"羈"作"羈",徒景仰乎公車。謹遣男遺直,賫(臣)所撰書一函八册,共二十卷,躬詣檢院,投進以聞。委有觀采,伏乞宣付國子監,印造頒行。如臣植淺陋,違戾於經,即乞委官參詳。然後布之天下,以福羣生。(臣)無任干天冒聖、激切屏營之至。政和元年正月一日,奉議郎致仕(臣)朱肱謹上。

4. 謝表

命渙絲綸,恩加田里。撫躬無狀,媿汗交流。中謝竊以彭澤拂衣,本非絶物;東山投褐,終以爲民。自古及今,非狂則狷。求之載籍,賴有斯人。伏念(臣)憂患餘生,棲遲末路,爰脱身於簪紱,遂晦跡於漁樵。流浪江湖,侵尋歲月。窮通有數,莫知説駕之由;出處何心,第顧倦遊而止。曉猿夜鶴,春韭秋菘。絶交幾近於矯情,苦晢未忘於匿怨。豈知聖世,率在周行。然而丘壑之志已堅,桑榆之光無幾。辭華衰落，素無翰墨之稱；趨操闊疏，誰借齒牙之論。偶緣著述，誤被選掄。特起於五湖寂寞之濱，置之在三墳討論之地。未知一可，先閱兩官。不期投老以偷安，乃復彈冠而再仕。此蓋伏遇皇帝陛下，發明道術，游戲藝文，欲稽上古之書，覃及衛生之士。肇新學校，爰擇師儒，豈容幽人，而在此選。（臣）敢不隨緣應世，與物爲春。消息有時，雖佩山公之語；始終一節，難逃俗士之譏。

5. 謝啟

命出於中，恩歸有自。藝成而下，唯濟生可以無嫌；祿在其中，苟爲貧有何不可。如肱者，瞿聃遮眼，醫卜藏身。十載投閑，憐桑麻之已長；一朝就列，媿松菊以難存。方將穿墨池以灌園，安丹竈而息火。掃除伎倆，陶汰因緣。不虞湯液之言，偶合春秋之法。道俗交慶，魚鳥亦驚。龍光衹荷於殊恩，陶冶實資於大化。此蓋伏遇太師相公，無心造物，有意爲民。以人物升沈爲深憂，以世諦俯仰爲可媿。苟有一得，不問其他。致茲流落之餘，亦在使令之數。敢不激昂晚節，箠策下愚。稽首稽心，豈特平日之師仰；斷臂抉目，蓋將投老以依歸。

6. 重校自序

僕乙未秋以罪去國，明年就領宮祠以歸。過方城，見同年范內翰云，《活人書》詳矣，比《百問》十倍，然證與方分爲數卷，倉卒難檢耳。及至濉陽，又見王先生，《活人書》京師、成都、湖南、福建、兩浙，凡五處印行。惜其不曾校勘，錯誤頗多。遂取繕本，重爲參詳，改一百餘處，命工於杭州太隱坊鏤板，作中字印行，庶幾緩急易以檢閱。然方術之士，能以此本游諸聚落，悉爲改證，使人讀誦，廣說流布，不爲俗醫妄投藥餌，其爲功德，獲福無量。政和八年季夏朔，朝奉郎提點洞霄宮朱肱重校證。

7. 來復重刊序

以醫爲幻則末，以醫爲真則非末。醫止一人之身用則小，以之爲天下人用則非小。余不佞非知醫者，顧嘗私謂，百家之技，惟此近真，擴而大之，可以免夭沴之患。家居題其藥室云：以羲皇之心手，運堯舜之事功，誰窮誰達；將孔孟之乾坤，躋羨期之壽命，何已何人。十餘年託志如此，茲以往功疏矣，亦不復言此道矣。所批校諸方書頗多，半爲人索去。丙辰入都，偶攜數種，以備查稽，《活人書》其一也。侍御張覺菴先生、民部王任吾先生，見而嘉賞之，遂約同鄉諸薦紳先生見住長安者，各捐金命工，不數月告成。此書行而仲景之心法明，即《內》、《難》之奧旨明。窮鄉鄙邑，按條檢方，詳方治病，傷寒雜證，一以貫之。其有補於世道，既偉且久矣。海內人士，倘讀此有得，以之治療獲驗，尚其念諸薦紳先生之功。是編經徐春沂鎔與不佞復考纂，又共社友胡含素廷器、梁君晉希、淵君土應圻、家弟馭仲臨校正，庶幾無大訛謬，觀者鑒其苦心。關中來復陽伯甫謹識。

8. 南陽活人書

自朱紫陽訓醫爲小道，儒者率卑瑣置之而不談。不談則不習，習醫而獲名□者，皆業儒不成者也。然一旦疾病，則延素所於瓅者，不□□□貲，託生□以尊禮之。夫□□於託生□，醫非小道矣。惟夫緩急，卒不可倚。於是舉世惑厭，謂□命自天,而藥餌真屬可有可無之物,即取而用之,不過曰謂其能療疾苦耳。若然則以爲小道,亦宜不去,命益難言矣。□吾命當生,非藥□能生也,則吞毒藥亦可以不死耳。□世賢智之儒,不深究詰,委身庸愚,□投金石草木。或輕信而自戮,或勢□而咎尤,□知一定之難挽,不思人□有缺。或以吾宣聖準之,其□□淳言曰,有命、命矣者之類。似乎夭壽脩短,不可強者,顧何以必慎疢也,不輕嘗藥也,誅□止以弒也。至子輿氏,亦以立巖牆下爲不知命,寔後先同旨。若夫人生此□□□之蒼茫,而毫不能移,則疾不必慎,而藥可漫嘗矣,□止孝而巖牆下可立矣。由是則軒岐□□,神農在矣,伊尹冀仲鑿矣。箴砭刀圭、湯液醪醋之事,一切可□矣,何以古今相沿必設也。若夫□取療疾苦之言,亦不經見。天□間六滄七情之所發動,輕則疾苦,重則危殆。能得治法與治之先時,危殆化而爲疾苦;不得其治法與治之後時,疾苦轉而爲危殆。豈有二哉。不佞素不□薄醫爲方技,近與吾鄉陽伯氏按□□,其論議先得我心之同,然及覩評校諸醫籍,合數十部,而此書其一。其言曰,世間真醫難,能校讐醫籍者等難。正言業儒者多不諳醫也。陽伯所推□□百載醫不數人物之不詭於□□者爲是。南陽之仲景,闡《內》、《難》者也。有宋之奉議,闡南陽者也。《內》、《難》之體具,俟南陽而用彰。南陽之辨精,得奉議而理暢。倘是書不出,即成斷擾之明理歟。夫河間、戴人諸書,俱無以因襲矣,矧近代種種剽竊之僞書乎。然則南陽軒岐之曾□,奉議南陽之功臣,學者循此真派,以見古人面目。而篇中一二少悖之□疵,自可變而通之矣。陽伯今通籍宦□,頗厭離此道。余懼其久而佚□,謀於鄉紳,慨然同好,遂醵資付梓,以廣其傳。乃陽伯則自有遠且大者,無俟此爲名高也。萬曆丙辰歲陽月之吉,勑封文林郎前欽差巡按浙江等處貴州道候補江西道監察御史關中張惟任譔。

(四)刊本及鈔本

1. 宋刊本

【四庫書目邵注】卷十 《重校證活人書》十八卷,宋朱肱撰。蔣生沐有宋刊本。

【百宋一廛書錄】《重校正活人書》,《直齋書錄解題》云:《南陽活人書》十八卷,朝奉郎直秘閣吳興朱肱翼中撰。以張仲景《傷寒方論》各以類聚,爲之問答。今此宋刻題曰"重校正活人書"。書中問答,正與《直齋》所云合。止存十、十一、十二,三卷。紙潔墨瑩,印本亦在宋時,卷首有"鳴篪"一印,卷末有"子子孫孫其永保用"一印。雖未知其人,亦久以此書爲珍秘矣。

【百宋一廛賦】《殘本重校正活人書》,每半葉十行,每行十九字。所存十至十二,凡三卷。《書錄解題》云,《南陽活人書》十八卷,朝奉郎直秘閣吳興朱肱翼中撰。以張仲景《傷寒方論》,各依類聚,爲之問答也。晁氏《讀書志》云"二十卷",今未知孰是。

【求古居宋本書目】《傷寒活人書》十八卷。缺第一卷。九册。

【求古居宋本書目攷證】目有賦無者七十五種 《傷寒活人書》,一種九册,一種一册。賦有者一册,止云《活人書》。

【藝芸精舍宋元本書目】宋本　《活人書》十八卷

【皕宋樓藏書志】卷四十五　《重校證活人書》十八卷。宋刊宋印本。宋朱肱撰。按《直齋書録解題》著録"十八卷"，與此本合。《郡齋讀書志》及"進表"皆云"二十卷"，未知何故。次引政和八年朱肱重校序、進表、謝表（文無）、謝啟（文無）。《（羣）［郡］齋讀書志》、《書録解題》，今并略之。

按，此南宋刊本，每頁十二行，每行十九字，版心有刻工姓名，每卷有目，連屬篇目，有兼藏書記白文方印。《百宋一廛》祇有殘本三卷，此本惟首卷影抄補，餘完善，真罕覯之秘笈也。

【儀顧堂題跋】卷七　《宋板南陽活人書跋》。《重校證活人書》十八卷，宋朱肱撰。宋刊本。前有肱自序、進書表、青詞、謝啟，後有肱後序。每葉二十行，每行十九字，每卷各有小序。下略，見於"考證"下。

【静嘉堂國書分類目録】《重校證活人書》十八卷，宋朱肱撰。宋刊（首卷補寫）。皕宋樓舊藏本。十冊。

2. 明正德十四年刊本

注：按徐鎔《活人書徵説》云，"歲甲辰，兩入秦中三原來星海陽伯甫宅，因覩正德十四年寧夏刻本九卷一冊"云云，其本未見有著録者。

3. 明徐鎔校刊本

【杏雨書屋圖書假目録】《南陽活人書》二十卷。宋朱肱撰，明徐鎔校。明刊。四冊。

【北京人文科學研究所藏書目録】《南陽活人書》二十卷，宋朱肱撰。明萬曆十九年徐鎔校刊本。一函，六冊。

【中國醫學書目】《南陽活人書》二十卷，八冊。九行二十字，框横十三・五釐，縱十八・六釐。朱肱著。來復批，徐鎔重校。明萬曆刊本。南陽活人書序，張惟任，萬曆二十四年。活人書序，張蕆，大觀五年。鄉紳諸公助刊姓氏末附來復序。青詞、進表，政和元年正月一日朱肱謹上。謝表、謝啟、後序，朱肱，大觀元年。重校證序，朱肱，政和八年。末附木記曰"萬曆十九年季春朔徐鎔重校"。南陽活人書徵説。活人書目録。

4. 鈔本

【愛日精廬藏書志】卷二十二　《重校證活人書》十八卷。影寫宋刊本。宋朱肱撰。《直齋書録解題》著録"十八卷"，與此本合。《郡齋讀書後志》及"進表"皆云"二十卷"，未詳孰是。下引朱肱重校序、進表、《讀書後志》、《書録解題》，今并略之。

【鐵琴銅劍樓書目】卷十四　《重校證活人書》十八卷。影鈔宋本。宋朱肱撰并序。前有進書表、謝表、謝啟。案《書録解題》云：肱字翼中，吳興人，本號無求子。《傷寒百問方》，武夷張蕆作序，易此名。晁氏《讀書志》所載亦合，惟作"二十卷"。《文獻通考》亦作"二十卷"，惟《書録解題》卷數與此本同。而此本進書表亦云"二十卷"，刻時當有删併，故少二卷也。政和八年刊於杭州大隱坊。每半葉八行，行十五字。嚮藏邑中孫氏。卷中有"天真閣"朱記。

【四庫書目邵注】卷十　《重校正活人書》十八卷,宋朱肱撰。張目有影宋抄本。

【郘亭知見傳本書目】卷八　《重校正活人書》十八卷。昭文張氏有影宋鈔本。

5. 未詳本

【寶書閣著錄】　《重校正活人書》十八卷,宋朱肱撰。

【東醫寶鑑】歷代醫方　《活人書》,宋朱肱所著,號無求子。

二十五、增釋南陽活人書

【樓鑰攻媿集】增釋南陽活人書序　無求子朱公肱,士夫中通儒也,著《南陽活人書》,尤爲精詳。吾鄉王君作肅,爲士而習醫,自號誠菴野人,以《活人書》爲本,又博取前輩諸書凡數十家,手自編纂,蠅頭細字,參入各條之下,名曰《增釋南陽活人書》,可謂勤且博矣。

(一)考證

【儀顧堂題跋】卷七明刊類證傷寒活人書跋　《增注無求子類證傷寒活人書》二十二卷,明吳勉學《醫統正脈》刊本,以宋本校之,前多"釋音"四葉、"傷寒藥性"四葉、"目錄"十六葉。又引《素問》、《靈樞》、《難經》、仲景諸家之說爲之註。有雙行註者,有低二格雙行列於各條後者。肱有自註,與增註不分,大約不引舊說者爲肱自註,其引舊說者皆增註也。卷一至十一,分卷與宋本同。卷十三、十四、十五,即宋本之卷十二、十三也。卷十六、七、八,即宋本之卷十四五也。卷十九,即宋本之卷十六。卷二十,即宋本之卷十七。卷二十一,即宋本之卷十八。其卷二十二,爲李子建"傷寒十勸",非肱所著。與卷首之"釋音"、"藥性",皆後人所增也。增注出何人之手,明刻不著其名。查樓鑰《攻媿集·增釋南陽活人書序》曰:無求子朱公肱,士夫中通儒也,著《南陽活人書》。吾鄉王君作肅,以《活人書》爲本,博取前輩諸書凡數十家,手自編纂,參入各條之下,名曰《增釋南陽書》。據此,則此本爲王作肅所輯,當改題曰"吳興朱肱撰,四明王作肅增註",則得其實矣。

【醫籍考】一千一百七十六頁　按《醫統正脈》所輯《增註類證活人書》,不記成乎誰手。今考諸樓氏此序,即知王作肅所撰,唯作"增釋"爲異耳。

【經籍訪古志】卷七　《增注類證活人書》二十二卷。明吳師古刊本,收在《醫統正脈》中。按朱氏"進表"及"張蔵序",是書原本二十卷,乃與《宋志》所載合。但《書錄解題》作"十八卷",豈其所見本逸"婦人"、"小兒"兩卷乎。今此本分爲二十二卷,固非朱氏之舊,然每卷小序,詳言卷義例,則似亦非後人妄析者。考《陳造集》載是書跋云:愛而讀之,《百問》十一卷,略能上口。因檢此本,第一卷至十一卷設爲百問,與陳氏所言相符。"活人書括傷寒兩感歌"引《活人書》五卷,序亦與此本合。汪琥又稱凡二十卷,末後第十九、二十卷論婦人傷寒,復繼以小人瘡疹。此本二十卷論小兒傷寒,二十一卷論小兒瘡疹,然俱卷頁寥寥,與他卷不同,或是後來所分。據汪氏之言,併爲一卷,則殆與原本之數合。若其第二十二卷載李氏"十勸",與卷首"釋音”已下三篇，俱後人所附。此本目錄既題“續增”而不記卷數，則實全書之外耳。要之，是書雖經後來增修，而其編次體例，猶存朱氏之舊觀，與元明人校前代方書，改易竄亂、失作者本意者迥異矣。

柳洪先生跋曰：右本不記成於誰手，而莫從考也。頃讀樓大防《攻媿集》，有《增釋南陽活人書序》，稱同鄉誠菴野人王作肅所編。乃考諸是書，其言鑿鑿相符，則知實係王書，唯“增注”作“增釋”爲異耳。吳師古輯入《正脈》中，何以削其名字，豈當時所見原本脫之歟。今錄大防序於卷首，以諗後之覽者。

（二）序跋

增釋南陽活人書序宋樓鑰

世以醫爲難，醫家猶治傷寒爲難。仲景一書，千古不朽，蓋聖於醫者也。本朝累世篤意好生，務使方論著明，以惠兆庶，積而久之，名醫輩出。如蘄春之龐，泗水之揚，孫兆、張鋭諸公，未易悉數。無求子朱公肱，士夫中通儒也。著《南陽活人書》，尤爲精詳。吾鄉王君作肅，爲士而習醫，自號誠菴野人。以《活人書》爲本，又博取前輩諸書，凡數十家，手自編纂，蠅頭細字，參入各條之下，名曰《增釋南陽活人書》，可謂勤且博矣。自言暮齒駸駸，不欲爲私藏，將板行於世，來求一言。余好醫而不能學，與之論辨，皆有據依。學者可按而求，求而得其用，始知此書之爲有功也。然嘗聞之老醫京師李仁仲之子云：前朝醫官，雖職在藥局方書，而階官與文臣同。《活人書》既獻於朝，蔡師垣當軸，大加稱賞，即令頒行，而國醫皆有異論。蔡公怒，始盡改醫官之稱，不復與文臣齒。不知當時具論之詳，若許學士知可，近世推尊其術，《本事方》之外，爲《活人指南》一書，謂傷寒惟《活人書》最備，最易曉，最合於古典，余平日所酷愛。觀許公之言，則無求子所著，可輕訾乎。因併書之。《攻媿集》、《吳興藝文補》。《醫籍考》

（三）刊本

1. 宋刊本

【開有益齋讀書志】卷四　《增註類證活人書》，《前集》十卷、《後集》五卷，《活人外書》三卷。政和元年奉議郎致仕朱肱撰。此本分前、後、外集，亦無肱書後，乃未合證與方爲一之本。此本乃宋刻之極精者。詳見《南陽活人書》“考證”下

2. 明刊醫統正脈本

【叢書舉要】卷十二古今醫統正脈全書　《類證活人書》二十二卷，宋無求子。明金壇王肯堂宇泰輯，新安吳勉學刊。《叢書書目彙編》同

【皕宋樓藏書志】卷三　《增注類證活人書》二十一卷。明刊本。大觀元年正月日前進士朱肱序，武夷張蕆序，青詞。以上并引全文，今略之。

【儀顧堂題跋】卷七　明刊類證傷寒活人書跋。《增注無求子類證傷寒活人書》二十二卷。明吳勉學《醫統正脈》刊本。下略，詳見“考證”下。

【揚州吳氏測海樓藏書目錄】卷四　《類證活人書》二十二卷，宋朱肱。《古今醫

統正脈全書》,明王肯堂輯,萬曆年刊竹紙四十八本內。

【江蘇省立國學圖書館圖書總目】《類證傷寒活人書》二十二卷。《醫統正脈全書》第二十五至二十八冊。宋湖州朱肱。明新安吳勉學校刊本。

【中東鐵路圖書館圖書目錄】補編 《類證活人書》二十二卷,無求子著。見《醫統正脈全書》。

【聿修堂藏書目錄】《增註類證活人書》二十一卷,三冊。在《醫統正脈》中。宋朱肱著。

【寶素堂藏書目錄】《增注類證活人書》二十二卷。收在《醫統正脈》中。

【經籍訪古志】卷七 《增註類證活人書》二十二卷。明吳師古刊本,收在《醫統正脈》中。首有大觀元年朱肱自序,及政和八年重校證記。按自序一篇,與今本《百問》序文全同。"政和重校證記",考其文意,亦似朱氏校《百問》記,蓋舊附"百問序"後,後人誤混併序文冠於是書者歟。又有大觀五年張蕆序,政和元年朱肱進表、青詞及謝啟,次有釋音、辨誤、傷寒藥性。按"釋音"以下,後人所附,據目錄當置卷末。然《醫方類聚》引冠卷首,知舊本亦如此。目錄首題"增注無求子類證傷寒活人書",與每卷異。第二十一卷末記"秣陵吳鳴鳳重校"。以下略,詳見"考證"下。

【北京人文科學研究所藏書目錄】《增注類證活人書》二十二卷,宋朱肱撰。明吳勉學校刊本。一函四冊。

【中國醫學書目】《類證活人書》二十二卷,六冊。十行二十字,框橫十三·七釐,縱二十釐。吳勉學校。明板。類證活人書序,朱肱,政和八年。增注類證活人書序,張蕆,大觀五年。青詞,進表,朱肱謝啟,活人書釋言,增注類證活人書辨誤,目錄。

【續中國醫學書目】《增注類證活人書》二十二卷,四冊。十行二十字,框橫十三·七釐,縱二十釐。宋朱肱撰。明吳勉學校,萬曆二十九年刊,《醫統正脈全書》之內。類證活人書序,朱肱,大觀元年。附序重校證,朱肱,政和八年。增注類證活人書序,張蕆,大觀五年。青詞。進表,朱肱,政和元年。謝啟,增注無求子類證傷寒活人書目錄。活人書釋音。增注類證活人書辨誤。傷寒藥性。

注:按是書與《南陽活人書》少異,疑是據於王作肅《增釋南陽活人書》而所校者也。

3. 清代重刊吳勉學本

【揚州吳氏測海樓藏書目錄】卷四 《增注類證活人書》二十二卷,宋朱肱。明吳勉學校。清刊竹紙。四本一函。洋四元。

【中國醫學書目】《增注類證活人書》二十二卷,四冊。十行二十字,框橫十三·七釐,縱十八·三釐。吳勉學校。丙戌仲秋之月重刊。增注類證活人書序,朱肱,政和八年。增注類證活人書序,張蕆,大觀五年。青詞。進表。謝啟。增注類證活人書辨誤。目錄。增注類證活人書釋音。活人書論,徐大椿。

4. 江南製造局刊本

【浙江藏書樓甲編書目】《類證活人書》二十一卷,宋朱肱。江南製造局刻本。

【浙江公立圖書館通常類圖書目錄】《增注類證活人書》二十一卷,宋朱肱撰。附《傷寒十勸》一卷,李子建撰。清光緒十年製造局續刊本。四本。

【國立北京大學文科圖書館藏書目錄】 宋朱肱撰,《類(政)[證]活人書》二十一卷。四本。製造局本。

【清華學校圖書館中文書籍目錄】《類證活人書》二十二卷,二冊,朱肱(宋)。江南製造局印本。

【國學用書類述】《傷寒類證活人書》二十二卷,宋朱肱。江南製造局本。

5. 民國刊醫統本

【中國醫學書目】醫統正脈全書 《類證活人書》二十二卷,四冊,無求子著。"類證活人書序",朱元祐,紹興元年。目錄。

注:按此書與朱肱書全異,恐是後人之所僞作,事已辨於"南陽活人書考證"下。

6. 日本刊本

【享保以後大阪出版書籍目錄】《傷寒類證活人書》八冊,作者宋朱奉議,訓點者安部隆菴中之島常安町,板元伏見屋籐三郎高麗橋一丁目,出願享保十七年六月三日。

【杏雨書屋圖書假目錄】《南陽活人書》二十二卷,《增注類證活人書》宋朱肱撰,吳勉學校。寬政十一年刊。四冊。

7. 未詳本

【醫藏書目】明 【問經堂書目】【楝亭書目】清 【揚州吳氏測海樓藏書目錄】【山東圖書館書目】民 【寶素堂藏書目錄】【朝鮮總督府古圖書目錄】日

二十六、活人書括

【醫學源流】三十四 李知先,字元象,號雙鍾處士。宋孝宗乾道中人。撰《傷寒百問》,次韻成歌,便於記誦,因名曰《活人書括》。

【文淵閣書目】卷十五 《活人書括》一部一冊。闕。

【菉竹堂書目】卷五 《活人書括》一冊。

(一)序跋

自序

嘗觀論傷寒,自仲景而下,凡幾百家。集其書則卷帙繁挈,味其言則旨意微深。最至當者,惟《活人書》而已。余留心此書積有年矣,猶恐世醫未得其要領,於是撮其機要,錯綜成文,使人人見之了然明白,故目之曰《活人書括》。即一證作一歌,或言之未盡,則至於再、至於三。雖言辭鄙野,不能登仲景之門、升百家之室,然理趣淵源,幾於簡而當者矣。同志之士,茍熟而復之,藏於胸中,以之濟世,亦仁人之用心也。乾道丙戌端午日,隴西李知先元象於乎書。《醫籍考》

(二)傳本

【聿修堂藏書目錄】《傷寒類證活人書括》四卷,二冊。宣德癸丑遺本。宋李知先編。

【經籍訪古志】卷七 《類證傷寒活人書括》四卷。明宣德癸丑刊本,第三卷末缺,第四卷僅存一頁,聿修堂藏。宋雙鍾處士李知先元象編次。此本目錄有"宣德癸丑劉氏博濟藥室刊"識語。據而考之,此分爲四卷者,亦非李氏之舊面也。又熊宗立《活人書括指掌圖論》載李氏自序,此本缺逸,宜補錄。

【帝室和漢圖書目錄】《證類傷寒活人書括》,宋李元象編,宣德人。四卷,序例一卷。二冊。

【圖書寮漢籍善本書目】卷三 《證類傷寒活人書括》四卷。二冊,宋李知先撰。明刊本,目錄後有"宣德癸丑書林劉氏博濟藥堂刊行"一行,闕卷三第二十三葉以下及卷四兩冊。首有"梁輔山房"、"鹿有恒"、"多紀氏藏書印"、"躋壽殿書籍記"、"醫學圖書"、"大學東校典籍局之印"諸印記。《經籍訪古志》所載本。

二十七、活人書辨

【醫籍考】一千一百七十三頁 《程氏迥活人書辨》。佚。朱子曰:沙隨有《活人書辨》,當求之。《文集·偶讀漫記》

陳振孫曰:沙隨程迥可久,嘗從玉泉喻樗子方學,登隆興癸未科,仕至邑宰。及與前輩名公交游,多所聞見,故其論說頗有源流根據。《沙隨易章句解》

注:程迥傳,《宋史》卷四百三十七儒林七本傳略云:程迥字可久,應天府寧陵人。家於沙隨,靖康之亂,徙紹興之餘姚。年十五,丁內外艱,孤貧飄泊,無以自振。二十餘,始知讀書,時亂甫定,西北士大夫多在錢塘,迥得以考德問業焉。登隆興元年進士第,歷揚州泰興尉,改知隆興府進賢縣。迥嘗授經學於崑山王葆、嘉禾聞人茂德、嚴陵喻樗。所著有《古易考》、《古易章句》、《古占法》、《易傳外編》、《春秋傳顯微例目》、《論語傳》、《孟子章句》、《文史評》、《經史說諸論辨》、《太玄補贊》、《戶口田制貢賦書》、《乾道振濟錄》、《醫經正本書》、《條具乾道新書》、《度量權三器圖義》、《四聲韻》、《淳熙雜志》、《南齋小集》。卒官。朝奉郎朱熹以書告迥子絢曰:敬惟先德,博聞至行,追配古人,釋經訂史,開悟後學,當世之務又所通該,非獨章句之儒而已。曾不得一試,而奄棄盛時,此有志之士所爲悼歎咨嗟而不能已者。然著書滿家,足以傳世,是亦足以不朽。

二十八、錢氏傷寒百問方

【遂初堂書目】《傷寒百問方》

【宋史藝文志】 錢聞禮《錢氏傷寒百問方》一卷

注:錢聞禮傳,《醫學源流》,錢聞禮,宋季建寧府通判,作《傷寒百問歌九十三

首》,既以龍溪隱士湯尹才所撰《傷寒解惑論》刊附卷首,合爲一書。尹才,乾道時良醫也。

《古今醫統大全》卷一姓氏:錢聞禮,不知何郡人。宋紹興中爲建寧府通判,好醫方,尤精於傷寒,作《傷寒百問歌》行世。

注:按陳自鳴《管見良方》曰:政和間朱奉議肱爲《活人書》,後有錢倅、李氏剽竊作歌,目之曰《類證活人書》。《醫籍考》

附　傷寒百問歌傷寒百證歌

【文淵閣書目】卷十五　《傷寒百問歌》一部一册。闕。

【菉竹堂書目】卷五　《傷寒百問歌》一册

【古今醫統大全】卷一採摭諸書　《傷寒百證歌》,錢聞禮紹興間著。

【萬卷堂書目】卷三《類證增註傷寒百問歌》四卷,錢聞禮。

【醫藏書目】正法函目　《百問歌》三卷,錢聞禮。

【醫方類聚引用書目】　《傷寒百問歌》

(一)考證

【愛日精廬藏書志】卷二十二　《類證增注傷寒百問歌》四卷。元至大刊本。宋建寧府通守錢聞禮撰。案《至元嘉禾志》,紹興三十年梁克家榜有錢聞禮,未知即著是書者否。前一卷爲《傷寒解惑論》,宋龍溪隱氏湯尹才撰。是書《宋藝文志》、《文淵閣書目》俱著錄,分九十三類,每類括以七言歌訣,以便記誦。注亦頗爲詳核。下引詹序、湯序、韓序,今并略之。

(二)序跋

元詹子敬序

雜病有治法,傷寒無定方。蓋以其傳變於俄頃,非他疾比也。精是技者,曠千載惟張長沙一人。孫真人著《千金》,探賾鉤微,亦特於仲景法推廣之耳。宋宣和間,朱朝奉(肱)進《活人書》,及歸中途,猶有餘論,以是見盡美盡善爲難也。雖然,業醫者心誠求之,亦思過半矣。神聖工巧,則存乎其人。湯氏、錢公,作《解惑論》、《百問歌》,彙析條分,使用藥者如執兵捕寇,明指其巢穴掃清之,數君子之用心仁矣。蓋朱公(之)[乃]長沙太守之忠臣,錢倅又朱朝奉之忠臣也。(緊)[今]人之生,六氣不齊而七情汩之,苟失其養,則災生焉。世之醫者,以數君子之心爲心,善用其書,使含靈不至夭枉,同躋壽域,其仁豈不博哉。市肆刊書,節略舛訛,藥方又闕繫最重者,曹君仲立目擊斯敝,取而精刻之,惟恐是書誤人之披閱也。迹其存心,又數君子之忠臣矣,可不謂賢乎。仲立冀人,隨其伯父遊宦江南,撫其弟而教之,下翅猶己子,以慰其伯父地下之靈,此尤人之所難能。蓋薰陶唐氏之遺風,其所漸深矣,不賢而能如是乎。予故樂書之,且以敦薄俗。元至大已酉臘月圓日,武夷詹清子子敬序。《愛日精廬藏書志》、《皕宋樓藏書志》

(三)刊本及鈔本

1.元刊本

【孫氏書目内編】卷二 《傷寒百問歌》四卷,宋錢聞禮撰。前《傷寒解惑論》一卷,宋湯尹才撰,元至大己酉刊本。

【平津館鑒藏書籍記】卷一元板 《類證增注傷寒百問歌》四卷。卷一爲《傷寒解惑論》,前有乾道癸未湯尹才序。《解惑論》即尹才所撰,末有淳熙壬寅韓玉跋。卷二以下爲《傷寒百問》,題"建寧府通守錢聞禮撰",前有"至大己酉武清詹清子子敬序"。此書爲曹仲立取湯、錢兩書合刻,詹氏序而行之。黑口版巾箱本,每葉廿二行,行廿一字。

【愛日精廬藏書志】卷二十二 《類證增注傷寒百問歌》四卷。元至大刊本。宋建寧府通守錢聞禮撰。下略,詳見"考證"下。至大己酉臘月圓日武陵詹清子子敬序。乾道癸未中秋日龍溪隱士湯尹才謹序。淳熙壬寅孟夏望日韓玉書。以上三序跋,并引其全文,今皆略之。其詹序見於"序跋"下。湯序、韓跋俱見於《解惑論》"序跋"下。

【四庫書目邵注】卷十 《類證增注傷寒百問歌》四卷,宋錢聞禮撰。張目有元至大刊本。平津館亦有此書。卷一爲湯尹才《傷寒解惑論》,卷二以下爲《傷寒百問》。至大己酉詹氏序稱,曹仲立取湯、錢兩書合刻。

【善本書室藏書志】卷十六 《類證增注傷寒百問歌》四卷。元刊本。張蓉(塘)[鏡]藏書。建寧府通守錢聞禮撰。前有乾道癸未中秋日龍溪隱士湯尹才序,又淳熙壬寅夏韓玉序。皕宋樓藏爲影元鈔本,前有至大己酉臘月圓日武夷詹清子子敬序,此本闕。張月霄案《至元嘉禾志》,紹興三十年梁克家榜有錢聞禮,未知即此人否。卷一爲《傷寒辨惑論》。餘分九十三類,每類括以七言歌訣,以便記誦,注亦詳核。後有女士席佩蘭題字。蘭字道華,號浣雲昭文人,同縣孫原湘室,工詩,曾受業吾鄉袁隨園之門。又有"曾藏張蓉鏡處"一印。

【八千卷樓書目】卷十 《傷寒百問歌》四卷,宋錢聞禮撰。元刊本。

【宋元本行格表】卷下十一行 元本《類證增注傷寒百問歌》。廿一字。四卷。黑口巾箱本,平津館記。此書見於別下齋蔣氏,系元至大本,上下黑口,敘中綱目,皆有黑燕尾。有季氏一印。

【盋山書影】元本第二輯 《類證增注傷寒百問歌》四卷。張蓉(塘)[鏡]藏書。丁志云,前有乾道癸未龍溪隱士湯尹才序,又淳熙壬寅夏韓玉序。卷一爲《傷寒辨惑論》。餘分九十三類,每類括以七言歌訣。全書七十八葉,版匡高營造尺五寸八分,寬八寸。半葉十一行,行二十一字,小字雙行。

【江蘇第一圖書館覆校善本書目】 《類證增注傷寒百問歌》四卷,二冊,宋錢聞禮。元刊本。張蓉(塘)[鏡]藏書。有"曾藏張蓉鏡家"、"味經書屋收藏"、"虞山張氏"、"張蓉鏡"、"蕘圃"、"丕烈"等印,卷末有海虞女士道華佩蘭假讀識跋。有鈔配。

【江蘇省立國學圖書館圖書總目】 《類證增注傷寒百問歌》四卷,二冊,宋錢聞禮。元刊本。有"曾藏張蓉鏡家"、"味經書屋收藏"、"虞山張氏"、"張蓉鏡"、"蕘圃"、"丕烈"諸印。

【觀海堂書目】父字號　《傷寒百問歌》四本四卷。元本。

【故宫博物院書目】《類證增註傷寒百問歌》,錢聞禮。四卷,四冊。元刊本。

【聿修堂藏書目録】《類證增註傷寒百問歌》四册。至元己酉曹仲立刻本。

【杏雨書屋圖書假目録】《類證增註傷寒百問歌》四卷,宋錢聞禮撰。元刊。四冊。

2. 明初刊本

【經籍訪古志】卷七　《類證增注傷寒百問歌》四卷。明初刊本。聿修堂藏。首有至大己酉詹清子子敬序七行,行十四字及目録。第一卷載湯尹才《解惑論》,第二已下每卷首署"建寧府通守錢聞禮撰"。每半版十一行,行二十一字,注雙行,無刊行歲月。今審初明人從至大刊本重彫者。寶素堂又藏舊鈔本,行款一與此同。又有萬曆壬子劉龍田刊本,題"清邑後學杏泉雷順春集録",蓋坊刻也。按是書載湯尹才《解惑論》,恐非錢氏之舊。據詹子敬序,則至大刊行之際,附刻是書者歟。

【帝室和漢圖書目録】《類證增注傷寒百問歌》,宋錢聞禮。明板。四卷,四冊。

【圖書寮漢籍善本書目】卷三　《類證增注傷寒百問歌》四卷,四冊,宋錢聞禮撰。明初刊本。前有至大己酉詹清子序。每冊首有"多紀氏圖書記"、"躋壽殿書籍記"、"醫學圖書"諸印記。《經籍訪古志》所載本

注:按《留真譜新編》卷八所載,當即此本之書影矣。然《聿修堂志》所載元刊本,疑亦此本歟。

3. 明萬曆刊本

【聿修堂藏書目録】《類證增註傷寒百問歌》四卷,二冊。萬曆壬子梓行。宋湯尹才著,錢聞禮注。

【經籍訪古志】卷七　《類證增注傷寒百問歌》四卷。明初刊本。又有萬曆壬子劉龍田刊本,題"清邑後學杏泉雷順春集録",蓋坊刻也。

【内閣文庫圖書第二部漢書目録】(特)　《傷寒百問歌》,宋錢聞禮,明雷順春校,萬曆四十年刊。四冊。《傷寒百問歌》,同上。萬曆四十年刊。二冊。

4. 鈔本

【皕宋樓藏書志】卷四十六　《類證增注傷寒百問歌》四卷。影元抄本。宋建寧府通守錢聞禮撰。元至大己酉臘月圓日武夷詹清子子敀序,乾道癸未中秋日龍溪隱士湯尹才謹序,淳熙壬寅孟夏望日韓玉書。以上"序跋"并引全文,今略之。

張氏金吾曰:案《至元嘉禾志》注,亦頗爲詳核。

【静嘉堂國書分類目録】《傷寒百問歌》四卷,宋錢聞禮撰。寫(影元)十萬卷樓舊藏本。一冊。《秘籍志》

【寶素堂藏書目録】《類證增注傷寒百問(類)[歌]》四卷,二冊。古鈔本。宋錢聞禮。

5. 未詳本

【近古堂書目】卷六　《傷寒百問歌》

【絳雲樓書目】卷三　《傷寒百證》,南宋錢聞禮著。宋國醫吳敏修著《傷寒辨疑論》,元許文正公序其書。

【元治增補御書籍目錄】《傷寒百問歌》四卷,四冊,宋錢聞禮撰。

二十九、擬進活人參同餘議

【醫籍考】一千一百七十七頁　盧氏祖常《擬進活人參同餘議》,佚。盧祖常曰:愚嘗究朱肱之誤,著於《擬進活人參同餘議》之中矣。《續易簡方》

三十、傷寒類書活人總括

【仁齋直指】自序　余始撰《活人總括》、《嬰兒指要》,俗皆以沽名譏云云。

【文淵閣書目】卷十五　《傷寒類書》一部,一冊。闕。

【菉竹堂書目】卷五　《傷寒類書》一冊

【醫方類聚引用書】《傷寒類書》

【千頃堂書目】卷十四　《活人總括》十卷。楊士瀛,字登父,景定間三山人。

【續文獻通考】經籍考仁齋直指附　《傷寒類書活人總括》七卷。楊士瀛,字登父,號仁齋,福州人。

【福州府志】卷六十三　楊士瀛登父,懷安人,精通醫學,嘗著《活人總括》、《醫學真經》、《直指方論》。閩大記

【福建藝文志】卷四十六　《傷寒類書活人總括》七卷,福州楊士瀛著。《石遺室書錄》云:士瀛,三山名醫,字登父,號仁齋。其《仁齋直指》自序云:余始撰《活人總括》、《嬰兒指要》,俗皆譏以沽名。

(一)考證

【傷寒辨注】卷首採輯書目　《傷寒活人總括》,宋三山楊士瀛登父撰次。書凡七卷。其第一卷《活人證治賦》。第二卷曰"傷寒總括","調理傷寒統論"起,至"六經用藥格法"止。第三卷曰"傷寒證治","表裏汗下二證"起,至"痰證傷食類傷寒"止。第四卷"發熱證"起,至"不可下證"止。第五卷"懊憹證"起,至"失音證"止。第六卷"怫鬱證"起,至"陽證似陰,陰證似陽證"止。第七卷"小柴胡湯加減法"起,至"產科小兒傷寒"止。其書大旨以仲景論并《活人書》總括成書,每條以歌訣貫其首。雖於張、朱兩家之外,間有附益處,要之據證定方,毫無通變,使後學習之,寧無所誤邪。

(二)刊本及鈔本

1.宋元刊本

【藝芸精舍宋元本書目】《仁齋傷寒活人總括》七卷

【結一廬書目】元板　《仁齋直指》二十六卷、《附録》七卷,宋楊士瀛撰。

【觀海堂書目】無字號　《傷寒類書活人總括》二本,七卷。宋本。

【經籍訪古志】卷八　《仁齋直指方》二十六卷,《小兒方論》五卷,《傷寒類書活人總括》七卷,《醫學真經》一卷。宋槧本。聿修堂藏。(補注:約之按,"聿修堂"當作"躋壽館")第一、第二小兒方論。第三、四、五缺,以崇蘭館藏本補鈔。宋三山名醫仁齋楊士瀛登父編撰,建安儒醫翠峯詹宏中洪道校定。首有景定甲子自序,目録首有"環溪書院刊行"六字。"小兒方論"有景定庚申自序,"真經"有景定壬戌自序。每半版高六寸三分,幅四寸四分,十四行,行二十四字,每卷首捺"武田文庫"印朱文。

按,此本紙刻精良,當是景定原刻。據仁齋自序,初撰《活人總括》、《嬰兒指要》,而《直指方》最後所成云。又懷仙閣、酌源堂并藏有朝鮮國活字刊本,體式一與此本同。又有明朱崇正附遺本,亦以宋槧爲祖。此本乃澀江全善所獲,以獻於醫學者。

注:按右《訪古志》所載宋槧本,後歸於楊守敬之藏,守敬以爲元刊本,說見於《日本訪書志補》。今録在《仁齋直指方論》"考證"下。

2. 明刊本

【四庫書目邵注】卷十仁齋直指附　《傷寒類書活人總括》七卷,宋楊士瀛撰。明嘉靖庚戌刊本。《郘亭知見目》、《四庫目略》并同。

【帶經堂書目】卷三仁齋直指附　《傷寒類書活人總括》七卷。明嘉靖刊本。宋楊士瀛撰。

【四庫書目略】卷十仁齋直指附　《傷寒類書活人總括》七卷,宋楊士瀛撰。明朱崇正有附遺。

【皕宋樓藏書志】卷四十六　《新刊傷寒類書活人總括》七卷。明刊本。宋三山名醫仁齋楊士瀛登父編撰,新安後學惠齋朱崇正宗儒附遺。

【八千卷樓書目】卷十仁齋直指附　《傷寒類書活人總括》七卷,宋楊士瀛撰,明朱崇正增附。明刊本。

【善本書室藏書志】卷十六　《新刊傷寒類書活人總括》七卷。明刊小字本。三山名醫仁齋楊士瀛登父編撰,新安後學朱崇正宗儒附遺。

按《仁齋直指》序,"余始撰《活人總括》、《嬰兒指要》,俗皆譏以沽名"。是書爲登父最初著,而《四庫》轉附於《直指》之後。登父本福州人,此亦似麻沙所梓。

【江蘇第一圖書館覆校善本書目】《傷寒類書活人總括》七卷,宋三山楊士瀛編撰,新安朱崇正附遺。明刊小字本。

【江蘇省立國學圖書館圖書總目】《傷寒類書活人總括》七卷。《仁齋直指》第十八冊。宋懷安楊士瀛,新安朱崇正附遺。明刊小字本。

【聿修堂藏書目録】《傷寒類書活人總括》七卷,一冊。明朱崇正附遺本。宋楊士瀛撰。

【寶素堂藏書目録】《傷寒類(證)[書]活人總括》七卷,□冊。明朱崇正附遺本。宋楊士瀛。

【靜嘉堂秘籍志】卷二十四 《新刊傷寒類書活人總括》七卷。明刊本。宋三山名醫仁齋楊士瀛登父編撰。

【内閣文庫圖書第二部漢書目錄】《傷寒類書活人總括》七卷,宋楊士瀛。明朱崇正附遺。明版。

【杏雨書屋圖書假目錄】仁齋直指附 《傷寒類書活人總括》七卷,宋楊士瀛撰,明朱崇正附遺。明刊。

【續中國醫學書目】《新刊仁齋直指附遺方論》二十六卷,十四冊,附九卷,六冊。十四行二十四字,框横十三·三釐,縱十九釐。宋楊士瀛撰,明朱崇正附遺。明板。附《新刊仁齋傷寒類書活人總括》七卷,三冊。目錄。

3. 四庫全書本

【四庫全書總目】卷一百零三仁齋直指附 《傷寒類書活人總括》七卷。浙江巡撫採進本。

【壬子文瀾閣所存書目】卷三仁齋直指附 《傷寒類書活人總括》七卷。存卷六、七。

【文溯閣四庫全書要略及索引】《仁齋直指》附七卷,宋楊士瀛。二十四冊,一千二百五十五葉。

4. 未詳本

【也是園藏書目】卷五 楊士瀛《傷寒活人總括》七卷

【傳是樓書目】 宋楊士瀛《傷寒活人總括》十卷。四本。

三十一、改證活人書

【金史】卷一百三十一本傳 李慶嗣,洛人,少舉進士不第,棄而學醫。所著《傷寒纂類》四卷,《改證活人書》三卷,《傷寒論》三卷,《鍼經》一卷,傳於世。

【世善堂藏書目錄】卷下 李氏《(治)[活]人書》二卷,李慶嗣。

【千頃堂書目】卷十四 《改正活人書》二卷,金李慶嗣。

【補遼金元藝文志】 金李慶嗣《改正活人書》二卷。洛州人。

【補三史藝文志】金 李慶嗣《改政活人書》二卷

【補元史藝文志】金 李慶嗣《改證活人書》二卷

三十二、傷寒治要

【醫籍考】一千五百十頁 《傷寒治要》,佚。葉夢得書後曰:王仲弓疑王實之字人物高勝,雖貴公子,超然不犯世故,居官數自免。博學多聞,又長於醫,及與前世婁昌言、常穎士、來道方諸子遊。嘗云:疾之傷寒,所在無歲不罹其患。然治方有證,傳於經絡、效於日數者,不可差以毫釐。張仲景書在世,如法家有《刑統》,苟用之皆當,可使天下無冤人。而庸醫多不解,其見於形候者亦不盡審。是既不能用法,又不能察情,以故殺人不知其幾何。因推仲景書,作《傷寒證治》,發明隱奧,雜載前數人議論,相與折衷。又恐流俗不可遍曉,復取其簡直明白、人讀而可知者,刊爲《治要》。曰:苟能窮疾之所從來,而驗之以候,按吾書而用之,雖不問醫,十可得八九。此仁人之用心也。余嘗病東南醫尤不通仲景術,乃爲鏤板,與衆共之。使家藏此書,人悟其術,豈特無冤人而已。調護之不失其宜,服餌之不失其節,雖使至於無刑可也。賢者尚無忽。石林居士《建康集》

三十三、傷寒片玉集

【陳自明管見大全良方】

政和間朱奉議肱爲《活人書》,後有錢倅、李氏剽竊作歌,目之曰《類證活人書》。盧氏集數篇,名《傷寒論片玉》,皆語詞鄙俚,言不盡意。要之不可爲法,是以識者皆不觀覽。《醫籍考》

【元好問盧太醫墓誌】

盧尚藥諱昶,世家霸州文安,今爲大名人,以方伎名河朔。政和二年,補太醫奉御,被旨校正《和劑局方》,則補治法,累遷尚藥局使。自幼傳家學,課誦勤讀,老不知倦。岐黃雷、扁而下,其書數百家,其說累數百萬言,閎衍浩博,纖悉碎雜,無不通究,而於孫氏《千金》尤致力焉,故其診治之驗,頗能似之。春秋雖高,神觀精明,望之知爲有道之士。年壽八十有七,自剋死期,留頌坐睡。著《醫鏡》五十篇,《傷寒片玉集》三卷。今其書故在。方伎之外,復達治心養生之妙。如云"人生天地中,一動一息,皆合陰陽自然之數,即非漠然無關涉者,所爲善惡,宜有神明照察之"。又曰"人爲陽善,人自報之;人爲陰善,鬼神知之。人爲陽惡,人自知之;人爲陰惡,鬼神治之"。又曰"養氣莫若息心,養身莫若戒慎"。又曰"冥心一觀,勝負具捐"。此雖前賢所已道,至於表而出之,既已治己,又以及人,非仁者之用心乎。其康寧壽考,五福具備,非偶然。昶與予有姻戚之舊,因其子孫歸葬,書以貽之,欲其鄉人知此家出予門久之,而予亦知其人之深也。《遺山集》《醫籍考》

三十四、傷寒百證歌

(一)出典

【直齋書錄解題】卷十三 《傷寒歌》三卷,許叔微撰。凡百篇,皆本仲景法。又有《治法八十一篇》,及《仲景脈法三十六圖》,《翼傷寒論》二卷、《辨類》五卷,皆未見。《文獻通考》同

【文淵閣書目】卷十五 《傷寒百證歌》一部。一冊。闕。

【菉竹堂書目】卷五 《傷寒百證歌》一冊

【脈望館書目】辰字號 《傷寒百證》四本。又二本。

【近古堂書目】卷下 《傷寒百證》,又《傷寒百證歌》。

【醫藏書目】誦法函目 《傷寒百證歌》三卷,許叔微。

【醫方類聚引用書】《傷寒百證歌》

(二)考證

【讀書敏求記】卷三 《張仲景註解傷寒百證歌》五卷,《傷寒發微論》三卷,翰林學士白沙許叔微知可述。述者,推明仲景之意而申言也。

【讀書敏求記校證】卷三之下 《張仲景註解傷寒百證歌》五卷,《傷寒發微論》三卷,案《直齋》,《傷寒歌》作"三卷",又有《治法八十一篇》及《仲景脈法三十六圖》,《翼傷寒論》二卷,《辨類》五卷,皆未見。〇《張仲景注解傷寒百證歌》入《述古目》,《傷寒發微論》見《也是園目》。《補》,勞權云,《恬裕目》,元刊本。是書乃述張仲景之意而申言之,刻者誤加"張仲景註解"五字,於書名以至難通。《湧幢小品》記知可所作各書,有《擬傷寒歌》三卷,凡百篇,當即是書,惟誤"五"爲"三"。又有《翼傷寒論》二卷,疑即《發微論》。〇黄丕烈云,己巳春得元刊本。〇鈺案,遵王藏本後歸陸心源,見《儀顧堂續跋》。翰林學士白沙許叔微知可述。鈺案,叔微,宋人。曾敏行《獨醒雜誌》作真州人,紹興二年進士,醫家謂之"許學士",宋代詞臣以學士爲通稱,不知所歷何官。見《四庫》著錄《普濟本事方》提要。《本事方》有陳白陽藏殘宋本,先歸士禮居,後歸皕宋樓。此記二書,《四庫》未收。《補遺》,鈺又案,叔微登科始末又見《夷堅甲志》。述者,惟明仲景之意而申言之也。

【傷寒辨註】卷首採輯書目 《傷寒百證歌》,此亦許學士述。書凡五卷,自序云:論傷寒而不讀仲景書,猶爲儒而不知有孔子《六經》也。於是取仲景方論,編成歌訣一百證,以便後學之記習。其中間或有仲景無方者,輒取《千金》等方以編入。其第三十證,則以食積、虛煩、寒痰、腳氣似傷寒者,採朱肱、孫尚之說以補入。又第五十一證"發斑歌"云:溫毒熱病,兩者皆至發斑。其註中復採《巢氏病源論》以補入。此皆有裨於仲景者也。

【鐵琴銅劍樓藏書目】卷十四 《張仲景註解傷寒百證歌》五卷,附《傷寒發微論》。元刊本。題"許叔微述"。叔微字知可,真州人,紹興二年進士。是書乃述張仲景之意而申言之,刻者遂誤加"張仲景註解"五字,於書名以致難通。知可有《類證普濟本事方》,著錄《四庫》,而此二書不載。朱國禎《湧幢小品》記知可所作諸書中,有《擬傷寒歌》三卷,凡百篇,當即是書,惟誤"五卷"爲"三卷"。又有《翼傷寒論》二卷,疑即《發微論》。見《敏求記》,惜原序殘闕,不知何人校刻。卷首有"張君服私印"朱記。

【儀顧堂續跋】《新編張仲景注解傷寒百證歌》五卷,《傷寒發微論》二卷,題曰"翰林學士許叔微知可述"。每葉十六行,每行十七字。注雙行,每行二十字。《直齋書錄解題》:許叔微《傷寒歌》三卷,凡百篇,皆本仲景法。又有《治法八十一篇》,《仲景脈法三十六圖》,《翼傷寒論》二卷,《辨類》五卷,皆未見。按《傷寒歌》即《百證歌》,"三"與"五"字形相近而譌。《翼傷寒論》即《發微論》,《四庫》未收。阮文達未進呈。張月霄亦未見。惟錢遵王《敏求記》著於錄。今每册有"虞山錢曾遵王藏書"朱文長印,蓋《敏求記》著錄之本也。按,叔微少孤力學,於書無所不讀,而尤邃於醫。建炎初,真州疾疫大作,知可徧歷里門,十活八九。仕至徽州杭州教官,遷京秩。見影宋本乾道庚寅張郯序,而不言京秩爲何官。《提要》《普濟本事方》條云:宋代詞臣率以學士爲通稱。觀於此本結銜,叔微曾官翰林,故醫家謂之“許學士”也。前後有“惠棟之印”白文方印,“惠定宇手定本”朱文方印,“海陽孫氏藏書印”朱文方印,“新安孫從添慶增藏書”白文長印。末有蕘圃手跋。孫從添字慶增,常熟人,善醫術,乾隆時人。

(三)序跋

1. 許叔微自序

注:按《傷寒辨註》云:《傷寒百歌證》,此亦許學士述。書凡五卷,其自序云:論傷寒而不讀仲景書,猶爲儒而不知有孔子《六經》也。於是取仲景方論,編成歌訣一百證,以便後學之記習云云。惜今本皆佚其自序,僅錄其目云。

注:按《儀顧堂續跋》云,叔微少孤力學,仕至徽州杭州教官,遷京秩。見影宋本乾道庚寅張郯序云云。其所謂影宋本,即是《本事方》,非此書也。

2. 張仲景傷寒百證

余少好岐黄術,得張氏《傷寒百證》之書,不覺喟然嘆曰:至哉,其言之也。夫人身一小天地,治天者心算纏度,察分秒而後知晦蝕之期;治地者必計崇卑,度源委而後識旱潦之歸。夫傷寒爲生死之關,亦必參四時、究六脈而後知受病之端。苟執一忘百,則六經傳變,七日剝復,與三陰三陽之殊感,其何以辨。此張氏之書,誠足當洛下閎窯伯子也。予故再梓,以廣其傳云。太醫院李存濟謹題。日本明和二年刊本

3. 黄丕烈題識

《新編張仲景注解傷寒百證歌》五卷,《新編張仲景注解傷寒發微論》二卷。(元刊本)余於去冬收得許學士《普濟本事方》宋刊殘本,僅六卷,然出大價,蓋以其書之希有也。吾友爲余言,許學士尚有傷寒書舊刊本,在小讀書堆,心甚艷之。春二月下旬,有書船友不識姓名者二人,持元刻《傷寒百證歌》、《傷寒發微論》二書,又有别種醫書二本,求售於余。彼因稔知余之出大價得前書,故以此來。一時議價未妥,僅得别種之一本,許書卻還之。一月以來,時復思之不置,適書友亦非余不能售,故重復攜來。豈書之戀余耶,抑余之戀書也。出番餅十七元得此,以别種副之,仍取其希有耳。是二書載《讀書敏求記》,兹遵王圖記,宛然裝潢如舊,其爲述古物無疑。後歸吾郡惠氏,非但松崖先生有鈐印,而余收得《百歲堂書目》,有松崖注語可證。物之授受源流,悉悉相合,豈不可寶。惟是錢、惠兩家《書目》於《發微論》皆云“三卷”,此卻上下二卷,未知何以岐異。惜小讀書堆主人作古數年,偶有欲假之書,思而不得,未能一證卷之多寡爲憾。聞五硯樓曾借錄其副,而壽階又往揚州,不克急假觀之以析疑意,是所耿耿。余檢《直齋書錄解題》,僅有《傷寒歌》三卷,許叔微撰,凡百篇,皆本仲景法。又有《治法八十一篇》及《仲景脈法三十六圖》,《翼傷寒論》二卷、《辨類》五卷,皆未見。兹以目見者證之,《傷寒歌》三卷與《傷寒百證歌》五卷,其同耶,其不同耶,何分卷之異耶。《傷寒發微論》二卷與《翼傷寒論》二

卷,其不同耶,其同耶,何分卷之符耶。皆莫可詳矣。古書日就湮没,尚賴奕世藏書家表章其名,留傳其種,俾後人有所據依。我輩好古書,而方伎家言亦在收錄,若世之庸醫,且有問之而不知其名者,今安能與之賞奇析疑也。開窗展玩此,破寂剪燭書此,覺一切塵攖,暫爲拋卻,樂何如之。時己巳初夏,將屆小滿,大風揚沙,晴雨忽變,麥秀之寒,甚於常歲。并記。復翁。越歲丁丑,重裝分四册。又記。《蕘圃藏書題識》、《士禮居藏書題跋記》

3. 重雕元刊傷寒百證歌發微論序

《新編張仲景註解傷寒百證歌》五卷,《發微論》二卷,題曰"白沙許叔微知可述"。《直齋書錄解題》云,《許叔微傷寒歌》三卷,凡百篇,皆本仲景法。又有《治法八十一篇》,《仲景脈法三十六圖》,《翼傷寒論》二卷,《辨類》五卷,皆未見。《四庫提要》云,叔微字知可,真州人,紹興二年進士,醫家謂之"許學士",不知所歷何官也。案《傷寒歌》即《百證歌》,"三"與"五",蓋字之誤。《翼傷寒論》即《發微論》也。叔微,揚州儀徵人,少孤力學,於書無所不讀,而尤邃於醫。建炎初,劇賊張遇破真州,已而疾疫大作。知可遍歷里門,視病與藥,十活八九。仕至徽州、杭州教官,遷京秩,見影宋抄本乾道庚寅張郯序及《獨醒雜志》、《西溪叢話》、張杲《醫說》。知可所著《類證普濟本事方》十卷,《宋史藝文志》、《書錄解題》、《文獻通考》、《四庫全書》皆著錄,餘僅見於《書錄解題》。《脈法》、《辨類》久佚。《八十一法》當即張月霄《藏書記》著錄之《傷寒九十論》。《百證》、《發微》,元明以來不甚顯,《四庫》未收。阮文達、張月霄亦皆未見。惟錢遵王《讀書敏求記》著於錄。遵王元刊,今歸於余。夫醫家之有仲景,猶儒家之有孔子也。醫書之有《傷寒論》,猶儒書之有《四書》也。宋時爲其學者,有成無己之《注》,李檉之《要旨》,王實之《證治》,韓祗和之《微旨》,龐安常之《總病論》,朱翼中之《活人書》,錢聞禮之《百問歌》,雖皆各有所長,而知可之書爲最能得其意。《百證歌》七字韻,言簡意該。《發微論》採微索賾,妙悟通神。於以歎知可之學之深且邃,非薄技偏長、執一是之見者所可及也。明萬曆辛亥有喬山堂坊刻,合爲四卷,證以元刊,不但面目全非,竄改亦復不少,此明人刊版之通病,醫書其尤甚者耳。余慮其誤俗醫而害人命也,重摹元刊,以廣其傳,後之治醫家言者,由是以求仲景之書,庶幾免廢人之誚乎。《儀顧堂集》卷五

(四)刊本

1. 元刊本

【讀書敏求記】卷三　《張仲景註解傷寒百證歌》五卷,《傷寒發微論》三卷。下略,見於"考證"下。

【也是園藏書目】卷五　《張仲景傷寒百證歌》五卷

【士禮居藏書題跋記】卷三　《新編張仲景注解傷寒百證歌》五卷,《新編張仲景注解傷寒發微論》二卷。元刊本。下略,詳見"序跋"下。

【述古堂藏書目】卷四　《張仲景注解傷寒百證歌》五卷。二本。《傷寒百證

歌》五卷。四本。

【藝芸書舍元板書目】《傷寒百證歌》、《發微論》五卷、二卷。

【鐵琴銅劍樓宋元本書影識語】卷三 《張仲景註解傷寒百證歌》五卷,附《傷寒發微論》二卷。元刊本。許叔微述仲景之意,引申成書。刻者誤題爲"張仲景注解"。諸家書目罕及此書,僅見《讀書敏求記》陳氏《書録解題》有《傷寒歌》三卷,許叔微撰,凡百篇,又有《翼傷寒論》二卷,疑即《百證歌》與《發微論》。原目引朱國禎《湧幢小品》,知可《擬傷寒歌》三卷,謂誤"五卷"爲"三卷",即此書也。

【鐵琴銅劍樓宋元本書目】《張仲景注解傷寒百證歌》五卷,附《傷寒發微論》兩卷。元刊本。卷首有"張君服私印"朱記。

【皕宋樓藏書志】卷四十五 《新編張仲景註解傷寒百證歌》五卷,《新編張仲景註解傷寒發微論》二卷。元刊本。宋翰林學士許叔微知可述。黄丕烈手跋。引全文,今略。

案,《書録解題》有《傷寒歌百篇》,又云《傷寒論》二卷。未見。所謂《百篇》即《百證歌》也。《傷寒論》二卷者,即《發微論》也。每葉十六行,每行十七字,小字雙行。

【静嘉堂文庫國書分類目録】《新編張仲景註解傷寒百證歌》五卷,《傷寒發微論》二卷。四冊。宋許叔微撰。元刊。皕宋樓舊藏本。

2. 明刊本

【儀顧堂集】卷五重雕元椠傷寒百證歌發微論序 云:明萬曆辛亥有喬山堂坊刻,合爲四卷。證以元刊,不但面目全非,竄改亦復不少。此明人刊版之通病,醫書其尤甚者耳。

【經籍訪古志】卷七 《註解傷寒百證歌發微論》四卷。萬曆辛亥刊本。首有太醫院李存濟序,目録首題"重鐫校正註解仲景張先生傷寒百證歌發微論",卷首題"宋白沙叔微知可述,明清邑後學杏泉雷順春校",卷末有"萬曆辛亥喬山堂劉龍田梓行"木記。按《書録解題》"《百證歌》三卷"。錢曾、汪琥俱作"五卷"。汪琥稱,《發微論》分上下二卷,錢曾作"三卷"可疑。此本合二書爲四卷,坊俗所爲,非舊面也。汪琥又引許氏自序,此本削去不存,可惜。

注:按《聿修堂目》、《寶素堂目》、《内閣文庫目》,并著録萬曆辛亥所刊《傷寒發微論》四卷,蓋皆是書也。但俱略"百證歌"三字而止稱《發微論》,故今録於《發微論》下而略於兹矣。

3. 十萬卷樓叢書本

【叢書舉要】卷三百三十萬卷樓叢書 《傷寒百證歌》五卷,元許叔微。《叢書書目彙編》同。

【八千卷樓書目】卷十 《傷寒百證歌》五卷,宋許叔微撰。十萬卷樓本。

【涵芬樓舊書分類總目】《註解傷寒百證歌》,宋許叔微撰。十萬卷樓本。二冊。

【江蘇省立國學圖書館圖書總目】《傷寒百證歌》五卷。《十萬卷樓叢書》第四十七至四十八冊,宋儀真許叔微。光緒刊本。

【遼寧省立圖書館館藏叢書舉要】十萬卷樓叢書　《註解傷寒百證歌》五卷,宋許叔微。光緒己卯(肆)[歸]安陸心源存齋校刻本。

【東京文理科大學附屬圖書館和漢書分類目錄】《註解傷寒百證歌》,宋許叔微。《十萬卷樓叢書》第五十九、六十。

【續中國醫學書目】《註解傷寒百證歌》五卷,半冊。九行十七字,框横十二·六釐,縱十七·九釐。宋許叔微述。光緒七年重雕。《十萬卷樓叢書》二集之内。新編張仲景注解傷寒百證歌目錄。

4. 述古堂叢鈔本

【叢書舉要】卷三十五述古叢鈔　《傷寒百證歌》五卷,許叔微。古岡劉晚榮編。廣州刊。

【古越藏書樓書目】卷五　《傷寒百證歌》五卷,宋許叔微。《述古叢鈔》本。

【八千卷樓書目】卷十　《傷寒百證歌》五卷。《述古叢鈔》本。

【涵芬樓舊書分類總目】《註解傷寒百證歌》。述古堂本。一冊。

【江蘇省立國學圖書館圖書總目】《傷寒百證歌》五卷。《述古叢鈔》第三至四冊。宋儀真許叔微。巾箱本。又一部《述古叢鈔》殘存第三至四冊。巾箱本。

【南學書目劄記】卷五　《傷寒百證歌》五卷。述古堂本。許叔微撰。

5. 藏修堂本

【涵芬樓舊書分類總目】《傷寒百證歌》。藏修堂本。二冊。日本刊本。

【杏雨書屋圖書假目錄】《傷寒百證》四卷。《重鐫注解仲景傷寒百證發微論》,宋許叔微知可撰,明和二年刊。

【中國醫學書目】《傷寒百證》。内題"張仲景先生傷寒百證",又"重鐫注解仲景傷寒百證歌發微論"四卷,二冊。九行二十字,框横十二·四釐,縱十八·四釐。許叔微知可述。波越元中立節校。明和二年大阪進修書屋重刊。明喬木山房藏板。序,李存濟。目錄。

6. 鈔本

【京師圖書館善本書目】《張仲景注解傷寒百證歌》五卷,附《傷寒發微論》二卷。海虞瞿氏書。宋許叔微述。傳寫本四冊。按此書《四庫》未收。

【聿修堂藏書目錄】《註解傷寒百證歌》五卷,一冊。鈔本。宋許知可述。

7. 未詳本

【絳雲樓書目】卷三　《傷寒百證歌》,宋學士許叔微著。

【觀海堂書目】營字號　《傷寒百證歌》一本

【國學用書類述】《傷寒百證歌》五卷。仿宋本。

三十五、翼傷寒論

【直齋書錄解題】卷十三　《傷寒歌》三卷,許叔微撰,凡百篇,皆本仲景法。又有《治法八十一篇》及《仲景脈法三十六圖》、《翼傷寒論》二卷、《辨類》五卷,皆未見。《文獻通考》同。

注:按《讀書敏求記考證》、《鐵琴銅劍樓藏書目》、《儀顧堂題跋》,皆以《翼傷寒論》爲《發微論》,詳見於《百證歌》"考證"及"序跋"下。然俱逞(憶)[臆]測而言之而已,非有確證也。

三十六、傷寒發微論

【醫藏書目】正法函目 《傷寒發微》一卷,許叔微。

【傷寒辨註】卷首採輯書目 《傷寒發微論》,宋翰林學士白沙許叔微知可述。書分上下二卷,共論二十二篇。其首論"傷寒七十二證候",次論"桂枝湯用赤白芍藥",三論"傷寒慎用圓子藥",六論"傷寒以真氣爲主",十論"桂枝肉桂",十五論"動脈陰陽不同",此皆發明仲景微奥之旨,書名"發微",稱其實矣。

刊本

1. 元刊本

【讀書敏求記】卷三 《張仲景注解傷寒百證歌》五卷,《傷寒發微論》三卷,翰林學士白沙許叔微知可述。述者,推明仲景之意而申言也。

【也是園藏書目】卷五 《張仲景傷寒發微論》三卷

【士禮居藏書題跋記】卷三 《新編張仲景注解傷寒發微論》二卷。元刊本。

【蕘圃藏書題識】卷四 《新編張仲景注解傷寒發微論》二卷。元刊本。

【藝芸精舍宋元本書目】元本 《傷寒百證歌發微論》,《歌》五卷,《論》二卷。

【鐵琴銅劍樓宋元本書目】 《傷寒發微論》兩卷。元刊本。卷首有"張君服私印"朱記。

【皕宋樓藏書志】卷四十五 《新編張仲景注解傷寒發微論》二卷。元刊本。

【靜嘉堂文庫國書分類目錄】 《新編張仲景註解傷寒百證歌》五卷,《傷寒發微論》二卷,四冊。元刊。皕宋樓舊藏本。

【顧鶴逸藏書目錄】宋元舊槧 《元本仲景傷寒發微》四本。

【觀海堂書目】宋元舊槧 《仲景傷寒發微》。元本。四本。

2. 明刊本

【經籍訪古志】卷七 《註解傷寒百證歌發微論》四卷。萬曆辛亥刊本。下略

【聿修堂藏書目錄】 《註解張仲景傷寒發微論》四卷,二冊。萬曆辛亥梓行。

【寶素堂藏書目錄】 《注解張仲景傷寒發微論》四卷,一冊。萬曆辛亥喬山堂劉龍田梓行本。

【内閣文庫圖書第二部漢書目錄】 《傷寒發微論》四卷,宋許叔微。萬曆三十九年。二冊。

3. 十萬卷樓叢書本

【八千卷樓書目】卷十 《傷寒發微論》二卷,宋許叔微。十萬卷樓本。

【叢書舉要】十萬卷樓叢書　《註解傷寒發微論》,(元)[宋]許叔微。《叢書書目彙編》同

【行素堂目覩書錄】庚編十萬卷樓二刻　《註解傷寒發微論》。(元)[宋]許叔微《注解傷寒百證歌》五卷。前人。按,所謂"前人",即宋陳元靚也。蓋"前人"二字當衍。

【古越藏書樓書目】卷五　《傷寒發微論》二卷,《傷寒百證歌》五卷,漢張機注,宋許叔微述。十萬卷樓二集本。

【涵芬樓舊書分類總目】《註解傷寒發微論》。十萬卷樓本。二冊。

【江蘇省立國學圖書館圖書總目】《註解傷寒發微論》二卷。《十萬卷樓叢書》第四十七冊,光緒刊本。

【遼寧省立圖書館館藏叢書舉要】十萬卷樓叢書　《註解傷寒發微論》二卷。

【東京文理科大學附屬圖書館和漢書分類目錄】《註解傷寒發微論》,宋許叔微。《十萬卷樓叢書》第五十九。

【續中國醫學書目】《註解傷寒發微論》內題冠"新編張仲景"五字。二卷。半冊。九行十七字,框横十二·五釐,縱十七·五釐。宋許叔微述。光緒七年重雕《十萬卷樓叢書》二集之內。

4. 日本刊本

【杏雨書屋圖書假目錄】傷寒百證別名　《重鐫注解仲景傷寒百證發微論》,宋許叔微知可撰。明和二年刊。二冊。

【中國醫學書目】《傷寒百證》,內題"張仲景先生傷寒百證"。又《重鐫註解仲景傷寒百證歌發微論》四卷,二冊。九行二十字,框横十二·四釐,縱十八·四釐。許叔微述,波越元中立節校。喬木山房藏板。明和二年大阪進修書屋重刊。序,李存濟。目錄。

【內閣文庫圖書第二部漢書目錄】《傷寒發微論》二卷,一冊。日本寫本。

5. 未詳本

【國學用書類述】《傷寒發微論》二卷。仿宋本。

注:按《傷寒發微論》,元刊以降,皆與《百證歌》合刻。至於明萬曆刊本,即合兩書爲一,日本所刊亦據之,故言及《發微論》者,多與《百證歌》一括論之。今厭煩而不一一重載焉。宜參看"百證歌"條。

三十七、治法八十一篇

【直齋書錄解題】卷十三　《傷寒歌》三卷,許叔微撰。又有《治法八十一篇》,皆未見。詳見"百證歌"下。

注:按《愛日精廬志》有《傷寒九十論》一卷舊鈔本。云,陳振孫曰:叔微有《傷寒治法八十一篇》,未知即此書否。

三十八、辨類

【直齋書錄解題】卷十三　《傷寒歌》三卷，許叔微撰。又有《辨類》五卷，皆未見。詳見"百證歌"下。

附　傷寒九十論

【愛日精廬藏書志】卷二十二　《傷寒九十論》一卷，舊鈔本。宋白沙許叔微知可述。先列病證，後論治法，剖析頗精。是書諸家書目俱未著錄，伏讀《欽定四庫全書總目》云，叔微書屬辭簡雅，不諧於俗，故明以來，不甚傳布。是則因傳本稀少，故藏書家俱未之見歟。陳振孫曰，叔微有《傷寒治法八十一篇》，未知即此書否。

【鐵琴銅劍樓藏書目】卷十四　《傷寒治驗九十論》一卷，舊鈔本。宋許叔微撰。每證各系以論，凡九十篇，原書名"傷寒論"。郡人劉大生校錄，增"治驗"字。大生不知何時人。

鈔本及刊本

1. 鈔本

【愛日精廬藏書志】卷二十二　《傷寒九十論》一卷。舊鈔本。下略，見前。

【鐵琴銅劍樓藏書目】卷十四　《傷寒治驗九十論》一卷。舊鈔本。下略，見前。

【杏雨書屋圖書假目錄】　《傷寒九十論》，宋許叔微知可撰。中國寫本。四冊。

2. 琳琅秘室叢書本

【四庫書目邵注】卷十類證普濟本事方　叔微又有《傷寒九十論》一卷。張《目》有舊抄本，云各家書目俱未著錄。今胡氏《琳琅秘室叢書》刊入。

【郘亭知見傳本書目】卷八　《傷寒九十論》一卷，宋白沙許叔微知可撰。諸家書目俱未著錄。其書先列病症，後論治法，剖析頗精，見張氏《志》，胡珽琳琅秘室曾依張氏本活字印行。

【持靜齋藏書記要】卷上　《傷寒九十論》一卷，宋許叔微撰。《四庫》錄其《本事方》，而此未收。其書列證論治，剖析甚精，世久無傳，惟張金吾愛日精廬有舊鈔，琳瑯秘室以活字印本。《持靜齋書目》作"二卷"。

【叢書舉要】卷三十琳琅秘室叢書第二集　《傷寒九十論》一卷。仁和胡珽編，咸豐癸丑活字本。光緒初有重活字本，不如原印。

【古越藏書樓書目】卷五　《傷寒九十論》，宋許叔微。胡珽校，董金鑑續校琳琅秘室本。

【洗心精舍寄存書目】卷三　《傷寒九十論》一卷，宋許叔微撰。《琳琅秘書叢書》本。

【八千卷樓書目】卷十　《傷寒九十論》一卷，宋許叔微撰。琳琅秘室本，活字版本。

【涵芬樓舊書分類總目】　《傷寒九十論》。琳琅秘室本。一冊。

【清華學校圖書館中文書籍目錄】　《傷寒九十論》一卷，宋許叔微。愛日精廬傳抄本,見《琳琅秘室叢書》。

【江蘇省立國學圖書館圖書總目】《傷寒九十論》一卷。《琳琅秘室叢書》第十一冊。宋儀真許叔微。活字本。又一部,一卷一冊。同上,刊本。

【東京文理科大學附屬圖書館和漢書分類目錄】《傷寒九十論》一卷,宋許叔微。《琳琅秘室叢書》第十一。

3. 民國黄濟忠刊本

【續中國醫學書目】《傷寒九十論》一卷,一冊。十一行二十二字,框横十二·八釐,縱十八釐。宋許叔微述。民國元年黄濟忠重鐫。《四庫未收書·傷寒九十論》提要。其文與《愛日精廬志》全同。傷寒九十論目錄。

4. 中國醫學大成本

【續中國醫學書目】《傷寒九十論》一卷,一冊。十一行三十一字,洋紙裝四十六版。宋許叔微知可著述。民國二十五年刊《中國醫學大成》第六集之内。提要。傷寒九十論目錄。

三十九、巢氏傷寒論

【通志藝文略】傷寒 《巢氏傷寒論》一卷

四十、玉川傷寒論

【通志藝文略】傷寒 《玉川傷寒論》一卷

四十一、傷寒論後集

【通志藝文略】傷寒《傷寒論後集》六卷

【秘書省續編到四庫闕書目】卷二 《傷寒論後集》六卷。闕。

四十二、證辨傷寒論

【通志藝文略】傷寒 石昌璉《辨證傷寒論》一卷

【秘書省續編到四庫闕書目】卷二 石昌連《證辨傷寒歌括》一卷。闕。

四十三、傷寒集論方

【通志藝文略】傷寒 《傷寒集論方》十卷

【秘書省續編到四庫闕書目】卷二 《傷寒集論方》十卷。闕。輝按,《宋志》同。

四十四、孫王二公傷寒論方

【通志藝文略】傷寒　《孫王二公傷寒論方》二卷

【秘書省續編到四庫闕書目】卷二　《孫王二公傷寒論方》二卷。闕。

四十五、上官均集傷寒要論方

【通志藝文略】傷寒　《上官均集傷寒要論方》一卷

【秘書省續編到四庫闕書目】卷二　《上官均集傷寒要論》一卷

四十六、朱旦傷寒論

【通志藝文略】傷寒　《朱旦傷寒論》一卷

【秘書省續編到四庫闕書目】卷二　《朱旦傷寒論》一卷

【宋史藝文志】醫書類　《(東)[朱]旦傷寒論》一卷

四十七、明時政要傷寒論

【通志藝文略】傷寒　《明時政要傷寒論》三卷

【秘書省續編到四庫闕書目】卷二　《明時正要傷寒論》三卷

【宋史藝文志】醫書類　陳昌祚《明時政要傷寒論》三卷

四十八、鄭氏傷寒方

【通志藝文略】傷寒　《鄭氏傷寒方》一卷

【秘書省續編到四庫闕書目】傷寒　《鄭氏傷寒方》一卷

四十九、曾誼傷寒論

【通志藝文略】傷寒　《曾誼傷寒論》一卷

五十、傷寒救俗方

【直齋書錄解題】卷十三　《傷寒救俗方》一卷。寧海羅適正之尉桐城，民俗惑巫不信藥，羅以藥施，人多愈。遂以方書召醫參校，刻石以救迷俗。紹興中有王世臣彥輔者，序之以傳。《文獻通考》同

【宋史藝文志】醫書類　王世臣《傷寒救俗方》一卷

【文淵閣書目】卷十五　《傷寒救俗方》一部一冊。闕。

【菉竹堂書目】卷五　《傷寒救俗方》一冊

【世善堂藏書目錄】卷下　《傷寒救治方》一卷，羅適。

【台州經籍志】卷十九　《傷寒救俗方》一卷，《直齋書錄解題》、《世善堂書目》、《浙江通志》、《寧海縣志》宋寧海羅適撰。下引《書錄解題》，今略之。《台州外書》，宋寧海羅適尉桐城時所刻，紹興中有王世臣彥輔序而傳之，先係石刻。

五十一、傷寒式例

【通志藝文略】傷寒　《傷寒式例》一卷，劉君翰撰。

五十二、傷寒要旨

（一）出典

【遂初堂書目】　《傷寒要旨》

【直齋書錄解題】卷十三　《傷寒要旨》二卷，李檉撰。列方於前，而類證於後，皆不外仲景。《文獻通考》同

【宋史藝文志】醫書類　李檉《傷寒要旨》一卷

【醫經正本書】論醫書第六　近有尚書左司郎姑熟李檉與幾作《傷寒要旨》，發明仲景論。其言曰，傷寒病有定證，治有定法，如響應聲，毫髮無差。其病不過三陰三陽，與夫併合之證，其治不過汗吐下。其它雜證，皆誤醫所致，亦有治法。世人不法仲景，妄作常病治之，十失八九。人命何辜，深可痛惜。仲景論妙通造化，證治明白，其用心詳細，唯恐後學之不審，故其書詳悉，不免重複，然皆有至理。予慮學者開卷之初，未易得其端緒，遂以仲景論、所用藥方，凡一百四道，每方爲一門。凡證之用此方者，悉列於左，於本論無一字遺落。世之明醫，固不假此，或所未嫻，而命醫之際，醫謂合用某藥，即檢其方一門遍讀之，與此相合則無疑矣。苟無此證而服之，必致害人，謹勿妄投也。此書不滿萬言，人能輟暇熟記之，治傷寒如反掌耳。仰事俯育，大不可闕此也。

（二）考證

【百宋一廛書錄】　《傷寒要旨藥方》。此宋刻《傷寒要旨藥方》，首尾俱有殘缺。余檢陳氏《書錄解題》，有"《傷寒要旨》二卷，李檉撰。列方於前，而類證於後，皆不外仲景"。今此書首缺三葉半，無序文可考，而第二卷尾葉有墨刻二行云"右《傷寒要旨》一卷、《藥方》一卷，乾道辛卯歲刻於姑熟郡齋"。則分卷正與陳氏所云合，當即李檉書也。楮墨瑩潔，字畫瘦削，宋刻之不易辨者，惟白隄錢聽默定爲宋刻，可稱老眼無花云。

【百宋一廛賦】　李檉《傷寒要旨》二卷。每半葉九行，每行十六字，末葉有二

行云“右《傷寒要旨》一卷、《藥方》一卷，乾道辛卯歲刻於姑熟郡齋”。此書載《書錄解題》，陳氏曰“皆不外仲景”也。

【鐵琴銅劍樓藏書目錄】卷十四　《傷寒要旨方》一卷。舊鈔本。題“當塗李檉與幾編輯”。此書見陳氏《書錄》，謂“列方於前，而類證於後，皆不外仲景”。原書爲二卷，名《傷寒要旨》，無“方”字。皆爲明沈子禄承之氏重訂，前有補類數條及附方，皆其所增。沈亦一良醫也。前後有“子禄沈承之家藏書”、“沈鶴泉”諸朱印。

（三）序跋

黄丕烈題識

《傷寒要旨》二卷。宋本案，《目》云“松江韓氏”。此書偶從書友得之，初不過重其爲宋刻，而未知其爲何人所著。因見《直齋書錄解題》有“《傷寒要旨》二卷，李檉撰。列方於前，而類證於後，皆不外仲景”，知此是李檉所著也。外間無別本別行，故人多不識。似此精妙宋刻，人皆目爲明板，惟余確然信之，以白金三兩餘購得。卷中明明有“乾道辛卯刻於姑孰郡齋”字樣，後人以南宋孝宗乾道七年鐫板釋之，可云有識。不知何人妄說，以爲即非宋板，亦是明朝初年書，作疑參半語，可云無識。目錄後有跋云“崇禎甲申元宵，蝶庵孫道兄見惠，向置亂卷中。庚戌端節後，雨如瀑布，檢出裝好”云云。俱有圖章，而無墨書姓名。圖章又糊塗莫辨，未知其爲誰何矣。今余檢出裝好，適在癸亥端節，竟日雨如瀑布，何情景恰相似耶。想見讀書人，不事他事，日以破紙爲性命，作消光陰之計，古人亦同此寂寞爾。黄丕烈。

此書爲乾道辛卯刻於姑孰郡齋，其爲宋板，固無疑義。而卷中惟避“丸”爲“圓”，外此若“驚”、若“玄”，未有避者，宜外人之疑爲明刊也。頃五柳主人從都中寄余宋板《洪氏集驗方》，余開卷見其行款字樣，與此相類，閱後“刻之姑孰”及“乾道庚寅”云云。知一時刊刻，故板式相同。迨出此相證，見每葉記刻工姓名，有黄憲、毛用等人，乃知二書同出二工之手，庚、辛兩年先後付雕也。然二書顯晦，有同有不同者。此書載諸《直齋書錄解題》，而《洪氏集驗方》不載。《洪氏集驗方》載諸《延令季氏宋板書目》，而此書不傳。豈亦顯晦各異耶。兹何幸，余之并藏兩書耶。且是書失傳已久，雖殘篇斷簡，猶得收而寶之，所見亦可謂罕秘矣。因再跋數語於卷末。甲子冬十一月望前三日，蕘翁。

此書不傳於世久矣，故各家書目罕載之。後從坊間插架，見有《傷寒要旨》籤，急取視之。其標題曰“傷寒要旨方”，次行云“當塗李檉與幾編輯，吳會沈子禄承之校正續補”，知已非李書之舊矣。即所載諸方敘次略同，而分兩法製，輕重多寡，彼此互異，益徵此殘宋本之可寶也。《要旨》一卷，沈所未載，更爲絕無僅有之書，安得不視爲奇物耶。丁卯孟夏，復翁。《蕘圃藏書題識》卷四

（四）刊本

1. 宋刊本

【求古居宋本書目】《傷寒要旨》二卷。殘本。二冊。

【百宋一廛賦】《李檉傷寒要旨》二卷。每半葉九行，每行十六字。下略，詳見"考證"下。

【藝芸書舍宋板書目】《傷寒要旨》二卷

【韓氏讀有用書齋書目】《傷寒要旨》二卷，二冊。宋槧宋印本。每半葉九行，行十六字。見《百宋一廛賦》注。黄蕘圃跋三則。藝芸書舍舊藏附黄蕘圃跋、曹君直跋。此即《百宋一廛賦》所謂"乾道傷寒"也。

【四庫書目邵注】卷十產育寶慶方 《傷寒要旨》二卷，宋李檉撰。乾道辛卯本。九行，行十六字。

【宋本行格表】卷上九行 宋乾道本《傷寒要旨》二卷

2. 未詳本

【世善堂藏書目錄】卷下 《傷寒要旨》二卷，李檉。

【寶書閣著錄】《傷寒要旨》二卷，宋李檉撰。

五十三、傷寒治法撮要

【醫統正本書】論醫書第六 檉又作《傷寒治法撮要》，發明《活人書》，去其繁蕪，撮其精要。然所取者舊本也，豈與幾未嘗見校正本邪。

五十四、傷寒解惑論

【萬卷堂書目】卷三 《傷寒解惑論》，湯尹才。

【國史經籍志】卷四下 《傷寒解惑論》一卷，湯尹才。

【醫藏書目】正法函目 《傷寒解惑》一卷，韓玉。

【雜病廣要採摭書目】《傷寒解惑論》，宋湯尹才。收在《傷寒百證歌》。

【醫籍考】一千一百九十六頁 湯氏尹才《傷寒解惑論》，《國史經籍志》"一卷，存"。按是書附刊於錢氏《百問》首卷，末有淳熙壬寅韓玉跋。《醫藏目錄》誤爲玉所著。

(一)序跋

1. 自序

《解惑論》之作，非務新奇而沽世譽也，一本於仲景之正經。且仲景之書，昔人以"金匱"名之，其貴重如此。無求子謂，孫思邈未能詳仲景之用心。夫如是，豈庸人粗工能窺其髣髴哉。愚因三餘，將傷寒或兩證相近而用藥不同者，或汗下失度而辨證不明者，冷厥熱厥之異宜，陽毒陰毒之異候，其間錯綜互見，未易概舉，輒修舉而別白之。庶幾洞曉，亦足以見解惑之深意焉。乾道癸未中秋日，龍溪隱士湯尹才謹序。《皕宋樓藏書志》

2. 韓玉跋

漢張仲景治傷寒一書，極爲詳備，議論精審，處方至當。後之醫家據是說以治療,萬不失一。華佗謂此書可以活人,信不謬矣。噫,今之世所庸醫,不究古聖賢所論陰陽虚實治狀,不明脈理,不識病證,以意測度,妄投湯劑,殺人者多。余得此論,一儒者潛心醫術,自仲景以下,集諸家之善,表而出之,名曰《解惑論》。俾醫者不失於謬誤,病者不至於横夭,其傷寒治法之要妙又盡善矣。余惜是書世所未見,故鋟本用廣其傳。此論豈止"解惑",乃治傷寒之指南也。淳熙壬寅孟夏望日,韓玉書。《皕宋樓藏書志》

(二)刊本

1.元刊本

【平津館鑒藏書籍記】卷一元版　《類證增注傷寒百問歌》四卷。卷一爲《傷寒解惑論》,前有乾道癸未湯尹才序。《解惑論》即尹才所撰。末有淳熙壬寅韓玉跋。卷二以下爲"傷寒百問",題"建寧府通守錢聞禮撰"。前有至大己酉武夷詹清子子敬序。此書爲曹仲立取湯、錢兩書合刻,詹氏序而行之。黑口版巾箱本,每葉二十二行,行二十一字。

2.明初刊本

3.明萬曆刊本

【經籍訪古志】卷七　《類證增注傷寒百問歌》四卷。明初刊本。聿修堂藏。首有至大己酉詹清子子敬序七行,行十四字。及目錄。第一卷載湯尹才《解惑論》,第二已下每卷首署"建寧府通守錢聞禮撰"。每半版十一行,行二十一字,注雙行。無刊行歲月。今審明初人從至大刊本重雕者。寶素堂又藏舊抄本,行款一與此同。又有萬曆壬子劉龍田刊本,題"清邑後學杏泉雷順春集錄",蓋坊刻也。按是書載湯尹才《解惑論》,恐非錢氏之舊。據詹子敬序,則至大刊行之際附刻是書者歟。

4.鈔本

【皕宋樓藏書志】卷四十六　《類證增注傷寒百問歌》四卷。影元抄本。宋建寧府通守錢聞禮撰,詹清子子敵序,湯尹才序,韓玉跋。以上并引全文,今略。

張氏金吾曰:案《至元嘉禾志》,紹興三十年梁克家榜有錢聞禮,未知即著是書者否。前一卷爲《傷寒解惑論》,宋龍溪隱士湯尹才撰。是書《宋史藝文志》、《文淵閣書目》俱著錄,分九十三類,每類括以七言歌訣,以便記誦,注亦頗爲詳核。

注:按《傷寒解惑論》,今之傳存止有附刊於《傷寒百問歌》者,而《百問歌》之傳本,乃有元刊本、明初刊本、萬曆刊本及影抄本,皆以《解惑論》充爲其第一卷。今并錄在《百問歌》下,而不特重載於此也。宜參看其條。

五十五、傷寒補亡論

(一)出典

【新安文獻志】趙秉山醫說　河南處士郭公子和,嘗於其修已治經之餘,取張氏書

精意研覃，補其闕略，子朱子爲敘以表章之。沙隨程公可久亦有論著，今傳者罕矣。《醫籍考》

注：郭雍傳，《宋史》卷四百五十九本傳云，郭雍字子和，其先洛陽人。父忠孝，官至大中大夫，師事程頤，著《易說》，號兼山先生，自有傳。雍傳其父學，通世務，隱居峽州，放浪長楊山谷間，號白雲先生。乾道中，以峽守任清臣、湖北帥張孝祥薦於朝，旌召不起，賜號沖晦處士。孝宗稔知其賢，每對輔臣稱道之，命所在州郡歲時致禮存問。後更封頤正先生，令部使者遣官就問雍所欲言，偶錄繳進。於是雍年八十有三矣。淳熙初，學者裒集程顥、程頤、張載、游酢、楊時及忠孝、雍，凡七家，爲《大易粹言》行於世。其述雍之說曰（中略）。淳熙十四年卒。

（二）考證

【傷寒辨註】卷首採輯書目　《傷寒補亡論》，□河南郭雍撰次。書凡二十卷，其第一卷設爲問答，以傷寒名例居前，附以敘論、治法及刺熱等法。其第二、第三卷乃辨脈、平脈法。第四卷首自敘六經統論，繼之以太陽六經證治。至五、六、七卷皆係仲景原論，其間有論而無方者，既補以龐安時、常器之兩家之說，郭氏復爲之校補於後。第八卷至十二卷則敘汗吐下溫灸刺，及用水用火之法。第十三至十五卷則敘兩感、陰陽易，及病後勞復等二十餘證。［其第十六卷係闕文。第十七、十八卷則敘痓濕暍等九］證，及似傷寒諸證。其第十九、二十卷則敘婦人小兒傷寒，并痘疹諸證。是皆郭氏採《素》、《難》、《千金》、《外臺》、《活人》等方論，以補仲景之闕略，治傷寒者不可以不知也。琥按，郭雍字白雲，不知何代人。考《古今醫統》書目，元人徐止善曾作是書，今其書不傳，想郭氏必後於徐，而重爲撰次者也。

【鐵琴銅劍樓藏書目錄】卷十四　《傷寒補亡論》一卷，舊鈔本。題"河南郭雍撰"。案，雍字子和，隱居峽州，號曰白雲先生。乾道中，徵召不起，賜號沖晦處士。是編述諸家論仲景傷寒治法，以補舊論所未及，故曰"補亡"。各家書目俱未載。

【醫籍考】一千一百九十七頁　郭氏雍《傷寒補亡論》二十卷。未見。

按，汪琥以郭子和爲元以後人，失考。其書所載常器之，考《醫壘元戎》引王朝奉論，又記其語，蓋朝奉即宣和中名醫貺，字子亨，撰《指迷方》者。《外科精要》載史源《癰疽灸法論序》曰：甲戌年，自大學歸省，國醫常穎士器之適在府下，求爲母子一診云。源者，孝宗時右相浩弟，所謂甲戌，當是高宗紹興二十四年也。據此，常器之生於北宋，而南渡之後猶健在焉。郭有得其指授，仍多用其說者也。

【道光刊傷寒補亡論】徐錦凡例

一、此書悉以仲景本論爲主，然仲景之書殘缺已久，其傷寒中所有之證，及他證之類傷寒者，本論未備，則取《千金》、《活人》及龐氏、常氏之說，合於仲景者補之，故曰"補亡"。

一、此書久無刊本，其第十六卷明時已缺，見於劉氏序文，鈔錄相沿，更多魚豕。

一、原序中本有方藥五卷，今傳寫已失。然論列諸方，出於《傷寒論》者，固屬家喻戶曉。此外亦多見於《千金方》、《活人書》,易於查考,故不復補入,恐轉失其真也。

一、原序言分七十餘門、一千五百餘條,今共得六十四門,内缺一卷故也。其條數多寡,有校核不符者,悉爲更定,共得一千四百餘條。與原序之數少百條左右,合所缺一卷揣之,大致亦不相懸。

(三)序跋

1.仲景傷寒補亡論自序

《素問》曰:病爲本,工爲標,標本不得,邪氣不服。又曰:標本已得,邪氣乃服。夫所謂標本者,一體本末之事。今病與工,自非一體,何其言標本也。蓋謂某病爲本,則以治某病者爲標,因其本而治其標,則工與病,自成一家矣。且如病傷寒者,以傷寒爲本,則亦以能治傷寒之工爲標,此所謂"標本已得,邪氣乃服"也。如以傷寒爲本,而以能治痺疝之工爲標,則標本不相得,邪氣何緣可服哉。《素問》論此,乃以得、不得爲言,聖哲之意可見,況病有輕重、工有高下,重病須高工,亦謂其標本相得也。扁鵲曰:人之所患患疾多,醫之所患患道少。道少疾多,此標本之所難相得也。凡病固皆難,惟傷寒爲特甚。蓋人之疾痛,或在皮膚,或肌肉,或骨髓,或五藏六府,著則久而不去,未有入經與經氣流通者。惟傷寒之毒,能入大經,與經氣相搏,經氣不能勝,反藉經隧恣意攻人,人爲之拱手待斃,昔之所謂流注血氣、生養人命之經,今化爲寒溫熱毒、毒人生命之經矣。是豈他疾之比哉,故自古以爲難治之疾。方其疾作之始,日傳一經。初傳之際,證或難辨,用藥尚疑,當是之時,其工在明。又傳證之始,急於用藥,猶豫則差,其工在斷。一經既過,又將別傳,新故相亂,其工在審。爲之工者,自非六日之傳,照然豫判於胸中,亦未易酬對。三陰三陽之變,彼如疾風駿馬,過不暫停,而欲逐其後而攻之,謬矣。況有異氣間襲,變動隨出,或表或裏,超然若神,不可以常拘者,將何應之。故仲景曰,陰陽虚實之交錯,其候至微;發汗吐下之相反,其禍至速。信斯言也,自非心精學博、機運無窮,未有不觸途面牆,倒行逆施者。此所謂貴於標本相傳,而後邪氣乃服也。惟其最爲難治,故自張長沙以來,特爲注意,辨析毫釐,動輒十數萬言以訓後世。今醫方論說,復無詳於傷寒者。昔云難治之病,今反爲曉然易見之疾,患在常人苟且,不誦其書耳,則書之爲後人利,豈不溥哉。是以陶隱居稱仲景之書爲衆方之祖,孫真人嘆其特有神功,良有以也。雍之仲兄,字子言,嘗通守夷陵、秭歸二郡,幼以多疾喜方,遍訪名醫。時尚既見常器之、康醇道輩,遂悟醫。師氏之學既久,深得於仲景之論,每嘆此學大難窮盡,今則其道將絕,時爲雍言之。雍初得聞仲景之書,未盡領略,漸磨日久,及老後篤好之,嘆已晚矣。昔仲景感往昔之淪喪,傷橫夭之莫救,乃譔《傷寒雜病論》。雍之用心,亦復爲此。雖學識疏略,無高人之見,而一言一事,上必有所本,中必得於心,而後敢筆之於書,盡去世俗妄論欺惑之術,常如天地父母臨其上,庶幾後世復有揚子雲,始知雍言之不謬也。今所論次,自岐黄以及近代諸書,凡論辨、問答、證治,合一千五百餘條,總五萬言,分七十餘門,集成論説二十卷、方藥五卷。雍聞醫家有好事,或三十年而著論,或二十載而成書,其用心精專,故足以垂世。如雍行年八十,日暮途遠,志在速成,安能久於斯道,是以不踰年而略舉大綱,亦由前人著述已備,繼踵有作,不過書札之力而已,未能免疏略牴牾也。後之君子,或憐其衰晚昏謬,疏其失而正之,以成其美,此誠有望焉。嗟乎,予生不辰,上不得見張長沙、孫真人,北面摳衣而請,下不得進於龐、朱二氏之前,獨抱遺書呻吟於深山窮谷之間,啜菽飲水而不厭焉者,樂在其中矣。昔孔子多能鄙事,子夏雖小道必觀,聖賢尚且不廢,況後人乎。幸不以猥吝見黜也。淳熙八年歲在辛丑暮春之月,河南郭雍謹敘。

近世諸家傷寒書,如高文莊《傷寒類要》,未得本。龐、朱二氏,傳世已久。常器之《補治論》,雖略有傳而不得善本。今有文闕者補之,譌舛者正之,疑不敢用者去之,庶不累其名。後來者惟王仲弓監丞一書,頗有發明,遇前人闕則取之。自此而下,非所當錄,雖有傳於世者,未足爲後世不刊之說也。

2. 朱子跋郭長陽醫書

紹熙甲寅夏,予赴長沙,道過新喻,謁見故煥章學士謝公昌國於其家(《醫籍考》,《朱子文集》“章”下有“閣”字)。公爲留飲,語及長陽沖晦郭公先生言行甚悉,因出醫書、曆書數帙曰:此先生所著也。予於二家之學,皆所未習,不能有以測其說之淺深,則讀以歸,將以暇日熟讀而精求之。而公私倥偬,水陸奔馳,終歲不得休,復未暇也。明年夏,大病幾死,適會故人子王漢伯紀自金華來訪,而親友方士繇伯謨亦自籍溪來,同視予疾。數日間,乃若粗有生意。間及謝公所授長陽醫書,二君亟請觀焉。乃出以視之,則皆驚喜曰:此奇書也。蓋其說雖若一出古經,而無所益損。然古經之深遠浩博難尋,而此書之分別部居易見也。安得廣其流布,使世之學爲方者,家藏而人誦之,以知古昔聖賢醫道之源委,而不病其難耶。予念蔡忠惠公之守長樂,疾巫覡主病,蠱毒殺人之姦,既禁絕之,而又擇民之聰明者,教以醫藥,使治疾病,此仁人之心也。今閩帥詹卿元善實補蔡公之處,而政以慈惠爲先,試以語之,儻有意耶(“儻”宣統本脫之,今據《醫籍考》而補)。亟以叩之,而元善報曰,敬諾。乃屬二君讎正刊補,而書其本末如此以寄之。抑予嘗謂,古人之於脈,其察之固非一道。然今世通行,唯寸關尺之法爲最要,且其說具於《難經》之首篇,則亦非下俚俗說也。故郭公此書備載其語,而并取丁德用“密排三指”之法以釋之。夫《難經》則至矣,至於德用之法,則予竊意診者之指有肥瘠,病者之臂有長短,以是相求,或未得爲定論也。蓋嘗細考經之所以分寸尺者,皆自關而前卻,以距乎魚際尺澤,是則所謂關者,必有一定之處,亦若魚際尺澤之可以外見而先識也。然今諸書皆無的然之論,唯《千金》以爲寸口之處,其骨自高,而關尺皆由是而卻取焉。則其言之先後、位之進退,若與經文不合。獨俗間所傳《脈訣》五七言韻語者,詞最鄙淺,非叔和本書明甚,乃能直指高骨爲關,而分其前後,以爲寸尺陰陽之位,似得《難經》本指(《醫籍考》“得”作“獨”)。然世之高醫以其膺也,遂委棄而羞言之。予非精於道者,不能有以正也,姑附見其說於此,以俟明者而折中焉。慶元元年乙卯歲五月丙午,鴻慶外史新安朱熹書。

3. 明重刊補亡論序

夫人稟陰陽五行而有生，乃以寒暑七情而傷其形，卒不免於夭殤，以至不能保。夫造物之所畀也，聖人出而憫焉，爲之嘗百草而設其治，著《靈》、《素》諸經而闡其理。既而有倉公、華佗、扁鵲、仲景諸君，相繼著論以晰其治，於此道益明而術益精，人民之有疾者，可賴以保其生矣。無如歲久人湮，書佚淪喪，讀者每慨其文理未貫、精義不彰。前宋代中州有郭白雲者，兄弟名醫，窮經探索，洞徹病情，每三復仲景之書，而嘆其亡失，乃更闡其奥而發其微，作《補亡論》一書以全其義。其於兩感、陰陽交、陰陽易及痓痙等論，尤爲詳切精博，真可謂發前人所未發，令讀者心目一清，足補仲景之殘缺。惟是宋時刻本，傳至元紀，兵火之間，又復亡其第十六卷中數十條，其間妙義精論，盡皆湮沒不可復聞，良可惜哉。其所存十九卷有餘，若不壽之梓，安知其不再亡失耶。俾生民之有疾痛者，何所賴以獲免夫夭殤，保全其造物所畀乎。兹刻也，亦同於神農、黄岐之用心也矣。是爲序。大明萬曆甲戌仲春，嗣開國翊運守正文臣資善大夫前奉敕提督操江歷掌南京前後左右督府事侍衛護軍誠意伯芝田劉世延題。

4. 徐錦序

余幼習醫，凡足以羽翼仲聖《傷寒論》者，無弗究心，即知宋有常器之、龐安常、郭白雲三先生。常氏之書，世無傳本。龐氏刻本已尠，家藏鈔本亦多缺誤，原本藏江村袁氏，後歸顧抱沖。抱沖殁，歸員嶠黄氏，近將梓而壽世也。至郭氏《補亡論》，予家舊藏鈔本，熟讀尋繹有年所矣。是書重刻於明之季世，覩青田劉公序文，知是時已將失傳，苟非重刊，至今泯沒久矣。余年踰六十，崦嵫晚景，身世匆匆，爰屬及門暨兒輩，詳爲校覈，付之棗梨，亟爲流傳，將使古人羽翼仲聖之苦心，不湮於今日，亦斯道之幸也夫。一切詳於凡例。剞劂告竣，因徇及門之請，復弁數語於簡端，願與同志者質之。是爲序。道光元年歲在辛巳長至日長州後學徐錦識。

5. 跋

洵自幼即喜讀《靈》、《素》家言，以習舉業，未暇及也。匡居善病，退而學醫，乃得從澹安師游。師年雖高，好學彌篤，其治病皆有法度，知名震醫林爲不虚。日者手一編示洵曰：此予舊藏郭氏《傷寒補亡論》也，在元明時已缺一卷，今鋟板久無，抄本亦尠，以其亡而補之，且將并其補者而亡之，予所不忍，其爲予校讎，將付梓焉。受書卒讀，錯句訛字，所在多有，兢兢懼不勝任重負委託，悉心研求，晨夕辨難，訂正者有之，闕疑者有之，割愛者有之，仍不敢稍失其真面目，以副吾師紹述之懷。庶無湮乎先賢之遺，而有補於斯道之用云爾。寶山門人范洵謹跋。

6. 跋

《傷寒補亡論》二十卷，宋郭雍撰。長沙之學，王太醫闡之於晉，孫真人輯之於唐。有宋醫學大昌，名賢輩出，論傷寒者益多。專家先生，晚成此書，薈萃羣言，加以論斷，雖有見淺見深之别，皆足爲長沙功臣。慶元初即經詹師板行，而傳世絶少。明代重梓，已屬殘編。國朝道光紀元，長沙徐氏據以傳刻，顧未能盡祛疑誤。每冀得善本校訂，訪求數十年，訖未之見，即徐刻亦漸不數覯，因屬黄麓森貳尹（山）就所引書，是正文字，以廣其傳。原缺十六卷，無從修補。常熟《瞿氏書目》載鈔本一卷，未必即是所缺，介人往借，則久佚矣。又自序有方藥五卷，不知何時失去。今第十八卷，治霧氣有豬清湯，幾不知爲何品。《千金》第九卷，用新豬矢酒知攪令散，以生布絞取汁服之，殆即所稱"糞清"者耶。宋臣校刻《千金》祇三十卷，郭云"三十九卷"，下文復有引三十五卷者，然則九十三卷之本，宋已別行，不始於元矣。宣統三年三月武昌柯逢時。以上諸序跋均據於宣統三年刊本

7. 傷寒補亡論序

《四書》之《魯論》，集《五經》之大成；醫書之《傷寒論》，集《内經》、《難經》之大成。仲尼出而堯舜、禹湯、文武、周公之道以傳，仲景出而黃帝、岐伯、秦越人之道以著。張氏乃醫林中一孔子矣，其立論制方，如日月之經天、江河之行地。但代遠年湮，書多散佚，雖晉有王叔和之編次，金有成無己之註釋，論者謂偏而不全，駁而不純，盡失廬山真面。惟宋之黃州龐安時撰《傷寒總病論》九卷，實能發仲景未盡之旨，而補其未備之方。蘇軾、黃庭堅、張耒諸人皆盛稱之，非虛相標榜也。有河南郭雍者，復就龐氏之本，闕者補之，晦者明之，尋源究委，遠紹旁搜，譔次爲二十卷。凡風寒暑濕燥火，以及婦女嬰兒，無不擇之精而語之詳，洵龐氏之羽翼、仲景之功臣也。惜原本缺短十六卷一卷，且里居時代，書闕考據。迹其十七卷辨痓痙，曰"政和間先人客京師，後歸洛，有兄病痓，先兄用龐氏法治之而愈"等語，確爲宋時洛人可知。其書坊間向無印本。宣統紀元正月，恂卸署原武篆務，竇應朱曼伯方伯委監督醫學。海豐吳仲懌中丞，出其家藏鈔本一函，并加有眉批旁註，閱之如獲連城。中丞爲海豐累世名家，藏書萬卷，凡經史子集以及技藝術數，無不博覽淹通。今撫汴而兼行河日，以博濟衆民爲己任，命將是書中批注，分析段落，增加目錄。另爲抄寫成帙，欲付剞劂，以登斯民於壽域。恂雖譾陋，不敢辭，自春徂夏，手自校讎，五閱月而書就。將見是書一出，業醫者有準繩，延醫者無夭札。使數百年海内孤本，復見於人間，於以昌明絕學，張氏已缺之秘，完而復續，皆中丞之所賜也。因書其大略，以諗來者。宣統元年七月寶坻王如恂敬題。《豫醫雙璧》本

（四）刊本及鈔本

1. 明刊本

注：按道光所刊《補亡論》，皆載萬曆甲戌劉世延重刊序。其萬曆本，蓋是道光本所據。而汪琥亦云第十卷係闕文，當知汪琥所見乃亦萬曆本矣。然其本諸家未見有著錄者，不知現存之有無也。

2. 道光元年刊本

【故宫博物院書目】《傷寒補亡論》，宋郭雍撰。二十卷。三冊。道光元年重刊本。

【國學用書類述】《傷寒補亡論》二十卷，宋郭雍。長洲心太平軒本。

【經籍訪古志】卷七 《傷寒補亡論》二十卷。道光元年心太平軒重刊。卷第十六缺。宋河南郭雍譔次。首有萬曆甲戌誠意伯芝田劉世延序，慶元元年朱子跋郭

長陽醫書，及淳熙八年自序，道光元年徐錦序并凡例。按是書久無傳本，近歲吴舶始齎來。徐錦稱其第十六卷明時已缺，見於劉氏序文。抄錄相沿，更多魚豕，兹搜集諸本校勘確審云云。

【多紀元堅獻納醫學館醫書目錄】《傷寒補亡論》二十卷。清板。六冊。

【内閣文庫圖書第二部漢書目錄】《傷寒補亡論》二十卷，宋郭雍編。道光元年刊。六冊。

【静嘉堂文庫國書分類目錄】《傷寒補亡論》二十卷。宋郭雍撰。清道光元刊。六冊。

【北京人文科學研究所藏書目錄】《仲景傷寒論補亡論》二十卷，宋郭雍撰。道光元年徐錦校刊本。一函四冊。

【杏雨書屋圖書假目錄】《仲景傷寒補亡論》二十卷。宋郭雍撰。道光刊。六冊。

3. 豫醫雙璧本

【叢書書目彙編】豫醫雙璧　《傷寒補亡論》二十卷。宋郭雍。宣統元年海豐吴氏鉛印本。《續彙刻書目》同

【中國醫學書目】《傷寒補亡論》二十卷，四冊。十二行二十三字，框横十二・九釐，縱十八・六釐。宋郭雍撰。《豫醫雙璧》之內。"傷寒補亡論"，王如恂，宣統元年。目錄。

4. 宣統三年武昌醫館校刊本

【續中國醫學書目】《傷寒補亡論》二十卷，四冊。九行二十字，框横十一・八釐，縱十六・七釐。宋郭雍譔次。宣統三年，武昌醫館重校心太平軒本，仲景傷寒補亡論自序，郭雍，淳熙八年。明重刊補亡論序，劉世延，萬曆甲戌(二年)。序，徐錦，道光元年。凡例，徐錦。仲景傷寒補亡論目錄。《宋史》本傳郭雍傳，朱子跋郭長陽醫書，朱熹，慶元元年。跋，范洵。跋，柯逢時，宣統三年。

5. 鈔本

【鐵琴銅劍樓藏書目錄】卷十四　《傷寒補亡論》一卷。舊鈔本。下略，見"考證"下。

【八千卷樓書目】卷十　《傷寒補亡論》二十卷，宋郭雍撰。舊鈔本。

【江蘇省立國學圖書館圖書總目】《傷寒補亡論》二十卷，一冊，宋河南郭雍。鈔本。有真白黑一印。

6. 未詳本

【觀海堂書目】清　【南洋中學藏書目】民國

五十六、傷寒辨疑

【讀書敏求記】卷三　《何滋傷寒辨疑》一卷。滋於乾道年間爲保安大夫，診御脈，并應奉皇太子宫。撮略仲景書，凡病證之疑似，陰陽之差殊，共三十種，悉爲辨之。使人釋然無疑焉。

【也是園藏書目】卷五　乾道何滋《傷寒辨疑》一卷

【述古堂藏書目】卷四　淳熙許補之《傷寒辨疑》一卷。抄。

【讀書敏求記校證】卷三下　何滋《補》，胡校本云，《述古堂藏書目》"滋"作"鎡"。鈺案，粵雅堂本作"許補之"。《傷寒辨疑》一卷。《述古目》作"淳熙許補之傷寒辨疑"。《也是園目》作"乾道何鎡"。鈺案，據記文，知《述古目》有誤。錢《補元志》，朱震亨所撰有此書名，疑即何滋所作，羼入震亨書中。凡病症。刊本作"証"，《補》，阮本、胡校本，均作"症"。

注：按"許補之傷寒奥論序"略云，保安何大夫，撮羣言，撰《傷寒辨疑》以授予。繼又授予以仲景家藏《傷寒奥論》云云。今《述古堂目》以是書爲許補之所著，或疑此書亦本有補之之序，故《述古堂目》誤之耶。

五十七、傷寒奥論

【醫籍考】一千二百零四頁　《傷寒奥論》。佚。

序跋

許補之序

嘗謂人生天地間，感寒暑不正之氣，皆足以傷生。然雜病治療，遲速猶可，獨傷寒傳變不一，失之毫釐，死生係焉，可不哀哉。醫者苟不詳審，誠有學醫廢人之誚矣。予久欲求訪良醫，拯救世人夭枉，而苦未之見。昨留京，聞保安何大夫博采羣書，於雜病罔不奏效，誠爲當今醫國手，然傷寒一出由切。今春會於臨川道旅，扣其診治之法。渠云，不患病之難治，但患不識其證耳。乃撮羣書，撰《傷寒辨疑》以授予。其心蓋欲使世之醫者，釋然無疑耳。繼又授予以仲景家藏《傷寒奥論》，及叔和《脈賦》各一編。予讀之，手不釋卷者三日。是書誠足以發傷寒之秘奥，爲萬世脈經之要旨。醫者苟得是書而留意焉，則治病之際有所主而不惑，受病之人有所恃而不恐。俾天下之人同躋壽域，仲景之心，視孫思邈、華佗，不啻過矣。予不敢秘，敬鋟諸梓，以廣其傳，因信筆而爲之序。淳熙三年冬十月，襄陽許補之書。是序附刊於《傷寒類證便覽》。《醫籍考》

五十八、醫經正本書

（一）出典

【直齋書録解題】卷十三　《醫經正本書》一卷，知進賢縣沙隨程迥可久撰。專論傷寒無傳染，以救薄俗骨肉相棄絕之弊。

【文獻通考】醫籍考　《醫經正本書》一卷。下引《書録解題》，今略之。

【宋史藝文志】醫書類　程迥《醫經正本書》一卷

【古今醫統大全】卷一採摭諸書　《醫統正本》一卷，進賢知縣程迴著。專論傷寒無傳染，以拯薄俗骨肉相棄絕之弊。

（二）考證

【鐵琴銅劍樓藏書目錄】卷十四　《醫經正本書》一卷。舊鈔本。宋程迥撰并序。又陳言跋。此書見《書錄解題》，凡十四篇，專辨傷寒疫疾并無傳染，以救薄俗骨肉相棄絕之弊，并及唐宋醫政，與夫權量脈診、湯液方論，贊其是而絀其否。謂之“正本”者，以本正則邪說不能搖也。

【開有益齋讀書志】卷四　《醫經正本書》一卷，題“文林郎知隆興府進賢縣主管勸農營田公事沙隨程迥譔”，有淳熙丙申自序。凡十四篇。曰有唐醫政。本朝醫政。傷寒溫病熱病并無傳染之理。辨五運六氣感傷，名曰時氣，亦無傳染。辨四時不正氣，謂之天行，即非傳染。論醫書，辨《本草》、《千金方》權量度。辨玄脈屬陰。辨傷寒兩感不治。辨《活人書》以湯爲煮散。辨發汗宜對證不論早晚。辨方士著書乃采俚俗，不合醫經。記仲景事實。與內弟襄陵許進之論醫書。以知洪州龍學范致虛謙叔榜文附焉。《直齋書錄解題》云“專論傷寒無傳染，以救骨肉相棄絕之弊”是也。引《麟臺故事》“嘉祐二年置校正醫書局於編修院”一條，爲今輯本《麟臺故事》所不載。引《漢書律歷志》、杜佑《通典》，皆以百黍爲一銖，駁林億等以“十黍爲一銖”之誤。辨《南史》徐文伯使范雲以火燒地，布桃葉汗解，可治表證，不可治胸膈裏證，若表證可汗，豈至促壽，爲史差舛。辨張文潛《龐安常墓誌》，安常以桂枝湯治林英女病傷寒，死已一日而蘇。謂桂枝乃發表藥，表證無昏之類，乃知不過仲景之醫理。雖盡讀江瓘《名醫類案》，取史書說部之奇異，以試今人之病，鮮不爲所誤也。沙隨爲宋名儒循吏，是書端風化，廣仁術，豈止醫家之圭臬哉。仁和勞季言權得江都江鄭堂影宋本，余從而傳錄，因寄金山錢賓之培[名]，刻入《萬卷樓叢書》中。沙隨之壻鄱陽董煟，有《救荒活民書》，余亦有宋刊本。

【中國醫學大辭典】　《醫經正本書》一卷，宋程迥撰。凡十四篇。大旨謂傷寒疫疾并無傳染，以救世俗親人自相棄絕之謬。又泛論醫家雜事，如唐宋之醫政，仲景之事實，以及《千金方》權度量之類，均有考訂，并附“論醫書”二首。前有淳熙丙申十月庚寅自序，後有陳言之跋。蓋筆記之類，士人之粗涉醫書者所爲，於醫理無所發明。

（三）序跋

1. 自序 文林郎知隆興府進賢縣主管勸農營田公事沙隨程迥譔

敘曰，古今方士言醫道者多矣，宜折衷於《素問》、《難經》、《甲乙》、張仲景、王叔和等書。如言治道者，有《五經》、《語》、《孟》，皆可據依，不當別有異論。蓋有采之道聽途說，而不本乎此，是謂無稽之言。人命至重，奈何弗敬。至有舉世繆誤，傷風敗俗，殞絕人命，而醫家俯首和附，莫敢指其非者。如至親危病，妄言傳染，遂相棄絕，古之人無有也，醫經不道也。嫂溺不援，比諸豺狼。顧君子之爲政化，亦置此事於度外，使下民日益聾瞽，冤魂塞於冥漠，余竊悼之，此《醫經正本書》所由作也。醫經者，黃帝、岐伯之問答，方書之本也。本正則邪說異論不能搖也。是書也，脫或達於君子之前，察其稽考之久，見於試用之勸，開喻氓俗，務廣傳布，庶爲風教之助云。淳熙丙申十月庚寅序。

2. 陳言跋

言幼觀《素問》，若有所得，思竟其業，於是研精覃思，至老而不厭。以之看扁鵲、倉公以來諸家之論，其得失淺深真(膺)[贗]，輒能辯之，如視黑白而數一二也。常恨士夫不肯爲此學，一有疾病，委性命於市井庸淺之人，每爲嘆息。淳熙丁酉之孟夏，獲與進賢令君程公可久會於松陽，辱示《醫經正本書》一卷，凡十四篇。大指言傷寒疫疾，並無傳染，以捄世俗親人自相棄絕之繆。因泝出本朝、李唐兩代醫政，與夫權量脈診、湯液方論，贊其是而絀其否，可謂精且博矣。因與講論久之，無一辭不契合者，不覺悚然起敬，曰：公之書必盛傳，傳則助風教而長慈愛，正人心而革媮薄，當與長沙太守之名並見於永久，豈曰小補云乎哉。公名迥，可久其字也。睢陽沙隨人，由太學生登隆興元年進士第云。六月一日，鶴溪老人陳言無擇跋。右二序跋，并據於十萬卷樓本。

3. 錢培名跋

按《直齋書錄解題》，《醫經正本書》一卷，沙隨程迥可久撰。專論傷寒無傳染，以救薄俗骨肉相棄絕之弊。此書元明收藏家未有著錄者。上元朱述之郡丞得抄本，以寄張君嘯山，因以示予。洵六百年來，罕見之秘帙。首有自敘，題"文林郎知隆興府進賢縣主管勸農營田公事沙隨程迥誤"(誤當作譔)。按《宋史·儒林傳》，迥由揚州泰興尉，調饒州德興丞，改知隆興府進賢縣，調信州上饒縣，所至有惠政。此因薄俗有畏疾避染、棄親不顧者，乃本軒岐、仲景之論，專辨傷寒溫熱，及五運六氣感傷，名曰時氣，皆無傳染。至四時不正之氣，謂之天行，有歲中流行於一方一所者，皆是氣血中感此異氣，大非傳染。蓋有捨病人遠去，自於它處致疾者。亦有與病人同床共舍，居然不病者。案《素問》言"虛邪賊風，避之有時"。《靈樞》言"邪氣不得其虛，不能獨傷人"。保身慎疾，宜在平時。若扶持疾病之際，中道委去，大傷恩義，讀此書者，庶不惑於敝俗乎。其徵引唐宋醫制及歷論醫書，又推考《本草》、《千金方》權量，蓋欲言醫者折衷古書，實事求是，勿誤於術士無稽之說，其用意尤厚。沙隨，南宋賢者，朱子嘗稱其博聞至行，追配古人，釋經訂誤，開悟後學，當世之務，又所通該，非獨章句之儒而已。所著書，惟《古易章句》、《古占法》、《易傳外編》諸書今存於世。此書佚而復見，亟傳之，當有益於人心世教，不特爲醫林指南也。原抄本輾轉傳寫，舛錯雜出，略依所引原書校正。疑不能明者仍之，別爲"札記"附於後。咸豐三年元夕，賓之甫識。《小萬卷樓》本附刊於"陳言跋"後。

(四)鈔本及刊本

1. 鈔本

【鐵琴銅劍樓藏書目錄】卷十四　《醫經正本書》一卷。舊鈔本。下略。見於"考證"下。

【開有益齋讀書志】卷四《醫經正本書》一卷。中略。詳見"考證"下。仁和勞季言權，得江都江鄭堂影宋本，余從而傳錄，因寄金山錢賓之培[名]，刻入《萬卷樓叢

書》中。下略

注：按錢培名跋云，上元朱述之郡丞得抄本，以寄張君嘯山，因以示予。是知《小萬卷樓叢書》本所祖即出於江藩影宋本。藩字子屏，號鄭堂，清甘泉人也。勞權，字巽卿，清仁和人，經元次子。按《中國藏書家攷略》云，經元子三：長檢字青玉，次權字巽卿，次格字季言。今朱緒曾以季言爲權字，疑則謬矣。

【皕宋樓藏書志】四十六　《醫經正本書》一卷。影抄宋刊本，汪喜孫舊藏。宋文林郎沙隨程迥撰。自序，陳言跋。案《書錄解題》：《醫經正本書》一卷。下略

【靜嘉堂國書分類目錄】　《醫經正本書》一卷，宋程迥撰。寫（影本）。十萬卷樓舊藏本，一冊。《秘籍志》同。

【抱經樓藏書志】卷三七　《醫經正本書》一卷。抄本。下略

【八千卷樓書目】卷十　《醫經正本書》一卷，宋程迥撰。抄本。

2. 小萬卷樓叢書本

【叢書舉要】十萬卷樓叢書　《醫經正本書》一卷，附札記，宋程迥，金山錢培名輯。光緒戊寅金山錢氏自刊。咸豐間原印活字本。光緒戊寅重訂活字本，多《武陵雜著》一種。

【行素堂目睹書錄】小萬卷樓叢書　《醫經正本書》，坿札記，宋程迥。

【洗身精舍寄存書目】卷三　《醫經正本書》一卷，附札記，宋程迥撰，清錢培名札記，《小萬卷樓叢書》本。

【古越藏書樓書目】卷五　《醫經正本書》一卷，宋程迥，《札記》一卷，錢培名小萬卷樓本。

【八千卷樓書目】卷十　《醫經正本書》一卷，宋程迥撰，小萬卷樓本。

【江南圖書館閱覽室檢查書目】　《醫經正本書》，宋程迥，小萬卷樓本，一本。

【江蘇省立國學圖書館圖書總目】　《醫經正本書》一卷，《札記》一卷，程迥，清金山錢培名札記。光緒四年刊本。《小萬卷樓叢書》第六冊。

【遼寧省立圖書館館藏叢書舉要】　《醫經正本書》，宋程迥，《小萬卷樓叢書》，光緒四年金山錢培名賓之輯刊。

3. 十萬卷樓叢書本

【叢書舉要】十萬卷樓叢書　《醫經正本書》一卷，歸安陸心源輯刻。

【叢書書目彙編】十萬卷樓叢書　《醫經正本書》一卷，宋程迥。

【行素堂目睹書錄】十萬卷樓叢書　《醫經正本書》一卷

【萬卷樓藏書總目】　《醫經正本書》，宋程迥。十萬卷樓本。

【古越藏書樓書目】卷五　《醫經正本書》，宋程迥，十萬卷樓本。無札記。

【涵芬樓舊書分類總目】　《醫經正本書》，宋程迥，十萬卷樓本。一冊。

【清華學校圖書館中文書籍目錄】　《醫經正本書》一卷，宋程迥。見《十萬卷樓叢書》。

【江蘇省立國學圖書館圖書總目】　《醫經正本書》一卷，一冊。清刊本。又一部。《十萬卷樓叢書》第十六冊，光緒刊本。

【中東鐵路圖書館圖書目錄】《醫(宗)[經]正本書》一卷。見《十萬卷樓叢書》。

【遼寧省立圖書館館藏叢書舉要】十萬卷樓叢書　《醫經正本書》一卷。

【東京文理科大學附屬圖書館和漢書分類目錄】《醫經正[本書]》一卷,宋程迥。《十萬卷樓叢書》第二十。

【續中國醫學書目】《醫經正本書》一卷,半冊。十行二十字,框橫十二·八釐,縱十七·八釐。宋程迥撰。《十萬卷樓叢書》初編之內,光緒初年刊本。敘,程迥,淳熙三年。跋,陳言。

4. 未詳本

【寶書閣著錄】《醫經正本書》一卷,宋程迥撰。

五十九、傷寒十勸

【醫籍考】一千二百零六頁　李氏子健《傷寒十勸》一卷。存。

陳自明曰:今有李子立作《傷寒十勸》,雖未盡聖人之萬一,其中多有可取,亦不出《活人》之書。《管見良方》

《經驗良方》曰:傷寒與他證不同,投藥一差,生死立判。李子建《傷寒十勸》不可不知。人家有病,招醫未至,或無醫者,若如此十勸,則不致有誤,所益非輕。

按,張會卿《景岳全書》,論《十勸》之害,其言有理,可以參研焉。

注:按明刊《醫統正脈》本《類證活人書》,其卷第二十二,即以《傷寒十勸》充之。說見"活人書"條下。

序跋

自跋

予每念父祖俱死於傷寒《醫籍考》"俱"作"但",及取仲景所著,深繹熟玩。八年之後,始大通悟,陰陽經絡,病證藥性,俱了然於胸中。緣此年江淮之民冒寒避寇,得此疾者頗衆,遂依仲景法,隨證而施之藥,所活不啻數百人。仍知傷寒本無惡證,皆是妄投藥劑所致。因追悼父祖之命,皆爲庸醫所殺,而又歎人無間於貧富貴賤,於此不能自曉,則輕付一命於庸工之手也。今輒摭其流俗多誤、有害於命者,略聞其說,目曰《傷寒十勸》。其言不欲成文,冀人易曉,而以爲深戒云。《醫統》本《活人書》

六十、傷寒證法

【遂初堂書目】醫書類　《傷寒證法》

注,按右《傷寒證法》,或疑《傷寒證治》之訛歟。其書王寔所著,既錄於前矣。

六十一、傷寒論翼

【遂初堂書目】醫書類　《傷寒論翼》

注:按右《傷寒論翼》,或疑《翼傷寒論》之訛歟。亦已見於前。

六十二、傷寒遺法

【遂初堂書目】醫書類　《傷寒遺法》

六十三、傷寒瀉痢要方

【直齋書錄解題】卷十三　《傷寒瀉痢要方》一卷,直龍圖閣長樂　陳孔碩膚仲撰。《文獻通考》同。

【國史經籍志】卷四　《傷寒瀉利要方》一卷,陳孔碩。

【世善堂藏書目錄】卷下　《傷寒瀉痢要方》一卷,長樂陳孔碩。

六十四、傷寒證類要略

【直齋書錄解題】卷十三　《傷寒證類要略》二卷,《玉鑑新書》二卷,汴人平堯卿撰。專爲傷寒而作,皆仲景之舊也,亦别未有發明。《文獻通考》同。

【宋史藝文志】醫書　《傷寒證類要略》二卷。

【古今醫統大全】卷一採摭諸書　《傷寒類證要略》二卷。下引陳直齋之文

【國史經籍志】卷四下　《傷寒證類要略》二卷,平堯卿。

六十五、玉鑑新書

【直齋書錄解題】卷十三　《玉鑑新書》二卷,汴人平堯卿撰。下略

【宋史藝文志】醫書類　平堯卿《傷寒玉鑑新書》一卷

六十六、四時治要方

【直齋書錄解題】卷十三　《四時治要方》一卷,永嘉屠鵬時舉撰。專爲時疾瘧痢吐瀉傷寒之類,雜病不與焉。《文獻通考》同

【郡齋讀書後志】卷五　《四時治要》一卷,右永嘉屠鵬字時舉所著。戴文端公溪爲之跋。

【文淵閣書目】卷十五　《四時治要》一部一冊。闕。

【菉竹堂書目】卷五　《四時治要》一冊

【世善堂藏書目錄】卷下　《四時治要方》一卷，屠鵬。

【溫州經籍志】卷十六　屠氏鵬《四時治要方》。《讀書附志》一、《文淵閣書目》十五，并無"方"字，今從《直齋書錄解題》十三。一卷。《直齋書錄解題》十三，《讀書附志》一，《世善堂藏書目錄》下。下引陳直齋及《讀書附志》。今略

六十七、傷寒要法

【宋史藝文志】醫書類　《傷寒要法》一卷

六十八、傷寒方論

【宋史藝文志】醫書類　李涉《傷寒方論》二十卷

六十九、傷寒指南論

【宋史藝文志】醫書類　李大參家《傷寒指南論》一卷

七十、傷寒直格

【國史經籍志】卷四下　《傷寒直格》五卷，劉開。

【萬卷堂書目】卷三　《傷寒直格》五卷，劉開。

【千頃堂書目】卷十四　《傷寒直格》五卷，劉開復真。

注：按"劉開傳"見於《劉三點脈訣》條下。又按，守真劉完素亦有《傷寒直格》，與是書齊名，今別錄於下。

【宋史藝文志】　劉開復真劉三點《傷寒直格》五卷

七十一、傷寒辨疑論

【醫籍考】一千二百十頁　吳氏敏修《傷寒辯疑論》，佚。

序跋

許衡序

先朝國醫吳敏脩著《傷寒辨疑論》，實得仲景《傷寒》之要。先生猶子璋辭後獨有其書，頃嘗幸得而詳讀之，概見先生醫學之妙。嘗謂醫方有仲景，猶儒書有《六經》也。必有見於此，然後可與議醫。然其文古，其義隱，學者讀之，茫然不可涯涘。今是書辨析疑似，類括藥證，至發先賢之未發，悟後人之未悟，雖愚之不敏，一讀且有開益，彼專門業醫者，得是說而推之，所謂茫乎不可涯涘者，當了然矣。目曰"辨疑"，夫豈徒云。己未冬十月戊戌，河內許衡序。《醫籍考》

七十二、傷寒明理論

(一)出典

【宋史藝文志】醫書類　嚴器之《傷寒明理論》四卷

【文淵閣書目】卷十五　《傷寒明理論》一部一冊。闕。

【菉竹堂書目】卷五　《傷寒明理論》一冊。

【百川書志】卷十　《傷寒明理論》三卷,《傷寒明理方論》一卷,宋聊攝成無己著論,凡五十篇。

【古今醫統大全】卷一採摭諸書　《傷寒明理論》,宋成無己撰,龐安常校,黄山谷爲後序。

【萬卷堂書目】卷三　《傷寒明理論》四卷,成無己。

【本草綱目】引据書目　成無己《傷寒明理論》

【醫藏書目】無上函目　《明理論》四卷,成無己。

【國史經籍志】卷四下　《傷寒明理論》四卷,成無己。

【醫方類聚引用書】《傷寒明理論》

【東醫寶鑑】歷代醫方　《明理論》,金成無己所著。

【補元史藝文志】卷三　成無己《傷寒明理論》三卷,《明理論方》一卷。

注:按《宋志》冠"嚴器之"三字,疑即器之爲之序,《宋志》以誤之歟。

(二)考證

【讀書敏求記】卷三　《傷寒明理論》四卷。此書首尾斷爛,序作於開禧改元,稱成公。當乙亥丙子歲,其年九十餘,則生於嘉祐治平之間,誠仲景之功臣,醫家之大法。成公不知誰何,蓋北宋時人也。

【讀書敏求記校證】卷三下　《傷寒明理論》四卷。入《述古目》、《補》,黄丕烈云,此書曾得一精鈔本,不知是影宋本否。後歸藝芸精舍。道光三年秋復得一元刊本,首尾有闕頁。又云,予見成無己《注解傷寒論》,知是書亦無己撰。蓋王鼎後序云然。周星詒云,甲乙冬得元刻本。此書《補》,阮本及胡校本、宋校本,"書"下均有"首"字。稱成公,案《竹汀日記》云,晤周漪塘,見毛氏影全("全"即"金"之譌歟)刻鈔本成無己《傷寒論》十卷,小字密行,凡四冊。又《傷寒明理論》二冊,大字,亦影金鈔本。據此,則成公爲無己可證。《補》,《竹汀日記》又云,成無己《傷寒論》,前有皇統甲子洛陽嚴器之、大定壬辰澠池令魏公衡、武安王緯三人序,後有冥飛退翁王鼎後序。兩本皆蕘圃所藏。蓋北宋時人也。案,《鞏經室外集》:嚴氏《明理論》三卷,《後集》一卷,宋嚴器之撰。其書惟見《敏求記》,云此書尾斷爛,序作於開禧改元,稱成[公]云云。今此書首尾完好,失去開禧中之序,蓋所藏本非宋刻也。案,《宋史藝文志》有嚴器之《傷寒明理論》四卷,書名卷數均合。此本從宋版影鈔,雖不著撰人,其爲器之之書無疑,成公殆即器之之表德也。鈺案,《宋志》成無己《傷寒論》一卷,嚴器之《傷寒明理論》四卷。兩目并載。《鞏經》未全檢《志》文,定所得本爲嚴作,駁遵王記文,殊誤。又案,大定壬辰王鼎"注解傷寒論序"有云,此書乃前宋國醫成公無己注解,公別有《傷寒明理論》,十五年前已鏤板行世。是《注解傷寒論》、《傷寒明理論》兩書,皆成氏所撰。嚴器之序《傷寒明理論》紀年壬戌,序《注解傷寒論》紀年甲子,均明書成無己作,并非自著。《宋志》既誤《明理論》爲嚴作,《鞏經》又以《宋志》爲據,以誤滋誤,有如此者。目下黄丕烈説極諦,特證明之。王、嚴各序,張金吾均輯入《金文最》。又無己生宋嘉祐、治平間,竹汀亦未檢《宋志》著錄,以序文皆出金人,《補元志》遂複列於金代,亦應訂正。

【傷寒辨注】卷首採輯書目 《傷寒明理論》,金聊攝成無己撰。書凡四卷,其第一卷至三卷,共論五十篇,始於發熱,終於勞復。其第四卷,發明桂枝等方二十首,此爲深得傷寒之旨趣者也。但其中四十五論云,陽明病下血譫語,此爲熱入血室者,斯蓋言男子,不止謂婦人。此與仲景之意大悖。然亦不可因其一節之短,揜其全部之長。取名"明理",信不誣矣。

【四庫全書總目】卷一百零三 《傷寒論註》十卷,附《傷寒明理論》三卷,《論方》一卷。內府藏本。成無己所作《明理論》,凡五十篇,又《論方》二十篇。於君臣佐使之義,闡發尤明。嚴器之序稱,無己撰定傷寒義,皆前人未經道者,其推挹甚至。張孝忠亦稱無己此二集,自北而南,先以紹(興)[熙]庚戌得《傷寒類註》十卷於醫士王光庭家,後守荆門,又於襄陽訪得《明理論》四卷,因爲刊板於郴山,則在當時固已深重其書矣。

【郘亭知見傳本書目】卷八 嚴氏《明理論》三卷,《後集》一卷,宋嚴器之撰。阮氏曾以進呈,其書取寒證分五十門,詳爲論。又取仲景百二十方,擇世人常用者二十方,各係論爲《後集》。此從宋影抄。

(三)序跋

1. 傷寒明理藥方論序成無己自序

制方之體,宜通補瀉輕重澀滑燥濕十劑是也。制方之用,大小緩急奇耦複七方是也。是以制方之體,欲成七方之用者,必本於氣味生成,而制方成焉。其寒熱溫涼四氣者生乎天,酸苦辛鹹甘淡者成乎地,生成而陰陽造化之機存焉。是以一物之內,氣味兼有。一藥之中,理性具矣。主對治療,由是而出,斟酌其宜,參合爲用。君臣佐使,各以相宜,宣攝變化,不可勝量,一千四百五十三病之方,悉自此而始矣。其所謂君臣佐使者,非特謂上藥一百二十種爲君,中藥一百二十種爲臣,下藥一百二十五種爲佐使,三品之君臣也。制方之妙,的與病和對,有毒無毒,所治爲病主。主病之謂君,佐君之謂臣,應臣之謂使,擇其相須相使,制其相畏相惡,去其相反相殺,君臣有序而方道備矣。方宜一君二臣三佐五使,又可一君三臣九佐使也。多君少臣,多臣少佐,則氣力不全。君一臣二,制之小也;君一臣三佐五,制之中也;君一臣三佐九,制之大也。君一臣二,奇之制也。君二臣四,耦之制也。君二臣三,奇之制也;君二臣六,耦之制也。近者奇之,遠者耦之。所謂遠近者,身之遠近也。在外者身半以上,同天之陽,其氣爲進;在內者身半以下,同地之陰,其氣爲遠。心肺位膈上,其藏爲近;腎肝位膈下,其藏爲遠。近而奇耦制小其服,遠而奇耦制大其服。腎肝位遠,數多則其氣緩,不能速達於下,必制大而數少,取其氣迅急,可以走下也。心肺位近,數少則其氣急,不能發散於上,必劑少而數多,取其氣易散,可以補上也。所謂數者,腎一肝二脾五心七肺九,爲五藏之常。制不得越者,補上治上,制以緩;補下治下,制以急。又急則氣味厚,緩則氣味薄,隨其攸利而施之,遠近得其宜矣。

奇方之制，大而數少，以取迅走於下，所謂下藥不以耦；耦方之制，少而數多，以取發散於上，所謂汗藥不以奇。經曰"汗者不以奇，下者不以耦"，處方之制，無逾是也。然自古諸方，歷歲浸遠，難可考評，惟張仲景方一部，最爲衆方之祖。是以仲景本伊尹之法，伊尹本神農之經。醫帙之中，特爲樞要，參今法古，不越毫末，實乃大聖之所作也。一百一十二方之內，擇其醫門常用者方二十首。因以方制之法明之，庶幾少發古人之用心焉。

2. 傷寒明理論序嚴器之

余嘗思歷代名醫，迴骸起死，祛邪愈疾，非曰生而知之，必也祖述前聖之經，才高識玅，探微索隱，研究義理，得其旨趣，故無施而不可。且百病之急，無急於傷寒，或死或愈，止於六七日之間，十日以上。故漢張長沙感往昔之淪喪，傷橫夭之莫救，撰《傷寒論》一十卷，三百九十七法、一百一十三方，爲醫門之規繩，治病之宗本。然自漢逮今，千有餘年，唯王叔和得其旨趣，後人皆不得其門而入，是以其間少於注釋，闕於證義。名醫間有著述者，如龐安常作《卒病論》，朱肱作《活人書》，韓祇和作《微旨》，王寔作《證治》，雖皆互有闡明之義，然而未能盡張長沙之深意。聊攝成公，家世儒醫，性識明敏，記問該博，譔述傷寒義，皆前人未經道者，指在定體，分形析證，若同而異者明之，似是而非者辨之。釋戰慄有內外之診，論煩躁有陰陽之別。譫語鄭聲，令虛實之灼知；四逆與厥，使淺深之類明。始於發熱，終於勞復，凡五十篇，目之曰《明理論》，所謂真得長沙公之旨趣者也。使習醫之流，讀其論而知其理，識其證而別其病，胸次了然而無惑，顧不博哉。余家醫業五十載，究旨窮經，自幼迄老，凡古今醫書，無不涉獵。覩此書義理燦然，不能默默，因序其略。歲在壬戌八月望日，錦屛山嚴器之序。

3. 張孝忠跋

右《注解傷寒論》十卷，《明理論》三卷，《論方》一卷，聊攝成無己之所作。自北而南，蓋兩集也。予以紹熙庚戌歲入都，傳前十卷於醫者王光庭家。洎守荆門，又於襄陽訪後四卷，得之。望聞問切，治病處方之要，舉不越此。古今言傷寒者祖張長沙，但因其證而用之，初未有發明其意義。成公博極研精，深造自得，本《難》、《素》、《靈樞》諸書以發明其奥，因仲景方論以辯析其理，極表裏虛實陰陽死生之說，究藥病輕重去取加減之意，毫髮了無遺恨，誠仲景之忠臣、醫家之大法也。士大夫宦四方，每病無醫。子來郴山，尤所歎息，欲示之教，難於空言，故刊此書，以爲楷式。使家藏其本，人誦其言，夭橫傷生，庶乎免矣。成公當乙亥丙子歲，其年九十餘，則必生於嘉祐、治平之間。國家長育人材，命醫立學，得人之效，一至於此，則天下後世，凡所謂"教養"云者，可不深加之意也夫。開禧改元五月甲子，歷陽張孝忠書。

(四) 刊本及鈔本

1. 影鈔金刊本

【讀書敏求記校證】 案《竹汀日記》云，晤周漪塘，見毛氏影金刻鈔本成無己

《傷寒論》十卷,小字密行,凡四冊。又《傷寒明理論》二冊,大字,亦影金刻鈔本。

【四庫書目邵注】卷十　《傷寒論注》十卷,附《明理論》三卷,金成無己撰。張《目》有影抄金大定壬辰刊元皇統甲子翻刻本,題"傷寒注解",小字密行。"明理論",大字。《四庫目》略同

注:按張氏《愛日精廬志》有《傷寒論注解》十卷,影寫金刊本,而不云有《明理論》。詳見"注解傷寒論"下。

2. 元刊本

【蕘圃藏書題識】卷四　《傷寒明理論》三卷,《傷寒明理論方》一卷。元本。案《目》云吳興張氏。余向藏《傷寒明理論》,相傳爲影宋鈔本,紙墨精妙,卻未將別本校過,已舉而歸諸藝芸精舍矣。頃冷攤以舊刻本見遺,審是元刻本,中多闕失,偶有鈔補,亦復不全,遂動校勘之興。從藝芸精舍借歸,命長孫秉剛竭幾日力手校一過,竟有勝於鈔本之處。然彼此既非一樣,行款字句又復有異,無可全補,遂命工楷書影宋原文之可與刻本參者附麗之。又命秉剛自寫影宋之與刻異者爲《校勘記》。事畢之後,則請余自爲跋,記其原委,因書此以示之,而即令其手書於後。時在道光癸未九月十七日望秋,清逸士跋。孫美鏐書。

越歲甲申夏六月裝成,迨七月初旬,有人索觀士禮居子部醫家,因舉此以示之。作介者恐得主不識此骨董,未敢涉手。舉世皆俗眼,其視此不爲棄物乎。吾愛吾寶,於此益信云。龜巢老人自記。

【適園藏書志】卷六　《傷寒明理論》三卷,附錄一卷。元刊本。宋嚴器之撰。器之,阮文達公考其字,字成公。取寒證分爲五十門,詳爲之論。又取仲景一百二十方之中,擇世人所常用者二十方,各係之以論,以別爲之《後集》一卷,其說頗多精語。此元刊本,每半葉十三行,行二十字。高六寸五分,廣四寸二分。黑口單邊,板心"方論"在上魚尾下,葉數在兩魚尾中間,前後均佚。黃蕘圃以影寫宋本補寫完足,并命長孫秉剛校勘,成《校勘記》一卷附後。有跋。有"士禮居藏"朱文長印,"黃印丕烈"、"復翁"兩朱文聯珠方印,"龜巢翁"白文大方印,"黃印美鏐"白文圓印,"賦孫"朱文方印,"鏐"朱白文小方印,"賦孫"朱文界格小方印,"夢廬借觀"朱文方印,"虞山張蓉鏡芙川印信"朱文方印,"蓉鏡珍藏"朱文大方印。黃氏手跋曰引文今省,與《蕘圃題識》同。

錢氏手跋曰:元板《傷寒明理論》三卷,并《方論》一卷,爲黃氏士禮居舊藏,今爲芙川居士所儲。道光甲午小暑後三日,從琴川寄至味夢軒,因得展閱。雖略有缺帙,其妙在有蕘翁《校勘記》一卷,則知其中間有勝於汪氏影宋鈔本者。觀其跋語,頗自慎重,若非芙川真知篤好,恐當時蕘翁亦未必能輕易割愛耳。錢天樹。

3. 明葛澄刊本

【經籍訪古志】卷七　《傷寒明理論》三卷,《方論》一卷。明葛澄刊本。聿修堂藏。此本不記刊行年月,稱"古濠葛澄刊"。首有歲在壬戌八月望日錦屏山嚴器之序。據開禧改元張孝忠題辭,原與《注解傷寒論》合刻。而此本則係正德、嘉靖間所重刊,但訛誤頗多,固非善本。吳勉學《醫統正脈》所收,蓋據此本。

4. 醫統正脈本

【叢書舉要】卷十二古今醫統正脈全書　《傷寒明理論》四卷,金成無己。

【叢書書目彙編】醫統正脈全書　《傷寒明理論》四卷,成無己。

【揚州吳氏測海樓藏書目錄】卷四　《傷寒明理論》四卷,宋成無己。《古今醫統正脈全書》,明王肯堂輯,萬曆年刊竹紙四十八本內。

【江蘇省立國學圖書館圖書總目】《傷寒明理論》四卷,《醫統正脈全書》第二十二冊。金聊攝成無己。明新安吳勉學校刊本。

【中東鐵路圖書館圖書目錄】《傷寒明理論》四卷,金聊攝成。見《醫統正脈全書》。

【聿修堂藏書目錄】《傷寒明理論》四卷,三冊。收在《醫統正脈》中。

【寶素堂藏書目錄】《傷寒明理論》四卷,□冊。收在《醫統正脈》中。

【杏雨書屋圖書假目錄】古今醫統正脈全書　《傷寒明理論》四卷,金成無己撰,明徐鎔校。

【續中國醫學書目】《傷寒明理論》四卷,一冊。十行二十字,框橫十三·七釐,縱二十釐。金成無己撰,明吳勉學閲,徐鎔校,萬曆二十九年刊。《醫統正脈全書》之內。傷寒明理論序,嚴器之,壬戌。附序,張孝忠,開禧元年。傷寒明理藥方論序。傷寒明理論目錄。

5. 明刊十一卷本

【元治增補御書籍目錄】《傷寒明理論》十一卷,附《闡要編》。五冊。成無己撰。

【帝室和漢圖書目錄】《傷寒明理論》,金成無己。明板。四卷。《闡要編》七卷。五冊。

【圖書寮漢籍善本書目】《傷寒明理論》十一卷五冊。明刊本。題"聊攝成無己撰,吳興閔芝慶刪補"。前有閔芝慶序。卷一至四標"傷寒明理",卷五以下標"傷寒闡要"。前有朱太復序。文政中毛利出雲守高翰所獻幕府,首有"佐伯侯毛利高標字培松藏書畫之印"印。又每首有"江陵堂"印記。

6. 同治刊本

【故宮普通書目】卷三　《傷寒明理論》四卷,金成無己撰。同治年刊本。二冊。

7. 光緒六年刊本

【故宮普通書目】《傷寒明理論》四卷。光緒六年刊本。二冊。二部。

8. 光緒二十年刊本

【中國醫學書目】《傷寒明理論》三卷,一冊。十一行二十二字,框橫十三釐,縱十八釐。成無己撰述,吳勉學閱,徐鎔校,光緒二十年成都崇文齋鄧氏重刊。《仲景全書》之內。依日本覆刻明板本。傷寒明理藥方論序。傷寒明理論序,嚴器之,壬戌。目錄。

9. 民國元年石印本

【中國醫學書目】《傷寒類註》,附《明理論》。十六行三十七字。民國元年江東書局石印。《傷寒明理論》四卷,一冊,成無己撰。傷寒明理論序,嚴器之,張孝忠。傷寒明理藥方論序。目錄。

10. 民國十二年刊醫統正脈本

【中國醫學書目】《傷寒明理論》四卷,二冊。九行二十一字,框橫十三釐,縱十八釐。成無己撰。《醫統正脈全書》之內。傷寒明理藥方論序。《傷寒明理論序》,嚴器之,壬戌。傷寒明理論目錄。

11. 中國醫學大成本

【續中國醫學書目】《傷寒明理論》三卷,一冊。十一行三十一字,洋紙裝四十六版。金成無己撰述。民國二十五年刊《中國醫學大成》之內。《提要》。傷寒明理論序,嚴器之,壬戌。目錄。

12. 日本活字版本

【經籍訪古志】卷七 《傷寒明理論》三卷,《方論》一卷。明葛澄刊本。又皇朝活字版,容安書院藏。此本不記梓行年月,文字精善,非葛、吳二本之比。又有寬文九年梅壽軒刊行活字本,體式一同。

【杏雨書屋圖書假目錄】《傷寒明理論》三卷,附《傷寒明理方論》,金成無己撰。日本活字刊本。二冊。

13. 日本享保十三年刊本

【故宮博物院書目】《傷寒明理論》,宋成無己。三卷,一冊。日本刊本。

【江蘇省立國學圖書館圖書總目】《傷寒明理論》四卷,二冊。日本享保刊本。

【杏雨書屋圖書假目錄】《傷寒明理論》三卷,附《傷寒明理方論》,金成無己撰。享保十三年刊。二冊。

【中國醫學書目】《傷寒明理論》四卷,二冊。十行二十字,框橫十五·五釐,縱十九·八釐。成無己撰。伊東定幹(貞卿)句讀。享保十三年。萬卷堂藏板。傷寒明理論序,嚴器之,壬戌八月。傷寒明理藥方論序,成無己。跋,張孝忠,開禧元年五月。目錄。

14. 朝鮮活字本

【觀海堂書目】登字號 《傷寒明理論》一本,四卷。朝鮮活字本。

注:按朝鮮活字本,諸家目無有著錄者,或疑《觀海堂目》以日本活字本誤認爲朝鮮所刊耶。姑錄以存疑焉。

15. 鈔本

【傳是樓書目】宋成無己《傷寒明理論》三卷。又《傷寒方論》一卷,附《劉完素玄機原病式》一卷。抄,一本。

【顧鶴逸藏書目錄】精寫鈔本 《傷寒明理論》一本

【觀海堂書目】精寫舊鈔本 《傷寒明理論》一本

【內閣文庫圖書第二部漢書目錄】《傷寒明理論》四卷,金成無己。明閔芝慶刪補。日本寫本。一冊。《傷寒明理方論》第四卷,金成無己。《補論》第三、四卷。

明巴應奎。日本寫本。一冊。

16. 未詳本

【天一閣藏書目錄】【楝亭書目】【也是園藏書目】【述古堂藏書目】【孫氏書目】【問經堂書目】以上清

注:按《四庫全書》本《明理論》附於《註解傷寒論》,今不重載焉。

七十三、傷寒纂類

【世善堂藏書目錄】卷下 《傷寒纂類》四卷,金李慶嗣。

【千頃堂書目】卷十四補 金李慶嗣《傷寒纂類》四卷。又《改正活人書》二卷。又《傷寒論》三卷。又《鍼經》一卷。又《醫學啟元》。洛州人。

【補遼金元藝文志】 金李慶嗣《傷寒纂類》四卷。洛州人。

【補三史藝文志】 金李慶嗣《傷寒纂類》四卷

【二十五史補編補元史藝文志】卷三金 李慶嗣《傷寒纂類》四卷

七十四、李慶嗣傷寒論

【千頃堂書目】卷十四補 金《李慶嗣傷寒論》三卷

【絳雲樓書目】卷三 《傷寒論》三卷,李慶嗣著。載《金史·方技傳》。

【補遼金元藝文志】 金《李慶嗣傷寒論》三卷。洛州人。

【補三史藝文志】 金《李慶嗣傷寒論》三卷

【補元史藝文志】卷三 《李慶嗣傷寒論》三卷

【中國醫學史】金元醫書目錄 《傷寒論》二卷,李慶嗣撰。《絳雲樓書目》、倪《志》、金《志》,俱作"三卷"。金《志》作"寒傷論",誤。

七十五、傷寒類證

【傷寒類證】宋雲公序 僕於常山醫流張道人處密授《通玄類證》,乃仲景之鈐法也。彼得之異人,而世未有本。

【醫籍考】九百七十九頁 宋氏雲公《傷寒類證》二卷。存。

(一)序跋

傷寒類證序

竊聞天地師道以覆載,聖人立醫以濟物,道德醫藥,皆源於一。醫不通道,無以知造物之機;道不通醫,無以盡養生之理。然欲學此道者,必先立其志,志立則格物,物格則學專。學雖專也,必得師匠,則可入其門矣。更能敏惠愛物,公正無私,方合其道。夫掌命之職,其大矣哉。且聖智玄遠,自有樞要,強欲穿鑿,徒勞皓首。

僕於常山醫流張道人處密受《通玄類證》,乃仲景之鈐法也。彼得之異人,而世未有本,切念仲景之書,隱奥難見,雖有上士,所見博達,奈以一心,日應衆病,萬一差誤,豈不憂哉。今則此書總其微言,宗爲直說,使難見之文明於掌上,故曰舉一網而萬目張,標一言而衆理顯。若得是書以補廢志,其濟於世也不亦深乎。故命工開板,庶傳永久。旹大定癸未九月望日,河内宋雲公述。明刊《仲景全書》本

注:按右序後空一行,亦有附記二行。云"仲景三百九十七法,分爲五十門,差爲四百八十四法。但見一證,則所患自明而用藥不疑也"。

(二)刊本

仲景全書本

【抱經樓藏書志】卷三十五 《傷寒類證》三卷。東洋覆元刊本。漢張仲景類證。宋雲公序,大定癸未。

【叢書舉要】卷十二仲景全書 《傷寒類證》三卷。明萬曆乙亥虞山趙開美編。日本刊本。《叢書書目彙編》同

【寶素堂藏書目錄】仲景全書 《傷寒類證》二卷,一冊。

【中國醫學書目】《傷寒類證》三卷,一冊。十一行二十二字。框横十三釐,縱十八釐。趙開美原刊《仲景全書》之内。光緒二十年,成都崇文齋鄧氏刊依日本覆刻明刊本。傷寒類證序,宋雲公,大定癸未。傷寒活人略例。目錄。

【續中國醫學書目】《傷寒類證》三卷,一冊。十行十九字。框横十三·二釐,縱十八·四釐。不著撰人。萬曆二十七年趙開美校刻。明刊《仲景全書》之内。傷寒類證序,宋雲公,大定癸未三年。傷寒活人略例。

七十六、傷寒直格

【菉竹堂書目】卷五 《傷寒直格》一冊

【古今醫統大全】卷一採摭諸書 《傷寒直格》二卷,劉元素撰。

【本草綱目】引據古今書目 《劉河間傷寒直格》

【脈望舘書目】辰字號 《傷寒直格》二本

【醫藏書目】正法函目 《傷寒直格》二卷,葛雍。

【醫方類聚引用書】《傷寒直格》

【天一閣見存書目】卷三 《傷寒直格論》五卷全,金劉完素撰,明葛雝編。

【續文獻通考】《傷寒直格方》三卷。完素字守真,河南人。事蹟具《金史·方技傳》。

(一)考證

【傷寒醫鑒】守真劉先生《註傷寒六經傳受直格》一部,計一萬七千零九字。

【讀書敏求記】卷三 劉守真《傷寒直格》三卷,《後集》一卷,《續集》一卷,《別

集》一卷。仲景傷寒書，金河間劉守真深究其旨，著爲《直格》，便於習醫者要用。臨川葛雍仲穆校刊之，附以劉洪《傷寒心要》爲《後集》，馬宗素《傷寒醫鑒》爲《續集》，張子和《心鏡》爲《別集》。於是河間之書，粲然可觀矣。

【讀書敏求記校證】卷三之下　劉守真《補》，勞校本據括裕本改“河間”。《別集》一卷。案，《也是園書目》統作“六卷”，不分後、續、別三集。入《述古目》作“六卷”。《補》，勞權云，《恬裕目》元刊本有圖記曰“歲次癸丑仲冬妃仙陳氏書堂刊”，有無名氏序。蓋元時書肆刊本，題河南劉完素撰，臨川葛雍輯。其論傷寒一門，附以劉洪云云。癸丑爲元仁宗皇慶二年。黄丕烈云，戊辰得元刊本，後又得一本。鈺案，《儀顧堂續跋》有元刊本，“直格”下有“方”字。著爲《直格》、刊本、阮本作“真”。《補》，胡校本作“直”。劉洪《傷寒心要》、《補》，刊本、阮本同某校本作“必”。張子和鈺案，子和名從正。見錢《補元志》。《心鏡爲別集》。鈺案，以上三家三書均入《四庫存目》。

【傷寒辯註】卷首採輯書目　金河間劉完素撰。書凡三卷，其上卷則以十干十二支分配藏府，又四類九氣五邪，運氣有餘不足爲病，及論七表八裏等脈。此醫書之統論，與傷寒不相涉者也。其中卷則論傷寒六經，表裏主療之法。下卷則自仲景麻黄桂枝湯外，復載益元散、涼膈散、桂苓甘露飲，共三十四方。推其意，以仲景論寒熱二證，不分其方，又過於辛熱。是書之作，實爲大變仲景之法者也。

【四庫全書總目】卷一百零四　《傷寒直格方》三卷，《傷寒標本心法類萃》二卷，舊本皆題“金劉完素撰”。《傷寒直格方》大旨出入於《原病式》，而於傷寒證治議論較詳。前序一篇，不知何人所撰。馬宗素《傷寒醫鑒》引平城翟公“宵行遇燈”之語，與此序正相合，殆即翟公所撰歟。《醫鑒》又云：完素著《六經傳變直格》一部，計一萬七千零九字。又於《宣明論》中集緊切藥方六十道，分六門，亦名《直格》。此書有方有論，不分門類，不能確定原爲何種。卷首又題爲“臨川葛雍編”，蓋經後人竄亂，未必完素之舊矣。《傷寒標本心法類萃》，上卷分別表裏，辨其緩急，下卷則載所用之方。其中“傳染”一條，稱雙解散、益元散，皆爲神方。二方即完素所製，不應自譽至此。蓋《原病式序》，稱集傷寒雜病脈證方論之方，目曰《醫方精要宣明論》。今檢《宣明論》中已有《傷寒》二卷，則完素治傷寒法已在《宣明論》中，不別爲書。二書恐出於依託，然流傳已久，姑存之以備參考云。

【鄭堂讀書記】宋至元　《劉河間傷寒指格論方》三卷。《醫統正脈》本。舊題“金劉完素撰，葛雍編”。雍，臨川人。《四庫全書》著錄作《傷寒直格方》。倪氏《補遼金元志》、錢氏《補元志》俱作《傷寒直格論方》。然其書爲雍所編定，故是本增“劉河間”三字也。錢氏於是書下又有《後集》一卷、《續集》一卷、《別集》一卷，則不可考矣。其書“凡習醫要用常格”一卷，“習醫要用直格”二卷，皆採掇仲景之書，標目類別而詮解較詳，併文字亦爲之音譯。於治療傷寒一症，亦頗有裨益。考元馬元素《傷寒醫鑒》稱“守真劉先生，分天地陰陽剛柔消長之理，察人生風氣血脈寒熱之宜，逐一擬一篇，無不引《素問》。先標受病之本源，所處方用藥，注書有四焉。一者《注傷寒六經傳受直格》一部，計一萬七千零九字。又先生歸世之後，恐庸醫不知樞要，於《宣明論》内又集緊切藥方六十道，分爲六門，亦名《直格》，通計八萬餘萬言“云云。是《直格》原有二種，核之是書，俱不相同，疑爲後人所竄亂，必非原書矣。前有序一篇,不著撰人。考馬氏《醫鑒》,又引平城翟公序曰云云,即屬是序之文,知即翟氏所作也。

【儀顧堂續跋】《新刊河間劉守真傷寒直格方》三卷,《後集》一卷,《續集》一卷,附《張子和心鏡》一卷,題與《皕宋樓志》同,今省。前有無名氏序,序後有"建安虞氏刊行"一行。目錄前有"陳氏書堂刊木記"五行。《續集》後"癸丑歲仲冬陳氏刊"八字。前三卷名《習醫要用直格》,後集名《傷寒心要》,續集名《傷寒醫鑒》。《傷寒心鏡》本名自爲書,合而編之者葛雍也。每葉二十六行,每行二十四字。吴勉(齋)[學]《醫統正脈》本。"手少陽三焦病次指不能爲用"下脱一行,其餘亦頗有不同。《心要》、《醫鑒》、《心鏡》,《四庫》不收,附存其目。

【醫籍考】一千二百十五頁 劉氏完素《傷寒直格》三卷。存。

按,劉守真傷寒治法,據馬宗素及翟公語,《宣明論》外似别有一書,則此書未全出於依託。若《傷寒標本》,味其旨趣,覺非完素所撰。葛雍字仲穆,號華蓋山樵,臨川人。以鏐洪《心要》、馬宗素《醫鑒》、常德《心鏡》,校刊於《直格》卷後。《醫統正脈》輯入其書,特於《直格》一書,題"臨川葛雍編"。《提要》仍以爲是書經後人改竄,抑失考耳。

(二)序跋

1. 翟公序皕宋樓志云無名氏序

習醫要用《直格》,迺河間高尚先生劉守真所述也。守真深明《素問》造化陰陽之理,比嘗語予曰:傷寒謂之大病者,死生在六七日之間。經曰:人之傷於寒也,則爲病熱。古今亦通謂之傷寒,熱病前三日,太陽陽明少陽受之,熱壯於表,汗之則愈。後三日太陰少陰厥陰受之,熱傳於裏,下之則痊。六經傳受,自淺至深,皆是熱證,非有陰寒之病。古聖訓陰陽爲表裏,惟仲景深得其旨。厥後朱肱奉議作《活人書》,尚失仲景本意,將"陰陽"字釋作"寒熱",此差之毫釐,失之千里,而中間誤罹横夭者蓋不少焉,不可不知也。予語守真曰:先生之論如此,何不闢此說以暴耀當世,以革醫流之弊,反忍而無言,何耶。守真曰:世之所集各異,人情喜溫而惡寒,恐論者不詳,反生疑謗。又曰:欲編書十卷,尚未能就,故弗克耳。今太原書坊劉生鋟梓以廣其傳,深有益於世,如宵《皕宋樓志》"宵"作"夜"行冥冥,迷不知徑,忽遇明燈巨火,正路昭然。若有執迷而不知信行者,固不足言,而聰明博雅君子,能於此書原始及終,研精覃思,則其所得又何待予之喋喋也。

2. 重刊劉河間傷寒直格序

劉守真,何如人也。其學也,憲章軒岐,祖述仲景,故能窺造化隱測之微,能知陰陽變易之機。其臨病也,皆無非重真元,貴津液,而宣通血氣之意矣。其學也,至矣盡矣,豈復有餘蘊哉。蓋至宋末,溫補盛行,衆醫皆執一定之法,而應無窮之病,拘拘乎守其死法而已。幸有劉守真出焉,以救敝錮之偏,著書垂言,而惠之將來。於是軒岐之風燦然復明,仲景以還,未有劉氏之懿也,可謂曠世之才而醫林之特也。其功豈淺淺也哉。其書凡六部,曰《宣明論》、曰《原病式》、曰《保命集》、曰《運氣要旨》、曰《傷寒直格》、曰《傷寒類萃》，皆發其精蘊而廣大悉備，故其言既明，其旨且遠，然而世之錮於明學也久矣。明季之醫，各逞異見，務索隱行怪，議論雷同，精義拂地，遂使學者習而不察，教而不疑，固可不嘆哉。後學多言劉氏出於擾擾之世，而時世多火病，是以專用苦寒，剋伐陽氣。惡是何言也。若竭力於古學，能窺劉氏之旨，則其惑瞭瞭焉。夫天下之廣，人民之衆，其間豈無明哲之士，能擴其學者也。因余命書肆，先刻《直格》、《類萃》之二書，以公天下，而告世之學醫者。如其他，欲待之歲月，尚登梨棗耳。其書雖闇於今時，必有寶之於將來者，亦弗可知焉。余以謂明季之風不息，則大家之旨不著；大家之旨不著，則軒岐之澤不行。其關係最大矣哉。世之學醫者，能由其書而窺其言，由其言以會其意，則其焉廋哉。享保八年癸卯仲冬日，醫官洪臺中村雍熙識。

3. 重刊劉河間傷寒直格跋

醫家視劉張李朱，猶儒家視周程張朱也。儒而不讀其書可耶，醫豈獨不然哉。然觀世爲醫者，概醫術、學問岐爲兩途，其卑者以爲問證而厲鍼，按方而投匕，安在讀書也，學問第爲辨口之資耳。其高者以爲醫者意也，玄識問解之妙生乎心，何必恃糟粕以爲工，書徒爲筌蹄爾。顧此等之輩，殆幾乎所謂教外別傳、不立文字者，可笑之甚矣。前輩有云，固有讀醫書而不知醫者，未有不讀書而知醫者。兹知醫而不讀書，不可謂之醫也。況於所謂四大家之書乎。而其書有未遍行於世者，豈非闕典乎。凡書籍有藏之者，亦知之者。自私秘不出，不知之者，束高閣徒供蟲蠹，可勝嘆乎。我洪臺君有懲之，其志常在得□書以行之世，今先以其所藏河間《傷寒直格》、《標本心法》之二書，授剞劂氏，公之世，豈唯忠於河間而已哉。亦天下後世學醫者之幸也。比諸彼醫術、學問岐爲兩途，及害秘與高閣者，其賢不(有)[肖]何如耶。君者，醫官中村先生之令嗣，年未及而立，博覽靡所不覩，然其學純本於仲景及四大家，而不屑近時明清之書。又工於文章，著醫論若干篇。若夫活人之手段，人所通知也，不待僕之贅言。第僕以深望於君者，以古書之未顯者，與其所自著而漸次行之世，惠學者也，其志久而無惰矣。請錄之以爲左券云爾。享保甲辰孟秋，艸洲守部正稽謹撰。右二序跋并據於日本刊本

(三) 刊本及鈔本

1. 元刊本

【也是園藏書目】卷五　劉守真《傷寒直格》六卷

【述古堂藏書目】卷四　劉守真《傷寒直格》六卷，五本。

【士禮居藏書題跋】卷三　《新刊河間劉守真傷寒直格》三卷，《後集》一卷，《續集》一卷，《張子和心鏡》一卷。元刊本。此元本《傷寒直格》，余得諸臬署前書坊玉昭堂。初攜歸時，因家有藏本，此最後所失，可鈔補以成完書，故兼置之。及取對舊藏，乃知此爲元時覆本，而余所藏中卷卻缺二葉，得此始補全。益信重本之不可不置也如此。丙子秋分後一日，宋廛一翁。《蕘圃藏書題識》亦同

【鐵琴銅劍樓藏書目錄】卷十四　《劉河間傷寒直格》三卷，《後集》一卷，《續

集》一卷,《别集》一卷。元刊本。題“金劉完素撰,臨川葛雍輯”。其論傷寒一門爲此書,所以劉洪《傷寒心要》爲後集,馬宗素《傷寒醫鑒》爲續集,張子和《心鏡》第三卷爲别集。是本與錢遵王《讀書敏求記》所載合,卷首有無名氏序,序後有墨圖記一行云“臨川葛雍校正,建安虞氏刊行”。而目錄前又有圖記五行云“傷寒方論,自漢長沙張仲景之後,惟前金河間劉守真深究其旨,著爲《傷寒直格》一書,誠有益於世。今求到江北善本,迺臨川葛仲穆編校,敬刻梓行,嘉與天下衛生君子共之。歲次癸丑仲冬妃仙陳氏書堂刊”。據此,則是本當從建安本出,而“歲次癸丑”乃元仁宗皇慶二年也。卷首有“錢氏仲實”朱記。

【皕宋樓藏書志】卷四十七　《新刊河間劉守真傷寒直格》三卷,《後集》一卷,《續集》一卷。《張子和心鏡》一卷,元刊本。金劉守真撰,臨川葛雍仲穆編校。《後集》,瑞泉野叟鎦洪輯編,臨川華蓋山樵葛雍校正。《續集》,平陽馬宗素撰述,臨川葛雍校正。《心境》,門人鐃陽常悳仲明編。

按《續集》後有“癸丑載仲冬陳氏刊”八字。《心鏡》後有“心鏡全集,隨此印行”八字。無名氏序曰引文省,見於“序跋”下,所謂翟公序是也。“臨川葛雍校正,建安虞氏刊行”。

“傷寒方論,自漢長沙張仲景之後,惟前金劉守真,深究厥旨,著爲《傷寒直格》一書,誠有益於世。今求到江北善本,迺臨川葛仲穆校,敬刻梓行,嘉與天下衛生君子共之。歲次癸丑仲冬妃仙陳氏書堂刊。”

黄氏手跋曰引文省,與《士禮居題跋》所載同。

案,此元刊本,每集二十六行,每行二十四字。前集“賢醫用直格”,後集“傷寒心要”,續集“傷寒醫鑒”、“心鏡”。

【静嘉堂文庫國書分類目錄】《新刊傷寒直格》三卷,《後集》一卷,《續集》一卷,《張子和心鏡》第三,一卷。金劉守真撰,葛(雝)[雍]編校。元刊。皕宋樓舊藏本。二册。《秘籍志》同。

【帝室和漢圖書目錄】《新刊劉河間傷寒直格》,金劉守真等。元板。三卷。《後集》一卷,《續集》一卷,《别集》一卷。二册。

注:按此元刊,日本江戶時代藏書家均未著錄。惟《聿修堂目》有熊氏種德堂刊本,而《圖書寮善本書目》亦收載之。右《帝室書目》所稱元板,疑即種德堂本矣。

2.明種德堂刊本

【聿修堂藏書目錄】《傷寒直格前集》三卷,二册。熊氏種德堂刊行。

【圖書寮漢籍善本書目】卷三　《新刊劉河間傷寒直格》三卷,《後集》、《續集》、《别集》各三卷(“三”疑“一”之訛)。二册。明天順刊本。每半葉十三行,行二十四字。序後有“臨川葛雍校正,建安熊氏刊行”木記。又目錄首題云“傷寒方論,自漢長沙張仲景之後,惟前金河間劉守真深究厥旨,著爲《傷寒直格》一書,誠有益於世。今求到江北善本,迺臨川葛仲穆編校,敬刻梓行,嘉與天下衛生君子共之。歲次癸未仲冬,熊氏種德堂刊行”。兩册首有“躋壽殿書籍記”、“多紀氏藏書印”、“醫學圖書”、“大學東校典籍局之印”印。又尾有“丹波元胤讀書記”印記。

3. 明嘉靖刊本

【郋園讀書志】卷六　《新刊河間劉守真傷寒直格論方》三卷,《後集》一卷,《續集》一卷。《張子和心鏡》一卷。明嘉靖壬辰劉氏安正堂本。謹案《四庫全書總目》下引《提要》全文,今省。今此書分五卷,爲明嘉靖壬辰安正堂刊本。每半葉十行,行二十一字。卷五末有荷葉首蓮花坐木長方牌記,云"嘉靖壬辰仲秋七月安正堂刊"十二字。一卷大題"新刊河間劉守真傷寒論方卷之上",次行題"臨川葛雍仲穆編校",版心"傷寒直格論"五字,魚尾下"一卷"二字。二卷大題"新刊河間劉守真傷寒直格卷之二"似"中"字改,次行同,版心"傷寒直格"四字,魚尾"二卷"二字。三卷大題"新刊河間劉守真傷寒直格論方卷之三",此則本是"三"字。次行同,版心同二卷。四卷大題"新刊河間劉守真傷寒直格後集卷之四",次行"都梁瑞泉野叟鎦洪編輯",三行"臨川華蓋山樵葛(雝)[雍]校正",版心同三卷,魚尾下"四卷"二字。五卷大題"新刊河間劉守真傷寒直格續集卷之五",次行"平陽馬宗素撰述",三行"臨川葛(雝)[雍]校正",版心同四卷,魚尾下"五卷"二字。卷末又一行大題"張子和心鏡",次行"門人鎮陽常悳仲明編"。核與《四庫》本,除前三卷,餘并不同。據黄丕烈《士禮居藏書題跋記》,元刊本大題均同此,則此源出元槧,故仍舊題。"安正堂"爲明書(枋)[坊]劉宗器牌名,當時刻書甚多,立堂最久,而此書則未經藏書家著錄,宜乎《四庫全書》僅見坊行竄亂之本,未見此原本也。丁未仲秋處暑,德輝記。

4. 河間六書本

【千頃堂書目】卷十四　《傷寒直格論方》三卷。《河間六書》之內。劉完素。

【叢書舉要】卷十二河間醫學六書　《傷寒直格》三卷　《叢書書目彙編》同

【補遼金元藝文志】　《金劉完素傷寒直格論方》三卷。《河間六書》之內。字守真,河間人。

【揚州吳氏測海樓藏書目錄】卷四　《傷寒直格》三卷。《劉河間傷寒六書》,金劉完素。竹紙八本內。

【四庫書目邵注】卷十　《傷寒直格方》三卷,《傷寒標本心法類萃》三卷。舊本皆題"金劉完素撰"。然《傷寒直格方》首又題"臨川葛雍編",似乎非其舊本。明吳勉學刊《河間六書》本,合二十七卷。

又有《傷寒心要》一卷,《傷寒心鏡》一卷,《傷寒醫鏡》一卷,俱《河間六書》本,入《存目》。

5. 醫統正脈本

【郘亭知見傳本書目】卷八　《傷寒直格方》三卷,《傷寒標本心法類萃》二卷,金劉完素撰。《醫統》刊《心法類萃》二卷,《四庫目》略同。

【鄭堂讀書記】宋至元　《劉河間傷寒直格論方》三卷。《醫統正脈》本。下略,詳見"考證"下。

【八千卷樓書目】卷十　《傷寒直格方》三卷,《傷寒標本心法類萃》二卷。舊本題"金劉完素撰"。《醫統》本。

【叢書舉要】卷十二古今醫統正脈全書 《傷寒直格方》三卷。上中下分卷。金劉完素。明金壇王肯堂宇泰輯。明新安吳勉學刊。《叢書書目彙編》同

【揚州吳氏測海樓藏書目錄】卷四 《傷寒直格》三卷,金劉完素。《古今醫統正脈全書》,明王肯堂輯。萬曆年刊竹紙四十八本內。

【中東鐵路圖書館圖書目錄補編】《傷寒直格》三卷,金劉完素。見《醫統正脈全書》。

【聿修堂藏書目錄】《傷寒直格》三卷,二冊。收在《醫統正脈》中。金劉守真撰。

【中國醫學書目續編】《劉河間傷寒直格論方》三卷,二冊。十行二十字,框横十三·六釐,縱十九·六釐。金劉完素撰,明吳勉學校,萬曆二十九年刊。《醫統正脈全書》之內。

6. 四庫全書本

【四庫全書總目】卷一百零四 《傷寒直格方》三卷,《傷寒標本心法類萃》二卷。下略,詳見"考證"下。

【壬子文瀾閣所存書目】卷三 《傷寒直格方》三卷,《傷寒標本心法類萃》二卷。二冊。補鈔。

【文溯閣四庫全書要略并索引】《傷寒直格論方》三卷,附二卷,金劉完素。二冊。一百五十六葉。

7. 民國刊醫統本

【中國醫學書目】《傷寒直格》三卷。二冊。九行二十一字,框横十三釐,縱十八釐。劉完素著。《醫統正脈全書》之內。

8. 日本享保刊本

【中國醫學書目】《傷寒直格》,内題"傷寒論方直格",又"類萃標本心法",又"河間劉守真傷寒論方"。三卷,三冊。十行二十字,框横十四·二釐,縱十九·三釐。劉河間述,葛雍編,吳勉學校,享保十一年玄賞齋梓。重刊劉河(澗)[間]傷寒直格序,中村雍熙,享保八年。傷寒直格序,無名氏。跋,守部正稽。

9. 未詳本

【孫氏書目内編】【問經堂書目】【傳是樓書目】【楝亭書目】【絳雲樓書目】【近古堂書目】以上清 【内閣文庫書檔】【江蘇省立國學圖書館圖書總目】以上民國

七十七、傷寒標本心法類萃

【醫藏書目】正法函目 《傷寒標本》,附《心要心鏡》一卷。常德。

【傷寒辨注】卷首採輯書目 《傷寒標本》,此亦劉守真完素字編集也。書凡二卷,其上卷則以傷風、傷寒、中暑、中濕四證爲始,至勞、食復,共四十六條。其下卷則集麻桂等五十二湯,又無憂丸等治食積、蟲積及外科之方。至其治兩感證,則用大小柴胡湯,涼膈、五苓、天水、通聖、雙解等散。熱勢甚可下者,用三一承氣湯,或解毒

合承氣湯。其言實超出乎朱奉議之上,然亦大變仲景之法者也。

【鄭堂讀書記】宋至元 《傷寒標本心法類萃》二卷。《醫統正脈》本。舊題"金劉完素撰"。《四庫全書》著錄,附在《傷寒直格方》下。倪氏《補遼金元志》,錢氏《補元志》俱載之。其書上卷論證四十四則,下卷則載所用六十四方,附以《傷寒用藥加減賦》一篇,與《直格方》所載互相發明。然於"傳染"一則,稱所自製之二方爲神方,恐非出於守真,疑爲傳其學者所作也。

【續文獻通考】 劉完素《傷寒標本心法類萃》二卷。完素字守真,河南人。事蹟具《金史·方伎傳》。

【補遼金元藝文志】 金劉完素《傷寒標本心法類萃》二卷

【補元史藝文志】卷三 劉完素《傷寒標本心法類萃》二卷

刊本

1. 河間六書本

【千頃堂書目】卷十四 《傷寒標本心法類萃》二卷。《河間六書》之內。劉完素。

【叢書舉要】卷十二河間醫學六書 《傷寒標本》二卷,附《傷寒醫鑒》一卷。《叢書書目彙編》同

【揚州吳氏測海樓藏書目錄】卷四 《傷寒標本》二卷。《劉河間傷寒六書》,金劉完素。竹紙八本内。

2. 醫統正脈本

【叢書舉要】卷十二古今醫統正脈全書 《傷寒標本》二卷。上下卷。金劉完素。《叢書書目彙編》同

【揚州吳氏測海樓藏書目錄】卷四 《傷寒標本》二卷,金劉完素。《古今醫統正脈全書》,明王肯堂輯。萬曆年刊竹紙四十八本内。

【江蘇省立國學圖書館圖書總目】 《傷寒標本心法類萃》二卷。《醫統正脈全書》第三十三冊。金河間劉完素。明新安吳勉學校刊本。

又一部,附《傷寒直格論方》後。同上。明新安吳氏刊本。

【中東鐵路圖書館圖書目錄】補編 《傷寒標本》二卷,金劉完素。見《醫統正脈全書》。

【聿修堂藏書目錄】 《傷寒標本心法類萃》二卷。一冊。收在《醫統正脈》中。

【寶素堂藏書目錄】 《傷寒標本心法類萃》二卷,□冊。收在《醫統正脈》中。宋亡名氏。

【杏雨書屋圖書假目錄】古今醫統正脈全書 《傷寒標本心法類萃》二卷,金劉完素撰。明吳勉學校。

【續中國醫學書目】 《傷寒標本心法類萃》二卷,一冊。十行二十字,框橫十三·六釐,縱十九·六釐。金劉完素守真編集,明吳勉學校,萬曆二十九年刊。《醫

統正脈全書》之內。

3. 四庫全書本

注：按《四庫全書》本《傷寒標本心法類萃》，附於《傷寒直格方》下，詳見其條。

4. 民國刊醫統本

【中國醫學書目】《傷寒標本》二卷，九行二十一字，框横十三釐，縱十八釐。劉完素。《醫統正脈全書》之內。

5. 未詳本

【孫氏書目内編】【楝亭書目】【八千卷樓書目】以上清

七十八、傷寒心要

【傷寒辯注】卷首採輯書目　《傷寒心要》，□都梁鎦洪編。書止一卷，其論傷寒，大率以熱病爲主。其用方藥，第一則雙解散，第二則用小柴胡、涼膈、天水合服，第三涼膈合小柴胡，第四大柴胡合黄連解毒湯，第五大柴胡合三乙承氣湯。共三十方，皆複方也。卷末則新增病後四方，及《心要餘論》。此得河間之一偏，其用藥溷淆，不足法也。

【四庫全書總目】卷一百零五　《傷寒心要》一卷。通行本。舊本題"都梁鎦洪編"。洪，始末未詳。大旨敷演劉完素之説。所列方凡十八，又有病後四方，與常德《傷寒心鏡》皆後人裒輯，附入《河間六書》之末者。然掇拾殘剩，無所發明。

【鄭堂讀書記】宋至元　《河間傷寒心要》一卷。《醫統正脈》本。舊題"都梁鎦洪編"，不著時代。洪，始末未詳。《四庫全書存目》，是書首爲《傷寒心要論》，次列三十方，又次列新增病後四方，而終之以《傷寒心要餘論》。大旨敷衍劉守真之説，故冠以"河間"二字。以較《傷寒心鏡》多四之三。吴肖愚雖取以刊《河間六書》後，恐未可與《心鏡》七則同稱，爲後人掇拾而成也。

【醫籍考】一千二百二十三頁　《鎦氏洪傷寒心要》一卷。存。

按，鎦洪，號瑞泉野叟。其始末未詳，亦似爲金人，仍附於此。

刊本

1. 元刊本

注：按《皕宋樓藏書志》略云，《新刊河間劉守真傷寒直格》三卷、《後集》，瑞泉野叟鎦洪輯編，臨川華蓋山樵葛雍校正。每葉二十六行，每行二十四字。《後集》，《傷寒心要》云云。餘見"傷寒直格"條下。

2. 明種德堂刊本

注：按《圖書寮善本書目》略云，《新刊劉河間傷寒直格》三卷。《後集》、《續集》、《别集》各三卷。明天順刊本，每半頁十三行，行二十四字。餘見"傷寒直格"條下。

3. 明嘉靖刊本

注：按《郎園讀書志》略云，《新刊河間劉守真傷寒直格論方》三卷、《後集》一

卷,明嘉靖壬辰安正堂刊本。每半葉十行,行二十一字。四卷大題"新刊河間劉守真傷寒直格後集卷之四",次行"都梁瑞泉野叟錙洪編輯",三行"臨川華蓋山樵葛雍校正"云云。餘見"傷寒直格"下。

4. 河間六書本

【揚州吳氏測海樓藏書目錄】卷四 《傷寒心要》一卷。《劉河間傷寒六書》,金劉完素。竹紙八本内。

【叢書舉要】卷十二河間醫學六書 《傷寒心要》一卷,附《傷寒心鏡》一卷。《叢書書目彙編》同

5. 醫統正脈本

【揚州吳氏測海樓藏書目錄】卷四 《傷寒心要》一卷,金劉完素。《古今醫統正脈全書》,明王肯堂輯。萬曆年刊竹紙四十八本内。

【叢書舉要】卷十二古今醫統正脈全書 《傷寒心要》一卷,金劉完素。《叢書書目彙編》同

【江蘇省立國學圖書館圖書綱目】 《傷寒心要》一卷。《醫統正脈全書》第三十八册,金河間劉完素,明(盱眙)[盱江](劉)[鏐]洪編,明新安吳勉學校刊本。

又一部,一卷附《傷寒直格論方》後,明新安吳勉學校刊本。

【中東鐵路圖書館圖書目錄】補編 《傷寒心要》一卷,金劉完素。見《醫統正脈全書》。

【續中國醫學書目】 《河間傷寒心要》一卷,四半冊。十行二十字,框横十三・六釐,縱十九・六釐。鏐洪編,明吳勉學校,萬曆二十九年刊。《醫統正脈全書》之內。

6. 民國刊醫統正脈本

【中國醫學書目】 《傷寒心要》一卷。九行二十一字,框横十三釐,縱十八釐。劉完素著。《醫統正脈全書》之內。

7. 未詳本

【孫氏書目内編】【問經堂書目】【楝亭書目】以上清

注:按《四庫全書存目》有《傷寒心要》一卷,然未知其所祖矣。

七十九、傷寒醫鑒

【醫藏書目】正法函目 《傷寒醫鑒》一卷,馬宗素。

【傷寒辨註】卷首採輯諸書 《傷寒醫鑒》,□平陽馬宗素撰。書止一卷,首論脈證、六經傳受、汗下等法,終以小兒瘡疹,共十一條。每條之中皆引《活人書》於前,繼則引守真氏之語,以辨其非。末又正以《素問》之文,其文大都以傷寒爲熱病,無所謂寒證者,是亦深合《素問・熱論》中之義也。

【四庫全書總目】卷一百零五存目 《傷寒醫鑒》一卷,通行本,元馬宗素撰。宗素,始末未詳。是書載《河間六書》中,皆採劉完素之説以駁朱肱《南陽活人書》,故

每條之論皆先朱後劉,大旨皆以熱病爲傷寒,而喜寒涼,忌溫熱。然《活人書》往往用麻桂於夏月發洩之時,所以貽禍。若冬月真正傷寒,則非此不足以散陰耶,豈可專主於涼洩。未免矯枉過直,各執一偏之見矣。

【醫籍考】一千二百二十二頁 《傷寒醫鑒》一卷。存。

按,《醫學源流》引"歷代名醫圖"曰:金有何公務、侯德和、馬宗素、楊從政、袁景安,而是書又載正治、反治之法。曰"聞諸守真之言",則宗素亦金人,當得親炙於守真之門者。《提要》爲元人,誤矣。

刊本

1. 元刊本

注:按《皕宋樓藏書志》略云,《新刊河間劉守真傷寒直格》三卷,《續集》一卷。《續集》,平陽馬宗素撰述,臨川葛雍校正。《續集》後有"癸丑歲仲冬陳氏刊"八字。每葉二十六行,每行二十四字云云。餘見"傷寒直格"條下。

2. 明種德堂刊本

注:按《圖書寮善本書目》略云,《新刊劉河間傷寒直格》三卷。《後集》、《續集》、《别集》各(三)[一]卷。歲次癸未仲冬熊氏種德堂刊行。其所謂《續集》,即是此書矣。宜參觀"傷寒直格"下。

3. 明嘉靖刊本

注:按《郋園讀書志》略云,《新刊河間劉守真傷寒直格論方》三卷,《續集》一卷,明嘉靖壬辰劉氏安正堂刊本。今此書分五卷,五卷大題"新刊河間劉守真傷寒直格續集卷之五",次行"平陽馬宗素撰述",三行"臨川葛雍校正"云云。所謂《續集》者,即此書矣。詳見"傷寒直格"下。

4. 河間六書本

5. 醫統正脈本

【續中國醫學書目】 《劉河間傷寒醫鑒》一卷,半冊。十行二十字,框横十三·六釐,縱十九·六釐。元馬宗素撰,明吳勉學校,萬曆二十九年刊。《醫統正脈全書》之內。

注:按明刊《醫統正脈全書》,即是一種叢書之叢書,而《河間六書》亦居其一。所謂《河間六書》本,乃與《醫統》本實係一版矣。今考《醫統》本《河間六書》,以《原病式》、《宣明論》、《心法類萃》、《傷寒醫鑒》、《保命集》、《直格論方》之六書爲正,附以《張子和心鏡别集》、《傷寒心要》二書。即知《河間六書》似以葛雍所編本,與所謂劉河間三書合而編成之,附以《心法類萃》一書者。而核與舊本,唯其諸書先後次序爲異而已。至於民國刊《醫統》本,非啻無存"河間六書"之名,其次序錯亂,全非勉學之舊面也。

6. 民國刊醫統本

【中國醫學書目】 《傷寒醫鑒》一卷。九行二十一字。框横十三釐,縱十八釐。馬宗素著。民國刊《醫統正脈全書》之內。

八十、傷寒心鏡

【千頃堂書目】卷十四　《傷寒心鏡》一卷，張從正。

【傷寒辨註】卷首採輯書目　《傷寒心鏡別集》，□鎮陽常德編。其書止論七條，首論傷寒雙解散及子和增法。次論發表，論攻裏，論攻裏發表，論撏衣撮空，論傳足經不傳手經，論亢則害承乃制。其言雖非闡揚仲景之旨，亦深通河間之書者也。琥按，上三書謂上三書者，《傷寒醫鑒》、《傷寒心要》及此書爲三。皆附河間書後，著書者大都係元末時人也。

【四庫全書總目】卷一百零五存目　《傷寒心鏡》一卷，一名《張子和心鏡別集》。舊本題"鎮陽常德編"。德，不知何許人，亦不詳其時代。考李濂《醫史・張從正傳》後附記曰：《儒門事親》十四卷，蓋子和草創之，麻知幾潤色之，常仲明又摭其遺爲《治法心要》。子和即從正之字，知幾爲麻革之字。仲明，字義與"德"字相符。常仲明者，其即德歟。若然，則金興定中人也。書凡七篇，首論河間雙解散及子和增減之法，餘亦皆二家之緒論。

【續文獻通考】《張從正傷寒心鏡》一卷。從正字子和，睢州考城人。興定中，召補太醫，尋辭去。事蹟具《金史・方技傳》。

【補遼金元藝文志】《金張從正傷寒心鏡》一卷。字子和，睢州考城人。《金劉完素傷寒心鏡》一卷。《河間六書》之內。字守真，河間人。

注：按右《補遼金元志》所記，疑即重出一書，未足遽信也。

【補元史藝文志】卷三　《張從正傷寒心鏡》一卷。

【鄭堂讀書記】宋至元　《張子和心鏡別集》一卷，《醫統正脈》本。金常德編。德字仲明，鎮陽人。《四庫全書存目》、倪氏《補遼金元志》、錢氏《補元志》，俱作《張從正傷寒心鏡》。其書凡七則。首論河間傷寒論雙解散，有云"子和增作法"，又云"此法子和得之"。次論發汗，有云"子和演爲吐法"。據此，知倪、錢兩家屬之子和所自作，皆誤也。然寥寥三頁，不足以成卷帙，故吳肖巖附刊《河間六書》之後云。

【醫籍考】一千二百二十四頁　《常氏德傷寒心鏡》一卷。存。

按，熊氏種德本，題曰《張子和心鏡》，門人鎮陽常德仲明編。又李濂《醫史》曰：張戴人，興定中召補太醫，居無何辭去，蓋非其好也。於是退而與麻知幾、常仲明輩，日遊㶏水之上云。又子和有治常仲明子患風痰藥案，見於十形三療，是可以徵《提要》說矣。臨川葛雍嘗以此書附刊於河間《直格》後，曰《別集》，非其原目也。

刊本

1. 元刊本

【士禮居藏書題跋】卷三　《新刊河間劉守真傷寒直格》三卷，《後集》一卷，《續集》一卷，《張子和心鏡》一卷。元刊本。

【皕宋樓藏書志】卷四十七　《新刊河間劉守真傷寒直格》三卷，《後集》一卷，《張子和心鏡》一卷。元刊本。《心鏡》，門人饒陽常德仲明編。下略，詳見"傷寒直格"下。

2. 明種德堂刊本

注:按《圖書寮漢籍善本書目》著錄之。詳見“傷寒直格”下。

3. 明嘉靖刊本

注:按《郎園讀書志》著錄之。詳見“傷寒直格”下。

4. 河間六書本

【千頃堂書目】卷十四 《傷寒心鏡》一卷。《河間六書》之內。

【叢書舉要】卷十二河間醫學六書傷寒心要附 《傷寒心鏡》一卷。

【揚州吳氏測海樓藏書目錄】卷四 《傷寒心鏡》一卷。《劉河間傷寒六書》,金劉完素。竹紙八本內。

5. 醫統正脈本

【鄭堂讀書記】《張子和心鏡別集》一卷,《醫統正脈》本。金常德編。下略,詳見前。

【叢書書目彙編】醫統正脈全書 《傷寒心鏡》一卷,張子和。

【揚州吳氏測海樓藏書目錄】卷四 《傷寒心鏡》一卷,金常德。《古今醫統正脈全書》,明王肯堂輯。萬曆年刊竹紙四十八本內。

【江蘇省立國學圖書館圖書總目】《傷寒心鏡》一卷。《醫統正脈全書》第三十八冊,金考城張從正,明鎮陽常德編,明新安吳勉學校刊本。又一部,附《傷寒直格論方》後。明新安吳勉學校刊本。

【中東鐵路圖書館圖書目錄】補編 《傷寒金鏡》一卷,金張從政。見《醫統正脈全書》。

【杏雨書屋圖書假目錄】古今醫統正脈全書 《傷寒心鏡》一卷,金常德編。

【續中國醫學書目】《張子和心鏡別集》一卷,四半冊。十行二十字,框横十三·六釐,縱十九·六釐。金常德編,明吳勉學校,萬曆二十九年刊。《醫統正脈全書》之內。

注:按明刊《醫統》本題云“張子和心鏡別集”,今考葛雍所編本以《直格》爲前集,《心要》爲後集,《醫鑒》爲續集,《心鏡》爲別集。是知吳勉學所稱“別集”,疑則葛雍所題之遺,而固非常德之原題矣。

6. 民國刊醫統本

【中國醫學書目】《傷寒心鏡》一卷,九行二十一字,框横十三釐,縱十八釐。張從正著。民國刊《醫統正脈全書》之內。

7. 未詳本

【孫氏書目內編】【問經堂書目】清

八十一、傷寒保命集

八十二、叔和百問

【醫學源流】 金張璧,號雲岐子,潔古之子也。著《醫學新說》、《保命傷寒論》、《叔和百問》，已刊附《藥註脈訣》內。

【傷寒辨註】採輯書目《傷寒保命集》，金張元素之子張璧撰。書凡二卷，其上卷先辨三部九候之脈，又辨傷寒、溫病及刺結胸、痞氣、頭痛、腹痛等法，有如辨桂枝湯幾證、方幾道，辨麻黃、葛根湯幾證、方幾道。又其次曰大小青龍湯證，曰大小柴胡湯證，曰三承氣湯證，曰大小陷胸湯證，曰瀉心湯、抵當湯、梔子豉湯等證。凡仲景六經篇證，皆參以己意，闡揚發明而繼以痙濕暍、霍亂等證。其下卷則論差後勞復、水渴、陰陽厥、發黃、結胸等證，其後則續以婦人傷寒、胎產雜證。又小兒傷寒、中風、斑瘡等證。是皆發仲景未發之義，而深探傷寒之奧旨者也。

刊本

1. 濟生拔萃本

【藝芸精舍宋元本書目】元本濟生拔萃附　《保命集論》二卷

【叢書書目彙編】濟生拔萃方　《雲岐子保命集論類要》卷上、卷下。卷十三

【續中國醫學書目】　《雲岐子保命集論類要》二卷，二冊。總目題"傷寒保命集類要"。十二行二十四字，框横十一・三釐，縱十七釐。元張璧撰。《濟生拔萃》之內。卷十二、卷十三。民國二十七年，上海涵芬樓影元刻本。

2. 古本東垣十書本

【醫藏書目】正法函目古本東垣十書　《雲岐子保命集》

【叢書舉要】卷十二古本東垣十書　《雲岐子保命集》《叢書書目彙編》同

3. 未詳本

【李蒲汀書目】　《雲岐保命集》一本。

八十三、傷寒會要

【醫籍考】一千二百二十八頁　《李氏杲傷寒會要》。佚。

序跋

元好問序

往予在京師，聞鎮人李杲明之有國醫之目，而未之識也。壬辰之兵，明之與予同出汴梁，於聊城，於東平，與之遊者六年於今，然後得其所以爲國醫者爲詳。蓋明之世以貲雄鄉里，諸父讀書，嘉賓客，所居竹里，名士日造其門。明之幼歲好醫藥，時易州人張元素以醫名燕趙間，明之捐千金從之學，不數年盡傳其業。家既富厚，無事於技，操有餘以自重，人不敢以醫名之。大夫士或病其資高謇，少所降屈，非危急之疾，有不得已焉者，則亦未始謁之也。大概其學，於傷寒、癰疽、眼目病爲尤長。傷寒則著《會要》三十餘萬言。其說曰，傷寒家有經禁、時禁、病禁，此三禁者，學醫者人知之，然亦所以用之爲何如耳。《會要》推明仲景、朱奉議、張元素以來備矣。見證得藥，見藥識證，以類相從，指掌皆在。倉猝之際，雖使粗工用之，蕩然如載司

南以適四方，而無問津之惑，其用心博矣。於他病也，以古方爲膠柱，本乎七方十劑之説，所取之藥，特以意增損之，一劑之出，愈於託密友而役孝子，他人蓋不能也。北京人王善甫爲京兆酒官，病小便不利，目睛凸出，腹脹如鼓，膝以上堅硬欲裂，飲食且不下，甘淡滲泄之藥皆不效。明之來，謂衆醫言，疾深矣，非精思不能處，我歸而思之。夜參半，忽攬衣而起曰：吾得之矣。《内經》有之，膀胱者津液之府，必氣化乃出焉。渠輩已用滲泄之藥矣，而病益甚，是氣不化也。啟玄子云：無陽者陰以無生，無陰者陽無以化，甘淡滲泄皆陽藥，獨陽無陰，欲化得乎。明日，以羣陰之劑投，不再服而愈。西臺掾蕭君瑞，二月中病傷寒發熱，醫以白虎投之，病者面如黑墨，本證遂不復見，脈沈細，小便不禁。明之初不知用何藥也，及診之，曰：此立夏以前誤用白虎之過，得無以投白虎耶。白虎大寒，非行經之藥，止能寒腑臟，不善用之則傷寒本病隱曲於經絡之間。或更以大熱之藥捄之以苦陰耶，則他證必起，非所以捄白虎也。有溫藥之升陽行經者，吾用之。有難者云：白虎大寒，非大熱何以捄，君之治奈何。明之曰：病隱於經絡間，陽大升則經不升，經行而本證見矣，本證又何難焉。果如其言而愈。魏邦彦之夫人目翳暴生，從下而上，其色綠，腫痛不可忍。明之云：翳從下而上，病從陽明來也。綠非五色之正，殆肺與腎合而爲病。乃就畫工家，以墨調膩粉，合而成也。諦視之曰，與翳色同矣，肺腎爲病無疑矣。乃瀉肺腎之邪，而以入陽明之藥爲之使。既捄矣，而他日病復作者三，其所從來之經，與翳色各異。乃復以意消息之，曰：諸脈皆屬於目，脈病則目從之，此必經絡不調，經不調則其目病未已也。問之果然。因如所論而治之，疾遂不作。馮内翰叔獻之姪櫟，年十五六，病傷寒，目赤而煩渴，脈七八至。醫欲以承氣下之，已煮藥，而明之適從外來，馮告之當用承氣。明之切脈，大駭曰：幾殺此兒。《内經》有言：在脈諸數爲熱，諸遲爲寒。今脈八九至，是極熱也。而《會要大論》云：病有脈從而病反者，何也。脈至而從，按之不鼓，諸陽皆然，此傳而爲陰證矣。輒持薑附來，吾當以熱因寒用法處藥。未就而病者爪甲黑，頓服者八兩，汗尋出而愈。陝帥郭巨濟病偏枯，二指著足底不能伸，迎明之京師。明之至，以長鍼刺委中，深至骨而不知痛，出血二三升，其色如墨。又且謬刺之，如是者六七，服藥三月，病良愈。裴擇之夫人病寒熱，月事不至者數年，已喘嗽矣。醫者率以蛤蚧桂附之等投之。明之曰：不然。夫病陰爲陽所搏，溫劑大過，故無益而反害。投以寒血之劑，則經行矣。已而果然。宣德侯經略之家人病崩漏，醫莫能效。明之切脈，且以紙疏其證，多至四十餘種，爲藥療之。明日而二十四證減，前後五六日良愈，侯厚謝而去。明之設施，皆此類也。戊戌之夏，予將還太原，其子執中持所謂《會要》來，求爲序。迺以如上數事冠諸篇，使學者知明之之筆於書，其已試之效蓋如此云。閏月望日，河東元某書於范尊師之正一宮。《文集》《醫籍考》

八十四、傷寒治法舉要

【傷寒辨註】《傷寒治法舉要》，元東垣老人李杲撰。書止一卷，首言冷熱風勞虚,復續辨惑傷寒論,共舉治法之要三十二條。其法,治外感羌活沖和湯,挾内傷補中益氣湯。如外感風寒,内傷元氣,是内外兩感之證,宜用洄淆補中湯,即補中益氣湯中加藁本、羌活、防風、蒼朮也。又一法,先以沖和湯發散,後以參、芪、甘草三味補中湯濟之。其外則有三黄補中湯,歸鬚補中湯,共補中一十二方。又其外則有葛根二聖湯,芎黄湯等七方。此雖發仲景之未發,要其説過於溫補,不足取以爲法也。琥按,東垣撰《内外傷辯惑論》,恐有内傷之證似傷寒者,復續上論,恐有傷寒之證挾内傷者,故制洄淆補中等湯以主之也。

八十五、仲景或問

【滕縣志】 李浩,其先曲阜人,五世祖官於滕,因家焉。大父義,父玉,皆以儒顯,而浩喜醫方術,慕倉公之爲人也。元初常往來東平間,爲人治病決死生,其驗如神,所著有《素問鉤玄》、《仲景或問》、《諸藥論》,甚精。竇文正默幼從其子元學,薦之元世祖,而老不可徵,詔有司歲給衣米終其身。《醫籍考》八十六頁

八十六、傷寒鈐法

【萬卷堂書目】卷三 《傷寒鈐法》十卷,李浩。

【國史經籍志】卷四下 《傷寒鈐法》十卷,李浩。

第九類　諸家方論（漢—隋）

一、五藏六府痺十二病方

【漢書藝文志】方技經方　《五藏六府痺十二病方》三十卷。師古曰：痺風濕之病。音必二反。

二、五藏六府疝十六病方

【漢書藝文志】方技經方　《五藏六府疝十六病方》四十卷。師古曰：疝，心腹氣病。音山諫反。又音刪。

三、五藏六府癉十二病方

【漢書藝文志】方技經方　《五藏六府癉十二病方》四十卷。師古曰：癉，黄病。音下韓反。

四、風寒熱十六病方

【漢書藝文志】方技經方　《風寒熱十六病方》二十六卷

【漢書藝文志條理】風寒熱十六病方　按，《帝王世紀》云：黄帝、岐伯造醫方，以療衆病。以上四家，大底本之岐伯歟。

五、泰始黄帝扁鵲俞拊方

【漢書藝文志】方技經方　《泰始黄帝扁鵲俞拊方》二十三卷。應劭曰：黄帝時醫也。師古曰：拊音膚。

注：俞跗傳，《史記·扁鵲傳》云：上古之時，醫有俞跗，治病不以湯液醴灑，鑱石撟引，案杌毒熨，一撥見病之應。因五藏之輸，乃割皮解肌，訣脈結筋，搦腦髓，揲荒爪幕，湔浣腸胃，漱滌五藏，練精易形。

《說苑·辨物篇》云，扁鵲過趙（中略）。中庶子難之曰（中略）。吾聞中古之爲醫者曰俞柎。俞柎之爲醫也,搦腦髓,束肓膜,炊灼九竅而定經絡,死人復爲生人,故曰俞柎。

《周禮·疾醫》,兩之以九竅之變,參之以九藏之動。鄭玄注云:脈之大候要在陽明寸口,能專是者,其唯秦和乎。岐伯、榆柎,則兼彼數術者。陸德明《音義》云:榆,羊朱反。本亦作俞。柎,劉音附。徐音鈇。岐伯、榆柎,皆黄帝時醫人。

《漢書藝文志·方技》云,方技者皆生生之具,王官之一守也。太古有岐伯、俞拊,中世有扁鵲、秦和。

《醫籍考》一千四百云,按,俞柎,《韓詩外傳》作"踰跗"。《太平御覽》引《史記》作"俞附"。鄭玄《周禮註》作"榆柎"。楊雄《解嘲》作"臾跗"。

六、五藏傷中十一病方

【漢書藝文志】方技經方 《五藏傷中十一病方》三十一卷

七、客疾五藏狂顛病方

【漢書藝文志】方技經方 《客疾五藏狂顛病方》十七卷

八、湯液經法

【漢書藝文志】方技經方 《湯液經方》三十二卷

【漢書藝文志考證】卷十 《内經素問》有《湯液醪醴論》。《事物紀原》:《湯液經》出於商伊尹。《郊祀志》:莽以方士蘇樂言,起八風臺於宫中,作樂其上,順風作液湯。皇甫謐曰:仲景論伊尹《湯液》爲十數卷。

【漢書藝文志條理】卷六 按,後漢張機仲景或取是書,論次爲十數卷也。

九、四逆三部厥經

【太平御覽】卷七百二十二 張仲景方序曰,衛汎好醫術,少師仲景,有才識,撰《四逆三部厥經》及《婦人胎藏經》、《小兒顱顖方》三卷,皆行於世。

【册府元龜】卷七百二十一引東觀漢記何顒傳 《四逆三部厥經》一卷,衛(沉)[汎]撰。

注,按《千金方》卷二十六食治云,河東衛汎記曰:扁鵲云人之所依者形也,亂於和氣者病也,理於煩毒者藥也,濟命扶危者醫也。

十、經方頌説

【華陽國志】卷十下梓潼人士 李助多方,以茲立稱。云,助字翁居,涪人也,通名方，校醫術，作《醫方頌說》。名齊郭玉。

注：按《補修後漢藝文志》引《華陽國志·廣漢士人贊》云爲郭玉，亦有《經方頌說》之著。今檢《後漢書》、《華陽國志》、《太平御覽》等，並不記其事，蓋知《補後漢志》之所訛耳。

附　趙炳越方

【後漢藝文志】雜術之屬　范書《方術傳》：徐登者，閩中人也。本女子，化爲丈夫，善爲巫術。又趙炳字公阿，東陽人，能爲越方。時遭兵亂，疾疫大起，二人遇於烏傷溪水之上，遂結言約共以其術療病。各相謂曰，今既同志，且可各試所能。登乃禁溪水，水爲不流。炳復次禁枯樹，樹即生荑。二人相視而笑，共行其道焉。登年長，炳師事之。後登物故，炳東入章安，百姓從者如歸。章安令惡其惑衆，收殺之，人爲立祠堂於永康，至今蚊蚋不能入也。

章懷太子曰：《抱朴子》曰，道士趙炳，以氣禁人，人不能起。禁虎，虎伏地低頭閉目，便可執縛。以大釘釘柱入尺許，以氣吹之，釘即躍出，射去如弩箭之發。《異苑》云：趙侯以盆水吹氣作禁，魚龍立見。越方，善禁咒也，至今江南猶傳"趙侯禁法"以療疾云。

惠棟《後漢書補注》曰：徐登傳出《搜神記》。趙炳，《搜神記》及《水經注》皆作"趙昞"。《抱朴子》曰：吳越有禁之法，甚有明效，多炁耳。孫汝澄曰：越方，即《封禪書》所謂越巫、越祝者也。

按《隋志》五行家，梁有《太玄禁經》一卷，似即此類之書。今俗所謂辰州符、祝由科者，亦即其類。

十一、華佗内事

【隋書經籍志】華佗方十卷注　梁有《華佗内事》五卷

注：華佗傳見"《華佗觀形察色並三部脈經》"。

十二、華佗方

【隋書經籍志】子部醫方　《華佗方》十卷，吳普撰。佗，後漢人。

【舊唐書經籍志】子類醫術　《華佗藥方》十卷。《華佗方》，吳普集。

【唐書藝文志】子錄醫術類　《吳普集華氏藥方》十卷，華佗。

【通志藝文略】醫方上　《華佗方》十卷，華佗弟子吳普撰。

【宋史藝文志】子類醫書類　《華佗藥方》一卷

【本草綱目】引據醫家書目　《華佗方》十卷

十三、華佗尤候

【幼幼新書】卷四十前代方書　《華佗尤候》，後漢華佗譔。佗字元化，沛國譙人。

十四、中藏經

(一)出典

【通志藝文略】醫方下五藏 《華氏中藏經》一卷

【秘書省續編到四庫闕書目】卷二 《華氏中藏經》一卷

【遂初堂書目】醫書 《華佗中藏經》

【直齋書録解題】卷十三 《中藏經》一卷,漢譙郡華佗元化撰。其序稱"應靈洞主少室山鄧處中",自言爲華佗先生外孫,莫可考也。

【宋史藝文志】子類醫書 《黄氏中藏經》一卷,靈寶洞主探微真人撰。

【撮壤集】下醫書 《華佗臧經》

(二)考證

【鄧處中序】 余迺先生外孫也,因(吊)[弔]先生寢室,夢先生引余坐語:《中藏經》,真活人法也,子可取之,勿傳非人。余覺,驚怖不定,遂討先生舊物,獲石函一具,開之,得書一帙,迺《中藏經》也。予性拙於用,復授次子思,因以志其實。

【樓鑰跋】 一日,得閩中倉司所刊《中藏經》讀之,其説具在。蓋貳卿姜公詵爲使者時所刊,凡三十餘年而余始得之。序引之説,頗涉神怪,難於盡信,然其議論卓然,精深高遠,視脈察色,以決死生。雖不敢以爲真是元化之書,若行於世,使醫者得以習讀之,所濟多矣。

【吕復】 《中藏經》八卷。少室山鄧處中云,華先生佗遊公宜山古洞,值二老人,授以療病之法。得石牀上書一函,用以施試甚驗。余乃先生外孫,因弔先生寢室,夢有所授,獲是書於石函中。其託爲荒誕如此,竟不考《傳》獄吏焚書之實,其僞不攻自破。按《唐志》有吴普集《華氏藥方》,别無"中藏"之名。普其弟子,宜有所集,竊意諸論非普輩不能作,鄧氏特附别方,而更今名耳。蓋其方有用"太平錢"並"山藥"者,蓋"太平"乃宋熙陵初年號,"薯蕷"以避厚陵偏諱而始名"山藥",其餘可以類推。然脈要及察聲色形證等説,必出元化遺意,覽者細爲審諦,當自知之。《醫籍考》。按《古今醫統大全》亦襲用此説。

【續醫説】 《中藏經》八卷,相傳華元化撰。按《唐書藝文志》有吴普集《元化藥方》,别無"中藏"之名。普,廣陵人,親授業於元化之門,以術藝知名。今集中所論,非普不能作。靈洞道士鄧處中自序,元化外孫,因弔寢室,得此書於夢中。余竊疑其妄誕。論後附方,意者皆鄧生增入之耳。如地黄煎丸内有"山藥",古方名"薯蕷",爲避宋英宗諱故易名"山藥"。燒肝散内有白朮、蒼朮,《本草》及古方書止云朮,不分蒼、白二種。牢牙地黄散細注云"此方見僧文瑩《湘野山録》",文瑩,宋僧。三者可證其出於鄧生之手,覽者當自知之。《醫籍考》

【周錫瓚跋】 《華氏中藏經》,陳直齋《書録解題》云"一卷",《宋史藝文志》同。然《魏志·佗傳》"佗出一卷書與獄吏,吏不敢受,索火焚之",則佗之書久絶矣。何以至宋世而忽出耶。中略。宋重醫學,幾與唐之明法明算等,疑其書或出於此時，雖非元化之書，要其說之精者，必有所自也。

【孫星衍序】 此書文義古奧，似是六朝人所撰，非後世所能假託。考《隋書經籍志》有“華佗觀形察色并三部脈經一卷”，疑即是中卷“論診雜病必死候”已下二篇，故不在趙寫本中，未敢定之。鄧處中之名不見書傳。陳振孫亦云：自言爲華佗先生外孫，稱此書因夢得於石函，莫可考也。序末稱“甲寅秋九月序”，古人亦無以干支紀歲，不著“歲”字者，疑其序僞作。至一卷、三卷、八卷分合之異，則後人所改。

【四庫未收書目提要】卷四 《中藏經》三卷，漢華佗撰，分上中下三卷。《隋書經籍志》載《華佗方》十卷，《唐藝文志》并載《華陀藥方》一卷。注云，靈寶洞探微撰，與此别爲一書無疑矣。是編今吳中有趙孟頫手寫本，分上中下三卷，《隋志》列有《華陀觀形察色并三部脈經》，蓋即是書之中卷也。其書文義古奧，似是六朝人手筆，非後世所能假托。

【補後漢書藝文志考】華佗枕中灸刺經 按，《隋志》所載華佗諸書，今俱亡佚。外間所傳惟有趙孟頫手寫本《中藏經》上中下三卷，然此書，隋、唐、宋《藝文志》均不著錄，至鄭樵《通志藝文略》及陳振孫《書錄解題》始載之，其卷端有“應靈洞主探微真人少室山鄧處中序”一篇。處中自序爲佗外孫，謂此書因夢得於石函，其言皆怪誕，不可究詰。序末題“甲寅秋九月”，古人無以干支紀歲，僞迹顯然。今繹其書，上篇“生成論”及“寒熱論”，兩引《金匱要論》，蓋即仲景《金匱要略》中語。仲景之書，皆係晉王叔和所題。至“金匱要略”之名，《隋》、《唐志》皆無之，始見於《直齋書錄解題》，云是書得於館閣蠹簡中，本名《金匱玉函要略》，自後《文獻通考》、《宋史藝文志》始皆載之。則是書當是唐以後人題，并非叔和原本也。佗在漢時，安能知唐以後書名乎。又下卷療諸藥方中，引葛元真人百補構精丸。案《御覽》六百六十三引《列仙傳》云，葛元師於左慈。《神仙傳》云，葛元字孝先，從左慈受九丹金液經，則元蓋左慈弟子。左慈、華佗同事曹操輩等，元爲慈弟子，其輩行明後於佗，而此書稱之爲“真人”，其乖甚矣。又《巢元方疾源候論》二十引范汪所錄“華佗太一決疑雙丸”方，治八瘕、五疝、積聚、伏熱、留飲、往來寒熱，而不的顯。如此大方，而此書闕如，亦一破綻也。故阮雲臺、孫星衍皆疑爲六朝人手筆，良是。惟方伎之書，每多真僞雜揉，去古未遙，墜簡斯在。其中如中卷“諸病治療交錯”、“致於死候論診雜病必死候”、“察聲色形證決死”三篇，王叔和《脈經》五十、《千金方》三十八脈法皆引。上卷“論肝藏虛實寒熱生死逆順脈證之法”以下十一篇，不但文義古奧，即論脈論證，皆洞見陰陽升降虛實之微，顯於餘卷不同，非後人所能僞託。疑三篇即《隋志》“《觀形察色經十一篇》”，即《三部脈經》也。又陶氏《說郛》及錢塘胡氏《百名家書》、《格致叢書》中載有《華佗內照圖》、《內照經》各一卷。其書《隋》、《唐》、《宋志》皆不著錄，惟王叔和《脈經》曾引之。叔和晉人，去佗未遠，既經引據，其非後人僞造可知。愚疑《隋志》所載《內事》五卷即此，。蓋“內照”與“內視”，意同視事，又因音近而譌也。至卷數多寡不符，則亦不完之本耳。

【醫籍考】一千四百五十八頁 按是書名“中藏”者，取“寶而藏之”之義。《後漢·

百官志》曰“中宫私府令一人,六百石”,註:官者主中藏幣帛諸物。又《蓋勳傳》曰“多出中藏財物以餌士”,註:中藏,猶內藏也。孫星衍謂卷第分合之異,後人所改。然考樓跋,宋時已有兩本。蓋吳勉學所輯據閩中倉司刊本者,與樓氏所謂“一版或改定數十百字,藥方增三之二”者相符。趙文敏所書,則以蘄春王成父刊本爲祖者,其詳記樓氏校語,并避兩朝廟諱,則可以爲證焉。特周刻合爲二卷,殆不可解。孫氏序稱周本具有上中下三卷,而周刻卷末有“已上八方,陸本在中卷四十論後”語,則原又爲三卷。孫又稱中卷“論診雜病必死”已下二篇,以爲《隋志》所載佗書遺文。因查王叔和《脈經》,有“扁鵲華佗察聲色要訣”,其論要略相類,則知其出於佗書。孫說可謂詳確矣。

(三)序跋

1. 鄧序 應靈洞主探微真人少室山鄧處中序

華先生諱佗,字元化。性好恬淡,喜味方書。多遊名山幽洞,往往有所遇。一日,因酒息於公宜山古洞前,忽聞人論療病之法,先生訝其異,潛逼洞竊聽。須臾,有人云:華生在邇,術可付焉。復有一人曰:道生性貪,不憫生靈,安得付也。先生不覺愈駭,躍入洞,見二老人,衣木皮,頂草冠。先生躬趨左右而拜曰:適聞賢者論方術,遂乃忘歸,況濟人之道,素所好爲,所恨者未遇一法可以施驗(周錫瓚本“施”作“試”),徒自不足耳。願賢者少察愚誠,乞與開悟,終身不負恩。首坐先生云:術亦不惜,恐異日與子爲累。若無高下,無貧富,無貴賤,不務財賄,不憚勞苦,矜老恤幼爲急,然後可脫子禍。先生再拜謝曰:賢聖之語,一一不敢忘,俱能從之。二老指東洞云:石床上有一書函,子自取之,速出吾居,勿示俗流,宜秘密之。先生時得書回首,已不見老人。先生懾怯離洞,忽然不見,雲奔雨瀉,石洞摧塌。既覽其方論,多奇怪,從茲施試,效無不存神。先生未六旬,果爲魏所戮。老人之言,預有斯驗。余迺先生外孫也,因(吊)[弔]先生寢室,夢先生引余坐語:《中藏經》,真活人法也,予(周本作“子”)可取之,勿傳非人。余覺,驚怖不定,遂討先生舊物,獲石函一具,開之,得書一帙,迺《中藏經》也。予性拙於用,復授次子思,因以志其實。甲寅秋九月序。明板《醫統》本。按,序後有附記云“此序趙寫本所無,似是後人僞作,姑附存”,疑是森立之所記。

2. 樓鑰跋

余少讀《華佗傳》,駭其醫之神奇,而惜其書之火於獄。使之尚存,若刳腹斷臂之妙,又非紙上語所能道也。古汴陸從老,近世之良醫也。嘗與之論脈,曰:無如華佗之論最切,曰性急者脈亦急,性緩者脈亦緩,長人脈長,短人脈短。究其說,未暇也。一日,得閩中倉司所刊《中藏經》讀之,其說具在,蓋貳卿姜公詵爲使者時所刊,凡三十餘年而余始得之。序引之說,頗涉神怪,難於盡信,然其議論卓然,精深高遠,視脈察色,以決死生,雖不敢以爲真是元化之書,若行於世,使醫者得以習讀之,所濟多矣。惜乎差舛難據,遂攜至姚江,以叩從老。從老笑曰:此吾家所秘,不謂版行已久。因出其書見假,取而校之,乃知閩中之本未善,至一版或改定數十百字，前有目錄，後有後序，藥方增三之二。閩本間亦有佳處，可證陸本之失。其不同而不可輕改者，兩存焉。始得爲善本。老不能繕寫，俾從子溉手錄之。蘄春王使君成父聞之欣然，欲於治所大書鋟木，以惠後學，且以成余之志。溉所錄面授，而記其始末於左。藥方凡六十道，亦有今世所用者，其間難曉者有之，恐非凡識所及。佗傳稱"處齊不過數種"，又未知此爲是否。好事者能以閩本校之，始知此本爲可傳也。《醫籍考》

注：按樓鑰，南宋隆興進士，歷知溫州。光宗時，擢起居郎兼中書舍人，遷給事中，翰林學士，歷同知樞密院、參知政事。卒謚宣獻。通貫經史，文辭精博，善大字，自號攻媿主人。有《范文正年譜》、《攻媿集》。

3. 周錫瓚跋

世傳醫書，莫古於《素問》，王冰謂即《漢藝文志》"《黃帝內經》"。然已不合於十八卷之數，況後出之書耶，惟求其是者信之而已。《華氏中藏經》，陳直齋《書錄解題》云一卷，《宋史藝文志》同。然《魏志·佗傳》"佗出一卷書與獄吏，吏不敢受，索火焚之"，則佗之書久絕矣，何以至宋世而忽出耶。《傳》又稱，其弟子吳普、樊阿從佗學，普準佗治，多所全濟，阿善鍼術。普年九十餘，阿壽百餘歲。則佗書雖不傳，而弟子習其業者，亦可以著書傳後。《隋書經籍志》載吳普撰《華佗方》十卷、《華佗內事》五卷、《觀形察色并三部脈經》一卷、《枕中灸刺經》一卷。普集《華氏藥方》，《新》、《舊唐書》皆載於《經籍》、《藝文志》，而《宋藝文志》亦有《華佗藥方》一卷。其書想北宋時尚有流播，或多殘缺，故其時名醫綴輯而成此書，別立名目，以託於華氏。且宋自建隆以來，甚重醫學，乾德初考校醫宦藝術，太平興國間訪求醫書，其時王懷隱成《太平聖惠方》，李昉詳定《唐本草》，仁宗時許希亦著《神應鍼經要訣》。宋重醫學，幾與唐之明法、明算等，疑其書或出於此時，雖非元化之書，要其說之精者必有所自也。書一刻於宋之閩中，爲倉司本，一爲樓攻媿鑰所校本。余得舊鈔本，前後多缺，無序文、目錄并樓公跋，且避高、孝兩朝諱，疑即攻媿所校本。因取新安吳氏刻本補其缺，而用一"按"字註於下，以別於原註，并從《攻媿集》中錄跋附後，始得爲完書。後附藥方，吳本倍於此本，其相同者僅二十方，餘皆後人以意增入，非原書也。今悉依舊本，雖未得宋刊校補，然已與吳本迥別矣。書之可傳，攻媿跋之已詳。玆述其書之由來，而使世之學者勿以《魏志》有火於獄之說而疑之也。書凡一卷，後附方六十道，因爲上下二卷云。乾隆五十七年秋九月，茂苑周錫瓚識於楓橋之香嚴書屋。《醫籍考》

4. 孫星衍序

《華氏中藏經》見鄭樵《通志·藝文略》，爲一卷。陳振孫《書錄解題》同，云漢譙郡華佗元化撰。《宋史藝文志》"華氏"作"黃"，蓋誤。今世傳本有八卷，吳勉學刊在《古今醫統》中。余以乾隆丁未年入翰林，在都見趙文敏手寫本。卷上自第十篇"性忌則脈急"已下起，至第二十九篇爲一卷；卷下自"萬應圓藥方"至末爲一卷；失其中卷。審是真蹟。後歸張太史錦芳，其弟錄稿贈余。又以嘉慶戊辰年乞假南歸，在吳門見周氏所藏元人寫本，亦稱趙書，具有上中下三卷，而缺"論診雜病必死候第四十八”及“察聲色形證決死法第四十九”兩篇。合前後二本校勘明本，每篇脫落舛誤，凡有數百字，其方藥名件、次序、分量，俱經後人改易，或有删去其方者，今以趙兩寫本爲定。此書文義古奥，似是六朝人所撰，非後世所能假託。考《隋書經籍志》有華佗《觀形察色并三部脈經》一卷，疑即是中卷“論診雜病必死候”已下二篇，故不在趙寫本中，未敢定之。鄧處中之名不見書傳。陳振孫亦云“自言爲華先生外孫，稱此書因夢得於石函，莫可考也”。序末稱“甲寅秋九月序”，古人亦無以干支紀歲、不著歲時者，疑其序僞作。至一卷、三卷、八卷分合之異，則後人所改。趙寫本旁注有高宗、孝宗廟諱，又稱有庫本、陸本異同，是依宋本手錄。元代不避宋諱，而不改其字，可見古人審慎闕疑之意。此書《四庫》書既未錄存，又兩見趙寫善本，急宜刊刻，以公同好。卷下“萬應圓”等，皆以丸、散治疾，而無湯藥。古人配合藥物分量，案五臟五味配以五行生成之數，今俗醫任意增減，不識君臣佐使，是以古人有“不服藥爲中醫”之歎。要知外科丸、散率用古方分量，故其效過於內科，此即古方不可增減之明證。余所得宋本醫學書甚多，皆足證明人改亂古書之謬，惜無深通醫理者與共證之。嘉慶十三年太歲戊辰十月四日，孫星衍撰序於安德使署之平津館。《周氏醫學叢書》本

5. 新刊中藏經序周學海

三代以後，醫學之盛莫如漢，前有陽慶、淳于意，後有仲景、元化，蓋四百餘年而得四醫聖焉。陽慶、淳于意無遺書。仲景方論，自西晉已散失。叔和蒐輯成編，綿綿延延，至於今日，若存若亡。獨華氏書晚出而最完，顧或以晚出僞之。觀其書多詳脈證，莫非《內經》之精義要旨，而又時時補其所未備，不但文章手筆非後人所能託，其論脈論證，至確且顯，繁而不泛，簡而不略，是孰於軒岐諸書，而洞見陰陽血氣升降虛實之微者，非知之真，孰能言之鑿鑿如此。世俗好談其刳腸滌髓，而不知其學術之正大而精到也。且往往摘其“諸遲爲寒”，“諸數爲熱”，“寒者溫之”，“熱者涼之”等語，以爲淺陋，不當出於華氏。不知熱脈不止於數，不得謂數非熱。寒脈不止於遲，不得謂遲非寒。至於真寒假熱，真熱假寒，此後世辨證不明，曲爲此說，豈所以議古之聖於醫者耶。其方甚簡，巢元方所謂佗之精微，方類單省是也。又巢氏謂，華佗有太乙決疑雙丸方，云治八痞、五疝、積聚、伏熱、留飲、往來寒熱。此經不載，則華氏書已不無散佚矣。夫古醫經之傳於世者，尚有幾卷，而好生異義以矜博洽者，必欲旁稱曲引，反復以斥其僞，是將古籍澌滅，至無一存而後快也。吾不知其所用意矣。初得坊本，訛脫難讀。繼得孫氏平津館本，略勝坊本，究未完全。獨下卷方，孫本較全，而坊本乃更有方三卷。若荆芥散、五皮散，久重於世，孫本不載而坊本有之。又有《內照法》一卷，云出於華氏，此必有所據，《脈經》曾引用之，但不言出自佗耳。今於前三卷悉遵孫本，其間字句錯落，爲檢《內經》、《脈經》，略加補注於各篇之末。其高宗、孝宗廟諱字樣，悉改用本字，以從其實。坊本方三卷，題爲“附方”，并“內照法”附刻於後，以別於孫本焉。辛卯夏五周學海謹記。

6. 新校正中藏經十街信敏

荆山之璧，由卞和傳；豐城之劍，以雷煥聞。蓋物隱顯，雖自有時，亦俟其人焉

耳。如華佗《中藏經》,是其然矣哉。傳云,佗受諸異人,遂以神醫矣。遊其門者,吳普、樊阿輩,亦能究其技。佗之遭戮也。外孫鄧氏藏其書家,而非其人術無施焉。若夫戶樞、五禽等之說,世多傳之,至今不衰。而獨此書,人疑其怪奇,泯泯幾乎亡矣。醫宦仁菴者,好古之士也。嘗遊京師,得此書善本,還秘青囊。既而謂,與私於一人也,寧公於衆人。於是乎訪求四方,校紛訂漏,且以上木。其用心也,可不謂勤乎。書成請敘,余素昧乎醫,庸何能爲之輕重哉。雖然,求之弗息,妄題一言曰"《中藏經》之隱也久矣,由斯舉復顯於世,豈非一奇事乎"。仁菴姓吉岡,名玄昌也。仕本藩,在伯米府。寬保改元之春,因州十街信敏撰。

7. 新校正中藏經序三宅玄甫

古往今來神醫術者,華先生在焉。因革由範,祖述當器,幸有此書傳矣,宜與《難經》并行也。實《内經》之羽翼、《本草》之舟楫也。司命之家,其可一日缺乎。惜哉,傳者設爲奇夢異人,以神其授受,而坐令讀者茫然,可謂此書之不幸、斯道之大厄也。夫醫之爲術,臨病之際,變化百端,非啻以文字傳之難,以言語亦不易矣。故古人之爲書也,寓意於不偏之經,求義於不倚之理,將令達者神而明之,則攻守精當,活死起廢,莫不應效若神迹。故自非詳敏高邁之徒,未若標月指之動樹,喻之明且盡焉,是以好古者其鮮矣。局者且曰,華先生者神醫也,其術載在史傳,其神奇非常人之所可企及,奚高遠之是務。嗟吁,盍思之甚乎。《易》曰"精義入神,以致用也",此爲其途轍者,扁華之書也,爲醫者不學而可乎。同志吉岡君,有所深見於此,而憾書肆所藏極少,不易得。將今發其藏本,新校正之,鏤諸梓以惠厥同胞,而告諸先生。先生曰:善哉此舉。盍加標考,以見古人用意之端緒,敢爲後學進步之階梯,吾子識之。吉岡君曰:敬哉。於是搆得數本,補其漫滅,訂其誤字,申明理致之源委,揭出據徑之標的,靡不殫精極微。閱月成書,請鑒定諸先生。伏惟恭遇本朝雍熙之世,文物滋盛,而吾堀先生出,上自軒岐,下至百家,莫所不研窮焉。發先哲未發之秘,解後賢多歧之疑,以醫術大鳴於當世。故天下譚醫者,俛首而出其下,稱爲斯道之大成矣。親炙其門、浴其澤者,榮幸又何加焉。想此刻一出,元化之法,粲然無遺漏,蓋於與《難經》并行乎何有。不佞喜吉岡君與斯世共也,而喜其簡端有餘地,故不揣樗散之才,遂爲一言,而稱贊其善焉。吉岡君爲伯州之杰士,若夫生之履歷,已載提翁全書序中,茲不贅。元文紀元之初歲集(丙辰)七月之吉,武陵後學三宅玄甫撰。

8. 新校正中藏經吉岡玄昌

夫醫不敢不學,苟欲強恕,奚不讀古賢之書,《素》、《難》、《傷寒》者最是古矣。若夫《中藏經》,亦華先生之秘典,而探微真人以傳之。其爲書也,盡鈞陰陽之幽,明致《素》、《難》之玄,而治法之變化,至診脈之微妙,一無不出於期矣。嗚呼,此以爲活人之書,不誣焉。由是觀之,先生臨戮與獄吏,吏不敢受之忽,所焚燒之書,豈得非此經也乎哉。惟怨漢魏唐志,已不載其目,後世使孫俞之黨,爲不合聖經之說,真僞未決之論,紛紜於今焉。雖然,請以史言之。古曰"長袖善舞,多錢善賈",信哉言乎。范雎厄於齊,折脅折齒;蔡澤困於趙,被逐弊鬲。及二人羇旅入秦,繼踵取卿相，垂功於天下矣。如此二子者，非愚乎彼而賢乎期，由其君之明不明也。故君人者不可不明，知人能使之焉。學者之於書也，其猶人君之於人乎，明知而能使，則一言而終焉。況《中藏經》也乎。惜哉。往昔浪華大回祿，而書亦嬰池魚之災，遂爲烏有矣。昌遨遊京師之日，偶得此書，閲之字句差繆，而將使視者爲懷疑之憂。於是不愧愚之不才，竊有志爲之校正而未成，敬告於堀先生。先生曰：善哉。何有讓師。手出一書授之。昌拜讀之，則《中藏》之善本也。蓋先生之於學也，天機秀發，而丹溪之再見，復起於緊也。嘗審其教生徒，戶外履滿，則不問布衣搢紳，講習切磋，無射寒暑。其立言著書也，孜孜不倦，積盈卷軸，實爲後學之模範，可謂醫道之根基、當代之豪英也。昌幸從學先生有年所於兹，其間所得，字外之口授者亦不少。今據其善本，正文字，分句讀，加訓點，增標考。質諸先生，先生從而然之，改題爲"新校正"，付壽剞劂，公於天下，足以使學者染指知味，免逆天之罪焉耳矣。旹元文丙辰夏六月望，伯州醫官仁菴吉岡玄昌豐鄉賁書於技孤堂。

9. 新校定中藏經後序伊藤玄乘

予術非中行之事，而因陰陽之大順，采儒墨之善，贊英地之生道也。其爲學也，於吾堀先生以觀之，聲名流罔極，海內殊俗，重跡款門，來請謁見者，不可勝道。有同志，鷄羣之爲孤鶴者，姓吉岡，字玄昌，深究《素》、《靈》之真詮，以晰和扁之妙緒。獨識華先生《中藏》之一經，爲與《內經素》、《難》爲表裏之書，而俛焉質於《內經》，考諸羣籍，考覈是非，解釋文句，其見亦卓乎哉。然猶未爲自足，尚之以先生之潤色，信足以稱大成焉。而鋟之於梓，以令致天涯海隅之遠，爲與窮鄉晚進同樂。然則君之意旨，於(吁)[呼]偉乎哉。誠在於千歲之後，而昭於千歲之前。天下之醫，豈容杜撰之訾哉。不佞欣躍餘，忘於業師，漫書濫竽云爾。元文丙辰穐，東奧後學伊藤玄乘書於雒之芸窓。

(四)刊本及鈔本

1. 宋本

【周錫瓚跋】　書一刻於宋之閩中，爲倉司本。一爲樓攻媿鑰所校本。余得舊鈔本，前後多缺，無序文、目錄并樓公跋。且避高、孝兩朝諱，疑即攻媿所校本。

2. 元趙孟頫手寫本

【快雪堂集】馮夢禎跋趙魏國書華氏中藏經并秘方真蹟　此趙魏國晚歲養閑書也。錄《華氏中藏經》四十七條，首尾俱不完，爲二卷，而後附秘方六十道，別爲一卷。分而復合，喜爲潤卿所有。筆法蕭散閑肆，無意意多，弇州先生、王百穀、董玄宰跋之詳矣，而潤卿復乞余一轉語。余觀古人以文章書畫名後世者，類不肯虛其暇日，至於晚歲，娛老養閑，此意不廢。相傳魏公日課萬字，佛道聖典、人間秘書，隨意搖灑，不脛而走天下。況此三卷二萬餘言，爲秘論名方，是活人壽世而希傳者耶。晴牕雨軒，隨拈一卷，焚香披閲，便可永日。慎卿其寶之。《醫籍考》

【廉石居藏書記】內篇卷上醫律　《華氏中藏經》二卷。右《華氏中藏經》二卷，見《書錄解題》，稱《中藏經》一卷，漢譙郡華佗元化撰。其序稱，應靈洞主少室山鄧處中，自言爲華先生外孫，莫可考也。《宋藝文志》“華”字譌作“黄”。予在都門，見趙氏孟頫手録一本，前缺□數百字，大勝俗本。内方藥有改易分量、删落全條者，知明代刻書之不可恃矣。《舊唐書經籍志》有《華氏藥方》十卷，注云“《華佗方》吴普集”，别是一書。

【孫氏書目】内篇卷二醫律　《華氏中藏經》三卷，漢華佗撰。一元趙孟頫寫本，缺中卷。一星衍依趙孟頫兩寫本校足刊本。

【孫星衍序】　余以乾隆丁未年入翰林，在都見趙文敏手寫本，失其中卷。審是真蹟，後歸張太史錦芳，其弟録稿贈余。又以嘉慶戊辰年乞假南歸，在吴門見周氏所藏元人寫本，亦稱趙書，具有上中下三卷，而缺“論診雜病必死候第四十八”，及“察聲色形證决死法第四十九”兩篇。合前後二本校勘明本，每篇脱落舛誤凡有數百字。其方藥名件、次序、分量，俱經後人改易，或有删去其方者。

注：按趙孟頫，字子昂，宋太祖子秦王德芳之後，號松雪道人。元至元間入見，仁宗即位，官至翰林學士承旨，卒贈魏國公，謚文敏。

3. 明江澄中刊本

【孫氏書目】内篇卷二　《華氏中藏經》三卷，漢華佗撰，明江澄中刊本。

【四庫書目邵注】卷十　《華氏中藏經》三卷，漢華佗撰，明江澄中刊本。

【郘亭知見傳本書目】卷八　《華氏中藏經》三卷，漢華佗撰。

注：按明板《醫統正脈》本卷八末有木記曰“青蓮山人江中澄重校師古齋”又卷二末、卷四末並云“新安陳正道抄本，吴勉學校刻”，而江、吴兩刊之關係，今不可考。其江中澄，孫氏以下諸家著録，並作“江澄中”，今亦未知孰是。

4. 明刊醫統正脈本

【孫氏書目】内編卷二　《華氏中藏經》三卷。明《古今醫統》本。

【四庫書目邵注】卷十　《華氏中藏經》三卷。《古今醫統》本。

【郘亭知見傳本書目】卷八　《華氏中藏經》三卷。《古今醫統》本。

【叢書舉要】卷十二古今醫統正脈全書　《中藏經》八卷，魏華佗。

【叢書書目彙編】醫統正脈全書　《中藏經》八卷，華佗。

【八千卷樓書目】卷十　《中藏經》八卷，漢華佗撰。《醫統》本。

【揚州吴氏測海樓藏書目録】卷四　《中藏經》八卷，漢華佗。《古今醫統正脈全書》，明王肯堂輯，萬曆年刊竹紙四十八本内。

【江蘇省立國學圖書館圖書總目】　《華氏中藏經》八卷，《醫統正脈全書》第十四至十五册。漢譙郡華佗。明新安吴勉學校刊本。

【中東鐵路圖書館圖書目録】　《中藏經》八卷，漢華佗著。見《醫統正脈全書》。

【經籍訪古志】卷八　《華先生中藏經》八卷。明吴勉學《醫統正脈》中本。首有鄧處中序，云“明新安吴勉學鮑士奇同校”。卷末云“青蓮山人江中澄重校師古齋”。按，此本譌舛脱誤，經後人改易，一如周、孫二氏所言。柳沜先生曰，考樓跋，宋時已有兩本，蓋吴勉學所收，據閩中倉司刊本者，與樓氏所謂一版或改定數十百字、藥方增三之二者相符，真確說也。又考此本，有治傷寒欬逆方。欬逆爲噦之謬稱，出於唐末始見昝殷《產寶》，而其方朱氏《活人書》引之，則閩中本豈出宋初人手乎。皇國寬保壬戌依此本刊行，題"新校正"字。

【寶素堂藏書目錄】《中藏經》八卷。收在《醫統正脈》中。

【聿修堂藏書目錄】《華先生中藏經》八卷，二冊。收在《醫統正脈》中。

【杏雨書屋圖書假目錄】明刊古今醫統正脈全書　《中藏經》十二卷，魏華佗撰。明吳勉學校。【中國醫學書目】《華先生中藏經》八卷，三冊。十行二十字，框横十三·七，縱十九·五。華佗（元化）著。吳勉學、鮑士奇同校。明板。

【續中國醫學書目】《華先生中藏經》八卷，二冊。十行二十字，框横十三·六，縱十九·六。魏華佗著。明吳勉學鮑士奇同校。明萬曆板。（脇坂安元，奈須恆德，森立之，柯逢時，手澤本）"華先生中藏經序"，鄧處中，甲寅。華先生中藏經目錄。《華先生中藏經》八卷一冊。十行二十字，框横十三·八，縱十九·四。明吳勉學、鮑士奇同校。《醫統正脈全書》叢三之內。萬曆二十九年刊。應靈洞主探微真人少室山鄧處中序，甲寅秋。華先生中藏經目錄，註。第八卷有木記曰"青蓮山人江中澄重校師古齋"。

5. 清周錫瓚重訂本

【經籍訪古志】《華氏中藏經》二卷。嘉慶庚申刊本。聿修堂藏。首有鄧處中序，末有樓鑰跋、乾隆五十七年周錫瓚跋。

按，考樓氏跋文，當時既有閩中倉司所刊，而此本得之古汴陸從老，且曰"取而校之"，乃知閩中之本未善，至一版或改訂數十百字，前有目錄，後有後序，藥方增三之二。閩本間亦有佳處，可證陸本之失，其不同而不可輕改者兩存焉。始得爲善本。錫瓚跋曰：書一刊於宋之閩中爲倉司本，一爲樓攻媿鑰所校本。余得舊鈔本，前後多缺，無序文、目錄并樓公跋，且避高、孝兩朝諱，疑即攻媿所校本。因取新安吳氏刻本補其缺，而用一"按"字註於下，以别於原註，并從《攻媿集》中錄跋附後，始得爲完書。後附藥方，吳本倍於此本，其相同者僅二十方，餘皆後人以意增入，非原書也。念悉依舊本，雖未得宋刊校補，然已與吳本迥别矣。觀此二跋，足以知是書之源流矣。

又按，錫瓚又稱，書凡十卷，後附方六十道，因爲上下二卷云。而孫星衍序稱，周氏所藏具有上中下三卷，語似牴牾。然檢孫上文，其意不過言全帙具存，蓋周藏本實合爲一卷，而其憑臆分二卷者失矣。周刻卷末有"已上八方，在陸本中卷四十論後"語，則原又爲三卷者可知，而周氏何不檢考及此，可疑。

【寶素堂藏書目錄】《中藏經》三卷，一冊。鈔周錫瓚刊本。

【聿修堂藏書目錄】《華氏中藏經》二卷，二冊。乾隆周錫瓚重訂本。

【内閣文庫圖書第二部漢書目錄】《華氏中藏經》二卷。嘉慶五年刊。《華氏中藏經》二卷，魏華佗。《華佗內照圖》二卷。明胡文焕校。嘉慶五年刊。《內照圖》，明板。二冊。

6. 孫氏平津館刊本

【孫氏書目】內編卷二　《華氏中藏經》三卷，漢華佗撰。星衍依趙孟頫兩寫本校足刊本。

【四庫書目邵注】卷十 《華氏中藏經》三卷,漢華佗撰。平津館校刊本。

【持靜齋書目】卷三 《華氏中藏經》十卷。平津館刊本。漢華佗撰。

【郘亭知見傳本書目】卷八 《華氏中藏經》三卷,漢華佗撰。平津館校刊本。

【書目答問】子部 《華氏中藏經》一卷。平津館本。

【行素堂目睹書錄】平津館叢書 《華氏中藏經》三卷

【古越藏書樓書目】卷五 《中藏經》,漢華佗。平津館本。

【涵芬樓舊書分類總目】 《中藏經》,漢華佗撰。平津館本。

【八千卷樓書目】卷十 《中藏經》八卷,漢華佗撰。平津館三卷本。

【故宫普通書目】卷五平津館叢書 《華氏中藏經》三卷,漢華佗撰。

【洗心精舍寄存書目】卷三 《華氏中藏經》一卷,漢華佗撰。《平津館叢書》二集本。

【叢書舉要】卷二十七平津館叢書 《華氏中藏經》三卷,漢華佗。

【叢書書目彙編】平津館叢書 《華氏中藏經》一卷。卷分上中下。漢華佗撰。趙文敏寫本。

【江南圖書館閱覽室檢查書目】 《中藏經》,漢華佗。平津館本,一本。

【江蘇省立國學圖書館圖書總目】 《華氏中藏經》三卷,一冊。嘉慶十三年平津館孫氏刊本。又一部三卷,《平津館叢書》第八冊,嘉慶孫氏刊本。

【經籍訪古志】卷八 《華氏中藏經》,嘉慶十三年孫星衍校刊本。

按,孫星衍序略曰:《華氏中藏經》,今世傳本有八卷,吳勉學刊在《古今醫統》中。《古今醫統》一作《醫統正脈》。原注云:《古今醫統》恐《醫統正脈》。蓋孫氏偶誤耳。余以乾隆丁未年入翰林,在都見趙文敏手寫本,卷上自第十篇"性忌則脈急"已下起,至第二十九篇爲一卷;卷下自"萬應圓藥方"至末爲一卷;失其中卷,審是真蹟。又在吳門見周氏所藏元人寫本,亦稱趙書,具有上中下三卷,而缺"論診雜病必死候第四十八"及"察聲色形證決死法第四十九"兩篇。合前後二本校勘明本,每篇脱落舛誤,凡有數百字,其方藥名件、次序、分量,俱經後人改易,或有刪去其方者,今以趙寫兩本爲定。趙寫本旁注有高宗、孝宗廟諱,而不更其字,可見古人審慎闕疑之意。據孫此說,則是書實以此本爲最善,然點校文字,則覺周本轉優。且孫本不附樓跋,此宜相參而訂補也。

【寶素堂藏書目錄】《中藏經》三卷,魏華佗。一冊。孫星衍校刊本,收在《平津館叢書》中。

【内閣文庫圖書第二部漢書目錄】 《華氏中藏經》三卷。清孫星衍校,嘉慶十三年刊。一冊。

【朝鮮總督府古圖書目錄】 《華氏中藏經》六卷,二冊。孫星衍校,清嘉慶年間印本。

7. 周氏醫學叢書本

【叢書舉要】卷十二周氏醫學叢書 《華元化中藏經》三卷。依孫氏平津館本。《增輯中藏經附方》一卷。

【叢書書目彙編】周氏醫學叢書　《中藏經》三卷。《附方》一卷。

【續彙刻書目】周氏醫學叢書　《中藏經》三卷。《附方》一卷。

【國學用書類述】《中藏經》三卷,魏華佗。清周學海校刻平津館本。

【揚州吴氏測海樓藏書目錄】卷四　《中藏經》三卷,《增輯附方》一卷,漢華佗。《周氏醫學叢書》,周學海輯。光緒辛卯自刊,竹紙本。

【國立北京大學文科圖書館藏書目錄】卷上　漢華佗撰《華氏中藏經》三卷,二本。池陽周氏刊本。

【杏雨書屋圖書假目錄】《華氏中藏經》二卷,《附方》一卷,《内照法》一卷。魏華佗著。光緒十七年刊。二冊。

【中國醫學書目】《華氏中藏經》三卷,二冊,十一行二十一字,框横十二·一,縱十五·五。華佗著。《附方》一卷,《内照法》一卷。《周氏醫學叢書》叢五十一之内。光緒十七年周學海校刊。新刻中藏經序,周學海。孫刻中藏經序,孫星衍,嘉慶十三年。四庫未收書提要。中藏經序,鄧處中,甲寅。

8. 掃葉山房刊本

【四庫書目邵注】卷十　《華氏中藏經》三卷,漢華佗撰。掃葉山房刊本。

【郘亭知見傳本書目】卷八《華氏中藏經》三卷,漢華佗撰。掃葉山房本。

【涵芬樓舊書分類總目】《中藏經》,漢華佗撰。掃葉山房刊本。一冊。

9. 民國刊醫統正脈本

【中國醫學書目】《中藏經》八卷,一冊。九行二十一字,框横十三釐,縱十八釐。民國刊《醫統正脈全書》叢六之内。序,鄧處中,甲寅。目錄。

10. 日本寬保刊本

【聿修堂藏書目錄】《中藏經》八卷,一冊。寬保壬戌梓。魏華佗撰。

【内閣文庫圖書第二部漢書目錄】《華氏中藏經》八卷。吉岡玄昌校,寬保二年刊。

【中國醫學書目】《華佗中藏經》八卷,五冊。九行二十四字,框横十四·七,縱二十二·三。堀元厚鑑定,吉岡仁庵(玄昌)訓註,寬保二年大阪吉文字屋市兵衛、河内屋茂兵衛刊。新校正中藏經序,十街信敏,寬保元年。新校正中藏經序,三宅玄甫,元文元年。新校正中藏經序,吉岡玄昌,元文元年。新校定中藏經後序,伊藤玄乘,元文元年。序,鄧處中。目錄。

注:《書目集覽》所收《元祿書籍目錄》(一名《本朝彫刻廣益書籍目錄大全》),載有"《中藏經》,華佗,三冊"之目。又《倭版書籍考》[1]云:《中藏經》八卷四本。傳云魏明醫華佗所作,古書也,有論有方。是書之所由來,詳見於華佗外孫鄧處中序文中。《古今醫統》、《續醫說》等書亦並論之,可考。洛陽小原正庵所加點也(原日文)。據此,則知日本所刊《中藏經》,除寬保刊本外,尚有別本。或疑《元祿目》所載,即與所謂小原正庵所點本同版歟。然因今未得的據,暫附記於此焉。

［郭注］

(1)《倭版書籍考》,幸島宗意著,一七○二年刊行。

11. 未詳本

【文淵閣書目】明 【菉竹堂書目】明 【本草綱目引據書目】明 【醫藏書目】明 【脈望館書目】明 【楝亭書目】清 【近古堂書目】清 【竹崦庵傳鈔書目】清 【也是園藏書目】清 【述古堂藏書目】清 【絳雲樓書目】清 【問經堂書目】清 【稽瑞樓書目】清 【觀海堂書目】清 【南洋中學藏書目】民 【元治增補御書籍目錄】日 【觀聚方要補採摭書目】日 【雜病廣要採摭書目】日

附 青囊方

【古今醫統大全】採摭諸書 《青囊方》,魏華佗,得異人授受,今亡之。

附 濟急仙方

【萬卷堂書目】卷三 《醫家集要濟急仙方》一卷,華佗。

【百川書志】卷十 《濟急仙方》一卷

【國史經籍志】卷四 《濟急仙方》一卷,華佗。

【補後漢書藝文志】 《華佗濟急仙方》一卷,《急救僊方》六十卷。二書見《道藏》。

【中國醫學史】兩漢醫學書目 《濟急仙方》一卷,華佗。

十五、李譜之藥方

【隋書經籍志】卷三秦承祖藥方注 梁有《李譜之藥方》一卷。

十六、王叔和論病

【隋書經藉志】卷三醫方論七卷注 梁有《王叔和論病》六卷。《通志略》同

注:王叔和傳,見於"脈經"條下。

十七、皇甫士安依諸方撰

【隋書經籍志】子部醫方 《皇甫士安依諸方撰》一卷

注:皇甫謐傳,見於"黄帝甲乙經"條下。

十八、殷荆州要方

【隋書經籍志】卷三胡洽百病方注 梁有《殷荆州要方》一卷,殷仲堪撰。亡。

注:殷仲堪傳,《晉書》卷八十四略云:殷仲堪,陳郡人也。祖融,太常、吏部尚書。父師,驃騎諮議參軍、晉陵太守、沙陽男。仲堪能清言,善屬文,每云三日不讀

《道德論》,便覺舌本間強。其談理與韓康伯齊名,士咸愛慕之。調補佐著作郎。冠軍謝玄鎮京口,請爲參軍。除尚書郎,不拜。玄以爲長史,厚任遇之。父病積年,仲堪衣不解帶,躬學醫術,究其精妙,執藥揮淚,遂眇一目。居喪哀毁,以孝聞。服闋,孝武帝召爲太子中庶子,甚相親愛。仲堪父常患耳聰,聞牀下蟻動,謂之牛鬭。帝素聞之而不知其人。至是從容問仲堪曰:患此者爲誰。仲堪流涕而起曰:臣進退惟谷。帝有愧焉。復領黄門郎,寵任轉隆。帝嘗示仲堪詩,乃曰:勿以己才而笑不才。帝以會稽王非社稷之臣,擢所親幸以爲藩捍,乃授仲堪都督荆益寧三州軍事、振威將軍、荆州刺史、假節,鎮江陵。將之任,又詔曰:卿去有日,使人酸然。常謂永爲廊廟之寶,而忽爲荆楚之珍,良以慨恨。其恩狎如此。後爲桓玄追兵所獲,逼令自殺,死於柞溪。仲堪少奉天師道,又精心事親,不吝財賄,而怠行仁義,嗇於周急,及玄來攻,猶勤請禱。然善取人情,病者自爲診脈分藥,而用計倚伏煩密,少於鑒略,以至於敗。

注:按柯氏影印《大觀本草》陶弘景《序錄》,"殷仲堪"作"商仲堪",而燉煌本《序錄》作"殷淵源"。"殷"作"商",蓋避宋太祖諱。説見"昝殷《產經》"條下。淵源,是仲堪字歟。

十九、小品方

【隋書經籍志】子部醫方　《小品方》十二卷,陳延之撰。

【舊唐書經籍志】子類醫術　《小品方》十二卷,陳延之撰。

【唐書藝文志】子錄醫術類　《陳延之小品方》十二卷

【證類本草所出經史方書】　《小品方》

【通志藝文略】方書　《小品方》十二卷,陳延之。

【本草綱目引據古今醫家書目】　《陳延之小品方》

【日本國見在書目錄】　《小品》十二

【和名抄引用漢籍】　《小品方》。引用二十四。

注:按後世醫書引用《小品方》者,《外臺秘要》有一百一十一條,《醫心方》有二百一十五條,《證類本草》有三條。

二十、范東陽方

【隋書經籍志】卷三醫方　《范東陽方》一百零五卷,《録》一卷,范(注)[汪]撰。梁一百七十六卷。

【舊唐書經籍志】子類醫術　《雜藥方》一百七十卷。《范汪方》,尹穆撰。

【唐書藝文志】子錄醫術類　《尹穆纂范東陽雜藥方》一百七十卷,范(注)[汪]。

【證類本草所出經史方書】　《范汪方》

【通志藝文略】醫方　《范東陽雜藥方》百七十卷,尹穆纂。

【古今醫統大全】卷一採摭諸書　《范汪方》五卷。西晉穎易人，撰方書共百餘卷，今《普濟方》多採之。

注：按陶弘景《本草序錄》云：《范汪方》百餘卷，及葛洪《肘後》，其中有細碎單行經用者，或田舍試驗之法，或殊域異識之術。又云：余祖世已來，務敦方藥，本有《范汪方》一部，斟酌詳用，多獲其效。又《千金方》卷一"太醫習業"云：凡欲爲太醫，必須諳《素問》、《甲乙》、《黄帝鍼經》、《明堂流注十二經脈》、《三部九候》、《五臟六腑表裏孔穴》、《本草藥對》、張仲景、王叔和、阮河南、范東陽、張苗、靳邵等經方。

注：按《外臺秘要》所引《范汪方》有八十三條，《醫心方》所引《范汪方》有一百五十一條。《證類本草》所引《范汪方》有五條。

注：范汪傳，《晉書》卷七十五略云：范汪字玄平，雍州刺史晷之孫也。父稚，早卒。汪少孤貧，六歲過江，依外家新野庾氏。荆州刺史王澄見而奇之曰：興范族者，必是子也。年十三喪母，居喪盡禮，親鄰哀之。及長好學，外氏家貧，無以資給，汪乃廬於園中，布衣蔬食，然薪寫書，寫畢，誦讀亦遍，遂博學多通，善談名理。弱冠至京師，屬蘇峻作難，王師敗績，汪乃遁逃西歸。汪爲亮佐吏十有餘年，甚相欽待，桓溫代翼爲荆州，復以汪爲安西長史。溫西征蜀，委以留府。蜀平，進爵武興縣侯，而溫頻請爲長史、江州刺史，皆不就。自請還京，求爲東陽太守。溫甚恨焉。在郡大興學校，甚有惠政。頃之，召入，頻遷中領軍、本州大中正。時簡文帝作相，甚相親昵，除都督徐兖青翼四州。既而桓溫北伐，令汪率文武出梁國，以失期，免爲庶人。朝廷憚溫不敢執，談者爲之歎恨。汪屏居吴郡，從容講肆，不言枉直。後至姑孰，見溫。溫時方起屈滯，以傾朝廷，謂汪遠來詣己，傾身引望，謂袁宏曰：范公來，可作太常邪。汪既至，纔坐，溫謝其遠來意。汪實來造此，溫恐以趨時致損。乃曰：亡兒瘞此，故來視之。溫殊失望而止。時年六十五，卒於家，贈散騎常侍，謚曰穆。長子康嗣，早卒。康弟甯，最知名。

《醫説》卷一：范汪字玄平，不知何郡人。少孤，年六歲過江，依外家新野庾氏，賓於園中，布衣蔬食，燃薪寫書，畢讀誦亦遍，遂博通百家之言。性仁愛，善醫術，嘗以拯恤爲事，凡有疾病，不以貴賤，皆治之，所活十愈八九。（《晉中興書》）

《歷代名醫蒙求》卷下《晉中興書》：范汪字玄平，不知何許人。少孤，年六歲過江，依外家新野庾氏，廬園中，布衣蔬食，燃薪寫書，性仁愛，善醫術，常以拯恤爲事。凡有疾病，不限貴賤，皆爲治之。撰方五百餘卷，又百七十卷，後人詳用，多獲其效。

《醫學源流》：范汪，東晉時人。嘗注《本草藥品》，有方百餘卷，無傳。《名醫圖》作范注。陶隱居云，余祖世以來，務敦方藥，本有《范汪方》一部，斟酌詳用，多獲其效，内護家門，傍及親族。（下略）

注：按"范東陽"《隋志》作"陽東"。《醫籍考》云，案《千金方》"太醫習業"有云范東陽、張苗、靳邵等諸部經方。然則"陽東"當作"東陽"。今按《新唐志》、《通志略》亦并作"東陽"。考《晉書》汪傳，既云"求爲東陽太守"，"范東陽"之稱，蓋由於之，正是殷荆州、阮河南之類爾。

二十一、申蘇方

【隋書經籍志】醫方類七卷注　梁有《支法存申蘇方》五卷。

注：按《千金方》卷七"論風毒狀第一"云，論曰，諸經方往往有腳弱之論，而古人少有此疾。自永嘉南渡，衣纓士人多有遭者。嶺表江東有支法存、仰道人等，並留意經方，偏善斯術。晉朝仕望多獲全濟，莫不由此二公。又宋齊之間，有釋門深師、師道人述法存諸家舊方，爲三十卷。其"腳弱"一方，近百餘首。

注：支法存傳，《太平御覽》卷七百二十四云，《千金·序》曰，沙門支法存，嶺表人，性敦方藥。自永嘉南度，士大夫不襲水土，多患腳弱，惟法存能拯濟之。

《醫說》卷一，支法存者，嶺表僧人也。幼慕空門，心希至道，而性敦方藥，尋覽無厭，當代知其盛名。自永嘉南渡，晉朝士夫不襲水土，所患皆腳弱，唯法存能拯濟之。（出《千金方序》。《名醫蒙求》、《圖書集成》並引《千金序》而有少異。今閱《千金方序》無見其文。）

《異苑》卷六：沙門有支法存者，本自胡人，生長廣州，妙善醫術，遂成巨富。有八尺毾㲪，光彩耀目，作百種形象。又有沈香八尺板牀，居常香馥。太原王琰（一作談）爲廣州刺史，大兒邵之屢求二物，法存不與。王因狀法存豪縱，乃殺而籍家財焉。法存死後，形見於府內，輒打閤下鼓，似若稱冤。如此經日，王尋得病，恒見法存守之，少時遂亡。邵之比至楊都，亦喪。《學津討源》本

二十二、阮河南藥方

【隋書經籍志】范陽東方注　梁有《阮河南藥方》十六卷，阮文叔撰。

【舊唐書經籍志】子類醫術　《阮河南方》十六卷，阮炳撰。

【唐書藝文志】子錄醫術類　《阮河南方》十六卷，阮炳。《阮河南藥方》十七卷。

【通志藝文略】醫方上　《阮河南方》十六卷，阮炳撰。

注：阮炳傳，《魏志》卷十六《杜畿傳》附杜恕傳，注引《杜氏新書》云：武帝炳，字叔文，河南尹，精意醫術，撰《藥方》一部。

《醫籍考》云，按"文叔"、"叔文"，必有一誤。葛洪《肘後方序》云"阮河南等撰集《暴卒備急方》"，豈是書之外別有所採錄歟。

注：按《外臺秘要》所引有"阮河南"一條。

二十三、玉函方

【抱朴子】內篇卷三雜應　余見戴霸、華佗所集《金匱綠囊》，崔中書《黃素方》及百家雜方，五百許卷。甘胡、呂付、周始甘、唐通、阮南河等，各撰集《暴卒備急方》，或一百十，或九十四，或八十五，或四十六，世人皆爲精悉不可加也。余究而觀之，殊多不備。諸疾病其尚未盡，又渾漫雜錯，無其條貫，有所尋按，不即可得而治。卒

暴之候，皆用貴藥，動數十種，自非富室而居京都者不能素儲，不可卒辦也。又多令人以鍼治病，其灸法又不明處所分寸，而但說身中孔穴榮俞之名，自非舊醫備覽《明堂流注偃側圖》者，安能曉之哉。余所撰百卷，名曰《玉函方》，皆分別病名，以類相續，不相雜錯，其九十三卷，皆單行徑易，籬陌之間，顧眄皆樂，衆急之病，無不畢備。

【肘後備急方】葛洪序　余既窮覽墳索，以著述餘暇，兼綜術數，省仲景、元化、劉、戴、《秘要》、《金匱緑秩》、《黄素方》，近將千卷。患其混雜煩重，有求難得，故周流華夏九州之中，收拾奇異，捃拾遺逸，選而集之，使種類殊分，緩急易簡，凡爲百卷，名曰《玉函》。

【晉書】卷七十二葛洪傳　其餘所著《金匱藥方》一百卷，《肘後要急方》四卷。

【太平御覽】卷七百二十二醫二　《晉中興書》曰：葛洪字稚川，丹陽句容人，幼覽衆書，近得萬卷。自號抱朴子，善養性之術，撰《經用救驗方》三卷，號曰《肘後方》。又撰《玉函方》一百卷，於今行用。

【證類本草所出經史方書】《玉函方》

【宋史藝文志】子類醫書　《玉函方》三卷

注：按《外臺秘要》所引有"葛氏"三條，《證類本草》所引有"《玉函方》"二條，"《葛氏方》"十九條，"葛氏"二條，"葛稚川"三條。《醫心方》所引有"《玉葙方》"七條，"《玉葝葙方》"一條，"《葛氏方》"三百八十五條。

注：葛洪傳，《晉書》卷七十二云：葛洪字稚川，丹楊句容人也。祖系，吴大鴻臚。父悌，吴平後入晉，爲邵陵太守。洪少好學，家貧，躬自伐薪，以貿紙墨，夜輒寫書誦習，遂以儒學知名。性寡欲，無所愛翫，不知棊局幾道，樗蒲齒名。爲人木訥，不好榮利，閉門卻掃，未嘗交游。於餘杭山見何幼道、郭文舉，目擊而已，各無所言。時或尋書問疑，不遠數千里崎嶇冒涉，期於必得，遂究覽典籍。尤好神仙導引之法，從祖玄，吴時學道得仙，號曰葛仙公，以其煉丹秘術授弟子鄭隱，洪就隱學，悉得其法焉。後師事南海太守上党鮑玄。玄亦内學，逆占將來，見洪深重之，以女妻洪。洪傳玄業，兼綜練醫術，凡所著撰，皆精覈是非，而才章富贍。太安中，石冰作亂，吴興太守顧秘爲義軍都督，與周玘等起兵討之，秘檄洪爲將兵都尉，攻冰別率，破之，遷伏波將軍。冰平，洪不論功賞，徑至洛陽，欲搜求異書以廣其學。洪見天下已亂，欲避地南土，乃參廣州刺史嵇含軍事。及含遇害，遂停南土多年，征鎮檄命，一無所就。後還鄉里，禮辟皆不赴。元帝爲丞相，辟爲掾。以平賊功，賜爵關内侯。咸和初，司徒導召補州主簿，轉司徒掾，遷諮議參軍。干寶深相親友，薦洪才堪國史，選爲散騎常侍，領大著作，洪固辭不就。以年老，欲鍊丹以祈遐壽，聞交阯出丹，求爲句漏令。帝以洪資高，不許。洪曰：非欲爲榮，以有丹耳。帝從之。洪遂將子姪俱行至廣州，刺史鄧嶽留不聽去，洪乃止羅浮山鍊丹。嶽表補東宫太守，又辭不就。嶽乃以洪兄子望爲記室參軍。在山積年，優游閑養，著述不輟。其自序曰：洪體乏進趣之才，偶好無爲之業。假令奮翅則能陵厲玄霄，騁足則能追風躡景，猶欲戢勁翮於鷦鷯之羣，藏逸迹於跛驢之伍，豈況大塊稟我以尋常之短羽，造化假我以至駑

之蹇足。自卜者審,不能者止。又豈敢力蒼蠅而慕沖天之舉,策跛鼈而追飛兔之軌;飾嫫母之篤陋,求媒陽之美談;推沙礫之賤質,索千金於和肆哉。夫僬僥之步而企及夸父之蹤,近才所以躓礙也;要離之羸而強赴扛鼎之勢,秦人所以斷筋也。是以望絕於榮華之塗,而志安乎窮圮之域;藜藿有八珍之甘,蓬蓽有藻梲之藥也。故權貴之家,雖咫尺弗從也;知道之士,雖艱遠必造也。考覽奇書,既不少矣,率多隱語,難可卒解,自非至精不能究,自非篤勤不能悉見也。道士弘博洽聞者寡,而意斷妄說者衆,至於時有好事者,欲有所修,爲倉卒不知所從,而意之所疑,又無足咨。今爲此書,粗舉長生之理,其至妙者,不得宣之於翰墨。蓋粗言較略,以示一隅,冀悱憤之徒,省之可以思過半矣。豈謂闇塞,必能窮微暢遠乎,聊論其所先覺者耳。世儒徒知服膺周孔,莫信神仙之書,不但大而笑之,又將謗毀真正。故予所著,予言黄白之事,名曰《内篇》,其餘駁難通釋,名曰《外篇》,大凡内、外一百一十六篇。雖不足藏諸名山,且欲緘之金匱,以示識者。自號抱朴子,因以名書。其餘所著,碑誄詩賦百卷,移檄章表三十卷,神仙、良吏、隱逸、集異等傳各十卷。又抄《五經》、《史》、《漢》、百家之言,方技雜事三百一十卷,《金匱藥方》一百卷,《肘後要急方》四卷。洪博聞深洽,江左絕倫。著述篇章,富於班馬。又精辯玄賾,析理入微。後忽與嶽疏云:當遠行尋師,剋期便發。嶽得疏,狼狽往别。而洪坐至日中,兀然若睡而卒。嶽至,遂不及見。時年八十一。視其顏色如生,體亦柔軟,舉尸入棺,甚輕如空衣,世以爲尸解得仙云。

二十四、玉函煎方

【隋書經籍志】子部醫方　《玉函煎方》五卷,葛洪撰。

二十五、葛仙翁杏仁煎方

【崇文總目輯釋】卷三　《葛仙翁杏仁煎方》一卷,葛洪撰。

【宋史藝文志】子類醫書　《葛仙公杏仁煎方》一卷

注:按《醫籍考》引《宋志》,以是書爲葛玄所著,而引《晉書·葛洪傳》云,洪祖玄,吳時學道得仙,號曰葛仙公。乃知古稱"葛仙公"即是玄而非洪。然今查程永培所校《肘後備急方》,稱洪爲葛仙翁。可知後世所稱葛仙翁,未必玄也。今考《崇文目》既云"葛洪撰",不當謂葛玄所作矣。

二十六、葛氏單方

【通志藝文略】醫方上　《葛氏單方》三卷

二十七、肘後方

【晉中興書】 葛洪字稚川，撰《經用救驗方》三卷，號曰《肘後方》。《太平御覽》

【肘後備急方】葛洪自序 今採其要約，以爲《肘後救卒》三卷，率多易得之藥，其不獲已須買之者，亦皆賤價草石，所在皆有。兼之以灸，灸但言其分寸，不名孔穴，凡人覽之，可了其所用。

【晉書】葛洪傳 其餘所著《肘後要急方》四卷

【隋書經籍志】子部醫方 《肘後方》六卷，葛洪撰。梁二卷。陶弘景《補闕肘後百一方》九卷。亡。

【舊唐書經籍志】子類醫術 《肘後救卒方》四卷，葛洪撰。

【唐書藝文志】子録醫術類 《葛洪肘後救卒方》六卷。《通志略》同

【太平御覽】引書目 《葛洪肘後方》

【證類本草所出經史方書】 《肘後方》

【幼幼新書】卷四十前代方書 《葛氏肘後》，晉葛洪譔。洪字稚川，丹陽句容人。今書三卷。按，考《晉史》本傳云，《肘後要急方》四卷。

【和名抄引用漢籍】 《葛子方》，《葛洪肘後備急方》八卷引用一回。

【日本國見在書目録】《葛氏肘後方》十。《葛氏方》九。

【撮壤集】 《肘後方》

【文淵閣書目】卷十五 《葛氏肘後方》一部，一冊。闕。

【菉竹堂書目】卷五 《葛氏肘後方》四冊

【醫籍考】一千四百七十頁 按，是書名"肘後"者，言其方單省，足以立辨，其卷帙亦不多，可掛之肘後，以隋行也。《隋志》有《扁鵲肘後方》一卷。《抱朴子》曰"辟蛇蝮，以乾薑附子，帶之肘後"，其意並同。友人都梁伊憺甫(恬)(1)亦曰："肘後"者，斥佩囊之類，謂常在於肘腋下也，猶斥劒云腰間物。《玉臺新詠》集魏繁欽詩"何以致叩叩，香囊繫肘後"。《晉書・周顗傳》曰"今年殺諸賊奴，取金印如斗大繫肘後"。《抱朴子・勤求篇》曰"盡其囊枕之中，肘腋之下，秘要之旨"。王子年《拾遺記》曰"浮提國獻神通善書二人，乍老乍少，隱形則出影，聞聲則藏形，出肘間金壺四寸"。蓋腋下者，肘之所抵，故云"肘後"，又云"肘下"，又云"肘間"。《抱朴・遐覽篇》載《文子肘後經》一卷、《李先生口訣肘後》二卷，其義可類推也。

［郭注］

(1)都梁伊憺甫，即伊澤蘭軒(1777～1829)，名信恬，字憺甫、澹父，通稱辭安，號蘭軒、蓤齋、蔄齋、都梁、笑僊、藐姑射山人、酌源堂、三養堂、芳櫻軒(芳櫻書院)等，法號芳櫻軒自安信恬居士。福山藩醫伊澤長安(信階)之子，生於江戸本鄉。初師事目黑道琢及太田澄元，後繼承父業爲藩醫。與賴山陽、菅茶山、大田南畝、龜田鵬齋、狩谷棭齋等文人交往密切，培養澀江抽齋、森立之、岡西玄亭、清川玄道、山田業廣等優秀人才。森鷗外著《伊澤蘭軒》中有詳傳。生有二子，長子榛軒(信厚)，次子柏軒(信重、信道)。著有《蘭軒遺稿》、《蘭軒醫談》、《蓤齋詩集》等。

序跋

葛洪自序

抱朴子丹陽葛稚川曰，余既窮覽墳索，以著述餘暇，兼綜術數，省仲景、元化、劉、戴、《秘要》、《金匱緑秩》、《黄素方》，近將千卷。患其混雜煩重，有求難得，故周流華夏九州之中，收拾奇異，捃拾遺逸，選而集之，使種類殊分，緩急易簡，凡爲百卷，名曰《玉函》，然非有力不能盡寫。又見周、甘、唐、阮諸家各作《備急》，不能窮諸病狀，兼多珍貴之藥，豈貧家野居，皆能立辦。又使人用鍼，自非究習醫方，素識明堂流注者，則身中榮衛尚不知其所在，安能用鍼以治之哉。是使梟雁摯擊，牛羊搏噬，無以異也。雖有其方，猶不免殘害之疾。余今採其要，約以爲《肘後救卒》三卷，率多易得之藥，其不獲已須買之者，亦皆賤價草石，所在皆有。兼之以灸。灸但言其分寸，不名孔穴，凡人覽之，可了其所用。或不出乎垣籬之内，顧眄可具。苟能信之，庶免横禍焉。世俗苦於貴遠賤近，是古非今，恐見此方，無黄帝、倉公、和、鵲、踰跗之目，不能採用，安可強乎。程永培所校《肘後備急方》

二十八、補闕肘後百一方

【肘後備急方】陶弘景自序　見《葛氏肘後救卒》，殊足申一隅之思。抱朴此制，(貴)[實]爲深益。然尚闕漏未盡，輒更採集補闕，凡一百一首，以朱書甄别，爲《肘後百一方》。於雜病單治，略爲周遍矣。舊方都有八十六首，檢其四蛇兩犬，不暇殊題；喉舌之間，亦非異處；入塚御氣，不足專名；雜治一條，猶是諸病部類。強致殊分，復成失例。今乃配合爲七十九首，於本文究具，都無忖減，復添二十二首。今以内疾爲上卷，外發爲中卷，他犯爲下卷，具列之云。上卷三十五首治内病，中卷三十五首治外發病，下卷三十一首治爲物所苦病。

【燉煌本神農本草經序録】　今撰此三卷，并《效驗方》五卷。又《補闕葛肘後》三卷。

【隋書經籍志】子部醫方　《肘後方》六卷，葛洪撰。梁二卷。陶弘景《補闕肘後百一方》九卷。亡。

【舊唐書經籍志】子類醫術　《補肘後救卒備急方》六卷，陶弘景撰。

【唐書藝文志】子録醫術類　《補肘後救卒備急方》六卷

【太平御覽】卷七百二十三　《梁書》曰：陶宏景字通明，丹陽人，性愛林泉，尤好著述。常曰：我讀書未滿萬卷，以内典參之，乃當小出耳。先生性好醫方，專以拯濟，欲利益羣品，故修撰《神農本草經》三卷爲七卷，撰《真誥》十卷，《集驗方》五卷，廣《肘後》爲《百一》之製，世所行用，多獲異效焉。

【證類本草所出經史方書】　《百一方》

【肘後備急方】金楊用道序　乃得乾統間所刊《肘後方》善本，即葛洪所謂“皆單行徑易，約而已驗”，“籬陌之間，顧眄皆藥”，家有此方，可不用醫者也。其書經陶隱居增修而益完矣。

【通志藝文略】醫方　《補肘後救卒備急方》六卷，陶隱居撰。

【直齋書錄解題】卷十三　《肘後百一方》三卷，晉葛洪撰，梁陶隱居增補。本名《肘後救卒方》，率多易得之藥。凡八十六首，陶併七首，加二十二首，共爲一百一首。取佛書"人有四大，一大輒有一百一病"之義名之。《文獻通考》同

【宋史藝文志】子類醫書　《葛洪肘後備急百一方》三卷

【日本國見在書目錄】醫方家　《葛氏肘後方》三，陶弘景撰。

【撮壤集】下醫書　《百一方》

【本草綱目】引據書目　《葛洪肘後百一方》

【世善堂藏書目錄】卷下　《肘後百一方》三卷，晉葛洪。

【汲古閣毛氏藏書目錄】　《肘後百一方》三卷，晉葛洪。

注：按《證類本草》所引，有《肘後方》一百六十三條，《百一方》二十七條。

注：按《高麗史》卷八云，文宗己亥十三年二月甲戌，安西郡護府使都官員外郎異善貞等，進新雕《肘後方》七十三板，《疑獄集》十一板，《川玉集》十板。知京山府事殿中給事李成美，進新雕《隋書》六百八十板。詔置秘閣，各賜衣襨（據於《朝鮮醫籍考》）。今考高麗文宗己亥，當是北宋仁宗嘉祐四年，是以知當時朝鮮已有刊本，所稱《肘後方》，疑是陶氏補闕本。

序跋

華陽隱居補闕肘後百一方序

太歲庚辰，隱居曰：余宅身幽嶺，迄將十載。雖每植德施功，多止一時之設，可以傳方遠裔者，莫過於撰述。見葛氏《肘後救卒》，殊足申一隅之思。夫生人所爲大患，莫急於疾，疾而不治，猶救火而不以水也。今輦掖左右，藥師易尋，郊郭之外，已似難值。況窮村迥野，遙山絕浦，其間枉夭，安可勝言。方術之書，卷軸徒煩，拯濟殊寡，欲就披覽，迷惑多端。抱朴此製，實爲深益，然尚闕漏未盡，輒更採集補闕，凡一百一首，以朱書甄別，爲《肘後百一方》，於雜病單治，略爲周遍矣。昔應璩爲《百一詩》以箴規心行，今余撰此，蓋欲衛輔我躬。且佛經云：人用四大成身，一大輒有一百一病。是故深宜自想，上自通人，下達衆庶，莫不各加繕寫而究括之。余又別撰《效驗方》五卷，具論諸病證候，因藥變通，而并是大治，非窮居所資，若華軒鼎室，亦宜修省耳。葛序云，可以施於貧家野居，然亦不止如是。今搢紳君子，居常處閑佚，乃可披檢方書。或從祿外邑，將命遐征；或宿值禁闈，晨宵隔絕。或急速戎陣，城柵嚴阻，忽遇疾倉卒，唯拱手相看。曷若探之囊笥，則可庸豎成醫，故備論證候，使曉然不滯，一披條領，無使過差也。尋葛氏舊方，至今已二百許年，播於海內，因而濟者，其效實多。余今重以該要，庶亦傳之千祀，豈止於空衛我躬乎。舊方都有八十六首，檢其四蛇兩犬，不假殊題；喉舌之間，亦非異處；入塚御氣，不足專名；雜治一條，猶是諸病部類。強致殊分，復成失例。今乃配合爲七十九首，於本文究具，都無忖減，復添二十二首。或因葛一事，增構成篇；或補葛所遺，準文更撰。具如後錄，詳悉自究。先次比諸病，又不從類。遂具復勞在傷寒前，霍亂置耳目後。

陰易之事，乃出雜治中。兼題與篇名，不盡相符，卒急之時，難於尋檢。今亦改其銓次，庶歷然易曉，其解散、腳弱、虛勞、渴痢、發背、嘔血，多是貴勝之疾。其傷寒、中風，診候最難分別，皆應取之於脈，豈凡庸能究。今所載諸方，皆灼然可用，但依法施治，無使違逆。其癰疽、金瘡，形變甚衆，自非具方，未易根盡。其婦女之病、小兒之病，並難治之，方法不少，亦載其綱要者。凡此諸方，皆是撮其樞要，或名醫垂紀，或累世傳良，或博聞有驗，或自用得力，故復各題秘要之說，以避文繁。又用藥有舊法，亦不復假事事詮詔，今通立定格，共爲成準。凡服藥不言先食者，皆在食前。應食後者，自各言之。凡服湯云三服、再服者，要視病源準候，或疏或數，足令勢力相及。毒利藥，皆須空腹，補瀉其間，自可進粥。丸散日三者，當取旦中暮進之。四五服，則一日之中，量時而分均也。凡下丸散，不云酒水飲者，本方如此；而別說用酒水飲，則是可通用三物服也。凡云分等，即皆是丸散，隨病輕重，所須多少，無定銖兩，三種五種，皆分均之分量。凡云丸散之若干分量者，是品諸藥，宜多宜少之分量，非必止於若干分兩。假令日服三方寸匕，須差止，是三五兩藥耳。凡云末之，是擣篩如法，㕮咀者，皆細切之。凡云湯煮，取三升分三服，皆絞去滓而後酌量也。字方中用鳥獸屎作"矢"字，尿作"溺"字，牡鼠亦作"雄"字，乾作"干"字。凡云"錢匕"者，以大錢上全抄之；若云半錢，則是一錢抄取一邊爾，並用五銖錢也。方寸匕，即用方一寸抄之可也。刀圭，準如兩大豆。炮熬炙洗治諸藥，凡用半夏，皆湯洗五六度去滑。附子、烏頭，炮去皮，有生用者，隨方言之。礬石熬令汁盡，椒皆出汗，麥門冬皆去心。丸散用膠皆炙。巴豆皆去心皮熬，有生用者，隨而言之。杏仁去尖皮熬，生用者言之。葶藶皆熬。皂莢去皮子。藜蘆、枳殻、甘草皆炙。大棗、支子擘破。巴豆、桃杏人之類，皆別研擣如膏，乃和之。諸角皆屑之。麻黄皆去節。凡湯中用芒硝，阿膠，粘糖，皆絞去滓，內湯中更微煮令消。紅雪、朴硝等，皆狀此而入藥也。用麻黄即去節，先煮三五沸，掠去沫後乃入餘藥。凡如上諸法，皆已具載在余所撰《本草》上卷中，今之人有此《肘後百一》者，未必得見《本草》，是以復疏方中所用者載之。此事皆非留心藥術，不可盡知，則安得使之不僻繆也。察病雖千種，大略只有三條而已：一則府藏經絡因邪生疾，二則四支九竅內外交媾，三則假爲他物橫來傷害。此三條者，今各以類而分別之，(貴)[實]圖倉卒之時，披尋簡易故也。今以內疾爲上卷，外發爲中卷，他犯爲下卷，具列之云。上卷三十五首治內病，中卷三十五首治外發病，下卷三十一首治爲物所苦病。

二十九、附廣肘後方 肘後備急方

(一) 考證

【附廣肘後方】楊用道自序　乃得乾統間所刊《肘後方》善本，其書經陶隱居增修而益完矣。既又得唐慎微《證類本草》，其所附方，乃復摘錄其方，分以類例，而附於《肘後》隨證之下，目之曰《附廣肘後方》。下監俾更加讎次，且爲之序而刊行之。

【四庫全書總目】卷一百零三　《肘後備急方》八卷，浙江范懋柱家，天一閣藏本。晉葛洪撰。洪字稚川，句容人。元帝爲丞相時，辟爲掾。以平賊功，賜爵關内侯，遷散騎常侍。自乞出爲句漏令，後終於羅浮山，年八十一。事蹟具《晉書》本傳。是書初名《肘後卒救方》，梁陶隱居補其闕漏，得一百一首，爲《肘後百一方》。金楊用道又取唐慎微《證類本草》諸方，附於《肘後》隨證之下，爲《附廣肘後方》。元世祖至元間，有烏某者，得其本於平鄉郭氏，始刻而傳之。段成己爲之序，稱“葛、陶二君，共成此編”，而不及楊用道。此本爲明嘉靖中襄陽知府吕容所刊，始並列葛、陶、楊三序於卷首。書中凡楊氏所增，皆别題“附方”二字，列之於後，而葛、陶二家之方則不加分析，無可辨别。案《隋書經籍志》：葛洪《肘後方》六卷。梁二卷。陶弘景《補闕肘後百一方》九卷。亡。《宋史藝文志》止有葛書而無陶書。是陶書在隋已亡，不應元時復出。又陶書原目九卷，而此本合楊用道所附，衹有八卷，篇帙多寡亦不相合。疑此書本無《百一方》在内，特後人取宏景原序冠之耳。書凡五十一類，有方無論。不用難得之藥，簡要易明。雖頗經後來增損，而大旨精切，猶未盡失其本意焉。

【日本所刊肘後百一方】沼晉凡例　《肘後備急方》，晉葛稚川之所著也。撰藥石簡近易得、鍼灸分寸易曉者，集爲二卷。至梁陶弘景，補闕採集，録一百一首於其間，名曰《肘後百一方》，分作八卷。厥後金楊用道摭唐慎微《證類本草》中之方，附於隨證之下，又目之曰《附廣肘後方》。此編直曰《肘後百一方》者，蓋私擬溫古之意云。

陶弘景序曰“凡一百一首，以朱書甄别”。然今已歷千有餘年，傳寫轉混，陶之所補，不可復辨知。差可考者，方中有謂葛氏者三十三首，效方、隱居效方、傳效方、傳用方、新效方者十二首。由是觀之，則今之《肘後方》八卷，完成於陶之手者明矣。

附方中揭“肘後方”三字者五首，今考《證類本草》乃引《肘後方》者，而本編脱之，故楊用道補之耳。因是更舉“肘後方”三字耶。

諸治方凡七十三條，而今本脱三十八、三十九、四十四、四十五、四十六，五條，或疑混於他條中耶。如其治卒發丹火惡毒瘡方第三十八、治瘑癬疥漆瘡諸惡瘡方第三十九，目録雖存，治方已脱。又如治腸癰肺癰方第三十七，只有治諸惡瘡方而無治腸癰肺癰方。又有“此本在雜治中”，“别在大方中”等語，而今本無“雜治大方”等條，今皆不可求知，故姑傳疑。

【經籍訪古志】卷八　《葛仙翁肘後備急方》八卷。明代刊本。

按，是書校之《外臺》、《醫心方》、《證類本草》等所引，甚非隱居之真面，恨今世所傳，唯有此本。楊用道序曰：得乾統間所刊《肘後方》善本，又得唐慎微《證類本草》，摘録其附方，分以類例，而附於《肘後》隨證之下，目之曰《附廣肘後方》。下監俾更加讎次，且爲之序而刊行。明陳繼儒序亦曰：外附以趙原陽外科方益之。蓋原陽於洪武間，曾請此書入《道藏》，而胡孟晉又慮此書罕流於世，特嚴加校核而廣其傳陳序，延享本有之。由是考之，用道《附廣》本，原陽收之《道藏》，而明代更摘出刊行，此本是也。然朝鮮國所輯《醫方類聚》所引，亦係用道《附廣》本，而今本所無者凡十四門。治手足諸病。治卒吐血、唾血、大小便血。治患消渴、小便利數。治卒患諸淋不得小便。治夢交接洩精及溺白濁。治大便秘澀不通。治卒關格大小便並不通。治患寸白蛇虫諸九虫病。治患五痔及脱肛。治婦人漏下、月水不通。治妊娠諸病。治産難横生逆生、胎死胞不出。治産後諸色諸患。治小兒諸病諸方是也。此則《附廣》本亦已被後人删汰。甚矣哉,是書之厄也。小島春沂有補輯本,考訂極精。

【日本訪書志】卷九　葛仙翁《肘後備急方》八卷,明萬曆二年李栻刊本。按李栻刊有《通鑑紀事本末》,亦好事者。但此書既經中(流)[統]"中"當作"皇"楊用道附廣,已非隱居之舊。至元丙子,又刊於烏氏。至栻爲之再刻,又非皇統本之舊。森立之《訪古志》云:據朝鮮《醫方類聚》所引亦是用道《附廣》本,而今本所無者十四門。《醫心方》所引亦時多差互。然則此爲烏氏所删歟,抑李栻所删歟。今皇統本不可見,至元本亦不聞有藏者,甚可惜也。

又此書有萬曆三年胡孟晉重刊本,日本延享丙寅浪華沼晉文"文"下當有"進"字。沼氏名晉,字文進。據以翻刻,延享本所據,即是劉自化本,非胡孟晉本。以《外臺》、《千金》、《證類本草》所引,校刊於界欄上,頗爲不苟。唯沼晉不見《醫方類聚》及《醫心方》,猶未爲盡善也。小島春沂有補輯本,考訂極精。程永培六醴齋所刊,直據萬曆本,甚無異同。

(二)序跋

1.附廣肘後方序金楊用道

昔伊尹著《湯液》之論,周公設醫師之屬,皆所以拯救民疾,俾得以全生而盡年也。然則古之賢臣,愛其君以及其民者,蓋非特生者遂之而已。人有疾病,坐視其危苦,而無以救療之,亦其心有所不忍也。仰惟國家受天承(受)[命],統一四海。主上以仁覆天下,輕税損役,約法省刑,蠲積負,柔遠服,專務以德養民。故人臣奉承於下,亦莫不以體國愛民爲心。惟政府内外宗公,協同輔翼,以共固天保無疆之業,其心則又甚焉。沼晉頭注云:"焉"或"篤"字。於斯時也,蓋民罹兵火,沼晉頭注云:"罹"上疑脱"不"字。獲見太平。邊境寧而盜賊息矣,則人無死於鋒鏑之慮;刑罰清而狴犴空矣,則人無死於桎梏之憂;年穀豐而蓄積富矣,則人無死於溝壑之患。其所可虞者,獨民之有疾病夭殤而已,思亦有以救之,其不在於方書矣乎。然方之行於世者多矣,大編廣集,奇藥羣品,自名醫貴胄,或不能以兼通而卒具,況可以施於民庶哉。於是行省乃得乾統間所刊《肘後方》善本,即葛洪所謂皆單行徑易,約而已驗,籬陌之間,顧眄皆藥,家有此方,可不用醫者也。其書經陶隱居增修而益完矣。既又得唐慎微《證類本草》,其所附方皆洽見精取,切於救治,而卷帙尤爲繁重,且方隨藥著,檢用卒難,乃復摘錄其方,分以類例,而附於《肘後》隨證之下,目之曰《附廣肘後方》。下監俾更加讎次,且爲之序而刊行之。方雖簡要,而該病則衆;藥多易求,而論效則遠。將使家自能醫,人無夭横,以溥躋斯民於仁壽之域。以上廣國家博施愛物之德,其爲利豈小補哉。皇統四年十月戊子,儒林郎汴京國子監博士楊用道謹序。沼晉校刊本

2. 鹿鳴山續古序

觀夫古方,藥品分兩,灸穴分寸不類者,蓋古今人體,大小或異,藏府血脈,亦有差焉。請以意酌量,藥品分兩,古序已明。取所服多少配之,或一分爲兩,或二銖爲兩,以盞當升可也。如中卷末紫丸方:代赭赤、石脂各兩。巴豆四十,杏仁五十枚。小兒服一麻子,百日者一小豆且多矣。若兩用二銖四絫,巴豆四,杏仁五枚,可療十數小兒。此其類也。灸之分寸,取其人左右中指中節可也。其使有毒狼虎性藥,乃急救性命者也。或遇發毒急,掘地作小坑,以水令滿,熟攪稍澄,飲水自解。地爲地漿,特加是說於品題之後爾。《道藏》本

注:按沼晉"凡例"云:舊序中有"鹿鳴山續古序"者一篇,凡百七十字,不知何人所作。只記藥品分兩義例,大似凡筆,不啻無益於此編,反增疑怪,故今删去。

3. 葛仙翁肘後備急方序元段成己

醫有方古也,古以來著方書者無慮數十百家。其方殆未可以數計,篇帙浩瀚,苟無良醫師,安所適從。況窮鄉遠地,有病無醫,有方無藥,其不罹夭折者幾希。丹陽葛稚川,夷考古今醫家之說,驗其方簡要易得,鍼灸分寸易曉,必可救人於死者,爲《肘後備急方》。使有病者得之,雖無韓伯休,家自有藥;雖無封君達,人可爲醫。其以備急固宜。華陽陶弘景曰:葛之此製,利世實多,但行之既久,不無謬誤,乃著《百一方》,疏於《備急》之後。訛者正之,缺者補之,附以炮製服食諸法,纖悉備具。仍區別內、外、他犯爲三條,可不費討尋。開卷見病,其以備急益宜。葛、陶二君,世共知爲有道之士,於學無所不貫,於術無所不通,然猶積年僅成此編,蓋一方一論,已試而後錄之,非徒採其簡易而已。人能家置一帙,遇病得方,方必已病,如歷卞和之肆,舉皆美玉,入伯樂之廄,無非駿足,可以易而忽之邪。葛自序云"人能起信,可免夭橫",意可見矣。自天地大變,此方湮沒幾絕。間一存者,閟以自寶,是豈制方本意。連帥烏侯,夙多疹疾,官學之餘,留心於醫藥。前按察河南北道,得此方於平鄉郭氏。郭之婦翁,得諸汴之掖庭。變亂之際,與身存亡,未嘗輕以示人。迨今而出焉,天也。侯命工刻之,以趣其成,唯恐病者見方之晚也。雖然,方之顯晦,而人之生死休慼係焉。出自有時,而隱痛惻怛,如是其急者,不忍人之心也。有不忍人之心,斯有不忍人之政矣。則侯之仁斯民也,豈直一方書而已乎。方之出,乃吾仁心之發見者也。因以序見命,特書其始末以告夫未知者。至元丙子季秋,稷亭段成己題。沼晉校刊本

4. 刻葛仙翁肘後備急方序明李栻

嘗觀范文正公曰:不爲良相,則願爲良醫。而陸宣公之在忠州,亦惟手校方書。每嘆其濟人之心,先後一揆,古人之志,何如其深且遠也。予少不習醫,而濟人一念,則耿耿於中。每見海內方書,則購而藏之。方之效者,則珍而錄之,以爲庶可濟人之急。然以不及見古人奇方爲恨,尤愧不能爲良醫,雖藏之多,而無所決擇也。今年之夏,偶以巡行至均,遊武當,因閱《道藏》,得《肘後備急方》八卷,乃葛稚川所輯,而陶隱居增補之者。其方多今之所未見,觀二君之所自爲序,積以年歲,僅成此編。一方一論,皆已試而後錄之,尤簡易可以應卒,其用心亦勤,其選之亦精矣。矧

二君皆有道之士，非世良醫可比。得其方書，而用之中病，固不必爲醫，可以知藥；不必擇方，可以知醫。其曰"苟能起信。可免夭横"，信其不我欺也。因刻而布之，以快予濟人之心云。萬曆二年甲戌秋仲，巡按湖廣監察御史劍江李栻書。沼晉校刊本

5. 重刻備急方序明陳嘉猷

醫道難言久矣，古方譬則規矩也，其加減譬則巧也。規矩可傳，而巧不可傳，故青囊本無慮數百，而和、鵲、俞跗，亙千載罕繼其軌也。然則方可廢歟，曰非也。古人立一方則中一病，而方或繁雜且難致者，則鮮效焉。乃葛、陶二君所(篹)[葺]《備急方》，藥品則簡要易得，鍼灸則分寸易曉，既徑約便於用矣，且一方一論，悉已試而後錄之。用以應卒，如水救燎，可計晷而驗，蓋篇帙不踰諸刻，而論效實過之。何者人之身，六賊魔於內，萬緣化於外，病故多起自倉卒，甚或一發而旋什者，未必皆病之不治，其故非有醫而無方，則有方而無藥耳。若兹編者，誠保身者所不可一日廢，豈直取其簡易云爾哉。余兄霽巖公督學荆楚，觀此書出於監察李公，既幸其獲行於世，而恐遍之不速也，遂命伯子攜歸重梓，以廣其傳。庶家置而人習者，顧眄皆良餌。探笥有良醫，即遇急症而按治之，術已有備焉。若匠家不皆巧而規矩，誠用亦可事於藝，異日遠近人士鮮罹夭橫者，宜揆所賜矣。刻成，聊此敘余兄濟人之意。至是方之精於擇而博於用也，前敘具述之，余何贅。萬曆三年仲夏吉旦，崑山裕所陳嘉猷書於壽康堂。沼晉校刊本

6. 題胡孟晉重鐫葛仙翁肘後備急方序明陳繼儒

昔神農氏嘗辨百草味以知人，其意蓋取諸近而易也。洎後《黄帝素問》以發明其閫奥，所以人命至重而不忍輕以眎之也。淵乎二聖之仁，垂萬祀之功，深且溥哉。嗣有葛稚川仙翁出，體二聖之深心，以收拾繁夥，採掇奇逸，務爲簡要易辨良方，選而集之，分行逐類，名曰《肘後備急方》。庶使窮鄉僻野，有病無醫、有藥無方之所，人自爲醫，披方得藥。而陶隱居又爲之證訛補缺，訂爲《肘後百一方》。二聖啟於前，二賢紹乎後，此書殆昭於月星，便於水火者。吾友胡孟晉光祿，夙負靈姿，蘊苞惻隱，視人爲己，救物爲心。其濟世利衆，事難枚舉，以爲施藥百不若施方一，□梓是書，廣利人天。古人以良醫比良相，如吾孟晉者，殆收括醫國心而醫萬祀也者，其功寧不與二聖二賢媲美乎哉。復外附以趙原陽外科方益之，蓋原陽於洪武間曾請此之入《道藏》，而孟晉又慮此之罕流於世，特嚴加校核，而廣其傳云。其同事葛君，乃仙翁玄裔，而爲孟晉內□，亦同此仁人君子心者，併及之。雲間友人陳繼儒仲醇父譔。沼晉校刊本

7. 肘後方序香川修德

門人沼晉將刊《肘後方》，而說於予。予曰：可也。泛濫無益之書，世且猶□焉，而況於此書乎。除患取急，利用廣矣，其刊也可也耳矣。但□此書固非稚川之舊矣，始而陶弘景以《百一》而狗尾續焉，後又楊用道以附方而蛇足添焉。雖非原簡而其名高矣，其聞久矣，似亦可惜也。爰□□□，其亦殆可爲哉。嗚呼，古書散逸，可誦者鮮矣。予從志醫以來，耑索古醫籍而讀之，自《素問》、《靈樞》、《八十一

難》,至《傷寒論》而止矣。其次則《脈經》、《神農本經》、《名醫别録》、《甲乙經》、《病源候論》、《千金方》,僅僅不過五六部而已矣。《中藏經》僞撰太拙,□見□□露醜,足以捧腹也。《褚氏遺書》假託可□,縱使錦片玉屑,□不任用也。其他則未之見也。三國南北,下及隋唐,醫人之所著述,悉在《外臺秘要》中收録大概,而本書則無一存焉。嗚呼,古書散逸,可誦者鮮矣。今此書也,雖以簡而易得爲主,亦不免有擇而不精之難也。然而此書亦古書中之籍籍而聲□舊著者也,苟能精擇而慎取之,則□岡土石間不無瑾□矣,唯在讀者取舍如何耳,其刊也可也耳矣。晉世遂刊而問於世云。延享乙丑冬至,平安香川修德太沖父書。沼晉校刊本

8. **刊肘後方序**宇野致遠

醫書極博,而往古邈矣。自秦漢及元明,名彦相繼起,世不乏其人,各自謂握荆山之璧,得靈蛇之珠矣。而獨得其真者,莫漢長沙氏若焉。以故吾修菴先生,嘗序《小刻傷寒論》,以明其爲方法之鼻祖也。過此以往,唯晉葛稚川,此其尤近真者,而足以羽翼長沙矣。餘皆影響而已。嗚呼,醫書亦太少哉。頃日浪華沼文進得《肘後備急方》一本,此蓋彼近真者之遺書,簡易利便,臨急應變,一方一論,必試而後録之,乃爲青囊家必用之書也。文進私心已深好之,則又將壽諸梓,以公於海內。獨奈去世千有餘年,漫滅傳訛,魯魚豕亥,殆不可讀焉。於是乎文進大發志,共一二同志,積思累校,補其脱略,訂其舛錯,鉛槧經(季)[年],以得成完璧也。苟有志士仁人,知此書之爲實論,則其於救療之術,思過半矣。文進之功,不亦偉哉。兹歲將及刊刻之舉,迺因先生徵序於予。予與文進,未能一面,西東異居,風馬牛不及也。何以得與其政,亦唯同門芳契,愷悌相視,則不得不相爲謀。況先生之命,可辭以不敏哉,遂序以贈云。延享三年丙寅春上元日,越前宇野致遠□治題於武都一草亭。沼晉校刊本

9. **重訂肘後百一方後序**沼晉

余嚮刊《肘後百一方》,其始以數本校讐,且旁考諸家所引之書。但恨華本至稀,時人無復見者,故錯亂磨滅,難以改定,積思焦志而費月日。最後得華本於東都之市,再校原本,殆無大異,更請香川修菴先生之鑒訂。先生曰:古書散逸,可誦者鮮矣。如此書,華本至稀,而有違闕不可正者,雖然海内之廣,偶有藏善本者,不遇也,抑命也夫。其不可正者,姑存疑而可也。至今十有三年,復得胡孟晉重鐫之本於西京,欣然讐之。前所疑者,十辨六七,於是乎乃重訂以廣其傳。日後若得善本,則有幸見其全乎。乙亥歲,先生已捐館。嗚呼,得此書於在日,則先生之喜可知耳。不遇也,抑命也夫。慨然遂序其後。寶曆七年丁丑冬十月朔,浪華沼晉文進父書。

(三)刊本

1. 金刊本

注:參看楊用道序。

2. 元至元刊本

【肘後備急方】段成己序　連帥烏侯得此方於平鄉郭氏,侯命工刻之。

【郘亭知見傳本書目】卷八 《肘後備急方》八卷,晉葛洪撰。元至(正)[元]間翻本。

【四庫目略】《肘後備急方》八卷,晉葛洪撰。元至元間翻本,是書凡分五十一類。

3. 道藏本

【肘後備急方】陳繼儒序 外附以趙原陽外科方益之,蓋原陽於洪武間,曾請此之人《道藏》。

【郘亭知見傳本書目】卷八 《肘後備急方》八卷。明嘉靖甲寅襄陽知府李呂容刊《道藏》本。《四庫目略》同

【道藏輯要】卷一《葛仙翁肘後備急方》八卷

【叢書書目彙編】道藏輯要清嘉慶間蔣元庭侍郎輯 《葛仙翁肘後備急方》八卷。"虛集"十至"虛集"十一。《道藏舉要》,商務印書館景印。《葛仙翁肘後備急方》八卷,晉葛洪撰。

【杏雨書屋圖書假目錄】 《葛仙翁肘後備急方》八卷。民國刊。四冊。影印。《正統道藏》本。

4. 明嘉靖刊本

【浙江採集遺書總錄】庚集 《葛仙翁肘後備急方》八卷。刊本。右書本晉葛洪所撰,屢經後人增損者。有抱朴子自序,華陽陶隱居序,今本爲明嘉靖間呂顒重刊。

5. 明萬曆二年李栻刊本

【四庫書目邵注】卷十 《肘後備急方》八卷,晉葛洪撰,梁陶弘景、金楊用道增修。又名《百一方》。

【郘亭知見傳本書目】卷八 《肘後備急方》八卷。明李栻刊本。

【皕宋樓藏書記】卷四十三 《葛仙翁肘後備急方》八卷。明刊本。宋葛洪撰。段成己序,葛洪序,陶弘景序。按以上三序並錄其全文,今略焉。李栻序,萬曆二年。

【抱經樓藏書志】卷三十五 《葛仙翁肘後備急方》八卷。明刊本。李栻本。

【日本訪書志】卷九 《葛仙翁肘後備急方》八卷。明萬曆二年李栻刊本。

6. 明萬曆陳氏刊本

【肘後備急方】陳嘉猷序 余兄霽巖公督學荆楚,覩此書出於監察李公。既幸其獲行於世,而恐徧之不速也,遂命伯子攜歸重梓,以廣其傳。

7. 明萬曆劉自化刊本

【廉石居藏書紀】内篇卷上 《肘後備急方》八卷。明萬曆間岳州守劉自化刊本。葛洪書本三卷,名《救急方》,八十六首。梁陶弘景增之,凡一百一首,以朱書甄別,又名《肘後百一方》,仍爲三卷。金皇統時,國子監博士楊用道又增爲八卷,以唐慎微《證類本草》類附於後,名《附廣肘後方》。前有元至元時段成己序,並明巡按李栻序。段氏所序,似據陶弘景補本,尚在楊用道未增之前。此書見於《讀書志》及《文獻通考》,皆名《百一方》,仍三卷。而葛氏原書不可得見,甚可惜也。

【四庫書目邵注】卷十 《肘後備急方》八卷。明萬曆劉自化刊本。

【郘亭知見傳本書目】卷八　《肘後備急方》八卷。明萬曆劉自化刊本。

【四庫目略】《肘後備急方》八卷。明萬曆劉自化刊本。

【聿修堂藏書目錄】《葛仙翁肘後百一方》八卷，梁陶弘景撰。三冊。抄劉自化刊本。

【經籍訪古志】卷八　《葛仙翁肘後備急方》八卷。明代刊本。楓山秘府藏。首有萬曆二年李栻序，次至元丙子段成己序，次葛仙翁序，次"華陽陶隱居補闕肘後百一方序"，次鹿鳴山續古序，次皇統四年楊用道"附廣肘後方序"。卷末題"孟冬朔日岳州府知劉自化奉檄校刊"。

8. 明萬曆胡孟晉刊本

【肘後備急方】陳繼儒序　吾友胡孟晉光祿，又慮此之罕流於世，特嚴加校核，而廣其傳云。其同事葛君，仍仙翁玄裔。

【經籍訪古志】卷八　又按，延享丙寅浪華沼晉校刊本，首載萬曆中陳繼儒、胡孟晉重鐫序，及陳嘉猷序。沼又有寶曆丁丑跋，稱"得華本再校"，蓋指此本也。

9. 明刊未詳本

【北平圖書館善本書目】卷三　《葛仙翁肘後備急方》八卷，晉葛洪撰。明刻本。

【北京人文科學研究所藏書目錄】《葛仙翁肘後備急方》八卷，晉葛洪撰。明萬曆間刊本。

【京師圖書館善本書目】《肘後備急方》八卷。歸安姚氏書。明刊本。有"袁又愷藏書"朱文方印，"五硯樓圖書"朱文大長方印。八冊。

【內閣文庫圖書第二部漢書目錄】《肘後備急方》八卷，晉葛洪，梁陶弘景增補。四冊。明板。《肘後備急方》，同上。第七、八卷缺。明板。六冊。

【杏雨書屋圖書假目錄】《葛仙翁肘後備急方》八卷，梁陶弘景補。萬曆刊。八冊。

10. 四庫全書本

【四庫全書總目】卷一百零三　《肘後備急方》八卷。浙江范懋柱家天一閣藏本。此本爲明嘉靖中襄陽知府吕容所刊，始并列葛、陶、楊三序於卷首。

【壬子文瀾閣所存書目】卷三　《肘後備急方》八卷，六冊。補鈔。

注：按《郘亭知見目》云，明嘉靖甲寅襄陽知府李容刊《道藏》本。《四庫總目》所稱疑即其書，而"李"與"吕"未知孰是。

11. 清乾隆六醴叢書本

【四庫書目邵注】卷十　《肘後備急方》八卷。程永培刊《六醴齋醫書》本。

【郘亭知見傳本書目】卷八　《肘後備急方》八卷。（陳）［程］永培刊《六醴齋醫書》本。

【叢書舉要】卷十二六醴齋醫書　《肘後備急方》八卷，晉葛洪。

【八千卷樓書目】卷十　《肘後備急方》八卷。六醴齋本。

【書目答問】子部　《肘後備急方》八卷。程永培刻《六醴齋醫書》本。

【揚州吳氏測海樓藏書目錄】卷四　《肘後備急方》八卷，晉葛洪。《六醴齋醫書》,程永培校刊,竹紙初印二十本內。

【涵芬樓舊書分類總目】《肘後備急方》。六醴齋本。四冊。

【四庫目略】子部 《肘後備急方》八卷。(陳)[程]永培刊《六醴齋醫書》本。

【江蘇省立國學圖書館圖書總目】《肘後備急方》八卷。《六醴齋醫書》第二至五冊。晉丹陽葛洪。乾隆於焉室刊本。

【浙江公立圖書館通常類目錄】《肘後備急方》八卷,晉葛洪撰。乾隆中於焉室刊本。二十四本內。

【國學用書類述】《肘後備急方》八卷,晉葛洪。《六醴齋叢書》本。

【寶素堂藏書目錄】《葛仙翁肘後備急方》八卷。收在《六醴齋醫書》中。梁陶弘景。金楊用道。

【杏雨書屋圖書假目錄】六醴齋醫書 《葛仙翁肘後備急方》八卷

【中國醫學書目】《肘後備急方》八卷六冊。八行十九字,框横十五,縱二十三·五。葛仙翁著,程永培校,《六醴齋醫書》之內。刻葛仙翁肘後備急方序,李栻,萬曆二年。葛仙翁肘後備急方序,段成己,至元丙子。葛仙翁序。華陽隱居補闕肘後百一方序。目錄。《肘後備急方》八卷,八冊。八行十九字。框横十一·一,縱十四·三。同上。修敬堂藏板。柱題"於然室"。

12. 瓶花書屋刊本

【郘亭知見傳本書目】卷八 《肘後備急方》八卷。道光戊申瓶花書屋刊本。

【四庫目略】《肘後備急方》八卷。道光戊申瓶花書屋刊本。

【江蘇省立國學圖書館圖書總目】《肘後備急方》八卷。《瓶花書屋叢書》第二十五至三十冊。晉葛洪。道光刊本。

【叢書舉要】卷三十五瓶花書屋所刊本 《肘後備急方》十五卷。江夏童和豫校。咸豐初刊。

【叢書書目彙編】瓶花書屋所刊書 《肘後備急方》十五卷。江夏童和豫校。咸豐初刊。

13. 光緒刊本

【揚州吳氏測海樓藏書目錄】卷四 《肘後備急方》八卷,晉葛洪。光緒年刊。竹紙。四本一函。

【江蘇省立國學圖書館圖書總目】《肘後備急方》八卷。光緒十一年刊本。

【江南圖書館閱覽室檢查書目】《肘後備急方》。浙江刊本。圖本。

【靜嘉堂文庫國書分類目錄】《肘後備急方》八卷。序目一卷。清光緒二十三年刊,守先閣本。四冊。

14. 日本延享三年刊本

15. 同寶曆七年重訂本

【經籍訪古志】卷八 延享丙寅浪華沼晉校刊本,首載萬曆中陳繼儒、胡孟晉重鐫序,及陳嘉猷序。沼又有寶曆丁丑跋,稱"得華本再校",蓋指此本也。又乾隆中程永培刊《六醴齋叢書》收入是書,亦據萬曆本。

【八千卷樓書目】卷十 《肘後備急方》八卷。日本刊《百一方》本。

【江蘇省立國學圖書館圖書總目】《重訂肘後百一方》八卷四冊。日本寶曆重刊本。

【寶素堂藏書目錄】《重訂肘後百一方》八卷。五冊。寶曆七年重修本。

【聿修堂藏書目錄】《肘後百一方》八卷。三冊。寶曆丁丑重訂本。

【杏雨書屋圖書假目錄】《重訂肘後百一方》八卷,晉葛洪撰,梁陶弘景補,香川修菴訂。寶曆七年刊。五冊。

【內閣文庫圖書第二部漢書目錄】《肘後百一方》八卷,目一卷,晉葛洪,梁陶弘景增補。寶曆七年刊。五冊。

【續中國醫學書目】《重訂肘後百一方》八卷。五冊。十一行二十二字,框横十四·九,縱二十·三。晉葛洪撰,梁陶弘景補闕,金楊用道附遺,日本香川修菴鑒定,沼晉校定。寶曆七年重訂(延享三年五月發行),浪華稱觥堂發行,甘白居藏板。肘後方序,香川修德(延享二年)。刊肘後方序,宇野致遠(延享三年)。題胡孟晉重鐫葛仙翁肘後備急方序,陳繼儒。刻葛仙翁肘後備急方序,李栻(萬曆二年)。葛仙翁肘後備急方序,段成己(至元二年)。葛仙翁肘後備急方序,葛洪。華陽隱居補闕肘後百一方序,陶弘景(庚辰=齊永元二年)。附廣肘後方序,楊用道(皇統四年)。重刻備急序,陳嘉猷(萬曆三年)。肘後百一方凡例,沼晉。肘後百一方目錄。重訂肘後百一方後序,沼晉,寶曆七年。

16. 小島春沂補輯本

【經籍訪古志】卷八 《葛仙翁肘後備急方》八卷。《附廣》本亦已被後人刪汰,甚矣哉,是書之厄也。小島春沂有補輯本,考訂極精。

17. 鈔本

【羣碧樓善本書錄】卷五 《葛仙翁肘後備急方》八卷。八冊。晉葛洪撰,鈔本。前有至元丙子段成己序,又仙翁自序,又華陽隱居補闕肘後百一方序,又鹿鳴山續古序,又皇統戊子楊用道"廣肘後方序"。有"明善堂珍藏書畫印記"一印,又"安樂堂藏書記"一印。

【寶素堂藏書目錄】《葛仙翁肘後備急方》八卷。古鈔本,五冊。又八冊。古鈔,爵自他本,橘宗仙院法印家舊物。

【內閣文庫圖書第二部漢書目錄】《肘後備急方》八卷。日本寫本。三冊。

【觀海堂書目】《肘後方校正并補正》四本四卷。日本古鈔本。

注,按右觀海堂所錄本,或是小島氏所補輯者歟。

附 錄王璆百一選方八卷本

【平津館鑒藏書籍記】卷三 《王氏百一選方》八卷,題宋王璆著。前有皇統四年楊用道序,陳氏《書錄解題》有晉葛洪《肘後百一方》三卷,宋王璆增修至三十卷,卷帙繁重。金楊用道乃復錄其方,分以類別,而附於《百一》隨證之下,目之曰《百一方》。余別有明李栻所刻,題作"葛仙翁肘後備急方",其實同一書也。

【孫氏書目】外編卷二 《百一選方》八卷,宋王璆撰。即《肘後備急方》。

【鄭堂讀書記】子部五之二　《王氏百一選方》八卷，吳門袁氏五硯樓藏舊寫本。宋王璆撰。璆字孟玉，號是齋山陰人。《宋藝文志》著錄無"王氏"二字，作"二十八卷"。《書錄解題》及《通考》俱有"是齋"二字，作"三十卷"，此作"八卷"，或傳鈔者併之。凡七十三篇。陳氏謂"百一"言其選之精也。前有金皇統甲子汴京國子監博士楊用道序，稱乾統間所刊《百一方》善本中略，知此書每篇所附之方，皆出於楊氏也。是書所用之藥，至爲簡易，而方以類敘，條理井然，於猝患疾症者最宜。然自明以來，不甚流布，故《四庫全書》未曾著錄。此本爲袁壽階家藏舊鈔本，前後俱有袁氏私印四，未知據何本鈔出也。

【郘亭知見傳本書目】卷八　《王氏百一選方》八卷，本宋王璆撰。袁氏五硯樓藏寫本。

【開有益齋讀書志】卷四　《精選百一方》八卷，宋王璆撰。首有皇統四年汴京國子監博士楊用道序，云行省得乾統間所刊《百一方》善本。即王氏所謂皆單行徑易，約而已驗，籬陌之間，顧盼皆藥，家有此方，可不用醫。其書經王氏增修而益完，復摘唐慎微《證類本草》所附方，分以類例，附於《百一》隨證之下，目之曰《百一方》，更加讎次。按《直齋書錄解題》醫家類：《是齋百一選方》三十卷，山陰王璆孟玉撰。"百一"者言其選之精也。此本固王氏之舊，復加以唐慎微所附方。書僅八卷，乃楊用道增修併合之本，故卷數多寡不侔。孟玉原書不可見，此爲元人刻本，亦醫家所不廢也。楊用道又云：大編廣集奇藥羣品，自名醫貴胄，或不能以兼通而卒具，況可以施於民庶哉。是書不求新異難得之藥，尤便於通行者矣。竹坨藏元人鋟本，按其目僅二十卷爾，殆經後人選擇。

注：按陳氏《書錄解題》云：《是齋百一選方》三十卷，山陰王璆孟玉撰。《宋志》作"二十八卷"。朱氏《曝書亭集》有元槧二十卷本。《經籍訪古志》曰：日本亦傳有元槧二十卷本。醫官千田子敬寬政己未校刻之，其本世間往往尚有藏者。詳見本書"《是齋百一選方》"條下。今考是書，孫星衍既云：即與明李栻所刻《肘後備急方》同一書也。然則是書雖題"王氏百一方"，與《是齋百一選方》迥別。但星衍以是書爲王璆增修，楊用道錄附。然考《是齋百一選方》之成在乎慶元二年，而距皇統四年（南宋紹興十四年），約在五十餘年之後，用道何能得見是齋之書耶。孫氏所說，亦未足謂精。又按《附廣》本楊用道原序，云其書經陶隱居增修而益完矣。周中孚《鄭堂》、朱緒曾《開有益齋》兩志，並引是書所載之楊序，而改"陶隱居"作"王氏"，疑是後人所改。要而言之，是書與《是齋百一選方》本無何關係，後人取楊氏《附廣》本，妄改其名，且託爲是齋所著者。猶如元人取《新編類要圖經本草》，改爲《類編圖經集注衍義本草》之類而已。鄭堂周氏，亦不知是書與《附廣備急方》爲同一書，而漫稱《四庫》未著錄。前人所說之不足以的據，亦可推而知矣。

18. 未詳本

【萬卷堂書目】卷三　《葛仙翁肘後方》八卷

【醫藏書目】印證函　《肘後神方》八卷，葛仙翁。

【也是園藏書目】卷五　《葛仙翁備急方》八卷

【述古堂藏書目】卷四 《葛仙翁備急方》八卷。四本。

【四庫館進呈書籍底簿】浙江省第五次 《葛仙翁肘後備急方》八卷。四本。

【各省進呈書目】三冊浙江第五次 《葛仙翁肘後備急方》八卷。四本。

注:按右二種《進呈目》所錄,疑是《四庫提要》所謂明嘉靖甲寅襄陽知府呂容所刊本。

【孫氏書目】內編 《肘後備急方》八卷,晉葛洪撰,梁陶弘景,金楊用道增修。

【稽瑞樓書目】 《肘後備急方》八卷,四冊。

【天一閣藏書目錄】呂字號 《葛洪備急方》四本。

【天一閣見存書目】卷末 《肘後備急方》八卷,晉葛洪撰。醫家著錄。

注:按右天一閣所藏本,疑是《四庫》著錄本。

【觀海堂書目】惠字號 《肘後方》四本。八卷。

【揚州吳氏測海樓藏書目錄】卷四 《葛仙翁肘後奇方》八卷,晉葛洪。《褚氏遺書》一卷。四本,一函。鉛印。

【醫方類聚引用書】 《葛氏肘後方》,《肘後備急方》。

【寶素堂藏書目錄】 《肘後百一方》八卷

【觀聚方要補】採摭書目 《肘後備急方》,晉葛洪,梁陶弘景補。今本失載者,據《醫方類聚》引錄。

【雜病廣要】採摭書目 《肘後備急方》

【元治增補御書籍目錄】 《肘後備急方》八卷,四冊。晉葛洪撰。

三十、扁鵲肘後方

【隋書經籍志】子部醫方 《扁鵲肘後方》三卷。《通志略》同

注:按《證類本草》所出經史方書,有"扁鵲方"者,《本草綱目·引據古今醫家書目》亦云"扁鵲方三卷"。今查《證類本草》所引唯有"扁鵲"一條。

三十一、扁鵲鏡經

【張太素齊書】 徐之才,字士茂,高平金鄉人。五葉祖仲融,隱於秦望山,有道士過之求飲,因留瓠蘆遺之曰:習此子孫當以道術救世,位至二千石。開視乃《扁鵲鏡經》一卷,習之遂爲良醫。《太平御覽》卷七百二十三醫三。

【南史】卷三十二張邵傳 融與東海徐文伯兄弟厚。文伯字德秀,濮陽太守熙曾孫也。熙好黃老,隱於秦望山。有道士過求飲,留一瓠蘆與之曰:君子孫,宜以道術救世,當得二千石。熙開之,乃《扁鵲鏡經》一卷,因精心學之,遂名震海內。

三十二、議論備豫方

【隋書經籍志】子部醫方 《議論備豫方》一卷,于法開撰。

【補晉書藝文志】卷三　《議論備豫方》一卷，于法開。見《隋志》。法開，《舊晉書》有傳，見《世說術解篇》注。

注：于法開傳，《紹興府志》云：于法開好仙釋，後避支遁(君)[薦]剡，更學醫。嘗旅行，暮投主人，其家妻臨產，而兒積日不墮。法開曰：此易治耳。殺一肥羊，食十餘臠，而鍼之。須臾兒下，羊脊裹兒出。《醫籍考》

三十三、雜戎狄方

【隋書經籍志】陶氏效驗方注　梁有《雜戎狄方》一卷，宋武帝撰。

三十四、秦承祖藥方

【隋書經籍志】子部醫方　《秦承祖藥方》四十卷。見三卷。

【舊唐書經籍志】　《藥方》十七卷，秦承祖撰。

【唐書藝文志】子錄醫術　《秦承祖藥方》四十卷

【通志藝文略】醫方　《秦承祖方》四十卷

【太平御覽】卷七百二十二　《宋書》曰：秦承祖，性耿介，專好藝術。於方藥，不問貴賤，皆治療之，多所全獲，當時稱之爲工手。撰方二十卷，大行於世。

【本草綱目】引據古今醫家書目　《秦承祖方》

注：按《醫心方》所引有"秦承祖方"二條，"承祖方"三條，"秦承祖"九條。

注：秦承祖傳，見於"秦承祖脈經六卷"并"秦承祖本草"條下。

三十五、胡洽百病方

【隋書經籍志】子部醫方　《胡洽百病方》二卷

【舊唐書經籍志】子類醫術　《胡居士方》三卷，胡洽。

【唐書藝文志】子錄醫術　《胡居士治百病要方》三卷，胡(治)[洽]。

【崇文總目輯釋】卷三　《胡道洽方》三卷。原釋：闕。見天一閣抄本。

【通志藝文略】醫方　《胡居士治百病要方》三卷，胡洽。

【宋史藝文志】子類醫書　《胡道洽方》一卷

【日本國見在書目錄】醫方家　《胡洽方》三

【本草綱目】引據古今醫家書目　《胡洽居士百病方》

注：按《神農本草經陶弘景序錄》云：宋有羊欣，元徽，胡洽，秦承祖，凡此諸人，各有所撰用方。

注：胡洽傳，《異苑》卷八云：胡道洽者，自云廣陵人，好音樂、醫術之事。體有臊氣，恒以名香自防，唯忌猛犬。自審死日，(誡)[誡]弟子曰：色絕便殯，勿令狗見我尸也。死於山陽，殮畢覺棺空，即開看，不見尸體，時人咸謂狐也。張杲《醫說》

卷一云:胡洽,道士,不知何許人。性尚虛靜,心栖至道,以拯救爲事,醫術知名。

注:按《外臺秘要》所引有"胡洽"一條。《醫心方》所引有"胡洽方"一條。

三十六、僧深藥方

【隋書經籍志】卷三范陽東方注　梁有《僧深藥方》三十卷。

【舊唐書經籍志】子類醫術　《僧深集方》三十卷,釋僧深撰。

【唐書藝文志】子錄醫術　《僧深集方》三十卷

【千金方】卷七　宋齊之間有釋門深師、師道人(述)[支]法存等諸家舊方,爲三十卷。其腳弱一方,近百餘首。又曰,深師述支法存所用,永平山敷師連、范祖耀、黄素等諸腳弱方,凡八十餘條,皆是精要。

【太平御覽】卷七百二十四　千金序曰:僧深,齊宋間道人,善療腳弱氣之疾。錄法存等諸家醫方三十餘卷,經用多效,時人號曰《深師方》焉。

【證類本草】所出經史方書　《深師方》

【通志藝文略】醫方　《釋僧深集方》三十卷

【日本國見在書目錄】醫方　《方集》廿九,尺僧深撰。

【古今醫統大全】卷一採摭諸書　《深師方》,齊宋間道人僧深撰。

注:僧深傳,張杲《醫說》云:僧深,齊宋間道人也。少以醫術知名,療腳弱腳氣之疾,爲當時所伏。撰錄法存等諸家舊方三十餘卷,經用多效,時人號曰《深師方》。(《千金方序論》)

注:按《外臺秘要》所引有"深師方"三十條,《醫心方》所引有"僧深方"一百四十六條,《證類本草》所引有"深師方"七條。

三十七、羊中散雜湯丸散酒方

【隋書經籍志】卷三雜丸方十卷注　梁有《羊中散雜湯丸散酒方》一卷。

三十八、羊中散藥方

【隋書經籍志】卷三范陽東方注　梁有《羊中散藥方》三十卷,羊欣撰。

【太平御覽】卷七百二十二　《宋書》曰:羊欣字敬元,姓好文儒,兼善醫藥,撰方三十卷,爲代所重焉。

注:羊欣傳,《宋書》卷六十二云:羊欣字敬元,泰山南城人也。曾祖忱,晉徐州刺史。祖權,黄門郎。父不疑,桂陽太守。欣少靜默,無競於人,美言笑,善容止。汎覽經籍,尤長隸書。不疑初爲烏程令,欣時年十二,時王獻之爲吳興太守,甚知愛之。獻之嘗夏月入縣,欣著新絹帬晝寢,獻之書帬幅而去。欣本工書,因此彌善。起家輔國參軍,府解還家。隆安中,朝廷漸亂,欣優游私門,不復進仕。會稽王世子

元顯每使欣書,常辭不奉命,元顯怒,乃以爲其後軍府舍人。此職本用寒人,欣意貌恬然,不以高卑見色,論者稱焉。欣嘗詣領軍將軍謝混,混拂席改服,然後見之。時混族子靈運在坐,退告族兄瞻曰:望蔡見羊欣,遂易衣改席。欣由此益知名。桓玄輔政,領平西將軍,以欣爲平西參軍,仍轉主簿,參預機要。欣欲自疏,時漏密事。玄覺其此意,愈重之,以爲楚臺殿中郎,謂曰:尚書政事之本,殿中禮樂所出,卿昔處股肱,方此爲輕也。欣拜職少日,稱病自免,屏居里巷,十餘年不出。義熙中,弟徽被遇於高祖,高祖謂諮議參軍鄭解之曰:羊徽一時美器,世論猶在兄後,恨不識之。即板欣補右將軍劉藩司馬,轉長史,中軍將軍道憐諮議參軍。出爲新安太守。在郡四年,簡惠著稱。除臨川王義慶輔國長史,廬陵王義真車騎諮議參軍,并不就。太祖重之,以爲新安太守。前後凡十三年,游玩山水,甚得適性。轉在義興,非其好也。頃之,又稱病篤自免歸,除中散大夫。素好黄老,常手自書章,有病不服藥,飲符水而已。兼善醫術,撰藥方十卷。欣以不堪拜伏,辭不朝覲,高祖、太祖並恨不識之。自非尋省近親,不妄行詣,行必由城外,未嘗入六關。元嘉[十]九年卒,時年七十三。《南史》卷三十六亦載欣傳,與此略同。

三十九、宋建平王典術

【隋書經籍志】卷三范陽東方注　梁有《宋建平王典術》一百二十卷。

注:建平宣簡王宏傳,《宋書》卷七十二云:建平宣簡王宏字休度,文帝第七子也。早喪母。元嘉二十一年,年十一,封建平王,食邑二千戶。少而閑素,篤好文籍。太祖寵愛殊常,爲立第於雞籠山,盡山水之美。建平國職高他國一階。二十四年爲中護軍,領石頭戍事。出爲征虜將軍、江州刺史。二十八年,徵爲中書令,領驍騎將軍。元凶弒立,以宏爲左將軍、丹陽尹,又以爲散騎常侍、鎮軍將軍、江州刺史。世祖入討,劭錄宏殿內。世祖先嘗以一手板與宏,宏遣左右親信周法道齎手板詣世祖。事平,以爲尚書左僕射,使奉迎太后,還加冠軍將軍、中書監、僕射如故。臧質爲逆,宏以伏士五十人入六門。爲人謙儉周慎,禮賢接士,明曉政事,上甚信伏之(中略)。轉尚書令,加散騎常侍,將軍如故,給鼓吹一部,尋進號將軍,中書監、尚書令如故。宏少而多病,大明二年疾動,求解尚書令。以本號開府儀同三司,加散騎常侍、中書監如故。未拜。其年薨,時年二十五。追贈侍中、司徒,中書監如故,給班劍二十人。上痛悼甚至,每朔望輒出臨靈,自爲墓誌銘并序(下略)。《南史》卷十四亦載宏傳

四十、孔中郎雜藥方

【隋書經籍志】卷三范陽東方注　梁有《孔中郎雜藥方》二十九卷。

四十一、療消渴衆方

【隋書經籍志】卷三醫方　《療消渴衆方》一卷,謝南郡撰。

【通志藝文略】醫方下　《療消渴方》一卷，謝南郡撰。

注：按《日本國見在書目錄》有"治消渴方一"之目，"消"當是"消"之訛，疑即是書之類。

四十二、談道術

【隋書經籍志】卷三醫方論注　梁有徐叔嚮《談道術》。

注：徐叔嚮傳見於本書"徐叔嚮《鍼灸要鈔》"條下。

四十三、雜療方

【隋書經籍志】卷三秦承祖藥方注　梁有徐叔嚮《雜療方》二十二卷。

【舊唐書經籍志】子類醫術　《雜療方》二十卷，徐叔(和)[嚮]撰。

【唐書藝文志】子錄醫術　徐叔嚮《雜療方》二十卷

【通志藝文略】醫方　徐叔嚮《雜療方》十二卷

四十四、雜病方

【隋書經籍志】卷三秦承祖藥方注　梁有徐叔嚮《雜病方》六卷。

【舊唐書經籍志】子類醫術　《體療雜病方》六卷，徐叔(和)[嚮]撰。

【唐書藝文志】子錄醫術類　徐叔嚮《體療雜病方》六卷。《通志藝文略》同

四十五、療脚弱雜方

【隋書經籍志】卷三徐嗣伯落年方法　梁有徐叔嚮《療脚弱雜方》八卷。

【舊唐書經籍志】子類醫術　《脚弱方》八卷，徐叔嚮撰。

【唐書藝文志】子錄醫術　徐叔嚮《脚弱方》八卷

【通志藝文略】醫方　《脚弱方》八卷，徐叔嚮撰。

四十六、體療雜病疾源

【隋書經籍志】卷三醫方論　梁有徐悦體《療雜病疾源》三卷。

【通志藝文略】醫方　《體療雜病疾源》三卷，徐悦撰。

四十七、徐文伯藥方

【隋書經籍志】卷三秦承祖藥方注　梁有《徐文伯藥方》二卷。亡。又《徐文伯藥

方》二卷。

【證類本草】所出經史方書　《徐文伯方》

【通志藝文略】醫方　《徐文伯藥方》二卷

【日本國見在書目錄】《雜藥方》一，徐文伯撰。

【本草綱目】引據古今醫家書目　《徐文伯方》。

注：徐文伯傳，《南史》卷三十二張邵傳云：融與東海徐文伯兄弟厚。文伯字德秀，濮陽太守熙曾孫也。熙好黄老，隱於秦望山，有道士過求飲，留一瓠[蘆]與之曰：君子孫宜以道術救世，當得二千石。熙開之，乃《扁鵲鏡經》一卷，因精心學之，遂名震海內。生子秋夫，彌工其術，仕至射陽令。嘗夜有鬼，呻聲甚悽愴。秋夫問何須？答言姓某，家在東陽，患腰痛死。雖爲鬼，猶痛難忍，請療之。秋夫曰：云何措法。鬼請爲芻人，案孔穴鍼之。秋夫如言，爲灸四處，又鍼肩井三處，設祭埋之。明日見一人謝恩，忽然不見。當世伏其通靈。秋夫生道度、叔嚮，皆能精其業。道度有脚疾，不能行，宋文帝令乘小輿入殿，爲諸皇子療疾，無不絕驗。位蘭陵太守。宋文帝云：天下有五絕，而皆出錢塘。謂杜道鞠彈棊，范悅詩，褚欣遠模書，褚胤圍碁，徐道度療疾也。道度生文伯，叔嚮生嗣伯。文伯亦精其業，兼有學行，倜儻不屈意於公卿，不以醫自業。融謂文伯、嗣伯曰：昔王微、嵇叔夜並學而不能，殷仲堪之徒故所不論。得之者由神明洞徹，然後可至，故非吾徒所及。且褚侍中澄當貴，亦能救人疾，卿此更成不達。答曰：唯達者知此可崇，不達者多以爲深累，既鄙之何能不恥之。文伯爲效，與嗣伯相埒。宋孝武路太后病，衆醫不識，文伯診之曰：此石搏小腸耳。乃爲水劑消石湯，病即愈。除鄱陽王常侍，(遣)[遺]以千金，旬日恩義隆重。宋明帝宫人患腰病牽心，每至輒氣欲絕，衆醫以爲肉癥。文伯曰：此髮癥。以油投之，即吐得物如髮。稍引之，長三尺，頭已成蛇能動，挂門上，適盡一髮而已。病都差。宋後廢帝出樂遊苑門，逢一婦人有娠，帝亦善診之，曰：此腹是女也。問文伯，曰：腹有兩子，一男一女，男左邊，青黑，形小於女。帝性急，便欲使剖。文伯惻然曰：若刀恐其變異，請鍼之立落。便瀉足太陰，補手陽明，胎便應鍼而落，兩兒相續出，如其言。子雄亦傳家業，尤工診察，位奉朝請。能清言，多爲貴遊所善。事門孝謹，母終，毀瘠幾至自滅。俄而兄亡，扶杖臨喪，撫膺一慟，遂以哀卒。

四十八、落年方

【隋書經籍志】子部醫方　徐嗣伯《落年方》三卷

【舊唐書經籍志】子類醫術　《徐氏落年方》三卷，徐嗣伯撰。

【唐書藝文志】子錄醫術　《徐氏落年方》三卷

【通志藝文略】醫方　徐嗣伯《落年方》三卷

注：按陶弘景《神農本草經序錄》云，齊有尚書褚澄、徐文伯、嗣[伯]羣從兄弟，療病亦十愈其八九。凡此諸人，各有所撰用方。

注：徐嗣伯傳，《南史》卷三十二張邵傳云：嗣伯字叔紹，亦有孝行，善清言，位

正員郎、諸府佐,彌爲臨川王映所重。時值閤將軍房伯玉服五石散十許劑,無益,更患冷,夏日常複衣。嗣伯爲診之,曰:卿伏熱,須以水發之,非冬月不可。至十一月,冰雪大盛,令二人夾捉伯玉,解衣坐石,取冷水從頭澆之,盡二十斛。伯玉口噤氣絕,家人啼哭請止。嗣伯遣人執杖防閤,敢有諫者撾之。又盡水百斛,伯玉始能動,而見背上彭彭有氣。俄而起坐,曰:熱不可忍,乞冷飲。嗣伯以水與之。一飲一升,病都差。自爾恒發熱,冬月猶單褌衫,體更肥壯。常有嫗人患滯冷,積年不差。嗣伯爲診之曰:此尸注也。當取死人枕,煮服之乃愈。於是往古冢中取枕,枕已一邊腐缺,服之即差。後秣陵人張景,年十五,腹脹面黄,衆醫不能療,以問嗣伯。嗣伯曰:此石蚘耳,極難療,當取死人枕煮之。依語煮枕,以湯投之,得大利,并蚘虫頭堅如石五升,病即差。後沈僧翼患眼痛,又多見鬼物,以問嗣伯。嗣伯曰:邪氣入肝,可覓死人枕煮服之。竟,可埋枕於故處。如其言又愈。王晏問之曰:三病不同,而皆用死人枕而俱差,何也。答曰:尸注者,鬼氣伏而未起,故令人沈滯。得死人枕投之,魂氣飛越,不得復附體,故尸注可差。石蚘者,久蚘也,醫療既癖,蚘中轉堅,世間藥不能遣,所以須鬼物驅之,然後可散,故令人煮死人枕也。夫邪氣入肝,故使眼痛而見魍魎,應須邪物以鉤之,故用死人枕也。氣因枕去,故令埋於冢間也。又春月出南籬間戲,聞笪屋中有呻聲,嗣伯曰:此病甚重,更二日不療必死。乃往視,見一老姥稱體痛,而處處有䵟黑無數,嗣伯還煮斗餘湯送令服之,服訖痛勢愈甚,跳投床者無數,須臾所䵟處皆拔出釘,長寸許,以膏塗諸瘡口,三日而復。云此名釘疽也。時又薛伯宗善徙癰疽,公孫泰患背,伯宗爲氣封之,徙置齋前柳樹上。明旦癰消,樹邊便起一瘤如拳大,稍稍長,二十餘日,瘤大膿爛,出黄赤汁斗餘,樹爲之痿損。

四十九、徐嗣伯藥方

【隋書經籍志】子部醫方　《徐嗣伯藥方》五卷

五十、雜病論

【舊唐書經籍志】子類醫術　《雜病論》一卷,徐嗣伯撰。

【唐書藝文志】子錄醫術類　徐嗣伯《雜病論》一卷。《通志略》同

五十一、徐奘要方

【隋書經籍志】卷三胡洽百病方注　梁有《徐奘要方》一卷,無錫令徐奘撰。

五十二、試驗方

【隋書經籍志】子部醫方　徐大山《試驗方》二卷。《通志藝文略》同

五十三、巾箱中方

【隋書經籍志】子部醫方　徐大山《巾箱中方》三卷。《通志藝文略》同

五十四、墮年方

【隋書經籍志】子部醫方　徐大山《墮年方》二卷。《通志藝文略》同

注:按《日本國見在書目錄》云:《徐太山隨手方》一,疑是"太"者"大","隨手"者"墮年"之訛。又按《醫心方》所引有"徐大山方"一條,或當是書。

五十五、徐氏雜方

【隋書經籍志】子部醫方　《徐氏雜方》一卷

五十六、徐氏效驗方

【隋書經籍志】子部醫方　《徐氏效驗方》三卷。《通志藝文略》同

五十七、徐辨卿藥方

【隋書經籍志】子部醫方　《徐辨卿藥方》二十一卷
【通志藝文略】醫方　《徐辨卿方》二十卷

五十八、徐王方

【隋書經籍志】子部醫方　《徐王方》五卷

五十九、徐王八世家傳效驗方

【隋書經籍志】子部醫方　《徐王八世家傳效驗方》十卷
【舊唐書經籍志】子類醫術　《徐王八代效驗方》,徐之才撰。
【唐書藝文志】子錄醫術類　《徐之才徐王八代效驗方》十卷
【通志藝文略】醫方　《徐王八世家傳效驗方》十卷,徐之才撰。

【醫籍考】一千五百十八頁　按,東海徐熙,字仲融,以醫著於晉宋間,奕葉相傳,至之才凡六世,併其族祖叔嚮及嗣伯爲八世。之才撰其傳家試驗之方,以爲編者。之才封西陽郡王,故稱徐王。

注:按徐氏八世,今據《南史》、《北史》、《北齊書》等而考之,初代徐熙,官濮陽

太守。熙生秋夫,官射陽令。秋夫生道度、叔嚮。道度位蘭陵太守,生文伯。叔嚮生嗣伯。文伯生雄。雄生之才。

注:徐之才傳,見於本書"徐之才雷公藥對"條下。

六十、徐氏家傳秘方

【隋書經籍志】卷三子部醫方　《徐氏家傳秘方》二卷

【舊唐書經籍志】子類醫術　《徐氏家秘方》二卷,徐之才撰。

【唐書藝文志】子錄醫術類　《徐之才家秘方》三卷

六十一、褚澄雜藥方

【隋書經籍志】卷三范陽東方注　梁有《褚澄雜藥方》二十卷,齊吳郡太守褚澄撰。

【舊唐書經籍志】子類醫術　《雜藥方》十二卷,褚澄撰。

【唐書藝文志】子錄醫術類　《褚澄雜藥方》十二卷。《通志藝文略》同

注:褚澄傳,《南史》卷二十八褚松之附傳云:澄字彥道,彥回弟也。初湛之尚始安公主薨,納側室郭氏,生彥回。後尚吳郡主,生澄。彥回事主孝謹,主愛之。湛之亡,主表彥回爲嫡。澄尚宋文帝女廬江公主,拜駙馬都尉。歷官清顯,善醫術。建元中,爲吳郡太守。百姓李道念以公事到郡,澄見謂曰:汝有重疾。答曰:舊有冷疾,至今五年,衆醫不差。澄爲診謂曰:汝病非冷非熱,當是食白瀹雞子多所致。令取蘇一升,煮服之。始一服,乃吐得一物,如升,涎裹之動,開看是雞雛,羽翅爪距具足,能行走。澄曰:此未盡。更服所餘藥,又吐得如向者雞十三頭,而病都差,當(是)[時]稱妙。豫章王感病,高帝召澄爲療,立愈。尋遷左戶尚書。彥回薨,澄以錢一萬一千,就招提寺贖高帝所賜彥回白貂坐褥,壞作裘及纓。又贖彥回介幘犀導,及彥回常所乘黃牛。永明元年,爲御史中丞袁彖所奏,免官禁錮。見原,遷侍中,領右軍將軍,以勤謹見知。澄女爲東昏皇后,永元元年卒,追贈金紫光祿大夫。《南齊書》亦載澄傳,與此少異。

六十二、黃素藥方

【隋書經籍志】卷三張仲景方注　梁有《黃素藥方》二十五卷。

【舊唐書經籍志】子類醫術　《黃素方》十五卷

【唐書藝文志】子類醫術　《謝泰黃素方》二十五卷

【通志藝文略】醫方　《黃素方》二十五卷,謝泰撰。

【醫籍考】一千四百六十五頁　按,葛洪《肘後方序》有崔中書《黃素方》,似與是書不同。

六十三、刪繁方

【隋書經籍志】子部醫方　謝士(秦)[泰]《刪繁方》十三卷

【舊唐書經籍志】子類醫術　《刪繁方》十二卷,謝士太撰。

【唐書藝文志】子錄醫術類　謝士太《刪繁方》十二卷

【日本國見在書目錄】醫方家　《(刑)[刪]繁論》十,謝云泰。

【和名抄引用漢籍】醫方家　《(刑)[刪]繁論》十卷,謝士泰撰。引用一回。《隋書》作"十三卷",《唐書》作"十二卷"。

【通志藝文略】醫方　《刪繁方》十卷,謝士泰撰。

【本草綱目】引據古今醫家書目　謝士泰《刪繁方》

注:按《外臺秘要》所引有《刪繁方》一百零八條,《醫心方》所引有《刪繁方》十條、《刪繁論》六條。

六十四、耿奉方

【隋書經籍志】子部醫方華佗方注　梁有《耿奉方》六卷。

【通志藝文略】醫方　《耿奉方》六卷

六十五、雜藥方四十六卷

【隋書經籍志】卷三雜藥方一卷注　梁有《雜藥方》四十六卷。

六十六、雜藥方

【隋書經籍志】卷三子部醫方　《雜藥方》一卷

【崇文總目】卷三　《雜藥方》一卷

【日本國見在書目錄】　《雜藥方》一

六十七、雜藥方十卷

【隋書經籍志】子部醫方　《雜藥方》十卷

六十八、雜藥方六卷

【舊唐書經籍志】子類醫術　《雜藥方》六卷

【唐書藝文志】子錄醫術類　《雜藥方》六卷

六十九、雜藥方十八卷

【日本國見在書目錄】醫方 《雜藥方》十八卷

七十、百病膏方

【隋書經籍志】卷三雜丸方注 梁有《百病膏方》十卷。

【舊唐書經籍志】子類醫術 《百病膏方》十卷。《新唐志》、《通志略》並同。

七十一、辨病形證

【隋書經籍志】子部醫方 《辨病形證》七卷

七十二、療下湯丸散方

【隋書經籍志】子部醫方 梁有《療下陽丸方》十卷。

七十三、陽眄藥方

【隋書經籍志】卷三秦承祖藥方注 梁有《陽眄藥方》二十八卷。

七十四、夏侯氏藥方

【隋書經籍志】卷三秦承祖藥方注 梁有《夏侯氏藥方》七卷。

七十五、王季琰藥方

【隋書經籍志】卷三秦承祖藥方注 梁有《王季琰藥方》一卷。

七十六、治卒病方

【隋書經籍志】卷三胡洽百病方 梁有《治卒病方》一卷。

七十七、遼東備急方

【隋書經籍志】卷三胡洽百病方注 梁有《遼東備急方》三卷。都尉臣廣上。

七十八、梁武帝所服雜藥方

【隋書經籍志】子部醫方　《梁武帝所服雜藥方》一卷

七十九、梁武帝坐右方

【唐書藝文志】子錄醫術　《梁武帝坐右方》十卷。《通志略》同

八十、如意方

【南史】卷八梁簡文帝紀　所著《如意方》十卷。

【隋書經籍志】子部醫方　《如意方》十卷。《新唐志》、《通志略》並同。

【日本國見在書目錄】《如意方》十

【補南北史藝文志】卷一南史醫方梁　《如意方》，簡文帝撰。見《本紀》。《梁書·簡文紀》未載。《隋書經籍志》"《如意方》十卷"，無撰人姓名。

注：按《述古堂藏書目》卷四有"如意方一卷"之目，恐與是書別。

八十一、簡文帝勸醫文

【證類本草】所出經史方書　《簡文帝勸醫文》

注：按《證類本草》所引，有《梁簡文帝勸醫文》三條。

八十二、陶氏效驗方

【肘後百一方】陶弘景序　余又別撰《效驗方》五卷，具論諸病證候，因藥變通，而並是大治。非窮居所資，若華軒鼎室亦宜修者耳。

【燉煌本神農本草經】陶弘景序錄　今撰此三卷，并《效驗方》五卷，又《補闕葛氏肘後》三卷。

【南史】卷七六弘景傳　所著《本草集注》、《效驗方》、《肘後百一方》。

【隋書經籍志】子部醫方　《陶氏效驗方》六卷。梁五卷。

【舊唐書經籍志】子類醫術　《效驗方》十卷，陶弘景撰。

【唐書藝文志】子錄醫術　《陶弘景效驗方》十卷

【通志藝文略】醫方　《陶隱居效驗方》十卷

【太平御覽】卷七百二十二　《梁書》曰：陶宏景字通明，丹陽人，性愛林泉，尤好著述。常曰：我讀書未滿萬卷，以內典參之，乃當小出耳。先生好醫方，專以拯濟，欲利益羣品，故撰《集驗方》五卷，世所行用，多獲異效焉。《冊府元龜》同

【補南北史藝文志】卷一南史醫方梁　《效驗方》，陶弘景撰，見本傳。《梁書·弘

景傳》未載。《隋經籍志》"《陶氏效驗方》六卷",有姓無名。

注:按《醫籍考》一千五百十頁有"《陶氏弘景方》,《隋志》三卷"之目,且引《本草序例》爲證,文中謂"余亦撰《方》三卷"。今查《隋志》無"《陶弘景方》三卷",而唯有"《服餌方》三卷,陶隱居撰"之目。然考其書,當是仙書而不屬醫書,或疑多紀氏但據《證類序例》而錄之,誤爲出《隋志》者歟。今閲燉煌本《序錄》,作"今撰此三卷",而不作"余亦撰方三卷"。可知謂作"三卷"者,即謂《本草經集注》,而非別有撰方也。疑是《證類序例》傳寫之訛,多紀氏據此誤之爾。今不從焉。

八十三、靈奇壁奥

【崇文總目輯釋】卷三 《靈奇壁奥》三卷。原釋:闕。見天一閣抄本。侗按,《宋志》上標"陶隱居"三字。

【宋史藝文志】子類醫書類 《陶隱居靈奇奥秘術》一,陶隱居撰。

【日本國見在書目錄】醫方家 《靈奇奥秘術》一,陶隱居撰。

注:按《醫籍考》,《壁奥》與《秘奥》爲二書別載。今亦不從焉。

八十四、論氣治療方

【隋書經籍志】子部醫方 《論氣治療方》一卷,釋曇鸞撰。

注:曇鸞傳,《中國人名大辭典》一千五百八十五頁:曇鸞,後魏高僧,亦作曇巒。雁門人,窮究佛性,通內外經籍。魏主重之,號爲神鸞。住汾州玄中寺,時往介山之陰,聚徒講經,後(漢)[號]其山爲鸞公巖。有《禮淨土十二偈》、《續龍樹偈後》、《安樂集》等。

八十五、療百病雜丸方

【隋書經籍志】子部醫方 《療百病雜丸方》三卷,釋曇鸞撰。《通志略》同

八十六、調氣方

【舊唐書經籍志】子類醫術 《調氣方》一卷,釋鸞撰。

【唐書藝文志】子錄醫術類 《僧鸞調氣方》一卷

注:按《日本國見在書目錄》云:《調氣道引方》一。

八十七、雜藥方

【舊唐書經籍志】子類醫術 《雜藥方》十卷,陳山提撰。

【唐書藝文志】子錄醫術　《陳山提雜藥方》十卷。《通志略》"提"作"堤"。

注:陳山提傳,《北史》卷九十二"齊諸宦者":神武時有倉頭陳山提、蓋豐樂,俱以驅馳便僻,頗蒙恩遇。魏末,山提通州刺史。武平時,山提等皆以開府封王。其不及武平者,則追贈王爵。

八十八、通元經

【崇文總目輯釋】卷三　《通元經》十卷,支義方撰。

【通志藝文略】醫方　《通元經》一卷,周支義方撰。

【秘書省續編到四庫闕書目】卷二　《通玄經》十卷。闕。

【宋史藝文志】子類醫書　文義方《通玄經》十卷

八十九、通玄方

【宋史藝文志】子類醫書　《支觀通玄方》十卷

【日本國見在書目錄】醫方家　《通玄方》十

九十、藥方

【魏書】卷九十一王顯傳　世宗詔顯,撰《藥方》三十五卷,頒布天下,以療諸疾。《北史·顯傳》同,但"世宗"作"宣武"。

【太平御覽】卷七百二十三　《後魏書》曰:王顯字世榮,陽平人也。補御史,常在御營進藥,出入禁内。世宗詔顯,撰《藥方》三十卷,頒布天下。

注:王顯傳,《魏書》卷九十一云:王顯字世榮,陽平樂平人,自言本東海郯人,王朗之後也。祖父延和中南奔,居於魯郊,又居彭城。伯父安上,劉義隆時板行館陶縣。世祖南討,安上棄縣歸命,與父母俱徙平城,例敘陽都子,除廣寧太守。顯父安道,少與李亮同師,俱學醫藥,粗究其術,而不及亮也。安上還家樂平,頗參士流。顯少歷本州從事,雖以醫術自通,而明敏有決斷才用。初文昭皇太后之懷世宗也,夢爲日所逐,化而爲龍而繞后,后寤而驚悸,遂成心疾。文明太后敕召徐謇及顯等,爲后診脈。謇云:是微風入藏,宜進湯加鍼。顯云:案三部脈,非有心疾,將是懷孕生男之象。果如顯言。久之,召補侍御師、尚書儀曹郎,號稱幹事。世宗自幼而微疾,久未差愈,顯攝療有效,因是稍蒙眄識。又罷六輔之初,顯爲領軍于烈間通規策,頗有密功。累遷游擊將軍,拜廷尉少卿,仍在侍御,營進御藥,出入禁内。乞臨本州,世宗曾許之,積年未授,因是聲聞傳於遠近。顯每語人,言時旨已決,必爲刺史。遂除平北將軍、相州刺史。尋詔馳驛還京,復掌藥,又遷還州。元愉作逆,顯討之不利。入除太府卿、御史中尉。顯前後歷職,所在著稱,糾折庶獄,究其姦回,出内惜慎,憂國如家。及領憲臺,多所彈劾,百僚肅然。又以中尉屬官不悉稱職,諷求

更换。詔委改選,務盡才能,而顯所舉或有請屬,未皆得人,於是衆口諠譁,聲望致損。後世宗詔顯撰《藥方》三十五卷,頒布天下,以療諸疾。東宫既建,以爲太子詹事,委任甚厚。世宗每幸東宫,顯常近侍。出入禁中,仍奉醫藥,賞賜累加,爲立館宇,寵振當時。延昌三年秋,以營療之功,封衛南伯。四年正月,世宗夜崩,肅宗踐祚。顯參封奉璽策,隨從臨哭,微爲憂懼。顯既蒙任遇,兼爲法官,恃勢使威,爲時所疾。朝宰託以侍療無效,執之禁中,詔削爵位。臨執呼冤,直閤以刀鐶撞其腋下,傷中吐血,至右衛門府,一宿死。始,顯布衣爲諸生,有沙門相顯後當富貴,誡其勿爲吏官,吏官必敗。由是世宗時或欲令其遂攝吏部,每殷勤避之。及世宗崩,肅宗夜即位,受璽策,於儀須兼太尉,乃吏部倉卒,百官不具,以顯兼吏部行事矣。

九十一、王世榮單方

【隋書經籍志】子部醫方　《王世榮單方》一卷。《通志略》同

九十二、雜藥方

【日本國見在書目錄】醫方家　《雜藥方》一,中尉王榮撰。

九十三、醫方精要

【補南北史藝文志】卷二北史醫方魏　《醫方精要》三十卷,宣武帝敕撰。見《本紀》,《魏書》同,《隋經籍志》未收。按《北史·宣武紀》,永平三年,令有司集諸醫工,惟簡精要取三十卷,以頒九服。

注:按《北魏書》卷八世宗紀永平三年云:冬十月丙申,詔曰"朕乘乾御曆,年周一紀,而道謝擊壤,教慙刑厝。至於下民之煢鰥疾苦,心常愍之。此而不恤,豈爲民父母之意也。可敕太常,於閑敞之處,别立一館,使京畿内外疾病之徒,咸令居處,嚴敕醫署,分師療治,考其能否而行賞罰。雖齡數有期,脩短分定,然三疾不同,或賴鍼石,庶秦扁之言,理驗今日。又經方浩博,流傳處廣,應病投藥,卒難窮究。更令有司,集諸醫工,尋篇推簡,務存精要,取三十餘卷,以頒九服。郡縣備寫,布下鄉邑,使知救患之術耳"云云。是知不但無"醫方精要"之名,其卷數亦有異。然宣武撰方,殆無可疑者。今從《補南北志》,僅錄存焉。

九十四、藥方

【北魏書】卷九十一李修傳　太和中,集諸學士及工書者百餘人,在東宫撰諸《藥方》百餘卷,皆行於世。

【隋書經籍志】子部醫方　《藥方》五十七卷,後齊李思祖撰。本百一十卷。

【舊唐書經籍志】子類醫術　《雜湯丸散方》五十七卷,(孝)[李]思撰。

【唐書藝文志】子錄醫術　(孝)[李]思《雜湯丸散方》五十七卷

【補南北史藝文志】卷二北史醫方魏　《諸方藥方》百卷。見本傳。《魏書》同,《隋經籍志》未收。

注:李修傳,《魏書》卷九十一云:李修字思祖,本平陽方館陶人。父亮,少學醫術,未能精究。世祖時,奔劉義隆於彭城。又就沙門僧垣,研習衆方,略盡其術,鍼灸授藥,莫不有效。徐兖之間,多所救卹。四方疾苦,不遠千里,竟往從之。亮大爲廳事,以舍病人,停車輿於下。時有死者,則就而棺殯,親往弔視。其仁厚若此。累遷府參軍督護,本郡士門宿官,咸相交昵。車馬金帛,酬賚無貲。修兄元孫,隨畢衆敬赴平城,亦遵父業,而不及以功賜爵。義平,子拜奉朝請。修略與兄同,晚入代京,歷位中散令,以功賜爵。下蔡子,遷給事中。太和中,常在禁內。高祖文明太后,時有不豫,修侍鍼藥,治多有效,賞賜累加,車服第宅,號爲鮮麗。集諸學士及工書者百餘人,在東宮撰諸藥方百餘卷,皆行於世。先是,咸陽公高允雖年且百歲,而氣力尚康,高祖文明太后時令修診視之。一旦奏言:允脈竭氣微,大命無遠。未幾果亡。遷洛爲前軍將軍,領太醫令。後數年卒,贈威遠將軍青州刺史。

九十五、釋道洪方

【隋書經籍志】子部醫方　《釋道洪方》一卷。《通志略》同

附　治疾方

【寶素堂藏書目錄】經方魏晉梁隋　《治疾方》一卷,一冊。錄書於《金石草編》中。齊道□。《治疾方》一卷。一冊,文政九年小林道隆校刊本。《治病方》一卷,一冊。喜多邨寬新定考證本。

【內閣文庫圖書第二部漢書目錄】《道興治疾方》,北齊釋道洪。日本寫本。一冊。

九十六、集驗方

【北周書】卷四十七本傳　僧垣醫術高妙,爲當世所推。前後效驗,不可勝記。聲譽既盛,遠聞邊服。至於諸蕃外域,咸請託之。僧垣乃搜採奇異,參校徵效者,爲《集驗方》十二卷。又撰《行記》三卷,行於世。

【隋書經籍志】子部醫方　《集驗方》十卷,姚僧(坦)[垣]撰。

【舊唐書經籍志】子類醫術　《集驗方》十卷,姚僧垣撰。

【唐書藝文志】子錄醫術　《姚僧垣集驗方》十卷

【太平御覽】卷七百二十三　《後周書》曰:姚僧垣,字法衛,吳興武康人也。及静帝嗣位,遷上開府儀同大將軍。隋開皇初卒。僧垣撰《集驗方》二十卷,《行紀》三卷,行於世。

【通志藝文略】醫方　《姚僧垣集驗方》十卷。

【日本國見在書目錄】醫方家　《集驗方》十二，姚僧垣撰。

【和名抄引用漢籍】醫方　《集驗方》十卷，周姚僧垣撰。《補三史志》云"十二卷。申奢致遠"。《修驗方》十二卷，姚僧垣撰。引用一回。

【本草綱目】引據古今醫家書目　《姚僧坦集驗方》

【東醫寶鑑】卷一歷代醫方　《集驗方》，後周姚僧垣所著。

【補南北史藝文志】卷二北史醫方北周　《集驗方》十二卷，姚僧(坦)[垣]撰。見本傳。《周書》同。《隋經籍志》"《集驗方》十卷，姚僧(坦)[垣]撰"。

注：按《外臺秘要》所引有"姚氏"一條，《醫心方》所引有"《集驗方》"一百三十四條，《證類本草》所引有"《集驗方》"三十四條、"姚氏方"六條、"姚氏"一條。

注：姚僧垣傳，《北史》卷九十本傳云：姚僧垣，字法衛，吳興武康人，吳太常信之八世孫也。父菩提，梁高平令，嘗嬰疾癘歷年，乃留心醫藥。梁武帝召與討論方術，言多會意，由是頗禮之。僧垣幼通洽，居喪盡禮，年二十四即傳家業。在梁爲太醫正，加文德主帥。梁武帝嘗因發熱服大黃。僧垣曰：大黃快藥，至尊年高，不宜輕用。帝弗從，遂至危篤。太清元年，轉鎮西湘東王府中記室參軍。僧垣少好文志，爲學者所稱。及梁簡文嗣位，僧垣兼中書舍人。梁元帝平侯景，召僧垣赴荆州，改授晉安王府諮議。梁元帝嘗有心腹病，諸醫皆請用平藥。僧垣曰：脈洪實，宜用大黃。元帝從之，進湯訖，果下宿食，因而疾愈。時初鑄錢，一當十，乃賜十萬貫，實百萬也。及魏軍剋荆州，僧垣猶侍梁元，不離左右，爲軍人所止，方泣涕而去。尋而周文遣使馳驛徵僧垣。燕公于謹固留不遣，謂使人曰：吾年衰暮，疾病嬰沉，今得此人，望與之偕老。周文以謹勳德隆重，乃止。明年，隨謹至長安。武成元年，授小畿伯下大夫。金州刺史伊婁穆以疾還京，請僧垣省疾，乃云自腰至臍，似有三縛，兩脚緩縱，不復自持。僧垣即爲處湯三劑。穆初服一劑，上縛即解；次服一劑，中縛復解；又服一劑，三縛悉除。而兩脚疼痺，猶自攣弱。更爲合散一劑，稍得屈伸。僧垣曰：終待霜降，此患當愈。及至九月，遂能起行。大將軍襄樂公賀蘭隆先有氣疾，加以水腫，喘息奔急，坐臥不安。或有勸其服決命大散者，其家疑未能決，乃問僧垣。僧垣曰：意謂此患，不與大散相當。即爲處方，勸急使服，便即氣通，更服一劑，諸患悉愈。大將軍樂平公竇集，暴感風疾，精神瞀亂，無所覺知。醫先視者，皆云已不可救。僧垣後至曰：困矣。終當不死。爲合湯散，所患即瘳。大將軍永世公叱伏列椿，苦痢積時，而不損廢朝謁。燕公謹嘗問僧垣曰：樂平、永世俱有痼疾，意永世差輕。對曰：夫患有深淺，時有危殺，樂平雖固，終當保全。永世雖輕，必不免死。謹曰：當在何時。對曰：不出四月。果如其言，謹歎異之。天和六年，遷遂伯中大夫。建德三年，文宣太后寢疾，醫巫雜說，各有同異。武帝引僧垣坐，問之。對曰：醫準之常人，竊以憂懼。帝泣曰：公既決之矣，知復何言。尋而太后崩。其後復因召見，乃授驃騎大將軍、開府儀同三司。敕停朝謁，若非別敕，不勞入見。四年，帝親戎東討，至河陰遇疾，口不能言，瞼垂覆目不得視，一足短縮，又不得行。僧垣以爲諸藏俱病，不可并療，軍中之要，莫過於語，乃處方進藥，帝遂得言。次又療目，目疾便

愈。末及足,足疾亦瘳。比至華州,帝已痊復。即除華州刺史,仍詔隨駕入京,不令在鎮。宣政元年,表請致仕,優詔許之。是歲帝幸雲陽,遂寢疾,乃召僧垣赴行在所。內史柳昂私問曰:至尊脈候何如?對曰:天子上應天心,或當非愚所及。若凡庶如此,萬無一全。尋而帝崩。宣帝初在東宫,常苦心痛,乃令僧垣療之,其疾即愈。及即位,恩禮彌隆。謂曰:嘗聞先帝呼公爲姚公,有之?對曰:臣曲荷殊私,實如聖旨。帝曰:此是尚齒之辭,非爲貴爵之號。朕當爲公建國開家,爲子孫永業。乃封長壽縣公,冊命之日,又賜以金帶及衣服等。大象二年,除太醫下大夫。帝尋有疾,至於大漸,僧垣宿直侍疾。帝謂隋公曰:今日性命,唯委此人。僧垣知帝必不全濟,乃對曰:臣但恐庸短不逮,敢不盡心。帝頷之。及靜帝嗣位,遷上開府儀同大將軍。隋開皇初,進爵北絳郡公。三年卒,年八十五。遺誡衣帢入棺,朝服勿斂,靈上唯置香奩,每日設清水而已。贈本官,加荆、湖二州刺史。僧垣醫術高妙,爲當時所推,前後效驗,不可勝紀。聲譽既盛,遠聞邊服,至於諸蕃外域,咸請託之。僧垣乃參校徵效者爲《集驗方》十二卷,又撰《行記》三卷,行於世。《北周書》亦載垣傳,比之較詳。

九十七、姚大夫集驗方

【隋書經籍志】子部醫方　《姚大夫集驗方》十二卷。《通志略》同

【日本國見在書目錄】醫方家　《集驗方》十二,姚大夫撰。

注:按《醫籍考》以是書與前書併爲同書,然按《日本見在目》亦並載兩書,未必謂《隋志》重載也。

九十八、姚大夫雜藥方

【日本國見在書目錄】醫方家　《雜藥方》,姚大夫撰。

九十九、姚大夫單方

【通志藝文略】醫方　《姚大夫單方》一卷

【秘書省續編到四庫闕書目】卷二　《姚大夫單方》一卷。闕。

一百、集驗方

【隋書經籍志】子部醫方　《集驗方》十二卷

一百零一、瘧論并方

【隋書經籍志】子部醫方　《瘧論并方》一卷

一百零二、千金方

【隋書經籍志】子部醫方　《千金方》三卷，范世英撰。《通志略》同

【唐書藝文志】子錄醫術　《范世英千金方》三卷

一百零三、趙婆療累方

【隋書經籍志】子部醫方　《趙婆療累方》一卷

一百零四、醫方論

【隋書經籍志】子部醫方　《醫方論》七卷。《通志略》同

一百零五、單複要驗方

【隋書經籍志】子部醫方　《單複要驗方》二卷，釋莫滿撰。《通志略》作"三卷"。

一百零六、稟丘公論

【隋書經籍志】子部醫方　《稟丘公論》一卷

注：按《醫籍考》以爲陳延之所著，未知其所據。

一百零七、名醫集驗方

【隋書經籍志】子部醫方　《名醫集驗方》六卷

【舊唐書經籍志】子類醫術　《名醫集驗方》三卷。《新唐志》，《通志略》并同。

一百零八、吳山居方

【隋書經籍志】子部醫方　《吳山居方》三卷。《通志略》同

注：按《醫籍考》作《吳氏闕名山居方》。

一百零九、新撰藥方

【隋書經籍志】子部醫方　《新撰藥方》五卷

【日本國見在書目録】醫方家　《新撰方》一

【和名抄引用漢籍】　《新撰要方》引用一回。

一百十、療百病散

【隋書經籍志】子部醫方　《療百病散》三卷

一百十一、靈壽雜方

【隋書經籍志】子部醫方　《靈壽雜方》二卷

一百十二、集略雜方

【隋書經籍志】子部醫方　《集略雜方》十卷。《通志略》同

一百十三、雜要方

【隋書經籍志】子部醫方　《雜要方》一卷

一百十四、雜療方

【隋書經籍志】子部醫方　《雜療方》十三卷

一百十五、湯丸方

【隋書經籍志】子部醫方　《湯丸方》十卷。《通志略》同

一百十六、雜丸方

【隋書經籍志】子部醫方　《雜丸方》十卷。《通志略》同
【舊唐書經籍志】子類醫術　《雜丸方》一卷。《新唐志》同
【日本國見在書目錄】醫方家　《雜丸方》一

一百十七、雜湯方

【隋書經籍志】子部醫方　《雜湯方》十卷,成毅撰。
【舊唐書經籍志】子類醫術　《雜湯方》八卷。《新唐志》、《通志略》並同。

一百十八、雜藥酒方

【隋書經籍志】子部醫方　《雜藥酒方》十五卷

一百十九、扁鵲陷冰丸方

【隋書經籍志】子部醫方　《扁鵲陷冰丸方》一卷。《通志略》同

【醫籍考】一千四百零一頁　按《千金方》有"太乙神明陷冰圓"，是書所載，豈其類歟。《後漢・臧洪傳》曰"焦和恐賊乘凍而過，命多作陷冰丸，以投於河"，似不是藥劑。《前漢・郊祀志》谷永說方士之妄，有云"堅冰淖溺"，《注》晉灼曰：方士詐以藥石若陷冰丸，投之冰上，冰即消液。因假爲神仙道使然也。

注：按《漢書藝文略拾補》神仙云"《方士陷冰丸方》一卷"。《漢書・郊祀志》：成帝末年頗好鬼神，亦以無繼嗣，故多上書言祭祀，方術者皆得待詔，祠祭上林苑中長安城旁，費用甚多。谷永說上曰：臣聞明於天地之性，不可惑以神怪；知萬物之情，不可罔以非類。諸背仁義之正道，不遵五經之法言，而盛稱奇怪鬼神，廣宗祀之方，求報無福之祠。及言世有仙人服食不終之藥，黃治變化，堅冰淖溺，皆姦人惑衆，挾左道懷詐譎，以欺罔世主。晉灼曰：方士詐以藥石若陷冰丸，投之冰上，冰即消。因假爲神仙道使然也。按《隋志》醫方家，有《扁鵲陷冰丸方》一卷。據谷疏及晉注，蓋即武宣時方士所作，而託之扁鵲。

一百二十、大略丸

【隋書經籍志】子部醫方　《大略丸》五卷。《通志略》同

一百二十一、經心錄

【舊唐書】卷一百九十一本傳　宋俠者，洺州清漳人，撰《經心錄》十卷，行於代。

【隋書經籍志】子部醫方　《經心錄方》八卷，宋俠撰。

【舊唐書經籍志】子類醫術　《經心方》八卷，宋俠撰。

【唐書藝文志】子錄醫術　《宋俠經心方》十卷

【通志藝文略】方書　《經心錄方》八卷，宋俠撰。

【日本國見在書目錄】醫方家　《經心錄方》六

注：宋俠傳，《舊唐書》卷一百九十一本傳云：宋俠者，洺州清漳人，北齊東平王文學孝正之子也。亦以醫術著名，官至朝散大夫藥藏監，撰《經心錄》十卷，行於代。

注：按《外臺秘要》所引有"《經心錄》"二十二條，《醫心方》所引有"《經心方》"五十二條。

一百二十二、治風經心錄

【宋史藝文志】子類醫書類　《治風經心錄》五卷

【秘書省續編到四庫闕書目】卷二　《經心録》五卷。輝按,《宋志》首有"治風"二字。

一百二十三、摩訶出胡國方

【隋書經籍志】卷二陶氏效驗方注　梁有《摩訶出胡國方》十卷,摩訶胡□□撰。

【通志藝文略】醫方　《摩訶出胡國方》十卷

一百二十四、龍樹菩薩藥方

【隋書經籍志】子部醫方　《龍樹菩薩藥方》四卷。《通志略》同

一百二十五、西域諸仙所説藥方

【隋書經籍志】子部醫方　《西域諸仙所説藥方》二十三卷。《目》一卷。本二十五卷。

【通志藝文略】胡方　《西域諸仙所説藥方》二十三卷

一百二十六、香山仙人藥方

【隋書經籍志】子部醫方　《香山仙人藥方》十卷。《通志略》作"二十卷"。

一百二十七、西域婆羅仙人方

【隋書經籍志】子部醫方　《西(録)[域]波羅仙人方》三卷

【通志藝文略】胡方　《西域波羅仙人方》三卷

注:按《隋志》"西録","録"疑是"域"之訛。

一百二十八、西域名醫所集要方

【隋書經籍志】子部醫方　《西域名醫所集要方》四卷。本十二卷。

【通志藝文略】胡方　《西域名醫所集要方》四卷

一百二十九、波羅門諸仙藥方

【隋書經籍志】子部醫方　《婆羅門諸仙藥方》二十卷。《通志略》同

一百三十、波羅門藥方

【隋書經籍志】子部醫方　《婆羅門藥方》一卷。《通志略》同

一百三十一、波羅門僧服仙芳方

【宋史藝文志】子類醫書類　《波羅門僧服仙芳方》一卷。乾隆四年刊本"芳"作"茅"。

一百三十二、耆婆所述仙人命論方

【隋書經籍志】子部醫方　《耆婆所述仙人命論方》二卷。《目》一卷。本三卷。《通志略》同

一百三十三、乾陀利治鬼方

【隋書經籍志】子部醫方　《乾陀利治鬼方》十卷。《通志略》同

一百三十四、新錄乾陀利治鬼方

【隋書經籍志】子部醫方　《新錄乾陀利治鬼方》四卷。本五卷。闕。《通志略》同

一百三十五、金匱錄二十三卷

【隋書經籍志】子部醫方　《金匱錄》二十三卷。《目》一卷。京里先生撰。

一百三十六、金匱錄五卷

【崇文總目輯釋】卷三　《金匱錄》五卷
【通志藝文略】病源　《金匱錄》五卷
【宋史藝文志】子類醫書　《金匱錄》五卷

一百三十七、金匱錄一卷

【通志藝文略】脈經　《金匱錄》一卷

一百三十八、金匱指微訣

【崇文總目輯釋】卷三醫書　《金匱指微訣》一卷，吳復圭撰。原釋：闕。見天一

閣鈔本。

【通志藝文略】脈經　《金匱指微訣》一卷，吳復圭撰。

【宋史藝文志】醫書　吳復圭《金匱指微訣》一卷

一百三十九、四海類聚方

【隋書經籍志】子部醫方　《四海類聚方》二千六百卷

【舊唐書經籍志】子類醫術　《類(衆)[聚]方》二千六百卷

【唐書藝文志】子錄醫術類　《類聚方》二千六百卷

【通志藝文略】方書　《隋朝四海類聚方》二千六百卷

一百四十、四海類聚單要方

【隋書經籍志】子部醫方　《四海類單要方》三百卷

【舊唐書經籍志】子類醫術　《四海類聚單方》十六卷，隋煬帝撰。

【唐書藝文志】子錄醫術　隋煬帝敕譔《四海類聚單方》十六卷

【通志藝文略】單方　隋煬帝敕撰《四海類聚單方》三百卷。唐只存十六卷。

附　類聚方經

【日本國見在書目錄】《類聚方經》一百二十

一百四十一、備急草要方

【隋書經籍志】子部醫方　《備急草要方》三卷，許澄撰。

【通志藝文略】方書　許澄《備急草要方》三卷

注：許澄傳，《北史》卷九十許智藏傳云：許智藏，高陽人也。宗人許澄，亦以醫術顯。澄父奭，仕梁，爲中軍長史，隨柳仲禮入長安，與僧垣齊名，拜(王)[上]儀同三司。澄有學識，傳父業，尤盡其妙。歷位尚藥典御、諫議大夫，封賀川縣伯。父子俱以藝術名重於周、隋二代，史失其事，故附云。《隋書》卷七十八亦載同文。

一百四十二、新錄單要方

【日本國見在書目錄】醫方家　《新錄(軍)[單]要方》五，魏孝澄撰。

【和名抄引用漢籍】醫方家　《新錄單要方》五卷，魏孝證撰。引用一回。

注：按《見在目》作《軍要方》，“軍”疑“單”之訛。

注：按《醫籍考》以爲是書與許澄《備急草要方》同書，今不從焉。

一百四十三、諸病源候論

【隋書經籍志】子部醫方　《論病源候論》五卷。《目》一卷。吳景賢撰。

【舊唐書經籍志】子類醫術　《諸病源候論》五十卷,吳景撰。

【唐書藝文志】子錄醫術類　吳景《諸病源候論》五十卷

【通志藝文略】病源　吳景賢《諸病源候論》五十卷

注:按《北史》卷七十八麥鐵杖傳:麥鐵杖,始興人也。少驍勇。煬帝即位,及遼東之役,請爲前鋒。顧謂醫者吳景賢曰"大丈夫性命自有所在"云云。《病源候論》之撰者,豈此吳景賢耶。

注:按《新唐志》别載《巢氏病源候論》五十卷。《四庫提要》以與是書同爲一書。其説詳見於下條矣。

一百四十四、巢氏諸病源候論

(一)出典

【唐書藝文志】子錄醫術類　《巢氏諸病源候論》五十卷,巢元方。

【崇文總目輯釋】卷三　《巢氏諸病源候論》五十卷,巢元方撰。

【證類本草所出經史方書】《巢氏病源》

【通志藝文略】病源　《巢氏諸病源候論》五十卷,隋巢元方撰。

【遂初堂書目】醫書類　《巢氏病源》

【文獻通考】經籍考　《巢氏病源候論》五卷。下引晁、陳二氏之説。

【宋史藝文志】子類醫書類　《巢元方巢氏諸病候論》五十卷

【日本國見在書目錄】醫方家　《病源論》五十,巢元方撰。

【和名抄引用漢籍】醫方家　病源論,《諸病源候論》五十卷,巢元方撰。引用二十四回。

【通憲入道藏書目錄】第三十七櫃　《病源論》。自一帙至五帙。

注:按《外臺秘要》所引有"《病源》"三百四十三條,《醫心方》所引有"《病源論》"五百六十一條,《證類本草》所引有"《巢氏病源》"一條。

注:巢元方傳,《醫説》卷一:巢元方,不知何許人也。大業中,爲太醫博士,奉詔撰《諸病源候論》五十卷,罔不該集。(宋宣獻撰"巢氏病源序")《醫學源流》隋:巢元方爲太醫博士,隋煬帝大業六年,奉敕撰《病源候論》五十卷,今謂之《巢氏病源》。《古今醫統大全》卷一:巢元方,不知何郡人。大業中爲太醫博士,奏詔撰《諸病源候論》五十卷,罔不該集。今行世爲《巢氏病源》。《圖書集成》引之

(二)考證

【直齋書錄解題】卷十三　《巢氏病源論》五十卷,隋太醫博士巢元方等撰。大業六年也。惟論病證,不載方藥。今案《千金方》諸論,多本此書。業醫者可以參考。

【郡齋讀書後志】卷二　《巢氏病源論》五卷,右隋巢元方等撰。元方大業中被命,與諸醫共論衆病所起之源。皇朝昭陵時,詔校本刻牘頒行。宋授爲序。

【滄州翁傳】《病源論》五十卷，乃隋大業大醫博士巢元方等奉敕撰集。原諸病候而附以養生導引諸法，裒成一家之書。醇疵相混，蓋可見矣。宋之監署，乃用爲課試，元復循襲，列醫門之七經，然附會雜揉，非復當時之舊，具眼者當自見之。吳景賢亦作《病源》一書，近代不傳。李濂《醫史》卷九。

【郎瑛七修類藁】《巢氏病源》一書，論證論理，可謂意到而辭暢者矣。予嘗惜其當時元方不附方藥，使再具之，體用俱全，是書真不可及也。

【宋濂潛谿集】贈醫師賈生序　巢元方其《病源候論》似不爲無所見者，但言風、寒二濕，而不著濕熱之文，乃其失也。

【王禕青巖叢錄】　巢元方著《病源候論》，王砅撰《天元玉策》，要皆有所祖述。然元方言風、寒二濕，而不著濕熱之說；砅推五運六氣之變，而患在滯而不通。此其失也。

【曝書亭集】卷五十五書隋巢元方諸病源候論後　右《諸病源候論》五十卷，隋太醫博士巢元方奉敕，與諸醫共論疢疾所起之源及九候之要。大業六年書成，進於朝。論凡一千七百二十篇，言之詳矣。《隋》、《唐經籍志》不著於錄，而《宋志》有之。蓋太平興國中命王懷隱、王祐、陳昭遇等集《聖惠方》，每部取元方之論冠其首，神宗以之課試醫士，是編始大顯於時。《書錄解題》謂《千金方》諸論多本於此書。考宋制醫，以《巢氏論》與《千金翼方》同目爲小經，而《千金方》[不與]，然則今所傳孫真人書，殆未足深信矣。

【四庫全書總目】卷一百零三　《巢氏諸病源候論》五十卷。浙江巡撫採進本。

隋大業中太醫博士巢元方等奉詔撰。考《隋書經籍志》有《諸病源候論》五卷，《目》一卷，吳景賢撰。《舊唐書經籍志》有《諸病源候論》五十卷，吳景撰。皆不言巢氏書。《宋史藝文志》有巢元方《巢氏諸病源候論》五十卷，又無吳氏書。惟《新唐書藝文志》二書并載，書名、卷數並同，不應如是之相複。疑當時本屬官書，元方與景一爲監修，一爲編撰，故或題景名，或題元方名，實止一書，《新唐書》偶然重出。觀晁公武《讀書志》稱"隋巢元方等撰"，足證舊本所列不止一名，然則《隋志》"吳景"作"吳景賢"。"賢"或"監"字之誤。其作五卷，亦當脫一"十"字。如止五卷，不應目錄有一卷矣。此本爲明汪濟川、方礦所校，前有宋綬奉敕撰序。考《玉海》載：天聖四年十月十二日乙酉，命集賢校理晁宗慤、王舉正校定《黃帝內經素問》、《難經》、《巢氏病源候論》。五年四月乙未，令國子監摹印頒行，詔學士宋綬撰《病源序》。是其事也。書凡六十七門，一千七百二十論。陳振孫《書錄解題》稱，王燾《外臺秘要》諸論多本此書，今勘之信然。又第六卷"解散病諸候"，爲服寒食散者而作，惟六朝人皆此證；第二十卷"貓鬼病候"，見於《北史》及《太平廣記》者，亦惟周齊時有之。皆非唐以後語，其爲舊本無疑。其書但論病源，不載方藥，蓋猶《素問》、《難經》之例。惟諸證之末多附導引法，亦不言法出誰氏。考《隋志》有《導引圖》三卷，註曰"立一、坐一，臥一"，或即以其說編入歟。《讀書志》稱，宋朝舊制用此書課試醫士，而太平興國中集《聖惠方》，每門之首亦必冠以此書。蓋其時去古未遠，漢以來經方脈論存者尚多，又裒集衆長，共相討論，故其言深密精邃，非後人之所能及。《内經》以下,自張機、王叔和、葛洪數家書外,此爲最古,究其旨要,亦可云證治之津梁矣。王禕《青巖叢錄》嘗議其惟知風、寒二濕,而不著濕熱之説,以爲疏漏。然病機萬變,前人所未言及,經後人闡明者甚多,未可以一節病是書也。

【鄭堂讀書記】子部 《巢氏諸病源候論》五十卷。通行本。隋巢元方撰。《四庫全書》著錄,無"總"字。《新唐志》、《崇文目》、《宋志》俱同。《書錄解題》省作《巢氏病源論》。《讀書志》、《通考》俱作"《巢氏病源候論》五卷",《隋志》則載"《諸病源候論》五卷,吴景賢撰"。《舊唐志》則載"《諸病源候論》五十卷,吴景撰",《新唐志》亦載"吴景《諸病源候論》五十卷"。據晁氏稱"巢元方等撰。元方大業中被命,與諸醫共論病所起之源"云云。知《隋志》"賢"字爲"監"字之誤,景乃監撰,元方乃編撰,故可分題其名氏。作"五卷"者,當脱一"十"字。《新唐志》兩載之者,當由所見在兩本。陳氏稱"其書惟論[病]證,不載方藥。今按《千金方》諸論,多本此書,業醫者可以參考"。余因是核之孫氏書,誠如直齋所言,而王氏《外臺秘要》諸論,亦未嘗不原本於此也。書凡六十七門,一千七百二十論,皆會粹羣説,沈研精理,形脈之證,罔不該集。明居處、愛欲、風濕之所感,示鍼鑱、(標)[撟]引、湯熨之所宜,誠術藝之楷模,而診察之津涉也。所以孫、王兩家,俱本之以著書云。前有宋天聖丁卯宋綬奉敕校定序。又有"綱目",并有《目錄》一卷,與《隋志》載"《目》一卷"合,益信《隋志》脱一"十"字也。

【日本訪書志】卷九 《諸病源候論》五十卷,《目錄》一卷。影南宋本。中略

按,《隋書經籍志》有《諸病源候論》五卷,《目》一卷,吴景賢撰。《舊唐志》則作"五十卷,吴景撰",皆不言巢氏書。《新》、《舊唐志》"舊"字當削。則二書并載。《提要》疑當時本屬官書,元方與景,一爲監修,一爲編撰,故或題景名,或題元方名,實止一書。《隋志》"吴景"作"吴景賢","賢"或"監"之誤,其作"五卷",亦當脱一"十"字,如止五卷,不應《目錄》有一卷。按《提要》所云"《隋志》五卷,'五'下脱'十'字",至確。又稱吴與巢同撰此書,今以宋本照之,題爲"元方等撰",與晁公武《讀書志》所稱合,足見此書非元方一人之力。唯吴景賢之名,已見《隋書·麥鐵杖傳》。《提要》疑"賢"爲"監"之誤,未免失之。中略,引於"刊本"條下。余謂王燾《外臺秘要》、王懷隱《太平聖惠方》,每部皆取元方之論冠其首,宋制,醫以《巢氏論》與《千金翼方》目爲小經,知此書爲證治之津梁,自《素問》、《傷寒》以下未堪比數,顧邇來操岐黄者多未寓目,即胡益謙本亦視同秘笈,可慨也夫。光緒壬午春三月記。下略,引於"刊本"條下。

又,《諸病源候論》五十卷。小島學古校本。日本醫官小島學古據宋本、元本、日本國刊本、聿修堂鈔本,又以《外臺秘要》、《醫心方》日本人所撰。所引,合校於胡益謙刊本上,凡訂正不下數千事,最爲精審,似無遺恨。顧余嘗校《三因極一方》宋本,有云"《巢氏病源》其列一千八百餘件",蓋爲示病名也,今各本唯有一千七百二十六論。又校元張從正《儒門事親》足本,引"婦人雜病帶下候",曰"《巢氏内篇》四十四卷"云云。是此書並有内、外篇之目,今各本此條皆在三十七卷中,頗疑此書

有殘缺。因取《外臺秘要》重校之，引有傷寒十日至十二日候，各本皆無之。又“傷寒毒攻眼候”，其文大異。又有“重下候”，各本亦無。更取《太平聖惠方》校之，引有“食㾓候”，《醫心方》引有“小兒鬼舐頭候”，皆各本所無。然則今本果非巢氏之舊，意其脱佚當在宋綬校刊以前，顧不解陳言、張從正所言，何以有異同。抑天聖刊本，至南宋已有脱佚，書賈重刊，妄移卷移第，仍標足本。得知者，如“癭瘤門”有“多忘候”、“嗜眠候”、“鼾眠候”、“體臭候”、“狐臭候”、“漏掖候”，並與“癭瘤”不相涉，當是别篇錯文，爲書賈所亂。不然，宋綬奉敕校定此書，不應疏忽至此。惜乎，學古尚未疑及此也。

【諸病源候論解題】 案《隋書·煬帝紀》不載修書始末，而巢元方名亦無所見，故其仕履不可得詳。唯《開河記》載隋大總管麻叔謀病風逆，起坐不得，煬帝命大醫令巢元方視之。曰：風入腠理，病在胸臆，須用嫩肥羊蒸熟，摻樂“樂”疑“藥”之訛。食之則瘥。如其言，未盡劑而痊。自後每殺羊羔，同杏酪五味，日食數枚，見於《本草綱目》。此書《隋志》、《舊唐志》並不著於錄，而《新唐志》、《宋志》有之。蓋此書成於大業六年，即煬帝即位之六年。是歲始有伐遼東之議，禍亂繼起，至恭帝義寧元年，通七年而國祚遷於唐矣。意者如是書編集纔成，未及頒行，而國家顛覆之日，隨亦淪沒，遂至有併其目而無知者。猶《聖濟總錄》遭靖康蕩析，而南渡諸家不及覩之也耶。中略然唐王燾撰《外臺秘要》，每門之首，冠以此書之論，則知大寶中“大”當作“天”。已出於世矣。而《舊唐志》亦不存其目者，何也。今考王氏自序云中略，豈此書或僅存於臺閣中，王氏特得窺之，而人間絕不知之，史志亦遂失其著錄歟。其後五季亂，幸不泯滅，至宗當作“宋”。而始大顯於世者。以歷代唯宋最重醫學，此書之出，亦當其時耳。而唐天寶中實有其書，故《新唐志》乃載其目也耶。嗚呼，此書成於隋而晦於唐，經五代而顯於宋，以得不泯於千載之下者，抑亦奇矣中略。今取以校其同異，則今本謬誤，固已甚矣。且《外臺秘要》引有“傷寒十日至十二日候”、“傷寒毒攻眼候”、今本題目相同而本文即異。“重下候”，《聖惠方》引有“食㾓候”，《醫心方》引有“小兒鬼舐頭候”，考之今本，并無所見。而其“癭瘤門”有“多忘候”、“嗜眠候”、“鼾眠候”、“體臭候”、“狐臭候”、“漏掖候”，並與題目不相涉，知是他篇錯簡，而終無别門可收，則其所脱佚，亦不止其五候也。《三因方》云“《巢氏病源》具列一千八百餘件”，即是本書原數，而今本唯有一千七百二十六論，其爲殘闕亦明矣。且張從正《儒門事親》引本書卷三十七“帶下候”，云“巢氏《內篇》四十四卷”云云，此知原書有內、外之目，而其卷第亦絕不同也。不知今傳本，何以差錯至此，實可惜也。中略。案巢氏之書，《隋志》、《舊唐志》不著於錄，而《新唐志》始載其目。吳氏之書，三《志》皆有著錄，而《宋志》無之，後世亦無引用者，且二氏同時所著，書名亦同，固不能無疑焉。然其以一當作“二”書爲一者，終無確證可憑也。夫舊制修書，只舉書局中官高一人之姓名云“某等奉敕撰”，無列銜者。唯《新唐書》紀、志題歐陽修，列傳題宋祁，此例亦前未有。矧一書一名，而其名互異者，前已無其徵，後亦無其例，以理推之，亦必無其事也。然則當時本屬官書，或題景名，或題元方名之說，固不足取焉。而《讀書志》稱“巢元方等撰”者，即宋版卷首所題“大業六年太醫博士巢元方等奉敕撰"十六字是也。是蓋當時體式,天聖刊本乃循其舊,而晁公武亦據以云爾也。不然,則《煬帝紀》不載修書之事,《經籍志》亦不録其書,晁氏何據以知巢元方等撰邪。清巨當作"臣"已不得視宋版本,其所據唯是汪濟川、方鑛校本,而汪本題作"隋太醫博士巢元方撰",脱"大業六年臣等奉敕"字,乃似乎元方一人之撰,而與《讀書志》不合,故有官書之說也。然其引《讀書志》以謂"足證舊本所列不止一名"者,殆誤矣。又考《隋書·麥鐵杖傳》曰"鐵杖(白)[自]以荷恩深重,每懷竭命之志。及遼東之役,請爲前鋒,顧謂醫者吴景賢曰"中略,所謂"醫者吴景賢",當是《病源候》作者也。此知《舊》《新唐志》作"吴景"者,并脱一"賢"字也。清臣不參之史傳,都取《唐志》以駁《隋志》,立論已悖。況其以"賢"爲"監"字之誤云元,方與景,一爲監修,一爲編撰者,牽強亦甚矣。又《隋志》"五卷",《舊》《新唐志》作"五十卷"。清臣又據以謂其作"五卷",亦當脱一"十"字,如止五卷,不應《目録》有一卷。此說殊拙於考證,雖吴氏書今不可見,然以《病源候論》之名而推之,其體例亦當如巢氏書也。巢氏書五十卷,而有一千八百餘篇。吴氏書五卷,其論必不下二百篇,然則《目録》别爲一卷,亦有其理。考《隋志》著録,有《依本草録藥性》三卷,《録》一卷,《耆婆所述仙人命論方》二卷,《目》一卷,《治牛馬駝騾等經》三卷,《目》一卷等書。由是觀之,則五卷之書,固應《目録》有一卷矣。且以"吴景賢"作"吴賢",脱文顯然。則以"五卷"作"五十卷",卻疑衍其一"十"字也。《隋志》凡於古書存、亡、全闕,皆注明,最可法。《唐志》已不能核實,舛誤謬妄,往往有之。盧文弨《經典釋文考證》嘗言之。如吴氏之書,亦當以《隋志》爲正,《舊》、《新唐志》一再誤之,以開千古疑案。而呂復乃謂吴景賢亦作《病源》一書,近代不傳,蓋有所見矣。

《病源候論》,巢元方與諸醫奉敕所撰,固是國家之正典,而史志冠以"巢氏"二字,似乎一家之書,則於文爲謬也。然吴景賢亦撰《病源》一書,其名全相同,故加"巢氏"二字稱之乎。而林億輩乃略稱《巢源》,似實嫌其同名也。疑當時已有其稱,而後世相沿用耳。後略。山本惟允(1)所著。

[郭注]

(1)山本惟允,又稱山本恭庭。宋張季明之後裔,流寓日本,更姓山本。祖居京都,自玄通宗孝始徙居江户。世代以醫爲業,任職醫官。山本恭庭仕履不明。或云,山本氏三代惟直,幼名金之助,後改稱宗安,又稱宗英。寶曆十三年(1763)拜謁家治將軍。安永七年(1778)十二月任番醫。寛政三年(1791)四月繼承家業,十月朔日任寄合。四年八月昇任奥詰,十二月三日敍進奥醫師,十六日任法眼。文化元年(1804)十二月十六日昇任法印,稱永春院,後改稱啟春院、啟俊院。天保六年(1835)卒,年八十八。所著《諸病源候論解題》,對研究《諸病源候論》頗有參考價值。

【醫籍考】一千五百四十五頁　按,吴景賢名見於《隋書·麥鐵杖傳》,則《提要》有"吴景監"之說者,實係臆測。然以是書爲巢、吴同編,理似當然,姑據《新唐志》並載二家之書,以俟後考。

注：按山本惟允之《解題》，考證頗極精緻。特其搜出醫師"吴景賢"之名於《隋書》中，以"吴景"爲"吴景賢"之訛，前人未有言及此者，且其指摘今本謬誤，斷爲非巢氏之舊面，是亦可謂前人所未發之卓見矣。然其以吴本、巢本，謂爲二書，所據薄弱，未足以聽從焉。古人以一書爲二家之書，非無其例，如《新修本草》，或謂爲李勣書，或謂爲蘇敬書，以可證之。至於以巢氏書比之《聖濟總錄》之晦顯，而乃云此書"成於隋而晦於唐，經五代而顯於宋"，寧可謂過鑿。多紀氏之説至爲穩當，可以從焉。如楊氏《訪書志》竊錄他書，漫爲己見，其意既劣，何足論哉。

（三）序跋

1. 巢氏諸病源候總論序翰林學士兼侍讀學士玉清昭應宫判官中散大夫尚書左司郎中知制誥史館修撰判館事上護軍常山郡開國侯食邑一千二百户賜紫金魚袋臣宋綬奉敕撰

臣聞人之生也，陶六氣之和，而過則爲沴；醫之作也，求百病之本，而善則能全。若乃分三部九候之殊，别五聲五色之變，揆盈虚於表裏，審躁静於性韻，達其消息，謹其攻療，兹所以輔含靈之命、裨有邦之治也。國家丕冒萬宇，交脩庶職。執技服於官守，寬疾存乎政典。皇上秉靈圖而迪成憲，奉母儀而隆至化。明燭幽隱，惠綏動植。憫斯民之疢苦，佇嘉醫之拯濟。且念幅員之遼邈、閭巷之窮阨，肄業之士，罕盡精良，傳方之家，頗承疑舛。四種之書或闕，七年之習未周，以彼粗工，肆其億度，夭害生理，可不哀哉。是形瘄怛，或懷重慎，以爲昔之上手，效應參神。前五日而逆知"日"一本作"目"，經三折而取信，得非究源之微妙，用意之詳密乎。蓋診候之教，肇自軒祖，中古已降，論著彌繁，思索其精，博利於衆。迺下明詔，疇咨舊聞，上稽聖經，旁摭奇道，發延閣之秘蘊，敕中尚而讎對。《諸病源候論》者，隋大業中太醫巢元方等奉詔所作也。會粹羣説，沈研精理，形脈治證，罔不該集。明居處、愛欲、風濕之所感，示鍼鑱、撟引、湯熨之所宜。誠術藝之楷模，而診察之津涉。監署課試，固常用此。乃命與《難經》、《素問》圖鏤方版，傳布海内。洪惟祖宗之訓，務推存育之思"思"一本作"惠"，補《農經》之闕漏，頒禁方於遐邇。逮今搜採，益窮元本，方論之要殫矣，師藥之功備矣。將使後學優而柔之，視色毫而靡愆，應心手而胥驗。大哉。味百草而救枉者，古皇之盛德；憂一夫之失所者，二帝之用心。彌兹札瘥，躋之仁壽"彌"一本作"弭"，上聖愛人之旨，不其篤歟。翰林醫官副使趙拱等參校既終，繕錄以獻，爰俾近著，爲之題辭。顧惟空疏，莫探秘賾。徒以述善誘之深意，用勸方來；揚勤卹之至仁，式昭大庇云爾。謹序。

2. 新刻病源候論序周學海

黄帝與其臣岐伯輩，發明府藏、經絡、脈息、病能之旨，著之竹帛，以示萬世，其心仁矣，其言詳且備矣。後世不能讀其書，傳其術，各以私見，自逞異議，至有倍經旨而不顧者。著述日紛，略無實際，昔人所爲，激而欲焚者也。然而漢晉之間，明醫輩出，類能推見大義，施治有效，故其論頗多可采。歷年久遠，散佚不可復見矣。獨隋巢氏所輯《病源候論》見傳於世，今日而欲考隋唐以前明醫之論，獨有此書而已耳。其書多載世醫方論，反於《靈》、《素》採錄甚簡，其意蓋欲爲《靈》、《素》後之一書，故不復一一重出也。中間淺略，於源候無所發明者有之，要其大謬亦罕矣。且博采兼蒐於人間，病名略盡，可不謂勤矣哉。顧以有論無方，世之好讀湯頭歌、趣捷徑者，多惡其迂遠，不取其書。書肆以其難售而無利也，亦遂無槧板，而海內幾不復知有是書矣。亟以家藏舊本付梓，并取《外臺秘要》及日本刻本校之。日本本訛脱極多，而兩本互勘，略已完善。若導引法，文奇義奧，多不可讀，愧未習其法，亦別無善本可據。世有東園角里其人，與吾方執卷而從之矣。光緒辛卯仲秋，周學海澂之記。

（四）刊本及鈔本

1. 北宋天聖五年刊本

【玉海】卷六十三　天聖四年十月十二日乙酉，命集賢校理晁宗慤、王舉正校定《黄帝内經素問》、《難經》、《巢氏元方病源候論》。五年四月乙未，令國子監摹印頒行，詔學士宋綬撰《病源》序。

2. 南宋刊本

【諸病源候論解題】　宋槧本，藏書家間有儲藏。曲直瀨氏懷仙樓、伊澤氏酌源堂，並藏一本。懷仙樓本卷首有"金澤文庫"印記，係於關東管領上杉氏舊藏，五十卷，合釘十冊，目録別爲一卷。每半板凡十有四行，行有二十三字。余借以校見行本，則宋槧訛謬反更甚焉。今相其板式，決非天聖官刊，或是坊間僞刻。然如其體裁，猶足觀采焉。

【經籍訪古志】卷八　《諸病源候論》五十卷，《目録》一卷。南宋槧本。懷仙閣藏。缺第四十、四十一、四十二、四十三，凡四卷。酌源堂藏有之，今從補録。

隋大業六年太醫博士臣巢元方奉敕撰。每半版高六寸許，幅四寸三分許。左右雙邊。十四行，行廿三字，每卷有"金澤文庫"印。按此本首有宋綬序，"弦"字闕筆，蓋南宋人從天聖校刊本而重刻者。文字遒勁，用歐法而時帶行體。但卷中間有補刻，第十七卷首行亦然。南宋坊間本往往有如此者。然是書在今日，莫善於此本，誠可貴重。酌源堂所藏亦係殘本，缺目録、第一、二、十四、十五、十六、十七、十八、十九，凡九卷。然二本相合，亦足稱完璧。

又按，此本校之《外臺》、《醫心方》所引，猶有譌缺，說見《醫籍考》中，宜參。

【圖書寮漢籍善本書目】卷三　《諸病源候論》五十卷，首卷一卷。十四冊。宋刊本，前有宋綬序，稱"《諸病源候論》者，隋大業中太醫巢元方奉詔所作"。每半葉十四行，行二十三字。"弦"字闕畫，蓋南宋人從天聖校刊本而重刻者。文字遒勁，用歐法而時帶行體，亦佳槧也。卷四十至四十三鈔補。每冊首有"森氏開萬冊府之記"、"九折堂山氏圖書之記"印。每卷首有"養安院藏書"印記。又卷首三、九、十五、廿二、卅二、卅八、四十五，卷尾二、八、十四、廿一、卅七、四十四、五十尾有"金澤文庫"印記。《經籍訪古志》所載本。

【帝室和漢圖書目録】　《諸病源候論》，隋巢元方等。宋版。五十卷，十四冊。

【日本訪書志】卷九　《諸病源候論》五十卷，《目録》一卷。影南宋本。首題"諸病源候論卷一"，不冠以"巢氏"二字。次題"大業六年太醫博士巢元方等奉敕撰”。次題“風諸病”。原本舊爲懷仙閣所藏,缺第四十、四十一、四十二、四十三,凡四卷。以酌源堂所藏宋殘本補摹之。首有“金澤文庫”印,日本古時官庫藏書之所也。此本爲小島學古從宋本影摹者。

注:按《留真譜新編》卷七,載有《諸病源候論》冊首二葉,亦有“金澤文庫”印,蓋是據於懷仙閣舊藏南宋槧本而影摹者矣。

3. 不明宋本

【問經堂書目】《諸病源候論》五十卷,隋巢元方撰。宋版,元刊本。

4. 元刊本

【汲古閣珍藏秘本書目】醫家　元板《巢氏源候揔論》八本。四兩八錢。

【儀顧堂題跋】卷七巢氏諸病源候論跋　《重刊巢氏諸病源候總論》五十卷,《目錄》一卷。題曰“隋大業六年太醫博士臣巢元方奉敕撰”。元刊本前有翰林學士知制誥宋綬序。每半葉十三行,每行二十三字。以明刊本校之,卷十“瘴氣候”條四百七十一字,明刊衹存五十四字。“青草瘴”以下,奪四百十七字。此外字句之譌奪亦復不少。證以《外臺秘要》所採諸論,與此刊亦有異同。聞東洋藏書家尚有南宋刊本,惜不得借校一過耳。

【羣碧樓善本書錄】卷二　《重刊巢氏諸病源候總論》五十卷。十四冊。元刻本題“隋大業六年太醫博士巢元方等奉敕撰”,每半葉十三行,行二十三字。有“舊史徐釚”、“松風老人”、“吳江菊莊”、“徐氏珍藏書畫圖記”諸印。《巢氏諸病源候》流傳極稀,此書完美無闕,元刻之上乘也。前葉不知何人錄,盧紹弓跋云,曾得竹垞舊藏,兼錄竹垞原跋。知此書在當時頗足重矣。書有徐電發藏印。電發與竹垞同舉鴻博,得書者蓋未之審。今盧氏所藏,不知存否。朱、徐二公,同時并奔,其時去古未遠,蒐討亦尚易也。庚申十月,正闇記。

【郘亭知見傳本書目】卷八　《巢氏諸病源候論》五十卷。隋巢元方等奉敕撰。元刊細黑口本。

【四庫書目邵注】卷十　《巢氏諸病源候論》五十卷。《孝慈堂目》有元刊本。

【四庫目略】子部　《巢氏諸病源候論》。元刊。細黑口本。朱《目》有元刊本,比吳勉學多附刻《辨難》一卷。

【行素堂目睹書錄】汲古閣珍藏秘本書目　元板《巢氏源候總論》八本。

【經籍訪古志】卷八　《重刊巢氏諸病源候總論》五十卷,《目錄》一卷。元槧,京師高階經宣藏。每版高六寸一分強,幅四寸一分強。十三行,行二十三字。

按,此本據宋本重刊,而間校改文字。如卷二風頭眩候“變爲癲”,“癲”下此本補“以”字,夾注“癲以”二字。又“惡風鬚眉墮落候”,“北方”云云,“曰冗風”,此本作“朼(異本作朹)風”。“有字作冗”四字注文之類是也。每行字數正與宋本同,唯標目增“重刊巢氏”及“總”字,“大業六年”上冠“隋”字。又聿修堂藏有皇國二三百年前舊鈔本,又今行正保乙酉刊本,亦據此本,雖互有異同,然文字體式不失元板之舊,頗爲可喜。又伊良子氏[1]亦藏元板,紙刻更爲完好。

[郭注]

(1)伊良子氏,即伊良子光通(～1849),京都人,京都著名外科醫師伊良子光顯之養子,典藥療醫師,官職從四位下主稅助,特任仁孝天皇之天脈拜診醫生(典藥療中爲天皇診病之醫生)。

5. 明汪濟川江瓘校刊本

【善本書室藏書志】卷十六 《重刊巢氏諸病源候論》五十卷。明刊本。隋太醫博士巢元方撰。前有翰林學士兼侍讀學士玉清昭應宮判官尚書左司郎中臣宋綬奉敕撰序。明新安汪濟川、江瓘校刊也。

【諸病源候論解題】 又有汪濟川、江瓘校本,題云"明新安汪濟川江瓘校",目錄末有"歙巖鎮汪氏主一齋校刊"印,及"歙方東雲處敬校刻於聚奎堂"印。案"處敬"者,汪濟川之字。余家所藏《傷寒論》亦係於汪氏校本,有歙巖鎮呂濱鄭佐序,云"余里人汪君處敬"云云是也。江瓘字民瑩,歙縣諸生,《名醫類案》作者也。《傷寒論》板刻在嘉靖二十年,而《類案》之作成於二十八年,蓋同時人也。

【經籍訪古志】卷八 明汪濟川、江瓘校本,其體式一同此本元槧也。聿修堂藏。不記刊行年月,似萬曆以上物。

【杏雨書屋圖書假目錄】 《巢氏諸病源候總論》五十卷,《序目》三卷,隋巢元方奉敕撰。明汪江瓘校,明刊。二冊。

6. 明汪濟川方鑛校刊本

【平津館鑒藏書籍記】第二明板 《重刊巢氏諸病源候總論》五十卷。題"隋太醫博士巢元方撰",前有翰林學士宋綬序。晁氏《讀書志》稱"元方大業中被命,與諸醫共論衆病所起之源。皇朝昭陵時,校本刻牘頒行。宋綬爲序"。目錄後有"歙巖鎮汪氏主一齋校刊本印"。《四庫全書》所錄爲明汪濟川、方鑛刊本。此本卷一巢元方銜名後,當有汪、方二人名,已爲書家剜去。每葉廿行,行十九字。

【孫氏書目】内編卷二 《巢氏諸病源候總論》五十卷。明汪氏主一齋刊本。

【鐵琴銅劍樓藏書目】卷第十四 《巢氏諸病源候總論》五十卷。明刊本。隋太醫博士巢元方等奉詔撰。有宋綬序。陳氏《書錄》云,《千金方》諸論多本是書,宋制每用以課試醫士也。此明汪氏主一齋刊本。

【郘亭知見傳本書目】《巢氏諸病源候論》五十卷。明汪濟川、方鑛刊本。

【四庫書目邵注】卷十 《巢氏諸病源候論》五十卷。明汪濟川、方鑛刊本。

【八千卷樓書目】卷十 《巢氏諸病源候論》五十卷。明汪氏主一齋刊本。

【諸病源候論解題】 汪濟川、方鑛校本。題云"明新安汪濟川方鑛校"。亦有"歙方東雲"云云印。版式全與前本同,文亦不差一字。案方鑛未詳何人。且汪濟川與江瓘共刻此書,無複刻之理,意是書估欲其易售,妄改校者姓名耳。

【聿修堂藏書目錄】《病源候論》五十卷。十五冊。汪濟川校本。隋巢元方。

【經籍訪古志】卷八 又有汪濟川、方鑛校本,及吳勉學校本,俱重刊前刻者。謂"前刻"者,即汪濟川、江瓘校本。

【北京人文科學研究所藏書目錄】 《重刊巢氏諸病源候總論》五十卷。明汪氏校刊本。

7. 明吴勉學校本

【郘亭知見傳本書目】卷八　《巢氏諸病源候論》五十卷。明吴勉學本在《醫統》。善。

【四庫目略】《巢氏諸病源候論》。明吴勉學《醫統》本善。

【諸病源候論解題】　吴勉學師古校本，題云"明新安吴勉學師古校"，亦與前版一式。謂"前版"者，即師古本也。疑非師古校本也。

【經籍訪古志】卷八　汪濟川、方鑛校本，及吴勉學校本，俱重刊前刻者。謂"前刻"者，即汪濟川、江瓘校本。

8. 明刊未詳本

【帶經堂書目】卷三　《巢氏病源》五十卷。明倣宋刊本。

【皕宋樓藏書志】卷四十四　《巢氏諸病源候總論》五十卷。明刊本。

【秦漢十印齋書目】卷三　《重刻巢氏諸病源總論》五十卷。明仿宋刻本。

【江南圖書館閲覽室檢查書目】《巢氏病源》。明刊本。十五本。

【江蘇省立國學圖書館圖書總目】《重刊巢氏諸病源候總論》五十卷，八册。隋巢元方等奉敕撰。明刊本。

【江蘇第一圖書館覆校善本書目】《重刊巢氏諸病源候總論》五十卷。明刊本。

【内閣文庫圖書第二部漢書目錄】《諸病源候論》五十卷。第一至三卷缺。《目》一卷。明板。十四册。

【静嘉堂文庫國書分類目錄】《重刊諸病源候論》五十卷，《目錄》一卷，隋巢元方撰。明刊。守先閣舊藏本。四册。

9. 四庫全書本

【四庫全書總目】卷一百零三　《巢氏諸病源候論》五十卷。浙江巡撫採進本。此本爲明汪濟川、方鑛所校。

【四庫館進呈書籍底簿】浙江第六次書目　《重刊巢氏諸病源候總論》五十卷，隋巢元方著。四本。

【壬子文瀾閣所存書目】卷三　《巢氏諸病源候論》五十卷。十四册。補鈔。

10. 清嘉慶胡益謙經義齋刊活字本

【郘亭知見傳本書目】《巢氏諸病源候論》五十卷。嘉慶中單行本。

【八千卷樓書目】卷十　《巢氏諸病源候論》五十卷。經義齋刊本。

【日本訪書志】卷九　《諸病源候論》五十卷，《目錄》一卷。小島學古校本。日本醫官小島學古據宋本、元本、日本國刊本、聿修堂鈔本，又以《外臺秘要》、《醫心方》日本人所撰。所引，合校於胡益謙刊本上，凡訂正不下數千事，最爲精審，似無遺恨。卷九影南宋本。嘉慶間胡益謙刊本，以此本校之，胡本之誤不下數千字，且有十數條脱漏者。即如篇首標題增"巢氏"二字，"論"上加"總"字，次删"大業六年等奉敕上"字，每類"諸病"改爲"病"，"諸"下又增"候"字，其爲庸妄已可概見。

【故宫博物院書目】《巢氏病源》校本五十卷。六冊。嘉慶年經義堂刊本。

【江蘇省立國學圖書館圖書總目】《重刊巢氏諸病源候總論》十冊。嘉慶刊本。

【寶素堂藏書目錄】《諸病源候論》五十卷,《目錄》一卷。十二冊。嘉慶戊辰胡氏經義齋刊活字本。

【經籍訪古志】卷八　嘉慶己巳胡益謙活字配印本亦然。亦然,即謂重刊汪濟川校本。

11. 光緒湖北崇文書局刊本

【故宫普通書目】卷三《巢氏諸病源候論》五十卷。八冊。光緒十二年湖北官書處刊本。

【日本訪書志】卷九影南宋本　近日崇文書局刻此書,不言從何本出。柯慎菴云,是據袁壽階舊鈔傳錄,差勝胡本,以視此宋本則天淵矣。甲申六月記。

【國立北京大學文科圖書館藏書目】隋巢元方等奉敕撰　《巢氏諸病源候總論》五十卷。八本。湖北書局本。

【揚州吳氏測海樓藏書目錄】卷四　《巢氏病源》五十卷。湖北書局刊,白紙。八本一函。

【山東圖書館書目】《巢氏病源》五十卷。湖北局本。

【叢書書目彙編】湖北書局所刻書雜著　《巢氏病源論》

【中國醫學書目】《巢氏病源》五十卷,八冊。九行二十四字,框橫十二·二釐,縱十七·八釐。巢元方等奉敕撰。光緒十二年湖北崇文書局刊。"重刊巢氏病源候總論序",宋綬。綱目,目錄。

12. 光緒周學海刊本

【叢書舉要】卷十二周氏彙刻醫學叢書　《巢元方病源候論》五十卷

【叢書書目彙編】周氏醫學叢書　《病源候論》五十卷

【續彙刻書目】周氏醫學叢書　《病源候論》五十卷

【揚州吳氏測海樓藏書目錄】卷四　《病源候論》五十卷。周學海輯《周氏醫學叢書》,光緒辛卯自刊竹紙本。

【日本訪書志】卷九影南宋本　光緒辛卯,池州周氏又刊此書,自稱以舊本付梓,實即胡益謙本也。丁酉六月記。

【國學用書類述】《諸病源候論》五十卷。清周學海校刻本。

【杏雨書屋圖書假目錄】《病源候論》五十卷。隋巢元方撰。光緒十七年刊。八冊。

【中國醫學書目】《病源候論》五十卷,八冊。十一行二十一字。框橫十二·一釐,縱十五·五釐。巢元方撰。光緒十七年池陽周氏校刊。"巢氏諸病源候總論序",宋綬。"新刻病源候論序",周學海,光緒十七年。綱目,總論目錄。

13. 醫學大成本

【續中國醫學書目】《巢氏諸病源候總論》五十卷,八冊。十四行三十一字,洋紙裝,四十六版。隋巢元方撰。民國二十五年刊。《中國醫學大成》叢二十四第五集之內。提要,宋序,宋綬。周序,周學海,光緒十七年。總目。目錄。

14. 石印本

【國學用書類述】《諸病源候論》五十卷,隋巢元方。石印本。

15. 日本正保二年刊本

【抱經樓藏書志】卷三十六　《巢氏諸病源候總論》五十卷。東洋刊本。

【八千卷樓書目】卷十　《巢氏諸病源候論》五十卷。日本刊本。

【涵芬樓舊書分類總目】《巢氏諸病源候論》。日本右衛門重刊本。十冊。

【浙江藏書樓甲編書目】《巢氏病源總論》五十卷。東洋本。

【浙江公立圖書館通常類圖書目錄】《巢氏諸病源候論》五十卷。日本正保二年重刊本。十本。

【國學用書類述】《諸病源候論》五十卷。日本刊本。

【江蘇省立國學圖書館圖書總目】《重刊巢氏諸病源候論》十冊。日本正保刊本。

【寶素堂藏書目錄】《諸病源候論》五十卷,《目錄》一卷。十一冊。正保二年刊本。

【聿修堂藏書目錄】《病源候論》五十卷。皇朝鏤本,不記歲月。

【經籍訪古志】卷八　今行正保乙酉刊本,亦據此本,謂"此本",即元槧。雖互有異同,然文字體式,不失元板之舊,頗爲可喜。

【内閣文庫圖書第二部漢書目錄】《諸病源候論》五十卷,《目》一卷。正保二年刊。

【杏雨書屋圖書假目錄】《巢氏病源候論》五十卷,隋巢元方奉敕撰。正保二年刊。十冊。同,十一冊。

【中國醫學書目】《巢氏諸病源候論》五十卷。十冊。十二行二十一字,框横十五·八釐,縱二十二·三釐。巢元方撰,正保二年,萬屋作右衛門發行。"巢氏諸病源候總論序",宋綬。目錄。

16. 鈔本

【故宫博物院書目】《諸病源候論》一冊,抄本。《巢氏諸病源候論》,宋宋綬。五十卷。八冊,影宋抄本。

【觀海堂書目】忠字號　《巢氏病源》八本。五十卷。日本鈔本。幸字號《諸病源候論》一本。五卷。日本鈔本。

【日本訪書志】卷九　《影南宋本巢氏諸病源候論》五十卷。首題"諸病源候論卷一",不冠以"巢氏"二字。次題"大業六年太醫博士巢元方等奉敕撰"。次題"風諸病"。原本舊爲懷仙閣所藏,缺第四十、四十一、四十二、四十三,凡四卷。以酌源堂所藏宋殘本補摹之,首有"金澤文庫"印,日本古時官庫藏書之所也。此本爲小島學古從宋本影摹者。

【諸病源候論解題】　皇朝古鈔本二通,一爲丹波氏聿修堂藏本,一爲野間氏白雲書庫藏本,二本並不詳其年代,而聿修堂本最多古色。《疏證》中稱"櫟窓先生手標"云者,出於此本也。并與見行本大同小異。見行本,未詳其原,或云元板,然無證據也。

【寶素堂藏書目錄】《諸病源候論》五十卷,《目錄》一卷,八冊。影鈔本。

【聿修堂藏書目錄】《病源候論》五十卷,《目錄》一卷,十二冊。古鈔本。

【經籍訪古志】卷八南宋槧本　楓山秘府舊抄本,係三四百年外書本,行款與此本同,而文字間異,憾未校過。元槧。聿修堂藏有皇國二三百年前舊鈔本。又今行正保乙酉刊本,亦據此本,雖互有異同,然文字體式不失元板之舊,頗爲可喜。

【元治增補御書籍目錄】《諸病源候論》五十卷。古寫本。十四冊。

【帝室博物館漢書目錄】《病源論》,巢元方等奉敕撰。寫。十冊。和本。

【內閣文庫圖書第二部漢書目錄】特　《諸病源候論》五十卷,《目》一卷。日本寫本。十四冊。《諸病源候論》,同上,日本寫本。十一冊。《諸病源候論》,同上,日本寫本。四冊。

附　羣書校補本校誤一卷

【日本訪書志】卷九影南宋本　歸安陸氏得元刊本,較勝胡、周諸本。然據其所校出刊入《羣書校補》中者,僅寥寥數翻,亦遠不及此本之善也。丁酉八月記。

【叢書舉要】卷十羣書校補　《巢元方諸病源候論》一卷。元刊本。《叢書書目彙編》、《續彙刻書目》並同。

【古越藏書樓書目】卷五　《巢氏諸病源候論校誤》一卷。陸心源《潛園叢書》校補本。原書隋巢元方所著。

【遼寧省立圖書館館刊】館藏叢書舉要羣書校補　《巢元方諸病源候論》一卷。元刊本。

17. 未詳本

【文淵閣書目】【菉竹堂書目】【本草綱目】【脈望館書目】【汲古閣毛氏藏書目錄】以上明　【天一閣藏書目錄】【天一閣見存書目】【季滄葦藏書目】【稽瑞樓書目】【海源閣藏書目】【觀海堂書目】以上清　【南洋中學藏書目】【內閣文庫書檔舊目】以上民國　【多紀元堅獻納醫書目錄】日本

第十類　諸家方論（唐—五代）

一、備急千金要方

（一）出典

【千金要方】孫思邈自序　乃博採羣經，删裁繁重，務在簡易，以爲《備急千金要方》一部，凡三十卷。雖不能究盡病源，但使留意於斯者，思過半矣。以爲人命至重，有貴千金，一方濟之，德踰於此，故以爲名也。

【唐書藝文志】子錄醫術類　《孫思邈千金方》三十卷

【太平御覽】引書目　《千金方》

【崇文總目輯釋】卷三　《千金方》三十卷，孫思邈撰。陳詩庭云：今本作《千金要方》九十三卷，合《千金翼方》爲一書，又廣其卷數。

【證類本草所出經史方書】《千金方》

【通志藝文略】方書　《千金方》三十卷，孫思邈撰。

【遂初堂書目】醫書　《千金方》

【直齋書錄解題】卷十三　《千金方》三十卷，唐處士京兆孫思邈撰。自爲之序，名曰《千金備急要方》。以爲人命至重，有貴千金，一方濟之，德踰於此。其前"類例"數十條，林億等新纂。

【郡齋讀書後志】卷二　《千金方》三十卷，右唐孫思邈撰。思邈博通經傳，洞明醫術，著用藥之方，胗脈之訣，鍼灸之穴，禁架之法，以至導引養生之要，無不周悉。後世或能窺其一二，未有不爲名醫者。然議者頗恨其獨不知傷寒之數云。

【文獻通考】經籍考　《千金方》三十卷。以下引晁、陳二氏說，今省之。

【宋史藝文志】子類醫書　《孫思邈千金方》三十卷

【日本國見在書目錄】《千金方》三十一，孫思邈撰。

【和名抄引用漢籍】《千金方》三十卷，唐孫思邈撰。引用一回。

【撮壤集】下醫書　《千金方》

注：按《外臺秘要》所引有"《千金方》"四百五十五條，《醫心方》所引有"《千金方》"四百八十一條、"孫思邈"四條，《證類本草》所引有"《千金方》"一百五十七條。

注：孫思邈傳，《舊唐書》卷一百九十一本傳云：孫思邈，京兆華原人也。七歲就學，日誦千餘言。弱冠，善談老、莊及百家之說，兼好釋典。洛州總管獨孤信見而

歎曰:此聖童也。但恨其器大,難爲用也。周宣帝時,思邈以王室多故,隱居太白山。隋文帝輔政,乃徵爲國子博士,稱疾不起。嘗謂所親曰:過五十年,當有聖人出,吾方助之以濟人。及太宗即位,召詣京師,嗟其容色甚少,謂曰:故知有道者誠可尊重,羨門、廣成,豈虚言哉。將授以爵位,固辭不受。顯慶四年,高宗召見,拜諫議大夫,又固辭不受。上元元年,辭疾請歸,特賜良馬,及鄱陽公主邑司以居焉。當時知名之士宋令文、孟詵、盧照鄰等,執師資之禮以事焉。思邈嘗從幸九成宫,照鄰留在其宅。時庭前有病梨樹,照鄰爲賦,其序曰:癸酉之歲,余卧疾長安光德坊之官舍。父老曰:是鄱陽公主邑司,昔公主未嫁而卒,故其邑廢。時有孫思邈處士居之。邈道合古今,學殫數術。高談正一,則古之蒙莊子;深入不二,則今之維摩詰。其推步甲乙,度量乾坤,則洛下閎、安期先生之儔也。照鄰有惡疾,醫所不能愈,乃問思邈:名醫愈疾,其道如何。思邈曰:吾聞善言天者,心質於人;善言人者,亦本之於天。天有四時五行,寒暑迭代,其轉運也,和而爲雨,怒而爲風,凝而爲霜雪,張而爲虹蜺,此天地之常數也。人有四支五藏,一覺一寢,呼吸吐納,精氣往來,流而爲榮衛,彰而爲氣色,發而爲音聲,此人之常數也。陽用其形,陰用其精,天人之所同也。及其失也,蒸則生熱,否則生寒,結而爲瘤贅,陷而爲癰疽,奔而爲喘乏,竭而爲燋枯,診發乎面,變動乎形。推此以及天地亦如此,故五緯盈縮,星辰錯行,日月薄蝕,孛慧飛流,此天地之危診也。寒暑不時,天地之蒸否也;石立土踊,天地之瘤贅也;山崩土陷,天地之癰疽也;奔風暴雨,天地之喘乏也;川瀆竭涸,天地之燋枯也。良醫導之以藥石,救之以鍼劑,聖人和之以至德,輔之以人事,故形體有可愈之疾,天地有可消之災。又曰:膽欲大而心欲小,智欲圓而行欲方。《詩》曰“如臨深淵,如履薄冰”,謂小心也。“赳赳武夫,公侯干城”,謂大膽也。“不爲利回,不爲義疚”,行之方也。“見機而作,不俟終日”,智之圓也。思邈自云開皇辛酉歲生,至今年九十三矣。詢之鄉里,咸云數百歲人。話周齊間事,歷歷如眼見。以此參之,不啻百歲人矣。然猶視聽不衰,神采甚茂,可謂古之聰明博達不死者也。初,魏徵等受詔修齊、梁、陳、周、隋《五代史》,恐有遺漏,屢訪之,思邈口以傳授,有如目觀。東臺侍郎孫處約將其五子侹、儆、俊、佑、佺,以謁思邈。思邈曰:俊當先貴,佑當晚達,佺最名重,禍在執兵。後皆如其言。太子詹事盧齊卿童幼時,請問人倫之事,思邈曰:汝後五十年位登方伯,吾孫當爲屬吏,可自保也。後齊卿爲徐州刺史,思邈孫溥果爲徐州蕭縣丞。思邈初謂齊卿之時,溥猶未生,而預知其事。凡諸異迹,多此類也。永淳元年卒。遺令薄葬,不藏冥器,祭祀無牲牢。經月餘,顔貌不改,舉屍就木,猶若空衣,時人異之。自注《老子》、《莊子》,撰《千金方》三十卷,行於代。又撰《福祿論》三卷,《攝生真錄》及《枕中素書》、《會三教論》各一卷。子行,天授中爲鳳閣侍郎。《新唐書》略同。明喬世定所刊本卷首亦載此文,題云“真人例傳”。

張璐《千金方衍義·真人列傳注》云:自云生於開皇,乃托辭也。如果生於隋,何周宣帝時,便以王室多故,隱居太白山耶。

《十七史商榷》云:《舊唐書·方伎·孫思邈傳》,上文明云“周宣帝時,隱太白山。隋文帝輔政,徵爲博士”,此何以自云“開皇辛酉歲生”。開皇辛酉,隋文帝在位之二十一年,是年改元仁壽。至照鄰作序之年癸酉,是唐高宗在位之二十四年,咸亨四年,當云年七十三。思邈蓋不欲以長生不死驚駭世人,故自隱其年,而詭詞云開皇辛酉生,故云。以此參之,不啻百歲人矣,非自相矛盾也。但七十三而云九十三者,此傳刻之誤也。原本亦誤,《舊書》於卷末直云"永淳元年卒",更不言年若干,蓋的年實無可考,而以上文歷敘者參詳之,則自是百餘歲人,不言可知矣。《新書》則改云"永淳初卒",而又添一句云"年百餘歲"。永淳之號,本只二年,"初"與"元年"有何分别,何必作,而所添之句則反成贅疣。凡宋祁之務欲自炫其長,而實則無加於舊者多如此。

《四庫全書總目·千金方提要》云:思邈,華原人。《唐書·隱逸傳》稱,其少時,周洛州刺史獨孤信稱爲聖童。及長,隱居太白山。隋文帝輔政,以國子博士徵,不起。則思邈生於周朝,入隋已長。然盧照鄰《病梨樹賦序》稱,癸酉歲於長安見思邈,自云開皇辛酉歲生,今年九十二。則思邈生於隋朝,照鄰乃思邈之弟子,記其師言必不妄。惟以《隋書》考之,開皇紀號凡二十年,止於庚申,次年辛酉,已改仁壽,與史殊不相符。又由唐高宗咸亨四年癸酉上推九十二年,爲開皇二年壬寅,實非辛酉,干支亦不相應。然自癸酉上推九十三年,正得開皇元年辛丑。蓋《照鄰集》傳寫譌異,以辛丑爲辛酉,以九十三爲九十二也。史又稱思邈卒於永淳元年,年百餘歲。自是年上推至開皇辛丑,正一百二年,數亦相合,則生於後周、隱居不仕之說,爲史誤審矣。下略,見於"考證"中。

《酉陽雜俎》云:孫思邈嘗隱終南山,與宣律和尚相接,每往來互參宗旨。時大旱,西域僧請於昆明池,結壇祈雨,詔有司備香燈凡七日,縮水數尺。忽有老人夜詣宣律和尚求救曰:弟子昆明池龍也,無雨久,非由弟子。胡僧利弟子腦,將爲藥,欺天子言祈雨,命在旦夕,乞和尚法力加護。宣公辭曰:貧道持律而已,可求孫先生。老人因至思邈石室求救,孫謂曰:我知昆明龍宫有仙方三千首,爾傳與予,將救汝。老人曰:此方上帝不許妄傳,今急矣,固無所悋。有頃,捧方而至。孫曰:爾特還,無慮胡僧也。自是池水忽漲,數日溢岸,胡僧羞恚而死。孫復著《千金方》三十卷,每卷入一方,人不得曉。《醫籍考》

(二)考證

【千金要方】宋臣序　有唐真人孫思邈者,以上智之才,抱康時之志,當太宗治平之際,思所以佐迺後庇民之事,以謂上醫之道,真聖人之政而王官之一守也。而乃祖述農皇之旨,發明岐摯之學,經掇扁鵲之難,方採倉公之禁,仲景黄素、華佗緑帙、葛仙翁之《必效》、胡居士之《經驗》、張苗之《藥對》、叔和之脈法、皇甫謐之《三部》、陶隱居之《百一》,自餘郭玉、范汪、僧垣、阮炳,上極文字之初,下訖有隋之世,或經或方,無不採摭。集諸家之所秘要,去衆說之所未至,成書一部,總三十卷,目錄一通。臟腑之論,鍼艾之法,脈證之辨,食治之宜,始婦人而次嬰孺,先腳氣而後中風、傷寒、癰疽、消渴、水腫,七竅之痾,五石之毒,備急之法,養性之術,總篇二百三十二門,合方論五千三百首,莫不十全可驗,四種兼包。厚德過於千金,遺法傳於百代,使二聖二賢之美不墜於地,而世之人得以階近而至遠,上識於三皇之奧者,孫真人善述之功也。

【避暑錄話】 孫真人爲《千金方》兩部,說者謂凡修道養生者,必以陰功協濟,而後可得成仙。思邈爲《千金》前方時,已百餘歲,因以妙盡古今方書之要,獨傷寒未之盡,似未盡通仲景之言,故不敢深論。後三十年,作《千金翼》,論傷寒者居半,蓋始得之。其用志精審不苟如此。今通天下言醫者,皆以二書爲司也命也。思邈之爲神仙,固無可疑,然唐人猶記中間有用虻蟲、水蛭之類,諸生物命,不得升舉,天之惡殺物者如是,則欲活人者,豈不知之。《醫籍考》

【千金方】馬理序 孫子所著有《千金方》一部,三十餘卷,其方首療婦人無子,次妊娠,次轉女爲男,次生產,次活幼,次男子老人諸方。凡鍼灸導引、養性攝生之方,無不備焉。予見古今醫方有序者,率不逮是。其間每卷有救急單方,窮鄉下邑,藥物鮮有之所,倉卒用之尤便。其以"千金"名方,蓋謂一方之價抵千金焉耳。或謂未然,殊不知崇高之人,偶得危疾,得是方以全之,則中流一壺,豈足喻邪。孫子之徒,嘗刊是方於華表石上,竪之鑑山下,漆沮合流路隅,便人覽且抄也。今石存而方失,州人傳說,爲某醫所毁。

【讀書敏求記校證】卷三之下 《千金》。鈺案,葉昌熾謂"千金"之名不始於孫思邈,《隋書經籍志》有"徐世英《千金方》",亦六朝人。見《奇觚廎文集》。要鈺案,《新唐志》、《宋志》均無"要"字。方三十卷。《述古目》注"閣宋本鈔"四字。《補》,勞權云:《恬裕目》,元刊本有孫序及錢象先進書序。孫思邈,雍州刊本"州"下有"之"字。《補》,阮本、胡校本均無。華原人。救昆明池龍,得仙方三十首,散入此書中,逐卷一方。鈺案,《酉陽雜俎》云:孫著《千金方》三十卷,每卷入龍宮方一方。與此記所引同。後人無從辨之,新刊本、阮本"新"下有"刻"字。本攙改譌刊本、阮本"譌"作"僞"。謬,不可是正。此猶是其刊本無"其"字。今從吳校補。阮本、胡校本均有。原書也。《補》,黃丕烈云:予初獲是書於故家,甚寶之。後獲殘宋本,又獲元刻全本,此鈔本易去。鈺案,殘宋本後歸陸心源。見《儀顧堂題跋》。蔣鳳藻云:先輩於宋本珍重如此,雖殘本亦甚寶貴。可知吳中未遭兵燹以前,宋本之罕覯已然矣。

【四庫全書總目】卷一百零三 《千金要方》九十三卷,兩淮馬裕家藏本。唐孫思邈撰。思邈,華原人。中略,已引載在"思邈傳"條下。思邈嘗謂,人命至重,貴於千金,一方濟之,德踰於此。故著方書以"千金"名,凡診治之訣、鍼灸之法,以至導引養生之術,無不周悉。猶慮有闕遺,更撰《翼方》輔之。考晁、陳諸家著錄,載《千金方》、《千金翼方》各三十卷。錢曾《讀書敏求記》所載卷數亦同。又謂宋仁宗命高保衡、林億等校正刊行,後列《禁經》二卷。合二書計之,止六十二卷。此本增多三十一卷,疑後人併爲一書,而離析其卷帙。葉夢得《避暑錄話》稱思邈作《千金》前方時已百餘歲,妙盡古今方書之要,獨傷寒未之盡,似未盡通仲景之言,故不敢深論。後三十年,案"百餘歲"及"後三十年"之說,皆因仍舊誤,今姑仍原本錄之。作《千金翼》,論傷寒者居半,蓋始得之,其用志精審如此云云。則二書本相因而作,亦相濟爲用,合之亦未害宏旨也。《太平廣記》載思邈曾救昆明池龍,得龍宮仙方三十首,散入《千金方》各卷之中。蓋小說家附會之談,固無足深辨焉。

【醫學源流論】卷下千金方外臺論　仲景之學，至唐而一變。仲景之治病，其論藏府經絡，病情傳變，悉本《内經》。而其所用之方，皆古聖相傳之經方，并非私心自造。間有加減，必有所本。其分兩輕重，皆有法度。其藥悉本於《神農本草》，無一味遊移假借之處。非此方不能治此病，非此藥不能成此方，精微深妙，不可異議。藥味不過五六品，而功用無不周，此乃天地之化機、聖人之妙用，與天地同不朽者也。《千金方》則不然，其所論病未嘗不依《内經》，而不無雜以後世臆度之法。其所用方亦皆採擇古方，不無兼取後世偏雜之法。其所用藥未必全本於神農，兼取雜方、單方及通治之品，故有一病而立數方，亦有一方而治數病。其藥品有多至數十味者，其中對症者固多，不對症者亦不少，故治病亦有效有不效。大抵所重專在於藥，而古聖製方之法不傳矣，此醫道之一大變也。然其用意之奇、用藥之巧，亦自成一家，有不可磨滅之處。

【醫籍考】一千五百七十頁　按是書原三十卷，其析爲九十三卷者，《道藏》中所輯，耀州喬世定錄出刊之，詳見於兄世寧序中。《提要》不識其說，妄爲傅會之談，可謂疏矣。僧法藏《華嚴傳記》作"六十卷"，是併前、後二方而言之也。

【儀顧堂題跋】卷七北宋本千金方跋　《孫真人千金方》卷一至卷五，卷十一至十五，卷二十一至三十，凡二十卷，皆北宋本。中略，詳見"北宋刊配元明刊本"條下。

卷一，爲類八，曰：習業第一，精誠第二，理病第三，診候第四，處方第五，用藥第六，合和第七，服餌第八。

卷二婦人上，爲類八：求子方第一，有胎惡阻第二，養胎第三，有胎病方第四，難產第五，子死腹中第六，逆生第七，胞衣不出第八。

卷三婦人中，爲類八：虛損第一，煩悶第二，中風第三，心腹痛第四，惡露第五，下痢第六，小便第七，雜方第八。

卷四婦人下，爲類四：補益第一，不通第二，崩中第三，月水不調第四。

卷五小兒，爲類(八)[四]：序例第一，初生第二，驚癇第三，客忤第四，癰疽第五，傷寒第六，咳嗽第七，癥結第八，雜病第九。

卷十一，爲類五：肝藏脈論第一，肝虛實第二，肝勞第三，肝筋極第四，癥結癖氣第五。

卷十二，爲類七：膽府脈第一，膽虛實第二，咽門第三，髓虛第四，補虛煎第五，吐血方第六，萬病方第七。

卷十三，爲類八：心藏脈論第一，心虛實第二，心勞第三，脈極第四，脈虛實第五，心腹痛第六，胸痺第七，頭風第八。

卷十四，爲類七：小腸腑脈論第一，小腸虛實第二，舌論第三，風眩第四，風癲第五，驚悸第六，好忘第七。

卷十五，爲類七：脾臟脈論第一，脾虛實第二，脾勞第三，肉極第四，肉虛實第五，熱痢第六，冷痢第七。

卷二十一，爲類五：消渴第一，虛悶不得眠第二，淋閉第三，尿血第四，水腫第五。

卷二十二,爲類五:序論第一,菓實第二,菜蔬第三,穀米第四,鳥獸第五。

卷二十三,爲類六:丁腫第一,癰癤第二,發背第三,丹毒第四,癮疹第五,瘭疽第六。

卷二十四,爲類五:九漏第一,腸癰第二,腸痔第三,癬疥第四,惡疢第五。

卷二十五,爲類八:解食毒第一,百藥毒第二,五石毒第三,蠱毒第四,胡臭第五,脱肛第六,瘤瘻第七,癩病第八。

卷二十六,爲類四:卒死第一,蛇毒第二,被打第三,火瘡第四。

卷二十七,爲類十六:平脈火法第一,五臟脈輕重第二,指下形狀第三,五臟脈所屬第四,分別病狀第五,三關對治法第六,五臟積聚第七,陰陽表裏虚實第八,何時得病第九,扁鵲華佗察色第十,五臟六腑氣絶候第十一,四時相反第十二,死期年月第十三,扁鵲診諸反逆死脈第十四,診百病死生第十五,三部死生決第十六。

卷二十八,爲類八:養性第一,道引養性第二,黄帝雜忌第三,按摩法第四,調氣法第五,居處法第六,房中補益第七,服食法第八。

卷二十九,爲類六:明堂三人圖第一,三陰三陽流注第二,鍼灸禁忌法第三,五藏六腑旁通法第四,用鍼界例第五,灸例第六。

卷三十孔穴主對法,爲類六:頭病第一,舌病第二,膝病第三,風病第四,癲病第五,雜病第六。

校以日本覆宋治平本,不但編次先後迴然不同,即字句方藥,幾於篇鮮同章,章尠同句。惟與治平本校勘記所稱唐本多合,洵爲孫真人之真本,非林億既校以後刊本所可同日語也。

附　宋校本、《道藏》本及《儀顧堂題跋》所載北宋本卷目

宋校本		道藏本	北宋本	
卷第一序例	大醫習業第一	在於卷之一	在卷一	習業第一
	大醫精誠第二	同	同	精誠第二
	治病略例第三	同	同	理病第三
	診候第四	同	同	診候第四
	處方第五	同	同	處方第五
	用藥第六	同	同	用藥第六
	合和第七	同	同	合和第七
	服餌第八	同	同	服餌第八
	藥藏第九	同	(闕)	
卷第二婦人方上	求子第一	在於卷之二	在卷二婦人上	求子方第一
	妊娠惡阻第二	同	同	有胎惡阻第二
	養胎第三	同	同	養胎第三

續表

宋校本		道藏本	北宋本	
卷第二婦人方上	妊娠諸病第四	在於卷之三	同	有胎病方第四
	產難第五	同	同	難產第五
	子死腹中第六	同　“腹”作“胎”	同	子死腹中第六
	逆生第七	同	同	逆生第七
	胞衣不出第八	同　“衣”作“胎”	同	胞衣不出第八
	下乳第九	同	（闕）	
第三婦人方中	虛損第一	在於卷之四	在卷三婦人中	虛損第一
	虛煩第二	同	同	煩悶第二
	中風第三	同	同	中風第三
	心腹痛第四	同	同	心腹痛第四
	惡露第五	在於卷之五	同	惡露第五
	下痢第六	同	同	下痢第六
	淋渴第七	同	同	小便第七
	雜治第八	同	同	雜方第八
卷第四婦人方下	補益第一	在於卷之六	在卷四婦人下	補益第一
	月水不通第二	同	同	不通第二
	赤白帶下崩中漏下第三	在於卷之七	同	崩中第三
	月水不調第四	同	同	月水不調第四
卷第五上少小嬰孺上	序例第一	在於卷之八	在卷五小兒	序例第一
	初生出腹第二	在於卷之九	同	初生第二
	驚癇第三	在於卷之十	同	驚癇第三
	客忤第四	在於卷之十一	同	客忤第四
	傷寒第五	同	同	傷寒第六
卷第五下少小嬰孺下	欬嗽第六	在於卷之十二	同	咳嗽第七
	癖結脹滿第七	同	同	癥結第八
	癰疽瘰癧第八	在於卷之十三	同	癰疽第五
	雜病第九	在於卷之十四	同	雜病第九
卷第六上七竅病上	目病第一	在於卷之十五	闕	
	鼻病第二	在於卷之十六	闕	
	口病第三	在於卷之十七	闕	
	舌病第四	在於卷之十八	闕	
	脣病第五	同	闕	

續表

宋校本		道藏本	北宋本	
卷第六下七竅病下	齒病第六	在於卷之十九	闕	
	喉病第七	在於卷之二十	闕	
	耳病第八	同	闕	
	面病第九	在於卷之二十一 “病”作“藥”	闕	
卷第七風毒脚氣	論風毒狀第一	在於卷之二十二	闕	
	湯液第二	在於卷之二十三	闕	
	諸散第三	在於卷之二十四	闕	
	酒醴第四	同	闕	
	膏第五	同	闕	
卷第八諸風	論雜風狀第一	在於卷之二十五	闕	
	諸風第二	同	闕	
	賊風第三	在於卷之二十六	闕	
	偏風第四	在於卷之二十七	闕	
	風痱第五	同	闕	
	風懿第六	在於卷之二十八	闕	
	角弓反張第七	在於卷之二十八	闕	
	風痺第八	同	闕	
卷第九傷寒方上	傷寒例第一	在於卷之二十九	闕	
	辟溫第二	同	闕	
	傷寒膏第三	在於卷之三十	闕	
	發汗散第四	同	闕	
	發汗湯第五	同	闕	
	發汗丸第六	在於卷之三十一 “丸”作“圓”	闕	
	宜吐第七	同	闕	
	宜下第八	同	闕	
	發汗吐下後第九	同	闕	
卷第十傷寒方下	傷寒雜治第一	在於卷之三十二	闕	
	勞復第二	在於卷之三十三	闕	
	百合第三	同	闕	
	傷寒不發汗發變成孤惑第四	在於卷之三十四 “惑”下有“病”字	闕	
	傷寒發黃第五	同	闕	
	溫瘧第六	在於卷之三十五	闕	
	溪毒證第七	同 “溪”上有“診”字	闕	

續表

宋校本		道藏本	北宋本	
卷第十一肝臟	肝臟脈論第一	在於卷之三十六	在卷十一	肝臟脈論第一
	肝虛實第二	同	同	肝虛實第二
	肝勞第三	同	同	肝勞第三
	筋極第四	在於卷之三十七	在卷十一	肝筋極第四
	堅癥積聚第五	同	同	癥結癖氣第五
卷第十二膽腑	膽腑脈論第一	在於卷之三十八	在卷十二	膽腑脈第一
	膽虛實第二	同	同	膽虛實第二
	咽門論第三	同	同	咽門第三
	髓虛實第四	同	同	髓虛第四
	風虛雜補酒煎第五	同	同	補虛煎第五
	吐血第六	同	同	吐血方第六
	萬病丸散第七	在於卷之三十九 “丸”作“圓”	同	萬病方第七
卷第十三心臟	心臟脈論第一	在於卷之四十	在卷十三	心臟脈論第一
	心虛實第二	同	同	心虛實第二
	心勞第三	同	同	心勞第三
	脈極第四	在於卷之四十一	同	脈極第四
	脈虛實第五	同	同	脈虛實第五
	心腹痛第六	同 、	同	心腹痛第六
	胸痺第七	同	同	胸痺第七
	頭面風第八	在於卷之四十二	同	頭風第八
卷第十四小腸腑	小腸腑脈論第一	在於卷之四十三	在卷十四	
	小腸虛實第二	同	同	小腸虛實第二
	舌論第三		同	舌論第三
	風眩第四		在卷十四	風眩第四
	風癲第五	在於卷之四十四	同	風癲第五
	心風驚悸第六	在於卷之四十五 “心風”作“風虛”	同	驚悸第六
	好忘第七	同	同	好忘第七
卷第十五上脾臟上	脾臟脈論第一	在於卷之四十六	在卷十五	脾臟脈論第一
	脾虛實第二	在於卷之四十七	同	脾虛實第二
	脾勞第三	同	同	脾勞第三
	肉極論第四	同	同	肉極第四
	肉虛實第五	在於卷之四十八	同	肉虛實第五

續表

宋校本		道藏本	北宋本	
卷第十五下脾臟下	秘澀第六	同	（闕）	
	熱痢第七	在於卷之四十九	在卷十五	熱痢第六
	冷痢第八	在於卷之五十	同	冷痢第七
	疳濕痢第九	在於卷之五十一	闕	
	小兒痢第十	同	闕	
卷第十六胃腑	胃腑脈論第一	在於卷之五十二	闕	
	胃虛實第二	同	闕	
	喉嚨論第三	同	闕	
	反胃第四	同	闕	
	嘔吐噦逆第五	同	闕	
	噎塞第六	在於卷之五十三	闕	
	脹滿第七	同	闕	
	痼冷積熱第八	在於卷之五十三	闕	
卷第十七肺藏	肺藏脈論第一	在於卷之五十四	闕	
	肺虛實第二	同	闕	
	肺勞第三	同	闕	
	氣極第四	在於卷之五十五	闕	
	積氣第五	同	闕	
	肺痿第六	在於卷之五十六	闕	
	肺癰第七	同	闕	
	飛尸鬼疰第八	同	闕	
卷第十八大腸腑	大腸腑脈論第一	在於卷之五十七	闕	
	大腸虛實第二	同	闕	
	肛病論第三	同	闕	
	皮虛實第四	同	闕	
	欬嗽第五	同	闕	
	痰飲第六	在於卷之五十八	闕	
	九蟲第七	同	闕	
卷第十九腎藏	腎藏脈論第一	在於卷之五十九	闕	
	腎虛實第二	同	闕	
	腎勞第三	同	闕	

續表

宋校本		道藏本	北宋本	
卷第十九腎藏	精極第四	同	闕	
	骨極第五	在於卷之五十九	闕	
	骨虛實第六	同	闕	
	腰痛第七	同	闕	
	補腰第八	在於卷之六十 “腰”作“腎”	闕	
卷第二十膀胱腑	膀胱腑脈論第一	在於卷之六十一	闕	
	膀胱虛實第二	同	闕	
	胞囊論第三	同	闕	
	三焦脈論第四	同	闕	
	三焦虛實第五	同	闕	
	霍亂第六	在於卷之六十二	闕	
	雜補第七	同	闕	
卷第二十一消渴淋閉尿血水腫	消渴第一	在於卷之六十三	在卷二十一	消渴第一、虛悶不得眠第二
	淋閉第二	在於卷之六十四	同	淋閉第三
	尿血第三	同 “尿”作“溺”	同	尿血第四
	水腫第四	同	同	水腫第五
卷二十二丁腫癰疽	丁腫第一	在於卷之六十五	在卷二十二	丁腫第一
	癰疽第二	在於卷之六十六	同	癰瘍第二
	發背第三	在於卷之六十七	同	發背第三
	丹毒第四	同	同	丹毒第四
	隱軫第五	同	同	癮瘮第五
	瘭疽第六	在於卷之六十八	同	瘭疽第六
卷第二十三痔漏	九漏第一	在於卷之六十九	在卷二十四	九漏第一
	腸癰第二	在於卷之七十	腸癰第二	
	五痔第三	在於卷之七十一	腸痔第三	
	疥癬第四	同	同	癬疥第四
	惡疾第五	同 “疾”下有“大風”二字	同	惡疾第五
卷第二十四解毒并雜治	解食毒第一	在於卷之七十二	在卷二十五	解食毒第一
	解百藥毒第二	同	同	百藥毒第二
	解五石毒第三	在於卷之七十三	同	五石毒第三
	蠱毒第四	在於卷之七十四	同	蠱毒第四

續表

宋校本		道藏本	北宋本	
卷第二十四解毒并雜治	胡臭漏腋第五	同	同	胡臭第五
	脫肛第六、	同	同	脫肛第六
	瘿瘤第七	同	同	瘤瘿第七
	癩病第八	同	同	癩病第八
卷第二十五備急	卒死第一	在於卷之七十五	在卷二十六	卒死第一
	蛇毒第二	在於卷之七十六	同	蛇毒第二
	被打第三	在於卷之七十七 作“諸般傷損”	同	被打第三
	火瘡第四	在於卷之七十八	同	火瘡第四
卷第二十六食治	序論第一	在於卷之七十九	在卷二十二	序論第一
	果實第二	同 “果”作“菓”		菓實第二
	菜蔬第三	同		菜蔬第三
	穀米第四	在於卷之八十		穀米第四
	鳥獸第五	同		鳥獸第五
卷第二十七養性	養性序第一	在於卷之八十一	在卷二十八	養性第一
	道林養性第二	同		道引養性第二
	居處法第三	同		居處法第六
	按摩法第四	在於卷之八十二		按摩法第四
	調氣法第五	同		調氣法第五
	服食法第六	同	同	服食法第八
	黃帝雜忌第七	在於卷之八十三	同	黃帝雜忌第三
	房中補益第八	同	同	房中補益第七
卷第二十八平脈	平脈大法第一	在於卷之八十四	在卷二十七	平脈大法第一
	診五藏脈輕重第二	同	同	五藏脈輕重第二
	指下形狀第三	同	同	指下形狀第三
	五藏脈所屬第四	同	同	五藏脈所屬第四
	分別病形狀第五	同	同	分別病狀第五
	三關主對法第六	同	同	三關對治法第六
	五藏積聚第七	在於卷之八十五	同	五藏積聚第七
	陰陽表裏虛實第八	同	同	陰陽表裏虛實第八
	何時得病第九	同	同	何時得病第九
	扁鵲華佗察聲色要訣第十	同	同	扁鵲華佗察色第十
	五藏六腑氣絕證候第十一	同		五藏六腑氣絕候第十一

續表

宋校本		道藏本	北宋本	
卷第二十八平脈	四時相反脈第十二	在於卷之八十五“四”字上有“診”字		四時相反第十二
	診脈動止投數疏數死期年月第十三	同		死期年月第十三,
	扁鵲診諸反逆死脈要訣第十四	在於卷之八十六		扁鵲診諸反逆死脈第十四
	診百病死生訣第十五	同		診百病死生第十五
	三部虛實決死生第十六	同		三部死生決第十六
卷第二十九	明堂三人第一	在於卷之八十七作“明堂三人圖”	在卷二十九	明堂三人圖第一
	三陰三陽流注第二上下	同“注”字下有“法”字		三陰三陽流注第二
	鍼灸禁忌第三	在於卷之八十八“忌”下有“法”字		鍼灸禁忌法第三
	五藏六腑傍通第四	同 作“五臟六腑變化傍通訣”		五臟六腑旁通法第四
	用鍼略例第五	在於卷之八十九		用鍼略例第五
	灸例第六	同	同	灸例第六
	太醫鍼灸宜忌第七	同	(闕)	
卷第三十鍼灸下孔穴主對法	頭面第一	在於卷之九十 作“頭面第九”	在卷三十	頭病第一
	心服第二	在於卷之九十一 作“心腹第十”	同	舌病第二
	四肢第三	在於卷之九十二 作“四肢第十一”	同	膝病第三
	風痺第四	同 作“風痺第十二”	同	風病第四
	熱病第五	在於卷之九十三 作“熱病第十三”	同	癲病第五
	癭瘤第六	同 作“癭瘤第十四”	(闕)	
	雜病第七	同 作“雜病第十五”	在卷三十	雜病第六
	婦人第八	同 作“婦人病第十六”、“小兒第十七”	(闕)	

(三)序跋

1. 備急千金要方序孫思邈自序

夫清濁剖判,上下攸分,三才肇基,五行俶落,萬物淳朴,無得而稱。燧人氏出,觀斗極以定方名,始有火化;伏羲氏作,因之而畫八卦,立庖廚。滋味既興,痾瘵萌起。大聖神農氏，愍黎元之多疾，遂嘗百藥以救療之，猶未盡善。黃帝受命，創制九鍼，與方士岐伯、雷公之倫，備論經脈，旁通問難，詳究義理，以爲經論，故後世可得依而暢焉。春秋之際，良醫和緩。六國之時，則有扁鵲。漢有倉公、仲景，魏有華佗。並皆探賾索隱，窮幽洞微，用藥不過二三，灸炷不逾七八，而疾無不愈者。晉宋以來，雖復名醫間出，然治十不能愈五六，良由今人嗜慾泰甚，立心不常，淫放縱逸，有闕攝養所致耳。余緬尋聖人設教，欲使家家自學，人人自曉。君親有疾不能療之者，非忠孝也。末俗小人，多行詭詐，倚傍聖教而爲欺紿，遂令朝野士庶咸恥醫術之名，多教子弟誦短文，搆小冊，以求出身之道，醫治之術，闕而弗論，吁，可怪也。嗟乎，深乖聖賢之本意。吾幼遭風冷，屢造醫門，湯藥之資，罄盡家產。所以青衿之歲，高尚茲典，白首之年，未嘗釋卷。至於切脈診候，採藥合和，服餌節度，將息避慎。一事長於己者，不遠千里，伏膺取決。至於弱冠，頗覺有悟。是以親鄰中外，有疾厄者，多所濟益。在身之患，斷絕醫門。故知方藥本草，不可不學。吾見諸方，部帙浩博，忽遇倉卒，求檢至難，比得方訖，疾已不救矣。嗚呼，痛夭枉之幽厄，惜墮學之昏愚，乃博採羣經，删裁繁重，務在簡易。以爲《備急千金要方》一部，凡三十卷。雖不能究盡病源，但使留意於斯者，思過半矣。以爲人命至重，有貴千金，一方濟之，德踰於此，故以爲名也。未可傳於士族，庶以貽厥私門。張仲景曰：當今居世之士，曾不留神醫藥，精究方術，上以療君親之疾，下以救貧賤之厄，中以保身長全，以養其性。而但競逐榮勢，企踵權豪，孜孜汲汲，惟名利是務，崇飾其末而忽棄其本，欲華其表而悴其內。皮之不存，毛將安附“附”一作“傅”。進不能愛人知物，退不能愛躬知己，卒然遇邪風之氣，嬰非常之疾，患及禍至而後震慄，自居厄地“厄”一本作“死”，蒙蒙昧昧，憃若遊魂，降志屈節，欽望巫祝，告窮歸天，束手受敗。齎百年之壽命，將至貴之重器，委付庸醫，恣其所措。咄嗟喑嗚“喑嗚”一作“喑悔”。厥身已斃，神明消滅，變爲異物，幽潛重泉，徒爲涕泣。痛夫舉世昏迷，莫能覺悟，自盲若是“盲”一作“育”，何榮勢之云哉，則此之謂也。

2. 新校備急千金要方序宋臣

昔神農遍嘗百藥，以辨五苦六辛之味，逮伊尹而湯液之劑備；黃帝欲創九鍼，以治三陰三陽之疾，得岐伯而砭艾之法精。雖大聖人有意於拯民之瘼，必待賢明博通之臣（“待”一本作“持”），或爲之先，或爲之後，然後聖人之所爲得行於永久也。醫家之務，經是二聖二賢而能事畢矣。後之留意於方術者，苟知藥而不知灸，未足以盡治療之體；知灸而不知鍼，未足以極表裏之變。如能兼是聖賢之蘊者，其名醫之良乎。有唐真人孫思邈者，乃其人也，以上智之材，抱康世之志，當太宗治平之際，思所以佐迺后庇民之事，以謂上醫之道，真聖人之政，而王官“官”一作“宮”之一守也。而乃祖述農黃之旨，發明岐摯之學，經摭扁鵲之難，方採倉公之禁，仲景黃素，元化綠帙，葛仙翁之《必效》，胡居士之《經驗》，張苗之《藥對》，叔和之脈法，皇甫謐之《三部》，陶隱居之《百一》，自餘郭玉、范汪、僧垣、阮炳，上極文字之初，下訖有隋之世，或經或方，無不採摭。集諸家之所秘要，去衆說之所未至，成書一部，總三十卷，目錄一通。臟腑之論，鍼艾之法，脈證之辨，食治之宜，始婦人而次嬰孺，先腳氣而後中風、傷寒、癰疽、消渴、水腫，七竅之痾，五石之毒，備急之方，養性之術，總篇二百三十二門，合方論五千三百首，莫不十全可驗，四種兼包。厚德過於千金，遺法傳於百代，使二聖二賢之美不墜於地，而世之人得以階進而至遠，上識於三皇之奥旨，孫真人善述之功也。然以俗尚險怪，我道純正，不可述刳腹易心之異；世務徑省，我書浩博，不可道聽途説而知。是以學寡其人，寖以紛靡，賢不繼世，簡編斷缺。不知者以異端見黜，好之者以闕疑輟功。恭惟我朝以好生爲德，以廣愛爲仁，迺詔儒臣，正是墜學。臣等術謝多通，職專典校，於是請内府之秘書，探《道藏》之別錄，公私衆本，搜訪幾遍，得以正其紕繆，補其遺佚，文之重複者削之，事之不倫者緝之，編次類聚，期月功至。綱領雖有所立，文義猶或疑阻。是用端本以正末，如《素問》、《九墟》、《靈樞》、《甲乙》、《太素》、《巢源》，諸家《本草》，前古脈書，《金匱玉函》、《肘後備急》，謝士秦《删繁方》，劉涓子《鬼遺論》之類，事關所出，無不研核。尚有所闕，而又溯流以討源，如《五鑒經》、《千金翼》、《崔氏纂要》、《延年秘錄》、《正元廣利》、《外臺秘要》、《兵部手集》、《夢得傳信》之類，凡所派別，無不考理，互相質正，反覆稽參，然後遺文疑義，焕然悉明。書雖是舊，用之惟新。可以濟函靈，俾明聖好生之治；可以傳不朽，副主上廣愛之心。非徒爲太平之文致，實可佐皇極之錫福。校讐既成，繕寫伊始，恭以上進，庶備親覽。太子右贊善大夫臣高保衡、尚書部官員外郎臣孫奇、尚書司封郎中充秘閣校理臣林億、尚書工部侍郎兼侍講臣錢象先謹上。

3. 校定備急千金要方後序

臣嘗讀唐令，見其制，爲醫者，皆習張仲景《傷寒》、陳延之《小品》。張仲景書今尚存於世，得以迹其爲法，莫不有起死之功焉。以類推之，則《小品》亦仲景之比也，嘗痛其遺逸無餘。及觀陶隱居《百一方》、王道《外臺秘要》，多顯方之所由來，乃得反覆二書。究尋於《千金方》中，則仲景之法十居二三，《小品》十居其五六。粹乎哉，孫真人之爲書也。既備有《漢志》四種之事，又兼載唐令二家之學。其術精而博，其道深而通，以今知古，由後視今，信其百世可行之法也。臣今所咏嘆，不能已已者，乃其書法也。至於其爲人行事，則盧照鄰嘗云：道洽古今，學殫術數。高談正一，則古之蒙莊子；深入不二，則今之維摩詰。則其爲人賢否，不待今之稱述而可知已。世俗妄人，方區區稱海上龍宫之事，以附致爲奇，何所發明於孫真人哉。治平三年正月二十五日進呈訖，至四月二十六日奉聖旨鏤板施行。

朝奉郎守太子右贊善大夫同校正醫書騎都尉賜緋魚袋臣高保衡

朝奉郎守尚書都官員外郎同校正醫書騎都尉臣孫奇

朝奉郎守尚書司封郎中充祕閣校理判登聞檢院上護軍賜緋魚袋臣林億

龍圖閣直學士朝散大夫守尚書工部侍郎兼侍講知審刑院事兼判少府監提舉醴泉觀兼提舉校正醫書上柱國彭城郡開國公食邑二千一百戶食實封二百戶賜紫金魚袋臣錢象先

推忠協謀同德佐理功臣光祿大夫行尚書吏部侍郎參知政事上柱國天水郡開國公食邑三千五百戶食實封捌伯戶臣趙槪

推忠協謀同德佐理功臣光禄大夫行尚書吏部侍郎參知政事上柱國樂安郡開國公倉邑三千八百戶食實封捌伯戶臣歐陽脩

推忠協謀同德守正佐理功臣開府儀同三司行中書侍郎兼戶部尚書同中書門下平章事集賢殿大學士上柱國廬陵郡開國公食邑八千一百戶食實封二千六百戶臣曾公亮

推忠協謀同德守正佐理功臣開府儀同三司行尚書右僕射兼門下侍郎同中書門下平章事昭文館大學士監修國史兼譯經潤文使上柱國魏國公食邑一萬一千七百戶食實封四千二百戶臣韓琦

4. 明喬世寧序

《千金方》世罕刻本，華州舊有石刻《千金寶要》，所選取僅十之一，今蜀廣中板行者是也。後得建寧本頗全，乃脫誤不可讀。間嘗欲覽古遂生之說，究極悠邈，顧安得盡據也。其書爲唐孫真人思邈所著，蓋刪輯上古以來醫書，定爲此編也。史稱公道洽古今，學殫術數，今考其書信然，自華佗以後一人而已。世以其遺書神驗，遂傳爲龍宮所授。以余所見，《新》、《舊唐書》與真人自序，皆不道龍宮事，其說在道經《續仙傳》中，是道家剽奇侈稱，希異爲勝耳。世俗傳譌既久，而學士大夫亦往往稱焉，何也。世又有別刻《海上》、《救急》二方，皆贋本依託，尤大謬誤人者。余覽之，益悵然慨焉，故爲校定《千金方》正本。余父封君，命余弟世定自刻於家，將以示世之好孫公者。建寧本類三十卷，今依《道經》定次爲九十三卷云。余又得孫公四言詩一首，其暢發玄旨備矣。顧其詩不盛傳，而近世獨稱《嘆世吟》，此鄙誕無足采者，決非孫公語，世何以稱焉。世又傳孫公嘗騎虎山行，益甚要眇無徵者。或云龍虎坎離，道家煉氣之說而傳者誤耶。余覽載籍，孫公蓋深隱獨行之士，與玄晏所述高士類也。其云"膽欲大心欲小，智欲圓行欲方"，古今以爲名言。但其論攝養事，多似老子，乃《舊唐書》遂列之方技，其後《道經類說》、《前定錄》、《酉陽雜俎》、《湘山野錄》諸書，益多附載諸怪異事，誣矣。余嘗欲列孫公事蹟，稍爲論次其事，俾覽者信焉。會自刻《千金方》成，因辨證其略如此，以俟洽聞者訂議焉。孫公，華原人，今爲余耀州地，城東三里爲五臺山，其上蓋有真人洞云。真人所著又有《馬陰內傳》一卷，《煉雲母訣》二卷，《攝養錄》二卷，《氣訣》一卷，《燒煉秘訣》一卷，《龍虎通玄訣》一卷，《龍虎亂日篇》一卷，《福壽論》一卷，《枕中素書》一卷，《會三教論》一卷，《龍虎篇》"篇"一作"論"一卷，《龜經》一卷，《算經》一卷，《五兆經訣》一卷，《福祿論》三卷，將續求刻之。嘉靖二十二年夏四月十三日，承德郎南京戶部貴州司署郎中耀州喬世寧序。

5. 千金方序馬理

耀州古華原地，昔有孫子思邈者，古逸民之儔也。乃避亂於周，徵詔於隋唐間，皆不仕。但以方藥濟人，其所謂不爲良相則爲良醫者與。乃後道流目之爲真人，醫家宗之爲明醫，史家列於《唐書·方技傳》中。嗚呼，豈真知孫子者哉。觀孫子言天必質之於人，言人必本之於天，及以臨深履薄爲小心，以不爲利回義疚爲行方，以見幾而作爲智圓。方技之學，詎不及此。至論聖人和以至德，輔以人事，則天地之災可消。學者取之,以注於《虞書》“水火金木土穀惟修”、《中庸》“天地位育”之文之下。斯精粹不易之言,考之漢宋諸儒釋經,率未及是,是可以方技言耶。惜當時無中和之主,使位育之效不著,固孫子之不遇,亦世道之不幸也。孫子所著《千金方》一部,三十餘卷,其方首療婦人無子,次妊娠,次轉女爲男,次生產,次活幼,次男子老人諸方,凡鍼灸導引,養性攝生之方,無不備焉。予見古今醫方有序者,率不逮是。其間每卷有救急單方,窮鄉下邑,藥物鮮有之所,倉卒用之尤便。其以“千金”名方,蓋謂一方之價抵千金焉耳。或謂未然,殊不知崇高之人,偶得危疾,得是方以全之,則中流一壺,豈是喻邪。孫子之徒,嘗刊是方於華表石上,豎立鑑山之下,漆沮合流路隅,使人覽且抄也。今石存而方失,州人傳說,爲某醫所毀。後其家遭雷禍,方亦不存。夫孫子著方,志在濟世,仁人之心,亦天地好生之心也。欲專利之徒,乃毁之,其不仁甚矣,天譴而雷震之,豈非理邪。自夫斯方之毁也,世醫所傳用者,惟《神珍方》及東垣李氏、丹溪朱氏方耳。孫方之流傳者,惟汗吐下三方及救急單方,命曰《海上仙方》,存於他山之石,餘方湮晦。所幸道家者流,乃錄於《道藏》書中,猶無恙焉。予承乏吏部日,嘗抄是方,傳之二三友朋。一日,先妻張氏得咳嗽吐血疾,求醫療之無效,乃手檢斯方用之,服所合四分之一頓愈。他日至京師,遇王生者,故貧士也,忽衣輕策肥,訝而詢之。曰:久科不第,得《千金方》而易業,濟人有奇效,故日用稍裕,異疇昔耳。乃心賣斯方,欲廣傳之未能也。今萬石喬氏乃梓而傳之,非孫子勒方華表意邪。今而後,斯方之傳其廣矣。夫喬氏嘗積粟數萬石,歲薄取其息,以賑饑人,故遠邇歸德,以“萬石君”稱。萬石君長子世寧,中嘉靖戊戌進士,由南京戶部郎中陞四川按察司僉事;次子世定,明農相萬石君。世定嘗患傷寒疾,醫診療之,六脈已結而絕,將屬纊以待斂矣。萬石君暨僉事暨闔家人,祈祐於孫子之神,矢以疾愈即梓傳神方於世。祈已診之,六脈俱應手,至數日愈。孫子右故居在鑑山畔,有洞在麓,今皆爲奉祀所矣,俱道士主之。先是,有痿痺人或杖而來,或人負而至,祈祐於神,眠於洞中,輒夢神治療,醒即舍杖及負者步而歸。有他疾者,禱而有感悉如是。蓋不徒世定然也。是故鑑山香火,於關中爲盛,雖華嶽、吳鎮弗逮焉。萬石君因僉事在地官日抄獲是方,至是捐三百金刊之,而送於神所,俾道士以方藥施人。嗟乎,萬石君父子用心,誠神之心哉。受是刻者,誠體厥心,懼神之監,鑑雷震之禍。用每歲神所祈者報者之財,分作四分,一分易紙印方施人,一分依方合藥療病,一分濟諸煢寡孤獨人,餘以奉神自給。斯神惠廣布,神人胥悅,其感應又可勝言也邪。愚又聞諸前禱疾而愈者悉善人,有過而能改者,神亦祐之。夫抱疾而禱者,其戒之哉,其戒之哉。皇明嘉靖二十三年甲辰秋八月望日,谿田居士三原馬理著。

6. 新刊千金方序陳文燭

侍御祝公梓《千金方》,命不佞校而序之。方爲孫真人所傳,本自關中馬伯循、喬景叔,二先生序之詳矣。往遊峨山,嘗見思邈煉丹鼎,因取真人傳讀之。其言“膽欲大而心欲小,智欲圓而行欲方”,又云“善言天者質之人,善言人者本之天”,可謂通天人之故,而達存養之旨者。上古巫咸、俞跗、華扁諸人之精蘊在焉。然上者理於未然，善者察其病否，亦存乎脈焉耳。得其脈而方可用，不得其脈而方斯虚矣。故《周禮》一書，治天下之良方也，三代以來不能行者，豈非少關雎、麟趾之意，而養痾不相關耶。侍御公有仁天下之心，而政足以達之。節宣元氣，調理血脈，令沉冥者往往有起色，茲又廣方書以活人，真古大臣之用心與。彼恃其方而自用，秘其方而自私者，皆非孫子意也。因論之以告讀斯編者。萬曆戊子冬日，沔陽陳文燭譔。

7. 跋重校千金方後方中聲

醫寶禁方尚矣，《靈》、《素》傳經不及方，漢魏國工，方論堇堇。兩晉五季而下，亡逸失倫。唯唐孫思邈氏，體二聖真，愍惻夭枉，爰摭上古遺經、後賢法案，自婦嬰壯老，將治多方，及若玄言釋典之奥、攝生養性之宜，罔不旷刻，星森爛然有第，誠醫門之鈐鍵，道岸之津梁，而司命之偉寶也。風波樽瓠，豈直千金已哉。昧者不讀《靈》、《素》一字書，不溯近古名家方論，猥弋纂要袖珍，謏聞曲技。苟應危急之病，病家尤憒憒，唯庸盲所爲，乃至延引彌晉，頓踣不捄。呼天委命，付之無可奈何。吁，可悲矣。真人家華原，書藏關中，再鑱豫章藩邸，知言者希，流布未洽。余以獻歲，赴大中丞桐汭夏公之召，獲謁藩伯莆中吳公、長水陸公，廉憲長洲張公。偶及《千金方》，論聖儒典則。惜藩本豕魚，且多脱漏，吳公慨命刊正。歸尋宋本，因啟家藏。往宗弟士若氏諱如川者，雅崇是書，相與參考《外臺》諸篇，讎研補定，亟成藩伯公德意。而是時廉憲公鑱《本草綱目》於臬邸，實與大中丞公嘉替茲役者。凡以弘濟品庶，壽國脈於無疆，其用心亦仁且殷矣。校竣，僭綴數語末簡。萬曆癸卯菊月朔日，後學新安方中聲頓首謹識。日本萬治二年刊本

8. 刻千金方序後藤敏

《經籍會通》曰：唐中葉以後，始漸雕刻諸書，至五代而行，至宋而盛。由此觀之，此書當初未有刻本，鈔錄以傳，其上木則蓋治平之際，錢象先等奉敕刊行者爲始也。今海舶所致有數板，但正德板讐校較精可取，萬曆板則猥析篇袟而頗多脱落，其康熙板則一依萬曆板，訛謬尤甚，殆不可讀。宋板絕無矣。我萬治中翻刻萬曆板，迄於今百有餘年，板爛字刓，致不可識。予束髮以來，思欲求宋板再鐫之，終不得遇，蓋中土亦亡之，故不舶載也。或曰，又有元板，檢訂精密，卷數仍舊。予聞斯言，未見其書也。偶訪浪速木世肅，久藏斯書，乃出示。徵其跋則宋西蜀經進官本，而元朝所重刊，印裝果如人言，尤可信據，蓋希代之珍。予既得之，幾忘寢食，惜考刊者姓字，不可識也。遂議世肅，與世共之。世肅亦素有其志，乃謄寫無訛，遂付梓工。又旁徵羣書，其可互證者，錄之上方，以備討求。竊恐遺漏紕繆，不免自誤誤人焉。真人自序言，緬尋聖人設教，欲使家家自學，人人自曉。君親有疾，不能療之者，非忠孝也。予於是舉也，亦將家學人曉，以廣真人之志也。天明乙巳之歲，平安後藤敏。天明刊本

9. 真本千金方序多紀元堅

醫書取供於濟生，詞暢義達則已，何必貴古乎。曰：否。曷嘗不觀鹵莽之弊，生於固陋乎。蓋傳寫轉易，刊印屢渝，則必不能無妄人肆改。且醫家之書，一字之差，

關係極重，淺學之徒，沿譌襲陋，不知其悖作者之旨。孟浪嘗試，以貽伊戚者，亦或有之。此醫方之所以必貴古本也。余嘗讀藤原佐世《現在書目》，及家鏵山君《醫心方》，歎昔時之富古書，而今之散軼者多矣。又視《醫心方》所援《千金方》與今本有大異同，而知今之《千金》，經宋人改訂者不一矣。後數年，書估英遵[1]懷一古冊來以鬻余，取而閲之，乃《千金方》第一卷，二百年前鈔本，太醫和氣氏所傳者。卷末有其家奕世題跋。較之《醫心方》，一一吻合，其爲真人真本，無復可疑，蓋古昔通使於唐時所得也。又較之今本，或有文似譌脱者。然如"用藥篇"中，藥品次序，今本一依蘇敬《新修》之體，而此本參錯不一，卻係其本色。如"合和篇"中，今本既有"錢匕"説，而又有"錢五匕"説，事同而語複。此本但有"錢五匕"説，因知"錢匕"説，是宋人據陶隱居《肘後百一方序》而作妄補焉。由是觀之，則宋人訂補以失其真者，益可知也。今在千百年之後，幸有此本出，以得窺真人之舊，則斷璧零璣，何可不貴重耶。月癡松本子邦幸彦[2]好醫方，又欲刻古醫書以利人世。余因出此以示，子邦驚奇，亟倩巧手影摹，附之劂人，刊成印行。於韜者復顯，晦者復明，子邦之功，顧不鮮也。余嚮者與家姪，慫慂同人，雕元板《千金翼方》，今又勸刻此本，竊以爲真人忠臣。雖然，此(實)［嘗］鼎一臠耳，若更取宋以前書，翻覆校勘之，或有足見全書真面者。且真人立論制方之旨，張石頑《衍義》猶未爲詳悉，則辨其真，發其蘊，固爲後學要務，而如余(擣味)［檮昧］，徒掌事務，不能致力於此。今序此卷，未嘗不赧然焉。天保三年歲次壬辰天醫節，丹波元堅茝庭撰。

此本頁面，有前人標識，引《日本記鈔》，稱醫書東來，以《千金方》爲始。然大寶令有《素問》、《甲乙》、《小品》、《集驗》等名，而不及是書。蓋大寶去真人甚近，則恐當時猶未齎傳，而《素問》諸書，既早有在。《記鈔》之言，覺難信據，仍附辨於茲。

［郭注］

(1)英遵，即英平吉，名遵。住居江户本石町二丁目角。幼時學徒於慶元堂和泉庄次郎，隨後自營一家大書肆，並於都内分設二、三家支店。與狩谷棭齋、伊澤蘭軒爲舊交知己。

(2)月癡松本子邦(幸彦)，即松本月癡，名幸彦，字子邦，俗稱伊勢屋安右衛門。淺草藏前經營祿米、金融業之商人。尚學問，好醫學，天保三年(1832)出資摹刻《真本千金方》，并編著《勝鹿文庫藏書目錄》、《古板錄》。

10. 書真本千金方後

古書之爲後人所混渾竄寄者，比比有之，開卷對之，常所以惑而悶也。間有具眼者，分別其真僞，辨正其玉石，略修成條理，而似爲完書。亦或觀者無識見，則反非之，以爲擾亂古書。嗚呼，古書之難復也，亦可知而已矣。夫傳授道藝，不如親逢其人，受其指晝。子貢親炙夫子，面學其教，猶且曰"夫子之言性與天道，不可得而聞也"，況千百歲之下而讀其書，欲得到其堂室，亦既難矣。又況徒讀真僞混渾、玉石錯雜之書，而欲得古人之奥妙，又益難矣。予好讀古書，亦甚有憂於此。又好讀古方書，方書亦復爾爾。頃得觀天正中鈔本《千金方》一冊，其來由歷歷，料是真人之真物，而未經後人惡手者也。字畫古雅，亦可喜。惜哉，第一卷但一冊而已，其餘存亡不可知。因令精工影寫一通，又命工雕之，以公於天下。此書本係丹波茝庭先生所藏，先生家世所集珍書數千卷，奇方亦多，有求之者輒與之，願假者輒借而觀之，未嘗有難色。其爲人可知而已。雖有珍書奇方，不與人共之者，往往有之。與守錢奴，亦何擇焉？可賤可恥。先生術精而業大行，王侯士庶，莫不戀先生焉，乞藥者日塞於門，而得暇則以著書爲務，其於醫道，實當今巨擘也。及此書刻成，先生製序見贈。予亦述數言以爲之跋。天保壬辰秋九月，江戶松本幸彥撰。

11. 影北宋本備急千金要方序

蓋聞醫經經方，性命所繫，固已爲至鉅至急。擇於醫經經方之書，拔其精且善者，槧板以被之宇內，貽諸後世，其爲深仁廣澤，更何如哉。我烈祖好生之德，根之天性，既圖治於聖經，而尤深拳拳乎疾醫一職。是以慶元韃橐以還，乃遍蒐羅醫籍，充諸書府，爾來世悳作求。迨享保中，屢刊布方書，以貽後世。天下沐其深仁廣澤，蓋不唯如膏雨也。寬政初載，乃一新醫學。比年以來，百度畢張，凡其所以教養勸勉之具，靡不至焉。但刊印醫書費，皆出醫官私貲，無有官刻也。臣等濫竽醫僚，大懼經方至急，而不能擇其書之精且善者，廣布諸天下後世，無以稱我大府列代好生至意也。嘗竊考之，晉唐以降，醫籍浩繁，其存而傳於今者，亦復何限。求其可以扶翊長沙繩尺百世者，蓋莫若孫思邈《千金方》者焉。是書皇國嚮傳唐代真本，惜僅存第一卷，其餘寂無聞焉。若今世所傳，係明傳刻《道藏》本，率意劖改，疑誤宏多，強分卷帙，極失本真。世亦往往傳元板，文字頗正，稍如可觀，而仍不免時有疑誤，則均未爲精善也。獨米澤大守上杉氏所藏宋槧一部，較諸元板，筆畫端楷，更爲清朗。檢其缺諱，其爲北宋刊本不疑。間有乾淳間補刻，亦唯寥寥數紙，則仍是爲林億等校正之舊，釐然可覆按也。蓋是本元明以後久既屬絕響，是以康熙中張璐撰《千金衍義》，稱照宋刻本校其文字，卻同明代坊刻。乾隆《四庫全書目》亦特載《道藏》本，則知其既佚也。是本每卷有"金澤文庫"印記，實係北條顯時舊藏。原本距今五百餘年，而此一部巋然獨存，真爲天壤間絕無僅有之秘笈矣。臣等竊以爲孫氏書之傳於今者，未有若是本精且善者，而及今不傳，恐日後遂歸晦昧，湮滅不可復問，寧不大曠厥職，上負大府列代好生至意乎。將同人共商，各捐私貲，以付梓也。曾聞之朝，而不圖朝旨爲發帑金，俾刊之醫學。臣等逢此盛舉，尤屬曠典。亟倩好手影寫，選子弟才俊者讎對點勘，靡日或輟。於是僅半歲，剞劂告竣。其第四卷止存二葉，今從元版補完。其指義參差，疑尚有別風淮雨，宜從他本校治者，詳加甄錄，別爲"考異"以附其後，庶乎得失兼明，來者有所考信焉。蓋病情萬變，唯賴文字以見之，則一字或失，貽誤不細，此錄之所以不得已也。顧念臣等向校刊元板《千金翼方》，置之醫學，嘗歎爲希覯。此刻之成也，孫氏之書，雙璧相合，再顯我日域，不其偉歟。抑知物之顯晦，雖有數存焉，固未必不應昌期，以煥發幽光，非偶然也。臣等不堪躍喜，敢忘駑鈍，勉竭涓埃。竊幸醫學之日以益盛，人材之日以益長，人人循真人之津梁，究長沙之奧突。則凡在醫官，莫不欽賴，而在海內爲醫者，得由以各明其術，尊其道焉。則大府列代之深仁廣澤，天下莫不霑濡，當代紹述之功，衣被於宇内者,尤將永世而無窮矣。嘉永二年二月十五日,侍醫尚藥醫學教諭法印臣多紀元堅、西城侍醫醫學教諭兼督務法眼臣多紀元昕、内直醫官醫學教諭法眼臣小島尚質等謹序。江戶醫學影北宋本

(四)刊本及鈔本

甲、未經宋改本

1. 日本舊鈔本

【真本千金方】多紀元堅序　後數年,書估英遵,懷一古冊來以鬻於余。取而閲之,乃《千金方》第一卷,二百年前鈔本,太醫和氣氏所傳者,卷末有其家奕世題跋。較之《醫心方》,一一吻合,其爲真人真本,無復可疑,蓋古昔通使於唐時所得也。又較之今本,或有文似譌脱者。今在千百年之後,幸有此本出,以得窺真人之舊,則斷壁零璣,亦何可不貴重耶。

【經籍訪古志】卷八　《千金方第一》一卷。舊少本,聿修堂藏。首行題"千金方第一"并序。下記"處士孫思邈撰",序後一卷子目及本文俱接書,卷末有和氣嗣成以下奕世題跋。按此本取原於正和四年嗣成手抄本,校以建治三年仲景寫本者。詳考數跋,是永正以後、天正以前人所抄也。其體式文字,與宋人校本不同,而一與《醫心方》所引合,即古時遣唐之使所齎歸者。根所存僅一卷,然亦足以窺真人之真面,可稱希世之寶籙矣。天保壬辰,江戶松本幸彥影模刻行。

注:按《留真譜》卷七載此本首面及本文第一面,但除日本假名文字矣。

2. 日本天保三年刊本

【真本千金方】多紀元堅序　月癡松本子邦幸彥好醫方,又欲刻古醫書以利人世。余因出此以示,子邦驚奇,亟倩巧手影摹,附之劂人,刊成印行。於是韜者復顯,晦者復明。子邦之功,顧不鮮也。

【寶素堂藏書目錄】《千金方零本》一卷,孫思邈。第一,一冊。影模聿修堂秘藏和氣氏奕傳鈔孫氏真本。

【日本訪書志】卷九　《千金方》一卷。日本刊本。日本天保三年摹刻。蓋據舊鈔本入木,書法亦古雅。首題"千金方第一并序",下題"處士孫思邈撰"。序後一卷子目及本文俱接書,蓋據卷子本體式。卷末有"正和四年和氣嗣成題識",以下其家數世均有跋語,下至觀應、享德、建治、正安、建武、延慶、康正、永正、天正三年止。據丹波元堅序,稱爲遣唐使人所齎回,定爲真人原本,未經林億校定者,惜只此一卷。按黄氏士禮居有此書殘本,存第一至第五,第十一至十五,第二十一至三十,共存二十卷,其餘以明刻補之,仍缺第二十卷。據其所跋,亦是真人原本,未經林億改纂者,蓋孫氏原書名《千金方》,林億等校本名《千金備急要方》,固自不同也。

【觀海堂書目】京字號　《千金方》一本。一卷。日本古刻本。

【靜嘉堂文庫國書分類目錄】《千金要方》第一卷,唐孫思邈撰。天保三刊,古本模刻。一冊。

【楂莑書屋圖書目錄】《真本千金方》,奉書判刊一本。孫思邈。天保三壬辰

年版，松本幸彦撰。舊黑川真賴氏藏本。

【杏雨書屋圖書假目錄】《真本千金方》。殘卷卷一。松本幸彦撰。天保三年刊和氣氏傳本影鈔大字本。又，同上一部。

【續中國醫學書目】《真本千金方》一卷。一冊。八行十六字，無框横二十一釐，縱三十·五釐。唐孫思邈撰。天保三年松本幸彦刻。"序"，丹波元堅，天保三年。"千金方第一并序"，孫思邈。"書真本千金方後"，松本幸彦，天保壬辰（三年）注。卷末有和氣嗣成以下奕世題識。

3. 北宋刊本配元明刊本

【蕘圃藏書題識】卷四　《孫真人千金方》三十卷。宋刊配元明刊本。嘉慶四年二月十九日，至昭明巷老屋，遇書友邵鐘琳，謂余曰：吾兄西山堂中有元板《千金方》，中配明板者，曾送閱乎。余曰：未也。因到彼閱之，適主人不在，從其伙取歸。共十四冊，内配第六至第十，第十六至十九，仍缺第二十卷，其餘皆宋刻宋印，非元板也。越日遣人問其價，需錢二兩四錢，遂如直與之。余家舊藏錢述古鈔本，云是宋閣本出也。已自侈爲善本。今得宋刻勘之，鮮有一處符合者，初不解其故。後檢《通考》，知晁所見者爲《千金方》三十卷，陳所見者爲《千金備急要方》三十卷本。其前"類例"數條，林億等纂，則知鈔本即從宋閣本出，已是經後人增損原書，故與宋刻原本多所不同也。二本非特文義增減，即藥名、分兩、法製，殊有不合。前人之方，忽經後以意改削，可信、不可信乎。矧錢本所據，今以補入宋本之明本參考，同出一原。於明本爛板，鈔本皆缺文。宋閣本所出，益未可信其說矣。惟是《千金方》宋刻，昔人無有見及者，所見止《千金備急要方》，故不得不以此爲祖本，而於林億等纂例以前之本，反有不信爾。余得此本雖殘缺，亦自侈爲奇秘矣。特示五柳主人，反以明刻爲勝於舊刻，而宋則斷斷乎其不信。宜西山堂之以無意得之，其伙云收於店門前，而仍以無意去之也。古書難識於今，益信云。歲在已未清明前五日，棘人黄丕烈書於士禮居。乙未，即嘉慶四年。二月廿六，洞庭鈕非石、楓橋袁綬階訪余，予以書出示，相約以詩紀事，孫字禁押本事。時同觀者有西賓夏方米，謂余宜用杜老明妃詩例。遂遵之。率成五律四首，并不重韻。

千金偏易得，宋刻儼然存。備急誠爲要，重刊未足論。混淆今世本，世行本爲九十三卷。補綴舊時痕。晁志真堪據，題應陋振孫。

開國滎陽鄭，藏書到子孫。書中有"滎陽開國世裔鄭氏家藏圖書"。幾時晦塵土，頃刻抵瑤琨。纂例曾經億，嫌名卻避敵。此書遇"敦"字避作"敵"，避光宗嫌名。卅方嗟尚缺，何處覓仙魂。

鬼遺方厘半，歲弆認錢孫。《劉涓子鬼遺方》五卷，厘本書之半也，人見之若全璧焉。余所得朱丈文游藏書鈔本，有錢遵王、孫慶增圖書。插架分先後，《鬼遺方》去年所得。排籤并弟昆。《敏求記》方書門始以《千金要方》，終以《劉涓子鬼遺方》。世增收駿價，仙感活龍恩。從此思明理，都慙少夙根。

人命千金貴，方書自古尊。所嗟求秘笈，不盡出醫門。《本草》心徒愛，金板《本草》爲袁氏五硯樓所收。《傷寒》眼竟昏。宋板龐安時《傷寒論》爲朱丈文游書單中物，書賈以單示余，予以醫書置之，不知其有宋刻也。惜乎。殘編同寶要，《千金寶方》即從《千金方》摘錄者。珍重付兒孫。

余既收得宋刻殘本《千金方》，久藏篋衍，未暇裝潢也。及後收得元刻全本，知從宋閣本出，而錢述古之舊鈔，以爲出自宋刻本者，據此也。前云此配明本，所見未的。後又收得明翻元刻，宋本缺卷，尚可爲狗尾之續，因合裝之。宋自宋，元自元，明自明，迹不可掩，雖合而仍可分，不致以僞亂真也。丁丑夏五，復翁。丁丑即嘉慶二十二年。

注：按《士禮居藏書類跋記》卷三亦載此目，其文全與此同。

【求古居宋本書目】《孫真人千金方》殘本，配元刻仍有缺，續配明刻，十六冊。

【皕宋樓藏書志】卷四十四　《孫真人千金方》三十卷，宋刊配元明刊本。黄蕘圃舊藏。唐孫思邈撰。自序。黄氏手跋曰下引蕘圃題識，今略之。

【儀顧堂題跋】卷七北宋本千金方跋　《孫真人千金方》，卷一至卷五，卷十一至十五，卷二十一至三十，凡二十卷。皆北宋本，每葉二十八行，行二十四字，首行題曰"新雕孫真人千金方"，版心或題"千金方幾"，或題"千金幾"，無字數及刊工姓名。卷六至卷十，卷十六至十九，元刊本，題曰"重刊孫真人備急千金要方"，每葉少二行，行二十二字，小黑口，版心題"金方幾"。卷二十配明慎獨齋本，題名行款與元刊同，白口，版心有"千金方"及"某某類"等字。宋刊、元刊皆有"滎陽開國之裔鄭氏家藏圖書"朱文長印。審其印文，必明初人。其明刊本爲黄蕘圃氏所配也，則是書全本，明初已不可得矣。下略，已錄在於"考證"條下。

【靜嘉堂文庫圖書分類目錄】《孫真人千金方》三十卷，唐孫思邈撰。宋刊配元明刊本，黄蕘圃舊藏，皕宋樓舊藏本。二十四冊。《靜嘉堂秘籍志》亦著錄之

注：按右北宋刊本，《百宋一廛賦》及《百宋一廛書錄》并載之，其文今收在"鈔本"條下，可參看其條。

乙、宋林億等校定本

1. 北宋治平三年刊本

【備急千金要方】宋臣跋　治平三年正月二十五日進呈訖，至四月二十六日奉聖旨鏤板施行。

【影宋本備急千金要方】多紀元堅等序　米澤大守上杉氏所藏宋槧一部，較諸元版，筆畫端楷，更爲清朗。檢其缺諱，其爲北宋刊本不疑。間有乾淳間補刻，亦唯寥寥數紙，則仍是爲林億等校正之舊，釐然可覆按也。是本每卷有"金澤文庫"印記，實係北條顯時舊藏。原本距今五百餘年，而此一部巋然獨存，真爲天壤間絕無僅有之秘笈矣。

【經籍訪古志】卷八　《備急千金要方》三十卷，目錄一卷。宋槧本，第四卷有缺頁，米澤侯藏。每半版高六寸強，幅四寸九分，十三行，行二十三字。版心有刻手名氏，每卷捺"金澤文庫"及"米澤藏書"印。

按，此本爲上杉氏累氏所弆，實係宋治平三年所鏤版施行者。其版心無題記，文字寬裕，欄界長大，玄、匡、貞、殷、癥、恒、敦等字皆有缺筆是也。其原版漫滅，或

全紙補刊,或數字填入者,亦往往有之。蓋其款式字樣,髣髴相類,而版心記"甲酉"、"甲酉"或疑"癸酉"之誤歟。"丁卯"、"庚午"字者,考其干支,殆爲元祐補刊。其版心舉字數者,及欄界狹隘文字緊小者,俱"玄"、"癥"等字不缺筆,唯"慎"字缺筆,是乾道、淳熙間所補刊也。元祐去治平不遠,所以略相類。若乾淳間則相距百餘年,展轉模刻,其譌舛亦在所不免也。要之,此本雖非真人之舊,然是宋校原本,實爲醫家不可缺之書。嘉永元年,官命刊之醫學以行於世,實爲曠典。第四卷缺頁以元板補之。

注:按《留真譜新篇》卷七,載有此本之《新校備急千金要方序》首頁,及《備急千金要方》卷第一序例首頁。

2. 宋刊黑口本

【郘亭知見傳本書目】卷八 《千金要本》宋刊黑口本。三十卷。每頁二十四行,行二十二字。《四庫目略》同

【宋元本行格表】卷下十二行 《宋板千金要方》。行二十二字,黑口本,《讀書叢錄》。

3. 宋刊未詳本

【藝芸精舍宋元本書目】宋本 《千金方》三十卷

【結一廬書目】宋槧 《孫真人千金備急方》

【滂喜齋宋元書目】子部 《宋板千金要方》二十四本。

【嘉業堂善本書影】卷四 《重刊孫真人備急千金要方》三十卷。宋刊本。

注:按右嘉業堂本,據其標目而考,疑是元槧而非宋刊。

注:按元刊《千金方》目錄後有木記云"近得前宋西蜀經進官本,不敢私秘,重加校正,一新繡梓,與世共之"。所謂西蜀經進官本,未知爲何本,暫附記於此。

4. 元刊本

【脈望館書目】餘字號不全宋元板書 大板《千金要方》,四本,存八、九卷,十一、十二卷,二十四卷。小板《千金要方》,欠一之四、六上、九之十、十四、二十九、三十。萬曆四十六年九月二十六日續增書目。元板《千金要方》二本,存二十五、二十六、二十九、三十,共四卷。

【藝芸精舍宋元本書目】元本 《千金方》三十卷

【稽瑞樓書目】小櫥叢書 《千金要方》三十卷。元刻,有缺。六冊。

【鐵琴銅劍樓藏書目】卷十四 《孫真人備急千金要方》三十卷,元刊本。唐孫思邈撰。前列高保衡等進書序,遇"明"、"聖主"等字俱跳行,當仍宋刻舊式也。原書與《千金翼方》三十卷本各單行,後人合併之,又離析卷帙爲九十三卷,失古本之真矣。此猶三十卷之舊,與晁、陳二家書目及《敏求記》所述悉合。

【皕宋樓藏書志】卷四十四 《重刊孫真人備急千金要方》。元刊本。唐孫思邈撰,宋林億等校正。自序,林億等序。無名氏識曰:醫家之書,不爲不多,獨《孫真人千金方》決不可闕,古賢以"千金"名之,則其珍之也明矣。脈證方藥,今檢原文"藥"當作"論"。鍼灸孔穴,瘀毒制度,今檢原文"瘀"即當作"論"。靡所不載。近得前宋西蜀經

進官本,不敢私秘,重加較正,今檢原文"較"作"校"。□□原文作"一新"。繡梓,與世共之。凡以醫名者,將見家扁鵲、人叔和,孰不曰衛生之一助云耳。

【宋元本行格表】補遺十一行　元本重刻《孫真人備急千金要方》。行二十二字。小黑口。慎[獨]齋本同,惟白口板耳。《儀顧堂題跋》十二行子之屬。元本《重刊孫真人備急千金要方》三十卷,《目錄》一卷,行二十二字。《訪古志》。

【觀海堂書目】竟字號　《千金方》十本。十卷。元本。殘本。

【古書經眼錄】長洲王頌蔚蒿隱　《重刊孫真人備急千金要方》三十卷。元本。每卷題"朝奉郎守太常少卿充秘閣校理判登聞檢院上護軍賜緋魚袋臣林億等校正",首列綱目,次目錄。又次爲高保衡等"校正備急千金要方序"。又次後序,序末列高保衡、孫奇、林億、錢象先,四人銜名。以下爲"凡例",目錄後有墨圖記七行云"醫家之書不爲不多"以下引文略。據此,則是本出自蜀本,故序中涉及宋帝事皆跳行頂格,猶宋舊式也。每半葉十二行,行二十二字。是書書估從滬上攜來,索值四千金。余囊澀無以應,爲怊悵久之。

【聿修堂藏書目錄】方書　《重刊孫真人備急千金要方》三十卷,十六冊。元板。

【寶素堂藏書目錄】《重刊孫真人備急千金要方》三十卷,□冊。元槧本,第七一卷缺,以聿修堂元槧本補。

【經籍訪古志】卷八　《重刊孫真人備急千金要方》三十卷,《目錄》一卷。元板。聿修堂藏。每半板高六寸強,幅四寸一分,十二行,行二十二字。按此本不記刊行年月,然其爲元板無疑,比之宋槧,脱誤甚多。舊藏於木世肅蒹葭堂,天明乙巳平安後藤敏嘗刊行之。後世肅舉貽之櫟窗先生,此即是。又醫官傘溪岡氏,及寶素堂、酌源堂、容安書院,亦藏此本。

【帝室和漢圖書目錄】《重刊孫真人備急千金要方》。唐孫思邈撰,宋林億等校。元板。三十卷。十六冊。

【圖書寮漢籍善本書目】卷三　《重刊孫真人備急千金要方》三十卷,首一卷。十六冊。元刊本。每半葉十二行,行二十二字。目錄後有識語云"醫家之書不爲不多"以下引文略。雖不記鋟梓年月,然文中見有"近得前宋西蜀經進官本"之語,則知此本爲元刊也無疑。尾有孫真人後序。按,後序即宋臣所作,非思邈後序。序末有"治平三年奉聖旨鏤板施行"、"朝奉郎校正醫書騎都尉賜緋魚袋臣高保衡"等列銜。首卷第二冊首有"廣壽院架藏記"印,第六冊至末冊首有同印,及"江戸醫學藏書記"印記。

【靜嘉堂文庫國書分類目錄】《重刊孫真人備急千金要方》三十卷(內有缺),《目錄》一卷,唐孫思邈撰,宋林億等校。元刊。十萬卷樓舊藏本。

注:按《留真譜新編》卷七,載有《重刊孫真人備急千金要方》卷之二首頁,即影模元槧者。

5. 明正德十六年慎獨齋劉氏影元刊本

【四庫書目邵注】卷十　《千金方》。明慎獨齋刊本三十卷,乃《要方》原本。

【四庫目略】《千金要方》。明慎獨齋刊本,三十卷。

【書林清話】卷五　劉洪慎獨齋正德十六年重刊《孫真人備急千金要方》三十卷,《目録》一卷。

【揚州吳氏測海樓藏書目録】卷四　《千金要方》三十卷。舊刊影元本。

【天明刊千金方》】後藤敏序　今海舶所致有數板,但正德板讐校較正可取。

【影宋本千金方》】考異　正德本行款字數全與元本同,綱目後有"正德辛巳歲孟秋慎獨𠫤劉氏刊行"記,即覆刻元本者。

【聿修堂藏書目録】《重刊孫真人備急千金要方》三十卷,十册,正德刻本。

【經籍訪古志】卷八元板千金方　正德辛巳慎獨齋劉氏刊行本。聿修堂藏。末題"江右金川復齋支善逸子余文達校謄",其行款字數全同元板,但板式狹小。

【内閣文庫圖書第二部漢書目録】《備急千金要方》三十卷,《目》一卷。正德十六年刊。十册。

6. 道藏本

【備急千金要方】宋臣序　於是請内府之秘書,探《道藏》之别録。

【喬氏刊千金方】喬世寧序　今依《道經》定次爲九十三卷。

【叢書舉要】卷六十道藏目録太平部外字號至節字號　《孫真人千金方》九十三卷,孫思邈譔。

【叢書書目彙編】道藏太平部　《孫真人千金方》九十三卷,孫思邈撰。《道藏舉要》。《孫真人備急千金要方》九十三卷。唐孫思邈撰,宋林億等校正。

【大連圖書館書目】第二編道藏太平部第七百九十九册　《孫真人備急千金要方》,《目録》。第八百至八百二十册。《孫真人備急千金要方》。

【二續中國醫學書目】《孫真人備急千金要方》九十三卷。二十四册。十行十七字,框横十一釐,縦十一・七釐。上海涵芬樓影印《正統道藏》本。"孫真人備急千金要方序",高保衡等。本序,凡例,目録。

7. 明嘉靖二十三年喬氏刊本

【郘亭知見傳本書目】卷八　《千金要方》九十三卷,唐孫思邈撰。明喬氏世定小丘山房刊。

【善本書室藏書志】卷十六　《孫真人備急千金要方》九十三卷,《目録》一卷。明嘉靖刊本,陳氏紅蕉館舊藏。朝奉郎守太常少卿充秘閣校理林億等校正。按元本皆作三十卷,目録一卷。此據《道藏》本分卷,尚有字號可按。板心有"小丘山房"及"喬世定刻行"字。前列真人本傳,嘉靖二十二年三原馬理序曰引文略。耀州喬世寧復爲之序。此書通部以朱筆據元刻校正,仍鈎復三十卷之舊。有"陳氏藏書"、"陳蕃印"、"古歡氏"諸印。

【江蘇第一圖書館覆校善本書目】《孫真人備急千金要方》九十三卷,《目録》一卷,十六册。唐孫思邈,宋林億校正。明嘉靖刊本。陳氏紅蕉館舊藏。有闕葉,有補刊,有鈔配。有"陳氏藏書"、"陳祖蕃印"、"古歡鑒定"、"紅蕉館"等印。

【江蘇省立國學圖書館圖書總目】《千金要方》九十三卷,《目録》一卷,十六冊。嘉靖刊本。有"陳氏藏書"、"陳祖藩印"、"古歡鑒藏"、"紅蕉館"諸印。

【聿修堂藏書目錄】《孫真人備急千金要方》九十三卷。二十一冊。嘉靖中喬氏刻。唐孫思邈撰。

【經籍訪古志】卷八　《孫真人備急千金要方》九十三卷,《目録》一卷。明嘉靖甲辰喬世寧刊本。首有馬理、喬世寧序。板心有"小丘山房"及"喬氏世定刻行"字。按此本據《道藏》本者,故分卷殊多,其文譌脱頗夥。又萬曆甲辰方中聲刊本,以此本爲原,俱非佳刻。

【北京人文科學研究所藏書目録】《孫真人備急千金要方》九十三卷。唐孫思邈撰。明嘉靖間喬氏小丘山房刊本。四函二十四冊。

【中國醫學書目】《備急千金要方》九十三卷。三十二冊,十一行二十四字,框横十四・七釐,縱二十釐。孫思邈著,林億等校正。嘉靖二十三年小丘山房喬世寧校刊。新刻千金方序,馬理,嘉靖二十三年。真人列傳。刻千金方序,喬世寧,嘉靖二十二年。孫真人備急千金要方序,高保衡等。本序,凡例,目録。

8. 明萬曆十六年祝氏刊本

【萬治刊千金方】陳文燭序　侍御祝公梓《千金方》,命不佞校而序之。

【郘亭知見傳本書目】卷八　《千金要方》。萬曆戊子(稅)[祝]氏刊。

【四庫目略】《千金要方》。萬曆戊子(稅)[祝]氏刊。

【鄭堂讀書記】《千金要方》九十三卷。明萬曆間祝氏刊本。《四庫全書》著録,《新唐志》、《崇文目》、《讀書志》、《書録解題》、《通考》、《宋志》,俱作"《千金方》三十卷",無"要"字。錢氏《讀書敏求記》所載亦止三十卷,有"要"字,稱次引《敏求記》及《讀書後志》,今略。今按是本,自二十九卷至三十五卷皆傷寒方,凡十六類,其非晁氏所見之本明甚。又以《千金翼方》與是本逐一核對,其相同處甚多。前有嘉靖癸卯耀州喬世寧序,稱建寧本類三十卷,今依《道經》定次爲九十三卷。是三十卷之本,已爲喬氏所攙改矣。即遵王所稱"新刻"本是也。陳氏稱自爲之序,名曰《千金備急要方》,以爲人命至重,有貴千金,一方濟之,德踰於此。其前"類例"數十條,林億等新纂。今按是本,"類例"數十條俱載,并及億等校正序與孫氏原序。惟其本已爲喬氏所攙改,而每卷猶題億等校正,殊失其真。前又有《新唐書》本傳,及三原馬理所作喬氏梓本序,至萬曆戊子祝氏重刊,沔陽陳文燭復爲之序。

注:按右鄭堂周氏之説頗爲虚妄,不可從。蓋聞見不廣之所致矣。

9. 明萬曆三十一年刊本

【萬治刊千金方】方中聲序　余以獻歲,赴大中丞桐汭夏公之召,獲謁藩伯甫中吳公、長水陸公,廉憲長洲張公。偶及《千金方》,論聖儒典則。惜藩本豕魚,且多脱漏,吳公慨命刊正。歸尋宋本,因啟家藏。往宗弟子若氏諱如川者,雅崇是書,相與參故《外臺》諸篇,讎研補定,亟成藩伯公德意。

【天明刊千金方】後藤敏序　萬曆板則猥析篇帙,而頗多脱落。

【影北宋本千金方】考異　萬曆本,方中聲據嘉靖本校刊者。

【經籍訪古志】卷八嘉靖刊千金方　萬曆甲辰方中聲刊本,以此本爲原,俱非佳刻。

10. 明華氏刊本

【四庫書目邵注】卷十　《千金要方》。明華氏刊本。

【郘亭知見傳本書目】卷八　《千金要方》。明華氏刊。

【四庫目略】子部醫家類　《千金要方》。明華氏刊本。

11. 明刊未詳本

【八千卷樓書目】卷十　《千金要方》九十三卷,唐孫思邈撰。明刊校元本。

【觀海堂書目】猶字號　《千金方》十二本。九十三卷。明刊校本。

【涵芬樓舊書分類總目】《千金方》,唐孫思邈撰。明刊本。十二冊。

【内閣文庫圖書第二部漢書目錄】《備急千金要方》九十三卷,《目》二卷。第八十三至八十八卷缺。明板。第十六至二十一卷支那補寫。二十一冊。

【杏雨書屋圖書假目錄】《孫真人備急千金要方》九十三卷,《序目》二卷。明板。二十二冊。

注:按方中馨跋稱"真人家華原,書藏關中,再鑱豫章藩邸,知言者希,流布未洽"。又案喬世寧序云"後得建寧本頗全,乃脱誤不可讀"。所謂豫章藩本及建寧本,諸家均未著録,而今不可考,暫録於茲,以俟後考矣。

12. 清康熙二十八年張喻二氏刊本

【四庫書目邵注】卷十　《千金要方》九十三卷,唐孫思邈撰。原本三十卷。又《千金翼方》三十卷。此本混合爲一,乃廣至九十三卷。康熙二十八年張喻二氏刊本。

【郘亭知見傳本書目】卷八　《千金要方》。康熙二十八年張喻二氏刊。

【四庫目略】《千金要方》九十三卷。康熙二十八年張喻二氏刊。

【江蘇省立國學圖書館圖書總目】《千金要方》九十三卷,十六冊。康熙刊本。

【天明刊千金方】後藤敏序　其康熙板則一依萬曆板,訛謬尤甚,殆不可讀。

13. 四庫全書本

【四庫全書總目】卷一百零三　《千金要方》九十三卷。兩淮馬裕家藏本。

【各省進呈書目】兩淮商人馬裕家呈送書目(計三百六十九種)　《千金方》九十三卷,唐孫思邈。二十本。

【文溯閣四庫全書要略及索引】《備急千金要方》九十三卷,唐孫思邈著。

【壬子文瀾閣所存書目】卷三　《千金要方》九十三卷。四十冊。補鈔。

14. 同治七年王培楨刊本

【浙江公立圖書館通常類圖書目錄】別本《備急千金要方》九十六卷,唐孫思邈撰。清同治七年王培楨重刊本。

15. 光緒四年重印江戸醫學景宋本

【叢書書目彙編】千金方合刻　影北宋本《備急千金要方》三十卷,"考異"一卷。日本江戸醫學所刊,光緒戊寅獨山莫氏將板購回,現板存蘇州徐氏。

【涵芬樓舊書分類總目】《備急千金方》,長洲麟瑞堂翻東洋影宋刊本。十六冊。

【浙江公立圖書館通常類圖書目錄】第三冊　《備急千金要方》三十卷，附"考異"。日本多紀元堅等撰。清光緒戊寅上海印東洋本，十二本。

【山東圖書館書目】《千金要方》三十卷，《翼方》三十卷，附"考異"一卷，影宋刊本。

【杏雨書屋圖書假目錄】江戶醫學影北宋本　《千金方》三十卷，附"影宋本千金方考異"一卷，多紀元堅等著。十二冊。光緒十一年刊。

【中國醫學書目】方書　《備急千金要方》三十卷。十二冊。十三行三十三字，框横十四·八釐，縱二十一·三釐。孫思邈著。光緒戊寅再刊江戶醫學館影北宋本。影宋本備急千金要方序，多紀元堅、多紀元昕、小島尚質。目錄。新校備急千金要方序，高保衡、孫奇、林億。新校備急千金要方例。校定備急千金要方後序，高保衡、孫奇、林億、錢象先，治平三年。

16. 民國刊本

【杏雨書屋圖書假目錄】《孫真人備急千金要方》九十三卷。民國刊。二十四冊。

注：按民國二十五年上海大東書局所刊《中國醫學大成》樣本，其第四輯方劑類中有"《備急千金要方》三十卷，唐孫思邈撰"之目，然尚屬未刊矣。

17. 日本萬治二年刊本

【天明刊千金方】後藤敏序　我萬治中翻刻萬曆板，迄於今百有餘年，板爛字刓，致不可識。

【元治增補御書籍目錄】《千金方》九十三卷。萬治板。十六冊，唐孫思邈撰。

【内閣文庫圖書第二部漢書目錄】（特）《千金方》九十三卷，《目》一卷。萬治二年刊。十六冊。

【楂菴書屋圖書目錄】《新刊千金方》，半紙判九十三卷，序目共刊十六本。孫思邈。萬治二年己亥年版，敦賀屋久兵衛刊行。

【杏雨書屋圖書假目錄】《千金方》序目九十三卷，萬治二年刊，十六冊。同本有四部，其三部俱十六冊，一部十五冊。

【中國醫學書目】《備急千金要方》九十三卷，十六冊。十行二十四字，框横十四·一釐，縱二十·五釐。孫思邈著。萬治二年敦賀屋久兵衛板。新校千金方序，陳文燭，萬曆戊子。千金方序，馬理，嘉靖二十三年。又喬世寧，嘉靖二十二年。凡例，真人列傳，目錄，跋。重校千金方後，方中聲，萬曆癸卯。

18. 日本天明五年刊本

【經籍訪古志】卷八元板千金方　舊藏於木世肅蒹葭堂，天明乙巳平安後藤敏嘗刊行之。

【内閣文庫圖書第二部漢書目錄】《千金方》三十卷，《目》一卷。天明六年刊。三十冊。

【杏雨書屋圖書假目錄】 元板翻刻《千金方》。重刊孫真人備急千金要方。序。目。三十卷。天明六年刊。三十一冊。又一部,三十冊。

【續中國醫學書目】 元板翻刻《千金方》三十卷,三十冊。十行二十四字,框横十五釐,縱二十釐。唐孫思邈撰。天明五年後藤敏校梓。"刻千金方序",後藤敏,天明五年。"校正備急千金要方序",林億等。"孫真人備急千金要方序"。凡例。"經進校定備急千金要方後序",高保衡等,治平三年。重刊孫真人備急千金要方綱目。又一部,載有二《續書目》。

19. 日本寛政十一年刊本

【榿萎書屋圖書目錄】 元板翻刻《千金方》,美濃判,三十卷,序目共刊,三十一本,寛政十一己未年板。

【杏雨書屋圖書假目錄】 元板翻刻《千金方》。"重刊孫真人備急千金要方"。序,目,三十卷。寛政十一年刊,三十一冊。

注:按右寛政刊本,疑是重印天明刊本者。

20. 日本嘉永二年江戶醫學館影北宋本

【皕宋樓藏書志】卷四十四 《備急千金要方》三十卷,東洋覆宋本。唐孫思邈撰,宋林億等校正。林億等序,自序,日本尚質序。

【抱經樓藏書志】卷三十六 《備急千金要方》三十卷,東洋覆宋刊本。唐孫思邈撰,宋林億等校正。自序,林億等序,日本尚質序。

【八千卷樓書目】卷十 《原本千金要方》三十卷。日本覆宋本。日本刊本。

【觀海堂書目】碣字號 《千金方》三十三本三十卷。影北宋本。野字號 《備急千金要方》三十一本三十卷。影宋本。

【國學用書類述】 《千金方》三十卷。仿宋刊本。

【諸暨圖書館目錄】卷五 《影北宋本千金方》二十五卷。唐孫思邈撰。日本醫學官影覆宋治平本,每半葉十三行,行二十三字。原書三十卷,缺卷一至五,末附"考異"一卷,足證彼國官書校勘之精審(廷翰)。皕宋樓有宋刊《千金方》,每葉二十八行,行二十五字,與此書校勘記所引唐本皆合,是林億未校以前本也。

【國立北京大學文科圖書館藏書目】 唐孫思邈撰《備急千金要方》三十卷十二本。日本江戶醫學影元本"元"當作"宋"。

【元治增補御書籍目錄】 別本《千金方》三十卷,嘉永板。三十冊。

【帝室和漢圖書目錄】《備急千金要方》,嘉永二影北宋本。三十卷,"考異"一卷。三十四冊。

【靜嘉堂文庫國書分類目錄】 《備急千金要方》,江戶醫學影宋本三十卷,嘉永元刊(影宋)。十萬卷樓舊藏本。三十四冊。《秘籍志》同。《千金要方》江戶醫學影北宋本三十冊,"考異"一卷,嘉永二年刊,影宋)十四冊。

【北京人文科學研究所藏書目錄】 《備急千金要方》三十卷,附"考異"。日本嘉永二年影北宋刊本。六函三十四冊。又,同上一部。

【榿萎書屋圖書目錄】 《備急千金要方》三十卷。二帙,刊,三十四本。嘉永二己酉年版字。金澤文庫藏本，以再刻，江戶醫學日影北宋本，舊御小納戶預藏本。

【杏雨書屋圖書假目錄】 江戶醫學影北宋本《千金方》三十卷，附"影宋本千金方考異"一卷，多紀元堅等著。嘉永二年刊。三十四冊。

【中國醫學書目】《千金要方》，附"千金方考異"。三十卷，三十三冊，附一卷一冊。十三行二十三字，框橫十四・八釐，縱二十一・八釐。孫思邈著，林億等校正，多紀元堅等校勘，嘉永二年江戶醫學館影北宋本。影宋本備急千金要方序，多紀元堅、多紀元昕、小島尚質，嘉永二年。目錄。新校備急千金要方序，高保衡、孫奇、林億。新校備急千金要方例。備急千金要方序。《千金方考異》一卷，一冊。十二行十八字。多紀元堅等撰。

21. 鈔本

【述古堂藏書目】卷四 《千金要方》三十卷。八本。閣宋本抄。孫真人。

【讀書敏求記】《千金方》三十卷。新刻本攙改僞謬，不可是正，此猶是原書也。

【百宋一廛賦】《殘本雜雕孫真人千金方》，每半葉十四行，每行二十四字不等。所存一至五，又十一至十五，又二十一至末，凡二十卷。以錢述古鈔有《千金備急方》校之，尚鮮有一處符合者，可稱奇秘矣。"人命至重，有貴千金"，思邈自序語也。

【百宋一廛書錄】《新雕孫真人千金方》。余家舊藏錢述古鈔本《千金備急要方》，云是從宋閣本鈔出，今得宋本勘之，鮮有一處符合者。初不解其故，後檢《通考》，知晁所見者爲《千金方》三十卷，陳所見者爲《千金備急要方》三十卷。其前類例數條，林億等新纂，則知鈔本即從宋閣本出，是經後人增損，故與宋刻原本不同。二本非特文義增減，即藥名、分兩、法製，亦多不合。前人之方，忽經後人以意改削，可信、不可信乎。矧錢本所據，今以補入宋本之明本參考，同出一原，於明本爛板，鈔本皆缺，宋閣本所出，蓋未可信矣。唯此宋刻實爲祖本，雖闕六卷至十卷、十六卷至二十卷，已自侈爲奇秘。至於配入之明板，斷不可用。

附 羣書校補本校誤七卷

【叢書舉要】卷十羣書校補 《孫思邈千金方》七卷。林億未校以前祖本。嗣出。

【叢書書目彙編】羣書校補 《孫思邈千金方》七卷。嗣出。

【續彙刻書目】羣書校補 《孫思邈千金方》七卷。嗣出。

注：按右《校誤》七卷，諸書并云"嗣出"。今檢奉天市立圖書館所藏《羣書校補》，其中亦無其本，或疑陸氏欲刊之，而遂未果者耶。

22. 未詳本

【文淵閣書目】【菉竹堂書目】【古今醫統大全採摭諸書】【醫藏書目】【古今書刻】【萬卷堂書目】【本草綱目】【世善堂藏書目錄】【脈望館書目】【汲古閣毛氏藏書目錄】以上明 【季滄葦書目】【近古堂書目】【也是園藏書目】【絳雲樓書目】【問經堂書目】【孫氏書目】【天一閣見存書目】【浙江藏書樓甲編書目】以上清 【聿修堂藏書目錄】【寶素堂藏書目錄】【仙台藩醫學校藏書目錄】【朝鮮總督府古圖書目

錄】【杏雨書屋圖書假目錄】以上日本　【醫方類聚引用書】【東醫寶鑑歷代醫方】以上朝鮮

注：按《日本國見在書目錄》有“《千金方》抄一”。又按《觀古堂本古今書刻》有“《孫真人方》”。亦不知爲何本，暫附注於此。

二、千金翼方

（一）出典

【唐書藝文志】子錄醫術類　《千金翼方》三十卷

【崇文總目輯釋】卷三　《千金翼方》三十卷，孫思邈撰。原釋：闕。見天一閣鈔本。

【千金翼方】宋臣序　逌及唐世，孫思邈出，誠一代之良醫也，其行事見諸史傳。撰《千金方》三十卷。辨論精博，囊括衆家，高出於前輩。猶慮或有所遺，又撰《千金翼方》以補之。一家之書，可謂大備矣。同後序。孫氏撰《千金方》，其中風、瘡癰，可謂精至，而傷寒一門，皆以湯散膏丸類聚成篇，疑未得其詳矣。又著《千金翼方》三十卷。

【證類本草所出經史方書】《千金翼》

【通志藝文略】方書　《千金翼方》三十卷。孫思邈撰。

【直齋書錄解題】卷十三　《千金翼方》三十卷。孫思邈撰。《千金方》既成，恐其或遺也，又爲此以翼之。亦自爲序。其末兼及禁術，用之亦多驗。

【遂初堂書目】《千金翼方》。一本“翼”作“易”。

【郡齋讀書後志】卷二　《千金翼方》三十卷，右唐孫思邈撰。思邈著《千金方》，復掇集遺軼，以羽翼其書，成一家之學。林億等謂，首之以藥錄，次之以婦人、傷寒、小兒、養性、辟穀、退居、補益、雜病、瘡癰、色脈、鍼灸，而禁經終焉者，皆有指意云。

【玉海】卷六十三皇祐簡要濟衆方　《千金方翼》。嘉祐敕命摹印本。

【文獻通考】經籍考　《千金翼方》三十卷。以下引晁、陳二氏之文，今略之。

【宋史藝文志】子類醫書　《千金翼方》三十卷

【攟壤集】下醫書　《千金翼方》

注：按《證類本草》所引有“《千金翼方》”四十七條，而《外臺秘要》及《醫心方》所引均無《翼方》之名。

（二）考證

【校正千金翼方】宋臣後序　又著《千金翼》三十卷。辨論方法，見於《千金》者十五六。惟傷寒謂大醫湯藥雖行，百無一效，乃專取仲景之論，以太陽方證比類相附，三陰三陽宜忌、霍亂、發汗吐下後、陰易、勞復病，爲十六篇，分上下兩卷，亦一時之新意，此於《千金》爲輔翼之深者也。從而著之論曰：傷寒熱病，自古有之，名賢濬哲，多所防禦。至於仲景，特有神功，尋思旨趣，莫測其致。有以見孫氏尊而神之之心也。是二書者，表裏相明，至纖至悉，無不該備。

【讀書敏求記】卷三 《千金翼方》三十卷。孫真人既撰《千金方》，猶慮或有缺遺，更撰《翼方》以輔之。宋仁宗命高保衡、孫奇、林億等校正刊行，後列禁經二卷，凡二十二篇。今之俗醫，有知其法者否，真人之爲神仙無疑。然以用虻蟲、水蛭之類，生命不得沖舉。天之惡殺若此，活人者可不有戒心哉。

【鄭堂讀書記】《千金翼方》三十卷。金匱華氏保元堂重刊本。唐孫思邈撰，宋林億等校正，明王肯堂重校。肯堂字宇泰，號損庵，金壇人。萬曆己丑進士，官至福建布政司參政。《新唐志》、《崇文目》、《讀書志》、《書錄解題》、《通考》、《宋志》俱著錄。晁氏稱思邈著《千金方》，復掇集遺軼以羽翼其書，成一家之學。億等謂首之以藥錄，次之以婦人、傷寒、小兒、養性、辟穀、退居、補益、雜病、瘡癰、色脈、鍼灸，而禁經終焉者，皆有指意云。今按是書，凡藥錄纂要一卷，本草三卷，婦人方四卷，傷寒二卷，小兒方眼等七竅病方一卷，養生、辟穀、退居、補益各一卷，中風二卷，雜病三卷，萬病方一卷，飛鍊一卷，瘡癰二卷，色門一卷，鍼灸三卷，禁經二卷，與億等所述稍異。蓋億等舉其大略，間有脱落，非如《千金要方》爲明人所攙改，盡失其舊也。億等校正序稱，《千金方》辨論精博，囊括衆家，高出於前輩。猶慮或有所遺，又撰《千金翼方》以輔[之]。一家之書，可謂大備矣。蓋即本其原序之意以贊之云，考之《唐志》，思邈尚有《千金隨方》二十卷，《神沈方》一卷，《醫家要妙》五卷。《宋志》又別有"《玉函方》三卷"。晁、陳《書目》俱不載，則其亡已久，惟《要方》及是書存。此尚是億等校正原本，前又有損庵序及乾隆癸未金匱華希閎重刊序。

（三）序跋

1. 千金翼方敘唐逸士孫思邈撰

原夫神醫秘術，至賾參於道樞；寶餌凝靈，宏功浹於真畛。是知關籥玄牡，駐歷之效已深；轡策天機，全生之德爲大。稽炎農於記錄，資太乙而反營魂；鏡軒後於遺編，事岐伯而宣藥力。故能嘗味之績，鬱騰天壤；診體之教，播在神寰。斯道由是濫觴，時義肇基於此。亦有志其大者，高密問紫文之術；先其遠者，伯陽流玉冊之經。擬斯壽於乾坤，豈伊難老；儔厥齡於龜鶴，詎可彌痾。茲乃大道之真以持身，抑斯之謂也。若其業濟含靈，命懸茲手，則有越人徹視於腑臟，秦和洞達於膏肓，仲景候色而驗眉，元化刳腸而湔胃。斯皆方軌疊跡，思韞入神之妙；極變探幽，精超絕代之巧。晉宋方技既其無繼，齊梁醫術曾何足云。若夫醫道之爲言，實惟意也。固以神存心手之際，意析毫芒之裏。當其情之所得，口不能言，數之所在，言不能諭。然則三部九候，乃經絡之樞機；氣少神餘，亦鍼刺之鈞軸。況乎良醫則貴察聲色，神工則深究萌蘖。心考錙銖，安假懸衡之驗；敏同機駭，曾無挂髮之淹。非天下之至精，其孰能與於此。是故先王鏤之於玉板，往聖藏之以金匱，豈不以營壘至道，括囊其賾者歟。予幼智蔑聞，老成無已。才非公幹，夙嬰沈疾；德異士安，早纏尪瘵。所以志學之歲，馳百金而徇經方；耄及之年，竟三餘而勤藥餌。酌華公之録帙，異術同窺；採葛生之玉函，奇方畢綜。每以爲生者兩儀之大德，[人者五行之秀氣。氣化則人育，伊人稟氣而存；德]合則生成，是生由德而立。既知生不再於我，人處物爲靈。可幸蘊靈心闕，頤我性源者，由檢押神妙，幽求今古。撰方一部，號曰《千金》，可以濟物攝生，可以窮微盡性。猶恐岱山臨目，必昧秋毫之端；雷霆在耳，或遺玉石之響。所以更撰《方翼》三十卷，共成一家之學。譬輗軏之相濟，運轉無涯；等羽翼之交飛，摶搖不測。矧夫《易》道深矣，孔宣繫十翼之辭；玄文奥義，陸績增玄翼之説。或沿斯義，述此方名，以貽厥子孫，永爲家訓。雖未能譬言中庶，比潤上池，亦足以慕遠測深，稽門叩鍵者哉。倘經目於君子，庶知予之所志焉。

2. 校正千金翼方敘影宋本"敘"作"表"

臣聞醫方之學，其來遠矣。上古神農播穀嘗藥，以養其生。黄帝、岐伯君臣問對，垂於不刊，爲萬世法。中古有長桑、扁鵲，漢有陽慶、倉公、張機、華佗，晉宋如王叔和、葛稚川、皇甫謐、范汪、胡洽、深師、陶[弘]景之流，凡數十家，皆師祖農黄，著爲經方。迨及唐世，孫思邈出，誠一代之良醫也。其行事見諸史傳，撰《千金方》三十卷。辨論精博，囊括衆家，高出於前輩。猶慮或有所遺，又撰《千金翼方》以輔之。一家之書，可謂大備矣。其書之傳於今，訛舛尤甚，雖洪儒碩學不能辨之。仁宗皇帝詔儒臣校正醫書，臣等今校定《千金翼方》。謂乎物之繁，必先得其要，故首之以"藥録纂要"。凡治病者，宜別藥之性味，故次之以"本草"。人之生育，由母無疾，故次之以"婦人"。疾病之急，無急於傷寒，故次之以"傷寒"。然後養其少小，故次之以"小兒"。人身既立，必知所以自養，故次之以"養性"。養性者莫善於養氣，故次之以"辟穀"。氣之盈乃可安閒，故次之以"退居"。退居者當事補養，故次之以"補益"。若補養失宜，則風疾乃作，故次之以"中風"。風者百病之長，邪氣緣而畢至，故次之以"雜病"，又次之以"萬病"。愈諸疾者，必資乎大藥，故次之以"飛鍊"。乳石性堅，久服生熱，故次之以"瘡癰"。衆多之疾，源乎脈證，故次之以"色脈"。色脈既明，乃通腧穴，故次之以"鍼灸"，而"禁經"終焉。總三十卷，目録一卷。臣以爲晉有人欲刊正《周易》及諸藥方，與祖訥論。祖云：辨釋經典，縱有異同，不足以傷風教。至於湯藥，小小不達，則後人受弊不少。是醫方不可以輕議也，(臣)等不敢肆臆見，妄加塗竄，取自神農以來書行於世者而質之，有所未至，以俟來者。書成繕寫，將預聖覽。恭惟皇帝陛下天縱深仁，孝述前烈，刊行方論，拯治生類，俾天下家藏其書，人知其學，皆得爲忠孝，亦皇風之高致焉。太子右贊善大夫(臣)高保衡、尚書都官員外郎臣孫奇、太常少卿充秘閣校理臣林億等謹上。

3. 校正千金翼方後序宋臣

夫疾病之至急者有三：一曰傷寒，二曰中風，三曰瘡癰。是三種者，療之不早，或治不對病，皆死不旋踵。孫氏撰《千金方》，其中風、瘡癰，可謂精至，而傷寒一門，皆以湯散膏丸類聚成篇，疑未得其詳矣。又著《千金翼》三十卷，辨論方法，見於《千金》者十五六。惟傷寒謂大醫湯藥雖行，百無一效，乃專取仲景之論，以太陽方證比類相附，三陰三陽宜忌，霍亂、發汗吐下後、陰易、勞復病，爲十六篇，分上下兩卷,亦一時之新意,此於《千金》爲輔翼之深者也。從而著之論曰:傷寒熱病,自古有之,名賢濬哲,多所防禦。至於仲景,特有神功,尋思旨趣,莫測其致,有以見孫氏尊而神之之心也。是二書者,表裏相明,至纖至悉,無不該備。世又傳《千金髓》者,觀其文意,殊非孫氏所作,乃好事者爲之耳。王道集《外臺秘要方》,各載所出,亦未之見,似出於唐之末代,博雅者勿謂其一家書也。至於合藥生熟之宜,炮炙之制,分兩升斗之齊,并載《千金·凡例》中,此不著云爾。影元本

4.新刻千金翼方序

醫書不經秦火,而上古禁方流傳於世者無一焉。今獨張仲景方最古,其次莫如孫真人《千金方》,如是止矣。真人以應化聖賢,現神仙身,行良醫事,其所著書,抉玄扃,傾秘笈,宜不涉世情一字。顧房中補益篇,稍類泥水,而婦人與腎、膀胱兩部中,雜出淫媟不典之方,於養生濟物無當也。疑爲後人附益,非真人手澤。後獲《千金翼方》於故友徐士彰諫議家,則前所疑者悉無有,而釋氏、玄門千金不傳之秘,前書所不及者,往往而是。於是益知此爲真人晚年之定本。其視前書,一出一人,何止隻字千金而已。按《仙傳拾遺》及《宣室志》,記真人以永淳初元尸解。開元中,復有人見隱於終南山,與宣律師往還,因拯昆明池龍胡僧之難,得龍宮方三十首,且感神人之誡,去《千金方》藥之害物命者,以草木代之,作《千金翼》三十篇,每篇有龍宮仙方一首。今按"服水法"中有云"武德中,龍齎此卷授余"。則得龍宮方非尸解後明甚,然亦可以證龍宮方之實有,而非好事者寓言也。方中時有用物命者,豈亦後人附益耶,抑傳者妄也。《千金方》收入《道藏》,今關中、江右皆有刻,乃至宋元刻本藏書家多有之。而獨《翼方》不大傳,《道藏》亦不載,世多有不聞其名者。豈世人業重,仙真秘之,神物呵禁,不容妄窺耶。三從子廷鑑以母病,欲刻醫書,冀獲冥祐,請於余。余以此書授之,而表弟孫仲來助余校訂尤力,苦無他本讎校,其烏焉帝虎之譌,灼然無疑者然後改正,不然寧仍其舊,以俟它日得宋刻善本而更之,故譌不可讀者,時有同好,幸無訝焉。得者當起殷重心,生難遭想,心真人之心,行真人之行,而後可以用真人之方,其爲真人不難矣,此則余與廷鑑刻是書意也。時萬曆乙巳十月八日,余以謝諸公之枉弔先慈者,舟抵武林德勝壩,大雨不可登岸,蓬窗黭闇無聊,而廷鑑遣使來告書成,且徵序,因書以歸之。念西居士王肯堂宇泰甫。望月本

5.刻千金翼方敘湯淺兼道

余嘗聞異方方技書,航於吾東方者,昉於《千金》。在昔和、丹之二家,專奉鼎此書以定謀云。而後時移風化,醫學亦變,元明之醫流,滔滔乎海内。悲夫,莫人之稱古方矣。頃歲文運之化及刀圭家,豪傑繼踵於東西,勃然古醫法興焉。方今醫門三尺之童,亦莫有不藉口長沙氏者,雖則然乎,後學講經,眊不曉古書,唯僻己所好焉,無由所謂知言已。大氐人之於病,有虛實淺深之殊類,則治法亦無堅白異同之論耶。一張一弛,實文武之道也,孰取之,孰舍之,抑亦存亡之機,不可不察也。今人攻伐動輒失度,否則補益往往釀病,其弊乃至罔水行舟,壁裏添柱,皆只戕夫人之子。彼恬不介意,從而爲之辭曰:命乎。曷其冤也。可見古今治法,幡然改轍,後世

諸家所以不逮於古也。若軒轅扁桑者,古之又古者也。元明諸氏者,後之又後者也。特漢唐諸老,才略挺然崛起,卓爾樹赤幟,據古大經大法,以闡後學之面目,定立方之規模。若夫離婁、公輸子,非規矩則不能爲方圓。古人能與人規矩,人且非聖不學,則難乎不踰矩矣。苟古方之渠䉬醞釀醫匠胸次,以擇應用之便方,何方之不作用。蓋集成者,古之道也。志士起乎蒼生者,盍深思之。余行醫於南海也,孜孜矻矻殆四十年所,雖未能開門鼓世,常施治者一載數千,得失紛然,幾似有得也。歷試諸行事,靡所底止,其未獲者,則務稽古於遺經,索隱於當世。上之漢唐,下之元明諸家,旁及草澤之奇方,靡適不覿采焉。亦唯醫聖好方之意也。況齡已過於知命,幸稟於君命,深感國士之遇,豈可徒素餐乎。乃釋經輯方之役,所以懋而弗懈也。原夫自有仲景以降,莫如思邈、王燾者,其所撰《千金》、《外臺》既已上木。今辟之武,雖孫吳鋒不可當,不授之兵,則奈其術何。漢唐之書,蓋方之武庫也。醫家苟爲神武之帥者,能有應變之機,而將雷霆之兵以擊蚊虻之病,則二豎當卷旗退,豈不愉快也哉。惜乎《翼方》世未刊行,識者憾之。曩者余使外甥長興探鹿門先生之石室,先生亦志刻於古方書,乃領而賜,併獲仙台小野氏[(1)]之善本矣,蓋亦先生之力云。我藩大夫稻田君,交驩於先生,有知己之好,因就而謀造費焉。君與其通家隱士某,且捐財而成此舉。余居業之暇,校訂句讀,剞劂遂竣。武侯有言曰:謀在人,成之在天。先是學士唱於洛中,英伯和於崎陽,其事遂不就。先生使余成不朽之盛事,以爲經國之一助。嗚呼,天歟人歟,設微先生則今且未始有始,微大夫則其果成此舉耶。迺知遇二賢,亦所謂天也。竊惟《千金》者,海上之方也,其翼徙於南冥,而若垂天之雲,摶上者九萬里,大通四方之志,則冀凡百之醫決起,而亞達青雲之懷。然生民斯蘇息,斯濟壽,當與真人罄無窮之命矣。志士之起乎蒼生者,不亦樂乎。明和戊子春三月既望,阿波醫官峨眉湯淺兼道[(2)]撰。

[郭注]

(1)小野氏,即小野隆庵(1713～1793),名常建,字子業,堂號飛鳥山館。生於伊達郡伊達町。東奥仙臺醫師。善集醫書,著述頗多。所著《古方選》流傳於世。

(2)湯淺兼道(?～1788)名堯民,諱兼道,阿波人。德島藩藩醫。湯淺家四代業醫,兼道爲初代藩醫,明和二年(1765)四月御藥園御用、富田屋敷御番醫師。一代養子文丈(兼尚),御花畠御番醫師。二代文生(知一),醫師(御本城御)御產御用。三代堯民(以道),醫師,居江户。四代文生(恒道),醫師。湯淺兼道,儒學師事於那波魯堂(1727～1789),著有《源氏物語聞錄》。

6. 翻刻千金翼方序 望月三英

吾聞古之君子者貴道愛士,故後進之者,亦有得附驥,而各達其志矣。如刻書亦然,至由捐俸助梓,而亦令各遂其業也。今之君子者不然,此道舍如土,是以閭巷之士,無所暢鬱結。宜哉,名世之者日鮮矣,亡逸之書日多矣。不嘆乎。凡古經方,有無刻於我者,如《證類本草》、《千金翼方》、《外臺秘要》。此其大者,蓋爲醫家欠事。余先天下之醫而憂之,且願欲悉命梓,親與衆共焉,五十年於茲焉。而祿微乏資,世亦無助之人。《秘要》者,御醫山玄飛[(1)]先刻於平安,今已廣於世。君子哉,如斯之人。如《證類》者，余既創刻於塾焉，《翼方》未矣。蓋《翼方》於《千金》輔車相依，唇闕齒寒，不可無刻也。先是，崎陽野英伯者嘗欲刻之，使余敘其由，而後歇焉。攝人偶有同好者，又求序於余，余告以崎陽之故而辭焉，彼亦終止矣。余竊嘆謂，各所相謀，各自不成。嗚乎，天乎人乎，豈非不幸乎。余益憂之。西阿者，居於四國之一焉，爲大邦哉。余由每屢貸監河之粟，曳裙於此久矣，是故與藩中之儁髦結交相親焉。市醫湯堯氏者，以術鳴其國，蓋豪傑之士，好學精業，述著頗多，近擢爲藩醫。嘗有此志，日者寄書，更傳大夫之言，謀之余而且請藏求序，余答以先兩事云云。且言曰：嗚乎，天乎人乎，先已兩謀不就，今既及三而將速成焉，豈非幸乎。東奧野隆菴者，亦業醫嗜書，其家藏善本，固有不朽之志，即爲之乞醯於彼，而贈之於此焉，得余之藏以參備剞劂之用。蓋此舉也，稻大夫實有謀之哉，其大夫世祿萬戶，恰如附庸，躬居其國，執職藩中，開國功勳，既冠海內，洋洋乎世之所周知矣，我亦何贅。今其刻成與《千金》并行，則猶豐城之劍，終當再合乎。真人已傳龍宮之禁方，豈謂非神物邪。然則二醫之功，亦當比雷煥張華哉。今也大夫，非特輔藩侯治國之化，而澤及醫藥，至使天下後世私蒙不測之患者，則亦豈一國之仁乎，將大有補社稷哉。嗚乎，君子貴道愛士之效明白甚矣。因使達余之志，亦非大夫之力乎。大夫之仁，可謂類子產。仍爲序之。明和六己丑年秋八月江都望月三英[(2)]。

[郭注]

(1)山玄飛，即山脇東洋。見該條。

(2)望月三英(1679～1769)，名乘，字君彦、號鹿門，通稱三英。江戶人。讚州丸龜藩醫望月雷山之子，後爲同族幕府醫官望月元椿之養子，承嗣其職。享保中，任侍医，晉升法眼。其醫名與京都名醫吉益東洞爲伯仲之間。因長於治療癚病，深得德川吉宗賞識，特許自由利用幕府所藏書籍。著述頗多，有《名醫小史》、《醫官玄稿》、《醫門多疾》、《三世方》等。

7. 千金翼方後序

陳振孫《書錄解題》曰：孫思邈撰《千金方》既成，恐其或遺也，又爲此以翼之。其末兼及禁術，用之亦多驗。本邦所傳，乾隆重刻王肯堂校本耳。魚魯陶陰頗多，加之以脫落數條，至不可得而讀焉。元大德刊本文字端正，首尾完備，非王肯堂本之比也。原係城東市醫白貞庵[(1)]秘藏，後爲多紀桂山先生之有。先生沒二十年矣，其孫兆焘雕鈔而上木。余閱之，一點一畫，不差其舊，宛然元版也。參《讀書敏求記》載宋臣高保衡、林億等校正刊行。《四庫全書總目》論其卷數與著書之年代，而不及元版。錢曾清臣，共精考鏡，若獲之，當歎賞不已矣。而無一言及此者，何也。蓋元版燬乎明季流賊之兵燹，唯傳王肯堂校本耳。今幸儼然存於本邦，普其流傳，可謂物之顯晦有時矣。此刻同志戮力以襄其事者三人，舟橋經中[(2)]，野間任夫[(3)]，小島學古也。文政己丑仲冬，樗園杉本良[(4)]識。《多紀氏之事蹟》

[郭注]

(1)白貞庵：姓白，號貞菴，成東市醫。秘藏元版《千金翼方》。天明丙午(1786)冬，因米價高漲，生活窘迫，將該書售於多紀元簡。文政己丑(1829)，諸醫官醵金摹刻。因原本舛訛較多,纂"考異"二卷,附刻於後。

(2)舟橋經中,即舟橋宗運(?～1836),名玄恆,字經中,號宗運。文政六年(1823)十二月繼承家業,陞任寄合,十二年任奥詰。天保三年(1832)五月,累進西丸奥醫師、法眼。曾參與《聖濟總錄》校對,署名稱"醫學生醫學施藥局監理舟橋玄恆"。

(3)野間任夫,即野間成式。見此條。

(4)杉本良,即杉本忠溫(1770～1836),名良、良敬,字子敬,通稱忠溫,號樗園。幕府醫官,受賜最高院號"陽春院"。官醫杉本家之養子,六世相繼爲御匙、法印。寬政六年(1794)任番醫。寬政九年轉任西丸奥醫師,晉升法眼。寬政十年任奥詰。文化五年(1808)任奥醫師。多紀元簡、多紀元胤沒後,曾督管江戶醫學館。著有《金匱要略集説》、《讀傷寒論》。文化十三年(1816)監修、刊刻《聖濟總錄》,文政十二年(1829)監修、刊刻《千金翼方》。天保元年(1830)任御匙、晉升法印。

注:按《鄭堂讀書記》云,乾隆保元堂刊本前有"乾隆癸未華希閎重刊序",今不可得見,但附注於此。又按,江左書林石印本,首載乙卯中秋曹元恒序。然觀其文,全無以資考證者,今特不錄焉。

(四)刊本及鈔本

1.元大德十一年梅溪書院刊本

【醫賸】卷上千金方 《翼方》世多傳乾隆重刊王肯堂校本,不啻誤文,數行尋墨,刊脱數十頁,予常恨焉。聞城東白醫家藏元版,予百計索之,不敢許。丙午冬米價騰躍,渠不能支,遽欲售之。予因鬻雜書數十帙而購之。乃大德乙巳梅溪書院所刊,文字端正,首尾完備,與王肯堂本異,予既得之喜劇。明年六月,浪華木世肅孔恭不量以元版前方,千里郵致以貽,於是儼然雙璧,始具於插架。古人云,好學之篤,又有好書濟其求。不堪欣躍,聊筆於此。

【聿修堂藏書目錄】《千金翼方》三十卷。十二冊。元大德丁未梅溪書院刻梓。

【經籍訪古志】卷八 《千金翼方》三十卷,《目錄》一卷。元板。聿修堂藏。首載校正表,次自序,末有校正後序。卷尾有"大德丁未良月梅溪書院刻梓"十二字。每半板高六寸八分,幅四寸四分,十三行,行二十三字。

按,此本原係城東市醫白貞菴秘藏,天明中爲聿修堂物。詳載櫟窗先生《醫賸》中。文政己丑,醫官數輩醵金摸刻,以藏於醫學。蓋是書世唯傳王肯堂本,而譌字脱文,不一而足,此本則稍爲完善。然校之諸書所引,舛誤仍多,故新刻作"考異"二卷,以附於後。

注:按《留真譜新編》第七載有"校正千金翼方後序"一葉,蓋據此元刊而摸刻者也。

明萬曆三十三年王肯堂刊本

【四庫書目邵注】卷十 《千金翼方》三十卷。唐孫思邈。萬曆間王氏刊本。

【郘亭知見傳本書目】《千金翼方》三十卷。唐孫思邈撰。萬曆間王氏刊本。

【故宫普通書目】卷三 《千金翼方》三十卷。唐孫思邈撰，宋林億校正，明王肯堂重校。萬曆年刊本。八冊。二部。

【北平圖書館善本書目】卷三 《千金翼方》三十卷。明萬曆刻本。

【醫籍考】一千五百八十二頁 按，王宇泰刊本，較之家藏元板，不唯誤文居多，甚至脫數十頁。元板目錄末有"大德乙未良月梅溪書院刻梓"木記。先考得之於城東醫生白氏，其文字端雅，卷帙完好，惜使王氏校刊之日不視是善本。

【寶素堂藏書目錄】《千金翼方》三十卷，八冊。王宇泰原刊行本。自序，自□至卷十四係明人補鈔。每卷首有"張孟丙甫家藏醫書"印記。張孟丙甫，事蹟未詳，疑明代人。

【經籍訪古志】卷八 《千金翼方》。明王肯堂刊本。序曰"至第四卷係明人補鈔"，寶素堂藏。首有念西居士王肯堂新刊序，每卷題"明翰林院檢討國史纂修官王肯堂重校、孫雲仍、王廷鑑同校"。每卷首捺"張孟丙甫家藏醫書"印。

按，此本總目外，每卷首有子目，且卷中體式與元板異。宇泰序曰：獲《千金翼方》於故友徐士彰諫議家。又云，若無他本讎校，其烏焉帝虎之譌，灼然無疑者然後改正，不然寧仍其舊，以俟它日得宋刻善本而更之，故譌不可讀者時有。據此言，則恐是傳鈔宋本者歟。檢張孟丙甫印篆法，必是明印，則補鈔亦出明人可知矣。

【内閣文庫圖書第二部漢書目錄】（特）《千金翼方》三十卷，《目》一卷。明王肯堂重校。萬曆三十三年刊。二十四冊。

2. 明華氏刊本

【孫氏書目】内編卷二 《千金翼方》三十卷。明華氏刊本。

【四庫書目邵注】卷十 《千金翼方》三十卷。明華氏刊本。

【郘亭知見傳本書目】卷八 《千金翼方》三十卷。明華氏刊本。

3. 清乾隆華氏保元堂刊本

【鄭堂讀書記】《千金翼方》三十卷。金匱華氏保元堂重刊本。唐孫思邈撰，宋林億等校正，明王肯堂重校。此尚是億等校正原本，前又有損菴序，及乾隆癸未金匱華希閎重刊序。

【清華學校圖書館中文書籍目錄】《千金翼方》三十卷。十六冊，孫思邈。乾隆二十八年保元堂刻本。

【聿修堂藏書目錄】《千金翼方》三十卷，十六冊。乾隆癸未新鐫。

【經籍訪古志】卷八王肯堂刊千金翼方 乾隆癸未金匱華希宏校刻本，行款字數全與此同，蓋覆刻也。

【内閣文庫圖書第二部漢書目錄】《千金翼方》三十卷。清華希閎校，乾隆二十八年刊。十六冊。

4. 同治七年掃葉山房刊本

【揚州吳氏測海樓藏書目錄】卷四 《千金翼方》三十卷。同治年掃葉山房刊竹紙十六本。

【故宫普通書目】卷三　《千金翼方》三十卷。同治七年刊本。十六冊。

5. 光緒四年重印江戶醫學影元本

【叢書書目彙編】千金方合刻　《影元本千金翼方》三十卷。日本江戶醫學所刊。光緒戊寅獨山莫氏將版購回,現版存蘇州徐氏。

【揚州吳氏測海樓藏書目錄】卷四　《千金翼方》三十卷。光緒年印白紙。

【浙江公立圖書館通常類圖書目錄】《千金翼方》三十卷。清光緒戊寅上海東洋本。八本。

【趙氏圖書館藏書目錄】卷三《備急千金要方》三十卷,附《考異》一卷。卷五、卷六、卷十五分上下。《千金翼方》三十卷。二十冊。日本嘉永三年江戶醫學影刻北宋本。《翼方》,日本文政十三年影刻元大德本,光緒戊寅靈芬閣印行本。

【杏雨書屋圖書假目錄】日本重雕元大德本　《千金翼方》三十卷。光緒四年刊。八冊。又,同上一部,八冊。

【中國醫學書目】《千金翼方》內題"景元大德本千翼方"三十卷,八冊。十三行二十三字,框橫十三・四釐,縱二十・三釐。孫思邈著,林億等校,大德四年梅溪書院刻梓。光緒戊寅上海獨山莫繩孫,江戶醫學影元本重印。"校正千金翼方表",高保衡、孫奇、林億。"千金翼方序",孫思邈。"影宋本千金方考異",多紀元堅等。目錄。

6. 民國四年江左書林石印本

【中國醫學書目】《千金翼方》三十卷。六冊。二十行四十字,框橫十二・六釐,縱十七・七釐。孫思邈著。民國四年江左書林石印。序,曹元恒。校正千金翼方表,孫思邈。目錄。校正千金翼方後序。

注:按《中國醫學大成》樣第四輯中載有《千金翼方》三十卷之目,其書亦屬未刊。

7. 日本明和七年望月三英校刊本

【寶素堂藏書目錄】《千金翼方》三十卷,十五冊。明和庚寅重雕王宇泰刊本。

【二續中國醫學書目】《千金翼方》三十卷,三十冊。十行二十字,框橫十四・三釐,縱二十・五釐。唐孫思邈著,宋林億等校正,明王肯堂重校,孫雲仍、王廷鑑同校,日本阿波醫官湯淺堯民閱,明和七年望月三英翻刻。幽松軒藏板。刻千金翼方序,望月三英,明和六年。新刻千金翼方序,王肯堂,萬曆三十三年。校正千金翼方敘,林億等。千金翼方敘,孫思邈。綱目。目錄。

8. 文政十二年影元大德刊本

【皕宋樓藏書志】卷四十四　《千金翼方》三十卷。東洋覆元本。

【抱經樓藏書志】卷三十六　《千金翼方》三十卷。東洋覆元刊本。唐孫思邈撰,宋林億等校正。林億序等。

【八千卷樓書目】卷十　原本《千金翼方》三十卷。日本覆元本。日本刊本。

【觀海堂書目】碣字號　《千金翼方》十二本。三十卷。日本刻本。《千金考異》

三本。野字號《千金翼方》十二本。三十卷。校日本刻本。

【故宫博物院書目】《千金翼方》。北周孫思邈，三十卷。十二冊。日刊本。

【日本訪書志】卷九 《千金翼方》三十卷。校元本。日本文政己酉從元槧摹刻本。其原本係多紀元聿修堂物，今未知所在。此本係小島尚質以初印本硃校於界欄上，蓋據宋本、元本、明王肯堂校刊本，及《新修本草》諸書合校者。自丁亥訖己亥，首尾十二年始成，其精核可想。又按森立之云，《翼方》初擬附"考異"二卷而未成，當即以小島校本爲之也。

【江南圖書館閱覽室檢查書目】《千金翼方》。晉葛洪。日本刊本。十本。

【寶素堂藏書目録】《千金翼方》三十卷。十二冊。文政十二年重雕大德丁未梅溪書院梓行本。

【經籍訪古志】卷八元板千金翼方 文政己丑，醫官數輩，醵金摸刻，以藏於醫學。此本則稍爲完善，然校之諸書所引，舛誤仍多，故新刊作"考異"二卷，以附於後。

【東京帝室博物館漢書目録】《千金翼方》。杉本良重校，文政十二年刊。自一卷至六卷缺。九冊。和本。

【静嘉堂文庫國書分類目録】《千金翼方》三十卷，刊（覆元）。養安院舊藏。十萬卷樓舊藏本。十二冊。

【北京人文科學研究所藏書目録】《千金翼方》三十卷。唐孫思邈撰。日本文政十二年影元大德刊本。五函二十二冊。

【榿萼書屋圖書目録】《千金翼方》。美濃判。三十卷。目録共刊。十二本。孫思邈，翻刻年月不詳。奥書云：文政十二己丑年杉本良藏。

【杏雨書屋圖書假目録】元大德本 《千金翼方》三十卷。文政十二年刊。十二冊。

9. 日本刊未詳本

【江蘇省立國學圖書館圖書總目】《千金翼方》三十卷。十五冊。日本刊本。

【榿萼書屋圖書目録】《校正千金翼方》。美濃判。三十卷。刊。三十冊。孫思邈。翻刻年月不詳，京書林秋田屋半左衛門刊行。

【杏雨書屋圖書假目録】《千金翼方》序目三十卷。日本刊。三十冊。

10. 鈔本

【脈望館書目】辰字號 《鈔本千金翼方》六本。甲。又十本。乙。

【述古堂藏書目】卷四 《孫真人千金翼方》三十卷。六本。閣宋本抄。

【觀海堂書目】惠安號 《千金翼》八本。三十卷。抄本。

【聿修堂藏書目録】《新刻翼方》三十卷。十四冊。抄王肯堂校本。

11. 未詳本

【古今醫統大全採摭諸書】【本草綱目引據古今醫家書目】【世善堂藏書目録】【醫藏書目】以上明 【近古堂書目】【也是園藏書目】【絳雲樓書目】以上清 【國立北京大學文科圖書館藏書目】【南洋中學藏書目】以上民國 【元治增補御書籍目録】【觀聚方要補採摭書目】【雜病廣要採摭書目】以上日本 【醫方類聚引用書】朝鮮

三、千金髓方

【唐書藝文志】子錄醫術　《孫思邈千金方》三十卷。又《千金髓方》二十卷。

【崇文總目輯釋】卷三　《千金髓方》二十卷,孫思邈。原釋:闕。見天一閣鈔本。

【千金翼方】宋臣後序　世又傳《千金髓》者,觀其文意,殊非孫氏所作,乃好事者爲之耳。王道集《外臺秘要方》,各載所出,亦未之見。似出於唐之末代,博雅者勿謂其一家書也。

【證類本草所出經史方書】《千金髓》

【通志藝文略】方書　《千金髓方》二十卷,孫思邈撰。

【宋史藝文志】子類醫書　《千金髓方》二十卷

【醫籍考】一千五百八十二頁　按《本事方》有云"《千金髓》有腎氣攻背項強一證",則其書南宋時猶存矣。

注:按《證類本草》所引有"《千金髓》"四條。

四、千金寶要

(一)考證

【千金寶要】郭思自序　《孫真人千金方》一部三十卷。思久欲闡揚此書,以廣之海内,而在公牽迫,終不克遂。今休閑矣,遂取《千金方》中諸論,逐件條而出之以告人,使人知防之於未然之前。又將《千金方》中諸單方,逐件列而出之以示人,使人知治之於已病之後。其思家與知識家經用神驗者,亦附之其中,各别稱説。買巨石刊之,以廣其傳。此思急於救人,推行孫君之妙法本意也。謹敢以《千金寶要》命篇,誓施萬本,長者仁人,當共斯善。

【千金方】明喬世寧序　《千金方》世罕刻本,華州有石刻《千金寶要》,所選取僅十之一,今蜀廣中板行者是也。

【千金寶要】秦王守中序　《千金寶要》者,宋徽猷[閣]直學士郭思按唐孫真人先生所集《千金方》中纂要者也。宣和六年,思曾刻石於華州公署。我明正統八年,華州知州劉整重刊。景泰六年,和州楊勝賢以刻石冬月不便摹印,易刊木板。顧獨不立石於真人洞前,非所以廣其傳也,因刻於洞前云。李海立題詞。此書初得華州石刻,舛譌最多,繼得華州木刻及蜀中及郭武定木刻,其譌猶華之石刻也。

【讀書敏求記】卷三　《郭思千金寶要》八卷,宣和六年河陽郭思取《千金方》中諸論,逐件條而出之,使人知防於未病之前。又取諸單方,逐件列而出之,使人知治於已病之後。并附經用神驗者,各稱别説。推行孫真人妙法之本意,仍以《千金寶要》名篇。買巨石鎸之,立於華州公廨。吾家藏墨刻舊本,字畫完整,古香襲人。暇日當取以校對,始知是本之佳否也。

注:按《敏求記校證》云,鈺案,葉昌熾云遵王此本不知流落何所。蘭泉、淵如諸公,皆未著於錄。訪之關中打碑人,亦無有知之者。見《奇觚廎文集》。

【千金寶要】孫星衍序　《千金寶要》十七卷,《附論》及《千金須知》,爲十八卷。宋宣和時,郭學士思從孫徵君思邈所撰《千金方寶要》,刻石華州公署。自明正統景泰間,俱有木石刻本。至隆慶六年,秦王守中復刊石耀州真人洞。《四庫書》未及收錄。余遊關中,得其榻本,藏笈中。

【四庫未收書目提要】卷二　《千金寶要》十七卷,唐孫思邈原本,宋郭思採錄刻石。案《舊唐書》思邈本傳,止載《千金方》三十卷。葉夢得《避暑錄話》,稱其作《千金方》時已百餘歲,後三十年又作《千金翼方》。《郡齋讀書志》、《書錄解題》并載兩書,云各三十卷。今俗間傳本《千金翼方》九十三卷"翼"當是"要"之訛,兩書淆溷,不復可別,不知何人所定也。按,此說原於《四庫提要》,而孫星衍亦從而錄,然其爲妄說。多紀氏既辨之,詳見"考證"條下。郭思刻石在宋宣和間,其所依據當是思邈原本,刻石在華州公署。明正統景泰間,又重刻石本,又有木刻本。至隆慶時,燿州真人祠復有石刻。案《酉陽雜俎》謂,昆明池龍宮有仙方三十首,思邈以療龍疾得之,乃著《千金方》三十卷,每卷置一仙方,信爲方書中之最可□貴者。書中稱"痘瘡"爲"小兒丹毒",既元人《奇效良方》所謂"痘疹"也。或謂此疾出自近代者。殆不可從。今從石本錄副,以備唐人方書之厓略云。

【日本訪書志】卷九　《千金寶要》八卷。明刊本。按郭氏原刻世久失傳,其重鐫者爲華州知州劉整所編。正統八年刊石。厥後楊勝賢刊木於華州。景泰六年,郭勛刻木於粤東,張翰刻木於蜀中。此即蜀中本也。又有隆慶六年秦王守中刊石耀州者,又併爲六卷。嘉慶十二年孫淵如刻於《平津館叢書中》者,即隆慶本也。此本有小島學古硃校,文字頗多訛謬,不及隆慶本之佳,然其次序似當仍郭氏之舊。隆慶本則多所移易,又脱郭氏原序,又删其救急次第原目。惜乎淵如刊此書時,不及見此本也。

(二)序跋

1. 郭思自序

孫真人《千金方》一部三十卷,三百一十八門,門中各有論,論下各有方。論以論說人所以得病之由,君子小人,皆宜熟知。方以治人之已病,而人有未嘗得見此集者,并藥有物多而難合者,貧下細民因此不獲治療,枉壞軀命者,可勝言哉。況一州一縣,幾家能有《千金方》,而有者亦難於日日示人,因此孫君之仁術仁心,格而不行處有之,鬱而不廣處有之。孫君此書,上本黄帝、岐伯,次祖扁鵲、華佗、張仲景、陳延之、衛汎、王叔和,《小品》、《肘後》、龍宮、海上,而下及當時之名公方論藥術,并自撰經試者,世皆知此書爲醫經之寶。余亦概嘗閲諸家方書内,唯《千金》一集,號爲完書,有源有證,有說有方,有古有今,有取有捨,闢百聖而不慚,貫萬精而不忒,以儒書擬之,其醫師之集大成者歟。唐之盧照鄰謂"思邈高談正一,則古之蒙莊;深入不二,則今之摩詰",斯言得其致矣。思久欲闡揚此書,以廣之海内,而在公牽迫,終不克遂。今休閑矣,遂取《千金方》中諸論,逐件條而出之以告人,使人知防之於未然之前。又將《千金方》中諸單方,逐件列而出之以示人,使人知治之於已病之後。其思家與知識家經用神驗者,亦附之其中,各别稱說。買巨石刊之,以廣其傳。以救急者爲先,以稍可待者爲次,以尋常大病爲三,以尋常次病爲四。孫君之書,以婦人小兒爲首,以男子婦人雜病爲後,思今皆依之,而特取諸病目前交急者爲首。此思急於救人,推行孫君之妙法本意也。謹敢以《千金寶要》命篇,誓施萬本,長者仁人,當共斯善。宣和六年四月初一日,徽猷閣直學士通奉大夫致仕河陽郭思謹序。《醫籍考》

2. 刻千金寶要序

《千金寶要》者,宋徽猷閣直學士郭思,按唐孫真人所集《千金方》中纂要者也。宣和六年,思曾刻石於華州公署。我明正統八年,華州知州劉整重刻。景泰六年,知州楊勝賢以石刻冬月不便摹印,易刊木板。往年春予得之,喜其方之簡便,藥之近易,醫不煩而取效速,信有切於人之實用,迺珍如拱璧,不容自秘,已命壽之梓矣。竊惟《寶要》纂自真人《千金方》中,天下之遊耀州真人洞者,歲無虚日,日無虚時,顧獨不立石於真人洞前,非所以廣其傳也,因刻於洞前云。隆慶六年歲在壬申春三月上言,秦王守中識。隆慶石刻本

3. 跋

此書初得華州石刻,舛譌最多。繼得華州木刻及蜀中郭武定木刻,其譌猶華之石刻也。其門類錯亂者,兹皆類明。"拾遺"一段,兹皆附之各類。小兒兩類,併而爲一,爲其便於檢閲也。其間有字句之謬,可以意會者乃敢更之。中有文字高古不能讀者,不敢輒易,乃仍舊焉。自"千金論"起,至"若有所舉重"段止,似欲人知所避忌也。自五勞七傷"有小腹急痛"起,至"婦人新產上廁"段止,既無治法,又無令人避忌之意。自"五勞"段,數至第二十二段,中有"凡是病者皆須服之"之句,後"淋閉論"末又云"悉服之立驗",或亦萬病玉壺,各有所主也。因併及之。委官李海立,生員謝沾書,祋祤鄒鳳皐刻。隆慶石刻本

4. 重刻千金寶要序

《千金寶要》十七卷,《附論》及《千金須知》爲十八卷。宋宣和時,郭學士思從孫徵君思邈所撰《千金方》撰要,刻石華州公署。自明正統、景泰間,俱有木石刻本。至隆慶六年,秦王守中復刊石耀州真人洞。《四庫書》未及收錄。余遊關中,得其榻本,藏笈中。按家徵君生於後周,卒於唐永淳之代。葉夢得《避暑錄話》稱,其作《千金》前方時已百餘歲,後三十年,作《千金翼》。段成式《酉陽雜俎》則謂,昆明池龍宮有仙方三千首,徵君因救龍得之,因上帝不許妄傳,復著《千金方》三十卷,每卷入一方。《千金方》本與《千金翼方》爲二書,是以《舊唐書》本傳止載《千金方》三十卷。晁公武、陳振孫《書目》則云各三十卷。今俗本《千金翼方》九十三卷,不知何人更其次第,《千金》前方竟不可别。此宣和時擇要本,當從前方錄出者,龍宮仙方在其内,真世間秘異之書,不可不廣其傳以公同志。書中謂今俗稱"痘瘡"爲"小兒丹毒",又有"反花瘡",元人《奇效良方》始謂之"痘疹",可證俗人謂此疾出於近代者非也。縊死人可救,落水人經一宿猶可活,倉卒間不知其方,書備其術,尤爲濟人之仁術。世之從政者,不師蓋公"獄市勿擾"之言,惟株累鍛鍊之

是務,置一切積貯、水利、農田、學校利益於人之事於不問,以致傷元氣,感召災殃,誠不如尋覽方書,胸中常有活人之念。爲善最樂,在此不在彼矣。嘉慶十二年七月三日,賜進士及第授通奉大夫署山東布政使督糧道加四級陽湖孫星衍撰於藩署之濟性堂。道光本

注:按《醫籍考》一千五百九十頁引右孫序,附按語於其末尾云:按孫季述所刻,併《附論》及《千金須知》,俱爲八卷,與《讀書敏求記》所載符,其分門凡十七篇。季述序曰是書十七卷,合《論》及《須知》爲十八卷,恐是失檢。序又曰"俗本《千金翼方》九十三卷,不知何人更其次第,《千金》前方竟不可別",考是以喬世定所刻前方爲《翼方》者,何錯誤至此乎。

注:按《日本訪書志》所載明刊本,有郭思(宣和六年)、武定侯郭勛(正德十一年)、上海陸源(嘉靖丁酉)、四明張楷(正統甲子)、西野張翰(嘉靖十六年)等諸序跋。是知此書之明刊有五種,初刊乃正統九年劉整刻石於華州,張楷爲之跋。二刊乃景泰六年,楊勝賢刊本於華州。三刊乃正德十一年,郭勛刊本於粵東,勛自爲之(方)[序]。四刊乃嘉靖十六年,張翰刊木於蜀中,陸源爲之序,翰自爲之跋。五刊乃隆慶六年,秦王守中刻石於耀州,守中自爲之序,李海立爲之跋。《訪書志》所載即是蜀中本,而正統、嘉靖間之四序跋悉載之。今余未覩蜀中本,而四序跋并不可得見,錄以俟後搜焉。

(三)刊本及鈔本

1. 宋宣和六年刻石

【千金方要】郭思自序　又將《千金方》中諸單方,逐件列而出之以示人。其思家與知識家經用神驗者,亦附之其中,各別稱說。買巨石刊之,以廣其傳。

注:按《日本訪書志》亦引載郭思序,註之而云:按今檢本郭氏附方,不復識別,當是劉氏重鐫時混合爲一。今《千金方》宋槧復見,學者當就其書識出之。

2. 明正統八年劉整刻石

【千金寶要】秦王守中序　我明正統八年華州知州劉整重刻。李海立跋。此書初得華州石刻,舛譌最多。

3. 明景泰六年楊勝賢刊本

【千金寶要】秦王守中序　景泰六年,和州楊勝賢以石刻冬季不便摹印,易刊木板。往年春予得之,喜其方之簡便,藥之近易。

【適園藏書志】卷六　《千金寶要》八卷。明刊本。宋郭思撰。思,河陽人,宋徽猷閣直學士,自號小有居士。唐孫真人所集《千金方》,纂出自"婦人"至"痔"十七篇。又《千金論》、《千金須知》。此書宣和六年刻石於華州,明景泰六年復易刊木板。前有宣和六年自序,後有正統甲子張楷序。此即景泰本,罕見流傳。孫淵如刊入平津館者,系隆慶六年秦府耀州刻石本,止分六卷。蓋《千金論》、《千金須知》,孫本一卷,此本分三卷也。常熟張芙川藏本并有圖書云"今在南園掃葉山莊,他日不知歸何處",不知何人,他處亦未見。後有"道光己酉九月四日龍谿孫雲鴻借鈔

并緒”一行。雲鴻,福建人,署常熟福山鎮總兵,知精楷法,有儒將風。

4. 正德十一年郭勛刊粤東本

【千金要方】喬世寧序　華州舊有石刻《千金要》,所選僅取十之一。今蜀廣中板行者是也。

【千金寶要】李海立跋　此書初得華州石刻,舛譌最多,繼得華州木刻及蜀中及郭武定木刻,其譌猶華之石刻也。

【日本訪書志】　郭勛刻木於粤東。

5. 嘉靖十六年張翰刊蜀中本

【寶素堂藏書目錄】《千金寶要》八卷。二冊。鈔嘉靖丁酉刊本。宋郭思。

【日本訪書志】卷九　《千金寶要》八卷。明刊本。明嘉靖丁酉刊本。首郭思自序,次武定侯郭勛序,次陸源序。每半葉十行,行二十字。卷首第二行題“前徽猷閣直學士通奉大夫致仕河陽郭思纂”,第三行題“陝西西安府華州知州古孟劉整補校重鐫石”,第四題“救急方”,第五行“婦人第一”。按郭氏原刻,世久失傳中略,參看“考證”條下。序曰以下引郭思自序全文,今略。武定侯郭勛序,正德十一年。上海陸源序,嘉靖丁酉。四明張楷跋,正統甲子。西野張翰跋,嘉靖十六年。

6. 隆慶六年秦王守中刻石

【平津館鑒藏書籍記】卷二明板　《千金寶要》六卷。前有隆慶六年秦王守中序,云《千金寶要》者,宋徽猷閣直學士郭思按唐孫真人先生所集《千金方》中纂要者也。自“婦人”至“痔”,凡十七篇。第六卷“千金論”、“千金須知”,題“小有居士河陽郭思纂”。此書宋宣和六年刻石於華州,明景泰六年復易刊木板。秦王既刻諸梓,復刊石於耀州真人洞。此即耀州石刻本,末有跋,後題“委官李海立,生員謝沾書,祋祤鄒鳳皐刻”。

【四庫書目邵注】卷十　《千金寶要》六卷。明景泰中秦王重刻石於耀州孫真人洞榻本。

【郘亭知見傳本書目】卷八　《千金寶要》六卷,宋郭思(伋)[輯]從孫氏《千金方》,擇要刻石者。有明景泰中秦王刻石於耀州孫真人洞舊拓本。

【北京人文科學研究所藏書目錄】《千金寶要》六卷,宋郭思撰,明隆慶間刊本。一函六冊。

【續中國醫學書目】《千金寶要》五冊。八行十六字,無框横十五・三糎,縱二十五・三糎。宋郭思纂。隆慶六年秦王守中石刻。“刻千金寶要序”,秦王守中,隆慶六年。跋。末題“委官李海立,生員謝沾書,祋祤鄒鳳皐刻”。

7. 清乾隆二十六年刊本

【四庫書目邵注】卷十　《千金寶要》六卷。乾隆二十六年刊本。附《海上方》等二種。

8. 清嘉慶孫星衍刊本

【孫氏書目】内編卷二　《千金寶要》六卷,宋郭思撰。關中石刻本,星衍校刊。

【四庫書目邵注】卷十　《千金寶要》六卷。平津館刊本。

【持静齋書目】卷三 《千金寶要》六卷。平津館刊本。宋郭思撰。

【郘亭知見傳本書目】卷八 《千金寶要》六卷。平津館刊本。

【書目答問】《千金寶要》六卷。平津館本。

【行素堂目睹書錄】平津館叢書 《千金寶要》六卷。附《清寧丸方》。

【叢書舉要】平津館叢書 《千金寶要》六卷。附《清寧丸方》一卷,唐孫思邈。

【叢書書目彙編】平津館叢書 《千金寶要》六卷。附《清寧丸方》。宋郭思從唐孫思邈《千金方》中纂要刻石本。

【故宫博物院書目】《千金寶要》,宋郭思。六卷。一册。蘭陵孫氏刊本。

【故宫普通書目】卷五平津館叢書 《千金寶要》,宋郭思撰。

【洗心精舍寄存書目】卷三 《千金寶要》,宋郭思撰。《平津館叢書》第二集本。

【涵芬樓舊書分類總目】《千金寶要》。附《清寧丸方》。宋郭思撰。平津館本。一冊。

【清華學校圖書館中文書籍目錄】《千金寶要》六卷。見《平津館叢書》。

【江蘇省立國學圖書館圖書總目】《千金寶要》六卷,宋溫縣郭思。嘉慶孫氏刊本。《平津館叢書》九册。

【中東鐵路圖書館圖書目錄】《千金寶要》六卷。見《平津館叢書》。

【寶素堂藏書目錄】《千金寶要》六卷,一册。孫氏《平津館叢書》中本。

9. 道光四年刊本

【中國醫學書目】《重刻千金寶要》六卷。一册。十一行二十字,框横十一·六釐,縱十五·九釐。宋郭思著,孫星衍校。道光四年河南開歸道署藏板。重刻千金寶要序,孫星衍,嘉慶十二年。刻千金寶要序,王守中,隆慶六年。目錄。跋,李海立。

10. 同治刊本

【郘亭知見傳本書目】卷八《千金寶要》六卷。同治木刻本。

注:按《國學用書類述》載有"《千金寶要》六卷,宋郭思纂。《槐廬叢書》本"之目,然今檢《叢書書目彙編》所收《槐廬叢書書目》,其初編、四編中,無有《千金寶要》之名,不知其故,暫附記於此矣。

11. 鈔本

【持静齋書目】卷三 《千金寶要》六卷。舊鈔本。唐孫思邈撰,宋郭思輯。

【故宫博物院書目】《千金寶要》。宋郭思(從)[輯]。八卷,二册。抄本。

【觀海堂書目】藉字號 《千金寶要》。二本。八卷。鈔本。

【寶素堂藏書目錄】《千金寶要》八卷,二册。鈔嘉靖丁酉刊本。宋郭思。

【内閣文庫圖書第二部漢書目錄】《千金寶要》六卷,宋郭思編。日本寫本。二册。

12. 未詳本

【古今書刻】【萬卷堂書目】【脈望館書目】以上明 【也是園藏書目】【述古堂藏

書目】【天一閣藏書目錄】【蕘圃藏書題識】【稽瑞樓書目】【天一閣見存書目】【李蒲汀書目】以上清

附　千金寶要補

【醫籍考】一千五百九十一頁　《張氏學懋千金寶要補》三卷。存。

【聿修堂藏書目錄】　《千金寶要補》二冊。抄本。宋郭思撰。

【内閣文庫圖書第二部漢書目錄】(特)　《千金寶要補》。三卷,《附錄》三卷,明張學懋編。明板,二冊。《千金寶要補》。同上。日本寫本。二冊。

序跋

自序

此宋徽猷閣直學士郭思,按唐孫真人《千金方》而纂其簡易者也。宣和六年,思刻石於華州。我明正統八年,知州劉整重刻。景泰六年,知州楊勝賢以石刻艱於摹印,易刻木板而傳稍廣焉,但字多譌舛。隆慶六年,秦王復勒石於耀州真人洞前,爲文學謝沾書,稍正其譌,而門類錯亂,有以"帶下方"混於"小兒丹毒方"中者。余恐其誤人,乃求全本《千金要方》,并王宇泰太史《新刻千金翼方》,分門考訂。又按《仙傳》所載,真人著《千金》三十篇,每篇有龍宮仙方一首。政恐郭氏尚在掛漏,間以己意,擇而補之,其上各加一"補"字者,不敢失郭氏原本也。嗟嗟,真人神化濟生,全在《千金》一書。今海內僅見關中、江右刊行二板,而時醫亦鮮能習之。蓋非苦其方之珍繁,則憚於藥之炮煉,雖神方應驗,理在目前,其如不明、不行何哉。郭氏所纂,不過采其倉卒救急、藥簡而易辦者,以便民耳。若其全本,首婦人,次嬰孺,次男子老人,次鍼灸導引、養性攝生,以至"服食"所載飛鍊鍾乳雲母、五色石英等法,採製松脂、茯苓、黄精、枸杞等方,種種具備。誠遵而行之,小可療疾,大則延年,耳食者乃反以爲忌嚇,以爲不可試也。噫,此何異認上味醍醐爲毒藥也哉。余欲訪宋元《道藏》,訂證全方,覓一有力者刊行,以廣真人弘濟之意,徒有其志而未逮也。倘邀真人冥祐,假以餘年,庶得竟未竟之願耶。金陵醫士程初陽文格、徐呂梁經洪,皆篤信真人,藏有《千金方》而善用之者,若欒恒所文願、范華宇應春,同力校正,得并書。泰昌庚申歲重九日,蜀梓州張學懋誌。

附　千金方衍義

【醫籍考】一千五百九十三頁　張氏璐《千金方衍義》三十卷。存。

【中國醫學書目】《千金方衍義》三十卷。三十二冊。十行二十字,框横十三・八釐,縱十七・八釐(不定)。張璐著,席世臣校,嘉慶庚申掃葉山房刊。孫真人列傳。孫真人千金方本序。"孫真人千金方序",高保衡、孫奇等。同,馬理,嘉靖二十三年。"孫真人千金方衍義序",張璐,康熙戊寅。"序",席世臣,嘉慶庚申。目錄。

序跋

1. 孫真人千金方衍義序

《易》云"眇能視,跛能履",明乎非所能而自以爲能,不自知其才德之兼絀也。

余自慚固陋，乏經國經世之略，生遭世變，瑣尾流離。迨永清大定，而後章句荒落，株守蓬廬，惟有軒岐性命之學，日尋繹焉而不倦。時吾里有李瑾懷兹者，與余爲膠漆契，博聞強記，潛心醫學，君子人也。所可議者，務博而不知所宗，淺涉而未探奚奥，嘗與之究《玉函金匱》及《千金方》一書，非自有識堪資，而求所謂愜心貴尚，尚有憾焉。深歎述古之難，如昌黎所云“補苴罅漏，張皇幽眇”，洵非末學所可幾也。夫長沙爲醫門之聖，其立法誠爲百世之師，繼長沙而起者，惟孫真人《千金方》，可與仲聖諸書“聖”《醫籍考》作“景”頡頏上下也。伏讀三十卷中，法良意美，聖謨洋洋，其辨治之條分縷晰，製方之反激逆從，非神而明之，其孰能與於斯乎。余自束髮受書以來，即留心是道，曩所輯《纘》、《緒》二論，及《醫通》一十六卷，付梓行世。深歎學識迂疏，僅可爲後學自邇自卑之一助。迄今桑榆在望，尚欲作蜣螂不朽，亦自愚矣。而此書不爲之闡發，將天下後世竟不知有是書，深可懼也。因不揣愚昧，彙取舊刻善本，參互考訂，逐一發明，其中反用激用之法《醫籍考》無“中”字，貫串而昭揭之。其於“鍼灸”一門闕，以俟專家補之，俾學者開卷了然，胸無窒礙。昭宋刻本，仍隸三十卷。倣趙以德敷衍《金匱》之義，又殊倣敷衍成文“倣”《醫籍考》作“愧”，爰名曰《千金方衍義》。後之君子，有以討論修飾，授之剞劂，亦斯書之幸甚。余不學無術，老無思索，意之所致，信筆成書，殆所謂眇之能視，不足以有明，跛之能履，不足以與行也。康熙歲戊寅十一月既望，八十二老人石頑張璐路玉序。

2. 序

余不知醫，而先世家藏秘方頗能活人，故凡遇醫方之良者，必購而藏之。藏庚我此三字疑“歲庚戌”之訛，新安程翁瘦樵以《千金方衍義》授予曰：斯編絕業也。自唐迄明，綿歷千餘載，無有能闡發其奧蘊者，故庸醫袖手咋舌，吐棄而不取用。賢者用之，而反爲世所詬病，其不至泯沒而無傳也，亦幾矣。張子路玉者，良工也。生平服膺是編，數十年不輟，晚年始有定本，未及刊行。今觀其書，於逆從反激之法，探頤索隱，深究而詳說之。又援引本經，甄權英華之主治，以袪世俗之惑。其於用藥之過於峻利者，則又斟酌於南北風氣資稟之強弱而消息之。是書之作，實足以發朦振聵，必傳於後無疑也。程翁，精於岐黄者也，其言豈欺我哉。爰爲訂其譌、補其闕而付之梓。嘉慶庚申桂月之望南沙席世臣識。

五、醫家要妙

【唐書藝文志】醫術類　《孫思邈千金方》三十卷。又《千金髓方》二十卷。《千金翼方》三十卷。《神枕方》一卷。《醫家要妙》五卷。

【崇文總目輯釋】卷三　《醫家要妙》五卷，孫思邈撰。原釋：闕。見天一閣鈔本。侗案，舊本醫學闕，今校補。

【通志藝文略】病源　《醫家要妙》五卷，孫思邈撰。

【宋史藝文志】醫書類　《醫家要抄》五卷

注：按《日本倭名類聚抄》卷九“忽”條下所引，有《要鈔》者。狩谷掖齋註之

云:《要抄》無考。案所引文出《養生要集》,見《醫心方》。此引云《要抄》,恐誤。今按所謂《要鈔》,或是《醫家要妙》之類歟。

六、神枕方

【唐書藝文志】醫術　孫思邈《神枕方》一卷。《通志略》、《宋志》並同。

【崇文總目輯釋】卷三醫書　《神杭方》一卷。"杭"疑"枕"之譌。

注:按《秘書省續編到四庫闕書目》有《孫思邈枕中記》一卷。葉氏注云:《新唐志》、《宋志》、《崇文目》作《神枕方》。是知葉氏以《枕中記》爲與是書一書。今《枕中記》、《枕中方》之類,一括附於"養生"中。

七、古今錄驗方

【舊唐書經籍志】子類醫術　《古今錄驗方》五十卷,甄權撰。

【唐書藝文志】子錄醫術類　甄立言一作權《本草音義》七卷。又《本草藥性》三卷、《古今錄驗方》五十卷。

【證類本草所出經史方書】《古今錄驗方》

【通志藝文略】方書　《古今錄驗方》五十卷

【日本國見在書目錄】醫方家　《古今集驗》五十,甄立言撰。《古今錄驗》五十。

【和名抄引用漢籍】《錄驗方》。《古今錄驗方》五十卷,唐甄權撰。引用一回。

【東醫寶鑑】歷代醫方　《古今錄驗方》,唐甄立言所著。

注:按《外臺秘要》所引有"古今錄驗"二百六十四條。《醫心方》所引有"錄驗方"一百四十三條。《證類本草》所引有"古今錄驗"十二條。

注:甄權傳,見於"甄權脈經"條下。《新》、《舊唐書·甄權傳》附載弟立言傳,今載在"甄立言本草音義"條下。

八、玄感傳尸方

【舊唐書經籍志】醫術　《玄感傳尸方》一卷,蘇遊撰。

【唐書藝文志】醫術類　蘇遊《玄感傳尸方》一卷

【崇文總目輯釋】卷三　《元感傳屍論》一卷,蘇遊撰。原釋:闕。見天一閣抄本。

【通志藝文略】雜病　《元感傳屍論》一卷,唐蘇遊撰。

【宋史藝文略】醫書類　蘇巉一作游《玄感論》一卷,《蘇游鐵粉論》一卷。又《玄感傳尸方》一卷。

【本草綱目】引據書目　蘇道《玄感傳尸論》

注:按《外臺秘要》所引有"蘇游"二條,《醫心方》所引有"玄感傳屍方"六條、"玄感方"三條。

九、許孝崇篋中方

【唐書藝文志】醫術　《許孝宗篋中方》三卷

【崇文總目輯釋】卷三　《篋中方》三卷,許孝宗撰。

【通志藝文略】方書　《篋中方》三卷,唐許孝宗撰。

【宋史藝文略】醫書類　《篋中方》一卷

【本草綱目】引據醫家書目　《許孝宗篋中方》

注:按《宋史》所載"《篋中方》一卷",《醫籍考》以爲"宋錢惟演"所撰,蓋因其卷數與《唐志》不同也。然其錢氏《篋中方》亦未知其卷數幾,《醫籍考》所改未必爲當矣。

注:按"許孝崇",諸《志》皆"崇"作"宗",《醫籍考》改作"崇",且云:按《新唐志》作"許孝宗",今改正。蓋孝崇顯慶四年,與李勣等同修《本草圖經》者,仕至尚藥奉御。今按《唐志》"《本草》二十卷"注作"許孝崇"。日本古鈔《新修本草》所載唐臣列銜亦作"崇",不作"宗"。《醫籍考》此說爲是。

十、錢惟演篋中方

【證類本草所出經史方書】《錢氏篋中方》

【墨客揮犀】　錢文僖公集《篋中方》,"蘇合香丸"註云:此藥本出禁中,祥符中嘗賜近臣。

注:按《證類本草》所引有"《錢相公篋中方》"九條,蓋爲此書矣。又按《證類本草所出經史方書》有"《篋中秘寶方》"之目。《本草綱目》亦襲之。然今閱《證類本草》所引無其目,或疑《篋中秘寶方》即重出《錢氏篋中方》者歟。

注:錢惟演傳,《宋書》卷三百十七本傳略云,錢惟演字希聖,吳越王俶之子也。少補牙門將,從俶歸朝,爲屯衛將軍。歷右神武軍將軍。博學能文辭,召試學士院,以笏起草立就,真宗稱善。改太僕少卿,獻《咸平聖政錄》。命直秘閣,預修《冊府元龜》,詔與楊億分爲之序。除尚書司封郎中、知制誥,再遷給事中、知審官院。大中祥符八年,爲翰林學士,坐私謁事罷之。尋遷尚書工部侍郎,再爲學士、會靈觀副使。又坐貢舉失實,降給事中。復工部侍郎,擢樞密副使、會靈觀使兼太子賓客,更領祥源觀。累遷工部尚書。仁宗即位,進兵部。王曾爲相,以惟演嘗位曾上,因拜樞密使。天聖七年,改武勝軍節度使。後落平章事,爲崇信軍節度使,歸本鎮。未幾卒,謚文僖。所著《典懿集》三十卷。又著《金坡遺事》、《飛白書敘錄》、《逢辰錄》。

十一、崔氏纂要方

【舊唐書經籍志】醫術　《崔氏纂要方》十卷,崔知悌撰。

【唐書藝文志】醫術類　《崔氏纂要方》十卷，崔行功。

【崇文總目輯釋】卷三　《崔行功纂要方》十卷。原釋：闕。見天一閣抄本。

【千金要方】宋臣序　尚有所闕，又泝流以討源，如《五鑒經》、《千金翼》、《崔氏纂要》云云。

【通志藝文略】方書　《崔氏纂要方》十卷，唐崔行功撰。

【宋史藝文志】醫書類　《崔行功纂要方》十卷

【本草綱目】引據書目　《崔行功纂要方》

【醫籍考】一千五百九十八頁　《崔氏知悌纂要方》《新唐志》作"崔行功"。《舊唐志》十卷。佚。按是書，《舊》、《新唐志》所記崔氏名不同，今據《外臺秘要方》所引考之，若《灸骨蒸法圖》註曰：崔氏別錄《骨蒸灸方圖》并序，中書侍郎崔知悌撰。出第七卷中云。似是出於知悌者。然蘇沈內翰《良方》載"崔氏增損理中丸"，稱"西晉崔行功方"。則未知孰是也。再考《外臺》又載"崔氏療鬼氣辟邪惡阿魏藥安息香方"，後有"余時任度支郎中"語。又"小續命湯"下曰：余昔至戶部員外郎，患風疹。又云"余曾任殿中少監，以狀設向說名醫"。徵之《舊》、《新唐書》崔知悌及行功傳，無是官銜，特大中十二年唐技所進《郎官石柱題名》，戶部員外郎有崔知悌名，則知其出於知悌者，仍據《舊唐志》定爲知悌書矣。《良方》稱行功爲西晉人，此以其方後有"予以告領軍韓康伯、右衛毛仲祖、光祿王道預、臺郎顧君苗、著作殷仲堪"之語也。然崔氏所援諸書，若大小前胡湯、金方散，并稱出胡洽。"療骨蒸蒼梧道士方"後載蘇遊《玄感論》，又載巒公調氣方，劉涓子甘草湯，則知是書決非晉人所著。至加減理中丸，是崔氏採阮河南等方論者也。

注：按《外臺秘要》所引有"崔氏方"一百六十五條，《醫心方》所引有"崔侍郎方"二條，《證類本草》所引有"崔氏"四條，"崔氏方"一條，"崔氏海上集"一條。

注：崔知悌傳，今載在於"崔知悌骨蒸病灸方"條下。

注：按崔行功，《舊唐書·文苑傳》、《新唐書·藝文傳》並載其傳。略云，行功，井陘人，祖謙之，徙占鹿泉。少好學。高宗時，累官吏部郎中，以善敷奏，嘗兼通事舍人。坐事貶爲游安令，尋徵爲司文郎中。主朝廷典冊，後遷蘭臺侍郎，卒。

注：按湯溪范行準氏，民國廿五年跋多紀氏《醫籍考》云："崔知悌"乃"崔知拂"之誤，而"行功"其字也。今考舊、新兩《唐書》，但并載行功、知悌兩傳。而行功傳即云：行功，井陘人。祖謙之，徙占鹿泉。高宗時，吏部郎中，後遷蘭臺侍郎，卒。崔知溫傳即云：知溫，許州鄢陵人。祖樞，司農卿。父義真，陝州刺史。兄知悌，亦至中書侍郎。終戶部尚書。乃知其籍貫、父祖、仕履，皆相不同。范氏之說，未足以信矣。

十二、崔氏方

【崇文總目輯釋】卷三　《崔氏方》三卷。原釋：闕。見天一閣鈔本。侗按，《宋志》有《崔氏骨蒸方》三卷，在《海上集驗方》之上。此書疑亦崔元亮撰也。

【證類本草所出經史方書】《崔氏方》

注:按《證類本草》所引有"崔氏"四條,"崔氏方"一條。

十三、崔氏骨蒸方

【宋史藝文志】醫書　《崔氏骨蒸方》三卷

注:按舊、新兩《唐志》并載"崔知悌骨蒸病灸方一卷",《宋志》作"崔知悌灸勞法一卷"。《外臺秘要》及蘇沈内翰《良方》并引其文。詳見"鍼灸"條下。

十四、骨蒸論

【崇文總目輯釋】卷三　《骨蒸論》一卷。原釋:闕。見天一閣鈔本。

【通志藝文略】醫方下　《骨蒸論》一卷

【宋史藝文志】醫書　《骨蒸論》一卷

十五、醫語纂要

【通志藝文略】病源　《醫語纂要論》一卷

【秘書省續編到四庫闕書目】卷二　《醫語纂要》一卷

【宋史藝文志】醫書　王勃《醫語纂要》一卷

注:王勃傳,《舊唐書》卷一百九十一本傳云:王勃字子安,絳州龍門人。祖通,隋蜀郡司戶書佐。大業末,棄官歸,以著書講學爲業。依《春秋》體例,自獲麟後,歷秦漢至於後魏,著紀年之書,謂之《元經》。又依《孔子家語》、揚雄《法言》例,爲客主對答之說,號曰《中說》。皆爲儒士所稱。義寧元年卒,門人薛收等相與議,謚曰文中子。二子:福畤、福郊。勃六歲解屬文,構思無滯,詞情英邁,與兄勔、勮,才藻相類。父友杜易簡常稱之曰:此王氏三珠樹也。勃年未及冠,應幽素舉及第。乾封初,詣闕上《宸遊東嶽頌》。時東都造乾元殿,又上《乾元殿頌》。沛王賢聞其名,召爲沛府修撰,甚愛重之。諸王鬭雞,互有勝負,勃戲爲《檄英王雞文》。高宗覽之,怒曰:據此是交構之漸。即日斥勃,不令入府。久之,補虢州參軍。勃恃才傲物,爲同僚所嫉。有官奴曹達犯罪,勃匿之,又懼事洩,乃殺達以塞口。事發,當誅,會赦除名。時勃父福畤爲雍州司戶參軍,坐勃左遷交趾令。上元二年,勃往交趾省父,道出江中,爲《採蓮賦》以見意,其辭甚美。渡南海,墮水而卒,時二十八。

《唐書》卷二百零一本傳云:勃嘗謂人子不可不知醫,時長安曹元有秘術,勃從之遊,盡得其要。

十六、王勃醫語序

【通志藝文略】病源　《王勃醫語序》一卷

【秘書省續編到四庫闕書目】《王勃醫語序》一卷。闕。輝按,此即後《醫語纂要序》。

十七、楊太僕醫方

【唐書藝文志】醫術　《楊太僕醫方》一卷。失名。天授二年上。

【崇文總目輯釋】卷三　《楊太僕醫方》一卷

【幼幼新書】卷四十近世方書　楊大鄴方,翰林待詔太鄴方,得之今湖北范運使家藏。

【通志藝文略】病源　《太僕醫方》一卷。唐天授二年進。

【宋史藝文志】醫書類　《楊太僕醫方》一卷

十八、隨身備急方

【舊唐書】卷一百九十一張文仲傳　文仲久視年終於尚藥奉御。撰《隨身備急方》三卷,行於代。

【唐書藝文志】醫術　《張文仲隨身備急方》三卷。《通志略》同

注:張文仲傳,《舊唐書》卷一百九十一本傳云:張文仲,洛中洛陽人也。少與鄉人李虔縱、京兆人韋慈藏并以醫術知名。文仲,則天初爲侍御醫。時特進蘇良嗣於殿庭,因拜跪便絕倒,則天令文仲、慈藏隨至宅候之。文仲曰:此因憂憤邪氣激也,若痛衝脅,則劇難救。自朝候之,未及食時,即苦衝脅絞痛。文仲曰:若入心,即不可療。俄頃心痛,不復下藥,日旰而卒。文仲尤善療風疾。其後則天令文仲集當時名醫共撰療風氣諸方,仍令麟臺監王方慶監其修撰。文仲奏曰:風有一百二十四種,氣有八十種。大抵醫藥雖同,人性各異。庸醫不達藥之性使,冬夏失節,因此殺人。唯脚氣、頭上氣,嘗須服藥不絕,自餘則隨其發動,臨時消息之。但有風氣之人,春末夏初及秋暮,要得通泄,即不困劇。於是撰四時常服及輕重大小諸方十八首,表上之。文仲久視年,終於尚藥奉御。撰《隨身備急方》三卷,行於代。虔縱,官至侍御醫。慈藏,景龍中光祿卿。自則天、中宗已後,諸醫咸推文仲等三人爲首。

注:按《外臺秘要》所引有"張文仲"一百三十四條,《醫心方》所引有"張文仲方"一條,《證類本草》所引有"張文仲"七條。

附　救急方

【古今醫統大全】卷一採摭諸書　《救急方》十三卷,唐張文仲著。武則天時侍御醫,與韋慈藏齊鳴。

注:按觀古堂本《古今書刻》亦載《救急方》之目,不著卷數及撰者名氏。

十九、療風氣諸方

【舊唐書】卷一百九十一張文仲傳　文仲尤善療風疾。其後則天令文仲集當時名

醫，共撰療風氣諸方，仍令麟臺監王方慶監其修撰。文仲奏曰：風有一百二十四種，氣有八十種。大抵醫藥雖同，人性各異。庸醫不達藥之性使，冬夏失節，因此殺人。唯脚氣、頭風、上氣，嘗須服藥不絕，自餘則隨其發動，臨時消息之。但有風氣之人，春末夏初及秋暮，要得通洩，即不困劇。於是撰四時常服及輕重大小諸方十八首，表上之。

【外臺秘要】卷十四　張文仲療諸風方九首。《元侍郎希聲集》，張文仲方九首。奉敕語張文仲等：諸患風氣，醫人處方多不同，可共諸名醫修一本進來。仍令殿中監王方慶專勾當。臣文仲言：臣准敕。諸名醫集諸方爲一卷，風有一百二十種，氣有八十種，風則大體共同，其中有人性各異，或冷熱。庸醫不識藥之行使，或冬藥夏用，或秋藥冬用，多殺人。唯脚氣、頭風、大風、上氣，此四色常須服藥不絕。自餘諸患看發，即依方喫藥。夫患者，春夏三四月，秋八、九月，取利一行甚妙。臣所進此方，不問四時皆得服。輕者服小方，重者服大方，藥味雖同，行使殊別。謹上如後。

注：按德國普魯西學士院所藏《西域出土古方書》殘卷中，有張文(中)[仲]療風方殘闕。黑田源次博士曾考證之，其文載在於《中國學》第七卷第四號誌上。

二十、法象論

【宋史藝文志】醫書　《張文仲法象論》一卷

注：按《崇文總目》有《法家論語》一卷，《通志略》作《象法語論》，《秘書省目》作"法象語論"，并不著撰人。葉氏疑以《宋志》此書亦則同書，今不從焉。後見"法家論語"條下。

二十一、隨身左右百發百中備急方

【太平御覽】卷七百二十四醫四　《唐書》曰：王方慶，太原人也。雅有材度，博學多聞，篤好經方，精於藥性。則天令監領尚藥奉御張文仲、侍醫李虔縱、光禄韋慈藏等，撰諸藥方。方慶撰《隨身左右百發百中備急方》，大行於世。

《醫籍考》一千六百零四頁：《王氏方慶隨身左右百發百中備急方》十卷。佚。按右見於《舊唐書》本傳，與張文仲所撰，其目相類，唯卷帙不同，豈文仲就方慶之書節抄成編者歟。

注：今按《舊唐書·方慶傳》，無見撰是書之事。然按"張文仲傳"云，則天令文仲集當時名醫共撰療風氣諸方，仍令麟臺監王方慶監其修撰。又《外臺秘要》云，奉敕語張文仲等：諸患風氣，醫人處方多不同，可共諸名醫修一本進來。仍令殿中監王方慶專勾當。由此觀之，所謂《張文仲隨身備急方》，似乎與此書實係一書矣。

二十二、行要備急方

【崇文總目輯釋】卷三　《行要備急方》一卷，元希聲撰。

【通志藝文略】方書　《行要備急方》一卷，元希聲集。

【宋史藝文志】醫書　元希聲《行要備急方》一卷

注：按《外臺秘要》云，元侍郎《希聲集》張文仲療諸風方九首云云。其與是書有何關係，亦未可知矣。

注：按《外臺秘要》所引有"元希聲"四條。

二十三、補要方

【舊唐書】卷一百九十一孟詵傳　孟詵，汝州梁人也，撰《補要方》、《必效方》各三卷。《經籍志》：醫術《補養方》三卷，孟詵撰。

【唐書藝文志】醫術　《孟詵食療本草》三卷。又《補養方》三卷。

【崇文總目輯釋】卷三　《孟氏補養方》三卷。《宋志》同

注：按中尾萬三博士曾考證《食療本草》，云初孟詵著《補養方》，後張鼎爲之增訂，乃改題曰《食療本草》。詳見"食療本草"之條下。

注：孟詵傳，《舊》、《新唐志》并載之，今列載在於"食療本草"條。

二十四、孟氏必效方

【舊唐書經籍志】醫術　《孟氏必效方》十卷，孟詵撰。

【唐書藝文志】醫術　《孟詵食療本草》三卷。又《補養方》三卷、《必效方》十卷。

【證類本草所出經史方書】　《必效方》

【通志藝文略】方書　《必效方》十卷

【古今醫統大全】採摭諸書　《必效方》三卷，孟詵著。

【本草綱目引據書目】　《孟詵必效方》

注：按《外臺秘要》所引有"必效方"一百二十一條，《醫心方》所引有"孟詵食經"十六條，"孟詵"五十八條，"孟詵方"一條，"孟說"一條。《證類本草》所引有"必效方"八條。

附　詵方

【文淵閣書目】卷十五　孟氏詵《詵方》。一部一冊。闕。

【菉竹堂書目】卷五　孟氏詵《詵方》一冊

【本草綱目】引據書目　孟氏詵《詵方》

二十五、病源手鏡

【唐書藝文志】醫術　段元亮《病源手鏡》一卷

【崇文總目輯釋】卷三　《病源手鑑》一卷，段元亮撰。侗按，《唐志》、《通志略》

"手鑑"作"手鏡",此避嫌諱。說見前

注:按《崇文總目》卷一"《開元禮義鑑》一百卷"云:東垣按本名"義鏡",此避太祖嫌諱。

【通志藝文略】病源　《病源手鏡》一卷,唐段元亮撰。

【宋史藝文志】醫書　《段元亮病源手鑑》二卷

二十六、袖中備急要方

【唐書藝文志】醫術　《袖中備急要方》三卷。《通志略》同

二十七、伏氏醫苑

【唐書藝文志】醫術　《伏氏醫苑》一卷,伏適。《崇文目》同

【通志藝文略】病源　《伏氏醫苑》一卷,唐伏適撰。《宋志》不著撰人。

二十八、萬病拾遺

【唐書藝文志】醫術　《青溪子萬病拾遺》三卷

【崇文總目輯釋】卷三　《萬病拾遺》三卷

【通志藝文略】病源　《萬病拾遺》三卷。《青溪子萬病拾遺》三卷。

【秘書省續編到四庫闕書目】卷二　《萬病拾遺》十三卷。闕。

【宋史藝文志】醫書　《李溫萬病拾遺》三卷

注:按是書或題"青溪子",或題"李溫",或不著撰人。其書名、卷數皆同,而《秘書省目》獨作"十三卷",其皆爲同書耶否,今不可考。但做前例,一括揭焉。

二十九、消渴論

【唐書藝文志】醫術　《青溪子萬病拾遺》三卷。又《消渴論》一卷、《腳氣論》三卷。

【崇文總目輯釋】卷三　《青溪子消渴論》一卷。侗按,舊本"青溪"譌作"清溪",今校改。

【通志藝文略】雜病　《青溪子消渴論》一卷。唐李暄撰。

【宋史藝文志】醫書　《清溪子消渴論》一卷

三十、腳氣論

【唐書藝文志】醫術　《青溪子腳氣論》三卷

【通志藝文略】腳氣　《腳氣論》三卷。見《唐志》

【宋史藝文志】醫書　《腳氣論》一卷

三十一、嶺南腳氣論

【唐書藝文志】醫術　《李暄嶺南腳氣論》一卷

【崇文總目輯釋】卷三　《嶺南腳氣論》一卷，李暄撰。

【通志藝文略】腳氣　《李暄嶺南腳氣論》一卷

【宋史藝文志】醫書　《李暄嶺南腳氣論》二卷

注：按《唐書》卷七十二上《世系表》，李暄爲長州主簿。

三十二、腳氣方

【唐書藝文志】醫術　《李暄嶺南腳氣論》一卷。又方一卷。

【崇文總目輯釋】卷三　《腳氣方》一卷，李暄撰。

【通志藝文略】腳氣　《李暄腳氣方》一卷

三十三、新撰腳氣論

【崇文總目輯釋】卷三　《新撰腳氣論》三卷，李暄撰。

【通志藝文略】腳氣　《新撰腳氣論》三卷，唐李暄撰。以上三家之說，不論風土，述江淮嶺南秦川之異。

三十四、腳氣論

【唐書藝文志】醫術　《腳氣論》一卷，蘇鑒、徐玉等編集。

【崇文總目輯釋】卷三　《腳氣論》一卷，蘇鑒、徐玉等撰。

【通志藝文略】腳氣　《腳氣論》一卷，唐蘇鑒、徐(王)[玉]、唐侍中三家之說。

注：按是書，疑與後三家《腳氣論》同爲一書，然則"徐鑒"當是"蘇敬"之訛。今因《崇文目》、《通志略》并重載之，暫以別出焉。

三十五、三家腳氣論

【崇文總目輯釋】卷三　《三家腳氣論》一卷

【通志藝文略】腳氣　《三家腳氣論》一卷。集蘇、徐、唐三家之說稍異者。

【宋史藝文志】醫書　蘇敬、徐玉、唐侍中《三家腳氣論》一卷。

注：按《外臺秘要》卷十八"腳氣論"云，吴氏竊尋蘇長史、唐侍中、徐(王)[玉]

等脚氣方，身經自患三、二十年，各序氣論，皆有道理，具述灸穴，備說醫方，咸言總試，但有效驗，比來傳用，實愈非虛。今撰此三本，勒爲二卷。色類同者，編次寫之，仍以朱題蘇、唐、徐姓號，各於方論下，傳之門內，以救疾耳。乃知是則所謂《三家脚氣論》。而其吴氏，《醫籍考》作"吴昇"，未知其所據。今查《外臺秘要》所引有"蘇敬"三條、"蘇長史"一條、"蘇唐"一條，"唐侍郎"二條、"唐"二條，"徐"一條。《醫心方》所引有"蘇敬脚氣論"三條、"蘇敬"四條、"蘇"七條，"徐思恭"四條、"徐"四條，"唐臨脚氣論"二條、"唐臨"三條、"唐"十三條、"唐侍中"一條，"蘇徐"三條，"蘇唐"四條，"徐唐"一條。是以知《外臺秘要》所稱"蘇長史"者即蘇敬，"唐侍中"者即唐臨，"徐(王)[玉]"者即徐思恭是也。蘇敬即編撰《新修本草》者，敬時官右監門府長史。徐思恭未可考。獨唐臨，《舊》、《新唐書》均載其傳，今錄其概略於下。

注：唐臨傳，《舊唐書》卷八十五本傳略云，唐臨，京兆長安人，周内史瑾孫也。臨少與兄皎俱有令名。武德初，隱太子總兵東征，臨詣軍獻平王世充之策，太子引直典書坊，尋授右衛率府鎧曹參軍。宫殿廢，出爲萬泉丞。再遷侍御史，累轉黄門侍郎，加銀青光禄大夫。儉薄寡欲，不治第宅，服用簡素，寬於待物。嘗令人煮藥失制，潛知其故，謂曰：陰暗不宜服藥，宜即棄之。竟不揚言其過，其寬恕如此。高宗即位，檢校吏部侍郎。其年，遷大理卿。高宗嘗問臨在獄繫囚之數，臨對詔稱旨，帝喜曰：朕昔在東宫，卿已事朕，朕承大位，卿又居近職，以疇昔相委，故授卿此任。尋遷刑部尚書，加金紫光禄大夫，復歷兵部、度支、吏部三尚書。顯慶四年，坐事貶爲潮州刺史，卒官，年六十。所撰《冥報記》二卷，大行於世。《新唐書》卷一百十三亦有傳，略同。

附　脚氣論

【日本國見在書目錄】醫方家　《脚氣論》一，周禮撰集。

【和名抄引用漢籍】醫方家　《脚氣論》一卷，周禮撰集《現在書》。引用二回。

三十六、開元廣濟方

【舊唐書】卷八玄宗本紀開元十一年　九月己巳，頒上撰《廣濟方》於天下，仍令諸州各置醫博士一人。

【唐書藝文志】醫術類　玄宗《開元廣濟方》五卷

【證類本草所出經史方書】《廣濟方》

【通志藝文略】方書　明皇《開元廣濟方》五卷

【遂初堂書目】醫書類　《廣濟方》

【玉海】卷六三　《唐開元廣濟方》。志：玄宗《開元廣濟方》五卷。

【日本國現在書目錄】醫方家《開元廣濟方》五卷。御製。

注：按《外臺秘要》所引有"廣濟方"二百十六條，《醫心方》所引有"廣濟方"四十八條，《證類本草》所引有"廣濟方"六條。

注:按僞唐華宗壽有《昇元廣濟方》,又宋周應所撰《簡要濟衆方》,一名《皇祐簡要廣濟方》,并見本條。

三十七、天寶單行方

【太平御覽】卷七百二十四　《唐書》曰,天寶中詔曰:朕頃者所撰《廣濟方》,救人疾患,頒行已久,傳習亦多。猶慮單貧之家,未能繕寫,閭閻之內,或有不知。儻醫療失時,因致夭橫,性命之際,寧亡惻隱。宜命郡縣長官就《廣濟方》逐要者,於大板上件錄,當村方要路牓示,仍委採訪使勾當,無令脱錯。

【圖經本草】序　昔唐永徽中,删定《本草》之外,復有《圖經》相輔而行。圖以載其形色,經以釋其同異。而明皇御製又有《天寶單方藥圖》,皆所以敘物真濫,使人易知。原診處方,有所依據。二書失傳且久,散落殆盡,雖鴻都秘府,亦無其本。《天寶方書》,但存一卷,類例初見,本末可尋。

【玉海】卷六十三　《天寶單方藥圖》。今存一卷。

注:按《圖經本草》"積雪草"條云,謹按《天寶單行方》云"連錢草,味甘平,無毒"云云,又"菊花"條云"唐《天寶單方圖》載白菊"云云。其《天寶單方圖》,今列在"《本草》"中。

三十八、真人肘後方

【唐書藝文志】醫術　《劉貺真人肘後方》三卷。《通志略》同

注:劉貺傳,《舊唐書》卷一百零二劉子玄傳云:劉子玄子貺,博通經史,明天文、律曆、音樂、醫算之術,終於起居郎、修國史。撰《六經外傳》三十七卷,《續說苑》十卷,《太樂令壁記》三卷,《真人肘後方》三卷,《天官舊事》一卷。

三十九、近效方

【證類本草所出經史方書】《近效方》

注:按《外臺秘要》所引有"近效方"十二條,《證類本草》所引止有一條。

四十、外臺秘要方

(一)出典

【唐書藝文志】醫術類　王燾《外臺秘要方》四十卷

【崇文總目輯釋】卷三醫書　《外臺秘要》四十卷,王燾撰。侗按,舊本"秘要"譌作"備要",今據《通志略》及今本校改。

【千金要方】宋臣序　泝流以討源,如《五鑒經》、《千金翼》……《外臺秘要》

……《夢得傳信》之類，凡所派別，無不考理。

【證類本草所出經史方書】《外臺秘要》

【通志藝文略】方書　《外臺秘要》四十卷，王燾撰。

【中興館閣書目輯考】卷四　《外臺秘要》四十卷。原釋：唐天寶中持節鄴郡軍事兼守刺史王燾撰。燾久知弘文館，得古今方，上自神農，下及唐世，無不採摭，集成經方四十卷。以出守於外，故號曰《外臺秘要方》。《玉海》六十三。

【遂初堂書目】《外臺秘要方》。《海山仙館叢書》本作《外臺秘要》。

【直齋書録解題】卷十三　《外臺秘要方》四十卷，唐鄴郡太守王燾撰。"王燾"今本作"王壽"，今據《文獻通考》而改正。自爲序天寶十一載也。其書博采諸家方論，如《肘後》、《千金》，世尚多有之。至於《小品》、《深師》、《崔氏》、許仁則、張文仲之類，今無傳者，猶間見於此書。大凡醫書之行於世，皆仁（廟）宗朝所校定也。按《會要》，嘉祐二年置校正醫書局於編修院，以直集賢院掌禹錫、林億校理，張洞校勘，蘇頌等并爲校正。後又命孫奇、高保衡、孫兆同校正。每一書畢，即奏上，億等皆爲之序。下國子監板行，并補注《本草》，修《圖經》、《千金翼方》、《金匱要略》、《傷寒論》，悉從摹印，天下皆知學古方書。嗚呼，聖朝仁民之意溥矣。

【郡齋讀書後志】卷二醫家　《外臺秘要方》四十卷，右王燾撰。燾之序云，嘗得古方書數千百卷，因述諸病證候，删集方藥、符禁、鍼灸之法。

【文獻通考】經籍考　《外臺秘要方》四十卷。晁氏曰：唐王燾撰。燾有臺閣二十年，久知洪文館，得古方書數千百卷，因述諸病證候，附以方藥、符禁、灼灸之法，凡一千一百四門。天寶中，出守房陵及大寧郡，故以"外臺"名其書。孫兆以燾謂"鍼能殺生人，不能起死人，取灸而不取鍼，譏其爲醫之蔽"，予獨以其言爲然。下引陳直齋，今略。

【玉海】卷六十三　唐《外臺秘要》。志：王燾《外臺秘要方》四十卷。又《外臺要略》十卷。《王燾傳》：性至孝，爲徐州司馬。母有疾，彌年不廢帶，視絮湯劑。數從高醫游，遂窮其術。因以所學作書，號《外臺秘要》。討繹精明，世寶焉。下引《中興書目》，今略。皇祐中孫兆校正。

【宋史藝文志】醫書類　《王燾外臺秘方》四十卷。刑法類《外臺秘要》一卷。

【攟壤集】下醫書　《外臺方》

注：按《醫心方》所引有"外臺方"二條，《證類本草》所引有"外臺秘要"二百三十條。

注：王燾傳，《新唐書》卷九十八《王珪傳》云：珪孫燾，性至孝，爲徐州司馬。母有疾，彌年不廢帶，視絮湯劑。數從高醫游，遂窮其術。因以所學作書，號《外臺秘要》。討繹精明，世寶焉。歷給事中、鄴郡太守，治聞於時。

《圖書集成·醫部全録》卷五百零六"王燾"：按《櫻寧集》，唐有王燾，精醫，著《外臺秘要》。按比事摘錄，唐有王燾，因母病學醫，因以所學，作書行世。

（二）考證

【外臺秘要】王燾自序　余幼多疾病，長好醫術，七登南宫，兩拜東掖，便繁臺閣二十餘載,久知弘文館圖籍方書等,由是睹奥升堂,皆探其秘要。以婚姻之故,貶守房陵,量移大寧郡。提攜江上,冒犯蒸暑,自南徂北,既僻且陋,染瘴嬰痾,十有六七,死生契闊,不可問天,賴有經方僅得存者,神功妙用,固難稱述,遂發憤刊削,庶幾一隅。凡古方纂得五六十家,新撰者向數千百卷,皆研其總領,覈其指歸。……其方凡四十卷,名曰《外臺秘要方》。非敢傳之都邑,且欲施於後賢,如或詢謀,亦所不隱。宋臣序。夫"外臺"者,刺史之任也。"秘要"者,秘密樞要之謂也。唐王燾臺閣二十餘年,久知弘文館,得古今方,上自神農,下及唐世,無不採摭,集成經方四十卷,皆諸方秘密樞要也。以出守於外,故號曰《外臺秘要方》。凡一千一百單四門,以《巢氏病源》諸家論辨各冠其篇首,一家之學,不爲不詳。

【容齋四筆】《外臺秘要》載"制虎方",稱"到山下先閉"云云,虎即走。予謂人卒逢虎,魂魄驚怖,竄伏之不暇,豈能雍谷步趨,仗咒語七字而脱耶。因讀此方,聊書之以發一笑。此書乃唐王珪之孫燾所作,本傳云:燾視母疾,數從高醫游,遂窮其術,因以所學作書,討繹精明,世寶焉。蓋不深考也。《醫籍考》

【青巖集】《王燾外臺秘要》所言方證、符法、灼灸甚詳,然謂鍼能殺生人,而不能起死人,則一偏之論也。《醫籍考》

【讀書敏求記校證】卷三下 《外臺秘要》鈺案,《宋志》作"秘方"。四十卷。《述古目》注"宋板鈔本補"五字,入宋板書目。〇鈺案,陸心源有北宋刊初印本,見《儀顧堂題跋》,有《校補》九卷。又案,《宋志》别有"《外臺要略》十卷"一目。朝散大夫守光禄卿直秘閣判登聞檢《補》,胡校本"檢"作"鼓"。院上護軍臣林億等上進,熙寧二年五月二日准中書劄子奉聖旨鏤板施行。《醫説》云:此書撰於唐王珪。《經籍志》云:唐王燾撰。案,直齋云:燾自爲序,乃天寶十一載也。鈺案,燾爲珪孫,《唐書》附珪傳。《述古目》作"林億《外臺秘要》",爲《四庫存目》所糾。此記遵王未誤,《目》作林億者,殆一時不檢耳。則知林億等乃校刊上進也。《補》,黄丕烈云:澗蘋爲予言,抱沖曾得密行細字者,予未及見。又云,已未從抱沖弟借觀,止一册。鈺案,黄氏藏有宋本,僅目錄及第廿三兩卷,見《百宋一廛賦》注,疑即抱沖所藏之殘本。

【醫學源流論】卷下千金外臺論 至唐王燾所集《外臺》一書,則纂集自漢以來諸方,匯萃成書,而歷代之方於焉大備。但其人本非專家之學,故無所審擇,以爲指歸,乃醫方之類書也。然唐以前之方,賴此書以存,其功亦不可泯。但讀之者苟胸中無成竹,則衆説紛紜,羣方淆雜,反茫然失其所據。故讀《千金》、《外臺》者,必精通於《内經》、仲景、《本草》等書,胸中先有成見,而後取其長而舍其短,則可資我博採之益,否則反亂人意,而無所適從。嗟乎,《千金》、《外臺》且然,況後世偏駁雜亂之書,能不惑人之心志哉。等而下之,更有無稽杜撰之邪書,尤不足道矣。

【四庫全書總目】卷一百零三 《外臺秘要》四十卷。通行本。唐王燾撰。燾,郿人王珪孫也。《唐書》附見珪傳,稱其性至孝,爲徐州司馬,母有疾,彌年不廢帶,視絮湯劑。案,"視絮"二字未詳,然《玉海》所引亦同,是宋本已然,姑仍其舊。數從高醫游,遂窮其術,因以所學,作《外臺秘要》,討繹精明,世寶焉。歷給事中、鄴郡太守。《藝文志》載《外臺秘要》四十卷,又《外臺要略》十卷,今《要略》久佚,惟《秘要》尚傳。此本爲宋治平四年孫兆等所校,明程衍道所重刻。前有天寶十一載燾自序,又有皇祐二年內降劄子及兆校上序,其卷首乃題林億等名。考《書錄解題》引《宋會要》,稱嘉祐二年置校正醫書局於編修院,以直集賢院掌禹錫、林億校理,張洞校勘,蘇頌等并爲校正,後又命孫奇、高保衡、孫兆同校正。每一書畢,即奏上,億等皆爲之序。則卷首題林億名,乃統以一局之長,故有"等"字也。燾居館閣二十餘年,多見宏文館圖籍方書,其作是編則成於守鄴時。其結銜稱"持節鄴郡諸軍事兼守刺史",故曰"外臺"。案,《猗覺寮雜記》曰:外臺,見《唐・高元裕傳》,故事,三司監院官帶御史者號外臺。《書錄解題》作《外臺秘要方》,《唐書》及孫兆序中皆無"方"字,蓋相沿省其文耳。書分一千一百四門,皆先論後方,其論多以《巢氏病源》爲主,每條下必詳註原書在某卷。世傳引書注卷第,有李涪《刊誤》及程太昌《演繁露》,而不知例創於燾,可以見其詳確。其方多古來專門秘授之遺,陳振孫在南宋已稱所引"《小品》、深師、崔氏、許仁則、張文仲之類,今無傳者,猶聞見於此書"。今去振孫四五百年,古書益多散佚,惟賴燾此編以存,彌可寶貴矣。其中間及禁術,蓋《千金翼方》已有此例。唐小說載賈耽以千年梳治蝨瘕爲異聞,其方乃出於此書第十二卷中。宋小說載以念珠取誤吞漁鉤爲奇技,其方乃在今八卷中。又唐制,臘日賜口脂面藥,今不知爲何物,其方亦具在三十一卷中。皆足以資博物。三十七卷、三十八卷皆乳石論。《世說》載何晏稱,服五石散令人神情開朗。《玉臺新詠》有《姬人怨服散》詩。蓋江左以來,用爲服食之術,今無所用。又二十八卷載貓鬼野道方,與《巢氏病源》同,亦南北朝時鬼病,唐以後絕不復聞,然存之亦足資考訂也。衍道刻此書,頗有校正,惟不甚解唐以前語與後世多異。如痢門稱"療痢稍較",衍道注曰"較"字疑誤。考唐人方言,以"稍可"爲"校",故薛能《黃蜀葵》詩有"記得玉人春病校"句,馮班校《才調集》辨之甚明。衍道知其有誤,而不知"較"爲"校"誤,猶爲未審。然大致多所訂定,故今亦并存焉。

【日本訪書志】卷十　《外臺秘要方》四十卷。中略《唐書・王燾傳》附《王珪傳》。有"視絜湯劑"語。《提要》謂"視絜"二字未詳。按《曲禮》"毋絜羹",鄭注:絜猶調也。《釋文》:絜,勑慮反,謂加以鹽梅也。則"視絜"即"調劑"之義,非誤字。又《提要》稱燾作是書,成於守鄴時,故曰"外臺",引"高元裕傳"爲證。余按《玉海》引《中興書目》云:以其出守於外,故號曰"外臺"。與《提要》說合。然高元裕傳,故事,三司監院官帶御史者號"外臺"。王燾自序結銜不帶御史,則謂出守於外即稱"外臺"者,未確據。《魏志・王肅傳》注,薛夏曰"蘭臺爲外臺,秘閣爲內閣"云云。燾自序云"兩拜東掖,便繁臺閣二十餘歲,久知弘文館圖籍方書等,由是睹奧升堂,皆探其秘要"。據此,則取《魏志》"蘭臺爲外臺"甚明,非出守於外之謂也。

光緒丁酉於上海書肆,得歸安陸氏《羣書校補》,乃知此書宋本,吾中土尚有存者。唯陸氏所校,第據明程氏刊本著其異同,亦多有脫漏處,不及小島會粹羣籍,精審無疑也。

【外臺秘要】山脇尚德序　長沙氏沒後,述而不作者,其唯王氏《外臺秘要》乎。上泝晉漢,下及當時,經驗方術,網羅無遺,金玉爛然,抑畜方之府庫也哉。

【醫籍考】一千六百二十一頁　按"外臺"有三義。《逸周書・王會解》曰:受贄者八人，東面者四人，陳幣當外臺。《魏志·王肅傳》注曰：薛夏太和中以公事移蘭臺。蘭臺自以臺也，而秘書署耳。推使當有坐者，夏報之曰：蘭臺爲外臺，秘書爲內閣，臺閣一也，何不相移之有。又《唐書·高元裕傳》所載，三司監院官帶御史者。趙升《朝野類要》曰：安撫轉運，提刑提舉，實分御史之權，亦似漢繡衣之義，而代天子巡狩也，故曰"外臺"。考王燾所以命是書，其自序署曰"銀青光祿大夫持節鄴郡諸軍事兼守刺史上柱國清源縣開國伯"，而不載帶御史，則《提要》所謂是編成於守鄴時，故稱"外臺"者，恐未的確。自序又曰"兩拜東掖，便繁臺閣二十餘歲，久知弘文館圖籍方書等，繇是睹奧升堂，皆探其秘要"云。據此，其義取《魏志》"蘭臺爲外臺"之謂者也。先考弟子辻本崧菴崧[(1)]曰：《王燾傳》所謂"視絮湯藥"者，《提要》以爲未詳。誤。《曲禮》云"毋絮羹"，鄭玄注：絮，猶調也。《釋文》：絮，敕慮反。謂加以鹽梅也。視絮，即調劑之義也。

［郭注］

(1)辻本崧菴，名崧，字山崧，號冬嶺。家世業醫，師事多紀藍溪、元簡父子。天保八年(1837)受幕府之命，任醫學館教師。弘化四年(1847)擢爲醫員，後晉昇侍醫、法眼。嘉永二年(1849)任醫學提舉。安政元年(1854)任法印，取號春院。安政四年(1857)卒，年八十一。

注：予嘗精查《外臺秘要》、《醫心方》、《證類本草》等書所引用之古醫書，而既發表其要於《東方醫學雜誌》第十五卷第十號誌上，今從其文取《外臺秘要》所引諸書，并其被引回數，即錄於下：

《病源》三百四十三、《神方》一、《甲乙經》十六、《廣利方》一、《素問》三、《經驗》一、《楊操音義》一、"胡治"一、《九卷》一、《萬金方》一、《千金方》四百五十五、《陶效方》一、《古今錄驗》二百六十四、"許仁則"十五、《廣濟方》二百十六、《元希聲》四、《集驗方》一百七十六、"蘇澄"三、《崔氏方》一百六十五、"蘇恭"三、《備急方》一百三十九、《華佗》三、"張文仲"一百三十四、"姜生"三、《必效方》一百二十一、"薛侍郎"二、《小品方》一百十一、"蘇遊"二、《删繁方》一百零八、"陳廪丘"二、《延年方》九十六、"唐侍郎"二、《范汪方》八十三、"唐"二、《救急方》八十三、"陶氏"二、《近效方》七十二、"謝道人"二、《傷寒論》四十四、"蕭亮"一、《深師方》三十、"王叔和"一、"劉氏"二十四、"蘇唐"一、《經心錄》二十二、"劉尚書"一、"劉涓子"十六、"張子仁"一、《養生方》三"徐"一、"葛氏"三、"神素師"一、《素女經》二、"蘇考澄"一、"阮河南"一、"蘇長史"一、"姚氏"一、"吴氏"一、"傅效"一、"蔡尼"一、《隱居必效方》一、《纂靈記》二、《天竺經論眼》一、《通真論》一、《陰陽大論》一。

(三)序跋

1.外臺秘要方序唐銀青光祿大夫持節鄴郡諸軍事兼守刺史上柱國清源縣開國伯　王燾撰

昔者農黃之治天下也，嘗百草立九候，以正陰陽之變診，以救性命之昏札，俾厥土宇，用能康寧廣矣哉。洎周之王，亦有冢卿，格於醫道，掌其政令，聚毒藥以供其事焉。歲終稽考而制其食，十全爲上，失四下之。我國家率由茲典，動取厥中，置醫學，頒良方，亦所以極元氣之和也。夫聖人之德，又何以加於此乎。故三代常道，百王不易，又所從來者遠矣。自雷、岐、倉、緩之作，彭、扁、華、張之起，迨茲厥後，仁賢間出，歲且數千，方逾萬卷。專車之不受，廣廈之不容。然而載祀綿遠，簡編虧替，所詳者雖廣，所略者或深。討簡則功倍力煩，取捨則論甘忌苦，永言筆削，未暇尸之。余幼多疾病，長好醫術，遭逢有道，遂躡亨衢，七登南宮，兩拜東掖，便繁臺閣二十餘載，久知弘文館圖籍方書等，繇是覩奧升堂，皆探其秘要。以婚姻之故，貶守房陵，量移大寧郡。提攜江上，冒犯蒸暑，自南徂北，既僻且陋，染瘴嬰痾，十有六七，死生契闊，不可問天，賴有經方僅得存者，神功妙用，固難稱述，遂發憤刊削，庶幾一隅。凡古方纂得五六十家，新撰者向數千百卷，皆研其總領，覈其指歸。近代釋僧深、崔尚書、孫處士、張文仲、孟同州、許仁則、吳升等十數家，皆有編錄，并行於代。美則美矣，而未盡善。何者？各擅風流，遞相矛盾，或篇目重雜，或商較繁蕪。今并味精英，鈐其要妙，俾夜作晝，經之營之。捐衆賢之砂礫，掇羣才之翠羽，皆出入再三，伏念旬歲。上自炎昊，迄於聖唐，括囊遺闕，稽考隱秘，不愧盡心焉。客有見余此方曰：嘻，博哉，學乃至於此邪。余答之曰：吾所好者壽也，豈進於學哉。至於遁天倍情，懸解先覺，吾嘗聞之矣。投藥治疾，庶幾有瘳乎。又謂余曰：稟生受形，咸有定方，藥石其如命何？吾甚非之，請論其目：夫喜怒不節，飢飽失常，嗜欲攻中，寒溫傷外，如此之患，豈由天乎。夫爲人臣，爲人子，自家刑國，由近兼遠，何談之容易哉？則聖人不合啟金縢，賢者曷爲條玉版。斯言之玷，竊爲吾子羞之。客曰，唯唯。嗚呼，齊梁之間，不明醫術者，不得爲孝子。曾、閔之行，宜其用心，若不能精究病源，深探方論，雖百醫守疾，衆藥聚門，適足多疑，而不能一愈之也。主上尊賢重道，養壽祈年，故張、王、李等數先生繼入，皆欽風請益，貴而遵之。故鴻寶金匱，青囊綠帙，往往而有，則知日月所照者遠，聖人所感者深。至於啬神養和，休老補病者，可得聞見也，余敢採而錄之，則古所未有，今并繕緝，而能事異矣。若乃分天地至數，別陰陽至候，氣有餘則和其經渠以安之，志不足則補其復溜以養之，溶溶液液，調上調下，吾聞其語矣，未遇其人也。不誣方將，請俟來哲。其方凡四十卷，名曰《外臺秘要方》，非敢傳之都邑，且欲施於後賢，如或詢謀，亦所不隱。是歲天寶十一載，歲在執徐日之哉生明者也。

2. 較正唐王燾先生外臺秘要序 宋臣

夫"外臺"者，刺史之任也。"秘要"者，秘密樞要之謂也。唐王燾臺閣二十餘年，久知弘文館，得古今方，上自神農，下及唐世，無不採摭，集成經方四十卷，皆諸方秘密樞要也。以出守於外，故號曰《外臺秘要方》。凡一千一百單四門，以《巢氏病源》諸家論辨各冠其篇首，一家之學，不爲不詳。王氏爲儒者，醫道雖未及孫思邈，然而採取諸家之方，頗得其要者，亦崔氏、孟詵之流也。且古之如張仲景、《集驗》、《小品方》，最爲名家，今多亡逸，雖載諸方中，亦不能別白。王氏編次，各題名號，使後之學者皆知所出，此其所長也。又謂鍼能殺生人，不能起死人，其法云亡且久，故取灸而不取鍼，亦醫家之蔽也。此方撰集之時，或得缺落之書，因其闕文，義理不完者多矣。又自唐歷五代,傳寫其本,訛舛尤甚,雖鴻都秘府,亦無善本。國家詔儒臣校正醫書,臣承命以其書方證之重者,删去以從其簡,經書之異者,註解以著其詳,魯魚豕亥,煥然明白。臣謂三代而下,文物之盛者必曰西漢,止以侍醫李柱國較方技,亦未嘗命儒臣也。臣雖濫吹儒學,但盡所聞見以脩正之,有所闕疑,以待來哲。總四十卷,并目錄一卷。恭維主上盛德承統,深仁流化,頒此方論,惠及區宇。贊天地之生育,正萬物之性命,使歲無疪癘,人不夭横,熙熙然歌樂於聖造者也。前將仕郎守殿中丞同較正醫書(臣)孫兆謹上。

3. 宋臣進表

宋皇祐三年五月二十六日内降劄子:臣寮上言,臣昨南方州軍,連年疾疫瘴癘,其尤甚處,一州有死十餘萬人。此雖天令差舛,致此札瘥,亦緣醫工謬妄,就增其疾。臣細曾詢問諸州,皆闕醫書習讀,除《素問》、《病源》外,餘皆傳習僞書舛本,故所學淺俚,詿誤病者。欲望聖慈特出秘閣所藏醫書,委官選取要用者較定一本,降付杭州開板模印。庶使聖澤及幽隱,民生免於夭横。奉聖旨宜令逐路轉運司指揮轄下州府軍監,如有疾疫瘴癘之處,於《聖惠方》内寫錄合用藥方,出牓曉示,及遍下諸縣,許人抄劄。仍令秘閣簡《外臺秘要》三兩本,送國子監見較勘醫書官,子細較勘。聞奏劄付孫兆。准此。至治平二年二月二日,准中書劄子較正醫書,所狀醫書内有《外臺秘要》一項,今訪聞前較醫官孫兆較對已成,所有淨草見在本家,欲乞指揮下本家取赴本局,脩寫進冊,所貴早得了當。候指揮。奉聖旨,依所申施行。至四年三月日進呈訖。

熙寧二年五月二日准中書劄子奉聖旨鏤板施行

朝奉郎守國子博士同校正醫書騎都尉賜緋魚袋(臣)高保衡

朝奉郎守尚書屯田郎中同校正醫書騎都尉(臣)孫奇

朝散大夫守光祿卿直秘閣判登聞檢院上護軍(臣)林億

朝散右諫議大夫參知政事護軍郡開國侯食邑一千一百戶賜紫金魚袋(臣)王安石

推忠佐理功臣正奉大夫行右諫議大夫參知政事上柱國南陽郡開國侯食邑一千戶賜紫金魚袋(臣)趙抃

推忠協謀同德守正亮節佐理翊戴功臣開府儀同三司行尚書左僕射兼門下侍郎同中書門下平章事集賢殿大學士上柱國魯國公食邑一萬一千一百戶食實封三千八百戶(臣)曾公亮

推忠協謀同德守正亮節佐理功臣開府儀同三司行尚書左僕射兼門下侍郎同中書門下平章事昭文館大學士監修國史兼譯經潤文使上柱國鄭國公食邑一萬一千戶食實封四千二百戶(臣)富弼

4. 自序明程衍道

蓋聞上古之世方不如醫,中古之世醫不如方,甚矣醫與方之并重也。世降而方愈凌雜,莫不各據一家言,彼此互相是非。間有二三驗方,亦惟是父師傳之子弟,絕不輕以示人。而其鎸行於世者,率皆依樣葫蘆,時或改頭換面,以博名高則已矣。

今獨取《外臺秘要》,付之剞劂者何,請得而備言之。蓋自神農氏深明藥性,著《本草經》三卷,而未有方也。軒轅氏日與岐伯、雷公剖析病機,著《素問》、《靈樞經》各九卷,而未有方也。商周之間,如伊尹、如和、如緩、如跗,皆以醫名而未有方也。越人受長桑君之禁方,所傳於世者《八十一難經》,及治虢太子尸厥耳,而其爲帶下醫、小兒醫、耳目痺醫,俱未悉其所以爲方也。倉公受公乘陽慶之禁方,所可曉者,莨菪子湯、苦參湯耳,其他下齊湯、下氣湯、陽劑剛石、陰劑柔石,亦未悉其所以爲方也。若夫刳腸滌胃,無論其方不傳,即令華元化方傳至今,而亦難乎傚其爲方也。惟是仲景氏出,有《卒病論》以治傷寒,著方一百一十三;有《金匱要略》以治雜病,著方一百一十二。醫方實開先焉,蓋鼻祖也。又得叔和王氏爲之詮次,俾仲景之微旨益以彰明。叔和氏不更立方,即述仲景之方爲方者也。皇甫士安之《甲乙經》,特重鍼刺而無方。巢元方之《病源》,每病必有源,源必立論而無方,覽者皆以無方致憾。迨唐有孫真人者,初著方三十卷,晚復增三十卷,自珍其方曰《千金》,醫方較明備焉,蓋大宗也。乃前後乎孫真人者,人則有深師、崔尚書、孫處士、張文仲、孟同州、許仁則、吳昇若而人,方則有《廣濟》、《錄驗》、《刪繁》、《肘後》、《延年》、《小品》、《必效》若而方。門分派別,編帙浩繁,從未有綜而輯之者。獨刺史王燾先生,前居館閣二十年,採摭羣書,彙成方略,上遡炎昊,下及諸家。傷寒一遵仲景,發論率冠《病源》。雖置鍼法不言,而大唐以前之方靡有遺佚,《千金》則居多焉。卷凡四十,方餘六千,蓋集醫方之大成者,題曰《秘要》,悉皆秘密樞要也。自宋皇祐詔諭刊布,後無復鋟梓,以廣其傳,豈非沿習時尚,而探源證本者之寡其儔哉。夫天下何事不宜師古,文則六經之外必追秦漢,字則篆籀而後必法鍾王,至於醫而何獨不然。昔祖訥云:辨釋經典,小有異同,不足以傷風教。湯藥小小不達,則後人受弊不淺。此余亟欲以《外臺秘要》公諸海内之深意也。向購寫本,訛缺頗多,因復殫力校讐,遇有疑義,則旁引類證,錄於篇例。其無文可徵者,不敢強釋,以俟解人。十載始竣厥工,客閱而謂余曰:奥義之難析也,圓機之莫辨也,淺識以漫試乎。余曰:用其所信,闕其可疑可也。又謂:世代之推遷也,風氣之殊尚也,陳轍可以適時乎。余曰:不師其法而師其意可也。且謂同病而異方也,同方而異治也,毫釐不幾千里乎。余曰:三部微妙,別之在指。五藏精華,察之在目。合色脈而後定方,求其曲當可也。總之以方爲方,方遂一成而不易。以矩爲方,方乃萬變而不窮。誠究心於平昔,會其所以立方之意,斟酌於臨時,施其確然對症之方,果屬熱而當寒,何不參之河間。溫而宜燥,何不參之東垣。可汗可吐而可下,何不參之子和。陰陽乖錯,榮衛失調,何不參之丹溪。博洽前方,勿執我見,期於實有拯救,不愧前賢濟民利物之心。則請以《外臺秘要》一書,爲醫家之筌蹄也,亦奚不可。新安後學程衍道敬通父謹識。

5. 外臺秘要序 明吳孔嘉

天下事久壞於庸人,而庸醫均之。所謂庸者,皆不學無術之人也。其遇事也,初不晰其受病之源,并不審其對治之方,而或以姑息養癰,或以鹵莽嘗試。究之鹵莽之爲害什居五,而姑息之爲害什居八。迺始藉手以貽後人,曰吾姑徐徐無動爲大耳。不知邪氣日深,元氣日削,而大命已隨之。所謂庸臣誤國,與庸醫誤人,其情同,其罪均,而其原皆本於不學。使其學之,而窮究古今之病源,細考古今之方略,其病之在標在本也,其方之宜補宜洩也,其病之或傳或變也,其方之不執不拘也。彼夫三年蓄艾,能治之於未病之先,與夫一匕回生能治之於已病之後,皆是先聖先賢當日殫竭之心思,皆是醫國醫人當日素具之方略。儒者明理,奈何不亟亟講求,而以人命爲戲耶。此余友敬通氏探析性命之微,雅抱痌瘝之痛,而以好學不倦之旨。牖人以博施濟衆之方,先梓《外臺秘要》,續補《聖濟總錄》。壽國壽民,具茲編矣。程子之功,顧不偉歟。時崇禎庚辰清和之吉,賜進士及第翰林院編修國史講官邑人吳孔嘉。

6. 重刻外臺秘要方序明唐暉

程敬通氏,名儒也。語輒破的,以文雄兩浙間。亦名醫也,所活無算,都人士走其門如鶩。敬通氏亦挾刀圭之四方,以日出治醫,日晡治儒。出門治醫,入門治儒。下車治醫,上車治儒。分身以應,猶不勝其勞憊,而乃謀之余不佞。不佞曰:子儒者,余請以儒言醫。宣尼有言,博施濟衆,不如爲人之方。方,術也。醫方,仁術也。以身生人,與以言生人,其仁孰廣,其爲仁孰約,子試辨之。敬通氏乃窮寒暑日夜之力,購集唐王燾《外臺秘要》四十卷,爲方六千九百有奇,縷分嚴訂,以付剞劂。夫敬通氏斷葷少飲,雖不佞佛,實大得西來意,故其言曰:醫有《秘要》,猶佛有秘密藏也。大醫王隨病生發藥,集經五千四十八卷,開示衆生。衆生之學其道者,認賊作子不得,因賊棄子不得,指標爲月不得,指月廢標亦不得。若夫醫之有方,正類兵法之有孫吳穰苴,離則爲野戰,執則又爲馬服子之讀父書,神而明之存乎其人,變而通之存乎其心。譬之維摩詰嘿然無語,三十二義,一時俱墮,語不能顯,嘿不能藏,雖非秘猶秘也。旨哉,陸井翁之以易詮醫也。其理平易,其用變易,其方亦不易,明乎易而囊之訣,思過半矣。昔長桑君禁方,非秦越人不傳。今敬通氏尊王司馬爲長桑君,而以己當秦越人,千年舊本,稍經參駁,便足褅軒岐而釋四氏。一旦起而醫國,膏肓腠理,洞若觀火,行使六合之大,運於十指,萬性之命,起於一匙。凡枕中秘藝當與鴻寶金匱并傳,兩者寧出唐王司馬下哉。賜進士第中議大夫贊治尹奉勑巡撫湖廣等處地方提督軍務都察院右僉都御史前太常寺少卿欽差督催湖廣餉務吏部驗封清吏司郎中文選考功清吏司員外郎典陝西試事里人唐暉譔。

7. 序方逢年

論周官者曰,先王於民物皆有醫,而不及王后、世子、公卿、大夫則何也?曰萬民之疾,治於已然,自王而下,力足致醫。唯是編戶齊民,不幸有風霜雨雪之感,力難自醫,烏可以無備。梁陶景序《肘後百一方》亦云:夫生民之所大患,莫急乎疾疢,疾疢而不治,猶救火而不以水也。今夫師藥之□,郊郭已希,況窮村迥陌,遙山絕浦,其間夭枉,豈可勝言。葛氏自謂,其書可以施於貧家野居。然而搢紳君子,或從祿外邑,將命遠途,或祗□禁闈,或覊束戎陣,驚魚倉卒,唯聞拱手,孰若稱之枕笥,而隨在醫師。若夫虞摯之詠疾(煎)[愈],則曰"講和緩之餘論,尋越人之遺方,考異同以求中,稽衆術以簡良"。嵇含之(贱它)[賦寒]食散,則又曰"爾乃(鈞□)

[酌醴]操散,商量部分,進不防舊,旁無顧問。偉斯藥之通神,建殊功於今世”。夫疾不愈於無方,而一散著夫神績,洵陳孝廉不就黃太尉之辟,而其精於方藥,至心□分銖,不假稱量,蓋瀨玄契之,有不可告語人者。新安地多高士,每瑩精必求其傳。如程君衍道者,以良醫之心,代良宰相,其夙願已。丙子客過我,藉(二)[藉]頌之,適季兒病痺,爰命偕客以一葦遙訪,不賁下榻,信宿遂霍,於一已愛,董蘇門墻,亦居多讓,迺其心尤以之下事,半覆於庸人,而疾疢爲最,期復見巫岐面目,使人得以盡年。姑以王司馬《秘要方》爲振領,刻而布之海內。今天下事事待跡洩,事事待補救。伊耆作方書,有熊究息脈。陶唐用之,以平降敌。有虞用之,以殄惱人。卻渴除毒,其義一也。刻成而拉余言,弁其旨。余無暇盡讀《秘要》,程君刻《秘要》之意,則余得而明之。況治已然與治未然,凡抱□體而民命之□者,又烏可不相□以講求之哉。東(闕)[閣]大學士禮部尚書方逢年譔。

8. 重刻外臺秘要方序明陸錫明

語有云,運千刃者可以發硎,操千曲者可以聽聲。醫亦云然。上古之世方不如醫,中古之世醫不如方,世愈降而方愈揉。方者,防也。防於未然,驗於已試。譬之輪轅輻轂,合軸而致遠;檣帆樓櫓,合楫而乘風。醫不習方,與瞽趨冥蹈等。昔者宓犧畫卦,炎農嘗草,本造化以開人事,而吉凶悔吝、宰命造物率由之。五運六氣,非即陰陽順逆之指乎。五味五色,非即水火風雷之辨乎。君臣佐使,非即君一民二之徵乎。牛溲馬渤,非即鷄豕犬羊之象乎。喜忌溫涼,非即損益剝復之義乎。《繫辭》所謂“危者使平,易者使傾”,思過半矣。聖人之心無非易,聖人之易無非醫。神而守之,變而通之,日乾夕惕,而時保之,則又宣尼“無過”之旨、“有恒”之占也。聖王惟以《易》觀醫,故不規術而規道。軒轅《素問》,先象象以闡微。周官政令,掌之醫師,隸之冢宰。天道好生,醫道承天,謹人事以體天道,綦重矣,術云乎哉。自太史公斥爲不詳,九流置之。然而周之矯、之俞、之盧,秦之和、之緩,宋之文摯,鄭之扁鵲,漢之樓護、陽慶、倉公,其人九京,其方千古,存什一於千百,後世率遵塗而問徑焉。垂之天寶,王司馬燾有《外臺秘要方》四十卷,縷析條分,採摭幾備。沿及政和,有《聖濟總錄》二百卷。迄元大德,重加訂梓,金匱玉板之藏,桐君雷公之秘,已無疑義。夫以哲后鉅卿,修舉靡間,爰注精一匕寸指之末,何哉。要亦承天規道之極思,而德洽好生,仁壽一世。雖和緩倉扁復起,吾知不能出大宗而外象帝矣。惜貯之內府,不落人間。新安程生衍道,購得家藏善本,輒閉戶卻軌,皈禮藥王,矢願訂讐,不計歲月,且謀棗梨,以公海內。而力有未逮,請先從王司馬《秘方》始。粵稽司馬有至性,嘗藥事母,窮究方冊,薈萃成編。今程生名籍蓺林,腹笥經庫,不啻籠挫萬象,旁燭衆有。凡所拯療,直可卻二豎、識分銖,猶復研究不遺。則又仁孝深情,寧止爲道術分解也。程伊川曰“事親者不可不知醫”,不佞亦云,善醫者不可不考方。敬諸程生之請爲前導。賜進士出身中憲大夫江西等處提刑按察司副使奉敕提督學政當湖陸錫明序。

9. 重刻外臺秘要序明張天祿

嘗謂良醫與良相功齊,總之能爲民生造命耳。予武夫也,不知相,亦不知醫。

惟是人之有疾,不啻己出。值此滄桑變故之際,民遭兵火,若患熱烈之症。予濫任撫綏,尤當視民如傷,恨不能人人而投以清涼之劑。自入新安以來,每問民間疾苦。見程生衍道者,業儒而通醫,博施濟衆久矣。更撰唐時王刺史《外臺秘要》四十卷,詳訂而剞劂之。蓋醫之有方,猶兵之有法也。説者曰,功在一隅者小,而功在四海者大。又曰,功在一時者小,而功在千古者大。是程生傳流方略意也。若然,則程生志在要功矣,而非也。程生恐匹夫匹婦疾病而無告,又恐良醫良相世代不全,有不能弭病於無病之先,尚可瘳病於有病之後。繼宋而鎸,壽民因以壽國,大有深心。文王畫卦,使人知吉凶;孔子作《春秋》,使人知君臣,即此意也。程生一士子,藉醫而行相道,然與予撫民一念,默相吻合,又以醫而兼將矣,曷可與庸人道也。天下後世,能按此而擴充之,又何病民之與有。欽命提督徽寧池太等處地方總兵官都督同知榆林張天禄題。

10. 重刻外臺秘要方序

程氏敬通,醇儒也,而旁通於醫。吾於醫固未之學,而一接程子,指脈説病,則目無全人。微言高論,疊見層生,聞未聞,解不解。程子之於醫,幾乎道。又見其醫人也,雖極賤貧,但一接手,則必端問詳審,反覆精思,未嘗有厭怠之色。其疑難者,多至盈時,惟恐少誤,無惑而後動。其心復如是,是其人一第而爲宰官,推是道也,用是心也以往,其謀國以善萬里生民之寄,豈可及哉。有唐王刺史《外臺秘要》一書,更五代至宋孫中丞一較正行之,及今而絕。程子不忍,圖令其流布人間,而爲余言。余因問程子:如欲知醫,何道而能精?曰:必好學。將何學?曰:先讀書。讀書可以醫乎?曰:讀書而不能醫者有之矣,決未有不讀書而能醫者也。嗚呼,天下事皆然耳,獨醫也乎。余因問程子:以子之道醫世之人,當吾世而既日不暇給,及身後而書不盡言,言不盡意,吾懼其不傳也。盍得其人而傳之,何以書?程子曰:師之求弟,甚於弟之求師。有來學者,吾願盡所學焉爾。而無如今之來學者,未嘗求學,徒以求行也。是道也,非苦心十年不可得。而今之學者,來輒問曰:欲就師授,十日足乎?一若是其亟也,吾雖欲傳,其何從而傳。嗚呼,天下之學,大抵然耳,獨醫也乎。古之君子,其於道也,其始也,急求人而已,及其求人不可得,則不得不有事於書,以冀其長存天地之間。其於書也,不必自著書,而章隱繼絕,圖存古人之書。古人之書,其賴有心之後人,以獲行世者多矣。初不必後人之盡有心,盡好學而能讀也,而其書則不忍以不存,以爲萬有一人焉。有心好學而一能讀是書也,則是一書爲遂不虛存也。更百世而當有人焉出,而視今日之敬通程子,亦猶程子之視唐宋王刺史、孫中丞兩先生也。則今日之及程子之門,而欲以十日盡學其所學者,程子其亦可以謝之而無所負矣。賜進士出身翰林院庶吉士奉命參佐軍務欽授山東道監察御史郡人金聲撰。

11. 外臺秘要序

余沐休林下,習程公敬通。公之里先有玠公者,成進士,於軒岐之術靡不精。公尤博學,補諸生。以餘閒從事於養生家言,遂抉其奥,得禁方,參伍而用之,活人甚衆,業擅一時。四方造廬而請者,車填咽門,公以次按行,東之西怨,南之北怨,病者望之如望歲焉。間與余論方技，言人秉陰陽，既薄蝕於寒暑風霾，又侵奪於饑飽嗜慾，復戕伐於喜怒女謁，身非木石，何得不病。巨室力易於致醫，若夫甕牖繩樞之子，與逆旅遷客，不幸惹恙，於時倉皇，則簡之笥中，而醫師自足，是方書重矣。《外臺秘要》已驗之良法，不下於《肘後百一》，欲廣布之海内，藉余弁首而行。余謂病之需良醫，猶治之待良相。美哉，越人之言曰：上醫醫國，其次醫家，其次醫身。夫和靜則壽域，戾擾則亡徵。藥有養命者，有養性者，察其虚實，審其寒熱，時其補洩，能防於未然。導養得理，性命自盡，何夭枉之有。觀於身而知國，未有不均於哲士，而僨於庸人者。公妙於上池，而推重司馬之書，因知《秘要》蓋方略之善者也，推端見委，證治較然，卓越詳識，與《素問》、《靈樞》合轍。推公之志，欲使人人得以盡年，其仁心爲質乎。雖然，神而明之，存乎其人，有不泥於《秘要》也者，斯善讀《秘要》者也。賜進士第正議大夫太常寺卿吳士奇譔。

12. **翻刻外臺秘要方序**山脇尚德

我道之失傳也尚矣。《素》、《靈》二書，捃摭古言，雜以陰陽道家，蓋秦漢好事者所爲。冒以軒岐者，斯其重言耳。雖間有二三可取者，豈足爲我道之根柢乎。越人、長桑君、倉公輩，僅存乎子長弄筆已。其書不傳，傳亦近誣也。後漢建安中，有仲景氏出焉。論證之詳悉，方劑之精簡，先聖遺法，蓋存於此矣。世降道岐，百家嗷嗷，或曰諸病屬火，或曰汗吐下齊行，或曰陽有餘陰不足，或曰升提元氣。此數者，學非不講也，業非不勤也。雖然，夷考其行術，不及古人，是何邪。是矜其才辨，而自我作古之失耳。所謂不以儀的爲關則射皆羿者，非與夫道者，唯聖者能之。古道失傳，我可得而作之乎。故仲景率由古訓，存法傳術已。長沙氏沒後，述而不作者，其唯王氏《外臺秘要》乎。上溯晉漢，下及當時，經驗方術，網羅無遺，金玉爛然，抑畜方之府庫也哉。吾儕得俯奉其法則幸矣，何暇探蘊奥而窮根源之爲耶。所憾《秘要》此方不多傳也，所行謄本，方万俊浚，難得而讀，是好古之士所歎，而印刊之志所以由興也。予既有刊行之心，而謄本難憑，思欲得華版善本翻刻之。適聞東都侍醫君彦望君家有明版善本，乃介吾友呂元丈求之。望君善予志，遂上言，奉旨以秘府宋本校之而贈焉。且告曰：濟世之書速，刻焉忽怠。延享乙丑七月二十六日達於平安，臣尚德盥漱朝服開緘，恭惟仁民之大德，普天霈澤，不捐涓滴，蚑行蠕動，同在覆煦。於是益效微力，旦夕拮據，周歲功竣，自喜之甚，如奉鼎呂。此舉也，雖望君獎勸之所致，實國家仁恩之所及也。豈不感戴哉，豈不感戴哉。大日本延享三年丙寅九月，醫官平安山脇尚德謹序。

13. **重刻外臺秘要序**望月三英

古稱《千金》、《外臺》、《聖惠》、《總錄》，是古方書之卓歟。其餘至如《小品》、《大品》、《肘後》、《梅師》、《御藥》、《瑞竹》、《簡易》、《易簡》、《秘錄》、《錄驗》、《究原》、《集驗》等方者，不可枚舉。亦皆徐王以後，凡我醫典，齎來不乏，其已盛哉。而晚季末路，悉失其傳，豈不悲哉。余唱古方書之學於關以東，三十年於此矣。唯是世之醫人蒙蒙然，處五里之霧，乃欲觀日月之明者鮮矣。可嘆哉。以故《千金》僅有刻木已，若《外臺》者徒束高閣，不行於世久矣。平安御醫山道作先生者，蓋雋傑之士，學遵古訓，術宗和鵲，寵貴升降，承明之闕，聲名鷹揚九州之域，其四方來乞者，日且聚門。最達傷寒，起虢不啻，京州居民爲之有"篋中一壺冰"諺，宜哉。近爲費數百金，刻《外臺秘要》於塾。此舉也，始聞余藏焉，則由其友呂元丈而懇求勸焉。余固有同僚之誼，然兩都遼絕，馬牛不及，則闊焉久矣。獨惟昔年金陵之會意，猶在鉅鹿下，今豈背盟哉。且自踊躍於古方出行於世，迺欲以遷之。顧此書先由恩命購得自岐陽舶上，則有等賜物，未敢即應，遂稟有司得允，於是乎即又恭奉旨，而秘府藏宋刻文字鮮明，以爲善本。但所有闕本，亦更校而遺贈焉。此書苟行於世，則當有興起，而刻古方者，實不朽之盛事哉。嗚乎，事半古之人，功必倍之，此之謂乎。不佞時疥遂痁，乃聞刻已成，病亦少間，則踊躍之餘，勉序其由，與呂元丈使往焉。元丈者博覽高識，專修古《本草》之業，與余爲逐臭之交云。延享丙寅年秋八月，江都侍醫鹿門望三英識。

14. 重刻外臺秘要方後序野呂元丈

醫官故法眼山脇道立先生，洛之醫宗也。予先人三省者，昔嘗籍門下，故予弱冠學洛時，寓其塾中，親受業數年於茲矣。先生性識明敏，紀聞該博，精方書，熟《本草》，著《附方分類》、《醫方䰟𩞄》等書。又屬文善詩，傍通百藝，其以學術兼備，尤爲醫林所宗。常誡門人曰：夫學醫者，要勤讀書耳，讀書而不能術者或有之，未有不讀書而能術者也，勉哉小子。至於若予惷愚難化，拊之畜之，啟之發之，諄諄教育，有不可忘者。其逝也已二十年，每追念之，則潸然泣下，唯哀不能酬一日之恩耳。今令嗣醫官法眼道作先生，克繼先業，爲世所推，又篤信古方書，大有發揮。云近欲刻《外臺秘要方》，而以京洛之間無善本，千里致書，謀諸不佞。實夫乃請侍御醫官法眼望君所藏本，望君嘉其志，遂稟官贈焉。訂梓不日而成，其勤不亦偉乎。夫《秘要》爲書，唐以前要方悉具載焉，可謂天下好書矣。予嘗手謄一本，置座右常識之。近時所流行腳氣一症，宋以後方書說之不詳，故世醫概不習治方，多至不救。予專依是書，按症投劑，所全活者多矣。顧予非才淺學，僅窺一班，而其得效如此，況於夫有識君子，能讀能用者乎。今刻成而施之海內，則濟世之功可勝言哉。予每遇洛人，問醫之鳴於時者，皆以道作先生爲稱首，乃知其術日進矣。又書中言及古方，其說鑿鑿乎仲景之旨也。且觀文章彬彬，豈可不復謂學術兼備乎，於是特喜善守家訓而無愧箕裘矣。詩曰"教誨爾子，式穀似之"，其是之謂乎，其是之謂乎。謹書以爲跋。時延享丙寅中秋日，東都醫官野呂實夫元丈(1)拜譔。

［郭注］

(1)野呂元丈(1693～1761)，伊勢人。本姓高橋，名實夫。二十一歲爲親戚醫師野呂三省之養子，於京都習儒學及本草學。曾作爲幕府採藥師，於日光、箱根、富士山、白山、立山等處採集藥草，足跡遍及日本全国。元文四年(1739)野呂元丈擔任八代將軍侍醫，翌年受命與青木昆陽共同研究蘭醫學，爲十八世紀後半葉誕生之和蘭醫方奠定基礎。著有《阿蘭陀本草和解》。

15. 校正外臺秘要方縣孝孺

醫官醫法眼山脇君，藉三世之資而九折肱，夙蜚扁鵲之聲。不惟載死而入，攜蘇而出，四方請業，日填門矣。君性好學，晝則爲醫，夜則講業。嘗謂世俗所傳《素》、《難》諸書，(踏)[踳]駁棼淆，不禁取舍。宋明理學，言被用離，獨推漢張長沙爲宗，次則唐王鄴郡《秘要方》，取其博存古方，論不偏守，猶循長沙之轍也。意欲廣布海內，風厲學者，以有所弘濟。所憾東方未梓，學者僅得謄本，卒決心督梨棗於平安私塾。始焉唯得醫官望君彥氏所藏明板，既而得奉旨出秘書宋板對校，多所訂正，稍復舊觀。惟程氏雖勤乎不目宋板，蹋脊一家賸本，宜其不兌訛舛。於是益旁徵羣書，鉤索根極，裁以學力，刻劇澡雪，釐成全書。剞劂既竣，前年東上朝見，繕裝新刻，獻進兩宮，奉溫命賜金帛。今年三月西歸，遂以公布。君去後，東都門人醫官呂實夫氏，議以既欲弘濟，宜無遠邇，須付海賈，傳播吳越，布諸諸夏，具疏上請。越七月十八日，政府奉旨准請，且下長崎鎮臺施行。於是乎法眼之喜可知矣。先時山重鼎所校《七經校文》既傳彼土，今也法眼氏繼以醫策，獨未知太宰德夫所校《古文孝經》踰西溟否。竊意古聖人制作文字，播揚道藝，我東方沐遺澤久矣。若彼失而我得，我得而不反，惡在其報本之義耶。呂君所謀厚矣哉。或曰：諸夏廣大，能復《六經》於秦火之後，雖或失乎，豈待於我哉。曰：否。漢時發令取遺書於天下，今苟求遺書，何厭兩出，求而不得，必知山脇君之有功古學。雖然，諸夏亦豈人人好古學哉，我姑與夫好古學者共之，法眼氏之功偉矣。日本延享丁卯冬，長門縣孝孺[1]拜撰。

［郭注］

(1)縣孝孺(1687～1752)，即周南山縣氏，名孝孺，字次公、俗稱少助。生於周防南鄙，故號周南。父良齋，字長白，封官長門。周南自幼聰穎，學啟蒙於父，後承嗣父業。十九歲至江戶就學於徂徠，後歸鄉昌明國學，任祭酒。

(四)刊本及鈔本

1. 北宋刊本

【宋刊外臺秘要】卷末　熙寧二年五月二日淮中書劄子奉聖旨鏤板施行。

【季滄葦書目】宋元雜技醫書　《外臺秘要》。宋板。

【傳是樓宋元本書目】　宋本《外臺秘要》四十卷。缺二十三、二十四二卷。三十八本。

【述古堂藏書目】卷四　林億《外臺秘要》四十卷。四十一本。宋板抄本補。

【求古居宋本書目】　《外臺秘要》。舊鈔。宋刻五本。缺二十一至二十三。三十七冊。

【百宋一廛賦】　殘本《外臺秘要方》，每半葉十三行，每行二十四字。所存但目錄及第二十二卷耳。近聞居士爲陽城張古餘先生敦仁，以廉值獲泰半部，心馳神往於一見矣。

【百宋一廛書錄】　《外臺秘要》。此《外臺秘要方》四十卷，今所存者，目錄及等二十二卷耳。其序文及表俱鈔補。卷首標題"朝散大夫守光祿卿直秘閣判登聞檢院上護軍林億等上進"，卷末題"右迪功郎充兩浙東路提舉茶鹽司幹辦公事張實校正”。書雖殘闕,歷經名家收藏。目録一冊,有“曹溶之印”。第二十二卷有“武林高瑞南家藏書畫印”,則此書固有自來矣。

【蕘圃藏書題識】卷四玄珠密語　《外臺秘要》。宋本,在士禮居中。

【藝芸精舍宋元本書目】　《外臺秘要》,存一卷至二十卷,二十四卷至三十七卷。

【皕宋樓藏書志】卷四十四　《外臺秘要方》四十卷。北宋刊印本,高瑞南舊藏。唐銀青光祿大夫持節鄴郡諸軍事兼守刺史上柱國清源縣開國伯王燾撰,宋朝散大夫守光祿卿直秘閣判登聞檢院上護軍臣林億等上進。

自序次引宋臣序、宋臣進表,熙寧二年鏤板宋臣銜名。今略。

按,此熙寧二年刊本,爲是書最初祖本。每葉二十六行,每行二十四字。神宗以前帝諱嫌名皆缺避,哲宗以後不避。版心有刻工姓名,每卷有目,連屬正文。卷末或題“右從事郎充兩浙東路提舉茶鹽司幹辦公事趙子孟校勘”,或題“右迪功郎充兩浙東路提舉茶鹽司幹辦公事張實校勘”,卷一末有“朝奉郎提舉藥局兼大醫令醫學博士臣裴宗元校正”一行,卷中有“武林高瑞南家藏書畫記”朱文長印,“曹溶之印”朱文方印,“蔣氏彥恒子孫寶之”朱文方印,“清寧東閣”朱文方印,“思濟堂”朱文方印,“京口世家”白文方印,“浙右項篤壽子長藏書”朱文方印。案,高瑞南,名濂,字深甫,自號瑞南道人,明正德時人。家有妙賞樓,藏書甚富,曾刻《瑞竹堂經驗方》者。項篤壽,嘉興人。有萬卷堂藏書,覆宋本《東觀餘論》,其所刻也。蔣彥恒,鎮江人,觀其印文,當是明弘正時人。曹溶,字潔躬。明臣而仕於本朝者。此書有崇正時刊本,以宋本校之,可補二萬餘字。百宋一廛所得,衹目録及第二十二卷。陽城張古餘有半部,蕘圃爲之神往,見《賦注》。此本四十卷,完善如新,不知黄氏見之,又當何如耳。

【儀顧堂題跋】卷七　北宋本外臺秘要跋。卷一卷首目録曰“北宋槧外臺秘要”。《外臺秘要方》四十卷。題曰“朝散大夫守光祿卿直秘閣判登聞檢院上護軍臣林億上進”。每葉二十六行,每行二十四字。神宗以前帝諱嫌名皆闕避。前有王燾自序及孫兆序,後有皇祐三年内降指揮,熙寧三年鏤板指揮及校正林億等銜名三行,中書門下富弼等銜名八行。每卷後或題“右從事郎充兩浙東路提舉茶鹽司幹辦公事趙子孟校勘”,或題“右迪功郎充兩浙東路茶鹽司幹辦公事張實校勘”,當是浙中刻本,故校勘皆浙東官耳。卷一、卷九後有“朝奉郎提舉藥局兼太醫令醫學博士臣裴宗元校正”一行。以崇禎中程衍刊本校之,删削幾及二萬字,妄改處亦復不少。黄蕘圃孝廉宋刊之富,甲於東南,僅得目録及第二十三兩卷,見《百宋一廛賦註》。日本雖有全書,模印在後,多糊糢處,見《經籍訪古志》。此本宋刊初印,無一斷爛,洵海内外之鴻寶也。書中“痰”字皆作“淡”,明本改作“痰”。“擔”字均作“檐”,明本改作“擔”。案《説文》無“痰”字,《廣韻》始作“痰”字,云“胷上水病”。《一切經音義》卷三“淡飲胷上液也”,其字作“淡”不作“痰”,與此本合。《説文》亦無“擔”字。人部“儋,何也”,即今“擔”字。《漢書・貨殖傳》“漿千儋”,《西域傳》“負水儋糧”,此“儋”之正字也。《楚辭・哀時命》“負檐荷以丈尺兮”,《史記・虞卿列傳》“檐簦”,《范睢列傳》“檐簦”,皆從木作“檐”。《禮記·喪服四制》“或曰檐主”,宋本《注疏》亦從木作“檐”,與此書合,此“儋”之假借字也。明刻改“淡”爲“痰”,改“檐”爲“擔”,此明人不識字之通病也。是此書不但有功醫學,并可參證小學,宋本之可貴如此。此燾書原有雙行夾注,明刊往往於原書夾註上加“通按”二字,竊爲己說,尤可笑也。

【静嘉堂文庫國書分類目録】《外臺秘要方》四十卷,目録一卷。宋刊。高瑞南舊藏。唐王燾撰,宋林億等校。皕宋樓舊藏本。四十二冊。《静嘉堂秘籍志》亦載此本。

【北平圖書館善本書目】卷二 《外臺秘要方》四十卷,唐王燾撰。宋刻本。存二卷。一至二。

【舊京書影提要】《外臺秘要方》四十卷,宋王燾撰。宋刻殘本。首孫兆序,次天寶十載燾自序,後題“朝奉郎提舉藥局兼太醫令醫學博士臣裴宗元校正”,“右從事郎充兩浙東路提舉茶鹽司幹辦公事趙子孟校勘”,“右迪功郎充兩浙東路提舉茶鹽司幹辦公事張實校勘”。書法率更,雕刻精美。舊清内閣書,見藏北平圖書館。亦見《留真譜初編》

四百四十六序之一 六寸五分五,四寸三分。

四百四十七又背 六寸五分五,四寸六分。

四四八序之二 六寸四分五,四寸七分。

四百四十九卷一之一 六寸四分五,四寸六分。

四百五十卷一之三十一 六寸四分,四寸六分。

四百五十一卷二之三十八 六寸四分,四寸六分。

【四庫書目邵注】卷十 《外臺秘要》四十卷。宋本。十三行,行二十四字。

【郘亭知見傳本書目】卷八 《外臺秘要》四十卷。宋本。每半葉十三行,行二十四字。吳門黄氏藏目録及第二殘缺。

【四庫目略】《外臺秘要》四十卷。宋本。每半葉十三行,行二十四字。

【宋元本行格表】卷下十三行 《北宋本外臺秘要》四十卷。《目録》一卷。行二十四字,板心有刻手姓名。《訪古志》、《留真譜》同。黑口本。《百宋一廛賦注》有殘本。《儀顧堂跋》云:黄僅存目録一卷及第二十三兩卷。《皕宋樓藏書志》云:神宗以前帝諱嫌名皆缺避,哲宗以後不避。

【經籍訪古志】卷八 《外臺秘要方》四十卷,《目録》一卷。北宋槧本。紀藩竹田純道藏。每卷首有林億等上進名銜,卷末有裴宗元校正及趙子孟校勘名銜。或有迪功郎張實校勘字。每半版高六寸五分,幅四寸八分,十三行,行二十四字。板心有刻手姓名。每卷捺“竹田定賢”印,目録首有“上池”印。

按,此本竹田氏奕世所傳,承應間《視聽日録》載紀藩醫員藏是書,即此本也。嘉永己酉,官下命郵致,使於醫學影抄,凡二通,一納楓山,一藏醫學。亦大朝右文之所派及也。蓋宋槧醫籍,存於皇國者頗多,然多南渡以後物,其北宋本如《千金方》,猶有補刻。特此本真爲林億等經進之原刊,明諸家所不夢見者,而首尾完具,毫無缺失，況晉唐經方特賴是書而存，則豈可不謂之天下之至寶也耶。

又按，楓山秘府所藏，亦與此本同，但所存僅爲第三、第六、第九、第十一、及第二十一、二十二、二十三、二十五、二十六、二十七、二十八，凡十一卷。每卷有“金澤文庫”印記。

又京師荻野元凱[1]家藏零本，卷二、卷三、卷七、卷十二、卷十六、十七、十九、三十二、三十五、四十，凡十卷。卷十二後歸福井需[2]藏。而紙墨尤精，蓋爲初印本，卷首有“頤神印”記。

［郭注］

(1)荻野元凱(1737～1806)，字子元，通稱左仲，號臺州。金澤人。寬政六年(1794)任典藥大允，十年(1798)任尚藥、河內守。曾師事奥村良竹，後行醫於京都。著述頗多，有《刺絡編》(1771)、《吐法編》(1764)等刊行於世。精通《温疫論》及腹診術，并積極吸收荷蘭醫學。

(2)福井需，即福井榕亭，名需，號光亭、榕亭。福井楓亭之子。任尚藥，敘丹波守，晉少將。

【元治增補御書籍目錄】《外臺秘要方》四十卷。有闕。宋板。金澤文庫本。十一冊。

【帝室和漢圖書目錄】《外臺秘要方》，唐王燾。宋林億等校。宋版。現存十一卷十一冊。

【圖書寮漢籍善本書目】卷三　《外臺秘要方》四十卷。十一冊。宋刊本。題“朝散大夫守光祿卿直秘閣判登聞檢院上護軍臣林億等上進”。每半葉十三行，行二十四字。界長六寸五分，幅四寸八分。撫印頗精，洵爲北宋佳槧。但所存僅爲卷三、六、九、十一、二十一至二十三、二十五至二十八，計十一卷，可惜也。舊藏楓山文庫，每冊首有“金澤文庫”印記。《經籍訪古志》、《御書籍來歷志》所藏本。

注：按《留真譜新編》第七所載，即係影摹宋槧者。

2. 明崇禎十三年程衍道刊本

【孫氏書目內編】卷二　《外臺秘要》四十卷，唐王燾撰。明程衍道刊本。

【四庫書目邵注】卷十　《外臺秘要》四十卷，唐王燾撰。明程衍道重刊宋本。

【郘亭知見傳本書目】卷八　《外臺秘要》四十卷。明程衍道影宋重刊。

【四庫目略】《外臺秘要》四十卷。明程衍道影宋重刊本。

【日本訪書志補】《外臺秘要》四十卷，《目錄》一卷。明刊本。此日本東京醫官小島尚質，以紀藩竹田氏宋槧本校勘，又以《巢氏病源》、孫氏《千金方》，凡王燾所引書之尚存者，莫不對讀，可謂精審之極。小島三世以醫鳴於日本，余得古醫書秘本，多出其家。凡醫經正本，罔不參互考訂，一字無假。余嘗謂，校訂之學，經書小學而外，即當以醫籍爲最要，一字訛謬，充其量即可殺人。讀小島校訂諸書，不能不嘆異域之有人，而後知精斯術者，妙悟神解，仍從一字一句做起。束書不觀，妄逞意見，藉口古方不能治今病，流失敗壞等賤技，而蒼生之禍極矣。光緒壬午四月宜都楊守敬記。

【觀海堂書目】仙字號　《外臺秘要》二十二本。四十卷。小島尚質校本，三十二本。

【共讀樓書目】卷四　《外臺秘要》四十卷。(宋)[唐]王燾著，程敬通梓。

【寶素堂藏書目錄】　《外臺秘要方》四十卷，《目錄》一卷。程衍道校刊本。

【聿修堂藏書目錄】　《外臺秘要》四十卷，《目錄》一卷，三十一冊。崇禎中程衍道校本。唐王燾撰。

【經籍訪古志】卷八　《重刊王燾先生外臺秘要方》四十卷，《目錄》一卷。明崇禎庚辰程衍道刊本。首載吳孔嘉等序，及敬通序。每卷載宋人銜名及"新安程衍道敬通父訂梓"。

按，此本首卷頁裏題云：此書肇集於唐，再鐫於宋，自元迄今，未有刻板。不佞購得寫本，訛舛頗多，殫力校讐，付諸剞劂。今以宋本比較，誤字頗多，然宋本漫滅處，此本亦漫滅，則可徵所謂寫本者蓋取原於宋本，不可與明代諸書謬誤錯出同日而論也。又此本重刊凡有數通，行款狹小，文字更陋，仍不著錄。

【北京人文科學研究所藏書目錄】　《外臺秘要》四十卷，唐王燾撰。明程衍道校。明刊本。二函二十四冊。

3. 明末經餘居刊本

【四庫書目邵注】卷十　《外臺秘要》四十卷，唐王燾撰。經餘居刊本。

【持靜齋書目】卷三　《外臺秘要》四十卷，唐王燾撰。明末經餘居刊本。

【郘亭知見傳本書目】卷八　《外臺秘要》四十卷，唐王燾撰。明末經餘居刊。

【四庫目略】《外臺秘要》四十卷。經餘居刊本。

【八千卷樓書目】卷十　《外臺秘要》四十卷，唐王燾撰。經餘居刊本。

【故宮普通書目】卷三　《外臺秘要》四十卷，唐王燾撰。明程衍道校訂。經餘居本。缺卷十一、卷十二，存二十三冊。

【江南圖書館閱覽室檢查書目】　《外臺秘要》。唐王燾。經餘居刊本。四十八本。

【江蘇省立國學圖書館圖書總目】　《外臺秘要》四十卷。四八冊。唐郿縣王燾。經餘居刊本。

【中國醫學書目】《外臺秘要》四十卷，十四冊。十行二十二字，框橫十四釐，縱二十·八釐。王燾撰，林億校，陸錫明閱，程衍道訂，經餘居刊本。重刻外臺秘要方序，金聲。自序，程衍道。序，方逢年。較正唐王燾先生外臺秘要方序，孫兆。外臺秘要序，王燾，天寶十一年。

注：按《經籍訪古志》著錄程衍道本而云：按此本卷首頁裏題云"此書肇集於唐"云云。山脇本亦載其題記，而其末云"歙西槐塘經餘居藏板"，上方欄外又有"新安程敬通訂梓"七字。今查所有本無其題記，而板心下方唯有"經餘居"三字。按《經籍訪古志》既云"程本重刊凡有數通"，或疑所謂經餘居本，即是程氏原刊，而所本即其重刊者歟。然《四庫書目邵注》、《郘亭知見目》、《四庫目略》，均併載兩目。今暫從而併存兩目矣，

4. 明刊未詳本

【持靜齋藏書記要】卷上 《外臺秘要》四十卷。明末刊本。

【故宫博物院書目】《外臺秘要方》四十卷,三十二冊。明刊本。《外臺秘要方》三十二卷,三十二冊。明刊本。

【内閣文庫圖書第二部漢書目錄】(特) 《外臺秘要方》四十卷,《目》一卷。明板。唐王燾。二十冊。

【靜嘉堂秘籍志】卷二十四陸氏十萬卷樓舊藏 《外臺秘要方》。唐王燾撰。明刊二十本。四十卷。《藏書志》有北宋刊印本。既收於皕宋樓本,此本不載。

注:按右諸家所稱明刊,并是程衍道本,或其重刻者,殆無疑矣。

5. 四庫全書本

【四庫全書總目】卷一百零三 《外臺秘要》四十卷。通行本。衍道刻此書,頗有校正,惟不甚解唐以前語與後世多異。……衍道知其有誤,而不知"較"爲"校"誤,猶爲未審。然大致多所訂定,故今亦并存焉。

【壬子文瀾閣所存書目】卷三 《外臺秘要》四十卷,四十冊。補鈔。

6. 同治十三年廣東翰墨園重印山脇本

【揚州吳氏測海樓藏書目錄】卷四 《外臺秘要》四十卷,唐王燾。同治廣東翰墨園刊,竹紙。四十本,四函。

【古越藏書樓書目】卷五《外臺秘要方》四十卷,唐王燾。同治十三年,廣東翰墨園本。

【浙江藏書樓甲編書目】《外臺秘要》四十卷,唐王燾。廣東刻本。

【國立北京大學文科圖書館藏書目】 唐王燾撰《外臺秘要》四十卷。四十本。廣東刊本。

【浙江公立圖書館通常類圖書目錄】 《外臺秘要》四十卷,唐王燾撰。清同治甲戌廣東翰墨園刊本。四十一本。

【山東圖書館書目】 《外臺秘要》四十卷,唐王燾撰。廣東局本。

【中國醫學書目】《外臺秘要方》內題"唐王燾先生外臺秘要方"四十卷,四十冊。十行二十二字,框横十四·二釐,縱二十一釐。王燾撰,林億等校,陸錫明閲,程衍道訂。同治甲戌廣東翰墨園刊。外臺秘要序,吳孔嘉,崇禎庚辰。重刻外臺秘要方序,唐暉。自序,程衍道。序,方逢年。重刻外臺秘要方序,陸錫明。重刻外臺秘要序,張天祿。重刻外臺秘要方序,金聲。外臺秘要序,吳士奇。較正唐王燾先生外臺秘要方序,孫兆。外臺秘要方序,王燾,天寶十一年。目錄。

注:按此本即據日本山脇版而重印者,日本諸序并尚德凡例、刊記等,悉皆剟去之,而獨存鼇頭尚德按語,豈隱頭露尾之類耶。

7. 石印本

【國學用書類述】《外臺秘要》四十卷,唐王(壽)[燾]。石印本。

注:按民國二十五年上海大東書局所刊《中國醫學大成》樣本,其第四輯"方劑類"中有《外臺秘要》四十卷,然是亦屬未刊。

8. 日本翻刻本

【抱經樓藏書志】卷三十六 《外臺秘方》四十卷。東洋覆明刊本。養壽館舊藏。

【八千卷樓書目】卷十 《外臺秘要》四十卷,唐王燾。日本刊本。

【觀海堂書目】阿字號 《外臺秘要》三十二本。四十卷。日本古本。

【涵芬樓舊書分類總目】《外臺秘要》,唐王燾撰,日本山脇尚德校刊本。二十四冊。

【元治增補御書籍目錄】《外臺秘要》四十卷。延享板。二十四冊。唐王燾撰。

【帝室和漢圖書目錄】《外臺秘要方》,唐王燾。山脇尚德校。延享三。四十卷。二十四冊。

【內閣文庫圖書第二部漢書目錄】(特) 《外臺秘要方》四十卷。山脇尚德校,延享三年刊。二十四冊。

【杏雨書屋圖書假目錄】《外臺秘要方》序、目。四十卷,唐王燾著,山脇尚德校,延享三年刊。二十四冊。《外臺秘要方》序、目。四十卷,唐王燾著,山脇尚德校,寶曆刊。二十四冊。

【中國醫學書目】《外臺秘要》,內題"重校唐王燾先生外臺秘要"。四十卷。二十四冊。十行二十二字,框横十四釐,縱二十一釐。王燾撰。陸錫明閱,程衍道訂,延享丙寅明板翻刻宋本校勘,平安養壽院藏板。原本槐塘經餘居刊。重刻外臺秘要序,望月三英,延享丙寅。翻刻外臺秘要方序,山脇尚德,延享丙寅。重刻外臺秘要方後序,野呂元丈,延享丙寅。外臺秘要序,吳孔嘉,崇禎庚辰。重刻外臺秘要方序,唐暉。自序,程衍道。序,方逢年。重刻外臺秘要方序,陸錫明。重刻外臺秘要序,張天祿。重刻外臺秘要方序,金聲。外臺秘要序,吳士奇。較正唐王燾先生外臺秘要方序,孫兆。《重訂唐王燾先生外臺秘要方》,外臺秘要方序,王燾,天寶十一年。校正外臺秘要方敘,縣孝孺,延享丁卯。翻刻外臺秘要方凡例。目錄。

注:余等近復得延享翻刻本,蓋係多紀茝庭等據宋本而詳加校訂者,亦足稱爲秘笈。其書載在《續續中國醫學書目》中。

9. 鈔本

【平津館鑒藏書籍記】卷三舊影寫本 《外臺秘要》四十卷。題"朝散大夫守光祿卿直秘閣判登聞檢院上護軍臣林億等上進",前有天保十一載王燾自序,宋孫兆《校正外臺秘要方序》,皇祐三年內降劄子後,列富弼、曾公亮、趙抃、王安石、林億、孫奇、高保衡等銜名,目錄并每卷後有張子孟、張實校勘,裴宗元校正銜名。據孫兆《校正序》,唐王燾撰《外臺秘要方》四十卷,自唐(列)[歷]五代,傳寫其本譌舛。國家詔儒臣校正醫書,臣承命以其書方證之重者,刪去以從其簡,經書之異者,注解以著其詳。然則燾書,孫兆已有更改。此從宋刊本影寫,明程衍道重刊本,刪內降劄并後銜名,細注按語亦多不同,收藏有"王文鐸印"白文方印,"伯振字"朱文方印。

【孫氏書目內編】卷二 《外臺秘要》四十卷,唐王(壽)[燾]撰。明寫本。

【日本訪書志】卷十　《外臺秘要方》四十卷,《目錄》一卷。影北宋本。原本藏日本紀藩竹田氏,森立之《訪古志》曰:此本嘉永己酉,官下命郵致,使於醫學影鈔,凡二通,一納楓山官庫,一藏醫學。蓋宋槧醫籍存於日本者頗多,然多南渡以後物,其北宋本如《千金方》,猶有補刻。特此本真爲林億等經進之原刊,而首尾完具,毫無缺失,豈可不謂天下之至寶乎。立之又言,當新寫此書時,立之方爲醫學校官,以五人分書之,越三年乃成,其費不貲。余因立之言,先購得小島學古校本,乃知明程衍道刊本,奪誤凡千萬言。因訪之杉本仲溫。據言紀藩之宋本不可見,楓山庫之新本亦不可得,維醫學之一部,明治初散出,未知存於誰何之手。余乃囑仲溫物色之。久之,以此本來,缺其末一冊。蓋以末冊有題識,恐爲其官所覺也。索價殊昂。余以爲此書宋槧中土久絕,程本僞[譌]謬不可據,乃忍痛得之。每卷首有林億等上進名銜,卷末有裴宗元校正,及趙子孟校勘名銜。或有"右迪功郎張實校勘"字。影摹之精,下真宋刻一等,無怪立之言以五人之力三年乃成也。末一冊託書記官巖谷修從楓山庫本補之,仍爲完璧。此書爲古方淵藪,晉唐逸籍賴是以存,當吾世不乏壽世仁民之君子,當覆之以傳也。下略,今引載在"考證"條下。

【故宫博物院書目】《外臺秘要方》,唐王燾。四十一卷。四十一冊。影宋抄本。《外臺秘要方》,唐王燾。四十卷。一冊,抄本。

【觀海堂書目】斯字號　《外臺秘要》四十一本。影北宋本。徵字號《外臺秘要》一本。一卷。影照宋本。殘

【經籍訪古志】卷八《外臺秘要方》四十卷,《目錄》一卷。北宋槧本。紀藩竹田純道藏。按,此本竹田氏奕世所傳,承應間《視聽日錄》載紀藩醫員藏是書,即此本也。嘉永己

酉,官下命郵致,使於醫學影抄。凡二通,一納楓山,一藏醫學。亦大朝右文之所派及也。

【寶素堂藏書目錄】《外臺秘要方》,零本十二卷,十二冊,影宋本。王燾。

【元治增補御書籍目錄】《外臺秘要方》四十卷。寫本。四十二冊。唐王燾撰。

【内閣文庫圖書第二部漢書目錄】(特)《外臺秘要方》四十卷,《考異》一卷,《總目》一卷。日本寫本,宋槧模寫,多紀元堅等校。四十二冊。

【杏雨書屋圖書假目錄】《外臺秘要方》四十卷,内卷一,二十、二十二、二十三缺。日本寫本,三十六冊。

10. 附　羣書校補本校誤九卷

【羣書校補】卷三十四《外臺秘要》四十卷,唐王燾撰。明崇禎中,程衍道以不全影宋抄本重雕,譌奪甚多,且有(忘)[妄]删(忘)[妄]增處。全藏有宋熙寧刊本,完善無缺。今以宋熙寧本爲主,大字正書,誤字標於旁,缺文註明於下。凡程本句有互倒、無關大義者,皆略之以省繁文。

【叢書書目彙編】羣書校補　王燾《外臺秘要方》九卷

【日本訪書志】卷十　光緒丁酉,於上海書肆得歸安陸氏《羣書校補》,乃知此書

宋本,吾中土尚有存者。唯陸氏所校第據明程氏刊本,著其異同,亦多有脱漏處,不及小島會粹羣籍,精審無遺也。

11. 未詳本

【東都官庫醫籍目錄】《外臺秘要》全四十卷。二帖。牡丹唐草紺紗。王燾撰。編中藥方曰何首、何十首,而不曰何方、何十方。

【本草綱目】【醫藏書目】【世善堂藏書目錄】【汲古閣毛氏藏書目錄】以上明【也是園藏書目】【問經堂書目】以上清 【內閣文庫書檔舊目】民國 【寶素堂藏書目錄】【元治增補御書籍目錄】【仙臺藩醫學校藏書目錄】以上日本 【東醫寶鑑】朝鮮

四十一、外臺要略

【唐書藝文志】醫術 王燾《外臺秘要方》四十卷,又《外臺要略》十卷。

【崇文總目輯釋】卷三 《外臺要略》十卷,王燾撰。

【通志藝文略】方書 《外臺秘要略》十卷,王燾撰。

【宋史藝文志】醫書 《外臺要略》十卷

四十二、外秘要論乳石方

【秘書省續編到四庫闕書目】卷二 《外秘要論乳石方》二卷。闕。

【宋史藝文志】醫書 王道《外臺秘要乳石方》二卷

四十三、徒都子膜外氣方

【崇文總目輯釋】卷三 《徒都子膜子外氣方》一卷

【聖濟總錄】卷八十水病門膜外氣 論曰:諸家方書,論水病甚詳,未嘗有言膜外氣者。唐天寶間有徒都子者,著《膜外氣方》書,本末完具,自成一家。今併編之。

【通志藝文略】雜病 《徒都子膜外氣方》一卷。即水氣也。

【宋史藝文志】醫書 《徒都子膜外氣方》一卷

四十四、貞元集要廣利方

【舊唐書】卷十三德宗本紀 貞元十二年春正月乙丑,上制《貞元廣利藥方》五百八十六首,頒降天下。

【唐書藝文志】醫術 德宗《貞元集要廣利方》五卷

【太平御覽】卷七百二十四醫四 《唐書》又曰,德宗撰《貞元集要廣利方》,親爲之制序,散題於天下通衢。其方總六十三種、五百八十六首。

【崇文總目輯釋】卷三 《正元集要廣利方》五卷,唐德宗撰。侗案,《玉海》引

《崇文目》,“正元”作“貞元”,諸家書目並同,此避嫌名也。說見前。

【千金方】宋臣序　泝流以討源,如《五鑒經》……《正元廣利》……凡所派别,無不考理。

【證類本草所出經史方書】《廣利方》

【通志藝文略】方書　《貞元集要廣利方》五卷,德宗撰。

【秘書省續編到四庫闕書目】卷二　《貞元廣利方》五卷。闕。

【玉海】卷六十三《貞元集要廣利方》。貞元十二年二月十三日乙丑。上製《貞元廣利方》,頒於天下,總六十三種、五百八十六首。親製序,散題於天下通衢。

【宋史藝文志】醫書　《貞元集要廣利方》五卷

注:按《醫心方》所引有“《廣利方》”二十八條,《證類本草》所引有“《廣利方》”三十八條。

四十五、備急單方

【唐書藝文志】醫術　賈(躭)[耽]《備急單方》一卷

【崇文總目輯釋】　賈相公《備急單方》一卷,賈耽撰。

【通志藝文略】單方　賈耽《備急單方》一卷。

【宋史藝文志】醫書　賈(沈)[耽]《備急單方》一卷。

注:賈耽傳,《唐書》卷一百六十六本傳略云,賈耽字敦詩,滄州南皮人。天寶中舉明經,補臨清尉。上書論事,徙太平。河東節度使王思禮署爲度支判官。累進汾州刺史,治凡七年,政有異績。召授鴻臚卿,兼左右威遠營使。俄爲山南西道節都使。梁崇義反東道,耽進屯穀城,取均州。建中三年,徙東道。德宗在梁,耽使司馬樊澤奏事。澤還,耽大置酒會諸將。俄有急召至,以澤代耽,召爲工部尚書。耽納詔於懷,飲如故。貞元九年,以尚書右僕射同中書門下平章事,俄封魏國公。順宗立,進檢校司空、左僕射。時王叔文等干政,耽病之,屢移疾乞骸骨,不許。卒年七十六,贈太傅,謚曰元靖。耽嗜觀書,老益勤,尤悉地理。《舊唐書》卷一百三十八亦有傳。

四十六、嶺南急要方

【唐書藝文志】醫術　《嶺南急要方》二卷

【通志藝文略】嶺南方　《嶺前急要方》三卷。見《唐志》。

四十七、六十四問

【唐書藝文志】醫術類　許詠《六十四問》一卷

【崇文總目輯釋】卷三《六十四問》一卷,許詠撰。

【通志藝文略】病源　《許詠六十四問》一卷，唐許詠撰。

【宋史藝文志】醫書　許詠一作泳《六十四問秘要方》一卷

【醫籍考】一千六百四十頁　按《新唐書·宗室傳》曰：永安壯王孝基曾孫涵子鯛，貞元初爲饒州別駕，妾高以善歌入宮，因御醫許泳通書坐誅。《宋志》註作"許泳"，豈其人歟。

四十八、陸氏集驗方

【舊唐書】卷一百三十九陸贄本傳　陸贄，字敬輿，……在忠州十年，常閉關靜處，人不識其面，復避謗不著書。家居瘴鄉，人多癘疫，乃抄撮方，爲《陸氏集驗方》五十卷，行於代。

【唐書】卷一百五十七陸贄本傳　地苦瘴癘，祗爲《今古集驗方》五十篇，示鄉人云。《藝文志·醫書》。《陸氏集驗方》十五卷。陸贄。

【通志藝文略】方書　《陸氏集驗方》十五卷，陸贄。

【避暑錄話】　陸宣公在忠州，集古方書五十卷。史云，避謗不著書，故事爾。避謗不著書可也，何用集方書哉。或曰，忠州邊蠻夷多瘴癘，豈公多疾，蓋將以自治。尤非也。宣公豈以一已爲休戚者乎，是殆援人於疾若死亡而不得者，猶欲以是見之。在它人不可知，若宣公此志必矣。《醫籍考》

【郡齋讀書志】卷五　《陸宣公經驗方》二卷。右唐陸宣公贄在忠州時所集，而山陰陸游所跋也。或問朱文公曰：陸宣公既貶避謗，闔門不著書，祗爲《古今集驗方》。曰：此亦未見陸宣公是處，豈無聖賢經傳可以玩索、可以討論。

【楊萬里文集】　陸宣公之貶也，杜門集古方書而已。或曰避謗者歟，或曰窮而不怨也。楊子曰：宣公之心，利天下而已矣。其用也，則醫之以奏議；其不用也，則醫之以方書。有用有不用者，宣公之身也。宣公之心，亦有用有不用乎哉。《醫籍考》

四十九、兵部手集方

【唐書藝文志】醫術　《薛弘慶兵部手集方》三卷。兵部尚書李絳所傳方，弘慶大和河中少尹。

【崇文總目輯釋】卷三　《兵部手集方》三卷。李絳方薛宏慶撰。侗案，舊本脫"方"字，今校增。

【千金方】宋臣序　泝流以討源，如《五鑒經》、《兵部手集》、凡所派別，無不考理。

【證類本草所出經史方書】　《兵部手集方》

【通志藝文略】方書　《兵部手集方》三卷。李絳方，薛弘慶撰。

【宋史藝文志】醫書　李絳《兵部手集方》三卷

注：按《證類本草》所引有"兵部手集"二十六條。

五十、古今集驗方

【唐書藝文志】醫術　《薛景晦古今集驗方》十卷。元和刑部郎中貶道州刺史。

【通志藝文略】方書　《薛景晦古今集驗方》十卷

五十一、傳信方

【唐書藝文志】醫術　《劉禹錫傳信方》二卷

【崇文總目輯釋】卷三　《傳信方》二卷,劉禹錫撰。

【千金方】宋臣序　泝流以討源,如《五鑒經》、《夢得傳信》之類,凡所派別,無不考理。

【證類本草所出經史方書】　劉禹錫《傳信方》

【通志藝文略】醫方　劉禹錫《傳信方》二卷

【秘書省續編到四庫闕書目】醫書　唐[劉]禹錫《傳(證)[信]方》二卷

【宋史藝文志】醫書　劉禹錫《傳信方》二卷

【古今醫統大全】採摭諸書　《傳信方》,劉禹錫著。

注:按《醫心方》所引有"傳信方"六條,《證類本草》所引有"傳信方"二條。

注:劉禹錫傳,《唐書》卷一百六十八本傳略云,劉禹錫字夢得。自言系出中山。世爲儒。擢進士第,登博學宏辭科,工文章。淮南杜佑表管書記。入爲監察御史。時王叔文得幸太子,禹錫以名重一時,與之交,叔文每稱有宰相器。太子即位,朝廷大議秘策多出叔文,引禹錫及柳宗元與議禁中,所言必從,擢屯田員外郎,判度支、鹽鐵案,頗馮藉其勢,多中傷士。若武元衡不爲宗元所喜,自御史中丞下除太子右庶子;御史竇羣劾禹錫挾邪亂政,羣即日罷。憲宗立,叔文等敗,禹錫貶連州刺史。未至,斥朗州司馬。禹錫久落魄,鬱鬱不自聊,其吐辭多諷託幽遠,作《問大鈞》、《謫九年》等賦數篇。久之,召還。宰相欲任南省郎,而禹錫作《玄都觀看花君子》,詩語譏忿,當路者不喜,出爲播州刺史。中丞裴度爲言:播極遠,猿狖所宅,禹錫母八十餘,不能往,當與其子死訣,恐傷陛下孝治,請稍內遷。乃易連州,又徙夔州刺史。由和州刺史入爲主客郎中,復作《游玄都詩》。俄分司東都。宰相裴度兼集賢殿大學士,雅知禹錫,薦爲禮部郎中、集賢直學士。度罷,出爲蘇州刺史。以政最,賜金紫服。徙汝、同二州。遷太子賓客,復分司。禹錫恃才而廢,褊心不能無怨望,年益晏,偃蹇寡所合,乃以文章自適。素善詩,晚節尤精,與白居易酬復頗多。居易以詩自名者,嘗推爲詩豪,又言其詩在處應有神物護持。會昌時,加檢校禮部尚書。卒年七十二,贈戶部尚書。《舊唐書》卷一百六十亦載其傳。

五十二、續傳信方

【崇文總目輯釋】卷三　《續傳信方》十卷,王顔撰。

【證類本草所出經史方書】《續傳信方》
【通志藝文略】方書　《續傳信方》十卷,僞唐王顔撰。
【宋史藝文志】醫書　《王顔續傳信方》十卷
【本草綱目引據古今醫家書目】　王紹顔《續傳信方》

五十三、發焰録

【唐書藝文志】醫術　司空輿《發焰録》一卷
【崇文總目輯釋】卷三　《發焰録》一卷,司空輿撰。
【通志藝文略】雜病　《發焰録》一卷,唐司空輿述。治風方。
【宋史藝文志】醫書　司空輿《發焰録》一卷

注:司空輿傳,《唐書》卷一百九十四《司空圖傳》云:司空圖字表聖,河中虞鄉人。父輿,有風幹。當大中時,盧弘正管鹽鐵,表爲安邑兩池推鹽使。先是法疏闊,吏輕觸禁,輿爲立約數十條,莫不以爲宜。以勞再遷户部郎中。

五十四、鈐利子

【舊唐書經籍志】明堂經　《鈐利子》一卷,賈和光撰。

五十五、通元秘要術

【唐書藝文志】醫術　青羅子道光《通元秘要術》三卷。失姓,咸通人。
【崇文總目輯釋】醫書　《通元秘要術》三卷

五十六、海上集驗方

【唐書藝文志】醫術　崔元亮《海上集驗方》十卷
【崇文總目輯釋】卷三　《海上集驗方》十卷,崔元亮撰。
【證類本草所出經史方書】《崔氏海上集》
【通志藝文略】方書　《海上集驗方》十卷,崔元亮撰。
【宋史藝文志】醫書　崔元亮《海上集驗方》十卷

注:按《證類本草》所引有"崔氏海上集"一條。

注:崔元亮傳,《唐書》卷一百六十四本傳云:崔元亮字晦叔,磁州昭義人。貞元初,擢進士第,累署諸鎮幕府。父喪,客高郵,臥苫終制,地下濕,因得痺病。不樂進取。元和初,召爲監察御史,累轉駕部員外郎。清慎介特,澹如也。稍遷密、歙二州刺史。歙人馬牛生駒犢,官籍蹄噭,故吏得爲姦,元亮焚其籍,一不問。民山處,輸租者苦之,下令許計斛輸錢,民賴其利。歷湖、曹二州,辭曹不拜。太和四年,由

太常少卿改諫議大夫,朝廷推爲宿望,拜右散騎常侍。每遷官,輒讓形於色。鄭注構宋申錫,捕逮倉卒,内外震駭。元亮率諫官叩延英,苦諍反復數百言。文宗未諭,元亮置笏在陛曰:孟軻有言,衆人皆曰殺之,未可也。卿大夫皆曰殺之,未可也。天下皆曰殺之,然後察之,乃寘於法。今殺一凡庶,當稽典律,況欲誅宰相乎。臣爲陛下惜天下法,不爲申錫言也。俯伏流涕。帝感悟,衆亦服其不撓,由此名重朝廷。頃之,移疾歸東都,召爲虢州刺史。卒年六十六,贈禮部尚書。元亮晚好黄老清静術,故所居官未久輒去。遺言:山東士人利便近,皆葬兩都,吾族未嘗遷,當歸葬滏陽,正首丘之義。諸子如命。

五十七、鄭注藥方

【唐書藝文志】醫術 《鄭注藥方》一卷

【通志藝文略】方書 《鄭注藥方》一卷,唐志鄭撰。

注:鄭注傳,《唐書》卷一百七十九本傳略云,鄭注,絳州翼城人。世微賤,以方技游江湖間。大和末,仕至檢校尚書左僕射、鳳翔隴右節度使。與李訓等謀誅宦者,事敗被殺。《舊唐書》卷一百六十九亦有傳。

五十八、韋氏集驗獨行方

【唐書藝文志】醫術 《韋氏集驗獨行方》十二卷,韋宙。

【崇文總目輯釋】醫書 《韋氏集驗獨行方》三卷,韋宙撰。

【證類本草所出經史方書】 《韋宙獨行方》

【通志藝文略】方書 《韋氏獨行方》十二卷,唐韋宙撰。

【宋史藝文志】醫書 《韋宙獨行方》十二卷

注:韋宙傳,《唐書》卷一百九十七《韋丹傳略》云,韋丹字文明,京兆萬年人。子宙,推蔭累調河南府司録參軍,李鉦表河陽幕府。宣宗謂宰相墀曰:丹有子否?以宙對。帝曰:與好官。乃拜侍御史,三遷度支郎中。盧鈞節度太原,表宙爲副。是時,回鶻已破諸部,入塞下,剽殺吏民。鈞欲得信重吏視邊,宙請往。自定襄、雁門、五原,絶武州塞,略雲中,踰句注徧,見酋豪,鐫諭之。視亭障守卒,增其稟。約吏不得擅以兵侵諸戎,犯者死,於是三部六蕃諸種皆信悦。召拜吏部郎中。出爲永州刺史。還爲大理少卿。久之,拜江西觀察使,政簡易,南方以爲世官。還嶺南節度使。南詔陷交趾,撫兵積備,以幹聞。加檢校尚書左僕射、同中書門下平章事。咸通中卒。

五十九、玉壺備急方

【崇文總目輯釋】卷三 《别集玉壺備急大方》一卷。侗按,《宋志》作《玉壺備急方》,韋宙撰。《通志略》不著撰人。

【通志藝文略】醫方　《別集玉壺備急大方》一卷。《玉壺備急方》一卷。

【秘書省續編到四庫闕書目】醫書　《玉臺備急方》一卷。輝按,《宋志》"臺"作"壺",云韋宙撰。《崇文目》作《別集玉壺備急大方》一卷。無撰人。

【宋史藝文志】醫書　《韋宙獨行方》十二卷。又《玉壺備急方》一卷。

注:按"玉臺"、"玉壺",當有一誤,而《通志略》疑重載之。

六十、太和濟要方

【崇文總目輯釋】卷三　《太和濟要方》五卷。侗按,《宋志》"濟要"作"濟安",一卷,不著撰人。《通志略》"唐宣城公撰"。

【通志藝文略】方書　《太和濟要方》五卷,唐宣成公撰。

【秘書省續編到四庫闕書目】醫書　《濟要方》一卷。闕。

【宋史藝文志】醫書　《大和濟安方》一卷

注:按《傷寒總病論》,《上蘇子瞻端明辨傷寒論書》云:唐大和年,徐氏撰《濟要方》,年屬大和,便以"大和濟要方"爲名云云。龐安時所見,疑即此書,但不記徐氏名稱何也。

六十一、羣方秘要

【唐書藝文志】醫術　《蘇越羣方秘要》三卷

【崇文總目輯釋】醫書　《羣方秘要》三卷,蘇越撰。侗按,舊本"羣方"誤作"羣芳",今校改。

【通志藝文略】方書　《羣方秘要》三卷,唐蘇越撰。

【宋史藝文志】醫書　《蘇越羣方秘要》一作"會"三卷

六十二、唐興集驗方

【唐書藝文志】醫術　白仁敘《唐興集驗方》五卷

【崇文總目輯釋】醫書　《唐興集要方》五卷,白仁敘撰。

【通志藝文略】方書　《唐興集驗方》五卷,白仁敘撰。

【宋史藝文志】醫書　白仁敘《集驗方》五卷

六十三、應驗方

【唐書藝文志】醫術　《包會應驗方》一卷

【崇文總目輯釋】醫書　《應驗方》一卷。侗案,《通志略》"包會撰",《宋志》

"三卷",亦作"包會"。又重出一部,三卷,不著撰人。

【通志藝文略】方書 《包會應驗方》一卷

【秘書省續編到四庫闕書目】醫書 《包會應驗方》三卷。闕。輝按,《宋志》同。又重出三卷。

【宋史藝文志】醫書 《包會應驗方》三卷

六十四、南行方

【唐書藝文志】醫術 《李繼皐南行方》三卷

【崇文總目輯釋】醫書 《南行方》十卷,李繼皐撰。侗案,諸家書目并"三卷"。

【通志藝文略】嶺南方 《南行方》三卷,唐李繼皐纂。

【宋史藝文志】醫書 《李繼皐南行方》三卷

六十五、梅崇獻方

【唐書藝文志】醫術 《梅崇獻方》五卷

【崇文總目輯釋】醫書 《梅崇獻方》五卷

【通志藝文略】方書 《梅崇獻方》五卷,道士梅崇獻撰。

六十六、醫門秘錄

【崇文總目輯釋】醫書 《醫門秘錄》五卷,梅崇獻撰。

【通志藝文略】五藏 《醫門秘錄》五卷,道士梅崇獻撰。

【宋史藝文志】醫書 《梅崇獻醫門秘錄》五卷

六十七、梅師方

【證類本草所出經史方書】 《梅師方》

【古今醫統大全】採摭諸書 《梅師方》。隋廣陵僧人,號文梅。善療瘴癘,醫雜證悉說單方,其效甚速。人咸集,相傳曰《梅師方》云。

【本草綱目】引據古今醫家書目 《梅師集驗方》

注:按《證類本草》所引有"《梅師方》"一百零八條。

1. 附 深師腳氣論

【本草綱目】引據古今醫家書目 《深師腳氣論》。即梅師。

2. 附 梅略方

【醫心方】卷七治脫肛方第九 《梅略方》,脫肛禁舉重,急帶,斷房事,周年乃佳。

六十八、嵩臺集

【唐書藝文志】醫術　《李昭明嵩臺集》三卷

【崇文總目輯釋】卷三　《嵩臺集》三卷,李昭明撰。

【宋史藝文志】醫書類　《李昭明嵩臺論》三卷

六十九、北京要術

【唐書藝文志】醫術　陳元《北京要術》一卷。元爲太原少尹。

【崇文總目輯釋】卷三　《北京要術》二卷,陳元撰。

【通志藝文略】方書　《北京要術》一卷,唐陳元撰。

【宋史藝文志】醫書　陳(玄)[立]《北京要術》一卷

注:按《冊府元龜》云:陳立,京兆人。家世爲醫,後唐明宗朝爲太原少尹。集平生驗方七十五首,并修合藥法百件,號曰《要術》。刊石置於太原府衙之左,以示於衆,病者賴焉。《醫籍考》亦引此文,且注之云:按"元立"二字,必有一誤。《五代史·後唐明宗紀》:天成元年八月甲寅,醫官張志忠爲太原少尹。別不載陳氏名,豈係闕文歟。今按《舊五代史》有"陳元傳",以"元"作"立",殆《冊府元龜》訛之矣。

注:陳元傳,《舊五代史》卷九十六本傳云:陳元,京兆人也。家世爲醫,初事河中王重榮。乾符中,後唐武皇自太原率師攻王行瑜,路出於蒲中,時元侍湯藥,武皇甚重之。及還太原,日侍左右。武皇性剛暴,樂殺人,無敢言者。元深測其情,每有暴怒,則從容啟諫,免禍者不一,以是晉人深德之,勳貴賂遺盈門。性好酒樂施,隨得而無私積。明宗朝,爲太原少尹,入爲太府卿。長興中,集平生所驗方七十五首,兼修合藥法百件,號曰《要術》,刊石置於太原府衙門之左,以示於衆,病者賴焉。天福中,以耄期上表求退,以光祿卿致仕,卒於晉陽,年八十餘。

七十、元和紀用經

(一)出典

【宋史藝文志】醫書類　葉長文《啟玄子元和紀用經》一卷。

【遂初堂書目】醫書類　啟玄子。

注:許寂傳,六醴齋本《元和紀用經》卷首:許寂,會稽人,少棲四明山,學《易》於晉徵君。天復五年,趙匡明來奔,寂與俱行,高祖聞其名而館之。及開國,以爲左諫議大夫判門下省。武成初,上《求賢書》曰"歷朝之君,乘時啟運,莫不博訪髦士,詳求碩畫,以武定禍亂,以文致康乂。故軒皇命六相,虞聖舉八元,伯禹拜昌言,成湯師一德。周有多士,文王以寧。此前代之大經,求賢之極摯也。今百辟之中,有謀可以策國,勇以盪寇,或博究治體,或精知化源,未擢穎於明廷,尚含光於庶位者。伏望恢明聖之略,開戶牖之圖,親賜顧問,以觀其能,寘之列位,盡其獻替,俾官無敗

政，人無滯才”。高祖嘉納之，俄以廣成先生杜光庭薦，與徐簡夫同侍東宫，不爲元膺所禮。未幾，擢吏部侍郎。天光時，後主即位，坐張格黨，貶官久之，復爲禮部尚書。朝德六年，拜中書侍郎同平章事。是時格再爲宰相，以宿憾，杖殺中書吏王魯柔。寂謂人曰：張公才高而識淺，戮一魯柔，他人誰敢自保，此取禍之端也。唐師入境，同王鍇等降唐。至洛。以尚書致政，葺園館引水爲溪，架巨竹爲浮梁，謂竹化龍，號曰會龍橋。後以疾卒。寂初在四明山時，被道服，往還其間，一日見有夫婦者，提壺醞云：今日離剡縣甚瘁。寂曰：道路頗遥，安得一日及此。心竊異之。俄而丈夫出一拍板，抗聲高歌，已而談劍術，自臂間推出二物，展喝之，即二口劍也。躍起在寂頭上，盤旋交擊。寂驚懼。尋爲匣之，飲畢就寢。及旦，乃空榻也。日中復有頭陀來訪夫婦。寂具道其事。頭陀曰：我亦其人，道士能學之乎。寂辭曰：少尚元教，不願爲此。頭陀傲然而笑，取寂淨巾拭足，徘徊間已不見矣。後再於華陽遇之，始知三人皆劍俠云。吴志伊《十國春秋·前蜀》

（二）考證

【元和紀用經】程永培跋　《宋史藝文志》載有《啟玄子元和紀用經》一卷，世傳絕少。李時珍著《本草綱目》，引用方書，無所不採，而獨遺此卷，或未嘗寓目耶。王肯堂《準繩》曾引其説，以後諸家絕未見有用其方者。今按此卷，乃傳自越之許寂。寂本四明山道士，後至蜀，歷官至尚書。蜀降唐，遂家於洛。寂於蜀、洛兩都，治人病無不愈。余偶得之，如獲至寶，是夜虚室生白，乃此書之光也。執方療病，輒應手愈。第本有闕字，然本亦不刊，留之以待補者，余乃據啟玄子《素問原註》補之。尚有不及補者，則目力所限，考據難周，又不敢參以私意，仍留本以俟博覽君子。併録《十國春秋·許寂傳》，附刻以備考焉。瘦樵程永培跋。

【醫籍考】一千六百四十三頁　按乾隆中程永培刊《六醴齋叢書》，收有是書，無葉長文序。題云“唐啟玄子王冰著”。又有許寂序，所言虚誇難信。然檢其文，決非宋以後物，且與陳氏《三因方》所引相合，則要爲古書無疑矣。

注：按《三因方》卷九云：王啟元傳“元珠先生耘苗丹三方序”曰：張長沙戒人妄服燥烈之藥，謂藥勢偏有所助勝剋，流變則真病生，猶憫苗不長而揠之者也。若稟受氣血不強，合服此而不服此，反忽略之，是不耘苗者也云云。今查六醴齋本，其“五味具備服餌中章九法”條云：耘苗丹三方，上曰上丹，二曰中丹，三曰小丹，以應天地人。論曰：南陽真人張仲景，戒人妄服燥烈之藥，謂藥勢偏有助勝剋，流變則百病生焉。余師元珠先生秘授保神守中、和暢榮衛藥三方，命曰“耘苗丹”者，欲以彰微妙之旨，謂人若妄服燥烈藥，乃閔苗之不長而揠之者也。人年高或少，而稟氣受血不強，合此一藥服而忽略之，是不耘苗者也。

（三）序跋

元和紀用經序唐工部尚書致仕許寂撰

昭皇在御，余嘗布衣奉詔，講《易》禁殿，忤言驚俗。尋乞還山，茹芝採藥，與羽人梁白然爲山水師友，丹竈之外，博究經方，捄世活人，歲千百數。春和秋爽，多歷名山。一日，授余啟元三章，曰"君食熟酪，可施此藥"。余雖敬受，莫測其所謂也。後辟兵入蜀，方悟"熟"爲"蜀"。因施藥治人，多獲康愈，由是蜀人遂無夭枉。同光從主入朝，齒髮已衰，旋乞致仕，卜林泉於洛。居歲餘，又悟"酪"爲"洛"。自洛人得藥，起死者不可勝數。白牛師語，歷驗無差。食於蜀，食於洛。余神其事，乃書經之首，以傳後世。

注：乾隆中程永培跋，見於"考證"下。

（四）刊本

六醴齋叢書本

【叢書書目彙編】六醴齋醫書　《元和紀用經》一卷

【經籍訪古志】卷八　《元和紀用經》一卷。《六醴齋醫書》中本。唐啟元子王冰著，末附《十國春秋·許寂傳》及程永培跋。

【中國醫學書目】　《元和紀用經》一卷，一冊。八行十九字，框橫十五釐，縱二十三·五釐。啟元子王冰著。《六醴齋醫書》之內。"元和紀用經序"，許寂。唐許寂傳。《元和紀用經》一卷，一冊。八行十九字，框橫十一·一釐，縱十五·四釐。啟元子王冰著，程永培校於然室心導樓合刻之內。元和紀用經序，許寂。許寂傳。跋，程永培。

七十一、昇元廣濟方

【崇文總目輯釋】卷三　《昇元廣濟方》三卷，華宗壽撰。

【通志藝文略】方書　《昇元廣濟方》三卷，僞唐華宗壽撰。

【宋史藝文志】醫書　華宗壽《昇天一作元廣濟方》三卷

七十二、五鑑論

【崇文總目輯釋】卷三　《五鑑論》一卷

【通志藝文略】五藏　《五鑑論》五卷

注：按《千金要方》宋臣序云：尚有所闕，而又泝流以討源，如《五鑑經》、《千金翼》云云。所謂《五鑑經》或即是書歟。

七十三、法家論語

【崇文總目輯釋】卷三　《法家論語》一卷。侗按，《通志略》有《象法語論》一卷，不著撰人，疑則此書。

【通志藝文略】本草用藥　《象法語論》一卷

【秘書省續編到四庫闕書目】卷二　《法象語論》一卷。闕。輝按,《宋志》作《法象論》,云張文仲撰。《崇文目》有《法家論語》,疑則此書之誤。

注:按是書書名,雖諸家所著錄皆不同,似皆同書,宛如錢、葉二氏所言。但未知孰是,暫仍舊而存疑焉。

七十四、證病源

【崇文總目輯釋】卷三　《證病源》五卷

七十五、明醫顯微論

【崇文總目輯釋】卷三　《醫顯微論》一卷,石昌璉撰。侗按,《通志略》上有"明"字。

【通志藝文略】病源　《明醫顯微論》一卷,石昌璉撰。

【宋史藝文志】醫書　石昌璉《明醫顯微論》一卷

七十六、燕臺要術

【崇文總目輯釋】卷三　《臺要術》五卷。侗按,此書疑有脫字,今仍舊本。

【通志藝文略】五藏　《燕臺要術》五卷,沙門應元撰。

七十七、太元新論

【崇文總目輯釋】卷三　《太元新論》一卷

【通志藝文略】五藏　《太元心論》一卷。《宋志》同

七十八、醫門簡要

【崇文總目輯釋】卷三　《醫門簡要》十卷,華氏撰。

【通志藝文略】病源　《醫門簡要》十卷,華顒集。

【宋史藝文志】醫書　華顒《醫門簡要》十卷

七十九、新集病總要略

【崇文總目輯釋】卷三　《新(書)[集]病總要略》一卷,張叔和撰。侗按,《通志略》、《宋志》并作《新集病總要略》,舊本"書"字疑誤。

【通志藝文略】病源　《新集病總要略》一卷,張叔和撰。

【宋史藝文志】醫書　《張叔和新集病總要略》(三)[一]卷

八十、丹房鑒源

【崇文總目輯釋】卷三醫書類　《丹房鑒源》三卷，獨孤滔撰。

【證類本草所出經史方書】　《丹房鏡源》

【秘書省續編到四庫闕書目】卷二道書　《丹房鏡源經》三卷。闕。輝按，《宋志》:《獨孤滔丹房鏡源文》三卷。《道藏目・洞神部術類》:《丹房鑑源》三卷。云唐獨孤滔撰。《崇文目》道書類、醫書類兩見。"鏡"作"鑑"，無撰人。

【宋史藝文志】子部道家類附神仙　《獨孤滔丹房鏡源文》三卷

【聿修堂藏書目錄】　《丹房鑑源》三卷，一冊。抄出《道藏》中。隋獨孤滔撰。

注：按《證類本草》所引有"《丹房鏡源》"六十條。

八十一、金鑑方

【崇文總目輯釋】卷三　《金鑑方》三卷

【通志藝文略】方書　《金鑑方》三卷，孫廉撰。

【宋史藝文志】醫書　《孫廉金鑑方》三卷

八十二、廣正集靈寶方

【崇文總目輯釋】卷三　《廣正集靈寶方》一百卷，羅普宣撰。

【通志藝文略】方書　《廣正集靈寶方》一百卷，僞蜀羅普宣撰。

【宋史藝文志】醫書　《羅普宣靈寶方》一百卷

注：按《本草綱目引據書目》有《太清靈寶方》，不知與是書同否。

八十三、新修榮衛養生用藥補瀉論

【崇文總目輯釋】卷三　《新修榮衛養生用藥補瀉論》十卷，李鉞撰。

【通志藝文略】五藏　《新修榮衛養生用藥補瀉論》十卷，翰林待詔李鉞撰。

【宋史藝文志】醫書　李越一作鉞《新修榮衛養生藥補瀉論》十卷

八十四、博濟安衆方

【崇文總目輯釋】卷三　《博濟安衆方》二卷

【通志藝文略】方書　《博濟安衆方》二卷

【宋史藝文志】醫書　《(溥)[博]濟安衆方》(三)[二]卷

八十五、集諸要妙方

【崇文總目輯釋】卷三　《集諸要妙方》一卷。《宋志》同

八十六、纂集韓待詔肘後方

【崇文總目輯釋】卷三 《纂集韓待詔肘後方》一卷。《通志略》同

【宋史藝文志】醫書 《韓待詔肘後方》一卷

八十七、鄭氏惠心方

【崇文總目輯釋】卷三 《鄭氏惠心方》三卷。《通志略》、《宋志》并同。

八十八、鄭氏惠民方

【崇文總目輯釋】卷三 《鄭氏惠民方》一卷

【通志藝文略】方書 《鄭氏惠民方》三卷。《宋志》同

八十九、鄭氏纂秘要藥方

【崇文總目輯釋】卷三 《鄭氏纂秘要藥方》二卷

【通志藝文略】方書 《鄭氏纂秘要方》二卷

【宋史藝文志】醫書 《纂要秘要方》(三)[二]卷

九十、鄭氏圃田通元秘術方

【崇文總目輯釋】卷三 《圃田通元秘術方》三卷,鄭氏失名撰。

【宋史藝文志】醫書類 《鄭氏圃田通元方》三卷

九十一、千金秘要備急方

【崇文總目輯釋】卷三 《千金秘要備急方》一卷。《通志略》、《宋志》并同。

九十二、諸家明方

【崇文總目輯釋】卷三 《諸家明方》一卷

九十三、秘要藥方

【崇文總目輯釋】卷三 《秘要藥方》一卷

九十四、新集應病通神方

【崇文總目輯釋】卷三　《新集應病通神方》一卷

【通志藝文略】方書　《新集應病通神方》(三)[一]卷,裴孝封撰。

【秘書省續編到四庫闕書目】卷二　《應病通神方》一卷,闕。

【宋史藝文志】醫書　《應病(神通)[通神]方》(三)[一]卷

九十五、秘要方

【崇文總目輯釋】卷三　《秘要方》一卷

九十六、千金纂錄

【崇文總目輯釋】卷三　《千金纂錄》二卷。《宋志》同

【通志藝文略】《千金纂錄》(一)[二]卷

九十七、全體治世集

九十八、經用方書

九十九、論候

【崇文總目輯釋】卷三　《金體治世集》三卷,劉翰撰。

【册府元龜】卷八百五十九醫術下　劉翰,顯德初進《經用方書》一部三十卷,《論候》一十卷,《今體治世集》二十卷。上覽而嘉之,仍以爲翰林醫官,其書付史館。顯德爲五代後周太祖之年號。

【通志藝文略】病源　《今體治世集》三十卷,五代劉翰撰。

【宋史藝文志】醫書　劉輸《全體治世集》三十卷

注:按《醫籍考》注云,"劉翰"《宋志》作"劉輸"。"全體"《崇文總目》作"金體",《藝文略》、《册府元龜》作"今體"。并訛。此説似乎爲是。

一百、新集普濟方

【册府元龜】卷八百五十九總錄部醫術　周張詠顯德初進《新集普濟方》五卷,詔付翰林院考試,尋以詠爲翰林醫官。

【證類本草所出經史方書】《張詠方》

注:張詠傳,《宋史》卷二百九十三略云,張詠字復之,濮州鄄城人。太平興國

五年,登進士乙科,大理評事、知鄂州崇陽縣。再遷著作佐郎,入爲太子中允,遷秘書丞、通判麟相二州,賜緋魚,知浚儀縣。爲荆湖北路轉運使,奏罷,轉太常博士。太宗聞其強幹,召還,超拜虞部郎中,賜金紫。擢爲樞密直學士,復改兵部郎中。真宗即位,加左諫議大夫。咸平初,入拜給事中、戶部使,改御史中丞。二年,同知貢舉。是夏,以工部侍郎出知杭州。大中祥符初,加左丞。三年,轉工部尚書,令再任。是秋,以江左旱歉,命充昇、宣等十州安撫使,進禮部。出知陳州。卒,年七十。贈左僕射,謚忠定云云。即不言進《新集普濟方》、並爲翰林醫官事,而且後周顯德距大中祥符,約在五十餘年,乃於其時代,稍亦齟齬。《宋史》所傳張詠,豈同名異人耶。

一百零一、靈寶正翼

【秘書省續編到四庫闕書目】卷二醫書　《靈寶正翼》二卷

按,《太平御覽引書目》有《靈寶經》,不知爲醫書耶否。

附　聖惠方

【欽定古今圖書集成醫部全錄】卷五百十醫術名流列傳四　陳仕良,按《錢塘縣志》:唐乾寧時有陳仕良者,以醫名於時,詔修《聖惠方》,官藥局奉御。

一百零二、普濟方

【崇文總目輯釋】卷三　《普濟方》五卷,王守愚撰。

【通志藝文略】方書　《普濟方》五卷,宋朝王守愚撰。

【宋史藝文志】醫書類　《普濟方》五卷

【絳雲樓書目】卷三　《普濟方》五卷,王守愚。

一百零三、雜藥方

【崇文總目輯釋】卷三　《雜藥方》一卷

一百零四、崔氏應驗方

【崇文總目輯釋】卷三　《崔氏應驗方》三卷

【宋史藝文志】醫書類　《應驗方》三卷

一百零五、塞上方

【崇文總目輯釋】卷三　《塞上方》三卷

【證類本草所出經史方書】　《塞上方》

【通志藝文略】方書　《塞上方》三卷
【宋史藝文志】醫書　《塞上方》三卷
【本草綱目】引據書目　《塞上方》

一百零六、備急方

【崇文總目輯釋】卷三　《備急方》一卷。《通志略》同

一百零七、刪繁要略方

【崇文總目輯釋】卷三　《刪繁要略方》一卷。《通志略》、《宋志》并同。

一百零八、備急簡要方

【崇文總目輯釋】卷三　《備急簡(急)[要]方》一卷
【宋史藝文志】醫書類　《備急簡要方》一卷

一百零九、病源丸經

【崇文總目輯釋】卷三　《病源丸經》一卷
【通志藝文略】病源　《病源(兆)[丸]經》一卷
【宋史藝文志】醫書　《(醫)[病]源(兆)[丸]經》一卷

一百十、醫明要略

【崇文總目輯釋】卷三　《醫明要略》一卷。《通志略》、《宋志》并同。

一百十一、耆婆八十四問

【崇文總目輯釋】卷三　《耆(婁)[婆]八十四問》一卷
【通志藝文略】病源　《耆婆八十四問》一卷
【宋史藝文志】醫書　《耆婆(六)[八]十四問》一卷

一百十二、耆婆要用法

【宋史藝文志】醫書類　《耆婆要用(方)[法]》一卷

一百十三、問答病狀

【崇文總目輯釋】卷三　《問答病狀》一卷

【通志藝文略】病源　《問答(疾)[病]狀》一卷

【宋史藝文志】醫書　《黄帝問答(疾)[病]狀》一卷

一百十四、問病録

【崇文總目輯釋】卷三　《問病録》一卷

一百十五、百一問答方

【崇文總目輯釋】卷三　《百一問答方》三卷，蕭存禮撰。《通志略》同

【宋史藝文志】醫書類　《蕭存禮百一問答方》三卷

一百十六、萬全方

【崇文總目輯釋】卷三　《萬全方》三卷

【通志藝文略】方書　《萬全方》三卷，安堰撰。

【宋史藝文志】醫書類　安文恢《萬全一作金方》三卷

【攝壤集】下醫書　《萬金方》

一百十七、集諸纂驗方

【崇文總目輯釋】卷三　《集諸纂驗方》一卷

【通志藝文略】方書　《(諸集)[集諸]纂驗方》一卷

【宋史藝文志】醫書　《纂驗方》一卷

一百十八、録驗備急諸方

【崇文總目輯釋】卷三《録驗備急諸方》一卷

一百十九、走馬備要方

【崇文總目輯釋】卷三　《走馬備要方》一卷，段詠撰。

【通志藝文略】方書　《走馬備要方》一卷，段詠撰。

【宋史藝文志】醫書　(叚)[段]詠一作泳《走馬備急方》一卷

一百二十、巾箱集

【崇文總目輯釋】卷三　《巾箱集》一卷。《通志略》同

一百二十一、王氏秘方

【崇文總目輯釋】卷三　《王氏秘方》五卷。《通志略》同

一百二十二、王趙選秘方

【通志藝文略】方書　《王趙選秘方》一卷
【秘書省續編到四庫闕書目】卷二　《王趙(撰)[選]秘方》一卷
【宋史藝文志】醫書類　《王趙選秘方》(二)[一]卷

一百二十三、集妙方

【崇文總目輯釋】卷三　《集妙方》三卷
【通志藝文略】方書　《集妙方》三卷,沈承撰。
【宋史藝文志】醫書　沈承澤《集妙方》三卷

一百二十四、水氣論

【崇文總目輯釋】卷三　《水氣論》三卷
【通志藝文略】雜病　《水氣論》三卷,蘭宗簡撰。
【宋史藝文志】醫書　蕭一作蘭宗簡《水氣論》三卷

一百二十五、西京巢家水氣論

【崇文總目輯釋】卷三　《西京巢家水氣論》一卷。《通志略》同
【宋史藝文志】醫書類　《西京巢氏水氣論》一卷

一百二十六、風疾論

【崇文總目輯釋】卷三　《風疾論》一卷,先元朴撰。《通志略》同
【宋史藝文志】醫書　《風疾論》一卷

一百二十七、風論仙兆經

【崇文總目輯釋】卷三　《風論仙兆經》二卷。吳希言撰。原釋:闕。見天一閣

抄本。侗按,《通志略》"仙兆"作"山兆"。《宋志》作《風論仙兆經》注云:"兆"一作"眺"。考後"醫書類五"有《山眺鍼灸經》,不作"仙眺",則此"仙"字,及《宋志》,疑并傳寫之誤。

【通志藝文略】雜病　《風論(山)[仙]兆經》二卷,吳希言撰。

【宋史藝文志】醫書　吳希言《風論山兆一作眺經》一卷

一百二十八、醫門括源方

【通志藝文略】病源　《醫門括源方》一卷,吳希言撰。

【宋史藝文志】醫書　吳希言《醫門括源方》一卷

一百二十九、青烏子風論

【崇文總目輯釋】卷三　《青烏子風論》一卷

【通志藝文略】雜病　《青烏子風論》一卷

【宋史藝文志】醫書　《青烏子風(經)[論]》一卷。《青烏子論》一卷。

注:按《宋志》又有《青烏子脈訣》,今錄在"脈經"條下。

一百三十、論三十六種風

【崇文總目輯釋】卷三　《論三十六種風》一卷,楊天業撰。

【通志藝文略】雜病　《論三十六種風》一卷,楊天業撰。

【宋史藝文志】醫書　楊(太)[天]業《三十六種風論》一卷

一百三十一、生風論

【通志藝文略】雜病　《生風論》一卷

【秘書省續編到四庫闕書目】卷二　《生風論》一卷。闕。

一百三十二、五癆論

【崇文總目輯釋】卷三　《五癆論》一卷

【通志藝文略】雜病　《五勞論》一卷。《宋志》同

一百三十三、治勞神秘方

【通志藝文略】《治勞神秘方》二卷

一百三十四、療黄經

【崇文總目輯釋】卷三　《療黄經》三卷。《通志略》同

一百三十五、療黄歌

【崇文總目輯釋】卷三　《療黄歌》一卷,蔣淮撰。
【宋史藝文志】醫書　《蔣淮療黄歌》一卷

一百三十六、扁鵲療黄經

【通志藝文略】雜病　《扁鵲療黄經》一卷。《宋志》作三卷。

一百三十七、療黄經歌

【通志藝文略】雜病　《療黄經歌》一卷

一百三十八、張仲景療黄經

【宋史藝文志】醫方類　《張仲景療黄經》一卷

一百三十九、草木諸藥單方

【崇文總目輯釋】卷三　《草木諸藥單方》一卷
【通志藝文略】單方　《草木諸藥單方》一卷,張秀言撰。
【宋史藝文志】醫書　《(章)[張]秀言草木諸藥單方》一卷

一百四十、奏聞單方

【崇文總目輯釋】卷三　《奏聞單方》一卷。《宋志》同
【通志藝文略】單方　《(秦)[奏]聞單方》(三)[一]卷

一百四十一、單方

【崇文總目輯釋】卷三　《單方》一卷。《通志略》同。注云《崇文總目》。

一百四十二、新集方

【崇文總目輯釋】卷三　《新集方》二卷,王朝昌撰。

【宋史藝文志】醫書　《王朝昌新集方》(一)[二]卷

一百四十三、李八百方

【崇文總目輯釋】卷三　《李八百方》一卷
【秘書省續編到四庫闕書目】卷二　《李八百方》一卷。闕。
【宋史藝文志】醫書　《李八百方》一卷

一百四十四、通元秘録

【崇文總目輯釋】卷三　《通元秘録》三卷

一百四十五、元明粉方

【崇文總目輯釋】卷三　《元明粉方》一卷
【宋史藝文志】醫書　《玄明粉方》一卷
【本草綱目】引據書目　《玄明粉方》一卷

一百四十六、意醫紀歷

【崇文總目輯釋】卷三　《意醫紀歷》一卷
【通志藝文略】病源　《意醫紀歷》一卷,僞蜀吳羣撰。
【宋史藝文志】醫書　《吳羣醫意紀歷》一卷

一百四十七、靈方志

【崇文總目輯釋】卷三　《靈方志》一卷,孔周南撰。
【通志藝文略】方書　《靈方志》一卷,孔周南述。
【宋史藝文志】醫書　《孔周南靈方志》一卷

一百四十八、還元丹方

【崇文總目輯釋】卷三醫書　《還元丹方》一卷

一百四十九、返魂丹方

【崇文總目輯釋】卷三醫書　《返魂丹方》一卷
【宋史藝文志】醫書類　《反魂丹方》一卷

一百五十、服雲母訣

【崇文總目輯釋】醫書　《服雲母訣》一卷。原釋:闕。見天一閣抄本。侗按,舊本"雲"字闕,今校補。《宋志》作《服雲母粉訣》,不著撰人。

【宋史藝文志】醫書類　《服雲母粉訣》一卷

附　平昌丸方面口雜藥方

【日本國見在書目錄】醫方家　《平昌丸方面口雜藥方》

附　雜單藥方

【日本國見在書目錄】醫方家　《雜單藥方》

附　要方

【日本國見在書目錄】醫方家　《要方》十二

附　集驗方方決

【日本國見在書目錄】醫方家　《集驗方方決》一

附　鑒上人秘方

【日本國見在書目錄】醫方家　《鑒上人秘方》一

附　張家方

【日本國見在書目錄】醫方家　《張家方》一

附　榐要方

【日本國見在書目錄】醫方家　《(榐)[拯]要方》十

【和名抄引用漢籍】醫方家　《(極)[拯]要方》十卷。著者未詳引用一回。

附　新修諸要大清秘方

【日本國見在書目錄】醫方家　《新修諸要大清秘方》十二。《新修大清秘經方》十二。

附　惟方

【日本國見在書目錄】醫方家　《惟方》四

附　大清治方

【日本國見在書目錄】醫方家　《大清治方》八

附　朱沙丸方

【日本國見在書目錄】醫方家　《朱沙丸方》一

附　腎氣丸方

【日本國見在書目錄】醫方家　《腎氣丸方》一

附　雜療

【日本國見在書目錄】醫方家　《雜療》一

附　生髮膏方

【日本國見在書目錄】醫方家　《生髮膏方》一

附　苟杞乾煎方

【日本國見在書目錄】醫方家　《苟杞乾煎方》一

附　耆婆伏苓散方

【日本國見在書目錄】醫方家　《耆婆伏苓散方》一

附　練皮煎

【日本國見在書目錄】醫方家　《練皮煎》一

附　醫家雜書

【日本國見在書目錄】醫方家　《醫家雜書》十九

附　軒轅皇帝錄集

【日本國見在書目錄】醫方家　《軒轅皇帝錄集》十二

注:按《日本見在書目·醫方家》所錄尚有《赤松子試》一,《鬼名》一,《八史神圖》等,今并省之。

附　諸家方

【和名抄引用漢籍】醫方家　《諸家方》。引用五回。

附　獨活酒方

【和名抄引用漢籍】醫方家　《獨活酒方》。引用一回。

附　新錄方

【和名抄引用漢籍】醫方家　《新錄方》。引用一回。

第十一類　諸家方論(北宋)

一、太平聖惠方

(一)出典

【崇文總目輯釋】卷三醫書　《太平聖惠方》一百卷,王懷(德)[隱]等撰。

【證類本草所出經史方書】　《聖惠方》

【幼幼新書】卷四十近世方書　《聖惠方》。國朝太宗皇帝,太平興國中編。

【通志藝文略】方書　《太平聖惠方》一百卷,宋朝王懷隱等奉詔撰。

【中興館閣書目輯考】卷四　《太平聖惠方》一百卷。原釋:首卷。興國中王懷隱等承詔撰。《玉海》六十三。按《宋志》"懷(德)[隱]撰"。《書錄解題》云,太平興國七年編,淳化三年成。《秘書省闕書目》作十卷。

【秘書省續編到四庫闕書目】卷二　《太平聖惠單方》十卷。闕。輝按,《宋志》、《崇文目》、《晁志》、《陳錄》"一百卷",《遂初目》無卷數。

【遂初堂書目】醫書　《太平聖惠方》

【宋史藝文志】醫書　王懷(德)[隱]《太平聖惠方》一百卷

【撮壤集】下醫書　《聖惠方》

注,按《證類本草》所引有"聖惠方"一百九十五條。

注,王懷隱傳,《宋史》卷四百六十一本傳云:王懷隱,宋州睢陽人。初爲道士,住京城建隆觀,善醫診。太宗尹京,懷隱以湯劑祗事。太平興國初,詔歸俗,命爲尚藥奉御,三遷至翰林醫官使。三年,吴越遣子惟濬入朝,惟濬被疾,詔懷隱視之。初,太宗在藩邸,暇日多留意醫術,藏名方千餘種,皆嘗有驗者。至是,詔翰林醫官院各具家傳經驗方以獻,又萬餘首,命懷隱與副使王祐、鄭奇、醫官陳昭遇參對編類。每部以隋太醫令巢元方《病源候論》冠其首,而方藥次之,成一百卷。太宗御製序,賜名曰《太平聖惠方》,仍令鏤板頒行天下,諸州各置醫博士掌之。懷隱後數年卒。按《圖書集成》引《河南通志》載懷隱傳,與此殆無異。

注,陳昭遇傳,《宋史·王懷隱傳》云,昭遇,本嶺南人。醫術尤精驗。初爲醫官,領溫水主簿,後加光祿寺丞,賜紫金。

《圖書集成·醫部全錄·醫術名流列傳四》云:陳昭遇。按《廣東通志》,陳昭遇,南海人。世爲名醫。開寶初,至京師,爲所知者薦爲醫官,遂留家開封。初爲醫官,領溫水主簿,後加光祿寺丞,賜紫金。初,太宗在藩邸(中略。與《宋史·王懷隱傳》所記略同)。名曰《太平聖惠方》,鏤板頒行天下。又嘗被召與醫官劉翰、道士馬志等,詳定《本草》。既成書,新舊藥凡九百八十三種,併目錄二十一卷,上之。昭遇於藥術無所不究,著述精博可傳。往來公卿家,診脈對證,多奇驗。性謙慎,以此被寵眷不衰。

(二)考證

【直齋書錄解題】卷十三 《太平聖惠方》一百卷。太平興國七年,詔醫官使尚藥奉御王懷隱等編集,御製序文,淳化三年書成。

【郡齋讀書後志】卷二 《太平聖惠方》一百卷。右太宗皇帝在潛邸日,多蓄名方異術。太平興國中,内出親驗者千餘首,乃詔醫局,各上家傳方書,命王懷隱、王祐、鄭(彥)[奇]、陳昭遇,校正編類,各於篇首著其疾證。淳化初書成,御製序引。

【文獻通考】經籍考 《太平聖惠方》一百卷。以下引《讀書後志》。

【玉海】卷六十三 《太平聖惠方》,太宗留意醫術,自潛邸得妙方千餘首。太平興國三年,詔醫官院獻經驗方,合萬餘首,集爲《太平聖惠方》百卷,凡千六百七十門,萬六千八百三十四首,并序論、總目錄。每部以隋巢元方《病源候論》冠其首,凡諸論證、品藥功效悉載之。目錄一卷。御製序。淳化三年二月癸未,賜宰相李昉,參政黄中沆,樞臣仲舒準。内出五部賜。五月乙亥,頒天下,諸州置醫博士掌之。書目首卷"興國中王懷隱等承詔撰,慶曆四年正月賜德順軍"。

【古今醫統大全】卷一採摭諸書 《太平聖惠方》一百卷。宋太宗在潛邸日,多蓄名方異術。太平興國,内出親驗方千餘首,詔醫局各上家傳方,彙集成書,自制序,名《太平聖惠方》。

(三)序跋

太宗御製序

朕聞皇王治世,撫念爲本,法天地之覆載,同日月以照臨。行道德而和慘舒,順寒暄而知盈縮。上從天意,下契羣情,同憚焦勞,以從人欲,乃朕之願也。且夫人稟五常,藥治百病,能知疾之可否,究藥之徵應者,則世之良醫也。至如風雨有不節之勞,喜怒致非理之患,疾由斯作,蓋自物情。苟非窮達其源,窺測其奥,徒煩服食,以養於壽命,消息可保於長生矣。自古同今,多乖攝治。疾之間起,積之於微,勢兆已形,求諸服餌,方既弗善,藥何救焉。《書》曰"藥不瞑眩,厥疾弗瘳",誠哉是言也。且如人安之道,經絡如泉,或馳騁性情,乖類形體,莫知傷敗,致損壽齡,蓋由血脈榮枯,肌膚盛弱,貪其嗜欲,不利機關。及至虛羸,不防他故,四時逆順,六氣交爭。賢者自知,愚者未達。是以聖人廣慈仁義,博愛源深。故黄帝盡岐伯之談,虢君信越人之術。揆度者明於切脈,指歸者探於幽玄。論之則五音自和,聽之則八風應律,譬如影響,無不相從。求妙删繁,備諸方冊。討尋精要,演說無所不周;詮括簡編,探賾悉聞盡善。莫不考秘密,搜隱微,大矣哉,爲學乃至於此耶。則知天不愛其道,而道處其中;地不愛其寶,而寶含其内。夫醫者意也,疾生於内,藥調於外。醫明其理,藥效如神,觸類而生,參詳變易,精微之道,用意消停。執見庸醫,證候難曉。朕昔自潛邸,求集名方,異術玄鍼,皆得其要,兼收得妙方千餘首,無非親驗,并有準繩,貴在救民,去除疾苦。并徧於翰林醫官院,各取到經手家傳應效藥方,合萬餘道。令尚藥奉御王懷隱等四人,較勘編類。凡諸論證,並該其中,品藥功效,悉載其內。凡候疾之深淺,先辨虛實,次察表裏,然(可)[後]依方用藥,則無不愈也。庶使天高地厚,明王道之化成;春往秋來,布羣黎之大惠。昔炎帝神農氏長於姜水,始教民播種,以省煞生,嘗味草木,區別藥性,救夭傷之命,延老病之生,黔首日用而不知,聖人之至德也。夫醫道之難,昔賢猶病,設使誦而不能解,解而未能別,別而未能明,明而未能盡,窮此之道者,其精勤明智之士歟。朕尊居億兆之上,常以百姓爲心,念五氣之或乖,恐一物所失,不盡生理,朕甚憫焉。所以親閱方書,俾令撰集,冀溥天之下,各保遐年,同我生民,躋於壽域。今編勒成一百卷,命曰《太平聖惠方》,仍令雕刻印版,徧施華夷。凡爾生靈,宜知朕意。《醫籍考》

注,按《右文故事》所引多紀元悳跋云:永正年寫本,卷末載紹興十七年劄子及諸臣署銜云云。今所謂"紹興劄子",《經籍訪古志》載之,後見宋刊本條下。

(四)刊本及鈔本

1.宋刊本

【玉海】卷六十三太平聖惠方　淳化三年二月癸未,賜宰相李昉、參政黃中沆、樞臣仲舒準。五月己亥,頒天下。

【愛日精廬藏書志】卷二十二　《太平聖惠方》,殘本三卷。宋刊本。宋王懷隱等奉敕撰。原本一百卷,今存眼、齒兩類三卷。卷數經書賈刻改,妄填一、二等字,原書卷第不可考矣。下引《郡齋》、《直齋》二家,今略。

【四庫書目邵注】卷十　《太平聖惠方》殘本三卷。張《目》有宋刊本。

【右文故事】卷四·御本日記續錄。駿府御文庫本　《太平聖惠方》四十六冊。此書本爲駿府御文庫本,而神君所賜於尾張家者。今存於御庫者,即爲寬政壬子命多紀元悳鈔寫其本者。元悳記於其末云。以上原日文。尾本有二樣。其一宋版,見存五十卷,每卷末有"金澤文庫"印記,北條越後守之舊物也。餘卷皆後人所補抄,裝爲五十一冊。逐卷首頁格頂,鈐識"御本"二字朱印文,乃東照宮所賜也。其一爲永正年寫本,卷末載紹興十七年劄子及諸臣署銜。又有本朝人題跋云:以半井殿宗鑑家本寫之。賴量。昔永正十三年五月六日,施藥院使。下有押字。考諸家系譜及元德家乘,宗鑑者,爲和氣明重剃髮所號也。賴量,則元德十三世祖,嘗爲左京大夫施藥院使。二本皆文字妍好,(詢)[洵]絕世之奇袠也。細字注文。多紀元簡聿修堂貯藏《太平聖惠方》零本二冊,有"金澤文庫"墨印。十三行,二十五字。紙墨潔淨,其字爲所謂歐法,而即爲嚴然北宋版。疑即金澤本未入駿府御庫以前所散失者。又按《脈經》末載紹聖三年牒狀,云"本監先准朝旨,開雕小字《聖惠方》等共五部出賣"。是以知宋時有大字小字二版。原日文。

【經籍訪古志】卷八　《大宋新修太平聖惠方》一百卷,目錄一卷。宋槧本,有缺補抄，尾張藩藏。每半頁高七寸五分，幅五寸，十三行，行二十五六字。第一百卷末云"福建路轉運司今將國子監《太平聖惠方》一部一百卷，二十六冊，計三千五百三十九板，對證内有用藥分兩及脱漏差誤共一萬餘字，各已修改開板，並無訛舛，於本司公使庫印行，紹興十七年四月日"。次有邵大寧、宋藻、陳日華"日華"當作"暈"。黄訒、范寅秩、馬[純]官銜六行。

按，此爲南宋槧本，每卷末有"金澤文庫"印。密行細字，字畫遒勁，殆逼汴京物。其所存凡五十卷。係第五、第六、第七、第八、第九、第十、第十七、第十八、第廿五、第廿六、第廿九、第三十、第三十三、第三十四、第四十五、第四十六、第四十九、第五十、第五十一、第五十二、第五十三、第五十四、第五十五、第五十六、第五十九、第六十、第六十一、第六十二、第六十三、第六十四、第六十九、第七十、第七十五、第七十六、第七十七、第七十八、第七十九、第八十、第八十一、第八十二、第八十三、第八十四、第八十七、第八十八、第九十一、第九十二、第九十五、第九十六、第九十九、第一百，計五十卷。其餘五十卷及目錄，字行全同，蓋據宋本補足者。逐卷首頁格頂。鈐"御本"二字朱印，乃駿府秘府舊本也。寬政甲寅，大朝借之尾藩，使於醫庠影模一本，以儲之延閣。噫，是書誠爲經方之淵藪，彼土則明以來失其傳，而特巍存於皇國。世間有鈔本，然譌脱不尠。今此本既幸蒙烈祖之寶愛，遇恭廟好生之深心，遂能發幽光以濟斯民之夭札，其深仁厚澤，豈可不感仰耶。聿修堂藏有宋本五卷，係第七十三，第七十四，第七十九，第八十，第八十一卷。亦有"金澤文庫"印，蓋蚤經紛散者也。崇蘭館藏殘本五卷，亦有"金澤文庫"印，卷數有與尾藩本複者，蓋文庫所儲不止一部也。《醫方類聚》所引，亦同宋本，可據以校鈔卷。又《愛日精廬藏書志》載零本眼、齒兩類三卷，而他書目未見著録者，知其全帙固已佚於彼也。尾州《聖惠方》宋本百一冊，板本，五、六、七、八、九、十、十七八、廿五六、廿九、三十、卅三四、四十五六、四十九、五十、五十一二、五十三四、五十五六、五十九、六十、六十一二、六十三四、六十九、七十、七十五六、七十七八、七十九、八十、八十一二、八十三四、八十七八、九十一二、九十五六、九十九、百，以上廿五本。寫本，一、二、三、四、十一二、十三四、十五六、十九、廿、廿一二、廿三四、廿七八、卅一二、卅五六、卅七八、卅九、四十、四十一二、四十三四、四十七八、五十七八、六十五六、六十七八、七十一二、七十三四、八十五六、八十九、九十、九十三四、九十七八、以上廿五本，外有序目一卷，通計百一冊。

【宋元本行格表】卷下十三行　《宋紹興本大宋新修太平聖惠方》百卷，目錄一卷。行廿五六字。《訪古志》、《留真譜》同。

【尾州家駿河御讓本書目并附注】　《聖惠方》五十一冊，□北宋版。金澤文庫舊藏。補鈔也。《日本書誌學研究》六百六十九頁。

2. 鈔本

【鐵琴銅劍樓藏書目】　《太平聖惠方》三卷。鈔殘本。宋王懷隱，鄭（彦）[奇]等奉詔編校。原書一百卷，全本久佚。此黄丈琴六從宋槧殘本寫出，僅存眼、齒二門，可謂吉光片羽矣。書中"丸"字俱作"圓"，宋諱"桓"字嫌名也。

【經籍訪古志】卷八　大宋新修太平聖惠方　又永正中舊鈔本，尾張藩藏。第二卷末題云：以半井殿宗鑑家本書寫訖。賴量。永正十一年三月日寫之。施藥院使。下有押字。他卷亦有跋，或云"大僧都"，押字。或云"永正十三年五月典藥頭"。押字。

按，此就宋本改其行款，而藥品修製，概加節略者。然首尾完全，亦爲希世之珍。藍溪先生既上進影宋本，更謄録此本以傳於家，且跋曰：考半井宗鑑，爲和氣明重剃髮後號。賴量，其十三世祖，“其”字《右文故事》作“元悳”二字，當爲是。嘗爲左京大夫施藥院使。亦題治部卿、大僧都者，其剃髮後所稱歟。

【聿修堂藏書目録】《大宋新修聖惠方》十八卷，九十一冊。抄，永正寫本。宋王懷隱等撰。

【元治增補御書籍目録】《太平聖惠方》百卷，宋板影鈔。五十一冊，宋王懷隱等編。

【東京帝室博物館漢書目録】《聖惠方》，宋王懷隱等奉敕撰，永正十一年寫之，典藥頭花印。寫。五十一冊，和本。

【帝室和漢圖書目録】《太平聖惠方》，宋王隱等。寫。一百卷，五十一冊。

【内閣文庫圖書第二部漢書目録】《太平聖惠方》百卷，目一卷，宋王懷隱等。日本寫本。五十一冊。

【日本訪書志】卷十　《太平聖惠方》一百卷，目録一卷。舊鈔本。宋王懷隱等奉敕撰。按《宋史·懷隱傳》，宋州睢陽人。以下引文略之。《玉海》稱此書自太平興國三年陳振孫云“七年”。詔撰集，至淳化三年始成。按森立之《訪古志》稱，尾張藩庫藏宋本原刊，存五十卷，以宋本補鈔。每半葉高六寸五分，廣五寸，十三行，行二十五六字。此本行款，悉與之合。每首中縫下書“相州或作“陽”、或作“之”。圓覺寺或無“寺”字。第二位周音或有“首座”二字。書寫，蓋僧徒之筆，無鈔寫年月。相其紙質筆蹟，當在數百年以前，書法亦簡勁峭直。據自稱“首座”，必非俗僧，惜當時在日本未曾訪之緇流也。第二卷末有“上總國市原郡海保村中道長津神護”押，則藏書人之記也。每卷又有“啟迪院”綠印記。按日本有翠竹菴一溪叟道三，撰《啟迪集》醫書八卷，自序稱天正甲戌，當中國明萬曆二年。是書當經其所藏歟。《訪古志》又云：宋本有“福建路轉運司今將國子監《太平聖惠方》一百卷二十六冊，計三千五百三十九板，對證内有用藥分兩及脱漏差誤，爽有萬餘字，各已修改開板，並無訛舛，於本司公庫印行。紹興十七年四月”。次有邵盜、宋藻、陳暈、黄訒、范寅秩、馬[純]官銜六行。此本無之。按此書第九十九、第一百兩卷爲“鍼經”，鈔手雖古，稍嫌草率，亦無“啟迪院”印記。其中本有圖像，皆空位未摹，當是周音鈔本缺末二卷，後人又再爲補鈔也。此書自《書録解題》著録後，遂不著於世，唯《愛日精廬藏書志》載有眼、齒兩類三卷，此本眼、齒兩類在第三十二、三十三、三十四。其他無聞焉。此本首尾完具，真希秘笈，計其所采方書，增於《外臺秘要》數倍。唯每方不著所出原書，不如《外臺》之例之善。然是書經諸名醫編類，首尾十三年，頒諸天下，以之課士，知其非苟而已也。

【觀海堂書目】動字號　《太平聖惠方》五十本，百卷。古鈔本。

【故宫博物院書目】《太平聖惠方》，宋王懷隱等奉敕撰。一百卷，五十冊。日抄本。

【善本書室藏書志】卷十六　《大宋新修太平聖惠方》一百卷，目録二卷。依宋抄本。右大宋太宗文皇帝《太平聖惠方》。太平興國三年，内出親驗名方千餘首，更詔醫局各上家傳方書，命王懷隱、王祐、鄭(彦)[奇]、陳昭遇，較勘編類。淳化三年二月癸未書成,御製序引。凡爲類六百七十門,方六千八百有四首,疾證(緒)[諸]論,品藥功效,皆備載在内。末有"福建路轉運司將國子監《太平聖惠方》一部,一百卷二十六册,計三千五百三十九板,對證内有用藥分兩及脱漏差誤,共一萬餘字,各已修改開板,並無訛舛,於本司公使庫印行,紹興十七年四月"。次有邵大寧、宋藻、陳曄、黄訒、范寅秩、馬[純]官銜六行。每半葉十三行,行二十五六字。《東瀛經籍訪古志》,宋槧凡五十卷,藏金澤文庫,其餘五十卷,亦據宋本補足。此彼國從而影鈔,行款悉依原式。天明元年彼土别有刊本。今録各序於後,以備參考。

注,按《太平聖惠方》,除宋本之外,未聞有刊之者,而唯《丁丙氏善本書室志》云"天明元年彼土别有刊本",未知其所據矣。

【八千卷樓書目】卷十 《太平聖惠方》一百卷。宋王懷隱等奉敕編。日本影宋抄本。

【江蘇第一圖書館覆校善本書目】 《大宋新修太平聖惠方》百卷,目録二卷。宋太宗文皇帝王懷隱等校勘編類。日本依宋鈔本,有缺葉。卷九十七、九十八及末册序、識、凡例等鈔配。紙色、墨色俱新,又無朱筆點評。五十册。

【江蘇省立國學圖書館圖書總目】 《大宋新修太平聖惠方》一百卷,目録一卷,五十册。宋王懷隱等奉敕編。日本依宋鈔本。善甲五二。

【二續中國醫學書目】 《太平聖惠方》三十四卷。自卷六十七至一百。十七册。十四行,二十四字。無框,横二十·三釐,縱二十八·八釐。宋王懷隱等奉敕撰。日本古鈔本。卷一百末題云"福建路轉運司今將國子監太平聖惠方一部,一百卷二十六册,計三千五百三十九板,對證内有用藥分兩及脱漏差誤,共有一萬餘字,各已修改開板,并無訛舛,於本司公使庫印行,紹興十七年四月日"。

右從政郎充福建路轉運司主管帳司　邵大寧

右從事郎添差充福建路轉運司幹辨公事　宋藻

右文林郎充福建路轉運司幹辨公事　陳曄

右宣教郎充福建路轉運司主管文字　黄訒

右朝散郎權福建路轉運判官　范寅秩

右中大夫直秘閣福建路計度轉運副使兼提舉學事　馬純

3.未詳本

【本草綱目】【世善堂藏書目録】【汲古閣毛氏藏書目】以上明　【醫方類聚引用書】【東醫寶鑑】以上朝鮮

二、聖惠選方

【通志藝文略】方書　《聖惠選方》六十卷

【福建藝文志】卷四十六　《删定太平聖惠方》一百卷,閩縣何希彭著。蔡襄序云:太宗皇帝敕國醫詮次《太平聖惠方》,詔頒州郡。郡人何希彭者,通方伎之學,凡《聖惠方》有異域瓌怪難致之物，若食金石草木得不死之篇，一皆(置)[致]之。酌其便於民用者，得方六千九十六。

序跋

蔡襄後序

生者天地之德，成者聖人之業。運化流物，隨之不遺，生之理至矣；推本興治，安而有倫，成之之道著矣。是故作天下之美利者，其聖人之事乎。傳稱神農味百草，(皇)[黃]帝錄《內經》，以除民疾，其術能死者生而夭者壽。以言乎功，雖大禹之疏洚水，驅龍蛇；湯武之用金革，戡禍亂，特救患於一時，孰與無窮之賴乎。故曰：作天下之美利者，皆聖人之事也。宋當天命，出九州之人於火鼎之中，吹之濯之。太宗皇帝平一宇內，極所覆之廣，又時其氣息而大蘇之。乃設官賞金繒之利，購集古今名方，與藥石診視之法，國醫詮次，類分百卷，號曰《太平聖惠方》。詔頒州郡，傳於吏民。然州郡承之，大率嚴管鑰、謹曝涼而已，吏民莫得與其利焉。閩俗左醫右巫，疾家依巫作祟，而過醫之門十纔二三，故醫之傳益少。余治州之明年，議錄舊所賜書，以示於衆。郡人何希彭者，通方伎之學，凡《聖惠方》有異域瓌奇、怪誕難致之物，及金石草木得不死之篇，一皆致之。酌其便於民用者，得方六千九十六。希彭謹舊注，今上御名。自守，爲鄉里所信，因取其本，謄載於版，列牙門之左右，所以導聖主無窮之澤淪究於下。又曉人以依巫之謬，使之歸經常之道，亦刺史之要職也。慶曆六年十二月八日，右正言直史館知軍州事蔡某序。《文集》。《醫籍考》

注，按近藤正齋《右文故事》卷四亦引蔡序，而與《醫籍考》所引稍異，乃附於左矣。

又《通志藝文略》載何希彭《聖惠選方》六十卷。按，宋蔡襄《別記》引《三山舊志》而云，慶曆六年十二月，公知福州事，作《太平聖惠方後序》，親書於碑。其略曰，太平皇帝一平海內，集古今名方與藥石診視之法，敕國醫詮次之，類分百卷，號《太平聖惠方》，詔頒州郡，承之大率嚴管鑰、謹曝涼而已，吏民莫得與利焉。閩俗(右)[左]醫(左)[右]巫，疾家依巫索祟，而過醫門者十纔二三，故醫之傳益少。余治州之明年，議錄舊所賜書，以示於衆。郡人何希彭者，通方伎之學，凡《聖惠方》有異域瓌怪難致之物，若食金石草木得不死之篇，一皆(置)[致]之。酌其便於民用者，得方六千九十六。希彭謹愿自守，爲鄉閭所信，因取其本，謄載於版，列於牙門之左右，所以(尊)[導]聖主無窮之澤。又曉人以巫覡之謬，使之歸經常之道，名刺史之職也。其碑時在府宅堂之右，希彭家太平公輔坊，有寶墨軒藏蔡公真蹟。

三、太平聖惠單方

【通志藝文略】單方　《太平聖惠單方》十五卷

【秘書省續編到四庫闕書目】卷二　《太平聖惠單方》十卷。闕。輝按，《宋志》、《崇文目》、《晁志》、《陳錄》"一百卷"，《遂初目》無卷數。

四、聖惠經用方

【通志藝文略】方書　《聖惠經用方》一卷

【秘書省續編到四庫闕書目】卷二　《聖惠經用方》一卷

五、神醫普救方

【崇文總目輯釋】卷三　《神醫普救》一千卷，賈黄中等撰。

【通志藝文略】方書　《神醫普救方》一千卷。宋朝翰林學士賈黄中等撰。

【秘書省續編到四庫闕書目】史類目錄　《神醫普救集目》十卷。闕。

【玉海】卷六十三　《雍熙神醫普效方》。太平興國六年十月丙戌，詔賈黄中等於崇文院編錄醫書。雍熙三年十月，纂成千卷，目錄十卷，名《神醫普效方》，御製序。長編四年上。

【宋史】卷二百六十五李昉傳附宗訥傳　太平興國初，詔賈黄中集《神醫普救方》，宗訥暨劉錫、吴淑、吕文仲、杜鎬、舒雅皆預焉。《藝文志》醫書：賈黄中《神醫普救方》一千卷，目十卷。

注，賈黄中傳，《宋史》卷二百六十五傳略云，賈黄中字娲民，滄州南皮人。唐相耽四世孫。父玭，字仲寶，晉天福三年進士解褐。宋初爲刑部郎中，終水部員外郎、知浚義縣，年七十卒。黄中幼聰悟，方五歲，玭每旦令正立，展書卷比之，謂之"等身書"，課其誦讀。六歲舉童子科，七歲能屬文，觸類賦詠。父嘗令蔬食，曰：俟業成，乃得肉食。十五舉進士，授校書郎、集賢校理，遷著作佐郎，直史館。建隆三年，遷左拾遺，歷左補闕。開寶八年，通判定州，判太常禮院。黄中多識典故，每詳定禮文，損益得中，號爲稱職。嶺南平，以黄中爲採訪使，廉直平恕，遠人便之。還奏利害數十事，皆稱旨。會克江表，選知宣州。太宗即位，遷禮部員外郎。太平興國二年，知昇州，五年召歸闕。有薦黄中文學高第，召試中書，拜駕部員外郎，知制誥。八年，與宋白吕、蒙正等同知貢舉，俄掌吏部選。端拱初，加中書舍人。二年，兼史館修撰。淳化二年秋，與李沆并拜給事中、參知政事。太宗召見其母王氏，命坐，謂曰"教子如是，真孟母矣"。作詩以賜之，頒賜甚厚。四年冬，與沆並罷守本官，明年，知襄州，上言母老乞留京，改知澶州。至道初，黄中遘疾，詔令歸闕。會建儲宫，擇大臣有德望者爲賓友，黄中在選中。以久疾，改命李至、李沆兼賓客，黄中亦特拜禮部侍郎，代至，兼秘書監。黄中素嗜文籍，既居内閣，甚以爲慰。二年，以疾卒，年五十六。其母尚無恙，卒如上言。贈禮部尚書。上聞其素貧，别賜錢三十萬。既葬，其母入謝，又賜白金三百兩。上謂之曰"勿以諸孫爲念，朕當不忘也"。黄中端謹，能守家法，廉白無私。多知臺閣故事，談論亹亹，聽者忘倦焉。在翰林日，太宗召見，訪以時政得失，黄中但言"臣職典書詔，思不出位，軍國政事，非臣所知"。上益重之，以爲謹厚。及知政事，卒無所建明，時論不之許。有《文集》三十卷。

六、陳堯叟集驗方

【玉海】卷六十三皇祐簡要濟衆方　天禧二年八月丁未，内出鄭景岫《四時攝生論》。陳堯叟所集方一卷，示輔臣，上作序，紀其事，命有司刊板，賜廣南官，仍分給天下。

【宋史】卷二百八十四陳堯叟傳　堯叟有《集驗方》，刻石柱州驛。

注，陳堯叟傳，《宋史》卷二百八十四《陳堯佐傳》附堯叟傳略云，堯叟字唐夫，解褐，光禄寺丞，直史館，與省華同日賜緋，遷秘書丞。久之，充三司河南東道判官。時宋、亳、陳、潁民饑，命堯叟及趙況等分振之。再遷工部員外郎、廣南西路轉運使。嶺南風俗，病者禱神不服藥。堯叟有《集驗方》，刻石柱州驛。又以地氣蒸暑，爲植樹鑿井，每三二十里置亭舍，具飲器，人免暍死。代還，加刑部員外郎，充度支判官。景德中，遷刑部、兵部二侍郎，與王欽若並知樞密院事。真宗朝陵，權東京留守。大中祥符初，東封，加尚書左丞。詔撰朝覲壇碑，進工部尚書，獻《封禪聖製頌》，帝作歌答之。進戶部尚書。五年，與欽若并以本官檢校太傅、同平章事，充樞密使，加檢校太尉。從幸太清宫，加開府儀同三司。未幾，與欽若罷守本官，仍領羣牧。明年，復與欽若以本官檢校太尉同平章事，充樞密使。堯叟素有足疾，屢請告。九年夏，帝臨問，勞賜加等。疾甚，表求避位，遣閤門使楊崇勳至第撫慰，以詢其意。堯叟詞志頗確，優拜右僕射、知河陽。肩輿入辭，至便坐，許三子扶掖升殿，賜詩爲餞，又賜仲子希古緋服。天禧初，病，亟召其子執筆，口占奏章，求還輦下。詔許之，肩輿至京師。卒年五十七。廢朝二日，贈侍中，謚曰文忠。

七、王氏博濟方

（一）出典

【證類本草所出經史方書】《王氏博濟》

【幼幼新書】卷四十近世方書　《博濟方》，太原王衮撰。

【通志藝文略】方書　《王氏博濟方》三卷，王衮撰。

【直齋書録解題】卷十三　《王氏博濟方》三卷。按《文獻通考》作"五卷"。太原王衮撰，慶曆七年序。

【郡齋讀書後志】卷二　《王氏博濟方》五卷。右皇朝太原王衮撰。慶曆間因官滑臺，暇日出家藏七十餘方，擇其善者爲此書。名醫云，其方用之無不效。如草還丹治大風，太乙丹治鬼胎，尤奇驗。

【文獻通志】經籍考　《王氏博濟方》五卷。下引《讀書後志》

【宋史藝文志】醫書類　王衮《王氏博濟方》三卷

（二）考證

【博濟方】王衮自序　衮綿侍家君之任滑臺，道次得疾，遇醫之庸者，不究其脈理，妄投湯劑，而疾竟不瘳。又母氏多病，積有年所，衮遂因公暇，潛心醫術，博采禁方，逾二十載矣。所得方論凡七千餘道，其中擇尤精要者，得五百餘首，目之曰《王氏博濟方》。

郎簡序　今春錢塘王君惠然見過，出方書三編示予，且曰：袞平素喜醫診，所摭精要方若干首，不敢自愛，欲刊摹以周四方，冀人人得遂其生。予樂聽所云，頓起夙昔之願，稱歎者久之。雅聞其人，好奇博涉之士也。因自錄素所奇異方，有驗於人者，得三十餘通，請附於類例之內，以助（求）[成]一家。

【四庫全書提要】《博濟方》五卷，宋王袞撰。袞，太原人。其仕履未詳，惟郎簡原序，稱其嘗爲錢塘酒官而已。此書諸家書目皆著於錄，惟《宋史藝文志》、陳振孫《書錄解題》俱作"三卷"，晁公武《讀書志》作"五卷"，稍有不同。蓋三、五字形相近，傳寫者有一訛也。公武又稱，袞於慶曆間因官滑臺，暇日出家藏七十餘方，擇其善者爲此書。名醫云，其方用之無不效。如草還丹治大風，太乙丹治鬼胎，尤奇驗。今按袞自序有云，繇侍家君之任滑臺，道次得疾，遇醫之庸者，妄投湯劑，疾竟不瘳。據此，則官滑臺者乃袞之父，而公武即以爲袞，殊爲失考。袞又言，博採禁方逾二十載，所得方論凡七千餘道，因於中擇尤精要者，得五百餘首。而公武乃云"家藏七十餘方"，則又傳寫之誤也。原書久無傳本，惟《永樂大典》內載有其文。裒輯編次，共得三百五十餘方，視袞序所稱五百餘首者，尚存十之七。謹分立三十五類，依次排比，從《讀書志》之目，釐爲五卷。其中方藥，多他書所未備，今雖不可盡施用，而當時實著有奇效，足爲醫家觸類旁通之助。惟頗好奇異，往往雜以方術家言。如論服杏仁，則云彭祖、夏姬、商山四皓煉杏仁爲丹，王子晉服四十年而騰空，丁令威服二十年而身飛。此類殊誕妄不足信。今故取服食諸法，編附卷末，以著其謬，俾讀者知所持擇焉。乾隆四十六年四月恭校上。

【鄭堂讀書記】《博濟方》五卷，墨海金壺本。宋王袞撰。袞，太原人。嘗爲錢塘酒官。《四庫全書》著錄，《讀書志》、《書錄解題》、《通考》、《宋志》俱載之。《宋志》上有"王氏"二字。惟陳氏及《宋志》俱作"三卷"，字之誤也。前有同時郎簡序，又有袞自序，稱繇侍家君之任滑臺引文中略，工於醫者，可消息而變用之云云。其書久佚，今館臣從《永樂大典》內裒輯編次，僅得三百五十餘方，分爲三十五類，並依晁、馬兩家之目，釐爲五卷。晁氏稱家藏七十餘方，馬氏所引亦同，蓋俱誤"千"爲"十"也。是本視原序所云，僅存十之六七，然後之醫者，能即此所存者也神而明之，未始不可博施而濟衆也。

【儀顧堂題跋】卷七　《博濟方》跋：《博濟方》五卷，宋太原王袞撰。原本久佚，此則館臣從《永樂大典》輯出者。案，袞熙寧中爲中書堂後官，編定命官四等過犯。元豐五年，爲大理寺少卿，見李燾《長編》二百六十三，百二十六。序爲郎簡作，則袞爲神宗時人無疑。著《婦人良方》之陳自明，乃南宋嘉熙中人。卷四"大琥珀丸"下引自明《管見良方》，必非袞原本所有，蓋爲後人羼亂矣。

注，今查文溯閣本，卷四"大琥珀丸"下不引陳自明，而其次"二十六味牡丹煎丸"下，即引陳自明《管見良方》，蓋陸氏偶誤之乎。

(三)序跋

1. 自序

天地之間,運行而生成者,非五行乎。人稟五行之秀而生,故具之於形,稟之於氣也。其在天,則四時六氣運乎外,一失其道,則爲災爲沴焉;其在人,則五味七情攻乎內,一失其理,則爲疾爲疹焉。時候乖,有德者和之;疾疹生,善醫者治之。蓋醫之興,其來浸久,軒后著之於書,《周禮》明列其職,皆所以重人命也。然人之疾狀多端,醫道又不可一塗取也。方書著錄,其數實繁,故自姬漢而下,沿及於今,雖鉅賢博識、編聯周施者甚衆,然不能盛行於世,何也。亦非採擇不精,治療無准,蓋明其術者即深秘其隱要,昧於道者乃不詳其證候,迨乎臨用,有誤十全。袞覊侍家君之任滑臺,道次得疾,遇醫之庸者,不究其脈理,妄投湯劑,而疾竟不瘳。復又母氏多病,積有年所。袞遂因公暇,潛心醫術,博采禁方,逾二十載矣。所得方論凡七千餘道,皆傳之於家牒,得之於親舊,故非耳剽口授,率經效用。因於其中,擇其尤精要者,理療可憑,方書必驗,得五百餘首,仍於逐篇之前,或言其疾狀,或紀其脈息,或序其形證,或論其得病之由。庶使昧於醫者,可審讀而修制之。工於醫者,可消息而變用之。噫,今之人有得一妙方、一奇術,乃緘而秘之,惕惕然惟恐人之知也。是欲獨善其身,而非仁人汎愛之心也。袞嘗念人之有疾苦,若己父母有之,汲汲然欲其痊也。故竭精研慮,編次成集,傳諸好事,斯亦博濟之一端也。故目之曰《王氏博濟方》。王袞序。

2. 原序

大鈞播物,融結而爲萬類,其最靈最貴者惟人。人之所稟,賢不肖雖異,然莫不自重其性命,所不免者疾苦也。古之君子,居位行道,曷嘗不以周人之急、除民之瘼爲心哉。人而無食乎,可賑而飽之也;人而無衣乎,可解而溫之也。至於一脈內潰,五莞生釁,惛怓瞀亂,號呼楚毒,顰欬間有不可生之意。當是時,非妙診靈劑可以起廢保命,則雖有金玉牣其室,骨肉環其前,割慈忍愛,痛心疾首,又何誅求哉。予歷官不啻數十載,或遘奇傑,或韜巾衍,所得方錄,較然神異者,用以濟人,至今未嘗少懈。居常患不能家至戶曉,使天下之人皆獲其利,以其汲汲然有不足者。今春錢塘酒官王君惠然見過,出方書三編示予,且曰:袞平素喜醫診,所摭精要方若干首,不敢自愛,欲刊摹以周四方,冀人人得遂其生。予樂聽所云,頓起夙昔之願,稱歎者久之。雅聞其人,好奇博涉之士也。因自錄素所奇異方有驗於人者,得三十餘通,請附於類例之內,以助成一家。噫,救災恤患,陽秋之大誼也。博施濟衆,仁者之首善也。惟冀一圓一劑,有瘳有喜,及幅員之衆,無札瘥無疵癘,胥考終命,是所願也。予既嘉其秉心,贊厥美事,輒舉崖略,庸紀於末。郎簡序。

(四)刊本及鈔本

1. 永樂大典採輯書

【叢書舉要】卷五十四永樂大典採輯書　《博濟方》五卷,宋王袞。

【叢書書目彙編】永樂大典採輯書　《博濟方》五卷,宋王袞。《永樂大典》採輯書原注云:乾隆三十八年户部尚書王際華等奉敕撰。據仁和朱氏所藏鈔本編類,凡《武英殿聚珍版》印行者不載。

【清史稿】藝文志　宋王衮《博濟方》五卷。乾隆時敕輯。

2. 四庫全書本

【四庫全書總目】卷一百零三　《博濟方》五卷。《永樂大典》本。

【壬子文瀾閣所存書目】卷三　《博濟方》五卷,四冊。補鈔。

【文溯閣四庫全書要略及索引】　《博濟方》五卷,宋王衮。五冊,二百十八葉。

3. 四庫傳鈔本

【續中國醫學書目】　《博濟方》五卷。五冊。八行二十一字。框横十五釐,縱二十釐。宋王衮編。抄本據於文溯閣本影鈔。提要,紀均等,乾隆四十六年。《博濟方》目錄。原序,郎簡。自序,王衮。

4. 墨海金壺本

【八千卷樓書目】卷十　《博濟方》五卷,宋王衮撰。《墨海金壺》本。

【四庫書目邵注】卷十　《博濟方》五卷。宋王衮撰。原本久佚,今從《永樂大典》錄出。《墨海金壺》本。

【郘亭知見傳本書目】卷八　《博濟方》五卷,宋王衮撰。《墨海金壺》本。

【四庫目略】　《博濟方》五卷,宋王衮撰。《墨海金壺》本。

【鄭堂讀書記】　《博濟方》五卷。《墨海金壺》本。

【叢書舉要】墨海金壺　《博濟方》五卷,宋王衮。後記云:此書刻竣未久,版遭火燬,是以流傳最少。

【叢書書目彙編】墨海金壺　《博濟方》五卷,宋王衮撰。清張海鵬若雲刊。

【北平圖書館月刊】二、三、四卷　永樂大典輯出佚書目　《博濟方》五卷,宋王衮撰。清四庫館臣輯。《墨海金壺》本。

【遼寧省立圖書館館刊】一卷　館藏叢書舉要　墨海金壺　《博濟方》五卷,宋王衮。

【二續中國醫學書目】《博濟方》五卷。二冊。十一行二十三字。框横十一釐,縱十五釐。宋王衮撰。嘉慶十三年張海鵬刊。《墨海金壺》之内。"原序",郎簡。"自序",王衮。《博濟方》提要。

5. 珠叢别錄本

【四庫書目邵注】卷十　《博濟方》五卷。《珠叢别錄》本。

【郘亭知見傳本書目】卷八　《博濟方》五卷。《珠叢别錄》本。

【四庫目略】　《博濟方》五卷。《珠叢别錄》本。

【叢書舉要】珠叢别錄　《博濟方》五卷,宋王衮。

【叢書書目彙編】珠叢别錄　《博濟方》五卷,宋王衮。錢熙祚刊。

【行素堂目睹書錄】珠叢别錄　《博濟方》五卷,宋王衮。

【江蘇省立國學圖書館圖書總目】　《博濟方》五卷。一冊,宋太原王衮,清金山錢氏刊本。

【北平北海圖書館月刊】二、三、四卷　永樂大典内輯出佚書目　《博濟方》五卷。《珠叢別録》本。

6. 未詳本

【文淵閣書目】【菉竹堂書目】【古今醫統大全】【本草綱目】【汲古閣毛氏藏書目】以上明　【竹崦庵傳鈔書目】清　【江南圖書館閲覽室檢查書目】民

八、慶曆善救方

【宋史】卷十一仁宗本紀　慶曆八年二月癸酉頒《慶曆善救方》。

【通志藝文略】方書　《慶曆善救方》一卷

【秘書省續編到四庫闕書目】　《普救方》一卷。輝按,《宋志》首有"慶曆"二字。

【玉海】卷六十三　《慶曆善救方》。慶曆八年二月癸酉,以南方病毒者乏方藥,爲頒善救方。又常出通天犀,命太醫和藥賜疫者。《國史志》"慶曆善救方一卷"。八年頒行紀二月癸酉。

【文獻通考】經籍考　《慶曆善救方》一卷。《兩朝藝文志》:詔以福州奏獄醫林士元藥下蠱毒,人以獲全。録其方,令國醫類集附益,八年頒行。

【宋史藝文志】醫書　《慶曆善救方》一卷

序跋

王安石後序

孟子云:先王有不忍人之心,斯有不忍人之政。臣某伏讀《善救方》而竊歎曰:此可謂不忍人之政矣。夫君者,制命者也。推命而致之民者,臣也。君臣皆不失職,而天下受其治。方今之時,可謂有君矣。生養之德,通乎四海,至於蠻夷,荒忽不救之病,皆思有以救而存之。而臣等雖賤,實受命治民,不推陛下之恩澤而致之民,則恐得罪於天下而無所辭誅。謹以刻石樹之縣門外左,令觀赴者自得,而不求有司云。皇祐元年二月二十八日序。《臨川先生文集》

九、簡要濟衆方

【宋史】卷十二仁宗本紀　皇祐三年五月乙亥,頒《簡要濟衆方》,命州縣長吏按方劑以救民疾。

【證類本草所出經史方書】　《簡要濟衆》

【通志藝文略】方書　《簡要濟衆方》五卷,周應等撰。

【玉海】卷六十三　《皇祐簡要濟衆方》。皇祐三年,集《簡要濟衆方》五卷,頒行。標脈證,敘病源,去諸家之浮冗。《國史志》"皇祐簡要濟衆方一云廣濟五卷"。皇祐中,仁宗謂輔臣曰:外無善醫。其令太醫簡《聖惠方》之要者,頒下諸道,仍敕長史拯濟,令醫官使周應編。三年頒行。

【文獻通考】經籍考　《皇祐簡要濟衆方》五卷。兩朝《藝文志》:皇祐中,仁宗謂輔臣曰:外無善醫,民有疾疫,或不能救療。其令太醫簡《聖惠方》之要者,頒下諸道。仍敕長史,按方劑以時拯濟。令醫官使周應編,以爲此方。三年頒行。

【宋史藝文志】醫書　周應簡《要濟衆方》五卷

【醫籍考】一千六百九十二頁　按弟堅曰:是書陳、晁二氏并不著錄,惟唐慎微、劉完素書引之,而朝鮮國《醫方類聚》載"藏府"一類。其方出《聖惠》者,僅薏苡散、酸棗仁丸、硇砂丸三方,餘皆彼書所無,不知何故也。平胃散一方,世爲出《局方》,不知其本於是書。自餘諸方,亦多可資用者矣。

注:按《證類本草》所引有《簡要濟衆方》五十二條。

(一)序跋

蘇軾跋

先朝值夷狄懷服,兵革寢息,而又體質恭儉,在位四十有二年,宮室苑囿無所益,故民無暴賦,而生齒歲登,墾田日廣。至於法令則去苛慘,尚寬簡,守令則進柔良,退貪殘。牛酒以禮高年,粟帛以旌孝行,廣惠以廩惸獨,寬恤以省力役,除身丁之算,弛鹽榷之令,用能導迎休祥,年穀登衍。其裕民之德,固已浹肌膚而淪骨髓矣。然猶慊然憂下民之疾沴,無良劑以全濟,於是詔太醫集名方,曰《簡要濟衆》,凡五卷三冊。鏤板模印,以賜郡縣,俾人得傳錄,用廣拯療,意欲錫以康寧之福,躋之仁壽之域。已而縣與律令同藏,殆愈一紀,窮達之民,莫或聞知。聖澤壅而不宣,吏之罪也。乃書以方版,揭之通會,不獨流傳民間,痊痾愈疾,亦欲使人知上恩也。後之君子,儻不以爲誚,歲一檢舉之,使無遺毀焉。《東坡全集》

(二)輯本

醫方類聚採輯本

【躋壽館醫籍備考】《簡要濟衆方》一卷,一冊,宋周應等撰。《醫方類聚》採輯本。

【寶素堂藏書目】《簡要濟衆方》一卷,一冊,周應等。《醫方類聚》採輯本。

【觀海堂書目】蘭字號　《簡要濟衆方》一本。一卷。日本抄本。

十、醫問

【東坡集】卷三十六司馬溫公行狀　《醫問》七篇,其文如金玉穀帛藥石也,必有適於用。無益之文,未嘗一語及之。

【宋史藝文志】醫書　《司馬光醫問》七卷

十一、葛懷敏單方

【通志藝文略】單方　《葛懷敏單方》一卷

【宋史藝文志】醫書　《葛懷敏神效備急單方》一卷

注，葛懷敏傳，《東都事略》云：葛懷敏始以父蔭，授西頭供奉官。懷敏通時事，善希合，故多薦其才者。嘗爲益州路提點刑獄，知隰、莫、保、雄、滄、滁六州。陝西用兵，爲涇原秦鳳經略安撫副使。元昊寇鎮戎軍，賊引兵僞遁，懷敏遂率諸將趣定州。環慶路都監劉賀以蕃兵五千與賊戰，不勝而潰。懷敏入保定川砦。涇原鈐轄曹英又敗於砦之東北隅，懷敏所部人奔駭，懷敏爲衆所擁，幾蹂踐死，輿至壅城乃蘇。賊遂圍城。懷敏與諸將謀赴鎮戎軍，賊斷其歸路，與諸將遇，賊遂長驅直抵渭州。初，懷敏之除鄜延也，范仲淹言其怯懦不知兵。遂涉涇原，卒敗事。奏至，贈鎮西軍節度使，謚曰忠隱。《醫籍考》

十二、沈括良方

【直齋書錄解題】卷十三　《沈氏良方》十卷

【郡齋讀書後志】卷二　《沈存中良方》十五卷，右皇朝沈括存中撰。存中博學通醫術，故類其經驗方成此書，用者多驗。或以蘇子瞻《論醫藥雜說》附之。

【文獻通考】經籍考　《沈存中良方》十卷。下引晁、陳二氏。

【中興館閣書目輯考】卷四　《沈氏良方》十卷。《書錄解題》十三。按《郡齋讀書志》作"《沈存中良方》，沈括撰"。括又別有《靈苑》二十卷。

【宋史藝文志】醫書《沈括良方》十卷

注：沈括傳，《東都事略》曰：沈括，字存中，吴興人也。博覽古今，於書無所不通。舉進士，爲揚州司理參軍，編校昭文館書籍。熙寧間，除太子中允，爲檢正中書刑房公事，遷集賢校理，察訪兩浙農田水利。遷太常丞，同修起居注。邊吏報北虜將入冠，亟遣中貴人取兩河民車，以爲戰備，民大驚擾。自宰執以下，言不便者牆進，俱不省。一日，括執筆立御座側。神宗顧曰：卿知藉車之事乎？括曰：未知車將何用？神宗曰：北虜以多馬取勝，唯車可以當之。括曰：胡之來，民父子墳墓田廬，皆當棄去，復暇御車乎？朝廷姑藉其數而未取，何傷？神宗曰：卿言有理，何論者之紛紛也。括曰：車戰之利，見於歷世。巫臣教吴子以車戰，遂伯中國。李靖用偏箱鹿角車，以擒頡利。臣但未知一事：古人所謂輕車者，兵車也，五御折旋，利於輕速。今之民間輜車，重大椎撲，以牛挽之，日不能行三十里，少蒙雨雪，則跬步不進，故俗謂之"太平車"。或可施於無事之日，恐兵間不可用耳。神宗益喜曰：無人如此語朕者，當更思之。明日，遂罷藉民車。執政問括曰：君以何術而立談罷此事？上甚多"太平車"之說也。括曰：聖主可以理奪，不可以言爭，若車可用，其敢以爲非。未幾，以右正言知制誥，察訪河北西路，出使遼國。使還，以淮浙災傷，爲體量安撫使，權三司使，遷翰林學士。括詣宰相吴允陳說免役事，謂可變法令，輕役依舊輪差。御史蔡確論括非其職，而遽請變法。括亦待罪求去。確復言：括詭求罷免，有詔令供職，臣切惑焉。且括謂役法可變，何不言之於檢正察訪之日，而言之於翰林學士之時？不言之於陛下，而言之於執政？原括之意，但欲依附大臣，巧爲身謀而

已。遂罷,以集賢院學士知宣州。復龍圖閣待制,召還知審官院。復以言者罷,知青州,尋知延州。王師大舉伐西夏,種諤帥師入銀夏州,而不能有。明年,括請城永樂,命徐禧、李舜舉計議邊事。李稷主糧餉,遂城永樂,距銀州五十里。城成,賜名銀州砦。既而賊二十萬重圍永樂城,攻益急,城陷。於是漢番官二百三十人,兵萬二千三百人,皆沒焉。禧、舜舉、稷死之。神宗以括始議,責爲均州團練副使,隨州安置。徙秀州,復光禄卿,分司南京,以卒。括嘗上《熙寧奉元曆》,編修天下郡國圖,著述頗多,有《春秋機括》、《筆談》行於世。《醫籍考》

《宋史》卷三百三十一《沈遘傳》附括傳:括字存中,八年卒,年六十五。括博學善文,於天文、方志、律曆、音樂、醫藥、卜算,無所不通,皆有所論著。又紀平日與賓客言者爲《筆談》,多載朝廷故實、耆舊出處,傳於世。

注:按《證類本草》所引有"沈存中"五條,未知其爲何書。又別有"沈存中筆談"五條。

序跋

沈括自序

予嘗論治病有五難:辨疾、治疾、飲藥、處方、別藥,此五也。今之視疾者,惟候氣口六脈而已。古之人視疾,必察其聲音、顔色、舉動、膚理、性情、嗜好,問其所爲,考其所行,已得其大半,而又徧胗人迎、氣口、十二動脈。疾發於五臟,則五色爲之應,五聲爲之變,五味爲之偏,十二脈爲之動。求之如此其詳,然而猶懼失之,此辨疾之難,一也。今之治疾者,以一二藥,書其服餌之節,授之而已。古以治疾者,先知陰陽運曆之變故,山林川澤之竅發。而視其人老少、肥瘠、貴賤、居養、性術、好惡、憂喜、勞逸,順其所宜,違其所不宜,或藥或火,或刺或砭,或湯或液,矯易其故常,捭摩其性理,擣而索之,投幾順變,間不容髮。而又調其衣服,理其飲食,異其居處,因其情變,或治以天,或治以人。五運六氣,冬寒夏暑,暘雨電雹,鬼靈魘蠱,甘苦寒溫之節,後先勝負之用,此天理也。盛衰强弱,五臟異稟,循其所同,察其所偏,不以此形彼,亦不以一人例衆人,此人事也。言不能傳之於書,亦不能喻之於口,其精過於承蜩,其察甚於刻棘。目不捨色,耳不捨聲,手不釋脈,猶懼其差也。授藥遂去,而希其十全,不亦難哉。此治疾之難,二也。古之飲藥者,煮煉有節,飲啜有宜。藥有可以久煮,有不可以久煮者;有宜熾火,有宜溫火者。此煮煉之節也。宜溫宜寒,或緩或速。或乘飲食喜怒,而飲食喜怒爲用者;有違飲食喜怒,而飲食喜怒爲敵者。此飲啜之宜也。而水泉有美惡,操藥之人有勤惰,如此而責藥之不效者,非藥之罪也。此服藥之難,三也。藥之單用爲易知,藥之複用爲難知。世之處方者,以一藥爲不足,又以衆藥益之。殊不知藥之有相使者,相反者,有相合而性易者。方書雖有使佐畏惡之性,而古人所未言,人情所不測者,庸可盡哉。如酒之於人,有飲之踰石而不亂者,有濡吻則顛眩者;漆之於人,有終日摶漉而無害者,有觸之則瘡爛者。焉知藥之於人,無如此之異者?此稟賦之異也。南人食豬魚以生,北人食豬魚以病,此風氣之異也。水銀得硫黄而赤如丹,得礬石而白如雪。人之欲酸者,無過於醋矣。以醋爲未足，又益之以橙。二酸相濟，宜其甚酸而反甘。巴豆善利也，以巴豆之利爲未足，而又益之大黄，則其利反折。蟹與柿，嘗食之而無害也，二物相遇，不旋踵而嘔。此色爲易見，味爲易知，而嘔利爲大變，故人人知之。至於相合而知他藏、致他疾者，庸可易知耶。如乳石之忌參朮，觸者多死。至於五石散，則皆用參朮。此古人處方之妙，而世或未喻也。此處方之難，四也。醫誠藝也，方誠善也，用之中節也，而藥或非良，奈何哉。橘過江而爲枳，麥得濕而爲蛾，雞踰嶺而黑，鸜鵒踰嶺而白，月虧而蚌蛤消，露下而蚊喙坼，此形器之易知者也。性豈獨不然乎。予觀越人藝茶畦稻，一溝一隴之異，遠不能數步，則色味頓殊。況藥之所生，秦越燕楚之相遠，而又有山澤、膏瘠、燥濕之異稟，豈能物物盡其所宜？又《素問》說"陽明在天，則花實戕氣；少陽在泉，則金石失理"。如此之論，採啜者固未嘗晰也。抑又取之有早晚，藏之有焙眼，風雨燥濕，動有槁暴。今之處藥，或有惡火者，必日之而後咀，然安知採藏之家不常烘煜哉，又不能必。此辨藥之難，五也。此五者大概而已。其微至於言不能宣，其詳至於書不能載，豈庸庸之人而可以易言醫哉。予治方最久，有方之良者，輒爲疏之。世之爲方者，稱其治效，嘗喜過實。《千金》、《肘後》之類，猶多溢言，使人不敢復言。予所謂良方者，必目睹其驗，始著於篇，聞不預也。然人之疾，如向所謂五難者，方豈能必良哉。一睹其驗即謂之良，殆不異乎刻舟以求遺劍者。予所以詳著其狀於方尾，疾有相似者，庶幾偶值云爾。篇無次序，隨得隨註，隨以與人。拯道貴速，故不暇待完也。沈括序。六醴齋本

十三、靈苑方

【蘇沈内翰良方】卷一論雞舌香　予集《靈苑方》，論雞舌香以爲丁香母，蓋出陳氏《拾遺》。今細考之，尚爲未然云云。

【證類本草所出經史方書】《靈苑方》

【幼幼新書】卷四十近世方書　《靈苑方》，不載立方人姓名。

【遂初堂書目】《靈苑子》。《海山仙館叢書》本作《靈苑方》。

【直齋書錄解題】卷十三　《靈苑方》，沈括存中撰。

【郡齋讀書後志】卷二　《靈苑方》二十卷，右皇朝沈括存中編。本朝士人，如高若訥，林億，孫奇，龐安常，皆以善醫名世，而存中尤善方書，此中所載多可用。

【文獻通考】經籍考　《靈苑方》二十卷。下引《讀書後志》。

【宋史藝文志】醫書　《靈苑方》二十卷

【本草綱目】引據書目　《沈存中靈苑方》

【汲古閣毛氏藏書目錄】《靈苑方》二十卷，宋沈括。

【攝壤集】下醫書　《靈苑方》

注，按《證類本草》所引有"靈苑方"十五條。

十四、蘇沈良方

(一)出典

【幼幼新書】卷四十近世方書　《良方》,眉山蘇子瞻、夢溪沈存中所論方。

【通志藝文略】方書　《蘇沈良方》十五卷

【直齋書錄解題】卷十三　《蘇沈良方》十卷。蘇者東坡,沈即存中也。不知何人所錄,其間"辨雞舌香"一段,言《靈苑》所辨猶有未盡者。《館閣書目》別有《沈氏良方》十卷,《蘇沈良方》十五卷,而無《靈苑方》。

【郡齋讀書後志】卷二　《蘇沈良方》十五卷。右皇朝沈括,通醫學,嘗集得效方成一書,後人附益以蘇軾《醫藥雜說》,故曰"蘇沈"。

【遂初堂書目】《蘇沈良方》

【政和本草】劉祁跋　蘇沈二公《良方》,至今傳之。

【宋史藝文志】醫書　《蘇沈良方》十五卷,沈括、蘇軾所著。

【攝壤集】下醫書　《蘇沈良方》

(二)考證

【續醫說】　劉桂曰:《蘇沈良方》十卷,前有永嘉道士林靈素序,余家有宋刻本。竊意靈素在二公文集中,或雜記,或《筆談》等書鈔出,彙成一編,附託二公之盛名以行其方耳。李東垣謂《蘇沈良方》猶唐宋類詩,何也?蓋言不能詩者之集詩,猶不知方者之集方也。一詩之不善,止不過廢紙而已,不致誤人。一方之不善,則其禍有不可勝言者矣。噫,後之集方書者,尚慎之哉。《醫籍考》

【蘇沈內翰良方】程永培跋　《沈氏良方》,後人益以蘇氏之說,名之曰《蘇沈良方》,非當時合著之書也。余藏舊刻印本書十卷,不列存中氏原序,而載有林靈素一敘。亦止論沈未及蘇。其卷首一敘,兼及蘇、沈,文頗拙蹇,不著作者姓名,蓋俗筆也。按《永樂大典》中有《蘇沈良方》名目,蓋從《宋史藝文志》來者,則知合蘇、沈而傳於今日之本,約略宋末人爲之耳。又考《宋史》,《沈氏良方》十卷,《蘇沈良方》十五卷。以藏本卷數較之,雖合沈氏,卻雜以蘇說。若從《蘇沈良方》,則少五卷矣,豈在當時已散佚不全耶。其中誤字甚多,幾至不可讀。爲之訂正,然內症外症,婦人小兒,以至雜說,依稀略備,似非不全之本。蓋古人以醫卜爲賤術,作史者志方書,未必詳加考訂。即如劉涓子之《鬼遺方論》,《宋史》作"鬼論",脫去"遺方"二字,則其他人之疏略可知也。此書卷帙未符《宋志》,其間分合多寡,不可考矣。內中諸方,間已見之《博濟》、《靈苑》諸書,即其餘亦莫不應病神驗異常,至有不可以理測者,豈非龍宮之所授耶。今爲授梓,併補刻沈氏原敘一篇,熟讀五難,大有裨益。瘦樵程永培跋。

【四庫全書總目】卷一百零三　《蘇沈良方》八卷,《永樂大典》本。宋沈括所集方書,而後人又以蘇軾之說附之者也。考《宋史藝文志》有括《靈苑方》二十卷,《良方》十卷,而別出《蘇沈良方》十五卷,註云"沈括、蘇軾所著"。陳振孫《書錄解題》

有《蘇沈良方》十卷，而無沈存中《良方》。尤袤《遂初堂書目》亦同。晁公武《讀書志》則二書并列，而沈存中《良方》下云：或以蘇子瞻《論醫藥雜說》附之。《蘇沈良方》下亦云：括集得效方成一書，後人附益以蘇軾《醫學雜說》。蓋晁氏所載《良方》即括之原本，其云"或以蘇子瞻《論醫藥雜說》附之"者，即指《蘇沈良方》。由其書初尚並行，故晁氏兩載。其後附蘇說者盛行，原本遂微，故尤氏、陳氏遂不載其原本。今《永樂大典》載有《蘇沈良方》原序一篇，亦括一人所作，且自言"予所作《良方》"云云，無一字及軾，是亦後人增附之後，併其標題追改也。明晁瑮《寶文堂書目》有《蘇沈二内翰良方》一部。是正、嘉以前，傳本未絕，其後不知何時散佚。今據《永樂大典》所載，掇拾編次，釐爲八卷。史稱括於醫藥卜算無所不通，皆有所論著。今所傳括《夢溪筆談》，末爲《藥議》一卷，於形狀性味，真僞同異，辨別尤精。軾雜著時言醫理，於是事亦頗究心。蓋方藥之事，術家能習其技而不能知其所以然，儒者能明其理而又往往未經試驗。此書以經效之方而集於博通物理者之手，固宜非他方所能及矣。

（三）序跋

1. 蘇沈内翰良方序

沈公内翰，字存中，博古通今，古君子也。留心醫書，非所好也，實有補後世爾。公凡所至之處，莫不詢究，或醫師，或里巷，或小人，以至士大夫之家，山林隱者，無不求訪。及一藥一術，皆至誠懇切而得之，終不以權勢財貨逼而得之，可見其愛物好生之理也。公集而目之曰《良方》。如古之良醫者，若孫真人，未嘗不以慈悲方便救護爲念也。近世有人，或得一方，小小有效，則終莫得之，此亦爲衣食故也。若夫腰金佩玉，出權貴之門，又安敢望其面目乎。余得此方十有餘年，恨篋無金帛而能成就一板，使流傳天下後世，療夫久疾沉痾、纏綿之苦者也，豈自言微功有所利也。然此方經驗有據，始敢鏤行。永嘉金門羽客林靈素序。六醴齋本

2. 蘇沈内翰良方序無名氏

雅日慕蘇、沈之書，晚晏方獲錄册，不知誰之繕寫，憶自宋梓來也。觀其論草物，疏骨蒸，其高出羣哲之見者矣。醫家以《本草》爲指南，而記藥品者，雖源於神農，然漸遠漸訛，未必無未盡之說。苟不詳覈而誤用之，幾何不益夫病勢，而賊夫元真哉。所以辨其方種，著其形味，使不容於毫末亂之。而餌物者，如乘皇舟以渡安流，必無傷生害性之具也。夫真陽之管人身，赫然鬱然，其氣之熱匪邪也。受疾者必有邪奸，其間隨臟腑以作難，屬經分而爲慝，然其所以可深虞而遐慮之者，緩緩遲遲，煎陰沸液，不患不底於其斃，故曰某蒸。因而灸藥，如捕盜者，密搜其所在，以繫獲之，則良民妥綏矣。今之醫者，不廣索其藥味之正，而因其便近者，承乏代無，則對痾之功罔奏，徒爲僞市浠物者之利焉。觀諸此，亦知警於其心者。又醫以脈察病，統云勞瘵内熱，不斟酌其五内之重輕，不窺測其表裏之先後，經使弗施，君劑弗立，何以療其含茹蓄積之一症耶。觀諸此則亦知悟於其心者，其餘執論立方，席卷婦人小兒之諸病而劃裁之，又時採延年地仙之方而補益之，可謂竭矣哉。蓋坡老仕

宋,頻得言譴,而放逐危難者屢焉。其所以剛亮鋭直之資,勤理省躬之際,乃正其所也。陸贄不用闔門修方書之意猶乎此。蓋古人上不得致君於唐虞,則薄其賦役,纖其刑罰,爲之視而不傷於跣,爲之聽而不折於震,布利益生民之政,以挽回酷虐之風,亦其次也。若醫術一事,滯者使之通,臥者使之起,瘠者使之充,昏者使之爽,秘者使之開。憂子者,泰父母反側之心;痛夫者,開妻妾顰感之思。鬼門轉其足,生宅復其魂,推廣仁民之道,端在於是。此坡老之隱抱,而沈括則博聞精見,格物遊藝,旁通醫藥,尤所以足成一家之書也夫。六醴齋本

3. 鮑廷博跋

《良方》託始於沈夢溪,迄宋南渡後,或益以東坡論説,而蘇、沈之名著焉。元明以來,其傳漸寡,近年吴郡程君永培始出藏本,授梓以行。會朝廷詔頒内殿聚珍版本於各直省,於是其書復大顯於世。顧殿本初頒,藏弆家爭先快覩,既不敷承領,而程刻又不列坊肆,無以饜四方之求。博因參合兩本,益廣其傳,上以仰副聖天子嘉惠藝林之至意,而程君活人濟世之心,抑又推而廣之矣。殿本輯自《永樂大典》,大概詳沈而略蘇。程刻較完,而承訛襲謬,無從是正。往時程君過予,語次及之,若有歉然於中者,蓋慮其貽誤,較他書所繫尤重也。今證以殿本,盡刊其誤,其爲愉快當何如耶。刊成,謹冠《提要》於簡端,以還殿刊之舊,卷末仍先以程跋,用示不敢掠美之意。乾隆癸丑十月上浣四日,歙鮑廷博識於柳塘寓廬。鮑氏本

注,程永培跋其全文既録於"考證"條下,今不再録焉。

(四)刊本

1. 宋刊本

【續醫説】 劉桂曰:《蘇沈良方》十卷,前有永嘉道士林靈素序,余家有宋刻本。

2. 明刊本

【四庫書目邵注】卷十 《蘇沈良方》八卷,宋沈括撰。明刊本前有圖。

【郘亭知見傳本書目】卷八 《蘇沈良方》八卷,宋沈括撰。明刊本前有圖。

【四庫目略】 《蘇沈良方》八卷。明刊本前有圖。

【讀有用書齋書目】 《蘇沈内翰良方》十卷。明刊本。

【經籍訪古誌】卷八 《蘇沈内翰良方》十卷。明板,不記刊行年月,楓山秘府藏。每半版高五寸七分,幅四寸一分。八行,行十六字。有"菊潭"朱文印,"欲使此民躋壽域"朱文印。七字三行。

按,此本享和壬戌十二月平安伊良子氏所獻,殊爲佳刻,但脱林靈素序及沈括原序。又按是書乾隆中所刻凡三:其一程永培《六醴齋醫書》中本,稱從舊刻印本授梓,蓋與此本同種。有靈素序,補刻沈氏原敘。其一吴省蘭《藝海珠塵》中本,係武英殿《永樂大典》採輯本,從聚珍版重刻者,釐爲八卷,乃非完帙。其一鮑廷博《知不足齋叢書》中本,參合程本、殿本以刊其誤,最爲精善。

【帝室和漢圖書目録】 《蘇沈内翰良方》,宋蘇軾、沈括。明版。十卷,七冊。

【圖書寮漢籍善本書目】卷三　《蘇沈内翰良方》十卷。七册。明刊本，前有佚名氏序，不記鋟梓年月。舊藏楓山文庫。首"菊潭"，每册首"欲使此民躋壽域"，第五册首"瑶岡"諸印記有之。《經籍訪古志》、《御書籍來歷志》所載本。

3. 四庫全書本

【四庫全書總目】卷一百零三　《蘇沈良方》八卷。《永樂大典》本。

【壬子文瀾閣所存書目】卷三　《蘇沈良方》八卷。二册，補鈔。

【文溯閣四庫全書要略及索引】　《蘇沈良方》八卷，二册，一百二十七葉。

4. 武英殿聚珍版本

【蘇沈内翰良方】鮑廷博序　朝廷詔頒内殿聚版本於各直省，於是其書大顯於世。顧殿本初頒，藏弆家爭先快睹，既不敷承領。

【四庫書目邵注】卷十　《蘇沈良方》八卷。聚珍版本，不佳。

【郘亭知見傳本書目】卷八　《蘇沈良方》。聚珍本。

【四庫目略】　《蘇沈良方》。聚珍本，不佳。

【持靜齋書目】卷三　《蘇沈良方》八卷。聚珍板本。

【清史稿藝文志】　《宋沈括蘇沈良方》八卷。乾隆時敕輯。

【故宫殿本書庫現存目】卷上　《蘇沈良方》八卷，四册。

【故宫普通書目】卷五武英殿聚珍版書　《蘇沈良方》八卷，宋蘇軾、沈括同撰。

【北平北海圖書館月刊】二、三四號永樂大典輯出佚書目　《蘇沈良方》八卷。清四庫館臣輯。"醫家類一"著錄。聚珍版本。

5. 清乾隆六醴齋本

【四庫書目邵注】卷十《蘇沈良方》。六醴齋刊本。十卷。

【郘亭知見傳本書目】　《蘇沈良方》。六醴齋本。十卷。

【叢書舉要】卷十二六醴齋醫書　《蘇沈良方》十卷，宋沈(适)[括]。

【叢書書目彙編】《蘇沈良方》十卷。

【八千卷樓書目】卷十《蘇沈良方》。六醴齋本。十卷。

【揚州吳氏測海樓藏書目錄】卷四　《蘇沈良方》十卷。《六醴齋醫書》，程永培校刊，竹紙初印二十本内。

【涵芬樓舊書分類總目】　《蘇沈良方》。六醴齋本。二册。

【江蘇省立國學圖書館圖書總目】　《蘇沈良方》十卷。《六醴齋醫書》第七至八册。乾隆於然室刊本。

【浙江公立圖書館通常類目錄】　《蘇沈良方》十卷。但《六醴齋醫書》七十三卷。清程永培輯，乾隆中於然堂刊本二十四本内。

【國學用書類述】六醴齋醫書十種《蘇沈良方》

【經籍訪古志】卷八　《蘇沈内翰良方》十卷。明板。是書乾隆中所刻凡三，其一程永培《六醴齋醫書》中本，稱從舊刻印本授梓，蓋與此本同種。有靈素序，補刻沈氏原敘。

【寶素堂藏書目錄】　《蘇沈内翰良方》十卷。三册，收在《六醴齋醫書》中。

【内閣文庫圖書第二部漢書目録】《蘇沈内翰良方》十卷。清版。三册。

【杏雨書屋圖書假目録】六醴齋醫書 《蘇沈内翰良方》十卷

【中國醫學書目】《蘇沈内翰良方》十卷。四册。八行十九字,框横十五釐,縱二十三・五釐。沈括著,程永培校,《六醴齋醫書》之内。蘇沈内翰良方序。同,林靈素。原序,沈括。總目。跋,程永培。

又,十卷。八行十九字,框横十一・一釐,縱十五・四釐。沈括集,程永培校。於然室心導樓合刻之内。序跋與前者同。

6. 藝海珠麈本

【叢書舉要】卷二十九藝海珠麈 《蘇沈良方》十卷。原注云:南(淮)[匯]吴省蘭淚[之]輯,聽彝堂刊。

【叢書書目彙編】藝海珠麈 《蘇沈良方》八卷。原注云:清南(淮)[匯]吴省蘭淚之輯。

【八千卷樓書目】卷十 《蘇沈良方》八卷。宋沈(适)[括]撰。《藝海珠塵》本。

【洗心精舍寄存書目】卷三 《蘇沈内翰良方》十卷。《藝海珠塵》革集八卷。

【古越藏書樓書目】卷五 《蘇沈良方》十卷。《藝海珠塵》本。

【涵芬樓舊書分類總目】《蘇沈良方》,藝海本。一册。

【江蘇省立國學圖書館圖書總目】《蘇沈良方》八卷。《藝海珠塵》第五十六册至五十七册。乾隆刊本。

【清華學校圖書館中文書籍目録】《蘇沈良方》八卷。見《藝海珠塵》。

【經籍訪古志】卷八 《蘇沈内翰良方》。吴省蘭《藝海珠塵》中本,係武英殿《永樂大典》採輯本。從聚珍版重刻者,釐爲八卷,乃非完帙。

7. 知不足齋刊本

【四庫書目邵注】卷十 《蘇沈良方》。知不足齋本。十卷。

【邵亭知見傳本書目】卷八 《蘇沈良方》。知不足齋本。

【四庫目略】《蘇沈良方》。知不足齋本十卷。

【叢書舉要】卷二十八知不足齋叢書 《蘇沈良方》十卷。足本。原注云:歙縣鮑廷博以文編刊,廣州修補本。

【叢書書目彙編】知不足齋叢書 《蘇沈良方》十卷。足本。

【八千卷樓書目】卷十 《蘇沈良方》。知不足齋本。

【洗心精舍寄存書目】卷三 《蘇沈内翰良方》十卷

【古越藏書樓書目】卷五 《蘇沈良方》十卷。知不足齋本。

【涵芬樓舊書分類總目】《蘇沈良方》知不足齋本。三册。

【清華學校圖書館中文書籍目録】《蘇沈良方》十卷。見《知不足齋叢書》。

【諸暨圖書館目録】卷五 《蘇沈良方》十卷。知不足齋本。

【江蘇省立圖書館圖書總目】《蘇沈良方》十卷。《知不足齋叢書》十七集第五百十七册。乾隆刊本。

【聿修堂藏書目錄】《蘇沈內翰良方》十卷。三冊。孫干鮑氏《知不足齋叢書》中本。

【經籍訪古志】卷八 《蘇沈內翰良方》十卷。鮑廷博《知不足齋叢書》中本，參合程本、殿本以刊其誤，最爲精善。

8. 福建覆刊聚珍本

【郘亭知見傳本書目】卷八 《蘇沈良方》。閩覆本。

【四庫目略】《蘇沈良方》。閩覆本。

【八千卷樓書目】卷十 《蘇沈良方》，宋沈(适)[括]撰。閩刊本。

【行素堂目睹書錄】福建刊武英殿聚珍版書目 《蘇沈良方》八卷。二本，計一百十四頁。

【叢書舉要】卷二十七武英殿聚珍版書 閩刻《蘇沈良方》八卷，宋沈括、蘇軾。後記云：凡注贛、閩者，江西、福建兩省有覆本，以省篇幅。浙省所刊巾箱本僅三十餘種，不錄。

【故宮普通書目】卷五福建刊武英殿本及聚珍本 《蘇沈良方》八卷

【南學書目劄記】卷五 《蘇沈良方》八卷。福建聚珍本二部。宋沈括撰，附蘇軾說。

【江蘇省立國學圖書館圖書總目】《蘇沈良方》八卷。《拾遺》二卷，《校勘》一卷。《武英殿聚珍版叢書》，光緒福州修補本。

9. 賀氏重刊知不足齋本

【中國醫學書目】《蘇沈內翰良方》十卷。四冊。五行二十一字。框横十一釐，縱十四釐。沈括著。光緒二十三年仿知不足齋本，武強賀氏校刊。《欽定四庫全書總目提要》。良方序，沈括。目錄。跋，程永培。跋，鮑廷博，乾隆癸丑。

10. 武英殿聚珍版全書本

【叢書書目彙編】武英殿聚珍版全書 《蘇沈良方》八卷，《拾遺》二卷，宋沈括，蘇軾。原注云：光緒二十五年廣雅書局重編。

【續彙刻書目】武英殿聚珍版全書 《蘇沈良方》八卷，《拾遺》二卷。

【學海書院圖書館書目】《蘇沈良方》。《武英殿聚珍版全書》本。

【靜嘉堂文庫國書分類目錄】《蘇沈良方》八卷。《武英殿聚珍版全書》第一百八十八冊。守先閣舊藏本。

11. 日本寬政十二年刊本

【八千卷樓書目】卷十 《蘇沈良(本)[方]》。日本刊本。

【觀海堂書目】惠字號 《蘇沈內翰良方》六本。十卷。日本刻本。

【故宮博物院書目】《蘇沈內翰良方》十卷，六冊。日刊本。

【江南圖書館閱覽室檢查書目】《蘇沈良方》，宋沈(适)[括]。日本刊本。五本。

【江蘇省立國學圖書館圖書總目】《蘇沈良方》十卷，五冊。日本寬政刊本。

【聿修堂藏書目錄】《蘇沈內翰良方》十卷，六冊。寬政庚申刻本。

【寶素堂藏書目錄】《蘇沈内翰良方》十卷,六冊。寬政十二年刊本。

12. 鈔本

【四庫書目邵注】卷十 《蘇沈良方》。舊抄十二卷本,可證大典本之脱誤。

【觀海堂書目】蘭字號 《蘇沈良方》二本,三卷。日本古抄本。殘。

【故宫博物院書目】《蘇沈内翰良方》,宋蘇軾。二冊。倣宋抄本。

【静嘉堂文庫國書分類目錄】重訂 《蘇沈良(法)[方]》十卷,宋沈(适)[括]集,小碕克重訂。寫。一冊。

13. 未詳本

【菉竹堂書目】卷五 《蘇沈良方》一冊。陸氏刻。

【萬卷堂書目】卷三 《蘇沈内翰良方》五卷,蘇軾、沈存中。

【文淵閣書目】【本草綱目】【醫藏書目】【脈望館書目】以上明 【也是園書目】【問經堂書目】【孫氏書目】以上清 【元治增補御書籍目錄】日本

十五、蘇學士方

【證類本草所出經史方書】《蘇學士方》

【古今醫統大全】卷一採摭諸書 《蘇學士方》,東坡蘇公著。

注:按《證類本草》所引有"蘇學士"一條。

十六、聖散子方

【蘇沈内翰良方】卷三論聖散子 昔予覽《千金方》"三建散",云"於病無所不治"。"於病",自序作"風冷痰飲癥癖瘖瘧"八字。而孫思邈特爲著論,以謂此方用藥節度,不近人情。至於救急,其驗特異。乃知神物用靈,"用",自序作"效"。不拘常制,至理開惑,智不能知。今予得"聖散子","予得",自序作"傑所蓄"三字。殆此類也。"也",自序作"耶"。自古論傷寒爲急,"論傷寒",自序作"論病唯傷寒"五字。"爲急",自序作"最爲危急"四字。表裏虚實,自序"表"上有"其"字。日數證候,應汗應下之類,"類",自序作"法"。差之毫釐,輒至不救。而用"聖散子"者,一切不問陰陽二感,"感",自序作"毒"。或男子女人相易,此七字,自序作"男女相易"四字。狀至危篤,"篤",自序作"急"。速飲數劑,"速",自序作"連"。而汗出氣通,"而",自序作"即"。飲食漸進,"漸",自序作"稍"。神宇完復,更不用諸藥,連服取瘥。"瘥",自序作"差"。其餘輕者,心額微汗,正爾無恙。"正",自序作"止"。藥性小熱,"小",自序作"微"。而陽毒發狂之類,入口便覺清涼,"便",自序作"即"。此藥殆不以常理而詰也。自序無"藥"字、"而"字。"不以"作"不可以"。若時疾流行,自序"疾"作"疫","行"下有"平旦於大釜中煮之"八字。不問老少良賤,平旦輒煮一釜,自序無此六字。各飲一盞,"飲一",自序作"服一大"三字。則時氣不入,自序"則"作"即","入"下有"其門"二字。平居無事。自序"事"作"疾"。空腹一服,自序"空"上有"能"字。則飲食快美,"快美",自序作"倍常"。百疾不生,真濟世衛家之寶也。自序作"真濟世之具衛生之寶也"十字。其方不知所從出,而故人巢君穀世寶之,以治此疾,百不失一。既得之。"而故人"以下二十字,自序作"得之於山人巢君穀。穀多學好古,秘惜此方,不傳其子。余苦求得之"廿六字。謫居黄州,連歲大疫,自序作"比年時疫"。所全活者,不可勝數。"所全"下八字,自序作"合此藥散之,所活者不可勝數"十二字。巢甚秘之此方,自序作"巢使授余,約不傳人"。指松江水爲誓盟,"松、誓"二字,自序無。不得傳人。自序無。予竊隘之,自序"予"作"余"。以傳蘄水龐君安時。自序"以"上有"乃"字。龐以醫聞於世,自序"龐"作"安時",醫作"善醫"。又善著書,故以授之。自序"故"上有"欲以傳後"四字。且使巢君名,自序"名"上有"之"字。與此方同不朽也。

聖散子敢　聖散子,主疾功效非一。去年春,杭州民病,得此藥全活自序"活"下有"者"字。不可勝數,所用皆中下品藥,自序"皆"作"此"。略計每千錢即得千服,所濟已及千人。由此積之,其利甚溥。"溥"自序作"博"。凡人欲施惠,而力能自辨者猶有所止。若合衆力,則人有善利,其行可久。今募信士,就楞嚴院修製,自立春後起施,至來年春夏之交,自序"至"上有"直"字。有入名者,逕以施送本院,自序"逕"作"徑"。昔薄拘羅尊者以訶黎勒,施一病比邱,自序"邱"作"丘"。故獲報身,常無衆疾。自序"常"上有"身"字。施無多寡,隨力助緣,疾病必相扶持,功德豈有限量。仁者惻隱,當崇善因。吴郡陸廣秀才施此方并藥,得之於智藏主禪月大師寶澤,乃鄉僧也。其陸廣見在京,施方并藥。在麥䴵巷住,出此方。("吴郡"以下,《醫籍考》不作小字,而且"䴵"作"麯"。"住出此方"作"居住"二字。)

【避暑錄話】　子瞻在黄州,蘄州醫龐安常亦善醫傷寒,得仲景意。蜀人巢穀出"聖散子方",初不見於世前醫書,自言得之於異人。凡傷寒不論證候如何,一以是治之,無不愈。子瞻奇之,爲作序,比之孫思邈"三建散"。雖安常不敢非也,乃附其所著《傷寒□》中,天下信以爲然。疾之毫釐不可差,無過於傷寒,用藥一失其度,則立死者皆是,安有不問證候而可用者乎。宣和後,此藥盛行於京師,太學諸生信之尤篤,殺人無數。今醫者悟,始廢不用。巢穀本任俠好奇,從陝西將韓存寶出入兵間,不得志,客黄州,子瞻以故與之遊。子瞻以穀奇俠而取其方,天下以子瞻文章而信其方,事本不相因,而趨名者又至於忘性命而試其藥。人之惑,蓋有至是也。《醫籍考》

【三因極一病證方論】卷六聖散子　此藥以治寒疫,"以"一本作"似"。因東坡作序,天下通行。辛未年,永嘉瘟疫,被害者不可勝數。往往頃時寒疫流行,"往往"一本無。其藥偶中,抑未知方土有偏宜,"土"一作"上"。未可考也。"考"一作"執"。東坡便謂與"三建散"同類,一切不問,似太不近人情。夫寒疫亦能自發狂,"能自",一本作"自能"。蓋陰能發躁,陽能發厥,物極則變,"變"一本作"反"。理之當然。"當"一本作"常"。不可不知。今錄以備療寒疫,用之宜審之,不可不究其寒溫二疫也。

【續醫說】　俞弁曰:聖散子方,因東坡先生作序,由是天下神之。宋末辛未年,永嘉瘟疫,服此方被害者不可勝紀。今閲葉石林《避暑錄話》,云宣和間此藥盛行於京師,太學生信之尤篤,殺人無數,醫頓廢之。昔坡翁謫居黄州時,其地瀕江多卑濕,而黄之居人所感者,或因中濕而病,或因雨水浸淫而得,所以服此藥而多效,是以通行於世,遺禍於無窮也。弘治癸丑年,吴中疫癘大作,吴邑令孫磐令醫人修合聖散子,遍施街衢,并以其方刊行。病者服之,十無一生,率皆狂躁昏瞀而卒。

噫，孫公之意本以活人，殊不知聖散子方中有附子、良姜、吳茱萸、荳蔻、麻黃、藿香等劑，皆性味燥熱，反助火邪，不死何待。若不辨陰陽二證，一概施治，殺人利於刀劍。有能廣此說以告人人，亦仁者之一端也。《醫籍考》

【讀書敏求記校證】卷三下　《聖散子方》一卷。入《述古目》。此方不過二十二味，鈺案，《傷寒總病論》二十二味，《蘇沈良方》二十味，少吳茱萸、吳朮二味。諸病俱可治。鈺案，聖散子方，葉夢得《避暑錄話》極論其謬，而不能明其所以然。宋陳言《三因極一病證方論》中亦指其通治傷諸證之非，而獨謂其方爲寒疫所不廢見。東坡得之於眉山人巢穀，謫居黃州，時疫盛行，合此藥散之，所活不可勝數，因製序以傳不朽。惜其方世罕之見，郭五常得之於都憲袁公，即爲梓行於陨陽，附錄華陀危病十方，及經驗三方，繼得者復刊爲續錄。坡序稱"濟生之具，衛家之寶"，真此書之謂也。

【萬卷堂書目】卷二　《聖散子》一冊。孫思邈。

【也是園藏書目】卷五　《聖散子方》一卷

注：按《醫籍考》從東坡文集引載蘇軾自序及後序，其文與《蘇沈內翰良方》所載"論聖散子"及"聖散子啟"，大同而有少異。今《良方》所載之文並錄於前，而如《醫籍考》所引兩序中有相異者，即皆附注於每句之下，以省重載焉。

注：按《萬卷堂書目》以是書爲孫思邈所作，或疑東坡序以比之於孫思邈"三建散"，朱氏因以誤之者歟。

十七、醫準

【避暑錄話】　嘗見杜壬作《醫準》一卷，記其平生治人用藥之驗。其一記郝質子婦產四日，瘈瘲戴眼，弓背反張。壬以爲痓病，與大豆紫湯、獨活湯而愈。政和間，余妻纔分娩，猶在蓐中，忽作此證，頭足反接，相去幾二尺，家人驚駭，以數婢張拗之不直。適記所云，而藥囊在獨活，乃急爲之。召醫未至，連進三劑，遂能直，醫至則愈矣，更不復用大豆紫湯。古人處方神驗類爾，但世所用之，不當其疾，每易之。自是家人有臨乳者，應所須藥物必備，不可不廣告人。二方皆在《千金》第三卷。《醫籍考》

十八、杜壬方

【證類本草所出經史方書】　《杜壬方》

注：按《證類本草》所引有"杜壬方"十條。

十九、郎簡集驗方

【宋史】卷二百九十九郎簡傳　簡尤好醫術，人有疾，多自處方以療之。有《集驗方》數十，行於世。

【古今書目】子六宋史醫書類　《郎簡集驗方》十卷。宋叔廉,杭州臨安人,仁宗時工部侍郎。

注:郎簡傳,《宋史》卷二百九十九本傳云:郎簡字叔廉,杭州臨安人。幼孤貧,借書錄之,多至成誦。進士及第,補試秘書省校書郎、知寧國縣,徙福清令。縣有石塘陂,歲久湮塞,募民浚築,溉廢田百餘頃,邑人爲立生祠。調隨州推官。及引對,真宗曰:簡歷官無過,而無一人薦,是必恬於進者。特改秘書省著作佐郎、知分宜縣,徙知竇州。縣吏死,子幼,贅婿僞爲券冒有其貲。及子長,屢訴不得直,乃訟於朝。下簡劾治,簡示以舊牘曰:此爾翁書耶。曰:然。又取僞券示之,弗類也,始伏罪。徙藤州,興學養士,一變其俗,藤自是始有舉進士者。通判海州,提點利州路刑獄。官罷知泉州,累遷尚書度支員外郎、廣南東路轉運使,擢秘書少監、知廣州,捕斬賊馮佐臣。入判大理寺,出知越州,復歸判尚書刑部,出知江寧府,歷右諫議大夫、給事中,知楊州,徙明州。以尚書工部侍郎致仕。祀明堂,遷刑部。卒年八十有九,特贈吏部侍郎。簡性和易,喜賓客。即錢塘城北治園廬,自號武林居士。道引服餌,晚歲顏如丹。尤好醫術,人有疾,多自處方以療之,有《集驗方》數十□行於世。一日,謂其子絜曰:吾退居十五年,未嘗小不懌,今意倦,豈不逝歟。就寢而絕。幼從學四明朱頔,長學於沈天錫,既仕,均奉資之。後二人亡,又訪其子孫,爲主婚嫁。平居宴語,惟以宣上德、救民患爲意。孫沔知杭州,榜其里門曰德壽坊。然在廣州無廉稱,蓋爲絜所累。絜終尚書都官員外郎。

二十、傳家秘寶方

【證類本草所出經史方書】　《孫用和方》

【通志藝文略】方書　孫用和《傳家秘寶方》三卷

【郡齋讀書後志】卷二　《孫尚秘寶》十卷。右皇朝孫尚撰。呂惠卿帥邊日,尚之子在屬部,因取此書刻板,傳於世。

【直齋書錄解題】卷十三　《孫氏傳家秘寶方》三卷。尚藥奉御太醫令孫用和集。其子殿中丞兆,父子皆以醫名,自昭陵時迄於熙豐,無能出其右者。元豐八年,兆弟宰爲河東漕,屬呂惠卿帥,并從宰得其書,序而刻之。兆自言爲思邈之後。晁氏《讀書志》作《孫尚秘寶方》,凡十卷。

【文獻通考】經籍考　《孫氏家傳秘寶方》三卷。下引陳直齋之文。

【宋史藝文志】醫書　《孫用和傳家秘寶方》五卷

【覲聚方要補採摭書目】《傳家秘寶方》,宋孫用和。

注:按《證類本草》所引有"孫用和方"九條。

注:按《醫籍考》一千六百九十七頁引邵伯溫《聞見錄》云:仁宗初納光獻皇后,后有疾,國醫不效。帝曰:后在家,用何人醫。后曰:吾隨叔父官河陽,有疾服孫用和藥人輒效。尋召用和,服其藥果驗。自布衣除尚藥奉御,用和自此進用。用和本衛人,以避事客河陽,善用張仲景法傷寒,名聞天下。二子,奇、兆,皆登進士第,爲

朝臣,亦善醫。

注:孫用和父子傳,參看"黃帝素問"條下。

附　孫尚藥方

【通志藝文略】方書　《孫尚藥方》三卷

【秘書省續編到四庫闕書目】卷二　《孫尚藥方》三卷。輝按,晁《志》有《孫尚秘寶》十卷。

注:按"孫尚藥",疑即"尚藥奉御孫用和"之簡稱,而晁氏以爲孫尚,恐非是。此書疑亦與前者同爲一書,今因《通志》并載兩目,故特錄以附於茲矣。

注:按《證類本草》所引有"孫尚藥方"十一條。

附　傳家秘寶脈證口訣并方

【經籍訪古志】卷八　《傳家秘寶脈證口訣并方》三卷。缺上卷及下卷"治雜病方"。京師伊良子光通千之堂藏。

宋宣德郎守殿中者尚藥奉御權太醫令充醫師上騎都尉賜紫金魚袋孫用和集。每半版高五寸五六分,幅七寸三分。十三行,行廿四字。無界行。

按,是書世久失傳。天保壬寅,小島學古陪東叡法親王西上時,徧訪故家而物色古本,所獲凡十數部,此其第一種也。原係抄本,密行細字,豈從宋版傳錄者歟。末有青雲館主人跋云,聞某家藏是書,頻請求之,惜闕脈雜病諸方。然予意欲上梓,他日更得全書,而補闕漏。所謂青雲館,即伊良子氏其所自稱云。用和,宋朝名醫,故其所論著,皆確言名方,爲有識所採用,真醫林不可缺之瓌寶也。

注:按右文中所謂小島學古,疑即小島寶素之誤。

【寶素堂藏書目錄】《傳家秘寶脈證口訣并方》三卷,孫用和。一冊。影古鈔本。上卷缺。

【雜病廣要採摭書目】《傳家秘寶脈證口訣》,宋孫用和。

【八千卷樓書目】卷十　《傳家秘寶脈證口訣并方》,殘本三卷,宋孫用和撰。日本影宋抄本。

【善本書室藏書志】卷十六　《傳家秘寶脈證口訣并方》,殘本三卷。東洋影宋本。宣德郎守殿中省尚藥奉御權太醫令充醫師上騎都尉賜紫金魚袋孫用和撰。按《直齋書錄解題》載《孫氏傳家秘寶方》三卷,尚藥奉御太醫令孫用和集。其子殿中丞兆,父子皆以醫名,自昭陵迄於熙豐,無能出其右者。元豐八年,呂惠卿從兆弟宰得而刻之。兆自言爲思邈之後。晁氏《志》作"十卷",《宋藝文志》作"五卷"。此闕上卷,乃日本人影鈔宋本。禮失求野,此之謂矣。

【江蘇第一圖書館覆校善本書目】《傳家秘寶脈證口訣并方》殘本三卷。闕首卷。宋孫用和。日本影宋鈔本。一冊。

【江蘇省立國學圖書館圖書總目】《傳家秘寶脈證口訣并方》殘本三卷。一冊。宋華原孫用和。日本影宋鈔本。

注:按《留真譜新編》卷八載有是書之首頁,憶是書即《孫氏傳家秘寶方》之殘闕,而《觀聚方要補採摭書目》所載之《傳家秘寶方》,疑即是書矣。

附　孫兆方

【證類本草所出經史方書】《孫兆方》

【遂初堂書目】《孫兆方》

附　孫兆口訣

【證類本草所出經史方書】《孫兆口訣》

注：按《證類本草》所引有"孫兆方"一條、"孫兆口訣"二條，疑并是與前者同本。

二十一、太醫局方

【郡齋讀書後志】卷二　《太醫局方》十卷。右(上)元豐中詔天下高手醫，各以得效秘方進。下太醫局驗試，依方製藥鬻之，仍摸本傳於世。

【文獻通考】經籍考　《太醫局方》十卷。下引晁氏文。

二十二、龐氏家藏秘寶方

【直齋書錄解題】卷十三　《龐氏家藏秘寶方》五卷，鄿水龐安時安常撰。安時以醫名世，所著書傳於世者，惟《傷寒論》而已。此書南城吳炎晦父錄以見遺。《文獻通考》載此全文，而後引山谷黃氏"龐安常傷寒論後序"，及宛邱張氏"跋傷寒論"。詳見於"傷寒總病論"下。

二十三、驗方書

【宋史藝文志】醫書　《龐安[時]驗方書》一卷

注：按《宋志》"安"下當脫"時"一字。

二十四、主對集

【宋史】卷四百六十二龐安時本傳　著《主對集》一卷。

注：按龐安時本傳，今載在"難經解義"條下。

二十五、脚氣治法總要

(一)出典

【直齋書錄解題】卷十三　《脚氣治法》一卷，董汲撰。《文獻通考》同

【宋史藝文志】醫書　董(伋)[汲]《脚氣治法總要》一卷

注：董汲傳，《避暑錄話》云：余崇寧、大觀間，在京師見董汲、劉演輩，皆精曉張

仲景方術，試之數驗，非江淮以來俗工可比也。

（二）考證

【腳氣治法總要】董汲自序　汲自少小病此，約十餘年，遂博採《素問》、《九虛》、《靈樞》、《甲乙》、《太素》、《巢元》、《千金》、《外臺》、《聖惠》、《小品》、《刪繁》、《金匱玉函》，諸家《本草》及蘇恭方論。前古脈書，凡古有是說者，無不究極。而藏府之論，鍼艾之法，脈證之辨，食飲之宜，四時之要，道引之術，以至淋熼蒸熨，備急要方，或經試驗者，悉錄而集之。名曰《腳氣治法總要》，分爲一十九門，通爲一卷。

【四庫全書總目】卷一百零三　《腳氣治法總要》二卷，《永樂大典》本。宋董汲撰。汲，字及之，東平人。始末未詳。錢乙嘗序其《瘢疹論》，則其著書在元豐、元祐之間。是書《書錄解題》作"一卷"，《宋史藝文志》亦同。久無傳本，今從《永樂大典》所載排纂成帙，以篇頁稍繁，分爲二卷。上卷論十二篇，大旨謂腳氣必由於風濕，風濕兼有冷熱，皆原本腎虛。陰陽虛實，病之別也；春夏秋冬，治之異也；高燥卑濕，地之辨也；老壯男女，人之殊也。說賅備矣。下卷方四十六，獨活湯、木香散、《傳信方》防風粥、桑枝煎，專治風。天麻丸、茴香丸、烏蛇丸、趁痛丸，專治濕。薏苡仁湯、海桐皮散、木瓜丸，治風濕相兼。獨活寄生湯、石楠丸、牛膝丸，治風濕挾虛。金牙酒，治風濕瘴癘。八味丸、腎瀝湯、地黃粥，治虛。神功丸、麻仁丸、三脘散、大黃湯，治實屬陰者兼冷。木香飲子，治其偏於陰也。屬陽者兼熱，紅雪治其偏於陽也。絳宮丸、白皮小豆散、木通散，治其屬於陰陽而兼淋閉者也。松節散、食前丸、食後丸、橘皮丸，治尋常法也。三仁丸、潤腸丸、五柔丸，治老人血枯法也。天門冬大煎，則爲總治法。淋熼蒸熨五方，則爲外治法，而以鍼灸法爲始。原序方有一十九門，大約不出於此，即闕佚亦廑矣。考"腳氣"即《素問》所謂"厥疾"，至唐始有此名，治法亦漸以詳備。然李暄及蘇敬、徐玉、唐侍中諸家之書，今多不傳，獨汲此帙尚存，頗爲周密醇正。觀其自述，稱嘗患此疾至劇，因深思其源，遂得秘要，殆所謂三折肱而爲良醫者歟。今特錄而存之，以備專門之一種焉。

【儀顧堂續跋】《腳氣治法總要》二卷，董汲撰。《提要》云：汲字及之，東平人。始末未詳。其著書在元豐、元祐之間。愚按，晁補之有《董汲秀才真贊》云"鵲實非脈，假脈而言太子可起。和實以脈，遺脈而知良臣將死。故鵲不能死生，而和不能生死。既有制之者矣，亦有和之者矣。術兼於道，是謂醫理。誰其知之，惟汶陽董子"。見《雞肋集》卷三十二。與著此書者，里貫時代皆合，當即其人也。《靜嘉堂秘籍志》

（三）序跋

原序

昔孫思邈著書，至其敘百病必先中風，敘中風必先入腳氣，豈無意哉。蓋以爲風者百病之長，而卑濕蒸鬱之氣，中人也尤重。則聖人爲治，先後之次，明示後人，後學者愈當致詳且愼焉。然中風方論，古人立說尤詳，至於四方之治，食藥之宜，無不備悉。而脚氣一門雖古，今概舉其略，而治法論方，多有未備，故人罕窮究其疾。至於江淮卑濕之地，相去遼遠，人或有所不識。故疾雖重於中風而患頗稀，是以古人爲說不詳，而未學治療，亦多致失誤，可不痛哉。恭自本朝開攘最遠，一統天下，屬以承平日久，故食物無南北之異，道途無久遠之期，或因宦遊，或自客泛，故内地感此者，近日爲多。汲自少小病此，約十餘年，遂博採《素問》、《九虛》、《靈樞》、《甲乙》、《太素》、《巢元》、《千金》、《外臺》、《聖惠》、《小品》、《删繁》、《金匱玉函》、諸家《本草》及蘇恭方論。前古脈書，凡古有是說者，無不究極。而藏府之論，鍼艾之法，脈證之辨，食飲之宜，四時之要，道引之術，以至淋渫蒸熨，備急要方，或經試驗者，悉錄而集之。名曰《脚氣治法總要》，分爲一十九門，通爲一卷。非敢自謂有補於將來，亦欲傳諸好事者，庶幾臨病有所證據焉。董汲序。閣鈔本

（四）傳本

1. 永樂大典採輯書

【叢書舉要】卷五十四永樂大典採輯書　《脚氣治法總要》二卷，宋董汲。

【叢書書目彙編】永樂大典採輯書　《脚氣治法總要》二卷，宋董汲。原注云：乾隆三十八年戶部尚書王際華等奉敕撰，據仁和朱氏所藏鈔本編錄。

【清史稿】藝文志　宋董汲《脚氣治法總要》二卷。乾隆時敕輯。

2. 四庫全書本

【四庫全書總目】卷一百零三　《脚氣治法總要》二卷。《永樂大典》本。宋董汲撰。

【壬子文瀾閣所存書目】卷三　《脚氣治法總要》二卷。一冊。補鈔。

【文溯閣四庫全書要略及索引】　《脚氣治法總要》二卷，宋董汲。一冊。四十枚。

3. 四庫閣傳鈔本

【郘亭知見傳本書目】卷八　《脚氣治法總要》二卷，宋董汲撰。依抄閣。

【持靜齋書目】卷三　《脚氣治法總要》二卷，宋董汲撰。藝海樓依閣抄本。

【抱經樓藏書志】卷三十六　《脚氣治法總要》二卷。文瀾閣傳鈔本。宋董汲撰。下引自序。

【八千卷樓書目】卷十　《脚氣治法總要》二卷，宋董汲撰。影閣鈔本。

【皕宋樓藏書志】卷四十四　《脚氣治法總要》二卷。文瀾閣傳鈔本。宋董汲撰。下引自序。

【靜嘉堂文庫國書分類目錄】　《脚氣治法總要》二卷。文瀾閣傳鈔本。宋董汲撰。寫一冊。《集驗背疽方》合綴。十萬卷樓舊藏本，《秘籍志》同。

【續中國醫學書目】雜病　《脚氣治法總要》二卷。一冊。八行二十一字。框横十五釐，縱二十釐。宋董汲撰。寫本。據於文瀾閣本影鈔。提要，紀昀等，乾隆四十五年。原序，董汲。

4. 鈔本

【竹崦傳鈔書目】《脚氣治法總要》二卷,宋董汲撰。三十七。

【振綺堂書目】卷一抄本《脚氣治法總要》一冊。二卷,宋董汲撰。

【四庫書目邵注】卷十 《脚氣治法總要》二卷,宋董汲撰。原本久佚,今從《永樂大典》録出。振綺堂有抄本。許氏亦有抄本。《四庫目略》同

【江南圖書館閲覽室檢查書目】《脚氣治法總要》,宋董汲。鈔本。一本。

5. 未詳本

【世善堂藏書目録】卷下 《脚氣治法》一卷,董汲。

二十六、旅舍備要方旅舍備急方

(一)出典

【幼幼新書】卷四十近世方書 《旅舍備急方》、《瘖疹論》二書皆隱士董汲撰。汲字及之,東平人。

【遂初堂書目】《(旋)[旅]舍備急方》

【宋史藝文志】醫書 董汲《旅舍備要方》一卷

(二)考證

【四庫全書總目】卷一百零三 《旅舍備要方》一卷。《永樂大典》本。宋董汲撰。陳振孫《書録解題》載有董汲《小兒瘢疹論》、《脚氣治法》,不及此書。然《宋史藝文志》載之,卷帙亦同,蓋陳氏偶未見也。汲因客途猝病,醫藥尤難,特集經效之方百有餘道。内如蚰蜒入耳及中藥毒,最爲險急,而所用之藥,至爲簡易。其雜傷五方,古書中不少概見,今亦罕傳,尤見奇特。蓋古所謂專門禁方,用之則神驗,至求其理,則和、扁有所不能解,即此類也。至於小半夏湯、五苓散,兩方本於漢之張機。今以半夏湯治濕痰,仍其本法。至五苓散,本治傷寒汗後不解及有水氣之病,今書中引爲通行利水之劑,殆亦變通用之,如河間益元散,本雙解半表半裏之傷寒,而後人取以醫暑歟。其治中暑一方,似即李杲"清暑益氣湯"之藍本。其"無比香薷散",與後來局方稍有出入,蓋亦本古方爲加減。然云治兩脚轉筋疼痛,而反去主治之木瓜,則不解其故矣。小兒一門,大概與同時錢乙《藥證直訣》相出入。第以柔脆之腸胃而多用膩粉、硃砂諸峻藥,古人氣厚,服之無妨,在後來亦未可概施也。原本久佚,今從《永樂大典》收掇排纂,得方尚幾五十,仍舊目分爲一十有二類。其觸寒心痛、厥風涎潮等證,有録無書,無從校補,則亦闕焉。

【善本書室藏書志】卷十六 《太乙博濟經效秘傳旅舍備用方》一卷。舊鈔本。前有自序曰:汲自業醫以來,收經效奇方計百餘道,證詳而法略,便覽者曉然可自用之,曰《旅舍備要方》,爲一卷。庶幾道途疾病,治療有歸,不敢私隱,具録如左。《陳氏書録解題》"董汲有《小兒瘢疹論》、《脚氣治法》",而不及此書。《宋史藝文志》列其目,原本久佚。輯《永樂大典》,僅得五十餘方,餘則無從較補也。卷首"旅

舍備要”之前一行題“太乙博濟經效秘傳”八字。考汲所著，尚有《小兒瘢疹論》，《脚氣治法》二種，併此而三。迨汲總題以冠各書，未離方技習氣歟。

（三）序跋

1. 自序

汲少小多病，因習醫藥。常思世人，榮辱汩馳，喜怒妄作，飲食不節，興居無常。倏忽之間，疾起不測，迫於倉卒，不暇藥餌，以斯致困，可不惜哉。況宦遊南北，客涉道途，冒觸居多，邪氣易入，方藥備急，尤當究心。且如觸寒心痛，冒熱中暍，厥風涎潮，伏暑霍亂，急病急治，方可安全。推類求之，不能悉數。汲自業醫以來，收經效奇方，計百餘道，證詳而法略，使覽者曉然可用，目之曰《旅舍備要方》，爲一卷。庶幾道途疾病，治療有歸，不敢私隱，具錄如左。董汲序。（閣鈔本）

2. 原序

夫醫藥之來，皆原於農、黄二帝之書，其（粵）[奧]博微妙，莫不符契。陰陽五行消長之理，脗合君臣相與之道，則固非庸流俗輩所能鈎索之也。推聖人之心，蓋深切於蠲疴濟世，欲躋天下生靈於壽域而已矣。董君及之，少服儒術，耆閱醫經，洞徹其簡切應用者，近百餘方，可以備旅舍應猝之用。編目成集，共爲一卷，號曰《旅舍備要方》，將鏤板以廣其傳。君可謂能推究聖人之所存心者哉。誠可嘉尚，余故輒爲之引云。

（四）刊本及鈔本

1. 永樂大典採輯本

【叢書舉要】卷五十四永樂大典採輯書　《旅舍備要方》一卷，宋董汲。

【叢書書目彙編】永樂大典採輯書　《旅舍備要方》一卷，宋董汲。

【清史稿】藝文志　《宋董汲旅舍備要方》一卷。乾隆時敕輯。

2. 四庫全書本

【四庫全書總目】卷一百零三　《旅舍備要方》一卷。《永樂大典》本。

【壬子文瀾閣所存書目】卷三　《旅舍備要方》一卷，一冊。補鈔。

【文溯閣四庫全書要略及索引】　《旅舍備要方》一卷，宋董汲。一冊，二十三枚。

3. 四庫閣傳鈔本

【續中國醫學書目】　《旅舍備用方》一卷。一冊。八行二十一字。框横十五釐，幅二十釐。宋董汲編。抄本。據於文溯閣本影鈔。提要，紀昀等，乾隆四十六年。《旅舍備用方》目錄。原序，孟震。自序，董汲。

4. 墨海金壺本

【四庫書目邵注】卷十　《旅舍備要方》一卷，宋董汲撰。《墨海金壺》本。《郘亭知見目》、《四庫目略》並同。

【鄭堂讀書記】　《旅舍備要方》一卷。《墨海金壺》本。宋董汲撰。汲字及

之，東平人。少舉進士不第，其著書當在元豐、元祐之間。《四庫全書》著錄。下有考證，然其言無外於《提要》所言。今略之

【叢書舉要】卷三十墨海金壺　《旅舍備要方》一卷，宋董汲。

【叢書書目彙編】墨海金壺　《旅舍備要方》一卷，宋董汲撰。

【遼寧省立圖書館館刊】第一卷館藏叢書墨海金壺　《旅舍備要方》一卷，宋董汲。

【二續中國醫學書目】《旅舍備要方》一卷。與《傷寒微旨論》合爲一冊。十一行，二十三字。框横十一釐，縱十五釐。宋董汲撰。《墨海金壺》之内。原序，孟震。自序，董汲。《旅舍備要方提要》。卷末(提)[題]云"皇清嘉慶十有三年歲在著雍執徐且月昭文張海鵬較梓"。

5. 珠叢別錄本

【四庫書目邵注】卷十　《旅舍備要方》一卷，宋董汲撰。《珠叢別錄》本。《郘亭知見目》、《四庫目略》並同。

【行素堂目睹書錄】珠叢別錄　《旅舍備要方》一卷，宋董汲。

【八千卷樓書目】卷十　《旅舍備要方》一卷。守山閣本。

注：按守山閣，即錢熙祚室名。所謂守山閣本，蓋是《珠叢別錄》本矣。

【叢書舉要】卷三十珠叢別錄　《旅舍備要方》一卷，宋董汲。

【叢書書目彙編】珠叢別錄　《旅舍備要方》一卷，宋董汲。原注云：清錢熙祚刊。

6. 長恩書室本

【四庫書目邵注】卷十　《旅舍備用要方》一卷。《長恩書室叢書》本。《郘亭知見目》、《四庫目略》並同。

【行素堂目睹書錄】長恩書(屋)[室]叢書　《旅舍備要方》，宋董汲。原注云：國朝新昌莊肇麟木生輯，湘鄉曾相國國藩刊。

【叢書舉要】長恩書(屋)[室]叢書　《旅舍備要方》一卷，宋董汲。

【叢書書目彙編】長恩書(屋)[室]叢書　《旅舍備要方》一卷，宋董汲。

【八千卷樓書目】卷十　《旅舍備要方》一卷，宋董汲撰。《曾氏叢書》本。

【持靜齋書目】卷三　《旅舍備要方》一卷，宋董汲撰。長恩書室刊本。

【涵芬樓舊書分類總目】《旅舍備要方》，宋董汲撰。長恩書室本。一冊。

【清華學校圖書館中文書籍目錄】《旅舍備要方》一卷，董汲宋。見《長恩書室叢書》。

【江蘇省立國學圖書館圖書總目】《旅舍備要方》一卷，宋東平董汲。《長恩書室叢書》第七冊。咸豐刊本。

7. 半畝園刊本

【八千卷樓書目】卷十　《旅舍備要方》一卷，宋董汲撰。半畝園本。

【江蘇省立國學圖書館圖書總目】《旅舍備要方》一卷。《半畝園叢書》第七冊。同治刊本。

【北平北海圖書館月刊】卷二十四永樂大典内輯出佚書目　《旅舍備要方》一卷，宋董汲撰。清四庫館輯。半畝園刊本。

8. 鈔本

【竹崦庵傳鈔書目】《旅舍備要方》,宋董汲撰。二十一。

【八千卷樓書目】卷十 《旅舍備要方》一卷,宋董汲撰。抄本。

9. 未詳本

【文淵閣書目】卷十五 《旅舍備急方》一部。一冊。闕。

【菉竹堂書目】卷五 《旅舍備急方》一冊

【續文獻通考】

【國學用書類述】

二十七、神巧萬全方

(一) 出典及考證

【幼幼新書】卷四十近世方書 《萬全方》,劉元賓撰。元賓字子儀,號通真。主邵州邵陽縣簿。

【宋史藝文志】醫書 劉元(寶)[賓]《神巧萬全方》十二卷

【本草綱目】引據書目 《萬全方》

【醫方類聚引用書】《神巧萬全方》

【醫籍考】一千六百九十七頁 劉氏元賓《神巧萬全方》舊訛作"劉元寶"。《宋志》"十二卷。存"。按是書輯在於《醫方類聚》中,弟堅嘗爲錄出,跋曰:右宋劉元賓子儀撰。其方藥採之《聖惠》者十居七八,多可施用。其論說亦原本古人,間加己見。至如其舉傷寒各治,辨中風諸證,最爲賅備,頗有發明。奈何世久失傳,元明諸家罕徵引者。今檢《醫方類聚》中所載,按條掇拾,雖未復舊觀,然大要略具矣。仍謹依類排纂,詳加訂正,從《宋史》原目,釐爲十二卷云。

注:劉元賓傳,見於"《通真子補註王叔和脈訣》"條下。

(二) 輯本

醫方類聚採輯本

【躋壽館醫籍備考】《神巧萬全方》十二卷,六冊,宋劉元賓撰。《醫方類聚》採輯本。

【崇蘭館書目】《神巧萬全方》十二卷,宋劉元賓。十冊。《醫方類聚》採輯本。

【雜病廣要採摭書目】《神巧萬全方》,宋劉元賓。

【觀聚方要補採摭書目】《神巧萬全方》,宋劉元賓。

二十八、贛州正俗方

【直齋書錄解題】卷十三 《正俗方》一卷,知虔州長樂劉彝執中撰。以虔俗信巫，無醫藥，集此方以教之。《文獻通考》引之。

【遂初堂書目】醫書　《贛上證俗方》

【宋史藝文志】醫書　劉彝《贛州正俗方》二卷

【宋史】劉彝本傳　劉彝知虔州，俗尚巫鬼，不事醫藥。彝著《正俗方》以訓，斥淫巫三千七百家，使以醫易業，俗遂變。

【福建藝文志】卷四十六　《贛州正俗方》二卷，閩縣劉彝著。《道光通志》云：彝知虔州，俗信巫，無醫藥，集此方以教之。《遂初堂書目》作《贛上證俗方》。彝已見"周禮"下。

注：按此書卷五"周禮中義八卷"云：閩縣劉彝著。案，彝慶曆六年進士。《經義考》以爲懷安人。《雍正通志》作十卷。

注：劉彝傳，《宋史》卷三百三十四本傳云：劉彝字執中，福州人。幼介特，居鄉以行義稱。從胡瑗學，瑗稱其善治水，凡所立綱紀規式，彝力居多。第進士，爲邵武尉，調高郵簿，移朐山令。治簿書，恤孤寡，作陂池，教種藝，平賦役，抑姦猾，凡所以惠民者無不至。邑人紀其事，目曰"治範"。熙寧初，爲制置三司條例官屬，以言新法非便罷。神宗擇水官，以彝悉東南水利，除都水丞。久雨汴漲，議開長城口，彝請但啟楊橋斗門，水即退。爲兩浙轉運判官。知處州（"處"當是"虔"之訛）。俗尚巫鬼，不事醫藥。彝著《正俗方》以訓，斥淫巫三千七百家，使以醫易業，俗遂變。加直史館，知桂州。禁與交人互市。交阯陷欽、廉、邕三州，坐貶均州團練副使，安置隨州。又除名爲民，編隸涪州，徙襄州。元祐初，復以都水丞召還，病卒於道，年七十。著《七經中義》百七十卷，《明善集》三十卷，《居陽州》三十卷。

二十九、治風方

【直齋書錄解題】卷十三　《治風方》一卷，張耒文潛所傳，凡三十二方。《文獻通考》同。《醫籍》引解題作"三十卷"。

【世善堂藏書目錄】卷下　《治風方》一卷，張文潛。

注：張耒傳，《東都事略》卷一百十六《文藝傳》云：張耒，字文潛，楚州淮陰人也。幼穎異能爲文。（《醫籍考》亦引《事略》無"能"字。）從蘇轍學，轍見其文愛之。舉進士，爲臨淮簿、壽安尉、（《醫籍考》"簿"上有"主"字。）咸平丞。蘇軾亦深知之，稱其文爲汪洋澹泊，有一唱三歎之聲云。（《醫籍考》"爲汪"以下至"聲云"十三字無。）召爲太學錄。（《醫籍考》無"錄"字。）元祐初爲正字，遷著作佐郎，（《醫籍考》無"作"字。）改著作郎，兼史院檢討。在館八年，顧義自守，泊如也。（《醫籍考》無"也"字。）擢起居舍人，請郡，以直龍圖閣知潤州。徙宣州，責監黃州酒稅。徙復州，起爲通判黃州，移治兗州。（《醫籍考》"兗"作"袞"。）召爲太常少卿。甫數月，復以直龍圖閣知穎州，又徙汝州。復坐元祐黨落職，主管明道宮。初，耒在穎聞蘇軾之訃，（《醫籍考》"聞"作"問"。）以師弟禮（《醫籍考》"弟"作"弟子"）舉喪，言者以爲言，遂貶房州別駕，黃州安置。五年，得自便，居陳州，尋主管崇福宮。卒年六十。倣宋刻本

三十、古今録驗養生必用方

(一)出典

【證類本草所出經史方書】《初虞世方》

【幼幼新書】卷四十近世方書　《養生必用》,初虞氏紹聖中編。

【通志藝文略】方書　《初虞世必用方》三卷

【遂初堂書目】《養生必用方》

【郡齋讀書後志】卷二《養生必用方》十六卷,右皇朝初虞世撰。序謂,古人醫經行於世者多矣。所以別著者,《醫籍考》所引"著"下有"書"字。古方分劑爲分銖兩不侔,用者頗難。此方其證易詳,其法易用,苟尋文爲治,雖不習之人,亦可無求於醫也。虞世本朝士,一旦削髮爲僧,在襄陽與十父遊從甚密。《文獻通考》引此文。

【直齋書録解題】卷十三　《養生必用書》三卷,靈泉山初虞世和甫撰。紹聖丁丑序。

【宋史藝文志】醫書　初虞氏《古今録驗養生必用方》三卷。

注:按《證類本草》所引有"初虞世"十三條,"初虞方"一條。

注:初虞世傳,《可談》:世傳婦人有產鬼形者,不能執而殺之則飛去,夜復歸就乳,多瘁其母,俗呼爲旱魃。亦分男女,女魃竊其家物以出,男魃竊外物以歸。初虞世和甫,名士善醫,公卿爭邀致。而性不可馴狎,往往尤忽權貴,每貴求治病,必重銖求之,至於不可堪。其所得賂,旋以施貧者。最愛黄庭堅,常言"黄孝於其親,吾愛重之"。每得佳墨精楮奇玩必歸。魯直語朝士云:初和甫於余,正是一男旱魃。時座中有厭苦和甫者,率爾對曰:到吾家,便是女旱魃。《說郛》卷三十五。

《老學菴筆記》云:初虞世,字和甫,以醫名天下。元符中,皇子鄧王生月餘,得癇疾危甚,羣醫束手。虞世獨以爲必無可慮,不三日王薨。信乎醫之難也。

《齊東野語》云:初虞世所集《養生必用方》,戒人不可妄服金虎碧霞丹,乃詳其說云:狀元王俊民,字康侯,爲應天府發解官。得狂疾,於貢院中嘗對一石碑呼叫不已。碑石中若有應之者,亦若康侯之奮怒也。病甚不省覺,取書冊,交股刀自裁及寸。左右抱持之,遂免出試院,未久,疾勢亦已平復,起居飲食如故,但悒悒不樂。徐醫以爲有痰,以碧霞金虎丹吐之。或謂心藏有熱,勸服治心經諸冷藥。積久爲夜中洞泄,氣脱肉消,食不前而死。

《醫學源流》云:初虞世,宋哲學,紹聖中人。居靈泉山蒲池寺善會院,撰次《古今録驗養生必用方》。

(二)考證

【開有益齋讀書志】卷四　《重改正古今録驗養生必用方》上中下三卷,宋靈泉山初虞世譔。次有紹聖五年四月日宗室捐之序,云初虞世在元豐中嘗鏤版,累經摹搨,爲人妄有損壞,今復刊正,別立序論。《直齋書録解題》亦云"三卷。靈泉山初虞世和甫撰,紹聖丁丑序",即此本也。晁氏《郡齋讀書志》"《養生必用方》十有六卷,初虞世撰。序謂古人醫經行世者多矣。……與十父遊甚密"。今無此序,是晁氏另一增之本。《文獻通考》"十六卷",乃晁本也。此書名《古今錄驗》。惟僧智深治唐丞相李恭公患眼翳,唐侍御王元鑒進金露圓,終南道士治胡陽公主難產,爲古時人之方案。康郡君苦風秘,文潞公苦大腹不調,李公儀病肺之類,皆虞世親驗治之方。王淵《傷寒編逸方》,獨孤及治盛文肅太尉肺熱,張公度治黃魯直母秘結,杜方叔、楊公遠治楊侍講郡君痰,道人治汶富人子張生目疾,爲同時驗治之證。至程正叔先生,以目翳方授汶人孫彥先待制自效,爲王淵借職作《名醫傳》,程正叔先生見驗者十餘人。程正叔知醫,可與《蘇沈良方》并稱也。王狀元任先生文"丈夫服碧霞丹致死"一條,力辨妄人託夏噩姓名,作《王魁傳》之誣,幾七百餘言,詳王俊民力學愛身,可謂不負死友。俊民贈詩"寒窗一夜雪,紛紛來朔風。之子動歸興,輕袂飄如蓬。問子何所之,家在濟水東。問子何所學,上庠教化宮。行將攜老母,寓居學其中",亦詩話所不載。張處厚,潞人。父有德,不仕,與嵩山邢昂先生爲莫逆交。邢有道之士,石曼卿輩皆尊禮之,自有碑刻。處厚子騤,有賢行。李公名丁,齊人,才器業文章,與世懸絕,不可企及。石曼卿、劉潛輩,皆拜之又心服。曼卿集中"老仙遺孫生齊魯,性鍾清明氣高古。儀形如表聲如鐘,胸有奇才備文武",即李,亦爲輯曼卿集者所未見。則其敘名德、資談助,不獨醫家圭臬也。此書宋刻,每半葉十二行,每行二十二字。

(三)傳本

1. 宋刊本

【開有益齋讀書志】卷四　《重改正古今錄驗養生必用方》上中下三卷,宋靈泉山初虞世譔。次有紹聖五年四月日(宋)[宗]室捐之序。《直齋書錄解題》云"三卷,靈泉山初虞世和甫撰,紹聖丁丑序",即此本也。此書宋刻,每半葉十二行,每行二十二字。

【宋本行格表】卷下十二行　《宋本養生必用方》。《朱述之讀書志》。

2. 未詳本

【本草綱目】引據古今書目　初虞世《養生必用方》

【世善堂藏書目錄】卷下　《養生必用方》十六卷,初虞世。

【汲古閣毛氏藏書目錄】　《養生必用方》十六卷、《尊生要訣》二卷,宋初虞世。

【近古堂書目】卷下　《養生必用要略方》

【絳雲樓書目】卷三　《養生必用要略方》十六卷,宋虞世南撰。

注:按《絳雲樓書目》所稱"虞世南",疑即"初虞世"之訛。虞世南爲唐越州餘兆人,《舊唐書》卷七十二、《新唐書》卷一百零二并載其傳。

三十一、續必用方

【通志藝文略】方書　《續必用方》一卷

【秘書省續編到四庫闕書目】卷二　《續必用方》一卷。闕。

三十二、護命方

【郡齋讀書後志】卷二　《楊子護命方》五卷,右皇朝楊退修康侯撰。退修以岐伯論五運六氣,以治疾病,後世通之者,唯王冰一人而已。然猶於遷變行度,莫知其始終次序,故著此方論云。《文獻通考》亦引之。

【本草綱目】引據書目　《楊子建萬全護命方》

注:楊子建傳,見於"女科楊子建七說"下。

三十三、通神論

【郡齋讀書後志】卷二　《通神論》十四卷,右皇朝楊退修(康侯)撰。退修以岐伯論五運六氣以治疾病,後世通之者,唯王冰一人而已。然猶於遷變行度,莫知其始終次序,故著此方論云。《文獻通考》亦引之。

【文淵閣書目】卷十五　《通神論》一部一冊。闕。

【菉竹堂書目】卷五　《通神論》

【醫籍考】一千七百三十四頁　按是書趙希弁稱楊退修所著。據黄魯直序,楊名康侯,字子建,乃著《十產論》者。然則退修當是康侯别字,或其所自號也。

序跋

黄庭堅序

天下之學,要之有宗師,然後可臻微入妙,雖不盡明先王之意,惟其有本源,故去經不遠也。今夫《六經》之旨深矣,而有孟軻、荀況、兩漢諸儒,及近世劉敞、王安石之書,讀之亦思過半矣。至於文章之士難矣,而有左氏、莊周、董仲舒、司馬遷、相如、劉向、楊雄、韓愈、柳宗元,及今世歐陽修、曾鞏、蘇軾、秦觀之作,篇籍具存,法度粲然,可講而學也。惟神農、黄帝、岐伯、雷公之書,秦越人、淳于意、皇甫謐、張機之論,儒者罕學,學之亦不能到其淵源。近世黎陽高若訥號邃於醫方,若訥既沒,亦不得其傳焉。余有方外之友曰楊介,嘗謂余言《本草》、《素問》之意,且曰五運六氣,視其歲而爲之藥石,雖仲景猶病之也。至於《本草》,則仲景深矣。余涉世故多,未能從介學之,衰老竄逐戎僰,瘴疫侵陵,生意無幾,恨不早從楊君之學也。今年以事至青神,有楊康侯子建者,以其所論著醫,惠然見投,悉讀之,而其說汪洋,蜀地僻遠,無從問所不知。子建閉戶讀書,貫穿黄帝、岐伯,無師之學,至能如此,豈易得哉。然其湯液皆以意調置,則不能無旨矣。方皆聖賢妙於萬物之性者,然後能作而巧者,述之而世之者也。今子建發五運六氣,敘病裁藥,錯綜以鍼艾之方,與衆共之,是亦仁人之用心云爾。《豫章别集》《醫籍考》

三十四、經效方

【證類本草所出經史方書】《經效方》
【秘書省續編到四庫闕書目】卷二　《經效方》十卷
注：按《證類本草》所引有"經效方"二回。

三十五、斗門方

【證類本草所引經史方書】《斗門經》
【古今醫統大全】卷一採摭諸書　《斗門方》
【本草綱目】引據書目　《斗門方》
注：按《證類本草》所引有"斗門方"五十二條，"斗門經"一條。

三十六、十全博救方

【證類本草所出經史方書】《十全博救方》。《本草綱目》同
【通志藝文略】方書　劉氏《十全博救方》一卷，劉甫集。
【秘書省續編到四庫闕書目】卷二　劉甫《十全博救方》一卷
【宋史藝文志】醫書　劉甫《十全博救方》一卷
注：按《證類本草》所引有"十全博救"五條，"十全博濟"二條。

三十七、十全方

【證類本草所出經史方書】《十全方》
注：按《證類本草》所引有"十全方"五條。

三十八、續十全方

【證類本草所出經史方書】《續十全方》
注：按《證類本草》所引有"續十全方"八條。

三十九、新續十全方

【證類本草所出經史方書】《新續十全方》
注：按《證類本草》所引有"新續十全方"一條。

四十、博救方

【秘書省續編到四庫闕書目】《博救方》一卷

四十一、勝金方

【證類本草所出經史方書】《勝金方》。《本草綱目》同
【秘書省續編到四庫闕書目】卷二 《勝金方》一卷
【通志藝文略】方書 《勝金方》一卷
【宋史藝文志】醫書 《勝金方》一卷
注:按《證類本草》所引有"勝金方"二十二條。

四十二、陳巽方

【證類本草所出經史方書】《陳巽方》
注:按《證類本草》所引有"陳巽"一條。

四十三、劉氏方

【證類本草所出經史方書】《劉氏方》
注:按《證類本草》所引有"劉氏"一條。

四十四、修真方

【證類本草所出經史方書】《修真方》
注:按《證類本草》所引有"修真方"一條。

四十五、老唐方

【證類本草所出經史方書】《老唐方》
注:按《證類本草》所引有"老唐"一條。

四十六、成訥方

【證類本草所出經史方書】《成(汭)[訥]方》
注:按《證類本草》所引有"成訥"一條。

四十七、席延賞方

【證類本草所出經史方書】《席延賞方》。《本草綱目》同
注:按《證類本草》所引有"席延賞"一條,"(席)[席]延賞"一條。

四十八、楊文蔚方

【證類本草所出經史方書】《楊文蔚方》
注:按《證類本草》所引有"楊文蔚"一條。

四十九、支太醫方

【證類本草所出經史方書】《支太醫方》
注:按《證類本草》所引有"《支太醫方》"一條。

五十、高供奉方

【證類本草所出經史方書】《高供奉方》
注:按《證類本草》所引有"高供奉方"一條。

五十一、楊堯輔方

【證類本草所出經史方書】《楊堯(夫)[輔]方》
注:按《證類本草》所引有"楊堯輔"一條。

五十二、秦運副方

【證類本草所出經史方書】《秦運副方》
注:按《證類本草》所引有"秦運副"一條。

五十三、家傳驗方

【證類本草所出經史方書】《家傳驗方》
注:按《證類本草》所引有"家傳驗方"一條。

五十四、張潞大效方

【證類本草所出經史方書】《張潞大效方》
注:按《證類本草》所引有"張潞"一條。

五十五、乘閑集效方

【證類本草所出經史方書】《乘閑集效方》

【秘書省續編到四庫闕書目】卷二 《乘閑集效方》一卷。輝按，陳錄有《集效方》一卷，云李觀氏集。

【本草綱目】引據書目 《乘間集效方》

注：按《證類本草》所引有"乘閑方"一條。

五十六、李世勣方

【證類本草所出經史方書】《李世勣方》

注：按《證類本草》所引有"李世勣"一條。

五十七、經驗後方

【證類本草所出經史方書】《經驗後方》

注：按《證類本草》所引有"經驗方"九十七條，"經驗前方"一條，"經驗後方"三十三條。

五十八、拾遺諸方

【證類本草所出經史方書】《拾遺諸方》

注：按《證類本草》所引有"拾遺"一條。

五十九、仙方

【證類本草所出經史方書】《仙方》

注：按《證類本草》所引有"仙方"一條。

六十、太倉公方

【證類本草所出經史方書】《太倉公方》。《本草綱目》同

六十一、蘇恭方

【證類本草所出經史方書】《蘇恭方》

六十二、歐陽方

【證類本草所出經史方書】《歐陽方》

六十三、集驗方

【證類本草所出經史方書】《集驗方》

六十四、救急方

【證類本草所出經史方書】《救急方》。《本草綱目》同

注:按《證類本草》所出經史方書,尚有"治勞瘵方"、"頭疼諸方"、"治瘧諸方"、"治痢諸方"等諸目,然今檢《證類》唐慎微所引,并無見其名,疑皆非書名,故今止附記於茲焉。

六十五、太平惠民和劑局方

(一)出典

【幼幼新書】卷四十近世方書 《太醫局方》,朝奉郎尚書庫部郎中陳師文等編。

【通志藝文略】方書 《和劑局方》五卷

【郡齋讀書後志】《和劑局方》十卷。右大觀中詔通醫刊正藥局方書,閱歲書成,校正七百零八字,增損七十餘方。

【直齋書錄解題】卷十二 《太平惠民和劑局方》六卷,庫部郎中陳師文等校正。凡二十一門,二百九十七字,其後時有增補。

【玉海】卷六十三熙寧太醫局 熙寧九年五月癸亥,命許將、熊本提舉太醫局,不隸奉常。提舉一員,判局二員,每科置教授一,學生以春試補三百人爲額,歲終較功過爲三等。大觀中,陳師文等校正《和劑局方》五卷,一百九十七道,二十一門。紹興二年四月,定醫官爲八十五員,禮部請止以四十三員爲額。六年正月四日,置藥局四所,其一曰和劑局。十八年閏八月二十三日,改熟藥所爲太平惠民局。二十一年十二月十七日,以監本藥方頒諸路。

【文獻通考】經籍考 《和劑局方》十卷。下引晁、陳二氏。

【宋史藝文志】醫書 陳師文校正《太平惠民和劑局方》五卷。

【攟壤集】下醫書 《和劑方》

注:陳師文傳,《古今醫統大全》卷一云:陳師文,爲越名醫,與裴宗元一時齊著,其用方亦大同,所定大觀二百九十七方。《圖書集成》亦引載之

注:裴宗元傳,《古今醫統大全》卷一:裴宗元,以醫名越,專用成方。及丹溪出晤曰:操古方以治今病,其勢不能以盡合。故其方書遂不盛行也。《圖書集成》亦引載之

注:按陳承所編有《重廣補注神農本草并圖經》,承傳。參觀其條

(二)考證

【太平惠民和劑局方】陳師文等上表 爰自崇寧增置柒局,揭以"和劑"、"惠民"

之名，俾夫修製給賣，各有攸司。又設“收買藥材所”，以革僞濫之弊。比詔會府，咸置藥局，所以推廣祖考之德澤，可謂曲盡。然自創局以來，所有之方，或取於鬻藥之家，或得於陳獻之士，未經參訂，不無舛訛，雖嘗鏤板頒行，未免傳疑承誤。故有藥味脱漏，銖兩過差，製作多不依經，祖襲間有僞妄，至於貼牓，謬戾尤多，殆不可以一二舉也。頃因條具，上達朝廷，繼而被命，遴選通醫，俾之刊正。於是請書監之秘文，採名賢之别録，公私衆本，搜獵靡遺，事闕所從，無不研核。或端本以正末，或泝流以尋源，訂其訛謬，析其淆亂。遺佚者補之，重複者削之，未閲歲而書成，繕寫甫畢，謹獻於朝。

許洪序　洪襲父祖業三世矣，今古方書，無不歷覽，就其徑而效神者，惟《太平惠民和劑局方》爲之最，所恨板行日久，烏馬失真。洪於供職暇日，謹證以監本，精加校定，尚慮或者以爲出已意之私，於是按諸家《本草》所載，具註藥性於逐品之下，將使業醫者朝夕玩味，自然默會前人製方妙處。仍併將吳直閣得效名方，及諸局經驗秘方，各隨條類，附於本方之左。又編次“和劑指南總論”以冠帙首，期與并行於時，此區區蠅附驥尾之願也。

【癸辛雜識】《和劑局方》，當時精集諸名方，凡經幾名醫之手，至提領以從官内臣參校，可謂□矣。然其間差訛者亦自不少，且以“牛黄清心丸”一方言之，凡用藥三十九味，其間藥味寒熱訛雜，殊不可曉。嘗見一名醫云：此方是前八味，至蒲黄而止，自乾山藥以後凡二十一味，乃“補虛門”中“山芋丸”，當時不知緣何誤寫在此方之後，因循不曾改正。今因其説而改之，信然。凡此之類，必多有之。信乎誤註《本草》，非細故也。《醫籍考》

【局方發揮】首頁　《和劑局方》之爲書也，可以據證檢方，即方用藥，不必求醫，不必修制，尋贖見成丸散，病痛便可安痊。仁民之意，可謂至矣。自宋迄今，官府守之以爲法，醫門傳之以爲業，病者恃之以立命，世人習之以成俗。然予竊有疑焉，何者？古人以神聖工巧言醫，又曰“醫者，意也”，以其傳授雖的，造詣雖深，臨機應變，如對敵之將、操舟之工，自非盡君子隨時反中之妙，寧無愧於醫乎。今乃集前人已效之方，應今人無限之病，何異刻舟求劍，按圖索驥，冀其偶然中，難矣。明板

【續醫説】　劉桂曰：或問云，《和劑局方》丹溪《發揮》辨之詳矣。戴原禮乃丹溪高弟，今觀其所著《證治要訣方論》，皆祖《局方》，何也？余曰：《局方》亦何負於人哉。前後活人，不知其幾，丹溪但辨其用藥者誤耳，非方之罪也。血虛證，不宜用香燥之劑；痿痺證，不可混作風治。亦何嘗屏棄之乎。今人遂以《局方》例不可用，或者有宜北不宜南之説，殊不知《内經》治寒以熱，治熱以寒，微者逆之，甚者從之，權變得宜，消息以爲治要，可限以南北之方，而無寒熱之異哉。原禮蓋得丹溪之心法者，其有取於《局方》，非苟然也。《醫籍考》

【景岳全書】卷三傳忠錄下辨丹溪　至若《局方》一書，雖云多用熱澀，然於實熱新邪，豈云皆用此法。觀其所載太平丸、戊己丸、香連丸、薷苓湯之類，豈非以寒治熱者耶。又若真人養臟湯、大已寒丸、胡椒理中湯之類，皆有可用之法，其中隨證酌宜，顧在用之者何如耳，豈《局方》專以熱澀爲用，而可斥其非耶。且是書之行，乃

宋神宗詔天下高醫,各以效方奏進而成者。此其中或過於粉飾者料不能無,而真效之方必亦不少。第在丹溪之言火多者,謂熱第能殺人,而余察其寒爲多者,則但見寒藥之殺人耳。明者其深察之。

【曝書亭集】卷五十五書太平惠民和劑局方後　《太平惠民和劑局方》十卷,載晁氏《讀書後志》、陳氏《書録解題》。《宋藝文志》作"五卷"。按,宋大觀中詔通醫刊正藥局方,於是庫部郎中陳師文等校正,類分二十一門,録方二百九十有七。然則是書成於汴都也。今考王氏《玉海》,置藥局四所,其一曰和劑局,在紹興六年正月。至若改"熟藥所"爲"太平惠民局",在紹興十八年又八月。蓋師文等校正本,實止五卷,其後添補紹興、寶慶、淳祐諸方,暨吳直閣方、諸局方,故增益至十卷爾。予家所藏乃元時雕本,後附太醫助教許洪《指南》三卷,係建安高氏日新堂板行。

【四庫全書總目】卷一百零三　《太平惠民和劑局方》十卷,《指南總論》三卷。兩淮鹽政採進本。舊本題"宋庫部郎中提轄措置藥局陳師文等奉敕編"。案王應麟《玉海》云:大觀中,陳師文等校正《和劑局方》五卷,二百九十七道,二十一門。晁公武《讀書志》云:大觀中詔通醫刊正藥局方書,閱歲書成,校正七百八字,增損七十餘方。又《讀書後志》云:《太醫局方》十卷,元豐中,詔天下高手醫各以得效秘方進,下太醫局驗試,依方製藥鬻之,仍摹本傳於世。是大觀之本實因神宗時舊本重修,故公武有"校正"、"增損"之語也。然此本止十四門,而方乃七百八十八。考《玉海》又載,紹興十八年閏八月二十三日,改"熟藥所"爲"太平惠民局"。二十一年十二月十七日,以監本藥方頒諸路。此本以"太平惠民"爲名,是紹興所頒之臨本,非大觀之舊矣。其中又有寶慶、淳祐續添諸方,更在紹興之後。并附《用藥總論指南》三卷,皆從《圖經本草》鈔撮增入,亦不知何時所加。陳振孫《書録解題》稱《和劑局方》"其後時有增補",殆指此類歟。戴良《九靈山房集》有《丹溪翁朱震亨傳》,曰"時方盛行陳師文、裴宗元所定大觀二百九十七方,翁窮晝夜是習,既而悟曰:操古方以治今病,其勢不能以盡合。苟將起度量,立規矩,稱權衡,必也《素》、《難》諸經乎"。又稱"震亨得羅知悌之學以歸,諸醫泥陳、裴之學者,聞其言大驚而笑且排。及治許謙末疾良驗,笑且排者始皆心服"。是此書盛行於宋元之間,至震亨《局方發揮》出,而醫學始一變也。又岳柯《桯史》曰:《和劑局方》乃當時精集名方,凡幾經名醫之手,至提領以從官内臣參校,可謂精矣。然其間差訛者亦自不少,且以"牛黄清心丸"一方言之,凡用藥二十九味,寒熱訛雜,殊不可曉。嘗見一名醫云,此方衹前八味,至蒲黄而止,自乾山藥以下凡二十一味,乃"補虚門"中"山芋丸",當時不知緣何誤寫在此方之後,因循不曾改正。余因其説而考之,信然。如此之類,必多有之云云。是併不能無所舛誤矣。然歷代相傳專門禁方多在是焉,在用者詳審而已。必因噎而廢食,則又一偏之見矣。

【四庫全書簡明目録】卷十　《太平惠民和劑局方》十卷,《指南總論》三卷,是書初刱於元豐,重修於大觀,後紹興、寶慶、淳祐中又遞有所增加。蓋南宋醫院以此書爲祖本,多用燥烈香竄之藥,易見功效,而亦多所耗傷,故朱震亨極排之。然病有萬狀,藥不一格,在用得其當而已,亦不必矯枉過直也。

【增廣太平惠民和劑局方】張海鵬跋　宋崇寧中置七局，始有“和劑”之名。紹興間改“熟藥所”爲“太平惠民局”，取崇、觀以來所收局方分門編纂，名《太平惠民和劑局方》十卷，《指南總論》三卷，分十四門，七百八十八方。蓋自紹興至寶慶、淳祐，時有增補，非大觀中二百九十七道之舊也。今此本十四門，除產前、產後二法，胎神遊方、催生符，及後附四香，不可謂之方外，止六百七十四方，名《增廣太平惠民和劑局方》十卷，後有《圖經本草》、《藥性總論》三卷，無“指南”之名。既云“增廣”，而與無“增廣”二字之本轉少一百十四方，豈陳、裴而後又有從而詳校增減者歟。《癸辛雜(誌)[識]》謂清心丸二十九味，止前八味，至蒲黄而止，自乾山藥以下凡二十一味，乃“山芋丸”所誤入者。今此本“牛黄清心丸”所載藥味次第，自牛黄至蒲黄已十九味，後十味以乾山藥而止，與《癸辛雜(志)[識]》所云不同，其爲後人重訂之本可知也。要之，此書雖有朱丹溪駁辨，然當時精集羣方，幾經名醫之論定，獻於朝，行於世，所謂“得十全之效，無纖芥之疑”者，苟非實有足以惠民，豈竟爲紙上空談以誤世哉。雖傳寫或間有訛誤，不可因噎而廢食。余因久無刊刻之家，抄錄不無亥豕，所以校對至再至三，以期詳審無誤，而付之梓。尚望好我者惠我古本，俾隨時訂正，幸甚幸甚。乙丑四月，虞山張海鵬識。

【鐵琴銅劍樓藏書目】卷十四　《太平惠民和劑局方》十卷，附《指南總論》二卷。元刊本。此書首列“進書表”，末題陳承、裴宗元、陳師文謹上三行。凡十四門，七百七十八方，與陳氏《書錄》及《玉海》作五卷，爲二十一門、二百九十七方不合。蓋陳氏、王氏所載，爲師文原本，此則紹興以後增修本也。《文獻通考》作“十卷”，殆即此本矣。目錄後有“建安宗文書堂鄭天澤新刊”一行。曝書亭所藏竹垞氏有跋者，爲建安高氏日新堂刊本，同爲元刻，別一本也。近時邑中張氏刊入《學津討原》者，得同里陳氏舊鈔本，多“增廣”二字，而脫落處甚夥。今以張本校之，如：

卷一“五脾湯”下脫方名略，以下同。七方。“乳香宣經圓”下脫十四方。

卷三“順氣木香散”下脫一方。

卷八“槐角圓”下脫一方。“何首烏散”下脫一方。“玉龍膏”下脫一方及“五行八卦之圖”。“導滯散”下脫二方。“神效當歸膏”下脫一方。“烏蛇膏”下脫一方。“補損當歸散”下脫一方。

卷九“澤蘭圓”下脫一方。“吳茱萸湯”下脫一方。“牡丹煎圓”下脫一方。“白薇圓”下脫五方。“保生丸”下脫四方。“催生丹”下脫七方。“油煎散”下脫四方。“安胎飲”下脫四方。“南嶽魏夫人濟陰丹”下脫四方。“琥珀圓”下脫三方。“白聖丹”下脫五方。“牡丹散”下脫五方。“黑龍散”下脫一方。“當歸養血圓”下脫七方。“增損四物湯”條“須日進黑神散三服”下脫二百廿九字，文多不備錄。“豬蹄方”下“產前將護法”上，此本有“八月安產圖”、“體玄子借地法”、“禁草法”、“禁水法”共文二十一行，張本皆脫。“催生符”下有“推婦人行年法”、“逐日產母生子宜向方”、“逐月產母生子忌向方”、“藏胎衣吉方”、“逐日日游神”五條，共二葉，張本亦脫。

卷十“太一銀朱丹”下脫一方。“至聖丹”下脫一方。“五疳保童圓”下脫一方。"香連圓"下脱一方。"沒食子圓"下脱一方。"惺惺散"下脱五方。"朱砂圓"下脱六方。"肥兒圓"下脱一方。"人參圓"下脱一方。"白豆蔻散"下脱一方。"豆蔻香連圓"下脱一方。"赤石脂酸"下脱二方。"朱礬散"下脱二方。"鎮心至寶丹"下脱一方。"麥煎散"下脱一方。"秘傳神仙消痞圓"下脱一方。"銀白散"下脱一方。"玉真湯"下脱二方。"二宜湯"下脱一方。"仙朮湯"下脱三方。"茴香湯"共二方,其後一方脱。"縮砂湯"下脱一方。

此皆張本之脱誤,惜未依此本刻之也。書中"丸"字或作"圓",猶宋本之舊。末附《指南總論》二卷,題"敕太醫助教前差充四川總領所檢察惠民局許洪編"。張氏所未刻者,乃訛以《圖經本草》一種爲用藥總論,尤失之也。

【日本訪書志補】《和劑局方》十卷。元刊本。每半葉十五行,行二十四字。按《玉海》稱大觀中陳師文校正,《和劑局方》五卷,二百九十七道,二十二門。此本前有日本人補鈔師文上表,與《玉海》合,而與此本不符。陳振孫《書錄解題》稱"《和劑局方》其後時有增補",殆謂此歟。然除紹興以後所增之方,實得二百九十六方,師文之舊,尚可尋檢。唯所分十四門,每門下又有附目,又得十門,共二十四門。是則增添合併,不可考矣。宋制最重醫學局方,自北宋元豐中,詔天下名醫以秘方下太醫試驗。至大觀、紹興,代有增益,故南北宋間,皆奉此本爲圭臬。自朱震亨《局方發揮》出,其風始稍殺。余謂操古方治今病,固不能盡合師心。自用隨意下藥,又豈有準乎。和緩(匾)[扁]陀,曠代一見。《千金》、《外臺》古方,奚止千萬,不有揀擇,何以示中村。末有《局方指南總論》上中下三卷,標題稱"敕授太醫助教前差充四川總領所檢察惠民局許洪編"。而《四庫提要》著錄本不著許洪之名。按許洪雖無可考,據其官銜,亦必南宋人。其所論列,皆有斷制,非深明醫術者不能。《提要》稱其從《圖經本草》鈔錄增入,亦淺之乎視洪矣。光緒壬午二月,楊守敬記。

又檢《學津討原》刊本,標題"增廣太平惠民和劑局方",後有《圖經本草藥性總論》三卷,無《指南》之名。其十四門,除產前、後二法、胎神遊方、催生符,又後附四香,不可謂之方外,止六百七十四方。據稱從鈔本入木,未得古本訂正,則亦未可依據。按,胎神諸符元本無之,"四香"一門,則元本所有。又案《癸辛雜識》,稱《局方》"牛黄清心丸"廿九味,前八味至蒲黄而止,自乾山藥以下廿一味,乃"山芋丸"所誤入。今此本"牛黄清心丸"藥味次第,蒲黄在第十三,而乾山藥在第廿六。余志安本亦同。與周氏説不應,而與張海鵬刊本次第亦復不同。張刊次第與朱葵本同。知此書爲後人所亂不少。大觀之本既不得見,則此較勝於朱、張兩刻。有心世道者,亟以重刻,爲業醫者示之的,爲惠民者廣其術焉。壬午九月二十二日燈下再記。

余又得日本丹波元胤《醫籍考》稿本,有許洪《太平惠民和劑局方注》自序,末題"嘉定改元歲在戊辰日南至敕授太醫助教前差充四川總領所檢察惠民局許洪謹書",迺知許洪有《局方注》,其"指南總論"冠其注本之首。後人刻《局方》,去其注而存其總論,故附於書後。序文中又稱,洪襲父祖業三世矣。按許叔微有《普濟本事方》十二卷。叔微,維揚人,紹興三年進士,洪豈其孫歟。存以俟考。癸未五月,守敬再記。

【醫籍考】一千七百四十五頁　陳氏師文《校正太平惠民和劑局方》。《宋志》五卷。佚。按,是書據《宋志》及《玉海》,舊係五卷。《書錄解題》作"六卷"者,或析目錄別爲一卷歟。至《讀書志》作"十卷",恐是誤寫。徐春甫以裴、陳二氏并爲名起,"起"當作"越"。不知何據。弟堅曰:王應麟以和劑、惠民二局爲紹興中所置,據陳師文等《表》,有"崇寧增置七局,揭以和劑、惠民之名"語,則蓋不創於紹興也。詳《宋史·職官志》:崇寧中,置藥局七所,添丞一員,點檢。宣和三年減置。仍知二局是宣和所罷,而至紹興更置和劑局,改"熟藥所"爲"惠民局"矣。張海鵬等《學津討源》所輯《增廣本局方》,跋云宋崇寧中置七局,始有"和劑"之名。紹興間改"熟藥所"爲"太平惠民局",未爲至當也。陳《表》又云"崇寧以來,所有之方,或取於鬻藥之家,或得於陳獻之士,未經參訂,不無舛訛,雖嘗鏤板頒行,未免傳襲承誤"云云。趙希弁亦稱,大觀中詔通醫刊正藥局方書,而校正增損。然則是書非昉出師文等,崇寧已後既爲刊本,師文因以重修者,故《宋志》冠以"師文校正"字也。

一千七百四十七頁　《增廣校正和劑局方》五卷。存。按是書往歲姬路侯大夫川合元昇鼎得之西京書估,以贈於先子,蓋南宋鐫本也。校通行本,無寶慶以下方,雖有紹興續添,別不標識。至諸家名方,不題"吳直閣增"字,則知紹興中吳直閣所增廣也。然茲本不載其名字,所謂"吳直閣"者,難識爲何人。且茲本但題"增廣校正",無"太平惠民"字,與《讀書志》所載符。弟堅曰:《玉海》、《書錄解題》并稱師文等舊本,凡二百九十七方,二十一門。今通行本大觀舊方與續添,各爲區別,溢出二方,至分類僅十四門,其舊不可復觀。特至茲本,瞭然可辨,與《幼幼新書》引合,其存舊色者無疑矣。詳《玉海》稱二十一門,併其目錄而言,今茲本"諸風一切氣痼冷婦人"篇題下,無"附腳氣脾胃消渴產圖"字。大小篇目共二十一門,而治傷寒後有脾胃一門,昭通行本,知是紹興所添。若其諸方無重見者,與通行本不同。有參苓飲子、傷寒諸家名方。思食圓、一切氣諸家名方。降氣湯諸湯諸家名方。三方,無四斤鐵彈黑龍三圓、諸風。滲濕湯、冰黃散、傷寒。丁香脾積圓、一切氣。二陳湯、痰飲。水煮木香圓、縛虎圓、瀉痢。寸金圓、套命丹、雜病。化毒排膿內補十全散、沒藥降聖丹、瘡腫。牛漆湯、濟危上丹、琥珀黑龍丹、濟陰丹、琥珀黑散、朮香散、竹茹湯、婦人。人參散、錢氏白朮散、小兒。清遠香,香方。凡二十二方。又一切感應圓,至紅圓子,共十三方。吳直閣如神圓,別爲脾胃不和門,諸局麝香蘇和香圓,一切氣。吳大香連圓,瀉痢。在大觀方內。大觀生氣湯,一切氣。在紹興方內。紹興溫肺湯、痰飲。大觀七棗湯、瀉痢。淳祐春雪膏、眼目。硼砂散、咽喉。寶慶至聖保命丹、挨積圓,小兒。在諸家名方內。蓋通行本所錯,宜訂正焉。又通行本牛黃清心丸,其藥味次第,徵周氏《雜識》不同。今茲本則否,前八味爲牛黃、金箔、麝香、犀角、雄黃、龍腦、羚羊角、蒲黃,後二十一味與"大山芋圓"同,但有黃芩、無熟乾地黃爲異,是則合乎《雜識》所云。先子嘗以此八味療中風及驚癇,殊有神驗。此等關係非輕,所以醫方之書,必貴古本也。

一千七百六十頁　按《太醫局方》與《和劑局方》,本自不同,《提要》誤以此書爲神宗時舊本重修,疏甚。

【經籍訪古志】卷八《增廣校正和劑局方》五卷。南宋槧本。柳沜先生跋曰。中略按茲本無序及目錄,出於不知"不知出於"歟。何人。考許洪註本序稱"諸家名方"者,爲吴直閣所附。許作是序在於嘉定改元,則茲本修自吴直閣,而其爲高、孝兩朝間人可知也。"牛黄清心丸"一方,周公謹《癸辛雜識》嘗云與"山芋圓"參錯,今徵之通行本,自牛黄至蒲黄十九味,茲本即否,前八味爲牛黄、金箔、麝香、犀角末、雄黄、龍腦、羚羊角、蒲黄、後二十一味與"大山芋圓"同。但有黄芩、無地黄爲異耳。乃的符乎公謹之言。夫古人之制方炮製,增損斟量是慎。況至於方劑差謬,其所繫不爲細,故是先君子收儲醫經經方之日,必貴真本者。豈類古玩家,僅得柴窯殘器,奉爲至寶耶。今若茲本,又非徒宋雕可以珍重也。曬曝之餘,敬識其由,併述先君子之意,告諸子孫,子孫其永葆。文化十三年歲次丙子七夕。

注:按《太平惠民和劑局方》,大觀中陳師文等校正之後,遞有增損者,今從諸家所說考之,宋時所增損。略有七次,茲錄其要,以供便覽。即如下:

(一)《大觀陳師文校正和劑局方》五卷。《通志》、《玉海》、《宋志》。六卷。《解題》。十卷。《後志》。凡二十一門,二百九十七方。《解題》、《玉海》。校正七百零八字,增損七十餘方。《後志》。

(二)紹興續添,二十一年十二月十七日,以監本藥方頒諸路。《玉海》。二十一年二月乙卯,詔諸州置惠民局,官給醫書。《宋史·高宗紀》。

(三)《增廣校正和劑局方》五卷,無寶慶以下方,雖有紹興續添,別不標識。至諸家名方,不題"吴直閣增"字,則知紹興中吴直閣所增廣也。《醫籍考》。茲本修自吴直閣,而其爲高、孝兩朝間人可知也。柳沜跋。

(四)《嘉定許洪註太平惠民和劑局方》,附《指南總論》,仍併吴直閣得效名方,及諸局經驗秘方,各隨條類,附於本方之左。又編次"和劑指南總論"以冠帙首。許洪自序。

(五)寶慶新增。

(六)淳祐新添,其後添補紹興、寶慶、淳祐諸方,暨吴直閣方、諸局方,故增益至十卷。《曝書亭集》。其中又有寶慶、淳祐續添諸方,更在紹興之後。兼附《用藥總論指南》三卷,皆從《圖經本草》鈔撮增入。《四庫提要》。蓋自紹興至寶慶、淳祐,時有增補,非大觀中二百九十七道之舊也。張海鵬跋。

(七)《增註太平惠民和劑局方》十卷。不知修乎何人,蓋許洪所注,止於吴直閣得效名方,及諸局經驗秘方。茲本併寶慶、淳祐增添新方,俱加箋解,則宋季人所續修,卷首猶題洪名銜。《醫籍考》。按,朝鮮活字印本亦題"增註太平惠民和劑局方",蓋亦以此本爲祖者。

(三)序跋

1. 敘陳師文等上表

昔神農嘗百草之味,以救萬民之疾;周官設疾醫之政,以掌萬民之病。著在簡編,爲萬世法。我宋勃興,神聖相授,咸以至仁厚德,涵養生類,且謂札瘥薦臻,四時代有，救恤之術，莫先方書。故自開寶以來，丞敕近臣讐校《本草》，厥後纂次《神醫普救》，刊行《太平聖惠》、重定《鍼艾俞穴》，校正《千金》、《外臺》，又作"慶曆善救"、"簡要濟衆"等方，以惠天下。或範金揭石，或鏤板聯編，是雖神農之用心，成周之致治，無以過也。天錫神巧，睿聖承統，其好聖之德，不特見於方論而已。又設"太醫局熟藥所"於京師，其恤民瘼，可謂勤矣。主上天縱深仁，孝述前列，爰自崇寧增置柒局，揭以"和劑"、"惠民"之名，俾夫修製給賣，各有攸司。又設"收買藥材所"，以革僞濫之弊。比詔會府，咸置藥局，所以推廣祖考之德澤，可謂曲盡。然自創局以來，所有之方，或取於鬻藥之家，或得於陳獻之士，未經參訂，不無舛訛，雖嘗鏤板頒行，未免傳疑承誤。故有藥味脱漏，銖兩過差，製作多不依經，祖襲間有僞妄，至於貼牓，謬戾尤多，殆不可以一二舉也。頃因條具，上達朝廷，繼而被命，遴選通醫，俾之刊正。於是請書監之秘文，採名賢之別錄，公私衆本，搜獵靡遺，事闕所從，無不研核。或端本以正末，或泝流以尋源，訂其訛謬，析其淆亂。遺佚者補之，重複者削之，未閱歲而書成，繕寫甫畢，謹獻於朝。將見合和者得十全之效，飲餌者無纖芥之疑。頒此成書，惠及區宇，遂使熙豐惠民之美意，崇觀述事之洪規，本末巨細，無不畢陳。納斯民於壽康，召和氣於穹壤，億萬斯年，傳之無極，豈不韙歟。學津討源本

將仕郎措置藥局檢閱方書陳承、奉議郎守太醫令兼措置藥局檢閱方書裴宗元、朝奉郎守尚書庫部郎中提轄措置藥局陳師文謹上。

2. 增註和劑方敘意

《本草》一編，實醫家之根本，肇於黄帝岐伯，而大備於我宋。若昔聖賢，其於製方之始，雖曰神融心會，與造化合其妙，然藥之君臣佐使、寒溫良毒，與夫治療之所主，凡識其性而用之各當其宜者，皆自《本草》中來。後世用方，詎可不於此而究心焉。不然，則紙上之傳，有如藥名之舛訛，謂如以"黄芩"爲"黄耆"是也。性之冷熱，甚於水火。若此之類，不可縷數，姑舉其大略如此。分兩之差誤，謂如以一錢爲一兩，以一分爲一斤是也。古人處方之意多不容減，少不容增，此尤其不可不察。往往皆莫敢是正。不知冷熱相反，多寡不稱，失之毫釐，謬以千里，以此療疾，無益有傷。雖曰據方炮製，對證投餌，其與"實實虛虛，損不足補有餘"者何以異。洪襲父祖業三世矣，今古方書無不歷覽，就其徑而效神者，惟《太平惠民和劑局方》爲之最。所恨板行日久，烏馬失真。洪於供職暇日，謹證以監本，精加校定，尚慮或者以爲出己意之私，於是按諸家《本草》所載，具註藥性於逐品之下，將使業醫者朝夕玩味，自然默會前人製方妙處。是書之成，上足以仰贊聖朝惠民之萬一，躋天下於壽域，茲實其階。下足以爲良醫篋笥之寶，其或診病有淺深，用藥合加減，變而通之，無施不可。非特此爾，衛生君子，儻一過目，亦可以釋夫未達之疑。仍併將吳直閣得效名方，及諸局經驗秘方，各隨條類，附於本方之左。又編次"和劑指南總論"以冠帙首，期與并行於時，此區區蠅附驥尾之願也。洪欲畀之書市，深恐忽於射利者漫不加意，復蹈前車之覆，則亦洪之罪也。今敬委積慶名家，以陰騭爲念者，鋟木以傳，庶幾志與我同，不至滅裂以誤天下。扁鵲、倉公儻復生斯世，必深嘉洪之用心。時嘉定改元歲在戊辰日南長至，敕

授太醫助教前差充四川總領所檢查惠民局許洪謹書。朝鮮刊本

3. **重刻和劑局方序**明朱葵

余不知醫，何敢言方，惟是遇人傳有驗方，即欲轉以傳人。自稍有知時，迄今知非之日，恒持此一念，亦不自知，其何以肫肫不替也。憶庚申年，博汝陰尚艱嗣，且十餘年來，內人輩皆艱孕。有李生玄白者，以《局方》皺血丸進，且云鄉人服之多驗。余如其言，製付內人，服之果多妊，後凡七舉子女。心識此書，多驗方如此，時以小草中外，不獲梓傳。乙亥年，以先淑人艱歸，讀禮之餘，遍覓此書市肆中及喜藏書家，俱不可得。走力訪之汝陰，則李生家以流氛破郡，前書秦火。噫，此壽人有用之書，可與廣陵散并絕哉。余肫肫傳方一念，悵然如有所失，幾令人疑造物果不仁。後因眷屬輩多抱恙者，服汝和袁君藥，輒應手霍然起。疑其笥多驗方，再叩之而始知其盡神用於《局方》中也。借讀前書，如對十八年前古人，快哉。袁君固與余同此肫肫傳方一念者，縱臾余宜竟前志。余曰：此壽人之書也。余與君同志，當同爲壽書之人。念此書自宋迄今且肆百餘年，此書之存，僅此一本，危哉。是誠千古斷續之一關也。梓之費余任之，較之勞君任之。令宇內得此底本，互梓互傳，壽此書於無盡，以壽世世之人。余與君肫肫傳方之一念，不亦大快也哉。書成，直述其事，以爲之序。羅青山人朱葵撰。正保四年日本刊本

4. **重刻宋局方**明袁元熙

余少因多病，寄跡玄門師祖，與竹賈公以修真學道之事，必以濟人爲先，乃取紫虛真人諸醫書訓余。余甫十齡，讀其文，不達其意。繼命余師事呂梁，洎南河兩徐先生，授脈理診法，余年十有三矣。間有扶病至者，酌方投劑，輒有起色。先生器之，教以《素問》。余黽黽受學，旁採《道藏》諸方，拈方對證，必殫思昔人神智，迥絕常倫。況眇茲後學，其敢自騁臆見，又敢自詡得先生之傳。而呂梁先生謬以余可教，易簣時謂余曰：醫書之汎濫，於今極矣。唯有宋《局方》，酌今準古，中正和平，誠保命之丹經、醫門之秘笈也。第攜囊涉遠遂失去，奈何？余懷之耿耿，遍覓書肆中不可得。一日，偶獲於市，購歸試之，效靡不奇中。凡有病霍起者，遂謬稱余爲呂梁再生。余烏敢，但深體古人立方之意，而慎其改削，或無負先生之教耳。然每恨此書世遠帙湮，善本幾絕，力又不能翻梓。頃值昆明羅青朱公，叩余所藏。余述此書顛末，公大喜，謂於此書有夙契，而施仁種德之心，勃不可遏，遂重梓以廣其傳，而命余附贅一言。余見刻醫書，必以總論列其前，如風氣寒暑，分門別類，攻保補泄，按理揆因，使覽者開卷豁然，輒知大意。至於某病用某方，百千億病，即立百千億方，則又非總論所能悉也。語云：藥不執方，果有洞垣之燭，離婁之技，則法隨心生，諸病觸手而解。不然循途借筏，通變化裁，方胡可廢哉。然方書太多，恐涉龐雜，獨此《局方》集今古諸方之大成，於每方之下，必註以數語，則分論亦甚詳矣。願知醫者遵而行之，即神明存乎其人，而規矩具備，躋斯人於壽域，是書功不小矣。朱公之福德，又寧有既焉。崇禎丁丑長至日，冶城袁元熙謹識。正保四年日本刊本

5. **陳耕道跋**

蘇文忠云，藥雖進於醫手，多方傳於古人。若已取效於世間，不必皆從於己出。

是知醫之製方,必以古人所傳者爲則也。《太平惠民和劑局方》自宋迄元,盛行於世,朱丹溪恐人之徒執古方,不復審病者之情而變通之,故設爲問答,駁辨甚詳,亦救世之苦心耳,非謂《局方》之可廢也。如周密所謂"牛黃清心丸"止八味,然《張氏醫通》所錄已存十三味,則知此方八味之外,原有可供採用者。世之醫者,能神明乎規矩之中,安知此十三味之外,不更有可採。即此十三味之中,不更有可去者乎。若既昧於脈理,而復不知古人所以製方之意,輒以丹溪藉口,而欲自我作古,則丹溪恐《局方》之誤人,而不觀《局方》者,又爲丹溪所誤矣。虞山陳耕道識。《學津討源》本

6. 張海鵬跋

注:按《學津討源》本所載張海鵬跋,其全文既載在"考證"中,今不重載焉。

(四)刊本及鈔本

1. 宋刊本

【滂喜齋宋元書目】 宋板《和劑局方》一套。

【醫籍考】一千七百四十七頁 《增廣校正和劑局方》五卷。存。按是書往歲姬路侯大夫川合元昇鼎得之西京書估,以贈於先子,蓋南宋鐫本也。下略,見於"考證"條下。

【經籍訪古志】卷八 《增廣校正和劑局方》五卷。南宋槧本。聿修堂藏。每半板高六寸七分,幅四寸六分,十一行,行廿一字,注字數不定。左右雙邊,板心間有劂人姓名。

按,此本卷第一諸風傷寒,第二一切氣至痼冷,第三積熱至瘡瘍折傷,第四婦人,第五小兒。

柳沜先生跋曰:宋《太平惠民和劑局方》,近世通行止於宋季增添之本,而不唯大觀中陳師文等所重修者既致遺佚,則併許洪注本不復可觀也。乙丑孟冬,姬路大夫川合具元昇鼎。購此本於西京書坊,千里郵致,以贈先君子。蓋其書五卷,凡二十一門,錄方二百九十七道,乃與《宋史藝文志》、陳振孫《書錄解題》、王應麟《玉海》所載合,而附紹興續添諸家名方,則雖非汴都之舊本,其煙楮精潔,實爲南宋初所開雕。先君子得之,球璧不啻,以爲寶櫝之秘矣。下略,見於"考證"條下。

【帝室和漢圖書目錄】 《增廣校正和劑局方》,宋陳師文等。宋板,現存三卷三冊。

【圖書寮漢籍善本書目】卷三 《增廣校正和劑局方》,零本三冊。宋刊本。每半葉十一行,行二十一字。現存卷二、三、四之三卷耳。每冊首有"多紀氏藏書印"、"江戸醫學藏書之記"兩印記。

【宋元本行格表】卷下十一行 南宋本《增廣校正和劑局方》。行二十一字,五卷,左右雙邊,板心間有劂人姓氏。《訪古志》

2. 元古林書堂刊本

【聿修堂藏書目錄】 《增廣太平惠民和劑局方》十卷,六冊。(盧)[廬]陵古林書堂(鏝)[镌]本。

【經籍訪古志】卷八 《增廣太平惠民和劑局方》十卷,《指南總論》三卷,《圖經

本草》一卷。元廬陵古林書堂刊本,缺總論上卷,聿修堂藏。每半板高六寸一分,幅四寸九分。十三行,行廿二字。首載陳師文等上表。首頁木格内題"廬陵古林書堂"六字。

按,此本冠"增廣"字,蓋據宋本者。且每方諸藥次第頗與宋本合,體式與元明諸本不同,則注本當以此爲最善。享保中,典藥頭橘親顯等奉教校刊是書,其所據野呂元丈藏"增廣"本者,殆似此本。又乾隆中張海鵬彙《學津討源》中有是書,亦全與此本合,而時有缺脱。

又按,是書元以來刻本不一,元板則有余志安本注文略,以下同,有臨江錢氏本,有高氏日新堂本,有鄭天澤本,有不記年月本。明板則有葉氏廣勤堂本,有熊氏種德堂本,有袁元熙本。朝鮮本則有活字本二通,其一據余志安本者,其一銅板本。

3. 元余志安勤有堂刊本

【聿修堂藏書目録】《增註太平惠民和劑局方》十卷,六冊。大德甲辰刊。宋許洪撰。

【經籍訪古志】卷八　余志安本。聿修堂藏,卷首題"增注"字,第十卷末有"大德甲辰余志安刊於勤有堂"記。

【故宫博物院書目】《太平惠民和劑局方》十卷,十冊。勤有堂刊本。

【日本訪書志補】《和劑局方》十卷。元刊本。余又得大德甲辰余志安刊於勤有堂本,體式頗異,文字全與此本同,而又缺目録。末又無許洪總論。

注:按《留真譜新編》載有此本書影。

4. 元臨江錢氏刊本

【經籍訪古志】卷八　臨江錢氏本。崇蘭館藏,第五卷末有"臨江新喻吾山錢氏丁未春月校正梓行"木記。

5. 元高氏日新堂刊本

【曝書亭集】卷五十五書太平惠民和劑局方後　《太平惠民和劑局(本)[方]》十卷。中略予家所藏乃元時雕本,後附太醫助教許洪《指南》三卷,係建安高氏日新堂板行。詳見"考證"條下。

【皕宋樓藏書志】卷四十六　《增廣太平惠民和劑局方》十卷。元刊本,撰人無考,次引陳師文等上表。今略之。按,目録後有"建安丙午年高氏日新堂刊行"一行。此書原有兩刊,一爲建安宗文書堂鄭天澤刊,一爲高氏日新堂刊,此則高氏刊本也。每葉二十八行,每行二十二字,大黑口。舊爲荻溪章紫伯明經所藏,後歸於余。

【宋元本行格表】卷下十四行　元刊本《增廣太平惠民和劑局方》,行二十二字,大黑口。《皕宋樓藏書志》。

【聿修堂藏書目録】《太平惠民和劑局方》十卷。缺五、六二卷。附《指南(後)[總]論》二卷,《圖經本草藥性論》二卷,六冊。建安高氏日新堂刊。

【寶素堂藏書目録】《太平惠民和劑局方》十卷,□冊。建安高氏日新堂刊本。

【經籍訪古志】卷八　高氏日新堂刊本。聿修堂藏。目錄後題"建安丙午年高氏日新堂刊行"十二字。考其干支,當是大德十年。序中宋主及朝字并提頭,稍存宋本之體。已下諸刻,蓋皆以此本爲原。

【圖書寮漢籍善本書目】卷三　《太平惠民和劑局方》十卷,《總論指南》三卷,《圖經本草》一卷。四册。元刊本。闕卷五至七,計三卷。首有陳承進表,次目錄,錄後有"建安丙午高氏日新堂刊行"一行。丙午,當是大德十年。卷中間有補鈔。每册首有"如實庵圖書記"、"多紀氏藏書印"、"江戶醫學藏書之記"諸印記,《太平惠民和劑局方》十卷,十二册,同上,係一版模印。此本亦闕卷一。

【日本訪書志補】《和劑局方》十卷。元刊本。又檢《曝書亭集》,有建安高氏日新堂刊本,與此本悉合。

6. 元清江書堂刊本

【聿修堂藏書目錄】《太平惠民和劑局方》十卷,附《指南(後)[總]論》一卷,《圖經本草藥性總論》二卷。元清江書堂槧本。

【經籍訪古志】卷八　元板有不記年月本。生起館藏。檢其版式,爲正統刊本所原。

注:按《經籍訪古志》復載明正統葉氏刊本。注云:當是葉氏重刊元清江書堂本者。然而此條亦云"檢其板式,爲正統刊本所原",然則所謂"不記年月本",當是清江書堂槧本,所以錄於此焉。

7. 元宗文書堂鄭天澤刊本

【鐵琴銅劍樓藏宋元本書目】《太平惠民和劑局方》十卷,附《指南總論》二卷。元刊本。目錄後有"建安宗文書堂鄭天澤新刊"一行。

注:按《鐵琴銅劍樓藏書目》亦載此本,詳見"考證"條下。

【寶素堂藏書目錄】《太平惠民和劑局方》十卷,□册。建安宗文書堂鄭天澤刊本。

【經籍訪古志】卷八　鄭天澤本。《圖經本草》缺,目錄末題"建安宗文書堂鄭天澤新刊"。十一行。其行款體式,一與日新堂本同。考《愛日精廬藏書志》載《靜修集》,稱"至順庚午孟秋宗文堂刊",則此本年歲亦可類推。

【圖書寮漢籍善本書目】卷三　《太平惠民和劑局方》十卷,《指南總論》三卷。七册。元刊本。前有陳承進表,目錄後有"建安宗文書堂鄭天澤新刊"一行。首葉墨書"主明室實正居士"七字。每册首有"多紀氏藏書印"、"江戶醫學藏書之記"諸印記。

《太平惠民和劑局方》零本三册。同上,係一版模印。現存卷一至四、七、八,計六卷。每册首有"小島氏圖書記"印,首有"尚質之印"、"字學古"印記。

8. 元刊未詳本

【汲古閣珍藏秘本書目】　元板《太平和劑局方》五本,三册。

【行素堂目睹書錄】汲古閣珍藏秘本書目　元板《太平和劑局方》五本,三册。

【藝芸精舍宋元本書目】元本　《太平惠民和劑局方》十卷

【郘亭知見傳本書目】卷八　《太平惠民和劑局方》十卷。元刊本。

【日本訪書志補】《和劑局方》十卷。元刊本。每半葉十五行,行二十四字。雙邊。目錄分十四門,凡四百八十八方。據目錄,每門有陰識,增入"紹興續添方"、"寶慶新增方"、"淳祐新添方"、"吳直閣增諸家名方"、"續添諸局經驗秘方"。按《玉海》稱以下略,詳見"考證"中。

【觀海堂書目】實字號　《和劑局方》十本。十卷。元本。　寸字號　《和劑局方》五本。十卷。元本。　若字號　《和劑指南》一本三卷。元本。

【故宮博物院書目】《太平惠民和劑局方》十二卷,五冊。元刊本。

【元治增補御書籍目錄】《太平惠民和劑局方》十卷。有闕首一卷。附《指南總論》三卷。元板。十二冊。宋陳師文等編。

【帝室和漢圖書目錄】太平惠民　《和劑局方》。附《指南總論》,宋陳師文等。元版。十卷。七冊。　太平惠民《和劑局方》,宋陳師文等。元版。十卷四卷缺,三冊。　太平惠民　《和劑局方》。附《指南總論》、《本草藥性總論》,宋陳師文等。元版。十卷三卷缺,四冊。　太平惠民　《和劑局方》。附《指南總論》,宋陳師文等。元板。十卷一卷缺,十二冊。

注:按右《帝室目錄》所載元版四部,據《圖書寮漢籍善本書目》而考之,前二者即高氏日新堂所刊,後二者即鄭氏宗文書堂所刊矣。

9. 明正統葉氏廣勤堂刊本

【經籍訪古志】卷八　明板則有葉氏廣勤堂本。聿修堂藏。首頁本格內題"清江書堂"四字。第一卷末有"正統甲子良月吉日三峯葉氏廣勤堂刊"木記。當是葉氏重刊元清江書堂本者。

10. 明成化熊氏種德堂刊本

【聿修堂藏書目錄】《太平惠民和劑局方》十卷,五冊。熊氏種德堂。

【經籍訪古志】卷八　熊氏種德堂本。聿修堂藏。目錄末有"成化二年丙戌孟冬鼇峯熊氏種德堂刊本"記。此亦翻刻清江書堂本。

11. 明崇禎袁元熙朱葵刊本

【經籍訪古志】卷八　明袁元熙本。題"治城袁元熙汝和撰"。元熙蓋明末人,皇國有翻刻本,又有稱袁(本)[元](盈)[熙]者,俱是俗刻。

【內閣文庫圖書第二部漢書目錄】(特)《太平惠民和劑局方》十卷,明袁元熙校。八冊。明版。《太平惠民和劑局方》十卷,宋陳師文等。明袁(木)[元](盈)[熙]校。四冊。明版。

【日本訪書志補】《和劑局方》十卷。元刊本。又得明崇禎丁丑朱葵刊本,紹興以下續添之方皆合併,不復識別,且多所增損。治婦人諸疾,增添至一百五十九方。不知所據何本,然望知爲俗刻。

【故宮博物院書目】《太平惠民和劑局方》,袁元熙校。十卷,二冊。明刊本。

12. 明刊未詳本

【四庫書目郘注】卷十　《太平惠民和劑局方》十卷。明刊本。《郘亭知見目》、《四庫目略》並同。

【觀海堂書目】惠字號 《和劑局方》二本。十卷。明刻本。

【國學用書類述】《和劑局方》十卷。宋官書。明本。

13. 四庫全書本

【四庫全書總目】卷一百零三 《太平惠民和劑局方》十卷,《指南總論》三卷。兩淮鹽政採進本。

【壬子文瀾閣所存書目】卷三 《太平惠民和劑局方》十卷,《總論》三卷,十冊。計補鈔者九冊。舊鈔《局方》,存卷三十四。

【文溯閣四庫全書要略及索引】《太平惠民和劑局方》十卷,附三卷,宋陳師文等。十冊,五百十八枚。

【續中國醫學書目】《太平惠民和劑局方》。附《指南總論》。十卷,附三卷,十冊。八行二十一字。框橫十五釐,縱二十釐。宋陳師文等奉敕編。抄本據文溯閣本影鈔。提要,紀昀等,乾隆四十七年。附《太平惠民和劑局方指南總論》三卷。題宋陳師文等撰。

14. 學津討源本

【四庫書目邵注】卷十 《太平惠民和劑局方》十卷。《學津討源》本。《郘亭知見目》、《四庫目略》並同。

【叢書舉要】卷二十九學津討源 《增廣太平惠民和劑局方》十卷,《總論》三卷。官本。《叢書書目彙編》同。

【八千卷樓書目】卷十 《太平惠民和劑局方》十卷。《學津討原》本。

【古越藏書樓書目】卷五 《太平惠民和劑局方》十卷,《總論》三卷,宋陳師文等。《學津討源》本。

【日本訪書志補】又檢《學津討原》刊本,標題"增廣太平惠民和劑局方",後有《圖經本草藥性總論》三卷,無《指南》之名。張刊次第與朱葵本同,詳見"考證"條下。

【江蘇省立國學圖書館圖書總目】《太平和劑局方》十卷。《學津討源》殘存第一百十六至一百二十冊。嘉慶十年照曠閣刊本。

【清華學校圖書館中文書籍目錄】《增廣太平惠民和劑局方》十卷,《總論》三卷。見《學津討源》

【東海藏書樓書目】《太平和劑局方》十卷,《指南總論》三卷。張海鵬刊本。

【東京文理科大學附屬圖書館和漢書分類目錄】《增廣太平惠民和劑局方》、《總論》共十卷。《學津討源》第九十七至一百。

【二續中國醫學書目】《增廣太平惠民和劑局方》。附《本草指南總論》。十卷。三冊。附三卷、一冊。九行二十一字。框橫十釐,縱十四釐。虞山張海鵬校梓。《學津討源》之內。《欽定四庫全書提要》。"敘",陳承、裴宗元、陳師文謹上。《增廣太平惠民和劑局方》目錄。"跋",陳耕道。"跋",張海鵬,乙丑。當是嘉慶十年。

附《增廣和劑局方用藥總論》三卷,不著撰人。

注:按右《學津討源》本所附《用藥總論》。《局方》首頁題云"附本草指南總

論”，然檢其內容，實係節錄《證類本草》而成編者，而與許洪所編《指南總論》全別。《提要》以爲從《圖經本草》鈔撮增入者，殊非真矣。

15. 續知不足齋本

【四庫書目邵注】卷十　《太平惠民和劑局方》十卷，《指南總論》三卷。道光十年渤海高氏續知不足齋刊本。《郘亭知見目》、《四庫目略》並同。

【叢書舉要】卷二十八續知不足齋叢書　《太平惠民和劑局方》十卷，宋陳師文編。附《局方總論》三卷。

【江蘇省立國學圖書館圖書總目】《太平和劑局方》十卷，《總論》三卷，陳師文等奉敕編。《續知不足齋叢書》第一至六冊。

16. 日本正保四年刊本

【內閣文庫圖書第二部漢書目錄】《太平惠民和劑局方》十卷。日本正保四年刊。三冊。

【中國醫學書目】《惠民和劑局方》內題“重刻太平惠民和劑局方”。十卷，十一冊。十行二十字。框橫十三·八釐，縱十九·七釐，不一定。昆明朱葵向之父閱，治城袁元熙汝和父較，日本正保四年村上平樂寺刊。“重刻和劑局方序”，朱葵。“重刻宋局方序”，袁元熙，崇禎丁丑。炮製凡例。目錄。

17. 日本享保十七年刊本

【聿修堂藏書目錄】《增廣太平惠民和劑局方》十卷。附《指南總論》二卷、《圖經本草藥性(後)[總]論》二卷。十二冊。享保庚戌(鏝)[鐫]梓本。

【寶素堂藏書目錄】《增廣太平惠民和劑局方》十卷，十冊。東井文庫舊藏享保庚戌橘親顯等校刊初印善本。

【經籍訪古志】卷八　《增廣太平惠民和劑局方》十卷，《指南總論》三卷，《圖經本草》一卷。元廬陵古林書堂刊本，缺《總論》五卷。享保中典藥頭橘親顯等奉教校刊是書，其所據野呂元丈藏“增廣”本者，殆似此本。

【楂荂書屋圖書目錄】增補　《增廣太平和劑局方》。美濃判。十卷。刊。十二本，享保十七年壬子年版。附《圖經本草》、《用藥指南總論》。

【杏雨書屋圖書假目錄】《增廣太平惠民和劑局方》。序目十卷。附同《圖經本草藥性總論》二卷，同《指南總論》三卷。宋許洪撰。同《諸品藥石炮製總論》，宋陳師文等撰，橘親顯等校。享保十七年刊。十二冊。

【北京人文科學研究所藏書目錄】《增廣太平和劑局方》十卷，《圖經》三卷。宋陳師文等奉敕編。日本享保十五年橘親顯等校刊本。一函十二冊。

注：按右享保刊本，即橘親顯等奉幕命而校刊者。近藤正齋《右文故事》卷六“享保御板本”云：《增廣太平和劑局方》十二冊。按享保十五年十二月，前典藥頭橘親顯序云“自古昔齎來於本邦者幾希矣”云云，“國家尚慮其事之未備，切存惠民之餘德，命醫親顯等加校訂之事”云云，“粵索搜日光久能神庫之秘本，乃官私之諸本，殆得十有餘部”云云，“輯校苟完，謹以奉進之，重使臣親顯爲之序”云云。又參考《局方》並諸家奉進目次云：日光山神庫一部，久能山神庫一部，官庫一部。以上

三部《增註和劑局方》,朝鮮本也。其他又引明初刻本。關於享保刊本之來由,暨《局方》版本之大概,正齋詳細論之。據此,則似親顯等所據本,僅止明、韓數本,未及網羅宋元善本矣。

18. 日本寬政元年重刊本

【内閣文庫圖書第二部漢書目錄】《增廣太平惠民和劑局方》,十卷,《圖經本草》二卷,《指南總論》三卷,《目》一卷,橘親顯等校。寬政元年刊。

【杏雨書屋圖書假目錄】《增廣太平惠民和劑局方》。序目十卷。附同《圖經本草藥性總論》二卷,同《指南總論》三卷,宋許洪撰。同《諸品藥石炮製總論》,宋陳師文等撰,橘親顯等校。寬政元年刊。十二册。

【江南圖書館閲覽室檢查書目】《太平和劑局方》。南宋醫院之祖本,日本刊本。十二本。

【江蘇省立國學圖書館圖書總目】《太平和劑局方》十卷,附《圖經》二卷,《指南》三卷,《炮製論》一卷,十二册,宋陳師文等奉敕編。日本寬政元年重刊本。

19. 日本刊未詳本

【八千卷樓書目】卷十 《太平惠民和劑局方》十卷,《指南總論》三卷,宋陳師文等奉敕編。日本刊本。疑此本後歸於江南圖書館之寬政本。

【觀海堂書目】涇字號 《和劑局方》九本。十卷。日本刻本。

【故宫博物院書目】《增廣太平惠民和劑局方》十四卷。十二册。日刊本。

【内閣文庫圖書第二部漢書目錄】《太平惠民和劑局》。十卷。日本版。五冊。

20. 朝鮮活字本

【圖書寮漢籍善本書目】卷三 《增注太平惠民和劑局方》十卷,《附錄》一卷。六册。朝鮮覆元本,前有嘉定戊辰許洪進表,尾有"大德甲辰勤有堂刊"一行。首册至第四册首有"牙城魚氏"、"慕山齋藏"兩印記。

【朝鮮醫籍考】一百二十四頁 《增註太平惠民和劑局方》,十卷六冊,宋許洪註。圖書寮尊藏,刊行年代不詳。《銅人經》參照。銅活字印本。與《御藥院方》同版式同活字。上下及右緣截斷,經改裝。每半葉匡郭縱二十一釐,横十五・五釐。十二行,行十九字。其紙數:序二,目十八,本文五百二十枚。按此本據元刊本而擺印者,乃其版式與朝鮮整版本相似,足以證之。其首卷至卷九第五册即活字本,而卷十第六册即以整版本補之。第一冊至第四冊,每冊首有"牙城魚氏"、"慕山齋藏"兩印記。增註和劑局方敘意。時嘉定改元歲在戊辰日南長至,敕授太醫助教前差充四川總領所檢察惠民局許洪謹書。略之

【續中國醫學書目】《增註太平惠民和劑局方》。目錄。《指南總論》。二冊。十二行十九字。框横十五・三釐,縱二十・五釐。宋許洪編註。朝鮮活字本。"增註和劑方敘意",許洪,嘉定元年。增註太平惠民和劑局方總目。總目後云"外附《指南總論》三卷"。增註太平惠民和劑局方目錄。進表後缺。

注:按此本唯有序目及《指南總論》三卷,蓋是朝鮮銅活印之零本。首冊卷首有"清川氏圖書記"印記。

21. 朝鮮整版本

【圖書寮漢籍善本書目】卷三 《增註太平惠民和劑局方》,十卷六冊。朝鮮覆元刊本。尾有"大德甲辰余志安刊於勤有堂"一行。每半葉十二行,行十九字。每冊首有"岡氏家藏之裕記"、"多紀氏藏書印"、"江戶醫學藏書之記"、"大學東校典籍局之印"印。又尾有"與住藏書"印記。

【朝鮮醫籍考】一百二十六頁 《增註太平惠民和劑局方》十卷。六冊。宋許洪註。圖書寮尊藏。刊行年代不詳,亦不知與活字本孰爲先。整版,縱二十七·五釐,横十八釐。每半葉匡郭縱二十·五釐,横十五·五釐。十二行,行十九字。其版式與活字本略相似,缺序及目錄,故其紙數止五百二十枚。卷尾有"大德甲辰余志安刊於勤有堂"之記,是以知其爲據元刊本而擺印者也。

22. 朝鮮刊未詳本

【聿修堂藏書目錄】《增註太平惠民和劑局方》十卷。缺一卷、六卷、七卷。朝鮮板。《指南後論》一卷。

【躋壽館醫籍備考】《增註太平惠民和劑局方》十卷。六冊。朝鮮國刊本。

【寶素堂藏書目錄】《增注太平惠民和劑局方》零本一卷。第九十一冊。朝鮮國刊本。

【元治增補御書籍目錄】《增註太平惠民和劑局方》。十卷。韓板。六冊。宋許洪撰。

【東京帝室博物館漢書目錄】《增廣太平惠民和劑局方》。宋陳師文等奉敕撰。一冊。朝鮮本。

【帝室和漢圖書目錄】《增註太平惠民和劑局方》,宋陳師文等。宋許洪註。朝鮮版。十卷。六冊。《增註太平惠民和劑局方》。宋陳師文等。宋許洪註。朝鮮版。十卷。六冊。

注:按右躋壽館所藏,疑即後歸於圖書寮之整版本。又《帝室和漢圖書》所載之二本,恐亦是《圖書寮善本目》所載之二本,而一爲活字本,一爲整版本。今二本并十卷六冊,不能識別之,所以錄於此焉。

注:按《經籍訪古志》云:朝鮮本則有活字本二通,其一據余志安本者(聿修堂藏。每卷有醫官岡氏印,享保中官刻,據此本校正),其一銅板本(聿修堂藏。僅存一冊)。其所謂"據余志安本者",即是圖書寮現藏之整版本,則知《訪古志》雖稱朝鮮活字本有二通,其一實即整版本,一即銅活本,而非別有活字本也。

23. 日本鈔本

【經籍訪古志】卷八 《太平惠民和劑局方》十卷。舊鈔本,聿修堂藏。首載陳師文等序。每葉十行,行十九字。每半葉高七寸,幅四寸九分。十三行,行廿四字,無界行。按此爲三百年前物,《圖經本草》等目錄有之,而今缺不存。序中宋勃興、神聖、主上、考述、朝廷、命遴、朝將、惠及、熙豐字,並提頭書,蓋取原於宋本者,則十卷本宜以此爲冠也。

【内閣文庫圖書第二部漢書目録】(特) 《和劑局方指南總論》。宋許洪。日本寫本。三冊。《太平惠民和劑局方》。十卷。五冊。日本古寫本。

【故宫博物院書目】《太平惠民和劑局方指南》,宋許洪。一卷。日鈔本。

24. 未詳本

【文淵閣書目】卷十五 《太平和劑方》。一部三冊。闕。仝。《太平和劑方》。一部三冊。完全。

【菉竹堂書目】卷五 《太平和劑方》三冊

【古今醫統大全】【萬卷堂書目】【本草綱目】【醫藏書目】【脈望館書目】以上明【近古堂書目】【楝亭書目】【絳雲樓書目】以上清 【内閣文庫書檔舊目】民 【元治增補御書籍目録】日 【醫方類聚引用書】鮮

六十六、擬進太平惠民和劑類例

【醫籍考】一千七百五十三頁 盧氏祖常《擬進太平惠民和劑類例》。佚。按是書世無傳本,祖常於其所著《續易簡方》中每言及之,蓋似評論病證以辨治方者矣。

六十七、惠民局濟生方

【通史藝文略】方書 《惠民局濟生方》十卷

六十八、太醫西局濟生方

【宋史藝文志】醫書 《太醫西局濟世方》八卷

六十九、聖濟經

(一)出典

【聖濟總録】徽宗御製序 萬機之餘,著書四十二章,發明《内經》之妙,曰《聖濟經》。其意精微,其旨邁遠,其所言在理,所以探天下之至賾。

【幼幼新書】卷四十近世方書 《聖濟經》,國朝徽宗皇帝御製。

【郡齋讀書志】《御製聖濟經》十卷。右徽宗皇帝御製也。政和八年五月十一日,詔頒之天下學校。九月二十四日,大司成李邦彦等言:乃者從侍臣之請,令内外學校課試,於《聖濟經》出題。臣等竊謂,今《内經》、《道德經》既已選博士訓説,乞更以《聖濟經》附二經兼講。從之。

【中興館閣書目輯考】《聖濟經》十卷。原釋:政和中御製并序。體真、原化、慈幼、達道、正紀、食頤、守機、衛生、藥理、審劑,凡十篇。陰陽適平,精神内守而次,

凡四十二章。《玉海》六十三

【遂初堂書目】《聖濟經》

【直齋書錄解題】卷十三　《聖濟經》十卷。政和御製，辟雍學生昭武吳禔注。

【玉海】卷六十三　《政和聖濟經》。書目。《聖濟經》十卷。中略《中興館閣書目輯考》所引同。凡四十二章。一本云：政和八年五月壬辰，頒《御製聖濟經》，以廣皇帝之傳，其篇五十，其章四十有二。

【文獻通考】經籍考　《聖濟經》十卷。下引晁、陳二氏。

【宋史藝文志】醫書　《宋徽宗聖濟經》十卷

(二)考證

【聖濟經御製序】　自繼述以來，兢兢業業，夙夜不敢康。萬機之餘，紬繹訪問，務法上古，探天人之賾，原性命之理，明榮衛之清濁，究七八之盛衰。辨逆順，鑒盈虛，爲書十篇，凡四十二章，名之曰《聖濟經》。

【古今醫統大全】卷一採摭諸書　《聖濟經》十卷，宋徽宗採《內經》而作。原性命天人之理，究七八之盛衰，辨逆順之虛實，爲書十卷。政和間，頒是經於兩學，辟雍生吳禔爲之解義。若《達道》、《正紀》等篇，皆足以裨益治道，啟迪衆工。餘如《孕元》、《立本》、《制字》、《命物》二三章，釋諸字義，似乎穿鑿。

卷三醫書　《聖濟經》十卷，宋徽宗所作。大要祖述《內經》，而引援六經，旁及老子之言，以闡軒岐遺旨。政和間頒是經於兩學，辟雍生吳禔爲之解義。若《達道》、《正紀》等篇，皆足以裨益治道，啟迪衆工者也。並出《醫史》

【儀顧堂集】卷六刻聖濟經序　《聖濟經》十卷，宋徽宗御製。其注題曰“辟雍吳禔注”。經則《宋史藝文志》、《直齋書錄解題》、《昭德郡齋讀書志》、《文獻通考》、明《文(齋)[淵]閣書目》，皆著於錄。注則惟見於《書錄解題》，數百年來流傳絕罕。《四庫》未收，阮文達亦未進呈。至常熟張氏《愛日精廬藏書志》始著於錄。吳禔仕履無考，據《書錄解題》，知爲福建邵武人。據結銜，知爲太學生而已。徽宗自矜其書，謂可以躋斯民於仁壽，廣黃帝之傳，於《聖濟總錄序》亦諄諄之。蓋以此書爲經，《總錄》爲傳，其意可見也。政和八年五月十一日，頒之天下學宮，後允從臣之請，敕內外學校課試命題。九月二十四日，又從大司成李邦彥之請，選博士，與《內經》、《道德經》并講。趙希弁《讀書附志》言之頗詳。今觀其書，探五行之賾，明六氣之化，文淺而意深，言近而旨遠，可以讀《素問》之堦梯。示南宋以後諸家偏辭曲說，相去不啻霄壤，雖序稱黃帝親事廣成子於法宮，妄信左道讕言，而十篇之中，固皆言之成理，無邪說存乎其間也。昔人謂，使陳後、隋煬，與文士爭衡，亦當不落人後。愚謂徽宗以天下爲兒戲，自取敗亡。然於岐黃家言，實能深造自得。其敕定之《證類本草》、《聖濟總錄》，至今亦奉爲圭臬。苟使身爲醫士，與同時諸人絜短較長，豈在朱肱、許叔微下乎。然後知有斯民之責者，當以進賢退不肖爲急務，而非私恩小惠所得與焉。

（三）序跋

宋徽宗御製聖濟經序

一陰一陽之謂道，偏陰偏陽之謂疾。不明乎道，未有能已人之疾者。陰陽相照，相蓋相治。四時相代，相生相殺。五行更王，更廢更相。人生其間，由於陰陽，復於四時，制於五行。平則爲福，有餘則爲禍，淫則爲疾。惟非數之能攝，而獨立於萬形之上；非物之所能制，而周行於萬有之內。爲能以道御時，以神用數，形全精復，與天地爲一。昔者黃帝氏，蓋體神而明乎道者也。問道於廣成，見大隗於具茨，而自親事於法宮之中，垂衣裳，作書契，造甲子，定律曆，所以成天下之亹亹者。雖若風后力牧，常先大鴻，奉令承教之不暇，而不可跂及。然且嘆世德之下衰，憫斯民之散樸，上悖日月之明，下鑠山川之精，中墮四時之施，至於逐妄耗真，曾不終其天年，而中道以夭。乃詢岐伯，作爲《內經》。通神明之德，類萬物之情。其言與典墳相爲表裏，而世莫得其傳，至號爲醫者流，此與謂《易》爲卜筮者何異？朕甚悼之。自繼述以來，兢兢業業，夙夜不敢康，萬機之餘，紬繹訪問，務法上古，探天人之賾，原性命之理，明榮衛之清濁，究七八之盛衰。辨逆順，鑒盈虛。爲書十篇，凡四十二章，名之曰《聖濟經》。使上士聞之，意契而道存。中士考之，自華而摭實。可以養生，可以立命，可以躋一世之民於仁壽之域，用廣黃帝之傳，豈不美哉。嗚呼，陰淫寒疾，陽淫熱疾，風淫末疾，雨淫腹疾。陰陽之寇，外傷其形，有如此者。意傷於憂悲而支廢，魂傷於悲哀而筋攣，魄傷於喜樂而皮槁，志傷於恚怒而不能俛仰。情僞之感，內傷其真，有如此者。積虧成損，積損成衰，患固多藏於細微，而發於人之所忽。益止於畎澮，而損在於尾閭。戒之慎之，疾成而後藥，神醫不可爲也。若乃推行道術，輔正而去邪，立學建館，羣多士而教養（“羣”字原缺空格一字，今據《醫籍考》而補之），廩無告，捄病苦，而瑾其亡歿，則布之政令，載在有司，此不復敘。十萬卷樓本

（四）傳本

【文淵閣書目】卷十五　《聖濟經》一部二册。以下凡不注全缺者，俱塾本所無之內。

【內閣藏書目錄】卷六　《聖濟經》二冊。全。抄本。

【菉竹堂書目】卷五　《聖濟經》

【汲古閣毛氏藏書目錄】　《聖濟經》十卷，宋徽宗。

【本草綱目】引據書目　《宋徽宗聖濟經》

七十、聖濟經註

（一）出典

【直齋書錄解題】卷十三　《聖濟經》十卷。政和御製，辟雍學生昭武吳禔注。

（二）考證

【滄洲翁傳】呂復云　《聖濟經》十卷，宋徽宗所作。大要祖述《內素》而引援六

經,旁及老子之言,以闡軒岐遺旨。政和間,頒是經於兩學,辟廱生吳禔爲之解義。若《達道》、《正紀》等篇,皆足以裨益治道,啟迪衆工。餘如《孕元》、《立本》、《制字》、《命物》二三章,釋諸字義,失於穿鑿,良由不考六書之過。瑕瑜具存,固無害於美玉也。李濂《醫史》卷九

【鄭堂讀書記】卷四十二 《聖濟經》十卷。寫本。宋徽宗皇帝御撰,吳禔注。禔,昭武人。辟廱學生。《讀書附志》、《書錄解題》、《通考》、《宋志》俱著錄。前有徽宗御製序,稱《黃帝內經》通神明之德……名之曰《聖濟經》,用廣黃帝氏之傳。今觀其書,分體真、化原、慈幼、達道、五紀、食頤、守機、衛生、藥理、審劑十篇,每篇各有小序,又各以四字標章名,大旨融洽《素問》之義,而能要言不煩,誠可使上士聞之意契而道存,中士考之自華而摭實也。趙氏稱,政和八年詔頒之天下學校。大司成李邦彥等言,乃者從侍臣之請,令內外學校課試,於《聖濟經》出題。臣等竊謂,今《內經》、《道德經》,既已選博士訓說,乞更以《聖濟經》附二經兼講。從之。然則吳氏之注,爲當時試題進講二者而作,亦必承詔撰述,今不可考矣。所註極爲詳贍,非深通醫術者不能作,亦可謂其時之上士矣。其書明《文淵閣書目》尚載有二冊,近則久無傳本。仁和何夢華從吳縣黃氏士禮居假舊鈔本傳錄云。

【儀顧堂集】刻聖濟經序 《聖濟經》十卷,宋徽宗御製。其注題曰"辟雍生吳禔注"。經則《宋史藝文志》、《直齋書錄解題》、《昭德郡齋讀書志》、《文獻通考》、明《文淵閣書目》皆著於錄。注則惟見於《書錄解題》,數百年來流傳絕罕,《四庫》未收,阮文達亦未進呈。至常熟張氏《愛日精廬藏書志》始著於錄。吳禔仕履無考,據《書錄解題》,知爲福建邵武人。據結銜,知爲太學生而已。

(三)序跋

刻聖濟經序陸心源

注:按十萬卷樓本卷首載有此序,末題"光緒十三年歲在彊梧大淵獻中秋前五日歸安陸心源敘"。《儀顧堂集》亦載之,其全文今引載於"聖濟經考證"下,故不再錄於此。

(四)刊本及鈔本

1.明刊本

【愛日精廬藏書志】明刊本卷七至十抄補 宋徽宗御撰,辟廱學生昭武吳禔注,分十篇四十二章。《郡齋讀書志》、《直齋書錄解題》、《文淵閣書目》俱著錄,近則久無傳本。此本從四美堂書坊殘書中搜得之,闕卷七至十。聞士禮居藏有舊抄足本,介何君夢假錄四卷,始爲完書云。下引"御製序"。

【四庫書目邵注】卷十 《聖濟經》十卷。昭文張氏有明刊本,《郘亭知見目》同。

【聿修堂藏書目錄】 《宋徽宗聖濟經》十卷,五冊。收在《靈蘭二集》中。宋吳禔注。

【經籍訪古志】卷八 《宋徽宗聖濟經》十卷。明施沛《靈蘭二集》中本。宋辟廱生吳禔註。明元无子施沛較。是書無類可隸,姑列於此。衆疾方論。

2. 十萬卷樓本

【八千卷樓書目】卷十 《宋徽宗聖濟經注》十卷,宋吳禔等奉敕撰。十萬卷樓本。

【涵芬樓舊書分類總目】《宋徽宗聖濟經注》,宋吳禔撰。十萬卷樓本。三冊。

【叢書舉要】卷三十三十萬卷樓藏書三刻 《宋徽宗聖濟經注》十卷,吳禔。《叢書書目彙編》、《續彙刻書目》並同。

【古越藏書樓書目】卷五 《聖濟經》十卷,宋徽宗。《十萬卷樓三集》本。

【故宮普通書目】卷三 《聖濟經》十卷,宋徽宗御製,吳禔注。光緒十三年刊本。三冊。

【江南圖書館閱覽室檢查書目】《宋徵宗聖濟經註》,宋吳禔等奉敕撰。刊本。二本。

【江蘇省立國學圖書館圖書總目】《宋徽宗聖濟經》十卷,二冊,宋吳禔。清刊本。又一部十卷。《十萬卷樓叢書》第七十二至七十四冊。仝上。光緒刊本。

【清華學校圖書館中文書籍目錄】第七類 《宋徽宗聖濟經注》十卷,吳禔宋。見《十萬卷樓叢書》。

【遼寧省立圖書館館刊】卷一十萬卷樓叢書 《宋徽宗聖濟經》

【中東鐵路圖書館圖書目錄】《宋徵宗聖濟經注》十卷,宋吳禔。見《十萬卷樓叢書》。

【東京文理科大學附屬圖書館和漢書分類目錄】《宋徽宗聖濟經注》,宋吳禔。《十萬卷樓叢書》第九十二至九十四。

【中國醫學書目】《聖濟經》。內題"宋徽宗聖濟經"。十卷。三冊。十行二十一字。框横十三釐,縱十八·二釐。吳禔注。光緒十三年刊。"刻聖濟經序",陸心源,光緒十三年。宋徽宗《御製聖濟經序》。目錄。

【續中國醫學書目】宋徽宗《聖濟經注》十卷,三冊。十行二十一字。框横十三釐,縱十七·七釐。宋徽宗敕撰,宋吳禔註。光緒十三年刊。《十萬卷樓叢書》之內。"刻聖濟經序",陸心源,光緒十三年。宋徽宗《御製聖濟經序》。宋徽宗聖濟經目錄。

3. 鈔本

【愛日精廬藏書志】卷二十二 《聖濟經》十卷。明刊本。闕卷七至十。聞士禮居有舊抄足本,介何君夢假錄四卷,始爲完書。

【鄭堂讀書記】卷四十二 《聖濟經》十卷。寫本。近則久無傳本,仁和何夢華從吳縣黄氏士禮居假舊鈔本傳錄云。詳見"考證"下。

【皕宋樓藏書志】卷四十四 《聖濟經》十卷。舊鈔本。宋徽宗御撰,辟廱學生昭武吳禔注。御製序。

【静嘉堂文庫國書分類目錄】《聖濟經》十卷,宋徽宗帝撰,吳禔注。寫。十萬卷樓舊藏本。五冊。《秘籍志》同

4. 附　聖濟經解義

【滄洲翁傳】呂復云《聖濟經》十卷,宋徽宗所作,辟廱吳禔爲之解義。

【文淵閣書目】卷十五　《聖濟經解義》一部,四冊。

【内閣藏書目錄】卷六　《聖濟經解義》一冊。宋徽宗者,太學生吳禔解釋醫書也。

【菉竹堂書目】卷五《聖濟經解義》四冊

【傳是樓書目】　宋徽宗製《聖濟經解義》五卷。吳禔解義。抄四本。

注:按是書雖名"解義",疑則與前書異名同書。

七十一、聖濟經解義

【宋史藝文志】醫書　黄維《聖濟經解義》十卷

七十二、聖濟總錄

(一)出典

【補遼金元藝文志】　元《聖濟總錄》二百卷

【撮壤集】下醫書　《聖濟總錄》

(二)考證

【聖濟總錄】徽宗序　詔天下以方術來上,并御府所藏頒之,爲《補遺》一卷。卷凡二百,方幾二萬。以病分門,門各有論,而敘統附焉。首之以風疾之變動,終之以神仙之服餌,詳至於俞穴經絡,祝由符禁,無不悉備。名之曰《政和聖濟總錄》。

【大德重校聖濟總錄】焦養直序　《聖濟總錄》上下凡二百餘卷,始終幾二百萬言。逐病分門,門各有方;據經立論,論皆有統。蓋將使讀之者觀論以求病,因方以命藥,則世無不識之病,病無妄投之藥。唯法有逆從,治有先後,在乎智者擇其所當、從其所宜而已。究而言之,實醫經之會要,學者之指南,生民之司命也。惜其始成於政和,重刊於大定,既綿歷百年之久,不能無三豕之訛。今主上神極御天,修飾制度,治具畢張,以謂是書所載,雖先聖之緒餘,其所以康濟斯民,亦致治之一助也。迺詔江浙行省,刊於有司,布之天下,其或繆戾,隨加釐正,復降德音,俾下臣爲之序引。

【絳雲樓書目】卷三　《聖濟總錄》。《鐵圍山叢談》中言,政和間編。詔天下,凡藥之治病彰彰有聲者,悉索其方書上之。此錄蓋彙聚諸方而成書也。

【諸暨圖書館目錄】卷五　《聖濟總錄》二百卷。宋政和中奉敕編。日本文化十一年,即清嘉慶十九年,彼國醫學據元槧以聚珍版精印,大字本。

案,《四庫目》有《聖濟總錄纂要》二十六卷,乃程林得殘帙刪定者。《小兒方》且係項睿所補,較原書不過十得二三。別有乾隆中重刊二百卷本,始於潭濱黃氏,工未竣而中止。震澤王鳴珂與弟鳴鳳得之,偕勛刊補畢工。無《符錄》、《服餌》二卷,亦非完書,牽綴足成卷數而已。此則日本天文丁未,即明嘉靖二十六年,吉田宗桂[1]從僧策彥入中國,留學四年,歸齎大德本《聖濟總錄》,藏於家。至文化癸酉,東都侍醫兼醫學提舉司杉本良,借吉田氏十世孫子穎家元本,與丹波氏本古寫本,合校排印,僅二百部,近已無多。藜然東游見之,以重金購歸。首列杉本良序,略謂晁、陳二氏書目及馬氏《通考》無著錄……南宋人未見也。迨明脫佚頗多,清亦未覩原書,蓋深以佚編獨完於彼,沾沾自喜。次焦養直序。義直字無咎,《元史》有傳,大德三年由典瑞少監遷集賢侍講學士。序作於大德四年二月,結銜曰"集賢學士嘉議大夫典瑞少監",正與史合。《四庫提要》作"焦惠",或沿程氏之譌。次列元太醫院承刊諸臣職名序後,次徽宗原敘。,其目先以運氣、敘例、補遺、治法四項,綜揭要領,下分四十六門。陶宗儀《輟耕錄》所載大方脈、小方脈、風、產婦人、雜病、眼、口齒、咽喉、正骨、金鏃、瘡腫、鍼灸、祝由十三科,此已包括無遺。殿以"神仙服餌"一門,雖不無荒誕,亦時尚道教使然。宋代既重醫學,此錄搜采古來專門授受之方,尤爲繁富,誠方書之淵海,醫林之鴻寶焉。昔陳氏鱣藏明抄大德本《聖濟總錄》,印有小像圖記云"得此書,費辛苦,後之人,其鑑我"。余從海外攜來,敢亦以仲魚印語,敬告邑人珍護之。

[郭注]

(1)吉田宗桂(1512～1572),名宗桂,又稱意庵、意安,號日華子。以醫技侍奉足利義晴,天明七年(1583)隨策彥周良航海至中國,十年歸國。十六年,再次隨策彥渡海,拜謁明世宗。因愈世宗疾,蒙賜元版《聖濟總錄》二百卷等書。十九年歸國。後世代家號"稱意館",藏書甚豐,醫業昌盛。官至宮內卿、法印。元龜三年(1572)十月二十日歿。

【醫賸】卷上 《政和聖濟總錄》二百卷,《宋藝文志》、《藝文略》、《玉海》、晁、陳二氏並不載其目,而宋諸方書未見引據者。蓋此書之成在於徽宗之季年,《聖濟經》、《和劑局方》之後。洪景盧《客齋隨筆》云:宣和殿、大清樓、龍圖閣所儲書籍,靖康蕩析之餘,盡歸於燕。考之《宋史》,則云靖康二年,少帝在青城,金人盡索國子監書版、三館秘閣四部書、大嘗禮物、大成樂舞、明堂大內圖,以至乘輿服御珍玩之物,輦致軍前。意者如此書鏤版纔成,未及頒布,亦在其中。爾後南北殊界,彼此不通,故南宋之士不得觀之,遂至有併其目而無知者。及金世宗大定中,取所俘汴都重刊頒行,因傳於今矣。嗚呼,是書成於北宋而晦於南宋,不傳於中國而存於夷狄,而徽宗慈心之所屬,得不泯於千歲之後者,抑亦奇矣。清程雲來云:《大德重校聖濟總錄》,元朝奉詔頒行者,大板大字,每卷首篇署"元耶律楚材"五字。今吉醫官及予家所藏大德重校本,亦大板大字,然無"元耶律楚材"五字。原文書法端雅,蓋爲宋版之舊,但每卷首頁"大德重校聖濟總錄卷第某"數字,書刻並劣,係於元人改刊無疑矣。《醫籍考》亦引之,小有所改。

【右文故事】卷四駿府御文庫本　《聖濟總錄》二百五冊。舊志云出自駿河御文庫，是從大德重校本摹寫者。予嘗見半井氏藏本，寬永十二年季冬道春跋云"大醫和氣姓半井氏驢菴瑞壽家素有此書，而脱半部。聞官府有全書，而上言講補修之，幕下聽借與之，於是繕寫，甫就裝潢又新"，意即借此本者。按吉田家譜云"意安法印宗桂，仕於義晴公。天文八年，從遣明使策彦入明留學，於彼國治療有驗。同十二年歸國。十六年，再入明。時世宗有惱，受命獻藥，不日而得平安。因賜顔秋月所畫扁鵲像、《聖濟總錄》一部、薰墨等物。十九年歸於朝"。或疑是載來此書之始。然今加賀侯所藏，有古鈔金澤本，即大德重校本之摹寫也。是知先時既有傳本也。清程林《纂要》云"是書宋徽宗政和，詔集海内名醫，併出御府所藏，彙成共二百卷。禁方秘論，人所未聞。厥後再刻於金大定，三刻於元大德"云云。"《大德重校聖濟總錄》，元朝奉詔頒行者，大板大字，每卷首篇署'元耶律楚材'五字。明武林高相國家抄本，用線紙硃格，繕寫精工"。今驗吉田本，亦大板大字。匡郭縱七寸三分，横六寸三分。八行十七字，夾注廿三字。諸摹本皆同。題"大德重校"，無"元耶律楚材"五字，疑即别本歟。亡友多紀氏亦收儲此零本三十二冊，其所著《醫賸》云"原文書法端雅，蓋爲宋版之舊。但每卷首頁'大德重校聖濟總錄卷第某'數字，書刻並劣，係於元人改刊無疑矣"。可謂精於鑑書。徽宗御製序云"萬機之暇，著書四十二章，曰《聖濟經》。亦詔天下以方術來上，并御府所藏頒之中略。名之曰《政和聖濟總錄》"。元大德四年二月焦養直序云"今主上神極御天，修錄制度，治具畢張，以謂是書所藏，雖先聖之緒餘，其所以康濟斯民，亦致治之一助也。迺詔江浙行省，刊於有司，布之天下"云云。是雖胡元，康濟之威意可觀也。至明，其書已殘闕，即《文淵閣書目》載《聖濟總錄》二部，而云"一部一百二十冊，闕。一部九十五冊，闕。四十二卷"。《内閣藏書目錄》云"《聖濟總錄》二十六冊，不完。元大德間重校，莫詳姓氏"。清《四庫全書總目提要》僅載《槧要》，而云佚其全本。清程林《纂要》亦云"是書三副湊合，仍缺《小兒方》五卷。余於秘閣内府，江浙齊梁諸鑒古家遍訪，無有藏本，欲補全而未能"。《醫賸》又云"《政和聖濟總錄》，《宋藝文志》、《藝文略》、《玉海》、晁、陳二氏并不載其目……遂至有併其目而無知者"。原日本文。

【聚珍版聖濟總錄】杉本良序　《聖濟總錄》二百卷，宋政和中奉敕撰。晁、陳二氏書目及馬氏《通考》無著錄。《文淵閣書目》云"一部一百二十冊，闕。一部九十五冊，闕，欠四十二卷"。《内閣藏書目錄》云"《聖濟總錄》二十六冊，不全。大德間重校，莫詳姓氏"。意者此書刊版，未通行於世。靖康之變，隨内府圖籍而北行。元之滅金也，復爲元人之有。是以再刻於金大定，三刻於元大德，而南宋諸家未能覩此書也。迨於明代，脱佚頗多，楊士奇、張萱等所錄，可以證矣。

（三）序跋

1. 政和聖濟經序宋徽宗

生者天地之大德，疾者有生之大患，方術者治疾之大法。昔者神農氏、黄帝氏獨觀太初，旁燭妙有，味百藥以辨物，審百疾以全生。其制名，其取類，其正君臣，其立佐使，其見於《太素》、《玉冊》之書，雷公、岐伯之問，蓋皆開神明之藴，窮陰陽之變，原性命之理，而與天地同其覆載。中(克)[古]已還，鏤之玉版，藏之金匱，功利及草木，惠澤被牛馬，所以遺天下後世甚厚。歷年既久，流弊滋甚，糟粕具在，而精意不傳。《内經》有病名而莫之究，有治法而莫之習，極其妙至於通仙而莫之悟。人之生也，其位參於天地，其靈貴於萬物。形不盈仞，而心侔造化。崑崙尺宅，修之可以長生。寸田神牖，閑之可以反照。天闕神廬，息之可以召和。去士符，書金格，鍊丹卻粒，御氣凌虚，不假於物而裕然自足。嗟夫，達士可以神解，昧者且不能養其形，而況於了其心乎。内之五臟六腑，外之九竅四關，著之於色，發之於聲，寓之於三部九候，一失其平，則疾疢隨至。神聖治於未兆，工巧捄其已然。非天下之至精，孰能探天下之至賾；非天下之至粗，孰能祐天下之至神。朕憫大道之鬱滯，流俗之積習，斯民之沈痼，庸醫之妄作。學非精博，識非悟解。五行之數，六氣之化，莫索其隱，莫擬其遠。曰寒曰熱，寒熱之相搏，差之毫釐，失以千里，而有餘者益之，不足者損之，率意用法，草石雜進，夭枉者半，可勝嘆哉。萬機之餘，著書四十二章，發明《内經》之妙，曰《聖濟經》。其意精微，其旨邁遠，其所言在理，所以探天下之至賾。亦詔天下以方術來上，并御府所藏頒之，爲《補遺》一卷，《治法》一卷，卷凡二百，方幾二萬。以病分門，各有論，而敘統附焉。首之以風疾之變動，終之以神仙之服餌，詳至於俞穴經絡、祝由符禁，無不悉備，名之曰《政和聖濟總録》。其所載在事，所以祐天下之至神。蓋聖人之馭世，本在於上，末在於下。無見於上則治之道不立，無見於下則治之具不行。經之所言者道也，醫得之而窮神；《總録》之所載者具也，醫用之而已疾。漢張仲景作《傷寒論》而雜之以方，唐孫思邈作《千金方》而繼之以《翼》，以謂不如是則世莫能用其術。然之二人者，游於方術之内者也。彼超然獨見於方術之外，下顧岐伯之流而與之議，如可謂知道。朕作《總録》，於以急世用而捄民疾，亦斯道之筌蹄云耳。天下後世，宜致思於忘筌蹄而自得者，俯仰之間，嚬笑之度，御五行之數，運六氣之化，以相天地，以育萬物。至於反營魂而起當生者，豈細事哉，蓋將有來者焉。(日本文化聚珍本)

2. 大德重校聖濟總録序元焦養直

臣聞天地以溥生爲大德，所以曲成萬物而不遺。聖人贊天地之化育，故斂時五福，以敷錫於庶民。夫民之爲物也，智者寡，愚者衆。起居失常，食飲無節，外爲寒暑燥濕風以賊其形，内爲喜怒思憂恐以亂其氣。形氣迺傷，疾所由作。聖人有憂之，謂祝由不可以盡已也，遂制藥石鍼艾以攻八風六氣之邪，爲湯液醪醴以佐四時五行之正，防其未然，捄其已病，然後物各遂其生，民不夭其命矣。亦謂非立憲言，不可以福萬世也。於是上法天道，下因地宜，究陰陽之本，明生死之由，考於古而驗之今，取諸己而施之人，定爲成書，著之玉版，藏之金匱，宣之於布政之堂，秘之於靈蘭之室，以俟來哲，以施無窮。其爲仁民愛物之心，斯可謂極矣。然其言至簡，其論至要，其理至深，後世學者雖有上智，非研精覃慮，則亦未易窺其奥也。故曠代之中，能以斯術鳴世者，時固有之，若夫神聖工巧，獨得先世不傳之秘，如和、緩、越人，亦不過十餘人而已。況去聖已遠，支分派别，析而爲衆科，業而爲專門，所以人各拘其偏，而莫肯究其全，則益不逮於古矣。積習成常，流弊滋甚，懼大道將遂於湮微，故《聖濟總錄》由是而作焉。上下凡二百餘卷，始終幾二百萬言，逐病分門，門各有方，據經立論，論皆有統。蓋將使讀之者覩論以求病，因方以命藥，則世無不識之病，病無妄投之藥。唯法有逆從，治有先後，在乎治者擇其所當，從其所宜而已。究而言之，實醫經之會要，學者之指南，生民之司命也。惜其始成於政和，重刊於大定，既綿歷百年之久，不能無三豕之訛。今主上神極御天，修飾制度，治具畢張，以謂是書所載，雖先聖之緒餘，其所以康濟斯民，亦致治之一助也。迺詔江浙行省刊於有司，布之天下，其或繆戾，隨加釐正，復降德音，俾下醫爲之序引。臣誠愚陋，竊不自量，仰惟聖德如天，甄陶萬類。爰自即位以來，於今七年，恩浹飛沉，仁及草木。然猶夙夜孜孜，廣求民瘼，或一物不得其所，則必爲之惻然。臣謂此書復出，則上可以輔相天地之宜，下可以永底蒸民之生，物無疵癘，咸躋於仁壽之域矣。大德四年二月一日，集賢學士嘉議大夫典瑞少監臣焦養直謹序。文化聚珍版本

3. 總錄序後

方技之書，尚之久矣。聖人治世，亦所不能後者也。若夫《黃帝內經》、《神農本草》、秦越人之《八十一難》、張仲景之三百九十七法、王叔和之《脈訣》、朱奉議之《活人》，固在所勿論。自餘千萬方論，歷世所傳，誠不爲不多，然得其全者，或寡矣。故近代諸書，獨不若《聖濟總錄》之詳且備也。聖主以至仁爲心，勤卹民隱，所以首命板行之於天下，非惟重下民今日之命，蓋將有開於先而覺於後也。書曰"贊贊襄哉"。夫是書之行也，雖本於上意之所注，其所以始而終之者，亦近臣有以贊襄之故也。故凡與斯議者，并附於左：

醫僉郎諸路醫學副提舉臣申甫

醫效郎御藥院副使臣王希逸

承直郎太醫院判官臣和思誠

奉訓大夫太醫院判官臣隋有

朝列大夫太醫院副使臣王佐

集賢直學士朝列大夫太醫院副使臣歐陽懋孫

中順大夫太醫院使臣韓公麟

少中大夫同提點太醫院事臣王斌

嘉議大夫提點太醫院事臣麻惟谿

正議大夫同簽樞密院事左衛親軍都指揮使提點太醫院事臣鄭忙古歹

昭文館大學士正奉大夫提點太醫院事臣李邦寧

榮祿大夫平章政事大都護提點太醫院事臣脫因納

（文化聚珍版本）

4. 重校聖濟總錄敘汪鳴珂

宋政和間，詔纂《聖濟總錄》二百卷。集天下之明醫，開古今之秘笈，大方草澤，廣搜博採，最爲賅備。其後重刊於金之大定、元之大德，迄今又五百餘年，而流傳浸少。明季秀州殷氏方叔作《醫藏目》，考述見聞所有卷帙，列此於《聲聞函》中，

不詳篇目，殆亦未之見也。余於方書有癖嗜焉，生平所閲，略得《醫藏》之半，獨以未見《總録》爲憾。癸卯冬杪，客遊邗江，聞潭濱黄氏曾購善本，訪之而黄氏已没，重鋟未竟，散失幾半，且多遺誤，乃購得其板片以歸。同里程君懋哉，見而欣賞。季弟鳴鳳，慫慂蔵事。思所以成全之者，遂共校讐。殘失既修，舛錯既正，魚豕既辨，而尚缺二十七卷。再訪求於江浙藏書之家，僅有數卷，竟無完本。後又從烏程鄭虹橋、古歙鮑以文兩君處，共補得十四卷。其第百九十五卷符禁、百九十九卷，及二百卷服餌、鍼灸中漫漶百有三行，卒不可得，蓋已若神龍之不見其尾矣。其書首詳運氣之微，次備六經之變，七方十劑，三因并舉，以及鍼灸符禁，神仙服餌，集十三科之大成，爲醫家之總持，敢不公之於世。爰志原委，以俟好古君子。或有皮藏所缺三卷，惠而示我，延津之合，更有厚望焉。乾隆五十年歲次乙巳仲秋月，震澤汪鳴珂書於鶯湖之春雨樓。

5. 重校聖濟總録序王鳴盛

學問之事，必以讀書爲根本。子路曰"何必讀書，然後爲學"，夫子斥其佞。然則不讀書而可以言學者，未之有也。若醫蓋其一矣。《禮記·曲禮》篇云"醫不三世不服其藥"。說者以爲"三世"者，一曰《黄帝鍼灸》，二曰《神農本草》，三曰《素女脈訣》。若不習此三世之書，不得服其藥。醫之貴讀書也如是。予所見醫學古書，若王氏肯堂所彙刻之《醫統正脈》，亦云備矣。然皆取零碎小部，合而刻之，非會通衆家而編成巨帙者。是以詳於論病，未必兼及處方。詳於品藥，未必兼及切脈。又況鍼灸及祝由、符禁、按摩等科，多未旁及邪。此外若巢氏之《諸病源候論》，詳病略方者也。孫氏之《千金方》，詳方略病者也。求其融洽貫串，排比鋪陳，使人一覽而盡在目前，其惟《聖濟總録》乎。汪子瑤圃，自少通敏善讀書，詩文并擅勝場，來從予游。藝業益精進，旁及醫事，遂以此名於時。購得是板，中多殘闕，因偕其友程子懋哉，多方尋覓，匯爲全部。懋哉博學，性亦好古，雅稱同志，遂相與捐貲，補刊行世，屬予序其端。考是書爲宋政和間所纂，凡二百卷，二百萬言，所載方幾二萬，以病分門，每門之首冠以論，其尾附以統敘，洵病與方兼詳，而集醫學之大成者也。系之以腧穴經絡，參之以祝由、符禁、按摩諸法，旁通於服食、修養、導引，以及内丹鉛汞之術，靡所不該，靡所不貫，誠足以與《醫統正脈》并行，而補巢氏、孫氏之不足矣。乃自政和以後，再刻於金大定，三刻於元大德，四五百年以來，舊板已漫滅，印本之流傳者日少。世之習醫者，目未窺此編，僅掇拾里俗短淺之書三四種，輒爲人治療，學醫人非，豈不犯《曲禮》之所訶歟。瑤圃懋哉，皆今之讀書人，故於醫理，亦必以讀書爲要。他日者，是編流播醫林，拯危扶困，胥有賴焉。兩君之利益於世者爲甚溥，且使後人知學，必以讀書爲貴。醫雖方術，亦斷難以自腹從事，矧欲登著作之堂，而可以空疏謭陋，束書不觀，游談無根者當之哉，即謂是刻爲大有功於藝苑也可。進士及第通議大夫光禄卿前史官練川王鳴盛西莊氏譔。

6. 重校聖濟總録序沈初

粤自軒岐而醫義昭，厥後方技諸書，遂徧海内，顧或簡而不賅，非所以廣聞見也。繁而多舛，非所以備參稽也。汪子瑤圃從邗江黄氏購得《宋政和聖濟總録》板片，於其所未鋟入者，復借鈔於鄭、鮑兩藏書家，因偕其弟蘭圃、程生懋齋，悉心校勘，以付剞劂。書成，問序於余。余惟天地有陰陽，風雨晦明，以宣其氣，而以藐焉。中處之身，一有不謹，則災沴中之，故必因五方以辨稟質之強弱，按四序以定榮衛之常變。人非一類，疾非一端，苟非精求丹符金匱之微，博採《素問》、《靈樞》之旨，由脈及證，由證及方，將擇術既疏，而罹害不少，惡在其能探先聖之緒餘，而有康濟之極功也。前人如仲景、叔和、東垣、丹溪諸家之說，或詳於論脈，或詳於論證，或載方而未備其用，或引術而未晰其宗，異同離合，傳述之家，傅會益多，難以盡信。是編凡二百餘卷，二百萬言，逐病分門，因方命藥，蓋櫽括古今醫經之會要矣。夫政和爲徽宗年號，徽宗自作《聖濟經》，彙其書爲《聖濟總錄》，而自序之者也。當是時，中原將失，戎馬蹂躪，國家岌岌然，日在憂危惴懼之中。自顧不暇，而其言猶念及斯民之沉痼、庸醫之妄作，其意不可謂不善矣。抑徽宗極土木之侈，娛玩好之物，以致任用匪人，置理亂於弗問，若能推此醫人濟世之心，以治其國家，亦何至有傾覆奔亡之禍也哉。余不能不爲是書深致惜也。是書重刊於金，再校於元，洎今數百年，篇殘卷佚，得三子彙訂而梓行之。其以公諸同好，捄病扶危，厥功不尠，而其意亦無憾於古聖人，作之以急世用焉。是爲序。乾隆五十三年六月，賜進士第誥授光祿大夫南書房供奉兵部左侍郎提督江蘇學政沈初序。

7. 重校聖濟總錄序何裕城

《周官》列醫師之職，復列衆醫於下。解者曰：醫之業唯精，醫之道宜慎。故專掌之，又分隸之，所以溥好生之德，使疵癘不作，保合太和，胥於是乎在也。自岐軒既遠，習斯藝以鳴世者，言人人殊。方書流傳，不可更僕數。若叔和之《訣》、巢氏之《論》、孫氏之《翼》，其最著已。外此或詳方而略病，或詳病而略方，有能融會貫通，明乎炊湯脈神之術，採拾衆善以成書者，蓋未之見也。震澤汪君瑤圃，予舊友也。選廣西上思州牧，將之官，道由章門，數年不見，晤對之下，實慰調饑，并出篋中所攜《重校政和聖濟總錄》一冊貽予。予受而閱之，義理之賅，門類之備，洵足爲醫學之指南。且政和去今七百有餘歲矣，是書雖屢經刊校，而歷年既久，藏弆者稀，後人莫能寓目焉。汪君購得版片，補其罣漏，訂其謬訛，缺而未全者，復從藏書家借鈔，授之剞劂，成爲完本。其心與力之勤如此，又以見汪君於斯道之善，不啻三折肱也。夫泥古人之成法，不足以言醫。昧古人之成法，尤不足以言醫。由成法而神明變化，然後條分縷析，迺不越乎其宗。今考《總錄》所載，逐病分門，據經立論。昔杜思敬輯《濟生拔萃方》六卷，自爲之序曰：醫不專於藥，而舍藥無以全醫；藥不必於方，而舍方無以爲藥。書雖不及《總錄》之賅備，其用成法以濟世之意，則亦猶此也。汪君一麾出守，當廣求民瘼，爲時良吏。吾知推拯危扶困之心，以施諸政事，其必不至於人費也矣。時乾隆五十四年七月既望，兵部侍郎兼都察院右副都御史巡撫江西等處地方兼理軍務兼提督衢山陰何裕城序。

8. 聖濟總錄序陳蘭森

粵自神農黃帝肇興，而醫學開其宗，自後雷公、岐伯、秦醫和緩、扁鵲、華佗，以逮淳于意、張機之屬，相望紹述，直本五音六律之精，以合人五性七情之變，而醫治之法，亦往往山人意表，實皆爲醫之聖者也。若夫醫之爲書，《天元玉冊》、《本草》、《靈樞》、《素問》諸經，則皆羲農諸聖所作。伊尹著《湯液本草》，扁鵲著《難經》，張機著《傷寒論》，其間世遠詞奥，貫通者殊難其人。晉宋而下，亦代各有書，言人人異，譌訛相繼，訂證絕少。善於切脈者，未必通於禁方。精於品藥者，未必長於鍼灸，蓋詳略亦互殊焉。震澤汪瑤圃先生，萃志典墳，於書無所不讀，尤精心脈理，博求醫方舊本，貫通而訂正之。蓋本欲立欲達之念，以利人濟物爲懷。語云"不爲良相，必爲良醫"，此先生之心也。故所至之處，以醫術精奇見稱，而受其利濟者亦復不少。歲己酉，將出牧粤之上思，與余相遇於豫章。先生挾其立達之懷，固又將以利濟我粤人也。予見而中心敬之，因出其所刊《政和聖濟總錄》相示。考是書始宋政和間所纂，爲卷凡二百餘，再刻於金大定，再刻於元大德，實薈萃羣方而精通方術，爲醫學之正宗。舊板久已漫漶散佚，幾無全本。瑤圃先生謁選都下，博求是書全本，閉戶數載而彙加參訂，鋟成行世。其於經絡、脈理、方技諸科，無不畢備，較之《素問》、《難經》諸書，殆可相與發明。後之學者，循是以求，足以自善，足以拯世，猶是先生一片婆心。推其利濟於無已，其爲功正匪淺鮮。噫嘻，醫者意也，以意體之，方無不當。醫者宜也，按症宜人，藥無不妙。而要皆本於讀書數萬卷，閱歷數千人，始可以爲善世之術。倘挾書而拘泥鮮通，則不明天道，不習地利，不察人事，其與刻舟求劍、膠柱鼓瑟者，奚以異哉。是在乎善學者。時乾隆歲次己酉孟秋中澣，署理江西等處承宣布政使司印務鹽法兼巡瑞袁臨道治弟陳蘭森序。

9. 聚珍版聖濟總錄序

《聖濟總錄》二百卷，宋政和中奉敕撰。晁、陳二氏書目及馬氏《通考》無著錄。《文淵閣書目》云"一部一百二十冊。闕。一部九十五冊。闕。欠四十二卷"。《内閣藏書目錄》云"《聖濟總錄》二十六冊，不全。元大德間重校，莫詳姓氏"。意者此書刊版，未遍行於世，靖康之變，隨内府圖籍而北行。元之滅金也，復爲元人之有，是以再刻於金大定。三刊於元大德，而南宋諸家，未能覩此書也。迨於明代，脫佚頗多。楊士奇、張萱等所錄，可以證矣。清程林爲之《纂要》，購求殘袠，凡得三本，互相補苴，尚闕一百七十三卷至一百七十七卷。而《四庫全書總目》收載程林《纂要》，云"未覩其原書"，則其佚於彼，可推而知也。我邦天文丁未之歲，吉田宗桂意安從僧策彥入明，留居四年。其歸也，齎《大德重校聖濟總錄》二百卷來，其家世世珍藏，不啻拱璧也。是西土所佚而存於我東方，如有神物呵護，可謂醫門一大幸矣。良因謂，印本之全者，止此一部，倘罹祝融陽侯之厄，則將如之何。癸酉春，山本錫侯、丹波紹翁，謀借之於吉田氏十世孫子穎，以爲原本，以丹波氏家藏本及古寫本校讐，活字刷印於醫學，凡二百部，庶幾古醫方藉以不至堙沒焉。斯舉也，醫官曁其子弟，肄業於醫學者若干人，分掌其役，不假手工人而竣其事，屬敘於良。此書固不待良文而輕重，然不敢辭者，喜佚書獨存於我，而足以嘉惠後學也。聊書其概略，爲之序。文化十一歲次甲戌春三月，東都侍醫兼醫學提舉司杉本良仲温撰。日本聚珍版

督刊　侍醫法眼兼醫學提舉司杉本良

　　　侍醫法眼兼醫學同提舉山本瑞

西城侍醫法眼兼醫學同提舉千田恭
內醫熟藥所辨驗藥材兼醫學同提舉曲直瀨正隆
奉朝請醫官醫學同提舉丹波元胤
內醫熟藥所辨驗藥材兼醫學副提舉舟橋玄鼎
奉朝請醫官醫學副提舉遊佐審

校勘 外班直房醫官兼醫學副提舉平田信行
外班直房醫官喜多村直
外班直房醫官千賀輯
外班直房醫官大八木高廣
外班直房醫官久志本常傅
醫學生河野俊

校對 外班直房醫官勝本湛清
散班醫官醫學施藥局監理岡溫
醫學生醫學施藥局監理高麗直展
醫學生醫學施藥局監理舟橋玄恒
醫學生醫學施藥局監理古田明
散班醫官醫學施藥局直事小島質

收掌 奉朝請醫官醫學施藥局監理井上玄方
外班直房醫官武田信近
外班直房醫官谷邊輳
外班直方醫官岡井道哉
散班醫官醫學施藥局監理數原尚絅

擺印 奉朝請醫官醫學施藥局直事久志本常定
奉朝請醫官醫學施藥局直事秦子明
奉朝請醫官醫學施藥局直事久保德潤
外班直房醫官大淵常春
散班醫官醫學教讀栗本元良
醫學生醫學教讀笠原正豹
散班醫官醫學施藥局直事森正適
散班醫官醫學施藥局直事數原元香
散班醫官醫學施藥局直事村上信厚
散班醫官醫學施藥局直事大膳亮道一
散班醫官醫學施藥局直事森春元
散班醫官醫學施藥局直事山田正直
醫學生醫學施藥局直事吉益忠良
散班醫官片山玄幸
醫學助教兼醫學施藥局直事小野職孝

監造　醫學典簿大野世成

　　　醫學典簿鈴木貞好

(四)刊本

1. 宋刊本

2. 金大定刊本

【大德重校聖濟總録】焦養直序　其始成於政和,重刊於大定。

【醫賸】卷上聖濟總録　《宋史》則云靖康二年,少帝在青城,金人盡索國子監書版、三館秘閣四部書、大晉禮物、大成樂舞、明堂大内圖,以至乘輿服御珍玩之物,輦致軍前。意者如此書鏤版纔成,未及頒布,亦在其中。爾後南北殊界,彼此不通,故南宋士不得觀之,遂至有併其目而無知者。及金世宗大定中,取所俘於汴都重刊頒行,因傳於今矣。

3. 元大德刊本

【内閣藏書目録】卷六　《聖濟經總録》二十六冊,不全。元大德間重校。莫詳姓氏。

【聖濟總録纂要】凡例　《大德重校聖濟總録》,元朝奉詔頒行者。大板大字。每卷首篇署"元耶律楚材"五字。明朝武林高相國家抄本,用綿紙硃格,繕寫精工,亦依内府式,大板大字。

【季滄葦書目】宋元雜板醫書　《聖濟總録》一百卷

【滂喜齋藏書記】卷二　《元大德重校聖濟總録》殘本六卷。一函八冊。宋政和中奉敕撰,重刻於金大定,再刻於元大德。此即大德本也。日本活字本即從大德本出。前有"大德四年焦養直序",謂江浙行省奉詔校刊。《四庫》著録乃程林《纂要》二十六卷,非全書也。此本僅存六卷:五十、五十二、五十三、一百三十一、一百九十一、一百九十四。每半葉八行,行十七字,疏行大字。怡府藏書,附藏印。"安樂堂藏書記"。

【清内閣庫存殘書目】　《大德重校聖濟總録》二百卷。宋政和中奉敕撰。宋刻本。存一之下、二之中、十七、十九、二十、六十一、六十二、六十五、六十六、七十一、八十三、八十四、九十三、九十九、一百、一百二十三、一百二十四、一百二十七、一百二十八、一百二十九、一百三十、一百三十七、一百三十八、一百五十、一百五十一、一百五十四、一百五十五、一百五十八、一百六十、一百六十三、一百六十四、一百八十四、一百八十五、一百八十六、一百九十。

注:按右内閣本,先年余等購得其一部,十卷七冊。此云宋刻本,實則宋刻元印本矣。

【北平圖書館善本書目】卷三　《大德重校聖濟總録》二百卷。宋徽宗敕撰,元刻本。存五卷。三至四,一百二十八至一百三十。又存六卷。二下,六十五至六十六、七十一、九十三、一百五十。

【京師圖書館善本書目】　《大德重校聖濟總録》二百卷。歸安姚氏書。宋徽宗敕編。元刊本。存六十五六、七十一、九十三、一百五十四冊。按《四庫》所收惟有《聖濟總録纂要》二十六卷。

【舊京書影提要】《大德重校聖濟總録》二百卷,宋政和中奉敕撰,元刻殘本。《皕宋樓藏書志》所收。舊抄本有大德四年焦養直序,贊襄提調諸官題名,並徽宗御製序,今均在闕卷中。舊歸安姚氏書,見藏北平圖書館。亦見《留真譜初集》"宋元書式"。

四五二　卷六十五之一七寸四分,四寸五分。

四五三　卷六十五之四十六七寸四分,六寸一分。

【聿修堂藏書目録】殘本《大德重校聖濟總録》,存自六十二卷至九十四卷。二十二冊,大德原本。

【經籍訪古志】卷八　《大德重廣聖濟總録》二百卷,《目録》一卷。元大德四年刊本,吉田氏稱意館藏。首載大德重校焦養直序,次政和序,篇末有大德二年七月開讀雕造申甫等三人官銜,及四年二月内畢工在局提調官梁曾等五人官銜。每半版一本云,八行,行十七字。高七寸五分強,幅六寸二分強。板心記字數,及刻手姓名。

按,此本吉田宗桂入明時所齎歸。其家譜稱,天文八年與遣明使僧策彦同往,留學五年,治驗甚多。至十六年再往,適世宗有疾,宗桂措劑,不日亟瘉。帝喜,賞以書畫珍玩。此其一也,子孫能守不失。文政癸酉,"文政"當作"文化"。醫官子弟捐資活字印行。

又按,聿修堂亦藏零本。櫟窗先生曰:清程雲來撰是書《纂要》云,《大德重校聖濟總録》,元朝奉詔頒行者,大板大字。每卷首篇署"元耶律楚材"字,原文書法端雅,蓋爲宋版之舊。但每卷題目一行,書刻并劣,係於元人改刊無疑矣。今考楚材以元太宗十五年卒,在大德二年前五十二年,則何由得有此五字。知程氏所見本,妄人所加,非刻本之舊也。

又按,雲來稱是書三副湊合,仍缺《小兒方》五卷,余於秘閣内府、江浙齊梁諸鑒古家遍訪,無有藏本,欲補全而未能。同學項視菴搜求小兒古今方論,補全五卷,議論簡要,方法詳明,可稱全璧矣。是知彼土無有足本。又近日吳船齎來乾隆五十年汪鳴珂刻本。鳴珂稱得潭濱黄氏重鋟板行,後借鄭虹橋、鮑以文藏本補湊云云。今取檢之,不啻文字頗有刪竄,其篇章亦多有私改。如"小兒門"填以後世方論,乃與《纂要》所載相合,則此爲項視菴補本可知矣。

又按,存誠藥室嘗獲皇國二百年前鈔本,一遵元板樣式,或曰是翠竹先生真蹟,雖未知果然否。全部二百卷,大抵一手渾成,正見古人勤苦,非後人輩所企及。仍附記之。

【宋元本行格表】卷上八行　元大德本《大德重校聖濟總録》二百卷。《目録》一卷。行十七字。版心記字數及刊工姓氏。《訪古志》

【續中國醫學書目】《大德重校聖濟總録》零本十卷。七冊。存卷一之下、卷二之中、卷十七、卷十九、二十、卷六十一、二、卷八十三、四、卷九十九。宋徽宗敕撰。元刊本。

注:按《留真譜新編》卷八載有大德本摸影。

4. 乾隆五十年汪鳴珂刊本

【古越藏書樓書目】卷五 《聖濟總錄》一百九十七卷,宋政和中奉敕撰。乾隆五十年汪鳴呵燕遠堂本,原二百卷,缺三卷。

【八千卷樓書目】卷十 《聖濟總錄》二百卷,宋政和中奉敕撰。乾隆刊本。

【揚州吳氏測海樓藏書目錄】卷四 《聖濟總錄》二百卷。震澤汪鳴珂校,乾隆刊竹紙初印,六十四本,四行。洋二百元。

【涵芬樓舊書分類總目】《重校聖濟總錄》。宋政和中奉敕撰。汪鳴珂校刊本。八十冊。

【重訂浙江公立圖書館保存類目錄】《重校聖濟總錄》,殘本一百七十三卷。清乾隆五十年震澤汪氏校刊本,七十本。原本二百卷,存一至十三、十七至一百零三、一百十三至一百二十四、一百二十八至一百八十四、一百九十一至一百九十三、一百九十七。

【江蘇省立國學圖書館圖書總目】《大德重校聖濟總錄》二百卷,《目錄》一卷,六十四冊。乾隆五十二年平川燕遠堂刊本。

【經籍訪古志】卷八 近日吳船齎來乾隆五十年汪鳴珂刻本。鳴珂稱得潭濱黄氏重鋟板行,後借鄭虹橋、鮑以文藏本補湊云云。今取檢之,不啻文字頗有删竄,其篇章亦多有私改,如"小兒門"填以後世方論,乃與《纂要》所載相合,則此爲項視菴補本可知矣。

【内閣文庫圖書第二部漢書目錄】《大德重校聖濟總錄》二百卷,第一百九十五、一百九十九、二百卷,原缺,《目》一卷。宋徽宗。清汪鳴珂等校。清板。一百六十冊。

【中國醫學書目】《聖濟總錄》二百卷。八十冊。九行十九字,框横十五釐,縱十九·七釐。宋徽宗政和間敕廷臣修纂。汪鳴珂、汪鳴鳳同校。乾隆五十二年重校,平川燕遠堂藏板。《政和聖濟總錄》原序。《大德重校聖濟總錄》原序,焦養直,大德四年。序後脱因納等列銜。《重校聖濟總錄序》,沈初。同,何裕成,乾隆五十四年。同,王鳴盛。《聖濟總錄序》,陳蘭森,乾隆五十四年。《重校聖濟總錄敘》,汪鳴珂,乾隆五十年。目錄。

5. 日本文化十年聚珍版本

【醫籍考】一千七百九十二頁 文化癸酉歲,元胤與衆醫官議於醫學,爲活字配印本,閲四歲竣工。

【皕宋樓藏書志】卷四十四 《大德重校聖濟總錄》二百卷。東洋活字本。宋政和中奉敕撰。御製序。"焦養直序",大德四年。脱因納序、刊版銜名。

【善本書室藏書志】卷十六 《大德重校聖濟總錄》二百卷,《目錄》一卷。日本刊本。首載大德四年集賢學士嘉議大夫典瑞少監焦養直序,及與議版行醫愈郎諸路醫學副提舉申甫等十二銜名。次載政和原序,云卷凡二百,方幾二萬,以病分門,門各有論,而敘統附焉。首之以風疾之變動,終之以神仙服餌,至於俞穴經絡、祝由符禁，無不悉備。初翻於金大定，再刻於元大德。清朝程林得其殘帙，掇取其切於用者，編爲《纂要》。乾隆中潭濱黄氏嘗爲刊行，工未竣而中止。震澤汪鳴珂與鳴(風)[鳳]購得之，乃偕程勛刊補卒工，始成全帙，删去"符録"、"服餌"二卷。此爲日本文化十一年，東都醫學提舉司杉本良仲溫序刊，完全不闕，洵醫林大觀矣。

【抱經樓藏書志】卷三十六 《大德重校聖濟總卷》二百卷。東洋刊本。丁未歲正月，舍親前往瀛州，臨行謁省，囑託購置《聖濟總録》一書。後僅覓寄《聖濟纂要》以歸。展卷繙閱，并非原書。復函致尋獲，時逹一載餘，始於神戸坊間，搜羅東洋刊本《聖濟總録》一冊。什襲珍藏，寶如拱璧，且價亦甚昂云。光緒戊申年八月望日，沈德壽檠庵識於守先居。

【八千卷樓書目】卷十 《聖濟總録》二百卷。日本刊本。

【江蘇省立國學圖書館圖書總目】 《大德重校聖濟總録》二百卷，目一卷。一百零一冊。宋政和年敕撰。日本刊本。

【諸暨圖書館目録】卷五 《聖濟總録》二百卷。日本文化十一年，醫學官據元槧金大定三年刊於元大德年間刊以聚珍版精印大字本。

【元治增補御書籍目録】 《聖濟總録》二百卷。二百冊。文化醫學館。宋申甫等校。【東京帝室博物館漢書目録】 《聖濟總録》。宋徽宗帝撰。文化十年杉本良等重校。一百冊，和本。

【内閣文庫圖書第二部漢書目録】(特) 《大德重校聖濟總録》二百卷，《目》一卷。二百冊。文化十至十三年活版。

【静嘉堂秘籍志】卷二十四 十萬卷樓舊藏。《聖濟總録》二百卷。東洋活字，一百本。

《藏書志》:《大德重校聖濟總録》二百卷。東洋活字本。宋政和中奉敕撰。御製序。"焦養直序"，大德四年。脱因納序。刊板銜名。

案，是書亦《四庫》未收，《藏書志》别有舊鈔本，云《四庫》所收程林清人，字雲來，休寧人。《纂要》二十六卷，乾隆中有重刻二百卷本，並非全書，後人妄爲補綴。此題"元抄本"，尚是明人舊抄。爲陳仲魚孝廉舊歲，有仲魚小像圖記"得此書，費辛苦，後之人，其監我"白文長方印。此本今佚。

又案，此本卷首有文化十一年三月東都侍醫兼醫學提舉司杉本良仲溫序，云"天文丁未之歲。……以不至湮沒焉"。《分類目録》同

【中國醫學書目】《聖濟總録》二百卷。九十六冊。十行二十一字，框横十六釐，縱二十二·五釐。杉本良等校刊，文化十年醫學館聚珍版。"聚珍版聖濟總録序"，杉本仲溫，文化十一年。"大德重校聖濟總録序"，焦養直，大德四年。政和聖濟總録序。目録。

6. 民國八年文瑞樓重刊本

【浙江公立圖書館通常類目録】第三冊 《聖濟總録》二百卷。宋政和中奉敕撰。民國八年文瑞樓重刊大德本。六十本。

注：按《中國醫學大成》本《聖濟總録纂要提要》云：日本有元大德刊足本，全二

百卷。上海文瑞樓石印本,即日本之原刻本也。

7.鈔本

【聖濟總錄纂要】凡例　明朝武林高相國家抄本,用綿紙硃格繕寫精工,亦依内府式大板大字。

【述居堂藏書目錄】卷四　《聖濟總錄神仙服餌門》一卷。抄。

【皕宋樓藏書志】卷四十四　《大德重校聖濟總錄》二百卷。舊抄本,陳仲魚舊藏。

案,《四庫》所集程林《纂要》二十六卷,乾隆中有重刻二百卷本,並非全書,殆後人妄爲補綴。此題"元抄本",尚是明人舊抄,爲陳仲魚孝廉舊藏,有仲魚小像圖記"得此書,費辛苦,後之人,其監我"白文長方印。《静嘉堂秘籍志》云"此本今佚"。

【羣碧樓善本書錄】卷五鈔校本　《大德重校聖濟總錄》二百卷。一百二十八册,宋徽宗御撰。日本鈔本。前有徽宗御製序,又大德四年焦養直序。有"清真堂主"一印,此足本也。吾國所刊行者,曾不及半。往歲吾友馮敏卿善醫,乞余求此本於都門,然卒得吾國所刊者,敏卿審其非足本。因知惟日本尚有流傳鈔本,蓋皆病其卷帙浩繁,不能覆刊。後得此本,確爲日本所鈔,兼用朱筆勘過,至爲罕覯。惜余不知醫,又無力爲之刊布,僅爲吾國留一足本。世有習岐黄者,待其探索可也。壬子七月津門正闇。

【故宫博物院書目】《聖濟總錄》二百卷,一百册。日抄本。

【觀海堂書目】迺字號上中下　《聖濟總錄》。共一百一十本,二百卷。日本抄本。

【北平圖書館善本書目】卷三　《聖濟總錄》二百卷。宋徽宗敕撰。明抄本。存九卷。二上至四、六十三至六十四、一百六十七至一百六十八、一百九十一、一百九十六。

【聿修堂藏書目錄】《大德重校聖濟總錄》二百卷。百册,抄本。

【經籍訪古志】卷八　存誠藥室嘗獲皇國二百年前鈔本,一遵元板樣式,或曰是翠竹先生真蹟,雖未知果然否。全部二百卷,大抵一手揮成,正見古人勤苦,非後輩所企及。仍附記之。

【元治增補御書籍目錄】《聖濟總錄》二百卷。古寫本。駿府御文庫本。二百零五册,宋申甫等撰。

【帝室和漢圖書目錄】《大德重校聖濟總錄》。宋徽宗,元申甫等校。二百卷,二百零五册。古寫。

【圖書寮漢籍善本書目】卷三　《聖濟總錄》二百卷,首一卷,二百零四册,附錄一卷一册。舊鈔本。前有大德四年焦養直序及佚名氏序。此本審書法及紙質,恐是成於朝鮮人之手筆歟。舊藏駿河文庫,而後歸於楓山文庫云。第一百三十一至末册,每册首有"秘閣圖書之章"印記。《御書籍來歷志》所載本。

【静嘉堂文庫國書分類目錄】《聖濟總錄》二百卷。内二十七卷缺。宋政和中敕撰,古寫。守先閣舊藏本,四十八册。

8. 未詳本

【文淵閣書目】卷十五 《聖濟總錄》一部一百二十冊。闕。《聖濟總錄》一部九十五冊。闕。欠四十二卷。

【菉竹堂書目】卷五 《聖濟總錄》一百二十冊。

【内閣文庫書檔舊目】《大德重校聖濟錄》九本,不全。又《大德重校聖濟錄》九本,不全。《聖濟總錄》二十七本,不全。《聖濟總錄》二本,不全。又《聖濟總錄》六本,不全。

【東都官庫醫籍目錄】《大德重校聖濟總錄》全二百卷。分二百零五卷。政和年中(剩)[敕]著。大德四年太醫院王希逸重校。編中藥名杏仁、桃仁、麻仁等之"仁"字,皆換"人"字,蓋避仁宗者乎。編首有運氣,卷尾有神仙服氣煉丹方。書木筆者,明陳安士,弟陳仲士,娚陳陸房。

【本草綱目】【醫藏書目】【國史經籍志】【千頃堂書目】明 【近古堂書目】清 【江南圖書館閱覽室檢查書目】民 【仙臺藩醫學校藏書目錄】日 【醫方類聚引用書】【東醫寶鑑】朝鮮

附 聖濟總錄纂要

【清史稿藝文志】《聖濟總錄纂要》二十六卷,程林撰。

【聖濟總錄纂要】凡例 是書宋徽宗政和詔集海内名醫,併出御府所藏,彙成共二百卷。余昔從先叔祖敬通夫子繙閱刻本。今經三十餘年,又從友人江郢上再觀抄本。撫今追昔,不勝愉快。郢上請余刪繁纂要,以便梓行濟世,因留淮揚一載,纂其精要,去其繁蕪,共得二十六卷。

【四庫全書總目】卷一百零三 《聖濟總錄纂要》二十六卷。浙江巡撫採進本。初政和中奉敕編,國朝程林刪定。林字雲來,休寧人。初,徽宗御製《聖濟經》十卷四十二章,又詔海内名醫,出御府所藏禁方秘論,纂輯成編,凡二百卷。其書久而佚脱,購求殘帙,凡得三本,互相補苴,尚闕一百七十三卷至一百七十七卷,不可復見。以其繁重難行,乃撮其旨要,重爲纂輯,門類悉依其舊。所闕《小兒方》五卷,則倩其友項睿補之。仍冠以徽宗原序、大德四年集賢學士焦惠校上序,及校刊諸臣銜名。考晁、陳二氏書目,但有徽宗《聖濟經》,不載是書。觀焦惠序,稱始成於政和,重刊於大定。殆汴京破後,隨内府圖籍北行,南渡諸人,未睹其本歟。今未見其原書。然宋代崇尚醫藥,搜羅至富,就所採錄古來專門授受之方,尚可以見其大略。其每類冠論一篇,亦皆詞簡而理明,均足以資考訂。原本之末有《神仙服餌》三卷,或言烹砂煉石,或言嚼柏咀松,或言吐納清和,或言斬除三尸,蓋是時道教方興,故有是妄語。林病其荒誕,一概汰除,惟約取其尋常頤養之藥三十餘方。其別擇具有條理,故所錄諸方多可行用,與膠執古法者異焉。

(一)序跋

1. 凡例程林

一、是書宋徽宗政和,詔集海内名醫,併出御府所藏,彙成共二百卷。禁方秘論,人所未聞,按病治療,無不奇驗。厥後再刻於金大定,三刻於元大德。自耶律楚材精校,奉詔頒行天下,越今四百餘年,無有剞劂,此書幾幾(氓)[泯]滅矣。余昔從先叔祖敬通夫子繙閱刻本,今經三十餘年,又從友人江郢上再觀抄本,撫今追昔,不勝愉快。郢上請余刪繁纂要,以便梓行濟世,因留淮揚一載,纂其精粹,去其繁蕪,共得二十六卷。誠醫家之雲笈瓊函,方藥中之赤文綠字也。博覽者知之。

一、《大德重校聖濟總錄》,元朝奉詔頒行者,大板大字,每卷首篇署"元耶律楚材"五字。明朝武林高相國家抄本,用綿紙硃格,繕寫精工,亦依內府式,大板大字。今刻小板密字,以便行笈可攜,檢方療病也。

一、是書方法深奧,博學究心者方能領會。如虛勞紫雪方有追攝義,霍亂青金散有劫套義,熱痢黃連湯有反佐義,用之皆取效如神。至若調七傷,平五志,攻六氣,理三因,方中有參附而用硝黃者,有桂附而用芩連者。必須熟諳古人方經,庶幾領會方法之妙也。

一、書中"婦人門"選其胎前產後、帶漏崩中,"小兒門"選其急慢諸風、五疳吐瀉。若一切雜症,與大人治法不殊,於大人方中,推類酌量用之。

一、書中運氣,集定六十年,每年可按《素問》稽查,兹不刻。

一、書中《鍼灸》四卷、《符禁》三卷,古法不易行。《乳石發動》二卷,今人罕此患。又《食治》三卷,藥食不合宜,亦不刻。

一、方中難得藥品,如金牙、銀牙、礜石、莽草之類,不刻。難合之方,廢時日而不能應倉卒急需者,亦不刻。

一、方中藥名,仍從原本。如天麻爲赤箭,牛旁爲惡實,又爲鼠粘,甜桔梗爲薺苨,山梔爲越桃,柴胡爲茈胡,土茯苓爲菝葜,香附爲莎草根,薄荷爲雞蘇,砂仁爲縮砂蜜,花粉爲栝樓根,輕粉爲膩粉。如此之類,不能更改。

一、方中分兩,古法難用,今欲更改,又失古人之意。大約方中一兩,今用一錢;方中一分(去聲)係二錢;五分,今用一字(二分半)。一匕,有半錢至五錢者,在人以意消息加減可也。

一、是書成於北宋,其時四大家未生(劉河間、李東垣、張子和、朱丹溪),無一切活套應時方法(補中益氣、逍遥、歸脾、二陳、四物、四君之類)。醫家遇疴痼疾,疑難奇異等證,用時方而不奏效,良工亦束手者,是書有神方也。

一、《聖濟經》四十二章,發明《靈》、《素》精微,鈎玄索隱,補聖經之未備。家有藏本,嗣刻行世。康熙辛酉桂月,靜觀居士程林雲來氏識於淮陰翕順堂中。

注:按《醫籍考》引程林云。

又曰:是書三副湊合,仍缺小兒方五卷。一百七十三卷至一百七十七卷。余於秘閣內府、江浙齊梁諸鑒古家遍訪,無有藏本,欲補全而未能。同學項視菴搜求小兒古今方論,補全五卷,議論簡要,方法詳明,可稱全璧矣。"諸疳"以下,即其所補也。又曰:《神仙服餌》三卷,非烹砂煉石,則嚼柏咀松,或吐納清和,或斬除尸害,皆藏經所備載,亦難行難用也,一概刪去。今選其可服餌,延年駐顏者方十餘道,又補益門方二十餘道,爲養生家備用。博雅君子,求全書繙閲,則余《纂要》一書,濟世婆心,廣開聞見,當有賞識者矣。

2. 吳序

醫者意也。古人多不肯著書,然肘後禁方,又無不神驗者,書果可盡廢乎哉。歷考載籍以來,《藝文》所志軒岐家言,無慮數十百種。要皆通人畸士,卓然有傳世之識,而後發爲文章。按部就班,處方立案,嘉惠來學,其道與六經相表裏。近世學者狃於所聞,守師承執一之見,其言固陋而不能以相通,自誤誤人,弊至莫可紀極。無他,讀書不博,見道不真,用心不廣。坐是三者,而醫道或幾於熄。余戚友程雲來氏,郭山世胄也。少從其叔祖敬通先生,講越人之術。先生道高望重,名滿天壤,雲來與之遊處者十餘年,盡得其真傳秘授。又其先明初有松厓公者,以名進士起家,一代偉人,精星奇門岐黄術,著有《醫案》等書。雲來皆宗法之,故於方書無所不讀,研窮考究,殫精竭思,以與古遇,出而仁民利物,稱國工巨手焉。歲辛酉,余遊維揚,邂逅雲來於廿四橋頭,蓋方以校訂《聖濟總錄》一書,留此者幾一載矣。既而向余曰:是書始末甚異,幸爲我序而傳之。余覽其發凡而覩其用心,雲來之不朽無疑也。夫雲[來]以名家子,負才倜儻,博奥多奇,閒以餘情,溢爲圖篆繪事,得異人授,内養晬穆,顔如渥丹。至生平醫道所入,輒梓所著諸書,不名一種,散布人間,藏之者若寶籙然。挾此才技,安往不足以垂名立教,而顧以是書爲斤斤,其立心誠欲利濟天下,如范文正所云"不爲良相,即爲良醫"。是宜不朽者一。雲來得讀是書刻本於敬通先生所,又三十餘年之久,始從友人江子郢上再覩抄本,遂慨然有剞劂之志,而不欲自專其美,推原究極,詳著師友之淵源。是宜不朽者二。且是書自宋徽宗政和年間,詔集海内名醫,出御府所藏禁方秘論,纂輯成編,非人世所恒見。閲年既久,漶漫隨之,雖再刻於金大定,三刻於元大德,重以耶律楚材論定頒行,終無解於若滅若沒之數,非雲來孰能表章及之者。是宜不朽者三。雲來以三不朽之盛心,又慮卷帙之繁重,於是删訂收束,以便行笈之可攜,知古今之不一其宜也,於是酌損裁成,以定規條於可守。鴻編鉅典,恃有雲來爲之發皇矣。雖然,醫者意也,書不可盡廢,而亦不可徒泥陳言,顧用之何如耳。如或守一偏之見而不知變通,雖日誦是書,復將奚益,又當進求雲來自著之心傳而後可也。康熙辛酉八月既望,同邑年家眷弟吳山濤頓首拜題。

3. 洪序

醫之道在隱顯,而功侔造化,始於神農、黄帝之世。其後學者相師延其術,無成書,歷唐虞三代二千有餘歲,太和保合,民不夭札,物無疕傷。及乎春秋戰國,王迹寖衰,人與天地正氣隔閡,而風寒暑濕燥熱,相運行於營衛經絡之中,乘情欲,食飲居,起罷勞而爲之疾。於是秦越人、倉公、扁鵲、淳于意者,各以其術顯,而《素問》、《靈樞》、《甲乙》方書因以出。然其高者,猶爲導引吐納,治之於未始有病之先。蓋人之身,陰陽合象而爲氣,清者曰氣,濁者曰血,血之大隧謂之經,經之首曰衝,其次曰督,曰任,其次曰蹻,皆先天隧道,知而通之,可以長生。左右手足三陰三陽諸經,皆後天隧道,知而調之,可以已病。平臍居腰而約束一周者,帶也,是爲兼統先後天之隧道，知而行之，可以出入生死。故帶、衝、督、任、蹻五經者不病，其病則手足經病，經病乃移注五經。而陰陽十二經，又有系絡之數三百六十有五，其隧穴六百四十有七，能通其道而治之，則醫之神秘盡矣。宋政和間有《聖濟總録》，彙勘禁方秘論，凡二百卷，再刻於金元，實醫學之河海。爲時方所掩者，迄今湮没四百餘年矣。吾鄉程子雲來，從其從祖敬通先生，繙閲是書有年，因思全書浩瀚，有不切於治者，遂纂其精要，得二十六卷，詳在凡例中。刻之廣陵以行世，而問序於余。乃作而嘆曰，是其道在隱見而功侔造化者乎。昔者黄帝與浮丘公鍊丹黄山，其處即名鍊丹臺，雲來之先，有松厓先生，讀書其上，獲遇至人，洞抉道奥，用之醫藥，人皆謂神。丘文莊公嘗以異人稱之。今雲來生長黄山，而僑居武林，又嘗從敬通先生遊，其有得於古今之書，與夫至人之所口授而閟之於世者，無不洞見於發用之機，其睟然面背，類有道者。著釋甚多，此其一也。雖然，醫之道有要焉，逆與順是也。升降浮沉則順之，寒熱溫涼則逆之，如操舟者知江河之險易，與風水之動静，而順逆其道，尠不克濟。余放以前人之所著書，如李時珍之《本草綱目》，王肯堂之《證治準繩》，張景岳之《類經素問》，與是書皆有功於天地人物，真醫學之河海也。顧世之能用變而通其方者鮮矣。方也者，方舟也。並舟謂之方，所以濟川者也。然則雲來氏之所以纂《聖濟總録》之要者，其不亦爲醫學之方舟，以濟人於河海也哉。是爲序。康熙辛酉孟冬上浣，同里年家眷弟洪琮拜譔。

4. 江序

士君子不能得志於當時，而欲以有用之才，建無窮之業，不得已著書立言，以傳後世。然掞藻雕蟲，無關物命，猶之宋人楮葉，終歸無益已耳。范文正公有言，不能作良相濟天下，亦須作良醫濟生民。醫固有相之道哉。雖然，投之餌，施之砭，起彼尫羸，厝之康強，而東西朔南，勢難徧及。故活人之術，莫如集古人遺編公之天下，爲用力勤而施濟溥也。此《聖濟總録》一書，余於是不敢棄，且不忍秘也。書故爲先君子鶴誠公增纂，手録先君子生平著書，不下數十萬言。如纂序《四書說約》、《春秋宗旨》，學者咸津逮焉。然負才未遇，賫志長逝，當時亦必以天下爲己任，而因感於范公之言，不作良相，須作良醫，以岐黄術救諸疾痛患苦於天下。於是殫精畢智，搜微索隱，參考是書，且集近代驗方，以補其所闕。猶謂襁褓提攜，口不能宣，手不能筆，其急切較倍，而醫治尤難。故幼科五卷，葺遺增略，不惜餘力，先君子之志，可謂切矣，豈意棗梨未登而松楸隕泣也。嗚呼，先君子之志，不亦可悲哉。余因是益不敢棄，且不忍秘也，於今三十餘年矣。鴛湖程雲來先生見而惜之，惜其書久秘，而恐終於棄置也。乃爲刪繁撮要，得二十六卷，剞劂之工，計一載而成，此先君子志哉，余何幸遇之。粤稽是書，輯於政和間，歷金至元，耶律楚材復加纂訂。元以後久無刊本，計元至今已四百年。余因思是書之傳，得先君子而世守之。先君子之志，得程先生而闡發之，由是仲景外感，東垣内傷，河間表熱，丹溪陰虚，諸家之言，莫不咸備。九州千載，按形證以尋病源，察脈候以酌治方，雖人俞跗而家華扁可也。又奚事於隔垣之見，刳腹破臂之詭乎。至原本有鍼灸、有符禁、有乳石發動、有食治，概從刪削，謂《素問》可以養生，古法不盡掌録，奇隱之證少，而食性或未宜，勾漏之砂亦不易得也。然是書傳,亦可見先君子之志悲且切,而程先生之功真足與醫國等也。若余什襲有年,保守無斁,實不敢墜先君子遺緒云爾,詎敢貪天之功以爲世業也與。康熙二十年歲次辛酉長至日,古歙江湘郢上氏謹書於貊其堂中。

(二)刊本

1.乾隆刊本

【八千卷樓書目】卷十 《聖濟總録纂要》二十六卷,宋政和中奉敕撰。國朝程林纂,乾隆刊本。

【聿修堂藏書目録】《聖濟總録纂要》二十六卷,十二冊。乾隆五年校刊,清程林撰。

【寶素堂藏書目録】《聖濟總録纂要》二十六卷,十二冊。乾隆五年校刊本,清程林。

【元治增補醫家書籍目録】《聖濟總録纂要》二十六卷,清程林撰。

【杏雨書屋圖書假目録】《聖濟總録纂要》二十六卷。清程林雲來輯,清刊。十二冊。

2.醫學大成本

【續中國醫學書目】《聖濟總録纂要》二十六卷。十冊。十四行,三十一字。洋紙装,四六判。清程林(雲來)纂輯,民國二十六年刊。《中國醫學大成》第四集之內。提要。吳序,吳山濤,康熙二十年。洪序,洪琮,同年。江序,江湘,同年。宋徽宗《御製聖濟總録序》。焦序,焦養直,大德四年。凡例,程林,康熙二十年。目録。

3.日本刊本

【八千卷樓書目】《聖濟總録纂要》二十六卷。日本刊本。

【江蘇省立國學圖書館圖書總目】卷二十七 《聖濟總録纂要》二十六卷,清休寧程林。日本文政六年刊本,二十一冊。

七十三、全生集

【幼幼新書】卷四十近世方書 《全生集》,宋道方撰。道方,字義釋,拱州人。

注:宋道方傳,《揮麈餘話》云:宋道方毅叔,以醫名天下。居南京,然不肯赴請,病者扶擕,以就求脈。政和初,田登守郡,母病危甚,呼之不至。登怒曰:使吾母死,亦以憂去,殺此人不過斥責。即遣人禽至庭下,呵之曰:三日之內不痊,則吾當誅汝以徇衆。毅叔曰:容爲診之。既而曰:尚可活。處以丹劑遂愈。田喜甚云:吾一時相困辱,然豈可不刷前恥乎。用太守之車,從妓樂,酬以千緡,俾羣卒負於前,增以綵醸,導引還其家。旬日後,田母病復作,呼之,則全家遁去,田母遂殂。蓋其疾先已在膏肓,宋姑以良藥緩其死耳。《醫籍考》

七十四、濟世全生指迷方

（一）出典

【郡齋讀書志】卷五上　《濟世全生集指迷集》三卷。右考城王貺字子亨所著也。吴丞相敏序之曰：子亨當官不苟，遇世變，嘗慨然再請出疆使萬里云。

【直齋書録解題】卷十三　《指迷方》三卷。考城王貺子亨撰。吴丞相敏爲之序，貺爲南京名醫，宋毅叔之婿，宣和中以醫得幸，至朝請大夫。

【文獻通考】經籍考　《指迷方》三卷。下引陳直齋

【宋史藝文志】醫書　《王貺濟世全生指迷方》三卷

注：王貺傳，《揮麈餘話》云：王（況）［貺］，字子亨。本士人，爲南京宋毅叔婿。毅叔既以醫名擅南北，（況）［貺］初傳其學未精，薄游京師，甚凄然。會鹽法忽變，有大賈覩揭示，失驚吐舌，遂不能復入，經旬食不下咽，尫羸日甚，國醫不能療。其家憂懼，牓於市曰：有治之者，當以千萬爲謝。（況）［貺］利其所售之厚，姑往應其求，既見賈之狀，忽發笑不能制，心以謂未易措手也。其家人怪而詰之，（況）［貺］謬爲大言答之曰：輦轂之大如此，乃無人治此小疾耳。語主人家曰：試取《鍼經》來。（況）［貺］謾檢之，偶有穴與有疾似是者。（況）［貺］曰：爾家當勒狀與我，萬一不能活，則勿尤我，當爲若鍼之，可立效。主病者不得已，亦從之。急鍼舌之底，抽鍼之際，其人若委頓狀，頃刻舌遂伸縮，如平時矣。其家大喜，謝之如約，又爲之延譽。自是翕然名動京師。既小康，始得盡心《肘後》之書，卒有聞於世。事之偶然有如此者。（況）［貺］後以醫得幸，宣和中爲朝請大夫。著《全生指迷論》一書，醫者多用之。《醫籍考》

（二）考證

【四庫全書總目】卷一百零三　《全生指迷方》四卷，永樂大典本。宋王貺撰。案《書録解題》，貺字子亨，考城人，名醫宋毅叔之婿，宣和中以醫得幸，官至朝請大夫。是書《宋史藝文志》作“三卷”，而傳本久絕，故醫家罕所徵引，或至不知其名。今檢《永樂大典》所收，案條掇拾，雖未必盡符原本，然大要已略具矣。方書所載，大都皆標某湯某丸，主治某病，詳其藥品銖兩而止，獨貺此書於每證之前，非謂惟詳其病狀，且一一論其病源，使讀者有所據依，易於運用。其脈論及辨脈法諸條，皆明白曉暢，凡三部九候之形，病證變化之象，及脈與病相應不相應之故，無不辨其疑似，剖析微茫，亦可爲診家之樞要。謹詳加訂正，分爲二十一門。依類編次，而以論脈諸篇冠之於首。因篇頁稍繁，釐爲四卷，不復如其原數焉。

【鄭堂讀書記】《全生指迷方》四卷，墨海金壺本。宋王貺撰。貺字子亨，考城人。宣和中以醫得幸，官至朝（祿）［請］大夫。《四庫全書》著録，《書録解題》及《通考》俱作《拾遺方》三卷。《讀書附志》作《濟世全生指迷》三卷，《宋志》作《濟世全生指迷方》三卷。以其自序考之，則作《全生指迷方》爲是。原本久佚，今館臣從《永樂大典》録出，因篇頁稍繁，釐爲四卷，又分爲二十一門。雖以方名，實則每

證之前皆詳述病狀，以推究病源，於脈法言之尤詳，非家方書，但注某方主治某病而已。其自序稱“采古人之緒餘，分病證之門類，别其疑似，定其指歸，陰陽既明，虚實可考。若能按圖求治，足以解惑指迷，雖未起死回生，庶幾扶危拯困，故號曰《全生指迷》云”。同時吴敏序之，亦稱此書“直而遂，曲而通，部居標列而脈絡潛流，形色昭彰而對法要妙。知方者讀之智思横生，不知者猶可按圖而愈疾，真衛生之奇寶，濟物之良術也”。張若雲即從文瀾閣寫以付刊，故冠以提要一篇。

【儀顧堂題跋】卷七 《全生指迷方跋》：《全生指迷方》四卷，宋王貺撰。文瀾閣傳抄《大典》本也。貺字子亨，考城人。本士人，爲南京名醫宋毅叔道方之婿，貺傳其學未精博，遊京師……自是名動京師。宣和中，以進頌補從事郎，積遷至奉直大夫。靖康中，例行追奪。建炎二年，補朝奉郎、假拱衛大夫，合州防禦使，副劉誨爲全軍通問使。其書原名《濟世全生指迷集》。吴敏序之曰“子亨當官不苟，遇世變，嘗慨然再請出疆使萬里”云。見《書錄解題》、趙希弁《讀書附志》、《建炎以來繫年要錄》。蓋貺本佞倖之徒，以醫得幸。所謂願出疆使萬里者，無非偶中徼倖，豈誠有忠臣愛國之心哉。敏亦憸人，其言無足重輕也。

（三）序跋

1. 原序

余昔任左史，遇疾瀕死，考城王貺子亨爲察衆工之用藥，而余以生。因以其所著《全生方》一編遺予。藏之未暇讀也。繼掌外制，一日得異疾，謀諸醫未決。子亨笑曰：毋恐，此吾書所有也。視某章，病當某藥。如方，信宿而疾良已。於是始奇之。歸居淮南，去王城國，偶有病，衹訊於書。謫三巴，遷百粤，去醫益遠。又橐本以歸余，余以爲之表其端曰：此書直而遂，曲而通，部居標列而脈絡潛流，形色昭彰而對治要妙。知方者讀之智思横生，不知方者猶可按圖而愈疾。真衛生之奇寶，濟物之良術也。至理不煩，至語不費，余非知道者，而於此乎取之。子亨當官不苟，遇世變，嘗慨然再請出疆萬里。其論著此書用心，救世利物，不特此矣。吴敏序。

2. 自序

德彌大者，常存乎好生之心。志彌廣者，每切於立言爲教。在上世則有伊尹，逮後漢乃見張機，祖述神農之經，發明黄帝之道。雖然術至通神之妙，在乎知慮以爲先。藥至起生之功，必因精能而後效。天無棄物，非人莫知所能。人有常心，非道莫知所適。凝神自悟，觸理皆分。故能贊益天機，悉體陰陽之變。深窮造化，博極生死之源。候色驗形，自契一時之理。刳腸剖臆，難傳後代之精。至於湯液除疴，砭石起死，必當研究性味，斟酌淺深。治理在於君臣，協攻資乎佐使，方書之行，其來尚矣。有人猶不能刻意研求，專心致志。攖邪抱病，則束手無能。制療處方，則委身紕繆。余竊悲之，於是採古人之緒餘，分病證之門類，别其疑似，定其指揮，陰陽既明，虚實可考。若能按圖求治，足以解惑指迷，以崇大倫之道焉。考城王貺子亨序。二序并據於墨海金壺本

(四)刊本及鈔本

1.永樂大典採輯本

【清史稿藝文志】《宋王貺全生指迷方》四卷。乾隆時敕輯。

【叢書舉要】卷五十四永樂大典採輯書 《全生指迷方》四卷,宋王貺。

【叢書書目彙編】永樂大典採輯書 《全生指迷方》四卷,宋王貺。

2.四庫全書本

【四庫全書總目】卷一百零三 《全生指迷方》四卷。《永樂大典》本。

【壬子文瀾閣所存書目】《全生指迷方》四卷,二冊。補鈔。

【文溯閣四庫全書要略及索引】《全生指迷方》四卷,宋王貺。二冊九十二葉。

3.墨海金壺本

【四庫書目邵注】卷十 《全生指迷方》四卷。《墨海金壺》本。《郘亭知見目》、《四庫目略》並同。

【鄭堂讀書記】《全生指迷方》四卷。《墨海金壺》本。

【叢書舉要】卷三十墨海金壺 《全生指迷方》四卷,宋王貺。《叢書書目彙編》同。

【遼寧省立圖書館館刊】第一卷館藏墨海金壺 《全生指迷方》四卷,宋王貺。

【二續中國醫學書目】《全生指迷方》四卷。一冊。十一行二十三字,框橫十一釐,縱十五釐。宋王貺撰。《墨海金壺》之內。"原序",吳敏。"自序",王貺。全生指迷方提要。

4.珠叢別錄本

【四庫書目邵注】卷十 《全生指迷方》四卷。《珠叢別錄》本。《郘亭知見目》、《四庫目略》並同。

【叢書舉要】卷三十珠叢別錄 《全生指迷方》四卷,宋王貺。《叢書書目彙編》、《行素堂目睹書錄》並同。

5.長恩書屋本

【四庫書目邵注】卷十 《全生指迷方》四卷。《長恩書(室)[屋]叢書》本。

【郘亭知見傳本書目】卷八 《全生指迷方》四卷。《長恩書(室)[屋]》本。《四庫目略》同。

【叢書舉要】卷十一長恩書屋叢書 《全生指迷方》四卷,宋王貺。《叢書書目彙編》、《行素堂目睹書錄》並同。

【八千卷樓書目】卷十 《全生指迷方》四卷,宋王貺。《曾氏叢書》本。

【持靜齋書目】卷三 《全生指迷方》四卷。長恩書(室)[屋]刊本。宋王貺撰。

【涵芬樓舊書分類總目】《全生指迷方》。宋王貺撰。《長恩書(室)[屋]》本。

【江蘇省立國學圖書館圖書總目】《全生指迷方》四卷。《長恩書(室)[屋]叢書》第八冊。宋考城王貺。咸豐刊本。

【清華學校圖書館中文書籍目錄】《全生指迷方》四卷。王貺宋。見《長恩書

(室)[屋]叢書》。

【續中國醫學書目】《全生指迷方》四卷,一冊。十一行二十三字,框横十四・四釐,縱二十・七釐。宋王貺撰。清莊肇麟校刊。《欽定四庫全書提要》。原序,吳敏。自序,王貺。

6. 半畝園刊本

【八千卷樓書目】《全生指迷方》四卷,宋王貺撰。半畝園本。

【江蘇省立國學圖書館圖書總目】《全生指迷方》四卷。《半畝園藏書》第六冊。同治刊本。

7. 鈔本

【竹崦庵傳鈔書目】《全生指迷方》四卷,宋王貺撰。九十二。

8. 未詳本

【文淵閣書目】卷十五 《全生指迷集》一部一冊。闕。

【菉竹堂書目】卷五 《全生指迷集》一冊。

【古今醫統大全】卷一採摭諸書 《指迷方》三卷,考城子亨王貺撰。

【本草綱目】引據書目 《是齋指迷方》,王貺。

注,按是齋即南宋人王璆之自號,著有《百一選方》,時珍因俱姓王氏,以誤之歟。

七十五、史載之方 指南方

(一)出典

【直齋書錄解題】卷十三 《指南方》二卷,蜀人史堪載之撰。凡三十一門,各有論。

【文獻通考】《指南方》二卷。下引陳直齋

【宋史藝文志】醫書 《史載之方》二卷

注:史堪傳,十萬卷樓本《史載之方》卷首《史載之傳》云:史堪,字載之,蜀人。《書錄解題》治病用藥,初不求異,炮炙製度,自依本法,審證精切,不過三四服立瘉。載之方跋眉州人彭師古,年三十時,得異疾,不能食,聞葷腥氣輒嘔。惟用一鐺,旋煮湯,沃淡飯,數匙食之。食已,鼻中必滴血一點,㯳㯳疲削,醫莫能愈。乃趨郡謁堪。堪曰:君之疾,在《素問經》中其名曰"食掛"。凡人肺六葉,舒張如蓋,下覆於脾,則子母氣和,飲食甘美。一或有戾,則肺不能舒,脾爲之蔽,故不嗜食。《素問》曰,肺葉焦熱名曰食掛。蓋食不下,脾瘀而成疾耳。遂製藥,服之三日,覺肉香,啖之無所苦,自此嗜食,宿恙頓除。《宋稗類鈔》。《醫籍考》所引魯應龍《閑窻括異錄》與此大同小異。

蔡元長苦大腸秘,醫不能通。堪診脈已,曰:請求二十錢。元長曰:何爲?曰:欲市紫菀耳。末紫菀以進,須臾遂通。元長大驚,問其說。曰:大腸,肺之傳送,今之秘無他,以肺氣濁耳。紫菀清肺氣,此所以通也。《北窗輠炙錄》。《醫籍考》亦引之。"輠炙"作"炙輠"。《學海類編》所收亦同,其文亦與此有小異。著有《指南方》二卷,凡分三十二門,

門各有論。解題

陸氏曰:史堪,里貫無考。據《書錄解題》,知爲蜀人而已。蜀有史崧,見《蜀中廣記》,亦以醫名,其即堪之一家歟。余既刻其書,因摭諸書而爲之傳。

王叔和《脈經》陳孔碩序:蜀人史堪,以儒生名,能醫。其所著方書,"脾胃"條引《脈訣》中語而議之曰:此叔和知之而未盡也。予每歎曰:冤哉叔和。如史載之之工,尚引《訣》而罪《經》,餘又何怪焉。

(二)考證

【士禮居藏書志題跋記目】卷三 《史載之方》二卷。宋本。向聞白隄錢聽默云,北宋時有名醫,因治蔡京腸秘之症,只用紫苑一味,其病遂愈,醫者由是知名。其人蓋史載之也。後余友顧千里游杭州,遇石家嚴久能於湖上,出各種古書相質。歸爲余言,中有《史載之方》二卷,真北宋精槧,余心向往之久矣。客歲,錢塘何夢華從嚴氏買得,今夏轉歸於余。余檢其方,果有大府秘一門用紫菀者,始信錢丈之言不謬,特未知用而見效之說出何書耳。至於板刻之爲北宋,確然可言,字畫斬方,神氣肅穆,在宋槧中不多覯。其避諱,若"炅"字,尤他刻所罕。千里豔稱於前,夢華作合於後,余於此書,可云奇遇。余喜讀未見書,若此書各家書目所未收。惟《宋史新編》有云:《史戰之方》二卷。"戰"者以"載"字形近而譌,無可疑者。余重其書之秘,出白金三十兩易得。重加裝潢,遇上方切去原紙處,悉以宋紙補之。尾葉原填闕字,亦以宋紙易去,命工仍錄其文,想前人必非無知妄作者也。上下卷通計一百單七,翻合裝潢費核之,幾幾乎白金三星一葉矣。余之惜書而不惜錢,其真佞宋也,誠不失爲書魔云爾。嘉慶丙寅立冬後一日,蕘翁黃丕烈識於百宋一廛。

朱師古,眉州人中略與"史堪傳"所引全同。《素問》曰:肺葉焦熱,名曰食掛。吳曉鉦釗森曰:《素問》無此二語,余藏有明刊覆宋本,亦無之,疑史君杜撰也。蓋食不下,脾瘀而成疾耳。……自此嗜食,宿恙頓除,此見《宋稗類鈔》卷七"方伎門"。書友胡君立羣檢及告余,錄之以備參考。

蔡元長苦大腸秘固,醫不能通,蓋元長不肯服大黃等藥故也。時史載之未知名,往謁之,閽者齟齬,久之乃得見。已診脈,史欲示奇,曰:請求二十錢。元長曰:何爲?曰:欲市紫菀耳。遂市紫菀,末之以進,須臾遂通。元長大驚,問其說。曰:大腸肺之傳送,今之秘無他,以肺氣濁耳。紫菀清肺氣,此所以通也。此古今所未聞,不知用何湯下耳。《醫籍考》所引同。右《北窗炙輠錄》卷上。則可爲錢丈之言左證矣。嘉慶丁卯正月二十有九日書,復翁黃丕烈。

余喜蓄古籍,苟宋元舊刻,雖方伎必收焉。每得醫書古本,訪求藏書家目,證之辨析同異。頃因收得白沙許學士述《傷寒百證歌》、《傷寒發微論》二書,檢及《直齋書錄解題》,有云《指南方》二卷,蜀人史堪載之撰,凡三十一門,各有論。未識即此方否。然茲方爲二卷,雖不名爲"指南",卷數卻合。載之向不知何郡人,今《解題》云蜀人。向證諸《宋稗類鈔》所云,朱師古,眉州人,乃趨郡謁史載之,則其所居之郡可知。向不知其何名,今《解題》云,史堪,則載之乃以字行者也。聊著之以見讀書有得乃爾，觸類旁通，其樂又何耶。已巳四月小滿前二日，復翁識。

【四庫未收書目提要】卷三　《史載之方》二卷，宋史載之撰。載之字里未詳，是本傳本甚希，此從北宋刊本依樣過錄，上卷之末附載跋語，其文不全。《宋史新編》作《史戰之方》，乃形近之譌。施彥執《北窗炙輠錄》，其治蔡元長疾，以此得名。宋作爲醫總論，闡發甚明，各推其因證主治之法，精核無遺，較諸空談醫理者，固有別焉。

【鐵琴銅劍樓藏書目】卷第十　《史載之方》二卷。影鈔宋本。此書不題名，亦無序目，自《郡齋讀書志》以下皆未著錄，郡中黃復翁得之石冢嚴氏，此即從之過錄者也。載之名不甚著，其始末無考，惟據復翁跋稱，《宋稗類鈔》載眉州朱師古得異疾，趨郡謁史載之。宋時眉州屬成都府，是載之爲成都人也。《書錄解題》載"《指南方》二卷，蜀人史堪載之撰"，卷數雖同，書名則異，不知即此書否。然稱爲蜀人，與《宋稗類鈔》合，其非二人可知，是載之名堪也。而阮文達《提要》謂"字里未詳"，蓋誤認載之爲名矣。《北窗炙輠錄》載，載之療蔡元長疾。元長，熙寧三年進士，靖康中貶死。是載之爲神宗後人也。其大略可見者如此。案載之療元長大腸秘，因市紫菀以進，須臾遂通。此書大府秘門，正有用紫菀一方。而師古異疾，載之名爲食掛，謂出《素問》，製藥服之，三日頓愈。《宋稗類鈔》不言所用何藥，此書無食掛方論，蓋載之所著，當不止此。或在《解題》所稱《指南方》中，而此書之非即《指南》，又可想見也。下略。引載見於"鈔本"下。

(三)序跋

1. 跋

載之治病用藥，初不求異，炮炙製度，自依本法，以銖計者。蓋其審證精切，不過三四服立瘉，踰是而不效，乃察病按方之不審，便當改轍，不可泥也。此皆親視而得之，非敢夸大其說。六銖爲分，四分爲兩。

注：按右一跋，十萬卷樓本、周氏本並附載於上卷之末，蓋襲宋之舊者。當有後脫，而其作者無可考。

2. 評註史載之方序

是書久無傳本，近吳興陸氏刻之《十萬卷樓叢書》中，其隨證論脈，條分縷析，獨闢新思，啟發後學，功在《脈經》、《脈訣》之上。方藥多用麻黃、羌活、三稜、莪朮，發汗利血之品者，蜀地濕盛，氣滯血痺也。又多用狗脊，巴戟、寄生、萆薢，強筋健力之品。保正化邪，厥旨幽妙。其文詞古奧拙嗇，初讀頗苦扞格，僭加評註，於大義無所發明，庶幾詞顯意白，易於觀覽云爾。皖南建德周學海書。

(四)刊本及鈔本

1. 宋刊本

【求古居宋本書目】《史載之方》二卷，二冊。

【蕘圃藏書題識】卷四　《史載之方》。宋本。史堪載之撰。下略，與士禮居題跋記目所載同。

【士禮居藏書志題跋記目】卷三　《史載之方》二卷。宋本。下略，詳見於"考證"下。

【藝芸精舍宋元本書目】宋本　《史載之方》二卷

【皕宋樓藏書志】卷四十五《史載之方》二卷。北宋刊本。宋史堪撰。次引原跋、黄氏手跋。今並略之

按，史堪，字載人，蜀人。《書録解題》所謂"指南方二卷"，當即此書。每頁十八行，每行十七字。徽宗以前諱皆缺避，"丸"不改"圓"，不避欽宗嫌名，其爲徽宗時刊本無疑。前有"嚴修能"朱文方印，"元炤私印"朱文方印，"芳椒堂印"白文方印，"士禮居藏"白文方印。嚴元照，德清人，字久能。芳椒堂，其藏書之室也。此本已刻入《十萬卷樓叢書》。

【宋元本行格表】卷上十行　宋槧。史載之。行十七字。二卷。宋諱"(桔)[佶]"字不缺，"丸"不改"圓"，徽宗以前刊本。《儀顧堂續跋》。

【静嘉堂秘籍志】卷七皕宋樓舊藏　《史載之方》，宋史堪撰。北宋刊。二本。志：《史載之方》二卷。北宋刊本。宋史堪撰。某氏跋下缺。黄氏手跋曰今略。

案，《儀顧堂集》有"史堪傳"。《續跋》云：《史載之方》二卷，上卷後有跋，不全。每葉二十行，每行十七字。宋諱"佶"字不缺，"丸"不改"圓"，蓋徽宗以前刊本。《直齋書録解題》：《指南方》二卷，蜀人史堪撰。凡分三十一門，門各有論。今此書自四時正脈起，至治疫毒痢止，卻得三十一門，門各有論。蓋即《直齋》著録之"《指南方》"也。《四庫》未收，阮文達始進呈。按，載之名堪，四川眉州人，政和進士，官至郡守。彭師古得異疾，食已，鼻中心滴血。堪曰：疾在《素問》正經，名曰食掛。投一方，服之宿恙頓除。見《分類夷堅志・辛集・眉州進士題名碑》。蔡元長病便秘，堪末紫菀以進，須臾遂通。見《北窗輠炙録》。卷中有"張氏字香修一字幼憐"、"芳椒堂"、"元炤"、"嚴氏修能"、"黄丕烈印"、"蕘圃"、"蕘翁更號復翁"諸印。後有黄圃手跋二通，並録《宋稗類鈔》，《北窗輠炙録》兩條。《宋稗類抄》所採出《分類夷堅志・辛集》。堪爲政和進士，皆蕘圃及阮文達所未聞也。《静嘉堂國書分類目録》同。

注：按右宋本行款，《皕宋樓志》作十八行，《静嘉堂志》作二十行，平津館景宋鈔本作二十二行。今查十萬卷樓本註云：行款悉仿宋本。而其實即二十二行，即似乎《皕宋樓志》、《静嘉堂志》并訛。

2. 十萬卷樓本

【叢書舉要】卷三十三十萬卷樓叢書　《史載之方》二卷

【叢書書目彙編】十萬卷樓叢書　《史載之方》二卷，宋史堪。

【行素堂目睹書録】十萬卷樓叢書　《史載之方》二卷

【八千卷樓書目】卷十　《史載之方》二卷，宋史載之撰。十萬卷樓本。

【朮古居宋本書目】啟倬跋　《史載之方》二卷。光緒間陸心源《十萬卷樓叢書》刻。

【萬卷樓藏書總目】《史載之方》二卷，宋史堪。十萬卷樓本。

【古越藏書樓書目】卷五 《史載之方》二卷,宋史堪。十萬卷樓本。

【涵芬樓舊書分類總目】 《史載之方》,宋史堪(注)[撰]。十萬卷樓本。二冊。

【江南圖書館閱覽室檢查書目】 《史載之方》,宋史堪。十萬卷樓本。一本。

【江蘇省立國學圖書館圖書總目】 《史載之方》二卷,一冊,宋蜀人史堪。陸氏十萬卷樓重刊本。又一部二卷。《十萬卷樓叢書》第十一冊,光緒刊本。

【浙江藏書樓甲編書目】《史載之方》二卷,宋史堪。仿宋本。

【浙江公立圖書館通常類圖書目錄】 《史載之方》二卷,宋史堪撰。清光緒二年吳興陸氏十萬卷樓重刊本。二本。

【清華學校圖書館中文書籍目錄】 《史載之方》二卷,宋史堪。見《十萬卷樓叢書》。

【遼寧省立圖書館館刊】館藏十萬卷樓叢書 《史載之方》二卷,宋史堪。

【中東鐵路圖書館圖書目錄】 《史載之方》二卷,宋史堪。見《十萬卷樓叢書》。又一部。同上

【續中國醫學書目】《史載之方》二卷。二冊。十一行十七字,框橫十三·三釐,縱十八釐。宋史堪著。光緒二年重雕。《十萬卷樓叢書初編》之內"史載之傳"。

3. 周氏醫學叢書本

【叢書書目彙編】周氏醫學叢書 《評註史載之方》二卷

【續彙刻書目】周氏醫學叢書 《評註史載之方》二卷

【中國醫學書目】《評註史載之方》二卷。一冊。十一行二十一字,框橫十二·一釐,縱十五·五釐。宋史堪撰。《周氏醫學叢書》之內。光緒十七年刊。"史載之傳",陸心源。"評註史載之方序",周學海。目錄。

4. 御書樓無板書本鈔本

【叢書舉要】卷十二御書樓無板醫書 《史載之方》。《叢書書目彙編》同。

【聿修堂藏書目錄】 《史載之方》二卷,一冊。鈔書於乾隆御書樓無板書。史堪。

【經籍訪古志】卷八 《史載之方》二卷。乾隆御書樓無板書本。按,此似傳抄於宋本者,阮氏《四庫未收書提要》亦載之。

5. 鈔本

【竹崦庵傳鈔書目】 《史載之方》,宋史載之撰。一百零七。

【平津館鑒藏書籍記】補遺寫本 《史載之方》二卷。上卷末有跋云,載之治病用藥,初不求異,審證精切,不過三四服立瘉,此皆親試而得之,非敢夸大其說云云。《宋史藝文志》:《史載之方》二卷,不詳何時人。施彥清《北窗炙輠錄》,史載之曾以紫菀治蔡元長大腸秘,因得名,則北宋年人也。每葉廿二行,行十七字。

【孫氏書目】內編卷二 《史載之方》二卷。宋徽宗時人。

【鐵琴銅劍樓書目】卷十四 《史載之方》二卷。影鈔宋本。此書不題名,亦無

序目。中略。詳見於“考證”下。此書之非即《指南》,又可想見也。書中炅、戌、驚、徵等字皆減筆,而完、丸等不避欽宗嫌名,蓋刻於靖康以前。復翁定爲北宋精槧,不誣也。

【帶經堂書目】卷三　《史載之方》二卷。鈔本。先大父跋云:史載之,考阮芸臺先生進呈《提要》稱,宋人,仕里未詳。記得前閱醫書,有“蜀醫史載之”語,似是蜀人。此本譌字甚多,當取善本校之。其方喜用燥烈之品,自是局方盛行之時,習而不察。而東垣、丹溪諸老,爲有功於醫學不淺也。

注:按此書目上欄有墨書云:此書宋刊在金匱趙茂才處。心源。

【行素堂目睹書錄】欽定四庫全書東洋料紙鈔本　《史載之方》二卷。

【宋元本行格表】卷下十一行　景宋本《史載之方》,行十七字。二卷。平津館記。

【抱經樓藏書志】卷三十七　《史載之方》二卷。抄本。宋史堪撰。下引原本跋。《揅經堂外集》,今略。

【秦漢十印齋書目】卷三　《史載之方》二卷。景宋鈔本。宋史堪撰。

【内閣文庫圖書第二部漢書目錄】《史載之方》二卷。日本寫本。一冊。

【續中國醫學書目】《史載之方》二卷。據於十萬卷樓本抄寫。

6. 未詳本

【文淵閣書目】卷十五　《指南方》一部一冊。闕。

【菉竹堂書目】卷五　《指南方》一冊

【古今醫統大全】卷一　《指南方》二卷,蜀人史載之撰。

【本草綱目】引據書目　《史堪指南方》

【培林堂書目】《史載之方》一冊

【寶書閣著錄】《史載之方》二卷,宋史載之撰。又二部。同上。

七十六、九籥衛生方

【幼幼新書】卷四十近世方書　《九籥衛生》,宗室右監衛門大將軍忠州防禦使士紆編。

【直齋書錄解題】卷十三　《九籥衛生方》三卷,宣和宗室州防禦使士紆撰。

【文獻通考】經籍考　《九籥衛生方》三卷。下引陳直齋。

【本草綱目】引據古今書目　趙士衍《九籥衛生方》。

注:按《脈望館書目》、又《天一閣藏書目錄》並載“衛生方一本”,不知與是書同否。

七十七、瘴論

【宋史藝文志】醫書　李璆、張致遠《瘴論》二卷

注:按《嶺南衛生方》引載是書之文。

注:張致遠傳,《宋史》卷三百七十六本傳略云,張致遠,字子猷,南劍州沙縣人。宣和三年中進士第。宰相范宗尹薦其才,召對,擢爲樞密院計議官。建寇范汝爲已降,猶懷反側,而招安官謝嚮、陸棠受賊賂,陰與之通。致遠謁告歸,知其情,還白執政,請鋤其根株,於是捕嚮、棠及制置司屬官施宜生付獄。詔參知政事孟庾爲福州宣撫使討賊,韓世忠副之,辟致遠爲隨軍機宜文字。賊平,除兩浙轉運判官,改廣東轉運判官。招撫劇盜曾袞等,衆賊悉降。紹興四年,以監察御史召,未至。除殿中侍御史,除給事中,尋以老母丐外,以顯謨閣待制知台州。朝廷以海寇鄭廣未平,改置福州。六年八月,廣等降,致遠選留四百人,置營城外,餘遣還業。復遣廣討他郡諸盜,數月悉平。八年正月,再召爲給事中,出知廣州,尋以顯謨閣待制致仕。十七年卒,年五十八。致遠鯁亮有學識,歷臺省侍從,言論[風]旨,皆卓然可觀。

七十八、石壁經

【幼幼新書】卷四十前代方書 《石壁經》。或傳黄帝時書,疑未必然,得之湘陰士人朱中立不倚。

七十九、茅先生方

【幼幼新書】卷四十近世方書 《茅先生方》,少室山無夢茅先生。

八十、譚氏殊聖方

【幼幼新書】卷四十前代方書 《譚氏殊聖》,洪農譚永德撰。永德沛國下邳人。

八十一、丁左藏方

【幼幼新書】卷四十近世方書 《丁左藏方》,西京左藏庫使丁信臣。

八十二、惠眼觀證

【幼幼新書】卷四十近世方書 《惠眼觀證》,宜黄戴師憫術翰林醫學梁逢老譔。得之前宗正(蒸)[丞]蔡衛子周家藏。

八十三、楊太鄴方

【幼幼新書】卷四十近世方書 《楊太鄴方》,翰林待詔楊大鄴方。得之今湖北范運使家藏。

八十四、莊氏家傳

【幼幼新書】卷四十近世方書　《脈法要略》、《膏肓灸法》、《莊氏家傳》。三書皆知筠州莊公手集，得之其子監潭州都作院念祖泉伯。

八十五、鳳髓經

八十六、飛仙論

八十七、寶童方

八十八、聯珠論

八十九、保信論

九十、惠濟歌

九十一、吉氏家傳

【幼幼新書】卷四十近世方書　《鳳髓經》、《飛仙論》、《寶童方》、《聯珠論》、《保信論》、《惠濟歌》、《吉氏家傳》。七書得之前岳州平江令吉撝之謙伯家藏，並不載作書人姓名，唯吉氏家藏，謙伯手集。

九十二、聚寶方

【幼幼新書】卷四十近世方書　《聚寶方》。不載作書人姓名，得之長沙醫工鄭愈。

九十三、五關貫真珠囊

【幼幼新書】卷四十近世方書　《五關貫真珠囊》。不著作書人姓名，得之長沙醫工毛彬。

九十四、張氏家傳方

【幼幼新書】卷四十士大夫家藏　《張氏家傳》。知撫州張徽猷家藏。

九十五、陳防禦家傳方

【幼幼新書】卷四十士大夫家藏　《陳防禦家傳》。湖南城路鈐家藏。

九十六、孔氏家傳方

【幼幼新書】卷四十士大夫家藏　《孔氏家傳》。孔參議家藏號東家書。

九十七、吴氏家傳方

【幼幼新書】卷四十士大夫家藏　《吴氏家傳》。湖南運幹吴兗魯山家藏。

九十八、趙氏家傳方

【幼幼新書】卷四十士大夫家藏　《趙氏家傳》。江西運幹趙栩季羽家藏。

九十九、睢陽王氏家傳方

【幼幼新書】卷四十士大夫家藏　《睢陽王氏家傳》。前潭州簽判王昇伯陽家藏。

一百、董氏家傳方

【幼幼新書】卷四十士大夫家藏　《董氏家傳》。知潭州醴陵縣董瑛堅老家藏。

一百零一、陶氏家傳方

【幼幼新書】卷四十士大夫家藏　《陶氏家傳》。知潭州善化縣陶定安世家藏。

一百零二、朱氏家傳

【幼幼新書】卷四十士大夫家藏　《朱氏家傳》。潭州司理參軍朱如山季高家。

一百零三、班防禦方

【幼幼新書】卷四十士大夫家藏　《班防禦方》。京師醫官。

一百零四、胡氏家傳方

【幼幼新書】卷四十士大夫家藏　《胡氏家傳》。長沙仕人胡晰然明家藏。

一百零五、朱氏家傳方

【幼幼新書】卷四十士大夫家藏　《朱氏家傳》。朱不倚家藏。

一百零六、安師所傳方

【幼幼新書】卷四十士大夫家藏　《安師所傳方》。建安僧惠安傳。

一百零七、相潙方

一百零八、易忠信方

一百零九、李剛中方

一百十、丁時發方

一百十一、王兌方

一百十二、丁安中方

一百十三、劉之才方

一百十四、丘松年方

一百十五、毛彬方

一百十六、鄭愈方

一百十七、蕭景仁方

【幼幼新書】卷四十士大夫家藏　相潙、易忠信、李剛中、丁時發、王兌、丁安中、劉之才、丘松年、毛彬、鄭愈、蕭景仁。十一家皆長沙醫工或醫者之子傳。

一百十八、劉氏家傳

【幼幼新書】卷四十士大夫家藏　《劉氏家傳》。且先公大中所傳並平日所抄方。

一百十九、靈元經

【通志藝文略】脈經　《靈元經》三卷

【秘書省續編到四庫闕書目】醫書　《靈元經》三卷。闕。

一百二十、宋氏千金方

【通志藝文略】方書　《宋氏千金方》三卷

【秘書省續編到四庫闕書目】醫書　《宋氏千金方》三卷

一百二十一、張處環方

【通志藝文略】方書　《張處環方》三卷

【秘書省續編到四庫闕書目】醫家　《張處(還)[環]方》三卷

一百二十二、陳太醫方

【通志藝文略】方書　《陳太醫方》一卷

【秘書省續編到四庫闕書目】醫家　《陳太醫方》一卷。闕。

一百二十三、意外方

【通志藝文略】方書　《意外方》三卷

【秘書省續編到四庫闕書目】醫家　《意外方》三卷。闕。

一百二十四、千金一致方

【通志藝文略】方書　《千金一致方》一卷,錢象中集。

【秘書省續編到四庫闕書目】醫書　(劉)[錢](家)[象]中《千金一致方》　卷

一百二十五、太清經藥方

【通志藝文略】方書　《太清經藥方》一卷

【秘書省續編到四庫闕書目】醫書　《太[清]經藥方》一卷。闕。

一百二十六、胡愔方

【通志藝文略】方書　《胡愔方》二卷
【秘書省續編到四庫闕書目】醫書　《胡愔方》二卷。闕。

一百二十七、補瀉内景方

【宋史藝文志】醫書類　《胡愔補瀉内景方》三卷

一百二十八、瀉内景方

【通志藝文略】方書　《瀉内景方》一卷

一百二十九、胡氏方

【直齋書錄解題】卷十三醫書　《胡氏方》一卷。不著名。
【文獻通考】經籍考醫書　《胡氏方》一卷。陳氏曰,不著名。

一百三十、明效方

【通志藝文略】方書　《晏相明效方》五卷
【秘書省續編到四庫闕書目】醫家　《明效方》五卷
【宋史藝文志】醫書類　晏傅正《明效方》五卷

一百三十一、聖苑方

【通志藝文略】方書　《聖苑方》三卷

一百三十二、王氏醫門集

【通志藝文略】方書　《王氏醫門集》二十卷
【宋史藝文志】醫書　《王氏醫門集》二十卷

一百三十三、摭醫新説

【通志藝文略】病源　《摭醫新説》二卷

【秘書省續編到四庫闕書目】醫書 《摭醫新說》二卷

【宋史藝文志】醫書類 《党求年摭醫新說》三卷,《黨永年摭醫新說》三卷。

注:按右《宋志》疑重出一書。

一百三十四、扁鵲秘訣

【通志藝文略】病源 《扁鵲秘訣》一卷

【秘書省續編到四庫闕書目】醫書 《扁鵲秘訣》一卷。闕。

一百三十五、嶺南經效方

【通志藝文略】嶺南方 《治嶺南衆疾經效方》一卷

【秘書省續編到四庫闕書】醫家 《嶺南經效方》一卷

一百三十六、廣南攝生方

【通志藝文略】嶺南方 《廣南攝生方》三卷

【文淵閣書目】卷十五醫書 《廣南攝生論》一部一冊。闕。

【菉竹堂書目】卷五醫書 《廣南攝生論》一冊

一百三十七、充元子

【秘書省續編到四庫闕書目】卷二醫書 《充元子》一卷。闕。

一百三十八、威靈仙藥方秘序

【秘書省續編到四庫闕書目】卷二醫書 《威靈仙藥方》一卷

宋以前醫籍考（下）

そういぜんいせきこう

附・紀念岡西爲人

[日]岡西爲人 著
郭秀梅 整理
岡田研吉 致之 審定

學苑出版社

第十二類　諸家方論(南宋)

一、編類本草單方

【直齋書録解題】卷十三　《本草單方》三十五卷,工部侍郎宛邱王俣碩父撰。取《本草》諸藥條下所載單方,以門類編之,凡四千二百有六方。

【宋史藝文志】醫書　王俣《編類本草單方》三十五卷

【古今醫統大全】卷一採摭諸書　《本草單方》二十五卷,宛丘王碩父撰。工部侍郎時暇,取《本草》條下所載單方,以門類編之,凡四千二百六方。

【世善堂藏書目録】卷下　《本草單方》三十五卷,王(俟)[俣]。

【汲古閣毛氏藏書目録】　《本草單方》三十五卷,王(俟)[俣]。

【天一閣藏書目録】吕字號廚　《本草單方》一本。

序跋

陳造跋

一則專,多則雜,事物皆爾,況藥之用於病乎。予幼多疾,好窮藥性,嘗用香附子,用木賊,用露蜂房,皆一再驗。其法盡載《本草》書,人顧不熟讀之爾。思欲會蕞擷攬,以應須者,未暇也,不意此惠術有先之者。是書板在四明,予宰定海,首得之。列爲三十五卷,始於服餌,終於婦人小兒,雜療法亦備矣。然條分類別,一閲可見,益知異人世不乏,才賢有識,所在有之,裴校藏秘,不惟自衛旁濟,疇其夙心,而不假編集之勞,晏享此利。紹興辛亥十一月朔書。書之何?志喜也。《江湖長翁集》《醫籍考》

二、雞峰備急方

【幼幼新書】卷四十近世方書　《雞峰備急》,蜀醫張鋭編。字子剛。

【直齋書録解題】卷十三　《雞峰備急方》一卷,太醫局教授張鋭撰。紹興三年爲序,大抵皆單方也。

【遂初堂書目】　《雞峰備急方》

【文獻通考】　《雞峰備急方》一卷。下引陳直齋。

【宋史藝文志】醫書　張鋭《雞峰備急方》一卷。

【古今醫統大全】卷一採摭諸書　《雞峰方》一卷，太醫教授張鋭撰。

【本草綱目】引據書目　《雞峰備急方》，張鋭。

注：張鋭傳，《夷堅乙志》卷十張鋭醫云：成州團練使張鋭，字子剛，以醫知名，居鄭州。政和中，蔡魯公之孫婦有娠，及期而病，國醫皆以爲陽證傷寒，懼胎之墮，不敢投涼劑。魯公密信邀鋭來，鋭曰：兒處胞十月將生矣，何藥之能敗。如常法與藥，且使倍服，半日兒生，病亦失去。明日婦大泄不止，而喉痺不入食，衆醫交指其疵，且曰：二疾如冰炭，又產蓐甫爾，雖扁鵲復生，無活理也。鋭曰：無庸醫，將使即日愈。取藥數十粒，使吞之，咽喉即平，泄亦止。逮滿月，魯公開宴，自諸子諸孫及女婦甥婿，合六十人，請鋭爲客，公親酌酒爲壽曰：君之術通神，吾不敢知，敢問一藥而治兩疾何也。鋭曰：此於經無所載，特以意處之。向者所用乃附子理中圓，裹以紫雪耳，方喉閉不通，非至寒藥不爲用。既已下咽，則消釋無餘。其得至腹中者，附子力也，故一服而兩疾愈。公大加歎異，盡斂席上金匕箸遺之。慕容彥逢爲起居舍人時，母夫人病，亦召鋭於鄭，至則死矣。時方暑，鋭欲入視。慕容不忍，意其欲求錢，乃曰：道路之費，當悉奉償，不煩入也。鋭曰：傷寒法有死一晝夜復生者，何惜一視。不得已，延入。鋭揭面帛注視，呼仵匠語之曰：若嘗見夏月死者面色赤乎？曰：無。口開乎？曰：無。然則汗不出而厥耳，不死也，無亟斂。趨出取藥，命以水二升煮其半，灌病者，戒曰：善守之，至夜半大瀉則活矣。鋭舍於外館。夜半時，守病者覺有聲勃勃然，遺矢已滿席，出穢惡物斗餘，一家盡喜，敲門呼鋭。鋭應曰：吾今日體困，不能起，然亦不必起，明日方可進藥也。天且明，徑命駕歸。鄭慕容詣其室，但留平胃散一貼而已。母服之數日良愈。蓋鋭忿求錢之疑，故不告而去。紹興中入蜀，王秬叔堅問之曰：公之術，古所謂"十全"者，幾是歟。曰：未也。僅能七八耳。吾長子病，診脈察色，皆爲熱極，命煮承氣湯欲飲之，且飲亦疑。至於再三，將遂飲，有如掣吾肘者，姑持盃以待。兒忽發顫悸，覆綿衾四五，始稍定，汗下如洗，明日而脱。然使吾藥入口則死矣，安得爲造妙。世之庸醫，學方書，未知萬一，自以爲足。吁，可懼哉。《王秬叔堅說》十萬卷樓本

注：按《醫籍考》引張杲《醫說》云"予伯祖張諱寧宗廟諱。字子充，歙人也"云云。寧宗諱擴，郭、廓、鞹、椁並避之，乃其名字與陳、劉二氏所言不合，不知多紀氏何以引之於此耶。

注：按《雞峰普濟方》卷三十題云"備急單方"，而陳氏既云"大抵皆單方"。是知所謂《備急方》一卷者，殆是《普濟方》之卷三十矣。

三、雞峯普濟方

（一）考證

【儀顧堂集】卷十九宋板雞峯普濟方跋　《雞峰普濟方》三十卷，缺卷二、卷三、卷六、卷八，凡四卷。每葉二十二行，行二十二字。首行大題之下題"馮翊賈兼重校定"七字，相傳以爲張鋭著。前後無序跋，目錄亦祇有十葉，莫能明也。晁、陳二家及

《文獻通考》皆不著錄，惟張杲《醫說》引其說頗多，皆與今本合。銳仕履不多見，《夷堅志》稱，銳字子剛，成州團練使，以醫知名，居於鄭州。政和中，蔡魯公之孫婦有娠，及期而病，邀銳治之，一服而愈。至紹興中，流落入蜀。又《書錄解題》載，太醫局教授張銳撰《雞峰備急方》，紹興三年爲序。愚案，書中多自稱其名曰兆，或稱孫兆。案《書錄解題》，尚藥奉御太醫令孫用和，其子殿中丞兆，父子皆以醫知名，自昭陵迄於熙豐，無能出其右者。兆自言爲思邈後。嘉祐二年，置校正御書局於編輯院後。又命孫奇、高保衡、孫兆同校正。張氏《醫說》稱兆殿中丞。治平中，有顯官權府尹，一日坐堂決事，耳聞風雨鼓角聲，遽召孫兆殿丞往焉。乃留藥治之，翌日如故。尹問曰：吾所服藥，切類四物湯何也。孫曰：心脈大盛，腎脈不能歸耳。以藥涼心，則腎脈復歸乃無恙。孫之醫出於衆人，皆如是。衆人難之，孫則易之。衆人易之，孫則難之云云。案，兆固名醫，其書疑是兆著，請列五證以明之。

《普濟方》卷四，郭都官久患腳氣，發即寒熱脹滿氣上，服熱藥即甚。兆與《外臺》延年茯苓飲，以下其氣云云。又少府監韓正彥得疾，手足不能舉，諸醫皆以爲中風，鍼刺臂腿不知。兆曰：此腳氣也云云。部署郝質患腳氣，腫滿生瘡，有人以藥下之，腫即消。後或有時心腹不快，兆令服青木香元云云。卷十，秦職趙令儀忽患吐逆，大小便不通，煩亂，四肢漸冷，無脈，凡一日半。與大承氣湯一劑，至夜半大便通，脈漸生，翌日乃安。此關格之病，極爲難治。兆所見者惟此一人。卷十一，殿中丞郭中妹病腹。兆案《甲乙經》云，三焦脹者，氣滿於皮膚中，殼然不堅。遂與仲景厚朴生薑半夏甘草人參湯云云。主簿李述之母，患胸中痞疾，不得喘息，案之則痛，脈數而澀。兆曰：胸痺也云云。著作雷道矩病吐痰，坐頃間已及升餘。兆曰：肺中有痰。令服仲景葶藶大棗湯云云。國博士王珣患咽喉噎塞，胸膈不利。兆詳病證，肺虛其中客熱證，皆因誤灸服煖藥所致，遂與《外臺》第十廣濟紫菀湯爲元，令服之乃效云云。第十七，鄜州時節推，因飲食次忽報其祖有事，驚憂悲戚，食即吐出，日常多不快。兆素不精用鍼，謹處犀角散治之。此一證也。

卷十九，神助散，仁宗賜名，治十水之病。孫兆父子常進代州，錢防禦命孫兆診之，脈得沈緊數六至以外，證目下腫，鼻準亦腫，唇色紫，腹大腫，外陰氣腫脹如升，案之如石。兆告曰：病名石水，方以防己葶藶椒目大黃元主之云云。案，此處獨稱孫兆，疑非出自兆口。然全書無引別家醫案者，亦必兆之自述。其證二也。

卷十九，庚戌八月十二日，夜夢爲費無虞縣尉治水氣藥方。次年八月中，費果患水疾，令服此方遂愈。卷十八，建安林回甫秘校，熙寧中與予同客龍門李氏家云云。案，庚戌爲熙寧三年，張銳紹興中尚存，未必七十年前已爲人治病，於兆則時代甚合。其證三也。

書中引劉子儀、柳子厚，皆稱字。惟思邈稱"真人"，用和稱"尚藥"。其證四也。

陝西寶雞縣陳倉山，一名雞峰。見《雍大記》。兆雖里貫未詳，自稱思邈後人，當是陝人，故以所居自號。若銳乃鄭州人，與"雞峰"風馬牛不相及。其證五也。

卷十五,校語有"恐有傳寫之誤"一語,則是書初無刊本,至賈兼始校定付刊。可知書中語涉宋帝皆提行,"丸"皆作"圓","慎"字不缺筆,當刻於徽宗時。兼自署"馮翊",其板恐在關中。意者刊成之後,地入於金,金源文禁甚嚴,故晁、陳二家皆不得見歟。卷三十爲備急單方,與《解題》所載一卷合。或鋭爲太醫局教授時,取兆書刊之,而陳氏遂屬之鋭耳。卷二十九奇疾門三十八方,與夏子益奇疾方同,蓋在兆之後。殆竊取而掩其所出歟。惜乎序跋皆失,無以破此疑團也。

(二)序跋

1. 重刻宋本雞峰普濟方序代汪閬源戊子二月

《雞峰普濟方》三十卷,每卷署"馮翊賈兼重校定",南宋槧本也。缺第二、三、六、八,共四卷。有檇李項氏圖章,今歸予插架。考以行世收藏家各目,並未著錄,唯《宋史藝文志》子類醫家有"《張鋭雞峰備急方》一卷"。馬端臨《經籍考》"《雞峰備急方》一卷",引陳氏曰:產醫教授張鋭撰,紹興三年爲序,本單方也。《書錄解題》作"太醫局教授",餘同。用是知其時代,姓名,而賈兼之署"重校定",亦曉然矣。然此一卷,乃全書之卷第三十,其曰"備急"者,特分門子目之一而已。又明李時珍輯《本草綱目》,列《雞峰備急方》張鋭於引據,似猶及見之。亦稱"備急",則皆未見他卷者也。予意《雞峰普濟》者,當是鋭自題之。首一卷所論,即鋭所撰,分門正出其手,三十卷亦其自定無疑也。觀其中有處方一論,詳言古方治療之妙,戒學者以不可忽,斯作書之本指,實足爲通部序例,於以見採摭富而抉擇精,倘能用之,其功效誠有今人所不到焉,可聽其名存若亡哉。況自宋以來,流傳已尠,日就殘失,將至湮沈,尤宜亟爲表微,爰影摹開雕。校讐竣事,述其梗概如此。若夫四卷之缺,或海内博識君子,竟如河東三篋,有以津而逮之,則固予所旦暮企望者焉。顧千里《思適齋集》卷十所藏道光本缺此序。《經籍訪古志》引爲(王)[汪]士鐘序,文有小異。後見"道光刊本"下。

2. 重刻雞峰普濟方序戊子五月

閬源觀察多藏秘笈,其《雞峰普濟方》一書,又世所罕傳,於是重加刊刻。既成,屬予爲序。予不知醫,其將何以序是哉。雖然,嘗病夫今之醫者之爲方也,舉凡方書,罔克究心,雖顯著如《千金》、《外臺》之屬精深博大者,家有其書已鮮矣,而況讀乎,而況用乎。惟坊肆陋本,抄撮湯頭,編爲歌訣,人挾一冊,口剽目竊,以蕲速化。迨病之來,皆皮附應之,冀望其倖中,此固必不得之數也。太史公傳倉公,言意自少喜醫藥,醫藥方試之,多不驗者。得見師臨菑元里公乘陽慶,謂意曰:盡去而方書非是也,欲盡以我禁方書悉教公。然則觀國工之所以得悟,俗工之所以失,盡去其不驗非是之故方,更受古先遺傳之禁方,豈非此日之急務哉。陽慶之予不可遘,特當於昔人方書中求之耳。張氏審擇會萃,以普濟之心成書,汪君不專己有,刊《普濟》之書行世。厥以是乎,厥以是乎。予既辭不獲命,輒書此序之,以待夫後之讀而用者。時道光八年歲在戊子夏五月,顧千里撰。道光刊本《思適齋集》缺"時道光"以下十六字。

（三）刊本

1. 宋刊本

【思適齋集】卷十　《重刻宋本雞峰普濟方序》，代汪閬源，戊子二月。《雞峰普濟方》三十卷，每卷署"馮翊賈兼重校定"，南宋槧本也。缺第二、三、六、八，共四卷。有檇李項氏圖章，今歸予插架。

【藝芸精舍】宋元本書目　宋本　《雞峰普濟方》，存一卷、四卷、五卷、七卷、九卷至三十卷。

【皕宋樓藏書志】卷四十五　《雞峰普濟方》二十四卷。宋刊宋印本，天籟閣舊藏。宋孫兆撰，馮翊賈兼重校定。

案，此南宋閩中刊本，字體與三山蔡氏所刻《狀元通鑑》等書同。每葉二十二行，每行二十二字，小黑口。每卷有"貴我齋"朱文圓印，"墨林山人"白文方印，"項子京家藏"朱文長印，"天籟閣"朱文長印，"檇李項氏家寶玩"朱文長印，"項元汴"朱文方印，"項墨林秘笈之印"朱文方印，"宮保世家"白文方印，"崑山徐氏家藏"朱文長印，"乾學之印"、"健菴"白文二方印。餘詳《儀顧堂集》。

【靜嘉堂文庫國書分類目錄】　《雞峰普濟方》三十卷，内卷二、三、五、六、八缺，目錄一卷。宋孫兆撰，賈兼重校。宋刊，二十四册。天籟閣舊藏，皕宋樓舊藏本。《秘籍志》亦載之。

2. 道光汪子鍾仿宋刊本

【四庫書目邵注】卷十和劑局方　《雞峰普濟方》三十卷。缺二、三、六、八，共四卷。宋張鋭撰。近年蘇州汪氏刊本。

【持靜齋藏書記要】卷上　《雞峰普濟方》三十卷。宋張鋭撰。道光戊子汪（子鍾）[士鐘]得南宋刊本仿刊，猶缺四卷。

【結一廬書目】　《雞峰普濟方》二十六卷，宋張鋭撰。仿宋刊。六册。

【郘亭知見傳本書目】卷八　《雞峰普濟方》三十卷，宋張鋭撰。近道光戊子年蘇州汪士（鍾）[鐘]仿南宋本刊，中缺二、三、六、八，共四卷。

【抱經樓藏書志】卷三十七　《雞峰普濟方》三十卷。汪氏仿宋刊本。宋孫兆撰，馮翊賈兼重校定。汪士（鍾）[鐘]序。道光八年。顧千里序。

【八千卷樓書目】卷十　《雞峰普濟方》三十卷，宋張鋭撰。汪氏影宋刊本。

【觀海堂書目】誰字號　《雞峰普濟方》十本三十卷。仿宋本。

【諸暨圖書館目錄】卷五　《影宋本雞峰普濟方三十卷。宋張鋭。清道光八年，長洲汪氏藝芸書舍精刻本。廷翰宋本原缺二、三、六、八，共四卷，並有缺葉。此書採摭富而決擇精，持論詳覈，立方神妙，且爲向來未見之異，業醫者宜究心焉。舊有天籟閣藏南宋閩中刊本，每葉二十二行，行二十二字。詳陸心源《儀顧堂集》。

【江南圖書館閱覽室檢查書目】　《雞峰普濟方》。影宋本，十本。宋張鋭。

【江蘇省立國學圖書館圖書總目】　《雞峰普濟方》三十卷，十册，宋張鋭。道光汪氏藝芸書舍仿宋本。

【多紀元堅獻納醫學館醫書目錄】　《雞峰普濟方》三十卷。清板。十册。

【實素堂藏書目錄】《雞峰普濟方》三十卷,張鋭。十冊。缺第二、三、八、九,四卷。道光八年汪士(鍾)[鐘]雕翻宋槧馮翊賈兼重校定本。又三十卷。五十冊,鈔汪士(鍾)[鐘]雕翻宋本。

【經籍訪古志】卷八《雞峰普濟方》三十卷。道光戊子汪士(鍾)[鐘]刊本。汪士(鍾)[鐘]序略曰,《雞峰普濟方》三十卷,每卷署"馮翊賈兼重校定"。南宋槧本也。缺第二、三、六、八,共四卷,目缺一至九葉,十卷缺第五葉,廿一卷缺第十五、十六葉,廿二卷缺第四葉、五葉,廿五半葉以下,廿三卷缺一至十一葉。每卷有檇李項氏圖章,今歸予插架。考以行世收藏家各目,並未著錄。考《宋史藝文志》子類醫家有《張鋭備急方》一卷。馬端臨《經籍考》"《雞峰備急方》一卷",引陳氏曰:產醫教授張鋭撰,紹興三年爲序,大抵皆單方也。又考《夷堅志》云:政和中,蔡魯公之孫婦有孕,及期而病,國醫皆以爲陽證傷寒,懼胎墮,不敢投涼劑。鋭至曰:十月將生,何藥之能敗。仍以常法之藥,且使倍服之,半日而兒生,病亦去云云。陳氏所謂"產醫"者蓋以此。《書錄解題》作"太醫局教授",餘同。用是知其時代姓名及治病之神異,而賈兼之署"重校定",亦曉然矣。然此一卷乃全書之卷第三十,其曰"備急方",特分門子目之一而已云云。自宋以來,流傳已尠,日就殘失,將致湮沈,尤宜亟爲表微,爰影摹開雕。校讐竣事,述其梗槩如此。

【元治增補御書籍目錄】《雞峰普濟方》三十卷八冊,宋張鋭撰。

【内閣文庫圖書第二部漢書目錄】(特)《雞峰普濟方》三十卷,宋張鋭。清汪士(鍾)[鐘]校,道光八年刊。八冊。《雞峰普濟方》。同上,第二、三、八卷缺,道光八年刊。十冊。

【靜嘉堂文庫國書分類目錄】《雞峰普濟方》三十卷[内二、三、六、八缺]。目錄一卷,道光八年覆宋守先閣舊藏本。八冊。

【北京人文科學研究所藏書目錄】《雞峰普濟方》三十卷。缺二、三、六、八。宋張鋭撰。道光八年汪士(鍾)[鐘]覆宋刊本,二函十冊。

【杏雨書屋圖書假目錄】《雞峰普濟方》三十卷,宋張鋭撰。清汪士(鍾)[鐘]校,道光八年刊。十二冊。又同上一部,六冊。

【中國醫學書目】《雞峰普濟方》。内題"宋本雞峯普濟方"。三十卷。内缺二、三、六、八,共四卷。二十冊。十一行二十二字。框横十三·二釐,縱十九釐。賈兼重校,道光八年藝芸書舍刊。"重刻雞峰普濟方序",顧千里,道光八年。目錄。

注:按右《雞峰普濟方》,宋明諸家,均未著錄,逮清忽出宋刊,可謂珍異。其刊行年代,汪序云爲南宋槧本,陸氏《儀顧堂集》以爲徽宗時所刻,而其《皕宋樓志》卻云南宋閩中刊本,字體與三山蔡氏所刻《狀元通鑑》等書同。雖其所言前後不同,其爲南宋本殆似無疑矣。其本缺序跋,卷首唯署"馮翊賈兼重校定"七字,而其作者無以可考。今按汪序,以爲張鋭所撰。蓋《宋志》有"張鋭《雞峰備急方》一卷",士(鍾)[鐘]因以推爲鋭書而已,非別有確據也。然後之著錄家多皆從之,獨陸心源舉"五證"以爲孫兆所作,且云"卷三十爲備急單方",與《解題》所載一卷合。或

鋭爲太醫局教授時取兆書刊之,而陳氏遂屬之鋭耳。卷二十九奇疾門三十八方,與夏子益奇疾方同,蓋在兆之後,殆竊取而掩其所出歟。陸氏此説,不可謂不精,然猶未足以爲孫兆所撰之確證。余按南宋書賈,多急於射利,奸策不一。許洪"校注和劑局方序",嘗已難之。如《新編類要圖註本草》,漫纂諸家之説,擅加添削,以成俗書者,往往有焉。意者是書或亦出於南宋俗手者耶。如卷二十九充以"夏子益奇疾方",卷三十充以"張鋭備急方",卻可爲其證矣。原本後歸於陸氏十萬卷樓,現藏於日本静嘉堂,余欲更精閲原本,以改爲詳考焉。

又按,多紀氏《雜病廣要》、《觀察方要補》,並引《雞峰普濟方》。元堅《獻目》亦載清板,而《醫籍考》乃無其目,惟有《雞峰備急方》一卷,豈多紀氏偶脱之乎。

四、普濟本事方

(一)出典

【直齋書録解題】卷十三　《本事方》十卷,維揚許叔微知可撰。紹興三年進士第六人,以藥餌陰功,見於夢寐,事載《夷堅志》。晚歲取平生已試驗之方,併記其事實,以爲此書。取《本事詩》詞之例以名之。

【遂初堂書目】《許本知可事方》。"許本知可"當作"許知可本",蓋爲原本之訛。

【文獻通考】經籍考　《本事方》十卷。下引陳直齋。

【宋史藝文志】醫書　《許叔微普濟本事方》十二卷。

注:許叔微傳,已見於"仲景三十六種脈法圖"條下,今亦以《夷堅志》所載録於左。

《夷堅甲志》卷五云:許叔微,字知可,真州人。家素貧,夢人告之曰:汝欲登科,須積陰德。許度力不足,惟從事於醫乃可,遂留意方書。久之,所活不可勝計。得夢前人來持一詩贈之,其詞曰"藥有陰功,陳樓間處。堂上呼盧,唱六作五"。既覺,姑記之於牘。紹興壬子第六人登科,用升甲恩如第五,得職官。其上陳祖言,其下樓材也,夢已先定矣。"呼盧"者,臚傳之義云。

(二)考證

【四庫全書總目】卷一百零三　《類證普濟本事方》十卷,浙江巡撫採進本。宋許叔微撰。叔微,字知可。或曰揚州人,或曰毘陵人,惟曾敏行《獨醒雜志》作真州人,二人同時,當不誤也。紹興二年進士,醫家謂之"許學士"。宋代詞臣率以"學士"爲通稱,不知所歷何官也。是書載經驗諸方,兼記醫案,故以"本事"爲名。朱國楨《湧幢小品》載,叔微嘗獲鄉薦,春闈不利而歸,舟次平望,夢白衣人勸學醫,遂得盧扁之妙。凡有病者,診候與藥,不取其直。晚歲取平生已試之方,併記其事實,以爲《本事方》,取"本事詩"之例以名之云云,即指此書。然考《獨醒雜志》,叔微雖有夢見神人事,而學醫則在其前,不知國楨何本也。叔微於診治之術最爲精詣,故姚寬《西溪叢語》稱許叔微精於醫,載其論"肺蟲上行"一條,以爲微論。其書屬詞簡雅,不諧於俗,故明以來不甚傳布。此本從宋槧鈔出,其中凡"丸"字皆作"圓",猶是漢張機《傷寒論》、《金匱要略》舊例也。國楨又記叔微所著尚有《擬傷寒歌》三卷,凡百篇,又有《治法》八十一篇及《仲景脈法》三十六圖、《翼傷寒論》二卷、《辨類》五卷,今皆未見傳本,疑其散佚矣。

【儀顧堂集】卷十九普濟本事方跋一　《普濟本事方》,南宋刊大字本。中略,詳見"宋刊本"下。案《獨醒雜志》,許知可嘗夢有客來謁,知可延見,坐定,客問知可曰:汝平生亦知恨乎。知可曰:我恨有三,父母之死,皆爲醫者所誤,今不及致菽水之養,一也。自束髮讀書,而今年踰五十,不得一官以立門戶,二也。後嗣未立,三也。其人又曰:亦有功於人乎?知可曰:其失怙恃,以鄉無良醫,某既長立,因刻意方書,期以活人。建炎初,真州城中疾厲大作,某以貧賤,家至戶到,察脈觀色,給藥付之。其間有無歸者,某舆置於家,親爲療治,似有微功,人頗相傳。其人曰:天政以此將命汝官及與汝子,若父母則不可見矣。因復取書一通示之,知可略記其間語曰"藥市收功,陳樓間阻。殿上呼盧,唱六作五"。既覺,異其事而不知其何祥也。紹興二年,策進士第六,陞作五,乃陳祖言、樓材之間。其年仍舉子。始知夢中之言無不合。知可名叔微,真州人。《夷堅志》載其事略同,惟以爲先見夢而後學醫爲少異。以自序"杳冥之中,若有所警"一語證之,當不誣也。下略,見於"宋刊本"下。

普濟本事方跋二　是書罕見舊刻,《四庫全書》祇據影宋本著錄。世所通行,有乾隆中雲間王梁陳刊本。夏長無事,與宋本六卷對校。卷首序文、卷一治藥總例,王本皆缺。中間多出二十餘方:卷一蘇合香圓;卷二衛真湯、鼈甲圓,氣虛頭痛第三方,白附子散第二方,荆芥散,透頂散第二方,異龍丸第二方、第三方;卷三川芎圓第四,靈砂丹第二方,寒熱痁方,浸酒牛膝丸;卷五槐花散第二、第三方,治熱毒下血方,搐鼻第三方,菊花散第二方,治睛痛難忍方,鍼頭丸二方,治風齒第二方,治膈上極熱口舌生瘡三方,加減甘露飲三方,治耳聾卒閉方;卷六治鼠瘻第二方。皆宋本所無,未知何所據也。卷首"珠母圓",宋本真珠母、當歸、乾地黄、人參、酸棗仁、柏子仁各一兩,犀角、茯神、沈香、龍齒各半兩,王本則真珠母、地黄、棗仁、當歸各兩半,茯神、柏子仁、犀角各一兩,沈香、龍齒各半錢。輕重懸殊,不一而足。查王梁陳刊本序云"抄本相傳,亥豕良多,余用是取坊賈抄本,與家藏善本校訂釐正,鏤版以傳"。其書之不足據,已自爲供狀矣。

【儀顧堂題跋】卷七王梁陳刊本本事方跋　右許叔微《本事方》十卷,王梁陳刊本。前六卷以宋乾道刊校,後四卷以影抄宋淳熙本校。卷一蘇和香丸,卷二衛真湯、白附子散第二方、荆芥散、透頂散兩方,黑龍丸第二方、第三方,卷三川芎丸,卷四靈砂丹第二方、寒熱方、牛膝酒浸丸,卷五槐花散第二方、第三方,熱毒下血方、梅師第二方、菊花散第二方、治睛病方、鍼頭丸兩方、牙痛三方、治口舌生瘡三方、加減甘露飲兩方、治耳卒癃閉方,卷六治鼠瘰瘻兩方、治丹從膈起治火丹、治螢火丹,卷七染鬚髮方,皆兩宋本所無,均爲削去。影宋抄卷七芎葛湯後,有"神丸方論"百三十餘字;桂子加附子湯前,有大青龍湯、"溫粉方論"百七十餘言。卷八大柴胡等三服得汗而解下，有“嘗謂仲景”云云百許言；密兑法後，有製法七十餘言；海蛤散治結胸後，有“期二穴”云云八十餘言；白虎加人參湯，有方論百餘言，其前有清心丸、竹葉石膏湯方論百四十餘言；瓜蒂散前，有五苓散方論二百許字。卷終有一呷散方論一百二十餘字。卷九小柴胡湯日三服下，有“胸中煩而不嘔”云云百三十餘言，中承氣湯有方論數十言；補脾湯後有金液丹、來復丹方論及氣海灸法八百餘言。卷終有來甦丹百餘言；褊銀丸前，有捻金散數十言；石可化破下，有“治小兒陽癇”云云百餘言；醒脾丸前，有青州白丸子方論百五十餘字。皆此本所無。淳熙本有所增益，張孝忠序自言之，雖有非叔微原本，亦無可考，皆爲補錄於上。乾道本前有自序兩葉，“修治藥法”四葉。影抄淳熙本，有張郯、張孝忠兩序，命純兒影摹八卷，以存宋本之真。

叔微所著，尚有《續本事方》十卷，《四庫》未收，阮文達亦未進呈，余藏有抄帙。所削三十四方皆見《續本事方》，其爲梁陳刊版時羼入，或明以前已羼入，則莫可考耳。

（三）序跋

1. 普濟本事方序許叔微自序

醫之道大矣，可以養生，可以全身，可以盡年，可以利天下與來世，是非淺識者所能爲也。苟精此道者，通神明，奪造化，擅回生起死之功，則精神之運，必有默相於冥冥之中者，豈可謂之藝，與技術爲等耶。竊疑上古之時，如岐伯輔（皇）［黃］帝，伊尹相商王，皆有方書，以瘳民瘼。殆及後世，周有和緩，秦有扁鵲，漢有倉公，魏有華佗，宋有徐文伯，唐有孫思邈，又皆神奇出人意表，皆望踵躡，代不乏人。自茲以往，甚妙不傳，間有能者，僅可一二數，何古人精巧如是，而今人之不逮也。予嘗思之，古人以此救人，故天畀其道，使普惠含靈。後人以此射利，故天嗇其術，而不輕畀予，無足異者。余年十一，連遭家禍，父以時疫，母以氣中，百日之間，併失怙恃。痛念里無良醫，束手待盡。及長成人，刻意方書，誓欲以救物爲心，杳冥之中，似有所警。年運而往，今逼桑榆。謾集已試之方，及所得新意，錄以傳遠，題爲《普濟本事方》。孟啟有《本事詩》，楊元素有《本事曲》，皆有當時事實，庶幾觀者見其曲折也。余既以救物爲心，予而不求其報，則是方也，烏得不與衆共之。

2. 類證普濟本事方序宋錢聞禮

甚哉，治病於未病之先者，無其人哉。世皆治病於已病之後，於是乎立方。然方固不同，有傳之於古，有驗之於今，有得之師授，有得之人傳，總未明乎方之旨，以及藥之升降浮沈、寒熱溫平、良毒之性，與夫宣通補瀉、輕重滑澀燥濕、反正類從之理，而徒執方以療病，猶夫未能格致誠正，而欲秉國鈞、執國政，致斯民於仁壽之域也，得乎哉。故良醫與良相同尊，有由來也。許子叔微，白沙人也。□穎慧，嗜岐黃。紹興中舉進士，仕翰林學士。服官之暇，研究經論，每遇疑難，必闡其蘊，發其微，究其源，窮其奥，以故奇症怪病，皆能療之。手著《傷寒發微論》、《傷寒百證歌》、《議證二十二篇》、《仲景脉法》諸書，皆膾炙人口。至《本事方》其後焉者也。

舉生平救治諸方,投而輒驗者,集成一書,分爲十卷,名曰《證治普濟本事方》。於"本事"而顔之曰"普濟",不特以慈祥愷惻之懷,發而爲救世利民之事,并欲使黄冠緇衣,咸受其化裁,不致抱疴而莫救。庸醫昧士,俱遵其例派,毋庸杜撰以爭奇。故於方後,或述病源,或明用藥,使人一覽而易曉焉。向使許子非沈溺乎三皇五帝之書,浸淫乎諸子百家之説,烏能出奇無窮,良效如是。業醫者得其方而玩索之,識見於是而益開,舉業於是而益粹。即不知醫者,身處乎僻壤窮鄉,求良醫不足者,得是書而珍惜之,開卷亦可檢方,斟酌即能自藥,其有補於天下後世也,豈淺鮮哉。是亦"普濟"之義也夫。錢開禮謹序。《本事方釋義》

注,按右一序之作者,掃葉山房本《釋義》作錢開禮,"開"疑即"聞"之訛。聞禮,紹興中爲建寧府通判,亦有醫名,著有《傷寒百證歌》。詳見其條。

3.張孝忠跋

右許知可《本事方》,并目録、制度,共十二卷。是書一方一論,切病證而用之,蠲痾起死,有非常之功。如言氣厥不可作中風候,益腎用滋潤之藥,五蟲能殺人,及區别腸風藏毒蟲痔不同,皆所以破後人之疑誤。至於論説傷寒兩卷,尤發明仲景指意,善用之者,如以是鑰扣是鏁,一一契合,無毫釐差。山陽范應德先生,蓋知可高弟,深得其法。孝忠童稚嘗從授書,見其切脈用藥,不與今醫者相似,家叔與之游,此方所從發也。後刊板武昌,苦無善本以正訛謬。及歸老蒙山,意頗闕然,因孝忠侍見,屢及之,欲更定而不可。歲且一紀,孝忠來宦夷陵,有蜀人劉奇者,老於醫,砭艾尤工,通經絡如流水,遂相與(許)[論]證甚悉,又從鄂渚劉君邦彦考焉。問其所未知,釋其所可疑,於是爲備制度炮炙,各疏其下,方證腧穴有而未具者,附益之,凡六十有一。又校定字書,增者二百二十有四,減者六,乙者七,正其誤者三百三十有四,鋟木家塾,於以成叔父之志。夫許氏之本心,冤其親之隕於醫,發憤此書,濟世不求其報,用意到,故無一不可用者。後之人絡脈證候之不分,新陳寒涼之無别,精觕畢用,炮製非法,而於書有疑焉,是不可與言也。淳熙乙巳五月旦日,孝忠謹書。《醫籍考》

注:按《善本書室藏書志》載日本刊本云:首列知可自序,次爲日本人所録乾道庚寅張剡序、淳熙乙巳張孝忠序、淳熙辛亥任昌時序。《日本訪書志》載舊抄本,而云末有淳熙乙巳孝忠跋(不著其姓,待考),又有辛亥左昌時跋。又《儀顧堂題跋》云:影抄淳熙本有張郯、張孝忠兩序。"任"與"左",當有一誤。其序及張郯序,未之得見,因記以俟後搜焉。

4.本事方序

昔蘇子瞻有云:藥雖進於醫手,方多傳於古人。若已經效於世間,不必皆從乎己出。醫有方書尚矣,後漢張長沙《傷寒》、《金匱》方,爲羣方之祖。唐孫真人《千金方》,得長沙之心法。外此方書充棟,似皆未能繼往開來。惟宋學士許白沙所著《本事方》十卷,其用意直探長沙之奥,而其採方較《千金》爲簡要,即如神效散、温脾湯、玉貞丸、退陰散等方,識精理到,更足補前人之未及。其餘類症探方,方簡而法備;圖方附案,按確而洽明。後之學者,苟能辨症施治,則神而明之,不啻若自己出也。顧其書未經翻刻，抄本相傳，亥豕良多，余甚惜之。用是取坊賈抄本，與家藏善本校訂釐正，鏤板以廣其傳，庶幾與《金匱》、《千金》等書，家誦而戶曉焉。其所好古之一助也夫。雲間後學王陳梁書。乾隆刊本

5. 日本享保本跋

凡天地之間，粗者易求，精者難得，猶金玉之寡，瓦石之多。從昔醫家蓄方之書雖多，其精者鮮矣，惟《本事方》，尤精者也。因之變通，何有不愈之病。然其書以字誤句差，本朝曾未刊行。今也幸得全本，苟以蒼生不悅乎，予則訓點焉，今梓鏤之，洽於天下云。享保乙卯四月甲戌，泝流書於中心堂。

(四) 刊本及鈔本

1. 南宋乾道刊本

【求古居宋本書目】《本事方》，存一至六，三冊。

【蕘圃藏書題[識]】卷四 《普濟方》。殘宋本，存一至六。戊辰季冬，校時刻本一過。誠如余所云，藥名分兩，多有差池也。惟此六卷中，時刻多方幾許，未知何所據而增添，抑別有舊本。彼雲間王某序，以爲鈔本相傳，亥豕良多，用是取坊賈鈔本，(於)[與]家藏善本校定釐正，鏤版以廣其傳。是未可據矣。此宋刻六卷真本，豈不可寶耶。己巳立春後一日，復翁。

初，書坊某云，書船有殘宋本《普濟本事方》，余屬其取閱。久之以書來，厘存三冊，序全目失，六卷後已遭剜改也。六卷尚完好，第一卷首多治藥制度總例。擬購之，無如索直六十金。既而持物主之札索還，并云中人須酬十金，未及還償價而罷。仲冬以來，爲亡兒營葬，爲長女遣嫁，兼之度歲辨糧，所入不償所出。自朝而夕，雖身逸而心勞，幾幾乎坐臥不寧矣，然可以解憂者惟書。余自甲寅後連丁大故，天災人事，困苦身心，若論所境，不知生人之樂，而好書一事，從未住手，謂聊樂我員者此也。昨書船之友，攜來各書，俱無愜意者。因詢前書，云尚在某坊，問其直，元易爲洋矣。今日遂與議易，給以番餅二十枚，以他書貼之，合四十兩青蚨。百忙之中，出現銀一斤，置此殘帙。旁人見之，得勿笑其癡耶、獃耶。余曰，此養生藥，思之幾廢寢食。余又不知蠹魚之性，何以固結若是。書存六卷，細點葉數：序二葉，目錄存九葉，治藥制度總例四葉，卷一十九葉，卷二二十四葉，卷三二十六葉，卷四二十四葉，卷五十九葉，卷六十七葉，共計一百四十四番，以葉論價，合每葉青蚨一百九十五文。近日書直昂貴，聞有無錫浦姓書賈，即蒲二田之後，持殘宋本《孟東野集》，索直每葉元銀二兩，故余戲以葉論價，此書猶賤之至者也。此書亦即出浦姓手，書有"錫山浦氏珍藏"印，又有"蒲氏賁菽賞鑒"印，當亦二田家藏者。二田故多宋本書，後人不知，盡皆散失。余向年曾得楊倞注《荀子》，錢佃本《二程遺書》，俱由蒲姓，賤售於某坊，某坊以之歸余者。此書蒲姓賤售於某家，某家又售於書船，獲此厚直，幸次第得之。俾宋刻勿致失墜，此區區之苦心，雖無錢而必勉強致之者，職是故耳。至於宋刻之可寶，序及"製藥制度總例"時刻所無，其餘卷中錯誤不可枚舉。莫謂方書雜伎無足輕重，儻藥品缺少分兩差池，致病罔效，猶諸經典缺誤處足

以妨事,所係豈淺鮮哉。書船友姓邵名寶墉,云其書得諸江陰,即蒲姓賤售者。并記。復翁。

【士禮居藏書題跋記】卷三 《普濟方》。殘宋本,存第一至六。初書坊某云中略,與蕘圃題識同。

跋新得《普濟本事方》後,尚有餘意,詩以盡之:性嗜奇書及古方,飃零殘帙亦收藏。當時事實觀能得,詩曲由來起孟楊。孟棨有《本事詩》,楊元素有《本事曲》,并詳序文中。十存其六卷猶全,制度先教治藥先。版係宋雕何處認,真珠丸已諱爲圓。宋刻方書,都諱"丸"爲"圓",此書開卷"真珠圓"是其證。秘笈沈淪孰與求,人亡人得理周流。墨林清玩叢殘甚,萬卷堂章卷尾留。書經檇李項藥師藏六卷,尾有"萬卷堂藏書記",是在項氏已失四卷。重裝手澤記偃春,逆數前朝歲戊辰。三百年來五甲子,一書閱過幾家人。正德戊辰至嘉慶戊辰,甲子五周矣,書之授受不知其幾家。嘉慶戊辰季冬九日復翁於百宋一廛。

【儀顧堂集】卷十九普濟本事方跋 《普濟本事方》,南宋刊大字本。存卷第一至六,每葉十六行,行十六字。目錄首行題曰"普濟本事方",次題曰"儀真許叔微知可述",板心有字數及刊匠姓名。語涉宋朝年號,皆空一格。案《獨醒雜志》中略。見於"考證"下。卷六末有衡山文璧,又潁川陳淳借觀款,及"正德戊辰重裝於偃春堂仲夏十日葛㦅記"一行。"萬卷堂藏書記"朱文方印一,黃蕘圃跋,其後繼以七絕四章。案,萬卷堂乃明嘉禾項篤壽藏書處,正德時諸家所賞,亦衹此殘本六卷耳。宜蕘圃詡爲希罕也。

【皕宋樓藏書志】卷四十五 《普濟本事方》殘本六卷。宋刊宋印本,陳白陽舊藏。宋儀真許叔微知可述。

自序曰引文略之

衡山文璧觀。潁川陳淳借觀。明正德戊辰重裝於偃春堂,仲夏十日,葛㦅記。

黃氏手跋曰引文略之

案,每頁十六行,每行十六字,板心有字數及刻工姓名。餘詳《儀顧堂集》。

【靜嘉堂國書分類目錄】《普濟本事方》。殘缺六卷,卷一至六。宋許叔微撰,宋刊。陳白陽舊藏。皕宋樓舊藏本。六冊。《秘籍志》同。

【宋元本行格表】卷上八行 《宋刊類證普濟本事方》。行十六字。版心有字數及刊工姓名。《皕宋樓藏書志》,《簡明目錄》批注本。

2. 南宋淳熙刊本

注:按《日本訪書志》載小島尚質舊藏抄本,末有乙巳張孝忠跋及辛亥左昌時跋。楊守敬疑爲淳熙本,詳見"鈔本"下。

3. 南宋寶祐刊本

【經籍訪古志】卷八 《類證普濟本事方》十卷,《類證普濟本事方後集》十卷。宋槧本,缺九至十五,補寫。楓山秘府藏。首有自序,序後云"寶祐癸丑良月夏淵余氏刊於明經堂"。首云"儀真許叔微述",《後集》首題云"許學士親述"。目錄後有"建安余唐卿宅刻梓"八字。每半版,高六寸四分,幅四寸四分,十三行,行廿一字。

按,此本寛政中京醫堅田緘造所獻,實爲罕覯之秘笈。懷仙閣藏宋槧《後集》十卷,全與此本同,今歸躋壽館。又按,是書前、後集蓋本别行,故古抄本少合併者。乾隆中王陳梁所刻止十卷,間有節文。

【元治增補御書籍目錄】《類證普濟本事方》十卷,《後集》十卷,宋板。五冊。宋許叔微撰。

【帝室和漢圖書目錄】《類證普濟本事方》,宋許叔微。元版疑宋版之訛。十卷,《後集》十卷,五冊。

【圖書寮漢籍善本書目】卷三 《類證普濟本事方》十卷,《後集》十卷,五冊。宋許叔微撰。宋刊本。前有叔微自序,序後題"時寶祐癸丑良月夏淵余氏重刊於明經堂",《後集》目錄後有"建安余唐卿宅刻梓"木記。每半葉十三行,行二十一字。舊藏楓山文庫。第一、第四冊首有"獨得"印,每冊首有"回春堂"、"緘造"印。又第五冊尾捺"堅田緘造"、"回春堂藏"、"一鳥堂"、"田馮之印"諸印。《經籍訪古志》、《御書籍來歷志》所載本。

注:按《留真譜新編》第八載有寶祐本書影。

4. 元刊本

【宋元本行格表】卷上八行 元本《本事方》。曾釗《面城樓集》。

注:按《日本訪書志》云,《四庫》著錄者,元余氏勤有堂刊本。未知其款式與此合否。然今按《四庫提要》云,此本從宋槧鈔出。不知楊氏何據以爲元刊耶。又按《帝室和漢圖書目》載有元本者,然其爲宋槧寶祐本殆無疑。今錄在宋槧中,至於《行格表》所錄今無可考。要之是書之元槧及明刊,殆無其證,亦可謂一奇矣。

5. 四庫全書本

【四庫全書總目】卷一百零三 《類證普濟本事方》十卷。浙江巡撫採進本。此本從宋本鈔出。

【壬子文瀾閣所存書目】卷三 《類證普濟本事方》十卷,五冊。補鈔。

【文溯閣四庫全書要略及索引】《類證普濟本事方》十卷,宋許叔微撰。五冊。一百九十一葉。

6. 乾隆四十二年王陳梁刊本

【儀顧堂集】本事方跋二 是書罕見舊刻,《四庫全書》祇據影宋本著錄。世所通行,有乾隆中王梁陳刊本。"梁陳"當作"陳梁"。

【北平圖書館善本書目】卷三 《類(症)[證]普濟本事方》十卷,宋許叔微撰。清刻本。陸心源校并跋。

【江蘇省立國學圖書館圖書總目】《普濟本事方》十卷,四冊,宋儀真許叔微。雲間王氏校刊本。

【聿修堂藏書目錄】《類證普濟本事方》十卷,四冊。清(陳梁)[梁陳]校刊。

【多紀元堅獻納醫學館醫書目錄】《普濟方》六卷。清板。二冊。

【實素堂藏書目錄】《類證普濟本事方》十卷,四冊。(陳梁)[梁陳]校定刊本。

【經籍訪古志】卷八　《類證普濟本事方》十卷。乾隆中王陳梁所刻，止十卷，間有節文。

【内閣文庫圖書館第二部漢書目錄】（特）《類證普濟本事方》十卷，宋許叔微。清版。四册。

【中國醫學書目】《類證普濟本事方》十卷。四册。八行二十字。框橫十二·六釐，縱十九·三釐。許叔微著。王陳梁校。乾隆四十二年刊。本事方序，王陳梁。目錄。

7. 日本刊本

【善本書室藏書志】卷十六　《普濟本事方》十卷，《續集》十卷。東洋刊本。儀真許叔微述，《續集》題"儀真許學士述"。首刻知可自序，次爲日本人所錄乾道庚寅張郯序，淳熙乙巳張孝忠序，淳熙辛亥郡長吏任昌時序。目錄後載《事林廣記》一則，卷末載"治藥制度總例"。《續集》無序，題爲"（證類）［類證］普濟本事方"。卷末題"享保廿一年向井八三郎刊行"。

【八千卷樓書目】卷十　《類證普濟本事方》十卷，宋許叔微撰。日本刊本。

【觀海堂書目】逼字號　《本事方》五本。十卷。日本（校）［刊］本。

【故宫博物院書目】《普濟本事方》，宋許叔微。十卷。五册。日刊本。

【江蘇第一圖書館覆校善本書目】《普濟本事方》十卷，《續集》十卷，宋儀真許叔微。日本刊本。五册。

【賨素堂藏書目錄】《普濟本事方》十卷，九册。享保二十一年刊。

【享保以後大阪出版書籍目錄】《普濟本事方》十册，叔微知可述。板元河内屋八三郎小濱町。出願享保二十年四月。

【帝室和漢圖書目錄】《普濟本事方》，宋許叔微。享保二十一。十卷，《續》十卷。五册。

【内閣文庫圖書第二部漢書目錄】《普濟本事方》十卷，五册。享保二十一年刊。

【静嘉堂文庫國書分類目錄】《普濟本事方》十卷，《續》十卷，宋許叔微撰。元文三刊，守先閣舊藏本。三册。

【杏雨書屋圖書假目錄】《普濟本事方》十卷，《續》十卷，宋許叔微知可撰。享保二十一年刊。五册。

【中國醫學書目】《普濟本事方》，附《續本事方》，十卷。二册，附十卷一册。十行二十一字。框橫十三·八釐，縱十九·六釐。宋許叔微述。享保二十一年向井八三郎刊。"普濟本事方序"，知可。普濟本事方目錄。"跋"，泝流，享保乙卯二十年。

附《類證普濟本事方續集》十卷一册。行字框郭同。宋許學士述。元文三年向井八三郎刊。類證普濟本事方目錄。

8. 鈔本

【四庫館進呈書籍底簿】浙江第六次書目　《類證普濟本事方》十卷，宋許叔微輯。

二本。

【蕘圃藏書題識】卷四　《普濟本事方》十卷。鈔本。目云"錢塘丁氏"。余去年得殘宋本《許學士本事方》六卷，而止取時本校之，通體不符，未可補鈔。適與老醫周蘊石談及渠有舊鈔本，因借以補鈔。雖未必與宋刻全合，然迥勝俗本矣。鈔畢并識。己巳四月二日，復翁。

【持靜齋書目】卷三　《類證普濟本事方》十卷。坊本。又舊鈔《本事方》十卷，《補遺》三卷。乾隆間毛德宏校補鈔本。宋許叔微撰。

【持靜齋藏書記要】卷下鈔本　《本事方》十卷，《補遺》三卷，宋許叔微撰。《四庫》本題"類證普濟本事方"。其《補遺》，國朝乾隆初毛德宏據他書引叔微說編之。考叔微有《傷寒九十論》，並列治方，德宏所採拾，不必是《本事》所有，故庫本無之。

【結一廬書目】鈔本　《類證普濟本事方》十卷，宋許叔微撰。一冊。

【善本書室藏書志】卷十六　《普濟本事方》。舊鈔本。陳簡莊手校。儀真許叔微知可述。宋錢聞禮序云：許叔微，白沙人，紹興中舉進士，仕翰林學士。所著醫書，皆膾炙人口。其《後集》成十卷，名《證治普濟本事方》。自序謂，予年十一失怙恃，痛里無良醫。及長，刻意方書，誓以救物爲心。今集已試及所得新意，題爲《普濟本事方》。孟啟有《本事詩》，楊元素有《本事曲》，皆有當時事實，庶幾觀者見其曲折。後錄嘉慶己巳黃復翁跋。又嘉慶辛未陳簡莊手跋六則，謂松江刻本不佳，得此舊鈔較勝。復從黃蕘圃借宋本前六卷，題曰"普濟本事方"，無"證類"二字。首有自序。目後有"治藥制度總例"。手錄補入，並朱筆詳校。乃知此本與宋槧各方次第分量，俱有不同。宋本大字，每葉十六行，行十六字。銖兩"一"、"二"等字，皆作"壹"、"貳"，"丸"字盡作"圓"，"敬"字缺筆。惜缺後四卷，未能細勘其全。又閱蕘圃藏書目，有吳中老醫周蘊石家傳鈔本，每葉二十二行，行二十一字，與此本同。亟借觀細勘，佳處不少，如"橘皮"誤"桔皮"，"几几"誤"兀兀"。第九卷傷寒小注，誤入本文，乃用綠筆校正，書遂完善。後又見王陳次辰刻本，有吳趨吳滯補鈔。宋版錢聞禮原序，爲黃氏所無，亟爲昭錄。按復翁所藏，今歸皕宋樓，考其《藏書記》行款，與陳跋悉符，而獨闕錢序，則此書之精，何亞於宋槧歟。

【八千卷樓書目】卷十　《類證普濟本事方》十卷，宋許叔微撰。陳仲魚校抄本。

【江蘇第一圖書館覆校善本書目】《普濟本事方》十卷。一冊。舊鈔本，陳簡玉手校，有仲魚圖像、"宋本"、"簡莊藝文"、"海寧陳鱣觀"等印。有陳鱣手筆書跋，又墨筆記五則。

【江蘇省立國學圖書館總目】《普濟本事方》十卷。一冊。舊鈔本。有仲魚圖像、"宋本"、"簡莊藝文"、"簡莊所錄"、"得此書，費辛苦，後之人，其鑒我"、"海寧陳鱣觀"諸印。

【京師圖書館善本書目】《類證普濟本事方》十卷。歸安姚氏書。宋許叔微撰。舊鈔本。有"韓印之圻"白文、"禮春"朱文兩方印，"古柏山房"朱文方印。二冊。

【丰修堂藏書目錄】《普濟本事方》十卷，三冊。鈔。寶裕癸丑余氏重刊本。《類證普濟本事方》十卷。三冊。鈔本。

【寶素堂藏書目錄】《普濟本事方》十卷，三冊。古鈔本。許叔微。又十卷。三冊，影宋鈔本。蘭化先生舊藏本。

【日本訪書志】卷十 《普濟本事方》十卷。舊抄本。宋許叔微撰。小島尚質舊藏。後有“以江武官庫御本寫之”九字，在第四至第十末。有淳熙乙巳孝忠跋。不著其姓，待考。又有辛亥左昌時跋。每葉十行，行二十字，每卷之第二行，即接所分類，無“宋許叔微撰”等字。知其根源爲古。按此書乾隆中王陳梁有刊本，多所刪節，不足爲據。日本享保中刊本，亦多訛字，皆不及此本之佳。又按《經籍訪古志》，有宋槧本，序後題“寶祐癸丑良月夏淵余氏刊於明經堂”，目錄後有“建安余唐卿宅刻梓”八字。每半葉十三行，二十一字。此本格式，亦與之不同。然則此豈即淳熙辛亥之本與，則尤可寶也。案，淳熙無辛亥，或疑紹熙辛亥之訛歟。

《四庫》著錄者，元余氏勤有堂刊本，未知其款式與此合否。

【觀海堂書目】似字號 《類證普濟本事方》二本。十卷。日本古鈔本。又一部。一本。十卷。日本古鈔本。川字號 《本事方》二本。六卷。小島尚質藏本。殘。

【故宮博物院書目】《普濟本事方》二冊。日抄本。《類證普濟本事方》，宋許叔微。十卷。二冊。抄本。《類證本事方》，宋許洪。十卷。一冊。抄本。

【內閣文庫圖書第二部漢書目錄】《普濟本事方》十卷，《續》十卷。六冊。日本寫本。

9. 未詳本

【文淵閣書目】卷十五 《許學士本事方》。一部一冊。闕。

【菉竹堂書目】卷五 《許學士本事方》一冊

【古今醫統大全】【本草綱目】【世善堂藏書目錄】【醫藏書目】以上明 【四庫館進呈書籍底簿】【各省進呈書目】【浙江採集遺書總錄】【孫氏書目】【問經堂書目】【四庫書目邵注】【郘亭知見傳本書目】【四庫目略】【觀古堂書目】【八千卷樓書目】以上清 【江南圖書館閱覽檢查書目】民國 【元治增補御書籍目錄】日 【東醫寶鑑】朝鮮

五、類證普濟本事方後集

刊本及鈔本

1. 南宋寶裕刊本

【經籍訪古志】卷八 《類證普濟本事方》十卷，《類證普濟本事方後集》十卷。宋槧本。缺九至十五，補寫。楓山秘府藏。以下略，詳見“普濟本事方”條。以下諸家目並同。

【元治增補御書籍目錄】《類證普濟本事方》十卷，《後集》十卷。宋板。五冊。

【帝室和漢圖書目錄】《類證普濟本事方》。元版十卷，《後集》十卷，五冊。

【圖書寮漢籍善本書目】卷三 《類證普濟本事方》十卷，《後集》十卷，五冊。

2. 日本元文三年刊本

【郘亭知見傳本書目】卷八 《類證普濟本事方》十卷。日本有《續本事方》十

卷。《四庫目略》同

【善本書室藏書志】卷十六 《普濟本事方續集》十卷。東洋刊本。《續集》無序。

【江蘇第一圖書館覆校善本書目】《普濟本事方》十卷,《續集》十卷。日本刊本。五冊。

【江蘇省立國學圖書館圖書總目】《普濟本事方》十卷,《續集》十卷,五冊。日本刊本。

【寶素堂藏書目錄】《類證普濟本事方續集》十卷,五冊。元文三年刊本。

【享保以後大阪出版書籍目錄】《續類證本事方》五冊。作者宋許叔微知可。訓點者中正泝流薩州鹿兒島。板元河内屋八三郎小濱町。出願元文元年六月。

【静嘉堂文庫國書分類目錄】《普濟本事方》,《續》十卷。元文三刊,守先閣舊藏本。

【中國醫學書目】《類證普濟本事方續集》十卷。一冊。十行,二十一字。框横十三·八釐,縱十九·六釐。元文三年向井八三郎刊。類證普濟本事方目錄。

3. 鈔本

【故宫博物院書目】《類證普濟本事方續集》十卷,二冊。日抄本。

【寶素堂藏書目錄】《類證普濟本事方後集》十卷,一冊。影鈔宋建安余唐卿梓行本。

【内閣文庫圖書第二部漢書目錄】《普濟本事方》十卷,《續》十卷。六冊。日本寫本。

注:按《經籍訪古志》云:是書前、後集蓋本别行,故古鈔本少合併者。又據《訪古志》寶祐本《本事方》,首云"儀真許叔微述",《後集》首題云"許學士親述"。其所記既不同。意者《後集》或係於後人之所輯耶。又按上海大東書局所刊《中國醫學大成》樣本第四輯方劑類中,載《普濟本事方後集》十卷,然其書尚屬未刊。

附 本事方釋義

【八千卷樓書目】卷十 《本事方釋義》十卷,國朝葉桂撰。刊本。

【江蘇省立國學圖書館圖書總目】卷二十七 《本事方釋義》十卷,附《備錄》一卷。又一部殘存二卷。同上。通行本。

【中國醫學書目】《本事方釋義》十卷,六冊。十行二十一字。框横十四·三釐,縱十八釐。清葉桂釋義。掃葉山房刊。序,石韞玉,嘉慶十九年。序,朱昌和,嘉慶甲戌。序,顧文烜,乾隆五十六年。序,黄丕烈,嘉慶甲戌。許學士普濟本事方原序。類證普濟本事方,錢聞禮。序,吳雲,嘉慶十九年。類證普濟本事方釋義序,葉桂,乾隆十年。類證普濟本事方坊刻王氏本備錄。普濟本事方治藥制度總例。校刻本事方釋義例言,曾孫鍾,玄孫滋、潮同識。葉香巖傳,沈德潛。目錄。後序,曾孫鍾,嘉慶十八年。

又一部,同前本。

【二續中國醫學書目】《本事方釋義》十卷,八冊。十行二十一字。框横十四·四釐,縱十八·一釐。宋許叔微著,清葉桂釋義。嘉慶十九年眉壽堂校刊。

序，石韞玉，嘉慶十九年。朱昌和，同年。吳雲，同年。黄丕烈，同年。顧文烜，乾隆五十六年。許學士普濟本事方原序。類證普濟本事方釋義序，葉桂，乾隆十年。許學士傳，葉桂。校刻本事方釋義例言。類證普濟本事方序，錢聞禮。目録。治藥制度總例。坊刻王氏本備録。計七十三條。附葉香巖傳，沈德潛。跋，曾孫鍾，嘉慶十八年。

注：按《中國醫學大成》作"叔微原本"，而卻收《釋義》，然其書尚屬未刊。

序跋

1. 類證普濟本事方釋義序

余幼習舉子業，丹鉛之暇，喜涉獵岐黄家言，自《素問》、《難經》，及漢唐宋諸名家所著書，靡不旁搜博覽，以廣見聞。歲十四，遭先君子憂，既孤且貧，不能自給。因棄舉子業，而一意肆力於岐黄，得覩家藏宋許學士《本事方》。學士諱叔微，字知可，官集賢院學士，蓋士而精於醫者也。觀其用藥製方，窮源悉委，深得古人三昧。苟非三折肱，良不易辨。蓋其心存普濟，於以闡發前人之秘，以嘉惠後人者，厥功偉矣。顧世之不知者，或疑之以其官居禁近，豈其無所建白於世，而顧不以功名顯，并不以文章名。考之《宋史》，姓名不少槩見，即"儒林"、"藝術"，曾不得一厠名其間，而僅見之稗官野史，抑亦何也。不知宋自高廟而後，國事日非，奸良莫辨。學士以文章經濟之身，處閒散之位，事權不屬，強聒何爲。因發憤著書，以自抒無聊之志。所謂"邦無道，危行言孫"，學士固不求人知，人又何能知學士也。且《宋史》成於元代，於中朝士多所簡略，安知非蒐羅未及而故逸之也。雖然，君子不得志於時，而著書立說，藏之名山，傳之後世，亦未可爲不幸。今其書具在，讀者誠能服膺而勿失，於以壽人而壽國，何莫非學士之力乎。余懼其久而湮沒弗彰也，因不揣鄙陋，爲箋釋其義，而授之梓，因爲弁數言於首。乾隆十年歲次乙丑十二月上旬，長洲後學葉桂識。

2. 跋曾孫葉鍾

右《本事方釋義》十卷，先曾祖香巖府君所著也。府君精於醫，於醫家書多所發明，單辭隻義，門弟子互相傳録。而是書成於乾隆十年，方謀付梓，遽以明春謝世，遂不果，書亦散佚。迨嘉慶八年，已五十餘年矣。從弟鈞偶檢遺書，獲見殘帙，則序文及補傳，裒然存焉。顧以不見全書爲憾。因念吳中必有藏弆其副本者，既聞城南顧西疇先生家有其書。先生亦淑府君之教，而以醫著名者。會從弟亡，而先生亦卒，因循至今。姪潮，暨從姪滋，始因先生及門劉子景黄，從先生之孫大田，假歸鈔録焉。但其所據本與坊刻迥異，因復從黄蕘圃孝廉，假得宋槧殘本及他本，參較同異，於是決然知是書之善，而坊刻爲不足據也。昔歸愚沈宗伯爲府君作傳，稱其於醫不執成見，而是書獨墨守古人陳言，爲之句比字櫛，比於唐人疏經，不參異議，則豈非欲變化於成法之外，必神明於成法之中哉。恭閲《欽定四庫全書簡明目録》，稱是書屬辭簡雅，多入微之論，俗醫不能甚解，故罕傳習。然則今之操是術者，不深微之是究，而徒沿習夫淺近之言，宜其師心自用，以性命爲嘗試，而不自知其誤也。今得是書，而朝夕尋覽，即所釋之義，以求古人配合之妙、損益之精，將見數十年中,必有名世之醫,與學士并驅者。是則小子刻書之意,蓋不獨表揚先德爲一家之私也。嘉慶十有八年歲次癸酉夏五月,曾孫鐘謹識。

3. 黄序

余嘗謂,天下事有不爲,未有爲之而效不至者。世人自幼習舉子業,殫心於經書文藝,不幾年則登上第,居顯官,人皆以爲此積學所致。余曰:此特爲之而效至耳。夫天下事,爲之而效至者,豈徒科舉之業哉。古語云“不爲良相,即爲良醫”。醫之活人,其效見於當時者在其術,其效見於後世者在其書。昔宋儒許學士著《普濟本事方》十卷,迄今醫家奉爲圭臬,國朝葉香巖先生爲之釋義。許創於前,葉述於後,爲之而有其效者,前後一揆矣。香巖之書向未刊行,家無藏本。而傳抄之帙流落人間,故西疇顧君奉爲枕中秘。葉氏子孫訪求數十載,渺不可得。西疇身後,葉氏始訪而得之,將繕本付梓。因元本與坊本多有異同,恐無以信今傳後,遂從余家借得宋刻殘本前六卷,及老醫周蘊石家抄本後四卷,并無名氏舊抄本十卷,逐一勘對,始知《釋義》本實係許氏元書,非坊間新刻可及。刊成之日,屬序於余。余曰:予不知醫理也,但有醫書耳。有醫而可爲醫理之助者,予所願也。許書宋刻,世所罕見,余幸有之,以待今日校勘釋義之用,此亦非余爲之,而效自至者也。究心醫理之效,通於醫者得之;究心醫書之效,藏其書者得之。豈相得益彰乎。余嘉是書之刻成,而并感葉氏與余商榷之盛意,遂不辭而贅數語,以見事之爲之而效自至者,凡事皆然也。然則世之讀書者,又安可不稽古求是乎哉。嘉慶歲在甲戌六月立秋前五日,黄丕烈序。

注:按此本尚有顧文炬、石韞玉、朱昌和、吴雲諸序,今并略之。

六、備急總效方

(一) 出典

【直齋書録解題】卷十三 《備急總效方》四十卷,知平江府溧陽李朝正撰。大抵皆單方也。

【文獻通考】經籍考 《備急總效方》四十卷。下引陳直齋

【宋史藝文志】醫書 《李朝正備急總效方》四十卷

【補遼金元藝文志】 《李朝正備急總效方》四十卷

(二) 刊本

1. 宋刊本

【傳是樓宋元本書目】宇字下格 《宋本李朝正備急總效方》四十卷。二十本。

【杏雨書屋圖書假目録】 《備急總效方》四十卷。宋李[朝]正編。紹興二十四年刊。三十六册。

[郭注]

宋刊本《備急總效方》全四十卷,現藏於武田科學振興財團杏雨書屋(貴·四

二一)。

自序曰:余昔鄉居,見村疃細民,醫藥難致,稔疾而横夭者,何可勝數。思所以濟其緩急,而未知夫簡易之術。紹興之初,因季女患痘瘡,既愈而復發,須臾之間,赤泡周匝,痛不可忍,瀕於危殆。時檢《證類本草》,偶見"蟲部"有用白蜜并蜜煎升麻方。亟取用之,藥到痛止,不日而安。後聞里閈斃是疾者數人,乃知單方之可以濟緩急如此。然《神農經》所注,散漫篇(秩)[帙]中,倉卒難於檢尋。於是親加研究,編成門類,益以《衛生》、《鷄峰》等方,及平昔所得經驗載之耆域者,與夫海上方士所傳秘之巾箱者,搜羅剔抉,聚爲一書,命曰《備急總效方》。非特檢尋之便、標目之廣則於疾無遺,品類之多則於藥易得。其間若肉桂之治失音,桑枝之治風痹,蒼耳之治丁瘡,消石之治頭痛,蘿菔子之治上氣嗽,漢防已之治目睛疼,烏臼木之治大腸關格,荆芥穗之治產後中風,皆已試之,效驗如神,則所未用者觸類可知。其與求瘳於庸醫之手,烏喙、蝮蠍雜然並進,以僥倖一物之中者,固有間矣。命工刊之,以廣其傳。庶使遐陬僻邑,雖藥物不備,隨所有以用之,咸得蠲其疾苦而無横夭之禍焉。紹興二十四年四月二十日,左朝奉大夫知平江軍府事提舉學事兼管內勸農使溧陽縣開國男食邑三百戶賜紫金魚袋李朝正書。

2. 未詳本

【千頃堂書目】卷十四補宋　李朝正《備急總效方》四十卷

七、衛生家寶

【紹興府志】　張永,洛陽人。以醫術爲翰林醫學,與太醫令李會通同時。先時會通治官中疾,用煎劑弗效,永議爲散,進之即愈。詔擢會通爲駐泊郎,會通奏功由於永,因同授駐泊郎,行八,人呼爲"八伯駐"。扈從高宗南渡,因家餘姚。後登進士,積勞至禮部尚書。學士所著《衛生家寶》及《小兒方》,傳於世。子孫精醫者甚多,皆以"駐泊"爲名。《醫籍考》

八、依源指治

【三因方】陳言自序　余紹興辛巳爲葉表弟桷伯材集方六卷,前述陰陽病脈證,次及所因之説,集註脈經,類分八十一門,方若干道,題曰"依源指治"。伯材在行朝得書,欲託貴人刊行,未幾下世,遂已。

九、三因極一病證方論

(一)出典

【直齋書錄解題】卷十三　《三因極一方》六卷,括蒼陳言無擇撰。三因者,內因,外因,不內外因。其説出《金匱要略》。其所述方論,往往皆古書也。

【文獻通考】經籍考　《三因極一方》六卷。下引直齋《書録解題》。

【宋史藝文志】醫書　《陳言三因病源方》六卷

【攟壤集】下醫書　《三因方》

注：陳言傳，《處州府志》云：陳言，字無擇，青田人。敏悟絶人，長於方脈，治病立效。有不可救者，則豫告以期，晷刻無爽。作《三因方論》，研窮受病之源，用藥之等，醫者宗之。其徒王碩爲《簡易方》，并《三論》行於世。《圖書集成》、《醫籍考》

（二）考證

【四庫全書總目】卷一百零三　《三因極一病證方論》十八卷，大學士英廉家藏本。宋陳言撰。言字無擇，莆田人。是書分别三因，歸於一治，其說出《金匱要略》。三因者，一曰内因，爲七情，發自臟腑，形於肢體；一曰外因，爲六淫，起於經絡，舍於臟腑；一曰不内外因，爲飲食飢飽，叫呼傷氣，以及虎狼毒蟲、金瘡壓溺之類。每類有論有方，文詞典雅而理致簡該，非他家鄙俚冗雜之比。蘇軾《傳聖散子方》、葉夢得《避暑録話》，極論其謬，而不能明其所以然。言亦指其通治傷寒諸證之非，而獨謂其方爲寒疫所不廢，可謂持平。《吳澄集》有《易簡歸一序》，稱近代醫方惟陳無擇議論最有根柢，而其藥多不驗，嚴子禮剽取其論，而附以平日所用經驗之藥，則兼美矣。是嚴氏《濟生方》其源出於此書也。《宋志》著録六卷，陳振孫《書録解題》亦同。此本分爲十八卷，蓋何鉅所分。第二卷中"太醫習業"一條，有"五經二十一史"之語，非南宋人所應見。然證以諸家所引，實爲原書，其詞氣亦非近人所及。疑明代傳録此書者不學無術，但聞有"二十一史"之説，遂妄改古書，不及核其明代也。

【鄭堂讀書記】《三因極一病證方論》十八卷，寫本。宋陳言撰。言字無擇，號鶴溪，青田人。《四庫全書》著録，《書録解題》及《通考》俱作"《三因極一方》六卷"，《宋志》作"《三因病源方》六卷"，是本分爲十八卷，據《提要》稱何鉅所分也。陳氏稱"三因"者，内因、外因、不内外因，其說出《金匱要略》。其所述方論，往往皆古書也。今按鶴溪原序，以醫事之要，無出三因。辨因之初，無踰脈息。遂舉《脈經》曰：關前一分，人命之主，左爲人迎，右爲氣口。蓋以人迎候外因，氣口候内因，其不應人迎、氣口，皆不内外因。倘識三因，病無餘藴，故曰"醫事之要，無出此也"。因編集應用諸方，類分一百八十門，得方一千五百餘道，題曰《三因極一病證方論》。"極一"者，因得之，閉戶塞牖，繫之病者，數問其經，以從其意，是欲知致病之本也。蓋以千般病源，不越三因，以此詳之，病源都盡，就此書中尋其類例，别其三因。或内外兼并，淫情交錯，推其淺深，斷以所因爲病源，然後配合諸證，隨因所治，藥石鍼艾，無施不可矣。其書條理分明，而方論簡要，文詞典雅，非他家穴雜鄙俚之比。嚴子禮用和《濟生方》，即濫觴於此也。

【醫籍考】一千八百二十六頁　按侍醫河野君通[1]所藏宋槧《三因方》亦爲十八卷，則知非後人所分。陳振孫以無擇自序有"紹興中集方六卷"之語，誤與是書相混，《宋志》遂承其謬也。宋本及通行本"太醫習業"條，作"五經諸史"，不載"二十一史"之語。

［郭注］

(1)河野君,名通。曾官侍醫,仕履不詳。《經籍訪古志》卷八載:《三因極一病證方論》十八卷。宋槧本。醫官河野氏藏。《河野氏家乘》曰:文祿之役,始祖通幸從筑前中納言隆景在軍,此其所獲云。

【經籍訪古志】卷八三因方　《四庫提要》疑"太醫習業中"有"二十一史"之語,蔡刊亦作"二十一史"。今閱宋元諸本,俱作"三史",益知彼土傳本之不佳矣。

(三)序跋

1. 陳言自序蔡本題"三因極一病證方論序"

余紹興辛巳爲葉表弟桷伯材蔡本"材"作"才",集方六卷,前敘陰陽病脈證,次及所因之說,集註脈經,類分八十一門,方若干道,題曰"依源指治"。伯材在行朝得書,欲(記)[託]貴人刊行,未幾下世遂已。淳熙甲午,復與友人湯致德遠、慶德夫"湯"以下七字,蔡本作"湯致德慶遠德夫"論及醫事之要,無出三因,辨因之初,無踰脈息。遂舉《脈經》曰:關前一分,人命之主,左爲人迎,右爲氣口。蓋以人迎候外因,氣口候内因,其不應人迎、氣口,皆不内外因。儻識三因,病無餘蘊,故曰"醫事之要,無出此也"。因編集應用諸方,類分一百八十門,得方一千五十餘道,題曰《三因極一病源論粹》。"病源論粹",蔡本作"病證方論"。或曰,現行醫方山積,便可指示,何用此爲。殊不知晉漢所集,不識時宜。蔡本無"宜"字。或詮次溷淆,或附會雜糅。古文簡脱,章旨不明。俗書無經,性理乖誤。庸輩妄用,無驗有傷。不削繁蕪,罔知樞要。乃辨論前人所不了義,庶幾開古賢之蹊徑,爲進學之蚛幪,使夫見月忘指可也。於是乎書。青田鶴溪陳言無擇序。《醫籍考》

2. 序

宋青田陳無擇先生《三因極一病證方論》,以人迎候六淫,爲外因;以氣口候七情,爲内因;以不與人迎、氣口相應候勞逸作強,爲不内外因。其間摭拾古聖遺經、後賢著述,分門別類,立方一千五百餘道。若網在綱,有條不紊,雖證狀萬端,無不一以貫之,誠濟世之寶筏、醫學之權衡也。顧原本久湮,世傳鈔本不無舛誤,疑竇良多。客歲復得舊鈔善本數部,互相校讐,或折衷於軒岐、仲聖,《千金》等書,或參考於後人採輯之中,誤者正之,疑者闕之,不敢妄參臆見。閱是書者,當切脈以分因,推因以辨證,按證以施治,以意逆志,是爲得之。所謂"千般疢難,不越三條"者,其在斯歟。自慚謭陋,掛漏良多,祈博雅君子指示焉。道光二十三年歲在癸卯孟春之月,石門後學蔡載鼎書。蔡氏本

(四)刊木

1. 宋刊本

【藝芸書舍宋板書目】《三因極一病證方論》十八卷

【持靜齋書目】宋本　《三因極一病證方論》十八卷。宋刊本。

【滂喜齋藏書記】卷二 《宋刻三因極一病證方論》十八卷。一函十二册。宋陳言無擇編。前有自序。每半葉十三行，行二十三字。此本卷一至九、卷十四至十六，精槧可愛，餘六卷麻沙本，似元人覆刻，蓋以二本合成者也。武林高氏、長洲汪氏，皆經收藏。卷末二葉補鈔，墨筆記云"雍正七年仲夏，影述古堂珍藏宋本補"，全不知誰筆。眉端有以别本校其異同，墨迹甚古，當是明以前人筆也。附藏印："□□"、"喬□□"、"庋書樓"、"默庵"、"奕葉書香"、五印在卷第十三之末。"水月真□"、"錫山余氏"。二印在第十卷首。以上七印朱文甚古。"古杭瑞南高士深藏書記"、"武林高深甫妙賞樓藏書"、"妙賞樓藏"、"高氏鑒定宋刻板書"、"五岳真形"、"汪士鐘印"、"藝芸主人"、"長洲汪駿昌藏"、"駿昌雅庭"、"吴中汪四"。

【經籍訪古志】卷八 《三因極一病證方論》十八卷，宋槧本，醫官河野氏藏。宋青田鶴溪陳言無擇編。每半板高四寸九分，幅三寸五分。十二行，行二十三字。板心字數。按此本小板小字，卷中"宋"字上空一格，蓋宋末刊本也。清人所見止傳鈔本，而皇國全然有此秘笈，亦足以貴重矣。河野氏家乘曰：文禄之役，始祖通幸從筑前中納言隆景在軍，此其所獲云。下略，見於元本、元禄本、道光本"考證"等下。

【宋元本行格表】卷下十二行 宋小字巾箱本。《三因極一病證方論》，行二十三字。十八卷。《訪古志》、《留真譜》同。

注：按《留真譜新編》載此宋本書影。

2. 元刊本

【經籍訪古志】卷八三因方 是書更有元刊本。京師伊良子氏藏，此本明代所刷，頗爲妄人改易。有舊鈔元南雞書院本。聿修堂藏，捺"吉氏家藏"印，與上同種。

3. 四庫全書本

【四庫全書總目】卷一百零三 《三因極一病證方論》十八卷。大學士英廉家藏本。

【四庫書目邵注】卷十 《三因極一病證方論》十八卷。《四庫》著錄，似明人抄本。

【壬子文瀾閣所存書目】卷三 《三因極一病證方論》十八卷，十四册。計補鈔者九册。舊鈔存卷一，卷三、四，卷五至七，卷九。

【文溯閣四庫全書要略及索引】《三因極一病證方論》十八卷，宋陳言。十四册，五百四十四葉。

4. 道光二十三年蔡氏青蓮華館刊本

【八千卷樓書目】卷十 《三因極一病證方論》十八卷。青蓮華館刊本。

【經籍訪古志】卷八三因方 又有道光二十三年蔡載鼎刊本。其序稱，得舊鈔善本數部，互相校讐，然竟不如皇國所傳之善也。

【静嘉堂文庫國書分類目錄】《三因極一病證方論》。十八卷，附錄一卷，宋陳言撰。道光二十三刊，守先閣舊藏本。五册。

【北京人文科學研究所藏書目錄】《三因極一病證方論》十八卷，宋陳言撰。道光二十三年青蓮華館刊本。一函八册。

【中國醫學書目】《三因極一病證方論》十八卷。十二册。十行二十二字。

框横十四・三釐,縱十九・三釐。宋陳言編,清蔡載鼎讀。道光二十三年青蓮華館刊。"三因極一病證方論序",陳言。"序",蔡載鼎,道光二十三年。總目。

5. 日本光祿六年刊本

【四庫書目邵注】卷十 《三因極一病證方論》十八卷。有日本刊本。

【八千卷樓書目】卷十 《三因極一病證方論》十八卷。日本刊本。

【觀海堂書目】逼字號 《三因方》十本。十八卷。日本(校)[刊]本。

【揚州吳氏測海樓藏書目錄】卷四 《三因極一病證方論》十八卷,宋陳言。日本刊。皮紙。八本一函。洋一百元。

【藝風藏書記】卷二 《三因極一病證方論》十八卷。日本尚書堂刻本,是書分別三因歸一治,其說出《金匱要略》。收藏有"淮浦草堂"朱文長印,"分蕉緣窗觀賞"朱文方印,"隨軒"朱文小方印。隨軒,上海徐渭仁也。

【江南圖書館閱覽室檢查書目】《三因極一病證方論》。日本刊本。十本。

【江蘇省立國學圖書館圖書總目】《三因極一病證方論》十八卷,十冊,宋莆田陳言。日本元祿六年刊本。

【聿修堂藏書目錄】《三因極一病證方論》十八卷,六冊。皇朝刻本。

【寶素堂藏書目錄】 《三因極一病證方論》零本六卷,三冊。□紙,古鈔本。第三、第四、第九、第十、第十三、第十四,十冊,元祿癸酉刊本。

【經籍訪古志】卷八三因方 如元祿癸酉刻本,則誤字頗夥,未詳所據何本。

【内閣文庫圖書第二部漢書目錄】《三因極一病證方論》十八卷,六冊,元(錄)[祿]六年刊。

【杏雨書屋圖書假目錄】《三因極一病證方論》,宋陳言著。元祿六年刊。五冊。

【中國醫學書目】《三因方》,又名《三因極一病證方論》。十八卷。十冊。十行二十字。框横十四・五釐,縱二十一釐。宋陳言著。元祿六年越後屋治兵衛刊。序,陳言。目錄。

6. 鈔本

【皕宋樓藏書續志】卷三 《三因極一病源論粹》十八卷。舊鈔本。宋青田鶴溪陳無擇編。下引自序。

【故宫博物院書目】《三因極一病證方論》,宋陳言。十八卷。七冊,日抄本。又。三冊,日抄本。

【寶素堂藏書目錄】《三因極一病證方論》十八卷,七冊。影。陳言。

【元治增補御書籍目錄】《三因極一病證方論》十八卷。古寫本,七冊,宋陳言撰。

【内閣文庫圖書第二部漢書目錄】《三因極一病證方論》。十八卷,《目》一卷。宋陳言,日本寫本。八冊。又。同上,日本寫本。五冊。

【帝室和漢圖書目錄】《三因極一病證方論》,宋陳言,古寫,十八卷七冊。

【圖書寮漢籍善本書目】卷三《三因極一病證方論》十八卷,首一卷,七冊,宋陳言撰。前有自序。江戶初期鈔本。

7. 未詳本

【文淵閣書目】卷十五　《三因方》一部一冊。闕。

【菉竹堂書目】卷五　《三因方》四冊

【古今醫統大全】【本草綱目】以上明　【觀海堂書目】清　【寶素堂藏書目錄】【雜病廣要】【觀聚方要補】以上日　【醫方類聚】【東醫寶鑑】以上朝鮮

十、鶴頂方

【夾漈遺藁】上皇帝書　五六年爲天文地理之學,爲蟲魚草木之學。以蟲魚草木之所得者,作《爾雅註》,作《詩名物誌》,作《本草成書》,作《草木外類》。以方書之所得者,作《鶴頂方》,作《食鑑》,作《採治錄》,作《畏惡錄》。

【宋史藝文志】醫書　鄭樵《鶴頂方》二十四卷

十一、理化安民除病

【秘書省續編到四庫闕書目】卷二　《理化安民除病》一卷。闕。

十二、玉聯環局訣

【秘書省續編到四庫闕書目】卷二醫書　《玉聯環局訣》一卷

十三、王素經驗方

【秘書省續編到四庫闕書目】卷二　《王素經驗方》三卷

【宋史藝文志】醫書類　《王素經驗方》三卷

十四、簡要神驗方

【秘書省續編到四庫闕書目】卷二　《簡要神驗方》一卷。闕。

十五、治神秘方

【秘書省續編到四庫闕書目】卷二　《治神秘方》一卷。闕。

十六、垂寶經效方

【秘書省續編到四庫闕書目】卷二　《垂寶經效方》三卷

十七、大鑿秘訣

【秘書省續編到四庫闕書目】卷二 《大鑿秘訣》一卷

十八、守論纂要

【秘書省續編到四庫闕書目】卷二 《徐安仁撰守論纂》十卷。闕。

十九、海上名方

【遂初堂書目】醫書類 《海上名方》

【直齋書錄解題】卷十三 《海上名方》一卷,不著名氏。括蒼刻本。《館閣書目》有此方,云"乾道中知處州錢竽編"。

【文獻通考】經籍考 《海上方》一卷。下引陳直齋

【宋史藝文志】醫學類 《錢竽海上名方》一卷

【本草綱目】引據書目 《海上名方》

【世善堂藏書目錄】卷下 《海上方》一卷

【汲古閣毛氏藏書目錄】醫家 《海上方》一卷。不著名。

附 海上仙方

【百川書志】卷十 《海上仙方》一卷。或稱孫思邈備急所著,未詳,約爲五七言小歌一百二十三首。

【古今醫統大全】卷一採摭諸書 《海上仙方》。無名氏。亦《簡易方》中摘成者。

【本草綱目】引據書目 《海上仙方》

【叢書舉目】卷十二醫書粹覽 孫真人《海上仙方》一卷。明刊本。

【叢書書目彙編】醫書粹覽 孫真人《海上仙方》一卷。明刊本。

【故宫博物院書目】醫家 孫真人《海上仙方》一册。抄本。

【觀海堂書目】松字號 孫真人《備急海上仙方》一本。一卷。抄本。 蘭字號《海上仙方》一本。二卷。日本抄本。

【實素堂藏書目錄】 孫真人《海上仙方》一卷,一冊。鈔本。孫思邈。

【觀聚方要補】採摭書目 《海上仙方》。舊題"唐孫思邈"。

【醫方類聚引用書】 《海上仙方》

注:按溫大明所著《助道方服藥須[知]》,亦名爲《海上仙方》。詳見其條。

附 海上方

【醫藏書目】楊時浸假函目 《海上方》,孫真人。旁通函目醫經萃錄。《海上方》一卷,孫思邈。

【鄭堂讀書記】 孫真人《海上方》一卷。寫本。

案《新唐志》載,孫思邈醫方自《千金方》、《千金翼方》外,尚有《千金隨方》二

十卷、《神枕方》一卷，而無所謂《海上方》。考之《書錄解題》及《通考》，俱載《海上方》一卷。陳氏云，不著姓名。括蒼刻本。《館閣書目》有此方，云"乾道中知處州錢竿編"。《宋志》即本之作"錢竿《海上名方》一卷"，然則《海上方》爲竿所撰，其非即孫思邈《神枕方》可知。凡一百二十一方，皆作七言絕句體以該括之。冠以思邈《枕上記》、《養生銘》二首。前有明隆慶壬申秦王守中重刻序，亦僅曰，孫真人《海上方》，洞有舊石刻，又有木刻。病症列於目錄，詩首止列號數，尤爲不便。茲將病症即列詩首，似亦省目。其所謂洞者，豈指西安碑洞耶。竊謂標題稱"孫真人"者，蓋即本《千金方》而作，故陳、馬兩家及《宋志》皆省其字。然皆指爲錢竿作，姑從之。近聞錢唐陳鴻慶撰有《箋注》，余未之見。

【叢書舉要】卷十二醫經萃錄　《海上方》一卷，孫思邈。《叢書書目彙編》同

二十、僧文宥必效方

【遂初堂書目】醫書　《大智禪師必效方》

【宋史藝文志】醫書　《僧文宥必效方》三卷

注：賈似道《悦生堂隨筆》云：溫陵醫僧圓通大通禪師文宥善脈，晚年不按脈，望而知。臨終五七年，隔垣知之。凡病人骨肉，往問視之，而知病者之候。予問其知，曰：以氣色知之，苟其氣血同者，憂習皆先見。古有察色，然而未有隔垣而知，亦甚異也。《醫籍考》《説郛》卷二十有《悦生隨抄》。

二十一、蘭室寶鑑

【遂初堂書目】醫書　《蘭室寶鑑》

【宋史藝文志】醫書　《蘭室寶鑑》二十卷

二十二、保生十全方

【遂初堂書目】醫書　《保生十全方》

二十三、李深之手集方

【遂初堂書目】醫書　《李深之手集方》

二十四、曹王普惠方

【遂初堂書目】醫書　《曹王普惠方》

二十五、古今必效

【遂初堂書目】醫書　《古今必效》

二十六、資生方

【遂初堂書目】醫書　《資生方》。一本無此，《海山館叢書》本載之。

二十七、活人名方

【遂初堂書目】醫書　《活人名方》。一本無此，《海山館叢書》本載之。

二十八、洪氏集驗方

（一）出典

【直齋書錄解題】卷十三　《洪氏方》一卷，鄱陽洪氏。《文獻通考》同

【宋史藝文志】醫書　《洪氏集驗方》五卷。不知名。

注：按《醫籍考》引《宋志》注記云：《醫藏目錄》作"洪遵"。《瀹寮方》作"洪內翰邁"。《朱氏集驗方》作"洪邁"。今按《宋史·洪皓傳》，皓有三子，長適、仲遵、季邁，並有傳。而士禮居舊藏宋本，卷末有洪邁識語云"右《集驗方》五卷，皆予平生用之有著驗"云云。是知是書遵所作無疑矣。

注：洪遵傳，《宋史》卷三百七十三《洪皓傳》略云，遵字景嚴，皓仲子也。自兒時端重如成人，從師業文，不以歲時寒暑輟。父留沙漠，母亡，遵孺慕攀號。既葬，兄弟即僧舍肄詞業，夜枕不解衣。以父蔭補承務郎，與兄适同試博學宏詞科，中魁選，賜進士出身。高宗以皓遠使，擢爲秘書省正字。中興以來，詞科中選即入館，自遵始。宰相秦檜子熺爲官長，聲欬爲人輕重，遵恬然不附麗。二年弗遷。皓南還，與朝論異，出守。遵遂乞外，通判常、婺、越三州。紹興二十五年，湯思退薦之，復入爲正字。八月，兼權直學士院。湯鵬舉副臺端，密薦爲御史。方賜對而父訃聞。二十八年，免喪。召對，極陳父冤。二十九年，拜中書舍人。三十年正月，試吏部侍郎。孝忠即位，拜翰林學士承旨兼侍讀。隆興二年貢舉拜同知樞密院事。淳熙元年，提舉洞霄宮，十一月薨，年五十有五，謚文安。

（二）序跋

1. 洪遵識語

右《集驗方》五卷，皆予平生用之有著驗，或雖未及用而傳聞之審者。刻之姑孰，與衆共之。乾道庚寅十二月十日，番陽洪遵書。

2. 重刊宋本洪氏集驗方序

此《集驗方》五卷，南宋洪文安所手輯。文安名遵，字景嚴，皓之仲子。以博學鴻詞中選起家，爲秘書省正字。孝宗朝官至資聖殿學士。方遵登制科時，高宗因皓遠使，推恩即命遵入館。詞科中選即入館，蓋自遵始，非故事也。宋祖宗之朝，君相以愛民爲務，官設惠濟局，以醫藥施舍貧人，故士大夫亦多留心方書，如世所傳《蘇沈良方》、許學士《本事方》之類，蓋一時風尚使然。夫古人立方，各有深義，今世庸醫不知其理，妄行增損，遂有學醫人費之誚。憶孫淵如先生有言，今世外科每奏奇效，而內科不能者，外科用古方，而內科不用古方之故也。余往日刻新安程氏《易簡方論》一書，亦欲世人稍知古方本義。今復翁此書之刻，殆與余有同心也夫。吳縣石韞玉序。

3. 重刊宋本洪氏集驗方後敘

《洪氏集驗方》惟《延令季氏書目》有之，知宋板外，絕無流傳之本。余故從宋本錄副，今始付雕。其書五卷皆全，無序有目，而目共五葉，其一號二號四號，係舊時鈔補，茲以烏絲欄細者別之，此用汲古鈔補宋板例也。本書字句，間有不同，如黃牛角鰓，或有作"腮"者。或云"一枝"，或云"一箇"。又"慢火"，或作"熳火"。又"黃耆狀如箭，長二三尺，頭不叉者"，"又"疑"叉"之誤。又"洗淨寸截，搥破□壁，以鹽湯潤透，□係蠹蝕處"，尚有"系"旁可審，疑"□"是"縣"字，以意補之。其餘板心刻工姓名，有蠹蝕去者空之，無足輕重，不復補寫。以上各條，皆隨舉一二，以見宋刻原本如是，非涉重刊而有訛舛脫漏也。大抵方書之字，大有關係處，在藥名、分兩、法製諸端，其餘異同，可勿深論。此書刊成，求序於獨學老人，有札示余曰：昨所言"交感丹"，愚疑用香附太偏重，因查敝處所藏方書，乃是"香附一箇，配茯神四兩"。尊鈔是"香附一斤"。竊意"香附一箇"無一斤重之理，恐係鈔胥之誤，祈再查原本。此固慎重起見。然余即以此方"降氣湯"、"牙藥"二條證之，一用半斤，一用五兩，是遞減用之，原本"一斤"非誤。佞宋之癖如是，并附著之，以質諸深於醫理者，一正其是非云。嘉慶己卯孟秋，吳縣黃丕烈敘。

4. 鮮于樞詩跋

賢人留意濟斯民，學仕之餘未捨勤。猶訪醫方治疾病，豈因富貴墮心身。迺知後世家風遠，想見當年德業新。愧我長貧仍懶墮，不能望見屬車塵。洪公當宋盛時爲侍從官，兄爲宰相，其富貴爲何如也，而懇懇不忘救民之事，著成方書，百世行之。

5. 黃丕烈跋

余素不諳醫，而喜蓄醫書，非真好醫書也，好醫書之爲宋元舊刻者。今茲六月中，有揚州書友來告余云，有宋板《太醫集業》四冊欲售。余屬其攜來，久而未至，聞已售於他姓，亦不甚惜之。因向來各家書目未載，即舊藏書家亦俱不知，或是書未必真宋板。後閱陸其清《佳趣堂書目》載是書，云文淵閣藏本，有楊南峯、鄒臣虎二跋。方悔前此不之買，而已弗可追矣。適余友陶蘊輝從都中寄此宋板《洪氏集驗方》二本至，乃欣然以爲聊饜我欲。蓋此宋板醫書，亦所罕有，見有季氏圖書，隨檢《延令宋板書目》，知即係是書。卷後八行墨跡，季氏云鮮于樞詩跋，諒必有本而云然。"百世行之"已下，定有脫文。想滄葦收藏時，必未遺失，故知之詳也。至於板刻年月，載之甚詳，宋刻固無疑義。而余舊藏《傷寒要旨》，與此同出一手，黄憲、毛用刻工姓名可考，而證刊刻之地同是姑孰，刊刻之時同是乾道，唯辛卯差後庚寅一年爾。二書之分不知幾時，二書之合又在一地，豈非奇之又奇耶。餘言詳彼書跋語中，兹特誌得書之由，并誌余所以考證是書者如此。甲子十一月蕘翁黄丕烈識。

注：按蕘圃《藏書題識》卷四《傷寒要旨》云：此書爲乾道辛卯刻於姑孰郡齋，其爲宋板固無疑義。而卷中惟避"丸"作"圓"，外此若"驚"、若"玄"，未有避者，宜外人之疑爲明刊也。頃五柳主人從都中寄余宋板《洪氏集驗方》，余開卷見其行款字樣與此相類，閱後"刻之姑孰"及"乾道庚寅"云云，知一時刊刻，故板式相同。追出此相證，見每葉記刻工姓名，有黄憲、毛用等人，乃知二書同出二工之手，庚辛兩年，前後付雕也。然二書顯晦，有同有不同者：此書載諸《直齋書錄解題》，而《洪氏集驗方》不載；《洪氏集驗方》載諸《延令季氏宋板書目》，而此書不傳。豈亦顯晦各異耶，兹何幸余之并藏兩書耶。

跋

頃在揚州郡齋，借到《太醫集業》，尋覽之餘，見板口有"三因"字，遂取《三因極一病證方論》互勘，知即割裂其殘本爲之耳。"太醫集業"者，第二卷之一條，并非別有此書也。《佳趣堂書目》所云誤。歸晤蕘翁，出示是跋，舉以語之，囑記於後。他年倘仍收得，必拊掌一咲。嘉慶乙丑八月，澗蘋顧廣圻書。

（三）刊本

1. 宋刊本

【季滄葦書目】延令宋板書　《洪氏集驗方》五卷，二冊。鮮于樞詩跋。

【求古居宋本書目】　《洪氏集驗方》五卷，二冊。

注：按《蕘圃刻書題識》載有黄丕烈《宋本洪氏集驗方跋》，及《重刊宋本洪氏集驗方後敘》，今並載在序跋中。

【藝芸書舍宋板書目】　《洪氏集驗方》五卷

【鐵琴銅劍樓藏書目錄】卷十四　《洪氏集驗方》五卷。宋刊本。不題名。後有跋云"右《集驗方》五卷，皆余平生用之有著驗，或雖未及用而傳聞之審者，刻之姑孰，與衆共之。乾道庚寅十二月十日，番陽洪遵書"。每半葉九行，行十六字。"丸"字避諱俱作"圓"，後有鮮于樞題詩，云"賢人留意濟斯民，不能望見屬車塵"。其書以淳熙七、八兩年官冊紙背所印，中鈐官印，惜不可識。後有黄蕘圃、顧澗蘋跋。卷首有"玉蘭堂"、"竹塢"、"季振宜"、"滄葦"諸朱記。《鐵琴銅劍樓宋元本書目》及《宋元本書影識語》並載之。

【宋元本行格表】卷上九行　《宋本洪氏集驗方》。行十六字。五卷。《瞿氏書目》。

2. 嘉慶二十四年士禮居刊本

【四庫書目邵注】卷十 《洪氏集驗方》五卷，宋洪遵撰輯。嘉慶己卯黃氏士禮居得季滄葦所藏宋本重刊。《郘亭知見目》同

【洗心精舍寄存書目】卷三 《洪氏集驗方》，宋洪遵撰。《士禮居叢書》本。

【八千卷樓書目】卷十 《洪氏集驗方》五卷，宋洪遵撰。士禮居影宋刊本。

【叢書書目彙編】士禮居黃氏叢書 《洪氏集驗方》五卷。宋本。

【涵芳樓舊書分類總目】 《洪氏集驗方》，宋洪文安撰。士禮居本。一冊。

【江南圖書館閱覽室檢查書目】 《洪氏集驗方》，宋洪遵。士禮居影宋本。一本。

【江蘇省立國學圖書館圖書總目】 《洪氏集驗方》五卷。一冊，宋鄱陽洪遵。嘉慶士禮居影宋本。

【清華學校圖書館中文書籍目錄】 《洪氏集驗方》五卷，洪遵宋。見《士禮居黃氏叢書》。

【靜嘉堂文庫國書分類目錄】 《洪氏集驗方》五卷，宋洪遵撰。嘉慶二十四刊影宋。十萬卷樓舊藏本。

【東京文理科大學附屬圖書館和漢書分類目錄】 《洪氏集驗方》五卷，南宋洪遵。《黃氏叢書》第二十三。

【杏雨書屋圖書假目錄】 《洪氏集驗方》五卷，宋洪文安著。嘉慶二十四年刊。一冊。

3. 光緒元年汪丹書刊本

【中國醫學書目】 《洪氏集驗方》五卷。二冊。九行，十六字。框橫十二釐，縱十五・八釐。宋洪遵著。光緒乙亥五月旌德汪丹書鐫。重刊宋本洪氏集驗方序，石韞玉。重刻宋本洪氏集驗方後序，黃丕烈，嘉慶己卯。目錄。跋，洪遵，乾道六年。跋，黃丕烈。跋，顧廣圻，嘉慶乙丑。題頁後面及卷末黃跋後面有刊記三行，云"士禮居黃氏仿宋本，湘皖同人集貲校刊於杉直樓清之館"。又黃序後面末行題云"光緒乙亥五月旌德汪丹書鐫"。

4. 光緒十三年蜚英館石印本

【叢書舉要】卷二十八士禮居叢書 《洪氏集驗方》五卷。近日上海蜚英館有石印本。

【八千卷樓書目】卷十 《洪氏集驗方》五卷，宋洪遵撰。石印本。

【江蘇省立國學圖書館圖書總目】 《洪氏集驗方》五卷。《士禮居禮叢書》第二十三冊。蜚英石印本。

【二續中國醫學書目】 《洪氏集驗方》五卷。一冊。九行十六字。框橫十一・八釐，縱十四・七釐。宋洪遵撰。光緒丁亥上海蜚英館石印《黃氏叢書》之內。重刊宋本洪氏集驗方序，石韞玉。重刊宋本洪氏集驗方後序，黃丕烈。洪氏集驗方目錄。跋，洪遵，乾道庚寅。詩跋、跋，黃丕烈，甲子。跋，顧廣圻，嘉慶乙丑。

5. 民國四年上海石竹山房印本

注：國立瀋陽圖書館藏有此本。

6. 民國十一年博古齋影印宋本

【遼寧省立圖書館館刊】第一卷士禮居黄氏叢書 《洪氏集驗方》五卷,宋洪遵。嘉慶間吴縣黄丕烈蕘圃校刊。壬戌上海博古齋影印本四十册中。

【續中國醫學書目】 《洪氏集驗方》五卷。一册。九行十六字。框橫十三·八釐,縱十七·七釐。宋洪遵撰。影印宋刊本。洪氏集驗方目錄。“識語”,洪遵,乾道庚寅六年。詩跋、跋,黄丕烈,嘉慶九年。“跋”,顧廣圻,嘉慶十年。

7. 鈔本

【皕宋樓藏書志】卷四十六 《洪氏集驗方》五卷。影寫宋刊本。宋洪遵撰。右《集驗方》五卷,皆予平生用之有著驗。洪遵書。

【抱經樓藏書志】卷三十七 《洪氏集驗方》五卷。鈔本。宋洪遵撰。下引遵跋。

8. 未詳本

【醫藏書目】散聖函目 《洪氏集驗方》五卷,洪遵。

二十九、陳總卿經驗方

【續易簡方】卷三平胃散 陳總卿華父録《經驗方》,以此藥入薑棗,煮透使滋味相和,與衆不同云云。

三十、陳氏經驗方

【郡齋讀書後志】 《陳氏經驗方》五卷,右書林陳先生集,李文懿公壁爲之序。

【宋史藝文志】醫書 《陳氏經驗方》五卷。不知名。

三十一、易簡方

(一)出典

【直齋書録解題】卷十三 《易簡方》一卷,永嘉王碩德膚撰。增損方三十首,㕮咀藥三十品,市肆常貨圓子藥十種,以爲倉卒應用之備,其書盛行於世。

【文獻通考】經籍考 《易簡方》一卷。下引陳直齋。

【宋史藝文志】醫書 王(磧)[碩]《易簡方》一卷

【攓壤集】下醫書 《易簡方》。新刊。同方。

(二)考證

【須溪記鈔】濟菴記 自《易簡方》行而四大方廢,下至《三因》、《百一》諸藏方廢,至《局方》亦廢。亦猶《中庸》、《大學》顯而諸傳義廢,至《詩》、《書》、《易》、《春秋》俱廢。故《易簡方》者,近世名醫之藪也。《四書》者,吾儒之易簡方也。(醫籍考)

【仁齋直指方論】卷一 《易簡方論》,前後活人不知其幾。近世之士,類似《春秋》之法繩之,曰《易簡繩衍》,曰《增廣易簡》,曰《續易簡》,借古人之盛名以自伸其臆說。吁,王氏何負於人哉。余謂《易簡方論》,後學指南,四時治要,議論似之,自有人心權度存焉耳。況王氏晚年,劑量更定者不一,日月薄蝕,何損於明。若夫索瘢洗垢,矯而過焉,或者公論之所不予也。

【處州府志】 陳言,字無擇,青田人。其徒王碩爲《簡易方》,并《三論》行於世。

(三)序跋

自序

醫言神聖工巧尚矣,然有可傳者,有不可傳者。就其可傳者言之,其略則當先診脈,次參以病,然後知爲何證,始可施以治法,古人所謂"脈病證治"四者是也。假如頭疼發熱,人總謂之感冒,不知其脈浮盛,其病惡風自汗,其證則曰傷風,治法當用桂枝;若其脈緊盛,其病惡寒無汗,其證曰傷寒,治法當用麻黄;或二證交攻,則兩藥兼用。儻脈之不察,證之莫辨,投傷寒以桂枝,投傷風以麻黄。用藥一誤,禍不旋踵。又況六淫外感,七情內賊,停寒蘊熱,痰飲積氣,交互爲患,證候多端。亦有證同而病異,證異而病同者,尤難概舉。若欲分析門類,明别是非,的用何藥,誰不願此。奈何素不知脈,況自古方論已不可勝紀,寧能不惑於治法之衆,將必至於嘗試而後已。用藥顛錯,諸證蜂起,殆有甚於桂枝、麻黄之誤。古語有之"看方三年,無病可治;治病三年,無藥可療",正謂是也,故莫若從事於簡要。今取常用之方,凡一劑而可以外候兼用者,詳著其義於篇,庶幾一見而知,縱病有相類而證或不同,亦可均以治療。假如中風,昏不知人,四肢不收,六脈沈伏,亦有脈隨氣奔,指下洪盛。當是之時,脈亦難别,徒具諸方,何者爲對?加之有中寒、中暑、中濕、中氣、痰厥、飲厥之類,證大不同而外候則一。急欲求其要領,則皆由內蓄痰涎,因有所中,發而爲病。總治之法,無過下氣豁痰,可解緩急,氣下痰消,其人必蘇。自餘雜病,以類而求,其稍輕者對方施治,自可獲愈,或未全安,亦可藉此以俟招醫。若夫城郭縣鎮,煙火相望,衆醫所聚,百藥所備,尚可訪問。其或不然,津塗修阻,寧無急難,倉皇鬪揍,即可辨集。今取方三十種,各有增損,備㕮咀生料三十品,及市肆常貨圓藥一十種,凡倉猝之病,易療之疾,靡不悉具。惟虚損、癲癇、勞瘵、癥瘕、瀉利等患,既難亟愈,不復更錄。是書之作,蓋自大丞相葛公始辭國政,歸休里第,命碩以常所驗治方,抄其劑量大概,以備緩急之需。碩自惟么麼不學,辱丞相知遇,不敢辭也。已而士大夫間頗亦知之,不以其膚淺而訪問者踵至,遂因已編類者,揭其綱目,更加辨析於其間,其略於粗備矣。儻或可采,敢不與衛生家之共之。承節郎新差監臨安府富陽縣酒稅務王碩述。《醫籍考》

(四)刊本及鈔本

未詳本

【文淵閣書目】卷十五 《易簡方》一部二冊。闕。

注:按《溫州經籍志》云:《王氏碩易簡方》。案《文淵閣書目》十五醫書,有《易簡方》一部二冊。闕。當即此書。

【菉竹堂書目】卷五 《易簡方》二冊

【醫方類聚引用書】《易簡方》

三十二、校正註方易簡方論

【醫籍考】一千八百三十二頁 《亡名氏校正註方易簡方論》一卷,存。題詞曰:此書乃親傳真本,復加校正,與文疑"市",原書可考。肆所買者大相遼絕。補闕漏者二十餘段,如"降氣湯"論症氣之類是也。《論》中多舉《局方》等藥而不載方,今並註其下,計三十餘方,如"小續命湯"之類是也。若論中舉其名而方見於他段者,則不復註,如白朮酒、朮附湯之類是也。至於市肆圓子,不曾該載治療修合之法,則人欲自行修製者,必須參以《局方》而後可。今並該載其法,略無差闕,信爲大備,家有其書,則凡遇疾病,一披閱之,瞭然畢見。且板小字淨,水陸之間,便於攜帶,尤爲盡善,收書者自鑒別。

刊本及鈔本

1. 日本寬延元年刊本

【聿修堂藏書目錄】《易簡方》二卷,一冊。寬延戊辰刻。

【寶素堂藏書目錄】《校正注方真本易簡方論》一卷。寬延戊辰刊本。一冊。

【内閣文庫圖書第二部漢書目錄】《易簡方》。宋王碩。寬延元年刊。一冊。

2. 日本安永七年刊本

【經籍訪古志】卷八《校正注方真本易簡方論》三卷。影永正舊鈔本。按,聿修堂藏又有天正八年鈔本,併爲一卷。寬政中"寬政"疑即"安永"之訛。望三英所刻巾箱本亦然。

【内閣文庫圖書第二部漢書目錄】《易簡方》,宋王碩。望月三英校,安永七年刊。一冊。

3. 日本文化年刊本

【八千卷樓書目】卷十 《易簡方》一卷,宋王碩撰。日本刊本。

【江南圖書館閱覽室檢查書目】《易簡方》,宋王碩。日本刊本。一本。

【江蘇省立國學圖書館圖書總目】《易簡方》一卷,一冊,宋王碩。日本文化刊本。

4. 日本刊未詳本

【觀海堂書目】競字號 《易簡方》一本。一卷。日本刊本。

5. 日本鈔本

【聿修堂藏書目錄】《校正注方真本易簡方論》一卷,一冊。天正八年鈔本。

【寶素堂藏書目錄】《校正注方真本易簡方論》一卷。王碩。一冊。影古鈔本。《校正注方真本易簡方》一卷。一冊。影鈔本。□□十四年寫本。

【經籍訪古志】卷八 《校正注方真本易簡方論》三卷。影永正舊鈔本,聿修堂藏。

按,此本所原,蓋爲元刊劗山是春堂本,而以楊伯啟純德堂重刊本對校者,比之通行本,文字殊佳。但其以注文爲正文者,係寫於誤混,宜加識別。卷末云"永正四(天)[年]丁丑五月十二日書寫畢"。又按,聿修堂藏又有天正八年鈔本,併爲一卷。寬政中望三莫所刻巾箱本亦然。

【觀海堂書目】逼字號　《易簡方》一本。一卷。日本古寫本。

6. 未詳本

【觀海堂書目】川字號　《易簡方》一本。一卷。村田氏藏本。

三十三、增修易簡方論

【醫籍考】一千八百三十三頁　《孫氏志寧增修易簡方論》。《澹寮方》作《增損易簡方》,或作《增品易簡方》。佚。盧祖常曰:竊見孫志寧增修《易簡》,已自是扶起王碩,淬礪舊劍。及《增撰簡要》,又復是推過李子建,掘鑿新坑。倘見而不與匣,其劍平其坑,則戕陷人,無盡期矣。

三十四、易簡糾繆方續易簡方後集

(一)出典

【撮壤集】下醫書　《易簡糾繆方》

(二)考證

【醫籍考】一千八百三十三頁　《盧氏祖常續易簡方》五卷。存。按,盧祖常,永嘉人,別號砥鏡老人。書中稱"愚少嬰異疾,因有所遇,癖於論醫。吾鄉良醫陳無擇先生每一會面,必相加議"。據此,祖常爲紹興已後人。是書於王氏并志寧二家,逐件糾剔,不遺餘力,毒罵之甚,非爲續述者,而其名書似不可解。考《澹寮方》引是書,作《易簡方糾繆》,始知後序所謂"請以糾繆參之"之語,蓋指其所著。頃讀亡名氏《撮壤集》醫書部,有《易簡方糾繆》,想後人與施氏書合梓,因改舊目,加以"後集"二字者歟。

(三)序跋

自後序

先哲述顯說,喻醫道之難,有曰虱。一虱也,其類蟲,其形妙,其患痒,其害輕。惡明而喜暗,去寒而就暖,咂膚咀血,求匹成孕,本不知其自,亦不其有種。初因惱人,搔而獲之,惟一而已。及其盛也,纍纍於衣縫,紛紛於髮鬢,捫之不盡,櫛之復有,在體者不踰肩,在肩者不下項,可謂形性不殊,節守有定。何其色一有異,畏惡頓別,黑者值藜蘆而衰落,白者近水銀而暗亡。觀此,凡爲良工,臨診值病,證之純者,治藥當如童蒙之囑小葯,字字清切;證之駁者,處方當如才子之破合題,字字包盡。又云,鬻生藥家,有子年十七,已冠,頭上多虱,父取水銀製髻繩以辟之,踰旬蟣虱如故,荏苒容顔萎黄,精神憔悴,時云頭冷。父疑其子思食致患,更醫,只作思色調理,皆無寸功。父常齋道,一日齋者見其子尪羸,起問其故,父罄情語之。道人詳其頭冷,便曉患生水銀,徐微笑曰:無藥可治,惟貧道有術以起之。只製銀梗二條,如鼻竅大,各長二寸四分,按二十四氣,梗頂須平,容貧道明早料理。患家深信其説。道人果如約至,索銀梗,呵呪數四,納患子鼻中,揖曰:且退。近暮再至,緩手取出銀梗,視之大笑,以爪甲剔下水銀十數滴,示其家人,一毫無取,怡怡而去,挽之不留。其子乃安。父因閲《神農經》,乃見水銀之性,入人肉令人百節攣縮,入人腦能蝕人腦至盡。道人以銀梗引水銀,蓋知水銀性能蝕銀耳。凡所施爲,無非神其術,以動患家之信心。即是而觀,良工爲學不可不博,[見識]不可不廣,人命不可不重,取財不可不輕,用藥不可不防患。不如是不足以盡醫道。安宜不知其難,習《易簡》簡要爲師,借法而求食也。重命君子,欲服《易簡》簡要之藥,敢請以《糾繆》參之,可投則投,可服則服,無蹈"病未必殺人,藥之殺人多矣"之深戒。《醫籍考》

(四)刊本及鈔本

1.宋刊本

【經籍訪古志】卷八　《續易簡方後集》五卷。宋槧本。京師伊良子藏。宋砥鏡老人盧祖常纂次。

2.影宋鈔本

【聿修堂藏書目録】　《續易簡方論後集》五卷,二册。鈔宋本。宋盧祖常撰。

【寶素堂藏書目録】　《續易簡方論後集》五卷,二册。影宋本。盧祖常。

【内閣文庫圖書第二部漢書目録】　《續易簡方論後集》五卷。日本寫本。二册。

3.日本刊本

【觀海堂書目】惠字號　《續易簡方前後集》五本十一卷。日本刊本。

【八千卷樓書目】卷十　《續易簡方論後集》二卷,宋盧祖常撰。日本刊本。

【江南圖書館閲覽室檢查書目】　《續易簡方論》,宋施發,盧祖常。日本刊本。五本。

【江蘇省立國學圖書館圖書總目】　《續易簡方論》六卷,《續易簡方論後集》五卷,《附録》一卷。五册。宋永嘉施發,盧祖常撰。日本刊本。有"板田三省藏書"一印。

【元治增補御書籍目録】合核。《續易簡方論》,同《後集》。十二卷。文政板。五冊。宋施發,盧祖常撰。

【内閣文庫圖書第二部漢書目録】(特)　《續易簡方論後集》五卷,《附録》一卷,宋盧祖常。文政十年刊,張惟直校。五冊。《續易簡方論後集》。宋盧祖常。《附録》一卷,張惟直校,文政十年刊。二冊。

三十五、續易簡方論

【文淵閣書目】卷十五　《續易簡方》一部一冊。完全。《續易簡方》一部一冊。闕。

【菉竹堂書目】卷五　《續易簡方》二冊

注：按《經籍訪古志》卷七，載舊刊仿宋本《察病指南》云，首有淳祐改元施發自序及目錄，序後記兼發賣《續易簡方論》。乃知是書淳祐時與《察病指南》並行者。

（一）考證

【新刊濟寮集驗秘方】卷一中風門　施發著《續易簡方》，謂王氏云，治卒中昏不知人，痰氣上壅，咽喉作聲，無問外感風寒，內傷喜怒，或六脈沈伏，或指下浮盛，並宜服之。其誤後學多矣。殊不知中風中寒，中濕中氣，六脈沈伏者，固可隨症增損用之，若指下浮盛，其脈必浮而洪數，此即挾熱中風之候，烏可投以烏附大熱之劑。如或用此，是以火益火耳。須先以稀涎飲，微微去其涎，俟稍蘇，然後以加減小續命湯發散之，斯爲得矣。今之爲醫者，所習多《易簡》。凡見中者，不辨其冷熱，遽投三生飲；三生未效，易以三建湯；三建復然，其技止於重丹而已。欲僥倖萬一之中，而有時足以害人，皆王氏啟之也。更有中暑一證，亦使人噎悶昏不知人，其脈則虛弱而微遲，或者不審，以三生飲治之，禍不旋踵，可不謹諸。是乃施發之說也。繼洪嘗讀《醫餘》一編，有謂中風脈無不大者，非熱也，是風脈也。又中痰氣鬱痰結，脈多沈伏，故亦有浮而非熱、沉而非實者。是乃王氏不拘脈而用三生飲之祖意也，亦未爲全不是，然則果其脈浮數，而證有挾熱，豈不誤人哉。王氏又云不問外感內傷，失之尤甚焉，固不可諱施發之說也。第施之辨脈猶未詳，攻王氏之辭，亦有強而奪理處。故愚嘗謂諸師《易簡方》論，交相抵訶，各有偏枯，且惟能紛紛於藥裏，更不言及人之臟腑有陰陽、稟賦有厚薄，安得公論之士爲之裁斷云。

（二）序跋

1. 施發題詞

王德膚作《易簡方》，大概多選於《三因》，而附以他方增入之。今世士夫，孰不愛重，皆治病捷要，無逾此書。但其間有失點勘，未免大醇而小疵。予與德膚蚤歲有半面之好，非敢求多之也。特以人命所關，不容緘嘿，於是表而出之。予豈好辯哉。永嘉施發政卿撰。

2. 施發自跋

醫家著書立言以貽世，而脈理精微，難以遽解，要當明示其虛寒冷熱之證，使人易於適從可也。王氏此方，名曰"易簡"，士大夫往往以便於觀覽，故多用之。然其於虛實冷熱之證，無所區別，謂之爲"簡"，無乃太簡乎。此予續論之作，所以不能自已也。區區管見若此，烏知後人之不我是耶。淳祐癸卯夏五踰旬，敬書於寓室桂堂。

3. 序

予非明醫者，予弟正道以虞仲祉所刊《易簡續論》示予，俾題其首。披卷一(門)[閲]，可爲王氏忠臣，蓋無不中其肯綮。況德膚晚年，亦自更定者不一，則此固不嫌於辨論也。但取附諸方，有非世人所熟用者，得是書而用之，非識脈明證不可。然有《易簡方》者，不可無此，以相參錯，則此書當易售成行。雨巖老人書。

注：按此一序，載於舊鈔本《續易簡方》卷首，蓋爲虞本而作者，不知何以載於施書之卷首耶。

(三)刊本及鈔本

1. 日本刊本

【觀海堂書目】惠字號　《續易簡方前後集》五本。十一卷。日本刻本。

【八千卷樓書目】卷十　《續易簡方論》六卷，宋施發。日本刊本。

【江南圖書館閲覽室檢查書目】　《續易簡方論》，宋施發，盧祖常。日本刊本。五本。

【江蘇省立國學圖書館圖書總目】　《續易簡方論》六卷，《續易簡方論後集》五卷，《附錄》一卷。宋永嘉施發，盧祖常續。日本。有"板田三省藏書"一印。

【元治增補御書籍目錄】　合刻《續易簡方論》，同《後集》，十二卷。文政板。五冊。宋施發，盧祖常撰。

【内閣文庫圖書第二部漢書目錄】　《續易簡方論》六卷，宋施發。張惟直校。文政十年刊。五冊。

(特)　《續易簡方論》。同上《後集》五卷，《附錄》一卷，宋盧祖常。文政十年刊。五冊。

2. 鈔本

【聿修堂藏書目錄】　《續易簡方論》六卷，三冊。鈔本。宋施發撰。

【寶素堂藏書目錄】　《續易簡方論》六卷，二冊。鈔本。施發。

【經籍訪古志】卷八　《續易簡方論》六卷。補註，約之按，此下當有舊鈔本、某藏文。宋永嘉施發政卿撰。首載雨巖老人序。四行，行十一字。每半板高六寸二分，橫四寸一分。十行，字數不均。按此本有抄金澤文庫印，蓋據文庫宋板抄寫者。相其紙質，似百餘年前物。天保年尚藥山本五流與後集合刻。

【元治增補御書籍目錄】　《續易簡方論》六卷。影鈔金澤文庫本。宋施發撰。三冊。

【内閣文庫圖書第二部漢書目錄】　《續易簡方論》六卷，宋施發。日本寫本。三冊。

【帝室和漢圖書目録】　《續易簡方論》，宋施發。影寫。六卷三冊。

【圖書寮漢籍善本書目】卷三　《續易簡方論》六卷，三冊，宋施發撰。影鈔宋本。舊鈔楓山文庫，每冊首尾有鈔金澤文庫印。又每冊首有"秘閣圖書之章"印記。《經籍訪古志》、《御書籍來歷志》所載本。

【觀海堂書目】藉字號　《續易簡方》一本。一卷。影宋本。

【二續中國醫學書目】《續易簡方》六卷,一册。十行十七字。框横十三・九釐,縱十八・八釐。宋施發撰。日本舊鈔本。序,雨巖老人。續易簡方論目錄。識語卷一首。施發。跋,施發,淳祐癸卯。

三十六、續易簡方脈論

【經籍訪古志】卷八　《續易簡方脈論》一卷。影宋本。寶素堂藏。宋東嘉王暐養中撰。每半版高七寸二分,横五寸五分。八行,行十八字。按是書從未聞其名,近日小島春沂從京師一醫得之。目錄、跋,並有缺頁。跋稱"淳祐甲辰趙希邏",又有"與芮從叔父傍觀此編,爲之嘉歎"二行。有"中庵"印。所載係四診論說及證治方劑,而標以"脈論",未審何解。

【雜病廣要】採摭書目　《續易簡方脈論》,宋王暐。

【内閣文庫圖書第二部漢書目錄】《續易簡方脈論》零本一卷,宋王暐。日本寫本。一册。注:按《留真譜新編》第八,載有此書之書影。

附　易簡歸一

【醫籍考】一千八百四十頁　《徐氏若虚易簡歸一》,佚。吴澄序曰:近代醫方,惟陳無擇義論最有根底,而其藥多不驗。嚴子禮剽取其論,而附以平日所用經驗之藥,則既兼美矣。王德膚學於無擇,《易簡》三十方,蓋特爲窮鄉僻原,醫藥不便之地,一時救急而設,非可通於久遠,而語於能醫者流也。是以不免於容易苟簡,其有以來施、盧之攻也宜。且如瘧痢之證,病源不一,治法自殊。世有執"無痰不成瘧,無積不成痢"之説,而概用一藥者,或驗於甲而不驗於乙,人但咎其藥之不靈,而孰知由其辨之不明哉。數見病瘧者,對證依施氏用藥;又數見病者,對證依嚴氏用藥。證各不同,無不應手愈,信夫對證之明而處方之當者,其效如此。德膚局以四獸,斷下二藥,豈可不笑也耶。德膚以來,增補其書者凡三,曰孫,曰施,曰盧。豫章徐若虚昔以進士貢儒,而工於醫,又取四《易簡》而五之,名曰《易簡歸一》,其論益微密,其方益該備。施、盧且當避席,而況王若孫乎。雖然,微密非易也,該備亦非簡也,非易非簡,而猶曰"易簡",蓋不忘其初。吾取其有功於愈疾、有德於人而已,於書之難易繁簡也,夫何計。《文集》。按《醫方類聚》中所載《王氏易簡方》,與德膚書不同,不知出於何人。其體例亦類錄四家而成編,豈徐若虚所著者歟。山本萊園允嘗輯爲一卷,雖非完璧,使覽者易於運用也。

注:按吴澄,元至大泰定間人,何若虚豈亦元人耶。今不可考其時代,因以是書僅附於兹,以俟後考云。

三十七、楊氏家藏方

(一)出典

【直齋書錄解題】卷十三　《楊氏方》二十卷,樞密楊倓子靖以家藏方一千一百

十有一首，刻之當塗，世多用之。《文獻通考》同

【宋史藝文志】醫書　《楊倓楊氏家藏方》二十卷

注：楊倓傳，《宋史》卷三百六十七《楊存中傳》云：存中子倓，簽書樞院事，昭慶軍節度使。

《醫籍考》一千八百五十二頁按，楊子靖仕履，《宋史》欠詳。今考之錢塘六和塔石刻《四十二章經》第三十八段，子靖所書，署曰"左朝請郎尚書都官員外郎兼玉牒所檢討官兼權戶部員外郎楊倓"。崔敦詩《玉堂類稿》有《楊倓除節度使制》，稱特授靖海軍節度使，依前提舉佑神觀，進封繁畤郡開國侯，加食邑五百戶，食實封二百戶。又有《賜徽猷閣學士太中大夫提舉神祐觀楊倓上表再辭免除靖海軍節度使簽樞密院事進封雁門郡開國侯加食邑實封不允仍斷來章批答》，又有《賜昭慶軍節度使楊倓辭免知荆南府不□詔不得更有陳請詔》，又有《賜昭慶軍節度使提舉隆興府玉隆萬壽宫楊倓上表再免知江陵府不允不得再有陳請詔》，是皆可以補史之遺文。

（二）序跋

1. 自序

夫醫之爲藝，探天地清濁之源，察陰陽消息之機，順四時之宜，藉百藥之功，以治人之疾者也。粤自神農著金石草木之書，黄帝、岐伯譔《内經素問》，其學盛行而不廢。名世之士，若扁鵲、和、緩，藝成而名立，蓋班班可考。然皆心得其微，取諸左右，砭艾湯熨，變化不測，實未曾爲方以詔後之人也。惟伊尹論湯液，漢長沙太守張機仲景引而申之，始有可傳之方，蓋已未矣。夫疾病之變無窮，而吾之爲方有限。欲以有限之方，通無窮之變，其不附會臆度，繆以毫釐者鮮矣。是以有經絡形證之辨，有增減參伍之法，神而明之祈其人。嗚呼，豈以後人若扁鵲、和、緩者，不可覬一得於千百年之間。而人之有疾，蓋死生於呼吸之際，不得已而有是也歟。由是言之，後之醫以方爲書者，凡有一得之效，舉不可廢也。余家藏方甚多，皆先和武恭王及余經用，與耳目所聞嘗驗者也。朅來當塗，郡事多暇，日發篋出之，以類編次，凡用藥相似而責效不同者備列之，得一千一百一十一道。蓋今之爲醫者，皆有自嘗試之方，深藏篋中，不輕以語人，僥倖一旦之售，以神其術。今余之所得，多良醫之深藏而不語人者也。方將使人家有是書，集天下良醫之所長，以待倉卒之用，不亦慈父孝子之心乎。於是鋟木郡齋，以廣其傳云。淳熙五年三月乙未朔，代郡楊倓序。《醫籍考》

2. 延璽跋

樞密洪、楊二公，給事胡公，前後守當塗，各有方書，鋟木於（羣）［郡］中，亦遺愛之一端也。其名曰《洪氏集驗》、《楊氏家藏》、《胡氏經驗》"驗"《醫籍考》作"效"。今江淮間士大夫與醫家，多用此三書，對證以治疾，無不取效。閩中相去差遠，猶未之有，今刊諸憲司，將以惠衆，抑亦副三公欲廣其傳之意云。淳熙乙巳夏四月望日，東密延璽書。《日本訪書志》

(三)刊本及鈔本

1. 宋刊本

【經籍訪古志】卷八 《楊氏家藏方》二十卷。宋槧本,楓山秘府藏。首載淳熙五年三月自序,九行十六字。末載淳熙乙巳延璽跋。五行十二字。每半板高七寸,幅五寸強。左右雙邊。□行,行□□□。圖書寮現存本,十一行,行二十字。

【元治增補御書籍目錄】《楊氏家藏方》全二十卷,淳熙五年代郡楊倓著。編著同和劑。其本厚紙,無點本也。不似唐本,大和綴也。每卷首"金澤文庫"。

【東都官庫醫籍目錄】《楊氏家藏方》全二十卷,淳熙五年代郡楊倓著。編著同和劑。其本厚紙,無點本也。不似唐本,大和綴也。每卷首"金澤文庫"。

【帝室和漢圖書目錄】《楊氏家藏方》,宋楊倓編。淳熙十二。二十卷。二十一冊。《楊氏家藏方》。宋楊倓編。宋版。十二卷。七冊。"宋板"疑"元版"之訛。

【圖書寮漢籍善本書目】卷三 《楊氏家藏方》二十卷,首一卷,二十一冊,宋刊本。前有淳熙五年三月楊倓自序,尾有淳熙乙巳延璽跋。每半葉十一行,行二十字。舊藏楓山文庫。序目首尾,第一、五、九、十三、十七冊首,第三、四、八、十二、十六、二十冊尾,有"金澤文庫"印記。《經籍訪古志》、《御書籍來歷志》所載本。

2. 元刊本

【經籍訪古志】卷八 《楊氏家藏方》二十卷。按秘府又有元版,卷九至十四補寫。序後有"阮仲猷刊於種德堂"木記。是書《四庫提要》稱今未見,益可貴重也。

【元治增補御書籍目錄】《楊氏家藏方》二十卷,元板,內六卷寫本。七冊。宋楊倓撰。

【圖書寮漢籍善本書目】卷三 《楊氏家藏方》二十卷。七冊。宋刊本。淳熙五年三月楊倓自序,後有"阮仲猷刊於種德堂"木記。卷九至十四鈔補。每半葉十四行,行二十一字。舊藏楓山文庫。《經籍訪古志》、《御書籍來歷志》所載本。

3. 日本活字印本

【內閣文庫圖書第二部漢書目錄】《楊氏家藏方》二十卷,《目》一卷。日本活版。十一冊。《楊氏家藏方》。同上,第七至十四,十七至二十卷缺,日本活版。五冊。

【故宮博物院書目】《楊氏家藏方》,宋楊倓。二十卷。十冊。日刊本。

4. 日本鈔本

【聿修堂藏書目錄】《楊氏家藏方》二十卷,十一冊。宋本校正。宋楊倓撰。

【寶素堂藏書目錄】《楊氏家藏方》二十卷,十冊。影宋本。楊倓。

【內閣文庫圖書第二部漢書目錄】《楊氏家藏方》二十卷。第十九,二十卷缺。宋楊倓。日本寫本。

【觀海堂書目】遙字號 《楊氏家藏方》十本。二十卷。日本寫本。《楊氏家藏方》四本十二卷。日本寫本。

【日本訪書志】卷十　《楊氏家藏方》二十卷。影宋鈔本。宋楊倓撰。首有自序,又有"殿木氏藏書"印記,末有延璽跋,又有小島尚質硃筆點校。每半葉十一行,行十九字。左右雙邊。按,此書《四庫》不著,本朝諸家目錄亦無之。宋槧本,今藏楓山文庫,此蓋自彼影鈔云。據《訪書志》又有元板,序後有"阮仲猷刊於種德堂"木記,余未之見。據延璽跋,此與《洪氏集驗方》,《顧氏"顧"當作"胡"經驗方》同刻。今洪、胡二書,亦無著錄者。下引自序及延璽跋,並已見"序跋"下,今略之。

5. 未詳本

【本草綱目】引據書目　《楊氏家藏方》,楊倓。

【内閣文庫書檔舊目】　《楊氏家藏》一本,不全。

附　楊炎南行方

【本草綱目】引據書目　《楊炎南行方》

注:按《新唐志》有《李繼皐南行方》二卷,已錄於前。

三十八、胡元質總效方

【宋史藝文志】醫書　《胡元質總效方》十卷

【醫籍考】一千八百五十四頁　按,東密延璽跋楊氏方曰:樞密洪、楊二公,給事胡公,前後守當塗,各有方書,鋟木於郡中,亦遺愛之一端也。其名曰《洪氏集驗》、《楊氏家藏》、《胡氏經效》云。此胡氏方似元質所著,而《宋志》"總"字恐是"經"訛。

三十九、胡氏方

【直齋書錄解題】卷十三　《胡氏方》一卷,不著名。

四十、胡氏經驗方

【宋史藝文志】醫書　《胡氏經驗方》五卷

四十一、陸氏續集驗方

【宋史藝文志】醫書　陸游《陸氏續集驗》二卷

注:陸游傳,《宋史》卷三百九十五本傳略云,陸游字務觀,越州山陰人。年十二,能詩文。蔭補登仕郎。鎖廳薦送第一,秦檜孫塤適居其次,檜怒,至罪主司。明年,試禮部,主事復置游前列,檜顯黜之,由是爲所嫉。檜死,始赴福州寧德簿,以薦者除敕令所删定官。遷大理寺司直,兼宗正簿。孝宗即位,遷樞密院編修官,兼編類聖政所檢討官。史浩、黄祖舜薦游善詞章,諳典故。召見,上曰:游力學有聞,言

論剴切。遂賜進士出身。范成大帥蜀，游爲參議官，以文字交，不拘禮法。人譏其頹放，因自號放翁。後累遷江西常平提舉。江西水災，奏撥義倉振濟，檄諸郡發粟以予民。召還，給事中趙汝愚駁之，遂與祠。起知嚴州，過闕，陛辭，上諭曰：嚴陵山水勝處，職事之暇，可以賦詠自適。再召入見，上曰：卿筆力回斡甚善，非他人可及。除軍器少監。紹熙元年，遷禮部郎中兼實錄院檢討官。嘉泰二年，以孝宗、光宗兩朝實錄及三朝史未就，詔游權同修國史、實錄院同修撰，免奉朝請，尋兼秘書監。三年，書成，遂升表章閣待制致仕。游才氣超逸，尤長於詩。晚年再出，爲韓侂胄撰《南園閱古泉記》，見譏清議。朱熹嘗言：其能太高，迹太近，恐爲有力者所牽挽，不得全其晚節。蓋有先見之明焉。嘉定二年卒，年八十五。

序跋

跋

予家自唐丞相宣公在忠州時，著《陸氏集驗方》，故家世喜方書。予宦遊四方，所獲亦以百計，擇其尤可傳者，號《陸氏續集驗方》，刻之江西倉司民爲心齋。淳熙庚子十一月望日，吳郡陸某謹書。《文集》《醫籍考》

四十二、傳信適用方

（一）出典

【直齋書錄解題】卷十三　《傳信適用方》二卷。稱拙庵吳彦夔，淳熙庚子。《文獻通考》同。

【宋史藝文志】醫書　《傳信適用方》(一)[二]卷

（二）考證

【四庫全書總目】卷一百零三　《傳信適用方》二卷。兩淮鹽採進本。不著撰人名氏。《宋史藝文志》載此書，亦不云誰作，而别有劉禹錫《傳信方》二卷。考此書每方之下皆註傳自某人，中有引及《和劑局方》者，必非禹錫書也。《書錄解題》有《傳(道)[信]適用方》二卷，稱拙菴吳彦夔淳熙庚子撰，與此本卷帙正同，知此即彦夔之書，傳寫譌"信"爲"道"也。此本由宋槧影寫，前後無序跋，所錄皆經驗之方。中有"八味圓問難"一條，尤深得製方之旨，其餘各方，雖經後人選用，而採擇未盡者尚多。末附夏子益《治奇疾方》三十八道。其書罕見單行之本，明李時珍《本草綱目》所載，疑或從此鈔出也。

（三）刊本及鈔本

1. 宋刊本

【傳是樓宋元本書目】字字下格　《宋本傳信適用方》四本

2. 四庫全書本

【四庫全書總目】卷一百零三　《傳信適用方》二卷。兩淮鹽政採進本。此本由宋槧影寫。前後無序跋。

【壬子文瀾閣所存書目】卷三　《傳信適用方》二卷，二冊。補鈔。

【文溯閣四庫全書要略及索引】　《傳信適用方》（四）［二］卷。二冊，一百三十一葉。

3. 四庫閣傳鈔本

【皕宋樓藏書志】卷四十六　《傳信適用方》二卷。文瀾閣傳抄本。宋吳彥夔撰。

【靜嘉堂文庫國書分類目錄】　《傳信適用方》。文瀾閣傳鈔本。（四）［二］卷，宋吳彥夔撰。寫。十萬卷樓舊藏本，一冊。

4. 當歸草堂本

【叢書舉要】卷十二當歸草堂醫學叢書　《傳信適用方》（四）［二］卷。《叢書書目彙編》同

【八千卷樓書目】卷十　《傳信適用方》二卷，宋吳彥夔撰。當歸草堂本。

【揚州吳氏測海樓藏書目錄】　《傳信適用方》（四）［二］卷。不著撰人名氏。《醫書叢書》錢塘丁丙輯。光緒當歸草堂刊。十二本內。

【古越藏書樓書目】卷五　《傳信適用方》（四）［二］卷，宋吳彥夔。《丁氏醫學叢書》本。

【浙江藏書類甲編書目】當歸草堂醫學十二種　《傳信適用方》（四）［二］卷。

【浙江公立圖書館通常類圖書目錄】第三冊　《傳信適用方》（四）［二］卷。不著撰人名氏。但《當歸草堂醫學叢書初編》五十七卷。清丁丙編。光緒十年增刊本十二本之內。

【江蘇省立國學圖書館圖書總目】　《傳信適用方》（四）［二］卷，宋吳彥夔。光緒四年丁氏刊本。

【南學書目劄記】卷五　《傳信適用方》二卷。《醫學叢書》本。吳彥夔撰。

【中國醫學書目】　《傳信適用方》（四）［二］卷。二冊。十行二十字。框橫十二釐，縱十五・九釐。《醫學叢書初編》之內。《欽定四庫全書・傳信適用方提要》，乾隆五十年。

5. 鈔本

【竹崦庵傳鈔書目】　《傳信適用方》（四）［二］卷，宋吳彥夔撰。百三十一。

【四庫書目邵注】卷十　《傳信適用方》二卷，宋吳彥夔撰。路有抄本。《四庫》著錄，係影抄宋本。《四庫目略》"路"作"路小洲"。

【江南圖書館閱覽室檢查書目】　《傳信適用方》，宋吳彥夔。抄本一本。

【江蘇省立國學圖書館圖書總目】　《傳信適用方》（四）［二］卷，一冊，宋吳彥夔。鈔本。

6. 未詳本

【本草綱目】引據書目　《傳信適用方》

【八千卷樓書目】卷十　《傳信適用方》二卷,宋吳彥夔撰。活字板本。

四十三、衛生家寶方

(一)出典

【宋史藝文志】醫家　《朱端章衛生家寶方》六卷

注:按《宋志》,朱端章所著,别有《衛生家寶湯方》三卷,《產科方》八卷,《小兒方》一卷,各見其條。

(二)考證

【儀顧堂集】卷六重雕宋本衛生家寶產科備要序　朱端章著有《衛生家寶方》六卷,《衛生小兒方》一卷,《衛生家寶湯方》二卷,及此書。見《宋史藝文志》、《乾隆江西通志》。蓋南宋良吏,有心於濟生救民者,非醫士也。詳見於"衛生家寶產科方"下。

(三)序跋

徐安國序

傳云,古之人不在朝廷之上,必居醫卜之中。醫卜賤伎,而有道之士所注意焉。何也?吉凶死生,民之大患也。卜以知來,醫以起死,與民同患,孰先斯二者?故世之奇人,道不時遇,和光同塵,與世府仰,不鬻卜於人間,則賣藥於都市,蓋憂國惠民,無所發洩,不得不然也。若乃進而撫世,澤加於民,視醫卜之伎,猶日中之爝火耳,何足溷吾天君耶。今有人焉,不以聲萃榮利易其心,而刻意方藥,形愁思眇,若逃世之士不得志之所爲。是必愛人利物之誠發於天性,有不容自已者,則古岐伯、伊尹、太倉公、張長沙其人也,而今於南康郡守朱公端章見之焉。公政不徒善,志在及物,曰:問民疾苦,州刺史事也。而民之疫癘,則疾苦之大者,吾可勿問乎?迺辨四時寒暑燥濕之氣,處方治藥,家訪廬給,旦旦以之,全活者衆矣。復於暇日,召州從事徐安國,出方書數編示之曰:此書傳自先世,或經手錄,無慮百方,世莫得睹,將廣其慮,搜羅未盡而利不博,盍爲余增廣之。僕久蓄是志,耳剽目竊,編類猥多,稟命而退,復加訪討。或僚朋秘以全生,鄉貴珍而世鬻,寒儒窮年集驗,方士肘後密傳,一旦盡得之,刪去繁重,采掇秘要,與類相從,咸歸於條貫,就[有]道齊而正焉。公喜而名之曰《衛生家寶》,共八百餘方,凡四十三門,鋟諸板,以遺天下與來世。噫,是書比《千金》、《聖惠》雖略,比《本事》、《必用》則詳,家藏一本,以備緩急,老幼可安堵矣。仁人之利,豈不(博)[溥]哉。或曰,用藥如用兵,徒守古法,不知合變,鮮不敗事者,紙上語何可恃耶。僕曰:不然。醫之有方者,如射之有正鵠,雖不必中,而失亦鮮矣。若夫智悟神聖,學精工巧,心術之妙,運於杳冥之中,而應於色脈之表,則方特土苴爾。故曰:神而明之,存乎其人。淳熙十一年十一月十五日,承議郎簽書南康軍判官廳公事徐安國謹序。《醫籍考》

（四）傳本

1. 鈔本

【聿修堂藏書目錄】《衛生家寶方》六卷，《湯方》二卷，六冊。一卷、六卷，《湯方》下卷缺。鈔本。宋朱端章撰。

【經籍訪古志】卷八 《衛生家寶方》六卷，《衛生家寶湯方》二卷。影宋舊抄本。卷一、卷六，《湯方》下卷缺。楓山秘府藏。首有淳熙十一年徐安國序。每半葉九行，行二十字。

【元治增補御書籍目錄】《衛生家寶方》五卷，首二卷寫本，十二冊，宋徐安國撰。

【東都官庫醫籍目錄】《衛生家寶方》全十二卷。書本。此編亦大(侶)[佀]《和劑方》，淳熙十一年徐安國編集。全編“丸”字皆改爲“元”，亦猶《聖濟總錄》“仁”字作“人”乎。

【東京帝室博物館漢書目錄】《衛生家寶方》，宋徐安國撰。寫十二冊。和本。

【内閣文庫圖書第二部漢書目錄】（特）《衛生家寶方》六卷。第一卷、六卷缺。《湯方》三卷中下缺。《藥件總例》一卷，《目》一卷，宋徐安國。日本寫本。十二冊。《衛生家寶方》同上，日本寫本。六冊。

【杏雨書屋圖書假目錄】《衛生家寶方》六卷，内卷一、六缺。附《衛生家寶湯方》三卷，内二、三卷缺。宋徐安國撰。天明九年多紀元簡手寫本。六冊。

2. 未詳本

【文淵閣書目】卷十五 《衛生家寶》一部七冊。闕。

【菉竹堂書目】卷五 《衛生家寶》七冊

【本草綱目】引據書目 朱端章《衛生家寶方》

四十四、衛生家寶湯方

（一）出典

【宋史藝文志】醫書 朱端章《衛生家寶湯方》三卷

（二）鈔本

【寶素堂藏書目錄】《衛生家寶湯方》二卷，□冊。同上卷缺。

【經籍訪古志】卷八 《衛生家寶》六卷，《衛生家寶湯方》二卷。影宋舊鈔本。卷一、卷六，《湯方》下卷缺。楓山秘府藏。首有淳熙十一年徐安國序。每半葉九行，行二十字。

【杏雨書屋圖書假目錄】《衛生家寶湯方》三卷。内缺二、三卷。宋徐安國撰。天明九年多紀元簡手寫本。

四十五、葉氏録驗方葉氏方

(一)出典

【直齋書録解題】卷十三 《葉氏方》三卷,太社令延平葉大廉撰。

【文獻通考】經籍考 《葉氏方》三卷。下引陳直齋

(二)序跋

1.自跋

《葉氏録驗方》,大廉先世所傳,平日愛用者也。大廉少好藏書,而於方書尤所注意,宦遊四方,每歲卒傳録成冊。雖所積卷帙甚富,前此未見人用、或用而未見其效,與夫大廉疑之而未敢輕用者,皆不敢傳之於人。大廉嘗見醫家有能療人之病,而少有授人以方者。每自思之,與其施藥於人,豈若録已驗之方,使其傳之寖廣。遂略分門類,别爲上中下三卷,俾壽春劉良弼、三山許堯臣二醫士詳加校正,而鑱本於龍舒郡齋。淳熙丙午孟冬朔,延平葉大廉謹書。《醫籍考》

2.李景和跋

右《葉氏録驗方》,大社頃在龍舒,面以見授,具言集此書之不苟。予歸而試之,如治傷寒,神授解肌湯、補心七寶丹等藥,皆有奇效。予後爲雩、爲婺日,兩獄遇有病囚,居民間值時氣,輒施解肌湯爲劑,動以數十斤許,服者無不立愈。得名神捷,誠不忝。江淮間人多信用之,它所或未之見,予故刻之東陽郡齋。嘉泰甲子九月望,潯陽李景和書。《醫籍考》

(三)傳本

鈔本

【寶素堂藏書目録】 《葉氏録驗方》三卷,三冊。鈔本。葉大廉。

【經籍訪古志】卷九 《葉氏録驗方》三卷。影宋舊鈔本。楓山秘府藏。卷末有淳熙丙午葉大廉跋,及嘉泰甲子李景和跋。俱六行。每半葉高六寸五分,幅五寸一分。十行,行十八字。板心有刻手姓氏。

【元治增補御書籍目録】 《葉氏録驗方》十六卷,十七冊。古寫本。宋葉大廉撰。

【東都官庫醫籍目録】 《葉氏録驗方》全十七卷。書本。淳熙丙午年葉大廉著。全編似萬氏家鈔楊氏家藏。有方無論。五十年痔不差,塗熊膽取蓋乃止,神功一切方不能及。

【内閣文庫圖書第二部漢書目録】(特) 《葉氏録驗方》。三卷,宋葉大廉。日本寫本。十七冊。《葉氏録驗方》。同上。日本寫本。二冊。《葉氏録驗方》。同上。日本寫本。三冊。

【觀海堂書目】業字號 《葉氏録驗方》二本。二卷。村田氏藏本。殘。

四十六、醫說

(一)出典

【直齋書錄解題】卷十三　《醫說》十卷,新安張杲季明撰。

【文獻通考】經籍考　《醫說》十卷。陳氏曰:新安張(景)[杲]季明撰。

【宋史藝文志補】醫方類　張(景)[杲]《醫說》十卷

【撮壤集】下醫書　《醫說》

(二)考證

【四庫全書總目】卷一百零三　《醫說》十卷,浙江巡撫採進本。宋張杲撰。杲字季明,新安人。其伯祖張擴,嘗受業於龐安時,以醫名京、洛間。羅願《鄂州小集》有擴傳,敘其治驗甚詳。此書前有淳熙己酉羅頊序,亦稱"擴授其弟子發,子發援其子彥仁"。杲,彥仁子也。承其家學,亦喜談醫,嘗欲集古今醫案勒爲一書。初期滿一千事,猝不易足,因先採掇諸書,據其見聞所及爲是編。凡分四十七門,前七門總敘古來名醫、醫書及鍼灸、診視之類,次分雜證二十八門,次雜論六門,次婦人、小兒二門,次瘡及五絕、痺疝三門,而以"醫功報應"終焉。其間雜採說部,頗涉神怪。又既載天靈蓋不可用,乃復收陳藏器《本草》"人肉"一條,亦爲駁雜。然取材既富,奇疾險證,頗足以資觸發,而古之專門禁方,亦往往在焉。蓋三世之醫,淵源有自,固與道聽塗說者殊矣。

【鐵琴銅劍樓藏書目錄】卷十四　《醫說》十卷。明刊本。宋張杲集。山陰諸葛興序。時嘉靖間,南衡童某刻於晉,有東黄張子立序。印臺傅某復刻於秦,有西京許宗魯序。案此書首以歷代名醫,次以醫書、本草、診法及神醫、神方、周身諸病。皆引類垂法,指實著效,醫學之指南也。舊爲注,季峰藏本。卷首有"開萬樓藏書"朱記。

【善本書室藏書志】卷十六　《醫說》十卷。明嘉靖丙午刊校宋本。宋新安張(景)[杲]季明集。是編凡四十七門。前七門總敘歷代名醫、醫書、本草、鍼灸、神醫、神方、診法之類,次雜證二十八門,次雜論六門,次婦人、小兒二門,次瘡及五絕、痺疝三門,而終以"醫功報應",爲宋張杲撰。而《經籍考》作張(景)[杲],豈字形同歟,抑有所避歟。杲字季明。其伯祖擴,字子允,學於范忠宣、龐安時,以醫名京洛間。子充授其弟子發,子發授其子彥仁。杲,彥仁子也,嘗集古來醫案,據其見聞,勒爲是書。季明之子字九萬,肄業郡庠,性敏能文。其家學淵源者如此。淳熙十六年,羅(頌)[頊]序云:季明盛年著書,己酉歲攜以過我,且曰:書雖未成,請姑爲序之。嘉定甲申李以制跋云:季明今老矣,搜訪尚不輟。則相距實三十有六年,當是季明晚年定本。是年三月先有星江彭方跋,又有開禧丁卯建安江疇跋,寶慶丁亥東陽徐杲跋。而別本又有紹定改元山陰諸葛興跋,稱"越帥待制,汪公鎮越,一日出《張氏醫說》示興,因辨其舛誤,芟其(類)[纇]"云云,是宋時已非一刻矣。明嘉靖癸卯有鄧(正初)[初正]刊本,甲辰又有顧定芳刊本。前爲諸葛跋,末爲彭、方、汪、徐四跋。丙午潘藩又刊，有張子立序、高節後序，即此本也。今以黄蕘圃跋藏宋本校正之。

(三)序跋

1. 醫說序宋羅項

醫之伐病，猶將之伐敵也。夫決機戰攻之地以取勝用兵者，固皆有是心，及一旦爲背水陣，則觀者愕然矣。非有淮陰爲之辨析，則孰知其出於兵法，是兵之不可以無其說也。兵不可以無說，醫其可以無說乎。里中張杲季明，自其伯祖子充，以醫顯京洛間，受知於范忠宣。其祖子發，蓋學於伯祖而有得者也。於是其父彦仁，繼子發而術更妙於充。深微所衍，固三世之醫也。季明則欲博觀遠覽，弘暢其道，凡書之有及於醫者必記之，名之曰《醫說》。始見則曰，已得幾事矣。再見則曰，近又得幾事矣。其意欲滿千事，則以傳諸人。予念醫家之書，本之以《素問》、《靈樞》，廣之以《難經》、《脈訣》，而藥之君臣佐使，咸萃於《本草》，世固不外是而爲醫也。今有出一奇以起人之死，則衆必相與驚異，以爲昔人所未到，自明觀之，其不有似背水陣乎。故予知是書之爲有益也。己酉歲冬，季明攜以過我，且曰：書雖未成，請姑先梓之，以勉杲之意所勿及。會予有鄢郢之役，殊倥傯，然念季明請甚篤，又顓顓於其業，蒐選宜必精，故不暇之盡譔，而徒嘆其當盛年著書，遽肯出與人共之，其存心有足大者，豈非逮事其祖多異聞，故不以得之紙上者爲己私分也歟。此予所以益重季明也，遂書以冠《醫說》之首。己酉歲十月六日，朝奉大夫權發遣郢州羅項序。

2. 彭方跋

伏讀張君季明《醫說》，無非濟人捄物之事，而將之以至誠三世，授受相傳一脈，是可嘉尚也已。余來新安，恨識之晚，將虛心而訪，以求衛生之經云。嘉定甲申春三月中澣，星江彭方書於古歙歲寒堂。

3. 李以制跋

醫，意也，果可以紙上索乎。雖曰不知書而曰我知醫，余不信也。知書矣而未之廣，猶不知書也。張君季明示余醫書一編，載古今事跡至纖悉，蓋其生平目覽耳聽，凡涉於醫者必錄，錄必以其類。今老矣，搜訪尚不輟，將成一家之書，以傳於世。張世以醫名世者，季明用心之勤如此，其能世其世可知也。季明有子，字九萬，肄業郡庠，性敏而能文。使以季明勤於醫之心而勤於學，其能爲張氏大門戶，亦可知也。噫，季明之用心如此，其必有子以大門戶，又可知也。是則季明末編報應之說。嘉定甲申首夏末澣，四明李以制書。

4. 江疇跋

右張季明《醫說》。季明，儒生也。集是說以傳於世，人多笑其流於伎，不知真儒生之用心也。使世之醫者，皆以季明之心爲心，雖庸醫足以爲良醫。苟以驅儈之心處之，雖良醫且庸矣，況本庸耶。近世士夫，所以每歎所在無良醫，人之疾病，不得盡其理，而死者亦衆，然豈真無良醫耶。不仁之心，壞之也。季明之伯祖子充，以醫術受知於忠宣范公，名滿京洛，察脈語證，妙出意表，略無毫髪隱情，諸公待之如神人，蓋已能儒其心矣。季明父祖，能世其業。季明又能力學以求古人之用心，則凡有可以廣人之聞見，使其知所趨避，以免於疾，與夫參稽已驗之效，有疾而能自處其疾，不爲庸醫所誤，是季明之仁術也。則是說之集，安可以伎而笑之耶。况季明之於醫，自有得其伯祖之秘傳，以是心而行是伎，季明其儒醫之良者也。使其得科第而登仕籍，其仁民之心，又當如何耶。此予所以喜之而與題其後云。開禧丁卯七夕，建安江疇跋。

5. 徐杲跋

余曩讀《千金方》，間遇一二奇證，扣諸醫莫能識，疑蓄既久，因念華佗不世出，將終無所質究。及分教新安，始得張君季明所謂《醫說》者而閱之，於是前者之疑，渙然釋，豁然悟。而且嘆曰：是說其有濟於世也，博矣。按，其伯祖子充，生於皇朝元符間，嘗從蜀王朴學太素，能知人貴賤禍福，受其衣領，秘藏素書甚詳。後以此活人不可勝計，季明其傳也。夫奈近世醫道之壞，謬悠無恥之徒，崇飾疑誤，援據臆說，欺世盜名，至附以隱僻奇怪，使人不易通曉。季明疾之，因博採傳記，考古援今，遠追昔人素書之遺，近質當世謏聞之妄，推見至真，開悟後學，紀次殆千餘條。或由夢感，或與神遇，積衆口已效之傳，而病證方論，若合符契，略無一事牴牾，其視餘子之淺近於誕者，不可同年而語矣。昔楊子雲憫百氏之爭鳴，獨推五經，以爲衆說郛。然則季明之書，其亦說郛之謂歟。若夫用志之勤、推心之厚，增衍陰隲，以昌大厥嗣，是又無可疑者，故書此以遺之。寶慶丁亥十二月望日，東陽徐杲書。

6. 諸葛興跋

越帥待制汪公，鎮越累年，未嘗不以濟人救物爲心，興利除害爲事。一日，以《張氏醫說》巨編示興，俾校正其訛謬，將鋟梓以廣其傳。興因整襟肅容而觀之，見其敘醫家之本末、疾病之精微，無慮數十萬言。吁，何其詳且博也。夫醫之道大矣，自神農、黄帝、岐伯、雷公而下，無非聖哲開其源，賢智導其流，故能拯黎元之疾苦，贊天地之生育。世道既降，士大夫以此爲技藝，不屑爲之，而畀之凡流，故以至精至妙之理，而出於至卑至賤之思，其不能起人之疾，反以夭其命者多矣。此范文正公所以自謂不遇則願爲良醫，前輩亦云治病而委之庸醫，比之不慈不孝也。抑興思之，自昔卓然名家者，如和緩、扁鵲、淳于意、張仲景、孫真人及《脈訣》等書。其論醫也，莫不以保養爲先，藥石爲輔。至於察形診脈，必致辨於毫芒疑似之末，而深痛夫世之醫者，苟簡虛憍之習也。是書所載，大略舉矣，而以序冠其前者，顧乃以醫之伐病，如將之伐敵，當用背水陣以決勝。是徒見夫華佗之說，時出其間，而或有以奇捷之方，拯人之危者爾。愚觀近世賢士，有爲《證類本草》者，其說謂道經略載扁鵲數法，其用藥猶是本草家意。至漢淳于意及華佗等方，今時有存者，皆條理藥性。惟仲景一部，最爲衆方之祖。但其善診脈，明氣候，以意消息之爾。至如刳腸剖臆、刮骨續筋之法，乃別術所得，非神農家事。至哉爲論，足以發明是書之大旨矣。興既爲辨其舛誤，芟其蕪(類)[纇]，而間以所聞於記録者稍附益之，且以其管見復於公，庶幾不負委屬之意云。紹定改元孟夏望日，門下士山陰諸葛興謹書。

7. 黄丕烈跋

余向觀書,華陽顧氏見有殘宋本《醫說》,曾借歸手校一過。彼時周文香嚴有覆宋本,復借余校本傳錄一本,蓋悉照余所校也。去冬顧氏原本歸余,中多缺失,板心有莫辨處。又從香嚴借傳校本勘之,知余校本之多訛謬,而香嚴承之。謹就宋刻存者,一字一句細校之,方可謝余前此謬誤之過,而益信書之不可不藏宋本也。此時覆本不多見,故用以校宋者乃明刻本。明刻本亦有二,而用爲校宋者,取明刻之差勝者。然中多謬誤,校時不及檢點,故承之也。此書則一字一句,但存宋刻,其鈔補之處皆不可信。即有覆本,得原本較之已不可信,況明刻之不佳者乎。萬一再有全宋刻出,始可補此殘缺耳。否則此殘宋刻本,不已爲希世寶物耶。余故樂得而收之,又樂得而裝潢之。丙子仲春二十有九日,復翁。

8. 柳詒徵跋

張杲《醫說》十卷,《四庫》著錄。自明以來,翻刻改訂者,有嘉靖癸卯鄧正初("正初"當作"初正")本,嘉靖甲辰顧定芳本,嘉靖丙午瀋藩本,萬曆已酉張堯直本,朝鮮活字本,日本翻印本,周恭續編本。其宋刻原本見於著錄者,衹此黄蕘圃、汪閬源、丁松正舊藏,今在盋山書庫之十卷,及瞿碧樓翾之中央研究院之九卷,《經籍訪古志》所載九、十兩卷,今存日本圖書寮者耳。鄧正闇得於廠肆者,無第二卷,以明刻配補,固不逮丁書之具足十卷。丁書亦有殘損,嘗以他本鈔補,字迹既劣,與目錄亦不盡合。丁氏嘗以瀋藩十行本,與此宋刻對勘,惜其未見顧定芳本,不能推見諸刻遞嬗之迹也。今年春,館中又購得顧本,其行格一準宋本。參校三書,得失具見。爰就宋本闕字,依顧本補寫。其全葉均脫者,以顧本配之,亟付景印,以餉學者,儻亦黄丁先生所欣許乎。杲之家世,見第三卷"太素之妙"條,可補《宋史·方伎傳》。是書取材之富,槧印之精,《提要》及《訪古志》言之綦詳,因今日治國醫、研故書者,所當胝沫。抑吾聞時賢盛倡抽印《四庫》珍本之説,妄謂閣書迻錄,校勘率未精審,似宜依據《提要》,訪求公私藏庋初刻精印,爲之流布。當瘉於《四庫》鈔胥之本,謹舉此以爲先河云。癸酉夏五月,鎮江柳詒徵。以上諸序跋,均據於陶風樓本。

注:按《經籍訪古志》云:鄧初正校刊本,有嘉靖癸卯顧遂序。顧定芳刊本,有嘉靖甲辰馮彬及顧定芳序。瀋藩刊本,有嘉靖丙午南山道人翻刻序,及癸卯張子立序。又《鐵琴銅劍樓藏書目》云:印臺傅某復刻於秦,有西京許宗魯序。又《善本書室藏書志》云:丙午瀋藩又刊,有高節後序。是等諸序跋,今并未得見及之,因止錄其目,以俟後搜云。

(四)刊本及鈔本

1. 宋刊本

【述古堂藏書目】卷四 《醫說》十卷十本。宋板。

【蕘圃藏書題識】卷四 《醫說》十卷。宋刊本。余向觀書,華陽顧氏見有殘宋本。下略,詳見"考證"下。

【藝芸精舍宋元本書目】宋本 《張氏醫說》十卷

【善本書室藏書志】卷十六　《醫說》十卷。宋刊本。黄蕘圃汪閬源藏書。《經籍訪古志》載《醫說》第九、第十兩卷。宋槧本。左右雙邊。九行,行十八字,版心有刻手姓名。卷末載嘉定甲申彭方跋,嘉定甲申李以制跋,開禧丁卯汪疇跋,寶慶丁亥徐杲跋。此本行款悉合,衹存彭、李二跋,及江疇跋七行。後皆說。"說"或疑"脱"之譌歟。前存目錄。第十葉起至三十葉,前亦脱。末有黄蕘圃手題云"余向觀書華陽顧氏,見有殘宋本。丙子仲春,復翁"。有"迪安堂書畫印"、"長洲汪士鐘閬源氏印"、"觀察使者"、今查原本,"者"當作"章"。"三十五峯園主所藏"諸印。

【八千卷樓書目】卷十　《醫說》十卷,宋張杲撰。宋刊本。

【江蘇第一圖書館覆校善本書目】　《醫說》十卷,宋新安張(景)[杲]。宋刊本。黄蕘圃、汪閬源藏書。另匣有空白葉,有闕葉。有"遺安堂書畫印","長洲汪士(鍾)[鐘]閬源印","觀察使者","三十五峯園主人所藏"等印。末有黄復翁題跋。十一冊。

【江蘇省立國學圖書館圖書總目】　《醫說》十卷。十一冊。宋新安張杲,宋刊本。有"遺安堂書畫印","長洲汪士(鍾)[鐘]閬源氏印","觀察使章"、"三十五峯園主人所藏"諸印。

【盋山書影】宋本第一輯　《醫說》十卷。黄蕘圃、汪閬源藏書。《善本書室藏書志》云:《經籍訪古志》載《醫說》第九、第十兩卷。此本行款悉合,衹存彭、李二跋及江疇跋七行。全書連題跋四百四十三葉,版匡高營造尺六寸七分,寬九寸八分。"余向觀書華陽顧氏,見有殘宋本《醫說》。丙子仲春二十九日。復翁"。

【羣碧樓善本書錄】卷一宋刻本　《醫說》十卷。十冊,宋張杲撰。宋刊本。每半葉九行,行十八字,小字雙行同。前有朝奉大夫權發遣郢州羅頌序。"頌"當是"項"之譌。後有嘉定甲申彭方、李以制,開禧丁卯江疇,寶慶丁亥徐杲諸跋。又紹定改元諸葛興一跋。"隆慶辛未中元日,奉贈鳳橋兄。叔易"。"華氏起龍"、"在學齋"兩印。

宋刻《醫說》十卷,内惟第二卷乃用明刻本補。此書諸家皆未著錄,日本澀江全善、森立之所著《經籍訪古志》,僅存宋刊九、十兩卷,卷尾尚遺紹定諸葛興一跋,未爲完善也。其所舉明本,則有嘉靖甲辰顧定芳、癸卯鄧正初當作"初正"、丙午潘藩三本,又萬曆己酉堯直一本。此四本中,獨顧本用刻[本]行款,他皆更變矣。是書余於丁未得之都中,紙墨黖黯,喜其卷帙完整。己酉命工裝成,遂覺古香歕溢。第二卷確爲顧本,首尾序跋,並無缺佚,雖間有漫漶,不足爲病。據《訪古志》云,顧本九、十兩卷校宋尚有删節,何時得一明本對之,必有大勝處。古籍日少,豈非前賢未見之孤本耶。字體如率更、永興,尤爲可貴,不可不(診)[珍]視之。辛酉二月,正闇。

【邵亭知見傳本書目】卷八　《醫說》十卷,宋張杲撰。宋刊大字本。《四庫目略》同

【經籍訪古志】卷八　《醫說》,第九、第十兩卷。宋槧本。聿修堂藏。每半版高七寸二分,幅五寸。左右雙邊。九行,行十八字。版心下有刻手名。每卷首有"王氏維楨","太華山讀書臺","乙未翰林"三印。似猾商僞造。第十卷三十一頁倒捺古

折柬印。朱字圓椭,字體肥美。卷末載嘉定甲申彭方跋,嘉定甲申李以制跋,開禧丁卯江疇跋,寶慶丁亥徐杲跋。以年曆推之,當江疇居前,彭、李次之,徐則在後。

按,此本大板大字,筆畫端雅,爲宋槧之絕佳者。但兩卷首末,"第九"、"第十"二字用別紙粘接,改作"之上"、"之下",蓋猾商獲零本,爲此伎倆,以欺人也。

又按,鄧初正本載淳熙十六年羅(頌)[項]序云"已酉歲,季明攜以過我,且曰書雖未成,請姑爲序之"。又云"季明盛年著書"。嘉定甲申李以制跋云"季明今老矣,搜訪尚不輟"。則相距三十六年,當是季明晚年定本。顧定芳本載紹定改元諸葛興跋云"校正其訛謬,將鋟梓以廣其傳",又云"興既爲辨其舛誤,芟其蕪(類)[纇],而間以所聞於記錄者,稍附益之"。由此考之,此本即紹定刊本,而偶脫此跋者歟。

【帝室和漢圖書目錄】《醫說》,宋張杲。宋版。二卷二冊。

【圖書寮漢籍善本書目】卷三 《醫說》零本二冊,宋張杲撰。宋刊本。此原書爲十卷,現存第九、第十兩卷耳。此本題"第九"、"第十"二字,用別紙粘接,改作"之上"、"之下",蓋猾賈欺人也。左右雙邊。每半葉九行,行十八字。版心記刻工姓名。後有嘉定甲申彭方、同李以制,開禧丁卯江疇,寶慶丁亥徐杲諸人跋。《經籍訪古志》著錄此本,定爲紹定刊本,可從。兩冊首有"太華山讀書臺"、"乙未翰林"、"王氏維楨"、"躋壽殿書籍記"、"多紀氏藏書印"、"醫學圖書"諸印記。

注:按《留真譜新編》卷八載有此書影。

2. 明嘉靖二十二年鄧初正刊本

【經籍訪古志】卷八醫說 嘉靖癸卯鄧初正校刊本,京師高階經宣藏。首載嘉靖癸卯顧遂序,次淳熙已酉朝奉大夫權發遣郢州事羅(頌)[項]序。第一卷首有"明江夏後學羅練鄧正初校"、補注,按"鄧正初"恐"鄧初正"。"劉永富郁文盛錄"二行。每半葉十一行,行二十字,每卷捺"江右杏泉鐘先廷茂"印。

按,此本依宋本而改換行款字數以重刊者,大失宋本之體,然比之定芳本,則文字更優。

3. 明嘉靖二十三年顧定芳刊本

【皕宋樓藏書志】卷四十六 《醫說》十卷。明刊本。宋張杲撰。嘉定甲申春三月中澣星江彭方書序,嘉定甲申首夏末澣檇李李以制書序,開禧丁卯七夕建安江疇跋,寶慶丁亥十二月望日東陽徐杲書序,馮彬序,嘉靖甲辰。顧定芳序,嘉靖甲辰。

【江蘇省立國學圖書館圖書總目】《醫說》十卷,十冊,宋新安張杲。嘉靖二十三年翻宋刊本。有"平臺王瓊宴鹿鳴藏書記"、"曾在王鹿鳴處"、"高伯子"、"高氏玄晦"、"西玄山人"諸印。

【經籍訪古志】卷八醫說 又十卷。嘉靖甲辰顧定芳刊本,福井榕亭藏本。首有嘉靖甲辰馮彬及顧定芳序,末有彭方等四跋與宋本同。及紹定改元諸葛興跋。

按,此本行款字數一同宋槧,而稍爲縮小。但宋本卷九"芡能養生"條,有"良方"二字;第十"小兒初生不飲乳"條,有"集驗方"三字,而此本俱刪之以縮行數,蓋餘卷亦必有此類。然要祖宋槧者,於今行中,此爲最善。

又按，鄧初正及張堯直本，載羅（頌）［項］序，此本脱之。

4.明嘉靖二十五年潘藩刊本

【經籍訪古志】卷八醫説。又嘉靖丙午潘藩刊本。聿修堂藏。　首載嘉靖丙午潘藩南山道人翻刻敘，及癸卯張子立序，以諸葛興跋爲序文。卷首署"宋新安張景季明集"，卷首捺"內庭藏書"及"王□"二印。

按，此本不知何所原，而文字與諸本大異。其改"張杲"爲"張景"，殆似有所避，且諸門亦頗有補入，豈翻刻諸葛興附益本者歟。

【善本書室藏書志】卷十六　《醫説》十卷。明嘉靖丙午刊校宋本。宋新安張景季明集。是編凡四十七門中略，詳見"考證"下。明嘉靖癸卯有鄧（正初）［初正］校刊本，甲辰又有顧定芳刊本。前爲諸葛跋，末爲彭、（方）［李］、江、徐四跋。丙午潘藩又刊，有張子立序、高節後序，即此本也。今以黄蕘圃跋藏宋本校正之。

【江蘇第一圖書館覆校善本書目】《醫説》十卷。五冊，宋新安張（景）［杲］。明嘉靖丙午刊校宋本，闕序。有"邵鉉書畫之章"、"容怡［堂］印"、"韻堯珍藏"印。

【江蘇省立國學圖書館圖書總目】《醫説》十卷，五冊，宋新安張杲。嘉靖二十三年刊校宋本，有"邵鉉書畫之章"、"容怡堂印"、"韻堯珍藏"三印。

5.萬曆三十七年張堯宜刊本

【經籍訪古志】卷八醫説。又萬曆己酉張堯直重刊本。存誠藥室藏。　首載蕘直序，次顧定芳、馮彬及羅（瑣）［項］序。"羅項"即"羅頌"，鄧初正本此作"項"字。第三、五、七卷捺"啟迪院"印。

按，此本依顧定芳本而改行款字數者，然比之顧本，仍能存宋本之舊。皇國萬治二年亦依此本重刊，而脱張堯直序。每卷首填"宋新安張杲季明父著"九字。文字間有誤，蓋坊間所刊爾。

6.明刊未詳本

【曝書亭集】卷五十五跋張醫説　《醫説》十卷，嘉靖中雕本，不題撰人姓氏。覩乎《書録解題》，始知爲宋新安張景季明所撰也。喜劇而書諸卷尾。

【鐵琴銅劍樓藏書目録】卷十四　《醫説》十卷。明刊本。宋張杲集。中略，詳見"考證"下。秀峰藏本。卷首有"開萬樓藏書"朱記。

【抱經樓藏書志】卷三十七　《醫説》十卷。明刊本。姜秋農舊藏。宋張杲撰。下略，與《皕宋樓志》全同。

【八千卷樓書目】卷十　《醫説》十卷，宋張杲撰。明刊本。

【四庫書目邵注】卷十　《醫説》十卷，宋張杲撰。翻宋刻本。明刊大字本。嘉靖間刊本。不題撰人姓氏。

【郘亭知見傳本書目】卷八　《醫説》十卷，宋張杲撰。明翻宋大字本，嘉靖間刊本。不題撰人。朱修伯曰：隆慶間刊周恭《續編》十八卷。

【四庫目略】《醫説》，宋張杲撰，十卷。明翻宋大字本。朱修伯曰：隆慶間刊周恭《續編》十八卷。又嘉靖間刊本，不題撰人姓氏。

【浙江採集遺書總録】《醫説》十卷。刊本。右宋新安張杲撰。首載列代名醫,自三皇及近代各名家醫論。有朝奉大夫權發遣鄞州羅頊序,謂其三世精於醫術。今本爲嘉靖間重刊。

【多紀元堅獻納醫學館醫書目錄】《醫説》十卷。明板。三冊。

【内閣文庫圖書第二部漢書目錄】(特) 《醫説》十卷,宋張杲。明板。五冊。《醫説》。同上,明版。七冊。《醫説》。四卷。明版。二冊。

【北京人文科學研究所藏書目錄】《醫説》十卷,宋張杲撰。明嘉靖間刊本。一函五冊。

注:按《鐵琴銅劍樓書目》云:時嘉靖間,南衡童某刻於晉,有東黄張子立序。印臺傅某復刻於秦,有西京許宗魯序。今考所謂晉刻本,疑即嘉靖丙午瀋藩刊本。但所謂秦刻本,遽不可考。豈既載嘉靖三刻之外,尚有别一刻耶。記以備後考。

7. 四庫全書本

【四庫全書總目】卷一百零三 《醫説》十卷。浙江撫採進本。

【各省進呈書目】浙江省第六次呈送書目 《醫説》十卷,宋張杲輯。二本。兩淮鹽政李呈送書目。《醫説》十卷,宋張(景)[杲]。五本。《四庫館進呈書籍底簿》亦著錄同上二部。

【壬子文瀾閣所存書目】卷三 《醫説》十卷,六冊。補鈔。

【文溯閣所存書目】《醫説》十卷,宋張杲。六冊。四百十一葉。

8. 宣統三年文明書局印本

【浙江公立圖書館通常類圖書目錄】《醫説》十卷,《續醫説》十卷,宋張杲撰,明俞弁續。清宣統三年上海文明書局印本。六本。

9. 國學圖書館影宋印本

【江蘇省立國學圖書館圖書總目】《醫説》十卷,八冊,宋新安張杲。本館影印宋刊本。又同上二部。

【東方文化學院京都研究所新增漢籍目錄】昭和九年八月至十一年二月 《醫説》十卷,宋張杲撰。民國二十二年國學圖書館陶風樓用館藏宋本影印。

【續中國醫學書目】《醫説》十卷。八冊。九行十八字。框横十一・九釐,縱十七釐。宋張杲撰。民國二十二年國學圖書館影宋印。《善本書室藏書志》醫説序。後脱。羅頊序。醫説序,羅頊,己酉。醫説目錄。醫説後,彭方,嘉定甲申。醫説後,李以制,嘉定甲申。跋,江疇,開禧三年。跋,徐杲,寶慶丁亥。跋,諸葛興,紹定元年。跋,復翁,丙子。跋,柳詒徵,癸酉。

10. 日本刊本

【四庫書目邵注】卷十 《醫説》十卷,宋張杲撰。日本刊本。孫注

【江南圖書館閲覽室檢查書目】《醫説》,宋張杲。日本刊本。六本。

【江蘇省立國學圖書館圖書總目】《醫説》十卷,六冊,宋新安張杲。日本萬治刊本。

【寶素堂藏書目錄】《醫説》十卷,○冊。萬治戊戌刊。

【經籍訪古志】卷八 《醫説》。萬曆己酉張堯直刊本。皇國萬治二年,亦依此

本重刊，而脱張堯直序。每卷首填"宋新安張杲季明父著"九字。文字間有誤，蓋坊間所刊爾。

【内閣文庫圖書第二部漢書目錄】《醫說》十卷，《目》一卷，《續》十卷，明俞辨。八冊。萬治二年，寶曆十三年刊。

【杏雨書屋圖書假目錄】第二編 《醫說》十卷，宋張杲撰，明吳勉學校。《續醫說》十卷，明俞辨撰。萬治元年刊。五冊。

11. 朝鮮活字本

【經籍訪古志】卷八 《醫說》，宋槧本。又朝鮮國活字擺印本，聿修堂藏。此本全與瀋府本同，蓋據以活字擺印者，佚南山道人序。卷首副紙裡面有朝鮮人題書，曰"嘉靖三十九年八月日内賜承政院左副承旨柳昌門《醫說》一件命除謝恩都承旨臣李判"五行，卷首捺"宣賜之記"朱印。

【聿修堂藏書目錄】《醫說》十卷。朝鮮國刊本。

【躋壽館醫籍備考】《醫說》十卷。五冊。朝鮮國活字板。

【内閣文庫圖書第二部漢書目錄】《醫說》十卷。第一至四卷缺。三冊。朝鮮活版。

【朝鮮醫籍考】一百二十三頁 《醫說》十卷。現存五、六、七、八、九、十之三冊。宋張杲撰。内閣文庫藏。無刊記。小活字印本。與《銅人經》同活字。上下右邊裁斷改裝。每半葉匡郭縱二十一釐強，橫十五・五釐。十二行，行十九字。每冊首有"多紀藏書印"、"江戶醫學藏書之記"、"日本政府圖書"、"大學東校典籍局之印"等諸印記。卷末有"嘉定甲申春三月中澣星江彭方書"、"嘉定甲申首夏末澣檇李李以制書"、"開禧丁卯七月建安江疇跋"、"寶慶丁亥十二月望日東陽徐杲書"諸跋。

12. 鈔本

【觀海堂書目】美字號 《醫說》十本。一卷。影寫顧定芳仿宋本。

【故宮博物院書目】《醫說》，宋張季明。十卷。十冊。日抄做宋本。

【寶素堂藏書目錄】《醫說》零本二卷，二冊。景宋本。係第九、第十，二卷。宋張景。《醫說》十卷。十冊。重鈔。顧定芳宋本。

【内閣文庫圖書第二部漢書目錄】《醫說》十卷。明顧遂校。日本寫本。四冊。

【靜嘉堂文庫國書分類目錄】《醫說》十卷，《目錄》一卷，宋張杲撰。寫。守先閣舊藏本。四冊。

13. 未詳本

【文淵閣書目】卷十五 《醫說》一部五冊。闕。

【菉竹堂書目】卷五 《醫說》五冊

【古今醫統大全】【萬卷堂書目】【本草綱目】【醫藏書目】【脈望館書目】【千頃堂書目】【汲古閣毛氏藏書目錄】以上明 【天一閣藏書目錄】【近古堂書目】【楝亭書目】【傳是樓書目】【也是園藏書目】【稽瑞樓書目】以上清 【聿修堂藏書目錄】

【元治增補御書籍目錄】以上日本　【東醫寶鑑】朝鮮

附　續醫說會編

【醫藏書目】結集函目　《續醫說會編》十八卷，周恭。

【郘亭知見傳本書目】卷八　《醫說》十卷。朱修伯曰：隆慶間刊周恭《續編》十八卷。《四庫目略》同

【八千卷樓書目】卷十　《醫說續編》十八卷，明周恭撰。明刊本。

【江蘇省立國學圖書館圖書總目】卷二十七　《醫說續編》十八卷，明崑山周恭。弘治六年刊本。十冊。

【元治增補御書籍目錄】《醫說會編》十八卷，十冊，明周恭編。

【北京人文科學研究所藏書目錄】《醫說會編》十八卷，明周恭撰。明弘治間刊本。二函十冊。

注：按右諸家所著錄，往往謂爲弘治所刊。今據歸有光序而考之，是書雖成於弘治，其初刊實在隆慶三年，非有弘治所刊也。

序跋

1. 周恭自序

宋張季明作《醫說》十卷：上自三皇，并歷代以下名醫一卷；醫書、本草、鍼灸及醫之神者又一卷；其他神方、診法，并百病類門，與夫醫功報應，警於世者，準是數也。其間所序者，求其精微，取法於後世，闡明三皇以來之道，則未有聞焉。予因其所未備者，搜而得之，醫書則二十三條，鍼灸者一十九，候脈法之條十有五，論醫之法三十有七，用藥者三十八，其藥戒則二十一，養生調攝并食忌總計八十餘，通類醫之能否者則有十四。餘列季明所未有者及百病分門治法，一病而施治有不同者，又將千餘，諸方二百六十餘則又次之。凡十八卷，名曰《醫說會編》。使學者求季明之書，參予之所宣者，於《素》、《難》諸家，泝而通之，醫之術微有所試矣。予嘗謂，從聖賢之道，求聖賢之心，不過以利濟天下。其達而在上，於天下之物，莫不有被其澤者；其窮而在下，則雖有扶世阜民之志，將安展其所施乎。故先正有曰，達則爲良相，不達則爲良醫。相不可幸而致，醫又安可幸而爲耶。蓋欲其利物之同心也，吾將告夫忠信之人，以仁存心，以及物爲意，則其術必有大過人者。使心馳於利，則必昧乎其術，求免於殺人者寡矣。是何異於宰物者之陽仁義而陰苞苴，又欲求乎盛名而保祿位，其與索價之醫，望十全之治，求通於時，不亦難矣。所謂良相良醫，可乎。《醫說》之書幸投於君子，則萬世生民之利，何其博哉。弘治六年癸丑秋九月下澣，崑山周恭書。

2. 歸有光序

周寅之先生與大父同里相善，爲詩社友，日相過從。予世父及先人，皆少從學。予年七歲，從授《孝經大義》，見先生竟日焚香端坐，時稱隱君子者，必曰先生。先生嘗作八詩，吳文定公爲之序，刑部周充之跋而刻之。先生之子婿河南右方伯朱顒伯梓其詩稿，曰《沈流集》。先生尤好方書，嘗取宋張季明《醫說》增廣其未備，爲五

十卷。其自敘以爲,學者求季明之書,參予之所宜者,於《素》、《難》諸家,泝而通之,醫之術其庶幾矣。又病季明求其精微,取法於世,闡明三皇以來之道,未有聞焉。則知先生之所以自負,蓋謂其能有所發明而得其精微者。東倉曹比部用晦嘉其有益於世,因鋟梓以廣其傳,而先生之孫太學生世昌謂予序之。予觀其書,皆先生手自繕寫,筆畫端楷,無一字潦草,歎其爲書之不苟也。昔漢成帝河平中,命侍醫李柱國校醫經七家、經方十有一家。後世其書益廣,無慮數百家,今自神農、黄帝經方,扁鵲《八十一難經》及《靈樞》、《甲乙》諸書,世多有存者。如《六經》未嘗不行於世,顧學者得其精微爲難耳。觀先生之所自敘,則知其所自得愈於季明之書,其可傳無異也。比部君能梓行之,仁者之用心,尤可歎尚云。隆慶三年夏四月乙亥,門人前進士歸有光舟次安平書。右二序並《醫籍考》

附　續醫説

【醫藏書目】結集函目　《續醫説》十卷

【明史藝文志】藝術類　俞子容《續醫説》十卷

【浙江公立圖書館通常類圖書目錄】《醫説》十卷,《續醫説》十卷,宋張杲撰,明俞弁續。清宣統三年上海文明書局印本。六本。

【聿修堂藏書目錄】《續醫説》十卷,四册。嘉靖丁酉刊。明俞弁撰。

【寶素堂藏書目錄】《續醫説》十卷,〇册。萬治戊戌前書《醫説》合刻,明俞弁。

【内閣文庫圖書第二部漢書目錄】《醫説》十卷,《目》一卷,《續》十卷,明俞辨。八册。萬治二年,寶曆十三年刊。

【杏雨書屋圖書假目錄】第二編　《醫説》十卷。《續醫説》十卷,明俞辨撰。萬治元年刊。五册。

序跋

1. 俞辨自序

齊梁之人有言曰,不明醫術者,不得稱爲孝子。此過論也。宋儒謂,治病之委庸醫,比之不慈不孝,事親者不可不知醫。斯言旨哉。昔之名醫,若甄權、許智藏、李明之、朱彦修,咸以母病習醫,研精覃思,遂究奥妙,蓋君子之存心,無所不用其至也。弁雖不敏,癖於論醫,或聞師友講談之餘,或被閲諸史百家之文,凡有會於心者,輒手抄以備遺忘,積久成袠,釐爲十卷,名曰《續醫説》云。匪敢與古人頡頏,將來好事者共之。壬午七月望日敘。

2. 吴恩序

禦寇有言,醫者理也,理者意也。何稽乎?理言治,意言識,得理與意,料理於未見曰醫。超然望聞者,無幾也。降則不理不治,不識不明。斯二者,不言不詳,以故聖人尚乎辭説者,謂經始於軒岐緩鵲輩,識其意者也。仲景下代有名士,有方有論,有原有辨有法,耿耿與繁星並震而不磨者,聖人以道仁天下,起危養安,斯已矣,而又立言以匡扶百代,其爲慮不廣且勤哉。神而明之在人,子容氏有意焉久矣。苦心探賾，學以聚之，問以辨之，精思以强勉之。董生曰，强勉學問，則聞見博，知益精。然會博而歸約，則君子貴乎詳説也。是書述古今事法，積有歲月，得理與意者，纂載不遺，子容之用心亦勤矣。病其繁也，故略節取之，以講於家塾，有就有道意，蓋以人之司命，不敢肆然而輕耳。考其言，有先經以始事，有後經以終義，則係之以"經曰"，示無專也。有以脈而辯證，有以證而辯劑，的之已見者，則係之以"余曰"，示無私也。得之前烈，參之時賢者，則係之曰"某人曰"，示無掩焉。蓋得於意則見於言，本始以清其源，推委以別其流，酌中隨時，以明其宜。以通其變，而參伍設置，尚其權也。有論而無方，神其用也。祖乎帝，繼其志也。徵諸今，尚時也。文以定志，達其意也。削屨而成什，要諸理而止也。博而要，辨而精，簡而覈，迹其所到，真可究之施行者矣。殆與醫案、醫原相勝負，其可也。鬼神洩其秘於此矣，子能秘之家塾，不布百代耶。噫，孰知無是心也，俟迺綿邈光於世世，則後起者，吾諒其惑焉。子容姓俞，名弁，以翁約齋號，故自附曰"守約"云。嘉靖甲午，鄉貢進士白海吴恩序。

附　醫説佛乘

【元治增補醫籍目錄】《醫説佛乘》一卷。一冊。明蘆萬鍾撰。

四十七、衛生十全方

(一) 出典

【宋史藝文志】醫書　《夏德懋衛生十全方》十三卷。

注：按《遂初堂書目》載有《保生十全方》，或與此同書歟。

(二) 考證

【四庫全書總目】卷一百零三　《衛生十全方》三卷，《奇疾方》一卷。《永樂大典》本。宋夏德撰。德字子益，其里貫始末未詳。是書有唐仲友原序云：友人夏子益，哀其師傳之方經常簡易、用輒得效者爲十卷；并取舊時家藏他方，擬其佳者爲二卷；附以自著《奇疾方》一卷，共十三卷，則此書非一人之所著。觀其治腰腎疼方，即唐鄭相國方，其明證也。今從《永樂大典》錄出，輯爲上中下三卷。雖與原書卷數十不逮其三四，然諸證方藥論説，亦已略具其中。如肝脹離魂、眼見禽獸飛走及眼赤，渾身生斑、毛髮起如銅鐵，鼻中毛長五尺，口鼻腥臭，水流有鐵色，蝦魚等證，皆罕見之變怪，而治法甚爲平近，蓋本於相傳禁方，不主尋常之軌轍。他如奏功散之治翻胃，交加散之治産後中風，率皆平正簡當，則固非徒矜新異者矣。《書錄解題》僅載《奇疾方》一卷，《宋史藝文志》所載則書名卷數與仲友序並合。其"奇疾"三十八方，已附見《傳信適用方》中，又散見《本草綱目》中。然不可以他書所引，轉廢其本書，故今仍輯爲一卷，附之於後。至其孰師傳之十卷，孰爲家藏舊方之二卷，則已不可辨別，故亦合而編。

(三)輯本

1. 永樂大典採輯本

【清史稿藝文志】 宋夏德《衛生十全方》三卷,乾隆時敕輯。

【叢書舉要】卷五十四永樂大典採輯書 《衛生十全方》三卷,《奇疾方》一卷,宋夏德。

【叢書書目彙编】永樂大典採輯書 《衛生十全方》三卷,宋夏德。原注云:乾隆三十八年戶部尚書王際華等奉敕撰。據仁和朱氏所藏鈔本編錄。凡武英殿聚珍版印行者不載。

【北平北海圖書館月刊】永樂大典内輯出佚書目 《衛生十全方》三卷,《奇疾方》一卷,宋夏德撰。清四庫館臣輯《醫家類》著錄。

2. 四庫全書本

【四庫全書總目】卷一百零三 《衛生十全方》三卷,《奇疾方》一卷。《永樂大典》本。

【壬子文瀾閣所存書目】 《衛生十全方》三卷,《奇疾方》一卷。全缺。

注:按文溯閣《四庫全書》即缺《衛生十全方》及《奇疾方》,乃知文溯閣所存,間亦有缺卷也。

3. 醫方類聚採輯本

【寶素堂藏書目錄】 《衛生十全方》一卷,一冊。《醫方類聚》採輯本。夏德懋。

【躋壽館醫籍備考】 《衛生十全方》一卷。一冊。宋夏德懋撰。《醫方類聚》採輯本。

【觀聚方要補採摭書目】 《衛生十全方》,宋夏德懋。

【雜病廣要採摭書目】 《衛生十全方》,宋夏德。

4. 未詳本

【續文獻通考】 《夏德十全方》三卷。德字子益,里貫無考。

【醫方類聚引用書】 《衛生十全方》

注:按,元至己卯友於書堂所刊《居家必用》中有《衛生方》者,未知與是書有關耶否。

四十八、治奇疾方

(一)出典

【直齋書錄解題】卷十三 《治奇疾方》一卷,夏子益撰。凡三十八道,皆奇形怪證,世間所未見者。

【文獻通考】經籍考 《治奇疾方》一卷。下引陳直齋

(二)考證

【四庫全書總目】卷一百零三　《衛生十全方》三卷,《奇疾方》一卷,《永樂大典》本。宋夏德撰。中略,詳見"《衛生十全方》"下。其"奇疾方"三十八方,已附見《傳信適用方》中,又散見《本草綱目》中。然不可以他書所引,轉廢其本書,故今仍輯爲一卷,附之於後。下略

注:按《雞峯普濟方》,其卷第二十九亦以"奇疾方"三十八道充之,詳見其條。

(三)輯本

1. 永樂大典採輯本

【清史稿藝文志】《宋夏德奇疾方》一卷。乾隆時敕輯。

【叢書書目彙編】永樂大典採輯書　《奇疾方》一卷,宋夏德。

2. 四庫全書本

【四庫全書總目】卷一百零三　《衛生十全方》三卷,《奇疾方》一卷。《永樂大典》本。

注:按《衛生十全方》及《奇疾方》二書,《壬子文瀾閣所存書目》云:全缺。今查文溯閣現存本,亦缺之。

3. 未詳本

【古今醫統大全】採摭諸書　《治奇疾方》,夏子益撰。凡三十八道,皆奇形怪證,世所未見者。

【世善堂藏書目錄】卷下《治奇疾方》一卷,夏子益。

附　紫虛真人醫原

【脈望館書目】辰字號　《紫虛真人醫原》一本

【近古堂書目】卷下　《紫虛真人醫(源)[原]》

【降雲樓書目】卷三　《紫虛真人醫(源)[原]》

附　紫虛崔真人四原論

【讀書敏求記】卷三　《紫虛崔真人四原論》一卷。四原者,原脈、原病、原證、原治也。予又藏《紫虛脈訣》一卷,句如蒙求,蓋欲初學醫者易知耳。

【也是園藏書目】卷五　《紫虛崔真人四原論》一卷

【述古堂藏書目錄】卷四　《紫虛崔真人四原論》一卷。抄。

【讀書敏求記校證】卷三下　《紫虛崔真人四原論》。刊本作"一卷",《也是園目》同。鈺案,阮本無"一卷"二字,故管説云然。《述古目》注"鈔"字。四原者,原脈、原病、原證、原治。予又藏《紫虛脈訣》一卷。鈺案,《國史經籍志》有《崔真人脈訣》一卷,《四庫入存目提要》云:紫虛真人爲宋道士崔嘉彥,見陶宗儀《輟耕錄》。《四原論》,《四庫》未收。句如蒙求,案,《紫虛脈訣》,《也是園目》不載。鈺案,《也是園目》有《崔真人脈訣》一卷,當即《脈訣》。《述古目》作"《崔真人脈訣》一卷",殆一書而二名也。蓋欲初學醫者易知耳。

注:紫虛真人崔嘉彥傳,今見於"崔紫虛脈訣旨"條下。

四十九、大衍方

【直齋書錄解題】卷十三　《大衍》十二卷，朝散大夫孫紹遠稽中撰。凡藥當豫備者，四十九種，故名"大衍"。所在易得者不與焉，諸方附於後。

【文獻通考】經籍考　《大衍方》十二卷。下引陳直齋

【十便良方】博濟堂序　紹熙辛亥，東南漕使孫公稽中，有所集方書一編，目曰《大衍》。惜其太略，於是徧搜方論，摘其簡而至切、迅而不暴，與時運相宜者，以附益公之不足云云。《鐵琴銅劍樓書目》，詳見"十便良方"下。

五十、十便良方

【文淵閣書目】卷十五　《十便良方》一部十冊。闕。

【菉竹堂書目】卷五　《十便良方》十冊

【本草綱目】引據書目　《十便良方》

【脈望館書目】餘字號不全宋元板書　《十便良方》。欠一之十、十七之二十、二十三之四十。

注：按《醫籍考》一千八百七十九頁云，《郭氏坦備全古今十便良方》四十卷。存。

（一）考證

【鐵琴銅劍樓藏書目】卷十四　《新編近時十便良方》十卷，宋刊殘本。不著撰人。前有慶元乙卯汾陽博濟堂序。略謂，紹熙辛亥，東南漕使孫公稽仲有所集方書一編，目曰《大衍》。惜其太略，於是徧搜方論，摘其簡而至切、迅而不暴，與時運相宜者，以附益公之不足。所謂"十便"者，藥材止六十四種，易於儲蓄，一便也；世所常用，無難致之物，二便也；各市少許置藥籠中，不妨行李帶挈，三便也；古今方論，安能一一討尋，今惟取必效之方，不勞徧閱，四便也；凡有病即有方，有方即有藥，不致倉皇失措，五便也；治疾如救焚，此書用藥簡當，而和劑不勞，六便也；或宦遊僻縣，地少醫藥，緩急有以支梧，七便也；行旅夜宿，猝有不虞之證，不能坐困，八便也；深山窮谷，去城市遠，即得應用，九便也；仁人君子於困窮疾病，欲探囊施與，無方藥不備之歎，十便也。原書四十卷，今存卷（一）[十]至十七卷，二十一至二十二，凡十卷。卷首有"古今方論總目"。所引古方，凡六十六種。末有墨圖記云"萬卷堂作十三行大字刊行庶便檢用請詳覽"十八字。又有"總類"一卷，標用藥治疾之目。目錄一卷，標藥名、方名之目。每半葉十三行，行廿二字。

（二）序跋

宋德之序

余素喜仙人劉涓子服朮法，怵桃鴿之戒，未果也。得成都李君康甫方，合五味

子爲劑，可不戒而效。歸語同舍生郭君履道，君愕曰：方乃有是耶。余雅知君好方意，未及李君也。服之踰時，睛忽半赤，瘍起赤中，醫即以大鐵鍼，卷眥剔癤乃已。後以問郭君，曰：朮溫補而性甚燥，故餌朮者，必□□次其燥，以全其溫，乃可補耳。且五味偏多酸，以酸斂燥，併歸於肝，目不病何待。余始知君精於方藥，非時流比也。會余入山，君勸余親近方藥，以自補養。間取《素問》、《本草》、古今諸方閱之，每患其部帙繁多，難以徧舉，欲集錄其要作一書，各無端緒。一日君相過，言曰：坦病廢二十年，以其試藥，以證考方，知世良方誠能去疾，特士大夫知醫者鮮耳。故知方者不畏多疾，而畏病者率不喜方。使人得良方，家儲善藥，雖挈屬遠遊，奮身勇往，僻處窮鄉，可無病之憂矣。因出所集方四十卷示余曰：《神農本草》上中下藥，應天地人，止三百六十種，後醫增入，有名未用，冗濫猥雜。而世醫常用，亦不過六十四種。以六十四藥，盡四百四病，如《易》爻流轉，運用不窮。且簡要《本草》諸家所箋六十四藥於首，凡養生隄疾、擇材製劑之法，莫不具在，(間)[簡]編畫然，諸方盡廢。余得之喜，勸君爲廣之。踰年而書數至，求余爲序。余嘉君用力精專，措心益廣，近古人強爲善者，故爲其識本末，以告識者。君汾陽人，坦其名，履道其字。慶元二年十有二月甲戌，青山宋德之序。《醫籍考》

(三)刊本及鈔本

1. 宋刊本

【述古堂藏書目】卷四　《十便良本》四卷，四本。宋板。

【也是園藏書目】卷五　《十便良方》四卷

【百宋一廛書錄】　《十便良方》。此《十便良方》四冊，序鈔，目刻，全書共四十卷。今存者十一至十七，廿一至廿三耳，厪得四分之一，然已罕秘之至。考鈔補之序文，爲"時慶元乙卯十月二十四日汾陽博濟堂書"，并未著作書者姓名。序中稱，紹熙辛亥，東南漕使孫公稽仲有所集方書一編，名曰《大衍》。第惜其太略，於是因仍其法，徧搜方論，覃思累年，摘其簡而至切、迅而不暴，與時運相宜者，以附益公之不足，果得其便凡十焉。今檢《書錄解題》，但有《大衍方》，而《十便良方》不傳，可知此書之罕秘矣。

【百宋一廛賦注】　殘本《十便良方》，每半葉十三行，每行二十二字。所存十一至十七、又廿一至廿三，凡十卷。其目尚存，蓋本四十卷，厪得四之一耳。其序乃鈔補，稱附益紹熙孫稽仲所集《大衍方》，果得其便凡十焉。末署"慶元乙卯十月二十四日汾陽博濟堂書"，作者姓名不詳。孫名紹遠。《大衍方》載《書錄解題》。

【求古居宋本書目】　《十便良方》殘本，四冊。

【藝芸書舍宋本書目】　《十便良方》，存十卷。

【鐵琴銅劍樓藏宋元本書目】　《新編近時十便良方》十卷。宋刊殘本。末有墨圖記云"萬卷堂作十三行大字刊行庶便檢用請詳鑒"十八字。每半葉十三行，行二十二字。

【鐵琴銅劍樓宋元本書影識語】卷三　《新編近時十便良方》十卷。宋刊殘本。

前有慶元乙卯汾陽博濟堂序。全書四十卷，今存卷十一至十七、卷二十一至二十三，凡十卷。卷首有“古今方論總目”，又總類、目錄各一卷。總目後有墨圖記云“萬卷堂作十三行大字刊行庶便檢用請詳鑒”十八字。

【四庫書目邵注】卷十 《十便良方》四十卷。宋刊本。十三行，行廿二字。不知撰人。黄丕烈有不全本。

【宋元本行格表】卷下十三行 《宋本十便良方》。行廿二字，四十卷。邵云：黄丕烈有不全本。《簡明目錄》批注本，《百宋一廛賦注》有殘本，同。

2. 影宋鈔本

【東都官庫醫籍目錄】《十便良方》全肆十卷，慶元二年郭坦履道著。編中有小延齡丹，名同，與今所用者異也。

【聿修堂藏書目錄】《備全古今十便良方》（十四）［四十］卷，八冊。鈔本。宋郭（覆）［坦履］道撰。

【寶素堂藏書目錄】《備全古今十便良方》四十卷，八冊。鈔本。自十三至二十九卷缺。郭（垣）［坦］。

【經籍訪古志】卷八 《備全古今十便良方》四十卷。影宋舊鈔本。缺十三至二十一卷。楓山秘府藏。首有慶元二年青山宋德之序，後有“武夷□氏鋟木於安樂堂”記。每半葉高六寸五分，幅五寸。□行，行□□。

【元治增補御書籍目錄】《十便良方》四十卷。有闕。古寫本。十三冊，宋郭坦撰。

【内閣文庫圖書第二部漢書目錄】（特） 《十便良方》四十卷，《目》一卷。第十三至二十一缺。宋郭坦。十三冊。《十便良方》，同上。日本寫本。八冊。

【觀海堂書目】令字號 《十便良方》八本。四十卷。影宋本。

【故宫博物院書目】《十便良方》四十卷，八冊。抄本。

注：按《留真譜新編》卷八載有古鈔本書影。

注：按《十便良方》傳於後世者有二種：一乃傳於中國之宋刊殘本，《新編近時十便良方》，原四十卷，存十卷，有慶元元年汾陽博濟堂補鈔序。略云，紹熙二年孫稽中所集方書，目曰《大衍》。惜其太略，徧搜方論，附益孫之不足，以成是書。一乃傳於日本之影宋鈔本《備全古今十便良方》，亦四十卷，有慶元二年宋德之序，稱爲汾陽郭坦所撰。今考兩本，其書名既近，其卷數亦同爲四十卷，其所用藥種，俱止六十四種，所序之時代，而先後止一年，其爲同本殆無疑矣。所謂“博濟堂”，疑即郭坦之室名。至於其篇題，豈書賈之所改歟。

五十一、既效方

【是齋百一選方】 峽州教授王執中刊，一書名《既效方》。《醫籍考》

注：王執中傳，見於“鍼灸資生經”條。

五十二、是齋百一選方

(一)出典

【直齋書錄解題】卷十三　《是齋百一選方》三十卷,山陰王璆孟玉撰。百一者,言其選之精也。

【文獻通考】《是齋百一選方》三十卷。下引陳直齋

【宋史藝文志】醫書　王璆《百一選方》二十八卷

(二)考證

【曝書亭文集】卷五十五　《書是齋百一選方後》:《百一選方》,不著撰人名氏,題曰"是齋"。按陳氏《書錄解題》,云是山陰王璆孟欲所輯,凡三十卷。《宋史藝文志》作二十八卷。予家所藏乃元人鋟本。按其目僅二十卷爾,殆經後人選擇者歟。

【儀顧堂題跋】卷七　《是齋百一選方跋》:《新刊續添是齋百一選方》二十卷,宋王璆撰。東洋覆元本。《書錄解題》、《宋史藝文志》皆著於錄。《解題》"三十卷",《宋志》"二十八卷"。朱竹垞所藏元本亦作二十卷。《曝書亭記》有跋,與此本合。《宋志》及《解題》殆傳寫之訛耳。前有"慶元丙辰章楫序"及"歲在癸未劉承父刊梓"木記。《四庫全書》未收,阮文達亦未進呈。案,璆,紹興山陰人,字孟玉,號是齋。淳熙中爲淮南幕官,十六年奉檄和州。慶元三年,官漢陽守。見本書及《江湖長翁集》。其書分三十一門,方一千有餘。凡方之傳授,治之效驗,記述(其)[綦]詳。在宋人方書中,足稱善本,非王衮《博濟方》、《嚴氏濟生方》所能及也。凡續添之方,皆注明"續添"二字,其爲是齋所續,或爲承父所添,則不可考矣。

【醫籍考】一千八百七十五頁　王氏璆《百一選方》,《宋志》"二十八卷。存"。

按,寬政己未,千田子敬恭借西京荻典藥子元元凱(1)所藏元板,重彫家塾。先子序曰:考歷代醫傳,無載王氏者,據陳造題詞及章楫序,則其人非醫,倣陸忠宣忠州之錄者,《古今醫統》作"字孟(欲)[玉]",誤矣。又朱彝尊《曝書亭集》有是書跋,云其所藏元本僅二十卷,因疑後人所選擇者。今此本亦二十卷,即與朱所言符矣,而其分門三十一、錄方二千有餘,條列井井甚備,則未可遽據《解題》及《宋志》所載卷數,而斥爲非王氏原帙也。

[郭注]

(1)荻典藥子元(1737～1806),即荻野元凱,字子元,通稱左仲,號臺州。金澤人。寬政六年(1794)任典藥大允,十年(1798)任尚藥、河內守。曾師事奥村良竹,後行醫於京都。著述頗多,有《刺絡編》(1771)、《吐法編》(1764)等刊行於世。精通《温疫論》及腹診術,并積極吸收荷蘭醫學。

【日本訪書志】卷十　《新刊續添是齋百一選方》二十卷。元刊本。宋山陰王璆孟玉撰。首有慶元丙辰天台章楫序,目錄首有筐子云"劉承父咨"。每半葉十行,行二十二字。按此書《四庫》不著錄,《宋志》"二十八卷",《書錄解題》"三十卷",《曝書亭集》稱所藏元本僅二十卷,遂疑爲後人所選擇。然按"劉承父咨",則此爲

是齋全本。《解題》、《宋志》皆誤也。是齋百一選方序引文略，劉承父咨引文略。

注：按《平津館館藏書籍記》、《孫氏書目》、《郘亭知見傳本書目》、《開有益齋讀書志》、《鄭堂讀書記》，並載有"王氏百一選方八卷"者，皆爲寫本，而有楊用道序。據《平津館館藏書籍記》，其內容即與明李栻所刻《葛仙翁肘後備急方》全同，即知其書實爲楊用道《附廣百一方》，而漫襲是書之題名而已。詳見"附廣百一方"條。

（三）序跋

1. 是齋百一方序

方書傳於世衆矣，其斷斷能已疾者益寡。古人方書，一藥對一病，非苟云爾也。後世醫家者流，不深明夫百藥和齊之所宜，猥曰醫特意爾，往往出己見，嘗試爲之，以故用輒不效，甚者適以益其病（"病"《皕宋樓志》作"疾"），而殺其軀者有之。毋怪（"怪"《皕宋樓志》作"恠"）乎饋藥者以未達而不敢嘗，有病者以不治爲得中醫也。嗟乎，醫方所以除疾疢而保性命，其何至是，得匪其擇之不精、處之不審故歟。是齋王史君璆，博雅君子也。生長名家，蓄良方甚富，皆其耳目所聞見，已試而必驗者。每嘆人有可療之疾，藥不相值，卒於不可療，思濟斯人，詎忍秘而不示。屬守古沔，公餘裒集始就，迺鋟諸郡齋，目之《百一選方》。其精擇審處蓋如此，然則公之用心仁矣，是書之衍其傳也宜哉。慶元丙辰孟冬初吉，郡文學天台章楫序。《醫籍考》

2. 陳造序

予少多病，刻意方書，且博求於人，得於方書之外，往往取效如意。歲丁巳，之官京西，正月十八日，謁漢陽史君王公璆。公一見如舊知，問爲政，不吾蘄，因惠《百一選方》一部四袠。予向之求而得、用而效者盡在焉，乃嘆得書與識公皆不早也。公云，吾裒集十九年乃成書。其（勒）［勤］如是，我輩顧安享用之。士君子以仁存心，凡其濟世利人不能行，慊如也。公之此書，足以酬滿所志，而況政術父母斯民，有不可掩者在，予皆不可忘，故識之。《文集》《醫籍考》

3. 劉承父咨

此集已盛行於世，近得是齋全本，其爲方也一千有餘，分門析類，列之於目，井井可觀，皆係經驗不傳之秘。凡丈夫、婦人、小兒諸證，纖悉委曲，靡所不備。鼎新刻梓，三復校正，並無訛舛。凡我尊生君子，伏幸詳鑒。歲在癸未端陽前一日，建安劉承父謹咨。

（四）刊本

1. 元刊本

【曝書亭文集】卷五十五書是齋百一選方後　《百一選方》，予家所藏乃元人鋟本。按其目僅二十卷爾。詳見"考證"下。

【郘亭知見傳本書目】卷八　《王氏百一選方》八卷。本宋王璆撰。《曝書亭集》有元刊本三十卷，本葛洪《肘後方》而增廣之。

【經籍訪古志】卷八 《新刊續添是齋百一選方》二十卷。元板。京師荻子元藏。首有慶元丙辰天台章楫序。目錄前筐子云"歲在癸未端陽前一日建安劉承父謹咨"。癸未即爲至元二十年。

按,是書曩唯傳鈔本。寬政己未醫官千田子敬將校刻行世,會子元應召來江戶,言歲有元板,因改取此本以刊,且以陳造序文冠其首。事載於櫟窓先生跋中。

又按,躋壽館亦藏元板,係細川桃菴舊藏,不記刊行年月。比之前刻,文字稍劣。

【日本訪書志】卷十 《新刊續添是齋百一選方》二十卷。元刻本。宋山陰王璆孟玉撰。首有慶元丙辰天台章楫序。目錄首有筐子,云"載劉承父咨"。每半葉十行,行二十二字。下略,見"考證"下。

注:按《留真譜新編》第八載有此本之書影。

2. 日本寬政刊本

【皕宋樓藏書志】卷四十六 《新刊續添是齋百一選方》二十卷。東洋覆宋本。宋山陰王璆孟玉撰。章楫序引文略。劉承父咨引文略。

《書錄解題》曰:《是齋百一選方》三十卷,山陰王璆孟玉撰。"百一"者,言其選之精也。案,王璆,山陰人。凡分三十一門,每門各有子目。《四庫》所未收也。

【八千卷樓書目】卷十 《是齋百一選方》二十卷,宋王璆撰。日本刊本。

【觀海堂書目】惠字號 《是齋百一選方》五本,二十卷。日本刊本。

【江南圖書館閱覽室檢查書目】 《是齋百一選方》,宋王璆。日本刊本。五本。

【江蘇省立國學圖書館圖書總目】 《是齋百一選方》二十卷。五冊。宋山陰王璆。日本寬政刊本。有"敬業館藏書記"、"噴風館圖書記"二印。

【寶素堂藏書目錄】 《是齋百一選方》二十卷,五冊。影元槧本。王璆。《是齋百一選方》二十卷,五冊。寬政末千田恭刊本。

【元治增補御書籍目錄】 《百一選方》二十卷。寬政板。十冊。宋王璆撰。

【內閣文庫圖書第二部漢書目錄】(特) 《是齋百一選方》二十卷,宋王璆。千田恭校,寬政十一年刊。十冊。《是齋百一選方》,同上。五冊。《是齋百一選方》,同上。三冊。

【靜嘉堂文庫國書分類目錄】 《新刊續添是齋百一選方》二十卷,宋王璆撰。寬政十一刊覆宋十萬卷樓舊藏。五冊。

3. 鈔本

【聿修堂藏書目錄】 《是齋百一選方》三卷,三冊。鈔本。宋王璆撰。

【寶素堂藏書目錄】 《是齋百一選方》二十卷,三冊。古鈔本。

【元治增補御書籍目錄】 《百一選方》二十卷。寫本。六冊。宋王璆等撰。

【內閣文庫圖書第二部漢書目錄】(特) 《百一選方》二十卷。日本寫本。宋王璆。六冊。《是齋百一選方》,同上,日本寫本。二冊。

【觀海堂書目】業字號 《是齋百一選方》三本。二十卷。古鈔本。 若字號

《是齋百一選方》五本。二十卷。影鈔元本。

4. 未詳本

【文淵閣書目】卷十五 《是齋百一選方》一部一册。闕。

【菉竹堂書目】卷五 《是齋百一選方》一册

【古今醫統大全】【醫藏書目】【本草綱目】以上明 【内閣文庫書檔舊目】民國 【觀聚方要補採摭書目】【雜病廣要採摭書目】以上日本 【醫方類聚引用書】朝鮮

五十三、方氏集要方

(一) 出典

【宋史藝文志】醫書 《方導方氏集要方》二卷

(二) 考證

【醫籍考】一千八百八十一頁 《方氏導家藏集要方》。《宋志》"二卷。闕"。按,先子曰:陳日華《經驗方》云:方夷吾所編《集要方》,刻之臨汀。後在鄂渚,得九江太守王南強書曰,老人久苦淋疾,百藥不效,偶見臨汀《集要方》中用牛膝者,服之而愈。右見於《本草綱目》"牛膝"註,而"淋病"載下卷,乃係缺佚,殆不堪惋惜也。

(三) 序跋

自序

余早年隨侍□□公侍郎,遊(官)[宦]江淮湖廣閩浙,幾□□□。凡山川之險阻,兵民之利病,貨財之源流,粗所諳曉。以眷戀庭闈,都忘出仕之念。年踰四十,不限絕而考妣相繼即世。既免喪,門戶之責不輕,故閉勉從仕。既僥倖改秩,試邑佐郡,(偶)[遇]外臺及郡守皆賢者,遂得行平日之志,郡邑之人頗相愛。秩滿趨朝,荷廟堂處以沅湘分符之寄。地闕俱遠,自惟齒髮漸衰,豈堪遠涉江湖間,(遠)[遂]丐祠家居,饕竊無功之祿。早眠晏起,心地泰然。乃以數十年家藏名方之得效者,與一二良醫是正,分門編類,以備檢閱。或可療人之疾,亦勝飽食終日、無所用心者焉。故書卷首,以示子孫云。慶元丁巳四月旦,覺齋居士方導夷吾。《醫心方》

(四) 刊本及鈔本

宋刊補鈔本

【聿修堂藏書目錄】《方氏編次家藏集要方》二卷。一冊,缺一卷。抄本。宋方導撰。

【寶素堂藏書目錄】《方氏類編家藏集要方》二卷,方導。一冊。宋槧大字本,下卷缺。《方氏類編家藏集要方》二卷。一冊,影宋槧大字本。下卷缺。

【經籍訪古志】卷八 《方氏類編家藏集要方》二卷,宋本。缺下卷。京師畑柳坪藏。首有慶元丁巳自序。九行十五字。每半版高八寸，幅六寸三分。十一行，行十五字。板心有刻手名。

按，是書曩傳鈔本，誤字不少。小島學古西上日，就柳坪畑氏影摹以歸，且曰：陳日華《經驗方》云"方夷吾所編《集要方》，刻之臨汀"，臨汀，閩地。閩本粗惡，而此本乃大板大字，真爲宋槧之佳者，恐不是臨汀所刻。

【故宫博物院書目】《方氏編類家藏集要方》，宋方導。一卷。一册。影宋抄本。《方氏編類家藏集要方》一卷，抄本。

注：按《留真譜新編》卷八載有宋本書影。

五十四、究源方

【宋史藝文志】醫書　《張松究源方》五卷

序跋

自序

凡疾必有所從受，然其證不一。或見於手足，或發於頭目，或作於腹背腰脅。故醫者多從其所形見以療之於外，雖有幸獲相差者，及其證狀見異，始茫無□措，百藥俱試，冀於一得。良由真見不明，妄以臆度，不審其從受之原，故力雖勞而效途遠。猶木之有蠹，蠹本於心，則枝葉皆病，今徒灌溉其枝葉，求以去蠹，終不可得，蓋病初不本於枝葉。此僕所以有究原之說也。僕□習倉扁之術，每診一疾，不問貴賤，未嘗不精察體認，以求其受病之源；每用一藥，不問精粗，未嘗不審酌寒溫，以圖其愈病之效。且夫醫之爲術，貴在拯人之急，非徒專己之利。今故博采古先必驗之方，掇拾家傳已試之說，盡其底藴，萃以成編，流行於時，以備披擇。雖起死之妙，未敢自矜於前賢，然使沈痾之人，不返爲藥石所誤，則是書之傳，豈曰小補。嘉定六年十月日，承節郎新監饒州在城適稅張松茂之序。附於元板《傷寒百問》卷首。《醫籍考》

注：按右松序，偶存於元槧《傷寒百問經絡圖》卷首者，事詳見其條。

五十五、隱居助道方服藥須知

【文淵閣書目】卷十五　《服藥須知》一部一册。闕。

【菉竹堂書目】卷五　《服藥須知》一册

【近古堂書目】卷下　《服藥須知》

【絳雲樓書目】卷三　《服藥須知》

（一）序跋

自序

余家世南京，高祖因宦遊，寄跡四明。所謂醫書奥旨，初得醫師王承宣心傳之妙,更歷三世,至先君制幹,隨侍魏丞相入都城,遂以儒醫名於時。余讀父書,密受奧旨。自淳熙改元,始續先業,遍遊京邑,纔七八年,因已出入士大夫之門,而朝野以是草木知己。迨今四十餘歲,備見先輩後輩,初學未學,興廢不一。蓋由用藥治病,僥倖於目前,故福善禍淫,報應於身後。吁,可憫也。余日迫桑榆之景,心棄利名,隱居求志,恨無以惠人。取五世家傳名方,併生平行醫應效圓散,與夫古今聖賢諸方,歷學請問四方名士海上良法,集爲一冊,計詩七十七首。的有起死還生之效,活人以代耕,設或私藏,則所濟者狹矣。謹錄施以傳,非惟世人有疾者一展卷而識之,得此者亦可以自助,豈曰小補之哉。時嘉定丙子中秋日,學道隱居溫大明謹序。《醫籍考》

(二)刊本及鈔本

1.朝鮮刊本

【帝室和漢圖書目錄】《溫氏隱居助道方服藥須知》,宋溫大明。朝鮮版。一卷,一冊。

【圖書寮漢籍善本書目】卷三 《溫氏隱居助道方服藥須知》一卷,一冊。朝鮮覆宋刊本。前有嘉定丙子溫大明序,次目錄,錄後題"右杭州德夫刊行"。首有"經筵"印記,與宋本《通典》所鈐同。别有"良靜藏書"印記。

【朝鮮醫籍考】一百零九頁 《溫氏隱居助道方服藥須知》,全一冊,宋溫大明著。圖書寮尊藏。刊行年代不詳,覆宋刊本。杭州德夫刊行。整版頗似宋原刊,僅以其紙質,可認爲朝鮮本。縱二十六釐,横十六釐。每半板匡郭縱十七·五釐,横十三釐。十四行,行二十五字,間有二十六字。其紙數,序一,目二,本文十四葉。首有"經筵"、"良靜藏書"印記。

《溫氏隱居述病源詩括服藥須知序》。嘉定丙子中秋日學道隱居溫大明謹序。本文内容,一治中風氣逆證,二治年深惡毒瘡,三中寒中氣證,以下舉七十七證,各示其治方。

2.中和書堂版

【觀海堂書目】止字號 《溫氏助道方服藥須知》一本,一卷。中和書堂版。

注:按中和書堂版,他書所未見,不知其爲何時誰所刊。

3.鈔本

【經籍訪古志】卷八 《溫氏隱居助道方服藥須知》一卷。鈔本。首有嘉定丙子仲秋日自序。

按,是書伊良子氏藏朝鮮刊本,此蓋傳錄者。亦載在胡文煥《百家名書》中,題云"海上仙方前集"。

【聿修堂藏書目錄】《溫隱居助道方》一卷,一冊。鈔本。宋溫大明撰。

【觀聚方要補採摭書目】《助道方》,宋溫大明。

【内閣文庫圖書第二部漢書目錄】《隱居助道方服藥須知》,宋溫大明。日本寫本。一冊。

【觀海堂書目】止字號　《溫氏助道方服藥須知》一本。一卷。鈔本。

【故宫博物院書目】　《助道方服藥須知》一冊，抄本。

注：按《經籍訪古志》云：胡文煥《百家名書》中載是書，題云"海上仙方前集"。

又按，《平津館鑒藏書籍記續編》云：溫隱居《海上仙方》一卷。鰲峯熊宗立重編，已非溫氏之舊也。所謂溫氏《海上仙方》，今一括附於下。

附　溫氏海上仙方

【本草綱目】引據書目　《溫隱居海上方》

【醫藏書目】旁通函目醫統萃錄　《應急仙方》一卷，溫隱居。

【平津館鑒藏書籍記續編】明板　《溫隱居備急海上仙方》一卷。次行題"病源新括鰲峰熊宗立重編"。前有保義郎差充殿前司提點諸班醫藥飯食□□劑局監收買藥劑官溫大明序。又題"用藥須知"。《宋藝文志》有《無名氏用藥須知》一卷。未知即此書否。書分七十七證，前爲詩括，後爲解釋。題宗立重編，則已非溫氏之舊也。宗立字道軒，建陽人，永樂中劉剡之門人。有《傷寒運氣全書》十卷、《傷寒活人指掌圖論》十卷，見《明史藝文志》。黑口板。每葉十八行，行十七字。收藏有"朱彝尊"白文方印，"五湖風月"白文方印。

【經籍訪古志】卷八　《溫氏隱居助道方服藥須知》一卷，鈔本，亦載在胡文煥《百家名書》中，題云"海上仙方前集"。

刊本

1. 百家名書本

【叢書舉要】卷四十八百家名書　《海上仙方》。明錢塘胡文煥校刊。

【叢書書目彙編】百家名書　《海上仙方》

【聿修堂藏書目錄】　《海上仙方前集》一卷，《後集》一卷，一冊。收在《百家名書》中，宋溫大明撰。

2. 格致叢書本

【叢書舉要】卷四十九格致叢書　《海上仙方》二卷，宋溫大明。

【叢書書目彙編】格致叢書　《海上仙方》二卷，宋溫大明。

3. 醫學粹覽本

【叢書舉要】卷十二醫書粹覽　《溫隱居海上仙方》一卷。明刊本。

【叢書書目彙編】醫(學)[書]粹覽　《溫隱居海上仙方》一卷

五十六、活人事證方

【醫籍考】一千八百八十七　劉氏信甫《活人事證方》二十卷。存。按，先子曰：是書凡二十門，每方各有事件引證，蓋許白沙《本事》之流亞也。本邦性全《萬安方》(1)、有鄰《福田方》(2)往往援引其方，而世無傳者，每以爲憾焉。吉醫官長達(3)，偶攜其所藏宋本來而見借，予驚喜不知所況，遂速付寫手，影鈔以藏於家。但是書《宋藝文志》及晁、陳二氏並不著録，故信甫履歷不得詳焉。考葉棠伯序，信甫本儒者，屢擯名場而爲醫者，迺與葉同嘉定時人。

［郭注］

(1)性全《萬安方》，性全，即梶原性全，鐮倉時代(1192～1333)僧醫。一説爲鐮倉梶原氏後裔，一説自稱爲和氣氏之末孫，傳記不詳。《萬安方》又稱《覆載萬安方》，梶原性全編著，爲日本鐮倉時代醫學全書。其書正和二年(1313)起草，五年(1316)成初稿五十卷。後經反復改訂，至嘉曆二年(1327)，成六十二卷之作(附單行自著)。

(2)有鄰《福田方》，有隣，又稱有林、洛陽隱士、壺隱庵。生卒不詳，其生平及活動年代，諸説紛紜，有待考證。所編《有林福田方》，全十二卷(或十三卷)，爲南北朝時代前期(或云室町時代)醫書。其成書年代，一説爲貞治二年(1363)前後，實則在十五世紀前葉之後。本書用漢文夾雜假名書寫，爲內容充實而簡約之醫學全書。

(3)吉醫官長達，姓源氏吉田，名祥，字仲禎，号菊潭，又号長達。江戶醫官。文化元年(1804)，年二十五，與千賀道榮、小川文菴、藍川玄慎等至長崎，問學於清醫胡兆新，今存"筆談"等文獻。

(一)序跋

1. 著者小引

余幼習儒醫，長遊海外，凡用藥取效者，及秘傳妙方，隨手抄録，集成部帙，分爲門類，計二十餘卷。每方各有事件引證，皆可取信於人，並係已試驗效之方，爲諸方之祖。不私於己，以廣其傳，庶使此方以活天下也。桃谿居人劉信甫編。

2. 葉麟之序

醫家之攻疾，如兵家之攻敵，其術一也。是以古之善用兵者，決機制勝，雖若縱横出於己，然求其謀計之所施，無不暗合古法。如韓信之背水，虞詡之增竈，往往皆祖孫吳之故智。此無他，取事之已然者以爲證，果何往而不收效耶。兵家且然，而況於醫家之療病者哉。考之往昔，以醫名世者，無出扁鵲、和緩之右，觀其望齊侯而退走，辭晉侯而弗治，亦不過按疾在骨髓、膏肓而爲之辭。然後知不證以古方，而嘗試以私意者，皆非三折肱之良醫也。桃溪居士劉君信甫，本儒家者流，屢擯名場而壯志弗就，迺斂活國之手而爲活人之謀。既而思之，囊有妙劑，僅可以濟一隅，曷若鳩千金之秘方，足以惠天下之爲博也。於是此書作焉。夫作非已私，而證以成效，欲使觀者有據而用者不疑，仁矣哉，信父之用心也。予嘗恠世之庸醫，未必得《周官》"十全"之術，設或遇人危篤之疾，反欲自珍其藥，以爲要利之媒，貪心未饜，雖匕劑而不輕試，尚何望其以秘訣而授人哉。斯人也，其不爲孫思邈之罪人者幾希矣。正爾傷夫醫道之趍薄，而深有感於劉君之近厚，此所以伻來謁序而不敢辭。時嘉定丙子臘月朔旦，從政郎新監行在惠民和劑局葉麟之棠伯書。

(二)刊本及鈔本

1. 宋刊本

【經籍訪古志】卷八 《活人事證方》二十卷。宋槧本。酌源堂藏。總目首墨框內有信甫題言,次有嘉定丙子葉麟之序。八行,行十四字。序後有"建安余恭禮宅刻梓"木記。每半版高六寸五分,幅四寸二分。十一行,行廿一字。

注:按《留真譜新編》第八載有宋槧書影。

2. 鈔本

【聿修堂藏書目錄】《活人事證方》二十卷,六冊。鈔宋本。宋劉信甫撰。

【寶素堂藏書目錄】《活人事證方》二十卷,六冊。影宋本。劉信甫。

【內閣文庫圖書第二部漢書目錄】《活人事證方》二十卷,《首》一卷,《後集》二十卷,《目》一卷,宋劉信甫編。日本寫本。十三冊。

【故宮博物院書目】《活人事證方》,劉信甫編,二十卷,六冊。影宋鈔本。

【覩海堂書目】深字號 《活人事證方》一本二十卷。日本古鈔本。《活人事證[方]》六本。二十卷,影宋本。

【杏雨書屋圖書假目錄】《活人事證方》二十卷,《後集》二十卷,宋劉信甫著。日本寫本。六冊。

五十七、活人事證方後集

【醫籍考】一千八百九十頁 《活人事證方後集》二十卷。存。

(一)序跋

小引

是書《前集》盛行於世,第限方之未全,今再求到桃谿劉居士編集常用已效之方,約計一千餘道。分門析類,先原其病候,次引事以證之,使用者無疑,服者必效,此方誠可活天下也。幸詳鑒。《醫籍考》

(二)刊本及鈔本

1. 宋刊本

【經籍訪古志】卷八 《活人事證方後集》二十卷。宋槧本。雲州侯藏。目錄首有題言,每半版十一行,行廿一字。

2. 鈔本

【聿修堂藏書目錄】《活人事證方後集》二十卷,六冊。抄本。

【寶素堂藏書目錄】《活人事證方後集》二十卷,七冊。宋本。

【內閣文庫圖書第二部漢書目錄】《活人事證方》二十卷。《首》一卷。《後集》二十卷,《目》一卷,宋劉信甫編。日本寫本。十三冊。

【杏雨書屋圖書假目錄】《活人事證方》二十卷,《後集》二十卷,宋劉信甫。日本寫本。六册。

五十八、至道單方

【醫籍考】一千六百八十二頁　《至道單方》,佚。按,右見於《鍼灸資生經》。

五十九、魏氏家藏方

【文淵閣書目】卷十五　《魏氏家藏方》一部五册。完全。

【菉竹堂書目】卷五　《魏氏家藏方》五册

【内閣藏書目】卷六《魏氏家藏方》二册。不全。編集古今藥方。

(一)考證

【醫籍考】一千八百九十一頁　《魏氏家藏方》十卷。存。

按,魏峴始末未詳,自序稱"先大父文節公先人刑部所錄",則爲右僕射杞孫。《四庫全書總目》地理類有峴所撰《四明它山水利備覽》,曰:峴,觀縣人,官朝奉郎,提舉福建路市舶。

(二)序跋

自序

人受天地沖融之氣以生,莫不予之以上焉之壽。然凫鶴之不能皆齊者,非天之降年爾殊也。七情蠱於内,六淫寇其外,於是乎疾生焉。夫一疾有一證,一證有一方,善醫者雖復察脈審色,同知其因,方苟未良,何所施巧。此簡册之在天下,最不厭其博且多者,莫方書若也。峴自問世以來,垂四十稔,媿無秋豪之善足以活民,又以素弱多病,百藥備嘗。因摭先大夫文節公先人刑部所錄,及峴躬試而效者,得方凡千五十有一,釐爲四十一門,一十卷,集成一書,目曰《魏氏家藏》。不敢自奇,用鋟諸梓,以廣其傳。雖後所藏非富,未足以盡療世人之疾,或者採而用之,有所全活,則庶幾區區之心,不得於彼而得於此耳。雖然,康節先生之詩曰"與其病後能求藥,不若病前能自防",又曰"用藥似交兵,兵交豈有寧"。善養生者,常致意於金石草木之先,使性不爲情所流,主不爲客所感,各全其上焉者之壽。則是編也,辟諸武事,蓄而弗試,斯善矣。是又書外之意,尤拳拳於世之人云。寶慶丁亥中和節,碧溪魏峴序。《醫籍考》

(三)刊本及鈔本

1. 宋刊本

【聿修堂藏書目錄】《魏氏家藏方》十卷,十一册。寶慶丁亥開彫。原本缺第三卷。宋魏峴撰。

【經籍訪古志】卷八 《魏氏家藏方》十卷。卷三缺。宋槧本。聿修堂藏。首載寶慶丁亥自序。七行十三字。每半版高七寸六分強,幅五寸四分。左右雙邊。十行,行十九字,版心有大小字數及剞劂名氏。

按,是書大板大字,楷法端正,真宋板之絕佳者。卷中有"普門院"朱印。第一卷末書正三位知家卿所作"歎齡既至六旬餘歌"一首。屋代輪池弘賢嘗鑒定爲聖一國師書。普門院爲國師所住,知此本爲其入宋時所持歸。輪池曰:按昔光明峯寺殿下,將刱建東福寺以居國師而未落成,別造普門院令權住之。事見《山城名勝志》、《名蹟志》、《元亨釋書》等書。國師求法於趙宋也。此書刊行已九年,此蓋自彼土齎來之物,而住普門院之時印記。其後至弘(張)[長]、文永之間,師年實六十餘矣。當時慨然有感,是歌而自書耶。後輪池西上日,到東福寺。覽普門院寶什書畫中有國師真蹟數通,書法與此書所題正同云。

【帝室和漢圖書目錄】《魏氏家藏方》,宋魏峴編。寶慶三。十卷,十一冊。

【圖書寮漢籍善本書目】卷三 《魏氏家藏方》十卷,《首》一卷,十一冊。宋刊本。前有寶慶丁亥魏氏自序。左右雙邊。每半葉十行,十九字。大版大字。版心有刻工姓名。洵爲宋槧上駟矣。卷一尾墨書正三位知家卿所作"歎齡既至六旬餘和歌"一首。據《經籍訪古志》,尾代弘賢,嘗審其書蹟,定爲僧辨圓手筆。卷中有"普門院"印記。普門院,辨圓所住,則其說極是。惟此本當其入宋時所齎歸也。每冊首"多紀藏書印"、"江戶醫學藏書之記"、"日本政府"。第一、四、七、八、十、十一冊首及第五、九冊尾,"普門院"。又第一、四冊首"廣壽院架藏記"等諸印記有之。《經籍訪古志》所載本

2. 鈔本

【寶素堂藏書目錄】《魏氏家藏方》十卷,三冊。景宋本第三缺。魏峴。

【元治增補御書籍目錄】《魏氏家藏方》十卷。寫本。三冊。宋魏峴撰。

【觀海堂書目】慶字號 《魏氏家藏方》四本。十卷。日本古鈔本,欠第三卷。

【故宮博物院書目】《魏氏家藏方》,宋魏峴輯。十卷,四冊。日抄本。

【內閣文庫圖書第二部漢書目錄】(特)《魏氏家藏方》十卷,宋魏峴。日本寫本。三冊。

【杏雨書屋圖書假目錄】《魏氏家藏方》十卷,宋魏峴著。享和二年寫本。五冊。《魏氏家藏方》十卷。宋魏峴著。寬政元年下條,元亮手寫,與住草屋校。四冊。

六十、何偁經驗藥方

【直齋書錄解題】卷十三 《何氏方》二卷,太常博士括蒼何偁德揚撰。

【文獻通考】經籍考 《何氏方》六卷。下引陳直齋

【宋史藝文志】醫書 《何偁經驗藥方》二卷

【古今書刻】上編北直隸大名府　《經驗藥方》
【天一閣藏書目録】呂字號廚　《經驗藥方》一本。

六十一、治病須知

【直齋書録解題】卷十三　《治病須知》一卷，不知名氏。專論外證，以用藥之次第，爲不能知脈者設也。《文獻通考》同

六十二、莫氏方

【直齋書録解題】卷十三　《莫氏方》一卷，邢部郎中吳興莫伯虛致道，刻《博濟方》於永嘉，而以其家藏經驗方附於後。《文獻通考》同

六十三、集效方

【直齋書録解題】卷十三　《集效方》一卷，南康守李覯民集。《文獻通考》同
【宋史藝文志】醫書　《集效方》一卷
注：按《秘書省續編到四庫闕書目》有《乘閑集效方》一卷，今別見其條。

六十四、選奇方

六十五、選奇方後集

（一）出典

【直齋書録解題】卷十三　《選奇方》十卷，《後集》十卷，青田余綱堯舉撰。《文獻通考》同
【文淵閣書目】卷十五　《余居士選奇方》。一部二冊。闕。
【菉竹堂書目】卷五　《金居士選奇方》二冊
【本草綱目】引據書目　《余居士選奇方》
注：按《醫籍考》并作"佚"。

（二）刊本及鈔本

1. 宋刊本

【經籍訪古志】卷八　《芝田余居士證論選奇方後集》十卷。宋槧。存卷二、三、四、五，餘缺。京師伊良子氏千之堂藏。每半葉高六寸一分，幅四寸三分。十行，行十九字。

按，是書世久無傳本，此亦係小島學古所鈔得。《書録解題》有《選奇方》十卷，

青田余綱堯舉撰。

注:按《留真譜新編》載有此宋本書影。

2. 鈔本

【寶素堂藏書目錄】《證論選奇方後集》零本四卷。二冊。影宋本。第二、第三、第四、第五,凡四卷。余綱。

【觀聚方要補採摭書目】《選奇方後集》,宋余綱。

【觀海堂書目】淵字號 《證論選奇方》二本。四卷。影宋本。殘。

【故宫博物院書目】《證論選奇方後集》二冊,抄本。

【内閣文庫圖書第二部漢書目錄】 芝田余居士《證論選奇方後集》五卷,第一卷缺。宋余綱。日本寫本。二冊。

注:按《攝壤集》所載醫書中有《選歌方》者,或疑"歌"即"奇"之訛歟。

六十六、諸家名方

【直齋書錄解題】卷十三 《諸家名方》二卷,福建提舉司所刊。市肆常貨而局方所未收者。《文獻通考》同

六十七、玉鑑新書

【直齋書錄解題】卷十三 《玉鑑新書》二卷,平堯卿撰。

六十八、纂要備急諸方

【直齋書錄解題】卷十三 《纂要備急諸方》一卷。不知何人集。皆倉卒危急所須藥及雜術也。《文獻通考》同

六十九、摘要方

【直齋書錄解題】卷十三 《摘要方》一卷。"傷寒十勸"及"危證十病",末載托裏十補散方。《文獻通考》同

七十、陳抃手集備急經效方

【直齋書錄解題】卷十三 《陳氏手集方》一卷,建安陳抃。

【宋史藝文志】醫書類 《陳抃手集備急經效方》一卷

七十一、管見大全良方

【文淵閣書目】卷十五 《管見良方》一部一冊。闕。

【菉竹堂書目】卷五　《管見良方》二冊

【醫藏書目】旁通函目　《備急管見良方》十卷。宋陳自明。

【古今醫統大全】採摭諸書　《大全方》

【李蒲汀書目】東間朝東三櫃一層　《大全良方》五本。

輯本

醫方類從採輯本

【躋壽館醫籍備考】　《管見大全良方》五卷，三冊，宋陳自明撰。《醫方類聚》採輯本。

【觀聚方要補】採摭書目　《管見大全良方》，宋陳自明。《雜病廣要》同

注：陳自明傳，《圖書集成醫部全錄》卷五百零八列傳五：按《撫州府志》，陳自明字良甫，臨川人。精於醫，以李師聖、郭稽中所著《產論》、《寶慶》諸集，綱領散漫而無統，節目簡略而未備，醫者不能深求徧覽，乃采摭諸家之書，附以家傳驗方，編葺成書。凡八門，門數十餘體，總二百六十餘論，論後列方，是爲《大全良方》。金壇王肯堂爲《證治準繩女科》一部，全用其書。

七十二、醫林闡微

【宋史藝文志】醫書　《劉開醫林闡微》一卷

【萬卷堂書目】卷三　《醫林闡微》三卷，劉開。

【千頃堂書目】卷十四　《醫林闡微》一卷，劉開復真。

注：劉開傳，見於"劉三點脈訣"條。

七十三、已效方

【醫籍考】一千八百八十五頁　《劉氏開已效方》，佚。按右見於《朱氏集驗方》。

注：按《醫籍考》但稱見於《朱氏集驗方》，而不著其名。今查《醫籍考》（一千九百十四頁）載《朱氏佐類編朱氏集驗醫方》，而云按《醫方類聚》各證門亦引之。醫官船橋經中恆[1]採錄得十卷。今謂《朱氏集驗方》，殆似乎經中所輯本也。

［郭注］

（1）船橋經中，即舟橋宗運（？～1836），名玄恆，字經中。文政六年（1823）十二月繼承家業，陞任寄合，十二年任奥詰。天保三年（1832）五月，累進西丸奥醫師、法眼。曾參與《聖濟總錄》校對，署名稱"醫學生醫學施藥局監理舟橋玄恆"。

七十四、經驗方

【洗冤集錄】卷五救死方　推官宋瑑，定驗兩處殺傷。氣偶未絕，亟令保甲，各取

葱白,熱鍋炒熟,遍傅傷處。繼而呻吟,再易葱,而傷者無痛矣。曾以語樂平知縣鮑旂。及再會,鮑曰:葱白甚妙,樂平人好鬬多傷,每有殺傷,公事未暇詰問,先將葱白傅傷損處,活人甚多,大辟爲之減少。出張聲道《經驗方》。

【溫州經籍志】卷十六　《經驗方》。宋慈《洗冤集録》五。佚。

注:按《續中國醫學書目》所載《産科大通論方》,有張聲道序,署云"至大宋仁宗天聖乙丑歲八月庚申朔張聲道謹上"。註解胎産五十四,證大通論,其書似乎明人所僞託云。詳見婦科其條。

七十五、本草單方

【郡齋讀書志】卷五上附志　《本草單方》十五卷,右龍溪林能千編集。列三十六門,疏二百七十三目。自爲之序。

七十六、嚴氏濟生方

【古今醫統大全】採摭諸書　《濟生方》

【本草綱目】引據書目　《嚴用和濟生方》

【醫方類聚引用書】　《嚴氏濟生方》

(一)考證

【四庫全書總目】卷一百零三　《濟生方》八卷,《永樂大典》本。宋嚴用和撰。用和,始末未詳。《吳澄集》有《易簡歸一序》,稱嚴子禮剽陳氏《三因論》之論,而附以經驗之藥。以其名推之,子禮似即用和字,其人蓋在陳言後矣。澄又有《古今通變仁壽方序》曰:世之醫科不一,惟有所傳授,得之嘗試者多驗。予最嘉嚴氏《濟生方》之藥,不泛不繁,用之則有功。蓋嚴師於劉,其方乃平日所嘗試而驗者也。則澄蓋甚重此書矣。其書分門別類,條列甚備,皆立論於前,而以所處諸方次列於後。自序稱論治凡八十,製方凡四百,總爲十卷。用之十五年,收效甚多,因鋟梓以傳。明以來傳本頗稀,又大抵脱佚錯謬,失其本旨,故醫家亦罕相研究。今據《永樂大典》所載補闕訂譌,釐爲八卷。書中議論平正,條分或縷析,往往深中肯綮。如《論補益》云:藥惟平補,柔而不僭,專而不雜。間有藥用羣隊,必使剛柔相濟,佐使合宜。又云,用藥在乎穩重。《論咳嗽》云:今人治嗽,喜用傷脾之劑,服之未見其效,穀氣先有所損。《論吐衄》云:寒涼之劑,不宜過進。諸方備列,參而用之。蓋其用藥主於小心畏慎,雖不善學之,亦可以模稜貽誤,然用意謹嚴,固可與張從正、劉完素諸家互相調劑云。

【儀顧堂題跋】卷七濟生方跋　《濟生方》八卷,宋嚴用和撰。原本久佚,此則館臣從《永樂大典》輯出者。日本尚有原書,爲楓山秘府所藏,前有寶祐癸丑用和自序。又有《濟生續方》一卷,爲日本醫官湯河氏藏,有咸淳丁卯自序。此本雖有用和自序，而缺寶祐紀年，亦無《續集》，故莫辨爲何時人。以日本宋本證之，用和蓋宋季醫家也。

（二）序跋

1. 自序

古人不在朝廷之上，必居醫卜之中。雖然，醫之爲藝誠難矣，亦貴乎精者也。所謂精者，當先造於四者之妙而已，古人云"脈病證治"是也。夫微妙在脈，不可不察，察之有理，乃知受病之因、得病之因，乃識其證，既識其證，則可詳其所治。四者不失，臨病之際，可以療寒以冷，有餘者與之，不足者取之，是謂實實虛虛，損不足而益有餘。苟不明此，鮮有不致斃者，良可嘆哉。用和幼自八歲喜讀書，年十二受學於復真劉先生之門。先生名開，立之其字也。獨荷予進，面命心傳。既十七，四方士夫，曾不以少年淺學，而邀問者踵至。今留心三十餘歲矣，偶因暇間，慨念世變有古今之殊，風土有燥濕之異，故人稟亦有厚薄之不齊，若概執古方以療今之病，往往枘鑿之不相入者。輒因臆見，乃度時宜，採古人可用之方，裒所學已試之效，疏其論治，犁爲條類，名曰《濟生方》。集既成，不敢私秘，竟鋟諸木，用廣其傳。不惟可以備衛生家緩急之需，抑以示平日師傳濟生之實意云。時寶治"治"當作"祐"癸丑上巳，廬山嚴用和序。《醫籍考》

2. 江萬序節錄

吾邦廬阜之產，不特多大儒名士，以醫知名，正自傾動。每數千里趁人急，諸公貴人盡禮請延以上客，四方曾莫敢鴈行，望塵靡馳，蓋劉、嚴是也。劉開，字立之。嚴用和，字子禮。嚴由劉教，名譽正等，而心思挺出，頓悟捷得，衆謂嚴殆過其師也。劉死已數年，問藥四來，而今相屬於嚴之戶，於是以生平所處療，而沈思得要者，論著爲方，欲傳之世，曰《濟生方》云云。《醫籍考》

3. 新刊濟生方序

夫醫方之興也，權輿於漢長沙公，而後歷代諸賢繼作，咸有著述，及唐如《千金》、《外臺》，其書浩繁，方法周備，雖可以見往昔遺風，然而未易施於後世，空束之高閣而已。至宋亦方書頗多，而唯如陳無擇《三因方》，嚴用和《濟生方》，方論兼備，簡而要，固足以爲準則，元明諸家多據焉。宜哉，孫允賢輩，所以并稱《三因》、嚴氏也。而且日用得效之方，多出於嚴氏所製，則凡欲用古方者，宜先求所自出之原書，徒踏襲後世書，恐有隔靴搔痒之弊，豈能中肯綮哉。今欲用嚴氏之方者，當因此書，而得其本旨矣。如夫《三因》既久行於世，嘗恨《濟生方》之猶傳播不弘焉。往歲書肆某謀鋟梓，予爲之校閱，但末卷特多脫漏，頗艱於點檢，幸得浪華醫安部氏藏善本，綴輯補苴，今也改復全璧，豈可不嘉尚哉。予復參訂，施旁訓，付之剞劂，喜其傳之不朽。然如《續方》，未獲爲憾耳。刻成需序，因弁其概於簡端云。享保甲寅仲夏，平安甲賀通元輔之識。享保刊本

4. 濟生方序

嘗聞之，醫者意也，思慮精則得之。誠哉斯言。蓋精妙之意，言安能述之哉，書

安能著之哉。然則司命家固無言無書而可也乎。不然,今夫公輸之巧,廢繩墨能者,吾未見之矣。夫司命有方書,猶匠者有繩墨,繩墨豈廢乎,方書豈可無乎。且投匕解厄,功参造化者,惟醫而已也。苟或不明其脈理,不察其症候,妄而輕試,足以殺人,昔人比之操刃者。嗚呼,死生所繫,反覆忽判,謬之於毫釐,奚翅千里之差哉。學者須明察其脈症,而後以意行之。是前賢所以爲後世述言著書,不能默者也。近來諸家方書,汗牛充棟,但俾學者望洋。向若《濟生方》,嚴氏之書也,其書微言精要,信爲司命繩墨者乎。雖然,其書湮没不傳。余弱冠時聞有其書,欲一見之。比壯,徧搜四方,獲名家之秘三本於蠹食之餘。於是日夜苦志,校合彼是,遂成全書,珍藏數有年矣。茲歲壬子季春,平安書肆玉枝軒攜謄書一本來,謂余曰:今世文明,上自三墳典章,下至百家雜記該備,充國家而尚,斯書遺逸不行,吾竊爲之憂焉。請鑑於吾子藏本而訂之,以付剞劂,吾子將如何。余乃喜斯書行,欣然諾之。更復考訂,正其舛謬,補其脱漏,以與之。於斯書復出,則彼望洋者得其要津,濟生功日新,亦未可知也。如其有差誤,以俟後之君子。享保歲次玄黓困敦孟夏穀旦,攝江陸僊甫安部隆菴昭謹書於中洲博愛堂。

(三)刊本及鈔本

1. 宋刊本

【經籍訪古志】卷八 《嚴氏濟生方》十卷。缺一、六、八、十,補寫。宋刊本。楓山秘府藏。首有寶祐癸丑自序。每半板高六寸二分,幅四寸二分。十行,行二十字。

按,此本序目有缺。《懷仙閣》亦載宋本第一卷,宜從而補。

又按,世傳鈔本,或有題"增修"字者,未知原刊爲何種。且卷中間有新增論方,知是淺人妄補,茲不登載。

【元治增補御書籍目錄】《濟生方》十卷,内四卷寫本。元板。十一冊,宋嚴用和撰。

【帝室和漢圖書目錄】《嚴氏濟生方》,嚴用和。宋板。十卷,序一卷。十一冊。

【圖書寮漢籍善本書目】卷三 《嚴氏濟生方》十卷,十一冊。宋刊本。前有寶祐癸丑嚴用和序。佚名氏序。每半葉十行,行二十字。卷一、六、八、十,係鈔補。舊藏楓山文庫。《經籍訪古志》、《御書籍來歷志》所載本。

注:按《留真譜新編》第八載有此本書影。

2. 元刊本

【四庫書目邵注】卷十 《濟生方》。《孝慈堂目》有《真元板嚴氏濟生方》六卷。張《目》有《濟生拔萃方》十九卷,杜思敬撰。另是一書。《四庫目略》同

3. 日本刊本

【八千卷樓書目】卷十 《濟生方》八卷,宋嚴用和撰。日本刊本。

【聿修堂藏書目錄】《濟生方》十卷,五冊。享保甲寅刊。宋嚴用和撰。

【實素堂藏書目錄】《嚴氏濟生方》十卷,五冊。享保甲寅刊本。

【内閣文庫圖書第二部漢書目錄】《嚴氏濟生方》十卷,宋嚴用和。享保十九年刊。五冊。

【續中國醫學書目】《嚴氏濟生方》十卷,五冊。十行,二十字。框横十四釐,縱十八·四釐。宋嚴用和撰。享保十九年,植村玉枝軒梓行。新刊濟生方序,甲賀通元,享保十九年。濟生方敘,安部隆菴,享保十七年。目錄。

4. 鈔本十卷本

【實素堂藏書目錄】《嚴氏濟生方》十卷,三冊。古鈔本。第七以下缺。嚴用和。

【聿修堂藏書目錄】《增修濟生方》十卷,二冊。鈔本。

【元治增補御書籍目錄】《別本濟生方》十卷。寫本。一冊。宋嚴用和撰。

【觀海堂書目】似字號 《濟生方》二本,六卷。日本古鈔本。

【故宫博物院書目】《嚴氏濟生方》六卷,二冊。日古抄本。《嚴氏濟生方》,宋嚴用和,十卷。五冊,影抄本。

【内閣文庫圖書第二部漢書目錄】(特) 《嚴氏濟生方論》十卷,宋嚴用和。日本寫本。一冊。《嚴氏濟生方》第一、二卷,日本寫本。

5. 永樂大典採輯本

【清史稿藝文志】 宋嚴用和《濟生方》八卷。乾隆時敕輯。

【叢書舉要】卷五十四永樂大典採輯書 《濟生方》八卷,宋嚴用和。《叢書書目彙編》同

6. 四庫全書本

【四庫全書總目】卷一百零三 《濟生方》八卷。《永樂大典》本。

【壬子文瀾閣所存書目】卷三 《濟生方》八卷,三冊。補鈔。

【文溯閣四庫全書要略及索引】《濟生方》八卷,宋嚴用和。三冊,一百四十四葉。

7. 四庫閣傳鈔本

【持靜齋書目】卷三 《濟生方》八卷。蓺海樓依閣本抄。此書腳氣治法。《濟生方》、《集驗背疽方》、《衛濟寶書》、《太醫局諸科程文格》,共爲一函。宋嚴用和撰。《持靜齋藏書記要》同

【皕宋樓藏書志】卷四十六 《濟生方》八卷。文瀾閣傳鈔本。宋嚴用和。自序。

【靜嘉堂國書分類目錄】《濟生方》。文瀾閣傳抄本,八卷,宋嚴用和撰。寫。十萬卷樓舊藏本一冊。

8. 當歸草堂本

【叢書舉要】卷十二當皈草堂醫學叢書 《濟生方》八卷,宋嚴用和。《叢書書目彙編》同

【八千卷樓書目】卷十 《濟生方》八卷。宋嚴用和撰。當皈草堂本。

【浙江藏書樓甲編書目】當皈草堂醫學十二種 《濟生方》八卷

【古越藏書樓書目】卷五 《濟生方》八卷,宋嚴用和。《丁氏醫學叢書》本。

【揚州吳氏測海樓藏書目錄】卷四 《濟生方》八卷,宋嚴用和。《醫學叢書》,

錢塘丁丙輯,光緒當皈草堂刊十二本内。

【江蘇省立國學圖書館圖書總目】《濟生方》八卷,《當歸草堂醫學叢書》第七册至八册。宋嚴用和。光緒四年丁氏刊本。

【南學書目劄記】卷五 《濟生方》八卷。《醫學叢書本》。嚴用和撰。

【國學用書類述】當皈草堂叢書 《濟生方》八卷

【續中國醫學書目】《濟生方》八卷,二冊。十行,二十字。框横十二釐,縱十五・八釐。宋嚴用和撰。《當歸草堂醫學叢書初編》之内,光緒四年刊。欽定四庫全書濟生方提要,乾隆五十年。原序,嚴用和。

《濟生方》,同前本,《當皈草堂醫學叢書》之内。

9. 鈔本八卷本

【四庫書目邵注】《濟生方》八卷。路有抄本。

【四庫目略】《濟生方》八卷。路少洲有鈔本。

【抱經樓藏書志】卷三十七 《濟生方》八卷。抄本。宋嚴用和。自序。

【八千卷樓書目】卷十 《濟生方》八卷,宋嚴用和撰。抄本。

【江南圖書館閱覽室檢查書目】《濟生方》,宋嚴用和。抄本。一本。

【江蘇省立國學圖書館圖書總目】《濟生方》八卷,一冊,宋嚴用和。鈔本。

10. 未詳本

【觀海堂書目】不字號 《嚴氏濟生方》五本,十卷。養安院藏本。

【郘亭知見傳本書目】《濟生方》八卷,宋嚴用和撰。

【浙江公立圖書館通常類圖書目錄】《濟生方》八卷,宋嚴用和撰。

七十七、嚴氏濟生續方

【文淵閣書目】卷十五 《嚴氏濟生續方》一部一冊。闕。

【菉竹堂書目】卷五 《嚴氏濟生續方》一冊

【百川書志】卷十 《續方》一卷。漢中知府南平山人劉淳家藏。

(一)考證

【醫籍考】一千八百九十九頁 《濟生續方》八卷。存。

按,是書世不見其傳,叔父�菴君得之一門人,跋其後曰:閱《四庫全書提要》,著《濟生方》八卷,稱明以來傳本頗稀,大抵脱佚錯繆,失其本旨。今據《永樂大典》所載補闕訂譌,釐爲八卷,而舉其"補益"、"欬嗽"、"吐衄"三論。又稱議論平生用藥主小心。考《濟生方》今有足本行於於世,中不載"補益"門。若"吐衄",又無"不宜過進寒凉"之説。《續方》反備載之,則知彼以二書綴輯爲一。所謂匡廬面目,未認其真者也云。然其本爛鈔多訛,方評不與序中所言符,元胤從《醫方類聚》各證門所輯,點勘釐正,併補二評十二方,始爲完全焉。

(二)序跋

自序

余夙嗜方書,蚤即師授,以醫道行世五十餘年。比因暇日,論治凡八十,製方凡四百,總爲十卷,號《濟生方》。總而用之,十有五年,收效甚多。然間有前書所未備,而不可以盡索者,因著《續方》,爲方又九十,爲評二十四,用鋟諸梓,以廣其傳。或謂古者處齊不過數種,鍼灸不過數處。君之方,奚以多爲。余應之曰:醫者,意也。生意在天地間,一息不可間斷。續此方所以續此意,續此意所以續此生,請勿以多議余。時咸淳丁卯良月,廬山嚴用和謹書。《醫籍考》

(三)刊本及鈔本

1. 舊鈔本

【經籍訪古志】卷八 《嚴氏濟生續方》(一)[十]卷。舊鈔本。醫官湯河氏藏。首有咸淳丁卯良月自序,有金澤文庫印。印稍大,非北條氏物,蓋是近人作。按此本爛鈔多譌,柳沜先生據《醫方類聚》補二評、十二方,始爲完全。刻之於《衛生彙編中》。

【内閣文庫圖書第二部漢書目錄】《嚴氏濟生續方》十卷。第九、十卷缺。宋嚴用和。一冊,日本寫本。

2. 日本文政刊本

【叢書書目彙編】衛生彙編第一集 《濟生續方》八卷,《補遺》一卷,宋嚴用和。日本文政六年刊。

【續彙刻書目】衛生彙編第一集 《濟生續方》八卷,補遺一卷。宋嚴用和。

【寶素堂藏書目錄】《嚴氏濟生續方》十卷,一冊。《衛生彙編》輯刻本。

【靜嘉堂文庫國書分類目錄】《濟生續方》八卷,《補遺》一卷,宋嚴用和撰。多紀元胤校,文政五年刊。一冊。

3. 未詳本

【觀海堂書目】惠字號 《濟生續方》一本

七十八、黎居士簡易方

【文淵閣書目】卷十五 《黎居士簡易方》一部一冊。闕。

【菉竹堂書目】卷五 《黎居士簡易方》二冊

【本草綱目】引據書目 《黎居士簡易方》

【醫方類聚引用書】《黎居士簡易方》

【撮壤集】下醫書 《簡易方》

注:黎民壽傳,見"決脈精要"。

(一)序跋

包恢序

醫者,所以全活乃身,延續乃命,關係重矣,豈常人之所能與知哉。蓋必有良法,有良方。法非方不徒行,方非法不能用,二者相因而俱良,則出而試之,小如鍼之投芥,大如失之破的,莫不影響而神應,可以覘其功效之所自來矣。嘗聞北周善醫姚僧坦者,伊婁穆病,自腰至臍,似有三縛,兩腳緩縱,不復自持。僧坦處湯三劑,服其一上縛即解,次服中縛復解,又服悉除,更合一劑,足稍屈伸。曰:終俟霜降,此患當愈。至九月乃能起行。高祖東伐至淮陰,遇疾口不能言,瞼垂覆目,不能瞻視,一足短縮,又不能行。僧坦以爲諸藏俱病,不可並治,軍中之要,莫先於語。帝遂得言決。次又治目,目即愈,末乃治足亦瘳。其功效可謂奇矣,此豈非法良方亦良,故有是功效乎。然史徒載其去病之驗,而法與方俱不可考,此後之論者所以不能無憾也。今有盱江黎民壽,字景仁,資沈敏而思精密,學有師傳,意兼自得,悟法之精,蓄方之富,試之輒效。信者彌衆,爭造其門,或就或請,日夜不得休,其全活延續之滋多,而影響神應之可驗,幾有姚僧坦之遺風矣。而僧坦方法之不得見者,君皆多多益辨,隨取而隨足,不知其度越常人幾等。或彼常人,或得一法一方,則私以自秘自妙,惟恐人之知也。君則不以爲私,而爲公與人同之,惟恐人之不知也。故明出其方,明著其法,昭自洞達,刊以示人,名曰《簡易》。使人皆可憑此法、按此方而信用之,則其及人之功益遠且大,曰一郡一時云乎哉。雖然,君雖以醫鳴,而其淵源則有在矣。蓋君之考何,精於舉業之文,予嘗與之同預計偕,鄉之彥也。君少習父學,知自貴重,後忽自嘆曰:民壽既未能得志科第以光先世,則醫亦濟人也,與仕而濟人者同。於是始進醫學,以志在濟人,與泛泛謀利而醫者已異,且以士爲醫,故讀醫書尤機警,而知道理深處。況其憺然寡欲,視人之病,猶己之病,雖應接不暇,不怠不厭。自奉尤薄,不飲酒,不食肉,不食油鹽,終日息止,一食白飯白水白麪而已。有人之所難堪,而君處之恬然,自謂庶幾身心清潔,可通神明,而不誤於救人者。因此反精力強健,若有神助,未嘗以爲異。救人不知其幾,亦未嘗以此爲功。是心也,恐姚僧坦之所未知者。然則得君之方法者,何幸又能如君之用心哉。予故併及之,觀者宜詳之。景定改元中秋,郡人包恢書。

注:按《經籍訪古志》載鈔本而云:首有景定改元包恢、陳宗禮、鄧坰序,開慶己未馮夢得序,景定元年陳謙亨序。今《醫籍考》所載包恢序外,并不可遽得見,因附記以俟後搜焉。

(二)刊本及鈔本

1.元刊本

【經籍訪古志】卷八　《黎居士簡易方論》十一卷。鈔本。躋壽館藏。按此本蓋依元版抄寫者。躋壽館有元板零本,係崇蘭館舊藏。

【内閣文庫圖書第二部漢書目錄】　《簡易方論》第二卷,元板。一冊。

注:按《留真譜新編》第八所載,疑則此元版書影。

2. 鈔本

【經籍訪古志】卷八 《黎居士簡易方論》十一卷。鈔本。躋壽館藏。宋盱江水月黎民壽景仁撰。首有景定改元包恢、陳宗禮、鄧坰序，開慶己未馮夢得序，景定元年陳謙亨序。

按，此本蓋依元版抄寫者，躋壽館有元版零本，係崇蘭館舊藏。

【聿修堂藏書目錄】《簡易方》十一卷，七冊。鈔本。宋黎民壽撰。

【寶素堂藏書目錄】《簡易方論》十卷，六冊。鈔本。

【内閣文庫圖書第二部漢書目錄】《簡易方論》十一卷，《目》一卷。日本寫本。宋黎民壽。七冊。《簡易方論》第一卷，日本寫本。一冊。

【帝室和漢圖書目錄】《簡易方論》卷十二。宋黎民壽。寫。一卷，一冊。

【觀海堂書目】容字號 《黎居士簡易方》六本，十一卷。奚暇齋鈔本。

附 斷病提綱

【醫學源流】宋黎民壽，字景仁。宋景定中，參釋氏，號黎居士。初註《玉函經》，後作《簡易方》、《斷病提綱》、《決脈精要》，俗謂之醫家四書。

七十九、仁齋直指方論

【文淵閣書目】卷十五 《仁齋直指方》一部五冊。闕。

【菉竹堂書目】卷五 《仁齋直指方》五冊

【古今醫統大全】採摭諸書 《仁齋直指》二十六卷，三山楊士瀛登父集。

【本草綱目】引據書目 《楊士瀛仁齋直指方》

【醫藏書目】法流函目 《仁齋直指》

【脈望館書目】辰字號 《仁齋直指》十二本。又三本。

【醫方類聚引用書】《仁齋直指方》

注：楊士瀛傳，見於"醫學真經《脈經》"條下。

（一）考證

【日本訪書志補】《新刊仁齋直指方論》二十六卷。影抄本。景定甲子三山楊士瀛登父自序。目錄前有"環溪書院刊行"一行。卷一題"三山名醫仁齋楊士瀛登父編撰"。建安儒醫翠峯詹中元本"中"上有"宏"字。洪道校定。每半頁十二行，行十九字。有小島學古三印。學古爲日本侍醫，藏書之富，自多紀外罕有其匹。余所得醫籍，大抵皆其舊藏。按森立之《訪古志》稱聿修堂藏宋槧本，半頁十四行，行二十四字。其書亦爲守敬所得，實是元刊本，與此本行款不合，篇幅亦異。其每卷或題"新刊"，或題"新編"，或題"增修"，莫知其義例所在。三十六爲婦人類，有血氣、拾遺二子目。元本則有血氣、吐衄、拾遺三門。此書有明朱崇正補遺本，其"婦人類"有"子嗣"一門。此與其中文字，經小島學古以朱筆校宋、元本及《醫方類聚》，多所異同，大抵以此本爲是。又《訪古志》稱懷仙閣、酌源堂均有朝鮮國活字印本。此本原與影抄朝鮮《婦人良方》同裝一櫝，其篇幅行款皆同，則此從朝鮮活字板出無疑。元本二十六卷，有《傷寒類書》、《小兒方論》、《醫學真經》，此本無之。蓋朝鮮重印《直指》，而以陳自明《婦人良方》配之，故行款皆同。學古校此書，雖未提此本爲何代刊本，而明朱崇正本上臚列宋、元本，其稱“宋本”皆與此本合，則此本小島固以爲宋本也。或謂此本目錄前題“環溪書院”刊行，與元本同。書院刊書，多出元代，疑此亦元刊。余謂不然，考建安有三山書院，宋寶祐中，提刑王汝建。又藍田書院，宋紹興中建。環溪在羅源縣東南，宋時書院之設，遍於閩中。此書在宋時已刊於環溪書院，至元時復刻之而改其行款，不然以元刊反多訛字耶。此書《四庫》著錄，以只有明朱崇正本，且云宋槧舊刊已不存。近日著錄家若歸安陸氏、錢塘丁氏，皆只得明朱崇正本，則此本誠爲天壤間罕覯之物矣。宣統庚戌四月五日，宜都楊守敬記。

宋本：卷一新刊，卷二新刊，卷三新刊，卷四新刊，卷五新刊，卷六新刊，卷七新刊，卷八增修，卷九增修，卷十增修，卷十一增修，卷十二增修，卷十三增修，卷十四增修，卷十五增修，卷十六新編，卷十七增修，卷十八增修，卷十九增修，卷二十增修，二十一新編，廿二新編，廿三新編，廿四增修，廿五增修，廿六新刊。

元本：卷一新刊，卷二新刊，卷三新編，卷四新刊，卷五新刊，卷六新刊，卷七新刊，卷八增修，卷九增修，卷十增修，卷十一增修，十二增修，十三增修，十四增修，十五增修，十六新編，十七增修，十八增修，十九增修，二十增修，二十一新編，廿二新編，廿三新編，廿四增修，廿五增修，廿六新刊。

(二)序跋

仁齋直指序

余始撰《活人總括》、《嬰兒指要》，俗皆以沽名譏。及脈書一行，於是歛肅而相告曰：誠不易也，誰肯傾困竭廩以徇之哉。余曰：子亦有知天乎，天將寓其濟人利物之心，故資我以心通意曉之學。既得於天，還以事之，是蓋造物初心之所期也。或者隙光自耀，藏諸己而不溥諸人，政恐玉毀櫝中，草木俱腐矣。雖然，人有四百四病，幾出於前三冊之外者，可不原證釋方，揭爲直指之捷徑乎。明白易曉之謂“直”，發蹤以示之謂“指”。剖前哲未言之藴，摘諸家已效之方，濟以《家傳》，參之《肘後》，使讀者心目瞭然，對病識證，因證得藥，猶繩墨誠陳之不可欺。庶幾仁意同流，亹亹相續，非深願歟。余嘗慨而作曰：天之予人以是物，必使之有以用是物。有是物而不能用，非唯咈天，抑亦自棄其天者也。併書此爲同志勉。景定甲子良月朔，三山楊士瀛登父序。明板朱崇正附遺本

(三)刊本及鈔本

1. 宋元刊本

【藝芸書舍宋板書目】《仁齋直指》二十六卷

【結一廬書目】元板 《仁齋直指》二十六卷，附錄七卷，宋楊士瀛撰。六冊。

【經籍訪古志】卷八 《仁齋直指方論》二十六卷,《小兒方論》五卷,《傷寒類書活人總括》七卷,《醫學真經》一卷。宋槧本。聿修堂藏。補註:約之按,"聿修堂"當作"躋壽館"。第一、第二,小兒方論第三、四、五,缺。以崇蘭館藏本補鈔。宋。三山名醫仁齋楊士瀛登父編撰。建安儒醫翠峯詹宏中洪道校定,首有景定甲子自序。目錄首有"環溪書院刊行"六字。《小兒方論》有景定庚申自序。《真經》有景定壬戌自序。每半版高六寸三分,幅四寸四分。十四行,行二十四字。每卷首捺"武田文庫印"朱文。

按,此本紙刻精良,當是景定原刻。據仁齋自序,初撰《活人總括》、《嬰兒指要》,而《直指方》則最後所成云。又懷仙閣、酌源堂並藏有朝鮮國活字刊本,體一與此本同。又有明朱崇正附遺本,亦以宋槧爲祖。此本乃澀江全善所獲以獻於醫學者。"此本"以下十五字原文朱書,一本所無。

【觀海堂書目】壬字號 《仁齋直指方論》六本。二十六卷。宋本。《仁齋直指方》八本。十六卷。元刻本。

【朝鮮總督府古圖書目錄】 《仁齋直指方論》二十六卷,六冊,楊士瀛編。宋景定五年,印本。缺二。

注:按《訪古志》所載宋槧本,楊守敬以爲元刊。說見前"考證"下。《朝鮮總督府目》所記,亦難遽信。

2. 朝鮮活字本

【經籍訪古志】卷八 《仁齋直指方論》二十六卷。宋槧本。懷仙閣、酌源堂并藏有朝鮮國活字刊本,體式一與此本同。

【朝鮮醫籍考】三十五頁 《直指方》新刊仁齋直指方。二十六卷。六冊。宋楊士瀛著。缺刊記。疑是肅宗四年康熙十七年。前後所刊。官版活字大本。縱三十五釐半,幅十八釐。十行,行十八字。總紙數四百九十五葉。《小兒》、《活人總括》、《醫學真經》并不附之。但《醫學真經》別有單行者,改題作《直指方論醫脈真經》。早野教授藏之。其本體式,活字字形配字,頗與此本相似。其本據頁面所記,可推知康熙十七年所刊,疑即此本亦同時所刊也。

注:按《朝鮮醫籍考》一百零二頁,以爲朝鮮活字所刊《直指方》有三刊:一則所謂康熙中所刊十行十八字本;二則《訪古志》所載本,其體式與宋槧同;三則《日本訪書志》所載鈔本所從出者,與《婦人良方》同裝本。其說雖未足遽信,暫錄以備後考焉。

3. 鈔本

【韓氏讀有用書齋書目】 《楊仁齋直指方論》。舊鈔本。黄蕘圃跋二則。

【觀海堂書目】對字號 《仁齋直指方》六本。二十六卷。影宋本。

【寶素堂藏書目錄】 《仁齋直指方》二十六卷,六冊。鈔朝鮮國刊本。楊士瀛。

【躋壽館醫籍備考】 《仁齋直指方》二十六卷,八冊。鈔朝鮮國刊本。

【内閣文庫圖書第二部漢書目錄】 《仁齋直指方論》二十六卷,《目》一卷,宋楊士瀛。日本寫本。八册。

4. 未詳本

【近古堂書目】卷下 《仁齋直指》

【楝亭書目】《楊仁齋直指方》，宋楊(大)[士]瀛編輯。三十五卷。自序。八册。

【也是園藏書目】卷五 《楊士瀛仁齋直指》二十六卷

【絳雲樓書目】卷三 《仁齋直指》二十六卷。楊士瀛，字登父，號仁齋。宋三山名醫也。

【續文獻通考】《楊士瀛仁齋直指》二十六卷。士瀛，字登父，號仁齋，福州人。

【内閣文庫書檔舊目】《仁齋直指》三本，不全。

附 仁齋直指附遺方論

【萬卷堂書目】卷二 《仁齋直指附遺方論》二十六卷，楊士瀛。

【國史經籍志】卷四下 《仁齋直指附遺方》二十六卷，楊士瀛。

【千頃堂書目】卷十四 《仁齋直指附遺方》二十六卷。字登父，景定間三山人。

【宋史藝文志補】醫家 《楊士瀛仁齋直指附遺方》二十六卷。字登父，景定間三山人。

(一)考證

【四庫全書總目】卷一百零三 《仁齋直指》二十六卷，附《傷寒類書活人總括》七卷。浙江巡撫採進本。宋楊士瀛撰。士瀛，字登父，仁齋其號也，福州人。始末無考。前有自序，題景定甲子，甲子爲景定五年，次年即度宗咸淳元年，則宋末人矣。此本爲明嘉靖(康)[庚]戌所刻。前有余鍐序，稱《直指》列爲二十八卷，析七十九條。今考七十九條之數，與序相符，而其書實止二十六卷。焦竑《國史經籍志》載有此書，亦作二十六卷，蓋序文偶誤。然士瀛所撰，本名《仁齋直指》，其每條之後題曰"附遺"者，則明嘉靖中朱崇正所續加。崇正，字宗儒，號惠齋，徽州人，即刊此本者也。焦《志》既題曰"仁齋直指附遺方"，乃惟註楊士瀛撰，則併《附遺》屬之士瀛，亦未免小誤也。其《傷寒類書活人總括》七卷，焦《志》不著録。據《仁齋直指》自序，其成書尚在《直指》前。此本以卷帙較少，故附刻於後，卷首標題亦稱"朱崇正附遺"。然核其全編，每條皆文義相屬，絕無所謂"附遺"者。惟卷一《活人證治賦》後有司天在泉圖、五運六氣圖、傷寒脈法指掌圖，目録中註一"附"字耳，或因此一卷有"附遺"而牽連題及七卷，或因《直指》有"附遺"而牽連題及此書，均未可定。宋槧舊本既已不存，無從證其虚實，疑以傳疑可矣。

(二)序跋

注：按《四庫提要》及《皕宋樓志》並云：嘉靖朱崇正所刊。首有嘉靖庚戌余鍐序。本研究所所藏明刊本缺之，因兹附記以俟後搜云。

（三）刊本及鈔本

1. 明刊本

【四庫書目邵注】卷十　《仁齋直指》二十六卷，附《傷寒類書活人總括》七卷，宋楊士瀛撰。明嘉靖庚戌刊本。《郘亭知見目》、《四庫目略》並同。

【帶經堂書目】卷三　《仁齋直指》二十六卷，附《傷寒類書活人總括》七卷。明嘉靖刊本。宋楊士瀛。

【皕宋樓藏書志】卷四十六　《新刊仁齋直指附遺方論》二十六卷。明刊本。宋三山名醫仁齋楊士瀛登父編撰，新安後學惠齋朱崇正宗儒附遺。仁齋自序。引全文，今略。余鍰序，嘉靖庚戌。

【八千卷樓書目】卷十　《仁齋直指》二十六卷，附《傷寒類書活人總括》七卷。宋楊士瀛撰，明朱崇正增附，明刊本。

【善本書室藏書志】卷十六　《新刊仁齋直指附遺方論》二十六卷。明刊小字本。三山名醫仁齋楊士瀛登父編撰，新安後學惠齋朱崇正宗儒附遺。前有景定甲子良月自序。《皕宋樓書目》別有嘉靖間余鍰重刊序，茲本無之，豈刻本不同歟。

【適園藏書志】第六　《新刊仁齋直指附遺方論》二十六卷。明刻本。宋楊士瀛撰。中略，其文竊錄《提要》耳。　第二行"新安歙西虬川黄鍍刊行"。凡"丸"字皆"圓"。仍出於宋，而明人竄亂之耳。

【江蘇第一圖書館覆校善本書目】《仁齋直指附遺方論》二十六卷，宋三山楊士瀛撰。新安朱崇正附遺，明刊小字本。二十冊。

【寶素堂藏書目錄】《仁齋直指方》二十六卷，三冊。明朱崇正刊。付囊本每卷有"淺草文庫"御記。

【聿修堂藏書目錄】《仁齋直指方》二十六卷。朱崇正附遺本。

【元治增補御書籍目錄】《仁齋直指》二十卷，附《小兒附遺方論》五卷，《活人總括》七卷，《醫脈真理》二卷，宋楊士瀛撰。

【內閣文庫圖書第二部漢書目錄】（特）《仁齋直指附遺方論》二十六卷，《小兒附遺方論》五卷，《醫學真經》二卷，《傷寒活人總括》七卷。明人朱崇正附遺，明板，十八冊。《仁齋直指附遺方論》二十六卷。《目》一卷。明板。七冊。

【靜嘉堂文庫國書分類目錄】《新刊仁齋直指附遺方論》二十六卷，《醫學真經》外二種十四卷，宋楊士瀛撰。朱崇正附遺。明刊。十萬卷樓舊藏本，十六冊。《秘籍志》同

【杏雨書屋圖書假目錄】《仁齋直指附遺方論》二十六卷，《小兒附遺方》五卷，《醫學真經》二卷，《傷寒類書活人總括》七卷，宋楊士瀛撰，明朱崇正附遺。明刊。

【續中國醫學書目】《新刊仁齋直指附遺方論》附《新刊仁齋直指小兒附遺方論》五卷三冊、《新刊仁齋傷寒類書活人總括》四卷三冊。二十六卷。十四冊。附九卷六冊十四行，二十四字。框橫十三・三糎，縱十九糎。宋楊士瀛撰，明朱崇正附遺。明板。直齋《方論目錄》首題"新安歙西虬川黄鍍刊行"。《小兒方論目錄》首題"黄鑪刊行"。仁

齋直指序，楊士瀛，景定甲子五年。新刊仁齋直指方論目錄。附《新刊仁齋直指小兒附遺方論》五卷三冊。仁齋小兒方論序，楊士瀛，景定庚申元年。新刊仁齋直指小兒附遺方論目錄，附《新刊仁齋傷寒類書活人總括》四卷三冊。新刊仁齋傷寒類書活人總括目錄。

2. 四庫全書本

【四庫全書總目】卷一百零三　《仁齋直指》二十六卷，附《傷寒類書活人總括》七卷。浙江巡撫採進本。宋楊士瀛撰。此本爲明嘉靖庚戌所刻。

【壬子文瀾閣所存書目】卷三　《仁齋直指》二十六卷，附《傷寒類書活人總括》七卷。二十四冊，計補鈔者十七卷。舊鈔存卷六、卷八、九，卷十二至十五、卷二十一。《活人總括》存卷六、七。

【文溯閣四庫全書要略及索引】《仁齋直指》二十六卷附七卷。宋楊士瀛。二十四冊，一千二百五十五。

【各省進呈書目】兩淮鹽政李呈送書目　《仁齋直指》二十六卷，《總括》七卷，宋楊士瀛。七本。

【四庫館進呈書籍底簿】兩淮鹽政李呈送書目　宋楊士瀛《仁齋直指》二十六卷，《總括》七卷七本。

注：按右《兩進呈目》所記，《直指》二十六卷，《總括》七卷，與《提要》所云合。而《提要》以作浙江巡撫採進本。或疑"浙江巡撫"即"兩淮鹽政"之訛歟。

八十、醫方圖說

【古今醫統大全】卷一　程約，字孟博，新安婺源人。世業醫，至約尤著，而更得鍼砭之妙，著《醫方圖說》行世。

【醫學入門】卷首姓氏　程約，字孟博，宋婺源人。世工醫，精鍼法，著《醫方圖說》。

注：按《汲古閣珍藏秘本書目》載宋板《醫家圖說》本，其本後歸於黃丕烈，丕烈以爲《儒門事親》之殘本。說詳於其條。

八十一、梁氏總要方

八十二、何氏神效方

八十三、梁氏見效方

【醫籍考】一千八百零五頁　《梁氏闕名總要方》，佚。《何氏元弼神效方》，佚。《梁氏國佐見效方》，佚。按右見於《朱氏集驗方》。

八十四、類編朱氏集驗醫方

【醫學源流】 宋朱佐,字君輔,咸淳間人。有《集驗良方》,刊板印行。

【四庫未收書目提要】卷三 《類編朱氏集驗醫方》十五卷,宋朱佐撰。佐字君輔,湘麓人。前有咸淳二年眉山蘇景行序。是編分風寒諸門,采掇議論,詳盡曲當,凡所載宋氏醫書,多不傳之秘笈。又皆當時善本錄出,如《小兒病源方論》長生丸、塌氣丸,較影鈔本爲詳。

【醫籍考】一千九百十四頁 《朱氏佐類編朱氏集驗醫方》。《研經室外集》十五卷未見。按《醫方類聚》各證門亦引之。醫官船橋經中恆(1)採錄得十卷。

[郭注]

(1)船橋經中,即舟橋宗運(?～1836),名玄恆,字經中。文政六年(1823)十二月繼承家業,陞任寄合,十二年任奥詰。天保三年(1832)五月,累進西丸奥醫師、法眼。曾參與《聖濟總錄》校對,署名稱"醫學生醫學施藥局監理舟橋玄恆"。

刊本及輯本

1. 宋刊本

【平津館鑒藏書籍續編】宋板 《類編朱氏集驗醫方》十五卷,題湘麓朱佐君輔集。前咸淳元年朱景行序。此書諸家皆不著錄。分十五門,餘皆佐類附之。其類集藥方,皆出於近時人所製,古方皆不入錄。黑口板。每葉廿二行,行廿二字。收藏有"武林高瑞南家藏書畫印"朱文長印,"妙賞樓藏"朱文長印,"高氏鑑定宋刻版書"朱文長印,"閩中陳開仲芸榭藏書"朱文方印,"長氏秋月字香修一字幼憐"朱文方印,"石谿嚴氏芳椒堂藏書"白文印。

【蕘圃藏書題識】卷四 《朱氏集驗方》。宋刊,在士禮居中。

【四庫書目邵注】卷十 《類編朱氏集驗醫方》十五卷,宋朱佐撰。陽湖孫氏有宋刊本,云各家皆未著錄。

【郘亭知見傳本書目】卷八 《類編朱氏集驗醫方》十五卷,宋朱佐撰。佐字君輔,湘麓人。前有咸淳二年蘇景行序。凡所載宋代醫書,多不傳之秘笈,阮氏以進呈。

【宋元本行格表】卷下十一行 《宋本類編朱氏集驗醫方》。行廿二字。十五卷。平津館記。《簡明目錄》批注本云小黑口。

2. 醫方類聚採輯本

【躋壽館醫籍備考】《朱氏集驗方》十卷。十冊。宋朱佐撰。《醫方類聚》採輯本。

【雜病廣要採摭書目】《朱氏集驗方》,宋朱佐。《觀聚方要補》同

3. 未詳本

【寶書閣著錄】《類編朱氏集驗醫方》十五卷,宋朱佐撰。

八十五、金匱歌

【醫籍考】一千九百零九頁　王氏朝弼《金匱歌》，佚。

序跋

文天祥序

《金匱歌》者，鄉前輩王君良叔之秘醫方也。初，良叔以儒者涉獵醫書，不欲以一家名方。一日遇病，數十輩同一證。醫者曰：此證陰也，其用藥某無疑。數人者駢死，醫者猶不變。良叔曰：是證其必他有以合。少更之，送服陽證藥，自是皆更生焉。良叔冤前者之死也，遂發念取諸醫書，研精探索，如其爲學然。久之無不通貫，辨證察脈，造神入妙，如庖丁解牛，傴僂承蜩。因自撰爲方劑，括爲歌詩，草紙蠅字，連帙累牘，以遺其後人，曰：吾平生精神盡在此矣。其子季浩，以是爲名醫。其子庭舉，蚤刻志文學，中年始取其所藏讀之，今醫遂多奇中。一日出是編，余然後知庭舉父子之有名於人，其源委蓋有所自來矣。天下豈有無本之舉哉。世道不淑，清淳之時少，乖戾之時多，人有形氣之私，不能免於病。世無和扁，寄命於嘗試之醫，斯人無辜，同於巖墻桎梏之歸者，何可勝數。齊高彊曰"三折肱知爲良醫"，《楚辭》曰"九折臂而成醫"，言屢嘗而後知也。《曲禮》曰"醫不三世不服其藥"，言嘗之久而後可信也。人命非細事，言醫者類致謹如此。然則良叔，齊楚人所云醫也。若庭舉承三世之澤，其得不謂之善醫矣乎。予因謂庭舉曰：凡物之精，造物者秘之，幸而得之者不敢輕，然其久未有不發。周公金縢之匱，兄弟之秘情也，至成王時而發；藝祖金匱之誓，母子秘書也，至太宗時而發。君所謂"金匱歌"者，雖一家小道，然祖宗之藏本，以爲家傳世守之寶，其爲秘一也。子之發之也，以其時考之則可矣。庭舉曰：大哉斯言。予祖之澤，百世可以及人，予爲子孫，不能彰悼先志，恐久遂沈泯，上貽先人羞，敢不承教以廣之於人。予嘉庭舉之用心，因爲序其本末如此。良叔諱朝弼，季浩諱淵，庭舉諱槐云。《文集》《醫籍考》

八十六、盧氏醫鏡

【醫籍考】一千七百七十頁　《盧氏昶醫鏡》，佚。

注：按《醫籍考》以是書列於史載之《指南方》之前，而特不記其所出。今雖不知其故，當必有其所據，因槧列於此。

八十七、褚氏遺書

（一）出典

【宋史藝文志】醫書類　褚澄《褚氏遺書》一卷

注：按《南齊書》有褚澄傳，今引載在"褚澄雜藥方"條下。

(二)考證

【百川書志】卷十房中　《褚氏遺書》一卷,南齊褚澄彦道著。十篇,凡二千六百二十言。發揮人身中造化之秘,明白要約,殆無餘藴,蓋沈酣於《内經素問》、《靈樞》之旨也。巢徒發塚,見石刻棄之,後始傳世。

【褚氏遺書】程永培跋　篇中所論,悉皆洞徹。至"問子"一法,尤得元奧。世人欲子,而娶破瓜女,則將逞其淫泆之志,固未嘗以求嗣爲念也。其"平脈"一則,説極創闢,竊有疑焉。以寸關尺三部,配五臟男順候、女倒候。考之《靈樞》、仲景,既無此説,即後此諸名家,亦未有宗其説者,豈褚公獨得之秘耶。

【四庫全書總目】卷一百零三醫家　《褚氏遺書》一卷。浙江范懋柱家天一閣藏本。舊本題"南齊褚澄撰"。澄字彦適,陽翟人。褚淵弟也。尚宋文帝女廬江公主,拜駙馬都尉。入齊爲吴郡太守,官至左民尚書。事蹟具《南齊書》本傳。是書分受形、本氣、平脈、津潤、分體、精血、除疾、審微、辨書、問子十篇,大旨發揮人身氣血陰陽之奧。《宋史》始著於録。前有後唐清泰二年蕭淵序云:黄巢時,羣盜發冢,得石刻棄之。先人偶見載歸,後遺命即以褚石爲槨。又有釋義堪序云:石刻得之蕭氏冢中,凡十有九片。其一節即蕭淵序也。又有嘉泰元年丁介跋,稱此書初得蕭氏父子護其石而始全,繼得僧義堪筆之紙而始存,今得劉繼先鋟之本而始傳云云。考周密《癸辛雜識》引其"非男非女之身"一條,則宋代已有此本。所謂刻於嘉泰中者,殆非虚語。其書於《靈樞》、《素問》之理頗有發明,李時珍、王肯堂俱採用之。其論寡婦、僧尼,必有異乎妻妾之療,發前人所未發。而論吐血、便血、飲寒涼百不一生,尤千古之龜鑑。疑宋時精醫理者所著,而僞託澄以傳。然其言可採,雖贋本不可廢也。中頗論精血化生之理,所以辨病源、戒保嗇耳。高儒《百川書志》列之"房中類",則其誤甚矣。

(三)序跋

1. 褚氏遺書序蕭淵

黄巢造變,從亂羣盜發人冢墓,掘取金寶。遇大穴焉,方丈餘,中環石十有八片,形制如槨,其蓋六石,題曰"有齊褚澄所歸"。啟蓋棺骨已蛇蟻所穴,環石内向,文字曉然。盜疑兵書,移置穴外,視之棄去。先人偶見讀徹,囑鄉鄰慎護。明年具舟載歸,欲送官以廣其傳。遭時兵革不息,先人亦不幸。遺命異物終當化去,神書理難久藏,其以褚石爲我棺槨之石,褚石隱則骸骨全,褚石或興,吾名亦顯。淵募能者調墨,治刻百本散之,餘遵遺戒。先人諱廣,字叔常。清泰二年五月十九日,古楊蕭淵序。延寶本)

2. 褚氏遺書序釋義堪

靖康初,金人犯順,羣盜乘間,在處有之。去埸城北二十五里陳源橋有蕭家,世居其間,蓋貧不能自振矣,守一冢甚勤。曰:我十二世祖葬父於此,吾家冢凡數百,世世惟守此耳。盜疑其起家者富而厚葬,日夕窺之。二冢因語人曰:吾十二世祖葬其父明經廣叔常,用石刻秘經爲槨,從治遺命也。已而不忍其柩有將廢之兆,遂敕子孫世守之耳。窺者仍故，二家因會鄉人啟視之，漆棺如新，刻石十有九片，其一蓋蕭淵序也。乃移柩葬居側，而舉石於門外，有告蕭得埋寶者，遂納石於今。予時持鉢將爲南嶽之遊，遇蕭門結葬緣，適見其事，謾錄諸策，以俟能者。二年結制前五日，衛國釋義堪書。延賓本。六醴齋本題云"褚氏遺書原敘"。

3. 褚氏遺書跋丁介

右《褚澄遺書》一卷，初得蕭氏父子護其石而其書始全，繼得僧義堪筆之紙而其書始存，今得劉繼先鋟之木而其書始傳，亦可謂多幸矣。澄字彥通，河南陽翟人，宋武帝之甥，尚書左僕射湛之之子，廬江公主之夫，齊太宰侍中錄尚書公淵之弟。仕宋，自駙馬都尉遍歷清顯。仕齊，至侍中領右軍將軍。永明元年卒。《南史》云"永元元年卒"誤也。東昏公立其女爲皇后，追贈金紫光祿大夫，實永元元年，去其卒時已七十年矣。遺書題其贈官，豈蕭廣得其槨石，考之史傳而附題於前乎。初，齊高帝愛子豫章王嶷，自江陵赴都，得疾日臻，帝憂形於色，乃大赦天下。聞澄傳楊淳秘方，召澄治，立愈。帝喜甚，擢澄左民尚書以寵之。其守吳郡也，有李道念以公事至郡，澄遙見謂曰：汝有奇疾。道念曰：某得冷疾五年矣。澄胗其脈曰：非冷也。由多食雞子所致，可煮蘇一斗服之。即吐物如升許，涎裹之動，抉涎出視，乃一雞雛，翅距已具而能走。澄曰：未也。盍服其餘藥。從之，凡吐十三枚，疾乃瘳。其妙皆此類也。是書幽眇簡切，多前人所未發，而豈徒哉。《問子篇》稱建平王，當是澄之妻之姪景素，其生子六，即延齡、延年輩云。嘉泰元年日南至，甘泉寄士丁介跋。延賓本。六醴齋本題云"褚氏遺書後序"。

4. 褚氏遺書後序馬金

廬州衛武生鄭道，出示南齊《褚澄遺書》凡十篇，云得之先世故書中。考之丁介跋尾，當是宋嘉泰初劉繼先印本，字畫完好如新。余讀之，既作而嘆曰，予少時曾於《宋史藝文志》見有是書目，又見三元延壽《居家必要》、《養生纂要》諸書引用其說。往來京師，嘗徧閱書肆，博訪蓄書之家，求其全本無所得，迄今三十餘禩，始獲經目。噫，古書之罕見於世，奚獨此哉。史稱澄善醫術，以勤謹見知，沒於永明元年。觀其書立論精詣，所謂邃於醫而慎於術者非耶。褚氏子孫，以其書入石殉葬，爲不朽計，其用心勤矣。意澄平時，所自愛重，子孫遵其垂歿之言，而慎藏之歟。雖其遺墓不幸爲盜所發，遺書則幸因盜以傳也。自是蕭廣載克石，廣子淵復以納壙，釋義堪錄諸策，劉繼先又以入梓，更三數人之手，始其流布當時。蓋自永明至嘉泰初，上下七百二十餘年，至於今又幾何年。所著之書，久埋而復見，已棄而獲存，幾纏而纔有，若有神物相之者，殆與汲冢之《周書》，昭陵之《義帖》，石室之《陰符經》，佛龕之《古文苑》事相類。歐陽子云"人之賢者傳遂遠"，是固然矣。要之，古今載籍，或傳或否，皆不可必。人未必皆賢，言未必皆粹。高文鉅冊，或散佚無聞；片楮尺素，或珍襲可考。金石有不足恃，而或出於破冢敗壁之間；子孫有不可託，而偶得於牧豎偷兒之手。閟於前或彰於後，盛行於一時或湮沒於萬世，莫不有數存焉耳，而物之聚散顯晦，固有時哉。然而非聖之書，不經之談，迂僻恠誕，於事無益，且不可以爲訓。使有識者見之，必以覆醬瓿，褻帷帳而投之水火也。今猶不免，加災於木,增垢於石,重爲楮墨之費者何限。況乎書坊所刻,大率類家集以(繳)[徼]時名,(褒)[哀]程文以逐時好,日以寖廣,求如蕭廣輩之嗜古,良亦鮮矣。金於此尤所浩嘆。竊謂是書形氣血脈之說,明切簡備,庶幾可爲衛生之助。其"平脈"有曰"澄生當後世,傳其言而已爾"。初決其秘,發悟後人,澄蓋以其所得,筆之於書,與天下後世共之也。豈若俚俗醫師,規規然因病處方,隨證著論,以覬幸於萬一者,可及哉。嗚呼,疾固尼父所慎,醫亦事親者所當知。因是書得之難,而欲其傳之廣且久,必有同區區餘意者矣。庶斯文之不(氓)[泯]也。正德元年歲在丙寅春丁後二日,賜進士第中憲大夫知直隸廬州府事西充馬金致齋南壇謹序。六醴齋本。延賓本。

5. 跋

《南史》,澄永元元年卒。丁介跋語,辨其誤審矣。然謂澄遙見李道念,知有奇疾,令煮蘇一斗,服之乃瘳。按史,"蘇"作"蒜","斗"作"升"爲是。豈介偶爾筆誤,或別有所據耶。世固有舉正史氏之誤,而不自知其誤者亦多矣。馬端臨《經籍考》引益國周公之言曰:臣事孝忠,奏及《文苑英華》,舛誤不可讀,頃嘗屬均倅丁介校正之。以時代考之,丁倅疑即跋此書者。益國博學名世,乃以校書屬之介,必其識見超絕,非流輩所及,引證恐不應有誤。如贅於末簡,以俟知者。後十有八日,金識。六醴齋本

6. 褚氏遺書序

齊褚澄彥通《遺書》一袠,才二千六百二十言,發揮人身中造化之秘,明白要約,殆無餘蘊,蓋沈酣於《內經素問》、《靈樞》之旨者也。其司馬季主、扁鵲、倉公之流乎。彥通在當時,連姻宗室,貴富鮮儷,而能造詣如此,則超出塵表之姿,又可想見之也。方虛谷《選詩》謂,孫思邈《千金方》三十六卷,每卷藏一僊方,在人自求之耳。予觀此書,亦寓思邈之意,淵乎微哉,敘其出處顯晦甚詳,奚俟予之置喙邪。但若臨席咲欒,使人自不忍下咽,遂僭引數語於篇首,亦珍愛之癖云。正德丙寅清明日,舒城秦民悅邦約書。延賓本

7. 跋褚氏遺書後

予嘗觀歷代名醫圖,因有以知公之姓氏。選名醫雜著藥方,因有以知公之技能。今見所遺之書,則又有以知公之心術,默通造化妙用之理矣。《齊史》稱,澄望色辨症,投劑如神,與盧扁、華佗比肩,豈欺我哉。若夫是書之作,收藏顯晦,俱備於前後序又載焉。予不復贅。嘉靖四年春日,滑臺李暹德進謹跋。延賓本

8. 跋

茲書世傳甚少,間有抄本,訛訛相仍,不僅魯魚亥豕而已,令人不能解,故不敢讀,久則置之不問矣。業醫而見此書者,十不一二。余得馬致齋刻本,校勘頗密,雖有誤字,彼於醫理藥性,未深諳耳。遂與友人古杭陸君琛紫,一一訂正而付之梓。篇中所論,悉皆洞徹,至"問子"一法,尤得元奧。世人欲子而娶破瓜之女,則將逞其淫泆之志,固未嘗以求嗣爲念也。其"平脈"一則,說極創闢。竊有疑焉,以寸關尺三部配五臟,男順候而女倒候。考之《靈》、《素》、仲景,既無此說,即後此諸名家,亦未有宗其說者,豈褚公獨得之秘耶。培因是書之刊布,敢望海內高明有以示

之，瘦樵程永培跋。六醴齋本

（四）刊本及鈔本

1. 明正德年馬致齋刊本

【褚氏遺書】程永培跋　余得馬致齋刻本，校勘頗密，雖有誤字，彼於醫理藥性，未深諳耳。

2. 說郛本

【叢書舉要】卷五十一順治本說郛一百二十卷　《褚氏醫書》，褚澄。

【叢書書目彙編】說郛正續一百零九　《褚氏遺書》，南齋褚澄撰。

【江蘇省立國學圖書館圖書總目】　《褚氏遺書》。《說郛》第六十三冊。明刊本。

注：按《說郛》本《褚氏遺書》，其內容與六醴齋本相同，但無序跋。

3. 百家名書本

【經籍訪古志】卷八　《新刊褚氏遺書》一卷。收在《百家名書》中，明錢塘胡文煥德甫校本。齊侍中右將軍追贈金紫光祿大夫褚澄編。按是書無類可隸，姑列於此。首有正德丙寅秦民悅序，嘉泰元年丁介跋，嘉靖四年李暹跋。

【崇蘭館醫書目】　《褚氏遺書》一卷，齊褚澄。一冊。胡文煥校本。

4. 格致叢書本

【郘亭知見傳本書目】卷八　《褚氏遺書》一卷。《格致叢書》本。

【四庫目略】　《褚氏遺書》一卷。《格致叢書》本。

【叢書舉要】卷四十九格致叢書　《褚氏遺書》一卷

【叢書書目彙編】格致叢書　《褚氏遺書》一卷，齊褚澄。

5. 醫經萃錄本

【叢書舉要】醫經萃錄　《褚氏遺書》一卷

【叢書書目彙編】醫經萃錄　《褚氏遺書》一卷

6. 廣百川學海本

【四庫書目邵注】卷十　《褚氏遺書》一卷。《廣百川學海》本。

【郘亭知見傳本書目】卷八　《褚氏遺書》一卷。《廣百川學海》本。

【四庫目略】　《褚氏遺書》一卷。《廣百川學海》本。

【八千卷樓書目】卷十　《褚氏遺書》一卷。舊本題南齊褚澄撰。《廣百川》本。

【江蘇省立國學圖書館圖書總目】　《褚氏遺書》一部。一卷。《百川學海》第五冊，齊陽翟褚澄。明刊本。

【書目答問】　《褚氏遺書》。《廣百川》本。

【叢書舉要】卷四十六廣百川學海　《褚氏遺書》褚澄。

【叢書書目彙編】廣百川學海　《褚氏遺書》，褚澄。

7. 居家必備本

【行素堂目睹書錄】居家必備總目　《褚氏遺書》，褚澄。

【叢書舉要】卷十一居家必備　《褚氏遺書》,褚澄。

【叢書書目彙編】居家必備　《褚澄遺書》,褚澄。

8. 五朝小說本

【叢書舉要】卷五十五朝小說魏晉小說　《褚氏遺書》,南齊褚澄。

【叢書書目彙編】五朝小說魏晉小說　《褚氏遺書》,南齊陽翟褚澄。

9. 四庫全書本

【四庫全書總目】卷一百零三　《褚氏遺書》一卷。浙江范懋柱家天一閣藏本。

【壬子文瀾閣所存書目】《褚氏遺書》一卷,一冊。補鈔。

【文溯閣四庫全書要略及索引】《褚氏遺書》一卷,一冊。南齊褚澄。

10. 六醴齋本

【叢書舉要】卷十二六醴齋醫書　《褚氏遺書》一卷,南齊褚澄。

【叢書書目彙編】六醴齋醫書　《褚氏遺書》一卷

【四庫書目邵注】卷十　《褚氏遺書》一卷。舊本題南齊褚澄撰。六醴齋刊本。

【郘亭知見傳本書目】卷八《褚氏遺書》一卷。題南齊褚澄撰。六醴齋刊本。

【四庫目略】《褚氏遺書》一卷。舊本題南齊褚澄撰。六醴齋刊本。

【八千卷樓書目】卷十　《褚氏遺書》一卷。舊本題南齊褚澄撰。六醴齋本。

【揚州吳氏測海樓藏書目錄】卷四　《褚氏遺書》一卷。《六醴齋醫書》。程永培校刊二十本內,竹紙初印。

【涵芬樓舊書分類總目】《褚氏遺書》,齊褚澄撰。六醴齋本。一冊。

【江蘇省立國學圖書館圖書總目】《褚氏遺書》一部。一卷。《六醴齋醫書》第一冊。乾隆於焉室刊本。

【浙江公立圖書館通常類目錄】《褚氏遺書》一卷。《六醴齋醫書》七十三卷,清程永培輯。乾隆中於然堂刊本,二十四本內。

【國學用書類述】《褚氏遺書》一卷,南齊褚澄撰。程永培刻《六醴齋叢書》本。

【寶素堂藏書目錄】《褚氏遺書》一卷,一冊。收在《六醴齋醫書》中。

【經籍訪古志】卷八　《新刊褚氏遺書》一卷。收在《六醴齋醫書》中,蘇台程永培校本。首有釋義堪序,清泰二年古楊蕭淵序及丁介跋,正德元年馬金序并跋,末有永培跋。

【杏雨書屋圖書假目錄】六醴齋醫書　《褚氏遺書》一卷

【中國醫學書目】《褚氏遺書》一卷,一冊。八行十九字。框橫十五釐,縱二十三·五釐。褚澄編,程永培校,《六醴齋醫書》之內。褚氏醫書原敘,釋義堪。褚氏遺書後序,丁介,嘉泰元年。褚氏遺書後序,馬金,正德元年。跋,馬金。跋,程永培。

11. 光緒刊本

【揚州吳氏測海樓藏書目錄】卷四　《褚氏遺書》一卷,齊褚澄。光緒年刊。一本。

12. 日本延寶元年刊本

【經籍訪古志】卷八 《新刊褚氏遺書》一卷。皇國延寶元年刊本。此京師書鋪依胡文煥本刊行者，天明丙午杉浦玄德以金嘉惠本朱筆校勘。

【内閣文庫圖書第二部漢書目錄】《褚氏遺書》，南齊褚澄。延寶元年刊。一冊。

【杏雨書屋圖書假目錄】第二編 《新刻褚氏遺書》，南齊褚澄著，明朝文煥校。延寶六年刊。一冊。

【續中國醫學書目】《新刻褚氏遺書》一卷，一冊。十一行十九字。框橫十五・一釐，縱二十・一釐。齊褚澄編，明胡文煥德甫校。日本延寶元年京都吉田四郎右衛門板行。褚氏遺書序，秦民悅邦約，正德丙寅元年。褚氏遺書序，宋釋義堪，二年靖康二年。褚氏遺書序，五代蕭淵，清泰二年。新刻褚氏遺書目錄。褚氏遺書跋，宋丁介，嘉泰元年。褚氏遺書後序，馬金，正德元年。跋褚氏遺書後，李暹德進，嘉靖四年。

13. 鈔本

【汲古閣珍藏秘本書目】《褚澄遺書》一本。舊抄。

【行素堂目睹書錄】汲古閣珍藏秘本書目 《褚澄遺書》一本。舊抄。

【江蘇省立國學圖書館圖書總目】《褚氏遺書》一卷。《說部新書》第三冊，齊陽翟褚澄。舊鈔本。善甲五十九。

【内閣文庫圖書第二部漢書目錄】《褚氏遺書》，南齊褚澄。日本寫本。一冊。

【杏雨書屋圖假目錄】《褚氏遺書》。明胡文煥校。日本劉長安手寫本，一冊。

14. 未詳本

【文淵閣書目】【菉竹堂書目】【古今醫統大全】【古今書刻】【萬卷堂書目】【醫藏書目】【本草綱目】【脈望館書目】【汲古閣珍藏秘本書目】以上明 【絳雲樓書目】【天一閣藏書目錄】【天一閣見存書目】【楝亭書目】【傳是樓書目】【近古堂書目】以上清 【諸暨圖書館目錄】民國

八十八、太上天寶金鏡靈樞神景内篇

【宋史藝文志】醫書 《太上天寶金鏡靈樞神景内篇》九卷。

【醫籍考】二百十七頁 鄭所南曰：雙腎之間，爲下丹田，出《神景内經》。馮玠註《難經》，"八難"下註引之甚詳。《文集・答吳山人問遠遊觀地理書》自註。

八十九、混俗頤生錄

【宋史藝文志】醫書類 《混俗頤生錄》二卷。道家類附神仙。處士劉詞《混俗頤生錄》(一)[二]卷。

【道藏】洞神部方法類　《混俗頤生錄》

【叢書舉要】道藏洞神部方法類　《混俗頤生錄》二卷,劉詞編。

九十、拾遺候用深靈玄錄

【宋史藝文志】醫書類　郭仁普《拾遺候用深靈玄錄》五卷

九十一、千金手鑑

【宋史藝文志】醫書類　《千金手鑑》二十卷

九十二、黄帝問答疾狀

【宋史藝文志】醫書類　《黄帝問答疾狀》一卷

九十三、玉鑑論

【宋史藝文志】醫書類　《玉鑑論》五卷

注:按《通志略》有"五鑑論五卷",《崇文目》作"一卷"。《宋志》"玉鑑",或疑"五鑑"之衍耶。

九十四、燕臺集

【宋史藝文志】醫書類　《李崇慶燕臺集》五卷

九十五、神聖集

【宋史藝文志】醫書類　《雷繼暉神聖集》三卷

九十六、華氏集

【宋史藝文志】醫書類　《華氏集》十卷

九十七、劉氏五藏旁通導養方

【宋史藝文志】醫書類　《劉氏五藏旁通遵一作導養方》一卷

九十八、晨昏寧待方

【宋史藝文志】醫書類　《晨昏寧待方》二卷

九十九、天寶神驗方

【宋史藝文志】醫書類　《天寶神驗藥方》一卷

一百、雜用藥方

【宋史藝文志】醫書類　《雜用藥方》五十五卷

一百零一、杜氏集驗方

【宋史藝文志】醫書類　《杜氏集驗方》一卷

一百零二、通玄秘術

【宋史藝文志】醫書類　沈知言《通玄秘術》三卷

注:按《唐志》有《青羅子道光通元秘要術》三卷,《崇文目》有《鄭氏圃田通元秘術方》,其書名與是書相近而撰者爲異,并見於前。

一百零三、瘴瘧備急方

【宋史藝文志】醫書類　趙鑄《瘴瘧備急方》一卷

一百零四、溫舍人方

【宋史藝文志】醫書類　《溫舍人方》一卷

一百零五、吳得夫集驗方

【宋史藝文志】醫書　《吳得夫集驗方》七卷

【躋壽館醫籍備考】　《吳氏集驗方》一卷,一冊,宋吳得夫撰。《醫方類聚》採輯本。

【寶素堂藏書目錄】　《吳氏集驗方》一卷,吳得夫。一冊。《醫方類聚》採輯本。

【觀聚方要補採摭書目】《吳氏集驗方》,宋吳得夫。
【雜病廣要採摭書目】《吳氏集驗方》,宋吳得夫。

一百零六、馬氏錄驗方

【宋史藝文志】醫書類　馬延之《馬氏錄驗方》一卷

一百零七、妙濟方

【宋史藝文志】醫書類　《卓伯融妙濟方》一卷

一百零八、備用方

【宋史藝文志】醫書類　《備用方》二卷。岳州守臣編,不著名氏。

一百零九、備急效驗方

【宋史藝文志】醫書類　丘哲《備急效驗方》三卷

一百十、備問方

【宋史藝文志】醫書類　《黃環備問方》二卷

一百十一、濟世萬全方

【宋史藝文志】醫書類　王世明《濟世萬全方》一卷

一百十二、安慶集

【宋史藝文志】醫書類　《安慶集》十卷
注:按《醫籍考》重載此書,一作"亡名氏"一千八百四十七頁,一作"董大英"二千九百八十九頁。蓋《宋志》以是書與董大英《活幼悟神集》連載,多紀氏以誤之耳。

一百十三、中興備急方

【宋史藝文志】醫書類　《中興備急方》二卷
注:按多紀元堅曰:《衛生家寶方》載"中興活血丹",稱此方廬山中興寺僧傳。

據此,是書亦彼僧所編歟。《醫籍考》一千八百四十五頁

一百十四、治未病方

【宋史藝文志】醫書類　《治未病方》一卷

一百十五、秘寶方

【宋史藝文志】醫書類　《秘寶方》二卷

一百十六、古今秘傳必驗方

【宋史藝文志】醫書類　《古今秘傳必驗方》一卷

一百十七、南來保生回車論

【宋史藝文志】醫書類　董常《南來保生回車論》一卷

一百十八、醫家妙語

【宋史藝文志】醫家類　《醫家妙語》一卷

一百十九、簡驗方

【宋史藝文志】醫書類　李端愿《簡驗方》一卷

一百二十、金匱方

【宋史藝文志】醫書類　《金匱方》

附　醫書會同

【醫學源流】宋　鮑志大,江南括蒼人,官至承直郎,博學宏詞科,精通醫術,編集《醫書會同》。

附　大成金書

【古今醫統大全】採摭諸書　《大成金書》,宋林靈素著。

附　傳信方

【世善堂藏書目錄】卷下　《傳信方》一百卷,卞大亨。

注:按《中國人名大辭典》云:卞大亨,宋。其先秦州人。字嘉甫。由鄉舉入太

學，升上舍。靖康中，攜二子走行在，丞相范宗行以遺逸薦，授懷寧簿。未幾隱居象山，手植萬松於徑，行吟其間。自號松隱居士。素習養生，精醫卜之書。著《松隱集》、《尚書類數》、《改註杜詩》、《傳信方》諸書。

附　學醫隨筆

【叢書舉要】卷四十六學海類編　《學醫隨筆》九頁，宋魏了翁。《叢書書目彙編》

【八千卷樓書目】卷十　《學醫隨筆》一卷，宋魏了翁撰。《學海類編》本。

【諸暨圖書館目錄】卷五　《學醫隨筆》，宋魏了翁。《學海類編》本。

【清華學校圖書館中文書籍目錄】　《學醫隨筆》一卷，魏了翁宋。見《學海類編》。

【江蘇省立國學圖書館圖書總目】　《學醫隨筆》一卷，附"錄歷代醫師"。《學海類編》第一百零六冊，宋蒲江魏了翁。道光六安晁氏活字本。

附　談醫大指

【江蘇省立國學圖書館圖書總目】　《談醫大指》一卷，宋郥陽柳棨。《柳子藏書》第三冊，刊本。叢三十三。

附　瑣碎錄

【寶素堂藏書目錄】經方趙宋諸家　《瑣碎錄》三卷，三冊。

附　至教論

【東醫寶鑑】歷代醫方　《至教論》，雷斅所著，黃帝臣也。注，按《素問》。

附　風藥論

【江蘇省立國學圖書館圖書總目】方伎類雜病之屬　《濟生專門編》全一冊。巾箱本。叢二十八。《風藥論》，唐華原孫思邈。

附　扁鵲心書

【扁鵲心書】王琦書後　竇氏材，生於宋之中葉，而書中有"河間、丹溪遺訛後世"之語，又"鍾乳粉方"下訾丹溪"多服發渴淋"之說爲謬。又言製法，見時珍《本草》。何緣舉元明人之書而及之，其爲後人增益無疑，兼知是編非竇氏原本矣。仲景《傷寒論》，古今奉爲不刊之典，竇氏顧有指摘其未當者數條，蓋由膠執其詞，未嘗融貫，以參領其活潑之用，致意見有差池耳。後人自當分別觀之，能鑒其足，更能正其非，判然不惑，斯爲善讀古書者。

【諸暨圖書館目錄】卷五　《扁鵲心書》三卷，《神方》一卷。其書僞託，序注及尾跋已詳之，瑕不掩瑜可也。

（一）序跋

王琦跋

《扁鵲心書》三卷及《神方》一卷，宋紹興中開州巡檢竇材所集錄。已嘗鋟板行世，而歲久湮沒，人間少有見者。古月老人得之，詫爲奇書秘冊，寶藏不啻在琅函玉笈中。老人精醫理，於古今方論，剖析疑似，指斥譌謬，皆合軒岐正義。遇危急之疾，他人縮手告難，老人治之，往往奏效。年五十外，又得此書。嗣後治人痼疾，益多奇驗。沒後其子道周繼其業,嘗手其書示余曰,思欲重刊以傳於世,而家貧乏力。遲之十餘年,竟不克刊。道周亦沒,歷今又十餘年,見其孫紀雲語及是書,因出其祖手錄副本見示。上有參論百餘條,拾遺補闕,可謂竇氏功臣。第字句不[無]訛錯,邊方亦有蠹蝕。問前者所見原本,則歸横塘一藏書家,余深以不得再見爲歉。又恐此本久亦湮沒不存,爰加較勘,即以參論諸條,附注其下,以付剞劂。一以讎故人昔日見示斯編之意,一以使奇方要訣流傳世上,後人用之,得以起沉痾而保天年,爲益甚無窮也。回思數十年前,與古月老人父子相晤語,宛然疇昔事,歲月如馳。兩人墓木已拱,不獲親見是書重刊,爲可嘆也。老人名珏,字念菴,因姓胡氏,故自號古月老人。乾隆乙酉二月丁丑朔,紫陽山民王琦書。

注:按《醫林指月》本首有"扁鵲心書序",署云"宋紹興十六年武翼郎前開州巡檢竇材謹序"。序末注云"細觀此敘,前後語意不相聯屬,似非通人之語,疑是後人僞作"。又有"奏玉帝青詞",首署亦云"維大宋紹興十六年丙寅月武翼郎臣竇材奏啟",次有"進醫書表"。意者,是書不但序文,併其論方,悉是明已後人所僞撰,故今與王琦續跋,皆不備錄焉。

(二)刊本

1.乾隆醫林指月本

【叢書舉要】卷十二醫林指月 《扁鵲心書》三卷,《神方》一卷,竇材重集,仁和王琦琢崖輯。乾隆丁亥寶笏堂刊。《叢書書目彙編》同

【八千卷樓書目】卷十 《扁鵲心書》一卷,《神方》一卷,宋竇材。《醫林指月》本。

【揚州吳氏測海樓藏書目錄】《扁鵲心書》三卷,《神方》一卷,宋竇材集。《醫林指月》,王琦編。乾隆年刊。竹紙初印,鉛印本白紙內。

【涵芬樓舊書分類總目】《扁鵲心書》附《神方》,宋竇材集。《醫林指月》本。

【江南圖書館閱覽室檢查書目】《扁鵲心書》,宋竇材。《醫林指月》本。二本。

【江蘇省立國學圖書館圖書總目】《扁鵲心書》三卷,《神方》一卷,二冊。題"周盧人扁鵲"。宋真定竇材重集。清初刊本。又一部三卷。《神方》一卷。《醫林指月》第七至八冊,乾隆原刊本。

【內閣文庫圖書第二部漢書目錄】《扁鵲心書》三卷,附《神方》,宋竇材。清胡玉註。乾隆三十年刊。二冊。

【中國醫學書目】《扁鵲心書》三卷。三冊。十行,二十字。框横十三·五釐,縱十七·五釐。《扁鵲傳》,竇材集。胡珏論。《醫林指月》之內。目錄。"扁鵲心書序",竇材,紹興十六年。"奏王帝青詞",竇材,紹興十六年。《進醫書表》。

《扁鵲心書神方》一卷,扁鵲編。竇材集。胡珏訂。《醫林指月》之內。跋,王琦,乾隆乙酉三十年。跋,琢崖。又跋,琢崖。

注:按《國學用書類述》,載有通行石印本《醫林指月》。

2. 光緒江左書林刊本

【八千卷樓書目】《扁鵲心書》一卷,《神方》一卷。光緒刊三卷本。

【揚州吳氏測海樓藏書目錄】《扁鵲心書》三卷,周秦扁鵲,宋竇材集。江左書局刊竹紙,二本。

【中國醫學書目】《扁鵲心書》三卷。三冊。九行,二十字。框横十三·三釐,縱十七·七釐。扁鵲傳,竇材集,胡珏參,光緒江左書林刊。扁鵲心書序,竇材,紹興十六年。奏玉帝青詞。《進醫書表》。目錄。《扁鵲心書神方》一卷。

3. 青蓮書屋刊本

【諸暨圖書館目錄】卷五 《扁鵲心書》三卷,《神方》一卷。宋太醫竇材重集。清錢塘胡珏參論。青蓮書屋本。是書僞託,序注及尾跋已詳之,瑕不掩瑜可也。

附 諸醫方髓

附 醫方書斷片

【普魯西學士院所藏中央亞細亞出土醫方書四種】四 《諸醫方髓》。殘缺。普魯西學士院藏儲番號 Tll,Y490 醫方書斷片。藏架番號 Tll,Tvr(2)。右并詳見於《支那學》第七卷第四號黑田論文中。

附 救疾病經

【燉煌石室醫方書類纂】二療方 《救疾病經》殘缺。《巴里目錄》四五六三。4563。追加目錄。高二十八·二釐,長三十一·三釐。文字佳,紙白,卷後有餘白。

附 藥方殘缺

【燉煌石室醫方書類纂】二療方 《藥方》殘闕。《巴里目錄》二七五五。2755。Fragment, taoiste, au、verso, recettes, medicales、高二十五·五釐,長九十·二釐。紙淡黄,文字拙,背云"儒教ノモノノ如シ"云云。

附 藥方殘缺

【燉煌石室醫方書類纂】二療方 《藥方》殘缺。《巴里目錄》三〇九三。3093。Texte, bouddhique, au、verso, recettes, medicales、高二十七·七釐,長三十八·六(一紙長三十二·八釐)。白紙薄。

第十三類　諸家方論(金)

一、靈秘十八方

【古今醫統大全】卷一採摭諸書　《靈秘十八方》,河間劉守真集。

【萬卷堂書目】卷三　《靈秘十八方》一冊,胡嗣濂。

【天一閣藏書目錄】呂字號廚　胡嗣濂《靈秘十八方》一本。

【各省進呈書目】浙江第九次呈送書目　《靈秘十八方加減》一本。

【中國醫學書目】　《靈秘十八方加減》又名《加減靈秘十八方》,一卷。八行,十九字。框横十一・一釐。縱十五・四釐。胡嗣廉纂,程永培校。於然室心導樓合刻之内。又一卷。八行,十九字。框横十五釐。縱二十三・五釐。《六醴齋醫書》之内。

注:按《中國醫學大辭典》云:《靈秘十八方加減》一卷。舊本題"德府良醫所良醫濟南胡嗣廉校編"。前有嘉靖十七年可泉子序,云不知何人所集,則胡嗣廉似僅校正編次耳。其書以世人多用《和劑局方》,不知加減之用。因以此十八方,各詳其因證加減之法。然病機萬變,相似者多,但據證以加減藥味,似非必中之道,仍與執局方者等也。十八方後,又附"補中益氣湯"等四方,共爲二十二方,亦不知何人所加,或即嗣廉續入歟。

注:劉完素傳,見於"素問要旨論"條下。

附　河間十八劑

【千頃堂書目】卷十四補金劉(元)[完]素素問要旨　《河間劉先生十八劑》一卷

【補遼金元藝文志】　金劉完素《河間劉先生十八劑》一卷。字守真,河間人。

【補元史藝文志】卷三　劉完素《河間劉先生十八劑》一卷

附　治病心印

【萬卷堂書目】卷三　《治病心印》一卷,劉守真。

【千頃堂書目】卷十四　《治病心印》一卷,劉完素。

【補遼金元藝文志】　金劉完素《治病心印》一卷。字守真,河間人。

【補元史藝文志】　劉完素《治病心印》一卷

附　劉河間醫學

【浙江藏書樓甲編書目】　《劉河間醫學》□卷,金劉完素。明刻本。

附　三消論

【續彙刻書目】周氏醫學叢書　《三消論》一卷

【國學用書類述】《三消論》,金劉完素。清周學海校刻本。《中西醫學叢書》第一集。《三消論註》一卷,金劉完素。

【雜病廣要採摭書目】《三消論》,金劉完素。

【中國醫學書目】《三消論》一卷。十一行二十一字。框横十二・一釐,縱十五・五釐。劉完素著,周學海註。《周氏醫學叢書》之內。

序跋

錦溪野老跋

《三消》之論,劉河間之所作也。因麻徵君寓汴梁,暇日訪先生後裔,或舉教醫學者,即其人矣。徵君親詣其家,求先生平昔所著遺書,乃出《三消論》、《氣宜病機》三書,(“三”,《醫籍考》作“二”。)未傳於世者,文多不全。(“文”,《醫籍考》作“又”。)止取《三消論》,於卷首增寫六位藏象二圖,(“二”,《醫籍考》作“三”。)其餘未遑潤色,即付友人穆子昭。子昭乃河間門人穆大簧之後也,(“子昭”及“門”三字,《醫籍考》無。)時覓官於京師,方且告困,(“困”,《醫籍考》作“因”。)徵君因是而惠也。由是余從子昭授得一本,後置兵火,遂失其傳。偶於鄉人霍司承君祥處復見其文,然傳寫甚誤,但依倣而錄之,以付後之學者詳爲刊正云。時甲辰年冬至日,錦溪野老書。“錦”,《醫籍考》作“綫”。《周氏叢書》本

二、潔古家珍

【文淵閣書目】卷十五　《潔古家珍》一部一冊。闕。

【菉竹堂書目】卷五　《潔古家珍》一冊

【本草綱目】引據書目　《潔古家珍》

注:張元素傳,見於“張潔古藥註難經”條下。

刊本及鈔本

1. 濟生拔萃本

【醫藏書目】正法函目濟生拔萃　《潔古家珍》

【叢書舉要】卷十二濟生拔萃元杜思敬輯元刊本　《潔古家珍》

【叢書書目彙編】濟生拔萃　《潔古家珍》。卷第八《續彙刻書目》同

【續中國醫學書目】《潔古家珍》一卷。半冊。十二行,二十四字,框横十一・一釐,縱十七釐。金張元素撰。民國二十七年上海涵芬樓影元刻本《濟生拔萃》之內。潔古家珍目錄。

2. 古本東垣十書本

【醫藏書目】正法函目古本東垣十書　《潔古家珍》

【叢書書目彙編】古本東垣十書　《潔古家珍》

3. 鈔本

【崇蘭館醫書目】說部　《潔古家珍》一卷。抄本。

注:張元素傳已見於"張潔古藥註難經"下,今復增補二條,即如左。

《醫學源流》三十九葉　張素元,一云張元素,字潔古,因號潔古老人。精通方脈,尤喜著述,有《藥註脈難經》、《引經主藥》、《潔古家珍》、《補闕錢氏方》、《藥性珠囊》、《産育保生方》等書行於世。昔許文正公語及近代醫術,謂潔古之書,醫中之王道。然《潔古氏藥註》,疑其草稿,姑立章指義例,未及成書也。今所見者,往往言論於經不相涉,且無文理。既言潔古平日著述極醇正,此絕不相似,不知何自,遂及板行,反爲先生之累。豈好事者爲之,而托爲潔古之名耶。

李濂《醫史》卷五　元素以古方、新病不能相值,治疾一切不以方,故其書不傳。今存於世者,皆後人之所傅會,非元素之真書也。其學則東垣、李杲深得之。

附　潔古老方

【古今書刊】上编福建書房醫卜類　《潔古老方》

三、醫學啟源

【萬卷堂書目】卷三　《醫學啟源》三卷,張元素。

【本草綱目】引據書目　《張潔古醫學啟源》

【脈望館書目】辰字號　《醫學啟源》一本

【補元史藝文志】卷三　張元素《潔古老人醫學啟源》三卷

(一)考證

【讀書敏求記】　《潔古老人醫學啟源》三卷,金易水張元素著。潔古治病不用古方,刻期見效。劉守真嘗病傷寒,潔古診其脈而知其用藥之差,守真大服,自是名滿天下。是書採輯《素問五運六氣》,《内經治要》、《本草》而成,其門下高弟李明之,請蘭泉張建吉甫序於卷首。

(二)序跋

張建序

先生張元素潔古,易州人也。八歲試經童,二十七經義登科,犯章廟諱出落。於是怠仕進,遂潛心於醫學二十餘年,雖記誦廣博,然治人之術,不出時右。其夜夢人持柯斧長鑿,鑿心開竅,納書數卷於其中,見其題曰《内經主治備要》。駭然驚悟,覺心痛,以爲凶事也,不敢語人。自是心目洞徹,便爲傳道軒岐、指揮秦越也。河間劉守真病傷寒,八日無下證,頭疼脈緊,嘔逆不食,門人侍病,未知所爲。請潔古診之,至則守真面壁不顧也。潔古曰:視我直如此卑也。診其脈,喻之曰:脈病乃爾,是初下某藥犯某藥味乎。曰:然。潔古:差之甚也。守真遽然起曰:何謂也。潔古曰:某藥味寒,下降走太陰,陽亡汗不散也。今脈云云,當以某藥治之。守真慰首,大服其能,一服而愈。自是名滿天下。潔古治病,不用古方,但云古方新病,恐不相宜,反以害人。每自從病取方,刻期見效,藥下如攫,當時目之曰“神醫”。暇日緝集《素問五運六氣》、《内經治要》、《本草藥性》,名曰《醫學啟源》,以教門生。有《醫方》三十卷,傳於世。壬辰遺失不存,所存者惟《醫學啟源》。真定李明之,門下高弟也。請予爲序,故書之。蘭泉老人張建吉甫序。《愛日精廬藏書志》

(三)刊本及鈔本

1. 元刊本

【季滄葦藏書目】宋元雜板書 《醫學啟原》三卷,三本。元板。

【滂喜齋藏書記】卷二 《元刻醫學啟源》三卷,三冊,金張元素潔古撰。張吉甫序。按序云,劉守真病傷寒,潔古治之,一服而愈。與李濂《醫史》所言合。其所著《病機氣宜保命集》三卷。《四庫》著錄,此書未收。舊爲季滄葦藏書,即載之《延令書目》者也。附藏印:“季振宜藏書”、“簾樓印”、“鳳氏”。

2. 鈔本

【也是園藏書目】卷五 《潔古老人醫學啟源》三卷

【讀書敏求記考證】卷三 《潔古老人醫學啟源》三卷。《述古目》注“鈔”字。《補》:黄丕烈云,乙亥予友張訒菴得此舊鈔本於元妙觀東書坊,予曾影寫一本。鈺案,《愛日志》有傳錄黄本。《補遺》:此書予家藏有宋板,世所罕見。鈺案,此條趙校。

金易水張素元一本作“元素”。鈺案,作“元素”者是。元素人《金史·方伎傳》,所著《病機氣宜保命集》,嘗誤題爲“河間劉完素”,至李時珍《本草綱目》始訂其誤,見《四庫提要》。此書則《四庫》失收。著。潔古治病不用古方,刻期見效。劉守真嘗病傷寒,潔古診其脈,而知某藥之差。刊本、阮本作“而知其用藥之差”。《補》:黄鈔本作“而知用某藥之差”。守真大服,自是名滿天下。《補遺》:鈺案,事詳本書“蘭泉老人張建吉甫序”。是書採輯《素問五運六氣》、《内經治要》、《本草藥性》刊本、阮本脱“藥性”二字。《補》:胡校本補二字。而成,其門下高弟刊本作“第”,《補》、阮本、胡校本均作“弟”。李明之,請蘭泉張建吉甫序於卷首。刊本、阮本作“首卷”,《補》:胡校本作“卷首”。

【愛日精廬藏書志】卷二十二 《醫學啟源》三卷。抄本。從吳門黄氏藏本傳錄。金易水潔古老人張元素著。元素有《病機氣宜保命集》,傳本較多。是書自《敏求記》外,無著錄者。金吾編輯金文,因是書有蘭泉張建一序,購訪十餘年不獲。甲申春,讀《士禮居書目》,見有是書,函假歸錄副,爲狂喜者累日。

張建序引文略,見於“序跋”下。

【四庫書目邵注】卷十 《醫學啟源》三卷,金張元素撰。黄丕烈有此書,即錢遵王物。

【郘亭知見傳本書目】卷八 《醫學啟源》三卷,金張元素撰。黄丕烈有此書,即錢遵王物。有蘭泉老人張建吉甫序,亦金人。見張氏《志》,謂《敏求記》外無著錄者。

3. 未詳本

【天一閣藏書目錄】呂字號廚　《醫學啟源》一本。

【近古堂書目】卷下　《醫學啟源》

【絳雲樓書目】卷三　《醫學啟源》

【寶書閣著錄】　《醫學啟源》三卷，金張元素撰。

附　醫學啟元

【千頃堂書目】卷十四　《醫學啟元》，李慶嗣。

【補遼金元藝文志】　金李慶嗣《醫學啟元》。洛州人。

【補元史藝文志】卷三　李慶嗣《醫學啟元》

注：李慶嗣傳，見於"李慶嗣鍼經"條下。

四、醫學新說

【醫學源流】金　張璧，號雲岐子，潔古之子也。著《醫學新說》、《保命傷寒論》、《叔和百問》，已刊附《藥註脈訣》內。

五、儒門事親

【元史藝文志】卷三　《儒門事親》十五卷

【文淵閣書目】卷十五　《儒門事親書》一部二冊。闕。《儒門事親書》一部三冊。闕。

【菉竹堂書目】卷五　《儒門事親書》三冊

【古今書刻】上編山東德府《儒門事親》

【古今醫統大全】採摭諸書　《儒門事親》十四卷，睢州戴人張從正子和撰。

【萬卷堂書目】卷三　《儒門事親》十四卷，張子和。

【本草綱目引據書目】　張子和《儒門事親》

【世善堂藏書目錄】卷下　《儒門事親》十四卷，金張從正。

【醫藏書目】旁通函　《儒門事親》十五卷，張子和。

【國史經籍志】卷四下　《儒門事親》十四卷，張子和。

【千頃堂書目】卷十四　張從政《儒門事親》十五卷，又《治病撮要》一卷。字子和，睢州考城人。

注：張從正傳，《金史》卷一百三十一本傳云：張從正，字子和，睢州考城人。精於醫，貫穿《素》、《難》之學，其法宗劉守真，用藥多寒涼，然起疾救死多取效。古醫書有汗吐下法，亦有不當汗者汗之則死，不當下者下之則死，不當吐者吐之則死，各有經絡脈理。世傳黃帝、岐伯所爲書也，從正用之最精，號"張子和汗吐下"。妄庸淺術，習其方劑，不知察脈原病，往往殺人，此庸醫所以失其傳之過也。其所著有六門三法之目，存於世云。

劉祁《歸潛志》云:張子和爲人放誕,無威儀,頗讀書作詩,嗜酒。久居陳,游余先子門。後召入太醫院,旋告去,隱然名重東州。麻知幾九疇與之善,使子和論說其術,因爲文之,有六門三法之目,將行於世。會子和、知幾相繼死,今其書存焉。

李濂《醫史》卷五云:河間探《内經》之秘,大揚其道於大定、明昌間,而宛丘張子和,益發揮而衍繹之。子和有"神醫"名,自稱曰戴人。興定中召補大醫,居無何辭去,蓋非其好也。於是退而與麻知幾、常仲明輩,日遊濦水之上,講明奥義,辨析玄理,遂以平日聞見及嘗試之效,輯爲一書,名之曰《儒門事親》。以爲惟儒者能明辨之,而事親者不可以不知也。是書凡十四卷,蓋子和草創之,知幾潤色之,而仲明又摭其遺,爲治法心要。兵塵澒洞,藏諸查牙空穴中,幸而復出人間,謂非鬼神訶護之力,可乎。其中妙論精義,不可縷述,善讀者當自得之。

(一)考證

【儒門事親】張頤齋序　宛丘張子和,興定中召補太醫,居無何求去,蓋非好也。於是退而從麻徵君知幾、常公仲明輩,日游濦上,相共講明奥義,辨析至理。深悼傳習之弊,力矯而正緒,遂以平日所著論議,及嘗試之效,緝爲一卷,命曰《儒門事親》。其意以謂非吾儒,不能明辨而是正之,以傳於天下後世也。是□之成,一法一論,其大義皆子和發之,至於博之以文,則徵君所不辭專。議者咸謂,非宛丘之術不足以稱徵君之文,非徵君之文不足以弘宛丘之術,所以世稱"二絕"而尤爲難得歟。惜其真本爲徵君藏於名山中,不可復見,今之板行者,尚爲錯亂疑闕,殆傳者之過也。

【格致餘論】卷二張子和攻擊注論　愚閱張子和書,惟務攻擊。其意以爲正氣不能自病,因爲邪所客,所以爲病也。邪去正氣自安,因病有在上、在中、在下,深淺之不同,立爲汗吐下三法以攻之。初看其書,將謂醫之法盡於是矣。後因思《内經》有謂之虚者精氣虚也,謂之實者邪氣實也。夫邪所客,必因正氣之虚,然後邪得而客之。苟正氣實,邪無自入之理。由是於子和之法,不能不致疑於其間。又思《内經》有言"陰平陽秘,精神乃治。陰陽離决,精氣乃絕"。又思仲景有言,病當汗解,診其尺脈濇,當與黄耆建中湯補之,然後汗之。於是以子和書,非子和之筆也。馳名中土,其法必有過於(明)[朋]輩者,何其書之所言,與《内經》、仲景之意若是之不同也。

【四庫全書總目】卷一百零四　《儒門事親》十五卷,大學士英廉家藏本。金張從正撰。從正,字子和,號戴人,睢州考城人。興定中召補太醫,尋辭去。事蹟具《金史·方技傳》。從正與麻知幾、常仲明輩講求醫理,輯爲此書。劉祁《歸潛志》稱,麻知幾九疇與之善,使子和論其術,因爲文之。則此書實知幾所記也。其例有說有辨、有記有解、有誠有箴、有詮有式、有斷有論、有疏有述、有衍有訣,有十形三療,有六門三法,名目頗碎,而大旨主於用攻。其曰《儒門事親》者,則以爲惟儒者能明其理,而事親者當知醫也。從正宗河間劉守真,用藥多用寒凉,其"汗吐下三法",當時亦多異議,故書中辨謗之處爲多。丹溪朱震亨亦譏其偏,後人遂并其書置之。然病情萬狀，各有所宜，當攻不攻與當補不補，厥弊維均。偏執其法固非，竟斥其法亦非也。惟中間負氣求勝，不免過激，欲矯庸醫恃補之失，或至於過直。又傳其學者，不知察虛實，論病久暫，概以峻利施治，遂致爲世所藉口。要之，未明從正本意耳。

【鄭堂讀書記】宋至元　《儒門事親》十五卷，《醫統正脈》本。金張從正撰。《四庫全書》著錄，倪氏《補遼金元志》俱載之。子和以醫擅名，著述亦富。詳見倪、錢二《志》其作是書，蓋以醫家奥旨，非儒不能明，藥品酒食，非孝不能備，故以《儒門事親》爲名。自“七方十劑繩墨訂”，迄於“補論”，凡二十九篇，合三卷。自“風暑濕火燥”，迄於“瘡皰癮疹”，凡一百篇，合二卷。《十形三療》四卷，《雜記九門》一卷，《治法雜論》一卷，《三法八門》一卷，《劉河間三消論》、《扁鵲華陀察聲色定死生訣要》一卷，《世傳神效諸方》一卷，而以太醫先生“辭世詩”附於後。名目頗傷煩碎，而編次尚有條理。其法以“汗吐下三法”治諸證，雖不可爲訓，然用之得宜，其取效亦捷也。前有嘉靖辛丑邵輔重刊序，末有嘉靖庚子聞忠重刊後序。

【醫賸】卷上　《儒門事親》。驪恕公忠嘗言，《儒門事親》一書，前三卷議論精確，文亦俊逸。後八卷乃體裁殊異，必是別一種書，或出於門人之手焉。後閲《心印紺珠經》云：子和，金宛丘人，氏張，戴人是也。有《儒門事親》三十篇，《十形三療》一帙，《治病百法》一帙，《三復指迷》一帙，《治心要》一帙，按原本“治”下當有“法”字。《三法六門世傳方》一帙。今考之於《醫統正脈》所收本，從第一卷“七方十劑繩墨訂”，至第三卷“水解”，凡三十篇，此即《儒門事親》也。自第四卷至第五卷，別是一書。自第六至第十一乃《十形三療》也。自第十二至第十五乃《三法六門世傳方》也。尋借元版於西京伊良子氏而抄之，凡三卷，首有中統年間高鳴序，及金人張頤齋序，後有金人無名氏跋。篇數與《紺珠經》所載符矣。恕公没十餘年，惜不見此書焉。朝鮮所輯《醫方類聚》多引《十形三療》、《三法六門》，今《正脈》本《儒門事親》中並有之。

【醫籍考】一千九百四十　張氏從正《儒門事親》三卷。存。

按，《醫統正脈》中所輯，是書凡十四卷。今查明板《醫統》本，當作十五卷。以嘉靖中邵伯崖刊本爲祖者，原係於一部叢書，蓋所謂《儒門事親》止其前三卷，其他麻知幾并弟子輩述子和之説以所編也。《歸潛志》曰：麻九疇知幾，初名文純，易州人，晚更好醫方，與名醫張子和遊，盡傳其學。爲文精密功健，詩尤奇峭，妙處似唐人。西京伊良子氏藏元中統中高鳴刻本《儒門事親》，亦三卷。先子仍據朱好謙《心印紺珠》訂其篇目，述之於所著《醫賸》。今原其説，更據《醫方類聚》各證門所列加以詳核，識於左，使人知其舊觀。

《治病百法》二卷，存。按，邵氏刊本第四、第五兩卷是也。

《十形三療》三卷，存。按，邵(柏)[伯]崖刊本第六、第七、第八三卷是也。

子和受法於劉守真，藥多用寒涼，《金史》并《歸潛志》備述之，則是書出自子和，亦不可疑。朱彦修、劉宗厚律以自家之説，爲後人所附會，殆屬偏執。

《雜記九門》一卷。存。按，邵氏刊本第九卷是也。

《撮要圖》一卷。存。按，邵氏刊本第十卷是也。

《治病雜論》一卷。存。按,邵氏刊本第十一卷是也。

《三法六門》一卷。存。按,邵氏刊本第十二卷是也。

《治法心要》一卷。存。按,邵氏刊本第十三卷是也。據《醫史》,是書係常仲明摭子和遺説而録成者也。

《世傳神效名方》一卷。存。按,邵氏刊本第十五卷是也。

注:按《醫統正脈》本十五卷,其卷第十四乃"扁鵲華佗察聲色定死生訣要"及"病機"等,而《醫籍考》失載之,蓋偶脱耶。

又按《蕘圃題識》載刊本十二卷,《滂喜齋藏書記》載元刊本八卷,蓋並有闕佚也。明代諸家著録,或曰十四卷(《古今醫統》、《萬卷堂目》、《世善堂目》、《國史經籍志》),或曰十五卷(《醫藏書目》、《千頃堂書目》)。然考嘉靖邵輔所刊,及吴勉學《醫統》本,並爲十五卷,而間有少異。今參照諸本,以較其標目及卷次,即如下。

	金刊本	元刊本	邵輔本	醫統本	心印紺珠
《儒門事親》三卷	卷一至三	三卷	卷一至三	卷一至三	三十篇
直言治病百法二卷	卷四至五	二卷	卷四至五	治病百法卷四至五	治病百法一帙
十形三療三卷	卷六至八	三卷	卷六至八	卷六至八	一帙
附,雜記			雜記九門卷九	雜記九門卷九	
撮要圖一卷	卷九		卷十	卷十	
三法六門方一卷	卷十		三法六門卷十二	卷十二	三法六門世傳方一帙
世傳神效名方一卷	卷十一		卷十五	卷十五	三法六門世傳方一帙
治法雜論一卷	卷十二		卷十一	卷十一	
附三消論	卷十二			卷十三	
扁華訣病機一卷			卷十四	卷十四	
治法心要一卷			卷十三		一帙
三復指迷					一帙

是以知金刊以《雜記》附於《十形三療》,以《三消論》附於《治法雜論》,乃自《儒門事親》至《治法雜論》七種,附二種,共十二卷。疑則後缺《扁華訣》、《病機》及《治法心要》各一卷,併現存十二卷,合十四卷,即其原卷數矣。元刊恐亦襲之。至嘉靖刊本,因以《雜記》析爲一卷,遂爲全十五卷。蓋是明代諸家目,所以有十四卷及十五卷之兩目也。考其《三法六門》以下諸目之次第先後,其《三消論》、《扁華訣》、《治法心要》,並非子和自著,當在篇尾,知以金刊爲是,不知明刊何據更之耶。

(二)序跋

1. 張頤齋序

醫之爲道尚矣,自《本草》、《靈》、《素》之書作,而傳之者代不乏人。和、緩以降,若越人,若淳于、若張、若華,皆明其理,神其術,而能濟衆於夭閼者也。然其著書垂世爲醫流之指南者,獨長沙公而已。爾後百論千方,紛然雜出。覽之則但若可采(“則”《醫籍考》作“者”)用之,則莫適所從,求其洞達是理而能酌夫至要者,殆若晨星。然近世惟河間劉守真深得長沙遺意,故能以斯道鳴於大定、明昌間(“於”,《醫籍考》作“乎”,“間”,《醫籍考》無)。南渡以來,宛丘張子和出焉(“焉”,《醫籍考》作“専”)。探歷聖之心,發千載之秘,辨實於虚,識燠於寒,以至陰陽之所以造化,運氣之所以勝復(“以”,《醫籍考》無),風土之異宜,形神之殊稟,無一不究其極。凡所拯療,如取如攜,識者謂長沙、河間復生於斯世矣。興定中,召補太醫,居無何求去,蓋非好也。於是退而從麻徵君知幾,常公仲明輩,日游㶏上,相共講明奥義,辨析至理。深悼世俗傳習之弊(“世俗”,《醫籍考》無),力矯而正緒。遂以平日所著論議,及嘗試之效,緝爲一卷,命曰《儒門事親》。其意以謂非吾儒不能明辨而是正之,以傳於天下後世也。是書之成,一法一論,其大義皆子和發之,至於博之以文,則徵君所不辭焉(“焉”,《醫籍考》作“専”)。議者咸謂,非宛丘之術不足以稱徵君之文,非徵君之文不足以弘宛丘之術,所以世稱“二絕”而尤爲難得歟。惜其真本爲徵君藏於名山中,不可復見,今之板行者,尚多錯亂疑闕(“多”,《醫籍考》作“爲”),殆傳者之過也。嗚呼,術業如子和,不得居中以司天下之命,而躋之壽域。徒使之卒□□其書,又□殊博雅君子手,而傳之者或失其真,又不能無其遺恨,此予所以屢歎而深惜之。異時有好事,購得真本,重刊而行之,俾學者獲覩完書(“書”,《醫籍考》缺),以惠天下後世,則子和爲不死矣。歲在昭陽單閼陽月晦日,頤齋引(“昭陽”《醫籍考》無)。(影元鈔本)

2. 儒門事親後序

經曰“許世子止弑其君買”,初許悼公瘧,飲大子止之藥卒。說者謂止進藥而殺,譏子道之不盡也。是以君子加弑焉爾,以失其消息多少之宜也。在春秋時,許爲大岳之胤,止乃諸侯之賢子,藥一誤進,遂與商臣蔡般梟獍之惡同罰。則知聖人於書法也,謹嚴如此。於其所疾也,慎重又如此。此子和《儒者事親》之書所由作也。子和,宛丘人也。名從正。以醫鳴於河南,上達宣廟,方其見召也以字,故天下至今,其字行興定間。余爲省西曹掾,因飲食勞倦之無節,虧損胃氣,食爲之減。謀爲醫者,初則以平劑導達之,次則以溫藥補養之,至其極,附十錢而薑倍之以爲一劑,其餘朮桂之屬不預焉。日與食相間,半年於茲,竟不能脫然矣。自忖在安仁見二毛之歲,才加一數,何其沉寒痼冷之如是。不爾,所與處方者,皆一時翰林之名流,安肯鴆人邪。藥雖不舍,心則未孚。及其考滿也,徑謁宛丘,一見如故,遂以今之所著書中三法治之,尋即平復。迨其閑暇,爲具以謝,因曰:病已愈矣。然昔之所受病之源安在,今之所治其效何速,敢以爲請。迺曰:是不難,殆始竈火然,朝而炊,暮而爨,積有日矣。則煤燼塵垢,湮鬱蓬勃乎炕洞之間,煙氣爲之不湍矣。操鏝者決而去之,挹水而注之,突自上而下,一滌而無留滯。明日再炊再爨,則一如平時,其功可即日而辦,何以歲月爲。已而再拜,且其平昔之所學之所得處曰:人有五藏,心爲之君。心火也,火之所乘,其臟必受病,皆由心先不安其位也。心既不安,則一臟之所受病,傳而五之。欲安初心,先止在火。然不知世間之所謂止火者,當用何物。君其問諸水濱，故禪家有安心法，醫家有安心藥，此其所自得醫中之禪也。别後常記之，以爲名言。自滈寓東垣，知有隱士林慮李君子範者，以其有老母在，刻意岐黄，及得是書，喜而不舍，遂盡得宛丘之傳。史侯聞之，羅而致之幕下，以備問安之孝也。故士夫之有疾者，亦時造其門焉。李一日持張君耀卿之引，請題其書之末。余辭不獲，乃告之曰：夫醫師之立論也，猶聖人之制法也。法之爲法，初則一焉，神而明之，存乎其人。君子用法至於化，小人用法至於亂。然則由是門者，始則即當取其儒者所以事親之學爲學，終則又當審其君子所以用法之心，此宛丘心學中不傳之妙也，而寓齋居士欲爲天下後世發之耳。子範以爲然。甲辰冬十月朔題。（影元鈔本）

3. 重刊儒門事親序

是書也，戴人張子和專爲事親者著，論議淵微，調攝有法，其術與東垣、丹溪並傳。名書之義，蓋以醫家奥旨，非儒不能明；藥品酒食，非孝子不能備也。故曰"爲人子者不可不知醫"。予幼失怙，慈親在堂，踰七望八，瀡瀡既具，未嘗不防以藥物。每慮當有所饋，委之時醫，恐爲盡道之累，將欲遍閲方書，諸家著述繁雜，竊爲是皇皇者數載矣。近得是書，如獲寶璐，執是以證，何慮臆説之能惑。惜其板久失傳，本多亥豕之訛，因付儒醫聞忠，較訂鋟梓，與世之事親者共云。嘉靖辛丑三月戊子，復元道人邵輔序。

4. 儒門事親後序跋

醫道之大尚矣，其上醫國，其下醫人，而方之所繫（"方"《醫統》本作"身"），抑豈小哉。觀抱朴子之《金匱》、《肘後》，其用心亦精矣（《醫統》本"亦"上有"以"字），功亦溥矣久矣。邵君柏崖，以玉牒之親，存心於天下後世（"心"《醫統》本作"以"），以是書命愚機之壽諸梓（"機"疑"校"字），以廣其傳，功豈在抱朴子下哉。愚不學，恐來後人之誚（"來"，《醫統》本作"成"），辜栢崖之知（《醫統》本"辜"作"幸"，"知"作"去"）。然日夜是懼，不敢謂盡心力（《醫統》本"謂"作"語"，"心"作"以"）。至於析微部奥（"析微部"《醫統》本作"根徹鄙"），剔謬辨非（"剔"《醫統》本作"劇"），尚俟後之君子。嘉靖十九年歲次庚子孟冬朔日，錢塘□□聞忠校於南圃陋室中（"校"《醫統》本作"機"，"□□"《醫統》本作"者相"）。（嘉靖本）

5. 新鐫儒門事親

一氣之坱然乎太虚之間也，絪緼麻盪以生生萬物，而其稟之駁者，爲禽獸，爲草木。粹者爲人，而其粹者亦有厚薄强弱之不同。加之六氣沴乎外，七情侵乎内，而諸疾生焉。有寒有熱，有表有裏，千狀萬證，不可具述，而要之不過虚實二者之間焉。故經曰"虚則補，實則瀉"。嗚呼，虚實者診病之標的，而補瀉者施治之大要也哉。長沙以還，明哲輩出，家擅專門，人立異見，諸説旁午，多岐亡羊。至若張戴人、薛立齋之學之術，可謂百世之宗師矣。而究其設施之方，則戴人偏於瀉，而立齋偏於補。既有所偏，則不能無弊，苟不能無弊，則又不可無辨焉。予竊謂二君之術，一補一瀉，雖有不同，而各極其至，庶乎聖之功亦莫以加焉。然天下之病，未必盡實，則其偏於瀉也，吾恐虚者之反受其害也；未必盡虚，則其偏於補也，吾恐實者之亦反受其害也。一得一失，明於此而暗於彼，此豈斯道之大成哉。若長沙則不然，可以補則補，而不偏於補；可以瀉則瀉，而不偏於瀉。虛實隨證，補瀉應機。嗚呼。亦可謂大成矣。擬諸古之聖賢，二君之於長沙，猶夷惠之於孔子也。蓋補瀉之不可偏廢，猶裘葛之不可一施也。而今不覈虛與實，而致補瀉之各偏，猶不審冬夏之異候，而欲偏裘葛之御也，豈其理也哉。故曰：少陰病，下利清穀，裏寒外熱者，通脈四逆湯主之。又曰：少陰病，自利清水，色純青者，宜大承氣湯。補瀉不可偏廢也，可見矣。方今之世，好補而惡瀉，喜溫而畏寒。大黃芒硝，視如蛇蠍。乾薑附子，甘如飴蜜。遇硝黃奏效，則曰此惟取一時之快，後必致寒中之患。薑附錯投，則曰薑附猶不驗，歸之於命。蓋亦不思之甚也。故凡治療之書，偏於補者，盛行於世，而梨棗日廣。至於戴人此書，傳誦甚罕。予竊恐童蒙學醫者，呫嗶偏補之書，而不講實瀉之方，則虛虛實實，其弊將有不可勝言者。乃鳩工壽梓，以廣其傳，惟冀此書與立齋之書並行於世。可以瀉則師戴人，可以補則師立齋，無致補瀉之偏勝，使斯民同躋於仁壽之域矣。正德辛卯八月望日，渡邊（榮）元安[1]甫書於洛陽松下睡鶴軒。

［郭注］

（1）渡邊（榮）元安（1663～1722），名榮，字元安，日向延岡人。醫學師事於馬存庵，並傳承其術。後定居京師，行醫數年。敘法眼。後患病，享保七年二月二日逝去，年五十九歲。

6. 伊澤蘭軒跋

余嘗謂《素問》者論醫之源，其道也大，可以比老子；仲景者定醫之法，其言也正，可以比孔子；金張從正者，究醫之術，其說也權，可以比韓非矣。昔者韓非之著書，其所宗者，刑名法術也，故不資之於孔子，而言必稱老子。老子之書，浩大無端，衍而述之，牽而傅之，則無理不可言焉。韓非以證己說，遂有《解老》、《喻老》，而所謂未必得其玄旨也。但後世目韓非之書，以爲深刻之極，擯而斥之，亦不知用之甚也。若夫姦吏舞法，猾民欺令之代，人君資而施用，則可謂濟世第一書矣。蜀武侯勸後主讀之，蓋有見於此哉。吾方技家，有一事類之者，仲景定治病之法，而汗下吐三法初著明，補法、和法亦以詳悉焉。則其補瀉不可偏廢，固無論矣。然好補惡瀉，人之常情也。搢紳之家，豪富之子，爲之最甚矣。當其召醫也，說補則托，說瀉則否。及其死也，以補則謂爲命分，以瀉則謂爲夭橫。概以成俗，慣習之久，遂使業醫者口說補，而學醫者心信補也。張從正蓋有慨然，始左袒劉氏降火之說，而猶爲未足，終用汗下吐三法，盡得殊效也。然則其著書宜專資仲景，而每證《素問》者，何也。其所謂三法者，與仲景所處頗異。從正不苟言補，及其言之，直以瀉爲補，則亦與仲景全異也。然而欲排世醫偏補之習也，不得不證之於古，故就《素問》中，擇其近己者，衍而述之，牽而傅之，立言於不三法，則無以治病耳。世有撓枉過中之譏，亦所不免也。但今世之醫，往往不察寒熱虛實，專以和氣養血之劑，奉爲律令，其如斯輩，讀此書而解其偏執，則謂之濟生第一書，亦不過譽哉。是余所以比韓非也。今此三卷，原本爲元雕，而京師伊良子氏所儲也。往年桂山多紀先生借鈔藏之，客歲余倩友人高島信章影寫焉。字多脫誤，悉依其舊，不敢意改。卷數少於普通本者，先生《醫賸》中辨之詳明，故不贅云。庚辰人日，伊澤信恬記於三養書屋燈下。

注，按《醫賸》云，元槧首有中統年間高鳴序，及金人張頤齋序，後有金人無名氏跋。《滂喜齋藏書記》亦載元刻本而云，前有中統壬戌高鳴序，時爲元世祖之三年，即宋景定三年也。今查本所所藏影元鈔本，止有頤齋序及甲辰無名氏跋，闕高鳴序。

（三）刊本及鈔本

1. 金刊本

【蕘圃藏書題識】卷四　太醫張子和先生《儒門事親》三卷，《直言治病百法》二卷，《十形三療》三卷，《撮要圖》一卷，附《扁華訣》、《病機論》，《三法六門方》一卷，《世傳神效名方》一卷，《治法雜論》一卷。金刊本。

去秋有書估自禾中歸，攜得醫家書一部，皆太醫張子和先生著述。其一種曰《儒門事親》三卷，爲卷一、二、三，今分三冊。其一曰《直言治病百法》二卷，爲卷四、五，今合一冊。其一曰《十形三療》，爲卷六、七、八，附雜記，今分二冊。其一曰《撮要圖》，爲卷九。其一曰《三法六門方》一卷，爲卷十，今合一冊。其一曰《世傳神效名方》一卷，爲卷十一，今成一冊。其一曰《治法雜論》。爲卷十二，附《劉河間先生三消論》，今成一冊。板刻既不精致，裝潢亦復破損。旁觀者嗤余之展翫不已。而問估人之索值，後與物主議，議易成，而向之嗤余者，叩余必欲得之故。余遂以此書係金人著述，其版刻亦出金源。且向稱是書，總名之曰《儒門事親》十五卷，唯(比)[此]各標目錄，逐種分析。始悉戴人之書，自有真面目在，非可以《儒門事親》概之也。因憶潛研老人《元史藝文志》，有"補金藝文"者，子類醫方云：張從正汗下吐法，有六門三法之目。《治病撮要》一卷，《傷寒心鏡》一卷，《祕錄奇方》二卷，《儒門事親》十五卷，《張氏經驗方》二卷，《直言治病百法》二卷，《十形三療》三卷，附《雜記》一卷。取證目驗金張從正之書，多所吻合，唯《儒門事親》十五卷，尚襲傳訛之多耳。幸有原書可正其誤也，書之可貴者在此。後取嘉靖刊本對勘，知尚有"扁鵲華佗察聲色定死生訣要"、"病機"兩門，此偶失之。忽憶舊藏《醫家圖說》一冊，周香嚴以爲張從正《儒門事親》殘本，内有所云《扁華訣》、《病機》者，必此是矣。急取證之，果是新收本所缺者，版刻行款多同，唯四圍雙綫，筆畫較精緻。向毛汲古以爲宋板《醫家圖說》，諒重刊於宋，而不及初刊於金之古拙，抑此刊在後、印又在後，故不如彼之工，皆未暇深論。第預蓄此二種，以待今日之補全，則余之書福，何其大耶。遂不惜命工重裝，費倍所獲之直，亦弗計也。已裝成爲書，嘉慶丙子中春越日展觀，是爲上巳前二日，蕘翁識。

此宋刻醫家書零種，不知其何總名。兹所存者，每葉板心俱可辨識，曰"撮要"者一葉至四葉，曰"撮要圖"者五葉至八葉，爲一種。曰"五泄"者一葉，曰"五泄圖"者二葉，曰"五泄論"者三葉至四葉，爲一種。曰"病機"者一葉至四葉，爲一種。曰"扁華訣"者一葉至五葉，爲一種。雖所存不過二十一葉，而命名有四種，亦足以備醫家采擇矣。卷中有毛子晉圖書，知爲汲古舊藏。偶見其《秘本書目》，有宋板

《醫家圖説》一本，其即此歟。爰重裝之，以藏讀未見書齋。嘉慶冬十一月十八日雨窗，黄丕烈識。此跋，《百宋一廛書録》所載同。

後爲周漪塘先生借去。還書之日，爲題其籤曰：張從正《儒門事親》中殘本，則此册固有全本矣。丙午中春，重裝附於金刻原書之後。内《扁華訣》、《病機》二種，可用補金本所缺。其《撮要》云云，存其重復可耳。蕘翁又識。《士禮居藏書題跋》與此全同。

【百宋一廛賦】 殘本張從正《儒門事親》，所存二十一葉，自《撮要》至《扁華訣》凡七目，有毛子晉印章。《汲古閣秘本目》"《宋板醫家圖説》一本"，即此也。

【藝芸書舍宋板書目】 《儒門事親》。金板。一本云《金板儒門事親》十五卷。

【皕宋樓藏書志】卷四十七 太醫張子和先生《儒門事親》三卷，《直言治病百法》二卷，《十形三療》三卷，《撮要圖》，附《扁華訣》、《病機論》、《三法六門方》一卷，《世傳神效名方》一卷，《治法雜論》。金刊本。宋張從正撰。

黄氏手跋曰。下引《黄蕘圃藏書題識》。（今略）

【儀顧堂集】卷十九金刊張子和醫書跋 太醫張子和先生《儒門事親》。醫書。卷一至三題書名。

【静嘉堂秘籍志】卷七陸氏皕宋樓舊藏 《儒門事親》三卷。金張從正撰。金刊本。

2. 元刊本

【滂憙齋宋元本書目】 中統本《儒門事親》。分上中下三卷，六本。

【滂喜齋藏書記】卷二 元刻太醫張子和先生《儒門事親》三卷，《直言治病百法》二卷，《十形三療》三卷。一函六册。金張從正撰。前有中統壬戌高鳴序，時爲元世祖之三年，即宋景定三年也。黄蕘圃藏金本，後有《撮要圖》一卷，《三法六門方》一卷，《世傳神效名方》一卷，《治法雜論》一卷，又附《扁華訣》、《病機》二種，則以别一殘本補入。此刻皆無之。黄氏跋云"殘本行款多同，惟四圍雙綫，未能定其何刻"。今此本正雙綫，惟上下以墨塗之，改爲單綫，當是作僞者以充金刻耳。黄氏所見殘本，必與此本同出一源也。每半葉十三行，行二十五字。《四庫》著録，總名之曰《儒門事親》十五卷，失其實矣。雖以錢竹汀之博洽，而《補元史藝文志》，亦語焉未詳也。舊爲朱笥河藏書。

【經籍訪古志】卷八 太醫張子和先生《儒門事親》三卷。元板，京師伊良子氏藏。首有昭陽單閼陰月晦日頤齋引，末有甲辰冬十月朔寓齋居士後序。並行書七行。每半版六寸八、九分，幅四寸四、五分。十一行，行廿五字。

按，吴勉學《醫統正脈》所收凡十五卷，以嘉靖中邵伯崖刊本爲祖，今取此本及《醫方類聚》所引勘之，其第一至第三，即爲《事親》本書，其第四、第五兩卷爲《治病百法》，其第六至第八爲《十形三療》，其第九爲《雜記十門》，其第十爲《撮要圖》，其第十一爲《治法雜論》，其第十二爲《三法六門》，其第十四爲《治法心要》，其第十五爲《世傳神效名方》，蓋後人合爲一書，而以"事親"爲其統名也。事詳於《醫賸》中。其嘉靖中原刊，則文字頗佳，櫟窻先生嘗借校之某氏者。

注,按右《訪古志》所記,缺其第十三,而云其第十四爲《治法心要》。今考《治法心要》當在卷十三,而其第十四當爲《扁鵲華佗察聲色定死生訣要》,疑則《訪古志》偶脱之。

【宋元本行格表】卷下十一行　元本太醫張子和先生《儒門事親》,行廿五字。三卷。《訪古志》。

3.明嘉靖邵輔刊本

【重訂浙江公立圖書館保存類目錄】《儒門事親》十五卷。金張從正撰。明嘉靖辛丑邵輔重刊本。十本。

【寶素堂藏書目錄】《儒門事親》十五卷。五冊。嘉靖板。一、二、三卷缺。

【經籍訪古志】卷八元板儒門事親　嘉靖中原刊,則文字頗佳,櫟窻先生嘗借校之某氏者。

4.明醫統正脈本

【四庫書目邵注】卷十　《儒門事親》十五卷。金張從正。明刊《古今醫統》本。《郘亭知見目》、《四庫目略》並同。

【鄭堂讀書記】宋至元　《儒門事親》十五卷。《醫統正脈》本。(詳見"考證"下)

【叢書舉要】卷十二古今醫統正脈全書　《儒門事親》。元張從正。明金壇王肯堂宇泰輯。吳勉學刊。《叢書書目彙編》"張從正"上不記朝代。

【故宫普通書目】卷三　《儒門事親》十五卷。金張從正撰,明吳勉學校。嘉靖年刊本。五冊。

【八千卷樓書目】卷十　《儒門事親》十五卷。金張從正撰。《醫統》本。

【揚州吳氏測海樓藏書目錄】卷四　《儒門事親》十五卷,金張從正。《古今醫統正脈全書》,明王肯堂輯萬曆年刊竹紙,四十八本内。

【涵芬樓舊書分類總目】《儒門事親》。金張從正撰。步月樓刊本。六冊。

【江南圖書館閲覽室檢查書目】《儒門事親》。金張崇正。《醫統》本。五本。

【江蘇省立國學圖書館圖書總目】《儒門事親》十五卷。《醫統正脈全書》第七十二至七十八冊。金考城張從正。明新安吳勉學校刊本。又一部十五卷。五冊。同上。明新安吳氏刊本。

【國學用書類述】《儒門事親》十五卷。金張子和。《醫統正脈》本。

【聿修堂藏書目錄】《儒門事親》十五卷。七冊。收在《醫統正脈》中。

【寶素堂藏書目錄】《儒門事親》十五卷。□冊。《醫統正脈》中。

【杏雨書屋圖書假目錄】《儒門事親》十五卷。金張從正著,明吳勉學校。

【續中國醫學書目】《儒門事親》十五卷。六冊。十行,二十字。框横十四釐,縱二十釐。金張從正著,明吳勉學校,萬曆二十九年刊《醫統正脈全書》之内。"儒門事親後序跋",聞忠,嘉靖十九年。"重刊儒門事親序",邵輔,嘉靖二十九年。儒門事親方論目錄。

《儒門事親》卷一至三,金張從正著。

《治病百法》卷四至五,金張從正著。

《十形三療》卷六至八,金張從正著。

《雜記九門》卷九,金張從正著。

《撮要圖》卷十,金張從正著。

《治法雜論》卷十一,金張從正著。

《三法六門》卷十二,金張從正著。

《劉河間先生三消論》卷十三,金劉完素著。

《扁鵲華佗察聲色定死生訣要》卷十四。

《世傳神效諸方》卷十五,金張從正著。

5. 明刊不明本

【觀海堂書目】惠字號　《儒門事親》五本。十五卷。明刻本。

【故宫博物院書目】《儒門事親》,張子和。十五卷。一冊。明刊本。

6. 四庫全書本

【四庫全書總目】卷一百零四　《儒門事親》十五卷。大學士吴廉家藏本。

【文溯閣四庫全書要略及索引】《儒門事親》十五卷,金張從正。十冊五百零七葉。

【壬子文瀾閣所存書目】《儒門事親》十五卷。十冊,計補鈔者九冊。舊鈔存卷十、十一。

7. 豫醫雙璧本

【叢書書目彙編】豫醫雙璧　《儒門事親》十五卷,金張從正。宣統元年海豐吴氏鉛印本。《續彙刻書目》同。

【中國醫學書目】《儒門事親》十五卷。四冊。十二行三十二字。框橫十二・九釐,縱十八・六釐。張子和著,吴勉學校。《豫醫雙璧》之内。欽定四庫全書提要。"新鐫儒門事親序",渡邊元安,正德元年。"重刊儒門事親序",邵輔,嘉靖辛丑(二十年)。"儒門事親後序跋",聞忠,嘉靖十九年。目錄。

8. 民國刊醫統正脈本

【中東鐵路圖書館圖書目錄】補編　《儒門事親》十五卷。金張從正。見《醫統正脈全書》。

【中國醫學書目】《儒門事親》十五卷。五冊。九行二十一字,框橫十三釐,縱十八釐。張從正著。民國刊《醫統正脈全書》之内。《儒門事親》,復元道人,嘉靖辛丑。目錄。

9. 日本刊本

【八千卷樓書目】卷十　《儒門事親》十五卷。金張從正撰。日本刊本。

【揚州吴氏測海樓藏書目錄】卷四　《儒門事親》十五卷。金張從正。日本刊皮紙。五本一函,洋一百元。

【江南圖書館閱覽室檢查書目】《儒門事親》。日本刊本。十一本。

【内閣文庫圖書第二部漢書目録】《儒門事親》十五卷。金張從正,明吳勉學校。元德("元"當作"正")元年刊,五冊。

【中國醫學書目】《儒門事親》十五卷。六冊。十行,二十字,框横十三・五釐,縱二十釐。張子和著,吳勉學校,渡邊榮訓。正德元年田緣叔平藏板。"重刊儒門事親序",邵輔,嘉靖二十年。"新鐫儒門事親序",渡邊元安,正德元年。"儒門事親後序跋",聞忠,嘉靖十九年。

10. 中國醫學大成本

【續中國醫學書目】《儒門事親》十五卷。六冊。十四行三十一字。洋紙裝。四十六版。金張從正(子和)著述,民國二十五年刊。《中國醫學大成》第五輯之內。

提要。"新鐫儒門事親序",渡邊榮,正德元年。"重刊儒門事親序",邵輔,嘉靖二十年。"儒門事親後序",聞忠,嘉靖十九年。目録。

11. 鈔本

【觀海堂書目】惠字號 《儒門事親》一本。影抄元槧本。淵字號 《儒門事親》一本。二卷。鈔本。

【故宫博物院書目】《儒門事親》三卷。一冊,鈔本。《儒門事親》,張子和。三卷。一冊。日抄本。

【聿修堂藏書目録】《儒門事親》三卷。一冊,抄元板。金張從正撰。

【寶素堂藏書目録】《儒門事親》三卷。一冊,重鈔元板。張從正。

【内閣文庫圖書第二部漢書目録】《儒門事親》三卷。一冊。日本寫本。

【二續中國醫學書目】《太醫張子和先生儒門事親》,表題"影鈔元板儒門事親"。三卷。一冊。十行二十五字。無框。美濃判紙。金張從正撰。日本古鈔本。影鈔元版。"序",頤齋,癸卯。太醫張子和先生儒門事親目録。"儒門事親後序",甲辰。"識語",伊澤信恬,庚辰。

注,按此本卷首有"清川氏圖書記"印。蘭軒跋後朱書云"乙酉秋日,借三養書屋架藏本,命傭書謄寫。重陽前一日燈下一校了。愷記"。乃知爲清川玄道舊藏本也。玄道,蘭軒門人。蓋借其師書而謄寫者。

12. 未詳本

【楝亭書目】【孫氏書目】【問經堂書目】以上清 【内閣文庫書檔舊目】【國學用書類述】以上民國 【元治增補御書籍目録】【内閣文庫圖書第二部漢書目録】以上日本 【醫方類聚引用書】【東醫寶鑑】以上鮮

注,按《汲古閣秘本書目》載有《宋板醫家圖説》一本,其本後歸於黄丕烈,丕烈以爲《儒門事親》殘本,説見前"金刊本"中。又據《古今醫統》及《醫學入門》,宋程約著有《醫方圖説》,即自别一書矣。

六、直言治病百法

【蕘圃藏書題識】卷四 《直言治病百法》二卷。金刊本。爲卷四、五,今合爲一册。

【皕宋樓藏書志】卷四十七　《直言治病百法》二卷。金刊本。(宋)[金]張從正撰。

【静嘉堂秘籍志】　《直言治病百法》二卷。金刊本。

【滂喜齋藏書記】卷二　元刻《直言治病百法》二卷。金張從正撰。

【醫籍考】一千九百四十八頁　《治病百法》二卷,存。按邵氏刊本第四、第五兩卷是也。

注,按明嘉以後,所刊之十五卷本《儒門事親》,其第四、第五兩卷,皆以《治病百法》充之,今不一一重載焉。宜參看"《儒門事親》"條以下所列《十形三療》、《雜記九門》、《撮要圖》、《三法六門》、《世傳神效名方》、《治法雜論》、《扁華訣》、《病機論》等諸書,並倣之。亦一一不註焉。

七、十形三療

【蕘圃藏書題識】卷四　《十形三療》三卷。金刊本。爲卷六、七、八,附《雜記》。今分二册。

【皕宋樓藏書志】卷四十七　《十形三療》三卷。金刊本。

【静嘉堂秘籍志】卷七　《十形三療》三卷。金張從正撰。金刊本。

【滂喜齋藏書記】卷二　《十形三療》三卷。金張從正撰。元刻本。

【補元史藝文志】卷三　張從正《十形三療》三卷。附《雜記》一卷。

【醫方類聚引用書】　《十形三療》。

【醫籍考】一千九百四十八頁　《十形三療》三卷。存。

劉純曰:廣陵丘克容先生云,今醫之專門劉、張者,率以發汗吐下施治,蓋本諸張子和《十形三療》。若曰風寒暑濕燥火,内傷外傷,内積外積,視其中人身之上若下,必三法之可已,果子和之遺意歟,何其與《内經》、仲景之言大不相似也。《内經》不曰"邪氣盛則實,精氣奪則虚",又曰"虚則補之,實則瀉之"。邪盛而實當寫,三法或可以也。精奪而虚當補,將無他治歟。第四"木鬱則達之,火鬱則發之,土鬱則奪之,金鬱則泄之,水鬱則折之",是以發汗吐下之别稱也。向使此無彼,曷果例用歟。仲景治外感,分六經,别腑臟,亦嘗發汗吐下也,而太陽有解肌,少陽則三禁,併病用刺法,豈無其故歟。子和亦曰"不讀《本草》,焉知藥性",又曰"識病得法,工中之甲"。仗三法,療十形,又何必知藥性、求得法哉。豈子和真書亡於金源氏之南遷,此特後人附會其説而執迷妄意者,遂以鹵莽之言爲的確之論,甚至認虚爲實,假寒爲熯。其於"適事爲故",與夫"各安其氣"之説,略不加究。志古之士,獨無憾焉。

按,邵伯崖刊本第六、第七、第八三卷是也。子和受法於劉守真,藥多用寒涼,《金史》并《歸潛志》備述之,則是書出自子和,亦不可疑。朱彦修、劉宗厚,律以自家之説,爲後人所附會,殆屬偏執。

八、雜記九門

【蕘圃藏書題識】卷四　《十形三療》三卷。金刊本。爲卷六、七、八，附《雜記》。今分二冊。

【元史藝文志】補金藝文　《十形三療》三卷。附《雜記》一卷。

【醫方類聚引用書】《雜記九門》

【醫籍考】一千九百五十一頁　《雜記九門》一卷。存。按，邵氏刊本卷九是也。

九、撮要圖

【蕘圃藏書題識】卷四　《撮要圖》一卷。金刊本，爲卷九。

【百宋一廛書錄】儒門事親　《撮要圖》。零種，宋刊。

【皕宋樓藏書志】卷四十七　《撮要圖》一卷。金刊本。宋張從正撰。

【靜嘉堂秘籍志】卷七　《撮要圖》一卷。金張從正撰。金刊本。

【醫籍考】一千九百五十一頁　《撮要圖》一卷。存。按，邵氏刊本第十卷是也。

附　治病撮要

【萬卷堂書目】卷三　《治病撮要》一卷。張子和。

【千頃堂書目】卷十四　《治病撮要》一卷。張從(政)[正]。

【補遼金元藝文志】　金張從(政)[正]《治病撮要》一卷。字子和，睢州考城人。

【補元史藝文志】卷三　張從正《治病撮要》一卷

注，按是書或疑與《撮要圖》同。

十、三法六門

【蕘圃藏書題識】卷四《三法六門方》一卷。金刊本。爲卷十，今合一冊。

【皕宋樓藏書志】卷四十七　《三法六門方》一卷。金刊本。宋張從正撰。

【靜嘉堂秘籍志】卷七　《三法六門方》一卷。金刊本。

【補三史藝文志】《六門二法》。張從正撰。

【補元史藝文志】卷三　張從正《六門二法》。

【醫方類聚引用書】《三法六門》

【醫籍考】一千九百五十二頁　《三法六門》一卷。存。按，邵氏刊本第十二卷是也。

十一、世傳神效名方

【文淵閣書目】卷十五　《世傳神效方》一部一冊。闕。

【菉竹堂書目】卷五　《世傳神效方》一冊

【蕘圃藏書題識】卷四　《世傳神效名方》一卷。金刊本。爲卷十一，今成一冊。

【皕宋樓藏書志】卷四十七　《世傳神效名方》一卷。金刊本。

【靜嘉堂秘籍志】卷七　《世傳神效名方》一卷。金張從正。金刊本。

【醫籍考】一千九百五十三頁　《世傳神效名方》一卷。存。按，邵氏刊本第十五卷是也。

十二、治法雜論

【蕘圃藏書題識】卷四　《治法雜論》一卷。金刊本。爲卷十三，附《劉河間先生三消論》，今成一冊。

【皕宋樓藏書志】卷四十七　《治法雜論》一卷。金刊本。

【靜嘉堂秘籍志】卷七　《治（病）[法]雜論》一卷。金張從正撰。金刊本。

【醫籍考】一千九百五十一頁　《治（病）[法]雜論》一卷。存。按，邵氏刊本第十一卷是也。

十三、扁華訣病機論

【蕘圃藏書題識】卷四　《撮要圖》一卷。附《扁華訣》、《病機論》。金刊本。

後取嘉靖刊本對勘，知尚有"扁鵲華佗察聲色定死生訣要"、"病機"兩門，此偶失之。忽憶舊藏《醫家圖說》一冊，周香嚴以爲張從正《儒門事親》殘本，内有所云"扁鵲訣病機"者，必此是矣。急取證之，果是新收本所缺者。

北宋刻醫家書零種，曰"病機"者一葉至四葉，爲一種。曰"扁鵲訣"者一葉至五葉，爲一種。卷中有毛子晉圖書，知爲汲古舊藏。偶見其《秘本書目》有宋板《醫家圖說》一本，其即此歟。

【皕宋樓藏書志】卷四十七　《撮要圖》，附《扁華訣》、《病機論》。金刊本。（宋）[金]張從正撰。

【靜嘉堂秘籍志】卷七　《扁華訣》、《病機論》。金張從正撰。金刊本。

注，按《醫統》本卷十四，其内題"主標扁鵲華佗察聲色定死生訣要"，次診百病死生訣第七，次病機，次標本運氣歌，次辨十二經水火分治法、治病、六陳、十八反、運氣歌、五不及、斷病人生死、四因、五苦六辛。據《經籍訪古志》所記，則嘉靖刊本亦與此同，而所謂《扁華訣》、《病機論》，疑即與《醫統》本卷十四同矣。

又按，《蕘圃題識》其金刊本首題云"《撮要圖》一卷，附《扁華訣》、《病機論》"。《皕宋樓志》、《靜嘉堂志》並襲之。而題識後段反云"後取嘉靖刊本對勘，知尚有《扁鵲華佗察聲色定死生訣要》、《病機》兩門，此偶失之云云。其所云前後矛盾，未知孰爲真。

十四、治法心要

【心印紺珠】 子和，金宛丘人。有《治法心要》一帙。

【李濂醫史】 仲明又摭其遺，爲《治法心要》。

【經籍訪古志】元刊儒門事親 按，吴勉學《醫統正脈》所收凡十五卷，以嘉靖中邵伯崖刊本爲祖，今取此本及《醫方類聚》所引勘之，其第十四爲《治法心要》。"十四"疑即"十三"之衍。

【醫籍考】一千九百五十二頁 《治法心要》一卷。存。按，邵氏刊本第十三卷是也。據《醫史》，是書係常仲明摭子和遺說而錄成者也。

十五、三復指迷

【心印紺珠】 子和，金宛丘人。有《三復指迷》一帙。

附 子和心法

【文淵閣書目】卷十五 《子和心法》一部一冊。闕。

【菉竹堂書目】卷五 《子和心法》一冊

附 張氏經驗方

【萬卷堂書目】卷三 《張氏經驗》二卷。張子和。

【國史經籍志】卷四下 《張氏經驗方》二卷。張子和。

【千頃堂書目】卷十四 《張氏經驗方》二卷。

【補遼金元藝文志】 金張從(政)[正]《張氏經驗方》二卷。字子和，睢州考城人。

【補元史藝文志】卷三 張從正《張氏經驗方》二卷。

附 秘傳奇方

【千頃堂書目】卷十四 《秘傳奇方》二卷。張從(政)[正]。

【補遼金元藝文志】 金張從(政)[正]《秘傳奇方》二卷。

【補元史藝文志】卷三 張從正《秘錄奇方》二卷。

附 汗吐下法

【補三史藝文志】 張子和《汗吐下法》，張從正撰。

【補元史藝文志】卷三 張從正《汗吐下法》。

十六、内外傷辨惑論

【文淵閣書目】卷十五 李東垣《内外傷辨》一部一冊。

【菉竹堂書目】卷五 李東垣《内外傷辨》一冊

【百川書志】卷十 《内外傷辨》三卷。即《内辨惑編》，元東垣老人李杲著。

【古今醫統大全】採摭諸書東垣十書 《内外傷辨》。東垣著。

【古今書刻】上編南直隸蘇州府　《内外傷論》

【本草綱目】引據書目　《東垣辨惑論》

【醫藏書目】正法函目東垣十書　《内[外]傷辨惑論》三卷，李杲。

【國史經籍志】卷四下　《内外傷(寒辯)[辨惑論]》三卷。李杲。

【千頃堂書目】補元　李杲《辨惑論》三卷。辨内傷外感。

【續文獻通考】經籍考　李杲《内外傷辨惑論》三卷。

【補遼金元藝文志】　金李杲《辨惑論》三卷。辨内傷外感。

注，李杲傳，《元史》卷二百零三本傳云：李杲，字明之，真定人也。世以貲雄鄉里。杲幼歲好醫藥。時易人張元素以醫名燕趙間，杲捐千金從之學，不數年，盡得其業。家既富厚，無事於技，操有餘以自重，人不敢以醫名之。大夫士或病其資性高謇，少所降屈，非危急之疾，不敢託也。其學於傷寒、癰疽、眼目病爲尤長。北京人王善甫爲京兆酒官，病小便不利，目睛突出，腹脹如鼓，膝以上堅硬欲裂，飲食且不下，甘淡滲泄之藥劑不效。杲來，謂衆醫曰，疾深矣(《醫籍考》"疾"作"病")。《内經》有之，膀胱者，津液之府，必氣化乃出焉。今用滲泄(《醫籍考》"滲泄"作"淡滲")之劑，而病益甚者，是氣不化也。啟玄子云：無陽者陰無以生，無陰者陽氣無以化也。甘淡滲泄皆陽藥，獨陽無陰，其欲化得乎。明日，以群陰之劑投之，不再服而愈。西臺掾蕭君端，二月中病傷寒發熱，醫以白虎湯投之，疾者面黑如墨，本證不復見，脈沈細，小便不禁。杲初不知用何藥，及診之，曰：此立夏前誤用白虎湯之過。白虎湯大寒，非行經之藥，止能寒腑藏，不善用之，則傷寒本病隱曲於經絡之間。或更以大熱之藥救之(《醫籍考》"救"作"拯")，以若陰邪，則他證必起，非所以救白虎也(《醫籍考》"救"作"拯")。有溫藥之升陽行經者，吾用之。有難者曰：白虎大寒，非大熱何以捄，君之治奈何。杲曰：病隱於經絡間，陽不升則經不行，經行而本證見矣，本證又何難焉。果如其言而愈。魏邦彦之妻，目翳暴生，從下而上，其色綠，腫痛不可忍。杲云：翳從下而上，痛從陽明來也。綠非五色之正，殆肺與腎合而爲病邪。乃瀉肺腎之邪，而以入陽明之藥爲之使，既效矣。而他日病復作者三，其所從來之經，與翳色各異。乃曰：諸脈皆屬於目，脈病則目從之，此必經絡不調，經不調則目病未已也。問之果然，因如所論而治之，疾遂不作。馮叔獻之姪櫟，年十五六(《醫籍考》無"十"字)，病傷寒，目赤而頓(《醫籍考》作"煩")渴，脈七八至。醫欲以承氣湯下之，已煮藥，而杲適從外來。馮告之故。杲切脈大駭曰：幾殺此兒。《内經》有言，在脈諸數爲熱，諸遲爲寒，今脈八九至，是熱極也。而《會要大論》(《醫籍考》"會"作"至真")云：病有脈從而病反者，何也。脈之而從，按之不鼓，諸陽皆然，此傳而爲陰證矣。令持薑附來，吾當以熱因寒用法處之。藥未就而病者爪甲變，頓服者八兩，汗尋出而愈。陝帥郭巨濟病偏枯，二指著足底不能伸，杲以長鍼刺骫中，深至骨而不知痛，出血一二升，其色如墨。又且繆刺之，如此者六七，服藥三月，病即已。裴擇之妻病寒熱，月事不至者數年，已喘嗽矣。醫者率以蛤蚧桂附之藥投之。杲曰：不然。夫病陰爲陽所搏，溫劑太過，故無益而反害。投以寒血之藥，則經行矣。已而果然。杲之設施多類此，當時之人皆以神靈目之。所著書，今多傳於世云。

李濂《醫史·東垣老人傳》云：東垣老人李君，諱杲，字明之。其先世居真定，富於金財。大定初，校籍真定、河間，戶冠兩路。君之幼也，異於群兒。及長，忠信篤敬，慎交游，與人相接，無戲言。衢間衆人以爲懽洽處，足跡未嘗到，蓋天性然也。朋儕頗疾之，密議一席，使妓戲狎，或引其衣，即怒罵，解衣焚之。由鄉豪接待國使，府尹聞其妙齡有守也，諷妓強之酒，不得辭，稍忍飲，遂大吐而出。其自愛如此。受《論語》、《孟子》於王翰林從之，受《春秋》於馮內翰叔獻。宅有隙地，建書院，延待儒士。或不給者，盡周之。泰和中歲饑，民多流亡，君極力賑捄，全活者甚衆。母王氏寢疾，命里中數醫拯之，溫良寒熱，其說異同，百藥備嘗，以水濟水，竟莫知爲何證而斃。君痛悼不知醫而失其親，有願曰：若遇良醫，當力學以志吾過。聞易水潔古老人張君元素，醫名天下，捐金帛詣之。學數年，盡得其法。進納得官，監濟源稅。彼中民感時行疫厲，俗呼爲"大頭天行"。醫工徧閱方書，無與對證者。出己見，妄下之，不效。復下之，比比至死。醫不以爲過，病家不以爲非。君獨惻然於心，廢寢食，循流討源，察標求本。製一方，與服之，乃效。特壽之於木，刻揭於耳目聚集之地，用之者無不效。時以爲僊人所傳，而鏨之於石碣。君初不以醫爲名，人亦不知君之深於醫也。君避兵往梁，遂以醫游公卿間，其明效大驗，具載別書。壬辰北渡，寓東平。至甲辰，還鄉里。一日，謂友人周都運德父曰：吾老，欲遺傳後世，艱其人奈何。德父曰：廉臺羅天益謙父，性行敦樸，嘗恨所業未精，有志於學，君欲傳道，斯人其可也。他日，偕往拜之。君一見曰：汝來學覓錢醫人乎，學傳道醫人乎。謙父曰：亦傳道耳。遂就學。日用飲食，仰給於君。學三年，嘉其久而不倦也，予之白金二十兩，曰：吾知汝活計甚難，恐汝動心，半塗而止，可以此給妻子。謙父力辭不受。君曰：吾大者不惜，何吝於細。汝勿復辭，君所期者可知矣。臨終，平日所著書檢勘卷帙，以類相從，列於几前，囑謙父曰：此書付汝，非爲李明之、羅謙父，蓋爲天下後世，慎勿湮沒，推而行之。行年七十有二，時辛亥二月二十五日也。君歿，迄今十有七年，謙父言猶在耳，念之益新。噫嘻，君之學，知所託矣。

余閱《元史·李杲傳》，頗病其不詳，而復採真定路儒學教授印城硯堅所爲《東垣老人傳》以益之。然猶病其不盡載著述，甚矣敘事之難也。蓋東垣所著有《醫學發明》、《脾胃論》、《內外傷辨惑論》、《蘭室秘藏》、《此事難知》、《藥象論》，總若干卷，而《試效方》乃其門人羅天益所輯著也。魯齋許先生曰：東垣之醫，醫之王道也。有志於醫學者，必盡讀東垣之書，而後可以言醫。

（一）考證

【四庫全書總目】卷一百零四　《內外傷辨惑論》三卷，江蘇巡撫採進本。金李杲撰。杲字明之，自號東垣老人，真定人。嘗以納貲得官，監濟源稅。案元硯堅作《東垣老人傳》，稱杲以辛亥年卒，年七十二。則當生於世宗大定二十年庚子，金亡時年五十五，入元十七年乃終，故舊本亦或題元人，而《元史》亦載入《方伎傳》也。初，杲母嬰疾，爲衆醫雜治而死，迄莫知爲何證。杲自傷不知醫理，遂捐千金，從易州張元素學，盡得其法，而名乃出於元素上，卓爲醫家大宗。是編發明內傷之證有類外感，辨別陰陽寒熱有餘不足，而大旨總以脾胃爲主，故特製補中益氣湯，專治飲食勞倦、虚人感冒。法取補土生金，升清降濁，得陰陽生化之旨。其闡發醫理，至爲深微。前有自序題"丁未歲"，序中稱"此論束之高閣十六年"，以長曆推之，其書蓋出於金哀宗之正大九年辛卯也。

【鄭堂讀書記】《内外傷辨》三卷，《醫統正脈》本。金李杲撰。《四庫全書》著錄，"辨"下有"惑論"二字。倪氏《補遼金元志》，錢氏《補元志》，俱止作《辨惑論》。東垣受醫學於張潔古，而其所成就高出其師遠甚。諸所診治，坦然不惑，其著是書，凡二十六篇。歷辨内傷外感，皆所以證世人用藥之誤，大旨以培補脾胃爲主，較之劉守真、朱丹溪，獨得其平，其造詣深邃，亦非兩家所能企及。故張景岳《傳忠錄》，於守真、丹溪痛加排詆，而於東垣無異議焉，蓋深取之矣。前有自序稱"丁未歲"，以其時考之，乃元定宗二年，距金亡之歲，已閲一紀矣。又閲四年而卒，《元史》載入《方伎傳》亦無不可，特不可即據之題爲元人爾。

(二)序跋

自序

僕幼自受《難》、《素》於易水張元素先生，講誦既久，稍有所得。中年以來，更事頗多，諸所診治，坦然不惑。曾撰《内外傷辨惑論》一篇，以證世人用藥之誤。陵谷變遷，忽成老境，神志既惰，懶於語言，此論束之高閣十六年矣。崑崙范尊師曲相獎借，屢以活人爲言，謂此書果行，使天下之人不致夭折，是亦仁人君子濟人利物之事。就令著述不已，精力衰耗，書成而死，不愈於無益而生乎。子敬受其言(《醫籍考》"子"作"予")，僅力疾成之，雖未爲完備，聊答尊師慈憫之志。師，宋文正公之後也。丁未歲重九日，東垣老人李杲明之題。(日本刊《東垣十書》本)

(三)刊本

1. 宋刻本

【孫氏書目】内編卷 《内外傷辨惑論》三卷。金李杲撰。一，宋刻本。

注，按是書果有宋刻耶，頗爲可疑。今無證可考，姑錄存焉。

2. 元刊本

【嘉業堂善本書影】卷四 《内外傷辯》三卷。元刊本。丁未歲重九日東垣老人李杲明之自序本。

3. 東垣十書本

【醫藏書目】正法函目東垣十書 《内[外]傷辨惑論》三卷。李杲。

【四庫書目邵注】卷十 《内外傷辨惑論》三卷。金李杲撰。明吴勉學校刊《東垣十書》本合二十卷。另《崔真人脈訣》入《存目》。《東垣十書》實十二種，除著錄外，又《癍論萃英》一卷、《崔真人脈訣》一卷，無《金匱鉤元》、《東垣試效方》九卷。李杲撰。羅孝慈《天益編堂目》有元板二冊。

【郘亭知見傳本書目】卷八 《内外傷辨惑論》三卷。金李杲撰。《東垣十書》

合二十卷。

【叢書舉要】卷十二東垣十書 《内外傷辨》三卷。《東垣十書》注云:元王好古編。撰人名姓見古本。

【叢書書目彙編】東垣十書 《内外傷辨》三卷

【揚州吳氏測海樓藏書目錄】卷四 《内外傷辨》(二)[三]卷。《東垣十書》,(宋)[金]李杲。文奎堂刊竹紙十六本内。

【江蘇省立國學圖書館圖書總目】《内外傷辨惑論》二卷。《東垣十書》第三冊。金東垣李杲。嘉靖八年刊本。同,三卷。《東垣十書》第七冊,通行本。

【寶素堂藏書目錄】《内外傷辨惑論》三卷。一冊。收在《東垣十書》中。李杲。《内外傷辨》三卷。一冊。收在《東垣十書》中。

【楂考書屋圖書目錄】《東垣十書》。美濃判,刊。廿本。《辨惑論》。萬治元戊戌年翻刻版,武村市兵衛刊。

【中國醫學書目】《内外傷辨》三卷。一冊。十行,二十字。框横十三·七釐,縱二十·三釐。李杲撰,吳勉學校,敦化堂板《東垣十書》之内。"内外傷辨序",李杲,丁未。目錄。《内外傷辨惑論》三卷。十六行,四十字。框横十一·六釐,縱十六·七釐。李杲撰,吳勉學校,陳璞重校,文盛局石印本《東垣十書》之内。"内外傷辨序",李杲,丁未。目錄。《内外傷辨惑論》三卷。一冊。十行,十七字。框横十五·五釐,縱十九·六釐。李杲撰。日本翻刻嘉靖本《東垣十書》之内。"内外傷辨惑論序",李杲。目錄。

注,按《東垣十書》,自明以來,所刊者有數通,今不一一辨别,一括揭焉。

又按《醫藏書目》别有古本《東垣十書》者,其所收即有《活法機要》一卷,《醫學發明》一卷,《醫壘元戎》十卷,《陰症要例》一卷,《脾胃論》三卷,《海藏瘢論萃英》一卷,《蘭室秘藏》二卷,《雲岐子保命集》,《保嬰集》,《潔古家珍》,《此事難知》,凡十一種。而無《内外傷辨惑論》之目,未考其故。

4. 醫統正脈本

【四庫書目邵注】卷十 《内外傷辨惑論》三卷。金李杲撰。明吳勉學校刊《東垣十書》本合二十卷。

【邵亭知見傳本書目】卷八 《内外傷辨惑論》三卷。金李杲撰。明吳勉學刊《醫統》本《東垣十書》合二十卷。

【四庫目略】《内外傷辨惑論》三卷。金李杲撰。明吳勉學刊《東垣十書》本合二十卷。

【叢書舉要】卷十二古今醫統正脈全書 《内外傷辨》三卷。上中下分卷。金李杲《東垣十書》注云:明金壇王肯堂宇泰輯。明新安吳勉學刊。《叢書書目彙編》同。

【鄭堂讀書記】宋至元 《内外傷辨》三卷。《醫統正脈》本。

【故宫普通書目】卷三 《内外傷辨惑論》三卷。金李杲。明吳勉學校,嘉靖年刊本。

【揚州吳氏測海樓藏書目錄】卷四 《内外傷辨》三卷。(宋)[金]李杲。《古今醫統正脈全書》,明王肯堂輯。萬曆年刊竹紙四十八本内。

【重訂浙江公立圖書館保存類目錄】《辨惑論》三卷,金李杲撰。此本乃《醫統》内抽印別行者。

【江蘇省立國學圖書館圖書總目】《内外傷辨惑論》三卷。《醫統正脈全書》第四十六冊。金李杲。明新安吳勉學校刊本。

【中東鐵路圖書館圖書目錄】補編 《内外傷辨》三卷。金李杲。見《醫統正脈全書》。

【寶素堂藏書目錄】醫統正脈 《内外傷辨》三卷

【靜嘉堂秘籍志】卷二十四醫統正脈 《内外傷辯惑論》三卷。金李杲。《醫統正脈》注云:明王肯堂編,萬曆刊六十本。

【中國醫學書目】《内外傷辨》三卷。一冊。九行二十一字。框横十三釐,縱十八釐。民國十二年北京中醫學社刊《醫統正脈全書》之内。"内外傷辨序",李杲,丁未。目錄。

【續中國醫學書目】《内外傷辨》三卷。一冊。十行二十字。框横十三·七釐,縱二十釐。金李杲撰,明吳勉學校,萬曆二十九年刊《醫統正脈全書》之内。"内外傷辨序",李杲,丁未。内外傷辨目錄。

注,按《醫統正脈全書》,其刊本有二種,一則萬曆二十九年原刊本,一則民國十二年北京中醫學社所刊是也。今閱明刊本,其所收乃有《黄帝素問靈樞合集》、《甲乙經》、《王氏脈經》、《傷寒全書》、《劉河間醫學六書》、《東垣十書》、《重鐫丹溪心法附餘》、《儒門事親》、《傷寒六書》諸書,而各有標題,其爲一種叢書之叢書,一見而知之。或疑前以諸書各別刊行,而後復輯爲全書者耶。要之,吳勉學校刊本,或謂爲《東垣十書》本,或謂爲《醫統正脈》本,雖異其稱呼,而實爲同書。至於民國所刊《醫統正脈》,即從舊目而漫採俗本,以充其數而已,其名雖同,而非據明本而刊者也。

5. 明刊小字本

【江蘇省立第一圖書館覆校善本書目】《内外傷辨惑論》三卷。三冊,金東垣李杲。明刊小字本,有"海虞毛晉子晉圖書記"一印。

【江蘇省立國學圖書館圖書總目】《内外傷辨惑論》三卷。三冊,金東垣李杲。明刊小字本。有"海虞毛晉子晉圖書記"。

6. 明刊未詳本

【八千卷樓書目】卷十 《内外傷辨惑論》三卷。金李杲。明刊本。按,此本疑即所謂明刊小字本。

【善本書室藏書志】卷十六 《辨惑論》三卷。明刊本。東垣老人李杲撰。下引自序。今略之。

7. 四庫全書本

【四庫全書總目】卷一百零四 《内外傷辨惑論》三卷。江蘇巡撫採進本。

【壬子文瀾閣所存書目】卷三 《内外傷辨惑論》三卷。一冊補鈔。

【文溯閣四庫全書要略及索引】《内外傷辨惑論》三卷。元李杲。一冊七十二葉。

8. 未詳本

【近古堂書目】【楝亭書目】【也是園藏書目】【述古堂藏書目】【絳雲樓書目】【問經堂書目】以上清 【内閣文庫書檔舊目】【重訂浙江公立圖書館保存類目錄】【國學用書類述】以上民國 【醫方類聚引用書】朝鮮

十七、脾胃論

【百川書志】卷十 《脾胃論》三卷。元東垣老人李杲著。

【本草綱目】引據書目 《東垣脾胃論》

【國史經籍志】卷四下 李杲《脾胃論》三卷

【古今書刻】上編 《脾胃論》

【千頃堂書目】補元 李杲《脾胃論》三卷

【醫方類聚引用書】《脾胃謂》。

【續文獻通考】 李杲《脾胃論》三卷。杲字明之,自號東垣老人,真定人。

(一)考證

【四庫全書總目】卷一百零四 《脾胃論》三卷,江蘇巡撫採進本。金李杲撰。杲既著《辨惑論》,恐世俗不悟,復爲此書。其説以土爲萬物之母,故獨重脾胃,引經立論,精鑿不磨。明孫一奎《醫旨緒論》云:東垣生當金元之交,中原擾攘,士失其所,人疲奔命。或以勞倦傷脾,或心憂思傷脾,或以飢飽傷脾。病有緩急,不得不以急者爲先務。此真知杲者也。前有元好問序。考《遺山文集》有杲所著《傷寒會要引》一篇,備載其所治驗,《元史·方技傳》全取之,而此序獨不見集中,意其偶有散佚歟。又有羅天益後序一篇。天益,字謙父,杲晚年弟子,盡得其傳。元硯堅《東垣老人傳》,稱杲臨終,取平日所著書,檢勘卷帙,以次相從,列於几前,囑謙父曰"此書付汝者",即其人也。

【鄭堂讀書記】《脾胃論》三卷,《醫統正脈》本。金李杲撰。《四庫全書》著錄。倪氏《補遼金元志》、錢氏《補元志》俱載之。東垣既著《辨惑論》二十六篇,意猶未盡,復著是書,以申明培補脾胃之旨。凡三十六篇,蓋亦闡發《靈》、《素》遺意。嘗就其說而參考之,凡元氣之充足,皆由脾胃之氣無所傷,而後能滋養元氣。若胃氣之本弱,飲食自倍,則脾胃之氣既傷,而元氣亦不能充,而諸病之所由生也。東垣專理脾胃,多用升提香燥,亦當務之爲急而已。此與《辨惑論》實相輔而行,缺一不可,而近世徐洄溪《醫學源流論》下,詆其意見偏而方法亂,貽誤後人。此論未廣,吾不憑也。《提要》所據,乃《東垣十書》本,前有元元遺山序,爲其集中所不載。末又有羅天益後序,何是本俱不存耶。

（二）序跋

1. 元好問序

天之邪氣感則害人五藏，八風之邪，中人之高者也。水穀之寒熱感則害人六腑，謂水穀入胃，其精氣上注於肺，濁留於腸胃，飲食不節而病者也。地之濕氣感則害人皮膚筋脈，必從足始者也。《內經》說百病皆由上中下三者，及論形氣兩虚，即不及天地之邪，乃知脾胃不足，爲百病之始，有餘不足，世醫不能辨之者蓋已久矣。往者遭壬辰之變，五六十日之間，爲飲食勞倦所傷而歿者將百萬人，皆謂由傷寒而歿。後見明之《辨內外傷》及《飲食勞倦傷》一論，而後知世醫之誤。學術不明，誤人乃如此，可不大哀耶。明之既著論矣，且懼俗蔽不可以猝悟也，故又著《脾胃論》丁寧之。上發二書之微，下祛千載之惑，此書果行，壬辰藥禍當無從而作。仁人之言，其意博哉。己酉七月望日，遺山元好問序。

2. 羅天益後序

黃帝著《內經》，其憂天下後世可謂厚且至矣，秦越人述《難經》以證之。傷寒爲病最大，仲景廣而論之，爲廣世法。至於內傷脾胃之病，諸書雖有其說，略而未詳，我東垣先生作《內外傷辨》、《脾胃論》以補之。先生嘗閱《內經》所論，四時皆以養胃氣爲本。宗氣之道，內穀爲寶，蓋飲食入胃，游溢精氣，上輸於脾，脾氣散精，上歸於肺，沖和百脈，頤養神明，利關節，通九竅，滋志意者也。或因飲食失節，起居不時，妄作勞役，及喜怒悲愉，傷胃之元氣，使營運之氣減削，不能輸精皮毛經絡，故諸邪乘虚而入，則疢動於體而成痼疾，致真氣藴然而內消也。病之所起，初受熱中，心火乘脾，末傳寒中，腎水反乘侮土。乃立初、中、末三治，及君臣佐使之制，經禁、病禁、時禁之則，使學者知此病，用此藥，因心會通，泝流得源，遠遡軒岐，吻合無間。善乎魯齋先生之言曰"東垣先生之學，醫之王道也"，觀此書可見矣。至元丙子三月上巳日，門生羅天益謹序。

（三）刊本及鈔本

1. 濟生拔萃本

【郘亭知見傳本書目】卷八　《脾胃論》三卷。金李杲編。《濟生拔萃》本、《四庫目略》同。

【叢書舉要】卷十二濟生拔萃　《脾胃論》。《濟生拔萃》注云：元杜思敬輯，元刊本。

【叢書書目彙編】濟生拔萃　《脾胃論》卷第七。《續彙刻書目》同。

【續中國醫學書目】《脾胃論》一卷。一冊。十二行，二十四字，框横十一·一釐，縱十七釐。金李杲撰。《濟生拔萃》之內卷七。民國二十七年上海涵芬樓影元刻本。脾胃論藥目錄。

2. 東垣十書本

【古今醫統大全】卷一採摭諸書東垣十書　《脾胃論》

【醫藏書目】正法函目東垣十書　《脾胃論》三卷。李杲。

【嘉業堂善本書影】卷四　《新刊東垣十書·脾胃論》三卷。元至元丙子刊本。

東垣老人李杲撰。

【郘亭知見傳本書目】卷八　《脾胃論》三卷。金李杲編。《東垣十書》本。《四庫目略》同。

【叢書舉要】卷十二東垣十書　《脾胃論》三卷。《叢書書目彙編》同。

【揚州吳氏測海樓藏書目錄】卷四　《脾胃論》三卷。《東垣十書》,宋李杲。文奎堂刊竹紙十六本内。

【江蘇省立國學圖書館圖書總目】《脾胃論》四卷。《東垣十書》第二冊,金真定李杲。嘉靖八年刊本。又一部三卷。《東垣十書》第二至三冊,同上。通行本。

【寶素堂藏書目錄】《脾胃論》一冊,收在《東垣十書》中。

【楂考書屋圖書目錄】萬治元年板東垣十書　《脾胃論》

【中國醫學書目】《脾胃論》三卷。一冊,十行十七字。框横十五・五釐,縱十九・六釐。李杲撰。日本刊《東垣十書》之内。"脾胃論序",已酉。目錄。《脾胃論》三卷。一冊。十六行四十字。框横十一・六釐,縱十六・七釐。李杲著,吳中珩校,文盛局石印《東垣十書》之内。《脾胃論》三卷。二冊。十行,二十字。框横十三・七釐,縱二十・三釐。李杲著,吳中珩校,敦化堂板《東垣十書》之内。目錄。

3. 古本東垣十書本

【醫藏書目】正法函目古本東垣十書　《脾胃論》三卷

【叢書舉要】卷十二古本東垣十書　《脾胃論》三卷,金李杲撰。古本《東垣十書》注云:金李杲著,元王好古編。明刊吳勉學《醫統》本。

注,按《醫統正脈》所收,即非古本《東垣十書》。《舉要》所記當有誤矣。

【叢書書目彙編】古本東垣十書　《脾胃論》三卷

4. 醫統正脈本

【四庫書目邵注】卷十　《脾胃論》三卷。金李杲撰。吳勉學校刊《東垣十書》本,合二十卷。

【郘亭知見傳本書目】卷八　《脾胃論》三卷。金李杲編。《醫統》本。

【鄭堂讀書記】《脾胃論》三卷。《醫統正脈》本,金李杲撰。

【叢書舉要】卷十二古今醫統正脈全書　《脾胃論》三卷。上、中、下分卷。金李杲。《叢書書目彙編》同。

【故宮普通書目】卷三　《脾胃論》。金李杲撰,明吳中珩校。嘉靖年刊本。一冊。

【揚州吳氏測海樓藏書目錄】卷四　《脾胃論》三卷。金李杲。《古今醫統正脈全書》,明王肯堂輯,萬曆年刊竹紙四十八本内。

【江蘇省立國學圖書館圖書總目】《脾胃論》三卷。《醫統正脈全書》第四十至四十一冊,明新安吳勉學校刊本。

【中東鐵路圖書館圖書目錄】補編　《脾胃論》一卷。金李杲。見《醫統正脈全書》。

【聿修堂藏書目錄】 《脾胃論》三卷。一冊。收在《醫統正脈》中。

【寶素堂藏書目錄】 《脾胃論》三卷。一冊。收在《醫統正脈》中。

【靜嘉堂秘籍志】卷二十四明刊醫統正脈 《脾胃論》三卷。金李杲。

【杏雨書屋圖書假目錄】古今醫統正脈全書 《脾胃論》三卷。金李杲撰。明吳中珩校。

【中國醫學書目】 《脾胃論》三卷。二冊。九行,二十一字。框橫十三釐,縱十八釐。李杲著。民國刊《醫統正脈全書》之內。

【續中國醫學書目】 《脾胃論》三卷。二冊。十行,二十字。框橫十三·七釐,縱二十釐。金李杲著,明吳中珩校。卷中、卷下,作吳勉學校。萬曆二十九年刊《醫統正脈全書》之內。脾胃論目錄。

5. 明刊未詳本

【八千卷樓書目】卷十 《脾胃論》三卷。金李杲撰。明刊本。

【善本書室藏書志】卷十六 《脾胃論》三卷。明刊本。東垣老人李杲撰。前有元好問序云。(引文略)槧刻絕精,不減元本。

【江南圖書館閱覽室檢查書目】 《脾胃論》三卷。三冊。金東垣李杲。卷端有"海虞毛晉子晉圖書記"、"子實"諸印。《江蘇省立國學圖書館圖書總目》同。

【江蘇第一圖書館覆校善本書目】 《脾胃論》三卷。三冊。金東垣李杲。卷端有"海虞毛晉子晉圖書記"、"子實"諸印。《江蘇省立國學圖書館圖書總目》四。

【內閣文庫圖書第二部漢書目錄】(特) 《脾胃論》三卷。明板。金李杲。一冊。

6. 四庫全書本

【四庫全書總目】卷一百零四 《脾胃論》三卷。江蘇巡撫採進本。

【壬子文瀾閣所存書目】卷三 《脾胃論》三卷。三冊。補鈔。

【文溯閣四庫全書要略及索引】 《脾胃論》四卷,元李杲。三冊一百三十葉。

7. 梅南書屋刊本

【江蘇省立國學圖書館圖書總目】 《脾胃論》三卷。一冊,金真定李杲。梅南書屋刊本。

8. 鈔本

【寶素堂藏書目錄】 《脾胃論》三卷。一冊。古鈔本。

9. 未詳本

【孫氏書目】【問經堂書目】【李蒲汀書目】以上清 【內閣文庫書檔舊目】【重訂浙江公立圖書館保存類目錄】以上明 【元治增補御書籍目錄】日本

十八、蘭室秘藏

【百川書志】卷十 《蘭室秘藏》三卷。元東垣老人李杲著三書之中一。

【脈望館書目】辰字號 《蘭室秘藏》。共一本之內。

【本草綱目】引據書目　《東垣蘭室秘藏》

【國史經籍志】卷四下　《蘭室秘藏》三卷。李杲。

【千頃堂書目】卷十四　《李杲蘭室秘藏》(五)[三]卷

【續文獻通考】《李杲蘭室秘藏》三卷

【補遼金元藝文志】《金李杲蘭室秘藏》(五)[三]卷。元李杲《蘭室秘藏》(五)[三]卷。按,此條當是重出。

(一)考證

【四庫全書總目】卷一百零四　《蘭室秘藏》三卷,江蘇巡撫採進本。金李杲撰。其曰“蘭室秘藏”者,蓋取《黄帝素問》“藏諸靈蘭之室”語。前有至元丙子羅天益序,在杲歿後二十五年,疑即硯堅所謂臨終以付天益者也。其治病分二十一門,以飲食勞倦居首,他如中滿腹脹,如心腹痞,如胃脘痛諸門,皆諄諄於脾胃,蓋其所獨重也。東垣發明内傷之類外感,實有至理,而以土爲萬物之母,脾胃爲生化之源。《脾虚損論》一篇,極言寒涼峻利之害,尤深切著明,蓋預睹劉、張兩家末流攻伐之弊,而早防其漸也。至於前代醫方,自《金匱要略》以下,大抵藥味無多,故《唐書·許允宗傳》記允宗之言曰:病之於藥有正相當,惟須單用一味,直攻彼病,藥力自專,病即立愈。今人不能别脈,莫識病證,以情臆度,多安藥味。譬之於獵,未知兔所,多發人馬,空地遮圍,或冀一人偶然逢也。如此療病,不亦疏乎。其言歷代醫家傳爲名論。惟杲此書載所自製諸方,動至一二十味,而君臣佐使,相制相用,條理井然,他人罕能效之者,斯則事由神解,不涉言詮。讀是書者,能喻法外之意,則善矣。

【鄭堂讀書記】《蘭室秘藏》三卷,《醫統正脈》本。金李杲撰。《四庫全書》著録,倪氏《補遼金元志》作“五卷”。錢氏《補元志》作“六卷”,注云“一作五卷”,蓋據所見本異也。是編皆備載諸方,取《素問》“藏諸靈蘭之室”語,以名其書。凡二十一門,而先之以飲食勞倦、中滿腹脹、心腹痞、胃脘痛四門。其歸重脾胃,仍不離一生之宗旨。中有“内傷脾胃論”,極言寒冷峻利之害,指迷辨惑,辭不憚煩,蓋隱挽劉、李二家之流弊也。又其方喜用多味,雖與古方大異,而後人用之輒效,可謂神乎技矣。《提要》所據,乃《東垣十書》本,前有至元丙子羅天益序,而是本無之,豈作於東垣歿後二十五年,故不增入歟。

(二)序跋

注,按《四庫提要》云“前有至元丙子羅天益序”,今查本研究所所藏諸本並缺之,因以但附記其目而俟於後搜云。

(三)刊本

1.元刊本

【孫氏書目】内編卷二　《蘭室秘藏》六卷。金李杲撰。又三卷。元刊本。

【平津館鑒藏書籍記】卷一元板 《新刊東垣先生蘭室秘藏》三卷。中下兩卷作"東垣十書"。題"東垣老人李杲撰"。《目錄》一卷。《四庫全書》本前有至元丙子羅天益序,此本無之。巾箱本。黑口板。每半葉廿行,行十七字。

【廉石居藏書紀內篇】卷上 《元板蘭(臺)[室]秘藏》三卷。右《蘭(臺)[室]秘藏》三卷,金李杲撰。卷上自"飲食勞倦門"至"胃脘痛門",卷中自"頭痛門"至"婦人門",卷下自"大便結燥門"至"小兒門"。十行,每行十七字。黑口版。審是元本。題"新刊東垣先生蘭(臺)[室]秘藏",又署"靜齋居士朱德閏"。藥物分量,猶詳悉可考。明人刻本,如《華氏中藏經》率行改竄,此本宜存以勘今六卷本。

【郘亭知見傳本書目】卷八 《蘭室秘藏》六卷。金李杲撰。元刊黑口巾箱本。頁二十行,行十七字。前有至元丙子羅天益序。藏陽湖孫氏。

【四庫目略】 《蘭(秘室)[室秘]藏》,金李杲撰。三卷。陽湖孫氏有元刊本。

【故宮博物院書目】 《蘭室秘藏》。宋李,三卷三冊。元刊本。

【觀海堂書目】漢字號 《蘭室秘藏》三本。三卷。元槧本。

【北平圖書館善本書目】卷三 《蘭室秘藏》三卷。金李杲撰。元刻本。

【舊京書影提要】 《蘭室秘藏》三卷,金李杲撰。元刻本。有"明善堂覽書畫之印","安樂堂藏書記","伯寅藏書"等朱記。見藏北平圖書館。

四六四　目錄之一　六寸五分、四寸一分

四六五　卷上之一　六寸七分、四寸一分

四六六　卷中之三十三　六寸五分、四寸

【宋元本行格表】卷上十行 《元本新刊東垣先生蘭室秘藏》。行十七字。三卷。黑口版,巾箱本。平津館記。

2. 濟生拔萃本

【醫藏書目】正法函目濟生拔萃 《蘭室秘藏》

【郘亭知見傳本書目】卷八 《蘭室秘藏》六卷。金李杲撰。《濟生拔萃》本。

【四庫目略】 《蘭室秘藏》三卷。金李杲撰。《濟生拔萃》本。

【叢書舉要】卷十二濟生拔萃 《蘭室秘藏》

【叢書書目彙編】濟生拔萃方 《蘭室秘藏》

【續彙刻書目】濟生拔萃方 《蘭室秘藏》

【續中國醫學書目】 《蘭室秘藏》一卷。半冊。十二行二十四字。框横十一·二釐,縱十七釐。金李杲撰。《濟生拔萃》之内卷十六。民國二十七年上海涵芬樓影元刻本。蘭室秘藏藥目錄。

3. 明刊黑口本

【善本書室藏書志】卷十六 《蘭室秘藏》三卷。明刊黑口本。馬笏齋藏書。東垣老人李杲撰。是書前列目錄,自"飲食勞倦門"至"小兒門",凡分二十一類。其"脾胃虛損論",極言寒涼峻利之害,大旨主於培土,似較劉、張兩家流弊爲少也。此明初刊本,有"馬玉堂印"、"笏齋藏本"兩印。

【八千卷樓書目】卷十 《蘭室秘藏》六卷。金李杲撰。明刊三卷本。

【江南圖書館閲覽室檢查書目】《蘭室秘藏》。金李杲。明刊本。三本。

【江蘇第一圖書館覆校善本書目】《蘭室秘藏》三卷。金東垣李杲。明刊黑口本。馬笏齋藏書。有鈔配,有"馬玉堂"、"笏齋藏本"二印。三冊。

【江蘇省立國學圖書館圖書總目】《蘭室秘藏》三卷。三冊,金東垣李杲。明刊黑口本,有"馬印玉堂"、"笏齋藏本"二印。

4. 明刊未詳本

【讀有用書齋書目】《蘭室秘藏》。明刊本。

【寶素堂藏書目錄】《蘭室秘藏》三卷。三冊。板本。不記梓年月。相板式疑成化弘治間刻本。

【經籍訪古志】卷八 《蘭室秘藏》三卷。明初刊本。寶素堂藏。

5. 東垣十書本

【古今醫統大全】卷一採摭諸書東垣十書 《蘭室秘藏》。東垣著。

【醫藏書目】正法函目東垣十書 《蘭室秘藏》三卷,李杲。

【郘亭知見傳本書目】卷八 《蘭室秘藏》六卷。金李杲。《東垣十書》本。

【四庫目略】《蘭室秘藏》,金李杲撰。三卷。《東垣十書》本。

【叢書舉要】卷十二東垣十書 《蘭室秘藏》三卷

【叢書書目彙編】東垣十書 《蘭室秘藏》三卷

【揚州吴氏測海樓藏書目錄】卷四 《蘭室秘藏》三卷。《東垣十書》,宋李杲。文奎堂刊竹紙十六本内。

【重訂浙江公立圖書館保存類目錄】東垣十書 《蘭室秘藏》三卷,金李杲撰。

【江蘇省立國學圖書館圖書總目】《蘭室秘藏》(一)[三]卷。《東垣十書》第六冊,金東垣李杲。嘉靖八年刊本。又三卷。《東垣十書》第四至六冊。通行本。

【寶素堂藏書目錄】《蘭室秘藏》三卷。一冊,舊本。《東垣十書》中。

【楦萼書屋圖書目錄】萬治元年刊東垣十書 《蘭室秘藏》。

【中國醫學書目】《蘭室秘藏》三卷。二冊。十行十七字。框横十五・五釐,縱十九・六釐。李杲撰。日本刊《東垣十書》之内。目錄。

《蘭室秘藏》三卷。三冊。十行二十字。框横十三・七釐,縱二十・三釐。李杲撰,吴勉學校,敦化堂板《東垣十書》之内。

《蘭室秘藏》三卷。二冊。十六行四十字。框横十一・六釐,縱十六・七釐。李杲撰,吴勉學校,文盛局石印《東垣十書》之内。

6. 古本東垣十書本

【醫藏書目】正法函目古本東垣十書 《蘭室秘藏》

【叢書舉要】卷十二古本東垣十書 《蘭室秘藏》二卷。金李杲撰。

【叢書書目彙編】古本東垣十書 《蘭室秘藏》二卷

7. 醫統正脈本

【四庫書目邵注】卷十 《蘭室秘藏》三卷。金李杲。明吴勉學校刊《東垣十書》本合二十卷。

【邵亭知見傳本書目】卷八 《蘭室秘藏》六卷。金李杲撰。《醫統》本。

【鄭堂讀書記】 《蘭室秘藏》三卷。《醫統正脈》本,金李杲。

【叢書舉要】卷十二古今醫統正脈全書 《蘭室秘藏》三卷。上、中、下分卷,金李杲。《叢書書目彙編》同。

【揚州吳氏測海樓藏書目錄】卷四 《蘭室秘藏》三卷。宋李杲。《古今醫統正脈全書》,明王肯堂輯,萬曆年刊竹紙四十八本內。

【江蘇省立國學圖書館圖書總目】 《蘭室秘藏》三卷。三冊。金東垣李杲。明新安吳氏刊本。

又三卷。《醫統正脈全書》第四十三至四十五冊,金東垣李杲,明新安吳勉學校刊本。

【中東鐵路圖書館圖書目錄】補編 《蘭室秘藏》一卷。金李杲。見《醫統正脈全書》。

【寶素堂藏書目錄】 《蘭室秘藏》三卷。〇冊。收在《醫統正脈》中。

【靜嘉堂秘籍志】卷二十四明萬曆刊醫統正脈 《蘭室秘藏》三卷,金李杲。

【杏雨書屋圖書假目錄】古今醫統正脈全書 《蘭室秘藏》三卷。金李杲撰,明吳勉學校。

【中國醫學書目】 《蘭室秘藏》三卷。二冊。九行二十一字。橫橫十三,縱十八。李杲撰。民國刊《醫統正脈全書》之內。目錄。

【續中國醫學書目】 《蘭室秘藏》三卷。三冊。十行二十字。框橫十三・七釐,縱二十釐。金李杲撰。明吳勉學校,萬曆二十九年刊《醫統正脈全書》之內。蘭室秘藏目錄。

8. 四庫全書本

【四庫全書總目】卷一百零四 《蘭室秘藏》三卷。江蘇巡撫採進本。

【各省進呈書目】三冊浙江省第六次呈送書目 《蘭室秘藏》三卷。明李杲撰。二本。

【壬子文瀾閣所存書目】卷三 《蘭室秘藏》三卷。三冊。補鈔。

【文溯閣四庫全書要略及索引】 《蘭室秘藏》六卷,元李杲。三冊二百葉。

9. 鈔本

【述古堂藏書目】卷四 《蘭室秘藏》一卷。抄。

10. 未詳本

【楝亭書目】【也是園藏書目】【述古堂藏書目】【絳雲樓書目】【問經堂書目】以上清 【重訂浙江公立圖書館保存類目錄】民 【觀聚方要補】日本 【醫方類聚引用書】鮮

十九、醫學發明

【文淵閣書目】卷十五 《醫學發明》一部一冊。闕。

【菉竹堂書目】卷五 《醫學發明》一冊

【古今醫統十全】卷一採摭諸書　《醫學發明》九卷，東垣著。

【本草綱目】引據書目　李東垣《醫學發明》

【千頃堂書目】卷十四　《醫學發明》九卷。推明本草素難脈理。

【補遼金元藝文志】　元李杲《醫學發明》九卷。推明本草素難脈理。

刊本

1. 元刊本

【藝芸精舍宋元本書目】元本　《醫學發明》存七卷

2. 濟生拔萃本

【叢書舉要】卷十二濟生拔萃　《醫學發明》

【叢書書目彙編】濟生拔萃方　《醫學發明》卷第六。

【續中國醫學書目】　《醫學發明》一卷。一冊。十二行二十四字。框横十一・一釐，縱十六・六釐。金李杲撰。《濟生拔萃》之内卷六。民國二十七年上海涵芬樓影元刻本。

3. 古本東垣十書本

【醫藏書目】正法函目古本東垣十書　《醫學發明》一卷

【叢書書目彙編】古本東垣十書　《醫學發明》一卷

注，按是書古本《東垣十書》收之，而現行《東垣十書》乃缺之。

4. 丹溪心法附餘本

【中國醫學書目】　《醫學發明方》一卷。一冊。十行二十字。框横十三・四釐，縱十九・三釐。朱震亨著，吳勉學校。尚德堂刊《丹溪心法附餘》之内。目錄。

5. 醫統正脈本

【故宮普通書目】卷三　《醫學發明》不分卷。金李杲撰。明吳勉學校，嘉靖年刊本。一冊。

【寶素堂藏書目錄】　《醫學發明》一卷。〇冊。《醫統正脈》中。

【杏雨書屋圖書假目錄】古今醫統正脈全書　《醫學發明》一卷。金李杲撰，明吳勉學校。

【中國醫學書目】　《醫學發明》一卷。一冊。九行二十一字。框横十三釐，縱十八釐。朱震亨著。民國刊《醫統正脈全書》之内。目錄。

【續中國醫學書目】《醫學發明》一卷。一冊。十行二十字。框横十三・七釐，縱十九・六釐。金李杲撰。明吳勉學校，萬曆二十九年刊。《醫統正脈全書》之内。醫學發明方目錄。

注，按明板《醫統正脈全書》，其《醫學發明》，即爲重鐫《丹溪心法附餘》之一種。

6. 未詳本

【近古堂書目】卷下　《醫學發明》

【絳雲樓書目】卷三　《醫學發明》。元朱震亨。

注，按此書，或云東垣書，或云丹溪，未知孰是。暫從徐春圃《醫統大全》爲東垣所著，錄於茲。

二十、活法機要

【濟生拔萃】卷十七　《活法機要》。東垣。與潔古《家珍》及劉守真《病機保命》大同而小異矣。

【醫學源流】　李杲字明之，著作甚多，惟有《活法機要》刊行。

【脈望館書目】辰字號　《活法機要》。共一本之內。

刊本

1. 濟生拔萃本

【叢書舉要】卷十二濟生拔萃　《活法機要》

【叢書書目彙編】濟生拔萃　《活法機要》卷十七。

【續中國醫學書目】　《活法機要》一卷。半冊，十二行二十四字。框橫十一・二釐，縱十七釐。金李杲撰。民國二十七年上海涵芬樓影元刻本《濟生拔萃》之内卷十七。活法機要目錄。

注，按此本首行題"活法機要"，注云：東垣。與潔古《家珍》及劉守真《病機保命》大同而小異矣。又《拔萃》卷八首行題"潔古家珍"，次行小字本。方論與《東垣機要》内相同者，於此不復重附，所不同者附於此。

2. 古本東垣十書本

【醫藏書目】正法函目古本東垣十書　《活法機要》一卷

【叢書書目彙編】古本東垣十書　《活法機要》一卷

注，按此書，現行《東垣十書》中無之。

3. 丹溪心法附餘本

【中國醫學書目】　《活法機要》一卷。一冊。十行二十字。框橫十三・四釐，縱十九・三釐。朱震亨著，吳中珩校，尚德堂刊《丹溪心法附餘》之內。目錄。

4. 醫統正脈本

【中國醫學書目】　《活法機要》一卷。一冊。九行二十一字。框橫十三釐，縱十八釐。朱震亨著。民國刊《醫統正脈全書》之內。目錄。

【續中國醫學書目】　《活法機要》一卷。半冊。十行二十字。框橫十三・七釐，縱十九・六釐。金李杲撰，明吳中珩（楚白）校，萬曆二十九年刊《醫統正脈全書》之內。活法機要目錄。

5. 鈔本

【述古堂藏書目】卷四　《活法機要》一卷。抄。

6. 未詳本

【近古堂書目】【也是園藏書目】【絳雲樓書目】

注,按《本草綱目》云:《病機氣宜保命集》,一名《活法機要》。即與是書齊名,頗爲可疑。今取明刊《河間三書》本《保命集》較之,其中、下二卷所收方論,多與是書所載相符,而又有異者。恰如杜思敬所言,是書之出於《保命集》,殆無疑矣。

又按,是書或云爲東垣書,或云爲丹溪書。今據杜思敬、熊宗立等所記而考之,殆似以東垣爲是。

二十一、東垣試效方

【李濂醫史】卷八敕山老人傳倪府君墓碣銘　吴郡有名世之醫,曰倪府君,諱維德,字仲賢。著《原機啟微》若干卷。又校訂李杲《試效方》若干卷,鋟梓傳世,君子多之。

【明史】卷二百九十九本傳　倪維德,字仲賢,吴縣人。祖父皆以醫顯,常患眼科,雜出方論,無全書。著《元機啟微》,又校訂《東垣試效方》,並刊行於世。洪武十年卒,年七十五。

【醫籍考】一千九百六十四頁　《東垣試效方》九卷。存。

序跋

1. 硯堅序

醫之用藥,猶將之用兵。兵有法,良將不拘於法。藥有方,良醫不拘於方。非曰盡廢其舊也。昔人因病製方,邪之微甚,人之虛實,莫不詳辨而參酌之,然後隨其六氣所侵,藏府所受,劑品小大,平毒多寡,適與病等,絲髮不舛,故投之無不如意。後人不揣其本而泥其方,但曰此方治此病。幸而中者時有之,不幸而誤者固多矣。諺云"看方三年,無病不治。醫病三年,無方可治"。斯言雖鄙,切中世醫之病。東垣老人李君明之,可謂用藥不拘於方者也。凡求治者,以脈證別之,以語言察之,以《内經》斷之,對證設方,其應如響,間有不合者,略增損輒效。蓋病之變無第,君之方與之無窮,所以萬舉萬全也。羅謙父受學其門,君嘗所以療病所製方,錄之甚悉,日增歲益,浸以成編,凡有聞於君者,又綴而爲論。將板行於世,以廣君之道。抑予聞李君教人,講釋經書之暇,每令熟讀《本草》,川陸所產,治療所主,氣味之厚薄,補瀉之輕重,根莖無用,華葉異宜,一一精究,初不以方示之,意蓋有在矣。謙父不私所有,推以及人,善則善矣。李君教人之本意,殆不然也。君所著《醫學發明》、《脾胃論》、《内外傷辨》、《藥象論》等書,皆平日究心,將以惠天下後世。必須合數書而觀之,庶知君製方之旨,免泥而不通之患。若持此編,謂君之能盡在是,非李君望於後人也。至元三年立春後五日,邙城硯堅序。(《醫籍考》)

2. 王博文序

東垣先生受學於易上老人張元素,真積力久,自得於心。其法大概有四,曰明經、別脈、識證、處方而已。謂不明經則無以知天地造化之蘊,不別脈則無以察病邪之所在、氣血之虛實,不識證則不能必其病之主名以療之,不處方則何以剋其必救。故先生每治人之疾,先診其脈。既別脈矣,必斷之曰此某證也。則又歷謂其《難》、

《素》諸經之旨，以明其證之無差，然後執筆處方，以命其藥味，君臣佐使之制，加減炮製之宜，或丸或散，俾病者餌之，以取其效。一洗世醫膠柱鼓瑟、刻舟覓劍之弊，所以爲一代名士者，以此也。今太醫羅君謙父，師先生有年矣，盡傳其平生之學，亦爲當世聞人。今將此方釐爲九卷，鋟梓以傳。不獨使其師之術業表見於世，抑亦惠天下後世之士，俾獲安全之利也。其用心之忠厚，誠可嘉尚，□樂爲序其端。噫，先生此方，特立法之大綱耳。不知變者按以治疾，或有不效，則尤之曰此製方之不精也，則誤矣。《孟子》曰"梓匠輪輿，能與人規矩，不能使人巧"，又曰"大匠不爲拙工改廢繩墨，羿不爲拙射變其彀率。引而不發，躍如也。中道而立，能者從之"。吾於此書亦云。先生姓李氏，諱杲，字明之，東垣其自號云。至元十七年歲次庚辰清明後三日，通議大夫燕南河北道提荊按察使東魯王博文序。(《醫籍考》)

二十二、東垣心要

【文淵閣書目】卷十五　《東垣心要》一部一冊。闕。

【菉竹堂書目】卷五　《東垣心要》一冊

二十三、萬愈方

【醫藏書目】聲聞函目　《萬愈方》一卷，李東垣。

附　醫說辨惑論

【醫籍考】一千九百六十三頁　《醫說辨惑論》，未見。

熊均曰：李杲，字明之，自號東垣先生，潔古老人之門弟也。金亡值元，遂爲元人。著作甚多，惟有《用藥珍珠囊》、《脾胃論》、《内外傷辨》、《醫學發明》、《五經活法機要》、《蘭室秘藏》、《瘡瘍論》、《醫說辨惑論》等書刊行。

注，按右熊均說，見於《醫學源流》中，其名與《内外傷辨惑論》相類，而明清諸家均未著於錄。李濂《醫史》所載朱右《攖山老人傳》乃云：攖山老人者，三吳名醫也。姓倪氏，名維德，仲賢其字也。乃校訂金李東垣明之所著《醫說》凡若干卷，表章以行於世。據是則其《醫說》與《辨惑論》，各別爲一書耶。亦未可知。今從《醫籍考》而附錄其名於此。

附　醫方便儒

【東都官庫醫籍目錄】　《醫方便儒》全三卷，李東垣著。編中有"藥性歌"，"手足引經藥"及"十二經歌"。

【故宮博物院書目】　《醫方便儒》。金李。一卷。一冊。抄本。

附　李杲醫書

【補三史藝文志】元　《李杲醫書》

附　急救仙方

【萬卷堂書目】卷三　《急救仙方》十一卷

【國史經籍志】卷四下 《急救仙方》十一卷。見《道藏》。

【續文獻通考】經籍考 《急救仙方》六卷。不著撰人名氏。

(一)考證

【四庫全書總目】卷一百零三 《急救仙方》六卷,《永樂大典》本。不著撰人名氏。其書,《宋志》及諸家書目均未著錄。惟焦竑《國史經籍志》載有"《救急仙方》十一卷",註云"見《道藏》",亦不言作者爲誰。考白雲霽《道藏目錄》太元部惻字號中有《急救仙方》,與《永樂大典》所載合,則焦氏誤倒其文爲"救急"也。今按,《焦志》作"急救",不作"救急"。瘍醫自《周禮》即自爲一科,然傳習其術者多不能通古人之意。是編於背瘡、疔瘡、眼科、痔證四者,所載證治尤詳,蓋作者所擅長在此。中間如論背瘡條内所載蓮子、蜂窠、散走流注、腎俞諸發,名目猥衆,乃能一一討論,各詳其證之形狀與得病之因、療治之法,條分縷析,爲自來瘍科所未及。其疔瘡門内所立追疔奪命湯一方,備詳加減之法。學者苟能觸類旁通,亦足以資博濟之用,非精於是術者不能作也。雖雜瘡、雜證諸門,稍有闕佚,然綱要具存,正不以不完爲病矣。

【平津館鑒藏書籍記】續編寫本 《急救仙方》十一卷。前有徐守(真)[貞]序,云分以三類,末附雜病。三類者,婦科、折損、疔瘡也。在《道藏》惻字號,《宋志》及諸家書目俱未載此書。惟焦氏《經籍志》有之,《四庫全書》所收止六卷本,無守真姓名。

【善本書室藏書志】卷十六 《急救仙方》十一卷。明鈔《道藏》本,天一閣藏書。按《四庫》本從《永樂大典》錄出,作八卷(按,"八"當作"六"),不著撰人名氏。此十一卷,白棉紙,藍格。明鈔,每卷題"惻一"至"惻十一",蓋《道藏》本款式。檢《道藏目錄》,有《急救仙方》十一卷,宋林億等校。卷六有"仙授理傷續斷秘方序",卷十有"上清紫庭追癆仙方論法老叟自序"。皆本之仙傳,故入《道藏》耳。有"范氏梁父"一印。

注,按此書宋元人均未著錄,而全無其爲宋以前人所作之確證,但因《道藏》本記爲林億校正。暫以附錄於此而已。

又按,《急救仙方》,《道藏》本十一卷,《四庫》閣本六卷。其卷數已不相符,而且《道藏》本徐守貞序云"今此方之編,分爲三類,末附以雜病"。平津館記云"三類者,婦人、折損、疔瘡也"。然考《當歸草堂》本,其卷一爲背瘡治法,卷二爲疔瘡治法,卷三爲眼科,卷四爲痔證,卷五爲雜瘡,卷六爲雜證附小兒。是與《提要》所言合,而無婦人、折傷兩門,即未能遽以兩本爲一也。若果爲同本,則《四庫》本之有所闕,亦無疑矣。

又按,《善本書室志》載明鈔《道藏》本而云:卷六有"仙授理傷續斷秘方序",卷十有"上清紫庭追癆仙方論法老叟自序",皆本之仙傳云云。其爲採輯衆人之書而成帙者,亦可以推知矣。如徐守貞序,即爲"婦人門"而作,非爲全書之序文也。

（二）序跋

急救仙方序

醫之療疾，莫難於婦人。婦人之疾，莫重於胎產。胎產之重者何，蓋以一身之疾否，繫乎母子之存亡，故《千金方》部居，獨以“婦人”厠其首，此思邈孫真人之用心不苟矣。世之胎產諸方，不爲不富，然其間多犯冗僻貴。冗則倉卒之際難備，僻則窮鄉下邑難得，貴則貧窶之家難求。是三者，雖非君子用心之不周，而人之蒙其惠者，往往求什一於千百。今此方之編，分爲三類，末附以雜病，雖不能如諸方之廣載博該，要之不犯冗僻貴，而凡胎產危急之證，大略亦盡之矣。俾倉卒之際，窮鄉下邑，貧窶之家，皆得易而求之，雖一草一木，足以收效，豈若前三者之難爲功哉。苟有用者，始信其爲閨門之重寶云。金川徐守貞序。（涵芬樓影印道藏本）

（三）刊本

1.道藏本

【道藏目錄】太平部　《急救仙方》。宋林億等校。

注，按商務印書館影印本《道藏》，其《急救仙方》即在於第八百二十一、八百二十二兩冊中。

【叢書舉要】卷六十道藏目錄太平部外字號至節字號　《急救仙方》十一卷。林億校正。《叢書書目彙編》同。

【叢書書目彙編】道藏舉要第八類攝生　《急救仙方》十一卷。不著撰人。

2.鈔本

【天一閣書目】《急救仙方》十一卷。舊鈔本。

注，按右據《四庫書目》邵注而記之。今查《天一閣書目》，無此目，而但曰《明天一閣藏書目》錄呂字號廚有《急救良方》一本。然其書即明人所撰，與此書自别也。

【孫氏書目外編】卷二　《急救仙方》十一卷。不著撰人名氏。

【平津館鑒藏書籍記】續編寫本　《急救仙方》十一卷，前有徐守(真)[貞]序。(下略。詳見“考證”下。)

【八千卷樓書目】卷十　《(救急)[急救]仙方》六卷。天一閣抄十一卷本。

【善本書室藏書志】卷十六　《急救仙方》十一卷。明鈔《道藏》本，天一閣藏書。(中略。詳見“考證”下。)有“范氏梁父”一印。

【江蘇第一圖書館覆校善本書目】《急救仙方》十一卷。失名，明鈔《道藏》本，天一閣藏書，有闕葉，有“范氏梁甫”一印。二冊。

【江蘇省立國學圖書館圖書總目】《急救仙方》十一卷。二冊。闕名。明鈔《道藏》本，有“范氏梁甫”一印。

【皕宋樓藏書志】卷四十六　《(救急)[急救]仙方》八卷。影寫《道藏》本，不著撰人名氏。案《四庫》所收，從《永樂大典》抄出，此則原本也。

【靜嘉堂秘籍志】卷二十四陸氏十萬卷樓舊藏　《救急仙方》。不著撰人名氏。《志》

"《救急仙方》八卷"。影寫《道藏》本。按題注云:此本即十一卷本也。"八"當作"十一"。(下略)

【靜嘉堂文庫國書分類目錄】本草 《救急仙方》。影寫《道藏》本十一卷,撰者未詳。寫。十萬卷樓舊藏本。二冊。

3. 永樂大典本

【清史稿藝文志】子部醫家類 不知撰人。《(救急)[急救]仙方》六卷。乾隆時敕輯。

【問經堂書目】《救急仙方》六卷。不著撰人名。《永樂大典》本。

【叢書舉要】永樂大典採輯書 《急救仙方》六卷。宋無名氏。《叢書書目彙編》同。

【北平北海圖書館月刊】第三、四號永樂大典內輯出佚書目 《急救仙方》六卷。不著撰人姓氏。清四庫館臣輯。醫家類一著錄,《道藏》本十一卷。案,此書有《道藏》本。《天一閣目》有舊鈔本,卷數亦同《道藏》本。

4. 四庫全書本

【四庫全書總目】卷一百零三 《急救仙方》六卷。《永樂大典》本。

【壬子文瀾閣所存書目】卷三 《(救急)[急救]仙方》六卷。二冊。補鈔。

【文溯閣四庫全書要略及索引】

【行素堂目睹書錄】欽定四庫全書東洋料紙鈔本 《(救急)[急救]仙方》

5. 乾隆御書樓無板書本

【叢書舉要】卷十二御書樓無板醫書 《急救仙方》。《叢書書目彙編》同。

【聿修堂藏書目錄】方書 《急救仙方》六卷。一冊。收在《御書樓無板書》中。金李杲撰。《急救仙方》十二卷。四冊。鈔本。不著撰人名氏。

6. 當歸草堂本

【叢書舉要】卷十二當歸草堂醫學叢書 《急救仙方》六卷。《叢書書目彙編》同。

【揚州吳氏測海樓藏書目錄】卷四 《急救仙方》六卷。不著撰人名氏。《醫學叢書》,錢唐丁丙輯。光緒當歸草堂刊十二本內。

【浙江藏書樓甲編書目】當皈草堂醫學十二種 《急救仙方》六卷

【浙江公立圖書館通常類圖書目錄】第三冊 《急救仙方》六卷。不著撰人名氏。但《當歸草堂醫學叢書初編》五十七卷,清丁丙編,光緒十年增刊本十二本之內。

【古越藏書樓書目】卷五 《急救仙方》六卷。闕名。《丁氏醫學叢書》本。

【南學書目劄記】卷五 《急救仙方》六卷。《醫學叢書》本,宋不著撰人。

【中國醫學書目】《急救仙方》六卷。一冊。十行,二十字。框横十二釐,縱十五·九釐。《醫學叢書初編》之內。《欽定四庫全書·急救仙方提要》,乾隆五年。

7. 活字版本

【八千卷樓書目】卷十 《(救急)[急救]仙方》六卷。不著撰人名氏。活字板本。

【江南圖書館閱覽室檢查書目】《急救仙方》。不著撰人名氏。活字板本。一本。

【江蘇省立國學圖書館圖書總目】《急救仙方》六卷。一冊。闕名。活字本。

8. 鈔本六卷本

【竹崦庵傳鈔書目】《急救仙方》六卷。宋人撰。七十二。

9. 未詳本

【觀海堂書目】溫字號　《急救仙[方]》一本。按,"仙"下當脫"方"字。

附　煙霞聖效方

【躋壽館醫籍備考】《煙霞聖效方》二卷。二冊。《醫方類聚》採輯本。

第十四類　小兒方論

一、小兒顱顖方

【太平御覽】卷七百二十二醫二　《小兒顱顖方》一卷,衛汎。《張仲景方序》曰:衛汎好醫術,少師仲景,有才識,撰《四逆三部厥經》及《婦人胎藏經》、《小兒顱顖方》三卷,皆行於世。

【冊府元龜】卷七百二十一引東觀漢記何顒傳　《小兒顱顖方》一卷,衛汎撰。

【後漢藝文志】醫家類　衛汎《小兒顱顖經方》一卷

【後漢書藝文志考】方技經方　衛汎《小兒顱顖方》。《御覽》引《仲景方序》一卷。

【補後漢書藝文志并考】經方　衛汎《小兒顱顖方》一卷

【補後漢書藝文志】卷三子部醫家　衛汎《小兒顱顖經方》一卷

二、顱顖經

(一)出典

【幼幼新書】卷四十前代方書　《顱顖經》世傳爲黄帝書,至周穆王時,師巫得之於崆峒。今不可考。

【秘書省續編到四庫闕書目】卷二　《顱顖經》二卷

【宋史藝文志】子類醫書類　師巫《顱顖經》二卷

注:按《巢氏病源候論》卷四十五"小兒雜病諸候"云:中古有巫方,立《小兒顱顖經》以占夭壽,判疾病死生,世所相傳有《小兒方》焉。

(二)考證

【四庫全書總目】卷一百零三　《顱顖經》二卷,《永樂大典》本。不著撰人名氏。世亦別無傳本,獨《永樂大典》內載有其書。考歷代史志,自《唐藝文志》以上皆無此名。至《宋藝文志》,始有《師巫顱顖經》二卷。今檢此書,前有序文一篇,稱"王母金文,黄帝得之昇天,秘藏金匱,名曰《內經》,百姓莫可見之。後穆王賢士師巫,於崆峒山得而釋之"云云。其所謂師巫,與《宋志》相合,當即此本。疑是唐末宋初人所爲,以王冰《素問註》第七卷內有"師氏藏之"一語,遂託名師巫,以自神其説耳。其名“顱顖”者，案首骨曰顱，腦蓋曰顖，殆因小兒初生，顱顖未合，證治各別，故取以名其書。前論脈候至數之法，小兒與大人不同，次論受病之本與治療之術。皆極中肯綮，要言不煩。次論父母證治，分別十五名目。皆他書所未嘗見。其論雜證亦多秘方，非後世俗醫所可及，蓋必別有師承，故能精晰如此。《宋史・方技傳》載，錢乙始以《顱顖經》著名，召至京師，視長公主疾，授翰林醫學。錢乙幼科，冠絕一代，而其源實出於此書，亦可知其術之精矣。謹據《永樂大典》所載裒而輯之，依《宋志》舊目釐爲二卷，俾不至無傳於後焉。

【醫籍考】二千九百四十八頁　按《諸病源候論》所謂巫方《顱顖經》，即是書也。“方”與“彭”通。《呂覽》曰“巫彭作醫”。師巫，亦是巫方之謂也。是書非據王冰“師氏藏之”一語而託名者也。

注：按《四庫提要》云：世亦別無傳本，獨《永樂大典》內載有其書。今閲《脈望館書目》有“《顱顖經》二本（即《小兒妙訣》。上本宋刊板，下本影宋鈔）”之目。又《萬卷堂書目》有“《顱顖經》二卷。趙繼宗”之目。蓋知明代尚有《顱顖經》者，好事之家藏之。但不知其與《永樂大典》本同否。所謂趙繼宗，亦未可考。

（三）序跋

原敘當歸草堂本“敘”作“序”

夫顱顖者，謂天地陰陽，化感顱顖，故受名也。嘗覽《黄帝內傳》，王母金文，始演四序，二儀陰陽之術，三才一元之道，採御靈機。黄帝得之昇天，秘藏金匱，名曰《內經》，百姓莫可見之。後穆王賢士師巫，於崆峒山得而釋之。敘天地大德，陰陽化工（當歸草堂本“工”作“功”），父母交合，中成胎質。爰自精凝血室，兒感陽興，血入精宮，女隨陰住。故以清氣降而陽谷生，濁氣升而陰井盛也。甚者二儀互換，五氣相參，目覩元機，非賢莫達。謂真陰錯雜，使精血聚而成殃；陽發異端，感榮衛合而有疾。遂使嬰兒纔養，驚候多生。庸愚不測始末，亂施攻療，便致枉捐嬰兒，吁哉，吁哉。遂究古言，尋察端由，敘成疾目，曰《顱顖經》焉。真憑辯證當歸草堂本“辯”作“辨”，乃定死生。後學之流，審依濟疾，天和太清，降乘赤海，真一元氣乘之，則母情先搖，蕩漾熾然（當歸草堂本“熾”作“幟”）。是陽盛發陰，當姙男也。六脈諸經，皆舉其陽證。所謂姙衰，不勝藏氣，則觸忤而便傷。姙勝而氣劣，則母疾三五月而發，皆隨五藏。心藏乾而口苦舌乾，肺藏渴而多涕發寒，肝藏邪而肌酸多睡（當歸草堂本“肌”作“嗜”），脾藏發而嘔逆惡食，腎藏困而軟弱無力。藏姙氣平，則和而無苦。胎若劣而強得藏養，至生亦乃多疾。二儀純陰之證，昇雜一真者，謂陰發陽。則父情薄當歸草堂本“情”作“精”，姙當成女也。六脈諸經，皆發陰證，若血盛氣衰，則肥而劣氣。若氣盛血衰，則瘦而壯氣。餘藏姙之氣，皆同男說。孩子處母腹之內時，受化合之正氣，分陰陽之紀綱，天地降靈，十月而化，萬物以生成，隨其時變，大理清純，化成祥瑞之基，全真道一，故生成焉。一月爲胚，精血凝也。二月爲胎，形兆分也。三月陽神爲三魂，動以生也。四月陰靈爲七魄，靜鎮形也。五月五行分藏，安神也。六月六律定腑，滋靈也。七月精開竅，通光明也。八月元神具降當歸草堂本“具”作“俱”，真靈也。

九月宫室羅布，以生人也。十月氣足，萬物成也。太乙元真在頭曰泥丸，總衆神也。得諸百靈，以禦邪氣。陶甄萬類，以靜爲源。是知慎於調護，即以守恬和，可以保長生耳。故小兒瘦痾，蓋他人之過也。文溯閣本，以當歸草堂本校之

注：按當歸草堂本卷末載有"乾隆五十三年三月海寧陳鱣跋"，今查其文，大概不過《四庫提要》之文而間加數字者，今不錄焉。

（四）刊本及鈔本

1. 宋刊本

【脈望館書目】辰字號　《顱顖經》二本。即《嬰兒妙訣》，上本宋刊板，下本影宋鈔。

2. 永樂大典採輯本

【叢書舉要】卷五十四永樂大典採輯書　《顱顖經》二卷，宋無名氏。

【叢書書目彙編】永樂大典採輯書　《顱顖經》二卷，宋無名氏。

3. 御書樓無板書本

【叢書舉要】卷十二御書樓無板醫書　《顱顖經》

【叢書書目彙編】御書樓無板醫書　《顱顖經》

【寶素堂藏書目錄】御書樓無板醫書　《顱顖經》二卷

【聿修堂藏書目錄】小兒　《顱顖經》二卷，一冊。收在《御書樓無板書》中。

【經籍訪古志】卷八　《顱顖經》二卷。清《御書樓無板書》中本。按是書亦收在李雨村《函海》中，與此有小異。又《幼幼新書》所援，亦有足是正此本者，如初生兒一月內乳痢，如血證一條，治孩子脫肛方二道，此本俱脫，尤宜從而錄補者。

4. 四庫全書本

【四庫全書總目】卷一百零三　《顱顖經》二卷。《永樂大典》本。

【文溯閣四庫全書要略及索引】　《顱顖經》二卷，一冊，二十六葉。

5. 函海本

【鄭堂讀書記】醫家類宋至元　《顱顖經》一卷，《函海》本。不著撰人名氏。《四庫全書著錄》作"二卷"。李雨村從文瀾閣本寫出，刻入《函海》并爲之序，則全襲《提要》之文，殊不足存。

【四庫書目邵注】卷十　《顱顖經》二卷。《函海》本一卷。

【持靜齋書目】卷三　《顱顖經》二卷。《函海》刊本。

【四庫目略】子部　《顱顖經》。《函海》本一卷。

【郘亭知見傳本書目】卷八　《顱顖經》二卷。《函海》本一卷。

【行素堂目覩書錄】函海　《顱顖經》一卷。

【南學書目劄記】卷五　《顱顖經》二卷。《函海》本。

【叢書舉要】卷三十六函海　《顱顖經》一卷

【古越藏書樓書目】卷五　《顱顖經》二卷。闕名。《函海》本。

【涵芬樓舊書分類總目】　《顱顖經》。宋缺名撰。《函海》本。一冊。

【諸暨圖書館目錄】卷五　《顱顖經》一卷。宋闕名。《函海》本。

【八千卷樓書目】卷十　《顱顖經》二卷。不著撰人名氏。《函海》本。

【清華學校圖書館中文書籍目錄】　《顱顖經》一卷。見《函海》。

【江蘇省立國學圖書館圖書總目】　《顱顖經》一卷。《函海》第十五冊,乾隆原刊。《顱顖經》一卷。《函海》第十九冊,道光重修補本。

【中東鐵路圖書館圖書目錄】　《顱顖經》一卷。見《函海》。

【東京文理科大學附屬圖書館漢書分類目錄】　《顱顖經》。《函海》第十四。

6. 當歸草堂本

【行素堂目覩書錄】當歸草堂醫學叢書　《顱顖經》二卷

【南學書目劄記】卷五　《顱顖經》。《醫學叢書》本。二本。

【叢書舉要】卷十二當歸草堂醫學叢書　《顱顖經》二卷

【古越藏書樓書目】卷五　《顱顖經》二卷。《丁氏醫學叢書》本。

【浙江藏書樓甲編書目】當歸草堂醫學十二種　《顱顖經》二卷

【八千卷樓書目】卷十　《顱顖經》二卷。不著撰人名氏。當歸草堂本。

【揚州吳氏測海樓藏書目錄】卷四　《顱顖經》二卷。不著撰人名氏。《醫學叢書十二種》本。

【國學用書類述】當歸草堂叢書　《顱顖經》二卷

【浙江公立圖書館通常類圖書目錄】第三冊　《顱顖經》二卷。不著撰人名氏,但《當歸草堂醫學叢書初編》五十七卷十二本之內。

【江蘇省立國學圖書館圖書總目】　《顱顖經》二卷。《當歸草堂醫學叢書》第一冊,光緒四年丁氏刊本。

【中國醫學書目】　《顱顖經》二卷。一冊。十行二十字。框横十二耷,縱十五・九耷。《醫學叢書初編》之內,光緒四年錢塘丁氏當歸草堂刊行。《欽定四庫全書・顱顖經提要》,乾隆五十年。原序。"跋",陳鱣,乾隆五十三年。同前又一本著錄於《續中國醫學書目》

7. 醫學大成本

注:按上海大東書局印贈《中國醫學大成》樣本,小兒門載有"《顱顖經》二卷。(著者闕名。南宋時人著,清李調元校刊)"之目,然其《大成》,民國廿七年五月刊到第二十八期,而《顱顖經》未列在其內,未知其後刊行之有無。

8. 鈔本

【善本書室藏書志】卷十六　《顱顖經》二卷。陳簡莊鈔本。前錄原序,後有乾隆五十三年三月海寧陳鱣跋。下引鱣跋,今略之。

【八千卷樓書目】卷十　《顱顖經》二卷。不著撰人名氏。抄本。

【江蘇第一圖書館覆校善本書目】　《顱顖經》二卷。一冊。失名。《宋史藝文志》作"師巫撰"。陳簡莊鈔本,有陳仲漁圖像、"簡莊所錄秘冊"、"海寧陳鱣"等印。

【江蘇省立國學圖書館圖書總目】　《顱顖經》二卷。一冊。闕名。陳簡莊抄本,有陳仲漁圖像、"簡莊所錄秘冊"、"海寧陳鱣觀"等印。

【行素堂目覩書録】丁編欽定四庫全書東洋料紙鈔本 《顱顖經》二卷

【觀海堂書目】溫字號 《顱顖經》一本。二卷。日本鈔本。

【故宫博物院書目】 《顱顖經》二卷,一冊。日鈔本。

【内閣文庫圖書第二部漢書目録】 《顱顖經》二卷。《產育寶慶方》二卷,宋郭稽中。日本寫本。一冊。《顱顖經》二卷。日本寫本。一冊。

9. 未詳本

【古今醫統大全】【萬卷堂書目】以上明 【竹崦庵傳鈔書目】【續文獻通考】以上清 【國學用書類述】民國 【寶素堂藏書目録】【觀聚方要補採摭書目】以上日本

三、俞氏療小兒方

【隋書經籍志】子部醫方 《俞氏療小兒方》四卷

【唐書藝文志】子録醫術類 《俞氏治小兒方》四卷

【通志藝文略】醫方類下 《俞氏療小兒方》三卷

四、療少小百病雜方

【隋書經籍志】俞氏療小兒方注 梁有徐叔嚮《療少小百病雜方》三十七卷。

【通志藝文略】醫方類下 徐叔嚮《療少小百病雜方》三十七卷

五、療少小雜方二十卷

【隋書經籍志】俞氏療小兒方注 梁有《療少小雜方》二十卷。

【舊唐書經籍志】子類醫術 《少小雜方》二十卷

【通志藝文略】醫方類下 《療少小雜方》二十卷

注:按《唐書藝文志》有"少女雜方二十卷"之目,疑即同書。

六、療少小雜方二十九卷

【隋書經籍志】俞氏療少兒方注 梁有《療少小雜方》二十九卷。

七、范氏療小兒藥方

【隋書經籍志】俞氏療小兒方注 梁有《范氏療小兒藥方》一卷。

【通志藝文略】醫方類下 《范氏療小兒方》一卷

【補晉書藝文志】卷三 《療小兒藥方》一卷,范注,見《七録》。

八、王末療小兒雜方

【隋書經籍志】俞氏療小兒方注　梁有《王末療小兒雜方》十七卷。

【通志藝文略】醫方類下　《王末療小兒方》十七卷

九、少小方

【隋書經籍志】子部醫方　《少小方》一卷

【舊唐書經籍志】子部醫術　《少小方》十卷

【通志藝文略】醫方類下　《少小方》一卷

注:按《唐書藝文志》有"少女方十卷"之目,疑即同書。

十、療小兒丹法

【隋書經籍志】子部醫方　《療小兒丹法》一卷

【通志藝文略】瘡腫　《療小兒丹法》一卷

十一、小兒經

【隋書經籍志】子部醫方　《小兒經》一卷。《通志藝文略》同

十二、童子秘訣

【唐書藝文志】子録醫術類　姚和衆《童子秘訣》二卷

【崇文總目輯釋】卷七　《童子秘訣》三卷,姚和撰。侗按,《唐志》"童子"上有"衆"字。

【通志藝文略】醫方下　《童子秘訣》三卷,唐姚和衆撰。

【宋史藝文志】子類醫書類　姚和衆《童子秘要論》三卷

【本草綱目】引據古今書目　姚和衆《童子秘訣》

十三、衆童延齡至寶方

【唐書藝文志】醫術　姚和衆《童子秘訣》二卷,又《衆童延齡至寶方》十卷。

【崇文總目輯釋】卷三　《延齡至寶方》十卷,姚和撰。侗按,《唐志》、《宋志》"延齡"上并有"衆童"二字。《通志略》删去"童"字,作"姚和衆撰",以"衆"字并爲人名,謬矣。後醫書類五有《保童方》一卷,《宋志》亦作"姚和衆撰",則又承《通志》之誤。

【通志藝文略】醫方類下　《衆童延齡至寶方》十卷,姚和衆撰。

【宋史藝文志】子類醫書類　姚和衆《童延齡至寶方》十卷

【本草綱目】引據書目　姚和衆《延齡至寶方》

注：按《證類本草》所引，有"姚和衆兒方"二十五條，"姚和衆小兒方"一條，"姚氏方"六條，"姚氏"一條。

十四、少小節療方

【舊唐書經籍志】子類醫術　《少小節療方》一卷，俞寶撰。

【唐書藝文志】子錄醫術類　俞寶《少女節療方》一卷。《通志略》同

注：按是書，《舊唐志》作"少小"，《新唐志》作"少女"，而除是書之外，尚有《療少小雜方》、《少小方》等。《新唐志》"少小"均作"少女"，未知孰是。又按《漢志》有《婦人嬰兒方》，《隋志》有《婦人少小方》，今并收在女科中。亦不敢再錄焉。

十五、孫會嬰孺方

【唐書藝文志】子錄醫術類　《孫會嬰孺方》十卷

【崇文總目輯釋】卷三　《嬰孺方》十卷，孫會撰。原釋：闕。見天一閣鈔本。

【通志藝文略】醫方類下　《孫會嬰孺方》十卷

【宋史藝文志】子類醫書類　《嬰孺方》十卷

【幼幼新書】卷四十近世方書　《嬰孺方》，得之湖南撫幹向澹伯海，云：相傳出於秘閣，凡十卷。近《崇文總目》求遺書，有兩《嬰孺方》，卷目皆同，不載作者姓名。

十六、仙人水鏡圖訣

【唐書藝文志】子錄醫術類　《王超仙人水鏡圖訣》一卷。貞觀人。

【崇文總目輯釋】卷三　《仙人水鑑圖訣》一卷，王超撰。侗按，舊本"水鑑"譌作"冰鑑"，今校改。《唐志》"鑑"作"鏡"，此避嫌諱。說見前。《宋志》亦作"仙人水鏡"，無"圖訣"二字。"王超"作"王起"，誤。

注：按《輯釋》卷一禮類：《開元禮義鑑》一百卷，注云：東垣案，本名"義鏡"，此避太祖祖嫌諱。

【通志藝文略】醫方下　《仙人水鑑圖訣》一卷，唐王超撰。

【宋史藝文志】子類醫書　王起《仙人水鏡》一卷

附　少小嬰孺方

【觀海堂書目】蘭字號　《少小嬰孺方》一本。一卷。日刻本。

【故宮博物院書目】醫家　《少小嬰孺方》，唐孫思邈。一冊。日刻本。

【國學用書類述】兒科　《少小嬰孺方》一卷，唐孫思邈。日本刊本。

十七、嬰孩論

【崇文總目輯釋】卷三　《嬰孩論》二卷

十八、嬰兒論

【通志藝文略】醫方下　《嬰兒論》二卷
【宋史藝文志】子類醫書　楊大鄴《嬰兒論》二卷

十九、嬰孩病源論

【崇文總目輯釋】卷三　《嬰孩病源論》一卷
【通志藝文略】醫方下　《嬰孩病源論》一卷
【宋史藝文志】子類醫書　李言少《嬰孩病論》一卷

二十、崔氏小兒論

【崇文總目輯釋】卷三　《崔氏小兒論》一卷
【通志藝文略】醫方下　《崔氏小兒論》一卷
【宋史藝文志】子類醫書　楊全迪《崔氏小兒論》一卷

二十一、療一兒論

【崇文總目輯釋】卷三　《療一兒論》一卷。侗按,《通志略》有《療小兒眼論》一卷,疑即此書。

注:按錢氏以《通志略》所載《療小兒眼論》,疑爲此書。又按《醫籍考》,《療一兒論》改作《療小兒論》,而且以《通志》所載《療小兒疳病論》,擬爲一書。俱似不可從。今其《疳病論》錄於下,《小兒眼論》即收在目科中。

二十二、小兒五疳二十四候論

【崇文總目輯釋】卷三　《小兒五疳二十四候論》一卷。《通志略》、《宋志》並同。

二十三、療小兒疳病論

【宋史藝文志】醫書　《療小兒疳病論》一卷

二十四、小兒宮氣集

【崇文總目輯釋】卷三　《小兒宮氣集》三卷

【通志藝文略】醫方下　《小兒宮氣集》三卷

【本草綱目】引據書目　《小兒宮氣方》

注：按《證類本草》所引有"小兒宮氣方"三條，"宮氣方"四條，疑即此書。

二十五、小兒方術論

【崇文總目輯釋】卷三　《小兒方術論》一卷。《通志略》、《宋志》並同。

二十六、孩孺明珠變蒸七疳方論

【崇文總目輯釋】卷三　《孩孺明珠變蒸七疳方論》一卷。侗案，舊本脫"疳"字，今校增。

【通志藝文略】醫方下　《孩孺明珠變蒸七疳方論》一卷，朱篆撰。

【宋史藝文志】醫書類　朱傳《孩孺明珠變蒸七疳方》一卷

二十七、小兒藥證

【崇文總目輯釋】卷三　《小兒藥證》一卷，劉景裕撰。《通志略》同

【宋史藝文志】醫書類　《小兒藥證》一卷

輯本

【躋壽館醫籍備考】　《小兒藥證》一卷，一冊，宋劉景祐撰。《醫方類聚》採輯本。

注：按《醫籍考》云，按是書久佚，弟堅從《醫方類聚》各證門所輯錄出，裒爲一編。

二十八、錢氏小兒方

【通志藝文略】醫方下　《錢氏小兒方》八卷，錢乙撰。

【遂初堂書目】　《錢乙小兒方》

【郡齋讀書後志】卷二　《錢氏小兒方》八卷，右皇朝錢乙仲陽撰。神宗時擢太醫丞。於書無所不窺，它人靳靳守古，獨度越縱舍，卒與法合。尤邃本草，多識物理，辨正闕誤，最工療嬰孺病。年八十二而終。閻季忠方附於後。

【文獻通考】經籍考　《錢氏小兒方》八卷。下引《讀書後志》）

【攟壤集】下醫書　《錢氏小兒方》

【古今醫統大全】卷一　《錢氏小兒方》八卷。宋錢乙，字仲易。精治小兒，著此書。并《小兒藥證直訣》，閻孝忠集編，頗附以己說。宣和元年。

傳本

【世善堂藏書目錄】卷下　《小兒秘方》八卷，宋錢乙。

【汲古閣毛氏藏書目錄】醫家　《錢氏小兒方》八卷，宋錢乙仲陽。

注：按《脈望館書目》有《錢氏小兒方》三卷。《醫藏書目》有錢仲陽《小兒方脈》。《觀海堂書目》有《錢氏小兒方》一本三卷，引宋本。今并不可考，姑附記於此。

二十九、錢氏小兒藥證直訣

(一)出典

【直齋書錄解題】卷十三　《錢氏小兒藥證真訣》三卷，太醫丞東平錢乙仲陽撰，宣教郎大梁閻季忠集。上卷言證，中卷敘嘗所治病，下卷爲方。季忠亦頗附以己說，且以劉斯立所作仲陽傳附於末。宣和元年也。《文獻通考》略同，有所節略者。

【宋史藝文志】醫書類　錢乙《小兒藥證直訣》八卷

注：錢乙傳，劉跂錢乙傳云：錢乙字仲陽，上世錢塘人，與吳越王有屬。俶納土，曾祖贇隨以北，因家於鄆。父顥，善鍼醫，然嗜酒喜游。一旦匿姓名，東遊海上，不復返。乙時三歲，母前亡，父同產姑嫁醫呂氏，哀其孤，收養爲子。稍長讀書，從呂君問醫。呂將歿，乃告以家世。乙號泣，請往跡父。凡五六返，乃得所在。又積數歲，乃迎以歸。是年乙年三十餘。鄉人驚歎，感慨爲泣下，多賦詩詠其事。後七年，父以壽終，喪葬如禮。其事呂君，猶事父。呂君歿，無嗣，爲之行葬服，嫁其孤女，歲時祭享，皆與親等。乙始以《顱顖方》著山東。元豐中，長公主女有疾，召使視之，有功，奏授翰林醫學，賜緋。明年，皇子儀國公病瘈瘲，國醫未能治。長公主朝，因言錢乙起草野，有異能。立召入，進黃土湯而愈。神宗皇帝召見褒諭，且問黃土所以愈疾狀。乙對曰：以土勝水，木得其平，則風自止。且諸醫所治垂愈，小臣適當其愈。天子悅其對，擢太醫丞，賜紫衣金魚。自是戚里貴室，逮士庶之家，願致之，無虛日。其論醫，諸老宿莫能持難。俄以病免，哲宗皇帝復召宿直禁中。久之，復辭疾賜告，遂不復起。乙本有羸病，性簡易，嗜酒，疾屢攻，自以意治之，輒愈。最後得疾憊甚，乃歎曰：此所謂周痺也，周痺入臟者死，吾其已夫。已而曰：吾能移之，使病在末。因自製藥，日夜飲之，人莫見其方。居亡何，左手足攣不能用，乃喜曰：可矣。又使所親登東山，視兔絲所生，篝火燭其下，火滅處斸之，果得茯苓，其大如斗，因此法噉之，閱月而盡。由此雖偏廢，而氣骨堅悍，如無疾者。退居里舍，杜門不冠履，坐臥一榻上，時時閱史書雜記，客至，酌酒劇談。意欲之適，則使二僕輿之，出沒閭巷，人或邀致之，不肯往也。病者日造門，或扶攜襁褓負，纍纍滿前。近自鄰井，遠或百數十里，皆授之藥，致謝而去。初，長公主女病泄痢，將殆。乙方醉，曰：當發疹而愈。駙馬都尉以爲不然，怒責之，不對而退。明日，疹果出，尉喜，以詩謝之。廣

親宗室子病,診之曰:此可無藥而愈。顧其幼,曰:此兒旦夕暴病驚人,後三日過午無恙。其家恚曰:幼何疾,醫貪利動人乃如此。明日果發癇甚急,復召乙治之,三日愈。問何以無疾而知。曰:火急直視,心與肝俱受邪。過午者,心與肝所用時當更也。宗室王子病嘔泄,醫以藥温之,加喘。乙曰:病本中熱,脾且傷,柰何以剛劑燥之,將不得前後溲。與石膏湯。王與醫皆不信,罷謝。乙曰:毋庸,復召我。後二日,果來召,適有故不時往。王疑且怒,使人數十輩趣之,至曰:固石膏湯證也。竟如言而效。有士人病咳,面青而光,其氣哽哽。乙曰:肝乘肺,此逆候。若秋得之可治,今春不可治。其家祈哀,强之與藥。明日曰:吾藥再瀉肝而不少卻,三補肺而益虚,又加脣白,法當三日死。然安穀者過期,不安穀者不及期,今尚能粥,居五日而絶。有娠婦得疾,醫言胎且墮。乙曰:娠者五藏傳養,率六旬乃更,能候其月,偏補之,可不墮。已而子母皆得全。又乳婦因大恐而病,病雖愈,目張不得瞑,久而不能曉,以問乙。乙曰:煮郁李酒飲之,使醉即愈。所以然者,目係內連肝膽,恐則氣結,膽衡不下,惟郁李去結,隨酒入膽,結去膽下,目則能瞑矣。如言而效。一日過所善翁,聞兒啼,愕曰:何等兒聲。翁曰:吾家孿生二男子也。乙曰:謹視之,過百日乃可保。翁不懌。居月餘,皆斃。乙爲方博達,不名一師,所治種種皆通,非但小兒醫也。於書無不窺,他人靳靳守古,獨度越縱舍,卒與法合。尤邃本草,多識物理,辨正闕誤。人或得異藥,或持疑事問之,必爲言出生本末,物色名貌。退而考之,皆中。末年攣痛浸劇,其嗜酒喜寒食,皆不肯禁。自診知不可爲,召親戚訣别,易衣待盡。享年八十二,終於家。所著書有《傷寒論指微》五卷,《嬰孺論》百篇。一子早逝,二孫今現爲醫。

劉跂曰:乙非獨其醫可稱也,其篤行似儒,其奇節似俠,術盛行而身隱約,又類夫有道者。數謂余言:曩學六元五運,夜宿東平王冢嶺觀氣象,至逾月不寐。今老且死,事誠有不在書者,肯以三十日暇從我,當相授。余笑謝弗能,是後遂不復言。嗚呼。斯人也,如欲復得之,難哉。没後,余聞其所治驗尤衆,東州人人能言之,掇其章章者著之篇,異時史家序方術之士,其將有考焉。宣和元年,劉跂撰。《惜陰軒叢書》本。按《宋史·方技傳》亦載乙傳,與此大同而稍有所略,今不重録焉。

注:按曾世榮《活幼口議》卷三"議錢乙方"云:晉朝有醫工錢氏諱乙,設方用藥,明證識候,直究竟嬰孩臟腑冷熱,表裏虚實傳變,頓取其效,正所謂醫孩童之意,準繩法則之道如此。後世欲以及其議者,蓋闕如也。往往誦錢君之書,記錢君之藥,錢君之意旨,未之聞也。愚詳其意徑且直,其説勁且鋭,其方截且良,其用功而速,深達其要,廣操其言,萬世不可掩其妙,四方皆可遵其説。凡八十一家者,各述精通,莫若錢君,智意剋效,究竟不勞再三,亦無中道而廢。門人閻公編集,未具錢君心服想計,恢洪純粹,妙理希奇,紙筆不可得而録者耶。時有高見之士,一悟錢君意旨,醫之與藥,規矩法度,無以異錢君。運乎中,顯乎機,而自然達化者,莫之能語也。良工妙用,信乎野老之言,毋曰管見。後之學者盡心討論,必有深著於胸次,且德義於人,揚名於後世之道,不亦宜乎。

曾世榮《活幼心書》中卷"辨藥病不相主對"云云:鄭氏議古人醫書,不能無失,如錢氏治慢驚用栝樓湯，與病不相主對，是謂之失。以愚觀之，所恃藥性，醫者之通曉，縱有前證，未必肯用，但不容不講明耳。殊不知錢氏既沒之後，其書成於仕路，故人編集刊行，屢經異代。況錢氏儒醫，名聞朝野，施治之法，如珠在貫，未嘗少差。鄭氏所指慢驚誤用栝樓湯，然本方下，明載治肺熱涎盛，非爲慢驚之設。閻孝忠豈不知此，其或居官錄梓日，失於參考，訛傳此劑，致有前議。奈歷年已遠，卒難校正。若論五臟補瀉之妙，卻無瑕可指。及諸雜方有功於世，不爲不多。《直訣》一書，信不誣矣。

（二）考證

【四庫全書總目】卷一百零三　《小兒藥證直訣》三卷，宋大梁閻季忠所編錢乙方論也。乙字仲陽，東平人，官至太醫院丞。事跡具《宋史·方技傳》。乙在宣和間，以巫方氏《顱顖經》治小兒，甚著於時。故季忠集其舊法，以爲此書。上卷論證，中卷爲醫案，下卷爲方。陳振孫《書錄解題》、馬端臨《文獻通考》并著錄，明以來舊本久佚，惟雜見諸家醫書中。今從《永樂大典》内掇拾排纂，得論證四十七條，醫案二十三條，方一百一十有四，各以類編，仍爲三卷。又得閻季忠序一篇，劉跂所作《錢仲陽傳》一篇，并冠簡端，條理秩然，幾還其舊，疑當時全部收入，故無大佚脱也。小兒經方，千古罕見，自乙始別爲專門，而其書亦爲幼科之鼻祖，後人得其緒論，往往有回生之功。如六味丸方，本後漢張機《金匱要略》所載"崔氏八味丸"方，乙以爲小兒純陽，無煩益火，除肉桂、附子二味，以爲幼科補劑。明薛己承用其方，遂爲直補真陰之聖藥。其斟酌通變，動契精微，亦可以概見矣。閻季忠，《永樂大典》作"閻孝忠"，然《書錄解題》及《通考》皆作"季忠"，疑《永樂大典》爲傳寫之訛，今改從諸家作"季"。劉跂字斯立，東平人，摯之子也。有《學易集》，别著錄。所撰乙傳，與《宋史·方技傳》略同，蓋《宋史》即據此傳爲藍本云。

【日本訪書志】卷十　《錢氏小兒藥證直訣》三卷。宋本。按趙希弁《讀書後志》：《錢氏小兒方》八卷，閻孝忠附於後。《宋志》亦云"八卷"。陳振孫《書錄解題》則云"三卷"。（中略）今按此書，一一與《解題》合，且閻氏序明言"三卷"，則《讀書志》所云"八卷"，當是傳寫之誤，《宋志》又沿其誤也。是書世罕流傳，唯明熊宗立注本，及康熙間陳世傑刊本、薛己本，别多所改竄，非錢氏之原書。今以此宋本校之：上卷尚無甚出入。中卷陳本缺"駙馬子病目"一條，《醫方類聚》，熊本、薛本，《證治準繩》有此條，則爲誤脱無疑。而多出"睦親宮中十大王"一條。按，此條熊宗立注本無之，《幼幼新書》及《醫方類聚》亦不援引，此條前半即前第十條"一九王病瘡疹"篇文而小異耳。後半即上卷"瘡疹候"篇文，其爲誤衍無疑。緣此書目錄中卷記嘗所治病二十三證，陳本既缺"王駙馬子"一條，遂雜鈔本書之文，湊合成篇，以充原數。下卷則甚多差異，如"瀉黄散"後有閻孝忠附言數百字，"羌活"後有閻附一百七十一字，"蟬蜕散"有閻附語六十八字。熊宗立本亦有之，陳本皆脱。又如"導赤散"宋本只"治小兒心熱"五字，陳本有"視其睦"云云三行，全錄上卷"心熱證治"之文。"瀉心湯"宋本只"實熱宜服"四字，陳本"小兒心氣"云云，亦全錄上卷文。牛犀磨汁，宋本治消毒氣、解内熱。又有磨汁之法，陳本則云"治瘡疹不快吐血衄血”,而製法、用法全脱。又宋本有木苽丸,陳本無之,按本書上卷生下吐症治,明有木苽丸方,則爲陳本誤脱無疑。又宋本有兩大黄丸方,一兩味治鼻塞顖開,一四味治風熱云云。陳氏無治風熱一方。考《朝鮮醫方類聚》有此方。其他方名雖同,而證治製法、藥味多寡之異,難以枚舉。宋劉昉《幼幼新書》引此書幾十之七八,《醫方類聚》則全部載入。今以此本校之,一一相合,則此爲宣和本無疑。又閻氏所附方五十五條,本在錢氏之後,宋本及陳本,皆劃然分明,而宋元以下方書引閻説并方,皆混稱錢氏。余意宋時必有以閻氏附方併入錢氏方中之本,故諸家不能别出。然則錢氏書在宋時傳本既多,已有異同,陳氏所得又是傳鈔本,故不免有奪爛。陳本《目録》後有“無爲軍新刊”,錢氏方後序目下卷卻無此序,此奪爛之明徵。其以上卷之文,録入中下卷,蓋苟以充數,決非宋本所有。其他或有與熊宗立、薛己、王宇泰所引同者,當是别本。如是未必盡陳氏臆造,精斯術者,自能決擇之。余年來累失孫男女數人,今細讀此書,乃知短折非命,悔痛何及,迺盡發宋元以下嬰兒方書,一一互校,當謀精槧以傳之,庶夭札者少瘳云。

注:按陳氏《書録解題》,“閻孝忠”作“閻季忠”,馬氏《文獻通考》同,《四庫提要》以二氏爲正,改“孝”作“季”。然考楊氏所見宋槧本、曾氏《活幼心法》及《口議》、《永樂大典》等,皆作“孝”不作“季”。又按劉氏《幼幼新書》云“《保生信效》,閻孝忠編。孝忠字資欽,許昌人”。《宋志》亦載“閻孝忠《重廣保生信效方》一卷”。據此觀之,《提要》之説,未足信據。似傳寫之訛,寧在陳氏之書矣。

(三)序跋

1. 小兒藥證直訣原序

醫之爲藝,誠難矣,而治小兒爲尤難。自六歲以下,黄帝不載其説。始有《顱顖經》,以占壽夭死生之候。則小兒之病,雖黄帝猶難之。其難一也。脈法雖曰八至爲和平,十至爲有病。然小兒脈微難見,醫爲持脈,又多驚啼,而不得其審。其難二也。脈既難憑,必資外證,而其骨氣未成,形聲未正,悲啼喜笑,變態不常。其難三也。問而知之,醫之工也,而小兒多未能言,言亦未足取信。其難四也。臟腑柔弱,易虚易實,易寒易熱,又所用多犀珠龍麝,醫苟難辨,何以已疾。其難五也。種種隱奥,其難固多。余嘗致思於此,又目見庸醫妄施方藥而殺之者,十常四五,良可哀也。蓋小兒治法,散在諸書,又多出於近世臆説,汗漫難據,求其要妙,豈易得哉。太醫丞錢乙,字仲陽,汶上人。其治小兒,該括古今,又多自得,著名於時。其法簡易精審,如指諸掌。先子治平中登第,調須城尉識之。余五六歲時,病驚疳癖瘕,屢至危殆,皆仲陽拯之良愈。是時仲陽年尚少,不肯輕傳其書。余家所傳者,纔十餘方耳。大觀初,余筮仕汝海,而仲陽老矣,於親舊間始得説證數十條。後六年,又得雜方,蓋晚年所得益妙。比於京師,復見别本,然旋著旋傳,皆雜亂。初無紀律,互有得失,因得參校焉。其先後則次之,重復則削之,訛謬則正之,俚語則易之。上卷脈證治法,中卷記嘗所治病,下卷諸方,而書以全。於是古今治小兒之法,不可以加矣。余念博愛者,仁者之用心,幼幼者,聖人之遺訓,此惠可不廣耶。將傳之好事

者，使幼者免横夭之苦，老者無哭子之悲，此余之志也。因以明仲陽之術於無窮焉。宣教郎大梁閻季忠序。周氏本

2. 重刻錢氏小兒藥證直訣序

《小兒藥證直訣》三卷，宋太醫丞錢仲陽所著，同時宣教郎閻孝忠所次也。治小兒之難，與仲陽之術之工，閻序詳矣。吾兄懷三，精通禁方，而其讀書也，必自源達委，深惡近代妄庸論著，悉屏不觀。嘗論仲景書爲醫之聖，而仲陽乃幼科祖，然錢非實有繆巧也，蓋亦執張文而神明之者。八味《金匱》方也，去桂附以治小兒，後世不能難焉。不精二家，不可爲醫。然其書自元以還，多亡失竄易，既得《玉函經》刻之，而此又求之三十年，近始獲焉。手自釐正，還其舊貫，次第開行。若保赤子心誠求之，兒之在鷇，男唯女俞，寒飢暖飽之不知，而況遇疾乎。醫無師法，又求之不誠，甚惟盛傔，輿要酬報，倉卒下藥，宛轉懷負，其卒與哺之，以砒而殺之以刀何異。吾兄療男婦十全八九，而救小兒，決死生期，無一失者，而世或未之知也。夫人血氣腑臟，雖有幼小壯老之不同，而醫逢其源，則審其氣候，而處方未有不可通者。專門云者，道常該貫，而用一以名爾。扁鵲過邯鄲爲帶下醫，過洛陽爲耳目痺醫，入咸陽爲小兒醫，隨俗爲變，惟其伎之通也。使專而不能該，豈足爲良醫哉。仲景、仲陽，哀人之札瘥夭昏，以垂厥書，仁者之功也。吾兄於醫學人異說、家殊書之時，尊信而表章之，抑非古人慈幼之盛心歟。業是者得而潛心焉，投之所往，其爲醫也，思過半矣。已亥三月望日，弟汝楫書於射觀西塾。起秀堂梓行本

3. 周學海序

學海初讀武英殿聚珍本《小兒藥證直訣》一書。仰見聖天子撫育至德，被及萌芽，豈第宣聖少懷之義，而當日諸臣蒐採之勤，亦可謂能上體皇仁，而不遺餘力者矣。急將付梓，以廣其傳，庶幾薄海呱呱，脱於夭枉，亦儒生窮居草野，宣布德意，上酬高厚之一端也。旋復於書肆得所爲仿宋刻者，其次第頗異。而後附有閻孝忠《小兒方》、董汲《斑疹方》各一卷。夫當諸臣蒐採之日，天下藏書之家，莫不爭獻秘笈，卒未得是書真本，而今乃復見於世，豈非古人精氣有不可磨滅者歟。是書原刻閻名作"孝忠"，"真訣"作"直訣"，今未敢易也。聚珍本往往有閻氏方論誤入錢書者，今依宋本，則各得其所矣。其藥味、分量間有不同，今各注於本方之末。至《薛氏醫案》本已爲薛氏所亂，不足引證云。光緒十七年辛卯長夏，內閣中書周學海謹記。

（四）刊本

1. 宋刊本

【適園藏書志】卷六 《錢氏小兒藥證直訣》三卷，附《董氏小兒斑疹備急方論》一卷，宋刊本。宋錢乙撰。乙字仲陽，鄆人。事蹟見劉跂撰傳，載本書。首冠閻孝忠序，後附《董汲斑疹方論》一卷、錢乙後序。此北宋刊本，每半葉八行，行十六字。高七寸六分，廣五寸二分。白口單邊。板口署"錢方幾"，在上，魚尾下間有刻(上)[工]名字。因由蝴蝶裝改冊，故中(逢)[縫]多破損矣。首尾欠六葉，系元人抄

補,中卷則芙川所補足。陳世傑曾以此本重刻,而失去閻序。曾以陳刻相校,知陳刻即出於此本。譌者:目"初生三日已上"下,多"至十日"三字;卷上"五藏所主"條"飲水而搐","搐"則作"搖",誤;"前牙旁注","前"作"咬"字;"虚則補母",刻"母"字作墨丁;"瘡疥候"條"或寒戰噤牙",刻作墨丁;"諸疳"條"自揉鼻頭",刻"揉"字作墨丁。餘均相合。至武英殿聚珍板本、明正德間刻《類證》本,均與此本不同。有"錢氏藏"朱文大方印。"錢穀"朱文、"叔寶"白方兩方印。後又有"叔寶"朱文方印。"屠隆"白文、"緯真"朱文小方聯珠印。"滄芊"朱文大方印。"張蓉鏡印"朱文大方印。"虞山張蓉鏡鑒定宋刻善本"朱文長方印。"姚印婉真"朱文、"芙初女史"白文兩方印。"臣燾私印"、"越國王孫"朱文兩大方印。"秀川"、"汪氏子過眼"。兩朱文小方印。僞印不錄。

錢氏手跋曰:宋仲陽先生《藥證直訣》三卷,後附閻、董兩家藥方於後,真保赤之金鍼也。此真宋本,前多閻氏總序一篇,世傳摹宋本所無,尤爲寶貴。其上卷鈔補錄目五葉,下卷鈔補董氏方一葉,尚是元人手筆。細審其字跡,是艾衲山人錢乃鼎所書,真鑒者見之,定不河漢余言耳。知當時已珍重若此。今芙川張君復補全中卷,從此可稱完璧矣。仲陽不獨以醫知遇,動人主顧,向倍嘗艱苦,萬里尋親,得遂首止,爲人子所最難者,而行宜如是,其藝之精,尚其小焉者耳。惜乎其上藏印真僞雜出,在有目者一望而知,毋庸深辨,然斷不以此減其聲價也。乙未冬,夢廬錢天樹識於是耶樓下。

楊氏手跋曰:宋錢仲陽《小兒藥證》三卷,閻孝忠附方一卷,具詳於卷首目錄中。後又附《董汲小兒斑疹備急方論》一卷,有錢仲陽所著後序,而目錄中未及之。觀仲陽後序中語,於董及之重爲許可,殆閻孝忠心折仲陽,并采仲陽所許可之斑疹備急方,以彙治小兒法之全歟。按,董及之著有《腳氣治法總要》二卷、《旅舍備要方》一卷,載入《四庫》書。而錢仲陽小兒專書,世所罕覯。此本爲閻孝忠所集,脈證治法,簡易精審,誠幼科之聖也。近時仿宋翻刻本,佚去閻序。此本爲雙芙閣所載,中卷及前後,共鈔補五十餘葉,而閻序獨完,良足珍愛。因將近時翻刻本補闕訂訛,以資省覽,仍以此帙歸之芙川,并識數語於卷端。研芬楊希銓。

【日本訪書志】卷十 《錢氏小兒藥證直訣》三卷。宋本。下略,詳見於"考證"中。

2. 明刊本

【鄭堂讀書記】醫家宋至元 《錢氏小兒藥證直訣》三卷,《附方》一卷。常熟錢氏述古堂藏本。宋錢乙撰,閻季忠集。作"孝忠"者誤也。乙字仲陽,東平人,神宗時官太醫丞。季忠大梁人,乙之門人,官宣教郎。《書錄解題》及《通考》所載,俱無"附方","直"俱作"真"。《宋志》作"八卷",無"錢氏"二字,《讀書志》作"《錢氏小兒方》八卷",《通考》亦載之,列在三卷本之前。蓋誤認爲二書也。晁氏稱引文略,閻季忠方附於後,陳氏稱引文略。今以晁、陳兩家所說核之是本,一一吻合,知是本即從宋刊本重刻,而誤"季忠"爲"孝忠"也。是本爲明唐懷三所重刊,前有其弟汝楫序,但稱"己亥"而不著紀年,以其時考之,當是萬曆二十七年。序稱"其書自元以還多亡失竄易,求之三十年,近始獲焉,手自釐正,還其舊貫次第"云云。余以《薛氏醫案》内薛鎧所注

《錢氏直訣》四卷,兩相比較,知是本爲善,而薛所注本即汝楫所指竄易之本無疑矣。

【北京人文科學研究所藏書目錄】《錢氏小兒藥證直訣》十卷,宋錢乙撰,閻孝忠集。明成化六年李杲刊本。一函二册。《錢氏小兒藥證直訣》三卷。宋錢乙撰。明刊本。一函四册。【杏雨書屋圖書假目錄】照宋本重刊 《錢氏小兒直訣》三卷。附《附方》一卷,《董氏小兒斑疹備急方論》一卷,宋錢乙撰,明閻孝忠編。明刊。四册。照宋本重刊。《錢氏小兒直訣附方》一卷。明刊。

注:按周氏《鄭堂讀書記》所謂"唐懷三所刊本",疑則與所謂"陳世傑所刊"同本。今考陳刊本,首冠汝楫序,其序但稱"吾兄懷三"、"弟汝楫",而不著其姓。然而周氏以汝楫爲明人唐氏,《經籍訪古志》反爲清人陳氏,未知孰是。或疑周氏因嘉靖進士唐汝楫以文有名,直以作序之汝楫爲唐氏者歟。然陳世傑之名,亦未知其所從來。《杏雨書目》所載明刊,當亦是同本。至於《人文科學研究所目》所載十卷本,疑則熊氏《類證》本而已。要之,《錢氏小兒直訣》一書,果有明刊耶否,今不可考,姑記以俟後考云。

3. 陳世傑仿宋本

【經籍訪古志】卷八 《錢氏小兒藥證直訣》三卷。清陳世傑仿宋本。首冠己亥冬月陳汝楫序及目錄,卷端頁面記"(昭)[照]宋本重刊起秀堂梓",目錄後有"宣和元年閻孝忠序",卷首題"閻孝忠集"。每半版八行,行十六字。書法端雅,字殆錢大,開卷悅目,其取原於宋本無疑。末附閻氏附方及仲陽傳一篇,又附刊《董氏斑疹方論》一卷。考閻序,是書分上中下三卷,復取所著經驗方附後。此本卷第,正與其所言符。世多傳熊氏《類證》、薛氏校註,俱頗有增修,此本特不失[舊]觀,其爲可貴。然《幼幼新書》、《醫方類聚》所引諸條,或有此本闕而熊本載之者,他可以彼訂此者極多,則此本未得稱精善也。又近得一小字別本,乃依是本更增入諸方,甚爲粗俗,但陳氏是刻缺閻序初頁,亦或有全漏落者,有小字本始得補完,此可嘉也。

【寶素堂藏書目錄】《錢氏小兒藥證直訣》三卷,《附方》一卷,宋錢乙。二册。清陳世傑照宋本《錢氏小兒藥證(真)[直]訣》三卷,《附方》一卷,二册。影鈔陳世傑重刊宋本。宋錢乙。

【多紀元堅獻納醫學舘醫書目錄】《小兒藥證直訣》三卷。影宋板。二册。

【四庫書目邵注】卷十五 《錢氏小兒藥證直訣》三卷,宋錢乙撰。坊中仿宋刊本。

【郘亭知見傳本書目】卷八 《錢氏小兒藥證直訣》三卷,宋錢乙撰。坊間仿宋刊本。

【故宮博物院書目】《錢氏小兒藥(症)[證]直(譯)[訣]》,宋閻孝忠集。三卷。二册。影抄重刊宋本。

【中國醫學書目】《錢氏小兒直訣》二卷及附方,三册。八行十六字。框横十五・七釐,縱二十一・七釐。錢乙(仲陽)著,閻孝忠集,起秀堂刊照宋本重刊。重刊錢氏小兒藥證直訣序,汝楫,己亥。錢氏小兒藥證目錄。附方目錄。錢仲陽傳,劉跂。閻氏附方,閻孝忠。董氏小兒斑疹備急方論,董汲。董氏小兒斑疹備急方論序,董汲。後序,錢乙,元祐癸酉。又一部,同前本。

4. 武英殿聚珍版本

【壬子文瀾閣所存書目】武英殿珍本叢書 《小兒藥證真訣》三卷,一冊。

【四庫書目邵注】卷十 《錢氏小兒藥證真訣》三卷,宋錢乙撰。聚珍版本。

【持靜齋書目】卷三 《錢氏小兒藥證真訣》三卷。聚珍版本。宋錢乙撰,閻(忠孝)[孝忠]編。

【郘亭知見傳本書目】卷八 《錢氏小兒藥證直訣》,宋錢乙。撰聚珍(本版)[版本]。

【行素堂目覩書錄】武英殿聚珍版書目福建省刊本 《小兒藥證真訣》三卷。一本。計九十二頁。宋錢乙。

【南學書目劄記】卷五 《小兒直訣》(四)[三]卷。福建聚珍本。錢乙撰。

【叢書舉要】武英殿聚珍版書 《閩刻小兒直訣》(四)[三]卷,錢乙。

【叢書書目彙編】武英殿聚珍版全書 《小兒藥證真訣》三卷。光緒二十五年廣雅書局重編。

【故宮普通書目】卷五福建重刊武英殿聚珍本 《小兒藥證真訣》三卷。武英殿聚珍版書。《小兒藥證真訣》三卷。宋錢乙撰。

【八千卷樓書目】卷十 《小兒藥證直訣》(二)[三]卷,宋錢乙。閩刊本。

【學海書院圖書館書目】《小兒藥證真訣》,錢乙。《武英殿聚珍版全書》本。

【江蘇省立國學圖書館圖書總目】《小兒藥證真訣》三卷。《武英殿聚珍版叢書》第五百九十五冊,宋東陽錢乙。光緒福州修補本。

【故宮殿本書庫現存目】卷上 《小兒藥證真訣》三卷,宋錢乙撰。二冊。

【國立奉天圖書館武英殿聚珍版書目】《小兒藥證真訣》三卷,宋錢乙著。二冊。二部。

【靜嘉堂文庫國初分類目錄】《小兒藥證真訣》。《武英殿聚珍版全書》第一百八十九冊。三卷。守先閣舊藏本。

5. 惜陰軒叢書本

【四庫書目邵注】卷十五 《錢氏小兒藥證直訣》三卷。《惜陰軒叢書》本,宋錢乙撰。

【郘亭知見傳書目】卷八 《錢氏小兒藥證直訣》三卷,宋錢乙撰。《惜陰軒叢書》本。

【行素堂目覩書錄】惜陰軒叢書 《小兒藥證直訣》三卷,宋錢乙。

【叢書舉要】惜陰軒叢書 《小兒藥證真訣》三卷,宋錢乙。

【故宮普通書目】卷三 《小兒藥證真訣》三卷。元羅天益《衛生寶鑑》附。《惜陰軒叢書》本。六冊。

【八千卷樓書目】卷十 《小兒藥證直訣》二卷,宋錢乙。惜陰軒本。

【諸暨圖書館目錄】卷五　《小兒藥證直訣》三卷,宋錢乙。惜陰軒本。

【清華學校圖書館中文書籍目錄】　《小兒藥證真訣》三卷。見《惜陰軒叢書》。

【江蘇省立國學圖書館圖書總目】　《小兒藥證真訣》三卷。《惜陰軒叢書》第四十六至四十七册。宋東陽錢乙。道光刊本。

【中東鐵路圖書館圖書目錄】　《小兒藥證(真)[直]訣》三卷,宋錢乙。見《惜陰軒叢書》。

【遼寧省立圖書館館刊】惜陰軒叢書　《小兒藥證直訣》三卷,宋錢乙。

6. 五桂樓叢書本

【叢書書目彙編】五桂樓叢書　《宋錢乙小兒藥證直訣》一卷,《宋閻孝忠附方》一卷,劉跂《錢乙傳》一卷。

【揚州吳氏測海樓藏書目錄】卷四　《錢氏小兒藥證直訣》三卷,《附》一卷,宋錢乙,宋閻孝忠集。光緒年姚江黄氏刊。白紙。二本一函。

【國學用書類述】　《小兒藥證真訣》三卷,附閻、董方各一卷,宋錢乙。五桂樓本。

7. 周氏醫學叢書本

【叢書舉要】卷十二周氏彙刻醫學叢書　《錢仲陽小兒藥證直訣》三卷,《增輯小兒藥證直訣附方》一卷,宋閻孝忠編次。

【叢書書目彙編】周氏醫學叢書　《小兒藥證直訣》(二)[三]卷,附方一卷。

【續彙刻書目】周氏醫學叢書　《小兒藥證直訣》(二)[三]卷,附方一卷。

【揚州吳氏測海樓藏書目錄】卷四　《小兒藥證直訣》三卷,附方一卷,宋錢乙,宋閻孝(思)[忠]編。《周氏醫學叢書》。光緒辛卯自刊,竹紙本。

【杏雨書屋圖書假目錄】　《小兒藥證直訣》三卷。附同附方。《閻氏小兒方論》,《董氏小兒瘢疹備急方論》,宋錢乙(仲陽)著。光緒十七年刊。二冊。

【中國醫學書目】《小兒藥證直訣》三卷。二冊,十一行二十一字。框横十二・一釐,縱十五・五釐。錢乙著,閻孝忠編,光緒十七年周氏校刊。《周氏醫學叢書》之内。"四庫全書目錄提要",紀昀等。"周學海序",光緒十七年。《錢仲陽傳》,劉跂。"小兒藥證直訣原序",閻孝忠。目錄。附《閻氏小兒方論》,宋大梁閻孝忠著。附《小兒斑疹備急方論》,宋東平董汲及之著。

8. 鈔本

【韓氏讀有用書齋書目】　《錢氏小兒藥證》三卷。舊鈔本。

9. 未詳本

【本草綱目】【世善堂藏書目錄】【醫藏書目】以上明　【近古堂書目】【絳雲樓書目】【持靜齋書目】以上清　【多紀元堅獻納醫學館醫書目錄】【内閣文庫圖書漢書目錄】【杏雨書屋圖書假目錄】以上日

注:按諸家書目,往往載有日本刊《錢氏小兒直訣》四卷,疑皆是薛氏校註本,今不錄焉。

附　類證註釋錢氏小兒方訣

【醫籍考】二千九百六十四頁　熊氏宗立《類證註釋錢氏小兒方訣》十卷。存。

【經籍訪古志】陳世傑仿宋錢氏小兒藥證直訣　世多傳熊氏《類證》,薛氏校註,俱頗有增修。此本特不失舊觀,真爲可貴。然《幼幼新書》、《醫方類聚》所引諸條,或有此本闕而熊本載之者,他可以彼訂此者極多,則此本未得稱精善也。

【日本訪書志】卷十錢氏小兒藥證直訣　是書世罕流傳,唯明熊宗立注本,及康熙間陳世傑刊本、薛己本,則多所改竄,非錢氏之原書。

序跋

自序

宋錢氏仲陽著《小兒直訣》,太醫陳文中作《痘疹方論》,世稱活人之筌蹄,全嬰之軌範。當時門人傳寫本,未免有造次錯文之患,後之讀是書者,往往莫無疑難。予不揣凡陋,已知僭妄,竊以二書,疏其源流,類其證治,要之支分節解,脈絡貫通,間附註以發明之。使我同志初學之士,展卷觀讀,則前之疑難者,今盡渙然冰釋,而一歸至當矣。抑亦人人保赤子之心,油然而興,不至委命於庸夫之手乎。爲之醫者,爲能以二書浹洽於胸臆之中,臨治之際,□功取效,如鼓應枹,必無饋藥有不敢嘗之譏焉。庶乎太上好生幼幼之仁,而不負國家惠民之初,豈其視鑽核獨善之人,吾不忍爲之。遂鋟諸梓,以廣其傳云。《醫籍考》

附　校註錢氏小兒直訣

【萬卷堂書目】卷三　《校註錢氏小兒方》四卷,錢仲陽。

【平津館鑒藏書籍記】續編寫本　《錢氏小兒直訣》四卷,題"門人閻季忠集,後學薛鎧校注"中略此本分作四卷,又無仲陽傳,已非閻氏舊本。明薛己《薛氏醫按》稱訂定舊本,附以己說者,有《錢氏小兒直訣》四卷,然則此本注中稱"薛按"者,是其父薛鎧所注。稱"愚治"者,又薛己所補。前有序,不題年月姓名,繹其文義,亦己作也。鎧弘治時官太醫。此本余從天一閣寫得之。

【北京人文科學研究所藏書目錄】　《錢氏小兒直訣》四卷,宋錢乙撰,明薛鎧注。明崇禎間梁氏校刊本。一函二冊。

【中國醫學書目】　《小兒直訣》四卷。二冊。十行十二字。框横十三・五釐,縱二十釐。錢仲陽著,閻孝忠集,薛己注,魏一元校。薛氏《醫按全書》之內。校註錢氏小兒直訣序,薛己,嘉靖三十年。目錄。

序跋

校註錢氏小兒直訣序

古諺有云:寧醫十男子,莫醫一婦人;寧醫十婦人,莫醫一小兒。幼科之難,昔有自矣。小兒六歲已下,經所不載,以乳下嬰兒有病難治者,皆爲無所承據也。中古始有巫方氏作《顱顖經》,以占夭壽,判疾病死生,而小兒方行焉。逮於晉宋,江左蘇氏,齊之徐王,僉能相傳有驗,而後踵武厥科者,則不止於一家矣。至宋神宗時,有太醫丞錢仲陽氏,貫陰陽於一理,合色脈於萬全,偉論雄才,迥邁前列,可謂傑起而振出者也(《醫籍考》無"也"字)。門人閻孝忠記其典要,緝成《直訣》若干卷,而幼穉之色脈症治,無遺漏矣。先君嘗語余曰:幼幼之藥,宜善調之。古謂小兒爲牙兒(《醫籍考》"牙"作"芽"),如草之萌,如水之漚,故其命方曰"保嬰",曰"全幼"者,蓋不欲以峻功耳。錢氏之法,可以日用;錢氏之方,可以時省也(《醫籍考》"時"作"特")。愚服膺先人之言,僅有年矣。遇施之治,有一得驗者,輒自識之,用補註於錢文之下。同幼其幼,不敢以紫亂朱、以薰并蘭也,非特以錢氏峻攻爲不可用也。視古既遠,元氣已殊,不欲直施之於今耳。敬以一得之愚,附續貂尾,更覬明哲者正諸。時嘉靖辛亥孟春,前奉政大夫太醫院院使薛己謹書。

附　閻氏附方

注:按《郡齋讀書後志》云:《錢氏小兒方》八卷,閻季忠方附於後。又楊氏《日本訪書志》載宋槧本而云:閻氏附方五十五條,本在錢氏之後,宋本及陳本,皆劃然分明。今檢起秀堂梓行本,卷下末附閻孝忠附方,其首記曰:全家幼稚多疾,率用錢氏方訣,取效如神。因復研究諸法,有得於心。如驚癇等錢仲陽之未悉者,今見於下,并以仲陽傳附卷末云云。《五桂樓》、《周氏醫學》兩叢書本亦并載之,而周氏改其目作《閻氏小兒方論》,諸家書目多著錄之,今特不重載焉。

三十、重廣保生信效方

【幼幼新書】近世方書　《保生信效》,閻孝忠編。孝忠字資欽,許昌人。

【宋史藝文志】醫書類　閻孝忠《重廣保生信效方》一卷

注:按《本草綱目》引錄古今醫家書目,載有《閻孝忠集效方》,或即此書歟。

三十一、小兒斑疹備急方論

(一)出典

【直齋書錄解題】卷十三　《小兒斑疹論》一卷,東平董汲及之撰。錢乙元祐癸酉題其末。《文獻通考》同

注:按《幼幼新書》"近世方書"云:《痘疹論》,隱士董汲撰。汲字及之,東平人。所謂《痘疹論》,疑即此書矣。

(二)考證

【鄭堂讀書記】　《董氏小兒瘢疹備急方論》一卷,常熟錢氏述古堂藏本。宋董汲撰。《書錄解題》及《通考》俱作"《小兒瘢疹論》",前有孫平浦準序作"《小兒瘢疹方》",及之自序作"《瘢疹備急方》",皆省文耳。《宋志》有及之《腳氣治法總要》一卷,《旅舍備要方》一卷,而無是書,蓋偶遺之也。自序稱引文今略之。余觀是書,首爲總論,次爲萬方十七道,皆博選諸家及親經用有效者方備錄焉,其保赤子之心至矣。末有元祐癸酉錢仲陽乙後序,亦極稱其藝術之精。仲陽即撰《小兒藥證直訣》也。是本即刊附仲陽書後,前有錢遵王私印三,知即其家藏本云。

【經籍訪古志】卷八 《董氏小兒斑疹備急方論》一卷。按此實爲痘書之嚆矢，而世久無傳本。然梶原性全《萬安方》既引之，則知皇國舊有其書。今取校之，如白虎湯"石膏四兩"下有"末研以綿裹煎，若不以綿裹，則留積於腸胃中損脾胃"廿一字，最有關係，而此本脱之。

(三)序跋

1. 自序

夫上古之世，事質民淳，禀氣全粹，邪不能干。縱有疾病，祝由而已，雖大人方論，尚或未備。下逮中古，始有巫方氏者著《小兒顱顖經》，以卜壽夭，别死生，歷世相援，於是小兒方論興焉。然在襁褓之時，藏府嫩弱，脈促未辨，痒不知處，痛亦難言，祇能啼叫。至於變蒸驚風，客忤解顱，近世巢氏一一明之。然於斑疹欲出症候，與傷風相類，而略無辨説，致多謬誤。而復醫者不致詳慎，或乃虚者下之，實者益之，疹者汗之，風者溫之，轉生諸疾，遂致夭斃。嘘，可歎也。今採摭經效秘方，詳明證候，通爲一卷，目之曰《斑疹備急方》。非敢謂有補於後世，意欲傳諸好事者，庶幾鞠育之義存焉。東平董汲及之序。

2. 董氏小兒斑疹備急方論序

世之人有得一奇方可以十全愈疾者，恐恐然惟慮藏之不密，人或知之，而使其藥之不神也，其亦陋矣。夫藥之能愈病，如得人人而告之，使無夭橫，各盡其天年以終，此亦仁術也。吾友董及之少舉進士不第，急於養親，一日，盡棄其學而從事於醫。然醫亦非鄙術矣，古之人未嘗不能之，如張仲景、陶隱居、葛洪、孫思邈，皆名於後世。但昧者爲之，至於異貴賤，别貧富，自鄙其學，君子不貴也。及之則不然，凡人之疾苦，如己有之，其往來病者之家，雖祁寒大暑，未嘗少憚。至於貧者，或昏夜自惠薪粲，以周其乏者多矣。他日，攜《小兒斑疹方》一帙見過，求序於余。因爲引其略，亦使見及之之所存，知世之有奇方可以療疾者，不足貴也如此。東平十柳居士孫準平甫序。

3. 後序

余平生刻意方藥，察脈按證，雖有定法，而探源應變，自謂妙出意表。蓋脈難以消息求，證不可言語取者，襁褓之嬰、孩提之童尤甚焉。故專一爲業，垂四十年，因緣遭遇，供奉禁掖，累有薄效，誤被恩寵。然小兒之疾，陰陽癇爲最大，而醫所覃思，經有備論。至於斑疹之候，蔑然危惡，反驚搐傷寒，貳癇大同而用藥甚異，投劑小差，悖謬難整，而醫者恬不爲慮。比得告歸里中，廣川及之出方一帙示予。予開卷而驚歎曰：是予平昔之所究心者，而子乃不言傳而得之。予深嘉及之少年藝術之精，而又愜素所願以授人者，於是輒書卷尾焉。時元祐癸酉拾月丙申日，翰林醫官太醫丞賜紫金魚袋錢乙題。

(四)刊本

1. 宋刊本

【適園藏書志】卷六 《錢氏小兒藥證直訣》三卷，附《董氏小兒斑疹備急方論》

一卷。宋刊本。下略,詳見"錢氏小兒直訣"條下。

2. 陳世傑仿宋刊本

【四庫全書邵注】卷十　《董汲所撰小兒斑疹備急方》一卷。有仿宋刊本。

【寶素堂藏書目錄】《董氏小兒斑疹備急方論》一卷,一冊。陳世傑刊本《小兒直訣》附,宋董汲。

【多紀元堅獻納醫學館醫書目錄】《董氏小兒斑疹備急方論》一卷。影宋板。一冊。

【經籍訪古志】卷八　《董氏小兒斑疹備急方論》一卷。陳世傑本《小兒直訣》附刊。宋東平董汲及之論次。首有東平十柳居士孫準平甫序及自序,末有元祐癸酉錢乙後序。下略,詳見"考證"條下。

【北京人文科學研究所藏書目錄】《董氏小兒斑疹備急方》一卷,宋董汲撰。明刊本。

【杏雨書屋圖書假目錄】《董氏小兒斑疹備急方論》一卷。照宋本《重刊錢氏小兒直訣》附,明刊。

【中國醫學書目】幼科　《董氏小兒斑疹備急方論》一卷。八行十六字。框横十五·七釐,縱二十一·七釐。宋董汲撰。起秀堂梓照宋本《重刊小兒直訣》附。董氏小兒斑疹備急方論序,孫準。自序,董汲。後序,錢乙,元祐癸酉。又一部,同前本。

3. 周氏醫學叢書本

【叢書舉要】周氏彙刻醫學叢書　董及之《小兒瘢疹方論》一卷,董汲。

【揚州吳氏測海樓藏書目錄】《小兒斑疹方論》一卷,宋董汲。《周氏醫學叢書》,光緒辛卯自刊竹紙本。

【中國醫學書目】《小兒斑疹備急方論》一卷。十一行二十一字。框横十二·一釐,縱十五·五釐。宋董汲著。《周氏醫學叢書》之内,光緒十七年刊。後序,錢乙,元祐癸酉。董氏小兒斑疹備急方論序,孫準。自序,董汲。

4. 五桂樓叢書本

【叢書書目彙編】五桂樓叢書　宋董汲《小兒斑疹備急方》一卷

5. 鈔本

【故宫博物院書目】《董氏小兒斑疹備急方論》,宋董及之。一卷,一冊。影本抄本。

【寶素堂藏書目錄】《董氏小兒斑疹備急方論》一卷,一冊。陳世傑刊本《小兒直訣》附。宋董汲。同上,一卷,一冊。影抄陳世傑刊本《小兒直訣》附。

6. 未詳本

【國史經籍志】明　【内閣文庫圖書第二部漢書目錄】日

三十二、譚氏小兒方

【證類本草所出經史方書】《譚氏小兒方》

注:按《證類本草》所引有"譚氏小兒方"七條,"譚氏方"三條。

三十三、小兒秘錄

【崇文總目輯釋】卷三　《小兒秘錄》一卷《通志略》同

【宋史藝文志】醫書類　《小兒秘錄集要方》一卷

三十四、保童方

【崇文總目輯釋】卷三　《保童方》一卷。侗按,《通志略》云"周挺撰",《宋志》作"姚和衆撰"。"衆"字誤,説見"醫書類二"。

【通志藝文略】醫方下　《保童方》一卷,僞蜀周挺撰。

【宋史藝文志】醫書類　姚和《衆童延齡至寶方》十卷,又《保童方》一卷。

注:按《崇文總目輯釋·醫書類二》云:《延齡至寶方》十卷,姚和撰。侗按,《唐志》、《宋志》"延齡"上並有"衆童"二字。《通志略》删去"童"字,作"姚和衆撰",以"衆"字併爲人名,謬矣。後"醫書類五"有《保童方》一卷,《宋志》亦作"姚和衆撰",則又承《通志》之誤。

三十五、嬰兒雜方

【崇文總目輯釋】卷三　《嬰兒雜方》五卷

【通志藝文略】醫方下　《嬰(孩)[兒]雜方》五卷

【宋史藝文志】醫書類　《孩孺一作嬰孩雜病方》五卷

三十六、小兒水鑑論

【通志藝文略】醫方　《小兒水鑑論》三卷

【秘書省續編到四庫闕書目】卷二　《小兒水(鏡)[鑑]論》三卷。闕。

三十七、小兒玉匱金鎖訣

【通志藝文略】醫方下　《小兒玉匱金鎖訣》一卷

【秘書省續編到四庫闕書目】卷二　《小兒玉匱金鎖訣》一卷。闕。

三十八、小兒葱臺訣

【通志藝文略】醫方下　《小兒葱臺訣》一卷

【秘書省續編到四庫闕書目】卷二　《小兒蔥臺訣》一卷。闕。

三十九、小兒備急方

【通志藝文略】醫方　《小兒備急方》一卷

【秘書省續編到四庫闕書目】卷二　《小兒備急方》一卷

四十、童子元感秘訣

【通志藝文略】醫方下　《童子元感秘訣》三卷

【秘書省續編到四庫闕書目】卷二　《童子(玄)[元](應)[感]秘訣》三卷。闕。輝按,《新唐志》有姚和衆《童子秘訣》二卷,《崇文目》"三卷",無"衆"字。

四十一、嬰童寶鑑

【幼幼新書】近世方書　《嬰童寶鑑》,太湖釣叟。

【通志藝文略】醫方下　《嬰童寶鑑》(三)[十]卷

【郡齋讀書後志】卷二　《嬰童寶(鏡)[鑑]》十卷。右題曰"棲真子",不著姓名,錄世行應驗方成此書。

【文獻通考】經籍考　《嬰童寶(鏡)[鑑]》十卷。下引《讀書後志》,今省之。

【宋史藝文志】醫書類　栖真子《嬰孩寶鑑方》十卷

【古今醫統大全】採摭諸書　《嬰童寶鑑》十卷,棲真子。不著名氏。

【世善堂藏書目】卷下　《嬰童寶(鏡)[鑑]》十卷,棲真子。

四十二、幼幼方

【通志藝文略】醫方下　《幼幼方》一卷

【秘書省續編到四庫闕書目】卷二　《幼幼方》一卷

【宋史藝文志】醫書類　張田《幼幼方》一卷

四十三、小兒病源

【通志藝文略】醫方類　《小兒病源》六卷

四十四、小兒論

【通志藝文略】醫方下　《小兒論》三卷,錢汶撰。

四十五、小兒訣

【通志藝文略】醫方下　《小兒訣》三卷

【秘書省續編四庫闕書目】卷二　《小兒訣》三卷。闕。輝按，晁《志》“小兒玉訣一卷”云，未詳撰人。

四十六、童子要訣

【通志藝文略】醫方下　《童子要訣》三卷

【秘書省續編四庫闕書目】卷二　《童子要訣》(二)［三］卷

四十七、潘氏小兒方

【通志藝文略】醫方下　《潘氏小兒方》一卷

四十八、陳氏小兒方

【通志藝文略】醫方下　《陳氏小兒方》一卷，陳宗望撰。

【文淵閣書目】　《陳氏小兒方》一部一冊。闕。

【菉竹堂書目】　《陳氏小兒方》一冊

四十九、小兒方

【通志藝文略】醫方下　陳琥《小兒方》一卷

五十、漢東王氏小兒方

【幼幼新書】近世方書　漢東王先生，不載名字。

【直齋書錄解題】卷十三　《漢東王氏小兒方》三卷，不著名。

【文獻通考】經籍考　《漢東王氏小兒方》(二)［三］卷。陳氏曰：不著名。

【脈望館書目】辰字號　《王漢東小兒方》二本，元板《王漢東小兒方》一本。

附　漢東王先生小兒形證方

【宋史藝文志】醫書類　《漢東王先生小兒形證方》二卷

【文淵閣書目】卷十五　《小兒形證方》一部，一冊。闕。

【菉竹堂書目】卷五　《小兒形證方》一冊

【近古堂書目】卷下　《小兒形證方》

【讀書敏求記校證】卷三下　《王氏小兒形證方》二卷。《述古目》作“一卷”，

《述古目》注“鈔”字。《脈望館》有元刻本。醫之科有十三,惟小兒爲啞科,察形觀色,刊本、阮本作“察色觀形”。最爲難治。《補》:繆本“治”作“診”。漢東王氏秘其方爲家寶。鈺案,《直齋書錄》有《漢東王氏小兒方》三卷,注不著名,良有以也。此書刻於元貞新元,序之者爲古梅野逸,不知何人。後附錄《秘傳小兒方》三十二,鈺案,入《也是園目》,作二十二方。(及)[秣]陵孟氏刊本誤“陵”作“林”,脱“孟氏”二字,今從吳校。《補》:阮本同誤“林”。胡校本不脫。牛黄鎮驚錠子方,鈺案,入《也是園目》,無“秣陵孟氏”四字。皆庸醫所不知者。刊本末有“宜診視之”四字。《補》:阮本、胡廣本無。

【也是園藏書目】卷五　《王氏小兒形證方》一卷

【述古堂藏書目】卷四　《王氏小兒形證方》一卷。抄。

【絳雲樓書目】卷三　《小兒形證方》

注:按此書與前書同,因其書名互異,今一括附記於此。

附　王氏小兒方

【通志藝文略】醫方下　《王氏小兒方》一卷

五十一、小兒方

【宋史藝文志】醫書類　王伯順《小兒方》三卷

五十二、小兒靈秘方

【郡齋讀書後志】卷二　《小兒靈秘方》十三卷,右不題撰人。辨小兒疾症及治療之方,多爲歌訣。《文獻通考》同

【世善堂藏書目錄】卷下　《小兒靈秘方》十三卷

五十三、小兒玉訣

【郡齋讀書後志】卷二　《小兒玉訣》一卷,右未詳撰人名氏。爲韻語以記小兒疾證法,凡二十三。《文獻通考》同

【醫籍考】二千九百七十二　按《幼幼新書》載《玉訣一書》曰:《玉訣》,太元真人撰。三十六種,四十八候,皆託以神仙所傳,不知其果爲何人,得之長沙諸醫云。《讀書志》所著似與其書不同,今附記以俟考。

五十四、寶童方

【幼幼新書】卷四十近世方書　《寶童方》,得之前岳州平江令吉撝之謙伯家藏,不載作書人姓名,唯吉氏家藏,謙伯手集。

五十五、小兒醫方妙選

【直齋書録解題】卷十三　《小兒醫方妙選》三卷,成安大夫惠州團練使張涣撰。凡四百二十方。涣五世爲小兒醫,未嘗改科。靖康元年自爲之序。《文獻通考》同

【宋史藝文志】子類醫書　張涣《兒醫方妙選》三卷

【幼幼新書】近世方書　張涣編緫方四百二十道,長沙兒醫丘松年又得遺方四十首,分載諸門。

【活幼口議】卷三議張氏　議曰:宋朝徽宗太子壽王聰慧,幼時常發痼疾,諸大名醫莫之安愈。時有草澤醫士張涣挾盉貨藥於都下,召之入内,用藥即效,官至翰林醫正。張氏,北人也。留方五百有餘,逐病敘說,深參其要,近傳於世,目曰《張氏妙選》。四方士夫樂而用之,殊不知南人得病,以北人處方,自是道地相反,意議不同。所謂北人水氣多,南人瘟疫盛,地氣天時使人然也。北人水氣盛,盛則就濕,濕即與燥之。南人瘟疫盛,盛即作熱,熱宜發散。更加燥熱之藥,病熱傳作它證,藥既不宜,疾何能愈。夫幼童陰陽稍偏,表裏固同,臟腑怯弱,豈可以熱制冷,以涼止燥。其說證候可以循簡,述論頗有優長。然其方藥,初使人疑之,次復惑之,或有不當,必與悔之。曰南人用北人方藥,曷不知之。學者參究盡善,不必殢方。如前有云,意與醫同,藥與疾諧,方可投之。若也據乎云云而用之者,斯謂愚醫,不無妄投其餌,在乎得失。須當審之,宜其察之。

附　張涣小兒方

【通志藝文略】醫方下　張涣《小兒方》三卷

注:按此書疑與前書同。

五十六、小兒保生方

【遂初堂書目】　《小兒保生方》

【直齋書録解題】卷十三　《小兒保生方》三卷,左司郎姑孰李樫與幾撰。《文獻通考》同

【宋史藝文志】醫書類　《小兒保生要方》三卷

【文淵閣書目】卷十五　《小兒保生要方》一部一冊。闕。

【菉竹堂書目】卷五　《小兒保生要方》一冊

【世善堂藏書目録】卷下　《小兒保生方》三卷,李樫。

五十七、小兒方

【紹興府志】　張永,洛陽人,以醫術爲翰林醫學。扈從高宗南渡,後登進士,積勞至禮部尚書。所著《衛生家寶》及《小兒方》,傳於世。詳見"衛生家寶"條。

注:張永傳,《敕修浙江通志》卷一百九十七紹興府,宋張永,《舊浙江通志》。洛陽

人,爲翰林醫學。太醫令李會通,同時出其方,與會通無異,但改煎爲散耳。散疾遂愈,扈從高宗南渡,因家餘姚。後登進士,至禮部尚書。所著有《衛生家寶》行世。

五十八、瘡疹訣

【幼幼新書】近世方書　《劉洙瘡疹訣》,彭城劉洙撰。洙字道源。

五十九、幼幼新書

(一)出典

【直齋書錄解題】卷十三　《幼幼新書》五十卷,直龍圖閣知潭州劉昉方明撰。刊未畢而死,徐璹壽卿以漕攝郡趣成之。《文獻通考》同

【宋史藝文志】醫書類　劉方明《幼幼新書》四十卷。

(二)考證

【活幼口議】卷三議幼幼新書　議曰:調理嬰孩小兒,上古黄帝未有言著。鬼臾區云,謂小兒受疾,(令)[另]是一門,故不載入《素問》。始自巫人《顱顖經》自後智者繼述本末,世傳諸家之善,經進詳要旨證準繩之者,凡八十一家。近世湖南潭州周宅,廣收其文,專入編集,目曰《幼幼新書》四十冊,僅數十萬字,排列名方,似涉繁碎。猶如元帥要退伏兵,欲以一箭敗陣,乃定太平,彼時求選一夫善射,急於百萬軍衆,皆張弧矢,以待比較優劣,臨機對壘,就敵之勢,不可得而用之奇正,退其潛伏,猶豫再三,乃非良將者耶。臨時檢閲,審較可否,考其效驗,正(由)[猶]渴而掘井,鬬而鑄兵,不亦晚乎。下略

【醫籍考】二千九百八十三頁　按萬曆丙戌,古吳陳履端刊行是書,其方論字句,併爲筆削,以故劉氏原書之晦尚矣。特秘府所藏明人鈔本,實爲完帙。每卷首尾有二印,曰"中山世裔",曰"和陽劉氏"。奕世儒醫,豈其方明氏之後歟。寬政辛亥,祖考藍溪(1)君申請以傳錄之。《醫藏目錄》爲陳履端所著,疏甚。

[郭注]

(1)藍溪,即多紀元悳、多紀元德(1729～1798),通稱安元,字仲明,號藍溪。丹波康賴之後裔,自父元孝始改姓多紀。元孝創設躋壽館,講授醫學。元德繼承家業,教育事業益盛。寬政二年(1790)受幕府之命,將躋壽館改歸官辦,更名爲"醫學館",擔任醫官子弟教育。所著有《廣惠濟急方》、《醫家初訓》、《醫學平言》等。嗣子元簡。

【鐵琴銅劍樓書目】卷十四　《幼幼新書》四十卷。明刊本。此書見陳氏《書錄解題》。直龍圖閣知潭州劉昉方明撰集,刊未畢而卒,徐璹壽卿以漕攝郡趨成之。舊有紹興二十年門人左迪功郎潭州湘潭縣尉主管學事李庚序,及左迪公郎新差江陵府司戶參軍石才孺後序。案李序謂,劉公患小兒疾苦,世無良醫,悉取古方及已

試秘方，命王歷羲道、王湜子是編其書。石序謂，總四十卷，既成三十八卷而疾不起。四明樓公繼其政，亟訖其事，併後二卷爲一卷，復纂歷代所述求子方論爲一卷，冠諸首。與直齋所記差異。下略。詳見“重刻幼幼新書”下。

【靜嘉堂秘書籍志】卷二十四　《幼幼新書》，宋劉昉撰。明刊二十四本。中略

按，樓璹，《解題》誤作徐璹。劉昉字方明，廣東潮陽人，紹興中知漳州，兼荆湖南路安撫史。與幹辦公事王歷羲道、鄉貢進士王湜子是同編。既刻三十八卷而昉卒，樓璹以轉運判官攝郡事，續纂“歷代求子方論”冠於首。《四庫》醫家類未收。此明萬曆重刊，凡分四十門（中略），每門又各分子目。原序云“四十卷”，《解題》作“五十卷”者，誤也。

注：按由《鐵琴銅劍樓目》及《秘籍志》所著錄，并是陳履端所校改本，而非劉昉原書。然其言有涉於原本者，故特錄於此焉。陳履端本乃别附於後。

（三）序跋

1. 幼幼新書古序門人左迪功郎潭州湘潭縣尉主管學事巡捉私茶鹽礬李庚

醫家方論，其傳尚矣。自有書契以來，雖三墳之言，世不得見，而神農《本草》，黄帝《内經》，乃與宓犧氏之八卦（《醫籍考》“宓”作“庖”），綿歷今古，爛然如日星昭垂，信乎藥石不可闕於人，而醫書尤不可廢於天下。或者乃謂，醫特意耳，不庸著書。唐史臣以此劇口稱道於許嗣宗。殊不知張仲景、孫思邈輩，率千百年而得一人，使其方劑之書不傳，則醫之道或幾於熄矣。是或一偏之論也。湖南帥潮陽劉公鎮拊之暇，尤善方書（《醫籍考》“善”作“喜”）。每患小兒疾苦，不惟世無良醫，且無全書。孩抱中物（《醫籍考》“物”作“傷”），不幸而殞於庸人之手者，其可勝計。因取古聖賢方論，與夫近世聞人家傳，下至醫工、技工之禁方，閭巷小夫已試之秘訣（《醫籍考》無“已”字），無不曲意尋訪，兼收并錄，命幹辦公事王歷羲道主其事，鄉貢進士王湜子是編其書。雖其間取方或失之詳，立論或失之俗，要之皆因仍舊文，不敢輒加竄定（《醫籍考》無“輒”字）。越一年而書始成，惜乎公未及見而疾不起。公臨終顧謂庚曰：《幼幼新書》未有序引，向來欲自爲之，今不皇及矣（《醫籍考》“皇”作“是”）。子其爲我成之。庚曰：謹聞命。嗚呼（《醫籍考》“呼”作“乎”），學士大夫公天下以爲心者，幾何人哉。平日處念積慮，無非急己而緩人，先親而後疏，物我異觀，私爲町畦，其來蓋非一日。昔吾夫子助祭於蜡，出游魯觀之上，喟然發歎，以爲大道之行，天下以爲公，故人不獨親其親，不獨子其子；大道既隱，天下爲家，各親其親，各子其子。夫子之歎，蓋嘆魯也。然而天下後世，豈止一魯而已哉，滔滔者皆是也。東漢人物如第五倫者，悃愊無譁，質直好義，似若可然也（《醫籍考》“然”作“喜”），意其設心必有大過人者。至於或人問之以“有私乎”，倫則曰：吾兄之子嘗病，一夜十往，退而安寢；吾子有疾，雖不省視，終夕不寐，自以謂不能無私。夫以兄之子尚若爾，況他人之子乎。以第五倫尚若爾，況下倫一等者乎。宜乎夫子之嘆之也。今公之爲是書，使天下之爲父兄者，舉無子弟之戚，少有所養，老有所終。家藏此書，交相授受，慶源無窮，其爲利顧不博哉。以此知公之存心，非特無愧於今之人，抑亦無愧於古之人矣。紹興二十年

九月幾望謹序。陳氏刊本

2. 幼幼新書古後序

議者曰:經籍吾道之筌蹄,方論醫道之筌蹄。然則然矣,使經籍不存,學者無所折衷,安知夫道之淵源。使方書不著,醫者無所夷考,安知夫醫之精粗。世有盧扁華佗,則處劑意解,玅通於神,何假方論哉。柰何盧扁華佗不世有,求其不迂不泥、不矜不誣者蓋鮮。士大夫與其委聽於庸醫之手,曷若因方論求古人用心,以之衛生濟世耶。方論之於世,猶五穀之於日用乎,孰謂士君子恥言之。襛陽劉公帥荊湘,嘗命編集古今醫書中小兒方劑之說爲一書,總四十卷,目曰《幼幼新書》,既成三十八卷,而疾不起。漕司四明樓公,實繼其政,乃曰前之美不可不成,肆命亟迄其事。因合後二卷爲一,復纂歷代所述求子方論爲一卷,冠其編首。閱月而書成。噫,可謂盡矣。才孺竊嘗聞夫子之言曰:父母生之,續莫大焉。嗣續之道,人倫之首。《詩》三百十一篇,聖人所取。娠人樂有子,《芣苢》美之。子孫衆多,《螽斯》美之。居然生子,《生民》美之。迺生君子,《斯干》美之。讀書至此,使人三致意焉。求子之論,古人所以著於方書者,與今公薈萃諸家之說,寘諸方論之前,使成書流布,家藏人有,真得夫子與詩人之意者也。抑嘗謂,昔宋莒公因暴雨至,水浸蟻穴,公折竹爲橋,以過羣蟻。他日,有僧謂公曰:公丰神頓異,如能活數千百萬命者。夫折竹爲橋之時,戲事螻蟻,微生何補於世,而陰爲功惠如此。矧是書之傳,利及天下後世,則公之茀祿榮延,取心於天端,可執左契也。紹興上章敦牂歲十一月哉生明,左迪功郎新差江陵府司戶參軍石才孺謹序。陳氏刊本

3. 跋

庚午秋仲,潭帥劉方明以疾不起。僕攝帥事,問諸府人:公治潭久,凡所興立,不爲苟且計,得無有肇端既閎,偶未就者? 於是以《幼幼新書》來告。索而觀之,則古今醫家之書,若方與論,爲嬰孺設者,無不畢取,包并總統,類聚而條分之。如適通寰,百貨俱在;如開藏室,羣玉燦然。隨所宜用,必厭其求。噫。昔好事人得一名方,櫝藏謹守,雖父子誓以不傳。方明於此,顧能窮探博取,萃爲成書,鋟板流通,與世共寶,則其用心亦仁矣哉。因命趣工,以成其美。又集舊傳宜子諸方列系於左,爲第一通云。十一月六日,右朝散大夫荊湖南路轉運判官權潭州軍州事樓璹謹跋。陳氏刊本

(四)刊本及鈔本

1. 宋刊本

【求古居宋本書目】《幼幼新書》。殘本。一冊。

【藝芸書舍宋本書目】《幼幼新書》。抄補。存七卷。

【聿修堂藏書目錄】《幼幼新書》四十卷。零本,第三十八卷,一冊。宋板。

【經籍訪古志】卷八 《幼幼新書》第三十八,一卷。宋槧本。聿修堂藏。每半版高七寸一分,幅四寸六分。左右雙邊。十行,行十六字。版心有剞劂名氏,卷首一作首尾捺"頤神"印。與荻野本《外臺》所捺同。按此本紙質,與荻野本《外臺》相同,其爲

宋槧無疑,惜乎所存謹此。

【宋元本行格表】卷上十行　宋殘本《幼幼新書》。行十六字。存第三十八一卷,版心有剞劂名氏。《訪古志》

2. 影宋槧鈔本

【經籍訪古志】卷八　《幼幼新書》四十卷,《目錄》一卷。明人墨書真本。楓山秘府藏。首有門人李庚紹興二十年序,末有紹興上章敦牂石才孺後序,及樓璹跋,每卷首舉子目。櫟窻先生跋曰:此劉氏真本也。明萬曆間,一妄男子肆意删改之。弇州王氏序而傳焉,以故原書晦尚矣。幸家君借完帙於秘府,乃明人墨書,每卷首尾有二印,曰"中山世裔",曰"和陽劉氏奕世儒醫",豈其方明氏之後歟。家君命弟子靜毅、叔士、頌士、恕門人數輩鈔而得之,世啞科僅獲刊落之餘,猶以爲至寶,今覩此本,又復如何。按此本校之宋槧零本,行數正相同,知是明人從宋槧謄錄者。又有萬曆中陳履端刊本,删卻去半,所謂一妄男子者也。

【聿修堂藏書目錄】《幼幼新書》四十卷。四十一册。影鈔官庫中明人墨書真本。宋劉昉撰。

【寶素堂藏書目錄】《幼幼新書》零本第八十三卷　"八十三"當是"三十八"之訛,一册。影鈔本槧本。

【元治增補御書籍目錄】《幼幼新書》四十卷,寫本。二十册。宋劉方撰。

【內閣文庫圖書第二部漢書目錄】《幼幼新書》四十卷,《目》一卷。日本寫本。四十一册。

【帝室和漢圖書目錄】《幼幼新書》,宋劉昉。寫明人。四十卷。二十册。

【圖書寮漢籍善本書目】卷三　《幼幼新書》四十卷,二十册,宋劉昉撰。明抄本。卷首坿載《紫虛崔真人脈訣秘旨》,每册首有"中山世裔"印,尾有"和陽劉氏"、"奕世儒醫"兩印記。《經籍訪古志》所載本。

3. 未詳本

【文淵閣書目】【菉竹堂書目】【本草綱目】【脈望館書目】【汲古閣毛氏藏書目錄】以上明　【近古堂書目】【絳雲樓書目】以上清　【寶素堂藏書目錄】日

附　重刻幼幼新書明陳履端校改本

【醫藏書目】慈保函目　《幼幼新書》四十卷,陳履端。

【鐵琴銅劍樓藏書目】卷十四　《幼幼新書》四十卷。明刊本。中略是本爲明萬曆間,吳郡陳履端編訂。履端業醫,嘗於雲間顧研山所購得宋刻本,闕三卷。復於歙程大綱家鈔得,略加删節刻之。有履端自序,及王世貞、劉鳳、張應文序,王問卿、余然後序。

【醫籍考】二千九百八十三頁　按萬曆丙戌古吳陳履端刊行是書,其方論字句,併爲筆削,以故劉氏原書之晦尚矣。中略,詳見前條。《醫藏目錄》爲陳履端所著,疏甚。

【經籍訪古志】卷八幼幼新書　又有萬曆中陳履端刊本,删卻居半,所謂一妄男子者也。

（一）序跋

1. 重刻幼幼新書序

醫，兵也。小兒病，弱國幼主被敵也。質柔脆易侵難禁，且不能自達，難測而易起，故治小兒病，輔弱國扶幼主而禦強敵也。不有祖述，即山甫、方叔，不免浪戰。即勝猶幸，況不勝乎。宋本《幼幼新書》，心保赤子，具本具末具變，悉中肯綮。得呂牙、孫武制勝合變之玄機，誠醫家韜鈐之選也。板經兵火，亡失已久，印本世唯存二：一留□中，秘遠不可得；一屬錢氏，閟不可求。端世幼科，傳自白下。先子枳田，痛嬰兒抱期頤而夭襁褓，宏修前學，靳靳若不逮，搆得一二。端髫時捧讀心纂，更求無獲，而錢氏故本，轉歸雲間顧研山氏。端因黃清甫河水爲介紹，懷資偕某懇得之，與某各藏其半。顧本合南北板，復缺三卷有奇。端神祁廣詢，一恒徐永錫氏有質本，抄得其全。玉菴楊大潤氏，欲抄而索之，某竟秘以烈焰辭。閱歲，徐本歸古歙程大綱氏，復往抄之，始獲觀全帙，深慰天幸。且筆且讀，領其要略。會見世醫傷寒家無分七熱風食，輒以傷寒治。問之，曰：不爾，何以身熱如炙也。疳積家無分五疳，虫食積聚，輒以疳積治。問之，曰：不爾，何以面黃腹脹肌羸也。驚悸家無分痘疹，癇痓風痰蚘厥，悉以驚風治。問之，曰：不爾，何以涎潮搐搦戴目也。昧日用，偏仁智，治多夭閼。目擊其弊，知不可戶曉也，鄙心惻然，欲以書傳布而廣濟之。載易寒暑，刪繁理亂，裁初本十之三，稿凡四易。卷四十，總五百四十七門，便簡閱也。傾貲採梓，數字償值，手錄授工，首事兩月，食不者六之一。同志如某者，雜以力助，完卷可冀。庶乎家世者不至襲舊名而妄投，崛起者不至無章程而杜撰。師門授受，不至秘而不傳，使人人祖述。病者起，生者延，夭者壽，仁術廣開，惠澤宏溥。遠宗作者之瘼，近繼先子之志，一生苦心盡是矣。雖然，病有機變，方貴合宜，運用之妙，存乎一心。書猶筌蹄也，亦猶兵家，時日異宜，戎蠻異性，器械巫作，叵膠柱也。尤有進焉，大率腦麝牛黃，爰暨石藥悍劑，皆不可輕用。醫家每以網利而重投，病家每因慕名而甘戀，不知厚味一進，引寇入肝脾心臟，牢不可拔，遂爲兒異日害，雖鵲緩莫能施其術，此又世之大戒也。故更以鄙見，擬別錄《本草》輔之，見古方不可執一云。萬曆十四年太歲丙戌端陽日，古吳陳履端謹序。

2. 重刻幼幼新書序節錄

上略　宋故有《幼幼新書》，長沙劉帥託善爲方者王曆、王湜，萃諸方而詮次之，而李庚爲之序者也。凡三百餘（季）［年］，而書散佚不備。吾郡之精於醫者陳履端氏，奉其父之遺意，求之二十餘年，而始得其全。念其傳之弗廣也，訂其誤，刪其複，而手書之，以授梓人。於戲，若履端者，不亦聖人之徒也哉。下略嘉議大夫南京刑部右侍郎予告瑯琊王世貞譔。

3. 重刻幼幼新書序節錄

上略　宋以來吳之專家者，曰陳、曰錢二氏。陳以熱，錢以涼，有火與冰喻者。今二家漸歇，而書猶出自錢，則其源緒可推。而金陵之陳，自枳田益盛，陳子傳父學，而參以衆家，尤精良有驗，四方來謁藥者恒滿。若是書求之累年不置，爲之分［□］析條，其義與所投各有宜，其解悟得之性，手敏心調，特以神遇之，而猶必本之方所載,可謂不輕用矣。(下略)賜進士河南按察司僉事晉階朝列大夫前監察御史沛國劉鳳撰。

4. 校刻幼幼新書序節錄

友人陳子履端,校輯《幼幼新書》既就緒,復手自繕寫付梓,應文閲之而深有感焉。(中略)陳君君子長者也,仁慈一脈,既紹枳田先生之家學,而早歲習儒,中歲奉釋,其滋培夫心地者尤有素,所謂不可無之心幾備,而不可有之心幾泯焉者。其究心是編也,雖曰載籍極博,以愚觀之,皆君妙明心之註腳云爾。噫嘻,愚更有叩於君。君方刊布新書,而復參尋內典。內典所謂有藥王名阿伽陀,遍治衆病者,此非特新書未載,蓋自炎帝所嘗、軒帝所問,尚秘焉。以此幼幼,奚啻十全,即萬全不足道也。第不知其藥之貌象若何,君試拈出,與宇宙間精於醫者共識之。萬曆十有四年歲在丙戌秋九月之望日,巢居子張應文著并書。

5. 刻幼幼新書後序節錄

上略　陳于始,髫年友也。中略于始生平,以是書行,多活赤子,寧不謂德。今其刻是書也,手書之,心思之,目訂之,日不足繼之以燭,事事期月,苦心者二十有一年,至忘寢食,寧不謂功。削其繁,補緝其漏,大序綱之,門有小序以紀之,閲者稱密,寧不謂言。三立併有,下而不上,乃大光也。余媿晉人,人媿魯人,人媿于始,始加余數等,不可及也。遂書以爲序。賜進士登科給事中王問卿。

注:按明刊《幼幼新書》卷末又載余然《幼幼新書後序》一篇,然因不涉刻書之事,今不採錄焉。

(二)刊本

1. 明刊本

【鐵琴銅劍樓藏書目】卷十四　《幼幼新書》四十卷。明刊本。下略,詳見於前條及本條"考證"下。

【皕宋樓藏書志】卷四十六《幼幼新書》四十卷。明刊本。宋劉昉撰。李庚序曰引文略。石才孺後序引文略。樓璹跋引文略。王問卿後序。王世貞序。劉鳳序。

【靜嘉堂秘籍志】卷二十四陸氏十萬卷樓舊藏　《幼幼新書》,宋劉昉撰。明刊二十四本。下略,詳見前條"考證"下。

【中國醫學書目】　《幼幼新書》四十卷。二十四册。九行二十字。框横十三釐,縱二十釐。宋劉昉撰,明陳履端輯,萬曆十四年刊。重刻幼幼新書序,王世貞。同,劉鳳。校刊幼幼新書序,張應文,萬曆十四年。幼幼新書古序,李庚,紹興二十年。重刻幼幼新書序,陳履端,萬曆十四年。凡例。目錄。幼幼新書古後序,石才孺,紹興上章敦牂。跋,樓璹。刻幼幼新書後序,王問卿。幼幼新書後題,余然。

2. 日本刊本

【內閣文庫圖書第二部漢書目錄】　《幼幼新書》四十卷,《目》一卷,文政四年刊。高野征休校。二十四册。

注:按日本刊本,他諸家書目均未之見,而不知其所據,今姑列於此,以俟考云。

六十、衛生家寶小兒方

【宋志藝文志】醫書類　朱端章《衛生家寶小兒方》二卷。

注：按朱端章，宋淳熙時人。詳見"衛生家寶產科方"條下。

六十一、小兒衛生總微論方

(一)考證

【宋志藝文志補】醫方類　何大任《保幼大全》二十卷。一名《小兒衛生總微論方》。

【四庫全書總目】卷一百零三　《小兒衛生總微論方》二十卷，大學士英廉家藏本。不著撰人名氏。凡論一百條，自初生以至成童，無不悉備，論後各附以方。前有嘉定丙午和安大夫特差判太醫局何大任序，稱家藏是書六十餘載，不知作者爲誰，博加搜訪，亦未嘗聞此書之流播，因鋟於行在太醫院，案，南宋雖定都臨安，而當時猶稱行在，以示恢復之意。《咸淳臨安志》所載甚明。以廣其傳。案北宋錢乙始以治小兒得名，其《藥證直訣》一書，僅有傳本，亦不免闕略。其他如晁、陳二氏所著錄者，有《嬰童寶鑑》、《小兒靈秘方》、《小兒玉訣》、《小兒醫方妙選》、《小兒斑疹論》諸書，皆不可得見。是書詳載各證，如梗舌、鱗瘡之類，悉近時醫書所未備。其議論亦篤實明晰，無明以來諸醫家黨同伐異、自立門戶之習，誠保嬰之要書也。此本爲明宏治己酉濟南朱臣刻於寧國府者，改名《保幼大全》。今考嘉定本原序，復題本名。臣序又稱得之醫者鄭和，和稱得之古冢中，其說迂怪。蓋方伎家自神其授受，亦無取焉。

【柯逢時跋】《小兒衛生總微論方》二十卷，宋嘉定丙子何氏刊於行在太醫局，序中已言"不知作者謂誰"，卷中多引《聖濟經》及錢仲陽方論，蓋宋南渡後隱君子也。第七卷末自記：编《傷寒類證》諸方，亦頗詳備。考《傷寒類證》三卷，初刊於金大定。宋氏謂得之異人，至明虞山趙氏覆刻，附入《仲景全書》。今其書具在，條件分明，俾讀長沙書者，(黎)[犁]然有當，蓋不獨精於幼科，而其名亦不著，可不謂賢歟。此書一名《保幼大全》，當是明人所改。《范氏書目》以爲明朱臣編，蓋偶記刊書姓名耳。明刻脱誤甚多，傳世漸少，兹請武昌醫館館長蕭孝廉北承，詳加校訂，重爲梓行。仲陽心法，實亦推闡無遺矣。宣統二年三月三日，武昌柯逢時。

(二)序跋

1. 序

余先君有《小兒衛生總微論方》二十卷，家藏甚久，今六十餘載矣。不知作者謂誰，博加搜訪，未嘗聞此書之流播也。自嬰孩初育以至成童，所謂保衛其生，總括精微，視古今方書，極爲詳盡，仁哉著書者之心也。宗族親舊間，幼稚有疾，余每口傳指授，效如影響。又取其可以通用於大人者，增湯劑而用之，尤爲神異。豈此書不言之妙，有待於余而發也，烏可掩爲一家之寶而不與人共之。於是集二三同志，訂正其謄寫之舛，鋟於行在太醫局，以廣其傳。得此者敬而用之，當知余言不謬。或不免畫蛇添足之譏，不暇顧矣。吁，齊魯大臣，史失其名，恨不得詳其人也。嘉定丙午立春日，和安大夫特差判太醫局何大任序。

2. 序

《保幼大全》即《小兒衛生總微論方》之別名也。以其制方著論，詳審精密，故復名之曰《保幼大全》。予素頗有志於濟物，見醫家書，每喜蓄之。憚使鄭君和精於小兒醫者也，與予友善，予扣其所以精於醫之故，乃出是書焉。予閱是書之異於尋常也，又扣其所以得之之故，則曰相傳農人得之於古塚中。於是求以錄之，鄭君無難色，遂以全集授予。錄而珍藏諸笥者有年矣。間遇小兒疾，按方試之，往往得奇驗。一日，偕宣城令李君宗仁詢民瘼，會於公所，語及是書。宗仁又樂於濟物者也，即取而刊之，以廣其傳，不數月而成。噫，予竊祿明時，無補於吾民久矣。使一二孩提之童，得因是書而濟萬分之一於危迫倉卒之際，予之素心寧不亦少慰乎。若其爲術之高下，明者當自得之，蓋不待予言者，姑序其所自云。弘治己酉仲秋旦京闈戊子，鄉貢進士寧國府通判世族濟南朱臣時佐書。

3. 序

《保幼大全》者，予同寅朱君時佐之所以壽世者也。其論理至精至密，其制方至詳至備。蓋自人之成形以至成童，纖悉之證，莫不畢具，惜乎著之者失名耳。相傳謂得之古塚中，雖未必然，而用之療疾，靡有不效，誠天地間一奇書也。朱君攜至宣城，謀與李令宗仁繡梓以傳於四方，且請予序諸首。予惟傳曰"如保赤子"，赤子甚不易保也。而是書亦未易得之，得之者不私於一家一邑，而欲傳之於四方，且將以及後世，使凡赤子皆得所以保之之道，而安然於長大壽考之域。二君子之用心，不亦公且溥矣乎。夫保赤子，即所以保民也。使保民者真能如保赤子，而民有未安者，吾未之信也。是爲序。弘治二年己酉秋七月望日，賜進士出身中順大夫直隸寧國府知府天台范吉以貞書。

4. 後序

醫書有云：寧醫十男子，莫醫一婦人；寧醫十婦人，莫醫一小兒。是小兒爲醫家最難也。其爲業既難，而其方書傳於世者無幾。扁鵲、華佗，世不恒有，後之業小兒醫者，將焉所持循哉。寧國通守朱公，一日與愚萃於公所，出所藏小兒方書一部，且曰：是書也，昔有人得之古塚中，以獻津要，往往愈疾有奇驗。若職居子民，刊布以濟人，是亦仁愛之一端也。愚領閱之，未詳作者何人，其分類著論，因論著方，既詳且備，誠醫家之寶鑑、活幼之指南，世不可無者也。於是命工鋟梓，以永其傳，以溥其濟。抑先哲有云"不爲宰相，必爲名醫"，以醫之功足以濟世故耳。然一醫之所濟有限，而是書流布，將濟天下後世以及於無窮，朱公之功不淺矣。公名臣，字時佐，世族濟南，起家鄉進士云。弘治己酉孟秋之吉，賜進士文林郎宣城知縣前河南道監察御史濟南李延壽書。

5. 序

唐孫真人著《千金要方》，謂生民之道，莫不以養小爲大，若無小卒不成大。故孫氏方，先小兒而後丈夫耆老，實崇本之義。譬夫良苗嘉植，初生之日，不克培其根本，去其蝥賊，鮮有不夭折者。即幸而成長，其華實亦必不茂，則小兒科之急需講求，洵醫林之先務也。惟小兒氣質微弱，有病每不能自爲陳説，故醫家目爲啞科，最不易治。習是科者，必先於天時之寒暖、地勢之高下，以及人身十二經脈之環周，奇經八脈之起止，三百六十五穴之部位，平日瞭然於心，臨證復察色聽聲，反覆推求，始能洞悉病情，而不致僨事。故《尚書》謂"保民如保赤子"，良以保民者必周知民間之疾苦，所惡勿施，所好與聚，而民始治。猶保赤者必誠求赤子之隱曲，時其饑飽，適其寒溫，而赤子相安。余以軨材，奉命巡閲兩湖，督理軍務，兼長民政。夙夜祗懼，不憚博訪諏諮，斯舉閭閻之疾苦，掃除而廓清之，爲吾鄉父老昆弟謀藥利而策安全。顧箕畢之好惡不同，一人之耳目有限，往往事與願違，力不從心者，時或不免。至此始恧然於保民之難愈，懔然於保赤之不易。適吾宗北承孝廉倦遊回鄂，攜有手校《小兒衛生總微論方》二十卷。余素稔小兒科之難，而善本尤不易得，因捐資付梓，復商之北承孝廉重加讎校，以免魯魚帝虎，貽誤將來。庶幾保民之願，雖未盡償於目前，而保赤之心，尚幸流傳於後世。至此書爲醫學之寶笈、幼科之金鍼，前人序論，言之綦詳，茲不贅述。民國十三年歲次甲子首夏，兩湖巡閲使督理軍務兼湖北省長黄岡蕭耀南敘於武昌節署。

6. 重校小兒衛生總微論方記

是書乃柯巽菴中丞創辦武昌醫館時，出以相示。余時方主持館事，見是書明刻，訛誤過多如"蘆"作"芦"，"義"作"义"之類，俗字甚多，因萃館中諸生，詳爲讎校。甫經蒇事，余適有龍江之行時天門周少樸師巡撫黑龍江，奏充撫署參事并龍江全省防疫會會長，爰歸之中丞，俾付剞劂。自從余奔走四方，中丞已捐館舍，其梓行與否，無暇過問。越十數年，余因手校《内經》、《太素》脱稿，遄返武昌，亟謀付梓。適晤梓人陶子麟，詢及前事，陶告以是書正擬開雕而武昌義起，幸當時與錢氏小兒科一并藏之笥篋，攜往滬上，未經散佚，因以原書歸余。余展卷披閲，曩時所校，墨迹猶新，不勝驚喜，特走謁吾宗珩珊巡使。巡使素以活人濟世爲心，即慨捐巨貲，與《内經》、《太素》及《錢氏小兒直訣》三書同時付梓，仍屬余董理其事。余因居留武昌，重加讎校，不數月而三書次第出版。昔昌黎云"莫爲之前，雖美弗彰。莫爲之後，雖盛弗傳"。今是書之成，中丞與巡使，可謂前後輝映矣。至原序謂得是書於古塚中，乃方技家假詭異以駭俗，語本無稽。茲觀其書中，一則曰"余流落錢塘"，再則曰"余在行朝"，作者當爲宋南渡時人。蓋世君子生際亂世之末流，既不得假斧柯以行其志，而悲天憫人之心，終不能自已。特託爲仁術，冀消沴戾而普慈祥。亦猶宣公罷相，廣集醫方；文正微時，願爲良醫之意。惜其書雖著作詳備，而名氏缺如，致今後之景仰者，徒溯洄於葭蒼露白之中，不識伊人之宛在，其賢更加人一等矣。余既喜是書之成，特爲誌其顛末，以見善本之流傳，良非偶然也。民國十三年歲次甲子長夏，黄陂蕭延平謹識。

注：按《醫學大成》本，卷末載有宣統二年柯逢時跋，其全文既錄於"考證"中，今不再錄焉。

(三)刊本及鈔本

1.明刊本

【郘亭知見傳本書目】卷八 《小兒衛生總微論方》二十卷。宋嘉定丙午太醫局刻本,不著撰人,明刊黑口本。弘治己酉濟南朱臣刻於寧國府,改名《保幼大全》。

【四庫書目邵注】卷十 《小兒衛生總微論方》二十卷。宋嘉定丙午太醫局刻本,不著撰人名氏。明宏治己酉濟南朱臣刻於寧國府,改名《保幼大全》。

【四庫目略】《小兒衛生總微論方》。不著撰人名氏。二十卷。明刊黑口本。

【善本書室藏書志】卷十六 《小兒衛生總微論方》二十卷。明宏治刊本。前有嘉定丙午立春和安大夫特差判太醫局何大任序曰引文略。前列明宏治二年寧國知府天台范吉、通判濟南朱臣二序,宣城知縣濟南李延壽跋,稱引文略,後刊督工義官陳楨、朱伯林,耆儒耆老諸名。有"陸沅之印"、"靖伯氏"兩印。陸蓋蘇人也。

【八千卷樓書目】卷十 《小兒衛生總微論方》二十卷。不著撰人名氏,宋嘉定丙午太醫局刊本,明仿宋本。

【皕宋樓藏書志】卷四十五 《小兒衛生總微論方》二十卷。明刊本,不著撰人名氏。何大任序引全文今略,朱臣序,弘治己酉。李延壽跋。

【江蘇省立國學圖書館圖書總目】《小兒衛生總微論方》二十卷。四冊,闕名。弘治刊本,有"陸沅之印"、"靖伯氏"二印。

【江蘇第一圖書館覆校善本書目】《小兒衛生總微論方》二十卷。四冊。失名。明弘治刊本。有"陸沅之印"、"靖伯氏"二印。

【聿修堂藏書目錄】《保幼大全》十冊。弘治己酉刊行本。宋無名氏撰。

【經籍訪古志】卷八 《小兒衛生總微論方》二十卷。弘治己酉朱臣刊本,聿修堂藏。首有弘治二年范吉及朱臣序,俱題以"保幼大全"。朱序曰:《保幼大全》即《小兒衛生總微論方》別名也。又有嘉定丙午何大任序曰:余先君有《小兒衛生總微論方》二十卷,家藏甚久,今六十餘載矣。不知作者謂誰。末有李延壽跋。李弘治時人。

注:按右《訪古志》所載本,《留真譜新編》第八載其書影。

【靜嘉堂秘籍志】卷二十四陸氏十萬卷樓舊藏 《小兒衛生總微論方》。不著撰人名氏。明刊十二本中略。此本爲明弘治己酉濟南朱臣刻於寧國府者,改名《保幼大全》。今考嘉定本原序,復題本名。

2.四庫全書本

【四庫全書總目】《小兒衛生總微論方》二十卷。大學士英廉家藏本。此本爲明弘治己酉濟南朱臣刻於寧國府者,改名《保幼大全》。

【壬子文瀾閣所存書目】卷三 《小兒衛生總微論方》二十卷,十二冊。計補抄者十冊,舊抄存卷九、十、卷十六、七。

【文淵閣四庫全書要略及索引】《小兒衛生總微論方》二十卷,十二冊。

3.蕭氏刊本

注:按《醫學大成》本,首載民國十三年兩湖巡閱使兼湖北省長蕭耀南敘,卷尾

載宣統二年柯逢時跋、校記、民國十三年蕭延平重校記。據此,則知當時延平讎校明刻,耀南捐貲重刊,蓋是《醫學大成》所從刊本也。耀南序及延平重校記,今錄於"序跋"中,柯跋則載在"考證"中。

4. 醫學大成本

【續中國醫學書目】《小兒衛生總微論方》二十卷。八册。十四行,三十一字。洋紙裝四十六版。宋不著撰人。民國二十六年刊,上海大東書局編《中國醫學大成》第十集之内。提要。蕭序,蕭耀南,民國十三年。何序,何大任,嘉定丙午。范序,范吉,弘治二年。朱序,朱臣,弘治己酉二年。目錄。後序,李延壽,弘治己酉。跋,柯逢時,宣統二年。小兒衛生總微論方校記。重校小兒衛生總微論方校記,蕭延平,民國十三年。

5. 日本鈔本

【寶素堂藏書目錄】《小兒衛生總微論方》二十卷,五册。影抄弘治己酉刊本,亡名氏。

【元治增補御書籍目錄】《小兒衛生總微論方》二十卷。寫本。四册。不著撰人。

【觀海堂書目】榮字號 《小兒衛生總微論》五本。二十卷。日本鈔本。

【内閣文庫圖書第二部漢書目錄】《小兒衛生總微論方》二十卷。日本寫本。四册。

【北京人文科學研究所藏書目錄】《小兒衛生總微論方》二十卷。不著撰人名氏。日本鈔本。二函十册。

6. 未詳本

【古今書刻】【本草綱目】【千頃堂書目】以上明 【李蒲汀書目】清 【國學用書類述】民國 【東京帝室博物館漢書目錄】日

附 聞人氏小兒痘疹論

【國史經籍志】卷四下 《聞人氏痘疹論》三卷,聞人規。

注:按是書陳氏《解題》、王氏《玉海》、馬氏《通考》均未著錄,而别無認爲宋本之確證。但因其卷末載紹定、端平中二自序,姑附錄於此。又按《醫方類聚》所引有《小兒痘疹方》,或即此書乎。

(一)序跋

1. 聞人氏自序

士生斯世,窮達兩途。孟軻氏有言曰"窮則獨善其身,達則兼善天下"。雖然,窮而未達者,能學爲良醫,亦豈獨善其身而已哉。規素業書卷《醫籍考》"業"作"著",今茲從事葠木《醫籍考》"木"作"朮"。嘗謂自昔聖賢,閔生民之疾苦,著書立言,汗牛充欄《醫籍考》"欄"作"楝"。晚觀唐孫思邈《千金方》,其次序深有旨意。三十卷之首,觀之以婦人嬰孺,護養拯救之説,寧不以生育爲重乎。規因念婦人之有乳兒,小兒之疾苦,惟瘡疹皆不可免,而治療之間,毫髮一差,生死隨異。仁人君子,所尤當審慮者,世傳產方□□論《醫籍考》"□□"作"之",其利人也甚博。雖小兒痘瘡諸書《醫籍考》"雖"

作“惟”,止看其大略,倉卒之際,何所憑藉焉。規輒不揆量,廣求古人之議論,證以己所聞見,撰成問難八十一篇,凡三卷《醫籍考》“三”作“二”,目曰《小兒痘疹論》《醫籍考》“痘”作“瘡”。每施以濟人,隨試輒效,所活者亦多。使家有是書,則豈曰小補之哉。此論之成久矣,欲鋟諸梓,而力未克遂。邇來幸甚,獲登繡使煥章吳公門墻《醫籍考》“繡”作“綉”,“墻”作“牆”,一日追暇,因有請言。公即慨然捐金《醫籍考》“即”作“既”,以成其事。吁,公之賜,豈私於規者《醫籍考》無“吁”字,實與衆共之,其有訛舛《醫籍考》“其”作“若”,改而正諸,以俟同志。紹定壬辰仲夏,攜李待補國學進士聞人規敘待。《醫籍考》“仲夏”下有“吉”字,“攜”作“携”,“待”作“述”。

僕攜此書抄本,宦遊南北二十餘年,尋印本校正未得。叨教太平,獲的本於天門王氏,帙後寫紹定壬辰聞人伯圜,見贈於右浙臬台之石崌湯熙伯誌贈王仲安。惜不見其原板何在,謹重刊以廣其傳,誠幼幼之活法也。月溪阮桂榮識。

2. 又自序

嬰孩之疾,莫危於瘡痘,形色變異,應於呼吸之間,生死關係,可不謹歟。昔之名醫,非不立論,按證授方,散在篇帙,帙無統紀,臨危往往失錯,蓋不素講故也。獨張君從道,著書一百二十篇,發明前人所不到,此醫家之秘藏,童孺之司命也。其板刊於務章帥府,人亦罕見,縱得其書,其中玉石混散,又不能窮其旨趣,可勝浩歎。規家世儒也,□甲場屋二十年,僅得一國庠書生之效取是。遂取黃帝、仲景諸書,晝夜誦習,乃與意合,轉從□於金石草木,庶可以遂其平日濟人之志,此蓋先□之所愿也。得張君之書,每以其拯疾,無不脫手而愈,益知其斡旋之妙。然其文意繁冗,惜乎後學未可遽□推究。規細繹百數,大窺閫奥,摭其精華,切於治療者八十一篇,作三卷。始則論將發之證,中則論已發之證,末則論□□之證。并附益以他說,於張君書略有增損,非敢改革也。書成,□□□吳先生持繡節於西浙,一見遂捐金,勉之刊梓。先生愛人利物,使嬰孩無夭折之患。則張君之書與規之名,布之四方,皆先生隱德也。端平乙未上元後五日,待補國學生聞人規序。

僕嘗因公趨杭,聞一老醫善治瘡疹,勉其施方未從。僕刊行此書示之,乃示印本,校對字字相同,但無紹定壬辰之序,而有端平乙未者。因知聞人氏之《八十一論》,本於張從道百二十篇之精華也。月溪阮桂榮識。

3. 阮桂榮序

《大學》曰“若保赤子,心誠求之”。醫以小兒爲啞科難療,而療瘡疹尤爲難也。可不懷惻隱之心乎。欽惟聖朝頒降《聖濟總錄》,其論瘡疹曰:小兒稟受純陽,腑臟蘊熱,或遇時疫,遂變瘡疹,速宜疏利臟腑,然亦須詳審。若大便已利,或瘡疹已出,皆不可疏,亦不可汗。既瘥之後,尤宜利去餘毒。倉公扁鵲,常用油劑草劑,其法最妙,此總論本乎《素問》,爲通治之大法。天下後世,所當遵而用之,詎有南北之間乎。孫思邈《千金方》,以黃連、苦參、豬膽、青黛、大黃等藥,除熱解毒。《聖惠方》治法亦云疏利,與諸論無異焉。其間名醫世出,錢氏、董氏、王子亨、丁道濟、陳良甫、龐安常諸家,皆主疏利,獨朱奉議之論,□□疏轉首尾,皆不可下。其方中卻有洗心散治□□□□□□麻黃,若要溏轉則熱服。又有水解散治皰瘡未出煩躁,或出尚身體發熱及出不快，大黄麻黄□□得汗利便瘥。又有無比散，用水銀膩粉腦麝，取轉下如爛魚腸之類，涎具惡物便安，若此則可轉可下利矣。識者疑其一家方論，自相冰炭者何歟。及觀陳文中，援黄帝、岐伯曰，陽盛陰虚，冰雪不知寒。陰盛陽虚，沸湯不知熱。治之何如。陽盛則補陰，木香散加丁香、官桂。陰盛陽虚，異攻散加木香、當歸。識者評其陰盛陽盛，一概俱用熱藥，本非黄岐之經旨，類乎實實虚虚，抱薪救火。若曰皆屬心火，又不可與《素問》同日而語也。又觀其本方，治痰實壯熱，胸滿喘急，大便堅實，用柴胡枳殼湯，亦有大黄。其諸方之用柴胡、黑參、知母、黄芩、石膏、滑石之劑，亦未嘗專於熱藥也。奈何世人喜熱而畏寒，致有陰陽偏盛之患，終不省悟瘡瘍心火之□乎。鄭端友曰"首尾證平，下之者誤。首尾實熱，不下者誤。首尾虚寒，不補者誤"，誠哉是言也。劉守真論瘡疹未出，誤以熱藥，致陽熱轉甚，則重密出不快，多至黑陷而死，世俗云恐是斑疹，不敢服藥，以誤小兒諸病多矣。亦不知古人留涼瀉之藥，使熱勢稍退，而稀少出快，早得痊愈。若用涼膈散，最爲妙耳（此劉守真未出時用）。張子和云，斑疹之作，多於五寅五申歲，相火故也。世人多以熱藥發之，其失甚多，紫黑青色，大小不齊，此蓄熱在内，心生喘脹，十死八九。善治者，莫若先用承氣湯，疏藥使大開門戶，自然出快，更宜預□□白虎湯加人參，或涼膈散之類，先□□也。此證□不疏瀉，斑□□必生別證，或痢或癰也。又云，朱奉議首尾不可下，使人戰戰兢兢，不敢用藥，死者塞路矣。此證□□□相火，豈有寒歟。又云，有人棄瘡疹死兒於水中，熱得水涼而解，遂因以活者。至於羅謙甫所集潔古、東垣、海藏三家一宗之書，論世俗相傳之害有三，首尾不可下一也，朱奉議之爲此戒者，蓋必有下而失之者爾。自首至尾，果有當下之論，通利之可也。又云，必温煖覆蓋，不令通風氣二也。若發於凝冬之時，病體涼而惡風寒，不使通風氣，則變生他證也。又云，瘡初生即以驢乳、紫草、葡萄、胡荽之類併發之三也。如其瘡須出不漸次長發，則必安其裏而發其表，其瘡日生而日長如循循如度，其又以疊疊以雜藥諸物發之，使毒併出，不爾小兒難禁（此北方良醫東垣、潔古、海藏三老先生論世傳三害當改正）。或因通今審思明辨，寒者温之，熱者涼之，虚者補之，實則瀉之，不偏倚而致中和，同登仁壽之域，是誠老拙之所願望也。其《總錄》、《千金》、《聖惠》等書，與夫諸家方論，部帙繁多，醫家無力可收，民間鮮有見者。僕今摭其《瘡疹類書》，附以日用得效方法，本草類要，良方集成，夫婦補益、男女生育等方，陸續刊行，以奉聖朝生生之大德云。時至治三年歲次癸亥中秋月，太平路醫學教授宛陵阮桂榮宗華謹書。

右序三篇，頗多闕誤，今悉仍其舊，以俟知醫君子是正之。

爲人按：此原注，原附在聞人氏自序之末，今以意移於此。

4. 刊小兒痘疹論序

夫《痘疹論》者，聞人氏規所著也。規素業儒，久不得志，以故鋭意於岐黄之術而爲是書。其説雖出於張從道百二十篇，然考變分論，因症分治《醫籍考》"症"作"證"，因治應方，而於病之緩急輕重，寒温補瀉《醫籍考》"温"作"濕"，攻縶保養，罔不具載，確而當，簡而備，視從道尤詳焉。往歲余偶得其抄本，遇痘疹者試之輒效，因訪之醫家，冀得刊本，而無見者。尋余擢御使《醫籍考》無“余”字，遊京師，又博訪之醫與縉紳，而亦無見者，豈元季之亂而或失耶。夫醫藥以濟其夭死，是書良術，使湮没而不得，則痘疹之孩《醫籍考》“孩”作“孫”，罔藉以生，而閩人氏窮矣。今歲余尹朝邑，因思古人遺愛，不可使斬，而嬰孩之瘍，不可不恤，乃於簿委之暇略爲校正，令匠人氏刊之縣齋《醫籍考》“匠人”作“剞劂”。庶布而傳之，使家得一書，而痘疹者胥藉以生，而閩人氏其延也。但原本殘毁，而字有脱誤，幸有刊本者是正之。嘉靖壬寅仲秋六月，前進士汾州劉尚義識。《醫籍考》“嘉靖”上有“旹”字。

5. 重刊痘疹論序

醫家《素》、《難》，如士人本經，至矣備矣，獨痘疹不經見，《本草》號稱古書，亦無明著方錄。至漢末時，始言痘疹，以爲得之征羌，豈上古生人無此疾耶。又迤北諸虜，苟南近長城，即出痘疹多死亡，似又繫於地氣矣。江南水土溫熱，凡嬰兒必痘，死生雖異，無一得□□有長大始出者。予所生育子女，多罹□□，比年四孫連接殀殤，至爲楚割，不能不致憾於醫藥之無工也。嘗聞宋有閩人規者，著書專論痘疹，具有條理。往在館閣，多方尋訪而未獲。表弟顧世安氏，素修醫業，收蓄古書甚富，每與論此而託焉。歸田之又明年，汾州栢山劉先生涖松之日，首以此書爲惠。展卷讀之，殊快夙心。乃爲手訂數字，因命黄甥標校勘，山甥立抄方，以成一家之言。嗚呼，使窮鄉下邑，家置而戶藏之，稍識文義，決不至譌誤，其所保全者，可勝道哉。乃重翻朗刻，庶便覽觀。經云“如保赤子”，蓋言保赤子之難，尤難於保民之難也。栢山以才御使，出副犨車，觀於此舉，可謂先其所難者，松民坐享仁壽之福必矣。世安授官太醫院爲御醫，供事聖濟殿，蓋欲廣先生之意，因請爲序以傳。是歲嘉靖甲辰上元日，儼山陸深序。

6. 重刊痘疹論後序

痘疹上古所無，漢末傳自西羌。說者謂中國之氣澆薄，而裔夷不正之氣得以乘之。歷魏晉及唐，至宋始盛，猶未若今日之甚也。是何也。世道愈降，嗜欲愈多，則火疾愈熾，驗諸近歲之楊梅毒可見矣。正德初元以前，江浙以北未之有也。近自嶺南傳至，展轉相染，日漸以多，殆不爲怪。安知百年之後，其染人也，不若今之痘疹乎。噫，人自始生，以至壯室，斃於痘者，殆過半矣。或垂老而不能免焉。其虐害生靈，誠慘酷哉。而世謂胞胎之毒，人無庸力，逆附之無可奈何。亦何謬耶。夫痘疹之作，有三道焉。胎氣之毒也，地氣之毒也，時氣之毒也。内外相須而發也。何以言之？百疾皆再發，而痘疹止於一焉，謂非胎氣可乎。迤北韃虜，海島倭夷，其在本土無之，而入中國則發，謂非地氣可乎。時而輕也，十不失其二三；時而重也，十常喪其八九，謂非時氣可乎。是知胞胎之始，父母飲食嗜欲之火，固已藴毒於中，及有外邪觸之，則忽然盡發，而輕重隨所感矣。故“毒”之爲字，從生、從母，蓋言生自母腹，乃爲至毒，正今痘疹之謂也。聖人制字之始，雖未有痘疹，而已逆知後世胞胎之毒必至是矣。標兩女皆慧甚，而皆以痘夭，嘗深恨之。竊謂虚羸不足之疾，真元耗削，固非醫藥所及也。而痘疹乃有餘之證，能解利其毒，宜無不愈矣，奚爲而遂委諸天耶。蓋由上古聖賢，如岐黄盧扁，既皆未之發明。近古醫工，雖或立方著論，亦未詳切，則今之庸醫，本以鹵莽之學，苟圖朝夕之利，而又以躁妄嘗試之心濟之，其多失誤，理固然矣。此孔子所以戒無恒也。我舅氏儼山先生，嘗聞宋有聞人氏《八十一論》，最爲周悉，而世無傳本，求之未得。今春，侍御栢山先生來佐吾郡，首以是書爲舅氏贈，蓋前令朝邑時所刻也。舅氏得之，如獲拱璧，亟抄方附焉。命標覆校朗書，分爲四卷，再刻以傳，誠欲幼吾幼以及人之幼也。嘻，是書行而天下遂鮮夭折之患，生齒日益繁，□所謂位天地而育萬物者，孰有大於此耶。是二先生及物之功，固當與禹稷並也。乃拜手以序其末簡。嘉靖甲辰夏四月己巳朔，門生黄標謹序。

以上序跋六篇并據於明刊本

7. 跋

余昔守原州，得《痘疹論》於晉汾劉侍御公處。取而讀之，見其立論製方，明白簡易，確有源委，而凡諸家方説，要不出範圍内，真有活幼之良書也。既遷覃懷，懼原本失傳，乃於簿書之暇，校而圖諸梓。歲戊申，復得海虞陸遷翁所刻全本，閱其方附錄之，願與天下保嬰兒者共焉。讀是書者，當自得之，其可與覆瓿者例視也耶。時嘉靖戊申秋八月吉日，南京戶部廣西司員外郎東魯陸村氏丁永榮謹跋。《醫籍考》

(二) 刊本

1. 明嘉靖刊本

【續中國醫學書目】《聞人氏痘疹論》四卷。四册。八行，十六字。框横十二·一釐，縱十六·八釐。宋聞人規撰。明嘉靖刊。重刻痘疹論序，陸深，嘉靖二十三年。刊小兒痘疹論序，劉尚義，嘉靖二十一年。卷末附錄 阮氏序，阮桂榮，至治三年。聞人氏自序，聞人規，紹定五年。又自序，聞人規，端平二年。重刊痘疹論後序，黄標，嘉靖二十三年。

注：按是書據劉、陸、黄、丁諸氏序跋而考之，嘉靖中所刊有三。其一爲廿一年劉尚義所刊，其二爲廿三年陸深所刊，其三爲廿七年丁永榮所刊。本研究所所藏即爲陸氏所刊本，而諸家書錄，并未見有著錄之者。

2. 吳勉學痘疹大全本

【聿修堂藏書目錄】《聞人氏痘疹論》二卷。萬曆刊本吳勉學《痘疹大全》中。元聞人規撰。

注：按吳勉學本《痘疹大全》，《寶素堂藏書目錄》，《江蘇省立圖書館目錄》並載其目。

3. 未詳本

【元治增補御書籍目錄】《痘疹論》三卷，附《續編》一卷，二册。宋聞人規撰。別本《痘疹論》二卷。一册。宋聞人規撰。

【東都官庫醫籍目錄】《小兒痘疹論》全三卷。合二卷藍摺本。紹定壬辰仲夏，聞人規撰。

六十二、全嬰方論

【醫學源流】宋鄭端友，宋理宗淳祐中人，集《全嬰方論》行於世。

【文淵閣書目】《全嬰方》一部,四冊。闕。

【本草綱目】引據書目　《全嬰方》

傳本

1. 宋刊本

【經籍訪古志】卷八　《全嬰方論》二十三卷。宋槧本,缺第一、第二兩卷。福井榕亭藏。每半版十一行,行二十字。約略高六寸,幅四寸十二分。柳沜先生跋曰:此書槧本,西京太醫博士福井榕亭需所收藏也。己卯閏月,繕寫以被貽焉。來書稱,其板式類乎宋槧,而闕第一、第二兩卷,故不詳成於何人手。頁面書墨有"宋鄭端友著。端友,淳祐中人也"字,是亦不知何據。余覆曰:此語出於《醫學源流》,而觀末卷記所治病,有"紹興庚戌"、"乾道壬午"文,則知端友爲高、孝兩朝間人。而稱"淳祐",當係"淳熙"訛字,其爲宋槧不容疑云。此書著錄於明《文淵閣書目》者,一部四冊。闕。李瀕湖《本草綱目》又載其方,而後流傳遂晦,醫家莫併其目而知者。余閱其方論,援證核備,間述新見,與劉方明《幼幼新書》足以駢行,則是不唯罕覯之秘冊,抑亦小方脈科不可少之書也。聞榕亭藏書之富,豪擁百城,而關山隔絕,無由一見,余每爲耿耿,及今得此書,千里錄寄,以濟同好,其爲志可以感戴矣。夫此書原有所闕,則榕亭意有當楚弓之憾。余將爲之搜求,以合劍光,報榕亭惠貺之志。乃併識於卷尾,爲他日鈔補張本。

【宋元本行格表】十一行　《宋本全嬰方論》。行廿字。二十三卷。《訪古志》

注:按《留真譜新編》載有《全嬰方論》卷三首面書影,蓋據宋槧而影摸者也。

2. 影宋鈔本

【寶素堂藏書目錄】《全嬰方論》二十三卷。四冊,重抄宋本,一、二兩卷缺。鄭端友。

【雜病廣要採摭書目】《全嬰方論》,宋鄭端友。《全嬰方後論》,宋余綱。

【觀海堂書目】如字號　《全嬰方論》四本。二十卷。少卷一、二。影宋本。

【故宮博物院書目】《全嬰方論》二十三卷。四冊,影宋鈔本。

【內閣文庫圖書第二部漢書目錄】《全嬰方論》二十三卷,第一、二卷缺。日本寫本。宋鄭端友。八冊。

六十三、嬰孩妙訣

【直齋書錄解題】卷十二　《湯氏嬰孩妙訣》二卷,東陽湯衡撰。衡之祖民望,精小兒醫,有子曰麟,登科。衡,麟之子,克遂祖業,爲此書九十九篇。《文獻通考》同

【宋史藝文志】醫書類　湯氏望《嬰孩妙訣論》三卷

【文淵閣書目】《嬰孩妙訣》一部一冊。闕。

【菉竹堂書目】卷五　《嬰孩妙訣》一冊

注:湯民望傳,《醫學源流・宋》云:湯氏民望,宋南渡時東陽人,精小方脈,求者

不擇貧富,悉治療如法。其子麟,登進士第,人以爲陰德之報。麟子衡,尤邃於此學,因以得官,遂述其家傳。有《明驗方》二十卷,刊於會稽郡齋,謂之曰《嬰孩寶書》。

注:按《脈望館書目》有"嬰兒妙訣二本",又同《書目》"顱顖經二本"之條下有注云:"即嬰兒妙訣,一本宋刊板。下本影宋鈔",則知《嬰兒妙訣》,即《顱顖經》之別名,與是書自别也。

六十四、博濟嬰孩寶書

【宋史藝文志】醫書類　《博濟嬰孩寶書》二十卷

【文淵閣書目】卷十五　《嬰孩寶書》一部,一冊。闕。

【菉竹堂書目】卷五　《嬰孩寶書》二冊

六十五、瘡疹證治

【直齋書錄解題】卷十三　《瘡疹證治》一卷,金華謝天錫撰。《文獻通考》同

六十六、小兒病源方論

【醫籍考】二千九百九十一頁　陳氏文中《小兒病源方論》四卷。存。

(一)序跋

鄭全序

嘗聞范文正公之言曰"不爲宰相,當爲良醫"。夫以宰相之尊,豈醫者之卑所事同日語。反而思之,宰相以道濟天下,醫者以術濟斯人,其位望思不同,其存卿於濟人一也。余見世之所謂醫者,以病試藥,以藥試人,比比皆是,間有一濟而愈者,出於幸也,孰能收萬全之效乎。淳祐庚戌,來遊漣水,此見醫者,惟陳公文秀一人而已。陳公明大小方脈,於小兒瘡疹,尤造其妙。漣水自守將蕭宣使以下,與夫時官富民之家,多以疾篤爲憂,羣醫環視,縮手無措,而公獨優悠和緩,隨證施治,皆收奇效。至於閭閻細民以急告者,公不以其家之窘窶,匍匐往救,此賴以全活者,不可枚舉矣。又有目之此不見,力之所不及者,必罹於是,圖其形狀,别其證候,跡其方論,板而行之,其意欲使天下後世俱受其惠。吁,陳公之心,其文正公之心乎。公姓陳,名文中,字文秀,宿之符離人也。亡歸宋(按,《平津館記》"亡"上當有"金"字),處漣水十五年。漣人無大小,識與不識,皆稱之爲"宿州陳令"。有子業儒呼盧喝,亦報之其在是乎。余曰:其尚味之不釋乎。嘉其用心古而擇術精,故敘此見於卷末。《醫籍考》

(二)傳本

鈔本

【竹崦庵傳鈔書目】子部　《陳氏小兒病源方論》四卷,宋陳(方)[文]中述,四

十五。

【平津館鑒藏書籍記補遺】寫本　《陳氏小兒病源方論》四卷，題“太醫陳文中述”，第二卷又題“鼇峰熊宗立類正”。前有寶祐甲寅鄭全序，稱文中字文秀，宿之符離人。金亡歸宋，處漣水十五年。漣人無大小，識與不識，皆稱之。第四卷有痘瘡，引證十四條。每葉廿二行，行廿一字。

【孫氏書目】内編卷二　《陳氏小兒病源方論》四卷，宋陳文中撰。

【四庫書目邵注】卷十仁齋直指　《陳氏小兒病源方論》四卷，宋陳文中撰。何夢華有影宋鈔本。邵注，此書有明刊本，未見之也。

【郘亭知見傳本書目】卷八　《陳氏小兒病源方論》四卷，金陳文(忠)[中]撰。字文秀，宿州符離人，官太常，明小方脈，於小兒瘡疹尤造其妙。金亡歸宋，處漣水十五年。詳鄭全序。阮氏依宋刻影寫進呈。

【宋元本行格表】卷下十一行　《景宋本陳氏小兒病源方論》。行二十一字。四卷。《平津館記》。

【觀方要補採摭書目】《小兒病源方論》，宋陳文中。

六十七、陳氏小兒痘疹方

【泰定養生主論】　宿州陳君，手集《嬰幼攝養痘瘡疹方》，詳備有法，證有驗，每濟人，一如方所說。今及三十載，起死回生，端如反掌。

【醫藏書目】法流函目　《陳氏小兒痘疹》一卷。慈保函目　《經驗痘症方》，陳文仲。

【脈望館書目】辰字號　《陳氏小兒痘疹方》一本

注：按《醫方類聚》引用書有《小兒痘疹方》，《古今醫統大全採摭諸書》有《陳氏小兒方》，《本草綱目》引據書目有《陳文中小兒方》，疑皆同書。

(一)序跋

自序

嘗謂小兒病證雖多(《薛氏醫案》本“證”作“症”)，而痘疹最爲重病。何則？痘疹之病薛氏本“何”上有“蓋初起”三字，疑似之間難辨薛氏本無“之間”二字，投以它藥，不唯無益，抑亦害之薛氏本“亦”作“又”。況小兒所苦薛氏本無“小兒所苦”四字，非若大人能言受病之狀薛氏本“非若大人能”五字作“不”一字)，乃知畏惡之由薛氏本“乃”作“孰”。爲父母者，惟之知子病急於得藥薛氏本“爲”至“子”八字，作“父母愛子”四字。“得藥”作“救療”，醫者失察，用藥差舛，鮮有不致夭横者。文中每思及此，惻然於心。因取家藏已驗之方，集爲一卷，名之曰《小兒痘疹方論》。刻梓流布，以廣古人活幼之意。顧不韙歟。和安郎判大醫局兼翰林良醫陳文中謹書。《醫籍考》校以《薛氏醫按》本。魏君用題辭、魏君用鋟梓記、朗嘉泰序。

注:按《經籍訪古志》載舊抄本《陳氏集驗小兒痘瘆方論》云:首有元統三年朗嘉泰序及魏君用題辭。本文首有陳氏小序,末附皇慶元年魏君用鋟梓記二則。今魏、朗二氏所記,并不可得見,僅錄其題名,以俟後搜云。

(二)刊本及鈔本

1. 影元鈔本

【寶素堂藏書目錄】《小兒痘疹方論》一卷。古鈔本。一冊。陳氏草本。

【經籍訪古志】卷八 《陳氏集驗小兒痘疹方論》一卷。舊抄本。寶素堂藏。首有元統三年朗嘉泰序,及魏君用題辭。本文首有陳氏小序,末附皇慶元年魏君用鋟梓記二則。按熊氏《類證》分爲二卷,改竄頗多。此蓋從元槧本鈔者,文字異同,多與《醫方類聚》相合,則知未經後人增訂者。

【觀海堂書目】君字號《陳氏小兒痘疹方》一本。二卷。日本古抄本。《陳氏集驗小兒痘瘆方》一本。一卷。日本古抄本。

【故宮博物院書目】《陳氏集驗小兒痘瘆方》,宋陳文中。日抄本。一卷,一冊。

2. 明刊本

【北京人物科學研究所藏書目錄】錢氏小兒直訣十卷附 《陳氏集驗小兒痘疹方論》一卷,宋陳文中撰。明成化六年李杲重刊本。

【四庫書目邵注】卷十 《陳氏小兒病源方論》四卷,宋陳文中撰。又《陳氏小兒痘疹方》二卷。均有明刊本。

注:按右人文科學研究所所藏,即與《錢氏小兒直訣》合刻者,疑是熊氏《類證》本,說見前"錢氏《小兒直訣》"條下。邵注所謂明刊,亦不知其所據本爲何,今并因其書名,暫錄於此云。

3. 吳勉學痘疹大全本

【聿律堂藏書目錄】《小兒痘疹方論》一卷,一冊。收在吳勉學《痘疹大全》中。

【寶素堂藏書目錄】《陳氏小兒痘疹方論》一卷,一冊。影鈔吳氏《痘疹大全》彙刻本。

【江蘇省立國學圖書館圖書總目】《陳氏痘疹方論》一卷。《痘疹大全》第二冊,宋宿州陳文中,萬曆刊本。《陳蔡二先生方合併痘疹方》一卷。《痘疹大全》第三冊,宋宿州陳文中。明盱眙蔡維藩,萬曆刊本。

4. 未詳本

【重編寧波范氏天一閣圖書目錄】《痘疹方論》三卷。現存二冊。

附 類證陳氏小兒痘疹方論

【類證註釋錢氏小兒方訣】熊宗立自序 宋錢仲陽著《小兒直訣》,太醫陳文中作《痘疹方論》,世稱活幼之筌蹄,全嬰之軌範。當時門人傳寫本,未免有造次錯文之患,後之讀是書者,往往莫無疑難。予不揣凡陋,已知僭妄,竊以二書,疏其源流,類其證治,要之支分節解,脈絡貫通,間附註以發明之。使我同志初學之士,展卷觀讀,則前之疑難者,今盡渙然冰釋,而一歸至當矣。

【醫籍考】三千零七十四頁　熊氏宗立《類證陳氏小兒痘疹方論》二卷。存。

【經籍訪古志】陳氏集驗小兒痘疹方論　按,熊氏《類證》分爲二卷,改竄頗多。

附　校註陳氏痘疹方論

【醫籍考】三千零七十四頁　《薛氏己校註陳氏痘疹方》一卷。存。

【中國醫學書目】《陳氏小兒痘疹方論》一卷。十行二十字,框橫十三·五釐,縱二十釐。薛己注,魏一元校,《薛氏醫按全書》之內。

序跋

自序

嘗謂醫之分析,雖有内外大小之殊,要其理初不異,特在人化裁之耳。至痘疹癰疽,則尤其相類,而治亦相通焉者。蓋其始而發出,中而成膿,終而收靨,彼此一致。故東垣先生合二者而論之,必皆明托裏、疏通、和榮衛三法,良有以也。陳氏之書,又以心得,發明虚實寒熱,蓋契經旨而超諸家者矣。觀涼膈散之治實熱,白朮散之治虚熱,異功散之治虚實,木香散之治虚弱,分別表裏,察色辨形,兼得之矣。但已上治法,又須見證便施,若稍延緩,反多致誤,學者不可不知。僕幸私淑先哲,亦時獲驗,敢爲校註重梓,尚多得失,幸同志教正云。嘉靖庚戌九月吉旦,前奉政大夫太醫院院使後學薛己謹序。

六十八、嬰兒指要小兒方論

【仁齋直指】楊士瀛自序　余始撰《活人總括》、《嬰兒指要》,俗皆以沽名譏。

【儀顧堂集】卷十七小兒方論跋　《小兒方論》四卷,宋楊士瀛撰,明朱崇正附遺。《四庫》未著録。凡分類十二,曰初生,曰變蒸,曰驚,曰中風,曰疳,曰積,曰傷寒,曰痰嗽,曰脾胃,曰丹毒,曰雜證,曰瘡證,每類各分子目。宋以前兼以小兒法勒爲一書者,有之自錢乙《小兒藥證直訣》始,其書雖存而不全,此外以《小兒衛生總微論方》爲最古。至晁氏、陳氏所載《小兒靈秘方》等書,今不可見矣。是書成於《總微論方》之後,而論説方劑,更爲詳備。崇正所附,間參以圖,頗能補楊氏所未及,誠如嬰之秘笈也。

注:按右《儀顧堂跋》本爲朱氏《附遺》本而説,然其言多涉於楊氏原本,所以特録於此也。又按,《朝鮮醫方類聚》所引有《直指小兒方》,當亦是書矣。

注:按是書書名,《楊氏直指》自序謂之《嬰兒指要》,而《經籍訪古志》所載宋槧本,題云《小兒方論》。意者,《嬰兒指要》即爲楊氏原本,而《小兒方論》乃其别名而已。

注:按明人朱氏所編《仁齋直指小兒附遺方論》,即本於是書。而附以諸家方論者,今以録於本條之左矣。

(一)序跋

仁齋小兒方論序

虹橋涉川,足以爲福田乎。溱洧濟人,不足爲惠,然成者有時而壞也。紅粟振飢,足以爲陰德乎。醫桑待哺,不能家給,然利者有時而病也。人生天地間,溥萬物爲一體,忝大造爲全仁,盍思所以廣其濟。余每見人以疾病爲憂,財匱者無力招醫,力到者無醫能療。雜藥徧嘗,付性命於一擲,未嘗不爲之扼腕焉。於是竊暇燈窻,研精脈法,上稽《靈》、《素》之書,下及《湯液》之論。張長沙鳴於漢,孫地仙名於唐,與夫晉宋而下諸賢之所撰次者,搜覽殆盡,將以推廣不忍人之仁,就是而得三昧。竊謂大科、傷科法度爲甚嚴,小兒驚風方論爲難盡。傷寒治法,表裏陰陽,出入傳變,若網在綱,固不容紊。若夫嬰兒驚風,急轉而慢,實俄而虛,形似實非,尤難臆度,自非審脈驗證,達變知幾,鮮有不以嬰兒爲戲,此驚風證治指要之所由作也。要者精義以致用,王氏非無家傳,然方粹而證不詳,錢氏非無訣法,然義深而方難用。是編所作,本之前聖大賢之方論,忝之聞人高士之見聞,得之先疇已試之效,虛實補瀉之辨,其證參苓桂朮之隨其方,覽者歷歷可曉。惠之方來,傳之同志,使據病可以識證,因證可以得方,爲天下孩提回生立命,起憊扶衰。倘執此以登盧扁之門,或可爲涓埃萬分之助,周流人間,衛生救物,獨不得如封君達之用心乎。經剝諸梓,嘉與四方共之,庶幾廣濟□無窮也。或曰,子□不□□已爲家傳計。余應之曰:喜捨方便澤民,書第一義也。故使學者復之熟之,推是以及人之幼耳。若南陽一書,余嘗細繹其說,目曰《活人總括》。嗣此以求其傳,堂上呼盧,喝六作五,小子則不敢知。景定庚申開朔,三山羣北後曹楊士瀛登父序。

(二)刊本

1. 宋刊本

【經籍訪古志】卷八　《仁齋直指方論》二十六卷,《小兒方論》五卷,《傷寒類書活人總括》七卷,《醫學真經》一卷。宋槧本,聿修堂藏《補註》:約之按,"聿修堂"當作"躋壽館"。第一、第二,《小兒方論》第三、四、五缺,以崇蘭館本補鈔。

宋三山名醫仁齋楊士瀛登父編撰,建安儒醫翠峯詹宏中洪道校定。首有景定甲子自序,《目錄》首有"環溪書院刊行"六字。《小兒方論》有景定庚申自序,《真經》有景定壬戌自序。每半版高六寸三分,幅四寸四分。十四行,行二十四字。每卷首捺"武田文庫"印朱文。按此本紙刻精良,當是景定原刻。據仁齋自序,初撰《活人總括》、《嬰兒指要》,而《直指方》則最後所成云。又懷仙閣、酌源堂并藏有朝鮮國活字刊本,體式一與此本同。又有明朱崇正附遺本,亦以宋槧爲祖。此本乃澀江全善所獲以獻於醫學者

【觀海堂書目】無字號　《小兒方論》二本五卷。宋本。

注:按《日本訪書志補》"新刊仁齋直指方論二十六卷影抄本"云:按森立之《訪古志》稱,聿修堂藏宋槧本,半頁十四行。其書亦爲守敬所得,實是元刊本,與此本行款不合,篇幅亦異云云。乃知楊氏以《訪古志》所載十四行、行二十四字本爲元

刊,而以所謂影抄十二行、行十九字本爲傳鈔宋槧者,未知孰是。詳見"仁齋直指"條下。

2. 朝鮮活字本

【經籍訪古志】卷八仁齋直指方論 《小兒方論》五卷。宋槧本。又懷仙閣、酌源堂并藏有朝鮮國活字刊本,體式一與此本同。

注:按據《朝鮮醫籍考》而考之,仁齋之書,朝鮮活字所刊有三種:一則京城帝國大學所藏《直指方論》及《醫脈真經》,十行,行十八字;二則早野教授所藏《醫脈真經》,九行,行十六字;三則《日本訪書志》所載《直指方論》,十二行,行十九字。然是等三種刊本中,果有《小兒方論》耶否,今未可考。惟第三種本,楊氏既稱元本,二十六卷,有《傷寒類書》,《小兒方論》,《醫學真經》,此本無之。蓋朝鮮以重印《直指》,而以陳自明《婦人良方》配之,故行款皆同云云。據此觀之,第三種本似乎不帶《小兒方論》,至於其餘刊本,已於"仁齋直指"條中詳細録之,參看其條。

附　新刊仁齋直指小兒附遺方論

【儀顧堂集】卷十七 《小兒方論》四卷,宋楊士瀛撰,明朱崇正附遺。中略崇正所附,間參以圖,頗能補楊氏所未及,誠保嬰之秘笈也。

【經籍訪古志】卷八仁齋直指方論 又有明朱崇正附遺本,亦以宋槧爲祖。

【續中國醫學書目】《新刊仁齋直指小兒附遺方論》五卷。三冊。十四行,二十四字。框橫十三·一釐,縱十八·八釐。宋楊士瀛撰,明朱崇正附遺。明板,黄鏞刊行《新刊仁齋直指附遺方論》之內。仁齋小兒方論序,楊士瀛,景定庚申元年。新刊仁齋直指小兒附遺方論目錄。

六十九、活幼悟神集

【宋史藝文志】醫書類 董大英《活幼悟神集》二十一卷

七十、小兒秘要論

【宋史藝文志】醫書類 《小兒秘要論》一卷

附　嬰兒病證幼幼方論

【内閣文庫圖書第二部漢書目録】《嬰兒病證幼幼方論》十卷,宋鄭惠卿編。日本寫本。

附　保童秘要

【躋壽館醫籍備考】《保童秘要》二卷。二冊。金劉完素撰。《醫方類聚採輯》本。

【觀聚方要補採摭書目】《保童秘要》,金劉完素。

附　保嬰集

【文淵閣書目】卷十五 《保嬰集》一部,一冊。闕。

【菉竹堂書目】卷五　《保嬰集》四冊

【叢書舉要】古本東垣十書　《保嬰集》濟生拔萃　《保嬰集》。

【中國醫學史】金元醫學書目　《保嬰集》，金李杲撰。

注：按影元本《濟生拔萃》有《田氏保嬰集》，不著撰人。

第十五類　婦人方論

一、婦人嬰兒方

【漢書藝文志】方技經方　《婦人嬰兒方》十九卷

【漢書藝文志條理】卷六經方　《婦人嬰兒方》十九卷。《史記·扁鵲傳》：扁鵲名聞天下。過邯鄲，聞貴婦人，即爲帶下醫。入咸陽，聞秦人愛小兒，即爲小兒醫。

按《隋志》醫方家，有張仲景《療婦人方》二卷。俞氏《療小兒方》四卷，當亦取資於是書。

二、婦人胎藏經

【太平御覽】卷七百二十二方術部醫二　張仲景方序曰：衛汎好醫術，少師仲景，有才識，撰《四逆三部厥經》及《婦人胎藏經》、《小兒顱顖方》三卷，皆行於世。

【册府元龜】卷七百二十一方術部三醫二引東觀漢記何顒傳　《婦人胎藏經》，衛汎撰，一卷。

【補後漢書藝文志】卷三子部醫家類　衛汎《婦人胎藏經》一卷

【後漢藝文志】醫家類衛汎四逆三部厥經　衛汎《婦人胎藏經》一卷

【補後漢書藝文志并考】醫經　衛汎《婦人胎藏經》一卷

【補後漢書藝文志考】方技醫經衛汎四逆三部　衛汎《婦人胎藏經》。《御覽》引《仲景方序》一卷。

三、張仲景療婦人方

【隋書經籍志】子部醫方　《張仲景療婦人方》二卷

注：按《醫籍考》云"隋志一卷"。

【通志藝文略】醫方類下婦人　《張仲景療婦人方》二卷

【後漢藝文志】醫家類　《張仲景療婦人方》二卷。《隋書經籍志》：《張仲景療婦人方》二卷。又曰：梁有《張仲景評病要方》一卷。

【補後漢書藝文志】卷三子類醫家類　《張仲景療婦人方》二卷。《隋書經籍志》：《張仲景療婦人方》二卷。按《湖廣志》言，王叔和纂次仲景書，爲三十六卷。今據

《隋》、《唐》、《宋志》,黽氏《志通》、《志略》所載,凡九種四十六卷,其中重複互見,不可知已。

【補後漢書藝文志并考】經方　《張機療婦人方》二卷

【後漢書藝文志考】方技經方　《張機療婦人方》。《隋志》“二卷”。

四、范氏療婦人藥方

【隋書經籍志】卷三子部醫方俞氏療小兒方四卷注　梁有《范氏療婦人藥方》十一卷。

【通志藝文略】醫方類下婦人　《范氏療婦人方》十一卷

【補晉書藝文志】卷三子錄醫方類　《療婦人藥方》十一卷,范汪。謹按,見《七錄》。

五、雜湯丸散酒煎薄貼膏湯婦人少小方

【隋書經籍志】卷三子部醫方雜丸方十卷注　梁有《雜湯丸散酒煎薄貼膏湯婦人少小方》九卷。

六、黄帝素問女胎

【隋書經籍志】子部醫方　《黄帝素問女胎》一卷

七、黄帝養胎經

【隋書經籍志】子部醫方　《黄帝養胎經》一卷

八、療婦人産後雜方

【隋書經籍志】子部醫方　《療婦人産後雜方》三卷

九、徐文伯療婦人瘕

【隋書經籍志】子部醫方　《徐文伯療婦人瘕》一卷

【通志藝文略】醫方類下婦人　《徐文伯療婦人瘕》一卷

十、推産婦何時産法

【隋書經籍志】子部五行　《推産婦何時産法》一卷,王琛撰。

【舊唐書經籍志】子類五行 《推產婦何時產法》一卷,王琛撰。

【唐書藝文志】五行類 《王琛推產婦何時產法》一卷

十一、推產法

【隋書經籍志】卷三子部五行 《推產法》一卷

十二、生產符儀

【隋書經籍志】卷三子部五行 《生產符儀》一卷

十三、雜產書

【隋書經籍志】子部五行 《雜產書》六卷

十四、雜產圖

【隋書經籍志】子部五行 《雜產書》四卷

十五、產圖

【隋書經籍志】子部五行 《產圖》二卷

十六、產乳書

【隋書經籍志】子部五行 《產乳書》二卷

【補南北史藝文志】卷二北史子之類五行隋 《產乳志》二卷,劉祐撰。見本傳。《隋書》同,《隋經籍志》"產乳書二卷",無撰人姓名。

注:按《北史》卷八十九"藝術傳"云:劉祐,滎陽人也。隋開皇始爲大都督,封索盧縣公。其所占候,合如符契。文帝甚親之。初與張賓、劉輝、馬顯定歷。後奉詔撰兵書十卷,名曰《金韜》。上善之。復著《陰策》二十卷,《觀臺飛候》六卷,《玄象要記》五卷,《律歷術文》一卷,《婚姻志》三卷,《產乳書》二卷,《式經》四卷,《四時立成法》一卷,《安歷志》十二卷,《歸正易》十卷,並行於世。百衲本《列傳七十七》

十七、產經

【隋書經籍志】卷三子部五行 《產經》一卷

【醫籍考】二千八百六十頁　《產經》,《隋志》"一卷,佚"。

按,丹州公《醫心方》所引《產經》,與時賢書不同,蓋此書也。

注:今按《醫心方》所引《產經》之文,計有一百八十五條。

十八、產經

【日本國見在書目錄】醫方家　《產經》十二,德貞常撰。

十九、產圖

【舊唐書經籍志】子錄五行　《產圖》一卷,崔知悌撰。

【唐書藝文志】五行類　崔知悌《產圖》一卷

【崇文總目輯釋】卷三醫書類四　崔氏《產鑑圖》一卷。原釋:闕。見天一閣鈔本。《通志略》、《宋志》,並不著名。

【通志藝文略】醫方類下婦人　崔氏《產鑑圖》一卷

【宋史藝文志】子類醫書類　崔氏《產鑑圖》一卷

二十、產經圖

【日本國見在書目錄】醫方家　《產經圖》三

二十一、婦人方

【舊唐書經籍志】丙部子類醫術　《婦人方》十卷

【唐書藝文志】丙部子錄醫術類　《婦人方》十卷

二十二、婦人方

【舊唐書經籍志】丙部子類醫術　《婦人方》二十卷

【唐書藝文志】丙部子錄醫術類　《婦人方》二十卷

【通志藝文略】醫方婦人　《婦人方》二十卷。見《唐志》。

二十三、治婦人方

【日本國見在書目錄】醫方家　《治婦人方》二

二十四、少女方

【唐書藝文志】丙部子錄醫術類 《少女方》十卷

【通志藝文略】醫方婦人 《少女方》十卷。見《唐志》。

注:按《舊唐志》有"少小方十卷"之目。

二十五、少女雜方

【唐書藝文志】丙部子錄醫術類 《少女雜方》二十卷

【通志藝文略】醫方婦人 《少女雜方》二十卷。見《唐志》。

注:按《舊唐志》有"少小雜方二十卷"之目。

二十六、楊氏產乳集驗方

【唐書藝文志】丙部子錄醫術類 《楊氏產乳集驗方》三卷,楊歸厚。元和中自左拾遺貶鳳州司馬,終虢州刺史。方九百十一。

【崇文總目輯釋】卷三醫家類四 《楊氏產乳集》三卷,楊歸厚撰。原釋:闕。見天一閣鈔本。侗按,《通志略》"集"下有"驗方"二字。

【通志藝文略】醫方類下婦人 《楊氏產乳集驗方》三卷,唐楊歸厚撰。

【宋史藝文志】子類醫書類 《產乳集驗方》,楊歸一作師厚撰。

【本草綱目】引據古今醫家書目 《楊氏產乳集驗方》

【儀顧堂集】卷六重雕宋本衛生家產寶科備要序 唐楊師厚《產乳集驗方》。今不傳。

二十七、樂產神樞靈轄

【唐書藝文志】五行類 《樂產神樞靈轄》十卷

二十八、子母秘錄

【崇文總目輯釋】卷三醫書類 《子母秘錄》十卷,許仁則撰。

【通志藝文略】醫方類下婦人 《子母秘錄》十卷,許仁則撰。

【三因方】卷十七產科論序 世傳產書甚多,《千金》、《外臺》、《會王產寶》。馬氏、王氏、崔氏,皆有產書。巢安世有《衛生寶集》、《子母秘錄》等。備則備矣。

【宋史藝文志】子類醫書類 張傑《子母秘錄》十卷

【古今醫統大全】卷一採摭諸書 《子母秘錄》

【本草綱目】引據古今醫家書目 張傑《子母秘錄》

注:按此書之撰者,有云許氏、巢氏、張氏,諸家說不一。許氏最初出,惟此書係

許氏之原著，而巢、張二氏修之者歟。又按《子母秘錄》之文，今可見者，《醫心方》有二十五條，《證類本草》有一百四十六條。又《外臺秘要》所引"許仁則"之文，亦有十五條。

二十九、昝殷產寶

(一)出典

【崇文總目輯釋】卷三醫書類四 《產寶》三卷。侗按，《讀書後志》"二卷，昝殷撰"。《通志略》"周挺撰"。《宋志》亦作"昝殷"。

【秘書省續編到四庫闕書目】卷二子類醫書 《昝氏產寶》三卷。輝按，晁《志》"二卷"，《宋志》云"昝殷撰"。《崇文目》無撰人。

【通志藝文略】醫方類下婦人 《昝氏產寶》三卷。醫方類下婦人 《產寶》三卷，僞蜀周挺撰。

【郡齋讀書後志】卷二醫家類 《產寶》二卷，右僞蜀昝殷撰輯。產乳備驗方藥二百七十八首。

【文獻通考】經籍考子醫家 《產寶》二卷。鼂氏曰：唐昝殷撰。大中初，白敏中守成都，其家有因免乳死者，訪問名醫，或以殷對。敏中迎之，殷集備驗方藥二百七十八首以獻。其後周頲又作"三論"附於前。

【宋史藝文志】子類醫書類 《昝殷產寶》三卷

【補五代志藝文志】技術類 《產保方》三卷，周挺撰。

注：《四庫提要》卷一百零三產育寶慶方云：產育方藥，則罕專書，《唐書藝文志》有"昝殷產寶一卷"，始別立一門，今其書不傳云云。今按，《唐志》無此目，蓋《提要》誤焉。

(二)考證

【醫籍考】二千八百六十六頁 昝氏殷《產寶》，《宋志》"三卷。佚"。

陳自明曰：《產寶方》，乃朱梁時節度處官昝殷所撰。

按，弟堅曰：大中初，白敏中守成都，昝殷贄以是書。考《唐書》，敏中大中六年爲劍南西川節度使，治五年，徙荆南。而趙氏《讀書志》稱僞蜀昝殷撰，此因其蜀人以訛者。《藝文略》更有"產寶三卷"，云"僞蜀周頲撰"。此以頲增益，誤爲二書。然據此，頲唐季遺民，序所稱丁巳，即建(乾)寧四年也，益知殷爲唐人。陳自明所稱，未知何據也。是書久佚，唐慎微、陳自明諸家，徵引頗夥，猶多挂漏。惟散見《醫方類聚》中者，條理較詳，尚可裒錄，蓋證以旁見他書者，似十得八九矣。《宋志》作"三卷"，頲序亦同，云"五十二篇、三百七十八首"。《讀書志》作"二卷二百七十八方"。然《類聚》所收猶有三百二十餘方，篇目之數亦合，則《後志》兩"二"字，爲誤寫明矣。友人船橋經中恒從《類聚》錄出，以經閉、帶下並妊娠爲上卷，以坐月、產難爲中卷，以產後諸證爲下卷。周頲所作小論，其可辨識哉，自明所引一篇，餘難得考。

【郎園讀書志】卷六子部 《經效產寶》三卷,《續編》一卷。日本仿北宋刻本。《經效產寶》三卷,《續編》一卷,唐昝殷撰。每卷大題後次行題"節度隨軍昝殷撰",三行題"相國白敏中家藏善本",《續編》無此兩行。小黑口版,每半葉十一行,行十八字。《四庫全書總目》未錄,自來藏書家志目,亦不列其名。宋晁公武《郡齋讀書志》作《產寶》二卷,云唐昝殷撰。殷,蜀人。大中初,白敏中守成都,其家有因免乳死者,訪問名醫,或以殷對。敏中迎之,殷集備驗方藥二百七十八首以獻。其後周頲又作"三論",附於前。今此本二百六十一方。《續編》,周頲"救急方論二十一"、"產後論十八"。覈與晁《志》稍有異同。醫方傳抄者多,不必晁氏所見即爲定本也。此書《新》、《舊唐志》均不載,《崇文總目》、《紹興續編到中興四庫闕書目》始(箸)[著]於目,作"三卷",無撰人姓名。鄭樵《通志》"《產寶》三卷,僞蜀周挺撰",以誤以周《續》爲昝撰,又誤"頲"爲"挺"。《宋史藝文志》"《產寶》三卷,昝殷撰",與晁《志》合,而無《續編》,蓋當時所傳,均非此本,故著錄不得其詳也。

(三)序跋

1.周頲序

頲聞至靈者人,最重者命。人皆知命之所重,而不知養命之方,天年未終,疾病攻奪。嗟呼,世無良醫著述,則急難倉卒尋醫,其外誤多矣。醫之中惟產難爲急,子母命懸在片時。頲勤志方書,常思救療,每覽名醫著述,皆誌於心。且夫男女搆精,陰陽分氣,就中女弱,疾狀頗多。蓋其稟柔質,以爲人有血藏而抱育,姙娠之內,導理有常,至於飲食之間,動静之際,尤多制忌以節情。及乎既產,鮮保安者,蓋是損觸藏府,傷動筋骨,將理稍失,疾患便生。更值盲醫,取次下藥,致其所苦,積漸懸危,日後一日,亟至於死,可不痛哉。故《易》曰"天地之大德曰生",則知在天地之間,以生育爲本,又豈因生產而反危人之命乎。自惟攝理因循,藥餌差謬,致其產婦不保安全。且婦人生產,方二三次,血氣未衰,飲食易進,但能節性,則無病生,縱或偶有微痾,不難醫治。至於四五次,迨乎七八次,傷敗已深,血氣衰微,子藏虛弱,穢敗內滯,風邪外攻。有病生宜須審療,醫若不子細,疾使危治。此醫殺之,理甚明矣。且士俗之家,婦人產後,復乳其子。產既損氣已甚,乳又傷血至深,蠹命耗神,莫極於此,稍失常理,便合急醫。或以家貧,不及厚賂醫者,醫者怠慢,須臾困篤。吁,人之生產,非小事也,而醫者圖財,侮而致死。此醫殺之,理又明矣。且夫產前產後,血氣未寧,一疾苟生,百疾同作,古人所以著方論於產乳者,正在於此也。至若鯉魚阿膠,能治胎動;芎藭當歸,善療胎痛。祇如胎動胎痛,非一理也。有因母疾而胎動者,因胎不堅固而自動者,痛亦如之。此略舉大綱,蓋須知醫者之功也。降及地黃益血,生薑助氣,芍藥止痛,黃耆補虛。用之得門,其效如聖;用之失理,不如不醫。乃知醫人不可苟作。頲以此疾心,常思著方,以濟危急,而學解不博,未能自信,所以徧採產術,志在廣行。復見昝殷《產寶》,深入醫門,乃大中歲相國白敏中,傷茲婦人,多患產難,詢訪名醫,思救人命。或人舉殷,相國迎召,問其產乳。殷乃撰方三卷,贊於相國。相國重其簡要,命曰《產寶》。此方雖存,得者甚少。頲志在愈疾,常恨不家藏一本,故輒敢序之,蓋欲開其衆聽。凡五十二篇,三百七十一方,兼拾昝氏之遺,作小論三篇,次於序末。庶幾妊娠之家,自得覽斯,爲家内明師爾。時丁巳歲秋八月序。《醫籍考》

注:按《醫籍考》稱是書佚,而載周頲序,不知周序據何所錄者。

2. 序

婺源張君金城,近購得日本所刻唐節度隨軍昝殷撰集《經效產寶》書版,隨以印本示余。余讀其書,凡上中下三卷,後附《續編》一卷。書中"薯蕷"作"薯藥",避唐諱而不避宋諱。復考《新唐書藝文志》,有博士昝商著《心鑑》五卷,或即斯人避"殷"作"商",其爲北宋本無疑。日本邦人,於醫家舊籍,考察最精。近如北宋本《千金方》,元大德本《千金翼方》顯於滬上,影宋本《外臺秘要》購自粵東。今得是書,唐賢撰述,並可寶貴。余家雖習醫,苦於蒐藏無多。茲就所見,書諸卷端。至若方藥之合宜,在乎明哲者取擇焉。光緒七年春正月,歸安凌德書於尚素軒。《醫學大成》本

3. 經效產寶提要

唐節度隨軍昝殷著。相國白敏中家藏善本《產育寶慶方》。《四庫提[要]》云:《唐書藝文志》有《昝殷產寶》一卷,始別列一門,今其書不傳云。是書在清季中葉已不可得,其珍奇可知。婺源張君金城,近從日本購得影刻唐節度隨軍昝殷撰《經效產寶》三卷,後附《續編》一卷。書中"薯蕷"作"薯藥",避唐諱而不避宋諱,其爲北宋本無疑。日人於中國醫藥舊籍考察甚精,近如影刻北宋本《千金方》,元大德本《千金翼方》,其版皆由國人購回,現存蘇州。《產寶》一書,有光緒七年歸安凌嘉樂序,張氏影刻。其原書本無序目,(令)[今]補鈔目錄於下,俾便稽考。其《續編》,濮陽李師聖、郭稽中《產論》。在九頁後面、十頁上面空白,原(闕)[闕]第十二論麻仁丸末,第十三論全闕,十四論闕論方藥味,存煎服法。炳章從《產育寶慶方》鈔補,以成完書。其卷上列妊娠安胎方論第一,凡十一方;妊娠食諸物忌方論第二,凡五方(以下載目次,今略之)。先述證論,後列方治,言簡意賅,方多經驗,爲產科之寶筏,題曰《經效產寶》,洵不誣也。

(四) 刊本

1. 宋槧本

【寶素堂藏書目錄】内編經方第九婦人產乳 《經效產寶》三卷,一冊。宋槧。白敏中家藏善本。昝殷。

【多紀元堅獻醫學館醫書目錄】 《經效產寶》三卷。宋板,一冊。

【經籍訪古志】卷八醫家類婦人 《經效產寶》三卷。宋槧本。存誠藥室藏。首二頁舊人補鈔。唐節度隨軍昝殷撰集。每半板高六寸一分,幅四寸二分。十二行,行十八字。是書不記刊行年月。檢其板式,爲南宋本無疑。殷署名次有"相國白敏中家藏善本"一行。《醫方類聚》所引題目無"經效"二字,文字頗有異同,而此爲

劣。然從來未見傳本，亦是希世之珍，固不得不兼存也。

【宋元本行格表】卷下十二行子之屬　宋本《經效產寶》。行十八字。三卷。《訪古誌》

【留真譜新編】第七醫部　《經效產寶》。節度隨軍昝殷撰集。相國白敏中家藏善本。注，半葉十一行。

2. 日本仿北宋本

【郘園讀書志】卷六子部　《經效產寶》三卷，《續編》一卷。日本仿北宋刻本。每卷大題後次行題"節度隨軍昝殷撰"，三行題"相國白敏中家藏善本"，《續編》無此兩行。小黑口版，每半葉十一行，行十八字。

注：按光緒七年凌德序云：婺源張金城近購得日本所刻唐節度隨軍昝殷撰集《經效產寶》書版，隨以印本示余。余讀其書，凡上中下三卷，後附《續編》一卷，書中"薯蕷"作"薯藥"，避唐諱而不避宋諱云云。今按張氏所得，疑則此書版，而光緒七年本所從刻者也歟。

3. 光緒七年景宋刊本

【江南圖書館閱覽室檢查書目】子部第十四號醫家　《產寶》一本，唐昝殷。影宋本。

【江蘇省立國學圖書館圖書總目】子部方伎婦科　《經效產寶》四卷，《續編》一卷，一冊，唐昝殷。光緒七年影宋刊本。

【八千卷樓書目】卷十子部醫家　《經效產寶》三卷，唐昝殷撰。覆宋本。

【國學用書類述】醫學類婦科之屬　《產寶》四卷，宋昝殷。影宋本。

【故宮博物院書目】醫家　《經效產寶》，唐昝殷。四卷。一冊。光緒年刊本。

【中國醫學書目】女科一　《經效產寶》，又名《景宋本經效產寶》。上中下及《續》一冊。十一行十八字。欄高十八·四釐，幅十二·六釐。昝殷撰。光緒七年刊。《續編》，周頲傳授《濟急方論》凡四道。濮陽李師聖施、郭稽中論二十一證方十六道。《產後十八論》方凡九道。

4. 抄本

【故宮博物院書目】醫家　《經效產寶》，唐昝殷。二卷，一冊。影宋抄本。《產寶》，唐昝殷。二卷，一冊。抄本。

5. 新輯本

【寶素堂藏書目錄】內編經方婦人產乳　《經效產寶》一冊，尚真新輯本。

【醫籍考】二千八百七十一頁　按，弟堅曰：友人船橋經中恒從《類聚》錄出，以經閉、帶下並姙娠爲上卷，以坐月、產難爲中卷，以產後諸證爲下卷。

6. 未詳本

【古今醫統大全】明　【本草綱目】明　【世善堂藏書目】明　【汲古閣毛氏藏書目錄】清　【儀顧堂集】清　【觀海堂書目】清　【觀聚方要補採摭書目】日　【醫方類聚】朝鮮

7. 中國醫學大成本

【中國醫學書目續編】女科　《經效產寶》三卷，《續編》一卷。一冊。十四行，三十一字。四十六版,無框。唐昝殷撰。《中國醫學大成》之内,民國二十六年,上海大東書局印行。《經效產寶提要》。"序",凌德,光緒七年。經效產寶目錄。附周頲傳授《濟急方論》凡四道,濮陽李師聖施、郭稽中論二十一證方十六道。《產後十八論》方凡九道。

三十、時賢產經

【觀聚方要補採摭書目】《產經》,唐時賢。

【寶素堂藏書目錄】内編經方婦人產乳 《產經》二卷,一册。《靈蘭二[集]》中本。唐時賢。

【聿修堂藏書目錄】婦人 《產經》二卷。二册,收在《靈蘭二集》中。唐時賢撰。

【醫籍考】二千八百七十二頁 《時氏賢產經》一卷。存。

【經籍訪古志】卷八醫家類婦人 《產經》二卷,明施沛《靈蘭二集》所收本。唐翰林學士賜紫金魚袋時賢撰。末有嘉定改元鄭汝明跋。按柳沜先生曰:熊宗立《醫學源流》曰,郭稽中作《產後二十一論》,與唐時賢《胎前十八論》合,謂之《胎產真經》。即是書也。蓋時氏原本十八問,鄭汝明以博物妊娠所感說,孫思邈并楊崔等說,郭氏廿一論、十產論,附爲二卷。

【觀海堂書目】甚字號 《產經》一本。二卷。森氏鈔本。《產經》二本。三卷。影鈔本。《產經》二本。三卷。鈔本。 深字號《產經》一本。二卷。日本古鈔本。

【故宮博物院書目】醫家 《產經》,唐時賢。二卷一册。抄本。

注:據《醫籍考》二千八百八十二頁《胎產心經》,此書收在《靈蘭二集》本《鄭汝明胎產真經》之内,凡十八問。光緒七年影宋本《經效產寶續編》中亦收之。惟寶素堂、聿修堂、《訪古志》等所載之《產經》二卷者,疑爲《鄭汝明胎產真經》也。參看其條。

又按,熊宗立以是書爲唐時賢《胎前十八論》,然據光緒本《經效產寶》所收之文而考之,當謂《產後十八論》也。

又按,《文淵閣書目》、《菉竹堂書目》亦載《產經》之目,或是書歟。

三十一、產後論

【崇文總目輯釋】卷三醫書類四 《產後論》。侗按,《通志略》,楊全迪、李壽撰。《宋志》不著撰人。

【通志藝文略】醫方類下婦人 《產後論》一卷,楊全迪、李壽集。

【宋史藝文志】子類醫書類 《產後論》一卷

【醫籍考】二千八百七十二頁 楊氏全迪、李氏壽集《產後論》,舊失撰人名氏。今據《藝文略》訂補。《崇文總目》"一卷,佚"。

三十二、產前後論

【崇文總目輯釋】卷三醫書類四　《產前後論》一卷，王守愚撰。原釋：闕。見天一閣鈔本。侗按，《宋志》作"《產前論》"，《通志略》作"王守忠"。

【通志藝文略】醫方類下婦人　《產前後論》一卷，王守忠撰。

【宋史藝文志】子類醫書類　《產前後論》一卷，王守愚撰。

【醫籍考】二千八百七十二頁　王氏守愚《產前後論》。《藝文略》作"王守忠"。《崇文總目》"一卷。佚"。

三十三、集產後十九論

【崇文總目輯釋】卷三醫書類四　《集產後十九論》一卷。原釋：闕。見天一閣鈔本。諸家書目並不著撰人。侗按，《宋志》無"集"字。

【通志藝文略】醫方類下婦人　《集產後十九論》一卷

【宋史藝文志】子類醫書類　《產後十九論》

三十四、家寶義囊

【崇文總目輯釋】卷三醫書類四　《家寶義囊》一卷。原釋：闕。見天一閣鈔本。《通志略》不著撰人。

【通志藝文略】醫方類下婦人　《家寶義囊》一卷

【宋史藝文志】子類醫書類　《家寶義囊》一卷

三十五、王嶽產書

【秘書省續編到四庫闕書目】卷二子類醫書　《王嶽產書》一卷。闕。

【通志藝文略】醫方類下婦人　《王嶽產書》一卷

【醫方類聚】引用書　《王岳產書》

【醫籍考】二千八百七十三頁　《王氏嶽產書》。《藝文略》"一卷，存"。按是書久佚，特朝鮮國《醫方類聚》中所收，殆爲完璧。弟堅錄出，以爲一卷，可謂發幽光於數百年湮晦之餘。鄭汝明《產經跋》曰：衡陽宋居士云，舊曰王岳《產經》，湖南漕使陳公傅良親跋於後。今檢《止齋集》不錄其文，《類聚》中亦失載。

三十六、產宜秘要方

【秘書省續編到四庫闕書目】卷二子類醫家　《產宜秘要方》一卷。闕。

三十七、胎教論

【秘書省續編到四庫闕書目】卷二子類醫書　《胎教論》一卷

三十八、楊子建七說

【産育寶慶集方】趙瑩序　余友人得《產乳備要》,因以家藏舊本,稍加校正,增以《楊子建七説》並《産論》,同爲一集,鋟木以廣之。

【四庫全書總目】卷一百三子部醫家類　趙瑩得《產乳備要》,增以《楊子建七説》,合於《産論》爲一集。楊子建,名倓,有《楊氏家藏方》。今未見。

注:按《醫籍考》二千八百八十一頁云:楊子建,名康侯,號退修,元符間人。著有《護命方》、《通神論》,已著於錄。楊倓,字子靖,淳熙中人,此著《家藏方》者。《提要》以爲一人,失考。

三十九、楊子建十産論

【産育寶慶方】趙瑩序　《楊子建七説》並《産論》。

【醫籍考】二千八百七十四　《楊氏康侯十産論》。存。楊康侯曰:凡生産先知此證,庶免子母之命折於無辜也。世之收生者,少有精良妙手,多致傾命,予因傷痛而備言之。

注:據《醫籍考》二千八百八十二頁及《經籍訪古志》卷八而考之,《楊氏十産論》收在明施沛《靈蘭二集》本《胎產真經》中。

附　胎前産後

【醫藏書目】化生函　《胎前産後》,郭稽中、楊子建。

注:按《胎前產後》者,郭氏《二十一論》與楊氏《產論》併而言之歟。

四十、産科經驗寶慶集婦人産育保慶集

(一)出典

【三因方】卷十七産科序論　世傳産書甚多,《千金》、《外臺》、《會王産寶》。馬氏、王氏、崔氏,皆有産書。巢安世有《衛生寶集》、《子母秘錄》等。備則備矣,但倉卒之間,未易歷錄試。惟李師聖序郭稽中《産科經驗寶慶集》二十一篇,凡十八方,用之頗驗。但其間敘論,未爲至當,始用料理,簡辨於諸方之下,以備識者,非敢好辨也。

【宋史藝文志】子類醫書類　郭稽中《婦人産育保慶集》一卷

【國史經籍志】卷四下子類醫學婦人　《産育寶慶集》一卷,李師聖。

(二)考證

【醫籍考】二千八百七十四頁　《郭氏稽中婦人產育保慶集》。《宋志》"一卷。佚"。二千八百七十五頁欄外書人。鄭汝明曰:昨得湘潭陳友直施本"二十一論",乃大觀間郭稽中集,不云何許人作,至紹興辛亥鏤板印施,屢試神驗,起死回生,效有萬全。

注:今收此書之全文者如下:一、光緒七年刊景宋本《經效產寶續編》之內。二、十萬卷樓本《衛生家寶產科備要》卷四之內。三、施沛《靈蘭二集》中之《胎產真經》又名《產經》之內參看其條下。四、當歸草堂本冀致君校附《產育寶慶集》之內。

又按,《四庫提要》卷一百零三《產育寶慶方》云:李師聖等,皆南宋人。

(三)序跋

1. 李師聖序

余收《產論》二十一篇,議論精確,無所不究,蓋國醫博士極方書所得之妙,惜乎有其說而無其方。郭君稽中爲時良醫,尤長於治產,故其切脈用藥,屢獲奇效。一日,願以所收家方附於諸論之末,遂爲完(壁)[璧],真集衆益之異書也。古人謂,人子而不學醫者爲不孝。則有方論而不傳於世者,其可謂之仁哉。李師聖序。當歸草堂本

注:按十萬卷樓本《產乳備要》卷四卷首,亦載此序,文字間有與此不同者,且"李師聖"上有"大觀三年九月五日濮陽"十字,蓋傳其真者乎。

2. 王普序

右《產育寶慶集方》,郭稽中纂,李師聖作序,于山甫印施。余始官歷陽,而師聖憲淮西,山甫時侍,因得數帙。始置篋笥,未窺其妙。洎余室家蓐中不豫,初苦寒熱,殆如瘧狀。及閱此方,得其增損四物湯,適中其病,製之以服,至再而愈。嘗復苦腹痛瀉痢,又得第十論調中湯服之,不再而頓止。異時蓐後復苦痞悶咽乾,因詰其證,果復渴甚,中夜得見晛丸方,待旦置藥,旋成纔服,既患已安矣。自是余家頗神此方,往往因人傳授,及付以方,無不獲效。頃在淝訪表舅李師禮,及門,且久聞妾在蓐,方病危篤,嘔吐脹滿,粥藥不下。因語此方,遍索之不得。德邵兄領學事淮右,聞之遍令公皂購之,始得印本於醫家,乃李憲攝師日,施於郡人者也。尋得大聖散,合成姑試,服而不嘔,良久與粥,凡三服而無恙。師禮以爲神,亟欲鏤板,但未得其全本。余欲刊施而未暇。近以海陵親戚間,有患崩中不止者,須臾眼黑眩暈,殆至悶死。時篋中偶有清魂散,急遣灌之,良久稍蘇,再進遂安。益信此方之妙,無不獲效者。中間止餘一帙,以喜禾相知借去,遂亡其本,每以爲恨。後十餘年,與山甫相遇都城時,方同在圜中,雖憂惴百不暇,及首詢此板,屬以居相近,因得印之。復以此本遺山甫,因書於後。王晉序。當歸草堂本

附　郭稽中婦人方

【本草綱目】引據古今書目　《郭稽中婦人方》

附　產經

【故宮博物院書目】醫家　《產經》,宋郭稽中。二卷。一冊。抄本。

四十一、附益產育保慶集

【直齋書録解題】卷十三醫書類　《產育保慶集》一卷。濮陽李師聖得《產論》二十一篇，有其説而無其書，"書"當作"方"。醫學教授郭稽中，以方附諸論之末，遂爲全書。近時括蒼陳言，嘗評其得失於《三因方》，婺醫杜荍者，又附益之，頗爲詳備。《文獻通考》同

附　校附產育寶慶集

（一）考證

【四庫全書總目】卷一百零三子部醫家類　《產育寶慶方》二卷，《永樂大典》本。不著撰人名氏。《宋史藝文志》以爲郭稽中撰。考陳振孫《書録解題》，稱濮陽李師聖得《產論》二十一篇，有説無方，醫學教授郭稽中爲時良醫，以方附諸論末，遂爲完書。則稽中特因師聖所得舊本，增以新方，非所自撰。《宋史》所載，似未見陳氏之説也。然稽中所增，合原論共爲一卷，與此本不合。以首卷諸序考之，蓋括蒼陳言撰《三因方》，嘗取其方論各評得失，婺醫杜荍因採其所評，附入各條之下。後趙瑩得《產乳備要》，增以《楊子建七説》，合於《產論》爲一集。有冀致君者，又掇《御藥院雜病方論》及《八月產圖》、《體元子借地法》、《安產藏衣方位》綴於其末。是輾轉增益，已非郭氏之舊，特沿其舊目耳。其書世罕傳本，今載於《永樂大典》者，得論二十一、陳言評十六、方三十四爲一卷，《產乳備要》暨經氣妊娠等證方六十二爲一卷。其《體元子借地法》，《永樂大典》佚不載，今亦闕焉。案胎教之法，古人所重，賈誼《新書》所引青史氏之説，劉向《列女傳》所記太任育文王之事，尚可見其崖略。惟產育方藥則罕專書，《唐書藝文志》有昝殷《產寶》一卷，今按《唐志》無此目。始別立一門，今其書不傳，則講妊育者，當以是書爲最古矣。卷中惟陳言之評標識姓名，餘皆不標爲誰説。今以原本體例推之，上卷之方皆出郭氏，下卷娩乳、安產、經氣三條外，殆即楊氏之説，所附方藥，殆即冀致君所採御藥院方也。陳言，即撰《三因方》者。楊子建名倓，有《楊氏家藏方》，今未見。李師聖等，皆南宋人。冀致君序稱諸人爲宋儒，又稱"近在燕趙間"，蓋元人云。

【鄭堂讀書記】子部醫家類宋至元　《產育寶慶集》二卷，函海本。宋郭稽中編。仕履未詳。《四庫全書》著録，"集"作"方"，不著撰人名氏。《宋志》則作"郭稽中婦人產育寶慶集一卷"，《書録解題》及《通考》俱有"產育寶慶集一卷"。陳氏稱，濮陽李師聖得《產論》二十一篇，有其説而無其書，醫學教授郭稽中，以方附諸論之末，遂爲全書。近時括蒼陳言，嘗評其得失於《三因方》，婺醫杜荍者又附益之，頗爲詳備。今因陳説，核之卷首宋李師聖、劉四桓、趙瑩及寓齋老人四序，元冀致君一序，知稽中因師聖所得舊本而增成其書，故《宋志》作稽中所撰，既而荍又增以陳言《三因方》評，瑩又增以《楊子建七説》，致君又增以《雜病方論》及陰陽避忌之類，則書成於衆人之手，而書名尚未改其舊也。其書久無傳本，今館臣從《永樂大典》録出，以"二十一論"及陳言評十六方爲上卷，以"產乳備要"及"妊娠調養法"爲下卷。上卷當屬陳氏所見本，下卷又屬趙、冀兩家所遞增皴。李雨村即從文瀾閣本寫

出，刊入《函海》，所有跋語，全襲《提要》之文云。

【醫籍考】二千八百八十一　李調元序曰：此書本名《產育寶慶集方》，相沿俱作《寶慶集》，蓋因脱落"方"字而誤，今姑仍其舊云。

按，是書已非郭氏之舊，係於後人所增附。今尋其源委，各列其目。

（二）序跋

冀致君序

山野草澤間，苦無素業醫流妙手產媼，是書足以備一時緩急之用。觀此前序，足見其人矣。頤齋老人題姙娠之理，《內經》定以十月爲正產者尚矣，間有過期者，蓋古之賢聖之生如此。然聞其語，未見其人也。比年以來，姙之過產者，遠者不得而知，近在燕趙間，時復有之。方姙之初也，信其爲姙，及其過產，則反疑其非姙也。問之產媼，則曰未之見也。問之名醫，則曰出月，出月者貴。問之方士，則曰妖也，以妖治之。問之庸醫，則曰病也，以病治之。二者俱失，至有子母俱不救者。既而方知其姙也，雖悔其可追耶。餘聞之甚可悼矣，恨無可考之方以破其惑也。一日，過醫公李寧之家，示一書曰《產育寶慶集》。披讀一二，蓋宋儒李師聖、郭稽中、楊子建輩之所編集。至"生產篇"云：婦人懷胎，有七月八月、九月十月而產者，亦有經一年至二年三年、四年五年而後產者，蓋人之生陰注陽，定自有時日，不可改移。今獨限以十月，似爲未盡。讀不終篇，不覺屢歎。惜乎此書在世希有，若能廣傳，使天下共知，則人生安得罹殤夭之禍乎。意謂婦人方經雖多，而產書難其全者，若是一或廢失，世間必不復有也。因問誰氏之書，公曰，外郎楊士表所秘藏也。輒親往謁告，以情實求之，忻然見許。遂得原書印本。方議刊行，公曰：此止一產書也，若更將《御藥院雜病方論》，并入《月產圖》、《體玄子借地法》、《安產藏衣方位》附之，合爲一集，可爲完書矣。余喜從之，猶恐有錯謬未書者，更命諸名醫復加校正。余謂公曰：書則完矣，當如之何。參謀周德甫聞之，毅然贊成，遂命工刊行。自今以始，庶令姙婦得安，產媼無失，家自可以修藥，人自可以爲醫，來者可知，而傳之愈廣矣。冀致君序。

（三）刊本

1. 永樂大典採輯書本

【叢書舉要】卷五十四永樂大典採輯書　《產育寶慶方》二卷。宋無名氏。

【叢書書目彙編】五畫永樂大典採輯書乾隆三十八年戶部尚書王際華等奉敕撰。據仁和朱氏所藏鈔本編錄，凡武英殿聚珍版印行者不載。《產育寶慶方》二卷。宋無名氏。

2. 御書樓無板醫書中本

【寶素堂藏書目錄】內編婦人產乳　《產育寶慶集方》二卷，《御書樓無板書》中。宋郭稽中。附錄彙刻諸書散見各類者茲記全帙。《御書樓無板醫書》十七卷，八冊，鈔本。《產育寶慶集》二卷。

【聿修堂藏書目錄】婦人　《產育寶慶集》二卷，一冊。收在《御書樓無板書》中。宋郭稽中撰。

【經籍訪古志】卷八醫家類婦人　《產育寶慶集》二卷，乾隆《御書樓無板書》中本。

宋郭稽中撰。按是書收在李調元《函海》中,而此有調元跋,蓋從彼錄入者。

【叢書舉要】卷十二御書樓無板醫書　《產育寶慶方》

【叢書書目彙編】十一畫御書樓無板醫書　《產育寶慶方》

3. 四庫全書本

【四庫全書總目】卷一百零三　《產育寶慶集方》二卷。《永樂大典》本。

【壬子文瀾閣所存書目】卷三子部醫家類　《產育寶慶方》二卷,一冊。補鈔。

4. 四庫傳抄本

【皕宋樓藏書志】卷四十六子部醫家類　《產育寶慶方》二卷,文瀾閣傳抄本。宋李師聖、郭稽中編。劉四垣序,王晉序,趙瑩序,寓齋老人序,熙齋老人序,冀致君序,李師聖序。

【靜嘉堂文庫】國書分類目錄　《產育寶慶方》二卷,產寶諸方合綴。宋李師聖郭稽中編。寫。十萬卷樓舊藏本。

【持靜齋藏書記要】卷下鈔本子部醫家　《產育寶慶集方》二卷。宋人撰,失其名。依閣鈔《永樂大典》本。

【八千卷樓書目】卷十子部醫家類　《產育寶慶方》二卷。不著撰人名氏。依閣抄本。

5. 函海本

【四庫書目邵注】卷十子部醫家類　《產育寶慶方》二卷,不著撰人名氏。今從《永樂大典》錄出。函海本。

【鄭堂讀書記】子部醫家類　《產育寶慶集》二卷,《函海》本。宋郭稽中編。仕履未詳。李雨村即從文瀾閣本寫出,刊入《函海》,所有跋語,全襲《提要》之文。

【郘亭知見傳本書目】卷八子部醫家類　《產育寶慶集》二卷。不著撰人。《函海》本。

【行素堂目睹書錄】己編袖珍本函海(廣漢鍾登甲重刊仿萬卷樓原本)第六　《產育寶慶集》二卷。

【南學書目劄記】卷五子部醫家類　《產育寶慶集方》。《函海》本。

【叢書舉要】卷三十六重訂函海第四　《產育寶慶集》二卷。《舉要》後記云:右綿竹李調元所彙刊,其中頗有要書,而較勘不精。近日廣漢鍾登甲縮爲袖珍本,刪除八種。

【叢書書目彙編】八畫函海第四函　《產育寶慶集》二卷

【古越藏書樓書目】卷五學部生理學　《產育寶慶集》二卷,宋郭稽中。《函海》本。

【八千卷樓書目】卷十子部醫家類　《產育寶慶方》二卷。不著操人名氏。《函海》本。

【諸暨圖書館目錄】卷五醫家類　《產育寶慶集》二卷,宋郭稽中。《函海》本。

【涵芬樓舊書分類總目】子部醫家類　《產育寶慶集》,宋郭稽中撰。《函海》本。一冊。

【江蘇省立國學圖書館圖書總目】子部方伎類婦科　《產育寶慶方》二卷。一冊。

宋濮陽李師聖編，郭稽中增。鈔本。又一部二卷，《函海》第十五冊，乾隆原刊本。又一部二卷，《函海》殘存第十九冊，乾隆原刊本。又一部二卷，《函海》第十八冊，道光重修補本。

【清華學校圖書館中文書籍目錄】第七類　《產育寶慶集》二卷，郭稽中。宋，見《函海》。

【中東鐵路圖書館圖書目錄】第七類　《產育寶慶集》二卷，宋郭稽中。見《函海》。

【東京文理科大學附屬圖書館和漢書分類目錄】下卷和漢醫學本草　《產育寶慶集》二卷，宋郭稽中。《函海》第十四。

6. 當歸草堂本

【浙江藏書樓甲編書目】子部醫家當歸草堂醫學十二種　《產育寶慶集》二(方)[卷]

【行素堂目睹書錄】戊編當歸草堂醫學叢書　《產育寶慶方》二卷

【南學書目劄記】卷五子部醫家類　《產育寶慶集方》二卷。《醫學叢書》本、《函海》本共二部，不著撰人。

【叢書舉要】卷十二當歸草堂醫學叢書　《產育寶慶方》二卷

【叢書書目彙編】十三畫當歸草堂醫學叢書　《產育寶慶方》二卷

【古越藏書樓書目】卷五　《產育寶慶集》二卷。宋郭稽中。《丁氏醫學叢書》本。

【八千卷樓書目】卷十子部醫家類　《產育寶慶方》二卷，不著撰人名氏。當歸草堂本。

【國學用書類述】醫學類當歸草堂叢書　《產育寶慶方》二卷

【江蘇省立國學圖書館圖書總目】子部方伎婦科　《產育寶慶方》二卷，宋濮陽李師聖編，郭稽中增。《當歸草堂醫學叢書》第六冊，光緒四年丁氏刊本。

【揚州吳氏測海樓藏書目錄】卷四子部醫家類　《產育寶慶方》二卷。不著撰人名氏。《醫學叢書》錢塘丁丙輯光緒當歸草堂刊十二本內。

【浙江公立圖書館通常類圖書目錄】第三冊　《產育寶慶集方》二卷。不著撰人名氏。但《當歸草堂醫學叢書初編》五十七卷，清丁丙編，光緒十年增刊本十二本之內。

【中國醫學書目】女科三十六　《產育寶慶方》二卷。一冊。十行二十字。欄高十五・九釐，幅十二釐。宋李師聖傳，郭稽中增，冀致君補修，光緒四年刊《醫學叢書初編》之內。《欽定四庫全書產育寶慶集方提要》。"原序"，劉四垣、王晉、趙瑩、寓齋老人、冀致君、李師聖。

7. 抄本

【行素堂目睹書錄】汲古閣珍藏秘本書目　《產育寶慶集》三本。舊抄。六錢。

【江南圖書館閱覽室檢查書目】子部醫家　《產育寶慶方》。不著撰人名氏。抄本。一本。

【內閣文庫圖書第二部漢書目錄】第三門子醫家婦人　《產育寶慶集》二冊。宋郭稽中。日本寫本。

8. 未詳本

【文淵閣書目】明 【菉竹堂書目】明 【竹崦庵傳鈔書目】清 【百宋一廛書錄】清 【行素堂目睹書錄】清 【觀聚方要補採摭書目】日 【內閣文庫圖書第二部漢書目錄】日

四十二、產乳備要

【產育寶慶集方】趙瑩序 余友人得《產乳備要》,乃盱江傅君教授常,刊於澧陽郡庠。因以家藏舊本,稍加校正,增以《楊子建七說》并《產論》,同爲一集,鋟木以廣之。

四十三、增校產乳備要

【觀聚方要補採摭書目】《產乳備要》。宋趙瑩增校。

【四庫全書總目】卷一百零三子部醫家類 趙瑩得《產乳備要》,增以《楊子建七說》,合於《產論》爲一集。

【醫籍考】二千八百七十六頁 《趙氏瑩校增產乳備要》。佚。 二千八百八十一頁《冀氏校附產育保慶集》趙瑩所鋟。閱其序則似《產乳備要》。然寓齋老人序有"此《產育寶慶》之書,所以倡廣其傳也"語,乃知其以《產乳備要》附乎是書。趙字德修,爲宋公之族云。

序跋

1. 趙瑩序

婦人產育,雖曰常事,其實甚危。調護或失其宜,藥石或乖其用,則爲害不細,此前輩所以諄諄於方論之間也。余友人得《產乳備要》,乃盱江傅君教授常刊於澧陽郡庠。因以家藏舊本稍加校正,增以《楊子建七說》并《產論》,同爲一集,鋟木以廣之,庶幾有補千萬一云。趙瑩序。(當歸草堂本)

2. 劉四垣序

人有一念之善,可以動天地,感鬼神,至其充大之,則利益於世,奚有限量。人惟溺於私欲,雖有善念,爾汝其心,差殊其見,畦畛其用,險隘偏小,不足觀矣。趙君德脩,公族之賢者。其爲人也,用心平處,已正議論,不阿曲事,無纖巨一歸於是。每念貧而病者,艱於得藥,惠施周急,常恐不及,非吉人爲善,惟日不足者乎。今又取諸家產方之得效者,集爲一編,鋟木廣施。善念之充,若火之然,若泉之達,莫之能禦。即是方一出,見者用者活者,將不可勝計,其利溥哉。與世之有藥而不施、施藥而秘其方者,天淵矣。劉四垣序。(當歸草堂本)

3. 寓齋老人序

醫家者流嘗謂"寧治百男子,不治一婦人",況產婦乎。蓋療產婦之證爲難,胎氣既成，世之人徒知以十月爲產期，而不知有過期之產者。宋儒已論之詳矣，亦謂之常，而不謂之變。甚哉，異人異書之爲可重，此《產育寶慶》之書所以增廣其傳也。書既刊行，德脩命題其後。余憮然曰：是書之出，無患其不傳。吾聞君子居其室，出其言，善則千里之外應之。今子處獨善之時，而有兼善之心，不其大矣乎。將見不期應而應之至，是可喜也。寓齋老人序。（當歸草堂本）

四十四、衛生產科方

【宋史藝文志】子類醫書類　沈虞卿《衛生產科方》一卷

【儀顧堂集】卷六重雕宋本衛生家寶產科備要序　北宋沈虞卿《衛生產科方》。今不傳。

四十五、產乳十八論

【宋史藝文志】子類醫書類　沈柄《產乳十八論》

四十六、胎產經驗方

【直齋書錄解題】卷十三醫類　《胎產經驗方》一卷，陸子正撰集。

【文獻通考】經籍考子醫家　《胎產經驗方》一卷。陳氏曰：陸子正選集。

【儀顧堂集】卷十七重彫宋本衛生家寶產科備要序　南宋陸子正《胎產集驗方》。今不傳。

四十七、備產濟用方

【儀顧堂集】卷六重雕宋本生家寶產科備要序　卷六則全錄《備產濟用方》。卷十七重雕宋本生家衛產科備要序　南宋虞流《備產濟用方》。今不傳。

序跋

備產濟用方序

婦人產蓐之事，一有蹉跌，爲害不細。若因而受疾，又非尋常疾病之比。氣血既虛，更難攻治，是宜昔人所留意，而不敢忽者也。予性喜方藥，偶得產方甚多，蓋嘗用以取效焉。今錄其所得之方，及平時所聞之說，與夫疾證用藥次第，共爲一書，以濟人之急難。初虞世嘗謂，婦人生產，須使之自能通曉，方爲盡善。斯乃至論。然間有素無產難之家，不知出於偶然，心常易之，不以介意。故緩急之際，至於產婦已困，而家人未悟者，往往有之。此幸其無事，則可非萬全之道也。紹興庚申重陽日，三吳外士餘杭虞流書。十萬卷樓本《衛生家寶產乳備要》

注：按《十萬卷樓叢書》本《衛生家寶產科備要》卷第六，總紙數四十有六葉，其內前三十六葉，則錄《備產濟用方》。首載紹興庚申虞流序，次則妊娠、入月、臨產、產後、產後諸證用藥例、難產、逆產、橫產、胎衣不下、妊娠食忌、入月借地法等諸論，及十二月產臥藏衣吉凶方位圖。次產前諸方十四首，產後諸方二十五首，難產諸方十二首，逆產諸方八首，橫產諸方五首，胎衣不下諸方九首。

四十八、女科濟陰要語萬金方

【中國醫學書目續編】女科　《女科濟陰要語萬金方》二卷。二冊。十行二十字。框橫十二·五，縱十七。宋鄭春敷撰。新鈔本（据古寫本景抄）。目次。女科濟陰要語萬金方序，鄭春敷，隆興三年。又序，鄭仲饒，咸淳元年。薛鄭世醫記。萬金方目錄。守恒萬金方議。

序跋

1. 女科濟陰要語萬金方序

婦人一科，古稱之曰難者，以其嗜慾多於丈夫，感病倍於男子，加以慈戀愛憎，嫉妬憂恚，染着堅牢，情不自釋，故病根深也。殊不知經水胎娠，生至崩傷，則又險而至難。吾早歲學醫，求醫書若干卷，如《產寶》、《產經》、《良方》、《濟生》等書，靡不較閱。其雜病與丈夫同，而載於諸書者，歷歷可究。惟方產則汗漫雜出，非有傳家萬金之方，何以知其要領。是以集諸家之善，抄世驗之奇，始於調經，繼以脫產，終於雜症。凡方論字字如真金美玉，隨世所病，用而徹應者也。惟有字號者，乃日嘗必用之方；無字號者，則備用耳。囑我後人，不可輕視苟傳，雖至親密友，如甥舅、師弟之間，不可借覽。（餘）［余］已祝天設誓，後之子孫不可輕犯。家無恒產，此是金穴。隆興三年菊月，鄭春敷題。

2. 又序

余得（榮）［滎］陽公秘書《萬金方》書一卷，是家傳至寶，不可輕玩，大是快心，坎井之識，以治婦科之症，纖悉備矣。嘗記其要語，領略其精微。據其成方，慎用其新機，覺秦鏡在握，楚珍在手，隨用隨效，濟物利己，盡在於斯以奇矣神矣。凡爲吾後之子孫，若拱璧視之，勿弁髦忽之，而輕借與人，輕售與人。有誓在前，余不更贅。咸淳元年臘月，太醫院監局兼翰林院提舉鄭仲饒記。

3. 薛鄭世醫記

鄭本宋仁宗后之姪，忠益王之裔，居平橋玉帶河之北。薛居玉帶河之南。其南北對面，俱岑樓。薛無子，止有一女。鄭習儒，亦只一子。薛女居樓習鍼黹，鄭子居樓習經史，兩意目送，遂以通情。鄭濟薛樓者旬餘，臨別誓曰：若不得百年魚水之歡，當堅一生鰥寡之節。相牢守誓。父母覺而遂配爲夫婦焉。其後鄭之子孫，遂得薛之秘書，而耑女科，故云"薛醫產"，不忘本也。其秘書悉爲鄭有矣。

四十九、女科萬全方

【北平圖書館善本書目】卷三醫家類　《女科萬全方》一卷。宋薛古愚撰。明抄本。

五十、産寶諸方

(一)出典

【直齋書録解題】卷十三醫書類　《産寶諸方》一卷，不著名氏。集諸家方，而以《十二月産圖》冠之。《文獻通考》亦引之

(二)考證

【四庫全書總目】卷一百零三子部醫家類　《産寶諸方》一卷，《永樂大典》本。不著撰人名氏。《宋史藝文志》不載，惟陳振孫《書録解題》有之。自明以來，諸家書目亦罕有著録者。今檢《永樂大典》所載，尚得七十餘方，又有《十二月産圖》一篇，與振孫所記並合，蓋即宋時之原本。又别有序論一首，王卿月序一首，文皆殘闕，當亦原書之佚簡也。其方於保産之法，頗爲賅備，而原第爲《永樂大典》所亂，已不可復考。謹詳加釐訂，以類分排。首調經養血，次安胎，次胎中諸病，次催生，次産後，次雜病，仍爲一卷。其中所引各方，多爲後人所承用。如人參飲子一方，與朱震亨所製"達生散"，雖品味多寡不同，而以大腹皮爲君，人參爲輔，命意無異，知震亨實本此而增損之。又如張元素以枳殼、白朮爲"束胎丸"，後人以爲不宜於藜藿之軀，易以白朮、黄芩，相沿至今，爲便産良方，不知亦本是書所載之"枳殼湯"。又今時治産後血風，有所謂"舉卿古拜"者，覈其所用，惟荆芥一味，即此書之"青金散"。蓋荆芥主治風，《素問》東方主風，而肝屬於木，平肝木即所以助肺金，故以青金爲名。後人竊用其方，而又翻切"荆芥"字音，詭名以炫俗耳。凡此之類，皆可以證古今傳授之由。惟所用多降氣破血之品，辛熱震動之劑，則古人稟厚，可受攻伐，有未可概施於後來者。此則神而明之，存乎其人矣。

【四庫全書簡明目録】卷十　《産寶諸方》一卷，不著撰人名氏。《書録解題》載之，亦不云誰作。原來久佚，今從《永樂大典》録出，其書於保産諸法頗賅備，惟用藥稍爲峻利，蓋《和劑局方》之支派也。

【台州經籍志】卷十九子部五醫家類　《産寶諸方》一卷，《四庫全書總目》、《簡明目録》、《當歸草堂醫學叢書》。宋臨海王卿月撰。卿月字清叔，博學多藝能。初中乾道二年武進士，復登五年文進士，官太府卿。是書卷端不著撰人名氏，因前有清叔序，故列之。

自序　按，産後禁忌調護之法，載諸古方，固非一條，而根本自強，然不可爲常也。

樓鑰撰墓誌銘　公性警敏，記誦絶人，先以武舉進，既精習兵書武事。又登儒科，古事今事，問無不知。旁通釋老之書、百家之學，游藝多能，爲士林第一。至於考辨

鼎彝古器,游戲翰墨丹青之一一造妙,而又貫穿文法,練習史事,恩威兼舉,所在辨治。取趙氏,子三人。長好謙,迪功郎紹興府諸暨縣尉。好問、好生,並將侍郎,以十月己酉,葬公於臨海縣之牛極山,合趙氏之墓。

建炎以來朝野雜記　乾道、淳熙間,太學諸生久不第者,多去從武舉,已乃鎮其廳,應進士第。時王卿月敘首應二舉,後官至修注。又淳熙元年九月,幸玉津園,講燕射之禮,起居舍人王卿月亦射中,賜襲衣金帶。

圖繪寶鑑　王清叔,字醒齋,開封人。乾道間進士。又號醒庵。學廉宣仲,畫枯木竹石。官至太府卿,世稱王經略之名特著。

聞見錄　道樞之說,博而寡要。王清叔云:莫要於龍虎交。其說以已午兩時絕思慮,假寐則龍虎自交,不假修爲。其寵姬病骨蒸,受以此法,十月後自覺腰間煖如火,疾自愈。

(三)序跋

1. 王卿月序

按產後禁忌調護之法,載諸古方,固非一條,要以作勞爲大(成)[戒]。蓋百日之內,筋脈未續,血氣未充,凡遷徙次舍,換易牀榻,乘虛起行,理髮盥面,小則貽終身之疾,大則有不測之禍。故遠者百日,近者一月,皆須極加調護。毋大喜怒,毋縱笑語,毋極思慮,務令安靜,以養血氣。正如新種之木,根土未附,一經動搖,不復發生。必不得已而遷徙動作,猶須旬日之外爲庶幾焉。世因有深山窮谷及田野之人,飲食糜餌不繼,甚至汲水浣兒,躬自襁褓,此皆平日異稟,少飲而善飯,故雖氣血少耗,而根本自強,然不可爲常也。王卿月序。

2. 序不著撰者

大率治病,先論其所主。男子調其氣,女人調其血。氣血人之神也,不可不謹調護。然婦人以血爲基本,氣血宣行,其神自清。所謂血室不蓄,則氣和血凝。結則水火相刑,月水如期,謂之月信。血凝成孕,此乃調燮之常,其血不來,則因風熱傷於經血,故血不通。或外感風寒,內受邪熱,脾胃虛弱,不能飲食。食既不充,榮衛抑遏,肌膚黃燥,面無光澤,時發寒熱,腹脹作痛,難於子息,子藏冷熱,久而勞損,必挾帶下,便多淋瀝,忽致崩漏。經云:腹中如塊,忽聚忽散,其病乃癥。血凋不流,而搏結腹脹,時作寒熱,此乃成瘕。或先後爽期,雖通而或多或寡,究病之源,蓋本於此。

(四)刊本

1. 永樂大典本

【叢書舉要】卷五十四永樂大典採輯書　《產寶諸方》一卷。宋無名氏。

【叢書書目彙編】五畫永樂大典採輯書　《產寶諸方》一卷。宋無名氏。

2. 四庫傳書本

【四庫全書總目】卷一百零三　《產寶諸方》一卷。《永樂大典》本。不著撰人名氏。

【四庫書目邵注】卷十五 《產寶諸方》一卷，不著撰人名氏。《書錄解題》載之，亦不云誰作。原本久佚，今從《永樂大典》錄出。路有抄本。

【壬子文瀾閣所存書目】卷三醫家類 《產寶諸方》一卷，一冊。補鈔。

【清史稿藝文志】子部醫家類 不知撰人。《產寶諸方》一卷。乾隆時敕輯。

3. 四庫傳抄本

【持靜齋書目】卷三子部 《產寶諸方》一卷。依閣抄，又刊本。不著撰人名氏。

【郘亭知見傳本書目】卷八 《產寶諸方》一卷。不著撰人。依閣抄本。

【皕宋樓藏書志】卷四十六 《產寶諸方》一卷。文瀾閣傳抄本。不著撰人名氏。王卿月序，無名氏序。

【靜嘉堂秘籍志】卷二十四陸氏十萬卷樓舊藏 《產寶諸方》一卷。文瀾閣傳抄本。不著撰人名氏。王卿月序，無名氏序。

4. 當歸草堂本

【浙江藏書樓甲編書目】子部醫家當歸草堂醫學十二種 《產寶諸方》一卷

【行素堂目睹書錄】戊編當歸草堂醫學叢書 《產寶諸方》一卷

【南學書目劄記】卷五子部五醫家 《產寶諸方》一卷。《醫學叢書》本。宋不著撰人。

【叢書舉要】卷十二當歸草堂醫學叢書 《產寶諸方》一卷

【叢書書目彙編】十三畫當歸草堂醫學叢書 《產寶諸方》一卷

【台州經籍志】卷十九 《產寶諸方》一卷。《當歸草堂醫學叢書》書，宋臨海王卿月撰。

【古越藏書樓】卷五 《產寶諸方》一卷。闕名。《丁氏醫學叢書》本。

【八千卷樓書目】卷十子部 《產寶諸方》一卷。不著撰人名氏。《當歸草堂》本。

【國學用書類述】醫學類當歸草堂叢書《產寶諸方》一卷

【江蘇省立國學圖書館圖書總目】子部方伎類 《產寶諸方》一部。一卷。《當歸草堂醫學叢書》第九冊，光緒四年丁氏刊本。

【揚州吳氏測海樓藏書目錄】卷四 《產寶諸方》一卷。不著撰人名氏。《醫學叢書》十二本內。

【中國醫學書目】女科三十一《產寶諸方》一卷。一冊。十行二十字。欄高十五・九釐，幅十・二釐。《醫學叢書初編》之內。《欽定四庫全書產寶諸方提要》，乾隆五十年。原序，王卿月。

5. 古韻閣刊本

【四庫目略】子部 《產寶諸方》一卷，不著撰人名氏。原本久佚，今據《永樂大典》錄出。路小洲有抄本。古韻閣刊有巾箱本。

6. 不明活字本

【江蘇省立國學圖書館圖書總目】子部 《產寶諸方》一卷，一冊，闕名。活字本。

【江南圖書館閲覽室檢查書目】第十五號 《產寶諸方》一部。活字板本。一本。

7. 抄本

【江蘇省立國學圖書館圖書總目】子部方伎類 《產寶諸方》一卷，一冊。闕名。鈔本。

【江南圖書館閲覽室檢查書目】第十五號 《產寶諸方》。不著撰人名氏。鈔本。一本。

8. 未詳本

【百川書志】明 【世善堂藏書目】明 【竹崦庵傳鈔書目】清

注：《百川書志》作"濟生產寶諸方一卷"，《世善堂目》作"產寶諸方二卷"。今按焦竑《國史經籍志》載有《徐明善濟生產寶》二卷，與是書名類，兩《誌》所云，未知何本。

五十一、衛生家寶產科方

(一)出典

【宋史藝文志】子類醫書類 朱端章《衛生家寶產科方》八卷

注：按《宋志》别有"朱端章衛生家寶方六卷"，"衛生小兒方一卷"，"衛生家寶湯方二卷"者，各見其條。

(二)考證

【讀書敏求記】卷三子醫家 《產科備要》八卷。長樂朱端章，以所藏諸家產科經驗方，編成八卷。淳熙甲辰歲，刻板南康郡齋，楮墨精好可愛。首列借地、禁草、禁水三法。古人於產婦入月慎重若此，罕有行之者，亦罕有知者矣。

【百宋一廛書錄】《產科備要》。此書載於《讀書敏求記》，以爲紙墨精好可愛。余所得本，正與遵王之說合。全書無序，有目題曰"衛生家寶產科方"，分八卷。目錄有結銜一行云"翰林醫學差充南康軍駐泊張永校勘"。每卷題曰"衛生家寶產科備要"。末卷有跋語三行云"長樂朱端章以所藏諸家產科經驗方編成八卷，刻板南康郡齋，淳熙甲辰歲十二月初十日"。蓋是書是淳熙原刻也。冊中諸印，曰"仲雅"，曰"鳴篪"，曰"孫氏禹見家藏"，曰"孟洪"，曰"西澗草堂"，曰"房山房氏家藏"，曰"子子孫孫其永保用"。余辛酉夏自京師購歸。嘉定瞿木夫因喪明抱痛，閉門養痾，借讀一通，爲余跋云：此淳熙十一年長樂朱氏取諸家產科方，合刻成書，中遇"轅"、"懸"字俱缺筆，又"丸"皆作"圓"，避欽宗嫌名也。其所載《產育寶慶集方》，陳直齋謂，李師聖有說無方，醫學教授郭稽中爲時良醫，以方附論，遂爲完書。今考師聖自序，知郭與李同時，是書實成於師聖也。"當歸一味散"注，引王子享《指述論》。子享名晛。直齋《書目》載之，今已失傳。桃仁承氣湯，謂"龐安常用之驗"。安常名安時，有《傷寒總病論》行世。產育方藥諸書，《唐志》載昝殷《產寶》一卷，今惟《寶慶集方》尚存《永樂大典》中，然已佚去"借地法"矣。猶賴此書傳之。所采《虞沇備產濟用方》諸論,尤爲切要云云。則《產科備要》而必係《衛生家寶》,不誠可珍哉。

【鐵琴銅劍樓藏書目錄】卷十四　《衛生家寶產科備要》八卷,宋刊本。宋朱端章編。是書集諸家產科經驗方成帙,首列入"月產圖",中有借地、禁草、禁水、逐月安產法。《書錄解題》所載《產寶諸方》一卷,以"十二月產圖"冠之,疑即此書也。卷第四,李師聖編論,郭稽中附方,疑即直齋《書錄》所載《產育保慶集》一卷也。卷第六,許學士產科方,當謂紹興中許叔微。其餘雜采諸家方論甚備。諸家書目俱不載,惟見錢氏《敏求記》。目錄後有"翰林醫學差充南康軍駐泊張永校勘"一行,卷末有自記三行云"長樂朱端章以所藏諸家產科經驗方編成八卷,刻版南康郡齋。淳熙甲辰歲十二月初十日"云云。

【儀顧堂集】卷六重雕宋本衛生家寶產科備要序　案,端章,福建長樂縣人。淳熙中知江西南康軍,寬以待民,廉以律己,撥設官田於白鹿洞學,以贍四方來學者。著有《衛生家寶方》六卷,《衛生小兒方》一卷,《衛生家寶湯方》二卷及此書。見《宋史藝文志》、《乾隆江西通志》,蓋南宋良吏,有心於濟世救民者,非醫士也。卷一入月安產法、體元子借地法、逐月藏衣遊神法,本之《外臺秘要》,禁草、禁水、催生符,皆出《聖濟總錄》。卷二、卷三皆採之孫真人《千金方》。卷四全錄《產育寶慶集》,張世臣累用經效方。卷五則采之廬江助教劉寶經驗名方者居多。卷六則全錄《備產濟用方》,及許叔微《本事方》中胎產諸方。卷七則全錄《胎產經驗方》。卷八則雜採葛氏《肘後》、《巢氏病源》、《千金》、《外臺》、《聖惠》、《萬全小兒集驗》、《嬰童寶鑑》,錢乙、張渙諸書。保育小兒諸法,李、陸兩集賴此以存,虞、張之方尤爲自來著錄所罕見,洵乎產科之薈萃,醫家之指南也。陸心源序全文見於"序跋"條下

【讀書敏求記校證】卷三下　《產科備要》八卷。案,蕘圃先生云:嘉慶辛酉於京師琉璃廠得宋淳熙刊本,板刻墨氣與《敏求記》所記合。其目錄題曰"衛生家寶產科備要方",每卷題曰"衛生家寶產科備要"。目錄後官銜一行"翰林醫學差充南康軍駐泊張永校勘"。書凡六冊,題詞本有。入《述古堂宋板書目》,與《述古目》注"鈔"字互異。鈺案,《宋志》作"朱端章衛生家寶產科方八卷",《皕宋志》有寫本,作"六卷"。長樂朱端章以所藏諸家產科經驗方編成八卷,淳熙甲辰歲刻板《補》、刊本作"校"。南康郡齋。案,蕘圃又云:長樂云云。宋本分爲三行,刻在八卷末。"淳熙甲辰歲"五字在"刻板南康郡齋"下,較此所載多"十二月初十日"六字,餘並同。楮墨精好可愛,首列《補》、勞校本"列"下增"入月產圖"四字,云據《恬裕藏書記》宋刊本改,下同。借地、禁草、禁水《補》、勞校本"水"下增"逐月安產"四字。三法。《補》、勞校本去"三"字。古人於產婦八月,慎重如此。今刊本、阮本脫"今"字。《補》,題詞本有,罕有行之者,亦罕有知之者矣。案,《竹汀日記》云:是書所載,有孫真人《養胎論》,徐之才《逐月養胎方》,李師聖《產論》二十一篇。大觀三年序,郭稽中附方,又虞氏《備產濟用方》,紹興庚申重陽日餘姚虞沇序。鈺案,《唐志》有徐之才《八代效驗方家秘方》二種,《逐月養胎方》當出其中。《宋史》有郭稽中《產育保慶集》一卷,附方當亦出其中。餘無考。

(三)序跋

重雕宋本衛生家寶產科備要

產科之有專書,始於唐楊師厚之《產乳集驗方》,太和中昝殷《產寶》繼之。北

宋則有李師聖之《產育寶慶集》、沈虞卿之《衛生產科方》,南宋則有虞沇之《備產濟用方》、陸子正之《胎產集驗方》,今皆不傳。《寶慶集》,雖著錄《四庫全書》,從《永樂大典》錄出,經陳言等增刪,亦非原本。醫書之鮮善本久矣,產科其尤甚者也。《衛生家寶產科備要》八卷,宋朱端章輯。《宋史藝文志》著於錄,明《文淵閣書目》亦有其書。《四庫全書》未收,阮文達亦未見。錢遵王《讀書敏求記》載有宋本,於端章仕歷則未詳也。案,端章,福建長樂縣人。淳熙中知江西南康軍,寬以愛民,廉以律己。撥設官田於白鹿洞學,以贍四方來學者。著有《衛生家寶方》六卷、《衛生小兒方》一卷、《衛生家寶湯方》二卷及此書。見《宋史藝文志》、《乾隆江西通志》,蓋南宋良吏,有心於濟世救民者,非醫士也。卷一入月安產法、體元子借地法、逐月藏衣遊神法,本之《外臺秘要》,禁草、禁水、催生符法,出《聖濟總錄》。卷二、卷三皆採之孫真人《千金方》。卷四全錄《產育寶慶集》、張世臣累用經效方。卷五則采之廬江助教劉寶經驗名方者居多。卷六則全錄《備產濟用方》及許叔微《本事方》中胎產諸方。卷七則全錄《胎產經驗方》。卷八則雜採葛氏《肘後》、《巢氏病源》、《千金》、《外臺》、《聖惠》、《萬全小兒集驗》、《嬰童寶鑑》,錢乙、張渙諸書。保育小兒諸法,李、陸兩集賴此以存,虞、張之方尤爲自來著錄所罕見,洵乎產科之薈萃、醫家之指南也。予少多疾病,喜讀方書,每當衆論荆棘之時,略試其技,亦嘗奏效。婦人小兒,望問皆窮,尤難製劑。丙子之歲,細君臨娩,胎死腹中,三日不下,諸醫束手。甲申九月,冢婦將娩而瘧作,瘧發之際,心痛欲死,醫亦無策。余細心診問,博考方書,幸賴此書,轉危爲安。細君慫慂付梓,爰雕印以廣其傳。嗟乎,秦漢以來,醫書經林億、孫兆校定,未必盡合於古,然猶無大失也。明人一再重刊,無不妄刪妄改,襲謬承譌,固已失之毫釐,謬以千里。而況庸人以醫爲市,目不知書;迂儒食古不化,刻舟求劍乎。以此治疾,是益之危而速之死也。婦科爲醫家九科之一,產又婦科之一端,自來實鮮專書,即有亦鮮善本。是編採摭宏富,持擇精詳,所願家置一編而深求之,於保產全嬰之道,其庶幾乎。光緒十三年歲在彊梧大淵獻壯月既死霸,誥授榮祿大夫三品頂戴前分巡廣東南韶連兵備道兼管水利太平關監督加四級歸安陸心源書於穰梨館。

(四)刊本

1. 宋刊本

【百宋一廛賦】 朱端章《衛生家寶產科備要》八卷。每半葉九行,每行十五字。末卷有三行云"長樂朱端章以所藏諸家產科經驗方編成八卷,刻版南康郡齋。淳熙甲辰歲十二月初十日"。錢遵王言,其首列借地、禁草、禁水三法。今罕有行之者,亦罕有知之者矣。

【求古居宋本目】《產科備要》八卷,六冊。

【蕘圃藏書題識】卷四 《衛生家寶產科備要》。宋刻本。頃從陳[仲]魚處借得《敏求記》,檢"醫家"有"產科備要八卷",所載"長樂"云云,與跋同,特少"十二月初十六日",而"淳熙甲辰歲"五字,在"刻板南康郡齋"六字上。殆少易原文入於中爾。曾云"楮墨精好可愛",與余所收正同,想亦是宋板也。爰重誌數語,以見述古堂中不乏奇秘如此。蕘圃。《士禮居藏書題跋記目》亦同

【藝芸精舍宋元本書目】宋本 《衛生家寶產科備要》八卷

【四庫書目邵注】卷十產育寶慶方 《衛生家寶產科備要》八卷,宋朱端章撰。淳熙甲辰刊本。

【鐵琴銅劍樓藏書目錄】卷十四 《衛生家寶產科備要》八卷。宋刊本。每半葉九行,行十五字。書中遇"轅"、"懸"字俱減筆,"丸"皆作"圓"。《敏求記》所謂"楮墨精好可愛"者,今又歷二百餘載,依然如故,可寶也。卷中有"孟洪"、"西澗草堂"、"孫氏禹九家藏"諸朱記。

【鐵琴銅劍樓宋元本書影識語】卷三宋子部 《衛生家寶產科備要》八卷。宋刊本。書中"玄"字闕文,註"聖祖御名"。目錄後有"翰林醫學差充南康軍駐泊張永校勘"一行。

【宋元本行格表】卷上九行 宋淳熙本《衛生家寶產科備要》,行十五字。八卷。《百宋一廛賦注》,瞿《目》同,《皕宋樓藏書志》同。《簡明目錄批注》本作行二十字。

2. 十萬卷樓叢書本

【儀顧堂集】卷六 《重雕宋本衛生家寶產科備要》,宋朱端章輯。

【叢書舉要】卷卅三十萬卷樓叢書三刻 《衛生家寶產科備要》八卷,陳思。

【叢書書目彙編】二畫十萬卷樓叢書 《衛生家寶產科備要》八卷,陳思。

【古越藏書樓書目】卷五 《衛生家寶產科備要》八卷,宋朱端章。《十萬卷樓三集》本。

【續彙刻書目】巳十萬卷樓叢書第三集 《衛生家寶產科備要》八卷,宋朱端章。

【故宮普通書目】卷三子部醫家類 《產科備要》,宋朱端章輯。光緒十三年刊本。三冊。

【涵芬樓舊書分類總目】子部醫家類 《衛生家寶產科備要》,宋朱端章撰。十萬卷樓本。三冊。

【八千卷樓書目】卷十 《衛生家寶產科備要》八卷,宋朱端章撰。十萬卷樓本。

【清華學校圖書館中文書籍目錄】第七類 《衛生家寶產科備要》八卷,宋朱丹章。見《十萬卷樓叢書》。

【江蘇省立國學圖書館圖書總目】子部 《衛生家寶產科備要》八卷。《十萬卷樓叢書》第七十五至七十六冊。宋長樂朱端章。光緒刊本。

【遼寧省立圖書館館刊】第一卷館藏叢書舉要十萬卷樓叢書 《衛生家寶產科方》

【中東鐵路圖書館圖書目錄】第七類 《衛生家寶產科備要》八卷,宋朱端章。見《十萬卷樓叢書》。《衛生家保產科備要》八卷,宋朱端章。見《十萬卷樓叢書》。

【東京文理科大學附屬圖書館和漢書分類目錄】下卷 《衛生家寶產科備要》,宋朱端章。《十萬卷樓叢書》第九十五至九十八。

【中國醫學書目續編】女科八 《衛生家寶產科備要》八卷。三冊。九行十五

字。欄高十七·九釐,幅十二·八釐。宋朱端章撰。《十萬卷樓叢書三編》之内乃宋本。重雕宋本衛生家寶産科備要敘,陸心源,光緒十三年。卷末刊記曰"長樂朱端章以所藏諸家産科經驗方編成八卷,刻版南康郡齋。淳熙甲辰歲十二月初十日"。

3. 抄本

【皕宋樓藏書志】卷四十六　《衛生家寶産科備要》六卷。影寫宋刊本。宋朱端章撰。"長樂朱端章以所藏諸家産科經驗方編成八卷,刻版南康郡齋。淳熙甲辰歲十二月初十日"。案目後有"翰林醫學差充南康軍駐泊張永校勘"。

瞿氏手跋曰:此淳熙十一年以下與《百宋一廛賦》所引之文同,今中略。尤爲切要,安得好事者,重爲刊布。俾得家置一編,則活人之報當不小矣。嘉慶辛酉夏,黄君蕘圃自都門購歸,出以相賞,因識數語,以爲奇書欣賀。中溶。案朱端章,福建長樂人,書成於淳熙中。《四庫》未收,此從宋本影寫,每頁十八行,行十五字。

【静嘉堂秘籍志】卷二十四陸氏十萬卷樓舊藏　《衛生家寶産科備要》。影宋抄二本。宋朱端章撰。【抱經樓藏書志】卷三十七　《衛生家寶産科備要》六卷。抄本。宋朱端章撰。《四庫》未收,此從陸氏藏影寫宋刊本鈔録。

4. 未詳本

【也是園藏書目】清　【述古堂藏書目】清　【寶書閣著録】清

五十二、女科百問《産寶百問》《産保百問》

【菉竹堂書目】卷五　《産寶百問》一册

【古今醫統大全】採摭諸書　《産寶百問》

【萬卷堂書目】卷三　《産寶百問》三卷,齊仲甫。

【醫藏書目】化生函　《産寶百問》二卷。附《産寶雜録》,齊仲甫。

【脈望館書目】辰字號子類二女科　《女科百問》二本

【近古堂書目】卷下　《産寶百問》

【絳雲樓書目】卷二　《産保百問》,宋齊仲甫著。

【江蘇省立國學圖書館圖書總目】子部方伎婦人　《女科百問》二卷。三册,宋錢塘齊仲甫。乾隆六十年刊本。《范書子》三十三。

【倭版書籍考】卷之五醫書之部　《産寶百問》,有五卷,有産前産後論,編者不明。

【醫籍考】二千九百十一頁　《齊氏仲甫産寶百問》,附《産寶雜録》。《醫藏目録》二册。未見。

【中國醫學書目】女科二　《女科百問》二卷。四册。十行,十九字。欄高十九釐,幅十三釐。齊仲甫撰。慎詒堂藏板。"女科百問序",齊仲甫,嘉泰庚辰。"女科百問序",許穀,隆慶五年。卷上卷首有結銜曰"門生翰林醫證八内宿壽明慈睿殿應奉侍衛步軍司醫宮兼太醫局教授齊仲甫撰"。(不帶《産寶雜録》)

【中國醫學書目續編】女科七十二　《女科百問》二卷。九行二十八字。齊仲甫撰。《珍本醫書集成》之内。提要。女科百問目次。

注：按是書或稱《產寶百問》，或曰《女科百問》，或曰《產保百問》，蓋皆同一書也。又稱爲"三卷"者，"百問"二卷，"雜錄"一卷，合而謂之也。又按《觀聚方要補》有朱震亨《產寶百問》者，蓋與是書齊名異本也。

序跋

1. 女科百問序齊仲甫

醫道肇於上古，經論著於往聖。治醫設官始於周，於是聖王好生之心，良醫生生之道，達於天下後世矣。周末秦越人尤善其事，至邯鄲爲婦人醫，婦室專科，其昉於此乎。然未有成書也。濮陽李師聖施、郭稽古（中）《產論》二十一篇，盛行於世，而產前無方。至《巢氏病源》證詳而方不具，《太平聖惠》有方而雜見，外此則未有聞也。史所載錄，《婦人嬰兒》十九卷，《楊氏產乳集驗》三卷，皆有錄無書。婦人受病，比男子倍多而難治，況產蓐尤爲急務，命繫須臾，可不詳謹。恭惟聖朝列聖繼承，念民疾疹，創學設科，釐爲十三科，各有專習。回視成周，不惟其官惟其學，不惟其學惟其科，於是婦室始專科矣，可無成書乎。仲甫分職其科，醫學不敢怠事，輒忘蒙昧，嘗集衆方，纂成一帙，目曰《女科百問》。又自孕元胎始，氣形將獲，產前後諸雜病證，附爲《產寶雜錄》，雖不敢望古述作之萬一，然剖析酬答，明白易見，庶幾有補萬一。且一病必對數藥，區區本志，本爲病家居處僻左，有是證，用是藥，雖非醫家，亦能愈疾，免致束手無措，故著爲此書。既欲其行於世，豈可不聞於朝，僭欲上進。惟是寡陋孤聞，慮考訂未詳，方證訛舛，高明同志能述而證者，不亦爲萬世之幸矣乎。旹嘉泰庚辰春二月吉旦，太醫局教授齊仲甫謹序。

2. 女科百問序許穀

齊仲甫先生在宋爲醫局教授，分治婦人一科，嘗譔《女科百問》二卷，《產寶雜錄藥方》一卷。往藏於吾卿少司馬容菴金公家，訥齋翁取而錄之，每遇國中女婦諸證，凡與所問答相合者，即用其方療之，靡不立效。嘗語太保石岡公曰：此書有功濟陰，盍梓之以傳。太保歷宦南北，宣猷不暇，幾欲成翁之志，不果。茲冏卿小石君疏允乞閒，因檢故篋，始取而刻之，曰：此吾祖父志也。刻成持以過我，屬引其端。余惟醫家立論處方，書之種類多矣。自黃帝、岐伯，設論反復，詞簡義深，是爲醫學之祖。嗣是專門名家，互有譔著。大抵遡其意而推衍之，其實不能外軒岐而別立一說也。顧人生疾病殊科，而婦人所患，比之男子不啻倍蓰，矧胎產前後，防閑不密，調治失宜，則禍在瞬息。然則先時預待，臨證考求，安得易易圖之。顧其立論處方，散見各書中者，非不明白簡要，而條理節目，或者未詳，以此見聞不廣，學者病焉。仲甫在當時專領此科，乃深求玄理，廣集舊聞，譔成此帙，用心良苦。觀其借問答而推其致病之繇，據辨論而立以療治之法，論匪無稽，法咸有據，要之萃前人之意，而間以獨得之見參焉，豈非婦人科中之至寶者歟。抑余嘗謂，自古在昔，婚姻以時，胎教有法，是以胤嗣端良，災疹罕有。乃今未知爲人父母之道而有子，方抱孕在身，罔知禁忌，及免身未久，凡百任情，此則教化不明，無怪乎病之易生，而民之多殀也。昔人謂不治已病治未病，以論胎產，尤爲要語。余覽是書，卓有源流，深探標本，蓋不專恃湯液以爲功者,學者能考其答問之意,取其方而斟酌用之,其圖難於易,轉危而安,有補造化,豈其微哉。此固先生所望於後人,而亦訥齋翁濟人之本意也。翁姓王氏,名綸,字廷言,爲吾鄉前輩碩儒,以太保公貴,迭受崇封,饗有遐算,流慶哲孫,克世其家。乃冏卿致位通顯,勇退完名。今惟閉門緝學,日以繩武,繼志爲心,兹刻亦繩繼之一端。隆慶辛未夏六月九日,賜進士出身南京尚寶司卿致仕詔進朝列大夫前中順大夫南京太常寺少卿改江西按察司僉事奉敕擬督學政石城居士許穀譔。

五十三、胎產真經

【醫籍考】二千八百八十二頁　鄭氏汝明《胎產真經》二卷。存。熊宗立曰:郭稽中作《產後》二十一論,與唐時賢《胎前十八論》合,謂之《胎產真經》。按《靈蘭二集》所收時氏《產經》,即是書也。蓋時氏原本凡十八問,鄭汝明以博物妊娠謹所感說,孫思邈并楊、崔等說,郭氏二十一論、十產論,附爲二卷。書成於嘉定改元。

注:按《寶素堂藏書目録》、《聿修堂藏書目録》、《經籍訪古志》等書,皆有"產經二卷"之目。然據《醫籍考》所說考之,所謂"產經二卷"者,則是書也。參看"時賢產經"之條下。

五十四、婦人大全良方

(一)出典

【宋史藝文志】子類醫書類　陳自明《婦人良方》二十四卷

【攟壤集】下醫書　《婦人大全良方》

五十四、婦人大全良方

(一)出典

【宋史藝文志】子類醫書類　陳自明《婦人良方》二十四卷

【攟壤集】下醫書　《婦人大全良方》

(二)考證

【四庫全書總目】卷一百零三　《婦人大全良方》二十四卷,大學士英廉家藏本。宋陳自明撰。自明字良父,臨川人,官建府醫學教授。是編凡分八門:首調經,次衆疾,次求嗣,次胎教,次妊娠,次坐月,次產難,次產後,每門數十證,總二百六十餘論,論後附方。案婦人專科,始唐昝殷《產寶》,其後有李師聖之《產育寶慶集》、陸子正之《胎產經驗方》,大(低)[抵]卷帙簡略,流傳亦尠。自明採摭諸家,提綱挈領,於婦科證治,詳悉無遺。明薛己《醫案》曾以己意刪定,附入治驗,自爲一書。

是編刻於勤有書堂，猶爲自明原本。前有嘉熙元年自序，稱三世醫學，家藏醫書若干卷，又徧行東南，所至必索方書以觀，其用心亦可云勤矣。

注：按明熊宗立有《婦人良方補遺大全》，又薛己有《校註婦人良方》，俱本是書而亦有所增改，今附於後焉。

(三)序跋

自序

世之醫者，於婦人一科，有《專治婦人方》，有《產寶方》。治以"專"言，以專攻也。方以"寶"言，愛重之也。蓋醫之術難，醫婦人尤難，醫產中數證則又險而難。彼其所謂"專治"者，"產寶"者，非不可用也，綱領散漫而無統，節目詳略而未備。醫者盡於簡易，不能深求徧覽。有才進一方不效輒束手者，有無方可據揣摩臆度者，有富貴家鄙藥賤而不服者，有貧乏人憚藥貴而無可得服者，有醫之貪利以賤代貴、失其正方者。古云"看方三年，無病可治；治病三年，無藥可療"，又云"世無難治之病，有不善治之醫；藥無難代之品，有不善代之人"，此之謂也。僕三世學醫，家藏醫書若干卷，既又徧行東南，所至必盡索方書以觀。暇時閉關淨室，繙閱涵泳，究極未合，採摭諸家之善，附以家傳經驗方，秤而成編。始自"調經"，訖於"產後"，凡八門，門數十餘證，總二百六十餘論。論後有藥，藥不惟貴賤，惟其效。綱領節目，粲然可觀。庶幾病者隨索隨見，隨試隨愈。僕於此編，非敢求異昔人也，蓋亦補其偏而會其全，聚於散而斂於約，期決無憾云。愚者千慮，必有一得，君子毋以人廢言。時嘉熙元年八月良日，建康府明道書院醫諭臨川陳自明良父序。《醫籍考》

(四)刊本

1. 宋刊本

【郘亭知見傳本書目】卷八　《婦人大全良方》二十四卷，宋陳自明撰。宋刊本。每頁二十四行，行二十二字。

【宋元本行格表】卷下十二行子之屬　《宋本婦人良方》。行廿二字。《讀書叢錄》。

2. 元勤有書堂本

【四庫全書總目】卷一百零三　《婦人大全良方》二十四卷。大學士英廉家藏本。是編刻於勤有書堂，猶爲自明原本。前有嘉熙元年自序。

【四庫目略】子部醫書類　《婦人大全良方》二十四卷，宋陳自明撰。《四庫》著錄係勤有書堂刻本。《薛氏醫案》內附刊此書。

3. 四庫全書本

【四庫書目注】卷十子部五　《婦人大全良方》二十四卷，宋陳自明撰。《四庫》著錄係勤有書堂刊本。《薛氏醫案》內附刊此書。

4. 朝鮮活字本

【聿修堂藏書目錄】婦人　《新編婦人大全良方》二十四卷。十二冊。朝鮮本。宋陳自明撰。

【籍經訪古志】卷八醫家類婦人　《新編婦人大全良方》二十四卷。朝鮮國活字本。自序缺，補鈔。存誠藥室藏。宋醫學臨川陳自明良甫編纂。每卷首捺"東井文庫"印。懷仙閣亦有藏本。

【朝鮮醫籍考】一百十九頁　《新編婦人良方》二十四卷。九冊。宋陳自明編。圖書寮尊藏。刊行年代未詳。《銅人經》參照活字印本，與《銅人經》同活字。上下右緣截斷。每半葉匡郭縱二十一釐，横十五・五釐，十二行，行十九字。紙數：序二，目四十，附文八，本文五百三十八枚。每冊首有"東井文庫"、"竹內氏藏書印"、"江戶醫學藏書之記"、"多紀氏藏書印"、"帝國博物館圖書"等。又每冊尾有"東井文庫"、"丹波元堅"、"茝堅""茝"當作"茝"諸印記。

序，晉當作"旹"嘉熙元年八月良日，建康府明道書院醫諭臨川陳自明良父序。

卷末有識語曰：《婦人良方》，世所多有者，薛立齋增注本耳。立齋之書，大抵籍古人以擄己見，固不爲作者計，卻爲其累矣。如熊道軒補遺本，猶寥寥罕傳，而人爭珍之，況於此朝鮮國所刊陳氏真本乎。越智氏懷仙閣，多蓄朝鮮刻本。是書殊有缺脱，此本元出自半井氏東井文庫，輾轉易主，遂歸於余。首尾完好，實爲難得之秘笈，豈可不寶愛耶。天保三年元黙執徐三月，丹波元堅識。

5. 重彫朝鮮活字本

【寶素堂藏書目錄】內編經方九婦人產乳　《新編婦人大全良方》零本一卷。第十一冊。橘正福重雕朝鮮國活字板。

6. 抄本

【經籍訪古志】卷八醫家類婦人　《新刊婦人大全良方》零本二卷。存廿三、廿四二卷。古鈔本。寶素堂藏。每半面十二行，行廿四、五字不一。按陳氏真本，世唯有朝鮮國刊本，而此本亦未經後人增修，比之韓本小有異同，或是從元刊傳鈔者，雖僅僅零冊，亦足貴重。

【觀海堂書目】對字號　《婦人良方》九本。二十四卷。影宋本。

【故宮博物院書目】醫家　《婦人大全良方》，宋自明。二十四卷。九冊。影宋抄本。

【寶素堂藏書目錄】內編經方婦人產乳　《新編婦人大全良方》二十四卷，陳自明。九冊。鈔朝鮮國活字本。

【躋壽館醫籍備考】朝鮮刊本　《新編婦人大全良方》二十四卷。九冊。鈔朝鮮國活字本。是編刻於勤有書堂，猶爲自明原本。

【日本訪書志】卷十　《婦人大全良方》二十四卷。舊鈔本。影鈔朝鮮活字刊本。首題"新編婦人大全良方卷之一"，次行題"醫學臨川陳自明良甫編註"。每半板十二行，行十九字。案朝鮮活字原本，日本有二通，皆缺自序。此有自序，或是從熊氏補遺本補鈔也。卷末有跋云：右《婦人大全良方》，陳氏真本也。從聿修堂所藏朝鮮活字鈔而借寫。起於文化庚午冬十一月一日，終於十二月初五下晡。松章煥之識。

余又得一鈔本，體式與前本同，無陳自明自序。而卷首多"辨識修製藥法度"

凡八葉，目錄亦有此八字，居卷一之前。未知何以與前本互異，當再詳之。

【日本訪書志補】《新編婦人良方》二十四卷。影鈔本。森立之《訪古誌》稱，陳氏真本唯朝鮮活字本，而未載其行款字數。又載新刊殘本二卷，每半頁十二行，行廿四、五字不等。此本半頁十二行，行十九字。有"小島學古"疊文印。與《仁齋直指》同裝一櫝。《仁齋直指》爲朝鮮活字本，此亦從朝鮮活字出無疑，故其篇幅行款字數裝式，悉與之合。按此書《四庫》著錄，載有元勤有堂刊本。而近代藏書家如張氏愛日精廬、陸氏皕宋樓、丁氏八萬卷樓、黃氏士禮居均不載，則其傳本之稀可知。日本雖有朝鮮活字本，亦惟存誠藥室及懷仙閣有之，且多補鈔。日本醫家以其書難得也，故亦多展轉鈔。余以此書中土罕傳也，故既得小島精鈔本，又購得尋常抄本二通，行款皆不改。他日或不終絕焉。宣統庚戌四月五日，宜都楊守敬記。

或謂，此鈔本小島學古並未稱從朝鮮活字本出，而余乃質言是朝鮮本，未免臆斷。蓋余又得熊宗立《婦人良方補遺》殘本，存第三至第六一冊，又自十三至十八一冊，又自十九至二十四一冊，不知何人所校。其中引韓本異同，皆與此本合，益知此從朝鮮本出，斷然矣。同日守敬再記。

7. 未詳本

【文淵閣書目】明　【菉竹堂書目】明　【古今醫統大全】明　【醫藏書目】明　【脈望館書目】明　【本草綱目引據書目】明　【世善堂藏書目錄】明　【千頃堂書目】明　【天一閣藏書目錄】清　【四庫著錄江西先哲遺書鈔目】清　【觀海堂書目】清　【故宮博物院書目】清　【故宮普通書目】清　【寶素堂藏書目錄】日　【觀聚方要補採摭書目】日　【雜病廣要採摭書目】日　【内閣文庫書檔舊目】日　【日本醫學歷史資料】日　【醫方類聚引用書】朝鮮

附　婦人良方補遺大全

(一)出典

【醫藏書目】化生函　《婦人良方》二十四卷，熊宗立。

(二)刊本

1. 熊宗立本

【多紀元堅獻納醫學館醫書目錄】《婦人良方補遺大全》二十四卷。明板。十五冊。

【經籍訪古志補遺】八十一頁　《新編婦人良方補遺大全》二十四卷。天順八年刊本存誠藥室藏。明鰲峰熊宗立道軒補遺。每卷末捺"瑞乾家藏"印，卷首有"片倉深甫"小印。

【留真譜新編】卷八醫部　《新編婦人良方補遺大全目錄》，臨川陳自明良甫編集。

【日本訪書志補】《新編婦人良方補遺大全》二十四卷。元麻沙本。首陳自明自序，次行題"臨川陳自明良甫編輯"，三行題"鰲峰熊宗立道軒補遺"。每半板十二行，行二十二字。熊宗立，未詳何代人，以此本字體定之，當爲建安麻沙本。

《訪古志》載有明天應"應"當作"順"八年刊本。余亦得殘本三册,行款與此同,而鎸刻失其圓潤,當是據此本重翻。據薛己校注《婦人良方》凡例"一、各論有陳無擇、熊鰲峰二先生評論治法"云云。以宗立與自明並稱,知所補必皆有依據效驗,故薛氏推重之。且宗立於陳氏原書多刪削改訂,可參其異同而核其長短。況此熊本今亦不常見,安得不函錄之。宣統庚戌四月七日,宜都楊守敬記。

【故宫博物院書目】醫家 《婦人良方補遺大全》,宋陳自明,明熊宗立補遺。二十四卷。五册。明刊本。

【北平圖書館善本書目】卷三 《新刊婦人良方補遺大全》二十四卷,宋陳自明撰,元熊宗立補。明刻本。楊守敬跋。存十六卷。三至六,十三至二十四。

2. 正德四年刊本

【圖書寮漢籍善本書目】卷三 《新刊補遺大全婦人良方》二十四卷。八册。鈔本。尾有"鈔正德己巳陳氏存德堂新刊"木記,則知從正德本鈔也。

3. 古鈔本

【元治增補御書籍目錄】子部 《婦人大全良方》二十四卷。古寫本。八册。宋陳自明撰,明熊宗立補。

【圖書寮漢籍善本書目】卷三 《新刊補遺大全婦人良方》二十四卷。八册。四百零一至四百十八宋陳自明撰,明熊宗立補遺。鈔本。前得嘉熙元年自序,正統十年黄瑨序。目錄後有鈔"天順八年甲申孟夏鰲峰熊氏種德堂"栞記,又尾有"鈔正德己巳陳氏存德堂新刊"木記,則知從正德本鈔也。

【帝室和漢圖書目錄】醫學和漢古方 《新刊婦人良方補遺大全》,宋陳自明,明熊宗立補。寫。二十四卷,八册。

【觀海堂書目】存字號 《婦人良方補遺》四本。二十四卷。鈔本。

【故宫博物院書目】醫家 《婦人良方補遺大全》,明熊宗補遺。二十四卷,四册。日抄本。

附 校註婦人良方

(一)出典

【國史經籍志】卷四下子類醫家婦人 《校注婦人良方》二十四卷,薛己。

(二)序跋

1. 太醫院校註婦人良方序秀水石山沈謐譔

病一也,而婦人爲難。醫一也,而識病爲難。夫病多始於七情,邃古之初,性静情逸,精神純暢。每治於未病之先,治之以不治也,以故藥不試而躋上壽者比比。迨乎後世,恣情縱欲,精神耗而元氣索,病道日多而醫效日尠。況婦人女子之性,陰濁勝而陽明微,喜怒哀樂發而中節者寡,其爲病常浮於男子什九,欲診問以識所因,亦誠難矣。吴郡立齋薛君,雅好岐黄《素》《難》之書。每爲人治病,察色辨脈,變藥立方,增除横出,優游容與,俟其自愈。不示功,不計程,期在必起,時精絶於醫者不能及。尤旁通外科、女科之指,間取臨川陳良甫所著《婦人良方》一帙,爲之補註,附以治驗。示余讀之,見其發揮經絡,揆度陰陽,網羅百病,凡婦人之症最人所難識者，彬彬可睹，蓋薛君生平精力不暇妄費，坐臥行住，須臾不離。嗚呼，斯亦觀其深矣，業者當自得之。嘉靖歲丁未冬十月既望。

2. 太醫院校註婦人良方凡例

一、各論有重複闕略，悉遵《素》《難》及歷代名醫治法增減，庶灼見本症病因，不致紛雜難曉。

一、各論有陳無擇、熊鰲峯二先生評論治法，去繁就簡，併入本論，以便觀覽。

一、諸治驗原隨方者，悉從其舊，若詞義重複者刪之，以便覽閱。

一、各方有合大劑者，今減作小方，庶得臨症損益，量病加減，其有常服者悉仍舊。

一、補遺第二十四卷，各卷已備不錄，今補繭唇等一十四症方論，足成其卷。

（三）刊本

1. 明刊本

【萬卷堂書目】卷二　《校註婦人良方》二十四卷，薛己。

【千頃堂書目】卷十四　《婦人良方》二十四卷，薛己校注。

【八千卷樓書目】卷十　《婦人大全良方》二十四卷，宋陳自明撰。嘉靖刊本。

【帝室和漢圖書目錄】醫學和漢古方　《婦人良方》，宋陳自明，明薛己補注。明板。二十四卷七冊。

【杏雨書屋圖書假目錄】　《婦人良方》二十四卷，宋陳自明撰，明薛已注。明刊。

【叢書舉要】卷十二薛氏全書（明刊坊刻本）　《婦人良方》二十四卷，陳自明編，薛己註。

【內閣文庫第二部漢書目錄】第三門婦人　《婦人良方》二十四卷，宋陳自明，明薛己註。明板。《薛氏醫案》本。

2. 清刊本

【叢書舉要】卷十二薛氏全書新吳吳琯刊　《婦人良方》二十四卷

【叢書書目彙編】十七畫薛氏全書新吳吳琯刻　《婦人良方》二十四卷

【揚州吳氏測海樓藏書目錄】卷四　《婦人良方》二十四卷，宋陳自明編，明薛己注。《薛氏醫案》。明薛己輯。嘉慶十四年刊。竹紙六十四本內。

【中國醫學書目】女科四　《婦人良方》二十四卷。九冊，十行二十字。欄高二十釐，幅十三·五釐。陳自明編，薛己註，閔道政校。《薛氏醫案全書》之內。"婦人良方序"，沈謐，嘉靖二十六年。凡例。目錄。

注：按《叢書舉要後記》云：《薛氏醫案》，日本有刊本。明秀水沈氏刊七十八卷本。天啟丁卯朱明重刊本。又有坊刊本，附《十四經發揮》諸種，劣。

3. 日本刊本

【古越藏書樓書目】卷五　《婦人良方》二十四卷，宋陳自明編，明薛已注。日本翻刻《薛氏醫書》本。

【觀海堂書目】存字號　《婦人良方》一本。一卷。日本刊本。

【故宫博物院書目】醫家　《婦人良方》一卷。一冊。日刊本。

【八千卷樓書目】卷十子部醫家類　《婦人大全良方》二十四卷,宋陳自明撰。日本刊本。

【内閣文庫第二部漢書目錄】子類醫家　《婦人良方》二十四卷。第一至五、二十四卷缺。日本版。八冊。

【杏雨書屋圖書假目錄】　《婦人良方》二十四卷,宋陳自明撰。承應三年刊。十二冊。

【中國醫學書目】女科三　《婦人良方》。又《太醫院校註婦人良方》二十四卷。八冊。十一行二十四字。欄高十九釐,幅十二・五釐。陳自明良甫著,薛己校註,余彰德梓。風月庄左衛門校。承應二年。"太醫院校註婦人良方序",沈謐,嘉靖二十六年。目錄。太醫院校註婦人良方用藥宜禁。

注:近日偶見日本書賈書目,有"評註薛氏醫案"薛已立齋著,寬文十一年板。之目,然僅四冊,恐非完書,亦不知《婦人良方》在其中耶否。

五十五、產科經真環中圖

【宋史藝文志】子類醫書類　《產科經真環中圖》一卷

五十六、濟生產寶

【萬卷堂書目】卷三醫家　《濟生產寶》二卷,徐明善。

【國史經籍志】卷四下子類醫家婦人　《濟生產寶》二卷,徐明善。

【寶素堂藏書目錄】内編經方第九婦人產乳　《濟生產寶論方》二卷,亡名氏。二冊抄本。

【聿修堂藏書目錄】婦人　《濟生產寶論方》二卷,二冊。抄明善校本。宋無名氏撰。

【醫籍考】二千八百九十一頁　《亡名氏濟生產寶論方》,《國史經籍志》"二卷。存"。按是書亡撰人名氏,嘉靖乙未雙峰王子沖序稱"南都雷氏子鳴大震,類集諸書,嘗檢閲得宋板醫書一帙,名曰《濟生產寶論方》"云。《國史經籍志》誤爲徐明善所著,蓋徐亦嘉靖中人,校正是書者也。

【觀海堂書目】溫字號　《濟生產寶論方》二本。二卷。日本鈔本。

注:按《百川書志》有"濟生產寶諸方一卷"之目,又《世善堂藏書目》有"產寶諸方二卷"之目,俱與是書頗相類,而且與《直齋書錄解題》所載"產寶諸方一卷"亦頗相類。事已具於"產寶諸方"之條。

五十七、陳秘蘭婦科

【國學用書類述】醫學類婦科　《陳秘蘭婦科》五卷,宋陳沂。

注:《中國醫學大辭典》云:陳沂,宋汴人,仕良之裔。建炎中,扈蹕而南,遂爲錢塘人。嘗治康王妃危疾有奇效,賜御前羅扇。凡宫中有疾,欲不時召之者,聽持扇入禁中,金吾閽侍皆不得阻止。仕至翰林金紫良醫。子孫標木扇象之,至今稱陳木扇。

五十八、素庵醫要

【開有益齋讀書志】卷四子部醫家　《素庵醫要》十五卷,宋陳沂字素庵所傳醫案。明嘉靖時,裔孫諫字直之,始輯而行之。素庵精婦科,嘗療高宗妃吴氏危疾,得賜宫扇。其子孫名靜復、名清隱者,皆不忘君惠,刻木爲扇,以爲榮。卷首繪素庵執扇像,贊曰"陳氏素庵,蓋世所稀。康后扶疴,爲帝所奇。出入禁中,惠扇宫儀。敕授翰院,金紫良醫"。事載《萬曆杭州府志》。今其後人居嘉興角里街,門前列一木扇,上書"宋賜宫扇南渡世醫"八字,仍世爲婦科,蓋自宋至今五百餘年,可謂世醫矣。余親見木扇訝之,問於於辛伯秀才源,辛伯爲余言宋高宗時事。既獲見《醫要》,乃知辛伯之言有據。辛伯著《柳隱叢話》詳載之。然《醫要》備列方藥,不專婦科也。是書醫家罕見,余所獲乃嘉靖時初印本。

五十九、產育保生方

【醫學源流】金　張素元,一云張元素,字潔古。精通方脈,尤喜著述。有《藥註脈訣難經》、《引經主藥》、《潔古家珍》、《補闕錢氏方》、《藥性珠囊》、《產育保生方》等書,行於世。

六十、產科大通論方

【國史經籍志】卷四下　《產科大通論方》一卷,張聲道。

【千頃堂書目】卷十四　張聲道《產科大通玄論》一卷。不知時代。

【醫籍考】二千九百零四頁　張氏聲道《產科大通論方》。《國史經籍志》"一卷佚"。

【中國醫學書目續編】女科六十八　《註解胎產大通論》一卷。一冊。九行,十七字。無框。横十七·八釐,縱二十七釐。序曰:梁楊苑子建撰。新抄本《醫苑》之内據古鈔本抄寫。註解胎產大通論序,李名之,承安戊午。序,張聲道,天聖乙丑。產前妊娠一十八證目錄。產後三十六論目錄。註解胎產大通論後序。

附　楊子建胎產大通論藥方一十八方

注:按《隋志》以下,唐宋諸《志》皆無此目。又楊苑、張聲道、李名之等,並無其傳。今讀張、李二序,其文淺近,似乎非宋人之所撰,疑是書出於明人之所僞託歟。

注:《洗冤錄》卷五救死方,有"張聲道經驗方"之目。

注:《溫洲經籍志》亦引《國史經籍志》而載是書也。

序跋

1. 序

子建,梁元帝承聖元年辛未歲,保定路易州定興縣人也。姓楊,諱苑,子建其字也。受術於同郡楊士林,其治療尤精經方。舉孝廉,官至安州醫學錄。其少時,同保定阿顒遊洛陽,顒知其學,謂他人曰:子建之術,精於士林。起妊娠病之驗,神莫如之,真世之良醫也。有本路總管王文善,二旬之九,有妻薛氏。夫人年二十九歲,孕胎妊娠,得"大通論"內妊娠第十五論帶下淋瀝證,逐日淺深以施治。子建曰:今世婦人室女淋瀝,或早不治,遂致殞命者多矣。薛氏淋瀝,會有數百良醫,治之不愈,不動效有數。內一人言曰:急請學錄楊子建於之觀脈察色。子建曰:可飲神妙紫金丹,加減四物湯宜服,自愈自效。不到數日之間,此病稍輕,與平人一般。士林問曰:妊娠胎前產後,多少證也。子建答曰:胎前一十八證,產後三十六證也。此論多效靈聖,故無真印本也。至大宋仁宗天聖乙丑歲八月庚申朔,張聲道謹上。註解胎產五十四證大通論。

2. 註解胎產大通論序

夫醫之道,原於黃帝,流於盧人、扁鵲、太倉公、華陀之徒,而派皇甫士安、張仲景《傷寒》,王叔和《脈訣》之輩。然源本也,流於派俱末也。前聖以後,必有繼而述之者,則其數乃得若干世矣。醫之道源,自有三聖,伏羲、神農、黃帝,以至神之始興經方。繼而伊尹,以元聖之才,撰成《湯液》,俾黎庶之疾咸遂蠲除,使萬代之生靈普蒙其澤。漢仲景《傷寒卒病論》十數,然後張氏醫方大備。晉王叔和定脈,又令梁楊子建,整產前後"大通論"於醫方之名。又唐孫思邈,能治瘡傷。皆古聖醫之道,闡行於世,乃萬代渺渺無窮,本乎大道,法乎自然。黃帝、岐伯,運氣《素問》,世之醫書,正祖之也。名公皆不能曉解,用令婦人胎前產後妊娠,不與大人、小兒同類。妊娠合科,婦女以血臟爲基本。仲景曰:產後傷寒與妊娠傷寒,不可以同類。有楊子建《胎產妊娠產大通論》,中有神驗者矣。今朝承安戊午歲,李名之序。

第十六類　外科方論

一、金創瘲瘛方

【漢書藝文志】經方　《金創瘲瘛方》三十卷。服虔曰：音瘳引之瘳。師古曰：小兒病也。瘛，音充制反。瘲，音子用反。

二、劉涓子鬼遺方

（一）出典

【隋書經籍志】子部醫方　《劉涓子鬼遺方》十卷，龔慶宣撰。

【舊唐書經籍志】子類醫術　《劉涓子南方》十卷，龔慶宣撰。

【唐書藝文志】子錄醫術類　龔慶宣《劉涓子男方》十卷

【太平御覽】卷七百二十四醫四　龔慶宣《鬼遺方序》曰：劉涓子，不知何許人也。下略

【冊府元龜】卷七百二十四引千金序　龔慶宣《鬼遺方》，劉涓子撰。

【崇文總目輯釋】卷三　《劉涓子鬼遺方》十卷。原釋：宋龔慶宣撰。劉涓子者，晉末人，於丹陽縣得《鬼遺方》一卷，皆治癰疽之法。慶宣得而次第之。《中興書目》引見《直齋書錄解題》。下略

【通志藝文略】醫方下　《劉涓子鬼遺方》十卷，宋龔慶宣撰。

【日本國見在書目錄】醫方家　《劉涓子》十一，（龍虔）［龔慶］宣撰。

注：按《外臺秘要》所引有"劉涓子"十一條，《醫心方》所引有"劉涓子"三十四條，《證類本草》所引有"劉涓子三條、鬼遺方六條"。

（二）考證

【讀書敏求記校證】卷三下　《劉涓子鬼遺方》五卷。中略，詳見"宋刊本"條下。予別有《劉涓子治癰疽神仙遺論》一卷。鈺案，《直齋書錄》有《神仙遺論》十卷。解題云：《唐志》有"龔慶宣《劉涓子鬼遺方》十卷"，未知即此書否。卷或一板，或止數行，名爲十卷，實不多也。據遵王說，則《鬼遺方》、《神仙遺論》各自爲書，足解直齋所疑。《皕宋志》載舊鈔本，即係兩種舊鈔本，全錄入《羣書校補》中。與此同是宋鈔，皆宜錄副本備之。《補》：周星詒云，此本予得之復翁家滂喜齋書肆，後以赴官閩中，寄所藏萬卷於傅節子司馬。辛酉紹興被寇，此書遂莫可蹤跡矣。蔣鳳藻云，菇里瞿氏恬裕堂藏有此書，宋

槧印本。殆即周季翁得諸我蘇、失諸浙紹者歟。近菊翁代爲影鈔，朋好之情，不可忘也。鈺案，菊翁係指葉編修昌熾。

【崇文總目輯釋】卷三　《劉涓子鬼遺方》十卷。中略，詳見"出典"條下。侗按，《書錄解題》作《劉涓子神仙遺論》，李頔錄。按《中興書目》引《崇文總目》云云。今按《唐志》有"龔慶宣《劉涓子男方》十卷"，未知即此書否。卷或一板，或止數行，爲十卷，實不多也。侗考《隋志》與此同，云龔慶宣傳。《宋志》亦作《神仙遺論》，李頔錄。後《醫書類四》又有《劉涓子鬼論》一卷。《通志略》不著撰人，或亦慶宣所得歟。

【鐵琴銅劍樓藏書志】卷十四　《劉涓子鬼遺方》五卷，宋刊本。齊龔慶宣編。案《唐志》有龔慶宣《劉涓子男方》十卷，《書錄解題》有《劉涓子神仙遺論》十卷，東蜀刺史李頔錄，當別一書也。此本首有永明元年自序，其述劉涓子得書之由，在晉末用兵丹陽時，語涉神異，已載《錢氏敏求記》。又云，涓子姊適余從祖叔，涓子寄姊書敘此事，并方一卷，方是丹陽白薄紙本寫，今手跡尚存。從家世能爲治方，秘而不傳，至孫道慶，臨終見語，家有神方，兒子幼稚，欲以相傳，遂受而不辭。自得此方，於今五載，所治皆愈。劉氏草寫，多無次第，今輒定其前後，簇類相從，爲此一部，流布鄉曲。又道慶云，此《鬼方》，舅祖涓子兄弟自寫，稱云無紙，而用丹陽錄。永和十九年資財不薄，豈復無紙，是以此別之耳。下略，見"宋刊本"條下。

【補晉書藝文志】補遺　《劉涓子鬼遺方》十卷，見《隋志》。舊題"龔慶宣撰"。考慶宣是書序，稱涓子晉末人，龔特傳錄其書者末署齊永元元年五月五日，非撰人也。《宋書·宗室傳》：遵考，父涓子，彭城內史。

【跋中亞出土劉涓子鬼方】　一九〇二年德國探險隊在中亞所得古文件，以回紇文爲最富，漢文件間亦有之，今并藏柏林普魯士學士院。一九三三年，日人黑田源次遊柏林，得醫書影片四種，撰論文布之《支那學雜誌》，本刊一百零一、一百零二兩期載有萬斯年先生譯文。今年二月，晤武內義雄博士於戴密微教授（P. Demiéville）學齋，稱次日將赴柏林。余於八月間亦有柏林之遊，歸而友人神田喜以武內氏《唐鈔本韻書及印本〈切韻〉斷片》一論文見示（《文化》二卷七號）。及檢視所攜來影片，其醫書與字書，又有得於二氏者，蓋余遊在二氏後故也。惜人事瑣屑，卒未早有撰述，茲先從拙稿《柏林訪書記》摘出此節，以補黑田氏所未見，尤望萬先生更轉武內論文爲漢語，以先饗讀者。十二月九日。

書存兩頁，第二頁第四行，有卷九後題"……劉涓子鬼遺方卷第九"，次行爲卷十，題"……劉涓子甘伯濟治秣陵令已用省驗方卷第十"，又次行爲卷十之小敘。云"……余以元嘉二十年臨秣陵，脊背綿困。主上垂矜，遣甘伯濟資給，以見治救。又劉涓子素周遊，於時鄰居，參共爲治。蒙得令□，將舊應方，亦已詳備，既是所經，亦復連集，以爲一□"。此當爲編者所記。按《唐志》有龔慶宣《劉涓子男方》十卷。"男"字當是"鬼"字之誤，卷數正相符合，則編者爲龔慶宣，而此即《唐志》所著錄無疑也。又按《讀書敏求記》著錄是書宋初本，作五卷。《鐵琴銅劍樓書目》卷十四著錄宋刊本，亦作五卷。《讀畫齋叢書》有是書刻本五卷，海外未能見。然竊疑其所據本，非錢氏之宋鈔，即瞿氏之宋刻也。《敏求記》云"……劉涓子，不知何許人。中略故號《鬼遺方》"。與卷十小敘不相應，蓋此爲總敘，故述得書之由。卷十爲劉涓子、甘伯濟兩人合方，編者乃另爲小敘，以誌始末也。未審五卷本有殘缺，抑係別本，不得顧刻一校，實爲悵悵。余夜若得遊瑯環，當先抽視讀畫齋書矣。劉涓子又有《治癰疽神仙遺論》一卷，陳振孫疑與此爲一書，瞿氏非之，是也。《神仙遺論》，陸心源已刻入《羣書校補》卷二十五。十月二十五日。

右爲王重民氏所記，登在《大公報》民國二十五年二月二十七日副刊。題云"海外希見錄"。

（三）序跋

原序

昔劉涓子，晉末於丹陽郊外照射，忽見一物，高二丈許，射而中之，如雷電，聲若風雨，其夜不敢前追。詰旦，率門徒子弟數人，尋蹤至山下，見一小兒提罐，問何往。爲我主被劉涓子所射，取水洗瘡。而問小兒曰：主人是誰人。云：黄父鬼。仍將小兒相隨還來，至門，聞擣藥之聲。比及，遙見三人，一人開書《醫學大成》本"開"作"閱"，一人擣藥，一人臥爾。乃齊唱叫突，三人并走，遺一卷癰疽方，并藥一臼。時從宋武北征，有被創者《大成》本"創"作"瘡"，以藥塗之即愈。論者云：聖人所作，天必助之，以此天授武帝也《大成》本"帝"作"王"。涓子用法爲治《大成》本"涓子"作"於是"，千無一失。演爲十卷，號曰《鬼遺方》舊脱"演爲"以下九字，今據《太平御覽》訂補。《大成》本無此九字。姊適余從叔祖《大成》本"叔祖"作"祖叔"，涓子寄姊書具敘此事，并方一卷。方是丹陽薄紙本寫《大成》本"薄"上有"白"字，今手跡尚存。從家世能爲治方，我而不傳。其孫道慶與余鄰居，情款異常，臨終見語：家有神方，兒子幼稚，苟非其人，道不虛行，尋卷診候，兼辨藥性，欲以相傳屬。余既好方術，受而不辭。自得此方，於今五載，所治皆愈，可謂天下神驗。劉氏昔寄龔方，故草寫多無次第，今輒定其前後，簇類相從，爲此一部，流布鄉曲。有識之士，幸以自防。齊永元元年太歲己卯五月五日撰。龔慶宣。《醫籍考》校以《醫學大成》本。

龔道慶曰《大成》本無"龔"字：王祖母劉氏《大成》本無"母"字有此《鬼方》一部，道慶祖考相承，謹按處治，萬無一失。舅祖涓子兄弟自寫，稱云無紙《大成》本"稱"上有"寫"字，而用丹陽錄。永和十九年，資財不薄，豈復無紙，是以此別之耳。《醫籍考》校以《醫學大成》本。

（四）刊本及鈔本

1. 中亞出土斷簡

注：按中亚山上《劉涓子鬼方》斷簡二葉，現藏於柏林普魯士學士院。往歲王重民氏介紹之於《大公報紙》，其說已引於"考證"條下，參看其條。

2. 宋刊本

【藝芸精舍宋元本書目】宋本 《鬼遺方》五卷

【鐵琴銅劍樓藏書目】卷十四　《劉涓子鬼遺方》五卷。宋刊本。齊龔慶宣編。中略,詳見"考證"下。每半葉十二行,行二十三字。板心但一"鬼"字,字體肅穆,紙質堅韌異常,全書無宋諱字,疑出五代宋初所刻。《敏求記》曰:此書極爲奇秘,收藏家罕見之。然遵王所藏,是宋鈔本,此則古刻,尤足珍也。卷首有"汪士鐘藏"朱記。

【宋元本行格表】卷下十三行　宋本《劉涓子鬼遺方》。行二十三字。五卷。板心但有"鬼"字。《瞿氏書目》、《簡明目錄》批注本作"行二十一字"。

3. 宋鈔本

【讀書敏求記】卷三　《劉涓子鬼遺方》五卷。此宋鈔本,皆宜別錄副本備之。

【述古堂藏書目】卷四　《劉涓子鬼遺方》五卷。抄。

【也是園藏書目】卷五　《劉涓子鬼遺方》五卷

【求古居宋本書目】　《劉涓子鬼遺方》,二冊。

注:按《皕宋樓藏書志》所引周錫瓚跋曰:借得黃氏士禮居所貯述古堂舊鈔《鬼遺方》,校勘補缺正誤,裨益甚多。其原誤者,仍照錢本改,所以留舊鈔面目。其書不過正嘉間人所鈔,非宋鈔也。

4. 明刊本

【杏雨書屋圖書假目錄】　《劉涓子鬼遺方》五卷。齊龔慶宣撰明刊。二冊。

5. 清嘉慶五年掃葉山房刊本

【四庫書目邵注】卷十肘後備急方　《劉涓子鬼遺方》五卷。題龔慶宣撰。掃葉山房本。

【經籍訪古志】卷八《劉涓子鬼遺方》五卷。嘉慶庚申掃葉山房鐫本。按此本比之寶曆本小有異同,係與周錫瓚本《中藏經》併刊者。

【內閣文庫圖書第二部漢書目錄】(特)《鬼遺方》五卷,齊龔慶宣。嘉慶五年刊。二冊。

6. 周錫瓚刊本

【聿修堂藏書目錄】　《劉涓子鬼遺方》五卷,二冊。清周錫瓚刊本。

7. 讀畫齋叢書本

【四庫書目邵注】卷十肘後備急方　《劉涓子鬼遺方》五卷。《讀書齋叢書》本。

【叢書舉要】卷二十八讀畫齋叢書　《劉涓子鬼遺方》五卷,龔慶宣。

【古越藏書樓書目】卷五　《劉涓子鬼遺方》五卷,宋龔慶宣。讀畫齋本。

【八千卷樓書目】卷十　《劉涓子鬼遺方》五卷,宋龔慶宣。讀畫齋本。

【萬卷樓藏書總目】　《劉涓子鬼遺方》五卷。讀畫齋本。

【諸暨圖書館目錄】卷五　《劉涓子鬼遺方》,宋龔慶宣。讀畫齋本。

【涵芬樓舊書分類總目】　《劉涓子鬼遺方》,宋龔慶宣撰。讀畫齋本。一冊。

【江蘇省立國學圖書館圖書總目】　《劉涓子鬼遺方》五卷。《讀書齋叢書辛集》第三冊,齊龔慶宣。巾箱本。又一部五卷。《讀畫齋叢書》殘存《卒集》第三冊。同上。巾箱本。

【經籍訪古志】卷八　《劉涓子鬼遺方》五卷。顧修《讀畫齋叢書》中本。體式與前本掃葉山房刊本同，俱不附《神仙遺論》，殆佚於彼也。

8. 徐氏隨盦叢書本

【叢書書目彙編】隨庵徐氏叢書續編　《鬼遺方》。宋本。

【清華學校圖書館中文書籍目錄】《劉涓子鬼遺方》五卷，龔慶宣齊。宋刻本。見《隨庵叢書續編》。

【中東鐵路圖書館圖書目錄】《劉涓子鬼遺方》五卷。見《邵武徐氏叢書》。

9. 醫學大成本

【續中國醫學書目】《劉涓子鬼遺方》五卷。一冊。十一行三十一字。洋紙裝，四十六版。題云"宋龔慶宣撰"。《中國醫學大成第四輯》之內，民國二十六年刊。提要。卷一并序。

10. 日本刊本

【聿修堂藏書目錄】《劉涓子鬼遺方》五卷。二冊。寶曆丁丑刊，劉宋龔慶宣撰。

【寶素堂藏書目錄】《劉涓子鬼遺方》五卷。一冊。寶曆丁丑刊本，宋龔慶宣。

【經籍訪古志】卷八　《劉涓子鬼遺方》五卷，《劉涓子治癰疽神仙遺論》一卷。寶曆丙子刊本。按此本首有尾府滕惟寅序，云坊人林生刻於京師。考是書，史志及《外臺》所引皆十卷，而校之《外臺》，頗有脱誤。然《讀書敏求記》曰：《劉涓子鬼遺方》五卷，是書極爲奇秘，收藏家罕見之。予別有《劉涓子治癰疽神仙遺論》一卷，與此同是宋鈔，皆宜別錄副本備之。此本卷數與此相符，而每卷載子目，似不失宋版體式，蓋亦出於宋本也。嘉慶本有龔慶宣序，此本偶脱之。《神仙遺論》首有"東蜀刺史李頔錄"一行。《文獻通考》譌作十卷。

11. 鈔本

【皕宋樓藏書志】卷四十三　《劉涓子鬼遺方》五卷，《神仙遺論》一卷，舊抄本。齊龔慶宣編。自序曰。下引慶宣序及道慶記，今略。周氏手跋曰：嘉慶十年二月，偶於湖州書賈得鈔本《劉涓子鬼遺方》五卷，并《治癰疽神仙遺論》一卷。因取向年所藏照宋鈔本《鬼遺方》校之，行款與此本不同，字句間有脱譌，亦有脱葉，寔不逮所藏本。惟所藏本偶有缺字，此本有之。首卷"碎骨"作"辟骨"，"辟"同"擘"，"擘"有分義、剖義。"碎"字似因字形而誤，皆此本之勝於所藏本者。錢述古《讀書敏求記》所載書二云同是宋鈔。此兩書合爲一冊，或亦祖錢本歟。可知宋刻非一，不得執彼以議此。凡讀書須博觀衆本，採集所長，不可因有宋本，他本遂置而不觀也。《鬼遺方》徐氏已開雕，而《劉涓子治癰疽神仙遺論》世無傳本，其書十卷，載於陳直齋《書錄解題》，卷或一板，或數行，此本其爲後人所併歟。其論病源，決死生，言之確鑿可據，實堪與《鬼遺方》并傳也。余因校閱所及，略書所見，以資世之讀是書者。香巖居士周錫瓚識。又曰，跋後借得黃氏士禮居所貯述古堂舊鈔《鬼遺方》，校勘補缺上誤，裨益甚多。其原誤者仍照錢本改，所以留舊鈔面目。其書不過正嘉間人所鈔,非宋鈔也。此本從錢本照錄,頗信余前跋之不妄。不知何日再得舊鈔《神仙遺論》,一校成合璧也。錫瓚又識。按《直齋書錄解題》"《劉涓子神仙遺論》十卷"。下列陳直齋之文,今略之。詳見"神仙遺論"條下。

【抱經樓藏書志】卷三十五 《劉涓子鬼遺方》五卷,《神仙遺論》一卷。舊抄本。齊龔慶宣編。下引自序及陳直齋,今略之。

【寶素堂藏書目錄】《劉涓子鬼遺方》五卷,一冊。鈔周錫瓚校刊本。

【靜嘉堂秘籍志】卷二十四 《劉涓子鬼遺方》附《神仙遺論》,齊龔慶宣編。舊抄一本。下引《皕宋樓志》,今略之。

【内閣文庫圖書第二部漢書目錄】《劉涓子鬼遺方》五卷。日本寫本。

12. 未詳本

【古今醫統大全】明 【本草綱目】明 【元治增補御書籍目錄】日

附 劉涓子鬼論

【崇文總目輯釋】卷三 《劉涓子鬼論》一卷。原釋:闕。見天一閣鈔本。

【宋史藝文志】子類醫書 《劉涓子鬼論》一卷

注:按《醫籍考》"《鬼遺方》注"云:《新唐志》作《男方》,《宋志》作《鬼論》,并訛。

三、劉涓神仙遺論

【直齋書錄解題】卷十三 《劉涓子神仙遺論》十卷,東蜀刺史李頔錄。按《中興書目》引《崇文總目》云:宋龔慶宣撰。劉涓子者,晉末人,於丹陽縣得《鬼遺方》一卷,皆治癰疽之法,慶宣得而次第之。今按《唐志》有龔慶宣《劉涓子男方》十卷,未知即此書否。或一板,或止數行,名爲十卷,實不多也。

【中興館閣書目輯考】卷四 《劉涓子神仙遺論》十卷。據《書錄解題十三》補。

【遂初堂書目】《劉涓子神仙方》

【文獻通考】經籍考 《劉涓子神仙遺論》十卷。下引陳直齋之文,今略。

【宋史藝文志】子類醫書類 《劉涓子神仙遺論》十卷。東蜀李頔錄。

鈔本及刊本

1. 鈔本

【讀書敏求記】卷三下 予別有《劉涓子治癰疽神仙遺論》一卷,與此同是宋鈔。

【述古堂藏書目】卷四 《劉涓子治癰疽神仙遺論》一卷。抄。

【也是園藏書目】卷五 《劉涓子治癰疽神仙遺論》一卷

【皕宋樓藏書志】卷四十三 《劉涓子鬼遺方》五卷,《神仙遺論》一卷。舊抄本。下略,詳見"鬼遺方"條下。

【寶素堂藏書目錄】《劉涓子治癰疽神仙遺論》一卷,一冊。鈔本。

【聿修堂藏書目錄】《劉涓子治癰疽神仙遺論》一卷,一冊。抄本。附前書

《鬼遺方》後。唐李頔錄。

【觀海堂書目】松字號 《劉涓子治瘫疽神仙遺論》一本,一卷。鈔本。

【故宫博物院書目】 《劉涓子治瘫疽神仙遺論》一卷,一冊。抄本。

2. 羣書校補本

【羣書校補】卷二十五 《神仙遺論》,《劉涓子男方》十卷,宋龔慶宣撰。《舊唐書經籍志》、《新唐書藝文志》著錄同。《直齋書錄解題》有《劉涓子神仙遺論》十卷,題"東蜀刺史李頔錄",似即一書。今祇存《鬼遺方》五卷,石門顧修刻入《讀畫齋叢書》中。《神仙遺論》一卷,惟見錢氏《讀書敏求記》。六朝著述,傳世日稀。余藏有舊鈔本,今錄如左,以補顧刻之缺。

【叢書舉要】卷十叢書校補 《劉涓子神仙遺論》一卷。周香巖鈔本。

【古越藏書樓書目】卷五 《劉涓子神仙遺論》一卷,宋李頔錄。潛園《羣書校補》本。

【遼寧省立圖書館館刊】卷一館藏叢書舉要羣書校補 《劉涓子神仙遺論》一卷。周香巖抄本。

3. 日本刊本

【經籍訪古志】卷八 《劉涓子鬼遺方》五卷,《劉涓子治瘫疽神仙遺論》一卷。寶曆丙子刊本。下略,詳見"鬼遺方"條下。

4. 未詳本

【世善堂藏書目錄】卷下 《劉涓子神仙遺論》十卷,龔慶宣。

【汲古閣毛氏藏書目錄】 《劉涓子神仙遺論》十卷,宋李頔。

【觀海堂書目】淵字號 《劉涓子治瘫疽神仙論》一本,一卷。奚暇齋藏本。

注:按《留真譜新編》卷七,錄載《神仙遺論》首頁,首行題云"劉涓子治瘫疽神仙遺論鬼遺方附錄",次行題云"東蜀刺史李頔錄"。

四、瘫疽部黨雜疾病源

【隋書經籍志】醫方論注 梁有《甘睿之瘫疽部黨雜病疾源》三卷。

五、療瘫疽金創要方

【隋書經籍志】徐嗣伯落年方注 梁有《甘濬之療瘫疽金創要方》十四卷。

【舊唐書經籍志】子類醫術 《療瘫疽金創要方》十四卷,甘濬之撰。

【唐書藝文志】子錄醫術類 甘濬之《療瘫疽金瘡要方》十四卷

【通志藝文略】醫方下 甘濬之《療瘫疽金瘡要方》十四卷,甘伯齊撰。

六、療瘫疽毒惋雜病方

【隋書經籍志】徐嗣伯落年方注 梁有《療瘫疽毒惋雜病方》三卷。

七、療癰疽金創方

【隋書經籍志】徐嗣伯落年方注　梁有甘伯齊《療癰疽金創方》十五卷。

【舊唐書經籍志】子類醫術　《療癰疽金創要方》十二卷，甘伯齊撰。

【唐書藝文志】子錄醫術類　甘伯齊《療癰疽金創要方》十二卷

【通志藝文略】醫方下　甘濬之《療癰疽金創要方》十五卷，甘伯齊撰。

八、癰疽論方

【隋書經籍志】子部醫方　《癰疽論方》一卷。《通志略》同

九、療癰經

【隋書經籍志】子部醫方　《療癰經》一卷。《通志略》同

十、療三十六瘻方

【隋書經籍志】子部醫方　《療三十六瘻方》一卷。《通志略》同

十一、療癰疽諸瘡方

【隋書經籍志】子部醫方　《療癰疽諸瘡方》二卷，秦政應撰。《通志略》同

十二、療癰疽要訣

【唐書藝文志】子錄醫術　喻義纂《療癰疽要訣》一卷

【崇文總目輯釋】卷三　《修纂療癰疽要訣》一卷，喻義撰。原釋：闕。見天一閣鈔本。

【通志藝文略】醫方下　《療癰疽要訣》一卷，唐喻義纂。

【宋史藝文志】子類醫書　喻義《瘡腫論》一卷。又《廣癰疽要訣》一卷。

十三、瘡腫論

【唐書藝文志】子錄醫術　《喻義纂療癰疽要訣》一卷，《瘡腫論》一卷。

【崇文總目輯釋】卷三　《瘡腫論》一卷，喻義撰。原釋：闕。見天一閣鈔本。侗案，《通志略》作"藉喻義撰"，誤也。

【通志藝文略】醫方下　《瘡腫論》一卷，唐西川節度要藉喻義撰。

【宋史藝文志】子類醫書　喻義《瘡腫論》一卷

注：按《醫籍考》云：鄭樵曰：唐西州節度使籍喻義撰。按《千金方》癰疽門五香連翹湯註曰"要(籍)[藉]喻義有黄耆、甘草、芒硝各六分"。據此《藝文略》"史藉"二字，當作"要(籍)[藉]"，蓋係官銜。《唐志·百官志》曰，節度使府院法直官、要籍、逐要、親事各一人。又《藝文志》有江承宗《刪繁藥詠》三卷。註：鳳翔節度要籍。可以證焉。

十四、癰疽論

【唐書藝文志】子錄醫術　沈泰之《癰疽論》二卷

【通志藝文略】醫方類下　沈泰之《癰疽論》一卷

【宋史藝文志】子類醫書　沈泰之《癰疽論》二卷

附　仙授理傷續斷方

【醫籍考】二千七百六十二頁　《藺道者仙授理傷續斷方》四卷。存。

【褋病廣要】採摭書目　《理傷續斷秘方》，舊唐藺道者著。

序跋

亡名氏序

此方乃唐會昌間，有一頭陀，結草庵於宜春之鍾村，貌甚古，年百四、五十歲，買數畝墾畬種粟以自給。村氓有彭叟者，常常往來其廬，顔情甚稔，或助之耕。一日，彭之子升木伐條，誤墜於地，折頸挫肱，呻吟不絕。彭訴於道人。道人請視之，命買數品藥，親製以餌。俄而痛定，數日已如平時。始知道人能醫，求者益衆。道人亦厭之，乃取方授彭，使自製以應求者，且誓之以無苟取，毋輕售，毋傳非人。由是言治損者宗彭氏。彭叟之初識道人，三十許，今老矣，然風采無異前時。問其姓名，曰藺道者。問其氏，曰長安人也。始，道人閉門不通人事，人亦少至，惟一鄧先生，每春晴秋爽，攜稚過之，必載酒殽從焉。道人懸一椰瓢壁間，鄧至則取瓢更酌，彭或過之亦酌。二人皆談笑竟晷，醉則高歌，其詞曰"經世學，經世學成無用著。山中樂，山中樂土堪耕鑿。瘦瓢有酒同君酌，醉臥草廬誰喚覺。松陰忽聽雙鳩鶴，起來日出穿林薄"。彭踳朴不知所書爲何，惟熟聽其歌，亦得其腔，每歸對人歌之，人亦不省。居久，鄧先生不至，彭問道人，道人云：已仙去。彭卒不悟。後江西觀察使行部至袁州，聞彭所歌，異之，詰其詞，得道人姓氏。遂遣人同彭叟至其廬邀其至，則行矣，惟瓢存焉。廉大以爲恨，謂彭得其治損諸方，因易其村曰鞏。道人有書數篇，所授者特其最後一卷云。《醫籍考》

十五、癰疽論

【崇文總目輯釋】卷三　《癰疽論》三卷。原釋：闕。見天一閣鈔本。

【通志藝文略】醫方類下《癰疽論》三卷

【宋史藝文志】子類醫書 《癰疽論》三卷

十六、治癰疽方

【日本國見在書目錄】 《治癰疽方》,七。

十七、發背論

【崇文總目輯釋】卷三 《發背論》一卷。原釋:僧智宣。闕。見天一閣鈔本。

【通志藝文略】醫方下 《發背論》一卷,僧智宣撰。

【宋史藝文志】子類醫書 僧智宣《發背論》一卷

十八、發背論

【崇文總目輯釋】卷三 《發背論》(十)[一]卷。原釋:白岑。闕。見天一閣鈔本。

【通志藝文略】醫方下 《發背論》一卷,白岑撰。

【宋史藝文志】子類醫書類 白岑《發背論》一卷

【國史補】 白岑嘗遇異人,傳發背方,其驗十全。岑賣弄以求利,後爲淮南小將節度高適《醫籍考》無"將"字,"度"下有"使"字。脅取之其方《醫籍考》無"之"字,不甚效《醫籍考》"不"上有"然終"二字。岑至九江,爲虎所食,驛吏收於其囊中《醫籍考》無"於"字,乃於真本,太原王昇之寫以傳布。

十九、瘰癧方

【崇文總目輯釋】卷三 《瘰癧方》一卷。原釋:闕。見天一閣鈔本。

【通志藝文略】醫方下 《瘰癧方》一卷

【宋史藝文志】子類醫書類 《瘰癧方》一卷

二十、五骨元方

【秘書省續編到四庫闕書目】卷二 《五骨元方》一卷。闕。

二十一、吞字帖腫方

【崇文總目輯釋】卷三 《吞字帖腫方》一卷,釋波利譯。原釋:闕。見天一閣鈔本。

【通志藝文略】醫方下　《吞字帖腫方》一卷，唐波馳波利奉詔譯。

【宋史藝文志】子類醫書類　《波馳波利譯吞字帖腫方》一卷

注：按織田得能著《佛教大辭典》略云，據《尊勝陀羅尼經序》，"波利"即人名，而"佛陀波利"之略。唐儀鳳元年，自西國到五台山，因文殊告命，而更還西天，齎梵本《尊勝陀羅尼經》而譯出之。波羅門僧也。

二十二、癰疽論

【宋史藝文志】子類醫書　邢一作郟元朴《癰疽論》一卷

二十三、經效癰疽方

【宋史藝文志】子類醫書　王蘧《經效癰疽方》一卷

注：按《本事方》卷六載有王蘧《發背方序》。所謂《發背方》，或即此書歟。今其全文列於下。

王蘧發背方序

元祐三年夏四月官京師，疽發於背，召國醫治之，逾月勢益甚。徐州蕭縣人張生，以艾火加瘡上灸之《醫籍考》無"灸之"二字。自旦及暮，凡一百五十壯，知痛乃已。明日，鑷去黑痂，膿血盡潰，膚理皆紅，亦不復痛。始別以藥附之《醫籍考》"附"作"傅"，日一易焉。易時旋剪去黑爛惡肉，月許瘡乃平。是歲秋夏間，京師士大夫病疽者七人，余獨生。此雖司命事，然固有料理不知其方，遂至不幸者，以人意論之，可爲慨然。於是撰次前後所得方，摸版以施，庶幾古人濟衆之意。紹聖三年三月日題。

二十四、治癰疽膿毒方

【宋史藝文志】子類醫書類　胡權《治癰疽膿毒方》一卷

二十五、治背疽方

【宋史藝文志】子類醫書類　史源《治背疽方》一卷

序跋

自序

源幼時學舉業，全不知醫藥。甲戌午自大學歸省，國醫常穎士器之適在府下，求爲母氏一診。云：有蓄熱必渴。時母氏不引飲，略喜水。又云：但防作瘡，覺瘡便著艾於上，熱盛則五花灸之，謂中及四旁，隨赤到處灸，非方停也。切記。至辛巳年六月望日，母氏忽言背胛間微痒，視之有赤半寸許，方有白粒如黍粟。記器之言，乃急著艾，其赤隨消，故二七壯而止。信宿復覺微痛，視之有赤下流，長二寸，闊如韭葉。舉家不悉，皆以前灸爲悔，親戚交譎，謂赤熱如何用火，有詆器之者。遂呼外醫，用膏藥覆之。益引，一日夜增一暈。至二十二日，衡斜約六七寸，痛楚不勝，間一呻吟，聽之心碎。蒼忙詢告，或云：等慈寺尼知全者，前病瘡甚大，得灸而愈。奔問之。全云：劇時昏不知，但小師輩言，范八奉議忠宣之子守定，灸八百餘壯方甦，約艾一篩爾。亟歸白之，見從。始以銀杏作炷。其上十數，殊不覺。乃截四旁，亦引其炷，減四之三，皆覺痛。七壯後覺痒，每一壯盡，則赤隨縮入。灸至三十餘壯，赤暈收退，病者信。遂以艾作團梅杏大，灸其上，漸加至雞黃大，約四十團，方覺痛，視火焦處已寸餘。蓋灸之遲而初發處肉已壞，壞肉盛隔，至好肉方痛爾，四旁知痛者，肉未壞也。又有言一潘殿直居城南，施瘡藥每效。源即再拜邀講。時已曛黑，火焮滿背。潘以手離瘡六寸許試之，云：瘡高阜而熱，不妨。且云：怕不高而熱氣少者。病者食粥訖安寢，前此六夜不寢。至曉示之瘡，如覆一甌，突然高三四寸，上有百數小竅，色正黑。以《千金》所說，與潘氏"高阜"之言求之，突然高者，毒氣出外而聚也。百數小竅者，毒未聚而浮攻肌膚也。色正黑者，皮與肉俱壞也。非艾火出其毒於壞肉之裏，則五藏逼矣。至是方悟《明堂圖》與煙蘿子所畫，五藏在背，如懸挂然。今毒行分肉間，待其外穿潰，則內虛外實。虛則易入，實難出，較然可見。而聽庸醫，用尋常赤腫敷貼涼冷藥以消散之，此借寇兵也。源痛自咎，爲人子不曉醫藥，致親疾危甚，荷神明扶佑於蒼茫間，問知艾力，已危而獲安。顧何以報神明之德，唯詳其灸效，及以名醫所論，長者所教，體常治療，將養避忌之法，盡告後來。庶以推廣聖賢垂濟之意，警發人子之用心，少謝母氏獨獲更生之幸云。壬午上元日，潁昌史源序。《醫籍考》

二十六、發背論

【宋史藝文志】子類醫書類　《發背論》二卷

二十七、丹毒備急方

【宋史藝文志】子類醫書類　宋森《丹毒備急方》三卷

二十八、五痔方

【宋史藝文志】子類醫書類　定齋居士《五痔方》一卷

二十九、治發背惡瘡內補方

【宋史藝文志】子類醫書類　《治發背惡瘡內補方》一卷

三十、衛濟寶書

(一)出典

【遂初堂書目】《衛濟寶書》

【直齋書錄解題】卷十三　《衛濟寶書》一卷,稱東軒居士,不著名氏,治癰疽方也。

【文獻通考】經籍考　《衛濟寶書》一卷。下引陳直齋之文。

【宋史藝文志】子類醫書類　東軒居士《衛濟寶書》一卷

(二)考證

【四庫全書總目】卷一百零三　《衛濟寶書》二卷。《永樂大典》本。舊本題"東軒居士撰",不著名氏。陳振孫《書錄解題》、《宋史藝文志》皆列其目爲一卷,世間久無傳本。惟《永樂大典》内尚有其文并原序一篇,稱"予家藏《癰疽方論》二十二篇,圖證悉具,可傳無窮,故記之曰《家藏衛濟寶書》"。序中具述方論之所自來,而復言"憑文註解,片言隻字,皆不妄發"云云。然則是書所載,本以經驗舊方裒輯成帙,惟中間註語乃東軒居士所增入耳。又别有董璉序一篇,記其得此書於妻家汪氏始末。中有乾道紀年,知東軒居士尚當爲孝宗以前人,特其姓名終不可考。至徐文禮不過校正刊行,而所作後序亦有"舉諸家治法集成一書"之語,乃當時坊本售名欺世之陋習,不足信也。其書首列論治諸條,皆設爲問答之詞。原序以爲傳之不老山高先生,其説頗荒誕不可稽。而剖晰精微,深中奥妙,實非有所師授者不能。其後臚列諸方,附以圖説,於藥物之修製、鍼灸之利害,抉摘無遺,多後來醫流所未見。謹因其舊文,掇拾排比,析爲上下二卷,著之於錄,以備醫家之一種。其乳癰、軟癤二門,則别系之卷末,俾各從其類焉。

(三)序跋

1. 東軒居士序

予家藏《癰疽方論》二十二篇,共爲一帙。其方論精微,圖證悉具,隨病施效,可以傳之無窮,而爲衛家濟世之寶,故記之曰《家傳衛濟寶書》。凡採百家之説,會十經之旨,以自得之妙,條陳篇目,使傳者易明而易行。其中答問指授之文,傳之不老山高先生。玉女飛花散,得之洞靈辛隱士。老翁神杖散,乃深溪吳道士之散。趙侯鬚一宗,實清河衲僧所傳。而犀角丸雖《萬全》本載,實因文宫先生之所得。食膏蹄湯,來自《千金方》。瘡潰之後,非此不可散,稱十奇黄山奇效之藥。乳癰軟癤,三溪老人所珍。鍼法師於石龍法師。灸訣休寧道人見授。憑文註解,片言隻字,皆不妄發。行之十有二年,救人莫知其數。方知微奥,息心澄意,穎悟之後,可以奉行,庶幾不誤後人。其爲陰德,亦不淺矣。東軒居士序。

2. 原序

予仲父乾道庚寅歲六日苦背瘡。其發甚微,欲以蒜餅炷艾,猶未下也。一日,醫者令飲大黄朴硝,則隱然矣。先以滓覆其上,越夕視之已寸餘。遂急去藥,令外科調治。旬日盈尺,勢猶未已也。梅根編戶文居禮,工此醫,活人不以數計,召而醫之,服藥薰貼,十日而瘡斂,二十日而肉生。璡一日至汪氏妻家,得所傳背方一帙,默契居禮所用藥,其服者乃卷尾逼毒散,傅者迺黄真君妙貼散,熏藥用雌雄黄等,皆是卷中一二方。如卷首十一論,入門式,試法,用藥法,鍼灸法,藥仙芝翁指授散,老翁神杖散,玉女飛花散,趙侯鬚散,六化丹等,皆居禮未嘗耳聆而目見者。後以此集示居禮,令互用之,其病不兩月平復。嗚呼,疾之勢大矣,藥之功亦大矣,特患人不能得此而善用之。今居禮以卷之一二方,而愈人疾若是,況得集大全者,則活人豈有極耶。名曰《衛家濟世寶書》,不亦宜乎。予不敢私於家,謹以此授居禮,仍傳好事者,姑序其始末云。董璡序。

3. 後序

文禮不才,蒙賢太守招致求醫,會新安王大監論及背證。文禮歷舉諸家治法,因投其機,遂令編類校正,集成一書,名曰《衛濟寶書》。後之覽者,毋誚愚爲僭可也。徐文禮識。

(四)鈔本及刊本

1. 永樂大典採輯書本

【叢書舉要】卷五十四永樂大典採輯書　《衛濟寶書》二卷,宋東軒居士。《叢書書目彙編》同。

【清史稿藝文志】　《東軒居士衛濟寶書》二卷。乾隆時敕輯。

2. 四庫全書本

【四庫全書總目】卷一百零三　《衛濟寶書》二卷。《永樂大典》本。

【壬子文瀾閣所存書目】卷三　《衛濟寶書》二卷,一冊。補鈔。

【文溯閣四庫全書要略及索引】　《衛濟寶書》二卷

3. 四庫閣傳鈔本

【持靜齋書目】卷三　《衛濟寶書》二卷。蓺海樓依閣本鈔。題東軒居士撰。

【郘亭知見傳本書目】卷八　《衛濟寶書》二卷。題東軒居士撰。依閣抄本。

【皕宋樓藏書志】卷四十六　《衛濟寶書》二卷。文瀾閣傳抄本。宋東軒居士撰。董璡序。自序。

【靜嘉堂文庫國書分類目錄】《衛濟寶書》。文瀾閣傳抄本。二卷。產寶諸方合綴宋東軒居士撰。寫。十萬卷樓舊藏本。一冊。

4. 當歸草堂叢書本

【八千卷樓書目】卷十　《衛濟寶書》二卷。題東軒居士撰。當皈草堂本。不著名氏。

【揚州吳氏測海樓藏書目錄】卷四　《衛濟寶書》二卷,東軒居士。《醫學叢書》,錢塘丁丙輯,光緒當歸草堂刊十二本內。

【叢書舉要】卷十二當歸草堂醫學叢書　《衛濟寶書》二卷,東軒居士。

【浙江藏書樓甲編書目】當歸草堂醫學十二種 《衛濟寶書》二卷

【浙江公立圖書館通常類圖書目錄】《衛濟寶書》二卷。舊題東軒居士撰。但當歸草堂《醫學叢書初編》五十七卷,清丁丙編。光緒十年增刊本十二本之內。

【古越藏書樓書目】卷五 《衛濟寶書》二卷。舊題東軒居士,不著名。丁氏《醫學叢書》本。

【江蘇省立國學圖書館圖書總目】《衛濟寶書》二卷。當歸草堂《醫學叢書》第三冊,題宋東軒居士。光緒四年丁氏刊本。

【江南圖書館閱覽室檢查書目】《衛濟寶書》,宋東軒居士。刊本。一本。

【中國醫學書目】《衛濟寶書》二卷,一冊。十行二十字。框橫十二釐,縱十五·九釐。《醫學叢書初編》之內。《欽定四庫全書衛濟寶書提要》,乾隆五十年。原序,董璉。原序,東軒居士。後序,徐文禮。

【續中國醫學書目】《衛濟寶書》二卷,半冊。十行二十字。框橫十二釐,縱十五·八釐。宋東軒居士增輯。《當歸草堂醫學叢書》之內,光緒四年刊。原序,董璉。序,東軒居士。《欽定四庫全書衛濟寶書提要》,乾隆五十年。後序,徐文禮。

5. 鈔本

【竹崦庵傳鈔書目】《衛濟寶書》二卷。宋人書。四十一。

【四庫書目邵注】《衛濟寶書》二卷。路有抄本。《四庫目略》"路"作"路小洲"。

【抱經樓藏書志】卷三十七 《衛濟寶書》二卷。鈔本。宋東軒居士撰。董璉序。自序。

【八千卷樓書目】卷十 《衛濟寶書》二卷。題東軒居士撰,不著名氏。抄本。

【江蘇省立國學圖書館圖書總目】《衛濟寶書》二卷,一冊。題東軒居士。抄本。

三十一、集驗背疽方

(一)出典

【直齋書錄解題】卷十三 《李氏集驗背疽方》一卷,泉江李迅嗣立撰。凡五十二條,其論議詳盡曲(富)[當]。

【文獻通考】經籍考 《李氏集驗背疽方》一卷。下引陳直齋之文

【國史經籍志】卷四下 《集驗背疽方》一卷,李逸。

(二)考證

【四庫全書總目】卷一百零三 《集驗背疽方》一卷,《永樂大典》本。宋李迅撰。迅字嗣立,泉州人,官大理評事,以醫著名。此書見於陳振孫《書錄解題》,稱所集凡五十三條,其議論詳盡曲(富)[當]。馬端臨《經籍考》亦著於錄,而題作李逸撰,與《書錄解題》不合。今案此書前有郭應祥序,亦云嗣立名迅,則《通考》誤也。背

疽爲患至鉅，俗醫剽竊一二丹方，或妄施刀鍼，而於受病之源、發病之形，及夫用藥次第，節宜禁忌之所宜，俱置不講，故夭閼者十恒八九。今迅所撰，於集方之前俱系以論說，凡診候之虛實，治療之節度，無不斟酌輕重，辨析毫芒，使讀者瞭如指掌。中如五香連翹湯、內補十宣散、加料十全湯、加減八味丸、立效散之類，皆醇粹無疵，足稱良劑。至忍冬丸與乳癰發背神方，皆秖金銀花一味，用藥易而收功多，於窮鄉僻壤難以覓醫，或貧家無力服藥者，尤爲有益，洵瘍科中之善本矣。謹從《永樂大典》中採掇裒訂，仍爲一卷。其麥飯石膏及神異膏二方，乃諸方中最神妙者，而《永樂大典》乃偶佚之，今據《蘇沈良方》及危亦林《得效方》補入。又《赤水玄珠》亦載有神異膏方，與《得效方》稍有不同，今并列之，以備參考焉。

【醫籍考】二千九百六十九頁　按，查《文獻通考》，亦作李迅，其誤作李逸者，見於《國史經籍志》，《提要》說失考。

（三）序跋

1. 李迅序

耕當問農，織當問婢，業之貴乎專門固也。苟得於口耳道聽，古人所不取。余自上世，本以儒術名家，取科第與鄉薦，代不乏人，今猶未艾。於醫方特寓意於其間，志在濟人而已，他無苟焉。其視徒廣於收方，每有所得，靳而不與人者，心實病之。凡士大夫家傳名方，每喜於更相傳授。至於醫生術士，或有所長，賂以重賄，幸而得之，則必試而用之。心知其經驗，有因病來叩，隨證贈方，一無吝色，行之無倦。繼志述事，今歷二世。獨背疽之疾，世醫以爲奇疾，望風斂手，於是尤盡心焉。始則試田夫野人，中則用之富家巨室，久而獻之貴官達宦，有如印券契鑰之驗。屢欲編集，以貽後人，愧非專門而止。茲因賢士大夫適爾過聽，諄諄下問，欲廣其傳，乃退而敬嘆其存心之良，高出收方之士數百等。用是不敢固辭，取平昔所用經驗之方，從而編次，明辨其證候，詳論其顛末，與夫用藥之先後，修合之精粗，病者之調攝，飲食居所之戒忌，靡所不載。自知鄙俚而繁贅，然以口授心傳之術，而寄於筆端，一或不詳且盡，因致錯誤，則性命所繫，陰譴之報，以誰尸之，故不恥而爲之撰集。用藥之際，更宜謹思之，明辨之。宦遊四方，聞見益廣，續得名方，因風教告，以警不逮，豈特愚之素志，實君子聞善相告之意也。慶元歲在柔兆執徐律中大呂中澣日，遂江李迅嗣立書。《外科精要》《醫籍考》

2. 李氏集驗方序

始予奉親攜幼來官泉江，未入境，首問邑有良醫師乎，又問肆有佳藥肆乎。或對以醫固不乏人，而庸庸者實多；藥肆僅一二數，然稍貴細者則缺焉。予謂二者老幼所依以爲命也，今顧若此，其奈之何哉。或曰，邑有李嗣立廷評者，廣收方書，多蓄藥味，有問方者必告，有求藥者必與，了無吝色厭心。予固私竊慶幸。時方至旅見，亦未暇詢及也。久之，嗣立來請，間與之款語。見其持心近厚，非愛人利物之言不談，叩以《難》、《素》、《脈訣》、《病源》等書，其應答如流。厥後家人子或有病，疏方惠藥，雖數數不憚煩。凡三年間，不醫之求，而唯嗣立之謁。一日，嗣立出示一編曰,此治背疽方也。今人例以此爲惡疾,悉付之外科,而邈不加之意,不知治療之失宜,蓋未有能得全其生者。某於此究心有年,所治甚衆,君能捐二三萬錢,刻板流布,不猶愈於刊他書乎。予且圖之,會有黄冠師曰劉道淵者,主邑之太霄觀,忽得此疾。劉素號曉方脈,得嗣立之書而敬信之。凡服藥次第,悉按書以從事,不兩月遂獲安。予益信其書之有驗,乃爲之序其首。嗣立名迅,以儒傳家,父兄相繼收科。(予)[子]弟亦登名賢書,鄉評翕然推重。予與其兄嗣宗嘗同校長沙試,契分爲不薄,又有鍼膏起廢之功,故樂爲之成其志云。郭應祥序。文溯閣本

(四)鈔本及刊本

1.永樂大典採輯書本

【叢書舉要】卷五四永樂大典採輯書　《集驗背疽方》一卷,宋李迅。《叢書書目彙編》同。

【清史稿藝文志】　宋李迅《集驗背疽方》一卷。乾隆時敕輯。

【永樂大典内輯出佚書目】表一　《集驗背疽方》一卷,宋李凡撰。清四庫館臣輯。

2.四庫全書本

【四庫全書總目】卷一百零三　《集驗背疽方》一卷。《永樂大典》本。宋李迅撰。

【壬子文瀾閣所存書目】卷三　《集驗背疽方》一卷,一册。補鈔。

【文溯閣四庫全書要略及索引】　《集驗背疽方》一卷

3.四庫閣傳鈔本

【持静齋書目】卷三　《集驗背疽方》一卷,宋李迅撰。藝海樓依閣本鈔。

【郘亭知見傳本書目】卷八　《集驗背疽方》一卷,宋李迅撰。藝海珠塵依閣鈔本。

【續中國醫學書目】外科　《集驗背疽方》一卷,一册。八行,二十一字。框横十五釐,縱二十釐。宋李迅嗣立撰。寫本,據於文溯閣本影鈔。"提要",紀昀等,乾隆四十六年。"李氏集驗背疽方序",郭應祥。

4.四庫珍本初集本

【江蘇省立國學圖書館圖書總目】　《集驗背疽方》一卷。《四庫珍本初集》第一期第一百九十八册。商務印書館影印本。

5.鈔本

【竹崦庵傳鈔書目】　《集驗背疽方》一卷,宋李迅撰。三十。

【四庫書目邵注】卷十　《集驗背疽方》一卷,宋李迅撰。原本久佚。今從《永樂大典》録出。路有鈔本。《四庫目略》"路"作"路小洲"。

【八千卷樓書目】卷十　《集驗背疽方》一卷,宋李迅撰。抄本。

【江蘇省立國學圖書館圖書總目】　《集驗背疽方》一卷,一册,宋泉州李迅。鈔本。

【江南圖書館閲覽室檢查書目】　《集驗背疽方》一卷,宋李迅。抄本。一本。

【靜嘉堂文庫國書分類目錄】《集驗背疽方》一卷。《腳氣治法總要》合綴宋李迅撰。寫。十萬卷樓舊藏本。

6. 未詳本

【世善堂藏書目錄】《背疽方》一卷,宋李迅。

【本草綱目】引據書目《李迅癰疽方》

附　李氏癰疽方

【宋史藝文志】子類醫書類　《李氏癰疽方》一卷

注:按是書疑即《集驗背疽方》,《本草總目》所稱《李迅癰疽》,恐亦同書。

三十二、外科新書

【宋史藝文志】子類醫書類　伍起予《外科新書》一卷

注:按陳自明《外科精要自序》云:如近代名醫李嗣立、伍起予、曾孚先輩,編集上古得效方論要訣云云。其書中多引李、伍、曾三氏之文。

序跋

鄒應龍序

大抵癰疽發於背者,至危殆之疾也。多至不救者,夫豈皆命也哉。然有法可活,非膏塗末傅之能愈。初覺便從頭上作艾炷,宜泄蘊毒,使毒氣亟奪,而無内蝕之患。惟頭及頸則否,此更生法也。灼艾之外,則又有奇方存起,予平昔屢用屢效,實不敢私,以廣其傳。開禧丁卯十月旦日,江南西路提刑鄒應龍爲之序跋。刊於章貢。《外科精要》《醫籍考》

三十三、外科保安方

【直齋書錄解題】卷十三　《外科保安方》三卷。知興化軍亳社張允蹈家藏方,龔參政茂良、劉太史夙爲之序跋。《文獻通考》同

【宋史藝文志】子類醫書類　張允蹈《外科保安要用方》五卷

【世善堂藏書目錄】卷下　《外科保安方》三卷,張允蹈。

【汲古閣毛氏藏書目錄】　《外科保安方》三卷

三十四、五發方論

【直齋書錄解題】卷十三　《五發方論》一卷,不知名氏。亦吳晦父所錄。《文獻通考》同

三十五、癰疽辨疑論

【醫籍考】二千七百八十一頁　《李氏世英癰疽辨疑論》二卷。存。

【經籍訪古志】卷八　《癰疽辨疑論》上下卷。古鈔本。下卷佚。寶素堂藏。宋明保義郎權殿司機宜李世英編。首有淳祐壬寅彌忠序,淳祐癸卯陳卓序,又有世英自序。按是書久無傳本,小島學古獲之,即外科曾谷伯安舊藏,其下卷已佚。宗鑑撮要記載有節文,學古鈔而附之。宗鑑"撮要集跋"稱,《辨疑論》,天文七年借尾州學客杉江喜三,并外科慶祐所藏而寫之。慶祐即伯安之祖。

(一)序跋

1. 自跋

僕年過縱心,歷醫五十餘載,耳聞目見,受此病者,十中僅有三二可保其生。緣此病有陰陽緩急之異,蓋醫者不決,使病者惶怖。世英僅將家傳積世秘效之方書,參考古今諸家之論,并親承前輩諸老先生指證之教,編成一帙,命曰《癰疽辨疑論》。其實只欲辨明陰陽之疑惑,次用藥劑之輕重,非敢爲贅言也。更望四方高明之士,洞燭此書,或恐語未能盡善,悉爲考證,庶得旨要諦當,欲廣流傳。深願家家盡曉,人人自會。或城邑市井,猶可命醫。或道途阻□,深山大澤,忽感此疾,倉卒之間,命醫未及,但將此書詳覽,先別陰陽,隨證施治,庶不致陰陽錯謬,舉獲康寧,爲利豈小補哉。時太歲壬寅淳祐二年仲冬晦日,雪巖李世英少穎書。

2. 史彌忠序

余嘗觀隋大業中巢元方等著《諸病源候論》,其論癰疽諸證,固多本於古書,但能定人以必死之期,而未嘗示人以救死之方。然則此書流傳於世,見之者毛骨竦立而已,果何益乎。近時陳無擇《三因方》盛行,所謂病有三因者,實原於《金匱要略》,非臆說也。其爲癰疽敘論,謂陰滯於陽則發癰,陽滯於陰則發疽,而此二毒發無定處,常以脈別之,浮洪滑數則爲陽,微沈緩濇則爲陰,陰則熱治,陽則冷治,可謂明白簡易矣。然考其所用之方,則不能無疑。如乳香連翹與漏蘆二湯,及洪丞相所序內補散,固已明言不可守此一法而普攻之矣。但謂內因則用遠志,外因則用大黄,不內外因則用甘草。所謂陰則熱治者,初未嘗有方及之。後雖有内塞散一方,亦用附子,但施之於熱退膿血不止之時,非是用於其疾興作之際。則夫熱治之說,竟成泯默而無傳,可乎。余弟定叔得此疾於積年患渴之後,不數日間,腫大如杯,勢極可慮,不敢輕用外科。父子兄弟,相與爲謀,惟有李君太醫老成更練,可付茲事。亟致禮召之。至則診其脈,察其證,遽舉手相賀曰:此陰病也,見得甚明,無庸過憂,但用多備雄附等料耳。暨服其藥數日,病者大覺煩躁,且索冰水,沃手盥湔,至呼諸子來前,而誥李君曰:汝以附子投我,我死,兒輩忍不從汝取償吾命乎。李君但笑而唯唯,不得已而應之曰:今夜迺住此藥。退而語諸子曰:今正是服附子時,舍則無藥可進,況病人飲食精神皆不失常,瘡潰而膿如湧泉,皆善證也,非服附子之功而何。但用附于,稍雜以他劑而進之,使不能別其氣味,斯可矣。諸了如其言,遂取全效。病涉數月,用附子逾三百之數,皆余所目擊。向使李君初無定見,終無定力,顧不殆哉。余於此惜陳無擇《三因方》證治未及處熱治之法也。李君世攻外科,壯歲從古絹陸從老學,指下明徹,如洞見肺腑,用藥親切,如射必中的,晚歲遂爲吾鄉獨步。

一日與余言:今老矣,且憚於出入,然醫書之備,莫盛於今日,學者儻能按圖而索焉,十豈不能得其五六。但癰疽一證,實爲至危之疾,乃絕無所謂熱治之方,後學何所考據。況近世有不幸而罹此疾者,多發於陰,如憂慮鬱結,色慾過度,陽氣衰弱,榮衛不調,非陰類乎。其輒犯不韙,著《辨疑論》,仍以常用既效之方,具述於後。因欲命工刻梓,以廣其傳,幸不靳一語,與之即可,則其爲不費之惠,夫豈淺淺。彌忠嘗不文辭,而此論不必以文而行遠,於是乎書。淳祐壬寅季秋既望,端明殿學士金紫光祿大夫致仕史彌忠序。右二序跋並據於《醫籍考》。

注:按《經籍訪古志》云,此書尚有淳祐癸卯陳卓序,然《醫籍考》不引之,故茲僅錄其目云。

(二)傳本

【寶素堂藏書目錄】《癰疽辨疑論》二卷,一冊。古鈔本,下卷闕。《李世英癰疽辨疑論》二卷。下卷一冊,天文七年節鈔本。

【內閣文庫圖書第二部漢書目錄】《癰疽辨疑論》二卷,下卷缺,宋李世英。日本寫本。

三十六、外科精要

(一)出典

【文淵閣書目】卷十五 《外科精要》。一部,一冊。

【菉竹堂書目】卷五 《外科精要》。一冊。

【本草綱目】引據書目 陳自明《外科精要》

【醫藏書目】楊肘浸假函目 《外科精要》一卷,陳自明。

【脈望館書目】成字號舊板書 《外科精要》三本。 辰字號《外科精要》一本。

【千頃堂書目】卷十四補宋 《外科精要》三卷,陳自明。

【天一閣藏書目錄】呂字號廚 《外科精要》一本

【傳是樓書目】 陳自明《外科精要》三卷。

【宋史藝文志補】 陳自明《外科精要》三卷

注:按右諸家目所著錄,疑其中或有熊宗立補遺本及薛己校注本,然其所記皆簡,而無可考據,今一括一揭焉。

(二)考證

【經籍訪古志】卷八 《外科精要》三卷。舊鈔本。楓山秘府藏。宋寶堂習醫陳自明良甫編。首有趙汝暨序及景定癸亥自序。

按,是書世唯傳熊均校本及薛己補注。熊本有二,其一天順甲申種德堂原刻,其一正德戊辰葉元昊重刊,俱稀流傳。此本文字端正,真爲陳氏原本。寬政丁巳,醫官津輕意伯健壽刊而行之，校以《醫方類聚》及鹿門望氏舊藏朝鮮本，事詳其跋中。係櫟窻先生代撰。

（三）序跋

自序

凡癰疽之疾，比他病最酷，聖人推爲雜病之先。自古雖有瘍醫一科，及《鬼遺》等論，後人不能深究，於是此病淪沒，轉乖迷途。今鄉井多是下甲人，專攻此科，然沾此疾又多富貴者。《内經》云：大凡癰瘡，多生於膏粱之人。僕家世大方脈，每見沾此疾者，十存一二。蓋醫者少有精妙能究方論者，間讀其書，又不能探賾索隱。及至臨病之際，倉卒之間，無非對病閲方，遍試諸藥。況能療癰疽、持補割、理折傷、攻牙療痔，多是庸俗不通文理之人，一見文繁，即便厭棄。病家又執方論以詰難之，遂使醫者鼯鼠技窮，中心惶惑，當下不下，悠悠弗決，遷延日久，遂令輕者重，重者死。又多見生疽之人，隱諱者衆，不喜人言是癰疽發疾，但喜云只是小小節毒而已。及至孔洪，遂致不救。又有病家猜鄙，吝其所費浩瀚，不肯請明了之醫，而甘心委命於庸俗之手。或有醫者，用心不臧，貪人財利，不肯便投的當伐病之劑，惟恐效速而無所得，是禍不極則功不大矣。又有確執一二藥方，而全無變通者。又有當先用而後下者，當後下而先用者。多見一得疾之初，便令多服排膿内補十宣散，而反增其疾。此藥是破後排膿内補之藥，而洪内翰未解用藥之意，而妄爲序跋，以誤天下後世者衆矣。陳無擇云，當在第四節用之，是也。又有得一二方子，以爲秘傳，惟恐人知之，穹貴之人，不見藥味而不肯信服者，多矣。又有自知衆人嘗用已效之方，而改易其名，而爲秘方，或妄增藥味，以惑衆聽，而返無效者，亦多矣。此等之徒，皆含靈之巨賊，何足相向。又有道聽塗説之人，遠來問病，自逞了了，詐作明能，談説異端，或云是虚，或云是實，出示一方，力言奇效，奏於某處。此等之人，皆是貢諛，其實皆未曾經歷一病，初無寸長。病家無主，易於搖惑，欲於速效，又喜不費資財，更不待醫者商議可服不可服，即欲投之，倏然至禍，各自走散。古人云"貧無達士將金贈，病有閑人説藥方"，此世之通患，歷代不能革。凡癰疽之疾，真如草寇，不守法律，出意凶暴，待之稍寬，殺人縱火，無可疑者。凡療斯疾，不可以禮法待之，仍要便服一二緊要經效之藥，把定臟腑，外施鍼灸，以泄毒氣。其勢稍定，卻乃詳觀方論，或命醫者詳察定名，是癰是疽，是虚是實，是冷是熱，或重或輕，對證用藥，無失先後次序。病者不必憂惶，醫者確執已見，不可妄立名色，愴惶惑亂，收效必矣。如近代名醫李嗣立、伍起予、曾孚先輩，編集上古得效方論要訣，愚因暇日，採摭羣言，自立要領，或先或後，不失次序。其中重復繁文者削之，取其言簡意盡，綱領節目，整然不紊，庶幾覽者如指諸掌。雖不能盡聖人之萬一，使臨病之際，便有所主，毋致渴而穿井，鬪而鑄兵者乎。旹景定癸亥孟秋，寶唐習醫陳自明良甫序。《醫籍考》

注：按《經籍訪古志》云：舊鈔本首有趙汝暨序。又按《朝鮮醫籍考》云：日本寬政間所刊本，有津輕意伯跋及意伯小識。今汝暨序及意伯跋俱未得閲之，但其識《朝鮮醫籍考》載之，今附錄於"日本刊本"之條下矣。

（四）鈔本及刊本

1. 舊鈔本

【經籍訪古志】卷八　《外科精要》三卷。舊鈔本，楓山秘府藏。下略

【元治增補御書籍目錄】　《外科精要》三卷，古寫本。三冊。宋陳自明撰。

【帝室和漢圖書目錄】　《外科精要》，宋陳自明。寫。三卷，三冊。

2. 朝鮮活字本

【經籍訪古志】卷八　《外科精要》三卷。朝鮮國活字本，楓山秘府藏。按，此本蓋與鹿門舊藏相同。

【元治增補御書籍目錄】　《外科精要》三卷。韓板。二冊。宋陳自明撰。

【内閣文庫圖書第二部漢書目錄】（特）　《外科精要》三卷，宋陳自明。朝鮮活版。

【朝鮮醫籍考】一百十三頁　《外科精要》三卷，二冊，宋陳自明編。内閣文庫藏。刊行年代未詳，活字印本與《實錄》之字相似。截斷上下及右緣，而爲改裝。每半葉匡郭，縱二十二・五釐，横十五・五釐。九行，行十七字。帶圖。其紙數，序跋五，目九，本文一百十九葉。自序。旹景定癸亥孟秋寶唐習醫陳自明良甫序。李嗣立序跋。慶元歲在柔兆執徐律中大吕中瀚日遂江李迅嗣立書。伍起予序跋。開禧丁卯十月旦日江南西路提刑鄒應龍爲之序跋，刊於章貢。

3. 日本寬政刊本

【聿修堂藏書目錄】　《外科精要》三卷，一冊。寬政丁巳刻本。

【元治增補御書籍目錄】　《外科精要》三卷。寬政板。三冊。宋陳自明撰。

【觀海堂書目】誰字號　《真本外科精要》三本。三卷。日本刻本。

【故宫博物院書目】　《外科精要》，宋陳自明。三卷。三冊。日刊本。

【内閣文庫圖書第二部漢書目錄】（特）　《外科精要》，津輕健壽校。寬政十年刊。三冊。《外科精要》同上，寬政九年刊。三冊。

注：按《朝鮮醫籍考》引載津輕意伯識語，其全文即如左下：戊午年冬，《精要》刻成將刷行，偶得見韓本，乃是鹿門望氏之舊藏，文字有與前所校諸本不同者，更參對標記上方，以續刻之。因思宇宙之大，有何等異本，唯願後賢重訂。再己未初夏，健壽識。

附　外科精要附遺

【醫籍考】二千七百九十一頁　熊氏宗立《外科精要附遺》三卷。存。

【聿修堂藏書目錄】　《外科精要》三卷。一冊。抄。正德四年刻本。宋陳自明撰。

【經籍訪古志】卷八　《外科精要》三卷。中略按是書世唯傳熊均校本及薛己補注，熊本有二，其一天順甲申種德堂原刻，其一正德戊辰葉元昊重刊，俱稀流傳。

【内閣文庫圖書第二部漢書目錄】　《外科精要》三卷，明熊宗立補遺。日本寫本。一冊。

附　校注外科精要

【醫籍考】二千七百九十一頁　薛氏已《校註外科精要》三卷。存。

(一)序跋

1. 薛已序

外科,蓋指瘡瘍門言也。上古無外科專名,實昉於季世,後人遂因而分內、外爲二科。茲外科迺宋陳良甫先生所著,雖以瘍科名其書,而其治法固多合外內之道,如作渴、泄、灸法等論,誠有以發《內經》之微旨,殆亘古今所未嘗道及者,可傳之萬世而無弊也。第其他所設方藥,亦不無宜於昔而不宜於今者,非先生之術有未精要也,良由今人所稟,遠不逮昔,雖使先生至今存,亦不得不因時而損益之矣。余於時自忘淺鄙,漫仿元本之所說,備而未悉者,斷以愚意而折衷之,仍其舊名,釐爲四卷。其補錄一卷,則出余管見,同志幸勿咎其僭,而進其所未至焉。嘉靖丁未春月吉日,奉政大夫太醫院使致仕吳郡薛已謹序。

2. 外科精要序

嘗謂古之醫也其學一,今之醫也其學二。一則通,二則泥。夫分內外而二之者,形證也,遺也;合內外而一之者,元氣也,理也。古之醫者達乎此,故神聖之妙臻,而病者無夭折之虞。若秦越人讀五色禁書,能洞視人癥瘕變態無方者是已。夫所謂禁書,顧非今《內經素》、《難》之類與。奈何後世專門之術興,而此義遂晦矣。內外分治,至若水火之不相萌,俾病者瞀惑,寧甘心飲其藥,以死而不悟者,滔滔也。噫,是豈不大可哀哉。吳郡立齋薛君,早歲以外科聞,迺其學一本之於內,以故歷事三期,聲稱爲特著焉。迨中年轉掌院事,遂拂袖歸,深懲末學支離之弊,益肆力於著述,冥搜遠討,精力罔遺。嘗取宋臨川陳氏所著《外科精要》,重加補註。本之《素》、《難》以探其微,參之諸家以會其粹,附之治驗以彰其則,遂成一家之言,而瘍科迺有完書矣。即推之諸證,恐亦無不宜。何者?理一而已。是書蓋以明此一也。雖謂立齋今之越人,可也。余嘗病足疽於京,百藥罔瘳,偶得立齋心法發揮,檢治隨瘥,恆心竊寶之,況此視二書爲尤備哉。遂樂爲之序,以與衛生者共焉。嘉靖戊申歲夏四月吉,賜進士出身承德郎戶部陝西清吏司主事成都王詢撰。嘉靖刊本

(二)刊本

薛氏全書本

【叢書舉要】卷十二薛氏全書十六種　《外科精要》三卷,陳自明編。薛已注。明刊坊刻本。

【中國醫學書目】《外科精要》三卷,三冊。十行十八字,框橫十四・五釐,縱十八・五釐。陳自明編,薛已校。嘉靖板。外科精要序,王詢,嘉靖二十七年。目錄。外科精要序。卷末載之,脫其後半而逸作序者之名,然觀其文,蓋是薛已自序也。

《外科精要》三卷,二冊。十行,二十字。框橫十三・五釐,縱二十釐。陳自明編,薛已註,吳玄有校。《薛氏醫案全書》之內。"外科精要序",王詢,嘉靖二十七年。目錄。

【續中國醫學書目】《外科精要》三卷。同上本。

三十七、癰疽方

【宋史藝文志】子類醫書類　《癰疽方》一卷

三十八、外科積要方

【醫籍考】二千七百八十頁　亡名氏《外科積要方》，佚。按，右見於《朱氏集驗方》。

注：按右《醫籍考》所謂《朱氏集驗方》，蓋是《醫籍考》卷四十九所載《朱氏佐類編朱氏醫方》也。《醫方類聚》亦引其書，而稱爲《朱氏集驗方》。朱佐字君輔，南宋咸淳間人。

附　外科類書

【醫方類聚引用書】《外科類書》

附　華陀外科

【醫藏書目】楊肘浸假函目　《華陀外科》

注：按右二書，并無爲宋以前書之確證，今暫附載於此。

注：按《宋志》有徐夢符《外科灸法論粹新書》之目，今錄在"鍼灸"中。又按，《政和本草》所載《證類本草》所出經史方書中，有"治瘡諸方"、"背癰諸方"、"治疽諸方"之目。然今查唐慎微所引方書，全無此等之名，疑即皆非書名，今并不錄焉。

第十七類　目科方論

一、療目方

【隋書經籍志】陶氏效驗方注　梁五卷。又有《療目方》五卷。

【舊唐書經籍志】子類醫術　《療目方》五卷

【唐書藝文志】子錄醫術類　《療目方》五卷

【通志藝文略】眼藥　《療目方》五卷，陶氏撰。

二、療耳眼方

【隋書經籍志】陶氏效驗方注　梁有甘濬之《療耳眼方》十四卷。

【通志藝文略】眼藥　《療耳眼方》十四卷，甘濬之撰。

三、龍樹眼論

【崇文總目輯釋】卷三　《龍樹眼論》一卷

【通志藝文略】眼藥　《龍樹眼論》一卷

【郡齋讀書後志】卷二　《龍樹眼論》三卷。右佛經。龍樹大士者，能治眼疾。或假其說，集治七十二種目病之方。《文獻通考》同。

【宋史藝文志】子類醫書　《龍樹眼論》一卷

【世善堂藏書目錄】卷下　《龍樹大士眼論》三卷

【汲古閣毛氏藏書目錄】　《龍樹眼論》三卷

注：按《日本國見在書目錄》云"龍樹菩薩眼經一"，疑即是書。

(一)考證

【醫籍考】二千七百十三頁　《龍樹眼論》。《崇文總目》一卷。《讀書後志》作三卷。存。按朝鮮國《醫方類聚》所輯《龍樹菩薩眼論》，即是書也。弟堅錄出以爲一卷，跋曰：世傳龍樹王菩薩能療眼疾，故往往假託，以神其書。史志著錄，亦頗爲繁。今如是書，文辭古雅，與《外臺秘要》謝道人論相出入，而證治之法，鍼鎌之術，其精微非彼所及。又有"波斯之法，與漢土用藥不同"等語，則或是隋唐間人傳錄夷法者矣。白香山《病眼》詩云"案上謾鋪龍樹論,盒中空撚決明丸",蓋指是書也。且觀其篇第,函蓋備具,非出零殘之餘者。《宋志》所謂《龍樹眼論》者,亦是耳。唯菩薩療眼,未詳所出。或曰,玄奘《西域記》稱龍猛善閑醫藥。《隋志》亦有《龍樹菩薩藥方》四卷,而菩薩所撰《大智度論》辨五種眼。疑後人湊合爲言者。余素暗內典,未敢決也。

【經籍訪古志】卷八秘傳眼科龍木總論　《醫方類聚》所載《龍樹菩薩眼論》,是隋唐間物,與此不同。

(二)輯本

醫方類聚採輯本

【躋壽館醫籍備考】《龍樹菩薩眼論》一卷,一冊。《醫方類聚》採輯本。

【寶素堂藏書目錄】《龍樹菩薩眼論》一卷,一冊。《醫方類聚》採輯本,《五藏論》合本。

【觀海堂書目】深字號　《龍樹菩薩眼論》一本。一卷。日本古鈔本。　蘭字號《龍樹眼論》、《五藏論》共一本。一卷。日本抄本。

【故宮博物院書目】《龍樹菩薩眼論》,日衣闕順按"順"下當有"庵"字。一卷,一冊。日抄本。

四、龍木論

【醫籍考】二千七百十五頁　《龍木論》四卷,未見。劉昉曰:此論莫所從出,世言龍木王菩薩之書。《幼幼新書》

注:按陳履端所輯明刊《幼幼新書》卷三十三眼目門所引"龍木論方論"有四條,而同書卷四"前代方書",《葛氏肘後》條下云:此莫究所從出,世言龍木王菩薩書。今據《醫籍考》所言而考之,劉昉原本"葛氏肘後"之次,當有"龍木論四卷"之題記,而陳履端本偶脫之也。

【文淵閣書目】卷十五《龍木論》一部一冊。闕。

【菉竹堂書目】卷五　《龍木論》一冊

【古今醫統大全】採摭諸書　《龍木論》三卷。佛經禪師龍樹大士著。能治眼疾,假其說集七十二種目病之方。

【本草綱目】引據書目《眼科龍木論》

【醫藏書目】機在函目　《龍木論》

注:按右明代諸家所著錄,其記皆簡,而不知爲何本,今一括揭於此。

附　《眼科龍木總論》

【醫方類聚引用書】《眼科龍木總論》

(一)考證

【醫籍考】一千七百十六頁　《秘傳眼科龍木總論》十卷。存。按是書方論與《聖濟總錄》、《幼幼新書》所援相符，而自第一卷至第六卷載"七十二證方論"，每條攙以"審的歌"。第七卷係宋人諸家名方，第八卷鍼灸經，第九、第十兩卷辨論藥性，蓋後人就其舊本演以成編者也。狩谷掖齋望之嘗藏一本，寫手精善，古香可愛，云應永中所鈔者。考應永即明洪武季年，據此，是書當是宋元間人所編矣。萬曆中毅所黃氏所梓行。卷首附葆光道人《秘傳眼科》一卷。每卷以方論分篇，文字多譌，不易讀矣。頃日常陽丹墀天祥元禎示其所藏大字鈔本，原亦係黃刻，題曰《秘傳眼科龍木集》，卷首不著葆光道人書。

【經籍訪古志】卷八 《秘傳眼科龍木總論》十卷。應永廿七年舊鈔粘葉本，躋壽館藏中略。按此本爲狩谷望之舊藏，冊不牋釘，紙心粘裝，宋人所謂蝴蝶裝也。第一卷至第六卷載"七十二證方論"，與《聖濟總錄》、《幼幼新書》所援相符。《新書》曰"龍木論四卷"，即是也。中間攙以"審的歌"，蓋《宋史》"劉皓眼論審的歌一卷"者也。第七卷至第十卷後人所演，疑出元人手。是書從來唯傳明刻，譌字甚多，得此本始可得讀矣。

(二)序跋

龍木集序

漢以上有說無方，由漢以下方與說始備。說不乖理，方不違義，斯其爲良醫矣。古之醫有俞跗、渤海秦越人，其爲術不止湯熨、鍼石，能視人五臟癥結，割皮解肌，湔浣腸胃，神秘精玅，咸可謂後世法。漢倉公得《黃帝扁鵲脈書》，其言人生死不爽毫髮，司馬遷備載之。後世多不曉，然其意則微矣。醫之攻疫，猶將之制敵，善將者不擇人而戰，善醫者不擇病而治。余觀韜鈐諸書，陰陽變化，縱橫間諜，天地人事之紀，莫不詳究。下至雲鳥龍虵八陣六花之奇，進退倚伏，戰守攻圍之具，條貫靡遺，真可爲用兵之權輿矣。然敵之來，虛實堅瑕，其機難測，而其爲變無窮，勝敗死生，在料量呼吸之頃，不可嘗試而冒爲之者。則決策發奇，運用之玅，存乎其人。醫之爲道，亦若是而已。目者肝之外候，五臟六腑之精氣，上注於目，故火乘肺，白輪赤。火乘脾，肉輪赤。火乘肝腎，黑神翳。心君火動，則各有所乘。五臟之虛實，六氣之乖和，皆應於目。醫者視形色，察脈理，參度量，立規矩，知其有餘、不足與法之順逆，然後可以爲施治之，則此《龍木集》之所由作也。立論精微，布法該核，深有得於俞扁倉公神髓，理由說闡，方以義裁，不啻如孫吳之法，嚴整疏遠。可以待勝乎敵，而生死起廢，應手可得者，惟在人善用之耳。毅所待御黃公，患其集未廣布，命梓之以傳，其仁博矣。公觀海表荒陬僻邑，咸所愛卹，其民之欺蔽於豪強，網絡於誅求，靡爛於箠楚敲朴之下，蓋蔽而不獲申者，不有妨人之苦於懵瞽者乎，殆有甚云。又不有精神內竭，目系上強，懼旦夕悁乘而不克救者乎。其未經歷與所未廉得者，困苦憔悴之狀，不亦有如是之亟且急者乎。公見之必盡憫之，不欲其夭廢而安全之者，其亦有所處矣。生人之心一也。起廢疾則思廣其方，理天下則務平其政。公佐天子，出治調燮之任，亦盡是心而已。常郡侯浠桂朱公袗，以公命屬文於余。余不佞，不能爲文，惟推公之心以爲侯告。侯曰：然。遂書之。萬曆乙亥歲春三月吉日，賜進士出身奉政大夫廣東按察司僉事前南京兵部車駕司郎中王問撰。

(三)鈔本及刊本

1. 日本舊鈔本

【經籍訪古志】卷八 《秘傳眼科龍木總論》十卷。應永廿七年舊抄粘葉本,躋壽館藏。每半葉高七寸,幅四寸。七行,行十八字。第六卷末頁腦有“應永七年三月□□”蠹蝕一行,蠅頭細書。下略

【寶素堂藏書目錄】《龍樹總論》十卷,十冊。狩谷掖齋舊藏應永二十七年粘葉古本。《龍木總論》十卷,三冊。影鈔應永鈔本。

【聿修堂藏書目錄】《眼科龍木醫書》十卷,四冊。抄本。

【觀海堂書目】敬字號 《眼科龍木論》三本。十卷。日本古鈔本。

【故宮博物院書目】《秘傳眼科龍木總論方》十卷,三冊。日抄本。

注:按《留真譜新編》卷八載有《秘傳眼科龍木總論目錄》首頁及總論首頁,其體式行款,全與《訪古志》所記相符,蓋是據應永舊鈔本而影鈔者也。

2. 明隆慶元年刊本

【崇蘭閣醫書目】《眼科龍木總論》十卷。不著撰人名氏。二冊,隆慶改元陝西刊。

【經籍訪古志】卷八 《秘傳眼科龍木總論》十卷。明隆慶改元刊本,福井榕亭藏。隆慶改元陝西布政司刊,都事邵武丘鳴鶴校,甘州左衛右所正千戶宋寶同校正。按此本全與應永本同,彼“總目”在“總論”之後,此則在前,殊爲得體,其他皆不及彼之精善。應永本用“圓”字,是南宋本之面目,此用“丸”字,後人所改。

3. 明萬曆乙亥刊本

【經籍訪古志】卷八 又有萬曆乙亥刊本。聿修堂藏。卷首有“葆光道人秘傳眼科”。

【杏雨書屋圖書假目錄】《秘傳眼科龍木醫書》十卷。《葆光道人秘傳眼科》一卷。明刊。秘傳眼科龍木醫書總論。

4. 清代坊刻本

【江蘇省立國學圖書館圖書總目】《眼科龍木》十卷,《附論》一卷。二冊。闕名。通行本。

【中國醫學書目】《眼科龍木論》內題“秘傳眼科龍木醫書”十卷,三冊。十行二十字。框横十三·三釐,縱十九·三釐。書業堂刊。龍木集序,王問,萬曆三年。目錄。附《葆光道人秘傳眼科》一卷。一冊。《眼科龍木論》十卷,附一卷。四冊。十行二十字。框横十三·五釐,縱十八·九釐。六文堂刊。龍木集序,王問,萬曆三年。目錄。附《葆光道人秘傳眼科》一卷。

5. 日本刊本

【享保以後大阪出版書籍目錄】《眼科龍木論》二冊。名和東壁校正。柏原屋與市出版。寶曆四年九月出願。

6. 鈔本

【東京帝室博物館漢書目錄】《龍木集》,葆光道人撰,天保七年校記。寫四

冊,和本。《龍木總論》,寫二冊,和本。

附 《眼科龍木論》

【國史經籍志】卷四下 《眼科龍木論》一卷

【千頃堂書目】卷十四 《眼科龍木論》一卷。不知撰人。

【醫籍考】二千七百十七頁 《眼科龍木論》。《國史經籍志》"一卷。存"。按右輯在於《危氏得效方》第十六卷,較之《龍樹眼論》及《龍木總論》,全然別是一家書。

【經籍訪古志】卷八秘傳眼科龍木總論 又按,《醫方類聚》所載《龍樹菩薩眼論》,是隋唐間物,與此不同。《得效方》有《龍木論》一卷,亦別一書。

注:按文溯閣本《世醫得效方》,其第十六卷即是眼科,而不題云"龍木論",或疑《四庫》鈔寫之際摘去之者歟。

五、劉豹子眼論

【崇文總目輯釋】卷三 《楚劉豹子眼》一卷。原釋:闕。見天一閣鈔本。侗案,《宋志》作《劉豹子眼論》,舊本疑脱"論"字。

【通志藝文略】眼藥 《楚人劉豹子眼論》一卷

【宋史藝文志】子類醫書 《劉豹子眼論》一卷

六、眼方

【崇文總目輯釋】卷三 穆昌敘《眼方》一卷

【通志藝文略】眼藥 穆昌敘《眼方》一卷

【宋史藝文志】子類醫書 穆昌緒一作叔《療眼諸方》一卷

七、醫眼鍼方論

【崇文總目輯釋】卷三 《醫眼鍼方論》一卷。原釋:闕。見天一闕鈔本。侗案,《通志略》"鍼"下有"鉤"字,不著撰人。陳詩庭云:《宋志》有"鍼眼鉤方一卷",注云:"鍼眼"一作"眼鍼"。不著撰人。亦即此書。

【通志藝文略】眼藥 《醫眼鍼鉤方論》一卷

【宋史藝文志】子類醫書 《鍼眼一作眼鍼鉤方》一卷

八、審的眼藥歌

【崇文總目輯釋】卷三 《審的眼藥歌》三卷。《通志藝文略》同。

九、審的選要歌

【崇文總目輯釋】卷三　《審的選要歌》一卷

【通志藝文略】眼藥　《審的眼要歌》一卷

十、眼論準的歌

【通志藝文略】眼藥　《眼論準的歌》一卷，劉皓撰。

【宋史藝文志】子類醫書　劉皓《眼論審的歌》一卷

【醫籍考】二千七百二十一頁　《劉氏皓眼論準的歌》。《宋志》作《審的歌》。《藝文略》"一卷。存"。《審的歌發揮》曰：詳夫上古名人，無不從學而就功。推窮事理，盡因事以立文。須在理通，方當行用。若或言詞無據，即不足與討論以從。幼歲此道留心，亦迺數世相傳，豈敢妄違先哲。每逢同道，皆言眼疾有七十二般，及問其數名，亦難言一半。今則僅按諸家眼論，夙夜搜求，敢推眼疾之名，果有七十二種。據其疾狀，患者頗多，論錄爲訶，以貽後代。又自古諸家之眼，各有條章，病狀一一不同，數目皆書不足，或有畫作圖形，或有歌其藥性。雖則求人爲切，詳之理，未周圓，遂乃按其古今，綴爲歌頌，名號"審的歌"矣。庶使心念其言，眼看疾狀，認識既不差錯，治療必有所憑，將用救人，永無傷橫。近見庸醫之輩，學不從師，自出胸襟，亂行鍼藥。或即虛時便瀉，實則不宣。或者翳嫩便鍼，瘡痕割烙。或即不看血忌，觸犯人神。或即誤手太深，損於榮衛。因茲疼痛，便致損傷。鍼刀觸著五輪，湯藥乖於臟腑。亦由病家無鑒，信任庸醫，遂使可瘥之眸，永沈黑暗。忝爲人子，曷不愍傷，故書苦口之辭，發揮歌訣義理者也。

按，是書世久失其傳，考《龍木總論》七十二證方論，每段攙以歌括，卷首又附"審的歌發揮"一篇，即知係劉皓所撰。先子門人下毛木村友善美種、江都岡本椿年可久就《龍木論》中錄出，以還舊觀。劉書於是得再現幽光矣。

十一、療小兒眼論

【通志藝文略】小兒　《療小兒眼論》一卷，劉皓集。

【宋史藝文志】子類醫書　《小兒眼論》一卷

注：按《崇文總目輯釋》有"療一兒論一卷"之目。錢注云：侗按《通志略》有"療小兒眼論一卷"，疑即此書。蓋因書名相近而疑之耳，不可從。

十二、經驗眼藥方

【通志藝文略】眼藥　《經驗眼藥方》十卷

十三、眼論

【通志藝文略】眼藥　《眼論》三卷

附　《銀海精微》

【千頃堂書目】卷十四　《銀海精微》二卷。不知撰人。

【四庫全書總目】卷一百零三　《銀海精微》二卷。內府藏本。舊本題唐孫思邈撰。《唐》、《宋藝文志》皆不著錄，思邈本傳亦不言有是書。其曰“銀海”者，蓋取“目爲銀海”之義。考蘇軾《雪》詩有“凍合玉樓寒起粟，光搖銀海眩生花”句。《瀛奎律髓》引王安石之説，謂“道書以肩爲玉樓，目爲銀海”。“銀海爲目”僅見於此，然迄今無人能舉安石所引出何道書者，則安石以前絕無此説，其爲宋以後書明矣。前有齊一經序，稱管河北道時得於同僚李氏，亦不著時代年月，莫知何許人也。其辨析諸證，頗爲明晰。其法補瀉兼施，寒溫互用，亦無偏主一格之弊。方技之家，率多依託，但求其術之可用，無庸核其書之必真。《本草》稱神農，《素問》言黃帝，固不能一一確也。此書療目之方，較爲可取，則亦就書論書而已。

注：按是書，不但唐、宋史志不著錄，明代諸家亦多不言及之，僅見《千頃堂書目》錄其名而已，而全無爲宋以前所作之確證，今從其舊題附錄於此。

（一）序跋

1. 銀海精微序

夫眼者乃五臟之精華，如日月麗天，昭昭而不可掩者也。其首尾赤皆屬心，其滿眼白睛屬肺，其烏睛圓大屬肝，其上下肉胞屬脾，而中間一點黑瞳如漆者腎實主之，是隨五臟各有症應。然論其所主，則瞳子之關繫重重焉。何以言之？目者肝之外候也，肝取木，腎取水，水能生木，子肝母腎，焉有子母而能相離者哉。故肝腎之氣充則精彩光明，肝腎之氣乏則昏矇眩暈。烏輪赤暈，刺痛浮漿，此肝熱也。眼生清淚，枯黃遶睛，此肝虛也。瞳人開大，淡白偏斜，此腎虛也。瞳人焦小，或帶微黃，此腎熱也。一虛一實，以此驗之。然人肝腎之氣，相依而行，孰知心者神之舍，又所以爲肝腎之副焉。所謂一而二，二而一者也。何則？心主血，肝藏血，血能生熱，凡熱沖發於眼，皆當清心涼肝，又不可固執其水生木之説。特眼者輕膜裹水，照徹四方，遡源及本，非天一之水，又果孰爲主宰乎。析而論之，則拘急牽颺，瞳青胞白，痒而清淚，不赤不痛，是謂之風眼。烏輪突起，胞硬紅腫，眵淚濕漿，裹熱刺痛，是謂熱眼。眼昏而淚，胞腫而軟，上壅矇矓，酸澀微赤，是謂之氣眼。其或風與熱并，則痒而浮赤；風與氣搏，則痒澀昏沉；血熱交聚，故生淫膚粟肉、紅縷偷鍼之類；氣血不至，故有渺視胞垂、雀目盲障之形。淡紫而隱紅者爲虛熱，鮮紅而畫赤者爲實熱。兩眥逞露生努肉者，此心熱血旺。白膜紅膜如傘紙者，此氣滯血凝。熱症，瞳人肉壅，白睛帶濕，色浮而赤者也。冷症，瞳人青綠，白睛枯槁，氣沉而濁也。眼熱經久，復有風冷所乘則赤爛。眼中不赤，但爲痰飲所注則作痛。肝氣不順而挾熱，所以羞明。熱氣畜聚傷胞，所以胞合。此外症之大概，然而五臟不可闕一，脾與肺獨無預，何也。曰白睛帶赤或紅筋者,其熱在肺。上胞下瞼,或目唇間如疥點者,其熱在脾。脾主味也,五味之秀養諸中,則精神發於外。肺主氣也,水火升降,榮衛流轉,非氣孰能使之前,所以五臟各有症應,於此又可推矣。雖然,眼之爲患,多生於熱,其間用藥,大抵以清心涼肝、調血順氣爲先。有如腎家惡燥,設遇虚症,亦不過當歸地黄輩潤養之,輕用溫藥不可也。況乎肺能發燥,肝亦好潤,古方率用杏仁乾柿、飴糖砂蜜爲佐,果非潤溢之意乎。至於"退翳"一節,尤關利害。凡翳起於肺,肺家受熱,輕者朦朧,重則生翳,如珍珠、如碎米者易散,翳狀如梅花者難消。雖翳自熱生,然治法先退翳,而後退熱者,謂熱極生翳。若先去赤熱,則血爲之冰,而翳不能去矣。其有赤眼,涼藥與之過多,又且滌之以水,不反掌而水凝矣。眼特一團水,且水性清澄,尤不可拘拘於點洗。喜怒失節,嗜慾無度,窮役眼力,泣涕過多,凌寒沖風,當暑月日,不避煙火,飲啖熱多,此皆患生於臟腑者也。專事點洗,可乎哉。有能靜坐澄神,愛護目力,放懷息慮,心逸日休,調和飲食以養之,斟酌藥餌以平之,明察秋毫,斷可必矣。

2. 刻銀海精微引

《銀海精微》二卷,未知何人氏所撰著。蓋余生而目善病,昔直掖垣,余同寅友李沖涵公出以示余,曰:庶幾有當於目病方技乎。余檢閱見其圖像立論及答問宗旨,俱一一分析明盡,若嘗飲上池所視見者。取名"銀海",本之《道藏》,其爲方書,信乎。精矣微矣。數年宦遊,所至每攜之笥中。茲承乏河朔,因檄所屬付剞劂,蓋不欲秘之自私也。雖然,方亦未可盡拘泥也。脈證有陰陽表裏虚實之異,斟酌損益存乎其人。不然,拘泥古法而不通變,則是編也,真古人糟粕耳。至易簡玅方,則古宋陽里子所授,魯東門伯所修。六物不竢外假,而自稱絕技,又是書所不載也。賜進士第中憲大夫河南等處提刑按察司副使奉敕兵巡河北道前吏科左給事中北海齊一經書。

右二序并據於日本板。

(二)刊本及鈔本

1. 明刊本

【四庫書目邵注】卷十 《銀海精微》二卷,舊本題唐孫思邈撰。萬曆十五年陳氏刊本。

【郘亭知見傳本書目】卷八 《銀海精微》二卷,唐孫思邈撰。萬曆十五年陳氏刊本。

【善本書室藏書志】卷十六 《銀海精微》二卷。明刊本。舊題唐孫思邈撰。《唐》、《宋藝文志》皆不著錄。其名乃取王安石論蘇詩"光搖銀海"之語,□僞待辨。然五輪八郭總論,凡治目各法,乃多中理。《四庫總目》所收,謂前有齊一經序,稱管河北道時得於同僚李氏,亦不著時代年月,莫知何人也。世傳坊刻,皆出齊本,即東瀛翻者亦然。此猶明時舊刊。考一經,山東萊州府平度州濰縣人,中隆慶五年辛未進士。管河北道當在萬曆間也。

【江蘇省立國學圖書館圖書總目】《銀海精微》二卷,唐華原孫思邈。明刊本。

【江蘇第一圖書館覆校善本書目】《銀海精微》二卷,唐孫思邈。明刊本。二冊,有鈔配。

【國學用書類述】《銀海精微》二卷,唐孫思邈。明刻本。

【聿修堂藏書目錄】《銀海精微》二卷,一冊。明版。不記開鐫歲月,不著名氏。

2. 四庫全書本

【四庫全書總目】卷一百零三 《銀海精微》二卷。内府藏本。下略

【壬子文瀾閣所存書目】卷三 《銀海精微》二卷,二冊。補鈔。

【文溯閣四庫全書要略及索引】《銀海精微》

3. 清刊本

【涵芬樓舊書分類總目】《銀海精微》。不著撰人,周亮節校刊本。二冊。

【中國醫學書目】《銀海精微》四卷。二冊。十三行,二十五字。框横十二・二釐,縱二十一・五釐左右。唐孫真人思邈氏原輯,清周亮節生之氏校正。扉題云"太醫院龔雲林先生編定"。銀海精微序。銀海精微引,齊一經。

4. 日本刊本

【八千卷樓書目】卷十 《銀海精微》二卷。舊本題唐孫思邈撰。明刊本。日本刊本。刊四卷本。

【杏雨書屋圖書假目錄】《銀海精微》二卷。寬文八年刊。

【中國醫學書目】《銀海精微》扉題"内府秘傳眼科銀海精微"二卷。二冊。十行,二十一字。框横十二・五釐,縱十九・五釐不定。日本寬政五年大阪澀川清右衛門等翻刻。刻銀海精微引,齊一經。銀海精微序。

5. 未詳本

【寶素堂藏書目錄】《銀海精微》□卷

附 《鴻飛集》

【醫藏書目】機在函目 《鴻飛集》。七十二問。日華子。

【醫籍考】二千七百十七頁《日華子鴻飛集論》一卷。存。題言曰:昔有日華子,北齊雁門人也。幼年好遊獵,忽一日同行數人,各執弓矢,出於雁門嶺南,見征鴻數隻飛過,墜於道傍。日華子又張弓而射之,羣雁皆棄所舍廬。去書二卷,日華子收之,乃覽其文,是昔時皇帝岐伯問答論眼證書,故曰《鴻飛集論》。

注:按《聿修堂書目》有"新編鴻飛集一卷,一冊,嘉靖丙辰抄本。明胡廷用撰"之目。《醫籍考》所錄,疑即其書。又按焦氏《國史經籍志》有"胡大成鴻飛集論一卷"者,恐亦同書。而出於明人,殆無疑矣。

第十八類　口齒方論

一、口齒論

【唐書藝文志】子錄醫書類　邵英俊《口齒論》一卷

【崇文總目輯釋】卷三　《口齒論》一卷。原釋：邵英俊撰。闕。見天一閣鈔本。

【通志藝文略】醫方下　邵英俊《口齒論》一卷。唐人。

【宋史藝文志】子類醫書　邵英俊《口齒論》一卷

二、排玉集

【唐書藝文志】子錄醫術　邵英俊《口齒論》一卷，又《排玉集》二卷。口齒方。

【崇文總目輯釋】卷三　《排玉集》三卷，邵英俊撰。侗按，《唐志》"二卷"，下注"口齒方"三字，《通志略》亦"二卷"。

【通志藝文略】醫方下　《排玉集》二卷，唐邵英俊撰。

三、川玉集

【崇文總目輯釋】卷三　《川玉集》一卷。《宋志》不著撰人。侗按，《通志略》"川玉"作"穿玉"，亦不著撰人。

【秘書省續編到四庫闕書目】卷二　《川玉集》一卷。輝按，《宋志》、《崇文目》同，《宋志》又重出"穿玉集一卷"。

【宋史藝文志】子類醫書　《川玉集》一卷，《穿玉集》一卷。

輯本

【躋壽館醫籍備考】　《川玉集》一卷。四冊。宋亡名氏。《醫方類聚》採輯本。

【寶素堂藏書目錄】　《川玉集》一卷。一冊。《醫方類聚》採本，宋亡名氏。

四、中和先生口齒論

【崇文總目輯釋】卷三　《口齒論》三卷。原釋：中和先生撰。見天一閣鈔本。

【通史藝文略】口齒　《口齒論》三卷,中和先生撰。
【宋史藝文志】子類醫書　《中和先生口齒論》(一)[三]卷

五、廣陵正師口齒論

【崇文總目輯釋】卷三　《廣陵正師口齒論》一卷。原釋:闕。見天一閣鈔本。
【通志藝文略】口齒　《廣陵正師口齒論》一卷,唐供奉僧普濟集。
【宋史藝文志】子類醫書　《唐一作廣陵正師口齒論》一卷

六、口齒玉池論

【崇文總目輯釋】卷三《口齒玉池論》一卷,釋普濟撰。
【通志藝文略】口齒　《口齒玉池論》一卷,唐供奉僧普濟集。

七、咽喉口齒方論

【崇文總目輯釋】卷三　《咽喉口齒方論》一卷
【通志藝文略】口齒　《咽喉口齒方論》五卷
【宋史藝文志】子類醫書　《咽喉口齒方論》五卷
【本草綱目】引據書目　《咽喉口齒方》

八、張仲景口齒論

【崇文總目輯釋】卷三　《張仲景口齒論》一卷
【通志藝文略】口齒《張仲景口齒論》一卷
【宋史藝文志】子類醫書　《張仲景療黄經》一卷,又《口齒論》一卷。
【後漢藝文志】醫家類　《張仲景口齒論》一卷
【補後漢書藝文志】卷三　《張仲景口齒論》一卷

九、療口齒雜方

【崇文總目輯釋】卷三　《療口齒雜方》一卷。《通志略》不著撰人。
【通志藝文略】口齒《療口齒雜方》一卷

三　本草

第十九類　神農本草

一、神農本草五卷

【隋書經籍志】醫方神農本草八卷注　梁有《神農本草》五卷。

二、神農本草屬物

【隋書經籍志】神農本草八卷注　梁有《神農本草屬物》二卷。

三、神農本草八卷

【隋書經籍志】醫方　《神農本草》八卷。梁有《神農本草》五卷,《神農本草屬物》二卷,《神農明堂圖》一卷。

【通志藝文略】本草　《神農本草》八卷,陶隱居集注。

【玉海】卷六十三唐本草圖引隋志　《神農本草》八卷。《帝王世紀》:黄帝使岐伯嘗味草木,定《本草經》,造醫方。梁有五卷。《屬物》二卷。

四、雷公集註神農本草四卷

(一)出典

【隋書經籍志】醫方　《神農本草》四卷,雷公集注。

【唐書藝文志】醫術　《雷公集譔神農本草》四卷

【通志藝文略】本草　《神農本草》四卷,雷公集注。

【玉海】卷六十三唐本草圖　《雷公集撰》四卷。《隋志》"四卷",雷公集注。

注:陶弘景序云"至於桐、雷,乃著在於編簡,此書應與《素問》同類,但後人多更修飾之爾。秦皇所焚,醫方卜術不預,故猶得全錄。而遭漢獻遷徙,晉懷奔迸,文籍焚靡,千不遺一。今之所存,有此四卷"云云。陶氏所據,殆此書矣。

注:雷公傳,《醫學入門・歷代醫學姓氏・上古聖賢》云:雷公,名斆,黄帝臣也。善醫術,著《至教論》及《藥性炮炙》二冊。

《古今醫統大全・歷世聖賢名醫姓氏》云:太乙雷公,爲黄帝臣,姓雷名斆,善醫(下略)。

(二)考證

1. 作者及年代

【博物志】卷六文籍考　太古書今見存有《神農經》、《山海經》,或云禹所作。《周易》。蔡邕云:《禮記月令》,周公作。《秘書廿一種》本。

【帝王世紀】　炎帝神農氏,長於江水一本"江"作"姜",始教天下,耕種五穀而食之,以省殺生。嘗味草木,宣藥療疾,救夭傷人命一本"人"作"之",百姓日用而不知一本"百"作"五"。著《本草》四卷。又,岐伯,黄帝臣也。帝使岐伯嘗味草木,典主醫病一本"主醫病"作"醫療疾今",《經方》、《本草》、《素問》之書一本無"素問"二字成出焉一本"成"作"咸"。《太平御覽》卷七百二十一

【陶弘景集注本草】序　舊説皆稱《神農本草經》,余以爲信然。昔神農氏之王天下也,畫易卦以通鬼神之情,造耕種以省殺害之弊,宣藥療以拯夭傷之命。此三道者,歷羣聖而滋彰。中略但軒轅以前,文字未傳,如六爻指垂,畫象稼穡,即事成迹。至於藥性所主,當以識識相因,不爾何由得聞。至乎桐、雷,乃著在編簡,此書應與《素問》同類,但後人多更修飾之耳。秦皇所焚,醫方卜術不預,故猶得全錄。而遭漢獻遷徙,晉懷奔迸,文籍焚靡,千不遺一。今之所存,有此四卷,是其本經。生出郡縣,乃後漢時制,疑仲景、元化等所記。燉煌本

又《本草》時月,皆在建寅歲首,則從漢太初後所記也。仝上

【顏氏家訓】　秦人滅學,董卓焚書,典籍錯亂,非止於此。譬猶《本草》,神農所述,而有豫章、朱崖、趙國、常山、奉高、真定、臨淄、馮翊等郡縣名,出諸藥物,由後人所羼,非本文也。《醫籍考》

【新修本草】　謹按《漢書藝文志》有《黄帝内外經》,班固論曰"經方者,本草石之寒温,原疾病之深淺",乃班固論經方之語,而無"本草"之名。惟梁《七錄》有《神農本草》三卷,陶據此以《别錄》加之爲七卷。

【開寶重定本草】序　三墳之書,神農預其一。百藥既辨,《本草》存其錄。舊經三卷,世所流傳,《名醫别錄》,互爲編纂。

【僧贊寧筍譜】　今詳神農作《本草》,非也。三五之世,朴略之風,史氏不繁,紀錄無見。斯實後醫工,知草木之性,託名炎帝耳。《唐宋叢書·困學紀聞》

【嘉祐本草】補註總敘　英公李世勣等註,引班固敘《黄帝内外經》云"本草石之寒温,原疾病之深淺"。此乃論經方之語,而無"本草"之名,惟梁《七錄》載《神農本草》三卷。推以爲始,斯爲失矣。或疑其間所載生出郡縣,有後漢地名者,以爲以張仲景、華佗輩所爲,是又不然也。《淮南子》云"神農嘗百草之滋味,一日而七十毒",由是醫方興焉。蓋上世未著文字,師學相傳,謂之本草。兩漢以來,名醫益衆,張機、華佗輩始因古學附以新說,通爲編述,"本草"由是見於經錄。然舊經才三卷,藥止三百六十五種。

【本草衍義】序例上　"本草"之名,自黄帝岐伯始。其《補注總敘》言,舊說《本

草經》者，神農之所作，而不經見。《平帝紀》元始五年，舉天下通知方術本草者，所在軺傳遣京師。此但見"本草"之名，終不能斷自何代而作。又《樓護傳》稱，護少誦醫經、本草、方術數十萬言。"本草"之名，蓋見於此。是尤不然也。《世本》曰"神農嘗百草以和藥濟人"，然亦不著"本草"之名，皆未臻厥理。嘗讀《帝王世紀》曰"黄帝使岐伯嘗味草木，定《本草經》，造醫方以療衆疾"，則知"本草"之名，自黄帝岐伯始。其《淮南子》之言"神農嘗百草之滋味，一日七十毒"，亦無"本草"之説，是知此書乃上古聖賢具生知之智，故能辨天下品物之性味，合世人疾病之所宜。後之賢智之士，從而和之者，又增廣其品至一千八十二名。

【路史】炎帝紀　漢《紀》雖及"本草"，而《志》無録，梁《七録》始有之，止三卷。是故或謂古無其書，非也。昔樓護少誦醫經、本草。則漢世嘗有之，特未廣爾。

【楊升菴文集】　白字《本草》，相傳以爲神農之舊，未必皆出於神農，後人增之爾。然其中如一本無"如"字。"腸鳴幽幽"，又云"勞極灑灑"一本作"洒洒"，又云一本無"云"字。"髮髲"髲"一本作"鬢"，療小兒癇、大人痓一本"痓"作"痙"，仍自還神化"。又云"立冬之日，菊卷柏，先生一本"卷"作"花"爲陽起石、桑螵蛸，凡十物，使"凡"一本作"丸"。主二百草爲之長。立春之日，木蘭射干，先生爲柴胡、半夏，使主頭痛四十五節。立夏之日，蜚廉，先生爲人參、茯苓，使主腹中七節，保神守中。夏至之日，豕首茱萸，先生爲牡蠣、烏喙，使主四肢二十三節。立秋之日，白芷防風，先生爲細辛、蜀漆，使主胸背二十四節"。此文近《素問》，恐非後世醫所能爲世"所"一本無。又據此文以立冬爲主，别考緯書，謂一本"緯書"作"輯"三皇三正一本"正"作"世"。伏羲建寅，神農建丑，黄帝建子。至禹建寅，宗伏羲。商建丑，宗神農。周建子，宗黄帝。所謂正朔三改也一本"三"下有"而"字。立夏之後，亦列夏至一本"列"作"例"，而後言立秋，與《素問》"長夏"之説同，所謂五氣順布行四時也。

【醫經溯洄集】神農嘗百草論　《淮南子》云"神農嘗百草，一日七十毒"。《醫經大全》"日"下有"遇"字。予嘗誦其書，每至于此，《大全》"于"作"於"。未始不歎。《大全》"歎"作"嘆"。夫孟子所謂"盡信書則不如無書"。夫神農立極之大聖也，憫生民之不能以無疾，故吳勉學本"憫"作"閔"。察夫物性之可以愈疾者，以貽後人，固不待乎物，物必嘗而始知也。苟待乎物，物必嘗而始知，"也"以下六字，《大全》作"如待"二字。則不足謂之生知之聖也。以生知之聖言之，則雖不嘗亦可知也。《大全》"也"作"矣"。設使其所知，果有待乎必嘗，則愈疾之功，非疾不能以知之，其神農衆疾俱備而歷試之乎。況污穢之藥，《大全》"污穢"作"穢污"。不可嘗者，其亦嘗乎。且味固可以嘗而知，其氣其性其行經，主治及畏惡反忌之類，亦可以嘗而知乎。苟嘗其所可嘗，而不嘗其所不可嘗，不可嘗者既可知，而可嘗者亦不必待乎嘗之而後知矣。謂其不嘗不可也，謂其悉嘗亦不可也。然經於諸藥名下，不著氣性等字，獨以"味"字冠之者，由藥入口，惟味爲先故也。又藥中雖有玉石蟲獸之類，其至衆者，惟草爲然，故逐曰"嘗百草"耳，豈獨嘗草哉。夫物之有毒，嘗而毒焉有矣，豈中毒者《大全》"豈"作"其"。日必七十乎。設以其七十毒，偶見於一日而記之，則毒之小也，固不死而可解。毒之大也，則死矣，孰能解之，亦孰能復生之乎。先正謂，《淮南》之書多寓言，夫豈不信。

《醫統正脈》本，校以《古今醫統大全》。

【古今僞書考】子類　《神農本草》，《漢志》無。案《漢·帝紀》"詔天下舉知方術、本草者"，"本草"之名始見於此。梁《錄》載《神農本草經》三卷，《隋志》因之。書中有後漢郡縣人名，以爲東漢人作也。其後以代日增，今并雜爲一，不可致註矣。一本"註"作"詰"。

【漢書藝文志拾補】經方　按嚴氏《全上古文編》云：《漢藝文志》經方家有"《神農黃帝食禁》七卷"。《周禮·醫師》疏引"食禁"作"食藥"。蓋食禁、食藥，即本草矣。今按《隋志》引《七錄》别有《神農藥忌》一卷，《黃帝雜飲食忌》二卷。《藥忌》、《食忌》，似即《漢志》"《食禁》七卷"之遺，蓋黃、農兩家禁方之類，非本草也。

【孫星衍本草經序】　按《藝文志》有《神農黃帝食禁》七卷，今本譌爲《食禁》，賈公彦《周禮·醫師》疏引其文，正作"食藥"，宋人不考，遂疑《本草》非《七略》中書。賈公彦引《中經簿》，又有"子儀《本草經》一卷"，疑亦此也。梁《七錄》有《神農本草》三卷，其卷數不同者，古今分合之異。神農之世，書契未作，說者以此疑經。如皇甫謐言，則知四卷成於黃帝。陶弘景云：軒轅已前文字未傳，藥性所主，當以識識相因。至於桐、雷，乃著在於編簡，此書當與《素問》同類。其言良是。

【神農本草解故】發題　茲考《本經》之所從來，蓋昉於神農氏嘗草。然上古結繩爲政，未著文字，以識相付，無有成書也。逮於先秦之時，有子義者，乃扁鵲弟子，號爲脈神，著《本草經》以垂於世，是爲本草權輿。至秦始皇焚書，醫方卜術不預，故猶得全錄，而其傳不絕一綫耳。逮漢孝平帝，徵天下通知本草者，而始見於天下。然誦本草者，樓君卿及方士七十餘人耳，其他未之聞焉，則亦未廣行於世也。是班椽志《藝文》，所以佚其目也。降至後漢，傳者稍多，王逸采註《楚辭》"苴蒪"，高誘又釋《淮南子》"王瓜"，而今之《本草》，絕無其語，則知王、高二氏所引，確爲《子義本草經》也。及至曹魏之世，有李當之者出，修《神農本草》三卷，然後《本草經》始屬神農氏。或疑當之所修者，即《李氏本草》，一曰《李氏藥錄》。《太平御覽·藥部》引《吳氏本草經》，多載李氏語，或是《李氏本草》與神農本，各自一書也。然當之以前，只有《子義本草經》而無《神農本經》，則知當之所修者，乃《子義本草經》也。而謂之《神農本經》者，蓋子義輯錄神農所嘗定者以爲《本草經》。當之以子義所輯錄者，乃神農所嘗定，因論廣以爲《神農本經》而已。是故《子義本草經》一卷，而《神農本經》三卷也。且考顏黃門所言，觀古書所引，皆有後漢地名，是可爲一徵。或以古《本草經》載後漢地名，乃言《本草》作於後漢，非也。何也。《前漢書》既有"本草"之名，王逸、高誘引用《本草》，亦在李當之之前，何言作於後漢乎，此必無之理也。今奮然斷之曰：神農嘗定，子義輯錄，李當之論廣，而後《本草經》全矣。考之《筍譜》有言"神農作《本草》"，非也。斯實後醫工，知草木之性，託名炎帝耳。焦紘亦曰：預章、朱崖等，豈神農時所有邪。二公所論，皆千古卓見，可以爲《本經》斷案矣。然古人或謂《本草》昉於宓羲，或謂黃帝嘗味草木，或謂岐伯定《本草經》，或謂桐君、雷公載篇冊，張仲景、華佗編述。其爲說也，紛如聚訟，何暇條分縷析也。分定以神農爲祖，《本草》爲子義輯錄，其他者姑置焉。

【醫賸】　其云“神農定百藥”者,昉見《世本》,而鄭玄《周禮注》“神農子儀之術”,蓋其說之來尚矣。而《孔叢子》云,伏羲嘗味百藥,乃在神農之前。楊朱云:五帝之事,如覺如夢,矧於三皇之事。要之不可知,亦不可窮而已。《芸窻私志》至謂“神農聞獸語而知藥”,怪誕極矣。

2. 名義

【前漢書】卷二十五郊祀志成帝　候神方士使者副佐、本草待詔七十餘人皆歸家。師古曰:本草待詔,謂以方藥本草而待詔者。卷十二《平帝紀》元始五年。徵天下通知逸經、古記、天文、歷算、鍾律、小學、史篇、方術、本草以及《五經》、《論語》、《孝經》、《爾雅》教授者,在所爲駕一封軺傳,遣詣京師。至者數千人。卷九十二游俠傳。樓護字君卿,齊人。父世醫也,護少隨父爲醫長安,出入貴戚家。護誦醫經、本草、方術數十萬言,長者咸愛重之。

【韓保昇蜀本草】　按藥有玉石、草木、蟲獸,而直云“本草”者,爲諸藥中草類最多也。《政和本草》

【神農本經解故】發題　《本經》舊名《本草》,又名《本草經》,又名《神農本草》,又名《神農氏本草》,又名《神農經》,又名《神藥經》,又名《白字本草》,又名《朱字神農本經》,又名《神農本經》。雖有數名,實皆一《本草》耳,故以單名“本草”者,古且正矣,而其名義未甚明白,唯謝肇淛曰:神農嘗百草以治病,故書亦謂之《本草》。肇淛此說,頗爲近理。一說《漢書》有“經方者,本草石之寒溫”,可以解“本”字。以“草”爲稱者,《說文》曰“藥,治病草也。從艸樂聲”是也。此說亦通。若夫韓保昇曰:藥有玉石草木蟲獸,而云“本草”者,爲諸藥中草類最多也。非是矣。或說“本草”者,“木草”之訛。《荀子・勸學篇》云“玉在山而木草潤,淵生珠而崖不枯”,《史記・天官書》云“柳爲鳥”,注“主木草”,是其徵也。亦未爲得耳。余謂“本草”之名,自先秦以來乃有,豈得改爲“木草”哉。既云“神農嘗百草”,豈可外木而言乎。大抵古人云草則該木,云木則該草,“草木”通稱故也。觀乎《賈誼新書》,并觀瑣言可知也。然則“本草”二字,名義相稱,不必改作“木草”也。其不曰“本草”而曰“本經”者,自陶弘景始也。弘景有《名醫別錄》,與《神農本草》合而一之。所謂“本經”者,對夫“別錄”而言耳。蓋是神農氏所嘗定,爲經方之始祖,醫家之舊經也,是以謂之《本經》。

【重輯神農本草經】森立之自序　考經名以“本草”者,蓋謂藥物以草爲本,故《說文解字》云“藥,治病艸也”。《呂氏春秋・孟夏紀》云“是月也,聚蓄百藥”,高誘註“是月陽氣極,百草成,故聚積也”。百藥既是爲百草所成,則可見藥物以草爲本也明矣。其玉石鳥獸蟲魚屬,亦謂之藥,則六書轉注之義。《本經》計藥品,每稱幾種,亦與此一例。《本草釋》云:藥之衆者,莫過於草,故舉多者,言之“本草”。韓保昇云:按藥有玉石草木蟲獸,而直云“本草”者,爲諸藥中草類最衆也。此說是也。其冠以“神農”二字者,猶《内經》冠以“黄帝”二字,未始出神農氏也。

3. 編次

【嘉祐補註本草】陶序注　臣禹錫等謹按,唐本亦作四卷。韓保昇又云:《神農本草》上中下并序錄,合四卷。今按“四”字當作“三”,傳寫之誤也。何則?按梁《七錄》云:《神農本草》三卷。又據今《本經》陶序後朱書云:《本草經》卷上、卷中、卷下。卷上註云“序藥性之源本,論病名之形診”,卷中云“玉石草木三品”,卷下云“蟲獸果菜米食三品”。即不云三卷外別有“序錄”,明知韓保昇所云又據誤本,妄生曲說,今當從三卷爲正。

【孫星衍本本草經】邵晉涵序　《漢書》引“本草、方術”,而《藝文志》闕載。賈公彥引《中經簿》有《子儀本草經》一卷,不言出於神農。至《隋經籍志》始載《神農本草經》三卷,與今分上中下三品者相合,當屬漢以來舊本。

【神農本經解故】發題　按《神農本草》三卷,梁《七錄》、隋唐《經籍》、《藝文志》皆同。又與《證類本草目錄》相符,則爲李當之所修本也明矣。考《新唐書藝文志》、《通志藝文略》並有《李氏本草》三卷,不知與此同異也。《帝王世紀》曰“炎帝嘗味草木,宣藥療疾,著《本草》四卷”。《醫說》引《事物紀原》,羅苹注《路史》引《世紀》亦云“神農著《本草》四卷”。以今本考之,則多一卷。《新唐書藝文志》云:雷公集撰《神農本草》四卷。《通志藝文略》亦云“《神農本草》四卷,雷公集注”,疑指此本也。《通志》又有“《本草經》四卷,蔡英撰”,不知與此同異也。僧賴瑜《秘藏寶鑰勘注》引《孝經玄義》云:神農、伏羲,後帝也。牛頭烏爪,造《本草》七卷也。考《新唐書藝文志》,有“陶弘景《集註神農本草》七卷”,疑一書也。《通志》別有“《蔡邕本草》七卷”,不知與此同異也。《通志》又曰“《神農本草》八卷,陶隱居集注”。比之《唐志》及《孝經玄義》則多一卷,是知歷代醫家增添此經,以致卷數多少也。後之考《神農本草》者,必有明解焉。

【重修神農本草經】森立之序　其卷數,《隋志》有《神農本草經》三卷。舊新《唐志》并同。又有《神農本草》四卷,雷公集注。《本草經》四卷,蔡英撰。《本草鈔》四卷。《帝王世紀》云:炎帝神農氏著《本草》四卷。《抱朴子》亦引《神農四經》。陶氏序云:今之所存,有此四卷,是其《本經》。而《嘉祐本草》掌禹錫云:《唐本》亦作四卷。韓保昇云:《神農本草》上中下并序錄,合四卷。然則陶氏以前,《本經》正文必是四卷。據上藥本上經,中藥本中經,下藥本下經之文,則三品三卷,并“序錄”爲四卷,宜如保昇所言也。而掌禹錫乃云,“四”字當作“三”,傳寫之誤也。何則?按梁《七錄》云“《神農本草》三卷”。又據今《本經》陶序後朱書云“《本草經》卷上、卷中、卷下”。卷上注云“序藥性之源本,論病名之形診”;卷中云“玉石草木三品”;卷下云“蟲獸果菜米食三品”。即不云三卷外別有“序錄”,明知韓保昇所云,又據誤本妄生曲說,今當從三卷爲正。此說非是,何以知然,陶序後有云“右三卷,其中下二卷,藥合七百三十種”,據此則知陶所云“三卷”者,即《唐書》諸類書等所引,《本草經》朱、墨混雜者,而梁《錄》、《隋志》所稱“《神農本草經》三卷”,蓋斥是也。若陶氏以前本則必是四卷,非三卷也。

4. 餘論

【孔叢子】　伏羲始嘗草木,一日而遇七十二毒。

【淮南子】修務訓　於是神農乃始教民,播種五穀,相土地宜燥濕肥墝高下,嘗百草之滋味，水泉之甘苦，令民知所避就。當此之時，一日而遇七十毒。

【素問】著至教論篇第七十五　上通神農，著至教，疑於二皇。《新校正》云：按全元起本及《太素》，"疑"作"擬"。

【孔子家語】　黄帝嘗味草木。

【搜神記】　神農以赭鞭鞭百草，盡知其平毒寒溫之性，臭味所主，以播百穀，故天下號神農也。

【抱朴子】　按本草藥之與他草同者甚多，唯精博者能分別之，不可不詳也。

【謝靈運山居賦】　《本草》所載山澤不一，雷桐是別"雷桐"一本作"盧扁"，和緩是悉"和"一本作"華"，三枝六根，五華九實。《太平御覽》卷九百八十四

【任昉述異記】　漢世古諺云：雖有神藥不如少年，雖有珠玉不如金錢。太原神釜崗中有神農嘗藥之鼎在焉，咸陽山中有神農鞭藥處，一名神農原，一名藥草山。山中有紫陽觀，世傳神農於此辨百藥也。同上

【千金方】　神農鳩集百藥，(皇)[黄]帝纂錄《鍼經》。

【周禮正義】　張仲景《金匱》云：神農能嘗百藥，則炎帝者也。

【初學記】引陸景典語　神農嘗百草，嘗五穀蒸，民乃粒食。

【司馬貞神農紀】　始嘗百草，始有醫藥。

【太平御覽】卷九百八十四　《本草經》曰：太一子曰，凡藥上者養命，中藥養性，下藥養病。神農乃作赭鞭鉤鍘，尺制切。從六陰陽，與太一外，五岳四瀆，土地所生，草石骨肉心皮毛羽，萬千類，皆鞭問之。得其所能主治，嘗其五味，百七十餘毒。孫星衍"百"改作"一日"二字。

【侯鯖錄】　滕元發云：一善醫者，惟取《本草》白字藥，用之多驗。蘇子容云：黑字者是後漢人益之。

【羅泌路史】炎帝紀　磨蜃鞭茇，察色鯹，嘗草木而正名之。羅苹注曰：楊炯《藥圃序》所謂神農施赭鞭而敺毒者，夫草木之類，雖則散殊，然察其形色，嗅其臭味，自可別意惡，堪作某藥，可治其病，固不待嘗而後知。然聖人必逐一嘗啖、鉤鍘赭鞭者，蓋以重其事爾。任昉《述意》云：太原有神釜岡，有神農嘗藥鼎。又(成)[咸]陽山中有神農鞭藥處。一曰神農，亦名藥草。山中有紫陽觀，云帝於此辨藥。審其平毒，旌其燥寒，察其畏惡，辨其臣使，釐而三之，以養其性命而治病，一日之間而七十毒，極含氣也。傳記說同。孔季彦獨以伏羲嘗草木之可食，一日而七十毒。《世紀》從之。此亦陶氏序《本草》謂"神農畫八卦"等爾。病正四百，藥正三百六十有五，著其《本草》，過數乃亂。《太昊紀》。嘗草治砭，以制民疾，而人滋信。羅苹注曰：世謂神農嘗百草，而《孔叢子》、《世紀》皆以爲伏羲。蓋不有其始，曷善其終。伯禹治水，猶資縣九載之功。黄帝制官，亦藉古茅簷之制。羲炎二聖，既盡其性，而後世猶有考嘗之患。咀蟲蛆，齧草木，而宮嬪多致死者，況不爲之度邪。

【白玉蟾夢說】　神農夢天皇與之，以嘗草玉書。《白真人文集》

【事林廣記】　神農使岐伯嘗百草，典醫療治。

【事物紀原】　《淮南子》曰：神農始嘗百草之滋味，當此之時，一日而七十毒。《世本》曰"神農和藥濟人"，則百藥蓋自神農始也。《世紀》或云"伏羲嘗味百藥"，非也。梁洪景《本草序》曰"神農氏王天下，宣藥療疾，以拯夭傷"。《高氏小史》曰"炎帝嘗百藥以治病。嘗藥之時，百死百生"。

【五雜俎】 神農嘗百草以治病，故書亦謂之《本草》，可見古之入藥者，不過草根木實而已。其後推廣，乃及昆蟲。然殺衆物之生，以救一人之病，非仁人之用心。況醫之用及昆蟲，又百中之一二乎。

【神農本經解故】發題 後人論《本經》者二焉，一以主治而言之，若羅苹、滕元發是也。一以文章而言之，若陶弘景、楊慎是也。余謂《本經》文章典雅，稍似《素問》。主治的實，符於經方，不唯醫工可誦，儒家亦可以資其考鏡矣。則《本經》之於世，可有而不可無也，彰彰矣。古人曰：《本草》三墳之一，《六經》之比。此言雖過稱矣，可以見古人尊經也。

【醫賸】卷上神農嘗藥 《孟子》載爲神農言者許行，而不言及醫藥。神農嘗百草，製醫藥，世多引《淮南子》爲證。余嘗考《淮南》文，殊不然矣。曰"古者民茹草飲水，采樹木之實，食蠃蠬之肉，多疾病毒傷之害。於是神農乃教民播種五穀，相土地宜燥濕肥墝高下，嘗百草之滋味，水泉之甘苦，令民知所避就。當此之時，一日而遇七十毒"。此其嘗百草，爲別民之可食者，而非定醫藥也，乃神農之所以稱農也。陸賈《新語》曰：民久食肉飲血衣皮毛，至神農以爲行蟲走獸，難以養民。乃求可食之物，嘗百草之實，察酸苦之味，教民食五穀。亦可以證矣。而其云神農定百藥者，昉見《世本》。《太平御覽》引。而鄭玄《周禮注》"神農子儀之術"，蓋其說之來尚矣。而《孔叢子》云"伏羲嘗味百藥"，乃在神農之前。楊朱云：五帝之事如覺如夢，矧於三皇之事。要之不可知，亦不可窮而已。及讀劉青田《醫說》曰：天地闢而人生蠢蠢焉，聖人出而後異於物。於是垂衣裳，造書契，作爲舟車、網罟、弧矢、杵臼之器，載在《易經》，不可誣也。凡可以前民用者，聖人無不爲之，而況於醫乎。辨陰陽於毫毛，決死生於分寸，其用心之難，又豈直舟車、網罟、弧矢、杵臼而已哉。吾固有以知其作於神農、黄帝無疑也。此言極是。

（三）輯本

A 明盧復本

【神農本經解故】發題 不遠盧復氏悲焉。覃思十四年，依《本草綱目》所載"古本草目錄"，錄《證類本草》所收白字之藥，仍舊分上中下三品，名之曰《神農本經》，使歷代醫家所未覩者，一旦頓還其舊觀矣。則其撰次之功，不亦大乎。

【重修神農本草經】多紀元堅序 明盧不遠有見於斯，摘錄爲編，以收入於《醫種子》中。然不遠本無學識，徒採之李氏《綱目》，紕繆百出，何有於古本乎。森立之序。《綱目序例》載《本草經》上藥百二十品、中藥百二十品、下藥百二十五品目錄，明盧復《醫種子》本依之，妄意條析，以充《本經》三卷之數，則僭妄不足據矣。

序跋

1.刻本經正文緣起

《本經》草木本性也，自神農嘗藥，爰命其名，蓋從周代始見。辭氣平淡，義味簡蘊，如太羹玄酒，覽者殊罔然也。後世藥性，雖文理精析，句語繁多，舍此將何據焉。陶隱居有《別錄》，不爲無補於此經。朱、墨雖分，久而竟溷，世固不乏明眼，恐經如長夜矣。使世復覩正文,庶無咎於隱居。余壬寅於《本草》有省,今十四年矣。“本經”、“別錄”頗能分別,據文顧名,往輒有解,蓋不厭其平淡,始得窺其簡蘊也。欲問《本草》人,唯擇其間日用百餘種,熟讀詳玩,久之必入三昧,敬該《本經》流通(寬政刻本頭注云:一本“流通”二字,作“爲醫經種子首次難經焉”十字)。萬曆丙辰冬(《解故》云:一本無之)錢塘盧復記。

2. 翻刻神農本經序

《神農本草經》三卷,隋、唐二《志》始載其目,而馬氏《通考》無錄焉。前修謂東漢人所編述也,或謂上世遺文也。余平心觀之,其文典雅古奧,稍近《素問》,其主治則簡易的實,今皆有驗矣。絕非東漢卑弱之文,則爲周秦哲人之作,斷然無疑矣。奈何後來編《本草》者日多,而所謂原本三卷,排纂割裂於其中。南宋而降,亡佚不傳,故馬氏《通考》無錄也。嘗閱羅苹《路史注》云:今《本草》中,白字者是《神農本經》,用者大有驗。楊升菴亦云:白字《本草》相傳以爲神農之舊,未必皆出於神農,後人增之耳。二氏所謂白字,即《開寶》、《證類》二書,而不覩其原本三卷者,益可以證其亡佚矣,豈不一大遺憾乎。明人盧不遠,達識之士也,憂其如此,錄出於《證類》、《綱目》二《本草》,仍舊分上中下三品,刊而行世,其功偉矣。惜乎《醫種子》槧本絕罕,坊間所刻《本經》,係寫本上木,未經精校,三豕陶陰,亦不尠矣。玉池鈴木良知[(1)],覃思於赭鞭家言,十有餘年於今矣。近者獲《本經》槧本一卷,乃《醫種子》中所收也。爰翻雕廣刷,欲以嘉惠後學,而請序於余。余既喜良知徵寔之學有裨於世,又慨都下八百八街圓其頂稱醫流者何限,然求其篤志好學如良知,僅僅乎晨星耳。是張長沙所以有華外悴內之喻,而余今有感於斯云。若夫此經多載後漢郡縣,與諸書所援引頗有異同,別有《攷異》三卷,考鏡鑿鑿,足以憑據,則余不復贅。唯錄《本經》原本所以亡佚不傳,而爲之序。時歲在己未寬政十一年秋九月也。醫官杉本良仲溫譔。

[郭注]

(1)鈴木良知(1761～1816),名素行,字良知,號目耕道人、暘谷。江戶人。曾師事片山兼山修儒學、田村西湖治本草學、目黑道琢習醫學。寬政三年(1791)奉幕府之命,於伊豆諸島勘察、採集草藥。曾於伊勢桑名藩、山城澱藩講授儒、醫學。後辭任,從事一般臨牀治療,并熱衷於醫學古籍研究,著書頗多,有《醫海蠡測》、《神農本草經解故》、《傷寒論解故》、《金匱要略解故》等。

3. 翻刻神農本經序

《神農本經》,當時既佚不傳,今見存者,乃《四種子》之一而盧復手錄本也。本邦書賈嘗以誤本上木,未經校正,若卷首闕“緣起”一頁,盧氏手錄之意,不可得而解矣。加以誤字錯簡,殆有不可□一者焉。予欲爲之校正也。多方搜索,未得善本,後得享保中寫本,與舊刻對校之,雖有彼善於此,亦未爲盡善矣。意謂必得華本再校,始免魯魚之訛耳。寬政丁巳,林某官於瓊浦之日,託之購於中土者數次,終未之獲焉。當其還自瓊蒲也,舟至浪華,訪蒹葭堂主人[(1)],談及予購華本一事,主人素藏《四種子》殘本一卷,出以示之,遂使齎以贈予。予感主人無一面之交,而出其秘藏以贈予，且喜其字畫之鮮、刷印之精，比之舊刻，十倍不啻也。遂命剞劂，以廣其傳焉。凡剞劂自二月始，而至八月畢。世之爲醫者，由是而達於神農、子儀之術，則古經方之學，庶幾不墜於地矣。若夫本經概略，別著發題以詳之，兹不具論焉。但書剞劂始末，併及予得華本之小苦心耳。刻成之日，又要以予所著《攷異》三卷附刻其後，以備互校。予家之阿堵物，未及災棗，姑俟異日云。寬政十一年歲次己未秋九月，江戶鈴木(文)良知序。

［郭注］

(1)蒹葭堂主人，即木村蒹葭(1736～1802)，姓木村，名孔恭，字世肅，號巽齋，又遜齋。通稱坪井屋吉右衛門。齋名蒹葭堂。江戶中期大阪民間知名文人、收藏家。自幼病弱，繼嗣家業無望，師事津島桂庵及小野蘭山治本草學、池大雅習繪畫。藏書兩萬餘卷，及書畫、標本、地圖等豐富文獻資料。

刊本

1. 明刊醫種子本

【叢書舉要】卷十二醫種子 《神農本經》。明盧復編，泰昌元年刊。《叢書書目彙編》同。

2. 日本元祿(?)刊本

【元祿書籍目錄】《神農本經》。禿氏祐祥氏《書目集覽》二百六十一頁。

3. 寬保三年刊本

【聿修堂藏書目錄】《神農本經》一卷，一冊。寬保癸亥刊本。明盧復手錄。

【楂菴書屋圖書目錄】《神農本經》。小菊版刊，一本。盧復。寬保三年癸亥翻刻再版本。

【杏雨書屋圖書假目錄】《神農本經》。明盧復編。寬保三年刊。一冊，二部。

【續中國醫學書目】《神農本經》一卷。一冊。八行十八字，框橫八·二釐，縱十一·五釐。明盧復手錄。寬保三癸亥歲泉屋卯兵衛再版。校正門人。銜名

4. 寬政十一年刊本

【聿修堂藏書目錄】《神農本經》一卷，一冊。寬政己未刊本。

【寶素堂藏書目錄】《神農本草經》一卷，一冊。寬政己未重刊本。

【東京帝室博物館漢書目錄】《神農本經》。明盧復手錄。寬政十一年翻刻。一冊。和本二部。

【杏雨書屋圖書假目錄】《神農本經》。鈴木素行(暘谷)校，寬政十一年刊。一冊。

【續中國醫學書目】《神農本經》三卷。一冊。十行二十字，框橫十四·六釐，縱二十二·五釐。明盧復不遠手錄。寬政十一年新鐫。橘黃堂藏書。翻刻神農本經序，杉本良仲溫，寬政十一年。翻刻神農本經序，鈴木文良知，寬政十一年。刻本經正文緣起，盧復，萬曆四十四年。

5. 鈔本

【杏雨書屋圖書假目錄】《神農本經》。元文五年，吉田寅雄手寫本。一册。《神農本經》，寫本，一册。《神農本經》，中下卷。文化十至十一年谷口知住手寫本。

【楂莑書屋圖書目錄】《神農本經》，寫一冊。筆者年代俱不詳。黑川真賴氏舊藏本。

B　清孫星衍本

【鄭堂讀書記】卷四十一　《神農本草經》三卷，魏吳普等述，國朝孫星衍、孫馮翼同輯。中略阮氏《七錄》、見《隋志》引。《新》《舊唐志》，又俱有《吳普本草》六卷。蓋即神農注而修之，故稱曰述。《嘉祐本草》稱普修《神農本草》，成四百四十一種。《唐志》尚存六卷，多見引據其說，藥性寒溫五味，最爲詳悉。是普書宋時已佚，今其文惟見掌禹錫所刻，暨《藝文類聚》、《初學記》、《後漢書注》、《事類賦注》諸書，《太平御覽》引據尤多。淵如師等因《大觀本草》黑白字書，釐正是經，爰采其文，附於《本經》下，而佐以陶氏《別錄》，疏通古義，系以考證，輔翼完經，啟蒙方伎。至經文有傳寫之誤，則據古以訂正之，蓋非澹雅之才、沉鬱之思，未易爲此也。凡上經上藥一百二十種，中經中藥一百二十種，下經下藥一百二十五種。末附"序例"，白字八條，《本經》佚文十二條，《吳氏本草》十二條，《諸藥佐使》一篇，《藥對》五條。前有淵如師自序，及餘姚邵晉涵、宣城張炯二序。

【郎園讀書志】卷六神農本草經　嘉慶四年，孫星衍、馮翼依《證類》本，分別原書陶增，輯出三卷，刻入《問經堂叢書》，於是讀書者始識《本草》真面。然其敘次全本李時珍《本草綱目》，以"序[例]"退居卷末，頗不免於沿誤。

【新刻本草經】周學海序　孫氏之書，比於顧氏，詳且博矣。其所引據，於性味功用，一無所發。蓋孫氏本非知醫者，此無足怪。乃於名物形狀，亦徒羅列富有，莫正是非。

【神農本草經】多紀元堅序　嘉慶中，孫伯淵及鳳卿有輯校本，頗稱精善。蓋以唐氏《證類》爲原，而其名目亦或私意更改。且以《序例》退置編末，附以《藥對》、《諸藥佐使》，如此之類，均不免杜撰。顧彼土唐以上舊帙之存者，不似皇國之多，文獻無徵，仍所以有此陋也歟。森立之序。清孫星衍所輯《神農本經》三卷，考證頗精，然其體式一依《證類》，此亦未足據也。

序跋

1. 本草經序

《神農本草經》三卷，所傳白字書，見《大觀本草》。按《嘉祐補注序》云：所謂《神農本經》者以朱字，名醫因神農舊條而有增補者，以墨字間於朱字。《開寶重定序》云：舊經三卷，世所流傳。《名醫別錄》互爲編纂，至梁貞白先生陶(宏)[弘]景，乃以《別錄》參其《本經》，朱、墨雜書，時謂明白。據此則宋所傳黑白字書，實陶宏景手書之本。自梁以前，神農、黃帝、岐伯、雷公、扁鵲各有成書，魏吳普見之，故其說藥性主治,各家殊異。後人纂爲一書,然猶有旁注,或朱、墨字之别,《本經》之文,以是不亂。舊説“本草”之名,僅見《漢書·平帝紀》及《樓護傳》。予按《藝文志》有《神農黄帝食藥》七卷,今本譌爲《食禁》。賈公彦《周禮·醫師疏》引其文,正作《食藥》,宋人不考,遂疑《本草》非《七略》中書。賈公彦引《中經簿》,又有《子儀本草經》一卷,疑亦此也。梁《七録》有《神農本草》三卷,其卷數不同者,古今分合之異。神農之世,書契未作,説者以此疑經。如皇甫謐言,則知四卷成於黄帝。陶(宏)[弘]景云:軒轅已前文字不傳,藥性所主,當以識識相因。至於桐、雷,乃著在於編簡,此書當與《素問》同類。其言良是。且《藝文志》農兵、五行、雜占、經方、神僊諸家,俱有神農書,大抵述作有本,其傳非妄。是以《博物志》云:太古書今見存有《神農經》。《春秋傳注》,賈逵以“三墳”爲三皇之書,神農預其列。《史記》言秦始皇不去醫藥卜筮之書,則此經幸與《周易》並存。顔之推《家訓》乃云:《本草》神農所述,而有豫章、朱崖、趙國、常山、奉高、真定、臨淄、馮翊等郡縣名,出諸藥物,皆由後人所羼,非本文。陶(宏)[弘]景亦云:所出郡縣,乃後漢時制,疑仲景、元化等所記。按薛綜注《張衡賦》,引《本草經》“太一禹餘糧,一名石腦,生山谷”,是古本無郡縣名。《太平御覽》引經上云“生山谷,或川澤”,下云生某山某郡,明“生山谷”,《本經》文也,其下郡縣,名醫所益。今大觀本俱作黑字,或合其文云某山川谷,某郡川澤,恐傳寫之誤,古本不若此。仲景、元化後,有吴普、李當之皆修此經。當之書世少行用。《魏志·華佗傳》言普從佗學。《隋經籍志》稱《吴普本草》,梁有六卷。《嘉祐本草》云:普修《神農本草》,成四百四十一種。《唐經籍志》尚存六卷,今廣内不復存,惟諸書多見引據其説,藥性寒温五味,最爲詳悉。是普書宋時已佚,今其文惟見掌禹錫所引,《藝文類聚》、《初學記》、《後漢書注》、《事類賦》諸書,《太平御覽》引據尤多,足補《大觀》所缺。重是《别録》前書,因采其文,附於《本經》。《大觀》或誤作墨字,亦據增其藥物,或數浮於三百六十五種,由後人以意分合,難以定之。其藥名有禹餘糧、王不留行、徐長卿、鬼督郵之屬,不類太古時文。按字書,以禹爲蟲,不必夏禹。其餘名號,或係後人所增,或聲音傳述改古舊稱所致。又《經》有云“宜酒漬”者,或以酒非神農時物。然《本草衍義》已據《素問》首言“以妄爲常,以酒爲漿”,謂酒自黄帝始。又按《文選注》引《博物志》亦云“杜康作酒”。王著《與杜康絶交書》曰,康字仲寧,或云黄帝時人,則俱不得疑經矣。孔子曰“述而不作,信而好古”,又云“多識於鳥獸草木之名”。今儒家拘泥耳,目未能及遠,不覩《醫經》、《本草》之書。方家循守俗書,不察古本藥性異同之説。又見明李時珍作《本艸綱目》,其名已愚,僅取大觀本,割裂舊文,妄加增駁,迷誤後學。予與家鳳卿集成是書,庶以輔翼完經,啟蒙方技,略以所知,加之考證。《本經》云:上藥本上經,中藥本中經,下藥本下經。是古以玉石草木等上中下品分卷,而《序録》别爲一卷。陶序朱書云:《本草經》卷上注云“序藥性之源本,論病名之形診”,卷中云“玉石草木三品”,卷下云“蟲獸果菜米合三品”。此名醫所改,今依古爲次。又《帝王世紀》及陶序稱“四卷”者,掌禹錫云:按舊本亦作四卷。韓保昇又云:《神農本草》上中下并《序録》合四卷。若此,則“三”、“四”之異,以有《序録》,則《抱朴子》、《養生要略》、《太平御覽》所引《神農經》，或云"問於太乙子"，或引《太乙子》云云，皆經所無。或亦在《序錄》中，後人節去之耳。至其經文，或以"痒"爲"癢"，"創"爲"瘡"，"淡"爲"痰"，"注"爲"蛀"，"沙"爲"砂"，"兔"爲"菟"之類，皆由傳寫之誤，據古訂正，勿嫌驚俗也。其辨析物類，引據諸書，本之《毛詩》、《爾雅》、《說文》、《方言》、《廣雅》，諸子雜家，則鳳卿增補之力居多云。陽明孫星衍撰。

2. 本草經序邵晉涵

《記》曰：醫不三世，不服其藥。鄭康成曰：慎物齊也。孔沖遠引舊說云：三世者，一曰黃帝鍼灸，二曰神農本草，三曰素女脈訣。康成《周禮注》亦曰：五藥，草木蟲石穀也。其治合之齊，則存乎神農、子儀之術。是《禮記注》所謂"慎物齊"者，猶言治合之齊，指《本草》諸書而言也。沖遠既引舊說，復疑其非鄭義，過矣。《漢書》引本草、方術，而《藝文志》闕載。賈公彥引《中經簿》有《子儀本草經》一卷，不言出於神農。至《隋經籍志》始載《神農本艸經》三卷，與今分上中下三品者相合，當屬漢以來舊本。《隋志》又載《雷公本草集注》四卷，《蔡邕本草》七卷，今俱不傳。自《別錄》以後，累有損益升降，隨時條記，或傳合本文，不相別白。據陸元朗《經典釋文》所引，則經文與名醫所附益者，合併爲一，其來舊矣。孫君伯淵偕其從子，因《大觀本草》黑白字書，釐正《神農本經》三卷，又據《太平御覽》引經云"生山谷"、"生川澤"者，定爲本文。其有豫章、朱崖、常山、奉高、郡縣名者，定爲後人羼入。釋《本草》者，以吳普本爲最古。散見於諸書徵引者，綴集之以補大觀本所未備，疏通古義，系以考證，非澹雅之才、沈鬱之思，未易爲此也。古者協陰陽之和，宣贏縮之節。凡夫含聲負氣，以及倒生旁達、蠉飛蝡動之倫，胥盡其性，遇物能名，以達於利用生生之具，儒者宜致思焉。《淮南王書》曰"地黃主屬骨，而甘草主生肉之藥也"，又曰"大戟去水，亭歷愈張，用之不節，乃反爲病"。《論衡》曰"治風用風，治熱用熱，治邊用蜜丹"。《潛夫論》曰"治疾當真人參，反得支羅服。當得麥門冬，反蒸橫麥。已而不識真，合而服之，病以浸劇"，斯皆神農之緒言。惟其贍涉者博，故引類比方，悉符藥論。後儒或忽爲方技家言，漁獵所及，又是末師而非往古，甚至經典所載鳥獸草木，亦輾轉而昧其名，不已傎乎。《後漢書·華佗傳》：吳普從佗學，依準佗療，多所全濟。佗以五禽之戲。《別傳》又載：魏明帝使普爲禽戲，普以其法語，諸醫疑其方術，相傳別有奇文異數。今觀普所釋《本草》，則神農、黃帝、岐伯、雷公、桐君、醫和、扁鵲，以及後代名醫之說，靡不賅載，則其多所全濟，由於稽考之勤、比驗之密，而非必別有其奇文異數。信乎非讀三世書者，不可服其藥也。世俗所傳黃帝神農扁鵲之書，多爲後人竄易，余願得夫閎覽博物者爲之是正也。因孫君伯仲校定《本草》而發其端。至其書考證精審，則讀者宜自得之。餘姚邵晉涵序。

3. 本草經序張炯

儒者不必以醫名，而知醫之理則莫過於儒者。春(和)[秋]時和神於醫者也。其通《周易》，辨皿蟲之義，醫也而實儒也。世之言醫者，必首推神農，然使神農非與太乙遊，則其傳不正；非作赭鞭鉤鍘巡五岳四瀆，則其識不廣；非以土地所生萬千類，驗其能治與否，則其業不神。傳不正，識不廣，業不神，雖日取玉石草木禽獸蟲魚米穀之屬，歷試之，親嘗之，亦僅與商賈市販等耳，於醫乎何與。吾故曰，神農千古之大儒也。考《崇文總目》載《食品》一卷、《五臟論》一卷，皆繫之神農，其本久不傳，傳之者《神農本草經》耳，而亦無專本，唐審元裒輯之。《書錄解題》謂之《大觀本草》，《讀書志》謂之《證類本草》，厥後繆希雍有疏，盧之頤有《乘雅半偈》，皆以《本經》爲之主。然或參以臆說，或益以衍斷，解愈紛，義愈晦，未有考核精審，卓然有所發明者，則證古難證古，而折衷於至是爲尤難。孫淵如觀察，偕其從子鳳卿，輯《神農本草經》三卷，於吳普名醫外，益以《說文》、《爾雅》、《廣雅》、《淮南子》、《抱朴子》諸書。不列古方，不論《脈經》，而古聖殷殷治世之意，燦然如列眉。孔子曰"多識於鳥獸草木之名"，又曰"致（治）知在格物"。則是書也，非徒醫家之書，而實儒家之書也。其遠勝於希雍、之頤諸人也固宜。或以"本草"之名，始見《漢書·平帝紀》、《樓護傳》，幾有疑於《本草經》者。然神農始嘗百草，始有醫藥，見於三皇紀矣。因三百六十五種，注釋爲七卷，見於陶隱居《別錄》矣。增一百十四種，廣爲二十卷，《唐本草》宗之。增一百三十三種，孟昶復加釐定，《蜀本草》又宗之。至郡縣本屬後人所附益，《經》但云"生山谷"、"生川澤"耳。《洪範》以康寧爲福，《雅頌》稱壽考萬年，又何疑。於久服輕身延年，爲後世方士之說者，大抵儒者之嗜學如醫，然淵源其脈也。覆審其診視也，辨邪正，定是非，則溫寒平熱之介也。觀察方，聞綴學，以鴻儒名海內，求其著述者，如金膏水碧之珍。鳳卿好博聞，妍丹吮墨，日以儒爲事，則上溯之以羲皇以前數千年如一日，非嗜之專且久，而能然耶。顧吾獨怪是編中無所謂治書癖者，安得起神農而一問之。嘉慶四年太歲在己未冬十月望日，宣城張炯譔於瞻圓之灌木莊。

4. 新刻神農本草經序周學海

著《本艸》者代有明哲矣，而求道者必推本於神農。以爲神聖之至誠盡性，其興物以前者，義至精而用至大也。歷三代之世，以迄秦漢，守其書而傳習之，蓋無敢違其教者。自陶貞白雜入《(明)[名]醫別錄》，朱、墨分書，其書無專本矣。至宋以降，朱、墨互淆，其書無真本矣。紛紜散亂，千有餘歲，好古者乃欲一一收拾，以復其舊，亦難矣哉。故靈胎徐氏有《本草百種錄》，修園陳氏有《本草經讀》，各於經旨有所發明，不愧述者。要止體厥功能，以便世用，而於三品之全物卒闕焉。而無聞久之，乃得顧氏輯本，復於同郡石埭徐氏借得孫氏輯本，二書皆以考核爲能者也，而於其中不能無疑焉。孫氏之書，比於顧氏詳且博矣，其所引據，於性味功用，一無所發。蓋孫氏本非知醫者，此無足怪。乃於名物形狀，亦徒羅列富有，莫正是非。如水萍則薸、蘋並列，柳華則檉、杞同稱。如此之類，未可殫舉。然而備錄前文，以待來哲之論定焉，猶曰賢者至慮至慎，闕所不知之義也。若夫橘柚其實也，非用其木。青蘘爲巨勝苗，巨勝九穀長，其可實穀而苗草耶。二種出入，嫌於妄作矣。尤異者，孫、顧二書同出《大觀》，而三品互殊，幾於十二。顧氏詆孫不考《本經目錄》，故三品種數，顯與名例相違。夫《本經目錄》載在李氏《綱目》第二卷，昭昭者也。孫氏之輯此書，不可謂不勤者矣，獨於此忽焉而不一寓目耶。豈謂《本經》久無真本，安所得其《目錄》，李氏所述不足據耶。然而名例相違，又何也。天下無無用之物，而患無用之人;物無不樂效用於人,而人每至於負物。是書也,苟不求所以用之,即名物品數,盡如神農之舊,而何所濟於世。古聖垂教之深心,歷代賢士表章之盛意,其在是耶。用藥一用兵也,善用則攻即爲補,不善用則補亦殺人。世人於兵皆知不可妄動,獨於醫藥,往往輕於嘗試,抑獨何哉。學海慮古籍之湮也,亟爲刊佈而敘其梗概如此,以見舍顧而從孫者,亦取徵引之富贍耳。至於名象之是非、功用之變化,在善讀者之自得之矣。時光緒辛卯秋仲,建德周學海澂之記。

刊本

1. 嘉慶四年刊本

【孫氏書目】內編卷二 《神農本草經》三卷。《名醫》、《藥性》、《吳普本草》附,星衍集刊本。

【問經堂書目】醫律第六 《神農本草經》三卷。附《吳普本草》,孫星衍、馮翼同輯。

【江蘇省立國學圖書館圖書總目】 《神農本草經》三卷,三冊。清陽湖孫星衍,瀋陽孫馮翼同輯,嘉慶刊本。

【萬葉集草木考】附錄參考書目 《校定神農本草經》。孫星衍,嘉慶四年刊。三卷,三冊。

2. 問經堂叢書本

【叢書舉要】卷二十七問經堂叢書 《神農本草經》三卷。魏吳普等述。孫星衍、孫馮翼同輯。《叢書書目彙編》同。

【鄭堂讀書記】卷四十一 《神農本草經》三卷。《問經堂叢書》本。魏吳普等述。國朝孫星衍、孫馮翼同輯。星衍仕履見"禮類",馮翼仕履見"別史類"。

【郘亭知見傳本書目】卷八 《校定神農本草經》三卷。國朝孫馮翼輯。《問經堂叢書》本。

【書目答問】醫家第六 《神農本草經》三卷。《問經堂校》本。

【清華學校圖書館中文書籍目錄】第七類 《神農本草經》三卷。見《問經堂叢書》。

【遼寧省立圖書館館藏叢書舉要】問經堂叢書 《神農本草經》三卷。

3. 周氏醫學叢書本

【叢書舉要】周氏醫學叢書 《神農本草經》三卷。依《問經堂》本。《叢書書目彙編》、《續彙刻書目》並同。

【楊州吳氏測海樓藏書目錄】卷四 《神農本草經》三卷。《周氏醫學叢書》本。漢吳普等述。

【國學用書類述】 《神農本草經》三卷。清周學海校刊。《問經堂》本。

【杏雨書屋圖書假目錄】 《本草經》三卷,魏吳普等述,清孫星衍輯。光緒十七年刊。二冊。

【中國醫學書目】 《本草經》三卷,二冊。十一行,二十一字。框橫十二·一釐,縱十五·五釐。孫星衍、孫馮翼同輯。《周氏醫學叢書》之內,光緒辛卯十七年周氏校刊。本草經序,邵晉涵。本草經序,張炯,嘉慶四年。本草經序,孫星衍。新刻神農本草經序,周學海,光緒辛卯。

4. 醫學大成本

【續中國醫學書目】《神農本草經》三卷,二冊。十四行,三十一字。洋紙裝,四六版。魏吳普等述,清孫星衍、孫馮翼同輯,周學海校正。《中國醫學大成》第二集之內。提要。邵序邵晉涵。張序張炯,嘉慶四年。孫序孫星衍。周序周學海,光緒辛卯。

5. 鈔本

【寶素堂藏書目錄】《神農本草經》三卷,三冊。鈔。承德孫氏《問經》。

【多紀元堅獻納醫學館醫書目錄】《神農本草經》三卷,孫氏校寫本,三冊。

【東京帝室博物館漢書目錄】《神農本草經》,吳普等述,寫三冊,和本。

C 清顧觀光本

【清史稿藝文志】醫家 《神農本草經》三卷,顧觀光輯。

【郘園讀書志】卷六 《神農本草經》,道光甲辰顧觀光亦有校輯本。分《敘錄》一卷,上中下各一卷。顧序謂,孫輯不考《本經目錄》,三品種數顯與名例相違。

【孫輯本草經】周學海序 乃得顧氏輯本,復於同郡石埭徐氏借得孫氏輯本,二書皆以考核爲能者。中略孫、顧二書,同出《大觀》,而三品互殊,幾於十二。顧氏詆孫氏不考《本經目錄》,故三品種數顯與名例相違。中略以見舍顧而從孫者,亦取徵引之富贍耳。

【叢書舉要】武陵山人遺書 《神農本草經》四卷,金山顧觀光尚之著。

【江蘇省立國學圖書館圖書總目】《神農本草經》四卷。《武陵山人遺書》第六冊,清金山顧觀光,光緒九年刊本。

D 清黃奭本

【日本訪書志】卷九 《神農本草經》三卷。漢學堂黃奭輯本。案此本與孫氏《問經堂叢書》本全同,唯卷末多"補遺"二十二條。考孫氏自序,於此書源流甚晰,不應是竊人之書。黃氏輯逸書,至二百八十條,亦不應攘人之作以充數。而卷末二十二條,非平日用力此學,亦不能得也。疑黃氏輯書時,但就孫本校核,及書成,又得二十二條於孫本之外,故附刻其末。然不應沒孫氏名而直署己作。又《本草目錄》,明載李時珍《本草綱目》第二卷,孫氏失採而黃氏亦不遵之,至金山顧氏始爲拈出,補遺二十二條,大半是《證類》黑字,唯引《續博物志》一條,疑是《序例》佚文。

【叢書舉要】漢學堂叢書 《神農本草經》,甘泉黃奭編輯。光緒癸巳黃氏修版。

【江蘇省立國學圖書館圖書總目】《神農本草經》三卷。《漢學堂叢書》第四十六至四十八冊,清甘泉黃奭,光緒重編本。

【清華學校圖書館中文書籍目錄】《神農本草經》三卷。見《漢學堂(彙)

[叢]書》。

【中東鐵路圖書館圖書目録】《神農本草經》三卷。見《漢學堂叢書》。

E　清王闓運本

【二續中國醫學書目】《重校神農本草》三卷。二冊。八行，十七字。框横十三·二釐，縱十九·六釐。清王闓運輯，光緒丙午善成堂發兑。序，王闓運，甲申。

序跋

敘

梁《七録》始載《神農本草》三卷。陶弘景云"存四卷"，是其本經。韓保昇云"上中下并《序録》合四卷也"。陶列卷上序藥性之源本、論病名之形診，卷中玉石草木三品，卷下蟲獸果菜米食三品、有名未用三品，又加中、下"目録"二卷，分爲七卷，始改舊編矣。阮緒所録，蓋用四卷本而去其本説，以三品爲三卷乎。"本草"之名，始《漢書·平帝紀》、《樓護傳》。《藝文志》以爲《黄帝内外經》，故著録無"本草"名也。此書自陶所見本已多附益，以爲張機、華佗所爲，陶始以朱、墨别之。然陶序已云朱、墨雜書，則其傳久矣。漢詔言"方術本草"，樓護誦醫經、本草、方術數十萬言。班固敘言"《黄帝内外經》，本草石之寒溫，原疾病之深淺"。今所傳有《黄帝内經》，乃原疾病之書，則《本草》其《外經》與。《淮南子》云"神農嘗百草"，蓋金石木瓜，燦然各别，唯草爲難識，炎黄之傳，唯别草而已，後遂本之以分百品，故曰《本草》。余讀《爾雅·釋草》，名類十不識八，因以爲其草亦皆藥品，欲求《本草》正之。今世所傳，唯嘉祐刊本，尚有圈别，如陶朱、墨之異，而湘蜀均無其書。求之六年，嚴生始從長安得明翻本，其圈頗雜糅移奪，略依例正，而以藥品分卷。其言郡縣皆合漢名，而以吳郡爲大吳。其藥有禹餘糧、王不留行，亦非周秦之文。其言鉛錫，正合《書》、《禮》，而與魏晉後反異。然則出於仲景、元化同時無疑也。其藥無古名，更在《爾雅》之後，蓋方家以今名改之。嘉祐本又大移改前後，悉不可復理，聊存梁以來之彷彿耳。於時歲在閼逢涒灘秋七月甲寅，王闓運題記。追記云：凡三品三百六十五種，除唐本退六種，不知少何種也。又三卷多寡不均，皆仍之。甲子重校再記。

F　清姜國伊本

【續中國醫學書目】《神農本經》一卷。一冊。十二行，二十五字。框横十四·九釐，縱十九·五釐。清姜國伊輯述。《姜氏醫學叢書》之内。序，姜國伊，光緒十八年。凡例。名例。名例補正四則。神農本經目録。本經舊目補正。本經考正。本經藥品補正。跋，姜國伊，光緒十八年。

1. 序

聞嘗怪孫思邈後無復名醫，何古今人材智學術之相懸如此其甚也。嗚呼。天生聖人，爲天下也。自農軒經晦，民命日蹙，世豈無一二豪傑之士振興絕學。然而朱丹溪、劉河間、李東垣輩，以分門别戶誤之。《外臺》、《證治準繩》、時珍《綱目》

輩,以貪多務博誤之。喻嘉言、徐靈胎、柯韻伯、張隱菴、葉天士輩,以一知半解注疏誤之。陳修園輩,以固陋乘便誤之。夫脈學不務精詳,藥物不識主用,鍼灸不別榮衛,卑者射利,高者弋名,措億兆命於醉生夢死之中,冷眼旁觀,能無痛悼。光緒壬辰春闈下第,困疾京師,取道泰安,買舟淮浦,泝江西上,抵萬縣,遵陸輿歸。萬里沈痼,時形危篤,內子偕行,殊深憂灼。(國伊)惟慎風寒,節飲食,寡思慮,甘淡素,凡諸方藥,悉從屏絕。歸養餘疾,貌轉豐腴。當是時,癘疫流行,幾半天下,一邑一鄉,死逾千百。觀其吐利汗厥,僅一霍亂。若予乾薑附子去草加米四逆輩,猶可十生六七。而世醫競加攻伐,或投辛耗諸藥。(國伊)端居成都,謗害叢雜,曾不能置喙其間。慨然念《傷寒方經解》,王叔和《脈經》久已刊行,而馬元臺《靈樞素問經註》,成無己、張隱菴《傷寒論註》,註雖不佳,聖經本文猶屬完備,惟《神農本經》,爲時珍《綱目》所亂。粵東、蜀局所刊吳普本,字句乖訛,不勝指數。嗚呼。聖人憂民,心存萬世,既竭心思,復極見聞,豈容小儒妄加竄易。陶氏所傳,本於仲景。吳普所傳,本於華佗。兩本品味參差,文字多寡,互相出入。幸而陶氏猶存三品舊目,三百六十五藥,燦列具陳。茲據《本經》舊目,考次李本,詳附吳本,一字無遺。所多六藥,補正附記。國伊經註,另列卷幅。嗚呼。聖人之道,不離體仁。聖人之心,不過至誠。必欲行誠,不外敬慎。孔子曰:可久則賢人之德,可大則賢人之業。後有哲人,當以己心,全古聖心,謹守是書,勿事妄作,知必爲天地鬼神所福也已。大清光緒十有八年秋七月戊子,岷陽姜國伊謹序。

2. 識語

咸豐庚申,久病不愈,究心醫學。歲辛酉日,註《神農本經》。同治壬戌季冬,得一百八十藥。郫茂才周君,命三手爲抄存,迄歲辛未,復得藥百種。洞子口市醫戴姓,以術借抄,遂名籍繁江諸邑。光緒丙子,遇賊黃河,行李全失,戴愈靳此書不出也。歲辛卯,周君病將歿,以抄稿復歸(國伊)。當是時,繫心聖經,亦未暇終此事也。壬辰夏,疫幾遍天下,慨然念古聖苦心,萬世民命,乃全註之。撰用《內經》,詳加詮釋。遵孔子贊《易》體例,經傳分例。國伊昔年舊註,但拈大意,今日續注,隻字無遺。俾聖人復起,必從吾言。茲略記其梗概云爾。姜國伊又識。

跋

嗚乎。神農以聖人而爲天子,遍考金石草木鳥獸蟲魚,藥三百六十有五,以應一歲。聖人與天合德,如是其廣大精微也。即《名醫別錄》,亦僅一知半見,不出先聖範圍,況後人乎。唐宋以還,藥品愈博愈雜,採用愈多愈惑,竄易經文,直欲舉聖經之全而裂滅之。後人私意之禍天下萬世,如此其烈也。嗚乎。害聖道者,延及荒裔,亦云至矣。(國伊)徒托空言,曾不能藉手以補救其間。天其以我爲孟氏乎,爲韓退之乎,抑亦張長沙、孫思邈之用心也已。大清光緒十有八年秋九月戊子,岷陽姜國伊跋。

G 日本森立之本

【郘園讀書志】卷六 《神農本草經》三卷。日本嘉永七年刻本。自宋以來,政和、大觀兩次修刻,《經史證類本草》行,而《神農本草》汨沒於陶弘景朱、墨本、增輯本之中,已數百年於茲矣。嘉慶四年,孫星衍、馮翼依《證類》本,分别原書、陶增,輯出三卷,刻入《問經堂叢書》,於是讀者始識《本草》真面。然其叙次,全本李時珍《本草綱目》,以《序録》退居卷末,頗不免於沿誤。道光甲辰,顧觀光亦有校輯本,分叙録一卷,上中下各一卷。顧序謂,孫輯不考《本經目録》,三品種數,顯與名例相違。是孫本之失,前人已有疵之者。此日本森立之所輯,前有嘉永七年甲寅自序,是在中國咸豐四年。其例以"序録"冠首,分上中下三品爲三卷,合四卷。前自序考證本書卷數分合次第,引證博且精,後附《攷異》。取校羣書,多吾國未有之佚書古本,非獨孫輯無此謹嚴,即顧輯亦無此精確。顧序謂天之未喪斯文,惟此足以當之矣。書爲繭紙初印,每半葉十行,行二十一字。槧刻精良,想見同文之盛,讀者勿以高麗本等夷之。

【日本訪書志】卷九　《神農本草經》五卷。日本森立之輯本。森氏爲日本醫官,又精考證,此所輯《本草經》三卷,《考異》一卷。據其自序及《考異》,引證之博,決擇之精,遠出孫、顧二本上。唯所録上品一百二十五種,中品一百一十四種,下品一百一十八種,蓋不信李時珍《綱目》所載"目録",而别據《千金方》、《醫心方》、《新修本草》、《和名本草》等書,以爲根源之古。然顯與《本經》三百六十五種之數不合,森氏亦不言其所以然。又孫氏所輯《藥對佐使》之類,(因)[固]爲龐雜,而所輯佚文十二條,顧氏又多四條,森氏未見。當是《序例》中語,森氏概不采,恐亦未必隱居之舊也。

【八千卷樓書目】卷十　《神農本草經》三卷,日本狩谷望之輯。日本抄本。

【江蘇省立國學圖書館圖書總目】　《本草經》三卷,日本澀江籀齋。日本抄本。

【寶素堂藏書目録】　《神農本草經》四卷,《攷異》一卷,三冊,森立夫新輯本。嘉永甲寅新鍥。

【靜嘉堂文庫國書分類目録】《神農本草經》三卷,《考異》一卷,森立之校,嘉永七刊。一冊。

【東京帝室博物館漢書目録】　《神農本草經》。森立夫校,嘉永七年刊。三冊。和本。

【萬葉集草木考】參考書目　《神農本草經》并《攷異》,森立之,嘉永七年刊。三冊。

【楂考書屋圖書目録】　《神農本草經》。半紙判。三卷。刊,一本。安永元甲寅年版。舊黑川真賴氏藏本。

【中國醫學書目】　《神農本草經》三卷。一冊。十行,二十一字。框橫十三·八釐,縱十九·七釐。嘉永七年,森氏溫知藥室藏梓。神農本草經序,多紀元堅,嘉永七年。重輯神農本草經序,森立之。本草經序録。神農本草經考異。

【續中國醫學書目】　《神農本草經》三卷,附一卷。合三冊。十行,二十一字。框橫十三·九釐,縱十九·五釐。日本森立之(立夫)重輯,昭和八年東京文祥堂書店影，嘉永甲寅本印行。森枳園先生像。枳園森立之壽藏碑，養竹子森立之，明治十四年。神農本草經序，多紀元堅，嘉永七年。重輯神農本草經序，森立之，嘉永七年。

序跋

1. 神農本草經序多紀元堅

醫經從來鮮有古本，至《本草經》而極矣。蓋《素》、《靈》、《難經》及仲景書，俱有宋人所校。如《本草經》則自陶隱居爲之集注，而蘇長史續有《新修》之撰，爾後輾轉附益非一，而舊經之文竟併合於諸家書中，無復專本之能傳於後矣。赭鞭之事，邈乎遠矣。要是往聖識識相因之遺言，則後之講藥性之理者，捨此將何從焉。但其輾轉附益之非一，朱、墨之相錯，文字譌脱，亦復在所不免，此豈可聽其沿革而不知所以考訂之也耶。明盧不遠，有見於斯，摘錄爲編，以收入於《醫種子》中。然不遠本無學識，徒採之李氏《綱目》，紕繆百出，何有於古本乎。嘉慶中，孫伯淵及鳳卿有輯校本，頗稱精善，蓋以唐氏《證類》爲原，而其名目亦或私意更改，且以《序例》退置編末，附以《藥對》、《諸藥佐使》。如此之類，均不免杜撰。顧彼土唐以上舊帙之存者，不似皇國之多，文獻無徵，仍所以有此陋也歟。福山醫員森立夫，才敏力學，枕葄此經，蓋亦有年。近日徵之唐以上舊帙，恍然悟古本之敘次，因又推而是正朱、墨混淆者，参互審勘，務使隱居所覩之舊，錄成清本，刊印傳布之。蓋《本草經》舊本面目，於是乎始顯白於世，使後之講藥性者，人人得津逮於此，則立夫之功，不亦偉歟。立夫更著《本草經攷注》若干卷，考證極密，余將慫恿其成，以俾與此本併行云。嘉永七年歲在閼逢攝提格五月壬子。江戶侍醫尚藥兼醫學教諭丹波元堅撰。

2. 重輯神農本草經序森立之

夫醫之有本草，猶學者之有《說文》也。藥性之有良毒，猶篆文之有六書也。未有不辨藥性而能爲醫者，亦未有不知篆文而能爲字者也。余從幼注意於本草學，日夜研究，殆卅年矣。每難近世以來以《本草》爲家者，大抵奉李氏《綱目》以爲圭臬，不知古《本草》之爲何物，則其弊有不可勝道者焉。余嘗竊欲復古《本草》之舊，仍取《證類本草》讀之，而始知《綱目》之杜撰妄改，不足據矣。再校以《新修本草》，而又知《證類》之已經宋人删改，不足信也。更以《真本千金方》及皇國《醫心方》、《太平御覽》所引校之，而知蘇敬時校改亦復不少也。於是反覆校讎，而後白、黑二文，始得復陶氏之舊。白、黑二文得復陶氏之舊，而後神農之經，可因以窺其全豹焉。遂就中採摭白字，輯爲四卷。

考經名以"本草"者，蓋謂藥物以草爲本，故《說文解字》云"藥，治病草也"。《吕氏春秋·孟夏紀》云"是月也，聚蓄百藥"，高誘注"是月陽氣極，百草成，故聚積也"。百藥即是爲百草所成，則可見藥物以草爲本也明矣。其玉石鳥獸蟲魚屬亦謂之藥，則六書轉注之義。《本經》計藥品每稱幾種，亦與此一例，《本草釋》云：藥之衆者莫過於草，故舉多者，言之本草（惟宗時俊《醫家千字文》引）。韓保昇云：按藥有玉石草木蟲獸，而直云"本草"者，爲諸藥中草類最衆也（《證類本草》引）。此說是也。

其冠以"神農"二字者,猶《内經》冠以"黄帝"二字,未始出神農氏也。陶氏《本草經序》云:軒轅以前文字未傳,如六爻指垂畫像,稼穡即事成迹。至於藥性所主,當識識相因,不爾者何由得聞。至桐、雷迺著在於篇簡,此書應與《素問》同類,但後人多更修飾之爾。掌禹錫等云:蓋上世未著文字,師學相傳,謂之"本草"。兩漢以來名醫益多,張機、華佗輩,始因古學,附以新説,通爲編述。《本草》由是見於經錄。此説是也。案,《帝王世紀》云:炎帝神農氏嘗味草木,宣藥療疾,救夭傷之命,百姓日用而不知,著《本草》四卷。自此言始出,學者習見,以爲《本草》神農所作,而或疑以禹餘糧、胡麻爲後人所增。殊不知雖白字經文,未詳成於何時,然以黑字已出吴普、李當之輩推之,則其迢出於兩漢以前可尋也。則其有禹餘糧、胡麻,乃與《靈樞》有十二水名同例,復奚疑乎。

其書《漢書》不著録,唯《平帝紀》、《郊祀志》及《樓護傳》,並有"本草"之目。蓋《本草》漢時方術之士專修之,所以《漢書》每連言"方術、本草"也。其謂上古無爲,莫有疾病,縱有微恙,不至沈固,故云"上藥養命,中藥養性,下藥治病",是固神農家古義。孫真人云"古者日長,藥在土下。自養經久,氣味真實。百姓少欲,稟氣忠信。感病輕微,易爲醫療",此之謂也。其上、中二品中,多有"輕身延年"之語者,蓋謂此諸藥,便爲益氣通脈之物,多服之則耳目聰明,九竅通暢,久服乃至輕身延年也。

如古《本草》分類次序,以玉石爲第一,次之以草木,次之以蟲獸,次之以果菜,次之以米食。凡藥以遠於常食者爲尊,故置之最初。以人常食者爲卑,故置之最後。其尊卑等級,乃與《素問·上古天真論》所稱真人、至人、聖人、賢人次第正同。《醫心方》引《養生要集》云:郄悟《千金》載此文,"悟"作"愔"論服藥云:夫欲服食,當尋性理所宜,審冷熱之適,不可見彼得力,我便服之。初御藥,先草、次木、次石,將藥之大較,所謂精粗相代,階粗以至精者也。可以證矣。

其卷數,《隋志》有《神農本草經》三卷(《舊》、《新唐志》並同)。又有《神農本草》四卷,雷公集注;《本草經》四卷,蔡英撰;《本草鈔》四卷。《帝王世紀》云:炎帝神農著《本草》四卷。《抱朴子》亦引《神農四經》。陶氏序云:今之所存有此四卷,是其《本經》。而《嘉祐本草》掌禹錫云:《唐本》亦作四卷。韓保昇亦云:《神農本草》上中下,并《序録》合四卷。然則陶氏以前,《本經》正文必是四卷。據"上藥本上經,中卷本中經,下藥本下經"之文,則三品三卷,并《序録》爲四卷,宜如保昇所言也。而掌禹錫乃云"四"字當作"三",傳寫之誤,何則?按梁《七録》云,《神農本草》三卷。又據今《本經》陶序後朱書云:《本草經》卷上、卷中、卷下。卷上注云"序藥性之源本,論病名之形診",卷中云"玉石草木三品",卷下云"蟲獸果菜米食三名",即下云三卷外别有《序録》,明知韓保昇所云又據誤本,妄生曲説,今當從三卷爲正。此説非是,何以知然。陶序後有云"右三卷,其中下二卷,藥合七百三十種"。據此則知陶所云"三卷"者,即唐宋諸類書等所引《本草經》朱、墨混雜者,而梁《録》、《隋志》所稱"《神農本草經》三卷",蓋斥是也。若陶氏以前本,則必是四卷,非三卷也。而《綱目·序例》載《本草經》上藥百二十品,中藥百二十品,下藥百二十五品目錄。明盧復《醫種》本依之，妄意條析，以充《本經》三卷之數，則僭妄不足據矣。清孫星衍所輯《神農本經》三卷，考證頗精。然其體式一依《證類》，此亦未足據也。今復古體，以《序録》爲一卷，上藥爲一卷，中藥爲一卷，下藥爲一卷，凡四卷。

至於每卷各藥次序，更不可問。但《證類》陶序後引"唐本注"云：豈使草木同品，蟲獸共條，披覽既難，圖繪非易。據此，則知蘇敬以前陶氏七卷本，必是草木同品、蟲獸共條矣。今據《真本千金方》及《醫心方》所載七情條例，以草木混同蟲獸合併，如其無七情藥，則依見存舊鈔《新修本草》次序以補之。《新修》所缺，則又依《本草和名》以足之。《本草和名》部分及藥名、次序本之《新修本草》，故今復依之。

體例，一依《本草御覽》，藥名下直列一名（《證類本草》黑字。鸕鷀屎，一名蜀水花。《新修本草》同。此特與《御覽》合。據此，則今本以一名置條末者，係蘇敬所改。此係偶未歷校改，足觀舊本面目也。）次舉氣味（"乾漆"及"白頭翁"條，氣味下有"無毒"二白字，《御覽》"白頭翁"下亦有此二字。因考每條"無毒"、"有毒"等語，元是白字。今此二條，白字"無毒"，黑字"有毒"，僅存古色。且《御覽》及《嘉祐》往往引吳氏載"神農"、"無毒"等語，則"無毒"、"有毒"等字，蓋《本經》既有之，《别録》亦有。陶朱、墨雜書時，其相同者皆從墨字例。但此二條，《本經》"無毒"，《别録》"有毒"，故不得不朱、墨兩書。開寶重定時，依此亦白、黑兩書也。可知《御覽》撰修時，此二字已朱書也。然《御覽》"無毒"、"有毒"等字，或有或無，殆不一定，今不得悉依此以補訂。姑録俟考。）次記出處（《御覽》氣味下，每有"生山谷"等語，必是朱書原文。主治末亦有"生太山"等字，必是墨書原文。蘇敬新修時一變此體，直於主治下記"生太山"、"山谷"等語。開寶以後，全仿此體，古色不可見。今依《御覽》補"生山谷"等字，陶氏以前之舊面蓋如此矣。但朱書原文，或有已經後人羼入者。《爾雅·釋文》引《本草》云"苦菜生益州川谷"，《名醫别録》云"生山陵道旁"，是似"益州"二字《本經》朱字已有之。而《顔氏家訓》云：《本草》神農所述而有豫章、朱崖等郡縣名，皆由後人所羼，非本文也。然則陸氏所見七卷《本草》，已爲羼入本，未必昉於蘇敬時也。）次録主治（今本白字中，亦似間有錯入黑字者。滑石、車前子、石韋、瞿麥、髮髲、燕矢、班苗、貝子、冬葵子條，並有"癃"字。石膽、石龍蒭、石龍子、桑螵蛸、馬刀條，並有"淋"字。石蠶條"癃"、"淋"並稱之類是也。今不可分别，以備後日參考耳。）經文一從《證類本草》，是爲開寶以來模刻所傳，尤可據也。其白、黑分書，大觀、政和二本互有出入，及皇國所傳各種古籍，唐宋諸類書所引，異同不尠，亦皆一一校勘，别作《考異》，以附於後。但恐寡聞淺見，不免遺漏，以俟識者補訂耳。嘉永七年甲寅正月，福山森立之書於員山溫知藥室中。

注：按多紀氏《聿修堂目》云：《神農本草經》一卷，一册，鈔本。宋《太平御覽》採輯，别載《櫟窻叢書》。《小島氏寶素堂目》亦云：《神農本草經》一卷，録書宋本《太平御覽》中。意者二本同出一本，疑即多紀氏等録出《太平御覽》所引《本經》正文而編成者，其書雖未至刊行，蓋亦爲森氏輯本之一先驅矣。

五、名醫別錄

(一)出典

【隋書經籍志】卷三子部醫方　《名醫別錄》三卷,陶氏撰。

【舊唐書經籍志】醫術　《名醫別錄》三卷

【唐書藝文志】醫術類　《名醫別錄》三卷

【通志藝文略】本草　《名醫別錄》三卷,陶隱居集。

【玉海】卷六十三藝文藝術　《名醫別錄》三卷,陶氏撰。

(二)考證

【本草經集註】陶弘景序　今輒苞綜諸經,研括煩省,以《神農本經》三品,合三百六十五爲主。又進《名醫副品》亦三百六十五,合七百三十種。

【新修本草】序例注　梁《七錄》有《神農本草》三卷,陶據之以《別錄》加之爲七卷。

【唐書】卷一百零四于志寧傳　《別錄》者,魏晉以來,吳普、李當之所記,其言華葉形色,佐使相須,附經爲說,故弘景合而錄之。

【本草綱目】序例上歷代諸家本草　《神農本草》藥分三品,計三百六十五種,以應周天之數。梁陶弘景復增漢魏以下名醫所用藥三百六十五種,謂之《名醫別錄》,凡七卷。首敘藥性之源,(診)[論]病名之診。次分玉石一品,草一品,木一品,菓菜一品,米食一品,有名未用三品。以朱書《神農》,墨書《別錄》,進上梁武帝。

卷十七澤漆集解　自漢人集《別錄》,誤以爲大戟苗,故諸家襲之爾。

《醫籍考》二百六十六頁　按《隋志》,《名醫別錄》與《本草經(某)[集]註》各自單行,而若《別錄》,唯著陶氏撰,不審其果爲弘景否。查《證類本草》五石脂、女萎、雷丸、玄石,弘景所引《別錄》之文,與黑字所記不異。蘇敬《新修本草》註曰:梁《七錄》有《神農本草》三卷。陶據此以《別錄》加之爲七卷。《開寶重訂本草序》曰:三墳之書,神農預其一,百藥既辨,《本草》存其錄,舊經三卷,世所流傳。《名醫別錄》互爲編纂,至梁貞白先生陶弘景乃以《別錄》參其本書,朱、墨雜書,時謂明白。又曰:白字爲《神農》所說,黑字爲《名醫》所傳。《嘉祐補註本草總敘》曰:舊經方三卷,藥止三百六十五種,至陶隱居又進《名醫別錄》,亦三百六十五種,因而註釋分爲七卷。又曰:凡陶隱居所進者,謂之《名醫別錄》云。考弘景序稱進《名醫副品》三百六十五,則似《別錄》與《副品》爲一矣。而《別錄》之文,蘇敬《新修本草》所引四十則,李珣《海藥本草》所引二則,全然與黑字所記不同,則似《別錄》非副品矣。蓋弘景之撰《本草經集註》,就《名醫別錄》中摭三百六十五品,以副舊經之數而別錄之,書至唐有單行,蘇敬、李珣輩猶得見之,迺以弘景採錄之餘,有可備施用者,故收入註中,是其文所以與黑字所記不同也。《名醫副品》本自《別錄》中所採記,而《別錄》不是成乎弘景之手。《隋志》所謂陶氏別是一人,《藝文略》直題陶弘景集,李時珍以《本草經集註》爲《名醫別錄》,其說並誤矣。

注:按《河清寓記》有"《名醫别録》明人作者千字本現五冊"之目,又《東京帝室博物館漢書目録》亦有"名醫别録,寫五冊,和本"者,藤浪氏《乾乾齋架藏和書目録》亦著録之,疑皆是同出一書,而未知與陶氏《别録》有關係耶否。姑記而存疑云。

又按,通行本《陳修園五十種》中有"《名醫别録》"者,題曰"黄鈺寶臣編",其書採《名醫别録》以下諸本草藥品一百四十餘種,而括其氣味及治效之主要者,即與陶氏《别録》全别矣。

六、神農本草經三卷

【隋書經籍志】醫方　《神農本草經》三卷

【舊唐書經籍志】醫術　《神農本草經》三卷

【唐書藝文志】醫術類　《神農本草經》三卷

【通志藝文略】本草　《神農本草經》三卷

【玉海】卷六十三唐本草圖　《神農本草經》三卷

注:按森立之《神農本草經序》曰:陶序後有云"右三卷",其中、下二卷藥合七百三十種。據此則知,陶所云"三卷"者,唐宋諸類書等所引《本草經》朱、墨雜書者,而梁《録》、《隋志》所稱"《神農本草經》三卷",蓋斥是也。若陶氏以前本則必是四卷,非三卷也。今考此説爲是。按燉煌本弘景《序録》云"并以《序録》合爲三卷(《證類》"三卷"作"七卷")。又云:自余投纓宅嶺,猶不忘此,日夜翫味,恒覺欣欣。今撰此三卷(《證類》"此"作"方"),并《效驗方》五卷,又《補闕葛氏肘後》三卷"云云。再按《補闕肘後方》弘景自序云"太歲庚辰隱居曰:凡如上諸方,皆已具在余所撰《本草》上卷中,今之人有此《肘後百一方》者,未必得見《本草》,是以後疏方中所用者載之"云云。據此觀之,隋唐諸《志》所稱"《神農本草經》三卷"者,必是弘景所輯本無疑。太歲庚辰,當是齊東昏侯永元二年,弘景時年四十九歲矣。

注:陶弘景傳,《梁書》卷五十一處士傳云:陶弘景字通明,丹陽秣陵人也。初,母夢青龍自懷而出,并見兩天人手執香爐來至其所,已而有娠,遂産弘景。幼有異操。十歲,得葛洪《神仙傳》,晝夜研尋,便有養生志。謂人曰:仰青雲,覩白日,不覺爲遠矣。及長,身長七尺四寸,神儀明秀,朗目疏眉,細形長耳。讀書萬餘卷,善琴棊,工草隸。未弱冠,齊高帝作相,引爲諸王侍讀,除奉朝請。雖在朱門,閉影不交外物,唯以披閲爲務。朝儀故事,多取決焉。永明十年,上表辭(録)[禄],詔許之,賜以束帛。及發,公卿祖之於征虜亭,供帳甚盛,車馬填咽,咸云宋齊以來未有斯事,朝野榮之。於是止於句容之句曲山。恒曰:此山下是第八洞宫,名金壇華陽之天,周圍一百五十里。昔漢有咸陽三茅君得道,來掌此山,故謂之茅山。乃中山立館,自號華陽隱居。始從東陽孫遊岳,受符圖經法。徧歷名山,尋訪仙藥。每經澗谷,必坐臥其間,吟詠盤桓,不能已已。時沈約爲東陽郡守,高其志節,累書要之,不至。弘景爲人,圓通謙謹,出處冥會,心如明鏡,遇物便了,言無煩舛,有迹輒覺。建武中,齊宜都王鏗爲明帝所害,其夜,弘景夢鏗告别,因訪其幽冥中,事多説秘異,

因著《夢記》焉。永元初，更築三層樓，弘景處其上，弟子居其中，賓客至其下，與物遂絶，唯一家僮得侍其旁。特愛松風，每聞其響，欣然爲樂。有時獨遊泉石，望見者以爲仙人。性好著述，尚奇異，顧惜光景，老而彌篤。尤明陰陽五行，風角星筭，山川地理，方圖産物，醫術本草。著《帝代年曆》，又嘗造渾天象，云修道所須，非止史官是用。義師平建康，聞議禪代，弘景援引圖讖，數處皆成"梁"字，令弟子進之。高祖既早與之遊，及即位後，恩禮逾篤，書問不絶，冠蓋相望。天監四年，移居積金東澗。善辟穀導引之法，年逾八十而有壯容。深慕張良之爲人，云古賢莫比。曾夢佛授其《菩提記》，名爲勝力菩薩。乃詣鄮縣阿育王塔自誓，受五大戒。後太宗臨南徐州，欽其風素，召至後堂，與談論數日而去，太宗甚敬異之。大通初，令獻二刀於高祖，其一名"善勝"，一名"成勝"，並爲佳寶。大同二年卒，時年八十五。顏色不變，屈申如恒。詔贈中散大夫，謚曰貞白先生，仍遣舍人監護喪事。弘景遺令薄葬，弟子遵而行之。《南史》卷七十六亦載弘景傳，與此少異。

七、本草經集註七卷

(一)出典

【隋書經籍志】神農本草八卷注　梁有陶弘景《本草經集註》七卷。

【舊唐書經籍志】醫術　《本草集(經)[注]》七卷，陶弘景撰。

【唐書藝文志】醫術類　陶弘景《集註神農本草》七卷

【太平御覽】經史圖書綱目　陶弘景《註本草經》，又陶隱居《本草註》。

【册府元龜】卷七百二十三醫三　《梁書》曰：陶弘景字通明，修撰《神農本草經》三卷爲七卷。

【玉海】卷六十三唐本草圖　《陶弘景集注》七卷。《隋志》同，又有《本草》十卷。

【日本國見在書目録】醫方家　《神農本草》七，陶隱居撰。《注本草表序》一，陶隱居撰。

【和名抄引用漢籍】醫方家　《本草注》，陶隱居。《陶隱居本草》十卷。引用五十三回。

(二)考證

【新修本草】序例注　梁《七録》有《神農本草》三卷。陶據此以《别録》加之爲七卷。

【開寶本草】重定序　舊經三卷，世所流傳。《名醫别録》，互爲編纂。至梁(正)[貞]白先生陶弘景，乃以《别録》參其《本經》，朱、墨雜書，時謂明白，而又考彼功用，爲之注釋，列爲七卷，南國行焉。

【太平御覽】卷七百二十三醫三　《梁書》曰：陶弘景，字通明，丹陽人。性愛林泉，尤好著述。常曰：我讀未滿萬卷，以内典參之，乃當小出耳。先生性好醫方，專以拯濟，欲利益羣品，故修撰《神農本草》三卷爲七卷，世所行用，多獲異效焉。

【嘉祐本草】補注總序　舊經才三卷，藥止三百六十五種。至梁陶隱居又進《名醫别録》，亦三百六十五種，因而註釋，分爲七卷。

【重廣補注神農本草并圖經】林希序　世所傳曰《神農氏本草》三卷，梁陶隱居離以爲七。

【張舜民畫墁録】　陶隱居不詳北藥，時有詆謬，多爲唐人所質，人固有不知，無足怪也。

【朱氏語類】　陶隱居注《本草》，不識那物，後説得差背底多，緣他是箇南人，那時南北隔絶，他不識北方物事，他居建康。

（三）序跋

陶弘景自序

隱居先生在乎茅山巖嶺之上，以吐納餘暇，頗遊意方技，覽本草藥性，以爲盡聖人之心（自"隱居"至"盡"三十二字，吉石葊本缺之），故撰而論之。舊説皆稱《神農本草經》《大觀》缺"草"字，余以爲信然。昔神農氏之王天下也，畫易卦"易"《大觀》作"八"以通鬼神之情，造耕種以省煞害之弊"煞害"《大觀》作"殺生"，宣藥療"療"下《大觀》有"疾"字以拯夭傷之命。此三道者，歷羣聖而滋彰"羣"《大觀》作"衆"。文王、孔子，彖象繇辭"繇"吉石葊本作"疏"，幽贊人天。后稷、伊尹，播厥百穀，惠被生民"生民"《大觀》作"羣生"。岐黄彭扁"黄"吉石葊本作"皇"，振揚輔導，恩流含氣，並歲踰三千，[民]到於今賴之。但軒轅以前，文字未傳，如六爻指垂，畫象稼穡，即事成迹。至於藥性所主，當以識識相因，不爾何由得聞。至乎桐、雷"乎"《大觀》作"于"，乃著在篇簡"篇"《大觀》作"編"。此書應與《素問》同類，但後人多更修飾之耳。秦皇所焚，醫方卜術不預，故猶得全録。而遭漢獻遷徙，晉懷奔迸，文籍焚靡"靡"吉石葊本作"糜"，千不遺一。今之所存，有此四卷，是其《本經》。生出郡縣"生"《大觀》作"所"，乃後漢時制，疑仲景、元化等所記。又有《桐君採藥録》，説其華葉形色"華"《大觀》作"火"，《藥對》四種，論其佐使相須。魏晉以來"以"《大觀》作"已"，吴普、李當之等，更復損益，或五百九十五，或四百三十一"三十"《大觀》作"四十"，或三百一十九，或三品混糅"混"吉石庵本作"昆"，冷熱舛錯，草石不分，蟲獸無辨。且所主治，互有多少，醫家不能備見，則識致淺深"致"《大觀》作"致有"二字。今輒苞綜諸經，研括煩省，以《神農本經》三品，合三百六十五爲主，又進《名醫副品》，亦三百六十五"三"吉石庵本作"二"，合七百三十種。精粗皆取，無復遺落，分别科條，區畛物類，兼註詺世用"世"《大觀》作"時"，土地所出"所出"二字，吉石庵本缺之，及仙經道術所須，并此序録，合爲三卷"三"《大觀》作"七"。雖未足踵前良"踵"下，吉石庵本有"卷"字，蓋亦一家撰製。吾去世之後，可貽諸知方"方"《大觀》作"音爾"二字。

《本草經》卷上序藥性之本源，詮病名之形診，題記品録，詳覽施用之"本源詮"《大觀》作"源本論"，"用之"《大觀》無"之"字。《本草經》卷中玉石草木三品，合三百五十六種"合"以下七字《大觀》無。

《本草經》卷下蟲獸菓菜米食三品，合一百九十五種，有名無用三條，合一百七十九種"菓"《大觀》作"果"。蟲獸,"用"吉石庵本作"實"。"合"字以下《大觀》無。合三百七十四種。

右三卷,其中下二卷藥合七百三十種,各別有目錄,並朱、墨雜書并子註。今大書分爲七卷"今"、吉石庵本無。"大書"以下六字,吉石庵本細字雙行。《吉石庵叢書》本,校以柯氏影印本《大觀本草》。

(四)鈔本及輯本

1. 燉煌出土序錄

2. 吉石盦叢書本

【雪堂校刊羣書敘錄】卷下敦煌本本草集注序錄跋　《本草集注序錄》一卷,前佚數行,後均完好。後題"本草集注第一序錄華陽陶隱居撰",書題後又字二行曰"開元六年九月十一日尉遲盧麟於都寫本草一卷,辰時寫了記"。西陲石室舊藏,乙卯春予得影照本,不知原卷在何許也。

【清華學校圖書館中文書籍目錄】第七類　《影開元寫本本草集注序錄》。殘卷。見《吉石盦叢書》。

【江蘇省立國學圖書館圖書總目】　《開元寫本本草集注序錄》殘卷,一卷,晉秣陵陶弘景。《吉石盦叢書初集》第四册,影印本。

【二續中國醫學書目】《開元寫本本草集註序錄》殘卷,一册。十一行,行十五六至二十字(不定),無框。梁陶弘景集註。影敦煌石室本。《吉石盦叢書初集》之内。第四册。跋,羅振玉,丙辰民國五年。

注:按森鹿三氏"《新修本草》與小島寶素",《東方學報·京都》第十一册三百九十一頁略云:梁陶弘景《本草經集註》亦久佚無傳,然因近年流行敦煌及新彊地方之探險發掘,遂得發見其殘卷及斷簡。其一即斯他因博士所將來之《序錄》一卷,發見於敦煌,而現歸於倫敦大英博物館所藏。橘瑞超氏夙齎其影照本,而小川博士於《中國本草學之起原與〈神農本草經〉》"中紹介之。羅振玉氏亦借其影照本而影印之,收入《吉石盦叢書》中云云。然今考小川琢三博士乃云"明治四十一年,本派本願寺所派遣於新彊之橘瑞超師,於敦煌石室發見唐以前之《本草集注》古鈔卷子本而將來之。余得大谷伯之許可,撮影其全篇"云云。兩氏所說不同,未知孰是。

注:按《吉石盦叢書》本卷末有羅氏跋,兹錄其全文,即如下:

《本草集注敘錄》一卷,前佚數行,後均完好。後題"本草集注第一序錄華陽陶隱居撰",書題後又字二行曰:開元六年九月十一日尉遲盧麟於都寫《本草》一卷,辰時寫了記"。西陲石室舊藏,乙卯春予得影本,不知原卷今在何許也。本草之學,自《唐本草》行而隱居之《集注》微,《證類本草》行而《唐本草》又微。逮明李時珍《綱目》行,《證類本草》亦僅存舊槧,隱居之書則佚其久矣。《證類本草序例》二卷,其上卷載隱居《序例》之上半,起序文,訖合藥分劑料理法則。其標題曰"梁陶隱居序"。下卷載諸病主藥起,至引《藥對》五條,亦隱居《序例》之下半,則不復注明爲陶氏説，使不得此卷校之，幾令人疑爲作《證類》時之《序例》矣。《證類》既分隱居《序例》爲二截，中間復夾入他家序例，凌雜無序，復加增竄。於諸病主藥例中各病條下，於隱居所出諸藥外，復據他書續增。隱居所列諸病之舊次，亦多錯亂。如"霍亂"之後，次"嘔吐"，次"轉筋"。隱居原書，"霍亂"標目乃大字直行，"嘔吐"及"轉筋"乃小字横行，蓋"霍亂"是標目，因霍亂而病嘔、吐轉筋也。《證類》則霍亂、嘔吐、轉筋三目并爲大字，誤析一病爲三。又隱居原書"中蠱"之後，次以"解毒"。《證類》則於"中蠱"以後，增"出汗"等九目，又將"解毒"一目，析出別爲解百毒及金石等毒例，殊失隱居之意。蓋作《證類》者，改竄隱居《序例》，攘爲已有，故不著其所自出。又改所不當改，增所不當增，在作者固不虞七八百年後，山巖絶塞，隱居之書一旦復出人間，致發其覆而暴其失也。又作《證類》諸人，似未見陶氏原書，隱居述諸病主藥，言惟冷熱須明。今以朱點爲熱，墨點爲冷，無點者是平，以省於煩注也。《證類》本引此書，乃作"惟冷熱須明，今依《本經別錄》，注於本條之下"云云。今詳唐本，以朱點爲熱，墨點爲冷，無點爲平。校以此卷，殊爲舛戾。《證類》誤以朱、墨點記，始於唐本，不知昉於隱居，是作《證類》者未見原書之證。歷代官修之書，無不鹵莽滅裂，但以取盈卷帙爲止，固不僅《證類本草》爲然矣。此卷以一日之力寫畢，故譌誤不少，然有非寫書之過者，如序文中稱《本草經》，謂今之所存有此四卷。考《神農本經》，《七錄》以下皆言三卷，未聞有四卷之本。"四卷"爲"三卷"之譌無疑，而此卷與《證類》本均作四卷，可見承譌蓋已久矣。予十餘年前得日本醫家森約之《校輯本草集注》七卷手稿本，據《新修本草》等書，校勘至密，塗乙狼籍，久欲爲之寫定付梓。今又得隱居原書，於此書殆有夙緣，爰先以此卷影印流傳。森氏所輯，期異日成之。庶隱居之書，不至遂絶，亦藝林之怪事也。丙辰十月既望，永豐鄉人羅振玉書於海東寓居之雲峰精舍。

3. 西域出土斷簡

【普魯西學士院所藏中央亞細亞山土醫方書四種】本草經斷片　橫二十八·五釐，縱二十七釐。紙質稍厚，其色帶黄，類寫經紙，字亦寫經體，端正優雅。架藏番號 TIITVRO。按，此則陶隱居《集注神農本草經》之斷簡，而係唐初以前寫者，雖未滿方尺之小斷片，不獨本草學上有價值，對於一般書志學，亦爲可珍重之資料矣。

注：按右斷簡，黑田源次博士始於柏林影照而齎歸者，其所考證一文，載在《支那學》第七卷第四號中。

4. 森立之等輯本

【雪堂校刊羣書敘錄】卷下敦煌本本草集注序錄跋　予十餘年前，得日本醫家森約之《校輯本草集注》七卷手稿本。據《新修本草》等書，校勘至密，塗乙狼籍，久欲爲之寫定付梓。今又得隱居原書，於此書殆有夙緣，爰先以此卷影印流傳。森氏所輯，期異日成之。

【杏雨書屋圖書假目録】《本草經集注》七卷，附《本草經集注攷》并《新定目錄》，梁陶弘景註。日本森立之等校，昭和七年寫本，七冊。

【二續中國醫學書目】《本草經集註》，舊鈔本。七卷。七冊。十行，二十一字。框横十六鳌,縱二十一·二鳌。梁陶弘景集註。日本森立之、小島尚真、曲直瀨正信等復原,森約之等手稿本。羅振玉氏舊藏本。

注:按森氏等所輯《集注本草》稿本,今之所存有二:一則係日本帝國圖書館所珍藏,而杏雨書屋本之所據;一則所本,蓋羅氏舊藏本也。余嘗閲帝國圖書館本,而知其本即爲第一稿,所本即第二稿矣。詳見於拙著"新修本草之考察"中。

八、陶隱居本草十卷

【隋書經籍志】神農本草八卷注　梁有《陶隱居本草》十卷。

【玉海】卷六十三　《陶隱居》十卷

注:按此云十卷,疑即弘景所輯《神農本草經》三卷,與《集注本草》七卷合而謂之乎。

九、新修本草

(一)出典

【舊唐書經籍志】醫術　《本草圖經》七卷,蘇敬撰。《新修本草》二十一卷,蘇敬撰。《新修本草圖》十六卷,蘇敬等撰。《本草音》三卷,蘇敬等撰。

【唐書藝文志】醫術類　《本草》二十卷,《目錄》一卷,《藥圖》二十卷,《圖經》七卷。顯慶四年,英國公李勣,太尉長孫無忌,兼侍中辛茂將,太子賓客弘文館學士許敬宗,禮部郎中兼太子洗馬弘文館大學士孔志約,尚藥奉御許孝崇、胡子家、蔣季璋,尚藥居直長藺復珪、許弘直,侍御醫巢孝儉,太子藥藏監蔣季瑜、吳嗣宗,丞蔣義方,太醫令蔣季琬、許弘,丞蔣茂昌,太常丞吕才、賈文通,太史令李淳風,潞王府參軍吳師哲,禮部主事顔仁楚,右監府長史蘇敬等撰。孔志約《本草音義》二十卷,蘇敬《新修本草》二十一卷,又《新修本草圖》二十六卷,《本草音》三卷,《本草圖經》七卷。

注:按右《唐志》所記,疑即重載同書者。多紀氏《醫籍考》以前者爲張鼎所作,而云:按《新唐志》又著蘇敬《新修本草》等目,而張鼎《本草》,其名銜、卷(佚)[帙]并同,是大可疑。諸家簿錄不復載張鼎之書,疑鼎亦與蘇敬同爲編撰者,故《新志》誤爲二書。猶吳景賢與巢元方撰《諸病源候論》,《新唐志》又載巢、吳二家《諸病源候論》之目,俱係復出者歟。今按《唐志》所記"張鼎"二字當屬上,即張鼎者,《沖和子玉房秘訣》二十卷之著者。而多紀氏誤以此二字屬下爾。張鼎即孟詵弟子,而輯《食療本草》者,其距顯慶幾在六十年之後,何與蘇敬同爲編撰乎哉。

【日本國見在書目錄】醫方家　《新修本草》二十卷,孔志均撰。《本草圖》二十七。

【和名抄引用漢籍】　《新修本草》二十一卷,唐蘇敬撰。引用六十三回。

【崇文總目輯釋】卷三醫書　《本草》二十卷,李績等撰。

【通志藝文略】　《唐本草》二十卷,李勣等修。《藥圖》二十卷,李勣等撰。《圖經》七卷,李勣等撰。《新修本草圖》二十六卷,蘇敬撰。《唐本草圖》七卷。

注:按右《藝文略》亦係重載同書,蓋鄭樵所記,未必親覩者,惟據《志》而著録之爾,亦未足爲信據矣。

【直齋書録解題】卷十三醫方　《唐本草》

【宋史藝文志】醫書類　孔志約《唐本草》二十卷

(二)考證

【新修本草】孔志約序　朝議郎行右監門府長史騎都尉臣蘇敬"敬"《大觀》作"恭",摭陶氏之乖違,辨俗用之紕紊,遂表請修定,深副聖懷。乃詔大尉楊州都督監修國史上柱國趙國公臣無忌、太中大夫行尚藥奉御臣許孝宗等二十二人,與蘇敬詳撰。於是上稟神規,下詢衆議;普頒天下,營求藥物。羽毛鱗介,無遠不臻;根莖花實,有名咸萃。遂乃詳探秘要,博綜方術。《本經》雖闕,有驗必書;《别録》雖存,無稽必正。考其同異,擇其去取。鉛翰昭章,定羣書之得失;丹青綺煥,備庶物之形容。撰《本草》並《圖經》、《目録》等,凡成五十四卷。

【舊唐書】卷七十九　吕才,博州清平人也。時右監門長史蘇敬上言,陶弘景所撰《本草》,事多舛謬。詔中書令許敬宗與才及李淳風、禮部郎中孔志約,并諸名醫,增損舊本,仍令司空李勣總監定之,并圖合成五十四卷,大行於代。

【新唐書】卷一百零四　于志寧,字仲謐,京兆高陵人。初,志寧與司空李勣修定《本草》并圖,合五十四篇。帝曰:《本草》尚矣,[今復修之],何所異邪?對曰:昔陶弘景以《神農經》合雜家别録註詔之,江南偏方,不周曉藥石,往往紕繆,四百餘物,今考正之,又增後世所用百餘物,此以爲異。帝曰:《本草》、《别録》何爲而二。對曰:班固惟記《黄帝内外經》,不載《本草》,至齊《七録》乃稱之。世謂神農氏嘗藥以拯含氣,而黄帝以前文字不傳,以識相付,至桐、雷乃載篇冊。然所載郡縣,多在漢時,疑張仲景、華佗竄記其語。《别録》者,魏晉以來吴普、李當之所記,其言華葉形色,佐使相須,附經爲説,故弘景合而録之。帝曰:善。其書遂大行。

【唐會要】　顯慶二年,右監門府長史蘇敬上言,陶(宏)[弘]景所撰《本草》,事多舛謬,請加刪補。詔檢校中書令許敬宗,太常寺丞吕才,太史令李淳風,禮部郎中孔志約,尚藥奉御許孝崇,并諸名醫等二十二人,增損舊本,徵天下郡縣所出藥物,并書圖之。仍令司空李勣總定之,并圖合成五十五卷。至四年正月十七日撰成,乃奏上。問曰:《本草》行來自久,今之改修,何所異也。于志寧對曰:是陶(宏)[弘]景合《神農本草》及《名醫别録》而註解之。(宏)[弘]景僻在江南,不能偏識藥物,多有紕繆。其所誤及《别録》不書四百有餘種,今皆考而正之。《本草》之外,新藥行用有効者,復百餘種,今附載之,此所以爲勝也。上稱善,詔藏於秘府。

【開寶重定本草】序　逮乎有唐,别加參校,增藥餘八百味,添註爲二十一卷。《本經》漏功則補之,陶氏誤説則證之。

【嘉祐補注本草】所引書傳　唐《新修本草》,唐司空英國公李勣等奉敕修。初,陶隱居因《神農本經》三卷,增修爲七卷。顯慶中,監門府長史蘇恭表請修定,因命太尉趙國公長孫無忌、尚藥奉御許孝(宗)[崇]與恭等二十二人重廣,定爲二十卷,今謂之《唐本草》也。補註總敘　唐顯慶中，監門衛長史蘇恭，又摭其差繆，表請刊定。乃命司空英國公李世勣等與恭參考得失，又增一百一十四種，分門部類，廣爲二十卷，世謂之《唐本草》。

唐本序註　臣禹錫等謹按，《蜀本草》，序作五十三卷。及唐英公《進本草表》云：勒成《本草》二十卷，《目録》一卷，《藥圖》二十五卷，《圖經》七卷，凡五十三卷。又《英公序》云：撰《本草》并《圖經》、《目録》等，凡成五十三卷。據此，三者合作五十三卷。又據李含光《本草音義》云：《正經》二十卷，《目録》一卷，又別立《圖》二十五卷，《目録》一卷，《圖經》七卷，凡五十四卷。二説不同，今并註之。

【本草綱目】歷代諸家本草　《唐本草》，唐高宗命司空英國公李勣等修陶隱居所註《神農本草經》，增爲(七)[二十]卷，世謂之英公《唐本草》，頗有增益。顯慶中，右監門長史蘇恭重加訂註，表請修定，帝復命太尉趙國公長孫無忌等二十二人與恭詳定，增藥一百一十四種，分爲玉石、草木、人、獸、禽、蟲、魚、果、米穀、菜、有名未用十一部，凡二十卷，《目録》一卷，別爲《藥圖》二十五卷，《圖經》七卷，共五十三卷，世謂之《唐新本草》。蘇敬所釋雖明，亦多駁誤。

注：按右時珍所説，悉屬憶説妄斷，不可從焉。

【醫籍考】二百七十四頁新修本草　按，是書初係孫敬所修，後更表請詳定，乃詔李勣、長孫無忌等二十二人與蘇敬編撰，世謂之《唐本草》。李時珍錯認掌禹錫之言，妄生曲説也。蘇敬，宋人避諱作蘇恭，後世仍襲不改者何。李勣，唐初佐命之臣，而《古今醫統》稱勣以醫鳴唐，抑亦妄矣。

注：按中尾萬三博士嘗著《新修本草之解説》，附刊於本草圖書刊行會所影印之《新修本草》，其説頗爲精且確矣。予亦有舊稿，題曰《新修本草之考察》，甲申秋授諸剞劂氏，而版既成者十之九，偶遭偃戈之騷擾，版盡歸烏有，其稿僅得免湮没，完全無疵，因欲期他日，再上梓以問世也。

(三)序跋

唐本序禮部郎中孔志約撰

蓋聞天地之大德曰生，運陰陽以播物；含靈之所保曰命，資亭育以盡年。蟄穴棲巢，感物之情蓋寡；範金揉木，逐欲之道方滋。而五味或爽，時昧甘辛之節；六氣斯沴，易愆寒燠之宜。中外交侵，形神分戰。飲食伺舋，成腸胃之眚；風濕候隙，遘手足之災。“遘”《政和》作“構”。機當作“幾”纏膚腠，莫知救止；漸因膏肓“因”《政和》作“固”，期於夭折。暨炎暉紀物，識藥石之功；雲瑞名官，窮診候之術。草木咸得其性，鬼神無所遁情。刳麝剸犀，驅洩邪惡；飛丹鍊石，引納清和。大庇蒼生，普濟黔首。功侔造化，恩邁財成“財”《政和》作“裁”。日用不知，於今是賴。岐、和、彭、緩，勝絶軌於前；李、華、張、吳，振英聲於後。昔秦政煨燔，玆經不預；永嘉喪亂，斯道尚存。梁陶弘景雅好攝生，研精藥術。以爲《本草經》者，神農之所作，不刊之書也。惜其年代浸遠，簡編殘蠹，與桐、雷衆記，頗或踳駁。興言撰緝，勒成一家，亦以琱琢經方，潤色醫業。然而時鍾鼎峙，聞見闕於殊方；事非僉議，詮釋拘於獨學。至如重建平之防己，棄槐里之半夏。秋採榆人，冬收雲實。謬粱米之黄、白，混荆子之牡、蔓。異蘩蔞於雞腸，合由跋於鳶尾。防葵、狼毒，妄曰同根；鉤吻、黄精，引爲連類。鉛錫莫辨，橙柚不分。凡此比例，蓋亦多矣。自時厥後，以迄於今。雖方技分鑣，名醫繼軌，更相祖述，罕能釐正。乃復採杜蘅於及己，求忍冬於絡石；捨陟釐而取莂藤，退飛廉而用馬薊。承疑行妄，曾無有覺；疾瘵多殆，良深慨歎。既而朝議郎行右監門府長史騎都尉臣蘇恭，摭陶氏之乖違，辨俗用之紕紊，遂表請修定，深副聖懷。乃詔大尉揚州都督監修國史上柱國趙國公臣無忌、太中大夫行尚藥奉御臣許孝崇等二十二人，與蘇恭詳撰。竊以動植形生，因方舛性；春秋節變，感氣殊功。離其本土，則質同而效異；乖於採摘，乃物是而時非。名實既爽，寒溫多謬。用之凡庶，其欺已甚；施之君父，逆莫大焉。於是上稟神規，下詢衆議；普頒天下，營求藥物。羽毛鱗介，無遠不臻；根莖花實，有名咸萃。遂乃詳探秘要，博綜方術。《本經》雖闕，有驗必書；《别録》雖存，無稽必正。考其同異，擇其去取。鉛翰昭章，定羣言之得失；丹青綺焕“焕”《政和》作“㷔”，備庶物之形容。撰《本草》并《圖經》、《目録》等，凡成五十四卷。庶以網羅今古“網”《政和》作“綱”，開滌耳目，盡醫方之妙極，拯生靈之性命，傳萬世而無昧，懸百王而不朽。柯氏影印《大觀本草》，校以嘉靖二年所刊《政和本草》。

注：按《唐本序》掌禹錫注云：英公《進本草表》云“勒成《本草》二十卷”云云。又云“英公序云：撰《本草》并《圖經》、《目録》等凡成五十三卷”云云。考英公《進表》，今佚不傳，所謂英公序，嘉祐所引之，其文全與孔序同，惟以彼“四”此爲“三”爲異耳。未知孔序之外，别有英公序邪否。

1. 跋

《新修本草》二十卷，唐李勣等修於顯慶四年，越七十一年，傳鈔日本。而唐本宋後轉佚久之，日本亦遺其卷之十。今觀舊鈔本書目，存僅五卷。是本居五之三，雲龍得自陳子衡山，即所謂卷子本也。行十七、八字，注二十一字或二十六、七字有差，第十五卷末結銜後有“天平三年歲次辛未七月十七日書生田邊史”十八字。按《經籍訪古志》云，當時遣唐之使所賫而歸。今以唐氏《證類》校之，同異錯出，可互是正。久晦不顯，往歲狩谷雲卿西上，觀一縉紳家舊鈔，即五六百年前人據天平鈔本録者，存第四、第五、第十二、十三、十四、十五、十七、十八、十九、二十，凡十卷。聿修堂藏。今復佚其七。然此三卷，出唐天平中卷子本無疑，在槧本未起以前。其字體偏旁，木手、草竹、心火、示衣，輒互通用，他如熱作𤓯，弱作𢬵，臭作臰，蟲作虫，微作㣲，煞作㲾，鹹作鹹，蛇作虵，鐵作鐵，珊作珃，酒作㴯，國作国囯，硼作硑，棗作来，蠱作蛊，福作福，修作㑘類，此大率爲秦漢後沿習俗字，金石時有同者。唐鈔蝕餘，比於獲野。玄、盜等字，諱闕末筆。餘嚴竄易，存真面也。光緒十五年夏，游歷日本等國兵部郎中德清傅雲龍識於日本東京。

2. 跋

《神農本草》三卷，漢李氏重加修校，梁陶（宏）[弘]景增注釋。唐高宗顯慶四年，命司空英國公李勣等二十二人重修，增《名醫别録》及《新附》爲二十卷，曰《新修本草》。宋後遂佚。日本天平三年，使臣入中國，曾影寫《新修本草》以歸，久亦湮晦,聞存者五卷耳。至於今僅獲其三,一第四,一第五,一第十五,爲日本西京士人家舊藏。天平三年,當唐開元十九年,距顯慶四年僅七十有一,其爲唐本影鈔無疑。明李時珍妄易名曰《英公唐本草》,又謂顯慶中右監門長史蘇恭重加定注,表請修定,命太尉趙國公長孫無忌等二十二人與公詳定。案《唐書》,長孫無忌削官封,於顯慶四年四月偪令自縊,安得七月與恭等重修《本草》耶。孔志約,時爲太子洗馬弘文殿學士,時珍則謂禮部郎中。以《新修本草》與時珍所引(宏)[弘]景《注》相校,亦多顛倒錯亂,豈所據別有異本耶。此本既非時珍所得見,字體亦非宋元槧所能髣髴。德清傅懋元駕部,至自美利加,見而愛之,遂贈之,刊入《籑喜廬叢書》,駕部樸學有聲,著述千卷有奇,所刊則猶有待。然物必聚於所好,此其一也。貴陽陳榘識。

3. 跋

雲龍既從陳君得唐卷子本《新修本草》四與五與十五,凡三卷,付手民矣。一日書估踵門。則《經籍訪古志》所云存凡十卷者,罔弗具足。是爲小島知足家藏舊鈔本,不弟惟是十卷,而外有第三卷補寫本,行款一仿天平原鈔。蓋有尚真者,就厥父輯本手錄,而以《政和本艸》、《大觀本艸》一再校之,亦一善本也。同志求之久不獲,今皆得之,無誤剞劂,中國佚書,一旦歸璧,可不謂會逢其適與。日本之傳鈔唐卷子本,自天平三年始,時應唐開元十五年也,(按"十五"當作"十九"。)距顯慶四年《新修本草》已七十有三年。("七十三"當作"七十一"。)越五十九年,其國內府迺有存本。據《倭漢三才圖會》云"延曆六年典藥寮奏《新修本草》",是其證也。至於今,存者半耳。然中國宋嘉祐中,已罕有完本,尋佚無一卷存。嘉祐三年有敕撰《本草圖經》詔書,又其證也。是書修後三百餘年而佚,佚後一千餘年而雲龍乃以日本之不絕如綫者刊之。藉彼守聊增輶采,未始不與重九譯致殊佶相表裏也。亦游歷責也。米(當作玉)部上品卷第三,玉部中品卷第四,下品卷第五,木部上品卷第十二,中品卷第十三,下品卷第十四,獸禽部卷第十五,果部卷第十七,菜部卷第十八,米部卷第十九,有名無用卷第二十。覆本開雕於夏五既望訖六月十三日,傅雲龍又跋。

(四)傳本

1. 燉煌出土斷簡

【唐新修本草之解說】 唐代《新修本草》之真面,今傳存者有二種,一則日本仁和寺卷子本。一則於燉煌所發見之殘簡二片,而現歸於大英博物館所架藏。其一片,即卷子斷片,幅約五寸,有記云:S. 4534, British Museum P. 9691. 其文始自"芰實"註文之末節,以及"櫻桃"及"梅實"之本文及註文,即知是《新修本草》卷十七"果部"之一節矣。餘一片,亦記同番號,其文始自卷十八"菜部"蕺本文之末節,葫、蒜、堇汁、蕓薹等諸品次之。次有卷十九"米穀部"品目,而終於"胡麻"本文及註文之前半。兩片俱布帛,每行十六七字至二十一字,註文約二十七字,係同一人之手書,而書體拙劣也。

2. 仁和寺古卷子本及傳鈔本

【經籍訪古志】卷七　《新修本草》二十卷。卷子本，影寫舊鈔本，存第四、第五、第十二、十三、十四、十五、十七、十八、十九、二十，凡十卷。聿修堂藏。

唐司空上柱國英國公臣勣等奉敕修次。第十五卷末載顯慶四年各官銜名，次記"天平三年歲次辛未七月十七日書生田邊史"。每行十六、七字，注文二十五、六字。按此本舊鈔於天平中，天平距顯慶僅六十七年，則蓋是當時遣唐之使所齎而歸，實爲李勣等編修之舊，無復可疑矣。今以唐氏《證類》校之，異同錯出，可互是正。而彼土宋以後亡佚不傳，則李時珍輩無知妄作。亦職是由，洵可慨也。乃在皇國，亦久湮晦不顯。往歲守谷卿雲西上，觀一縉紳家舊鈔，即五六百年前人據天平鈔本謄錄者，實爲天壤間絕無僅有之秘笈，仍亟影摹以傳人。於是神光煥發，世始得窺古《本草》之真，則卿雲之功爲至鉅也。

【寶素堂藏書目錄】《新修本草》十卷。殘本，見存第四、第五、第十二、第十三、第十四、第十五、第十七、第十八、第十九、第二十，凡十卷。傳錄六七百年外，重鈔天平三年歲次辛未書生田邊史書寫卷子本。唐李勣等。

【多紀元堅獻納醫學館醫書目錄】《新修本草》十卷。寫本。十冊。

【東京帝室博物館漢書目錄】《新修本草》。司空上柱國英國公臣勣奉敕修。弘化二年校讀。元堅。第一、二、三、六、七、八、九、十、十一、十六，計十卷。缺。寫十冊。和本。

【觀海堂書目】政字號　《新修本草》十本。十卷。養安院藏本。

【故宮博物院書目】醫家　《新修本草》，唐(徐)[李]勣奉敕修。二十卷。十冊。影古鈔本。《新修本草》，唐(徐)[李]勣等奉敕修。十冊。《新修本草》，唐(徐)[李]勣奉敕修。十冊，日本鈔本。

【留真譜新編】第七　《新修本草》，司空上柱國英國公臣勣等奉敕修。

【日本醫學史資料展覽目錄】第一　《新修本草》一冊。寫本。吳秀三出品

注：按關於《新修本草》古鈔本之發見並其傳錄，中尾萬三博士夙有所考證《唐新修本草之解說》。近又森鹿三氏補正其說(《東方學報·京都》第十一冊)，率得闡明矣。今據其說，乃於日本所發見之古鈔本有三種，而其傳錄者并其年次，各亦自別，一括揭之即如下：

(一)卷十五，京都福井氏崇蘭館藏。天保三年頃，狩谷棭齋傳錄(不知其原卷現在何在)。(二)卷四、五、十二、十七、十九。京都仁和寺藏。天保五年淺井紫山俾塚原修節傳錄(原卷現存於仁和寺)。(三)卷十三、十四、十八、二十(京都)。天保十三年小島寶素傳錄(不知其原卷存否)。右合計十卷，應是顯慶原卷之一半矣。然而傅氏所刊《籑喜廬叢書》本，尚有卷三一卷，蓋係小島寶素倣古鈔本而所輯者，詳見拙稿《新修本草之考察》中。

3. 本草圖書刊行會影印本

【續中國醫學書目】《新修本草》第四、五、十二、十七、十九，五卷。七行又八行，十五、六字。寫真版，大小不定。卷四首葉，橫十八釐，縱十九·五釐。唐李勣

等奉敕修。昭和十一年,本草圖書刊行會據仁和寺本影印。附《唐新修本草之解說》一冊,中尾萬三著。十八行,四十二字。《新修本草》卷十五,一卷。版式與前書同。唐李勣等奉敕修。昭和十二年,本草圖書刊行會據尾張德川黎明會本影印,附狩谷掖齋書牘一通。

4. 小島寶素輯本

【寶素堂藏書目錄】《新修本草》二十卷。第一、第二、第三、第六、第七、第八、第九、第十、第十一、第十六,家大人足傳藏原卷凡二十卷。

5. 籑喜廬叢書本

【續彙刻書目】籑喜廬叢書　景唐卷子本《新修本草》十卷,《補輯》一卷。光緒十五年德清傅氏刊,此板今歸上虞羅氏。

【叢書書目彙編】籑喜廬叢書　景唐卷子本《新修本草》十卷,《補輯》一卷。

【清華學校圖書館中文書籍目錄】景唐卷子本《新修本草》十卷,《補輯》一卷。見《籑喜廬叢書》。

【江蘇省立國學圖書館圖書總目】唐卷子本《新修本草》殘存十卷,《補輯》一卷。《籑喜廬叢書》第三至六冊。唐顯慶四年,離狐(徐)[李]勣等奉敕修,光緒十五年傅氏刊本。

【靜嘉堂文庫國書分類目錄】《新修本草》。唐卷子本翻刻本。殘缺十一卷,補一卷。唐李勣等修。清傅雲龍校補,光緒十五刊。二冊。

【東京文理科大學附屬圖書館和漢書分類目錄】下卷　《新修本草》。卷三至五,十二至十五,十七至二十。唐李勣等奉敕修。《籑喜齋叢書》第三至六。

【杏雨書屋圖書假目錄】《唐卷子本新修本草》殘卷十卷,《補遺》一卷。卷二、四、五、十二、十三、十四、十五、十七、十八、十九、二十。《籑喜廬叢書》之內。唐李勣等奉敕修,光緒十五年刊。四冊。又一部,同上。四冊。

【中國醫學書目】《新修本草》四冊。七行,字數不定。框横十六釐,縱二十二釐。唐李勣等修。光緒十五年傅雲龍德清刊於日本,《籑喜廬叢書》之二。跋,傅雲龍,光緒十五年。跋,陳榘。跋,傅雲龍。

6. 范氏輯本

【影印醫籍考】范行準氏跋　《新修本草》,唐蘇敬等奉敕撰也。多紀氏云"佚",而彼邦實尚存唐卷子本十一卷,且亦曾經聿修堂所藏者。光緒十五年,德清傅雲龍在日本雇工景刊其書,入《籑喜廬叢書》。余之重輯《新修本草》,即據是本而以他書補成之。

【中華民國文化機關要覽】中西醫藥研究社　《重輯新修本草》

注:按《新修本草》之輯本,小島寶素夙已成之,而未臻上梓,其藁亦未聞有存者。近年中尾萬三博士,亦有志於此,未果而卒矣。至於范氏輯本,未始見也。庚辰、辛巳之交,余亦附於諸家之驥尾,取仁和寺古鈔本《真本千金方》、《千金翼方》、《太平御覽》、《大觀本草》、《秘府略》、《本草和名》、《醫心方》等諸古書及敦煌西域所發見之古鈔殘卷斷簡,彼此相對校勘,輯成一書。甲申歲臘月,付諸手民,蓋欲以

俾與《新修本草》之考察并行也。後閲八月，卷一一卷，版悉得成，校正完畢，惜乎忽遇騷亂，其版盡歸烏有，而其稿纔免湮滅，因欲期異日，再加校訂，以問世云。

注：按《觀海堂書目》有"《新修本草》輯本五本，十二卷，明刊本"之目，又《故宫博物院書目》有"《新修本草》，唐徐，五冊，剪明本"之目，其爲何本，並未可考，姑附記於此。

十、新修本草圖

【舊唐書經籍志】醫術類　《新修本草圖》十六卷，蘇敬等撰。

【唐書藝文志】醫術類　《藥圖》二十卷。又《新修本草圖》二十六卷。

【嘉祐本草】牒文　及見唐顯慶中詔修《本草》，當時修定注釋《本經》外，又取諸般藥品，繪畫成圖，及别撰《圖經》等，辨别諸藥，最爲詳備。後來失傳，罕有完本。

【圖經本草】序　昔唐永徽中，刪定《本草》之外，復有《圖經》相輔而行。圖以載其形色，經以釋其同異。而明皇御製，又有《天寶單方藥圖》，皆所以敘物真濫，使人易知，原診處方，有所依據。二書失傳且久，散落殆盡，雖鴻都秘府，亦無其本。天寶方書，但存一卷。

注：按掌禹錫引英公《進本草表》云"藥圖二十五卷"，又引李含光《音義》云"别立圖二十五卷，目録一卷"，乃知《唐志》所稱二十六卷，併《目録》一卷而言也。《舊唐志》一十六卷，"一"乃"二"之衍，《唐志》二十卷，疑亦譌矣。

十一、新修本草圖經

【舊唐書經籍志】醫術　《本草圖經》七卷，蘇敬撰。

【唐書藝文志】醫術類　《圖經》七卷，蘇敬等撰。又《本草圖經》七卷。

注：按《新修本草圖經》，亦久佚無傳。但嘉祐掌禹錫等所引，蜀本注所謂《圖經》者，即是《新修本草圖經》之遺文矣。余嘗考證之，詳見與《日本醫史學雜誌》第一三〇四號昭和十七年。

十二、新修本草音

【舊唐書經籍志】醫術　《本草音》三卷，蘇敬等撰。

【唐書藝文志】醫術類　《本草音》三卷。《通志略》同

十三、新修本草音義

【日本國見在書目録】《新修本草音義》一，仁捐撰。

【本草和名】多紀元簡提要　其中"仁諝"二字,或謂"諝"乃"謂"之訛,輔仁自謂也。今查字書,諝與諝同。藥名下或云"出仁諝《音義》",或云"某字仁諝《音義》作某"。蓋其人仁姓諝名,與楊玄操、甄立言同著《本草音義》者。《醫心方》藥名下多註"仁音",《類聚抄》亦有引"仁諸《本草音義》"者,而天文抄本作"仁諝",則其非輔仁自謂,可以互證已。

注:按《本草和名》多引"仁諝《音義》"者,而唐宋諸《志》均不著於錄。今查《舊唐志》道家類有"《老子》二卷。辟閭仁諝注"之目。《新唐志》作"辟閭仁諝注《老子》二卷。聖曆司禮博士"。又按《舊唐書·王方傳》云"神功元年,時有制,每月一日,於明堂行告朔之禮,司禮博士辟閭仁諝奏議"云云。又《新唐書·張齊賢傳》云"張齊賢,陜州陜人,聖曆初爲太常奉禮郎。武后詔百官,議告朔於明堂,講時令,布政事,京官九品以上,四方朝集,使皆列於廷。太常博士辟閭仁諝曰"云云。所謂"仁諝《音義》",豈夫辟閭氏之所作歟。

十四、本草拾遺

(一)出典

【唐書藝文志】醫術類　《陳藏器本草拾遺》十卷。開元中人。

【太平御覽】引書目　《本草拾遺》

【崇文總目輯釋】卷三醫書類　《本草拾遺》十卷,陳藏器撰。

【通志藝文略】醫方類　《本草拾遺》十卷,唐陳藏器撰。

【玉海】卷六十三　陳藏器《拾遺》十卷

【宋史藝文志】子類醫書類　陳藏器《本草拾遺》十卷。

【和名抄引用漢籍】醫方家　《拾遺》。引用六回

注:按《秘書省續編到四庫闕書目》云:四明人《本草拾遺》二十卷。《通志略》亦同。多紀氏《醫籍考》引《通志略》而云:恐係是書複出。陳氏,四明人。"二十"是"十"字誤文,仍不著録。今從焉。

注:陳藏器傳,《圖書集成·醫部全錄》卷五百零七列傳四云:按《醫學入門》,陳藏器,唐三原尹,撰《神農本草經》,曰《本草拾遺》。按《鄞縣志》,陳藏器與日華子二人,皆開元人。藏器爲京兆府三原縣尉。以《神農本草》遺逸尚多,因別爲《本草》十卷,中言人肉可療羸疾,故後之孝子多行之。

(二)考證

【嘉祐本草所引書傳】《本草拾遺》,唐開元中京兆府三原縣尉陳藏器撰。以《神農本經》,雖有陶、蘇補集之説,然遺逸尚多,故別爲《序例》一卷、《拾遺》六卷、《解紛》三卷,總曰《本草拾遺》,共十卷。

【本草綱目】歷代諸家本草　《本草拾遺》。藏器,四明人。其所著述,博極羣書,精覈物類,訂繩誤謬,搜羅幽隱。自《本草》以來,一人而已。膚譾之士,不察其該

詳,惟誚其僻怪,宋人亦多刪削。豈知天地品物無窮,古今隱顯亦異,用舍有時,名稱或變,豈可以一隅之見,而遽譏多聞哉。如辟虺雷、海馬、胡豆之類,皆隱於昔而用於今;仰天皮、燈花,敗扇之類,皆萬家所用者。若非此書收載,何從稽考。此《本草》之書所以不厭詳悉也。

十五、重廣英公本草

【嘉祐本草】所引書傳　蜀《重廣英公本草》,僞蜀翰林學士韓保昇等與諸醫工,取《唐本草》并《圖經》,相參校正,更加刪定,稍二十卷,今謂之《蜀本草》。補注總敘　僞蜀孟昶亦嘗命其學士韓保昇等以唐本《圖經》參比爲書,稍或增廣,世謂之《蜀本草》,今亦傳行。

【通志藝文略】醫方類　《蜀本草》二十卷,僞蜀韓保昇等撰。

【直齋書錄解題】卷十三大觀本草　蜀孟昶又嘗增益,謂之《蜀本草》。

【玉海】卷六十三唐本草圖　《蜀本草》,蜀孟昶命韓保昇等作。

【本草綱目】歷代諸家本草　《蜀本草》,蜀主孟昶命翰林學士韓保昇等與諸醫士,取《唐本草》參校,增補註釋,別爲《圖經》,凡二十卷。昶自爲序,世謂之《蜀本草》,其圖說藥物形狀,頗詳於陶、蘇也。

【補五代史藝文志】技術類　《增注蜀本草圖經》二十卷,韓保昇撰。

注:按李時珍云:別爲《圖經》,今考《補注總敘》及書引書傳,但云"取《唐本草》并《圖經》,相參校正",而并不云別爲《圖經》。按《大觀本草》,掌禹錫等所引書中,往往有"蜀本圖經"者,蓋是保昇等所引《新修圖經》之文,而斷非別有蜀本之《圖經》,則知別爲《圖經》者,時珍妄生曲說爾。至於《補五代志》,虛妄愈甚,固不足據矣。詳見拙稿《所謂蜀本圖經之考察》《日本醫史學雜誌》第一三〇四號,昭和十七年。

注:韓保昇傳,《古今醫統大全·歷世聖賢名醫姓氏·蜀》云:韓保昇,蜀人,精醫,不拘局方,詳察藥品,釋《本草》甚功,所以深知藥性,施藥輒神效。按,春甫以保昇列爲三國時蜀人,《圖書集成》又引此文,而改爲五代時人。

十六、開寶新詳定本草

【嘉祐本草】所引書傳　《開寶新詳定本草》。開寶六年,詔尚藥奉御劉翰,道士馬志,翰林醫官翟煦、張素、王從蘊、吳復圭、王光祐、陳昭遇、安自良等九人,詳校諸本,仍收陳藏器《拾遺》之書相參。頗有刊正別名,又增益品目,馬志爲之註解,仍命左司員外郎知制誥扈蒙、翰林學士盧多遜等刊定,凡二十卷。御製序,鏤版於國子監。

【崇文總目輯釋】卷三　《新詳定本草》二十卷,盧多遜撰。侗按,《玉海》引《崇文目》作"二十一卷"。《宋志》又有《目》一卷。

【通志藝文略】醫方類　《新詳定本草》二十卷。宋朝盧多遜定。

【玉海】卷六十三唐本草圖引中興書目　開寶中,詔盧多遜等重注。

【宋史藝文志】醫書類　盧多遜《詳定本草》二十卷,《目録》一卷。

注:盧多遜傳,《中國人名大辭典》一千五百八十九頁:盧多遜,宋,億子。周顯德初,舉進士,官集賢校理。太宗時拜中書侍郎平章事,尋加兵部尚書。多遜博涉經史,文辭敏捷,好任數,有謀略。以交通秦王廷美,流崖州,卒。(按,多遜詳傳見於《宋史》卷二百六十四。)

注:劉翰傳,《古今醫統大全·名醫姓氏·宋》:劉翰,滄州臨津人。世習醫業。初,攝護國軍節度巡官。後周顯德初,詣闕獻經用方書三十卷,《體集治世論》二十卷,世宗嘉之。宋太宗詔詳定《本草》,翰與道士馬志、醫官翟煦、張景、吴復珪、王光祐、陳昭遇等同修集上之。《圖書集成》亦引此文

《中國人名大辭典》一千四百五十八頁:劉翰,宋臨津人,世習醫業。周顯德初,爲翰林醫官。太祖北征,命翰從行。乾德初,令太常考較翰林醫官藝術,以翰爲優。與馬志等詳定《唐本草》上之,淳化中官終醫官使。

注:馬志傳,《古今醫統大全·名醫姓氏·宋》云:馬志,初爲道士,得《海上方》,深察藥性,治療輒效。太宗時奉詔同修《本草》,爲御醫,名著當代。《圖書集成》亦引之

注:吴復圭傳,《古今醫統大全·名醫姓氏·宋》云:吴復珪,淳化間爲太宗侍御醫,與劉翰齊名。太宗召修《本草》及《太平聖惠方》,書中多其所集,行世。《圖書集成》亦引之

注:陳昭遇傳,《廣東通志》云:陳昭遇,南海人,世爲名醫。開寶初,至京師,爲所知者薦爲醫官,遂留家開封。初爲醫官,領溫水主簿。後加光祿寺丞,賜金紫。初,太宗在藩邸,暇日多留意醫術,藏名方千餘首,皆有驗。及即位,召翰林醫官,各具家傳驗方以獻,又萬餘首。命昭遇與王懷隱等,參對類成一百卷,御製序,名曰《太平聖惠方》,鏤板頒行天下。又嘗被召與醫官劉翰、道士馬志等詳定《本草》。既成書,新舊藥凡九百八十三種,併《目録》二十一卷,上之。昭遇於藥術無所不究,著述精博可傳,往來公卿家,診脈對證多奇驗。性謙慎,以此被寵眷不衰。《圖書集成》

《古今醫統大全·名醫姓氏·宋》云:陳昭遇,嶺南人,善醫,太宗時爲翰林醫官,治療病多效。奉敕同修《本草》、經方。《圖書集成》亦引之

注:王光祐傳,《古今醫統大全·名醫姓氏·宋》云:王光祐,太平興國間爲太醫,奉詔同修《本草》,裒集方書,廣心醫學。《圖書集成》亦引之

十七、開寶重定本草

【嘉祐本草】補注總敘　國朝開寶中,兩詔醫工劉翰、道士馬志等,相與撰集。又取醫家嘗用有效者一百三十三種,而附益之。仍命翰林學士盧多遜、李昉、王祐、扈蒙等重爲刊定,乃有詳定、重定之目,并鏤板摹行。由此醫者用藥,遂知適從。所引

書傳　《開寶重定本草》。開寶七年,詔以新定《本草》所釋藥類,或有未允,又命劉翰、馬志等重詳定,頗有增損。仍命翰林學士李昉,知制誥王祐、扈蒙等重看詳。凡神農本説以白字别之,名醫所傳即以墨字,并"目録",共二十一卷。

【崇文總目輯釋】卷三　《開寶重定神農本草》二十一卷,李昉等撰。

【通志藝文略】醫方類　《開寶重定神農本草》二十一卷,李昉等撰。

【玉海】卷六十三　《開寶重定本草》。開寶中,命醫士劉翰、道士馬志等詳定,附益一百二十三種。學士多遜、昉、蒙刊定之。六年四月癸丑,知制誥王祐等上之。二十卷。凡神農所説以白字别之,名醫所傳墨字别之。《崇文目》"二十一卷"。御製序。合九百八十三種,并"目"二十二卷,頒天下。

【宋史藝文志】醫書類　《李昉開寶本草》二十卷,《目》一卷。

【本草綱目】歷代諸家本草　《開寶本草》。宋太祖開寶六年,命尚藥奉御劉翰、道士馬志等九人,取唐、蜀《本草》詳校,仍取陳藏器《拾遺》諸書相參,刊正别名,增藥一百三十三種。馬志爲之註解,翰林學士盧多遜等刊正。七年,復詔志等重定,學士李昉等看詳。凡神農者白字,名醫所傳者墨字别之,并"目録"共二十一卷。

注:李昉傳,《中國人名大辭典》四百頁:李昉,宋饒陽人,字明遠。仕漢周,歸宋,三入翰林,太宗朝拜平章事。端拱初,邊警急,詔羣臣各進策。昉引漢唐故事,以屈己修好,弭兵息民爲言,時論稱之。昉性和厚,在位無赫赫稱,好接賓客。居中書日,有求進用者,雖知其材可取,必正色拒之,已而擢用。或不足收用,必和顏溫語待之。卒謚文正。奉□撰《太平御覽》、《文苑英華》、《太平廣記》等書。按,李昉詳傳見於《宋史》卷二百六十五。

序跋

開寶重定序

三墳之書,神農預其一,百藥既辨,《本草》存其録。舊經三卷,世所流傳,《名醫别録》,互爲編纂。至梁(正)[貞]白先生陶弘景,乃以《别録》參其本説,朱、墨雜書,時謂明白。而又考彼功用,爲之註釋,列爲七卷,南國行焉。逮乎有唐,别加參校,增藥餘八百味,添註爲二十一卷。《本經》漏功則補之,陶氏誤説則證之。然而載歷年祀,又踰四百,朱字、墨字,無本得同;舊註、新註,其文互闕。非聖主撫大同之運,永無疆之休,其何以改而正之哉。乃命盡考傳誤,刊爲定本。類例非允,從而革焉。至如筆頭灰,兔毫也,而在草部,今移附兔頭骨之下。半天河、地漿,皆水也,亦在草部,今移附土石類之間。敗鼓皮移附於獸皮,胡桐淚改從於木類。紫鑛亦木也,自玉石品而取焉。伏翼實禽也,由蟲魚部而移焉。橘柚附於果實,食鹽附於光鹽,生薑、乾薑,同歸一説。至於雞腸、蘩蔞、陸英、蒴藋,以類相似,從而附之。仍採陳藏器《拾遺》,李含光《音義》。或討源於别本,或傳效於醫家,參而較之,辨其臧否。至如突屈白,舊説灰類,今是(本)[木]根。天麻根,解似赤箭,今又全異。去非取是,特立新條。自餘刊正,不可悉數。下採衆議,定爲印板。乃以白字爲神農所説,墨字爲名醫所傳。唐附、今附,各加顯註。詳其解釋,審其形性,證謬誤而辨之者，署爲“今註”。考文記而述之者，又爲“今按”。義既刊定，理亦詳明。今以新舊藥合九百八十三種，并《目錄》二十一卷，廣頒天下，傳而行焉。

十八、嘉祐補註神農本草

【通志藝文略】醫方上　《嘉祐補註本草》二十卷，掌禹錫撰。

【直齋書錄解題】卷十三　《補注本草》，掌禹錫、林億等重加校正。

【郡齋讀書後志】卷二　《補注神農本草》二十卷。右皇朝掌禹錫等補注。舊說《本草經》神農所作，而《藝文志》所不載。《平帝紀》“詔天下舉通知方術、本草者”，“本草”之名，蓋起於此。梁《七錄》載《神農本草》三卷。書中有後漢郡縣名，蓋上世未著文字，師學相傳，至張機、華陀，始爲編述。嘉祐初，詔掌禹錫與林億、蘇頌、張洞等爲之補注，以《開寶本草》及諸家參校，采拾遺逸，判定新舊藥，合一千八十二種，總二十卷。

【玉海】卷六十三嘉祐紹興校定本草圖　嘉祐二年八月辛酉，詔掌禹錫、林億、蘇頌、張洞等再校正，既而補註成書，奏御。又詔天下郡縣，圖上所產藥，以頌刻意是書，俾專撰述，總二十卷，《圖經》二十卷，《目錄》各一卷。

【文獻通考】《補注神農本草》二十卷。下引《讀書後志》之文。

【宋史藝文志】醫書類　《補注本草》二十卷，《目錄》一卷。又，掌禹錫《嘉祐本草》二十卷。按當是重出。

【本草綱目】歷代諸家本草　《嘉祐補註本草》，宋仁宗嘉祐二年，詔光祿卿直秘閣掌禹錫，尚書祠部郎中秘閣校理林億等，同諸醫官，重修《本草》，新補八十二種，新定一十七種，通計一千八十二種，謂之《嘉祐補註本草》，共二十卷。其書雖有校修，無大發明。

【古今書目】子六　掌禹錫《嘉祐本草》二十卷。字唐卿，許州郾城人，太子賓客，工部侍郎。

【世善堂藏書目錄】卷下　《神農本草補註》二十卷，掌禹錫。

【汲古閣毛氏藏書目錄】《補注神農本草》二十卷，宋掌禹錫等。

注：掌禹錫傳，《宋史》卷二百九十四本傳略云，掌禹錫字唐卿，許州郾城人。中進士第，爲道州司理參軍。試身言書判第一，丁度薦爲侍御史，上疏請嚴備西羌。時議舉兵，禹錫引周宣薄伐爲得，漢武遠討爲失，且建畫增步率，省騎兵。英宗即位，以尚書工部侍郎致仕，卒。禹錫矜慎畏法，居家勤儉。嘗預修《皇祐方域圖志》、《地理新書》及校正《類編》、《神農本草》，載藥石之名狀爲《圖經》。又著《郡國手鑑》、《周易集解》。

注：張洞傳，《宋志》卷二百九十九本傳略云，張洞字仲通，開封祥符人。遇事慷慨有爲。仁宗時，以布衣上方略。尋舉進士，累官工部郎中。洞在館閣久，數有建明。仁宗以爲知經，因賜飛白“善經”字寵之。英宗時，官至工部郎中，卒年四十九。

序跋

1. 補註總敘

舊説《本草經》神農所作而不經見,《漢書藝文志》亦無錄焉。《平帝紀》云:元始五年,舉天下通知方術、本草者,在所爲駕一封軺傳,遣詣京師。《樓護傳》稱:護少誦醫經、本草、方術數十萬言。“本草”之名,蓋見於此。而英公李世勣等註,引班固敘《黄帝内外經》云“本草石之寒溫,原疾病之深淺”,此乃論經方之語,而無“本草”之名。惟梁《七錄》載《神農本草》三卷。推以爲始,斯爲失矣。或疑其間所載生出郡縣,有後漢地名者,以爲似張仲景、華佗輩所爲。是又不然也。《淮南子》云:神農嘗百草之滋味,一日而七十毒,由是醫方興焉。蓋上世未著文字,師學相傳,謂之“本草”。兩漢以來,名醫益衆,張機、華佗輩始因古學,附以新説,通爲編述,“本草”由是見於經錄。然舊經才三卷,藥止三百六十五種,至梁陶隱居又進《名醫别錄》,亦三百六十五種,因而註釋,分爲七卷。唐顯慶中,監門衛長史蘇恭,又摭其差謬,表請刊定。乃命司空英國公李世勣等與恭參考得失,又增一百一十四種,分門部類,廣爲二十卷,世謂之《唐本草》。國朝開寶中,兩詔醫工劉翰、道士馬志等相與撰集。又取醫家嘗用有效者一百三十三種而附益之,仍命翰林學士盧多遜、李昉、王祐、扈蒙等重爲刊定,乃有“詳定”、“重定”之目,并鏤板摹行。由此醫者用藥,遂知適從。而僞蜀孟昶,亦嘗命其學士韓保昇等,以唐本《圖經》參比爲書,稍或增廣,世謂之《蜀本草》,今亦傳行。是書自漢迄今甫千歲,其間三經譔著,所增藥六百餘種,收採彌廣,可謂大備。而知醫者猶以爲傳行既久,後來講求,浸多參校,近之所用,頗亦漏略,宜有纂錄,以備頤生敺疾之用。嘉祐二年八月,有詔臣禹錫、臣億、臣頌、臣洞等再加校正。臣等亦既被命,遂更研覈。竊謂前世醫工,原診用藥,隨效輒記,遂至增多。概見諸書,浩博難究,雖屢加删定,而去取非一。或《本經》已載,而所述粗略。或俚俗嘗用,而太醫未聞。嚮非因事詳著,則遺散多矣。乃請其疏捂,更爲補註。應諸家醫書、藥譜所載物品功用,並從採掇。惟名近迂僻,類乎怪誕,則所不取。自餘經史百家,雖非方餌之急,其間或有參説藥驗,較然可據者,亦兼收載,務從該洽,以副詔意。凡名“本草”者非一家,今以《開寶重定》本爲正。其分布卷類,經註雜糅,間以朱、墨,并從舊例,不復釐改。凡補註,并據諸書所説,其意義與舊文相參者,則從删削,以避重複。其舊已著見而意有未完,後書復言,亦具存之,欲詳而易曉。仍每條并以朱書其端云“臣等謹按某書云某事”。其别立條者,則解於其末云“見某書”。凡所引者,以唐、蜀二《本草》爲先,他書則以所著先後爲次第。凡書舊名《本草》者,今所引用,但著其所作人名曰“某人”,惟唐、蜀本則曰“唐本云”、“蜀本云”。凡字朱、墨之别,所謂《神農本經》者以朱字。《名醫》因《神農》舊條而有增補者,以墨[字]間於朱字。餘所增者,皆别立條,并以墨字。凡陶隱居所進者,謂之《别錄》,並以其註附於末。凡顯慶所增者,亦註其末曰“唐本先附”。凡開寶所增者,亦註其末曰“今附”。凡今所增補,舊經未有者,於逐條後開列云“新補”。凡藥舊分上中下三品,今之“新補”,難於詳辨,但以類附見,如綠礬次於礬石,山薑花次於豆蔻,扶移次於水楊之類是也。凡藥有功用,《本經》未見而舊註已曾引據,今之所增,但涉相類,更不立條,并附本注(經)之末曰"續註",如地衣附於垣衣,燕覆附於通草,馬藻附於海藻之類是也。凡舊註出於陶氏者,曰"陶隱居云"。出於顯慶者,曰"唐本註"。出於開寶者,曰"今註"。其開寶考據傳記者,别曰"今按"、"今詳"、"又按",皆以朱字别於其端。凡藥名《本經》已見而功用未備,今有所益者,亦附於本註之末。凡藥有今世已嘗用,而諸書未見,無所辨證者,如葫蘆巴、海帶之類,則請從太醫衆論參議,别立爲條,曰"新定"。舊藥九百八十三種,新補八十二種,附於註者不預焉。新定一十七種,總一千八十二種,皆隨類粗釋。推以十五凡,則補註之意可見矣。舊註開寶、英公、陶氏三序,皆有義例,所不可去,仍載於首篇云。

新舊藥合一千八十二種

三百六十種神農本經

一百八十二種名醫别錄

一百一十四種唐本先附

一百三十三種今附

一百九十四種有名未用

八十二種新補

一十七種新定

注:按右序末所記藥品數,未曾聞有疑之者。然今查其實數,即以《開寶》今附則一百三十四種,《嘉祐》新補則八十三種,新舊藥合一千八十四種爲正。詳見拙著《新修本草之考察》中。

2. 補註本草奏敕

嘉祐二年八月三日詔:朝廷累頒方書,委諸郡收掌,以備軍民醫疾。訪聞貧下之家,難於檢用,亦不能修合,未副矜存之意。今除在京已係逐年散藥外,其三京并諸路,自今每年京府節鎮及益、并、慶、渭四州,各賜錢二百貫,餘州軍監賜錢一百貫,委長吏選差官屬監,勒醫人體度時令,按方合藥,候有軍民請領,畫時給付。所有《神農本草》、《靈樞》、《太素》、《甲乙經》、《素問》之類,及《廣濟》、《千金》、《外臺秘要》等方,仍差太常少卿直集賢院掌禹錫,職方員外郎秘閣校理林億,殿中丞秘閣校理張洞,殿中丞館閣校勘蘇頌,同共校正聞奏。臣禹錫等尋奏:置局刊校,并乞差醫官三兩人同共詳定。其年十月,差醫學秦宗古、朱有章赴局祗應。三年十月,臣禹錫、臣億、臣頌、臣洞又奏:《本草》舊本經注中,載述藥性功狀,甚有疏略不備處,已將諸家《本草》及諸書史中,應係該説藥品功狀者,採拾補注,漸有次第。及見唐顯慶中詔修《本草》,當時修定注釋本經外,又取諸般藥品,繪畫成圖,及别撰《圖經》等,辨别諸藥,最爲詳備,後來失傳,罕有完本。欲下諸路州縣應係産藥去處,并令識别人,子細辨認根莖、苗葉、花實,形色大小,并蟲魚、鳥獸、玉石等,堪入藥用者,逐件畫圖,并一一開説,著花結實,收採時月及所用功效。其番夷所産藥,即令詢問榷場市舶商客,亦依此供析,並取逐味各一、二兩,或一、二枚封角,因入京人差齎送,當所投納,以憑照證,畫成《本草圖》,并别撰《圖經》。所冀與今《本草經》並行，使後人用藥，知所依據。奏可。至四年九月，又准敕差太子中舍陳檢同校正。五年八月，補注《本草》成書，奏之。十一月十五日，准敕差光祿寺丞高保衡同共覆校。至六年十二月，繕寫成版，樣依舊，并《目錄》二十一卷，仍賜名曰《嘉祐補註神農本草》。

《補注本草》所引書傳內醫書十六家，援據最多，今取撰人名氏及略述義例，附於卷末。庶使覽之者，知所從來。餘非醫家所切，不復存此。具列如左：

《開寶新詳定本草》、《開寶重定本草》、《唐新修本草》、《蜀重廣英公本草》、《吳氏本草》、《藥總訣》、《藥性論》、《藥對》、《食療本草》、《本草拾遺》、《四聲本草》、《刪繁本草》、《本草性事類》、《南海藥譜》、《食性本草》、《日華子諸家本草》。嘉祐五年八月十二日進。

注：按右所列諸書下並有略解，然因其文皆既引載各書條下，故今從省略，止錄其書名云。

十九、本草圖經

【通志藝文略】醫方上　《本草圖經》二十卷，宋朝掌禹錫等編撰。

【中興館閣書目輯考】卷四　《本草圖經》二十卷。有原釋，今略之。

【郡齋讀書後志】卷二　《圖經本草》二十卷，《目錄》一卷，右皇朝蘇頌等撰。先是，詔掌禹錫、林億等六人重校《神農本草》，累年成書奏御。又詔郡縣圖上所產藥本，用永徽故事，重命編述。於是頌再與禹錫等裒集衆說，類聚詮次，各有條目云。嘉祐六年上。

【玉海】卷六十三　嘉祐二年八月辛酉，詔掌禹錫、林億、蘇頌、張洞等再校正。既而補注成書奏御，又詔天下郡縣圖上所產藥。以頌刻意是書，俾專撰述，揔二十卷，《圖經》二十卷，《目錄》各一卷。頌爲之序。

【文獻通考】經籍考　《圖經本草》二十卷，《目錄》一卷。

【宋史藝文志】醫書類　《蘇頌校本草圖經》二十卷

【古今醫統大全】採摭諸書　《圖經本草》，宋蘇頌等撰。下引《讀書後志》

【本草綱目】歷代諸家本草　宋仁宗既命掌禹錫等編繹《本草》，累年成書。又詔天下郡縣圖上所產藥物，用唐永徽故事，專命太常博士蘇頌譔述成此書，凡二十一卷。考證詳明，頗有發揮。但圖與說異，兩不相應，或有圖無說，或有物失圖，或說是圖非。如江州菝葜乃仙遺糧，滁州青木香乃兜鈴根，俱混列圖；棠毬子即赤瓜木，天花粉即栝樓根，乃重出條之類，亦其小小疏漏耳。頌字子容，同安人，舉進士，哲宗朝位至丞相，封魏國公。

【菉竹堂書目】卷五　《圖經本草》十一冊

【世善堂藏書目錄】卷下　《新農本草圖經》二十卷，《目錄》一卷。

【汲古閣毛氏藏書目錄】醫家　《圖經本草》二十卷，宋蘇頌等。

注：蘇頌傳，《宋史》卷三百四十本傳略云，蘇頌字子容，泉州南安人。父紳，葬

潤州丹陽，因徙居之。第進士，累遷集賢校理。富弼稱爲古君子，與韓琦同表其廉退。英宗時，遷度支判官。元祐中，拜右僕射兼中書門下侍郎。爲相務在使百官遵職，杜絶僥倖之源，或疆場之臣要功生事。巍然獨立，爲時雅望。紹聖四年，拜太子少師致仕。徽宗立，進太子太保，爵累趙郡公。建中靖國元年夏至，自草遺表，明日卒，年八十二。詔輟視朝二日，贈司空。

序跋

1. 本草圖經序

昔神農嘗百草之滋味，以救萬民之疾苦，後世師祖，由是《本草》之學興焉。漢魏以來，名醫相繼，傳其書者，則有吳普、李當之《藥錄》，陶隱居、蘇恭等《註解》。國初兩詔近臣總領上醫，兼集諸家之說，則有《開寶重定本草》。其言藥之良毒，性之寒溫，味之甘苦，可謂備且詳矣。然而五方物產，風氣異宜，名類既多，贗僞難別。以虺牀當蘼蕪，以薺苨亂人參，古人猶且患之，況今醫師所用，皆出於市賈，市賈所得，蓋自山野之人隨時採獲，無復究其所從來。以此爲療，欲其中病，不亦遠乎。(昔)唐永徽中，删定《本草》之外，復有《圖經》相輔而行，圖以載其形色，經以釋其同異。而明皇御製，又有《天寶單方藥圖》，皆所以敘物真濫，使人易知，原診處方，有所依據。二書失傳且久，散落殆盡，雖鴻都秘府，亦無其本。天寶方書，但存一卷，類例粗見，本末可尋，宜乎聖君哲輔，留意於蒐輯也。先是，詔命儒臣重校《神農本草》等凡八書，光錄卿直秘閣臣禹錫，尚書祠部郎中秘閣校理臣億，太常博士集賢校理臣頌，殿中丞臣檢，光祿寺丞臣保衡，相次被選，仍領醫官秦宗古、朱有章等，編繹累年。既而補注《本草》成書奏御，又詔天下郡縣，圖上所產藥本，用永徽故事，重命編述。臣禹錫以謂，考正羣書，資衆見則其功易就；論著文字，出異手則其體不一。今天下所上繪事千名，其解說物類，皆據世醫之聞見，事有詳略，言多鄙俚，向非專一整比，緣飾以文，則前後不倫，披尋難曉。乃以臣頌嚮嘗刻意此書，於是建言奏請，俾專撰述。臣頌既被旨，則裒集衆說，類聚詮次，粗有條目。其間玉石、金土之名，草木、蟲魚之別，有一物而雜出諸郡者，有同名而形類全別者，則參用古今之說，互相發明。其荄梗之細大，華實之榮落，雖與舊說相戾，並兼存之。崖略不備則稍援舊註，以足成文意，註又不足，乃更旁引經史，及方書、小說，以條悉其本原。若陸英爲蒴藋花，則據《爾雅》之訓以言之；諸香本同，則用《嶺表錄異》以證之之類是也。生出郡縣，則以《本經》爲先，今時所宜次之。若菟絲生於朝鮮，今則出於冤句；奚毒生於少室，今乃來自三蜀之類是也。收採時月有不同者，亦兩存其說。若赤箭，《本經》但著採根，今乃并取莖苗之類是也。生於外夷者，則據今傳聞，或用書傳所載。若玉屑、玉泉，今人但云玉出於于闐，不究所得之因，乃用平居誨《行程記》爲質之類是也。藥有上中下品，皆用《本經》爲次第。其性類相近，而人未的識，或出於遠方，莫能形似者，但於前條附之。若溲疏附於枸杞，琥珀附於茯苓之類是也。又古方書所載，簡而要者，昔人已述其明驗，今世亦常用之，及今諸郡醫工所陳經效之藥，皆并載其方用，天寶之例也。自餘書傳所無，今醫亦不能解，則不敢以臆說淺見傅會其文,故但闕而不錄。又有今醫所用而舊經不載者,並以類次系於末卷,曰“本經外類”。其間功用尤著,與舊名附近者,則次於逐條載之。若通脱次於木通,石蛇次於石蟹之類是也。總二十卷,《目錄》一卷。撰次甫就,將備親覽。恭惟主上以至仁厚德,函養生類,一物失所,則爲之惻然,且謂札瘥薦臻,四時代有,救恤之惠,無先醫術。蚤歲屢敕近臣,讎校岐黄《内經》,重定鍼艾俞穴,或範金揭石,或鏤板聯編。憫南方蠱惑之妖,於是作《慶曆普救方》以賜之;思下民資用之闕,於是作《簡要濟衆方》以示之。今復廣藥譜之未備,圖地產之所宜。物色萬殊,指掌斯見。將使合和者得十全之效,飲餌者無未達之疑。納斯民於壽康,召和氣於穹壤,太平之致,兹有助焉。臣學不該通,職預編述,仰奉宸旨,深悔寡聞。嘉祐六年九月日,朝奉郎太常博士充集賢校理新差知潁州軍州兼管内勸農及管句開治溝洫河道事騎都尉借紫臣蘇頌謹上。

2. 圖經本草奏敕

嘉祐三年十月,校正醫書所奏:竊見唐顯慶中詔修《本草》,當時修定註釋《本經》外,又取諸般藥品,繪畫成圖,別撰圖經,辨別諸藥,最爲詳備。後來失傳,罕有完本,欲望下應係產藥去處,令識別人子細詳認根莖、苗葉、花實,形色大小,并蟲魚、鳥獸、玉石等,堪入藥用者,逐件畫圖,并一一開說,著花結實,收採時月及所用功效。其蕃夷所產,即令詢問榷場市舶商客,亦依此供析,以憑照證。畫成本草圖,并別撰《圖經》,與今《本草經》并行,使人用藥,知所依據。詔旨:宜令諸路轉運司,指揮轄下州府軍監,差逐處通判職官專切管句,依應供申校正醫書所。至六年五月又奏:《本草圖經》係太常博士集賢校理蘇頌分定編撰,將欲了當。奉敕差知潁州,所有圖經文字,欲令本官一面編撰了當。詔可。其年十月,編撰成書,送本局修寫。至七年十二月一日進呈,奉聖旨鏤板施行。

二十、本草衍義

(一)出典

【通志藝文略】醫方類　《本草衍義》二十卷,寇宗奭撰。

【直齋書錄解題】卷十三　《本草衍義》[二]十卷,通直郎寇宗奭撰。援引辨證,頗可觀采。

【郡齋讀書後志】卷二　《本草廣義》二十卷,右本朝寇宗奭編。以《本草》二部,著撰之人。或執用己私,失於商榷。併考諸家之說,參之事實,覈其情理,證其脱誤,以成其書。

【文獻通考】經籍考　《本草廣義》二十卷。下引陳晁二氏之文

【政和本草】證類本草所出經史方書　《本草衍義》

(二)考證

【本草綱目】序例　《本草衍義》,宋政和中醫官通直郎寇宗奭撰。以《補注》及

《圖經》二書，參考事實，覈其情理，援引辨證，發明良多。東垣、丹溪諸公，亦尊信之。但以蘭花爲蘭草，卷丹爲百合，是其誤也。書及序例凡三卷，平陽張魏卿以其說分附各藥之下，合爲一書。

【曝書亭集】卷五十五本草衍義跋　《本草衍義》一十七卷，冠以《序例》三卷，合二十卷。宋承直郎澧州司戶曹事寇宗奭撰中略。陶隱居而後，參核加詳。至宗奭考諸家之說，援引辨證，文簡者證其義，諱避者原其名，斯六根、五華、九寔、二冬、三建之形性畢具矣。是書白雲子采入《道藏》，曩從吳檢討志伊觀於京師之靈佑宮。近始得元人故牘，因書於後。詳見"序跋"下

【儀顧堂集】卷五重刻本草衍義序　宗奭以禹錫所修，慎微所續，尚有差失，因考諸家，參以目驗，拾遺糾謬，著爲此書。凡名未用而意義已盡者，皆不編入。其所辨證，如東壁土取太陽少火之壯，冬灰取冬令燒灼之久，水味不因菊花而香，鼴鼠不能遺溺生子，玉泉爲玉漿之譌，石中黄子爲黄水之譌，皆能實事求是，疏通證明，洵乎《本草》之功臣，醫林之津筏也。宋時與《證類本草》別本單行。自金人張存惠採附《證類本草》之中，明人因之，而單行本遂微。余所藏爲南宋麻沙本，完善無缺，因重梓以廣其傳。

【柯氏影印本草衍義】柯氏跋　《本草衍義》二十卷，《目錄》一卷，宋寇宗奭撰。《文獻通考》、《郡齋讀書志》均作"廣義"，疑宣和所刊當名"廣義"。迨慶元時，避寧宗諱，乃改"廣"爲"衍"。觀於《序例上》云"衍摭餘義"，文似不屬，可爲改"廣"爲"衍"之證。篇中屢見"廣"字，當如《大觀》之屢見"慎"字，殆勘落未盡。然《通志略》及《書錄解題》并作"衍義"，或後人追改，未可知也。

【日本訪書志】卷九　《本草衍義》二十卷，《目錄》一卷。宋刊本。《書後志》作《本草廣義》，與其《序例》不相應，當誤也。自序稱"重定《本草》及《圖經》，有執用己私，失於商較，并考諸家之說，參之事實，覈其情理，證其誤脱，以爲此書"，蓋爲掌禹錫等補注《神農本草》，蘇頌等《本草圖經》而作也。余按大觀二年，唐慎微之《本草》，已刻於漕司。至政和六年，曹孝忠又奉命校刊慎微之書，何以寇氏一不議及。余意大觀、政和年歲相近，漕司之本或流傳未廣，至曹氏校《證類》，而宗奭之書已成。嘗以質之森立之。立之云：此書通編藥名次第，全與唐蘇敬《新修本草》相符。日本現存蘇敬《本草》十卷，余已得其影鈔本。寇氏蓋以《證類本草》分門增藥爲非是，因就《新修》而作《衍義》也。然則掌氏、蘇氏之書與《新修本草》義例相同。又云：寇氏辨正藥品凡四百七十二種，發明良多。蓋翻性味之說，而立氣味之論，東垣、丹溪之徒，多尊信之，本草之學，自此一變。然則寇氏本非爲慎微之書而作《衍義》，張存惠刊《證類本草》以寇氏書入之，已失其旨。有明一代，遂無刊本。而《四庫》不得著錄。此當急爲流布者也。

注：寇宗奭傳，諸書未見有載之者，但陸氏《儀顧堂集》所載《重刻本草衍義序》中稱，宗奭，萊公裔孫。見《郡齋讀書志》。以劄付及卷六礜石條、菊花水條，卷十三桑寄生條，及《通鑑長編》二百八十五推之，知其曾官杭州、永耀、順安軍等處，由承直郎澧州司戶進書轉一官，累官恩州武城縣主簿而已云云。今按《十萬卷樓叢

書》本所載陸序，與此文稍異。參看“序跋”條下。

（三）序跋

1. 衍義總敘寇宗奭自序

天地以生成爲德。有生所甚重者，身也。身以安樂爲本，安樂所可致者，以保養爲本。世之人必本其本，則本必固，疾病何由而生，夭横何由而至。此攝生之道，無逮於此。夫草木無知，猶假灌溉，矧人爲萬物之靈，豈不資以保養。然保養之義，其理萬計，約而言之，其術有三，一養神，二惜氣，三隄疾。忘情去智，恬澹虛無，離事全真，内外無奇，如是則神不内耗，境不外感，真一不雜，則神自寧矣，此養神也。抱一元之本根，固歸精之真氣，三焦定住，六賊忘形，識界既空，大同斯契，則氣自定矣，此惜氣也。飲食適時，溫涼合度，出處無犯於八邪，寤寐不可以勉強，則身自安矣，此隄疾也。三者甚易行，然人自以謂難行而不肯行。如此雖有長生之法，人罕敦尚，遂至永謝。是以疾病交攻，天和頓失，聖人憫之，故假以保救之術，輔以蠲痾之藥，俾有識無識，咸臻壽域。所以國家編撰《聖惠》，校正《素問》，重定《本草》，别爲《圖經》。至於張仲景《傷寒論》及《千金》、《金匱》、《外臺》之類，粲然列於書府。今復考拾天下醫生，補以名職，分隸曹屬，普救世人之疾苦。兹蓋全聖至德之君，合天地之至仁，接物厚生，大賚天下，故野無遺逸之藥，世無不識之病。然《本草》二部，其間撰著之人，或執用己私，失於商較，致使學者檢據之間，不得無惑。今則併考諸家之說，參之實事。有未盡厥理者，衍之以臻其理。如東壁土、倒流水、冬灰之類。隱避不斷者，伸之以見其情。如水自菊下過而水香，鼴鼠溺精墜地而生子。文簡誤脱者，證之以明其義。如玉泉、石蜜之類。諱避而易名者，原之以存其名。如山藥避本朝諱及唐避代宗諱。使是非歸一，治療有源，檢用之際，曉然無惑。是以搜求訪緝者，十有餘年，採拾衆善，臏療疾苦，和合收蓄之功，率皆周盡。矧疾爲聖人所謹，無常不可以爲醫，豈容易言哉。宗奭常謂，疾病所可憑者醫也，醫可據者方也，方可恃者藥也。苟知病之虛實、方之可否，若不能達藥性之良毒，辨方宜之早晚，真僞相亂，新陳相錯，則曷由去道人陳宿之蠱，唐甄立言，仕爲太常丞，善醫術，有道人心腹懣煩彌二歲。診曰：腹有蠱，誤食髮而然。令餌雄黄一劑，小選吐一虵，如拇無目，燒之有髮氣，乃愈。生張果駢潔之齒。唐張果詔見，元宗謂高力士曰：吾聞飲堇無苦者，奇士也。時天寒，取以飲果，三進頹然。曰：非佳酒。乃寢。頃視齒燋縮，顧左右取鐵如意擊墮之，藏帶中，或出藥傅其斷，良久齒已生，粲然駢潔。帝益神之。此書之意，於是乎作。今則編次成書，僅依二經類例，分門條析，仍衍《序例》爲三卷。内有名未用及意義已盡者，更不編入。其《神農本經》、《名醫别錄》、唐本先附、今附、新補、新定之目，緣《本經》已著目錄内，更不聲說。依舊作二十卷，及目錄一卷，目之曰《本草衍義》。若博衛生愛之士，志意或同，則更爲詮脩，以稱聖朝好生之德。時政和六年丙申歲記。柯氏影印本

2. 劄附

太醫學狀。承尚書省批送下提舉荆湖北路常平等事劉亞夫狀。承直郎澧州司户曹事寇宗奭撰成《本草衍義》二十卷，申尚書省投納後，批送太醫學看詳申尚書

省。本學尋牒送衆學官看詳去後。今據博士李康等狀,上件寇宗奭所獻《本草衍義》,委是用心研究,意義可採,并是詣實申聞事。十二月二十五日奉聖旨:寇宗奭特與轉一官,依條施行,添差充收買藥材所辨藥材。右劄付寇宗奭。政和六年十二月二十八日。同上

3. 本草衍義跋朱彝尊

《本草衍義》一十七卷,冠以《序例》三卷,合二十卷,宋承直郎澧州司戶曹事寇宗奭撰。政和六年,太醫學博士李康等看詳申尚書省。有旨轉一官,通直郎添差充收買藥材所辨驗藥(石)[材]。宣和元年,其兄子宣教郎解縣丞約,校勘鏤版,印造頒行。《本草經》撰自神農,《隋志》已列其目。皇甫謐《帝王世紀》,"黃帝使岐伯定《本草經》"。荀勗《中經簿》有《子儀本草經》一卷。鄭康成注《周禮·疾醫》"治合之齊存乎神農子儀之術",賈公彥疏云:是周末時人。而陳騤《中興館閣書目》引《漢書》"元始五年,舉天下通知方術、本草者,遣詣京師",又《樓護傳》稱"少誦醫經、本草"。方謂書名始見於此,誤矣。陶隱居而後,參核加詳。至宗奭考諸家之說,援引辨證,文簡者證其義,諱避者原其名,斯六根、五華、九寔、二冬、三建之形性畢具矣。是書白雲子采入《道藏》,曩從吳檢討志伊觀於京師之靈佑宮。近始得元人故牘,因書於後。《曝書亭集》卷五十五

4. 重刻本草衍義序

《本草衍義》二十卷,宋通直郎添差充收買藥材所辨驗藥材寇宗奭撰。晁公武《讀書志》、陳直齋《書錄解題》皆著於錄。政和六年,提舉荊湖北路常平等事劉亞夫,申投尚書省。太醫學博士李康看詳狀申,有旨轉一官,添差充收買藥材所辨驗藥材。宣和元年,其姪宣教郎知解州解縣丞寇約,鏤板印行。宗奭,里貫無考。以劄付及卷六礜石條、菊花水條,卷十三桑寄生條推之,知其曾官杭州、永耀、順安軍等處,由承直郎澧州司戶進書轉一官而已。《神農本草》之名,始見於梁《七錄》,凡三百六十。陶隱居又增三百六十五種,是爲《名醫別錄》。唐顯慶中,命蘇恭等參考得失,增一百一十四種,是爲《唐本草》。宋太祖命劉翰等,以醫家嘗用有效者,增一百三十三種,是爲《開寶重定本草》。仁宗命掌禹錫等再加校正,增一百種,是爲《嘉祐補註本草》。蜀人唐慎微,博採羣書,增六百餘種,是爲《經史證類本草》。徽宗又命曹孝忠刊正之,是爲《政和重修經史證類備用本草》。宗奭以禹錫所修,慎微所續,尚有差失,因考諸家,參以目驗,拾遺糾謬,著爲此書。凡名未用而意義已盡者,皆不編入。其所辨證,如東壁土取陽少火之壯,冬灰令燒灼之久,水味不因菊花而香,鼺鼠不能遺溺生子,玉泉爲玉漿之譌,石中黃子爲黃水之譌,皆能實事求是,疏通證明,洵乎《本草》之功臣,醫林之津筏也。宋時與《證類本草》別本單行,自金人張存惠採附《證類本草》之中,明人因之,而單行本遂微。余所藏爲南宋麻沙本,完全無缺,因重梓以廣其傳。光緒三年歲在疆圉赤奮若仲冬之月,歸安陸心源撰。《十萬卷樓叢書》本

5. 跋

《本草衍義》二十卷,《目錄》一卷,宋寇宗奭撰。《文獻通考》、《郡齋讀書志》,

均作“廣義”。疑宣和所刊當名“廣義”,迨慶元時,避寧宗諱,乃改“廣”爲“衍”。觀於《序例上》云“衍摭餘義”,文似不屬,可爲改“廣”爲“衍”之證。篇中屢見“廣”字,當如《大觀》之屢見“慎”字,殆勘落未盡。然《通志略》及《書錄解題》,并作“衍義”,或後人追改未可知也。《書錄解題》作“十卷”,蓋傳鈔之誤。楊君惺吾往於日本獲見宋槧,字大如錢,於唐慎微《本草》附以寇氏之書。末列慶元修板校勘銜名,稱江南西路轉運官,知爲南渡後江西漕司所刻,即森立之《訪古志》所稱爲宋板也。楊氏假得之,並以宋劉信甫《圖經本草》,著其異同,稿藏篋中,出以見示。又從楊君得刊本《衍義》,不記年月,楊君以書中稱本朝爲宋朝,定爲元刊,與余所刊《大觀本草》(休)[體]製相合,乃復影摹上木,而以慶元校錄及各本擇善而從,别爲《札記》。按北宋大觀、政和兩官刊本,今皆不存,所存者僅漕司本耳。聊城楊氏藏有宋本(楊本後有劉祁跋,不得稱爲宋槧。朱氏《結一廬書目》有宋本二十卷,不知是一本否),常熟瞿氏藏有金本(貞祐年刊,與大德宗文書院本同),皆附《衍義》,未見其書。大氐自慶元以來,多以《衍義》全帙附入卷末。元初,金源遺民張存惠如逐條散入《政和》,所謂晦明軒重修本也。明成化、隆慶刊本因之,嘉靖、萬曆且再刻。而王秋父子,實紊大觀、政和之舊,其書晚出,行世最多,任意增刪,紕繆極矣。其他坊本,尚有存者,更無足論。今以唐、寇二書,各爲刊板,不相雜廁,庶免蔑古泥古之譏。楊君又得鈔本,與元刊略同,而脫語尤甚,末附“補遺”,爲元朱彥脩所撰。當時咸相推重丹溪爲元醫師大家,而乃牽涉五行,無當作者。明之楊珣輩,其烏足爲寇氏之功臣哉。宣統二年端午,武昌柯逢時記。

6. 慶元本識語及銜名

宋本校勘銜名。右《證類本草》,計版一千六百二十有二。歲月屢更,版字漫漶者十之七八,觀者難之。鳩工刊補,今復成全書矣。時慶元乙卯秋八月癸丑識。

儒林郎江南西路轉運司主管帳司　段杲

奉議郎充江南西路轉運司幹辦公事賜緋魚袋　徐宇

承議郎充江南西路轉運司幹辦公事賜緋魚袋　曾亨

朝議郎充江南西路轉運司主管文字賜緋魚袋　江涔

朝議郎權江南西路轉運判官　吳獵

(四)刊本及鈔本

1. 宋慶元本

【元治增補御書籍目錄】醫家　《本草衍義》二十卷。宋版。三冊。宋寇宗奭撰。

【經籍訪古志】卷七　《本草衍義》二十卷。宋槧本。楓山秘府藏。靜節山房藏。宋通直郎添差充收買藥材所辨驗藥材寇宗奭編撰。首載政和六年十二月廿八日付寇宗奭劄子,次云“宣和元年□月本宅鏤板印造,姪宣教郎知解州解縣丞寇約校勘”。卷末有慶元乙卯記及官銜段杲等五人。蓋當時與《證類本草》同所重彫。此本係望鹿門三英舊藏,柳沜先生刻《衛生彙編》爲採入之。每半版高七寸七分,幅六寸一分，十一行，行二十一字。聿修堂藏有元板，與宋板無甚異同，不記刊行年月。

【圖書寮漢籍善本書目】卷三 《本草衍義》二十卷。三冊。宋刊本。題通直郎添差充收買藥材所辨驗藥材寇宗奭編撰。前有政和六年十二月廿八日付寇宗奭劄子，次題"宣和元年月本宅鏤板印造，姪宣教郎知解州解縣丞寇約校勘"。卷末有慶元乙卯跋曰"右《證類本草》，計版一千六百二十有二。歲月屢更，版字漫漶者十之七八，觀者難之。鳩工刊補，今復成全書矣。時慶元乙卯秋癸丑識"。則此本當時與《證類本草》同所重雕。次有儒林郎江南西路轉運司主管帳司段杲等五人列銜，又次有"朝奉郎權江南[西]路轉運判官吳獵"一行。此書紙質精撰，字格嚴整，蓋南宋版上乘者。每半葉十一行，行二十一字，界長七寸七分，幅六寸一分。舊藏楓山文庫。《經籍訪古志》所載本

【宋元本行格表】卷下十一行 宋本《本草衍義》二十卷，《目錄》一卷。行二十一字。《訪古志》。《東湖叢記》云：字大悅目。

2. 不明宋本

【拜經樓藏書題跋】卷四 《本草衍義》二十一卷。每葉二十四行，行二十一字。首行題"本草衍義卷之一"，次題"通直郎添差充收買藥材所辨驗藥材寇宗奭編輯"。首張缺前半頁，後半頁第一行"聖旨：寇宗奭特與轉一官，依條施行，添差充收買藥材所辨驗藥材"，二行"右劄付寇宗奭"，三行"政和六年十二月二十八日"，五行"宣和元年月本宅鏤板印造"，六行"姪宣教郎知解州解縣丞寇約校勘"。紙墨古雅，有"汪文柏"、"柯庭"、"休寧汪季青家藏書籍"圖記。面頁題"摛藻堂藏"。

【平津館鑒藏書籍記】卷一宋版 《本草衍義》二十卷，題通直郎添差充收買藥材所辨驗藥材寇宗奭編撰。前有政和六年十二月二十八日付寇宗奭劄，後題"宣和九年月本宅鏤板印造，姪宣教郎知解州解縣丞寇約校勘"。書本二十卷，《目錄》作十七卷，未知其故。黑口版，每葉廿四行，行廿一字。

【孫氏書目】內編卷二 《本草衍義》二十卷，宋寇宗奭撰。宋刊本。

【儀顧堂集】卷五重刻本草衍義序 《本草衍義》二十卷，宋寇宗奭撰。余所藏爲南宋麻沙本，完善無缺。

【宋元本行格表】卷下十二行 宋本《本草衍義》，行廿一字。二十卷。黑口版。《平津館記》、《拜經》本同，《皕宋樓藏書志》本同。云此元宗文書院刊本。小字雙行，小黑口。《 顧堂續跋》同。有"宣和元年月本宅鏤版印造，姪宣教郎知解州解縣丞寇約校勘"兩行木記。《簡明目錄》批註本有金本，行二十字。

注：按上列諸書所載，雖未知果爲宋槧否，姑列於此，宜參看"元板"條。

【海藻閣藏書目】子部宋本 《本草衍義》四冊

【日本訪書志】卷九 《本草衍義》二十卷，《目錄》一卷。宋刊本。

注：按《留真譜》卷七載《本草衍義》首葉及卷一卷首書影，疑是楊所見本。其體式字樣與柯氏影印大同而有少異矣。

【杏雨書屋圖書假目錄】 《本草衍義》二十卷，宋寇宗奭撰。宋刊。四冊。

3. 金刊本

【鐵琴銅劍樓宋元本書影識語】卷三經史證類大觀本草附　《本草衍義》二十卷。金刊本。

【四庫書目邵注】卷十證類本草　《本草衍義》。金刻本。上欄孫注云:《東湖叢記》有宋刊大字本二十卷。

【宋元本行格表】卷下十二行　金本《本草衍義》二十卷。後墨圖。《瞿氏書目》,《留真譜》。

4. 元刊本

【稽瑞樓書目】小樹叢書　《本草衍義》二十卷。元刊。附殘宋本四冊。又二冊。

【皕宋樓藏書志】卷四十五　《本草衍義》二十卷。元刊本。宋寇宗奭編撰。案,此元宗文書院刊本,與《證類本草》同刊。每葉二十四行,每行二十一字。小字雙行,小黑口。《文獻通考》"二十卷",與此本合。《書錄解題》脱"二"字耳。

【靜嘉堂秘籍志】卷七陸氏皕宋樓舊藏　《本草衍義》,宋寇宗奭撰。元刊。四本。案是書《提要》不收。惟附見於《證類本草》條下。儀顧堂有重刻序,《續跋》有宋槧本跋,而《藏書志》惟載元刊本,不載宋槧本。靜嘉堂所收,即元刊本也。跋云前有"政和六年十二月(十)[二十]八日劄付",劄付後有"宣和元年本宅鏤板印造,姪宣教郎知解州解縣丞寇約校勘"兩行。每葉二十四行,每行二十一字。宋刊、宋印本。宗奭,萊公曾孫,著有《萊公勳烈》一卷,見《郡齋讀書後志》。以《衍義》劄付、《通鑑長編》二百八十三證之,知其曾官杭州、順安、永耀各處。熙寧十年爲思州武城縣主簿,政和六年由承直郎澧州司戶進書,轉通直郎添差充收買藥材所辨驗而已。宗奭以嘉祐宋仁宗命掌禹錫等再加校正,是爲《嘉祐補注本草》、《證類》二部失於商較,因考諸家之說,參以實事,有未盡者,衍之以臻其理。中略《郡齋讀書志》、《直齋書錄解題》、《文獻通考》皆著於錄。金泰和刊,散附唐慎微《證類本草》,明刊仍之。此則猶宋時單行本也。重刊序云:余所藏爲南宋麻沙本,完善無缺。

【適園藏書志】卷六　《本草衍義》二十卷。元刊本。宋寇宗奭撰。每半葉十二行,行二十一字。高六寸七分,廣四寸六分。黑白雙邊。口上署"本草衍義一",在上魚尾下,葉數在下。有宋政和劄付。楊惺吾得自日本,其跋語推尊,以爲宣和原刻,其實別本。卷末有慶元乙卯記及官銜段粱等五人。蓋當時與《證類本草》同刊,元宗文書院亦同翻板。陸存齋、盛杏蓀均有此書,出自一版,均不以爲宋本。楊氏手跋曰下引楊跋,其文與《日本訪書志》全同,今略之。光緒丁亥三月宜都楊守敬記。

【聿修堂藏書目錄】《本草衍義》二十卷,十一冊。元版。未詳何氏。宋寇宗奭撰。

【經籍訪古志】　聿修堂藏有元板,與宋板無甚異同,不記刊行年月。

【杏雨書屋圖書假目錄】第二篇　《本草衍義》二十卷,宋寇宗奭撰。元刊。四冊。

5. 十萬卷樓叢書本

【叢書舉要】十萬卷樓叢書　《本草衍義》二十卷。《叢書書目彙編》同。

【行素堂目覩書錄】十萬卷樓叢書　《本草衍義》二十卷。

【古越藏書樓書目】卷五　《本草衍義》二十卷,宋寇宗奭。十萬卷樓本。

【涵芬樓舊書分類總目】《本草衍義》,宋寇宗奭撰。十萬卷樓本。二冊。

【八千卷樓書目】卷十　《本草衍義》二十卷,宋寇宗奭撰。十萬卷樓本。

【楊州吳氏測海樓藏書目錄】卷四　《本草衍義》二十卷。光緒三年刊。竹紙二本。

【遼寧省立圖書館館刊】十萬卷樓叢書　《本草衍義》二十卷,宋寇宗奭。

【清華學校圖書館中文書籍目錄】《本草衍義》二十卷。見《十萬卷樓叢書》。

【江南圖書館閱覽室檢查書目】《本草衍義》。十萬卷樓本。二本。

【江蘇省立國學圖書館圖書總目】《本草衍義》二十卷。《十萬卷樓叢書》第十三冊,光緒刊本。

【中東鐵路圖書館圖書目錄】《本草衍義》二十卷。見《十萬卷樓叢書》。

【東京文理科大學附屬圖書館和漢書分類目錄】重刻　《本草衍義》二十卷。《十萬卷樓叢書》第十六、十七。

【續中國醫學書目】《本草衍義》二十卷。一冊。十二行,二十一字。框横十三·三釐,縱十八·一釐。宋寇宗奭編。《十萬卷樓叢書初編》之内。光緒三年重雕。重刻本草衍義序,陸心源,光緒三年。本草衍義目錄。

6. 柯氏影印本

【中國醫學書目】《本草衍義》二十卷。二冊。十二行,二十一字。框横十四·五釐,縱二十一釐。宋寇宗奭編撰。寇約校勘。宣統二年武昌醫館刊。劄付,政和六年十二月。本草衍義目錄。衍義總敘,政和六年。本草衍義校記,柯逢時,宣統二年。末附宋本校勘銜名。

7. 醫學大成本

【續中國醫學書目】《重刊本草衍義》二十卷。二冊,十四行,三十一字。洋紙裝,四六版。宋寇宗奭撰。民國二十五年刊。《中國醫學大成》第二輯之内。提要。序,陸心源,光緒三年。本草衍義目錄。

8. 日本文政六年刊本

【叢書書目彙編】衛生彙編第一集　《本草衍義》二十卷,宋寇宗奭。《續彙刻書目》同。

【八千卷樓書目】卷十　《本草衍義》二十卷。日本刊本。

【觀海堂書目】逼字號　《本草衍義》三本,二十卷。日本刻本。

【江南圖書館閱覽室檢查書目】《本草衍義》,日本刊本,三本。

【江蘇省立國學圖書館圖書總目】《本草衍義》二十卷,三冊。日本刊本。

【實素堂藏書目錄】《本草衍義》二十卷,三冊。文政癸未據宋本雕《衛生彙編》中。

【萬葉集草木考】參考書目　《本草衍義》。文政六年覆刻。二十卷,三冊。寇宗奭著。

【杏雨書屋圖書假目錄】《本草衍義》二十卷。宋寇宗奭撰。文政刊。三册。二部著錄

9. 鈔本

【傳是樓書目】宋寇宗奭　《本草衍義》二十卷。趙大中《風科本草治風藥品》一卷,附《歷代聖賢本草源流》一卷。

【故宫博物院書目】《本草衍義》,宋寇宗奭撰。二十卷,二册。日本鈔本。

【觀海堂書目】蘭字號　《本草衍義》二本。二十卷。日本古抄本。

【抱經樓藏書志】卷三十七　《本草衍義》二十卷。抄本。

【杏雨書屋圖書假目錄】《本草衍義》二十卷,宋寇宗奭撰。寫本,四册。

10. 未詳本

【文淵閣書目】【菉竹堂書目】【内閣藏書目錄】【世善堂書目】【醫藏書目】以上明　【也是園藏書目】【實書閣著錄】以上清　【國學用書類述】【内閣文庫書檔舊目】以上民國

附　本草衍義補遺

【丹溪心法附餘方廣本】凡例　丹溪《本草衍義補遺》,雖另成一書,然陜板、蜀板、閩板《丹溪心法》咸載之。程用光《重訂丹溪心法》,而徽板乃削去之,反不爲美。今仍取載書首,使人獲見丹溪用藥之旨也。

【古今醫統大全】採摭諸書　《本草衍義》,元朱丹溪撰。

【本草綱目】歷代諸家本草　《本草衍義補遺》,元末朱震亨所著。震亨,義烏人,字彦修。從許白雲講道,世稱丹溪先生。嘗從羅太無學醫,遂得劉、張、李三家之旨而推廣之,爲醫家宗主。此書蓋因寇氏《衍義》之義而推衍之,近二百種,多所發明。但蘭草之爲蘭花,胡粉之爲錫粉,未免泥於舊說。而以諸藥分配五行,失之牽强耳。

【影印本草衍義】柯逢時跋　楊君又得鈔本,與元刊略同,而脱誤尤甚。末附《補遺》,爲元朱彦修所撰。當時咸相重丹溪爲元醫師大家,而乃牽涉五行,無當作者。明之楊珣輩,其烏足爲寇氏之功臣哉。

【杏雨書屋圖書假目錄】《本草衍義補遺》,寫本,一册。

二十一、重廣補注神農本草並圖經

【大觀本草】卷三丹砂　晟近得武林陳承編次《本草圖經》本參對,陳於《圖經》外,又以别説附著於後,其言皆可稽據不妄,因增入之云。

【本草綱目】歷代諸家本草　《本草别説》。宋哲宗元祐中,閬中醫士陳承,合《本草》及《圖經》二書爲一,間綴數語,謂之《别説》。高宗紹興末,命醫官王繼先等校正《本草》,亦有所附,皆淺俚無高論。

注:按陳承里貫,諸書均未載之,惟林希序中敘之稍詳。按承與陳師文、裴宗元

等奉敕同共校正《太平惠民和劑局方》,其書上表結銜云"將仕郎措置藥局檢閱方書陳承"。

又按,柯氏影印《大觀本草》卷三十末題云:《重廣補注圖經神農本草》卷第三十,是疑即此書之遺影。而《經籍訪古志》夙已所指摘也。

序跋

重廣補註神農本草并圖經序

良醫之不能以無藥愈疾,猶良將不能以無兵勝敵也。兵之形易見,善用者能以其所以殺者生人;藥之性難窮,不善用者返以其所以生者殺人。吁,可畏哉。寒熱溫涼,辛甘緩急,品類萬殊,非一日而七十毒者,孰能辨之。彼《玉函》、《金匱》、《肘後》、《囊中》、《千金》之所傳,《外臺》之所秘,其爲方不知其幾何。由是言之,則非獨察脈、用方之爲難,而辨藥最其難者。金石之珍,草木之恠,飛潛動植之廣且衆也。風氣不同,南北不通,或非中國之所有,或人力之所不可到,乃欲真僞無逃於指掌之間,則《本草》、《圖經》二者,何可須臾離哉。世所傳曰,《神農氏本草》三卷,梁陶隱居離以爲七,唐蘇恭、李勣之徒又附益爲二十卷。别圖藥形以爲經,其書略備矣。開寶中,太祖皇帝命盧多遜等,考驗得失,增藥尤多,號爲《開寶本草》。仁宗皇帝嘉祐初,又使掌禹錫、林億、蘇頌、張洞爲之補註,因唐《圖經》别爲繪畫,復增藥至千有餘種。於是收拾遺逸,訂正訛謬,刊在有司,布之天下,其爲壽養生人之術,無一不具。然世之醫者,習故守陋,妄意穿鑿,操數湯劑,幸而數中,自謂足以應無窮之病。詰其論說,則漠然不知,顧《本草》與《圖經》,殆虛文耳。況偏州下邑,雖有願見者,何所售之。閬中陳氏子承,少好學,尤喜於醫,該通諸家之說,嘗患二書傳者不博,而學者不兼有也。乃合爲一,又附以古今論説,與己所見聞,列爲二十三卷,名曰《重廣補註神農本草并圖經》。書著其説,圖見其形,一啟帙而兩得之,不待至乎殊方絶域,山巔水涯,而品類萬殊者,森在目前。譬夫談輿地者觀於職方,閱戰具者之入武庫也。承之先世爲將相,歐陽子所謂四世六公者。承其曾孫,少孤,奉其母江淮間,閉門蔬食以爲養,君子稱其孝。間有奇疾,衆醫愕眙,不知所出。承徐察其脈,曰當投某藥,某劑良愈,無不然者。然則承之學雖出於圖書,而精識超絶,茲二者又安能域之哉。鬼臾區、岐伯遠矣,吾不得而知也,其視秦越人、淳于、倉公、華佗輩爲何如,識者當能知之。元祐七年四月朔,左朝請大夫充天章閣待制知杭州軍州事兼管内勸農使充兩浙西路兵馬鈐轄兼提舉本路兵馬巡檢公事上輕車都尉賜紫金魚袋長樂林希序。

二十二、經史證類備急本草

(一)出典

【幼幼新書】卷四十近世方書　《證類本草》,唐慎微纂。傳失其邑里族氏。

【通志藝文略】醫方上　《證類本草》三十二卷,唐慎微撰。

【郡齋讀書後志】卷二　《證類本草》三十二卷。右皇朝唐慎微纂。合兩《本草》爲一書，且集書傳所記單方，附之於本條之下，殊爲詳博。

【文獻通考】經籍考　《證類本草》三十二卷。下引《讀書後志》之文

注：唐慎微傳，《政和本草》宇文虛中跋云：唐慎微，字審元，成都華陽人。貌寢陋，舉措語言樸訥，而中極明敏。其治病百不失一，一語證候，不過數言，再問之，輒怒不應。其於人不以貴賤，有所召必往，寒暑雨雪，不避也。其爲士人療病，不取一錢，但以名方秘錄爲請。以此士人尤喜之，每於經史諸書中得一藥名、一方論，必錄以告，遂集爲此書。尚書左丞蒲公傳正，欲以執政恩例奏與一官，拒而不受。其二子：五十一，五十四（偶忘其名）及婿張宗說，字巖老，皆傳其藝，爲成都名醫。元祐間，虛中爲兒童時，先人感風毒之病，審元療之如神。又手緘一書，約口某年月日即啟封。至期，舊恙復作，所取封開視之，則所錄三方。第一療風毒再作。第二療風毒攻無促，欲作喘嗽。以次第餌之，半月良愈。其神妙若此。皇統三年九月望，成都宇文虛中書。

《賓退錄》云：唐慎微，蜀州晉原人。世爲醫，深於經方，一時知名。元祐間師李端伯，招之居成都。嘗著《經史證類備急本草》三十二卷，盛行於世。而艾晟序其書，謂慎微不知何許人，故爲表出。蜀，今宗慶府。

注：按《古今醫統大全・名醫姓氏》以唐慎微爲蜀漢人，《圖書集成》亦引其文，而改爲五代時人，《醫學入門》亦列於王叔和之前，並屬妄誕，不可從焉。

（二）考證

【大觀本草】艾晟序　慎微因其見聞之所迨，博采而備載之，於《本草》、《圖經》之外，又得藥數百種，益以諸家方書，與夫經子傳記、佛書道藏，凡該明乎物品功用者，各附於本藥之左。其爲書三十有一卷，《目錄》一卷，六十餘萬言，名曰《經史證類備急本草》。察其爲力亦勤矣，而其書不傳，世罕言焉。集賢孫公得其本而善之，邦計之暇，命官校正，募工鏤板，以廣其傳，蓋仁者之用心也。慎微姓唐，不知爲何許人，傳其書者，失其邑里族氏，故不及載云。

【本草綱目】歷代諸家本草　《證類本草》。宋徽宗大觀二年，蜀醫唐慎微取《嘉祐補注本草》，及《圖經本草》，合爲一書。復拾《唐本草》、陳藏器《本草》、孟詵《食療本草》，舊本所遺者五百餘種，附入各部，並增五種，仍采《雷公炮炙》及《唐本》、《食療》、陳藏器諸說，收未盡者，附於各條之後。又采古方、單方，並經史百家之書有關藥物者，亦附之，共三十一卷，名《證類本草》，上之朝廷，改名《大觀本草》。慎微貌寢陋而學該博，使諸家《本草》及各藥單方，垂之千古，不致淪沒者，皆其功也。政和中，復命醫官曹孝忠校正刊行，故又謂之《政和本草》。

【四庫全書總目】卷一百零三　《證類本草》三十卷，兩淮江廣達家藏本。宋唐慎微撰。按陳振孫《書錄解題》載此書三十卷，名《大觀本草》。晁公武《讀書志》則作《證類本草》三十二卷，亦題唐慎微撰。是宋時已有兩本矣。《玉海》載，紹興二十七年八月十五日，王繼先上《校定大觀本草》三十二卷、《釋音》一卷，詔秘書省修

潤,付胄監鏤版行之。則南宋且有官本,然皆未見其原刊。今行於世者亦有兩本:一爲明萬曆丁丑翻刻元大德壬寅宗文書院本,前有大觀二年仁和縣尉艾晟序次引晟序之一部,今省之。陳氏所見蓋此本,故題曰《大觀本草》。一爲明成化戊子翻刻金泰和甲子晦明軒本,前有宋政和六年提舉醫學曹孝忠序,稱“欽奉玉音,使臣楊戩總工刊寫,繼又命孝忠校正潤色之”,其改稱《政和本草》蓋由於此,實一書也。書末又有金皇統三年翰林學士宇文虛中跋稱次引虛中跋,今省之。則慎微始末,虛中述之甚明。蓋靖康以後,内府圖籍悉入於金,故陳振孫未見此本,不知慎微何許人,而晁公武所云三十二卷者,殆合目録計之,亦未見政和所刻也。然考趙與峕《賓退録》稱次引《賓退録》,今省之。大德中所刻《大觀》本作三十一卷,與艾晟所言合。泰和中所刻政和本,則以第三十一卷移於三十卷之前,合爲一卷,已非《大觀》之舊。又有大定己酉麻革序及劉祁跋,并稱平陽張存惠增入寇宗奭《本草衍義》,則益非慎微之舊。然考大德所刻《大觀》本,亦增入寇宗奭《衍義》,與泰和本同,蓋元代重刻,又從金本録入也。今以二本互校,大德本於朱書墨蓋,案,原本每條稱墨蓋以下爲慎微所續,其式如今刻工所稱之魚尾。較爲分明。泰和本則多與條例不相應,然刊刻清整,首末序跋完具,則泰和本爲勝。今以泰和本著録,大德本則附見其名於此,不别存目焉。

【四庫全書簡明目録】卷十　《證類本草》三十卷,宋唐慎微撰。有宋、金兩刻,[刻]於宋者名《大觀本草》,刻於金者名《政和本草》。其增附寇宗奭《本草衍義》,則金刻也。此本從金刻翻雕,較爲清釐。其書採摭繁富,而條理詳明,故南北并有刊版云。

【錢大昕養新録】　是書初刊於杭州漕司。艾晟序謂,慎微不知何許人。其云《大觀本草》者,因校刊之年題之也。其後曹孝忠被旨校刊,乃系以“政和”之名。若慎微著書,實在元祐之世,不特非政和,亦非大觀也。其書本名《經史證類備急本草》,“大觀”、“政和”皆後來所題,而“政和”之名出於朝旨,則當以“政和”爲正,然南宋人多稱“大觀”者。政和新修之本經,汴京淪喪,不及流播。東南陳直齋所收,亦祗浙漕司本,故未暇訂正耳。

【醫籍考】三百零六頁　按,先子曰:金皇統三年宇文虛中跋云,元祐間虛中爲兒童時,先人感風毒之疾,慎微療之。乃爲哲宗時人明矣。東璧以爲大觀二年所著,誤也。艾晟序稱不知何許人,若是同時,其言如此乎。今《證類》首卷載林希序,此艾晟所附,非慎微之舊也。

【經籍訪古志】卷七經史證類大觀本草　錢曰當以“政和”爲正,此言未爲當。今取《大觀》、《政和》二部勘之,《大觀》宜見唐氏之真,而大德本譌脱頗多,如脱葛根、栝樓條是也。然舍此無能校補《大觀》矣。要之,二本俱易其原目,則不得執一以爲正,宜二本兼存而可也。

【日本訪書志補】　《經史證類大觀本草》三十一卷。元刊本。元大德壬寅宗文書院刊本。書中避孝宗嫌名,蓋源於宋刻,爲慎微原書。按此書有兩本,一名《大觀本草》,艾晟所序,刻於大觀二年者,即此本所源也。一名《政和本草》,三十卷。以三十一卷移於三十卷之前,合爲一卷,而删其所引“十六家本草義例”,最謬。又疑併三十一卷爲三十卷，係張存惠所爲。政和六年曹孝忠奉敕校勘者。二本皆不附入寇宗奭《本草衍義》。至元初，平陽張存惠重刊政和本，首有木記稱“泰和甲子下己酉南至晦明軒記”。錢竹汀、程易疇考爲元定宗后稱制之年，距金亡已有十六年。其説至確。《提要》以爲金泰定刻本，誤矣。余別有詳考，載入《明成化重刻政和本草》之首。然此本亦不傳。至明成化四年，山東巡撫原傑又重刻之，於原書略無增損。嘉靖間亦刻本，首有陳鳳梧序。迨至萬曆丁丑，宣城王大獻，始以成化、政和之本，改從宗文書院大觀本之篇題，合二本爲一書。卷末有王大獻後序，自記甚明，并去政和諸序跋，獨留大觀艾晟序，及宗文書院木記。按其名則大觀，考其書則泰和，無知妄作，莫此爲甚。又有萬曆庚子巡按兩淮鹽課御史彭端吾據此本重刊，并去艾序及木記。《提要》所稱大德及錢竹汀所錄，皆是此種。《提要》見此本亦增入《衍義》，遂謂元代重刊又從金本錄入，而不知大德原本并無《衍義》。又有朝鮮國翻刻本，一依宗文本，不增一字。較明人爲謹飭焉。此書集《本草》之大成，最足依據，且墨篋、墨蓋，白字、黑字，使《神農本經》、隱居《別錄》、蘇敬《新修》皆可識別，其例亦最爲謹嚴。下視李時珍之《本草綱目》，龐雜無序，不可爲典要矣。顧大觀、政和兩本，糅雜不清，前人未見古本，多不能分辨，故爲詳疏如此。後有刻此書者，以宗文原本還慎微之舊，別以寇氏《衍義》附刻其後，則盡善矣。余得宋宣和刻本《衍義》。光緒乙酉，楊守敬記。

【四庫書目邵注】卷十　《證類本草》三十卷，宋唐慎微撰。有宋、金兩刻，刻於宋者名《大觀本草》，刻於金者名《政和本草》。其增附寇宗奭《本草衍義》，則金刻也。此本從金刻翻雕，較爲清釐，明成化戊子山東臬署刊本。又嘉靖癸未重刊本，又嘉靖壬子重刊本，又隆慶壬申重刊本，又萬曆己卯刊本，皆翻刻金泰和甲子晦明軒刊本，所謂《政和本草》也。又萬曆丁丑春穀王秋翻刻元大德壬寅宗文書院刊本，即竹垞云“刊於宣城民家”者，所謂《大觀本草》也。大觀本三十一卷，政和本末二卷合爲一卷，計三十卷。政和本每葉廿四行，行廿三字。萬曆己卯重刻本，廿行，行廿一字。《大觀本草》每葉廿四行，行廿字。王秋重刊本，廿四行，行廿三字。元大德本即明南監板。順治丙申本三十一卷，序例二卷。明陳鳳梧刊本。《天祿後目》有宋刊本、金刊本各一部，元大德刊本一部。陽湖孫氏有明刊本五種，別有元刊本，不附《衍義》，爲宋刻之舊。又另有宋刊《衍義》二十卷，十二行，行廿一字。按《郘亭知見傳本書目》、《四庫目略》并載版本種目，與此略同，今省之。

注：按艾晟序云“其書不傳，世罕言焉。集賢孫公得其本而善之，邦計之暇，命官校正，募工鏤板，以廣其傳”。中尾萬三博士《上海自然科學研究所彙報》第二號，以晟序所謂“孫公”爲“孫升”，而云慎微之《證類》，成乎元豐五、六年之間，而當時既有刊刻。逮於元祐五年至八年之間，孫升重刊，遂至大觀二年，艾晟三刊之云云。此説未爲當。按《南雍志經籍考》云“大觀二年集賢學士孫覿得善本刊之”云云，則知“孫公”者是覿，而非升也。又案，慎微所引有《孫尚藥方》、《初虞氏方》等書。今考孫尚《秘寶方》十卷，刊於元豐八年；初虞氏《養生必用方》，成於紹聖四年。然則《證類》之成，當在乎紹聖四年至大觀二年之十一年間，而艾晟既云“其書不傳，世亦罕言”，張謂亦云“大觀間刊於毘陵”，毘陵即覿之故里，是知慎微之書，初無刊本，逮於大觀，孫覿與艾晟始爲校正刊行，所謂《大觀本草》是也。余別有考證，詳

見拙稿《關於證類本草之二三知見》未刊。

注:按諸家所説,皆以大觀、政和兩《本草》同謂爲《證類》,未必爲當。何則?今考《大觀》、《政和》首卷載有林希序,而《醫籍考》既云"此艾晟所附,非愼微之舊也",此説爲是。又按卷三"丹砂",載"别説"一條,其末附記云"晟近得武林陳承編次《本草圖經》本參對,陳於《圖經》外,又以《别説》附著於後,其言皆可稽據不妄,因增入之云"。可知所謂《别説》,即艾晟從陳承本而附記者,亦非愼微之舊也。至於《政和本草》,曹孝忠等取《大觀本草》而更加改訂者,益失愼微之真。然則愼微原本與《大觀》、《政和》,雖并謂之《證類》,實則皆别。猶如以王繼先之紹興校定本,不得謂爲一書也。今乃别立大觀、政和之條於下,以正名實錯亂云。

注:按已下所列之諸書,均載《證類本草》之目。今考愼微之《證類》,大觀以前固無刊本。諸書所謂《證類》,疑即如非大觀,則是政和,然今并不可辨别。故但取其書目,以列於此云。

【古今書刻】【萬卷堂書目】【世善堂藏書目録】【脈望館書目】【内板經書紀略】【汲古閣毛氏藏書目録】以上明 【天一閣藏書目録】【近古堂書目】【絳雲樓書目】【稽瑞樓書目】【海源閣藏書目】【武林藏書録】【八千卷樓書目】以上清

二十三、經史證類大觀本草

(一)出典

【直齋書録解題】卷十三醫書類 《大觀本草》三十一卷,唐愼微撰。不知何人。仁和縣尉艾晟作序,名曰《經史證類本草》。中略今愼微頗復有所增益,而以墨蓋其名物之上,然亦殊不多也。

【玉海】卷六十三開寶重訂本草注 《大觀經史證類本草》,唐愼微撰。

【文獻通考】經籍考 《大觀本草》三十一卷。下引陳直齋及石林葉氏,今省。

【宋史藝文志】醫書 《大觀經史證類備急本草》三十二卷,唐愼微。

【通憲入道藏書目録】一合第卅八櫃 《大觀本草目録》一帖,《大觀證類本草》十局。上帙。同,中帙。十局。一合。第三十九櫃 《大觀本草》下帙。十二局。

【醫方類聚引用書】《大全本草》

【古今醫統大全】採摭諸書 《大觀證類本草》。中略今行世者,惟唐愼微撰《大觀》及《證類》,二本合爲一書。

注:按尤袤《遂初堂書目》有"類證圖經本草"之目,不記卷數及撰人名氏,不知爲何本。暫附記於此。

(二)考證

【南雍志經籍考】下篇梓刻本雜書類 《大觀本草》三十二卷。板模糊。神農舊《經》止於三卷,藥數百種而已。梁陶宏景因而倍之,唐蘇恭、李勣之徒又從而廣焉。宋開寶、嘉祐之間,詔儒臣論撰收摭,凡未載者悉取而著於篇,藥之增至千種。

而世之醫師方衆，下至田父里嫗，猶時有以單方異品，效見奇捷，而世所未知者，類蓋非一。唐(謹)[慎]微因其見聞之所迨，博采而備載，於《本草圖經》之外，又得藥數百種，益以諸家方書，與夫經子傳記、佛書道藏，凡該明乎物品功用者，各附於本藥之左，凡六十餘萬言。(謹)[慎]微不知何許人。大觀二年集賢學士孫覿得善本刊之，大德壬寅宗文書院重刊。

注：孫覿傳，《中國人名大辭典》七百七十云：孫覿，宋晉陵人，字仲益，別號鴻慶居士。大觀進士，後舉詞學兼茂科，歷官翰林學士，吏、戸二部尚書。立朝正直，知秀州、溫州、臨安諸郡。因忤執政，歸隱太湖濱西徐里。孝宗朝嘗命編類蔡京、王黼等事實，上之史官。有《鴻慶集》。

注：艾晟傳，《中國人名大辭典》二百八十一頁云：艾晟，宋真州人，字子先。崇寧進士。政和中試廣嗣，中一等，擢秘書省校書郎，兼編修六典文學，尋判隰、澧、越三州。所至有聲，終考功員外郎。《醫籍考》三百零六頁云：《本事方》載剪草治吐血勞瘵方，曰"鄉人艾孚先嘗說此事，渠後作《大觀本草》，亦收入集中"。孚先當是晟字。

(三)序跋

1.經史證類大觀本草序

昔人有云，天地間物，無非天地間用。信哉其言也。觀《本草》所載，自玉石、草木、蟲魚、果蔬，以至殘衣破革，飛塵聚垢，皆有可用以愈疾者。而神農舊經，止於三卷，藥數百種而已。梁陶隱居因而倍之，唐蘇恭、李勣之徒又從而廣焉，其書爲稍備。逮及本朝開寶、嘉祐之間，嘗詔儒臣論撰，收拾采摭，至於前人之所棄，與夫有名而未用、已用而未載者，悉取而著於篇，其藥之增多，遂至千有餘種，庶乎無遺也。而世之醫師方家，下至田父里嫗，猶時有以單方異品，效見奇捷，而前書不載，世未知者，類蓋非一。故謹元從心從真，避御名，今易。微因其見聞之所迨，博采而備載之，於《本草圖經》之外，又得藥數百種，益以諸家方書，與夫經子傳記、佛書道藏，凡該明乎物品功用者，各附於本藥之左。其爲書三十有一卷，目錄一卷，六十餘萬言，名曰《經史證類備急本草》。察其爲力亦勤矣，而其書不傳，世罕言焉。集賢孫公得其本而善之，邦計之暇，命官校正，募工鏤版，以廣其傳，蓋仁者之用心也。夫病未必能殺人，藥之殺人多矣。而世之醫者，不復究知根性之溫涼，功用之緩急，妄意增減，用以治病，不幸而危殆者，時蓋有之，茲何異操矛而刺人於衽席之上哉。儻能研思於此，因書以究其說，即圖以驗其真，審方以求其效，則不待乎七十毒而後知藥，三折臂而後知醫矣。然則是書之傳，其利於世也，顧不博哉。(謹)[慎]微姓唐，不知何許人，傳其書者，失其邑里族氏，故不及載云。大觀二年十月朔，通仕郎行杭州仁和縣尉管句學事艾晟序。

2.序

《大觀本草》刊成，余適從粵歸。序曰：夫人之生日衆，而物之類日廣。聖人思治人之生，以盡物之性，《神農本草》尚已。顧其爲物，財三百六十有五。梁陶隱居從而倍之。唐宋以來,官私撰述,卷袟綦蕃,而蜀士唐慎微之書,乃獨見重於當世。醫之爲道也,察變於七情,攻害於六淫。汲汲焉,萃四時之長養,五行之凝結,百族之孕育,九州之華實。益古所無,窮世所有,宣幽導滯,利物濟人。慎微此書,實由此義。集賢孫公之所校,宇文學士之所稱,其庸偉爾。近世西醫,事求實證,經絡藏府,得諸剖驗。而其用藥,大氐預融汁液,不貴多品,此漢學之流別,演之於四裔者也。昔我聖賢,迭興代起。候諸脈息,辨諸聲色;求諸陰陽,測諸表裏;按諸虛實,審諸真僞。變動於君臣佐使之位,調劑於剛柔緩急之宜,斟酌於錯雜孤行之患,消息於多寡損益之權。思通淵微,析及毫髮。處之方伎,未爲知言。古籍淪胥,不知所屆,此書之刻,蓋非得已。《易》曰"備物致用",物則備矣,視用奚若。道不精,不足斡旋於氣數;術不至,不足爭勝於人事。世有竭精誠,參化育,如將兵之多而益善,吹律之響而皆應。萬彙效能,百職從令。夭札不臻,疵癘無作。相生悅豫,中外禔福。則所謂神而明之,存乎人者也。光緒三十年冬,武昌柯逢時序。

(四)刊本

1. 宋大觀二年刊本

注:按是則孫覿所刊,大觀二年艾晟爲之序。《南雍志經籍考》云"大觀二年集賢學士孫覿得善本刊之"云云。

2. 宋淳熙十二年刊本

注:按是則張謂所刊。《經籍訪古志》云:京師伊良子氏藏大德環溪書院刊本,卷末舊人補抄,附淳熙十二年奉義郎張謂跋一篇云云。其本今不知何在。中尾萬三博士《上海自然科學研究所彙報》第二卷嘗抄出其跋文。曰"右《經史證類本草》三十一卷,《目錄》一卷,唐(謹)[慎]微所輯。視往昔諸書,最爲詳備。大觀間刊於毘陵。郡齋往往家有其書。涉時寖久,存者亡幾"云云。又曰"取毘陵本校讎鋟諸木。初毘陵本得諸私家所藏,點勘不精,脫略訛謬,疑誤後人。兹得嘉祐、元祐舊本,自《本經》注釋,至於《圖經》,用以參訂"云云。又曰"舍毘陵別(之)[乏]善本,有疑則姑存古舊,以俟後之博物洽聞者是正之"云云。

3. 宋慶元元年刊本

注:按是則江南漕司與《本草衍義》合刻者。《圖書寮漢籍善本書目》云:《本草衍義》二十卷,三冊。宋刊本。卷末有慶元乙卯跋曰"右《證類本草》,計版一千六百二十有二。歲月屢更,版字漫漶者十之七八,觀者難之。鳩工刊補,今復成全書矣。時慶元乙卯秋八月癸丑識"。則此本當時與《證類本草》同所重雕。次有儒林郎江南西路轉運司主管帳司段杲等五人列銜。又次有"朝奉郎權江南西路轉運判官吳獵"一行。此書紙質精撰,字格嚴整,蓋南宋版上乘者。每半葉十一行,行二十一字。界長七寸五分,幅六寸一分。舊藏楓山文庫。《經籍訪古志》所採本

4. 不明宋本

【季滄葦藏書目】宋元雜板書　《證類本草》三十一卷。宋板。

【述古堂藏書目】卷四醫書　《證類大觀本草》三十二卷。十二本。宋板。唐

慎微。

【宋元本行格表】卷下十二行　《宋槧經史證類大觀本草》。行二十字，小字雙行，行二十四字。三十一卷。間有題《經史證類大全本草》者，宋諱多譌字不成語，及宋帝或提行或空格。《儀顧堂序跋》。

爲人按，是書陸氏以元大德宗文本誤爲宋板者。詳見"宗文本"下。

【舊京書影提要】《經史證類大全本草》三十一卷，宋唐慎微撰。宋刻殘本，舊清内閣書，見藏北平圖書館。亦見《宋元書式》。四百五十四卷二十之十三，八寸二分，六寸一分五。四百五十五卷二十三之二十八，八寸二分，六寸二分五。四百五十六卷二十三之二十九。八寸一分五，六寸二分。《經史證類大全本草》三十一卷。宋刻殘本。宋諱有避、有不避，與鐵琴銅劍樓所收貞祐二年嵩州刻本，見《鐵琴銅劍樓書影》。行款均合。舊歸安姚氏書。見藏北平圖書館。四百五十七卷十二之三十四，六分五，六分五。四百五十八卷十二之四十六，六寸六分五，四寸六分。四百五十九卷十二之五十六，六寸七分，四寸七分。四百六十卷十三之一。六寸六分五，四寸七分。

【京師圖書館善本書目】子部　《大觀本草》三十卷。歸安姚氏書。存十二、十三，一册。宋唐慎微撰。宋刊本，圖亦甚精。

【朝鮮總督府圖書目錄】《大觀本草》三十二卷。十一册。宋大觀年間印本。

【杏雨書屋圖書假目錄】二百五十四　《經史證類大全本草序目》三十一卷，宋唐慎微纂。南宋刊。三十二册。附《本草衍義》二十卷，宋寇宗奭撰。寫本四册。

5. 金貞祐二年刊本

【鐵琴銅劍樓藏書目】卷十四　《經史證類大觀本草》三十一卷，附《本草衍義》二十卷。金刊本。宋唐慎微撰。是本卷數與《書錄解題》合，《郡齋讀書志》及《玉海》俱作三十二卷，合《目錄》并數也。金泰和中晦明軒所刻，并爲三十卷，已改大觀舊第。此本未經竄亂，卷首有艾晟序，後有墨圖記云"《經史證類大全本草》三十一卷，附《本草衍義》二十卷，貞祐二年嵩州福昌孫夏氏書籍鋪印行"。考金宣宗貞祐(和)二年，乃宋寧宗嘉定七年。每半葉十二行，行二十字。後來元大德壬寅宗文書院刊本，當即從此本出，而明萬曆丁丑本又依元本刊也。《本草衍義》，《文獻通考》作"廣義"，其卷數同。《書錄解題》作十卷，與此本不合。每卷有"錢氏家藏"朱記。按《鐵琴銅劍樓宋元本書影識語》所記，與此略同，今不採錄焉。

【宋元本行格表】十二行　《金本經史證類大觀本草》三十一卷，附《本草衍義》二十卷。行二十字。後墨圖云"貞祐二年嵩州福昌縣夏氏書籍舖印行"。《瞿氏書目》。邵云：《政和本草》，行廿三字。《留真譜》一本同，行二十字。一《政和本草》廿一字。

注：按中尾萬三博士《上海自然科學研究所彙報》第二卷二十、二十六云"武田文庫藏有貞祐二年夏氏印行本"。今查《杏雨書目》，不著其書，姑記以俟後考云。

6. 元大德六年宗文書院刊本

【孫氏書目】内編卷二　《經史證類大觀本草》三十一卷，宋唐慎微撰。元刊本。

【平津館鑒藏書籍記】卷一元版　《經史證類大觀本草》三十一卷。題唐慎微纂。前有大觀二年十月朔通仕郎行杭州仁和縣尉管句學事艾晟序，即陳氏《書錄解題》所見本也。然惟序文、目錄、卷一題作"經史證類大觀本草"，卷二以下"大觀"改"大全"。據艾序，又本名《經史證類備急本草》。艾序後本有"大德壬寅孟春宗文書院刊行"木印，爲書賈剜去，以充宋刻。又闕三十、三十一兩卷。黑口板，每葉二十四行，行二十字。收藏有"全之"朱文方印，"狀元裔"朱文方印，"文壁印"白文方印，"徵明"朱文方印，"明榮祿大夫少保兵部尚書□□□□節愍公書畫子孫保鬻及借人爲不孝□□□□□□□□"三十八字朱文大方印。

【廉石居藏書紀】內篇　《經史證類大觀本草》三十卷。右《經史證類大觀本草》二十九卷，《目錄》一卷，署唐慎微纂。前有通仕郎行杭州仁和縣尉管句學事艾晟序，作於大觀二年，稱（謹）［慎］微爲書二十有九卷，《目錄》一卷。集賢孫公得其本鏤板，以廣其傳。此本在政和刻本已前，不附《本草衍義》，恐爲元刻，賈人去序葉之後半木印，及去目錄之末葉，以充宋版者，俟得善本再考之。晁氏《讀書志》"《證類本草》三十二卷"，不知何以多出二卷。

【帶經堂書目】卷三　《經史證類大全本草》三十一卷。元大德刊本。宋唐慎微撰。此書係翻宋板，慎微，"慎"避宋諱作"謹"，註云"從心從真今改"云云。明翻元刻，稱《大觀本草》，而謬改此本。元刻《大全本草》，前人罕稱之者，是可寶也。中有配鈔二冊，亦係明以前舊鈔，行次悉依宋本元第。

【皕宋樓藏書志】卷四十五　《經史證類大觀本草》三十一卷。元大德刊本。宋唐慎微纂。中略案，此元刊元印本，序後有"大德壬寅孟春宗文書院刊行"木印。每葉二十行，行二十字。小黑口。《衍義》別行，明刊以《衍義》散入各條下，與元本小有異同。

【宋元本行格表】卷上十行　元大德刊本《經史證類大觀本草》，行二十字。三十一卷。後有"大德壬寅孟春宗文書院刊行"木印，小黑口。《皕宋樓藏書志》卷下，十二行。元本《經史證類大觀本草》，行二十字。三十一卷。黑口板。《平津館記》。

【適園藏書志】卷六　《經史證類大觀本草》三十一卷，宋唐慎微撰。元刊本。每半葉十二行，行大二十字，小二十四字。高六寸六分，廣四寸五分。黑口雙邊。口上署"本草一卷"，以陰文爲標識。首有大觀二年艾晟序。中略艾序作"謹微"，是後人避孝（忠）［宗］諱所改，非艾氏本文。此大德壬寅宗文書院刊本，不作三十卷，猶是大觀舊第。楊惺吾附會爲宋本，實是大德刊而裁去牌子者，惺吾之跋不足據。

【故宫博物院書目】《經史證類大觀本草》三十卷，《序目》一卷，十二冊。元大德壬寅刻。宋唐慎微撰。

【聿修堂藏書目錄】《經史證類大全本草》三十卷，《序目》一卷。十二冊。元大德壬寅刻。宋唐慎微撰。

【醫籍考】三百二十三頁　按，余家藏元大德壬寅宗文書院刊《大觀本草》，紙刻精良，不遜宋槧，中避孝宗嫌名，知是傳刻南宋本者。而至《衍義》，則實不錄入。明代俗刻取大德之題識，以寇魏卿之本，其妄亦甚。《四庫提要》所云元代重刻，又從金本錄入者，蓋以不見大德原刊之故耳。

【寶素堂藏書目錄】《經史證類大全本草》卷第三十一。一册。元大德宗文書院刊本。

【經籍訪古志】卷七　《經史證類大觀本草》三十一卷，《目錄》一卷。元大德壬寅宗文書院刊本。聿修堂藏。宋唐慎微纂。首載大觀二年艾晟序，序後筐子記"大德壬寅孟春宗文書院刊行"。每半版高六寸八分強，幅四寸七分強。次引錢大昕《養新錄》，今省之。今考此本，每卷標識，不能畫一。艾晟序及第二十五卷末題"經史證類備急本草"，則其有"備急"字者，實係審元舊面，而其或換以"大全"字，或有依大觀刊本而稱爲《大觀本草》者。要出後人，錢氏之言爲不誣也。其第三十卷末題云"重廣補註圖經神農本草"者，蓋陳子承本舊目之偶存者耳。又按，此本中避孝宗嫌名，知其傳刻南宋本者。聿修堂所藏，係驪恕公忠舊藏，紙刻頗精。伊澤氏酌源堂亦藏一本。《養新錄》僅舉（存）明代翻刻，則知此本之益可貴也。朝鮮國嘗有翻刻，而享保中醫官望月三英覆刻行世，訛字轉多。

補注：約之案，京師高階安藝守及福井氏皆藏宗文書院本云。中略補注：約之案，一大德宗文本。躋壽、酌源，京師醫人。春沂藏零殘。二大德環溪本，伊良子。三明代重修本，春沂、大昕。四韓本。五望月本。六萬曆丁丑入增《衍義》本。《提要》。

【日本訪書志】卷九　《經史證類大觀本草》三十一卷。元刊本。元大德壬寅刊本。不附寇宗奭《本草衍義》，避孝宗嫌名。蓋原於宋刻，爲慎微原書。按《留真譜》載其書影三葉。

【靜嘉堂秘籍志】卷七陸氏皕宋樓舊藏　《大觀本草》，宋唐慎微撰。元刊。二十四本。《志》《經史證類大觀本草》三十一卷。元大德刊本。宋唐慎微纂。艾晟序。大觀二年十月。中略案《儀顧堂續跋》有宋槧本跋云：《經史證類大觀本草》三十一卷，間有題"經史證類大全本草"者，次行題"唐慎微纂"，前有大觀二年艾晟序。卷三十後有"補注本草詔敕"，及所引醫書十六家撰人姓名義例。卷三十一後有"圖經本草奏敕"。中略每葉二十四行，每行二十字。小字雙行，每行二十四字。宋諱多，爲字不成語，及宋帝或提行或空格。此書有大觀二年孫氏刊本，有宋紹興二十七年王繼先校定國子監刊本，有金泰和甲子晦明軒刊本，有元大德壬寅宗文書院刊本，大德丙午許氏刊本。金泰和本名《重修政和經史證類備用本草》，附寇宗奭《衍義》。元大德丙午本亦附《衍義》。此本不附《衍義》，非紹興官刊本，即麻沙書坊翻大觀本也。所採書二百四十六種，今存者不及五十種耳。次引《四庫提要》今略。案，跋以爲宋槧本，而《藏書志》唯取元大德刊本，蓋同書也。

【靜嘉堂文庫國書分類目錄】《經史證類大觀本草》三十一卷，《目錄》一卷，宋唐慎微撰。曹孝忠校。元大德六刊。二十四册。皕宋樓舊藏本。

【杏雨書屋圖書假目錄】第二編　《經史證類大觀本草》。《序目》一卷，三十一卷中卷六、七、三十一，補寫。宋唐慎微纂。元大德六年。三十册。

7. 元大德環溪書院刊本

【經籍訪古志】卷七　《經史證類大觀本草》,中略京師伊良子氏伊良子主税助藏大德環溪書院刊本。卷末舊人補鈔,附淳熙十二年奉議郎張謂跋一篇,跋中言點勘舊本,脱誤甚詳,他本未曾見之。

8. 不明元本

【觀海堂書目】嚴字號　《證類本草》二十本。三十一卷。元本。

【秦漢十印齋書目】卷三《重刊經史證類本草》三十一卷。元大德刊本。宋唐慎微撰。

【杏雨書屋圖書假目録】《證類大全本草》。殘卷九、十、十一、十二。宋唐慎微纂。元刊。

9. 明代重修宗文本

【經籍訪古志】卷七　《經史證類大觀本草》中略。小島春沂近得明代重修本。按,小島春沂尚真所得即錢大昕《養新録》所言者。行款字樣,一與此本同。爲人按,所謂"此本"者,即元大德宗文本也。而脱落諸條,補刊完具。

10. 朝鮮翻刻本

【寶素堂藏書目録】内編　《經史證類大全本草》三十一卷,《序目》一卷。十二冊。朝鮮國重刊大德壬寅宗文書院本。《序目》第一缺,從聿修堂藏本新補寫字。第十三、第十四舊缺,和氣朝臣成康鈔補。斯本爲和氣氏舊藏本也。宋唐慎微。

【聿修堂藏書目録】《經史證類大觀本草》三十一卷。十一冊。朝鮮配甲治字本。

【躋壽館醫籍備考】《經史證類大觀本草》三十卷,《目録》一卷。朝鮮國刊本。

【日本訪書志】卷九　《經史證類大觀本草》三十一卷。元刊本。有朝鮮國翻刻本,一依宗文本,不增改一字,較明人爲謹飭焉。

【觀海堂書目】城字號　《大觀證類本草》十四本。三十一卷。朝鮮重刊元宗文書院本。

【故官博物院書目】《大觀證類本草》三十一卷。十四冊。元大德年刊本,朝鮮重刊。《證類本草》三十卷。十二冊。朝鮮翻大德年刊本。

【内閣文庫第二部漢書目録】卷三　《經史證類大觀本草》三十一卷。朝鮮版,十冊。

【圖書寮漢籍善本書目】卷三　《經史證類大觀本草》三十一卷。十四冊。朝鮮覆元大德壬寅宗文書院刊本。每冊首有"堀本文庫"印記。

【和漢本草圖書展覽會目録】《經史證類大觀本草》十冊。《目》共三十一卷,内一冊寫本。宋唐慎微編。韓本。首有"天保八年丁酉仲春據政和本校合彫蟲窩主人越範"及白井光太郎博士識語。又有"白井氏藏書"、"養安院藏書"等印。大森記念文庫出品

【朝鮮醫籍考】一百十五頁　《經史證類大觀本草》、《目》共三十一卷。十四冊。

宋唐慎微撰。圖書寮尊藏。無刊記。朝鮮覆刻元大德壬寅孟春宗文書院刊本。美大整版。每半葉匡郭,縱二十二·五釐,横十六釐。十二行,行二十三字。注文雙行。紙數:序二,目三十七,本文一千百六十五,跋一葉。每冊首有"堀本文庫"印記,首有艾晟序。卷尾有嘉祐七年《圖經本草序》。内閣文庫、大森文庫并藏有同刊本。原日文,今抄譯。

11.日本安永刊本

【經籍訪古志】卷七 《經史證類大觀本草》。元刊本。朝鮮國嘗有翻刻。而享保中醫官望月三英覆刻行世。訛字轉多。

【八千卷樓書目】卷十 《證類本草》三十卷。日本覆元大德本。

【浙江藏書樓甲編書目】《大觀證類本草》三十一卷,五代唐慎微。東洋本。

【浙江公立圖書館通常類圖書目錄】《經史證類大觀本草》三十一卷,宋唐慎微撰。日本安永乙未望草玄翻刻本,三十本。

【江南圖書館閲覽室檢查書目】《大觀證類本草》,宋唐慎微。日本刊本。二十四本。

【江蘇省立國學圖書館圖書總目】重修經史證類備用本草 又一部,三十一卷,二十四冊。日本刊本。

【東京帝室博物館漢書目錄】《大觀證類本草》,唐慎微纂。安永四年望草玄翻刻。三十冊。和本。

【内閣文庫圖書第二部漢書目錄】《大觀證類本草》三十一卷。望月三英校。安永四年刊。五冊。

【靜嘉堂文庫國書分類目錄】《經史證類大觀本草》三十一卷,《目錄》一卷,宋唐慎微撰。曹孝忠校。安永四刊。色川三中舊藏本。三十冊。

【岩瀨文庫藏書目錄】《大觀證類本草》三十冊。仲理望三英,安永四年十月。

【杏雨書屋圖書假目錄】第二編 《大觀證類本草》。《序目》三十一,中卷六、七補寫。宋唐慎微纂,望月三英校,安永四年刊。二十五冊。《大觀證類本草》。《序目》,三十一卷,中自卷九至十四缺。宋唐慎微纂,望月三英校。安永四年刊。十九冊。

【楂蓍書屋圖書目錄】《證類本草序》,寫一冊。望三英,明和六年己丑年翻刻寫本。

【朝鮮醫籍考】一百十六頁 望氏翻刻《證類本草》、《目》共三十一卷,二十五冊。安永四年乙未十月生白堂、東都日本橋新右衛門町中津嘉兵衛。大觀堂。東都本石町十軒店并河善六。其行字匡郭及其内容,全與朝鮮所刊《大觀本草》同,惟艾晟序次有"新刻經史證類本草題跋"、安永乙未仲秋穀旦江都醫官望草玄。"翻刻證類本草序"、明和庚寅暮秋秘書林敬識。"翻刻證類本草序"明和己丑五年孟春江都醫官望三英。三序跋,卷尾又載前所揭之刊記。

12.清光緒柯氏影印本

【觀海堂書目】飛字號 《大觀本草》二十本。三十一卷。紅印校本。

【故官博物院書目】《經史證類大觀本草》三十一卷。二十冊。紅墨印本。

【國學用書類述】《大觀本草》三十一卷,宋唐慎微。清柯氏翻宋本。

【杏雨書屋圖書假目錄】《經史證類大觀本草》三十一卷,宋唐慎微纂。柯氏重校,光緒三十年刊。十六冊。

【楂苳書屋圖書目錄】《經史證類大觀本草》,美濃判,三十一卷。二帙。刊。十六本。慎微。光緒三十甲辰年版,武昌柯氏重校。奥附云"經史證類大全本草"。

【中國醫學書目】《經史證類大觀本草》。朱刊。三十一卷,二十冊。十二行二十字,框横十四・五釐,縱二十・四釐。宋唐慎微纂。經史證類大觀本草序,艾晟,大觀二年。目錄。序例。補注總序。本草圖經序。開寶重定序。唐本序。梁陶隱居序。重廣補注神農本草并圖經序。雷公炮炙論序。嘉祐本草牒文。圖經本草牒文。

注:按此本首載光緒三十年柯逢時序,所本偶脱之。

13. 未詳本

【古今書刻】【萬卷堂書目】【世善堂藏書目錄】【醫藏書目】【汲古閣毛氏藏書目錄】以上明 【楝亭書目】【傳是樓書目】【也是園藏書目】【四庫館進呈書籍底簿】【各省進呈書目】【浙江採集遺書總錄】【觀海堂書目】【顧鶴逸齋藏書目錄】以上清【内閣文庫書檔舊目】民國 【雜病廣要採摭書目】【覩聚方要補採摭書目】【仙台藩醫學校藏書目錄】以上日本 【英國博物院圖書館中國書籍繪畫目錄】【英國博物院圖書館中國書籍鈔本目錄補編】以上英

注:按諸家所著錄,凡稱"大觀"而未能詳考者,往往有之。今皆錄其名於此,以備後考云。

二十四、政和新修經史證類備用本草

(一)考證

【政和本草】曹孝忠序 蜀人唐慎微,近因醫術稱,因《本草》舊經,衍以《證類》、醫方之外,旁摭經史,至仙經道書,下逮百家之說,兼收并錄。其義明,其理博,覽之者可以洞達。臣因侍燕閒,親奉玉音,以謂此書寔可垂濟,迺詔節使臣楊戩總工刊寫,繼又命臣校正而潤色之中略。《證類本草》誠爲治病之總括,又得以釐正之,榮幸深矣。謹奉明詔,欽帥官聯,朝夕講究,刪繁緝紊,務底厥理。諸有援引誤謬,則斷以經傳;字畫鄙俚,則正以《字說》。餘或訛戾殽互、繕錄之不當者,又復隨筆刊正,無慮數千,遂完然爲成書,凡六十餘萬言,請目以《政和新修經史證類備用本草》云。

【天祿琳琅書】卷九明板 《重修政和經史證類備用本草》。二函,二十四冊。中略按馬端臨《文獻通考》載《證類本草》三十二卷,述晁公武《讀書志》云云。慎微合兩《本草》爲一書,且集書傳所記單方,附之於本條之下。所謂"兩《本草》"者,一名《補注神農本草》,一名《圖經本草》,皆掌禹錫等先後奉敕所編。《補注》進於嘉祐之初,《圖經》進於嘉祐之末,此書猶載兩次奏敕於後,則慎微藍本於此可見。第考慎微此書前後稱名亦復不一,陳氏《書録解題》載《大觀本草》三十一卷,稱爲唐慎微撰。又稱仁和縣尉艾晟作序,名曰《經史證類本草》,是合《大觀本草》與《證類本草》爲一也。馬端臨《文獻通考》則載《大觀本草》三十一卷於前,又載《證類本草》三十二卷於後,而於大觀本下即引陳振孫所稱艾晟作序,名曰《證類》之言,則名雖分别而實復混同,惟《宋史藝文志》直載《大觀經史證類備急本草》三十二卷,兩名始併爲一名矣。然諸書但及"大觀"之名,而總無"政和"之號,且皆稱三十二卷,或稱三十一卷,而此本獨三十卷,并以"重修政和"標題。又"備用"之稱,與《宋史》"備急"之名互異。以卷首"金泰和甲子"刊書木記證之,是明時别據泰和刊本重刻行世,不以宋槧爲準,故卷數標題,各有盈縮異同也。況宇文虚中所作書後,明言"慎微字審元,成都華陽人,治病百不失一,不取一錢,但以名方秘録爲請,以此士人喜之,得一藥名、一方論,必録以告"云云。而《文獻通考》所引《書録解題》,乃云慎微不知何人。考《宋史》,虚中字叔通,成都華陽人。大觀三年進士,建炎二年,應詔爲祈請使,使金不歸,受官至翰林學士知制誥兼太常卿,封河内郡開國公,金人號爲國師。據此,則虚中本與慎微同鄉,故能詳其始末。又知其書復經政和間奉敕校刊,在大觀時者尚非定本,故又題爲"政和",而分卷則三十耳。虚中使金,與宋隔絶,所作書後,金人刻之,而宋人初未之見,故謂慎微不知何人也。

(二)序跋

1.政和新修經史證類備用本草序中衛大夫原州防禦使句當龍德宫總轄修建明堂所醫藥提舉入内醫官編類聖濟經提舉太醫學臣曹孝忠奉敕撰

成周六典,列醫師於《天官》,聚毒藥以供醫事。蓋雖治道緒餘,仁民愛物之意寓焉,聖人有不能後也。國朝闡神農書,廣濟斯民。嘉祐中兩命儒臣,圖經補注,訓義剖治,亦已詳矣。而重熙累洽,文物滋盛,士之聞見益廣,視前世書猶可緝熙而賡續者。蜀人唐慎微,近以醫術稱,因《本草》舊經,衍以《證類》,醫方之外,旁摭經史,至仙經道書,下逮百家之説,兼收并録。其義明,其理博,覽之者可以洞達。(臣)因近侍燕閒,親奉玉音,以謂此書寔可垂濟,迺詔節使(臣)楊戩總工刊寫,繼又命(臣)校正而潤色之。(臣)仰惟睿聖當天,慈仁在宥,誕振三墳,躋民壽域,肇設學校,俾革俗弊,復詔天下進以奇方善術,將爲《聖濟經》以幸天下萬世。(臣)以匪才,叨列是職,兢臨淵谷。而《證類本草》誠爲治病之總括,又得以釐而正之,榮幸深矣。謹奉明詔,欽帥官聯,朝夕講究,删繁緝紊,務底厥理。諸有援引誤謬,則斷以經傳;字畫鄙俚,則正以《字説》。餘或訛戾殽互、繕録之不當者,又復隨筆刊正,無慮數千。遂完然爲成書,凡六十餘萬言,請目以《政和新修經史證類備用本草》云。政和六年九月一日,中衛大夫康州防禦使句當龍德宫總轄修建明堂所醫藥提舉入内醫官編類《聖濟經》提舉太醫學(臣)曹孝忠謹序。嘉靖二年刊本

2.證類本草校勘官敘

政和六年七月二十九日奉敕校勘

同校勘官太醫學内舍生編類聖濟經所點對方書官臣龔璧
同校勘官登仕郎編類聖濟經所點對方書官臣丁阜
同校勘官登仕郎編類聖濟經所點對方書官臣許堪
同校勘官登仕郎編類聖濟經所點對方書官臣杜潤夫
同校勘官翰林醫候入内内宿編類聖濟經所點對方書官臣朱永弼
同校勘官翰林醫官編類聖濟經所點對方書官臣謝惇
同校勘官奉議郎太醫學博士編類聖濟經所檢閲官臣劉植
校勘官中衛大夫康州防禦使句當龍德宫總轄修建明堂所醫藥提舉入内醫官編類聖濟經提舉太醫學臣曹孝忠

嘉靖二年刊本

3. 翰林學士宇文公書證類本草後

注:按虚中跋全文,已收載於《證類本草》唐慎微傳下,今不重載焉。

4. 重修本草之記

此書世行久矣,諸家因革不同,今取《證類》本尤善者爲窠模,增以寇氏《衍義》。别本中方論多者,悉爲補入。又有本經、别録、先附、分條之類,其數舊多差誤,今亦考正。凡藥有異名者,取其俗稱注之目録各條下,俾讀者易識,如蚤休云紫河車,假蘇云荆芥之類是也。圖像失真者,據所嘗見,皆更寫之,如竹分淡、苦、堇三種,食鹽著古今二法之類是也。字畫謬誤,殊關利害,如升斗、疸疽、上下、千十、未末之類,無慮千數,或證以别本,質以諸書,悉爲釐正。疑者闕之,敬俟來哲,仍廣其(眷)[脊]行,以便綴緝,庶歷久不壞。其間致力極意,諸所營制,難以具載,不敢一毫苟簡,與舊本頗異,故目之曰“重修”。天下名賢士夫以舊鑒新,自知矣。泰和甲子下己酉冬日南至,晦明軒謹記。嘉靖二年刊本

5. 重脩證類本草序麻革

自古人俞穴鍼石之法不大傳,而後世亦鮮有得其妙者,遂專用湯液、丸粒理疾。至於刳腸剖臆、刮骨續筋之神奇,以爲别術所得,終非神農家事。維聖哲審證以制方,因方而見藥,故方家言盛行,而神農之經不可一朝而舍也。其書大抵源於神農氏。自神農氏而下,名“本草”者,固非一家,又有所謂唐本、蜀本者。迄於有宋政和間,天子留意生人,乃命宏儒名醫,詮定諸家之説,爲之圖繪,使人驗其草木根莖、花實之微,與夫玉石、金土、蟲魚、飛走之狀,以辨其藥之真贋而易知,爲之類例,使人别其物產風氣之殊宜,君臣佐使之異用,甘辛鹹苦酸之異味,溫涼寒熱緩急、有毒無毒之不同而易見,其書始大備而加察焉。行於中州者,舊有解人龐氏本,兵煙蕩析之餘,所存無幾,故人罕得恣窺。今平陽張君魏卿,惜其寖遂湮墜,乃命工刻梓,實因龐氏本,仍附以寇氏《衍義》,比之舊本益備而加察焉。書成過余,屬爲序引。余謂人之所甚重者生也,衛生之資所甚急者藥也,藥之考訂,使無以乙亂丙、誤用妄投人之失者,神農家書也。開卷之際,指掌斯見,政如止水鑑形,洪鍾答響,顧安所逃遁其形聲哉。養老慈幼之家,固當家置一本,況業醫者之流乎。然其論著,自梁陶隱居、唐宋以來諸人備矣,余言其贅乎。世固有無用之學、無益之書,余特嘉張君

愛物之周，用心之勤，能爲是大有益之書，以曁羣生，以圖永久，非若世之市兒販夫，僥倖目前，規規然專以利爲也，故喜聞而樂道之。君諱(存惠)，字魏卿。歲己酉孟秋望日，貽溪麻革信之序。嘉靖二年刊本

6. 劉祁跋

余讀沈明遠《寓簡》，稱范文正公微時，慷慨語其友曰：吾讀書學道，要爲宰輔，得時行道，可以活天下之命；時不我與，則當讀黄帝書，深究醫家奥旨，是亦可以活人也。未嘗不三復其言，而大其有濟世志。又讀蘇眉山《題東皋子傳後》云：人之至樂，莫若身無病而心無憂。我則無是二者，然人之有是者接於予前，則予安得全其樂乎。故所至常蓄善藥，有求者則與之，而尤喜釀酒以飲客。或曰：子無病而多蓄藥，不飲而多釀酒，勞己以爲人，何哉。予笑曰：病者得藥，吾爲之體輕；飲者得酒，吾爲之酣適，豈專以自爲也。亦未嘗不三復其言，而仁其用心。嗟乎，古之大人君子之量，何其弘也。蓋士之生也，惟當以濟人利物爲事。達則有達而濟人利物之事，所謂執朝廷大政，進賢退邪，興利除害，以澤天下是也。窮則有窮而有濟人利物之事，所謂居閭里間，傳道授學，急難救疾，化一鄉一邑是也。要爲有補於世、有益於民者，庶幾乎兼善之義，顧豈以未得志也、未得位也，遽泛然忘斯世而棄斯民哉。若夫醫者，爲切身一大事，且有及物之功。語曰“人而無恒，不可以作巫醫”。又曰“子之所慎齋戰疾”。康子饋藥，子曰“丘未達，不敢嘗”。余嘗論之，是術也，在吾道中雖名爲方伎，非聖人賢者所專精，然捨而不學，則於仁義忠孝有所缺。蓋許世子止不先嘗藥，《春秋》書以(殺)[弑]君。故曰，爲人子者，不可不知醫，懼其忽於親之疾也。況乎此身受氣於天地，受形於父母，自幼及老，將以率其本然之性，充其固有之心。如或遇時行道，使萬物皆得其所，(指)[措]六合於太和中，以畢其爲人之事。而一旦有疾，懵不知所以療之，伏枕呻吟，付之庸醫手，而生死一聽焉，亦未可以言智也。故自神農、黄帝、雷公、岐伯以來，名卿士大夫，往往究心於醫。若漢之淳于意、張仲景，晉之葛洪、殷浩，齊之褚澄，梁之陶弘景，皆精焉。唐陸贄斥忠州，纂集方書，而蘇、沈二公《良方》至今傳之。是則吾儕以從正講學餘隙，而於此乎蒐研，亦不爲無用也。余自幼多病，數與醫者語，故於醫家書頗嘗涉獵。在淮陽時，嘗手節《本草》一帙，辨藥性大綱，以爲是書通天地間玉石、草木、禽獸、蟲魚，萬物性味，在儒者不可不知。又飲食服餌禁忌，尤不可不察，亦窮理之一事也。後居大梁，得閑閲趙公家《素問》善本，其上有公標注，夤緣一讀，深有所得。喪亂以來，舊學蕪廢，二書亦失去。嘗謂他日安居講學論著外，當留意攝生。今歲游平水，會郡人張存惠魏卿介吾友戈君唐佐來，言其家重刊《證類本草》已出，及增入宋人寇宗奭《衍義》，完焉新書，求爲序引，因爲書其後。己酉中秋日，雲中劉祁云。嘉靖二年刊本

7. 重刻本草序商輅

舊《本草》三卷，藥分上中下三品，凡三百六十五種。蓋炎黄時所著，實不刊之書也。梁陶弘景增藥爲七百三十種，書爲七卷。唐蘇恭又增藥爲八百四十四種，書爲二十卷，世謂之《唐本草》。宋開寶中，詔取醫家嘗用得效藥，凡一百三十三種附

益之，命李昉、扈蒙等重加刊正，乃有"詳定"、"重定"之目。蜀孟昶亦嘗命其臣韓保昇等，以唐本《圖經》參比爲書，稍或增廣，世謂之《蜀本草》。他如徐之才之《藥對》、陳藏器之《拾遺》，與夫楊振之、杜善方、陳士良、日華子、寇宗奭諸人，遞相增附，互有註釋，於是《刪繁》、《性事》、《食性》、《衍義》諸書出焉。蜀唐慎微又於《本草圖經》之外，增藥六百餘種，益以諸家方書及經子傳記、佛書道藏，凡該明乎物品功用者，各附於本藥之左，爲書三十餘卷，名曰《經史證類本草》，至爲明備。舊有解人龐氏得其善本，中更兵燹，所存無幾。後平陽張存惠因龐氏本，附以宗奭《衍義》，增多藥品，爲之板行，惜傳之未廣。今山東按察僉事茂君彪，曩以御史出按平陽，購求得之，於郡守胡君睿珍藏有年。適副都御史原君傑奉命巡撫山東，見而善之，謀諸左右。布政使雷君復、葉君冕，按察使李君裕，副使劉君敬，命工重鋟諸梓，以廣其傳。都憲因提學僉事周君瀫來京，以序見屬予。惟疾之所恃者醫，醫之所恃者藥，或君臣佐使之不明，甘苦寒溫之莫辨，雖欲療人之疾，其可得乎。上古聖人開物成務，制爲醫藥，以救夭枉，其功不可尚矣。後世明智之士，游心方技，率先注意《本草》，蓋以藥之性味既明，斯於疾之治療弗誤用。能成功當日，垂聲後來，此《本草》之書，所爲有補於世也歟。今茲板刻既新，傳之必廣，庶幾起死回生之術有賴焉。噫，都憲之用心仁矣哉。敬爲序諸首簡。時成化四年歲次戊子冬十一月既望，資善大夫兵部尚書兼翰林學士知制誥經筵官淳安商輅序。嘉靖二年刊本

8. 重刊證類本草敘陳鳳梧

上古聖人之御天下也，既庶而富而教矣。復慮民之凶札，爲之醫藥，以濟其夭死，而仁民之道寓焉。蓋自神農嘗百草，始知寒涼溫熱之性，君臣佐使之方，而本草於是乎權輿矣。《周禮·醫師》掌養萬民之疾病，以五藥療之。酸以養骨，辛以養筋，鹹以養脈，苦以養氣，甘以養肉。其傳固有所自也。歷代名醫，梁若陶弘景，唐若蘇恭，咸深探藥性，各增其品，自神農三百六十五種，益至八百四十四種，可謂備矣。宋太祖、仁宗，俱嘗命儒臣刊正補註，增藥至千餘品。蜀孟昶復參以唐本《圖經》，唐慎微又益以方書，證以經史，遂成全書，凡三十卷。成化間巡撫山東都御史原公傑，得平陽善本，刻之臬司，其傳寖廣。然模印既久，字畫汗漫，至不可辨。聖天子紀元之初，鳳梧以譾陋承乏巡撫，諮詢民隱，憫齊魯之醫昧於藥性，而病者橫罹於死亡也，迺檄臬司，訪舊本而重鋟之。其工梓之費，則取之贖金。閱歲而工始告成，凡爲板一千二百四十有奇。於是諸藥性暨圖，燦然明備，如指諸掌。將自一方而傳之，天下固非敢私於齊魯也。昔孔子之所慎齋戰疾，而傳有之曰"病臥於床，委之庸醫，比之不慈不孝，事親者不可不知醫"。范文正公亦嘗曰，儒者不得爲宰相，則願爲名醫，蓋濟民之功等爾。鳳梧濫竽膺拊，惠不及民，恭遇聖明在上，仁覆海隅。是書一出，爲醫者知對病用藥之方，爲士民者知養身事親之道。由是推之，以活民命，壽國脈，而嘉靖無疆之治，豈無補於萬一哉。是舉也，始其事者江憲使潮，中其事者吳憲副山、錢憲副宏，而終其事者潘憲使珍也。嘉靖癸未冬十月既望，賜進士出身通議大夫都察院右副都御史奉敕巡撫山東地方廬陵靜齋陳鳳梧敘。嘉靖二年刊本

9. 御製重刻證類本草跋

朕既命所司校刻《證類本草》一編，序諸簡端矣。時繹思之，醫之遵《本草》，猶政之遵方策也。其辨域覈名，圖形論性，□百藥而材之，兢兢□□□□之或眩，至於循九□□□□，權溫涼標本之宜以爲之，要在開閉解結，而歸之於平。朕乃今於治身之書，得治國焉。史稱盧扁秦和，原診以識政，良非過也。帝王誠師，其品跡易窮，衆貌紛綸，目力難辨，不能一一剖別之，脫一妄投，即倉公理脈，長桑持囊，何益焉。朕蒐輯羣書，得《證類本草》。自神農定藥品三，其種三百六十有五，歷後世方□□□數十家，遞增至千有餘。復證之經史，形以圖分，物以地辨，性味兼備，體用靡遺。雖篇帙僅三十卷，而遐方絕域，異類殊形，莫不森然在目。古所稱十全之鴻術，六微之妙技，實統諸此。藉令世醫操古方，按圖而辨之，猶能隨試輒效，濟國利民，孰大於是。今海内元元，有阽於疾痛，而莫之省憂者，朕視之猶恫瘝在身，故開物成務，思躋夭札於仁壽之域。俾繹觀是書□，□□知養命以應天，中者知養性以應人。於以順五運之序，宣六氣之和，斂時五福，賜厥庶民，而康寧壽考，無疆惟休。其於國脈民生，亦有瘳乎。乃命工重梓之，爲敘其簡端如此。嘉靖三十一年刊本

注：按右御製跋，嘉靖三十一年刊本卷首載之，雖未知爲何本而作者，姑列於此。

10. 重刊證類本草序王積

夫本草者，神農氏之遺也。至漢張機、華佗，始編成書。梁陶隱居，唐長孫無忌，宋蘇蘇頌等，遞加采拾，裒集衆說，類聚詮次，其書大備。至唐慎微，又集書傳所載單方，各付本條之下，益爲詳博，誠處方用藥者之準也。原本刊於山東按察司，摹印既久，剝落漶漫，幾不可識，覽者□□。憲使周君琉曰：此書殆不可□□□□，乃謀於方伯謝君存儒，沈君應龍，□□僚寀，請爲重刊。予樂從之，乃屬□□□李遷，鳩工鋟梓。越兩月，工且告竣，諸君以敘來請，予辭不獲，乃爲之敘。敘曰：醫之道，遐哉邈乎。古之聖人，何嘗不致重於斯也。故神農氏嘗百草，黃帝氏原病之起痛，作《靈樞》，《内經》，伊尹氏作《湯液》之法，所從來遠矣。蓋聖人愛思下，甚於愛己，視民之疾苦，不能胥匡以生也，猶恫瘝之在身。故開物成務，(天)躋天下於仁壽之域。大哉，聖人仁天下後世之心，若斯其至也。叔世不察厥旨，學士大夫忽而不講，視醫爲小道，委病於庸流，民之不幸而死於醫者何限。故諺曰"有病不治，常得中醫"。嗚呼。其然乎。傷扁鵲、倉公不復見於天下也。予觀是書所載，形以圖分，物以地辨，性味兼概，體用無遺，可謂囊括品彙，妙乎造物。□□□用藥者，按圖而索之，因其寒□□□□殊，而異其君臣佐使之用，而又參之以五運，本之以六氣，察脈觀色，量測淺深之宜，以通閉解結，節宣和氣，庶幾範圍而不過，善應而不窮，民其有瘳矣乎。雖然，予尤有進於是者。蓋生人之類，其危亡有不專於疾病，而治療之法，亦有出於醫藥之外者。是故困於水旱，毒於暴虐，阨於淫刑横歛。致使呻吟號泣之聲，上干天和；顛連疲癃之狀，甚於疫癘。其亟亟然望救於上之人，亦猶病者之於醫也。而上之人思以仁之，亦猶醫者之於病也。故坐視民之疾苦，而莫之救者，忍人也。救之不以其道者，庸醫也。救之有道，俾危者安，鬱者達，仆者起，愁苦

怨嘆者謳歌而悅豫,是扁鵲、倉公也。其爲醫也大矣,則夫康濟斯民之術,凡□□官君子,誠亦不可以不講。予□□□□,重有感焉,因併及之,固學道□□□□樂聞也。嘉靖壬子春正月望,賜進士出身都察院右副都御史奉敕巡撫山東地方太倉王積撰。嘉靖三十一年刊本

11. 重翻本草序項廷吉

山東按察司翻治故刻《證類本草》,余爲序之曰:淵乎邈哉,哲人之慮民也。混沌析而鴻蒙解,嗜欲夥而民用滋,養之者衆而害之者萌。天迺授任神哲,被以五常之正性,明於天地百物沴祥之變,以時敷其聲色臭味之宜,以前民用而拯其災眚,是書所由作也。大觀□□□□蠱之餘烈,屬夷狄之有,居惕□□□□之難,繼而民害之未遠,故經武以及玆書也。惜也富奢之臣偷而躬行之道缺,支蔓之習勝而貞純之風散,干戈之覆尋而疾患之捄末矣。然玆書天下宗之,益民弘多,豈非徒法不能以自行,而爲政尤務於立本哉。遵先哲之法,而本其至性,先所當急而序及其緒,固自有常吉焉。余按是土,屬徵兵以謀胡難。睹玆書之昏□,懼其遂泯也。按察使周君琉,盡然以拯人起痛是任,爰諏[謝]君存儒、沈君應龍,謀於其僚洎其屬濟南李守遷,罔不同心,稽斥冗財。余故得以正治之,以廣惠澤。嘉靖壬子布法之月,書乃告成。嗚呼。嗣觀是書者,其尚考古哲人之心,引(仲)[伸]類長,用迪民□□□,□徒醫藥是事,斯善於讀書者□□□□乎有望焉。若其裁制更歷之詳,語具前人傳序中,不復載。巡撫山東監察御史江右漁浦項廷吉撰。嘉靖三十一年刊本

12. 重刊證類本草序馬三才

自昔神農制醫藥,濟民疾傷,而《本草》所由肇。兩漢以來,編者紛出,至《證類》而大備。成化初,撫臺原公板於東臬,始盛傳而海內罔不注慕。故時未百年,中經再刻,字圖旋甚圮漫,閱者病焉。臬使周君琉,以請撫按虛齋王公、漁浦項公,復謀梓。曰曷以給工。檄濟南李守遷,□□□之羨,葢偶矣。余玆承乏按戎,□□□□梓成,周君偕寮若藩閫諸君屬筆焉。而以譾陋辭弗獲,乃言曰:醫經有《本草》尚矣。夫六氣殊感,五藥異用,悉於此乎辨。而是書治歷世之累編,總諸家之參訂,廣舊本所未咸,正相傳之疑舛,剖名實之異同,盡品物之情狀,且簡冠序例,內多偶人調攝治未病,殆匪止言藥。故明乎此用,能養身濟物,輔孝翼慈,莫大之益,豈專祿醫家哉。然醫仁術也,道庇羣生而不傷。臬司握法紀,繩天下,而犯之者刑。二者若相悖,是書何取於臬。周君顧惓惓焉,抑道有相通乎。葢理本勞貫,隨在可喻者,寧獨醫與刑然哉。矧天下罔鮮疾傷之患,醫不可一日廢;天下罔鮮犯紀之夫,刑不可一日弛。□□□□慘縱,惟宜其對證之劑乎。奸□□□□熾,先防其藥於未病乎。否則將不勝其弊,故藥弗謬瀕死可起,刑弗枉無辜得生,咸於命乎有關。余聞之,爲方於矩以明則也,索照於鑑以見形也。是書其醫之矩而臬之鑑聽(郭注:聽,疑衍文)。吁,可以識周君之用心矣。而猶有大焉者。嘗讀《周書》曰"恫瘝乃身",言當以己恫瘝,視民疾苦。《雲漢》一詩,乃叔慶宣王作也,曰"鞫哉庶正,疚哉冢宰",而諸臣之軫恤於下,宛然可想。方今聖天子建極錫福,康寧壽考,無疆惟休,猶每兢兢焉視民如傷。是書既新,大夫士相與盡心而推廣之,民瘼國脈,均之利

(獺)[賴],而治化不無少補矣,豈專祿醫家值爲刑鑑也哉。余不□□□□志也,因附爲序云。時嘉靖壬子歲春中朔旦,賜進士第文林郎巡按山東監察御史前翰林庶吉士古杭馬三才撰。嘉靖三十一年刊本

13. 重刊證類本草序傅希摯

《本草》刊於東省舊矣,模印既久,漸齵齕幾不可辨,閱者病之。方伯施君篤臣,恐愈久而愈失其真也。乃謀諸寮寀、臬閫諸君,請爲重梓。余喜之,遂屬醫官時孟陽輩,細加校讎。間有字畫之襲訛者改正之,藥性之有忌者增註之,可省可用,或不可多用者,更詳補之。《神農本經》并陶隱居、唐本等注,原刊陰文白字,今易以陽文墨字。其來自神農者,又特以圈爲識別。繕寫俱完,鳩工鋟梓,再閱月而告竣焉。諸君以序來請,余苦□文,辭弗獲,乃爲之言曰:君子不作無益,藝文貴於可傳。自墳典而下,塗藁醉墨者,纂輯校刊,無慮數千百種,豈謂無裨於世教。然達觀究竟,凡無關於身心性命者,皆可有可無,可刊而不可傳,可傳而不可久。下此而文詞漫語,諸不在六藝之科者,不過獵虛名以自多耳,罔裨世用。且刻行未幾,尋即磨滅,議者謂之木賊褚殃,夫何益哉。惟醫經之有《本草》尚矣,乃聖賢喫緊爲人,不可使一日而或缺者,何也。人之生也,孰不自愛,而其有疾也,孰不迎醫。然醫之用藥也,湔浣湔滌,變化千百,殊非可以輕易冒爲者。蓋藥之品彙,其稱名也雜。形色性味異其種,生長收藏異其方,君臣佐使異其宜,必先析之極其精,而後用之當其可。脫或誤用妄投,則呼吸須臾,疾反增劇,而生且就殞矣。吁,可不慎歟。故世以不服藥爲得中醫,非謂藥之果可去也。言其利害相半,服之不可以不慎也。尼父,聖人也,所慎惟疾,於夫藥之未達者則不敢嘗。可知人之不能免者疾也,疾之不容少者醫也,醫之所必需者藥也,藥之所必憑者方也。醫方藥物之準,舍《本草》其孰與歸。蓋自上古聖神,視人生之札瘥夭閼不(帝)[啻]痌瘝,故爲之嘗百草以製方藥,《本草》於是乎造端。繼而代有仁賢,漸加演附。至於增圖證類,則更屬悉備,是誠品彙之囊括、醫家之指南。以之用藥則協宜,以之擬方則對症,以之取效則應手,甚切於身心,有益於性命。凡少知自愛者,皆當家置一帙。而況醫欲爲良,舍此則倀倀然無所適從矣,焉可須臾離哉。是故可刊、可傳、可久,而不可使或缺。今日之重梓,將以躋斯民於壽域,誠仁人君子之用心,上以贊天地好生之德,遠以繼聖賢活人之志,近以廣長人體仁之術,於惠爲嘉,於利爲溥,夫豈作無益以獵虛名云乎哉。若夫是書之所由來,述作殆非一人,裒益亦非一家,更歷已非一代,其姓氏義例,前人之序傳業已詳矣,又何容贅。隆慶壬申冬十月朔,賜進士第都察院右僉郎御史奉敕巡撫山東地方兼督理營田衡漳傅希摯撰。隆慶六年刊本

14. 重刊證類本草序吳從憲

嗚呼,古先聖王之治天下,其所以正民德、厚民生者,何其詳且備也。是故惇典庸禮,所以教民,然猶慮其昏情放逸也,是所以約其情使復其性者,必盡制以爲之坊焉,而後聖人所以教民者,無遺法矣。耕田鑿井,所以養民,然猶憂其疾病夭亡也,凡所以資其用以遂其生者,必多方以爲之豫焉,而後聖人所以養民者,無餘術矣。如使教養之法,苟有一毫之未至,吾知聖人之心,亦必有不能釋然者,蓋嘗觀於神農

氏，其繼庖犧而王也。嘗興耒耜之利，以教天下民，罔不胥匡以生矣。然視斯民之疾痛，猶其恫瘝乃身也。汲汲然思所治其病而藥之者，又無所不用其情焉。由是而百穀草木之微，砂石蟲魚之細，皆取之以爲厚生之需。而今所可見者，惟五典僅存，余嘗竊有疑焉。蓋聖人所以治天下之具，惟存乎教養二者而已。粵稽堯舜禹湯文武之典謨，巍煥赫奕，後世莫尚，謂之五典似矣。至於神農、黄帝之《内經》、《本草》，惠澤仁壽，與天無極，所謂三墳者非耶。後世經術之士，拘於見聞，皆謂三墳已失其傳。然世之所稱五帝者，謂非庖犧、神農、黄帝、堯舜耶。庖犧作八卦，堯作曆象，舜作蕭韶。使三聖人者，不有後聖從而發明之。則《易》書之作，不過爲卜筮之用；而樂曆之制，亦徒爲瞽史剋擇之資而已。何以知其功用之大，爲足以象配天地乎哉。神農、黄帝，聖與并而道與同者也。《内經》、《本草》之作，其所以仁天下、澤後世之心，與庖犧、堯舜一也，安可以醫藥而小之耶。要亦觀於聖人制作之精意，則知《内經》、《本草》，當不愧於八卦、樂曆。至其起死回生之功，又有以參天地、贊化育之所不及，孰謂不當與八卦、樂曆等耶。若以是書止於一偏小技，而不足以統夫大道之全，是猶信卜筮而小吾《易》，因瞽史剋擇而小樂曆之制也，可乎哉。故余嘗竊謂，三墳未嘗亡，而《内經》、《本草》爲三墳之書也。不然五帝迭興，皆有開物成務，以垂訓於天下後世。今《易》與典謨皆在也，何獨於三墳而久湮哉。《本草》之傳久矣，而惟海岱之本，世所稱最。方伯施君篤臣懼其板之散落模糊而遂失也，謀重刊之，且以示余。余懼世之人以醫藥小是書者，故爲推本而論之，使治天下而任教養之責者，果知是書之不可廢也。隆慶壬申歲重陽後，賜進士第巡按山東監察御史後學晋江吴從憲序。隆慶六年刊本

15. 重刻證類本草序施篤臣

驟而語人以天地萬物一體之道，豈惟衆人疑之，雖有識者，亦或未之深信焉。其殆未諳本草之義者與。《本草》自神農氏作，蓋志鳥獸昆蟲、草木金石之性，以藥人之病而全人之性也。鳥獸昆蟲、草木金石，皆非人類也。鳥獸昆蟲，尚有血氣者，若草木則殊矣。草木尚有華實者，若金石則尤殊矣。若是乎與人弗類也。藥人以非其類，果能全人之生乎哉。軒轅氏有曰：天地萬物之盗，萬物人之盗，人天地萬物之盗。夫人與天地萬物一氣也。一氣固能相盗，相盗固能相生，相生固能相死。人能盗天地萬物之氣者，生之道也。爲天地萬物所盗者，死之道也。本草之義，殆盡是與。鳥獸昆蟲、草木金石，皆盗天之氣以生，故采必各因其時；盗地之氣以成，故取必各隨其方；人盗天地萬物之氣以生以成，故用必各制其宜。然天地有中和之正氣，全得之以生則爲人，二氣合而五行具，元精、元氣、元神備焉。鳥獸昆蟲、草木金石，各得天地二氣、五行之偏以爲性。性有與人精氣神相類者，性有與人精氣神相戾者。相類者可以養人之生，相戾者可以劫人之病。人獨備物性之全，物各濟人生之偏，一體而分，相依爲命。此《本草》之作，神農氏所以不能自秘與。夫人之病，内傷於三尸七情之所發，外觸於五運六氣之所感，其病亦萬殊矣。而藥之性各能治之，識其性則殺人之物可以生人，失其性則養人之物亦能殺人。一藥性之得失，而夫之存亡係焉。醫者之《本草》，殆吾儒之《六經》，信不可以一日不研窮者與。然

豈惟醫也,人藉萬物之相類者以養吾生,而養一失節,則反爲物所盜者病。人藉萬物之相戾者以劫吾病,而劫一失度,則盡爲物所盜者死。故能識物性,而自養於未病之先者,上也。病端將萌,即能識物性,以治於未危者次之。病既劇而罔識物性,徒委之於庸醫者,下矣。傳曰:爲人子者不可不知醫。春秋所以罪許世子者,以其不先嘗藥故耳。是人須知醫,醫須識藥性。凡養身事親者,尤不可不達《本草》之義也。東省臬司舊有《證類本草》,刻自神農氏《本經》,以至陶弘景、蘇恭、唐慎微,歷代所增藥品。自軒轅氏《素問》,以至經傳子史,諸家所證藥性,及所訂方訣,咸集焉。四方人士甚珍之。歲久即繁,字多剝落。藩臬諸君,慮其湮滅而失傳也,與夫共請於兩臺重梓之。凡三閱月梓成,諸君屬余敘。余素未能諳《本草》之義者,然曾聞之達者,謂天地萬物一體之道,是書備具。聊述所見聞,與諸君共商之。隆慶壬申冬十一月長至日,賜進士出身山東布政使司左布政使青陽施篤臣敘。隆慶六年刊本

注:按《善本書室藏書志》云:其所藏明刊,有萬曆十五年御製前序、後跋。又《天祿琳琅書目》云:萬曆五年陳瑛校梓本有周俶序。今御製序及周序,并不可得見,故但錄其目,以俟後搜云。

(三)刊本

1. 宋政和刊本

注:按《政和本草》編刊始末,詳見於曹孝忠序文中,參看"序跋"條下。

2. 不明宋本

【傳是樓宋元本書目】《宋本唐慎微證類本草》三十卷。二十四本,四套。《宋本本草》二十四本。四套。又三十卷。三十本。

【述古堂藏書目】卷四 《政和本草》三十卷。二十本。宋板。

【藝芸精舍宋元本書目】宋本 《政和本草》三十卷。又一部。鈔補。仝。

【海源閣藏書目】宋本 《(正)[證]類本草》三十二冊

【楹書隅錄】卷三 《宋本證類本草》三十二卷。三十二冊,四函。是書宋時本有兩本,其三十二卷外附《釋音》一卷,王繼先校上,付胄監刊行者,即《大觀本草》,南宋官本也。陳氏《書錄解題》所載,疑非此本。其作三十卷者,或筆誤耳。晁公武《讀書志》題曰《證類本草》,作三十卷者,殆合《目錄》記之也。然均不及《釋音》,與《玉海》所載者互異。次引《四庫提要》,今省之。按此本題《證類本草》三十二卷,前有政和六年曹序,後有劉祁跋,與《提要》所言正合。後附寇宗奭《本草衍義》四卷,與元大德所刻大觀本同。刊刻清整,首尾完具,則泰和本爲勝,今此本正金翻本之所自出也。予齋亦有元大德本,較此爲遜,已入《海源閣書目》中,未登此編,特著是本於錄。明翻之佳者,在今日已不多見,而大德本尤爲罕遘,況此本祖本耶,可勿珍諸。同治丙寅夏五,彥合主人記。

昔日梅伯言文官京師,喜購書,得一佳本,輒郵筒相告,或輟贈焉。每以京都風行宋元刊本,不能多購爲恨。予年來珥筆之暇,往往作海王村之遊。而古書日少,

較昔尤爲難遇。今春明善堂書散出，予得明刊宋元人集及各子書善本百餘種。而宋元本獨鮮，惟此與《韓》、《柳》二集，元槧《爾雅》，可稱珍笈。爰命工重付裝池，并志數語於後。彥合又記。均在卷末。每半葉十一行，行十九字、二十字不等。中有缺葉，同泰和本，影寫補之。卷首末有"王世貞印"、"天賴閣"、"檇李項子京鑒賞書畫印"、"項子京父"、"子子孫孫永珍之"、"吳元恭印"、"明善堂書畫印"。明善堂藏書。卷尾欄外有小字題款一行，爲匠裝池時割損，惟"王世"兩半字可辨，或即鳳州故物也。

注：按右《楹書隅錄》所錄本，稱爲金翻本所自出。然文中已云，後有劉祁跋。今考劉祁即金末元初人，而其跋爲張存惠晦明軒所刊政和本而作者，其爲晦明軒以後所刊無疑矣。又云，前有政和六年曹序，似乎其爲政和本無疑。然其卷數云"三十二卷"，已與政和本不應。且云：後附寇宗奭《本草衍義》四卷，亦不應與晦明軒本增入《衍義》於每條下之體例。要之，其本雖未知爲何本，不啻非政和，亦非大觀，疑即俗手妄合諸本而作，似不可謂善本也。

3. 解人龐氏本

注：按麻革序云，行於中州者，舊有解人龐氏本，兵煙蕩析之餘，所存無幾，故人罕得恣窺。今平陽張君魏卿，惜其寖遂湮墜，乃命工刻梓，實因龐氏本云云。所謂龐氏本，今無可考據者，故但錄其目云。

4. 金元張存惠刊本

【季滄葦藏書目】《證類本草》三十卷。金板。又一部三十一卷。宋板。

【天祿琳琅書目】卷八金版子部 《重修政和經史證類備用本草》。四函，三十二冊。宋唐慎微撰。寇宗奭《衍義》，金張存惠編。前有己酉麻革序次引革序，今削之。又政和六年曹孝忠序，又《重修本草之記略》云次引重修之記，今削之。蓋存惠自記。金章宗泰和四年爲甲子，其下己酉則金亡已十五年矣。麻革序但書己酉，存惠記上溯泰和，蓋皆金源遺民所爲也。革字信之，號貽溪，臨晉人，兵部侍郎朱彝孫。金末在太學有聲，與元好問、劉祁齊名，後隱居不仕。見《歸潛志》。書三十卷。卷一嘉祐補注總敘，蘇頌本草圖經序，開寶重定序，唐本孔志約序，梁隱居序例，林希重廣本草圖經序，雷公炮炙論序。卷二寇宗奭本草衍義序例。卷三至三十，圖繪藥品，詳注藥性，道地炮製方劑，目錄末標。嘉祐補注本草新增藥品一千一百十八種，《證類本草》新增藥品六百二十八種，總一千七百四十六種。趙與時《賓退錄》稱，唐慎微蜀州晉原人，世爲醫，深於經方，嘗著《證類備急本草》三十二卷。考是書明成化間曾翻刻，書末有金皇統三年翰林學士宇文虛中跋，敘其出處及證驗甚詳，蓋此書軼之耳。

謙藏 牧書 堂記	白文 每冊首	謙書 牧畫 堂記	朱文 每冊首

【知聖道齋讀書跋】卷二 《重修政和經史證類備用本草》。忠義之在人心，未嘗一日而亡。長孫無忌等修《隋書》，諱"忠節"曰"誠節"，"符堅"曰"永固"。劉昫

《唐書志》,稱唐爲“皇朝”。胡三省《通鑑注》,以宋郡縣釋地理。撰述不以爲嫌,朝廷不以爲罪,厚之至也。《證類本草》一書,乃元時所鎸,有麻革信之序,署年己酉。刻者張存惠,字魏卿,平陽人。其自識云“泰和甲子下己酉歲日南至晦明軒謹記”。考金章宗泰和三年甲子,越三十年天與四年甲午,哀宗自焚於蔡,是時元定宗雖未紀年號,而金之爲元,至己酉已十有五年矣。信之金源名士,與元好問裕之、劉祁京叔齊名。但署甲子,竊取淵明。魏卿爲人,它無所表現,而惓惓之意,托溯年以懷舊。其辭隱而顯,非細讀其文,烏足以知當日情事哉。

【蕘圃藏書題識】卷四孫真人千金方　金板《本草》。五硯樓收。

【持靜齋書目】宋本子部　《重修證類本草》三十卷。金泰和甲子刊本。季振宜、顧嗣立、吳翌鳳曾藏。

【經籍訪古志】卷七重修政和經史證類備用本草　按錢謙益《有學集》跋《本草》曰:金源氏以夷狄右文,隔絕江右,其遺書尤可貴重。平水所刊《本草》,題“泰和甲子下己酉歲”。金章宗泰和四年甲子,宋寧宗嘉泰四年也。至己酉歲爲宋理宗淳和九年,距甲子四十五年,金源之亡已十六年矣。猶書“泰和甲子”者,蒙古雖滅金,未立年號,又當女后攝政,國内大亂之時,而金人猶不忘故國,故以“己酉”繫“(太)[泰]和甲子”之下與。錢大昕《養新録》亦有此説,曰或以爲金泰和刻,則誤矣。程瑤田《通藝録》亦有“書後”一篇,其意相同。又曰:金元之世,平陽立經籍所,一時書坊印板,咸集於此。今世所傳《政和證類本草》,即平陽張存惠所刊也。此説爲確。

補註:約之按,一、平水張氏原刊宋淳祐九年,元地金板。二、平水許生刊本元大德十年丙午,袁廷檮藏。三、成化本躋壽、酌源、葆素、約之藏二部,業廣、懷仙提要。四、韓本求古、業廣。五、嘉靖本栗本,瀏江。六、嘉靖本。七、隆慶本程瑤田藏,貞白。

【日本訪書志補】重修經史證類備用本草　按此書本名《備急本草》,凡三十一卷。見於元宗文書院刊本大觀二年艾晟序。此本改“備急”爲“備用”,又以第三十一卷移置三十卷之首,有政和六年曹孝忠序,蓋重校刊此書者。又有麻革序,中略復載劉祁跋,皆只稱“乙酉”“乙”即“己”之訛,不著朝代年號。首有木記,稱“泰和甲子下乙酉冬日南至晦明軒記”。《四庫提要》謂,是金大定乙酉,蓋從泰和上逆數之誤也。錢竹汀考爲元定宗后稱制之年,距金亡已有十有六載,當宋理宗淳祐九年。而存惠猶以“泰和甲子”下統之,隱寓不忘故國之思。此恐亦求之深,蓋元初無年號。余謂金泰和凡八年,無乙酉,泰和四年爲甲子,稱“甲子下乙酉”,則明爲入蒙古時矣。錢氏説是也。又有宇文虛中皇統三年書後,此則更在泰和甲子前六十年,下距(乙)[己]酉又四十六年,安得相接。是蓋存惠仰慕虛中之名,因其集中有“書後”一通,故載之,非存惠刻書時所作也。

【北平圖書館善本書目】卷三　《重修政和經史證類備用本草》三十卷,宋唐慎微撰。金刻本。存二十卷。三至九,十一至十二,十四至二十三,二十七。

【岩瀨文庫圖書目録】《重修政和經史證類本草》十二冊。金刊本。宋唐慎微。

5. 元大德十年刊本

【問經堂書目】《證類本草》三十卷，宋唐慎微撰。元大德時刊本。

【持靜齋書目】卷三 《證類本草》三十卷。元刊本。增附寇氏《衍義》，後署"大德丙午平水許宅印"。曝書亭舊藏。有"秀水朱氏潛采堂"、"孫星衍"、"陳鱣仲魚收藏"諸印。宋唐慎微撰。

【秦漢十印齋書目】卷三 《重修政和經史證類備用本草》三十卷，元刻殘本。宋唐慎微撰。

【京師圖書館善本書目】《政和經史證類備用本草》三十卷，歸安姚氏書。宋唐慎微撰。元刊本，刻印絕精。二十四冊。

【舊京書影提要】《重修政和經史證類備用本草》三十卷，元刻本。首政和六年九月一日曹孝忠序。次頁有兩木記，一已如沒字碑，一額篆"重修本草之記"。末題"泰和甲子下己酉冬日南至晦明軒謹記"。次引用所出經史方書目，凡二百四十七家。次目錄。後有木記云"嘉祐補注本草藥品一千一百一十八種，證類本草新增藥品六百二十八種，總一千七百四十六種"，與金泰和晦明軒刻本《四部叢刊》有影金本。行款均合。舊歸安姚氏書，見藏北平圖書館。

【杏雨書屋圖書假目錄】第二編 《重修政和經史證類備用本草》。《序目》一卷，三十卷。宋唐慎微纂。曹孝忠校。元刊。

注：按明刊諸版《政和本草》，劉祁跋後附刻"大德丙午歲仲冬望日平水許宅印"十四字，疑是大德本之遺影矣。

6. 明成化四年刊本

【天一閣見存書目】卷三 《重修政和經史證類本草》三十卷，宋唐慎微撰，曹孝忠修。成化覆金泰和本。缺。存卷十二至末。

【皕宋樓藏書志】卷四十五 《重修政和經史證類備用本草》三十卷。明覆金刊本。歲已酉孟秋望日麻革信之序。曹孝忠序晦明軒記。嘉祐本草奏敕。證類本草校勘官。大德丙午歲仲冬望日平水許宅印。劉祁跋。宇文虛中書後。按，上揭諸序跋，并引其全文，今皆省之。

【日本訪書志補】《重修政和經史證類備用本草》三十卷。明刊本。明成化四年山東巡撫原傑重刊平陽張存惠本。中略張氏本既不傳，近來著錄家皆據成化本以存政和之舊，因遂錄而藏之。

【善本書室藏書志】卷十六 《重修政和經史證類備用本草》三十卷。明翻金泰和刻本。成都唐慎微續證類，中衛大夫提舉太醫學臣曹孝忠奉敕校勘。前有孝忠序文，引用所出經史方書目錄。又金泰和甲子晦明軒刊書木記，及成化四年淳安商輅序。其自嘉祐以前所有《本草》諸序，皆載於卷一"序例"中，而嘉祐間禹錫等進書奏敕又列於末，不入"序例"。其體例殊不畫一，蓋宋金元明輾轉重刊，互有增益故也。按前書但著"大觀"之名，並無"政和"之號，且皆稱三十二卷，或三十一卷，而此獨三十卷，并以"重修政和"標題。又"備用"之稱，與《宋史》"備急"之名互異，以金泰和木記證之，是明時別據泰和刊本重刻，不以宋槧爲準，故卷數標題各有盈縮異同耳。然世傳《本草》者,莫古於斯帙矣。

【藝風藏書記】卷二 《重修政和經史證類備用本草》三十卷。明覆金刊本。宋曹孝忠撰。金泰和甲子晦明軒本,明成化戊子翻刻。有孝忠序,金麻革序,劉祁跋,宇文虛中跋。每半葉十二行,每行二十三字。

【八千卷樓書目】卷十 《證類本草》三十卷。宋唐慎微撰。明成化刊本。

【故宫博物院書目】《政和經史證類本草》,唐慎微。三十卷。二十四冊。明成化本。

【江蘇省立國學圖書館圖書總目】《重修政和經史證類備用本草》三十卷。二十四冊。宋成都唐慎微。明翻金泰和本。

【江蘇第一圖書館覆校善本書目】《重修政和經史證類備用本草》三十卷。二十四冊。宋成都唐慎微證類。曹孝忠奉敕校勘。明翻金泰和本,有闕葉。

【聿修堂藏書目錄】《重修政和經史證類備用本草》三十卷,《序目》一卷。二十三冊。明成化戊子刊本。

【寶素堂藏書目錄】《重修政和經史證類備用本草》三十卷,《序目》一卷。十冊。成化戊子重刊。己酉新增《衍義》本。

【經籍訪古志】卷七 《重修政和經史證類備用本草》三十卷,《目錄》一卷。明成化重刊元大德丙午刊本,聿修堂藏。首載成化四年商輅序,次題云"泰和甲子下己酉冬日南至晦明軒謹記",次己酉孟秋麻革信之序,次政和六年曹孝忠序。又有皇統三年宇文虛中跋,及己酉中秋日劉祁跋,云"書張魏卿重修《本草》",後又記"大德丙午歲仲冬望日平水許宅印"。中略補注:約之按,三成化本(躋壽、酌源、葆素、約之藏二部,業廣、懷仙提要)。又按段玉裁《說文解字注》曰:"果仁"之字,自宋以前《本草》方書、詩歌紀載,無不作"人"字,自明成化重刊《本草》,乃盡改爲"仁"字,於理不通。又曰:金泰和間所刊《本草》,皆作"人",藏廷檮所是。補注:約之按,袁氏所藏恐非平水張氏原刊,蓋平水許宅大德本耳。若夫《大全》本,大德板亦皆作"人"不作"仁",可以證矣。知彼土蓋存有平水原刻。所謂泰和所刊者恐謬。然《通藝錄》僅存隆慶本,則雖成化本不多有。蓋明代據成化本而重刻者不一而足,皆非佳刻,唯朝鮮國活字擺印本能存其舊云。

【圖書寮漢籍善本書目】卷三 《經史證類備用本草》三十卷,《序例》二卷,《目錄》一卷,二十一冊。明刊本,尾有雲中劉祁序,次題"成化四年歲次戊子冬十一月既望重刊"。楊昇督工,梅詡重校,劉肅重錄,朱廣同錄。又有校勘列銜。每冊首有"吉家氏家藏"、"森氏"兩印記。

【杏雨書屋圖書假目錄】《重修政和經史證類備用本草》三十卷,宋唐慎微纂。曹字忠奉敕校。成化四年刊。十二冊。

7. 明正德刊本

【孫氏書目】内編卷二 《重修政和經史證類備用本草》三十卷。明正德刊本。

【杏雨書屋圖書假目錄】《重修政和經史證類備用本草》三十卷,宋唐慎微纂。曹孝忠奉敕校。正德十四年刊。二十冊。

8. 明嘉靖二年刊本

【廉石居藏書記】内編卷上 《重修政和經史證類備用本草》三十卷。右三十卷，明陳鳳梧所刊。前有明商輅序及金麻革序。革稱，平陽張君存惠，因龐氏本，仍附以寇氏《衍義》，比之舊本益備而加察焉。又有泰和甲子木記次引木記文，今省之。是金人刻大觀本，附以《衍義》，又加更改，非宋刻之舊矣。余所藏別有舊本，無寇氏《衍義》，又有寇氏《衍義》單行宋本，皆爲難得。考《宋藝文志》有唐慎微《經史證類備急本草》三十二卷，又有掌禹錫《嘉祐本草》二十卷。

【中國醫學書目】《重修政和經史證類備用本草》三十卷。二十四冊。十一行，二十三字。框横十六・八釐，縱二十六釐。唐慎微纂。曹孝忠校，明嘉靖二年刊。重刊本草序，商輅，成化四年。重刻證類本草序，陳鳳梧，嘉靖二年。重刻證類本草序，麻革，已酉。政和新修經史證類備用本草序，曹孝忠，政和六年。重修本草之記，晦明軒，泰和甲子己酉。證類本草所出經史方書。重修政和經史證類備用本草目錄。序例。跋。證類本草勘文，龔璧，政和六年。翰林學士宇文公書證類本草後，宇文虚中，皇統三年。劉祁跋。己酉大德丙午歲仲冬望日平水許宅印。

9. 明嘉靖十六年刊本

【寒瘦山房鬻存善本書目】卷三嘉靖刊本 《重修政和經史證類本草》三十卷。十冊。蜀唐慎微撰。嘉靖陳鳳梧刻本。前有成化戊子商輅序，又嘉靖癸未陳鳳梧序，又政和六年曹孝忠奉敕校勘序，又麻革序，後有嘉靖五年進補注本草奏敕及校勘銜名，又皇統三年宇文虚中敘，又劉祁書後。卷末木記云“嘉靖丁丑孟春月吉楚府崇本書院重刊”。

【杏雨書屋圖書假目錄】《證類備用本草》三十卷。宋唐慎微纂。曹孝忠奉敕校，嘉靖十六年刊。二十冊。

10. 明嘉靖三十一年刊本

【杏雨書屋圖書假目錄】《重修政和經史證類備用本草》三十卷，宋唐慎微纂。曹孝忠奉敕校，嘉靖三十一年刊。十冊。《重修政和經史證類備用本草》。仝上。嘉靖三十一年刊。二十四冊。

【楂荂書屋圖書假目錄】《重修政和經史證類備用本草》，小奉書刊，卅卷，二帙，刊，十本。曹孝忠，嘉靖卅一年壬子重刊。山東版。錦窠翁耋筵誌。

注：按右嘉靖壬子本，即山東按察使周琉所校刊，而王積、項廷吉、馬三才並爲之序，參看“不明明本”條下。

11. 明隆慶三年刊本

【中國醫書書目】《重修政和經史證類備用本草》三十卷。二十冊。十二行，二十三字。框横十七釐，縱二十六釐。唐慎微纂，曹孝忠校。隆慶三年刊。序，商輅，成化四年。重修證類本草序，麻革，已酉。政和新修經史證類備用本草序，曹孝忠。證類本草所出經史方書。重修本草之記，晦明軒，泰和甲子下己酉。目錄。序例。跋。證類本草勘文，龔璧等，政和六年。翰林學士宇文公證類本草後，宇文虚中，皇統三年。劉祁書後。大德丙午歲仲冬望日平水許宅印。卷末有木記曰"隆慶三年歲次己巳秋八月吉日重刊"。

12. 明隆慶四年刊本

【杏雨書屋圖書假目録】《重修政和經史證類備用本草》三十卷，宋唐慎微纂。曹孝忠奉敕校。隆慶四年刊。二十四冊。

13. 明隆慶六年刊本

【杏雨書屋圖書假目録】《重修政和經史證類備用本草》序目卷，宋唐慎微纂。曹孝忠奉敕校。隆慶四年刊。二十四冊，同。二十四冊，同，九冊。自卷二十一至三十缺。

14. 明萬曆五年陳瑛刊本

【天禄琳琅書目】卷九 《重修政和經史證類備用本草》二卷，十二冊。篇目同前。爲人曰：所謂"前"者，今載於"不明明本"中。前有明周俶、王積、項廷吉、馬三才、商輅序五篇。按商輅序爲原傑刊本作，王積、項廷吉、馬三才三序爲周琉刊本作，周俶序則萬曆五年爲蜀府承奉正陳瑛校梓此書而作也。慎微本蜀人，蜀府爲刻其書，足稱盛事，獨惜撫印不精，較之前部，相去不啻倍蓰矣。原傑字子英，陽城人，正統十年進士，歷官山東湖廣巡撫，贈太子太保。周琉，應城人，累官右僉都御史巡撫蘇松。俱見《明史》本傳。周俶字初卿，成都人，嘉靖辛丑進士，歷應天府尹，見淩迪知《萬姓統譜》。馬三才，德清人，嘉靖丁丑進士，見《太學題名碑》。商輅，見前。陳瑛、王積、項廷吉，俱未詳。考《明史·諸王表》，太祖子椿於洪武十一年封蜀王，二十三年就藩成都。其"承奉正"官，《明史》中所載王府官屬并無此稱，或係當時暫置者。

15. 萬曆六年歸仁齋刊本

【孫氏書目】内編卷二 《重修政和經史證類備用本草》三十卷。明歸仁齋刊本。

【楂萼書屋圖書目録】《重修政和經史證類備用本草》。半紙。刊。三十卷，刊十九本。曹孝忠。萬曆六戊寅年重刊。缺卷廿一至卷三十。

【杏雨書屋圖書假目録】《重修經史證類備用本草》。《大觀本草》"自卷二十一至三十缺"，宋唐慎微纂。曹孝忠奉敕校，萬曆六年刊。九冊。

注：按萬曆七年楊先春刊本，晦明軒記之後面有碑式木記云"大明萬曆戊寅冬至吉旦歸仁齋重刊"，蓋知先春本據此本而重刊者。

16. 萬曆七年楊先春刊本

【平津館鑒藏書籍記】卷二 《重修政和經史證類備用本草》三十卷。標題及每卷題下注字、所出經史方書、目録，俱同前大字本。爲人曰：所謂大字本，今録於"不明明本"中。前有商輅序，稱《經史證類本草》舊有龐氏得其善本，後平陽張存惠因龐氏本，附以宗奭《衍義》，爲之板行。今山東按察僉事茂君彪購求得之，副都御史原君傑命工重鋟諸梓，末年月、姓名已爲書賈剜去。末卷後有"龍飛萬曆己卯春□□□新梓"木長印。每葉二十行，行二十一字，板心上有"大觀本草"四字。

【寶素堂藏書目録】《重修政和經史證類備用本草》三十卷，《序目》一卷。

萬曆己卯楊先春梓行本。

【杏雨書屋圖書假目錄】《證類大觀本草》三十卷,《重修政和經史證類備用本草》。宋唐慎微纂。曹孝忠奉敕校。萬曆七年刊。十一冊。《重修政和經史證類備用本草》,《大觀本草》三十卷。萬曆七年刊。二十冊。

【二續中國醫學書目】《重修政和經史證類備用本草》扉題"大觀本草綱目全書"三十卷。十五冊。十行,二十一字。框橫十三釐,縱十九·四釐。宋唐慎微續證類,萬曆七年楊先春新梓。新刊大觀本草序,商輅,成化四年。重修本草之記,晦明軒,泰和甲子下己酉。次有木記云"大明萬曆戊寅歲冬至吉旦歸仁齋重刊"。證類本草所出經史方書。重修政和經史證類備用本草目錄。補注本草奏敕。圖經本草奏敕。證類本草校勘官敘。跋,劉祁,己酉。末有刊木記云"成化四年歲次戊子冬十一月既望重刊",又曰"龍飛萬曆己卯春月楊先春新梓"。

17. 萬曆九年富春堂刊本

【楂蓍書屋圖書目錄】《重刻證(治)[類]大觀本草》,末題"重修政和經史證類備用本草"。美濃判,三十卷。刊。二十四本。曹孝忠萬曆九年辛巳年梓,富春堂刊。

【杏雨書屋圖書假目錄】《證類大觀本草序目》,《重修政和經史證類備用本草》三十卷。宋唐慎微纂。曹孝忠奉敕校,萬曆九年刊。二十四冊。

18. 萬曆十五年刊本

【杏雨書屋圖書假目錄】《重修政和經史證類備用本草》三十卷。宋唐慎微纂。曹孝忠奉敕校,萬曆十五年刊。十冊。同,二十六冊。同,十六冊。

注:按《善本書室藏書志》載有《重修政和經史證類備用本草》明嘉靖刊本中云:有萬曆十五年五月吉日御製前序、後跋云云。已有萬曆間序跋,其非嘉靖刊本,不待言而知之。但未知其載御製序本,與此本同否而已。其本今錄於"不明明本"中,宜參看其條。

19. 萬曆二十六年刊本

【持靜齋藏書記要】卷五《證類大全本草》三十卷。宋唐慎微撰。萬曆戊戌刻。

20. 不明明本

【天祿琳琅書目】卷九《重修政和經史證類備用本草》。二函,二十四冊。宋唐慎微編輯。三十卷。後宋嘉祐間掌禹錫等補注本草奏敕,並圖經本草奏敕,次政和間校刊證類本草各官銜名,次宋宇文虛中、元劉祁書後二篇。此書卷首有"金泰和甲子刊書"木記,別無序文。其自嘉祐以前所有《本草》諸序,皆載於卷一中,名爲"序例"。而嘉祐間禹錫等進書奏勒,又列於書末,不入卷中,其體例殊不畫一。蓋因宋金元明展轉重刊,互有改易故也。中略此書與後一部篇目雖同,而板刻較工者。按後一部爲明萬曆間蜀府承奉正陳瑛刊本,其所載序文有成化間山東巡撫原傑刊本序,又有嘉靖間山東臬使周琉刊本序,則是書在明時固有三刻,此或爲成化、嘉靖間所刊,而闕其序文也。考《宋史》,掌禹錫字唐卿,郾城人,登進士第,累官尚書工部侍郎。劉祁,無考。明內府藏本,有廣運之寶。

之廣 寶運	朱文　木記首　目錄 卷一之卷三十

【平津館鑒藏書籍記】卷二　《重修經史證類備用本草》卅卷，題成都唐慎微續證類，中衛大夫中略曹孝忠奉敕校勘。每卷題下有“己酉新增衍義”六字。前有御製重刻證類本草序，政和六年曹孝忠新修經史證類備用本草序，所出經史方書三葉，目錄一卷。《本草》今所傳有兩本，一大觀本，一政和本，其實皆一書，唯前序異耳。別本有大定己酉麻革序及劉祁跋。其稱平陽張存惠增入寇宗奭《本草衍義》，元大德所刊大觀本亦有之。黑口。大字板。每葉廿四行，行廿三字。

續編《重修政和經史證類備用本草》三十，題成都唐慎微續證類，中衛大夫中略曹孝忠奉敕校勘。每卷題下有“己酉新增衍義”六字。前有政和六年曹孝忠序，所出經史方書三葉，目錄一卷。又有“金泰和甲子晦明軒刊書”碑式木記一葉，末有嘉祐間掌禹錫等補注本草奏敕，并圖經本草奏敕，次政和間校刊證類本草各官銜名。天祿琳瑯有此書，唯失曹孝忠序一篇。大版。每葉廿四行，行廿三字。收藏有“陸□之印”朱文方印。

【孫氏書目】内編卷二　《重修政和經史證類備用本草》三十卷。明刊大字本。

【善本書室藏書志】卷十六　《重修政和經史證類備用本草》三十卷。明嘉靖刊本。成都唐慎微證類，中衛大夫中略曹孝忠奉敕校勘。前後序文，金泰和木記，證類本草所出經史方書凡二百四十七家。均與前部同。爲人按，“前部”謂成化刊本。惟有萬曆十五年五月吉日御製前序後跋，及成化四年商輅序，嘉靖壬子太倉王積、江右漁浦項廷吉、古杭馬三才，嘉靖癸未廬陵陳鳳梧四序。皆山東撫按等官，蓋刻於山左者也。字大悅目，較前刻爲工。

【適園藏書志】卷六　《重修政和經史證類備用本草》三十卷。明刊本。題下增“己酉新增衍義”六字。首冠以嘉靖壬午馬三才序，行書。前有商輅序，陳鳳梧序，金麻革序，宋曹孝忠序，金泰和木記，證類本草所出經史方書凡二百四十七家。後有宋政和奏敕官銜，金宇文虛中、元劉祁書後。“大德丙午許宅印”後剜去一行，蓋年月也。惟存“山東濟南府儒學教授胡大慶、訓導華爲珩同校督”，即丁氏《藏書志》所謂山東刻本。

【續中國醫學書目】一百三十六頁　《重修政和經史證類備用本草》三十卷，《目錄》一卷，二十四冊。十二行，二十三字。框横二十二・八釐，縱二十九・五釐。宋唐慎微續證類，曹孝忠奉敕校勘，嘉靖三十一年刊。御製重刻證類本草跋。重刻證類本草序，王積，嘉靖壬子。重翻本草序，項廷吉。重刊證類本草序，馬三才，嘉靖壬子。重刊本草序，商輅，成化四年。重刊證類本草敘，陳鳳梧，嘉靖癸未。重修證類本草序，麻革，己酉。政和新修經史證類備用本草序，曹孝忠，政和六年。證類本草所出經史方書。重修本草之記，晦明軒，泰和甲子下己酉。重修政和經史證類備用本草目錄。目錄末有木記曰“嘉祐補注本草藥品一千一百一十八種，證類本草新增藥品六百二十八種，總一千七百四十六種”。補注本草奏敕。圖經本草奏敕。

注:按右六書所録,並云大版大字,疑即皆係同刻。而所載序跋有不同者,蓋因互有佚脱也。考丁氏《善本書室志》云"萬曆十五年五月吉日御製前序後跋"云云。今查所本,無御製前序,但有後跋,稱"朕既命所司校刻《證類本草》一編,序諸簡端矣"云云,不著年月,未知御製序跋果爲何本而作也。張氏《適園志》云"惟存山東濟南府儒學教授胡大慶,訓導華爲衍同校督",即丁氏《藏書志》所稱山東刻本。或疑御製序跋則爲萬曆十五年山東臬司刊本而作者耶。然諸家均不言萬曆丁亥有山東刻本也。要之,明刊大版大字本,未能定爲何時所刻,故一括録於茲,以備異日之詳考云。

【孫氏書目】内編卷二 《重修政和經史證類備用本草》三十卷。明嘉靖刊本。同,三十卷。明萬曆刊本。

【北平圖書館善本書目】卷三 《重修政和經史證類備用本草》三十卷,宋唐慎微撰。明刻本。【江蘇省立國學圖書館圖書總目】《重修政和經史證類備用本草》三十卷,《目録》一卷。萬曆刊本。

【江蘇第一圖書館覆校善本書目】《重修政和經史證類備用本草》三十卷,《目録》一卷。十一册。宋成都唐慎微證類。明萬曆刊本,有闕葉。

【静嘉堂文庫國書分類目録】《重修政和經史證類備用本草》三十卷,《序目》一卷,宋唐慎微撰,曹孝忠校。明刊。十二册。守先閣藏藏本。

【岩崎文庫和漢書目録】《重修政和經史證類備用本草》,宋唐慎微撰。宋曹孝忠奉敕校。明嘉靖刊。三十卷,二十四册。

【杏雨書屋圖書假目録】《重修政和經史證類備用本草》三十卷,宋唐慎微纂。曹孝忠奉敕校,明初刊本。二十四册。同。明刊。二十四册。AO 三十九。同。明刊。二十四册。AO 四十四。同,明刊。二十四册。AO 四十五,同,明刊。十册。A 四百八十六。第二編《重修政和經史證類備用本草》三十卷,《序目》一卷,宋唐慎微纂。曹孝忠校,明刊。二十四册。

21.四部叢刊本

【叢書書目彙編】四部叢刊 《重修政和經史證類備用本草》三十卷。十二册,宋唐慎微撰。金泰和晦明軒刊本。

【清華學校圖書館中文書籍目録】《重修政和經史證類備用本草》三十卷。唐慎微宋。見《四部叢刊》。

【江蘇省立國學圖書館圖書總目】《重修政和經史證類備用本草》三十卷。《四部叢刊》第三百七十六至三百八十七册,涵芬樓影印金泰和晦明軒刊本。

【中長鐵路圖書館圖書目録】《重修政和經史證類備用本草》三十卷,宋唐慎微。見《四部叢刊》。

【東京文理科大學附屬圖書館和漢書分類目録】《重修政和證類本草》,宋唐慎微。《四部叢刊》第三百七十六至三百八十七。

22.朝鮮活字本

【經籍訪古志】卷七成化刊政和本草 明代據成化本而重彫者,不一而足,皆非佳刻,唯朝鮮國活字擺印本,能存其舊云。

【聿修堂藏書目錄】《重修政和經史證類備用本草》三十卷。《序目》。二十三冊。朝鮮本,依成化戊子本活版。

【躋壽館醫籍備考】《重修政和經史證類備用本草》三十卷,《序目錄》一卷,二十三冊。成化戊子刊本,朝鮮活字印行。

【元治增補御書籍目錄】《政和本草》三十卷,韓板。二十三冊,宋曹孝忠撰。

【觀海堂書目】青字號 《證類本草》十二本。三十卷。朝鮮本。

【内閣文庫圖書第二部漢書目錄】特 《政和本草》三十卷,宋曹孝忠。朝鮮活版。二十五冊。

【静嘉堂文庫國書分類目錄】《重修政和經史證類備用本草》三十卷,《目錄》一卷。宋唐慎微撰,曹孝忠校。朝鮮刊(活版)十一冊。

【岩瀨文庫圖書目錄】《政和本草》二十五冊,韓板。《政和本草》一冊,朝鮮活字本。零本。畔田伴存舊藏。金澤文庫藏印。

【杏雨書屋圖書假目錄】《重修政和經史證類備用本草》三十卷,内《序目》卷一缺。宋唐慎微纂。曹孝忠奉敕校。朝鮮活字刊本。二十三冊。

【朝鮮醫籍考】一百十六 《重修政和經史證類備用本草》,《序例》,共三十一卷,二十五冊。宋曹孝忠奉敕校勘。内閣文庫藏。缺刊記。疑是萬曆五年(宣祖十年、西紀一五七七年)前後,據於成化四年刊本而活字印行者。美活字,大本,上下及右緣截斷,然尚存原裝。每半葉匡郭縱二十五·五釐,横十七·五釐。十行,行十九字。紙數:卷首序文九,所出經史方書五,目四十八,序例一百零八,本文一千三百七十四,卷首跋文八葉。第二十三冊首有"大醫院印"一大印記。第一冊載商輅序,晦明軒記,麻革序,曹孝忠序,所出經史方書,艾晟序,大德壬寅孟春宗文書院刊行記,目錄。第二、三冊收序例。第四至第二十五冊即本文。卷三十末附載補注本草奏敕,圖經本草奏敕,證類本草校勘官銜名,宇文虛中書後,又有"大德丙午歲仲冬望日平水許宅印"、"成化四年歲次戊子冬十一月既望重刊",楊升督工,梅詡重校,劉肅重錄,朱廣同等木記。内容與成化本全同。用良質朝鮮紙而刷印,壯麗活字并繪圖,足使閲者張目。"大醫院"之印,即證此本爲朝鮮宮廷大醫院所舊藏矣。圖書寮、岩瀨文庫、静嘉堂文庫並有同刊本。原日文

注:按右三木博士《朝鮮醫籍考》所錄内閣文庫本,其卷數云:《序例》共三十一卷。即與《内閣文庫目》所記三十卷不應,亦與《政和本草》之卷數相乖。且云:第一冊載商輅序,晦明軒記,麻革序,曹孝忠序,所出經史方書,艾晟序,大德壬寅孟春宗文書院刊行之刊記,及目錄。其以艾序及大德宗文刊記,與政和本諸序併載於卷首,殊非《政和本草》之體例。按《經籍訪古志》既云"據成化本而重彫者,唯朝鮮國活字擺印本能存其舊云",然則内閣文庫所藏朝鮮活字本,恐非如三木氏所記。竊疑内閣文庫或別有朝鮮刊本,三木氏所見,豈其別本耶。

23. 未詳本

【百川書志】明 【也是園藏書目】【四庫進呈底簿】【各省進呈書目】以上清

【國立北京大學文科圖書館藏書目】民國　【岩瀨文庫藏書目錄】日

注:按《明志》有《孝忠類證本草》三十一卷。"類證"恐是"證類"之衍。然他書未見有著錄之者,故不敢錄,姑注記於此。又按《杏雨書屋圖書假目錄》云"重修政和經史證類備用本草三十卷,清刊,十二冊"。然《政和本草》之清代刊本,諸家書目均未著錄,而未知果有清刊耶否。今附記以存疑云。

附錄　大觀政和合併本

【四庫全書總目】卷一百零三　《證類本草》三十卷。中略今行於世者,亦有兩本,一爲明萬曆丁丑翻刻元大德壬寅宗文書院本,前有大觀二年仁和縣尉艾晟序。陳氏所見蓋此本,故題曰《大觀本草》。

【日本訪書志補】元刊大觀本草　迨至萬曆丁丑,宣城王大獻始以成化政和之本,改從宗文書院大觀本之篇題,合二本爲一書,卷末有王大獻後序,自記甚明,並去政和諸序跋,獨留大觀艾晟序及宗文書院木記。按其名則大觀,考其書則泰和,無知妄作,莫此爲甚。又有萬曆庚子巡按兩淮鹽課御史彭端吾據此本重刊,並去艾序及木記。《提要》所稱"大德",及錢竹汀所錄,皆是此種。

(一)序跋

1. 重刻本草敘梅守德

嘉隆中,蓋白下有名醫楊濂者云。余往苦血症,嘗問醫療,最後又焦薑收效。比私頗恠之,已略染指岐黃家,則習其所稱收效者,寔亦能已血云。夫業醫而屹焉奉之若功令,持之若左券者,非《本草》及《內經》乎。《內經》揣摩利害,扶陰陽之變以達其原;《本草》詮鏡品植,恢天地之觀以致其用。輓近世口耳淪濡,素業散失,其於致用具枳矣。即以徵於《本草》,其金石卉木、羽革蠕喙異屬,君臣佐使異職,辛甘燥濕異性,銖兩異分,南北異宜,新陳異蓄,而烹燔又異劑,要以相亭毒於有終,而含生褆福也。郡中舊傳雕本,日久放逸。王君秋者,郡春穀人,乃重命之鍥局,凡費金三百餘而告成。君家故裕,赴義如流。歲癸亥,邑有城隍之役,君捐之數百金亡悕,其假儻務爲豪舉多若此,而家緣以稍絀矣。是刻也,臚列部分,燦然指掌,豕亥魚校,信猶察眉,遂使術有專攻,物無夭札。夫孳孳求利,惟日不足者,庶人之事爾。君稱臣草莽,而斯民疾患通諸其身。醫家於手足痿痺,號之不仁,此有味乎仁體也。君所謂好仁者,非與。或以秦越人,還結脈於虢太子,飲上池水而洞見垣一方。和模計籌,率取奇中,皆肘後所未設,而越前人之所未聞。則是將緩急非益。嗟乎,語不云乎"存則人,亡則書",固貴在神明之哉。君令子大獻,以文美東,序其於君惠利事,大都能從臾之。彼積之足以成名者善也,余不佞,每樂道焉,而屬君請敘,敘之。萬曆丁丑歲春中月,參知滇省在告前進士給事吏科督學東魯宛陵梅守德譔。(萬曆五年王秋刊本)

2. 重刊本草後序王大獻

嘗閱《淮南子》云:神農嘗百草滋味,一日而七十毒,由是醫方興焉。上古文字未制,故無"本草之名。《帝王世紀》云:黃帝使岐伯嘗味草木,定《本草經》,造醫方,以療衆疾。則"本草"之名,若自岐黃始。漢元始間,舉天下通知方術、本草者,乘傳遣詣京師。《樓護傳》稱,護少誦醫經、《本草》數十萬言。"本草"名見於史者始此。大率世傳《神農本草經》與《内經》者,疑皆漢世名醫倉公、張機輩,襲述舊聞,附以新説,編述而成。然要爲後世醫經之祖,其繫於生人之道,至切要者也。《本草》舊經止三卷,梁陶弘景《名醫别録》增爲七卷。唐顯慶中,命蘇恭、李世勣等參考廣爲二十卷,世謂之《唐本草》。僞蜀孟昶命學士韓保昇等參比增廣,世謂之《蜀本草》。宋開寶中,詔醫工劉翰、馬志,撰集附益,仍命學士盧多遜、李昉、王祐、扈蒙等重爲刊定。乃有"詳定"、"重定"之目。嘉祐初,詔劉禹錫("劉"即"掌"之譌)、林億、蘇頌、張洞等,爲之補注圖經,增藥千有餘種。元祐間閬中陳子承,合二書爲一,列二十三卷,附以古今論説、己所見聞,名曰《重廣補註本草圖經》,待制都尉林希爲之序。大觀年蜀人唐慎微,博采備載,於《本草圖經》之外又得藥數百種,益以諸家方書,與夫經子傳記、佛道藏書,凡有該涉,并名附列,爲書三十一卷,凡六十餘萬言,名曰《經史證類備急本草》。爲力勤矣,世罕有知。集賢孫公得其善本,鏤板以傳,其惠始廣,詳見通仕郎艾晟序中。政和初,曹孝忠復加校勘進呈,名曰《政和新修經史證類備用本草》,實則此書也。其他如《吴普本草》,陶隱居《藥總訣》,徐之才之《藥對》,孟詵、張鼎之《食療本草》,陳藏器之《本草拾遺》,蕭炳之《四聲本草》,楊損之之《删繁本草》,杜善方之《本草性事類》,陳士良之《食性本草》,日華子之《諸家本草》,及《南海藥譜》、《藥性論》,不著撰人。其書實繁,類皆《大觀本草》,集其大成已。本朝成化初,巡撫山東都御史原傑,刻《政和本草》於東藩。吾郡舊有大觀刊本,成行於世,縉紳之流,咸購重之。歲久漫廢,共爲嗟惜。家君幸藏完本笥中,寶若宗器,會獻患痰症,醫罔奏效,因檢方試療,輒爾安痊。繼親識病者,隨症用方,并多響應。乃知是編,信醫家之要語也。家君生平好義,往往荷名公禮遇,有語以宣州原刻《本草》散失,大爲醫家闕典,君盍梓之,以普濟世之仁乎。家君有感於心,遂命獻參校魯魚,暨弟大成繕寫,罄其淺陋,證以别本,質以諸書,三復考正。仍以寇宗奭《衍義》附於各條之後,以便觀覽,中有疑者闕之。家君捐貲三百餘,命之梓之,始於乙亥之冬,迄於丁丑之春告成。自是此書幸而傳布益廣,凡仁人孝子,理生事親,咸得以殫厥心神,而無令庸醫一切妄肆疢毒,枉伐天年。則家君利物之志,庶幾其少慰矣。先是,家君業已徵言大參宛谿梅公敘其端。獻不文,唯述《本草》源流所自,及重刻歲月之由,以殿於末簡。是編簡帙浩繁,工費頗鉅,前代皆以官帑充之。家君農圃餘生,家無長物,乃能捐己利人,慨然任此,亦自推其一念之仁而已。若以爲修德望報於天,豈家君之心哉。萬曆丁丑歲春中月春穀,後學王大獻後序。萬曆五年王秋刊本

3. 彭端吾序

前缺 準今跸載無遺,總曰《經史證類大觀本草》。療病家按之以毆二豎,養生家循之引齡久,視民日用,胡可須臾離也。傳行既久,魯訛漫多,宣郡刻者較善。余間取而閱之,其中不無字句模糊,板數殘缺。嗚乎,祖訥有云:翻釋經典,縱有異同,不足以傷風教。至於湯藥,小小不達,壽夭所由,則後人受弊不少,何可輕以裁斷。祖之斯言,可謂仁識。余豔羨其益,而深懼其害也,迺出俸金,行爲繕葺,模糊者楷

其字，殘缺者補其數，類注條分，林林釐正。觀者鮮涉狐疑，用者遵爲龜鑑，庶幾無負日嘗七十毒之心乎。顧余不敏，捧綸俞督視兩淮鹺政，拮据，解曉滌穢，期以□鹽□□，酌泉貨流通，審國計脈絡，培商竈元氣，雅言登斯世於壽臺之上。而力之弗逮，□□早夜，已又□後書院，彙選俊髦，期備籠中參苓，庸儲異同調燮，或可稱士林大觀。然而通商造士之務，固□醫國壽民之事匪細，故重梓是書，以廣其傳。倘觀者研思於此，因書以究其說，即圖以驗其真，檢方以求其效，詮鏡品植，恢天地之觀，以致其用。推詳《內經》，揣摩利害，扶陰陽之變以達其原，奚必飲上池之水而見垣一方。神聖工巧，進乎技，無已病未病，并禔其福。人無夭札，世□仁壽，□□毒於有終也，奚曰小補之哉。時萬曆庚戌仲冬至日，巡按真燦督理兩淮鹽課山西道監察御史□□彭端吾撰。萬曆三十八年刊本

4. 重刻大觀本草敘金勵

《易》曰"古聖人吉凶與民同患"，是興神物以前，民用物用之神，有先《圖經本草》者乎。物物而品之、而圖之、而考注之，則其根苗莖實，形色纖鉅，以及玉石、蟲魚、鳥獸，以及生人膚髮齒甲、乳液溲溺，渺而飛塵，湽而聚垢，徵逸蒐奇，或及二氏，遠則羌夷蕃島，俾得市舶舟輿致者，悉委疏之。又別其性味，燥濕涼溫，鹹苦酸辛甘，輕重劑之，天下賴聖人之同患卒無患，豈不神哉。然所權輿，止神農之卷三爾。唐顯慶有詔，宋嘉祐有詔，政和有詔，釐正日嚴，撰採日富，迄成《大觀圖經本草》全書。明興，大中丞原公刻在東藩。陵之義民王秋者，輸金御鏤之，嘉惠長淮以東京若省萬萬生靈。然丁丑迄今，人易世矣，刻已劘矣。侍御彭公視鹺政涖宣，忻見是書，曰：鹺以課國，國以生民，民生不育，即竟江淮而熬之何益。余嘉秋有是刻，不虞其久而圮也。釐工新之，以委屬邑事撫廳梁君，及新令張君。未浹月而梓成。糢者蝕食，朗星日於斗霄，而展讀者炳丹青於絺繡，無論長淮而東萬萬生靈，如翳而光，槁而立，跛而足舞。即秋有知也，鼓咲九原矣。余忻厥成，詎無言垂諸末簡。夫余以萬曆三十六載承乏宣郡，入夏霪潦大作，六邑皆魚，浮者浮矣，一二孑遺生齒。刍秋厲疫叢興，十不延一二，委醫開局，人而濟之，濟者幾何。彼其民獨貧無食療，瘠而死哉。無覓方書，無知藥草，姑以此無聊之身，委諸時命。設是書在，未糢未蝕，所濟不更饒乎。茲成平居以廣惠利，□荒饉以蘇尫羸，《易》所稱"吉凶與民同患"，亶不其然哉。抑念侍御，雄職也；王秋，弱民也。尊者貴民生，弱者不忘民，惡有郡邑有司而了不推心、了不問吉凶憂患於我民者。今告諸有司，庶有興乎生生自庸，無負我侍御先生惠利萌萌之意。萬曆庚戌歲一之日，欽差整飭徽寧等處兵備副使箕城金勵謹撰。萬曆三十八年刊本

注：按《鄭堂讀書記》云：順治覆刻王秋本，載有秦鳳儀重刻序。其序未入管見，故附記以俟後搜云。

（二）刊本

1. 萬曆五年王秋刊本

【近古堂書目】卷下　宣郡《大觀本草》

【天祿琳琅書目】卷十　《經史證類大全本草》。四函，三十二冊。篇目見前金

版子部,前多大觀二年艾晟序。又政和六年劄付寇宗奭。又嘉祐二年補注本草奏敕,三年圖經本草奏敕。其本書正同,序末刻"大德壬寅宗文書院刊行",卷二標題下刻"春穀王秋捐貲命男大獻大成同校錄"。

書堂謙 記藏牧	白文 每冊首	書堂謙 記書牧	朱文 每冊首

【絳雲樓書目】卷三　宣郡《大觀本草》十冊,三十一卷,唐慎微。

【平津館鑒藏書籍記續編】明版　《重刊經史證類大全本草》三十一卷,題"春穀王秋捐資命男大獻大成同校錄"。《目錄》一卷,題"唐慎微纂"。前有大觀二年艾晟《經史證類大觀本草序》,下有"大德壬寅孟春宗文書院刊行"木印。又有政和六年寇宗奭劄付。嘉祐間補注本草奏敕,圖經本草奏敕。末有王大獻重刊本草後序,年月銜名已佚。此本亦附寇宗奭《衍義》,每卷題下無"己酉新增衍義"六字。第三十一卷爲本經外草類,亦政和本所無。據後序,此在成化原傑刊本之後。大版,每葉二十四行,行二十三字。收藏有"高淳孔氏耕餘堂印"朱文長印、"孔繼先次歐氏原字體祖"朱文方長印。

【江蘇省立國學圖書館圖書總目】重修政和經史證類備用本草　又一部,三十一卷,十冊。萬曆重刊元大德本。

【山東圖書館書目】　宣郡《重刊經史證類大觀本草》三十一卷,宋唐慎微撰。明刊本。

【靜嘉堂文庫國學分類目錄】　《重刊經史證類大全本草》三十一卷,《目錄》一卷,明萬曆五刊。二十三冊。

【杏雨書屋圖書假目錄】　《重刊經史證類大全本草》三十一卷。明王大獻等校,萬曆五年刊。十六冊。同,二十四冊。同,二十四冊。同,十冊。

【中國醫學書目】　《重刊經史證類大全本草》三十一卷。二十四冊。十二行,二十三字。框橫十六·七釐,縱二十五釐。唐慎微纂。王秋捐資命男大獻、大成全校錄。萬曆五年,尚義堂刊。重刻本草序,梅守德,萬曆丁丑。補注本草奏敕。圖經本草奏敕。劄付,寇宗奭,政和六年。目錄。重刊本草後序,王大獻,萬曆丁丑春。卷三十一末有木記云"萬曆丁丑春月重刊於尚義堂"。

注:按《醫籍考》三百二十三頁云:余家藏元大德壬寅宗文書院刊《大觀本草》,紙刻精良,不遜宋槧,中避孝宗嫌名,知是傳刻南宋本者,而至《衍義》則實不錄入。明代俗刻,取大德題識,以冠魏卿之本,其妄亦甚。《四庫提要》所云元代重刻,又從金本錄入者,蓋以不見大德原刊之故耳。今按,一出王本而後,從而刻者不一二而止,或稱"大觀",或稱"大全",或稱"備用"。要之皆出俗手,並不足以爲稽據矣。

2. 萬曆二十八年籍山書院刊本

【內閣文庫圖書第二部漢書目錄】　《經史證類大觀本草》三十一卷,宋唐慎微。萬曆二十八年刊。十冊。

注：按萬曆三十八年刊本，卷一首頁第二行署云"知南陵縣事楚武昌後學朱朝望重梓"，第三行云"春穀義民王秋原刻"，第四行云"庠生王大獻、引禮程文繡仝校"，卷三十一末有木記云"萬曆庚子歲秋月重鍥於籍山書院"。即知是等皆爲二十八年本之體式，而三十八年本全襲之者，又知二十八年本亦全襲王秋原刻也。

3. 萬曆三十八年刊本

【善本書室藏書志】卷十六 《重刊經史證類大全本草》三十一卷。明萬曆重刊大德本。唐慎微纂。前二卷爲序例上下、《衍義》序例。三卷以下則列藥名，較金版《本草》多大觀二年艾晟序。又政和六年劄付寇宗奭，又嘉祐二年補注本草奏敕，三年圖經本草奏敕。其艾序後亦有"大德壬寅孟春宗文書院刊行"木記，蓋知南陵縣事楚武昌朱朝望，據元本重梓者也。又題"春穀王秋捐貲命男大獻大成同校錄"，則皆資刊刻之人矣。卷末有木記云"萬曆庚子秋七月重鍥於籍山書院"，有彭端吾、金勵、梅守德三序，王大獻後序。謹按《天祿琳瑯書目後編》，即收此刻也。

【八千卷樓書目】卷十 《證類大全本草》三十一卷，宋唐慎微撰。明萬曆重刊大德本。

【江蘇第一圖書館覆校善本書目】《重刊經史證類本草大全》三十一卷。十冊。宋唐慎微。明萬曆重刊元大德本，有闕葉，無[錫]丁氏藏書印記。

【杏雨書屋圖書假目錄】《重刊經史證類大全本草序目》三十一卷，宋唐慎微纂。明王大獻等校，萬曆三十八年刊。

注：按此版本，余嘗閲於瀋陽書估。每半葉十二行，行二十三字。欄高二十四・八釐，幅十七・一釐。其版式一與萬曆丁丑尚義堂本同，其體例全與《善本書室志》所記合，蓋知是本據籍山書院本重刻者，非覆元大德本而刻者也。

4. 明刊不明本

【抱經樓藏書志】卷三十七 《經史證類大觀本草》三十一卷。明覆元大德本。宋唐慎微纂。次引艾晟序，補注本草奏敕，今削之。彭端吾序，萬曆庚戌。梅守德序，萬曆丁丑。王大獻序。案此明覆元大德刊本，每葉二十行，行二十字。小黑口。卷中有"沈赤然家藏印"白文方印、"沈氏五硯樓珍藏"朱文長印。

注：按右抱經樓所藏本，云中有彭端吾序，必是非覆元本。且其行款與彭本不符，恐是明末坊間據彭本而重刊者。

【振綺堂書目】卷三 《經史證類大觀本草》十冊，三十一卷，《目錄》一卷，宋唐慎微撰。艾晟序，明萬曆中重刊本。

【觀海堂書目】城字號 《證類大全本草》十二本。三十一卷。成化重刊，金泰和。明本。

【故宮博物院書目】《證類本草大全》三十一卷。十二冊。明萬曆刊本。

【揚州吳氏測海樓藏書目錄】《大觀本草大全》三十一卷，唐慎微纂。萬曆年刊白棉紙。一本一函。洋二百元。

【北京人文科學研究所藏書目錄】《重刊經史證類大全本草》三十一卷，宋唐慎微撰。明萬曆間刊本。六函，二十冊。

【杏雨書屋圖書假目録】《重刊經史證類大全本草序目》三十一卷,宋唐慎微纂。明王大獻等校。二十四冊。

5. 清順治十三年刊本

【鄭堂讀書記】《經史證類大觀本草》三十一卷,《目録》一卷。順治丙申重刊本。宋唐慎微撰。明萬曆丁丑翻刻元大德壬寅宗文書院本,尚稱《大觀本草》。至國朝順治丙申重刻,竟改爲《大全本草》,殊爲杜撰。《提要》所據爲金泰和中所刊《政和本草》,則以第三十一卷移於三十卷之前,統爲一卷,雖非大觀之舊,而較爲清整。中略又有萬曆丁丑梅守德,庚戌彭端吾、金勵重刻三序,順治丙申秦鳳儀重刻序。

6. 朝鮮刊本

【東京帝室博物館漢書目録】《證類本草》,唐慎微撰。明萬曆庚子重鍥。十冊,朝鮮本。

二十五、紹興校定經史證類備急本草

(一)出典

【直齋書録解題】卷十三　《紹興校定本草》二十二卷,醫官王繼先特奉詔撰。紹興二十九年上之,刻板修内司。每藥爲數語,辨説淺俚無高論。

【玉海】卷六十三嘉祐紹興校定本草圖　紹興二十七年八月十五日,王繼先上《校定大觀證類本草》三十二卷,《釋音》一卷。詔秘省修潤付胄監鏤板行之。《大觀經史證類本草》,唐慎微撰。

【文獻通考】經籍考　《紹興校定本草》二十二卷。下引陳直齋之文

【世善堂藏書目録】卷下　《校定本草》二十二卷,王繼先。

【國史經籍志】卷四下　《紹興校定本草》二十二卷,王繼先。

【汲古閣毛氏藏書目録】《紹興校定本草》二十三卷,醫官王繼先等。

【本草綱目】卷一歷代諸家本草别説　高宗紹興末,命醫官王繼先等校正《本草》,亦有所附,皆淺俚無高論。

注:按紹興校定本,中尾萬三博士嘗有所考證,一則《紹興校定經史證類備用本草之考察》,載在《上海自然科學研究所彙報》第二卷民國二十二年。一則《紹興校定本草解題》,附刊於春陽堂所刊《紹興本草》。俱屬長編,今不備録焉。

注:王繼先傳,《宋史》卷四百七十佞幸傳云:王繼先,開封人。姦黠善佞。建炎初,以醫得幸,其後寖貴寵,世號王醫師,至和安大夫、開州團練使致仕。尋以覃恩,改授武功大夫,落致仕。給事中富直柔奏:繼先以雜流易前班,則自此轉行無礙,深恐將帥解體。帝曰:朕頃冒海氣,繼先診視有奇效,可特書讀。直柔再駁,命之[乃]寢。既而特授榮州防禦使。太后有疾,繼先診視有勞,特補其子悦道爲閤門祗候。尋命繼先主管翰林醫官局。力辭。是時,繼先用事,中外切齒,乃陽乞致仕,以避人言。詔還秩二等,許回授。俄除右武大夫、(葉)[華]州觀察使,詔餘人

毋得援例。吴貴妃進封,推恩遷奉寧軍承宣使,特封其妻郭氏爲郡夫人。繼先遭遇,冠絶人臣,諸大帥承順下風,莫敢少忤,其權勢與秦檜埒。檜使其夫人詣之,敘拜兄弟,表裏引援。遷昭慶軍承宣使。又欲得節鉞,使其徒張孝直等校《本草》以獻。給事中楊椿沮之,計不行。繼先富埒王室,子弟通朝籍,總戎寄,姻戚黨與,盤據要途數十年間,無能搖之者。金兵將至,劉錡請爲戰備,繼先乃言:新進主兵官好作弗靖,若斬一二人,和好復固。帝不懌曰:是欲我斬劉錡乎。侍御史杜莘老劾其十罪,大略謂:繼先廣造第宅,占民居數百家,都人謂之"快樂仙宫";奪良家婦女爲侍女;鎮江有娼,妙於歌舞,矯御前索之;淵聖成喪,舉家燕食,令妓女舞而不歌,謂之"啞樂";自金使來,日輦重寶之吴興,爲避走計;陰養惡少,私置兵甲;受富民金,薦爲閤職;州縣大獄,以賂解免;誣姊姦淫,加之黥隸;又於諸處佛寺建立生祠,凡名山大刹所有,大半入其家。此特舉其大者,其餘擢髮未足數也。奏入,詔繼先福州居住;其子安道武泰軍承宣使、守道朝議大夫直徽猷閣、悦道朝奉郎直秘閣、孫錡承議郎直秘閣,並勒停,放還良家子爲奴婢者凡百餘人。籍其貲以千萬計,鬻其田園及金銀,並隸御前激賞[庫],其海舟付李寶,天下稱快。方繼先之怙寵奸法,帝亦知之,故晚年以公議廢之,遂不復起。孝宗即位,詔任便居住,毋至行在。淳熙八年卒。

張仲文《白獺髓》云:紹興間醫官王繼先,以顯仁太后初御慈寧宫。春秋高,每違豫,服其藥隨愈,賴是優遊東朝,享康寧之福,幾二十稔。克副高宗事親之孝,繼先之功也,故恩禮特異,官至正任承宣。已而繼先恃寵勢,[威]福自己,所爲有不可於衆,而舉朝阿附不暇,至有稱門生者。後太后上仙,繼先自是眷遇日衰,竟黜福州以卒。《醫籍考》

(二)序跋

紹興校定經史證類備急本草序

臣聞《本草》者,神農之書也。後世宗而行之,以爲大典。蓋憫有生之札瘥,思藥石以拯濟,而功莫大焉。上下數千百載"載"《醫籍考》作"年",罔敢失墜。逮及嬴秦"嬴"《醫籍考》作"嬴",無"逮"字,焚滅先代之典籍《醫籍考》無"滅"字,而此經混於醫卜之書《醫籍考》"卜"作"十",行不廢(《醫籍考》"廢"作"發"。奈何漢晉之季,文籍散失,神農舊經《醫籍考》"舊"作"傳",所存者僅三卷,藥止三百六十五種,致使後世不見聖人之全經,惜哉。梁陶氏隱居高尚,本神農舊經,附《名醫别録》,朱、墨分别,例舉科條《醫籍考》"例"作"别",又加註文。然而獨智自思《醫籍考》"自"作"目",偏方寡見,得失相半。逮唐之興,蘇恭表請修定,增益雖多,附會或紊,損益不分,寒熱莫辨。洪惟皇宋隆興,真人出寧,澤及四海,其仁如天。開寶中命盧多遜等重定,嘉祐中詔禹錫等補註,元陳承著立别説《醫籍考》無"元"字,大觀中唐慎微集爲《證類》。謹詳古今註説,諸家論議,紛紜淆亂《醫籍考》"淆"作"緒",異同頗多。雖唐註摭陶氏乖違,而反有闕失。今註舉唐註謬誤,而間有未盡。彼是此非,互相矛盾。考禹錫《補註》、慎微《證類》,又不過備録諸家異同,亦不能斷其是非。其中性寒之物,而或云治寒;性熱之物,而或云治熱。或補藥云瀉,或瀉藥云補。其辨寒熱補瀉之性《醫籍考》"寒"作"冬",理實倒置。及物之有毒者,而或云無毒;物之無毒者,而或云有毒。其辨有毒無毒之性,義亦相反。以至某藥在諸方常用之驗,而經註前後之未載;某藥合外用與服餌之宜,而辨用的當之未詳《醫籍考》"詳"作"當"。傳之既久,朱、墨雜糅,不可既舉《醫籍考》"既"作"概",執而用之,所誤至大。天下後世,何所折衷,舉而正之,在千金日《醫籍考》"千"作"于"。恭維聖主中興,好生之德,寢兵措刑,固足以躋民於壽域,而俾無横夭之患矣。然旦宸心軫慮,以謂《本草》之書,經註異同,治說訛謬,於是舉祖宗開寶、嘉祐之故事,詔臣等俾加校定《醫籍考》無"加"字,仰以見聖人仁德之至也。今敢不研精覃思,博採方術,參校諸家,别其同異。若夫物性寒熱補瀉,有毒無毒,或理之倒置、義之相反者,辨其指歸,務從至當《醫籍考》"至"作"主"。形像本舊繪,畫以大綱;取識則不敢臆說,執以有據。考名方五百餘首《醫籍考》"五"作"三",證舛錯八千餘字,而使用之者不惑,施之者必驗,可以躋上壽,可以致十全,上裨聖政之萬一,下以傳之於將來,豈曰小補之哉。臣等誠惶誠恐頓首謹言。紹興二十九年二月日上進。《醫籍考》無"日"字。

檢閱校勘官翰林醫候御醫兼權太醫局教授賜紫臣高紹功

檢閱校勘官翰林醫效診御脈兼權太醫局教授緋魚袋臣柴源

檢閱校勘官成和郎御醫兼權太醫局教授臣張孝直

詳定校正官昭慶軍承宣使太原郡開國侯食邑一千七百戶食實封壹伯戶致仕臣王繼先

春陽堂本,校以《醫籍考》

(三)鈔本及刊本

1. 鈔本

【聿修堂藏書目錄】《紹興校定經史證類備急本草》十九卷,八冊。抄本。宋王繼先撰。

【經籍訪古志】卷七 《紹興校定經史證類備急本草》十九卷。鈔本,聿修堂藏。首載紹興二十九年上進序,末有王繼先等四人官銜。按《書錄解題》曰:《紹興校定本草》二十二卷,醫官王繼先等奉詔撰。今此本十九卷,"玉石"至"菜部"上品而止,蓋殘本也。且今世啻傳鈔本,而聿修堂所藏二通,其一文字稍佳,其一譌脱不一。曲直瀨氏懷仙閣所藏,分爲五卷,宋諱缺筆,繪畫亦精,蓋爲就宋板而模寫者。是書其圖則一摹原樣,而其說則僅存白字、黑字及紹興校定文,而餘不具載。想出皇國人所抄撮,非原書之體也。

【内閣文庫圖書第二部漢書目錄】《紹興校定經史證類備急本草畫圖》。第一至五卷,日本寫本。五冊。《紹興校定證類備急本草畫圖》。第二至五卷,日本寫本。四冊。《備急本草》。十九卷,日本寫本。十冊。

【東京帝室博物館漢書目錄】《紹興備急本草》,高紹[功等]校。寫十冊,和本。《證類備急本草》,宋唐慎微。日本寫。寫八冊,和本。《備急本草》,宋唐慎微。寫五冊,支那本。《紹興校定經史證類備急本草》,宋唐慎微撰。五冊,支那本。

【和漢本草圖書展覽會目錄】京都大森文庫出品 《紹興校定經史證類備急本草畫》五冊,宋唐慎微著。高紹功等校。寫本。前有白井光太郎博士識語。

【北京人文科學研究所藏書目錄】《經史證類備急本草》不分卷。宋高紹功等校訂。日本鈔本。一函八冊。

【杏雨書屋圖書假目錄】《紹興校定本草圖》二卷。寫本,四冊。《紹興校定經史證類備用本草》。殘卷二、三、四。寫本,三冊。《證類備急本草(圖)》。日本寫本。一冊。《紹興校定經史證類備用本草》,《序目》,十九卷。昭和七年寫本。十冊。同上本。

【英國博物院圖書館中國書籍鈔本目錄】補編 《(沼)[紹]興校定本草圖》。一百零五頁。

注:按中尾博士《紹興校定本草解題》云:《紹興校定本草》現存於日本者,計有十四部,皆係筆寫本,而諸本各有異同。今大別爲三種,其大略揭於下。

2. 多記事之本

(1)帝國圖書館所藏十冊本,題云"紹興校定經史證類備急本草",首有王繼先等序,次有備急本草目錄。卷之一至卷十九,次載繪圖並記事。記事多,繪亦佳。有"榊原家藏"、"桐山家藏"等印。云爲所謂田安家本。

(2)內閣文庫所藏十冊本,題云"備急本草",無序文及目錄。記事多,繪亦佳。有"弘前醫官澀江氏藏書記"、"大日本帝國圖書印"、"奚暇齋讀本記"、"大政官文庫"、"農商務省印"等諸印。

(3)岩瀨文庫所藏八冊本,題云"紹興校定經史證類備急本草畫圖",有序無目錄。記事多,繪亦佳。有"讀書室珍藏記"印。卷一有題記,亦有"多紀氏印"、"讀書樓印"、"宮城球莊印"等諸印。

(4)中尾氏所藏七冊本,題云"備急本草",有序文及目錄,每卷亦有目錄。記事不少,繪亦佳。有"蒹葭堂藏書"、"西莊文庫"等印,蓋是蒹葭堂自筆本。而中尾博士復據他本爲之校訂補足,故現存諸本中,以是爲記事最多之本。

3. 彩色本

(1)陽明文庫所藏十冊,近衛豫樂院舊藏本,題云"紹興本草",有序文及目錄。記事不少,繪多彩色。是本卷數改爲二十卷,其藥品次序亦從《本草綱目》,而不從《大觀本草》。

(2)杏雨書屋所藏一帙本,題云"紹興校定本草圖上",無序目錄及記事,繪皆彩色。然不過《紹興本草畫圖》之一部,與中尾氏所藏彩色一冊本併之,始能與近衛本之所藏彩色者合。有"西莊文庫"印,蓋是西村廣休舊藏本,而疑據近衛本書寫者。

(3)中尾氏所藏一冊,題云"紹興校定證類本草圖",無記事,繪即古體而佳。

4. 少記事之本

(1)內閣文庫所藏四冊,原五冊本,缺一本。始自卷之二。初冊題"紹興校定證類備急本草畫圖卷之二”。草部之繪,筆力雄健,比之他本最佳。疑是曲直瀨氏懷仙閣所舊藏。

(2)内閣文庫所藏五冊,久昌館舊藏本。題云“紹興本草圖”,無序。卷一題“紹興校定經史證類備急本草畫”,每冊有目錄。記事少,繪雖巧緻,有與原圖異趣者,似畫者以意所改。有“久昌館藏書印”、“日本政府圖書印”。

(3)岩瀨文庫所藏八冊本,題云“紹興校定證類本草畫圖”,記事少,繪佳。

(4)杏雨書屋所藏四冊本,缺首卷,卷二題云“紹興校定經史證類備急本草畫”,有“宮城”印。每卷有目錄。記事少,繪亦拙。中有附記曰“《證類備急本草》者古昔朝鮮國(ヨリ)渡來而日本一部有之然類燒之難因養安院今殘所書圖解四卷二卷(ヨリ)至五卷依以今是寫數卷秘書矣史悔亦除耳”。據此附記,即知《紹興校定本草》原自朝鮮移渡日本,藏於曲直瀨氏養安院,遇曹災火燼,失第一冊,得存者餘四冊矣。今内閣文庫所藏四冊本,疑即曲直瀨氏舊藏本也。

(5)杏雨書屋所藏一冊本,題云“證類備急本草全”,記事少,繪不佳。有“黑川真賴藏書”印。

(6)杏雨書屋所藏一冊本,題云“本草圖式”,自卷十八至十九。其記事與内閣四庫本同。繪佳,有“野津基洞”印。

(7)大森文庫所藏五冊本,題云“備急本草”,有序文及目錄。記事少,繪不佳。有白井光太郎博士題記。

除右十四部外,杏雨書屋亦藏近鈔本二部,並係據帝國圖書館本而鈔錄者,繪極不佳,或恐俾閱者謬之。故今不錄云。

5. 春陽堂刊本

【杏雨書屋圖書假目錄】《紹興校定經史證類備急本草》,宋王繼先等編。附解題,中尾萬三解,昭和八年刊。六冊。

【續中國醫學書目】《紹興校定經史證類備急本草畫》五卷,五冊。《解題》一冊,行字數不定,每頁一圖。無框,橫十九·二釐,縱二十六·五釐。宋王繼先等校定。昭和八年七月春陽堂影印。紹興校定本草解題,中尾萬三,昭和八年。紹興校定經史證類本草圖卷(識語),白井光太郎,大正十四年。紹興校定經史證類本草序,王繼先等,紹興二十九年。目次每卷首。又一部,同前本。

注:按是本則據大森文庫所藏本而影印者。

二十六、新編類要圖註本草

(一)考證

【天祿琳琅書目後編】卷五宋版子部　《新編證類圖註本草》。四函,二十四冊。書四十二卷。揭銜“通直郎添差充收買藥材所辨驗藥材寇宗奭編撰,敕授太醫助教差充行在和劑辨驗藥材官許洪校正”。前有補註總序,本草圖經序,唐本序,陶隱居序。又序例,重廣補註神農本草並圖經序,雷炮炙論序。又序例上中下。又序例目録。其正文,分部繪圖,詳註藥性道地炮製方劑。引據雖極博,而編纂無例,標註不明,蓋當時局醫所撰,未經秘省儒臣釐定也。《玉海》載,紹興二十七年八月十五日,王繼先進校定大觀本草,詔秘書省修潤,付胄監鏤板。是南宋有刊本,此本銜內有行在字樣,亦南渡後刻。

書堂謙 記藏牧	白文 每冊首	書堂謙 記書牧	朱文 每冊首

【經籍訪古志】卷七　《新編類要圖註本草》四十二卷,《序例》五卷,《目録》一卷。宋建安余彥國刊本,聿修堂藏。宋桃谿儒醫劉信甫校正。中略按此本節略唐氏《證類》,而附以寇宗奭《衍義》者。劉信甫、許洪,俱宋嘉定間人,在張魏卿新增《衍義》之前二十有餘年矣。卷中藥名分白、黑,其餘悉黑書。但"果人"之"人",此特作"人"字,且每條畏惡,相反大書,其文字或有勝於大德本,蓋別有所祖也。下略

【醫籍考】三百四十一　劉氏信甫《新編類要圖註本草》四十二卷。存。按劉信甫著有《活人事證方》,蓋嘉定中人也。信甫編是書後,就《證類本草》中附以寇氏《衍義》者,有金平水張存惠魏卿所刊《政和本草》,每卷題標下有"己酉新增衍義"六字。己酉爲宋理宗淳祐九年,金亡已十有六年。然存惠之書,於《政和》原文無所節略。信甫之書,則頗加芟汰,二書體式自異。又有元山醫普明真濟大師賜紫僧慧昌校正《類編圖經集註衍義本草》,其卷數板式,一與信甫之書相同,故張本序跋,則既録出於前卷中。慧昌之本,僅附記其目於此。朱錫鬯《曝書亭集》有《大觀證類本草跋》,稱以寇氏《衍義》附於各條之下,雖於義無損,然非唐氏之舊,毋亦類於覩皐禽而續鳧之頭者歟。

(二)序跋

題詞

《本草》之書,最爲備急,世不可闕。舊有《神農》、《圖經》、《證類》,板皆漫滅。大則浩博而難閱(《醫籍考》"閱"作"閡"),小則疏略而不備,圖相雕刻而不真,舛誤者多。今將是書鼎新刊行,方以類聚,物以羣分,附入《衍義》,草木蟲魚,圖相真楷,藥性畏惡,炮炙製度,標列綱領,瞭然在目,易於檢閱,色色詳具。三復參校,并無毫髮之差,庶使用者無疑,豈曰小補哉。伏幸詳鑒。《羣碧樓善本書録》、《醫籍考》

(三)刊本及鈔本

1. 宋余彥國刊本

【經籍訪古志】卷七　《新編類要圖註本草》四十二卷,《序例》五卷,《目録》一卷。宋建安余彥國刊本,聿修堂藏。宋桃谿儒醫劉信甫校正。卷首有許洪校正字,目録末記"建安余彥國刊於勵賢堂"。每半版高六寸四分,幅四寸四分。十行,行十九字。每卷捺"金澤文庫"印。(下略)

【元治增補御書籍目録】《類要圖註本草》四十二卷,首一卷。宋版,二十冊。

宋寇宗奭撰。

【圖書寮漢籍本書目】卷三　《新編類要圖註本草》四十二卷,《序例》五卷,《目錄》一卷,二十冊。宋桃谿儒醫劉信甫校正。卷首有許洪校正字。宋刊本。目錄首有識語稱。次引識語,今削之。錄後有"建安余彦國刊於勵賢堂"木記。四周雙邊。每半葉十行,行十九字。文政中毛利出雲守高翰所獻幕府,首有"佐伯侯毛利高標字培松藏書畫之印"印,每冊首有"道山"、"專熟"兩印記。《御書樓來歷志》所載本。

2. 不明宋本

【傳是樓宋元本書目】宇字下格　《宋本類要圖註本草》四十二卷。二十本。

【天祿琳琅書目後編】卷五宋板　《新編證類要圖註本草》四函,二十四冊。書四十二卷。下略,詳見"考證"下。

【天祿琳琅排架圖】前層第七架　《宋版新編證類要圖註本草》四函

3. 元刊本

【羣碧樓善本書錄】卷二元刻本　《新編證類圖註本草》四十二卷,十六冊。題"桃谿儒醫劉信甫校正"。元刊本。每半葉十三行,行二十二字,小字雙行同。有"酌舫生活"一印。前有木記云。次引題詞,今削之。此書合唐慎微《證類》、寇宗奭《衍義》,加以《圖相炮製》,彙爲一編。前題"桃谿儒醫劉信甫校正"云云,疑即劉所編也。書爲元刊,各家未著錄,首尾完整,至可愛玩。壬戌三月,正闇。

【靜嘉堂文庫國書分類目錄】《新編證類圖註本草》四十二卷,《目錄》一卷,《序例》五卷,十五冊,宋寇宗奭撰。許洪校。元刊。竹添井井舊藏本。

4. 鈔本

【聿修堂藏書目錄】《新編類要圖註本草》四十三卷。二十冊,宋劉信甫校正。演純影抄本。

【經籍訪古志】卷七　聿修堂又有潢紙舊鈔本。卷末或云"福清縣江陰里姚賓峰抄"。或云"大明國人王氏月軒謹書"。月軒在萬曆間歸化於我,此本即天正間人就其鈔本傳錄者也。

附　類編圖經集註衍義本草

(一)考證

【經籍訪古志】卷七　《類編圖經集註衍義本草》四十二卷,《序例》五卷,《目錄》一卷。元板,不記刊行年月。聿修堂藏。元世醫普明真濟大師賜紫僧慧昌校正。按此書即《類要圖註本草》而妄改題目者。

【醫籍考】新編類要圖註本草　又有元山醫普明真濟大師賜紫僧慧昌校正《類編圖經集註衍義本草》,其卷數板式,一與信甫之書相同,故慧昌之本僅附記其目於此。

(二)刊本

1. 元刊本

【觀海堂書目】學字號　《衍義本草》二本。六卷。元本。殘本。

【故宮博物院書目】《衍義本草》二冊。元刊本。

【宋元本行格表】卷上十行　《宋本類編圖經集註衍義本草》。行十七八字。《留真譜》。

【經籍訪古志】卷七　《類編圖經集註衍義本草》四十二卷,《序例》五卷,《目錄》一卷。元板,不記刊行年月,聿修堂藏。

注:按《留真譜新編》第七載有此書影二種。其一首行題"類編圖經集註衍義本草目錄",二行題"山醫普□真濟大師賜紫僧慧昌校正"。三行以下又別爲匡郭六行,每行刻首末二字,蓋是書賈題詞字樣。其二首行題"類編圖經集註衍義本草上卷一",二行題"通直郎添差充收買藥材所辨驗藥材寇宗奭編撰",三行題"敕授太醫助教差充行在和劑辨驗藥材官許洪校正",四行題"補註總敘",五行以下總敘本文,亦每行刻首尾二字耳。按是則就《訪古志》所載元刊本而影模者。江標《宋元本行格表》以爲宋本,蓋係妄斷矣。

2. 道藏本

【萬卷堂書目】卷三　《圖經集註衍義本草》五卷。《道藏》。

【叢書書目彙編】道藏靈圖類　《圖經集註衍義本草》四十二卷,寇宗奭編撰。

【大連圖書館和漢圖書分類目錄】道藏三百五十二頁　第五百三十五冊《圖經集註衍義本草》上卷宋宗奭。第五百三十六至五百五十冊,《圖經衍義本草》宋宗奭。

3. 影印道藏本

【叢書書目彙編】道藏舉要第八類攝生　《圖經衍義本草》四十二卷,宋寇宗奭編撰。許洪校正。《圖經集註衍義本草》五卷,宋寇宗奭編撰。許洪校正。

【杏雨書屋圖書假目錄】《道藏影印本圖經集註衍義本草》五卷,宋寇宗奭撰,同許洪校。民國刊。一冊。《圖經備用本草詩譯》四十二卷。宋寇宗奭撰。民國刊。同許洪校。十六冊。《圖經備用本草詩譯》二卷。日本寫本。一冊。同上,二冊。又同上,一冊。

【二續中國醫學書目】《圖經集註衍義本草》四十二卷。十六冊。八行,十七字。框橫十·九釐,縱十一·六釐。宋通(敕)[直]郎辨驗藥材寇宗奭編撰。宋太醫助教辨驗藥材許洪校正。上海涵芬樓影印《正統道藏》本。

4. 未詳本

【萬卷堂書目】【國史經籍志】以上明　【也是園藏書目】【述古堂藏書目】清

第二十類　諸家本草

一、雷公藥對

【神農本草經集注】陶弘景序　至於桐雷,乃著在於編簡。中略《藥對》四卷,論其佐使相須。【藥總訣】陶弘景序　其後雷公、桐君更增演《本草》,二家《藥對》,廣其主治,繁其類族。

【隋書經籍志】卷三桐君藥錄注　梁有《藥性》、《藥對》,各二卷。

【本草綱目】歷代諸家本草　《雷公藥對》,陶氏前已有此書,《吳氏本草》所引"雷公"是也。蓋黄帝時雷公所著,之才增飾之爾。

二、雷公藥對

【舊唐書經籍志】醫術　《雷公藥對》二卷

【唐書藝文志】醫術類　徐之才《雷公藥對》二卷

【崇文總目輯釋】卷三　《藥對》二卷,徐之才撰。原釋:闕。見天一閣抄本。

【補注本草所引書傳】《藥對》,北齊尚書令西陽王徐之才撰。以衆藥名品,君臣佐使,性毒相反及所主疾病,分類而記之,凡二卷。舊本多引以爲據,其言治病用藥最詳。

【通志藝文略】醫方　《藥對》二卷,北齊徐之才撰。

【玉海】卷六十三　《雷公藥對》二卷

【宋史藝文志】卷六《徐玉藥對》二卷

【本草綱目】卷一　《雷公藥對》,蓋黄帝時雷公所著,之才增飾之爾。之才,丹陽人,博識善醫,歷事北齊諸帝得寵,仕終尚書左僕射。年八十卒,贈司徒,封西陽郡王,謚文明。《北史》有傳。

【東醫寶鑑】卷一歷代醫方　《藥對》,後周徐之才所著。

【古今書目】子六　徐之才《雷公藥對》二卷,宋徐玉。

注:徐之才傳,張大素《齊書》云:徐之才字士茂,高平金鄉人。五葉祖仲融,隱於秦望山,有道士過之,求飲,因留瓠蘆遺之曰:習之,子孫當以道術救世,位至二千石。開視乃《扁鵲鏡經》一卷,習之遂爲良醫,至濮陽太守。父雄,員外散騎侍郎,代傳其術,號爲神明。而之才幼而俊發,尤爲精敏,仕梁爲豫章王綜鎮東《醫籍考》

"東"作"軍"右常侍,隨綜鎮彭城。綜降魏,之才走至呂梁,爲魏所獲。既羈旅,以醫自業。又諧隱滑稽無方,王公貴人爭饋之,爲貴人居矣。稍遷員外散騎常侍,加中軍金紫。天平中,高祖詣晉陽,恒居内館,所療十全。皇建中,除兖州刺史。未行,武明皇太后不豫,之才奉藥立愈,賞賜巨萬。有人腳跟腫痛不堪忍,諸醫莫識。之才視曰:蛤精也。當乘船入海,出腳水中得之,疾者曰:是也。之才爲割得兩蛤子,大如榆莢。或以五色骨爲佩刀靶。之才曰:此人瘤也,何從得之。對曰:於古塚見髑髏骨,長數寸,試削視文理,故用之。其通識類此。武成王酒色過度,恍惚不恒,會病發,自言初見空中有五色物,稍近便成一美婦人,去地數丈,亭亭而立。之才曰:此色慾過多,大虛所致。即進藥一服,稍稍遠,變成五色物。數服而愈。病發則馳召之,鍼藥所加,無不愈者。武成王生齻(音積)牙,遍召諸醫,尚藥典御劉宣文以實對,帝怒而罪之。之才拜賀曰:此謂智牙,生則聖明而壽。帝大悦,賜帛萬疋加金玉重寶。《太平御覽》卷七百二十三

《北齊書》卷三十三云:徐之才,丹陽人也。父雄,事南齊,位蘭陵太守,以醫術爲江左所稱。之才幼而儁發,五歲誦《孝經》,八歲略通義旨。年十三,召爲太學生。粗通《禮》、《易》及喪服儀,酬應如響。咸共嘆曰:此神童也。豫章王綜出鎮江都,復除豫章王國右常侍,又轉綜鎮北主簿。及綜入魏,三(年)[軍]散走,之才退至呂梁,橋斷路絶,遂爲魏統軍石茂孫所止。綜入魏旬月,位至司空。魏聽綜收斂僚屬,乃訪之才在彭泗,啟魏帝云:之才大善醫術,兼有機辯。詔徵之才。孝昌二年至洛,敕居南館,禮遇甚優。從祖謇子踐啟求之才還宅,之才藥石多效,又閥涉經史,發言辯捷,朝賢競相要引,爲之延譽。武帝時,封昌安縣侯。天平中,齊神武徵赴晉陽,常在内館,禮遇稍厚。武帝四年,自散騎常侍轉秘書監。文宣作相,普加黜陟。楊愔以其南土之人,不堪典秘書,轉授金紫光禄大夫,以魏收代領之。之才甚怏怏不平。之才少解天文,兼圖讖之學,共館客宋景業參校吉凶,知午年必有革易。因高德政啟之,文宣聞而大悦。時自婁太后及勳貴臣,咸云關西既是勍敵,恐其有挾天子令諸侯之辭,不可先行禪代事。之才獨云:千人逐兔,一人得之,諸人咸息。須定大業,何容翻欲學人。又援引證據,備有條目,帝從之。登祚後,彌見親密。之才非唯醫術自進,亦爲首唱禪代,又戲謔滑稽,言無不至,於是大被狎昵。尋除侍中,封池陽縣伯。見文宣政令轉嚴,求出,除趙州刺史。竟不獲述職,猶爲弄臣。皇建二年,除西兖州刺史,未之官。武明皇太后不豫,之才療之,應手便愈,孝昭賜綵帛千段、錦四百匹。之才既善醫術,雖有外授,頃即徵還。既博識多聞,由是於方術尤妙。大寧二年春,武明太后又病,之才弟之範爲尚藥典御,敕令診候。天統四年,累遷尚書左僕射。俄除兖州刺史,特給鐃吹一部。和士開欲依次轉進,以之才附籍兖州,即是本屬,遂奏附除刺史,以胡長仁爲右僕射。及十月,帝又病動,語士開云:恨用之才外任,使我辛苦。其月八日,敕驛追之才。帝以十日崩,之才十一日方到。既無所及,復還赴州。五年冬,後王徵之才。尋左僕射闕,之才曰:自可復禹之績。武平元年,重除尚書左僕射。之才於和士開、陸令萱母子曲盡卑狎,二家苦疾,救護百端。由是遷尚書令,封西陽郡王。祖珽執政,除之才侍中、太子太師。之才恨曰:

子野沙汰我。斑目疾,故以師曠比之。之才聰辯強識,有兼人之敏。尤好劇談謔語,公私言聚,多相嘲戲。年八十卒,贈司徒公錄尚書事,謚曰文明。弟之範,亦醫術見知,位太常卿,特聽襲之才爵西陽王。入周,授儀同大將軍。開皇中卒。《北史》卷九十《徐謇傳》,附載《之才傳》,與此全同。

三、桐君藥錄

【神農本草經集注】陶弘景序　至於桐、雷,乃著在於編簡。中略又有《桐君採藥錄》,說其花葉形色。

【隋書經籍志】子部醫方　《桐君藥錄》三卷

【舊唐書經籍志】醫術　《桐君藥錄》三卷,桐君撰。

【唐書藝文志】醫術類　《桐君藥錄》三卷

【日本國見在書目錄】醫方家　《桐君藥錄》二

【通志藝文略】醫方類　《桐君藥錄》二卷

【玉海】卷六十三　《桐君藥錄》三卷

【本草綱目】卷一　《桐君采藥錄》。桐君,黄帝時臣也。書凡二卷,紀其花葉形色,今已不傳。後人又有《四時采藥》、《太常采藥時月》等書。

【東醫寶鑑】歷代醫方　《採藥對》。桐君所著,黄帝臣也。《採藥別錄》。桐君所著,黄帝臣也。

【漢書藝文志拾補】經方　《桐君采藥錄》二卷。按《御覽》八百六十七引《桐君錄》曰"酉陽、武昌、晉陵,皆出好茗"。又曰"茶花狀似梔子,其色稍白"。此不知爲其本文,爲後人注文。

【醫籍考】三百七十五　僧圓至曰:桐君山在嚴州,有人采藥,結廬桐木下,指樹爲姓,故山得名。

四、子儀本草經

【周禮】疾醫以五味五穀五藥養其病鄭注　"其治合之齊,則存乎神農、子義之術"。賈公彥《疏》云:其"治合之齊,則存乎神農、子儀之術"云者,案劉向云:扁鵲治趙太子暴疾尸蹷之病,使子明炊湯,子儀脈神,子術按摩。又《中經簿》云"子儀本草經一卷"。儀與義,一人也。若然,子義亦周末時人也,並不說神農。案張仲景《金匱》云"神農能嘗百藥",則炎帝是也,言此二人能合和此術耳。

注:按劉向《說苑・辨物》云"扁鵲過趙,趙王太子暴疾而死。中略子容禱藥,子明吹耳,陽義反神,子越扶形,子游矯摩,太子遂得復生",則與賈《疏》所引異。又按《史記・扁鵲傳》云"使弟子子陽厲鍼砥石,使子豹爲五分之熨",亦與此異。

又按《韓詩外傳》云:扁鵲過虢,侯世子暴病而死。扁鵲入砥鍼礪石,取三陽五輸爲先軒之竈八拭之,陽子同藥,子明灸陽,子游按摩,子儀反神,子越扶形。

又按陶弘景《真靈位業圖》云：扁鵲弟子五人，子容、子明、子威、子戲、子游。

【孫星衍輯本神農本草經】自序　予按《藝文志》有《神農黄帝食藥》七卷，今本譌爲"食禁"。賈公彦《周禮·醫師疏》引其文，正作"食藥"。宋人不考，遂疑《本草》非《七略》中書。賈公彦引《中經簿》，又有《子儀本草經》一卷，疑亦此也。

【神農本經解故】發題　茲考《本經》之所從來，蓋昉於神農氏嘗草。然上古結繩爲政，未著文字，以識相付，無有成書也。逮於先秦之時，有子義者，乃扁鵲弟子，號爲脈神，著《本草經》以垂於世，是爲《本經》權輿。降至後漢，傳者稍多，王逸采《楚辭》"苴蓴"，高誘又釋《淮南子》"王瓜"，而今之《本草》，絕無其語，則知王、高二氏所引，確爲《子儀本草經》也。及至曹魏之世，有李當之者出，修《神農本草》三卷，然後《本草經》始屬神農氏。然當之以前，只有《子義本草經》，而無《神農本經》，則知當之所修者，乃《子儀本草經》也。而謂之《神農本經》者，蓋子義輯錄神農所嘗定者，以爲《本草經》。當之以子義所輯錄者，乃神農所嘗定，因論廣以爲《神農本經》而已。是故《子儀本草經》一卷，而《神農本經》三卷也。或以古《本草經》載後漢地名，乃言《本草》作於後漢，非也。何也？《前漢書》既有"本草"之名，王逸、高誘引用《本草》，亦在李當之之前，何言作於後漢乎。此必無之理也。余故奮然斷之曰：神農嘗定，子儀輯錄，李當之論廣，而後《本草經》全矣。按，唐李世勣等以梁《七錄》載《神農本草》三卷，推以爲始，而不知《中經簿》載《子義本草經》。《中經簿》者，晉荀勗所著，一曰武帝《中經簿》，見《三國志註》。先梁《七錄》遠矣。

五、蔡邕本草

【隋書經籍志】卷三神農本草八卷注　梁有《蔡邕本草》七卷。《通志略》同

注：蔡邕傳，《後漢書》卷九十下本傳略云，蔡邕字伯喈，陳留圉人也。邕性篤孝，母常滯病三年，邕自非寒暑節變，未嘗解襟帶，不寢寐者十旬。母卒，廬於冢側，動靜以禮。與叔父從弟同居，三世不分財，鄉黨高其義。少博學，師事太傅胡廣。好辭章、數術、天文，妙操音律。桓帝時，中常侍徐璜、左悺等五侯擅恣，聞邕善鼓琴，遂白天子，敕陳留太守督促發遣。邕不得已，行到偃師，稱疾而歸。閑居翫古，不交當世。感東方朔《客難》及楊雄、班固、崔駰之徒設疑以自通，乃斟酌群言，韙其是而矯其非，作釋誨以戒厲。建寧三年，辟司徒橋玄府，玄甚敬待之。出補河平長。召拜郎中，校書東觀。遷議郎。邕以經籍去聖久遠，文字多謬，俗儒穿鑿，疑誤後學，熹平四年，乃與五官中郎將堂谿典、光祿大夫楊賜、諫議大夫馬日磾，議郎張馴、韓說、太史令單颺等，奏求正定六經等文字，靈帝許之，邕乃自書册於碑，使工鐫刻，立於太學門外。於是後儒晚學，咸取正焉。光和元年，下邕、質於洛陽獄，中常侍呂強愍邕無罪，請之，帝亦更思其詞章，有詔減死一等，與家屬髡鉗徙朔方。帝嘉其才高，會明年大赦，乃宥邕還本郡。乃亡命江海。中平六年，靈帝崩，董卓爲司空，聞邕名高，辟之。邕不得已到，署祭酒，補侍御史，又轉侍書御史，遷尚書。三日之間，周歷三臺。遷巴郡太守，復留爲侍中。初平元年，拜左中郎將，從獻帝遷都長

安，封高陽鄉侯。及卓被誅，司徒王允收付廷尉治罪，邕遂死獄中，時年六十一。

六、吳普本草

【隋書經籍志】神農本草八卷注　梁有華佗弟子《吳普本草》六卷。

【舊唐書經籍志】醫術　《(呂)吳氏本草因》六卷，吳普撰。

【唐書藝文志】醫術類　《吳氏本草因》六卷，吳普。

【太平御覽】引書目　《吳氏本草》

【通志藝文略】醫方　《吳普本草》六卷

注：吳普傳，《後漢書》卷一百十二下《華佗傳》云：廣陵吳普、彭城樊阿，皆從佗學。普依準佗療(《魏志》"療"作"治")，多所全濟。佗語普曰：人體欲得勞動，但不當使極耳。動搖則穀氣得銷(《魏志》"銷"作"消")，血脈流通，病不得生。譬如戶樞，終不朽也(《魏志》作"譬猶戶樞不朽是也")。是以古之仙者，爲導引之事，熊經鴟顧，《魏志》"經"作"頸"。熊經，若熊之攀枝自懸也。鴟顧，身不動而回顧也。《莊子》曰：吐故納新，熊經鳥申。此導引之士，養形之人也。引挽要體，《魏志》"挽要"作"輓腰"。動諸關節，以求難老。吾有一術，名五禽之戲，一曰虎、二曰鹿、三曰熊、四曰猨、五曰鳥，《佗別傳》曰：吳普從佗學，微得其方。魏明帝呼之，使爲禽戲。普以年老手足不能相及，粗以其法語諸醫。普今年將九十，耳不聾，目不冥，牙齒完堅，飲食無損。亦以除疾，兼利蹏足，《魏志》"兼"作"並"，"蹏"作"蹄"。以當導引。體有不快《魏志》"有"作"中"，起作一禽之戲，怡而汗出《魏志》"怡而"作"沾濡"，因以著粉《魏志》"以"作"上"，身體輕便，而欲食《魏志》"而"作"腹中"。普施行之，年九十餘，耳目聰明，齒牙完堅。《魏志》卷二十九《華佗傳》略同

(一)考證

【神農本草經集註】陶弘景序　魏晉已來，吳普、李當之等，更復損益。或五百九十五，或四百四十一，或三百一十九，或三品混糅，冷熱舛錯，草石不分，蟲獸無辨。且所主治，互有得失，醫家不能備見。

【蜀本草】陶序注　普，廣陵人也，華佗弟子，撰《本草》一卷。

【補註本草所引書傳】《吳氏本草》，魏廣陵吳普撰。普，華佗弟子，修《神農本草》，成四百四十一種。《唐經籍志》尚存六卷，今廣內不復有，惟諸子書多見引據。其說藥性寒溫五味，最爲詳悉。

【本草綱目】卷一　《吳氏本草》，其書分記神農、黄帝、岐伯、桐君、雷公、扁鵲、華佗、弟子李氏，所說性味甚詳，今亦失傳。

【補後漢書藝文志】《吳普本草》六卷。普，廣陵人。從佗學。案《初學記》、《北堂書鈔》、《太平御覽》、《證類本草》、《本草綱目》並引《吳普本草》，尚可輯爲一卷。

【補三國藝文志】卷三　《吳普本草》六卷。按《御覽》引《吳氏本草》凡數十條，其中言諸藥氣味，有引醫和者，在李時珍所舉諸家之外。兩《唐志》作《本草因》，豈

其本名歟。

注:按《太平御覽》所引《吴氏本草》,計有一百六十九條,而內有重出者五條(玉泉、石龍芮、蠡、烏頭、石蜜),其藥品數即一百六十四種。又别有《吕氏本草》一條(鬱郁李)。參觀拙著《〈太平御覽〉所引用之本草》。

(二)輯本

【叢書舉要】漢唐地理書鈔　《吴普本草》。《叢書書目彙編》同。

七、李讜之藥録

(一)出典及考證

【隋書經籍志】桐君藥録三卷注　梁有《李讜之藥録》六卷。

【太平御覽引書目】《李當之藥録》

【本草綱目】卷一　《李氏藥録》,其書散見吴氏、陶氏《本草》中,頗有發明。

【補三國藝文志】卷三　《李讜之藥録》三卷。按《李氏本草》即《李氏藥録》。《七録》一卷、六卷。據韓保昇言,皆非其原。第《吴普本草》多引李氏,今略見於《御覽》百穀部、菜部藥中。

注:按《太平御覽》卷九百七十一云:《李當之藥録》曰"檳榔,一名賓門"。

(二)輯本

【叢書舉要】漢唐地理書鈔　《李當之藥録》。《叢書書目彙編》同。《説郛》。《藥録》,晉李當之。《叢書書目彙編》同。

【古越藏書樓書目】卷五　《藥録》一卷,晉李當之。《説郛》本。

【江蘇省立國學圖書館圖書總目】《藥録》。《説郛》第六十一册。晉李當之。明刊本,叢三十九。

八、李讜之本草經

【隋書經籍志】神農本草八卷注　梁有《李讜之本草經》一卷。

【神農本草經集注】陶弘景序　魏晉已來,吴普、李當之等,更復損益。或五百九十五,或四百四十一,或三百一十九,或三品混糅,冷熱舛錯,草石不分,蟲獸無辨。且所主治,互有得失,醫家不能備見。

【蜀本草】陶弘景序(李當之)注　華佗弟子修神農舊經,而世少行用。

九、李氏本草

【舊唐書經籍志】醫術　《李氏本草》三卷

【唐書藝文志】醫術類　《李氏本草》三卷。《通志略》同

十、隨費本草

【隋書經籍志】神農本草八卷注　梁有《隨費本草》九卷。《通志略》同

十一、秦承祖本草

【隋書經籍志】神農本草八卷注　梁有《秦承祖本草》六卷。《通志略》同

注:秦承祖傳,《太平御覽》卷七百二十二醫二云:《宋書》曰,秦承祖,性耿介。專好藝術,於方藥不問貴賤,皆治療之,多所全獲,當時稱之爲工。手撰方二十卷,大行於世。

《神農本草經·序錄》:宋有羊欣、元微、胡洽、秦承祖,齊有尚書褚澄、徐文伯、嗣伯群從兄弟,療病亦十愈其八九。今按《宋書》無秦承祖傳。承祖傳又見於"秦承祖脈經"條下,參看其條。

十二、雷公炮炙論

【崇文總目輯釋】卷三　《炮炙論》三卷,雷教撰。侗案,《宋志》作"炮炙方","雷教"作"雷斅"。

【通志藝文略】醫方上　《炮炙論》三卷,雷(教)[斅]撰。

【文獻通考】經籍考　《雷公炮炙》三卷

【宋史藝文志】醫書　《雷斅炮炙方》三卷

(一)考證

【證類本草】卷三滑石　《圖經》曰,又按《雷斅炮炙方》,滑石有五色。雷斅雖名(隨)[隋]人,觀其書乃有言唐以後藥名者,或是後人增損之歟。

【郡齋讀書後志】卷二　《雷公炮炙》三卷,右宋雷斅撰,胡洽重定。述百藥性味、炮熬、煮炙之方,其論多本之於乾寧晏先生。斅稱內究守國安正公,當是官名。未詳。

【本草綱目】卷一　《雷公炮炙論》,劉宋時雷斅所著,非黃帝時雷公也。自稱內究守國安正公,或是官名也。胡洽居士重加定述,藥凡三百種,爲上中下三卷。其性味、炮炙、熬煮、修治之法多古奥,文亦古質,別是一家,多本於乾寧晏先生。其首序論述物理,亦甚幽玄,錄載於後。乾寧先生名晏封,著《制伏草石論》六卷,蓋丹石家書也。

【醫籍考】三百八十三　按,雷斅,一稱隋人,一稱宋人,未詳何是。然胡洽名見於劉敬叔《異苑》,彼加其重定,則當爲宋人矣。乾寧晏先生《制伏草石論》六卷,出於《新唐志》,今以其爲道家之書,不著錄焉。

注:按雷公書,唐慎微所引有二百五十二條,而唐以前諸家,一無言及之者,頗爲可疑。然其文古奥,斷非宋人之所能作。今從舊說,姑列於此。

(二)序跋

雷公炮炙論序

若夫世人使藥,豈知自有君臣。既辨君臣,寧分相制。秖如栨毛(今鹽草也)霑溺,立銷斑腫之毒。象膽揮黏,乃知藥有情異。鮭魚插樹,立便乾枯,用狗塗之以犬膽灌之,插魚處立如故也,卻當榮盛。無名無名,異形似玉柳石,又如石灰,味別止楚,截指而似去甲毛。聖石開盲,明目而如雲離日。當歸止血破血,頭尾效各不同頭止血,尾破血。蕤子熟生足睡,不眠立據。弊箄淡鹵常使者甑中箄能淡鹽味,如酒霑交今蜜枳繳枝,又云交加枝。鐵遇神砂,如泥似粉。石經鶴糞,化作塵飛。栨見橘花似髓,斷絃折劍,遇鸞血而如初以鸞血煉作膠,黏折處,鐵物永不斷。海竭江枯,投游波燕子是也而立泛。令鉛拒火,須伏修天今呼爲補天石。如要形堅,豈忘紫背有紫背天葵,如常食葵菜,秖是背紫面青,能堅鉛形。留砒住鼎,全賴宗心別有宗心草,今呼石竹,不是食者,必恐誤。其草出歙州,生處多蟲獸。雌得芹花其草名爲立起,其形如芍藥,花色青可,長三尺已來。葉上黄斑色,味苦澀,堪用煮雌黄,立住火,立便成(庚)[庾],硇遇赤鬚其草名赤鬚,今呼爲虎鬚草,是用煮硇砂,即生火驗,水留金鼎。水中生火,非猾髓而莫能海中有獸名曰猾,以髓入在油中,其油沾水,水中火生,不可救之,用酒噴之即滅,勿於屋下收。長齒生牙,賴雄鼠之骨末其齒若折,年多不生者,取雄鼠脊背作木揩折處,齒立生如故。髮眉墮落,塗半夏而立生眉髮墮落者,以生半夏莖煉之取涎,塗髮落處,立生。目辟眼䁾,有五花而自正五加皮是也,其葉有雄雌,三葉爲雄,五葉爲雌。須使五葉者作末酒浸,飲之,其目目䁾者正。脚生肉栨,裩繫菪根脚有肉栨者,取莨菪根於裩帶上繫之表,感應永痊。囊皺旋多,夜煎竹木多小便者,夜煎草薢一件服之,永不夜起也。體寒腹大,全賴鸕鷀若患腹大如鼓,米飲調鸕鷀末服,立枯如故也。血泛經過,飲調瓜子甜瓜子内仁,搗作末去油,飲調服之立絕。咳逆數數,酒服熟雄天雄炮過,以酒調一錢匕,服立定也。遍體瘮風,冷調生側附子傍生者曰側子,作末冷酒服,立差也。腸虚泄痢,須假草零搗五倍子作末,以熟水下之,立止也。久渴心煩,宜投竹瀝。除癥去塊,全仗消硇硝硇即硇砂石,二味於乳鉢中研作粉,同鍛了,酒服神效也。益食加觴,須煎蘆朴不食者并飲酒少者,煎逆水蘆根并厚朴二味,湯服。強筋健骨,須是蓯鱓蓯蓉并鱓魚二味作末,以黄精汁丸服之,可力倍常十也。出《乾寧記》中。駐色延年,精蒸神錦出顔色服黄精自然汁,拌細研神錦,於柳木甑中蒸七日了,以木蜜丸服,顔貌可如幼女之容色也。知瘡所在,口點陰膠陰膠即是甑中氣垢,少許於口中,即知藏府所起,直徹至住處,知痛足可醫也。產後肌浮,甘皮酒服產後肌浮,酒服甘皮立枯。口瘡舌坼,立愈黄蘇口瘡舌坼,以根黄塗蘇炙作末,塗之立差。腦痛欲亡,鼻投硝末頭痛者,以硝石作末内鼻中,立止。心痛欲死,速覓延胡以延胡索作散,酒服之立愈也。如斯百種,是藥之功。某忝遇明時,謬看醫理,雖尋聖法,難可窮微。略陳藥餌之功能,豈溺仙人之要術。其制藥炮熬煮炙,不能記年月哉。欲審元由,須看海集。某不量短見,直錄炮熬煮炙,列藥制方,分爲上中下三卷,有三百件名,具陳於後。柯氏影印本《大觀本草》

(三)傳本

【古今醫統大全】採摭諸書　《雷公炮製》三卷,宋雷敩撰。胡(源)[洽]重定。

【國史經籍志】卷四下　《炮炙論》三卷,雷(教)[敩]。

【世善堂藏書目】卷下　《雷公炮炙》三卷,宋雷敩。

【醫藏書目】普醍函目　《雷公炮炙》五卷。雷斅。

【東醫寶鑑】歷代醫方　《藥性炮炙》。雷斅所著，黄帝臣也。

【汲古閣毛氏藏書目錄】　《雷公炮炙》三卷，宋雷斅。

【兩淮鹽筴書】引證書目　《雷公炮炙論》

注：按明代而下，稱爲《雷公炮製》者，不一二而止，多出於俗手所爲。今未知前揭諸家所著錄之書，與宋代所傳本同否。暫記以備後考云。

附　陳雷炮炙論

【崇文總目輯釋】卷三　《陳雷炮炙論》三卷

【通志藝文略】炮炙　《陳雷炮炙論》三卷

十三、王季璞本草經

【隋書經籍志】神農本草八卷注　梁有王季璞《本草經》三卷。《通志略》同

十四、談道術本草經鈔

【隋書經籍志】神農本草八卷注　梁有《談道術本草經鈔》一卷。

十五、本草病源合藥要鈔

【隋書經籍志】神農本草八卷注　梁有宋大將軍徐叔嚮《本草病源合藥要鈔》五卷。

【通志藝文略】本草用藥　《本草病源合藥要鈔》五卷，徐叔嚮撰。

注：徐叔嚮傳，見於"鍼灸要鈔"條下。

附　本草病源合藥節度

【舊唐書經籍志】醫術　《本草病源合藥節度》五卷。《新唐志》、《通志略》并同。

十六、體療雜病本草要鈔

【隋書經籍志】神農本草八卷注　梁有徐叔嚮等四家《體療雜病本草要鈔》十卷。

【通志藝文略】本草用藥　《體療雜病本草要鈔》十卷。徐叔嚮等四家。

十七、小兒用藥本草

【隋書經籍志】神農本草八卷注　梁有王末鈔《小兒用藥本草》二卷。

【通志藝文略】本草用藥　《小兒用藥本草》二卷，王末撰。

十八、療癰疽耳眼本草要鈔

【隋書經籍志】神農本草八卷注　梁有甘濬之《療癰疽耳眼本草要鈔》九卷。
【舊唐書經籍志】醫術　《療癰疽耳眼本草要(妙)[抄]》五卷
【唐書藝文志】醫術類　《療癰疽耳眼本草要(妙)[抄]》五卷
【通志藝文略】本草用藥　《療癰疽耳眼本草要鈔》(九)[五]卷,甘濬之。

十九、本草要方

【隋書經籍志】醫方　《本草要方》三卷,甘濬之撰。《通志略》同

二十、趙替本草經

【隋書經籍志】神農本草八卷注　梁有《趙替本草經》一卷。

二十一、本草經輕行

【隋書經籍志】神農本卷八卷注　梁有《本草經輕行》一卷。

二十二、本草經利用

【隋書經籍志】神農本草八卷注　梁有《本草經利用》一卷。

二十三、新集藥錄

【隋書經籍志】桐君藥錄注　梁有雲麾將軍徐滔《新集藥錄》四卷。

二十四、藥法

【隋書經籍志】桐君藥錄注　梁有《藥法》四十二卷。

二十五、藥律

【隋書經籍志】桐君藥錄注　梁有《藥律》三卷。

二十六、藥性

【隋書經籍志】桐君藥錄注　梁有《藥性》二卷。

二十七、藥目

【隋書經籍志】桐君藥錄注　梁有《藥目》三卷。

二十八、神農採藥經

【隋書經籍志】桐君藥錄注　梁有《神農採藥經》二卷。

二十九、藥忌

【隋書經籍志】桐君藥錄注　梁有《藥忌》一卷。

三十、太清草木集要

【隋書經籍志】醫方　《太清草木集要》二卷，陶隱居撰。
【舊唐書經籍志】醫術　《太清諸草木方集要》三卷。《新唐志》同
【日本國見在書目錄】醫方家　《大清諸草木方集要》一
【通志藝文略】本草用藥　《太清草木方集要》三卷，陶隱居撰。
【玉海】卷六十三　《太清草木方集要》三卷
【本草綱目】卷一　《太清草木方》

三十一、藥總訣

【崇文總目輯釋】卷三　《藥總訣》一卷

【補注本草所引書傳】　《藥總訣》，梁陶隱居撰。論次藥品五味寒熱之性，主療疾病，及採畜時日之法，凡二卷。一本題云《藥像敦訣》政和本"敦"作"口"，不著撰人名氏，文字並相類。

【通志藝文略】本草用藥　《藥總訣》一卷
【宋史藝文志】醫書類　《制藥總訣》一卷

注：按《醫籍考》别載《亡名氏藥像口訣》二卷，蓋據政和本補注所引書傳而揭出者，今查大觀本，"口"作"敦"。且云：《藥總訣》，一本題云《藥像敦訣》，不著撰人名氏，文字並相類。據此，則其與《藥總訣》異名同書，幾無疑，今不别揭焉。

又按《醫籍考》云：《藥總訣》，《藝文略》作《集藥訣》，别有《藥總訣》一卷，似複載。

序跋

自序

上古神農作爲《本草》，凡著三百六十五種，以備一歲。歲有三百六十五日，日

生一草，草治一病，上應天文、中應人道，下法地理。調和五味，製成醪醴，以備四氣爲弗服，欲其本立道生者也。當生之時，人心素朴，嗜欲寡少，設有微疾，服之萬全。自此之後，世僞情澆，智慮日生，馳十無厭，憂患不息，故邪氣數侵，病轉深痼，雖服良藥不愈。其後雷公、桐君更增演《本草》，二家《藥對》，廣其主治，繁其類族。既世改情移，生病日深，或未有此病，而遂設彼藥，或一藥以治衆疾，或百藥共愈一病，欲以排邪還正，爲之原防故也。而三家所列疾病互有盈縮，或物異而名同，或物同而名異，或冷熱乖違，甘苦背越，採取殊法，出處異所，若此之流，殆難按據。尋其大歸，神農之時，未有文字，至於黄帝，書記乃興，於是《神農本草》别爲四經三家之説，遞有損益，豈非隨時適變，殊途同歸者乎。但《本草》之書，歷代久遠，既靡師授，又無注訓，傳寫之人，遺誤相繼，字義殘闕，莫之是正，方用有驗，布舒合和。《陶貞白文集》。《醫籍考》注云：案此非全文，“合和”以下，尚有數句。

附　陶隱居集藥訣

【通志藝文略】本草用藥　《陶隱(用)[居]集藥訣》一卷

【秘書省續編到四庫闕書目】卷二　《陶隱居集藥訣》一卷。闕。

三十二、藥辨訣

【日本國見在書目錄】醫方家　《藥弁訣》一。

【本草和名】引用書　《藥訣》

【和名抄引用漢籍】醫方　《藥訣》。引用一回。

注：按《醫心方》卷二“鍼灸服藥吉凶日第七”引《張仲景藥辨訣》，疑即此書乎。

三十三、本草夾注音

【日本國見在書目錄】醫方家　《本草夾注音》一，陶隱居撰。

三十四、蔡英本草經

【隋書經籍志】醫方　《本草經》四卷，蔡英撰。《通志略》同

三十五、藥目要用

【隋書經籍志】醫方　《藥目要用》二卷。《舊唐志》、《新唐志》、《通志略》並同。

三十六、本草經略

【隋書經籍志】醫方　《本草經略》一卷。《通志略》同

三十七、徐大山本草

【隋書經籍志】醫方　《本草》二卷，徐大山撰。《通志略》同

三十八、本草經類用

【隋書經籍志】醫方　《本草經類用》三卷。《通志略》同

三十九、本草音義

【隋書經籍志】醫方　《本草音義》三卷，姚最撰。《通志略》同。"最"一本作"景"。

四十、本草集錄

【隋書經籍志】醫方　《本草集錄》二卷。《通志略》同

四十一、本草鈔

【隋書經籍志】醫方　《本草鈔》四卷。《通志略》同

四十二、本草雜要決

【隋書經籍志】醫方　《本草雜要決》一卷。《通志略》"決"作"訣"。

【本草和名】引用書　《本草雜要訣》

【和名抄引用漢籍】醫方家　《雜要訣》。引用二回。《辨要訣》。引用一回。

四十三、依本草錄藥性

【隋書經籍志】醫方　《依本草錄藥性》三卷，《錄》一卷。

四十四、靈秀本草圖

【隋書經籍志】醫方　《靈秀本草圖》六卷，原平仲撰。《通志略》同。《醫籍考》引《隋志》作"一卷"。

【舊唐書經籍志】醫術　《靈秀本草圖》六卷，原平仲撰。

【唐書藝文志】醫術類　《原平仲靈秀本草圖》六卷

四十五、芝草圖

【隋書經籍志】醫方　《芝草圖》一卷。《舊唐志》、《新唐志》並同。

四十六、徐儀藥圖

【新修本草】卷六積雪草　《徐儀藥圖》名連錢草，生處亦稀。

【圖經本草】積雪草　《徐儀藥圖》名連錢草，八月九日採苗葉，陰乾用。柯氏本《大觀本草》。

四十七、入林採藥法

【隋書經籍志】醫方　《入林採藥法》二卷。《通志略》同

四十八、太常採藥時月

【隋書經籍志】醫方　《太常採藥時月》一卷。《通志略》同

四十九、四時採藥及合目錄

【隋書經籍志】醫方　《四時採藥及合目錄》四卷

【舊唐書經籍志】醫術　《四時採取諸藥及合和》四卷

【唐書藝文志】醫術類　《四時採取諸藥合和》四卷

【通志藝文略】採藥　《四時採藥及合和》四卷

五十、李密藥錄

【隋書經籍志】醫方　《藥錄》二卷，李密撰。

注：李密傳，《北史》卷三十三《李裔傳》云：李裔子密，字希邕，少有節操。母患積年，名醫療之不愈，乃精習經方，洞閑鍼藥，母疾得除，由是以醫術知名。屬尒朱兆弑逆，與勃海高昂爲報復計。後從神武，封容城縣侯，位襄州刺史。

《北齊書》卷二十二《李元忠傳》云：元忠族弟密，字希邕，平棘人也。祖伯膺，魏東郡太守，贈幽州刺史。父渙，治書侍御史、河內太守，贈青州刺史。密少有節操，屬尒朱兆殺逆，乃陰結豪右，與渤海高昂爲報復之計。屬高祖出山東，密以兵從舉義，遙授并州刺史，封容城縣侯，邑四百戶。尒朱兆至廣阿，高祖令密募殷、定二州兵五千人鎮黃沙、井陘二道。及兆韓陵敗還晉陽，隨軍平兆。高祖乃以薛循義行并州事，授密建州刺史。又除襄州刺史，在州十餘年，甚得安邊之術，威信聞於外境。高祖頻降手書勞問，并賜口馬。侯景外叛，誘密執之，授以官爵。景敗歸朝，朝

廷以密從景非元心，不之罪也。天保初，以舊功授散騎常侍，復本爵縣侯。卒贈殿中尚書、濟州刺史。密性方直，有行檢。因母患積年，得名醫治療不愈，乃精習經方，洞曉鍼藥，母疾得除。當世皆服其名解，由是亦以醫術知名。魏末行護軍司馬、武邑太守。天保初，司空長史。太寧、武平中，清河、廣平二郡守，銀青光祿大夫。齊亡後卒。

五十一、諸藥異名

【隋書經籍志】醫方　《諸藥異名》八卷，沙門行矩撰。本十卷，今闕。
【舊唐書經籍志】醫術　《諸藥異名》十卷，釋行智撰。
【唐書藝文志】醫術類　《僧行智諸藥異名》十卷
【通志藝文略】本草　《諸藥異名》十卷，沙門行矩撰。

五十二、諸藥要性

【隋書經籍志】醫方　《諸藥要性》二卷。《通志略》同

五十三、種植藥法

【隋書經籍志】醫方　《種植藥法》一卷。《通志略》同

五十四、種神芝

【隋書經籍志】醫方　《種神芝》一卷

五十五、甄氏本草

【隋書經籍志】醫方　《甄氏本草》三卷

五十六、本草音義

【隋書經籍志】醫方　《本草音義》七卷，甄立言撰。
【唐書藝文志】醫術類　甄立言一作權《本草音義》七卷
【日本國見在書目錄】醫方家　《本草音義》三。甄立言撰。
【通志藝文略】本草音　《本草音義》七卷，甄權撰。
【東醫寶鑑】歷代醫方　《本草音義》，唐甄立言所著。

注：甄立言傳，《舊唐書》卷一百九十一《甄權傳》云：甄權，許州扶溝人也。嘗以母病，與弟立言專醫方，得其旨趣。弟立言，武德中累遷太常丞。御史大夫杜淹患風毒發腫，太宗令立言視之。既而奏曰：從今更十一日午時必死。果如其言。時

有尼明律,年六十餘,患心腹皷脹,身體羸瘦,已經二年。立言診脈曰:其腹内有蟲,當是誤食髮爲之耳。因令服雄黄,須臾吐一蛇,如人手小指,唯無眼,燒之猶有髮氣,其疾乃愈。立言尋卒。撰《本草音義》七卷、《古今録驗方》五十卷。《新唐書》卷二百零四《甄權傳》所記,亦與此略同。

五十七、本草藥性

【舊唐書經籍志】醫術　《本草藥性》三卷,甄立言撰。

【唐書藝文志】醫術類　甄立言一作權《本草音義》七卷,又《本草藥性》三卷。

【通志藝文略】本草　《本草藥性》三卷,甄權撰。

五十八、藥性論

【崇文總目輯釋】卷三　《藥性論》四卷。原釋:闕。見天一閣抄本。

【補注本草所引書傳】《藥性論》,不著撰人名氏。集衆藥品,類分其性味,君臣主病之功,凡四卷。一本題曰"陶隱居撰",然所記藥性功狀,與《本草》有相戾者,疑非隱居所爲。

【宋史藝文志】醫書　《藥性論》四卷

【本草綱目】卷一　《藥性論》,即《藥性本草》,乃唐甄權所著也。權,扶溝人,仕隋爲秘書正字。唐太宗時,年百二十歲。帝幸其第,訪以藥性,因上此書,授朝散大夫,其書論主治亦詳。又著《脈經》、《明堂人形圖》各一卷。詳見《唐史》。

【醫籍考】三百九十九　按,《隋志》所載《甄氏本草》,與立言《本草藥性》,疑是同書。若《藥性論》,亦豈一書歟。唯卷帙不同。至李時珍說,恐難信據。

注:按《嘉祐本草》所引《藥性論》,有三百七十條。

五十九、藥菌

【日本國見在書目録】醫方家　《藥菌》三。甄立言撰。

六十、石論

【隋書經籍志】醫方　《石論》一卷

六十一、太常分藥格

【崇文總目輯釋】卷三　《太常分藥格》一卷,孫思邈撰。原釋:闕。見天一閣抄本。

【宋史藝文志】醫書類　《孫思邈芝草圖》三十卷,又《太常分藥格》一卷。

六十二、本草音義

【舊唐書經籍志】醫術　《本草音義》二卷，殷子嚴撰。《通志略》同

【唐書藝文志】醫術類　《殷子嚴本草音義》二卷

【日本國見在書目錄】醫方家　《本草音義》一。殷子嚴撰。

六十三、本草音義

【唐書藝文志】醫術類　《孔志約本草音義》二十卷

【通志藝文略】本草音　《本草音義》二十卷，孔志約撰。

【醫籍考】二百七十八　按，孔志約作《新修本草序》，不言自著《音義》，是又可疑。

六十四、雜注本草

【日本國見在書目錄】醫方家　《雜注本草》。蔣孝琬加注。

注：按蔣孝琬與蘇敬等同纂修《本草》，時爲朝請郎太常寺太醫令。

六十五、本草音義

【唐書藝文志】醫術類　李含光《本草音義》二卷

【崇文總目輯釋】卷三　《本草音義》五卷，李含光撰。原釋：闕。見天一閣鈔本。侗案，舊本"音義"譌作"韵義"。今據《宋志》校改。

【通志藝文略】本草音　《本草音義》二卷，李含光撰。

【宋史藝文志】醫書類　李含光《本草音義》五卷

【本草綱目】卷一　《本草音義》。凡二卷，唐李含光撰。

注：李含光傳，《顔魯公文集・茅山玄靖先生廣陵李君碑銘》略曰，先生姓李氏，諱含光，廣陵江都人。本姓弘，以孝敬皇帝廟諱改焉。羈礦好靜處，誦習墳典，年十八，志求道妙，遂師事同邑先生，遊藝數年。神龍初，以清行度爲道士。以大曆己酉歲冬十一月十四日遁化於茅山紫陽之別室，春秋八十有七。先生識真淳，業行高古，道窮情性之本，學冠天人之際。又博覽群言，長於著撰。嘗以《本草》之書精明藥物，事關性命，難用因循，著《音義》兩卷。《醫籍考》

六十六、本草音

【日本國見在書目錄】醫方家　《本草音》七。李君撰。

六十七、本草注音

【日本國見在書目錄】醫方家　《本草注音》，楊玄撰。

【和名抄引用漢籍】醫方　《本草音義》，楊玄撰。引用三回。

注：按《本草和名》，多引"楊玄操音"者，疑即是書矣。

注：楊玄操傳，見於"呂楊集註難經"條下。

六十八、新本草

【唐書藝文志】醫術類　《王方慶新本草》四十一卷

【通志藝文略】本草　《新本草》四十一卷，王方慶撰。

注：王方慶傳，《舊唐書》卷八十九本傳略云，王方慶，雍州咸陽人也，周少司空石泉公曾孫也。方慶年十六，起家越王府參軍。嘗就記室任希古受《史記》、《漢書》，希古遷爲太子舍人，方慶隨之卒業。永淳中，累遷太僕少卿。則天臨朝，拜廣州都督。當時議者以爲有唐以來，治廣州者無出方慶之右。有制褒之曰：朕以卿歷職著稱，故授此官，既美化遠聞，實副朝寄。令賜卿雜綵六十段并瑞錦等物，以彰善政也。證聖元年，召拜洛州長史，尋加銀青光祿大夫，封石泉縣男。萬歲登封元年，轉并州長史，封琅邪縣男。未行，遷鸞臺侍郎、同鳳閣鸞臺平章事。俄轉鳳閣侍郎，依舊知政事。神功元年，改封石泉子。則天以方慶家多書籍，嘗訪求右軍遺跡。方慶奏曰：臣十代從伯祖羲之書，先有四十餘紙。貞觀十二年，太宗購求，先臣并已進之。唯有一卷見今在。又進臣十一代祖導、十代祖洽、九代祖珣、八代祖曇首、七代祖僧綽、六代祖仲寶、五代祖騫、高祖規、曾祖褒，并九代三從伯祖晉中書令獻之已下二十八人書，共十卷。則天御武成殿，示群臣，仍令中書舍人崔融爲《寶章集》以敘其事，復賜方慶，當時甚以爲榮。方慶漸以老疾，乞從閑逸。迺授麟臺，監修國史。及中宗立爲東宮，方慶兼檢校太子左庶子。聖曆二年，正授太子左庶子，封石泉公，餘并如故，俸科同職事三品，兼侍皇太子讀書。長安二年五月卒，贈兗州都督，謚曰貞。中宗即位，以宫寮之舊，追賜吏部尚書。方慶博學好著述，所撰雜書凡二百餘卷。尤精三禮，好事者多詢訪之。每所酬答，咸有典據，故時人編次，名曰《禮雜答問》。聚書甚多，不減秘閣，至於圖畫，亦多異本。諸子莫能守其業，卒後尋亦散亡。同卷一百九十一《張文仲傳》云：則天令文仲集當時名醫共撰療風氣諸方，仍令麟臺監王方慶監其修撰。

注：按《醫籍考》四百頁云：《舊唐書》本傳曰：王方慶，太原人也。雅有材度，博學多聞，篤好經方，精於藥性，則天令監領尚藥。奉御張文仲、侍醫李虔縱、光祿韋慈藏，撰諸藥方。方慶撰《隨身左右百發百中備急方》十卷，大行於世。今按《舊唐書》方慶傳無此文，豈別有所據邪。

六十九、藥性要訣

【唐書藝文志】醫術類　《王方慶藥性要訣》五卷。《通志略》同

七十、藥類

【舊唐書經籍志】醫術　《藥類》二卷。《新唐志》、《通志略》並同。

七十一、本草要術

【舊唐書經籍志】醫術　《本草要術》三卷。《新唐書》同

七十二、本草用藥要妙

【舊唐書經籍志】醫術　《本草用藥要妙》二卷。《新唐志》、《通志略》並作九卷。

七十三、天寶單方藥圖

【圖經本草】序　昔唐永徽中，刪定《本草》之外，復有《圖經》相輔而行。圖以載其形色，經以釋其同異。而明皇御製，又有《天寶單方藥圖》，皆所以敘物真濫，使人易知，原診處方，有所依據。二書失傳且久，散落殆盡，雖鴻都秘府，亦無其本。天寶方書，但存一卷，類例粗見，本末可尋。《大觀本草》

【玉海】卷六十三引中興書目　《天寶單方藥圖》。唐明皇御製。今存一卷。

注：按《圖經本草》"菊花"條云"唐《天寶單方圖》載白菊"云云。又"積雪草"條云"謹按《天寶單行方》云：連錢草，味甘平，無毒"云云。

七十四、胡本草

【唐書藝文志】醫術類　《鄭虔胡本草》七卷。《通志略》同

【本草綱目】卷一海藥本草　又鄭虔有《胡本草》七卷，皆胡中藥物，今不傳。

注：鄭虔傳，《唐書》卷二百零二云：鄭虔，鄭州滎陽人。天寶初爲協律郎，集綴當世事，著書八十餘篇。有窺其藁者，上書告虔私撰國史。虔蒼黃焚之，坐謫十年。還京師，玄宗愛其才，欲置左右，以不事事，更爲置廣文館，以虔爲博士。虔聞命，不知廣文曹司何在，訴宰相。宰相曰：上增國學，置廣文館以居賢者，令後世言廣文博士自君始，不亦美乎。虔乃就職。久之，雨壞廡舍，有司不復修完，寓治國子館，自是遂廢。初，虔追紬故書可誌者得四十餘篇，國子司業蘇源明名其書爲《會粹》。虔善圖山水，好書，常苦無紙，於是慈恩寺貯柿葉數屋，遂往日取葉肄書，歲久殆遍。嘗自寫其詩并畫以獻，帝大署其尾曰"鄭虔三絕"。遷著作郎。安祿山反，遣張通儒劫百官置東都，僞授虔水部郎中，因稱風緩，求攝市令，潛以密章達靈武。賊平，與張通、王維並囚宣陽里。三人者，皆善畫，崔圓使繪齋壁。虔等方悸死，即極思祈解於圓，卒免死，貶台州司戶參軍事。維止下遷。後數年卒。虔學長於地里，山川

險易、方隅物產、兵戎衆寡無不詳。嘗爲《天寶軍防録》,言典事該。諸儒服其善著書,時號"鄭廣文"。在官貧約甚,澹如也。杜甫嘗贈以詩,曰"才名四十年,坐客寒無氈"云。有鄭相如者,自滄州來師事虔,虔未之禮,間問何所業。相如曰:聞孔子稱"繼周者百世可知",僕亦能知之。虔駭然,即曰:開元盡三十年當改元,盡十五年天下亂,賊臣僭位,公當汙僞官,願守節,可以免。虔又問:自謂云何。答曰:相如有官三年,死衢州。是年及進士第,調信安尉。既三年,虔詢吏部,則相如果死。故虔念其言,終不附賊。

七十五、删繁藥詠

【唐書藝文志】醫術類　江承宗《删繁藥詠》三卷。鳳翔節度要籍。

【崇文總目輯釋】醫書　《删繁藥詠》三卷,江承(宋)[宗]撰。原釋:闕。見天一閣鈔本。

【通志藝文略】本草用藥　《删繁藥詠》三卷,江承宗撰。

【宋史藝文志】醫書類　(王)[江]承宗《删繁藥脉》三卷

七十六、删繁本草

【崇文總目輯釋】卷三　《删繁本草》五卷,楊損之撰。原釋:闕。見天一閣鈔本。

【補注本草所引書傳】　《删繁本草》,唐潤州醫博士兼節度隨軍楊損之撰。以《本草》諸書所載藥類頗煩,難於看檢,删去其不急并有名未用之類爲五卷。不著年代,疑開元後人。

【通志藝文略】本草　《删繁本草》五卷,楊損之撰。

【宋史藝文志】醫書類　楊損之《删繁本草》五卷

注:按《嘉祐本草》所引"楊損之"有五條。

七十七、四聲本草

【崇文總目】卷三　《四聲本草》四卷,蕭炳撰。原釋:闕。見天一閣鈔本。

【補注本草所引書傳】　《四聲本草》,唐蘭陵處士蕭炳撰。取《本草》藥名每上一字,以四聲相從,以便討閲。凡五卷。前進士王收撰序。

【通志藝文略】本草　《四聲本草》四卷,蕭炳撰。

【宋史藝文志】醫書類　蕭炳《四聲本草》四卷

注:按《嘉祐本草》所引有"蕭炳"六十四條。

七十八、本草性事類

【崇文總目輯釋】醫書類　《本草性類》一卷,杜善方撰。侗案,舊本"性類"上多一“本”字，今據《通志略》、《宋志》校刪。

【補注本草所引書傳】《本草性事類》，京兆醫工杜善方撰。不詳何代人。以《本草》藥名，隨類解釋，刪去重複。又附以諸藥制使畏惡、解毒、相反、相宜者爲一類，共一卷。

【通志藝文略】本草 《本草性[事]類》一卷，杜善方(纂)[撰]。

【宋史藝文志】醫書 杜善方《本草性[事]類》一卷

七十九、南海藥譜

【崇文總目輯釋】醫書類 《南海藥譜》一卷。原釋：闕。見天一閣鈔本。

【補注本草所引書傳】《南海藥譜》，不著撰人名氏。雜記南方藥所產郡縣及療疾之驗，頗無倫次，似唐末人所作。凡二卷。

【通志藝文略】本草 《南海藥譜》七卷

【宋史藝文志】醫書類 《南海藥譜》一卷

注：按《嘉祐本草》所引有“南海藥譜”六條。

八十、海藥本草

【通志藝文略】本草 《海藥本草》六卷，李珣撰。

【秘書省續編到四庫闕書目】卷二醫書 李珣《海藥本草》六卷

【本草綱目】卷一 《海藥本草》。禹錫曰“《南海藥譜》二卷”云云。時珍曰：此即《海藥本草》也，凡六卷，唐人李珣所撰。珣蓋肅代時人，收採海藥，亦頗詳明。

【醫籍考】四百零六 按《南海藥譜》與《海藥本草》，其目各見於《崇文總目》，不知李時珍何據爲一，其言殆難信焉。

注：按《嘉祐本草》所引唯有《南海藥譜》，而無《海藥本草》。唐慎微所引但稱“海藥”者，有一百零二條。

八十一、石藥爾雅

【崇文總目輯釋】道書類七 《石藥爾雅》一卷，梅彪撰。

【遂初堂書目】醫書類 《石藥爾雅》

傳本

【抱經樓藏書志】卷三十六醫家 《石藥爾雅》二卷。抄本。唐梅彪集。唐元和中，西蜀梅彪撰。《石藥爾雅》，醫方以藥石並稱。《爾雅》止釋草木，石不及焉。宜彪取其隱名，而顯著之也。自序言：衆石異名，象《爾雅》辭句，凡六篇，勒爲一卷。而白雲霽《道藏目錄》作二卷，疑後人附益之。唐代遺書傳世者罕矣，乃抄而入諸經部。金風亭長彝尊識。

【海源閣藏書目】子部　精鈔本《石藥爾雅》二卷,一冊。以上四種已編入《楹書隅録初編》之内。

【皕宋樓藏書志】卷四十四醫家　《石藥爾雅》二卷。舊抄本。唐梅彪集。次引朱彝尊識語,今省。任氏手跋曰:乾隆己酉夏四月,心齋居士任兆麟於光禄丈頤志堂假得,校讀一過。此《頤志堂彙鈔》首冊也。并記。

【静嘉堂秘籍志】卷二十四陸氏十萬卷樓舊藏醫家　《石藥爾雅》,唐梅彪撰。抄一本。與《景文筆記》、《東洲語》合抄,以下與《皕宋樓志》同,今省。案,是書《四庫》未收。

【叢書舉要】卷五十二稽古堂日抄　《石藥爾雅》,唐梅彪。卷三十一《别下齋叢書》《石藥爾雅》二卷,唐梅彪。卷五十九《道藏目録》《(藥石)[石藥]爾雅》二卷。

【清華學校圖書館中文書籍目録】《石藥爾雅》二卷,梅彪。唐。見《别下齋叢書》。

【古越藏書樓書目】本草　《石藥爾雅》二卷,唐梅彪。石印别下齋本。

八十二、本草訓戒圖

【唐書藝文志】雜藝術　王定畫《本草訓戒圖》。貞觀尚方令。

附　採藥圖

【日本國見在書目録】醫方家　《採藥圖》二

附　雜藥論

【日本國見在書目録】醫方家　《雜藥論》一

附　雜藥圖

【日本國現在書目録】醫方家　《雜藥圖》二

附　雜藥

【日本國見在書目録】醫方家　《雜藥》四

附　本草稽疑

【本草和名】卷上引用書　《本草稽疑》

【和名抄引用漢籍】《本草稽疑》。引用一回。

注:按《醫心方》所引"本草稽疑"有五條。

附　釋藥性

【本草和名】引用書　《釋藥性》

【和名抄引用漢籍】《釋藥性》。引用八回。

附　本草疏

【本草和名】引用書　《本草疏》

【和名抄引用漢籍】《本草疏》。引用六回。

附　五金粉藥訣

【本草和名】引用書　《五金粉藥訣》

附　丹草口訣

【本草和名】引用書　《丹草口訣》

附　神仙芝草圖

【日本國見在書目錄】醫方家　《神仙芝草圖》一卷

【證類本草所出經史方書】　《神仙芝草經》

【宋史藝文志】醫書類　《神仙玉芝圖》二卷

附　芝草圖

【日本國見在書目錄】醫方家　《芝草圖》二。上下

附　仙草圖

【日本國見在書目錄】醫方家　《仙草圖》五

附　孫思邈芝草圖

【宋史藝文志】醫書類　《孫思邈芝草圖》三十卷

附　練石方

【日本國見在書目錄】醫方家　《練石方》一

附　藥石

【日本國見在書目錄】醫方家　《藥石》一

附　何首烏傳

【崇文總目輯釋】醫書類　《何首烏傳》一卷，李翱撰。

【宋史藝文志】醫書類　李翱《何首烏傳》一卷

【本草綱目】引據書目　李翱《何首烏傳》

【叢書舉要】卷五十一說郛　《何首烏錄》，唐李翱。

注：按《圖經本草》云：何首烏者，順州南河縣人，祖能嗣。本名田兒，生而閹弱，年五十八，無妻子。一日醉臥野中，見田中藤兩本異生，苗蔓相交，久乃解，解合三四。田兒心異之，掘根持問鄉人，無能名者。遂暴乾擣末酒服，七日而思人道，百日而舊疾皆愈，十年而生數男。後改名能嗣，又與子延服，皆壽百六十歲。首烏服藥，亦年百三十歲。唐元和七年，僧文象遇茅山老人，遂傳其事。李翱因著《方錄》云。

附　孫真人藥性賦

【百川書志】卷十醫家　《孫真人藥性賦》一卷

附　藥名譜

【叢書舉要】卷三十七唐人說薈　《藥名譜》，侯寧極。卷五十唐人小說瑣記家　《藥名譜》，侯寧極。卷五十一說郛　《藥譜》，唐侯寧極。

【叢書書目彙編】唐人五十家小集　《藥名譜》，侯寧極。

【古越藏書樓書目】卷五　《藥譜》一卷，唐侯寧極。《說郛》本。

【江蘇省立國學圖書館圖書總目】《藥譜》。《說郛》第六十一冊，唐侯寧極。明刊本。《藥名譜》一卷。《唐代叢書》第二十冊，唐侯寧極。宋新平陶穀校述。巾箱本。又一部，一卷。《唐代叢書》殘存第二冊。

八十三、本草括要詩

【通志藝文略】本草　《本草括要》三卷,張文懿撰。

【中興館閣書目輯考】卷四醫家　《本草括要詩》三卷。原釋:後蜀張文懿撰。

【秘書省續編到四庫闕書目】卷二　張文懿《本草括要》三卷。闕。

【玉海】卷六十三引中興書目　《本草括要詩》三卷,後蜀張文懿撰。

【宋史藝文志】醫書類　張文懿《本草括要詩》三卷。

八十四、日華子諸家本草

【補注本草所引書傳】《日華子諸家本草》,國初開寶中四明人撰,不著姓氏,但云"日華子大明"。序集諸家《本草》,近世所用藥,各以寒溫性味、華實蟲獸爲類,其言近用功狀甚悉,凡二十卷。

【本草綱目】卷一　按《千家姓》,大姓出東華。日華子蓋姓大名明也。或云其姓田,未審然否。

【東醫寶鑑】歷代醫方　《日華子本草》。宋人所著,不著姓名。

注:按《嘉祐本草》所引"日華子"有五百三十三條,又按日本《香要抄》等書亦多引"日華子",或是從《證類》中所引者歟。

八十五、本草韻略

【崇文總目輯釋】卷三　《本草韻略》五卷。原釋:闕。見天一閣鈔本。

【通志藝文略】本草　《本草韻略》五卷

【宋史藝文志】醫書類　《本草韻略》五卷

八十六、採藥論

【崇文總目輯釋】卷三　《採藥論》一卷。原釋:闕。見天一閣鈔本。

【通志藝文略】採藥　《採藥論》一卷

【宋史藝文志】醫書類　《採藥論》一卷

八十七、制藥法論

【崇文總目輯釋】卷三　《制藥法論》一卷。原釋:闕。見天一閣鈔本。

【通志藝文略】炮炙　《制藥法論》一卷

【宋史藝文志】醫書類　《制藥(論法)[法論]》一卷

八十八、方書藥類

【崇文總目輯釋】卷三　《方書藥類》三卷

【通志藝文略】本草用藥　《方書藥類》三卷

【宋史藝文志】醫書類　《方書藥類》三卷

八十九、新廣藥對

【崇文總目輯釋】卷三　《新廣藥對》三卷,宗令祺撰。原釋:闕。見天一閣鈔本。

【通志藝文略】本草用藥　《新廣藥對》三卷,宗令祺撰。

【宋史藝文志】醫書類　《宗令祺廣藥對》三卷

九十、醫門指要用藥立成訣

【崇文總目輯釋】卷三　《醫門指要用藥立成訣》一卷,葉傳古撰。

【通志藝文略】本草用藥　《醫門指要用藥立成訣》,葉傳古撰。

【宋史藝文志】醫書類　葉傳古《醫門指要訣》一卷

九十一、藥林

【崇文總目】卷三　《藥林》一卷。原釋:闕。見天一閣鈔本。

【通志藝文略】本草用藥　《藥林》一卷

【宋史藝文志】醫書類　《藥林》一卷

九十二、文潞公藥準

【通志藝文略】本草用藥　《文路公藥準》一卷

【秘書省續編到四庫闕書目】醫家　《文潞公藥性》一卷

【遂初堂書目】醫書類　《文潞公藥準》

【直齋書錄解題】卷十三　《藥準》一卷,潞公文彦博寬夫撰。所集方纔四十首,以爲依《本草》而用藥則有準,故以此四十方爲處方用藥之準也。

【文獻通考】經籍考　《藥準》一卷。下引《書錄解題》,今省。

【宋史藝文志】醫書類　《文彦博藥準》一卷

【證類本草所出經史方書】《文潞公藥準》

注:按《證類本草》所引有《潞公藥準》一條。

【古今醫統大全】採摭諸書　《文潞公藥準》,文彦博。

【本草綱目】卷一　《文潞公藥準》

注：文彦博傳，《宋史》卷三百十三本傳略云，文彦博字寬夫，汾州介休人。及進士第，累官同中書門下平章事，封潞國公。熙寧中，爲王安石所惡，力引去。拜司空、河東節度使。尋以太師致仕，居洛陽。元祐初，命平章軍國重事，居五年，復致仕。卒年九十二，謚曰忠烈。彦博逮事四朝，任將相五十年，名聞四夷。彦博雖窮貴極富，而平居接物謙下，尊德樂善，如恐不及。交與富弼、司馬光十三人，用白居易"九老會"故事，置酒賦詩相樂，序齒不序官，爲堂繪像其中，謂之"洛陽耆英會"，好事者莫不慕之。

序跋

余嘗苦頭眩，治之多方，彌歲不解。會國醫龔世昌診脈問狀，乃云：鬲有寒痰，久之使然，非它苦也。授余香芎散并其方，服未半劑而愈，遂不復發。余既神其效，又觀其立方有法，不與常類。方用九物，物别爲之解。凡藥性之寒溫，味之甘辛，并其主療，略具於左。雖簡而備，使觀之者有據，服之無疑。無疑有效，猶夫任人，各知其才之所長，用無疑，事罔不濟。乃知古之良醫，治病必考於《本草》而立方，方藥既精(經)，厥疾必瘳。班固云：經方者，本草石之寒溫，原疾病之深淺。陶隱居云：道經載扁鵲數法，其用藥猶是《本草》家意。張仲景最爲衆方之祖，悉依《本草》。近世庸醫鮮通《本草》，求其方藥之驗，固亦難矣。余嘉龔醫之方專用《本草》之意，因采仲景并《外臺》、《千金》及諸家經驗方共若干，輒加注傳於門内，以備處療，謂之《藥準》。以其依《本草》立方，則用之有準云。《文集》《醫籍考》

九十三、節用本草圖

【醫籍考】二百二十九　文氏彦博《節要本草圖》，佚。

序跋

自序

余嘗以近世醫工，雖處方有據，而日用不精，以至療疾寡效。蓋古醫藥率多自採，故桐君著《采藥録》，備花葉形色，别其是非真假，用之決無乖誤，服之咸得痊愈，而又擇郡國地産之良，及春秋秀實之候。今則不然，藥肆不能盡識，但憑采送之人；醫工鮮通《本草》，莫辨良苦之難。加之贋僞，遂以合和，以兹療治，宜其寡效。唐室之盛，置藥園生、《本草圖》，欲悉知其形色氣味，用藥之精，其慎如此。嘉祐初，余在政府，建言重定《本草圖經》，凡數年而成，例蒙賜本。然藥品繁多，盡形繪事，卷帙頗多，披閱匪易，因録其常用切要者若干種，别爲圖策，以便披檢。簡則易辨，人得有之，按圖而驗誤真，用之於醫，所益多矣。潞國公寬夫記。《醫籍考》

九十四、本草辨誤

【通志藝文略】本草　《本草辨誤》二卷,崔源撰。

【玉海】卷六十三引中興書目　《辨誤》一卷,熙寧中崔源撰。

【宋史藝文志】醫書類　崔源《本草辨誤》一卷

九十五、本草要訣

【通志藝文略】本草　《本草要訣》一卷,梁嘉慶撰。

【秘書省續編到四庫闕書目】卷二醫書　梁嘉慶撰《本草要訣》一卷。闕。

九十六、藥證病源歌

【通志藝文略】本草用藥　《藥證病源歌》五卷,蔣淮撰。

【宋史藝文志】醫書類　蔣淮《藥證病源歌》五卷

【通憲入道藏書目錄】第三十八櫃　《藥證病源歌一結》四卷

九十七、本草節要

【直齋書錄解題】卷十三醫書類　《本草節要》三卷,清源莊綽季裕集。

九十八、藥名詩

【秘書省續編到四庫闕書目】卷一別集　《藥名詩》一卷。輝按,《宋志》云"陳亞撰"。晁《志》"陳亞之集一卷",云賦《藥名詩》。

【宋史藝文志】卷七別集類　陳亞《藥名詩》一卷

九十九、本草補遺

【宋史】卷四百六十二龐安時傳　古今異宜,方術脫遺,備陰陽之變,補仲景論。藥有後出,古所未知,今不能辨,嘗試有功,不可遺也。作《本草補遺》。

【古今醫統大全】採摭諸書　《本草補遺》,宋龐安常撰。

【醫藏書目】普醍函目　《本草補遺》,龐安常。

【東醫寶鑑】歷代醫方　《本草補遺》,宋龐安常所著。

【稽瑞樓書目】　《本草補》一冊

注:龐安時傳,見於"難經解義"條下。

一百、修治藥法

傳本

1. 宋刊本

【皕宋樓藏書志】卷四十四傷寒總病論附　《修治藥法》一卷。宋刊本。宋蘄水龐安時撰。政和癸巳,門人布衣魏炳編序。元符三年三月豫章黄序。某氏手跋。陸心源云:案此政和癸巳刊本。

【宋元本行格表】十行引儀顧堂續跋　《宋槧修治藥法》一卷

【靜嘉堂秘籍志】卷七傷寒總病論附　《修治藥法》一卷。北宋刊本。陸氏皕宋樓舊藏。

【四庫目略】傷寒總病論附　《修治藥法》一卷,宋董灼編。吳門汪氏有宋刊小字本。

2. 士禮居仿宋本

【四庫書目邵注】卷十傷寒總病論附　《修治藥法》,宋龐安時門人董灼編。道光癸未黄丕烈士禮居仿宋刊本。

【四庫湖北先正遺著提要目錄】卷三　《修治藥法》一卷,董炳編。蘄水士禮居仿宋刻本。

【洗心精舍寄存書目】卷二　《藥法》一卷,宋龐安時撰。《士禮居叢書》本。

【靜嘉堂文庫國書分類目錄】　《修治藥法》。清道光三年影宋十萬卷樓舊藏本。

【二續中國醫學書目】　《傷寒總病論》六卷,二冊。光緒十三年《士禮居黄氏叢書》之內。附《修治藥法》。

3. 柯氏重刊本

【四庫湖北先正遺著提要目錄】卷三　《修治藥法》一卷,董炳編。武昌柯氏重刊本。

4. 鈔本

【續中國醫學書目】　《傷寒總病論》六卷,附二卷,四卷,宋龐安時撰。據於文溯閣本影鈔。附《修治藥法》一卷,龐安時撰。

【二續中國醫學書目】　《傷寒總病論》六卷,三冊,宋龐安時撰。附《修治藥法》,鈔本。每冊首有"清川氏圖書記"印,羅振玉氏舊藏本。

5. 未詳本

【八千卷樓書目】清

一百零一、藥證

【通志藝文略】本草用藥　《藥證》一卷

【秘書省續編到四庫闕書目】卷二　《藥證》一卷。闕。

一百零二、本草成書

【夾漈遺藁】寄方禮部書　仲尼之道,傳之者不得其傳,而最能惑人者,莫甚於《春秋》、《詩》耳。故欲傳《詩》,以《詩》之難,可以意度明者,在於鳥獸草木之名也,故先撰《本草成書》。其曰《成書》者,爲自舊註外,陶弘景《名醫别録》而附成之,乃爲之註釋,最爲明白。自景祐以來,諸家補註,紛然無紀。樵於是集二十家《本草》及諸方書所補治之功,及諸物名之所言,異名同狀、同名異狀之實,乃一一纂附。其經文爲之註釋,凡草經諸儒異録,備於一家書,故曰《成書》。曰經有三品,三百六十五種,以法天三百六十五度,日星經緯,以成一歲也。弘景以爲未備,乃取《名醫别録》,以應歲之數而兩之。樵又别擴諸家,以應成歲而三之。自纂《成書》外,其隱微之物,留之不足取,去之猶可惜也,纂三百八十八種,曰外類。

又曰《本草成書五策》,計二十四卷。《外類一策》,五卷。《上皇帝書》:五六年,爲天文地理之學,爲蟲魚草木之學。以蟲魚草木之所得者作《爾雅註》、作《詩名物志》、作《本草成書》、作《草木外類》。以方書之所傳者作《鶴頂方》、作《食鑑》、作《採治録》、作《畏惡録》。

【玉海】卷六十三引中興書目　《本草成書》二十五卷

【中興館閣書目輯考】　《成書》二十五卷。玉海六十三　按,鄭樵《寄方禮部書》作二十四卷。《宋志》有《樵鶴頂方》二十四卷。無此。

注:鄭樵傳,《宋史》卷四百三十六本傳云:鄭樵字漁仲,興化軍莆田人。好著書,不爲文章,自負不下劉向、楊雄。居夾漈山,謝絶人事。久之,乃游名山大川,搜奇訪古,遇藏書家,必借留讀盡乃去。趙鼎、張浚而下皆器之。初爲經旨、禮樂、文字、天文、地理、蟲魚、草木、方書之學,皆有論辨。紹興十九年上之,詔藏秘府。樵歸,益勵所學,從者二百餘人。以侍講王綸、賀允中薦,得召對。因言班固以來,歷代爲史之非。帝曰:聞卿名久矣,敷陳古學,自成一家,何相見之晚也。授迪功郎、禮兵部架閣。以御史葉義問劾之,改監潭州南嶽廟。給札歸,抄所著《通志》。書成,入爲樞密院編修官,尋兼攝檢詳諸房文字。請修金正隆官制,比附中國秩序,因求入秘書省繙閲書籍。未幾,又坐言者寢其事。金人之犯邊也,[樵言]歲星分在宋,金主將自斃。後果然。高宗幸建康,命以《通志》進。會病卒,年五十九,學者稱夾漈先生。樵好爲考證倫類之學,成書雖多,大抵博學而寡要。平生甘枯淡,樂施與,獨切切於仕進,識者以是少之。

一百零三、本草外類

【夾漈遺藁】　自纂《成書》外,其隱微之物,留之不足手,去之可惜也,纂三百八十八種,曰《外類》。

【玉海】卷六十三引中興書目　《本草外類》,鄭樵。

【宋史藝文志】醫書類　鄭樵《本草外類》五卷

一百零四、採治録

一百零五、畏惡録

【夾漈遺藁】上皇帝書　五六年，爲天文地理之學，爲蟲魚草木之學。中略以方書之所得者，作《鶴頂方》、作《食鑑》、作《採治録》、作《畏惡録》。

一百零六、大宋本草目

【秘書省續編到四庫闕書目】卷一史類目録　《大宋本草目》三卷

一百零七、指南總論

【太平惠民和劑局方】許洪序　又編次《和劑指南總論》以冠帙首，期與并行於時，此區區蠅附驥尾之願也。

【本草綱目】引據書目　許洪《本草指南》

刊本及鈔本

1. 元古林書堂刊本

【經籍訪古志】卷八　《增廣太平惠民和劑局方》十卷，《指南總論》三卷，《圖經本草》一卷。元廬陵古林書堂刊本，缺《總論》上卷。聿修堂藏。

2. 元日新堂刊本

【聿修堂藏書目録】太平惠民和劑局方附　《指南總論》二卷。建安高氏日新堂刊。

【寶素堂藏書目録】　《和劑局方指南總論》三卷，許洪。一冊。日新堂刊局方附。

【圖書寮漢籍善本書目】　《太平惠民和劑局方》十卷，《指南總論》三卷。七冊。元刊本。《目録》後有"建安宗文書堂鄭天澤新刊"一行，每冊首有"多紀氏藏書印"、"江戶醫學藏書之記"諸印記。

3. 元宗文書堂刊本

【圖書寮漢籍善本書目】　《太平惠民和劑局方》十卷，《指南總論》三卷。七冊。元刊本。《目録》後有"建安宗文書堂鄭天則新刊"一行，每冊首有"多紀氏藏書印"、"江戶醫學藏書之記"諸印記。

注：《留真譜新編》卷八載有宗文書堂本《指南總論》書影。

4. 元清江書堂刊本

【聿修堂藏書目録】太平惠民和劑局方附　《指南總論》一卷。元清江書堂槧本。

5. 不明元本

【寶素堂藏書目録】　《和劑局方指南總論》三卷，一冊。元槧本。

6. 學津討源本

【二續中國醫學書目】《增廣太平惠民和劑局方》,附《本草指南總論》,十卷,附三卷,四冊。九行,二十一字。框横十・一釐,縱十三・九釐。宋陳師文等撰。清張海鵬校。上海涵芬樓影印《學津討源》第十集之内。欽定四庫全書提要。序,陳承、裴宗元、陳師文。增廣太平惠民和劑局方目錄。跋,陳耕道。跋,張海鵬,乙丑。

7. 朝鮮刊本

【躋壽館醫籍考】《和劑局方指南總論》三卷,一冊。朝鮮國本。《局方》附刊。

【經籍訪古志】卷八 《增廣太平惠民和劑局方》十卷,《指南總論》三卷。元古林書堂刊本。朝鮮本則有活字本二通。其一據余志安本,聿修堂藏。其一銅板本,聿修堂藏,僅存一卷。

【續中國醫學書目】《增註太平惠民和劑局方目錄》及《指南總論》二冊。十行,十九字。框横十五・三釐,縱二十・五釐。宋許洪編註。朝鮮活字本。增註和劑方敘意,許洪,嘉定元年。總目。進表後闕。

8. 日本享保刊本

【經籍訪古志】古林書堂本和劑局方 享保中,典藥頭橘親顯等奉教校刊是書。其所據野呂元丈藏"增廣"本者,殆似此本。

【聿修堂藏書目錄】和劑局方附 《指南總論》二卷。享保庚戌鋟梓本。

【寶素堂藏書目錄】《和劑局方指南總論》三卷,一冊。享保庚戌刊局方附。

【北京人文科學研究所藏書目錄】和劑局方附 《指南總論》三卷。日本享保十五年,橘親顯等校刊本。

【杏雨書屋圖書假目錄】《增廣太平惠民和劑局方指南總論》,附同《諸品藥石炮製總論》。《增廣太平惠民和劑局方》,享保十七年刊附冊著錄二部。

9. 日本寬政刊本

【江蘇省立國學圖書館圖書總目】《指南論》三卷。附《太平和劑局方》後,宋陳師文等奉敕編。日本寬政元年重刊本。

【杏雨書屋圖書假目錄】《增廣太平惠民和劑局方指南總論》,附同《諸品藥石炮製總論》。《增廣太平惠民和劑局方》寬政元年刊附冊。

10. 鈔本

【寶素堂藏書目錄】《和劑局方指南總論》零本,一卷,一冊。古鈔本。

【元治增補御書籍目錄】《和劑局方指南總論》三卷,古寫本。三冊。宋許洪撰。

【續中國醫學書目】《太平惠民和劑局方》,附《指南總論》十卷,附三卷。十冊。八行,二十一字。框横十五釐,縱二十釐。宋陳師文等奉敕編。抄本。據於文溯閣本影抄。提要,紀昀等,乾隆四十七年。附《太平惠民和劑局方指南總論》三卷。

11. 未詳本

【觀海堂書目】清 【東都官庫醫籍目錄】日

注:關於《指南總論》之版本,宜參看"和劑局方"條下。

一百零八、寶慶本草

【文淵閣書目】卷十五　《寶慶本草》一部一冊。完全。

【菉竹堂書目】卷五　《寶慶本草》六冊

一百零九、寶慶本草折衷

【内閣藏書目錄】卷六　《寶慶本草折衷》五冊。不全。宋紹定間陳衍著。

【台州經籍志】卷十九　《本草折衷》,石屏集縣志。宋黄岩陳萬卿撰。載石屏,稱其儒者能醫見,宣春趙守盛稱其醫藥之妙,著《本草折衷》可傳,今佚。戴復古贈詩曰"本草有折衷,儒醫功用深。何須九折臂,費盡一失心。藥物辨真僞,方書通古今。有時能起死,一劑直千金"。

一百十、藥詮總辨

【宋史藝文志】醫書類　裴宗元《藥性總辨》三卷

一百十一、用藥須知

【宋史藝文志】醫書類　《用藥須知》一卷

一百十二、採藥詩

【證類本草所出經史方書】　韓終《採藥詩》

注:按《證類本草》所引有韓終《采藥詩》一條。

一百十三、本草注節

【汲古閣珍藏秘本書目】醫家　《本草注節文》四本,陳日行。宋板影抄。

【行素堂目覩書錄】汲古閣秘本書目　《本草注節文》四本,陳日行。宋板影抄。

一百十四、本草要錄

【滂憙齋宋元本書目】　《宋板本草要錄》二卷

一百十五、惠民藥局記

【叢書舉要】宋元小說　《惠民藥局記》,沈括。

一百十六、藥議

【叢書舉要】宋元小說 《藥議》，沈括。

一百十七、麯本草

【叢書舉要】說郛 《麯本草》，宋田錫。

一百十八、石藥異名要訣

【崇文總目輯釋】卷三醫書 《石藥異名要訣》一卷，王道沖撰。

【宋史藝文志】醫書類 王道(中)[沖]《石藥異名要訣》一卷

一百十九、新修鍾乳論

【崇文總目輯釋】卷三醫書類 《新修鍾乳論》一卷。侗按，《通志略》"吳弁等撰"，《宋志》作"吳升、宋處撰"。

【宋史藝文志】醫書類 吳昪、宋處《新修鍾乳論》一卷。

一百二十、鍾乳論

【崇文總目輯釋】卷三醫書類 《鍾乳論》一卷。侗按，《通志略》"褚知載撰"。《宋志》作"褚知義"。

【宋史藝文志】醫書類 褚知義《鍾乳論》一卷

一百二十一、藥石論

【直齋書錄解題】卷十四雜藝術 《藥石論》一卷，唐昇州司馬張懷瓘撰。

一百二十二、金石制藥法

【宋史藝文志】醫書類 張機《金石制藥法》一卷

一百二十三、金石靈臺記

【宋史藝文志】醫書類 張隱居《金石靈臺記》一卷

附 藥書

【台州經籍志】卷十九醫家類 《藥書》十卷。《天台縣志稿》作"二卷"。《康熙天台縣志》不分卷。宋天台黄宣撰。今佚。

附　菖蒲傳

【秘書省續編到四庫闕書目】卷二醫書　《菖蒲傳》一卷。闕。

【宋史藝文志】醫書類　《菖蒲傳》一卷

【本草綱目】引據書目　《菖蒲傳》

附　靈芝記

【秘書省續編到四庫闕書目】卷二小説　《靈芝記》五卷。闕。

附　附子傳彰明附子記

【本草綱目】引據書目　楊天惠《附子傳》

【叢書舉要】説郛　《彰明附子記》,楊天惠。

【江蘇省立國學圖書館圖書總目】《彰明附子記》一卷。附《商芸小説》後,宋(郫)[彰明]縣楊天惠。明刊本。又一部《説郛》第六十一册。同上。明刊本。

附　本草會編

【中國醫學史】宋醫學書目錄要　《本草會編》,靳起蛟撰。

一百二十四、潔古珍珠囊

【本草綱目】歷代諸家本草　《潔古珍珠囊》,書凡一卷。金易州明醫張元素所著。元素字潔古,舉進士不第,去學醫,深闡軒岐秘奧,參悟天人幽微,言古方、新病不相能,自成家法。辨藥性之氣味,陰陽厚薄,升降浮沈,補瀉六氣十二經,及隨診用藥之法,立爲主治秘訣,心法要旨,謂之《珍珠囊》,大揚醫理。《靈》、《素》之下,一人而已。後人翻爲韻語,以便記誦,謂之《東垣珍珠囊》,謬矣。惜乎止論百品,未及編評。又著《病機氣宜保命集》四卷,一名《活法機要》。後人誤作河間劉元素所著,"元"當作"完"。僞撰序文、詞調於卷首,以附會之。其他潔古諸書,多是後人依託,故駁雜不倫。

【千頃堂書目】卷十四醫家　《潔古珍珠囊》一卷。元素字潔古,金易州名醫。後人易其書,爲韻語以便誦習,謂之《東垣珍珠囊》,非原書也。

【補遼金元藝文志】醫家類　金張元素《潔古珍珠囊》一卷。潔古,元素字。下與《千頃堂目》同文,今削之。

傳本

1. 濟生拔萃本

【叢書舉要】濟生拔萃《潔古珍珠囊》,張元祖。

【叢書書目彙編】濟生拔萃　《潔古老人珍珠囊》。第五卷。

【續中國醫學書目】《潔古老人珍珠囊》一卷,半册。十二行,二十四字。框横十一・一釐,縱十七釐。金張元素撰。《濟生拔萃》之内。卷五。民國二十七年上海涵芬樓影元刻本。

2. 明刊本

【江蘇省立國學圖書館圖書總目】《珍珠囊》。《醫書六種》第三冊。明刊本。闕名。

【續中國醫學書目】《珍珠囊》一卷。十行,二十字。框横十七釐,縱二十四·八釐。不著撰人。明版《醫要集覽》之内。

注:按右《醫要集覽》本《珍珠囊》,其所記與《濟生拔萃》本全異,未知孰爲元素真本。

注:張元素傳,見於"張潔古藥註難經"之條下。

附 潔古本草

【國史經籍志】卷四下本草 《潔古本草》二卷

【補元史藝文志】卷三醫書類金 張元素《潔古本草》二卷

附 臟腑標本藥式

【國學用書類述】中西醫學群書第一集 《臟腑標本藥式》一卷,金張元素。

【中國醫學書目】《藏府標本藥式》一卷。十一行,二十一字。框横十二·一釐,縱十五·五釐。張元素。周學海校。《周氏醫學叢書》之内。

【續中國醫學書目】《臟腑標本藥式》一卷。一冊。大字十一行,二十三字。框横十三釐,縱十八·三釐。金張元素著。清周學海校正。民國十六年刊。《廣東中醫藥專門學校叢書》之一。序,梁翰芬,民國十六年。《藏府藥式表系緣起》,胡鑰,同年。

注:按《本草綱目·序例》卷一下載有《臟腑虚實標本用藥式》者,其名與是書頗近,而周學海以爲同書。乃《周氏叢書本》卷首有學海註記曰:按此編無單行本,世亦絶少知之者,止見李東壁《本草綱目》前載之。而高郵趙雙湖收入《醫學指揮》中,其小注校《綱目》本稍多,殆趙氏所增耶。

一百二十五、用藥法象

【本草綱目】序例 《用藥法象》,書凡一卷,元真定明醫李杲所著。杲字明之,號東垣,通《春秋》、《書》、《易》,忠信有守,富而好施。援例爲濟源監税官。受業於潔古老人,盡得其學,益加闡發,人稱神醫。祖《潔古珍珠囊》,增以用藥凡例,諸經嚮導,綱要治法,著爲此書。謂世人惑於内傷外感,混同施治。乃辨其脈證,元氣陰火,飲食勞倦,有餘不足,著《辨惑論》三卷、《脾胃論》三卷。推明《素問》、《難經》、《本草》、《脈訣》及雜病方論,著《醫學發明》九卷、《蘭室秘藏》五卷。辨析經絡脈法,分比傷寒六經之則,著《此事難知》二卷。別有《癰疽》、《眼目》諸書及《試效方》,皆其門人所集述者也。

【四庫全書提要】湯液本草 《湯液本草》三卷,元王好古撰。上卷載《東垣藥類法藏》、《用藥心法》。所謂"象云"者,《藥類法象》也;"心云"者,《用藥心法》也;"潔"者,《潔古珍珠囊》也。其餘各家雖有採輯,然好古受業於潔古,而講肄於東垣,故於二家用藥尤多徵引焉。

注:李杲傳,見"内外辨惑論"條下。

附 李東垣藥譜

【也是園藏書目】卷五本草 《李東垣藥譜》一卷

【萬卷堂書目】卷三 《東垣藥譜》一卷,李杲。

附 東垣珍珠囊

【百川書志】卷十 《東垣方指掌珍珠囊》二卷,元李杲撰。前著"藥性治例",後論"諸品藥性主治指掌",共九十味。

【古今醫統大全】採摭諸書 《藥性珍珠囊》,東垣著。其辭簡,其義深,不足以盡藥性之旨,疑後人之托名也。

【醫藏書目】普醍函目 《東垣珍珠囊》一卷,勿聽子。

【國史經籍志】卷四下 《東垣珍珠囊》二卷

【天一閣藏書目錄】吕字號廚 《珍珠囊》一本,李東垣。

(一)傳本

1.朝鮮刊本

【經籍訪古志】卷七 《脈訣理玄秘要》一卷,《東垣珍珠囊》一卷。朝鮮國刊本。聿修堂藏。首有嘉靖七年司馬泰序,末有嘉熙五年劉開跋、嘉靖丁未宋之翰跋。八分書。

【躋壽館醫籍備考】 《處方用藥指掌珍珠囊》一卷,一冊。朝鮮國刊本。

【寶素堂藏書目錄】 《處方用藥指掌珍珠囊》一卷,元李杲。一冊,鈔。朝鮮國刊本。

【圖書寮漢籍善本書目】卷三 《東垣先生處方用藥指掌珍珠囊》二卷,一冊,金李杲撰。朝鮮刊本。前有成化戊子邢讓序,尾題"弘治癸丑歲秋八月朔桂堂重刊",蓋從明本翻雕也。文政中毛利出雲守高翰所獻幕府,首有"佐伯侯毛利高標字培松藏書畫之印"、"淺草文庫"印記。

《東垣先生處方用藥指掌珍珠囊》二卷,附錄一卷。一冊。朝鮮刊本。附載《脈訣理玄秘要》一卷,尾有嘉靖丁未春洪州牧使宋之翰重刊跋。首有"梅溪醉翁"、"多紀藏書印"、"躋壽殿書籍記"、"醫學圖書"諸印記。

【朝鮮醫籍考】 《東垣先生指掌珍珠囊》二卷,一冊,金李杲著。圖書寮尊藏。明宗二年(嘉靖二十六年之比)所刊,明板翻刻本。整版。每半葉框郭縱十七·五釐,横十二釐強。十行,行二十字。紙數:序一,目二,本文二十三葉。

2.未詳本

【各省進呈書目】范懋柱家呈送書目 《東(恒)[垣]珍珠囊》二卷,(明)[金]李(景)[杲]著。一本。

(二)序跋

序

東垣李杲明之以醫鳴金元之際,著書甚多,世有刻本傳布,而處方用藥,《珠囊》尤明白簡易,醫方切用之書也。得之者多秘而不傳,予初得之鄉里農家,然多殘闕。近於御醫黄君楚祥所補足之,遂刻梓傳布之,裨我聖代仁民之澤云。成化戊子仲春上丁,日河邢讓遜之題。《朝鮮醫籍考》

注:按嘉靖丁未宋之翰重刊跋,今錄在"脈訣理玄秘要"條下。

附　藥性賦

【百川書志】卷十　《東垣藥性賦》一卷,元東垣老人李杲撰。分寒、熱、溫、涼四賦,載二百四十八種。

【醫藏書目】旁通函目　《藥性賦》二卷,東垣。

【季滄葦書目】宋元雜板　《藥性賦》。共六本之内。

【述古堂藏書目】卷四　《藥性賦》一卷。抄。

【李蒲汀書目】　《東垣藥性賦》。一本。

【叢書舉要】卷十二醫書粹覽　《藥性賦》二卷

【叢書書目彙編】醫學粹覽　《藥性賦》二卷。　醫經粹錄《藥性賦》二卷。　格致叢書《藥性賦》二卷。元李杲。

【江蘇省立國學圖書館圖書總目】　《藥性賦》。《醫書六種》第三冊。闕名。

【寶素堂藏書目錄】　《校正增補李東垣先生藥性賦》四卷,二冊。萬曆新方游敬集梓行本。

【東京帝室博物館漢書目錄】　《藥性賦》。明吳惟貞參校,周紹濂補註。三冊。中國本。

【中國醫學書目】　《藥性賦》。十行,二十字。框横十七釐,縱二十四・八釐。《醫要集覽》之内。

附　珍珠囊藥性賦

【内閣文庫圖書漢書目錄】　《京本珍珠囊藥性賦》二卷,金李杲。明熊宗立。明板。一冊。《珍珠囊藥性賦》二卷。明板。明吳文炳考註。一冊。

附　珍珠囊指掌補遺藥性賦一名雷公炮製藥性賦解

【四庫全書總目】　《珍珠囊指掌補遺藥性賦》四卷,舊本題金李杲撰。考《珍珠囊》爲潔古老人張元素著,其書久已散佚。世傳東垣《珍珠囊》,乃後人所僞託,李時珍《本草綱目》辨之甚詳。是編首載寒、熱、溫、平四賦,次及《用藥歌訣》,但淺俚不足觀。蓋庸醫至陋之本,而亦託名於杲,妄矣。

【國學用書類述】本草　《珍珠囊指掌補遺藥性賦》四卷,金李杲輯。石印本。

【揚州吳氏測海樓藏書目錄】卷四　《雷公藥性賦》六卷,宋李杲。光緒六年掃葉山房刊。竹紙。四本,一函。

【元治增補御書籍目錄】本草　《珍珠囊指掌補遺藥性賦》四卷,二冊,金李杲。

【東京帝室博物館漢書目錄】　《珍珠囊指掌補遺藥性賦》,李杲編輯。明板。二冊。支那本。

【内閣文庫圖書漢書目錄】　《珍珠囊指掌補遺藥性賦》四卷。明板。明錢允治校。二冊。《珍珠囊指掌補遺藥性賦》四卷。明版。一冊。

【中國醫學書目】《雷公炮製藥性賦解》內題“珍珠囊指掌補遺藥性賦”。六卷,三冊。十二行,二十四字。框横十三釐,縱十八·四釐。李東垣編輯。王子接重訂。光緒三十一年。經山房刊。藥性賦原序,元山道人。目次。《雷公炮製藥性賦解》二冊。十七行,三十五字。框横十一·五釐,縱十七釐。商務印書館校正印。《雷公藥性賦》四卷。一冊。李東垣編輯。王子接重訂。雷公藥性賦原序,元山道人。目錄。《增補雷公炮製藥性賦解》,內題“太醫院補遺本草歌訣雷公炮製”。八卷。四冊。十一行,二十字。框横十四釐,縱二十一釐。李東垣著。余應奎補。胡載陽校。渙古山房刊。雷公炮製序,胡宗春,康熙三十五年。目錄。

第二十一類　食經

一、神農黄帝食禁

【漢書藝文志】方技經方　《神農黄帝食禁》七卷

【周禮】天官醫師賈疏　案《漢書藝文志》"《神農黄帝食(藥)[禁]》七卷"云。

【孫星衍本草經序】　舊説"本草"之名,僅見《漢書平帝紀》及《樓護傳》。予按《藝文志》有《神農黄帝食(藥)[禁]》七卷,今本譌爲"食禁"。賈公彦《周禮·醫師疏》引其文,正作"食藥"。宋人不考,遂疑《本草》非《七略》中書。賈公彦引《中經簿》,又有《子儀本草經》一卷,疑亦此也。

【漢書藝文志拾補】方技略經方　按,嚴氏《全上古文編》云:《漢藝文志·經方家》有《神農黄帝食禁》七卷,《周禮·醫師疏》引"食禁"作"食經",蓋食禁、食藥即《本草》矣。今按《隋志》引《七録》,别有《神農藥忌》一卷、《黄帝雜飲食忌》二卷。藥忌、食忌,似即《漢志》"《食禁》七卷"之遺,蓋黄帝兩家禁方之類,非《本草》也。

【漢書藝文志條理】卷六神農黄帝食禁　按,《御覽》八百六十七引《神農食經》,《隋志》引《七録》有《黄帝雜飲食忌》二卷,《食經》、《雜飲食忌》,即此《食禁》七卷之遺。其書蓋言飲食宜忌,其遺文猶略可尋究,自賈《疏》引作"食藥",阮氏《校勘記》已云禁誤藥,而孫氏以爲《本草》,又以爲宋人不考,其意在王氏考證所補《本草》之書也。按深寧氏於此事,亦嘗引《周禮·醫師》注疏矣,特未嘗以"食禁"爲"食藥",亦未嘗以"食禁"、"食藥"爲《本草》,蓋亦以《禮》疏爲誤,故置不復言也。要之,以此書爲《本草》,僅據《禮》疏"食藥"之駁文,實未嘗别有確證,而同時嚴鐵橋氏亦從而和之,是亦所謂高明之過也歟。又按,《禮》疏此條所引《志》序之文,如以"閉"爲"開",以"平"爲"此",以"及"爲"乃",以"增"爲"益",以"精"爲"積",以"所"爲"以",且有脱落數字,致不成句者,不止此一"藥"字也。其誤甚多,豈能一一據以正今本《漢志》乎。

又按,皇甫謐《帝王世紀》,黄帝使岐伯嘗味藥木,曲主醫病經方,《本草》、《素問》之書咸出焉。據此,則《本草》在《黄帝外經》三十七卷中,庶幾近似。謂《本草》即此《食禁》七卷,未之信。

附　神農食忌

【崇文總目輯釋】卷三醫書類　《神農食忌》一卷。《宋志》不著撰人。原釋:闕。

見天一閣鈔本。

【宋史藝文志】子類醫書類　《神農食忌》一卷

【本草綱目】引據書目　《神農食忌》

附　神農食經

【和名抄引用漢籍】醫方家　《神農食經》。引用一回。

二、黃帝雜飲食忌

【隋書經籍志】子部醫方食饌次第法注　梁有《黃帝雜飲食忌》二卷。

【通志藝文略】醫方下食經　《黃帝雜飲食》二卷

三、老子禁食經

【隋書經籍志】子部醫方　《老子禁食經》一卷。《通志略》同

四、崔浩食經

【魏書】卷三十五崔洪傳　浩著《食經》。敘曰。下略,見於"序跋"下。

【舊唐書經籍志】子類醫術　《食經》九卷,崔洪撰。又十卷。又四卷。竺暄撰。

【唐書藝文志】子錄醫術類　《崔洪食經》九卷。《竺暄食經》四卷。又十卷。

注:按"又十卷"三字,《舊唐志》列在"竺暄"之前,而《新唐志》則在後,恐是轉寫之譌,未知孰是。

注:崔浩傳,《魏書》卷三十五本傳略云,崔浩字伯淵,清河人也,白馬公玄伯之長子。少好文學,博覽經史,玄象陰陽,百家之言,無不關綜,研精義理,時人莫及。弱冠,爲通直郎。天興中,給事秘書,轉著作郎。太祖以其工書,常置左右。太宗初,拜博士祭酒,賜爵武城子,常授太宗經書。每至郊祠,父子并乘軒軺,時人榮之。下略

按,《北史》卷二十一《崔宏傳》亦附浩傳,而"伯淵"作"伯深",其他乃與《魏書》大同小異矣。

序跋

自序

余自少及長,耳目聞見,諸母諸姑所修婦功,無不藴習酒食。朝夕養舅姑,四時祭祀(《北史》"時"下有"供"字),雖有功力,不任僮使,常手自親焉。昔遭喪亂,饑饉仍臻,饘蔬餬口,不能具其物用,十餘年間不復備設。先妣慮久廢忘,後生無知見(《北史》"無"下有"所"字),而少不習業書(《北史》無"業"字),乃占授爲九篇。文辭約舉,婉而成章,聰辨彊記(《北史》"辨"作"辯"),皆此類也。親沒之後,值國龍興之會(《北史》"值"

作"遇"),平暴除亂,拓定四方。余備位台鉉,與參大謀,賞獲豐厚,牛羊蓋澤,貲累巨萬。衣則重錦,食則梁肉。遠惟平生,思季路負米之時,不可復得,故序遺文,垂示來世。《魏書》本傳,校以《北史》

五、崔氏食經

【隋書經籍志】子部醫方　《崔氏食經》四卷

【通志藝文略】食經　《崔氏食經》四卷,崔浩。

【補南北史藝文志】北史醫方魏　《食經》,崔浩撰。見本傳,《魏書》同。《隋書經籍志》"崔氏食經四卷",有姓無名。

附　崔禹錫食經

【和名抄引用漢籍】醫方家　《崔禹錫食經》四卷。引用六十八回。

【日本國見在書目錄】醫方家　《食經》四,崔禹錫撰。

【醫籍考】五百二十四頁　《崔氏禹錫食經》。舊闕禹錫名,今據《本朝現在書目》訂補。《隋志》四卷。佚。按是書源順《類聚鈔》(1)所引《字訓》,較諸《本草》及小學之書有不同者。蓋以菌爲茸,芥爲辛菜,萍蓬爲骨蓬,欵冬爲蕗,斑鳩爲鵤,告天子爲雲雀,秧雞竈鳥,棘鬣魚爲鯛,赭鱸爲鮏,香魚爲鮎之類是也。想舉當時之名稱而所記,後世字書遂失其訓者,猶篁之爲竹田,嵐之爲猛風,帳之爲簿,均是六朝間之稱,今人視爲國語也。醫官田澤溫叔仲舒(2)錄出禹錫之說散見於古書中者,裒爲二卷,雖未爲完帙,足以知鼎味矣。

注:按《崔氏食經》四卷,《隋志》但有其姓而不著其名。鄭樵直以爲崔洪所著,《補南北志》亦盲從之。《醫籍考》乃據《現在書目》而訂爲禹錫所作。今檢《醫心方》所引,有"《崔禹錫食經》"二十二條,"崔禹"一百一十九條,"《崔禹食經》"四條,"崔禹錫"一條。然考《外臺秘要》及《證類本草》所引,均無"崔禹錫"之名。蓋知是書於中土夙佚,而僅傳存於日本者也。

[郭注]

(1)《類聚鈔》,即《和名類聚鈔》(或名《倭名類聚鈔》)之略稱。係日本平安中期詩人、学者源順,受醍醐天皇之女勤子內親王命,於承平年間(931～938)編成,爲日本最早之百科辭典,內容廣泛詳細,分類編纂漢語出典、字音、和名等,對於研究古代漢語及名物訓釋有參考價值。此書有十卷本與二十卷本。十卷本分二十四部、一百二十八門;二十卷本分三十二部、二百四十九門。

(2)田澤溫叔(?～1850),名仲舒,通稱駒平、宗伯,號宗澤、流水園。醫生、歌人。幕府醫官田澤保久之子。生年不詳,一八五〇歿,年七十餘。任幕府寄合醫師、江户醫學館講師。天保十四年(1843)講授儒學。弘化元年(1844)與喜多村直寬纂輯《醫方類聚》。曾從村田春海、加藤千蔭學,擅長和歌。著有《家鑑》、《醫家奇賞》、《家乘》、《歌髓類句編》、《本朝醫考補校》等。

輯本

【醫籍考】　醫官田澤溫叔仲舒錄出禹錫之說散見於古書中者，裒爲二卷，雖未爲完帙，足以知鼎味矣。

【寶素堂藏書目錄】諸家食經　《食經》一卷，唐崔禹錫。

注：按崔禹錫，始末未詳，《寶素堂目》以爲唐人，未知其所據。

六、食經十四卷

【隋書經籍志】子部醫方　《食經》十四卷。《通志略》同

七、食經二卷

【隋書經籍志】食經十四卷注　梁有《食經》二卷。

八、食經十九卷

【隋書經籍志】食經十四卷注　梁有《食經》十九卷。

九、食方

【隋書經籍志】食經十四卷注　梁有《劉休食方》一卷。齊冠軍將軍劉休撰。《通志略》"食方"作"食經"，亦云《劉休食經》十卷。

注：劉休傳，《南齊書》卷二十四本傳略云，劉休字弘明，沛郡相人也。初爲駙馬都尉，奉朝請，宋明帝湘東國常侍。好學諳憶，不爲帝所知。襲祖封南鄉侯。泰始初，諸州反，休筮明帝當勝，靜處不預異謀。數年還，投吳喜，爲輔師府錄事參軍。喜稱其才，進之明帝，得在左右。帝頗有好尚，尤嗜飲食。休多藝能，爰及鼎味，問無不解。建元初，爲御史中丞。四年，出爲豫章內史，加冠軍將軍。卒年五十四。《南史》卷四十七亦載休傳，與此略同。

十、食饌次第法

【隋書經籍志】子部醫方　《食饌次第法》一卷。《通志略》同

十一、四時御食經

【隋書經籍志】子部醫方　《四時御食經》一卷。《新唐志》同。《通志》"食"作"膳"。

十二、魏武四時食制

【玉海】卷六十三　《魏武四時食制》。《文選·海賦》注引《魏武四時食制》。

【和名抄引用漢籍】醫方家　《四時食制經》。引用一回。

【本草綱目】引據書目　《魏武帝食制》

【補三國藝文志】卷三　《魏武四時食制》。汪師韓《文選理學權輿》曰:《選注》所引群書,有《魏武四時食制》。嚴可均《全三國文編》曰:《魏武四時食制》,《文選·海賦注》、《初學記》卷三十,《太平御覽》九百三十六七、八、九至四十,引見凡十四條。按《隋志》有《四時御食經》一卷,又《食經》十四卷,又引《七錄》有《食經》二卷,又一部十九卷,又《太官食經》五卷,《太官食法》二十卷,並不著撰人。蓋合諸家《食經》爲一編。《魏武四時食制》,當在此數書中。

十三、太官食經

【隋書經籍志】四時御食經注　梁有《太官食經》五卷。

【通志藝文略】食經　《太官食經》五卷

十四、太官食法

【隋書經籍志】四時御食經注　梁有《太官食法》二十卷。

【舊唐書經籍志】子類醫術　《太官食法》一卷。《新唐志》同

【通志藝文略】食經　梁《太官食法》二十卷

十五、太官食方

【舊唐書經籍志】子類醫術　《太官食方》十九卷。《唐志》、《通志略》並同。

十六、食法雜酒食要方白酒并作物法

【隋書經籍志】四時御食經注　梁有《食法雜酒食要方白酒并作物法》十二卷。

十七、家政方

【隋書經籍志】四時御食經注　梁有《家政方》十二卷。

十八、食圖

十九、四時酒要方

二十、白酒方

二十一、七日麪酒法

二十二、雜酒食要方

二十三、雜藏釀法

二十四、雜酒食要法

二十五、酒并飲食方

二十六、䱥及鐺蟹方

二十七、羹臛法

二十八、䏑膢朐法

二十九、北方生醬法

【隋書經籍志】四時御食經注　梁有《食圖》、《四時酒要方》、《白酒方》、《七日麪酒法》、《雜酒食要方》、《雜藏釀法》、《雜酒食要法》、《酒并飲食方》、《䱥及鐺蟹方》、《羹臛法》、《䏑膢朐法》、《北方生醬法》,各一卷。亡。

三十、食經

【隋書經籍志】子部醫方　《食經》三卷,馬琬撰。

【通志藝文略】食經　《馬琬食經》三卷

【和名抄引用漢籍】醫方家　《(烏)[馬]琬食經》三卷。《隋書》。引用五回。

【日本國見在書目錄】醫方家　《食經》三。馬(琓)[琬]撰。《食經》一。馬(琓)[琬]撰。

注:按《醫心方》所引有"馬琬食經"三條,"馬琬"十三條,"馬琬方"一條。

三十一、會稽郡造海味法

【隋書經籍志】子部醫方　《會稽郡造海味法》。《通志略》同

三十二、淮南王食經并目

【隋書經籍志】子部醫方　《淮南王食經并目》一百六十五卷,大業中撰。

【舊唐書經籍志】子類醫術　《淮南王食經》一百二十卷,諸葛穎撰。《淮南王食目》十卷,《淮南王食經音》十三卷,諸葛穎撰。

【唐書藝文志】子錄醫術類　《諸葛穎淮南王食經》一百三十卷,《音》十三卷,《食目》十卷。

【通志藝文略】食經　《淮南王食經》一百六十五卷,大業中撰。《食目》十卷。

注:諸葛穎傳,《隋書》卷七十六本傳略云:諸葛穎字漢,丹陽建康人也。祖銓,梁零陵太守。父規,義陽太守。穎年八歲,能屬文。起家梁邵陵王參軍事,轉記室。侯景之亂,奔齊,待詔文林館。歷大學博士、太子舍人。煬帝即位,遷著作郎,甚見親倖,時人謂之"治葛"。從征吐谷渾,加正議大夫。後從駕北巡,卒於道,年七十七。有《集》二十卷,撰《鑾駕北巡記》三卷,《幸江都道里記》一卷,《洛陽古今記》一卷,《馬名錄》二卷,並行於世。《北史》卷八十三亦載穎傳,與此略同。

三十三、膳羞養療

【隋書經籍志】子部醫方　《膳羞養療》二十卷。《通志略》同

三十四、食經

【舊唐書經籍志】子類醫術　《食經》四卷,竺暄撰。

【唐書藝文志】子錄醫術類　《竺暄食經》四卷。又十卷。

【通志藝文略】食經　《竺暄食經》四卷

三十五、趙武四時食法

【舊唐書經籍志】子類醫術　《四時食法》一卷,趙氏撰。

【唐書藝文志】子錄醫術類　《趙武四時食法》一卷。《通志略》同

三十六、食經

【舊唐書經籍志】子類醫術　《食經》三卷,盧仁宗撰。

【唐書藝文志】子錄醫術類　《盧仁宗食經》三卷。《通志略》作五卷。

注：按《醫心方》所引有"盧仁宗食經"一條。

三十七、千金食治

【本草綱目】卷一序例歷代諸家本草　《千金食治》，唐孫思邈。《千金備急方》三十卷。采摭《素問》、扁鵲、華佗、徐之才等所論補養諸說，及《本草》關於食用者，分米穀、果菜、鳥獸、蟲魚、爲食治附之，亦頗明悉。思邈隱於太白山，隋唐徵拜，皆不就，年百餘歲卒。所著有《千金翼方》、《枕中素書》、《攝生真錄》、《福壽論》、《三教論》、《老子莊子註》。

注：按所謂《千金食治》，即是《千金方》之卷廿六，而固非單行者。然後世論食療者，多以爲圭臬，故今特著於此焉。

附　孫真人食忌

【證類本草所出經史方書】　《孫真人食忌》

【本草綱目】引據書目　《孫真人食忌》

注：按《證類本草》所引有"孫真人食忌"四十條，"孫真人枕中忌"三條。

三十八、食療本草

（一）出典

【唐書藝文志】子錄醫術類　孟詵《食療本草》三卷

【證類本草】嘉祐本草所列書傳　《食療本草》，唐同州刺史孟詵撰。張鼎又補其不足者八十九種，并舊爲二百二十七條，皆說食藥治病之效。凡三卷。

【通志藝文略】食經　《食療本草》三卷，唐孟詵撰。

【宋史藝文志】子類醫書　《孟詵食療本草》（六）［三］卷

【和名抄引用漢籍】醫方家　《孟詵食經》。引用四回。

【日本國見在書目錄】醫方家　《食療本草》三，孟詵撰。

【東醫寶鑑】歷代醫方　《食療本草》，唐孟詵所著。

注：孟詵傳，《舊唐書》卷一百九十一本傳云：孟詵，汝州梁人也。舉進士。垂拱初，累遷鳳閣舍人。詵少好方術，嘗於鳳閣侍郎劉禕之家，見其敕賜金，謂禕之曰：此藥金也。若燒火其上，當有五色氣。試之果然。則天聞而不悅，因事出爲台州司馬，後累遷春官侍郎。睿宗在藩，召充侍讀。長安中，爲同州刺史，加銀青光祿大夫。神龍初致仕，歸伊陽之山，第以藥餌爲事。詵年雖晚暮，志力如壯，嘗謂所親曰：若能保身養性者，常須善言莫離口，良藥莫離手。睿宗即位，召赴京師，將加任用，固辭衰老。景雲二年，優詔賜物一百段，又令每歲春秋二時，特給羊酒糜粥。開元初，河南尹畢構以詵有古人之風，改其所居爲子平里。尋卒，年九十二。詵所居

官，好勾剥，爲政雖繁而理。撰《家》、《祭禮》各一卷，《喪服要》二卷，《補養方》、《必效方》各三卷。《唐書》卷一百九十六亦載詵傳，與此略同。

(二)考證

【本草綱目】歷代諸家本草　《食療本草》。詵，梁人也。武后時舉進士，累遷鳳閣舍人，出爲台州司馬，轉同州刺史。睿宗召用，固辭。卒年九十。因《周禮·食醫》之義著此書，多有增益。又譔《必效方》十卷，《補養方》三卷。《唐史》有傳。

注：按中尾萬三博士曾著《〈食療本草〉之考察》一篇，略云，孟詵初著《補養方》，後張鼎增訂之，改名爲《食療本草》。據舊、新兩《唐書》詵傳、《外臺秘要》、《補注本草》所引書傳等諸書而考之，孟詵之編書，當在武后長安中，而張鼎之增補，乃在乎開元九年至二十七年之間。(詳見《上海自然科學研究所彙報》第一卷第三號。民國十九年二月刊。)

又按，《嘉祐本草》所引有"孟詵"一百五十九條。唐慎微所引即有"孟詵食經"十六條，"孟詵"五十八條，"孟詵方"一條，"孟詵"一條。又有"悟玄子張食經"一條，"悟玄子張"十一條，所謂"悟玄子"，疑即張鼎自號也。

(三)鈔本及刊本

1. 燉煌出土古鈔本

注：《食療本草》古鈔殘卷，乃在一九〇七年(光緒三十三年)，英人 Stein 博士於燉煌莫高窟所發見者。其原卷現藏於大英博物館。按，中尾萬三博士所著《燉煌石室發見〈食療本草〉殘卷考》略云，其本爲卷軸，每行二十字左右，本文墨字，間雜以朱字、朱點，缺其首尾。始自"石榴"條之後半，終於"芋"條之前半，其間所載之藥，則石榴、木瓜、胡桃、軟棗、榠子、蕪荑、榆莢、吳茱萸、蒲桃、甜瓜、越瓜、胡瓜、冬瓜、瓠子、蓮子、鷄覆子、樝子、藤李、羊梅、覆盆子、藕、雞頭子、菱實、石蜜、沙糖、芋，凡二十六條。卷軸背面則貼陳魯佾、譚、劉廷堅、潘宗緒、劉籌諸牒狀，其中陳魯佾牒上有"長興五年正月一日行首陳魯佾牒"之文。蓋知此殘卷則爲後唐閔帝以前之舊物，而距孟詵尤近矣。

2. 敦煌石室碎金本

【叢書書目彙編】敦煌石室碎金　《食療本草》

【江蘇省立國學圖書館圖書總目】《食療本草》殘卷。《敦煌石室碎金》，全一冊，闕名。民國十四年排印本。

【北京人文科學研究所藏書目錄】《敦煌石室古本草》，唐孟詵選。一函一冊。民國二十六年大東書局鉛印本。

【東京文理科大學附屬圖書館和漢書分類目錄】《敦煌石室古本草》不分卷，唐孟詵。民國刊。一冊。

注：按中尾博士之《燉煌石室發見〈食療本草〉殘卷考》略云，羅振玉氏《敦煌石

室碎金》所收《食療本草》殘卷，原係狩野博士所鈔錄，以美國博物院所藏影本校之，乃有訂其譌誤者。《碎金》卷末所載王國維、唐蘭兩氏之考證，概得其要，而尚有未盡意者。

三十九、膳夫經手錄

【唐書藝文志】子錄醫術類　《陽曄膳夫經手錄》四卷

【崇文總目輯釋】醫書類　《膳夫經手論》四卷，楊氏撰。

【秘書省續編到四庫闕書目】卷二醫書　楊曄《膳夫經》十四卷。闕。

【通志藝文略】食經　《膳夫經手錄》四卷，唐楊曄撰。

【宋史藝文志】子類醫書類　楊曄《膳夫經手錄》四卷

【和名抄引用漢籍】醫方家　《膳夫經》。引用二回。

注：按《醫心方》所引有"繕夫經"十八條。

鈔本及刊本

【持靜齋藏書志記要】卷下鈔本子部醫家　《膳夫經手錄》一卷，唐楊(煜)[曄]撰。抄本。煜官巢縣令。是書成於大中十年，《唐》、《宋志》、《通志略》、《崇文總目》并著錄。所述茶品，分產地別優劣，甚詳備。又有顧嗣立刊入《閭邱辨囿》本，但題《膳夫經》。《四庫》未收。

【豐順丁氏持靜齋書目】鈔本子部　《膳夫經手錄》一卷。抄本。

【清吟閣書目】卷一鈔本　《膳夫經》一本。

【叢書舉要】卷三十三碧琳琅館叢書　《膳夫經》一卷，唐楊曄。卷四十八藝圃搜奇《膳夫經》，唐楊曄。

【徵刻唐宋秘本書目】　唐楊(煜)[曄]《膳夫經手錄》一卷。《唐經籍志》本四卷，今僅存一卷。

【徵刻唐宋秘本書目考證】　唐楊(煜)[曄]《膳夫經手錄》一卷。顧嗣立《閭邱辨囿叢書》本。

四十、嚴龜食法

【唐書藝文志】子錄醫術類　《嚴龜食法》十卷。震之後鎮西節度使譔子也。昭宗時宣慰汴寨。

【崇文總目輯釋】醫書類　《嚴龜食法》十卷

【通志藝文略】食經　《嚴龜食法》十卷，唐嚴龜撰。

【宋史藝文志】子類醫書類　《嚴龜食法》十卷

四十一、食醫心鑑

(一)出典

【崇文總目輯釋】卷三醫書類　《食醫心鑑》三卷,昝殷撰。原釋:闕。見天一閣鈔本。侗按,《宋志》"二卷"。《通志略》"昝殷"作"昝商",避諱也。說見前。

注:按《輯釋》卷一禮類:《喪禮極義》一卷。原釋:唐商价集云。東垣案,本作殷价,避太祖父諱作商。又按卷二僞史類:《江南錄》十卷,徐鉉、湯悅等撰。繹云,按《書錄解題》云:悅即殷宗義,避宣祖諱及太宗舊名并姓改焉。

【通志藝文略】食經　《食醫心鑑》三卷,成都醫學博士昝商撰。

【宋史藝文志】子類醫書　《食醫心鑑》(二)[三]卷

【證類本草所出經史方書】　《食醫心鏡》

注:按《證類本草》所引"食醫心鏡"有一百條。

【古今醫統大全】採摭諸書　《食醫心鏡》

【本草綱目】引據書目　昝殷《食醫心鏡》

【醫方類聚引用書】　《食醫心鑑》

(二)輯本

1. 醫方類聚採輯本

【醫籍考】五百三十二頁　《食醫心鑑》。按,此書《醫方類聚》所援,有論十三首、方二百九首,尚得知其梗概矣。

【雜病廣要採摭書目】　《食醫心鑑》,唐昝殷。

注:按東方學會鉛印本卷末有附記云:辛丑六月朔,校讀於掖庭醫局。是書譌字殊多,不敢臆改,一依其舊云。元堅識。嘉永甲寅仲秋晦夜燈下校正一過。約之。蓋知是書明多紀茝庭等從《醫方類聚》中錄出爲之,東方學會取以印行者矣。

2. 東方學會鉛印本

【梁氏飲冰室藏書目錄】　《食醫心鑑》一卷,唐昝殷撰。民國十三年東方學會鉛印本。一冊。

【北京人文科學研究所藏書目錄】　《食醫心鑑》,唐昝殷撰。東方學會鉛印本。一函一冊。

【東京文理科大學附屬圖書館和漢書分類目錄】　《食醫心鑑》一卷,唐昝殷。民國十三。一冊。

【續中國醫學書目】　《食醫心鑑》一卷。一冊。十二行,二十三字,框横十二·五釐,縱十八釐。唐昝殷撰。民國十三年東方學會印行。食醫心鑑目次。識語,丹波元堅、森約之。跋,羅振玉,光緒三十四年。又一部,同前本。

注:按此本卷末有羅氏手跋云:此書唐昝殷撰。《宋史藝文志》著錄作二卷,是此書至宋尚存,今久佚矣。此本乃日本人從高麗《醫方類聚》中采輯而成,雖不能

復原本之舊,然當已得其太半。晁氏《讀書志》謂,殷,蜀人,大中初著《產寶》,以獻郡守白敏中。今殷所撰《產寶》,日本尚有影宋刊足本。此書乃不得完帙,可惜也。光緒辛丑游日本,得之東京。卷端有"青山求精堂藏書畫之記"及"森氏"二印,後有丹波元堅及森約之手識二則。戊申正月上虞羅振玉記。

附　新撰食經

【日本國見在書目錄】醫方家　《新撰食經》七

注:按《醫心方》所引,無《新撰食經》者,而有"七卷食經"五條,"七卷經"五十四條。《和名抄》所引亦有"七卷食經"十七條。所謂《七卷食經》,疑即是書歟。然與下列三書,并不知其果爲中華所編耶否。姑附著以存疑云。

附　食禁

【日本國見在書目錄】醫方家　《食禁》一

附　食注

【日本國見在書目錄】醫方家　《食注》一,御注。

附　食療經

【和名抄引用漢籍】醫方家　《食療經》。引用十四回。

附　食疏

【叢書舉要】卷五十一說郛　《食疏》。闕。晉何曾。

注:何曾傳,《晉書》卷三十三略云,何曾字穎考,陳國陽夏人也。父夔,魏太僕、陽武亭侯。曾少襲爵,好學博聞,與同郡袁侃齊名。魏明帝初爲平原侯,曾爲文學。及即位,累遷散騎侍郎。武帝襲王位,以曾爲晉丞相,加侍中。踐祚,拜太尉,進爵爲公,食邑千八百戶。咸寧國四年薨,時年八十。曾性至孝,閨門整肅,自少及長,無聲樂嬖幸之好。然性奢豪,務在華侈。帷帳車服,窮極綺麗。廚膳滋味,過於王者,食日萬錢,猶曰無下箸處。

注:按何曾《食疏》之名,見於《南齊書·虞悰傳》,參看"食珍錄"條下。

附　食珍錄

【叢書舉要】卷五十一說郛　《食珍錄》,虞悰。

【江蘇省立國學圖書館圖書總目】卷二十六　《食珍錄》。《說郛》第五十五冊,宋虞悰。明刊本。

【中東鐵路圖書館圖書目錄】　《食珍錄》一卷,宋虞悰。見《說郛》正、續。

注:虞悰傳,《南齊書》卷三十七略云,虞悰字景豫,會稽餘姚人也。昇明中,世祖爲中軍,引悰爲諮議參軍。建元初,轉太子中庶子。悰善爲滋味,和齊皆有方法。豫章王嶷盛饌享賓,謂悰曰:今日肴羞,寧有所遺不。悰曰:恨無黃頷臛。何曾《食疏》所載也。世祖幸芳林園,就悰求扁米粣,悰獻粣及雜肴數十轝,太官鼎味不及也。上就悰求飲食方,悰秘不肯出,上醉後體不快,悰乃獻醒酒鯖鮓一方而已。明帝立,悰稱疾不陪位。永元元年卒,年六十五。《南史》卷四十七亦有傳

附　食譜

【叢書舉要】卷三十七唐人說薈　《食譜》,韋巨源。卷五十唐人小說　《食譜》,韋巨

源。卷五十一說郛　《食譜》，唐韋巨源。

【江蘇省立國學圖書館圖書總目】　《食譜》一卷。《唐代叢書》第十八冊，唐杜陵韋巨源。巾箱本。又一部，《唐代叢書》殘存第十六冊。同上，巾箱本。又一部，《說郛》第五十五冊。同上，明刊本。又一部，《清懷叢書全》一冊。同，鈔本。

【中東鐵路圖書館圖書目錄】　《食譜》一卷，唐韋巨源。見正、續《說郛》。

四十二、食性本草

【證類本草】補注本草所引書傳　《食性本草》，僞唐陪戎副尉、劍州醫學助教陳士良撰。以古有食醫之官，因食養以治百病，故取《神農本經》，洎陶隱居、蘇恭、孟詵、陳藏器諸藥，關於飲食者類之，附以己說，又載食醫諸方，及五時調養藏腑之術。集賢殿學士徐鍇爲之序。

注：按《嘉祐本草》所引有"陳士良"三十四條。

【通志藝文略】食經　《食性本草》十卷，僞唐陳士良撰。

【宋史藝文志】子類醫書類　陳士良《食性本草》十卷

【古今醫統大全】採摭諸書　《食性本草》，陳士良著。

【本草綱目】歷代諸家本草　《食性本草》，書凡十卷。總集舊說，無甚新義。古有《淮南王食經》一百二十卷，《崔浩食經》九卷，《竺暄食經》十卷，《膳饈養療》二十卷，《昝殷食醫心鑑》二卷，《婁居中食治通說》一卷，《陳直奉親養老書》二卷，並有食治諸方，皆祖食醫之意也。

四十三、養身食法

【崇文總目輯釋】醫書類　《養身食法》三卷。原釋：闕。見天一閣鈔本。

【宋史藝文志】子類醫書類　《養身食法》三卷

四十四、王易簡食法

【通志藝文略】食經　《王易簡食法》十卷

【秘書省續編到四庫闕書目】卷二　《王易簡食法》十卷。闕。

【宋史藝文志】子類醫書類　《王氏食法》（五）［十］卷

四十五、蕭家法饌

【崇文總目輯釋】醫書類　《蕭家法饌》三卷。原釋：闕。見天一閣鈔本。

【通志藝文略】食經　《蕭家法饌》三卷

【宋史藝文志】子類醫書類　《蕭家法饌》三卷

四十六、諸家法饌

【通志藝文略】食經　《諸家法饌》一卷
【秘書省續編到四庫闕書目】卷二　《諸家法饌》一卷

四十七、續法饌

【通志藝文略】食經　《續法饌》五卷，曹子休撰。
【秘書省續編到四庫闕書目】卷二　曹子休撰《續法饌》五卷。

四十八、江餐饌要

【崇文總目輯釋】醫書類　《江餐饌要》一卷，黄克明。原釋：闕。見天一閣鈔本。
【通志藝文略】食經　《江(飧)[餐]饌要》一卷，宋朝黄克明撰。

四十九、饌林

【崇文總目輯釋】醫書類　《饌林》五卷。原釋：闕。見天一閣鈔本。
【通志藝文略】食經　《饌林》五卷
【宋史藝文志】子類醫書類　《饌林》(四)[五]卷

五十、侍膳圖

【崇文總目輯釋】醫書類　《侍膳圖》一卷。原釋：闕。見天一閣鈔本。
【通志藝文略】食經　《侍膳圖》一卷
【宋史藝文志】子類醫書類　《侍膳圖》一卷

五十一、經食草木方

【崇文總目輯釋】醫書類　《經食草木方》一卷
【宋史藝文志】子類醫書類　《經食草木方》一卷

五十二、救穀方

【秘書省續編到四庫闕書目】卷二醫書　《救穀方》一卷。闕。

五十三、珍庖饍錄

【通志藝文略】食經　《珍庖備錄》一卷

【秘書省續編到四庫闕書目】卷二醫書　《珍庖饍錄》一卷

五十四、古今食譜

【通志藝文略】食經　《古今食譜》三卷

五十五、食治通説

【直齋書録解題】卷十三　《食治通説》一卷，東號婁居中撰。臨安藥肆金藥臼者，有子登第，以恩得初品官，趙忠定丞相跋其後。書凡六篇，按《文獻通考》作"十六篇"。大要以爲食治則身治，此上工醫未病之一術也。

【文獻通考】經籍考　《食治通説》一卷。趙丞相序略曰：君自幼業醫，至是歷八十一寒暑矣。錢塘行都多貴人，君未嘗出謁卿相王侯之家，屢迎之不可致。每旦肩輿至藥肆，群兒已四集，悲啼叫號，囂然滿室。君皆調護委曲，坐良久，徐起，枚視之，一以至二，先後爲序。輒爲言，兒本無疾，愛之者害之也。如言兒下利時，此爲脾虚，乳食過傷所致，惟告節其乳食，微以參朮藥，溫其胃即愈矣。而愛之者，兒數利，氣且乏，非强食莫補其所喪，於是胃虚，不能攝化，其氣重傷。參朮弗效，增以薑附，薑附不已，重以金石，而兒殆矣。胡不以身喻之：方吾曹盛壯時，日食二升米飯，幾不滿欲，一日意中微不佳，則粒米不堪向口，何況兒乎。予每視君持藥欲授時，必諄諄爲人開説，口幾欲破。又爲紙囊貯藥，各著其説於上，使歸而勿忘焉。

【宋史藝文志】子類醫書類　婁居中《食治通説》一卷

【古今醫統大全】採摭諸書　《食治通説》

【本草綱目】引據書目　婁居中《食治通説》

五十六、調膳攝生圖

【玉海】卷六十三藝文藝術　趙自化以醫術稱，獻所撰《四時養頤録》，真宗改名《調膳攝生圖》，仍爲製序。又纘自古以方技至貴仕者，爲《名醫顯秩傳》三卷。

五十七、草食論

【宋史藝文志】子類醫書類　郭晏封《草食論》六卷

五十八、食鑑

【浹漈遺藁】上皇帝書　五六年，爲天文地理之學，爲蟲魚草木之學。以蟲魚草木之所得者作《爾雅註》、作《詩名物志》、作《本草成書》、作《草木外類》。以方書之所得者作《鶴頂方》、作《食鑑》，作《採治錄》、作《畏惡錄》。《函海》卷九

【宋史藝文志】子錄醫書類　鄭樵《食鑑》四卷

五十九、食禁經

【宋史藝文志】農家類　高伸《食禁經》三卷

附　膳夫錄

【叢書舉要】卷五十一說郛　《膳夫錄》，鄭望之。

【叢書書目彙編】說郛　《膳夫錄》，□鄭望之。　補遺古今說郛叢書　《膳夫錄》，唐鄭望之。

【江蘇省立國學圖書館書總目】卷二十六　《膳夫錄》。《說郛》第五十五冊，宋彭城鄭望之。明刊本。

附　食時五觀

【叢書舉要】卷五十一說郛　《食時五觀》，宋黄庭堅。

【中東鐵路圖書館圖書目錄】　《食時五觀》一卷，宋黄庭堅。見正、續《說郛》。

附　本心齋蔬食譜

【叢書舉要】卷十一山居雜志　《蔬食譜》。　卷二十九借月山房彙鈔　《蔬食譜》一卷，陳達叟。　卷四十六百川學海　《本心齋蔬食譜》一卷，陳達叟。　卷五十宋元小說　《蔬食譜》，陳達叟。　卷五十一說郛　《蔬食譜》，宋陳達叟。

【行素堂目覩書錄】乙編借月山房彙鈔　《蔬食譜》一卷，陳達叟。

【江蘇省立國學圖書館圖總目】卷二十六　《本心齋蔬食譜》一卷。《百川學海》第七十二冊，宋清漳陳達叟編。明翻宋本。又一部，一卷，一冊。同上，明刊本。又一部，一卷。《百川學海》第十四冊。同上，明刊本。又一部，一卷。《借月山房彙鈔》第八十四冊，同上，石印本。又一部。《說郛》第六十一冊。同上，明刊本。

【中東鐵路圖書館圖書目錄】　《蔬食譜》一卷，宋陳達叟。見正、續《說郛》。

【杏雨書屋圖書假目錄】古今刀劍錄附　《本心蔬食譜》，梁陶弘景撰。明刊。一冊。

附　中朝食譜

【叢書舉要】卷十一欣賞編　《中朝食譜》，宋陳達叟。

附　穀菜宜法

【叢書舉要】卷四十六百川學海　《穀菜宜法》，宋詡。

附　玉食批

【叢書書目彙編】說郛九十五　《玉食批》，□司膳內人撰。

【江蘇省立國學圖書館圖書總目】卷二十六　《玉食批》。《說郛》第五十五冊，題宋司膳內人。明刊本。

四 雜纂

第二十二類　醫史醫制

一、名醫傳

【唐書藝文志】醫術類　甘伯宗《名醫傳》七卷

【崇文總目輯釋】卷三醫書類　《名醫傳》(一)[七]卷,甘伯宗撰。侗按,《玉海》云:《歷代名醫錄》,《書目》七卷。《唐志》作《名醫傳》,《崇文目》同。今考《唐志》亦七卷。

【秘書省續編到四庫闕書目】卷一史類傳記　甘伯宗《名醫傳》七卷。輝按,《宋志》同。《新唐志》入"子部醫術類"。《宋志》入"子部醫家類",兩見,作《歷代名醫錄》七卷。《崇文總目·醫書類》云:《名醫傳》一卷,甘伯宗撰。

【通志藝文略】病源　《名醫傳》七卷,唐甘伯宗(選)[撰]。

【宋史藝文志】卷二傳記類　甘伯宗《名醫傳》七卷

附　歷代名醫錄

【中興館閣書目輯考】卷四醫家　《歷代名醫錄》七卷。原釋:唐甘伯宗撰。自伏犧至唐凡一百二十人。《玉海》六十三

【玉海】六十三藝文藝術　唐《歷代名醫錄》。《書目》七卷,唐甘伯宗撰,自伏羲至唐,凡一百二十人。《唐書》"名醫傳"、《崇文目》同。

【宋史藝文志】醫書類　甘伯宗《歷代名醫錄》七卷

注:按是書與前書,著者及卷數并同,恐是異名同書,而《宋志》重載之而已。

又按,周守忠《歷代名醫蒙求》多引《名醫錄》,而其中亦載北宋咸平、慶曆時人,乃知宋時又別有《名醫錄》,但未知林億等《傷寒論序》中所援《名醫錄》,果爲何人所作也。

附　神秘名醫錄

【天一閣見存書目】卷三醫家類　《神秘名醫錄》二卷。全。宋黨永年撰。

二、名醫顯秩傳

【秘書省續編到四庫闕書目】卷一史類傳記　趙自化《名醫顯秩傳》三卷

【玉海】卷六十三雍熙神醫普效方　《名醫顯(佚)[秩]傳》三卷,趙自化著。

三、名醫大傳

【歷代名醫蒙求】周守忠跋　愚偶詣醫生楊君之舍,話次出示所抄一書,曰《名醫大傳》,乃與《名醫錄》殊别云云。

四、歷代名醫蒙求

【萬卷堂書目】卷三醫家　《名醫蒙求》一卷,周守忠。

【千頃堂書目】卷十四醫家類補宋　《名醫蒙求》一卷,周守忠。

【宋史藝文志補】醫家類　周守忠《名醫蒙求》一卷

【季滄葦書目】延令宋板書　《歷代名醫蒙求》上下二卷。一本。

【江蘇省立國學圖書館圖書總目】醫史　《歷代名醫蒙求》二卷。《天禄琳琅叢書》第二十一至二十二册。宋周守忠。民國故宫博物院景印本。

【二續中國醫學書目】《歷代名醫蒙求》扉題冠"宋臨安本"四字。二卷。二册。九行,十六字。框横十三釐,縱十九釐。宋周守忠(榕菴)撰集。民國二十年故宫博物院影印。《天禄琳琅叢書》之一。歷代名醫蒙求序,蘇霖,嘉定庚辰。總目。釋音。跋,周守忠,嘉定上章執徐。跋後題曰"臨安府太廟前尹家書籍鋪刊行"。

歷代名醫蒙求序

昔人序《本草》,嘗有言曰:醫者意也。蓋謂醫爲人之司命,必致其意,能精微蘊奥,而極乎非常之妙,則天下之疾,無不可治者矣。况醫之道,有神聖工巧之殊;藥之性,有君臣佐使之别。人之受病,則寒熱燥濕,强弱盛衰,千變萬態,不可言既。苟非精其意而通其妙,烏能已人之疾,以醫自名,而流芳於千載也耶。天憫黎庶挺生,名醫代不乏人,蓋項背相望也。然孰能編類對屬,載之方策,而便於人之見聞耶。松菴周君,清雅好事,退公多暇,博覽古今,予每愛重之。一日,傾蓋疑語,出示一書,蒐羅甚富,上自三黄,迄於鉅宋,其間名醫用藥,愈疾起死,凡得二百事,著爲一百聯,姓氏枚舉,韻語珠連,目之曰《歷代名醫蒙求》。予三復讀之,喜其用心之善,而有益於人世。使醫家者流見是書也,莫不盡心竭慮,思無愧於古人。而初學之士,能熟覽是書,徐味其言,慕想其人,而深求其意,駸駸造乎神聖工巧之域,豈曰小補之哉。嘉定庚辰四月既望,錢塘蘇霖序。

跋

愚偶詣醫生楊君之舍,話次出示所抄一書,曰《名醫大傳》,乃與《名醫錄》殊别。因撰集《姬侍類偶》始絕筆,復欲倣是作,牽强即成數十句,又可屬對。竊觀前修所制,《三洞群仙錄》,紀述仙道之奇蹤。又有《釋氏蒙求》,具載高僧之異事。唯醫藥之流,未聞所編。繇是檢閲諸史雜説之書,掇其前二集所載闕遺,類韻參續,僅二百句,共一百聯,計二百有二人,分爲卷之上下,名曰《歷代名醫蒙求》。見其間有技術尤精,藥方經驗,事實涉奥,議論甚宏者,良可健羡。自惟類聚歸一,成聯易覽,亦足以備遺忘。於是命工鋟木,與好事者共之。然上舍蘇君,因見斯藁而作序揮翰,已非所堪,迨至印書將成,深愧示人,以召嗤鄙,謾疥紙於卷末云。是禩嘉定上章執徐且月上浣日,松菴周守忠謹書。

五、史記扁鵲倉公傳

【寶素堂藏書目錄】記傳 《史記扁鵲倉公傳》一卷,一冊。影鈔王氏。《史記扁鵲倉公傳》一卷,一冊。萬曆中刊□林本。《史記索隱・扁鵲倉公傳》。一張爲帖。影鈔毛晉刊本。

【續中國醫學書目】《扁鵲倉公傳彙攷》,《扁鵲倉公傳》合《扁鵲倉公傳彙攷》,二卷,二冊。日丹波元簡著。嘉永二年刊。影宋本《扁鵲倉公傳》一冊。十行,十八字。框横十三釐,縱二十釐。嘉永二年存誠藥室景宋刊《扁鵲倉公列傳》、《史記》一百零五。《太史公自序》第七十。《史記》一百三十。跋,丹波元堅,嘉永二年。

注:末有多紀元堅識語云:右《史記・扁鵲倉公列傳》及《太史公自序》中一條,從米澤公奕世所藏南宋建安黃善夫刊本影摹開雕,以備醫家講習。嘉永二年九月,江戶丹波元堅識。

六、華佗别傳

【太平御覽】引書目 《華佗别傳》

【補三國藝文志】卷三史之類雜傳類 《華佗别傳》。陳、范兩書本傳注引云。

七、太極葛仙公傳

【道藏】洞玄部譜籙類 《太極葛仙公傳》,譚嗣先編。

八、華陽陶隱居傳

【道藏】洞真部記傳類 《華陽陶隱居傳》,唐賈嵩。

九、廣黃帝本行記

【叢書書目彙編】合刻中藏經 《廣黃帝本行記》一卷,唐王瓘進。清陽湖孫星衍校刊。

十、周官醫職

【寶素堂藏書目錄】記傳 《周禮・疾醫職》一卷,一冊。活字板。

【杏雨書屋圖書假目錄】《周官醫職》,附《醫疾令》。塙氏輯。漢鄭玄註。日本堀川濟編。日本活字刊本。一冊。

【櫨筭書屋圖書目錄】《周官醫職》。小美濃判。刊。一本。漢鄭玄。年代不詳。翻刻本木活字。舊黑川真賴氏藏本。

【續中國醫學書目】《周官醫職》附《醫疾令》。一卷。一冊。十行,二十字。框横十二·五釐,縱十七·二釐。漢鄭玄注。未經塾聚珍版。不記刊行年月。跋,堀川濟,嘉永七年。附《醫疾令》。行字數同。

十一、太醫令箴

【太平御覽】引書目 崔實《太醫令箴》

十二、太醫局程文醫科程文

【文淵閣書目】卷十五醫書 《醫科程文》一部,四冊。

【菉竹堂書目】卷五醫書 《醫科程文》四冊。

【續文獻通考】醫家宋 《太醫局程文》九卷。臣等謹按,是編皆宋時考試醫學之制。

【清史稿藝文志】醫家類 不知撰人。《太醫局程文》九卷,乾隆時敕輯。

(一)考證

【四庫全書總目】卷一百零三醫家類 《太醫局程文》九卷。《永樂大典》本。宋時考試醫學之制也。其命題有六:一曰墨義,試以記問之博;二曰脈義,試以察脈之精;三曰大義,試以天地之奥與臟腑之源;四曰論方,試以古人製方佐輔之法;五曰假令,試以證候方治之宜;六曰運氣,試以一歲陰陽客主與人身感應之理。考《宋史》,醫學初隸太常寺,元豐間始置提舉判局,設三科以教之,曰方脈科,鍼科,瘍科。凡方脈以《素問》、《難經》、《脈經》爲大經,以《巢氏病源》、《龍樹論》、《千金翼方》爲小經,鍼科、瘍科則去《脈經》而增《三部鍼灸經》。常以春試,學生願與者聽。迨崇寧間,改隸國子監,分上舍、内舍、外舍。其考試法,第一場問三經大義五道;次場方脈及臨證運氣各二道,鍼科、瘍科試小經大義三道,運氣二道;三場假令治病法三道。中格高等,爲尚藥局醫師以下職。乾道中,罷局而存御醫諸科,後更不置局,僅存醫學科,淳熙中,又稍變其制焉。此太醫局係紹熙二年後所置。程文以墨義爲第一道,較舊制又稍異矣。其裒爲一集,不知何人所編,世亦别無傳本。今從《永樂大典》中排纂,得墨義九道,脈義六道,大義三十七道,論方八道,假令十八道,運氣九道,謹釐次爲九卷。其文皆通貫三經及《三部鍼灸》之法,暨金石之品、草木之性。辨析精微,足資啟發。蓋有宋一代,於醫學最爲留意。自皇祐中,於古來經方脈論皆命孫兆、林億、高保衡等校刊頒行,垂爲程式,故學者沿波討流,以專門名家。觀於是編，可謂當時討論之詳矣。

注：按《玉海》卷六十三"熙寧太醫局"云：熙寧九年五月癸亥，命許將、熊本提舉太醫局，不隸奉常（提舉一員，判局二員，每科置教授一。學生以春試補，三百人爲額。歲終較功過爲三等）。大觀中，陳師文等校正《和劑局方》五卷，一百九十七道，二十一門。紹興二年四月，定醫官爲八十五員，禮部請止以四十三員爲額。六年正月四日，置藥局四所，其一曰和劑局。十八年閏八月二十三日，改熟藥所爲太平惠民局。二十一年十二月十七日，以監本藥方頒諸路。《周・天官》醫師，漢太醫令，唐醫學。

（二）鈔本及刊本

1. 永樂大典採輯書

【叢書舉要】卷五十四永樂大典採輯書　《太醫局程文》九卷，宋官撰。

【叢書書目彙編】永樂大典採輯書　《太醫局程文》九卷，宋官撰。乾隆三十八年，戶部尚書王際華等奉敕撰。仁和朱氏所藏抄本編錄。

2. 四庫全書本

【四庫全書總目】卷一百零三　《太醫局程文》九卷。《永樂大典》本。

【壬子文瀾閣所存書目】卷三醫家　《太醫局諸科程文》九卷，五冊。補鈔。

【文溯閣四庫全書要略及索引】

3. 四庫閣傳鈔本

【持靜齋藏書記要】卷下鈔本醫家　《大醫局程文格》九卷。皆南宋考試醫學之文，依閣鈔《永樂大典》本。《提要》未詳編人，云世亦別無傳本，而此鈔每卷題"宋何（不）［大］（仕）［任］編"。不知所據。

【持靜齋書目】卷三醫家　《（大）［太］醫局程文（閣）［格］》九卷。藝海樓依閣本鈔。不著撰輯者名氏。

【郘亭知見傳本書目】卷八醫家　《太醫局程文格》九卷。不著撰人。（靜持室）［持靜齋］有依閣抄本。

【八千卷樓書目】卷十醫家類　《太醫局程文》九卷。皆南宋考試醫學之文，不著編輯者名氏，依閣抄本。

4. 當歸草堂叢書本

【叢書舉要】卷十二當歸草堂醫學叢書　《太醫局程文》九卷。《叢書書目彙編》同。

【揚州吳氏測海樓藏書目錄】卷四　《太醫局程文》九卷。宋考試文。光緒當歸草堂刊十二本內。

【古越藏書樓書目】卷五　《太醫局程文》九卷。《丁氏醫學叢書》本。

【浙江藏書樓甲編書目】當歸草堂醫學十二種　《太醫局諸科程文》九卷。

【浙江公立圖書館通常類圖書目錄】　《太醫局諸科程文》九卷。但《當皈草堂醫學叢書初編》五十七卷，清丁丙編。光緒十年增刊本十二本之內。

【江蘇省立國學圖書館圖書總目】　《太醫局諸科程文》九卷。《當皈草堂醫學叢書》第四至五册。

【續中國醫學書目】《太醫局諸科程文》九卷。二册。十行,二十字,框横十二釐,縱十五·八釐。宋不著編者名氏。光緒七年刊。《當歸草堂醫學叢書》之内。《欽定四庫全書·太醫局諸科程文提要》。

5. 鈔本

【竹崦庵傳鈔書目】醫家類　《太醫局程文》九卷。宋人撰。二百零五。

【抱經樓藏書志】卷三十七醫家類　《太醫局程文》九卷。抄本。不著編輯名氏。

【皕宋樓藏書志】卷四十六醫家類　《太醫局程文》九卷。舊抄本不著編輯名氏。

【静嘉堂秘籍志】卷二十四陸氏十萬卷樓舊藏　《太醫局程文》九卷。抄二本。不著編輯者名氏。案,《提要》《永樂大典》本云引文略之。

【善本書室藏書志】卷十六醫家類　《太醫局諸科程文格》九卷。舊抄本。右爲宋熙二年後太醫局所置程文,館臣從《大典》中排纂,得墨義九道,脈義六道,大義三十七道,諸方八道,假令十八道,運氣九道。其文皆貫通三經及《三部鍼灸》之法,暨金石之品、草木之性。辨晰精微,足資啟發。

【江蘇省立國學圖書館圖書總目】《太醫局諸科程文格》九卷。二册。闕名。舊鈔本。有"賓生"、"錢培名"二印。

【江蘇第一圖書館覆校善本書目】《太醫局諸科程文格》。南宋考試醫學之文,失名。舊鈔本。有"賓生"、"錢培名"二印。二册。

6. 未詳本

【内閣藏書目録】卷六　《諸科程文格》三册。全。醫院試策也。

附　太醫局諸科程文格一卷

【千頃堂書目】卷十四醫家類補宋　何大任《太醫局諸科程文格》一卷

【傳是樓書目】醫家　宋何大任《太醫局諸科程文格》,抄一本。

【宋史藝文志補】醫方類　何大任《太醫局諸科程文格》一卷

附　崇寧看詳太醫局醫局生赴試問答

【千頃堂書目】卷十四醫家類補宋　《崇寧看詳太醫局醫局生赴試問答》一卷

【宋史藝文志補】醫方類　《崇寧看詳太醫局醫生赴試問答》一卷

十三、醫經目録

【秘書省續編到四庫闕書目】卷一史類目録　《醫經目録》二卷

第二十三類　獸醫

一、伯樂療馬經

【隋書經籍志】子部醫方療馬方注　梁有《伯樂療馬經》一卷。疑與此(何)[同]。

二、療馬方

【隋書經籍志】子部醫方　《療馬方》一卷

三、伯樂治馬雜病經

【隋書經籍志】子部醫方　《伯樂治馬雜病經》一卷

四、治馬經三卷

【隋書經籍志】子部醫方　《治馬經》三卷,俞極撰。亡。
【通志藝文略】史類食貨豢養　《治馬經》三卷,俞極撰。

五、治馬經四卷

【隋書經籍志】子部醫方　《治馬經》四卷

六、治馬經目

【隋書經籍志】子部醫方《治馬經目》一卷

七、治馬經圖

【隋書經籍志】子部醫方　《治馬經圖》二卷
【通志藝文略】史類食貨豢養　《治馬經圖》一卷

八、馬經孔穴圖

【隋書經籍志】子部醫方　《馬經孔穴圖》一卷
【通志藝文略】史類食貨豢養　《馬經孔穴圖》一卷

九、雜撰馬經

【隋書經籍志】子部醫方　《雜撰馬經》一卷
注:按《宋志》雜藝類有《馬經》一卷,又五行類有《馬經》三卷,不知與此同否。

十、治馬牛駝騾等經

【隋書經籍志】子部醫方　《治馬牛駝騾等經》三卷。《目》一卷。
【通志藝文略】史類食貨　《治馬牛駝騾等經》三卷
【補遼金元藝文志】食貨類　《治馬牛駝騾等經》三卷。失名。

十一、治馬病方

【日本國見在書目錄】醫方家　《治馬病方》一

十二、治馬法

【日本國見在書目錄】醫方家　《治馬法》六

十三、治馬病書

【日本國見在書目錄】醫方家　《治馬病書》六

十四、景祐醫馬方

【通志藝文略】史類食貨豢養　《景祐醫馬方》一卷
【秘書省續編到四庫闕書目】卷二農家　《景祐醫馬方》一卷。闕。

十五、醫馬經

【通志藝文略】史類食貨豢養　《醫馬經》一卷
【宋史藝文志】子類雜藝　《醫馬經》一卷

十六、馬經五藏論

【秘書省續編到四庫闕書目】卷二農家　《馬經五藏論》七卷。闕。

十七、皇帝醫相馬經

【郡齋讀書後志】卷二雜藝術　《皇帝醫相馬經》三卷。右唐穆鑫集伯樂、王良等六家書成此編。皇帝作神農也。《文獻通考·醫家》同。

【汲古閣毛氏藏書目錄】醫家　《醫相馬經》三卷,唐穆鑫集伯樂、王良等六家書成此編。

十八、育駿方

【郡齋讀書後志】卷二雜藝術　《育駿方》三卷。右未詳撰人。相馬術及醫治畜牧之方。《文獻通考·醫家》同。

【世善堂藏書目錄】卷下醫家　《育駿方》三卷。馬醫。

【汲古閣毛氏藏書目錄】醫家　《育駿方》三卷。相馬法及醫治畜牧之方,未詳撰人。

十九、司牧安驥集

二十、司牧安驥方

【宋史藝文志】子類醫書　李石《司牧安驥集》三卷,又《司牧安驥方》一卷。

【文淵閣書目】卷十五醫書　《司牧安驥集》

【菉竹堂書目】卷五醫書　《司牧安驥集》二冊

【補遼金元藝文志】食貨類　《安驥集》八卷。失名。

(一)考證

【四庫全書總目】卷一百零五醫家類存目　《安驥集》三卷,《永樂大典》本。不著撰人名氏。前有僞齊劉豫時刊書序曰"尚書兵部阜昌五年準内降付下都省奏,朝散大夫尚書戶部郎中馮長寧等劄子,成忠郎皇城司準備差遣盧元賓進呈司牧《安驥集方》四冊。奉齊旨,可看詳開印施行。長寧等竊謂國家乘宋後,不得已而用兵。故遣官市馬於隴右,詔修馬政。始命有司看詳司牧《安驥集方》,開印以廣其傳"云云。詳其序意,則舊有此書,僞齊刊之耳。凡病各有圖,藥方附末。其所載王良《百一歌》,及伯樂《畫烙圖》、《十二經絡圖》、馬師黄《五臟論》、《八邪論》,大抵方技依託之言,然其來則已久矣。

(二)刊本

明弘治刊本

【善本書室藏書志】卷十六醫家類　《重刻安驥集》五卷。明弘治刊本。汪魚亭藏書。古唐洞羊賈誠校勘。

按《四庫存目》"《安驥集》三卷,《永樂大典》本。不著撰人名氏。前有僞齊劉豫時刊書序。凡病有各圖,藥方附末。其所載王良《百一歌》,及伯樂《畫烙圖》、《十二經絡圖》、馬師黄《五臟論》、《八邪論》,大抵方技依託,然其來已久"云云。此則宏治十七年陜苑馬寺卿太原車霆所刊五卷本。霆序云:《黄帝八十一問》以來,其訂馬骨相,論馬證治,施鍼用藥,爲馬醫者,莫之能違。我國家以關陜爲西北重地,設寺監以司馬政。苑牧有地,孳息有制,防邊固國之計至矣。承平日久,視馬政爲常事。南京太常卿邃庵楊先生進都御史,督理其事,霆始被委清理。顧《安驥集》版久漫滅,先生乃取善本,校閲鋟梓,遍給監苑衛所邊堡,俾調養有法,療有方矣。仍刊僞齊阜昌五年降付劄子,進呈《安驥集方》四冊,奉齊旨看詳開印施行等文,及《旋毛口齒諸圖》、《三十六黄病源》、《黄帝八十一問》諸歌,實非方技所依託也。有"汪魚亭藏閲書"印。

附　司牧馬經痊通玄論

【百川書志】卷十醫家　《司牧馬經痊驥通玄論》六卷。東原獸醫卞管勾集註,內有三十九論,四十六説。方術畢備,馬之病源痊治,無餘藴矣。

【脈望館書目】辰字號馬醫　《通玄論》二本。

【補遼金元藝文志】食貨類　《馬經通元方論》六卷,卞管勾集。

傳本

【天一閣藏書目録】吕字號廚　《痊驥通元》一本。

【四庫全書總目】卷一百零五醫家類存目　《司牧馬經痊驥通元論》六卷。浙江范懋柱家天一閣藏本。舊本題"東原獸卞管勾集註",有三十九論,四十六説。於馬之病源治訣,簡明賅備。前有正德元年陜西苑馬寺卿太原車霆序。《明史藝文志》不著録,惟高儒《百川書志》有之,卷帙與此本合。所謂"卞管勾"者,其名則不可考矣。

【四庫館進呈書籍底簿】浙江省第五次書目　《痊驥通元論》六卷,宋邵雍著。一本。

注:按是書諸家書目均不著撰人名氏,而《四庫館進呈底簿》獨謂爲宋邵雍所著,未知其所據。邵雍字堯夫,宋河南人,高明英邁,冠於當時,尤與司馬光好。熙寧十年卒,時年六十七。元祐中賜謚康節。傳見於《宋史》卷四百二十七"道學傳",然亦不言雍有斯著也。

二十一、伯樂鍼經

【宋史藝文志】子類醫書　《伯樂鍼經》一卷

二十二、紹聖重集醫馬方

【宋史藝文志】子類醫書　《紹聖重集醫馬方》一卷

二十三、相馬病經

【宋史藝文志】五行類　《相馬病經》三卷

二十四、明堂灸馬經

【宋史藝文志】雜醫類　《明堂灸馬經》二卷

二十五、醫牛經

【通志藝文略】史類食貨豢養　《醫牛經》一卷
【宋史藝文志】農家類　《賈耽醫牛經》一卷

二十六、醫駝方

【通志藝文略】史類食豢養　《醫駝方》一卷
【宋史藝文志】雜醫類　《醫駝方》一卷

二十七、療駝經

【宋史藝文志】雜藝類　《療駝經》一卷

二十八、鷹鶻五臟病源

【崇文總目輯釋】卷三藝術類　《鷹鶻五臟病源》一卷。原釋：闕。見天一閣抄本。侗按，《通志略》不著撰人。《宋志》"病源"下有"方論"二字，亦不著名氏。
【通志藝文略】史類食貨養　《鷹鶻五藏病源》一卷
【宋史藝文志】五行類　《鷹鶻五藏病源方論》一卷

第二十四類　運氣

一、天元玉册

【素問】王冰序新校正注　詳王氏《玄珠》，世無傳者，今有《玄珠》十卷，《昭明隱旨》三卷，蓋後人附託之文也。雖非王氏之書，亦於《素問》第十九卷至二十二四卷，頗有發明。其《隱旨》三卷，與今世所謂《天元玉冊》者正相表裏，而與王冰之義多不同。

【郡齋讀書後志】卷二醫家類　《天元玉策》三十卷。右啟玄子撰，即唐王冰也。書推五運六氣之變。

【文獻通考】經籍考子醫家　《天元玉策》三十卷。晁氏曰：啟元子撰，即唐王冰也。書推五運六氣之變。《唐人物志》云：冰仕至太僕令，年八十餘，以壽終。

【文淵閣書目】卷十五醫書　《天元玉冊》一部，六冊。闕。

【古今醫統大全】卷一採摭諸書　《天元玉冊》三十卷，啟玄子王冰述。元誥《內經》之意，益之以五運六氣之變。

【世善堂藏書目錄】卷下醫家　《天元玉策》三十卷，唐啟元子王冰。

【醫藏書目】玄通函目　《天元玉冊》二十八卷，啟元子。

【國史經籍志】卷四下子類醫家經論　《天元玉策》三十卷，王(水)[冰]。

【汲古閣毛氏藏書目錄】醫家　《天元玉策》三十卷。啟元子，即唐王冰。

【竹崦庵傳鈔書目】子部醫家類　《天元玉冊》二十八卷。同上。二百四十九。按，同上者，云唐王冰撰也。

二、天元玉册元誥

【古今醫統大全】卷三醫書　《天元玉冊元誥》十卷，不知何人所作。歷漢至唐，諸《藝文志》俱不載錄，其文自與《內經》不類，非戰國時書。其間有天皇真人昔書，其文若"道正無爲，先天有之，太易無名，先於道生"等語，皆老氏遺意，意必老氏之徒所著。大要推原五運六氣、上下臨御、主客勝復、政化淫乘，及三元九宮、太乙司政之類，殊爲詳明，深足以羽翼《內經・六微旨》、《五常政》等論，太玄君扁鵲爲之註，猶郭象之於《南華》，非新學之所易曉。觀其經註一律，似出一人之手。謂扁鵲爲黄帝時人，則其書不古。謂扁鵲爲秦越人，則傳中無太玄君之號。醫門倣托，率多類此。

卷一採摭諸書　太玄君扁鵲爲之註。此扁鵲號太玄君，爲黄帝時人，後秦越人醫術之神，人稱之曰扁鵲。

三、昭明隱旨

【素問】王冰序新校正註　今有《玄珠》十卷，《昭明隱旨》三卷，蓋後人附託之文也。雖非王氏之書，亦於《素問》第十九卷至二十二四卷，頗有發明。其《隱旨》三卷，與今世所謂《天元玉冊》者正相表裏，而與王冰之義多不同。

【素問】刺法論本病論新校正註　今世有《素問亡編》及《昭明隱旨論》，以謂此三篇，仍託名王冰爲註，辭理鄙陋，無足取者。

【古今醫統大全】卷一採摭諸書　《昭明隱旨》三卷，啟玄子撰。其義與《玉冊》大同。

四、六甲天元運氣鈐

【通志藝文略】醫方類上脈經　《六甲天元氣運鈐》二卷

【秘書省續編到四庫闕書目】卷二子類醫書　《六甲元氣鈐》二卷

【宋史藝文志】子類醫書類　趙從古《六甲天元運氣鈐》二卷

宋本

【結一廬書目】宋版　《六甲天元運氣鈐》二卷，宋趙從古撰。宋刊。二冊。

五、三甲運氣經

【通志藝文略】醫方類上脈經　《三甲運氣經》三卷

【秘書省續編到四庫闕書目】卷二子類醫書　《三甲運氣經》三卷。闕。

六、五運六氣玉鎖子經

【通志藝文略】醫方類上脈經　《五運六氣玉瑣子》三卷

【秘書省續編到四庫闕書目】卷二子類醫書　《五運六氣玉鎖子經》三卷。闕。

七、二十八宿治病鬼鑑圖

【通志藝文略】醫方類上方書　《二十八宿治病鬼鑑圖》一卷

【秘書省續編到四庫闕書目】卷二子類醫書　《二十八宿治病鬼鑑圖》一卷。闕。

八、氣運鈔

【遂初堂書目】醫書類　《氣運鈔》

九、五運指掌賦圖

【直齋書録解題】卷十三醫書類　《五運指掌賦圖》一卷，葉玠。

【文獻通考】經籍考子醫家　《五運指掌賦》一卷。陳氏曰：葉玠撰。

十、天元秘演

【宋史藝文志】子類醫書類　陳蓬《天元秘演》十卷

十一、太玄經

【古今醫統大全】卷一採摭諸書　《大玄經》，漢揚雄子雲撰。中言陰陽易、五行之理，及清淨淵默之説。大概養生，當始於醫學。

十二、運氣全書

【古今醫統大全】卷一採摭諸書　《運氣全書》。前人。

注：按"前人"者，謂宋劉溫舒也。

第二十五類　月令

一、四人月令

【隋書經籍志】農家　《四人月令》一卷，後漢大尚書崔寔撰。

【唐書藝文志】農家　《崔寔四人月令》一卷

【太平御覽】引書目　《崔寔四民月令》

二、千金月令

【唐書藝文志】農家　《孫氏千金月令》三卷，孫思邈。

【宋史藝文志】農家　《孫思邈齊人月令》三卷

【本草綱目】引據書目　《孫真人千金月令方》

【醫方類聚引用書】　《千金月令》

【醫籍考】一千五百八十二頁千金髓方注　按，朝鮮《醫方類聚》引有《千金月令》一書，醫官小島學古尚質就以採輯，得說一十九首，方三百二十一首。檢其文義，與《千金方》實出一手，決非贋鼎矣。考《新唐志》農家類云：《孫氏千金月令》三卷，孫思邈撰。《宋志》作《齊人月令》。殆此書也。而陶九成《說郛》卷第六十九載有其書，僅舉節物十三條。蓋是以時令爲主，因以及醫方者，故附於此。

輯本

【叢書書目彙編】說郛《千金月令》，唐孫思邈撰。　玉函山房所輯佚書《千金月令》一卷，唐孫思邈。

【寶素堂藏書目錄】　《千金月令》二卷，一冊。《醫方類聚》採輯本。

【雜病廣要採摭書目】　《千金月令》，唐孫思邈。

【觀聚方要補採摭書目】　《千金月令》，唐孫思邈。

【躋壽館醫籍備考】　《千金月令》二卷，一冊。《醫方類聚》採輯本。

三、齊人月令

【太平御覽】引書目　《齊人月令》

【宋史藝文志】農家類　《孫思邈齊人月令例》三卷

四、保生月録

【唐書藝文志】農家類　韋行規《保生月録》一卷

【太平御覽】引書目　《韋氏月録》

【通志藝文略】方書　《韋氏月録方》一卷

【秘書省續編到四庫闕書目】醫書　《韋氏月録方》一卷。闕。

【宋史藝文志】農家類　韋行規《月録》一卷,《保生月録》二卷。

【古越藏書樓書目】《保生月録》一卷,宋韋行規。《説郛》本。

【叢書書目彙編】玉函山房所輯佚書　《保生月録》一卷,唐韋氏。缺。

【江蘇省立國學圖書館圖書總目】《保生月録》。《説郛》第四十一册。宋韋行規。明刊本。

【寶素堂藏書目録】《保生月録》,韋行規。

【聿修堂藏書目録】《保生月事》,宋韋行規。

五、月令圖

【唐書藝文志】農家類　王涯《月令圖》一軸

六、乘輿月令

【唐書藝文志】農家類　裴澄《乘輿月令》十二卷。國子司業貞元十一年上。

七、攝生月令

【崇文總目輯釋】道書類　《攝生月令》一卷,姚稱撰。

【秘書省續編到四庫闕書目】道書　《攝生月令圖》一卷。闕。

【宋史藝文志】醫書類　《攝生月令圖》一卷神仙《姚稱攝生月令圖》一卷

八、養生月録

【秘書省續編到四庫闕書目】道書　姜蜕《養生月録》一卷。闕。

【叢書書目彙編】説郛正續　《養生月録》,宋羌蜕撰。

【古越藏書樓書目】卷五　《養生月録》,宋羌蜕。《説郛》本。

【江蘇省立國學圖書館圖書總目】《養生月録》。《説郛》第四十一册。宋羌蜕。明刊本。

【中長鐵路圖書館圖書目録】《養生月録》一卷,宋羌蜕。見《正續説郛》。

【寶素堂書目録】養生　《養生月録》一卷,羌蜕。

【聿修堂書目錄】養生　《養生月錄》一卷，宋羌蜕。

九、養生月覽

【宋史藝文志補】醫方類　周守忠《養生月覽》二十卷
【萬卷堂書目】卷三　《養生日覽》一卷，周守忠。
【脈望館書目】辰字號　《養生月覽》一本，《三元延壽書》一本。共一套。
【千頃堂書目】卷十四補　《養生月覽》二十五卷
【古今書刻】上編湖廣遼府　《養生(日)[月]覽》

傳本

【也是園藏書目】卷五　周守中《養生月覽》二卷
【各省進呈書目】兩江第二次書目　《養生月覽》，宋周守忠著。二本。
【重訂浙江公立圖書館保存類目錄】醫家類　《養生月覽》二卷，周守忠撰。但《濤養叢書》三十七卷不著編輯人名氏。明書林余尚勳校本。有"錦里散人"、"樸氏文榮"、"士肩"三印。十五本之內。
【聿修堂書目】《養生月覽》二卷。一冊。謝穎刻刊本抄。宋周守忠撰。
【經籍訪古志】卷八　《養生月覽》二卷。抄本。聿修堂藏。首有嘉定十五年周守忠自序。每卷周、謝署名，及行款字數，一與前書《養生類纂》同，亦是影抄謝刻者。聿修堂又藏舊抄本一通，行款亦同。十二行，廿六字。卷首有"澗松"印。
【元治增補御書籍目錄】《養生月覽》二卷。寫本。宋周守忠撰。
【內閣文庫圖書第二部漢書目錄】(特)　《養生月覽》二卷，宋周守忠。日本寫本。明謝穎校。一冊。《養生月覽》，同上。日本寫本。一冊。
【二續中國醫學書目】《養生月覽》二卷。二冊。十行，二十字，框橫十三·七釐，縱十九·八釐。宋周守忠松菴編輯。明胡文煥全菴校正。明萬曆二十年虎林胡氏文會堂刊。

第二十六類　養生

一、養性書

【後漢書】卷七十九王充傳　年漸七十，志力衰耗，乃造《養性書》十六篇。

注：王充傳，《後漢書》卷九本傳云：王充字仲任，會稽上虞人也，其先自魏郡元城徙焉。充少孤，鄉里稱孝。後到京師，受業太學，師事扶風班彪。好博覽而不守章句。家貧無書，常遊洛陽市肆，閱所賣書，一見則能誦憶，遂博通衆流百家之言。後歸鄉里，屏居教授，仕郡爲功曹，以數諫爭不合去。充好論說，始若詭異，終有理實。以爲俗儒守文，多失其真，乃閉門潛思，絕慶弔之禮，戶牖牆壁，各置刀筆。著《論衡》八十五篇，二十餘萬言，釋物類同異，正時俗嫌疑。刺史董勤辟爲從事，轉治中，自免還家。友人同郡謝夷吾上書薦充才學，肅宗特詔公車徵，病不行。年漸七十，志力衰耗，乃造《養性書》十六篇，裁節嗜欲，頤神自守。永元中，病卒於家。

二、養性治身經

【後漢書藝文志】方技神仙　王喬《養性治身經》。《抱朴子遐覽編》三卷。案《御覽》九引治身之道，春避青風，夏避赤風，秋避白風，冬避黑風。稱《養性經》，疑出此書。

三、彭祖養性經

【隋書經籍志】醫方　《彭祖養性經》一卷。《新唐志》同

四、彭祖養性

【隋書經籍志】醫方　《彭祖養性》一卷

五、彭祖養性備急方

【通志藝文略】方書　《彭祖養(政)[性]備急方》一卷

【秘書省續編到四庫闕書目】醫書　《彭祖養性備急方》一卷

六、彭祖攝生養性論

【道藏目錄】洞神部方法類　《彭祖攝生養性論》

七、龍樹菩薩養性方

【隋書經籍志】醫方　《龍樹菩薩養性方》一卷

八、養生要集

【隋書經籍志】醫方　《張湛養生要集》十卷

【舊唐書經籍志】醫術　《養生要集》十卷,張湛撰。《道家類》重載是書

【唐書藝文志】醫術類　張湛《養生要集》十卷。《神仙》中重載是書

【太平御覽】引書目　《養生要集》

【和名抄引用漢籍】醫方家　《養性要集》。《養生要集》十卷。引用二回。"性"疑"生"之誤。

【補晉書藝文志】《養生要集》,張湛。見《隋志》。謹案,疑此係《魏書·列傳》中之張湛,非注《列子》者。

注:張湛傳(按,張湛,青史載傳者有二人,而並不記撰《養生要集》之事,今併錄兩傳焉),《後漢書》卷五十七本傳云:張湛字子孝,扶風平陵人也。矜嚴好禮,動止有則,居處幽室,必自修整,雖遇妻子,若嚴君焉。及在鄉黨,詳言正色,三輔以爲儀表。人或謂湛爲詐,湛聞而笑曰:我誠詐也。人皆詐惡,我獨詐善,不亦可乎。成哀間,爲二千石。王莽時,歷太守都尉。建武初,爲左馮翊。在軍修典禮,設條教,政化大行。後告歸平陵,望寺門而步。主簿進曰:明府位尊德重,不宜自輕。湛曰:《禮》"下公門,軾輅馬"。"孔子於鄉黨恂恂如也"。父母之國,所宜盡禮,何謂輕哉。五年,拜光祿勳。光武臨朝,或有惰容,湛則陳諫其失。常乘白馬,帝每見湛輒言:白馬生且復諫矣。七年,以病乞身,拜光祿大夫,代王丹爲太子太傅。及郭后廢,因稱疾不朝,拜太中大夫,居中東門候舍,故時人號曰中東門君。帝數存問賞賜。後大司徒戴涉被誅,帝彊起湛以代之。湛至朝堂,遺失溲便,因自陳疾篤,不能復任朝事,遂罷之。後數年,卒於家。

《魏書》卷五十二本傳云:張湛字子然,一字仲玄,敦煌人,魏執金吾恭九世孫也。湛弱冠知名涼土,好學能屬文。沖素有大志,仕沮渠蒙遜黄門侍郎、兵部尚書。涼州平,入國,年五十餘矣,賜爵南浦男,加寧遠將軍。司徒崔浩識而禮之。浩注《易》,敘曰:國家西平河右,敦煌張湛、金城宗欽、武威段承根三人,皆儒者,並有儁才,見稱於西州。每與余論《易》,余以《左氏傳卦》解之,遂相勸爲注。故因退朝之

餘暇,而爲之解焉。其見稱如此。湛至京師,家貧不粒,操尚無虧,浩常給其衣食。每歲贈浩詩頌,浩常報答。及浩被誅,湛懼,悉燒之。(《北史》卷三十四亦載湛傳)

注:按《醫心方》所引有《養生要集》八十六條。

九、高湛養生論

【太平御覽】引書目　《高湛養生論》

注:按張杲《醫說》載王叔和傳。云出張湛《養生方》,或疑高湛即張湛之衍歟。

十、養生論

【晉書】卷二百十　《嵇康傳》"期彭祖之倫可及,乃著養生論"。

【太平御覽】引書目　嵇康《養生論》

注:按《太平御覽》卷七百二十《養生》云:嵇康《養生論》曰:養生有五難,名利不滅,此一難也;喜怒不除,是二難也;聲色不去,此三難也;滋味不絕,此四難也;神虛精散,此五難也。五者必存,雖心希難老,口誦至言,咀嚼英華,呼吸太陽,不能不大其年也。五者無於胸中,則信順日深,元得日全,不祈喜而自福,不求壽而自延,此養生大理所歸也。

注:《醫心方》所引有嵇康《養生論》二條,《證類本草》所引有嵇康《養生論》四條。

注:嵇康傳,《魏志》卷二十一《王粲傳》云:時又有譙郡嵇康,文辭壯麗,好言老莊,而尚奇任俠。至景元中,坐事誅。注略

《晉書》卷四十九本傳略云:嵇康字叔夜,譙國銍人也。其先姓奚,會稽上虞人,以避怨徙焉。銍有嵇山,家於其側,因而命氏。康少孤,有奇才,遠邁不群。身長七尺八寸,美詞氣,有風儀,而土木形骸,不自藻飾,人以爲龍章鳳姿,天質自然。恬靜寡慾,含垢匿瑕,寬簡有大量。學不師受,博覽無不該通,長好老莊。與魏宗室婚,拜中散大夫。常修養性服食之事,彈琴詠詩,自足於懷。以爲神仙稟之自然,非積學所得,至於導養得理,則安期、彭祖之倫可及,乃著《養生論》。又以爲君子無私。

十一、抱朴子養生論

【宋書藝文志】神仙　《抱朴子養生論》一卷

【道藏目錄】洞神部方法類　《抱朴子養生論》

十二、養生經

【太平御覽】引書目　《養生經》

【崇文總目輯釋】卷四道書類　《養生經》一卷，陶宏景撰。

十三、陶真人養生術

【秘書省續編到四庫闕書目】卷二道書　《陶真人養生術》一卷。闕。

十四、養性延命錄

【秘書省續編到四庫闕書目】卷二道書　陶宏景撰《養性延命錄》二卷。輝按，《宋志》同。《崇文目》云"一卷"，《道藏目》"二卷"，"性"作"生"。

【宋書藝文志】神仙　陶宏景《養性延命錄》二卷

【道藏目錄】洞神部方法類　《養生延命錄》二卷

十五、沐浴經

【南史】卷八簡文帝紀　簡文帝所著《沐浴經》三卷，《如意方》十卷，并行於世。

【補南北史藝文志】卷一南史五行梁　《沐浴經》三卷，簡文帝撰。見《本紀》。《梁書·簡文紀》未載。《隋經籍志》"沐浴書一卷"，無撰人姓名。

十六、養生注

【隋書經籍志】醫方　《養生注》十一卷。《目》一卷。

十七、養生術

【隋書經籍志】醫方　《養生術》一卷，翟平撰。

【秘書省續編到四庫闕書目】卷二道書　《養生術》一卷。闕。

十八、養身經

【隋書經籍志】醫方　《養身經》一卷

十九、養生要術

【隋書經籍志】醫方　《養生要術》一卷

【太平御覽】引書目　《養生要術》

二十、養生服食禁忌

【隋書經籍志】醫方　《養生服食禁忌》一卷

二十一、養性傳

【隋書經籍志】醫方　《養生傳》二卷。雜傳　《養性傳》二卷。疑《隋志》重出

【舊唐書經籍志】雜傳　《養性傳》二卷

【唐書藝文志】神仙　《養性傳》二卷

二十二、帝王養生要方

【隋書經籍志】醫方　《帝王養生要方》,蕭吉撰。

注:蕭吉傳,《隋書》卷七十八本傳略云,蕭吉字文休,梁武帝兄長沙宣武王懿之孫也。博學多通,尤精陰陽算術。江陵陷,遂歸於周,爲儀同。宣帝時,吉以朝政日亂,上書切諫,帝不納。及隋受禪,進上儀同,以本官太常,考定古今陰陽書。吉性孤峭,不與公卿相沉浮,又與楊素不協,由是擯落於世,鬱鬱不得志。見上好徵祥之說,欲乾沒自進,遂矯其爲悅媚焉。開皇十四年上書,上覽之大悅,賜物五百段。及煬帝嗣位,拜太府少卿,加位開府。後歲餘,卒官。著《金海》三十卷,《相經要錄》一卷,《宅經》八卷,《葬經》六卷,《樂譜》十二卷及《帝王養生方》二卷,《相手版要訣》一卷,《太一立成》一卷,并行於世。《北史》卷八十九亦有傳。

二十三、延年秘錄

【舊唐書經籍志】醫術　《延年秘錄》十二卷。《新唐志》同

【崇文總目輯釋】卷三醫書　《延年秘錄》十卷

【千金要方】宋臣序　泝流以討源,如《五鑒經》、《千金翼》、《崔氏纂要》、《延年秘錄》。凡所派別,無不考理。

【宋史藝文志】醫書類　《延年秘錄》十一卷

【日本國見在書目錄】醫方家　《延年秘錄方》四

注:按《外臺秘要》所引有《延年方》九十六條,未知與是書同否。

二十四、南中四時攝生論

【唐書藝文志】子錄醫術　鄭景岫《南中四時攝生論》一卷

【崇文總目輯釋】卷三醫書類　《南中四時攝養論》一卷,鄭景岫撰。侗按,舊本南中譌作南仲,今校改。《宋志》"南中"作"廣南",《唐志》、《通志略》"攝養"并作

"攝生"。《校讎略》云：有應釋者，有不應釋者，《崇文總目》必欲一一爲之釋。間有見名知義者，亦彊爲之釋，如鄭景岫作《南中四時攝生論》，其名自可見，何用釋哉。

【通志藝文略】嶺南方　《南中四時攝生論》一卷，唐鄭景岫撰。

【玉海】卷六十三慶曆善救方　天禧二年八月丁未，内出鄭景岫《四時攝生論》，陳堯叟所集方一卷，示輔臣，上作序紀其事，命有司刊板賜廣南官，仍分給天下。

【宋史藝文志】醫書類　鄭景岫《廣南四時攝生論》一卷

【萬卷堂書目】卷三醫家　《廣東四時攝生論》一卷，鄭景岫。

二十五、四氣攝生論

【秘書省續編到四庫闕書目】卷二醫書　穆殷撰《四氣攝生論》一卷。闕。

注：按《道藏目錄·洞神部靈圖類》有《四氣攝生圖》。

二十六、攝生錄

【唐書藝文志】神仙　《高福攝生錄》三卷

【宋史藝文志】醫書　《高福攝生要錄》三卷

二十七、養生經

【唐書藝文志】神仙　《上官翼養生經》一卷

【宋史藝文志】神仙　《上司翼養生經》一卷

二十八、攝生纂錄

【唐書藝文志】神仙　王仲丘《攝生纂錄》一卷

【道藏目錄】洞玄部衆術類　《攝生纂錄》

二十九、養生要錄一卷

【唐書藝文志】神仙　《養生要錄》一卷

【崇文總目輯釋】卷三醫書類　《養性要錄》一卷。侗案，舊本脫"養"字，今校增。

【宋史藝文志】醫書類　《養性要錄》一卷

三十、養生要錄三卷

【宋史藝文志】神仙　《養生要錄》三卷

三十一、攝生真録

【唐書藝文志】神仙 《攝生真録》一卷

【玉海】卷六十三唐開元廣濟方 李吉甫傳，爲淮南節度使，帝爲御通化門祖道，賜御餌禁方。孫思邈《千金方》三十卷，《攝生真録》一卷。

三十二、攝生經

【唐書藝文志】子録神仙 郭霽《攝生經》一卷

三十三、延壽赤書

【唐書藝文志】子録神仙 裴煜《延壽赤書》一卷

【宋史藝文志】道家類神仙 裴鉉《延壽赤書》一卷。

三十四、著生論

【唐書藝文志】子録神仙 《著生論》一卷

【宋史藝文志】道家類神仙 《著生論》一卷

三十五、養性方

【日本國見在書目録】醫方家 《養性方》一，許先生撰。

三十六、攝養要訣

【日本國見在書目録】醫方家 《攝養要訣》二十二

三十七、養生秘要

【和名抄引用漢籍】醫方家 《養生秘要》。引用五回。

三十八、養性志

【和名抄引用漢籍】醫方家 《養性志》。引用一回。

三十九、大唐延年經

【和名抄引用漢籍】醫方家　《大唐延年經》。引用一回。

四十、老子養生要訣

【太平御覽】引書目　《老子養生要訣》

四十一、阮籍通老論

【太平御覽】引書目　《阮籍通老論》

四十二、養生要略

【太平御覽】引書目　《養生要略》

四十三、修養雜訣

【太平御覽】經史圖書綱目　《修養雜訣》

四十四、養生要錄

【崇文總目輯釋】卷四道書　《養生要錄》一卷,孫思邈撰。

四十五、養性雜錄

【秘書省續編到四庫闕書目】卷二道書　孫思邈《養性雜錄》二卷。闕。

四十六、千金養生論

【秘書省續編到四庫闕書目】卷二道書　孫思邈《千金養生論》一。

附　延壽書

【醫方類聚引用書】《延壽書》

【聿修堂藏書目錄】養生　孫真人《養生延壽書》一卷。不記槧本歲月,不著名氏。

附　保生銘

【道藏】洞神部方法類　《保生銘》

【叢書舉要】卷五十九道藏盡字號至夙字號　《保生銘》,孫思邈述。

【叢書書目彙編】道藏衆術類大字號五字號　《保生銘》,孫思邈述。《道藏》方法類盡字號至夙字號《保生銘》,孫思邈述。

附　攝生論

【道藏】洞神部方法類　孫真人《攝養論》

【叢書舉要】卷五十九道藏盡字號至夙至號　孫真人《攝生論》

【叢書書目彙編】道藏衆術類　孫真人《攝生論》。道藏方法類盡字號至夙字號　孫真人《攝生論》。

附　孫思邈衛生歌

【江蘇省立國學圖書館圖書總目】方伎修養　唐《孫思邈衛生歌》不分卷,附陰騭文。二冊。唐華原孫思邈。滿漢合璧,精寫本。

四十七、延靈鈔

【崇文總目輯釋】卷三醫書　《延靈鈔》一卷,張尚容撰。原釋:闕。見天一閣鈔本。侗按,《通志略》作《延齡寶鈔》,《宋志》作《延齡至寶鈔》。

【通志藝文略】脈經　《延齡寶鈔》一卷,張尚容撰。

【宋史藝文志】醫書類　張尚容《延齡至寶抄》一卷

四十八、延齡秘寶方集

【宋史藝文志】醫書類　《延齡秘寶方集》五卷

注:按《唐志》有姚和衆《童延齡至寶方》十卷。《崇文目》、《通志》均作《延齡至寶方》,而《宋志》亦別載之。意者其名雖近,而與是書自別,今其書載在幼科中。

四十九、養生益壽備急方

【崇文總目輯釋】卷三醫書　《養生益壽備急方》一卷。《宋志》不著撰人。原釋:闕。見天一閣鈔本。

【宋史藝文志】醫書類　《養生益壽備急方》一卷

五十、仙人養性治身經

【崇文總目輯釋】卷三醫書類　《仙人養性治身經》三卷。原釋:闕。見天一閣鈔本。侗按,《宋志》"仙人"上有"雷公"二字,注云:雷一作靈,治一作理。考《唐志》有雷公集撰《神農本草》四卷,則此書即雷公撰矣。

【秘書省續編到四庫闕書目】卷二醫書　《仙人養性治身經》三卷。闕。輝按,

《崇文目》同。《宋志》云:雷公《仙人養性治身經》。注云:雷一作靈,治一作理。

【宋史藝文志】醫書類　雷公《仙人養性治身經》三卷。雷一作靈,治一作理。

五十一、夭壽性術論

【崇文總目輯釋】卷三醫家類　《夭壽性術論》一卷。《通志略》不著撰人。原釋:闕。見天一閣鈔本。

【通志藝文略】醫方五藏　《夭壽性術論》一卷

【宋史藝文志】醫書類　《夭壽性術論》一卷

五十二、攝生纂要録

【崇文總目輯釋】卷四道書類　《攝生纂要録》一卷

【秘書省續編到四庫闕書目】卷二醫書類　王立邱《撰攝生纂録》三卷。闕。

【叢書舉要】卷五十九道藏洞玄部衆術類　《攝生纂録》一卷

【叢書書目彙編】道藏衆術類大字號五字號　《攝生纂録》一卷

五十三、保生纂要

【崇文總目輯釋】卷四道書類　《保生纂要》一卷。《通志略》不著撰人。

附　天隱子養生書

【各省進呈書目】兩江第二次書目　《天隱子養生書》,唐司馬承禎著。但三十九種合共六本之内。

【叢書舉要】卷十一居家必備　《天隱子養生書》,唐司馬丞禎。卷五十一說郛《天隱子養生書》,唐司馬承禎。

【叢書書目彙編】居家必備　唐司馬丞禎《天隱子養生書》。說郛正續合刊　《天隱子養生書》,唐司馬承禎撰。

【行素堂目睹書錄】居家必備　《養生書》,司馬承禎。

【中東鐵路圖書館圖書目録】　《天隱子養生書》一卷,唐司馬承。見《説郛》。

【聿修堂藏書目録】　《天隱子養生書》一卷,唐司馬承禎。以下五部按"五部"者,謂除是書之外,宋蒲《虚實保生要録》一卷,韋行規《保生月録》一卷,姜蜕《養生月録》一卷,沉仕《攝生要録》一卷,號四部。録出於《說郛》中,合裝以爲一冊。

附　譚子化書

【古今醫統大全】卷一採摭諸書　《譚子化書》六卷,五代時南唐譚景昇撰。意謂天地之間化而已矣。非化無以顯道,非道無以生化,故人稟中和之氣,化而爲人,物稟駁雜之氣,化而爲物。知此化者可以治身,可以濟物,豈徒爲窺陰陽化育之哉。時爲宋齊丘竊名,今辯白天下後世,皆知爲《譚子化書》云。

【道藏】正乙科　《譚子化書》，譚景升。

【叢書舉要】卷九吳刻二十子　《譚子化書》六卷。卷三十七榕園叢書　《化書》六卷。道藏揭要本。後唐譚峭。卷四十七寶顏秘笈　《化書》六卷，明譚峭。卷同。唐宋叢書　《譚子化書》六卷，南唐譚峭。卷四十八鹽邑志林　《化書》一卷，五代譚峭。卷五十一說郛《化書》六□，唐譚峭。卷六十道藏目錄大玄部　《化書》六卷，譚景昇譔。卷同。道書全集《譚子化書》六卷。

五十四、元籥衛生

【幼幼新書】卷四十近世方書　《元籥衛生》，宗室右監門衛大將軍忠州防禦使士紆編。

五十五、保生信效

【幼幼新書】卷四十近世方書　《保生信效》，閻孝忠編。孝忠字資欽，許昌人。

五十六、克詵長生纂要

【秘書省續編到四庫闕書目】卷二道書　《克詵長生纂要》三卷。闕。輝按，後重見，作《古銑長生保聖纂要術》一卷。《崇文總目》"保生纂要一卷"，無撰人。《宋志》入醫書類，作《克詵三教保光纂要》三卷。同卷道書　《古銑撰長生保聖纂要術》一卷。闕。輝按，前有《克詵長生纂要》三卷，此疑重出。

【宋史藝文志】醫書類　《古銑三教保光纂要》三卷

五十七、攝生藥忌法

【秘書省續編到四庫闕書目】卷二道書　《攝生藥忌法》一卷。闕。輝按，《崇文目》作《攝生服食禁忌》。

五十八、養生氣術

【秘書省續編到四庫闕書目】卷二道書　《養生氣術》一卷。闕。

五十九、養生真旨

【秘書省續編到四庫闕書目】卷二醫書　《養生真旨》一卷。闕。

六十、保生録

【秘書省續編到四庫闕書目】卷二醫書　《保生録》一卷。闕。

六十一、四時修養延明論

【秘書省續編到四庫闕書目】卷二醫書　《四時修養延明論》五卷。闕。

六十二、攝生理性

【秘書省續編到四庫闕書目】卷二醫書　《攝生理性》三卷。闕。

六十三、奉親養老書

(一)出典

【直齋書録解題】卷十三醫書類　《奉親養老書》一卷,泰州興化令陳直撰。按《文獻通考》直作真。元豐中人。

【文獻通考】醫家　《奉親養老書》一卷。陳氏曰:泰州興化令陳真撰,元豐中人。

【宋史藝文志】醫書類　陳直奉《親養老書》一卷

【古今醫統大全】採摭諸書　《養老奉親書》,宋元豐中泰州興化縣令陳宜。

【萬卷堂書目】卷三醫書　《養老奉親書》一卷,劉聰。

【本草綱目】引據古今書目　陳直《奉親養老書》

【百川書志】卷十醫家　《養老奉親書》一卷。宋咸淳間,興化令尹陳君直編。凡十五門。

【脈望館書目】辰字號　《養老奉親百味書》一本

【汲古閣毛氏藏書目録】醫家　《奉親養老書》一卷,元豐時陳直。

【補遼金元藝文志】醫方類　陳直《壽親養老書》一卷。泰州興化令。

(二)考證

【四庫全書總目】卷一百零三　《壽親養老新書》四卷。第一卷爲宋陳直撰,本名《養老奉親書》,第二卷以後則元大德中泰寧鄒鉉所續增,與直書合爲一編,更題今名。《文獻通考》載有直所著《奉親養老書》一卷,而此本則題曰《養老奉親書》,其文互異。然此本爲至正中浙江刊本,猶據舊帙翻雕,不應標題有誤,蓋《通考》傳寫倒置也。

【郘園讀書志】卷六　《壽親養老新書》一卷。明成化丙申徐禮刻本。大題《壽親養老新書》,卷之始次行"敬直老人鄒鉉續編",三行"玉牕黄應紫點校"。書中言藥餌服食之法，詳載經驗諸方。《四庫全書總目》未收，諸藏家志、目罕見著録，惟宋陳振孫《直齋書録解題》醫家有《奉親養老書》一卷，云泰州興化令陳真撰，元豐中人。此書曰《續編》、曰《新書》，蓋續陳書而作。觀張士弘序稱"余家藏有《養老奉親書》，其言老人食治之方，醫藥之法，攝養之道，靡所不載。然歲月既深，編簡脱落，思獲善本書而新之。至正辛巳夏五，余備員浙東憲使，訪諸婺郡庠教授李子貞，得《壽親養老書》，比余舊本尤加詳備，遂命鋟於學宫云"。則其爲續《奉親養老書》之作，敘述甚明。錢大昕《補元史藝文志》載此書四卷，不知何據。阮文達元編《范氏天一閣書目》，載《壽親養老書》四冊，云第一卷宋陳直撰，第二卷元至正壬午鄒鉉續編。陳真、陳直，未知孰訛，余未見其書，未敢臆斷。若"鄒鉉"則明爲"鄒鉉"之訛，刻本題名具在，不可誣也。

注：按是書題名，《解題》、《通考》、《宋志》均作《奉親養老書》，而明代諸家多作《養老奉親書》，疑即以《奉親養老書》爲正。而如《養老奉親書》，蓋是元代重刊之際改題者。《四庫提要》卻云《通考》傳寫倒置，不可從焉。至於《郎園志》所錄《壽親養老新書》一卷，恐是鄒書之脱後三卷者，故與鄒書齊名也。

又按，原著者名，《解題》作陳直，《通考》直作真，以《解題》爲正。又《續編》之作者，《提要》作鄒鉉，而載其所考據。《郎園志》即云，若"鄒鉉"則明爲"鄒鉉"之訛。其説本於明刊之訛，亦不可從焉。

（三）刊本

1. 元刊居家必用本

【叢書書目彙編】居家必用　《養老奉親書》。按原注云：至元己卯友於書堂刊本己集。

【續彙刻書目】居家必用　《養老奉親書》。按原注同上。

2. 明嘉靖刊居家必用本

3. 日本寬文刊居家必用本

【叢書書目彙編】居家必用事類全集　《養老奉親書》。原注云：明嘉靖覆元本，日本寬文間覆嘉靖本壬集。

【續彙刻書目】居家必用事類全集　《養老奉親書》。按原注同上。

4. 明胡文煥格致叢書本

【郘亭知見傳本書目】卷八　《壽親養老新書》四卷。前一卷，宋陳直撰。後三卷，元鄒鉉續撰。《格致叢書》本。

【四庫目略】醫家類　《壽親養老新書》，宋陳直撰。一卷。元鄒鉉續撰三卷，第一卷有胡文煥《格致叢書》本。

【叢書舉要】卷四十九格致叢書　《壽親養老書》一卷，宋陳君直。《叢書書目彙編》同。

5. 明胡文煥百名家書本

【叢書舉要】卷四十八百名家書　《壽親養老書》一卷。按原注云：明錢塘胡文煥校刊。《叢書書目彙編》同。

6. 明余尚勳刊本

【重訂浙江公立圖書館保存類目錄】醫家類　《壽親養老書》一卷，宋陳直撰。但《壽養叢書》三十七卷，不著編輯人名氏。明書林余尚勳校刊本。有"錦里散人"、"樸氏文棨"，"士肩"三印。十五本之內。

附　壽親養老新書

【文淵閣書目】卷十五醫書　《壽親養老新書》，一部，四冊。

【菉竹堂書目】卷五醫書　《壽親養老新書》四冊。

【古今醫統大全】採摭諸書　《壽親養老新書》四卷，(宋)[元]大德中敬直老人鄒鉉著。

【脈望館書目】辰字號養生　《壽親養老書》四本。

【近古堂書目】卷下醫家類　《壽親養老新書》

【萬卷堂書目】卷三醫家　《壽親養老書》四卷，(鄭)[鄒]鉉。

【百川書志】子醫家　《壽親養老新書》二卷，(宋)[元]敬直老人鄒鉉編次。

【補遼金元藝文志】醫家類　元陳直《親養老》四卷。泰州興化令。

(一) 考證

【四庫全書總目】卷一百零三醫家類　《壽親養老新書》四卷。浙江汪啟淑家藏本。第一[卷]爲宋陳直撰，本名《養老奉親書》。第二卷以後則元大德中泰寧鄒鉉所續增，與直書合爲一編，更題今名。直於元豐時爲泰州與化令。《文獻通考》載有直所著《奉親養老書》一卷，而此本則題曰《養老奉親書》，其文互異。然此本爲至正中浙江刊本，猶據舊帙翻雕，不應標題有誤，蓋《通考》傳寫倒置也。鉉號冰壑，又號敬直老人。書中稱其曾祖曰南谷，叔祖曰樸菴。以《福建通志》考之，南谷爲宋參知政事應龍，樸菴爲宋江西提刑應博，皆有名於時。據周應紫序，稱爲"總管鄒君"，又稱其"官中都時"，則鉉亦曾登仕版者，特《通志》不載其仕履，不可詳考矣。直書自飲食調治至簡鈔《老人備急方》，分爲十五篇、二百三十三條，節宣之法甚備。明高濂作《尊生八牋》，其《四時調攝牋》所錄諸藥品，大抵本於是書。鉉所續者，前一卷爲古今嘉言善行七十二事，後兩卷則凡寢興器服饘粥飲膳藥石之宜，更爲賅具。而附以婦人、小兒、食治諸方，凡二百五十六條。其中如祝壽詩詞，連篇載入，不免失於冗雜。又敘述閒適之趣，往往詞意纖仄，採掇瑣碎。明季清言小品，實亦濫觴於此。然徵引方藥，類多奇秘，於高年頤養之法，不無小補，固爲人子所宜究心也。

【善本書室藏書志】卷十六　《壽親養老新書》四卷。元至正刊本。承奉郎泰州興化縣令陳直撰。敬直老人鄒鉉編次。玉牕黃應紫點校。前有至正壬午楊士宏序，謂備員浙東憲使，訪諸婺庠教授李子貞，得其書而鋟梓於學宮。庶天下後世，皆得觀覽，以盡事親之道云。

(二)序跋

1. 原序

壽親養老之事，著於諸儒記禮之書備矣。然自後世觀之，則猶有未備焉者。何也？二帝三王之世，風氣渾淪，人生其間，性質醇厚，故能平血氣於未定方剛之際，全筋力於欲衰將老之時。人子之愛其親，因其康彊，加以奉養，爲之安其寢處，時其旨甘，娱其耳目心志，即可使之燕佚怡愉，全生而益壽，則《禮經》所載，謂之備可矣。後世大樸日漓，真元日散，七情爲沴，六氣乘之，壯或夭傷，老宜尩弱，孝子慈孫，服勤左右，寢膳調娱之外，尤不能不唯疾之憂。而求之《禮經》，則不過曰痛癢抑搔而已。若秦越人過雒之所爲醫，曾未見之省錄，顧得謂之備歟。孝哉陳令尹，迺能輯是書於千數百年之後，而特詳於醫藥治療之方。凡爲四時調攝，食治備急，合二百三十有三焉，斯亦備矣。吾樵鄉先哲太師文靖鄒公之曾孫，敬直翁鉉，推老老親親之念，紬繹是書有年，猶恨其說之未備也，則又廣集前修嘉言懿行、奇事異聞，與夫藥石饍羞器服之宜於佚老者，釐爲三卷，而方論所述，愈益精詳。是書始大備。吾聞喬木故家，壽基世積，翁之高祖、叔祖二母夫人，皆年過九十，備極榮養。今翁亦稀年矣，桂子蘭孫，盈庭戲綵，青山流水，竹色花香，鳩杖鸚盃，蒼顔元鬢，見者謂不老地行仙，蓋是書驗於公家久矣。茲復不私其驗，繡諸梓而公之，且拳拳導夫人以自養之說。夫能知自養之養，而後能安享子孫之養，此吾之續書，重歎翁用心之仁也。仁者必壽，繇是八十二師，九十而相，百歲而定律令，百世而與謠謀，衍而爲商大夫之八百，曾元而下，家慶一堂。是書之驗，將千歲之日至而未止也。《詩》曰“永錫爾類”，又曰“永錫難老”，請爲翁三誦之。時大德丁未中元，樵西麓危徹孫序。

2. 原序

“堂上慈親八十餘，階前兒輩戲相呼。旨甘取足隨豐儉，此樂人間更有無”。康節翁詩，先人怡軒居士，奉八十有三之母，大書屏間。時應紫方垂髫也。既壯挾冊，從宜春通守鄒愛山宦遊。愛山愛其母，施及塾賓所至，令應紫侍七袠之母以行。咸淳庚午，寓上杭縣齋。汀守劉審軒，刊呂東萊《辨志錄》，應紫與寓目焉。中間二則，載春夏奉親事，注云“《養老奉親書》”，於是方知此書之名。越二載壬申，至宜春，徧求於袁吉文獻，故家咸無焉。自後司馬倦遊，意謂此書不可復得矣。閱三十有餘載，大德己巳春，總管冰壑鄒君，緘其書貺余。余手之不釋，如獲隋珠和璧之寶，口之不置，如聆虞韶商頀之音，已不勝其欣喜。未幾，復以其《續篇》來示，命名《壽親養老新書》。其中嘉言懿行，雅事奇方，前書所未有者，燦然畢備，又何如其喜也。君自吾杉遷樵南，重作文靖公故宅，樓居高明，騰有園池亭館之勝，經史圖書，琴棊觴詠，款親友於玉壺中，諸郎諸孫，珠聯玉立，善能承順其志，怡悅其心，允謂人間全樂。湖山院落，雲月爲家，四時佳興，自有癡樂堂、樵南子隱二記。新書鎸梓，抑使世之養老奉親者，同有此樂焉，錫類之仁遠矣。應紫雖不復再遂寸草奉暉之志，而亦不忘於老萊斑衣之思。君昔官中都時，曾遇異人，授以怡神養性之旨，故《續書》多述老人之所以自養者。應紫之志，蓋充然有得於斯。鵬鷃同遊，亦惟曰各安其分云爾。是年冬至節日，同郡泰寧玉窗黄應紫德夫敬書。

3. 原序

余家藏舊有《養老奉親書》，其言老人食治之方，醫藥之法，攝養之道，靡所不載。余倣之以奉吾母范陽郡太夫人李氏，食飲起居，咸得其宜，壽高八旬而甚康健，則此書有益於人子大矣。然歲月既深，卷舒之久，字畫模糊，編簡脱落。懼後之覽者，不得其説，思獲善本書而新之，以貽後人。求之數載，弗果得，每鬱鬱以爲歉事。至正辛已夏五，余叨承朝命，備員浙東憲使，訪諸婺郡庠教授李子貞，得《壽親養老書》，覩其篇帙節目，比余舊本尤加詳備。昔之鬱鬱者，一旦豁然矣，因自念曰，與其得之難，孰若傳之廣。遂命工鐫梓於學宫，庶天下後世，皆得觀覽，以盡事親之道云。至正壬千中秋，范陽張壬宏載拜書。以上三序并據於瓶花書屋本

（三）刊本

1. 元刊本

【脈望館書目】餘字號不全宋元板書　《壽親養老書》一本。不全。

【浙江採集遺書總錄】農家類　《壽親養老新書》四卷，元刊本。右宋承奉郎興化令陳直撰。載四時調攝諸事。元鄒鉉重爲增廣。

【四庫書目邵注】卷十醫家類　《壽親養老新書》四卷。前一卷，宋陳直撰。本名《養老奉親書》。後三卷，元鄒鉉續編，併直書改題此名。《四庫》著錄，係元至正中刊本，即明南監本。

【善本書室藏書志】卷十六醫家類　《壽親養老新書》四卷，元至正刊本。承奉郎泰州興化縣令陳直撰。敬直老人鄒鉉編次。玉牕黄應紫點校。下略，見"考證"下。

【八千卷樓書目】卷十醫家類　《壽親養老新書》四卷。元刊本。

【江蘇省立國學圖書館圖書總目】《壽親養老新書》四卷，六冊，宋陳直撰。元泰寧鄒鉉補。至正刊本。

【江蘇第一圖書館覆校善本書目】《壽親養老新書》四卷，六冊。元至正刊本。有鈔配。

【盋山書影】元本　《壽親養老新書》四卷。丁志云，陳直於宋元豐間令興化，著《養老奉親書》一卷。元大德中，泰寧敬直老人鄒鉉續增三卷。前有至正壬午楊士宏序。全書二百六十五頁，版匡高營造尺五寸八分，寬九寸，半葉十行，行十六字。

2. 明成化刊本

【郘園讀書志】卷六　《壽親養老新書》一卷。明成化丙申徐禮刻本。大題《壽親養老新書》。卷之始次行"敬直老人鄒鉉續編"，三行"玉牕黄應紫點校"，每半葉十行，行十六字。黑口本。前有"至正壬午中秋范陽張士弘序"。後有"成化丙申孟冬朔旦龍泉徐禮書於樂陽公館"，禮書即刻此書者。又有"成化十四年歲次戊戌春三月朔旦潼川州樂至縣儒學教諭吉水王敬拜手書"，敬即補徐刻脱葉者。書中言藥餌服食之法，詳載經驗方。《四庫全書總目》未收，諸藏書家志、目罕見著錄。下略，詳見於"奉親養老書考證"下。

【朝鮮總督府古圖書目錄】《壽親養老書》三卷,四冊,鄒鉉編。元至正年間印本。

3.明揆文書院刊本

【中國醫學書目】《壽親養老新書》四卷。四冊。十行,十七字。框横十五釐,縱二十二釐。元鄒鉉著。黄應紫校。明西夏揆文書院重刻。序,危徹孫,大德丁未。目録。

4.明胡文焕合刻延壽書本

【叢書舉要】卷十二合刻延壽書　《壽親養老書》四卷。陳直。明胡文焕編。明刊。《叢書書目彙編》同。

注:按《古今書刻》上編,《壽親養老書》有南京國子監者,亦有河南河南府者。《壽親養老新書》有四川蜀府者。《養老新書》有陝西布政司者。蓋知是書,明代屢有官刻矣。

5.四庫全書本

【各省進呈書目】浙江省第四次汪啟淑家呈送書目　《壽親養老新書》四卷,宋陳直撰。四本。

【四庫館進呈書籍底簿】汪啟淑家呈送書目　《壽親養老新書》四卷,宋陳直撰。四本。武英殿第二次書目　《壽親養老新書》八本。

【郘亭知見傳本書目】卷八　《壽親養老新書》四卷。《四庫》依元至正中刊本。

【壬子文瀾閣所存書目】卷三　《壽親養老新書》四卷,三冊。補鈔。

【文溯閣四庫全書要略及索引】《壽親養老新書》四卷,宋陳直。三冊,二百六十一葉。

6.瓶花書屋刊本

【江蘇省立國學圖書館圖書總目】《壽親養老新書》四卷。四冊。瓶花書屋刊本。范書。

【續中國醫學書目】《壽親養老新書》四卷。四冊。框横十二·一釐,縱十八·五釐。宋陳直撰。第一卷,元鄒鉉撰。第二、三、四卷,瓶花書屋校刊。《欽定四庫全書提要》。原序,危徹孫,大德丁未(十一年)。原序,黄應紫。原序,張壬,至正壬午二年。

7.翠琅玕館叢書本

【中東鐵路圖書館圖書目録】《壽親養老新書》,宋陳植,元鄒鉉。見《翠琅玕館叢書》。

8.朝鮮刊本

【躋壽館醫籍備考】《壽親養老新書》四卷。三冊。韓本活字板。望三英所藏。後其孫獻之官。詳見於《御書籍來歷志》。

【圖書寮漢籍善本書目】卷三《壽親養老新書》四卷。三冊。朝鮮刊本。題敬直老人鄒鉉編次,玉牕黄應紫點校。前有至正壬午張士弘、大德丁未危徹孫、大德乙巳黄應紫諸人序。每半葉十行,行十九字。《御書籍來歷志》所載本。《壽親養老書》一册，朝鮮刊本。此本不完，内容與前書卷二同。每半葉九行，行十七字。舊藏昌平黌。首有“吉家氏藏”、“稱意館藏書記”、“淺草文庫”印，又尾有“昌平坂學問所”印記。

【朝鮮醫籍考】三十一頁 《壽親養老新書》四卷。三册。元鄒鉉著。無刊記。内閣木版，縱三十釐，横二十一釐。每半葉劃間界，長二十一釐，横十七·五釐。每半葉十行，行十九字。總紙數二百三十四葉。似李朝中期之刊行。一百二十七頁。《壽親養老新書》四卷。三册。元鄒鉉撰。圖書寮尊藏。無刊記。整版，縱三十三釐，横二十一·五釐。每半葉匡郭縱二十一釐，横十七·五釐。十行，行十九字。總紙數二百三十四葉。序、至正壬午中秋范陽張士載採書。序、大德丁未中元樵西麓危徹孫序。序、大德乙巳冬至節日泰寧玉窗黄應紫德夫敬書。《御書籍來歷志》云：《壽親養老新書》，韓版活字，望月三英藏本也。三英固富醫家之書，其孫三作不能保守，因從其請收於官，是其一也。後稱“望月本”者皆同。一百二十八頁。《壽親養老書》全一册，元鄒鉉撰。圖書寮尊藏。無刊記。整版，縱二十八釐，横十八釐，每半版匡郭縱十七·五釐，横十四·五釐。九行，行十七字。總紙數三十六葉。首有“吉家氏藏”、“稱意館藏書記”、“淺草文庫”印記，尾有“昌平坂學問所”印記。本文内容，即取《壽親養老新書》之卷二“古今嘉言善行七十二事”以别行者也。

9. 鈔本

【八千卷樓書目】卷十 《壽親養老新書》四卷。前一卷，宋陳直撰。後三卷，元鄒鉉續。仿元抄本。

【北平圖書館善本書目】卷三 《壽親養老新書》一卷，宋陳君直撰。經鉏堂抄本。

【東京帝室博物館漢書目錄】《壽親養老書》，鄒鉉編。寫三册，和本。

10. 未詳本

【南廱志經籍考】上編天順年間官書 《養年新書》一本。下篇雜書類 《壽親養年新書》四卷。存者一百一十一面，壞者六面，欠者五十六面。元承奉郎泰州興化令陳直撰。首載“古今嘉言善行七十二事”，後爲藥方。

【涵芬樓舊書分類總目】醫家類 《壽親養老新書》。前一卷宋陳直撰，後三卷元鄒鉉撰。藏修堂本。四册。

【揚州吴氏測海樓藏書目錄】卷四 《壽親養老新書》。鉛印粉紙。六本。

【也是園藏書目】卷五 《壽親養老書》四卷

【絳雲樓書目】卷三 《壽親養老書》，宋陳君直。

【内閣文庫書檔舊目】七 《壽親養老新書》一本，不全。又一本，不全。又又一本，不全。《養老新書》二本，不全。

六十四、尊生要訣

【直齋書錄解題】卷十三醫書類 《尊生要訣》二卷。别名《四時常用要方》，初虞世撰。

【國史經籍志】卷四醫家　《尊生要訣》二卷，初虞世。

【汲古閣毛氏藏書目錄】醫家　《尊生要訣》二卷，宋初虞世。

注：按初虞世所著別有《養生必用方》，今錄於"經方"中。

六十五、尊生要訣

【宋史藝文志】醫書類　戴衍《尊生要訣》一卷

六十六、類纂諸家養生至寶養生類纂

【宋史藝文志補】醫方類　周守忠《類纂諸家養生至寶》二十二卷

【古今醫統大全】採摭諸書　《養生類纂》，元周守忠著。

【古今書刻】上編內府　《養生類纂》

【萬卷堂書目】卷三醫家　《養生類纂》二十一卷，周守忠。《類纂諸書養生至寶》二十二卷。周守忠。

【脈望館書目】辰字號　《養生類纂》三本

【千頃堂書目】卷十四補宋　《類纂諸家養生至寶》二十二卷，周守忠。

刊本及鈔本

1. 刊本

【宋元舊本書經眼錄】附錄卷第一　《養生類纂》，松菴周守忠撰。此無總目，終二十二卷"服餌"一則，"服餌"似尚有二十三卷。考《千頃堂書目》，宋周守忠《類纂諸家養生至寶》二十二卷。又《養生月覽》二十五卷。此當即《至寶》也。

【二續中國醫學書目】　《養生類纂》卷六首題養生雜類零本，十三卷。存卷六至十八。一冊。十二行，二十六字。框橫十三·五釐，縱二十一釐。宋周守忠松菴纂集。明謝頻校刊。明板黑口本。

注：卷六第二行題"松菴周守中"，卷七首行"養生類纂"，卷第七二行"榕菴周守忠纂集"間有"忠"作"中"者，三行"鄉貢進士錢塘縣知縣樵陽謝頻校正重刊"。

【浙江公立圖書館保存類目錄】醫家　《養生類纂》二卷，宋周守中撰。但《壽養叢書》三十七卷，不著編輯人名氏。明書林余尚勳校刊本。有"錦里散人"、"樸氏文棨"、"士肩"三印。十五本行之內。

【叢書舉要】卷五十四明經廠書目　《養生類纂》五本

【叢書書目彙編】明經廠書　《養生類纂》。合刻《延壽書》。《養生類纂》二卷，周守中。明胡文煥編。明刊。

2. 鈔本

【經籍訪古誌】卷八　《養生類纂》二十二卷。抄本。聿修堂藏。宋榕庵周守忠纂集。明鄉貢進士錢塘縣知縣樵陽謝頻校正重刊。首有成化甲午謝頻重刊序。按此本係影抄成化刊本者。每半面十二行,行廿六字。

【實素堂藏書目錄】《養生類纂》二十四卷,三冊。抄本。周守中。

【內閣文庫圖書第二部漢書目錄】《養生類纂》二十二卷,宋周守忠,明謝穎校。日本寫本。二冊。《養生類纂》。同上,日本寫本。三冊。《養生類纂》二卷,明吳正倫。日本寫本。四冊。

3.未詳本

【也是園藏書目】卷五攝生 周守中《養生類纂》二十二卷

【各省進呈書目】兩淮鹽政李呈送書目 《養生類纂》二十二卷,《用覽》二卷,宋周守忠。四本。

【四庫館進呈書籍底簿】兩淮鹽政李呈送書目 宋周守忠《養生類纂》二十二卷,《月覽》二卷。四本。

【內板經書紀略】《養生類纂》。五本,一百九十七葉。

【知聖道齋書目】卷三 《養生類纂要》

附 養生雜纂

【脈望館書目】餘字號不全宋元板書 《養生雜纂》。欠三之九,二十一,二十二。辰字號 《養生雜纂》二本。

【百川書志】卷十 《養生雜纂》二十二卷,宋松庵周守忠編。集諸書養生之事,前輯通說,後分十四部三百一十九類。

【古今書刻】上編浙江杭州府 《養生雜纂》 江西建昌府《養生雜纂》 湖廣遼府《養生雜纂》 陝西慶府《養生雜纂》

【天一閣藏書目錄】呂字號廚 《養生雜纂》二本。

【四庫館進呈書籍底簿】武英殿第一次書目 《養生雜纂》六本。

【內閣文庫書檔舊目】七 《養生雜纂》一本,不全。

附 養生延壽書

【醫藏書目】法真函目 《養生延壽書》二十二卷,周守忠。

注:按前二件,疑即與《養生類纂》異名同書。

六十七、攝養禁忌法

【宋史藝文志】醫書類 《攝養禁忌法》一卷

六十八、悟玄子安神養性方

【宋史藝文志】醫書類 《悟玄子安神養性方》一卷

六十九、保生護命集

【宋史藝文志】醫書類 《曾孚先保生護命集》一卷

七十、大洞玄保真養生論

【宋史藝文志】道家神仙　《大洞玄保真養生論》一卷

七十一、攝生秘旨

【宋史藝文志】道家神仙　《攝生秘旨》一卷

七十二、保聖長生纂要坐隅障

【宋史藝文志】道家神仙　吳兢《保聖長生纂要坐隅障》二卷

七十三、養生論

【宋史藝文志】道家神仙　昇玄《養生論》

七十四、養生真訣

【宋史藝文志】道家神仙　耿肱《養生真訣》一卷

七十五、攝生增益錄

【宋史藝文志】道家神仙　《攝生增益錄》一卷

七十六、昝商導養方

【宋史藝文志】道家神仙　《昝商導養方》三卷

七十七、守文居鎡長生纂要

【宋史藝文志】道家神仙　《守文居鎡長生纂要》

七十八、太上保真養生論

【宋史藝文志】道家神仙　《太上保真養生論》一卷
【道藏】洞神部方法類　《太上保真養生論》

七十九、養生諸神仙方

【宋史藝文志】道家神仙　《養生諸神仙方》一卷

附　保生要録

【道藏】洞神部方法類　《保生要録》，蒲虔貫。

【各省進呈書目】兩江第二次書目　《保生要録》，宋蒲處貫著。但三十九種，合共六本之内。《四庫館進呈書籍底簿》同

【古越藏書樓書目】卷五　《保生要録》一卷，宋蒲處貫。《説郛》本。

【叢書舉要】卷十一居家必備　《保生要録》，宋蒲處貫。《叢書書目彙編》同。《行素堂目睹書録》云：《居家必備總目》，明瞿祐宗吉甫輯。　卷五十稗乘二氏　《保生要録》。　卷五十一《説郛》　《保生養録》，宋蒲處貫。元天台陶宗儀元成纂原刊本，順治丁亥委宛山堂刊。《叢書書目彙編》同　卷五十九《道藏目録》盡字號至夙字號《保生要録》，蒲（度）［處］貫譔。明天啟丙寅刊新袖珍本。《叢書書目彙編》同

【江蘇省立國學圖書館圖書總目】　《保生養録》。《説郛》第四十一册，宋蒲處貫。明刊本。

【中東鐵路圖書館圖書目録】　《保生養録》一卷，宋蒲處貫。見《正續説郛》。

【寶素堂藏書目録】　《保生要録》一卷，宋蒲虔實。録出於《説郛》中合裝，以爲一册。

【聿修道藏書目録】養生　《保生要録》一卷，宋蒲虛實撰。

附　養生詠玄集

【道藏】洞神部方法類　《養生詠玄集》

附　養生辨疑訣

【道藏】洞神部方法類　《養生辨疑訣》

附　太上老君養生訣

【道藏】洞神部方法類　《太上老君養生訣》

附　養生秘録

【道藏】洞玄部衆術類　《養生秘録》

附　神仙養生秘術

【道藏】洞神部衆術類　《神仙養生秘術》，後趙劉景先編。

附　長生指要篇

【道藏】太玄部　《長生指要篇》，林自然。

附　太清道林攝生論

【道藏】正乙部　《太清道林攝生論》

附　鍾離八段錦

【也是園藏書目】卷五攝生　《鍾離八段錦》一卷

附　五龍臥法

【也是園藏書目】卷五攝生　陳希夷《五龍臥法》一卷

附　養生秘訣

【續彙刻書目】居家必用　《養生秘訣》。至元己卯友於書堂刊本。

附　延壽第一紳言

【叢書舉要】卷四十六學海類編　《延壽第一紳言》九頁,宋愚谷老人。按《叢書後記》云:此書雖收國朝人著作,種數不多,仍編入明代叢書,從其多也。

【清華學校圖書館中文書籍目錄】《延壽第一紳言》一卷,愚谷老人宋。見《學海類編》。

【寶素堂藏書目錄】養生　《延壽第一紳言》一卷,一冊。鈔本。

附　壽者傳

【叢書書目彙編】心齋十種　《壽者傳》三卷,宋陳懋仁撰。清震澤任兆麟文田刊。

附　攝生要錄

【寶素堂藏書目錄】養生　《攝生要錄》一卷,沉仕。

附　達摩大師易筋經

【聿修堂藏書目錄】養生　《達摩大師易筋經》一卷,一冊。抄本。

第二十七類　按摩導引

一、黃帝岐伯按摩

【漢書藝文志】神仙　《黃帝岐伯按摩》十卷

【漢藝文志考證】卷十房中　《黃帝岐伯按摩》十卷。《唐六典》“按摩博士一人”，注：《崔寔正論》云：熊經鳥伸，延年之術。故華陀有六禽之戲，魏文有五槌之鍛。《仙經》云：戶樞不朽，流水不腐。謂欲使骨節調利，骨脈宣通。《韓詩外傳》：扁鵲砥鍼厲石，子游按摩。《周禮》疏：案劉向云：扁鵲使子(術)[遊]按摩。

二、按摩要法

【崇文總自輯釋】卷四道書類　《按摩要法》

【宋史藝文志】神仙　《按摩要法》一卷

三、按摩法

【宋史藝文志】醫書類　《按摩法》一卷

四、華陀老子五禽六氣訣

【宋史藝文志】神仙　《華陀老子五禽六氣訣》一卷

【後漢藝文志】醫家類　《華陀五禽訣》一卷

《范書·方術傳》：廣陵吳普從陀學。佗語普曰：人體欲得勞動，但不當使極耳。動搖則穀氣得銷，血脈流通，病不能生，譬猶戶樞終不朽也。是以古之仙者，爲導引之事，熊經鴟顧，引挽腰體，動諸關節，以求難老。吾有一術，名五禽之戲：一曰虎，二曰鹿，三曰熊，四曰猨，五曰鳥。亦以除疾兼利蹄足，以當導引。體有不快，起作一禽之戲，怡而汗出，因以著粉，身體輕便而欲食。普施行之。年九十餘，耳目聰明，齒牙完堅。

章懷太子曰：《佗別傳》曰，吳普從佗學，微得其方。魏明帝呼之，使爲禽戲。普以年老，手足不能相及，粗以其法語諸醫。普今年將九十，耳不聾，目不冥。齒牙完堅，飲食無損。

【補後漢書藝文志】醫術經方類　《華佗五禽術》

《抱朴子·内篇》:有吳普者,從華佗受五禽之戲,以代導引。《淮南·精神訓》云:是故真人之所游,若噓呼吸,吐故内新,熊經鳥伸,鳧浴猨躩,鴟視虎顧,是養形之人也。又《崔寔政論》:熊經鳥伸,延年之術。然則佗以前,早有此術矣。

【後漢書藝文志考】神仙　《華佗老子五禽六氣訣》。《宋志》一卷。案《靈寶官目錄》載《太上老君養生訣》,注:華佗授廣陵吳普即此。又云五禽,第一吐納六氣,第二養生真訣,第三服氣等訣。

五、道引圖

【隋書經籍志】醫方　《道引圖》三卷。立一,坐一,臥一。

【日本國見在書目錄】醫方家　《道引法圖》一

六、引氣圖

【隋書經籍志】醫方　《引氣圖》一卷

七、導引録

【唐書藝文志】神仙　朱少陽《導引録》三卷,浮山隱士。代宗時人。

八、導引三光經

【太平御覽】引書目　《導引三光經》

九、導引養生圖

【秘書省續編到四庫闕書目】道書　《(道)[導]引養生圖》一卷。闕。輝按,《宋志》、晁《志》云:梁陶弘景撰。

【宋史藝文志】神仙　《導引養生圖》一卷

十、六氣導引圖

【宋史藝文志】醫書類　《六氣導引圖》一卷

十一、十二月五藏導引

【宋史藝文志】神仙　《十二月五藏導引》一卷

第二十八類　房中

一、容成陰道

【漢書藝文志】房中　《容成陰道》二十六卷

【玉海】卷六十三漢方技四種房中　《容成陰道》

【漢藝文志】卷第十房中　《容成陰道》二十六卷

《後漢·方術傳》:冷壽光,行容成公御婦人法。

《列仙傳》:容成公自稱黄帝師,見於周穆王,能善補道之事,取精於玄牝。其要谷神不死,髮白復黑,齒落復生。

《神仙傳》:甘始依容成玄素之法,更演益之,爲十卷。

【後漢藝文志】道書　甘始《容成陰道》十卷

《范書·方術傳》:甘始東、郭延年、封君達三人者,皆方士也。率能行容成御婦人術,或飲小便,或自倒懸,愛嗇精氣,不極視大言。皆爲曹操所錄,問其術而行之。

【漢書藝文志條理】卷六　《容成陰道》二十六卷。容成子有書十六篇,見諸子陰陽家。

俞樾《莊子人名考》:《莊子·則陽篇》有容成氏。《釋文》曰:老子師也。按《漢書藝文志》陰陽家有《容成子》十四篇,房中家又有《容成陰道》二十六卷,此即老子之師也。

按,《列仙傳》言容成公自稱黄帝師,正是方術家誇誕之説。黄帝時有容成子造曆,因此而附會之。《抱朴子·遐覽篇》言,道書中有《容成經》一卷。

【後漢書藝文志】方技房中　甘始《容成元素法》。《神仙傳》一卷。

《神仙傳》:始,太原人。善行氣,不飲食。行房中之事,依容成元素之法,更演益之爲一卷,用之甚有近效。

二、務成子陰道

【漢書藝文志】方技房中　《務成子陰道》三十六卷

【漢書藝文志條理】卷六　《務成子陰道》三十六卷。《務成子》有書十一篇,見諸子小説家。又有《災異應》十四卷,見數術五行家。

《抱朴子·明本篇》:赤松子、王喬、琴高、老氏、彭祖、務成、鬱華,皆真人,悉仕於世,不便遐遁。

高似孫《緯略》曰:《黄庭經》修煉吐納之妙,有務成子注。

按,《抱朴子·金丹篇》又引務成子丹法,或在是書。

三、堯舜陰道

【漢書藝文志】房中　《堯舜陰道》二十三卷

【漢書藝文志條理】卷六　《堯舜陰道》二十三卷

嚴可均《上古三代文編》:帝堯姓伊祁,名放勳。帝嚳子。兄帝摯,封爲唐侯。以帝摯之九年受禪,號陶唐氏。以火德王,都平陽。或云,以土德王。在位七十年而舜攝,又三十八年崩,年百十七,謚曰堯。

帝舜姓姚姓,名重華,或云字都君。諸馮人。顓頊之後。堯徵爲司徒,尋攝政,受禪,號有虞氏,以土德王,都蒲坂,在位五十年,年百歲。或云百十歲,謚曰舜。

四、湯盤庚陰道·

【漢書藝文志】房中　《湯盤庚陰道》二十卷

【漢書藝文志條理】卷六　《湯盤庚陰道》二十卷

嚴可均《三代文編》,商湯姓子,名履,一名天乙。契十四世孫,即位十七年克夏,號曰武王。王十三年崩,年百歲,謚曰湯,一曰成湯。

本書《人表》第二等仁人,盤庚,陽甲弟。梁玉繩曰:盤庚始見《商書》,《史·殷紀世表》盤又作般,名旬。殷之中興王也,自奄遷亳殷,在位二十八年。

按,術家類皆依託黄帝,此兩書又依託堯、舜、湯及盤庚,可謂惑世誣民者,不知録略之中復何所云也。

五、天老雜子陰道

【漢書藝文志】房中　《天老雜子陰道》二十五卷

【漢書藝文志條理】卷六　《天老雜子陰道》二十五卷

《論語摘輔象》"黄帝七輔,天老受天籙",宋均曰:天籙,天教命也。《帝王世紀》:黄帝以風后配上台,天老配中台,五聖配下台,謂之三公。

《文選·嵇叔夜養生論注》引《天老養生經》。老子曰:人生大期,以百二十年爲限,節度調之,可至千歲。

按,《選》注引《天老養生經》,或此書之佚出者。

六、天一陰道

【漢書藝文志】房中　《天一陰道》二十四卷

【漢書藝文志條理】卷六　《天一陰道》二十四卷。天一有《兵法》三十五篇，見兵陰陽家。又有《天一》六卷，見數術五行家。

按，以上六家，皆言陰道，《列仙傳》有云“女丸者，陳市上沽酒婦人也。遇仙人過其家飲酒，以《素書》五卷爲質。丸開視其書，乃養性交接之術”云云，亦陰道中之一事也。《隋志》醫方家有《素女秘道經》并《玄女經》一卷。《文選·思玄賦注》引高誘《淮南子注》曰：素女，(皇)［黄］帝時方術之女也。《秘道經》、《玄女經》，蓋即此類之遺。

七、黄帝三王養陽方

【漢書藝文志】房中　《黄帝三王養陽方》二十卷

【漢書藝文志條理】卷六　《黄帝三王養陽方》二十卷，孫星衍。《素女經四季方序》曰：《素女方》一卷，見《隋書經籍志》，其名不載《漢書藝文志》。然即神仙家《黄帝雜子十九家方》二十卷之一也。按，當云房中家《黄帝三王養陽方》二十卷之一。觀下文，可知此駁文而失於訂正者。其書隋唐猶有傳本，王燾取入《外臺秘要》卷十七中，云出《古今錄驗》，真古書也。書稱黄帝與素女、高陽負問答，述交接之禁忌。□四時之藥物，以爲房中□病之術。文句有韻，以逆爲迎，以治爲愈，皆古字古義，審非後作僞作。房中之術，古有傳書。容成、務成、堯舜陰道，俱一家之學。班氏所云“樂而有節則和平壽，迷失弗顧以生疾而隕性命”，誠哉斯言。《千金翼方》卷五“行房法”，一依《素女經》。“婦人月信斷，一日爲男，二日爲女，三日爲男，四日爲女，以外無子”。“每日平時，夜半後行事生子吉，餘時生子不吉”。亦此書佚文，拜附識之。

按，太史公《五帝本紀贊》“百家言黄帝其文不雅訓，薦紳先生難言之”，此其不雅訓之尤者。《黄帝三王玄女經》，疑則是書之佚出者。

八、三家内房有子方

【漢書藝文志】房中　《三家内房有子方》百八十六卷

【漢書藝文志條理】卷六　《三家内房有子方》十七卷。《抱朴子·仙藥篇》：杜子微，服天門冬，御八十妾，有子百三十人，日行三百里。陵陽子仲，服遠志二十年，有子三十七人，開書所視不忘，坐在立亡。

按，葛稚川所説兩事，疑出是書，此後世“種子方”所由來也。《隋志》醫方家在《玉房秘訣》八卷，《徐太山房秘要》一卷，或即是書之流。以上二家，皆言陽道。

又按，是篇前六家爲一段，後二家爲一段，凡兩章段。

九、玉房秘訣

【隋書經籍志】醫方　《玉房秘訣》十卷，《玉房秘訣》八卷。

【唐書藝文志】醫術類　《沖和子玉房秘訣》十卷,張鼎。

【叢書舉要】卷三十四觀古堂彙刻書　《玉房秘訣》一卷,《指要》一卷。日本本。

【江蘇省立圖書館圖書總目】　《玉房秘訣》。《雙梅景闇叢書》第一册,光緒二十九年刊本。闕名。

十、新撰玉房秘訣

【隋書經籍志】醫方　《新撰玉房秘訣》九卷

十一、沖和子房秘錄訣

【舊唐書經籍志】醫術　《沖和子房秘錄訣》八卷

十二、素女秘道經

【隋書經籍志】醫方　《素女秘道經》一卷。并《玄女經》。

十三、素女方

【隋書經籍志】醫方　《素女方》一卷

【叢書舉要】卷二十七平津館叢書　《素女方》一卷。附《製大黄丸方》一卷。

【叢書書目彙編】平津館叢書　《素女方》一卷。附《製大黄丸方》一卷。

【八千卷樓書目】卷十醫家　《素女方》一卷。舊傳黄帝授素女。平津館本。

【洗心精舍寄存書目】卷三醫家　《素女方》。不著撰人姓氏。平津館叢書本。

【古越藏書樓書目】方書　《素女方》一卷。附《製大黄丸方》,闕名。平津館本。

【行素堂目睹書錄】平津館叢書乙集　《素女方》一卷。附《製大黄丸方》一卷。

【觀古堂書目】與字號　《素女方》一本。六卷。

【故宫普通書目】卷五平津館叢書　《素女方》一卷。附《大黄丸方》一卷,《清寧丸方》一卷。

【涵芬樓舊書分類總目】醫家　《素女方》。附《製大黄丸方》,不著撰人。平津館本。一册。

【江蘇省立國學圖書館圖書總目】　《素女方》一卷。《雙梅景闇叢書》第一册,題黄帝。光緒二十九年刊本。又一部,一卷。《平津館叢書》第八册。同上,嘉慶孫氏刊本。

【清華學校圖書館中文書籍目錄】醫家　《素女方》一卷。見《平津館叢書》。

十四、素女經

【日本國見在書目錄】醫方家　《素女經》一

【叢書舉要】卷三十四觀古堂彙刻書　《素女經》一卷。日本本。

【江蘇省立國學圖書館圖書總目】《素女經》一卷。《雙梅景闇叢書》第一冊，題黄帝。光緒二十九年刊本。

十五、郯子説陰陽經

【隋書經籍志】醫方　《郯子説陰陽經》一卷

十六、葛氏序房内秘術

【隋書經籍志】醫方　《葛氏序房内秘術》一卷

【舊唐書經籍志】醫術　《葛氏玉房秘術》一卷

【唐史藝文志】醫術類　《葛氏房中秘術》一卷

【補晉書藝文志】卷三醫方　《序房内秘術》一卷，葛洪。見《隋志》，舊題葛氏撰，亦稚川之書。

十七、除太山房内秘要

【隋書經籍志】醫方　《除太山房内秘要》一卷

十八、雜嫁娶房内圖術

【隋書經籍志】五行　《雜嫁娶房内圖術》四卷

十九、素女問

【日本國見在書目錄】醫方家　《素女問》十

二十、房内經

【和名抄引用漢籍】醫方家　《房内經》。引用三回。

附　素問論

【觀古堂本百川書志】卷十房中　《素問論》二卷，皆昔人與素女問答之辭，未詳真僞。

附　祁男種子書

【萬卷堂書目】卷三醫家　《祁男種子書》,岐伯。

附　玄女經

【故宮博物院書目】醫家　《黃帝授三字玄女經》一卷,一冊。明刊本。

【觀海堂書目】與字號　《玄女經》一本。一卷。明本。

【叢書舉要】卷二十九藝海珠塵土集　《元女經》一卷,漢公孫宏。

【叢書書目彙編】合刻中藏經　《三子玄女經》一卷。清陽湖孫星衍校刊。

【行素堂目睹書錄】平津館叢書甲集　《黃帝授三子玄女經》一卷

【江蘇省立國學圖書館圖書總目】卷二十六　《黃帝三子玄女經》一卷。《津逮秘書》第四十六冊。題黃帝。汲古閣刊本。又一部,一卷。《藝海珠塵》第四十六冊。同上。乾隆刊本。又一部,一卷。《平津館叢書》第四冊。同上。嘉慶孫氏刊本。

附　房中經

【叢書舉要】卷五十一說郛弖一百零九　《房中經》,唐孫思邈。

【叢書書目彙編】說郛正續　《房中經》,唐孫思邈撰。

【江蘇省立國學圖書館圖書總目】《玄女房中經》。《說郛》第六十三冊。唐華原孫思邈。明刊本。

附　女丹經

【也是園藏書目】卷五房中　《女丹經》八卷

附　玉房指要

【叢書舉要】卷三十四觀古堂彙刻書　《玉房秘訣》一卷,《指要》一卷。日本本。

【江蘇省立國學圖書館圖書總目】　《玉房指要》一卷。《雙梅景闇叢書》第一冊,闕名。光緒二十九年刊本。

附　洞玄子

【江蘇省立國學圖書館圖書總目】　《洞玄子》一卷。《雙梅景闇叢書》第一冊,闕名。光緒二十九年刊本。

附　天地陰陽交歡大樂賦

【江蘇省立國學圖書館圖書總目】　《天地陰陽交歡大樂賦》一卷。《雙梅景闇叢書》第二冊,唐下邽白行簡。光緒二十九年刊本。

第二十九類　寒食散

一、寒食散湯方

【隋書經籍志】醫方寒食散論注　梁有《寒食散湯方》二十卷。《通志略》同

二、寒食散方

【隋書經籍志】醫方寒食散論注　梁有《寒食散》一十卷。
【本草綱目】引據書目　《寒食散方》

三、皇甫謐曹歙論寒食散方

【隋書經籍志】醫方寒食散論注　梁有《皇甫謐曹歙論寒食散方》二卷。
【冊府元龜】　魏東平王翕撰《解寒食散方》,與皇甫謐所撰并行於世。
【補晉書藝文志】卷三醫方　《論寒食散方》二卷,皇甫謐、曹歙。見《七錄》。裴氏《魏志》注云:曹歙撰《寒食散方》,與皇甫謐所撰並行於世。即此二卷之本。

四、解散論

【隋書經籍志】醫方解寒食散方注　梁有《解散論》二卷。

五、解寒食散方

【隋書經籍志】醫解寒食散論注　徐叔嚮《解寒食散方》六卷
【通志藝文略】寒食散　《解寒食散方》六卷,徐叔嚮撰。

六、解散消息節度

【隋書經籍志】醫方雜散方注　梁有徐叔嚮《解散消息節度》八卷。《通志略》同

七、寒食散方并消息節度

【舊唐書經籍志】子類醫術　《寒食散方并消息節度》二卷

【唐書藝文志】子錄醫術類　《寒食散方并消息節度》二卷。《通志略》同

八、徐叔和解寒食散方

【舊唐書經籍志】子類醫術　《徐叔和解寒食散方》十三卷

九、寒食解雜論

【隋書經籍志】醫方解寒食散論注　梁有釋慧義《寒食解雜論》七卷

【通志藝文略】寒食散　《寒食解雜論》七卷,釋慧義撰。

十、解釋慧義解散方

【隋書經籍志】醫方雜散方注　《解釋慧義解散方》一卷

十一、解散方

十二、解散論

【隋書經籍志】醫方雜散方注　梁有《解散方》、《解散論》,各十三卷。

十三、范氏解散方

【隋書經籍志】卷三醫方雜散方注　梁有《范氏解散方》七卷。《通志略》同

【補晉書藝文志】卷三醫方　《解散方》七卷,范汪。見《七錄》。謹案,此書舊與下二書,按謂"二書"者,《療婦人藥方》十一卷、《療小兒藥方》一卷之二書也。但題范氏,無名。考《隋志》醫方類,東陽外無別有姓范者,此三種亦爲汪書,可以意決。當爲百七十餘卷中,傳錄別行之本,孝緒據所見各著於錄耳。今補汪名,備列於下。

十四、寒食散論

【隋書經籍志】醫方　《寒食散論》二卷。《通志略》同

十五、寒食散對療

【隋書經籍志】醫方　釋道洪《寒食散對療》一卷。《通志略》同

十六、解寒食散方

【隋書經籍志】醫方　《釋智斌解寒食散方》二卷。《通志略》同

十七、解寒食散論

【隋書經籍志】醫方　《解寒食散論》二卷。《通志略》同

十八、寒食散論

【唐書藝文志】醫術類　《寒食散論》二卷

十九、雜散方

【隋書經籍志】醫方　《雜散方》八卷。按《隋志》醫方，别亦有《雜散方》八卷，疑即重出。《通志略》同

二十、解散經論并增損寒食節度

【隋書經籍志】醫方　《解散經論并增損寒食節度》一卷

二十一、太一護命石寒食散

【隋書經籍志】醫方　《宋尚太一護命石寒食散》二卷
【通志藝文略】寒食散　《太一護(食)[命]石寒食散》二卷，宋尚撰。

二十二、散方

【隋書經籍志】醫方　《散方》二卷

二十三、解寒食方

【唐書藝文志】醫術類　《解寒食方》十五卷。《通志略》同

附　佳麗寒食圖

【唐書藝文志】雜藝術類　《佳麗寒食圖》

第三十類　香方粉澤

一、漢宮香方注

【補後漢書藝文志】卷三子部醫方家　鄭玄《漢宮香方注》。玄始末具經部易類。宋張邦基《墨莊漫錄》:《漢宮香方》鄭康成注,沈水香二十四銖,著石蜜復湯鬵,銅鐵葷皆病香。以指嘗試,飲甲則已。南海賈胡貴一種香木末,如蜜房,色澤正黃,可滅甲。以寒水炭四焙之,青木香十二之一,可酌省之。雞舌香以其子,勿以其母。青木香用二錢。合擣如泥,沈水得鑾蜜,煙黃而氣鬱。投初鬵蜜中,媒使相悅,閟以黃垐,隙陷不津。地蘊之,一月中許出之。投龍腦六銖,麝損半一鑪,注如芡子,薰鬱鬱略聞百步中人也。今大官加密鬵紅螺加麝,外家效之以珠膽。此方魏道甫按魏泰字道輔也。強記面疏,以示洪炎玉父,意其失古語。其後相國寺庭中,買得古葉子書雜鈔有此注,改正十四字。

《四庫》雜家雜說類提要曰:《墨莊漫錄》十卷,宋張邦基撰。南北宋間人也。其書多記雜事,亦頗及考證,如鄭玄注《漢宮香方》之類,亦頗資博識。宋人說部之可觀者也。

鄭珍《鄭學錄》曰:按方與注,文詞簡奧。《墨莊》得之洪氏,復買古鈔中有之,則非道輔僞造可知。觀此不獨見康成有許多精力,益足信其無一物不知也。

二、上香方

【隋書經籍志】子部醫方陶氏效驗方注　梁有范曄《上香方》一卷

【補南北史藝文志】卷一南史醫方宋　《和香方》,范曄撰。見本傳。《宋書》同。《隋經籍志注》:范曄《上香方》一卷,《雜香膏方》一卷。亡。

注:范曄傳,見於《南史》卷三十三《范泰傳》,及《宋書》卷六十九。

三、雜香膏方

【隋書經籍志】子部醫方陶氏效驗方注　梁有《雜香膏方》一卷。《通志略》同

四、雜香方

【隋書經籍志】子部醫方　《雜香方》五卷。《通志略》同

五、宋明帝香方

【隋書經籍志】子部醫方 《宋明帝香方》一卷

【通志藝文略】醫方類下薰香 《香方》一卷，宋明帝撰。

六、龍樹菩薩和香方

【隋書經籍志】子部醫方 《龍樹菩薩和香方》二卷。《通志略》同

【日本國見在書目錄】醫方家 《龍樹菩薩和香方》

附 諸香方

【日本國見在書目錄】醫方家 《諸香方》一

七、妝臺方

【崇文總目輯釋】卷三醫書類 《妝臺方》一卷，宇文士及撰。侗案，《宋志》"方"作"記"。六卷。

【通志藝文略】醫方類下粉澤 《妝臺方》一卷，隋宇文士及撰。士及之妻則南陽公主，所傳之方。

八、妝臺寶鑑集

【崇文總目輯釋】卷三醫書類 《妝臺寶鑑集》三卷。原釋：闕。見天一閣鈔本。

【通志藝文略】醫方類下粉澤 《妝臺寶鑑集》三卷，楊氏撰。

【宋史藝文志】子類醫書類 《粧臺寶鑑集》三卷，楊氏南陽公主。

九、妝臺記

【秘書省續編到四庫闕書目】卷二子類醫書 宇文士及《妝臺記》五卷

【宋史藝文略】子類醫書類 宇文士及《粧臺記》六卷

第三十一類　祝由

一、老子石室蘭臺中治癩符

【隋書經籍志】子部醫方　《老子石室蘭臺中治癩符》一卷

二、禁法

【日本國見在書目錄】醫方家　《禁法》九

三、三五禁法

【日本國見在書目錄】醫方家　《三五禁法》八

四、三五神禁治病圖

【日本國見在書目錄】醫方家　《三五神禁治病圖》一

五、印法

【日本國見在書目錄】醫方家　《印法》一

六、龍樹菩薩印法

【日本國見在書目錄】醫方家　《龍樹菩薩印法》一

七、龍樹菩薩馬鳴菩薩秘法

【日本國見在書目錄】醫方家　《龍樹菩薩馬鳴菩薩秘法》,沙門菩提造。

八、龍樹呪法

【通志藝文略】醫方類病源　《龍樹呪法》一卷

【秘書省續編到四庫闕書目】醫書類 《龍樹呪法》一卷。闕。輝按,《宋志》、《崇文目》作《龍樹眼論》一卷,晁《志》三卷。

九、孫思邈禁經

【通志藝文略】醫方類病源 《孫思邈禁經》二卷

【秘書省續編到四庫闕書目】卷二醫書 孫思邈撰《禁經》二卷

十、胎骨經

【秘書省續編到四庫闕書目】卷二十五行卜筮 《胎骨經》一卷。闕。

十一、洪範骨肉五行

【秘書省續編到四庫闕書目】卷二十五行卜筮 《洪範骨肉五行》一卷。闕。

十二、白雲先生髓鏡三命血脈論

【秘書省續編到四庫闕書目】卷二十五行卜筮 《白雲先生髓鏡三命血脈論》三卷。闕。

十三、玄靈子秘術

【秘書省續編到四庫闕書目】卷二十五行卜筮 《玄靈子秘術》三卷。闕。輝按,《宋志》作《玄靈子秘術骨相法》。

參考書志書目

七略別錄　前漢・劉向著(清・馬國翰輯本,玉函山房本)
七略別錄佚文　清・姚振宗著(快閣師石山房叢書本)
漢書藝文志　後漢・班固著(長沙王先謙刊本)
漢書藝文志考證　宋・王應麟著(浙江圖書館刊本)
補續漢書藝文志　清・錢大昭著(廣雅書局刊本)
補後漢書藝文志　清・姚振宗著(適園叢書本)
補後漢書藝文志　清・侯康著(嶺南遺書本)
漢書藝文志講疏　民・顧實著(東南大學叢書本)
補三國藝文志　清・姚振宗著(適園叢書本)
補晉書藝文志　清・丁國鈞著(廣雅書局本)
補晉書藝文志刊誤　清・丁辰述著(廣雅書局本)
補南北史藝文志　民・徐崇著(廣雅書局本)
隋書經籍志　唐・長孫無忌著(同文書局殿版重印)
隋書經籍志考證　清・章宗源著(湖北書局本)
唐書經籍志　後晉・劉昫著(張壽榮八史經籍志本)
唐書藝文志　宋・歐陽修著(同文書局殿版重印)
補五代史藝文志　清・顧櫰三著(廣雅書局刊)
崇文總目　宋・王堯臣著(粵雅堂叢書本)
崇文總目敘釋　宋・歐陽修著(歐陽文忠全集本)
崇文總目輯釋　清・錢侗著(汗筠齋叢書本)
崇文總目補遺　清・錢侗著(汗筠齋叢書本)
崇文總目附錄　清・錢侗著(汗筠齋叢書本)
集古錄跋尾　宋・歐陽修著(朱榮記重校刊)
中興館閣書目輯考　宋・陳騤著(清・趙士煒重編,中華圖書館協會刊)
宋紹興秘書省續編到四庫闕書目　(葉德輝考證本,觀古堂本)
通志藝文略　宋・鄭樵著(圖書集成局殿版校印本)
郡齋讀書志　宋・晁公武著(長沙王氏刊本)
郡齋讀書後志　宋・趙希弁著(長沙王氏刊本)
郡齋讀書附志　宋・趙希弁著(長沙王氏刊本)

遂初堂書目　宋・尤袤著(益齋書目,吳郡陸友人後跋本)
直齋書錄解題　宋・陳振孫著(武英殿聚珍版)
玉海・藝文藝術　宋・王應麟著(浙江圖書館刊)
文獻通考　宋・馬端臨著(圖書集成局刊)
文獻通考經籍校補　清・盧文弨著(群書拾補本)
續文獻通考　清・紀昀著(浙江書局重刊)
子略　宋・高似孫著(百川學海本)
史略　宋・高似孫著(古逸叢書本)
新編古今事文類聚前集　宋・祝穆著(明・唐富春刊)
宋史藝文志　宋・脫脫著(同文書局影殿版)
宋史藝文志補　清・倪燦著(八史經籍志本)
宋史記目錄　明・王維儉著(嘉定王氏藏舊鈔本)
宋國史藝文志輯本　民・趙士煒著(中華圖書館協會刊)
補遼金元藝文志　清・倪燦著(廣雅書局本)
補三史(遼金元)藝文志　清・金門詔(昭代叢書本)
遼史藝文志　清・繆荃孫著(二十五史補篇本)
補遼史藝文志　清・黃任恒著(二十五史補篇本)
遼史藝文志補證　清・王仁俊著(二十五史補篇本)
元史藝文志　明・宋濂著(八史經籍志本)
補元史藝文志　清・錢大昕著(二十五史補篇本)
文淵閣書目　明・楊士奇著(讀畫齋叢書)
內閣書目　明・張萱著(寫本)
內閣藏書目　明・孫能傳著(人月雙清館本)
秘閣書目　明・錢溥著
內板經書紀略　明・劉若愚著(松鄰叢書甲編)
寧藩書目　明・朱權著(朱多焜刊)
吳文定公藏書目錄　(吳寬藏書目)
菉竹堂書目　明・葉盛著(粵雅堂叢書本)
百川書志　明・高儒著(觀古堂本)
南雍經籍考　明・梅鷟著(松鄰叢書本)
古今書刻　明・周弘祖著(松鄰叢書本)
寶文堂分類書目　明・晁瑮著
經序錄　明・朱睦㮮著
萬卷堂書目　明・朱睦㮮著(玉簡齋叢書本)
萬卷堂家藏藝文日記　明・朱睦㮮著(千墨齋彙鈔七家書目本)
萬卷堂藏書總目
國史經籍志　明・焦竑著(粵雅堂本)

明史藝文志藁　清·尤侗著
脈望館書目　明·趙琦美著(玉簡齋本)
澹生堂書目　明·祁承㸁著(紹興先正遺書本)
澹生堂藏書約　明·祁承㸁著(藕香零拾本)
劉氏鴻書　明·仲達著
醫藏書目　明·殷仲春著(鈔本)
世善堂藏書目錄　明·陳第著(一齋書目,知不足齋叢書本)
千頃堂書目　明·黃虞稷著(適園叢書本)
徵刻唐宋人秘本書目　明·黃虞稷著(觀古堂本)
徵刻唐宋人秘本書目考證　清·葉德輝著(觀古堂本)
諸刻題跋　明·毛晉著(汲古閣刊)
諸刻題跋續集　明·毛晉著(汲古閣刊)
汲古閣毛氏藏書目錄　(鈔本)
汲古閣珍藏秘本書目　清·毛扆著(黃氏士禮居本)
汲古閣校刻書目　清·鄭德懋著(小石山房叢書本)
汲古閣家塾藏板目錄　(毛晉刻本)
汲古閣書目補遺　清·鄭德懋著(小石山房叢書本)
汲古閣核板存亡考　清·鄭德懋著(小石山房叢書本)
汲古閣校刻書目　(清·顧湘校本)
得月樓書目　明·李如一著(常州先哲叢書本)
吳文定公藏書目錄　明·吳寬著(千墨齋彙鈔七家書目本)
賴古堂書目　(明·季姚氏家藏書目,鈔本)
芙蓉莊書目　顧從義著(?)(松鄰叢書本)
天一閣書目　清·范懋柱著(玉簡齋本)
范氏天一閣藏書總目　清·阮元著(嘉慶三年刊)
四明天一閣藏書總目
重編寧波范氏天一閣圖書目錄　民(金陵大學刊)
天一閣見存書目　清·薛福成著
季滄葦書目　清·季振宜著(延令宋板書目,粵雅堂叢書本)
絳雲樓書目　清·錢謙益著(粵雅堂叢書本)
絳雲樓書目補遺　清·張杲著(觀古堂本)
韓氏藏書目
韓氏讀有用書齋書目　清·封文權著(陳準衮殷堂刊)
藏書紀要　清·孫從添著(士禮居叢書本)
流通古書約　清·曹溶著(藏書紀要本)
靜惕堂書目　清·曹溶著(觀古堂本)
靜惕堂宋元人集書目　清·曹溶著(觀古堂本)

漁洋書籍跋尾　清・王士禎著
竹崦庵傳鈔書目　清・趙魏著(觀古堂本)
楝亭書目　清・曹寅著(曹寅家藏書目,鈔本)
馬氏藏書目　清・王存善(序)(傳是樓書目附刻本)
傳是樓書目　(徐乾學藏書。王存善校訂印)
傳是樓宋板書目　(松鄰叢書本)
培林堂書目　清・徐果亭著(王存善校訂印)
兩淮鹽筴書引證書目　清・朱彝尊著(晨風閣叢書本)
竹垞行笈書　清・朱彝尊著(晨風閣叢書本)
曝書亭目錄　清・朱彝尊著(潛采堂書目本)
曝書亭集　清・朱彝尊著(四部叢刊本)
潛采堂書目　清・朱彝尊著(晨風閣叢書本)
潛采堂宋元書目　清・朱彝尊著(竹垞藏書目,觀古堂本)
經義考　清・朱彝尊著(家刻本)
近古堂書目　(玉簡齋本)
小谷口著述緣起　清・鄭元慶著
小學考　清・謝啟昆著(浙江書局本)
佳趣堂書目　清・陸漻著(佳趣堂陸氏書目,千墨齋彙鈔七家書目本)
讀書敏求記　清・錢曾著(李沈炎重刻本)
讀書敏求記校證　清・管庭芬、民・章鈺著(文奎齋刊)
也是園藏書目　清・錢曾著(述古堂藏書目,李沈炎重刻本)
述古堂藏書目　清・錢曾著(粵雅堂本)
述古堂宋板書目　清・錢曾著
述古堂藏書目錄題詞　清・錢曾著(手稿本)
好古堂書目　清・首源主人著
經史問答　清・全祖望著(餘姚史重校本)
四庫館進呈書籍底簿　(鈔本)
各省進呈書目　(涵芬樓秘笈本)
浙江採集遺書總錄　清・鐘音著
浙江採進遺書總錄　清・富勒渾著(乾隆十年刊)
浙江採遺書錄　(乾隆甲午刊)
浙江採遺書錄閏集　(乾隆甲午刊)
江蘇採集遺書目錄　清・黃烈著(鈔本)
天祿琳琅書目　清・于敏中著(長沙王氏刊)
天祿琳琅書目後編　(清嘉靖二年敕編,長沙王氏刊)
四庫全書總目提要　清・紀昀著(廣東書局重刊本)
四庫全書提要分纂稿　清・邵晉涵著(徐氏鑄學齋本)

四庫全書薈要目　清・于敏中著(宮史續編本)
四庫全書坿存目錄　清・胡虔著(知不足齋刻本)
四庫全書簡明目錄　清・永瑢著(廣東書局重刻)
四庫全書考證　清・王太岳著(武英殿聚珍版)
四庫書目略　清・費莫著(費氏校鐫本)
四庫目略　民・楊立誠著(浙江圖書館刊)
四庫書目邵注　清・邵懿辰著(四庫簡明目錄標注,宣統三年刊)
四庫四部類敘　清・江標著(靈鶼閣本)
四庫未收書目提要　清・阮元著(揅經室外集)
四庫著錄江西先哲遺書鈔目　(豫章叢書編局刊)
四庫湖北先正遺書提要　清・盧弼著(盧靖刊)
湖北先正遺書　清・盧靖著
文瀾閣書目　(浙江圖書館刊)
壬子文瀾閣所存書目
補鈔文瀾閣四庫闕記錄　(丙申鋟板本)
全燬書目　乾隆敕撰(敕版)
抽燬書目　乾隆敕撰(敕版)
違碍書目　乾隆敕撰(江寧布政司刊)
禁書總目　清・覺羅琅著(浙江布政司再刊本)
歷代載籍足徵錄　清・莊述祖著(珍藝宧遺書本)
來雨樓書目　清・周原堉著(傳鈔本)
毘陵經籍志　清・盧文弨著
繡谷亭書錄　清・吴玉墀著(瞿氏藏鈔本)
知聖道齋書目　清・彭元瑞著(玉簡齋刊)
知聖道齋讀書跋　清・彭元瑞著(文學山房印)
拜經樓藏書志題跋記並附錄　清・吴壽暘著(文學山房印)
十種敘錄　清・錢大昭(得自怡齋刊)
經籍跋文　清・陳鱣著(校經山房叢書)
孫氏祠堂書目　清・孫星衍著(孫氏書目,平津館刊)
平津館鑒藏書籍記附補遺續編　清・孫星衍著(木犀軒刊)
廉石居藏書記　清・孫星衍著(木犀軒刊)
問經堂書目　清・孫馮翼著(鄭學齋書目,張炯題簽鈔寫本)
既勒著述敘例　清・錢東垣著(得自怡齋刊)
彙刻書目初編　清・顧修著(江戸山城屋佐兵衛刊)
文瑞樓書目　清・金星軺著(讀畫齋叢書)
千墨齋彙鈔七家書目　清・趙光照著
愛日精廬藏書志並續　清・張金吾著(家刻本)

思適齋集　清・顧千里著(春暉堂叢書本)
百宋一廛賦　清・顧千里著(蕘翁手寫刊)
百宋一廛書錄　清・黃丕烈著(適園叢書本)
求古居宋本書目　清・黃丕烈著(長沙雷愷民蘇手錄版)
蕘圃藏書題識　清・黃丕烈著(四川書局刊)
蕘圃藏書記補遺　清・黃丕烈著
士禮居藏書題跋記目　清・黃丕烈著(潘祖蔭刊)
士禮居藏書題跋再續記　清・黃丕烈著(古學彙刊本)
曝書雜記　清・錢泰吉著(校經山房本)
藝芸書舍宋元本書目　清・王士鍾著(文學山房印)
鑑止水齋書目　清・許宗彥著
稽瑞樓書目　清・陳癸著(滂喜齋刊)
滂喜齋藏書記　清・潘祖蔭著(陳氏慎初堂刊)
滂喜齋宋元本書目　清・潘祖蔭著(晨風閣叢書本)
鄭堂讀書記　清・周中孚著(嘉業堂刊)
嶺南遺書　清・伍元薇著
皇朝經籍志　清・黃本驥著(三長物齋本)
實書閣著錄　清・丁白著(吳氏雙昭樓刊)
持靜齋書目　清・丁日昌著(丁雨生本江刻書目)
持靜齋宋元校鈔各本書目　清・丁日昌著(長沙曹篤光手錄本)
持靜齋藏書記要　清・莫友芝著(江刻書目三種本)
清吟閣書目　清・吳焯著(吳氏雙昭樓刊)
結一廬書目　清・朱學勤著(長沙葉氏手錄版本)
結一廬宋元書目　清・朱學勤著
帶經堂書目　清・陳樹杓著(上海神州國光社刊)
海源閣藏書目　清・楊紹和著(元和江氏刊)
述古叢鈔　清・劉晚榮著(同治九年刊)
故宮博物院書目
觀海堂書目　清・楊守敬著(鈔本)
日本訪書志　清・楊守敬著(菇蘇園刊本)
叢書舉要　清・楊守敬著(江新刷印所印)
叢書書目彙編　清・沈乾一著(上海醫學書局刊)
續彙刻書目　清・羅振玉著(雙魚室刊)
金華叢書書目提要　清・胡鳳丹著(金華叢書本)
郘亭知見傳本書目　清・莫友芝著(莫繩孫依錄本)
宋元舊本經眼錄並附錄　清・莫友芝著
書目答問　清・張之洞著(貴陽彫版)

書目答問箋補　清・江人度著
書目答問補正　清・范希曾著
古今僞書考　清・姚際恒著(文學山房刊)
古今僞書考考釋　民・金受申著(中華印刷局刊)
開有益齋讀書志　清・朱緒曾著(翁氏茹古閣刊)
開有益齋讀書志續志　清・朱緒曾著(翁氏茹古閣刊)
行素堂目睹書目　清・朱記榮著(家刻本)
國朝未刊遺書志略　清・朱紀榮著(徐氏觀自得齋刊)
未刊遺書志略　清・徐士愷著(徐氏觀自得齋刊)
共讀樓書目　清・國英鼎著(索綽絡家塾藏版本)
十萬卷樓叢書總目　清・陸心源著(光緒己卯刊)
皕宋樓藏書志　清・陸心源著(十萬卷樓藏板)
皕宋樓藏書續志　清・陸心源著(十萬卷樓藏板)
儀顧堂集　清・陸心源著(俞樾署簽本)
儀顧堂題跋目錄　清・陸心源著(潘祖蔭序本)
群書拾補　清・陸心源著
武林藏書錄　清・丁申著(嘉業堂刊)
善本書室藏書志　清・丁丙著
八千卷樓書目　清・丁仁著
南學書目劄記　清・謝崧岱著
振綺堂書目　清・汪曾唯著
經籍要略　清・白裕德著
鐵琴銅劍樓藏書目錄　清・瞿鏞著(恬祐齋藏書目錄,孫啟甲刻)
鐵琴銅劍樓藏宋元本書目　清・王運長著(元和江氏輯刻)
鐵琴銅劍樓宋元本書影識語　清・瞿良士著(孫毓修序本)
常熟瞿氏藏宋元本書目　清・江標著(江刻書目)
宋元本行格表　清・江標著
藏書記事詩　清・葉昌熾著(靈鶼館叢書本)
常州先哲遺書　清・盛宣懷著(武進版)
觀古堂書目　清・葉德輝著(家刻本)
郋園讀書志　清・葉德輝著(上海澹園印)
溫州經籍志　清・孫詒讓著(浙江圖書館刊)
台州經籍志　清・項士元著(乙卯仲冬刊)
古越藏書樓書目　清・張謇著(崇實局印)
抱經樓藏書志目錄　清・沈德壽著(美大印局刊)
浙江藏書樓甲編書目　清・楊復(跋)(杭州圖書館本)
晨風閣叢書目錄　清・沈宗畸著(家刻本)

晨風閣書目七種本　（晨風閣叢書抽印本）
古泉山館舊跋殘藁□　清・瞿中溶著（藕香零拾本）
孝慈堂書目　清・王聞遠著（觀古堂本）
顧鶴逸齋藏書目錄　不著撰人（鈔本）
李蒲汀書目　（玉簡齋本）
古今書目　不著撰人
藝風藏書記　清・繆荃孫著（光緒二七年刊）
藝風藏書續記　清・繆荃孫著（光緒二十七年刊）
清學部圖書館善本書目　清・繆荃孫著（藁本）
藕香零拾　清・繆荃孫著
群碧樓善本書錄　清・鄧孝先著（宣統三年序）
寒瘦山黌存善本書目　清・鄧孝先著
雪堂校刊群書敘錄　清・羅振玉著
雪堂叢刻　清・羅振玉著
燉煌古寫本諸經校勘記　清・羅振玉著（學術叢編本）
秦漢十印齋書目　清・蔣鳳藻著（鈔本）
適園藏書志　清・張鈞衡著（民國九年上海刊）
內閣藏書目　清・官撰（民國十年上海刊）
清內閣存目錄　民・趙次著
故宮普通書目　（故宮博物院排印）
故宮殿本書庫現存目　民・陶湘（故宮博物院排印）
內閣文庫書檔舊目　（國立中央研究院刊）
天祿琳琅四庫薈要排架圖　（故宮博物院影印）
清史稿藝文志　（柯邵忞校印刊）
古學彙刊　民・鄧實著（國粹學報社印）
古書經眼錄　民・王頌蔚著（寫禮廎遺著本）
涵芬樓舊書分類總目　民・孫毓修著（商務印書館）
玉雨堂書畫記目錄　民・夏孫桐著（松鄰叢書乙編）
元西湖書院書目　民・夏孫桐著（松鄰叢書甲編）
國學用書類述　民・支偉成著（泰東圖書局印）
諸暨圖書館目錄初編　民・藴庵著（民國八年刊）
吳興劉氏善業堂善本書影　民・劉承幹著
揚州吳氏測海樓藏書目錄　民・王富晉著（上海富晉社印）
博野蔣氏寄存書目目錄　（洸心精舍寄存書目，北平圖書館刊）
梁氏飲冰室藏書目錄　（北平圖書館刊）
四繹館書目　民・廖平著（六繹館叢書本）
永樂大典內輯出佚書目　民・趙萬里著（北海圖書館月刊二卷三、四號）

四部叢刊書錄　（商務印書館）
福建藝文志
盋山書影　民·柳詒徵著（戊辰刊）
東海藏書樓書目　（武林刊）
江南圖書館書目
江南圖書館閱覽室檢查書目初編
江蘇第一圖書館覆校善本書目
江蘇省立國學圖書館圖書總目
浙江公立圖書館通常類圖書目錄
浙江公立圖書館保存類目錄　（民國十年刊）
國立北平圖書館善本書目　民·趙萬里（民國二十二年刊）
國立北京大學文科大學圖書館藏書目　（鈔本）
京師圖書館善本書目　（教育部指令本）
山東圖書館書目　（民國六年刊）
遼寧省立圖書館館刊（第一卷）叢書舉要　民·卞鴻儒著
國立奉天圖書館殿版書目
奉天各府廳州縣圖書館購備圖書目錄　（奉天圖書館印刷所刊）
中東鐵路圖書館圖書目錄　（民國二十年刊）
南洋中學藏書目
清華學校圖書館中文書籍目錄　民·修梅著（北京同校圖書館刊）
趙氏圖書館藏書目錄　民·趙經達著
學海院圖書館書目第一集　（培英印書局）
二十四史
藝文類聚　唐·歐陽詢著
外臺秘要方　唐·王燾著（日本平安養安院刊）
太平御覽　宋·李昉著（鮑崇城校刊本）
冊府元龜　宋·王欽若著（萬卷樓舊藏鈔本）
證類本草所出經史方書　（明板政和本草所收）
醫說　宋·張杲著（國學圖書館影宋本）
難經本義　元·滑壽著（明·吳勉學刊）
醫學源流　明·熊宗立著（日本萬屋喜兵衛刊）
古今醫統大全　明·徐春圃著（明·德聚堂刊）
本草綱目　明·李時珍著（江西本）
醫史　明·李濂著（鈔本）
圖書集成醫部全錄　清·蔣廷錫著（光緒刊）
中國人名大辭典　（商務印書館）
中國醫學大辭典　民·謝觀著（商務印書館）

中國醫學史　民・陳邦賢著
百川學海　宋・左圭著(民國十年刊)
說郛　明・陶宗義著
武英殿聚珍版叢書　清・紀昀著(江西版)
平津館叢書　清・孫星衍著
岱南閣叢書　清・孫星衍著
問經堂叢書　清・孫馮翼著
抱經樓叢書　清・盧文弨著
士禮居叢書　清・黃丕烈著
讀畫齋叢書　清・顧修著
滂喜齋叢書　清・潘祖蔭著
功順堂叢書　清・潘祖蔭著
海山仙館叢書　清・潘仕誠著
知不足齋叢書　清・鮑廷博著
續知不足齋叢書　清・高承勳著
後知不足齋叢書　清・鮑廷博著
粵雅堂叢書　清・伍崇曜著
三長物齋叢書　清・黃本驥著
咫進齋叢書　清・姚覲元著
古逸叢書　清・黎庶昌著
小石山房叢書　清・顧湘著
昭代叢書　清・張潮著
校經山房叢書　清・朱記榮著
式訓堂叢書　清・章碩卿著
吳園叢書　清・許增著
靈鶼閣叢書　清・江標著
漸西村舍叢書　清・袁昶著
木犀軒叢書
玉簡齋叢書　清・羅振玉著
吉石盦叢書　清・羅振玉著
適園叢書　清・張鈞衡著
寫禮廎遺書四種　清・王頌蔚著
墨海金壺　清・張海鵬著
六譯館叢書　民・廖平著
松鄰叢書　民・吳昌綬著
四部叢刊　(商務印書館)
日本國見在書目錄　日・藤原佐世著(古逸叢書本)

和名類聚抄　日・源順著
本草和名　日・深根輔仁著
醫心方　日・丹波康賴著
醫略抄　日・丹波雅忠著(聿修堂叢書本)
通憲入道藏書目錄　日・藤原信西著(群書類從本)
仙洞御文書目錄　日・中原盛氏著(群書類從本)
撮壤集　日・飯尾永祥著(續群書類從本)
本朝書籍目錄　日・清原業忠著(群書類從本)
異朝書籍考　日・不著撰人(漢書解題集成本)
和版書籍考　日・幸島宗意著(解題叢書本)
示木公達書目　日・荻生徂徠著
經子史集要覽　日・荻生徂徠著(漢書解題集成本)
觀聚方要補採摭書目　日・多紀元簡著
東都宮庫書籍目錄　日・服肅著(享保八年寫本)
醫賸　日・多紀元簡著(聿修堂叢書本)
醫籍考　日・多紀元胤著(國本出版社刊)
聿修堂藏書目錄　日・多紀元簡著(寫本)
多紀元堅獻納醫學館醫書目錄
本朝醫家古籍考　日・中川壺山著(寫本)
實素堂藏書目錄內外編　日・小島沂著(森約之寫本)
元治增補御書籍目錄醫家類　日・渥見忠篤著(寫本)
仙台藩醫學校藏書目錄　(寫本)
雜病廣要採摭書目　日・森約之著(寫本)
存誠藥室本邦醫書目　日・森約之著(寫本)
崇蘭館醫書目　(寫本)
群書一覽　日・尾崎雅嘉著(加賀屋善藏刊)
續群書一覽　日・西村兼文著(弘文館刊)
群書類從　日・塙保己一著(經濟雜誌社刊)
續群書類從　日・塙保己一著
御本日記續錄　日・近藤守重著(正齋全集本)
正齋書籍考　日・近藤守重著(正齋全集本)
經籍答問　日・松澤老泉(解題叢書本)
彙刻書目外集　日・松澤老泉(和泉屋莊次郎刊)
鐵研齋輶軒書目　日・齊藤正謙著(文明源流叢書本)
經籍訪古志、同補遺　日・澀江全善著(解題叢書本)
留真譜新編　日・森立之著
戊辰以來新刻書目便覽　日・太田勘石衛門著(明治七年刊)

博物館書目解題　日・村山德淳著
淺草文庫書目解題略、本草醫籍部　日・村山德淳著(寫本)
内閣文庫圖書目錄　日・内閣記錄局著
慶長以來諸家著述目錄　日・中根肅治著(八尾新助刊)
漢籍解題集成　日・佐村八郎著
漢籍解題　日・桂五十郎著
古文舊書考　日・島田翰著(藻玉堂印)
古今書刻　日・島田翰著
青州文庫古板書目　日・渡邊信著(明治三十八年刊)
典籍概見　(漢書解題集成本)
日本古刻史　日・朝倉龜三著(國書刊行會本)
諸藩藏板書目筆記　日・東條耕著(解題叢書本)
官版書籍解題略　日・擬山精一著(解題叢書本)
德川幕府時代書籍考　日・牧野善兵衛著(大正元年刊)
日本書籍刊考　日・黑川真賴著(同全集本)
國書刊行會出版目錄　日・市島謙吉著
日本内閣文庫圖書　日・内閣記錄課著
内閣文庫資料目錄、甲編及乙編
帝室和漢圖書目錄　日・宮内省圖書寮著
東京帝室博物館漢書目錄　(昭和九年寫本)
圖書寮漢籍善本書目　日・宮内省圖書寮著
靜嘉堂秘籍志　日・河田羆著
靜嘉堂文庫國書分類目錄　日・諸橋轍次著
靜嘉堂文庫漢書分類目錄　日・諸橋轍次著
岩崎文庫和漢書目錄　日・東洋文庫著
東京文理科大學附屬圖書館和漢書分類目錄
東方文化學院京都研究所新增漢書目錄　(昭和十一年刊)
第六回極東熱帶醫學會展覽會日本醫學歷史資料目錄　日・富士川游著
大連圖書館圖書分類目錄
成簣堂善本書目　日・長澤規矩也著(民友社刊)
杏雨書屋圖書假目錄
楂萼書屋圖書目錄　日・早川香村著
村野藏書目錄　日・村野睦哉著(昭和十一年刊)
燉煌遺書　法・ペリオ、日・羽田亨著(上海東亞考究會)
中國醫學書目　日・黑田源次著
續中國醫學書目　日・岡西爲人著
稀書解說　日・稀書複製會

舊京書影提要　日・橋川時雄著
食　日・大谷光瑞著
木草書目之考察　日・中尾萬三著
朝鮮醫籍考　日・三木榮著
文獻備考　朝・朴容大著(弘文館本)
東醫寶鑑　朝・許浚著(朝鮮版本)
李王家藏書閣圖書目錄
朝鮮總督府古圖書目錄
朝鮮總督府圖書目錄
英國博物院圖書館中國書籍繪畫目錄
英國博物院圖書館中國書籍鈔本目錄補編
牛津大學圖書館中國圖書目錄
巴里國立圖書館藏燉煌石室醫方書類纂
普魯西學士院中亞出土醫方書斷片四種
外臺秘要、證類本草、醫心方所引用之醫書　日・岡西爲人著

跋

恩師岡西爲人先生手輯《宋以前醫籍考》一書，於脱稿二十年之後得以出版，使長達一千五百餘葉之巨著終獲壽世。當兹舉國上下一致響應總統蔣公倡導中華文化復興運動之際，實具重大意義。琦不敏，辱承恩師教誨獎掖，衷懷銘刻，爰略述吾師生平及本書著作之背景，以期爲我學術界存留一部分信史。

岡西爲人先生，號竹孫，日本廣島縣人，民國前十四年生於廣島。弱冠來華，於民國八年畢業於南滿醫學堂，繼留母校藥理學教室研究。民國十一年，母校升格爲滿洲醫科大學。二十年，先生升任講師。二十三年以研究産於我國海南島之嶺南毒草胡滿蔃完成論文，獲醫學博士學位。及滿大創立東亞醫學研究所，先生以副教授出任爲專任研究員。三十三年兼任大學圖書館館長。三十五年滿大經教育部接收，改稱國立瀋陽醫學院，先生受聘爲藥學系生藥學科教授，主講本草概論。未幾，復受聘爲醫學院藥理學科主任教授。三十七年五月辭職返國，就任日本鹽野義製藥株式會社顧問，任鹽野義製藥研究所生藥學研究室主任迄今。

琦受業於先生，始於三十六年秋，先生主講本草概論。時琦方服務於母校藥學系生藥學科，從恩師東丈夫先生攻生藥學，時已升任講師。於受業間驚歎於中國本草之學，其歷史之悠久，内容之廣汎，且爲研究中國生藥學者所必修之大學問。而先生獨到之研究，精湛之講義，予琦以極深之影響。三十七年五月間，先生與東先生等日籍教授相偕返國，琦亦避秦來臺。而質疑問道，師弟之間，魚雁往還，固未嘗間斷也。五十三年冬，琦蒙先生之獎掖提攜，負笈東瀛，受教於恩師木村康一先生，攻讀於京都大學藥學部生藥學教室。翌春，倖獲藥學博士學位，皆恩師提拔栽培之力也。回憶初抵大阪時，先生親自前來機場相迎，得以重新瞻仰先生道貌。一别十六載，先生年屆古稀，而鶴髮童顔，精神矍爍，欣慰何似。乃隨先生前赴京都，寄居恩師家中者月餘，與先生並榻而眠。因將十餘年來研讀本草所積之疑難，恭請教益，談論每至更深。因爲暢敘滿洲醫科大學東亞醫學研究所之沿革極詳，使先生當年富力強時期，傾注半生心血之輝煌業績，琦曩於學生時代之所未得與聞之種種史話，至此遂豁然貫通矣。當兹此書出版之際，因就所知東亞醫學研究所之史話，引述如下：

東亞醫學研究所及其研究業績

國立瀋陽醫學院之前身，滿洲醫科大學，初稱南滿醫學堂，創立於清宣統三年（日本明治四十四年，1911），於民國十一年（日本大正十一年，1922）升格爲大學。

當時以設置於大陸之大學應發揮具有特色之研究,因而選定東亞醫學之研究爲其課題之一,遂於民國二十年(日本昭和六年,1931)於大學本館二樓之正面闢一室爲"中國醫學研究室",聘生理學教授、文學博士、文學士黑田源次先生兼任主任。藥理學講師岡西爲人先生轉任爲專任研究員,及中、歐文打字員各一名,開始研究工作。先是,於民國元年(日本明治四十五年,1912)來任之藥理學教授、醫學博士久保田晴光先生(後昇任滿洲醫科大學長),即曾蒐集中國各地之藥材標本,於民國十五年(大正十五年,1926)到任之黑田源次先生亦曾致力於中國醫籍之蒐羅,此等成績即成爲此研究室之基本。

繼於民國二十四年(日本昭和十年,1935),經大學決定建立正式之研究機關而創立研究所之機構,定名爲東亞醫學研究所。婦產科教室助手,佐土丁氏(醫學博士)入所工作。翌年紀念講堂、圖書館及研究所新建大樓落成。民國二十六年(1937),金斗鐘氏(韓國籍,醫學博士)接替佐土氏爲副手,直至民國三十四年八月十五日止。

除上述人員外,預科化學教授、藥學士、山下泰藏先生(歷任南滿醫學堂化學教授兼附屬醫院藥局長、大學預科化學教授、大學藥學專門部首任主事兼教授),漢學講師日名靜一先生,均爲自創立以來之客席研究員,參與研究工作。至於研究所之藏書,不論大學之内外,均予公開,各方面之研究家因得以廣泛利用。

研究所之最初工作爲架藏醫書之整理,藏書之一部分除南滿醫學堂時代所蒐集者外,大部分爲大連滿鐵圖書館之寄存本。此等書籍之整理,於民國二十年八月首先出版者爲《中國醫學書目》。其後傾全力於醫書之蒐集,研究費之絕大部分均用於此一方面。蒐集不限於購置,常傭書手極力鈔寫亦爲重要工作之一。如龐安時之《傷寒總病論》、王袞之《博濟方》、董汲之《旅舍備要方》等《四庫全書》以外難得一見者,特備與四庫本相同大小格式之紅格紙,於文溯閣内常置書手予以鈔錄。尤以巨著如《普濟方》之書寫,歷十餘年之歲月,直至戰後始得成編。繼於民國三十年六月(1941)刊行《續中國醫學書目》,醫書之總數,併前書目合計已達 2474 部之多。蒐集工作仍繼續進行,依入手之順序,已作成《二續醫學書目》之原稿,所蒐書籍約達 300 部。其中包含多數稀覯書,未及刊行,現仍存置於國立瀋陽醫學院。

第二項工作爲中國醫書之書誌學研究。此項著作早有多紀元胤之《醫籍考》,惟當時僅係私藏之藁本,此書之利用概屬不可能。研究所乃以獨自之立場進行此一工作,自民國十六年(1927)起,日名先生則自史志旁及諸家之書錄予以摘錄,岡西先生則整理分類作成目錄,題曰"宋代醫書目内容一覽",於民國二十年(1931)油印分贈同好。其後黑田、日名、岡西三先生復共同予以檢討協議而成定稿,於民國二十五年(1936)八月完成其第一輯(内經、運氣),民國二十八年(1939)四月完成其第二輯(難經、脈經),民國二十九年(1940)四月完成其第三輯(五藏、鍼灸),民國三十三年(1944)十二月完成其第四輯(女科),分別刊行。其他部門亦得有一部分定稿,而日名先生於民國三十一年(1942)辭職返國,黑田先生於民國三十五年(1948)東歸。岡西先生則經國立瀋陽醫學院挽留聘爲藥學系教授,主講本草概論，繼復任醫學院藥理學科主任教授，一面繼續整理其餘部分原稿，於民國三十七年（1948）正月完成全書十五輯。

又與此有關聯之問題，岡西先生曾就《外臺秘要》、《醫心方》及《證類本草》所引古醫書之引用次數予以考察，發表於民國三十七年（1948）之《民國醫學雜誌》。

第三項工作爲唐《新修本草》二十卷之復原。岡西先生於研究本草之立場，痛感有其必要，乃自民國二十八年（1939）着手，於民國三十三年（1944）完成，乃著“關於復原新修本草之考察”一文，與復原之本文同時付梓。適逢乙酉偃戈之騷亂而未果，於民國三十七年（1948）五月攜稿本歸國，於公務之餘暇予以清繕，於民國五十三年（1964）四月由於李所長穎吾（焕燊）博士之支持，刊行於臺北縣青潭之國立中國醫藥研究所。

第四項工作，爲方劑之研究，最初着手者爲爲處方數目較少之“丹方”，就研究所架藏之所有醫書中所收之丹方一一予以摘錄，按照方名加以整理，於民國二十二年（1933）發表其第一報，繼於民國二十四年（1935）發表第二報，均分別刊載於《民國醫學雜誌》。此二報告之合併者，採錄於民國二十五年（1936）上海世界書局刊行之陳存仁編《皇漢醫學叢書》之中。至岡西先生之“《太平聖惠方》之丹方”，乃此研究之續編也。

繼丹方之後則爲丸方，以其遠較丹方爲多，亙十餘年之歲月，於民國三十三年（1944）始全部整理淨寫完畢，留置於國立瀋陽醫學院迄今。

第五項工作爲漢藥之研究，岡西先生曩曾於民國十九年（1930）前赴越南、昆明、廣州一帶作調查旅行，蒐集多數藥材標本，與前此久保田先生所蒐集者一併整理，於民國二十年（1931）刊行久保田、岡西共著之《和漢藥標本目錄》。岡西先生復歷訪東北各地之稅關、藥店及產藥地等，調查土產藥材及輸入藥材，於民國二十六年（1937）著成《滿洲之漢藥》一書予以刊行。繼復與恩師生藥學教授、藥學博士東丈夫先生，共著《東北之藥材》一書，經琦譯成中文，於民國四十七年（1958）由國立中國醫藥研究所刊行。

此外，與中藥之研究具有關聯者，爲紀念多年來對於中藥之研究推進貢獻良多之久保田晴光教授之功績，蒐集自明治初年以迄昭和十三年（民國二十七年，1938）間，發表於日本之有關和漢藥研究之論文目錄予以出版，岡西先生擔任編輯，於昭和十五年（民國二十九年，1940）十一月，題曰《日本和漢藥文獻》予以刊行。

第六項工作爲關於東北之漢醫及喇嘛醫之實況調查。前者於民國二十六年（1937）發表於《東亞醫學研究》雜誌第一號。後者爲就阜新縣瑞應寺之喇嘛醫所作之調查，將其大要於民國三十一年（1942）發表於《大陸醫學》雜誌。

第七項工作爲關於藥學史之研究。岡西先生於昭和十六年（民國三十年，1941）受日本學士院之委囑，完成《中國本草之渡來及其影響》一書，此一研究經收載於昭和三十三年（民國四十七年，1958）刊行之《明治前日本藥物學史》第二卷。

研究所之主要業績，其大要已如上述，此外於研究所之指導下所作之研究論文，如峰下銕雄博士之“鹿茸”，杉本重利博士之“牛黃”，梁宰博士（臺籍）之“雷丸”，佐土丁博士之“水銀劑”，馬揚武博士之“砷劑”，魏如恕博士之“甲狀腺腫”（二氏均東北籍），金斗鐘博士（韓籍）之“漢方骨學”及“内臟學”等均爲學位論文，他如由奉天漢醫師會所組織之成方調查委員會所編之“成方一千方”亦係由研究所之協力而完成者。此外大學以外人士，如三木榮氏之《朝鮮醫學史及疾病史》，今村鞆氏之“人參史”等著作，均係利用研究所之藏書而完成者。

回顧東亞醫學研究所，自中國醫學研究室剏始以來，迄乙酉偃戈，不過十四年而告終。大體上於基礎研究工作業已完成，自此以降即將開始進入本格的研究之際而告終結。在此一階段之研究業績，所幸均獲一一公諸於世。尤其灌注心血所蒐集之多數醫書，截至民國三十七年止均完整保存於國立瀋陽醫學院。所集藏之醫書雖不足以言完備，然擁有多數稀見之本，在現在中國醫書之蒐集上，可謂無與比類者。此一事業之有助於人類福祉之增進與中國文化之研究，其意義自極其重大矣。惜河山未復，此等屬於國寶之貴重典籍，目前無由一讀。而恩師此一亙一千五百六十餘葉之巨著，終於壽世，感奮莫名，謹贅數言，以供賢達之參考。

本書原稿於付印前經岡西先生重新予以校定，並重新編定其目次，付梓期間之校對編排，乃經魏生德文君一一覈對者，對於此一巨著編次之辛勞，附此一併致謝。魏生時肄業臺北醫學院夜間部藥學系四年級。

受業　那琦謹跋於臺北寄廬

民國五十八年八月十五日

後記

《宋以前醫籍考》校覈結束，岡西爲人博士叙述大陸生活之《竹孫先生半生記》，及諸記事文章、學術論文翻譯完稿，此時，覺得對於岡西博士之學行，似乎已無可補敘。在此略述追蹤岡西博士遺業過程中逐漸生發的感慨，並介紹幾篇鮮爲人知的資料。

岡西博士是我所整理的諸多日本醫書作者中，距離我最近的一位，不僅年代最近，而且他三十四年旅居中國所在，即爲我的故鄉東北，記事中敘及的許多地名，閲之眼熟，不禁心動。

《宋以前醫籍考》首次出版，是由“人民衛生出版社長春印刷廠”印刷。長春是我出生、求學的地方，我童年、青年的記忆裏，清晰地叠印着“長春”二字。這也許正是一種缘份。

經過五年的爬梳剔抉，我們補輯整理的多紀元胤《醫籍考》已於二〇〇七年出版。《宋以前醫籍考》的底本搜求等前期工作，幾乎與《醫籍考》同時進行。我曾造訪了岡西博士學習、生活、工作三十餘年的中國醫科大學，及收藏《宋以前醫籍考》稿本的北京中國中醫科學院。爲探尋岡西博士之業績，曾拜訪了岡西博士之次男岡西克明氏（圖47）、與岡西博士在中國醫科大學共事的多久弘一氏（圖48）、臺灣出版《宋以前醫籍考》的參預者魏德文氏（圖49）、岡西博士供職的鹽野義製藥公司時的後輩櫻井謙介氏等。并得到真柳誠教授、小曾戶教授、矢數芳英醫師、小林建二先生、崔仲平教授的大力幫助。如果沒有他們的支持，我很難完成此項工作。

多年來機械地敲擊键盤、移動鼠標之時，我一直在思考：岡西博士爲何要編纂内容浩繁的《宋以前醫籍考》？早於他一百年的多紀元胤，出生於日本漢方醫學世家，可稱淵源有自，其編寫《醫籍考》更是踵承父志，又生活在十九世紀初的安定歲月，江户醫學館講肄之風盛行，清代朴學成果不斷輸入日本，各方面都具備優越條件。岡西博士則生活於百年後的二十世紀初，家族方面，無任何學術背景，而身際動亂，從小學開始即習唱軍歌，青年時幾乎應征入伍，成年後久居異國，何以竟成爲一位傑出的醫史學家，爲中國醫藥學研究貢獻出如此鉅著？對此，岡西博士的解釋是：“任何學科的研究都離不開文獻的驗證，何況中醫這一學科，不依靠文獻，研究則無從談起，因此要求對醫學文獻的形成及流傳有基本的知識。這方面的著作，有多紀氏的名著《醫籍考》，但是當時尚未出版，利用此書，猶如夢想，所以我們決定自已編著一部。”

關於《宋以前醫籍考》之書名，岡西博士云："限定在宋以前，其實並沒有特殊理由，元以降作爲第二段，只不過是自古開始而已。"過去曾認爲，此書僅著錄宋以前醫籍。其實，是以宋以前流傳的醫書立目，而將後世相關之醫書收錄無餘。

十九世紀末至二十世紀中期，日本發動了幾場將東亞拖入災難的戰爭，而岡西博士卻因征兵體檢時的意外而獲獨善其身。岡西博士的精神導師、西本願寺法主大谷光瑞猊下一心想把他培養成佛教界的精英，他穿過袈裟，念過佛經，法號淨爲，主編過《大乘》雜誌，但最後卻意外地以醫學博士之身，轉向中國古代醫籍文獻的研究。"瞻之在前，忽焉在後"，這位距我最近的博士，又讓我感到有些陌生，似乎遥不可及。

一九五九年，岡西博士得到一冊北京人民衛生出版社出版的《宋以前醫籍考》後，曾發表感言："本書的问世，作爲編者是喜悦的。若能對社會有些少裨益，則更是心满意足。本來即是一項避世離俗之工作，特别是現今日本，慮其利用價值頗少，故出版可能性甚小。"我注意到"避世離俗"四个字，覺得此中隱含着岡西博士半生之顛沛、一世之追求。

避世離俗，出於一種無奈的選擇。《宋以前醫籍考》的纂輯，自始至終都在戰爭歲月中進行的，全身心投入浩如煙海的古文獻中，與古代賢哲對話，耳畔就能少一点喧囂和哀號，內心就能多一分寧静和淡泊。我猜想，這大概就是岡西博士以抄書編纂，代替誦經修行的原因吧？我曾親眼目睹岡西博士的手稿，字迹工整，一絲不苟，很難想像抄錄完成於炮火連天、哀鴻遍野的環境中，由此不能不佩服博士拔俗出塵之定力。岡西博士不是禪宗弟子，但他的禪定功夫，真可説達到了爐火純青的境界。

岡西博士在上世紀四十年代戰爭行將結束的紛亂歲月裏，組織抄寫瀋陽文淵閣《四庫全書》中的《普濟方》等二十餘部古醫籍。岡西博士回憶説："《普濟方》最後還剩二册，我想無論如何也要完成此書的抄寫。於是，向院長徐誦明説明了情况，最後總算完成了。"《普濟方》等抄本，後來移交北京中國中醫科學院保管，我去探訪時，經調查現仍存十三種。

岡西博士爲中醫生存與發展，曾做過具有重要意義的兩件事。其一是一九三五年至一九三六年，對東北地區中醫師及中藥產销现狀進行調查，并提出了發揚中醫、改革中醫的切實建議。其二是一九四〇年應邀參加僞满洲國醫制改革審議會，會上矢數道明、張繼有（前民生部技佐、長春中醫藥大學首任教務主任）等人發言，力主保存中醫，岡西博士則從文獻學角度論證了中醫存在之必要性。岡西博士雖屬西醫出身，卻在"取締中醫"聲浪甚囂塵上的年代，挺身而出，力挽狂瀾於既倒。

一九六二年六月，在日本東亞醫學協會會員登記表"對於漢方醫學的抱負、感想以及與現代醫學關係的見解"一欄中，岡西博士寫道："醫學本來只有一個，道路遙遠，向其邁進的努力，一日不能停止。"岡西博士正是以這種精神，在醫學道路上默默地、堅韌地行進了半個世紀。"醫學本來只有一個"，亦是對中、西醫學科學性的明澈表態。

岡西博士的定力,還表現於两次辭退赴歐美機會。一九三四年,岡西獲得醫學博士學位,加拿大蒙特利爾大學發來邀請函,希望他前去幫助整理所藏漢籍,并承諾給予講師待遇。岡西博士考慮"如果讓我去北京留學,馬上前往,當前的研究處於關鍵時刻",故遂放棄。另一次是一九三七年,岡西博士得到一次留學歐洲的機會,但他覺得"對自己的研究不會有太大幫助",又行放棄。

中醫古籍像一塊巨大的磁石,吸引着岡西博士。他在《編撰(宋以前醫籍考)逸事》一文中說:"搜集醫書及文獻學研究,是我注入極大精力的一項工作,畢竟這是研究中國醫學的基礎工作,而完成這項工作并不是本來目的。也可以説,是一項没人願意做而不做又不行的默默無闻的工作。"循誦岡西博士此言,於我心有戚戚焉。

岡西博士完成《宋以前醫籍考》的撰寫,很大程度上得益於他的漢語修養。他從一九一五年(17 岁)起就在中國居住。先從幼儿園園長小川美代治學習漢代史游所著《急就篇》,後來又在南満醫學堂學習中文。在上海任《大乘》主編時代,漢文水平有較大提高,從此閱讀漢文毫無生疏之感。他對北京話和上海方言、廣東方言,亦有所了解。他的博士論文是研究中藥"胡満蕵"之作,論文中指出,"蕵"字在廣東方言中有"根"的意思。他又认爲,"胡満蕵"之"满"就是"蔓"字。惜乎岡西博士無缘拜讀森立之的《本草經考注》:"胡蔓,亦鉤吻之音轉耳。"岡西氏的"小學"素養固然不及森立之,但此缺陷并未影響他推土機般地持續挖掘,爲構建岐黄醫學大厦奠定了一塊堅實礎石。

岡西博士是一位懂得感恩的人,是一位潔身自好、無怨無悔的人,是一位愛妻舐犢、重視友情的人。他爲自己的書房起名叫"三光庵","三光"即紀念其畢生深受恩惠的三个人:精神導師大谷光瑞猊下、恩師久保田晴光、愛妻子壺坂光,他們的名字裏都有"光"字。他在《中國醫書本草考序》中寫道:"中國醫書和本草研究,我投入了畢生精力,這並不是有什麼特別的理由,只不過因爲我不意身居其中,是命中注定而已。"他遺留的日記中,無一日不記載其關注妻子之情懷。在獲得北京出版的《宋以前醫籍考》時,他不無遺憾地說:關於此書的出版,最出乎意料的是,此書署名爲我個人編著一事。本書編撰情況如前所述,起初由黑田源次教授領銜,日名靜一先生爲蒐集資料付出極大努力,我們三人對資料詳加研討後編撰而成。只是因爲兩位先生中途歸國,後半工作由我一人編錄而已,所以我認爲應當是三人共著。發生這一誤會的原因不明,但是不管怎麽説,是極其違心的事。

整理出版《宋以前醫籍考》,原意爲研究中醫學提供參考。在調查此書的過程中,不禁日益爲岡西博士之人格魅力所吸引,故不遺餘力,調查其人其事。今年是岡西博士誕辰一百十週年、逝世三十五週年,《宋以前醫籍考》的整理問世,寄托了我們對岡西博士的深切緬懷。

郭秀梅

二〇〇八年八月於日本東京玉川學園

附录

附錄一　紀念岡西爲人

“竹孫先生半生記”之由來

——岡西先生口述自傳：在華歲月

編集　武田健一（一九六三年四月～八月口述筆記）

再錄　岡西一彌（一九九五年二月再編集）

再錄之際

岡西一彌

一九七三年五月，父親逝去。當時，伴隨着悲痛惋惜、讚頌業績之聲，藥學界、醫學界各方面，相繼刊行了表彰紀念文集及學術出版物等，使得我們開始重新感受父親的存在及其具有時代意義之業績。對於父親的學問，不肖之子如我，完全是一門外漢，深負父親期望。父親逝世廿二年後之今日，重閱這本小冊子，希望將其在親友間傳閱，故再次編錄。

武田氏所作"談話錄"，乃父親沒後由鹽野義研究所贈送給母親，與其他紀念品一起收藏，時隔已久。今日通讀一過，再次審視父親年輕時代走過的路程，及其每一足跡，更深刻地理解了父親的人生觀。本世紀初，在中國大陸劇變的時代環境中，即亞洲歷史的風雲中，青年時代的父親猶如一小駒，奔行異國的身影，時時浮現眼前，由此更加緬想滿懷獻身滿洲之抱負、奮鬪至四十餘歲始歸國的父親。據云，父親生前曾欲撰寫滿洲時代回憶錄，因循而未果。這份《半生記》談話錄，記述了昭和三十八年(1963)以前父親的人生，乃爲唯一的自敘傳記，極其貴重。

這本小冊子係據口述筆錄，未經編輯者推敲修正，因此保留了忠實的記述，文字尚欠通暢洗練，但由此而生動地保存了父親的語氣，令人感到欣慰。使人驚訝的是，父親回憶錄中的記述相當準確、細緻。如有關人名、地名、年月日，均詳細記有備忘錄。遺憾的是，此次編輯再錄中，有一部分內容脫落了。後來雖然注意到了，又因這部分內容過於專業，對於一般讀者來說，似乎不存在影響，故決定割愛。

回憶錄中出現的一些名人，或與我家族有較深關係者，隨文作了簡單介紹或註解，是我根據個人經驗及見解附加的，或屬蛇足之舉。

《半生記》一貫而平實的敘述，流溢着父親對終生師事之大谷光瑞師之敬愛，此乃父親人生開拓、自我歷練之力量源泉。

本次出版之際，獲允將來自各方哀悼文章附載於末。

此外，德間書店發行的月刊誌《中國》(昭和四十六年五月号)中，載有題爲《中國生活三十四年の追想——醫者になった坊様、滿蒙・雲南を行く》一文，內容旨趣與本文相同，而篇幅簡短，其後以問答形式有所補充。該文相當於本談話錄之摘編而別具意義，後日將重新編錄。(一九九五・平成七年二月十一日記)

跋

武田健一

岡西先生於昭和二十三年(1948)夏,自滿州歸來後,由當時京都大學醫學部的久野寧、荻生規矩夫兩先生推薦,來到我們研究所。

其後,經常從先生那裏聽到滿洲時代諸多故事。日久,乃知先生經歷非凡,并蓄積大量寶貴經驗,遂決意將先生的經歷流傳於後世,故伺先生閒暇,聆聽口述,速記成文,將此視爲自敘的傳記。

正如記錄中所見,先生畢生衷心敬愛大谷光瑞猊下。猊下與先生之間,已超越單純師弟關係。兩人之間猶如有一條宗教紐帶,維繫着彼此深切的尊敬與信賴。同時令人清楚地感到,先生對大谷光瑞猊下之命令,從來是盡心盡力地奉行,具有脱俗的虔誠與尊崇。

這樣一部記錄,因出於我個人願望而編成,故未置書題。此次《漢方の臨牀》雜誌連載之際,由我僭題爲《竹孫先生半生記》。所謂“竹孫”,係先生當年於上海,爲大谷猊下發行的《大乘》雜誌撰稿時之筆名。此名之緣由不詳,唯知初係光瑞猊下所取綽號,先生遂以之爲別號。此記錄題名“竹孫”,或許未合先生之意,尚祈先生寬宥鄙人之淺陋。

如前所述,此記係出於個人願望請求岡西先生口述而作成,付梓時盡量不作訂正刪削。《漢方の臨牀》雜誌提出連載時,我亦重申此想法。雜誌社對於我固執的意見,給予寬容與理解,得以全文登載。

這樣一來,原由我個人保存着的先生貴重之《半生記》,從此將得以與諸同人分享,這不僅是我一個人的欣慰。在此,對於此次刊載給予諸多關照的氣賀林一諸先生,以及雜誌社各位先生,表示衷心的謝意。

“竹孫先生半生記”之由來(岡西爲人)(《漢方の臨牀》雜誌單行本)

據口述記錄　鹽野義製藥研究所專務取締役　武田健一氏

目　次

第一章

第二章

第三章

第四章

第五章

第六章

第一章　誕生至少年時代

誕生、小學生

出生於明治三十一年(1898)八月三日。這一天也是夏威夷合併於美利堅合衆國之日,因爲是自己的生日,所以清楚地記得。出生地,廣島縣安佐郡福木村字馬木(現在的安藝郡安藝町),自廣島市山陽線、藝備線中間向東行駛五公里處。我是兄弟八人中老六,年長三人夭折,長大成人的僅有一姐、一兄、一弟[(1)]。

明治三十八年(1905),入村裏小學校。同年九月,簽定日露戰争和約,到處洋溢着戰爭勝利的氣氛。那個時代我們小孩子唱的都是軍歌,長長的軍歌,自小時就開始唱了。自明治四十二年(1909)起,施行六年義務教育。以前義務教育爲四年,此後進入高等科,學制原設爲四年,可是自我們學年開始改爲五年制。那時比較討厭上學,曾經想過,如果早出生一年多好,上四年就可以畢業了。上六年級後曾打算參軍,想進陸軍幼年學校,那時代孩子們都希望當軍人。因爲我們村子有很大的空地,部隊經常在那裏演習,所以軍人特别引人注目。那時我想,如果參軍的話,一定要當軍官,所以必須進幼年學校。所謂幼年學校,即培養陸軍軍官的預備軍校。可是由於父母的反對,而未能實現。此後,於四十五年(1912),轉學至廣島縣縣立師範學校附屬小學校。每日步行上學,往返十幾公里路。農村小學畢業後,再繼續進學較難,基於當時情況,覺得進入師範本校,然後當名教師也不錯。

武庫佛教中學

此外,因爲我家是西本願寺信徒,母親是非常虔誠的禮佛者,信守"一人出家,九族生天",自己膝下多子,打算送一子入佛門,而且很想讓我出家爲僧,經常對我念叨此事。遵從母親的意見,大正二年升入武庫佛教中學,因爲我年齡稍大,故直接編入二年級。

這個武庫佛教中學,是西本願寺法主大谷光瑞猊下[(2)]創辦的,設在國鉄攝津本山車站鄰接西北的山上,至今山麓仍存留着當時學校的事務所。事務所旁有纜車,乘纜車一直向上,可達猊下的别墅"二樂莊"。别墅是用買來的俄羅斯舊汽船改造而成的,其中設有支那室、埃及室、印度室、英國室等世界各國房間。當時參觀費五十錢,一般人都可以觀覽别墅。支付參觀費後,乘坐當時尚稀少的纜車登到山上,一邊欣賞别墅内陳列的中亞發掘出土文物,一邊眺望美麗的瀨戶内海景色。屋外有廣闊的花園,園中有數個温室,温室中栽培着從世界各地收集來的珍奇植物,這些均可一併參觀。

從二樂莊再乘第二架纜車,一直向上行,沿着手推車道路向東行走二百米左右,有一座學校。學校建築物稱"策進書院",横向六間房,縱向五十間房,故大家稱此校舍爲"五十間"。"五十間"是二層樓,樓下是教室,樓上是寢室,學生們晚上睡在二樓,白天在一樓上課。自第二架纜車終點與五十間相反方向,即向西北方縱深,沿着人力車道行至盡頭,那裏設有第三架纜車。乘此纜車上行,有一座名曰"含秀居"的雪白色洋式建築。含秀居,一名夏宫,是猊下的夏季别墅。夏宫與五十間之間,有一條約四百米長坡路,後來在坡路中間山腹處,建築一座"巢鶴樓"。猶如仙鶴伸展羽毛形狀的建築物,也作爲教室使用。山上最高處還有一座氣候觀測所。也可以説,"二樂莊"是這一群建築物之通稱,即海與山二者同樂之意。

這所學校是猊下爲培養自己的部下,造就有作爲人才而設立。當時雖然只設有中學,據説計劃將來設立自幼兒園至大學一貫制。光瑞猊下的夫人出身於九條家,名籌子,即九條家長女。其次女爲貞明皇后(大正天皇皇后)。三女妊子夫人,即光瑞猊下之弟光明師之妻,其令子即當今的光照法主。此外,九條家最小公子良致娶光瑞猊下妹爲妻,即九條武子夫人[(3)]。總之,大谷家與九條家兄弟姐妹之間結成姻緣,並且其中一人,即九條家次女,爲大正天皇皇后。又有大谷尊由之人,雖未能娶九條家人爲妻,身爲光瑞師之弟、武子夫人之兄,出任拓務大臣,後爲北支開發公司總裁,亡於任職之地。

武庫中學校長橘瑞超師[(4)],亦爲光瑞猊下弟子。自明治四十二年(1909),參加中央亞洲探險。四十五年(1912),結束漫長之旅後返回日本,擔任校長職務,當時僅二十三歲。可知從很年輕時起即已開始出游。名古屋人,現仍健在。我隨這位先生學習過東洋歷史。

學生自九州至北海道全國各地聚集而來,其中不僅寺廟之子,還有很多一般家庭的孩子。總共大概有三百餘名。廣島人最多,有七十名左右,被稱爲"安藝門徒",大概因爲廣島西本願寺門徒衆多,故從廣島招生也多。至於如何繳納學費,大部分學生有助學金。就是説,衣服、飲食、零用錢、教科書均免費。此外還有半費生,即自己出一半費用。還有自費生,即全額自備,自費生人數極少。學生全員寄宿,因爲生活全部供給制,故不允許持有現金。暑假返校時,如果剩下現金,即便是一分錢,也要暫存放於事務所。而且學生不可離山一步,如果出山就被視爲退學,因此,確實感到很受拘束。當時的生活完全是軍隊式,由十餘人編成一班,並有班長。由幾個班構成一個總班,一個學年即爲一個總班。其他幹部有如總務部、會計部、風紀部等部屬,完全是自治制度。教育與普通中學基本沒有差别,從某種感覺上説,比較偏重漢文、歷史以及佛教等文科,並習作漢詩等。對於數學、物理、化學等科目,沒有投入太大精力。從這一點來説,與一般學校有些區别。

大正三年(1914),突然京都本山來人了,召集全體學生,宣布關閉學校。當時我們什麽都不知道,其實那時本山發生了貪污事件,爲此猊下引咎辭去法主之職,這所學校也被廢止了。可是,本山認爲不能讓學生們對前途感到迷惘,故計劃將學生分散編入本願寺經營的京都平安中學、金澤的北陸中學、佐賀的龍谷中學等三所學校。但是,學生們對於事實一無所知,又不諳世間之事,即召開學生大會宣布,如果闢閉這所學校,就等於是猊下精神的自殺,即與扼殺猊下等同,因此堅決反對,要求再一次重開學校。那麽,應該採取什麽措施呢?大家齊心,不去本山指令的學校,而等待這所學校再開,堅決不去其他學校。大會制定決議後,僅幹部留在學校,其他學生都先回家。

我也回家等待消息,可是本山經常發來電報或信件,催促盡快復學,我被命令赴平安中學就讀。雖然多次被催促,還是哪也不想去,一直等着。父親也反復叨嘮,"去其他中學有什麽不好呢"。可是,我仍然堅持在家等消息。這樣一直到了五月,接到猊下發來的電報,電文曰"來京都本山",於是我去了本山。當我見到猊下時,他對我説:大部分學生已經各自奔赴不同的學校了,學生所剩無幾,學校復課已不可能。所以今後要改變方鍼,我自己亦打算放棄日本,將奔赴大陸。因此剩下的學生全部帶到大陸去。你先去朝鮮。於是,我回到家中,馬上作準備,前往朝鮮京城。那是大正三年(1914)五月,正好十五歲那年。

注1　姐ヨシズ,嫁至田川家。兄松若,過繼升花家爲養子。弟岡西里美,應召至滿洲,戰爭結束時病死。

注2　大谷光瑞,西本願寺第二十二世宗主。氣宇宏大、性格豁達,曾組織中央亞洲探險隊,取得不朽成果。氣量寬洪、學者風度的宗教者。可以説是本編的主要人物,給予父親一生極大影響。

注3　九條武子夫人,大谷光瑞師之妹,嫁於九條男爵。於佛教界努力從事社會事業、婦女運動,深受本願寺信徒之尊崇。又以傾訴"清怨"、"深窗"情操之憂愁歌人而著名。父親與夫人之知遇,見後文。

注4　橘瑞超,僧侶,曾擔任大谷探險隊團長,爲絲綢之路探險付出努力。

京城、朝鮮分寺

當時去朝鮮的學生共七人,都在京城本願寺朝鮮分寺。來到這裏的人,被大家稱爲留學生。不久,來了第二批學生六名,這些學生被送到平城或鎮南浦、大邱等下級地方的本願寺辦事處。我被留在京城,京城的頭領是朝鮮開教總長松原含藏先生。松原先生是光瑞師之忠臣,非常熱情地迎接大家,爲將這些人培養成傳教師而施教。首先,發給我們布袍、最朝袈裟(搭在肩上的朝袈裟)、輪袈裟(輪狀袈裟)、念珠、中啓、正信偈和讚、禮讚、梵唱、三部經等傳教師必備品。於是,每天早晨天沒亮就起牀,到本堂掃地、拂拭等。打掃完畢,與和尚一起到本堂排列念經。教學内容,由剛才提到的松原含藏先生講解《八宗綱要》。所謂"八宗",即指華嚴、天台、俱舍、成實等各宗。"綱要"即教義之要目。還有梅山英夫助教,輪流授課。梅山助教講習梵唱及説教。"説教"課,主要是東坊流説教,其中有頗難理解的内容,自此方知説教亦有流派之别。此外,還隨朝鮮人徐鳳仁學習朝鮮語,教科書用諺文編寫的《日韓通話》(5)。在那裏一年多,朝鮮語大略記住一些,還曾經用朝鮮語作過講演。在朝鮮,有全是朝鮮人的本願寺,信者有兩萬人左右,而且還組織了教會,名爲"大聖協會"。每月,其他寺院的信者也來教會,我曾在那裏講演過。此外，每週日及春分、盂蘭盆會等時節，均有說教或講演。正式講演前的墊場講演，大家輪流擔當，也可以說是講演練習。還有月忌，比如說，如果今天是某人的忌辰，所以請人念經。如果在寺內念經，稱作"內勤"；若到某家裏念經，稱爲"外勤"。寺內寺外，我都做過，葬儀也經常出席。還有星期日學校，給星期日來校的孩子們講童話，或彈風琴教他們唱歌等等。

京城時代留下了許多回憶，印象最深的是十一月青島[6]陷落，以及十二月猊下宣稱"再也不踏入日本"以後，離開日本來到朝鮮之事。猊下經由朝鮮去支那，並去印度等地旅行，此後就一直居住於大陸。

注5　諺文，朝鮮文字，現在稱ハングル。

注6　青島，中國臨近膠州島的海港，當時德國租界地。第一次世界大戰中，被敵國日本攻擊而陷落。進行了第一次空中襲擊，有著名的俾斯麥砲臺。日本佔領後投入較大資本，建成當時爲數不多的輕工業城市。

大連、關東分寺

來京城大約一年以後，即大正四年(1914)，猊下向松原總長下達"將全部學生送往大連"的命令。可是，松原總長經過一年時間好不容易培養的學生，朝鮮語也說得不錯了，怎麼捨得放走呢，故意問學生們：你們願意去嗎？考慮先生的感情，即使想去也不能直說，所以大家都說：想留在朝鮮。於是就向猊下匯報了。猊下說：那好，就送過來一半吧。這樣決定一半學生去大連。我被編入渡海組，四月從仁川乘船去了大連。這時大連的本願寺主管是滿洲開教總長兼關東分寺輪值前田德永先生。當時大連分寺正在建築中，信濃町設有臨時分寺，但是因爲地方狹窄，故暫時住宿於分寺經營的播磨町幼兒園，每日三頓飯，要乘電車往返於分寺之間。幼兒園園長小川美代治，跟他學習支那語。那時教科書用的是《急就篇》，四個月時間全部學完。當初，猊下把我們叫到支那，是爲培養將來自己忠實的喉舌，所以又要派到北京學習支那語。但是，後來有了變化，猊下對岡西和毛利說，奉天有一所南滿醫學堂學校，你們去那裏吧。這是爲什麼呢？四年(1914)五月，簽定了日支條約[7]，即"二十一條"條約，其中有"布教權"一條，即日本人可以自由地在支那布教。猊下以前就一直考慮到中國布教。但是，基督教開始在支那傳道時，經常發生傳教師被殺害的事件，所以有意見指出，最好不要到支那布教。可是，一八三四年有一位名伯駕的美國傳教士到清國布教，因爲伯駕掌握醫學知識，所以此人不僅未被殺害，反而在發生暴動時，民衆深感如果醫生被殺害了，那損失太大了，因此大家把他隱藏起來。自此以後知道，到支那布教者必須兼通醫學。猊下大概據此情況，決定先學習醫學知識，再到支那布教，故急遽改變計劃，讓我們去奉天。

注7　"日支條約"，對華二十一條要求，大隈內閣企圖以帝國主義打入大陸，強加於袁世凱政權的條約。內容大致爲：轉讓山東省權益、延長租借遼東半島等。此外，承認日本的醫院、寺院、學校土地所有權等。對於中國來說是極大的恥辱。

第二章　學生時代

南滿醫學堂

大正四年(1914)九月,我和毛利一起去了奉天,作爲旁聽生編入南滿醫學堂。

關於南滿醫學堂的由來,滿鐵第一代總裁後藤新平認爲,將來要發展大陸,無論如何都需要醫生,因此必須由日本和支那通力合作,設立日支雙方學生共學的學校。於是在奉天開設了醫學專門學校,那是明治四十四年(1911)時的事情。最初的堂長,是大連醫院院長兼滿鐵衛生科長河西健次先生,後又兼任醫學堂堂長,即三位一體。我入學時,山田基先生任堂長。山田先生,即現在京都大學藥理山田肇教授的父親。我們能進入這所學校,是猊下托的人情,河西先生給予了特別應允。先生是一等軍醫,當時在滿洲博士只有一人,即河西先生。這是一位架子很大的先生,對山田先生也常"喂,山田",簡稱其姓。河西先生受光瑞猊下之托,即同意把我們"寄托於醫學堂"。

醫學堂的學生全部寄宿校内,而當時本願寺有辦事處,我即住在辦事處,每天往返於學校和辦事處之間。這個辦事處是由支那舊民宅改建成的小寺院,只有主任和辦事員兩人,所以我們放學回來後,幫助作一些寺内的雜務,或者作内勤及葬儀等一些事情。可是當時奉天在住的日本人非常少,大約僅兩千人左右,所以走在路上若遇到朋友,馬上會被笑問"喂,昨天你不是也去參加葬儀了嗎"?因爲我還年輕,所以覺得很難爲情,記得時常掩着臉走路。

學校同級生中,日本人二十三人,支那人十四人,合計三十七人。大家都是中學畢業後入學的,所以比我年齡大,其中有近三十歲的男生,有不少身高六尺餘,猶如電線桿,身材高大的支那人,記得起初有非常恐懼的心理。同學中有一位,即後來作了滿洲國大臣及日本大使的阮振鐸君。這個人後來去了西伯利亞,或許被殺害了,他也是電線桿之一。

最初聽老師講課,常説很多外國語,這些外語,哪是德語,哪是拉丁語,很難辨别,感到非常困難。過一年後,開始講物理、化學,這些科目從來没學過,而且在奉天又没有參考書,没辦法,只好死記硬背老師的講義。幸好物理、化學考試,大家都没達到及格分數。如果不提分的話就都不及格,因此都給提了分,就都算及格了。我最得意的是支那語,其他朋友們從骨子裏輕視支那語,根本就没有認真學習,據説掌握支那語很困難。不管怎麽説,我在大連認真地學了四個月,所以學校這個程度的支那語,一點不成問題。考試時將答案作出,寫在四、五張紙上,分發給大家,讓大家抄寫。這樣一來,全部是同樣的答案,但是老師了解學生平時的成績,故以甲乙區别學生成績。

當初以爲旁聽生可以不參加考試,因受解剖老師椎野先生的勸導,雖然没有作什麽準備,但還是參加了考試。從此,與其他學生同樣參加考試,一直到最後的畢業考試爲止。和大家一樣接受了全部考試,從醫學堂畢業了。

徵兵檢查

大正七年(1918)春,剛進入四年級時,接受了徵兵檢查。我接受過兩次徵兵檢查,第一次是大正七年,那年正是徵兵適齡期,校方面提出,還有一年即畢業了,徵兵能不能延期。於是與猊下商量,猊下説"不要延期,馬上接受檢查"。於是在奉天接受了檢查,結果是甲種合格。因爲預定當年十一月入伍,故先回家鄉一趟。那年流行性感冒猖獗,我回家數日前的十一月八日,二弟患流感逝去。入營是十二月一日,可是入營前我也染上了流感,入營時發燒四十度左右,大家都很擔心,勸我説"還是延期入營吧"。可是我回答説"即便入營,營中也有醫院,按原計劃入營"。因爲仍在發燒,故乘人力車入營了。入營後,先將病人挑出來,接受身體檢查。給我作檢查的是一位年輕軍醫,他威嚇我説,你患了眼球癆(フチジス)呀。因爲我清清楚楚地寫着是醫學校學生,所以他對我説眼球癆。軍醫給我按上"再診"印,於是就等着,過會兒來了一位二等軍醫給我診察。并問我"你不是還有一年就畢業了嗎?爲什麽不延期入營呢"?我正發着燒,不願意細説,就回答説"簡單地説不清楚"。接着他又説"什麽爲國家效勞啦,也不是僅限於今年,身體恢復了,明年再來吧"。這樣被輪到下一年去了。於是,我搖搖晃晃地回到家裏,大家正在擔心我,見我回來了就取笑説:"像幽靈來了似的,有點太快了吧"。

那時我想,只要明年能入營也可以吧。但是到了第二年的三月,從老家村役場來通知説:"今年在哪裏接受檢查?若在奉天的話,二月一日之前必須報名"。當時報名時期已經過了,所以只好返回鄉里接受檢查。家鄉的檢查是在四月二日,可是四月起開始畢業考試。畢業考試自四月起至七月止,時間很長。四年間所學的内容全部都考,所以非常緊張。如果考試之前返回日本,是很不利的,可是不回去又不行。因爲最先考的科目是解剖學,於是到椎野先生那裏請求説:"因徵兵檢查要回國,所以請將解剖考試移到後面,從第二科開始參加考試"。但是先生回答説:"這樣啊,那你在火車上、輪船上不是也能學習嗎,你就去吧。"推遲考試未得到許可,没有辦法,只好帶上參考書和筆記,回國接受徵兵檢查去了。

徵兵檢查,在郡役所所在地的可部町,和小學時代比我低一年級的那幫學生一起去接受檢查,很長時間未見面的同學來了一幫。我發現他們這些在農村長大的孩子,長得極小,很可憐的樣子。所以都認爲我肯定是第一個甲種合格,可是檢查結果,那幫小個子的孩子們都是甲種合格,而我却是第二乙種[(9)]。當時我想,雖然個子長得高,還是和在農村勞動的人不一樣啊。這樣,參軍已經完全没有可能了。

最初一起入醫學堂,是我和毛利兩人。可是,毛利君只學了一年多,老家的父親發來電報,謊稱生病,他就退學回去了。大概因爲他父親是寺廟的和尚,希望自己的孩子也成爲和尚,不同意他當醫生,所以就把他叫回去了。

注8 フチジス,眼球癆(眼球萎縮、全眼球炎)。

注9 第二乙種,甲種合格及第一乙種可以即時入營,而第二乙種即爲不合格。

多田義正君

次年,多田義正君入學了。多田君是秋田人,其兄名等観,受猊下之命,五年前去了西藏,那時仍然在西藏。多田義正君比我大兩歲,武庫中學時他是二年上級,而且是有名的才子。醫學堂從我們下一年開始,改變學生募集制度,廢止了入學考試制度,即全部由縣知事推薦,無考試入學。所以,下一年級招收的學生都是同齡,而且既年輕又優秀。久留米大學教授稗田憲太郎君,就是這個班級的畢業生。

但是,這個班級的學生們曾引發了事件,是什麽事件呢?即解剖學的椎野先生,是時常給學生推遲考試日期的先生。每次考試之前,如果對先生説"請延期考試日期",那麽就會得到允諾。這次大概也是抱着同樣的想法去和先生交涉,可是先生卻説"不能延期"。大家都認爲考試會延期,所以誰也没復習。學生們雖然都到了教室,有人説了一句"不應該回去嗎"?等先生來考試時,大家都不見了。先生在無人的教室裏出了試題,自己一個人堅持到最後,學生全體都得零分。全班不及格,這可是大問題,上年級的學生亦來斡旋。"交出首謀者","没有誰是首謀",如此爭辯的結果,總代表及副總代表受停學半年處分。當時,多田義正是來自宗教家庭的孩子,在這種場合未起到平息事態的作用,反而有煽動傾向,雖然他也不是什麽總代表,卻受到停學一個月的處分。本願寺的人把這件事匯報給猊下,猊下大怒,"今後還打算派送更多的學生呢,這些不守規矩傢伙們,實在是丢面子",即命令他們退學,馬上前往上海,以後又命令他們去蘇拉威西。這些人從臺灣乘上中國式的帆船光洋丸出航了,不幸途中遭遇強烈颱風,行船沉没,船上人員均去向不明。現在想想,集體抵抗考試事件,將多田引向命運的歧途,失去了一位值得惋惜的人。

森元了嚴君

武庫中學設有蒙古語科,接受猊下命令,選定特殊學生學習蒙古語。老師羅士珍,是一位五十歲左右的蒙古人。陸軍將校也有來學習的。學生中蒙古語最好的是森元了嚴君,因此學校解散後,猊下指派他去了蒙古,住進喇嘛寺。記得是在大正五年(1916)時,森元到了徵兵適齡期,可是他一直未回來。因此,本願寺也開始擔心了,請求領事館、警察等,使用各種手段搜尋森元。但是他究竟在哪裏,毫無消息。最後,僱用奉天名皇寺的喇嘛寺中喇嘛和尚,到蒙古去尋找,終於把他帶了回來,趕上徵兵檢查。回來時,身穿皺巴巴、髒兮兮的蒙古服,日本話也前言不搭後語,一副詞不達意的窘態。徵兵檢查,甲種合格,隨即入伍。退伍後,他并未再去蒙古,而投身於實業界,開了帽子店。昭和八年(1933)前後,來奉天開店。雖然生活在同一地,但卻没有見面的機會。過了數年才初次相見,他由於酗酒無度,結果把生意搞得亂七八糟。從那以後,我即開始了滴酒不沾的生活。森元君其後仍大量飲酒,後猝死於新京,有人說是被殺害了,總之死於非命,悲慘至極。

相撲臺上讀經

下面回憶一下當年發生的一兩件事。

第一件事,說說在相撲臺上讀經。

昭和五年(1930)或者六年(1931)時,撫順大山坑發生了大爆炸,死者千餘人。當時日本人死了二十七人,其中一名是禪宗的人,其他都是西本願寺的信徒,所以禪宗和西本願寺兩方聯合舉行葬儀。兩派在滿洲的和尚聚集起來,禪宗方面弟子較多,和尚來的人數也不少,而本願寺方面人數則較少,好像有點不平衡,所以我也被叫上,去了撫順。次年,大相撲太刀山峰右衛門這個強悍的横綱一行來到撫順,爲祭奠去年爆炸身亡者舉行巡迴表演,我也被叫去幫忙。相撲臺側面裝飾着花束,點燃着蠟燭,設置了祭壇,和尚們念着經。相撲臺上,力士們一個接一個地角力。這種奇妙形式的祭奠,此前及以後均未見過。我想即便是專職的和尚,這樣的經驗大概也未曾經歷過吧。而且,這次祭奠的發起人還說賠了錢什麼的,結果聽說禮金也沒有拿到。

西伯利亞出兵

再說說西伯利亞出兵[10]。

大正七年(1918),很多士兵被派到西伯利亞去了。我所在的本願寺,從名古屋來了三十餘位衛生兵,在此住宿一週左右。雖説是衛生兵,但年齡都比較大,還有大醫院的院長,其中還有椎野先生的朋友。這些人從來沒做過飯,對我說:“我們不會做飯,教教我們”,於是就教給他們做飯方法等。我說“和椎野先生說説呀”,他們說“不好意思,别說”。日露戰爭以前,都是先派遣現役軍人,而後再派預備軍人,逐漸派遣年齡大的軍人,所以越到後來戰鬥力越低下。從這次西伯利亞出兵開始改變了方法,先選年齡大的出征。

注 10　西伯利亞出兵,自 1918 年發起,日美英法各國爲干涉俄羅斯革命而派兵。日本派遣部隊七萬餘人,但作戰失敗,損失慘重,毫無所得,四年後撤兵。

第三章　青年時代

大連醫院

大正八年(1919)七月,醫學堂畢業。今後該怎麽辦?正在等待猊下指令時,猊下傳來命令云:"剛剛出學校門,尚不能獨立看病,已拜託河西先生,先到大連醫院内科實習。"於是就去了大連分院。那裏有猊下在旅順時募集來的年輕學生十數人,同時擔負起督促這些後輩的責任,與大家混居在棚屋中。就在那年春季,河西先生辭職回國了。其後,戶谷銀三郎先生繼任内科主任醫師。這位先生原來是醫學堂的内科教授,是我的授課老師。到他那裏寒暄時,先生説:"你們被長時間的考試搞得很疲憊吧,利用暑期好好休息休息,秋季再來也不遲呀。"話雖這麽説,沒過兩三天,又有電話來,説"霍亂大流行,大連醫院的醫生們都去注射疫苗了,醫生人手不夠用,自明天始來門診幫忙。"於是,去了位於俄羅斯街上的大連醫院本部,幫助門診診療。

當時的門診是這樣的:我坐在主治醫生的對面,把醫生寫在病歷上的處方,抄寫在處方箋上,讓患者拿到藥房取藥。此外,醫生如果説"注射",就給患者打鍼;如果説"驗血",就得抽血。就是這樣給醫生做打下手的工作。那時醫生每天不是同一個人,一位是醫學堂的第二屆畢業生山口清治君,還有一位是熊本醫專畢業的櫻井醫生,二人輪班,隔日出勤。山口君的字寫得清楚易懂。櫻井君的字極潦草,很難懂,因爲他不是我的學兄,不能什麽都輕易動問,所以就照葫蘆畫瓢。藥房有時來問"這是什麽字",像這樣的麻煩事發生過。還有打鍼,學生時代也沒太做過,起初有點不知所措。剛開始時,不管怎樣還是努力堅持工作,有時陷入委頓狀態,什麽事都不順,真的很沮喪。

當時霍亂流行,死了很多人,等霍亂得到控制後,我又去了神明町的分院。這個分院後來成了本院,那裏的内科第一病房有六十餘張病牀。主治醫生是岡山醫專畢業的河合深介先生,頭髮稀薄,儘管才三十歲出頭。我在那裏以臨時僱用的名義,每天工資一円,做着醫生的工作。午前到分院的門診幫忙,醫生是村上純一先生。大連醫院院長戶谷先生辭職回國,任名古屋市民醫院院長。此後,現任姬路國立醫院院長的村上先生,繼任大連醫院院長。這位村上先生性格非常爽快,親自給患者注射等,什麽都能作,所以那時非常輕鬆。星期四早晨有婦產科手術,托友人岩男其二郎人情,去見習手術。事後聽説,這位岩男氏,是鹽野義製醫油日農場的岩男徹氏的叔父。此外,我還在本院的細菌部呆了半年左右,實習細菌學。就這樣,在大連度過了二年左右。

上海、吳淞丸

大正十年(1921),猊下命令我離開大連醫院,到上海去。那是爲什麽呢?爪哇島的八達維亞住有二百餘日本人,原來的醫師岡部回國後,那裏沒有醫生,所以希望派遣後任醫生。可是爪哇是荷蘭領土,必須到那裏接受醫師考試,考試是用荷蘭語。大連德國人比較少,而到上海一看,有很多德國人,所以叫我來上海是爲了學習德國語。

那時,猊下在上海的住宅"無憂園"正在建設中。自我到達的第二天起,猊下爲購買"無憂園"的家具,到加拿大及歐洲等地旅行去了。在此之前,猊下住在"吳淞丸"船屋中。這艘船停泊在著名的"蘇州河"花園橋附近,總督醫院前的河流上。猊下出行後,我和從大連帶來的學生倉田拓造二人入住,兼帶看管這船屋。"吳淞丸"重三十五頓左右,寢室、浴室、廚房、食堂等設施齊備,是一艘漂亮精巧的小船。船上除我們兩人外,還有中國籍的船長、輪機長、廚師、男性工友等。

我每週三次去西門子公司分公司,向一位叫 Kette Hill 的打字員學習一小時德語會話。其他時間去本願寺,幫助年輕學生們學習等。學生們正學習上海話,中國人老師說北京話,而日本語一點不會,因爲我會北京話,所以就用北京話給學生們翻譯。這樣一來,我也多少記住了一些上海話。晚上回船上睡覺,可是一漲潮,船就漂到河對面去了,所以要喊船頭划小船來接我們。有時船頭睡熟不醒,長時間在對邊的碼頭大聲叫喊,那是最困窘的時刻。

無憂園、大乘社

翌年,即大正十一年(1922),無憂園竣工。自十一年一月起,月刊《大乘》雜誌發行,我擔任經理部門工作。《大乘》最初在本願寺分院編輯,後在無憂園中設立大乘社,故隨之搬入。這樣一來,漸漸忙起來,德語學習也就停止了。自十二年(1923)一月起,我兼任編輯長,《大乘》雜誌完全由我一人主辦。一開始,就有人譏諷說,《大乘》終歸是本短命雜誌。但是,從創刊後,直至戰爭中雜誌被統一管制,《大乘》持續刊行二十餘年,這大概也是猊下事業中持續時間最長的工作之一。這個雜誌是以猊下爲中心的同人雜誌,不刊載局外人稿件,所以約稿是一件很困難的事。當時上海有一個"獅子吼會",三井、正金、滿鉄、日本郵船等一流公司的分店長聚集一起,聽猊下講解佛教。佛經主要講《般若心經》、《勝鬘經》、《維摩經》、《能斷金剛般若波羅蜜多經》,按着順序一種接一種地講,把講義內容記錄下來,登載於《大乘》。爲了保證頁數,盡量增加篇幅,多引經文,因此又學到各方面知識。以至對漢文閱讀毫無生疏感,成爲理所當然的習慣,就是在那時形成。

上海時代的記憶非常多,先說一、兩件。

江南之旅

大正十年(1921)九月,猊下去了歐洲,後乘日本郵船"諏訪丸"返回上海。同船一起歸來的，還有醫學堂外科山井三七先生和慶應大學円山興慜先生。爲迎接猊下回上海，從京都本山來了兩名重要人物，一是花田凌雲，一是轉法輪公美。猊下對他們說："好不容易來到這裏，去遊覽一下支那名勝吧，導遊由我來指派。"這樣，命令我陪他們出遊。於是我陪着四位先生，自杭州至蘇州、鎮江、南京等地遊覽。因爲他們又去濟南方面，我在南京與他們告辭後返回上海。那次是我第一次到支那內地旅行，留下了非常深刻的印象。

九條良致男爵和武子夫人

十一年(1922)春，九條男爵、武子夫人夫妻，和猊下、武子夫人的母親円明院女史，一起來到上海。以上海爲基地，開始去各地旅行。可是不知什麽原因，夫婦二人沒有一起出行。武子夫人和母親円明院去蘇州和南京時，丈夫卻去了杭州。丈夫去蘇州時，夫人們卻去了杭州，竟是分別行動。此外，夫人帶了很多人，出行都是大隊人馬。丈夫只帶我一人出行，并說："你能喝酒，我們一起去吧"，所以一直陪着他，而且受到他的喜愛。後來他們住在東京市外名曰下落合的地方，我去拜訪他們，主人説"啊，你來得正好，今早剛從灘寄來了淡雪酒，來喝一杯"，而且還把他喜歡的酒送給我。武子夫人則送我帶竹節圖案的領帶，爲什麽送給我這樣的領帶呢，在學生時代猊下曾說我，"你還沒長成竹筍，僅僅是竹根喲"，從此，根淵[11]成了我的綽號。武子夫人記着這件事，特意買來了竹節圖案領帶。武子夫人也有詼諧的一面哦。

注 11　根淵，生在土中的竹根，以此爲姓，取"根淵竹孫"爲筆名。父親以此筆名寫過大量隨感、隨筆等文章，用於爲《大乘》作填白。父親曾將雜誌文章剪輯彙編，題爲《根淵竹孫集》，秘藏起來。我曾偷偷地讀過，被其中富有機趣童心的文章所感動。

去揚州

大正十一年(1922)末，我作爲猊下的代理去了揚州。揚州是日本奈良時代來到日本、并在奈良建造了唐招提寺的鑒真和尚度過青年時代的地方，據說鑒真年輕時代生活在平山堂，而平山堂究竟在哪裏，不得而知。日本的常盤大定博士，在揚州發現了平山堂遺跡，故由揚州鹽務官高洲太郎提供費用，在那裏建立了記念碑。其記念碑背面署名"大谷光瑞"。舉行揭幕式時，我帶着猊下署名的原稿前往出席。去揚州要從鎮江擺渡，沿有名的大運河上行，不愧爲水鄉，非常美麗的地方，至今仍留有鮮明的印象。

朝香宮

大正十一年(1922)，朝香宮殿下[12]去歐洲途中，來無憂園留宿一夜，并光臨大乘社，我匯報了大乘社經營情況。當時我還年輕，雖然殿下一人光臨，但有衆多高官隨從，所以我非常緊張，認真地作了說明。

注12　朝香宫殿下,自久邇宫獨立的鳩彦氏,戰後不久脱離皇族,其妃爲明治天皇第八皇女。

田中義一大將

同一年,田中義一大將[13]自菲律賓歸國時,經由上海,乘汽艇靠近税關碼頭,正要登陸時,突然炸彈飛來。即對日本不滿的朝鮮人所爲。炸彈咕嚕咕嚕滾落河中,同時還有人開槍,流彈射中一位美國女人,當即死亡。這位女士周遊世界一周,最終到達上海,準備遊覽日本,然後返回美國。剛才還在愉快地聊天,頃刻間慘遭不幸。那天猊下派出自比利時購回的密涅瓦車去迎接,聽說當時司機白石嚇得兩腿發抖,連離合器都踩不了。當年密涅瓦車全上海只有兩輛,一輛爲比利時領事館所有,是篷車,無憂園的是轎車,所以很顯眼,一看就知道,很容易成爲目標。自那次事件發生後,再也不用這輛車出迎高官。後來北白川宫去歐洲,順路來上海時,僱用了上海最破舊的出租車,讓宫殿下乘坐,其他同行乘比較好的車。這位北白川宫後在歐洲因汽車事故身亡,同乘的朝香宫受傷而性命無礙。

大正十二年(1923),父親逝世[14],爲舉行葬儀返回日本。事畢剛剛返回上海,馬上又接到遭難大地震的電報。當時經常出入無憂園的護士田中モト驚嘆:"啊,不得了啦"。隨即又返回東京,輔助九條武子到深川貧民區巡迴治療。後來就是以那裏爲基地,發展成後來的金蓮花醫院。

注13　田中義一大將,留學俄羅斯,日俄戰爭中任滿洲軍參謀,出兵西伯利亞立功,後來組織内閣,始終積極推進外交工作。

注14　父親,岡西德太郎(大正十年没),我没見過祖父,而且也幾乎没有聽父親講起祖父的往事。

多田等觀氏

大正十二年(1923),多田等觀氏自西藏歸來。如前所述,此人是多田義正君之兄。等觀氏去西藏是在明治時代。很早以前,西藏達賴喇嘛來日訪問時,受到了猊下的盛情款待。當時有約言:"今後若派弟子到西藏,我一定盡力關照。"於是,多田等觀氏接受猊下的命令去了西藏,在拉薩達賴喇嘛那裏研究西藏佛教。其後,青木文教、河口慧海[15]等人也去了西藏,過了兩三年都回來了。而先去的多田氏一直未歸,甚至一時杳無音信,生死不明。這次是時隔二十餘年歸國,歸途受盡辛勞,曾到達印度孟買,後因盤纏用完,爲借錢去了正金銀行。因爲日本語講得不好,而且穿着破破爛爛、髒兮兮的西藏服裝,被誤爲討飯的和尚趕出門外。没辦法,只好去郵船公司説明情況,并請求説:"現在手中無錢,到上海以後再付船費,先讓我上船吧。"就這樣乘上船,好不容易來到上海。本以爲到了上海,一定能受到猊下熱情迎接,可是當時青木文教氏也在上海,不知什麽原因,就是不讓他見猊下。多田等觀氏最終在上海未能與猊下相見,返回了日本。其後,出任東北大學講師,繼續研究西藏《大藏經》,完成了《藏文大藏經圖録》,幾年前獲得了學士院獎。

多田氏在拉薩,似受到貴賓待遇。蒙古有名喇嘛,多至西藏留學。去過西藏的蒙古人,沒有不知曉多田氏的。多田氏後來作爲滿州關東軍特別顧問到新京,當時關東軍到呼倫貝爾甘珠爾廟、喇嘛寺廟作調查,多田氏隨行。到了蒙古,發生這樣一件事:寺廟爲迎接客人,建造了四個蒙古包,其中有一個白色的嶄新。當時調查隊隊長是陸軍少佐,以爲自己是隊長,理應住最新的包,正要往裏進時,喇嘛和尚申斥說:"喂喂,那裏不是你住的哦。"那是誰住的呢?一看,和尚帶領多田氏來到白色包前,說:"請,請進。"那位隊長不知道多田等觀有如此威望,感到很吃驚。

注 15　河口慧海,首次進入西藏的黃檗宗日本僧侶。自明治至大正間,兩次入藏,帶回民族資料及佛教經典,以後從事梵文佛典及西藏佛教研究。

光壽會

無憂園中除設置大乘社外,還設有光壽會,會頭由青木文教氏擔當,并招請俄羅斯梵語學者米露諾夫,在此將梵語原文翻譯成經文。

第四章　滿大藥理學教室

久保田晴光先生

到了大正十三年(1924)春,猊下說:"已經沒有必要去爪哇了,一直作雜誌編輯工作,有點大材小用,還是回母校學習吧。"四月,我回到奉天,作南滿醫學堂藥理學教研室的助教。爲什麼選擇藥理學呢? 我在大連作了兩年多內科醫生,總覺得自己不合適這個工作,所以不打算當醫生了,考慮去基礎學科。正巧,前一年在南京招開生理學研討會時,久保田晴光先生爲出席會議,順便來上海時,我曾陪過他。因爲有此接觸,當猊下命令我返回母校時,事先與久保田晴光先生商量過。久保田晴光先生回信說:"如果來奉天的話,來我所裏如何? 今後要研究中藥啦、或者研究蒙古方藥等,你覺得有意思嗎?"我馬上決定了去久保田先生的研究所。到奉天後,讓我住進滿鐵獨身宿舍青雲寮,每天往返於大學之間。

最初選擇的研究題目是岩蘭草油,這是猊下在爪哇農園製作的揮發油,主要是用作香料的賦形劑。其藥理作用究竟如何,進一步調查研究是本課題的目的。

蒙古巡迴診療

課題正在進行中,久保田晴光先生勸誘我說:不想去蒙古[16]巡迴診療嗎? 這是因爲蒙古地方沒有醫生,老百姓難以得到治療,爲了救助那裏的人們,滿鐵衛生科捻出費用,醫學堂每年派出醫療隊。大正十二年(1923)第一回,去了林西、大板上方面。大正十三年(1924)是第二次派出。出發是在暑假,可是爲了準備藥品、選定要去的地方,還有與所在地政府部門等有關方面的交涉,這些準備工作非常麻煩費時。

此次是去洮南、科爾沁地區巡迴醫療。正好在此之前,馬賊頭目盧占魁殺害了張作霖的部下闞朝璽中將,當時馬賊的部下流竄各地,非常危險。因此,不能按原計劃施行,屢次變更地點,大費周折。當時我接受的任務,是調查中藥生產及喇嘛醫情況。此次旅行最有意思的是,在八面城這個地方發現了一位患有稀奇的橡皮病[17]患者。後將其帶回奉天作了手術,治癒後,那人非常高興地回去了。令人震驚的是,本人體重只有四十一公斤,而手術摘除的陰囊卻重五十三公斤。

旅行結束歸來,工作忙碌,前一年的總結報告尚未作成,故去年和今年兩年總結報告一起編寫。這樣的巡迴醫療,以後每年都連續實施,共進行了十四回。不僅救助了得不到醫療的蒙古人,同時還對調查蒙古地方衛生狀況、地方病等,起到非常大的作用。此外我認爲,使日本人加深對蒙古的認識,也起到極大作用。

注 16　蒙古,現在的蒙古人民共和國及內蒙古自治區的統稱。

注 17　橡皮病，淋巴管或靜脈局部淤滯，造成周圍結合組織堅硬肥厚，猶如大象皮膚的一種地方病，特別是多發於四肢或下半身。患這種病的人中，陰囊腫大如牀，亦是少見病例。父親收藏的那張照片，我曾窺見過，令人驚嘆。

外蒙調查旅行

大正十四年(1925)發生一件事，即去外蒙[18]時，被逮捕了，全員成了俘虜。滿鐵調查科計劃這一年派兩個蒙古學術調查班，於是要求久保田先生給各班派一名醫生隨行，久保田先生很痛快地接受了。可是到了關鍵時刻，自願報名者一個也沒有。事不得已，先生說服了洮南滿鐵公社的佐藤八郎公職醫師，他同意隨行。可是還缺一名，沒辦法，先生對我說，你能不能去？我回答說，如果認爲我可以的話，沒問題。這樣就決定了我去。

那次，第一班計劃途徑是，從洮南出發，經由洮安、索倫，橫跨呼倫貝爾大草原[19]，至滿洲里或海拉爾。第一班在索倫遭到馬賊襲擊，所持行李物品全部丟棄，逃回洮南。後又重新整備再次出發，最後總算達到了目的。

我被編入第二班，這次行程計劃，是從林西進入察哈爾，越過興安嶺，經由外蒙區域，至滿洲里。班長是預備役陸軍砲兵大佐遠藤壽藏，翻譯是預備役陸軍少佐鈴江萬太郎，共日本人十三名，其他馬夫、炊事婦、雜役等中國人十二名，蒙古人翻譯三名，共計二十八人，又有馬車七輛，牽車馬二十二匹、騎乘馬三匹，合計二十五匹，就是這樣的大隊人馬。

這個調查隊，公稱是搞學術調查。最初我也是這樣認爲的，但是隊長是陸軍將官。其他隊員中，有兩名現役軍人：一名是參謀本部派來的大尉，還有一名來自關東軍的獸醫，也是大尉。隊伍中有這樣的成員，而且他們不用真名而使用假名。比如，遠藤氏稱爲近藤。其餘雖非軍人，但是關東軍測地部，即地圖製作人員。再加上其他滿鉄職員，經濟、農學、地質等專業人員。我主要負責一行人等的保健，同時調查蒙古人疾病、醫療和飲食生活等情況。我的助手叫森岡清美，此人於上海同文書院退學，曾是馬賊[19]頭目薄天鬼的部下，是一位有經歷的豪傑，也是由久保田先生推薦，作爲我的助手同行。

隊伍一行，四月從通遼出發，經由開魯、大板上，到達林西。在這裏，把以後的連絡等事宜委託給最後一位日本人，即滿鉄公職醫生秦雷音，接着就向察哈爾行進。途中經過巴林左翼旗的瓦林乌拉，便在此野宿。這裏有遼[21]聖宗、興宗、道宗三代皇帝的慶陵遺跡，一九二二年比利時天主教傳教士凱爾溫發現後，現已成爲名勝，當時日本人尚未曾去過。路過此地後，經由西烏珠穆沁、東烏珠穆沁，越過大興安嶺，來到外蒙，七月初，到達由庫吉魯廟。

注 18　外蒙，即外蒙古，現蒙古人民共和國，1924 年制定正式國名。附屬於蘇聯的草原式社會主義國家。所謂內蒙古，指現在中國的內蒙古自治區。

注 19　呼倫貝爾，中國內蒙古自治區北東部地區。

注 20　馬賊，自清朝末期，橫行於滿洲一帶的騎馬集團，經常掠奪村民，或者將村莊作爲據點。日俄戰爭時期,日本人將"馬賊"作爲一般性稱呼。滿洲軍閥張作霖,本來也是馬賊出身。滿洲事變以後,日本軍不承認馬賊的特殊性,等同於土匪、匪賊加以討伐。戰爭結束之前,作爲一個抵抗集團殘存。

注21 遼,十至十二世紀征服中國的契丹王朝。耶律阿保機爲遼太祖,鎮壓其他遊牧民,擴大疆域。

拘留生活

這裏有喇嘛寺,還有比較整備的部落,是這個地方的中心。長途跋涉到達以後,計劃在這裏休整一週,然後進入最後行程。但是一到這裏,馬上被五十餘名蒙古兵包圍起來,而且説把身份證拿出來看看,身份證就是護照。我們拿的是呼倫貝爾的護照,到外蒙不管用。"這種護照不行,你們這些人擅自闖入國境"。以此爲理由,當即被扣留。當時外蒙古剛剛發佈了獨立宣言,承認外蒙這個國家的只有蘇聯,日本當然沒有承認,支那也有沒承認。只是自己宣言獨立了,實際到底是怎麼回事,尚不清楚。大概是出於這一目的而審查我們。

這個由庫吉魯廟裏,有一百五十餘名蒙古士兵駐留。所謂蒙古兵,其實全部是騎馬兵。蒙古人不善於步行,即使去很近的地方也要騎馬。我們與他們的隊長進行了交涉,那個隊長表現出不知如何是好的樣子,就説:馬上去庫倫請示,你們先等着,指示來了再説。問他需要多久,他説要換乘幾匹馬去,單程需要一週左右。就是説,至少要等兩週才能聽到消息。可是沒辦法,不管怎麼説,就算等兩週,許可下來也好。在這期間,他們大概擔心,如果我們逃跑就麻煩了,所以要求我們把錢全部交出來,藥品也被他們拿走。還説馬也由他們飼養,將馬都牽走了,只剩下七輛馬車,并把我們關押在馬車裏,晝夜由三人或七人手持帶刺刀的槍步哨監視。蒙古兵士拿的槍,是日本三八式步槍和牛蒡劍[22]。這種武器,大概是日本出兵西伯利亞時,兵士撤回時留下的。也就是説,我們被刻有菊御紋的日本製槍監視着。

由庫吉魯廟位於貝爾湖西南側,就是諾門坎事變[23]發生時,成爲蘇聯軍基地的那個地方。處於蜿蜒起伏大草原正中,這裏有非常壯觀的磚瓦建築大喇嘛寺,以此爲中心,周圍有四、五十座蒙古人部落,其中有十座左右出撥子。所謂"出撥子",指中國商人。這些商人從林西、經棚等遙遠之處,運來衣服、食料、雜貨等,與蒙古人交換牛、馬、羊等家畜。然後將把家畜帶回林西,在那裏把家畜賣掉,購入新商品,然後再運到蒙古,就是這樣做買賣的人們。我們剛被逮捕時,看管警戒非常嚴格,但是也有非常緩和的時候。某一天,趁着警戒不嚴時,我的助手森岡君爲洗澡去了井旁。因爲只有一眼水井,所以大家都到那裏去打水。森岡去那裏打水時,偶然與某"出撥子"相遇,那個出撥子叫張福山,是森岡作馬賊時的部下。以後不做馬賊,改行成了出撥子,來到這裏。交談中得知,其近日將返回林西。那麼,是否可以請他帶封信回去?於是寫了封信,説明我們被捕的情況。不知他是把信縫在鞋底或什麼地方,安全送到了秦雷音氏那裏,這樣才將我們被捕的消息傳遞給滿鐵本社。這次運氣很好,順利成功了。因爲得了甜頭,後來重要的調查報告等,也委託其帶回去。可是據說這次被發現了,張福山被蒙古兵逮捕殺害,店舖被沒收。我們返回大連後,才聽說此事原委。

我們被捕時的伙食,起初吃自己帶去的糧食。等到吃完了以後,就請求用被上繳的錢買糧食。東西是他們賣來的,飯菜等都是我們自己帶來的炊事員做。雖然說是料理,主要是用粟米煮粥和攪合小麥粉做的食物,那種伙食一點蔬菜都沒有。蒙古人是不吃蔬菜的,所以關於蔬菜等營養搭配等,一點常識都沒有。偶爾也買些羊肉來。但是,被收繳上去的錢漸漸用完了,再要求他們買食物,因爲沒錢了,就不給買了。我們要求說,如果通知滿鐵本社的話,多少錢都能寄來,請馬上聯系。但是雖然這樣說了,就是不行動,而且老是說"沒有錢了,怎麽辦呀"。實在沒有辦法了,我們就開始賣衣服、鞋子等。我們手裏的東西,只要蒙古人想要的話就賣掉,用來勉強糊口。可是,這也不是長久之計。這其間,甚至有人設計逃跑計劃,說把被牽走的馬要回來,騎馬逃走如何?即使被士兵追補,至少有一半人可以逃脱。可是不能騎馬的人肯定被抓住,不能做那種傻事。這個計劃遭到了反對。還有人認爲與其在鄉下等着,解決不了問題,還不如開進庫倫說理去,問題或許能快點解決。可是如果進入庫倫,反而會被誤認爲企圖窺視外蒙內部,情況也許會更加惡化。結果,還是先老老實實地呆在這裏。其間,還是有人多次設計逃跑計劃。

到了八月,總算從庫倫來了官員。而且,最先是"竹下大尉殿"傳喚狀送到。竹下其人,原爲參謀本部參謀,此次以假名竹本來蒙古。可是,對方指名"竹下大尉",説明假名已被識破。竹下氏最先被傳去,接着,假名者一個個被叫去。可是,被叫去的人,都一去不返,這究竟是怎麽回事呢?正在疑惑不解時,輪到點我的名了。我被叫出去一看,在一個很小的蒙古包中,有從庫倫來的大官和翻譯。開始命令宣誓,接着詳細訊問了原籍和現在職業、旅行目的、旅行途徑等。然後,又嚴厲地追問:知不知道同行中有兩名軍人?審問進行了40分鐘左右,然後被指示去另一個蒙古包。進去一看,在我之前被審問的人都聚在那裏,只有那兩位現役軍人不在。此後,那兩位軍人一直和我們分開,住在另一個小蒙古包裏,特别安排士兵看守。這時與庫倫大官一起來的翻譯,是巴布札巴將軍的兒子,就是和川島芳子[24]結婚的人。此人認識我們隊伍中的翻譯鈴江萬太郎氏,因爲大官在場,所以雙方佯裝不識,什麽也沒說。事後,鈴江氏見過那翻譯,聽說我們被拘捕後,他曾兩次去大連進行調查,也去了滿鐵本社,見了佐多調查科長。所以對我們一行人的情況瞭如指掌。既然已經審查清楚了,問題就應該很快解決了,可是仍一直不允許我們返回。進入九月以後,一到夜晚就特别冷,馬車中極其寒冷。這時支那人開始挖地窖,打算在那裏貓冬了。可是我們日本人學不來挖地窖的本事,後來找到一座空瓦房,這是以前爲建喇嘛寺,來這裏的支那人木匠、泥瓦匠等住過的房子,我們就住進去了。本來每天晚上有山羊睡在那裏,現將那些山羊趕出去,把破房頂、牆壁修理一下,勉勉強強隔出一間二十五平方米的屋子,十三個人都擠進去。地上舖墊一些乾草,然後再舖上一條條毛巾,大家和衣而睡。做飯也在屋裏,焚燒牛糞,這樣多少可以起到取暖的作用,但是煙霧瀰漫,燻得眼睛疼痛,真是吃不消。

記得到了十月,當時還住在馬車上的時候,官署來了士兵,對我們說:你們的馬死了,把它取走。二十五匹馬中最老的一匹,是很馴服的馬,它經常馱着我。因爲年老,牙齒不好,不能細細咀嚼草食,因營養不良而死去了。用其他的馬把死馬拖回來,打算把它埋了。正在挖坑時,士兵來了,訓斥道:爲什麽挖坑?不能挖土。又說,把它扔到對面的山上去。大概是指風葬。於是,只好又將死馬拖到對面山上,丢在那裏就回來。可是,還沒過一個小時,狗叼着奇怪的東西跑來了,叼着什麽東西呢?等它走近一看,叼的是一塊馬前腿。人死以後,也都是那様扔到山裏,然後由狗、狼來收拾。

在這様的環境中,營養極差,如果有人得了病,可就麻煩了,我一直都很擔心,所幸沒人生病。此外,又擔心長時間根本不吃蔬菜,容易患壞血病。最後,有一人出現了類似壞血病症狀,但不是很嚴重。可是,因爲睡在土地上,開始出現坐骨神經痛的人了。長時間住在這様的地方,會不會大家都患坐骨神經痛等病呢?情況非常令人擔心。

注22　三八式步槍和牛蒡劍,明治三十八年制定的舊日本軍用的主要武器,戰爭結束以前一直使用。爲體現尊重武器的意義,槍上刻有皇室的菊花紋。牛蒡劍即刺刀,因形狀似牛蒡而得名。

注23　諾門坎事變,1939年於蒙古人民共和國與滿洲國境諾門坎,日蘇兩軍發生衝突。遭遇蘇聯優勢機械化部隊,日本方面損失慘重,五個月後,簽定停戰協議。此爲關東軍獨斷發生的局部戰。

注24　川島芳子,被稱爲東方魔女。以男裝麗人的姿態,活動於滿洲政局幕内,戰後被中國方面處決。清末滿洲王族政治家肅親王善耆的女兒,後過繼給其拜把兄弟、滿蒙獨立運動策士川島浪速做養女。數年前,電影"末代皇帝"中,曾放映川島男裝鏡頭。

釋放

生活在這様的環境中,沒有香煙,外蒙是禁酒國,當然也沒有酒。沒有什麽讀物,只好把舊報紙拿出來,反復閲讀數遍。又擔心如果這様熬到明年,大概會有人患病。到了十二月,從海拉爾第一次運來了救護物資,有毛氈製長靴和手套、香煙、威士忌酒等物品,當時非常感激。更高興的是,既然運來了救護物資,說明打算放我們回去了,當時有一種就要得救的感覺,非常興奮。不久,來了一位態度和藹的哨兵,給我們傳達情報說,過幾天庫倫來車接你們,放你們回去了。果真,過了三天左右,來了四輛卡車。車裏裝載着防寒具、食品、糧食、酒,還有讀物等。而且還來了一位年輕的中國代表,他說,我是受馮玉祥將軍(25)之命來接大家回去的。蒙古人隊長說,大家就乘這輛卡車回去,救護物資中雖然有酒,因爲外蒙是禁酒國,所以在離境前絶對不能喝酒。由士兵護送到國境後,中國人乘自己來時的馬車返回通遼。就這様,自七月被拘捕,經過半年時間,終於被釋放了。

爲什麽被扣留了這麽長時間?事後才知其緣由。關於如何處置我們,外蒙和俄羅斯發生了很大爭執。蘇聯方面認爲,這種行爲很明顯是軍事偵探,應當全部殺掉了事。外蒙方面則認爲,眼下不宜與日本發生爭端。再說,即便判定爲軍事偵探,也不過剛越國境,并未造成危害,讓他們怎麽來就怎麽返回去算了。據說就這樣,雙方長時間地爭論不休。在此期間,日本方面無論如何要想盡辦法把大家救出來,聽說滿洲里的領事和張家口領事,還爲此事競爭起來。最後,北京公使館的芳澤謙吉公使和張家口的根津領事,總算與馮玉祥將軍進行了交涉。馮軍與外蒙古及俄羅斯人有交往,故請求其爲之交涉。於是馮玉祥與外蒙交涉,結果決定全員引渡給馮玉祥,派人領回釋放。我們當時非常擔心,那兩位現役軍人會不會被留下,但最後是全員歸還,大家無比喜悦。那位竹下氏,以後昇爲中將,擔任哈爾濱特務機關長。後來見面時還故意說:那時如果被殺了,會是什麽樣呢? 他笑着說,那就白死了唄。以後聽說他在戰爭中又被捕,帶到西伯利亞,一直到很晚才歸還。

我們返回時,把救護物資中的防寒具毛皮褲子和皮衣穿上,然後,再穿上羊毛皮外套,脚上穿駝絨襪子,毛氈防寒靴,穿得太多,身體都難以蠕動,坐在滿載貨物的卡車上。貨物堆積很高,我們穿得又多,稍有意外就會掉下來,於是繫上繩索,我們抓着繩索,卡車行駛着。四位非常親切和藹的士兵一直把我們護送到國境。我們被捕的時候,有的士兵惡意刁難我們,等回去時真想揍他一頓。可是,派來送我們的士兵都非常友好。

離了國境,車跑了約一百公里左右處,遇到三位搭帳篷的中國人,問他們在這幹什麽。回答說,是通遼滿鐵公所派來給我們送救護物資的,因爲將近國境,不能繼續前進,就在這裏等我們過來。反正現在也不馬上去通遼,就接受他們的好意,在此地搭起帳篷宿營了,并暢飲久違了的威士忌。進入帳篷裏,有一種叫睡袋的東西,即用長毛羊的羊皮作成的袋子,鑽進去睡了。不知過了多久,覺得臉和嘴哑哑啦啦的,趕快爬起來一看,已經是早晨了,而帳篷卻不見了。原來夜裏刮起大風,把帳篷吹到遠處去,其實我們是睡在野地裏了,所以砂石飛到我們臉上、嘴裏來啦。而且當時氣溫約在零下三十度,這次體驗以後,感覺到只要裝備完善,就可以度過艱難困境。

第二天早上又出發,仍然奔馳在遼闊的原野上。支那人開着四輛卡車,但是他們都按自己的想法自由行動,没有共同行動的意識。有一輛車發生了故障,也沒人理睬,就把它丢在後面,仍然往前走。遇到一片雪地,究竟朝哪個方向行駛好呢,誰也不知道,於是司機隨隨便便地想一下,就是那邊了,索性開過去。結果是一輛朝東開,一輛朝西跑,就這樣各自朝着自己喜歡的方向開去。司機是馮玉祥的部下,根本不聽我們的命令。只是早上出發時在一起,以後就失散了。我乘的車也跑單幫了,司機開車朝着自以爲是的方向駛去。

這時我瞟了一眼車上的人,發現少了一人,本來乘着四個人,班長不見了。於是對司機説,少了一個人,馬上返回去。順着原路返回找人,白雪皚皚,再加上穿的衣服也是白的,所以很難發現,當時真的擔心是否能找到。司機也説别找了,走吧。可是不找的話,太殘忍了,一定要找到。終於在返回四十公里處發現了,人倒在雪中。原以爲他一定是受傷了,走近一看,一點傷也沒有,而且還呼嚕呼嚕地熟睡着。大概在卡車上面搖搖晃晃,很舒服地睡着了,不知不覺鬆開了手中繩索,滑下去了也沒醒,又接着睡了。把班長拉上卡車繼續行駛,到了名爲達里諾爾的大湖旁。可是,其他卡車去哪裏了? 根本不見蹤影。司機似乎頗有經驗,打開車頭燈發信號,這樣一來,卡車一輛輛地不知從哪裏聚過來。四輛車全部集合了,當晚大家在卡車上宿營。第二天,還是同樣不停地行駛。後來到了名多倫諾爾(27)之地,途中遇到了一群獐。

這裏的獐,大小與日本的鹿差不多,是非常有趣的動物,只要卡車一來,它們就一定和車競賽。二、三十頭獐一起與車賽跑,先是跑在車右側的獐,横過車頭跑到左側,左側的越過車頭跑向右側。這樣横越車頭成功,説明自己勝利了,稍事安心,即暫時停止競賽。司機也想盡辦法軋它們,雖然開足馬力,可是終究未軋成。接着,這二、三十頭獐不像剛才那樣一半從車頭横越,一半留在車的另一側了,而是全體一起横越,並且窺伺最好的機會,估計能夠全部横越過去時才開始行動。獐就是這樣有意思的動物,在多倫諾爾這個地方獐很多。

到了達裏以後,住進了房間裏,這是很久沒有的事了。晚上我一個人去了支那澡堂,是混浴澡堂,我佯稱廣東人,和支那人一起入浴,覺得非常有意思。第二天,從達裏出發向張家口行駛。達裏和張北之間有八條分路,我們本來預定沿着正中央路行進,可是不知道有了什麼情況,改變方向沿着北路行進。後來,聽説那次變更路線是對的,如果沿着正中路前進,事先聽説我們要路過那裏,有馬賊一百來人等在那,并且可能會説,把這幫傢伙抓起來,對方是滿鐵,所以能索得很多贖金。這次我們的運氣不錯,改行北路,免遭劫難。到了張家口以後,至馮玉祥官邸表示謝意,雖然説是官邸,其實是非常簡陋的土房子,破舊的椅子,大家都坐下了。接着,馮玉祥將軍對我們進行了日華兩國親善説教,然後祝賀我們平安歸來,又送給我們附着於大衣裏面的狐狸毛皮。會見結束後,去了日本人經營的張家口賓館。

到了賓館一看,從大連、北京滿鐵來了很多人在等着我們。我們身上仍穿着夏天的衣服,外邊套着羊皮衣服,脱掉羊皮衣服,露出相當骯髒的服裝,於是把衣服脱掉,從帽子到鞋全部換上支那服。接下來是用餐,因爲一直都是非常粗糙的飲食,如果一下子吃太多會生病,所以那天晚上不准喝酒,主食只喝了粥,完全被當作病人對待。看着我們這一行人,前日夜晚還喝着威士忌,睡在雪中,真有一種被捉弄的感覺。

一到北京,芳澤公使爲我們召開歡迎宴會。當時正趕上馮玉祥將軍部隊和天津李景林將軍部隊,在北京和天津之間的楊村、北倉附近交戰。馮玉祥方面的軍事顧問是一位叫松室的陸軍少佐,李景林方面也是由日本將校擔當軍事顧問,兩方顧問都來參加宴會,并且互相爭吵着,“俺們勝利了”,“别胡説了,是我們勝了”。

因爲在打仗,火車不通,所以各國公使向雙方提出抗議:“火車不通,我們的聯系完全中斷,趕快開通火車吧”。於是,一天僅一趟、往返北京與天津之間的國際列車開始運行。這列國際列車僅一節車廂,只有執行公務的外國人才可乘用,車窗完全封閉,不能看到外面。只在火車通過時那刻戰鬭停止,火車通過後又開始打仗。當然我們沒有資格乘這輛火車,只好暫時住在北京。過了一週左右,李景林的部隊被打敗了。終於能離開天津了,路過楊村、北倉附近時,看到散亂着的士兵屍體。戰勝者馮玉祥部隊的戰死遺體全部堆到馬車上運回去了,戰敗者李景林部隊的屍體尚未收拾,附近老百姓把屍體上衣服扒下來拿回家去,裸身屍體到處都是,極其悲慘的光景。

到了天津以後又乘船,總算在年内回到了大連。在我們旅行期間,發生了郭松齡事件。所謂郭松齡事件,即張作霖[28]部下郭松齡伺機反叛,向張作霖發動戰爭,結果以失敗告終,夫妻被殺。這是在我們旅行中發生的事件,我們全然不知。等回到奉天青雲寮自己房間一看,由於長時間無人看管,小偷進來把衣物等全部洗劫一空。因此,眼下只好穿着在張家口換上的那套支那服度日。就是這樣一次經歷,旅行中狼狽不堪,回來後焦頭爛額,但對我來說是一次非常有意義的體驗。那是大正十四年(1925)發生的事。

注25　馮玉祥將軍,中國軍閥政治家,又稱基督教徒將軍。後加入國民黨,參加北伐,掀起反蔣介石運動。戰後外游中遭飛機事故逝世。

注26　特務機關,舊日本陸軍在滿洲及中國各地設置的情報機關。本部設在哈爾濱,另在大連等地設有十數個支部。主要執行收集情報、兵要地理、把握敵情、宣傳、謀略、指導少數民族等多種任務。

注27　多倫諾爾,内蒙古自治區的縣城,有忽必烈建設的上都遺跡。

注28　張作霖,或説是馬賊出身的滿洲軍閥,在奉天(瀋陽)掌握實權。兩次向關内擴張勢力,自稱皇帝。以日本軍爲後盾,主宰北京政府,但是未能抵擋蔣介石北伐軍。後於柳條溝遭日本軍謀殺,以此爲契機爆發了滿洲事變。其子張學良加入國民政府,推進抗日戰爭。

結婚

大正十五年(1926),時年二十七歲,被任命爲南滿醫學堂助手。與此同時,提出了結婚問題。我還想利用更多時間,盡可能到中國更多地方去旅行,根本沒有結婚的打算。我一直認爲,如果不是單身漢,就不能毫無牽掛地自由出行。在去外蒙古時,我只淡淡地對母親[29]説:"我出去旅行一下",而半年多過去,杳無音訊,母親非常擔心。正在此時,日本大報紙登載了"滿蒙調查隊一行於外蒙被捕"的記事,特别是《朝日新聞》報刊載了我們以前去蒙古巡迴醫療的照片,使母親大吃一驚。並且擔憂我如果這樣繼續單身生活下去,説不定又跑到哪去了,無論如何也要給我找個媳婦牽制一下,所以常常嘮叨結婚的事。我自己并不着急,仍按部就班地生活。但是,由一件意外的事情,又引出了結婚話題。

那時,《大乘》社遷移至大阪,我的朋友井尻進擔任《大乘》編集。他來信説,有一位名内海[30]的畫家要到奉天去遊覽,請幫他解決住宿問題。内海氏來到奉天後,我陪他在奉天觀光,晚上讓他住在我的房間。房間裏只有一張牀,所以沒辦法,我只好睡到别的朋友那裏了。如果他要求再住一夜,那可就麻煩了,幸虧只住一夜就回去了。臨走時我對他説:"單身一人生活,沒能招待您,很抱歉",就這樣作別了。那人回國不久,井尻氏來信,説"你能不能娶前日去過你那的內海氏的姪女"?我回信説:"如果是好姑娘,那就娶了吧。一切拜託你了。"井尻氏特意到姬路內地娘家去看那姪女,其結果是"那姑娘不錯,娶了吧"。接着昭和二年(1927)四月,在東京召開藥理學術研討會。趁參加會議歸國,同時把婚禮操辦了。結婚儀式在哪裏舉行,成了問題。幸好小時候把我當弟弟看待的鄰居岡田操氏,那時嫁到同村的甲田勳家,住在須磨,於是就拜託她,大小事情都承擔下來。結果是租借了客廳,在那裏舉行了婚禮[31]。然後,就帶新娘回奉天了。本來和滿洲毫無關係的家庭,爲什麽將女兒嫁到遙遠的地方呢?仔細想想,她是丙午年出生的,大概是急於讓她出嫁吧。仔細思量一下,曩昔常說的緣分,真是奇妙的東西。

注29　母,父親的母親名キリ,當時住在廣島市千田町。一年級時,父親帶我回老家曾見過面。"光是偏愛孫女們,爲什麽不喜歡我呢",記得有過這樣不滿情緒。昭和十四年(1939)去世。

注30　畫家內海,即內海合掌氏。母親的叔父,日本畫家。小時候曾送我一幅他畫的"楠公櫻井訣別"掛軸,記得端午節時,把畫掛在壁龕。父親常常開玩笑説,他是貧窮畫家、拙劣畫家。

注31　婚禮,當時的紀念照片還保存着,母親(壺坂光)頭上帶着當時尚少見的洋式冠狀髮卡,穿着灰色衣裙。父親穿着禮服,好像還沒留鬍鬚。

專檢

昭和二年(1927),這一年參加了關東廳專檢[32]應試,那是因爲接受了久野寧先生的勸誘。久野先生對我説,明年醫學堂最後一批學生畢業,在那之前不想試試參加專檢嗎?雖然參加與不參加並不是什麽大不了的事,還是參加爲妥。我本來不打算當醫生,所以也沒把專檢當回事。由於先生親切地勸説,再加上自己也覺得大略學習一遍并非壞事。於是,得到久保田先生允許,白天作學校的工作,晚上在家裏學習專檢內容。可是,當時什麽書也沒有,沒辦法,後來買到舊書,即早稻田大學出版的講義錄。學習一開始,覺得非常有意思,但是因爲講義錄印刷錯誤太多,學起來感到了困難。特別是數學這科,如果印刷有錯誤,那是無論如何也搞不明白的。關東廳考試一年兩次,參加第一次考試的成績,除圖畫和數學沒及格外,其他全部合格了。圖畫根本沒學過,去考試時連畫具、製圖用具也沒帶,一點準備都沒有,不及格是意料中的事。第二次考試時,參加了圖画、數學兩科考試,這次帶畫具去了,結果是圖畫通過了。數學的三角問題根本不懂,還是沒及格。數學我從來沒學過,自學以後,對數學產生了極大興趣,所以想繼續學下去。但是那要花費很多時間,此後學數學的機會幾乎沒有過。

昭和三年(1928),長女出生了。當時要向總領事館提交出生證明。那時奉天總領事是吉田氏[33],所以,孩子的戶籍副本上寫着"吉田茂受理"。

同年,擔任滿洲醫科大學助教。試驗方面主要是作局部麻醉藥、白檀油、松葉油、香根草油等揮發油及布丁誘導體、假麻黄鹼等研究。助教的工作非常繁雜,再加上久保田先生善於制定各種各樣的計劃,而且喜歡聚集資金,并抱着百發一中也合算的心態,制定了很多計劃和方案。並且一個接一個地制定根本没有成功希望的方案,頗令人困惑。但是,如此之多的計劃中,當然有結出碩果的項目。例如,醫學專門部及藥學專門部等,即由先生四處奔走而成功創設。還有,爲設立東亞醫學研究所,先生也竭盡了全力。

注 32　專檢,指戰前"專門學校入學資格審定考試",相當於現在的大學審定考試。父親中學没有畢業,以醫學堂旁聽生資格入學的,好不容易考試合格,醫學堂畢業了。因此爲了成爲正規畢業生,教授勸説他參加中學畢業考試。考試由關東廳主辦,即關東州(包括遼東半島的大連、旅順等突端部,這裏自日清戰爭以來,成爲日本統治滿洲的根據地)監督官廳,但實權基本由關東軍掌握。

注 33　吉田氏,以獨裁政治家而著名的吉田茂。出任奉天領事後,曾任駐意大利、駐英大使至退職。曾參與對日講和條約、締結日美安保條約。此時出生的長女,取名俊。

南華、法印、雲南尋求中藥

翌年,即昭和五年(1930),到南支那、法印(34)、雲南方面去旅行。這次旅行目的是調查中藥,由滿鐵獎學資金財團出資。最初計劃是久保田先生去調查,但因某種原因不能出行,故讓我代替他去,是我一個人去的。

那年四月,在東京召開藥理學會,開完會歸途去了神戶,再乘船到了上海、香港。就是説,先從東京歸來,經由京都,到伏見三夜莊去拜訪猊下。當時猊下吩咐説,去雲南的話,那正好把雲南的香椿(35)和青瓷(36)帶回來。就這樣我接受了帶回兩種土産的任務。正巧當時在場的還有中尾萬三先生,他教我如何鑑别青瓷。香椿的事有點説道,即前年曾派一位名淵上的男子特意到雲南去買香椿,可是没有弄到。

從神戶乘上郵船公司舊金山航路的"春陽丸"號出發。途中經由上海,一個星期後到達香港,再從香港乘大阪商船"萬鴉老(美納多)丸"號向目的地駛去。在船上,三等船客白天也被鐵栅欄嚴格隔開,到了夜晚,一等船室和高級船員室之間也用鐵欄遮斷,禁止通行。這是因爲有海賊僞裝成乘客混進船艙的情況,爲了防止發生意外,只得這樣戒嚴,但是對乘客來説,是不太愉快的做法。途中在海南島的海口和大陸側的北海停泊。到了海防,住進了賓館。到這裏卻生了病,接受了法國醫生的治療,不得已要在這裏繼續療病兩個星期左右。醫生説我肝臟有問題,自覺寒冷,舌苔頗厚,食欲全無。賓館女老闆,即天草出身的女傑,她非常擔心我,勸我説,臉色非常不好,不要去雲南啦。可是,好不容易來到這裏,再返回去,太遺憾了。再説,以後去雲南的機會也許不會再有了,所以下決心無論如何也要去。

從海防去雲南的鐵路由法國經營,火車只有白天運行,夜晚停運。去雲南的途中,在國境老開和雲南省阿迷州兩站要下車,而且還要把行李拿下來帶走。到了老開,住在廣東人經營的小客棧,這裏語言完全不通,但是用筆談,基本事情是可以辦的。可是客棧房門沒有鎖,相貌不善的人轉來轉去、出出進進的,因此不能安安穩穩地入睡,難熬極了。在阿迷州下車後,從車站走了很遠的路,到了法國人經營的旅店住下。聽說店主的太太是日本人,可是那時太太去了海防,沒在店裏。

注34　法印,法國領地印度支那。舊法國佔領的印度支那半島東部殖民地之俗稱。包括現在的越南、老撾、柬埔寨三個獨立國家。自十九世紀起,至世界大戰結束期間爲法國佔領地。

注35　雲南香椿,香椿本來是生長在南國的植物,據認爲雲南有優良品種。父親花費苦心將香椿帶回日本之經過見後敘。

昆明

昆明,即指雲南。昆明地處海拔約二千米台地,火車慢吞吞地,以非常緩的速度向上行駛。那一帶隧道非常多,而且只是挖通了而已,沒有加塗石灰,都是大小岩石突露的隧道。進入雲南省以後,看到線路兩旁種植着很多罌粟。到了昆明,住在雜貨商府上洋行老夫婦家中,並受到經營雜貨商人溝延總平氏的周到關照。我去雲南之前,聽說大連時代的友人(前面曾提到)岩男其二郎氏的親戚,即溝口貞壽醫生住在昆明,當時岩男氏已經回國了,於是我就給他寫信,請他幫忙介紹。可是那時溝口氏已經返回内地,所以岩男氏又委託溝口氏給住在雲南的熟人寫了介紹信郵來,收信人就是溝延氏。在昆明北京官話也通用,所以并未感到有什麼不方便,再加上溝延氏每天作嚮導,取得了極高的效率。

四月二十九日是天長節,每年這一天,日本領事館都要招待住在昆明附近的日本留學生,及以前到過日本留學的人們。中野領事邀請我說,招待留學生時,一定請前來參加。因此我就去了領事館。那天大約聚集了五十多名留學過日本的人,我身旁坐着一位老人,我問他什麼時候到日本留學的?他回答說:我是明治二十三年到日本留學的。令我吃驚,那麼早就有到日本留學的了。聽說特别是前督軍唐繼堯這個人,是極其親日的,送很多留學生去了日本,所以留學過日本的人,僅昆明就有二百多。此外,在第一次革命前,這裏也來過很多日本人,是來尋求革命機會的。現在昆明全市尤加利樹鬱蔥茂盛,形成綠色的街道。有人認爲,這樹是當年日本人從土佐帶來種子,播種在這裏,漸漸成長起來。昆明不分四季,只有雨季和乾燥季節。我去的時候正是雨季,大概是生了病的原因,感到特别寒冷。最初還計劃去大理,可是根據當時的健康狀況,是無論如何也去不了的。是幸還是不幸,那時市街的治安非常惡劣,領事館告誡絶對不可到街上去,沒有辦法,我只好死心了。

中藥情況與滿州有很大不同,在街上可以看到有人把穿山甲[37]用繩子捆成紮,一邊走一邊賣。還有黄連[38],其實種類很多,高級的帶着葉子,一顆一顆地放在有玻璃蓋兒的木箱裏,其價格比人參還貴。再有冬蟲夏草[39]等,作爲支那料理食材,大量地被食用。還聽說市街上常常有西藏來的駱駝隊,帶來藏紅花、麝香等各種各樣中藥,可是我去的時候已不是時節,那種景觀未曾見到。我受大連圖書館之托,調查《雲南叢書》是否可以全部買到,因此就去發行所詢問,回答說書已湊不全了。反而我卻在那裏買到了蘭茂止菴的《滇南本草》,這是一部罕見的書,也被收入《雲南叢書》中。猊下委託的香椿一事,與溝延氏商量以後,委託長崎藥專出身的藥劑師倪守仁氏購買,他馬上很痛快地答應了。此外,在昆明街頭露天古董店,發現了一個花瓶,馬上認定那就是青瓷,但是由於發生了一點差錯,沒有買成,感到非常遺憾。

昆明街道很狹窄,舖墊着石磚,兩側是長長一排房檐很深的平房建築,有點兒象京都那樣寂靜的市街。海拔二千米的高地,緯度與臺灣的基隆略同,氣候一年中沒有太大變化,據說康乃馨花一年四季盛開。令人吃驚的是,道路兩旁自由地販賣鴉片煙膏及煙具等。來的時候,看到火車軌道兩旁種植着很多罌粟。可是法律上是禁止栽培罌粟的,聽說已經是半允許狀態,其罰金收入成爲省政府主要財源之一。市街西面有名叫滇池的大湖,火車也通過那裏。其中有名叫西山的岩壁峭立之島,岩壁上有很多刻着佛像的洞穴,那些相接續的岩石之間形成了通道,是極其美麗的地方,也是市民的遊樂地,我也和溝延氏全家一起去那裏遊覽過。

到昆明第五天,這個寂靜的城市,街巷變得混亂起來,所有派出所的警官全部無影無蹤,整個城市陷入了無警察狀態,店舖也都關閉了,街上幾乎沒人行走。聽說是省主席龍雲將軍,響應蔣介石(40)號召,決定向廣西省出兵的原因。某一天早上,我在府上洋行前,看到帶着孩子來賣菜的老百姓,被四、五個士兵追趕着,那人把孩子和貨物丟下,一溜煙地逃掉了。後來才知道,那就是所謂的"拉夫",即爲給部隊搬運行李、或帶到戰場去打仗而徵用壯丁。據說像這種事在街上隨處可以看到。當時中野領事勸我說,軍隊一出動,交通就有堵塞的危險,還是迅速返回海防爲妥。所以就去了法國領事館,辦理好護照簽證,第二天馬上乘火車離開了昆明。裝有三百種中藥標本的木箱和紅白兩盆香椿(41),由溝延氏幫忙裝入貨車中。我乘的火車中都是士兵,他們擁進一等車中逞威風。其他乘客一個也沒有。是不是能平安度過,心中很不安,但還要故作鎮靜,和士兵搭話。對他們來說,日本人是很少見的,所以沒有任何粗暴行爲。一路上也沒有感到無聊,那天傍晚順利到達了阿迷州。士兵們也全部下了車,此後要徒步越過古來有名的瘴癘地帶(42)百色,向廣西省行進。士兵們有的持着槍,有的沒持槍。問他們這是爲什麼?回答說,到達目的地時,大概有一半人死於瘧疾,所以槍枝有一半就夠了。

回到阿迷州,還是住在以前那個法國人旅店。第二天傍晚,到達老開。這時法國稅關的人來了,發現了行李架上的包袱皮,問"這是什麼"?其實那是溝延氏放在那裏,讓我轉交給海防旅店大媽的乾蕨菜。可是要說明太麻煩,就隨便說是中藥。對方馬上要求繳一元錢稅金。我覺得這是爲學術研究用的標本,沒有繳稅金的義務。可是又一想,如果在這裏叨叨嘮嘮地辯解,火車上的木箱子和香椿若被追問起來就更麻煩了,所以付了稅金。裝在貨車上的貨物什麼也沒說,順利地通過了。去的時候住在廣東人的旅店,情況糟透了。這次住在法國人的賓館,那裏確實很舒適。第二天到了海防,讓驛站的朝鮮人搬運工把貨車的貨物搬運下來,他們馬上就給搬來了。問一問運費和手續費是多少錢,他們說,什麽錢也没要。不知道在哪個環節搞錯了,這些隨身攜帶的貨物無償地運到了海防,而且也没有交付關稅。旅店的大媽非常高興地説,真的平安歸來了。

從海防至香港的船,只有法國"廣東"號和日本"萬鴉老(美納多)丸"號兩艘。從雲南歸來的第二天,法國船出航。因爲考慮要裝運植木等貨物,還是乘日本船比較容易通融一些,所以就等三天後出航的"萬鴉老(美納多)丸"號。同一旅店裏住着一個朝鮮人,那個男人每天晚上開一瓶香檳酒,經濟上非常充裕的樣子。打聽那個人是幹什麽的,説他是作人參生意的,到法印一帶農村去把人參賣掉,收入好像很可觀,生活總是很奢侈。離開海防的前一天晚上深夜,聽到了槍聲,嚇了一跳。那是安南人[42]士兵反叛,但好像很快就平定了。旅店老闆娘對我説,反亂如家常便飯,最後總是出現叛徒,結果以失敗告終。

我去的時候乘過"萬鴉老(美納多)丸",船長及部下都很熟識,請求船長將香椿放進船長室,當然是免收運費。到了北海,遵照船長的意見,我們一起乘帆船上陸了。北海這裏只有一個叫中野的日本人,做類似商船公司代理店工作,太太是中國人,有兩、三個孩子。後來據報紙報導,日支事變發生時,這個人被殺害了,他的太太帶着孩子,生活非常艱苦。我到他家時,來了一個朝鮮人,説"把裏面的房間借給我"。我問他要幹什麽? 中野氏説,他在裏面房間,用鍋煮美國人參,然後製成假朝鮮人參。經常是没有錢了,就來幹這種事。因此,我了解到了,從南支到印度支那半島,有不少朝鮮人在作人參買賣。

到了香港,馬上去了本願寺辦事處,與藤澤量雲主任見面,對他説"萬鴉老(美納多)丸"上裝着香椿,請把它卸下來,委託郵船公司的歐洲航線船,郵送到三夜莊猊下處。藤澤氏是我的老友,所以馬上就應允了。結果這個香椿,自雲南至神戶免費運到了。

注37　穿山甲,小的哺乳動物,全身長滿堅硬的鱗甲。在中國,以鱗爲珍貴藥材。

注38　黄連,毛莨科的多年草,取根精製成健胃藥劑。

注39　冬蟲夏草,菌類蟬菇屬,寄生於昆蟲蛹蘑菇。冬蟲夏草之名,比喻冬季如生物,夏季如植物。中國古來以此爲珍貴的長生不老強壯劑。近年,在我國也成爲周知的中藥材。

注40　蔣介石,曾領導北伐革命。這時北伐結束,正大規模地展開圍剿共産黨軍隊的作戰。後任國民政府主席,統一抗日戰線。但是與毛澤東部隊作戰,敗退於臺灣。一直提倡反攻大陸,終未成功。

注41　紅白香椿,當時父親花費苦心帶回日本的香椿,後來開了紅色重瓣花。戰後在京都伏見有栽植,據專門學者認定,此品種爲"獅子頭",而且這是經過嫁接的。更有趣的是,砧木是日本品種。

注42　瘴癘,因氣候風土引起的傳染性熱病,屬瘧疾類。

注 43　安南人，七世紀後中國人對越南的稱呼，越南人忌諱此稱呼。指法國殖民地時代的越南中部地區。

廣東

從香港乘渡輪去廣州，訪問了森岳陽氏。森氏是長時期在廣州經營藥房的藥劑師，那是我第一次與他見面，他以前一直給《大乘》雜誌投稿，我們常常有書信往來。他非常高興地接待了我，還帶我到中山大學等處參觀。到達的第二天，訪問了廣州中醫藥專門學校，與校長會面，詢問了各方面情況。會面後出來時，看到門旁揭示板上貼着蠟版印刷物，不經意地看了一下，是廣州裁判所下達給市醫藥公會的文件，公會又將此內容謄寫發佈於市內大學及研究所。其內容是，因發生胡滿蕿(44)毒根殺人事件，求教有關此植物名稱及毒性成份、毒副作用等問題。於是再次返回校長辦公室，詢問這是怎麽回事。校長回答說，當地很早以前就知道這是一種有毒植物，但是關於植物成份和藥理還不清楚。當時我想弄點那種植物帶回去，就到各處藥店去尋找，可是哪兒也沒有賣。沒想到廣東除一般藥店之外，還有專門賣從山上挖來的新鮮植物的店舖，去那裏一問，終於弄到了兩棵。然後，從香港經由上海回到大連。回到家中時，已經是六月份了。太太説我臉色特別不好，一點沒有生色。

回來不久，七月，長男誕生了。這孩子中學時代在戰爭中度過，戰後畢業於瀋陽中學，這是爲留用者子弟特設的類似私塾學校。歸國後，編入山城高中三年級，三十一年(1956)畢業於京都大學文學部(法文)，現在京都府立嵯峨野高中任英語教師，去年結婚獨立門戶。

注 44　胡滿蕿，如下文所述，這是父親與其後博士論文題目植物之奇遇。

《和漢藥標本目錄》

回到奉天以後，把以前收集的中藥標本和這次旅行買回來的標本，整理編輯成一本目錄。在這之前，我對中藥沒太做過調查，真的是剛剛起步，這本目錄只不過當作自己的備忘錄而已。可是久保田先生看到後，就説一定要出版。我當時還沒有自信，出版的事情想再等等。可是先生非常感興趣，馬上叫來印刷社，隨即開始印刷，這就是翌年刊行的《和漢藥標本目錄》一書，署名爲久保田先生和我共著。通過這次整理工作，我覺得自己能夠大體把握中藥的梗概了。

胡滿蕿

此外，把從廣東帶回來的胡滿蕿提取成浸膏精，并注射到動物體內，結果證明其具有強烈毒性，而毒性物質是一種生物鹼。那麽，這個“胡滿蕿”究竟是什麽東西？開始進行研究。首先，大致翻閱調查了本草書，關於胡滿蕿這種生藥，沒有任何記載。可是對於這麽強烈毒性的植物，自古以來無人知曉，是不太可能的，是否是用其它別名記載？因此對有毒本草部分作了細緻調查，終於發現自古認定的劇毒植物中,有名爲“鉤吻”的植物,其別名稱“胡蔓草”。而且搞清楚了,此植物生長在南支那,唐代稱爲“冶葛”。胡滿彊的“彊”字,廣東方言中有“根”的意思,胡滿彊即指胡滿草的根。此外,“滿”與“蔓”發音相同(Man),胡滿彊的“滿”訛作了“蔓”字。這樣考慮是說得通的。接着,爲了在植物學上搞清楚它究竟是什麽植物,曾委託森岳陽氏多次派人到雷州半島,搞到莖、葉、花、果實等郵寄給我。結果證明,胡滿彊是馬錢子科的 *Geiseimium eiegans* benth。然後又繼續調查日本古文獻,得知正倉院御藥中有冶葛,一般認爲這些御藥是自唐帶回來的。據此推定,唐代的冶葛就是胡滿彊,大半不會有錯。遺憾的是,聽說現在只有盛冶葛的壺尚在。當時的想法是,如果冶葛就是胡滿彊的話,那麽把空壺洗洗,必然會出現生物驗的陽性反應。後來昭和二十四年(1949),正倉院對御藥進行調查時,委託朝比奈先生幫助調查一下冶葛。不過這次調查時,在上次調查中作爲“烏藥之屬”[45]被另放置的藥物中發現了冶葛。總之,我據本草書所作的推測沒有錯。可沒想到,這個推測在二十年後,被一千二百年前的實物所證明,乃非常珍奇之事例。

注 45　烏藥,呈黑茶色,類似樟腦,具有芳香及苦味的健胃藥。

第五章　東亞醫學研究所

昭和六年(1931),滿洲事變之發端——柳條溝事件發生[46]。這是令人難忘的一年,對於我個人來說也是變化多端的一年。先是擔任專門部講師,自四月開始講授藥理學。所謂專門部,即醫學專門學校水準,學生都是中國人。

注 46　柳條溝事件,引起滿洲事變之發端,1931 年 9 月,於奉天北郊柳條溝,以張學良軍破壞滿鐵線路爲由,關東軍攻擊中國軍隊。事後查明這是特務機關的陰謀(正確的地名當爲柳條湖)。

醫學研究室

同年六月,新成立中國醫學研究室,我成爲研究室的專職人員,但是仍繼續講授藥理課,暫時身兼二職。六月,前面說過的《和漢藥標本目錄》出版。這本書如前所述,是我的初學之作,雖然有很多錯誤,但是對我自身來說,直至今日仍起着非常重要的作用。

中國醫學研究室,即爲研究中國醫學而設立的研究機構。在醫學堂升爲大學,即更名爲滿洲醫科大學時,考慮到這所大學如果與日本國內大學的研究完全一樣,那麼在滿洲設立大學則無甚意義,所以要尋找只有在滿洲才能進行的研究課題。爲此目的,成立了這個研究室。主任由生理學教授黑田源次先生兼任,專職只有我一人,僱用了兩名打字員,開始進行工作。

《中國醫學書目》

最初的工作是整理圖書,這些書當然都是中國醫書。當時滿鐵副總裁松岡洋右氏[47]說:"中國的古書越來越少,現在應當購入"。於是撥給大連圖書館二十萬巨款。大連圖書館馬上去北京,費盡苦心購進了一批古書。當時中國對於古書流出海外抱有極其強烈的警戒感,大量購買時,沒有充裕時間一本本仔細挑選,因此買回來的書中混入了很多醫書。大連圖書館不要醫書,於是把這些醫書全部寄存於滿大保管。那些書當時象山一樣堆在大學圖書館的一間屋子裏。那時候的我,對中醫學問一無所知,根本不懂圖書整理方法,應該從何處下手,完全不知所措。於是,首先從書堆中,把大小相同的書挑出來合在一起,然後貼題簽、寫書名。最後一本一本仔細翻閱,填寫卷數、冊數、匡廓、行數、字數、著者、發行所、發行年月、序跋等項目,編寫成書稿,再打字,製成膠版[48]印刷。其後,獲得滿鐵支付的出版費,故決定出版此書。八月正式刊行後,分發各有關部門。這就是《中國醫學書目》,其中收錄了一千四百十四種中國醫書,僅正文即超過一千頁的大部頭。

注 47　松岡洋右,外交家、政治家。近衛內閣外交部長,締結日本、德國、意大利三國同盟。戰後審判爲甲級戰犯,病死。

注48 膠版,用瓊脂製成印刷版,謄寫版普及之前,被廣泛利用。

柳條溝事變

《中國醫學書目》完成不久,即發生了柳條溝事件。那天早晨,岳父[49]從日本發來電報,云“沒有異常嗎”?究竟發生了什麽事呢?一邊想一邊去了大學。這時,打字員内野氏對我説“爲藤氏那裏沒出事吧”?我問他什麽事?他説“聽説今天拂曉發生了戰爭”。此時我才知道發生了事變。爲藤氏住在十間房城内[50]附近。被這麽一問,方知今早他還沒來上班。同時我也明白了岳父來電報的原因,所以想馬上回電報,就去了郵局。當時街道上幾乎沒有行人,郵局亦陷入半癱瘓狀態,只發加急電報,即使加急電報亦不知是否可以到達。於是自那天晚上開始,男子全部被動員起來組成自衛團,通宵在街上巡邏,一直持續了相當一段時間。

昭和七年(1932),開始擔任大學講師兼專門部副教授。這一年,峰下君和現今在赤穗開業的杉本重俊君大學畢業,二人一起進入藥理研究室。久保田先生對我説“給他倆選個研究題目”。於是,讓峰下君研究鹿茸[51],杉本君研究牛黄[52]。杉本君的牛黄研究,後來獲得了學位。這一年至第二年,即昭和八年(1933),繼續進行中醫研究,同時又在藥理學教研室搞胡滿薑藥理實驗,還對北支及滿州市場中藥的流通情况進行了調查。

注49 岳父,名壺坂善次,兵庫縣飾磨郡夢前町前之莊郵局局長。喜好俳句,記得常常寄來寫着自作俳句的明信片。小學一年級時曾經見過面。昭和二十一年(1946),我們撤回之前逝世。

注50 城内,即位於奉天新市街西方,舊清王朝宫殿大城牆内繁華商業街。

注51 鹿茸,鹿的嫩角,含有鈣質,中藥材,中藥店均有販賣。

注52 牛黄,印度等地反芻動物膽囊中形成的凝結物,具有解熱、解毒、鎮痛、强心作用。用於配伍六神丸、救命丸等處方。以上二味民衆常用中藥,但當時尚未進行學術性分析。

丹方

中藥研究,首先計劃自“丹方”[53]開始,把研究室裏所藏醫書中記載的丹方選錄出來。這項工作自昭和六年(1931)始,至昭和八年(1933),共摘錄了五千六百餘方。進行丹方統計的同時,開始到各地藥房購買當時使用的丹方製劑,并對丹方的來龍去脈作歷史性研究。其結果,推定出丹方當源於道教處方。其後丹方摘錄工作一直繼續,十年中收集了一千二百六十九方之多,於是作爲第二報發表了。當時,上海陳存仁編纂《皇漢醫學叢書》,將第一報、第二報内容歸納後,題爲《丹方之研究》收入叢書。直至最近,獲得了宋《太平聖惠方》一書,調查此書所得出結果,更增强了我們先前的推定是正確的信心。而且以此爲依據,使我們這項調查道教與丹方關係的工作,歷經三十四年之久,終告結束,成果被收錄於今年三月角川書店出版的《中國中世科學技術史の研究》中。

其次,關於胡滿葰研究,因爲沒有合適的合作者,所以生物鹼的純品分離沒能實現。但是推定出,其毒性與北美所產,同屬植物 *Gelsemium sempervirens* aiton 中所含鉤吻鹼(gerseminin),及與鉤吻鹼是同種或近似的成分。分離出了具有最強毒性生物鹼分,命名爲 humanin,并研究了其藥理作用,並搞清楚它與士的寧(strychnine)、箭毒(curare)同樣,具有使中樞麻痺、脊髓反射興奮性、亢進、運動神經末端麻痺等作用,特別是對中樞有極強的作用,哺乳動物中毒死的原因,均是由於呼吸中樞麻痺所造成的窒息死。

注 53 丹,所謂丹,本來是水銀、硫磺的化合物,古代中國作爲長生不老仙藥的材料。廣義通指經過精煉的藥物。

漢藥調查

最後,是漢藥調查工作。《本草綱目》中所載藥物有一千八百九十二種,現在支那藥房所售藥物種類究竟有多少,尚無統計。爲搞清楚這一事實,我對滿洲各地藥房作了調查,并收集了北京、天津各大藥房的藥物目錄。據調查結果得知,滿洲及北支藥房所售中藥,包括不太常用的在內,大概有三百種左右。此外,藥房目錄上記載着很多不知道是什麽藥的藥名,如寸云、寸香、谷蟲、大吉、懷夕等,其實這些藥名分別指肉蓯蓉、麝香、五穀蟲、大戟、牛膝,均或取同音簡筆字代替,或省略了原字的部首。此外,記錄別名、俗稱、產地、品質等所用的漢字,也有相同情況,非常令人傷腦筋。於是,我整理了中國藥房使用的藥物特殊名稱,爲方便研究者而增添了解說內容,後公開發表了。

醫博

昭和九年(1934),由於胡滿葰研究取得成果,獲得了醫學博士學位。這時,久保田先生出於慎重,特意到文部省說明了我的履歷。因爲事先弄清了文部省的意向,所以論文通過後,學位手續順利地辦理完畢。但是仍需要到關東廳、外務省、文部省及政府部門各處去登錄,前後花費了一年半的時間。而且我的學位登記號是第九號,日期是昭和九年九月二十九日,盡是"九"字。記得當時稻葉校長還開玩笑地說"你真是苦勞了哦"。(郭注:日本語"九"字發音"苦")

《宋以前醫書目內容一覽》

這一年,編制了《宋以前醫書目內容一覽》膠版印刷物,分發給有關方面。這是由曾經擔任過預科日漢文講師的日名靜一先生,從三百餘種支那藏書目錄中摘錄出來的醫書部分。其工作告一段落後,我承接了那部分資料,并按書名分類,再從中選出宋以前的醫書,大致按年代順序排列。這雖然是僅載書名的資料,卻爲後來《宋以前醫籍考》的成書構建了框架。

這時,接到了加拿大蒙特利爾大學發來的邀請函。蒙特利爾大學希望我去幫助他們整理所藏漢籍，并承諾給我講師待遇。久保田先生對此事非常感興趣，并説"這麽好條件是很少有的，馬上去"，於是我就回信同意應聘。可是，我仍在考慮：若現在去外國，只是浪費時間，自己不會有任何收穫。因此無論無何也鼓不起去的勁頭，爲此又給在德國留學的黑田先生寫信，聽取他的意見。先生回信説，目前還是不去爲妥。於是，我就去找稻葉校長，請校長想辦法説服久保田先生。可是，稻田校長卻説：對大學來説，多一個人去外國，是大學的榮耀。從大學的角度來説，認爲你應該去，爲什麽要拒絕呢？我回答説：去加拿大，只是給他們當幫手，對自己的學習研究沒有益處。目前對我來説是非常重要的時期，如果説讓我去北京留學，馬上就會前往。自己現在沒有去歐美的打算，黑田先生也贊成我的意見。稻葉校長説，既然黑田君也這麽説了，那就算了吧。稻葉校長又説服了久保田先生，回絕了加拿大的聘請。

此年九月，稻葉校長、椎野教授、久野教授三位先生辭職，久保田先生昇爲校長。

此年十二月，兄[54]於廣島逝去。

注54　兄，松若。見前。過繼給伯祖父升花家爲養子。我未曾謀面的伯父。

東亞醫學研究所

昭和十年(1935)六月，大學實行組織制度改革。滿州事變以來稱爲"東亞醫學研究室"的組織，也被改編爲大學教研室性質的研究機關，更名爲"東亞醫學研究所"。滿大畢業生佐土丁君，作爲助教被錄用。還有醫學堂時代比我高兩年級的先輩、中國人馬楊武君，進入藥理教研室留學。久保田先生對我説："設立幾個課題，讓他們研究"。於是，決定讓馬君作中藥砒素劑、佐土君作水銀劑研究。同時還有一位在撫順開業的臺灣出身梁宰氏，到病理研究室稗田教授手下搞研究。稗田君將他委託給我，希望我指導他搞雷丸[55]研究，所以此人也由我指導。此後三人的研究取得各自成果，均獲得了學位。同年，還有一位大學畢業生，即現在德島大學教授梶本義衛君，也來到藥理教研室。久保田先生又要求我給他出研究課題，於是我給他立了研究炭化的課題。這項研究後來無結果而結束。

注55　雷丸，二千年前古醫書中記載的驅蟲藥，是寄生於竹根雷丸菌的菌核體，對人體寄生蟲有效。父親在書中介紹了梁宰氏重新發現雷丸效用。

呼倫貝爾之行

這年夏天，組成了第十二次蒙古巡迴醫療班，由久保田先生任團長，我也隨行。去了呼倫貝爾，即自海拉爾，至不里牙惕族居住的錫尼河、甘珠廟、索倫、科爾沁等地巡迴醫療。其實就是與前年學術調查隊第一班的路線相反，由北至南巡行。國境阿爾山是有名的温泉地，正好當時滿鐵建設隊也越過興安嶺，來到山南地區。建設隊駐留在阿爾山，我們一到，他們就説，這裏沒有什麽好招待你們，我們去找點好吃的來。於是就到哈拉哈河去抓魚。那是一條小河，人跳下去可以涉過。河裏最小的魚有三十釐米左右,也有一米左右的大魚。建設隊的人們,帶去挖掘鐵路隧道用的膠質炸藥,用香煙點燃後迅速扔進河中,一下子就浮上來幾十條魚。他們脱掉衣服,跳入水中把那些魚抱上來。於是帶回來很多魚,作了魚料理,可是一點都不好吃。蒙古人不吃魚,所以有很多大魚。

在王爺廟,一部分人去參拜了中村、井杉兩烈士(55)墓碑。我們的卡車途中沒有汽油了,所以沒去成。

注55　中村、井杉兩烈士,指昭和六年(1931)陸軍參謀本部的中村震太郎大尉、井杉延太郎預備曹長。被中國軍抓捕後殺傷。日本軍部曾向中國提出嚴究,以此爲攻擊中國的理由,使滿洲事變勢頭更加高漲。

中醫師和中藥調查

昭和十一年(1936),開始對滿州中醫師和中藥基本情況進行調查。當時考慮到滿洲國的基礎逐漸鞏固,已經有條件開展此項調查,又因這是滿洲國近期必然要解決的兩個問題。出於這種預測,認爲事先作基礎調查絕對必要。於是,首先印製了調查表,項目分爲中醫師姓名、年令、出身地、學歷、在滿年數、父親的職業、前職、副業、業醫年數、年間患者數、年收等。在吉林全省及奉天、哈爾濱兩市各警察署協力下,分發給中醫師,徵詢調查。其結果得知,年輕中醫師多在農村行醫,已經積累了經驗的老中醫多聚集於城市。學歷多數爲小學畢業。在農村,兼營雜貨店的人較多。此外,我們還大概統計出,全滿州中醫師總數至少有一万二千人。這次調查的詳細情況,揭載於翌年我們創刊的《東亞醫學研究》雜誌第一號,我和峰下君聯名編成。

其次是中藥方面調查。對國產品及進口產品,採用以下四種方法進行了調查:第一,關於産地調查。如種植甘草、麻黄、杏仁等重要草藥的内蒙地區,盛產人参、鹿茸等多種中藥、被譽爲“滿州藥倉”的吉林省、通化省等地,多次進行了調查旅行:第二,到奉天、吉林、哈爾濱等大城市以及小城鎮藥房調查;第三,委託全滿州各縣擔當參事官、副知事的日本人官吏,協助進行有關主要産藥種類的問卷調查;第四,對大連、營口、山海關、承德等地稅關調查,特別是中藥輸出入多在營口,所以主要力量放在那裏,與稅關長及其部下工作人員關係搞得很融洽,而且還把聚集於稅關的標本分給我。但是工作量極大,一人難以承擔,於是給奉天發電報,把峰下君招來,我們兩人暫時住在那裏,進行整理工作。然後把調查結果編輯成《滿洲の漢藥》,昭和十二年以單行本出版。根據此書可以大致了解滿洲所産中藥,及滿洲中藥使用情況。

《宋以前醫籍考》

這一年,把以前收集資料中的“内經”、“運氣”部分編輯成冊,作爲《宋以前醫籍考》第一輯刊行了。所謂“内經”,即指《素問》和《靈樞》,二者均爲記述中國醫學理論書籍,被尊崇爲古代醫學基礎經典,而且還有很多註釋“内經”的著作。此外,"運氣"之説,是唐代發展《素問》思想形成的概念性病理學説,論述甲子六十年氣候變化與疾病發生的關係,後世一般與"内經"合而爲一。

此時江戸時代多紀氏《醫籍考》已經刊行,我們的工作一是補充新資料,二是增添了多紀氏《醫籍考》中未設立的"刊本"一項,并決定刊行此書。

本年,次男誕生。這孩子六年級時返回日本,與母親相同的小學校[57]畢業,升入京都旭丘中學、紫野高中,都是新成立的學校。三十五年(1960),京都市立美術大學畢業,就職於三洋電機KK公司,分配到宣傳部工作。三十七年(1962)三月,先於長男結婚,現住在近處的公寓裏。

注57　母親相同的小學校,回國時編進母親老家兵庫縣前乃莊小學。次男克明,現在大阪從事有關商業設計工作。

陳列館

十二年(1937),被任命兼任陳列館主任。去年爲紀念學校成立二十五周年而新建了記念講堂,陳列室設置在紀念堂地下室,那裏陳列着滿洲醫事衛生相關資料。爲陳列館的開設,三浦運一教授(後任京大衛生學教授)作出了極大努力。我收集了中藥、動植物、鑛物等天然產物,及有關中醫師、地方病等資料,爲將來博物館的發展積累參考資料。

滿洲國民政部囑託

這一年,受滿洲國民政部囑託,參與藥房方、中藥房方等制定及醫師考試、中醫師考試。

這時,發生了第二次留洋問題。當時制定了一個龐大的計劃,即遊學歐洲、希臘、土耳其、埃及、阿拉伯等國。這次久保田先生亦非常起勁,認爲一定要出去,我只好提交留學申請書。由大學提供留學費用,并規定派兩名留學生。但是有三人提出申請,所以必須有一人落選。於是,眼科船石教授以教授會代表身份來找我説,只要你提出申請,理所當然是第一號被派遣,你真打算去嗎? 我如實地作了回答:久保田先生對此事非常感興趣,雖然是辜負了他的好意,但是我覺得到歐洲留學,對自己的研究不會有太大幫助,還不如讓其他人去會更有收穫。如果你能説服久保田先生,那我不去也可以。船石先生與久保田先生協商結果,取消了我的申請。其後,醫學化學科林田君和微生物學廣木君二人去留學了。然而,這也是滿大最後一次派遣留學生。六月,久保田先生因病退職,耳鼻科松井太郎教授繼任校長。

昭和十三年(1938)五月,松井校長因急病逝世。大連醫院院長守中清先生調來任校長。這時,我被委託指導高森内科助教魏如恕君作關於甲狀腺腫研究,他以這項研究獲得了學位。魏君是一位非常重情義的人,後文還要敘述,在歸國時,自奉天至北京的飛機費用是他提供給我的。還有,戰爭結束時,業已完成的《宋以前醫籍考》原稿,在我回國時,魏君説"途中很危險,先放在我這裏吧",於是就交給他保管。後來,此書在北京出版。

這年,對唐《外臺秘要》、宋《證類本草》、日本《醫心方》等古書中引用古醫書情況作了研究,對這些書中引用古書的次數作了調查統計,并發表了文章。這項研究的目的,在於利用這些資料盡可能地復原古代文獻。首先以《外臺秘要》爲中心進行研究,可是,直至歸國,這項研究仍未能完成。

昭和十四年(1939),將《難經》、《脈經》二書歸納整理,作爲《宋以前醫籍考》第二輯於四月刊行。所謂《難經》,即將《内經》主旨分爲八十一條,以問答體形式記述,故亦稱《八十一難經》。所謂《脈經》,即以診脈爲主的診斷學書。此二書均被譽爲《内經》以後的醫學聖典。六月,《續中國醫學書目》刊行。此外,在《日本醫學》上發表了《脈經考》,在《東亞醫學研究第二號》上發表了《支那産婦人科書考略》。

江南旅行

本年四月,帶領學生到中支方面去修學旅行。起初我没打算和學生們一起去,後來考慮到,明治初期,東京清國公使館中有一位叫楊守敬的人,那時他大量收購了被一文不值、半文賣掉的中醫古書,并帶回中國。其中有如《扁鵲八十一難經辨正》那樣現存世界唯一的古醫書。這些書藏於北京,《故宫博物院書目》亦有著録。日支事變,日本軍進入北京之前,中國方面將故宫寶物運往南京,這些古醫書很可能也同時被運往南京了。日本軍佔領南京後,南京的大學及圖書館、政府等所藏龐大數量的圖書,全部匯集於一處,爲了整理這些書,從滿鐵圖書館動員了很多人到南京幫忙。我考慮楊守敬帶回中國的古醫書是否也會在那裏呢?想調查一下。於是對校長説明了理由,請求去南京。校長説,如果想去南京的話,學生正好也去,那就帶他們一去吧。

學生修學旅行是南滿醫學堂的傳統,四年級學生每年要組織旅行,中國人到日本,日本人到中國。這年日本學生以皇軍慰問團名義,由生理學北村教授任團長,我任副團長,訪問了上海、蘇州、南京、嘉興、杭州等中支各地野戰病院,巡迴慰問傷病員。這次旅行由於大學軍事教官與軍方取得了聯系,所以火車全部免費。住宿除上海住在萬歲旅館之外,其他都是住在軍隊施設中。有爲巡迴病院及觀光所乘的卡車等,也是軍隊提供給我們。這樣一來,此次出遊,究竟是誰慰問誰,也搞不清楚了。一到醫院,就巡迴各病房,對每個傷員進行慰問寒暄,當時除特別重傷者外,其他傷員全部起來,坐在牀上歡迎我們。當時曾想過,對於傷病員們來説,這種探視慰問,是否反而給傷員帶來痛苦呢?特别是去嘉興野戰醫院時,院長是年輕的一等軍醫,他帶我們到病房去看一位前一天肘部被子彈穿透的傷員,還特意將繃帶解開,傷口處插着探鍼,也不顧患者的痛苦,很得意地給我們作長時間的講解。這時我們感到非常對不起那位傷員。

在南京還殘留着中國兵的屍體,看到這種狀況,不論南京,還是蘇州,都非常凄慘,過去風光明媚的景致毫無蹤影了。爲調查書籍我去了南京圖書整理事務所,可是因爲軍部有命令，專家一律不准閲覽，故遭到拒絕。於是，我又去見參加圖書整理的同文書院的先生，了解一些情況。先生説，這裏收藏以報紙、調查書等爲主，漢籍幾乎沒有。可是你既然來了，就私下裏讓你看看吧。於是帶我看了看，一是不能仔細翻閲，二是根本沒有什麽正經的古醫書。非常失望地回來了。

北村教授從上海返回家鄉熊本，所以我把學生們領回了奉天。這些學生們來年畢業後，已經決定應召。這次旅行，切實感受到戰爭的悲慘。還有更悲慘的事實，即在此以後，這些學生中不斷出現戰死者。每當我聽到噩耗時，馬上就會聯想到旅行時健壯的身影，這些年輕人太可惜了。

此年十月，母親和姐姐(58)僅隔三日相繼病故。

昭和十五年(1940)，升爲副教授，獲得滿鐵參事任命狀。四月，歸納整理"五臟"、"鍼灸"，作爲《宋以前醫籍考》第三輯刊行了。"五臟"即敘述解剖學，特别是内臟形狀的術語。還計劃復原《新修本草》，三月，先編排了目次。

注58　母親和姐姐，母親名リキ，姐姐名田川ヨシズ。當時廣島疫病流行，姐姐爲護理患病的母親而被傳染，二人相繼故去。

《和漢藥文獻》

在此之前，昭和十三年(1928)五月，爲紀念久保田先生的業績，計畫舉辦一項活動。大家提出了很多方案，比如鑄銅像，或立旗桿等。最後認爲，編輯"和漢藥業績目錄"是對先生最好的紀念。於是，以我平日編輯的卡片爲主，當時在奉天的久保田先生的弟子和友人等分工合作，盡可能收集明治初期至昭和十三年(1928)之間發表過的文獻，由我來編纂成書，題名爲《日本和漢藥文獻》，十一月完成并刊行。然後將此書贈送在東京療養的久保田先生，同時分發給各大學及研究所。先生非常欣喜，一直放在枕邊珍藏着。時至今日，此書雖然已經陳舊，但有些人仍然視爲貴重之物。這種工作是需要有極強毅力的，以前也曾經幾次制定過計畫，可是最終沒有完成。慶松勝左衛門先生過去也曾有過計畫，而中途夭折了，後將原稿贈送於我。此外，最近聽説有數人，分別計劃編輯昭和十四年(1939)以後的部分，可是均未成書。

金斗鐘君

此年，金斗鐘君作爲助教被採用，來到研究室。他是京城人，比我年長，京都府立醫專畢業後，在天津及哈爾濱醫院工作，以後在哈爾濱開業。但是，他決意把中醫研究作爲自己一生的工作來從事，所以就來到東亞醫學研究所。我給他立了"中醫骨學"的研究課題，結果他以研究獲得學位。可是戰爭結束時的騷亂中，很多貴重資料散失無存，令人非常痛心。

《明治前日本藥物學史》

昭和十六年，前一年爲紀念天皇紀年二千六百年，召開二千六百年慶祝會，會長由近衛公[59]出任。其紀念事業之一,決定編纂明治以前日本科學史。受帝國學士院囑託,我們全盤接受了這項工作。其中藥物學史委員由朝比奈泰彦先生擔當,我接受先生囑託,并榮獲帝國學士院囑託任命狀,負責《支那本草の渡来とその影響》這項工作。可是,此時戰爭漸漸激烈起來,中日交通隨之斷絕,調查資料亦無法進行,我只好根據手頭現存資料,編寫了一部原稿,於昭和十九年(1944)送至學士院。戰爭結束後,三十三年(1958)決定出版此書,於是索回原稿,修改假設拼寫法,將"皇紀"改爲"西紀"出版了。

注59　近衛公,近衛文麿公爵。曾有四次組閣機會,但是未能抑制軍部,致使日本陷入法西斯主義及戰爭泥沼之悲劇政治家。戰爭結束時自殺。

喇嘛醫

此年十二月,爲調查喇嘛醫情況,我與金君二人頂着刺骨的寒風,去了吐默特左旗的阜新。本來打算去培養喇嘛醫的瑞應寺,但是由於大雪堵塞交通,不能到達目的地,只好請旗公署(相當市政府)聯絡,自偏遠之處招請兩位喇嘛醫來,向那兩位喇嘛醫詢問了各方面情況。對於喇嘛醫究竟是怎麽回事,有了大概了解。滿州大約有百万蒙古人,他們均接受喇嘛醫治療,所以制定滿州國醫療政策時,不能忽視這部分人。可是,政府中幾乎沒有人考慮到這一事實,因此我們開始進行調查。翌年,又去了由於大雪沒有成行的瑞應寺,繼續對喇嘛醫進行調查。這次由滿鐵囑託佐藤富江作嚮導。聽佐藤富江這名字,起初還以爲是女性呢。他在新京經營蒙古學校,父親是蒙古人,是自命"蒙古通"的豪傑。這次,瑞應寺之外又建了大洞廟、小洞廟二廟。各寺廟都派出馬車,遠道來迎接我們,并受到各廟喇嘛隆重接待,而且圓滿地達到了調查目的。

喇嘛醫使用獨特處方,而且使用散藥,那些藥物都從中國人的藥店購入。我們研究所在北京買到四部藏文醫經,又獲得蒙古人使用的處方集。這樣一來,蒙古醫學研究的條件基本具備了。在瑞應寺看到了西藏流的"五藏圖"和"藥物繪圖",本來想複製一部,可是一直沒有機會。直至最近,我們又得到了滿大德語講師 F. Lessing 一九四七年在北京雍和宮喇嘛寺複製、由芝加哥大學醫史學副教授 A. ILSA. WEISS 女史解說的繪圖。這個繪圖與瑞應寺所藏完全相同。本年,考證出《證類本草》中引用的"蜀本圖經"內容,實爲唐《新修本草》中"本草圖經"的一部分,并刊載於《醫學史雜誌》。

輔仁同窗會幹事長

又上年滿大輔仁同窗會幹事長峰下君應徵了,所以自此年起,我被推選爲幹事長。此後我一直擔任幹事長工作,至滿大結束。那時戰死者頻出,爲寫悼詞而忙得不可開交。此外,這個同窗會還留下了很多非常棘手的事,所以每日僅爲處理這些事情,花費很多時間。

圖書館長

昭和十八年(1943),被任命爲大學附屬圖書館司書主任兼務。這是因爲成田司書主任生病辭職,填補其空缺而已。這大概也是爲第二年任圖書館館長而預作準備。不管怎麽樣,既然被任命了,就必須作好。此前圖書管理非常混亂,決心要徹底糾正。但是,這畢竟是醫學圖書館,還沒有理想醫書分類法,各圖書館以各自不同方法管理。滿大前任館長制定了一種方式,對圖書進行了分類,可是那方式本身非常外行、沒有實用性,所以當務之急是要制定理想的分類方法。此時戰爭漸漸激烈起來,新書幾乎無法購入,同時感到這是整理圖書的最好機會,於是開始工作。我認爲,僅靠在書桌上決定如何分類是不可行的,必須親自翻檢圖書,根據圖書實際內容制定分類項目。出於這種想法,將大學全部圖書卡片收集起來,并重新編排,制定了新分類方式。但是直至戰爭結束,這種圖書分類整理方法終未得以付諸實施。

十九年(1944),我被任命爲圖書館館長兼務。當時校長問我"司書主任工作怎麽辦"? 於是我推薦了佐野輝夫君。不久,早在昭和十四年(1939)編寫而成的婦科部分,作爲《宋以前醫籍考》第四輯刊行了。

《滿洲の藥材》、《新修本草の復原》

再錄者注:右兩項爲何油印時漏掉了? 原來是因爲《漢方の臨牀》(第二十一卷七號、昭和四十八年七月發行)中收錄了。

第六章　戰爭結束前後

昭和二十年(1945)戰爭結束之年。進入八月,蘇聯軍隊攻進來了,奉天市内所有道路挖掘戰車壕。八月十五日早上,我也被趕出去挖戰車壕了。到了午飯時間,説"午後繼續幹",然後就回家了。午飯後,一聽廣播,電臺放送着終戰詔敕。從那天晚上起,很多地方發生了暴動,開始瘋狂掠奪,晝夜槍聲響徹不斷。在日本人所住各街道,組織了自衛團[60],準備了日本刀、竹矛等,以防暴徒闖入。儘管如此,日本軍隊仍然精力十足地保護治安,但是蘇聯軍隊進入以後,日本軍武裝被解除,整個社會完全陷入無政府狀態,每日惶恐不安地挨過。

最初進駐的蘇聯軍隊,據説是西伯利亞的囚犯部隊。這些人服裝破舊不整,面孔險惡,隨便闖入民宅,掠走家財。或攔截大街行人,手錶、錢包等貴重物品洗劫一空。最令人憤恨的是,被無理要求"交出女人"。沒辦法,開始委託花柳界,讓他們去那裏。可是他們卻説"那不行,交出你們的女兒"。這樣一來,年輕的女人們都剃光頭髮,裝扮成男人。

還有,各街委會把自己的街道用木板圍起,僅留一個小小出入口,晝夜輪流派人監守,可疑人不准進入。如果俄羅斯人來了,即"喂,來了!"發出信號,各家各户都擊打金屬物品,全街道叮叮噹噹響聲四起,俄羅斯人就被嚇跑了。那時,女人們不敢外出,打水、購物等均由男人承擔。此外,在城内居住的人們,在宣布終戰當晚,遭受了兇暴掠奪,終究不能繼續居住,淨身逃出城外。這些人湧進大學紀念講堂,講堂已經擠滿人群,又不能把那些人攆出去,爲了照顧他們生活,我把家屬帶到圖書館生活了整整一個星期。

後來,從德國戰線撤回來的蘇聯軍隊開進來了,這些人與前一批囚犯部隊相比,服裝比較整潔,多少好一些。可是,到街巷索要各種物品的行爲,與以前沒有什麼兩樣。於是,我們街坊四鄰居民組去見駐留近處的蘇聯軍保安隊隊長,要求他取締不法行爲。我們帶着水果籃去拜訪他。沒想到,隊長非常熱情地接待了我們,聽了我們述説後,他回答説:給大家造成這麼大麻煩,非常抱歉。但是,也希望大家考慮一下士兵們的實情,他們大多是烏克蘭人,家鄉遭到德國軍隊攻擊,親人平安與否全然不知。他們從德國戰線撤回後,直接開到這裏。可是一看打了敗仗的日本人住着舒適的房屋,物質也很豐富,當然會想,即使是一個戒指也好,給自己的太太帶回去。難道這不是人之常情嗎? 因此,如果士兵來了,不管什麼東西都可以,希望能給他們一些。能夠區分玻璃球和真寶石的士兵一個都沒有,所以兒童玩的戒指也可以,給他們一個打發走算了。如果是給了東西還不肯離開的傢伙,那就來向我報告。這樣懇切地回答了我們,隨即我們就説,那好吧,您費心了。正要往回返時,那隊長又説,想要一女士手錶,幫我弄一塊。所以回來後與大家商量,鄰居太太拿出一隻手錶,給隊長送去時,又説想要金殼表。那麽,就把這隻表拿回去再換一隻金殼的吧,他説這隻也留下。結果,兩塊表都被訛去了。這雖非強奪之舉,其結果相同。

其後,常常被趕出去作役使。(62)有時通過街委會通知説今日需要幾個人,有時走在街上會突然被抓去作勞役。因此日本人協會提出抗議,不能強迫醫生作勞役。於是醫生戴上紅十字臂章(63)上街,戴上紅十字臂章後,免遭強迫勞役,所以當時紅十字臂章流行起來,很多人佩帶,甚至有人懷疑地説"日本人都是醫生呀"。不久,住在大房子的人都被迫搬出,然後蘇聯軍隊住進這些房屋裏。

那時,各處出現了闖入民宅的強盜(64),強盜中有朝鮮人、中國人,也有日本人。日本人中有以原軍人爲名,以救濟難民爲名義來索要錢財。而且他們清楚地知道,哪些人從銀行裏巧妙地得到了錢,所以這些人最容易被盯上。此外,有現金收入的醫生和牙科醫生,也是被勒索對象,一旦強盜闖進來了,馬上與警察聯絡。中國人警官常問:"賊是中國人,還是日本人?"如果是日本人,警察就慢騰騰地不願意來。如果是中國人或朝鮮人,警官馬上就跑來。總之,還是對日本人有點懼怕。

此後,收入完全斷絕了,只好靠變賣家當(65)過活。於是,各家用木板搭成小台子放在路旁,擺上各種物品出售,服裝等賣給繁華街道行人。這種交易不斷發展起來,隨之各種掮客也出現了。所謂掮客,他們從各家收集來物品,然後拿出去賣,從賣得金額中取10%手續費,就是作這種買賣。像這樣靠變賣家財度日的人,不僅是日本人,中國人也同樣。不論是哪條街道,路兩旁都是露天店,呈現着一片趕廟會的風景。這些店中最引人注目的是,從軍隊倉庫中流出的軍用手套和襪子等,還有軍用鞋、軍裝、汗衫、毛巾等等,這些物品充斥着市場。軍隊有這麽豐富、質量上乘的物品,令人感到吃驚。接着,市場上又出現了來自美國的救護品,如牛奶、乾燥湯末等食品。日本人中,也有站在街口賣香煙的,還有拉三輪車的,在繁華街開飲食店的也很多。這種環境中,持續營養不良和衛生狀態惡劣,致使病人、死者多發。由於火葬場被關閉,所以死者多埋葬在寺廟的院子裏,或醫院操場的某處。到了冬天,中國軍隊進來,命令説不能隨隨便便地埋在那裏,全部挖出來火化。於是,又挖出來火葬了。

到了十月,北滿開拓地(66)的人們,什麽也没帶,只穿着一身衣服,斷斷續續地南下而來。這些人們住進小學校,因爲不能洗澡,所以蝨子成災,滋溜滋溜地爬,甚至得用笤帚掃。因此斑疹傷寒流行了。斑疹傷寒流行,有很多出診的開業醫生也被傳染而死亡。我的朋友中有三人因被傳染而逝去。特别是其中龜山正雄君(67),是我非常親密的朋友。當時他因爲感冒,説不想去出診,但是惹怒了民會,只好硬着頭皮前去,結果被感染了。最後一個晚上,我片刻不離地護理他。龜山君打算把一位難民女兒培養成護士,故一起帶了回來。那姑娘也染上了斑疹傷寒,晚上睡在二樓。樓上樓下都是重病人,忙得不可開交。可是,半夜裏那姑娘死了,天亮時龜山君也故去了。我作爲遺族代表,爲龜山君操辦了葬儀,送到火葬場火化。回來的路上,路過春日小學校園時,游泳池中投入大概幾十人的屍體,這些都是開拓團的人,因不能火葬,故暫時放在游泳池中。此外關於大學方面,起初蘇聯人不知道有大學,只是看中了醫院,故來接收。接收了醫院,連帶大學亦同時被接收了。自十月起,中蘇合營鐵路公司(68)開始運營,雖然很少,但還是領到了由蘇聯發行的新百元紙幣工資。

注60 自衛團,我們住的公寓周圍,用粗大結實圓木頭圍起柵壘。記得一個下雪的夜晚,還輪班到外邊巡邏。暴動發生時,不知是維護治安,還是尚未被解除武裝的日本軍隊,以臨戰態勢在市内巡視。并目睹過地方軍人等,揮舞日本刀四處追趕暴徒的情景。據友人説,曾眼見原憲兵斬首中國人首謀者的殘酷街景。

注61 囚犯部隊,看外表,是相貌兇惡的無賴部隊。曾經被這些士兵戲謔地用槍瞄準,嚇得全身僵直。

注62 役使,指強制勞役。中國兵也強制日本人勞役。我在路上也曾被中國警察抓住,帶到派出所打掃衛生、拔雞羽毛等。報酬是白米飯。聽説蘇聯兵有時很大方地給伏特加或麵包等。

注63 紅十字臂章,……蘇聯兵飲酒過度以致胃痛,給了一些砂糖,大概成了自我暗示,所以認爲砂糖有效。這件事成了諷刺蘇聯兵愚昧無知的笑話,在日本人中流傳開了。

注64 強盗,住在同一公寓樓下的牙科醫生,遭到朝鮮人強盗襲擊,脅腹部受重傷,痊癒時召集公寓裏的人,還請來藝人,舉辦了祝賀宴會,也邀請了心地善良的蘇聯將校。

注65 變買家當,我家也把現有的器物及碎布頭、手帕等找出來,和姐姐到大街上去賣。

注66 北滿開拓地,滿蒙開拓團和義勇軍們,只身着一身衣服,兩手空空地逃來,寄宿在學校校園,幾乎是過着露營生活。疫病猖獗,慘不忍睹。叔父也應召去了北滿,聽他的戰友説,叔父在復員途中,感染疫病而死去。

注67 龜山正雄君,父親學生時代的摯友,婦産科醫生。住房困難時,曾把他醫院的一棟房子借給我們全家住了幾個月。不僅他一人,還有公寓樓下的兒玉開業醫生,也到難民收容所去診療,感染了斑疹傷寒而故去。一般認爲,四十歲以上的人罹患此病,多難治癒。我也感染過,因爲年輕,很快痊癒了。

注68 中蘇合營鐵路公司,蘇聯以"中蘇友好同盟條約"爲名,賴在滿洲不走。戰爭結束的第二年,蘇軍終於開始撤退了。可是,無視中國方面的反對,聲稱"戰利品",將舊滿洲工廠設施、煤礦、發電所等機械類全部帶走了。關鍵時期的中國,發生了國共内戰,事實上,蘇聯不僅成了滿洲權益的代表,又根據"雅爾達協定",蘇聯與關東州結成租界關係,再現了昭和初期中蘇共同經營北滿東清鐵道之局面。

中華民國國立瀋陽醫學院

二十一年(1946)三月,蘇聯軍撤退,中國軍隊開進來。大學也一時歸屬中國交通部管轄,可是自八月起又移交教育部,更名爲"國立瀋陽醫學院"。院長由九州大學出身的徐誦明擔任,決定日本人教職員暫且全員留用[69]。我最初接受了醫史學教授兼圖書館顧問委任狀。後來,又改任藥學教授,講授本草學。

五月,開始移送留用以外的一般人員。所持物品,每人限定一個帆布背包,所以大家盡可能製作大背包,甚至製作了以一個人力量都拿不動的超大型背包。當然,也有包中只放一條毛巾的輕裝人。撤回者們拖着大行李,擁進敞篷車中,朝葫蘆島[70]方向駛去,在那裏乘日本來的船歸國。大多數人回國了[71],只剩下少數留用者,所以基本處於安定狀態。大學留用者,大多分配到已經歸國的滿鉄社員宿舍,我住進了乙号宿舍。那様寬廣的房屋,令人吃驚。這座房子中,有個中國士兵住着不肯走,説房子很大,強行要借一間一起住,真是不知如何是好。於是,馬上到大學去要求:"這種環境中不能安心生活,難於繼續合作,解除留用,讓我回國吧。"大學説"那傢伙真搗亂",同學會(滿大中國人同窗會)一伙人來了,把那士兵攆出去。房子雖然很大,可是水道、煤氣都不能用,特别是冬天沒有暖氣,非常冷,極其艱苦。

昭和二十二年(1947),被任命爲藥理學教授。滿大除大學醫學部本科外,又設專門部。本科是日華共學,大部分是日本人,每個班只有數名中國人。相反,專門部全是中國人。後來瀋陽醫學院也延續了這種區分方法,戰爭結束後,新京醫大、哈爾濱醫大等滿洲國醫科大學的學生多轉入奉天,這些學生全部被專門部接收,僅二年級學生即達到五百人以上。因此藥理學授課,僅專門部就得分三組進行。因爲本科人數較少,曾考慮是否讓本科生到專門部一起聽課。但是本科學生不同意和專門部一起上課,無論如何也要求單獨上課。毫無辦法,只好請寺田先生給專門部講課,本科方面由我來承擔。

注69　留用,滿洲時代機構、設施中從事工作的日本人職員及技術人員,戰爭結束時,挽留他們再繼續工作一段時間,向中國方面傳授技術等。因此,父親便成了醫學院的"日俘"留用技術者。

注70　葫蘆島,位於遼西走廊南端的不凍港。戰爭結束時,成了居住滿洲日本人的歸國港。

注71　大多數人回國,戰爭結束時,居住在滿州的日本人,推算有一百四十五萬(不包括關東軍部隊),其中約一百萬人在戰爭結束的翌年撤回日本。昭和二十二年(1947)時,僅剩四萬人左右,主要是前面説的留用者及其子弟,各地日本人皆以集團居住,日本人學校也一直堅持到最後。

《普濟方》的抄寫

此年,《普濟方》一書抄寫完畢。《普濟方》是明太祖第五子周定王橚編集之醫書,是一部四百二十六卷、三百冊的大部頭醫書。此書全本現僅存於《四庫全書》中。《四庫全書》,清乾隆帝[72]廣集天下諸書,然後謄寫清楚,收藏於南北方所建八座書庫中。《四庫全書》中收錄了很多今日他處未藏書籍。《四庫全書》亦多亡佚,所幸僅奉天文淵閣内完整保存着。因此,我將僅存於《四庫全書》中的醫書二十多部,各全卷抄寫一部。正當《普濟方》大部分抄寫完畢時,戰爭結束了,最後還剩二冊，我想無論如何也要完成此書的抄寫。於是，向院長徐誦明說明了情況，最後總算完成了。

近年，北京出版了《普濟方》，我認爲很可能是使用了我們當年抄寫的那部原稿。接着，我又對徐院長說起《宋以前醫籍考》的事，他認爲應該先將已經刊行了的部分裝訂成冊發行，於是，就把已經印刷完畢的四冊本，裝訂成一冊本，由我作序附於書前。我歸國時僅帶回來一冊，不知道剩下的以後如何處理了。

自此時起，通貨膨脹漸漸嚴重起來，領工資時，帆布背包塞滿錢背回家。據說上街購物，百元紙幣用秤稱。物價每天都在上漲，所以一發工資，馬上推着手推車去市場買糧食。醫學院只保障留用者本人的生活，人口多的家庭勉強能糊口。主食是小米和高粱米，還有小麥粉，大米在市場上也能買到，可是太貴買不起。相對來說，單身者生活比較充裕，以大米爲主食，或者購買糖精、甜精[73]及寶石之類，爲回日本作準備。

到了二十三年（1948），國民黨軍隊和共產黨軍隊作戰[74]，國民黨方面戰況越來越不妙。不久，奉天完全被共產黨部隊包圍了，只能利用飛機與外部交通。軍隊和官吏的食糧，每天從北京用六十架大型飛機輸送過來。那時，富裕的中國人漸漸開始向北京方面出逃了。這樣一來，我們留用者將來會怎麽樣，就全然不知了，所以大家商議後，要求解除留用。我們如果和醫學院院長商談此事，不會有結果，所以乾脆直接去見中國高官。考慮這事由臨牀醫生出面比較合適，於是就完全委託於臨牀醫生了。可是，不知什麽原因，只是作爲代表去交涉的臨牀醫生獲得了歸國許可，而且在秘密地作歸國準備。聽到這個傳聞的同伴們，也開始做工作了。

這時，大家商定設宴招待醫學院的領導們，同時不還可以表示一下感謝之意嗎？於是，我家作爲宴會場所，大家一起動手籌備，推着手推車到市場買回材料，由我太太親手作菜餚。會期設在四月二十五日，招待的客人有院長代理劉曜曦、醫院院長魏如恕[75]、訓導所長劉剛等三人。他們都是我滿大的同窗，是我的下屆生，大概有這個原因，本來是招待客人，可是大家一個勁地談論回國飛機的事情，那時我才知道大家都在計劃歸國的事。戰爭結束後我一直繼續謄寫《宋以前醫籍考》，這時正好完成了，把一大堆原稿帶回家裏，讓魏君看并和他商量。魏君說"不管怎麽說，這是很重要的書稿，我來負責保管吧"。於是就把原稿交給他，我回國了。

注72　乾隆帝，十八世紀時清朝第六代皇帝。繼承先祖以後，形成了文化昌盛的"康乾盛世"。

注73　糖精和甜精，均是當時的合成甜料（現在前者使用量受到限制，後者禁止使用），當時國內砂糖奇缺，很多歸國者大量購買甜料，帶回去換錢。

注74　國民黨軍隊和共產黨軍隊作戰，由於蘇聯軍隊違法駐留，失去戰機的國民政府軍，與自南方迫近的共產黨部隊戰鬪，以一進一退的戰績持續進行着。接着，一九四八年（昭和二十三年）戰況發生很大進展，共產黨包圍了遼寧省，并不斷迫近。或許是由於國民政府宣傳的原因，當時中國市民非常恐懼共產黨軍隊，一提起"八路"，人們就會畏怖地聯想到惡魔軍隊、死的旋風。

注75 魏如恕,父親嚴格指導的弟子之一,在危機時刻,猶如親人般幫助我們。“退後三步勿踏師影”般的儒家教化學者。女秘書曾目睹父親嚴厲指責魏氏論文中含糊之處的場景,撤回後在自作小說中,記述了父親意外的一面。

歸國

在我家召開感謝宴會的第二天,即昭和二十三年(1948)四月二十六日,大家仍在談論歸國話題。大多數教授已經辦完了歸國手續,飛往北京的班機亦已決定。還沒有辦歸國手續的人們,勸我說“一起回去吧”。我本來作好了葬身於大陸的準備,此外日本也沒有什麽家累。從工作方面來說,在學校裏最適合我,所以回日本的事根本就沒考慮過。可是,家屬們都希望回國,還有孩子們的將來也必須考慮,又不可能只讓家屬們回國。所以毫無辦法,只好下決心回國了。

那麽,一旦決定回國,各種問題就出現了。第一是歸國旅費。以前醫學院曾約定,歸國時平安無事地送回本國。可是這次醫學院卻說,不是我們讓你回去的,是你自己要求走的,所以不能支付旅費。北京與奉天之間定期航空費用,一個人要六十万元,而且必須等兩個月才能乘上,這是因爲很多中國人逃亡北京的原因。當時想,自北京飛來輸送貨物的貨機,空着飛回去,是否可以利用呢?各機關都分别購買了飛機運送權利,醫學院爲工作人員家屬逃難,也買了八架飛機運送權,而且費用是每人二百万元,我們全家五口人,至少需要一千萬。還要準備到了北京以後至乘上船那段時間的生活費。接我們的船何時來,完全無法預測。再說也不知道北京物價到底是什麽情況,這方面的預算,心中毫無估計。不管怎麽説,至少要籌備一兩個月的生活費,這是一個相當大的金額。留用者誰也没有這麽多錢,所以各教授的中國人弟子們,分别爲自己的教授籌錢。我的弟子很少,沒有希望得到籌款。這時,魏君(76)來了,他説打算讓自已的家屬到北京避難,把房屋賣了七千万元。如果不能繼續挽留先生的話,您什麽時候想回國都可以,飛機票由我來支付。然後,拿來一塊一千萬元的金塊。我決定乘下一班飛機回國,所以請他用這金塊給我換了飛機票。醫學院發給我五月份和六月份的工資,共一千万元。於是,決定乘三號機回國,辦了各種手續,非常麻煩。雖然攜帶行李的種類没有限制,但是上飛機時體重加行李不得超過九十公斤。考慮到北京以後還要生活,所以帶了一些炊具等,書籍幾乎沒能帶走。紙幣最大面值是五千元,全部換成五千元紙幣,把紙幣纏在身上。即使是五千元紙幣,數量也相當多,一個人很難全部帶走。

三號機(77)於五月十二日星期二午後,告别了諸多值得回憶的奉天飛向了北京。接着,十七日四號機出發。這樣一來,大部分人都歸國了,留在奉天的只有生理學武内睦哉君、耳鼻科白岩俊雄君兩名副教授,還有自願留下的解剖學工藤喬三、藥學佐藤潤平兩名教授,合計四人。

到了北京,找不到住的地方。一直轉到很晚,才住進黄女士經營的三條胡同兒童福利社。黄氏身爲立法部委員,是一位婦女政治家,其祖母是日本人,對我們非常親切。第二天即十三日那琦君來訪。晚上,同級生唐斌儒君來訪。唐君曾任山東著名的唐吉訶德式將軍張宗昌的軍醫總監,在北京開業,他説北京很危險,近日將去臺灣。現他在臺中開業。

第三天即十四日,我們搬進貢院西大街的惠童職業學校講堂。這裏原來是日本人小學校,聽説黄女士接收了這所學校,仍在經營着。

到了北京以後,最令人吃驚的是物資非常豐富,去市場看看,新鮮蔬菜、魚類大量出售,水靈靈的果物隨處皆有販賣。可是,通貨膨脹比奉天更嚴重,紙幣價值是奉天的十一倍半。我們帶去的一千萬元,兑换了一億一千五百萬元。當時買一盒火柴要三萬元,一根香蕉要九萬元。這樣的物價,究竟是貴還是便宜,也搞不清楚了。到北京後,聽説不久就會來船接我們回國,所以心情輕鬆了許多。十八日傍晚來了通知,明天到集中營集合,進入集中營就出不來了,所以要事先買好物品。於是急忙出去買東西,中國商人拼命要謊價,不清楚北京市場價格,所以也不知道如何殺價,再加上時間有限,購物真是大費周折。可是,買了一個通勤包,花了四千五百萬元,又買了二、三雙小孩鞋,一億元就花光了。

十九日,到了位於前門[78]的集中營。在這裏與從北京一起回國的人們組成大隊,住了兩宿。二十一日,乘特别列車至塘沽(天津市外港)。在塘沽埠頭倉庫裏,舖上草席[79]睡下了。在這裏的交通部診療所工作的中國同學們,招待我到豪華的中華料理店進餐。曾在我奉天的研究所研究砒素劑的馬楊武君,是這個診療所的所長。聽説他曾進過監獄,問他是什麽罪名,他没告訴我。真所謂變幻無常。

二十三日,迎接我們的波哥達號入港,大家立即乘船,午後五時出航。二十五日,到達仁川,一起乘船的朝鮮人下去了。二十八日,到達佐世保港。在佐世保停留六天,進行檢疫和辦理歸國手續。到此爲止,算是過了歸國最後一關。鄉里廣島的情況,我一無所知,而且今後的工作在廣島毫無用武之地,所以盡可能到大城市週邊爲妥。决定暫時先到姬路内地太太娘家落脚,六月三日午後三時,乘歸國列車自南鳳崎出發。第二天四日午後十二時半,到達姬路站。

注 76　魏君,如前所述,父親的得意弟子魏如恕。

注 77　三號機,美軍螺旋槳雙發運輸機。没有消音裝置的貨物倉裏,擠滿了中國人和日本人。高度爲二千米低空飛行,空中漩渦很多,激烈地搖晃,加上噪音轟鳴,一小時的飛行,暈機的人漸漸出現,那是一次多難之旅。

注 78　前門,指前門大城樓。紫禁城(明清王朝的宫殿)正門。我們歸國者在那樓上住了一夜。有名的中國前門香煙盒上印有圖案。這天傍晚,自蒙古沙漠刮來黄色塵埃,整個天空被染成黄色,非常壯觀。

注 79　草席,用草編的席子。但是,滿洲的草席很便宜,好像是用高粱的莖殻編成的。

追憶大谷光瑞猊下

現在想一想,大正三年(1914)十五歲時去了大陸,一生中最重要的三十四年在大陸度過了。四十九歲將進入小老年代,再一次回到母國。這期間,我一直是遵循猊下命令在行動，自始至終堅守着一定發揮些作用的信念，結果是一直受到栽培，而卻沒有發揮任何作用，感到無比慚愧。

猊下在大連迎來了戰爭結束時期，二十二年(1947)春歸國。聽說猊下在別府療養，我真想馬上去探望，但是終究未能成行。於是發了一封信，報告"平安返回"。不久即接到"啊，平安歸來，太好了"的回信。一直想去拜訪他，可是，二十三年(1948)十月五日接到猊下逝去訃告，結果最終失去了面見謝罪之機會。關於猊下，有無數回憶，在此僅舉印象最深的一兩件事。

記得那是昭和十二年(1937)的事，因爲某種工作，非常繁忙，正在拼命地應付中，猊下從大連發來電報，説"馬上過來"。是什麽重要事情呢？放下手中的工作，馬上去了大連，到遼東賓館拜訪猊下。猊下説："哦，真來了。鮮花盛開，太美了，我想讓你歇口氣，把你招呼來了。"我以爲是什麽重要事情，急急忙忙地跑來，所以多少有點兒感到失望。但是，那天和猊下進行了非同往常的親切交談。猊下對我説："我至今培養了很多人，結果真正成才的只有你啊。"我當時還根本談不上已經成才了，所以不明白這番話的意思所在，只是在想，"哦，猊下年老了"。年輕時候的猊下曾説過"談論過去是痴者"，確實是很少聽他回憶往事。猊下自二樂莊以來，幾乎每年都募集學生，培養的學生總數大概已超千名。大多數人不知不覺地離去，二樂莊以來一直與猊下保持着關係的人幾乎沒有。我想猊下也許感慨這件事吧。

還有一件，就是不老藥的事。

我曾經接受過猊下這樣的命令："我希望能多活些年，更多地爲社會作貢獻，爲我研究一下長生藥。"中國文獻中有很多關於不老藥的記載，但是真要給猊下服用的話，不能隨隨便便地應付，要做動物實驗，多少要證明有點兒效果，否則不能讓猊下服用。雖然有這樣的想法，但是，實驗一直沒能進行，時間慢慢地過去。昭和十六年(1941)，猊下在東京罹患重病，住進醫院。我正巧參加學術會議去了東京，聽説此事，馬上去醫院探視。當時，剛剛脱離危險，病情處於平穩狀態。見到我，猊下説："到七十歲還有三年，不管怎麽説，還要工作。托你的藥，趕快給我做。"那時，一邊説"還有三年"，同時伸出細瘦的手指，使人産生一種微弱無力的感覺。我決意不管怎樣，要馬上找到什麽藥先讓猊下服用，什麽動物實驗啦，已經沒有考慮的餘地了。於是，回到奉天以後，去了叫"寶和堂"的中國人藥房，買到"至寶三腎丸"郵送到東京。雖然不知道那個藥效果如何，可是猊下説特别有效，而且非常高興。以後又受命多次郵寄過。如此相信的藥物，在去世之前一定極其希望得到，可是沒能及時寄送。這件事，我一直都感到非常非常遺憾。

回到日本後，第一個問題，就是選擇工作單位。自己的專業非常局限，適合我專業的部門很少。因此，我只好下決心放棄自己的專業，重新尋找人生，不管什麽工作都可以。可是，非常有幸，承蒙久野、荻生兩先生關愛，使我能夠在鹽野義製藥股份公司工作，并接受了二十三年(1948)九月一日頒發的委任狀。從那時起至今很快又過了十五年，關於這段時間的回憶，下次有機會再敘。(昭和三十八年四月十日至六月十日口述收錄)

附　記

去年自“成人病中心”出院時，岡西先生説“今後我想重新搞一搞金元醫學”。記得隨後又見面時（或許是隔了一段時間），先生深切地説，“真想將大陸時代的經驗編輯成冊保存下去，可是大概沒有時間了”。先生在大陸生活長達三十四年，以至《大乘》“編輯後記”竟然如此記述先生：“竹孫先生內地出差結束，近日應已歸還故鄉蒙古”。先生親身體驗的大陸風俗習慣及關於滿大所藏書籍的回憶，最終未能成書，遺憾之至。（赤堀昭氏記）

昭和四十八年（1973）五月五日卒，享年七十四，圓德院釋淨爲。合掌。

關於《竹孫半生記》

這本小冊子是父親去世後，鹽野義製藥公司有關人士送給我們的，母親一直保存着，我幾乎是第一次通讀此本。這爲我了解父親年輕時代所走過的路，以及重新認識父親的工作內容提供了機會。先父年輕時曾作過和尚，以後又成爲醫學博士，這種人生經歷，作爲兒子的我很難理解。在家裏作法事時，讓僧侶坐在一旁，自己誦經，有時還彈風琴。對父親的舉措，常常感到不可思議。又聽父親説，曾經用朝鮮語佈教的事，當時半信半疑，一聽了之。讀了這本談話錄，爲什麽由和尚轉爲醫學者這個幼時的疑義，終如冰釋。

這本冊子，完全根據口述原稿而記錄，文體未加整理，完全表現了父親平時談話語調，有時感到很好笑。例如，“～している”、“～していた”，廣島方言説成“～しておる”、“～しておった”，而且是屢屢使用。此外，現在因認爲是民族歧視而成爲死語的“支那（人）”，父親像滿洲時代一樣極其自然地使用着。前些年，邱永漢氏曾尖鋭地批判這種稱呼具有歧視性。特別令人感動的是，父親回憶中涉及到人名、地名，乃至於年月日等，都十分詳細而準確。關於滿洲的體驗，我也暗地裏編寫着，但是達不到這種嚴謹程度。在滿州時，我還很年輕，所以對當時種種事件的政治、社會背景不太理解。可以説，今日讀了這本冊子後，方使我對一些事件背後的國際政情開始有所了解。編輯重錄中，發現第五章末尾兩節，即《滿洲の藥材》、《新修本草》完全脱落了。仔細翻閲一遍，原刊載雜誌的油印本，與最初的第一號內容并不完全相同。這是雜誌社的疏忽。想起這也許是父親下功夫最深的著作之一，頗覺遺憾。但依據再錄的目的，這部分內容過於專業，故未與原出版社商談，就將這部分內容割愛了。

令人懷念的人們

父親逝去，轉瞬間已二十二年。今日再閲武田氏所錄談話筆記，哦，當年的父親是這樣度過的，當時的父親是這樣考慮的等等，重溫父親的人生足跡，并叢生諸多聯想。幾多令人懷念的滿洲地名、人名，時時寓目。文中所記大學方面的先生們，常常來訪我家，所以都很熟識。另有一些先生，在父親豐富的影集中亦曾得以相識。特别是圖書館的佐野輝夫氏，歸國後常光顧寒舍，父親的葬儀也前來參加。他喜歡喝大碗酒，擅長馬拉松，還愛琢磨俳句，是一位多才的先生。書法甚佳，父親的靈牌即蒙先生揮毫。此外還有很多中國友人，也經常往來於父親左右，都很面熟。其中如父親最得意的弟子魏如恕氏，曾替我們墊付了高額的飛機費用，真可稱爲我家的恩人。因爲論文的事受到父親嚴厲地訓斥，令他感到很羞愧。他是一位溫順善良的人，對父親的嚴格指導，感以大德，所以在我們成了戰敗國民以後，誠心誠意地回報師恩。以後，也偶爾從中國發來書信。那琦氏現住臺灣，早年訪日時來探望父親，那時我家只有一把椅子，中國人沒有坐榻榻米的習慣，所以他一直站着和父親談話。當時覺得很不好意思，可是沒有辦法。其他還有很多人，在父親的回憶中時時出現。那些背影猶如昨日之情景，常常浮現於眼前。

關於"光瑞氏"

父親終身師事大谷光瑞師，經常稱其爲"猊下"、或"光瑞氏"。猊下照片經常掛在房間的牆壁上，其墨跡也長期懸挂於室內。猊下給予父親以超凡的吸引力，堪稱父親的伯樂、人生路上的領航員，自始至終爲父親設計行動計劃（行動方鍼亦有過幾次變化），不斷地指明行動方向。此人身爲真宗本願寺派法主，作爲教團組織者並不成功，但其氣宇寬洪，性格豁達，積極於海外開展活動，曾組織著名的大谷探險隊，是將中亞及絲綢之路文物介紹到日本的偉大人物。猊下自身亦精通梵語，是一位經典學者，具有極大的時代影響力。娶九條家姬爲妻，其妻爲貞明皇后之姐，故猊下又成了大正天皇的皇戚，而且是雙重姻戚，即猊下之妹嫁至九條家，即著名的憂愁歌人九條武子夫人。

父親本爲猊下亞洲興隆運動、本願寺教團活動在滿洲之一士卒而已。其後，離開猊下麾下，而於本願寺毫無關係的領域自成一家，但是與猊下之因緣至終未曾斷絕。如本冊最後所敘，唯命是從地應猊下之召，自奉天奔赴大連，結果只是爲了風雅賞花，這難道不是令人發笑的師徒交流情景嗎？

這樣一位廣島出生、成長的商人之子，以滿洲大陸爲場所，成長爲中醫發祥地的學者，并與各界名流及外國人士交流。一名戰前殖民地時代的日本人，所具多姿多彩的人生，謹以此文緬懷之。

蒙古探險談

蒙古探險，是特别值得記述的，本書亦用較大篇幅敘述了年輕時代的蒙古探險經過。以後家中聚客，喝酒到興頭時，一定會談起蒙古的話題。本來不愛講話的父親，這時卻猶如宣教典故，一直唱主角。但是等客人散了以後，父親會作出一幅惡作劇的樣子説："説些瞎話，大家嗯、嗯，當真地聽了。"其實，爲了引起聽者的興趣，雖然沒有達到吹牛大王孟豪森男爵的程度,也許在講述中多少有些添枝加葉。在那不能自由外游的年代,說説外國趣事,大概是最受歡迎的下酒菜了。蒙古探險的故事,使人想起山中峯太郎所著《敵中横斷三百里》和《亞洲的黎明》的内容。我家有一張風貌完全不同的照片,不知是不是探險時照的,以雪爲背景,父親身着鼓鼓囊囊的蒙古服,戴着防寒帽。此外,家裏好像還有蒙古土產品,某一時期,籃子裏裝了好多山羊乳奶酪,我經常悄悄地拿着吃,偷偷地享受美味。但是,父親在風雲急變的國際形勢中付出了犧牲,險些喪生於蒙古草原,再一次令人感到命運之奇特。

儘管如此,對於父親當年在遼闊的蒙古草原的駱駝隊,出發自何處,奔馳向何地,如何行進等情況,很感興趣,打算在地圖上重新勾勒軌跡。但是,沒有那個地區的詳細地圖,只好依憑大致想象而已。此外,很多用漢字標記的滿蒙地名,沒有辦法解讀,只好按照雜誌原文記錄下來。父親時時哼着蒙古歌曲,那悠閒寧静的回響,似乎來自遠方那茫茫遼闊大草原。

父母成婚、住房

與母親簡樸的婚禮,前已敘述。母親由溫暖的山陽,嫁到所謂“馬賊出入”的“人外鄉”、零下三十幾度酷寒的滿洲僻地。戰爭結束歸國後,聽説因爲母親是丙午年出生的,這件事父親也説過。一到冬天,從雙層玻璃窗戶的間隙吹進雪花,冷得要流淚,這樣嚴寒的早晨,睡在牀上的我,望着很早起來,在難以點燃的煤炭爐子前生火的母親身影,幼小心靈中發出“太辛苦了”的哀憐。記得每年冬天,母親的手皸裂得很嚴重,總要從老家帶來松脂成份的蠟藥,用火筷子溶化後塗入患部。

結婚後,父母的住宅情況好像并不太好,曾多次搬家。最初住帶有庭院的房子,冬天還在後院澆一個小小溜冰場。不知什麽原因,以後四次搬家,房子一次比一次窄。文中記述的摯友龜山先生,爲幫我家解决住處,曾將他醫院的一棟借給我們。好不容易剛剛搬進兩間的公寓,正值戰爭結束。父親成了醫學院留用技術人員以後,受到中國方面優厚待遇,讓我家住進四戶合建住宅,我們從來沒有住過這麽大的房子,其後一直到歸國都住在那裏。

父母結婚、安家落户後的二十年間,竟然搬了六次家,這對於曾决意葬身滿洲,而卻未曾求得長久住宅的父親來説,是一個諷刺的事實。歸國後,定居於人地生疏的京都,長年居住在租借的房子中,後來將這所房子買了下來。第一次有了自己的房子,禁不住喜形於色,而這是口述以後又過了數年的事了。

父親和我

我自幼小時起,不知爲什麽,總覺得和父親不太親近。和最小的弟弟不同,我經常受到訓斥,成人後也很少和父親交談。現在想想,父子之間應該敞開胸襟談論的事,真是太多太多了,追悔莫及。父親是乍一見面好像難以接近,其實是愛説俏皮話、比較容易相處的人。我不知爲什麽自小就養成了躲避父親的毛病,關於父親的事也不想詳細打聽。父親逝世後數年,接觸到父親的遺像、作品以及這本《半生記》,心中仍有餘悸。父親已經成爲遙遠的"歷史",現在終於沉靜下來,能夠輕鬆地與父親相對了。此時的我,對於動蕩時期身居海外,處於動亂中的父親,開始有所理解,於是通過"父親的酒"這篇隨筆,表述了我的感受。

這篇隨筆,在父親的遺作《中國醫書本草考》紀念出版時被附載。這部著作,父親逝世後不久,有賴生前友好的深情厚誼得以刊行,是一部厚厚的專業性書籍。書後附有"回憶"目次,共有十幾頁,承許多傑出人物不吝賜稿。此書裝訂精緻豪華,卷首載有父親昭和四十八年四月八日作於"京大結核研究所病牀"的序文。住院中完成的此序,是去世前不足一個月之作,實爲父親之絕筆。攜妻至病房(大阪成人病中心住院檢查)探視父親時,病情稍有好轉的父親,趴在桌上孜孜不倦地書寫着的身影映入眼簾。我這個門外漢,以遺族代表的資格,接受了編輯赤堀氏的約稿,雖然自知是與學術著作不相符合的內容,但仍作《父親的酒》一文,附錄於豪華精裝版《中國醫書本草考》中。拙稿展現了父親"嚴謹率直"以外的一面,熟知父親的諸先生,對此發出驚異反響。從某種意義來說,那是一篇獲得好評的小文。本文展示了我與父親極少的坦誠交流一例,因此,不顧文筆拙劣,附錄卷末。

父之臨終

我們孩子們,在父親病至晚期時,將疾病真情告訴了他,但是一直瞞着母親。父親病逝後,母親略有哀怨地說"只有我一個人不知道呀"。住院時日夜不離地看護着父親的母親,與其告知死期將至,還是隱瞞這殘酷的事實爲妥。聽說肺癌非常痛苦,但是父親從未訴說過,默默地臥在病牀上,有時出現幻覺症狀,會譫語"釋迦來了"。這也許就是所謂的"臨終"吧。住院前後的情況,後文佐野氏和峰下氏的尊稿中詳敍,故此不贅。父親臨終前,我們兒子們在他枕邊低聲地商量葬儀等事情,現在想想真是不肖至極。五月五日,我和孩子們去天瀨水庫郊遊時,父親過世了。臨終前只有母親一人相伴。或許有死後"捐獻屍體"的遺願,或許因爲是基督教徒,很簡單地將父親遺體拿去解剖了。極其現實主義的母親,連父親的頭髮、指甲都未截取,即火化了。葬儀結束後,母親回到已失去主人的家,忍着寂寞度日。

令父親自豪的陳列館

本文中敍述了大學陳列館。我經常到大學去玩,陳列館也是熟悉的地方。曾被父親命令打掃衛生,提心吊膽地進去了,那是一個氣氛陰沉的大廳,一個人呆上半小時就會產生恐懼感。一排排玻璃櫃子中,陳列着動植物標本、胎兒標本及照片。屋內光線暗淡,猶如可怕的伏魔殿。但是,對於父親來說,這裏卻是一座薈萃了滿蒙各地瑰寶之山。父親曾說過的睾丸比人體還大的橡皮病患者照片、頭上長着一個巨大的類似蒙牛角的少數民族老人放大照片,這種奇異的地方病,令人膽戰心驚。最不能忍受的,是那可怕的身穿白衣、帶防毒口罩的模型。還是孩子的我,感到父親常來常往的蒙古邊境,是一個遙遠天際,魑魅魍魎居住的國度。

《宋以前醫籍考》舊話

協助編輯、刊行父親遺書的赤堀昭氏(曾爲《竹孫半生記》撰編輯後記),在父親逝後,常常爲出版和藏書的事來訪我家,承蒙諸多關照。但是,現在他也因病住院接受治療。刊本《宋以前醫籍考》曾被赤堀氏借去,不知爲什麽,臥病於牀的母親對此很介意,多次打手勢催促他"快點兒還回來"。爲了讓失語的母親安心,讓他特意把書還回來了。本來那本書,經與家姐商量,已經打算送給他了。這件事很對不起他。這部書成於戰爭結束後,當時幾個月一直停電,父親點燃豬油照明,一字字地認真謄寫的身姿,不時浮現於眼前。

關於父親的學問

當時在中醫學發祥地的中國,中國醫學基礎研究尚未開展。歷經漫長、廣大的時空,蓄積流傳着龐大的中醫傳統醫學古籍,而典籍整理及文獻學研究陷於停頓狀態,父親正是站在了這個領域的最先端。因此,日、中弟子頗多。對於再次發掘祖國瑰寶的父親,中國人報以深厚的師弟之禮。其中很多人,戰後在中國本土或臺灣,仍然繼續進行研究。父親的著作,作爲這一領域的重要參考書,被中國、日本的大學及圖書館收藏,稱爲具有開拓性價值的要著。平凡社出版的《大日本百科事典》中"漢方"條目,收錄了父親執筆的諸多內容。可是,正如後文所述,父親的研究業績具有如何的意義,我們家屬全然不知。記得父親沒後,來自各方面及多家出版社關於遺書的商談,還有對於父親傳記的詢問等等,作爲門外漢的我們,根本無法回答,覺得很難爲情。對父親的工作及其周圍情況,基本毫無關心,因此無可奉告。這真是對父親極大的不肖。

父親雖然是一位醫學者,但是在滿洲未曾從事臨牀工作,倒不如稱其爲一名書誌學、文獻學研究者吧。更有趣的是,如果問起他中藥療效,他馬上會回答說"那種東西沒有效"。現今西洋醫學處於停頓狀態,故開始重新審視中藥療效。以中藥爲主的東洋醫學,拂去了數千年的神秘面紗,出現了大流行的徵兆。父親所說"沒有效"的中藥及療法,正引起世人注目。不是因爲"沒有效",相反地,而是以其所具緩慢、持續的療效特性,又獲得了人們的信賴。

父親的博士學位證書,現仍放在舊宅。那是由文部省發行的淡黄色和紙證書。記得母親經常説:"聽說只要肯花錢,請人寫論文,任何人都能得到博士學位。可是你父親,勤勤懇懇地,完全靠自己的能力得到了學位",一邊批評着他人,同時亦褒揚了父親。關於博士論文題目,如前文中所述,對於當時滿洲稱爲"自殺草"的胡滿蘆草本,父親作了徹底研究,其成果受到認可。還記得,父親曾將那時報紙記事剪切下來,珍重地保存着。父親一邊搞自己的研究,同時還爲後輩、弟子等制定研究課題。由於指導得當,包括中國人在內,父親培養了多位醫學博士,活躍於醫界。

我對於父親的學問,只有一種印象,即他總是在翻閱那些破舊書籍。與父親的合作僅有一次,那是受父親委託,曾幫他將論文的一部分翻譯成英文。其他基本屬於不關心、不理解、無關係狀態。我們兄弟二人,在職業、學問方面,完全與父親的"後繼者"無緣。在某種意義上來說,父親或許爲此曾感到寂寞。所以,德島大學年輕的藥學研究生向姐姐提婚事時,最高興的要屬父親了。後來,婚事未談成,父親一定是大失所望。我家專業書籍堆積如山,父親沒後,對於我們來說,這些無用武之地的貴重書籍,接受各方請求,均寄付於各處了。這樣一來,父親在世時的舊書齋,已經面目皆非了。

關於父親的學風,其摯友京都大學人文科學研究所名譽教授藪内清博士,曾這樣讚譽到:失去了這樣一位難能可貴的學者,不僅對我們來說是一件無限痛苦的事,也是學界極大損失。遺憾之意,難以言表。此次,由仰慕博士的各方同心協力,《中國醫書本草考》終於得以刊行,這至少是一種慰藉、一種喜悅。其中收錄了很多尚未發表,或已經在各種雜誌上發表的貴重論文。我曾經承領過數篇論文單行本,并得以參考利用,但是尚有大量未見者。博士的學風,歸結爲一語:探求淵源,立論鮮明。可以說,每一篇論文都充分地反映着博士誠實的人格。我曾編寫過數冊中國科學技術史專著,并請求博士投稿。讀其文稿,不曾有一處訂正,從編輯的角度來說,沒有提出任何異論的餘地。其稿或許是出於精心修改,或許乃是積年蘊蓄之心得所成,每當得賜稿件,崇敬之意,油然而生。(中略)此書對於通覽中國醫藥學史,具有極大參考價值。關於日本醫學史,有富士川游的古典名著。而就中國現況而言,在此領域值得信賴的專著尚未問世。現在日本對漢方醫學的關心日益高漲,如此優秀的著作得以出版,令人爲之歡欣鼓舞。這部著作無疑將成爲中國醫學史上之名著。父親晚年雖重病臥牀,此書免於半途而廢,最終得以刊行,九泉之下的父親將爲之欣慰。

如前所述,父親的摯友,曾擔任圖書館司書主任的佐野輝夫氏,於同窗會機關報《輔仁》上刊載了以下悼文。

噫! 岡西先生

佐野輝夫

七月十七日祇園祭。去年的今日,第一次住進大阪成人病中心,今年五月五日兒童節日,七十四歲的岡西先生,因醫治無效,於京大醫院與世長辭了。解剖結果報告:肺癌。七十四歲,走得太早。對於先生來説,工作何嘗已經完結,仍有很多研究尚待進行。記得前年五月訪問先生時,對我説,去伏見山莊(次男築造)看看吧。於是隨先生、太太,三人同行。當時先生拿着一個小包袱,可是行未百米,先生揮着那沒有血色的右手説,"哦,不行了",把小包袱交給了太太。又説"沒關係,常常會出現這種情況,疼痛等症狀什麽也沒有"。後來到了山莊,次男夫妻和剛能搖搖晃晃走路的孫子大吾君迎接我們。於是,先生從小包袱中拿出爲我精心準備的一壇名酒。感激之情,難以言表。冷藏以後品嘗,真的是上等之上等,至今仍感覺酒香盈懷。嗚呼！祇園祭日住院，兒童節日逝去，不能選擇的期日之偶合。此時不禁回想起那伏見山莊之行。

東本願寺（編者注：西本願寺之誤）謚先生以"圓德院釋淨爲"的崇高戒名。先生一生始終不渝地師事已故大谷光瑞師，這也是理所當然的回報吧。在戰爭結束以及戰後極不安定的環境中，先生的研究及筆耕，始終未輟。關於先生的研究及著書情況，世人已有論述，故不再贅述。先生對那枯燥的《本草綱目》投入了終生精力，不日可望受到學術會議之報導，對於其偉大業績給予充分地研討，雖然爲時稍遲，學界仍當報償先生高尚學德，此乃深切之祈念。我曾受託收集有關森立之《本草經集注》的資料，關於此事，本打算今年夏天去京都與先生詳細商討，現已成爲永久的遺憾。此外，曾收讀先生關於利用東洋文庫、宮內廳公文書庫等所藏文獻之書函，皆未果而終，遺憾至極之情，難以言表，正所謂"沒法子"。鹽野義研究所岡西研究室的名稱，也許從此消失，但將相繼出版的一部部優秀著作，將在學界永放光彩。相信并期待繼承先生衣缽之學者不斷湧現。合掌。（昭和四十八年七月十七記）

再有，本文中數度言及大學時代的後輩峰下銕雄氏，亦曾撰追悼長文，追憶父親之晚年，現一併附錄。

緬懷岡西先生

峰下銕雄

岡西爲人先生（醫學堂第五屆、大正八年畢業）於去年五月五日午後五時半，安靜地結束了七十三歲之生涯。雖屬昔云古稀之年，而今仍應稱正當年。記憶中，大概前年末與先生相見時，見他面呈浮腫，據説已於阪大醫院檢查過，結果發現左肺下葉有一寸左右之可疑物。因爲未能確診，故於去年七月，再入大阪府立成人病中心，住院接受精密檢查。結果與阪大醫院相同，仍未能確診，住院一月餘後出院。在此期間，并未出現衰弱狀態。到醫院探望，先生仍然在努力工作，枕邊堆着一摞書。真忍不住想勸慰先生：既然住院了，就應該靜養。病情稍有好轉，出院以後，據説先生仍時常到研究所來。今年二月，聽説先生又住進了京大結研醫院。與高松英雄教授見面時，曾説數日前因呼吸困難很痛苦，但抽出胸水後輕鬆多了，又精神起來了。其後過了一個多月，去探望先生時，仍然是笑聲爽朗地説：覺得這次肯定是沒治了，可是仍覺得總能被死神放過啊。先生仍在繼續工作着。夫人倚在病牀旁微笑着説，去年往返於住所京都和大阪醫院之間，非常辛苦，這次住進京大醫院則方便多了。令人感到，這是諸多痛苦之中唯一之安慰。

以上是發病以來的大概經過。五月五日黃昏時刻，先生踏上了黃泉之旅。

病理解剖結果爲左肺癌變。先生本身對自己病情是否了解呢？在成人病中心住院時，大概自己開始擔心，所以更加抓緊工作。以後，在京大結研住院時，流露出逃脱死神的心境，或許是樂觀地認爲，此病乃年輕時所患肋膜炎的再發作而已，一時處於安心狀態。不管怎麼說,直到最後,一邊臥牀,一邊對此生最後一部書《中國醫書本草考》,進行了推敲與校正。這種至死不離筆桿的氣魄,若非不畏病魔、鞠躬盡瘁的人,是無法做到的。對於熟知先生堅強自制及高尚品行的我,完全能夠理解先生的精神世界。

岡西先生是一位非凡的人。在此回憶一下先生講述過的諸多事情,雖然是片斷性的,時代順序也許相互倒錯。先生少年時代,在大谷光瑞氏經營的神户六甲山度過,正式名稱不清楚,據説類似英才學舍,接受特殊教育。長大以後,進入南滿醫學堂接受醫學教育,也是遵從大谷光瑞氏指示。醫學堂畢業後,在大連醫院內科短期實習,不久即去了上海,一邊從事大谷氏的秘書工作,一邊擔任當時創刊的雜誌《大乘》編輯,同時又筆耕不輟,填補雜誌的一部分篇幅。其間曾較長時間深入支那內地雲南,就是在此次旅行中,獲得了毒草胡滿蕯。此後,對胡滿蕯進行藥理研究,同時撰述了學位論文。杉本重利君和我於昭和七年(1932)春季,進入藥物學研究室時,正是先生於大正十二年(1923)返回母校後,擔任助教時代。因此,真正了解先生是自此時開始的。

當時那些龐大的中草藥標本已經大致收集完畢,并編輯刊行了《和漢藥標本目錄》。還有關於中國醫學的大量書籍,堆在二樓一個房間裏,昭和六年(1931)編輯、刊行了《中國醫書目》。以這些醫書爲基礎,多種優秀著作相繼問世。可以認爲,這些工作是受久保田晴光先生之命,由岡西先生獨自完成的,先生的中醫學知識,及有關本草書誌學的基礎知識,均是在工作實踐中逐漸鞏固起來的。先生曾兩次參加滿大組織的蒙古巡迴醫療例行活動,即第二回和第十回。據報第二回赴蒙時被拘捕,消息不明。

我們來到研究室時,對於研究題目中提到的中藥,首先利用古醫書,作文獻學調查,當時指導教師是岡西先生。除向先生請教問題時,先生經常是一言不發,所以雖然在同一房間工作,一整天都不説一句話的事情,并不奇怪。但是,只要有問題請教,先生則古今縱橫,盡展其蘊蓄,我們只是暗暗佩服不已。如此寡言的先生,只要飲酒一杯,則情緒煥然,真是一位好酒者。

不久,東亞醫學研究所獨立,先生到那裏任副教授,人事上脱離了研究室。先生身邊,包括中國人畢業生在內,經常有數位研究生接受指導。(中略)先生對中醫及本草學的精深造詣,及其傑出的研究業績,坦率地説,尚未在學界充分擴展深入。對此事實,深感遺憾。

這是很早以前的事了,大概是皇紀二六〇〇年(1940),作爲國家例行的紀念活動,徵集代表各學術團體的優秀業績,先生受命執筆介紹本專業内容。先生以"明治以前日本藥物學史"爲主題,完成了編寫任務。但是由於承辦者逝世,及戰爭勃發,原稿無法彙集,聽説此事不了了之。此外,數年前先生被推舉爲東洋醫學會會長,曾於京都主辦學術會議。在此可以略説,先生其實對這種事並不太感興趣。先生所從事工作的真正價值,并未受到真正重視。面對這一事實,令人頗感焦急。記得是近十年前,先生曾被推選爲學士院奬候補,大概是出於久野先生的厚誼,但是先生盡量避免那種惹人注意的事。先生日常生活一絲不苟,是衆所周知的,每天早晨必定比別人提前一個小時來到研究所,傍晚下班時間一到,一分鐘不差地離開研究室。如此每天往返於京都與大阪之間,雖然勸說他不必那麽辛苦,可先生卻説這樣做對他來説是最輕鬆的。不僅工作如此嚴謹,學會發表論文時,雖然是帶論文去參加,但是事先仍要郵寄一份。先生認真的態度,曾幾次下決心仿效,但是很難實現。與中國恢復邦交後,先生發揮作用的時期即將到來,可是先生未能等到那一天而逝去了。喜聞先生的《宋以前醫籍考》,已由北京人民衛生出版社刊行。

今天,我們失去了一位名副其實的滿大出身、具有真實學術水平的學者。未給後繼者留下任何遺願,直至最後的瞬間仍緊握筆桿,逼視着消失於世間的自己。緬懷先生的氣概與心境,悲慟不已。祈禱冥福!(四十八年七月一日)

父親的酒　岡西一彌

父親已逝去五個月,值此之機,回憶一段舊事,即“父親的酒”。父親喜歡吸煙,曾數次戒煙,均未成功,最後終成害命禍根。飲酒,自戰爭結束後,改掉了晚飯時喝酒的習慣。以前父親極愛喝酒,常常聽母親提起,三十來歲時的父親,那時整天一直專心寫稿,還一邊咕嘟咕嘟喝冷酒,每到月末,一升裝的酒要喝掉數瓶。沒辦法,母親只得將酒藏起來,可是根本不進廚房的父親,卻能出人意料地翻出來,這純粹是“盜酒”行爲。後來每天喝酒的習慣改掉了,但是客人來時,仍要陪飲幾盅。當然也有例外情況,例如回憶蒙古探險時,多是以酒助興。還有一件近年發生的事,宴會上喝酒過量的父親回到家裏,母親極其生氣地數落:“這麽大年紀了,還貪酒無度”,對因大醉而折騰痛苦着的父親,賭氣置之不理的場景,記憶猶新。也許是遺傳吧,我也是個愛酒的兒子,雖然想讓父親盡情地飲,可是體恤母親嗔怪父親的憂心,只好付之一笑。

關於飲酒,有一個刻骨銘心的記憶。

昭和二十年(1945)八月,戰爭結束前後,在滿洲的日本人,擔憂蘇聯軍隊進攻,打算向朝鮮疏散的婦女兒童們,成群結隊地聚集在滿鐵沿線。當時居住在奉天的我們一家,除父親和我之外,母親、弟、妹三人也將疏散,三人收拾行李先出發了,父親要拿着大行李隨後到車站送行。可是,時過晌午,喝了大量高粱酒的父親,醉眼朦朦的目光盯着我說:“你是男子漢吧,一起留下來? 好!”一邊這樣翻來復去地説,仍然手不釋杯。馬上就要到疏散列車發車時間了,可是沉醉的父親一點沒有起身的意思,怎麽勸說也不肯動。好不容易,背起大行李出發了,可是猶如膝下無腳,一下子從臺階上滾落下來。此後,依仗半醉的倔強,繃着蒼白的臉,碰撞着樹立的看板、依憑着路邊的樹木,就這樣陪着父親走到車站,費時頗多。這也許就是被親人離散的殘酷現實所折磨的“絶望酒”。現在想來,父親是在故意耽誤時間,使母親他們來不及乘車。在車站流着眼淚、等得焦急的母子三人,被父親的醉態驚呆了,這哪是離別的時候呀! 結果是沒來得及乘車。“反正是死,一起死吧”,這樣戲劇性地商量好後，全家一起垂頭喪氣地回家了。其後，全家免遭災難，平安無事地度過了二十五年。後來聽説，當時疏散到朝鮮半島的人們，遭難種種，相反地生死離散的家庭不少。或許是父親的酒，拯救了我們一家。

此事暫且至止。我曾捫心自問，當時是什麽原因使父親如此大醉？出於推測，父親生前耽於書籍，不理日常雜事，不患金錢得失，即使重病臥牀，亦未曾訴説過痛苦。如此心境恬淡的父親，二十八年前，那悲傷絕望、不顧一切的泥醉狀態，使我真正懂得了父親内心深處。（四十八年五月）

一九九三年四月六日《朝日新聞》，極其意外地登載了介紹父親著作的報導，在此轉引如下。此文似同仁後學大塚氏所作，載於報紙“相遇之情景”專欄。意想不到，父親的學風餘韻至今仍縈繞於世，胸中不禁湧起一波暖流。

《宋以前醫籍考》

大塚恭男

關心中國醫學史的人，無人不知岡西爲人先生及其名著《宋以前醫籍考》吧。我初次耳聞先生高名，是於留學德國時的昭和三十八年（1963）。

承蒙法蘭克福大學教授、東洋醫學權威 Otto Carr 先生邀請，至其府上做客時，Carr 先生對我説：“能不能幫我在日本尋得岡西先生的《宋以前醫籍考》”？先生一邊盯着不明其義的我，一邊拿筆用優美的漢字寫出了書名。我馬上給父親寫信，轉達了先生的委託。但是，此書是由斷絕了外交關係的中國出版的，對於日本來説，猶如一部“夢幻的名著”，遺憾地辜負了 Carr 先生的期待。

其後，我開始對醫學史發生興趣，在進行各種調查的過程中，感知到岡西先生的工作，猶如萬里長城之高大與綿延久遠。

我應當鼓起勇氣，乞教先生。首次至府上訪問先生，是昭和四十四年（1969）。

到達京都市北區先生的住宅，是下午一時左右。隨着話題的展開，先生亦越發興奮起來，不斷談起旅居中國東北地區時期的舊事。比如，在一望無際的草原採集甘草時，不意間超越國境，被蘇聯憲兵拘留數日的事。還有，敗戰後歸國時，由於限制行李重量，爲了多帶些書稿，只好盡量剪掉沒有文字的空白處。如此等等經歷，先生用淡淡的口吻講述着。（北里研究所東醫研所長）

平成七年二月二十八日印刷

平成九年一月一日第二刷

宇治市南陵町四丁目一番地八十三　岡西一彌

（郭秀梅譯）

岡西爲人年表

明治三十一年(1898)　1歲

八月三日生於廣島縣安佐郡福木村字馬木(現安藝郡安藝町)。父岡西德太郎(大正十年沒),母キリ(昭和十四年沒)。兄弟八人,行第六。年長三人夭折,成人者僅一姐、一兄、一弟。(圖1、圖2)

姐ヨシズ,嫁田川家。兄松若,過繼升花家。弟岡西里美,中日戰爭結束時病卒。

明治三十八年(1905)　7歲

入村立高等小學校。(圖3)

明治四十五年(1912)　14歲

轉入廣島縣縣立師範學校附屬小學校,每日往返十餘公里步行上學。

大正二年(1913)　15歲

升入武庫佛教中學,因年齡偏大,直接編入二年級。學校由西本願寺法主大谷光瑞猊下創辦,設於鄰近國鉄攝津本山車站之西北山上。學校生活仿軍隊式,由十餘人編成一班,數班合成一總班,一年級即爲一總班,採用自治制度。

大正三年(1914)　16歲

京都本山發生貪污事件,大谷光瑞猊下引咎辭職,學校關閉。學生原擬分編入本願寺所經營之京都平安中學、金澤北陸中學、佐賀龍谷中學。因學生反對廢校,暫回家等候。

五月,奉大谷光瑞猊下指令,赴朝鮮京城。居京城本願寺朝鮮分寺,由朝鮮開教總長松原含藏接待,接受佛學教育,并學習朝鮮語。逢週日及春分、盂蘭盆會等節,舉行說教或講演,經常參加法事、葬儀等活動,并爲週日來校之兒童講童話、彈風琴、教唱歌等。(圖4)

大正四年(1915)　17歲

四月,奉大谷光瑞猊下命令,自朝鮮仁川乘船至中國大連。時本願寺正建造大連分寺,暫住分寺所辦之播磨町幼兒園。向園長小川美代治學習漢語,以《急就篇》爲教材,四個月學完。

九月,奉大谷光瑞猊下指令自大連赴奉天,作爲旁聽生進入南滿醫學堂。當時山田基任堂長。同級學生共三十七人(日本人二十三名,中國人十四名)。入住本願寺奉天辦事處,課餘協助處理寺内雜務,或參與法事及葬儀等活動。(圖5、圖6)

大正七年(1918)　20歲

春,醫學堂四年級。於奉天接受征兵檢查,甲種合格。預定當年十一月入伍,先期返日探親。正遇流行性感冒,十一月八日,二弟患流感去世。

十二月一日入伍,因患流感,發燒至四十度,乘人力車入營報到。經身體檢查,決定延期至第二年入伍。

大正八年(1919)　21歲

四月,返日,至郡役所所在地可部町,再次接受征兵檢查,第二乙種(不合格)。

四月,參加醫學堂畢業考試。

七月,醫學堂將畢業,奉大谷光瑞猊下指令,至大連醫院分院實習,同時負責督促十餘名學生。

春季,霍亂大流行。因醫生人手不夠用,至大連醫院本部幫助診療。霍亂控制後,又至神明町分院。每日午前在分院門診,星期四早晨見習婦産科手術,并於該院細菌部學習半年左右。(圖7、圖8)

大正十年(1921)　23歲

因爪哇島八達維亞住有二百餘日本人,岡部醫師回國後,需要接替醫生。奉大谷光瑞猊下命,離開大連前往上海。爪哇當時屬荷蘭領土,須接受荷蘭語醫師考試,故至上海學習德語。每週三次至西門子公司分公司,向打字員 Kette Hill 學習德語會話一小時。其餘時間仍赴本願寺,輔導年輕學生們學習等。

九月,大谷光瑞猊下自歐洲返回上海,同行有醫學堂外科山井三七、慶應大學円山興慇。爲迎接大谷光瑞猊下,京都本山花田凌雲、轉法輪公美從日本趕至上海。遵大谷光瑞猊下指示,陪同至杭州、蘇州、鎮江、南京等地遊覽,於南京與四位先生告别。此爲首次至中國内地旅行。(圖9、圖10)

大正十一年(1922)　24歲

一月,月刊《大乘》開始發行,擔任經理部門工作。《大乘》最初由本願寺分院編輯,後於大谷光瑞猊下所居"無憂園"中設立大乘社。

春,九條男爵、武子夫人夫妻和大谷光瑞猊下母親円明院女史同來上海,並至各地旅行。曾陪同九條男爵遊覽杭州等地。

朝香宫殿下赴歐洲途中,至無憂園留宿一夜,訪問大乘社時,曾匯報大乘社經營情況。(圖11、圖12)

年末,作爲大谷光瑞猊下之代理赴揚州。此前,日本常盤大定博士於揚州發現平山堂(鑒真故居)遺跡,由揚州鹽務官高洲太郎提供費用,建立記念碑。記念碑背面署“大谷光瑞”名，開幕式舉行時，攜大谷光瑞猊下簽名之原稿出席。

大正十二年(1923)　25歲

自一月起兼任《大乘》編輯長，此時雜誌全由一人辦理。之後，《大乘》持續刊行二十餘年。

父親逝世。爲參加葬儀回到日本，事畢始返上海，接東京大地震災難消息。

大正十三年(1924)　26歲

四月，遵照大谷光瑞猊下指示返回奉天，任南滿醫學堂藥理學教研室助教。時居滿鐵單身宿舍青雲寮，每日往返。開始岩蘭草油研究。

暑假，赴洮南等地巡迴醫療，并調查中藥生産及喇嘛醫情況。此行於八面城發現一稀見橡皮病患者，帶回奉天後手術，摘除之陰囊重五十三公斤，而患者體重則爲四十一公斤。

大正十四年(1925)　27歲

以隨行醫生身份編入滿鉄調查科所派蒙古學術調查班第二班。四月自通遼出發，經開魯、大板上，抵達林西，翻越大興安嶺，進入外蒙。

七月初，抵達由庫吉倫廟，因所持呼倫貝爾護照於外蒙無效，遭扣留半年。後經中國馮玉祥部出面交涉，至十二月獲釋。由張家口返回北京，曾至馮玉祥官邸致謝，並參加日本公使歡迎宴。年末，自天津乘船至大連，返回奉天。(圖13)

大正十五年(1926)　28歲

受任南滿醫學堂助教。(圖14)

經友人井尻進介紹，決定迎娶畫家內海合掌氏之姪女壺坂光爲妻。壺坂光時居日本兵庫縣飾磨郡夢前町前之莊。

昭和二年(1927)　29歲

四月，返回東京參加藥理學術會議。同時舉辦婚禮，婚後偕新娘同赴奉天。(圖15、圖16)

參加關東廳主辦“專門學校入學資格審定考試”。此考試每年舉行兩次，初次考試除圖畫及數學，其他科目均及格。第二次考試圖畫及格，數學仍未及格。

昭和三年(1928)　30歲

三月十六日，長女出生，取名俊。向奉天總領事館提交出生證明，時吉田茂任總領事，故戶籍副本有“吉田茂受理”字様。

同年，受任滿洲醫科大學助教。從事局部麻醉藥，白檀油、松葉油、香根草油等揮發油及布丁誘導體、假麻黄鹼等研究。

昭和五年(1930)　32 歲

前往中國南方及法屬印度支那調查中藥,調查活動由滿鐵獎學資金財團資助。

四月,返回東京參加藥理學術會議。會後至京都伏見三夜莊拜訪大谷光瑞猊下,受囑至中國物色雲南香椿及青瓷。

此行自神戶搭乘郵船公司之春陽丸號出發,經由上海抵香港,改乘大阪商船萬鴉老(美納多)丸號赴廣西。途中曾於海口、北海停泊。舟抵海防,因病接受法國醫生治療,滯留兩週左右。

病後自海防抵老開,轉至昆明,受日本商人溝延總平氏關照。並於天長節出席日本領事館招待會。大谷光瑞猊下所囑購買香椿事,委託長崎藥專出身之藥劑師倪守仁氏完成。此行購得大量中藥標本。歸途仍經老開轉海防,乘萬鴉老(美納多)丸號至香港。抵港後,委託本願寺辦事處藤澤量雲將香椿郵回日本。旋自香港赴廣州,訪問廣州中醫藥專門學校,獲知"胡滿蕴"之特性,並購得兩株。六月,從香港經由上海抵達大連。

七月七日,長男誕生。

昭和六年(1931)　33 歲

二月,撫順大山坑煤礦發生大爆炸,死者千餘人(其中日本人二十七名),參加集體葬儀活動。

四月,受任滿洲醫科大學專門部講師,開始講授藥理學。

六月,滿洲醫科大學設置中國醫學研究室,任專職研究員。繼續講授藥理學。《和漢藥標本目錄》出版。(圖 17、圖 18)

八月,《中國醫學書目》正式刊行。(圖 19)

昭和七年(1932)　34 歲

受任滿洲醫科大學講師兼專門部副教授。同時,峰下、杉本重俊大學畢業,進入藥理研究室。峰下專研鹿茸,杉本專研牛黄。

昭和八年(1933)　35 歲

"中國醫學研究室"改稱"東亞醫學研究室"。

經中醫研究及胡滿蕴藥理實驗證明,胡滿蕴與士之寧(Strychnine)、箭毒(Curare)相同,具有使中樞麻痺、脊髓反射興奮性亢進、運動神經末端麻痺等作用。哺乳類動物中毒死亡,均因呼吸中樞麻痺造成窒息所致。(圖 20)

對北支及滿洲市場販賣中藥情況進行調查。經走訪滿洲各地藥房,并收集北京、天津各大藥房藥物目錄,并對藥物別名、略稱作解說。調查所得,滿洲及北支藥房所售中藥,含不常用者,約有三百種左右。

著述《漢醫學概說》。(圖 21、圖 22)

自昭和六年至八年,專研丹方歷史,摘錄丹方至五千六百餘首。

昭和九年(1934)　36 歲

以關於胡滿蕴的研究成果,獲醫學博士學位(登記號:第九號。受理日期:昭和九年九月二十九日)。(圖 23)

編制《宋以前醫書目内容一覧》,膠版印刷,分發各有關方面。

接加拿大蒙特利爾大學函,邀請以講師身份前往協助整理所藏漢籍,辭謝。

九月,久保田晴光升任滿洲醫科大學校長。(圖 24)

十二月,兄松若於廣島逝世。

昭和十年(1935)　37 歲

六月,滿洲醫科大學改革組織機構。"東亞醫學研究室"更名爲"東亞醫學研究所"。滿大畢業生佐土丁被錄用爲助教,專研水銀劑。醫學堂前輩同學馬楊武進入藥理教研室學習,專研中藥砒素劑。梶本義衛大學畢業後加入藥理教研室,專研炭化。同時,受命指導病理研究室梁宰研究雷丸。

夏,參加第十二次蒙古巡迴醫療班,赴呼倫貝爾巡迴醫療。經海拉爾,抵不里牙惕族居住之錫尼河、甘珠廟、索倫等地。

昭和十一年(1936)　38 歲

調查滿州中醫師和中藥基本情況。滿州中醫師從業人員,總數逾於一萬二千人。論文"滿洲に於ける漢方醫の實情"揭載於翌年創刊之《東亞醫學研究》雜誌第一號。(圖 25、圖 26)

中藥調查方面,輯成《滿洲の漢藥》。

《宋以前醫籍考》"内經"、"運氣"部分編輯成冊,作爲第一輯刊行。(圖 27)

六月三日,次男誕生。(圖 28)

昭和十二年(1937)　39 歲

受命兼任滿洲醫科大學陳列館主任。(圖 29)

受滿州國民政部囑託,參與藥房方、中藥房方等制定,及醫師、中醫師考試。

滿洲醫科大學再次向歐洲派遣留學生,曾提出申請,後將申請撤回。

《滿洲の漢藥》出版。(圖 30)

六月,久保田晴光因病退職,耳鼻科松井太郎繼任校長。

昭和十三年(1938)　40 歲

五月,松井校長急病逝世。大連醫院院長守中清繼任校長。

五月,爲紀念久保田晴光業績,編輯"和漢藥業績目錄",題爲《日本和漢藥文獻》。十一月完成并刊行。

受命指導高森内科助教魏如恕研究甲狀腺腫。(圖 31)

研究唐《外臺秘要》、宋《證類本草》、日本《醫心方》等書中古醫書引用情況。

昭和十四年(1939)　41歲

四月,"難經"、"脈經"二部分,作爲《宋以前醫籍考》第二輯刊行。(圖32)

四月,帶領學生至中國華東方面修學旅行。訪問上海、蘇州、南京、嘉興、杭州等地野戰病院。(圖33)

十月,母親和姐姐於三日之内相繼病故。

昭和十五年(1940)　42歲

升任副教授,並獲滿鐵參事所發任命狀。

四月,"五臟"、"鍼灸"二部分,作爲《宋以前醫籍考》第三輯刊行。(圖34)

七月七日,特邀參加滿州國醫制改革審議會,從文獻學角度闡述中醫學之變遷。

七月十九日,接待矢數道明等來訪滿大東亞醫學研究所。

錄用金斗鐘爲助教,專研中醫骨科學。

昭和十六年(1941)　43歲

爲編纂明治以前日本科學史,朝比奈泰彦擔任中藥物學史委員,受其囑託,編寫《支那本草の渡来とその影響》。

返回東京參加學術會議,同時至醫院探望重病中之猊下。

昭和十八年(1943)　45歲

被推選爲滿大輔仁同窗會幹事長。

受命任滿洲醫科大學附屬圖書館司書主任。彙集學校全部圖書卡片,重新編排,並制定新分類法。

昭和十九年(1944)　46歲

推薦佐野輝夫接任圖書館司書主任。

昭和十四年(1939)所編之"婦科"部分,作爲《宋以前醫籍考》第四輯刊行。(圖35)

昭和二十年(1945)　47歲

中日戰爭結束。

八月,蘇聯軍隊進駐奉天並接收滿洲醫科大學。因收入斷絕,靠變賣物品度日。

十月,中蘇合營之鐵路公司開始運營,領到蘇聯發行之新白元紙幣工資。

十月,北滿開拓地日本移民陸續南下。斑疹傷寒流行,摯友龜山醫生染病逝去。弟岡西里美於復員途中,感染疫病死去。(圖36)

昭和二十一年(1946)　48歲

三月,蘇聯軍隊撤離,中國軍隊開進奉天。滿洲醫科大學歸屬中國交通部管轄。

五月,大學開始遣散一般人員。

八月,滿洲醫科大學移交教育部,更名爲國立瀋陽醫學院。院長由九州大學出身之徐誦明擔任,日籍教職員暫全員留用。受聘醫史學教授,兼圖書館顧問。入住滿鉄社員乙號宿舍。

昭和二十二年(1947)　49歲

受聘爲藥理學教授。國立瀋陽醫學院於醫學部本科外,又設立專門部。

本年,《普濟方》一書抄寫完畢。(圖37、圖38)

將已印刷完畢之《宋以前醫籍考》四册,合訂成一册本。

因時局緊張,通貨膨脹逐漸嚴重。

昭和二十三年(1948)　50歲

因中國國内戰爭影響,國立瀋陽醫學院日籍留用人員相繼歸國。

四月二十五日,於住宅招待醫學院長代理劉曜曦、醫院院長魏如恕、訓導所長劉剛等。《宋以前醫籍考》謄寫工作基本完成,將原稿托付魏如恕保管。

四月二十六日,決定歸國。由魏如恕提供自奉天至北京機票。

五月十二日午後,搭乘三號貨機,自奉天飛抵北京。入住三條胡同兒童福利社。

十三日,那琦及同級生唐斌儒來訪。

十四日,搬進貢院西大街惠童職業學校講堂。

十八日傍晚,通知次日至集中營報到。

十九日,入住位於前門之集中營。

二十一日,乘特別列車至塘沽。入住塘沽碼頭倉庫。同窗生們來訪,宴別於中國餐館。

二十三日,波哥達號入港,立即登船,午後五時啓航。

二十五日,船抵仁川,同行朝鮮人下船。

二十八日,船抵日本佐世保港。停留六天,進行檢疫並辦理歸國手續。手續完畢後,決定暫至姫路内地妻子之娘家落腳。

六月三日,午後三時,乘歸國列車自南鳳崎出發。

四日,午後十二時半,到達姫路站。

九月一日,經久野、荻生兩氏推薦,作爲特約顧問,正式進入鹽野義製藥公司工作。

十月五日,接倪下逝世訃告。

此後,定居京都市北區紫町竹下芝本町六四。

昭和二十九年(1954)　56歲

參加奈良縣野生植物分布調查。八月六至七日,於奈良郡吉野郡黑瀧、天川村作植物調查。

昭和三十一年(1956)　58歲

八月七至八日,於奈良縣宇陀郡多武峯、龍門村作植物調查。二十八至三十日,於奈良縣添上郡田原村、山邊郡福住、都介野村作植物調查。

昭和三十六年(1961)　63歲

十二月,於京都府立植物園講堂召開第六十二屆醫史學會,擔任總會會長。

昭和三十八年(1963)　65歲

三月三十日,於大阪召開第十四屆日本東洋醫學總會,擔任總會會長。

昭和四十一年(1966)　68歲

五月,出席於京都召開第十七屆日本東洋醫學總會。(圖39)

昭和四十四年(1969)　71歲

大塚恭男初次來訪,自午後一時暢談至黃昏。(圖40、圖41)

昭和四十六年(1971)　73歲

與妻、長子及摯友佐野輝夫,訪次男宅"伏見山莊",此時已發病。(圖42、圖43)

昭和四十七年(1972)　74歲

七月十七日,因病住進大阪成人病中心。

昭和四十八年(1973)　75歲

二月,因病住進京都大學結核研究所醫院。(圖44)

五月五日卒,享年七十四歲。圓德院釋淨爲。(圖45、圖46)

(郭秀梅編譯)

岡西爲人著作目錄

自《中國醫書本草考》轉錄,並有訂正。

大:大正年號之略稱,公元1912～1925年。

昭:昭和年號之略稱,公元1926～1988年。

◎印爲單行本

○印單行本中採錄或附載

*筆名:根淵竹孫

**筆名:竹孫、竹孫生、孫或孫生

***筆名:NC.生

括號内人名爲共著者

中國醫書書誌

◎ 1) 中國醫學書目(黑田源次) 滿洲醫科大學(以下略稱滿大) (昭6)
2) 靈樞經について 本草 16 5-16 (昭8)
同 本草 17 36-48 (昭8)
3) 漢醫學概說(高震華譯) (昭8)
◎ 4) 宋代醫書目内容一覧 滿大(油印) (昭9)
◎ 5) 宋以前醫籍考 第1輯(黑田、日名靜一) 滿大 (昭11)
◎ 6) 同 第2輯(黑田、日名靜一) 滿大 (昭14)
◎ 7) 同 第3輯(黑田、日名靜一) 滿大 (昭15)
◎ 8) 同 第4輯(黑田、日名靜一) 滿大 (昭19)
9) 外臺秘要、醫心方、證類本草等所引用之古醫書(佐土丁)
東方醫學雜誌 15(10)1-11 (昭12)
◎10) 續中國醫學書目 滿大 (昭14)
11) 脈經考 (1)著者 日本醫學 1(5)18-21 (昭13)
12) 同 (2)校譌 日本醫學 1(6)26-29 (昭13)
13) 同 (3)脈經と脈訣 日本醫學 1(7)16-18 (昭13)
14) 同 (4)刊本 日本醫學 1(8)17-20 (昭13)
15) 同 (5)明代刊本 日本醫學 1(9)34-36 (昭13)
16) 同 (6)清代刊本、日本刊本 日本醫學 2(1)35-40 (昭13)
17) 支那産婦人科書考略(佐土丁) 東亞醫學研究 2 27-106 (昭14)

18）醫籍閑話　收書月報 No. 81 5−11　（昭 17）
19）同（再錄）　漢方の臨牀 4（2）15−18 5（9）41−44　（昭 32、33）
20）古書西傳　收書月報 No. 86 8−12　（昭 18）
21）主要なる中國醫籍の解題（1）素問　漢方 1（7）35−38　（昭 27）
22）同　（2）内經太素　靈樞　漢方 1（8）33−36　（昭 27）
23）同　（3）甲乙經　漢方 2（3）40−41　（昭 28）
24）同　（4）難經　漢方 2（7）30−32　（昭 28）
25）同　（5）傷寒論、金匱要略 漢方 2（10）30−38　（昭 28）
26）宋代の醫書校勘について　日本醫史學雜誌 7（4）13−15　（昭 32）
◎27）宋以前醫籍考　北京人民衛生出版社
同　（重印）臺北古亭書屋　（昭 33）
28）宋代校勘醫書の種類　醫譚 復刊 20 22−26　（昭 34）
29）宋以前醫籍考の刊本を手にして　漢方の臨牀 6（4）14−15　（昭 34）
30）考證學派の醫書校刊　漢方の臨牀 9（11、12）336−357　（昭 37）
31）大森文庫とその和漢書　藥事日報 No. 3053、3054　（昭 37）
32）宋代の醫書校勘に關する二三の知見　生活文化研究 No. 13 277−282　（昭 40）
33）金元醫書の書誌（1）劉完素　漢方の臨牀 14（9）3−9　（昭 42）
34）同　（2）張元素、張從正、李杲　漢方の臨牀 14（10）3−9　（昭 42）
35）同　（3）王好古、羅天益　漢方の臨牀 14（11）9−12　（昭 42）
36）同　（4）朱震亨 叢書本について　漢方の臨牀 14（12）9−31　（昭 42）
37）醫家七部書について　漢方の臨牀 15（6）14−17　（昭 43）
38）中國醫學に關する醫學全書　日本醫史學雜誌 14（1）70−73　（昭 43）
39）漢方醫學全書について　（1）病源候論　漢方の臨牀 16（4）42−48（昭 44）
40）同　（2）千金要方　漢方の臨牀 16（5）18−24　（昭 44）
41）同　（3）千金翼方　漢方の臨牀 16（6）25−28　（昭 44）
42）同　（4）外臺秘要方　漢方の臨牀 16（7）9−14　（昭 44）
43）同　（5）神醫普救方、太平聖惠方　漢方の臨牀 16（8）26−31　（昭 44）
44）同　（6）聖濟總錄　漢方の臨牀 16（9）34−38　（昭 44）
45）同　（7）普濟方、欽定古今圖書集成醫部、醫宗金鑑
漢方の臨牀 16（10）17−23　（昭 44）
46）同　（8）醫方類聚、東醫寶鑑　漢方の臨牀 16（11）30−35　（昭 44）

本　草

47）本草綱目所載の藥品數について　東邦醫學 8 1092−1108　（昭 16）

48）所謂蜀本圖經の考察　日本醫史學雜誌 1034 1-6　（昭 17）
49）“神農本草經に就て”を讀む　日本醫史學雜誌 1323 1-13　（昭 19）
50）本草懷古　盛京時報（1 月 1、3、5、7 日）　（昭 19）
51）太平御覧に引かれた本草　日本東洋醫學會紀要 第 1 輯 1-14　（昭 25）
52）本草綱目を讀むに當っての注意　日本東洋醫學會會報 No. 5 1-10　（昭 25）
53）證類本草に關する二三の知見　鹽野義研年報 1 64-71　（昭 26）
54）御纂本草品彙精要　鹽野義研年報 2 82-87　（昭 27）
55）歷代代本草に於ける藥品分類の變易　醫譚 復刊 1 23-28　（昭 27）
56）新修本草及び證類本草の藥品數　鹽野義研年報 4 85-89　（昭 29）
○57）中國本草の渡來とその影響　（《明治前日本藥物學史第 2 卷》所收）　（昭 33）
58）中國本草の主流　藥事日報（4 月 4 日）　（昭 34）
59）神農本草經所載の藥品について　（1）漢方の臨牀 6(9)9-20　（昭 34）
60）同　（2）漢方の臨牀 6(10)20-28　（昭 34）
61）新修本草の構成　生藥學雜誌 13(1)1-6　（昭 34）
62）The Main Current of the Chinese Pên-ts'ao　鹽野義研年報 9 51-58　（昭 34）
63）本草書誌について　藥學圖書館 7(2)29-32　（昭 37）
◎64）重輯新修本草　臺灣國立中國醫藥研究所　（昭 39）
○65）闕於復原新修本草之考察　同上 附刻　（昭 39）
○66）中國本草の傳統と金元の本草　（《宋元時代の科學技術史》所收）（昭 42）
67）御製本草品彙精要について　醫譚 復刊 39 20-24　（昭 44）
○68）明清の本草　（《明清時代の科學技術史》所收）　（昭 45）
69）中國本草の史的展望　漢方の臨牀 18(4-5) 139-174　（昭 46）
◎70）紹興本草解題　（附錄於春陽堂刊本）　（昭 46）
○71）本草經集注解題　（採錄於南大阪印刷中心刊本）　（昭 47）
○72）證類本草解題　（採錄於臺灣國立中國醫藥研究所刊《大觀本草》）（昭 47）
◎73）本草概論　臺灣預定出版
◎74）本草概説　創元社出版準備中

和漢藥

75）和漢藥の研究　（1）總序 大乘 6(2)29-46　（昭 2）
76）同　（2）研究の順序及方法に就て 茯苓　大乘 6(3)25-31　（昭 2）
77）同　（3）馬勃、海藻　大乘 6(4)53-57　（昭 2）
78）同　（4）馬尾藻　大乘 6(5)75-77　（昭 2）

79）同　　　（5）茯苓（追加）　大乘 6(6)79-82　（昭 2）
80）同　　　（6）海人藻　大乘 6(7)55-61　（昭 2）
81）同　　　（7）海金砂、松蘿　大乘 6(8)47-51　（昭 2）
82）同　　　（8）石韋、金星草　大乘 6(9)87-91　（昭 2）
83）同　　　（9）石長生　大乘 6(10)81-87　（昭 2）
84）同　　　（10）巻柏　大乘 6(11)85-88　（昭 2）
85）同　　　（11）木賊　大乘 6(12)49-50　（昭 2）
◎86）和漢藥標本目錄　（久保田晴光）滿大　（昭 6）
87）胡滿蒟の研究（1）支那に於ける古文獻　滿洲醫誌 15(6)699-727（昭 6）
88）同　　　（2）日本に於ける文獻の考察　滿洲醫誌 16(6)751-774（昭 7）
89）同　　　（3）原植物の考察　滿洲醫誌 18(1)157-163　（昭 8）
90）中國北方日用漢藥之種類　民國醫學雜誌 10(6)1-9　（昭 7）
91）北支那に於ける常用漢藥の種類　本草 5 15-23　（昭 7）
92）支那の藥舗にて用いる漢藥の名稱に就て　滿洲醫誌 17(4)507-520　（昭 7）
93）關於丹方之來歷並其種類　東方醫學雜誌 11(4)7-66　（昭 8）
94）丹方の起源並に來歷に關する一考察　本草 12 35-47　（昭 8）
95）丹方之研究（續報）（佐土丁）　東方醫學雜誌 13(2)12-42　（昭 10）
96）滿洲及ぴ支那に於ける賣藥としての丹の調査
滿洲醫誌 23(5)853-864　（昭 10）
◎97）滿洲の漢藥　滿大　（昭 12）
98）雷丸について　漢方と漢藥 4(1)85-93　（昭 12）
99）支那醫方に於ける水銀劑の應用に就て（1）關西醫事 No. 391　（昭 13）
100）同　　　（2）關西醫事 No. 392　（昭 13）
◎101）日本和漢藥文獻（久保田晴光教授在職記念事業委員會）　（昭 15）
102）鶴蝨について　鹽野義研年報 3 129-133　（昭 28）
103）中國に渡った日本の漢方醫學　日本東洋醫學會誌 3(1)64-66　（昭 28）
104）東北之藥材（東丈夫、那琦）臺灣國立中國醫藥研究所　（昭 33）
105）太平聖惠方の丹方　醫譚 復刊 23 13-16　（昭 36）
○106）中國醫學における丹方
（藪內清編《中國中世科學技術史の研究》所收）　（昭 38）
107）防已の原植物について　漢方の臨牀 13(10)3-11　（昭 41）
108）日本産菝葜の生藥學的研究（奥野、難波）　生藥學雜誌 20(2)51-62　（昭 41）
109）漢藥土茯苓およびその類緣生藥の生藥學的研究（難波、奥野、高橋）
生藥學雜誌 23(2)69-77　（昭 44）
110）蒿類考　和漢藥 219 4-6　（昭 46）

111）同　　和漢薬 220 5-10　（昭46）
112）同　　和漢薬 221 6-7　（昭46）

藥理學

113）ヴェチーベル油の研究　大乘 4(2)106-117　（大14）
114）同　　大乘 4(3]74-80　（大14）
115）Vetiverölの藥理學的作用に就て　日本藥物學雜誌 1(1)263-274（大14）
116）Paranaesinの局所麻醉作用に就て　滿洲醫誌 4(2)309-322　（大15）
117）白檀油、ヴェチーベル油、松葉油の二三藥物學的作用に就て
日本藥物學雜誌 7(1)77-85　（昭3）
118）Purinderivateに属する二三の藥物の作用　滿州醫誌 11(3)409-420
（昭4）
119）プソイドエフェドリンの利尿作用について　滿洲醫誌 13(1)1-16
（昭5）
120）胡滿蘢の研究(4)毒性の研究　滿洲醫誌　18(5)653-675　（昭8）
121）同　　(5)主毒成分フマニンの抽出と其藥理
滿洲醫誌 19(5)863-888　（昭8）
122）Flavone 誘導體の藥理に關する研究 Capillary stabilizer
としての作用　鹽野義研年報 2 88-93　（昭27）
123）ヤブタバコ種子及び花頭成分の驅蛔作用（島岡、峰下、廣瀬）
鹽野義研年報 3 13-20　（昭28）
124）Screening Data of Antitumor Substances(Ⅱ)（峰下等）
鹽野義研年報 11 21-47　（昭36）

植物成分

125）邦産植物ステリン成分の研究（以下略稱 S.S.）
(1)知母の成分（武田健一、島岡有昌）藥誌 73(1)29-31　（昭28）
126）(S.S.2)ショウジョウバカマの成分(武田、島岡)
藥誌 73(1)84-85　（昭28）
127）(S.S.4)Constituents of Yucca Species (1)（武田、島岡）
Pharm. Bull. 2(3)178-181　（昭29）
128）(S.S.5)Constituents of Agave Species (1)（武田、島岡）
Pharm. Bull. 2(3)182-185　（昭29）

129）（S. S. 6）ゲッカコウの成分（武田、島岡）
薬誌 74（12）1370－1371 （昭 29）

130）（S. S. 7）ハナスゲの成分（2）（武田、島岡）
薬誌 74（12）1371－1373 （昭 29）

131）比色定量によるDigitalis purpurea 葉中強心配糖體含量の
季節的變動について（山本、岩男、玉井、佐藤、石井）
鹽野義研年報 4 90－95 （昭 29）

132）（S. S. 8）キチジウソウの成分（1）（武田、島岡）
薬誌 75（5）560－562 （昭 30）

133）（S. S. 9）ムラサキクンシランの成分（武田、島岡）
鹽野義研年報 5 107－108 （昭 30）

134）（S. S. 10）ギボウシの成分（1）（武田、島岡）
鹽野義研年報 5 109－110 （昭 30）

135）（S. S. 11）ジギタリス根の成分（武田、島岡）
鹽野義研年報 5 111－113 （昭 30）

136）（S. S. 12）Diosgeninの新原料植物（武田、島岡）
薬誌 76（4）445－447 （昭 31）

137）（S. S. 13）キンコウカの成分（島岡） 鹽野義研年報 6 77－78 （昭 31）

138）（S. S. 14）オニドコロ地上部の成分（島岡）
鹽野義研年報 6 78－80 （昭 31）

139）（S. S. 15）ノギランより得た新ステロイドサポゲニン
“メタゲニン”に就て（1）（武田、浜元、島岡、前園）
薬誌 77（2）175－177 （昭 32）

140）（S. S. 16）Steroidal Sapogeninの原料植物（武田、島岡、赤堀）
鹽野義研年報 7 39－47 （昭 32）

141）Yonogeninの構造（予報）（武田、島岡） 薬誌 77（7）822 （昭 32）

142）（S. S. 17）The Structure of Yonogenin, A New Steroidal
Sapogenin from Dioscorea tokoro Makino （武田、島岡）
Chem. Pharm. Bull. 6（5）532－536 （昭 33）

143）Steroidal Sapogenin の原料植物（綜説）薬學研究 30 294－322 （昭 33）

144）ステロイドサポゲニンのペーパークロマトグラフィー
（赤堀、安田） 鹽野義研年報 8 153－157 （昭 33）

145）The Isomers of 25D,5β — Spirostane －2,3－dio1（武田、島岡）
Chem. Pharm. Bull. 7（8）942－944 （昭 34）

146）（S. S. 25）キチジョウソウの成分（2）（島岡）
鹽野義研年報 10 133－135 （昭 35）

147）（S. S. 26）ショウジョウバカマの成分（2）（赤堀、安田）

鹽野義研年報 10 137-141 （昭35）
148）（S. S. 27）マイヅルソウの成分（1）（赤堀、安田）
鹽野義研年報 10 143-147 （昭35）
149）（S-S. 28）スズランのステロイドサポゲニン（1）（赤堀、安田）
鹽野義研年報 10 149-152 （昭35）
150）（S. S. 30）Structure of Nogiragenin, A New Sapogenin Isolated from
Metanarthecium luteo-viride Maxim.（武田、大坂、島田、前園）
Chem. Pharm. Bull., 9(5)383-390 （昭36）
151）（S. S. 31）Constituents of Reineckia carnea Kunth
（3）Pentologenin and Kitigenin（武田、佐々木、島岡）
Chem. Pharm. Bull. 9(8)631-634 （昭36）
152）（S. S. 34）The Structure of Luvigenin, A New Sapogenin
from Metanarthecium luteo-viride Maxim.（武田、五十嵐、島岡）
Tetrahedron, 15 183-186 （昭36）
153）（S. S. 40）Constituents of Heloniopsis orientalis（Thunb.）C. Tanaka
（3）The Structure of Heloniogenin（赤堀、安田）
Chem. Pharm. Bull. 10(12)1195-1199 （昭37）
154）新しいステロイダルサポゲニン（綜説）
大阪府薬雑誌 121 2-10 （昭38）
155）The Structure of Isoreineckiagenin, Reineckiagenin and
Isocarneagenin（武田、湊、島岡）
Tetrahedron Letters, 1962(24)1107-1113 （昭37）
156）（S. S. 41）Constituents of Reineckia carnea Kunth
（6）Structure of Reineckiagenin, Isoreineckiagenin and
Isocarneagenin（武田、湊、島岡） Tetrahedron, 19 759-772 （昭38）
157）（S. S. 45）Constituents of Hosta species（2）（武田、湊、島岡）
Chem. Pharm. Bull. 12(7)779-783 （昭39）
158）Constituents of Heloniopsis orientalis（Thunb.）C. Tanaka
（4）The Isolation of Pennogenin from the Aerial Parts（赤堀、安田）
鹽野義研年報 14 202-203 （昭39）
159）（S. S. 46）Constituents of Hosta species（3）△25(27) Sapogenins
（武田、湊、島岡）Tetrahedron 21 2089-2093 （昭40）
160）（S. S. 47）Constituents of the Stem of Smilax sieboldi Miq.
（1）The Structure of Laxogenin（赤堀、安田）
Chem. Pharm. Bull 13(5)545-550 （昭40）
161）ステロイダルサポゲニンの比色定量法（赤堀、村田、安田、
長瀬、戸上） 鹽野義研年報 16 74-77 （昭41）

162）（S.S.51）Steroidal Compounds contained in the Rokko Population of Dioscorea tenuipes complex（赤堀、安田）
Chem. Pharm. Bull. 16(3)498－504　（昭43）
163）（S.S.52）Structure of Diotigenin（1）（武田、赤堀、安田）
Chem. Pharm. Bull. 16(3)421－425　（昭43）
164）（S.S.55）Steroidal Sapogenins of the Female Flowers and the Seeds of Dioscorea tokoro Makino（赤堀、奥野、岩男）
Chem. Pharm. Bull. 16(10)1994－1996　（昭43）
165）（S.S.57）The Structure of Igagenin（安田、中川、赤堀）
Tetrahedron 24 6535－6541　（昭43）
166）（S.S.56）Changes in the Sapogenin Composition of Discorea tokoro in its First Season's Growth from Seed（赤堀、安田、奥野、戸上）　Phytochemistry 8 45－50　（昭44）
167）Colorimetric Determination of Steroidal Sapogenins（2）（戸上）
Chem. Pharm. Bull. 17(2)315－319　（昭44）
168）（S.S.58）Variation in Isodiotigenin and Diosgenin Content in the Aerial Parts of Dioscorea tokoro（赤堀、安田、戸上、香川）
Phytochemistry 8 2213－2217　（昭44）
169）（S.S.64）Steroidal Sapogenins of Aletris spicata（Thunb.）Franchet（赤堀、安田）Chem. Pharm. Bull. 19(11)2409－2411　（昭46）
170）Cytotoxic Agents of Thujopsis dolabrata（L. fil）Sieb. et Zucc.（赤堀、安田、安東、堀）Chem. Pharm. Bu11 20(6)1150－1155　（昭47）

其他

171）醫聖耆婆　捺女の巻（上、下）大乘 1(7)118－134　（大11）
172）同　耆婆の巻（上、中）大乘 1(8)128－146　（大11）
173）同　耆婆の巻（下）大乘 1(9)106－117　（大11）
174）唐鑑真和尚の事跡　大乘 2(3)56－60　（大12）
175）同　大乘 2(4)81－87　（大12）
176）揚州まで　大乘 2(2)97－110　（大12）
177）同　大乘 2(4)105－115　（大12）
178）同　大乘 2(5)96－107　（大12）
**179）龍華寺に詣でて　大乘 2(6)98－105　（大12）
*180）仏典より見たる古代印度の醫學思想 はしがき、疾病論 1 疾病並に醫學の起源　大乘 2(8)112－121　（大12）

*181）同　　疾病論 2 疾病の本性　大乘 2(9)108-114　（大 12）
182）同　　疾病論 3 疾病の原因　大乘 2(Ⅱ) 106-112　（大 12）
183）同　　治病論　大乘 2(12)99-103　（大 12）
184）同　　治病論（續）大乘 3(2)96-104　（大 13）
185）同　　胎生論　大乘 3(4)　40-49　（大 13）
***186）"素食主義"を讀む　大乘 2(12)74-82　（大 13）
187）第 2 回内蒙巡廻診療記　同《診療報告》所收　（大 13）
*188）東蒙に使するの記　大乘 3(10)110-117　（大 13）
*189）同　　大乘 3(11)85-95　（大 13）
*190）同　　大乘 3(12)78-90　（大 13）
*191）同　　大乘 4(1)101-109　（大 14）
*192）同　　大乘 4(2)86-98　（大 14）
*193）同　　大乘 4(3)93-97　（大 14）
*194）同　　大乘 4(4)82-86　（大 14）
*195）同　　大乘 4(5)81-91　（大 14）
*196）同　　大乘 4(6)102-107　（大 14）
197）多難なりし旅を了えて　大乘 5(2)56　（大 15）
198）蒙古人の衣食住と疾病　滿鉄内外蒙古學術調査報告（第 2 班）所收　（大 15）
**199）南支遊記（1）大乘 9(7)75-80　（昭 5）
**200）同　　（2）大乘 9(8)77-84　（昭 5）
**201）同　　（3）大乘 9(9)69-78　（昭 5）
**202）同　　（4）大乘 9(10)47-56　（昭 5）
**203）同　　（5）大乘 9(11)70-75　（昭 5）
**204）同　　（6）大乘 9(12)63-68　（昭 5）
**205）同　　（7）大乘 10(1)25-30　（昭 6）
206）（滿大）本館玄關正面の大扁額に就て　輔仁 20(1)　（昭 9）
207）蒙古に於ける一般醫事衛生事情　滿大第 12 回巡廻診療報告所收　（昭 10）
208）滿洲における漢方醫の實情（峰下）東亞醫學研究 1 號　（昭 12）
209）支那の醫藥　治療學雜誌 8(11)1286　（昭 13）
210）中國之醫藥　同仁醫學 12(1)52　（昭 14）
211）阜新に醫喇嘛を訪ねて　滿大時報（1 月 1 日）　（昭 16）
212）漢藥の話題　大阪每日新聞（4 月 16 日）　（昭 16）
213）滿洲の漢醫問題　滿洲日日新聞（5 月 14 日）　（昭 16）
214）東亞醫學研究所の現在　滿大時報（6 月 1 日）　（昭 16）
215）吐默特左旗の喇嘛醫に就て　大陸醫學 2(3)32-35　（昭 17）

216）人參と鹿茸　滿洲良男 129 194－195　（昭 17）
217）東醫西漸　滿大時報（5 月 1 日）　（昭 17）
218）喇嘛寺行脚　協和 17(8)　（昭 18）
219）雨森宗真の事跡と著書（質疑應答）日本醫事新報 No. 1304、800　（昭 24）
220）"内野御預地御藥園舊記"について　醫譚 復刊 5 13－24　（昭 29）
221）無憂園のころ　大乘（新）5(10)37－39　（昭 29）
222）"宋以前醫籍考"のことなど　漢方の臨牀 3(9、10、11) 54－57　（昭 31）
223）中國鍼灸沿革史（陳存仁著、譯文）　漢方の臨牀 3(12)55－61　（昭 31）
224）同　漢方の臨牀 4(1)58－64　（昭 32）
225）同　漢方の臨牀 4(2)37－41　（昭 32）
226）同　漢方の臨牀 4(3)13－19　（昭 32）
227）黒田源次先生と東亞醫學　醫譚 復刊 15 36－39　（昭 32）
228）黒田源次先生を憶う　輔仁 32 年春號 2－3　（昭 32）
229）中國本草の渡來とその影響　藥事日報（7 月 5 日）　（昭 32）
230）上野益三：明治前日本生物學史第 1 巻（書評）　醫譚 24、33　（昭 36）
231）森田幸門：金匱要略入門（書評）　醫譚 26、33　（昭 37）
◎232）大谷光瑞師著作總覽　大阪三五書院　（昭 39）
233）"重輯新修本草"について　藥事日報（4 月 3 日）　（昭 40）
234）熊宗立について　漢方の臨牀 14(5)3－10　（昭 42）
235）熊宗立と明初の醫學　醫譚 36 25－27　（昭 42）
236）陳存仁氏著"中國醫學史"を讀む　漢方の臨牀 16(10)39－43　（昭 44）
237）徐福、紀州、天臺烏藥　和漢藥 200 67－69　（昭 45）
○238）"内野御預地藥園舊記"について　増補改訂"日本藥園史の研究"所收　（昭 47）
239）江戸期における古本草の研究　醫海時報（6 月 21 日）　（昭 47）

雜　文

［大乘（舊）誌刊載］

240）人生の苦闘から大乘的信仰へ　1(2)157－167　（大 11）
**241）人間の善性と妥協生活　1(5)52　（大 11）
**242）ばゞ　1(11)120　（大 11）
243）環境論　1(12)118－129　（大 11）
**244）學理と實際　2(2)96　（大 12）
**245）屠蘇機嫌其他　2(2)125－136　（大 12）

**246) 時事小言(普選問題、關東州問題の真相に就て) 2(4)36 (大12)
**247) 教徒の自覺 2(7)115-119 (大12)
248) 臨城、長沙事件の成行と輿論の趨勢 2(8)45-54 (大12)
249) 攝生内閣難と時局の推移 2(9)51-61 (大12)
**250) 排日運動に關する種々相 2(9)62-75 (大12)
**251) 土匪の横行と鐵道警備案 2(10)46-56 (大12)
*252) 張勳逝く 2(11)76-87 (大12)
**253) 共和民國の總收 2(12)61-68 (大12)
*254) 年頭雜記 3(1)109-112 (大13)
*255) 古巣へ 3(6)81-90 (大13)
*256) 粥食十日雜記 3(7)108-114 (大13)
*257) 大正十三年 3(12)103-112 (大13)
*258) 濁去來 5(5)107-119 (大15)
*259) 同 5(6)98-105 (大15)
*260) 東京 5(7)90-94 (大15)
*261) 同 5(9)77-85 (大15)
262) 最近のこと 5(9)99-103 (大15)
263) あるかろいど 5(11)57-64 (大15)
*264) 如是我聞 (1) 6(1)102-112 (大15)
*265) 同 (2) 6(2)104-109 (昭2)
**266) 内地所見二三 6(5)91-97 (昭2)
**267) 瀋陽雜題 7(3)65-70 (昭3)
**268) 人口調節に關する雜談 7(4)65-75 (昭3)
**269) 夜を徹して 7(8)63-66 (昭3)
**270) 頸枷 8(2)71-76 (昭4)
**271) 與太と其のネタ 10(5)33-37 (昭6)
272) 上海時代を想ふ 16(1)64-72 (昭12)

編撰《宋以前醫籍考》逸事

岡西爲人

以“東洋醫學研究經過及將來之展望”爲題寫點什麼之吩咐傳下，我所了解的僅限於與滿州醫科大學大東亞醫學研究所相關之事，而説來話長，故以代表研究所業績之一《宋以前醫籍考》爲話題，概略敘述如下。

滿大設立的“中國醫學研究室”，正式研究中醫學始於昭和六年（1931）春，即滿洲事變的發端——柳條溝爆破事件前夕。

於滿洲設立大學，若與日本國内大學性質皆同，則無甚意義，故提出東洋醫學研究計劃，以示特色。“東亞醫學研究所”創設之主旨即在於此。醖釀研究風氣，付出努力而使其得以實現而者，即黑田源次教授。黑田先生於大正十四年（1925）就任生理學教授，先生本爲文科出身，支那學造詣頗深，這對研究所的發展無疑爲一幸事。

滿大前身南滿醫學堂時期，久保田晴光、太田正雄、山下泰藏諸教授，利用各種機會，於東京及北京等地購入漢方醫書若干冊。黑田教授赴任後，又接受了滿鉄大連圖書館寄付的大量中國醫書，以此爲契機，創設“中醫研究室”之計劃得以迅速進展。黑田教授兼職本所主任。當時我正在藥理學研究室琢磨漢藥，亦作爲專職人員轉入該所，目睹了中醫研究室之誕生。

其後，昭和八年（1933）改稱“東亞醫學研究室”。昭和十二年（1937）新建圖書館，研究室亦同時遷入新居，設立具有教研室性質的研究機關，并制定正式規程，更名爲“東亞醫學研究所”，研究所人員逐漸增多，事業迎來發展機運。

入所後，我最初是從事整理圖書工作。對於漢方及圖書管理我完全是外行，故幾經失敗。但是在黑田教授指導下，與兩位女打字員合作，整理工作順利進行。同年八月，第一本圖書目錄得以出版，即《中國醫學書目》。此書中收錄醫書一千四百十四部，全部是南滿醫學堂時代的舊藏及大連圖書館寄付書。

其後繼續努力搜求醫書，每得到一書即隨時編寫目錄，至昭和十六年（1941），又編輯出版《續中國醫學書目》，此書收錄醫書一千零六十部。兩部《書目》共載醫書二千四百七十四部。之後，收書工作持續進行，至戰爭結束時已獲三千餘部。其中收載了不少珍本，如明版《普濟方》，及被沈德壽誤認作宋版之抱經樓舊藏明版《銅人臟穴鍼灸圖經》等。

這些藏書，戰爭結束時，幸免於蘇聯軍隊沒收，完好無缺地轉交中國方面，現今情況如何，令人擔心。去年，據香港陳存仁氏傳信云，藏書已移送北京中國醫藥研究所，由龍伯堅氏負責整理。最近，京都大學衛生學教授三浦運一氏之親戚、醫師，造訪奉天，於舊滿大拍攝照片，歸來讓我閲其所攝，熟悉的醫書映入眼帘，方知舊藏一部分仍然保管於奉天。據説，中國共產黨對漢方醫學有深刻的認識，相信這些貴重圖書不論藏於何處，都會被學者利用。

與尋求醫書付出同樣努力的工作，是編纂《宋以前醫籍考》。任何學科的研究都離不開文獻的驗證，何況漢方這一學科，不依靠文獻則研究則無從談起，因此要求對醫學文獻的形成及流傳有基本的知識。這方面的著作，有多紀氏的名著《醫籍考》，但是當時尚未出版，利用此書，猶如夢想，所以我們決定自己編著一部。限定在"宋以前"，其實並沒有特殊理由，只不過是自古開始而已，"元以降"計畫作爲第二段。

這項工作最初由黑田所長提倡，首先將蒐集資料的任務，委託大學預科漢學講師日名静一氏。當時日名先生雖已年逾半百，但精力相當旺盛，經常手持黑、紅兩支鋼筆，一有閑空即至滿鉄圖書館，爲收集資料付出了極大努力。篩選資料，原則上根據歷代史志中目録學家及藏書家的目録類别。除所集滿大圖書外，涉及滿鉄大連圖書館、奉大圖書館、奉天國立圖書館、北京東方文化研究所等藏書，採摭書目三百七十九部，草稿達一萬四千八百七十餘頁之多。這些龐大的基本資料委付於我，開始歸類整理，再將歸納好的書名進行分類、排列。至此，第一基本程序完成，昭和八年(1933)，將編成的書名目録以"宋代醫書目内容一覧"爲題，油印頒行。

工作進入第二階段，我們正在考慮，是將書籍内容單純地彙集成資料，還是利用這些資料編寫解題。正巧此時《醫籍考》刊行面世了，於是採納此書特色，決定將重點放在資料彙編上，内容特别多者，按"出典"、"考證"、"序跋"、"刊本"等分項整理。

這一方鍼制定後，首先自《内經》做起，每週兩次，與黑田、日名先生三人對坐開始編纂。大體次序是，校讎日名先生摘録的資料，糾正譌脱，決定取捨、分類、排列。並不是單純地資料羅列，而是斟酌其内容當否，將引文内容分别與原著校對。每每遭逢難關，故工作推進遲遲。此項工作何時才能完成？我們曾不止一次地擔心過。接下來，由我將序跋、傳記等穿插入已完成的草稿中并謄寫清楚，再進一步精心推敲，然後方可定稿。

就這樣，將已完成書稿中的"内經"、"運氣"作爲第一輯，於昭和十一年(1936)八月刊行。接着，十四年(1939)四月第二輯"難經"、"脈經"，十五年(1940)四月第三輯"五藏"、"鍼灸"，十九年(1944)十二月第四輯"女科"，連續刊行。每輯印刷300部，其中200部待全書完成後合訂，僅將100部簡易裝訂頒行。可是，第二輯以後頒行受到較大限制，故發往日本國内不過數本而已。

除以上已刊行内容外，亦與兩位先生一起編寫了幼科、外科、眼科、方書、病總等門類。十七年(1942)日名先生辭任歸國。戰爭結束後，黑田先生亦返回日本。最後，我仍繼續留任，其間我一人用兩年時間，謄寫剩餘的本草、食經、仲景經方、養生、醫史、法醫、獸醫、祝由等諸門類，使全部十五輯書稿得以完成。

書稿雖然完成了，但是因爲部頭太大，幾乎沒有出版的可能性，接受中國方面的建議，先將已經刊印的四輯200部裝訂成冊頒布發行，由我起草序文，并印刷訂於卷首。當時奉天被共產党軍緊密包圍，處於膽戰心驚的狀態。因爲此前開展了解除留用運動，不久即獲允准，故不待裝訂完畢，遽至北京，自北京歸國。在那倉皇情景下，作爲樣本，僅攜帶一冊裝訂本歸來。時至今日，這大概是日本國內唯一的一冊裝訂本。

餘下的稿本，原打算根據日本所存資料再加以補充訂正，所以預定全部帶回日本。但是，一是受飛機行李重量的限制，另外又擔心途中被沒收。當時，同所魏如恕君提出承擔保管書稿的責任，故將書稿置於魏君處。其後，與魏君失去聯系。去年，商務印書館出版的丁福保、周雲青兩氏的《四部總録醫藥編》中，介紹了本書情況，由此得知，書稿仍被安全保管著。又今年五月，陳存仁氏傳來消息，云《宋以前醫籍考》在北京刊行了。這個消息，至今仍然半信半疑。不管怎麼說，共產黨沒有埋沒我們的勞作，對我們來說是一大喜訊。

如上所述，搜集醫書及文獻學研究，是我們注入極大精力的一項工作，畢竟這是研究中國醫學的基礎工作，而完成這項工作，并不是本來目的。可以說，這是一項沒人願意做、而不做又不行的默默無聞工作，持有如此思想準備，才得以成功。而且我們的工作又非僅限於此，例如對滿洲漢藥及漢方醫、喇嘛醫的調查研究，搜集關於漢藥及漢方醫學物質性的參考資料等，在掌握實際狀況方面，取得了相當的成果。此外，定期聚會，熱心閱讀《素問》、《靈樞》等典籍，黑田博士爲《素》、《靈》二書編制了詳細的索引，我完成了《本草》索引和復原《新修本草》工作。方劑學方面，先從全部藏書中摘錄出丹方，并分兩次發表，其後被《皇漢醫學叢書》譯載。繼丹方後又摘錄丸方，這項工作歷經八年歲月，至戰爭結束前完成。

以上工作之外，還擔當研究所人員及其他教研室的研究指導等重要任務。研究所成立時間較短，研究人員不多，主要研究者及成果，有峰下銕雄君"鹿茸"、杉本重利君"牛黄"、馬揚武君"砒素劑"、佐土丁君"水銀劑"、梁宰君"雷丸"、金斗鍾君"骨學及内臟學"、魏如恕君"癭(甲狀腺腫)"等。另外，研究所藏書廣泛對外開放，非研究所學者亦可參考利用，例如，奉天市漢醫師会組成漢藥成方委員会，選編出版了一般藥局均能製劑、販賣的有效無害處方一千首。其資料完全出自研究所藏書。還有今村鞆氏"人參史"及三木榮氏《朝鮮醫學史》等編述，均利用了研究所的藏書。

離別研究所已成往昔，有些舊事一時難憶起，或許很多事情將永遠忘記，回想不起了，而要回想當時的事情，那又是無窮的。總之，我們所做的是樸實的基礎工作，辛苦忙碌數年，眼看將迎來學術收穫季節，所有一切均化爲烏有。

矢數主幹事曾云：我堅信滿大的工作，一定成爲將來東洋醫學研究的指鍼。此言或屬過獎，但是我們選擇的"首先從基礎工作着手"的這一方鍼，無疑是正確的。今後的東洋醫學研究亦如此，若非建立在堅實的基礎上，飛躍發展，無從談起。基於此意，故寄希望今後設立研究中心，或具有推動力的研究機關早日誕生。(昭和三一、九、三十)

原載《漢方の臨牀》昭和31年第03卷09-11號P54～57

獲《宋以前醫籍考》刊本所感

岡西爲人

關於著述《宋以前醫籍考》的情況,已在本雜誌(三週年紀念號)揭載。出乎意外,此書去年於北京出版,最近我獲得一冊。在此,允許我敘述若干感想。

此書稿本曾託付於魏如恕博士,於二十三年(1948)五月自奉天返回後,一直擔心稿本是否安然無恙。三十年(1955)刊行的丁氏等《四部總録醫藥篇》中,提及此書稿本情況,令我略展眉頭。接着,三十一年(1956)五月,陳存仁氏告知此書正在"北京上梓中"消息時,我仍是半信半疑。三十二年(1957)三月,分別十年、杳無音信的魏君寄來書函,云"人民衛生出版社上梓中,有何要求,可轉達社方"。分別數年以來,魏君似不知我的住址,自本誌三週年紀念號刊行,方才知曉。於是,我將手頭保存著的日名先生所編寫"參考書志書目"加以若干調整,發送至魏君。去年十一月,陳氏又傳來消息云:"《宋以前醫籍考》在上海出版了,於香港書店見到其書,由於已被預定,故未能購得。我亦訂購。作者有權獲得三部,可向上海出版社索求。"并告知出版社地址。我馬上向魏君提出送書的要求,同時對杏雨書屋的宮下氏言明此事。宮下氏立即通過京都彙文堂預定此書。之後,魏君回信及送書皆無,而不久彙文堂即購入,我馬上購得一冊。

此書爲B6版,1550頁洋裝一冊。意外的是横排本。結構爲:目次、正文,卷末附有"參考書志書目"及人名、書名兩索引。目次和索引由出版社編制。內容分爲"第一類內經"等二十三類。以前我們計劃分十五輯出版,或許由於出版費用的原因,彙成一冊出版,故分爲二十三類。如何分類不是問題,最擔心的是內容有否更改,結果這方面亦完全是杞人憂天。

正文一字一句未被更改,簡化字全然未使用,僅這一點即當向出版社表示敬意。大略過目,尚未發現誤字,并似乎經過校正。但是有一處,即盧復本的《神農本經》條"序跋""刊本"項目,與《神農本草經》合爲同項。同樣的錯誤,或許他處仍有。

仍有一個疑問,陳氏曾云"上海衛生出版社"刊行,而我拿到的則是"北京人民衛生出版社出版"、"人民衛生出版社長春印刷廠印刷"的書。或許先在某處排版,製成紙樣,然後在兩市分別印刷,实情不得而知。

關於此書的出版,敘述一二感想。最出乎意料的,是此書署名爲我個人編著一事。本書編撰情況如前所述,起初由黑田源次教授領銜,日名靜一先生爲蒐集資料付出極大努力,我們三人對資料詳加研討後編撰而成。只是因爲兩位先生中途歸國,後半工作由我一人編録而已,所以我認爲應當是三人共著。發生這一誤會的原因雖然不明,但不管如何説,此是極其違心的事,故於此再次重申真相。

說到不稱心的事，不僅作者錯署我一人之名。關於其書何時、何處編撰而成之情況，隻字未提，令人失望。我個人想法，應該將編書的動機及經過等撰寫成文，以某種方式附載於書前。或許有人認爲，序文等是否附載並無關緊要。人民衛生出版社出版的多紀氏《醫籍考》，亦將“元堅序”刪除，這是學術上一大遺憾。

另外，長春版“内容簡介”記云：“本書文内字旁注有 * 字標記者，即表示編者對此字有疑問的意思。”這個說法不正確。其實，“ * ”符號是爲了表示原文本來如此而加入的，並無疑問之意。

還有一個問題想說明，本書雖然已成完稿，但是還有諸多有待補充之處。比如《太平聖惠方》、《太素》、《集注本草序録》等等，當時無法得到資料，打算看到原本之後增補進去。從這個意義上說，它仍屬一部未完稿。特别是“參考書志書目”，如前所述，因在緊張的形勢下編成的，實際上引用書目亦漏記甚多。諸如此類，未能達到期待之完美，亦爲之惋惜。

以上是我内心所存若干芥蒂。還有，如何對待版權問題。不管怎麼說，本書的面世，作爲編者是喜悦的，若能對社會有些少裨益，則更感心滿意足。本來即是一項避世離俗工作，特别是現今日本，慮其利用價值頗少，故出版可能性甚小，多年的辛勞將化爲泡影。澀江抽齋等《經籍訪古志》及《留真譜》等，係由清人首次出版。多紀氏之《醫籍考》，成書百餘年後方得以刊行。相比之下，不得不說我們的著作是極其幸運的！在此，我向人民衛生出版社表示敬意，并深知魏博士爲此書出版付出種種辛勞，對其深情厚意，表示誠摯的感謝。

最令我痛心的是，黑田先生已經過世，上述興奮，已無可感知。有幸的是，日名先生以八十高齡，鄉居於故里岡山，正安度晴耕雨讀之快樂生活。謹將此書獻上一部，以酬昔日之勞苦。（昭和三四・二・二八、於鹽野義研究所）

原載《漢方の臨牀》昭和 34 年第 06 卷 04 號 P14～15

（郭秀梅譯）

關於漢方醫學全書(1)

岡西爲人

敘　言

研究中國醫學(漢方醫學)最重要的資料,當然是古今醫書。但是,因其歷史悠久,所著醫書數目甚夥,既已亡佚者頗多,倖存於世而難得閱覽者不鮮。就此而言,醫學全書最應該引起重視。

所謂醫學全書,例而言之,如《千金方》、《外臺秘要》等涉及廣泛醫學內容,并兼備論述、治方的醫書。詳而述之,尚有如下諸書:

玉函方(金匱藥方)一〇〇卷　晋·葛洪　約太興三年(三二〇)

范東陽方一〇五卷　晋·范汪　約太和五年(三七〇)

宋建平王典術一二〇卷　劉宋·劉宏　大明二年(四五八)卒

四海類聚方二六〇〇卷　隋·煬帝　大業中(六〇五～六一六)

四海類聚單要方三〇〇卷　隋·煬帝　大業中

病源候論五〇卷　隋·巢元方　大業中

古今録驗方五〇卷　唐·甄權　約唐初(六二〇)

千金要方三〇卷　唐·孫思邈　約貞觀末(六四九)

千金翼方三〇卷　唐·顯慶四年(六五九)以後

外臺秘要方四〇卷　唐·王燾天宝一一年(七五二)

醫心方三〇卷　日·丹波康賴　天元五年(九八二)

神醫普救方一〇〇〇卷　宋·賈黄中等　雍熙三年(九八六)

太平聖惠方一〇〇卷　宋·王懷隱等　淳化三年(九九二)

聖濟總錄二〇〇卷　約宋·徽宗政和八年(一一一八)

普濟方一六八卷　明·朱橚　建文二年(一四〇〇)

醫方類聚二六六卷　朝·世宗　成宗八年(一四七七)

東醫寶鑑二五卷　朝·許浚　萬曆三九年(一六一一)

古今圖書集成醫部五二〇卷清·蔣廷錫等　雍正三年(一七二五)

醫宗金鑑九〇卷　清·鄂爾泰等　乾隆一四年(一七四九)

以上諸書,除如《千金方》於書中記錄作者自身治驗外,多數著述皆係集錄當時傳世之諸家學説及治療方藥而成。因此,編輯此類全書必須參閱大量醫書。另外,此類書一般是奉勅編撰,或由官府組織編輯,故可以利用官庫秘籍。因此,每一書作爲綜合同時代醫學知識之作,應當給予較高的評價。可是,對於此類醫書的全面研究,至今未見,甚至尚無統一稱呼,而將這類著作稱爲"醫學全書",主要出於書誌學角度之考察。其概要已於去年日本醫史學會總會(1)及日本東洋醫學會關西支部例會做過報告,本稿爲去年報告内容之節録。考慮到本稿内容或可爲年輕研究者提供參考,并獲矢數先生之贊同,得以於雜誌連載。

上述諸書中,前五書及《古今録驗》已無傳本,故割愛不述。本打算僅就有傳本可據者略述概觀,但是,如《神醫普救方》一書雖已無傳本,而爲考察與《太平聖惠方》的關係,故作爲特例舉述。

《病源候論》有論無方雖爲異例,但書中廣收各類病症。另有《醫心方》、《醫方類聚》、《東醫寶鑑》等非中國書,但其内容主要集録中國醫書而成,故於此并述之。

此外,雷同之書尚有劉純《玉機微義》、徐春甫《古今醫統大全》、樓英《醫學綱目》、王肯堂《證治準繩》等,均爲個人著述,多據主觀見解編撰而成,與醫學全書既存若干差異。若將此醫書亦歸類於全書,則漫無邊際,故於本稿割愛而略之。

進行此項研究之動機,緣於一九五五年以來,北京相繼出版了善本醫書,甚至本來視爲秘本之《太平聖惠方》、《普濟方》等皆得以面世。另外,朝鮮亦刊行了《醫方類聚》,因此,除《神醫普救方》外,諸書均可購得。更有一令人驚嘆的史實,即《千金要方》、《千金翼方》、《外臺秘要》、《醫心方》、《太平聖惠方》、《聖濟總録》、《醫方類聚》等幾乎所有善本僅傳存於日本,這些珍貴的古典倖免泯滅,并迎來今日之盛況。而且,若探究善本書籍爲何僅存於日本之原因,則爲極其有意義的題目,此不贅述。發現、校勘這些貴重資料,并謄寫、刊行流傳於後世,乃爲江戸時期考證學者偉大功績之一。其辛勤耕作,終於結成碩果,時至今日,其貢獻不禁令人盛讚不已。

注(1)岡西爲人"中國醫學に關する醫學全書"《日本醫史學雜誌》14卷1號70-73(1968)

病源候論

《病源候論》是中國醫學唯一的病理學專書,自古以來,公認係隋巢元方所著。《隋志》及《舊唐志》未見"巢元方"之名,而收錄吳景賢(又作吳景)所著同名書。《新唐志》中並載巢、吳二書,《宋志》僅著錄巢氏之書。故關於二書之異同,古來諸說紛紜,爲梳理衆議,列舉宋以前經籍書著錄如下:

《隋書經籍志》論病源候論五卷　目一卷　吳景賢撰

《舊唐書經籍志》諸病源候論五十卷　吳景撰

《唐書藝文志》吳景諸病源候論五十卷。巢氏諸病源候論五十卷　巢元方

《宋史藝文志》巢元方巢氏諸病源候論五十卷

《崇文總目輯釋》巢氏諸病源候論五十卷　巢元方撰

《直齋書録解題》巢氏病源論五十卷　隋太醫博士巢元方等撰　大業六年也

《郡齋讀書後志》巢氏病源論五卷　右隋巢元方等撰

《文獻通考》巢氏病源論五卷

諸書所載不一，而《四庫提要》認爲吳景書與巢元方書實爲同一書，略曰：此書疑當時本屬官書，元方與景，一爲監修，一爲編撰，故兩者名出。《隋志》吳景賢之"賢"或"監"字之誤。其作五卷，亦當脱一"十"字。《唐書》偶然重出而已。

關於此問題，山本惟充（諸病源候論解題，以下略稱《解題》）縝密考證之結果，認爲吳書與巢書别爲二書。其論述頗詳，摘其大要如下：

巢氏之書，《隋志》、《舊唐志》不著於録，而《新唐志》始載其目。吳氏之書，三《志》皆有著録，而《宋志》無之。後世亦無引用者，且二氏同時所著，書名亦同，固不能無疑焉。然其以二書爲一者，終無確證可憑也。夫舊制修書，只舉書局中官高一人之姓名云"某等奉敕撰"，無列銜者。唯《新唐書·紀志》題歐陽修，《列傳》題宋祁，此例亦前未有。矧一書一名，而其名互異者，前已無其徵，後亦無其例，以理推之，亦必無其事也。然則當時本屬官書，或題景名，或題元方名之説，固不足取焉。而《讀書志》稱"巢元方等撰"者，即宋版卷首所題"大業六年太醫博士巢元方等奉敕撰"十六字是也。若非如此，晁氏何據以知巢元方等撰耶。清臣《提要》已不得視宋版本，其所據唯是汪濟川方鑛校本，而汪本題作"隋太醫博士巢元方撰"，乃似乎元方一人之撰。然其引《讀書志》以謂"足證舊本所列不止一名"者，殆誤矣。又考《隋書·麥鐵杖傳》有鐵杖於遼東役時，與醫者吳景賢言談的記載。所謂醫者吳景賢，當是《病源候》作者也。《舊唐志》脱一"賢"字也。清臣以"賢"爲"監"字之誤，或云元方與景，一爲監修，一爲編撰者，牽强亦甚矣。又《隋志》"五卷"，舊、新《唐志》作"五十卷"。《提要》以《隋志》載本文五卷、目録一卷爲怪，故謂，其作"五卷"，似爲"五十"之譌。但巢氏書五十卷，而有一千八百餘篇。吳氏書五卷，其論必不下二百篇。考《隋志》著録有依《本草録》"藥性"三卷，"録"一卷。《耆婆所述仙人命論方》二卷，《目》一卷。由是觀之，吳書目録一卷并不足怪。《隋志》凡於古書存、亡、全闕，皆注明，最可法。而《唐志》"景賢"誤爲"景"之舛往往有之，吳書"五十卷"或誤爲"五卷"。《病源候論》，巢元方與諸醫奉敕所撰，固是國家之正典，而史志冠以"巢氏"二字，林億輩乃略稱《巢源》，似實嫌其同名也。疑當時已有其稱，而後世相沿用耳。

《解題》雖考證精詳，然吳書與巢書别爲二書之證據尚不充分。如《新修本草》，或謂爲李勣書，或謂爲蘇敬書之例有之，故不可因作者不同，即斷言書亦不同。多紀元胤《醫籍考》認爲，《提要》"吳景監"之説，實係臆測。然以是書爲巢、吳同編，理似當然，姑據《新唐志》並載二家之書，以俟後考。此見解頗爲妥當。但仍有一點應當指出，《隋志》、《舊唐志》等五代以前之書録，載有吳書而無巢書。與此相反，宋代之書録，載有巢書而無吳書。這一實事，使人質疑《病源候論》作者爲巢元方之定論，是否始自天聖五年（一〇二七）國子監校刊本流傳之後。《新唐書》成書於嘉祐五年（一〇六〇），理當收録巢書，卻據《舊唐志》迻録吳景本。而《外臺秘要》中引用《病源》三百四十三次，僅記“病源”而不載吳氏、巢氏之名。

但是，據云成書於宇多天皇寬平中（八八九～八九八）《日本國見在書目錄》中著錄“病源論五十。巢元方撰”，故至晚唐末已經認爲巢元方所著，并傳入日本。

關於此書之傳承，《解題》論述如下：

此書成於大業六年，乃煬帝即位之六年（六一〇）。是歲始有伐遼東之議，禍亂繼起，七年後，恭帝義寧元年（六一七），隋爲唐滅。是書編集纔成，未及頒行，而國家顛覆之日，隨亦淪沒，遂至有併其目而無知者。猶《聖濟總録》遭靖康蕩析，而南渡諸家，不及覩之也耶。天寶中（七四二～七五五），王燾撰《外臺秘要》引用之，始出於世矣。《舊唐志》無録，豈此書或僅存於臺閣中，王氏特得窺之，而人間絕不知之。

此書成於隋，而晦於唐，經五代而顯於宋。而《千金方》所載“論曰”內容與《病源》同者頗多，故不可斷言晦於唐。

由於《千金方》未記出典，孫思邈是否親覽此書，尚存疑義，仍待探討。

張杲《醫説》、熊均《醫學源流》、徐春甫《古今醫統大全》等書中記載巢元方略傳，僅云大業中爲太醫博士，奉詔撰《諸病源候論》，別無詳述。

《解題》案，《開河記》“隋大總管麻叔謀病風逆，起坐不得，煬帝命太醫令巢元方視之”文，見於《本草綱目》。《開河記》作者韓偓，唐末昭宗時（八八九～九〇三）人，巢元方爲隋之名醫，無疑當收録其事跡。吳景賢傳不詳。如前所述，《解題》認爲與《隋書·麥鐵杖傳》中所載醫者吳賢爲同一人物。

《病源候論》爲一部病理學專書，類分諸病，論述病因、病理。或僅將當時來自經驗之知識，加以整理分類而成，故未録《素問》理論體系。就此而言，或可認爲這是一部中國醫書中無可類比、更具有科學性之特殊著作。因此，其內容多被《外臺秘要》、《聖惠方》等後世醫書所引用。《外臺》收録三百四十三條，《醫心方》收録五百六十一條，《千金方》中所載“論”，亦多出自此書。由於此書僅載論而無方，猶如宋郎瑛（《七修類藁》）曾嘆爲缺憾。或許因爲同時編纂之《四海類聚方》二千六百卷中收録了大量處方，故此書以輯論爲主。

關於現存本內容，《四庫提要》云“書凡六十七門，一千七百二十論”，而《解題》則疑此書有殘缺、錯簡。指出，如《外臺秘要》引有“傷寒十日至十二日候”、“傷寒毒攻眼候”、“重下候”，《太平聖惠方》引有“食癇候”，《醫心方》引有“小兒鬼舐頭候”等，今本皆無。而今本“癭瘤門”有“多忘候”、“嗜眠候”、“鼾眠候”、“體臭候”、“狐臭候”等，並與癭瘤不相涉，當是別篇錯文。但是，本書未見收載此類症候之相應門類，故可類推脱簡內容或不止此五候耶。

此外，《三因方》云“巢氏病源具列一千八百餘件”，所云爲本書原有數目，今本存一千七百二十六論，確有殘闕。又張從正《儒門事親》引本書卷三十七帶下候“巢氏內編四十四云云”，故知原書當分內、外編，卷次亦全然不同。今本爲何有如此差異，實可惋惜。

楊守敬據以上諸內容，認定宋綬奉敕校定此書之前既已殘缺，又爲南宋書賈重刊時所亂，造成別篇錯文。然證據尚欠確鑿。

最後概述版本及抄本如下：

一、北宋天聖五年刊本

宋王應麟《玉海》云，仁宗天聖四年（一〇二六）十月十二日，命集賢校理晁宗慤及王舉正校定《素問》、《難經》、《巢氏病源候論》。五年四月令國子監摹印頒行，詔學士宋綬撰病源序。

此北宋本已失傳，然宋綬之序諸本收錄。

二、南宋刊本

據《經籍訪古志》，此本每半版十四行，行二十三字。曲直瀨氏懷仙樓、伊澤氏酌源堂並有藏本，皆爲殘卷。曲直瀨本即金澤文庫舊藏本，四十至四十三闕四卷。伊澤本存目録及一、二、十四至十九闕九卷。兩者合併則可得全帙。《訪古志》曰，此南宋人從天聖校刊本而重刻者，爲最善本。而《解題》曰，以現行本校之，則宋槧訛謬反更甚焉，此决非天聖官刊，或是坊間僞刻。曲直瀨本現藏於圖書寮。《日本訪書志》曰，此本爲小島學古從宋本影摹、著録者。

三、元刊本

陸心源《儀顧堂題跋》著録元刊"重刊巢氏諸病源候總論五十卷，目録一卷"，每半葉十三行，行二十三字。以明刊本校之，卷十"瘴氣候"條四百七十一字，明刊"青草瘴"以下奪四百十七字，僅存五十四字。此外，字句之譌奪亦復不少。聞東洋藏書家尚有南宋刊本，惜不得借校一過耳。

此外，毛扆《汲古閣珍藏秘本書目》、孫馮翼《問經堂書目》、鄧孝先《群碧樓善本書録》等亦載元刊本，或許爲同一版本。

《訪古志》云，高階經宣藏元槧，此本據宋本重刊，而間校改文字。唯標目增"重刊巢氏"及"總"字，又"大業六年"上冠"隋"字。又伊良子氏亦藏元板，紙刻更爲完好。觀其版式，與儀顧堂本同版本。

四、明汪濟川江瓘校刊本

丁丙《善本書室藏書志》"重刊巢氏諸病源候論五十卷。明刊本"，《八千卷樓書目》"明江氏主一齋刊本"，二者同版刊本。據《解題》所記，題云"明新安汪濟川、江瓘校刊"，目録末有"歙巖鎮汪氏主一齋校刊"印，及"歙方東雲處敬校刻於聚奎堂"印。《訪古志》云，聿修堂藏，其體式一同元槧，不記刊行年月，似萬曆以上物。

五、明汪濟川方鑛校刊本

《解題》云，此書版式全與前本同，文亦不差一字。意是書估欲其易售，妄改校者姓名耳。又孫星衍(《平津館鑒藏書籍記》)云，此本卷一"巢元方"銜名後，當有汪、方二人名，已爲書家剜去。

六、明呉勉學刊本

《訪古志》云，此爲汪濟川、江瓘校本之重刊本。《四部總録醫藥編》著録"醫統正脈本"，而《醫統正脈》中未收《病源候論》，故誤耶。

七、清・胡益謙刊活字本

嘉慶十四年（一八〇九）胡氏經義堂刊行本。《訪古志》認爲此本係據汪濟川本而成。楊守敬以南宋本校此本，譌誤不下數千字，且有十數條脱漏者。且小島學古據宋本、元本、多紀氏鈔本、《外臺》、《醫心方》所引，校勘胡益謙刊本，凡訂正不下數千事，最爲精審，似無遺恨。

八、清湖北崇文書局刊本

光緒十二年（一八八六）刊本，《日本訪書志》記曰，柯慎菴云是據袁壽階舊鈔傳錄，差勝胡本。以視此宋本則天淵矣。

九、清周學海刊本

光緒十七年（一八九一）刊本，楊守敬認爲此據胡益軒本而成。

十、醫學大成本

係民國二十五年（一九三六）上海大東書局刊行《中國醫學大成》中之一部，底本爲周學海本。

十一、北京人民衛生出版社影印本

一九五五年出版，此亦以周氏本爲底本。

十二、一九六四年臺北國立中國醫藥研究所刊本

洋紙裝三冊本。因有曹柄章圈點，故推測亦據《醫學大成》（周學海本爲底本）本而成。

十三、日本刊本

正保二年（一六四五）書肆萬屋作右衛門刊行。《訪古志》記云，此本據元槧，雖互有異同，然文字體式，不失元板之舊，頗爲可喜。滿大亦藏有此本。

十四、古鈔本

《訪古志》記云，此係楓山秘府所藏三、四百年前舊抄本，其行款與南宋本同，而文字間異。又聿修堂藏有皇國二、三百年前舊鈔本，係據元槧。

《解題》云，皇朝古鈔本二通，一爲丹波氏聿修堂藏本，一爲野間氏白雲書庫藏本，二本與通行本大同小異。

《日本訪書志》著錄，小島學古著錄爲影摹酌源堂宋本。卷四十至四十三欠四卷。《帝室博物館漢書目録》著錄十冊本，《内閣文庫圖書第二部漢書目錄》著錄十四冊本、十一冊本、四冊本三種日本寫本，其中是否包括《訪古志》所著錄本，詳情不明。

原載《漢方の臨牀》昭和 44 年第 16 卷 04 號 P42～48

（郭秀梅譯）

關於漢方醫學全書(2)

岡西爲人

千金要方

《唐書藝文志》著錄"孫思邈千金方三十卷",爲何《舊唐志》未載此書。而《外臺秘要》引《千金方》四百五十五條,《醫心方》引四百八十一條,無疑此書唐代傳存於世。又《太平御覽》中亦有引用,《崇文總目》亦著録,可知宋初亦有傳本。當然,因皆爲寫本,故諸本之間必定存在甚多差異。

此書亦屬嘉祐校勘醫書之一,治平三年(一〇六六)進呈,據林億等序:請内府之秘書,探《道藏》之別錄,公私衆本搜訪幾遍,得以正其訛謬,補其遺佚,文之重複者削之,事之不倫者緝之,編次類聚。文義猶或疑阻,是用端本以正末,如《素問》、《九墟》、《靈樞》、《甲乙》、《太素》、《巢源》,諸家本草,前古脈書,《金匱玉函》、《肘後備急》、謝士泰《刪繁方》、《劉涓子鬼遺論》之類。尚有所闕,而又泝流以討源,如《五鑒經》、《千金翼》、《崔氏纂要》、《延年秘錄》、《正元廣利》、《外臺秘要》、《兵部手集》、夢得《傳信》之類,凡所派別,無不考理。

由此可知,當時進行了相當縝密的校勘工作。并可推測,不僅此書,包括當時所存傳本,已呈不徹底校勘則不堪入目的狀態。現存本基本依據此北宋本刊定而成。

孫思邈傳詳見《舊唐書》卷一百九十一方技傳,大略引述如下:孫思邈,京兆華原(陕西省耀縣東南)人也。七歲就學,日誦千餘言。弱冠,善談老莊及百家之說,兼好釋典。洛州總管獨孤信見而歎曰:此聖童也。北周宣帝(五七八～五七九)時,隱居太白山。隋文帝(五八一～六〇四)輔政,乃徵爲國子博士,稱疾不起。唐太宗(六二六～六四九)即位,召詣京師,將授以爵位,固辭不受。顯慶四年(六五九),高宗召見,拜諫議大夫,又固辭不受。上元元年(六七四),辭疾請歸,特賜良馬,及鄱陽公主邑司以居焉。當時知名之士宋令文、孟詵、盧照鄰等,執師資之禮以事焉。思邈嘗從幸九成宮,照鄰留在其宅。時庭前有病梨樹,照鄰爲賦,其序曰:癸酉之歲,余臥疾長安光德坊之官舍。父老曰:是鄱陽公主邑司。昔公主未嫁而卒,故其邑廢。時有孫思邈處士居之。思邈自云開皇辛酉歲生,至今年九十三矣,詢之鄉里,咸云數百歲人,話周齊間事,歷歷如眼見,以此參之,不啻百歲人矣。魏徵等受詔修齊、梁、陳、周、隋五代史,恐有遺漏,屢訪之,思邈口以傳授。永淳元年(六八一)卒。自注《老子》、《莊子》,撰《千金方》三十卷,行於世。又撰《福祿論》三卷,《攝生真錄》及《枕中素書》、《會三教論》各一卷。

《新唐書·隱逸傳》所載略同,但無盧照鄰賦。歿年云"永淳初卒,年百餘歲"。關於思邈的生活年代,或云周宣帝時,隱居太白山。或云隋文帝徵爲國子博士。又云生於開皇辛酉等記述分歧,由此諸説紛紜。

首先,清王鳴盛(《十七史商榷》)認爲思邈生於隋以前。

開皇辛酉(六〇一)隋文帝在位之二十一年,是年改元仁壽。盧照鄰作序之年癸酉,是唐高宗在位之二十四年,咸亨四年(六七三),如果思邈生於開皇辛酉,則當云年七十三,九十三爲七十三之誤。思邈蓋不欲以長生不死驚駭世人,故自隱其年,而詭詞云開皇辛酉生,故云。《舊書》於卷末直云"永淳元年卒",更不言年若干,蓋的年實無可考。據《舊唐志》記載,則自是百餘歲人,不言可知矣。

《四庫提要》認爲思邈誕生於開皇元年(五八一辛丑)

盧照鄰乃思邈之弟子,記其師言必不妄。惟以《隋書》考之,開皇紀號凡二十年,止於庚申,次年辛酉,已改仁壽,與史殊不相符。又由唐高宗咸亨四年癸酉上推九十二年,爲開皇二年壬寅,實非辛酉,干支亦不相應。然自癸酉上推九十三年,正得開皇元年辛丑。蓋《照鄰集》傳寫譌異,以辛丑爲辛酉,以九十三爲九十二也。史又稱思邈卒於永淳元年,年百餘歲。自是年上推至開皇辛丑,正一百二年,數亦相合,則生於後周,隱居不仕之説,爲史誤審矣。

思邈誕生於開皇元年之説,大致無可置疑,爲求證此説,考察《千金方》中所記年號。《千金方》中年號隨處可見,其中敘述他人故事有之。卷十二太一神精丹條,記述自身經驗"余以大業中,數以合和,而苦雄黄、曾青難得云云"。以生於開皇元年(五八一)爲準,大業元年(六〇五)則二十五歲,故並無不妥。

《翼方》卷二十六取孔穴第一"吾十有八而志學於醫,今年過百歲"。又《要方》卷十四目眩第四"余業之以来三十余年,所救活者數十百人,無不差者"。由此可知,大業中已行醫診療。書中所記事例多發生於貞觀(正觀)年中,最晚至貞觀十年(六三六)。據此,可以推定此書之完成當在貞觀年中(~六四九)。

關於此書内容,如思邈自序所云"乃博採群經,删裁繁重,務在簡易,以爲三十卷","以爲人命至重,有貴千金",故命名"千金方"。

宋臣序云"上極文字之初,下訖有隋之世,或經或方,無不採摭。集諸家之所秘要,去衆説之所未至,成書一部,總三十卷,目錄一通。臟腑之論,鍼艾之法,脈證之辨,食治之宜,始婦人而次嬰孺,先腳氣而後中風、傷寒、癰疽、消渴、水腫,七竅之痾,五石之毒,備急之法,養性之術,總篇二百三十二門,合方論五千三百首,莫不十全"。

又後序云"臣嘗讀唐令,醫者皆習張仲景《傷寒》、陳延之《小品》。仲景書今尚存於世,則《小品》亦仲景之比也,嘗痛其遺逸無餘。及觀陶隱居《百一方》、王燾《外臺秘要》,多顯方之所由來,乃得反覆二書。究尋於《千金方》中,則仲景之法十居二三,《小品》十居其五六"。

《千金》所引多處未記出典,其中或述自家經驗,但多爲集錄漢代至六朝時代醫論及遺方。或可推知，此書所利用之資料與《四海類聚方》、《病源候論》等書相同。因此，與成書於後之《翼方》均作爲醫經倍受重視，故《外臺秘要》、《醫心方》、《太平聖惠方》、《聖濟總録》等唐宋諸書皆多引載。

如上所述，宋代以前受到極高評價的《千金方》，金元以後由於仲景方受到重視，其聲價稍減。清徐大椿《醫學源流論》中云，仲景之學，至唐而一變。仲景之治病，其論藏府經絡，病情傳變，悉本《内經》。而其所用之方，皆古聖相傳之經方，并非私心自造，間有加減，必有所本，其分兩輕重，皆有法度，其藥悉本於《神農本草》，無一味遊移假借之處。非此方不能治此病，非此藥不能成此方。藥味不過五六品，而功用無不周，此乃天地之化機，聖人之妙用，與天地同不朽者也。《千金方》則不然，其所論病未嘗不依《内經》，而不無雜以後世臆度之法。其所用方亦皆採擇古方，不無兼取後世偏雜之法。其所用藥未必全本於神農，兼取雜方、單方及通治之品。故有一病而立數方，亦有一方而治數病，其藥品有多至數十味者，其中對症者固多，不對症者亦不少，故治病亦有效、有不效。大抵所重專在於藥，而古聖製方之法不傳矣。然其用意之奇，用藥之巧，亦自成一家，有不可磨滅之處。

此番論述，反映出對《素問》及張仲景絕對信奉之觀點，亦代表了明清醫學思想。這種思想的出現，無疑受到金元醫學影響，同時證明了一個事實，即由於金元時代理論性醫學盛行，六朝至隋唐豐富之經驗治療醫學隨之低迷。但是，凝聚著六朝醫學精華之《千金方》，其聲價并不會衰落於一朝一夕，後代曾多次重刊此書，而爲世人所廣知。

最後，關於此書的版本流傳簡單敘述如下：

現今世傳《千金方》，大多爲宋校本，而日本及中國各發現一部保存著宋校以前狀態之《千金方》，前者爲古寫本，後者稱北宋刊本。二者均有殘缺，非完本。本文先述此二者，次論宋校本。

一、古鈔本

日本著名醫學世家和氣氏傳鈔本，江戶末期，多紀元堅購於書估英遵，天保三年(一八三二)，門人松本幸彥題名《真本千金方》影模刻行，元堅作序。原卷現藏宮内廳書陵部。此書雖然僅存第一卷，而正如元堅序所云，此爲二百年前寫本，其體裁、文字，較之《醫心方》所引，一一吻合，而與今本相忤，未經宋改明矣，蓋古昔遣唐使攜歸者也。《訪古志》云，此本取原於正和四年(一三一五)嗣成手抄本，校以建治三年(一二七七)仲景寫本者。詳考數跋，是永正(一五〇四～一五二〇)以後天正(一五七三～一五九一)以前人所抄也。

《醫心方》中大量引用《千金方》内容，《日本國見在書目録》著録"《千金方》三十一　孫思邈撰"。無疑日本平安時代既已重視此書。

二、古宋刊本

據《蕘圃藏書題識》云，黃丕烈於嘉慶四年(一七九九)，於書友邵鐘琳處得知，其兄藏有元板配明板《千金方》共十四冊，遂親自檢閱，始知第六至第十，第十六至十九，此九卷爲元版，第二十卷闕，其餘二十卷皆北宋本。並核於宋校本，鮮有一處符合者。此本後歸於陸心源皕宋樓。據《儀顧堂題跋》云,卷一至卷五,卷十一至十五,卷二十一至三十,凡二十卷。皆北宋本,每葉二十八行,行二十四字,首行題曰“新雕孫真人千金方”。元刊本,每葉少二行,行二十二字,題曰“重刊孫真人備急千金要方”。所闕卷二十,由黄丕烈據明慎獨齋刊本補入。此本於明治四十二年與陸氏其他書籍一同歸入静嘉堂。此宋版刊行年代不明,黄陸兩氏均認定此爲北宋本。但宫下氏[1]推測云,此本或亦爲林億等校正時參照之一,與平安時代傳入日本《千金方》同一系統,後流傳於世,坊間翻刻。

三、校正之宋代刊本

宋臣“校定備急千金要方後序”云,治平三年(一〇六六)正月二十五日進呈訖,至四月二十六日奉聖旨鏤板施行。此爲初版,後經二三十年至元祐中(一〇八六～一〇九三),及紹興元年(一〇九四),國子監刊行《千金翼方》等多種小字本醫書,其中或亦包括此書。《訪古志》載米澤侯所藏“金澤文庫”舊藏宋槧本,云“每半版高六寸強,幅四寸九分,十三行,行二十三字。版心有刻手名氏”。嘉永二年江戸醫學館刊行的“影北宋本”即依此本影印,其《考異》云,此係宋治平三年刊本,爲北宋元祐及南宋乾道、淳熙間所補刊也。《訪古志》亦同。而宫下氏據米澤本,詳細考證干支、刻工名氏、避諱等,認爲此本併非北宋本,當爲“南宋紹興十七年(一一四七)前後刊,光宗中(一一九四～一二〇〇)補刊本”。

此外,元刊《千金方》目録後“識語”云“近得前宋西蜀經進官云云”。綜上所述,宋代刊本至少有治平本、元祐(前後)本、紹興本、西蜀經進官本四種。當然亦爲推測而已。

四、元刊本

多紀氏《聿修堂藏書目録》著録“重刊孫真人備急千金要方十六册,元板”,即爲宫内廳現藏本。《訪古志》記云,每半葉十二行,行二十二字。木世肅贈與多紀元簡。比之宋槧,脱誤甚多。又醫官傘溪岡氏、寶素堂、酌源堂、容安書院等亦藏此本。《寶素堂藏書目録》記云:第七一卷缺,以聿修堂元槧本補。與此同版之元本又見於明《脈望館》,清《藝芸精舍》、《稽瑞樓》、《鐵琴銅劍樓》、《皕宋樓》等書目,但皆非全本。民國王頌蔚《古書經眼録》記云,是書書估從滬上攜來,索值四千金。余囊澀無以應。皕宋樓本已移入静嘉堂藏書,而《觀海堂書目》著録“十本十卷”之書,或許係自日本迴歸者耶。

五、道藏本

明正統本《道藏·太平部》收録,卷數分爲九十三,且與宋版相校,誤字不少。上海涵芬樓影印《道藏》中亦收録。

六、明·慎獨齋刊本

正德十六年(一五二一) 劉洪(慎獨齋)刊行。《訪古志》載聿修堂本,其行款、字數與元版全同,但板式狹小。《内閣文庫漢書目録》著録十册本。

七、明喬世定刊本

嘉靖二十三年(一五四四),孫思邈鄉里耀州喬世定(小丘山房)據《道藏》本刊行，附兄世寧及馬理序。卷數依舊爲九十三卷。《訪古志》評曰“其文譌脱頗夥”。

八、明祝氏刊本

萬曆十六年（一五八八）刊本。《鄭堂讀書記》認爲，同年陳文燭序文之外，又有喬世寧及馬理二序，故當爲據嘉靖本而刊者。

九、明方中聲刊本

萬曆十三（一六〇三），新安方中聲據嘉靖本刊行，有中聲序。《訪古志》云，與嘉靖本同，俱非佳刻。

十、明華氏刊本

《郘亭知見傳本書目》著錄，刊年不明。

十一、清張喻二氏刊本

康熙二十八年（一六八九）刊行，九十三卷本。天明刊本後藤敏序云“其康熙板則一依萬曆板，訛謬尤甚，殆不可讀”。

十二、清四庫全書本

《四庫全書》著錄兩淮馬裕家藏本。《提要》云：“《千金方》、《千金翼方》各三十卷，後列《禁經》二卷，合六十二卷。此本增多三十一卷，疑後人併爲一書，而離析其卷帙”。此説有誤，九十三卷係據《道藏》而成，其中并未含《千金翼方》。

十三、清・王培楨刊本

《浙江公立圖書館通常類圖書目録》著録九十六卷本，清同治七年王培楨重刊本。係道藏本系統之俗本。

十四、清光緒重印江戸醫學影宋本

以下均爲利用日本版木於中國重印本。《叢書書目彙編》云：“日本江戸醫學所刊，光緒戊寅（四年、明治十一年）獨山莫氏將板購回，現存於蘇州徐氏”。宮下氏認爲明治十一年由黄學熙帶回上海。莫繩孫此年重刊《景元大德本千金翼方》。此外，《涵芬樓舊書分類總目》著錄“長洲麟瑞堂翻東洋影宋刊本十六冊”，《浙江公立圖書館通常類圖書目錄》著錄“清光緒戊寅上海印東洋本十二本”，《四部總錄醫藥編》著錄“光緒戊寅靈芬閣刊本”，大概均屬同一系列，詳情不明。

十五、醫學大成本

《四部總録醫藥編》著錄。

十六、民國刊本

《杏雨書屋圖書假目錄》著錄“民國刊。二十四冊”，九十三卷本。

十七、一九五五年北京人民衛生出版社影印本

十八、一九六五年臺北國立中國醫藥研究所影印本

兩者皆爲縮小影印“江戸醫學影北宋本”，洋装一冊，紙張雖粗劣，而印刷鮮明。并附嘉永原序及《考異》，爲日常貴重之參考書。

十九、日本萬治二年刊本

萬治二年(一六五九)書肆敦賀屋久兵衛翻刻方中聲本。天明刊本後藤敏序云:“萬治中翻刻萬曆板,迄於今百有餘年,板爛字刓,致不可識”。

此傳本頗多,鹽野義研究所圖書館藏有無刊記本,視其版式,當爲該版之後印本。

二十、天明五年刊本

天明五年(一七八五)京都後藤敏翻刻木村兼葭堂所藏元版,題爲“元板翻刻千金方”。滿大亦藏有兩部。

二十一、寬政十一年刊本

《楂考書屋》及《杏雨書屋》兩書目均著錄“元板翻刻千金方”,或爲天明本重印本。

二十二、天保三年刊真本千金方

松本幸彦刊行古鈔本已於前述。此本現稀覯。

二十三、嘉永二年江戶醫學影北宋本

上記金澤文庫舊藏米澤本,由江戶醫學館影印。據多紀元堅等序可知,初“將同人共商,各捐私貲,以付梓也。而不圖朝旨爲發帑金”,由醫學館以官刻本刊行。此本係現行完本中之善本。《帝室和漢圖書目録》等諸書目中偶有著錄,現在難以購得。如前所述,該本版木傳入中國後已被重印,近年北京、臺北又影印刊行,故較易購得。

註(1)宮下三郎、宋版備急千金要方について。米澤善本の研究と解題 71～84 頁、昭和三十三年

原載《漢方の臨牀》昭和 44 年第 16 卷 05 號 P18～24

(郭秀梅譯)

關於漢方醫學全書(3)

岡西爲人

千金翼方

顧名思義,此書爲扶翼《千金要方》而著,思邈於自序中亦明言。《外臺秘要》、《醫心方》中時有對《要方》與《翼方》不加區別地引用情況,表明二書曾可能被視爲一書。

此書編纂年代尚不明確,而卷二十雜病下載"永徽元年(六五〇),矢久留在肉中,常有膿出不止,余爲處之瞿麥丸方"之事,故可斷定此書成於永徽以後。

又卷二至卷四所載本草内容,與删除各論"附注"之《新修本草》内容完全一致,我推定此書成於顯慶四年(六五九)《新修本草》編成之後。

本書經北宋校勘,其校正序云"其書之傳於今,訛舛尤甚,雖洪儒碩學不能辨之",可知當時傳本甚亂。未記校勘年月,或於治平三年(一〇六六)《要方》校勘之後繼而行之。

關於本書内容,宋臣後序云:"夫疾病之至急者有三:一曰傷寒,二曰中風,三曰瘡癰。是三種者,療之不早,或治不對病,皆死不旋踵。《千金方》其中風、瘡癰,可謂精至,而傷寒一門,皆以湯散膏丸類聚成篇,疑未得其詳矣"。

可見,編撰《翼方》之主旨在於"傷寒"。《要方》卷九、卷十兩卷載傷寒,其形式與《傷寒論》迥異,所引多爲《小品》、《華佗》、王叔和、陳廩丘等論,而仲景之説未見。《翼方》亦於卷九、卷十載録傷寒,其卷首曰:"傷寒熱病,自古有之,名賢濬哲,多所防禦。至於仲景,特有神功,尋思旨趣,莫測其致,所以醫人未能鑽仰。嘗見太醫療傷寒,惟大青知母等諸冷物投之,極與仲景本意相反,湯藥雖行,百無一效。鳩集要妙,以爲其方,行之以來,未有不驗,舊法方證,意義幽隱,乃令覽之者造次難悟。今以方證同條,比類相附,便於檢閲"。可知著者參考《傷寒論》而述。據此及《要方》卷九末"江南諸師秘仲景論不傳"等記載,或有推論云,《要方》完成後方得仲景之書,故爲補入仲景之論而編撰《翼方》。而編撰《翼方》之主旨並不僅在於此,現將《要》、《翼》二書内容項目相比較,大體一致。即以藥録纂要爲始,依次本草、避穀、退去、萬病、飛鍊、禁經等,《翼方》所載而《要方》則無者。"避穀"以下諸項,與其歸屬醫家類,莫不如歸入道家類。

雖然《要方》卷二十七養性篇收載道林養性、居處法、按摩法、調氣法、服食法、黄帝雜忌、房中補益等項亦屬道家,但比之《翼方》道家内容甚少。

如果説《要方》以總結醫家經驗方爲主,那麼《翼方》則多採納道家學説。思邈弱冠善談老莊,後世稱謂真人,故書中採錄道方,並不爲怪。同時亦反映出當時醫方與道方並行兼用之風潮。《翼方》卷二十九、三十兩卷"禁經",記載禁咒法。據思邈所云,當時治療方法有湯藥、鍼灸、禁咒、符印、導引五種,"皆救急之術也"。

倣《唐制》而成之《太寶令》中,醫師、鍼師之外,尚設立按摩師、咒禁師等制度,諸醫師分擔醫療專科。而普遍流傳於唐代之禁咒法,未成寸片卷帙,思邈慮其散逸,故編爲兩卷,凡二十二篇,名曰禁經。表明當時醫方與道方已廣泛應用。

唐段成式《酉陽雜俎》云,思邈嘗隱終南山,時大旱。西域僧欲殺昆明池龍,思邈救之,以龍宮秘方謝之,《千金方》每卷各記一方。對此記述,《四庫提要》云"小說家附會之談,固無足深辨焉"。王肯堂《新刻千金翼方序》云,《翼方》服水法中有云"武德中,龍齎此卷授余",故可證龍宮方之實有,而非好事者寓言也。服水法見於《翼方》卷十三服水第六,記云"余嘗見真人有得水仙者,不睹其方,武德中(六一八~六二六)龍齎此一卷《服水經》授余,乃披翫不捨晝夜,其書多有蠹壞,文字頗致殘缺,因暇隙尋其義理,集成一篇,好道君子勤而脩之,神仙可致焉"。受自於龍,實屬誇誕,或出於何種緣由而獲古書耶。此類記述,可見思邈喜好道方之一斑。

關於版本概述如下:

一、宋刊本

一般認爲,與《千金方》同爲治平三年(一〇六六)官刻本,但未見明確記載。此外,是否存在宋版,亦未可知。

二、元大德十一年梅溪書院刊本

多紀氏聿修堂藏。多紀元簡《醫賸》記云,聞城東白醫家藏元版,予百計索之,不敢許。丙午(天明六年·一七八六)冬米價騰躍,渠不能支,遽欲售之。予因鬻雜書數十帙而購之。明年六月,浪華木村世肅不量以元版前方,千里郵致以貽,於是儼然雙璧,始具於插架。

下述文政十二年刊本,亦爲此元版之影印,其書影載於《留真譜》,原卷所在不明。

三、明正德間刊本

僅著錄於《四部叢録醫藥編》,他書未見。

四、明萬曆三十三年刊本

《郘亭知見傳本書目》、《故宮普通書目》著錄。小嶋氏寶素堂亦有藏本,疑爲明人補鈔本。卷首附王肯堂序,故爲肯堂刊本。而肯堂序云:獲於故友徐士彰諫議家。從子王廷鑑因母病,欲刻醫書,冀獲冥祐,故授予此書。校訂尤得力於表弟孫仲來。

據《經籍訪古志》云,每卷題"明翰林院檢討國史纂修官王肯堂重校、孫雲仍王廷鑑同校"。《醫籍考》云:將其較之家藏元版,不唯誤文居多,甚至脫數十頁。而《訪古志》則云:此本總目外,每卷首有子目,且卷中體式與元板異。宇泰序曰:以俟它日得宋刻善本而更之。據此言,則恐是傳鈔宋本者歟。

五、明華氏刊本

《孫氏書目》、《郘亭知見傳本書目》等著錄此書。或即與《要方》合刻本,刊年不詳。

六、清乾隆華氏保元堂刊本

據《鄭堂讀書記》載,前有損菴序及乾隆癸未(二十八年、一七六三)金匱華希閎重刊序。損菴,王肯堂之號。該本係據萬曆本刊。《内閣文庫圖書漢書目錄》亦著錄。

七、清同治七年掃葉山房刊本

《揚州吳氏測海樓藏書目錄》、《故宫普通書目》著錄十六竹紙本。

八、光緒四年重印江戶醫學影元本

此本由上海莫繩孫與《要方》一同刊行,其版本皆自日本帶回。趙經達《趙氏圖書館藏書目錄》、《四部叢録醫藥編》著錄光緒戊寅靈芬閣印本,亦與此本同系統,但與莫氏本有何關係,尚不明了。

九、民國四年江左書林石印本

十、中國醫學大成本

以上兩本均見於《四部叢録醫藥編》,前者滿大亦收藏。

十一、一九五五年北京人民衛生出版社影印本

十二、一九六五年臺北國立中國醫藥研究所影印本

以上兩本均爲縮小影印莫繩孫本。

十三、日本明和七年刊本

《寶素堂藏書目錄》著錄明和庚寅重雕王宇泰刊本。此版本滿大亦曾購得。思邈自序、宋臣序、王肯堂序之外,尚有明和戊子(五年、一七六八) 阿波醫官湯淺兼道序,及明和六年望月三英序。據兼道及三英序,得知三英曾感嘆我國未曾刊行《證類本草》、《千金翼方》、《外臺秘要》三書。之後,山脇東洋刊行《外臺》,繼而三英之塾刊行《證類》。關於《翼方》,先是崎陽野英伯及攝州同仁皆有志刊行,各徵序於三英,但均未果。最後阿波藩醫湯淺堯民,據三英藏本及仙臺醫家小野隆菴善本校勘,由藩主稻田氏出資刊行。

另外,《楂考書屋圖書目錄》著錄"《校正千金翼方》,京書林,秋田屋半左衛門刊行",但翻刻年月不詳。

十四、文政十二年江戶醫學影元大德本

此乃江戶醫學館諸醫官醵金,據多紀氏元刊本影刻本。據杉本樗園後序得知,主要校勘者爲舟橋經中、野間任夫、小島學古三人。此本爲現行本中最善者。如前所述,此版木與《要方》版木一同傳入中國,於彼地重印。可是,此亦非全本,《訪古志》云"校之諸書所引,舛誤仍多,故作《考異》二卷,以附於後",但書後並未附《考異》。關於《考翼》,楊守敬《日本訪書志》云:"小島尚質以初印本,硃校於界欄上,蓋據宋本、元本、明王肯堂校刊本,及《新修本草》諸書合校者。自丁亥(文政十年)

訖己亥（天保十年），首尾十二年始成”。《訪古志》所云《考異》，或即以小島校本編成也。

附記

《唐書藝文志》著錄“《孫思邈千金方》三十卷。又《千金髓方》二十卷”。《證類本草》引用《千金髓》四次。宋臣《翼方後序》云：“觀其文意，殊非孫氏所作，乃好事者爲之耳。《外臺秘要方》，亦未之見，似出於唐之末代”。

另外，北宋末宣和六年（一一二四），郭思摘錄《千金方》要論，題曰“千金寶要”，並刻之巨石，置於華州公署前，公於市人。《寶要》於明代正統八年（一四四三）首次刻於石後，屢經石刻或木刻，亦有刻本傳世。

原載《漢方の臨牀》昭和44年第16卷06號 P25～28

（郭秀梅譯）

關於漢方醫學全書(4)

岡西爲人

外臺秘要方

《外臺秘要方》,唐玄宗末年鄴郡(河南省安陽)太守王燾,收集當時傳存於世之諸家名方,編録而成。天寶十一年(七五二)自序。此書係六朝至唐代經驗方之淵藪,自古以來與《千金方》一同倍受重視,如宋臣序所云:"王氏編次,各題名號,使後之學者皆知所出,此其所長也。"自序亦云:"非敢傳之都邑,且欲施於後賢。"可知,編述此書之目的,爲將名方流傳於後世。

"王燾傳"附於《新唐書》卷九十八王珪傳"珪孫燾,性至孝,爲徐州司馬。母有疾,彌年不廢帶,視絮湯劑。數從高醫游,遂窮其術。因以所學作書,號《外臺秘要》。討繹精明,世寶焉。歷給事中、鄴郡太守,治聞於時。

《舊唐書》無燾傳,而兩《唐書》皆載珪傳,其大要如下:先祖魏之烏丸氏,曾祖神念時,自魏奔梁,復姓王氏。祖僧辯,梁太尉、尚書令。父顗北齊樂陵太守。珪開皇十三年(五九三),仕隋,任太常治禮郎。坐漢王諒(文帝之五男、煬帝之弟)反,珪亡命南山十餘年。後仕高祖,又連坐皇太子建成(高祖長子、太宗兄)謀反而流放嶲州。後太宗召爲諫議太夫。貞觀二年(六二七)賜永寧縣男爵,後進爵爲郡公,八年爲禮部尚書,十三年卒,六十九歲。珪有二子,長子崇基襲爵,官至主爵郎中。次子敬直,娶太宗女南平公主。連坐太子承乾(太宗長子)陰謀,徙嶺外。

《新唐書》載珪孫燾、旭二人。旭開元始爲左司郎兼侍御史,後因殺戮盧崇道等多人,而被兩《唐書》列如"酷吏傳"。燾自序署曰"銀青光禄大夫持節鄴郡諸軍事兼守刺史上柱國清源縣開國伯",故燾或爲珪長子崇基之子而襲爵者。但《舊唐書》云旭爲崇基之孫、珪之曾孫,而未云父名,故《新唐書》云爲珪孫似確。由此或可推定,旭當爲崇基之子、燾之弟。

出身名門的王燾,年輕時即出入宮中、臺閣,可自由翻閲國家圖書館弘文館之秘籍,其自序云:余幼多疾病,長好醫術,遭逢有道,遂躡亨衢,七登南宮,兩拜東掖,便繁臺閣二十餘載,久知弘文館圖籍方書等,繇是覩奥升堂,皆探其秘要。以婚姻之故,貶守房陵(湖北省竹山縣),量移大寧郡(山西省隰縣),自南徂北,既僻且陋,染瘴嬰痾,十有六七,死生契闊,不可問天,賴有經方僅得存者,神功妙用,固難稱述。遂發憤刊削,庶幾一隅。凡古方纂得五六十家,新撰者向數千百卷。其方凡四十卷,名曰《外臺秘要方》。

"外臺"之意,宋臣孫兆序云:"以出守於外,故號曰《外臺秘要方》。"《四庫提要》云："成於守郿時，故曰外臺。"而《醫籍考》斥此二説，云"外臺"有三義，其義當取《魏志》"蘭臺爲外臺"之意也。

已如前述，此書主旨即欲將當代名方傳於後世。現將《外臺》中引用醫書次數（概算）記録如下（數字爲引用次數）：

《千金方》四百五十五、《病源》三百四十三、《古今録驗》二百六十四、《廣濟方》二百十六、《集驗方》一百七十六、《崔氏方》一百六十五、《備急方》一百三十九、"張文仲"一百三十四、《必效方》一百二十一、《小品方》一百十一、《刪繁方》一百零八、《延年方》九十六、《范汪方》八十三、《救急方》八十三、《近效方》七十二、《傷寒論》四十四、《深師方》三十、"劉氏"二十四、《經心録》二十二、"劉涓子"十六、《甲乙經》十六、"許仁則"十五。

宋陳振孫《直齋書録解題》記云："至於《小品方》、《深師》、《崔氏》、許仁則、張文仲之類，今無傳者，猶間見於此書"，可知，早在宋代即已識得《外臺》之價值。不知爲何，《舊唐書》未著録該書與《千金方》，而自《新唐志》、《崇文總目》始，乃至宋代諸家書目皆有著録。宋臣校勘《千金方》之後，繼而校勘此書。

宋臣進表：南方州郡，連年疾疫瘴癘，其尤甚處一州有死十餘萬人，此雖天令差舛致此札瘥，亦緣醫工謬妄就增其疾。臣細曾詢問諸州，皆闕醫書習讀，除《素問》、《病源》外，餘皆傳習僞書舛本，故所學淺俚，詿誤病者。欲望聖慈特出秘閣所藏醫書，委官選取要用者較定一本，降付杭州開板模印。庶使聖澤及幽隱，民生免於夭横。皇祐三年（一〇五一）奉聖旨宜令逐路轉運司指揮轄下州府軍監，如有疾疫瘴癘之處，於《聖惠方》内寫録合用藥方，出牓曉示，及遍下諸縣許人抄劄，仍令秘閣簡《外臺秘要》三、兩本，送國子監見較勘醫書官，子細較勘。聞奏劄付孫兆准此。至治平二年（一〇六五），准中書劄子較正醫書，所狀醫書内有《外臺秘要》一項，今訪聞前較醫官孫兆較對已成。至四年三月日進呈訖。熙寧二年（一〇六九）准中書劄子奉聖旨鏤板施行。

據此進表，可知當年校書之實情。《外臺秘要》當時亦非全本，正如孫兆序所云：此方撰集之時，或得缺落之書，因其闕文，義理不完者多矣。又自唐歷五代，傳寫其本，訛舛尤甚，雖鴻都秘府，亦無善本。不僅《外臺秘要》無存善本，宋代存世醫書皆訛謬甚多，傳本亦鮮，大半醫家不知世存醫書幾何。《直齋書録解題》"大凡醫書之行於世，皆仁宗朝所校定也。嘉祐二年置校正醫書局於編修院，以直集賢院掌禹錫、林億校理，國子監板行。自此，天下皆知學古方書"一段記述，如實反映歷史狀況。故可想見，以國家力量進行徹底校勘醫書工作，已迫在眉睫。

關於版本論述如下：

一、北宋刊本

北宋初刊本，中國與日本各存一部完本。中國本爲陸心源皕宋樓藏本，即明高瑞南舊藏本。《儀顧堂題跋》云：此本每葉二十六行，每行二十四字。神宗以前帝諱嫌名皆缺避，哲宗以後不避，故此爲熙寧二年刊本，爲是書最初祖本。每卷後署校勘官皆爲浙東官名，當是浙中刻本，故校勘皆浙東官耳。又據《經籍訪古志》所載，日本雖有全書，模印在後，多糊糢處。此本宋刊初印，無一斷爛，洵海内外之鴻寶也。此本現秘藏於静嘉堂文庫。

日本本爲紀藩醫官竹田純道家傳秘藏本，《訪古志》記云：每半版高六寸五分，幅四寸八分，十三行，行二十四字。而首尾完具，毫無缺失，特此本真爲林億等經進之原刊，明諸家所不夢見之天下之至寶也耶。嘉永二年(一八四九)，官下命郵致，使醫學館影抄二部，一部納於楓山文庫，一部藏於醫學館。後楊守敬購得此影抄本之一，其原委《日本訪書志》記云：森立之又言，當新寫此書時，方爲醫學校官，以五人分書之，越三年乃成，其費不貲。余又訪之杉本仲溫，據言，紀藩之宋本不可見，楓山庫之新本，亦不可得。維醫學之一部，明治初散出，未知存於誰之手。余乃囑仲溫物色之，久之以此本來，缺其末一册，索價殊昂，忍痛得之。末一册託書記官巖谷修從楓山庫本補之。

《故宫博物院書目》及《觀海堂書目》著錄爲“影宋抄本”，或“影北宋本”，實即此本。又《内閣文庫圖書第二部漢書目錄》著錄“日本寫本，宋槧模寫，多紀元堅等校”四十二册，此或爲楓山文庫本。

除以上完本之外，宋刊殘本尚藏於諸處。

中國方面，徐乾學《傳是樓宋元本書目》著錄“欠卷二十三、二十四兩卷”本，王士鍾《藝芸精舍宋元本書目》著錄“欠卷二十一至二十三、三十八至四十”本。又《舊京書影提要》著錄“舊清内閣書，見藏北平圖書館”。黄丕烈《百宋一廛書錄》著錄高瑞南舊藏《目錄》及第二十二卷。《百宋一廛賦》記云，陽城張古餘，以廉值獲泰半部。可知，高瑞南所藏非止一部耶。

日本方面，楓山文庫藏有金澤文庫舊藏本，但所存僅爲卷三、六、九、十一、二十一至二十三、二十五至二十八，計十一卷，現藏於圖書寮。又京都荻野元凱家亦藏零本，即卷二、三、七、十二、十六、十七、十九、三十二、三十五、四十，凡十卷。其中卷十二後歸於福井氏。《帝室和漢圖書目錄》著錄十一卷十一册本。

二、明崇禎十三年程衍道刊本

程衍道自序云：此書自宋皇祐詔諭刊布，後無復鋟梓。向購寫本，訛缺頗多，因復殫力校讐，十載始竣厥工。

關於此書，陸心源《儀顧堂題跋》評述：以崇禎中程衍道刊本校之，删削幾及二萬字，妄改處亦復不少。此燾書原有雙行夾注，明刊往往於原書夾註上加“通按”二字，竊爲己説，尤可笑也。

《經籍訪古志》論云：今以宋本比較，誤字頗多，然宋本漫滅處，此本亦漫滅，則可徵所謂寫本者，蓋取原於宋本，不可與明代錯謬百出之諸書同日而語也。

楊守敬《日本訪書志補》斷定此爲明刊本，並感慨道：此係日本東京醫官小島尚質，以紀藩竹田氏宋槧本校勘，又以《巢氏病源》、孫氏《千金方》，凡王燾所引書之尚存者，莫不對讀，可謂精審之極。小島三世以醫鳴於日本，余得古醫書秘本，多出於其家。凡醫經正本，罔不參互考訂，一字無假。讀小島校訂諸書，不能不嘆。

《觀海堂書目》著錄“小島尚質校本”，或即此本耶。

又陸心源依據宋本校勘程本，比較其異同，匯集爲九卷，收錄於《群書校補》中，並記云"凡程本句有互倒，無關大義者，皆略之"。對此，楊守敬記云："光緒丁酉（二十三年、一八九七），於上海書肆得歸安陸氏《群書校補》，乃知此書宋本，吾中土尚有存者。唯陸氏所校，第據明程氏刊本，著其異同，亦多有脱漏處，不及小島會粹群籍，精審無遺也"。

自北宋至明末，此書未曾刊行，頗令人難解。如前所述，或因宋代所校醫書中惟此書係全帙流傳，故直至清代尚有多種殘缺宋本流傳。由此可知，明代一定有較多北宋本或其他抄本傳存。總之，現行本皆來自於此程本，而程本與宋本相較，則誤謬頗多，因此極其盼望北宋本得以早日影印發行。

三、明末經餘居刊本

清丁日昌《持靜齋書目》及莫友芝《郘亭知見傳本書目》著錄"明末經餘居刊本"。此外，諸家書目著錄有"經餘居刊本"，一般認爲係與程本相異之本。但是考山脇本，其封面上欄外大書"新安程敬通訂梓"，欄内大書"重校王燾先生外臺秘要"，其下有三行小字"此書肇集於唐，再鐫於宋，自元迄今，未有刻板。不佞購得寫本，訛舛頗多，殫力校讐，付諸剞劂。期以流傳於内，用爲醫家考古者之一助云。歙西槐塘經餘居藏板"，其文意與衍道自序相同。衍道，字敬通。歙西即新安，"經餘居"爲衍道堂號。據此，程本即經餘居本，山脇本亦據此本而成。《訪古志》云"程本重刊，凡有數通，行款狹小，文字更陋"，故所謂"明末經餘居刊本"或即指此類版本之重刊本。滿大藏有無封面、版心下方刻有"經餘居"三字本，其本似爲重刊本之一。可以推定，"經餘居刊本"之稱由板心刻字而來。

四、清同治十三年廣東翰墨園重印本

此本與下述山脇本板式完全相同，可知，山脇本版木曾被帶至中國而重印。但是，山脇東洋以下日本人之序、跋、凡例、刊記等，悉皆刪除，而獨存鼇頭尚德按語。此本後人屢次重印，其中亦有刪削尚德按語之重印本。近年北京、臺北刊行本即此系統，並將尚德按語彙編於卷末。

五、石印本

見民國支偉成《國學用書類述》。

六、中國醫學大成本

見《四部總錄醫藥編》。

七、一九五五年北京人民衛生出版社刊本

八、一九六四年臺北國立中國醫藥研究所刊本

均係同治本（以山脇本爲底本）之影印本，四頁縮印爲一頁，洋裝三册，刪除日本人諸序，頭注作爲"按語"附載於卷末。

九、日本延享三年山脇東洋刊本

山脇東洋（尚德）四十二歲時刊行本。東洋曾感嘆此書流傳甚鮮，故欲刊行。偶然聞知望月鹿門（三英）藏有明刊善本，乃介友人呂元丈求之。鹿門善其志，遂上言，奉旨以秘府宋本校對後，延享二年（一七四五）七月遺贈東洋。翌年東上朝

見，繕裝新刻，獻進兩宫（吉宗、家重），奉溫命賜金帛。三月西歸，遂以公布。其後七月十八日，由元丈提議，政府奉旨准請，且下長崎鎮臺施行，送至清國。

如前所述，此本係據程衍道本而成，王燾自序及宋孫兆序以外，尚有程本所載之衍道自序、吳孔嘉、唐暉、方逢年、陸錫明、張天禄、金聲、吳士奇諸序，及望月三英、山脇尚德、野呂元丈、県孝孺等日本諸序。此版木，後傳入中國，現行本多爲據此本而成，但此後印本與山脇原本有諸多差異，已於前述。

原載《漢方の臨牀》昭和44年第16卷07號P9～14

（郭秀梅譯）

關於漢方醫學全書(5)

岡西爲人

神醫普救方

《宋史藝文志》卷二百零七著錄“賈黄中神醫普救方一千卷、目十卷”,僅就卷數而言,此乃中國歷代醫書中,繼隋《四海類聚方》二千六百卷之後第二巨帙。關於此書,《宋史》卷二百六十五“季昉傳”附其長子“宗訥傳”云,太平興國初,詔賈黄中集《神醫普救方》,宗訥暨劉錫、吴淑、吕文仲、杜鎬、舒雅皆預焉。賈黄中,《宋史》卷二百六十五本傳云,賈黄中,字媧民,滄州南皮人,唐相耽四世孫。父玭字仲寶,晉天福參年(九三八)進士。宋初,爲刑部郎中,終水部員外郎、知浚義縣,年七十卒。黄中幼聰悟,方五歲,玭每旦令正立。六歲舉童子科,十五舉進士,仕太祖,授校書郎、集賢校理。開寶八年(九七五),通判定州。太宗即位,仍受重用。端拱元年(九八八),加中書舍人。二年,兼史館修撰。淳化二年(九九一),拜給事中、參知政事。至道二年(九九六),以疾卒,年五十六。贈禮部尚書。據此可知,賈黄中一生爲官並非醫者。

參與《神醫普救方》編纂者,除劉錫之外,《宋史》皆載其傳,並皆爲太宗時秘閣校理等文職仕官。據吴淑、吕文仲傳載,亦曾參加編修《太平御覧》、《太平廣記》、《文苑英華》。杜鎬傳云,曾受命參預重修《太祖實錄》、纂修《冊府元龜》。

《太平御覧》一千卷成書於太平興國八年(九八三),《太平廣記》五百卷費時六年於太平興國中完成。《文苑英華》一千卷,始於太平七年,成於雍熙三年(九八六)。《冊府元龜》成書於真宗大中祥符六年(一〇一三)。據《玉海》載“《雍熙神醫普救方》,太平興國六年十月丙戌,詔賈黄中等於崇文院,編錄醫書。雍熙三年十月,纂成千卷,目錄十卷,名《神醫普救方》,御製序”。故《神醫普救方》與《太平御覧》等類書,幾乎於同時期,由相同成員(儒官)編纂而成。

太宗另召王懷隱等編撰《太平聖惠方》百卷,而參與者均爲醫官。觀前後兩書編成情況頗感奇異,《普救方》係一部類書,以整理、類聚古代文籍爲主。而《聖惠方》則以有益於臨床醫療爲目的,選錄療效確實之治方。一書成於儒官之手,一書由醫家編成,似可反映當時編纂醫書之情況。

此書曾刊行否,不得而知。《證類本草》未見引用,王應麟等南宋目錄學家皆未著錄。一般認爲,編纂《聖惠方》之際,理當利用此書。從臨床實用性考慮,可以推測,《聖惠方》完成之後,此書價值減弱,故未得刊行。

太平聖惠方

係宋太宗命翰林醫官使尚藥奉御王懷隱、副使王祐、鄭彦[1]、醫官陳昭遇等四人編錄之醫方書。關於編纂目的及主旨,正如御製序云:朕昔自潛邸,求集名方,異術玄鍼,皆得其要,兼收得妙方千餘首,無非親驗,并有準繩,貴在救民,去除疾苦。并徧於翰林醫官院,各取到經手家傳應效藥方,合萬餘道。令尚藥奉御王懷隱等四人,較勘編類。編勒成一百卷,命曰《太平聖惠方》,仍令雕刻印版。

可知,太宗自皇太子時即對醫學產生興趣,以有益於臨床實踐爲目的,而敕命編纂此書。關於成書時期,《直齋書録解題》云,始於太平興國七年(九八二),十年後,淳化三年(九九二)書成。《玉海》云,太平興國三年(九七八),詔醫官院獻經驗方,合萬餘首,集爲《太平聖惠方》百卷,凡千六百七十門,萬六千八百三十四首,并序論總目錄。每部以隋巢元方《病源候論》冠其首,凡諸論證品藥功效悉載之。御製序。淳化三年二月癸未,賜宰相李昉,參政黄中沆,樞臣仲舒準,五月乙亥,頒天下,諸州置醫博士掌之。似於太平興國三年詔進經驗方,歷經七年編纂而成,至淳化三年刊刻發行。

王懷隱,《宋史》卷四百六十一本傳云,宋州睢陽(河南省)人。初爲道士,住京城(開封)建隆觀,善醫診。太宗尹京,懷隱以湯劑祇事。太平興國初,詔歸俗,命爲尚藥奉御,三遷至翰林醫官使。

陳昭遇,參預校訂《開寶新詳定本草》之醫官,據《宋史》王懷隱傳云,昭遇本嶺南人,醫術尤精驗,初爲醫官,領溫水主簿,後加光祿寺丞,賜紫金。

王祐、鄭彦共爲翰林醫官院副史,其餘不詳[2]。

此書第一百卷載"明堂序",元竇桂芳將其摘錄,題爲"黄帝明堂灸經",收入《鍼灸四書》中。多紀元胤《醫籍考》認爲,其實此原爲唐以前書,後編入《聖惠方》第一百卷。而且不僅此卷,九十四以下諸卷,原皆爲單行本[3]。

刊本及抄本如下:

一、北宋淳化三年刊本

二、北宋刊小字本

《王叔和脈經》附載紹聖三年(一〇九六)牒狀云"伏覩本監先准朝旨,開雕小字《聖惠方》等共五部出賣",可知北宋淳化三年原刊以外,尚有國子監刊行小字本,但均無傳存。

三、南宋刊本

《太平聖惠方》之完本,中國無存。日本名古屋蓬左文庫現藏南宋刊本五十卷、寫本五十卷,合計一百卷之完本。據近藤成齋[4]云,此本原爲金澤文庫舊藏本,駿河文庫所存本係家康賜與尾州家者。

卷末題記云:福建路轉運司今將國子監《太平聖惠方》一部一百卷,二十六册,計三千五百三十九板,對證内有用藥分兩及脱漏差誤共一萬餘字,各已修改開板,並無訛舛,於本司公使庫印行,紹興十七年(一一四七)四月日。次有轉運副使兼提舉學事馬純等六名列銜。

《訪古志》云,此爲南宋槧本,每半頁高七寸五分,幅五寸,十三行,行二十五六字。寫本五十卷及目錄,字數、行數全同,蓋係據宋本補足者。刊本與寫本卷次分别揭載。《訪古志》所見蓬左文庫本,刊本與寫本排列卷次如下:(括號内數字爲刊本卷次)

卷1·2、3·4、(5·6)、(7·8)、(9·10)·11·12、13·14、15·16、(17·18)、19·20、21·22、23·24、(25·26)、27·28、(29·30)、31·32、(33·34)、35·36、37·38、39·40、41·42、43·44、(45·46)、47·48、(49·50)、(51·52)、(53·54)、(55·56)、57·58、(59·60)、(61·62)、(63·64)、65·66、67·68、(69·70)、71·72、73·74、(75·76)、(77·78)、(79·80)、(81·82)、(83·84)、85·86、(87·88)、89·90、(91·92)、93·94、(95·96)、97·98、(99·100)

該南宋本,多紀氏聿修堂、福井氏崇蘭館分别藏有五卷殘本,并均有"金澤文庫"印。故近藤成齋認爲,聿修堂本係金澤本轉入駿府御庫前所散逸者,而《訪古志》則云,崇蘭館本與尾藩本重複,蓋金澤本所儲不止一部也。聿修堂本五卷(73·74·79·80·81)中之後三卷亦與尾藩本重複,《訪古志》之見解頗爲妥當。

又清張金吾《愛日精廬藏書志》著錄宋刊殘本三卷,即眼、齒兩類。其卷數,因被書賈改刻,妄填"一、二"等字,故原書卷第不可考矣。楊守敬將眼、齒兩類,編入第32、33、34三卷。

四、日本永正中古鈔本

五、影宋鈔本

六、據永正本鈔本

近藤成齋《右文故事》記云,此書原爲駿府御文庫本,寬政四年,命多紀元悳(藍溪)據尾藩宋本鈔寫。其卷末引載元悳識文,略云,尾本有二樣,其一東照宫所賜宋刊配鈔本,裝爲五十一册,逐卷首頁格頂,鈐識"御本"二字朱印文。其一爲永正年寫本,卷末載紹興十七年(一一四七)劄子及諸臣署銜。又有本朝人題跋云,永正十三年(一五一六),元悳十三世祖賴量借得半井殿宗鑑(和氣明重)家本寫之。二本皆文字妍好,詢絕世之奇袠也。

《訪古志》云,此永正本就宋本改其行款,而藥品修製,概加節略者。然首尾完全,亦爲希世之珍。藍溪先生既上進影宋本,更謄錄此本,以傳於家。

《東京帝室博物館漢書目錄》:《聖惠方》,宋王懷隱等奉敕撰,永正十一年寫之,典藥頭花印寫。五十一册,和本。

《帝室和漢圖書目錄》:《太平聖惠方》,宋王隱等。寫。一百卷,五十一册。

《内閣文庫圖書第二部漢書目錄》:《太平聖惠方》百卷,目一卷,宋王懷隱等。日本寫本。五十一册。

一般認爲,此類藏本或係藍溪寫本,或爲同系統本。

七、周音寫本

《日本訪書志》著錄舊鈔本"《太平聖惠方》一百卷，目錄一卷"。此本行款全與尾藩宋本一致，每首中縫下書"相州或作"陽"、或作"之"圓覺寺或無"寺"字第二位周音或有"首座"二字書寫"，蓋僧徒之筆，相其紙質筆蹟，當在數百年以前。第二卷末有"上總國市原郡海保村中道長津神護押"，每卷又有"啟迪院"綠印。係翠竹菴一溪叟道三舊藏。無福建路轉運司題記及銜名。第九十九、第一百兩卷，無"啟迪院"印記。鈔手雖古，稍嫌草率，且其中本有圖像，皆空位未摹，當是周音鈔本缺末二卷，後人又再爲補鈔也。

《觀海堂書目》、《故宮博物院書目》著錄"古鈔本"或"日抄本"五十卷本，即此本。

望月鹿門借得抄寫之岡本玄冶藏本亦係周音寫本，當然屬同一系統。

相州円覺寺，即指臨濟宗円覺寺派本山鎌倉円覺寺。本寺係北條時宗弘安元年(一二七八)，與宋僧道隆商討建寺事宜，翌年派工匠至宋，調查徑山諸廟堂，模仿彼制營造，於五年落成，並請宋僧祖元開山。六年，時宗以本寺爲幕府祈願所，尾張、上總等地捐貲以充資用。

周音其人未詳，或爲室町時人。

八、其他鈔本

丁丙《善本書室藏書志》著錄"《大宋新修太平聖惠方》一百卷，目錄二卷。依宋鈔本"，此本係日本據宋刊本影鈔者，故載"福建路轉運司"題記，并列銜名。《聿修堂藏書目錄》著錄"《大宋新修聖惠方》十八卷，九十一冊，抄，永正寫本"。丁丙本似與此同一系統。

《八千卷樓書目》、《江蘇第一圖書館覆校善本書目》、《江蘇省立國學圖書館圖書總目》等亦著錄日本影宋鈔本，後二者皆題"大宋新修太平聖惠方"，或許與丁丙本爲同一本。

滿大昭和十六年編成《續中國醫學書目》後，方獲日本鈔本，即卷六十七至卷一百，共三十四卷十七冊殘本，每半葉十四行，二十四字，其行款與宋本不同，而載紹興十七年題記及銜名，圖亦清晰，似係江戶醫學傳抄本之一。

九、北京人民衛生出版社刊本

一九五八年九月以 A5 版刊行，目錄四十頁，正文三千二百五十六頁，上下兩冊本。卷首"出版說明"云，以四種手抄本爲藍本，從這四種抄本中選出戳有"養安院藏書"圖記者爲主要藍本。其次三十四卷殘本，卷末附"福建轉路運司"題記及銜名，雖有殘缺，但存卷內容缺失較少，圖繪精細，因據爲主要校勘本。其三爲百卷本，其四爲二十卷殘本，均爲參考本。此外，在校勘過程中還參考了南京圖書館所藏抄本。

所謂主本，無疑係周音寫本。楊守敬雖未言及，其本似當捺有"養安院藏書"印。所謂校本，據所云卷數及精細繪圖等，當係前述滿大本。所謂南京圖書館藏本，當係前述"大宋新修聖惠方"。

如上所述,北京本主要據周音本而成,“出版說明”云:第九十九卷、一百卷的鍼灸人形圖,因主本圖繪不如校本之精,并有部分缺失,故除一百卷第十二圖據參考本補入外,其餘各圖均從校本影印補入。

此外,北京本體例作了調整,改爲横排。主本原首卷附總目,各卷設分目,北京本將總目、分目均置於卷首。而主要問題在於,此本與宋本相較究竟如何。我曾將北京本卷九十五“丹方序”與蓬左文庫本對校,幾乎全同。所謂藍本之周音本亦據宋本而成,故當無明顯差異。

附

①聖惠選方六十卷

②太平聖惠單方十五卷

③聖惠經用方一卷

鄭樵《通志藝文略》著錄“《聖惠選方》六十卷”,《醫籍考》自《文集》轉引“蔡襄後序”云,《太平聖惠方》,紹頒州郡,傳於吏民。然州郡承之,大率嚴管鑰,謹曝涼而已,吏民莫得與其利焉。閩(福建)俗左醫右巫,疾家依巫作祟,而過醫之門,十纔二三,故醫之傳益少。余知州之明年,議錄舊所賜書,以示於衆。郡人何希彭者,通方伎之學,凡《聖惠方》有異域瓌奇、怪誕難致之物,及金石草木得不死之篇,一皆致之。酌其便於民用者,得方六千九十六。謄載於版,列牙門之左右。蔡序書於慶曆六年(一〇四六),當時醫方尚未普及至地方,病家多賴於巫人,爲拯救病人痛苦,選錄簡易處方刻於板、石,揭示衆人所聚之處,以便利用。

仁宗詔命慶曆八年(一〇四八)著成《慶曆善救方》,及皇祐三年(一〇五一)所編《簡要濟衆方》等,皆遵循本書之旨,如《善救方》王安石後序云“謹以刻石,樹之縣門外左”,《濟衆方》蘇東坡序云“乃書以方版,揚之通會”,皆可證之。又《玉海》云,著《濟衆方》,命輔臣曰:外無善醫。其令太醫簡《聖惠方》之要者,頒下諸道。可知,頒發諸治方時,曾充分參考《聖惠方》。

②與③《通志藝文略》及《秘書省續編到四庫闕書目》亦著錄,但詳細情況不明。

注:

(1)《宋史》王懷隱傳“鄭彦”作“鄭奇”。

(2)據補注所引書傳,《開寶重定本草》校者有名王祐者,王祐《宋史·劉翰傳》任戸部員外郎知制誥,《宋史》卷二百六十九有傳。但參與《聖惠方》纂集之王祐爲醫官院副使,故王祐爲同名異人。

(3)拙稿“中國醫學における丹方”、中國中世科學技術史の研究、二九九頁(一九六三)。

(4)近藤成齋《右文故事》卷四御本日記續録,駿河御文庫本。

原載《漢方の臨牀》昭和44年第16卷08號 P26~31

(郭秀梅譯)

關於漢方醫學全書(6)

岡西爲人

聖濟總録

《聖濟總録》二百卷,北宋末,政和中,徽宗命醫官編録之勅撰本,徽宗御製序云:萬機之餘,著書四十二章,發明《内經》之妙,曰《聖濟經》。其意精微,其旨邁遠,其所言在理,所以探天下之至賾。亦詔天下以方術來上,并御府所藏頒之,爲補遺一卷,治法一卷,卷凡二百,方幾二萬。以病分門,各有論,而敘統附焉。首之以風疾之變動,終之以神仙之服餌。詳至於俞穴經絡、祝由符禁,無不悉備,名之曰《政和聖濟總錄》。

成書年代不明,據《郡齋讀書志》載"《聖濟經》十卷。政和八年(一一一八),詔頒之天下學校",故《總錄》完成似當於政和八年之後,多數醫官參與編纂,但相關記載皆無。唯政和六年,曹孝忠校上《政和本草》,并署"編類聖濟經提舉太醫學臣曹孝忠奉敕撰"。又明嘉靖二年刊行《政和本草》,署載曹孝忠等校勘官銜名,其中有"編類聖濟經所點對方書官"龔璧、丁阜、許堪、杜潤夫、朱永弼、謝惇等六名,有"編類聖濟經所檢閱官"劉植。可以推知,這些成員亦曾參與編纂《總錄》。

該書雖成於北宋,但靖康之亂中,被金軍掠去,故南宋人不知世存此書。《宋志》亦無著錄。宋洪邁《容齋隨筆》云:宣和殿、大清樓、龍圖閣所儲書籍,靖康蕩析之餘,盡歸於燕。《宋史·欽宗紀》卷二十三靖康二年(一一二七)條云,四月庚申朔,大風吹石折木。金人以帝及皇后、皇太子北歸。凡法駕、鹵簿,皇后以下之車輅、鹵簿,冠服、禮器、法物,大樂、教坊樂器,祭器、八寶、九鼎、圭璧、渾天儀、銅人、刻漏、古器、景靈宫供器,太清樓祕閣三館書,天下州府圖及官吏、内人、内侍、技藝、工匠、娼優等,府庫畜積,爲之一空。

據此可知,金軍擄走徽宗、欽宗二帝,并將宫中之物席捲一空。《聖濟總録》及《政和本草》等版木亦遭掠奪。

此書金元時代未曾刊行,中國清代已無全本,日本傳存元大德本一部,使得此書倖免湮滅。爲此多紀元簡於《醫賸》中感嘆道,嗚呼,是書成於北宋而晦於南宋,不傳於中國而存於夷狄,而徽宗慈心之所屬,得不泯於千歲之後者,抑亦奇矣。

該書與明孝宗敕撰之《本草品彙精要》同爲命運多舛之醫書,亦可稱爲雙璧之作。

下面概述刊本及鈔本：

一、北宋政和原刻本

二、金大定刊本

元大德本焦養直序雖云金大定（一一六一～一一八九）重刊，其實大德本亦係據政和本版木重印者，故大定本似亦爲政和版之印本。自靖康二年至大定初，僅隔三十餘年，版木當暫新如初，雖然此版本已無傳存，但當與大德本無甚差異。

三、元大德本

《經籍訪古志》著錄吉田氏稱意館所藏全本（二百卷、目一卷）。按云，此本即吉田宗桂自明朝歸齎。據其家譜載，天文八年（一五三九）隨遣唐僧策彥同行，於中國留學五年，治癒病者頗多。十六年再往，治癒世宗（嘉靖帝）疾病，賞賜書畫珍玩。此本亦所賜之物。子孫珍重無失。文政癸酉（文政，文化之誤。文化十年·一八一三），醫官子弟捐貲，活字印行。

全本僅存吉田本，殘卷似有多處收藏。《聿修堂藏書目錄》著錄卷六十二至卷九十四，三十二冊本。

中國藏有如下諸本：

①《內閣藏書目録》二十六冊，不全。

②《滂喜齋書記》50、52、53、131、191、194，六卷。

③《清內閣庫存殘書目》1下、2中、17、19、20、61、62、65、66、71、83、84、93、99、100、123、124、127、128、129、130、137、138、150、151、154、155、158、160、163、164、184、185、186、190，三十五卷。

④《北平圖書館善本書目》3、4、128、129、130，五卷。又，2下、65、66、71、93、150，六卷。

⑤《京師圖書館善本書目》65、66、71、93、150，五卷。

右記②本有"怡府藏書附藏印"及"安樂堂藏書記"印。"安樂堂"爲康熙帝第二十二子允祥之堂號，雍正帝時封爲怡親王。③雖稱爲"宋刻本"，但與大德本無異。⑤中有"歸安姚氏書"記，而《舊京書影提要》云，④卷65記云"舊歸安姚氏書"，故⑤或即爲④之六卷本。又④之卷數大半來自③，滿大曾藏有1下、2中、17、19、20、61、62、83、84、99，十卷七冊本。推知③本大半流入書肆，其一部被北平圖書館收藏。

此大德本每半葉八行，行十七字，疏行大板大字本。焦養直序云"詔江浙行省，刊於有司"，但多紀元簡《醫賸》則云，原文書法端雅，蓋爲宋版之舊，但每卷首題一行書刻並劣，係於元人改刊無疑矣。

此大德本，係將宋版每卷首行改刻爲"大德重校聖濟總錄第某"後重印者。清程林節錄此書編輯爲《聖濟總錄纂要》，其凡例記云"《大德重校聖濟總錄》，元朝奉詔頒行者，大板大字，每卷首篇署'元耶律楚材'五字"。但是，吉田本、多紀本、滿大本均無此五字。對此，近藤成齋云"疑即別本歟"。《訪古志》考云，楚材，於元太宗十五年（一二四三）卒，在大德二年前五十二年（當作五十五），則何由得有此五字，知程氏所見本，妄人所加，非刻本之舊也。

四、清乾隆五十年汪鳴珂刊本

滿大存二百卷、八十冊全本，載政和原序、焦養直大德序，此外，又載沈初、何裕成、王鳴盛、陳蘭森等諸序，並載乾隆五十年汪鳴珂重校序。汪序記述搜書之艱辛，云癸卯（乾隆四十八年）冬，客遊邗江，聞潭濱黄氏曾購善本，訪之而黄氏已沒，重鋟未竟，散失幾半，且多遺誤，乃購得其板片以歸。同里程君懋哉，見而欣賞。季弟鳴鳳，慫慂蕆事。思所以成全之者，遂共校讐。殘失既修，舛錯既正，魚豕既辨，而尚缺二十七卷。再訪求於江浙藏書之家，僅有數卷，竟無完本。後又從烏程鄭虹橋、古歙鮑以文兩君處，共補得十四卷。其第百九十五卷符禁，百九十九卷及二百卷服餌、鍼灸中漫漶百有三行，卒不可得。

儘管付出如此艱辛，並未獲得滿意成果。《訪古志》云，近日吳船齎來汪鳴珂刻本。不僅文字頗多刪竄，其篇章亦多有私改，如小兒門，填以後世方論，乃與《纂要》所載相合，則此爲項視菴補本可知矣。

所言《纂要》，即指程林《聖濟總錄纂要》，其《小兒方》五卷，程林委託友人項睿（視菴）搜求補入。《纂要》刊行於康熙二十年，故汪鳴珂亦得以參考。

總之，此汪鳴珂刊本既有殘缺，又有補綴，雖難稱善本，然現在完本稀覯。

五、日本文化十三年聚珍版本

吉田家秘藏大德本，爲唯一之全本，慮其亡失，醫學館同仁捐貲，決意製活字版刊行，文化十一年春始，至十三年八月得以完成。此本係據元本而成，故非乾隆本可比。其後，此本亦傳入中國，陸心源《皕宋樓藏書志》、丁丙《善本書室藏書志》、沈德壽《抱經樓藏書志》、丁仁《八千卷樓書目》等皆著錄，滿大亦有藏本。可是，初印本僅二百部，故爲珍本。關於此本已於拙稿"考證學派の醫書校刊"中敘述，詳細不贅。

六、民国八年文瑞樓石印本

據上述日本刊本而成者。

七、北京人民衛生出版社刊本

此本似亦據日本刊本而成，未見。

八、鈔本

中國、日本皆存有各種寫本，選其主要敘述如下。

首先，中國方面，程林《纂要凡例》云"明朝武林高相國家抄本"，即係《纂要》主要藍本。用綿紙硃格，繕寫精工，亦依內府式，大板大字。但非完本。

陸心源《皕宋樓藏書志》著錄陳仲魚舊藏舊抄本二百卷。此本似未收入靜嘉堂，故《秘籍志》云"此本今佚"。

《北平圖書館善本書目》著錄明抄零本九卷。

《靜嘉堂文庫國書分類目錄》著錄守先閣舊藏古寫本，四十八冊，內二十七卷缺。

日本方面，近藤成齋《右文故事》記云，加賀侯所藏有古鈔金澤本，即大德重校本之摹寫也。是知早於吉田本既有傳本也。

《聿修堂藏書目録》著録二百卷百冊抄本。此似即《訪古志》所云“存誠藥室嘗獲皇國二百年前鈔本”。據《訪古志》記云,此本一遵元板様式,或曰爲翠竹先生真蹟,雖未知果然否。全部二百卷,大抵一手揮成,正見古人勤苦,非後輩所企及。

《元治增補御書籍目録》著録二百卷二百零五冊,駿河御文庫本,而《帝室和漢圖書目録》著録之二百零五冊本或即此本。又《圖書寮漢籍善本書目》著録《御書籍來歷志》載二百卷本(二百零四冊,附録一卷一冊)。云舊藏駿河文庫,而後歸於楓山文庫。審書法及紙質,恐是成於朝鮮人之手筆歟。此皆同一本。

日本鈔本有傳入中國者,如《故宫博物院書目》二百卷一百冊本,及《觀海堂書目》二百卷一百一十本,皆云“日本抄本”。或由揚守敬帶回中國,但鄧孝先《群碧樓善本書録》亦著録二百卷一百二十八冊,日本鈔本。有“清真堂主”一印,兼用朱筆校勘,至爲罕覯。

據此可知,此巨帙醫書,日本曾屢次謄寫。

附聖濟總録纂要

清程林選集《聖濟總録》要妙,撰爲二十六卷。卷首附徽宗序、焦養直序,及校刊諸臣銜名,此外,並載康熙二十年吳山濤、洪琮、江湘三序,及程林“凡例”。

程林,字雲來,安徽省休寧人。據“凡例”云,余昔從先叔祖敬通夫子繙閱刻本,今經三十餘年,又從友人江湘(郢上)再覩抄本。郢上請余刪繁纂要,以便梓行濟世。

此書當參考元本及明高相國抄本,但皆非全本,尤其缺失《小兒方》五卷,遍訪秘閣内府及江浙齊梁各地藏書家,皆無藏本。同學項視菴尋得《小兒古今方論》,故補入此五卷。《四庫全書》未載《聖濟總録》而收《纂要》,乃因《總録》無全本也。

此書除康熙二十年(一六八一)黄綺堂刊本外,又有乾隆五年(一七四〇)張招寧刊本、民國二十六年刊行《中國醫學大成》本等。《江蘇省立國學圖書館圖書總目》著録文政六年日本刊本,二十一冊。

原載《漢方の臨牀》昭和44年第16卷09號P34～38

(郭秀梅譯)

關於漢方醫學全書(7)

岡西爲人

普濟方

明初,周定王朱橚與教授滕碩及長史劉醇共同編纂,雖非敕撰,但多以之爲準奉敕編撰之醫書。該書不僅爲明朝具有代表性醫書,亦係現存中國醫書中卷帙最巨者。

朱橚,《明史·諸王傳》卷一百十六云,太祖第五子,洪武三年(一三七〇)封吳王,十一年改封周王,洪熙元年(一四二五)薨。史上以編輯《救荒本草》而著名,並著有《袖珍方》四卷。此二書,即於洪武二十二年(一三八九),朱橚觸怒太祖而遭流放雲南,憂其當地無良醫,遂命名醫李恒編纂而成。流放僻地之經歷,或爲編著《普濟方》之動機。

李時珍認爲《普濟方》、《救荒本草》均爲周憲王所作。徐光啟《農政全書》亦稱周憲王著《救荒本草》。而憲王爲橚之嗣子,王號有燉,以其爲二書著者,誤矣。

天野元之助博士認爲,此誤解緣於《救荒本草》第三版陸柬序。

此書永樂中(一四〇三～一四二四)刊行,但清代已無全本。我們於滿大時購得二卷五冊(卷九十七雜錄門一冊、卷九十八符禁門四冊)殘本,方知有刊本存世。原本一百六十八卷,《明史藝文志》卷九十八著錄爲"周定王普濟方六十八卷",似脫"一百"二字。

以全本著錄者,僅見於《四庫全書》本,但改編爲四百二十六卷,全三百冊,二萬四千零一葉。以頁數言,僅次於《佩文韻府》二萬八千一百六十一葉、《冊府元龜》二萬七千二百五十二葉,《四庫全書》中第三位之巨編。據《提要》云,凡一千九百六十論,二千一百七十五類,七百七十八法,六萬一千七百三十九方,二百三十九圖。

此《四庫》本之祖本係范氏天一閣藏本,而據《提要》云"卷帙浩博,久無刊版,好事家轉相傳寫,舛謬滋多,故行於世者頗罕,善本尤稀",故《四庫》本似爲寫本。

我們於滿大時,曾經計劃影抄僅收於《四庫全書》中之二十餘種四庫本古醫書,並製作了與四庫本同樣格式、同樣大小朱格用紙。承蒙當時奉天文溯閣責任者彌吉光長氏之厚意,令筆工常駐奉天國立圖書館抄寫。最後謄寫《普濟方》,始於昭和十二年,戰爭結束時,尚剩二卷未完成。徵得沈陽醫學院(原滿大)院長徐誦明氏贊同,抄寫工作得以繼續進行,於二十一年全卷影抄完畢。期間筆工多次變換,此書成於十餘人之手。

此書卷帙龐大,永樂以後無刊本,故《醫籍考》云"未見"。一九五九年北京人民衛生出版社刊行洋裝十冊活字本。據出版說明云，其底本係北京圖書館及遼寧圖書館所藏二部四庫本，並據永樂刻本十九卷殘本（四庫本五十四卷）、明抄三十五卷殘本（四庫本八十三卷）校勘而成。

因爲北京圖書館文淵閣本、遼寧圖書館文溯閣本均爲國寶級秘籍，故所謂底本或即我們影寫本之原稿。

該北京活字本爲横排，此外並有改編目錄、删除繪圖等修改，校勘似頗縝密。四庫本與明刊本異同之處，如刊本有誤者，則更加考證，並據其他刊本校勘之。若四庫本有明顯衍文、脱簡者則訂正之。目錄與正文相違者，依正文修改目錄。出典明記者，參照原著糾正訛誤。又全書古寫、簡寫前後不一，即因資料來源不同，又未嚴格要求統一。但正文中未曾使用簡體字。

此書卷帙浩繁，且傳本甚少，一般醫家難以備用參考。徐春甫《古今醫統大全》述云，《普濟方》中多引《范汪方》。又《四庫提要》記云，李時珍《本草綱目》所附方，採於是書者至多。爲學者多所利用。關於此書價值，《提要》云：採摭繁富，編次詳析，自古經方，無更賅備於是者。其書蒐羅務廣，頗不免重複牴牾。醫家病其雜糅，罕能卒業。然宋、元以來名醫著述，今散佚十之七八。槫當明之初造，舊籍多存，今以《永樂大典》所載諸秘方勘驗是書，往往多相出入，是古之專門秘術，實藉此以有傳。後人能參考其異同，而推求其正變，博收約取，應用不窮。是亦仰山而鑄銅，煮海而爲鹽矣！又烏可以繁蕪病哉？

《提要》頗推獎此書。書中所載處方，多明記出典，爲明代初期重要醫學資料。

註（1）天野元之助、明代に於ける救荒作物著述考、東方學報、四七（一）三二～五九（一九六三）

欽定古今圖書集成醫部

《圖書集成》係清康熙中誠親王胤祉，敕命進士陳夢雷編纂，歷經十餘年方完成，故名《古今圖書彙編》，進上。帝將其更名爲《古今圖書集成》，同時，新館落成，雍正帝又命蔣廷錫等繼續編輯，至雍正三年（一七二五）十二月成書，分六彙編、三十二典、六千一百零九部，共一萬卷，目錄四十卷，以中國類書中最浩瀚之作而聞名。

醫部載入"博物彙編·藝術典"卷二十一至五百四十，共五百二十卷，其構成爲醫部彙考五百卷、總論三卷、醫術名流列傳十四卷、藝文二卷、雜錄及外編一卷。構成"彙考"內容如下：

卷 1～46（1）素問	卷 47～68 靈樞
卷 69～70 難經	卷 71～88 脈經
卷 89～92 外診法	卷 93～105 臟腑門
卷 106～110 經絡門、身形門	卷 111～121 運氣門

卷122～216 頭、面、耳、目、鼻、唇口、齒、舌、咽、鬚髮、頸項、肩、腋、脅、背脊、胸腹、腰、四肢、前陰、後陰、皮肉、筋、骨髓等身體門。

卷217～334 風、痺、寒、暑、濕、燥、火、痰、咳嗽、嘔吐、泄瀉、霍亂、滯下、大小便、淋濁遺精、血、汗、渴、哮喘、疸、瘧、厥、癲狂、癎、瘟疫、癃瘻、虚勞、腫脹、噎膈反胃、飲食、積聚、驚悸怔忡健忘、情志、煩躁、嗜臥、不得臥、聲音、呃、噫氣、懊憹、懈惰、太息、中蠱、中毒、中惡、卒中暴死、諸哽、五絕、怪病、諸蟲、頤養補益、種子等雜病諸門。

卷335～358 傷寒門　　卷359～380 外科諸門

卷381～400 婦人諸門　　卷401～458 小兒諸門

卷459～500 痘疹門

至卷70 所載爲《素問》、《靈樞》、《難經》原文，卷71 以後諸卷中又分小項目，各項之下，按時代順序收錄古代至清代諸家學說及理法方藥，並一一注明出處，所引書籍總計一百十種，引用各時代醫書次數（概算）如下表：

時代	書數	引用次數
唐以前	10	600
宋	14	125
金・元	18	446
明	55	884
清	5	149
朝鮮	1	4
非醫書	7	10
計	110	2218

如表所示，引用書目、次數最多者爲明代書籍，金元書次之。宋代書籍較少，頗覺意外。每次引用內容長短不一，除卷1 至卷46 大量引用《素問》等內容以外，以《萬氏家傳痘疹心法》及王肯堂《證治準繩》爲例，被引用內容長則數卷，短則一二行。僅就引用醫書次數而不論文之長短，可以窺知引用之特點，現將引用次數較多之醫書，按時代次序列舉如下。

唐以前

黄帝素問	156（次）
靈樞經	109
孫思邈千金方	85
張機金匱要略	72
扁鵲難經	52
華佗中藏經	52
王叔和脈訣	37
張機傷寒論	19
王叔和脈經	16

宋

嚴用和濟生方	36
朱肱活人書	30
錢乙小兒直訣	19
楊士瀛直指方	14
陳自明婦人良方	11

金·元

朱震亨心法	80
劉完素六書	74
李杲十書	73
張從政儒門事親	63
竇漢卿瘡瘍全書	28
成無己明理論	24
朱震亨格致餘論	22
羅天益衛生寶鑑	19
危亦林得效方	15
朱震亨平治會萃	13
張潔古活法機要	11
朱震亨幼科全書	10

明

李梴醫學入門	100
王肯堂證治準繩	89
張介賓景岳全書	78
樓英醫學綱目	62
戴思恭證治要訣	61
徐春甫古今醫統	45
虞摶醫學正傳	44
王綸明醫雜著	37
薛己醫案	31
陳實功外科正宗	30
趙獻可醫貫	30
龔信古今醫鑑	28
魯伯嗣嬰童百問	25
張三錫醫學準繩六要	24
方賢奇效良方	24
小兒衛生總微論方	18
薛氏保嬰撮要	16

吴崑醫方考　16

陶華六書　14

彭用光體仁彙編　12

清

陳士鐸石室秘錄　69

喻昌醫門法律　40

李中梓醫宗必讀　36

《素問》、《靈樞》、《難經》三書不僅全文收錄，而於各卷中均有引用，可知重視基本經典之方鍼。與《脈訣》相比，引用《脈經》較少，蓋反映出《脈訣》較《脈經》記誦簡便，故頗受醫家利用之傾向，其風潮係自宋代流傳而至，正如《三因方》所云，高陽生剽竊作《歌訣》，劉元賓從而和之，經文溺於覆瓿，正道翳於詖辭。又陳孔碩《脈經序》云"《脈訣》出而《脈經》隱"。醫經諸書，唯《甲乙經》未見引用，或緣與《靈樞》重複之故。經方諸書，張仲景書引用最多，但較之《金匱要略》，《傷寒論》引用頗少，因"傷寒論門"中多引後世之書所致。仲景書之次爲《千金方》，引用次數亦多。《病源候論》、《外臺秘要》、《太平聖惠方》、《和劑局方》、《聖濟總錄》、《普濟方》等全無引用，而且《外臺》所載六朝至唐代治方亦未見引用，宋代醫書引用甚少。與此相反，金元及明代醫書大都引用，可視爲構成該書之主體。醫書之種類並非爲多。

考察此書全般情況，可知編者以繼承明代醫學傳統之醫家爲基礎，同時又綜合收錄以《内經》理論解說仲景醫方、繼而形成獨特體系之金元醫學，以及承襲金元醫學而發展爲明代醫學之精華。縱觀中國醫學整體，考察所收醫書，似覺有失全面。而此書正如實地反映了清初醫學實情，故值得重視。可是因此書卷帙浩繁，又因所引醫書大多傳存於世，故並未被一般醫家所利用。此外，此書作爲文獻資料，雖無貴重價值，而對於研究某種病症卻有極大意義。因爲本書自彙考"脈法"至"運氣門"各門，每一項下均按年代順序列載《素》、《靈》以降歷代諸家學說，特別是自"頭門"至"痘疹門"等臨證治療各門，每一病症下分論、方、單方、鍼灸、導引、醫案等項，並按時代順序收載諸家論述。其他，如總論、藝文、雜錄、外編等，以五經爲主，並集錄歷代諸家醫論、醫話、詩歌等。"名醫列傳"，按時代順序收載古代名醫一千二百三十名（不包括附錄者）略傳，其中雖有以宋代唐慎微爲五代人，以元代葛乾孫爲明人等錯誤，但仍不失其參考價值。

闗於刊本簡而言之，《圖書集成》初版以銅活字刊行，已屬稀本。現在，光緒十年（一八八四）上海圖書集成鉛版印書局排印本，廣泛通行。其他，尚有石印本、鉛印扁字本、影印本等數種，此類本並有醫部單行本。民國四十七年（一九五八），臺北藝文印書館刊行題曰《醫部全書》，即將活字本"醫部"縮小影印本，洋裝十六冊。

注（1）未專設醫部卷次，而以"藝術典"卷二十一爲"醫部一"、卷二十二爲"醫部二"，爲方便記述，故將"醫部一"記爲"（卷）一"，以下准此。

醫宗金鑑

清乾隆初,大學士鄂爾泰等奉高宗敕命編纂,乾隆十四年(一七四九)完成,由武英殿刊行,係最後一部漢方醫學全書。考殿版卷首有乾隆七年和親王等進表,乾隆四年錢鬪保等、鄂爾泰,乾隆五年和親王等諸奏疏。次載凡例、諸臣職名、總目等,而實際參與編書者,乃爲吳謙等醫官。

此書正文總計九十卷,内容分爲十五部分。

① 訂正仲景全書傷寒論註　十七卷　十二册(通卷1～17)

② 訂正仲景全書金匱要略註　八卷　七册(18～25)

③ 删補名醫方論　八卷　五册(26～33)

④ 編輯四診心法要訣　一卷　一册(34)

⑤ 編輯運氣要訣　一卷　一册(35)

⑥ 編輯傷寒心法要訣　三卷　二册(36～38)

⑦ 編輯雜病心法要訣　五卷　四册(39～43)

⑧ 編輯婦科心法要訣　六卷　四册(44～49)

⑨ 編輯幼科雜病心法要訣　六卷　五册(50～55)

⑩ 編輯痘疹心法要訣　四卷　四册(56～59)

⑪ 編輯幼科種痘心法要旨　一卷　一册(60)

⑫ 編輯外科心法要訣　十六卷　十四册(61～76)

⑬ 編輯眼科心法要訣　二卷　二册(77～78)

⑭ 編輯刺灸心法要訣　八卷　五册(79～86)

⑮ 編輯正骨心法要旨　四卷　二册(87～90)

所分各部,均以獨立一書形式編輯,不僅書名有異,編輯體例亦不同,大致可分以下三種形式。

其一,如①②仲景全書,首先每條以大字書正文,次以小字列“注”、“按”、“集注”等,“集注”中引諸家論述。③名醫方論,體例相同。而“集注”僅載人名不揭書名,如金元時代成無已、李杲、朱震亨、滑壽、羅謙甫,明代戴原禮、王履、趙良(仁)、呉綬、王肯堂、方有執、李中梓等,以及喻昌、程林、柯琴、張璐、張志聰、汪琥、程應旄、尤怡、魏荔彤、高世栻、汪昂等清人著作多有引用,而宋代醫名幾乎未見。又《傷寒論註》第十七卷題爲“正誤存疑篇”,訂正《傷寒論》條文脱誤,並且列舉疑問。後設“附”,並載陶弘景合藥分劑法則、三陽三陰經脈各圖、傷寒刺灸等穴圖。

其二,④～⑩及⑫～⑭均附“心法要訣”四字,據其名稱可知,皆於每項,首以大字書歌訣,次以小字加註形式編輯。其中④“四診心法要訣”分上下兩集,上集載新據經文編賦之歌訣,下集收錄崔嘉彦《脈訣》。後者係由李時珍删補,又經李中梓增補缺略之書,但遇與經義不符者則被删除。歌訣④上下均爲四言句,④以外諸部悉爲七言句。

其三,添附"心法要旨"四字者⑪與⑮兩部,而未採用歌訣,以文章形式註釋。

綜上所述,可知此書係一部統攝醫學各科治法之作,其治方以張仲景《傷寒》、《金匱》爲基幹,並載金元以後治方,此特點略似《圖書集成醫部》。《圖書集成醫部》以博採爲主旨,此書以適用於臨床治療爲目的,此亦爲二者之根本區別。即《圖書集成醫部》廣收博採歷代醫家論述、治方,羅列而成。此書編者對諸家學說及治方研究、取捨後類編而成,故除《傷寒論註》、《金匱要略註》、及《名醫方論》等"集注"中引用諸家學說外,其他書未見引用。將書中要旨編成歌訣,便於記誦。又將傷寒、雜病編制爲"心法要訣"。而以手技爲主之種痘、正骨等,均賦以完備之歌訣,而痘疹、外科、眼科、刺灸、正骨等諸部亦附圖以助理解。

此書收入《四庫全書》,《提要》略述如下:

首爲《訂正傷寒論注》,次爲《金匱要略注》。蓋醫書之最古者,無過《素問》,次則《難經》,然皆有論無方,其有論有方者自張機始,講傷寒及雜證者亦以機此二書爲宗。然《傷寒論》爲諸醫所亂。《金匱要略》雖不甚聚訟,然注者罕所發明,又病其說之不詳。是以首訂二書,糾譌補漏,以標證治之正軌。次爲《刪補名醫方論》、《四脈要訣》、《運氣要訣》、《諸科心法要訣》、《正骨心法要旨》之書,皆有圖,有說,有歌訣,俾學者既易考求,又便誦習也。自古以來,惟宋代最重醫學。然林億、高保衡等校刊古書而已,不能有所發明。其官撰醫書如《聖濟總錄》、《太平惠民和劑局方》等,或博而寡要,或偏而失中,均不能實俾於治療,故《聖濟總錄》惟行節本,而《局方》尤爲朱震亨所攻。

無庸贅言,此文爲提要本書而作,據此可以窺見當時醫家見解之一斑。《提要》著於乾隆中,其觀點當與《金鑑》編者有共同之處。如上所述,此書爲裨益臨床治療而作,故有別於其他醫學全書,雖不得視爲古代文獻府庫,但爲一部具有實際治療價值之著作,故其內容如實反映當時醫療狀況,即與現在中國醫學頗具直接聯系,此書堪稱研究近世中國醫學極其重要資料。

以前滿洲舉行漢醫國家考試時,曾遇到以何爲標準編制試卷問題,我提議醫書當據《醫宗金鑑》,本草當依汪昂《本草備要》,結果均被採用。推薦此書理由之一,即本書版本較多,容易尋得。更重要理由是,此書於清代昌盛時期,由國家組織編成,代表近世中國醫學之醫書,尚無與此匹敵者。

最後,敘述本書版本問題。乾隆殿本之外,有光緒二年江西書局重刻本,及光緒九年掃葉山房本、光緒十八年圖書集成局鉛印本等。又石印本中,有經香閣本、昌文書局本、商務印書館本、鴻寶齋本等。再有,最近,一九六三年北京人民衛生出版社刊行活字本,爲横排簡體字。《傷寒論註》、《金匱要略註》,及《痘疹心法要訣》、《種痘心法要旨》分別合併,編輯成十三分冊。又第五分冊《傷寒心法要訣》以下諸部(《刺灸心法要訣》除外),每一分冊均附錄"附方索引"。

原載《漢方の臨牀》昭和44年第16卷10號P17～22

（郭秀梅譯）

關於漢方醫學全書(8)

岡西爲人

醫方類聚

《醫方類聚》二百六十六卷巨帙,係朝鮮世宗敕命文官及醫官收集古今醫書,類聚編纂而成。書中引載諸多世已亡佚之古醫書,並一一注明出典。此特點引起學界重視,江戶醫學館曾據此書輯佚,復原三十餘種亡佚古醫書。

此書編纂、刊行時期,自古不明。三木榮博士經過長年努力研究[1],得出明確結論,即此書編纂始於世宗二十五年(一四四三),終於二十七年,校正自世祖五年(一四六〇)至世祖十年前後,於成宗八年(一四七七)全書印刷完畢,三十部進上。

此書朝鮮已亡佚,幸而日本尚傳存。據云,壬辰之役(文禄元年・一五九二)時,由加藤清正帶回日本。此書江戶時代藏於仙臺工藤兵助家,後轉讓多紀元簡[2]。關於此書轉至多紀氏實情,據吉田篁墩寫給水戶立原翠軒二封書翰[3],可窺知大概。即天明四年(一七八四)五月十四日信函云,某日篁墩於奈須玄真家遇工藤兵助,稱讚其家所藏《醫方類聚》(四三〇冊,欠十餘卷)。兵助繼云,與其自家收藏,難免蟲食,不若寄付於躋壽館。於是速與多紀商談,不日即決定交付多紀氏收藏。六月十一日信函云,先日,《醫方類聚》送至多紀,欣喜之至。可是,書有殘缺,播州有所持者,故將搜尋。由此可知,此書於天明四年五、六月間轉屬多紀氏。交涉經過不得而知,但據元堅《時還讀我書》記云"先教諭以重貲購得視爲珍寶",可以推知,多紀氏以昂貴的價格購得此書。

本書將《黄帝内經》以後至明代諸醫書内容分門別類,模仿《永樂大典》體例編輯而成。二百六十六卷内容分類如下:

卷一～三(三卷)總論

卷四～十二(九卷)五藏門

卷十三～六十三(五十一卷)諸風門至傷寒門共五門,病因別諸門。

卷六十四～八十四(三十・五卷)眼門至四肢門共十門,器官別諸門。

卷八十四～一百六十六(八十三卷)血病門至辟蟲門共四十七門,病症別内科諸門。

卷一百六十六～一百九十七(三十一・五卷)蟲傷門至雜病門共二十三門,外科諸門。

卷一百九十八(一卷)諸湯門、諸香門,共二門。

卷一百九十九～二百零五(七卷)養性門。

卷二百零六～二百三十八(三十三卷)婦人門。

卷二百三十九～二百六十六(二十八卷)小兒門。

以上諸門中,更細分條目,按出典類别,列載論述與治方。

所引書目附載於"凡例"之後,總計一百五十三書。其中包括《四時纂要》、《居家必要》、《事林廣記》、《山居四要》等非醫書,及《修真秘訣》、《金丹大成》等道教書,故實際醫書種類要少於總計數目。但是,如《外臺秘要》中收錄之醫書,引用書目中卻未載。故可推論,引用書目中僅載直接引用書名,未列間接轉引書名。如果加上間接引用書名,書目數字將大增。

一九五六年朝鮮刊行之新版,編制附錄病症、引用文獻兩索引,後者揭載書名一百十種,其中引用三十次以上書名如下:(括號内數字爲引用次數)

聖惠方(二百二十一)　千金方(二百零九)

巢氏病源(一百六十二)　得效方(一百五十)

永類鈐方(一百四十七)　三因方(一百二十六)

衛生易簡方(一百二十)　醫方大成(一百二十)

直指方(一百十五)　肘後方(一百零八)

玉機微義(一百零三)　大全本草(一百零一)

澹寮方(一百)　嚴氏濟生方(九十九)

壽域神方(九十六)　經驗良方(九十四)

拔萃方(九十四)　衛生寶鑑(九十三)

是齋醫方(八十九)　朱氏經驗方(八十七)

聖濟總録(八十六)　瑣碎録(八十四)

澹軒方(八十)　神巧萬全方(七十三)

備預百要方(六十八)　施円端效方(六十六)

東垣試效方(六十一)　金匱鉤玄(六十)

袖珍方(六十)　宣明論(六十)

管見大全良方(五十七)　十形三療(五十七)

醫林方(五十七)　御藥院方(五十五)

千金月令(五十四)　治病百法(五十四)

和劑局方(五十二)　經驗秘方(五十一)

直指小兒方(四十八)　壽親養考書(四十七)

神效名方(四十七)　山居四要(四十四)

簡易方(四十三)　金匱方(四十三)

南北經驗方(四十三)　婦人大全良方(四十一)

新效方(三十九)　必要全書(三十八)

嚴氏濟生續方(三十八)　急救仙方(三十七)

海上仙方(三十七)　保童秘要(三十六)

王氏集驗方(三十四)　外科精義(三十四)

和劑指南(三十四)　助道方(三十二)

瑞竹堂方(三十)　事林廣記(三十)

最後,敘述三種刊本。

一、朝鮮原刊本

成宗八年(一四七七)以實録活字刊行,全書二百六十六卷,二百六十四册,進上三十部。每半版框郭高 22 cm,幅 16 cm,九行,行十七字,注文雙行。現存本已如前述,僅爲江户醫學館多紀氏舊藏本,珍藏於宫内廳書陵部。據《聿修堂架藏醫書目》記云,卷 1、4、5、116、120、148、149、155、156、189、209、220 計欠缺十二卷。三木博士認爲,江户幕府崩潰後,此書自多紀氏處相繼轉存於大學東校典籍局、淺草文庫、帝室博物館等,後收藏於宫内省圖書寮,現存二百五十卷二百五十四册。又據三木榮氏調查,豐後佐伯藩主毛利出雲守高標藏書目《佐伯紅粟齋書目》載"醫方類聚四十四本",雖爲一種零本,即爲另一版本,但其下落不明。

二、文久元年活字本

幕府醫官喜多村直寬與同人協力,刊行活字本。嘉永五年四月開始校勘,九年後,文久元年二月,二百六十六卷二百六十四完成,多紀元堅作序。此本無疑係以多紀氏朝鮮本爲底本,欠缺部分,澀江抽齋參考諸書,補綴而成。版木較朝鮮本稍小(每半葉框郭,高 15 cm,幅 11.5 cm),版式爲九行,行十七字,與朝鮮本全同,刊行部數似不足一百部。明治九年締結日鮮修好条約之際,派遣使節饋贈朝鮮政府一部。關於其經過,三木博士於《朝鮮醫書誌》中有詳考。

此本現存亦稀,鹽野義研究所現藏卷一至卷九十一(九十二册)、卷一百零七至一百五十四(四十八册)、卷一百五十七至一百八十六(三十册),合計一百六十九卷,一百七十册。

三、一九六五年朝鮮刊本

首爾(京城)東洋醫科大學出版寫真版,洋裝。正文十册、索引一册,計十一册。正文版式與文久本相同,每半葉九行,行十七字。原三葉(六頁)併爲一頁。索引,每頁十五行二段。總頁數,正文九千四百零六頁,索引五百六十八頁。

此本係據喜多村直寬饋贈朝鮮政府文久本之謄寫本拍攝本。據云曾似有重刊計劃,索引卷首附載姜弘範氏跋文,其大要如下:

日本所贈文久本,秘藏於舊王室典醫局。六·二五動亂之際,恐其散佚,賜予洪宅柱(李王職宦官醫者)。一九四五年洪氏逝去,現在珍藏於延世大學圖書館,此係唯一現存本。大同出版社社長李種萬氏曾有志重刊此書,動員數十名寫字生,經數月而脱稿,但由於中日戰爭勃發,印刷資材欠缺,致使計劃落空。

一九四三年前後,鄭某曾期望於中國出版,懇請洪氏將此書經空運發送上海,此計劃亦無果而終。東洋醫科大學第三次籌措計劃,由大學校長李鍾肇氏任委員長,組成重刊委員會,自一九六五年一月開始工作,總計動員四千八百九十三名人員,於同年七月完成。

刊行如此巨帙,僅用六個月即告完成,其速度令人震驚。或疑此次刊行利用了李氏舊稿,而諮詢三木博士,答曰"幾乎全部爲新寫而成。"鹽野義研究所曾購置此本。書成後五百餘年,朝鮮再次重刊,並廣泛爲學界所利用,誠爲可喜可賀之舉。

註

(1)三木榮、朝鮮醫書誌、四十四～五十八(1956)

(2)多紀元堅、時還讀我書

(3)森潤三郎、多紀氏の事蹟、三十五

東醫寶鑑

明萬曆中,於朝鮮編成之醫書。此書不僅朝鮮,日本、中国亦屢次刊行,直至現今仍爲朝鮮醫學重要代表之醫書。

萬曆三十九年(1611)李延龜奉勅作序,據云宣祖敕命太醫許浚編輯醫方書,即在位二十九年(萬曆二十四年・慶長元年・一五九六)之事。其主旨爲,於浩繁醫書中,選集重要部分,以便窮山僻壤救治民疾。並對諸多國産藥物附加俗名,以使人人易曉。故許浚與儒醫鄭碏,太醫楊禮壽、金應鐸、李命源、鄭禮男等設局撰集。將成之際,遭逢丁酉之亂(慶長之役,1597),編者離散,書亦未果而終。其後命許浚獨自再編,并提供内藏方書五百卷,以供參考。事半宣祖駕崩,至光海君三年(萬曆三十九年・一六一一)此書漸成。萬曆四十一年(一六一三)十一月奉教於内醫院刊行。

關於此書名,清周中孚《鄭堂讀書記》記云,王節齋有北醫東垣、南醫丹溪之説,故稱彼國之醫爲東醫。又元羅謙甫有《衛生寶鑑》,明龔廷賢有《古今醫鑑》,與其相應故稱《東醫寶鑑》。此爲臆測,東醫即位於中國東方之意耳。

此書正文二十四卷,目錄分上、下。李序云二十五卷,蓋合目錄一卷而言。本文内容大致分爲五篇,内景篇四卷、外形篇四卷、雜病篇十一卷、湯液編三卷、鍼灸篇一卷。各篇内容大概如下:

内景篇,關於人体構造及養性法、精神、五藏六府、体液等論述,並收錄與其相關諸病之治法。

外形篇,頭、面、胸、腹、腰、手足、前後陰、五官器等身体部位,並分門別類於皮、肉、脈、筋、骨、毛髪等組織。

雜病篇除收載前兩篇外,亦收載内、外、婦人、小兒各科疾患,故先列運氣、審病、辨證、診脈、用藥等一般性事項。

以上各篇又詳分門類及病證,各條之下,首載論,次揭方或單方,後述鍼灸治法。

湯液篇即本草,始題爲"湯液序例",列舉有關用藥一般事項。以下爲各論,水部三十三種、土部十八種、穀部一百零六種、人部二十三種、禽部一百零七種、獸部二百三十六種、魚部五十三種、蟲部九十五種、果部九十一種、菜部一百二十二種、草部二百六十七種（上七十九種、下一百八十八種）、木部一百五十六種、玉部四種、石部五十五種、金部三十三種，合計一千三百九十九種，均略記藥效、品質、形狀，並以諺文注明各藥物之土名。

鍼灸篇，收錄鍼灸總論内容，各論内容附載於他篇各條之後。

《東醫寶鑑》卷數較少，便於日常使用，故此類醫學全書最爲廣泛利用，版本種類亦多。依據三木榮博士《朝鮮醫書誌》略述如下。

首先朝鮮刊本列舉以下五種：

一、訓鍊都監活字本

李廷龜序文後記“萬曆四十一年十一月日内醫院奉教刊行”，此爲初刊。起初計劃命江原、全羅、慶尚三道刊行，但慮其卷帙繁多，訛誤叢生，故於内醫院，醵三道之資而印行。

二、全州版本

三、大邱版本

正祖（一七七七～一八〇〇）時編撰《鏤版考》云，湖南觀察營及嶺南觀察營，傳存一部古版木。故以前似於全州及大邱亦曾出版。

四、甲戌仲冬内醫院校正嶺營改刊本

五、甲戌仲冬内醫院校正完營重刊本

三木博士認爲，甲戌即純祖十四年（一八一四），均爲初刊活字本之復刻本，二者版式甚相似，唯有據刊記方可區分。滿大藏有甲戌刊本，但係何種版本已無記憶。

日本有以下二種刊本。

六、享保九年刊本

享保八年（一七二三）大學頭藤原信篤序云，《東醫寶鑑》詳察古今衆説彙編而成，實醫業校稽之一助也。近來齎持者甚少，知之者亦鮮，故由醫官法眼源元通詳加訓訂，付之剞劂，始行於世。此初刊本，係由京都書林栂井藤兵衛刊行，故滿大亦有收藏。

七、寬政十一年刊本

即大阪書林和泉屋善兵衛等據享保版重刊本。

中国刊本有如下諸種。

八、乾隆二十八年刊本

其後嘉慶本所載乾隆三十一年（一七六六）凌魚序，云順德左翰文曾捐私費三百餘刊行。凌序爲應左氏之請而作，而此序或書於初刊之後，故首載於嘉慶本。

九、嘉慶元年刊本

三木博士認爲，此乃乾隆本之重刊本。《四部叢録醫藥編》所記“嘉慶刊巾箱本”，或即此本。

十、光緒十六年刊本

據日本寬政本覆刻本，光緒十六年（一八九〇）閔萃祥序云，乾隆間有左翰文刊本,據凌魚序,其本屢經翻雕,漫漶舛錯,不堪辨讀。此本係東瀛原刻,朱君曜之自航舶購得,審校刊行。并載藤原信篤及源元通二序。

十一、上海千頃堂書局印行本

十二、上海廣益書局印刊本

三木博士將此二種例爲石印本。或許尚存有他其版本。

十三、北京人民衛生出版社影印本

前記甲戌完營重刊本之影印本,每頁以二段構成。

十四、臺灣影印本

民国五十四年(一九六五)臺北市僑聯東方圖書公司刊行,洋裝一冊本。此本亦爲甲戌完營重刊本之影印本。

《漢方の臨牀》昭和44年第16卷11號P30～35

(郭秀梅譯)

附錄二　書名音序索引

A

B

C

D

E

F

G

H

J

K

L

M

N

O

P

Q

R

S

T

W

X

Z

附錄三　書名筆劃索引

二　劃

三　劃

宋以前醫籍考

四　劃

五 劃

六　劃

七 劃

八劃

九　劃

十　劃

十二劃

十三劃

十四劃

十五劃

十六劃

十七劃

十八劃

十九劃

二十劃

二十一劃

二十二劃

二十三劃

二十四劃

二十五劃

附錄四　人名音序索引

J

K

L

M

P

Q

R

S

T

W

X

Y

Z

附錄五 人名筆劃索引

二 劃

三 劃

四 劃

五　劃

六　劃

七　劃

八 劃

九 劃

十 劃

十一劃

十二劃

十三劃

十四劃

十五劃

十六劃

十七劃

十八劃

十九劃

二十劃

二十二劃

二十四劃